V&R

Die Bekenntnisschriften
der evangelisch-lutherischen Kirche

Herausgegeben im Gedenkjahr der
Augsburgischen Konfession 1930

Zwölfte Auflage

47. – 49. Tausend

Göttingen · Vandenhoeck & Ruprecht · 1998

Die Deutsche Bibliothek – CIP-Einheitsaufnahme

Die Bekenntnisschriften der evangelisch-lutherischen Kirche :
herausgegeben im Gedenkjahr der Augsburgischen
Konfession 1930. – 12. Aufl., 47. – 49. Tsd. –
Göttingen : Vandenhoeck und Ruprecht, 1998
ISBN 3-525-52101-4

© Vandenhoeck & Ruprecht, Göttingen.
Printed in Germany. – Das Werk einschließlich aller seiner Teile
ist urheberrechtlich geschützt. Jede Verwertung außerhalb
der engen Grenzen des Urheberrechtsgesetzes ist ohne
Zustimmung des Verlages unzulässig und strafbar.
Das gilt insbesondere für Vervielfältigungen, Übersetzungen,
Mikroverfilmungen und die Einspeicherung und Verarbeitung
in elektronischen Systemen.
Gesamtherstellung: Hubert & Co., Göttingen

Vorrede

Der Deutsche Evangelische Kirchenausschuß faßte auf Anregung des Kirchenbundesamts in seiner Sitzung vom 15./16. März 1928 den Beschluß, eine Neuausgabe der evangelischen Bekenntnisschriften zu veranstalten. Das Säkularjahr der Reformation 1930 gebot, zunächst die Bekenntnisschriften der evangelisch-lutherischen Kirche erscheinen zu lassen. Die Neuausgabe sollte zugleich den editionswissenschaftlichen Ansprüchen der Wissenschaft genügen und der Förderung des theologischen Studiums dienen. Zu diesem Zweck wurde eine Gelehrten-Kommission berufen. Sie bestand aus den Universitätsprofessoren D. Lietzmann und D. Heinrich Bornkamm, den Privatdozenten D. Wolf und Lic. Hoppe sowie dem Mitarbeiter an der Weimarer Lutherausgabe Dr. Volz. Universitätsprofessor D. Althaus wurde als besonderer Berater zugezogen. Die Redaktion der Gesamtausgabe übernahm D. Lietzmann. Unter Leitung des Kirchenbundesamts trat die Kommission wiederholt zu Beratungen über die Richtlinien für die gesamte Edition sowie deren technische Organisation zusammen. Die Aufteilung der Arbeit geschah in folgender Weise: D. Lietzmann bearbeitete die altkirchlichen Symbole, D. Heinrich Bornkamm die Augsburger Konfession und Apologie, Dr. Volz die Katechismen und die Schmalkaldischen Artikel D. M. Luthers sowie den Tractatus de potestate et primatu papae Melanchthons, D. E. Wolf die Konkordienformel, Lic. Hoppe das Register.

Die Neuausgabe wurde von der Notgemeinschaft der Deutschen Wissenschaft unterstützt. Diese brachte dem Unternehmen wegen seiner wissenschaftlichen Bedeutung von Anfang an warme Teilnahme und Förderung entgegen und finanzierte die für eine Neuausgabe unerläßlichen Archivreisen. Sie führten nach Augsburg, Bremen, Braunschweig, Bretten, Coburg, Darmstadt, Dessau, Dresden, Eßlingen, Frankfurt a. M., Gotha, Göttingen, Hamburg, Hannover, Heidelberg, Jena, Karlsruhe, Konstanz, Lindau, Magdeburg, Meiningen, München, Nürnberg, Rom, Schmalkalden, Stuttgart, Trient, Ulm, Weimar, Wernigerode, Wien und Zerbst.

Ein an 200 inländische und ausländische Bibliotheken versandter eingehender Fragebogen fand bei allen befragten Stellen freundlichste Beantwortung; bei ihren Archivreisen erfuhren die Bearbeiter die liebenswürdigste sachliche Hilfe.

Der Gelehrten-Kommission des Deutschen Evangelischen Kirchenausschusses, der Notgemeinschaft der Deutschen Wissenschaft, den Direktoren der Archive und Bibliotheken im In- und Ausland sei an dieser Stelle für alle Förderung der wärmste Dank ausgesprochen.

Möge das neue Werk die Freude der Theologiestudierenden und Geistlichen werden und die Bekenntnisfreudigkeit der evangelischen Kirchen der Reformation stärken im Sinne des Mottos der Augsburgischen Konfession: Ich rede von deinen Zeugnissen vor Königen und schäme mich nicht.

Der Präsident
des Deutschen Evangelischen Kirchenausschusses

D. Dr. Kapler

Vorwort zur zweiten Auflage

Seit dem Ende des zweiten Weltkrieges war die vom Deutschen Evangelischen Kirchenausschuß im Jahre 1930 zum 400jährigen Jubiläum der Confessio Augustana besorgte kritische Ausgabe der lutherischen Bekenntnisschriften vergriffen. Eine neue Auflage war seit Jahren dringend notwendig geworden.

Der Rat der Evangelischen Kirche in Deutschland hat sich in der Nachfolge des Deutschen Evangelischen Kirchenausschusses dieser Aufgabe angenommen. Dem bisherigen Kommissionsverlag Vandenhoeck & Ruprecht in Göttingen wurden die Verlagsrechte übertragen. Herausgeber und Verleger bemühten sich gemeinsam, einen Neudruck dieser durch zuverlässige Darbietung und sorgsame historische Erschließung der Texte bewährten Ausgabe zu einem für heutige Verhältnisse mäßigen Preis zu ermöglichen. Bei der Aufbringung der erforderlichen Mittel haben die Evangelische Kirche in Deutschland, die Vereinigte Evangelisch-Lutherische Kirche Deutschlands und das amerikanische National Lutheran Council zu gleichen Teilen durch Hergabe von Darlehen geholfen. Der Verlag verzichtete auf jeglichen Gewinn und auch auf die Erstattung eines Teils seiner Unkosten. Allen Förderern der Ausgabe sei an dieser Stelle ein herzlicher Dank ausgesprochen!

Die Neuauflage durfte nicht ohne sorgsame Überprüfung erscheinen. Für diese Arbeit stand erfreulicherweise die bisherige Herausgeberkommission zur Verfügung, die allerdings den Heimgang ihres einstigen Leiters, Prof. D. Hans Lietzmann, schmerzlich beklagt. Die Durchsicht seines Anteiles an der Gesamtausgabe hat Prof. D. Ernst Wolf übernommen, während für die übrigen Stücke die mit ihnen bisher befaßten Editoren die erforderlichen Arbeiten leisteten. Sie mußten sich mancherlei Verzicht auferlegen und sich auf das Notwendigste an Ergänzungen und gelegentlichen Verbesserungen beschränken, die teils durch Korrektur an Ort und Stelle, teils durch Nachträge durchgeführt wurden. Eine stärker eingreifende Neubearbeitung konnte nur für die Augsburgische Konfession zugestanden werden, bei der wichtige neugefundene Handschriften Berücksichtigung im kritischen Apparat verlangten. Bei dieser Gelegenheit konnte dem Text auch eine glücklichere Druckanordnung als bisher gegeben werden. Die dadurch entstandenen Seitenverschiebungen (zwischen S. 50 und S. 84) sind in den Registern berücksichtigt.

Der Geleitwunsch des inzwischen heimgerufenen Präsidenten des Deutschen Evangelischen Kirchenausschusses, D. Dr. Kapler, gilt heute nicht minder als damals. Er sei daher für diese Neuauflage nachdrücklich wiederholt.

Der Vorsitzende des Rates der Evangelischen Kirche in Deutschland

D. Dibelius

Evangelischer Bischof von Berlin

Inhalt

1. Vorrede des Deutschen Evangelischen Kirchenausschusses . . . III
   Vorwort zur 2. Auflage IV
2. Einleitungen VII
   Zum Verständnis der Schriftsprache des 16. Jahrhunderts . . . VII
   Auflösung der Abkürzungen XLV
   Einleitungen zu den einzelnen Schriften XI
3. Vorrede zum Konkordienbuche
   Einleitung XL
   Text 3
4. Die drei altkirchlichen Symbole
   Einleitung XI
   Text 21
5. Die Augsburgische Konfession
   Einleitung XV
   Text 33
6. Die Apologie der Konfession
   Einleitung XXII
   Text 141
7. Die Schmalkaldischen Artikel
   Einleitung XXIV
   Text 407
8. Von der Gewalt und Obrigkeit des Papstes
   Einleitung XXVI
   Text 471
9. Der kleine Katechismus
   Einleitung XXVIII
   Text 501
10. Der große Katechismus
    Einleitung XXVIII
    Text 545

VI

11. **Die Konkordienformel**
    - Einleitung XXXII
    - Vorrede II 739
    - Text der Epitome 767
    - Text der Solida Declaratio 829

12. **Verzeichnis der Zeugnisse** 1103

13. **Register** 1137
    - I. Verzeichnis der zitierten Schriftstellen . . . 1137
    - II. Verzeichnis der Zitate aus kirchlichen und Profanschriftstellern . . 1145
    - III. a) Personenregister 1156
    -      b) Ortsregister 1159
    - IV. Sachregister 1160

Nachträge 1219

Literatur zu Luthers Schmalkaldischen Artikeln und Melanchthons Tractatus de potestate papae 1226

Einleitung.

Die vorliegende Neuausgabe der Bekenntnisschriften der evangelisch-lutherischen Kirche ist inhaltlich normiert durch das Konkordienbuch von 1580: wir setzen deshalb auch an den Anfang (S. 1) den Titel dieses Buches und lassen ihm auf S. 3—18 die (ursprünglich zur Konkordienformel gehörige, im Druck von 1580 aber an den Beginn des Konkordienbuches gesetzte) Vorrede folgen. Die Texte der einzelnen Bekenntnisschriften sind jedoch nicht jener Ausgabe von 1580 entnommen, sondern bieten jeweils die mit den heutigen Mitteln der Wissenschaft erreichbare ursprüngliche Gestalt. Bei den deutschen Texten ist Orthographie und Interpunktion modernisiert, dagegen der Lautbestand unverändert beibehalten worden: eine kurze sprachliche Einführung (S. VII—X) soll dem Leser die notwendigsten Hilfsdienste leisten; in besonderen Fällen sind erklärende Fußnoten beigegeben. Der kritische Apparat hat die Aufgabe, die Geschichte des Textes aufzuzeigen, will aber keineswegs sämtliche Schreib- und Druckversehen aller verglichenen Zeugen buchen. Mehrfach, und besonders reichlich bei der Augsburgischen Confession, sind auch Vorentwürfe zum Abdruck gebracht, die das Ringen um die Formulierung unter dem Einfluß der am Werke tätigen theologischen Kräfte widerspiegeln. Die erklärenden Anmerkungen dienen zunächst dem unmittelbaren Verständnis der Texte, gehen darüber hinaus aber auch den Verbindungslinien nach, welche die einzelnen Bekenntnisschriften untereinander und mit der Theologie ihrer Zeit verknüpfen.

Zum Verständnis der Schriftsprache des 16. Jahrhunderts[1].

Die Entwickelung der Sprache des 16. Jahrhunderts, das Frühneuhochdeutsche, ist im Gegensatz zu unserer heutigen Sprache noch nicht fest abgeschlossen, sondern durchaus im Werden begriffen. So erklärt sich das vielfache Nebeneinander verschiedener Formen. In orthographischer Hinsicht sind die Texte von uns vereinfacht, ohne daß jedoch der Lautstand angetastet wäre.

Die im folgenden angeführten Worte sollen nur als Beispiele dienen, Vollständigkeit ist nicht erstrebt.

Verzeichnis der Abkürzungen:

nom: Nominativ
gen: Genitiv
dat: Dativ
acc: Akkusativ
sing: Singular
pl: Plural
adj: Adjektiv

adv: Adverb
pers: Person
ind: Indikativ
conj: Konjunktiv
präs: Präsens
prät: Präteritum
part: Participium

---

[1] Vgl. dazu C. Franke, Grundzüge der Schriftsprache Luthers in allgemeinverständlicher Darstellung 3 Bde. (2. Aufl. Halle 1913—1922); H. Bach, Laut- und Formenlehre der Sprache Luthers (Kopenhagen 1934); J. Erben, Grundzüge einer Syntax der Sprache Luthers (Berlin 1954); V. Moser, Frühneuhochdeutsche Grammatik I u. III (Heidelberg 1929/51).

I. Der Vokalismus.

a statt o: ader, sall, nach (= noch)
â statt ô: wâfür, ahn (= ohne)
i statt e: wider, Kilch, Hirrschaft, wilch
î statt ei: =lîn (fündlîn)
i statt ie (je), das daneben vorkommt: itzt, idermann
i, e und ie sind nicht zu ö und ü gerundet: Helle, schepfen, schweren, zwelf, wirdig, liegen, triegen (aber frömbd).
ei statt ë und ie: feil (= fehl), feilen, Unterscheid.
u statt o: frumm.

Umlaut.

Das Auftreten des Umlautes weicht vielfach vom heutigen Gebrauche ab.
Allerdings stehen öfters umgelautete und nicht umgelautete Formen bei demselben Worte nebeneinander.

ä (e): klärest, klärlichst, offenbärlich, Erbeit, Erbeiter, Arzenei, zwenzig, Ebenteuer. *Er fehlt in:* fast (adv. zu fest).
ö: öberst (neben oberst), Oberhand, er kömmpt. *Er fehlt in:* gottlich, großest, hohest (neben höhest), kostlich, offentlich, schone (adv. zu schön), fodern (= fördern), wir konnen, die Bischofe.
ü: ümb, darümb, schüldig (neben schuldig), wünderlich, gedültig, der Jüde.
Er fehlt in: vermugen, Furst, Rucken, Sunde (neben Sünde).

Vorsilben.

zu + er= : zur: (zurzählen)
e erhalten in der Vorsilbe ge=: Gelied, Genad, genädiglich
vor= zu ver= abgeschwächt: verzeiten, verhanden
Synkope in der Vorsilbe: drüber, gnug.
Verbale Präfixe:
zu= (statt zer): zustoßen, zutreten, zustören
ver= (statt er=): verzählen, verklären.

Zwei gleiche oder gleichartige Konsonanten werden unter Beseitigung des dazwischenstehenden Vokals verschmolzen: er fürcht(et), kein(en), unser(er), veracht(et)er, daß (aus: daß es).
Ausstoßung des unbetonten e im Auslaut: hab ich, ich wollt, Gnad, Fried.
Durch Synkopierung schwindet oft das e in der Endung =es (des Tags).
In Nebensilben findet oft keine Synkopierung statt: er siehet (neben sicht), hältest, schönest.
Für das e der Nebensilbe tritt oft i ein: du erzürnist, hohist, Gottis.
Fehlen des e in: feur, Maur, eur, teur, re, le statt er, el: feiren, strauchlen.

II. Der Konsonantismus.

b und p:
    b und p sind erhalten in: ümb, darümb, Lamb, Ampt.
    sind eingeschoben in: sampt, sämptlich, er kömmpt, nimmpt, verdammpt, Hembd, frömbd, =tumb.
    b steht in: Bapst, Blatte, bochen, Buff.
    p steht (neben b) in: gepieten, Gepot, geporen, Gepurt, gepühren, Pusch.
d und t:
    d steht in: Dôn, hinden, gelidden, Schulder, siebende, vierde
    t steht in: gedültig, Geticht, tichten, Trache
    kein t ist eingefügt in: offenlich, ordenlich, unserhalben, Kehrich, selbs (neben selb und selbst)
    ohne d ist: Gemeine gebildet.
g und ch:
    ch statt g: billicher
    g statt h: Ruge
    g statt ch: Herrligkeit.

h und ch: hoch, hohist, nähist, Viech (neben Viehe), er sicht, zeucht, geschicht, Schuch.
    h noch nicht durch ng im präs. verdrängt in: anfahen, empfahen.
    h ist ausgefallen im Anlaut in: eraus, erfür.

n:
    n steht in: Pfenning.
    ntb ist zu mp geworden: empehren
    kein n ist angefügt an: alber, nu, sonder, schuchter.

r:
    r ist erhalten in: darnach, darmit
    r ist ausgefallen in: hie, fodern (fordern und fördern).

III. Die Flexion.

1) *Nomina*

  A. Substantiva:

Die Feminina auf e (Gabe, Kirche) werden im allgemeinen wie in der heutigen Sprache behandelt; daneben finden sich noch Reste des alten Unterschiedes zwischen starken und schwachen Feminina, d. h. entweder lautet die Endung mit Ausnahme des gen. und dat. pl. (-en) durchgängig -e oder aber mit Ausnahme des nom. sing. (-e) stets -en (in der Hellen).

Der nom. und acc. pl. neutr. ist entweder endungslos oder er geht auf -e, bzw. auf -er aus (die Wort, Worte, Wörter).

  B. Adjektiva:

Nach dem bestimmten Artikel geht der acc. sing. fem. des Adjektivs öfters auf -en aus (die christlichen Kirche).

In nom. pl. masc. steht nach dem bestimmten Artikel gern die stark flektierte Form des Adjektivs auf -e (die gemeine Pfarrer).

Nach dem unbestimmten Artikel und dem Possessivpronomen wird das Adjektiv meist stark flektiert (meine liebe Herren).

Im nom. sing. masc. und fem. und nom. und acc. sing. neutr. steht oft die endungslose Form des Adjektivs (ein frei Konzil, gut Regiment), besonders nach den Possessivpronomina und ein, kein, manch etc.

Auch bei den Adjektiven wird wie bei den Substantiven gerne das auslautende -e apokopiert (unser Kirche, aufs erst).

  C. Pronomina:

gen. sing. des Personalpronomens: mein, dein, sein.
dat. des Reflexivpronomens: ihm, ihn (pl.), nach Präpositionen auch: sich.
gen. und dat. sing. fem. und gen. pl. des Pronomens der 3. pers.: ihr; dat. pl.: ihn.
gen. sing. masc. des Demonstrativpronomens: des; dat. pl. des Artikels: denen (neben den).
nander (statt: einander) in Zusammensetzungen: unternander.
Zahlreich sind bei den Pronomina die enklitischen Formen: ins, fürs, zun (= zu den), in (= in den), daß (= daß es).

  D. Zahlworte:

Vom Zahlworte zwei sind noch alle drei Geschlechter im Gebrauch: zwene, zwo, zwei.
Abweichende Formen: zehen, zwenzig.

2) *Verben*

  A. Die starken Verben:

Die Verben der I. Ablautsklasse (reißen, treiben) haben im sing. ind. prät. den Vokal ei: ich reiß, treib.
Die Verben der II. Ablautsklasse (fließen, ziehen, liegen [= lügen]) haben in der 2. und 3. pers. sing. ind. präs. den Vokal eu: er fleußt, zeucht, du leugst.
In der 1. und 3. pers. sing. ind. prät. der starken Verben wird öfters ein e angehangen: ich ließe, bliebe, sahe.

B. *Die schwachen Verben:*
   Das Präteritum wird auf =et oder =te gebildet: ich saget oder sagte.
   Mehrere jetzt stark flektierte Verben werden schwach flektiert: preisen, ich preiste, gepreist, ebenso weisen.
   Zum starken Verb: beginnen *gehört das schwache prät.:* ich begunste, zu dünken: dauchte.

C. *Verba präterito-präsentia und anomala:*
   Einzelne Präterito-Präsentien bilden die 2. pers. sing. ind. präs. ohne s: du sollt, willt, *aber* kannst, magst.
   Zu: können *lautet das prät.:* ich kunnte oder kunnde.
   Zu: tun *lautet die 1. und 3. pers. sing. ind. prät.:* ich und er tät(e).
   Von: sein *lautet die 1. pers. pl. ind. präs.:* wir sein, *das part. prät.:* gewest.

Einzelne part. prät. werden ohne das Präfix ge= *gebildet:* blieben, bracht, brochen, geben (neben gegeben), gangen, kommen, tan (neben getan), troffen, worden.

IV. Lexikalisches.

Verben, die abweichend vom heutigen Sprachgebrauch mit dem Genetiv verbunden werden: begehren, brauchen, sich freuen, genießen, pflegen, spotten, vergessen, wollen.

Substantiva, die ein vom heutigen abweichendes Geschlecht haben: Die Bekenntnis, Gefängnis, Gift, Maß, Unterricht, Witze. Das Ablaß, Armut, Lohn, Teil, Vorteil.

Häufiger vorkommende Worte, deren Bedeutung von der heutigen abweicht:
ander: zweite *(neben der heutigen Bedeutung)*
beide — und: sowohl — als auch
brauchen: brauchen *und* gebrauchen
dürfen: dürfen („man solle oder dürfe nicht beten") *und* bedürfen, brauchen („er darf solcher Vergebung").
fahr, fährlich: Gefahr, gefährlich.
fast: sehr
fodern: fordern *und* fördern
für: vor *und* für
gegen: *Präposition mit dat. und acc.*
noch: dennoch
ob: wenn
ob ... wohl: obwohl
ohne daß: außer daß
so: wenn *oder Ersatz für den nom. und acc. des Relativpronomens*
schweige: geschweige
türren, ich tarr: wagen
weder: als
zwar: in Wahrheit.

Die doppelte Negation (kein ... nicht, niemand ... nichts) *ist der einfachen Negation gleichwertig, sie bedeutet also weder eine Aufhebung noch eine Verstärkung.*

Die drei altkirchlichen Symbole.

Das „Apostolische Glaubensbekenntnis" ist als altkirchliches Erbstück in der römisch-katholischen Kirche in Gebrauch und als solches von der evangelischen Kirche übernommen worden. Es ist ein Bestandteil der Taufliturgie, und sein lateinischer Text findet sich dementsprechend im Rituale Romanum, wo er mit dem des Konkordienbuches gleich lautet: nur ist statt *ad inferna* dort gesagt *ad inferos*, was ebenso im lateinischen Text des Großen Katechismus (S. 651, 4) steht; ferner fehlt dort *et* vor *vitam aeternam*. Dieser Text ist im ganzen Mittelalter üblich gewesen und begegnet mit geringfügigen Abweichungen in zahllosen gedruckten und ungedruckten Quellen: viel Material gibt Hahn[3] und Kattenbusch II 759ff.

Wenn wir nun die Frage aufwerfen, wann und wo dieses Symbol entstanden sei, so müssen wir sie zunächst genauer präzisieren. Das „Apostolicum" ist nämlich nur eine von zahlreichen Gestalten, die das Glaubensbekenntnis der alten Kirche angenommen hat, und die Untersuchung seiner Herkunft in der uns vorliegenden Textform ist wohl zu scheiden von dem Problem der Entstehung seiner Grundlage und Urgestalt. Unser amtlicher Text entstammt, wie bereits gesagt, dem Mittelalter und begegnet schon in den Sakramentarien des alten gallischen Ritus (Missale von Bobbio saec. VIII ed. Lowe 1920, Henry Bradshaw Society Vol. 58, nr. 184, 245, 246, 591; Migne P. L. 72 p. 489a, 502bc, 579a und Missale Gallicanum Vetus saec. VIII; Migne P. L. 72, 349b; Hahn[3] § 66, 67) sowie bei dem 753 gestorbenen Abt Pirmin von Reichenau (Caspari Anecdota S. 151ff. Hahn[3] § 92). Nächst verwandt damit sind die Symbole des Cyprianus von Toulon um 530 (Mon. Germ. Epist. III 435, Lietzmann Symb.[2] 15) und des Faustus von Reji (Riez, etwa 450—490), (Hahn[3] § 61, Lietzmann 14): womit wir nach Südfrankreich geführt werden. Die älteste Formel dieses Typs ist das Symbol, das Bischof Nicetas von Remesiana (Bela Palanka in Serbien) um 400 seiner Erklärung des Symbols zugrunde legt (A. E. Burn, Nic. of R. his life and works 1905 p. 38—54): sie lautet: *Credo in Deum patrem omnipotentem, creatorem caeli et terrae. Et in filium eius Iesum Christum, natum ex spiritu sancto et ex Maria virgine, passum sub Pontio Pilato, tertia die resurrexit vivus a mortuis, ascendit in caelos. sedet ad dexteram patris, inde venturus iudicare vivos et mortuos. Credo et in spiritum sanctum, sanctam ecclesiam catholicam, communionem sanctorum, remissionem peccatorum, carnis resurrectionem et vitam aeternam.* Hier an der Grenze des Morgen- und Abendlandes könnte dieses Symbol aus Bestandteilen beider Traditionsstämme gebildet und von da nach Frankreich und weiterhin nach Spanien, Britannien und Deutschland gekommen sein. Die gemeinsame Wurzel aller abendländischen Bekenntnisse ist das altrömische Symbol (= R), dessen griechischer Text uns im 4. Jahrhundert (um 340) durch Marcell von Ankyra bezeugt wird (bei Epiphanius haer. 72, 3), und das uns in mehreren Handschriften auch lateinisch erhalten ist (s. S. 21): dieser lateinische Wortlaut ist maßgebend für den ganzen Okzident geworden. Es ist umstritten, ob R im 2. oder im 3. Jahrhundert seine uns vorliegende Form erhalten hat. Die in Hippolyts Kirchenordnung zu Anfang des 3. Jahrhunderts begegnende Taufformel (Zeitschr. f. neutest. Wiss. 26, 1927, S. 77ff.) und die mannigfachen Bekenntnistexte Tertullians (ebd. 21, 1922, S. 25ff., Hahn[3] § 7) um 200 lehren uns mit unbedingter Klarheit, daß R um jene Zeit entweder ihnen bekannt und von ihnen benutzt ist — und das ist das wahrscheinlichere —, oder daß nächstverwandte Vorstufen zu R bereits in kirchlichem Gebrauch sind. Können wir nun die Vorgeschichte von R noch weiter hinauf verfolgen? Etwa gar bis in die Zeit der Apostel? Diese Frage kann die Forschung der Gegenwart im ganzen zuversichtlich bejahen, wenn auch die Lösung des Problems im einzelnen nur vermutungsweise möglich ist und darum auf verschiedenen Wegen gesucht

wird. Einig ist man sich in der Anerkennung der Tatsache, daß, von den Evangelien und Paulusbriefen anfangend, durch das ganze altkirchliche Schrifttum der ersten Jahrhunderte sich eine Fülle von bekenntnismäßigen Formulierungen christlicher Glaubenswahrheiten hindurchzieht, die den einzelnen Sätzen von R entsprechen oder in Symbolen des Orients begegnen: der Kommentar unserer Ausgabe S. 21—25 stellt die wichtigsten dieser Zeugnisse zusammen. Diese Sätze kann man nun entweder als Anspielungen auf ein hinter ihnen stehendes, mehr oder minder fest geformtes Symbol verstehen und dies aus ihnen zu rekonstruieren versuchen —, oder man würdigt jede Stelle für sich als vollwichtiges Bekenntnis, nicht als bloße Anspielung, und erkennt in den immer ausführlicher werdenden und R oder den orientalischen Formeln sich nähernden Zusammenfassungen von Glaubenssätzen die fortschreitende Entwickelung der Form aus primitiven Anfängen zu fester Gestaltung.

Den ersten Weg hat insbesondere A. Seeberg mit seiner bedeutsamen Schrift über den „Katechismus der Urchristenheit" (1904) neu eröffnet: er nimmt neben der trinitarischen Formel (Mat. 28, 19) ein ausführliches christologisches Lehrstück als in der Urgemeinde vorhanden an, durch deren Verbindung etwa im 2. Jahrhundert das Symbol entstanden sei. R. Seeberg hat diese Gedanken aufgenommen und durch eindringende symbolgeschichtliche Arbeit weiterentwickelt. Er rekonstruiert eine wesentlich christologische, an zahlreichen Stellen des Neuen Testaments durchscheinende „neutestamentliche" Formel U[1], die als Bekenntnis für bekehrte Juden entstanden war. Dagegen entwickelt sich aus den Bedürfnissen der Heidenmission und der Tauformel Mat. 28, 19 ein triadisches Bekenntnis U[2], das um 140 in Jerusalem entstanden und von da aus in der ganzen Kirche verbreitet ist. Sein Wortlaut läßt sich etwa folgendermaßen rekonstruieren: πιστεύω εἰς ἕνα θεόν, πατέρα παντοκράτορα. πιστεύω εἰς ἕνα Ἰησοῦν Χριστόν, τὸν υἱὸν τοῦ θεοῦ, τὸν σαρκωθέντα ὑπὲρ τῆς ἡμετέρας σωτηρίας, γεννηθέντα διὰ πνεύματος ἁγίου ἐκ Μαρίας τῆς παρθένου καὶ σταυρωθέντα ἐπὶ Ποντίου Πιλάτου καὶ ταφέντα καὶ ἀναστάντα τῇ τρίτῃ ἡμέρᾳ ἐκ νεκρῶν καὶ ἀναληφθέντα εἰς οὐρανοὺς καὶ πάλιν ἐρχόμενον ἐν δόξῃ κρῖναι ζῶντας καὶ νεκρούς; πιστεύω εἰς πνεῦμα ἅγιον, τὸν παράκλητον. Aus dieser gemeinsamen Wurzel ist im Osten die Fülle der mannigfaltigen Symbole, im Westen R und seine Abkömmlinge erwachsen. Auch Paul Feine (Die Gestalt des Apost. Glaubensbek. S. 149) nimmt an, daß „die im einzelnen stärker abweichenden orientalischen Symbole sowohl wie das altrömische Bekenntnis eine gemeinsame Mutter haben, das ist das in der Zeit des Neuen Testaments bereits vorhandene und auch schon ausgeprägte urchristliche Taufbekenntnis". Er rekonstruiert dies Bekenntnis durch Zusammenfügung der den später belegbaren Formeln entsprechenden neutestamentlichen Stellen, freilich unter Betonung des Gesichtspunktes, daß die Formen damals noch weichere und flüssige gewesen sind.

Den anderen der beiden oben bezeichneten Wege haben die Symbolstudien von H. Lietzmann eingeschlagen. Er geht methodologisch von der Tatsache aus, daß in der Kirche des Ostens die Bekenntnisbildung noch in späteren Jahrhunderten freie Formen bewahrt hat, und daß wir auch im Westen in der älteren Zeit denselben Zustand beobachten können: es gibt eben im ganzen christlichen Altertum nicht zwei Schriftsteller, die ein und dasselbe Symbol zitieren — wenn man, wie billig, von Synodalsymbolen absieht —, und selbst ein und derselbe Schriftsteller formuliert seinen „Glauben" das eine Mal so und das andere Mal anders. Es gibt wohl Typen, die für die Formulierung maßgebend sind, aber ihre Ausprägungen begegnen uns immer wieder mit individuell gestaltetem Antlitz. Da nun aber dieser Zustand genau dem im Neuen Testament bereits begegnenden Tatbestand entspricht, so kann man die Entwickelung von hier aus zu begreifen versuchen.

Wir finden im Neuen Testament ein-, zwei- und dreigliedrig gestaltete Bekenntnisse. Eingliedrig ist das Christusbekenntnis. Es findet sich in einfachster Form Marc. 8, 27ff., Mat. 16, 16, Luk. 9, 20, 1. Kor. 12, 3, Röm. 10, 9, 1. Joh. 4, 15; 5, 5. 10, Hebr. 4, 14, als Taufbekenntnis in Apg. 8, 37 (cod. E): es hat sich in der alten Kirche unter dem Symbol des Fisches = Ἰησοῦς Χριστὸς Θεοῦ Υἱὸς Σωτήρ erhalten. Ausführlicher begegnet es Röm. 1, 3, 2. Tim. 2, 8, 1. Kor. 15. 3ff., 1. Petr. 3,18—22, und besonders schön liturgisch formuliert Phil. 2, 5—11. Wir finden es weiter bei Ignatius in verschiedenen Formen ad Ephes. 18, 2, ad Trall. 9, ad Smyrn. 1, 1—2 (Hahn[3] § 1), und es begegnet liturgisch betont in der Praefatio der Abendmahlsliturgie seit Hippolyt (Didascaliae fragm. Veronensia latina ed. Hauler p. 106).

Zweigliedrige Bekenntnisse zu Gott und Christus finden wir 1. Kor. 8, 6, 1. Tim. 6, 13, 2. Tim. 4, 1, im Polykarpbrief an die Philipper 2 und bei Irenaeus 3, 1—2, 4, 1—2, 16, 6 (Hahn[3] § 5), Hippolyt contra Noëtum 1 (Hahn[3] § 4), Acta Iustin. 2, 5. u. ö.

Das trinitarische Bekenntnis hat seine Grundlage im Taufbefehl Mat. 28, 19, womit 2. Kor. 13, 13 zu vergleichen ist. Noch ins 1. Jahrhundert gehört I. Clem. 46, 6 ἢ οὐχὶ ἕνα θεὸν ἔχομεν καὶ ἕνα Χριστὸν καὶ ἓν πνεῦμα τῆς χάριτος τὸ ἐκχυθὲν ἐφ' ἡμᾶς, καὶ μία κλῆσις ἐν Χριστῷ. Die im 2. Jahrhundert entstandene Epistula Apostolorum c. 5 (16) in ihrer äthiopischen Gestalt (S. 7 ed. Duensing Kl. Texte 152) sagt: *Die fünf Brote* (Mat. 14, 19 Par.) *sind ein Bild unseres Glaubens betreffs des großen Christentums und d. h. an den Vater, den Herrscher der ganzen Welt, und an Jesum Christum, unsern Heiland, und an den heiligen Geist, den Parakleten, und an die heilige Kirche und an die Vergebung der Sünden.* Justin hat mehrere trinitarische Formulierungen Apol. I 13. 61, 3, 10 dial. 85, 2 Hahn³ § 3) und noch ausführlichere Irenaeus I 10 (Hahn³ § 5). Dem altrömischen Symbol stehen die Bekenntnisformeln vielfach nahe, die wir bei Tertullian de virg. vel. 1, de praescr. haer. 13, adv. Praxeam 2 (Hahn³ § 7) finden; und das gleiche gilt von den Tauffragen in der Kirchenordnung des Hippolytos: sie lauten in griechischer Rekonstruktion (vgl. Zeitschr. f. neutest. Wiss. 26, 1927, S. 81): Πιστεύεις εἰς θεὸν πατέρα παντοκράτορα; Πιστεύεις εἰς Χριστὸν Ἰησοῦν, τὸν υἱὸν τοῦ θεοῦ τὸν γεννηθέντα διὰ πνεύματος ἁγίου ἐκ Μαρίας τῆς παρθένου, τὸν σταυρωθέντα ἐπὶ Ποντίου Πιλάτου καὶ ἀποθανόντα [καὶ ταφέντα?] καὶ ἀναστάντα τῇ τρίτῃ ἡμέρᾳ ζῶντα ἐκ νεκρῶν καὶ ἀνελθόντα (oder ἀναβάντα?) εἰς τοὺς οὐρανοὺς καὶ καθίσαντα ἐκ δεξιῶν (oder καθήμενον ἐν δεξιᾷ?) τοῦ πατρὸς [καὶ] ἐρχόμενον κρῖναι ζῶντας καὶ νεκρούς; Πιστεύεις [καὶ?] εἰς (τὸ) πνεῦμα (τὸ) ἅγιον, ἁγίαν ἐκκλησίαν [καὶ σαρκὸς ἀνάστασιν?] Eigenartig ist ein in vielen ägyptischen Zeugen begegnendes und auch auf römischem Boden erhaltenes neungliedriges Symbol: Πιστεύω εἰς θεόν, πατέρα, παντοκράτορα· καὶ εἰς Ἰησοῦν Χριστόν, τὸν υἱὸν αὐτοῦ τὸν μονογενῆ, τὸν κύριον ἡμῶν· καὶ εἰς πνεῦμα ἅγιον, ἁγίαν ἐκκλησίαν, σαρκὸς ἀνάστασιν. Nach Harnack und Lietzmanns Vermutung, die sich auf eine Beobachtung von K. Holl stützt, ist es die direkte Grundlage von R, während R. Seeberg, Feine, Capelle es für eine Verkürzung der ausführlichen Form halten.

Während sich im Westen R früh als Normalform durchsetzte, ist im Osten die liturgische Freiheit und Mannigfaltigkeit noch Jahrhunderte lang bewahrt worden: Hahns Bibliothek vermittelt einen starken Eindruck von dieser Fülle der Formeln. Als man auf dem Nicänischen Konzil 325 nach einer Bekenntnisformel suchte, die allgemein verbindlich sein und die Lehre des Arius abwehren sollte, schlug Eusebius von Cäsarea das Taufbekenntnis seines Ortes vor (Hahn³ § 123, 188, Lietzmann S. 18). Die Kommission nahm ein anderes, dem Jerusalemer Sprengel angehöriges Symbol und fügte in dieses die Stichworte ein, die dem Arianismus galten. So entstand das Nicänische Symbol (= N, vgl. Zeitschr. f. neutest. Wiss. 24, 1925, 193—203). Es lautet: Πιστεύομεν εἰς ἕνα θεόν, πατέρα παντοκράτορα, πάντων ὁρατῶν τε καὶ ἀοράτων ποιητήν. Καὶ εἰς ἕνα κύριον Ἰησοῦν Χριστόν, τὸν υἱὸν τοῦ θεοῦ, γεννηθέντα ἐκ τοῦ πατρὸς μονογενῆ, > τουτέστιν ἐκ τῆς οὐσίας τοῦ πατρός, > θεὸν ἐκ θεοῦ, φῶς ἐκ φωτός, < θεὸν ἀληθινὸν ἐκ θεοῦ ἀληθινοῦ, γεννηθέντα, οὐ ποιηθέντα, ὁμοούσιον τῷ πατρί > δι' οὗ τὰ πάντα ἐγένετο, τά τε ἐν τῷ οὐρανῷ καὶ τὰ ἐν τῇ γῇ, τὸν δι' ἡμᾶς τοὺς ἀνθρώπους καὶ διὰ τὴν ἡμετέραν σωτηρίαν κατελθόντα καὶ σαρκωθέντα, ἐνανθρωπήσαντα, παθόντα καὶ ἀναστάντα τῇ τρίτῃ ἡμέρᾳ, ἀνελθόντα εἰς οὐρανούς, καὶ ἐρχόμενον κρῖναι ζῶντας καὶ νεκρούς. Καὶ εἰς τὸ ἅγιον πνεῦμα. Τοὺς δὲ λέγοντας· ἦν ποτε ὅτε οὐκ ἦν, καὶ πρὶν γεννηθῆναι οὐκ ἦν, καὶ ὅτι ἐξ οὐκ ὄντων ἐγένετο ἢ ἐξ ἑτέρας ὑποστάσεως ἢ οὐσίας φάσκοντας εἶναι, ἢ κτιστὸν ἢ τρεπτὸν ἢ ἀλλοιωτὸν τὸν υἱὸν τοῦ θεοῦ, ἀναθεματίζει ἡ καθολικὴ ἐκκλησία. Die Zusätze der Kommission sind durch < ... > gekennzeichnet.

Als nach langen Kämpfen die Konstantinopeler Synode von 381 unter Kaiser Theodosius I. die arianischen Wirren beendete, erneuerten „die 150 Väter" das Bekenntnis zum Nicänischen „Symbol der 318 Väter" und bestätigten gleichzeitig ein zweites Symbol als Ausdruck des wahren Glaubens, welches die moderne Forschung das Nicaeno-Constantinopolitanum (= C) nennt. Die Fixierung dieses Symbols durch die Synode von 381 wird auf der Synode von Chalkedon amtlich behauptet, und Ed. Schwartz hat dieser Tradition energisch zugestimmt (Zeitschr. f. neutest. Wiss. 25, 1926, 38—88). Die meisten Forscher sind Hort gefolgt, der aus der Ähnlichkeit von C mit Epiph. Ancoratus c. 118, 9—12 (Hahn³ § 125, Lietzmann S. 19f.) geschlossen hatte, C sei älter als 381, und der auch eine feierliche Proklamierung dieses Symbols in Konstantinopel bezweifelte. Jedenfalls ist C seit dem Konzil zu Chalkedon in steigendem Maße in Aufnahme gekommen, hat im praktischen Gebrauch N verdrängt und schließlich auch seinen Namen angenommen. Als Meßsymbol wird es nach orientalischem Vorbild 589 in Spanien eingeführt (Synode von Toledo can. 2, H. Th. Bruns, Canones I, 213). Von da ist die Sitte nach Frankreich und

Deutschland gekommen und durch Heinrich II. 1014 auch in Rom eingeführt (A. Hauck, Kirchengesch. Deutschlands III⁴ 523).

Das Symbolum Athanasianum ist ein lateinisches Originalwerk und gehört einem ganz anderen Typ an wie die beiden bisher besprochenen Symbole. Es ist eine breite Darlegung des Trinitäts- und der christologischen Dogmas analog den sogenannten Bekenntnissen des Damasus (Hahn³ § 200) oder anderen Bekenntnissen des frühen Mittelalters (z. B. Hahn³ § 208, 227, 238, 239, 240), vor denen es sich aber durch seinen kunstvollen Bau in lauter gleichmäßig gebildeten thesenartigen Gliedern auszeichnet. Die vorgetragene Theologie beruht nicht nur dem Inhalt, sondern auch in weitem Umfang dem Wortlaut nach auf Augustin und noch mehr auf Ambrosius: das läßt sich im übersichtlichen Parallelenkommentar bequem überschauen, den H. Brewer (Das sog. Athanasianische Glaubensbekenntnis S. 32—44) geliefert hat. Über die Entstehungszeit und den Verfasser dieses Symbols hat es ein großes Rätselraten unter den Gelehrten gegeben, ohne daß man bis jetzt zu einer Einigung gekommen wäre. Daß es sich nicht um ein Werk des hl. Athanasius handeln kann, ist unbestritten klar. Aber im übrigen schwanken die Ansätze zwischen dem 4. und 9. Jahrhundert. Nun ist freilich diese späteste Datierung, für die Swainson eingetreten ist, inzwischen durch die Tatsache erledigt, daß die älteste Handschrift des Textes, der Codex von Bobbio, nicht später als etwa 700 geschrieben ist. Sodann ist nicht wohl zu bezweifeln, daß das Bekenntnis, welches die Synode zu Toledo im Jahre 633 in ihrem can. 1 vorträgt (Bruns, Canones I, 221 = Hahn³ § 235), unser Symbol in erheblichem Umfang ausschreibt. Und die Synode zu Autun (zwischen 663—680 Mon. Germ.: Maassen Conc. aevi Meroving. S. 221, 2) verlangt von den Klerikern Bekanntschaft mit dem Apostolikum und der *fides sancti Athanasii praesulis* (Morin, Journal of Theol. Stud. 12, 175). Damit scheidet also auch das 7. Jahrhundert als Entstehungszeit aus. H. Brewer hat in seiner Monographie Ambrosius als den Verfasser des Symbols erweisen wollen, und A. E. Burn ist nach seiner letzten Äußerung (Journal of Theol. Stud. 27, 19—28) von ihm überzeugt worden; auch R. Seeberg (Dogmengeschichte 2³, 165ff.) ist geneigt, ihm beizustimmen. Morin hat den vielzitierten pseudoaugustinischen Sermo 244, den man allgemein Cäsarius von Arles zuschrieb, als Zeugen für dies Symbol aus der Diskussion ausgeschaltet (Journal of Theol. Stud. 12, 182ff.) und läßt es in Spanien um 550, etwa durch Martin von Bracara, entstanden sein (Journal of Theol. Stud. 12, 338ff.). A. Harnack vermutet, der erste, trinitarische Teil sei in der ersten Hälfte des 5. Jahrhunderts in Gallien entstanden, der zweite etwa im Laufe des 6. Jahrhunderts hinzugekommen (Dogmengeschichte 3⁴, 300f.). Früher hatte Burn Lerinum und die Zeit 425—430 für den Ursprung angesetzt, und Kattenbusch urteilte ähnlich. Neuerdings hat Stiglmayr (Zeitschrift für kath. Theol. 49, 1925, 341ff.) den um 500 wirkenden Afrikaner Fulgentius von Ruspe als Verfasser vorgeschlagen. Eine kritische Ausgabe des Textes veranstaltete C. H. Turner im Journal of Theological Studies 11, 1910, 401—411. Unser Text S. 28—30 verwertet diese Ausgabe und ihren Apparat, gibt aber nur die Lesarten der vier ältesten Handschriften, die bei A. E. Burn Facsimiles of the Creeds (Henry Bradshaw Society Vol. 36, 1909) Taf. 15—24, abgebildet sind.

Literatur: Sammlung der Texte bei August Hahn, Bibliothek der Symbole und Glaubensregeln. 3. Aufl. von Ludwig Hahn, mit einem Anhang von Adolf Harnack. 1897. Der Anhang S. 364—390 enthält einen reichhaltigen Kommentar zum altrömischen Symbol. — Eine Auswahl der wichtigsten Texte bringt Hans Lietzmann, Symbole der alten Kirche. 2. Aufl. 1914 (Kleine Texte Nr. 17/18). — Das umfassende Hauptwerk der Symbolforschung ist Ferdinand Kattenbusch, Das apostolische Symbol. I, 1894, II, 1900, mit eindringender Erklärung der einzelnen Sätze des altrömischen Symbols und des Apostolicums. — Von älterer Literatur ist besonders zu nennen Carl Paul Caspari, Ungedruckte, unbeachtete und wenig beachtete Quellen zur Geschichte des Taufsymbols und der Glaubensregel. Christiania, I 1866, II 1869, III 1875. Alte und neue Quellen zur Geschichte des Taufsymbols und der Glaubensregel. Christiania 1879. — Theodor Zahn, Das apostolische Symbolum. 1893. — A. E. Burn, An Introduction to the Creeds. London 1899. — Neuere Arbeiten: Joh. Haußleiter, Trinitarischer Glaube und Christusbekenntnis in der alten Kirche. 1920. — Paul Feine, Die Gestalt des Apostolischen Glaubensbekenntnisses in der Zeit des Neuen Testaments. 1925. — Alfred Seeberg, Der Katechismus der Urchristenheit. 1903. — Reinh. Seeberg, Zur Geschichte der Entstehung des apostolischen Symbols in Ztschr. f. Kirchengeschichte, Bd. 40 (1922), 1—41. — Karl Holl, Zur Auslegung des zweiten Artikels des sog. apostolischen Glaubensbekenntnisses. Sitzungsber. der Berliner Akademie phil.-hist. Klasse 1919, 2—11

(= Ges. Aufsätze II, 115—128). — Adolf v. Harnack, ebenda, S. 112—116. — H. Lietzmann, ebenda, S. 269—274. — Hans Lietzmann, Symbolstudien I—XIV in Ztschr. für neutest. Wissenschaft 1922, 1923, 1925, 1927. — B. Capelle, Le Symbole romain au second siècle in Revue Bénédictine. 1927, 33—45. — B. Capelle, Les origines du Symbole romain in Recherches de Théologie ancienne et médiévale. 1930, 5—20. — Jules Lebreton, Les origines du Symbole baptismal in Recherches des sciences religieuses. 1930, 97—124. — F. J. Badcock, The History of the Creeds. London 1930, 2. Aufl. 1938. — E. v. Dobschütz, Das Apostolikum in biblisch-theologischer Beleuchtung. 1932. — O. Cullmann, Die ersten christlichen Glaubensbekenntnisse = Theol. Studien, H. 15, Zürich 1943. — K. Thieme, Das Apostolische Glaubensbekenntnis. 1914. — E. Lichtenstein, Die älteste christliche Glaubensformel ZKG, IV. F. 1950, 1—74. — W. Trillhaas, Das Apostolische Glaubensbekenntnis, Witten 1953.

Die Augsburgische Konfession.

1. Vorgeschichte[1]. Der Augsburger Reichstag schien die noch uneingelöste Zusage einer deutschen Nationalversammlung über die Glaubensfrage, wie sie der Abschied des 2. Nürnberger Reichstages 1524 enthielt[2], zu erfüllen. Wie der damalige Beschluß die ersten Anregungen zur evangelischen Bekenntnisbildung, wenn auch nur in Brandenburg-Ansbach und Nürnberg[3], gegeben hatte, so war jetzt wieder theologische Rüstung für die im Ausschreiben vom 21. Januar 1530[4] zugesagte Verantwortung vor dem Kaiser erfordert. Dafür konnte man nun an die unter innerevangelischen Antrieben (Visitation[5], Bündnisbestrebungen) weiterentwickelte Bekenntnisbildung anknüpfen. Auf ein im Sommer 1529 von den Wittenbergern verfaßtes Bekenntnis hatten sich 3.—7. Oktober 1529 in Schleiz Sachsen und Brandenburg-Ansbach geeinigt; an ihm schieden sich am 16. Oktober in Schwabach (daher Schwabacher Artikel[6]) und am 2./3. Dezember in Schmalkalden Sachsen, Brandenburg und Nürnberg von Hessen, Ulm und Straßburg. Daß währenddessen Luther selbst auf dem Marburger Religionsgespräch (2.—4. Oktober) aus den Schwab. Art. eine Vergleichsurkunde (Marburger Artikel) geschaffen hatte, war nur ein Zwischenspiel. Die Schwab. Art. galten als das entscheidende Bekenntnis der Lutheraner, besonders Sachsens. In den Sonderverhandlungen, in denen der Kurfürst noch vor Reichstagsbeginn beim Kaiser gutes Wetter zu erlangen suchte, ließ er sie, entsprechend der am 16. März erteilten Instruktion für Hans von Dolzig, Anfang Mai 1530 in Innsbruck durch die Grafen von Nassau und Neuenahr überreichen[7]. Daher griff man auch bei der Ausarbeitung der Lehrartikel der CA in Augsburg auf sie zurück. Die Schwab. Art. selbst haben eine Vorlage in dem von Luther der Schrift „Vom Abendmahl Christi" 1528 angefügten Bekenntnis, in dem die späteren Bekenntnisse schon deutlich angelegt sind[8]. Luther hatte mit großer Kunst den trinitarischen Bekenntnisaufriß innerlich belebt, indem er in den 2. Art. die Lehre von Erlösung, Sünde, Unfreiheit und den Gegensatz zwischen katholischer und evangelischer Vollkommenheit und in den 3. Art. die Lehre von Kirche und Sakramenten mit dem Gegensatz gegen die einzelnen kath. Gnadenmittel und die Endererwartung hineinlegte. Die Schwab. Art. strichen die meisten antirömischen Stücke und lösten den Aufriß auf, dabei die Geistlehre durch eine (aus dem Geist verstandene)

---

[1]) H. v. Schubert, Bündnis und Bekenntnis 1529/30. VRG 98. 1908. Bekenntnisbildung und Religionspolitik 1529/30 (1524—1534). 1910. Die Anfänge der evang. Bekenntnisbildung bis 1529/30. VRG 143. 1928. [2]) Deutsche Reichstagsakten. Jüngere Reihe IV, 616. [3]) Die fränkischen Bekenntnisse. Hsg. von W. F. Schmidt u. K. Schornbaum. 1930. S. 180ff. [4]) Förstemann, Urkundenbuch I, 2ff. [5]) Articuli visitationis 1527. CR 26, 7ff. Unterricht der Visitatoren 1528. CR 26,42ff. WA XXVI, 195ff. Die fränk. Bekenntnisse S. 458ff. [6]) Ihre Priorität vor den Marburger Art. steht seit v. Schubert, Bekenntnisbild. u. Rel.pol. S. 21ff. fest. [7]) v. Schubert 244ff. Förstemann I 174. Die von Campeggi am 12. Mai nach Rom gesandte lat. Übersetzung der Schwab. Art. fand Brieger in Aleanders Acta Wormacensia im Vatik. Archiv. Brieger, Die Torgauer Artikel. Kirchengesch. Studien für H. Reuter 1890. S. 312ff., abgedr. von C. Stange ThStKr 1903, S. 459ff. Zur Gesandtschaft an den Kaiser vgl. Bl. f. württ. Kirchengesch. 62, 1962, 253—268. [8]) WA XXVI 499ff. Dazu Wernle, Der evang. Glaube I. Luther, 1918, S. 268ff. W. E. Nagel, Luthers Anteil an der CA, 1930, S. 14ff., s. auch u. S. 981f.

Darlegung der Rechtfertigung ersetzend (Art. 5 und 6)¹. Die CA kehrt sogar stärker wieder zu Luthers Bekenntnis zurück. Sie stellt den Geist wieder hinter die Christologie (Art. III), die Eschatologie ans Ende (Art. XVII) und nimmt den in Schwab. und Marb. fehlenden Art. über die Heiligenverehrung (XXI) aus Luther und dem Unt. d. Vif.². — Zur Vorbereitung auf den Reichstag bestellte sich Kurfürst Johann am 14. März³ die Wittenberger Theologen nach Torgau und forderte sie auf, ein eilig auszuarbeitendes Gutachten mitzubringen. Darin sollten alle Punkte, „darumb sich angezeigter Zwiespalt, beide im Glauben und auch in anderen äußerlichen Kirchenbräuchen und Zeremonien, erhältet, zum furderlichsten dermaßen gefaßet werden, damit wir vor Anfang solchs Reichstags beständiglich und gründlich ent=schlossen sein, ob oder welcher Gestalt, auch wie weit wir und andere Stände, so die reine Lehre bei ihnen angenommen und zugelassen, mit Gott, Gewissen und gutem Fug, auch ahn beswerlich Ärgernis Handlung leiden mugen und konnen"⁴. Als die Wittenberger, die sich sofort an die Arbeit machten⁵, aus uns unbekannten Gründen am 20. März nicht erschienen waren, wiederholte der Kurfürst am 21. dringlich seine Aufforderung. Die Beratung fand am 27. März (Lätare) in Torgau statt; mit Sicherheit hat Melanchthon an ihr teilgenommen⁶, Luther wohl nicht. Als Ergebnis der Wittenberger und Torgauer Beratungen wurde ein (oder mehrere) Bedenken „der Gelehrten zu Wittenberg": „was kair. Mt. der Zeremonien halben und was dem anhängig anzuzeigen sein sollt", mit auf den Reichstag genommen⁷. Wir besitzen dies (oder wenn es mehrere waren, das umfassendste dieser) Bedenken wohl in dem Gutachten, in dem Melanchthon offenbar auf Grund der Wittenberger Vorarbeiten und der Torgauer Verhandlungen dem Kurfürsten eine An=leitung für die dem Kaiser vorzulegende sächsische Verteidigungsschrift gibt. Wir pflegen dies Gutachten etwas ungenau, aber im Kern zutreffend als Torgauer Artikel (genauer: Melanchthons Wittenberg=Torgauer Artikel) zu bezeichnen⁸. Es beschäftigt sich nur mit den Kirchenbräuchen, während die Wittenberger vermutlich der Meinung waren, daß für die Glaubenslehren die Schwabacher Artikel genügten, die der Kurfürst auch Hans von Dolzig für seine Gesandtschaft an den Kaiser neben dem „Unterricht der Visitatoren" mitgegeben hatte⁹.

2. Entstehung. Während des Aufenthaltes auf der Koburg (vom Karfreitag, dem 15., bis zum 23. April) entwarf Melanchthon das Schreiben an den Kaiser, das der „Apologie", d. h. der Verteidigungsschrift über die Kirchenbräuche, und den Glaubensartikeln als Einleitung beigefügt werden sollte¹⁰. Es ist uns wohl in Ja deutsch erhalten¹¹. Nach der Ankunft in Augsburg (2. Mai) arbeitete er es in eine noch ausführlichere Vorrede um¹², die uns nur in deutscher Übersetzung aus dem Lateinischen überliefert ist¹⁰. Sie ist wie auch der erste Entwurf im Ton einer bescheidenen, den Kaiser persönlich verpflichtenden Anrede gehalten, um damit der sächsischen Apologie von vornherein eine freundliche Aufnahme zu sichern. Unmittelbar darauf verschob sich der bisherige Plan. Die gefährliche Flugschrift, in der Eck 380 ketzerische Sätze aus den Schriften der Reformation mit 24 eigenen Thesen zu 404 Artikeln zusammengestellt hatte¹³, kam Melanchthon zu Gesicht und überzeugte ihn davon, daß seine Verteidigungsschrift nahezu alle Glaubensfragen behandeln müsse. Diese Erweiterung machte andererseits Kürzungen nötig, um den Kaiser nicht durch übermäßige Länge zu verstimmen. Schon am 11. 5. konnte die neue, unter starker, später noch verstärkter¹⁴ Benutzung der Schwab.

---

¹) f. u. S. 57 u. 59. ²) Vgl. S. 83b Anm. 1. ³) WABr V 263ff. ⁴) WABr V 264₂₅ff. ⁵) WABr V 266f. ⁶) Vgl. seine Briefe vom 27. und 28. März CR 2, 33f. und Sitz.Ber. der Wiener Ak. der Wiss. Phil.=hist. Kl. 118. (1889) III 24. ⁷) Förstemann I 138. ⁸) Stück A der von Förstemann (I 68ff.) veröffentlichten Akten, von Brieger (f. S. XV A. 7) als Torg. Art. herausgeschält. Gußmann I 1, 89ff. und Maurer, Festschr. f. Gerh. Ritter. 1949. S. 169ff. sehen sie wie ältere Forscher (vgl. bei Brieger) in dem von Luther stammenden, später von Melanchthon in A umgearbeiteten Stück E (Förstemann I 93ff. WABr V 430ff.), J. v. Walter vermutet Melanchthons Beitrag zu den Torg. Art. in dem Mitte März verfaßten, bei Förstemann I 193—197, abgedruckten Gutachten (Festschr. aus Anlaß d. 50jähr. Bestehens der Th.D.Coburgia zu Göttingen 1930, S. 35—50. Luther und Melanchthon während des Augsb. Reichstags. 1931. S. 12ff.). Im Zusammenhang mit der Conf. Aug. ist nur das zusammenfassende Stück A, auf das offenbar auch der Kurfürst in seinem Brief vom 11. Mai (WABr V 311) zurückblickt, von Bedeutung. ⁹) Instruktion für Hans v. Dolzig vom 16. 3. 1530. H. v. Schubert, Bekenntnisbildung u. Religionspolitik. 1910. S. 250ff. ¹⁰) Vgl. S. 39 Anm. 1. ¹¹) S. u. S. 35ff. Neue, voneinander abweichende Thesen zu den Vorreden und zur Entstehungs=geschichte der CA bei Maurer und Moeller (f. u. S. XXI, 1960 u. 1966). ¹²) Na vgl. u. S. 39 Anm. 2. ¹³) hrsg. von Gußmann, Quellen II 1930. Joh. Ficker, Zwingliana V 1933, S. 152ff. ¹⁴) Das zeigt der Vergleich mit Na.

(in geringem Maße auch der Marb.) Art. und mancher Formulierungen des „Unterrichts der Visitatoren"[1] gearbeitete apologia, quamquam verius confessio est, mit Begleitschreiben des Kurfürsten und Melanchthons an Luther abgehen[2]. Sie wird enthalten haben: Eine etwa Na entsprechende Vorrede Melanchthons, die Art. I—XVIII, XXII—XXVIII, davon aber XXVII in einem früheren Stadium und XXVIII in einer uns erhaltenen Vorform[3]; alles wohl lateinisch und deutsch[4], aber keinen Artikel in endgültiger Gestalt. Am 15. Mai schrieb Luther an den Kurfürsten zurück: „Ich hab M. Philipsen Apologia uberlesen: die gefället mir fast wohl und weis nichts dran zu bessern noch ändern, wurde sich auch nicht schicken, denn ich so sanft und leise nicht treten kann[5]." Am 22. Mai berichtete Melanchthon: In Apologia cotidie multa mutamus. Locum de votis, quia erat exilior iusto, exemi, supposita alia disputatione eadem de re paulo uberiore. Nunc de potestate clavium disputo[6]. Auch Brück beteiligte sich an den Besserungen[7]. Gleichzeitig bahnte sich die letzte Wandlung an: aus einem sächsischen in ein gemein-evangelisches Bekenntnis. Schon am 22. konnte Melanchthon hoffnungsvoll an Luther schreiben, daß der Landgraf damit umgehe, das Bekenntnis zu unterschreiben[8]. Die Sprödigkeit des Kurfürsten hielt die anderen zwar noch lange fern[9]. Die Nürnberger Gesandten erhielten sogar erst am 14. Juni den Auftrag des Rats, sich um die Mitunterzeichnung zu bemühen[10], nachdem sie eine Abschrift des Bekenntnisses nachhaus geschickt hatten. Am 31. Mai hatten sie einen lateinischen Text bekommen, aber noch „außerhalb der Vorrede und Beschluß, darin man noch am zweifeligsten ist"[11]; am 3. Juni ging eine Abschrift nach Nürnberg: „hiemit schicken wir E. W. Abschrift des sächsischen Ratschlags lateinisch, und ist die Vorred oder Eingang dabei. Aber es mangelt hinten an einem Artikel oder zweien, samt dem Beschluß, daran die sächsischen Theologi noch machen[12]." Diese Form ist uns in deutscher Übersetzung erhalten[13]. Bis Mitte Juni wurde der Text im wesentlichen fertiggestellt, die deutsche und die lateinische Fassung selbständig. Teils war die eine, teils die andere voraus. In der frühesten deutschen Handschrift, einer Abschrift Spalatins (Sp), sind einige Art. (XXI und XXIII) noch eigene Übersetzungen aus dem lateinischen Text[14]. Art. XX konnten die Nürnberger am 15. Juni deutsch nachhaus schicken; „so ist der im Latein noch gar nicht gemacht[15]". Noch ohne Art. XX und XXI ist uns die deutsche Augustana in A 1 (Abschrift in h 1) erhalten. Es ist die Form, die der brandenburgische Kanzler Dogler am 16. Juni dem Kaiser im Streit um das Predigtverbot in Augsburg sofort einzureichen vorschlug[16], um die Reinheit der evangelischen Lehre zu erweisen; daher sind hier nur die Glaubensartikel überliefert. Art. XXI ist in der etwa gleichzeitigen, Landgraf Philipp zur Kenntnisnahme übermittelten Handschrift M 1 (auch nach Sp) im Lateinischen schon fertig. Die am 15. Juni nach Nürnberg abgegangene[17], von Gußmann wiedergefundene deutsche Handschrift N 1 ist dagegen bis auf Vorrede, Schluß und Unterschriften schon vollständig[18]. Auch der Wortlaut stand im wesentlichen fest. Gleichzeitig entschied sich auch die Frage der Mitunterzeichnung durch die anderen evangelischen Stände. Schon am 15. konnten die Nürnberger Gesandten berichten, daß Melanchthon im deutschen Text dort, wo in dem früher übersandten lateinischen das Kurfürstentum Sachsen gestanden habe, „ein gemein Wort, das sich auf alle Stände ziehen mag, an die Statt genommen" habe[19]. Das zeigen auch A 1 (h 1) und N 1. Mit der Möglichkeit der gemeinsamen Unterzeichnung durch alle „Lutherischen Fürsten und Stände" begründete Melanchthon auch, daß er Vorrede und Schluß noch nicht verdeutscht habe[20]. Am 18. Juni machte der — also als erster Mitunterzeichner angenommene — Markgraf Georg den Nürnbergern Hoffnung auf die Erlaubnis zum Beitritt, obwohl der Kurfürst noch immer etwas widerstrebte[21]. Die Verhandlungen mit dem Landgrafen, die längsten und schwierigsten, endeten mit einem Vergleich. Seit der ersten Fühlungnahme mit Melanchthon hatte er sich überzeugen müssen, daß an ein gemeinsames Vorgehen mit den Oberdeutschen und Schweizern nicht zu denken

---

[1]) G. Hoffmann, Zur Entstehungsgesch. d. Augustana ZsystTheol 15. 1938. S. 419ff.
[2]) WABr V 311. 314.   [3]) Siehe u. S. 120ff.   [4]) Kolde, Älteste Redaktion 73f.
[5]) WABr V 319; 496₈.   [6]) WABr V 336₂₇.   [7]) CR 2, 62.   [8]) WABr V 336₃₃.   [9]) Kolde, Ält. Redaktion 41.   [10]) Ratsverlaß vom 14. 6. bei Kolde, Alt. Redaktion S. 33 Anm. 4.
[11]) CR 2, 78.   [12]) CR 2, 83.   [13]) Na. s. u. S. 39 Anm. 2.   [14]) Kolde, Ält. Redaktion S. 72f.   [15]) CR 2, 105.   [16]) Förstemann I 280f.   [17]) CR 2, 105.   [18]) ThLBl 1925, 209ff. hrsg. von Joh. Ficker, Die Augsb. Konfession (Schr. d. Ges. d. Freunde d. Univ. Wittenberg II) 1930. Dazu Gußmann ThLBl 1931, 38ff. Schornbaum ZbayrKG 1931, 117f. Bornkamm ZKG 50. 1931, 207ff.   [19]) CR 2, 105.   [20]) Ebenda.   [21]) CR 2, 112.

war¹. Auch eine Änderung des Art. X erreichte er nicht². Andererseits konnte er, durch die ersten Schroffheiten des Kaisers (Verbot der evangelischen Predigt, Beteiligung der Protestanten an der Fronleichnamsprozession) wirksam unterstützt, den anderen Ständen klarmachen, daß es verfehlt sei, allein das Urteil des Kaisers anzurufen. Damit fiel die ganze darauf abzielende Vorrede Melanchthons (mit ihr auch einige besondere Schärfen gegen die Zwinglianer). In einer neuen, von Brück verfaßten und von Jonas ins Lateinische übersetzten³ Vorrede stellte man sich formell auf den Rechtsboden: das kaiserliche Ausschreiben, den Speyerer Reichstag 1526 und die schon in Speyer 1529 ausgesprochene Appellation an ein Generalkonzil. Die Geheimverhandlungen Melanchthons, die dazu führen sollten, auf Grund einer kurzen Liste der wesentlichen Gravamina über die Zeremonien „die Sach in einer Enge und Stille vorzunehmen und gar nicht mit weitläufiger öffentlicher Verhöre und Disputation⁴", hatten offenbar den Abschluß etwas verzögert. Die Fürsten rückten am 21. von Melanchthons Vorgehen ab und beschlossen die Fertigstellung des Bekenntnisses⁵. Am 23. wurde es in einer letzten Beratung vor einem größeren Kreise angenommen⁶, aber auch danach noch allerlei gebessert.

3. Übergabe und Originalhandschriften. Die öffentliche Verlesung war auf Freitag, 24. Juni, angesetzt. Durch Vorwegnahme anderer Punkte wurde es aber zu spät. Die Protestanten konnten dem Kaiser nur mit Mühe abringen, daß die Verlesung nicht einfach ausfiel, sondern auf den 25. verschoben wurde⁷. Sie baten, die Konfession noch so lange behalten zu dürfen, „danne sey wie in der ile gemacht und vill orthen radiret und noch nicht munidiret odder uff das reyne gebracht, das wolten sey thun, auch noch ein mal sey überzehen". Mit einer spitzen Bemerkung, „das sey sich vor erbothen, dey schrifft zu übergeben und itzund sagen sey, das deyselbig noch nit uff das reyne gebracht seyn", bewilligte es der Kaiser⁸. Am 25. Juni um 3 Uhr wurde das deutsche Bekenntnis durch den sächsischen Kanzler Dr. Christian Beyer „auf der Pfalz in der undern großen Stuben" verlesen⁹. Der Kaiser nahm beide Exemplare an sich¹⁰. Von dem deutschen Original weiß man seitdem nichts mehr. Denn die Mitteilungen über die Verleihung des deutschen Textes aus der Mainzer Erzkanzlei an Eck für die Religionsverhandlungen in Worms 1540¹¹ und auf das Tridentinische Konzil¹², sind auf die bei den Mainzer Reichstagsakten befindliche Abschrift zu beziehen. Das deutsche Original wird nie in der Reichskanzlei, sondern in der kaiserlichen Hofkanzlei gelegen haben¹³. Das lateinische Original befand sich nach einer vermutlich richtigen Überlieferung bis zum Jahre 1569 im kaiserlichen Archiv in Brüssel. Am 18. Februar 1569 beauftragte Philipp II. den Herzog Alba, es einzufordern und bei Gelegenheit nach Spanien mitzubringen, „damit ein so verderbliches Werk auf immer vernichtet wird¹⁴". Das wird geschehen sein.

---

¹) Briefwechsel mit Melanchthon u. Brenz CR 2, 92ff.   ²) Siehe u. S. 64 Anm. 2.
³) Nach einer Randbemerkung in einem Exemplar der Ed. pr. in der Bibliothek des Predigerseminars Wittenberg. Förstemann I 460.   ⁴) CR 2, 123. Dazu Brieger, Zur Geschichte des Augsburger Reichstags von 1530. Programm. Leipzig 1903. Kolde, Älteste Redaktion 76ff.   ⁵) CR 2, 124. Kolde, Älteste Redaktion 98 Anm. 1.   ⁶) CR 2, 127.
⁷) CR 2, 128.   ⁸) Nach dem Protokoll des Mainzer Domherrn Dal. v. Tetleben, hrsg. von H. Grundmann (VRG 177) 1958, S. 75. Daß die zur Übergabe bestimmten Exemplare „übel zu lesen" waren, bezeugen auch Brück in seiner Geschichte des Reichstags (Förstemann, Arch. f. Gesch. d. kirchl. Reformation I. 1831, 53), der Reichsherold Kaspar Sturm (Walch² XVI, 816) und die Nürnberger Gesandten (CR 2, 129). Kolde NkZ 17. 1906, 748f. Gußmann I 1. 423f.   ⁹) Im Kapitelsaal des bischöflichen Palastes, der Herberge des Kaisers. Kolde, hist. Einleitung XIXf. CR 2, 142.   ¹⁰) Von einer Weitergabe des deutschen Textes an den Reichserzkanzler, den Kurfürsten von Mainz, wissen die Quellen (bei Kolde NkZ 17, 1906, 738, auch Tetleben) nichts. Ficker, Gesch. Studien für Hauck 1916, 248.   ¹¹) Ranke, Deutsche Gesch. im Zeitalter der Reform. III 194 Anm. 1. Kolde NkZ 1906, 739.   ¹²) Weber, Krit. Gesch. d. Augsp. Conf. I (1783), 193.   ¹³) Ficker 248f.   ¹⁴) Die Quellen darüber bei Kolde NkZ 1906, 740ff. Hasenclever ZKG 29. 1908, 81ff., 221ff. CR 26, 219ff. Nach Bischof Lindanus und dem Staatsratspräsidenten Viglius van Zwichem, dem Leiter des Archivs, dessen Urteil auch die Notariatsvermerke in V und Hü wiedergeben, war das Original von Melanchthons Hand. Das ist trotz der Bedenken von Kolde (NkZ 17. 1906, 745ff.) wohl richtig (mindestens für Teile) und hilft zur Erklärung der zahlreichen kleinen Unterschiede zwischen dem übergebenen Text und den Handschriften aus dem Besitz der Unterzeichner. Dgl. auch Ficker, Die Eigenart d. Augsb. Bek. 1930, S. 31. Nach dem ersten Notariatsvermerk (abgedruckt bei H. Bornkamm, Der authentische lateinische Text der CA 1530, 1956, S. 11)

4. Die Abschriften. Bisher sind 55 Abschriften der Augustana aus dem Jahr 1530 bekannt geworden; die Vorreden Melanchthons, nachweisliche Abschriften aus Drucken und späteren Datums nicht eingerechnet[1]. 36 konnte schon Tschackert in seiner kritischen Ausgabe 1901 verwerten, 3 weitere beschrieb er noch später[2]. Dazu traten die wichtigen neuen Funde Na durch Schornbaum und N1 durch Gußmann. Die übrigen werden in dieser Ausgabe neu verwertet[3]. Sp A1 H1 h1 N1 bezeichnen die bereits oben in der Entstehungsgeschichte geschilderten Vorstadien des deutschen Textes[4], Na und M1 die des lateinischen. Von den übrigen Handschriften zerfallen sowohl die deutschen wie die lateinischen aufs Ganze gesehen in je zwei Gruppen. Bei beiden Texten wird die eine gebildet von Handschriften aus protestantischem Besitz, vor allem der Unterzeichner selbst. Die andere Gruppe entstammt größtenteils katholischem Besitz. Ich sehe dabei von den Besonderheiten der einzelnen Handschriften, die bei der freien Behandlung der Texte durch die Abschreiber jede in reicher Zahl bietet, ab. Sie sind in dieser Ausgabe nur gelegentlich berücksichtigt, vor allem um Verwandtschaftsverhältnisse neu einzuordnender Handschriften aufzuzeigen[5]. Die Herstellung des deutschen Textes ist besonders umstritten. Für das Konkordienbuch (Dresden 1580) hatte Kurfürst August von Sachsen 1576, nach dem Vorgang des Corpus Brandenburgicum 1572 eine Abschrift aus dem Original in der Mainzer Erzkanzlei erbeten. Er erhielt freilich eine Kopie der Abschrift M3, die in Mainz bona fide für das Original gehalten wurde[6]. Die Geltung dieses Textus receptus ist vornehmlich durch Weber[7], dem die neueren Ausgaben bis zu Tschackert folgten, erschüttert worden. Erst Ficker hat demgegenüber zu hoher Wahrscheinlichkeit erhoben, daß M3 eine Abschrift aus der kaiserlichen Kanzlei für die Erzkanzlei ist[8]. Sie ist dort mit den Originalen der Konfutation, der Tetrapolitana, Bruchstücken der Widerlegung der Tetrapolitana und einer Fülle anderer Originalurkunden (keineswegs Kopialakten) im gleichen Bande aufbewahrt worden[9]. Mit den Parallelzeugen, von denen W und D1 die wichtigsten sind, verdiente M3 damit wieder in entscheidendem Maße herangezogen zu werden, ohne daß dabei die unmittelbare Abstammung aus dem Original mit Sicherheit ausgesagt werden kann. Die von A2 N2 M u.a. geführte Gruppe der Handschriften aus dem Besitze der Unterzeichner weist neben Vorzügen, die gegenüber dem von Schreibern verursachten schlechten Befund der ersten Gruppe manches Bestechende haben konnten, Zeichen eines etwas früheren Textes auf (Unterzeichner noch in der Vorrede genannt S. 45,1); auch Korrekturen (besonders in A2) deuten darauf hin.

Für den lateinischen Text ließ sich schon aus den Zeugnissen der Urgestalt der Konfutation[10], des Cochläus, Wesels u.a. nachweisen, daß nicht die Handschriften aus protestantischem Besitz, sondern die für die Konfutatoren, den Zwölferausschuß u.a. hergestellten[11], nur z.T. erhaltenen Abschriften die CA in der endgültigen Redaktion enthielten. Wir waren für diese Textfassung bisher auf die aus gemeinsamer Vorlage abgeschriebenen, z.T. eilig hergestellten Handschriften K R S W und auf den Druck bei Andr. Fabricius, Harmonia Confessionis

in V zählte das Brüsseler Exemplar 54 folia conscripta; das stimmt mit den Angaben Campeggis und einiger protestantischer Stadtgesandter (bei Kolde S. 740. Ficker, Gesch. Stud. f. Hauck, S. 243 Anm. 2) genau überein, während die anderen Abschriften stark variieren. [1]) Die in dieser Ausgabe benutzten S. 33f. Für die 2. Aufl. wurden neu verwertet: E, Hü, V und F (die frühere Handschrift F ist jetzt F1). 1966 wurde eine (auf die Umfrage 1929 nicht gemeldete) Abschrift vom Juli 1530 im Stadtarchiv Memmingen bekannt, die zu der Gruppe A2 usw. gehört (Me). Über die Kopie aus dem Archiv Albrechts von Preußen von 1561 (jetzt in Göttingen) vgl. 2.—5. Aufl. [2]) ARG 2. 1904, 56. [3]) Auf die in Karlsruhe befindlichen wies Ficker S. 250 hin; über die neuen lateinischen Texte s. u. S. XX. [4]) Die bei Förstemann I 373ff. verwertete (Tschackert 11f.) Münchener Handschrift gehört nicht dazu. Sie ist durch Lagenverlust unvollständig. [5]) Z.B. gehen K und Ra mit M (vor der zweiten Korrektur) zusammen; Au ist aus der unkorrigierten Handschrift A2 abgeschrieben; Z und Lü verweisen auf eine gemeinsame Stammhandschrift; F1 ist nach F kopiert. [6]) Z.B. noch in einer vidimierten Abschrift aus M3 vom Jahre 1590 für Pfalzgraf Philipp Ludwig von Pfalz-Neuburg. Bayer. Hauptstaatsarchiv München. Pfalz-Neuburg Nr. 1318. [7]) Vgl. S. XVIII A. 12. [8]) Geschichtl. Studien für Hauck 1916, 240ff. [9]) Eine Nachprüfung konnte diesen Nachweis nur bestätigen. Das Bären-Wasserzeichen, auf dessen Bedeutung Ficker 244f. aufmerksam macht, findet sich auch in Me, K und der ältesten Handschrift der Konfutation (s. S. 34 zu Conf.) f. 191, 193, 215. 217. [10]) Hrsg. von J. Ficker 1891. [11]) Depesche Campeggios v. 26.6. Nuntiaturberichte I. Abt. 1. Erg.Bd. 1963, 71. Kolde NkZ 17, 1906, 740f. Ficker, Stud. f. Hauck. 1916, 250. v. Walter, Depeschen d. venez. Gesandten Tiepolo. 1928, 51, 54.

Augustanae, Köln 1573[1] angewiesen. Dazu treten jetzt zwei Kopien notariell beglaubigter Abschriften aus dem im Brüsseler Archiv aufbewahrten, später verschwundenen Exemplar. Die eine (V, Vatikan. Archiv) ist eine 1568 für den Nuntius Melchior Biglia in Wien hergestellte, notariell beglaubigte Abschrift einer ebenfalls vidimierten Kopie vom Jahre 1566. Die andere, eine unbeglaubigte Kopie einer undatierten, notariell beglaubigten Abschrift des Brüsseler Textes, stammt aus dem Besitz des Petrus Canisius, der sie 1596 dem Jesuitenkolleg in Ingolstadt schenkte, und ist heute im Besitz des Bonifatius-Klosters Hünfeld, Kr. Fulda (Hü)[2]. Beide sind also nicht direkte Abschriften des Brüsseler Exemplars[3], aber mit großer Sorgfalt hergestellt. Sie bestätigen den der 1. Auflage dieser Ausgabe zugrundegelegten Text der Gruppe K R S W und ermöglichen die Verbesserung ihrer unbedeutenden Fehler. Daß die deutschen und lateinischen Handschriften aus dem Besitz der Unterzeichner die endgültige Textform enthalten, ist von vornherein unwahrscheinlich[4], da die für die Zeit vom 23.—24., ja noch vom 24.—25. Juni bezeugten Verbesserungen sicherlich nicht mehr in die Kopien übertragen werden konnten.

5. Die Drucke. Noch während des Reichstags erschienen trotz des kaiserlichen Veröffentlichungsverbotes sechs deutsche und ein lateinischer Druck; alle schlecht und neben den Handschriften wertlos[5]. Das Erscheinen einer dadurch doppelt nötig gewordenen authentischen Ausgabe Melanchthons verzögerte sich dadurch, daß die Umarbeitung der Apologie, die sofort beigefügt werden sollte, den Winter in Anspruch nahm. Die Editio princeps wurde in zwei Lieferungen ausgegeben: Ende April oder Anfang Mai der lateinische, im Herbst der deutsche Text von CA und Apol.[6] Schon die erste Lieferung enthielt das gemeinsame Titelblatt: Beide Deudtsch und Lateinisch. In den späteren Exemplaren wurden auch im lateinischen Text noch einige Änderungen vorgenommen[7]. Die durch die Übersetzung der Apologie durch Jonas verursachte Verzögerung erlaubte Melanchthon die ersten größeren Umformungen im deutschen Text. Weitere Änderungen zeigen für die CA nicht die lateinische Oktavausgabe 1531[8], sondern erst die deutsche Oktavausgabe 1533[9] und vor allem die stilistisch und dogmatisch stark veränderte lateinische Quartausgabe 1540 (Variata)[10]. Das deutsche Konf. 1580 legte M3, das lateinische 1584 die Ed. pr. zugrunde.

6. Die Beilagen in dieser Ausgabe sind so gestaltet, daß alles wesentliche Material von den Schwab. Art. bis zur Ed. pr. teils wörtlich, teils im Apparat oder den Anmerkungen vorgelegt ist; abgesehen von den umfangreichen Art. XXVII und XXVIII der deutschen Ed. pr., wo eine Zusammenstellung der wesentlichen Abweichungen genügen mußte. Von der Var. konnten nur ausgewählte Stücke und Hinweise gebracht werden[11].

7. Literatur. (K. Schottenloher, Bibliogr. z. dtsch. Gesch. im Zeitalter d. Glaubensspaltung IV, 1938, Nr. 34504ff. V, 1939, Nr. 51502.) — Dav. Chytraeus, Hist. d. Augsb. Konfession. Rostock 1576 u.ö. — G. Coelestin, Historia Comitiorum a. MDXXX. Augustae celebr. Frankf. a.O. 1577. — J. J. Müller, Historia von der Evangelischen Stände Protestation. Jena 1705. — E. S. Cyprian, Historia d. A. C. Halle (1730) 1731. — Ch. A. Salig, Vollständige Historia d. A. C. u. derf. Apol. Halle 1730/45. — G. G. Weber, Krit. Gesch. d. Augsp. Confession. 2 Bde. Frankfurt a.M. 1783/4. — K. E. Förstemann, Archiv für die Geschichte der kirchl. Reformation. 1. Bd. 1. Heft. 1831. (Brück, Geschichte der Religionshandlungen auf dem Reichstage zu Augsburg im Jahre 1530.) — K. E. Förstemann, Urkundenbuch zu der Geschichte des Reichstags zu Augsburg im Jahre 1530. I. II. 1833/35. —

---

[1]) 2. Ausgabe 1587. Nachgedruckt bei Cölestin, Hist. comitiorum a. 1530 celebr. 1577. Fabricius gibt als Quelle das Originalexemplar an. Weber I 70ff. II cff., 196. CR 26, 226ff. Die Bedeutung dieses Textes erkannte nach wenigen alten Vorgängern erst Ficker (s. S. XIX A. 8). [2]) Die erste Notiz über Hü findet sich bei O. Braunsberger, B. Petri Canisii S. J. Epistulae et Acta VIII (1923), 872. Danach wies J. Ficker, Die Eigenart des Augsb. Glaubensbekenntnisses. 1930. S. 39 ohne Angabe des Fundortes auf die beiden Kopien hin; die dort angekündigte Ausgabe ist leider nicht mehr erschienen. Eine kurze Mitteilung über V brachte J. Ph. Dengel, Nuntiaturberichte aus Deutschland, II. Abt. 1560 bis 1572, Bd. VI (1939), S. XLII, 214. Dank der Liebenswürdigkeit von Frau Geh.Rat Ficker erhielt ich durch Vermittlung von Herrn Prof. Lic. Thulin aus dem Nachlaß J. Fickers († 1944) die Photokopien der beiden Handschriften; Hü wurde mir vom Oblatenkloster Hünfeld freundlichst auch im Original ausgeliehen. Ich spreche allen beteiligten Helfern meinen herzlichen Dank aus. [3]) So J. Ficker in seinem vorläufigen Hinweis (s. Anm. 2). [4]) Vgl. Kolde NkZ 17. 1906, 741. [5]) CR 26, 231ff., 478ff. [6]) Kolde NkZ 1905, 729ff. CR 26, 233ff., 515ff. [7]) s. u. S. 83c Anm. 2. [8]) Vgl. unten zur Apol. [9]) CR 26, 695ff. [10]) CR 26, 339ff. Kolde, histor. Einleitung XXVf. Loofs, Dogmengesch. 864ff. [11]) Vollständig abgedruckt CR 26, 351ff. Kolde, Die Augsb. Konf. 1911², 176ff.

F. W. Schirrmacher, Briefe und Akten zu der Geschichte des Religionsgespräches zu Marburg und des Reichstages zu Augsburg 1530. 1876. — Ed. Köllner, Symbolik der lutherischen Kirche. 1837. — G. L. Plitt, Einleitung in die Augustana. 2 Bde. 1867/8. — O. Zöckler, Die A. K. als Lehrgrundlage der deutschen Reformationskirche. 1870. — J. Ficker, Die Konfutation des Augsb. Bek. 1891. — Die unveränd. Augsb. Konf. Krit. Ausg. von P. Tschackert, 1901. — Th. Brieger, Zur Gesch. des Augsb. Reichstags von 1530. Programm Leipzig 1903. — Th. Kolde, Die älteste Redaktion der Augsburger Konfession mit Melanchthons Einleitung zum erstenmal herausgegeben und geschichtlich gewürdigt. 1906. — Th. Kolde, Neue Augustanastudien. NkZ 17, 1906, S. 729ff. — Acta comiciorum Augustae ex literis Philippi, Jonae et aliorum ad Mart. Lutherum, hsg. von G. Berbig. 1907. — W. Gußmann, Quellen und Forschungen zur Geschichte des Augsb. Glaubensbekenntnisses I 1 u. 2. Die Ratschläge der ev. Reichsstände zum Reichstag v. Augsb. 1911. II. Joh. Ecks 404 Artikel. 1930. — Th. Kolde, Die Augsb. Konf. 1911². — Th. Kolde, Histor. Einleitung in die Symbol. Bücher. 1912. (Müller¹¹.) — J. Ficker, Die Originale des Vierstädtebekenntnisses und die originalen Texte der Augsb. Konf. Geschichtl. Studien für A. Hauck. 1916. 240—251. — W. Gußmann, Eine neuentdeckte Augustanahandschr. ThLBl 46. 1925. 209ff. (dazu Ficker, Chr. Welt 39. 1925. 1051ff.). — H. H. Wendt, Die Augsb. Konf. 1927. — J. v. Walter, Die Depeschen des venez. Gesandten N. Tiepolo. Abh. d. Gött. Ges. d. Wiss. Phil. Hist. Kl. N. F. XXIII, 1. 1928. — Die fränkischen Bekenntnisse. Eine Vorstufe der Augsb. Konf. hsg. von W. F. Schmidt und K. Schornbaum. 1930. — J. v. Walter, Der Reichstag zu Augsburg 1530. Jahrb. d. Luthergesellschaft 1930. — H. v. Schubert, Luther auf der Koburg, ebda. 1930. — R. Hermann, Zur theol. Würdigung der Augustana, ebda. 1930. — H. v. Schubert, Der Reichstag zu Augsburg im Zusammenhang der Reformationsgeschichte (VRG 150). 1930. — K. Thieme, Die Augsburgische Konfession und Luthers Katechismen auf theologische Gegenwartswerte untersucht. 1930. — J. Meyer, Luthers Anteil an der Augsb. Konf. Allg. ev. luth. Kzeitg. 1930, Nr. 19—21. — W. E. Nagel, Luthers Anteil an der C.A. (Beitr. 3. förd. christl. Theol. 34, 1. 1930. Dort ält. Lit. über dass. Thema. — Die Augsb. Konf. in ihrer ersten Gestalt als Bekenntnis deutscher Reichsstände (Schr. d. Ges. d. Freunde d. Univ. Halle-Wittenberg II) (hrsg. v. J. Ficker). 1930. — J. Ficker, Die Eigenart d. Augsb. Bek. (hallische Univ.reden 47). 1930. — P. Althaus, Der Geist d. luth. Ethik im Augsb. Bek. (Schr. d. Luther-Ges. 5). 1930. — H. Bornkamm, Die Lit. d. Augustana-Gedächtnisjahres. ZKG 50. 1931, 207 ff. — H. Engelland, Melanchthon. Glauben und handeln. 1931. — J. v. Walter, Luther und Melanchthon während des Augsb. Reichstags. 1931. — G. Hoffmann, 3. Entstehungsgesch. d. Augustana. ZsystTh 15. 1938, 419—490. — H. Pleijel, Luthers inställning till C.A. Festschr. f. G. Aulén. 1939, S. 311ff. — E. Schlink, Theol. d. luth. Bekenntnisschriften. 1946². — W. Maurer, 3. gesch. Verständnis der Abendmahlsart. in der C.A. (Festschr. f. G. Ritter. 1950). S. 161—209. — F. Brunstäd, Theol. d. luth. Bekenntnisschriften. 1951. — W. Köhler, Zwingli und Luther. II. 1953 (Quellen u. Forsch. 3. Ref.gesch. VII) Kap. 5. — K. Aner, Melanchthon auf dem Reichstag zu Augsburg. Theol. Blätter 10. 1931. Sp. 65—74. — H. Rückert, Luther und der Reichstag zu Augsburg. Deutsche Theologie 1936, S. 67—96. (Dazu E. Vogelsang, ebenda S. 246—255). — H. Asmussen, Warum noch lutherische Kirche? 1949. — Friedr. Winter, Confessio Augustana u. Heidelberger Katechismus im vergleich. Betrachtung. 1954. — R. Prenter, Das Augsburgische Bekenntnis u. die röm. Meßopferlehre. Kerygma u. Dogma. 1. 1955. S. 42—58. — J. Benzing, Eine unbekannte Ausgabe der Confessio Augustana vom Jahre 1557. 1956. (Mit Verzeichnis der sämtl. deutschen CA-Drucke des 16. Jh.s) — H. Bornkamm, Der authentische lateinische Text der Confessio Augustana (1530) (Sitzungsber. d. heidelb. Akad. d. Wissenschaften, Phil.hist. Kl. 1956 II), 1956. — Dal. v. Tetleben, Protokoll des Augsburger Reichstages 1530, hrsg. v. H. Grundmann (VRG 177), 1958. — G. Müller, Johann Eck und die CA (Quellen und Forsch. aus italien. Archiven u. Bibliotheken 38. 1958 205—242). — H. Grundmann, Landgraf Philipp von Hessen auf dem Augsburger Reichstag 1530 (VRG 176), 1959. — W. Maurer, Studien über Melanchthons Anteil an der Entstehung der Confessio Augustana ARG 51, 1960, 158—206 (mit Analysen einzelner Art.). — Nuntiaturberichte aus Deutschland. I. Abt. 1. Erg.Bd. 1530—31, hrsg. von Gerh. Müller, 1963. — B. Moeller, Das Innocentianum von 1215 in der CA. ZKG 74, 1964, 156—158. — Das Augsburger Bekenntnis, hrsg. von H. Bornkamm (Übers. d. lat. Textes, Furche-Bücherei 228), 1965. — L. Fendt, Der Wille der Reformation im Augsburg. Bekenntnis (mit Übers. d. lat. Textes) 1929, 1966², bearb. v. B. Klaus. — W. Maurer, Ecclesia perpetuo mansura ist im Verständnis Luthers (in: Erneuerung der Einen Kirche. Kirche und Konfession Bd. 11), 1966, S. 32—45. — B. Moeller, Augustana-Studien. ARG 57, 1966, S. 76—94. Weitere Lit. bei einz. Artikeln.

Die Apologie der Augsburgischen Konfession.

1. Entstehung. Schon vor der Übergabe des Bekenntnisses war deutlich, daß die altgläubigen Stände die Voraussetzung des kaiserlichen Ausschreibens[1], daß sie auch ihrerseits ihre „Opinion und Meinung" vorlegten, nicht zu erfüllen gedachten[2]. Vielmehr beschlossen sie am 27. Juni, einer Theologenkommission unter Führung des Legaten eine Beurteilung und Widerlegung des Bekenntnisses in Auftrag zu geben[3]. Der erste, dem Kaiser am 12. Juli eingereichte und von ihm am 15. den katholischen Ständen vorgelegte Entwurf der Konfutation, wurde von Karl V. als viel zu umfangreich und zu polemisch abgelehnt[4]. Nachdem der Kaiser sich am 22. nach starken Bedenken entschlossen hatte[5], gegen den Wortlaut des Ausschreibens als Partei aufzutreten und die Konfutation in seinem Namen ergehen zu lassen, wurde sie in völlig umgearbeiteter Form am 3. August im gleichen Raume wie das Bekenntnis verlesen[6]. Der Kaiser verlangte sofort die Annahme durch die Protestanten, da „selbige christlich und also gestellet wäre, daß sie nicht möge widerlegt und abgelehnt werden"[7]. Die evangelischen Fürsten erbaten daraufhin eine Abschrift, wie ja auch ihre Konfession in zahlreichen Abschriften bei den Altgläubigen verbreitet war. Der Kaiser vertagte die Antwort. Auf Grund eines Verlegenheitsbeschlusses der katholischen Stände am 4. August, wurden den Protestanten am 5. einer Ablehnung gleichkommende Bedingungen für die Überlassung einer Abschrift gestellt[8]. Die Protestanten lehnten sie ab und stellten gleichzeitig eine Antwort auf die Konfutation in Aussicht, „soviel sie der behalten hätten"[9]. Sie trat zunächst hinter den Einigungsverhandlungen im August zurück. Nur der Nürnberger Rat forderte sofort von seinen Theologen und Juristen auf Grund der Aufzeichnungen des Camerarius Gutachten ein; das theologische wurde Melanchthon am 18. August überreicht[10]. Erst nach dem Scheitern der Ausgleichsverhandlungen wurden Brück und andere beauftragt, die Gegenschrift in Angriff zu nehmen[11]. Melanchthon übernahm, von anderen unterstützt[12], die Abfassung, führte sie aber erst kurz vor dem 19. September in großer Eile aus[13]. In der Sitzung am 22. September sprach Brück den Protest der Evangelischen gegen den Satz des vorgelegten Abschiedsentwurfes aus, daß die Konfession „durch die heiligen Evangelien und Geschriften mit gutem Grund widerlegt und abgeleint sei"[14]. Dabei überreichte er die Apologie. Der Kaiser wollte sie bereits entgegennehmen, auf einige zugeflüsterte Worte Erzherzog Ferdinands hin verweigerte er aber die Annahme[15]. Schon auf der Heimreise arbeitete Melanchthon an der Erweiterung und Verbesserung der Apologie[16]. Endlich erhielt er auch eine Abschrift der Konfutation; wahrscheinlich aus Nürnberg, dessen Gesandte am 22. Oktober eine Abschrift nachhaus senden konnten[17]. Er beabsichtigte daraufhin, die Apol. zusammen mit der CA herauszugeben, wurde aber durch sachliche

---

[1] Förstemann I 8. [2] Gußmann I 1, 117. [3] Ficker, Konfutation XV. [4] Text bei Ficker, Konfutation. Dazu aber noch die S. 34 bei Conf. erwähnte Vatikanische Handschrift. [5] Ficker LV. [6] Ficker LXXXVIII. Text CR 27, 82 ff. [7] Walch[2] XVI 1282. [8] f. u. S. 141 Anm. 2. [9] Brieger ZKG 12. 1891. 156 ff. Kolde, Hist. Einleitung XXXVI. [10] Vogt, Mitteil. d. Vereins f. Gesch. Nürnbergs 4. 1882, 30. CR 2, 289. Ein Gutachten Osianders über die Konfutation ist bei Coelestin III, 84 f. lateinisch, Walch[2] XVI, 1775 ff. deutsch überliefert. [11] CR 2, 321. [12] f. u. S. 142 Z. 28. [13] An Camerarius 19. (so im Original) 9.: Scripsi his diebus apologiam confessionis nostrae, quae, si opus erit, exhibebitur. CR 2, 383. [14] Förstemann II 475. [15] Brücks Darstellung Förstemann, Archiv 184. Luther, Warnung an f. lieben Deutschen. WA XXX 3; 295₄ (vgl. dort S. 254). Schirrmacher 314. Förstemann, Urkundenbuch. II 473, 478 ff. [16] Mathesius, Luthers Leben, hrsg. v. Loesche, 1906[2], S. 299 f. [17] CR 2, 415. Ficker, Konfutation XCI. Kolde, histor. Einleitung XXXVII.

Schwierigkeiten, mehr als er erwartet hatte[1], gehemmt. Namentlich die Rechtfertigungslehre machte ihm Mühe[2]. 5½ schon gedruckte Doppelblätter des Abschnitts ließ er wieder vernichten[3]. Ende April oder Anfang Mai 1531 erschien sie. Ursprünglich eine Privatarbeit Melanchthons, wurde sie durch Unterzeichnung in Schmalkalden 1537 neben der CA förmlich zur Bekenntnisschrift erhoben.

2. Übersetzung und Drucke. Schon von der ersten Fassung ist eine deutsche Übersetzung erhalten[4]. Die Übersetzung der umgearbeiteten Apol. durch Justus Jonas zog sich bis zum Herbst 1531 hin. Sie konnte nicht nur die Ed. pr.[5], sondern auch die Oktavausgabe des lateinischen Textes 1531, die Anfang September erschien[6], schon mitbenutzen. Sie ist aber auch sonst mehr eine freie Bearbeitung, z. B. tilgte sie die Zitate aus antiken Schriftstellern. Sie wurde teils mit der 1. Lieferung der Ed. pr. zusammen, teils allein vertrieben[7]. Die Oktavausgabe des lateinischen Textes 1531 ist die am stärksten umgearbeitete. Auf ihr ruhen die späteren Ausgaben, die nur noch unbedeutende Veränderungen aufweisen. Die Übersetzung erschien stark umgearbeitet und verschärft zusammen mit der Oktavausgabe der deutschen Augustana 1533. Darauf ruhen die späteren, nicht mehr veränderten Ausgaben[8]. Dem Konkordienbuch liegt für beide Texte die Ed. pr. zugrunde.

3. Die Texte dieser Ausgabe folgen der Ed. pr. Die älteste Fassung wird nach CR 27, 275 ff. beigegeben. Raumgründe verboten, den umfangreichen kritischen Apparat dazu noch einmal zu geben[9]. Die Abweichungen der späteren Drucke des lateinischen Textes seit der Oktavausgabe 1531 sind, soweit es der Raum gestattete, wörtlich, sonst durch Verweis auf CR 27 gegeben. Dagegen sind die lehrreichen Randbemerkungen Luthers in einem Exemplar der Ed. pr. in der Sächsischen Landesbibliothek Dresden außer den Unterstreichungen und bloßen Markierungen aufgenommen. Der Band trägt Melanchthons Widmung: D. Doctori Martino. Et rogo, ut legat et emendet[10]. — Für wertvolle Hinweise auf Scholastikerstellen bin ich Hanns Rückert zu Dank verpflichtet.

4. Literatur außer der zur CA genannten: J. C. Bertram, Von der Apologie der Augsburgischen Konfession und ihren verschiedenen Abfassungen. Liter. Abhandlungen Bd. III u. IV, Halle 1782/83. — G. Plitt, Die Apologie der Augustana geschichtlich erklärt. 1873. — Th. Brieger, Beiträge zur Geschichte des Augsb. Reichstages von 1530. ZKG. 12, 1891, 123 ff. — J. Ficker, Die Konfutation d. Augsb. Bekenntnisses. 1891. — K. Thieme, Der Geist der lutherischen Ethik in Melanchthons Apologie. 1931. Lit. zu Art. IV f. S. 158. Dazu: G. Gloege, Zur Rechtfertigungslehre der Augsb. Apologie. Monatsschr. f. Pastoraltheol. 45. 1956, S. 205—214.

---

[1] CR 2, 438. [2] CR 2, 470. [3] f. u. S. 158 Anm. 2. [4] CR 27, 321 ff. Die jetzt in Marburg befindliche Handschrift ist in dem gleichen Aktenbande wie M, M 1 und M 2 enthalten. Sie wurde dem Landgrafen am 25. Okt. vom Kurfürsten übersandt. [5] Darüber f. o. S. XX. [6] Am 14. 9. schickte Melanchthon ein Exemplar an Markgraf Georg von Brandenburg. CR 2, 540 f. [7] Kolde, Hist. Einleitung, S. XXXIX Anm. 2. [8] Vollständige Angaben über alle Drucke CR 26, 695 ff., 27, 382 ff., 28, 1 ff. [9] CR enthält die grundlegende Wolfenbüttler Handschrift bereits in zweiter Kollation, zuerst Förstemann, Neues Urkundenbuch zur Gesch. d. ev. Kirchenreformation. 1842, 357 ff. Neue Handschriften sind nicht gefunden worden. Nur wäre der mit Chytr. bezeichnete Text bei einer Neuausgabe nicht Chyträus Historia Augustanae Confessionis 1578, sondern seiner verloren geglaubten Vorlage von Spalatins Hand im Sächs. Hauptstaatsarchiv Dresden, 10 182 Augspurg. Handlung zu entnehmen. [10] CR 27, 402 ff. WA XXX 3; 487 ff.

Die Schmalkaldischen Artikel
und der Tractatus de potestate et primatu papae.[1]

I. Entstehung der Schmalkaldischen Artikel: Am 2. Juni 1536 berief Papst Paul III. durch seine Bulle „Ad dominici gregis" auf den 23. Mai 1537 nach Mantua ein Konzil, dessen eine Aufgabe darin bestehen sollte, die Ketzereien auszurotten. Angesichts dessen handelte es sich für die Protestanten um die Frage, wie man sich zu dem Konzil verhalten solle. Die Initiative ergriff der Kurfürst Johann Friedrich der Großmütige von Sachsen, indem er im Juli und August 1536 zunächst zwei Gutachten von den Wittenberger Gelehrten über die Stellungnahme der Protestanten einforderte. In diesem Zusammenhang ist es wichtig, daß er zugleich am 11. Dezember Luther noch einen Sonderauftrag erteilte, in dem es heißt: „Weil dann der Ratschlag der christlichen Lehre und Religion halben, wieweit und in welchen Artikeln und Stücken von Friedens und Einigkeit wegen zu weichen und nachzugeben sein mochte aber nit, noch gestellt werden sall, so ist unser genädigs Begehren, Ihr, Doktor Martinus, wollet dieselbigen Punkt und Artikel vor die Hand nehmen und Euer Bedenken allenthalben stellen, was und wieweit, daß es kegen Gott zu vorantworten, und mit gutem Gewissen umb christlicher Liebe willen zu Erhaltung Friedens und Einigkeit in der Christenheit nachzulassen und zu weichen, auch worauf des Bapsttumb halben und seiner Gewalt und angemaßten Difariat Christi auf die Artikel, so vormals von Euch gelehrt, geschrieben und geprediget, endlich zu beruhen und zu vorharren sein will aber nit ... So ist abermals unser gnädigs Begehren, Ihr wollet diese Sache je mit höchstem Fleiß und in Geheim ... handeln und vorfertigen." Luther ging unverzüglich ans Werk. So entstanden die bald so benannten Schmalkaldischen Artikel (im Original (O) auf der Heidelberger Universitätsbibliothek). Da Luther am Abend des 18. Dezember schwer erkrankte, liegen nur die ersten 16 Blätter von seiner Hand vor, während die folgenden (von Bl. 17a, unten 449₆) nach seinem Diktat von zwei bisher nicht ermittelten Schreibern aufgesetzt sind. Bereits am 15. Dezember hatte Luther gemäß der Weisung des Kurfürsten die Theologen Johann Agricola aus Eisleben, Georg Spalatin aus Altenburg und Nikolaus von Amsdorf aus Magdeburg zur Beratung der Artikel auf den 28. nach Wittenberg eingeladen. Außer Luther und den drei genannten Gelehrten nahmen noch Melanchthon, Bugenhagen, Jonas und Cruciger an der Verhandlung teil. Infolge der Erkrankung des Reformators zog sich die Besprechung der einzelnen Artikel länger hin. Bei der Verhandlung stießen die Gegensätze aufeinander. Einmal äußerten die Theologen den Wunsch, drei Artikel über das Abendmahl unter einerlei Gestalt, über die Ordination und über die Adiaphora den Schmalkaldischen Artikeln „anzuhängen, das aber Doktor Martinus nit hätt wollen geschehen lassen", und so blieben jene ohne Unterschrift. Dafür wurde ein kurzer Absatz über die Anrufung der Heiligen, der in Luthers erster Niederschrift fehlt, bei dieser Gelegenheit eingefügt. Der zweite Punkt, der ernstem Widerspruch begegnete, war Luthers Ausführung über den Papst. Hier war es Melanchthon, der einen nachgiebigeren Standpunkt vertrat, den er bei seiner Unterschrift in einem Vorbehalt zum Ausdruck brachte. Dagegen steht eine weitere Änderung, die die Fassung des Artikels über das Abendmahl betrifft, mit dieser Konferenz in Wittenberg vielleicht in keinem Zusammenhang. Die Kopie, die Spalatin von Luthers Niederschrift einschließlich des Absatzes über die Heiligenanrufung anfertigte (Sp; im Thüringischen Landeshauptarchiv in Weimar), wurde von den anwesenden acht Theologen unterschrieben, von Melanchthon mit dem erwähnten Vorbehalt, und von Luther durch Spalatin mit einem Begleitbrief vom 3. Januar 1537 dem Kurfürsten in Torgau übersandt, der den Empfang am 7. bestätigte. Johann Friedrich erklärte sich mit den Artikeln einverstanden, obwohl sie ihm nach einer Äußerung zum Kanzler Brück „etwas kurz vorfaßt" erschienen. Mit aller Entschiedenheit lehnte er dagegen Melanchthons Vorbehalt ab. Am 10. Februar 1537 traten die Schmalkaldischen Bundesverwandten zur Tagung in Schmalkalden zusammen, um zum Konzil Stellung zu nehmen. Der sächsische Kurfürst wünschte, daß dort auch die Gelehrten

---

[1] Für die Belege im einzelnen verweise ich auf meine beiden in den ThStKr 103 (1931) (gleichzeitig auch als Sonderdruck [vgl. S. XXVII]) und in ZKG 69 (1957) erschienenen Aufsätze.

der übrigen Territorien und Städte die Artikel offiziell unterzeichneten, um diese damit als Bekenntnisschrift in eine Reihe mit der Confessio Augustana und Apologie zu rücken. Vorher aber sollten sich die Pfarrer einer größeren Anzahl kursächsischer Orte ebenfalls unterschreiben, „daß solchs bei den andern Gelehrten ein Ansehen wurde haben, sollten auch soviel ehe der Artikel mit einig werden". Jedoch hatte es bei der Unterschrift des Torgauer Pfarrers Gabriel Didymus sein Bewenden.

II. Die Verhandlung über die Artikel in Schmalkalden: Die Gesandten waren bei ihrer Ankunft von den Lutherschen Artikeln nicht unterrichtet. Aber auch der Landgraf Philipp von Hessen hat offenbar erst damals durch Melanchthon von ihnen Kenntnis erlangt. Danach scheint es, daß Johann Friedrich die Absicht hatte, die Versammlung vor die vollendete Tatsache zu stellen, in der Erwartung, daß, wenn er Luthers Artikel vorlegte, sie keinerlei Widersprüche erfahren würden. Aber zwei Umstände vereitelten den Plan des Kurfürsten: Einmal intrigierte Melanchthon gegen ihn und Luther. Bei einem Besuche, den er am 10. Februar dem Landgrafen abstattete, riet er diesem nämlich, die Stände sollten die Artikel unter Hinweis auf die Confessio und Konkordie als überflüssig ablehnen. Er wollte, wie es scheint, die Artikel zu Fall bringen, um damit den von ihm befürchteten Ausbruch von Lehrstreitigkeiten im evangelischen Lager zu verhindern. Der Landgraf zeigte sich Melanchthons Rat geneigt. Von diesem Gespräche mit ihm und zumal über den Artikel vom Abendmahl unterrichtete er umgehend den Straßburger Abgesandten Jakob Sturm sowie Dr. Hel aus Augsburg und Georg Besserer aus Ulm. Am nächsten Tage stellte der hessische Kanzler Feige aus den ihm inzwischen wohl überreichten Artikeln eine Anzahl von „zweifelhaftigen" zusammen. Der andere Umstand, der die Annahme verhinderte, war, daß Luther abermals erkrankte und daher sämtlichen Verhandlungen fernblieb. Am Sonnabend, dem 10., mittags eröffnete Brück die Versammlung mit einer Rede, in der er drei Verhandlungspunkte aufstellte. Der Inhalt des dritten Punktes war, „daß unsere Gelehrten furgefordert würden und ⟨da⟩ aber die Prediger in einer guten Anzahl allhie wären, damit sie auch etwas däten, daß sie zusammen säßen und sich underredten, wubi ⟨= wobei⟩ sie belieben gedächten, ob etwas guts sollte furgenommen, ob auch etwas sollte nochgegeben werden." Offenbar sollten bei dieser Gelegenheit Luthers Artikel zur Verhandlung kommen, deren Aufgabe es ja war, festzustellen, „was und wiefern wir wollten oder kunnten den Papisten weichen und auf welchen Artikeln wir gedächten, endlich zu beharren und zu bleiben" (unten 408 7–9). Tags darauf, am 11., traten die Städteboten zur Beratung zusammen und kamen unter dem Eindruck der Mitteilung des Landgrafen an Jakob Sturm vom vorhergehenden Abend zur Ablehnung des sächsischen Vorschlages: Beratungen über etwaige Konzessionen könnten bei Freund und Feind falsch gedeutet werden. Außerdem hätten die meisten Gesandten keine derartige Instruktion und Vollmacht. „Dorzu so hätten wir die Bekenntnissen, so kaiserlicher Majestät ibergeben, dorin man einig wäre, und wär' die Sorg, daß sich die Gelehrten etwan zweien mechten." Man befolgte also Melanchthons Ratschlag. In der Nachmittagssitzung der Bundesverwandten trug Sturm als Stimmführer der Städte diese ablehnende Antwort vor. Damit war das Schicksal der Lutherschen Artikel besiegelt, wenn auch noch, wie Osiander und Dietrich am 17. Februar nach Nürnberg berichten, geplant wurde, am 18. die Artikel in der Versammlung der Theologen zu behandeln und unter Umständen zu ergänzen. Doch steht nicht einmal fest, ob diese Zusammenkunft erfolgte. Nur soviel ist bekannt, daß diese Artikel damals allgemeine Verbreitung fanden.

Ein Nachspiel der Verhandlungen in Schmalkalden war es, daß auf Bugenhagens Veranlassung die protestantischen Theologen dort am 24. Februar noch einmal zusammentraten und die Artikel zum Ausdruck ihrer persönlichen Überzeugung, aber nicht als offizielle Bekenntnisurkunde unterzeichneten. Nur Butzer und Fagius (Straßburg), Blaurer (Württemberg), Wolfhart (Augsburg) und Fontanus (Hessen) lehnten die Unterschrift ab, Melander (Hessen) machte einen Vorbehalt wegen des Abendmahls. Aepinus schloß sich zunächst Melanchthons Ausführung über die „Superiorität des Papstes" an, unterschrieb dann jedoch bedingungslos. Bei der Rückreise Luthers unterzeichneten sich dann in Erfurt am 4. oder 5. März noch Lang (für sich und die übrigen Pfarrer) sowie Mechler.

Obwohl die Artikel 1537 nicht zur offiziellen Bekenntnisschrift erhoben wurden, erfreuten sie sich als Zeugnis des echten Luthertums in der Folgezeit dank des persönlichen Einsatzes des Kurfürsten (Herzogs) Johann Friedrich (†1554) und seiner drei Söhne steigender Wertschätzung und fanden in zahlreichen Corpora doctrinae und dementsprechend dann auch im Konkordienbuche Aufnahme.

III. Drucklegung der Schmalkaldischen Artikel: Im Zusammenhang mit seiner damaligen publizistischen Tätigkeit, die sich gegen das Papsttum und dessen Machtansprüche richtete, veröffentlichte Luther im Sommer 1538 die Schmalkaldischen Artikel (A) nach seiner Niederschrift (O), also ohne die Unterschriften. Das Motto ersetzte er durch eine neue Vorrede, in der er die Abfassung der Artikel begründete und die irrige Ansicht aussprach, auf dem Tage von Schmalkalden seien die Artikel „angenommen und einträchtiglich bekennet und beschlossen", sie dem Konzil als „unsers Glaubens Bekenntnis fürzubringen" (unten 408,12 ff.). Ferner erweiterte er die Artikel noch durch fünf größere Zusätze in den Abschnitten über die Messe, das Fegefeuer, die Heiligenanrufung, die Buße und die Beichte. Schließlich nahm er noch fast fünfzig kleine teils stilistische, teils sachliche Änderungen vor; die letzteren sind stark polemisch gefärbt. So fügt er fünfmal bei der Behandlung katholischer Institutionen wie Wallfahrten, Bruderschaften, Reliquien etc. den Ausdruck: „ohn Gottes Wort" hinzu, die Reliquien bezeichnet er als „Hunds- und Roßknochen", den Papst als „leidigen Judas".

Bald darauf kamen von katholischer Seite drei Gegenschriften heraus, und zwar von Johann Cochläus, von Georg Wicel und von Johannes Hoffmeister.

In neuer, ziemlich unveränderter Auflage erschienen die Schmalkaldischen Artikel zusammen mit drei anderen kleineren Schriften Luthers 1543 (D). Die einzige wesentliche Korrektur war, daß der erste Absatz der Vorrede zu den Artikeln mit der Bezugnahme auf das unmittelbar bevorstehende Konzil fortfiel. Die beiden Ausgaben, die von 1538 und 1543, wurden im 16. Jahrhundert zusammen siebenundzwanzigmal gedruckt. Der wichtigste der Spätdrucke ist der von den Weimarer Hofpredigern Johann Stoltz und Johann Aurifaber veröffentlichte (Magdeburg 1553; J), die auch Spalatins Abschrift in Weimar (Sp) herangezogen und die wichtigeren Zusätze Luthers von 1538 durch Sternchen am Anfang und Ende jedes Stückes kenntlich machten. Nach Sp druckten sie auch die Unterschriften ab. Der deutsche Text des Konkordienbuches (Dresden 1580; Konk) beruht auf der Textrezension J mit Korrekturen nach A.

Eine lateinische Übersetzung von dem Dänen Petrus Generanus erschien 1541, sie erlebte 1542 eine neue Auflage. Da Nikolaus Selneccer sie aber nicht kannte, übersetzte er selbst die Schmalkaldischen Artikel aufs neue für das lateinische Konkordienbuch (Leipzig 1580 und 1584; Conc 1580 und 1584).

IV. Entstehung des Tractatus: Melanchthons Tractatus de potestate et primatu papae ist nicht, wie man früher vielfach irrig annahm, als Anhang zu Luthers Schmalkaldischen Artikeln entstanden, sondern er ist vielmehr als Zusatz und Ergänzung zur Confessio Augustana zu betrachten. Seine Entstehung geht auf die Tagung von Schmalkalden von 1537 zurück.

Dort hatte der Kanzler Brück in seiner Eröffnungsrede am Sonnabend, dem 10. Februar, vorgeschlagen, daß die Gelehrten „sich underredten, wubi (= wobei) sie beliben gedächten, ... ob auch etwas sollte nochgeben werden." Da die Städteboten befürchteten, „daß die Gelehrten ichtzit (= etwas) Nues machen oder die Konfession und Apologie swächern oder einichen Nachlaß in dem, das man vorhin bekannt und gelehrt hätte, tun sollten", präzisierte Brück am nächsten Tage seinen Vorschlag dahin: Die Gelehrten sollten einerseits nur die Konfession und Apologie durchsprechen und mit Schriftstellen und Väterzitaten „befestnen", ein Auftrag, der infolge des Mangels an wissenschaftlichem Rüstzeug nicht zur Ausführung kam. Andrerseits beantragte er, die 1530 in Augsburg abgebrochene Verhandlung über den päpstlichen Primat wiederaufzunehmen, indem er erklärte: „Es wäre den Gsandten unverporgen, daß zu Augspurg in Verfassung der Konfession" von des Bapsts vermeinte Hochheit und Monarchia, auch der Bischofen Jurisdiktion und Grichtszwang, den sie ihnen (= sich) in Globenssachen anmaßten, allerlei Red gepflegen und man Vorhabens gewesen, dasselbig der Konfession ufs dutschlichest inzuliben, welches aber kaiserlicher Majestät zu Ehren und damit sin Majestät, als die doziten der Lehre dieses Teils kein Bericht ghapt, darab nit Entsetzen empfienge und Ursach nähme, alle Handlung und Sachen fallen zu lassen, nachplieben wäre, welches aber jetzo Not sin wellte, der Konfession auch inzeliben und mänglichem kuntpar zu machen, vorab dieweil der Papst mit sinem unrechtmäßigen Gwalt furfahrt und ein Konzilium fur sich selbs zu halten understeht." Damit waren die Städte einverstanden. Am Montag dem 12. früh wurde den Theologen der Auftrag übermittelt. Ein von ihnen gebildeter Ausschuß betraute Melanchthon mit der Abfassung der Schrift. Am 17. Februar war der Tractatus vollendet und wurde in der Theologenversammlung verlesen.

Dieser ist nach Melanchthons Ausdruck „paulo, quam soleo, asperius"; denn er trug der papstfeindlichen Stimmung der Versammlung Rechnung. Den lateinischen Text, der

im Original nicht mehr vorliegt, übertrug Veit Dietrich sogleich ins Deutsche. Alle in Schmalkalden anwesenden Theologen außer dem kranken Luther unterzeichneten am 24. die Abschrift, die Spalatin vom lateinischen Texte des Tractatus genommen hatte (Spal). Im Gegensatz zu Luthers Schmalkaldischen Artikeln galt der Tractatus als offizielle Bekenntnisschrift. So wurde er auch ausdrücklich im Abschied der Bundesversammlung vom 6. März erwähnt: "Einen Artikel belangend des Bapsts zu Rom Primat *haben sie (die Gelehrten) etwas weiter und besser gestellt.*"

V. Drucklegung des Tractatus: Der Tractatus wurde ohne Unterschriften erstmalig 1540 in Straßburg als „ἀδέσποτον" (= anonym) zusammen mit einigen anderen kleinen Schriften Melanchthons veröffentlicht (K). Im nächsten Jahre erschien Dietrichs Übersetzung in Nürnberg mit ausdrücklicher Angabe des Verfassers (L), aber ebenfalls ohne Unterschriften. Die auffällige Tatsache, daß in späteren Ausgaben Melanchthons Name nicht mehr genannt wird, ist darauf zurückzuführen, daß in der handschriftlichen Übersetzung Veit Dietrichs (Diet; in dem Thüringischen Staatsarchiv zu Weimar) der Titel lautet: "Von der Gewalt und Obrigkeit des Bapsts, durch die Gelehrten zusammengezogen, Schmalkalden 1537." Diesen Titel übernahm dann die deutsche Ausgabe der Weimarer Hofprediger Stolz und Aurifaber von 1553 (J) und das deutsche Konkordienbuch von 1580 (Konk), die beide auch sonst in ihrem Texte in der Regel mit Diet, doch nicht mit L übereinstimmen. Da Selneccer die deutsche Übersetzung Dietrichs irrigerweise für den Urtext gehalten hatte, übersetzte er für das lateinische Konkordienbuch von 1580 (Conc 1580) den Tractatus ins Lateinische zurück; in dem Druck von 1584 (Conc 1584) ist diese Übertragung dann durch den ursprünglichen lateinischen Text ersetzt, dessen Fassung in der Regel mit dem Erstdruck von 1540 (K), aber nicht mit Spalatins Abschrift (Spal) übereinstimmt. In beiden Ausgaben des lateinischen Konkordienbuches fehlt ebenfalls Melanchthons Name in der Überschrift.

VI. Zum Abdruck der Texte: Dem Abdruck der Schmalkaldischen Artikel liegt Luthers eigene Niederschrift (O) zugrunde. Mit Hilfe von Spalatins Kopie (Sp) und den Abschriften in Frankfurt a. M., Konstanz, Nürnberg und Braunschweig ist auf der inneren Spalte die Textform hergestellt, die Luther den Theologen Ende Dezember 1536 vorlegte. Der erste Absatz in dem Abschnitt über die Heiligenanrufung (aus Sp abgedruckt) ist durch abweichenden Druck als spätere Zutat gekennzeichnet. Auf dem äußeren Rande stehen sämtliche Änderungen von 1538, einmal die Vorrede und die fünf großen Zusätze, die Luther auf besondere, jetzt fehlende Blätter geschrieben hatte (nach A), ferner die kleineren Korrekturen und Ergänzungen (nach O). In den Varianten sind die von Luther herrührenden Korrekturen in O, ferner die Abweichungen von Sp, A, D, J und Konk verzeichnet. Den lateinischen Text geben wir nach Conc 1580 mit den Varianten von Conc 1584.

Der lateinische Text des Tractatus ist nach Spal mit den Varianten von K, S und Conc 1584, der deutsche nach Diet mit den Varianten von L, J und Konk abgedruckt.

Nachtrag zur 4. Auflage. Der S. XXIV Anm. 1 zitierte Aufsatz in den ThStKr 103 (1931) erschien auch als (um ein Personenregister vermehrter) selbständiger Druck unter dem Titel: H. Volz, Luthers Schmalkaldische Artikel und Melanchthons Tractatus de potestate papae. Ihre Geschichte von der Entstehung bis zum Ende des 16. Jahrhunderts (1931). Zu den dort S. 38 Anm. 2 zitierten Druckorten der Schmalkaldischen Artikel in den Lutherausgaben ist noch folgende kommentierte Textausgabe nachzutragen: Münchener Lutherausgabe, hrsg. von H. Borcherdt und G. Merz, III (2. Aufl. 1937), 439—471 (auch als Sonderdruck unter dem Titel: Martin Luther, Schmalkaldische Artikel [1937]); ebd. III (3. Aufl. 1950), 292—318 und 444—466. Die auf die Entstehung der Schmalkaldischen Artikel bezüglichen, bisher bei Enders u. a. unzulänglich gedruckten Dokumente vgl. in: Urkunden und Aktenstücke zur Geschichte von Martin Luthers Schmalkaldischen Artikeln (1536—1574), hrsg. von H. Volz und H. Ulbrich (Berlin 1957).

Die beiden Gegenschriften gegen die Schmalkaldischen Artikel von Johann Cochläus und Georg Wicel (nach den Urdrucken in den Anmerkungen vorliegender Ausgabe zitiert) sowie die (hier noch nicht berücksichtigte) Gegenschrift von Johannes Hoffmeister liegen jetzt in kommentiertem Neudruck (mit den Varianten späterer Ausgaben, Übersetzungen usw. sowie mit ausführlicher Einleitung, Bibliographie und Registern) vor in der von H. Volz besorgten Ausgabe: Drei Schriften gegen Luthers Schmalkaldische Artikel von Cochläus, Witzel und Hoffmeister (1538 und 1539) (Corpus Catholicorum XVIII, 1932).

Das **Literaturverzeichnis** zu den Schmalkaldischen Artikeln vgl. unten S. 1226—1228.

Luthers großer und kleiner Katechismus.

Als der äußere Bestand der evangelischen Kirche gesichert erschien, war die nächste Aufgabe, an ihren inneren Ausbau zu gehen. So entstand Melanchthons „Unterricht der Visitatorn an die Pfarrherrn im Kurfürstentum zu Sachsen" (1528)[1], welcher die Grundzüge der neuen Lehre enthält und Wege für die Kirchenverfassung weist. Schon vorher (Anfang 1525) hatte Luther mit der Abfassung einer Kinderlehre, die er bereits als „Katechismus" bezeichnet und die mit dem Gedanken des Visitatorenunterrichtes eng zusammenhängt, seine Freunde Justus Jonas und Johann Agricola beauftragt[2]. Dieses Werk kam jedoch ebensowenig zustande wie ein Versuch, den Melanchthon später (1528) unternahm[3]. Wiederum war es Luther, der die Initiative ergriff. Am 27. September 1525 schrieb er: „Catechismum differo, vellem enim uno opere semel omnia absolvere."[4] Die Abfassung des Visitatorenunterrichtes, auf den Luther hier hinweist, überließ er 1527 Melanchthon, während er selbst die Ausarbeitung des Katechismus übernahm. Mit der Vollendung des Visitatorenunterrichtes rückte der Zeitpunkt heran, wo Luther sich an die Niederschrift des Katechismus machte, der aus seiner langjährigen Beschäftigung[5] mit diesem Stoffe erwachsen ist.

I. Der große Katechismus: Die unmittelbare Vorbereitung für die Abfassung des Katechismus bilden drei Reihen von Predigten[6], die der Reformator über die fünf Hauptstücke in der Zeit vom 18. bis 30. Mai, 14. bis 25. September und 30. November bis 19. Dezember 1528 in Vertretung des Wittenberger Stadtpfarrers Johann Bugenhagen hielt. Nach Beendigung der zweiten Predigtreihe (Ende September) ging er an das Werk selbst[7], indem er Nachschriften von seinen Predigten bei der Ausarbeitung in umfangreichem Maße verwertete[8]. Spätestens Ende November war bereits das erste Hauptstück im Manuskript fertiggestellt und in Druck gegeben. Nach Abschluß der dritten Predigtreihe (Mitte Dezember) überarbeitete Luther seine bisherigen Aufzeichnungen nochmals an Hand der Nachschriften von diesen Predigten. Wir stehen vor der überraschenden Tatsache, daß die Nachträge erst mit dem 2. und 3. Gebot beginnen, während eine Ergänzung zum 1. Gebot erst der Auslegung des „Beschlusses" am Ende des Dekalogs eingefügt ist[9]. Die Erklärung dafür bildet offenbar der Umstand, daß die Einleitung und das 1. Gebot damals schon ausgedruckt waren. Gleichzeitig unterzog Luther auch die Bibeltexte des Dekalogs einer Revision, die er bei fortschreitender Niederschrift auf die Texte des zweiten bis fünften Hauptstückes ausdehnte. Daraus erklären sich die vielfachen Abweichungen zwischen dem Einleitungs- und Auslegungstext[10]. Im Dezember schrieb Luther die Auslegung des

---

[1] WA XXVI 195—240. [2] WABr V 431₁₂ f. und 462₅. [3] Vgl. Cohrs, Die evangelischen Katechismusversuche vor Luthers Enchiridion III (Monumenta Germaniae Paedagogica XXII, 1901), 49 ff. [4] WABr V 582₁₃. [5] Zu Luthers Predigten über den Katechismusstoff von 1516/28 vgl. die Zusammenstellung WA XXII S. LXXXV bis LXXXVIII. [6] Abgedr. WA XXX I 2—122. [7] Vgl. J. Meyer, Luthers großer Katechismus (1914), 12 und 28, J. Meyer, Historischer Kommentar zu Luthers Kleinem Katechismus (1929) [zitiert: Meyer, Kommentar], 60. [8] Vgl. WA XXX I 480 f., 486—490. Als Vorlage Luthers kommt jedoch nicht die Rörersche Niederschrift von den drei Predigtreihen im Jenaer Codex Bos q 24¹ in Frage, da sie erst am 16. Februar 1533 abgeschlossen ist. [9] Unten 575₄₄—576₃ = WA XXX I 62₁₉ f.; unten 584₁₇—585₁₃ = WA XXX I 64₁₁—66₆; unten 642₄₅—643₁₁ = WA XXX I 59₄—₉. [10] Vgl. dazu Meyer, L's gr. Kat., 10—13, Meyer, Kommentar, 58—60. Meyer zeigt in seiner Ausgabe des gr. Kat. mit Hilfe verschiedener Drucktypen, welche Predigtreihe Luther jeweilig benutzt hat.

Glaubensbekenntnisses und Vaterunsers nieder[1]. Die weitere Ausarbeitung verzögerte sich durch seine Erkrankung[2] bis Ende März 1529, so daß er für das fünfte Hauptstück noch seine Predigten, die er in der Karwoche (vom 21. bis 25. März) hielt[3], verwerten konnte[4]. Anfang oder Mitte April erschien dann der „deutsche Katechismus"[5] — die Bezeichnung „großer Katechismus" stammt nicht von Luther[6] — bei Georg Rhaw in Wittenberg (a), der auch die späteren Ausgaben druckte. Noch im gleichen Jahre 1529 gab Luther eine durchgesehene zweite Auflage (A) heraus, die er um die „Vermahnung zur Beichte" (unter Benutzung seiner Palmsonntagspredigt)[7], ferner um einen Absatz in der Einleitung zur Vaterunser-Auslegung[8] und um Randglossen[9] vermehrte. Diese Ausgabe trug auch zum ersten Male Bildschmuck, teilweise von Cranachs d. Ä. Hand. Zur dritten Auflage (1530; A) fügte Luther eine zweite, umfangreiche Vorrede hinzu, die er, wie es scheint, auf der Koburg verfaßte[10]. Die letzte vom Reformator durchkorrigierte Neuauflage kam 1538 (B) heraus.

In das Konkordienbuch wurden die beiden Katechismen Luthers entsprechend dem Beispiel mehrerer Corpora doctrinae[11] aufgenommen als die „Laienbibel, dorin alles begriffen, was in heiliger Schrift weitläuftig gehandelt und einem Christenmenschen zu seiner Seligkeit zu wissen vonnöten ist"[12]. Der deutsche Text des großen Katechismus ist in der Hauptsache aus der Jenaer deutschen Ausgabe der Werke Luthers (Bd. 4, 1556) übernommen, die teils a, teils A zugrunde legt. Auf diese Vorlage geht auch die sinnwidrige Umstellung der beiden Lutherschen Vorreden und das Fehlen der Beichte in Konk zurück[13]. An einigen Stellen ergänzt Konk selbständig seinen Text aus Zusätzen in B[14].

Eine lateinische, von dem Humanisten Vincentius Obsopöus verfaßte Übersetzung des großen Katechismus kam sehr bald nach dem Erscheinen der deutschen Ausgabe a heraus (Hagenau 1529; f. In 2. Aufl. Frankfurt 1544 [h] um die Vorrede Luthers von 1530, die „Vermahnung zur Beichte" und das Stück aus der Vaterunser-Auslegung ergänzt)[15]. Der Übersetzer hatte das lebhafte Bestreben, sein Werk zu einem humanistischen Prunkstück zu machen. So fügte er eigenmächtig zahllose antike Klassikerzitate und mehrfache Anspielungen auf die alte Geschichte ein. Die Übertragung ist ziemlich breit geraten und überragt den deutschen Text weit an Umfang.

Der Text des großen Katechismus im lateinischen Konkordienbuch (Leipzig 1584; Conc) ist der Wittenberger lateinischen Ausgabe der Werke Luthers (Bd. 5, 1554) entlehnt, die eine um die Vorrede aus f vermehrte Ausgabe von f bietet[16]. Sie hat Selneccer durchkorrigiert, „auf daß der teutsche und lateinische ⟨Text⟩ korrespondierte"[17]. So hat er des öfteren die Klassikerzitate entfernt. Das Stück der Vaterunser-Auslegung, das zwar in h steht, aber von der Wittenberger Ausgabe übersehen ist, hat er neu übersetzt, während er die in Konk und der Wittenberger lateinischen Ausgabe fehlende Beichte ebenfalls ausgelassen hat. Sie wurde, wie auch die Übersetzung des Trau- und Taufbüchleins (siehe unten XXXI), in späteren Ausgaben von Conc aus dem Corpus doctrinae christianae (Jena 1571) aufgenommen.

II. Der kleine Katechismus: Die trüben Erfahrungen, die Luther als Visitator im Herbst 1528 mit der religiösen Volksbildung gemacht hatte, veranlaßten ihn zur Abfassung des kleinen Katechismus[18]. Er begann dessen Niederschrift im Dezember 1528, als er bei der Ausarbeitung des großen Katechismus im dritten Hauptstück stand[19]. Auch für den kleinen bilden die drei Predigtreihen Luthers von 1528 die Grundlage[20]. Was

---

[1]) Vgl. Meyer, L's gr. Kat., 28. [2]) Vgl. Buchwald, Luther-Kalendarium (VRG CXLVII, 1929), 63f., Meyer, Kommentar, 61. [3]) WA XXIX 160—226. [4]) Vgl. WA XXX I 481f., Meyer, L's gr. Kat., 13f., Meyer, Kommentar, 61. [5]) Vgl. WA XXX I 482f. [6]) Vgl. WA XXX I 475f. [7]) Unten 725—733; WA XXIX 136—146 und XXX I 482. [8]) Unten 664. [9]) Ob die Randglossen von Luther selbst stammen, ist nicht ganz sicher; vgl. Albrecht, Luthers Katechismen (VRG CXXI/II, 1915), 40 Anm. 1. [10]) Vgl. unten 548 Anm. 1. [11]) Vgl. WA XXX I 517f. und 804. [12]) Unten 769 7—10 und 836 27—35. [13]) Vgl. WA XXX I 495f. und 518—520. [14]) Vgl. z. B. unten 601 25, 666 9, 271 2—3. [15]) D. Martini Lutheri theologi, Catechismus, lectu dignißimus, latinus factus per Vincentium Obsopoeum (Hagenau, Secer 1529); WA XXX I 494 und 508—510. [16]) Vgl. WA XXX I 494 und 519—521, Albrecht, L's Kat., 79. [17]) Selneccer an Kurfürst August I. von Sachsen, Leipzig 17. Juli 1581 (Sächs. Landeshauptarchiv Dresden Loc. 10307 IX, Religion-Hendel 1580. 81. 82 die Form. Conc. betreffendt, Bl. 139a—140a). [18]) Vgl. unten 501f. Luthers Vorrede. [19]) Vgl. Meyer, L's gr. Kat., 29, Meyer, Kommentar, 67f. [20]) Vgl. WA XXX I 550—559.

das Verhältnis beider Katechismen zueinander betrifft, so ist der kleine keineswegs nur ein Auszug aus dem großen, sondern beide stehen durchaus selbständig nebeneinander; in den späteren Teilen ist der große gelegentlich vom kleinen beeinflußt[1]. Abgesehen von vier kleinen Abweichungen im Dekalog[2] stimmen die Texte der fünf Hauptstücke im kleinen Katechismus genau mit den Auslegungstexten des großen überein.

Luther veröffentlichte die einzelnen Stücke des kleinen Katechismus mit besonderen Überschriften zunächst, älterem Brauche[3] folgend, in Plakatform als sogenannte Tafeldrucke, die zur Aufhängung in Kirchen und Schulen bestimmt waren. Wir kennen ihren Inhalt aus einer ziemlich gleichzeitigen Abschrift[4], ihre Gestalt aus einer einzigen Tafel, die eine niederdeutsche Übersetzung des Lutherschen Morgen- und Abendsegens enthält[5]. Anfang Januar 1529[6] erschienen drei sehr bald vergriffene Tafeln mit den ersten drei Hauptstücken bei Nikolaus Schirlentz in Wittenberg, der auch fernerhin die „authentischen" Drucke des kleinen Katechismus besorgte. Am 7. März hören wir von zwei weiteren Tafeln mit dem Benedicite und Gratias sowie dem Morgen- und Abendsegen. Am 16. März kamen schließlich noch zwei Tafeln, die die Taufe und das Abendmahl enthielten, sowie ein Neudruck der Tafeln mit den drei ersten Hauptstücken[7] zum Versand.

In Buchform zusammengefaßt erschien der mit Illustrationen versehene kleine Katechismus Mitte Mai 1529 (A). Luther hatte um jetzt um die Haustafel und eine Vorrede vermehrt, die sich mit dem Schluß des fünften Hauptstücks im großen Katechismus eng berührt[8], also wohl gleichzeitig mit ihm verfaßt ist. Das Traubüchlein dagegen stellt, wie es scheint, eine Zutat des Druckers dar. Dieser Druck A, dem binnen wenigen Wochen (vor dem 13. Juni) eine 2. völlig verschollene Wittenberger Ausgabe folgte, ist nur noch aus drei bald darauf angefertigten Erfurter und Marburger Nachdrucken ($\alpha \beta \gamma$) bekannt[9]. Noch vor der Wittenberger hochdeutschen Buchausgabe veranlaßte Bugenhagen in Hamburg eine solche in niederdeutscher Übersetzung (ohne Luthers Vorrede, die Haustafel, den Morgen- und Abendsegen und irgendwelche Anhänge)[10]. Am 13. Juni gelangte bereits die 3. Wittenberger, um einige Stücke („Eine kurze Weise zu beichten", Taufbüchlein, Litanei, letztere beide vielleicht als selbständige Zutaten des Druckers) bereicherte Buchausgabe (B) zum Versand. Wir besitzen sie nur in einem verstümmelten Exemplar[11]. Kurz danach erschienen dicht hintereinander auch zwei lateinische Übersetzungen, die eine Ende August, vielleicht von Georg Major verfaßt (unter Beseitigung der Frageform) (A)[12], die andere im September, auf Luthers Veranlassung von Johann Sauermann hergestellt (B)[13].

In den folgenden Jahren bis 1546 druckte Schirlentz noch mindestens acht deutsche Katechismusausgaben: C (1531) mit einer Erklärung der Vaterunser-Anrede und einer neuen Beichte, D (1535), E (1536), F (1537), G (1539), H (1540), J (1542) und K (1543)[14]. In den Ausgaben E bzw. H sind erstmals die Bibelstellen der Haustafel, des Tauf- und Traubüchleins dem Text der Lutherbibel angeglichen. In H und J ist je eine neue, zuerst in A und B auftretende Spruchgruppe[15] in die Haustafel vom Drucker, aber wohl mit Luthers Zustimmung eingefügt.

Der deutsche Text des Konkordienbuches, der teilweise auf die Jenaer deutsche Ausgabe der Werke Luthers (Bd. 8, 1558) zurückgeht, steht der Textgruppe E—G am nächsten[16]. Für den lateinischen Text in Conc bildet für die in B fehlende Vorrede die Übersetzung A, die in Bd. 5 der Wittenberger lateinischen Ausgabe (1554) nach der Neuauflage von 1543 (A²) abgedruckt ist, die Grundlage, für den übrigen Katechismus die von Selnecker nach A² korrigierte Sauermannsche Übersetzung B[17]. Die Beichte, die B noch in der älteren

---

[1]) Vgl. WA XXX¹ 484f., Meyer, L's gr. Kat., 27—30, Meyer, Kommentar, 63—68. [2]) Unten 508 ₂f., ₁₉ und 509 ₃₄. [3]) Vgl. WA XXX¹ 561f. [4]) Von der Hand Michael Stiefels in dem Jenaer Codex Bos. q. 25ᵃ; vgl. WA XXX¹ 243—263, 563—568. [5]) Faksimiliert WA XXX¹ 241. [6]) Die Briefstellen, aus denen sich dieses und die folgenden Daten ergeben, sind zusammengestellt bei Albrecht, L's Kat., 58—60 Anm. 1. [7]) Vgl. Albrecht, L's Kat., 33f. Anm. 1. und 66. [8]) Vgl. unten 505—507 und 715ff. [9]) Vgl. WA XXX¹ 572—579, 669. [10]) Vgl. WA XXX¹ 568—572, 668. [11]) Vgl. WA XXX¹ 579—583, 670f. [12]) Enchiridion piarum precationum, cum Calendario et passionali, ut uocant etc. Mar. Luth. (Wittenberg, Lufft 1529); WA XXX¹ 585 bis 589, 671f. [13]) Parvus Catechismus pro pueris in schola ... Mart. Luther (Wittenberg, Rhaw 1529); WA XXX¹ 601—603, 672f. [14]) Unten 512 ₁₉₋₂₅, 517 ₈—519 ₃₄; WA XXX¹ 605—610, 673—679. [15]) Unten 524 ₈₋₃₄ und 525 ₉₋₃₇; WA XXX¹ 642. [16]) Vgl. WA XXX¹ 805f. [17]) Vgl. unten 512 ₁₈ (im Apparat) und WA XXX¹ 589f., 604, 698, 707, 806f.

Fassung von B bietet, hat Selneccer für Conc neu übersetzt. Erstmalig hatte sie Georg Major ins Lateinische übertragen (in seiner für Schulzwecke bestimmten lateinisch-niederdeutschen Katechismusausgabe [Magdeburg 1531; Maj.¹], die im übrigen eine Revision von A ist)¹.

Das Traubüchlein, das seit A dem kleinen Katechismus beigefügt ist, hat Luther 1529 unter Anlehnung an die in Wittenberg damals übliche Trauordnung verfaßt und selbständig erscheinen lassen². Sein Taufbüchlein kam erstmalig 1523 als Übersetzung des katholischen Taufritus heraus. 1526 bearbeitete er es neu, indem er es stark kürzte und die katholischen Riten vereinfachte³. In dieser Gestalt wurde es dann dem kleinen Katechismus (seit B) beigegeben. Über die teilweise Auslassung dieser beiden Anhänge im Konkordienbuch (Dresden 1580) vgl. unten XLIII. In Conc 1580 und 1584 blieben beide Stücke stets fort.

III. Zum Abdruck der Texte:

Der Text des deutschen kleinen Katechismus ist nach C mit den Varianten von α β γ (A) B D—K und Konk, die Vorrede des lateinischen kleinen Katechismus nach A, die Beichte nach Maj.¹ und der übrige Text nach B mit den Varianten von Conc 1584, das Trau- und Taufbüchlein nach Corp. doctr. abgedruckt.

Der Text des deutschen großen Katechismus ist nach a, die neue Vorrede nach A, die Beichte nach A (diese beiden Stücke als spätere Zusätze Luthers mit abweichenden Typen) mit den Varianten von A B und Konk, der lateinische Text nach f und die neue Vorrede nach h mit den Varianten von Conc 1584, die Beichte nach Corp. doctr. abgedruckt.

IV. Literatur:

E. Göpfert, Wörterbuch zum kleinen Katechismus Dr. M. Luthers (1889).

WA XXX I (1910) [enthält die Katechismuspredigten sowie den großen und kleinen Katechismus; hier ist auch die frühere Literatur verzeichnet]; vgl. dazu Th. St. Kr., XCVIII/XCIX (1926) 86—101 (Albrecht, Zum Katechismusband).

J. Meyer, Luthers großer Katechismus. Textausgabe mit Kennzeichnung seiner Predigtgrundlagen und Einleitung (1914).

O. Albrecht, Luthers Katechismen (VRG CXXI/II, 1915).

J. Meyer, Historischer Kommentar zu Luthers Kleinem Katechismus (1929).

M. Reu, D. Martin Luthers Kleiner Katechismus. Die Geschichte seiner Entstehung, seiner Verbreitung und seines Gebrauchs (1929).

G. Kawerau, Liturgische Studien zu Luther's Taufbüchlein von 1523, I—IV (Zeitschrift für kirchliche Wissenschaft und kirchliches Leben, hrsg. von C. E. Luthardt X (1889), 407—430, 466—477, 519—546, 578—599).

WA XII 38—48 und XIX 531—541 (Taufbüchlein von 1523 und 1526).

WA XXXIII 43—80 (Traubüchlein).

Vgl. auch Luther-Jahrbuch Bd. 13 (1931), S. 162ff.; Bd. 14 (1932), S. 130; Bd. 15 (1933), S. 206; Bd. 16 (1934), S. 168; Bd. 17 (1935), S. 164f.; Bd. 19 (1937), S. 140f.; Bd. 21 (1939), S. 143 sowie K. Schottenloher, Bibliographie zur deutschen Geschichte im Zeitalter der Glaubensspaltung 1517—1585 Bd. 1 (Stuttgart 1956), S. 546—550 und Bd. 5 (ebd. 1958), S. 172f. und Bd. 7 (ebd. 1963), S. 140.

---

¹) Catechismus. D. Mar. Luth. Düdesch vnde Latinisch, daruth de Kinder lichtliken in dem lesende vnderwiset mögen werden (Magdeburg, Lotther [1531]); WA XXX I 594 und 688. ²) Vgl. WA XXX III 72, 74—80 und XXX I 572, 581. ³) Vgl. WA XII 42—48, XIX 532, 537—541, XXX I 581.

Zu S. XXIX Zl. 5f. und XXX Zl. 12f.: Vgl. Gutenberg-Jahrbuch 1957, 149f.

Zu S. XXX Anm. 11: Über einen weiteren (gleichfalls bloß fragmentarisch erhaltenen) Erfurter Nachdruck δ (von Matthes Maler), der zwar auf β beruht, daneben aber auch bereits die Wittenberger Buchausgabe B benützte, vgl. Gutenberg-Jahrbuch 1958, 128—131.

Die Konkordienformel.

(Sternchen am Rande des Textes verweisen auf Nachträge. Vgl. S. 1219 ff.)

I. Die Konkordienformel (FC) ist das in seinem schließlichen Erfolg den leitenden Absichten und Erwartungen nicht ganz entsprechende Ergebnis zahlreicher Bemühungen um die Lehreinigung der aus der lutherischen Reformation hervorgegangenen Territorialkirchen, die in der Sorge um die Wahrung der sie begründenden „reinen Lehre" sich vor allem am Interim und den daran ausbrechenden Streitigkeiten um die Adiaphora (vgl. Art. IX), um gute Werke (IV), um „Synergismus" und Erbsünde (II, I), um das Gesetz (V, VI), um Abendmahl und Christologie (VII, VIII) in die zwei Hauptlager der „Philippisten" und der von Flacius anfänglich und in einer sich allmählich selbst ausschaltenden extremen Gruppe geführten „Gnesiolutheraner" aufspalteten und daneben aus gemeinsamem, durch Melanchthon bestimmtem Erfassen des Erbes Luthers Osiander in der Frage der Rechtfertigung (III) ähnlicherweise bekämpften. Den Hintergrund der Einigungsversuche, nötigend und auch hemmend, bildet die Auseinandersetzung mit den katholischen Mächten in Richtung sowohl auf konziliare Religionsvergleichung wie auf über den Augsburger Religionsfrieden hinausgreifende Sicherung durch ein gesamtprotestantisches und politisches Bündnis. Einige Fürsten, vorab Herzog Christoph von Württemberg, dann Wilhelm von Hessen, Julius von Braunschweig-Wolfenbüttel, Ludwig von Württemberg, August von Sachsen, Johann Georg von Brandenburg, Ludwig Pfalzgraf bei Rhein, Georg Ernst von Henneberg und einige Theologen, besonders Jakob Andreä, Martin Chemnitz und Nic. Selnecker (vgl. S. 1100, Anm. 2) neben anderen, tragen das Werk, das auf drei verschiedenen Wegen nach seinem Ziel strebt[1].

1. Unmittelbar nach dem Augsburger Religionsfrieden, im Juli 1555, hält Herzog

---

[1]) Auf Anführung der Belege muß verzichtet werden; verwertet ist das reiche Aktenmaterial, besonders des Sächs. Hauptstaatsarchivs und der Staatsarchive in Hannover, Nürnberg und Darmstadt, des Gemeinschaftl. Henneberg. Archivs in Meiningen, der Acta Selnecceriana der UB Göttingen und das gedruckte Quellengut bei Hutterus, Bertram, Rehtmeyer, Balthasar, Heppe, Pressel (!); Chr. G. Neudecker, Neue Beiträge zur Gesch. der Reformation I, II 1841. Dänische Bibliothek IV/IX 1743—67. Für die ältere Literatur vgl. Kolde, Einl. i. d. Symbol. Bücher zu: J. C. Müller, Die Symbol. Bücher d. ev.-luth. Kirche 1928[12] S. LXVff. und R. Seeberg, Konkordienformel, RE³ X 732—745. Ferner die Literatur S. 738 und vor den einzelnen Art. der FC. Dazu noch: J. C. G. Johannsen, Der freie Protestantismus im Fürstentum Anhalt, Z hist Th 1846; Die Unterschrift der Concordienformel in Sachsen, Z hist Th 1847; J. Andreäs concordist. Tätigkeit ib. 1853.   C. Lentz, Die Concordienformel im Herzogtum Braunschweig, Z hist Th 1848; K. Schornbaum, Die Bündnisbestrebungen d. deutsch. ev. Fürsten u. Markgr. Georg Friedr. v. Brandenb.-Ansbach 1566—1570, ZkG XXXVIII; Markgr. Gg. Friedr. v. Brandenb. u. d. ev. Stände Deutschlands 1570—1575, ARG XXII 1925; Die brandenb. nürnberg. Norma doctrinae 1573, ARG XIX. XX 1922f.; Die Einf. d. Konkordienf. in Brandenburg, dazu Z bayer KG 1929, S. 240.   E. Feddersen, Schleswig-Holstein u. d. luther. Konkordie, Schrr. Ver. f. Schlesw.-Holst.-KG I, 15 1925.   G. Wolf, Zur Gesch. d. deutschen Protestanten 1555—1559, 1888; Kursächs. Politik 1568—1570, N. Arch. f. Sächs. Gesch. XII 1891.   Zu einzelnen Fürsten die Art. i. d. ADB.   B. Kugler, Christoph, Hzg. zu Wirtemberg, II 1872.   E. Bodemann, Hzg. Julius von Braunschw. als deutscher Reichsfürst, Z hist Ver. f. Niedersachsen XX 1887; Die Weihe u. Einführung d. Hzg. Heinrich Jul. v. Braunschw. als Bischof v. Halberstadt, ib. 1878.   P. Zink, Die Univ. Leipzig i. d. kryptokalvinist. Wirren, Beitr. Sächs. KG XVI, 1903.   W. Friedensburg, Gesch. d. Universität Wittenberg 1917.   E. Fischer, Zum Schicksal luth. Ge-
* danken im 16. Jh., NKZ XXII 1911.   H. Leube, Kalvinismus und Luthertum I, 1928.

Christoph bereits der drohend wachsenden theologischen Streitigkeiten wegen angesichts des nächstbevorstehenden Reichstages (Regensburg, Juli 56/März 57) eine Fürstenzusammenkunft für hochnotwendig; die Pfalz und Wilhelm von Hessen stimmen grundsätzlich zu, beide Sachsen versagen sich: die Herzöge auf Betreiben der flacianischen Theologen, der Kurfürst durch Melanchthon bestimmt (CR VIII 622), obwohl die Theologen beider Lager bald darauf an Beilegung des Streites denken, die Flacianer durch Verurteilung zumindest der Adiaphoristen und Majoristen sowie durch Sicherung der CA und Apol. mittels der Art. Smal., Melanchthon lediglich durch schriftgemäße Neufassung der strittigen Lehrpunkte, ohne Verwerfungen. Diese Verhandlungen — im Sommer 1556 und Januar 1557 durch niedersächsische Theologen schiedsrichterlich in Braunschweig und Koßwig! (CR IX 23 ff.) — bleiben abgesehen von der Annahme der Art. Smal. ergebnislos. Immerhin setzte sich der Vorschlag eines theologischen Vorkonvents vor dem in Regensburg verabschiedeten Wormser Religionsgespräch samt dem von Christoph in seinen weiter ausgebauten Unions= und Zensurplänen trotz kursächsischer Ablehnung vorgesehenen Fürstentag in Frankfurt durch, dessen gemäßigter Abschied die Schärfe des Gegensatzes — der Flacianer Nic. Gallus führte die theologische Debatte — nur verdeckt. Er verhinderte nicht, daß dann in Worms (11. September/28. November 1557) die in keiner Weise zum Verzicht auf namentliche Verwerfung der Lehrverderbnisse zu gewinnenden ernestinischen Theologen durch ihre Protestation und Abreise (1. Oktober) die Zerrissenheit bloßstellten und dadurch den Abbruch des Gesprächs durch die nun zwei Parteien gegenüberstehenden Katholiken veranlaßten. Gleichzeitig machte eine von Farel und Beza geführte Abordnung einige Fürsten auf die Gesamtlage des Protestantismus erneut aufmerksam. Die Frage der Einigung wurde so dringlicher, und die Bemühung Herzog Christophs drängender. Aber weder der Frankfurter (1558, vgl. S. 744, Anm. 1) noch der Naumburger (1561, vgl. S. 745, Anm. 1) Fürstentag führten weiter. Auf jenen antworten die Ernestiner mit dem Weimarer Konfutationsbuch (1559), nachdem der geplante flacianische Gegenkonvent in Magdeburg von Kurfürst August verhindert worden war; und an dem bewußt unklaren Naumburger Abschied erwies sich, daß die solche Vermittlung ablehnende Gruppe über den flacianisch=ernestinischen Kreis hinaus sich in das Niedersächsische und Mecklenburgische (Lüneburger Konvent, Juli 1561) verbreitet hatte und nach der Verbannung des Flacius und Wigand Ende 1561 noch wuchs. Die bereits einsetzende territoriale Bekenntnis= und Lehrbesonderung machte nach dem Fehlschlagen der Einigungsversuche — 1561 wiederum auch eine außerdeutsche Werbung, diesmal von England aus — und neben niemals aufgegebenen Konventsplänen zu gegenseitiger Verständigung rasche Fortschritte. In der Kurpfalz erfolgt unter Friedrich III. (1559—1576) die Wendung zum Kalvinismus, ohne daß Christoph es hindern kann, so wie Württemberg sich demgegenüber durch Annahme der „ubiquitistischen" Abendmahlslehre des Joh. Brenz sichert (Stuttgarter Synode Dezember 1559, vgl. auch S. 1017, Anm. 1). Die verschiedenen Corpora Doctrinae, beginnend mit dem CD Philippicum (Misnicum), wollen die landeskirchliche Lehreinheit wahren (vgl. die Zusammenstellung RE³ IV 293—298); unter ihnen hat das CD Julianum von 1576 den Aufbau von Konk wie den Text der FC mitbestimmt (vgl. S. 843, Anm. 1), zumal die FC selbst als angestrebtes überdachendes, mit dem TB (vgl. App. zu S. 833, 1—8): „gewisses, einhelliges, gemeines, öffentliches Corpus Doctrinae", auch in diese Bildungen hineingehört. Eben darin liegt die durch eine Äußerung des Landgrafen Wilhelm gelegentlich einer Zusammenkunft in Heidelberg angeregte Wendung in den Einigungsbemühungen Christophs: die theologischen Streitigkeiten seien zu verhüten, „wenn jeder Fürst von seinen Theologen eine einfältige, gegründte, rotunde Konfession von allen streitigen Punkten artikelweise verfassen ließe" (Andreä, 6. Oktober 1569). Dementsprechend stellte Andreä ein „Bekenntnis und kurze Erklärung etlicher zwiespaltiger Artikel, nach welcher eine christliche Einigkeit in den Kirchen, der Augsburgischen Konfession zugetan, getroffen und die ... Spaltung hingelegt werden möchte" auf (Hutterus 109 ff., Heppe II, 251—254, nicht fehlerlos): 1. Von der Rechtfertigung des Glaubens, 2. Von guten Werken, 3. Vom freien Willen, 4. Von Mitteldingen Adiaphora genannt, 5. Vom heil. Abendmahl. Diese fünf Artikel bilden die Grundlage für einen Einigungsversuch, dem sich durch den Tod Heinrichs d. J. von Braunschweig=Wolfenbüttel (11. Juni 1568) und den engen Anschluß seines Nachfolgers Julius an Christoph neue Aussichten eröffnet hatte: mit der politischen Neueinrichtung des Landes nach württembergischem Muster ließ sich auch eine Lehrangleichung verbinden. Ende August wird Andreä auf Ansuchen des Herzog Julius nach Wolfenbüttel gesandt, für ihn der Anfang seiner ersten, allerdings zuletzt doch erfolglosen Werbe=

reise für seine Konkordienpläne. Die nach dem Tod Christophs (28. Dezember 1568) J. T. in Begleitung eines hessischen (Meckbach) und eines braunschweigischen (Hans von der Lühe) Rates Sommer 1569 angetretenen zwei weiteren Reisen, scheiterten trotz anfänglich günstiger Aussichten in Kursachsen und gewisser Erfolge in Brandenburg, Pommern, Niedersachsen und Mecklenburg an der Zurückhaltung der antiubiquitistischen kursächsischen Theologen und dem Widerstand der die Personalkondemnation nach wie vor fordernden ernestinischen (besonders Heßhus, Spangenberg, Cölestin, Wigand), die sich gegen den „neuen Syrup der Vermengung der Wahrheit und Lügen" wenden, den Andreä „jetzt neulich aus seinem Häupte distilliert und zusammenbracht" habe. Dazu kommt die durch das Altenburger Kolloquium (20. Oktober 1568 bis 9. März 1569) eingeleitete und durch persönlichen Konflikt der Fürsten gesteigerte Verschärfung der Spannung zwischen Weimar und Dresden, dem eben beschlossenen und des Flacianismus bezichtigten CD Thuringicum und dem CD Misnicum. Der in Wolfenbüttel geplante, von Brandenburg (Küstrin) begünstigte und von Andreä rührig — selbst bei Maximilian II. — betriebene, von Herzog Julius und Landgraf Wilhelm auf den 7. Mai 1570 ausgeschriebene Theologenkonvent in Zerbst brachte zwar bei den von Andreä sorgfältig ausgewählten Abgeordneten aus Kursachsen, Brandenburg, Holstein, Anhalt, Lübeck, Hamburg, Lüneburg, Braunschweig, Hessen eine Einigung auf die altkirchlichen Symbole, CA 1530, Apol, Art. Smal., kl. u. gr. Kat. als Auslegungen der Schrift, ferner auf die Schriften Luthers, wobei die um Kursachsens willen aufgenommene Nennung des CD Misnicum und der Schriften Melanchthons durch gleichzeitige Anerkennung der Schriften Brenzens abgegolten wurde, aber die Kursachsen redeten sogleich (13. Mai) von einer Fälschung des Abschieds (10. Mai) durch Andreä und begannen von der Zerbster Konkordie zurückzutreten; nachträgliche Änderungsversuche am Abschied fruchteten nichts, wenngleich Andreä das Werk als einigermaßen geglückt ansah; daß er den Abschied gegen die Abmachung, wenn auch mit Zustimmung des Herzogs Julius, unter starker Betonung der Art. Smal. veröffentlichte, zerstörte die Sache vollends; dieser „Bericht von christlicher Einigkeit der Theologen und Prädikanten", Wolfenbüttel 1570, wurde in Kursachsen schroff abgelehnt und des 1570 nach Wolfenbüttel geliehenen Generalsuperintendenten Selnecker Behauptung einer Wittenberger „Orthodoxie" und Übereinstimmung mit Andreä (Exegema collationis cum Wittenbergensibus) ist eine Täuschung. Kursachsens philippistische Haltung wird in den folgenden Jahren immer bewußter; ihren Ausdruck findet sie im Wittenberger Katechismus (Abendmahl, Christologie), in der „Grundfest von der Person und Menschwerdung . . . Christi", in der Disputatio grammatica, zusammenfassend und gemäßigt im Dresdener Abschied (Consensus Dresdensis) des von Oktober angeordneten Konvents (7./10. Oktober 1571; vgl. die Titel S. 841, Anm. 1). Zudem bot der Tod Herzog Joh. Wilhelms (3. März 1573) dem Kurfürsten als vormundschaftlichem Regenten die Möglichkeit, die ernestinischen Flacianer, über hundert, vorab Heßhus und Wigand, zu vertreiben; die Grundfest war Prüfstein. Auch Hessen versagte sich schließlich einer unterschriftlichen Anerkennung des zerbstischen Abschieds als Grundlage für eine weitergehende Einigung: Landgraf Wilhelm fand scharfe Worte gegen Andreäs ubiquitistisches Konkordienprogramm und seine partierende Betriebsamkeit und zog sich auf den Naumburger Abschied zurück: eine Unterzeichnung des zerbstischen würde Bildung einer dritten Partei bedeuten.

2. Andreäs Anteil an der Aufrichtung eines reformatorischen Kirchenwesens in Braunschweig-Wolfenbüttel hat trotz der Widerstände, die zunächst von Braunschweig und Martin Chemnitz ausgingen, das Konkordienwerk in seinem Sinn gerettet: im Mai 1570 hatte das Braunschweiger Ministerium doch eine „Einfältige, christliche Erklärung und Bekenntnis" zu Andreäs fünf Punkten aufgestellt; Chemnitz hatte daraufhin den eben eingetroffenen neuen Generalsuperintendenten Selnecker an der Einführung des CD Philippicum gehindert, und nach dem Erscheinen der Wittenberger Catechesis erklärte Herzog Julius den Gesandten der niedersächsischen Kreisstädte am 7. August 1571 seinen Wunsch einer Lehrvereinigung mit den Nachbarkirchen gemäß seiner (dem Lehrbericht nach in das spätere CD Julianum aufgenommenen) Kirchenordnung auf Grund der AC, Apol, Art. Smal. und Cat. Lutheri. Darin fanden sich Selnecker, Chemnitz und Andreä, dem der Herzog bei der Unterzeichnung der KO den miturheberschaftlichen Vorrang vor Chemnitz einräumte. Selneccers Institutio rel. Christ., Ludwig von Württemberg gewidmet, versicherte nun Herbst 1572 Andreä nachdrücklich der bekenntnismäßigen Gleichgerichtetheit. Er antwortete 1573 mit „Sechs Christlicher Predig, Von den Spaltungen, so sich zwischen den Theologen Augspurgischer Confession, von Anno 1548 biß auff diß

1573. Jar, nach vnd nach erhaben . . ." (Tübingen, Gruppenbach 1573, Nachdruck in Tübingen und Lübeck 1574, Neudruck Heppe III B 3—75). Das Widmungsschreiben (17. Februar 1573) an Herzog Julius nennt als Zweck: Zerstreuung des von den ernestinischen und Regensburger Theologen geäußerten Verdachts einer verwischenden Konkordie und vor allem die Herstellung einer gegen die neue wittenbergische Theologie gerichteten Konkordienschrift, zu der man sich „mit eigen Handen ... erklären" möge. Inhalt: I. Von der Gerechtigkeit des Glaubens; II. Von guten Werken; III. Vom Streit über der Erbsünde ... und ob der Mensch in geistlichen Sachen noch einen freien Willen habe; IV. Von Kirchengebräuchen und Mitteldingen; V. Vom rechten Unterschied des Gesetz und Evangelii ... und ob man das Gesetz auch bei den Wiedergebornen treiben soll (vom dritten Brauch des Gesetzes; ob gute Werke nötig oder frei seien); VI. Von der Person, beiden Naturen ... und Majestät Christi. Die Tübinger Fakultät, die die fünf Artikel annahm, forderte auf Wunsch Andreäs das geistliche Ministerium von Braunschweig zur Unterzeichnung als Einigungsschrift auf. Ebenso schrieb Andreä im März an Chemnitz, an Chyträus in Rostock, an Joachim Westphal in Hamburg und an Wigand in Königsberg. Das von Westphal daraufhin erbetene, durch Chyträus aus Österreich gelenkte Gutachten der Rostocker Fakultät riet zu einem Theologenkonvent für das Konkordienwerk, wozu etwa auch politische Räte zuzuziehen seien; seine Vorbereitung brachte nach Westphals Tod die Führung des Unternehmens im Niedersächsischen Kreis an Chemnitz. Abneigung gegen Andreä, auch die Form der neuen Einigungsschrift, deren inhaltliche Unbedenklichkeit Chyträus wie Chemnitz betonten, stehen hinter der Forderung einer Umarbeitung. Herzog Julius, der sich das ganze Unternehmen sehr angelegen sein läßt — seine Aufwendungen für das gesamte Konkordienwerk werden mit 40 000—54 000 Talern angegeben! —, schreibt Andreä am 4. Oktober 1573 den „Prozeß" vor: „Daß Ihr ... nämlich aus eueren Predigten Articul ziehet (in thesi und antithesi) ... und wohl erwäget mit eueren collegis und alsbald danach dieselbigen uns zuschicket, so wollen wir dann dieselbigen unsern theologis neben doctore Kemnitio zu beratschlagen ... untergeben ... Wann dann unser Theologen mit euch gleich einhellig stimmen, so achten wir dann nötig sein, daß Ihr euer Kollegen und aller schwäbischen Kirchen Theologen derselbige subscribieren lasset ... und darnach dieselbige von euch selbst anhero gebracht (Andreä soll hiezu Urlaub erwirkt werden), damit alsdann unsere und der niedersächsischen Kirchen Theologen derselbigen auch subscribieren und neben euch mit einhelligen consensu in öffentlichen Truck verfertigen sollen ..." Am 29. November ist Andreä mit der Fassung der **„Schwäbischen Konkordie"** (SC) fertig. In Tübingen und Stuttgart genehmigt wurde sie mit einem Begleitschreiben Andreäs (22. März 1574), das die auf dem Sturz der Kryptokalvinisten und die Rückkehr Selneccers nach Leipzig sich gründende Hoffnung auf den Anschluß auch anderer Kirchen ausspricht, Herzog Julius zugestellt (Abdruck: Hachfeld, Z hist ThNF XXX 1866, 234—301; der Abdruck Heppe III B 75—166 bietet eine Vorform der SSC auf Grund einer späten [1647, vgl. Heppe III 40, Anm.] Abschrift). Inhalt: Einleitung; Von der Erbsünde; Vom freien Willen; Von der Gerechtigkeit des Glaubens; Von guten Werken; Von Notwendigkeit und Freiwilligkeit der guten Werke; Vom Gesetz und Evangelio; Vom dritten Brauch des Gesetz Gottes; Von Kirchengebräuchen, so man Adiaphora oder Mitteldinge nennet; Vom heil. Abendmahl; Von der Person Christi; Von der ewigen Vorsehung und Wahl Gottes; Von andern Rotten und Sekten. Dazu an Chemnitz, 23. Mai: „Contra meam voluntatem crevit opus. Nec quidquam rescindere volui ... cum hoc scriptum meum non eruditis hominibus ... sed rudioribus maxime serviat ... postquam igitur inter nos consensus est, ne scriptum ipsum quidquam obscuritatis habeat ... vestrae etiam censurae subiicio ... Rogo autem ut severiter iudicetis ...". Exemplare zur Versendung — auch an Chyträus für Österreich — seien vorbereitet, und daher sofortige Mitteilung der Stellungnahme erbeten (ebenso ein zweites Schreiben vom 1. Mai und eines der Tübinger Fakultät vom 10. an Chemnitz und die niedersächsischen Geistl.). Am 12. Mai fordert Herzog Julius von Chemnitz ein Gutachten zur SC und am 15. Juni stellt er ihm für seine mühselige Werbearbeit im ganzen Niedersächsischen Kreis ein Ermächtigungsschreiben aus. Das Ergebnis der von Chemnitz eingetriebenen zahlreichen Zensuren und der Konferenzen (namentlich der drei Seestädte Lübeck, Hamburg, Lüneburg: in Lübeck, 3. Juli, Notationes Lubecae factae; in Bergedorf, 25. Oktober, Notationes ... Bergendorpienses dictae, vgl. Bertram, Lüneburg II 198 ff., 213 ff.) und der Bemühungen der am 28. Oktober in die Arbeit eintretenden Rostocker Fakultät war eine von dieser am 18. Mai 1575 abgeschlossene Bearbeitung der SC, wo-

bei die Artikel vom freien Willen und vom Abendmahl völlig neu gefaßt wurden. Ihre Annahme durch die Seestädte setzte der Lübecker Superintendent Pouchenius in Mölln durch (10./12. Juli 1575). Die hier geringfügig veränderte Schrift überarbeitete Chemnitz nochmals und sandte sie dann am 5. September an Andreä zurück. Diese "**Schwäbisch-Sächsische Konkordie**" (SSC) enthält abgesehen von dem gestrichenen Sonderabschnitt "Von Notwendigkeit und Freiwilligkeit der guten Werke" dieselben Artikel wie die SC, jedoch wie es scheint in einer der Ordnung in CA angenäherten Umstellung (Erbsünde, Person Christi, Glaubensgerechtigkeit, Gesetz und Evangelium, dritter Brauch des Gesetzes, Abendmahl, Vorsehung, Kirchengebräuche, freier Wille, Rotten und Sekten: so in dem Abdruck bei Chr. M. Pfaff, Acta et scripta publ. eccl. Wirtemb. 1719, 381—511, während eine in Richtung auf das TB bereits umgearbeitete Abschrift des Hauptstaatsarchivs Dresden, 10 308 Sue. & Sax. Conc., die beiden letzten Artikel in der ursprünglichen Ordnung der Lagen vertauscht hat. TB scheint dann hier wieder die Ordnung der SC hergestellt zu haben [vgl. auch Anton I 179], aber erst FC tilgt die nur bei jener Ordnung der SSC und derjenigen der ihr hierin als Konkurrenzschrift ähnlichen FM berechtigte Erklärung über die Reihenfolge der Artikel: vgl. App. zu S. 842, Z. 26; Heppe III B 166—352 gibt SSC in der Artikelfolge des TB bzw. der SC). Anerkennung fand die neue Formel fast im ganzen niedersächsischen Kreis; aber auch Widerstand, nicht zuletzt in Württemberg, dessen Mitarbeit Herzog Julius in Briefen an Ludwig, an die Fakultät und an das Konsistorium (20. Oktober 1575) erbat; so starken, daß das Schriftstück, mit dem Lüneburger Ministerium zu reden, "wohl hinter der Banken beliegen bliebe wäre, wo es nicht Kurf. Gnaden von Sachsen ... wiederum herfür und auf die Bahn bracht hätten".

3. Der Sturz des „kryptokalvinistischen" Philippismus in Kursachsen, ausgelöst durch das Erscheinen der Exegesis perspicua des Glogauer Arztes J. Curäus († 1573) bei Vögelin Anfang 1574 (vgl. S. 841, Anm. 1), bei August selbst vorbereitet durch seine lutherisch gemeinte und durch Schriften Andreäs und Selneccers, durch die Kurfürstin Anna und durch persönliche Gereiztheit (gegen Peucer) nebenbei geförderte Gegnerschaft gegen die „Sakramentierer", durchgeführt nach dem Torgauer Landtag (Mai 1574) mit seinen strengen Visitations- und Zensurbeschlüssen gemäß den (allerdings antiubiquitistischen) von P. Crell verfaßten Torgauer Artikeln (Kurz Bekenntnis und Artikel vom H. Abendmahl) und bestürzt von Hessen und Kurpfalz verfolgt, erweiterte die Aussichten des württembergisch-niedersächsischen Konkordienwerks abermals seit der Vertreibung der ernestinischen Flacianer: nicht daß Wilhelm von Hessen eine Vereinigung auf Grund der Wittenberger Abendmahlskonkordie von 1536 plant und sich der Hilfe Andreäs versichert (vgl. auch ARG XXII 284f.) ist entscheidend, sondern der Umschwung beim sächsischen Kurfürsten. Mit Hilfe von Kurbrandenburg — Kurpfalz scheidet von vornherein aus — will er eine Lehrsicherung der Augsb. Bekenntnisverwandten durchführen und legt seinen Kammerräten (Hans von Bernstein, Tam von Sebottendorf, Lorenz Lindemann, David Pfeiffer) einen eigenhändig aufgezeichneten Plan vor (21. November 1575): Einigung durch Kolloquien erscheine ausgeschlossen, aber die Uneinigkeit dürfe nicht sich selbst überlassen werden, daher unvorgreiflicher Vorschlag an Kurf. Johann Georg, daß „wyr, dye sych zu der Augspurgischen Confession bekennen, sich freuntlich mitt eynander dohin voreynigetten vnd vorglichen, das eyn jder der hern etzliche fridlibende teologen, vngeser an der zall 3 oder 4 perschonen, desgleichen auch sofyll politische Rette benenten, vnd sych dye Hern dorauff zusammen bettagten, eyn jder Her seyn Corpus doctrine mitt sych brechtte vnd als dan allen teologen vnd politischen Retten dergestellt vbergeben, das [dy] sye dye Augspurgische Confession ließen Ihre Richtschnur seyen vnd sych in den corporibus doctrine ersegen, vnderetten vnd berattschlagetten, wye durch Gottes genad aus allen eyn corpus gemachtt werden mochtte, dazu wyr vns alle bekennen konten, vnd das selbyche buch oder corpus doctrine [also] auffs neue gedruct vnd in dys Hern Land seynen geystlichen demselbygen gemes sych zuezeygen aufgeleget wurde, [So were] do auch vnter den gestlichen eyner oder mer, so sych sollichen beschlus zu wider auflenen wurde, den oder dyselbygen sol [in] keyn[em] >Her< in seynem lande leiden vnd den ander Confession vorwanten allen, wye er oder sye abgeschiden, zuwissen gethan werden, dormitt sye an ander Orten auch nycht zu dynst kummen konten, so wer (do gott anders seyne genade dazu vorleyhen wolltte) meyns bedunckes dys der eynyge weck, durch wellychen sollichs gezencke nidergeleget vnd aufgehoben werden mochtten, vnd wurde das holhypen vnd ynnutze karten schreyben von Im selbest fallen ..." In Frage kommen: Markgraf Georg Friedrich von Brandenburg, alle hessischen Landgrafen, die Herzöge von

Die Konkordienformel. XXXVII

Pommern, Braunschweig, Mecklenburg, Lüneburg, Holstein, der König zu Dänemark, Herzog von Württemberg, Markgraf von Baden, alle Pfalzgrafen (außer Friedrich III.), die Fürsten von Anhalt und von Henneberg, etliche Grafen und Städte; Ort: Mühlhausen oder Naumburg; Zeit: etwa kommende Pfingsten. Dazu genaue Ordnung der Werbungsreihenfolge, falls Joh. Georg zustimmen sollte. Etwas frühere, durch verschiedenen Widerspruch gegen die Torgischen Artikel veranlaßte Äußerungen gegenüber Graf Georg Ernst zu Henneberg bewogen diesen, zusammen mit Herzog Ludwig von Württemberg und Markgraf Karl von Baden anläßlich Ludwigs Hochzeitsfeier den württemb. Hofprediger D. Lukas Osiander, den Stuttgarter Propst Balthasar Bidembach, die henneb. Prediger Abel Scherdinger und Petrus Streck, den badischen Pfarrer D. Rupertus Dürr am 14. November mit einem Bedenken über die Möglichkeit einer Konkordie und mit einem Plan für eine Konkordienschrift zu beauftragen. Als **"Maulbronner Formel"** (FM) wurde ein von Osiander und Bidembach gestellter "Kurtzer und einfeltiger bericht, was für strit vnder etlichen Theologen der Augspurgischen Confession vber Etliche derselben Articul sich erhoben ...", von den Verordneten am 19. Januar 1576 angenommen (Original: Hauptstaatsarch. Dresden 10 308, Sue. & Sax. Conc., darnach ungenügender Abdruck durch Pressel Jb dt Th. XI 1866, 640—711). Am 9. Februar stellte Graf Georg Ernst sie Kurfürst August zu, der eben (31. Jan.) auch die am 17. Jan. von Julius erbetene SSC erhalten hatte, zu der FM sich wie die württembergische Korrektur verhält. Aufbau: Einleitung (vgl. S. 829, Anm. 2); Von der Erbsünde; Von der Person Christi; Von der Rechtfertigung des Glaubens; Von Gesetz und Evangelio; Von guten Werken; Vom heil. Nachtmahl; Von Kirchengebräuchen, so man Adiaphora nennt; Vom freien Willen; Vom dritten Brauch des Gesetzes Gottes.

Kurfürst August fordert daraufhin von Andreä ein Bedenken zu SSC und FM; das ermöglicht diesem für seinen Plan einer Konkordienschrift auch hier einzutreten, zumal er ähnlichen Absichten des Kurfürsten begegnet, die sowohl Kurfürst Joh. Georg (6. Dezember 1575) als auch Landgraf Wilhelm (19. Dezember) mitgeteilt worden waren, wenn auch mit der Abänderung, daß an Stelle einer aus den verschiedenen Corpora Doctrinae gezogenen Einigungsschrift einfache Einholung theologischer Gutachten zu einer Konkordie angeregt wird. Wilhelm rät (1. Januar 1576) zu einem kleineren Theologenkonvent — Chemnitz, Chyträus, Andreä, Marbach aus Straßburg neben den kursächsischen u. a. —, und auch Joh. Georg stimmt nach einigen Bedenken zu (23. Dezember), ebenso Georg Ernst von Henneberg (25. Dezember) und Markgraf Georg Friedrich von Ansbach (29. Dezember). Gutachten der kursächsischen Räte, der Hofprediger M. Gg. Listenius und D. Martin Mirus, Selneccers, Gräsers, Glasers und eines Theologenkonvents in Lichtenberg (15./17. Februar 1576; kurfl. Proposition 13. (15. ?) Februar, Hutterus 274/277, Orig.: Acta Selnecceriana I 302/4; Teilnehmer: D. H. Salmuth, D. P. Crell, Max. Mörlin, D. Wolfg. Harder, Dan. Gräser, Nic. Jagenteufel, J. Cornicaelius, Joh. Schütz (Sagittarius), Mirus, Listenius, Peter Glaser, Selneccer; Protokoll: Heppe III 85—94; Bedenken vom 16. Februar, Hutterus 278—285: Einstellung der (persönlichen) Streitigkeiten, Abgrenzung eines Corpus Doctrinae [drei ökumen. Symbole, "erste ungeänderte" CA, Apol, kl. und gr. Kat., Art. Smal. als norma doctrinae, zu der neben der Schrifte allenfalls "von wegen der Lehre von der Gerechtfertigung" Luthers Galaterkommentar gehört], Beseitigung des CD Philippicum und Ablehnung der kursächs. philippistischen Schriften von 1571 samt dem Consensus Dresdensis, schließlich ein Theologenkonvent — Chemnitz, Chyträus, Andreä, Marbach —, die die strittigen Artikel nach CA unter Abweisung der Lehrverderbnisse, aber "ohne Personalbenennung" erklären soll, dazu Lehr- und Druckzensur) bereiten vor; eine Bittschrift des Konvents wünscht die "Entleihung" Andreäs als Stadtpfarrer nach Wittenberg, damit durch ihn, der "durchaus rein in allen Stücken der christlichen Lehr", "die jämmerliche verführte Wittenbergische Universität wieder zurecht bracht werden kunne". Am 9. April traf Andreä — zunächst für das Konkordienwerk — in Torgau ein und übernahm (zumal auch Landgraf Wilhelm mit seiner Berufung befriedigt ist) sogleich die Führung vor und in dem vom Kurfürsten auf den 28. Mai nach Torgau berufenen Konvent; geladen sind neben den Lichtenberger Konventualen (statt des verstorbenen Salmuth jetzt Kaspar Heyderich) Chemnitz, Chyträus, Musculus und Cornerus (vgl. S. 1100, Anm. 2). Auf Schloß Hartenfels durch Vorlage der kurfürstlichen Proposition (Hutterus 323—325) eröffnete Beratungen über eine Konkordienschrift auf Grund von SSC und FM, nicht ohne heftige Auseinandersetzungen, namentlich mit Musculus, führen zum **"Torgischen Buch"** (TB): "(Torgisch) Bedenken, welchermaßen vermuge Gotts Worts die eingerissene Spaltungen

zwischen den Theologen Augsburgischer Konfession verglichen und beigelegt werden möchten." In die von Chemnitz und Chyträus vertretene SSC wird FM eingearbeitet, dazu einige umfangreiche Lutherzitate und der Höllenfahrtabschnitt als neuer, im Orig. (fol. 174—180) fast unkorrigierter Artikel aufgenommen. Der Aufbau ist bereits der der FC (vgl. auch oben bei SSC!); das Original (Hauptstaatsarch. Dresden 10 303 I Concordia, durchgreifende Überarbeitung der in Sonderlagen von Schreiberhand geschr. Art. SSC durch Andreä) schließt mit: „Actum Torgaw, den Siebenden Junii Anno etc. Sechs vnd sibentzig Ewr Churf. G. Vnderthenigste Gehorsame zue disem Werk erforderte vnd voordente Theologen Andreas Musculus Doctor . . ." folgen die Unterschriften der anderen.

Drucke: 1. zu J. S. Semlers Abdruck des Torgischen Buchs, Halle 1760, vgl. S. XXXIX, Anm. 2; 2. Heppe, Die Berg. Concordienformel verglichen m. d. Text . . . d. Torgischen
* Buches 1860; 3. in der vorliegenden Ausgabe: der Text ohne die zwischen | | und > < gesetzten Erweiterungen, mit den sonst nicht anders gekennzeichneten Streichungen zwischen [ ] im Apparat aus A.

Aus dem Bedenken fertigte Andreä einen „Kurzen summarischen Auszug der Artikel, so zwischen den Theologen Augsburgischer Konfession viel Jahr streitig zu Torgau durch die doselbsten versammlete und unterschriebene Theologen im Monat Junio Anno 1576 christlich verglichen worden"; zunächst für den Kurfürsten; hernach wurde er auch Landgraf Wilhelm und Joachim Ernst von Anhalt mitgeteilt, die Grundlage der Epitome in FC (Hff. Hauptstaatsarch. Dresden 10 303 I Concordia 366—414; LB Dresden Ms.
* Dresd. A 264; Druck: zuerst in der vorliegenden Ausgabe entsprechend der Einrichtung des TB). Ein Bericht der Theologen an den Kurfürsten (Hutterus 325—328, vgl. Chemnitz an Heßhus, Rehtmeyer III B 255ff.), die Übergabe des TB, ein Dankgottesdienst Selneccers und eine Bittschrift für die vertriebenen ernestinischen „Flacianer" schloßen den Konvent. Kurfürst August bemühte sich, Andreä, Chemnitz und Chyträus in seinen Dienst zu ziehen; nur bei Andreä mit Erfolg: Ludwig beurlaubte ihn auf zwei Jahre (23. Juli). Abschriften des TB wurden zur Einholung von Gutachten von Dresden
* aus an die Stände versandt. Die Werbearbeit leistete vor allem Andreä, der nach einer Reise zu Herzog Julius (25. Juli) und Landgraf Wilhelm (August) über Henneberg, Ansbach, Württemberg im Oktober in Leipzig als Visitator und Reformer der Kirchen und Schulen beider Sachsen in Leipzig eintraf (spätere Programmrede, Heppe III B 333—349): neben ihm Chemnitz.

4. Am 26. März 1577 schreibt Kurfürst August an Kurfürst Johann Georg (eigenhändig): „. . . Es ist aber numer Gott lob so weytt kommen, das fast von den vornempsten fürsten, so sych zu vnser Confesyon bekennen, vber alle artikel, So zu torgaw bedacht, genucksame vnd runde erklerund eynkommen, welliche bedenken vnd erinnerung zu eynem jden zu torgaw bedachtten artickel vleißig vnd ordentlich gesetzt vnd von wemme sollicke erinnerund gechen ad marginem [gesetzt] bracht, das numer [dye teologen] zw Gott zw hoffen, es solle dordurch allen teyllen genuck gschen vnd [key] alle disputation dordurch vermyden bleyben. Weyll dann [. . .] disem hohem werk nuhmer durch keynem beßeren Werk oder mittell, dann durch perschonliche zusammenkunft vnser aller . . . mag abgeholffen werden, So habe Ich nycht vmb gehen wollen, dych wie dye sachen itzo geschaffen, freyntlichen zu berychtten, vnd do du mitt mir dysfalls eynick seyn woltest, So hilte ich bey mir dafür, das der ortt zu Madeburck <!> allen teyllen vnd dye zeytt vmb . . . Johannis, wellyches ist der 25. . . . Juni, eynzukummen am gelegensten seyn möchtte . . ." Vorschlag der Vereinbarung eines Ausschreibens an die Stände AC namens der drei weltlichen Kurfürsten — 26. Oktober 1576 ist Friedrich III. von der Pfalz gestorben, und der Erbprinz Ludwig, der am 11. Juni das TB erhalten hatte und mit württemb. (Bidembach) Hilfe sein Land wieder lutherisch zu machen begann, sollte durch eine Ge-
* sandtschaft zur Teilnahme am Konkordienwerk und zur Unterzeichnung des Ausschreibens eingeladen werden (25. April). Schon vorher erfolgte auf Drängen Andreäs (17. Januar, 2. Februar) durch ihn, Selnecker und Chemnitz zwischen 1. und 14. März im Kloster (Bibliothek) Bergen auf Einladung des Abtes Peter Ulner von Gladenbach (14. Februar) und mit Genehmigung des Administrators Joachim Friedrich eine erste Überarbeitung des TB nach den bis dahin eingelaufenen Zensuren[1]. Johann Georg ant-

---

[1]) Die wichtigsten Gutachten zum TB, zustimmend oder bedingt zustimmend: 1. Kurbrandenburg, Lebus, 4. August 1576; 2. Pfalz-Neuburg, 8. August; 3. Braunschweig-Wolfenbüttel, Riddagshausen, 9. August (= Hutterus 402—413); 4. Braunschweig-Harburg, Celle, 15. August; 5. Regensburg, 6. September; 6. Württemberg, Baden, Henne-

Die Konkordienformel. XXXIX

wortete nun: die Zusammenkunft sei auf den 6. Oktober zu verschieben und inzwischen durch die Theologen des Torgischen Konvents aus TB und allen Gutachten „ein corpus" zu fertigen, durch dessen Zustellung an die Stände dem Magdeburger Tag vorzuarbeiten und der Erfolg so zu „unterbauen" sei. Weitere Verhandlungen zwischen beiden Kurfürsten führten dazu, daß August am 27. April Andreä, Selnecker, Musculus, Corneus, Chyträus und Chemnitz auf Exaudi wieder[1] nach Bergen (am 11. Mai wurde Ulner um Aufnahme gebeten) einlud. Zwischen 19. und 28. Mai wurde hier nicht ohne lebhaften Widerstand des die Linie der SSC verteidigenden, aber überstimmten Chyträus das TB zum **„Bergischen Buch"**, zur Formula Concordiae (FC) umgeformt. Das Verfahren nennt bereits der Bericht vom 14. März (Hutterus 432—443, vgl. Heppe III B 400): „... weil in den überschickten iudiciis viel feiner christlicher Erinnerungen von streitigen Artikeln des Torgischen Bedenken eingebracht, haben wir das ganze Buch ... wie es auf die Hälfte geschrieben ⟨= halbbrüchig⟩, mit allem Fleiß durchlesen vnd was von allen teilen zu weiterer und besserer Erklärung der reinen unverfälschten Lehr erinnert worden ..., unterschiedlich bei einem jeden Artikel auf die ander Hälfst geschrieben und durch welches Kurfürsten, Fürsten oder Standes Theologen jedes erinnert worden, verzeichnet ..."; die Anordnung nach CA (vgl. oben bei SCC) habe wegen naher Verwandtschaft einiger Artikel nicht ganz innegehalten werden können; zur Beanstandung des Umfangs: es läge bereits ein Auszug vor; die längsten Artikel (II., VII.) seien erheblich gekürzt worden, auch der hernach der Sol. Decl. „nützlich vorgesetzte" „Extract" sei überarbeitet. Im wesentlichen hat man wohl die Arbeit der Märztage überprüft, die damals verzeichneten und die aus den inzwischen eingetroffenen Bedenken (Pommern, vgl. S. 880, Anm. 2, und Anhalt) genommenen Auszüge und Änderungswünsche abschließend eingearbeitet, wobei man versichert, an der Lehre des TB nichts geändert zu haben. Das von Andreä gefertigte, von allen Theologen unterzeichnete und dem Kurfürst übergebene Buch ⟨= Hs A, vgl. S. 736⟩ bestätigt dies in den einzelnen für die Solida Declaratio und ähnlich für die Epitome. Bereits am 14. Juni kann der Kanzler Haubold von Einsiedel vier Umschriften nach diesem Original[2] der FC zustellen.

5. In ihrem Bericht an Kurfürst August vom 28. Mai (Hospinian III, lat.) hatten die

berg: Maulbronn, 15. September (= Heppe III B 349—370); 7. Mecklenburg, 16. Oktober (= Schütz, Vita II App. 14); 8. Pfalz-Simmern, 1. November (Dezember ?); 9. Lübeck, Hamburg, Lüneburg: Mölln, 2. November (= Bertram, Lüneb. II B 325—339); 10. Niedersächsische Städte: Braunschweig, 14. November (= Rehtmeyer III B 262—276); 11. Pfalz-Zweibrücken, Dezember (zuerst 15. September, vgl. Heppe III B 376ff.); 12. Preußen (Heßhus und Wigand), Königsberg, 8. Januar 1577; 13. Mansfeld, 17. Januar. Bedenklich oder **ablehnend**: 14. Ansbach, 3. September 1576; 15. Hessen: Kassel, 5. September (= Heppe Syn. I B 10—30, vgl. 30—75); 16. Kurfürst Ludwig, Amberg, 5. September; 17. Holstein Gottorp, Schleswig 21. September (= Feddersen 218—228); 18. Hadersleben, 25. Oktober (= Feddersen 229—232); 19. Pommern, Wolgast, 22. Januar und Stettin 7. März 1577 (= Balthasar, Andere Sammlung 9—84); 20. Magdeburg, 21. Dezember und 20. März (vgl. Heppe III B 403ff.); 21. Nürnberg, 17. April 1577. Die meisten Bedenken im Original oder (beglaubigter) Abschrift im Sächs. Hauptstaatsarchiv 10 308, Auswärt. Theologen Bedenken Vol. I. II. III.

[1]) Selnecker redet de conventu Bergae ter instituto (Recitationes 67) und ähnlich Andreä, so daß man bald nach dem ersten Konvent der drei Theologen noch einen Zwischenkonvent vermuten darf, auf dem vielleicht neben Einarbeitung inzwischen eingetroffener Bedenken auch die in keinem der beiden Berichte (14. März, 28. Mai) genannte große Streichung bei Art. IX erfolgte. Chemnitz erwähnt eine solche zweite Zusammenkunft allerdings nicht. Zu Ort und Personen vgl. den Stich vor: Acta Formulae Concordiae collecta... Francof. a. M. 1707. [2]) Die beim Druck gebrauchte „Urschrift" der FC gilt als verloren (Müller, Symbol. Bücher 6. Aufl. CXIX); M. J. H. Kühn soll sie in die Sakristei der Dresdener Frauenkirche gegeben haben haben, wo sie beim Brand am 19. Juli 1760 untergegangen sein soll. Die Quelle: Chr. Juncker, Das Guldene und Silberne Ehren=Gedächtnis... D. Martini Lutheri Frankf. 1706, 358 redet jedoch nicht von einer „Urschrift". Gleichwohl scheint unser Original (= A) Druckvorlage gewesen zu sein (vgl. auch S. 832 Anm. 1). Ein diesem Exemplar sehr ähnlich gestaltetes, vielleicht brandenb. Herkunft, hat J. S. Semler für seinen „Abdruck des Torgischen Buchs" 1760 benutzt; für Chemnitzens viel angezogenes Handexemplar vgl. Rehtmeyer III 461.

Konventualen auftragsmäßig auch ihr Gutachten über die Durchführung des Konkordienwerkes abgegeben. Sie widerrieten angesichts der in den Zensuren begegnenden Schwierigkeiten der geplanten Generalsynode AC; es sollten zunächst durch Einzelwerbung möglichst viel Unterschriften unter die FC gewonnen werden, dort, wo man auf Zustimmung rechnen könne; die Form der Unterzeichnung wird genau vorgeschrieben; Kurfürst August erweitert die auch wirklich befolgte Anweisung durch die Forderung, daß alle „Kirchen- und Schuldiener" persönlich unterzeichnen sollten. Der Plan des ganzen Einigungswerkes wurde dadurch entscheidend abgeändert. Die Anzeigen des für den 6. Oktober nach Magde-
* burg ausgeschriebenen Konvents an die Stände und den Kaiser blieben samt der genauen Ordnung liegen; bezeichnenderweise nur von Kurfürst August und Kurfürst Ludwig unterfertigt: Johann Georg hat immer wieder die nun durch Jahre erhobene Forderung einer
* Generalsynode AC beiseitegeschoben zugunsten aussichtsreicherer Sonderverhandlungen, ungeachtet dessen, daß die zur Beratung der ganzen Frage nach Sangerhausen verordneten Theologen (8. September 1577) die Zusage einer abschließenden Generalsynode befürworteten. Von den Vororten des Konkordienwerks aus, von Dresden, Berlin, Wolfenbüttel, Stuttgart, Braunschweig (M. Chemnitz) usw., wurde die FC abschriftlich samt kurfürstlichen und anderen Werbeschreiben an die Stände versandt; zum Teil sind diese Abschriften, zum Teil nach ihnen verschiedenerorts gefertigte mit den eigenhändigen Unterschriften der Theologen, „Kirchen- und Schuldiener", mitunter auch weltlicher Räte nach Dresden zurückgegangen. Kommissionen von Theologen und gelegentlich politischen Räten
* — in Kursachsen z. B. Andreä, Selnecker und Pol. Leyser — oder Synoden sammelten die Unterschriften in den ihnen zugeordneten Bezirken. Einzelheiten, Werbepredigten, die Frage nach Zwang und Freiwilligkeit (dazu Heppe, Syn. I 235 und Preßel, Kf. Ludwig 40) haben hier keinen Ort; das Ergebnis bis zum Juni zeigt die von Andreä zusammengestellte Liste in Konk 1580: 8182 (+ 6) Namen (Kursachsen mit 1824).

II. Die Vorrede soll bestimmte Bedenken zerstreuen und um Anschluß werben. Der Widerstand nämlich, auf den die FC bei einem Teil der Stände stieß, besonders in Hessen (Treisaer Abschied, 24. November 1577), Anhalt (Dessau, 18. Februar 1578), Kurpfalz, Pommern (Februar 1578) — andere, wie Bremen (14. September 1577), Holstein (Oktober 1577), Nürnberg (10. Dezember 1577), Pfalz-Simmern und Pfalz-Zweibrücken (hier wird ein eigens gefertigter Auszug aus FC 3. Juli 1578 angenommen!) traten jenen gegenüber zurück —, weckte, zumal die Warnung Englands vor einem seinen Plan eines gesamtprotestantischen Bündnisses gefährdenden lutherischen Bund seit Mai 1577 an die einzelnen Höfe gekommen war, die Frage, ob eine abermalige Änderung der FC abhelfen könne. Der vom Kurfürsten zu Beratung hierüber auf den 11. März 1578 nach Tangermünde ausgeschriebene Konvent der bergischen, um Cölestin vermehrten Theologen erklärte trotz der zu sehr weitgehenden Entgegenkommen mahnenden (und doch auf Einspruch Andreäs hin in dieser Haltung bereits gemilderten) zweiten kurf. Instruktion (3. März) in seinem Abschied (15. März, Hutterus 524—645) eine Änderung der bereits, namentlich in Niedersachsen unterzeichneten FC für nahezu unmöglich; die erhobenen Vorwürfe — Gebrauch der Einschränkung „unveränderte" vor CA, des Ausdrucks „Synergisten" in Art. II, Ausschluß der voluntas aus den tribus causis concurrentibus ad conversionem (vgl. S. 911), Gründung der Realpräsenz auf die Ubiquität und nicht ausschließlich auf die Einsetzungsworte (vgl. S. 753, Anm. 1), phrases in abstracto in der Christologie (vgl. S. 754, Anm. 1), das damnamus, namentlich in Art VII (vgl. S. 755, Anm. 3), wurden im einzelnen zurückgewiesen; so führte der Konvent nicht weiter. Die auf seinen Abschied zurückgreifende Zusammenkunft zwischen Kurfürst August und Landgraf Wilhelm in Langensalza (23. März) beschloß einen Generalkonvent der Stände AC für den 7. Juni nach Schmalkalden; Kurfürst Joh. Georg erhob grundsätzliche Bedenken und beantragte eine Verschiebung in den Herbst, ebenso Kurfürst Ludwig in der ihm eignenden Politik des Hinauszögerns. Mittlerweile suchte man Anhalt auf einem Kolloquium in Herzberg zu gewinnen (21.—24. August, PROTOKOL oder Acta des Colloquii zu Hertzberg ... mit Vorrede Joh. Olearii, Halle 1594); ohne Erfolg. Die am 14. Oktober eröffnete eingeschränkte Zusammenkunft der Theologen und Räte der drei Kurfürsten in Schmalkalden führte hingegen zum Ausscheiden des Pfalzgrafen aus dem von seinem Bruder Joh. Casimir (und von Landgraf Wilhelm) mit England, Navarra, Polen, Ungarn, den Niederlanden betriebenen (Frankfurter Konvent 27. Sept. 1577, vgl. Leube I 23 ff.) Bund gegen die FC. Der Abschied (18. Oktober, Hutterus 651—697) sagte eine befriedigende Erklärung zu den anstößigen Stellen in der bereits 1576 vorgesehenen und „im Namen der Kur- und Fürsten" SD wie Ep

"fürzusetzenden" Vorrede zu. Die rasche Erledigung der eben begonnenen Arbeiten zur Veröffentlichung der FC war damit jedoch nicht gewährleistet, denn immer wieder suchte Kurfürst Ludwig eine Veränderung der FC selbst als aussichtsreichere Lösung der Frage zu erwirken und einen Generalkonvent v o r Veröffentlichung der FC durchzusetzen: dort gegen Kurfürst August, hier gegen Kurfürst Joh. Georg, mit beidem gegen das Drängen Andreäs auf angesichts der zunehmenden Veröffentlichungen wider das Konkordienwerk erwünschte Beschleunigung seiner Bekanntgabe im Druck.

Die an schwierigen Verhandlungen reiche Geschichte der Vorrede — an ihr sei "fast so hoch als ⟨an⟩ der formula concordiae selbst gelegen", sagt Herzog Julius — kann nur angedeutet werden (vgl. den Apparat!). Sie verläuft vornehmlich zwischen den drei Kurfürsten und dem Wolfenbütteler Hof; Joh. Georg tritt besonders hervor.

Richtlinien hatte bereits ein Theologenkonvent in B e b e n h a u s e n (23. September) aufgestellt, an dem Andreä teilnahm, ebenso der Schmalkaldische Abschied. Andreä entwarf darnach im Nov. eine Ständevorrede und einen der FC nachzusetzenden Theologenbericht. Auf Anregung Joh. Georgs überarbeiteten die nach J ü t e r b o g (18.—26. Januar 1579) abgeordneten Theologen des bergischen Konvents die Entwürfe (Vorrede $= S$). Ende Januar erhält sie die Kanzlei in Dresden zur Anfertigung der Reinschriften; gleichzeitig empfiehlt Andreä die Stellung zweier Werbeschriften: an die Stände, die FC unterschrieben haben, und an die anderen. Da Kurfürst Ludwig Einarbeitung der Verbesserungen in FC verlangt und seine Erklärung zu den Vorreden hinausschiebt, werden jene im April ausgefertigt, aber auf Einspruch Joh. Georgs zurückgehalten: man möge die förderliche Zustimmung Ludwigs abwarten. Am 20. April sendet dieser die, wie er erklärt, nach dem Schmalkaldischen Abschied theologisch erweiterte Vorrede $\langle = P \rangle$; so sei sie, falls man nicht doch die FC ändern wolle, unter Verzicht auf den Theologenbericht "unverändert" abzudrucken. Andreäs vernichtendes Gutachten schlägt daraufhin eine einfache historica narratio vor, während die kursächsischen Räte andererseits der Ansicht sind, die theologica der pfälzischen Vorrede entsprächen durchaus dem Schmalkaldischen Abschied. Die neue Vorrede stellt der Rat Hartmann Pistorius. Andreä wünscht, daß sie sofort gedruckt werde (12. März) und mit den Werbeschreiben an die Stände ausgehe. Trotz seines und des Kurfürst August Drängen auf Veröffentlichung des eben fertiggestellten Druckes prüft ein zweiter, wieder von Kurfürst Johann Georg vorgeschlagener Konvent in J ü t e r b o g (ohne Chyträus) im Juni jene mit Berücksichtigung von P gestellte "historische" Vorrede, deren Annahme eine Gesandtschaft beider Kurfürsten (Haubold von Einsiedel und Andreä, Lampert Distelmeier und Chemnitz) im H e i d e l b e r g e r A b s c h i e d (31. Juli) bei Ludwig durchsetzt. In dieser Gestalt $(= a)$ gedruckt $(= A)$ und nun mit Werbeschreiben der drei Kurfürsten vom 10. September versandt, wird sie namentlich von den süddeutschen Ständen in nach dem Druck gefertigten Abschriften unterschrieben: "schlecht, ohne sonderlich Titulieren ... wie solchs unter den Herrn bräuchlich, wann sie sich mit selbst Händen unterzeichnen, und bei der Augsburgischen Confession auch also gehalten worden ist." An der Forderung einer Generalsynode v o r der Veröffentlichung des Konkordienbuchs hielt Kurfürst Ludwig jedoch fest. Immerhin beteiligt er sich durch Gesandte (Nik. von Schmidbürgk und D. W. Zimmermann) an einer Abordnung (von Einsiedel, Andreä, Distelmeier, Chemnitz) zur Gewinnung Hessens und Anhalts. Aber weder in Kassel (23.—30. Oktober) noch in Dessau (9.—14. November) wurde die Vorrede angenommen. Wilhelm und Joachim Ernst, die sich schon im März gegen die erwartete Präfatio mit anderen vereinigt hatten (Konvent in Kassel), schieden endgültig aus dem Konkordienwerk aus (dennoch hofft Kurfürst August noch im März 1580, die Veröffentlichung Wilhelms Anschluß herbeiführen werde, ARG XII 301); auch die drei anderen hessischen Landgrafen, die Pfalzgrafen Joh. Kasimir, Johann und Richard lehnten noch 1579 die Vorrede ab: man wünsche eine allgemeine Synode der Stände AC; Bemühungen Herzog Ludwigs um Pfalzgraf Johann sind vergeblich. Weder Pommern noch Holstein lassen sich durch die Vorrede gewinnen, ebensowenig Nürnberg, Speier, Frankfurt, Worms, Danzig. Durch diese Ablehnung wird Kurfürst Ludwigs Haltung wieder schwankend; dazu kommen noch einige Veränderungen am Text der Vorrede, teils in Kassel, teils in Dessau vorgenommen, vor allem aber durch die Haltung des Niedersächsischen Kreises und Herzog Julius veranlaßt. Julius hatte im April 1578 erwogen, ob er nicht die FC für Niedersachsen endlich veröffentlichen solle. Daß er am 27. November seinen vierzehnjährigen Sohn Heinrich Julius, den postulierten Administrator des Stiftes Halberstadt, durch Abt Johann von Huysberg hatte mit den primi ordines zum Bischof weihen und ebenso seine beiden jüngeren Söhne tonsurieren lassen, daß der Bischof dann am 7. Dezember feierlich

eingeführt wurde, hat trotz nachdrücklicher Betonung seines Festhaltens an der CA nicht
nur einen völligen Bruch mit Chemnitz, sondern auch die vorübergehende Ausschaltung
des Herzogs aus dem Konkordienwerk zur Folge. Über den Fortgang der Arbeit an der
ihm im Entwurf übersendeten Vorrede unterrichtete man ihn nicht mehr und wich Fragen
aus. Erst im Oktober 1579 erhielt er mit dem allgemeinen Werbeschreiben vom 10. September die vereinbarte Fassung. In der Zwischenzeit hatte er Bedenken zur Präfatio eingeholt (Chemnitz, 8. Januar; Helmst. Fakultät, 5. Februar) und sich durch Chemnitz
vertraulich über Jüterbog berichten lassen. Jetzt fordert er (20. Oktober) von Heßhus ein
Gutachten und sucht in seiner Antwort an die drei Kurfürsten (19. November) wieder
Anschluß; zugleich verlangt er gemäß dem Gutachten für die Vorrede: Tilgung des
Prädikates „christlich" vor dem Frankfurter Abschied (vgl. S. 743, Anm. 2) oder Ersetzung durch „wohlmeinlich"; Einschränkung der Rechtfertigung von CA var. (S. 752,
Anm. 2); Erstreckung der „Personalkondemnation" auf die, „so aus Einfalt irren" (S. 756,
Anm. 1); Entfernung lateinischer Fachausdrücke (S. 754, Anm. 3) und schließlich die
Generalsynode v o r der Veröffentlichung. Chemnitz und die niedersächsischen Städte, ebenso Mecklenburg, das der Vorrede in Fassung S den Vorzug gab (Schütz, Vita II, App. 20),
wünschten die Streichung des — angeblich durch Schreiberversehen beibehaltenen „christlich".
Darauf und auf die Zusicherung einer Generalsynode n a c h erfolgter Publikation, einigte man
sich in den Verhandlungen, die Andreä mit Julius in Wolfenbüttel (zwischen 26. Januar
und 8. Februar) und mit Chemnitz zwischendurch in Riddagshausen führte, ehe er mit
diesem in kursächs. und kurbrand. Auftrag in Bergen (in Dessau hatte er hierzu eine
gemischte Kommission nach Erfurt beschlossen) Vorrede und C a t a l o g u s T e s t i -
m o n i o r u m endgültig bearbeitete (25. Februar/1. März). Julius hatte schon vorher
(6. Februar) die Vorrede unterschrieben, ohne jenes „christlich" und durch Vorbehalte
erweitert (S. 752 bei 24, 757 bei 3). Im März und April wurde ihre Annahme im Niedersächsischen Kreis betrieben. Kurfürst Ludwig, dem die über die Veränderungen beruhigend berichtet worden war (20 Februar), wollte die in Heidelberg verabschiedete Fassung beibehalten wissen, da sie weithin unterzeichnet worden sei. Zudem beharrte er nachdrücklich
auf dem Generalkonvent v o r der Veröffentlichung, zu der seinen Namen zu geben er
von der Erfüllung jener Forderungen abhängig machte. Kurfürst August erklärt das Werk
auf jeden Fall Ostern auszugeben zu lassen und sich nicht weiter auf kurpfälzisches Hinauszögern einzulassen; jene Synode würde das Ganze in Frage stellen; darum werde sie vornehmlich gefordert; zudem hätten Ludwigs Räte den Veränderungen in Kassel und Dessau
zugestimmt (12. März). Die Verhandlungen zweier Gesandtschaften, einer kurpfälzischen
in Dresden (25./26. April; sie hatte für die nachgiebigen kursächsischen Räte ein gerichtliches Nachspiel, während der keineswegs unschuldige Andreä in Schutz genommen wurde)
und eine Andreäs nach Markgrafen Baden (vom 20. Mai an; verbunden mit einem inquisitorischen Vorgehen gegen die beiden Hofprediger Ludwigs), führten am 13. Juni zu
einer Einigung über Titel, Vorrede und Appendix. Am 25. Juni, an welchem „vor fünfzig Jahren anno 1530 die Augsburgische Konfession eben denselben Tag auf einem
Sonnabend Kaiser Carolo dem V. zu Augsburg übergeben" (kurfürstliche Räte an Andreä,
28. Juni), wurde das Konkordienbuch gelegentlich des Dresdener Jahrmarktes veröffentlicht, nachdem dies seit dem Leipziger Ostermarkt 1579 von Messe zu Messe hinausgeschoben worden war. Die Fürsten und Stände, die es vertreten, nennt die Unterzeichnerliste der Vorrede. Hzg. Julius plante einen Sonderdruck der FC als „Handbüchlein".

III. Das Konkordienbuch (Konk) wurde in der Dresdener Offizin von Matthes Stöckel
und Gimel Bergen wohl seit Sommer 1578 in dem durch die Einleitung der FC bestimmten Umfang (vgl. S. 838, Anm. 1) gesetzt; man begann mit der FC; Andreä hatte die Oberleitung und übertrug die Korrektur dem M. Peter Glaser und Caspar Fuger aus dem Ministerium der Kreuzkirche; Glaser fertigte auch das R e g i s t e r. Am 12. April 1579 ist der
Druck, abgesehen von Titel, Vorrede, Catalogus Testim. und der Unterzeichnerliste beendet;
ein Exemplar wurde sogleich Chemnitz zugestellt. 19. August läßt der Sekretär Elias
Vogel drei Exemplare bei Jakob Krause binden, wohl für die Kurfürsten.

Andreä hatte am 22. Mai beschleunigten Druck der P r ä f a t i o samt dem Titel angeregt, aber erst nach dem Heidelberger Abschied gibt Haubold von Einsiedel den Befehl
sie zu setzen (9. August) und bestellt bei Vögelin, also in Leipzig, 140 Exemplare (13. August). Vermutlich blieb es bei der Bestellung, denn am 23. August ordnet der Kurfürst den
Druck von 20 Exemplaren an, die neben ebensoviel handschriftlichen Kopien zur Unterzeichnung versendet werden sollen. Am 26. September ist dies durchgeführt.

Noch gegen Ende März 1580 ist die U n t e r z e i c h n e r l i s t e nicht abgeschlossen;

„durch die Barmherzigkeit Gottes" erbittet Andreä die Übersendung der subscriptiones aus Wolfenbüttel. Im April werden dann bereits Exemplare nach Leipzig zur Messe gebracht, unvollständig, nach Andreä mit, nach anderen ohne Titel, und vielleicht in geringer Zahl abgesetzt. Sie wurden dann wieder eingezogen, aber ein Magdeburger Papierhändler, Thomas Frantz, hat Anfang Mai schon einen privaten Nachdruck begonnen.

Nach dem endgültigen Beitritt des Kurfürsten Ludwig (13. Juni 1580) mußten Titel (s. unten), Vorrede und Catalogus Testimoniorum (vgl. S. 1101, Anm. 1) umgedruckt werden; dasselbe geschah während des Druckes mit mindestens zwei anderen Bogen (t = fol. 240—245, wegen des „pudendum erratum", vgl. S. 789, Anm. 1, und AA = fol. 266 bis 271 wegen der Angleichung der Zitate, vgl. S. 884, Anm. 1), auf Chemnitzens und Andreäs Veranlassung. Gleichwohl brachte die Druckerei die ausgeschossenen Bogen wieder verstreut ein, selbst den alten Titel, was Kurfürst Ludwig zuerst bemerkte, und was neben anderen Abweichungen, auch in den Listen der Unterzeichner, gelegentlich der Aussonderung der drei „Originalia", d. h. der in den kurfürstlichen Kanzleien zu hinterlegenden Authentica peinlich festgestellt wurde. Zu langwierigen Verhandlungen führte bei dieser Gelegenheit die Frage des Trau= und Taufbüchleins (vgl. Hutterus 1362—74); es ist gemäß seiner üblichen Verbundenheit mit dem kl. Kat. zunächst (nach Andreä aus Versehen der Korrektoren) aufgenommen, dann aber von Andreä, da ein Stück der Kirchenordnung und nicht der Lehre, wieder entfernt worden; ebenfalls nicht restlos, wie Herzog Julius bald bemerkte. Bei der Überprüfung der drei geplanten Authentica wollte Kurfürst Joh. Georg den kl. Kat. „ungestümmelt" wissen, wie die niedersächsischen Kirchen, während die beiden anderen Kurfürsten wegen der Stellung der Oberdeutschen zum Exorzismus Bedenken trugen. Chemnitz schlug vor, für die drei „Originalia" den Heidelberger Druck von 1582, in dem das Trau= und Taufbüchlein fehlt, zu wählen, dem Kurfürsten Joh. Georg die Einfügung dieses Stückes freizustellen und alle drei Exemplare mit einer darauf bezüglichen Sondererklärung zu unterschreiben. Kurfürst Ludwig hinterlegte schließlich 1583 — ein Exemplar ohne Trauund Taufbuch und ohne Erklärung. Für Konk Dresden wurde auf Anraten Chemnitzens angeordnet, daß das Trau= und Taufbuch gesondert abgegeben werden und seine Stelle durch die Blattzählung 169. 170. 171. 172. 173 auf dem letzten Blatt des kl. Kat. angedeutet werden solle. Daneben gingen auch Exemplare ohne Trau= und Taufbuch aus, denen jene Kennzeichnung fehlt. Aus den mannigfachen Änderungen während des Druckes, auch in den Titel= und Schlußblättern der FC, die Folge verschiedener Ausgaben im Jahr 1580 beim Dresdener Konk ermitteln zu wollen, hat trotz scharfsinniger Versuche (Balthasar, Historie I 31 f., III 70; Verteidigung zweier im Concordienbuch angefochtener Wörter 1754, S. 8 ff., Feuerlin, Bibliotheca symbolica evang. lutheran., Gött. 1752, 9—11; Anton II 7; Heppe IV 223) zu Vermutungen geführt — zwei, vier, sechs oder sieben Ausgaben — denen der geringe Umfang des untersuchten Materials den Halt entzieht. Die Annahme zweier abgeschlossener Ausgaben des Jahres 1580 hat immerhin, zumal Andreä für diese Möglichkeit mit nachträglicher Verbesserung und Erweiterung (Kurpfalz!) der Subskribentenliste rechnete, einige Wahrscheinlichkeit; ebenso durch die Anfügung einer Corrigendaliste (= Cor) in einigen Expl. Konk Dresden 1580. Die späteren Ausgaben bei Kolde, Einleitung LXXVff.

IV. **Der Titel** des Konk lautete in seiner ersten, zusammen mit dem ersten Druck der Vorrede (= A) ausgegebenen Fassung: Formula Concordiae || Das ist: || Christliche / || Heilsame / Reine || Vergleichunge/ in welcher die Gött-||liche Leer von den vornembsten Artickeln vnserer warhaffti-||gen *Religion* / aus heiliger Schrifft / in kurtze bekantnüs oder *Symbola* vnd || Leerhaffte Schrifften /: welche allbereit vor dieser: zeit von den || Kirchen Gottes Augspurgischer *Confeßion* / angenomen || vnd approbirt: vorfasset. || Sampt bestendiger / in Gottes wort wolgegründter / rich-||tiger / endlicher widerholung / erklerung vnd entscheidung deren || Streit / welche vnter etlichen Theologen / so sich zu ermelter || Confession bekant / fürgefallen. || Alles nach inhalt der heiligen Schrifft / als der einigen Richtschnur / der Göttlichen warheit / vnd nach anleitung obgemelter in der Kir-||chen Gottes / approbirten Schrifften. || Auff gnedigsten / genedigen / auch gün-||stigen beuehl / verordnung vnd einwilligung nach || beschriebener Christlichen Churfürsten / Fürsten vnd Stende des || heiligen Römischen Reichs Deutscher Nation / Augspurgischer Con-||feßion / derselben Landen / Kirchen / Schulen vnd Nach-||komen zum trost vnd besten in Druck vorfertiget. || Mit Churf. G. zu Sachsen befreihung. || Dreßden M. D. LXXIX. || Dazu in einem von Andreä überarbeiteten Expl. a. R.: „dieser Titel wurd vorandert, wie zu Dessau bedacht worden."

Er scheint verschiedentlich, eben auch im November 1579 in Dessau, verändert worden

zu sein; diese Zwischenstufen waren nicht auffindbar; nur Verweisungen auf sie. Seine letzte Fassung erhielt er fast zur Gänze durch Kurfürst Ludwig, der über jene Änderungen sich stark erregte, im Verlauf der Auseinandersetzungen über die Schlußgestalt der Vorrede (vgl. für diese Einzelheiten Pressel, Kurfürst Ludwig 565, 567, 570 ff., 582, 587 ff.).

V. Übersetzungen der FC: 1. lateinische: Schon in Bergen hat Chyträus sich zu einer lateinischen Übersetzung angeboten, ebenso Selneccer. „Aber unser Erbieten — so Selneccer — mußte nichts sein, und wollte Doctor Jakob, daß es in Schwaben sollte lateinische gemacht werden. Et factum est ita." Am 12. April 1579 meldet Andreä dem Kurfürsten den Empfang der von seinem Schwager Lucas Osiander unter vermutlich starker Beteiligung Jac. Heerbrands (ZKG XIX 1899, 470 ff.) hergestellten Übersetzung; ein Exemplar ging an Chemnitz, der es stark überarbeitete; vermutlich Hs. *St.* Andreä riet zugleich zu möglichst schnellem Druck und erbittet Januar 1580 hiezu die lateinischen Ausgaben von CA und Apol 1531. Der Kanzler Haubold von Einsiedel beauftragte Selneccers Diakon M. Simon Gedick mit der Leitung des Joh. Steinmann in Leipzig übertragenen Druckes. An dem Ergebnis — Conc 1580 — will Selneccer nur mit einer ad hoc gefertigten Übersetzung der Art. Smal. und der Einrichtung der griechischen Zitate im Catalogus Testimoniorum beteiligt sein; auf Andreäs Wunsch wurde auch die Liste der Unterzeichner aufgenommen. Diese bisher als „Privatausgabe Selneccers" bezeichnete Übersetzung wurde scharf kritisiert; ein etwa gleichzeitig in Tübingen unternommener Druck scheint an der Fehlerhaftigkeit des Textes gescheitert zu sein. Im Juli 1581 bittet daher Selneccer, der auch seinerseits die schwäbische Übersetzung heftig tadelt, den Kurfürsten um sechswöchentlichen Urlaub zur Ausarbeitung einer neuen Übersetzung; das Ergebnis dürfte in seiner deutsch-lateinischen Ausgabe von 1582 vorliegen; es befriedigte nicht. So wurde dann Januar 1583 in Quedlinburg offenbar auf Grund von Conc 1580 mit Berücksichtigung der Vorschläge Chemnitzens der schließlich allgemein angenommene Wortlaut von Conc 1584 (Lips. Georg Defner) hergestellt; diese Ausgabe verzichtet auf die Subskribentenlisten; sie stellt eine die Ausgabe von 1582 nochmals verändernde Überarbeitung der Fassung von 1580 dar. Für Selnecker war sie nicht die letzte; er scheint, wie eine lat. Schulausgabe von 1598 (Ex forma Christianae Concordiae Declaratio Articulorum usw.) zeigt, die Übersetzung als sein Eigentum betrachtet zu haben.

2. Eine französische Übersetzung ist in Mömpelgart unterzeichnet und nach Dresden gesandt worden. In Tübingen sollte sie gedruckt werden: vielleicht ging sie dabei verloren. 3. Eine windische Übersetzung durch Primus Truber wurde Juni 1580 dem württembergischen Kirchenrat übergeben; sie scheint nicht erhalten zu sein. 4. Eine tschechische, wohl im großen Übersetzungsbetrieb des Grafen von Hardeck, scheint ein Pfarrer (?) Sigmund Buchhaver von Leonberg begonnen zu haben. 5. „Es hat Martinus Crusius die formulam Concordiae in griechischer Sprach verdolmetschet und, wie er [mir] schreibet, ist dieselbe bei den griechischen Kirchen wohl angesehen, denn er derwegen nämlich griechische Briefe von Constantinopel aus hätt bekommen" (Hauptst. Arch. Dresden 10 303, Concordia III). 6. Spanische Übersetzung durch den Pfarrer in Eberdingen, M. Theophil Breu. 7. Ungarische Übersetzung noch im 16. Jh.

VI. Zum Abdruck der Texte: FC nach der Urschrift Andreäs (*A*) mit den Varianten der erreichbaren Hss, die 3. T. deutlich in drei Verwandtschaftsgruppen zusammentreten, von denen eine (*H*) nach Braunschweig-Wolfenbüttel weist, und denjenigen von Konk 1580 und — wegen der drei Authentica — Konk Heidelberg 1582, dazu die wichtigsten Korrigenda-Listen. Lateinisch: nach Conc 1584 mit den wichtigeren Abweichungen in Conc 1580, gelegentlich auch *St* = Osiander-Chemnitz (?).

Vorrede nach dem Druck der Fassung des Heidelberger Abschieds und den Varianten der Entstehungs- und Umformungsstadien bis zu Konk; lat. Text nach Conc 1584 mit Varianten zu Conc 1580; die Bearbeitung der Unterschriften stammt von Dr. H. Volz.

Catalogus Testim. nach Konk 1580 und Conc 1584.

Verzeichnis der Sigla und Abkürzungen.

I. Sigla:

[ ]: in der handschriftlichen Vorlage getilgt.
( ): Klammer in der handschriftlichen oder gedruckten Vorlage.
⟨ ⟩: Zusatz des Herausgebers im Text.
+: Zusatz einer anderen Ausgabe oder Handschrift.
>: Auslassung einer anderen Ausgabe oder Handschrift.
~: umgestellt.
a. R.: am Rande; Vorrede und FC: ‖
über d. Z.: über der Zeile; Vorrede und FC: > <
rot: mit roter Tinte geschrieben.
Die Buchstaben W und M mit beigefügten Zahlen am äußeren Textrande geben die Seitenzahlen der Ausgaben von Walch (Christl. Concordienbuch, Jena 1750) und Müller (12. Aufl. 1928) an. Die Stelle des jeweiligen Seitenanfanges ist durch einen kleinen Beistrich im Text gekennzeichnet.

II. Abkürzungen:

1. Biblische Bücher:

Gen.	Genesis	Hag.	Haggai
Ex.	Exodus	Sach.	Sacharja
Lev.	Leviticus	Mal.	Maleachi
Num.	Numeri	Judith	Judith
Deut.	Deuteronomium	Weish.	Weisheit Sal.
Jos.	Josua	Tob.	Tobias
Richt.	Richter	Sir.	Sirach
Sam.	Samuelis	Bar.	Baruch
Kön.	Könige	Makk.	Makkabäer
Chron.	Chronika	Matth.	Matthäus
Esr.	Esra	Mark.	Markus
Neh.	Nehemia	Luk.	Lukas
Esth.	Esther	Joh.	Johannes
Hiob	Hiob	Apg.	Apostelgesch.
Ps.	Psalm	Röm.	Römer
Spr. Sal.	Sprüche Sal.	Kor.	Korinther
Pred. Sal.	Prediger Sal.	Gal.	Galater
Hohel.	Hoheslied	Eph.	Epheser
Jes.	Jesaia	Phil.	Philipper
Jer.	Jeremia	Kol.	Kolosser
Ezech.	Ezechiel	Thess.	Thessalonicher
Dan.	Daniel	Tim.	Timotheus
Hos.	Hosea	Tit.	Titus
Am.	Amos	Phm.	Philemon
Obad.	Obadja	Hebr.	Hebräer
Jon.	Jona	Jak.	Jakobus
Mi.	Micha	Petr.	Petrus
Nah.	Nahum	I. Joh.	I. Johannes
Hab.	Habacuc	Judas	Judas
Zeph.	Zephanja	Apok.	Apokalypse d. Joh.

2. Literatur:

ADB: Allgemeine deutsche Biographie.
Apol: Apologie.
ARG: Archiv für Reformationsgeschichte.
Art. Smal.: Schmalkaldische Artikel.
CA: Confessio Augustana.
CChr: Corpus Christianorum.
Conc: Lateinisches Konkordienbuch.
CR: Corpus Reformatorum.
CSEL: Corpus scriptorum ecclesiasticorum latinorum.
Eisenhofer, Liturgik: L. Eisenhofer, Grundriß der katholischen Liturgik (4. Aufl. 1937). Handbuch der katholischen Liturgik I/II (1932/33. Neudr. 1941).
FC: Formula Concordiae.
GrChrSchr: Die griechischen christlichen Schriftsteller der ersten drei Jahrhunderte.
gr. Kat.: Großer Katechismus.
HZ: Historische Zeitschrift.
kl. Kat.: Kleiner Katechismus.
Konk: Deutsches Konkordienbuch.
LThK²: Lexikon für Theologie und Kirche (2. Aufl. 1957—1965).
Mansi: Collectio conciliorum, ed. J. D. Mansi.
MSG: Migne, Patrologia, series Graeca.
MSL: Migne, Patrologia, series Latina.
NDB: Neue Deutsche Biographie.
NkZ: Neue kirchliche Zeitschrift.
RE: Herzog-Hauck, Realencyklopädie für protestantische Theologie und Kirche (3. Auflage)
RGG³: Die Religion in Geschichte und Gegenwart (3. Aufl., 1957—1965).
ThLBl: Theologisches Literaturblatt.
ThLZ: Theologische Literaturzeitung.
ThStKr: Theologische Studien und Kritiken.
VRG: Schriften des Vereins für Reformationsgeschichte.
WA: Weimarer Ausgabe der Werke Luthers.
WABr: Briefausgabe in der WA.
WADB: Bibelausgabe in der WA.
WATR (TR): Tischredenausgabe in der WA.
Walch²: Luthers sämtliche Schriften, hrsg. von Walch (2. Aufl.).
ZRG: Zeitschrift für Rechtsgeschichte.
Zsyst.Th: Zeitschrift für systematische Theologie.

Concordia.

יהוה

Christliche, wiederholete, einmütige Bekenntnüs nachbenannter Churfürsten, Fürsten und Stände Augsburgischer Confession und derselben Theologen Lehre und Glaubens. Mit angehessster, in Gottes Wort als der einigen Richtschnur wohlgegründter Erklärung etlicher Artikel, bei welchen nach D. Martin Luthers seligen Absterben Disputation und Streit vorgefallen. Aus einhelliger Vergleichung und Befehl obgedachter Churfürsten, Fürsten und Ständen derselben Landen, Kirchen, Schulen und Nachkommen zum Unterricht und Warnung in Druck vorfertiget.

1580.

Concordia.

Pia et unanimi consensu repetita confessio fidei et doctrinae electorum, principum et ordinum Imperii atque eorundem theologorum, qui Augustanam Confessionem amplectuntur. Cui ex sacra scriptura, unica illa veritatis norma et regula, quorundam articulorum, qui post Doctoris Martini Lutheri felicem ex hac vita exitum in controversiam venerunt, solida accessit declaratio. Communi consilio et mandato eorundem electorum, principum ac ordinum Imperii et erudiendis et monendis subditis ecclesiis et scholis suis ad memoriam posteritatis denuo typis vulgata.

MDLXXXIIII.

Vorrede.

Allen und jeden, denen dieses unser Schreiben zu lesen fürkompt, entbieten wir, die hernachbenannten der Augsburgischen Konfession zugetane Kurfürsten, Fürsten und Stände im Heiligen Reich Deutscher Nation, nach Erforderung eines jeden Stands und Wirden unsere gebührliche Dienst, Freundschaft, gnädigen Gruß und geneigten Willen, auch untertänigste, untertänige und willige Dienst, und hiemit zu wissen:

Nachdem Gott der Allmächtige zu diesen letzten Zeiten der vorgänglichen Welt aus unermeßlicher Lieb, Gnad und Barmherzigkeit dem menschlichen Geschlecht das Licht seines heiligen Evangelii und alleinseligmachenden Worts aus dem aberglaubischen päpstischen Finsternüs deutscher Nation, unserm geliebten Vaterland, rein, lauter und unvorfälscht erscheinen und vorleuchten lassen, und darauf aus göttlicher, prophetischer, apostolischer Schrift ein kurz Bekanntnüs zusammengefasset, so auf dem Reichstag zu Augsburg Anno 1530 weiland Kaiser Carolo dem Fünften hochlöblichster Gedächtnüs von unsern gottseligen und christlichen Vorfahren in deutscher und lateinischer Sprach übergeben, für allen Ständen des Reichs dargetan und öffentlich durch die ganze Christenheit in der weiten Welt ausgebreitet worden und erschollen ist:

Als haben sich folgents zu solchem Bekenntnüs viel Kirchen und Schulen als dieser Zeit zum Symbolo ihres Glaubens in den fürnehmbsten streitigen Artikeln wider das Papsttumb und allerlei Rotten bekennet und darauf in christlichem, einmütigen Verstand und ohne einigen Streit und Zweifel sich gezogen, berufen und die darin begriffene und in göttlicher Schrift wohlgegründte, auch in den bewährten alten Symbolis kurz vorfaßte Lehre für den einigen alten und von der allgemeinen rechtlehrenden Kirchen Christi geglaubten, wider viel Ketzereien und Irrtumben erstrittenen

Omnibus et singulis has nostras lecturis nos, qui iisdem nomina nostra subscripsimus, Augustanae Confessioni addicti electores, principes et Sacri Romani Imperii in Germania ordines pro dignitate et gradu cuiusque nostra studia, amicitiam ac salutem cum officio coniunctam deferimus et nuntiamus.

Ingens Dei Opt. Max. beneficium est, quod postremis temporibus et in hac mundi senecta pro ineffabili amore, clementia ac misericordia sua humano generi lucem evangelii et verbi sui (per quod solum veram salutem accipimus) post tenebras illas papisticarum superstitionum in Germania, carissima patria nostra, puram et sinceram exoriri et praelucere voluit. Et eam sane ob causam brevis et succincta Confessio ex verbo Dei et sacrosanctis prophetarum et apostolorum scriptis collecta est, quae etiam in comitiis Augustanis anno 1530. Imperatori Carolo Quinto excellentis memoriae a pientissimis maioribus nostris Germanico et Latino idiomate oblata et ordinibus Imperii proposita, denique publice et omnes homines Christianam doctrinam profitentes adeoque in totum terrarum orbem sparsa ubique percrebuit et in ore et sermone omnium esse coepit.

Hanc deinceps Confessionem multae ecclesiae et academiae ut symbolum quoddam horum temporum in praecipuis fidei articulis, praesertim controversis illis contra Romanenses et varias corruptelas doctrinae coelestis, complexae sunt et defenderunt et perpetuo consensu ad eam absque omni controversia et dubitatione provocaverunt.

Doctrinam etiam in illa comprehensam, quam scirent et solidis scripturae testimoniis suffultam et a veteribus receptisque symbolis approbatam, unicum et perpetuum illum vere sentientis ecclesiae

und wiederholeten Konsens erkannt, fest und beständig gehalten.

Was aber bald auf den christlichen Abschied des hocherleuchten und gottseligen Mannes Dokt. Martin Luthers in unserm geliebten Vaterland Deutscher Nation für ganz gefährliche Läufte und beschwerliche Unruhe erfolget, und wie bei solchem sorglichen Zustand und Zerrüttung der wohlgefaßten Regiment der Feind des menschlichen Geschlechts sich bemühet, seinen Samen, falsche Lehre und Uneinigkeit, auszusprengen, in Kirchen und Schulen schädliche und ärgerliche Spaltung zu erregen, damit die reine Lehre Gottes Worts zu verfälschen, das Band der christlichen Lieb und Einmütigkeit zu trennen und den Lauf des heiligen Evangelii hierdurch merklich zu vorhindern und aufzuhalten, und welchergestalt dahero die Widersacher der göttlichen Wahrheit Ursach genommen, uns und unsere Schulen und Kirchen übel auszurufen, ihre Irrtumb zu bemänteln und die armen verirreten Gewissen vom Erkenntnis der reinen evangelischen Lehre abzuwenden und desto williger unter dem päpstischen Joch und Zwang wie auch unter andern wider Gottes Wort streitigen Irrtumben zu halten, solches ist zwar männiglichen bewußt, offenbar und unverborgen.

Wiewohl wir nun nichts liebers gesehen und von dem Allmächtigen gewündscht und gebeten, dann daß unsere Kirchen und Schulen in der Lehre Gottes Worts, auch lieblicher, christlicher Einigkeit erhalten und wie bei Lebzeiten Doktor Luthers nach Anleitung Gottes Worts christlich und wohl angestellt und fortgepflanzt werden möchten: so ist doch gleichergestalt wie noch bei der heiligen Aposteln Leben in den Kirchen, darinnen sie das reine, lautere Wort Gottes selbst gepflanzet, durch falsche Lehrer verkehrete Lehre eingeschoben worden, also auch über unsere Kirchen umb unserer und der undankbaren Welt Unbußfertigkeit und Sünde willen verhänget worden.

Derwegen wir dann uns unsers von Gott befohlenen und tragenden Ampts erinnert und nicht unterlassen haben, unsern Fleiß dahin anzuwenden, damit in unsern Landen und Gebieten denselben darin eingeführten und je länger je mehr einschleichenden falschen verführischen Lehren gesteuret und unsere Untertanen auf rechter Bahn der ein-

ac contra multiplices haereses et errores olim defensum, nunc autem repetitum consensum esse constanter iudicaverunt.

At vero ignotum nemini esse potest, statim posteaquam summa pietate praeditus et praestantissimus heros D. Martinus Lutherus rebus eximeretur humanis, dulcem patriam nostram Germaniam periculosissima tempora et rerum perturbationes gravissimas excepisse. In quibus sane difficultatibus et reipublicae ante florentis optimeque constitutae misera distractione hostis ille mortalium astute laboravit, ut semina falsae doctrinae et dissensiones in ecclesiis et scholis spargeret, dissidia cum offendiculo coniuncta excitaret atque his suis artibus puritatem doctrinae coelestis corrumperet, vinculum caritatis Christianae et pium consensum solveret, sacrosancti evangelii cursum maiorem in modum impediret et retardaret.

Notum etiam universis est, qua ratione hostes veritatis coelestis inde occasionem arripuerint, ut ecclesiis et academiis nostris detraherent, suis erroribus integumenta invenirent, pavidas errantesque conscientias a puritate doctrinae evangelicae abstraherent, ut illis in ferendo et tolerando iugo servitutis pontificiae et amplectendis reliquis etiam corruptelis cum verbo Dei pugnantibus obsequentioribus uterentur.

Nobis profecto nihil vel gratius accidere poterat, vel quod maiore animorum contentione et precibus a Deo Opt. Max. petendum iudicaremus, quam ut nostrae et ecclesiae et scholae in sincera doctrina verbi Dei ac exoptata illa et pia animorum consensione perseverassent et, quod Luthero adhuc superstite fiebat, pie et praeclare secundum regulam verbi Dei institutae et propagatae ad posteritatem fuissent.

Animadvertimus autem, quemadmodum temporibus apostolorum in eas ecclesias, in quibus ipsi evangelium Christi plantaverant, per falsos fratres corruptelae introductae fuerunt, ita propter nostra peccata et horum temporum dissolutionem tale quid irato Deo contra nostras quoque ecclesias permissum.

Quare nostri officii, quod divinitus nobis iniunctum esse novimus, memores in eam curam diligenter nobis incumbendum existimamus, ut in provinciis et ditionibus nostris falsis dogmatibus, quae ibi sparsa sunt et subinde magis magisque sese quasi in consuetudinem et familiaritatem hominum insinuant, oc-

mal erkannten und bekannten göttlichen Wahrheit erhalten und nicht davon abgeführet werden möchten. Inmaßen dann unsere löbliche Vorfahren und zum Teil wir auch derwegen uns zu dem Ende miteinander zu Frankfurt am Main des 1558. Jahrs bei der damals fürgestandenen Gelegenheit des gehaltenen Kurfürstentages eines Abschieds und dahin verglichen, daß wir in einer gemeinen Versammlung zuhauf kommen und von etzlichen Sachen, die von unsern Widerwärtigen uns und unseren Kirchen und Schulen zum ärgsten gedeutet worden, notdürftiglichen und freundlichen uns unterreden wollten.

Darauf dann folgents unsere selige Vorfahren und zum Teil wir uns gegen der Naumburg in Thöringen zusammengetan, mehrgedachte Augsburgische Konfession, so Kaiser Karl dem V. in der großen Reichsversammlung zu Augsburg Anno 1530. überantwortet, an die Hand genommen und solch christlich Bekanntnus, so auf das Zeugnüs der unwandelbaren Wahrheit göttliches Worts gegründet, damit künftiglichen auch unsere Nachkommen für unreiner, falscher und dem Wort Gottes widerwärtiger Lehre, soviel an uns, zu warnen und zu verwahren, abermals einhelliglichen unterschrieben und solchergestalt gegen der Röm. Kais. Majestät, unserm allergnädigsten Herrn, und sonsten männiglichen bezeuget und dargetan, daß unser Gemüt und Meinung gar nicht wäre, einige andere oder neue Lehre anzunehmen, zu verteidigen oder auszubreiten, sondern bei der zu Augsburg Anno 1530. einmal erkannten und bekannten Wahrheit vermittelst göttlicher Verleihung beständiglich zu verharren und zu bleiben, der Zuversicht und Hoffnung, es sollten nicht allein dardurch die Widersacher der reinen evangelischen Lehre von ihrem erdichten Lästern und Vorunglimpfung wider uns abgestanden und andere gutherzige Leut durch solche unsere wiederholete und repetierte Bekenntnis erinnert und angereizet worden sein, mit desto mehrerm Ernst der Wahrheit des alleinseligmachenden göttlichen Worts nachzuforschen, beizupflichten und zu ihrer Seelen Heil und ewigen Wohlfahrt darbei ohne einige fernere disputation und Gezänk christlich zu bleiben und zu verharren.

Wir haben aber dessen allen ungeacht nicht ohne Beschwerung erfahren müssen, daß

curratur et imperio nostro subiecti in recta pietatis via et agnita et hactenus constanter retenta defensaque veritate doctrinae coelestis perseverent, nec ab ea se abduci patiantur.

Qua sane in re partim antecessores nostri laudatissimi, partim nos elaborare studuimus, cum anno Christi 1558. Francofurti ad Moenum oblata comitiorum (quae tum ab electoribus habebantur) occasione communibus votis in eam sententiam itum est, peculiarem et communem conventum habendum esse, in quo de iis rebus, quae ab adversariis ecclesiis et academiis nostris odiose per calumniam obiicerentur, solide et familiariter tamen inter nos ageretur.

Et quidem post deliberationes illas antecessores nostri piae excellentisque memoriae et partim etiam nos Numburgi in Turingia congressi sumus. Et tum Augustanam Confessionem (cuius iam aliquoties meminimus) Imperatori Carolo Quinto in frequentioribus illis imperii comitiis Augustae anno 1530. habitis oblatam in manus sumpsimus et piae illi Confessioni, quae solidis testimoniis immotae ac in verbo Dei expressae veritatis superstructa est, tum una mente omnes subscripsimus. Videlicet ut ea ratione posteritati consuleremus et, quantum quidem in nobis erat. auctores et monitores essemus ad vitanda falsa dogmata, quae cum verbo Dei pugnarent. Idque eo consilio fecimus, ut et apud Caesaream Maiestatem Dominum nostrum clementissimum, deinde in universum apud omnes testificatio sempiterna extaret, nunquam in animum nos induxisse, novum aliquod et peregrinum dogma vel defendere vel spargere velle, sed cupere, eam veritatem, quam Augustae anno 1530., professi sumus, Deo nos iuvante constanter tueri ac retinere.

Fuimus etiam in spem non dubiam adducti, fore, ut ea ratione non solum ii, qui puriori doctrinae evangelicae adversantur, a confictis criminationibus et accusationibus abstinerent, set alii etiam boni et cordati homines hac nostra iterata et repetita confessione invitarentur, ut maiori studio et cura veritatem coelestis doctrinae (quae sola nobis ad salutem ductrix est) quaererent et investigarent, et in ea saluti animae ac aeternae felicitati suae consulturi repudiatis in posterum omnibus controversiis et disceptationibus acquiescerent.

Sed non absque animi perturbatione certiores facti sumus hanc nostram de-

diese unsere Erklärung und Wiederholung unserer vorigen christlichen Bekanntnüs bei den Widersachern wenig geachtet, noch hierdurch wir oder unsere Kirchen der ausgesprengten beschwerlichen Nachreden erlediget, sondern von den andern unsern und unserer christlichen Religions widerwärtigen und irrigen Opinionsverwandten auch solche wohlmeinende Handlung nochmals dahin verstanden und gedeutet worden, als sollten wir unsers Glaubens und Religionsbekenntnüs so ungewiß sein und dasselbe so viel und oft verändert haben, daß weder wir noch unsere Theologen wissen mögen, welches die rechte und einmal übergebene Augsburgische Confession sei; durch welch ungegründet Vorgeben viel frommer Herzen von unsern Kirchen und Schulen, Lehre, Glauben und Bekanntnüs abgeschreckt und abgehalten worden. Darzu auch dieser Unrat kommen, daß unter dem Namen vielgedachter Augsburgischen Confession die widerwärtige Lehre vom heiligen Sakrament des Leibes und Bluts Christi und andere irrige opinionen hin und wieder in Kirchen und Schulen eingeschoben worden.

Wann dann solches etzliche gottfürchtige, friedliebende und gelehrte Theologen vermerkt und wohl gesehen, daß diesen falschen Verleumbdungen und denen täglich weiter einreißenden Religionsstreiten besser nicht zu begegnen, dann so die eingefallenen Spaltungen von allen streitigen Artikeln gründlich und eigentlich aus Gottes Wort erkläret, entscheiden und falsche Lehr ausgesetzt und verworfen, die göttliche Wahrheit aber lauter bekennet, dardurch den Widersachern mit beständigem Grunde der Mund gestopft und den einfältigen frommen Herzen richtige Erklärung und Anleitung vorgestellt würde, wie sie sich in solchen Zwiespalt schicken und künftiglich durch Gottes Gnade für falscher Lehre bewahret werden möchten.

So haben obgedachte Theologen sich anfänglich durch ausführliche Schriften aus Gottes Wort gegeneinander deutlich und richtig erkläret, welchergestalt mehrgedachte ärgerliche Spaltungen ohne Verrückung der göttlichen Wahrheit beigelegt und aufgehoben und dardurch den Widersachern aller gesuchter Schein und Ursach zu lästern abgestrickt und benommen wer'den könnte. Entlichen auch die streitigen Artikel vor die Hand genommen, in Gottesfurcht betrachtet, erwogen, erkläret und, wie die eingefallene Spaltungen christlich zu entscheiden, in eine Schrift verfasset.

clarationem ac repetitionem illam piae Confessionis apud adversarios parum admodum ponderis habuisse, nec nos et ecclesias nostras calumniis praeiudiciorum, quae contra nos illi in vulgus sane gravissima sparserant, liberatas. Esse etiam ab adversariis verae religionis ea, quae nos optimo animo et consilio fecimus, in eam partem accepta, perinde ac si ita incerti de religione nostra essemus eamque toties in alias atque alias formulas transfuderimus, ut nec nobis nec theologis nostris constaret, quae illa olim Augustae Imperatori oblata Confessio esset.

Haec adversariorum commenta multos bonos ab ecclesiis, scholis, doctrina, fide et Confessione nostra absterruerunt et abalienaverunt.

Ad haec incommoda id etiam accessit, quod sub praetextu Augustanae Confessionis dogma illud pugnans cum institutione sacrae coenae corporis et sanguinis Christi et aliae etiam corruptelae passim et in ecclesias et in scholas introducerentur.

Quae omnia cum nonnulli pii, pacis et concordiae amantes, praeterea etiam docti theologi animadvertissent, iudicarunt calumniis illis et subinde magis magisque crescentibus dissidiis in religione rectius occurri non posse, quam si controversi articuli ex verbo Dei solide accurateque declararentur et explicarentur, falsa dogmata reiicerentur et damnarentur: contra autem divinitus tradita veritas diserte et luculenter proponeretur; ut qui sibi persuaderent, hac ratione et adversariis silentium imponi et simplicioribus et piis viam ac rationem certam demonstrari posse, quomodo porro in his se dissidiis gerere et in posterum etiam divina adiuti gratia corruptelas doctrinae vitare possent.

Principio igitur theologi scripta quaedam hac de re eaque satis prolixa et ex verbo Dei desumpta inter se communicarunt, quibus diserte et dextre ostenderunt, quomodo controversiae illae cum offensione ecclesiarum coniunctae absque ulla veritatis evangelicae iactura sopiri et tolli e medio possent; ita enim futurum, ut adversariis occasiones et praetextus ad calumniam quaesiti praeciderentur et eriperentur.

Postremo articulos controversos in manus sumptos accurate et religiose perpenderunt et declararunt adeoque scripto quodam peculiari complexi sunt, qua via

Und als uns zum Teil von solchem christlichen Werk Bericht einkommen, haben wir darob nicht allein ein gutes Gefallen gehabt, sondern dasselbe auch mit christlichem Ernst und Eifer zu befördern uns vonwegen unsers tragenden und von Gott befohlenen Ambts schuldig geachtet.

Und demnach wir, der Kurfürst zu Sachsen etc., mit Rat und Zutuen etzlicher unserer Religionsverwandten Kur- und Fürsten zu Befürderung der christlichen Lehrer Einigkeit etzliche fürnehme, unverdächtige, wohlerfahrne und gelehrte Theologen gegen Torgau, der wenigern Zahl im 76. Jahr, zusammenberufen, welche sich miteinander von den streitigen Artikeln und der jetzt angezogenen derhalben gefaßten schriftlichen Vorgleichung christlich unterredet und mit Anrufung Gottes des Allmächtigen zu seinem Lob und Ehre entlichen mit gutem Bedacht und sorgfältigem Fleiß durch besondere Gnade des heiligen Geistes alles, so hierzu gehörig und notwendig, in gute Ordnung zusammengefasset und in ein Buch gebracht haben, welches hernach etzlichen vielen der Augsburgischen Confession verwandten Kur-, Fürsten und Ständen zugesandt und begehret worden, daß ihre Liebden und sie dasselbige durch ihre vornehme Theologen mit besonderem Ernst und christlichem Eifer durchlesen, hin und her erwägen, darauf ihre Erklärungen und censuras in Schriften verfassen lassen und uns darüber allenthalben ihr ratsames Bedenken ohne Scheu zu erkennen geben wollten.

Nachdem nun solche erholete iudicia und Bedenken eingebracht und in denselben allerhand christliche, notwendige und nützliche Erinnerunge geschehen, welchergestalt die in der überschickten Erklärung begriffene christliche Lehr wider allerlei gefährlichen Mißverstand mit Gottes Wort verwahret werden könnte, damit unter derselben künftiglich nicht unreine Lehr versteckt, sonder eine lautere Erklärung der Wahrheit auch auf unsere Nachkommen gebracht werden möchte, als ist daraus letzlich obberührt Buch der christlichen Concordien, wie hernach folget, verfertiget worden.

Darauf unter uns etliche, dieweil es bei uns allen aus sonderbaren verhinderlichen Ursachen, wie auch bei etlichen andern mehr

ac ratione dissidia illa exorta recte et pie componi possent.

Nos autem de hoc pio theologorum proposito facti certiores non modo id probavimus, sed magno etiam studio ac zelo pro ratione muneris et officii divinitus nobis commissi promovendum nobis esse iudicavimus.

Ac proinde nos Dei gratia Dux Saxoniae, Elector etc. de consilio quorundam etiam aliorum electorum et principum in religione nobiscum consentientium ad provehendum pium illud inter doctores ecclesiae concordiae institutum eximios quosdam minimeque suspectos, exercitatos etiam et singulari eruditione praeditos theologos Torgam anno septuagesimo sexto evocavimus.

Hi cum fuissent congressi, de articulis controversis et scripto pacificationis (cuius paulo ante meminimus) religiose inter se contulerunt.

Et quidem primum precibus piis ad Deum Opt. Max. eiusque laudem et gloriam susceptis, cura deinde et diligentia singulari (iuvante eos Domini spiritu gratia sua) omnia ea, quae ad hanc deliberationem pertinere et requiri videbantur, optimo convenientissimoque ordine scripto quodam complexi sunt.

Is postea liber praecipuis nonnullis Augustanam Confessionem profitentibus electoribus et principibus ac ordinibus transmissus est et petitum, ut ipsi adhibitis praestantissimis et doctissimis theologis sollicita cura et pio zelo eum legerent, diligenter examinarent et suam de eo sententiam et censuram scriptis comprehenderent et postremo de omnibus et singulis iudicium suum eiusque rationes nobis liberrime exponerent.

Has ergo censuras cum accepissemus, multas in iis pias et utiles commonefactiones invenimus, quomodo transmissa illa declaratio sincerae doctrinae Christianae contra corruptelas ac depravationes sacrarum litterarum testimoniis muniri et confirmari posset, ne forte progressu temporis sub eius praetextu impia dogmata occultarentur, sed sincere veritatis minime fucata declaratio ad posteritatem transmitteretur.

Ex his ergo, quae optime meditata ad nos pervenerant, Liber iste piae Concordiae, de quo diximus, compositus et ea forma, qua subiicietur, absolutus est.

Deinceps ex nostro ordine quidam (neque enim nos omnes, ut et alii nonnulli, hoc tempore certas ob causas, quae

Ständen, noch zur Zeit nicht vorgenommen werden mögen, dasselbige ferner allen und jeden unserer Lande und Gebieten Theologen, Kirchen- und Schuldienern von Artikeln zu Artikeln vorlesen und sie zu fleißiger und ernstlicher Betrachtung der darinnen begriffenen Lehr erinnern und ermahnen lassen.

M 11 Und nachdem sie die Erklärung der eingefallenen Zwiespaltungen zuvörderst dem Wort Gottes und dann auch der Augsburgischen Confession gemäß und gleichförmig befunden, als haben sie, denen es obgehörtermaßen vorgelegt worden, mit erfreuetem Gemüte und herzlicher Danksagung gegen Gott dem Allmächtigen dies Concordienbuch für den rechten, christlichen Verstand der Augsburgischen Confession freiwillig und mit wohlbedachtem Mut angenommen, approbiert, unterschrieben und solches mit Herzen, Mund und Hand öffentlich bezeuget. Derwegen dann auch dieselbe christliche Vergleichung nicht allein etzlicher wenig unserer Theologen, sondern ingemein aller und jeder unserer Kirchen- und Schuldiener in unsern Landen und Gebieten einmütiges und einhelliges Bekanntnüs heißt und ist.

Dieweil dann nun die vorgemelten unserer löblichen Vorfahren und unsere zu Frankfurt am Main und Naumburg aufgerichte und wohlgemeinte Abschiede nicht allein das begehrte Ende der christlichen Einigkeit nicht erreicht, sondern dieselben auch von etlichen zu Bestätigung ihrer irrigen Lehre haben wollen angezogen werden, da doch in unser Gemüt und Herz nicht kommen, daß wir durch dieselbigen einige neue, falsche oder irrige Lehr einführen, beschönen, bestätigen oder von der Anno 1530. übergebenen Augsburgischen Confession im geringsten abweichen wollten, und wir, soviel unser bei obernennter Naumburgischen Handlung gewesen, uns damals vorbehalten und erboten haben, wann unser Bekanntnus von jemand künftig angefochten oder zu welcher Zeit es die Notdurft erfordern M 12 'würde, daß wir derwegen fernere Ausführung tun wollten: so haben wir uns zu entlicher Erklärung unsers Gemüts numehr gedachten Buchs der Concordien und Wiederholung unsers christlichen Glaubens und Bekanntnüs christlichen vereiniget und verglichen. Und damit sich durch unserer Widersacher ungegründte Verleumbdung, als sollten wir selbst nicht wissen, welches die rechte Augsburgische Confession wäre, niemand dörfte irremachen lassen, sondern die, so jetzo leben, sowohl als unsere liebe Nachkommen eigentlich und gründlich möchten

obstabant, id facere poteramus) librum hunc omnibus et singulis nostrarum regionum et ditionum theologis, ecclesiae et scholarum ministris articulatim et distincte recitari et ipsos ad diligentem accuratamque considerationem earum doctrinae partium, quae in illo continentur, excitari curavimus.

Cum ergo illi declarationem controversorum articulorum congruere imprimis quidem cum verbo Dei, deinde Augustana Confessione animadverterent, promptissimo animo et testificatione suae erga Deum gratitudinis hunc Concordiae Librum ut piam et genuinam sententiam Augustanae Confessionis exprimentem ultro et quidem accurate meditatum et consideratum receperunt, approbarunt eique subscripserunt et de eo corde, ore et manu palam testati sunt.

Quare pia illa pacificatio non solum paucorum quorundam nostrorum theologorum, sed in universum omnium et singulorum ecclesiae ministrorum et ludimoderatorum in nostris provinciis et ditionibus consentiens et concors confessio et vocatur et perpetuo erit.

Quia vero nostrae et praeclari nominis antecessorum nostrorum primum Francofurti ad Moenum, deinde Numburgi pio et sincero animo susceptae et scriptis comprehensae conventiones non modo eum, qui expetebatur, finem et pacificationem non sunt assecutae, sed ex iis etiam a quibusdam patrocinium erroribus et falsis dogmatibus quaesitum est; cum tamen nobis ne in mentem quidem unquam venerit, hoc nostro scripto vel novum aliquod et falsum doctrinae genus introducere, integumentis commendare, confirmare, vel in minimis etiam a Confessione illa anno 1530. Augustae exhibita discedere, quin potius, quotquot nostrorum actionibus Numburgicis illis interfuimus, tum etiam id integrum nobis reservavimus et promisimus insuper, ut si quid successu temporis in nostra Confessione desideraretur, aut quoties id necessitas postulare videretur, nos porro omnia solide et prolixe declaraturos esse. Ideoque hanc ipsam ob causam in hoc Libro Concordiae ad declarationem constantis et perpetuae voluntatis nostrae et repetitionem Christianae fidei et Confessionis nostrae magno et pio consensu elaboravimus.

Ideo ne adversariorum nostrorum calumniis de ingenio suo confictis, quibus iactant, ne nobis quidem constare, quae

bericht werden und endliche Gewißheit haben, welches dieselbe christliche Confession, darzu sich bis anhero wir und die Kirchen und Schulen unserer Lande jederzeit bekannt und berufen, seie: haben wir in demselben nach dem reinen, unfehlbaren und unwandelbaren Wort Gottes uns einig und allein zu der Augsburgischen Confession, so Kaiser Carolo dem V. Anno 1530. in der großen Reichsversammlung zu Augsburg übergeben, wie die in unserer seligen Vorfahren, welche dieselbige Kaiser Carolo dem V. auf jetztgemelten Reichstag selbsten überantwortet, Archiven vorhanden gewesen und hernach mit dem rechten, dem Kaiser übergebenen Original, so in des heiligen Reichs Verwahrung geblieben, durch wohlbeglaubte Leute mit großem Fleiß collationiert und hernach beide, das lateinische und deutsche Exemplar allenthalben gleicher Meinung befunden und zu keiner andern bekennen wollen; auch der Ursach solche damals übergebene Confession dieser nachfolgenden unserer Erklärung und Concordienbuch einverleiben lassen, auf daß männiglich sehen möge, ¹daß wir in unsern Landen, Kirchen und Schulen keine andere Lehre zu gedulden gemeint, dann wie dieselb zu Augsburg Anno 1530. durch mehrgedachte Kurfürsten, Fürsten und Stände einmal bekannt worden, darbei wir auch, vermittelst der Gnaden Gottes, bis an unser seliges Ende gedenken zu verharren und vor dem Richterstuhl unsers Herren Jesu Christi mit fröhlichem, unerschrockenem Herzen und Gewissen zu erscheinen. Und verhoffen demnach, es werden hinfüro unsere Widersacher unser, auch unserer Kirchen und derselben Diener mit den beschwerlichen Auflagen verschonen, da sie vorgeben, als ob wir unsers Glaubens ungewiß seien und deswegen fast alle Jahr oder Monat eine neue Confession machen sollten.

Was dann die andere Edition der Augsburgischen Confession anlanget, deren auch in der Naumburgischen Handlung Meldung geschehen, weil wir befunden und männiglich offenbar und unverborgen ist, daß sich etzliche unterstanden, die Irrtumb vom heiligen Abendmahl und andere unreine Lehre unter den Worten derselbigen andern Edition zu verstecken und zu verbergen und solches

sit vera et genuina illa Augustana Confessio, aliqui se turbari sinant, sed et ii, qui nunc in vivis sunt, et posteritas etiam diserte et firmiter doceatur ac certior reddatur, quaenam illa pia Confessio sit, quam et nos et ecclesiae ac scholae nostrarum ditionum omnibus temporibus professae et amplexae fuerint: post sinceram et immotam verbi Dei veritatem solam primam illam Augustanam Confessionem Imperatori Carolo V. anno 1530. in celebribus illis comitiis Augustanis exhibitam, solam (dicimus) nec ullam aliam amplecti nos velle luculenter testamur, cuius exempla in archivis antecessorum nostrorum excellentis memoriae, qui ipsi Carolo V. in comitiis illis eam exhibuerunt, reposita per fide dignos homines, ne quid ad accuratissimas rationes diligentiae in nobis desideraretur, cum eo, quod Imperatori ipsi exhibitum est et in Sacri Rom. Imp. archivo asservatur, conferri voluimus, et certi sumus nostra et Latina et Germanica exempla per omnia sibi conformi sententia invicem respondere. Qua etiam de causa Confessionem illam tum exhibitam nostrae, quae his subiicietur, declarationi sive Libro Concordiae inserere voluimus, ut omnes intelligant, quod in nostris ditionibus, ecclesiis et scholis nullam aliam doctrinam ferre constituerimus, quam quae Augustae anno 1530. a commemoratis supra electoribus, principibus et Imperii ordinibus solenni confessione approbata fuit.

Hanc Confessionem etiam Deo nos bene iuvante usque ad ultimos spiritus pie ex hac vita ad coelestem patriam migraturi tenebimus, excelso et intrepido animo puraque conscientia comparituri coram tribunali Domini nostri Iesu Christi.

Speramus itaque adversarios nostros posthac et nobis et ecclesiarum nostrarum ministris parsuros esse, nec consuetis illis et gravissimis criminationibus usuros, nos de fide nostra nihil certi apud nos ipsos posse constituere, eamque ob causam fere singulis annis, imo vero mensibus, novas confessiones cudere.

Porro quod ad alteram Augustanae Confessionis editionem, cuius etiam in Numburgicis actis fit mentio, attinet, animadvertimus (quod et notum universis est) quosdam sub praetextu verborum posterioris illius editionis corruptelas in negotio coenae et alios errores contegere et occultare voluisse et scriptis publice excusis imperitae plebeculae ob-

in öffentlichen Schriften und ausgegangenem Druck den einfältigen Leuten einzubilden, ungeachtet daß solche irrige Lehre in der zu Augsburg übergebenen Confession mit ausdrücklichen Worten verworfen und viel ein anders zu erweisen ist: so haben wir hiemit auch öffentlich bezeugen und dartuen wöllen, daß damals, wie auch noch, unser Wille und Meinung keinesweges gewesen, falsche und unreine Lehr, so darunter verborgen werden möchte, dardurch zu beschönen, zu bemänteln oder als der evangelischen Lehr gemäß zu bestätigen; inmaßen wir dann die andere Edition der ersten übergebenen Augsburgischen Confession zuwider niemals verstanden noch aufgenommen oder andere mehr nützliche Schriften Herrn Philippi Melanthonis, wie auch Brentii, Urbani Regii, Pomerani etc., wofern sie mit der Norma, der Concordien einverleibt, übereinstimmen, nicht verworfen oder verdampt haben wollen.

Desgleichen obwohl etliche theologi, wie auch Lutherus selbsten, vom heiligen Abendmahl in die disputation von der persönlichen Vereinigung beider Naturen in Christo (doch wider ihren Willen) von den Widersachern gezogen: so erklären sich unsere Theologen Inhalts des Concordienbuchs und der darinnen begriffenen Norma lauter, daß unser und des Buchs beständiger Meinung nach die Christen im Handel von des Herrn Abendmahl auf keinen andern, sondern auf diesen einigen Grund und Fundament, nämlich auf die Wort der Stiftung des Testaments Christi gewiesen werden sollen, welcher allmächtig und wahrhaftig und demnach zu verschaffen vermag, was er verordnet und in seinem Wort verheißen hat; und do sie bei diesem Grund unangefochten bleiben, von andern Gründen nicht disputieren, sondern mit einfältigem Glauben bei den einfältigen Worten Christi verharren, welches am sichersten und bei dem gemeinen Laien auch erbäulich, der diese disputation nicht ergreifen kann. Wann aber die Widersacher solchen unsern einfältigen Glauben und Verstand der Wort des Testaments Christi anfechten und als ein Unglauben schelten und uns fürwerfen, als sei unser einfältiger Verstand und Glaub wider die Artikel unsers christlichen Glaubens, besonders von der Menschwerdung des Sohns Gottes, von seiner Himmelfahrt und Sitzen zur Rechten der allmächtigen Kraft und Majestät Gottes, und demnach falsch und unrecht: solle durch wahrhaftige Er-

trudere conatos nec motos esse Augustanae Confessionis (quae prima exhibita est) disertis verbis, quibus errores illi palam reiiciuntur, ex quibus etiam longe alia, quam ipsi volunt, sententia evinci potest.

Visum igitur est nobis hisce litteris publice testari et certiores facere universos, quod nec tum ac ne nunc quidem ullo modo voluerimus falsa et impia dogmata et opiniones (quae sub integumentis aliquibus verborum latere possent) defendere, excusare aut veluti cum doctrina evangelica consentientes approbare.

Nos sane nunquam posteriorem editionem in ea sententia accepimus, quae a priori illa, quae exhibita fuit, ulla ex parte dissideret.

Nec etiam alia scripta utilia D. Philippi Melanchthonis neque Brentii, Urbani Regii, Pomerani et similium repudianda ac damnanda esse iudicamus, quatenus cum ea norma, quae Concordiae Libro expressa est, per omnia consentiunt.

Quamquam autem nonnulli theologi, et in his ipse Lutherus, cum de coena dominica agerent, inviti etiam ab adversariis ad disputationes de personali unione duarum in Christo naturarum pertracti sint, tamen theologi nostri in Concordiae Libro et ea, quae in illo est, sanioris doctrinae norma diserte testantur et nostram et huius libri sententiam constantem et perpetuam esse, pios homines in negotio coenae dominicae ad nulla alia fundamenta, quam verborum institutionis testamenti Domini nostri Iesu Christi deducendos esse. Nam cum ille et omnipotens et verax sit, expeditum ei esse ea, quae et instituit et verbo suo pollicitus est, praestare.

Et sane cum hoc fundamentum ab adversariis impugnatum non fuerit, de aliis probandi rationibus in hoc argumenti genere non contendent, sed in vera fidei simplicitate verbis apertissimis Christi firmiter insistent, quae ratio tutissima et erudiendis imperitis hominibus accommodatissima est; neque enim illi ea, quae de his rebus accuratius disputata sunt, intelligunt.

At vero cum illa assertio nostra et simplex verborum testamenti Christi sensus ab adversariis impugnatur et veluti impius et rationibus verae fidei repugnans reiicitur, denique articulis Symboli Apostolici (praesertim de filii Dei incarnatione, ascensione in coelum et sessione ad dextram omnipotentis virtutis et

klärung der Artikel unsers christlichen Glaubens angezeigt und erwiesen werden, daß obgemelter unser einfältiger Verstand der Wort Christi denselben Artikeln nicht zuwider seie.

Die phrases und modos loquendi, das ist, die Art und Weise zu reden, welche im Buch der Concordien gebraucht, von der Majestät menschlicher Natur in der Person Christi, darein sie zur Rechten Gottes gesetzt und erhöhet, betreffende, damit auch deshalben aller Mißverstand und Ärgernus aufgehoben, dieweil das Wort „abstractum" nicht in einerlei Verstand von den Schul- und Kirchenlehrern gebraucht: erklären sich unsere theologi mit lautern klaren Worten, daß ermelte göttliche Majestät der menschlichen Natur Christi nicht außerhalb der persönlichen Vereinigung zugeschrieben, oder daß sie dieselbige an und vor sich selbst, auch in der persönlichen Vereinigung, essentialiter, formaliter, habitualiter, subiective, wie die Schullehrer reden, habe, dergestalt dann und do also gelehret wirdet, die göttliche und menschliche Natur sampt derselben Eigenschaften miteinander vermischt und die menschliche Natur der göttlichen Natur nach ihrem Wesen und Eigenschaften exaequiert und also verlaugnet würde, sonder, wie die alten Kirchenlehrer geredt, ratione et dispensatione hypostaticae unionis, das ist, vonwegen der persönlichen Vereinigung, welches ein unerforschlich Geheimnüs ist.

Was dann die condemnationes, Aussetzung und Verwerfung falscher, unreiner Lehre, besonders im Artikel von des Herren Abendmahl betrifft, so in dieser Erklärung und gründlicher Hinlegung der streitigen Artikeln ausdrücklich und unterschiedlich gesetzt werden müssen, darmit sich männiglich vor denselben wüßte zu hüten, und aus vielen andern Ursachen keineswegs umbgangen werden kann: ist gleichergestalt unser Wille und Meinung nicht, daß hiemit die Personen, so aus Einfalt irren und die Wahrheit des göttlichen Worts nicht lästern, vielweniger aber ganze Kirchen in- oder außerhalb des Heiligen Reichs Deutscher Nation gemeint, sondern daß allein damit die falschen und verführischen Lehren und derselben halsstarrige Lehrer und Lästerer, die wir in unsern Landen, Kirchen und Schulen keinesweges zu gedulden gedenken,

maiestatis Dei) contrarius et proinde etiam falsus esse contenditur: vera solidaque articulorum illorum interpretatione demonstrandum est, nostram illam sententiam nec a verbis Christi neque ab articulis illis dissidere.

Quod vero ad phrases et loquendi modos attinet, qui in hoc Concordiae Libro, quando de maiestate humanae naturae in persona Christi ad dexteram Dei collocatae et evectae agitur, usurpantur, ut omnes sinistrae suspiciones et offendicula, quae ex varia significatione vocabuli ABSTRACTI (quemadmodum hoc nomine et scholae et patres hactenus usi sunt) existere possent, e medio tollantur, theologi nostri disertis et expressis verbis testatum volunt, maiestatem illam humanae Christi naturae extra unionem personalem nequaquam adscribendam esse, nec etiam concedendum, quod humana natura eam maiestatem vel propriam vel per se (etiam in unione personali) essentialiter, formaliter, habitualiter, subiective (haec enim quamvis non satis Latine vocabula scholis placent) possideat. Nam si eam et dicendi et docendi rationem teneremus, divina et humana naturae una cum proprietatibus suis confunderentur, humana etiam divinae ratione essentiae et proprietatum exaequaretur, imo vero tota negaretur.

Sentiendum ergo esse theologi iudicant, id ratione et dispensatione hypostaticae unionis fieri, quemadmodum docta antiquitas ea de re caute locuta est, quod mysterium tantum habet, ut omnes ingenii nostri intelligentiaeque vires superet.

Ad condemnationes, reprobationes et reiectiones impiorum dogmatum et eius praesertim, quod de sacra coena extitit, quod attinet, hae sane in hac nostra declaratione et controversorum articulorum solida explicatione et decisione expresse et distincte non solum eam ob causam, ut universi sibi ab his damnatis dogmatibus caverent, omnino proponendae fuerunt, sed ob alias etiam quasdam rationes nullo modo praetermitti potuerunt. Sic ut nequaquam consilium et institutum nostrum sit eos homines, qui ex quadam animi simplicitate errant, nec tamen blasphemi in veritatem doctrinae coelestis sunt, multo vero minus totas ecclesias, quae vel sub Romano Imperio Nationis Germanicae vel alibi sunt, damnare. Quin potius mens atque animus noster fuerit, hac ratione fanaticas

eigentlich verworfen werden, dieweil dieselbe dem ausgedrückten Wort Gottes zuwider und neben solchem nicht bestehen können, auf daß fromme Herzen für derselben gewarnet werden möchten, sintemal wir uns ganz und gar keinen Zweifel machen, daß viel frommer, unschuldiger Leute, auch in den Kirchen, die sich bishero mit uns nicht allerdings verglichen, zu finden seind, welche in der Einfalt ihres Herzens wandeln, die Sach nicht recht verstehen und an den Lästerungen wider das heilige Abendmahl, wie solches in unsern Kirchen nach der Stiftung Christi gehalten und vermöge der Wort seines Testaments davon einhelliglich gelehret wird, gar keinen Gefallen tragen und sich verhoffentlich, wann sie in der Lehr recht unterrichtet werden, durch Anleitung des heiligen Geistes zu der unfehlbaren Wahrheit des göttlichen Worts mit uns und unseren Kirchen und Schulen begeben und wenden werden. Wie dann den Theologen und Kirchendienern obliegen will, daß sie aus Gottes Wort auch diejenigen, so aus Einfalt und unwissend irren, ihrer Seelen Gefahr gebührlich erinnern und darfür verwarnen, damit sich nicht ein Blinder durch den andern verleiten lasse. Derwegen wir dann auch hiemit vor Gottes des Allmächtigen Angesicht und der ganzen Christenheit bezeugen, daß unser Gemüt und Meinung gar nicht ist, durch diese christliche Vorgleichung zu einiger Beschwerung und Verfolgung der armen bedrängten Christen Ursach zu geben. Dann wie wir mit denselben aus christlicher Lieb ein besonders Mitleiden tragen, also haben wir an der Verfolger Wüten ein Abscheu und herzliches Mißfallen, wöllen uns auch dieses Bluts ganz und gar nicht teilhaftig machen, welches sonder Zweifel von der Verfolger Händen an dem großen Tag des Herrn vor dem ernsten und gestrengen Richterstuhl Gottes wird gefordert, sie auch darfür eine schwere Rechenschaft geben werden müssen.

Und dieweil unser Gemüt und Meinung, wie oben gemeldet, allezeit dahin gerichtet gewesen, daß in unsern Landen, Gebieten,

opiniones et earundem pervicaces doctores et blasphemos duntaxat (quos in ditionibus, ecclesiis et scholis nostris nequaquam tolerandos iudicamus) palam reprehendere et damnare, quod illi errores expresso verbo Dei repugnent, et quidem ita, ut cum eo conciliari nequeant. Deinde etiam eam ob causam hoc suscepimus, ut pii omnes de his diligenter vitandis monerentur. Nequaquam enim dubitamus multos pios et minime malos homines in iis etiam ecclesiis, quae hactenus non per omnia nobiscum senserunt, reperiri, qui simplicitatem quandam suam sequantur et negotium quidem ipsum non probe intelligant, sed blasphemias, quae contra sacram coenam (quemadmodum ea in ecclesiis nostris secundum institutionem Christi dispensatur et iuxta verba testamenti ipsius magna bonorum omnium consensione docetur) evomuntur, nullo modo probant.

Magna etiam in spe sumus illos, si recte de his omnibus doceantur, iuvante eosdem Domini spiritu immotae veritati verbi Dei nobiscum et cum ecclesiis ac scholis nostris consensuros esse. Et profecto theologis omnibusque ecclesiae ministris inprimis hoc negotii incumbit, ut ex verbo Dei etiam eos, qui ex quadam vel simplicitate vel inscitia a veritate aberrarunt, de periculo salutis suae ea, qua decet, moderatione doceant et contra corruptelas muniant, ne forte, dum coeci coecorum sunt duces, universi periclitentur.

Quamobrem hoc nostro scripto in conspectu omnipotentis Dei et coram tota ecclesia testamur nobis propositum nunquam fuisse hac pia conciliationis formula molestiam aut periculum creare piis, qui persecutionem hodie patiuntur. Quemadmodum enim Christiana caritate moti in societatem doloris cum eis dudum venimus, ita a persecutione et gravissima tyrannide, quae in miseros illos maxima exercetur, abhorremus eamque ex animo detestamur.

Nullo etiam modo in profusionem innocentis illius sanguinis consentimus, qui haud dubie in tremendo illo Domini iudicio ac coram tribunali Christi a persecutoribus illis magna severitate repetetur, et hi sane tum tyrannidis suae gravissimas rationes reddituri ac poenas horrendas subituri sunt.

Nostrum equidem in his (ut supra meminimus) id semper propositum fuit, ut in terris, ditionibus, scholis et eccle-

Schulen und Kirchen kein andere Lehr, dann allein die, so in der heiligen göttlichen Schrift gegründet und der Augsburgischen Confession und Apologia in ihrem rechten Verstand einverleibet, geführet und getrieben und darbei nichts, so derselben zu entgegen einreißen möchte, verstattet würde, dahin dann diese jetzige Vergleichung auch gestellt, gemeint und ins Werk gerichtet: so wollen wir hiemit abermals öffentlich vor Gott und allermänniglich bezeuget haben, daß wir mit vielgedachter jetziger Erklärung der streitigen Artikel keine neue oder andere Confession dann die, so einmal Kaiser Carolo dem V. christlicher Gedächtnüs zu Augsburg Anno 1530. übergeben worden ist, gemacht, sondern unsere Kirchen und Schulen zuvörderst auf die Heilige Schrift und Symbola, dann auch auf erstermelte Augsburgische Confession gewiesen und hiemit ernstlich vermahnet haben wollen, daß besonders die Jugend, so zum Kirchendienst und heiligen Ministerio auferzogen, in solcher mit Treu und Fleiß unterrichtet werde, damit auch bei unsern Nachkommen die reine Lehre und Bekanntnüs des Glaubens bis auf die herrliche Zukunft unsers einigen Erlösers und Seligmachers Jesu Christi durch Hülf und Beistand des heiligen Geistes erhalten und fortgepflanzt werden möge.

Wann dann dem also und wir unsers christlichen Bekanntnüs und Glaubens aus göttlicher, prophetischer und apostolischer Schrift gewiß und dessen durch die Gnade des Heiligen Geistes in unsern Herzen und christlichen Gewissen genugsam versichert sein, und dann die höchste und äußerste Notdurft erfordert, daß bei so vielen eingerissenen Irrtumben, erregten Ärgernüssen, Streit und langwierigen Spaltungen eine christliche Erklärung und Vergleichung aller eingefallener disputation geschehe, die in Gottes Wort wohlgegründet, nach welcher die reine Lehre von der verfälschten erkannt und unterschieden werde und den unruhigen, zankgierigen Leuten, so an keine gewisse Form der reinen Lehr gebunden sein wöllen, nicht alles frei und offen stehe, ihres Gefallens ärgerliche disputation zu erwecken und ungereumbte Irrtumb einzuführen und zu verfechten, daraus nichts anders erfolgen kann, dann daß endlich die rechte Lehr gar verdunkelt und verloren und auf die nachkommende Welt anders nichts dann ungewisse opiniones und zweifelhaftige, disputierliche Wahn und Meinungen gebracht werden: und dann wir aus göttlichem Befehl unsers tragenden Ampts halben unserer eigenen und unserer zugehörigen Untertanen

siis nostris non alia doctrina, quam quae verbo Dei fundata et Augustana Confessione, tum Apologia (et ea quidem dextre in genuino suo sensu intellecta) continetur, sonaret et accurate proponeretur, nec pugnantes cum his opiniones admitterentur, quo sane consilio haec pacificationis formula instituta et absoluta fuit.

Quare denuo etiam coram Deo et omnibus mortalibus profitemur et testamur nos declaratione articulorum controversorum, quorum iam aliquoties mentio facta est, non novam confessionem aut ab ea (quae Imp. Carolo V. felicis recordationis anno 1530. exhibita fuit) alienam afferre, sed ecclesias et scholas nostras in primis quidem ad fontes sacrarum litterarum et symbola, tum ad Confessionem Augustanam, cuius ante meminimus, deducere voluisse.

Hortamur etiam severissime, ut in primis iuventus, quae ad sacrum ecclesiarum et scholarum ministerium educatur, in hoc fideliter et diligenter instituatur, ut ad posteritatem etiam nostram sincera doctrina professioque fidei usque ad gloriosum illum adventum unici redemptoris et servatoris nostri Iesu Christi (largiente hoc sancto spiritu) conservetur et propagetur.

Cum ergo haec sic habeant et nos de doctrina et confessione nostra propheticis et apostolicis scriptis eruditi certi simus gratiaque sancti spiritus mentes et conscientiae nostrae maiorem in modum confirmatae sint, Librum hunc Concordiae in lucem edendum putavimus.

Videbatur enim id apprime esse necessarium, ut inter tot nostris temporibus exortos errores, tum offendicula, certamina et diuturnas distractiones illas pia explicatio et conciliatio harum omnium controversiarum e verbo Dei exstructa exstaret, ut secundum rationes eius sincera doctrina a falsa internosceretur et secerneretur.

Praeterea ea res ad hoc etiam confert, ut turbulentis contentiosisque hominibus, qui ad nullam formulam purioris doctrinae astringi se patiuntur, liberum non sit pro sua libidine controversias cum offendiculo coniunctas movere et prodigiosas opiniones et proponere et propugnare.

Ex his enim hoc tandem consequitur, ut purior doctrina obscuretur et amittatur, ad posteritatem autem nihil quam opiniones et ἐποχαί academicae transmittantur.

zeitlicher und ewiger Wohlfahrt wegen uns schuldig erkennen, 'alles das zu tuen und fortzusetzen, was zu Vermehrung und Ausbreitung Gottes Lob und Ehren und zu seines alleinseligmachenden Worts Fortpflanzung, zu Ruhe und Friede christlicher Schulen und Kirchen, auch zu notwendigem Trost und Unterricht der armen verirreten Gewissen dienstlich und nützlich sein mag, und uns daneben unverborgen ist, daß viel gutherzige christliche Personen hohes und niedriges Standes nach diesem heilsamen Werk der christlichen Concordien sehnlich seufzen und ein besonders Verlangen tragen. Dieweil dann auch anfangs dieser unserer christlichen Vergleichung unser Gemüt und Meinung niemals gewesen, wie auch noch nicht ist, dieses heilsame und hochnötige Concordienwerk im Finstern vor jedermann heimlich und verborgen zu halten oder das Licht der göttlichen Wahrheit unter den Scheffel und Tisch zu setzen: so haben wir die Edition und Publizierung desselben nicht länger einstellen noch aufhalten sollen und zweifeln gar nicht, es werden alle fromme Herzen, so rechtschaffene Liebe zu göttlicher Wahrheit und christlicher, gottgefälliger Einigkeit tragen, ihnen dieses heilsame, hochnötige und christliche Werk neben uns christlich gefallen und an ihnen diesfalls zu Beförderung der Ehre Gottes und der gemeinen ewigen und zeitlichen Wohlfahrt keinen Mangel sein lassen.

Dann wir, abermals schließlich und endlich zu wiederholen, durch dieses Concordienwerk nichts neues zu machen noch von der einmal von unsern gottseligen Vorfahren und uns erkannten und bekannten göttlichen Wahrheit, wie die in prophetischer und apostolischer Schrift gegründet und in den dreien Symbolis, auch der Augsburgischen Confession, Anno 1530. Kaiser Carolo dem V. hochmilder Gedächtnis übergeben, der darauf erfolgten Apologia, in den Schmalkaldischen Artikeln und dem großen und kleinen Catechismo des hocherleuchten Mannes D. Luthers ferner begriffen ist, gar nicht, weder in rebus noch phrasibus, abzuweichen, sondern vielmehr durch die Gnade des heiligen Geistes einmütiglich dabei zu verharren und zu bleiben, auch alle Religionsstreit und deren Erklärungen darnach zu regulieren gesinnet und daneben mit unsern Mitgliedern,

His accedit et illud, quod pro officii a Deo nobis iniuncti ratione hoc nos subditis nostris debere intelligimus, ut quae ad huius et secuturae vitae rationes pertinent, diligenter curemus ac demus operam, ut quae ad amplificationem nominis ac gloriae Dei et propagationem verbi ipsius (ex quo solo salus speratur), ad pacem et tranquillitatem ecclesiarum et scholarum, ad commonefactiones et consolationem perturbatarum conscientiarum faciunt, summo studio et quidem, quantum fieri potest, procuremus. Praesertim cum nobis certo constaret, a multis bonis et cordatis hominibus summi et infimi ordinis hoc salutare Christianae concordiae opus dudum seriis gemitibus summoque desiderio fuisse expetitum et exspectatum; ac ne nos quidem ab initio suscepti negotii pacificationis huius in ea sententia fuerimus neque etiamnum simus, hoc tam salutare et apprime necessarium opus concordiae ab hominum oculis removendum et penitus occultandum, ac lucem illam coelestis veritatis subter modium aut mensam ponendam esse: quapropter editionem eius diutius extrahere neutiquam debuimus.

Neque dubitamus pios omnes, qui et veritatis coelestis et concordiae Deo gratae sunt amantes, una nobiscum hoc salutare, utile, pium et pernecessarium institutum probaturos et non commissuros esse, ut ad amplificationem gloriae Dei et utilitatem publicam, quae et in aeternis et temporalibus cernitur, in ipsis aliquid vel ad summum conatum desiderari possit.

Nos certe (ut ad extremum id repetamus, cuius aliquoties supra meminimus) hoc Concordiae negotio nequaquam nova comminisci, aut a veritate doctrinae coelestis, quam maiores nostri pietatis nomine celeberrimi, sicut et nos, agnoverunt et professi sunt, ullo modo discedere voluimus.

Eam autem doctrinam intelligimus, quae ex propheticis et apostolicis scriptis exstructa in tribus veteribus symbolis, Augustana Confessione, anno 1530. Imp. Carolo V. excellentis memoriae exhibita, deinde Apologia, quae huic coniuncta fuit, Smalcaldicis Articulis, utroque denique Catechismo excellentis viri D. Lutheri comprehensa est.

Quare etiam nos ne latum quidem unguem vel a rebus ipsis vel a phrasibus, quae in illa habentur, discedere, sed iuvante nos Domini spiritu summa con-

den Kur-, Fürsten und Ständen im Heiligen
Römischen Reich, auch andern christlichen
Potentaten, nach Inhalt des Heiligen Reichs
Ordnungen und sonderer Vereinigungen,
die wir mit ihnen haben, in gutem Frieden
und Einigkeit zu leben und einem jeden
nach seines Standes Gebühr alle Liebe,
Dienst und Freundschaft zu erzeigen entschlossen und gemeint sein.

So wollen wir uns auch weiter freundlichen vergleichen, welchergestalt in unsern
Landen durch fleißige Visitation der Kirchen und Schulen, Aufsehung auf die Druckereien und andere heilsame Mittel nach unser
selbst und jedes Orts Gelegenheit über diesem Concordienwerk ernstlich zu halten,
und wo sich die jetzige oder neue Streit bei
unser christlichen Religion wieder regen
wollten, wie dieselbigen ohne gefährliche
Weitläuftigkeit, zu Verhütung allerlei
Ärgernüs, zeitlichen mögen beigelegt und
verglichen werden.

Zu Urkund haben wir uns mit einmütigem
Herzen unterschrieben und unser Secret
aufdrucken lassen.

Ludwig, Pfalzgraf bei Rhein, Kurfürst.
Augustus, Herzog zu Sachsen, Kurfürst.
Johanns George, Markgraf zu Brandenburg, Kurfürst.
Joachim Friedrich, Markgraf zu Brandenburg, Administrator des Erzstifts
Magdeburg.
Johann, Bischof zu Meißen.
Eberhart, Bischof zu Lübeck, Administrator des Stifts Verden.
Philipps Ludwig, Pfalzgrafe.
Herzog Friedrich Wilhelms und ⎫ Vormünd.
Herzog Johannsens zu Sachsen ⎭
Herzog Johann Casimirs und ⎫
Herzog Johann Ernstens zu ⎬ Vormünde.
Sachsen ⎭
Georg Friederich, Markgrafe zu Brandenburg.
Julius, Herzog zu Braunschweig und Lüneburg.
Otto, Herzog zu Braunschweig und Lüneburg.

cordia constanter in pio hoc consensu
perseveraturos esse decrevimus, controversias omnes ad hanc veram normam
et declarationem purioris doctrinae examinaturi.
Deinde etiam apud animum nostrum
constituimus velle nos cum reliquis electoribus, principibus et ordinibus Sacri
Rom. Imperii et aliis Christianae reipublicae regibus, principibus et magnatibus
secundum Sacri Imperii constitutiones
et pacta conventa (quae nobis cum illis
sunt) pacem et concordiam colere et
singulis pro dignitatis et ordinis ratione
omnia nostra officia cum benevolentia
coniuncta et deferre et exhibere.
Praeterea communicatis consiliis in
hoc etiam sedulo incumbemus, ut in
ditionibus nostris per diligentes ecclesiarum et scholarum visitationes et inspectiones officinarum typographicarum
et alias denique salutares rationes observatis occasionibus et circumstantiis,
quae ex nostro et aliorum usu sint, hoc
concordiae opus magna severitate et
summo studio defendamus.
Dabimus etiam operam, si vel renascantur controversiae iam sopitae vel
novae in religionis negotio oriantur, ut
eae absque longioribus et periculosis
ambagibus ad praecavenda offendicula
in tempore e medio tollantur et componantur.

In cuius rei evidens testimonium
nomina nostra magno consensu subscripsimus et sigilla etiam adiunximus.

Ludovicus, Palatinus Rheni, Elector.
Augustus, Dux Saxoniae, Elector.
Joannes Georgius, Marchio Brandebugensis, Elector.
Joachimus Fridericus, Marchio Brandeburgensis, Administrator Archiepiscopatus Magdeburgensis.
Ioannes, Episcopus Misnensis.
Eberhardus, Episcopus Lubecensis, Administrator Episcopatus Verdensis.
Philippus Ludovicus, Palatinus Rheni.
Friderici Wilhelmi & ⎫ Tutor.
Johannis, Ducum Saxoniae ⎭
Johannis Casimiri & ⎫
Johannis Ernesti, Ducum ⎬ Tutores.
Saxoniae ⎭
Georgius Fridericus, Marchio Brandeburgensis.
Julius, Dux Brunsvicensis & Luneburgensis.
Otto, Dux Brunsvicensis & Luneburgensis.

Heinrich der Jünger, Herzog zu Braunschweig und Lüneburg.	Henricus junior, Dux Brunsvicensis & Luneburgensis.
Wilhelm der Jünger, Herzog zu Braunschweig und Lüneburg.	Wilhelmus junior, Dux Brunsvicensis & Luneburgensis.
Wolf, Herzog zu Braunschweig und Lüneburg.	5 Wolfgangus, Dux Brunsvicensis & Luneburgensis.
Ulrich, Herzog zu Meckelnburg.	Ulricus, Dux Megalopurgensis.
Herzog Johannsens und Herzog Sigismundens Augustens zu Meckelnburg } Vormünde.	Johannis & Sigismundi Augusti, Ducum } Curatores. 10 Megalopurgensium
Ludwig, Herzog zu Wirtemberg.	Ludovicus, Dux Wirtembergensis.
Markgraf Ernsts und Markgraf Jakobs zu Baden } Vormund.	Ernesti & Jacobi, Marchionum Badensium } Curatores.
Georg Ernst, Grafe und Herr zu Henneberg.	15 Georgius Ernestus, Comes & Dominus Hennebergensis.
Friederich, Graf zu Wirtemberg und Mümpelgart.	Fridericus, Comes Wirtembergensis & Mumpelgartensis.
Hans Günther, Graf zu Schwarzburg.	Johannes Guntherus, Comes Swarcenburgensis.
Wilhelm, Grafe zu Schwarzburg.	Wilhelmus, Comes Swarcenburgensis.
Albrecht, Grafe zu Schwarzburg.	Albertus, Comes Swarcenburgensis.
Emich, Grafe zu Leiningen.	Emich, Comes Leimingensis.
Philipps, Grafe zu Hanau.	Philippus, Comes Hanauensis.
Gottfried, Grafe zu Ötingen.	25 Gottfridus, Comes Oetingensis.
George, Graf und Herr zu Castell.	Georgius, Comes ac Dominus in Castel.
M 24 Heinrich, Graf und Herr zu Castell.	Henricus, Comes ac Dominus in Castel.
Hans Hoier, Grafe zu Mansfeld.	Johannes Hoierus, Comes Mansfeldensis.
Bruno, Grafe zu Mansfeld.	Bruno, Comes Mansfeldensis.
Hoier Christoph, Grafe zu Mansfeld.	30 Hoierus Christophorus, Comes Mansfeldensis.
Peter Ernst der Jünger, Grafe zu Mansfeld.	Petrus Ernestus junior, Comes Mansfeldensis.
Christoph, Grafe zu Mansfeld.	Christophorus, Comes Mansfeldensis.
Otto, Grafe zur Hoya und Burghausen.	35 Otto, Comes Hoiensis & Bruchhusensis.
Johannes, Grafe zu Oldenburg und Delmenhorst.	Johannes, Comes Oldenburgensis & Delmenhorstensis.
Albrecht Georg, Grafe zu Stolberg.	Albertus Georgius, Comes Stolbergensis.
Wolf Ernst, Grafe zu Stolberg.	Wolfgangus Ernestus Comes Stolbergensis.
Ludwig, Grafe zu Gleichen.	Ludovicus, Comes Glichensis.
Karl, Grafe zu Gleichen.	Carolus, Comes Glichensis.
Ernst, Grafe zu Reinstein.	Ernestus, Comes Reinsteinensis.
Boto, Grafe zu Reinstein.	Boto, Comes Reinsteinensis.
Ludwig, Grafe zu Lewenstein.	45 Ludovicus, Comes, Leonsteinensis.
Heinrich, Herr zu Limpurg, Semper frei.	Henricus, Baro Limpurgensis, Semperfrei.
Georg, Herr von Schönburg.	Georgius, Baro Schonburgensis.
Wolf, Herr von Schönburg.	Wolfgangus, Baro Schonburgensis.
Anarck Friedrich, Herr zu Wildenfels.	50 Anarc Fridericus, Baro Wildenfeldensis.
Bürgermeister und Rat der Stadt Lübeck.	Consul. & Senatus Lubecensis.
M 25 Bürgermeister und Rat der Stadt Landau.	Consul. & Senatus Landauiensis.
Bürgermeister und Rat der Stadt Münster in S. Georgental.	Consul. & Senatus civitatis. Monasteriensis in Valle Gregoriana.

Der Rat der Stadt Goslar.	Senatus Goslariensis.
Bürgermeister und Rat der Stadt Ulm.	Consul. & Senatus Ulmensis.
Bürgermeister und Rat der Stadt Eßlingen.	Consul. & Senatus Eslingensis.
Der Rat der Stadt Reutlingen.	Senatus Reutlingensis.
Bürgermeister und Rat der Stadt Nördlingen.	5 Consul. & Senatus Nordlingensis.
Bürgermeister und Rat zu Rothenburg auf der Tauber.	Consul. & Senatus Rotenburgensis ad Tuberam.
Städtmeister und Rat der Stadt Schwäbischen-Hall.	Consul. & Senatus Halae Suevorum.
Bürgermeister und Rat der Stadt Heilbronn.	Consul. & Senatus Heilbronensis.
Bürgermeister und Rat der Stadt Memmingen.	Consul. & Senatus Memmingensis.
Bürgermeister und Rat der Stadt Lindau.	15 Consul. & Senatus Lindauiensis.
Bürgermeister und Rat der Stadt Schweinfurt.	Consul. & Senatus Schweinfurtensis.
Der Rat der Stadt Donawerda.	Senatus Donawerdensis.
Kammerer und Rat der Stadt Regensburg.	Cammerarii & Senatus Ratisponensis.
Bürgermeister und Rat der Stadt Wimpfen.	20 Consul. & Senatus Wimpfensis.
Bürgermeister und Rat der Stadt Giengen.	Consul. & Senatus Giengensis.
Bürgermeister und Rat zu Bopfingen.	Consul. & Senatus Bopfingensis.
Bürgermeister und Rat der Stadt Alen.	Consul. & Senatus Alensis.
Bürgermeister und Rat der Stadt Kaufbeuern.	Consul. & Senatus Kaufbeurensis.
Bürgermeister und Rat der Stadt Ißna.	Consul. & Senatus Isnensis.
Bürgermeister und Rat der Stadt Kempten.	Consul. & Senatus Campidonensis.
Der Rat der Stadt Hamburg.	Senatus Hamburgensis.
Der Rat der Stadt Göttingen.	Senatus Göttingensis.
Der Rat der Stadt Braunschweig.	30 Senatus Brunsvicensis.
Bürgermeister und Rat der Stadt Lüneburg.	Consul. & Senatus Luneburgensis.
Bürgermeister und Rat der Stadt Leutkirch.	Consul. & Senatus Leutkirchensis.
Die ganze Regierung der Stadt Hildesheim.	Senatus Hildesheimensis.
Bürgermeister und Rat der Stadt Hameln.	35 Consul. & Senatus Hamelensis.
Bürgermeister und Ratmanne der Stadt Hannover.	Consul. & Senatus Hannoverensis.
Der Rat zu Mülhausen.	Senatus Mulhusinus.
Der Rat zu Erfurt.	Senatus Erfurdensis.
Der Rat der Stadt Eimbeck.	40 Senatus Eimbecensis.
Der Rat der Stadt Northeim.	Senatus Northeimensis.

M 26

I.

Die drei Haupt-Symbola

oder

Bekenntnis des Glaubens Christi

in der Kirchen einträchtiglich gebraucht.

Tria Symbola catholica

sive oecumenica.

(Sternchen am Rande des Textes verweisen auf Nachträge. Vgl. S. 1219.)

Die drei Haupt-Symbola oder Bekenntnis des Glaubens Christi in der Kirchen einträchtiglich gebraucht.

SYMBOLUM APOSTOLICUM.

Das erst Bekenntnüs

oder Symbolum ist das gemein Bekenntnis der Apostel, darin der Grund gelegt ist des christlichen Glaubens, und lautet also:

Credo in Deum, patrem omnipotentem, Creatorem coeli et terrae.

Et in Jesum Christum, filium ejus unicum, Dominum nostrum: qui conceptus est de spiritu sancto, natus ex Maria virgine, passus sub Pontio Pilato, crucifixus, mortuus et sepultus, descendit ad inferna, tertia die resurrexit a mortuis, ascendit ad coelos, sedet ad dexteram Dei, patris omnipotentis: inde venturus est iudicare vivos et mortuos.

Credo in spiritum sanctum, sanctam ecclesiam catholicam, sanctorum communionem, remissionem peccatorum, carnis resurrectionem, et vitam aeternam. Amen.

Ich glaube an Gott Vater Allmächtigen, Schöpfer Himmels und der Erden.

Und an Jesum Christum, seinen einigen Sohn, unsern Herrn, der empfangen ist vom heiligen Geist, geboren von der Jungfrauen Maria, gelitten unter Pontio Pilato, gekreuziget, gestorben und begraben, niedergefahren zur Höllen, am dritten Tage auferstanden von den Todten, aufgefahren gen Himmel, sitzend zur Rechten Gottes, des allmächtigen Vaters, von dannen er kommen wird zu richten die Lebendigen und die Todten.

Ich glaube an den heiligen Geist, ein heilige christliche Kirche, die Gemeine der Heiligen, Vergebung der Sünden, Auferstehung des Fleisches, und ein ewiges Leben. Amen.

Der maßgebende Wortlaut ist der lateinische, der in der oben abgedruckten Form im Concordienbuch steht: er stimmt mit dem amtlichen Text der römisch-katholischen Kirche, so wie er im Catechismus Romanus und im Rituale Romanum vorliegt, überein: nur daß dort statt *inferna* gelesen wird *inferos* und das *et* vor *vitam aeternam* fehlt. Diese Gestalt ist bereits bei Pirmin von Reichenau († 753) nachweisbar (Hahn, Bibliothek d. Symbole[3] § 92, Lietzmann, Symbole d. alten Kirche[2] [kleine Texte 17/18] S. 15) und breitet sich seit der Zeit im Abendlande aus. Die Grundform ist das alte römische Symbol, das uns mehrfach in griechischer und lateinischer Sprache erhalten ist (Hahn Bibl.! § 17—28, Lietzmann, Symb.[2] S. 10):

Πιστεύω εἰς θεὸν πατέρα παντοκράτορα. Καὶ εἰς Χριστὸν Ἰησοῦν, υἱὸν αὐτοῦ τὸν μονογενῆ, τὸν κύριον ἡμῶν, τὸν γεννηθέντα ἐκ πνεύματος ἁγίου καὶ Μαρίας τῆς παρθένου, τὸν ἐπὶ Ποντίου Πιλάτου σταυρωθέντα καὶ ταφέντα, τῇ τρίτῃ ἡμέρᾳ ἀναστάντα ἐκ νεκρῶν, ἀναβάντα εἰς τοὺς οὐρανούς, καθήμενον ἐν δεξιᾷ τοῦ πατρός, ὅθεν ἔρχεται κρῖναι ζῶντας καὶ νεκρούς. Καὶ εἰς πνεῦμα ἅγιον, ἁγίαν ἐκκλησίαν, ἄφεσιν ἁμαρτιῶν, σαρκὸς ἀνάστασιν, ἀμήν.

Credo in deum patrem omnipotentem. Et in Christum Jesum filium eius unicum, dominum nostrum, qui natus est de spiritu sancto et Maria virgine, qui sub Pontio Pilato crucifixus est et sepultus, tertia die resurrexit a mortuis, ascendit in coelos, sedet ad dexteram patris, unde venturus est iudicare vivos et mortuos. Et in spiritum sanctum, sanctam ecclesiam, remissionem peccatorum, carnis resurrectionem.

Text nach dem Psalter des Aethelstan im Brit. Mus. Marcell von Ancyra schiebt den griech. Text ein in seinen bei Epiph. 72, 3 erhaltenen Brief an Julius von Rom (wohl v. J. 340) mit folgenden Varianten: 1 πατέρα om 2 τὸν υἱὸν 6 καὶ τῇ 7 ἐκ τῶν 8 καὶ καθήμενον 9 κρίνειν 10 τὸ ἅγιον πνεῦμα 11 ἀνάστασιν, ζωὴν αἰώνιον | ἀμήν om

Text combiniert aus cod. Laudianus 35 (L) saec. VII, Brit. Mus. 2 A XX = cod. Swainsonii (S) s. VIII. 1 *omnipotem* L 2 *Christo Jesu* L / *Jesum Christum* S 6 *caelis* L 7 *sedit* S / *dextera* L / *dei patris* S* aber *dei* vom Corrector getilgt 8 *et* (1): *ac* S 9/10 *spiritu sancto sancta ecclesia remissione pecc.* L 9 *ecclesiam* + *catholicam* S 10/1 *resurrectionis* L, + *amen* S

Über die Entwicklung des Symbols vgl. die Einleitung. Liturgische Formeln von triadischer Gliederung begegnen mehrfach im NT: Matth. 28, 19f.; 2. Cor. 13, 13 vgl. 1. Kor. 12, 4—5. Ferner 1. Clem. 58, 2 ζῇ γὰρ ὁ θεὸς καὶ ζῇ ὁ κύριος Ἰησοῦς Χριστὸς καὶ τὸ πνεῦμα τὸ ἅγιον 46, 6 ἕνα θεὸν ἔχομεν καὶ ἕνα Χριστὸν καὶ ἓν πνεῦμα τῆς χάριτος τὸ ἐκχυθὲν ἐφ' ἡμᾶς vgl. 42, 3. Ignat. ad Magn. 13 ἵνα πάντα ὅσα ποιεῖτε κατευοδωθῆτε σαρκὶ καὶ πνεύματι, πίστει καὶ ἀγάπῃ, ἐν υἱῷ καὶ πατρὶ καὶ ἐν πνεύματι, ἐν ἀρχῇ καὶ ἐν τέλει . . . ὑποτάγητε τῷ ἐπισκόπῳ καὶ ἀλλήλοις ὡς . . . οἱ ἀπόστολοι τῷ Χριστῷ καὶ τῷ πατρὶ καὶ τῷ πνεύματι. *Patrem* = πατέρα wird man wegen υἱὸν im 2. Artikel im Zusammenhang des Symbols nach Röm. 15, 6, 2. Kor. 1, 3, Eph. 1, 3 zu verstehen geneigt sein als „Vater Jesu Christi", aber die liturgische Sprache der Urgemeinde verwendet auch πατὴρ als Gebetsanrede des Christen Röm. 8, 15, Gal. 4, 6 entsprechend der Weisung Matth. 6, 9 und dem Sprachgebrauch Jesu ὁ πατὴρ ὑμῶν Matth. 6, 8. 15; 10, 29 u. ö. vgl. ὁ πατὴρ ἡμῶν bei Paulus Gal. 1, 3, Phil. 4, 20, 1. Thess. 1, 3 u. ö., besonders in den Briefanfängen Röm. 1, 7 u. ö. Daneben finden wir den kosmischen Vaterbegriff Eph. 4, 6 εἷς θεὸς καὶ πατὴρ πάντων ὁ ἐπὶ πάντων καὶ διὰ πάντων καὶ ἐν πᾶσιν vgl. 3, 14f. κάμπτω τὰ γόνατά μου πρὸς τὸν πατέρα, ἐξ οὗ πᾶσα πατριὰ ἐν οὐρανοῖς καὶ ἐπὶ γῆς ὀνομάζεται; vgl. 1. Clem. 19, 2 ἀτενίσωμεν εἰς τὸν πατέρα καὶ κτίστην τοῦ σύμπαντος κόσμου. 35, 2 ὁ δημιουργὸς καὶ πατὴρ τῶν αἰώνων. Dies schlägt die Brücke zum folgenden Prädikat: *Omnipotens* = παντοκράτωρ ist häufiges Prädikat Gottes in der LXX: danach 2. Kor. 6, 18 und oft in der Apok. (1, 8. 4, 8. 11, 17 u. ö.). 1. Clem. tit. 2, 3. 32, 4. 62, 2 vgl. 8, 5. 60, 4 und seit der Zeit vielfach gebraucht. Über diesen Titel in jüdischen Gebeten f. W. Bousset in Nachr. d. Götting. Ges. 1915, 446 U. 4. Die Verbindung πατὴρ παντοκράτωρ im Martyr. Polycarpi 19, 2. Justin dial. 139, 4. *Creatorem coeli et terrae*: ähnliche Formulierungen in den orientalischen Symbolen (f. das Nic.-Cpol. S. 26,4). Für die Frühzeit vgl. die oben zitierten Stellen Eph. 4, 6. 3, 14f.; 1. Clem. 19, 2. 35, 2; ferner 1. Kor. 8, 6 εἷς θεὸς ὁ πατήρ, ἐξ οὗ τὰ πάντα 1. Tim. 6, 13; Apg. 14, 15; Apok. 10, 6. 14, 7 (nach Pf. 146, 6. 124, 8). Hermas Mand. 1, 1 πρῶτον πάντων πίστευσον ὅτι εἷς ἐστιν ὁ θεὸς ὁ τὰ πάντα κτίσας καὶ καταρτίσας. Seit Ende 1. Jh. begegnet uns häufig die Bezeichnung Gottes als δημιουργός (τῶν ἁπάντων) vgl. 1. Clem. 20, 11. 26, 1. 33, 2. 35, 3. 59, 2. Schon bei Philo ist sie sehr beliebt und war wohl im Judentum der Zeit verbreitet. — Vgl. weiter den fingierten jüdischen Eid bei Josephus contra Apion. II 10, 121 ὅρκον ἡμῶν ὡς ὀμνυόντων τὸν θεὸν τὸν ποιήσαντα τὸν οὐρανὸν καὶ τὴν γῆν καὶ τὴν θάλασσαν etc. *Unicum* oder in andern Formeln *unigenitum* = μονογενῆ Joh. 1, 14. 18; 3, 16. 18; 1. Joh. 4, 9. Das Wort wird in der Frühzeit sonst nicht von Christus gebraucht: erst Justin fragm. bei Irenaeus IV 6, 2 (p. 159 Harvey) redet von dem *unigenitus filius* und das Polycarpmartyrium 20, 2 preist Gott διὰ τοῦ παιδὸς αὐτοῦ τοῦ μονογενοῦς Ἰησοῦ Χριστοῦ. Diognet ep. 10, 2 citiert 1. Joh. 4, 9. Irenaeus braucht die Bezeichnung mehrfach (I 9, 1 p. 82; 9, 3 p. 84 Harv.), namentlich wenn er die Gnosis der Valentinianer bekämpft, bei denen Μονογενὴς der Name einer göttlichen Emanation ist. Häufig wird der Name seit Origenes (vgl. Kattenbusch, Apost. Symbol II 581 ff. Harnack bei Hahn, Symb.³ 373 f. Lietzmann, Zeitschr. f. neutest. Wiss. 22, 277 f.; 26, 91). *Dominum nostrum* = τὸν κύριον ἡμῶν: das κύριος-Bekenntnis als Formel schon bei Paulus bezeugt Röm. 10, 9; 1. Kor. 12, 3; Phil. 2, 11. Über das Problem seiner Bedeutung f. Kattenbusch, Apost. Symb. II 605 ff.; W. Bousset, Kyrios Christos² (1921); P. Althaus, Neue kirchl. Zeitschr. 26, 439 ff., 513 ff.; Lietzmann, Handb.³ zu Röm. 10, 8 (1928); Werner Foerster, Herr ist Jesus (1924). E. Lohmeyer, Kyrios Jesus, Sitzungsber. d. Heidelb. Akad. 1927/28, Abh. 4. *Qui conceptus*: die allgemeinere Form des altrömischen Symbols ist hier spezieller gefaßt: zugrunde liegt Luk. 1, 35; Matth. 1, 18. 20. Die älteren orientalischen Symbole bringen an dieser Stelle die vorweltliche Zeugung des Logos vom Vater und erwähnen dann erst die Geburt aus der Jungfrau Maria. Ignat. ad Ephes. 18, 2 ὁ γὰρ θεὸς ἡμῶν Ἰησοῦς ὁ Χριστὸς ἐκυοφορήθη ὑπὸ Μαρίας κατ' οἰκονομίαν θεοῦ ἐκ σπέρματος μὲν Δαβίδ, πνεύματος δὲ ἁγίου. *Ex Maria virgine* nach Luk. 1, 35; Matth. 1, 18. 20. 25. Ignat. ad Smyrn. 1, 1 γεγεννημένον ἀληθῶς ἐκ παρθένου ad Eph. 19, 1 καὶ ἔλαθεν τὸν ἄρχοντα τοῦ αἰῶνος τούτου ἡ παρθενία Μαρίας καὶ ὁ τοκετὸς αὐτῆς: und danach zahllose Zeugnisse. *Passus sub Pontio Pilato*: Der Name des Pontius Pilatus (Luk. 3, 1; Apg. 4, 27) erscheint schon in den frühesten Bekenntnisformeln. 1. Tim. 6, 13. Ignat. ad Trall. 9, 1 ἀληθῶς ἐδιώχθη ἐπὶ Ποντίου Πιλάτου, ἀληθῶς ἐσταυρώθη καὶ ἀπέθανεν. ad Smyrn. 1, 2 ἀληθῶς ἐπὶ Ποντίου Πιλάτου καὶ Ἡρώδου τετράρχου καθηλωμένον ὑπὲρ ἡμῶν ἐν σαρκί, vgl. ad Magn. 11. Justin apol. I 13,3. 61,13; dial. 85, 2 u. ö. *Et sepultus* = καὶ ταφέντα: das Begräbnis wird schon in dem ältesten Bekenntnis betont, 1. Kor. 15, 4 (vgl. Apg. 13, 29), begegnet

dann aber erst wieder bei Irenaeus III 18, 3 p. 96 Harvey τὸν καὶ παθόντα καὶ ταφέντα καὶ ἀναστάντα, Apologeten und Tertullian adv. Praxeam 2 (p. 229, 8 Kroymann) *hunc passum, hunc mortuum et sepultum secundum scripturas* u. ö. Das folgende *descendit ad inferna* fehlt im altrömischen und in den orientalischen Symbolen: es begegnet zuerst in der auf ein lateinisches Original zurückgehenden (Socrates hist. eccl. II 37, 17) formel von Sirmium v. J. 359 sowie ihren Wiederholungen zu Nike und Konstantinopel 360 (Hahn, Bibl. § 163, 164, 167; Lietzmann, Symb.[2] S. 31ff.), sodann im Taufsymbol von Aquileia um 400 (Hahn, Bibl.[3] § 36, Lietzmann, Symb.[2] S. 12). *Inferna* oder *inferi* ist Wiedergabe des griech. Ἅιδης (vgl. C. P. Caspari, Quellen 3. Gesch. d. Taufsymbols III 208 A. 359). Die Vorstellung selbst ist alt: 1. Petr. 3, 19 wird sie klar ausgesprochen, vielleicht schon Röm. 10, 7 vorausgesetzt, unsicher ist Eph. 4, 9. Bei Ignat. ad Magn. 9, 2 wird von den Propheten gesagt παρὼν ἤγειρεν αὐτοὺς ἐκ νεκρῶν: das ist auch Hermas Sim. IX 16, 7 vorausgesetzt. Justin dial. 72, 4 citiert einen apokryphen Jeremiasspruch ἐμνήσθη δὲ κύριος ὁ θεὸς ἅγιος Ἰσραηλ τῶν νεκρῶν αὐτοῦ τῶν κεκοιμημένων εἰς γῆν χώματος καὶ κατέβη πρὸς αὐτοὺς εὐαγγελίσασθαι αὐτοῖς τὸ σωτήριον αὐτοῦ (= Iren. III 20, 4 p. 108 Harvey, Apost. Verkündigung c. 78). Epist. Apostol. 27 (38) *Und deswegen bin ich hinabgestiegen zu dem Orte des Abraham, Isaak und Jakob, zu euren Vätern, den Propheten, und habe ihnen Botschaft gebracht* usw. Evang. Petri 10, 41f. καὶ φωνῆς ἤκουον ἐκ τῶν οὐρανῶν λεγούσης· ἐκήρυξας τοῖς κοιμωμένοις; καὶ ὑπακοὴ ἠκούετο ἀπὸ τοῦ σταυροῦ ὅτι ναί. Oden Salomos 42, 15—26. Altrömische Liturgie in Hippolyts Kirchenordnung: *qui* (Jesus) *cumque traderetur voluntariae passioni, ut mortem solvat et vincula diaboli dirumpat et infernum calcet et iustos inluminet* etc. (Didascaliae apost. fragmenta ed. Hauler 1900 p. 106f.) Vgl. Kattenbusch, Apost. Symbol II 895ff.; C. Clemen, Niedergefahren zu den Toten (1900) und Religionsgeschichtl. Erklärung des NT[2] (1924) 89ff.; Walter Bauer, Leben Jesu im Zeitalter der neutest. Apokryphen (1909) 246ff. und ders. zu Ignat. Magn. 9, 3 (Handb. 3. NT Bd. 18 S. 227); Windisch im Handb. 3. NT[2] zu 1. Petr. 3, 20 S. 71f. *Tertia die resurrexit a mortuis* = τῇ τρίτῃ ἡμέρᾳ ἀναστάντα ἐκ νεκρῶν gehört zum Bestand des ältesten Bekenntnisses der Urgemeinde 1. Kor. 15, 4; Apg. 10, 40; vgl. Röm. 10, 9; 2. Tim. 2, 8. Hier ist überall der Ausdruck ἐγήγερται, ἠγέρθη oder eine ähnliche Wendung gebraucht, wie auch in dem Bekenntnis des Ignatius ad Trall. 9, 2 ὅς καὶ ἀληθῶς ἠγέρθη ἀπὸ νεκρῶν, ἐγείραντος αὐτὸν τοῦ πατρὸς αὐτοῦ: vgl. noch Röm. 4, 24; 1. Thess. 1, 10; 1. Petri 1, 21; Act. 2, 32. Polykarp ad Philipp. 2, 1 πιστεύσαντες ἐπὶ τὸν ἐγείραντα τὸν κύριον ἡμῶν Ἰησοῦν Χριστόν, vgl. 9, 2. Entsprechend sagt 1. Clem. 24, 1 von Gott: τὸν κύριον Ἰησοῦν ἐκ νεκρῶν ἀναστήσας. Die evangelischen Berichte haben aber neben diesem meist gebrauchten ἐγερθῆναι vereinzelt auch das intransitive ἀναστῆναι von Jesus Mark. 8, 31. 9, 9f; Luk. 24, 7. 46; Joh. 20, 9 wie von anderen Toten Mark. 5, 42. 12, 23. 25; Luk. 16, 31. Ignatius ad Smyrn. 2, 1 sagt betont ἀληθῶς ἀνέστησεν ἑαυτόν. Justin apol. I 21, 1. 42, 4. 46, 5; dial. 63, 1. 85, 2. 132, 1 hat ἀναστάντα, und nur apol. I 31, 7 ἀνεγειρόμενον. In den Symbolen hat sich ἀναστάντα fast überall durchgesetzt. *Ascendit ad coelos* = ἀναβάντα εἰς τοὺς οὐρανούς. Apg. 1, 9ff. 1, 2. 22 (Luk. 24, 51 var. Mark. 16, 19); 1. Petr. 3, 22; Hebr. 4, 14. 8, 2 (vgl. H. Windisch 3. St. im Handb. 3. NT. Bd. 14 S. 66ff.) 9, 24; Joh. 3, 13. 6, 62. 20, 17; Eph. 4, 10; 1. Tim. 3, 16; Barnab. 15, 9 ὁ Ἰησοῦς ἀνέστη ἐκ νεκρῶν καὶ φανερωθεὶς ἀνέβη εἰς οὐρανούς. Justin erwähnt die Himmelfahrt oft in bekenntnismäßigen Formeln apol. I 21, 1. 31, 7. 42, 4. 46, 5. 50, 12. 54, 7; dial. 34, 2. 39, 4. 63, 1. 85, 1. 108, 2. 132, 1: er verwendet dies Verbum ἀνέρχεσθαι (ἀνεληλυθέναι), aber auch ἀναβαίνειν dial. 17, 1. 36, 5. 38, 1. 85, 2. 126, 1. (Zu den Verba vgl. Harnack bei Hahn, Bibl.[3] S. 383f.). Die orientalischen Symbole haben die Himmelfahrt fast ausnahmslos. *Sedet ad dexteram Dei patris omnipotentis* = καθήμενον ἐν δεξιᾷ τοῦ πατρός nach Ps. 110, 1 seit den ältesten Zeiten immer betont: Mark. 12, 36. 14, 62 u. Parall. Apg. 2, 32—34. 5, 31. 7, 55f.; Röm. 8, 34; Eph. 1, 20; Col. 3, 1; Hebr. 1, 3. 1, 13. 8, 1. 10, 12. 12, 2. Polykarp ad Philipp. 2, 1 καὶ δόντα αὐτῷ δόξαν καὶ θρόνον ἐκ δεξιῶν αὐτοῦ. Justin dial. 32, 3. 56, 1; Iren. III 16, 9. Aber in formulierten Symbolen findet sich die Sessio nicht durchgängig: sie fehlt in den ältesten orientalischen Texten (Caesarea Nicaea Antiochia, Arius). Dagegen steht sie in einer Bekenntnisformel bei Hippolyt. contra Noëtum 1 p. 43 Lagarde καὶ ὄντα ἐν δεξιᾷ τοῦ πατρός, demselben in der Taufliturgie seiner Kirchenordnung (Didasc. Lat. fragm. ed. Hauler p. 110, Zeitschr. f. neutest. Wiss. 26, 78), Tertullian de virgin. veland. 1, de praescr. haer, 13, adv. Praxeam 2 und im altrömischen Symbol. Demnach ist dies Glied wohl im 2. Jh. in Rom eingefügt worden. *Inde venturus est iudicare* etc. Apg. 1, 11 + 10, 42; 2. Tim. 4, 1; 1. Petr. 4, 5; Barnab. 7, 2 ὁ υἱὸς τοῦ θεοῦ ὢν κύριος καὶ μέλλων κρίνειν ζῶντας καὶ νεκρούς. Polykarp ad Phil. 2, 1

ὃς ἔρχεται κριτὴς ζώντων καὶ νεκρῶν. 2. Clem. I, 1 οὕτως δεῖ ἡμᾶς φρονεῖν περὶ Ἰησοῦ Χριστοῦ ὡς περὶ θεοῦ, ὡς περὶ κριτοῦ ζώντων καὶ νεκρῶν. Justin dial. 132, 1 vgl. 118, 1; Hegesipp bei Euseb. h. e. III 20, 4; Jrenaeus III 4, 1. 16, 6 und de Ogdoade bei Euseb. h. e. V 20, 2. Die Aussage gehört seit den frühesten Zeiten zum Bestand des Bekenntnisses und begegnet auch in allen orientalischen Formeln.

Sanctam ecclesiam catholicam: ἁγίαν ἐκκλησίαν hat schon das altrömische Symbol und die ihm zugrunde liegende neungliedrige Formel, deren dritter Artikel genau dem Schluß des fünfteiligen Symbols der Epistula Apostolorum 5 (16) entspricht *und an den heiligen Geist und an die heilige Kirche und an die Vergebung der Sünden.* Hippolyt hat dieselbe Form im Taufsymbol seiner Kirchenordnung (Didasc. fragm. lat. ed. Hauler p. 110, Zeitschr. f. neutest. Wissensch. 26, 78) und auch Tertullian kennt sie als Bestandteil des Taufsymbols de baptismo 6 p. 206, 26, Reifferscheid u. ebenda 11 p. 210, 20. Im Orient ist die Nennung der ἐκκλησία nicht allgemein durchgedrungen. ἐκκλησία nennt sich die christliche Gemeinde, weil sie sich als die wahre Volksgemeinde (קהל = ἐκκλησία LXX) des Alten Testamentes weiß, deren Verheißungen ihr gelten, z. B. 1. Kön. 8, 55. 56 und in deren Versammlungen Gottes Lob erklingt Ps. 22, 23. 26. 35, 18. 89, 6. 107, 32. 149, 1 ἡ αἴνεσις αὐτοῦ ἐν ἐκκλησίᾳ ὁσίων. Und weiter: Paulus nennt die Christen ἅγιοι, und dasselbe tut die übrige altchristliche Literatur, bis nach dem II. Jh. diese Redeweise außer Übung kommt und nur noch in einzelnen Formeln (wie τὰ ἅγια τοῖς ἁγίοις beim Abendmahl) weiterlebt. Diese Bezeichnung baut sich gleichfalls auf die prophetische Sprache des Alten Testaments auf (Jes. 4, 3. 62, 12; Daniel 7, 18. 21. 25. 27. 8, 24; Ps. 16, 3. 34, 10), wo die wahrhaft Frommen im Volk Israel so heißen. Israel hat die Verheißung, Gottes „heiliges Volk" zu sein (Exod. 19, 6, vgl. Lev. 11, 44): die Christenheit weiß sich als Erben dieses Wortes: 1. Petr. 2, 9; Barnab. 14, 6 ὁ πατὴρ αὐτῷ (sc. Christo) ἐντέλλεται λυτρωσάμενον ἡμᾶς ἐκ τοῦ σκότους ἑτοιμάσαι ἑαυτῷ λαὸν ἅγιον. Justin dial. 119, 3. Daß diese ἁγιότης der Kirche praktisch in der mit der Taufe anhebenden sittlichen Reinheit ihrer Glieder zum Ausdruck kommt, erweist Eph. 5, 25—27, wo die „Haustafel" durch den Hinweis auf die ἐκκλησίαν μὴ ἔχουσαν σπίλον ἢ ῥυτίδα ἢ τι τῶν τοιούτων, ἀλλ' ἵνα ᾖ ἁγία καὶ ἄμωμος eingeleitet wird; ἁγία ἐκκλησία ist gleich ἐκκλησία ἁγίων 1. Kor. 14, 33. Aber daß damit der Begriff nicht erschöpft ist, zeigt dieselbe Stelle und die sonstige Ekklesiamystik des Epheserbriefes 1, 22 f. 5, 29—32, die in der alten Zeit mannigfach weitergeführt ist: z. B. 2. Clem. 2. Von einer ἁγία ἐκκλησία spricht zuerst Ignatius ad Trall. tit. und nach ihm Hermas Visio I 1, 6. 3, 4. Martyr. Polycarpi tit. Häufig wird die Bezeichnung erst seit dem Ende des II. Jh. Nicht alle orientalischen Symbole, welche die ἐκκλησία nennen, haben auch das Beiwort ἁγία. Καθολική heißt die Ekklesia zuerst bei Ignatius ad Smyrn. 8, 2 ὅπου ἂν ᾖ Ἰησοῦς Χριστός, ἐκεῖ ἡ καθολικὴ ἐκκλησία. Wie das gemeint ist, zeigt das Martyr. Polycarpi, wenn es 8, 1 und 19, 2 von der κατὰ τὴν οἰκουμένην καθολικὴ ἐκκλησία spricht und in der Überschrift den Gruß sendet πάσαις ταῖς κατὰ πάντα τόπον τῆς ἁγίας καὶ καθολικῆς ἐκκλησίας παροικίαις (16, 2 ist ἁγίας zu lesen). Das Wort ist schon bei Tertullian und dem Fragm. Muratori ins Lateinische übernommen; aber es bekommt um diese Zeit den Sinn „katholisch" = rechtgläubig gegenüber den Haeresien (Kattenbusch, Ap. Symb. II 917 ff.).

Sanctorum communionem: diese Formel findet sich fast ausschließlich in gallischen Bekenntnissen: Faustus von Reji (c. 470 Hahn, Bibl.³ § 61) ist der älteste gallische Zeuge. Vor ihm finden wir sie nur um 400 im Symbol des Bischofs Nicetas von Remesiana in Dacien (Hahn, Bibl.³ § 40, wo er irrtümlich Bischof von Aquileja genannt ist. Vgl. A. E. Burn, Niceta of Remesiana, Cambridge 1905, S. 48). Bei den alten lateinischen Erklärern des Symbols wird *sanctorum* als Masculinum gefaßt und als „Gemeinschaft mit den sancti" interpretiert. Die Griechen sprechen auch gelegentlich von der κοινωνία τῶν ἁγίων, wenn sie die Formel auch nicht im Symbol haben. Sie verstehen darunter stets „Teilnahme an den ἅγια = Sakramenten" (Kattenbusch, Apost. Symb. II 931; Th. Zahn, D. apost. Symb. 1893 S. 88 ff.). Das wird als die ursprüngliche sein, auch in demselben Sinn begegnet communio sanctorum in den canones von Nimes, 394 (Hefele, Conciliengesch. II² 62) und vielleicht auch in dem mehrfach gebrauchten Ausdruck *removere* oder *separare a sanctorum communione*, Hieron. epist. 92, 3. 2. Codex Theodosianus XVI 5, 14; Augustin. sermo 52, 6 (V 304ᶜ ed. Maur.), vgl. Enarr. in Ps. 36 sermo 2, 20 (IV 279ᵈ) Donatist. epist. ad Marcellinum 3 (IX App. 65ᵇ): doch bleibt hier auch die maskuline Interpretation möglich. Die von Luther angenommene Deutung „Gemeine der Heiligen" ist in Deutschland seit der karolingischen Zeit nachweisbar (Kattenbusch 949 f.). *Remissionem peccatorum* = ἄφεσιν ἁμαρτιῶν (Luk. 24, 47; Apg. 2, 38, vgl. 5, 31. 10, 43. 13, 38. 26, 18; Col. 1, 14; Eph. 1, 7) steht bereits in der Epist. Apost. 5 (16) *und an die Vergebung der Sünden* und im alt=

römischen Symbol: im Orient begegnet es im Wirkungsbereich von Jerusalem, sonst nur selten.

Carnis resurrectionem = σαρκὸς ἀνάστασιν. Diese Formulierung des Auferstehungsglaubens begegnet zuerst 1. Clem. 26, 3, wo das Zitat Hiob. 19, 26 geändert ist zu ἀναστήσεις τὴν σάρκα μου (statt τὸ δέρμα μου LXX) ταύτην τὴν ἀντλήσασαν ταῦτα πάντα. Sodann Hermas Sim. V 7, 2; 2. Clem. 9, 1; Justin dial. 80,5 σαρκὸς ἀνάστασιν γενήσεσθαι ἐπιστάμεθα. In einer bekenntnismäßigen Formel zuerst bei Irenaeus I 10, 1 καὶ ἀναστῆσαι πᾶσαν σάρκα πάσης ἀνθρωπότητος: V 31, 1 erläutert er diese Lehre genauer, vgl. auch V 2, 1 *vani ... carnis salutem negant*. Im Orient begegnet neben dem meist gebrauchten σαρκὸς ἀνάστασιν auch ἀνάστασιν νεκρῶν (Epiphanius Hahn, § 125, 126; Lietzmann S. 19, 21), in Antiochia (Hahn § 130, Lietzmann S. 22), bei Makarios (Lietzmann S. 25 cod. P²) und im Nicaeno-Cpolitanum f. u. S. 27, 11). Daneben hat cod. V des Makarios ἀνάστασιν ψυχῆς καὶ σώματος, und beide Codices verweisen dabei mit καθὼς λέγει ὁ ἀπόστολος· σπείρεται σῶμα ψυχικόν, ἐγείρεται κτλ. auf 1. Cor. 15, 44. *Vitam aeternam* = ζωὴν αἰώνιον (Matth. 19, 16—29 u. Parallelen; Matth. 25, 46; Joh. 3, 15. 16; Röm. 5, 21. 6, 23 u. ö.) kommt oft in Symbolen des Ostens und Westens (Carthago, Ravenna, Spanien, Gallien) vor, stets nach der *carnis resurrectio*. Die älteren Symbolformen haben die Worte nicht. Cyprian epist. 69, 7 und 70, 2 citiert die Tauffrage *credis in remissionem peccatorum et vitam aeternam per sanctam ecclesiam?*

SYMBOLUM NICAENUM.

Credo in unum Deum, patrem omnipotentem, factorem coeli et terrae, visibilium omnium et invisibilium.

Et in unum Dominum Jesum Christum, filium dei unigenitum et ex patre natum ante omnia saecula, Deum de Deo, lumen de lumine, Deum verum de Deo vero, genitum, non factum, consubstantialem patri, per quem omnia facta sunt: qui propter nos homines et propter nostram salutem descendit de coelis, et incarnatus est de spiritu sancto ex Maria virgine et homo factus est; crucifixus etiam pro nobis sub Pontio Pilato, passus et sepultus est; et resurrexit tertia die secundum scripturas, et ascendit ad coelos; sedet ad dexteram patris, et iterum venturus est in gloria iudicare vivos et mortuos, cuius regni non erit finis.

Das ander Bekenntnüs
oder Nicänisch Symbolum.

Ich gläube an einen einigen, allmächtigen Gott den Vater, Schöpfer Himmels und der Erden, alles das sichtbar und unsichtbar ist.

Und an einen einigen HErrn Jesum Christum, Gottes einigen Sohn, der vom Vater geboren ist vor der ganzen Welt, Gott von Gott, Liecht vom Liecht, wahrhaftigen Gott vom wahrhaftigen Gott, geborn, nicht geschaffen, mit dem Vater in einerlei Wesen, durch welchen alles geschaffen ist; welcher umb uns Menschen und umb unser Seligkeit willen vom Himmel kommen ist, und leibhaftig worden durch den heiligen Geist von der Jungfrauen Maria und Mensch worden; auch für uns gekreuzigt unter Pontio Pilato, gelitten und begraben; und am dritten Tage auferstanden nach der Schrift, und ist aufgefahren gen Himmel, und sitzet zur Rechten des Vaters. Und wird wiederkommen mit Herrligkeit zu richten die Lebendigen und die Todten. Des Reich kein Ende haben wird.

Πιστεύομεν εἰς ἕνα θεὸν πατέρα παντοκράτορα, ποιητὴν οὐρανοῦ καὶ γῆς, ὁρατῶν τε πάντων καὶ ἀοράτων. Καὶ εἰς ἕνα κύριον Ἰησοῦν Χριστόν, τὸν υἱὸν τοῦ θεοῦ τὸν μονογενῆ, τὸν ἐκ τοῦ πατρὸς γεννηθέντα πρὸ πάντων τῶν αἰώνων, φῶς ἐκ φωτός, θεὸν ἀληθινὸν ἐκ θεοῦ ἀληθινοῦ, γεννηθέντα οὐ ποιηθέντα, ὁμοούσιον τῷ πατρί, δι' οὗ τὰ πάντα ἐγένετο, τὸν δι' ἡμᾶς τοὺς ἀνθρώπους καὶ διὰ τὴν ἡμετέραν σωτηρίαν κατελθόντα ἐκ τῶν οὐρανῶν καὶ σαρκωθέντα ἐκ πνεύματος ἁγίου καὶ Μαρίας τῆς παρθένου καὶ ἐνανθρωπήσαντα, σταυρωθέντα τε ὑπὲρ ἡμῶν ἐπὶ Ποντίου Πιλάτου καὶ παθόντα καὶ ταφέντα, καὶ ἀναστάντα τῇ τρίτῃ ἡμέρᾳ κατὰ τὰς γραφάς, καὶ ἀνελθόντα εἰς τοὺς οὐρανούς, καὶ καθεζόμενον ἐν δεξιᾷ τοῦ πατρός, καὶ πάλιν ἐρχόμενον μετὰ δόξης κρῖναι ζῶντας καὶ νεκρούς· οὗ τῆς βασιλείας οὐκ ἔσται τέλος. Καὶ εἰς τὸ πνεῦμα τὸ ἅγιον, τὸ κύριον καὶ ζωοποιόν, τὸ ἐκ τοῦ πατρὸς ἐκπορευόμενον, τὸ σὺν πατρὶ καὶ υἱῷ συμπροσκυνούμενον καὶ συνδοξαζόμενον, τὸ λαλῆσαν διὰ τῶν προφητῶν· εἰς μίαν ἁγίαν καθολικὴν καὶ ἀποστολικὴν ἐκκλησίαν. ὁμολογοῦμεν ἓν βάπτισμα εἰς ἄφεσιν ἁμαρτιῶν, προσδοκῶμεν ἀνάστασιν νεκρῶν καὶ ζωὴν τοῦ μέλλοντος αἰῶνος, ἀμήν.

Das Original ist der griechische Text, erhalten in den Akten des Concils von Chalkedon act. II (Labbé 4, 342 = Mansi 6, 957), wo er nach einem authentischen Exemplar verlesen wurde: Geschichte der Überlieferung und kritische Edition des Textes von Ed. Schwartz in Zeitschr. f. neutest. Wiss. 25 (1926), 38—88, speziell S. 49, wonach obiger Text. Die alten lateinischen Übersetzungen druckt Schwartz gleichfalls ab. Der oben gebotene lateinische Text des Concordienbuches entspricht dem Wortlaut des Missale Romanum, das nur an folgenden Stellen abweicht: 19 *in coelum* 20 *cum gloria* S. 27, 4 *conglorificatur*. Dieser Text ist dem liturgischen Gebrauch der mittelalterlichen Kirche entnommen, wo er mit mancherlei Varianten begegnet: lehrreich der griechisch-lateinische Text des Sacramentarium Gelasianum (Wilson 1896 p. 53 f.; Lietzmann, Symbole S. 38 f.). Vom griechischen Original (Gr.) weicht der oben gegebene Text an folgenden Stellen ab: 7 *et* > Gr. 8 *Deum de Deo* > Gr.   14 *ex*: καὶ Gr.   19 *sedet*: καὶ καθεζ. Gr.

Et in spiritum sanctum, Dominum et vivificantem, qui ex patre filioque procedit, qui cum patre et filio simul adoratur et glorificatur, qui locutus est per prophetas.

Et unam, sanctam, catholicam et apostolicam ecclesiam.

Confiteor unum baptisma in remissionem peccatorum et exspecto resurrectionem mortuorum et vitam venturi saeculi. Amen.

Und an den HERRN, den heiligen Geist, der da lebendig macht. Der vom Vater und dem Sohn ausgehet. Der mit dem Vater und dem Sohn zugleich angebetet und zugleich geehret wird. Der durch die Propheten geredt hat.

Und eine einige, heilige, christliche, apostolische Kirche.

Ich bekenne ein einige Taufe zur Vergebung der Sünden. Und warte auf die Auferstehung der Todten und ein Leben der zukünftigen Welt. Amen.

---

2 *filioque* > Gr. Diese Worte entsprechen der im Abendland seit Tertullian vertretenen Theologie (adv. Praxeam 8 p. 239, 7 Kroymann *tertius enim est spiritus a deo et filio*), die besonders von Augustin ausgeführt ist (de trinitate V 14, 15, XV 26, 47 contra Maximinum Arianum II 14, 1). In karolingischer Zeit ist das *filioque* ins Symbol eingefügt, was (bei voller Anerkennung der Lehre) von Papst Leo III. 809 gemißbilligt wurde, vgl. A. Hauck, Kirchengeschichte Deutschlands II³ 343—349. Heinrich II. hat es 1014 durchgesetzt, daß auch in Rom die deutsche Sitte, das Symbolum Nicaeno-Cpolitanum bei der Messe zu singen, angenommen wurde. Bei dieser Gelegenheit ist auch das *filioque* in Rom zu amtlicher Anerkennung gelangt. Vgl. Berno v. Reichenau, de rebus ad missam spectantibus 2, Migne, Patr. lat. 142, 1060f. A. Hauck, Kirchengesch. Deutschl. III³ 434.   7 *et* > Gr.   10 *et* > Gr.

Dazu G. Hoffmann, Der Streit um das Filioque in der Sicht luth. Theologie = Luthertum 1941, 56f.

* SYMBOLUM ATHANASII
contra Arianos scriptum.

Das dritte Bekenntnüs
oder Symbolum heißt Sancti Athanasii, welches er gemacht hat wider die Ketzer, Ariani genannt, und lautet also:

1 Quicunque vult salvus esse, ante omnia opus est, ut teneat catholicam fidem,
2 quam nisi quisque integram inviolatamque servaverit, absque dubio in aeternum peribit.
3 Fides autem catholica haec est, ut unum Deum in trinitate et trinitatem in unitate veneremur,
4 neque confundentes personas, neque substantiam separantes.
5 Alia est enim persona patris, alia filii, alia spiritus sancti:
6 Sed patris et filii et spiritus sancti una est divinitas, aequalis gloria, coaeterna maiestas.
7 Qualis pater, talis filius, talis et spiritus sanctus.
8 Increatus pater, increatus filius, increatus spiritus sanctus.
9 Immensus pater, immensus filius, immensus spiritus sanctus.
10 Aeternus pater, aeternus filius, aeternus spiritus sanctus,
11 et tamen non tres aeterni, sed unus aeternus.
12 sicut non tres increati, nec tres immensi, sed unus increatus et unus immensus.
13 Similiter omnipotens pater, omnipotens filius, omnipotens spiritus sanctus.
14 et tamen non tres omnipotentes, sed unus omnipotens.

Wer da will selig werden, der muß für allen Dingen den rechten christlichen Glauben haben. Wer denselben nicht ganz und rein hält, der wird ohne Zweifel ewiglich verloren sein.
Dies ist aber der rechte christliche Glaube, daß wir ein einigen Gott in drei Personen und drei Personen in einiger Gottheit ehren,
Und nicht die Personen in einander mengen, noch das göttlich Wesen zertrennen.
Ein andere Person ist der Vater, ein andere der Sohn, ein andere der heilige Geist.
Aber der Vater und Sohn und heiliger Geist ist ein einiger Gott, gleich in der Herrligkeit, gleich in ewiger Majestät.
Welcherlei der Vater ist, solcherlei ist der Sohn, solcherlei ist auch der heilige Geist.
Der Vater ist nicht geschaffen, der Sohn ist nicht geschaffen, der heilige Geist ist nicht geschaffen.
Der Vater ist unmeßlich, der Sohn ist unmeßlich, der heilige Geist ist unmeßlich.
Der Vater ist ewig, der Sohn ist ewig, der heilige Geist ist ewig;
Und sind doch nicht drei Ewige, sondern es ist ein Ewiger:
Gleichwie auch nicht drei Ungeschaffene, noch drei Unmeßliche, sondern es ist ein Ungeschaffener und ein Unmeßlicher.
Also auch der Vater ist allmächtig, der Sohn ist allmächtig, der heilige Geist ist allmächtig;
Und sind doch nicht drei Allmächtige, sondern es ist ein Allmächtiger.

B = Codex Bobbiensis (Ambrosianus O 212 sup.) VII./VIII. Jahrh.; A. E. Burn, Facsimiles of the Creeds (Henry Bradshaw Society Vol. 36, 1909), Tafel 22—24. C = Codex Petriburgensis Q I 15 Anfang des VIII. Jahrh. in irischer Schrift, Burn Facs. Taf. 18—19. M = Monacensis lat. 6298: aus Freising, VIII. Jahrh., Insulare Schrift. Burn Facs. Taf. 20—21. l = Lugdunensis S. Fidei: Anfang des IX. Jahrh. von Bischof Leidrat von Lyon (798—814) der Stephanskirche geschenkt. Burn Facs. Taf. 15—17.

---

5 esse salvus B   7 quis B | inviolabilemque C   8/9 peribit in aeternum CM
14 substantia C   15 alia enim est M   15/6 alia persona filii, alia persona spiritus
sancti B   24 et spiritus Ml*   27 et spiritus l*   29 et spiritus l*   32 sic C | nec]
non C   33/4 unus inmensus et unus increatus B   36 et spiritus l*   38 tamen > B

15 Ita Deus pater, Deus filius, Deus spiritus sanctus,
16 et tamen non tres Dii, sed unus Deus.
17 ¹Ita Dominus pater, Dominus filius, Dominus spiritus sanctus,
18 et tamen non tres Domini, sed unus Dominus.
19 Quia sicut singillatim unamquamque personam et Deum et Dominum confiteri christiana veritate compellimur,
ita tres Deos aut Dominos dicere catholica religione prohibemur.
20 Pater a nullo est factus, nec creatus, nec genitus.
21 Filius a patre solo est, non factus nec creatus, sed genitus.
22 Spiritus sanctus a patre et filio, non factus nec creatus nec genitus, sed procedens.
23 Unus ergo pater, non tres patres, unus filius, non tres filii, unus spiritus sanctus, non tres spiritus sancti.
24 Et in hac trinitate nihil prius aut posterius, nihil maius aut minus,
25 sed totae tres personae coaeternae sibi sunt et coaequales:
Ita ut per omnia, sicut iam supra dictum est, et trinitas in unitate et unitas in trinitate veneranda sit.
26 Qui vult ergo salvus esse, ita de trinitate sentiat.
27 Sed necessarium est ad aeternam salutem, ut incarnationem quoque Domini nostri Jesu Christi fideliter credat.
28 Est ergo fides recta, ut credamus et confiteamur, quia Dominus noster Jesus Christus Dei filius, et Deus pariter et homo est:
29 Deus est ex substantia patris ante saecula genitus, et homo est ex substantia matris in saeculo natus.
30 Perfectus Deus, perfectus homo, ex anima rationabili et humana carne subsistens.
31 Aequalis patri secundum divinitatem, minor patre secundum humanitatem.

Also der Vater ist Gott, der Sohn ist Gott, der heilige Geist ist Gott;
Und sind doch nicht drei Götter, sondern es ist ein Gott.
5 ¹Also der Vater ist der HERR, der Sohn ist der HERR, der heilige Geist ist der HERR;
Und sind doch nicht drei HERRN, sondern es ist ein HERR.
10 Denn gleichwie wir müssen nach christlicher Wahrheit eine jegliche Person für sich Gott und HERrn bekennen;
Also können wir im christlichen Glauben nicht drei Götter oder drei HERRN nennen.
15 Der Vater ist von niemand weder gemacht, noch geschaffen, noch geboren.
Der Sohn ist allein vom Vater, nicht gemacht, noch geschaffen, sondern geboren.
Der heilige Geist ist vom Vater und 20 Sohn, nicht gemacht, nicht geschaffen, nicht geboren, sondern ausgehend.
So ist's nu. Ein Vater, nicht drei Väter; Ein Sohn, nicht drei Söhne; Ein heiliger Geist, nicht drei heilige Geister.
25 Und unter diesen drei Personen ist keine die erste, keine die letzte, keine die größeste, keine die kleineste;
Sondern alle drei Personen sind mit einander gleich ewig, gleich groß:
30 Auf daß also, wie gesagt ist, drei Personen in einer Gottheit und ein Gott in drei Personen geehret werde.

Wer nu will selig werden, der muß also von den drei Personen in Gott halten.
35 Es ist aber auch not zur ewigen Seligkeit, daß man treulich gleube, daß Jesus Christus unser Herr sei wahrhaftiger Mensch.
So ist nu dies der rechte Glaube, so wir 40 gleuben und bekennen, daß unser HErr Jesus Christus Gottes Sohn, Gott und Mensch ist:
Gott ist er aus des Vaters Natur vor der Welt geborn, Mensch ist er aus der Mutter 45 Natur in der Welt geborn.
Ein vollkommener Gott, ein vollkommener Mensch mit vernünftiger Seelen und menschlichem Leibe;
Gleich ist er dem Vater nach der Gottheit, 50 kleiner ist er, denn der Vater, nach der Menschheit,

M 31
W 13

1/2 et spiritus *l**   3 unus + est *l**   5 ita + et C   6 et spiritus M *l**   8/9 unus Dominus B unus Dominus est C   unus est Dominus M *l*   11 et (*1*) > *l*   13 aut tres Dominos M | dici *l*   15 est > C   17 non] nec C   19 non] nec C   20/1 procedens] + patri et filio coaeternus est B   22 unus(*1*)] + est M   23 tres > *l**   25 et > C, in hac enim M*   26 nihil + est M   31 trinitas in unitate > M   31/2 et unitas in trinitate et trinitas in unitate *l*   39 et] ut M   41/2 et Deus pariter et homo B C M] deus et homo *l*   43/4 est *bis* est > M*   45 natus] genitus C   46 perfectus Deus *steht hinter* 49 aequalis patri C   47 rationali *l*   50 patri M *l* | minor patre secundum humanitatem > C

32	Qui licet Deus sit et homo, non duo tamen, sed unus est Christus.	Und wiewohl er Gott und Mensch ist, so ist er doch nicht zween, sondern ein Christus,
33	Unus autem non conversione divinitatis in carne, sed adsumptione humanitatis in Deo.	Einer, nicht daß die Gottheit in die Menschheit verwandelt sei sondern daß die Gottheit hat die Menschheit an sich genommen,
34	Unus omnino non confusione substantiae, sed unitate personae.	Ja, einer ist er, nicht daß die zwo Natur vermenget sind, sondern daß er ein einige Person ist.
35	Nam sicut anima rationabilis et caro unus est homo, ita Deus et homo unus est Christus.	Denn gleichwie Leib und Seel ein Mensch ist, so ist Gott und Mensch ein Christus,
36	Qui passus est pro salute nostra, descendit ad inferos, surrexit a mortuis,	Welcher gelitten hat umb unser Seligkeit willen, zur Höllen gefahren, am dritten Tage auferstanden von den Todten,
37	ascendit ad caelos, sedit ad dexteram patris, inde venturus iudicare vivos et mortuos,	Aufgefahren gen Himmel, sitzet zur Rechten Gottes des allmächtigen Vaters, Von dannen er kommen wird zu richten die Lebendigen und die Todten
38	¹ad cuius adventum omnes homines resurgere habent cum corporibus suis et reddituri sunt de factis propriis rationem:	¹Und zu seiner Zukunft müssen alle Menschen auferstehen mit ihren eigen Leiben, Und müssen Rechenschaft geben, was sie gethan haben,
39	Et qui bona egerunt, ibunt in vitam aeternam, qui mala, in ignem aeternum.	Und welche gutes gethan haben, werden ins ewige Leben gehen; welche aber böses gethan, ins ewige Feur.
40	Haec est fides catholica, quam nisi quisque fideliter firmiterque crediderit, salvus esse non poterit.	Das ist der rechte christliche Glaube; wer denselben nicht fest und treulich gleubt, der kann nicht selig werden.

(M 32, W 14 at line 38)

---

1 qui] quia M | non tamen duo C M   2 Christus] Deus C M*   3 non > M | conversatione B* C M*   4/5 in carne *bis* in deo B C M] in carnem *bis* in deo *l*   in carnem *bis* in deum *alii codd.*   7 non] in M²   8 unitate > *l**   10 rationalis C *l*   12 est > C   14 inferna C* | surrexit B   resurrexit C *l*   et resurrexit M   16 in caelos M   17 patris B C] dei patris omnipotentis M *l* | venturus] + est C   et] ac B   20/1 habent resurgere omnes homines C M   21 cum] in B   25 qui mala B C] nam qui mala M   et qui mala *l*   qui vero mala *alii codd.*   28 quis C M

II.

Die Augsburgische Konfession.

Confessio oder Bekanntnus des Glaubens etlicher Fürsten und Städte uberantwort Kaiserlicher Majestat zu Augsburg
Anno 1530.

Confessio fidei

exhibita invictissimo Imperatori Carolo V. Caesari Augusto
in comitiis Augustae
Anno MDXXX.

Psalm. 119.
Et loquebar de testimoniis tuis in conspectu regum
et non confundebar.

Beide Titel nach Ed. pr. Soweit die deutschen Handschriften Aufschriften haben,
weichen sie stark voneinander ab. Der lat. Titel findet sich wesentlich gleich-
lautend in A D F H M 2 N. Die Psalmstelle auch deutsch F. Danach haben F H
noch die Bemerkung: Sabbato post Johannis Baptistae a prandio recitata.
Die Psalmstelle stammt wohl aus Luthers offenem Brief an Kardinal Albrecht
von Mainz vom 6. Juli 1530 (WA XXX 2, 398_{16}). Am gleichen Tage schrieb
Luther an Cordatus: Impletur illud: 'Loquebar de testimoniis tuis in conspectu
regum', implebitur et id, quod sequitur: 'Et non confundebar' (WABr V 442_{14}).

Abkürzungen:

Deutscher Text.

A 1* = 1. Ansbacher Abschrift im Staatsarchiv Nürnberg (Ansbach. Religionsakten tom. XV, f. 18—26).

A 2* = 2. Ansbacher Abschrift ebenda f. 58—102.

Au = Stadtarchiv Augsburg (Literaliensammlung 1530 Nachtrag ad 3).

D 1* = 1. Abschrift im Hauptstaatsarchiv Dresden (10 182 Augspurg. Handlung ... anno 1530, f. 90—145).

D 2* = 2. Abschrift ebenda f. 14—59.

E = Ehemals Familienbesitz v. Einsiedel (1954 verkauft).

H = Staatsarchiv Hannover (Z 11, f. 1—53).

Ja* = Entwurf Melanchthons zur Vorrede, Universitätsbibliothek Jena (Cod. Bud. fol. 2).

K = Generallandesarchiv Karlsruhe (G.St.A. V Reichssachen, Fasz. 34, III. Teil, f. 1—36).

L = Stadtarchiv Lindau.

Lü = Staatsarchiv Lübeck (Senatsakten, Kath. Religion Vol. I, fasc. 11 Acta die Übergabe der Augsburgischen Confession betr., f. 2—31).

M* = Staatsarchiv Marburg (Reichstag zu Augsburg 1530 II, f. 58—113).

Marb. = Marburger Artikel.

Me = Stadtarchiv Memmingen, Reichstag zu Augsburg 1530. Fasc. II, XIX, III, 4.

Mz* = Mainzer Abschrift im Haus-, Hof- und Staatsarchiv Wien (Mainzer Erzkanzleiarchiv, Reichstagsakten Fasz. 5/II: Handlung zu Augspurg anno MDXXX der Religion und Glaubens halber, f. 21—51).

N 1* = v. Scheurlsche Familienbibliothek Nürnberg Nr. 242 (267).

N 2* = Staatsarchiv Nürnberg (SIR 3/1 L 196 Nr. 3).

Na. = s. unter den lat. Handschriften

Nö = Stadtarchiv Nördlingen.

R = Stadtarchiv Reutlingen.

Ra = Stadtarchiv Ravensburg.

Schwab. = Schwabacher Artikel (s. dazu u. S. 52 Anm. 1)

Sp* = Spalatins Abschrift im Staatsarchiv Weimar (Reg. E. Fol. 37, Nr. 1, f. 32—62).

Torg. = Torgauer Artikel.

W* = Staatsarchiv Würzburg (Reichshandlungen de anno 1530 Nr. 14: Nebenhandlung und Ratschlag uffm Reichstag zu Augspurg 1530, f. 42—94).

Wa* = Entwurf Melanchthons zur Vorrede im Staatsarchiv Weimar (Reg.-E. Fol. 37 Nr. 2, f. 44ff.). Abschrift in Cod. Jen. Bud. fol. 2 (vgl. Ja).

Z = Staatsarchiv Zerbst (Ges.Arch. Vol. VI, folio 239 Nr. 1105).

Ed. pr. = Melanchthons Editio princeps Wittenberg 1531 (CR 26, 234ff.).

Konk* = deutsches Konkordienbuch (Dresden 1580).

Lateinischer Text.

A* = Ansbacher Abschrift im Staatsarchiv Nürnberg (im gleichen Aktenbande wie A 1 und A 2, f. 110—129).
Au = Stadtarchiv Augsburg (Literaliensammlung 1530 Nr. 4).
D* = Staatsarchiv Dresden (vgl. D 1 und D 2, f. 60—88), von der Hand Spalatins.
De = Dessauer Abschrift im Staatsarchiv Zerbst (Ges. Arch. V, f. 259, f. 105—133).
F* = Abschrift aus dem Besitz des Hochstifts Freising im Hauptstaatsarchiv München (Hochstift Freising, Kasten blau Nr. 220/4).
F 1 = Hauptstaatsarchiv München (Hochstift Freising, Kasten blau Nr. 200/11, von demselben Schreiber, Abschrift von F).
H = Staatsarchiv Hannover (in dems. Bande wie h f. 1—32).
Hü* = Bonifatiuskloster Hünfeld.
K* = Generallandesarchiv Karlsruhe (vgl. K, f. 37—52; aus dem Besitz des Bischofs von Straßburg).
M 1* = 1. Abschrift im Staatsarchiv Marburg (im gleichen Bande wie M, f. 40—46).
M 2* = 2. Abschrift ebenda f. 2—39.
N* = Staatsarchiv Nürnberg (SIR 3/1 L 190 Nr. 2).
Na* = deutsche Übersetzung einer frühen lat. Form der Augustana im Staatsarchiv Nürnberg (SIL 68 Nr. 6).
R* = Abschrift aus dem Besitz des Hochstifts Regensburg in der Universitätsbibliothek München (Cod. germ. 5920, f. 165—183).
S* = Archiv der Landesregierung Salzburg (Hoff. Consist. 1530/9, S.)
V* = Vatikanisches Archiv Rom Arm. I. tom. 2. f. 93.
W* = Staatsarchiv Würzburg (vgl. W, f. 5—38).
Ed. ant. = Editio antiquior (vor Ed. pr.), vgl. CR 26, 231.
Ed. pr. = Melanchthons Editio princeps 1531. Vgl. S. 44.
Fabr. = Andreas Fabricius Leodius, Harmonia Confessionis Augustanae. 1573 (kollationiert bei Förstemann I 470ff., danach CR 26, 263ff.).
Var. = Ed. 1540 (Variata), vgl. S. XX Anm. 11.
Conc* = lat. Konkordienbuch (Leipzig 1584). Vgl. S. 44.
Conf = Entwurf zur Konfutation der Augustana nach der ältesten (bei Ficker, Die Konfutation des Augsb. Bekenntnisses 1891 fehlenden) Handschrift im Vatikan. Archiv (Arm. 64, tom. 13, f. 5—83).

Nur die im kritischen Apparat verwendeten Augustana=Handschriften werden hier aufgeführt. Ein Verzeichnis der bis 1901 bekannt gewordenen Handschriften gibt P. Tschackert, Die unveränderte Augsburgische Konfession. Krit. Ausgabe 1901, S. 10—48. Über die seither gefundenen s. o. S. XIX f. Die Handschriften, deren Lesungen, abgesehen von unwesentlichen Besonderheiten, vollständig mitgeteilt werden, sind mit * versehen. Für abgekürzt zit. Literatur vgl. das Verzeichnis S. XX f.

Melanchthons Entwürfe zur Vorrede[1].

I.[2]

Dieweil die Kaiserliche Majestat unser aller genädigster Herr in nächstem Ihrer Majestat Ausschreiben dieses angesetzten gemeinen Reichstags sich gegen Kurfürsten, Fürsten und
5 allen andern Ständen des Reichs genädiglich erboten, in Sachen die christlich Religion belangend eins izlichen Gutbedünken, Opinion und Meinung zwuschen ihnen selbs in Liebe und Gutigkeit zu horen[3], so wolle Ihre Majestat genädiglich untertänigen Bericht anhoren und vernehmen, der Lehre und Kirchenbräuche halben, so in des Kurfürsten zu Sachsen Landen und Gebieten gefürt und gehalten werden, auch wie diese Sachen allent=
10 halben gelegen, worauf der Grund gemeldter Lehre und Kirchenbräuche ruhet.

Dann also haben vor alters die vorigen romischen Kaiser, als Constantinus, Theodosius, Carolus Magnus, Heinricus der ander in gleichen Sachen, die Religion und den christlichen Glauben belangend, auch getan und die Handel und Pakt nach Notdurft allenthalb genädiglich gehort, damit sie in so hochen Sachen, die Seele und Gewissen beruhrend,
15 nicht wider Gott handelten.

So vermahnet auch der heilig Geist im andern Psalm, die Konig, Fursten, Potentaten und Herrn auf Erden, und weiset sie alle zu Christo, dem hochsten einigen Konig, das Euangelium zu horen, und sollen sich solcher Vermahnung, so am jungsten Tag wird am Licht stehen, mit herzlichem Ernst annehmen. Dann also spricht der Psalm: "So seid   Ps.2,10.
20 nun klug und laßt euch zuchtigen, ihr Herrn und Richter auf Erden, daß ihr horet den Christum, das Euangelium etc." Item es sagt der XLVII. Psalm: "Die Fursten unter den   Ps. 47, 10.
Volkern seind versammlet zu einem Volk dem Gott Abraham, wann sich die Beschutzer der Erden zu Gott tun." So zeiget der Prophet an, daß dann der recht Ehre Gottes, der rechte, hoche, wahre Gottsdienst gemehret und erhalten wirdet, wann Konig und Fursten
25 gottfurchtig seind und die rechte, reine, christliche Lehre in der Kirchen erhalten. Darumb werden sie auch Beschützer der Erden genennet, daß ihnen Gott aufgelegt, die Frommen und Gottfurchtigen in treulichem Schutz und Schirm zu haben.

Nachdem nun Kaiserliche Majestat unter allen romischen Kaisern, so je gewesen, der gewaltigsten einer seind und von hochadeliger kaiserlicher Tugend, loblichem Gerücht,
30 und Namen nicht weniger beruhmbt dann Constantinus, Theodosius, Carolus, Heinricus der ander, so werden Ihr Majestat daran gar loblich christlich und kaiserlich handeln, so sie in solchen Sachen der christlichen Religion dem kaiserlichen Ausschreiben nach in Liebe und Gutigkeit dermaßen Voreinigung zu machen trachten werden.

Auf daß alle Sachen der Religion nach der gottlichen Schrift und der Wahrheit christ=
35 licher Religion aus derselben geschepft und erforscht werde, nicht aus Menschen Satzungen, altem Herkommen, Gebräuchen ader Gewohnheiten, welche, ob sie wohl in Welthändeln, zeitlich Gut und dergleichen belangend, statthaben, mugen sie doch in Sachen des Glau=

---

10 ruhet] folgen einige durch Streichung unleserlich gemachte Worte   11 *a. R.* von späterer Hand: NB. Keißer haben in Religionssachen die Partheyen gehört.   25 seind] von and. Hand gestr.

---

[1] Vgl. darüber die Einleitung S. XVII.   [2] Ja. Die folgende, vermutlich in Koburg abgefaßte Vorrede ist zuerst gedruckt von B. Willkomm ARG 9 (1912), S. 251—257; neu verglichen von Herrn Dr. Volz. Die Abschrift von Schreiberhand ist von dem Kanzler Brück korrigiert. Aufschrift: Supplikation und Erklärung des Kurfürsten zu Sachsen an Kai. Mt., woher die Lehr, so zu ihr Kurf. Gnaden Landen gepredigt, rühre und wovon sich dieselbige verursacht, mit Pitt, solche Sachen gnädigst zu beherzigen, das Recht und die wahre Lehr zu schützen und die falsche abzuschaffen u. s.   [3] Wörtlich nach dem kaiserlichen Ausschreiben vom 21. Jan. 1530. Förstemann, Urkundenbuch I, 8.

bens nicht furdrucken noch haften,¹ wie dann die Wort Augustini und Gregorii dasselb
anzeigen, so im Decret VIII. dist. in c. Veritate manifestata und c. Si consuetudinem
angezogen sein², do sie bezeugen, daß in solchen Sachen des Glaubens, wann die Wahrheit geoffenbart wirdet, alle Gewohnheiten, so dawider gehalten sein worden, weichen
mussen, wie alt und langwerig die gestanden sein, und bewähret Gregorius dasselb mit
dem Spruch Jo. am XIV, do er sagt: „Ich bin der Wege, die Wahrheit, und das Leben";
spricht nicht (sagt Sant Gregorius): Ich bin ein Gewohnheit, sondern die Wahrheit.
Dann daß gleichwohl zu Zeiten Mißbräuche wider die Schrift, auch vor den Zeiten
gemeldter Väter in der Kirchen eingewurzelt seind, zeigen beruhrte ihre Wort genuglich
und klar an. Dann wo dieselbigen also auch, daß sie vor ein Gewohnheit und hergebracht
Recht haben angezogen wollen werden, nicht eingewurzelt, hätten sie nicht dawider disputiern oder dieselbigen mit solchen und mehr Worten anfechten durfen. Und weil nun
bald nach der ersten Kirchen der Feind der Wahrheit nicht gefeiert, sondern solchen Samen
des Mißbrauchs mit eingestrauet hat, als das gedachter Väter Wort und sonderlich des
heiligen, furtrefflichen gelehrten Bischofs und Märterers Cipriani, so Gregorius an ge-
meldten Ort darzu auch einfuhret³, anzeigen, wie viel mehr ist zu achten, daß er solchen
boßen Samen der Mißbräuche, nun in den letzern fährlichen Gezeiten, do eigennutzige
Leute auffstehen wurden, als der heilig Apostel Sant Paul dasselb klärlich anzeigt, unter
so viel und mancherlei Orden, Sekten und Trennungen zu trauen, nicht wirdet unterlassen noch darbei gefeiert haben. Dann Sant Bernhard⁴ hat bei seinen Zeiten bereit, wie
er die Kirche mit ihrem Wesen und Bräuchen angesehen, daruber geklagt, warnet und
besorget sich, daß aus denselben Mißbräuchen endlich nichts anders dann der Greul, davon Christus gesagt, erfolgen wurde.

So gebeut auch der Babst Innocenz der dritte⁵ den Prälaten, daß sie nicht gestatten sollen,
die Leute, so in ihre Kirchen kommen, mit mancherlei Figmenten und Ertichtungen noch
falschen Lehren betriegen zu lassen, wie dann an vielen Örten umb Genieß oder Nutzes
halben zu geschehn pflegte (spricht er), aus welchem Bapst Innocencii Gezeugnus genugsam zu vernehmen ist, mit was Betrug und falschen Lehren auch zu der Zeit der Teufel
bereit umbgangen und in den Gottsdienst und Lehre zu bringen unterstanden.

Darzu wissen die Kaiserliche Majestat sich gnädiglich zu erinnern, wie und was
mancherleihand Mißbrauch auf Ihrer Majestat erst gehaltenem Reichstag zu Wormbs
auf Ihrer Majestat gnädige Zulassung zusammengetragen und ubergeben worden⁶.

Auch hat Bapst Adrianus der nächst durch einen Legaten auf vorgangenem Reichstag
zu Nurmberg von solchen Mißbräuchen Meldung tun lassen mit Erbietung, dieselbigen
mit der Hulf des Allmächtigen zu andern und bessern⁷.

II.⁸

Männiglich weiß, daß viel großer und schädlicher Mißbräuch in der Kirchen, christliche Lahr und ander geistliche Sachen belangend, lange Zeit gewesen. Daruber viel hoher
und trefflicher Leut vor dieser Zeit sehr geklaget haben, wie sich Kaiserliche Majestat
gnädiglich wird wissen zu erinnern, daß zu Worms auf Ihr Majestat gehaltem Reichstag
solcher Mißbräuch viel zusammengetragen und Ihr Majestat von Ständen zugstallt sind
so hat nachmals Bapst Adrianus durch ein Legaten für des Reichs Ständen zu Noriberg

---

1) haften korr. in halten   16 ist] *a. R.*

¹) entscheidend und bindend sein. Grimm, XII, II, 990. Dtsch. Rechtswörterb. IV, 1413.
²) Decr. Grat. I, dist. VIII. c. 4. 5. Augustin, De baptismo contra Donatistas III, 6.
MSL 43, 143. CSEL 51, 203. Gregor VII. an Wimund von Aversa, Jaffé, Regesta pont.
Rom 3977 (unecht) ³) Kein Wort Cyprians, sondern des Bischofs Libosus von Vaga
auf der Synode von Karthago 256, als das es auch Augustin zitiert. Opp. Cypr. Sent.
episc. 30. CSEL III, 1, S. 448. ⁴) Bernhard v. Clairvaux, De consideratione I, 10.
III, 2, 8. MSL 182, 740 f., 762. In Cant Sermo 33, 15 f. MSL 183, 958 f. ⁵) Conc.
Lat. IV. (1215), 62. Mansi 22, 1050. Decr. Greg. IX. III, 45, 2. ⁶) Die Beschwerden
der deutschen Nation. Deutsche Reichstagsakten. Jüngere Reihe II, 661—718. ⁷) Instruktion Hadrians VI. (1522—23) für den Legaten Chieregati zum Nürnberger Reichstag 1522. Reichstagsakten III 397 f. ⁸) Wa. Fragment von Melanchthons eigener Hand,
gedruckt bei Förstemann I, 109—112. CR 2, 62 f.   ARG 9 (1912), S. 333 ff., abgedruckt
nach Förstemann. Aufschrift von anderer Hand. Bedenken der Gelehrten der Mißbräuch
halb in der christlichen Kirchen. 1530. Augsburg. Ein + vor dem ersten Wort kennzeichnet
das Stück als Einschub oder Nachtrag. Moeller ARG 57, 1966 77 ff. datiert Wa vor Ja.

Joh. 14, 6.

2. Tim. 3, 1 ff.

Matth. 24, 15.

Melanchthons Entwürfe zur Vorrede. 37

Und solchs wirdet zu untertänigster Erinnerung kaiserlicher Majestät darumb angezeigt, daß sich Ihre Majestät durch niemands wolle bereden oder bewegen lassen, als sie auch ahne Zweifel nicht tun werde, als ob kein Mißbrauche in der Kirchen der Lehren und Ceremonien halben, die wider Gott und die Schrifte, vorhanden sein mochten.

5 Und wiewohl solche Mißbräuche von einem zu dem andern Kaiserlicher Majestät itzt alsbald konnten namhaftig angezeigt und erzählet werden, so wirdets doch zu unterlassen bedacht, daß die Kaiserliche Majestät hernach stuckweis sehen und vornehmen werden, was in des Kurfürsten zu Sachsen Landen gelehrt und geprediget, auch wie es mit den Cerimonien und Sakramenten gehalten wirdet[1]. Aus welchem Ihre Kaiserliche Majestät
10 und männiglicher, dem dieser Handel furkumbt, leichtlich zu verstehen haben, was dargegen die Mißbräuche gewesen, die dardurch gefallen und sich abgelaint[2] haben.

Aber domit gleichwohl die Kaiserliche Majestat Herruhrung der Lehr, so in des Kurfursten zu Sachsen Landen gefuhrt wirdet, und Ablainung der mißbräuchlichen Ceremonien, wo von sich dieselbige notwendig verursacht, Bericht entpfahen mugen, so ist jeder-
15 mann, sonderlich in deutscher Nation, wissentlich, daß man fast an allen Örten wenig von den Hauptstucken christlichs Glaubens geprediget und gelehrt, sondern dem Volk viel schädlicher auch unnotiger Lehren anstatt Gottes Wort furgetragen hat. Und insonderheit von Indulgentien[3], davon je zu Zeiten die Quästorn[4], so darzu verordnet worden, also gar ungöttlich und unschicklich vor dem Volk geredt, daß dormit Ursach gegeben ist worden
20 von denselbigen und dergleichen falschen Lehren, die zu Verführung des Volks einwachsen wollten, zu reden und disputieren. Dann unter andern ihren unschandbaren Furgebungen dorfen etlich offentlich auf der Kanzel sagen und ausschreien, wann das Geld ins Becken fiel, so fuhr die Seel, dafür das Geld eingeworfen, alsbald gein Himmel[5]. Darum hat sich geburt die Leute von solchen Sachen christlich zu unterrichten, dann wann man gleich
25 darzu länger zu Verführung des einfältigen Volks stiller geschwiegen, hätten doch solche offentliche Gotteslästerung ⟨muffen fallen⟩ und darneben auch die wahre christliche Religion in Verachtung komen müssen, so Gott aus Genaden und Barmherzigkeit darwider nicht

Meldung davon ton lassen und vertröst, gedachte Mißbräuch, soviel möglich zu ändern und zu bessern.

30 Und ist unter andern Mißbräuchen der furnehmst gewesen, daß man fast in allen Schulen, Klöstern und Kirchen wenig von Hauptstucken christliches Glaubens geprediget und gelahrt hat, sonder dem Volk viel schädlicher Lahr furtragen von falschen Gottesdienst, dadurch die Gewissen hoch und sehr beschwert worden, und wurden menschliche Satzungen, Orden, Heiligendienst, Wallfahrten, Indulgentien und ander unnötige und
35 untuchtige Ding mehr und heftiger getrieben zu Verderbung der Seelen, denn was das Euangelium lehret, die Gewissen zu trösten. Dazu wurden täglich neue Mißbräuch umbs Genieß willen, neue Stiftungen, neue Mißbräuch der Messe, neue Heilgen und andere erdacht, und übeten die Mönch solch Tyrannei, daß nicht allein geringe Leut, sondern auch Bischöfe und andere Prälaten darzu mußten stiller schweigen, dadurch der groß Un-
40 will erstlich wider die Mönch in viel Leuten erwachsen. Denn man weiß, wie sich die Sachen von den Indulgentien erstlich zugetragen haben, welche Ursach geben von allerlei Mißbräuchen zu reden. Denn da man solch unchristlich Ding lehret, wenn das Geld ins Becken fiel, so führe die Seel gen Himel, und ander unschickliche Rede viel nicht allein zuwider gottlichem Wort, sondern auch Bäpstlichen Rechten, hat sich gebuhret, daß Pfarr-
45 ner und Prediger die Leut von solchen Sachen unterrichten, denn obschon davon kein christlicher Unterricht weiter geschehen wäre, hätten solch öffentliche Lugen doch müssen

---

14/5 jedermann [firderlich]   23 Seel [als]   26 mussen fallen > Ja, aus Wa (s. u. Z. 46) zu erschließen.

30 unter bis Mißbräuchen] korr. aus [unter anderm bösen Ärgernis]   36 lehret + [zu Trost]   38 erdacht] a. R. [daß christliche Religion nicht viel andere Gestalt hatte denn heidnische Religion mit so viel Heilgen und Göttern und Bauchgott.]   45 obschon] korr. aus [so]

---

[1]) vgl. unten S. 39 Anm. 1.   [2]) abgestellt worden sind.   [3]) Ablässe.   [4]) Ablaßkommissare.   [5]) Der Spruch ist in den erhaltenen Bruchstücken von Tetzels Ablaßpredigten nicht nachzuweisen, dem Sinne nach aber zweifellos von ihm gepredigt worden. N. Paulus, Joh. Tetzel, 1899, S. 138ff. u. Luthers 27. These WA I, 234 $_{29}$.

beständige und rechte wahrhaftige Lehre geben hätte. Als sich aber nun etliche aus Gedrängnus ihrer Gewissen wider solch ungeschickt Predigen und Ausschreien von Indulgentien gelegt, haben die Widersacher und ihre Anhänger, so solche ungegrundte und lästerliche Lehre, die sie von den Indulgentien, als obstehet, getrieben, vortedingen und vorsechten wollen, wie männiglichen im Reich bewußt ist, aufs härtest mit Schreiben und Schreien von den Kanzeln darwider gedrungen und sich zu vorigen ihren unschambaren Furgebungen noch mehr ungegrundter Ding zu erhalten unterstanden, daß man auf diesem Teil hat Grund und Ursachen der beschehen christlichen Unterrichtungen wider solche gefuhrte falsche Lehre von unmeidlicher Not wegen an Tag geben und das Volk mit Anzeig gottlicher heiliger Schrift darwider unterrichten mussen, wie man Genad und Vorgebung der Sunden erlangen und die Gewissen durch Glauben an Christum trösten sollt, das allen Christen zu wissen not ist. Daraus dann hat folgen mussen, dieweil man dodurch gedrungen ist worden vom Grunde ihrer unschicklichen Lehr zu reden, so hat aus Anzeigung der gegrundeten Wahrheit ein Mißbrauch nach dem andern auch fallen, und so einer durch beständigen Grund abgelaint, hat der ander und aber ein ander, so darauf hat wollen gewidembt¹ werden, auch fallen mussen, als wie mit einem Gebäude, do der Grund, darauf es gefaßt, wandelbar und nicht beständig ist. Die Prälaten haben beruhrte ungeschickte Predigen und Schreiben hingehen lassen und dorinnen, als sich wohl gebuhrt hätte, nicht gesehen, daß die Sachen mit Schriften soweit getrieben worden, daß viel redlicher und gelehrter Leute, welche die ergangen beider Part Schreiben gegeneinander erwogen und gesehen, diesem Teil und ihrer Lahr haben Zufall geben und dieselb vor christlich und gut achten und halten mussen, nämlich daß auf diesem Teil von dem Stuck, wie man Genad und Vorgebung der Sunde erlangen soll, recht gelehrt und der Widersacher Furgeben ungegrundt und unrecht, ja wider die helle gottliche Schrift erdicht wäre. So kann auch kaiserliche Majestat genädiglich bedenken, daß denjenigen, denen Gott Genade des Vorstands gottlicher Schrift vorliehen, nicht hat gebuhren wollen ahn Unterlaß darzu stiller zu schweigen und das christlich Volk mit solchen ertichten und ärgerlichen Lehren ahn Unterlaß vorfuhren zu lassen und das Gezeugnus der erkannten Wahrheit zu vorbergen aber vorhalten. Dann wie Sant Chrisostomus sagt, des Wort XI. q. III. c. Nolite timere referiert werden², so soll niemands um menschlicher Forcht willen unterlassen, daß er die Wahrheit nicht frei bekenne. Dann nicht allein ist das ein falscher Gezeuge, der anstatt der Wahrheit Lugen redet, sundern auch der, der die Wahrheit nicht frei bekennen tut aber dieselbige nicht vortedingt, ist auch ein falscher Gezeuge. Bewähret
Röm.10, solchs durch den Spruch Sant Paulus zu den Romern: „Mit dem Herzen glauben wir
10. zu der Gerechtigkeit, aber mit dem Munde bekennen wir zu der Seligkeit." Dorzu hat sich

fallen, und wäre christlich Religion in Verachtung kommen, so Gott nicht rechte und beständige Lahr dagegen geben hätte. Als nu Luther dieses ungeschickt Predigen und Ausschreiben von Indulgentien, wie er schuldig gewesen, mit einer kurzen lateinischen Predigt gestraft hat³, und doch Bäpstlicher Gewalt allenthalb mit allem Fleiß verschonet, haben die Widersacher so hart uf ihn gedrungen mit lateinischen und teutschen Schmähschriften, daß er seiner Meinung Grund und Ursach hatt mussen anzeigen⁴. Darin er von vielen großen und wichtigen Sachen solchen Bericht getan, wie man die Gewissen durch Glauben an Christum trösten solle, daß viel gelahrter und redlicher Leut sein Lahr fur christlich und nötige gehalten und befunden, daß man zuvor viel falscher und unrechter Lahr von diesem Stuck, wie man Gnad und Vergebung der Sund erlangen soll, geprediget und geschrieben hat, so doch dieses Stuck in der Christenheit die furnehmist Predig und Lahr

---

6 unschambaren *korr. aus* unschantbaren.   10 unterrichten [mugen]   18 Predigen
— Schreiben] *korr. aus* Prediger — Schreiber

36/7 so Gott *bis* hätte *korr. aus* [so nicht *bis* ausgereicht wäre].   43 christlich[er]

---

¹) begründet   ²) Decr. Grat. II, 11. qu. III c. 86. Decr. Grat. II. C. 11. q. 3. c. 86. Ps. Chrysostomus Op. imperf. in Matth. 25. MSG 56, 761 f.   ³) Disputatio pro declaratione virtutis indulgentiarum (die 95 Thesen) WA I 229 ff.   ⁴) Gegenthesen von Wimpina-Tetzel (N. Paulus, Joh. Tetzel S. 170 ff.), der Dialog des Prierias (E. A. op. v. a. I, 341 ff.), Ecks Obelisci (WA IX 770 ff.); Luthers Asterisci 1518. Resolutiones disputationum de indulgentiarum virtute 1518 (WA I 278 ff., 522 ff.). Vgl. W. Köhler, Luthers 95 Thesen, 1903.

auch kein Ärgernuße wollen ansehen noch scheuen laßen, daß darumb die Wahrheit wider die offentliche Unwahrheit nicht sollt an Tag geben werden. Dann Kaiserliche Majestat wißen, daß es nutzlicher ist, in Sachen des Glaubens Ärgernus zu entstehen und erwachsen laßen, dann daß umb Ärgernus willen die Wahrheit vorschwiegen und vordruckt
5 sollt pleiben.

Daß aber nun auch die Widerpartei schon dieser Lehre und den Predigern derselben gern aufflegen wolllten, als wurden alle gute Ordnung, Cerimonien und gottselige nutzliche Kirchenbräuche doburch zurüttet und niedergelegt, auch wie sie unerfindlich reden durfen, gute Werk verboten, so wirdet Kaiserliche Majestat aus nachverzeichneten Be-
10 richten und den Artikeln beruhrter Lehre[1] spuren, wie es sich umb die Kirchenbräuche, Cerimonien und anders in des Kurfursten zu Sachsen Landen halten ist, auch was allenthalben dorinne gelehrt wirdet, und ob rechtschaffene christliche Werk und Ordnungen oder anders, das gottselig ist, niedergelegt, vorworfen und zuruttet werde oder nicht, und daß solche der Widerpart Angeben ein unnotdurftige und unerfindliche, unbillige Auflag ist,
15 dann diese Lahr ist garnicht dohin gericht.

III.[2]

Nachdem von dem Kurf. zu Sachsen darumb, daß sein Gnad etliche wenig Mißbrauch in der Kirchenordnung zu beßern zugelaßen und gestatt hat, von männiglich viel und mancherlei geredt und geurteilt wird, hat sein K. Gn. ihr hochste Hoffnung und Zuver-
20 sicht nach Gott uf Kais. Mt. Milde und Gutigkeit, welche ihrer Majestat bisher bei männiglich nit weniger dann die gewaltig Erlegung ihrer Feind ruhmlich und ehrlich geweßt ist. Und wiewohl hievor dergleichen Sieg kein Kaiser gegen seinen Feinden je gehabt, ist doch in solchem nichs ehrlicher und loblicher, dann daß Ihr Mjt. hierin nit ander dann gemeinen Frieden in ganzer Europen gesucht hat. Es ist auch einig Hoffart, Uber-
25 mut oder Blutgierkeit hierin nie gespurt worden. Wie dann Ihr Mjt. in diesen häßige Handlungen, so sich aus Mißhellung gemeiner Religion und Glaubens zugetragen, ihr Miltigkeit augenscheinlich erzeigt, daß sie sich solche Zwiespaltung gnädiglich zu horen und zu bewegen verfangen hat. Daraus je Ihrer Mt. kein Blutdurstigkeit zugelaßt werden mag, dieweil sie uns wider etlicher Meinung zu Verhorung der Sachen also
30 gnädiglich hat kommen laßen. Und ist hierumb des Kurfursten von Sachsen undertänig Bitt, Kai. Mjt. wollt sich erstlich zu keiner Ungnaden oder Verdacht gegen ihme be-

sein soll von der Gnade Christi. So hat auch Luther erstlich keine andere Mißbräuch anruhret, sondern allein dieses Hauptstuck getrieben, welchs furnehmlich not ist zu wißen allen Christen. Aber die Widersacher haben nicht abgelaßen, sondern fur und fur widern
35 Luther mit Zitiern[3] Bannen[4] und unschicklichen Schriften gefochten und viel mehr Mißbräuch erregt und durch ihr eigene Unschicklichkeit ihnen selbs einen solchen Abfall gemacht, daß Anderung an viel Orten gefolget, darinnen sich doch Luther also gehalten, daß er untuchtige Lahr und unnötige Anderung uf das heftigest gewehret hat. Denn es haben auch vor Luthern etliche andere nicht allein der Geistlichen Leben, sonder viel
40 Dogmata angefochten, daraus viel großer Unlust gefolget wäre, so Luther nicht gewehret hätte.

---

1 scheuen *korr. aus* ansehen   3 wißen] + männiglicher Weis *von Brücks Hand a. R.*
14 und] + sonderlich *a. R. von Brücks Hand*

32 von bis Christi *korr. aus* [von Verdienst Christi und der Gnade]   32/3 anruhret] *korr. aus* [wollen anruhren]   34 Aber *statt* [und nicht]   35 Zitiern *statt* [Bullen] mehr *statt* [andere]   36 Unschicklichkeit + [mit gemeinem]

---

[1]) Demnach sollten eine Aufstellung nach Art der Torgauer Artikel (s. u. S. 85ff.) und Glaubensartikel folgen.   [2]) Na. Vorrede zu der lateinischen Rezension der Augustana die die Nürnberger Gesandten am 31. Mai erhielten und am 3. Juni nach Nürnberg schickten. Sie ist nur in der Übersetzung von Hier. Baumgartner erhalten, wurde von K. Schornbaum entdeckt und von Th. Kolde veröffentlicht (Die älteste Redaktion der Augsburger Konfession 1906); danach der obige Text mit Auswahl der Verbeßerungen in der Handschrift.   [3]) Vorladung nach Rom, die Luther am 7. Aug. 1518 erhielt.
[4]) Verdammungsbulle Exsurge domine vom 15. Juni 1520. Mirbt, Quellen[4], 257ff. Bannbulle Decet romanum pontificem vom 3. Jan. 1521. Bullarium Romanum V 761ff.

wegen laſſen und nachfolgend die Sachen dermaßen verhören und bewegen, daß daraus
die Ehr Gottes gefurdert und gemeiner Fried erhalten und gehandhabt werd, welches
der Kurfurſt von Sachſen nit allein in Anſehung ſeins Alters, ſonder auch von wegen
der Gefahr, ſo jedermann hierin zu gewarten hat, zum höchſten begierlich iſt. Gott wölle
Kai. Mjt., die Chriſtenheit in Einikeit zu bringen, mit gleichen Gnaden erſcheinen, wie
hievor in andern Sachen geſchehen iſt. Dann auch Ihr Mjt. Gott nichts Angenehmers
noch ihr ſelbs Ehrlichers und Ruhmlichers zu ewigen Zeiten handeln mocht, denn wo ſie
ihr Macht und Gewalt zu Erörterung dieſer Sachen und Vereinigung der Chriſtenheit
gebraucht.

Darzu Ihr Mjt. auch verurſachen ſollen die Exempel der hochloblichen Kaiſer Theo-
doſii, Kaiſer Karl des Großen, und Kaiſer Heinrich des andern, welche ſich nit ohn
Urſach ihres Ambts halben ſchuldig erkennt haben, die Mißhellung des Glaubens zu
erwägen und zu verſchaffen, daß in der Chriſtenheit ein reine Lehr gepredigt wurd, wie
dann der heilig Geiſt die Furſten furnehmlich vermahnt, ſich umb den Glauben anzunehmen, da er ſpricht im andern Pſ.: „So ſeid nun klug, ihr König, und laßt euch unter-
weiſen, ihr Richter im Land.“ Und an einem andern Ort: „Die Furſten der Volker ver-
ſammlen ſich mit dem Gott Abraham. Wenn die Furſten des Lands ſich zu Gott ver-
ſammlen, ſo wird Gott hochlich gelobt.“ Mit dieſen Worten will der Prophet anzeigen,
daß Gottes Ehr gefurdert werd, ſo das Volk durch des Furſten Gottsforcht gereizt wird
und die Furſten gottsforchtige Prediger erhalten. Darumb nennt er auch die Furſten an
dieſem Ort Beſchutzer des Lands, daß ſie die Frommen und Gottsforchtigen ſollen mit
ihrem Gewalt ſchutzen und handhaben.

Ps. 2, 10.
Ps. 47, 10.

Dieweil nun Kaiſerliche Majeſtät nit mit geringern Tugenden und Gottsforcht begabt
dann obgemeldte Kaiſer Theodoſius, Carolus, und Heinricus, ja mit Gewalt und Herrlikeit etliche aus ihnen weit ubertrifft, wurd Ihr Mjt. nit ubel anſtehen, wo ſie die
Sachen der Chriſtenheit verhörte und dieſelben zu Einikeit brächte. Die heiligen Apoſtel
haben geweiſſagt, daß die Chriſtenheit zu dieſen letzten Zeiten viel Widerwärtikeit wurd
haben, derhalben wohl von noten, gegenwärtige Ubel ſolcher Geſtalt zu bezeichnen, daß
die Sachen nit noch ärger und fährlicher werden.

Was aber die Lehr ſei, die in dem Kurfurſtentumb Sachſen gelehret wird, wollen wir
hiernach anzeigen. Jetz wollen wir mit Kurze entdecken, was Gemuts der Kurfurſt von
Sachſen in dieſer Sachen ſei, damit nit geacht werd, als wollt er aus boſem Furſatz
dieſer neuen Lehr Furſchub und Beiſtand ton.

Es ſein die loblichen Kurfurſten zu Sachſen, Herzog **Friedrich** und Herzog **Hans**[1]
Gebrudere eins ſolchen ehrlichen und tapfern Weſens je und allzeit herkommen, daß ſie
nie keines Argen weder beruchtigt noch verdacht geweſen. Desgleichen iſt auch unverborgen, wie gutlich und freundlich ſie ſich gegen männiglich, was Stands ſie geweſen, allzeit erzeigt haben; wie ſie aber der chriſtlichen Religion und Glauben geneigt geweſen,
gibt nit allein ihr ganzes Leben offenliche Zeugnus, ſondern auch die Stiftung und
Kirchen, ſo ſie zum Teil mit eignen Koſten von neuem aus dem Grund erbauen, zum
Teil geziert und begabt haben[2]. So haben ſie auch gegen romiſchen Kaiſern ihr Treu und
Glauben dermaßen erzeigt, als loblichen Kurfurſten wohl gebuhrt hat. In allem Anliegen des Reichs iſt mit Erlegung des Gelds und Schickung ſtattlicher, wohlgeruſter Hilf
an ihne nie kein Mangel erſchienen. Mit fremden Nationen oder des Reichs Widerwärtigen haben ſie einigen Verſtand oder Bundnus nie gehabt, zu Fried und Einikeit gemeines Teutſchlands ſein ſie dermaßen geneigt geweſen, daß ſie nit allein zu Unfried
niemand kein Urſach geben, ſonder ſo ſie gleich hochlich verurſacht worden, gemeinem
friede zugute Geduld getragen, damit die Unruhe nit großer wurd. Sie haben mehr
dann zu einem mal andere, ſo allgereit[3] in Ruſtung geweſt, durch ihren Fleiß und Muhe
zu Fried und Stillſtand bracht[4].

---

3 auch [von. gn. in Anſehung gemeiner]   4 jedermann *ſtatt* [der]   17 Furſten
ſtatt [Beſchutzer]   20 erhalten [und]   32 als [achtet]   36 geweſen [ſein]
45 Bundnus *ſtatt* [Hilf].

---

[1]) F. d. Weiſe (Kurf. 1486—1525) u. Joh. d. Beſtändige (Kurf. 1525—1532) regierten ge-
meinſam die Erneſtiniſchen Lande. Ähnlich die Antwort an die Grafen v. Naſſau u. Neuenahr. 31. 5. Förſtemann I 224 ff. v. Schubert, Bekenntnisbildung 268 ff.   [2]) Kirn, Fr. d. W.
u. d. Kirche 71 ff., 107 ff.; Köſtlin, Fr. d. W. u. d. Schloßk. z. Wittenberg, 1892.   [3]) bereits
[4]) Anſpielung auf die Friedenspolitik Sachſens in den Packſchen Händeln 1528.

Und wiewohl solchs, wie oberzählt, mehr dann genugsam, so sein doch viel mehr und trefflicher Anzeigen, daraus hochgedachter Kurfursten von Sachsen treu und guter Will augenscheinlich mocht gespurt werden.

Wer will sich nun vermuten, daß der Kurfurst von Sachsen ahn groß, merklich und ehrlich Ursachen sein Ehr, Gut, Kinder und Eniklein in solche Gefahr sollt setzen? Oder was Nutzs mochte ihm doch aus dieser erbärmlichen Uneinikeit und Zwiespalt erwachsen, der mit solcher Gefahr, die er bestehet und täglich vor Augen sieht, zu vergleichen wär? Daraus wol abzunehmen, wo ihne sein Gewissen hiezu nit gedrungen, er hätt sich nit unterfangen, diese Sachen zu vertreten, dann ihme unverborgen gewest, was Lasts er damit uf sich wurde laden, wiewohl auch dies ihren Ursprung nit von dem Kurfursten, sonder von andern hat. Und haben erstlich viel frommer und gelehrter Leut dieser Lehr ein Gefallen gehabt, dieweil alle gutherzige Menschen einer reinen Lehr begierig waren und Beschwerd trugen, daß die christlich Lehr mit Menschensatzungen und unnutzem Geschwätz gar untergedrückt und verfinstert war. Jedermann beklagt sich uber die Mißbräuch, die sich täglich mehrten, alle Lehr in Schulen und Predigen war verderbt, etlich erzeigten und ruhmbten ihr Philosophiam, etlich erhuben die Menschensatzung. Aber was uns durch Christum geschenkt worden, von der Buß, von Vergebung der Sund, wie uns die nit umb unser Genugtuung willen, sonder durch den Glauben an Christum gegeben werd, da west niemand von zu sagen, so doch in der Christenheit vor allen Dingen soll gepredigt werden die Gerechtikeit, so aus dem Glauben folgt, die Vergebung der Sund durch den Glauben etc. In den Kirchen erdacht man alle Tag neue Gottsdienst, die Geld trugen, neue Weis, die Meß zu verkaufen, neue Heiligen, neu Ceremonias, Ablaß ohn Zahl, neu Müncherei; die Gewissen der Einfältigen wurden täglich mit neuen Aufsätzen beschwert. Aber da war niemand, der die Gewissen mit dem Evangelio unterwieset oder trostet. Solchs klagt nit allein der gemein Mann, sonder auch die Bischofe wiewohl ingeheim, dann offentlich dorft niemand dawider reden, dieweil die Munch also gewaltiglich in der Christenheit auch uber die Bischofe regierten. Es begab sich aber, daß die Indulgenz und Ablaßbrief in den sächsischen Landen gepredigt[1] und uber die Maßen hoch erhaben wurden, solchs widersprach Martinus **Luther** durch etlich kleine Schriften in der Schul und nit vor dem Volk, auch ohn alle Schmah und Verletzung des Babsts. Aber seine Widersacher richten alsbald ein großen Hader an, ließen viel lästerlicher Buchlein in beiderlei Sprachen ausgehen, brachten alsbald, und ehe die Sach verhort ward, aus den Bann und Verwerfung der Lehr. Durch solch ungeschickter Handlung ward ihr Ansehen etwas geringert, daraus dann ein Andrung an viel Orten erfolgt ist. Nicht dest minder ward **Luther** gedrungen, zu antworten und hätten viel frommer und gelehrter Leut ob seiner Antwort ein Gefallen, nit umb Verwerfung des Ablaß, sonder der heilsamen und trostlichen Lehr halben von der Buß und Gerechtikeit, so aus dem Glauben folgt, derhalb auch diese Lehr und viel frommen Leuten ward angenommen, also daß dem Kurfursten von Sachsen schwer wär gewesen, wider den Anfänger dieser Lehr in Ansehung so viel tapfer und gelehrter Leut, die daran hingen, auch sein eigen Gewissen ichts Tätlichs furzunehmen, insonderheit dieweil diejenigen, den solchs zugehoret, sich der Sachen nit wollten unterfahen, auch die Andrung der Religion schon vor Augen war, welche nur ärger und großer hätt mussen werden, so die gelehrten Prediger wärn hinweggeton worden. Dann ehe dann **Luther** ichts[2] geschrieben, hätt sich schon allgereit allerlei irriger und ärgerlicher Lehr angspunnen, welche viel beschwerlicher Neuerung und Eroberung in der Christenheit verursacht hat, wo das durch **Luther** nit uberkommen wär. Und konnen die Widersacher, soviel der ein wenig Verstands haben, nit in Abred stehen, das viel Heilsams und Nutzlichs zu der Seel Seligkeit in dieser Lehr begriffen sei, daß sie selbs annehmen und zulassen. Dann daraus ist kommen, daß die Prediger jetzund viel bedächtiger lehren von dem Gewalt der Schlüssel, von Vergebung der Sünden, von Gerechtikeit der Werk, vom Brauch der Sakrament, von den evangelischen Räten, von weltlichen Satzungen, von Verdienst des Klosterlebens und dergleichen Menschenlehr, von Ehr der

2 Will [nur dann genugsam]   9 Sachen statt [Beilag]   16 was statt [wir]
17 Christum [erlangt haben]   42 auch [in solichen]   45 viel [ärger und] beschwerlicher
[wär hinausgegangen]   49 viel [fursichtiger und]

[1]) Allgemeine Gebietsangabe (ebenso in Luthers Appellationen an ein Konzil 1518 und 1520, WA 2; 37, 33. 7; 77, 17. 85, 20), nicht beschränkt auf die wettinischen Territorien, in denen der 1515 ausgeschriebene Peterskirchenablaß seit Frühjahr 1517 verboten war. H. Volz, M. Luthers Thesenanschlag, 1959, 10ff., 90.   [2]) irgend etwas.

Heiligen, nachdem solchs von uns ist an Tag gebracht. Sie disputiern auch viel schärfer wider uns, unterstehen sich oft uns mit unserm eigen Schwert zu schlahen. Es sein auch wie offenlich mehr dann einerlei Ketzerei dardurch ernieder gelegt worden, die mit neuen und unchristlichen Schriften wider die heiligen Sakrament sich erhebt haben. Die Wiedertäufer haben ein verführische und aufrührische Lehr ausgebreitet wider das Eigentumb der zeitlichen Güter, wider die Gericht, wider den Gewalt der Oberkeit, wider alle bürgerliche Ordnung, wider die Predig, wider das heilig Sakrament¹, welches alles viel weiter wär ausgebreitet worden, wo nit die Herzen der Menschen durch diese Lehr fürsehen und gestärkt gewesen, dadurch die Oberkeit und bürgerliche Ordnung also stattlich gehandhabt, auch die Gerechtigkeit des Glaubens wider die Wiedertäufer Heuchlerei und etliche englische Heiligkeit so tapfer verfochten wird, und wird von keinem aufrichtigen redlichen Mann verneint, daß in diesen Zwiespaltungen viel an den Tag kommen, das zu wissen uns höchst von nöten sei. Es ist auch gar ohn allen Grund, daß aus Luthers Lehr die Wiedertäufer oder ihrsgleichen ihren Ursprung haben. Dann solchs sich vor dem Luther hat angedrehet und am meisten an den Orten, da Mangel an geschickten Seelsorgern ist gewesen, die die Gewissen der Menschen wider falsche Lehr hätten stärken und fürsehen mögen².

Diese Sache wurd furnehmlich verhaßt von wegen des gemeins Geschreies, so unser Widersacher ausbreiten, als hätten wir alle Ceremonias ernieder gelegt und zurütten alle geistliche Ordnung und Satzung. Aber mit was Grund uns solchs werd zugemessen, wird die Tat zu erkennen geben. Dann diese Lehr nit dahin gericht ist, daß die Ceremonien werden aufgehoben, sonder viel mehr, daß sie mit rechter Gottsforcht erhalten werden, und mögen mit Wahrheit sagen, daß in ganzen Teutschland die Meß nit mit größer Gottsforcht und mehrer männig des Volks gehalten werden, dann bei uns. Sie werden auch nach gemeinem Gebrauch gehalten, allein daß unter dem lateinischen auch teutsche Gesang gebraucht werden, damit das Volk etwas hab, das es verstehen und lernen mög³.

Die Sakrament⁴ empfäht das Volk mit großer Reverenz und öfter dann hievor. Da wird ein jeder zuvor verhört und unterwiesen, welchs vor Zeiten nit leichtlich geschehen konnt, da zu einer Zeit ein solcher Hauf mit einander hinzudrang.

Die Beicht wird gleicherweis noch gehalten, und der Gewalt der Schlüssel vielfältig in der Predig gepreist und die Leut vermahnt, was großer Kraft die Absolution hab⁵.

Die Predig sein rein und verständig, welchs sonder Zweifel das angenehmbst Opfer vor Gott ist.

Es werden auch zu seiner Zeit Psalmen und Litanei gesungen, nit umb Lohn oder Gelds willen, sonder durch die Schüler oder aber die Versammlung des Volks, dadurch die Unverständigen geübt und mit Ernst zu beten durch Gottes Wort gereizt werden, dann darumb muß man die Ceremonien in den Kirchen haben⁶.

Die Feiertag werden noch gehalten, außerhalb etlicher neuer, darob die Verständigen vor langst ein Mißfallen gehabt, deshalb auch durch die Bischöfe und Fürsten oft geratschlagt, wie man etliche möcht abton⁷.

Über das alles wird noch ein fast⁸ nützliche Ceremonien gehalten, welche vor Zeiten in der Christenheit mit sonderm Fleiß gebraucht worden, aber nachfolgend aus Unfleiß der Pfarrer und des Volks ganz unterlassen, nämlich der Katechismus oder Kinderlehr⁹. Da

---

7 welches [unchristliche Lehr]   9 gehandhabt [wird]   10 Wiedertäufer [heuchlisch]   15 Seelsorgern [erscheine]   29 mit einander [zu dem heiligen Sakrament]   30 wird [auch]   35 durch die [Kinder]

---

¹) R. Stupperich, Melanchthon und die Täufer. Kerygma und Dogma 3. 1957. 150 ff. ²) Dieses im ersten Teil (S. 12 f.) unrichtige Urteil bezieht sich wohl auf die Anfänge in Zwickau und Zürich. Luther selbst sah die Priorität der reformatorischen vor der täuferischen Bewegung, ohne sich damit an dieser Stelle zu erklären. WA XL, 1; 353 ff. XXX, 2; 277. ³) Luther, Deutsche Messe, 1526, WA XIX 80 ff. Unterr. d. Visit., 1528, CR 26, 83. WA XXVI, 230. ⁴) Ebda 86. ⁵) Vgl. Gr. u. kl. Kat. S. 517 ff., 725 ff. ⁶) Vgl. Anm. 3. ⁷) Die zahlreichen Heiligenfeste, auch das Allerheiligen- und Allerseelenfest (vgl. Luthers Predigt vom 2. 11. 1522, WA X, 3, 407 ff.) waren abgeschafft, die Apostelfeste z. T. auf den folgenden Sonntag verlegt. Im Gegensatz zu Luthers ursprünglichem Schlusse: „Wollt Gott, daß in der Christenheit kein Feiertage wäre dann der Sonntag", (Sermon von den guten Werken, 1520, WA VI, 243, 13) sollten nach dem „Unterricht der Visitatoren" 1528 erhalten bleiben die Sonntage „Annunciationis, Purificationis, Visitationis der reinen Jungfrauen Maria, Sankt Johannis des Täufers, Michaelis, der Aposteln, Magdalenä ... Christtag, Beschneidung, Epiphaniä, die Osterfeier, Auffahrt, Pfingsten" (WA XXVI, 222 f.). ⁸) sehr. ⁹) Von

werden die Knaben und Maidlein in die Kirchen zusammen gefordert, den hält einer aus
den Kirchendienern fur den Anfang und Grund christlicher Lehr als den Glauben, die
zehen Gebot, das Vaterunser, desgleichen etliche Stuck des Evangelii, von Vergebung der
Sund, von der Buß, von dem Glauben an Christum, von den guten Werken, von dem
Kreuz, von dem Tauf und Sakrament des Altars, darnach wird ein jedes gefragt, was
es davon behalten hab. Hie nehmen die Kinder fast zu an christlichem Verstand, der hievor
auch den Alten von wegen so viel unnutzer Disputation und Geschwätz, damit solche Lehr
vermischt gewesen, gemangelt hat.

Die Schulen werden mit großen Kosten und sondern Fleiß der Oberkeit erhalten.

Dies ist die Ordnung der Kirchen in dem Kurfurstentum Sachsen, des meisten Teils
nach altem Gebrauch und Gewohnheit der römischen Kirchen nach Ausweisung der heiligen
Lehrer, und wollten nit Liebers, dann daß solche den Bischofen auch gefällig wär,
sie sein uns aber etwas zu hart, dieweil sie uns von wegen der Priester Ehe und dergleichen
also verfolgen.

Wo sie uns aber ein wenig mit mehren Gnaden geneigt wären, hätt niemand Ursach
zu klagen, als wurde die Ordnung der Kirchen zurissen. Dann daß uns etliche verdenken,
als sei diese Lehr allein dahin gericht, der Geistlichen Gewalt zu verdrücken, ist gar ohn
allen Grund. Dann ihn wurd an ihrer Gewalt und Herrlikeit gar nichts abgehen, wo sie
allein etliche neue, unbillige Beschwerden nachließen, so bedurften sie auch ihrer Guter
vor uns nit besorgen, wiewohl sich etlich andere hievor mehr dann zu einem Mal unterstanden,
in dem Schein einer Reformation den Geistlichen ihre Guter abzudringen.

Die Beham haben im Concilio zu Basel unter anderm dergleichen auch gesetzt, als sollten
die Diener der Kirchen nit eigens haben[1], wir aber lehren weit anders, nämlich wie
einem jeden Christen ist zugelassen, sich anderer äußerlicher Ding zu gebrauchen, also mog
auch ein jeder Christ, er sei gleich Bischof oder Kirchendiener, eigene Guter mit Recht
haben und besitzen. Dann obgleich die Bischof zu Armut und von ihren Gutern kommen,
damit ist der Cristenheit nit geholfen. Damit wär ihr aber geholfen, wo durch die Bischof
das rein und lauter Evangelium zu predigen verschafft wurd. Diese aufruhrische Furschläg,
den Geistlichen das Ihr zu nehmen, gehen unser Lehr nichts an, welche nit anders begehrt,
dann die Cristenheit mit reiner Lehr zu unterweisen und die gewissen mit unchristlichen
Satzungen unbeschwert zu lassen, dann allein die Lehr wird die christlich Kirch geboren
und erhalten wie geschrieben ist: „Er hat uns geboren durch das Wort der Wahr= Jak. 1, 18.
heit." So lehren wir alle burgerliche Satzungen und Ordnung unter geistlicher und weltlicher
Gemächt[2] als ein Ordnung Gottes zu halten von Friede und Einikeit wegen. Es ist
nie kein Reformation so gar ohn alle Gewaltsam furgenommen als diese, wie dann am
Tag ist, daß durch die Unsern andere zu Frieden gebracht sein worden, die schon allgereit
in Rustung waren[3].

Bisher haben wir angezeigt, daß dieser Handel nit ohn Ursach sich erhoben, noch arger
Meinung von dem Kurfursten von Sachsen geduldet worden. Nun woll wir von der Lehr
reden und erstlich alle furnehmste Artikel des Glaubens erzählen, daraus Kai. Mjt. abzunehmen,
daß der Kurfurst von Sachsen nichts Unchristlichs in seinem Gebiet zu predigen
gestatt, sonder sich des gemeinen, lautern christlichen Glaubens mit allem Fleiß gehalten
hab.

---

28 aufruhrische [Lehr]   29 gehen *statt* [gehet]   welche [alle]   38 noch [aus]
41 Sachsen [keine] Unchristlichs [Lehr]

Luther seit 1516 geübt, seit 1523 regelmäßige Katechismuspredigten in Wittenberg. WA
XXX, 1, 468 ff. Meyer, Hist. Komm. zu Luthers kl. Kat., 51 ff.
[1]) Aeneas Sylvius, Hist. Bohemica. c. 50. Opp. Basel 1551, 118. Concilium Basileense
II 324 ff. Haller.   [2]) Macht.   [3]) s. o. S. 40 Anm. 4.

W 25
M 35

⟨Vorrede.⟩¹ ⟨Praefatio.⟩

Allerdurchleuchtigster, großmächtigster, unüberwindlichster Kaiser, allergnädigster Herr. Als Euer Kaiserliche Majestät kurz verschiener² Zeit einen gemeinen Reichstag allher gein Augsburg gnädiglich ausgeschrieben³, mit Anzeige und ernstem Begehr, von Sachen, unseren und des christlichen Namens Erbfeind, den Turken, betreffend, und wie demselben mit beharrlicher Hilf stattlich widerstanden, auch, wie der Zwiespalten halben in dem heiligen Glauben und der christlichen Religion gehandelt muge werden, zu ratschlagen und Fleiß anzukehren, alle eins jeglichen Gutbedunken, Opinion und Meinung zwischen uns selbst in Lieb und Gutigkeit zu horen, zu verstehen und zu erwägen, und dieselben zu einer einigen christlichen Wahrheit zu bringen und zu vergleichen, alles, so zu beiden Teilen nicht recht ausgelegt oder gehandelt wäre, abzutun, und durch uns alle ein einige und wahre Religion anzunehmen und zu halten, und wie wir alle unter einem Christo sein und streiten, also auch alle in einer Gemeinschaft, Kirchen und

Invictissime Imperator, Caesar 1
Auguste, Domine clementissime. Cum Vestra Caesarea Maiestas indixerit con-
5 ventum Imperii Augustae, ut deliberetur de auxiliis contra Turcam, atrocissimum, haereditarium atque veterem christiani nominis ac religionis hostem, quomodo illius furori et conatibus durabili et per-
10 petuo belli apparatu resisti possit; deinde 2
et de dissensionibus in causa nostrae sanctae religionis et christianae fidei, et ut in hac causa religionis partium opiniones ac sententiae inter sese in caritate,
15 lenitate et mansuetudine mutua audiantur coram, intelligantur et ponderentur, ut illis, quae utrinque secus in scripturis 3 tractata sunt, correctis, res illae ad unam simplicem veritatem et christianam con-
20 cordiam componantur et reducantur; ut 4 de cetero a nobis una, sincera et vera religio colatur et servetur, utque quemadmodum sub uno Christo sumus et militamus, ita in una etiam ecclesia
25 christiana unitate et concordia vivere possimus. Cumque nos infra scripti 5

---

1 „Vorrede" > in allen Hdschr. Die Vorrede fehlt in Sp A 1 N 1 (vgl. CR 2, 105)   6 allhie M R 3 Lü   allhier E   allher W   allhere N 2   allhieher A 2 (korr.)   12 im N 2   14 beratschlagen 3 Lü   17 [Einigkeit] Guttigkeit a. R. D 1   17/8 verstehen] ersehen M (Korr., nicht Schreiber) N 2 (doppelt korr.) vorstehen aus vorsehen korr. D 1. Kais. Ausschreiben: zu verstehen (Förstemann I 8)   25/6 auch alle also M 3

Ed. pr. und Conc gehen, wo nicht andere Lesarten aufgeführt werden, mit der Handschriftengruppe A D F H M 2 N.

1 Praefatio > Hü V K N R S W   Die Vorrede fehlt M 1. Praefatio ad Caesarem Carolum V. A D F H M 2 (quintum)   3 Domine > A   9 illius] + scilicet A D F H M 2 N   12 religionis sanctae Hü   15 et] ac A D   17 quae + parum forsan probe A D F H N (von späterer Hand gestr.) a. R. von 2. Hand M 2.   secus > A D F   [secus] M 2 2. Hand   utrinque in scripturis secus Ed. pr.   18 tractata] + aut intellecta A D F H M 2 N   sunt > S sint A D M 2   sepositis et correctis A D F H M 2 N   26 scripti] + Elector et Principes cum aliis qui nobis coniuncti sunt A D F M 2 N H (> cum aliis bis perinde ut alii electores)

---

¹) Verfaßt von dem kursächsischen Kanzler Gregor Brück.   ²) vergangener   ³) 21. Januar 1530.

Einigkeit zu leben[1], und wir, die unten benannten Kurfurst und Fursten, samt unsern Verwandten, gleich anderen Kurfursten, Fursten und Ständen darzu erfordert: so haben wir uns darauf dermaßen erhaben, daß wir sonder Ruhm mit den ersten hieher kummen[2].

Und als dann auch Euer Kaiserliche Majestat zu untertänigster Folgtuung beruhrts Euer Kaiserlichen Majestat Ausschreibens und demselben gemäß, dieser Sachen halben, den Glauben beruhrend, an Kurfursten, Fursten und Stände ingemein gnädiglich, auch mit hochstem Fleiß und ernstlich begehrt, daß ein itzlicher, vermuge vorgemeldts Euer Kaiserlichen Majestat Ausschreibens, sein Gutbedunken, Opinion und Meinung derselbigen Irrungen, Zwiespalten und Mißbräuch halben etc. in Teutsch und Latein in Schrift stellen und uberantworten sollte[3]: darauf donn, nach genommenem Bedacht und gehaltenem Rat, Euer Kaiserlichen Majestat an vergangener Mittwoch[4 1] ist furgetragen worden, als wollten wir auf unserm Teil das Unser, vermöge Euer Kaiserlichen Majestat Furtrags, in Teutsch und Latein auf heut[1] Freitag[5] ubergeben. Hierumb und Euer Kaiserlichen Majestat zu untertänigster Gehorsamung uberreichen und ubergeben wir unserer Pfarrner, Prediger und ihrer Lehren, auch unsers Glaubens Bekenntnus, was und welchergestalt sie, aus Grund gottlicher heiligen Schrift,

perinde ut alii Electores, Principes et Status ad praefata comitia evocati simus, ut Caesareo mandato oboedienter obsequeremur, mature venimus Augustam, et quod citra iactantiam dictum volumus, inter primos affuimus.

Cum autem Vestra Caesarea Maiestas Electoribus, Principibus et aliis Statibus Imperii etiam hic Augustae sub ipsa initia horum comitiorum inter cetera proponi fecerit, quod singuli Status Imperii vigore Caesarei edicti suam opinionem et sententiam in germanica et latina lingua proponere debeant atque offerre, habita deliberatione proxima feria quarta rursum responsum est Vestrae Caesareae Maiestati, nos proxima sexta feria articulos nostrae confessionis pro nostra parte oblaturos esse: Ideo ut Vestrae Caesareae Maiestatis voluntati obtemperemus, offerimus in hac causa religionis nostrorum concionatorum et nostram confessionem, cuiusmodi doctri'nam ex scripturis sanctis et puro verbo Dei hactenus illi apud nos tradiderint.

---

1 leben + etc. D 1 E   1/3 und wir bis Verwandten] N 2 (2. Schreiber). A 2 R H 2 für: [und von Gottes Gnaden uns Johansen, herzogen zu Sachsen und Churfursten, Georgen, Markgrafen zu Brandenburg, Ernsten, herzog zu Braunschweig und Lunenburg, Philippsen, Landgrafen zu Hessen, Johanns Friederichen herzogen zu Sachsen, Franzen, herzogen zu Braunschweig und Lunenburg, Fursten Wolfgangen zu Anhalt, Albrecht, Grafen und Herrn zu Mansfeld und die bede Gesandten der zweier Städt Nurmberg und Reutlingen]. D 2 (nicht gestr.)   2 Kurfursten alle Hdschr. außer M3 W D2   5 erhaben] erwogen M   9 zu bis Folgtuung > Ed. pr.   untertänigster Folgtuung M3   untertänigsten Folgtun W 11/7 und bis Ausschreibens > Lü (Blattwechsel)   11 demselbigen M3   halb N 2 17 [und] D 1   18 derselben N 2   18/9 Zwiespalt N 2   Zweispaltung D 2   19 in] aus zu korr. A 2   zu W D 1.2 N 2 R 3   21 sollten W A 2 D 1.2 M Lü   sollen M3 21/2 genommenem] korr. aus: gemeinem A 2   gemeinem N 2 R M K Ra   23 [an] H 2 > M Ra   24 wollten > E   29 untertänigstem Gehorsam N 2   30 Pfarrherrn M3 W Nö Pfarrer A 2 M N 2   31 Lehrer W

---

1 Electores] + et Ed. pr.   3 sumus K Conc   8 autem] igitur A D F H M 2 N 16 et habita A D F H M 2 N   19 [sexta] M 2   21 Caesareae > A D F H M 2 N 22 obtemperemus] obsequeremur A D F H M 2 N   obsequamur Ed. pr.   23 > hac S religionis causa A D F H M 2 N   26/7 apud nos] in nostris terris, ducatibus, ditionibus et urbibus A D F H M 2 N   27 tradiderint] + ac in ecclesiis docuerint A D F H M 2 N (tractaverint)

---

[1]) S. 44,11—45,1 fast wörtlich aus dem Ausschreiben. Förstemann, Urkundenbuch I 8.
[2]) Joh. von Sachsen kam am 2. Mai, Philipp von Hessen am 12. Mai, der Kaiser am 15. Juni.
[3]) Nach der kaiserlichen Proposition bei der Eröffnung des Reichstags am 20. Juni. Förstemann I 309.   [4]) 22. Juni, an dem beschlossen wurde, die Glaubensfrage vor der Türkensteuer zu behandeln.   [5]) 24. Juni, vgl. Einleitung S. XVIII.

in unseren Landen, Fürstentumben, Herrschaften, Städten und Gebieten predigen, lehren, halten und Unterricht tun.

Und sind gegen Euer Kaiserliche Majestat, unserm allergnädigsten Herrn, wir in aller Untertänigkeit erbotig, so die anderen Kurfursten, Fursten und Stände dergleichen gezwiefachte schriftliche Ubergebung ihrer Meinung und Opinion in Latein und Teutsch itzt auch tun werden, daß wir uns mit ihren Liebden und ihnen gern von bequemen gleichmäßigen Wegen unterreden und derselbigen, so viel der Gleichheit¹ nach immer muglich, vereinigen wellen, damit unser beiderseits, als Parten, schriftlich Furbringen und Gebrechen² zwischen uns selbs in Lieb und Gutigkeit gehandelt und dieselben Zwiespalten zu einer einigen, wahren Religion, wie wir alle unter einem Christo seind und streiten und Christum bekennen sollen, alles nach laut oftgemeldts Euer Kaiserlichen Majestat Ausschreibens und nach gottlicher Wahrheit, gefuhrt mugen werden, als wir dann auch Gott den Allmächtigen mit höchster Demut anrufen und bitten wellen, sein gottlich Gnad darzu zu verleihen. Amen!

Wo³ aber bei unseren Herren, Freunden und Besondern, den Kurfursten, Fursten und Ständen des anderen Teils, die Handlung dermaß, wie Euer Kaiserlichen Majestat Ausschreiben vermag⁴, bequeme Handlung unter uns selbst in Lieb und Gutigkeit⁵, nicht verfahen, noch ersprießlich sein

Si nunc ceteri Electores, Principes ac Status Imperii similiter scriptis latinis et germanicis iuxta praedictam Caesareae Maiestatis propositionem suas opiniones in causa religionis produxerint, offerimus nos paratos cum debita oboedientia erga Vestram Caesaream Maiestatem tamquam dominum nostrum clementissimum cum praefatis Principibus amicis nostris et Statibus amice conferre de idoneis et tolerabilibus viis, ut, quantum fieri honeste potest, conveniamus et re inter nos partes hoc modo utrinque propositis scriptis agitata pacifice citra odiosam contentionem Deo dante dissensio dirimatur et ad unam veram concordem religionem reducatur; sicut omnes sub uno Christo esse, militare et unum Christum confiteri debemus, iuxta tenorem edicti Caesareae Maiestatis Vestrae, et omnia ad veritatem Dei perducantur, id quod ardentissimis votis a Deo petimus, ut hanc rem adiuvet et pacem donet.

Si autem, quod ad ceteros Electores, Principes et Status, ut partem alteram, attinet, non processerit haec tractatio causae iuxta tenorem edicti Vestrae Caesareae Maiestatis et sine fructu facta fuerit, nos quidem testatum relinquimus, nihil nos detrectare, quod ullo

---

3 underrichten A 2 R D 1.2 Underrichtung E M K Ra 9 und Opinion] oder *alle außer* M3 W H2 in *korr. aus* zu M3 13 derselbigen] dieselbigen N2 (*1. Korr.*) Ed. pr. 15 Parteien N 2 18 dieselbigen M A 2 3 R Zwiespaltung M K Ra D 2 Zwiespaltungen 3 Lü 27 Amen > Ed. pr. 32/33 bequeme Handlung > Ed. pr. 33/4 Gutigkeit + dergestalt D 1.2 E N 2 3 Lü R Au Ed. pr. [dergestalt] M A 2 H Gutigkeit bequeme Handlung nit verfahen Konf

---

4 Si nunc] Quodsi et Ed. pr. nunc > Ed. pr. ac] et Ed. pr. 5 similiter] similibus A D F H M 2 N et latinis K R S W scriptis latinis scilicet A D F H M 2 N 6/7 Caesaream propositionem A D F H M 2 N 8 in + hac A D F H M 2 N 9/15 offerimus] hic nos coram Vestra Caesarea Maiestate tamquam domino nostro clementissimo paratos offerimus, nos cum praefatis principibus et amicis nostris de tolerabilibus modis ac viis amice conferre, ut A D F H M 2 [et] N 15 honeste fieri A D F H M 2 N posset D 16 partes citra odiosam contentionem pacifice agitata A D F H M 2 N 22 esse] sumus et militamus A D F H M 2 N et > S 26 votis > N ut hanc rem adiuvet et pacem donet. > A D F H M 2 N 30 attinet] haec tractatio causae religionis eo modo, quo Vestra Caesarea Maiestas agendam et tractandam sapienter duxit, scilicet cum tali mutua praesentatione scriptorum ac sedata collatione inter nos non processerit nec aliquo fructu A D F H M 2 N haec] nec S 33 testatum + clare A D F H M 2 N relinquimus] (relinquamus N) hic nihil nos, quod ad christianam — fieri possit, conciliandam conducere queat, ullo modo detrectare A D F H M 2 N

---

¹) Billigkeit ²) Wünsche (was gebricht) ³) Der zweite Teil der Vorrede ist wohl von den Gedanken des Landgrafen Philipp inspiriert, ohne daß man literarische Abhängigkeit von seiner Instruktion vom 27. März 1530 (Gußmann I 1, 326ff. und S. 56, 393ff.) anzunehmen braucht. ⁴) meint ⁵) „bequeme — Gutigkeit" ist in Klammern als Inhaltsangabe des Ausschreibens (s. o. S. 45 Anm. 1) zu denken.

wellt, als doch an uns in keinem, das mit Gott und Gewissen zu christlicher Einigkeit dienstlich sein kann oder mag, erwinden[1] soll; wie Euer Kaiserlichen Majestat, auch gemeldte unsere Freunde, die Kurfursten, Fursten, Stände und ein jeder Liebhaber christlicher Religion, dem diese Sachen furkummen, aus nachfolgendem, unserm und der Unseren Bekenntnus gnädiglich, freundlich und gnugsam werden zu vernehmen haben.

Nachdem dann Euer Kaiserliche Majestat vormals Kurfursten, Fursten und Ständen des Reichs gnädiglich zu verstehen gegeben und sonderlich durch eine offentlich vorlesene Instruktion[2] auf dem Reichstage, so im Jahre der mindern Zahl sechsundzwainzig[3] zu Speier gehalten[4], daß Euer Kaiserliche Majestat in Sachen, unseren heiligen Glauben belangend, zu schließen lassen[5] aus Ursachen, so darbei angezeigt, nicht gemeint, sonder bei dem Bapst[6] umb 'ein Con'cilium fleißigen und Anhaltung tun wellten und vor einem Jahr, auf dem letztern Reichstage zu Speier, vermuge einer schriftlichen Instruktion, Kurfursten, Fursten und Ständen des Reichs, durch Euer Kaiserlichen Majestat Statthalter im Reich, Konigliche Wirden zu Hungern und Behmen[7] etc., sambt Euer Kaiserlichen Majestat Oratorn[8] und verordenten Kommissarien, dies unter andern haben furtragen und anzeigen

modo ad christianam concordiam, quae cum deo et bona conscientia fieri potest, conciliandam conducere potest; quemadmodum et Vestra Caesarea Maiestas, deinde et ceteri Electores et Status Imperii et omnes, quicunque sincerae religionis amore ac studio tenentur, quicunque hanc causam aequo animo audituri sunt, ex hac nostra et nostrorum confessione hoc clementer agnoscere et intelligere dignabuntur.

Cum etiam Vestra Caesarea Maiestas Electoribus, Principibus et Statibus Imperii non una vice, sed saepe clementer significaverit et in comitiis Spirensibus, quae anno Domini MDXXVI habita sunt, ex data et praescripta forma Vestrae Caesareae instructionis recitari et publice praelegi fecerit, quod Caesarea Maiestas Vestra in hoc negotio religionis ex certis causis, quae tunc allegatae sunt, non vellet 'determinari,' sed vellet apud Romanum Pontificem laborare pro congregando concilio, quemadmodum et id latius expositum est ante annum in proximo Spirensi conventu, ubi Vestra Caesarea Maiestas per dominum Ferdinandum, Bohemiae et Hungariae regem, amicum et dominum clementem nostrum, deinde per oratorem et commissarios Caesareos haec inter cetera iuxta instructionem proponi

---

1 in keinem] M (korr.) A 2 a. R. > N 2   in keinem [Weg] K   2 Gott] guten M K Ra   zur christlichen N 2 A 2 M   3 nit erwinden N 2   [nichts] A 2   6 und Stände M3   7 diese über d. Z. D 1   8 nachfolgen A 2 D 1 H 2 Ed. pr.   14/5 geben N 2   20 schließen zu lassen N 2 (korr.)   21 angezeigt] gemeldet Ed. pr. Kon⸗   29 Beheim N 2 A 2 Nö   30 etc. > in allen Hdschr. außer M3 W

6 sincero A D F H M 2 N   10/4 > agnoscere bis clementer· N   10 cognoscere H Ed. pr.   13 et + reliquis A D F H M 2 N   15 et + ita K R S W   comitiis + etiam A D F H N M 2 (a. R. 2. Hand)   16 domini etc. XXVI. A D F H M 2 N (> etc.)   18 instructionis + et commissionis A D F H M 2 N   19 praelegi] relegi K   perlegi R W fecerit Vestram Maiestatem in negotio hoc (hoc negotio Ed. pr.) religionis ex causis certis, quae Vestrae Caesareae (> H D M2 Ed. pr.) Maiestatis nomine allegatae sunt, non velle quicquam determinare nec concludere posse, sed apud pontificem romanum pro officio Caesareae Vestrae Maiestatis (V.C.M. H) diligenter daturam operam de congregando concilio generali. A D F H M 2 N Ed. pr.   25 et id] idem A D F H Ed. pr. M2 (korr. aus et id 2. Hand)   26/7 in publico proximo (proximo publico N) conventu, qui Spirae congregatus fuit A D F H M 2 N   26 Spirensi > K W   29 et] ac N 32 iuxta instructionem > A D F H M 2 N

---

[1]) ermangeln   [2]) Zusatzinstruktion des Kaisers an König Ferdinand (vgl. Anm. 7), mit der dieser am 3. 8. 1526 eine Beschlußfassung des Reichstages in der Glaubensfrage zu verhindern suchte. W. Friedensburg, Der Reichstag zu Speier 1526 (1887), 219f. 369ff.   [3]) bei weggelassenem Jahrhundert (= 1526)   [4]) W. Friedensburg, Reichst. z. Speier 371f. [5]) Beschluß fassen zu lassen.   [6]) Clemens VII. (1523—34).   [7]) Erzherzog Ferdinand von Österreich, seit 1526 König von Ungarn und Böhmen, der Bruder des Kaisers. [8]) Propst Balthasar v. Waltkirch, vgl. J. Kühn, Gesch. d. Speyrer Reichstages 1529 (DRG 146), 1929, S. 28ff.

laſſen¹, daß Euer Kaiſerliche Majeſtat derſelben Statthalter², Amts-Verwalter³ und Räten des kaiſerlichen Regimentes, auch der abweſenden Kurfurſten, Furſten und Stände Botſchaften, ſo auf dem ausgeſchriebenen Reichstag zu Regensburg⁴ verſammelt geweſen, Gutbedunken, das Generalconcilium belangend, nachgedacht und ſolchs anzuſetzen auch fur fruchtbar erkannt, und weil ſich aber die Sachen zwiſchen Euer Kaiſerlichen Majeſtat und dem Bapſt zu gutem, chriſtlichen Verſtand ſchickten⁵, daß Euer Kaiſerliche Majeſtat gewiß wäre, daß durch den Bapſt das Generalconcilium zu halten nicht geweigert, ſo wäre Euer Kaiſerlichen Majeſtat gnädigs Erbietens, zu furdern und zu handeln, daß der Bapſt ſolch Generalconcilium neben Euer Kaiſerlichen Majeſtat zum erſten auszuſchreiben bewilligen, und daran gar kein Mangel erſcheinen ſollt:

ſo erbieten gegen Euer Kaiſerlichen Majeſtat wir uns hiemit in aller Untertänigkeit und zum Überfluß, in berührtem Fall ferner auf ein ſolch gemein, frei, chriſtlich Concilium, darauf auf allen Reichstagen, ſo Euer Kaiſerliche Majeſtat bei ihrer Regierung im Reich gehalten, durch Kurfurſten, Furſten und Stände aus hohen und tapfern Bewegungen geſchloſſen, an welches auch zuſambt Euer Kaiſerlichen Majeſtat wir uns von wegen dieſer großwichtigſten

fecit, quod Vestra Caesarea Maiestas intellexisset et expendisset locumtenentis Vestrae Caesareae Maiestatis in imperio et praesidentis et consiliariorum regiminis imperialis et legatorum ab aliis Statibus, qui Ratisponae convenerant, deliberationem de congregando concilio generali, quodque Vestra Caesarea Maiestas etiam iudicaret utile esse, ut congregaretur concilium, et quia causae, quae tunc tractabantur inter Vestram Caesaream Maiestatem et Romanum Pontificem, vicinae essent concordiae et christianae reconciliationi, non dubitaret Vestra Caesarea Maiestas, quin Romanus Pontifex ad habendum generale concilium adduci posset: ideo clementer significabat Vestra Caesarea Maiestas se daturam esse operam, ut Romanus Pontifex tale concilium primo quoque tempore publicandum emissis litteris congregare consentiret.

In eventum ergo talem, si hae dissensiones non fuerint amice compositae inter nos et alteram partem, offerimus nos hic ex superabundanti in omni oboedientia coram Vestra Caesarea Maiestate in tali christiano et libero concilio generali comparituros et causam dicturos esse, de quo congregando in omnibus conventibus imperialibus, qui annis imperii Vestrae Caesareae Maiestatis habiti sunt, per Electores,

---

4 Kurfurſt [und] D 1   10 dieweil A 2 3   aber] auch 3   12 ſchicken 3 Konf
14/17 das Generalconcilium *bis* der Babſt > M 3 W (*von 2. Hand a. R.*)   20 gar] ganz
3 Lü Nö > Konf

---

5 regiminis imperialis] in regimine A D F H M 2 N   7 concilio congregando > generali A D F H M 2 N   8 quoque K S   et quod iudicaret etiam Vestra A D F H M 2 N   11 tunc] tum A D F H M 2 N   16 Pontifex adduci posset A D F H M 2 N   17 clementer > A D F H M 2 N   19 se (apud M 2 *über d. Z. 2. Hand*) V.C.M. operam daturam > esse A D F H M 2 N   20 Romanus > R ut praefatus Pontifex maximus una cum Vestra Caesarea Maiestate A D F H M 2 N   tale + generale A D F H M·2 N   20 litteris publicandum A D F H M 2 N   23 talem, quod (si *über d. Z.* N) in causa religionis dissensiones inter nos et partes amice et in caritate non fuerint compositae, tunc coram V.C.M. hic in omni oboedientia nos offerimus ex superabundanti (+ nos N) comparituros — esse in tali generali, libero et christiano concilio A D F H M 2 N   31 conventibus] comitiis — quae quidem — habita A D F H M 2 N   32/33 *so* Hü V H M 2 Ed. pr. Maiestatis Vestrae (Caesareae >) A D N K R S W

---

¹) Das Folgende bis 48,20 wörtlich aus der bei der Eröffnung des Reichstags zu Speyer am 15. März 1529 vorgetragenen Propoſition. Deutſche Reichstagsakten, Jüngere Reihe VII (1935) 1132,39—1133,3.10—19 (Brück ſetzt überall „Bapſt" ſtatt „bapſtliche Heiligkeit"). Kühn S. 60f.   ²) Markgraf Philipp von Baden   ³) Graf Wolf von Montfort   ⁴) Der wegen ſchlechten Beſuchs ergebnislos abgebrochene Reichstag von Regensburg 1527. Im Abſchied vom 18. Mai 1527 (Reichstagsakten VII, 999ff.) klingt die vor allem von den Städten (ebenda 43. 995, vgl. auch 1048) vertretene Konzilsbitte nur an (1002, 1ff.).   ⁵) Friede zu Barcelona 29. 6. 1529, Bündnis 23. 12. 1529, Kaiſerkrönung zu Bologna 24. 2. 1530.

Sachen in rechtlicher Weis und Form verschiener Zeit berufen und appelliert haben¹; der wir hiemit nochmals anhängig bleiben und uns durch diese oder nachfolgende Handlung (es werden dann diese zwiespaltigen Sachen endlich in Lieb und Gutigkeit, lauts Euer Kaiserlichen Majestät Ausschreibens gehort, erwogen, beigelegt und zu einer christlichen Einigkeit vergleicht) nicht zu begeben wissen; davon wir hiemit offentlich bezeugen und protestieren. Und seind das unser und der Unsern Bekenntnus, wie unterschiedlich von Artikeln zu Artikeln hernach folgt.

Principes et Status imperii ex gravissimis deliberationibus semper magno consensu conclusum est. Ad quod concilium et ad Vestram Caesaream Maiestatem in hac longe maxima et gravissima causa iam ante etiam debito modo et in forma iuris appellavimus. Cui appellationi adhuc adhaeremus neque eam per hunc vel alium tractatum, nisi causa amice iuxta tenorem citationis Caesareae audita et ad christianam concordiam reducta fuerit, deserere intendimus aut possumus; de quo hic etiam publice protestamur.

---

3 nachmals D 1 Ed. pr. Konf   12 seind] ist [seind] W Ed. pr.   14 folgen M3

1 et + reliquos A D F H M 2 N   imperii (> N) semper concorditer actum et congruentibus suffragiis (suffragibus N) conclusum ADFHM2N   3 est > S   Ad cuius etiam generalis concilii conventum simul et ADFHM2N   5/7 et *bis* forma K *a. R. (2. Hand)*   7 iuris + provocavimus et A D F H M 2 N   8 appellationi + ad Vestram Caesaream Maiestatem simul et concilium A D F H M 2 N   10 causa inter nos et partes iuxta tenorem Caesareae proximae citationis amice in caritate composita, sedata et ad A D F H M 2 N   13 possimus Hü V   14 etiam + solemniter et A D F H M 2 N

---

¹) Auf dem Reichstag zu Speyer 25. April 1529 vor zwei kaiserlichen Notaren. Kühn 237f. Reichstagsakten VII, 852f. 1345ff. Ney, Die Appellation und Protestation der ev. Stände (1906) 27ff. 93ff. Das umfassende Appellationsinstrument ist erst Juni 1529 durch die kursächsischen Kanzler Brück und Beyer fertiggestellt worden.

Artikel des Glaubens und der Lehre. — ARTICULI FIDEI PRAECIPUI.

⟨I. Von Gott.⟩ — ⟨I. De Deo.⟩

Erstlich wird einträchtiglich gelehret und gehalten, lauts des Beschluß Concilii Nicaeni¹, daß ein einig göttlich Wesen sei, welchs genennet wird und wahrhaftiglich ist Gott, und seind doch drei Personen in demselben einigen göttlichen Wesen, gleich gewaltig, gleich ewig, Gott Vater, Gott Sohn, Gott heiliger Geist, alle drei ein göttlich Wesen, ewig, ohn Stuck, ohn End, unermessener Macht, Weisheit und Gute, ein Schöpfer und Erhalter aller sichtbarn und unsichtbarn Ding. Und wird durch das Wort Persona verstanden nicht ein Stuck, nicht ein Eigenschaft in einem andern, sondern das selbs bestehet, wie dann die Väter in dieser Sache dies Wort gebraucht haben².

Ecclesiae magno consensu apud nos 1 docent, decretum Nicaenae synodi de unitate essentiae divinae et de tribus personis verum et sine ulla dubitatione credendum esse; ¹ videlicet, quod sit una 2 essentia divina, quae et appellatur et est Deus aeternus, incorporeus, impartibilis, immensa potentia, sapientia, bonitate, creator et conservator omnium rerum, visibilium et invisibilium; et tamen tres sint personae, eiusdem essen- 3 tiae et potentiae, et coaeternae, pater, filius et spiritus sanctus. Et nomine per- 4 sonae utuntur ea significatione, qua usi sunt in hac causa scriptores ecclesiastici, ut significet non partem aut qualitatem in alio, sed quod proprie subsistit.

---

1 Vom Glauben Lü und + von W (später korr.) der > N1 D1 E Lü der Lehre > A1 2 Die meisten Handschriften haben keine Artikelzahlen, A2 hat 1—22, N1 hat 2—21, N2 hat 2—21 von erster, 1 u. 22—28 von späterer Hand (rot); M 1—21 von 2. Hand, M3 1—22, 25—28 von 2. Hand. — Der erste Ed. pr. — Die Überschriften von Art. 1—19, 21 stammen aus den Drucken seit 1533. 3 gelernt M K Ra lehren und halten wir einträchtiglich Ed. pr. 4/5 im Concilium Nicaenum Sp im Concilio Nicaeno N1 7 Gott > Sp 8 demselbigen A1.2 E N2 D2 M3 demselb[ig]en N1 einigen > Sp Wesen sind Sp 11 ewig, unzerteilt, an Macht, Weisheit und Gute unendlich Sp 12 unermeßlicher M Gute ohn Ende A2 (durch 1. Korr.) Ed. pr. Gute ohne Maß, ohne Ziel A1 a. R. 13/4 aller Ding, der sichtbarn und unsichtbarn A1.2 (durch Korr.; > der) D1 Ed. pr. Der sichtbarn und unsichtbarn Dinge M (korr. aus aller) Ra 16 [nicht] noch über d. Z. Sp noch N1 17 das selbs bestehet] ein selbständig Ding Sp die + heiligen Sp 18 dies] das Sp diese N1

---

1 Articuli — praecipui] Confessio aliquorum principum et statuum S. R. Imperii, quos Lutheranos vocant Caes. Mai. per eosdem oblata. W MDXXX. Confessio exhibita Caesari in Comitiis Augustensibus. Articuli fidei praecipui. A 2 Artikelzahlen 1—6 a. R. Hü (V hat keine Zahlen) 1—21 a. R. A D F H K M2 N S 3 Ecclesiae apud nos Conf. 13 sunt A De R

---

¹) Symbolum Nicaeno-Constantinopolitanum s. o. S. 26. Eck hatte in Art. 82 und 143 f. kritische Äußerungen Luthers über das ὁμοούσιος angeführt (Rat. Latom. confut. WA VIII, 117, 20 ff. Vgl. dazu aber Luther: Von Konz. und Kirchen WA L, 571 f., und Melanchthon über das Nicän. Konzil: Loci comm. 1521, S. 143 Kolde⁴. Werke II, 1, 61). Zum Folgenden vgl. das Symbol Athanasianum S. 28 und Luther, Vom Abendmahl Christi 1528 (s. o. S. XV): „Erstlich gläube ich von Herzen den hohen Artikel der göttlichen Majestät, daß Vater, Sohn, heiliger Geist drei unterschiedliche Personen, ein rechter, einiger, natürlicher, wahrhaftiger Gott ist, Schepfer Himmels und der Erden, aller Dinge, widder die Arrianer, Macedonianer, Sabelliner und dergleichen Ketzerei, wie das alles bisher, beide in der römischen Kirchen und in aller Welt bei den christlichen Kirchen gehalten ist." WA XXVI, 500₁₀.
²) Gegen den Modalismus; „das selbs bestehet" = ὑπόστασις (konkrete Existenz. Vgl. Holl, Amphilochius v. Ikonium, 1904, 131 ff. Seeberg, Dogmengesch. II, 1923³, 125 ff.). Die von Melanchthon auf dem Wormser Religionsgespräch 1541 für Art. 1 genannten Autoritäten CR 4, 38.

I. Von Gott.

Derhalben werden verworfen alle Ketzereien, so diesem Artikel zuwider seind, als Manichäi¹, die zween Gotter gesetzt haben, ein bosen und ein guten, item Valentiniani², Ariani³, Eunomiani⁴, Mahometisten⁵ und alle dergleichen, auch Samosateni⁶, alte und neue, so nur ein Person setzen und von diesen zweien, Wort und heilig Geist, Sophisterei machen und sagen, daß es nicht müssen unterschiedene Personen sein, sondern Wort bedeut leiblich Wort oder Stimm, und der heilig Geist sei erschaffene Regung in Kreaturen⁷.

Damnant omnes haereses, contra hunc articulum exortas, ut Manichaeos, qui duo principia ponebant, bonum et malum, item Valentinianos, Arianos, Eunomianos, Mahometistas et omnes horum similes. Damnant et Samosatenos, veteres et neotericos, qui cum tantum unam personam esse contendant, de verbo et de spiritu sancto astute et impie rhetoricantur, quod non sint personae distinctae, sed quod Verbum significet verbum vocale et spiritus motum in rebus creatum.

---

1 Derhalben] Dazu Ed. pr.   werden auch N 1 E   in unsern Kirchen verworfen und verdampt Sp   3 setzen Sp   4 item] desgleichen die Sp   5 Eunomiani > N 1   6 auch + die Juden und Ed. pr.   6/7 die alden und neue Samosateni, so ein einige Person in der Gottheit Sp   9 und furgeben Sp   es > N 1   10 drei unterschiedliche Sp   11 das leiblich Sp   12 ein erschaffene Sp   ein geschaffene N 1   geschaffene A 1. 2 D 2 E N 2 M 3

4—13 > item *bis* creatum R *(Seitenwechsel)*   7 et] ac F F 1 M 2 N   8 contendunt D K N   9 de *(2.)* > K S   10 non > M 1   12 significet + aut mentem dei aut certe M 1 De N   13 creatum] creatis K   creatus S   creatin *(korr. in* creatio*)* W

---

¹) Augustin, Contra Faustum XXI, 1, 2, 4. MSL 42, 387, 389f. CSEL 25, 568ff., 572f. ²) Gnostiker der Mitte des 2. Jh. Ihre Lehre von den 30 Äonen oder Göttern (so nach Epiphanius, den die Reformatoren kannten, Pan. haer. 31, 2, 5. I, S. 384 Holl) verteilte die Personen der Trinität auf verschiedene Emanationsstufen. Aus dem mit dem Vater zur obersten Achtheit gehörenden Μονογενής gingen Christus und der hl. Geist hervor. Epiph. Pan. 27, 1ff., 13, 1ff. II, 426f., 404f. Holl.   ³) Luther las schon in seinem ersten Mönchsjahr mit größter Anteilnahme die angebliche Disputation zwischen Arius und Athanasius, eine Schrift des Vigilius von Thapsus in einem Auszuge aus karolingischer Zeit (MSL 62, 155—180) WA XXX 3, 530₈.   ⁴) Eunomius († um 393), der bedeutendste spätere Vertreter des strengen Arianismus.   ⁵) als Leugner der Trinität, WA TR 3, 3571a; 4, 4092. Luther bringt sie mit Arianern und Nestorianern in Zusammenhang, WA TR 5, 5536, 6498. Walter Holsten, Christentum und nichtchristliche Religion nach der Auffassung Luthers. 1932. S. 129ff. Melanchthon, Enarratio in Evang. Johannis. CR 15, 304, 343. Explicatio symboli Nicaeni CR 23, 525. Manfr. Köhler, Melanchthon und der Islam. 1938. S. 83ff.   ⁶) Paul v. Samosata (Loofs, p. v. S. 1924) verwarfen die Reformatoren wegen seiner Leugnung der Personalität des Logos, Luther WA TR IV, 4730; Melanchthon, Loci CR 21, 261.   ⁷) Die antitrinitarischen Spiritualisten, vor allem Campanus (RE³ 3, 696ff. Mennonit. Lex. 1, 317ff., s. auch u. S. 1098 Anm. 4), der während der Beratungen März 1530 in Torgau mit Lehrartikeln erschien und Luther zu einer Disputation herausforderte (CR 2, 18, 33f., 228; WABr 5, 270; Akten über ihn gingen nach Augsburg mit, vgl. Förstemann I 138), Denck, Hetzer u.a. Vielleicht ist an die 1525 auftretende niederländische Sekte der Loisten (RE³ 11, 614f.) gedacht. WABr 3, 464; WA XVIII, 547ff. — Zu Art. 1—3 vgl. W. Maurer, Studien über Melanchthons Anteil an der Entstehung der CA. ARG 51, 1960, 167—183. Über die Verwerfungen in der CA s. H. W. Gensichen, Damnamus (1955), S. 65—84.

⟨Die Schwabacher Artikel.⟩¹

Der erst Artikel.

Daß man feste und einträchtiglich halte und lehre, daß allein ein einiger wahrhaftiger Gott sei, Schopfer Himmels und der Erden, also daß in dem einigen, wahrhaftigen, gottlichen Wesen drei unterschiedenlich Personen seind, nämlich Gott der Vater, Gott der Sohn, Gott der heilige Geist; daß der Sohn, von dem Vater geborn, von Ewigkeit zu Ewigkeit, rechter naturlicher Gott sei mit dem Vater, und der heilige Geist, beide vom Vater und Sohn ist, auch von Ewigkeit zu Ewigkeit rechter naturlicher Gott sei mit dem Vater und Sohn, wie das alles durch die heilige Schrift klärlich und gewaltiglich mag beweiset werden als Johannis primo: Im Anfang war das Wort und das Wort war bei Gott und Gott war das Wort, alle Ding seind durch dasselbige gemacht und ahne dasselbige ist nichts gemacht, was gemacht ist etc. und Matth. am letzten: Gehet hin, lehret alle Heiden und taufet sie im Namen des Vaters und Sohns und Heiligen Geists, und dergleichen Spruche mehr, sonderlich im Evangelio S. Johannis.

Joh. 1, 1ff.

Matth. 28, 19.

Die Artikel des Glaubens.²

Der erst.

In dem Kurfürstenthumb Sachsen wird einhellig gelehrt und gepredigt, den Beschluß des concilii Nicaeni von Einikeit des gottlichen Wesens und dreien Personen onzweifelich zuhalten und zu glauben, nämlich daß da sei ein gottlich Wesen, welchs heiß und sei ein ewiger Gott, einig, ahn Leib, unzerteilt, einer unaussprechlichen Macht, Weisheit und Gute, ein Erhalter aller sichtbarn und unsichtbarn Ding und sein doch drei Person, eines Wesens, Macht und Ewikeit, nämlich der Vater, der Sohn und der heilig Geist, und wirt das Wortlein Person hie verstanden, wie das die Väter gebraucht haben, nämlich, daß nit ein Teil oder Eigenschaft eins andern, sonder ein Wesen fur sich selbs ist.

Dagegen werden verworfen alle Ketzerei, so wider diesen Artikel entsprungen sein als Manichäer, Valentinianer etc.

⟨Die Marburger Artikel.⟩³

1. Erstlich, daß wir bederseits einträchtiglich gläuben und halten, daß allein ein einiger, rechter, naturlicher Gott sei, Schepfer aller Kreaturen, und derselbig Gott einig im Wesen und Natur und dreifaltig in den Personen, nämlich Vater, Sohne, heilger Geist ꝛc., allermaßen wie im Concilio Nicaeno beschlossen und im Symbolo Nicaeno gesungen und gelesen wird bei ganzer christlicher Kirchen in der Welt.

---

6 als daß Straßb.   22 was gemacht ist] und was gemacht etc. Straßb.

---

¹) Einleitung S. XV. Text nach der vom Kanzler Christian Beyer eigenhändig unterzeichneten Ausfertigung der kursächsischen Kanzlei für die Stadt Heilbronn (Württ. Hauptstaatsarchiv Stuttgart Rep. 190 B 3) mit den wichtigsten Varianten der Ansbacher Handschrift (Nürnberger Staatsarchiv, Ansb. Religionsakten XV, f. 429ff.) und der Straßburger und Ulmer Handschriften nach WA XXX 3, 86ff. Zum Text Wilh. Gußmann ThLBl 31. 1910, 577ff. 601ff. (Die dort erwähnte Windsheimer Handschrift ist verschollen.) Lit. RE³ 18, 1. Gußmann, Quellen I 1, 371. I 2, 378f.   ²) Na, vgl. S. 39 Anm. 2.   ³) Einleitung S. XVI. Text nach H. Heppe, Die fünfzehn Marburger Artikel, 1854 (Faksimile).

⟨II. Von der Erbsünde.⟩

Weiter wird bei uns gelehrt, daß nach Adams Fall alle Menschen, so natürlich geborn werden, in Sunden empfangen und geborn werden, das ist, daß sie alle von Mutterleib an voll boser Lust und Neigung seind und kein wahre Gottesfurcht, keinen wahren Glauben an Gott von Natur haben können; daß auch dieselbige angeborne Seuch und Erbsunde wahrhaftiglich Sund sei und verdamme alle die unter ewigen Gotteszorn, so nicht durch die Tauf und heiligen Geist wiederum neu geborn werden.

Hieneben werden verworfen die Pelagianer[1] und andere[2], so die Erbsund nicht fur Sund halten, damit sie die Natur fromm machen durch natürlich Kräft, zu Schmach dem Leiden und Verdienst Christi.

⟨II. De peccato originis.⟩

Item docent, quod post lapsum Adae 1 omnes homines, secundum naturam propagati, nascantur cum peccato, hoc est, sine metu Dei, sine fiducia erga Deum et cum concupiscentia, quodque 2 hic morbus seu vitium originis vere sit peccatum, damnans et afferens nunc quoque aeternam mortem his, qui non renascuntur per baptismum et spiritum sanctum.

Damnant Pelagianos et alios, qui 3 vitium originis negant esse peccatum et, ut exte'nuent gloriam meriti et benefi- M 39 ciorum Christi, disputant hominem propriis viribus rationis coram Deo iustificari posse.

Schwab.]   Der vierde.

Daß die Erbsunde ein rechte wahrhaftige Sunde sei und nicht allein ein Fehl oder Gebrechen, sonder ein soliche Sunde, die alle Menschen, so von Adam kommen, verdambt und ewiglich von Gott scheidet, wo nicht Jesus Christus uns vertreten und soliche Sunde sampt allen Sunden, so daraus folgen, auf sich genommen hätte und durch sein Leiden gnug darfur getan, und sie also gantz aufgehoben und vortilget in sich selbs, wie dann Psalm 50 Ps.51,7. und Rom. 5. von solcher Sunde klärlich geschrieben ist[3].

Na] 2) Zum andern lehret man, daß nach Adams Fall alle Menschen nach der Natur werden in Sunden geborn, das ist ohn Forcht und Vertrauen zu Gott, voller Begierd etc. und daß diese angeborne Sucht ein warhaftige Sund sei, die da verdamm und in den ewigen Tod werf alle die, so durch die Tauf nit werden wiedergeborn.

Röm. 5,12 ff.

Marb.] 4. Zum vierten gläuben wir, daß die Erbsunde sei uns von Adam angeborn und aufgeerbet und sei ein sollich Sonde, daß sie alle Menschen verdammet und wo Jesus Christus uns nicht zu Hilf kommen wäre mit seinem Tode und Leben, so hätten wir ewig daran sterben und zu Gottes Reich und Seligkeit nicht kommen mussen.

---

1 *Zu der Artikelzahl vgl.* S. 50 zu Z. 2   2 bei uns > Sp (*dafür in unsern Kirchen*) A 1 N 1 D 1 E Ed. pr.   + und gepredigt Sp   2/3 nach dem Fall Adae A 1 N 1 D 1 E 3 Lü (Adam) *Apol.* (*vgl.* S. 146 Z. 26)   4 werden > Sp N 1 D 2   5 von] aus Sp 6 Cochläus *übersetzt* inclinationum *et* concupiscentiarum, Septem viae praeparatoriae 1540 (*bei* Strobel, Neue Beitr. *z.* Lit. IV, 2, 1793, S. 56).   7 wider Gottesforcht noch Glauben Sp   8 wahrhaftiglich haben Sp   11 sei] die alle die verdamme Sp   diejenigen A 1.2 (jenigen *a. R. korr.*).   jenige M (*üb. d.* Z.) K Ra   12 Zorn Gottes [Zorn] N 1 und + den Sp   13 wieder N 1 E   von neuem Sp   14 hier A 1 M N 2 Ra A 2 [neben] hie N 1 E   daneben Sp   *Circa hoc* Cochläus (Strobel S. 58) verworfen + und verdampt 15 fur kein Sp   eine Sunde Z Lü   [ein] A 2   16/19 domit sie sich unterwunden, die Natur durch naturlich Kräfte, dem Leiden und Verdienst Christi zu Schmach, frumm zu machen Sp   16 haben D 1 M 3 (*korr. aus* halten)   frombd M 3 (*korr. aus* frembd) frembd W   *alienam faciunt* Cochläus (Strobel S. 58)   19 und > N 1   22 rechte > Straßb. Ulm   27 und > Ansb. Straßb. Ulm   30 darfur gnug Ansb. Straßb. Ulm

2 Item > Conf   4 nascuntur Hü   9 non > V   9/10 qui nascuntur K R S (W *non a. R.*)[4]   non nascuntur M 1   re *über d.* Z. F   19 rationis > D

---

¹) Vgl. die Dogmengeschichten: Harnack III⁴ 192ff. Seeberg II³ 490ff. Loofs § 53,2c.
²) Nach Luther (Disp. WA XXXIX, 1; 84,₂₄, 116,₁₇) die Scholastiker. Seeberg III⁴, 218ff., 425ff., 657ff. Oberman, Spätscholastik u. Reformation I, 1965, 116ff. — Thomas S. th. II, 1. qu. 82,3 (s. u. S. 147¹). Duns Scotus lehnte die concupiscentia als Erbsünde ab (Op.Oxon.II, 30. qu. 2). Gabr. Biel: *Rectitudo naturalis voluntatis eius, scil. libertas, non corrumpitur per peccatum; illa enim est realiter ipsa voluntas nec ab ea separabilis* (In sent. II d. 30.

⟨III. Von dem Sohne Gottes.⟩¹

Item, es wird gelehret, daß Gott der Sohn sei Mensch worden, geborn aus der reinen Jungfrauen Maria, und daß die zwo Natur, die gottlich und menschlich, in einer Person also unzertrennlich vereiniget², ein Christus seind, welcher wahr Gott und wahr Mensch ist, wahrhaftig geboren, gelitten, gekreuzigt, gestorben und begraben, daß er ein Opfer wäre nicht allein fur die Erbsund, sunder auch fur alle andere Sunde³ und Gottes Zorn versohnet; item, daß derselbig Christus sei abgestiegen zur Helle, wahrhaftig am dritten Tag von den Toten auferstanden, aufgefahren gein Himmel, sitzend zur Rechten Gottes, daß er ewig herrsche uber alle Kreaturen und regiere, daß er alle, so an ihne glauben, durch den heiligen Geist heilige, reinige, stärke und troste, ihnen auch Leben und allerlei Gaben und Guter austeile und wider den Teufel und wider die Sunde schütze und beschirme; item, daß derselbig Herr Christus endlich wird offentlich kommen, zu richten die Lebendigen und die Toten etc., lauts des Symboli Apostolorum.

⟨III. De filio Dei.⟩

Item docent, quod verbum, hoc est, filius Dei, assumpserit humanam naturam in utero beatae Mariae virginis, ut sint duae naturae, divina et humana, in unitate personae inseparabiliter coniunctae, unus Christus, vere Deus et vere homo, natus ex virgine Maria, vere passus, crucifixus, mortuus et sepultus, ut reconciliaret nobis patrem et hostia esset non tantum pro culpa originis, sed etiam pro omnibus actualibus hominum peccatis. Idem descendit ad inferos et vere resurrexit tertia die, deinde ascendit ad coelos, ut sedeat ad dexteram patris, et perpetuo re|gnet ac dominetur omnibus creaturis, sanctificet credentes in ipsum, misso in corda eorum spiritu sancto, qui regat, consoletur et vivificet eos ac defendat adversus diabolum et vim peccati. Idem Christus palam rediturus est, ut iudicet vivos et mortuos etc., iuxta Symbolum Apostolorum.

---

2 wird in unsern Kirchen gelehret und gepredigt Sp   3/4 aus Maria der (+ rejnen D1 E) Jungfrauen Sp A1 h1 D1 E   5 die > Sp A1 h1 N1 D1 Ra [die] A2 M menschlich Natur A1 h1   6 also > Sp   unzergänglich N1   mit einander vereiniget Sp   7 und > A1 h1 D1 N1 E Ed. pr.   8 wahr > N1 M3 W   10 daß] domit Sp   12 versohnet + und ableinet⁴ Sp   item > Sp   13 sei > A1 h1 E   abstieg N1   13—24 Daß auch derselbig Christus warhafftig zur Hell abgestiegen und am dritten Tag vonn Toten auferstanden, zu himmel gefahren sei und sitze zur Rechten Gottes, ewig zu herrschen und regieren über alle Kreaturen; alle, die — zu heiligen, reinigen, stärken und trösten, ihnen auch das Leben — auszuteilen und wider den Teufel und Sünde zu beschützen und beschirmen, daß auch — werd endlich kummen Sp   14 wahrhaftig auferstanden ist am dritten Tag von den Toten, ufgefahrn A1 h1   auferstanden von den Toten 3   16 sitzet A1 h1   sitzt N1   19 von > A1 h1 N1 E   20 ihnen auch > A1 h1 N1 E   allerlei [Leben] Gaben und Guter E   20/21 Guter und Gaben 3   22 bschutze N1   25 die > N2 3   26 der heiligen Apostel Sp   Apostolorum + und werden verdampt allerlei Ketzereien, so diesem Artikel entgegen sind. Ed. pr.

2 Idem M2   3 assumpserat M1   naturam humanam K R S W   5 divinae et humanae F   6/7 coniunctae] continetur K R S W   9 et > M1 De Hü   9/11 mortuus [esset] sepultus bis esset ü. d. Z. (notarielle Approbation a. R.) V   13 Idem Hü V M2 (korr.) Ed. pr. alle anderen Item   descendit bis deinde a. R. Hü   ab inferis D De   14/6 tertia bis patris > D De   16 ut D De F M2   regnet A H N Ed. pr.   17 credenti K S   18 misse K (misso aus misse korr. S?)   19 reget N   regnat De   et] ac A D F H M2 N Ed. pr.   21 est rediturus A D F H M2 N Ed. pr.

---

q. 1. a. 3. dub. 4). Vor allem aber Zwingli: De vera et falsa religione S W III. CR 90, 708. De peccato originali declaratio SW V. CR 92, 372, 4: Sic ergo diximus originalem contagionem morbum esse, non peccatum, quod peccatum cum culpa coniunctum est. — Luther, Bekenntn. 1528: „Also verdamme ich auch beide, alt und neu Pelagianer, so die Erbsunde nicht wollen lassen Sünde sein, sondern solle ein Geprechen oder Feihl sein" usw. WA XXVI, 503,₇.   ³) Dagegen Wimpina WA XXX 3, 188.   ⁴) Diesen Fehler bezeugen auch Cochläus (CR 27, 90) und die deutsche Konfutation (Ficker S. 7).
¹) Vgl. dazu Ecks Art. 78—82. — Maurer, Studien (s. o. S. 51 A. 7).   ²) Vgl. das Chalcedonense unten S. 1105, Z. 6 bzw. 22.   ³) s. dazu S. 93, 9ff. 367, 18ff.   ⁴) ablenket.

Schwab.]   Der ander.

Daß allein der Sohn Gottes sei wahrhaftiger Mensch worden von der reinen Jungfrauen Maria geborn, mit Leib und Seele vollkommen, und nicht der Vater oder heiliger Geist sei Mensch worden, wie die Ketzer Patripassiani[1] gelehrt haben. Auch der Sohne nicht allein den Leib ohn Seele angenommen, wie die Photiner[2] geirret haben, denn er selbs gar oft im Evangelio von seiner Seelen redet, als do er spricht: „Meine Seele ist betrubt bis in den Tod" etc. Daß aber Gott der Sohn Mensch sei worden, stehet Joh. 1. klärlich also: „Und das Wort ist Fleisch worden", und Galat. 3.: „Da die Zeit erfullet ward, sandte Gott seinen Sohn, von einem Weibe geborn, unter das Gesetz getan."

Der dritte.

Daß derselbige Gottes Sohn, wahrhaftiger Gott und Mensch Jesus Christus, sei ein einige unzutrennliche Person, fur uns Menschen gelitten, gekreuziget, gestorben, begraben, am dritten Tag auferstanden vom Tode, aufgefahrn gen himmel, sitzend zur Rechten Gottes, herr uber alle Kreaturen etc., also daß man nicht glauben noch lehren soll, daß Jesus Christus als der Mensch oder die Menschheit fur uns gelitten habe, sondern also: Weil Gott und Mensch hie nit zwo Person, sonder ein unzutrennliche Person ist, soll man halten und lehren, daß Gott und Mensch oder Gottes Sohn wahrhaftig fur uns gelitten hat, wie Paulus Rom. 8. spricht: „Gott hat seines einigen Sohns nicht verschonet, sonder fur uns alle dahin gegeben." 1. Korint. 2.: „Hätten sie es erkannt, sie hätten den Herrn der Ehren nicht gekreuzigt", und dergleichen Spruch mehr. Rom. 8, 32. 1. Kor. 2, 8.

Na] 3) Zum dritten, daß der Sohn Gottes hab an sich genomen die menschlich Natur in dem Leib der heiligen Jungfrauen Maria, also daß die zween Natur, gottlich und menschlich, in der einigen Person unteilbar vereinigt, sein der einig Christus, wahrer Gott und wahrer Mensch, wahrhaftig geborn, gelitten, gekreuzigt, gestorben und begraben zu einem Opfer nit allein fur die Erbsund, sonder auch fur die wirkliche Sund aller Menschen. Er ist auch abgestiegen zu der hellen, am dritten Tag wahrhaftig erstanden, nachfolgend auf gen himel gefahrn, daß er sitz zu der Rechten des Vaters und ewiglich regier, rechtfertig, heilig, lebendig mach und beschütz alle, die an ihn glauben durch Sendung des heiligen Geists in ihre herzen. Er wird auch offentlich kommen und richten die Lebendigen und Toten, wie wir im Glauben bekennen. Matth. 26, 38. Joh. 1, 14. Gal. 4, 4.

Marb.] 2. Zum andern gläuben wir, daß nicht der Vatter noch heilger Geist, sondern der Sohne Gotts Vatters, rechter naturlicher Gott, sei Mensch worden durch Wirkung des heilgen Geists ohn Zutun männlichs Samens geporen von der reinen Jungfrauen Maria, leiblich vollkommen mit Leibe und Seele wie ein ander Mensch ohn alle Sonde etc.

3. Zum dritten, daß derselbig Gottes und Maria Sohne, onzertrennte Person Jesus Christus, sei fur uns gekreuziget, gestorben und begraben, auferstanden von Toten, aufgefahren gen himmel, sitzend zur Rechten Gottes, herr uber alle Kreaturen, zukunftig zu richten die Lebendigen und Toten etc.

Schwab.: 26 Menschheit] Mensch Heilbr.   30 Und Korin. Heilbr.   es > Heilbr.
Na: 8/9 begraben [daß er wär]   11 ist [aber]   18 Herzen [der da]

---

[1]) Ketzername der Kirchenväter (Cyprian, Ep 73, 4; CSEL III, 2, 781) für die modalistischen Monarchianer, die z. T. lehrten, daß der Vater in Christus selbst gelitten habe (RE³ 13, 303 ff. 324 ff. Tertullian, Adv. Praxean 2).   [2]) Anhänger des Photin v. Sirmium († 376). RE³ 15, 372 ff. Seeberg II³, 98.

⟨IV. Von der Rechtfertigung.⟩[1]

Weiter wird gelehrt, daß wir Vergebung der Sunde und Gerechtigkeit vor Gott nicht erlangen mogen durch unser Verdienst, Werk und Genugtun, sonder daß wir Vergebung der Sunde bekommen und vor Gott gerecht werden aus Gnaden umb Christus willen durch den Glauben, so wir glauben, daß Christus fur uns gelitten habe und daß uns umb seinen willen die Sunde vergeben, Gerechtigkeit und ewiges Leben geschenkt wird. Dann diesen Glauben will Gott fur Gerechtigkeit vor ihme halten und zurechnen, wie Sant Paul sagt zun Romern am 3. und 4.

Röm. 3, 21ff. 4, 5.

⟨IV. De iustificatione.⟩[2]

Item docent, quod homines non possint iustificari coram Deo propriis viribus, meritis aut operibus, sed gratis iustificentur propter Christum per fidem, cum credunt se in gratiam recipi et peccata remitti propter Christum, qui sua morte pro nostris peccatis satisfecit. Hanc fidem imputat[3] Deus pro iustitia coram ipso, Rom. 3 et 4.

---

2 Item in unseren Kirchen wird auch gelehrt und gepredigt Sp   3/8 Gerechtigkeit, die vor Gott gilt, nicht durch — erlangen mogen, sondern allein aus Gottes Gnaden um Christus willen, so wir glauben Sp   5 Gnugtuung D 2 3 E   5/6 Sondern wir erlangen (bekummen N 1 bekommen E) — und werden gerecht A 1 h 1 N 1 E   daß > N 1 A 2 (korr.) D 1   6 und werden D 1   8 so] daß W   9 habe > E hat Sp A 1 h 1 N 1 Lü M 3 10 vergeben + und dagegen die Sp   12 werde Sp   Dann > A 1 h 1 N 1   12/14 Auch daß Gott solchen Glauben welle uns zurechnen und halten fur ein soliche Gerechtigkeit und Frummkeit, die vor ihm gelte. Sp   14 wie denn — vierten Kapitel sagt. Sp   zurechnen, Ro. 3 und 4 A 1 h 1 N 1 E   Paulus (> Sankt) M K Ra   > am A 1 h 1   15 + So spricht auch (Und also spricht A 1 h 1) Sant (> A 1 h 1) Ambrosius im ersten Kapitel der ersten Epistel zun Korinthern (1. Kor. 1 A 1 h 1): Also ists von Gott verordnet (geordnet A 1 h 1), daß wer an Christum glaubt, soll selig werden ohn Zutun der Werke (selig werde und nicht durch Werke A 1 h 1) und (sondern A 1 h 1) allein durch den (> A 1 h 1) Glauben Vergebung der Sunde (Sunden A 1 h 1) aus Gnaden und umbsonst (> aus — umsonst A 1 h 1) erlangen (erlang A 1, erlange h 1) Sp A 1 h 1 (vgl. Art. VI.)

2/3 possent F F 1   possunt Conf   7 Christum + per fidem [cum credunt — propter Christum] N + [per fidem] A   7 quia F 1

---

[1]) Vgl. auch Art. XX und den Entwurf dazu S. 75ff.   [2]) Vgl. dazu Melanchthons Articuli visitationis CR 26,11f. (Daraus s. S. 57,1ff.). In der Apologie setzt sich Melanchthon eingehend mit der gegnerischen Lehre auseinander und erweitert in der Var. (z. T. mit Material aus der Apol.) den Artikel zu einer umfassenderen Schilderung des Rechtfertigungsvorgangs (s. S. 57, 52ff.). Der Satz: Hanc fidem imputat Deus pro iustitia fehlt in Var. [3]) Die Scholastiker gebrauchen den Imputationsbegriff in der Form: Deum non imputare peccatum homini (Thomas S. th. II, 1. qu. 113 a. 2 ad 2). Mit dieser auf die Strafe bezogenen Betrachtung brach Luther: Iniuria est gratiae dei, si solum istum phantasticum respectum (auf die Strafe) tollere doceatur, cum ... gratia dei renovet, mutet in novos homines transformet de die in diem et res ista serio agatur, non respectibus tollendis, sed substantia et vita mutandis (WA VII 109,17ff. R. Seeberg, Dogmengesch. IV 1, 1933[1], 202. O. Ritschl, Dogmengesch. d. Protestantismus II, 1912, 121ff. K. Holl, Ges. Auff. I, 1923[2.3], 118.) — Andr. Osiander hat nach seiner späteren Erzählung (aber nach der Übergabe Gußmann I 1, 469) Melanchthon eine Formulierung der Rechtfertigungslehre vorgeschlagen, mit dem Grundgedanken, „daß wir nicht den bloßen Glauben als eine Tugend, sondern Christum selbst, der durch den Glauben ergriffen wird und in uns wohnet, für unsere Gerechtigkeit hielten". W. Möller, A. Osiander, 1870, 130ff. Osianders Lehre kurz in Art. 7 u. 8 seiner Rechtfertigungsschrift 1530. Gußmann I 1, 306. E. Hirsch, Die Theologie des A. Osiander 55ff., 182ff. Schmidt-Schornbaum, Die fränkischen Bekenntnisse, 1930, 85ff., 116ff. In den fränkischen Gutachten tritt die Verbindung von Sündenvergebung und Gerechtmachung allgemein stark hervor. Ebenda S. 120ff.

IV. Von der Rechtfertigung.

Aus den Articuli visitationis] Est ... docendum, condonari nobis peccata non propter nostra merita, sed propter Christum[1] ... Item sunt docendi, quod etiam si habeamus merita et bona opera, tamen ea non valent ad placandum Deum iuxta illud: Dicite, inutiles servi sumus, Item: Non iustificabitur in conspectu tuo omnis vivens, sed quod Christi satisfactione iustificamur. Sic igitur diligenter ostendatur populo Christus, cur miserit eum Pater, ut scilicet satisfaceret pro peccatis nostris, et ut propter Christum receptis in gratiam detur Spiritus sanctus a quo sanctificentur, regantur et custodiantur electi credentes. ... Iustificatur ... homo per fidem, non ex humanis meritis seu operibus.

Luk. 17, 10. Ps. 143, 2.

Schwab.] Der funfte.

Nachdem nun alle Menschen Sunder seind, der Sunden und dem Tod, darzu dem Teufel unterworfen, ists unmuglich, daß sich ein Mensch aus seinen Kräften oder durch seine gute Werk herauswirke, damit er wieder gerecht und fromm werde. Ja kann sich auch nit bereiten oder schicken zur Gerechtigkeit, sonder je mehr er furnimbt, sich selbst herauszuwirken, je ärger es mit ihme wirdet. Das ist aber der einige Weg zur Gerechtigkeit und zur Erlosung von Sunden und Tod, so man ohn alle Verdienst oder Werk gläubt an den Sohn Gottes, fur uns gelitten etc., wie gesagt. Solcher Glaub ist unser Gerechtigkeit, denn Gott will fur gerecht, frumm und heilig rechnen und halten, alle Sunde vergeben und ewigs Leben geschenkt haben allen, die solichen Glauben an seinen Sohne haben, daß sie um seines Sohns willen sollen zue Gnaden genommen und Kinder sein in seinem Reich etc., wie das alles S. Paulus und Johannes in seinem Evangelio reichlich lehren, als Rom. 10.: „Mit dem Herzen glaubt man, so wird man gerecht etc." Rom. 4.: „Es wird ihne ihr Glaub zur Gerechtigkeit gerechnet." Joh. 3.: „Alle, die an den Sohne glauben, sollen nicht verloren werden, sondern das ewig Leben haben."[2]

Na] 5) Zum 5. daß wir Vergebung der Sunden und Rechtfertigung vor Gott durch einig unser Werk oder Genugtuung nit erwerben mugen, sonder wir empfahens frei lauter umbsonst, so wir glauben, daß uns die Sund durch Christum vergeben und wir zu Gnaden angenommen werden. Dann darumb ist Christus in die Welt kommen, daß alle, so an ihn glauben, nit verderben. Joh. 3. durch solchen Glauben an das Evangelium oder Verheißung der Gnaden empfahen wir den heiligen Geist, wie Paulus sagt zun Galat. 3, daß wir die Verheißung des Geists empfingen durch den Glauben.

Joh. 3, 16. Gal. 3, 14.

Röm. 10, 10. 4, 5. Joh. 3, 16.

Marb.] 5. Zum funften gläuben wir, daß wir von sollicher Sonde und allen andern Sonden sampt dem ewigen Tode erlost werden, so wir gläuben an solchen Gottessohne Jesum Christum, fur uns gestorben ꝛc., und außer solchem Glauben durch keinerlei Werk, Stand oder Orden ꝛc. los werden mogen von einiger Sonden ꝛc.

7. Zum siebenden, daß solcher Glaube sei unser Gerechtigkeit fur Gott, als umb wilchs willen uns Gott gerecht, fromme und heilig rechnet und hält, ohn alle Werk und Verdienst und dadurch von Sonden, Tod, helle hilft, zu Gnaden nimpt und selig macht umb seines Sohns willen, in wilchen wir also gläuben und dadurch seines Sohns Gerechtigkeit, Lebens und aller Güter genießen und teilhaftig werden, drum alle Klosterleben oder Gelübde, als zur Gerechtigkeit nutzlich, ganz verdampt sein.

Ed. pr.] Und nachdem die Menschen in Sunden geporen werden und Gottes Gesetz nicht halten, auch nicht von Herzen Gott lieben können, so wird gelehrt, daß wir durch unsere Werk oder Gnugtuung nicht können Vergebung der Sunden verdienen, werden auch nicht von wegen unser Werk gerecht geschätzt vor Gott, sonder wir erlangen Vergebung der Sunden und werden gerecht geschätzt vor Gott umb Christus willen aus Gnaden durch den Glauben, so das Gewissen Trost empfähet an der Verheißung Christi und gläubet, daß uns gewißlich Vergebung der Sunde geben wird und daß uns Gott wolle gnädig sein, uns gerecht schätzen und ewiges Leben geben umb Christus willen, der durch seinen Tod Gott versühnet hat und für die Sunde gnuggetan. Wer also wahrhaftig gläubet, der erlanget Vergebung der Sunde, wird Gott angenehm und für Gott gerecht geschätzt umb Christus willen. Roma. 3. u. 4.

Aus der C.A.Var.] Cum enim omnes homines naturali modo propagati habeant peccatum nec possint vere legi Dei satisfacere, evangelium arguit peccata et ostendit nobis mediatorem Christum et sic docet nos de remissione peccatorum.

24 gerecht] recht Ansb. Ulm   27 sollen] allein Ansb.   28/9 glaubt man + zue der Gerechtigkeit und mit dem Mund bekennt man zur Seligkeit Ansb. a.R. (2. Hand).

---

[1]) Ähnliche Formulierungen in der Dispositio orationis in epistolam ad Romanos (1529, 1530²) bei W. Maurer, Studien (1960) S. 179f.   [2]) Dagegen Wimpina WA XXX, 3, 188f.

⟨V. Vom Predigtamt.⟩ ⟨V. De ministerio ecclesiastico.⟩

Solchen Glauben zu erlangen, hat Gott das Predigamt eingesetzt[1], Evangelium und Sakrament geben, dadurch er als durch Mittel den heiligen Geist gibt[2], welcher den Glauben, wo und wenn er will, in denen, so das Evangelium hören, wirket[3], welches da lehret, daß wir durch Christus Verdienst, nicht durch unser Verdienst, ein gnädigen Gott haben, so wir solchs glauben.

Und werden verdammt die Wiedertaufer und andere, so lehren, daß wir ohn das leibliches [1] Wort des Evangelii den heiligen Geist durch eigene Bereitung, Gedanken und Werk erlangen[4].

Ut hanc fidem consequamur, institu- 1 tum est ministerium docendi evangelii et porrigendi sacramenta. Nam per ver- 2 bum et sacramenta tamquam per instrumenta donatur spiritus sanctus, qui fidem efficit, ubi et quando visum est Deo, in his, qui audiunt evangelium, scilicet quod Deus non propter nostra 3 merita, sed propter Christum iustificet hos, qui credunt se propter Christum in gratiam recipi. Gala. 3: Ut promissio- Gal. nem spiritus accipiamus per fidem. 3, 14.

Damnant Anabaptistas et alios, qui 4 sentiunt spiritum sanctum contingere hominibus sine verbo [1] externo per ipsorum praeparationes et opera.

2 Weiter wird in unseren Kirchen gelehrt und gepredigt, daß solchen — erlangen, Gott das Predigtambt eingesetzt und das Euangelion und die Sakrament gegeben habe Sp 4 er + uns Sp   dadurch als durch Mittel der heilig Geist wirkt und die Herzen tröst und Glauben gibt, wo Ed. pr.   durch] ein N 1   5 gebe, welcher heilig Geist Sp   6 den Glauben wirkt, wo Sp (wirke), A 1 h 1 N 1 A 2 (korr.), D 1 E 3 Lü   8 welchs Euangelium uns Sp   da > A 1 D 1 h 1 N 1 E Ed. pr. [da] A 2   wir nicht unser eigen, sondern durch Christus Verdienst, so wir solchs glauben, ein gnädigen, freundlichen Gott haben. Sp   9 nicht durch unser Verdienst > E Ed. pr.   11 Dabei werden auch Sp   12 die da lehren Sp 13 Geist erlangen A 1 h 1   14 Gedanken > Ed. pr.   15 den heiligen Geist erlangen. Sp

3 evangelium docendi N   docendi evangelium A   4/5 verba Conf   8 his] iis Ed. pr.   12 Gala. 3 — fidem > A D F H M 1.2 N Ed. pr. Wesel u. Cochläus lesen die Stelle (Coelestin II, 234), vgl. Na zu Art. IV   14 Damnat K Conf. Damnāt S W 16 externo hominibus per A D F H M 2 N (Conf. wie Text).

Cum evangelium arguit peccata nostra, corda perterrefacta statuere debent, quod gratis nobis propter Christum donentur remissio peccatorum et iustificatio per fidem, qua credere et confiteri debemus, haec nobis donari propter Christum, qui pro nobis factus est hostia et placavit patrem. ... Haec est firma et necessaria consolatio piis et perterrefactis mentibus. ... Et fidei vocabulum non solum cognitionem historiae de Christo significat, sed etiam credere et assentiri huic promissioni, quae est evangelii propria, in qua propter Christum nobis promittuntur remissio peccatorum, iustificatio et vita aeterna. ... Nam id beneficium est finis historiae.

[1]) Luther verstand das Predigtamt nicht klerikal. Das zeigt die ihm seit dem „Sermon von den guten Werken" (WA VI 250ff.) geläufige Gleichordnung der drei göttlichen Orden: Pfarramt, Ehe, Obrigkeit (so bes. im Bekenntnis von 1528 WA XXVI 504f.). S. Kattenbusch, Die Doppelschichtigkeit in Luthers Kirchenbegriff, 1928, 117ff.   [2]) Zum Verhältnis von Gnadenmitteln und Geist: Luther, Wider die himmlischen Propheten WA XVIII 136$_{14}$: „Die äußerlichen Stucke sollen und mussen vorangehen ... also daß er's beschlossen hat, keinem Menschen die innerlichen Stuck zu geben ohn durch die äußerlichen Stucke."   [3]) Fehlt noch in Na, aus Schwab. 7 aufgenommen. Vgl. auch Luther, Wider die himml. Propheten WA XVIII 139$_{23}$: „Im ... Wort kompt der Geist und gibt den Glauben, wo und wilchem er will." Nach anderen Äußerungen dieser Jahre hat sich Melanchthon damals noch zur Prädestination bekannt. Er hat sich aber in CA und Apol. (Ego in tota Apologia fugi illam longam et inexplicabilem disputationem de praedestinatione. Ubique sic loquor, quasi praedestinatio sequatur nostram fidem et opera. An Brenz 30. 9. 1531. CR 2, 547) und seitdem stets gescheut, die Frage aufzurollen. Vgl. H. Engelland, Melanchthon 1931, 145ff. 403ff. 568ff. Dazu H. E. Weber, Reformation, Orthodoxie und Rationalismus I, 1. 1937, 151ff. E. Schlink, Theol. der luth. Bekenntnisschriften 1946², 388ff.   [4]) Franck: „ohne Mittel" wirkt das Wort. Hegler, Geist und Schrift bei Seb. Franck, 1892, 89ff. Schwenckfeld,

Schwab.]   Der siebente.

Solchen Glauben zu erlangen oder uns Menschen zu geben, hat Gott eingesetzt das Predigambt oder mundlich Wort, nämlich das Evangelion, durch welches er solichen Glauben und seine Macht, Nutz und Frucht verkundigen läßt, und gibt auch durch dasselbige als durch ein Mittel den Glauben mit seinem heiligen Geist, wie und wo er will. Sonst ist kein ander Mittl noch Weise, weder Wege noch Stege, den Glauben zu bekommen; dann Gedanken außer oder fur dem mundlichen Wort, wie heilig sie scheinen, seind sie doch eitel Lugen und Irrtumb.

Na] 4) Zum vierten, daß der heilig Geist geben werd durch das Mittel des Worts und der Sakrament, wie Paulus sagt: „Der Glaub kombt aus dem Gehör." hie werden verworfen die Wiedertaufer und ihrsgleichen, die das Wort und die Sakrament verachten, meinen, der heilig Geist werd erlangt durch menschlich Zubereitung. Rom. 10, 17.

Schwab.]   Der sechste.

Daß solcher Glaube sei nicht ein menschlich Werk noch aus unsern Kräften muglich, sondern es ist ein Gotteswerk und Gabe, die der heilige Geist durch Christum gegeben in uns wirket, und solcher Glaub, wo er nit ein loser Wahn oder Dunkel des Herzens ist, wie die Falschgläubigen haben, sondern ein kräftiges, neues, lebendigs Wesen, bringet er viel Frucht, tut immer Guts gegen Gott mit Loben, Danken, Beten, Predigen und Lehren, gegen dem Nächsten mit Lieb, Dienen, Helfen, Raten, Geben und Leiden allerlei Ubels bis in den Tod.

Marb.] 8. Zum achten, daß der heilig Geist, ordentlich zu reden, niemands solchen Glauben oder seine Gabe gibt, ohn vorgehend Predigt oder mundlich Wort oder Euangelion Christi, sonder durch und mit solchem mundlichen Wort wirkt er und schafft den Glauben, wo und in welchem er will. Ro. 10. Rom. 10, 17.

6. Zum sechsten, daß solcher Glaube sei ein Gabe Gottes, den wir mit keinen vorgehenden Werken oder Verdienst erwerben noch aus eigener Kraft machen konnen, sondern der heilig Geist gibt und schafft, wo er will, denselbigen in unsern Herzen, wenn wir das Euangelion oder Wort Christi horen.

Var.] Itaque instituit Christus ministerium docendi evangelii, quod praedicat poenitentiam et remissionem peccatorum. Estque utraque praedicatio universalis. Omnium peccata arguit et omnibus credentibus promittit remissionem peccatorum, ut non sit incerta remissio, sed ut omnes perterrefactae mentes sciant se debere credere, quod certo donetur nobis remissio peccatorum propter Christum, non propter merita aut dignitatem. Et cum hoc modo consolamur nos promissione seu evangelio et erigimus nos fide, certo consequimur remissionem peccatorum et simul datur nobis spiritus sanctus. Nam spiritus sanctus datur et est efficax per verbum Dei et per sacramenta. Cum evangelium audimus aut cogitamus aut sacramenta tractamus et fide nos consolamur, simul est efficax spiritus sanctus ... Cum igitur fide nos consolamur et liberamur a terroribus peccati per spiritum sanctum, concipiunt corda ceteras virtutes, agnoscunt vere misericordiam Dei, concipiunt veram dilectionem, verum timorem Dei, fiduciam, spem auxilii divini, invocationem et similes fructus spiritus ...[1]).

---

5 solichen] seinen Ulm   6 Frucht] Frummen Ulm   16 nit sei Straßb. Ulm   17 wirke heilbr.   18 wo] weil Ansb. Straßb. Ulm   loser] ploßer Straßb. Ulm

---

Vom Lauf des Wortes Gottes 1527. Corp. Schwenckf. II 677, 31ff. (Wörtliche Ablehnung der Anm. 2 zit. Lutherstelle.) Iudicium über die Augsb. Konfession 1530. C. Schw. III 895ff. Mit „Bereitung" sind die allen Spiritualisten gemeinsamen Anweisungen des „Entgröbens", „Verwunderns", „Ausgehens", der „Langeweile", „Gelassenheit" usw. gemeint. Vgl. Luthers Schilderung der „himmlischen Propheten" WA XVIII 137ff. „Setzen die Tötunge des Fleisches vorn an zuerst für den Glauben, ja für das Wort" (S. 139, 5). Müntzer, Außgetrückte Emplößung (Pol. Schriften, hrsg. v. C. Hinrichs 1950), S. 45f.: Der Mensch wird „nach langer Zucht darzu leer gemacht".   [1]) Die Wendung: ubi et quando visum est Deo fehlt.

⟨VI. Vom neuen Gehorsam.⟩

Auch wird gelehrt, daß solcher Glaube gute Frucht und gute Werk bringen soll, und daß man musse gute Werk tun[1], allerlei, so Gott geboten hat[2], um Gottes willen, doch nicht auf solche Werk zu vertrauen, dadurch Gnad fur Gott zu verdienen. Denn wir empfahen Vergebung der Sunde und Gerechtigkeit durch den Glauben an Christum, wie Christus selbs spricht: „So ihr dies alles getan habt, sollt ihr sprechen: wir sein untüchtige Knecht[3]." Also lehren auch die Väter. Dann Ambrosius spricht: „Also ist's beschlossen bei Gott, daß, wer an Christum glaubet, selig sei und nicht durch Werk, sonder allein durch den Glauben, ohn Verdienst, Vergebung der Sunden hab."

Luk. 17,10.

⟨VI. De nova oboedientia.⟩

Item docent, quod fides illa debeat 1 bonos fructus parere et quod oporteat bona opera mandata a Deo facere propter voluntatem Dei, non ut confidamus per ea opera iustificationem coram Deo mereri. Nam remissio peccatorum et 2 iustificatio fide apprehenditur, sicut testatur et vox Christi: Cum feceritis haec omnia, dicite, servi inutiles sumus. Idem docent et veteres scriptores ec- 3 clesiastici. Ambrosius enim inquit: Hoc constitutum est a Deo, ut qui credit in Christum, salvus sit sine opere, sola fide, gratis accipiens remissionem peccatorum[4].

Schwab.] 6. Vgl. Art. V.
Marb.] 10. Zum zehnten, daß solcher Glaube durch Wirkung des heiligen Geistes hernach, so wir gerecht und heilig dadurch gerechent und worden sind, gute Werke durch uns übet, nämlich die Liebe gegen den Nähsten, beten zu Gott und leiden allerlei Verfolgung.

Na] 6) Zum 6. daß dieser Glaub gute Werk mit sich bring oder daß man von noten gute Werk muß ton, darumb daß es Gott haben will, wiewohl man damit Vergebung der Sund und Rechtfertigung vor Gott nit verdient, sonder die werden uns vergebens[5] geschenkt, so wir glauben, daß uns der Vater umb Christus willen zu Gnaden angenommen und wir gerechtfertigt seien, wie dann die alten Lehrer reden als Ambrosius die Epistel zun Korinthern: „Das ist von Gott beschlossen, daß wer an Christum glaubt, selig werd ohne Werk und vergebens durch den Glauben Vergebung der Sund empfahen."

---

2 Ferner wird in unseren Kirchen gelehrt und gepredigt, daß beruhrter Glaub Sp   daß + ein N2 M 3 Lü   4 und > A 1 h 1   man gute Werk müsse tun 3 Lü   man gute Werk und allerlei — willen tun soll, nicht durch solche Werk Gottes Gnad zuverdienen. Sp   5 willen, wiewohl wir durch solche Werk nicht Gnad vor Gott verdienen A 1 h 1   7 dadurch — verdienen] daß wir durch unsere Werk Gottes Gesetz gnugtun oder von wegen unser Werk gerecht geschätzt werden. Ed. pr.   Gnad — verdienen a. R. D 1   7/17 Denn bis hab > Sp A 1 h 1. Dafür steht: Dann (sondern A 1 h 1) Vergebung der Sunde und Gerechtigkeit, die vor Gott gilt (> die — gilt A 1) werde (wird uns [uns A 1] A 1 h 1) aus Gnaden umb Christus willen allen denen (> allen denen A 1 h 1) geschenkt (+ denen A 1 h 1), die da (> A 1 h 1) glauben, daß ihnen Gott umb Christus willen (willen Gott A 1 h 1) gnädig sein welle (woll A 1, wolle h 1). — Vgl. zu Art. IV.   8 Sunde und werden gerecht geschätzt durch den Glauben umb Christus willen Ed. pr.   10 selbs > N 1 D 1 E   13 spricht: Also > N 1   16 den > E   17 hab [Gnade vor Gott zu verdienen] D 1

2 Idem M 2   3 parere > H   5 non ut per ea opera gratiam coram deo mereamur M 1   6 opera > De   7 mereri coram deo D De   mereri > H   9 feceritis [bonum] haec M 1 (2. Hand)   11/16 Idem bis peccatorum > De   12 Ambrosius > H   21 wiewohl [sie]   24 daß [wir umb]

---

[1]) Eck Art. 198—202. — Luther, Sermon von den guten Werken WA VI 202ff.   [2]) Im Gegensatz zu den Art. XX, 3 (S. 76, 3) und XXVI, 2 (S. 100, 18 ff.) genannten unnötigen Werken.   [3]) Vgl. Art. vis. oben S. 57, Z. 4.   [4]) Ambrosiaster In ep. I. ad Cor. 1, 4. MSL 17, 195. Loofs, Dogmengesch. § 50,8a (zur Geschichte des Begriffs sola fides s. Register 4. Aufl. S. 964). — Der Art. ist in Var. neu gefaßt und stark erweitert: item docent, quod cum fide reconciliamur, necessario sequi debeat iustitia bonorum operum ... Placet igitur haec oboedientia, non quia legi satisfaciat, sed quia persona est in Christo reconciliata fide ... Semper igitur sentiendum est, nos ... acceptari gratis propter Christum per fidem. Postea vero placere etiam oboedientiam erga legem et reputari quandam iustitiam et mereri praemia.   [5]) umsonst

⟨VII. Von der Kirche.⟩

Es wird auch gelehret, daß alle Zeit musse ein heilige christliche Kirche sein und bleiben, welche ist die Versammlung aller Glaubigen, bei welchen das Evangelium rein gepredigt und die heiligen Sakrament lauts des Evangelii gereicht werden[1]. Dann dies ist gnug zu wahrer Einigkeit der christlichen Kirchen, daß da einträchtiglich nach reinem Verstand das Evangelium gepredigt und die Sakrament dem gottlichen Wort gemäß gereicht werden. Und ist nicht not zur wahren Einigkeit der christlichen Kirche, daß allenthalben gleichformige Ceremonien, von den Menschen eingesetzt, gehalten werden[2], wie Paulus spricht zun Ephesern am 4.: „Ein Leib, ein Geist, wie ihr berufen seid zu einerlei Hoffnung euers Berufs, ein Herr, ein Glaub, ein Tauf." Eph. 4, 5, 6.

⟨VII. De ecclesia.⟩

Item docent, quod una sancta ecclesia[1] perpetuo mansura sit? Est autem ecclesia congregatio sanctorum[4], in qua evangelium pure docetur et recte administrantur sacramenta[5]. Et ad veram unitatem ecclesiae satis est consentire de doctrina evangelii et de administratione sacramentorum. Nec necesse est ubique similes esse traditiones humanas seu ritus aut cerimonias ab hominibus institutas; sicut inquit Paulus: Una fides, unum baptisma, unus Deus et pater omnium etc.[6] 1 W 30 2 3 4

Schwab.] Der zwelffte.
Daß kein Zweifel sei, es sei und pleibe auf Erden ein heilige christliche Kirch bis an der Welt Ende, wie Christus spricht Matth. am letzten: Siehe, ich bin bei euch bis an der Welt Ende. Solche Kirch ist nit ander dann die Glaubigen an Christo, welche obgenannte Artikel und Stuck halten, glauben und lehren und darüber verfolgt und gemartert werden in der Welt. Denn wo das Euangelion gepredigt wird und die Sakrament recht ge- Matth. 28, 20.

Na] 7) Zum 7. daß ein heilige christliche Kirch ewiglich bleiben werd. Die Kirch aber ist ein Versammlung der Heiligen, darin das Evangelium gepredigt und die Sakrament gereicht werden. Und zu Einikeit der Kirchen ist genug, daß man des Evangeliums und der Sakrament halben ubereinkomm, aber daß die Ceremonien und ander menschlich Ordnung allenthalben gleich sein, ist nit von noten, wie Christus sagt: „Das Reich Gottes kombt nit mit einem Luk. 17, 20.

---

2 Weiter wird in unsern Kirchen gelehrt und gepredigt Sp   4 welche + da Sp   6 heiligen > Sp   8 ist] sei Sp + und rechter Sp   9/12 daß man – predige – Gottes Wort gemäß reiche Sp   11 gepredigt + werde A1 h1 [werde] A2 N2   12 und daß zu rechter und wahrer – nicht von noten sei, daß die Ceremonien – allenthalben gleichformig gehalten Sp   nicht > N1   13 zu der wahren 3 Lü   zu wahrer R D1 E Ed. pr.   15 den > überall außer M3 W 3 Lü   von [einem] D2   16 wie + denn Sant Paul Sp   Ephes. 4 N1 E   17 Glaub + und Sp   25 halten > Straßb. Ulm   26 darüber Verfolgung und Marter williglich gedulden Ansb. (korr. von 2. Hand)

2 Septimo Item K   5 recte docetur A D F H M 1.2 N (Conf.: pure).   8 de > A H M2 Ed. pr.   10 esse similes D F H N Ed. pr.   humanas S a.R.   13 et > A 19 Na: Kirch (1.) [oder Versammlung]

---

[1]) Luthers Bekenntnis von 1528, die Grundlage der Schwab. Art.: „Demnach gläube ich, daß eine heilige christliche Kirche sei auf Erden, das ist die Gemeine und Zahl oder Versammlung aller Christen in aller Welt, die einige Braut Christi und sein geistlicher Leib ... Und dieselbige Christenheit ist nicht allein unter der römischen Kirchen oder Bapst, sondern in aller Welt..., daß also unter Bapst, Türken, Persern, Tattern und allenthalben die Christenheit zurstrauet ist leiblich, aber versammlet geistlich in einem Euangelio" (WA XXVI 506₃₀).   [2]) s. den 1. Torgauer Art. u. S. 108, 13 ff.   [3]) Dazu vgl. Maurer, Studien (o. S. XXI.).   [4]) Die aus dem Apostolikum stammende, ursprünglich neutrisch gefaßte Formel communio sanctorum (s. S. 24) bedeutet im Mittelalter teils Anteilnahme an den Sakramenten, teils an den Verdiensten der Heiligen (R. Seeberg, Dogmengesch. III⁴ 568 Anm. 1), bei Thomas beides (Expositio symboli art. X. Opusc. VI. P. Althaus, Communio sanctorum I, 1929, 15 f.). Bei Luther wandelt sie sich in die communio gegenseitiger Anteilnahme und Hingabe, innerhalb der congregatio sanctorum (Christenheit). Althaus, 37 ff., 54 ff. Holl, Ges. Aufs. I².³, 293 ff., 320 ff. Schott ThLZ 76, 1951, 567. Vgl. auch u. S. 235, 29 ff. 655 ff.   [5]) Vgl. dazu Schwab. Art. und Na, außerdem u. S, 297, 20. 397, 18.   [6]) Eck, Art. 169 f.,

⟨VIII. Was die Kirche sei?⟩

Item, wiewohl die christliche Kirche eigentlich nicht anders ist dann die Versammlung aller Gläubigen und Heiligen, jedoch dieweil in diesem Leben viel falscher Christen und Heuchler, auch offentlicher Sünder unter den Frommen bleiben, so sind die Sakrament gleichwohl kräftig, obschon die Priester, dadurch sie gereicht werden, nicht fromm sind, wie dann Christus selbs anzeigt: „Auf dem Stuhl Moysi sitzen die Pharisäer etc."

Matth. 23, 2.

Derhalben werden die Donatisten[2] und alle andere verdammt, so anderst halten.

⟨VIII. Quid sit ecclesia?⟩

Quamquam ecclesia proprie[1] sit congregatio sanctorum et vere credentium, tamen, cum in hac vita multi hypocritae et mali admixti sint, licet uti sacramentis, quae per malos administrantur, iuxta vocem Christi: Sedent scribae et pharisaei in cathedra Moysi etc. Et sacramenta et verbum propter ordinationem et mandatum Christi sunt efficacia, etiamsi per malos exhibeantur. 1

2

Damnant Donatistas et similes, qui negabant licere uti ministerio malorum in ecclesia et sentiebant ministerium malorum inutile et inefficax esse. 3

---

braucht, do ist die heilige christenliche Kirche, und sie ist nit mit Gesetzen und äußerlicher Pracht an Stätte und Zeit, an Person und Gebärde gebunden[3]. Böser darunter sein, mogen wir uns wohl und ohn Gefahr brauchen der Sakrament, so durch die Bösen gereicht werden, wie Christus sagt: „Uf dem Stuhl Mosi sitzen Schriftgelerten und Pharisäer", und sein die Sakrament und das Wort kräftig von wegen der Einsetzung und Ordnung Christi, ob sie gleich durch die Bösen werden gehandelt. Hie werden verworfen die Donatisten und andre, die da lehrten, man sollte keins Bosen Dienst in der Kirchen gebrauchen, dann was er handelt, wär unkräftig.

2/3 Ferner wird in unsern Kirchen gelehrt und gepredigt, wiewohl — sei Sp   3 eigentlich > Sp   5 jedoch] dennoch Sp   6 Heuchler sein M M3   7 Sündiger M K Ra   so > A1 h1 N1 [so] A2   7/10 bleiben, nichts dest minder die Sakrament, wiewohl auch durch bose Priester gehandelt und gereicht, kräftig sind. Sp   8 Sakramenta M K Ra   ob sie schon durch die Priester Ra M K [durch]   10 dann > A1 h1 N1 D1   selbs > A1 h1 N1 D1   11 anzeigt] sagt Matthäi am 22. Sp   13/4 Derhalben bis halten > Sp N1   14 halten, verdammt 3 Lü   17 do] das Heilbr.

---

8 in cathedra korr. aus super cathedram W   etc. > K   10 sint D De F M 2   21 Böser [werden untergemischt]

320f. — Var.: Est autem ecclesia Christi proprie congregatio membrorum Christi, hoc est sanctorum, qui vere credunt et oboediunt Christo, etsi in hac vita huic congregationi multi mali et hypocritae admixti sunt usque ad novissimum iudicium. Habet autem ecclesia proprie dicta signa sua, scilicet puram et sanam evangelii doctrinam et rectum usum sacramentorum. Et ad usw. wie oben.

[1]) Vgl. Apol. S. 234, 26ff. und Var.: Cum autem in hac vita admixti sint ecclesiae multi mali et hypocritae, qui tamen societatem habent externorum signorum cum ecclesia, licet uti... Dazu H. Bornkamm, Die Kirche in der Confessio Augustana (in: Das Jahrhundert der Reformation, 1966[2], 133ff.).   [2]) Strenge Gruppe der afrikanischen Kirche Anfang 4. Jh., die den Bischöfen, die sich in der Diocletianischen Verfolgung unwürdig gehalten hatten, das Amtscharisma absprach und ihre Weihen für ungültig erklärte. Der Hinweis auf sie ist Luthers Bekenntnis von 1528 entnommen (vgl. zu Art. IX). Luther gründete sein Urteil nicht mit Augustin (Ep. 173, 3; MSL 33, 754; CSEL 44, 642_9; Contra ep. Parm. II 13, 29; MSL 43, 71; CSEL 51, 80_{27}) und der kath. Kirche (Decr. Greg. III 42, 3) auf den in Taufe und Weihe verliehenen character indelebilis (WA VI 562_{30}, 567_{22}), sondern auf die Freiheit des göttlichen Wortes von Menschenheiligkeit. Von der Wiedertaufe 1528. WA XXVI 163, $_{15}$ff.   [3]) Wimpina WA XXX 3, 191.

VIII. Was die Kirche sei? — IX. Von der Taufe.

⟨IX. Von der Taufe.⟩

Von der Tauf wird gelehret, daß sie notig sei, und daß dadurch Gnad angeboten werde; daß man auch die Kinder taufen soll, welche durch ¹ solche Tauf Gott uberantwort und gefällig werden¹.

Derhalben werden die Wiedertaufer verworfen, welche lehren, daß die Kindertauf nicht recht sei².

⟨IX. De baptismo.⟩

De baptismo docent, quod sit necessarius ad salutem, quodque per baptismum offeratur gratia Dei, et quod pueri sint bap'tizandi, qui per baptismum oblati Deo recipiuntur in gratiam Dei.

Damnant Anabaptistas, qui improbant baptismum puerorum et affirmant sine baptismo pueros salvos fieri³.

Schwab.] Der neunde.

Daß die Tauf, das erst Zeichen oder Sakrament, stehet in zweien Stucken, nämlich im Wasser und Wort Gottes, oder daß man mit Wasser taufe und Gottes Wort spreche und sei nicht allein schlecht Wasser oder Begießen, wie die Tauflästerer itzt lehren. Sonder weil Gottes Wort darbei ist und sie auf Gottes Wort gegrundet, so ists ein heilig, lebendig, kräftig Ding, und wie Paulus sagt Tit. 3. und Ephe. 5., ein Bad der Wiedergeburt und Verneuerung des Geists etc., und daß solche Tauf auch den Kindlein zu reichen und mitzuteilen sei. Gottes Wort aber, darauf sie stehet, seind diese: „Gehet hin und taufet im Namen des Vaters, Sohns und Heiligen Geists" Matth. am letzten und Qui crediderit et baptizatus fuerit, „Wer glaubt und getauft wird, soll selig werden", da muß man glauben etc.

Na] 8) Zum 8. daß man die Kindlein taufen soll und das sie durch die Tauf Gott furgetragen und zu Gnaden angenommen werden. Hie werden abermals verworfen die Wiedertaufer, die da sagen, der Tauf sei den Kindern kein Nutz und daß die Kindlein auch ohne Tauf selig werden.

Tit. 3, 5.
Eph. 5, 26 ff.
Matth. 28, 19.
Marc. 16, 16.

Marb.] 9. Zum neunten, daß die heilige Taufe sei ein Sakrament, das zu solchem Glauben von Gott eingesetzt ist, und weil Gottes Gebot: Ite, baptizate und Gottes Verheißung drinnen ist: Qui crediderit, so ists nicht allein ein leddig Zeichen oder Losung unter den Christen, sonder ein Zeichen und Werk Gottes, dorin unser Glaube gefordert, durch welchen wir zum Leben widder geporn werden.

14. Zum vierzehenden, daß der Kinder Taufe recht sei und sie dadurch zu Gottes Gnaden und in die Christenheit genommen werden.

---

2 Weiter wird in unseren Kirchen gelehret und geprediget von der Tauf, daß sie von noten sei, daß auch dardurch Gottes Gnad uns angeboten werde, zudem, daß man die Kinder taufen soll. Dann die Kinder werden durch die Tauf Sp   3 wird A 1 H 1 N 1 E   4 solle N 2 3 Lü   7 Daneben werden auch verworfen Sp   8 welche] die Sp N 2 M 3 Lü A 2 (vor Korr.) + da Sp N 2 M A 2   9 sei + und daß man die Kinder nicht taufen soll Sp   18 dieweil Straßb. Ulm   20 und (I.) > Ansb.   Ephe 4. Heilbr.   22 D. S. H. G. Heilbr.   23 Qui — fuerit > Ansb. Straßb. Ulm

---

3 quod et K   6 Deo oblati Conf   recipiantur M 2 N De   9 affirmant pueros sine Ed. pr.   10 pueros > N

---

¹) Luthers Tauflehre im Sermon von dem hl. hochwürd. Sakrament der Taufe 1519, WA II 727 ff., und im 4. Hauptstück des gr. u. kl. Kat. Kinder taufen heißt: sie ad Christum praesentem und manus gratiae aperientem in terra offerre (an Melanchthon 13. 1. 1522; WABr II 426₉₉). Luthers Lehre von der Kindertaufe in der Predigt der Kirchenpostille 3. Epiphan. WA XVII 2, 78 ff., aus der Eck Art. 227 zitiert. R. Seeberg, Dogmengesch. IV, 1. 1933⁴, 377 ff. (Lit.). Althaus ThLitZtg 73. 1948, 705 ff.   ²) Luther, Bekenntnis von 1528, WA XXVI 506₁₈: Die Taufe ist„ nicht falsch noch unrecht, ob sie gleich etliche ohn Glauben empfingen oder gäben oder sonst mißbrauchten. Derhalben ich die Lehre der Widdertaufer und Donatisten, und wer sie sind, so widdertäufen, gänzlich verwerfe und verdamme" s. S. 61, Anm. 1. Vgl. auch Luthers Schrift: Von der Wiedertaufe an zwei Pfarrherrn 1528, WA XXVI 144 ff. Vgl. auch Art. vis. und Unt. d. Vis. bei Hoffmann ZsystTh 15. 1938, 469.   ³) Eck, Art. 227—233. Var. leicht umgeformt, zitiert Matth. 18,14.

⟨X. Vom heiligen Abendmahl.⟩ ⟨X. De coena domini.⟩

Von dem Abendmahl des Herren wird also gelehrt, daß wahrer Leib und Blut Christi wahrhaftiglich unter der Gestalt[1] des Brots und Weins im Abendmahl gegenwärtig sei und da ausgeteilt und genommen werde. Derhalben wird auch die Gegenlehr verworfen[2].

De coena Domini docent, quod corpus et sanguis Christi vere[3] adsint et distribuantur vescentibus in coena Domini; et improbant[4] secus docentes[5].

---

2 Ferner wird in unsern Kirchen von dem Sakrament des Altars und Wahrleichnams unsers Herrn gelehrt und gepredigt, daß der — Christi in diesem Sakrament unter — Weins wahrhaftig gegenwärtig Sp   4 der > D 1 E Ed. pr.   6 allda Sp N2 A2 M R D2 3 Lü genommen] entpfangen Sp   7 wird A 1 h 1 Ed. pr.   wirdet E   Derhalben dabei auch — wird Sp

4 vescentibus > M 2

---

¹) Erscheinungsform. Vielleicht Anklang an kath. Sprachgebrauch wie in den Thesen Wimpinas u. a. gegen die Schwab. Art.: „Im Sakrament Eucharistiä ... bekennen wir, daß wiewohl vor der Tirmung (= Konsekration) Brot und Wein da sei, aber nach der Tirmung hinfürder gestehen wir nicht, daß Brot und Wein da bleib, besondern allein die Gestalt derselbigen und unter jetlicher Gestalt der wahrhaftige Leib und Blut Christi und der ganze Christus unzerteilt und vollkommen enthalten" (WA XXX 3; 190, 10ff.). Vgl. 4. Laterankonzil 1215: Corpus et sanguis in sacramento altaris sub speciebus panis et vini veraciter continentur, transsubstantiatis pane in corpus et vino in sanguinem potestate divina (Mirbt, Quellen 1924⁴, 179). Calinich Zwiss Theol 1873, 541ff. Thieme 265ff. Dagegen Luther u. S. 452, 1ff. und F. C. 801, 5. 1010, 15. Die Confutatio (Ficker 40, CR 27, 107) verstand den Art. im Sinne der Transsubstantiation (vgl. u. S. 247¹), die Melanchthon jedoch ablehnte (CR 2, 224, 620).   ²) Für Luther vor allem: Vom Abendmahl Christi 1528 WA XXVI 261ff., und sein Bekenntnis (s. S. 65, 1), Kl. u. gr. Kat. — „Gegenlehre": vor allem Karlstadt, Schwenckfeld, Zwingli, dessen Lehre in letzter Form in seiner Schrift: Antwort über Dr. Martin Luthers Buch Bekenntnis genannt. Werke II 2, 94ff. Schuler-Schultheß. Gegen die Verwerfung, die von später Überlieferung (Marbach, Christl. Unterricht v. d. Worten d. Einsetzung d. hl. Abendm. Straßb. 1565. S. 149) als Zusatz Luthers ausgegeben wurde, hatte sich Phil. v. Hessen vergeblich gewandt (Briefw. mit Melanchthon u. Brenz CR 2, 92ff.). Er unterzeichnete nur mit Bedenken (Jonas an Luther 30. (?) 6. 1530. WA Br 5; 427, 29). Lit. zum Art. bei Gußmann, Quellen I 1, 398. H. Gollwitzer, Coena Domini. 1937. S. 65ff. E. Bizer, Studien zur Geschichte des Abendmahlsstreits im 16. Jahrhundert. 1940. S. 25ff. Edm. Schlink, Theol. d. luth. Bekenntnisschriften. 1946². S. 216ff. Wilhelm Maurer, Zum gesch. Verständnis der Abendmahlsartikel in der Conf. Aug. Festschrift für Gerh. Ritter. 1951. S. 164—209. Walther Köhler, Zwingli und Luther II. 1953.   ³) Dagegen wurden in letzter Stunde Bedenken erhoben, wie Schnepf berichtet in seinem Bekenntnis vom Abendmahl 1555: Notum est omnibus qui deliberationi illi Augustanae anno Domini MDXXX. interfuere, in qua Confessio recens scripta, priusquam Carlo V. imperatori Romano offeretur, censurae Principum Theologorum, eorum quoque, qui nostris Principibus a consiliis fuere, et duarum civitatum legatis subiiciebatur, quam ob causam placuerit eo tempore, solo adverbio „vere", quamquam ambiguo, ut tum a multis disputabatur, uti: cum nemo tum omnium eorum, qui Augustanae Confessioni adiuncti et in hunc deliberantium congressum admissi erant, cum Zwinglianis sentiret. Interfui enim et ipse, et pars quaedam eorum quae gerebantur quamquam nullo meo merito fui: ne quis me referre ab aliis audita existimare et testimonio meo idcirco pondus detrahere possit. (E. S. Cyprian, Hist. d. Augsp. Conf. 1730, 66).   ⁴) nur hier, sonst damnant oder reiiciunt. Vgl. dazu H. W. Gensichen, Damnamus, 1955, 70ff.   ⁵) Vgl. die Widmung von Melanchthons Sententiae veterum aliquot scriptorum de coena domini (1530. CR 23, 733ff. bes. 748f.) an Myconius: Mitto tibi locos veterum scriptorum de coena Domini ..., qui testantur, illos idem sensisse, quod nos sentimus, videlicet corpus et sanguinem Domini vere adesse in coena dominica (CR 2, 29). Ed, Art. 235—243.

X. Vom heiligen Abendmahl.

Luthers Bekenntnis von 1528] Ebenso rede ich auch und bekenne das Sakrament des Altars, daß daselbst wahrhaftig der Leib und Blut im Brot und Wein werde mündlich geessen und getrunken, obgleich die Priester, so es reichen, oder die, so es empfangen, nicht gläubeten oder sonst mißbrauchten (WA XXVI 506, 21).

Schwab.]   Der zehende.

Daß Eucharistia oder des Altars Sakrament steht auch in zweien Stucken, nämlich daß sei wahrhaftiglich gegenwärtig im Brot und Wein der wahre Leib und Blut Christi lauts der Wort Christi: „Das ist mein Leib, das ist mein Blut", und sei nicht allein Brot und Wein, wie itzt der Widerteil furgibt. Diese Wort fordern und bringen auch zu dem Glauben, uben auch denselbigen bei allen denen, so solchs Sakrament begehren und nicht dawider handeln, gleich wie die Tauf auch den Glauben bringt und gibt, so man ihr begehrt.

Na] 9) Zum 9. daß der Leib und das Blut Christi warhaftig sei und ausgeteilt werde in dem Abendmahl, und werden die, so ein anders lehren, verworfen.

Matth. 26, 26ff.

Marb.] Vom Sakrament des Leibs und Bluts Christi[1].

15. Zum funfzehenten gläuben und halten wir alle von dem Nachtmahle unsers lieben Herrn Jesu Christi, daß man bede Gestalt nach der Insatzung Christi prauchen solle, daß auch die Messe nicht ein Werk ist, damit einer dem andern tot oder lebendig Gnad erlange, daß auch das Sakrament des Altars sei ein Sakrament des wahren Leibs und Pluts Jesu Christi, und die geistliche Nießung desselbigen Leibs und Pluts einem jeden Christen furnehmblich von notten. Desgleichen, der Brauch des Sakraments, wie das Wort von Gott, dem Allmächtigen, gegeben und geordnet sei, damit die schwachen Gewissen zu Glauben zu bewegen durch den heiligen Geist, und wiewohl aber wir uns, ob der wahr Leib und Plut Christi leiblich im Brot und Wein sei, dieser Zeit nit vergleicht haben, so soll doch ein Teil jegen dem andern christliche Liebe, so fer jedes Gewissen immer leiden kann, erzeigen, und bede Teil Gott, den Allmächtigen, fleißig bitten, daß er uns durch seinen Geist den rechten Verstand bestätigen wolle. Amen.

Wittenberger Konkordie 1536]

1. Confitentur iuxta verba Irenaei, constare Eucharistiam duabus rebus, terrena et coelesti[2]. Itaque sentiunt et docent, cum pane et vino vere et substantialiter adesse, exhiberi et sumi corpus Christi et sanguinem.

2. Et quanquam negant fieri transsubstantiationem, nec sentiunt fieri localem inclusionem in pane aut durabilem aliquam coniunctionem extra usum Sacramenti: tamen concedunt sacramentali unione panem esse corpus Christi, hoc est, sentiunt porrecto pane simul adesse et vere exhiberi corpus Christi. Nam extra usum, cum asservatur in pixide aut ostenditur in processionibus, ut fit a Papistis, sentiunt non adesse corpus Christi.

3. Deinde hanc institutionem Sacramenti sentiunt valere in Ecclesia, nec pendere ex dignitate ministri aut sumentis. Quare sicut Paulus ait, etiam indignos manducare, ita sentiunt porrigi vere corpus et sanguinem Domini etiam indignis et indignos sumere, ubi servantur verba et institutio Christi. Sed tales sumunt ad iudicium, ut Paulus ait, quia abutuntur Sacramento, cum sine poenitentia et sine fide eo utuntur. Ideo enim propositum est, ut testetur illis applicari beneficia Christi et fieri eos membra Christi, et ablui sanguine Christi, qui agunt poenitentiam et erigunt se fide in Christum. (CR 3, 75 f.)[3].

1. Kor 11, 27ff.

Var.] De coena domini docent, quod cum pane et vino vere exhibeantur corpus et sanguis Christi vescentibus in coena domini[4].

---

6 sei [in dem Abendmahl unter denen so] Na   11 der] das Heilbr.   12 so] die Straßb.
13 Glauben [üben] bringt Heilbr.   ihr begehrt] glaubt Heilbr.

[1]) Vgl. dazu die von lutherischer Seite in Marburg vorgelegte Einigungsformel: „Wir bekennen, daß aus vermög dieser Wort „Das ist mein Leib, das ist mein Blut" der Leib und das Blut Christi wahrhaftiglich (hoc est substantive et essentialiter, non autem quantitative vel qualitative vel localiter) im Nachtmahl gegenwärtig sei und gegeben werd" (W. Köhler, Das Marb. Religionsgespräch 1529, Schr. d. VRG Nr. 148. 1929, S. 131).
[2]) Adv. haer. IV 18, 5. II, 205 ff. Harvey.   [3]) Lat. Text zum Vergleich mit CA und Var., deutsch bei Bizer S. 117 ff., leicht verändert FC S. 977 f.   [4]) Die Verwerfung fehlt.

⟨XI. Von der Beichte.⟩   ⟨XI. De confessione.⟩

Von der Beicht wird also gelehrt, daß man in der Kirchen privatam absolutionem erhalten und nicht fallen lassen soll, wiewohl in der Beicht nicht not ist, alle Missetat und Sunden zu erzählen, dieweil doch solches nicht moglich ist, Psalm 18.: „Wer kennet die Missetat¹?"

De confessione docent, quod absolutio privata in ecclesiis retinenda sit, quamquam in confessione non sit necessaria omnium delictorum enumeratio. Est enim impossibilis iuxta psalmum: Delicta quis intelligit?²

Ps. 19,13.

⟨XII. Von der Buße.⟩   ⟨XII. De poenitentia.⟩

Von der Buß wird gelehrt, daß diejenigen, so nach der Tauf gesündigt haben, zu aller Zeit, so sie zur Buße kommen, Vergebung der Sünden erlangen, und ihnen die Absolution von der Kirche nicht soll geweigert werden. Nun ist wahre rechte Buß³ eigentlich

De poenitentia docent, quod lapsis post baptismum contingere possit remissio peccatorum quocumque tempore, cum convertuntur, et quod ecclesia talibus ad poenitentiam redeuntibus debeat absolutionem impartiri. Constat

---

Schwab.]   Der eilffte.   Na] 10) Zum 10. daß die sonderlich Absolution in der Kirchen soll gehalten werden, wiewohl in der Beicht nit not sei, alle Sund zu erzählen, dann das ist unmöglich.

Daß die heimliche Beicht nicht solle erzwungen werden mit Gesetzen, so wenig als die Taufe, Sakrament, Evangelien sollen erzwungen sein, sonder frei, doch daß man wisse, wie gar tröstlich und heilsam, nutzlich und gut sie sei den betrübten oder irrigen Gewissen, weil darinnen die Absolution, das ist Gottes Wort und Urteil, gesprochen wird, dadurch das Gewissen los und zufrieden wird von seinem Bekummernus, sei auch nicht not alle Sunde zu erzählen, man mag aber anzeigen die, so das Herz beißen und unruhig machen⁴.

Marb.] Von der Beicht.

11. Zum eilften, daß die Beicht oder Ratsuchung bei seinem Pfarrherr oder Nähsten wohl ongezwungen und frei sein soll, aber doch fast nutzlich den betrübten, angefochten oder mit Sünden beladenen oder in Irrtumb gefallen Gewissen allermeist umb der Absolution oder Tröstung willen des Euangelii, wilchs die rechte Absolution ist.

---

2 Weiter wird in unsern Kirchen von der Beicht also gelehrt und gepredigt Sp   3 der christlichen Kirchen die Sp   absolutionem [derhalb] D2   4 in kein Weg fallen soll lassen Sp   soll und nicht fallen lassen A 1 h 1   5 von noten sei Sp   Missetaten M₃ W 7 ist > E   dann solchs doch unmoglich sei Sp   wie im 18. Psalm stehet Sp N2 A2 D2 M Lü 8 Missetaten Sp M₃   10 wird + also N2 A2 D2 M R Lü   gelehrt + und gepredigt Sp die[jenigen] Sp   die N2 A2 M R D2   11 allzeit Sp D2 N2 A2 Lü   alle Zeit M R 3 12 bußen und sich bessern Sp   mogen Vergebung Sp M₃ W Konf   so sie bekehrt werden Ed. pr.   13 und + daß Sp M N2 3 Lü   [daß] A2   soll ihnen A 1 h 1   14 nicht soll > W   14 geweigert + und versagt Sp   15 werden soll D 1 E   Daß auch ein rechte, wahre Buß sei, Reu und Leid und Schrecken über die Sünde haben Sp N2 M   Nun] und M₃ W N1   24 machen] + auch nit allein den geweichten Pfaffen, sonder auch ein jeder einem andern verständigen, frummen Christen, bei dem er Gotts Wort und Trost zu finden weiß. Ansb. *(von 2. Hand a. R.)*

5 enumeratio] enuntiatio K R S W, vgl. auch Wesel und Cochläus bei Cölestin II 235   7 intelliget K S W *(korr.)* + etc. K S   13 cum] dum Conf.   14 redeuntibus ad poenitentiam A D F H M 1.2 N R Ed. pr.   15 impartiri debeat Ed. pr.

---

¹) „Die bäpstische Beicht ist nicht geboten, nämlich alle Sunde zu erzählen, das auch unmüglich ist, wie im neunzehenten Psalm stehet: „Wer merket auf die Fehle"? ... Zum Brauch des Sakraments in solcher Verhöre sollen die Leute auch vermahnet werden, zu beichten, daß sie unterricht werden, wo sie irrige Fälle hätten in ihren Gewissen, auch daß sie Trost empfahen, wo rechte reuige Herzen sind, so sie die Absolution hören." Unt. d. Vis. WA XXVI 220. Dgl. Luthers kl. Kat. (s. u. S. 517 ff.). Die Beichte sämtlicher Sünden gefordert: Conc. Lateran. (1215), cap. 21 (Mirbt, Quellen⁴ 181), die Lehre der CA verurteilt: Conc. Trid. sess. XIV, cap. 7. — Dgl. auch Art. XXV.   ²) Ed. Art. 254. In Var. sind Art. XI und XII umgestellt.   ³) Wörtl. Anklang an Unt. d. Vis. WA XXVI 218₂₆.   ⁴) Dagegen Wimpina WA XXX 3, 190.

XI. Von der Beichte. — XII. Von der Buße.

nichts anderes dann Reue und Leid oder Schrecken haben über die Sünde und doch daneben glauben an das Evangelium und Absolution, daß die Sünde vergeben und durch Christum Gnad erworben sei, welcher Glaub wiederum das Herz tröstet und zufrieden machet. Darnach soll auch Besserung folgen, und daß man von Sünden lasse; dann dies sollen die Fruchte der Buß sein wie Johannes spricht Matth. 3.: „Wirket rechtschaffene Frucht der Buß."

Matth. 3, 8.

Hie werden verworfen die, so lehren, daß diejenigen, so einst seind fromm worden, nicht wieder fallen mugen².

Dagegen auch werden verdammt die Novatiani³, welche die Absolution denen, so nach der Tauf gesündigt hatten, weigerten.

Auch werden die verworfen, so nicht lehren, daß man durch Glauben Vergebung der Sünde erlange, sondern durch unser Genugtun.

autem poenitentia proprie his duabus partibus: altera est contritio seu terrores incussi conscientiae agnito peccato, altera est fides, quae concipitur ex evangelio seu absolutione et credit propter Christum remitti peccata et consolatur conscientiam et ex terroribus liberat¹. Deinde sequi debent bona opera, quae sunt fructus poenitentiae.

Damnant Anabaptistas, qui negant semel iustificatos posse amittere spiritum sanctum; item, qui contendunt, quibusdam tantam perfectionem in hac vita contingere, ut peccare non possint.

Damnantur et Novatiani, qui nolebant absolvere lapsos post baptismum redeuntes ad poenitentiam.

Reiiciuntur et isti, qui non docent remissionem peccatorum per fidem contingere, sed iubent nos mereri gratiam per satisfactiones nostras⁴.

Na] 11) Zum 11. daß die, so nach der Tauf gesündigt haben, mogen zu einer jeden Zeit durch die Buß verneuet werden und daß die Kirch schuldig sei, solchen die Absolution mitzuteilen. Die Buß aber stehet in zweien, erstlich in der Reue oder Schrecken des Gewissens, so man die Sund erkennt, zum andern in dem Glauben, den man aus dem Evangelio oder Absolution empfähet, so man glaubt, daß uns die Sund durch Christum vergeben werden und also das Gewissen getrost und gestärkt wird. Alsdann sollen folgen die guten Werk als Fruchte der Buß. Hie werden verworfen die Novatianer, die niemand, so nach der Tauf gesündigt, zur Buß und Absolution wollten kommen lassen. Hie werden auch verworfen die, so lehren, Vergebung der Sund durch unser Genugtuung und nit durch Christum erlangen. Desgleichen die Wiedertaufer so lehren, welcher einmal rechtfertig worden, der mog nit mehr fallen.

1 nichts anders dann > M₃ W N1   2/3 dagegen Sp A1 H1   4 vergeben + sei A1 H1 Gottes Gnad Sp   5 sei > A1 H1   6 Herz wiederumb Sp N2 A2 D2 M R3 Lü   7 machet] setzt Sp   daß auch darnach soll Besserung folgen und von Sünden gelassen werden. Sp   8/11 dann bis Buß > Sp A1 H1   10/11 recht schaffene Frucht der > W   12 Darneben werden auch Sp   13 daß die einsten sind frumm worden Sp   14 wiederumb Sp   17 Es werden auch Sp N2 M A2 3 Lü   18 abschlugen den, so Sp   wegerten denen A1 H1 N1   19 hätten M₃   21 durch + den Sp N2 A2 M 3 Lü   Glauben, sonder — Genugtuung, Vergebung Sp   wir durch Glauben ohn unser Verdienst umb Christus willen Vergebung der Sünden erlangen, sondern daß wir solchs durch unser Werk und Lieb verdienen. Auch werden verworfen diejenige, so lehren, daß canonicae satisfactiones not seien zu Bezahlung der ewigen Peen oder des Fegfeuers. Ed. pr.   23 Genugtuung Sp D 2 3 Lü E

13 negant a. R. N (hinter iustificatos)   22 gratiam] remissionem peccatorum M 1

---

¹) Wie im Unt. d. Dif. (WA XXVI 219₃₁ff.) entgegengesetzt dem kath. Aufriß: contritio, confessio, satisfactio. Decr. Grat. II, 33. qu. 3 de poen. d. 3 c. 8 (vgl. dazu S. 289 Anm. 2). Lehre des Konzils zu Florenz nach der Bulle Eugens IV. 22. 11. 1439 (Mirbt, Quellen⁴ 236₃₈). Ihre Verwerfung durch Luther (Sermo de poenitentia 1518, WA I 319ff. De capt. bab. WA VI 543ff.) wurde in der Bulle Exsurge Domine (Mirbt, Quellen⁴ S. 257₂₁) verurteilt.
²) Hans Denk, Dom Gsatz, ThStKr 24, 1851, 162ff. Nach Schwendfeld ist der Wiedergeborene „wesentlich gerecht", Corp. Schw. III, 890₁₄. Doch vgl. seine Schrift: Auflösung einer Frag, ob ein Sünder auch ein Christ sei 1560. Ecke, Schwenkf. 119. Als Lehre Schw.s verurteilt von der FC I 12 (f. S. 825₃₇). Franck zählte den Punkt ebenfalls als Täuferlehre in seiner Chronica

⟨XIII. Vom Gebrauch der Sakramente.⟩

Vom Brauch der Sakrament wird gelehrt, daß die Sakrament eingesetzt sind nicht allein darum, daß sie Zeichen seien, dabei man äußerlich die Christen kennen muge¹, sondern daß es Zeichen und Zeugnus seien gottlichs Willens gegen uns, unsern Glauben da-
M 42 durch zu erwecken' und zu stärken, derhalben sie auch Glauben fordern und dann recht gebraucht werden, so man's im Glauben empfähet und den Glauben dadurch stärket.

⟨XIII. De usu sacramentorum.⟩

De usu sacramentorum docent, quod 1 sacramenta instituta sint, non modo ut sint notae professionis inter homines, sed magis ut sint signa et testimonia voluntatis Dei erga nos, ad excitandam et confirmandam fidem in his, qui utuntur, proposita. Itaque ' utendum est 2 sacramentis ita, ut fides accedat, quae credat promissionibus, quae per sacramenta exhibentur et ostenduntur².

Schwab.]   Der achte.

Bei und neben solchem mundlichen Wort hat Gott auch eingesetzt äußerliche Zeichen, nämlich die Tauf und Eucharistiam, durch welche neben dem Wort Gott auch den Glauben und seinen Geist anbeut und gibt und stärkt alle, die sein begehrn.

Na] 12) Zum 12. daß die Sakrament nit allein zu einem Zeichen unter den Menschen sein eingesetzt, sonder viel mehr zu einer Zeugnus des gottlichen Willens gegen uns, item zu stärken den Glauben in denen, die ihr gebrauchen. Darumb soll man sie also handlen, daß man glaub den Verheißungen, so durch die Sakrament werden furgetragen.

---

2 Gebrauch A 2   wird + in unsern Kirchen gelehrt und geprediget Sp   4 darumb eingesetzt sind, dabei als bei Zeichen, die Christen äußerlich zu erkennen, sondern daß sie — Gottes gnädigen Willens gegen uns sind Sp   5 muge] kann N 1   8 derhalben] daß sie Sp   9 fordern + und erheischen Sp   alsdann recht und nutzlich Sp   10 man sie 3 Lü   11 stärket] + Darumb werden diejenigen verworfen, so lehren, die Sakrament machen gerecht ex opere operato³ ohne Glauben, und lehren nicht, daß dieser Glaub dazu getan soll werden, daß da Vergebung der Sünde angeboten werde, welche durch Glauben, nicht durchs Werk erlangt wird. Ed. pr.

---

4 notae] nostrae K S   nre *darüber* signa W   notae (*korr. aus* nore) R   professionis] promissionis N   8 Itaque > F 1   9 ita > M 1   quae] qui M 1   11 ostenduntur] + Damnant igitur illos, qui docent, quod sacramenta ex opere operato³ iustificent, nec docent fidem requiri in usu sacramentorum, quae credat remitti peccata. Ed. pr. Conc

---

1565, III, 167 b, war aber selbst hier zurückhaltend. Hegler, Geist u. Schrift bei Seb. Franck S. 179. Auf diesen Punkt der täuferischen Lehre hat offenbar U. Rhegius in Augsburg besonders aufmerksam gemacht. Plitt II S. 355.   ³) Strenge Gruppe in Rom Mitte 3. Jh., die den in der Verfolgung Abgefallenen, dann auch Unzüchtigen und Mördern Wiederaufnahme in die Gemeinde verweigerte. Vgl. Luthers Bekenntnis 1528: „Vergebung der Sünden ist nicht auf einmal als in der Taufe zu gewarten, wie die Novater lehren." WA XXVI 507₁₄. Weitere Urteile Luthers über sie WA LVI 327₁, LVII hebr. 181₁₈, XLVII 306₂₃ff.   ⁴) Ed, Art. 258—266. In Var. (Art. XI) erweitert und umformuliert, poenitentia als conversio impii erklärt. Reiiciunt et indulgentias, quae sunt condonationes commenticiarum satisfactionum (1542 wieder gestr.).

¹) Zwingli, Gutachten im Ittinger Handel SW III. CR 90, 535₅ff. Von dem Tauf SW IV 226₂₉ff. De peccato orig. SW V 392₂₄ff. Auch Luther, Sermon v. d. Beichte WA XV 491₃₋₁₇ (bes. lat. Übers. EA op. v. a. 3, 428f.). Gegen Zwingli WA XXIII 269₁₉.   ²) Var. Zusatz: Hac fide accipimus promissam gratiam, quam sacramenta significant, et spiritum sanctum.   ³) Nicht: ex opere operantis (Var. erläutert: sine bono motu utentium). Seit 13. Jh. übliche Formel, Loofs, Dogmengesch. III, § 66, 3 c. Einzige Vorbedingung ist: non ponere obicem (Augustin Ep. 98, 10; MSL 33, 364; CSEL 34, 532₁₄; Innoc. III. Decr. Greg. III 42, 3. Denzinger, Enchiridion¹⁶˙¹⁷ Nr. 411). Duns, In sent. IV 17. q. un. 13 f. Biel, In sent. IV, 1. q. 1 B. Luther WA XL, 1; 219₃ff. Luthers Lehre als 1. Satz in der Bulle Exsurge domine (Mirbt Nr. 417), die der CA in Trid. sess. VII. can. 8 verurteilt.

⟨XIV. Vom Kirchenregiment.⟩

Vom Kirchenregiment wird gelehrt, daß niemand in der Kirchen offentlich lehren oder predigen oder Sakrament reichen soll ohn ordentlichen Beruf[1].

⟨XV. Von Kirchenordnungen.⟩

Von Kirchenordnungen, von Menschen gemacht, lehret man diejenigen halten, so ohn Sund mugen gehalten werden[2] und zu Frieden und guter Ordnung in der Kirche dienen, als gewisse Feier, Feste und dergleichen[3]. Doch geschieht Unterricht dabei, daß man die Gewissen nicht damit beschweren soll, als sei solch Ding notig zur Seligkeit. Darüber wird gelehrt, daß alle Satzungen und Traditionen, von Menschen dazu gemacht, daß man dadurch Gott versuhne und Gnad verdiene, dem Evangelio und der Lehre

⟨XIV. De ordine ecclesiastico.⟩

De ordine ecclesiastico docent, quod nemo debeat in ecclesia publice docere aut sacramenta administrare nisi rite vocatus.

⟨XV. De ritibus ecclesiasticis.⟩

De ritibus ecclesiasticis docent, quod 1 ritus illi servandi sint, qui sine peccato servari possunt et prosunt ad tranquillitatem et bonum ordinem in ecclesia, sicut certae feriae, festa et similia.

De talibus rebus tamen admonentur 2 homines, ne conscientiae onerentur, tamquam talis cultus ad salutem necessarius sit.

Admonentur etiam, quod traditiones 3 humanae, institutae ad placandum Deum, ad promerendam gratiam et ad satis-

Schwab.] Der Siebenzehent.

Daß man die Ceremonien der Kirchen, welche wider Gottes Wort streben, auch abtue, die andern aber frei lasse sein, derselbigen zu gebrauchen oder nicht, nach der Liebe, damit man nicht ohn Ursach leichtfertige Ärgernus gebe oder gemeinen Friede ohn Not betrube; was aber der Satzung sein, daß alle Ding in der Kirchen ordenlich zugehen[4], die lehren wir von Frieden und Einikeit wegen zu halten, als da sein Ordnung der Feiertag, Gesäng und dergleichen. Man soll sie aber nit nötig noch verdienstlich machen.

Na] 13) Zum 13. daß alle Satzung, so durch Menschen in der Christenheit gesetzt sein, Gnad und Rechtfertigung dadurch zu erlangen, sein unchristlich und verletzen Christi Ehr und Verdienst, darumb die Klostergelübd, Unterschied der Tag und Speis, unehelich leben und dergleichen Menschenfund zu der Rechtfertigung untuglich sein.

Marb.] 13. Zum dreizehnten, daß man heißt Tradition menschlich Ordnung in geistlichen oder Kirchen Geschäften, wo sie nicht widder offentlich Gottes Wort streben, mag man frei halten oder lassen, darnach die Leute sind, mit denen wir umbgehen, in allwege unnotig Ärgernus zu verhutten, und durch die Liebe den Schwachen und gemeinem Friede zu Dienst etc.

2 Von N1 E gelehrt + und gepredigt Sp   3 Kirchen ohn ordentlichen Beruf A2 M R 3 Lü D2 N2   4 oder + auch die Sp   soll, er sei denn zuvor darzu ordentlich berufen Sp   5 ordentlichen Beruf] so A1 D1 M3 N2 *(von später Hand gestr.)* Ed. pr. Konf. offentlichen W   7 Kirchenordnung und Cerimonien Sp   Kirchenordnung Ed. pr. Konf   8 gemacht] aufgericht, wird gelehrt und gepredigt, daß man die Cerimonien, so Sp   9 gehalten mogen Sp   10 und + zu Lü M3 D2 (> und)   11 dienen, halten soll, als Sp   13 domit nicht Sp D1 N1 E   14 als sollten solche Ding zur Seligkeit von noten sein, beschweren soll Sp   soll, als seien solche Ordenung nötige Gottesdienst, ohne die niemand für Gott gerecht werden könne. Ed. pr.   Seligkeit + etc. N1   15 Darneben wird auch Sp   16 dazu] der Meinung *alle außer* Sp A1 H1 N1 M3 W   Gott dardurch zu versohnen und Gottes Gnad zu verdienen Sp   17/18 versuhne oder Vergebung der Sunde verdiene oder gerecht fur Gott geschätzt werde Ed. pr.   22/23 dieselbigen Ulm   23 prauchen Ulm   24 Ursachen Straßb.

2/3 quod *bis* docere > F 1   8 observandi K   12 tamen rebus D De   18 ad (2.) > Ed. pr.

---

[1]) Gegen Eck Art. 267 f. Rite vocatus zu sein, vornehmlich als Doktor (Steinlein, Luthers Doktorat, NkZ 1912, 757 ff.), war Luther ein Trost in Anfechtung. „Die vocatio tut dem Teufel sehr wehe", WATR I 90. Rietschel, Luther und die Ordination, 1889². Allg. Priestertum und Amt: WA VI 408₁₃. Von den Schleichern und Winkelpredigern WA XXX 3, 519 ff. Nagel, Luthers Anteil an der C. A. 1930, 121 ff.   [2]) Dgl. Unt. d. Vis. WA XXVI, 222 f. 228₇ ff. u. Torg. Art. f. u. S. 107, 23 ff.   [3]) f. o. S. 42 Anm. 7.   [4]) Dgl. 1. Kor. 14, 40.

vom Glauben an Christum entgegen seind. Derhalben sein Klostergelübde und andere Tradition von Unterschied der Speise, Tage[1] etc., dadurch man vermeint, Gnad zu verdienen und für Sünde genug zu tun, untüchtig und wider das Evangelium.

faciendum pro peccatis, adversentur evangelio et doctrinae fidei. Quare vota 4 et traditiones de cibis et diebus etc., institutae ad promerendam gratiam et satisfaciendum pro peccatis, inutiles sint et contra evangelium[2].

⟨XVI. Von der Polizei[3] und weltlichem Regiment.⟩

⟨XVI. De rebus civilibus.⟩

Von Polizei und weltlichem Regiment wird gelehret, daß alle Obrigkeit in der Welt und geordente Regiment und Gesetze gute Ordnung, von Gott geschaffen und eingesetzt seind, und daß Christen mögen in Oberkeit, Fürsten- und Richter-Amt ohne Sünde sein, nach kaiserlichen und anderen üblichen Rechten Urteil und Recht sprechen, Übeltäter mit dem Schwert strafen, rechte Kriege führen, streiten, kaufen und verkaufen, aufgelegte Eide tun, Eigens

De rebus civilibus docent, quod legi- 1 timae ordinationes civiles sint bona opera Dei, quod christianis liceat gerere 2 magistratus, exercere iudicia, iudicare res ex imperatoriis et aliis praesentibus legibus, supplicia iure constituere, iure bellare, militare, lege contrahere, tenere proprium, iurare postulantibus magistratibus, ducere uxorem, nubere.

Schwab.] Der vierzehent.

Daß indes, bis der Herr zu Gericht kummt und alle Gewalt und Herrschaft aufheben wird, solle man weltliche Oberkeit und Herrschaft in Ehren halten und gehorsam sein als einem Stand von Gott verordnet, zu schützen die Frummen und zu steuern die Bösen, daß solichen Stand ein Christ, wo er darzu ordentlich berufen wird, ohne Schaden und Fahre seines Glaubens und Seligkeit wohl führen oder darinnen dienen mag. Rom. 13. 1. Petr. 2[4].

Na] 15) Zum 15.[5] von bürgerlichen Wesen, daß rechtmäßige bürgerliche Ordnungen ein gut Werk Gottes seien, daß ein Christ mög ein Oberkeit führen, Gerichtsübung gebrauchen, urteilen nach jetzigen kaiserlichen Rechten, das Übel mit Recht strafen, rechtmäßig Krieg führen, kaufen und ander Contract machen, eigene Güter haben, uf Erforderung der Oberkeit schweren, heiraten etc. Hie werden abermals die Wiedertaufer verworfen, die solchs alles einem Christen verbieten; desgleichen die, so die evangelische Vollkummenheit nit uf Gottes Furcht und Glauben, sonder in Zerrüttung bürgerlicher Einikeit stellen. Dann wiewohl das Evangelium lehret ein ewige Gerechtikeit im Herzen, so verwurft es doch die äußerliche Ordnung und Regiment dadurch gar nit, sonder will solche gehandhabt haben als ein Ordnung Gottes, die Liebe darin zu üben. Derhalb ein Christ schuldig ist, der Oberkeit und ihren Satzungen gehorsam zu sein, es wär dan, daß sie etwas Unchristlichs und wider Gott gebieten, dann da soll man Got mehr gehorchen dann den Menschen.

Marb.] Von der Oberkeit. 12. Zum zwölften, daß alle Oberkeit und weltliche Gesetze, Gericht oder Ordnung, wo sie sind, ein rechter, gutter Stand sind und nicht verpotten, wie etliche Bapstische und Widdertäufer lehren und halten, sondern daß ein Christ, so dorin beruffen oder geporn, wohl kann durch den Glauben Christi sellig werden etc., gleich wie Vatter- und Mutterstand, Herr- und Frauenstand etc.

2 Derhalben + so N2   Derhalben auch die Sp   3 der Tage Z Lü   Tage > M K Ra
4 Gnad] Vergebung der Sund und Seligkeit Ed. pr.   5 fur + die Sp A2 N2 M Z Lü
6 Evangelium + sind Sp   11 Gesetze] gesatzte N1 E   13 und > daß auch Sp   die Christen
Sp Lü   14 in] ihr Sp   ihre W   16 üblichen] loblich N1   urteilen Z Lü W

6 sunt M1   11 quod] et K R S W Conf.   13 imperatoris K   16 iusiurandum
postulantibus magistratibus dare Ed. pr.   17 nubere > R W   38 mehr [furchten]

[1]) Fasttage der römischen Kirche: Freitag, die Quadragesima vor Ostern, die Vigilfasten vor den großen Festen, die Quatemberfasten (Mittwoch, Freitag, Sonnabend vor Ostern, Pfingsten, in der 3. September- und 3. Adventswoche).   Zur Kasuistik der Fastenspeisen vgl. LThK III 966f.   [2]) Vgl. dazu WABr V 476f. 492₆ff. 508₉ff. 523f. 525f. XXX 2, 413ff.   [3]) Staatsordnung (πολιτεία)   [4]) Dazu Wimpina WA XXX 3, 192.   [5]) Na springt bei der Numerierung.

XVI. Von der Polizei und weltlichem Regiment.

haben, ehelich sein etc.[1]

Hie werden verdammt die Wiedertaufer, so lehren, daß der obangezeigten keines christlich sei[2].

Auch werden diejenigen verdammt, so lehren, daß christliche Vollkommenheit sei, Haus und Hof, Weib und Kind leiblich verlassen und sich der beruhrten Stuck äußern[3]; so doch dies allein rechte Vollkommenheit ist, rechte Furcht Gottes und rechter Glaube an Gott. Dann das Evangelium lehrt nicht ein äußerlich, zeitlich, sondern innerlich, ewig Wesen und Gerechtigkeit des Herzen und stoßet nicht um weltlich Regiment, Polizei und Ehestand, sonder will, daß man solchs alles halte als wahrhaftige Gottesordnung, und in solchen Ständen christliche Liebe und rechte gute Werk, ein jeder nach seinem Beruf, beweise. Derhalben seind die Christen schuldig der Oberkeit untertan und ihren Geboten und Gesetzen gehorsam zu sein in allem, so ohn Sunde geschehen mag. Dann so der Oberkeit Gebot ohn Sund nicht geschehen mag, soll man Gott mehr gehorsam sein dann den Menschen. Actuum 5[4].

Damnant Anabaptistas, qui interdicunt haec civilia officia christianis.

Damnant etiam illos, qui evangelicam perfectionem non collocant in timore Dei et fide, sed in deserendis civilibus officiis, quia evangelium tradit iustitiam aeternam cordis. Interim non dissipat politiam aut oeconomiam, sed maxime postulat conservare tamquam ordinationes Dei et in talibus ordinationibus exercere caritatem. Itaque necessario debent christiani oboedire magistratibus suis et legibus, nisi cum iubent peccare; tunc enim magis debent oboedire Deo quam hominibus. Actuum 5.

M 43

Apg. 5, 29.

---

2 Dabei Sp   3 beruhrter Stuck keins Sp   5 Es werden auch die verdammet, die da lehren Sp   diejenigen] die Sp M N2 Lü Au hie R 3   8 beruhrten] oben angezeigten Sp obangezeigten A1 h1   vorberuhrten N1 A2   9 dann dies sei allein die Sp   dies] das N2 M A2 3 Lü   12 äußerlich + und Sp   zeitlich > E   13 sondern + ein Sp N2 A2 M R   Wesen und a. R. M A2   14/15 stößt bis Ehestand nicht umb Sp (das weltlich) N2 M R 3 Lü A2 (korr. aus: Regiment nicht um)   um > E   stößt nicht um] verwirft nicht Ed. pr.   17 Gottesordnung] Ordnung Konk   19 Werk beweise, ein jeder Sp A1 h1 N1 N2   21 der] ihrer Sp   + zu sein A1 h1   22 und Gesetzen > Sp M3 W Konk   und in 3 Lü   23 mag, gehorsam zu sein Sp N2 A2 M R   23/26 Dann bis am 4. > Sp A1 h1   der Obrigkeit ohne Sunde Gehorsam 3 Lü   26 Alle Hdschr. haben am 4. später korr. M

---

3 hacc > Conf   officia] iudicia M 2   5 etiam] et H Ed. pr.   11/12 ordinationem D De   13 necessarie M 1   15 et > K R S W   17 Actuum 5. > M 1 Actorum 5. Hü

---

[1]) Luther, Von weltl. Obrigkeit WA XI 254ff. Ob Kriegsleute auch in seligem Stande sein können WA XIX, 625ff. Melanchthon, Loci 1521, 244 Kolde[4]. Werke II, 1. S. 158ff. Articuli visitationis CR 26, 16f. H. Bornkamm, Die Frage der Obrigkeit (in: Jahrhundert der Reformation, 1966², 291ff.).   [2]) Zu den Anschauungen der Täufer über Staat, Ehe, Eid, Eigentum Holl, Ges. Auff. I², 454ff. H. J. Hillerbrand, die pol. Ethik d. oberdeutschen Täufertums, 1962. Menn. Lex. I 511ff. 538ff. II 201ff. Abweichend Hans Denck, „Widerruf" (1527), Schriften II (1956), 110 und bei Seb. Franck, Chronica III 168b. Über Francks Stellung zum Eigentum H. v. Schubert, Der Kommunismus der Wiedertäufer in Münster u. seine Quellen. Sitz.-Ber. d. heidelb. Ak. d. Wiss. Phil.-hist. Kl. 1919, h. 11, S. 13ff. Kommunistische Täufergemeinden gab es seit 1527/28 in Mähren. L. Müller, Der Kommunismus der mährischen Wiedertäufer, 1927, 83ff.   [3]) Die „leidentlichen" Täufer (Holl S. 458) und das Mönchtum, das sich selbst als status perfectionis betrachtet. Vgl. zu Art. XXVII.   [4]) Eck hatte Art. 332ff. Luthers Freiheitslehre als Angriff auf die Obrigkeit ausgegeben. Über Apg. 5, 29 bei Luther vgl. Dörries ARG 39. 1942, 47ff.

⟨XVII. Von der Wiederkunft Christi zum Gericht.⟩

Auch wird gelehret, daß unser Herr Jesus Christus am jüngsten Tag kummen wird, zu richten, und alle Toten auferwecken, den Gläubigen und Auserwählten ewigs Leben und ewige Freude geben, die gottlosen Menschen aber und die Teufel in die Helle und ewige Straf verdammen¹.

Derhalben werden die Wiedertaufer verworfen, so lehren, daß die Teufel und verdammte Menschen nicht ewige Pein und Qual haben werden².

Item, werden hie verworfen auch etlich judisch Lehren, die sich auch itzund eräugen, daß vor der Auferstehung der Toten eitel Heilige, Fromme ein weltlich Reich haben und alle Gottlosen vertilgen werden³.

⟨XVII. De reditu Christi ad iudicium.⟩

Item docent, quod Christus apparebit 1
in consummatione mundi ad iudicandum et mortuos omnes resuscitabit; piis 2
et electis dabit vitam aeternam et perpetua gaudia; impios autem homines ac 3
diabolos condemnabit, ut sine fine crucientur.

Damnant Anabaptistas, qui sentiunt 4
hominibus damnatis ac diabolis finem poenarum futurum esse.

Damnant et alios, qui nunc spargunt 5
iudaicas opiniones, quod ante resurrectionem mortuorum pii regnum mundi occupaturi sint, ubique oppressis impiis.

Schwab.] Der dreizehent.

Daß unser Herr Jesus Christus an dem jüngsten Tag kummen wird, zu richten die Lebendigen und die Toten und seine Gläubigen erlösen von allem Ubel und ins ewig Leben bringen, die Unglaubigen und Gottlosen strafen und samt den Teufeln in die Helle verdammen ewiglich.

Na] 16) Zum 16. daß alle verstorbene Menschen mit demselben ihren Leib, darin sie gestorben, wiederumb werden auferweckt werden zu dem Gericht Christi, darunter die Auserwählten ewiglich selig, aber die verdammten Menschen sambt den Teufeln aus hellischer Pein nimmer in Ewikeit erlöst werden. Hie werden verworfen die Nachfolger Origenis⁴ und die Wiedertaufer, so lehren, daß zuletzt auch die Verdambten und Teufel aus der Pein erlöst werden, desgleichen die, so uf judische Meinung sagen, die Verheißung von Eroberung des gelobten Lands müssen leiblich verstanden werden und daß vor der Urständ und jungsten Gericht werden die Gottlosen allenthalben von den Heiligen untergedruckt und sie das zeitlich Regiment unter sich bringen.

---

3 Herrer Sp   4 werd, zu erwecken die Toten und zu richten beide, Lebendigen und Toten und den Sp   6 den Auserwählten und Gerechten Ed. pr.   7 ewige > Sp   10 Derhalben] Dabei Sp   verworfen die Wiedertäufer E   11 die da lehren Sp   12 Pein und > Sp A1 h1   14 Es werden auch Sp   Item es E   auch > E   hie werden auch N2 A2 M R3 Lü N1 (auch >)   15 sich itzt regen, verworfen Sp   Lehre, die sich itzund regt A1 h1   itzt auch N2 A2 M R3   erzeigen Lü   16 als nämlich daß Sp   17 heilige und fromme Leut Sp   17/18 haben werden — vertilgen A1 h1

---

14 spargunt > R   16 mundi > F1

---

¹) Luther, Bekenntnis 1528: „Am letzten gläube ich die Auferstehung aller Toten am jüngsten Tage, beide der Frummen und der Bösen, daß ein jeglicher daselbs empfahe an seinem Leibe, wie ers verdienet hat, und also die Frummen ewiglich leben mit Christo und die Bösen ewiglich sterben mit dem Teufel und seinen Engeln. Denn ichs nicht halte mit denen, so da lehren, daß die Teufel auch werden endlich zur Seligkeit kommen" WA XXVI 509,13.   ²) Melchior Rinck und seine Anhänger nach J. Menius, Der Widdertaufer Lehre und Geheimnis, 1530 (Auszug bei Wappler, Die Täuferbewegung in Thüringen von 1526 bis 1584, 1913, 70f.), Hans Denck, Ordnung Gottes und der Kreaturen Werk 1527, 9f. Schriften II (1956), 98, 14ff. Vgl. auch Dencks Auseinandersetzung mit Urbanus Rhegius ebenda II, 13.   ³) Rink nach J. Menius, Wappler 60ff. Der ehemalige Augsburger Täufer Augustin Bader, der am 30. 3. 1530 in Stuttgart hingerichtet wurde, erwartete, von Hans Hut (Wappler S. 26ff. Mennon.Lex. II 370ff.) und Wormser Juden angeregt, Ostern 1530 die „Veränderung", aus der das tausendjährige Reich hervorgehen sollte. Seine Geständnisse wurden März 1530 in Augsburg gedruckt. Bossert, ARG 10/11. 1913/14. An-

⟨XVIII. Vom freien Willen.⟩

Vom freien Willen wird also gelehrt, daß der Mensch etlichermaß ein freien Willen hat, äußerlich ehrbar zu leben und zu wählen unter denen Dingen, so die Vernunft begreift; aber ohn Gnad, Hilfe und Wirkung des heiligen Geists vermag der Mensch nicht Gott gefällig zu werden, Gott herzlich zu fürchten, oder zu glauben, oder die angeborne böse Lüste aus dem Herzen zu werfen[1]. Sondern solchs geschieht durch den heiligen Geist, welcher durch Gotts Wort geben wird. Dann Paulus spricht 1. Korinth. 2.: „Der naturlich Mensch vernimmt nichts vom Geist Gottes."

Und damit man erkennen muge, daß hierin kein Neuigkeit gelehret wird, so seind das die klaren Worte Augustini vom freien Willen, hie beigeschrieben aus dem dritten Buch hypognosticon[2]: „Wir bekennen, daß in

⟨XVIII. De libero arbitrio.⟩[3]

De libero arbitrio docent, quod humana voluntas habeat aliquam libertatem ad effi'ciendam civilem iustitiam et deligendas res rationi subiectas[4]. Sed non habet vim sine spiritu sancto efficiendae iustitiae Dei seu iustitiae spiritualis, quia animalis homo non percipit ea, quae sunt spiritus Dei; sed haec fit in cordibus, cum per verbum spiritus sanctus concipitur. Haec totidem verbis dicit Augustinus lib. III. Hypognosticon: "Esse fatemur liberum arbitrium omnibus hominibus, habens quidem iudicium rationis, non per quod sit idoneum in his, quae ad Deum pertinent, sine Deo aut inchoare aut certe peragere, sed tantum in operibus vitae praesentis tam bonis quam etiam malis. Bonis dico, quae de bono naturae ori-

W 33

1. Kor. 2, 14.

Na] 17) Zum 17. von dem freien Willen lehren wir, daß des Menschen Will etlicher Maß frei sei, äußerliche Gerechtikeit zu uben und Unterschied zumachen in den Dingen, so der Vernunft unterworfen sein. Er vermag aber nichts zu der innerlichen geistlichen Gerechtikeit, so vor Gott gilt, ohn den heilig Geist, dann der naturlich Mensch verstehet nichts, was den Geist Gottes antrifft; sonder die entstehet allein in dem Herzen, so der heilig Geist durchs Wort empfangen wirt, wie Augustinus sagt: „Wir bekennen, daß alle Menschen ein freien Willen haben und im naturlichen Verstand, dardurch sie aber ichts Geistlichs und Gottlichs weder anfahen noch vollbringen mogen, sonder allein, was zu diesem gegenwärtigen Leben gehort, Gut und Bos, das Gut als Acker bauen, essen, trinken, kleiden, zeugen etc., das Bos als Abgotter ehren, totschlagen, ehebrechen etc.

---

2 also > M₃ W   4 habe N₂ A₂ 3 Lü R   ehrbarlich Sp   5 den A 1. 2 N 2 M R
6 Gnad aber Sp   7 vermoge Sp   8 zu (2.) > E   10 Lust E M R M₃   11 geschehe Sp   13 gegeben werde Sp   13/15 Dann bis Gottes > Sp A 1 h 1   16 hiemit E
17 so schreibt Sant Augustin im — mit ausgedruckten Worten also Sp   (> so) sind die Wort Augustin hiebei geschrieben, der klar also vom freien Willen redet, wie itzund angezeigt. Also spricht August. Libro 3 Hypognosticon A 1 h 1   18 Wollen N 1
Willen + wie itzund M₃ W 3 Lü

2/3 voluntas humana Hü   6 habeat M 1   16 his] iis Ed. pr.   29 kleider Hdschr.

---

spielungen auf ihn bei Eck, Fabri, Campegio (Ficker, Konfutation XXIIIff. 180f. 184. 194). Dgl. auch Quellen z. Gesch. d. Wiedertäufer I: Württemberg (1930) Register, II: Bayern I (1934), 173. Am 19. 6. 1530 berichtete Melanchthon an Camerarius als certa et vera historia ein Gerücht von den Juden, qui infinitum exercitum contraxerunt ad invadendam Palaestinam. CR 2, 119. Kolde, Älteste Redaktion S. 55.   [4]) Origenes, De princ. II 10, 8. S. 182, 16ff. Koetschau.

[1]) Luther, De servo arbitrio 1525. WA XVIII 752₅ff. Melanchthon, Loci 1521, S. 71 Kolde[4]. Nagel S. 134ff.   [2]) Pseudo-Aug. Hypomnesticon contra Pelagianos et Coelestinianos III 4, 5. MSL 45, 1623.   [3]) Eck, Art. 48 (seine 7. Leipziger These), 331.   [4]) Articuli visitationis: Voluntas humana est vis libera, ut facere possit iustitiam carnis seu iustitiam civilem (CR 26, 27). Dgl. dort weiter.

allen Menschen ein freier Will ist; denn sie haben je alle naturlich angeborn Verstand und Vernunft, nicht daß sie etwas vermugen mit Gott zu handeln, als: Gott von Herzen zu lieben, zu fürchten, sonder allein in äußerlichen Werken dieses Lebens haben sie Freiheit, Gutes oder Böses zu wählen. Gut meine ich, das die Natur vermag, als auf dem Acker zu arbeiten oder nicht, zu essen, zu trinken, zu einem Freund zu gehen oder nicht, ein Kleid an= oder auszutun, zu bauen, ein Weib zu nehmen, ein Handwerk zu treiben und dergleichen etwas Nutzlichs und Guts zu tun. Welches alles doch ohne Gott nicht ist noch bestehet, sonder alles aus ihme und durch ihne ist. Dagegen kann der Mensch auch Böses aus eigner Wahl vornehmen, als vor einem Abgott niederzuknieen, einen Totschlag zu tun etc."

untur, id est velle laborare in agro, velle manducare et bibere, velle habere amicum, velle habere indumenta, velle fabricare domum, uxorem velle ducere, pecora nutrire, artem discere diversarum rerum bonarum, velle quidquid bonum ad praesentem pertinet vitam. Quae omnia non sine gubernaculo divino subsistunt, immo ex ipso et per ipsum sunt et esse coeperunt. Malis vero dico, ut est velle idolum colere, velle homicidium etc."

---

2 ein naturlichen, angebornen Sp   5 zu > Sp und forchten Sp   beide zu > N 2 M R 3 Lü
7 wählen] wollen N 1   8 Guts Sp   9 den Acker zu bauen Sp   10/13 zu > von trinken
bis Guts zu tun bei Sp   11 auszuziehen 3 Lü   12 handwerk zu arbeiten A 1 > h 1
(a. R. Handwerk zu treiben)   13 zu (2.) > Lü   doch alles Sp 3 Lü   nicht ohn Sp
14 alles > Sp alles ist A 1 h 1   Dagegen bis vornehmen] Böses aber heiß ich, als vor Sp
15 einem] ein A 2 3 Lü   zu > Sp   16 zu > Sp   etc.] + Hie werden diejenige
verworfen, so lehren, daß wir Gottes Gepot ohn Gnad und heiligen Geist halten können.
Denn ob wir schon äußerliche Werk der Gepot zu tun von Natur vermögen, so können wir
doch die hohen Gepot im herzen nicht tun, nämlich Gott wahrhaftiglich fürchten, lieben,
Gott gläuben etc. Ed. pr.

---

3 velle habere bis domum a. R. Hü.   4 velle uxorem R   6 velle] vel Conc.   8 divino
gubernaculo A D F H M 2 N Ed. pr.   sine gubernaculo vitae K   11 colere idolum N
12 etc.] + Damnant Pelagianos et alios[1], qui docent, quod sine spiritu sancto solis naturae
viribus possimus Deum super omnia diligere, item praecepta Dei facere quoad substantiam
actuum[2]. Quamquam enim externa opera aliquo modo efficere natura possit, — potest
enim continere manus a furto, a caede — tamen interiores motus non potest efficere,
ut timorem Dei, fiduciam erga Deum, patienciam etc. Ed. pr.[3]

---

[1]) et alios > in den älteren Expl. der Ed. pr. Vgl. S. 83c Anm. 2.   [2]) Duns Scotus
In Sent. III, 27. q. un. Gabr. Biel In Sent. II 28 B unterscheidet die dem natürlichen
Menschen mögliche Erfüllung der Gebote quantum ad substantiam actus und die nur durch
die gratia gratum faciens mögliche quantum ad intentionem praecipientis. Vgl. S. 149
Anm. 1; 184 Anm. 1; 311, 8; 313, 2ff. (Die intentio praecipientis zielt auf das Verdienen
der Seligkeit auf Grund der gratia infusa.) Der Widerspruch dagegen gehört zu Luthers
frühesten und bleibenden Einwänden gegen die scholastische Lehre. Vgl. Randbem. zu Biels
Collectorium 1515/16, hrsg. von H. Degering 1933, 13f. — Saepius dixi . . . non valere, quod
dicitur, quia praeceptum secundum substantiam facti, sed non ad intentionem legislatoris possimus implere, quasi scil. ex nobis quidem velle et posse sit, sed non modo,
quo Deus vult, sc. in gratia. Zu Röm. 8,3. WA LVI 355$_7$. (II 183, 14 Ficker). Zu Röm. 4,7
LVI 274$_{12}$ (dort weitere Scholastikerstellen, II 109, 13 Ficker). WA I 224$_{28}$. 373$_{18}$ff. VIII 54$_3$.
XL 227$_6$. Disputatio contra scholasticam theologiam 1517: Absurdissima est consequentia: homo errans potest diligere creaturam super omnia, ergo et Deum. Contra Sco.
Gab. WA I, 224$_{28}$. Melanchthon Loci 1521, S. 97ff. Kolde[4]. Werke II, 1 (1952) 31, 19ff.
[3]) Außer kleinen Erweiterungen enthält Var. hierzu noch den Zusatz: Et tamen in hoc loco
illud etiam docemus, Dei mandatum esse, ut etiam carnales (sc. motus) coerceantur
diligentia rationis et illa civili disciplina, sicut Paulus inquit: Lex est paedagogus in
Christum. Item: Lex est iniustis posita.

⟨XIX. Von Ursach der Sünden.⟩

Von Ursach der Sünde¹ wird bei uns gelehret, daß, wiewohl Gott der Allmächtig die ganze Natur geschaffen hat und erhält, so wirket doch der verkehrte Will die Sünde in allen Bösen und Verächtern Gottes, wie dann des Teufels Will ist und aller Gottlosen, welcher alsobald, so Gott die Hand abgetan, sich von Gott zum argen gewandt hat, wie Christus spricht Joh. 8.: „Der Teufel redet Lügen aus seinem Eigen."

⟨XIX. De causa peccati.⟩

De causa peccati docent, quod tametsi Deus creat et conservat naturam, tamen causa peccati est voluntas malorum, ut diaboli et impiorum, quae, non adiuvante Deo³, avertit se a Deo, sicut Christus ait, Ioh. 8: Cum loquitur mendacium, ex propriis loquitur.

Joh. 8, 44.

⟨XX.⟩ Vom Glauben und guten Werken.

Den Unseren wird mit Unwahrheit aufgelegt, daß sie gute Werke verbieten. Dann ihre Schriften von zehn Geboten² und andere beweisen, daß sie von rechten christlichen Ständen und Werken guten nützlichen Bericht und Ermahnung getan haben, da-

⟨XX.⟩ De fide et bonis operibus.

Falso accusantur nostri, quod bona 1 opera prohibeant. Nam scripta eorum, 2 quae exstant de decem praeceptis, et alia simili argumento testantur, quod utiliter docuerint de omnibus vitae generibus et officiis, quae genera vitae, quae opera

---

Na] 18. Von der Sund lehren wir, wiewohl Gott die Natur erschaffen hat und dieselben
20 erhält, so verursacht doch die Sund nichts dann der bos Will des Teufels und der Gottlosen, welcher, so ihm Gott nit hilft, sich von Gott abwendt, wie der Prophet Oseas am 13. sagt: „O Israhel, dein Verderben ist aus dir, aber dein hilf stehet allein bei mir."

Hos. 13, 9.

Vom Glauben und Werken⁴.

Man gibt auch dieser Lahr unbillig schuld, sie verbiete gute Werk, derhalben ist not,
25 Bericht davon zu tun. Was für gute Werk für die Zeit gelehret sind durch die Mönch, ist offentlich: von Rosenkranz, Guldenmessen⁵ und dergleichen ⟨ist⟩ allein gepredigt. Von rechten

---

2 Weiter wird von der Sp   bei uns > Sp A 1 h 1   also gelehrt Sp A 2 N M 3 Lü
5 so kumm doch die Sund aus dem verkehrten Willen aller Bosen und Verächter Gottes Sp
die Sunde der verkehrt Will aller A 1 h 1   7 Teufels und aller Gottlosen Will ist Sp
8 alsbald N 1 E   so > Sp   10 Christus + selbst Sp   Joh. am 8. E   11 Eigen + etc.
M 3 W   12 Vor Art. XX steht in Sp durchstrichen als 20. der Art. XXI; in D 1 ebenso:
Dies ist fast bis abzusondern (S. 83c, 7—83d, 11). Der Art. fehlt in A 1, die Überschrift in
D 1 E   guten > N 1 A 2 N 2 M R 3 Lü   guten über d. Z. Sp   [guten] D 2   13/14 mit
Ungrund aufgelegt, als sollten sie gute Werke verbieten Sp   nicht mit Wahrheit E
15 Geboten + Gottes Sp   17 guten > Sp

---

4 ut] videlicet Ed. pr.   7 Joh. 6. F F 1 N   8 ex propriis] ex se ipso A D F H M 2 N
Ed. pr. (Conf: ex propriis, so die Vulgata)   12 operibus bonis Hü

---

¹) Luther zu Röm. 1, 24. WA LVI 179ff. (II, S. 21ff. Ficker). Es hatte Art. 86 eine aus verschiedenen Stellen von Melanchthons Annotationes zum Röm. frei zusammengesetzte Darlegung gegeben: Certa sententia, omnia a Deo fieri tam bona quam mala. Non solum permissive, sed proprie agit mala, ut Davidis adulterium etc. Adeo ut sit eius proprium opus non minus Judae proditio quam Pauli vocatio ... Deus vult peccatum. Lit. zu Art. 19 bei Engelland, Melanchthon 572f.   ²) Sermon von den guten Werken 1520. WA VI 202ff. Kurze Form der zehn Gebote 1520. WA VII 104ff. Predigten (Übersicht WA XXII, S. LXXXVf.), Kl. u. gr. Kat., dort Weiteres.   ³) non adiuvante Deo > Apol. (S. 313, 15) Var.   ⁴) Vorform des Art. XX, von Förstemann I 84ff. zu den Torg. Art. gerechnet. Dagegen Brieger, Kirchengesch. Stud. f. Reuter, 1890, 285. Gußmann I 1, 96f. datiert das Stück März—Mitte Mai, Maurer ARG 51, 202ff. Anf. Juni, Moeller ARG 57, 1966, 83ff. vor Augsburg. Zur Aufnahme des Art. in die CA s. o. S. XVII.   ⁵) Messen für 1 Gulden WA I 424₂₆.

von man vor dieser Zeit wenig gelehret hat, sonder allermeist in allen Predigen auf kindische unnötige Werk, als Rosenkränz, Heiligendienst,[1] Mönichwerden, Wallfahrten, gesatzte Fasten, Feier, Bruderschaften[1] etc. getrieben. Solche unnötige Werke rühmt auch unser Widerpart nu nicht mehr so hoch als vorzeiten. Darzu haben sie auch gelernet, nu vom Glauben zu reden, davon sie doch in Vorzeiten gar nichts geprediget haben; lehren dannoch nu, daß wir nicht allein aus Werken gerecht werden für Gott, sondern setzen den Glauben an Christum darzu, sprechen, Glauben und Werk machen uns gerecht für Gott; welche Rede etwas mehr Trosts bringen mag, dann so man allein lehret auf Werk zu vertrauen.

Dieweil nu die Lehre vom Glauben, die das Hauptstuck ist in christlichem Wesen, so lange Zeit, wie man bekennen muß, nicht getrieben worden, sondern allein Werklehre an allen Orten gepredigt, ist davon durch die Unseren solcher Unterricht geschehen:

Erstlich, daß uns unser Werk nicht mugen mit Gott versühnen und Gnad erwerben, sondern solchs geschieht allein durch den Glauben, so man glaubt, daß uns um

in qualibet vocatione Deo placeant. De 3 quibus rebus olim parum docebant concionatores; tantum puerilia et non necessaria opera urgebant, ut certas ferias, certa ieiunia, fraternitates, peregrinationes, cultus sanctorum, rosaria,[1] monachatum et similia. Haec adversarii nostri 4 admoniti iam dediscunt nec perinde praedicant haec inutilia opera ut olim. Incipiunt etiam fidei mentionem facere, 5 de qua olim mirum erat silentium. Do- 6 cent nos non tantum operibus iustificari, sed coniungunt fidem et opera et dicunt nos fide et operibus iustificari. Quae 7 doctrina tolerabilior est priore et plus afferre consolationis potest quam vetus ipsorum doctrina.

Cum igitur doctrina de fide, quam 8 oportet in ecclesia praecipuam esse, tam diu iacuerit ignota, quemadmodum fateri omnes necesse est, de fidei iustitia altissimum silentium fuisse in concionibus, tantum doctrinam operum versatam esse in ecclesia, nostri de fide sic admonuerunt ecclesias:

Principio, quod opera nostra non 9 possint reconciliare Deum aut mereri remissionem peccatorum et gratiam, sed hanc tantum fide consequimur,

guten Werken, vom Ampt der Obrikeit, von Gehorsam und ernstlicher Forcht gegen der Oberkeit, von ides Beruf, von Leiden und ernstlichem Gebot und Zuversicht zu Gott in Nöten hat man wenig gelehret, wie auch ihre Bücher beweisen, die voll dörichter und schädlicher Question sind und wenig nutzlicher Lahr haben. Darumb auch die ganz Welt nach einer andern Lahr lange Zeit geschrieen und viel, so itzund heftig dieser Lahr entgegen sind, haben erstlich unser Lahr mit hohen Freuden angenommen und defendiert. Und obschon die Lahr von Werken bei ihnen gewesen, so muß man doch bekennen, daß sie vom Glauben, dadurch man Gnad erlangen soll, nichts geredt oder geschrieben haben.

---

1 in Vorzeiten Sp   2 in allen Predigen allermeist Sp   Predigen getrieben N 1
3 Werk die Leute getrieben hat, als auf Sp   5 Bruderschaften, gesatzte Fasten und Feier etc. Welche Sp   etc. > N 1   6 Werk unsere Widersacher auch selbs nu — rühmen als in Sp   7/8 vorzeiten] *Von hier ab ist der Art. in Ed. pr. völlig umgearbeitet, vgl. S. 82.* Darzu] Zudem so Sp   nu + mehr auch Sp   9 in doch N 1   in Vorzeiten] hievor Sp
10 haben] darumb lernen sie itzt also, daß Sp   11 aus Werken allein N 1   12 vor Gott gerecht werden Sp N 1 A 2 D 2 N 2 M R 3 Lü   13 an] N 1   darzu + und Sp A 2 M N 2 R 3 Lü   14/5 uns vor Gott frumm und gerecht Sp   15 etwas > M 3 W Konf
16 mag] möge Konf   denn wenn man Sp   17 vertrauen lehret Sp   18 Weil dann die] welche doch Sp   19 Wesen ist Sp   21 worden] ist Sp   22 geprediget + ist worden, derhalben Sp   22/3 durch die] von den M K Ra   26 unsere Werk uns Sp N 1 Au N 2 M R 3 Lü (A 2 v. Schreib. korr. wie Text)   mugen] vermögen — zu versohnen und Gottes Gnad zu erwerben Sp   28 geschehe Sp

8 iam] nunc A D F H M 2 N Ed. pr. Wesel u. Cochläus (Cölestin II 235 b)   nec] ne F
10 Praeterea incipiunt Ed. pr.   13/4 sed *bis* iustificari > K R S W   13 dicunt] docent D De   15 et potest plus Fabr.   16 potest consolationis A D F H M 2 N
24 ecclesia] ecclesiis A D F H M 2 N   27 possent K R S W   possunt D De M 2
28 gratiam + et iustificationem Ed. pr.   29 assequimur K R W (as *a. R.*)

---

[1]) Laienvereinigungen für Andachtsübungen und kirchliche Werke, Schöpfung der Bettelorden. RE³ III 434. Werminghoff, Verfassungsgeschichte 192. Heine, Kirchl. Rechtsgesch. I 299.

Christus willen die Sunde vergeben werden, welcher allein der Mittler ist, den Vater zu versuhnen. Wer nun solchs vermeint durch Werk auszurichten und Gnad zu verdienen, der verachtet Christum und suchet ein eigen Weg zu Gott wider das Evangelium.

Diese Lehre vom Glauben ist offentlich und klar im Paulo an vielen Orten gehandelt, sonderlich zun Ephesern 2.: „Aus Gnaden seid ihr selig worden durch den Glauben, und dasselbig nicht aus euch, sondern es ist Gottes Gab, nicht aus Werken, damit sich niemands ruhme etc."

Und daß hierin kein neuer Verstand eingefuhrt sei, kann man aus Augustino beweisen, der diese Sache fleißig handelt und auch also lehret, daß wir durch den Glauben an Christum Gnad erlangen und fur Gott gerecht werden, und nicht durch Werk, wie sein ganz Buch De spiritu et litera ausweiset[1].

Wiewohl nun diese Lehre bei unversuchten Leuten sehr veracht wird, so befindet sich doch, daß sie den bloden und erschrockenen

credentes, quod propter Christum recipiamur in gratiam, qui solus positus est mediator et propitiatorium, per quem reconcilietur pater. Itaque qui confidit operibus se mereri gratiam, is aspernatur Christi meritum et gratiam et quaerit sine Christo humanis viribus viam ad Deum, cum Christus de se dixerit: Ego sum via, veritas et vita.

Haec doctrina de fide ubique in Paulo tractatur, Ephes. 2: Gratia salvi facti estis per fidem, et hoc non ex operibus etc.

Et ne quis cavilletur a nobis novam Pauli interpretationem excogitari, tota haec causa habet testimonia patrum. Nam Augustinus multis voluminibus defendit gratiam et iustitiam fidei contra merita operum. Et similia docet Ambrosius De vocatione gentium et alibi. Sic enim inquit De vocatione gentium: Vilesceret redemptio sanguinis Christi, nec misericordiae Dei humanorum operum praerogativa succumberet, si iustificatio, quae fit per gratiam, meritis praecedentibus deberetur, ut non munus largientis, sed merces esset operantis[2].

Quamquam autem haec doctrina contemnitur ab imperitis, tamen experiuntur piae et pavidae conscientiae pluri-

Derhalben ist dies unser Bericht vom Glauben und Werken: Der Mensch kann mit keinen Werken Vergebung der Sund erlangen oder verdienen, daß er fur Gott damit gerecht wird oder ein gnädigen Gott hab, sonder wird allein also gerecht und erlangt Gnad von Gott, so er glaubt, daß ihm umb Christus willen die Sund vergeben und Gnad geschenkt werden. Dieser Glaub macht allein vor Gott gerecht und fromm, wie Schrift, Propheten und Apostel an viel Orten lehren und sonderlich Paulus heftig treibet in allen Episteln. Galat. 2.: „So Gerechtigkeit durchs Gesetz (das ist durch Werk) kommet, so ist Christus vergebenlich gestorben." Item Ephes. 2.: „Ihr seid durch Gnaden selig worden durch Glauben und das nicht aus euch. Es ist Gottes Gabe, nicht aus Werken etc."

Und also wie wir lehren, haben auch die treffenlichste Väter geschrieben viel und oft und sonderlich Augustinus De spiritu et littera. So schließen wir, daß der Mensch nicht gerecht wird durch Gebot eins guten Lebens, sunder durch Glauben an Jesum Christum, das ist

---

1 uns unsere Sunde Sp   2 ist *über d. Z. (zuerst verlesen:* in) M3   3 Vater + uns Sp
3/4 nu vermeint, Gottes Gnad durch Werk Sp   vermeint, solchs M3 W N1 Konf   6 sucht
wider das Euangelion Sp   eigen *a. R.* [andern] Sp   10 Nu ist diese Sp   Glauben
oftmals in Sant Pauls Episteln endlich und kläslich an Sp   11 und klar > N1   15 Gab
+ und Sp   16 etc. > Sp N1   17 Daß auch in dem kein Sp   18 Augustino] Sanft
Augustin Sp N1 A2 N2 M R 3 Lü   21 Christum + Gottes Sp   und > E   22 und >
N1 E A2 N2 M R 3 Lü D1   23 sein] denn Sant Augustins Sp   33 doch bei bloden und
erschrocken Gewissen, daß sie Sp

5 is] et K R S W   11 ad Ephesios K R S W   13 etc.] > N W   17 ne quis
glorietur D De   23/4 *et bis* gentium > Au K R S W Ed. ant.   33 et] ac Ed. pr.

---

[1] De spiritu et litera 19, 34. MSL 44, 221; CSEL 60, 187_22.   [2] Pseudo-Ambr., De vocatione gentium I, 17. MSL 51, 670c.

Gewissen sehr tröstlich und heilsam ist. Dann das Gewissen kann nicht zu Ruhe und Friede kummen durch Werk, sondern allein durch Glauben, so es bei sich gewißlich schleußt, daß es umb Christus willen ein gnädigen Gott hab, wie auch Paulus spricht Rom. 5.: „So wir durch den Glauben sind gerecht worden, haben wir Ruhe und Frieden vor Gott."

Röm. 5, 1.

Diesen Trost hat man vorzeiten nicht getrieben in Predigten, sonder die armen Gewissen auf eigne Werk trieben, und seind mancherlei Werk furgenommen. Dann etliche hat das Gewissen in die Klöster gejaget, der Hoffnung, daselbst Gnad zu erwerben durch Klosterleben. Etliche haben andere Werke erdacht, damit Gnad zu verdienen und fur Sunde gnug zu tun. Derselbigen viel haben erfahren, daß man dadurch nicht ist zu Frieden kummen. Darum

W 35

mum eam consolationis afferre, quia conscientiae non possunt reddi tranquillae per ulla opera, sed tantum fide, cum certo statuunt, quod propter Christum habeant placatum Deum, quemadmodum Paulus docet Rom. 5: Iustificati per fidem, pacem habemus apud Deum. Tota haec doctrina ad illud certamen perterrefactae conscientiae referenda est, nec sine illo certamine intelligi potest. Quare male de ea iudicant homines imperiti et profani, qui christianam iustitiam nihil esse somniant nisi civilem seu philosophicam iustitiam.

16

17

18

Olim vexabantur conscientiae doctrina operum, non audiebant ex evangelio consolationem. Quosdam conscientia expulit in desertum, in monasteria, sperantes ibi se gratiam merituros esse per vitam monasticam. Alii alia excogitaverunt opera ad promerendam gratiam et satisfaciendum pro peccatis. Ideo magnopere fuit opus hanc doctrinam de fide in Christum tradere et renovare, ne deesset consolatio pavidis con-

19

20

21

22

nicht durchs Gesetz, das Werk foddert, sonder durchs Gesetz des Glaubens, nicht durch den Puchstaben, sonder durch Geist, nicht durch Verdienst der Werk, sonder durch eitel Gnad. Item die das Gesetz tuen, sind gerecht, nicht daß Gerechtigkeit folg nach dem Tun, sonder Gerechtigkeit muß vorhin dasein vor dem Tun.

Daß man aber dagegen anzeucht: Der Teufel und gottlos Menschen glauben auch und sind dennoch nicht fromme, darauf ist diese unser Antwort: Teufel und gottlos Menschen glauben nicht alle Artikel und sonderlich den furnehmbsten, darumb Christus kommen ist, glauben sie nicht, nämlich Vergebung der Sunde. Die Schrift heißt glauben nicht allein die Historien wissen, sonder glauben heißt diesen Artikel fassen: Vergebung der Sunden. Denn darumb ist Christus kommen und ist die Wort Remissionem peccatorum nicht vergebenlich ins Credo gesetzt. Und wird solcher Glaub also, so das Herz erschrocken und die Sund erkennet und horet, daß Gnad durch Christum zugesagt ist, so es solcher Zusag glaubet, empfäht es Trost und Freud und Leben, wie Paulus spricht: „So wir durch Glauben sind gerecht worden, haben wir Frieden gegen Gott", das ist ein fröhlich Gewissen und fuhlen, daß Gott gnädig ist und helfen will. Lernen ihn also recht kennen, zu ihm Zuversicht zu haben, das er in aller Not helfen wolle, wie sein Zusag und Wort lautet. Und daß dieses Glauben sei, nicht allein die Historien wissen, sonder solch Zuversicht in Gott haben, ist klar aus den Worten Pauli, der spricht: Fides est substantia rerum sperandarum.

Röm. 5, 1.

Hebr. 11, 1.

2 nicht] wider Sp und] noch Sp 3 durch Werk *a. R.* (*Schreiber*) A2 N2 3/4 durch den N1 4 Glauben kommen, wenn Sp gewißlich *a. R.* (*Schreiber*) A2 M > N1 6 wie] dann Sant Sp zun Sp N1 am funften sagt Sp 7 den *über d. Z.* D2 den > A2 N2 M R D1 gerecht] rechtfertig Sp 8 worden + so Sp vor] von M3 mit Konf 15 Und diesen Sp in Vorzeiten Sp 16 im Predigen A2 Lü 16/7 Gewissen + allein Sp 17/9 auf *bis* Gewissen > E 17 trieben] gewiesen N1 trieben, geweiset und gedrungen und haben mancherlei Weise furgenommen Sp 18 Dann > N1 19 das] ihr Sp in ein Kloster (ins Sp N1) 3 Lü 19/20 getrieben Sp gestrieben] jagt D1 20 Hoffnung in solchem Leben Gottes (*a. R.*) Gnad zu erlangen. Etlich Sp 20/1 erwerben] erlangen 3 21 durch Klosterleben > N1 22 erdacht, Gottes Gnad damit Sp 23 fur + die Sp N1 A2 N2 M R 3 Lü 24 man durch solche Wege und Mittel nicht mag das Gewissen und Herz zufrieden stellen Sp

10 illo] ullo Hü 11 iudicant de ea re A D De F H M 2 ea de re N 14 seu] et A D F H M 2 N 15 vexabantur conscientiae] *darüber* a b V conscientiae vexabantur K R S W

XX. Vom Glauben und guten Werken.

ist not gewesen, diese Lehre vom Glauben an Christum zu predigen und fleißig zu treiben, daß man wisse, daß man allein durch Glauben, ohn Verdienst, Gottes Gnade ergreift.

Es geschicht auch Unterricht, daß man hie nicht von solchem Glauben redet, den auch die Teufel und Gottlosen haben, die auch die Historien glauben[1], daß Christus gelitten hab und auferstanden sei von Toten, sonder man redet von wahrem Glauben, der da glaubet, daß wir durch Christum Gnad und Vergebung der Sunde erlangen[2].

Und der nu weiß, daß er ein gnädigen Gott durch Christum hat, kennet also Gott, rufet ihn an und ist nicht ohn Gott wie die Heiden. Dann Teufel und Gottlosen glauben diesen Artikel, Vergebung der Sunde, nicht; darum seind sie Gott feind, konnen ihne nicht anrufen, nichts Guts von ihme hoffen. Und also, wie jetzt angezeigt ist, redet die Schrift vom Glauben, und heißet nicht Glauben

scientiis, sed scirent, fide in Christum apprehendi gratiam et remissionem peccatorum.

Admonentur etiam homines, quod hic nomen fidei non significat tantum historiae notitiam, qualis est et in impiis et in diabolo, sed significat fidem, quae credit non solum historiam, sed etiam effectum historiae, videlicet hunc articulum, remissionem peccatorum, quod videlicet per Christum habeamus gratiam, iustitiam et remissionem peccatorum.

Iam qui scit se per Christum habere propitium patrem, is vere novit Deum, scit se ei curae esse, invocat eum, denique non est sine Deo sicut gentes. Nam diaboli et impii non possunt hunc articulum credere, remissionem peccatorum. Ideo Deum tamquam hostem oderunt, non invocant eum, nihil boni ab eo exspectant. Augustinus etiam de no-

Das ist: „Glaub ist Zuversicht des, das man hoffet." Darumb Glauben ist nicht allein die Historien wissen, sonder etwas von Gott warten und hoffen.

Dies ist ein recht tröstlich Lahr, die Christum also kennen lehret, daß wir gewißlich wissen, daß wir ein gnädigen Gott durch ihn haben, so wir solchs glauben, daß er unser Sund hab weggenommen und daß er allein darumb kommen sei, fur unser Sund gnugzutun und die Sund zu vergeben, und ewigs Leben und alle göttliche Guter geben, wie er spricht, Joh. 3.: „Gott hat seinen Sohn in die Welt gesandt, daß die Welt durch ihn selig wurde, wer an ihn glaubet, der wird nicht gericht." Wer solche Lehr hat, der hat Trost in aller Not und Angst, der kann Gott recht dienen und anrufen. Denn ahn diesen Christum ist kein Gottesdienst Gott gefällig, denn der Vater spricht also: hunc audite, „diesen sollt ihr horen". Daß aber viel diese Lahr von dem Glauben verfolgen und verachten, ist Ursach, daß sie diesen Glauben nicht versucht haben und wissen nicht, was Christus Werk oder Ampt ist, warumb er in die Welt kommen sei, so doch dieser Glaub das Hauptstuck des christlichen Lebens ist.

---

1 not] hoch von noten Sp   2 fleißig > E   4 durch + den Sp N1 E A2 N2 M R 3 Lü Konf   ohn Verdienst] ohn Zutun der Werk und ohne Verdienst Sp   5 ergreife A2 3 Lü erlange Sp   6 Dabei geschieht auch von den Unsern fleißiger Unterricht Sp   7 rede Sp 8 und] oder N1 W A2 N2 M R 3   Teufel haben und die Gottlosen Lü   9 Historien + und Geschicht Sp   10 und von Toten wieder auferstanden sei Sp   von + den 3 11 rede Sp   von dem rechten, wahren Sp   vom wahren N R (A2 vom Schreiber korr. wie Text) Konf   11/2 Glauben, daß wir glauben Sp   12 Christum + und umb Christus willen Sp   16 Daß wir nu wissen [Wer nu weiß], daß wir durch Christum ein - haben, kennen - rufen - sind [habe - kenne - rufe - ist] Sp   Und wissen, daß wir einen gnädigen - haben, kennen und ihn anrufen und nit wie die Heiden, Teufel und Gottlosen, die weder Vergebung der Sünd glauben noch Gott treulich anrufen, viel weniger Guts zu ihm versehen Sp   18 an + in unsern Noten und Anliegen Sp a. R.   19 Der Teufel und Gottlosen M3 Sp (+ die) Konf (Gottluse)   19/20 den Artikel von der Vergebung der Sunden Sp   21 feind + und Sp   22 nichts bis hoffen] noch Guts sich zu ihm versehen Sp   22 Und > Sp   22 bis S. 80, 2 Und bis Dann > N1   23 wie jetzt angezeigt ist > Sp   24 Glauben nicht 3 Lü

3 peccatorum + et iustificationem Ed. pr.   6 Admoneantur Hü   7 significet Ed. pr. tantum > H   8 et > A F H [et] D De   in > Ed. pr.   9 in > A D F H M 2 10 solum] tantum A D F H M 2 N   16 Iam] Item N   18 ei > Hü   20 hunc > D De

[1]) Jak. 2, 19.   [2]) Vgl. Luther, Schol. zu Hebr. 5, 1. 11, 6. WA LVII 169, 232.

ein solches Wissen, das Teufel und gottlose Menschen haben. Dann also wird vom Glauben gelehret ad Hebraeos am 11., daß Glauben sei nicht allein die Historien wissen, sonder Zuversicht haben zu Gott, seine Zusag zu empfahen. Und Augustinus erinnert uns auch, daß wir das Wort Glauben in der Schrift verstehen sollen, daß es heiße Zuversicht zu Gott, daß er uns gnädig sei, und heiße nicht allein solche Historien wissen, wie auch die Teufel wissen[1].

Ferner wird gelehret, daß gute Werk sollen und mussen geschehen, nicht daß man darauf vertrau, Gnad damit zu verdienen, sondern um Gottes willen und Gott zu Lob. Der Glaub ergreift allzeit allein Gnade und Vergebung der Sunde. Und dieweil durch den Glauben der heilig Geist geben wird, so wird auch das Herz geschickt, gute Werk zu tun. Dann zuvorn, dieweil es ohn den heiligen Geist ist, so ist es zu schwach; darzu ist es ins Teufels Gewalt, der die arme menschliche Natur zu viel Sunden treibet, wie wir sehen in den Philosophen, welche sich unterstan'den, ehrlich und unsträflich zu leben, haben aber dannoch solches nicht ausgericht, sonder seind in viel große offentliche Sunde gefallen. Also gehet

mine fidei hoc modo admonet lectorem et docet in scripturis nomen fidei accipi non pro notitia, qualis est in impiis, sed pro fiducia, quae consolatur et erigit perterrefactas mentes.

Hebr. 11, 1.

Praeterea docent nostri, quod necesse sit bona opera facere, non ut confidamus per ea gratiam mereri, sed propter voluntatem Dei. Tantum fide apprehenditur remissio peccatorum et gratia. Et quia per fidem accipitur spiritus sanctus, iam corda renovantur et induunt novos affectus, ut parere bona opera possint. Sic enim ait Ambrosius: Fides bonae voluntatis et iustae actionis genitrix est[2]. Nam humanae vires sine spiritu sancto plenae sunt impiis affectibus et sunt imbecilliores, quam ut bona opera possint efficere coram Deo. Adhaec sunt in potestate diaboli, qui impellit homines ad varia ' peccata, ad impias opiniones, ad manifesta scelera; quemadmodum est

So nu der Mensch durch Glauben ein gnädigen Gott hat, ist er schuldig, auch gute Werk zu tun, nicht daß er damit Vergebung seiner Sund verdiene, sonder das ist schon lang verdienet durch Christum und durch den Glauben geschenkt, sonder die guten Werk sollen geschehen Gott zu Lob, denn Gott foddert sie, so sollen wir auch durch solch gute Werk ander reizen, daß sie Lust und Lieb zum Euangelio gewinnen, lernen auch Gott kennen und ihm glauben, daß sie auch selig werden.

Item so das Herz ahn Glauben ist, so ist es ins Teufels Gewalt und wird zu allerlei Sund getrieben, wie man siehet an gottlosen Leuten. Aber so es nu Glauben hat, hat es hilf von Gott und wird durch den heiligen Geist bewahrt wider den Teufel, da es nun gute Werk tun kann, widerstehet falscher Lahr, Zorn, Geiz, hoffart und andern Lusten, so es doch vor in diesen Stucken allen gefangen lage und vermocht ihn nicht widerstehen.

---

1 [sei nicht allein die Historien] ein D1   ein > Sp D2 N ein *über d. Z.*, solichs *aus* solich, ein *bis* Wissen *später eingeklammert* A2 M (*beide gleich, vom Schreiber*)   solchs + schlechts Sp   das + auch Sp   und die Gottlosen Sp   2/12 Dann *bis* wissen > Sp   3 zun Hebräern am 11. N1 (> am) N2 M R 3   4 11. A2 Lü   die > E   11 solche] > N1 die Z Lü   13 Darneben wird bei uns gelehret und gepredigt Sp   14 geschehen, doch nicht dergestalt, daß man das Vertrauen drauf werfe, Gottes Gnad Sp   17 Lob + und Ehren Sp   17/8 Der *bis* Und > Sp   18 dieweil] weil Z Lü   dieweil + dann Sp   20 wird, wie Sant Paul sagt zun Ephesern am ersten, so Sp   des Menschen herz Sp   21/2 Dann *bis* schwach] Dann ehe der Mensch den heiligen Geist hat, so ist er viel zu schwach Sp   22 den > D2 den *über d.Z.* Geist *a.R.* A2   ist > N1 A2   23 es] er — Gewalt. Derselben treibt die Sp   24 viel > N1   25/7 wie wir denn in den Philosophen sehen, welche, wiewohl sie sich unterwunden haben, ehrlich — leben, dennoch ist ihnen solches unmoglich gewest zu erreichen, sonder Sp   25 in] an N1   27 dannoch > N1   29 offentliche > N1

1 fidei nomine A D F H M 2 N   3 > in N   17 et] ac A D F H M 2 N   20 opera bona K   26 efficere] afferre possint F 1   28 ad] et K R S W

---

[1]) Tract. in Ep. Joh. ad Parth. X 2. MSL 34, 2055. Pseudo=Aug., De cognitione verae vitae 37. MSL 40, 1025.   [2]) Ps. Ambr. De vocatione gentium I, 23. MSL 51. 676 A.

XX. Vom Glauben und guten Werken.

es mit dem Menschen, so er außer dem rechten Glauben ohn den heiligen Geist ist und sich allein durch eigne menschliche Kraft regieret.

Derhalb ist diese Lehre vom Glauben nicht zu schelten, daß sie gute Werke verbiete, sondern vielmehr zu ruhmen, daß sie lehre, gute Werk zu tun[1], und hilf anbiete, wie man zu guten Werken kummen muge. Dann außer dem Glauben und außerhalb Christo ist menschliche Natur und Vermugen viel zu schwach, gute Werk zu tun, Gott anzurufen, Geduld zu haben im Leiden, den Nächsten lieben, befohlene Ämter fleißig auszurichten, gehorsam zu sein, bose Lust zu meiden etc. Solche hohe und rechte Werk mugen nicht geschehen ohn die hilf Christi, wie er selbs spricht Joh. 15.: „Ohn mich kunnt ihr nichts tun."

Joh. 15, 5.

videre in philosophis, qui et ipsi conati honeste vivere, tamen id non potuerunt efficere, sed contaminati sunt multis manifestis sceleribus. Talis est imbecillitas hominis, cum est sine fide et sine spiritu sancto et tantum humanis viribus se gubernat.

Hinc facile apparet, hanc doctrinam non esse accusandam, quod bona opera prohibeat, sed multo magis laudandam, quod ostendit, quomodo bona opera facere possimus. Nam sine fide nullo modo potest humana natura primi aut secundi praecepti opera facere. Sine fide non invocat Deum, nihil a Deo exspectat, non tolerat crucem, sed quaerit humana praesidia, confidit humanis praesidiis. Ita regnant in corde omnes cupiditates et humana consilia, cum abest fides et fiducia erga Deum. Quare et Christus dixit: Sine me nihil potestis facere, Iohan. 15. Et ecclesia canit:

Sine tuo numine
nihil est in homine,
nihil est innoxium[2].

Also lehret Paulus von Werken Ro. 8.: „Welche der Geist Gottes treibet, dies sind Kinder Gottes." Und Galat. 3. spricht: „Ihr habt den Geist empfangen durch die Predige vom Glauben, nicht von Werken." Damit lehret er, daß durch Glauben erstlich der heilig Geist geben wird; wo nu der heilig Geist ist, da kann das Herz der Sund und dem Teufel widerstehen. Ahn den heiligen Geist kann der Mensch nicht Gutes wurken, wie die Kirch sagt: Sine tuo numine nihil est in homine; ahn deine hilf vermag der Mensch nichts. Also ist der Glaub das Hauptstuck, dadurch der heilig Geist geben wird, welcher Glaub allein ein gnädigen Gott macht. Und dieses ist in vielen Puchern Augustini reichlich gelehrt und bewiesen.

Röm. 8, 14.
Gal. 3, 2.

---

1 außerhalb N1   1/4 es allen Menschen, die wider den Glauben noch den heiligen Geist haben, sonder sich allein durch menschliche Kräfte regiern. Sp   1 dem > E A2 N2 D1.2   3 durch > E   eigne > N1   8 Derhalben man nicht Ursach hat diese Lehre vom Glauben zu schelten und zu tadeln, als sollte sie gute Werk verbieten Sp   diese] die M3 W Konf   10 ruhmen + und zu preisen, als die da rechtschaffene, gute Werk lehre tun Sp   daß sie gute Werk zu tun lehre N1 D2 M R 3 Lü (A2 vom Schreiber korr. wie Text)   11 anbiete + und weise Sp   12 guten + und Gott gefälligen Werken kummen moge Sp   Dann außerhalb des Glaubens und Christo 13 außerhalb > N1   14 und Vermugen > N1   15 tun + als nämlich Sp a. R.   17/21 befohlen Ampt und Dienst fleißig verwalten und ausrichten, der Obrikeit gehorsam zu sein, Unzucht zu fliehen etc. Dann solche hoche, rechte und gute Werk vermag niemands ohn Christus hilf zu verbringen, wie Christus selbst sagt Joh. am 15.: Sp   19 etc. > N1 M3 W Konf   hohe und rechte] gute N1   21 er] Christus D1 E   22 tun + etc. M3 W Konf

---

4 manifestis > K R S W   5 sine (2.)] so V Hü Ed. pr. gegen alle anderen Hdschr.   12 possumus D K R   15/16 exspectat a Deo D De   25 nihil est innoxium > D De

---

[1]) Luther: „Wann ich den Glauben so hoch anziehe und solch ungläubige Werk furwirf, schuldigen sie mich, ich vorbiete gute Werk, so doch ich gern wollte recht gute Werk des Glaubens lehren." WA VI 205,11.   [2]) Aus der Pfingstsequenz Veni sancte spiritus et emitte caelitus, wohl von Stephan Langton, nicht von Innocenz III. LThK X, 532. LThK² X, 666. J. A. Jungmann, Missarum Sollemnia I⁴, 1958, 560f.

Ed. princeps (von S. 76 3. 7 ab) vorzeiten]: wiewohl sie dennoch ihre Irrtumb nicht bekennen, sondern unterstehen sich dieselbige zu Untertruckung der heilsamen und tröstlichen Lahr vom Glauben und zu Schmach unserm Herrn Christo zu verfechten.

Dieweil aber die Lahr vom Glauben, wilche das Häubstück ist in christlicher Lahr, wie man bekennen muß, lange Zeit nicht getrieben noch geprediget ist, sondern dagegen viel falscher Gottesdienst aufgericht, so ist davon durch die Unsern dieser Bericht geschehen.

Wo Glaube und was der Glaube sei.

Luc. 24, 47. Unser Herr Christus hat sein Euangelium gefasset in eine richtige und kurze Summa, nämlich, daß man lehren soll, Buß und Vergebung der Sund in seinem Namen. Die Predig von der Buß straft die Sund. Wer nu fur Gottes Zorn erschrickt von wegen seiner Sunde, dem predigt das Euangelium auch Vergebung der Sunden umb Christus willen, aus Gnaden, ohne unser Verdienst. Solche Vergebung wird allein durch Glauben erlangt, so wir gläuben, daß Gott uns umb Christus willen unser Sunde vergeben und gnädig sein wolle.

Also lehren nu die Unsern, daß wir durch Glauben an Christum Vergebung der Sunde erlangen, nicht durch unsere vorgehende oder folgende Werk verdienen, sondern allein entpfahen Vergebung aus Barmherzigkeit umb Christus willen, und daß wir allzeit, wenn wir schon gute Werk haben, gläuben sollen, daß wir umb Christus willen fur Gott gerecht geschätzet werden, nicht aus Verdienst unserer Werk, denn wir können doch Gottes Gesetz selbst nicht gnugtun.

Dieses ist ein reicher, gewisser Trost, allen blöden und erschrocken Gewissen, und ist klar in der heiligen Schrift gegründet und ausdrückt, ja es ist der fürnehmest Artikel des Evangelii.

Eph. 2, 8 f. Denn Paulus spricht also, Ephe. 2.: Aus Gnaden seid ihr selig worden durch den Glauben, und dasselbig nicht aus euch, sondern es ist Gottes Gabe, nicht aus Werken, damit sich
Röm. 4, 16. niemand rühme, und Röm. 4. Darümb müsse Gerechtigkeit durch Glauben uns aus Gnaden kommen, daß die Verheißung fest bleibe, das ist, so wir umb unser Werk willen Vergebung der Sunden empfahen sollten, wären wir allzeit ungewiß, ob wir Vergebung erlangt hätten. Denn wir befinden allzeit Gebrechen an unsern Werken, darümb wir müßten zweifeln, ob wir gnug getan hätten. Also würde die Verheißung fallen und unnütz werden, so sie auf unser Werk gebaut wäre, und nimmermehr könnt das Gewissen zu frieden und zu ruhen sein, wenn wir umb unser Werk willen gerecht sein müßten. Darümb sollen wir allezeit, auch so wir nu neu geborn sein, und gute Werk tun, den Mittler Christum behalten und gläuben, daß uns Gott gnädig sei und gerecht schätze nicht darümb daß wir das Gesetz erfüllen, sondern umb Christus willen, durch den uns zugesagt ist, daß uns Gott umb seinen willen gnädig sein wolle, darümb spricht Paulus weiter Rom. 5: So wir durch Glauben gerecht geschätzt
Röm. 5, 1. werden, haben wir Friede mit Gott, und durch Glauben haben wir ein Zugang zu Gott ꝛc. Und dieser Sprüch ist die Schrift voll.

Unerfahrne Leut verachten und verfolgen diese Lahr, denn die Welt weiß von keiner Gerechtigkeit, denn allein vom Gesetz und von vernünftigem Leben, weiß nicht, wie das Gewissen gegen Gott und in Gottes Gericht sich halten soll. Und doch, wenn Gott straft und erschreckt die Gewissen, so fahren dieselbige zu, so diese Lahr vom Glauben und Christo nicht wissen, suchen Werk und wollen mit eigen Werken Gottes Zorn versühnen und ewig Leben erlangen, diese laufen in Klöster, die andern fallen auf Meß halten, und wird ein Werk uber das ander erticht, Gottes Zorn zuverführen. Das ist eitel Blindheit, und Verachtung Christi, und fallen die Herzen fur und fur in großer Ungeduld gegen Gott, bis sie zuletzt ganz verzweifeln.

Diese Irrtumb strafen wir laut des Evangelii und richten dagegen auf die Lahr vom Glauben, daß das Gewissen sich getrost darauf verlassen soll, daß wir Vergebung der Sund ohn unser Verdienst umb Christus willen haben und daß es ein Schmach Christi sei, so wir eigne Werk suchen, dadurch zu verdienen, daß uns Gott gnädig sei. Und dieweil dieser Artikel betrifft die Ehre Christi und solchen hohen Trost der Gewissen, so ist not, daß diese Lahr ernstlich in der Christenheit getrieben werde.

Hieraus ist auch zu merken, wo Glauben sei, und was wir Glauben heißen. Denn wo nicht Schrecken ist fur Gottes Zorn, sondern Lust an sündlichem Wandel, da ist nicht Glauben.
Jes. 57, 15. Denn Glauben soll trösten und lebendig machen die erschrockne Herzen. Darümb auch Esaias spricht, Gott wolle seine Wohnung haben in erschrocknen Herzen. Darümb ist leicht zu antworten, wenn etliche sprechen, so der Glaub gerecht mache, sei nicht not, gute Werk zu tun.

Dagegen lehren wir, daß diejenigen, so Lust an ihren Sunden haben und fortfahren, in

sundlichem Wandel, nicht glauben. Denn wo nicht Schrecken ist fur Gottes Zorn, da ist nicht Glaube.

So ist auch das Argument leicht aufzulösen, daß man spricht, die Teufel gläuben auch, sind dennoch nicht gerecht. Antwort: Gläuben heißet hie nicht die Historien allein wissen,
5 sondern es heißt den Artikel gläuben: Vergebung der Sunde. Diesen Artikel gläuben die Teufel und Gottlosen nicht. Also heißt hie gläuben, in Schrecken des Gewissens sich getrost verlassen auf Gottes Zusage, daß er umb Christus willen gnädig sein wolle. Und daß gläuben also soll verstanden werden: nicht die Historien allein wissen, sondern Gottes Verheißung ergreifen, lehret Paulus klar, Rom. 4., da er spricht: Darümb werde man gerecht durch Röm. 4, 16.
10 Glauben, daß die Verheißung nicht untüchtig werde. Darümb will er, daß man durch Glauben die Verheißung Gottes ergreifen müsse. So schreibt auch Augustinus, daß man Glauben also verstehen soll, wie wir davon reden.

Daß man gute Werk soll und müsse tun, und wie man sie könne tun, und wie sie Gott gefällig sein.

15 Solcher Glaub, so er das erschrocken Herz tröstet, emphahet den heiligen Geist, der fähet Röm. 8, 14.
an in denjenigen, so Gottes Kinder worden sind, zu wirken, wie Paulus spricht Rom. 8: Dies sind Kinder Gottes, wilche der Geist Gottes leitet. So wirket nu der heilig Geist Erkenntnus der Sunde und Glauben, daß wir die hohe und große Barmherzigkeit, in Christo zugesagt, fur und fur klärer erkennen und stärker glauben und ewigen Trost und Leben
20 daraus schopfen. Darnach wirkt der heilig Geist auch andere Tugend, nämlich die Gott geboten hat in zehen Geboten: Gott fürchten, lieben, danken, anrufen, ehren, den Nähisten lieben, gedültig, keusch sein, die Oberkeit als Gottes Ordnung erkennen und ehren ꝛc., denn wir lehren, daß wir Gottes Gebot, wilche uns aufgelegt sind, sollen und müssen tun.

Dazu lehren wir, wie man sie könne tun, auch wie sie Gott gefallen. Denn ob schon die
25 Menschen durch eigne natürliche Kräft äusserliche, ehrliche Werk zum Teil zu tun vermügen, so kann doch das Herz Gott nicht lieben, es glaube denn zuvor, Gott wölle gnädig sein. Dazu die Menschen außer Christo und ohn Glauben und heiligen Geist sind in des Teufels Gewalt, der treibet sie auch zu mancherlei offentlichen Sunden. Darümb lehren wir zuvor vom Glauben, dadurch wir Gottes Gebot geben wird, und daß Christus uns hilft und wider
30 den Teufel behütet. Wenn also das Herz weiß, daß uns Gott gnädig will sein und uns erhören umb Christus willen, so kann es Gott lieben und anrufen. Und dieweil es weiß, daß uns Christus stärken und helfen will, so wart es Hülf, verzaget nicht in Leiden und strebet wider den Teufel. Darümb spricht Christus: Ohne mich könnet ihr nichts tun. Derhalben Joh. 15, 5.
wer nicht recht vom Glauben lehret, kann auch nicht nützlich von Werken lehren, denn ohn
35 die Hülfe Christi kann man doch Gottes Gepot nicht halten, wie klar zu sehen an den Philosophis, die sich aufs höhist geflissen recht zu leben, und sind dennoch in große Laster gefallen. Denn menschliche Vernunft und Kraft ohn Christo ist dem Teufel viel zu schwach, der sie zu sundigen treibt.

Weiter geschicht auch Unterricht, wie gute Werk Gott gefällig sind, nämlich nicht darumb
40 daß wir Gottes Gesetz gnugtun, denn ohn der die einige Christus, sonst hat kein Mensch Gottes Gesetz gnug getan, sonder die Werk gefallen derhalben, daß Gott die Person angenommen hat und schätzet sie gerecht umb Christus willen. Umb des willen vergibt er uns unser Gebrechen, die noch da bleiben in Heilgen. Darumb soll man nicht vertrauen, daß wir nach der Wiedergepurt gerecht sind von wegen unser Reinigkeit oder derhalben, daß wir das
45 Gesetz erfüllen, sonder man soll dann auch den Mittler Christum Gott furstellen und halten, daß uns umb Christus willen Gott gnädig sei und daß unser Werk Barmherzigkeit dürfen und nicht so wirdig sind, daß sie Gott als Gerechtigkeit annehmen soll und dafur ewigs Leben schuldig sei, sondern daß sie Gott derhalben gefallen, dieweil er der Person gnädig ist umb Christus willen. Daß er aber der Person gnädig sei, das fasset ein jeder allein durch Glauben.
50 Also gefallen Gott die gute Werk allein in den Gläubigen, wie Paulus lehret: Was nicht Röm. 14, 23.
aus Glauben geschicht, ist Sund, das ist: Wo das Herz in Zweifel stehet, ob Gott uns gnädig sei, ob er uns erhöre, und gehet dahin in Zorn gegen Gott und tut Werk, wie köstlich die scheinen, so sind es doch Sund, denn das Herz ist unrein, darümb können die guten Werk ohn Glauben Gott nicht gefallen, sonder das Herz muß vor mit Gott zufrieden sein, und
55 schließen, daß sich Gott unser annehme, uns gnädig sei, uns gerecht schätze nicht von wegen unsers Verdiensts, sondern umb Christus willen aus Barmherzigkeit. Das ist rechte christliche Lahr von guten Werken.

Var.[1]] De fide. Primum igitur de fide et iustificatione sic docent: Christus apte complexus est summam evangelii, cum Lucae ultimo iubet praedicari in nomine suo poenitentiam et remissionem peccatorum. Nam evangelium arguit peccata et requirit poenitentiam et simul offert remissionem peccatorum propter Christum, gratis, non propter nostram dignitatem. Et sicut universalis est poenitentiae praedicatio, ita et promissio gratiae universalis est et omnes credere iubet et accipere beneficium Christi. . . . Promissio . . nihil detrahit operibus, immo exsuscitat ad fidem et vere bona opera. Nam remissio peccatorum transfertur a nostris operibus ad misericordiam, ut sit beneficium certum, non ut nos nihil agamus, sed multo magis, ut sciamus, quomodo placeat Deo nostra obedientia in tanta infirmitate nostra. Hanc sententiam, qua et illustratur honos Christi et piis mentibus consolatio dulcissima et firmissima proponitur, quae veram misericordiae divinae cognitionem continet et veros cultus et aeternam vitam parit, aspernari ac damnare, plus quam pharisaica caecitas est. Olim cum haec consolatio non proponeretur, multae pavidae conscientiae mederi sibi conabantur operibus, alii confugiebant ad monasticam vitam, alii alia opera eligebant, quibus mererentur remissionem peccatorum et iustificationem. Sed nulla est firma consolatio praeter hanc doctrinam evangelii ...

Luk. 24, 47.

Cum igitur dicimus: fide iustificamur, non hoc intelligimus, quod iusti simus propter ipsius virtutis dignitatem, sed haec est sententia, consequi nos remissionem peccatorum et imputationem iustitiae per misericordiam propter Christum. Verum haec misericordia non potest accipi nisi fide, et fides hic non tantum historiae notitiam significat, sed significat credere promissioni misericordiae, quae nobis propter mediatorem Christum contingit. Et cum hoc modo fides intelligitur de fiducia misericordiae, non dissentiunt inter se Jacobus et Paulus. Quod enim inquit Jacobus: Daemones credunt et contremiscunt, intelligit fidem de notitia historiae, haec non iustificat. Norunt enim historiam etiam impii ac diaboli. Paulus vero, cum inquit: Fides reputatur ad iustitiam etc., loquitur de fiducia misericordiae promissae propter Christum, estque sententia, homines iustos pronuntiari, id est, reconciliari, per misericordiam, non propter dignitatem propriam, sed hanc misericordiam promissam propter Christum oportet fide accipi. . . .

Jak. 2, 19.
Röm. 4, 5.

De bonis operibus. Cum necessariam de fide doctrinam et consolationem ecclesiis proponimus, additur et doctrina de bonis operibus, quod videlicet necessaria sit in reconciliatis obedientia erga legem Dei. . . .

Inter bona opera praecipuum est et summus cultus Dei fides ipsa et parit multas alias virtutes, quae exsistere non possunt, nisi prius corda fidem conceperint. . . .

Et hac fide, quae consolatur corda in poenitentia, accipimus spiritum sanctum, qui datur, ut gubernet et adiuvet nos, ut peccato et diabolo resistamus et magis magisque agnoscamus infirmitatem nostram et in nobis crescant agnitio Dei, timor, fides. Quare debet in nobis obedientia erga Deum et nova vita crescere, sicut Paulus docet, renovari nos debere ad agnitionem Dei, ut efficiatur in nobis nova lux et imago eius, qui condidit nos etc.

Docemus etiam, quando haec inchoata obedientia placeat Deo. . . . Non enim ideo placet, quia legi satisfaciat, sed quia personae reconciliatae et iustae sunt propter Christum et credunt sibi condonari imbecillitatem suam. Sic Paulus docet: Nulla nunc est condemnatio his, quod sunt in Christo etc. Quanquam igitur haec nova obedientia procul abest a perfectione legis, tamen est iustitia et meretur praemia, ideo quia personae reconciliatae sunt. Atque ita de operibus iudicandum est, quae quidem amplissimis laudibus ornanda sunt, quod sint necessaria, quod sint cultus Dei et sacrificia spiritualia et mereantur praemia. . . .

Röm. 8, 1.

Ex his satis liquet, doctrinam bonorum operum Dei beneficio pie et recte doceri in nostris ecclesiis. Quanta fuerit olim obscuritas, quanta confusio doctrinae de bonis operibus, bonae mentes satis norunt. Nemo monebat de discrimine humanarum traditionum et legis divinae. Nemo docebat, quomodo placerent bona opera in tanta nostra infirmitate. Denique altissimum silentium erat de fide, qua opus est in remissione peccatorum. At explicatis nunc his rebus, tenent piae conscientiae consolationem et certam spem salutis et intelligunt veros cultus et norunt, quomodo placeant Deo et quomodo sint meritorii.

---

[1]) Auch gegenüber der deutschen Ed. pr. stark umgearbeitet und erweitert. CR 26, 365ff. Kolde, Konfession (1911²) 187ff.

⟨XXI. Vom Dienst der Heiligen.⟩   ⟨XXI. De cultu sanctorum.⟩   M 47

Vom Heiligendienst wird von den Unseren also gelehret, daß man der Heiligen gedenken soll, auf daß wir unsern Glauben stärken, so wir sehen, wie ihnen Gnad widerfahren, auch wie ihnen durch Glauben geholfen ist; darzu, daß man Exempel nehme von ihren guten Werken, ein jeder nach seinem Beruf, gleichwie Kaiserliche Majestät seliglich und göttlich dem Exempel Davids folgen mag, Krieg wider den Turken zu führen; denn beide sind sie in königlichem Amt, welches Schutz und Schirm ihrer Untertanen fordert. Durch Schrift mag man aber nicht beweisen, daß man die Heiligen anrufen oder Hilf bei ihnen suchen soll¹. „Dann es ist allein ein einiger Versuhner und Mittler gesetzt

De cultu sanctorum docent, quod memoria sanctorum proponi potest, ut imitemur fidem eorum et bona opera iuxta vocationem, ut Caesar imitari potest exemplum David in bello gerendo ad depellendos Turcas a patria. Nam uterque rex est. Sed scriptura non docet invocare sanctos seu petere auxilium a sanctis, quia unum Christum nobis proponit mediatorem, propitiatorium, pontificem et intercessorem. Hic invocandus est et promisit se exauditurum esse preces nostras et hunc cultum maxime probat, videlicet ut invocetur in omnibus afflictionibus. 1. Ioh. 2: Si quis peccat, habemus advocatum apud Deum etc.²

Torg.] De invocatione sanctorum.

Man lehret von Heiligen, daß uns ihres Glaubens Exempel nützlich sind, unsern Glauben zu stärken, daß auch ihre gute Werk uns zu Erinnerung dienen, dergleichen zu ton, ider nach seinem Beruf. Aber von Heiligen etwas bitten und durch ihr Verdienst etwas erlangen, diese Ehr gehöret Gott und unserm Herrn Christo allein zu. Darumb soll man die Heiligen auch nicht als Fürbitter anrufen, denn Christus hat geboten, ihnen zu einem Fürbitter und Mittler zu halten. Wie Paulus spricht: Unus est mediator Christus. Und Christus spricht: 1. Tim. 2, 5. Venite ad me omnes, qui onerati estis. Und auf das Exempel, daß ein guter Fürderer zu Matth. Hoff nützlich sei, ist leicht zu antworten, daß derselbig Fürderer schaden wurde, wenn der 11, 28. Furst Befehl hätt getan, bei ihm selbs anzusuchen.

---

1 *Der Art. fehlt in* A1 H1 (Sp f. u.)   2 Von den verstorben Heiligen N1   von den Unsern > N1   3 der Heiligen] ihrer N1   9 gleichwie + die M3 Konf   seliglich und göttlich > N1   11 Krieg zu führen N1   12 sie beide sind A2 N2 M R 3 Lü   13 fordert + [Dann] A2 M D2 (+ [es])   14 Durch] Jn der N1   aber *über d. Z.* A2 M D2   man aber M3 3 Lü   kann es nit bewiesen werden N1   15 die Heiligen > N1   anrufen soll — suchen. N1   16 allein > N1   21 und + oder *Hdschr*.

7 Turcos F F1 H N   a patria > M1   12 et > Conc   12/3 Hic *bis* promisit] Hic protrusit M1   16/17 1.Joh. *bis* etc. > M1   17 Deum] > etc. + Iesum iustum, qui est propitiatio pro peccatis nostris neque non solum nostris, sed et totius mundi. D De

---

¹) Während der Punkt in Schwab. und Marb. fehlt, vgl. Unt. d. Dif.: nicht „als sollt man der Heiligen Anrufen und Fürbitt dadurch bestätigen oder loben. Denn Christus Jesus ist allein der Mittler, der uns vertritt, wie Johannes in seiner Epistel am andern und Paulus zun Römern am achten Kapitel anzeigen. Die Heiligen aber werden rechtschaffen also geehret, daß wir wissen, daß sie zum Spiegel der göttlichen Gnade uns furgestellet sind . . . Darumb sollen die Leute durch der Heiligen Exempel zum Glauben und guten Werken gereizt werden". WA XXVI 224₂₈. Luthers Bekenntnis 1528: „Die Heiligen anzurufen, haben andere angegriffen ehr denn ich, und mir gefället es und gläubs auch, daß allein Christus sei als unser Mittler anzurufen. Das gibt die Schrift und ist gewiß: von Heiligen anzurufen ist nichts in der Schrift, darumb muß es ungewiß und nicht zu gläuben sein." WA XXVI 508₁₃. Dgl. auch Luthers „Sendbrief vom Dolmetschen und Fürbitte der Heiligen". WA XXX 2, 643ff. Zum Art. vgl. Neve NkZ 1910, 137ff. 171ff.   ²) Eck, Art. 112—127. — Jn Var. ganz umgearbeitet. Invocatio est honos, qui tantum Deo omnipotenti praestandus est . . . Econtra vero taxanda est et ex ecclesia prorsus eiicienda est consuetudo invocandi sanctos homines, qui ex hac vita decesserunt . . . Sed illud prodest, recitare veras historias piorum, quia exempla utiliter docent, si recte proponantur.

1.Tim.2,5. zwischen Gott und Menschen, Jesum Christus," 1. Timoth. 2., welcher ist der einige
Röm.8,34. Heiland, der einig oberst Priester, Gnadenstuhl und Fursprech fur Gott, Rom. 8. Und der
hat allein zugesagt, daß er unser Gebet erhoren welle. Das ist auch der hochste Gottesdienst
nach der Schrift, daß man denselbigen Jesum Christum in allen Noten und Anliegen von
1.Joh.2,1. Herzen suche und anrufe: „So jemand sundiget, haben wir einen Fursprecher bei Gott, der 5
gerecht ist, Jesum etc."

Dies ist fast die Summa der Lehre, welche in unseren Kirchen zu rechtem christlichen Unterricht und Trost der Gewissen, auch zu Besserung der Glaubigen gepredigt und ge= 10 lehret ist; wie wir dann unsere eigene Seelen und Gewissen je nicht gerne wellten fur Gott mit Mißbrauch gottliches Namens oder Wortes in die hochste große Gefahr
W 37 setzen oder auf unsere Kinder und Nach= 15 kommen eine andere Lehre, dann so dem reinen gottlichen Wort und christlicher Wahr= heit gemäß, fällen oder erben. So dann die=

Haec fere summa est doctrinae apud 1 nos, in qua cerni potest nihil inesse, quod discrepet a scripturis vel ab ecclesia catholica vel ab ecclesia Romana, quatenus ex scriptoribus nobis nota est[1]. Quod cum ita sit, inclementer iudicant isti, qui nostros pro haereticis haberi postulant. Tota dissensio est de paucis 2 quibusdam abusibus[2], qui sine certa autoritate in ecclesias irrepserunt, in quibus etiam, si qua esset dissimilitudo, tamen decebat haec lenitas episcopos, ut

---

1 und + den M3 W Konf   1/2 Christus + wie in der ersten zu Timotheo am 2. stehet A2 N2 M 3   3 der] derselb A2 N2 M 3 Lü   5 anrufe + 1. Joh. 2 E wie in der ersten Johannis am 2. stehet A2 N2 M R 3   6 etc.] Christum N 1
Bei Sp *aus dem Lat.* übersetzt: Von der heiligen Dienst lehret man in unsern Kirchen also, daß der heiligen Gedächtnus den Leuten der Meinung moge vorgehalten werden, daß sie ihrem Glauben und ihren guten Werken, jeder nach seinem Stand und Beruf, nachfolgen. Wie dann Romisch kaiserlich Majestat mogen Davids Exempel folgen, den Turken zu betriegen. Dann sie sind beide in koniglichem Regiment. Die heilig Schrift aber lehret uns nicht, die heiligen anzurufen oder hilf bei ihnen zu suchen. Dann die heilig Schrift häldet uns den einigen Christum fur als fur unsern einigen Mittler, Gnadenstuhl, hohenpriester und Vorsprecher. Wann dieser Gottesdienst gefällt Gott aufs hochst, als nämlich, daß wir Ihn in allen unsern Noten und Anliegen anrufe. *Steht vor XX, aber wieder gestrichen.*
7 *Die folgende Summa fehlt bei Sp*   7—S. 83 d, 11. Dies *bis* absondern *steht in* D1 *schon einmal vor Art. XX durchstrichen.*   7 Dieses obangezeigts A1 H1   Dies] Das 3 Lü   8 rechter christlicher D1 Ed. pr. Konf   christlichem D1 Ed. pr. N1   9 und + zu 3 auch zu] und A1 H1   zu > N R 3 zu über d. Z. A2 D2 (A2 außerdem auch zu besser 3 Zeilen darunter a. R.)   13 Mißbrauchung N1   14 hochste + und Konf   grossiste a. R. H1   16/17 dem reinen > N1   18 gemäß ist, erben N1

---

9 scripturis + sanctis M1   9/10 vel ab ecclesia catholica *fehlt in den frühesten Ausgaben der* Ed. pr.   11 nobis ex M1   ex] a N   nobis > Ed. pr.   13/4 haberi postulant] habent M1   14 Sed dissensio est de quibusdam abusibus Ed. pr. (*in den späteren Ausgaben*)[2] Conc   15 certa > M1   16 in ecclesias] ecclesiae M1   17 si *bis* dissimilitudo] si quid non conveniret M1

---

[1]) Alte Kirche bis etwa zur Frühscholastik. Kawerau NkZ 1910, 197f. Nagel 152. Melanchthon ebenso 1541, CR 4, 37f. Thieme 33.   [2]) Nicht nur die Drucke vor Melanchthons Ed. pr., sondern auch die frühesten Ausgaben der Ed. pr., die nur den lat. Text von CA und Apol. enthalten, lesen noch: Tota dissensio est de paucis quibusdam abusibus (Bl. Ciij^v, Exemplar in der Sächs. Landesbibl. Dresden). Die ersten Bogen wurden umgedruckt, dabei auch andere Änderungen vorgenommen (vgl. oben zu Z. 9/10 u. S. 74 Anm. 1) und Druckfehler beseitigt. CR 26, 251f. Kolde, Augsb. Konf.², 15.

selbige in heiliger Schrift klar gegrundet und darzu gemeiner chriſtlichen, ja auch romiſcher Kirchen, ſo viel aus der Väter Schriften zu vermerken, nicht zuwider noch entgegen ist, ſo achten wir auch, unſere Widerſacher konnen in obangezeigten Artikeln nicht uneinig mit uns ſein. Derhalben handeln diejenigen ganz unfreundlich, geſchwind und wider alle chriſtliche Einigkeit und Lieb, ſo die Unſeren derhalben als Ketzer abzuſondern, zu verwerfen und zu meiden, ihnen ſelbſt ohne einigen beſtändigen Grund gottlicher Gebot oder Schrift vornehmen. Dann die Irrung und Zank iſt vornehmlich über etlichen Traditionen und Mißbräuchen. So denn nun an den Hauptartikeln kein befindlicher Ungrund oder Mangel, und dies unſer Bekenntnus gottlich und chriſtlich iſt, ſollten ſich billig die Biſchofe, wann ſchon bei uns der Tradition halben ein Mangel wäre, gelinder erzeigen, wiewohl wir verhoffen, beſtändigen Grund und Urſach darzutun, warumb bei uns etliche Tradition und Mißbräuch geändert ſeind.

propter confessionem, quam modo recensuimus, tolerarent nostros, quia ne canones quidem tam duri sunt, ut eosdem ritus ubique esse postulent[1], neque similes unquam omnium ecclesiarum ritus fuerunt. Quamquam apud nos magna ex parte veteres ritus diligenter servantur. Falsa enim calumnia est, quod omnes caerimoniae, omnia vetera instituta in ecclesiis nostris aboleantur. Verum publica querela fuit abusus quosdam in vulgaribus ritibus haerere. Hi quia non poterant bona conscientia probari, aliqua ex parte correcti sunt.

M 48

Na] Dies iſt ongefährlich die Summa von der Lehr im Kurfurſtentumb zu Sachſen, darinnen nichts begriffen, das wider die heilige Geſchrift, gemeine chriſtliche und auch römiſche Kirchen iſt, ſofern die auf die bewährten und angenommen Lehrer gegrundet wird. Derhalben wir unbillig fur Ketzer ausgeſchrieen werden. Die ganze Irrung iſt allein umb etlich Mißbräuch, die ſich ohn der Chriſtenheit Bewilligung haben eingedrungen, und ob hierin gleich etwas ungerade befunden wurd, ſollten doch billig die Biſchof in Anſehung gegenwärtiger Bekenntnus unſers Glaubens uns etwas gnädiger ſein und nit von der chriſtlichen Kirchen abſondern und verwerfen. Dann auch ihre eigene Recht nit ſo härt ſein, daß ſie einerlei Gebräuch und Ceremonien an allen Orten erfordern, wie es dann nie geweſen iſt.

Torg. (Einleitung)] Nu iſt die Zwietracht furnehmlich von etlichen Mißbräuchen, die durch Menſchenlehr und -ſatzungen ingefuhrt ſind. Davon wollen wir ordentlich Bericht tun und anzeigen, aus was Urſachen m. gnſt. Herr beweget, etliche Mißbräuch zu fallen laſſen.

---

1 der heiligen A 1 H 1   in der heiligen N 2   2 und > A 1 H 1   [darzu] und darzu D 1   darzu + auch Ed. pr. Konf   auch > Konf   3 der] den D 1   7 mit uns nicht A 2 N 2 M R   9 und > M   10 ſo die Unſeren] die uns A 1 H 1   12 vermeiden 3 Lü   14/16 Dann bis Mißbräuchen > Ed. pr.   14 Dann] Es iſt A 1 H 1   18 Mangel bei uns N 1   22 beſtändige A 1 H 1 E A 2 N 2 R   beſtändige Grunde (Grund 3 Lü) und Urſachen M 3 Lü

---

5 similes + esse M 1   6/8 fuerunt. Quacunque apud nos ritus etiam veteres diligenter retinentur, falsa M 1   10 abolentur D De   11/2 quosdam abusus haerere in vulgaribus ritibus M 1   14 probari] retineri M 1   27 chriſtliche [Kirchen]   35 geweſen [auch unmuglich]

---

[1]) Decr. Grat. p. I d. 12, c. 3, 10, 11.

Artikel, von welchen Zwiespalt ist, da erzählet werden die Mißbräuch, so geändert seind[1].

ARTICULI IN QUIBUS RECENSENTUR ABUSUS MUTATI[2].   M 48

So nun von den Artikeln des Glaubens in unseren Kirchen nicht gelehrt wird zuwider der heiligen Schrift oder gemeiner christlichen Kirchen sonder allein etlich Mißbräuche geändert sind, welche zum Teil mit der Zeit selbs eingerissen, zum Teil mit Gewalt aufgericht, fordert unser Notdurft, dieselbigen zu erzählen und Ursach anzuzeigen, warumb hierin Änderung geduldet ist, damit Kaiserliche Majestät erkennen mugen, daß nicht hierin unchristlich oder frevenlich gehandelt, sonder daß wir durch Gottes Gebot, welches billig hoher zu achten dann alle Gewohnheit, gedrungen seind, solch Änderung zu gestatten.

Cum ecclesiae apud nos de nullo articulo fidei dissentiant ab ecclesia catholica, tantum paucos quosdam abusus omittant, qui novi sunt et contra voluntatem canonum vitio temporum recepti, rogamus, ut Caesarea Maiestas clementer audiat, et quid sit mutatum et quae fuerint causae, quominus coactus sit populus illos abusus contra conscientiam observare. Nec habeat fidem Caesarea Maiestas istis, qui ut inflamment odia hominum adversus nostros, miras calumnias spargunt in populum. Hoc modo irritatis animis bonorum virorum initio praebuerunt occasionem huic dissidio et eadem arte nunc conantur augere discordias. Nam Caesarea Maiestas haud dubie comperiet tolerabiliorem esse formam et doctrinae et caerimoniarum apud nos, quam qualem homines iniqui et malevoli describunt. Neque veritas ex vulgi rumoribus aut maledictis inimicorum colligi potest. Facile autem hoc iudicari potest, nihil magis prodesse ad dignitatem caerimoniarum conservandam et alendam reverentiam ac pietatem in populo, quam si caerimoniae rite fiant in ecclesiis. 1 2 3 4 5 6

Na] Dieweil man im Kurfurstentumb Sachsen in keinem Artikel des Glaubens von der heiligen Geschrift oder gemeiner christlicher Kirchen ist abgewichen, sondern allein etlich Mißbräuch unterlassen werden, die ohn einichen Grund in der Christenheit eingewurzelt, bitten wir Kaif. Mjt. gnädiglich zu verhören, was hierin geändert und was solche Änderung verursacht hab. Dann von uns mit keiner Wahrheit mag gesagt werden, daß wir alle alte Gebrauch und Zeremonien ablegen, sonder wir begehrn, dieselben soviel muglich zu erhalten. Aber die gemein Klag uber die Mißbräuch in der Kirchen ist jeßo nit neu, derhalb vonnöten gewest, derselben etlich zu bessern wie hernachfolgt.

Der 2. Teil fehlt in A 1 H 1 (*von* H 2 *nachgetragen*), *die Überschrift in* Ed pr. Von den streitigen Artikeln Sp   4 Dieweil denn in den Sp   5 Kirchen der heiligen — Kirchen nichts zuwider gelehrt Sp   6 gemeiner] der heiligen N 1   8 welche + nicht durch Concilia oder wie sich sonst gebuhrt, also geordnet, sonder Sp   8/9 welche *bis* eingerissen > Ed. pr.   9 von selbs Sp   10 aufgericht + sind, so Sp   fordert] erfordert A 2 M 3 Lü D 2   10/11 dieselben Sp N 1 D 2   11 anzuzeigen] darzutun Konk   13 mugen] mag N 1   mogen in dem nicht unchristlich Sp   14 hierin nicht A 2 N 2 M R D 2 Lü frevenlich] *Konk 1579/80 in manchen Expl.* freundlich   17 Gewohnheiten zu achten Sp   18 verstatten Sp

---

1 *Der 2. Teil fehlt* M 1   2 mutati abusus N   5/6 catholica dissentiant A   7 omittant > N   7/8 voluntates K   13 fidem habeat Hü   16 populos M 2   19 conantur nunc N A F H M 2   20/1 caerimoniarum *bis* et > H   21/2 Neque *bis* potest] Porro *bis* non potest. Ed. pr. Conc   22 rumoribus vulgi N   24 ac] et A

---

[1]) Grundlage sind die „Torgauer Artikel". Text bei Förstemann I 66ff. CR 26, 161ff.; Der 1. Art. u. S. 107. Über den mit Torg. Art. bezeichneten Schriftenkomplex vgl. die S. XVI, A. 8 gen. Lit. Wir geben hier nur das der CA am nächsten stehende Stück A. Vgl. zum 2. Teil ständig Luthers Vermahnung an die Geistl. WA XXX 2, 237 ff.   [2]) Don Na können im 2. Teil nur die Einleitung und die völlig veränderten Art. XXIV u. XXVI ganz aufgenommen werden; anderes Wesentliche im textkritischen Apparat. — Var. bringt die Art. in anderer Reihenfolge und stark verändert. Darauf einzugehen, ist aus Raumgründen unmöglich.

⟨XXII.⟩ Von beider Gestalt des Sakraments[1].

Den Laien wird bei uns beide Gestalt des Sakraments gereicht, aus dieser Ursach. Dann dies ist ein klarer Befehl und Gebot Christi, Matth. 26: „Trinket alle daraus." Da gebeut Christus mit klaren Worten von dem Kelch, daß sie alle daraus trinken sollen.

Und damit niemand diese Worte anfechten und glossieren könne, als gehöre es den Priestern allein zu, so zeiget Paulus 1. Kor. 11. an, daß die ganze Versammlung der Korintherkirchen beide Gestalten gebraucht hat. Und dieser Brauch ist lange Zeit in der Kirchen blieben, wie man durch die Historien und der Väter Schriften beweisen kann[2]. Cyprianus gedenket an viel Orten, daß den Laien der Kelch die Zeit gereicht sei[3]. So spricht Sankt Hieronymus, daß die Priester, so das Sakrament reichen, dem Volk das Blut Christi austeilen[4]. So gebeut Gelasius der Papst selbst, daß man das Sakrament nicht teilen soll. Distinct. 2. De consecratione cap. Comperimus[5]. Man findet auch nindert keinen Canon, der

⟨XXII.⟩ De utraque specie.

Laicis datur utraque species sacramenti in coena Domini, quia hic mos habet mandatum Domini Matth. 26: Bibite ex hoc omnes. Ubi manifeste praecipit Christus de poculo, ut omnes bibant. Matth. 26, 27.

Et ne quis possit cavillari, quod hoc ad sacerdotes tantum pertineat, Paulus ad Corinthios exemplum recitat, in quo apparet totam ecclesiam utraque specie usam esse. Et diu mansit hic mos in ecclesia, nec constat, quando aut quo auctore primum mutatus sit, tametsi cardinalis Cusanus recitet, quando sit approbatus. Cyprianus aliquot locis testatur sanguinem populo datum esse. Idem testatur Hieronymus, qui ait: Sacerdotes eucharistiam ministrant et sanguinem Christi populis dividunt. Imo Gelasius Papa mandat, ne dividatur sacramentum, Dist. 2. de consecratione, c. Comperimus. Tantum consuetudo non ita vetus aliud habet. Constat

W 38
1. Kor. 11, 20 ff.

Torg.] Von beider Gestalt.

Diese Gewohnheit, allein ein Gestalt des Sakraments zu nehmen, mag auch ahn Sund nicht gehalten werden. Denn Christus gebeut: Ex hoc bibite omnes. So weiß man, daß die Kirch lange Zeit beide Gestalt den Laien gereicht hat, wie man findet in Cypriano und in Canonibus. So findet man auch nicht wie es abkommen oder wer verboten hab, beide Gestalt zu reichen.

---

1 Artikelzahlen vgl. zu S. 50, Z. 2.   beiderlei E   4 Dann] Daß M3 W Konf   4/5 Dann bis Christi] Denn Christus hat das heilig Sakrament also zu gebrauchen eingesetzt und geordnet Ed. pr.   5 am 26. Sp N1 M R 3   6 Dann da Sp   gebeut] spricht Ed. pr. vom N1   7 daraus] aus dem Kelch Sp   10 und glossieren > Sp   10/11 als bis zu] als möchten die Priester allein beide Gestalt nehmen, so Sp   11 allein den Priestern M3 Z Lü Konf   14 hat] habe Sp haben Z Lü (hat aus haben korr. A2)   Und > Sp ist] + auch Sp + eine N1   15/6 durch die] mit Sp   16 der > A2 N2 M R Lü D 1.2   17 So meldet Sant Cyprian Sp   18 die Zeit der Kelch Sp   die Zeit > N1   19 So] Auch Sp   22 Der Bapst Gelasius Sp A2 N2 M R Z Lü D2   23 Distinct. > N1   24 De consecra. dist. II. cap. Sp A2 N2 M R Lü D2   25 nindert auch M3   auch nirgend Sp   auch nirgends A2 N2 E M R

---

3 in coena Domini > Na   6 praecipit H M 2 Ed. pr.   populo N Hü   10/11 Paulus bis recitat] den [antworten wir] weisen wir uf die ersten Epistel Pauli zu den Korinthern am 10. Na   13 esse + da er spricht, wir sein teilhaftig eines Brots und eines Kelchs. Na   15 primum > Ed. pr.   15/17 tametsi bis approbatus > Na   18/21 sanguinem bis dividunt > Na, dafür: So wird das auch nindert an keinem Ort verboten.   18 populo sanguinem A D F H M 2 N   20 eucharistiam A   21 populo A De   23/24 Dist. bis Comperimus > Na   25 habeat N

---

[1]) Zur Textgesch. d. Art. vgl. Maurer (s. S. 64 A. 2), 166 ff.   [2]) bis zum 13. Jh. J. Smend, Kelchversagung und Kelchspendung im Abendland, 1898.   [3]) Ep. 57. CSEL III 2, 652, 7: Quomodo ad martyrii poculum idoneos facimus, si non eos prius ad bibendum in ecclesia poculum Domini iure communicationis admittimus?   [4]) Comm. in Zeph. c. 3. MSL 25; Opp. Hier. 6, 1375 A (schon zit. CR 1, 845; vgl. dazu S. 91 Anm. 3).   [5]) Decr. Grat. p. III De consecr. dist. 2 c. 12, die Var. zitiert den Ausspruch vollständig. CR 27, 381.

do gebiete, allein ein Gestalt zu nehmen. Es kann auch niemand wissen, wenn oder durch welche diese Gewohnheit, ein Gestalt zu nehmen, eingeführt ist, wiewohl der Kardinal Cusanus gedenkt, wenn diese Weise approbiert sei[1]. Nun ist offentlich, daß solche Gewohnheit, wider Gottes Gebot, auch wider die alten Canones eingeführt, unrecht ist. Derhalben hat sich nicht gebuhret, derjenigen Gewissen, so das heilige Sakrament nach Christus Einsetzung zu gebrauchen begehrt haben, zu beschweren, und zwingen, wider unseres Herrn Christi Ordnung zu handeln. Und dieweil die Teilung des Sakraments der Einsetzung Christi zuentgegen ist, wird auch bei uns die gewöhnlich Prozession mit dem Sakrament unterlassen[2].

autem, quod consuetudo contra mandata Dei introducta non sit probanda, ut testantur canones, Dist. 8. c. Veritate, cum sequentibus[3]. Haec vero consuetudo non solum contra scripturam, sed etiam contra veteres canones et exemplum ecclesiae recepta est. Quare si qui maluerunt utraque specie sacramenti uti, non fuerunt cogendi, ut aliter facerent cum offensione conscientiae. Et quia divisio sacramenti non convenit cum institutione Christi, solet apud nos omitti processio, quae hactenus fieri solita est.

⟨XXIII.⟩ Vom Ehestand der Priester.

Es ist bei jedermann, hohes und niedern Stands, eine große mächtig Klag in der Welt gewesen von großer Unzucht und wildem Wesen und Leben der Priester, so

⟨XXIII.⟩ De coniugio sacerdotum.

Publica querela fuit de malis exemplis sacerdotum, qui non continebant. Quam ob causam et Pius Papa dixisse fertur, fuisse aliquas causas, cur ademptum sit

---

Torg.] De conjugio sacerdotum.

Dies sind aber die Ordnungen, welche ahn Sund nicht mogen gehalten werden. Erstlich den Priestern die Ehe verbieten, das ist wider Gott. Denn Paulus spricht: Melius est nubere, quam uri. Es ist besser ehelich werden dann Brunst leiden. Solches ist Gottes Gebot und moge durch kein Menschen aufgehoben werden. So weiß man auch, daß die Kirch lange Zeit also gehalten, daß auch die Concilia geboten, den Priestern die Ehe nicht zu verbieten, item daß man zu solchem Verbot die Priesterschaft in Deutschland schwerlich mit Gewalt getrieben hat, und ist ein Bischof von Mentz schier erschlagen worden, do er hat das bäbstlich Verbot verkundigt. Was guts daraus kommen, siehet man wohl, und zu besorgen, so man die Ehe furter wehren wollte, es wurde noch ärger, dann die Welt wird je länger je schwächer.

4 ist] sei Sp   4/6 wiewohl bis sei > Sp Ed. pr.   6 Nu ists je Sp   ists Ed. pr.
7 Gottes + Wort N1   8 eingefuhrt + und N1   9/10 gebuhret] gebühren wollen dero Sp   11 Einsetzen E   Einsatzung Christi N1   12 und + zu N2   13 die Ordnung unsers Herrn Christi Sp   14/18 Und bis unterlassen > Sp   15 nach der — zu geben N1
17 dem Sakrament] demselben N1   19 Sp bietet hier eine Übersetzung des lat. Textes, ist also kein Zeuge für den deutschen.   21/23 in bis wildem > N1   22 großer] der E

3/14 ut bis solita est] Hierumb soll man also beiderlei Gestalt gebrauchen, dieweil das Christus selbs gebeut, desgleichen auch die Canones, und die Christenheit solchs ein lange Zeit gehalten hat. Daraus folgt, daß diese Änderung billig geschehen sei. Na   8 si] hi A
8/9 sacramenti > A   20 malis > Ed. pr.   21 qui] quia M 2 N   22 et] wie man auch in Historien liefet, daß Babst Pius Sp   23 sit ademptum D De H N

---

[1]) Nik. Cusanus ep. III ad Bohemos, Opp. Paris 1514, II, f. Bb iij gibt an, die Kelchentziehung gehe auf das 4. Laterankonzil 1215 zurück. Vgl. auch Gußmann I 1, 519, Anm. 21.
[2]) Dieser, wie Na zeigt, später aufgenommene Satz soll vielleicht die Haltung der evangelischen Fürsten bei der Fronleichnamsprozession am 16. Juni (Förstemann I, 269ff. Schirrmacher 59ff.) nochmals begründen. Kolde, Alt. Redaktion 57. Auch die fränkischen Bekenntnisse wenden sich oft gegen die Prozession. Gußmann I 1, 519, Anm. 22. Schmidt-Schornbaum, Die fränk. Bekenntnisse, 1930, 514, 638.   [3]) Decr. Grat. I, d. 8. c. 4. Übernommen aus Ja f. o. S. 36, Z. 1ff. Zitiert auch in dem Gutachten des Pfarrers Amerbacher-Blaufelden, Schmidt-Schornbaum 505.

XXIII. Vom Ehestand der Priester.

nicht vermochten, Keuschheit zu halten, und war auch je mit solchen greulichen Lastern aufs höchst kommen. So viel häßlichs groß Ärgernus, Ehebruch und andere Unzucht zu vermeiden, haben sich etlich Priester bei uns in ehelichen Stand begeben. Dieselben zeigen diese Ursache an, daß sie doch gedrungen und bewegt seind aus hoher Not ihrer Gewissen, nachdem die Schrift klar meldet, der eheliche Stand sei von Gott dem Herren eingesetzt, Unzucht zu vermeiden, wie Paulus sagt: „Die Unzucht zu vermeiden habe ein itzlicher sein eigen Eheweib"; item: „Es ist besser, ehelich werden dann brennen." Und nachdem Christus sagt Matth. 19: „Sie fassen nicht alle das Wort", da zeigt Christus an, welcher wohl gewußt, was am Menschen sei, daß wenig Leute die Gabe, keusch zu leben, haben. „Denn Gott hat den Menschen Männlein und Fräulein geschaffen", Genesis 1. Ob es nun in menschlicher Macht oder Vermugen sei, ohne sondere Gab und Gnad Gottes, durch eigen Fürnehmen oder Gelübd, Gottes, der hochen Majestät, Geschöpf besser zu machen oder zu ändern, hat die Erfahrung allzu klar gegeben. Denn was guts, was ehrbar, zuchtigs Leben, was christlichs, ehrlichs oder redlichs Wandels an vielen daraus erfolget, wie greulich, schrecklich Unruhe und Qual ihrer Gewissen viel an ihrem letzten End derhalben gehabt, ist am Tag, und ihrer viel haben es selbs bekannt. So dann Gottes Wort und Gebot durch kein menschlich Gelübd oder Gesetz mag geändert werden, haben aus diesen und anderen Ursachen und Gründen die Priester und andere Geistliche Eheweiber genommen.

So ist es auch aus den Historien und der Väter Schriften zu beweisen, daß in der

sacerdotibus coniugium, sed multo maiores esse causas, cur reddi debeat. Sic enim scribit Platina[2]. Cum igitur sacerdotes apud nos publica illa scandala vitare vellent, duxerunt uxores ac docuerunt quod liceat ipsis contrahere matrimonium. Primum, quia Paulus dicit: Unusquisque habeat uxorem suam propter fornicationem. Item: Melius est nubere, quam uri. Secundo, Christus inquit: Non omnes capiunt verbum hoc; ubi docet non omnes homines ad caelibatum idoneos esse, quia Deus creavit hominem ad procreationem, Genes. 1. Nec est humanae potestatis, sine singulari dono et opere Dei, creationem mutare. Igitur qui non sunt idonei ad caelibatum, debent contrahere matrimonium. Nam mandatum Dei et ordinationem Dei nulla lex humana, nullum votum tollere potest. Ex his causis docent sacerdotes sibi licuisse uxores ducere.

Constat etiam in ecclesia veteri sacerdotes fuisse maritos. Nam et Paulus ait,

---

2 auch > N1   3 [So viel] Söllich a. R. Ra   6 geben N1 E   6/7 zeigen an diese Ursachen Konf   7 diese] dieselben Au   diese[lben] A2   die W   an > Ed. pr.   dahin aus hoher — Gewissen gedrungen A2 N2 M R D2   8/9 ihrs Gewissens N1   10 daß der eheliche Stand von — sei A2 N2 M R 3 Lü   11 und wie N1   11/12 Unzucht bis Die > E   12 sagt + in der ersten zu Korinthern am 7. A2 M R 3 Lü N2 (in der 1. Korin. 7.)   Die Unzucht] Unzucht 3 Lü   Hurerei A2 N2 M R   15 Christus + selbst N2 M R 3 Lü   [sagt] über d. Z. A2   Matth. 19 > N1 M3 W Konf   15/6 sagt bis Christus > N1   17 gewußt + hat N2 M   18 Gab haben N1   19 der Keuschheit zu halten E   hat > M K Ra   22 ohne sondere] ohn sonderlich N 1 sunderlich E sonderliche M R 3 Lü   25 oder > N1   27 was (2.) > W   28 ehrlichs oder redlichs > W   29 an] von N2   30 erschrecklich 3 D 2 N1   35 geändert mag werden A2 N2 M R 3 Lü   dieser D1 Konf   37 andere > N1

3 Sic bis Platina > Na Sp   5 ac] et D De   7 matrimonia K S W (R —um korr. aus —a)   quia] quod D De   9 propter fornicationem] Unkeuschheit zu vermeiden Na   Hurerei zu meiden Sp   13 esse idoneos A   14 homines W Hü   15 Genes. I. > Sp   17 creationem + Dei D De   21/23 Ex bis ducere > Na   22 licere Ed. pr.

---

[1]) Phil. 4, 8. [2]) Pius II. (Aeneas Silvius Piccolomini 1458—64) nach Platina, De vitis ac gestis pontificum, Venedig 1518, 155b, der unter den Sentenzen des Papstes anführt: Sacerdotibus magna ratione sublatas nuptias maiori restituendas videri.

christlichen Kirchen vor Alters der Gebrauch gewesen, daß die Priester und Diakon Eheweiber gehabt¹. Darumb sagt Paulus 1. Tim. 3: „Es soll ein Bischof unsträflich sein, eins Weibs Mann." Es sind auch in teutschen Landen erst vor vierhundert Jahren die Priester zum Gelubd der Keuschheit vom Ehestand mit Gewalt abgetrungen, welche sich dagegen sämbtlich, auch so ganz ernstlich und hart gesetzet haben, daß ein Erzbischof zu Mainz, welcher das bäpstliche neu Edikt derhalben verkündigt, gar nahe in einer Emporung der ganzen Priesterschaft in einem Gedräng wäre umbbracht². Und dasselbige Verbot ist bald im Anfange so geschwind und unschicklich fürgenummen, daß der Bapst die Zeit nicht allein die künftige Ehe den Priestern verboten, sondern auch derjenigen Ehe, so schon in dem Stand lang gewesen, zurrissen, welchs doch nicht allein wider alle gottliche, naturliche und weltliche Recht, sonder auch den Canonibus, so die Bäpste selbst gemacht, und den beruhmbtesten Conciliis ganz entgegen und wider ist³.

Auch ist bei viel hochen, gottfurchtigen, verständigen Leuten dergleichen Rede und Bedenken oft gehort, daß solcher gedrungner Zölibat und Beraubung des Ehestandes, welchen Gott selbs eingesetzt und frei gelassen, nie kein Guts, sonder viel großer böser Laster und viel Arges eingefuhrt hab. Es hat auch einer von Bäpsten, Pius II.,

episcopum eligendum esse, qui sit maritus. Et in Germania primum ante annos quadringentos sacerdotes vi coacti sunt ad caelibatum, qui quidem adeo adversati sunt, ut archiepiscopus Moguntinus, publicaturus edictum Romani Pontificis de ea re, paene ab iratis sacerdotibus per tumultum oppressus sit. Et res gesta est tam inciviliter, ut non solum imposterum coniugia prohiberentur, sed etiam praesentia, contra omnia iura divina et humana, contra ipsos etiam canones, factos non solum a Pontificibus, sed a laudatissimis synodis, distraherentur.

---

1 von E   Gebrauch] Brauch Konf   4 in der ersten ad Timotheum am dritten M 3 (an Timotheen)   6 Deutsche Land Ed. pr. Deutschland Konf   11/2 bäpstliche] erstlich M 14/15 umpracht + worden N 1   umpracht wäre M K Ra   16 schwinde M 3 Lü N 2 (schwind)   20 lang im ehelichen Stand N 1   24 ganz > N 1   25 wider] zuwider 3 26 ist > W   bei > E   27 Leuten > N 1   31 nit kein N 1   großer und E   31/2 viel und groß böse N 2   32 hab] haben A 2 M R 3   33 von + den N 1   II.] der ander A 2 M 3

1 eligendum esse > Na   2 Et] So findet man in historien, daß in teutschen Landen Sp 8 per tumultum > Na Sp   9 est > K   11 etiam > D De M 2 N   12 divina et > Sp   14 laudatissimis] vieler Konzilien Na

---

¹) Ursprünglich bestanden die Einschränkungen für die Kleriker nur im Verbot der 2. Ehe (1. Tim. 3, 2), des Eheschlusses nach dem Empfang der Weihe, später des Geschlechtsverkehrs vor Vollzug der Eucharistie, schließlich seit dem 4. Jh. — nach dem Aufkommen des täglichen Meßopfers — des gesamten ehelichen Umgangs. K. Müller, Kirchengeschichte I 1³, 588 ff.; h. Böhmer, Die Entstehung des Zölibates; Gesch. Studien f. Hauck, 1916, 6 ff. Die Forderung der Ehelosigkeit ist vom Mönchtum auf den Klerus übergegangen, in kirchlichen und weltlichen Gesetzen vom 8.—11. Jh. immer wieder erhoben und erst von der cluniacensischen Reform einigermaßen durchgeführt worden. Doch fanden noch die Gesetze Gregors VII. heftigen Widerstand. Mirbt, Quellen⁴ Nr. 281 ff. In Deutschland war noch im 12. Jh. der größte Teil der Priester verheiratet. Hauck, Kirchengesch. Deutschlands IV, 92 f.   ²) Siegfried von Mainz auf Synoden in Erfurt u. Mainz 1075. Lamb. von Hersfeld, Annal. Mon. Germ. SS V, 218 u. 230. Hauck III 779 f. Lamberts Annalen waren 1525 auf Melanchthons Veranlassung herausgegeben worden. Vgl. dazu Gußmann I 1, 518, Anm. 19; I 2, 339, Anm. 17, den Kulmbacher Ratschlag Gußmann I 2, 63 und Luthers Vermahnung an die Geistl. versammelt auf d. Reichstag zu Augsb. WA XXX 2, 324.   ³) Decr. Grat. I. d. 82, c. 2—5; d. 84, 4. Zu Nicäa s. S. 334 Anm. 1.

XXIII. Vom Ehestand der Priester.

selbst, wie seine Histori anzeiget, diese Worte oft geredt und von sich schreiben lassen: es muge wohl etlich Ursach haben, warum den Geistlichen die Ehe verboten sei; es habe aber viel hoher, großer und wichtiger Ursachen, warumb man ihnen die Ehe soll wieder frei lassen[1]. Ungezweifelt, es hat Bapst Pius als ein verständiger, weiser Mann dies Wort aus großem Bedenken geredt.

Derhalben wollen wir uns in Untertänigkeit zu Kaiserlicher Majestät vertrösten, daß Ihre Majestät als ein christlicher hochloblicher Kaiser gnädiglich beherzigen werden, daß itzund in letzten Zeiten und Tagen, von welchen die Schrift meldet, die Welt immer ärger und die Menschen gebrechlicher und schwächer werden.

Et cum senescente mundo paulatim natura humana fiat imbecillior, convenit prospicere, ne plura vitia serpant in Germaniam.

Derhalben wohl hochnötig, nutzlich und christlich ist, diese fleißige Einsehung zu tun, damit, wo der Ehestand verboten, nicht ärger und schändlicher Unzucht und Laster in teutschen Landen möchten einreißen. Dann es wird je diese Sachen niemands weislicher oder besser ändern oder machen kunnen dann Gott selbs, welcher den Ehestand, menschlicher Gebrechlichkeit zu helfen und Unzucht zu wehren, eingesatzt hat.

Porro Deus instituit coniugium, ut esset remedium humanae infirmitatis. Ipsi canones veterem rigorem interdum posterioribus temporibus propter imbecillitatem hominum laxandum esse dicunt. Quod optandum est, ut fiat et in hoc negotio. Ac videntur ecclesiis aliquando defuturi pastores, si diutius prohibeatur coniugium.

So sagen die alten Canones auch, man muß zu Zeiten die Schärfe und rigorem lindern und nachlassen, umb menschlicher Schwachheit willen und Ärgers zu verhüten und zu meiden[2].

Nun wäre das in diesem Falle auch wohl christlich und ganz hoch vonnöten. Was kann auch der Priester und Geistlichen Ehestand gemeiner christlichen Kirchen nachteilig sein, sonderlich der Pfarrer und anderer, die der Kirche dienen sollen? Es wird wohl kunftig

---

1 anzeigen 3 Lü   3 wohl *über d. Z.* M   7 wiederumb solle E   Ahn Zweifel N 1
9 die E   Gedenken N 1   15 in + den N 1   16 die Welt > N 2 (*später rot über d. Z.*)
R 3 Lü M (*vom Korr. eingefügt*) K   immer] ye mer N 1.2   17 je ärger M 3 W Konf (*in N 2 später rot über d. Z.*)   18 und schwächer a. R.) N 2   schwächer und geprechlicher M (*später ~ durch Korr.*) K Ra   19 hoche Not M 3 W   hoch und von Noten N 1   20 ist > W   25 oder besser > W   26 selbs > N 1   29 auch > N 1   31 lindern] ändern N 1   33 und zu meiden > N 1 N 2   vermeiden R E   34 auch > N 2 R 3 Lü   auch *über d. Z. vom Schreiber* A 2 M   35 ganz > N 1   36 und + der M 3   38 Pfarrherrn N 1   39 wurd A 2 R

11 Et] hie wolle Kaiserliche Majestät, zu erhalten gemeine Zucht und Ehrbarkeit, gnädiglich zu Herzen fuhren, daß die menschlich Natur Na. Derhalben unser untertänigst Bitt ist, Romisch Kaiserliche Majestät, als der allergutigst Kaiser, ja auch als ein sonderlicher Liebhaber der Keuschheit, geruhen gnädiglich zu bedenken, dieweil die Welt je länger je mehr abnimmt, ein gnädigs Aug darauf zu haben Sp   12 humana natura A   13/4 in Germaniam > Na   25 negotio] + es bringt je die Priesterehe, besonder der Pfarrer und Kirchendiener der Christenheit keinen Nachteil Na   in Ansehung, daß doch der Priester Ehe der christlichen Kirchen nichts schadet Sp   25/27 Ac *bis* coniugium > Na

---

¹) Vgl. S. 87 Anm. 2.   ²) Decr. Grat. p. I d. 34, c. 7. p. II C. I q. 7 c. 5.

an Priestern und Pfarrern mangeln, so
dies hart Verbot des Ehestands länger
währen sollt.

So nun dieses, nämlich daß die Priester
und Geistlichen mogen ehelich werden, ge=
grundet ist auf das göttliche Wort und
Gebot, darzu die Historien beweisen, daß die
Priester ehelich gewesen, so auch das Gelubd
der Keuschheit so viel häßliche, unchristliche
Ärgernus, so viel Ehebruch, schreckliche, un=
gehorte Unzucht und greulich Laster hat an=
gericht, daß auch etliche redliche unter
den Tumbherrn, auch etlich Kurtisan zu
Rom, solchs oft selbs bekannt und kläglich
angezogen, wie solch Laster in clero zu
greulich und ubermacht, Gottes Zorn wurd
erregt werden[1]: so ist es je erbarmlich, daß
man den christlichen Ehestand nicht allein
verboten, sonder an etlichen Orten aufs ge=
schwindest, wie umb groß Ubeltat zu strafen
unterstanden hat, so doch Gott in der
heiligen Schrift den Ehestand in allen Ehren
zu haben geboten hat. So ist auch der Ehe=
stand in kaiserlichen Rechten und in allen
Monarchien, wo je Gesetze und Rechte ge=
wesen, hoch gelobet. Allein dieser Zeit be=
ginnet man die Leute unschuldig, allein
umb der Ehe willen, zu martern, und darzu
Priester, der man vor anderen schonen sollt,
und geschicht nicht allein wider gottlich
Recht, sondern auch wider die Canones.
Paulus der Apostel 1. Timoth. 4 nennet die
Lehre, so die Ehe verbieten, Teufelslehre.
So sagt Christus selbs Johann. 8., der Teufel
sei ein Mörder von Anbeginn, welchs dann
wohl zusammenstimmet, daß es freilich
Teufelslehre sein mussen, die Ehe verbieten
und sich unterstehen, solche Lehre mit Blut=
vergießen zu erhalten.

Wie aber kein menschlich Gesetz Gottes
Gebot kann wegtun oder ändern, also kann

Cum autem exstet mandatum Dei, 18
cum mos ecclesiae notus sit, cum im=
purus caelibatus plurima pariat scan=
dala, adulteria et alia scelera digna ani=
madversion boni magistratus: tamen
mirum est nulla in re maiorem exerceri
saevitiam quam adversus coniugium
sacerdotum. Deus praecepit honore 19
afficere coniugium; leges in omnibus 20
rebus publicis bene constitutis, etiam
apud ethnicos, maximis honoribus orna=
verunt. At nunc capitalibus poenis ex= 21
cruciantur, et quidem sacerdotes, contra
canonum voluntatem, nullam aliam
ob causam nisi propter coniugium.
Paulus vocat doctrinam daemoniorum, 22
quae prohibet coniugium 1. Timoth. 4.
Id facile nunc intelligi potest, cum tali= 23
bus suppliciis prohibitio coniugii de=
fenditur.

Sicut autem nulla lex humana potest 24
mandatum Dei tollere, ita nec votum

---

1 Pfarrherrn N1   4 nämlich > E   7 darzu + auch N2RD2   9 häßlicher, un=
christlicher N 3 Lü   10/11 unerhort N 1   12 redliche > M3 Konf   13 den > D 1 E M3
Konf   auch etlich > N1 M3 Konf   17 erregt] moge und erregt über d. Z. W   er=
reget würde Lü   ists M3 W Konf   20 umb + ein M   21/23 so doch bis hat > Konf
22 [allen] W   24 in + den N1 N2   30 nicht über d. Z. M   göttliche Ed. pr. Konf
32 in der ersten ad (an A2 3) Timotheum am 4. A2 3 M D2   32/3 diese Lehren 3 Lü
(Lehre)   34 selbs > N1   auch Christus A2   36/7 daß bis mussen > 3   37 muß
N1   41 Gebot] Pott N1

7 alia] andere scheußliche (erschreckliche Sp) Na Sp   7/8 digna — magistratus > Na Sp
8 tamen mirum est] siecht man doch vor Augen Na   11 sacerdotum] + Wer hat doch je
gesehen oder gehort, daß jemand von der Ehe wegen sollt gestraft werden, die Gott zu ehren
geboten hat Na. Dann es ist nie wider gelesen noch erhort, daß man irgend in einer Polizei
ein Pen wider die Ehe gesetzt hätt. Sondern Gott selbs hat geboten Sp   11/12 Deus bis
coniugium > H   11 praecipit Fabr.   14 ornaverint Hü   16 sacerdotes] erwurgt
man die Eheleut aufs allerungutigst und dennoch Priester darzu Sp   18 nisi — coniugium
> Na   20 1. Timoth. 4. > Na

---

[1]) Vgl. H. Böhmer, Luthers Romfahrt (1914), 100ff., Luthers Urteile dort gesammelt, 142ff.

auch kein Gelubd Gottes Gebot ändern. Darum gibt auch Sanctus Cyprianus den Rat, daß die Weiber, so die gelobte Keuschheit nicht halten, sollen ehelich werden, und sagt Epist. 11 also: "So sie aber Keuschheit nicht halten wellen oder nicht vermugen, so ists besser, daß sie ehelich werden, dann daß sie durch ihre Lust ins Feur fallen, und sollen sich wohl fursehen, daß sie den Brüdern und Schwestern kein Ärgernus anrichten".

Zudem, so brauchen auch alle Canones großer Gelindigkeit und Äquität gegen diejenigen, so in der Jugend Gelubd getan, wie dann Priester und Mönche des mehrernteils in der Jugend in solchen Stand aus Unwissenheit kummen seind².

⟨XXIV.⟩ Von der Messe³.

Man legt den Unseren mit Unrecht auf, daß sie die Messe sollen abgetan haben⁴. Denn das ist offentlich, daß die Messe, ohn Ruhm zu reden, bei uns mit großerer Andacht und Ernst gehalten wird dann bei den Widersachern. So werden auch die Leute mit hochstem Fleiß zum oftern mal unterricht vom heiligen Sakrament, worzu es eingesetzt und wie es zu gebrauchen sei, als nämlich die erschrockenen Gewissen damit zu trosten, dardurch das Volk zur Kommunion und Messe gezogen wird. Darbei geschicht auch Unterricht wider andere unrechte Lehre vom Sakrament. So ist auch in den offentlichen Ceremonien der Messe keine merklich Anderung geschehen, dann daß an etlichen Orten

potest tollere mandatum Dei. Proinde 25 etiam Cyprianus suadet, ut mulieres nubant, quae non servant promissam castitatem. Verba eius sunt haec, libro primo epistolarum ep. XI.: Si autem nolunt perseverare aut non possunt, melius est, ut nubant, quam in ignem deliciis suis cadant; certe nullum fratribus aut sororibus scandalum faciant¹.

Et aequitate quadam utuntur cano- 26 nes erga hos, qui ante iustam aetatem voverunt, quomodo fere hactenus fieri consuevit.

⟨XXIV.⟩ De missa.

Falso accusantur ecclesiae nostrae, 1 quod missam aboleant. Retinetur enim missa apud nos et summa reverentia celebratur. Servantur et usitatae caeri- 2 moniae fere omnes, praeterquam quod latinis cantionibus admiscentur alicubi germanicae, quae additae sunt ad docendum populum⁵. Nam ad hoc praecipue 3 opus est caerimoniis, ut doceant imperitos. Et Paulus praecepit in ecclesia uti 4 lingua intellecta populo. Assuefit po- 5 pulus, ut una utantur sacramento, si qui sunt idonei; id quoque auget reverentiam ac religionem publicarum caerimoniarum. Nulli enim admittuntur 6 nisi antea explorati et auditi. Admonen- 7

1. Kor. 14, 9 ff. 19.

5 in der Epistel am 11. Z Lü   7 so ists] ist N1   10/1 anrichten] machen Z Lü   13 groß Lindikeit N1   15/6 des mehrerteils a. R. vom Korr. M > K Ra   22 großer Sp A2 M R Lü   größer N2 Konk   23/4 dann bis Widersachern > W   25 oftern mal] mehrmaln mit hochstem Fleiß vom hochwirdigen Sakrament unterricht Sp   27 es gebraucht soll werden Sp   28 damit > M K   30/2 Dabei bis Sakrament > Ed. pr.   31 wider die unrechte und irrige Sp   32 den > N 1 offentlichen > Sp   33 merklich > Sp

2 Der heilig Bischof und Märtrer Sant Cyprian Sp   4/9 Verba bis faciant > Na   6 perseverare nolunt alle außer Hü V   7 quam + ut A M 2   9 faciunt A D De H M 2   12 ipsi canones Ed. pr.   14 voverant alle außer Hü V Ed. pr.   venerant F F 1 W   26 praecipue] unum Ed. pr.   28 Et + non modo A   DFHM2N   praecipit ADFHN (M2 -i-)   in ecclesia > außer Hü V   29 populo + in ecclesia, sed etiam ita constitutum est humano iure A D F H M 2 N   Assuefit] so Hü V Ed. (pr. — 1542) Conc Assuescit alle and. Hdschr.   30 utatur A F F 1   31 sint M 2   quoque] quod A   34 et] atque A D F H M 2 N Fabr.   et auditi > Ed. pr.

¹) Cyprian, Ep. 4,2. CSEL III 2, 474, 17—21. Ep. lib. I, 11 nach der Zählung des Erasmus, Ep. 62, 2 in MSL 4, S. 378A.   ²) Decr. Grat. p. II. C. 20. q. 1 c. 5. 7. 9. 10. 14. 15. Decr. Greg. III tit. 31. c. 14.   ³) Der Art. lehnt sich an verschiedenen Stellen an Melanchthons Iudicium de missa et coelibatu (1526, CR 1, 840ff.) und den Unterricht d. Visit. (WA XXVI 213ff. 224) an. Vgl. auch Maurer (f. S. 64 Anm. 2) S. 166ff. — In Var. ist der Auseinandersetzung wesentlich schärfer. CR 26, 375ff. Kolde, Konfession² S. 195ff.   ⁴) Eck, Art. 269—278. Luthers Hauptschriften über die Messe: Sermon von dem neuen Testament, d.i. von der hl. Messe, WA VI 353ff. De captivitate babylonica, WA VI 502ff. De abroganda missa

teutsch Gesänge, das Volk damit zu lehren und zu uben, neben lateinischem Gesang gesungen werden, sintemal alle Ceremonien furnehmlich darzu dienen sollen, daß das Volk daran lerne, was ihm zu wissen von Christo not ist[1].

Nachdem aber die Messe auf mancherlei Weise vor dieser Zeit mißbraucht, wie am Tag ist, daß ein Jahrmarkt daraus gemacht, daß man sie gekauft und verkauft hat und das mehrer Teil in allen Kirchen um Geldes willen gehalten, ist solcher Mißbrauch zu mehrmalen, auch vor dieser Zeit, von gelehrten und frommen Leuten gestraft worden[2]. Als nun die Prediger bei uns davon gepredigt und die Priester erinnert seind der schrecklichen Betrauung, so dann billig einen jeden Christen bewegen soll, daß, wer das Sakrament unwürdiglich braucht, der sei schuldig am Leibe und Blut Christi: darauf seind solche Kaufmeß und Winkelmeß, welche bis anher aus Zwang um Geldes und der Präbenden willen gehalten worden, in unseren Kirchen gefallen[3].

tur etiam homines de dignitate et usu sacramenti, quantam consolationem afferat pavidis conscientiis, ut discant Deo credere et omnia bona a Deo expectare et petere. Hic cultus delectat Deum, talis usus sacramenti alit pietatem erga Deum. Itaque non videntur apud adversarios missae maiore religione fieri quam apud nos.

Constat autem hanc quoque publicam et longe maximam querelam omnium bonorum virorum diu fuisse, quod missae turpiter profanarentur, collatae ad quaestum. Neque enim obscurum est, quam late pateat hic abusus in omnibus templis, a qualibus celebrentur missae tantum propter mercedem aut stipendium, quam multi contra interdictum canonum celebrent. Paulus autem graviter minatur his, qui indigne tractant eucharistiam, cum ait: Qui ederit panem hunc aut biberit calicem Domini indigne, reus erit corporis et sanguinis Domini. Itaque cum apud nos admonerentur sacerdotes de hoc peccato, desierunt apud nos privatae missae, cum fere nullae privatae missae nisi quaestus causa fierent.

Neque ignoraverunt hos abusus episcopi; qui si correxissent eos in tempore, minus nunc esset dissensionum. Antea sua dissimulatione multa vitia passi sunt in ecclesiam serpere. Nunc sero incipiunt queri de calamitatibus ecclesiae, cum hic tumultus non aliunde sumpserit occasionem quam ex illis abusibus, qui tam manifesti erant, ut tolerari amplius non possent. Magnae dissensiones de missa, de sacramento exortae sunt, fortassis ideo ut daret poenas orbis tam

---

1 Gesang N1   2 neben dem lateinischen M   3 werden] so Konf; alle Handschr. und Ed. pr. wird   seit einmal N1   6 von noten Sp   5/6 von Christo zu wissen W   10 auf > Sp   11 vor dieser Zeit] hievor Sp   gebraucht N1   11/2 wie am Tag > N2 R D2 Lü a. R. A2 M   wie am Tag mißbraucht ist Sp   mißbraucht ist wie am Tag K Ra   12 ist + also Sp   ein > W   gemacht] + ist worden Sp + ist 3 + ist wie am Tage Lü   14 allen] den Sp   15 gehalten] + sind worden Sp + worden Konf   16 mehrmalen] vielmalen Sp   18 davon bei uns Sp   davon gepredigt > E   19/21 Priester der schrecklichen — bewegen sollen, erinnert, daß Sp   20 erschrocklichen N1   21 jeden > W   22 geprauch N1   24 darauf > Sp   Kauf[meß D2] und Winkelmessen Sp M D2 N1 (Winkelmeß)   25 bisher Sp Lü   26 willen aus Zwang Sp   wurden N2 D1

6/7 talis bis Deum > H   10 quoque > D De F H N Fabr.   publicam quoque W   19 celebrant H   22 hunc > F   31 sero] vero Hü V Fabr. Ed. ant.   34 exortae bis daret] extiterunt. Fortasse dat A D F H M2 N   orbis > D De N

---

privata 1521, WA VIII 411ff. (deutsch: Vom Mißbrauch der Messen, VIII 483ff.). Luther richtet den Angriff vornehmlich auf den Opferbegriff in der Messe.   5) 3. 21—26 aus Melanchthons Vorrede zu Na, s. o. S. 42, 20ff.

1) Unter den Torg. Art. befindet sich ein besonderer Art. „Von teutschem Gesang". Förstemann I 83. CR 26, 182.   2) Nik. v. Cues, Tauler, Gerson, Biel u. a. Dgl. die Äußerungen bei A. Franz, Die Messe im deutschen Mittelalter, 1902, 292ff.   3) Gegen die käuflichen Votivmessen schrieb Luther auch in der Dermahnung an die Geistlichen vers. auf d. Reichst. 3. Augsb.: „Von der Kauf- oder Winkelmesse". WA XXX 2, 293ff.

XXIV. Von der Messe.

longae profanationis missarum, quam in ecclesia tot saeculis toleraverunt isti, qui emendare et poterant et debebant. Nam in decalogo scriptum est: Qui nomine Dei abutitur, non erit impunitus. At ab initio mundi nulla res divina ita videtur unquam ad quaestum collata fuisse ut missa.

Ex. 20, 7.

Darbei ist auch der greulich Jrrtumb gestraft, daß man gelehret hat, unser Herr Christus hab durch seinen Tod allein fur die Erbsund gnuggetan und die Messe eingesetzt zu einem Opfer fur die anderen Sunde, und also die Messe zu einem Opfer gemacht für die Lebendigen und Toten, dardurch Sund wegzunehmen und Gott zu versuhnen[1]. Daraus ist weiter gefolget, daß man disputiert hat, ob ein Meß, fur viel gehalten, als viel verdiene, als so man fur ein itzlichen ein sonderliche hielte[2]. Daher ist die große unzählig Menge der Messen kummen, daß man mit diesem Werk hat wollen bei Gott alles erlangen, das man bedurft hat, und ist darneben des Glaubens an Christum und rechten Gottesdiensts vergessen worden.

Darumb ist davon Unterricht geschehen, wie ohn Zweifel die Not gefordert, daß man wüßte, wie das Sakrament recht zu gebrauchen wäre[3]. Und erstlich, daß kein Opfer fur Erbsunde und andere Sunde sei dann der einige Tod Christi, zeiget die Schrift an viel Orten an. Dann also stehet geschrieben ad Hebraeos, daß sich Christus einmal ge-

Accessit opinio, quae auxit privatas missas in infinitum, videlicet quod Christus sua passione satisfecerit pro peccato originis et instituerit missam, in qua fieret oblatio pro cotidianis delictis, mortalibus et venialibus. Hinc manavit publica opinio, quod missa sit opus delens peccata vivorum et mortuorum ex opere operato[4]. Hic coepit disputari, utrum una missa dicta pro pluribus tantumdem valeret quantum singulae pro singulis. Haec disputatio peperit istam infinitam multitudinem missarum.

De his opinionibus nostri admonuerunt, quod dissentiant a scripturis sanctis et laedant gloriam passionis Christi. Nam passio Christi fuit oblatio et satisfactio non solum pro culpa originis, sed etiam pro omnibus reliquis peccatis, ut ad Hebraeos scriptum est: Sanctificati sumus per oblationem corporis Jesu

Hebr. 10,10.

---

5 Darbei] Daneben Sp   5/6 gestraft + worden Sp   6 hat > N1   7 fur] umb W   9 Opfer eingesetzt Sp   10 Sünden 3 Lü   Sünden zu einem Opfer Lü   11 die > N2   lebendig N1 N2   und + die Sp   11/13 dardurch bis versuhnen] damit Gott zu versühnen Ed. pr.   12 die Sunde Sp   hinweg N1 N2 M W   13 Daraus dann weiter gefolget hat Sp   erfolget N2 R D2   15 als] so Sp   also M   so] ob N1 M   16 ein Meß für ein jeden insonderheit Sp   sondere N1 M Lü   Daher auch die Sp   17 unzählig > Sp   18 kommen sind Sp   diesen Werken W   19 alles + das Sp   erlangen hat wollen A2 N2 M R D2 Lü   hat erlangen wollen Sp (wellen) 3   alles wollen erlangen W   20 Daneben aber Sp   21 und + des   24 ohn Zweifel] dann Sp   erfordert Sp N1 3 Lü   25 wisse 3 Lü W   25/26 recht gebraucht sollt werden. Sp   27 fur] der A2 Lü   die Erb und andere Sunde Sp   28 Christi sei Sp   29 So stehet auch Sp   29/30 zun Hebräern Sp A2 N2 M 3 Lü D2 (zu den)   Zun Ebräern stehet geschrieben N1

---

1 longae] diuturnae Ed. pr.   ecclesia] korr. aus ecclesiis M2   ecclesiis De Ed. pr.   2 et (1.) > AV   et emendare poterant N   3 Dei nomine A D F H M 2 N   ille non De   At] Et A   12 dolens V   13 coepit] ceptum est A D F H M 2 N   15 valeat H Ed. pr.   23 his] iis A   opinionibus] omnibus D   23/24 admonuerunt nostri A   30 corporis > in allen Hdschr. außer W H ü V D (später gestr.)

---

[1]) Paschasius Radbertus, De corpore et sanguine Domini. MSL 120, 1293f. Gandulph Sent. III, 102. A reatu ... culpae originis ... absoluti sumus merito passionis. S. 351. Die aktualen Sünden tilgt man mit der Nachahmung der humilitas Christi. III, 83. S. 335 v. Walter. Seeberg ThLBl 1926, 55. Pseudo-Thomas, opusc. 58, De sacramento altaris c. 1 (s. S. 367, 18ff.). Kolde, Konfession[2], 74f. Luther WA L 268₂₄ff. Seeberg, Dogmengesch. III[4], 788, Anm. 3. N. Paulus, Der Katholik 76 II. 1896, 229ff. Clemen, Beitr. z. Ref.gesch. II. 1902, 134[2].   [2]) Vgl. Melanchthons Iudicium. CR 1, 840.   [3]) Vgl. S. 96 Anm. 1, Melanchthons Unterricht der Visitatoren. WA XXVI 212ff.   [4]) s. o. S. 68 Anm. 3.

Hebr. 10,14. opfert hat und dadurch fur alle Sunde gnug=
getan. Es ist gar eine unerhorte Neuigkeit
in der Kirchenlehren, daß Christus Tod sollte
allein fur die Erbsund und sonst nicht auch
fur andere Sunde gnug getan haben; der= 5
halben zu hoffen, daß männiglich verstehe,
daß solcher Irrtumb nicht unbillig ge=
straft sei.

Zum anderen, so lehrt Sankt Paul, daß
wir fur Gott Gnade erlangen durch Glauben 10
und nicht durch Werk. Dawider ist offentlich
dieser Mißbrauch der Meß, so man ver=
meint, Gnad zu erlangen durch dieses Werk,
wie man dann weiß, daß man die Meß
darzu gebraucht, dadurch Sunde abzulegen 15
und Gnad und alle Guter bei Gott zu er=
langen, nicht allein der Priester fur sich,
sonder auch fur die ganz Welt und fur ander,
Lebendige und Tote.

M 53
Luk. 22,19.

Zum dritten, so ist das heilige Sakrament 20
eingesaßt, nicht damit für die Sunde ein
Opfer anzurichten — dann das Opfer ist
zuvor geschehen —, sondern daß unser Glaub

W 43 dadurch erweckt und die Ge wissen getröstet
werden, welche durchs Sakrament ver= 25
nehmen, daß ihnen Gnad und Vergebung
der Sunde von Christo zugesagt ist. Derhalben
fordert dies Sakrament Glauben und wird
ohn Glauben vergeblich gebraucht.

30
Dieweil nun die Messe nicht ein Opfer 35
ist fur andere, Lebendige oder Tote, ihre
Sunde wegzunehmen, sondern soll eine

Christi semel. Item: Una oblatione 27
consummavit in perpetuum sancti-
ficatos.

Item scriptura docet nos coram Deo 28
iustificari per fidem in Christum. Iam 29
si missa delet peccata vivorum et mortuorum ex opere operato, contingit
iustificatio ex opere missae, non ex fide,
quod scriptura non patitur.

Sed Christus iubet facere in sui memo- 30
riam. Quare missa instituta est, ut fides
in his, qui utuntur sacramento, recorde-
tur, quae beneficia accipiat per Christum
et erigat et consoletur pavidam conscientiam. Nam id est [1] meminisse 31
Christi, beneficia meminisse[1] ac sentire,
quod vere exhibeantur nobis. Nec satis 32
est historiam recordari, quia hanc etiam
Iudaei et impii recordari possunt. Est 33
igitur ad hoc facienda missa, ut ibi porrigatur sacramentum his, quibus opus
est consolatione, sicut Ambrosius ait:
Quia semper pecco, semper debeo accipere medicinam[2].

Cum autem missa sit talis communi- 34
catio sacramenti, servatur apud nos
communis missa singulis feriis atque

---

1 hat > Sp   habe A2 R 3   dadurch] domit Sp   1/2 genug getan hat Sp
2 gar] > M3 W Konf   auch Sp   2/8 Es ist bis sei > Ed. pr.   3 in der Kirchen-
lehren] daß man in der Kirchen lehret Sp   4 sonst > Sp   6 verhoffen M hoffen=
niemandes halte es dafur Sp   7 solcher] dieser Sp   nicht > Sp   10/1 Gottes Gnad
durch den — die Werk erlangen Sp   11 nicht] auch N1   die Werk Lü   ist] dann Sp
12 Messen Sp (+ ist) 3 Lü   so] wenn Sp   13 Gnad durch dieses Werk zu A2 N2
M R 3   durch dieses Werk Gnad zu Sp   Gnad bis Werk] durch dieses Werk gerecht
zu werden Ed. pr.   14 wie bis weiß] Dann es ist je unverborgen Sp   15 dadurch
bis abzulegen] Sunde wegzunehmen Sp   die Sunde M   15/6 Sunde bis Gnad]
Vergebung der Sunden Ed. pr.   16 und (1.) > N1   bei] von Sp   16/17 erlangen + und
daß solchs der Priester nicht allein fur   18 fur + andere, fur Sp   die > N1   ander
> Sp   19 Toten A2 N M R Lü Sp (+ gebraucht)   Tote + und solchs durchs Werk
ex opere operato, ohne Glauben. Ed. pr.   21/2 ein Opfer für die Sunde N1 E A2 N2
M R 3   21 die > W   25/6 welche bis vernehmen > Sp   vernehmen] erinnert
werden von späterer Hand rot über [furnehmen] N 2   vom Korr. über vernehmen M
erinnert werden Konf   27/8 Derhalben dies Sakrament den Glauben fodert, wird auch Sp
28 dies] das N1 E   36 fur + die Sp   oder] und N1

10 Christum + cum credimus, nobis remitti peccata propter Christum. D F H M2 N
12 continget K R S W   13 missae] korr. aus missarum M2   missarum Ed. pr.
22 his] iis A   31 his] iis A   35 talis sit M2

---

[1]) s. u. S. 181[1].   [2]) Pseudo=Ambrosius, De sacramentis IV, 6, 28. MSL 16, 464B.
CSEL 73; 58, 17.

XXIV. Von der Messe.

Kommunion sein, da der Priester und andere das Sakrament empfahen fur sich: so wird diese Weise bei uns gehalten, daß man an Feiertagen, auch sonst, so Kommunikanten da seind, Meß hält und etlich, so das be‑ gehren, kommuniziert¹. Also bleibt bei uns die Meß in ihrem rechten Brauch, wie sie vorzeiten in der Kirche gehalten, wie man beweisen mag aus S. Paul 1. Korinth. 11., darzu auch aus vieler Däter Schriften. Dann Chrysostomus spricht, wie der Priester täg‑ lich stehe und fordere etliche zur Kommunion, etlichen verbiete er, hinzu zu treten². Auch zeigen die alten Canones an, daß einer das Amt gehalten und hat die anderen Priester und Diakonen kommuniziert. Dann also lauten die Worte im canone Nicaeno: Die Diakonen sollen nach den Priestern ordentlich das Sa‑ krament empfahen vom Bischof oder Priester³.

So man nun keine Neuigkeit hierin, die in der Kirchen vor Alters nicht gewesen, furgenummen hat, auch in den offentlichen Ceremonien der Messen kein merklich Ände‑ rung geschehen, allein daß die anderen un‑ notigen Messen, etwa durch einen Miß‑ brauch gehalten neben der Pfarrmeß, ge‑ fallen seind: soll billig diese Weise, Messe zu halten, nicht für ketzerisch und unchristlich ver‑ dammet werden. Dann man hat vorzeiten auch in den großen Kirchen, do viel Volks ge‑ wesen, auch auf die Tage, so das Volk zu‑ sammen kam, nicht täglich Meß gehalten, wie Tripartita Historia lib. 9. anzeiget, daß man zu Alexandria am Mittwoch und Freitag die Schrift gelesen und ausgelegt habe, und sonst alle Gottesdienste gehalten ohn die Messe⁴.

aliis etiam diebus, si qui sacramento velint uti, ubi porrigitur sacramentum his, qui petunt. Neque hic mos in ecclesia novus est. Nam veteres ante Gregorium non faciunt mentionem privatae missae; de communi missa plurimum loquuntur. Chrysostomus ait: Cotidie sacerdotem stare ad altare et alios accersere ad communionem, alios arcere. Et ex ca‑ nonibus veteribus apparet unum ali‑ quem celebrasse missam, a quo reliqui presbyteri et diaconi sumpserunt corpus Domini. Sic enim sonant verba canonis Nicaeni: Accipiant diaconi secundum ordinem post presbyteros ab episcopo vel a presbytero sacram communionem. Et Paulus de communione iubet, ut alii alios exspectent, ut fiat communis par‑ ticipatio.

Postquam igitur missa apud nos habet exemplum ecclesiae, ex scriptura et patribus, confidimus improbari eam non posse, maxime cum publicae caerimo‑ niae magna ex parte similes usitatis serventur; tantum numerus missarum est dissimilis, quem propter maximos et manifestos abusus certe moderari prod‑ esset. Nam olim ne quidem in frequen‑ tissimis ecclesiis ubique fiebat cotidie missa, ut testatur Historia Tripartita lib. 9.: Rursus autem in Alexandria quarta et sexta feria scripturae leguntur easque doctores interpretantur, et omnia fiunt praeter solemnem oblationis morem.

1. Kor. 11, 20ff.

1. Kor. 11, 33.

---

1 soll sein Sp   2/3 fur sich selbs entpfahen. Derhalben hält man bei uns diese Sp   3 bei uns M a. R. vom Korr. > K Ra   3 an + den N2   5 etlich, so das] die es Sp   7 die Meß bei uns Sp M3 3 Konk   so wie N1   8 der > N1   8/9 man denn aus Sant Paul 1. Cor. 11 kann Sp   10 auch > N1 W Konk   aus] wie M3   12 fordert N1   13/19 Auch bis Priester > Sp   16 die Diakone N1   19 Priester] Pfarrer E   20 Weil man denn kein Sp   hierin > Sp   22 auch] und Ed. pr. Konk   offentlichen > Sp   23 merk‑ lich] sonderliche Sp   24 geschehen + ist 3 Lü Konk   25 durch einen] mit Sp   26 ge‑ halten, gefallen und doch die Pfarrmeß blieben ist, soll Sp   27 seind] ist N1   28/29 ver‑ dammet] gehalten Sp   29/36 Dann bis Messe > Sp   30 auch in > N1   Kirchen] Stetten E   31/32 zusammenkummen N1   32 nicht + ein M   33 3. libro 9 N1   34 an einem 3   35 habe] hat N1   ohn die Meß gehalten A2 N2 M R Lü

1/2 sacramento uti velint N   velint sacramento uti M2   7/9 Sacerdotem cotidie bis ad communionem accersere A F H M2 N   7 sacerdotes D   8/9 ad communionem > A   12 diaconi et presbyteri A   sumpserint A D   16 a > A   21 scripturis A   28 olim etiam in ecclesiis frequentissimis non fiebat (ubique >) A D F H M2 N   31 9. + cap. 38. A D F H M2 N

¹) Luther, Formula missae et communionis, WA XII, S. 215ff.; Deutsche Messe, WA XIX 97ff.   ²) Frei nach Chrysostomus, Hom. 3 in ep. ad Eph. c. 1 in der lat. Übersetzung: Frustra est cotidianum sacrificium, frustra adstamus altari. MSG 62, 29: Hom. 17 in ep. ad. Hebr. c. 10 in der lat. Übersetzung: In tremendo illo silentio vehementer vociferans alios quidem vocat, alios vero arcet sacerdos. MSG 63, 132. Vgl. auch Melanchthons Iudicium 1526. CR 1, 845.   ³) Kanon 18 des Nic. Konzils. Lauchert, Die Kanones der wichtigsten altkirchl. Konz. S. 42, 16ff.   ⁴) Cassiodor Hist. trip. IX, 38. MSL 69, 1155 D nach Sokrates, hist. eccl. V, 22. MSG 67, Sp. 636f.

Torg.] De Missa.

Man hat bisanher gelehret, daß die Meß ein Werk sei, dadurch der, so sie hält, nicht allein fur sich, sondern auch fur andre Gnad erwerb, ja daß sie fur andere Gnad erlang, obschon der Priester nicht frumm ist. Und hat man aus diesem Grund viel Messen gestift fur Tot und Lebendig, allerlei dadurch zu erlangen, der Kaufmann Gluck in seinen Händeln, der Jäger Gluck auf der Jagd etc. Dorumb sind die Messen bestellet, gekauft und verkauft worden und allein umbs Bauchs willen gehalten, daß auch viel frommer Leut dieser Zeit daruber geklaget haben. Und wiewohl etlich itzund ihr Sach beschönen wollen, man solle die Meß zu einer Erinnerung halten, nicht daß man damit den Toten oder Lebendigen Gnad erwirbt, man färbe nu die Sach wie man well, so sind ihre Bucher und Schriften am Tag, darin man findet, wie sie gelehret haben, daß die Meß ein Opfer sei, das Gnad verdiene und Sund wegnehme der Toten und Lebendigen.

Daß aber dieses ein Irrtumb sei, mag durch Paulum bewiesen werden, der lehret uns an allen Orten, daß wir allein durch Glauben an Christum Gnad erlangen und Trost haben, so wir glauben, daß uns umb Christus willen Gott gnädig sei, annehmen und helfen wolle. So nu Vergebung der Sunden also muß durch Glauben erlangt werden, so kann es nicht durch des Priesters Werk eim andern verdienet werden und ist ein großer Irrtumb, die Leut also vom Glauben auf ein fremd Werk weisen, so doch an diesem Glauben soviel gelegen, der dann das Hauptstuck christliches Lebens und Wesens ist, rechte Zuversicht haben zu Gott umb Christus willen, daß er Gnad erzeigen und in allen Nöten helfen wolle.

Von diesem Glauben reden diejenige nicht, so die Messe verkaufen, sonder ruhmen allein ihre Werk, wollen mit ihrem Werk andere selig machen, so doch Christus solchs auf einmal ausgericht, wie Paulus schreibet: Una oblatione consummavit sanctos, „Mit einem Opfer hat er die Heiligen vollendet". Item die Wort im heiligen Sakrament lehren uns auch den rechten Brauch: „Dies ist der Kelch eins neuen Testaments." Nu heißt Neu Testament nicht unser Werk, sonder Gottes Werk, der uns etwas anpeut und bescheid, wie man pflegt Testament zu machen, und wird also angeboten und beschieden Gnad, Vergebung der Sund. „Wo nun solch Verheischen ist", spricht Paulus, „das muß man mit Glauben empfahen." Darumb ist die Meß nicht ein Werk, das eim andern etwas verdienet, sondern wer es braucht, dem wird hier angeboten Gnad, Vergebung der Sunden, die empfahet er, so er glaubt, daß er durch Christum solchs erlange und ist ingesetzt solchen Glauben zu uben und zu erwecken in denen, so es brauchen.

[Hebr. 10, 14.]
[Luk. 22, 20.]
[Gal. 3, 22.]

Doch ist der Mißbrauch offentlich, daß die so Meß halten umb des Bauchs und Geldes willen, der mehr Teil halten und tun solchs mit Unlust und Verachtung Gottes. Darumb ob schon kein ander Ursach wäre denn der groß uberschwenglich Mißbrauch, so wär dannoch nit die itzige Gewohnheit in allen Stiften zu andern. Denn Paulus spricht: „Wer das Sakrament nicht wirdiglich braucht, der sei schuldig am Leib und Blut Christi."

[1. Kor. 11, 27.]

Derhalben laßt mein gnädigster Herr ein Pfarrmeß halten, daß dabei andere Leut, so geschickt sind, auch das Sakrament brauchen und ist solchs der recht Brauch. Denn Christus hat es eingesetzt, daß es sollen in der Kirchen die miteinander halten, so geschickt darzu sind, wie auch Paulus die Korinther lehret, daß sie auf einander harren sollen und mit einander brauchen, nämlich die, so zuvor ihr Herz also finden, daß sie den Leib und das Blut des Herrn nicht unehren. Und damit dem Sakrament kein Unehr erzeiget werd, werden die Leut oft unterricht, warumb man es brauchen soll, und dazu vermahnet, dasselbig zu gebrauchen.

[1. Kor. 11, 33.]

Es wirdet auch Zwinglische Lahr aufs höchst widerfochten, wie die Schriften anzeigen, so davon in meins gnädigsten Herrn Landen ausgangen[1], und werden die Leut fleißig unterricht, daß im Nachtmahl gegenwärtig sei Leib und Blut Christi, und daß solchs geben werde, den Glauben dadurch zu stärken, daß man Trost empfahe, daß Christus unser wollte sein, und helfen etc.

Und zweifelt mein gnädigster Herr nit, solche Meß sei rechter und christlicher Gottesdienst, sonderlich dieweil allein solche Meß bei Zeiten Hieronymi und Augustini gewesen sind, und man nicht weiß, woher die Kaufmessen kommen oder wenn privatae missae angefangen haben.

---

[1] Bugenhagen, Contra novum errorem de sacramento corporis et sanguinis Jesu Christi (1525), Publica de sacr. corp. et sang. J. Chr. confessio (1528). Luthers Abendmahlsschriften (1526—1528) WA XIX. XXIII. XXVI. W. Köhler, Zwingli und Luther I (1924).

Na] Von der Meß.

Wir werden unbillig beschuldigt, als hätten wir die Meß abgetan, dan sie bei uns mit großer Ehrerbietung gehalten wird. Hie hat abermals männiglich sich beklagt, daß man damit also schändlich gehandelt und ein Jahrmarkt daraus gemacht hat. Die Priester hätten kein
5 Begier dazu und täten es doch von Gelds wegen. Als solcher Mißbrauch bei uns durch die Prediger gestraft worden, haben die sondern Meß aufgehort, die weil S. Paulus also schwerlich drohet denen, so dies Brot und den Kelch unwirdig essen und trinken. Dieser Mißbrauch war also weit eingerissen, das gar nah gar kein sonderliche Meß anderst dan von Gelds wegen gehalten ward, welchs den Bischofen hätt gebuhrt zufurkommen. Daneben ist sie
10 auch in ander weg mißbraucht worden, als sollt sie frembde Sund ausleschen und Toten und Lebendigen nutz sein. Derhalb sie sich also gehauft und gemehrt hat. Solchs haben unsere Prediger auch gestraft, dieweil die Schrift an viel Orten lehrt, daß wir allein durch den Glauben werden gerechtfertigt und nit aus den Werken, es seien Meß oder andere Werk etc. Christus hat uns durch seinen Tod Vergebung der Sund erworben, darumb bedorf wirs
15 nit in der Meß suchen. Christus hats uns auch nit befohlen, sonder gesagt, sein dabei zu gedenken, das ist glauben, daß er uns sein Zusagen werd halten. Dann sonst gedenken sein auch die Juden und Unglaubigen. Also ist die Meß allein dem, der sie hält, nutz seinen Glauben zu stärken, wie Ambrosius sagt: Dieweil ich all Tag sundt, muß ich all Tag Erznei nehmen. Item Christus spricht: „Tuts zu meiner Gedächtnus." Daraus folgt, daß die Meß den Toten nit
20 nutz ist, der Glaub und Gedächtnus dardurch nit kann gestärkt werden. Item die Schrift sagt, man soll von dem Tod des Herrn dabei predigen. Was will man nun den Toten predigen?

Darumb wird in dem Kurfurstentumb zu Sachsen ein einige Meß durch den Pfarrer gehalten, gar nah uf gewohnliche Weis, der reicht das heilig Sakrament denen, so es begehrn, doch daß sie zuvor verhort und absolviert sein; also ist es auch vor Zeiten in der römischen
25 Kirchen gehalten worden, wie man geschrieben findt.

Darneben wird das Volk mit hochstem Fleiß vermahnt und gelehret von dem Brauch und Nutz der Sakrament, wie der Glaub dadurch gestärkt werd, damit das Volk lern Gott vertrauen und alles Guts von ihm begehrn und gewarten, welchs Gott das allerangenehmst ist. Hie wird auch verworfen¹ die unchristlich Lehr, die da verneint, das der Leib und das
30 Blut Christi wahrhaftig entgegen sei, und werden die Leut vermahnt, das Sakrament oft zu empfahen.

⟨XXV.⟩ Von der Beicht.   ⟨XXV.⟩ De confessione.

Die Beicht ist durch die Prediger dieses   Confessio in ecclesiis apud nos non 1
Teils nicht abgetan. Dann diese Gewohn=   est abolita. Non enim solet porrigi
35 heit wird bei uns gehalten, das Sakrament   corpus Domini nisi antea exploratis et
nicht zu reichen denen, so nicht zuvor ver=   absolutis. Et docetur populus diligen- 2
hort und absolviert seind². Darbei wird das   tissime de fide absolutionis, de qua ante

Torg.] Von der Beicht.

Die Beicht ist nit abgetan, sonder mit hohem Ernst erhalden, also daß den Pfarrherrn
40 befohlen, niemand das heilig Sakrament zu reichen, der nicht zuvor verhort und Absolutio begehrt hat. Denn die Absolutio sehr not und trostlich ist, dieweil wir wissen, daß Christus Befehlch ist, Sonden zu vergeben, und daß er diesen Spruch des Priesters, dadurch die Sund vergeben wirdet, will gehalten haben, als wäre es seine Stimm und Sentenz von Himmel. Und sind die Leut von Kraft der Absolution und dem Glauben, so dazu gehöret, auf das

---

33/34 dieses Teils] bei uns Sp   34/37 Dann *bis* seind] Denn man reicht das heilig Sakrament niemands, der nicht zuvor verhort und absolviert ist. Sp   36 zuvor > W

35 ante K   37 furgetragen die Kraft der Absolution Na

---

¹) Milderung gegenüber Torg., vgl. S. 96, 45; weiter abgeschwächt 91, 30. Hoffmann, ZsystTh 15. 1938, S. 447 f.   ²) Luther, Formula missae, WA XII 215$_{18}$ ff. Melanchthon, Unterricht der Visitatoren WA XXVI 220 (und Luthers Zusatz 216$_{27}$ ff.).

Volk fleißig un'terricht, wie tröstlich das Wort der Absolution sei, wie hoch und teuer die Absolution zu achten. Dann es sei nicht des gegenwärtigen Menschen Stimme oder Wort, sondern Gottes Wort, der die Sünde vergibt[1]. Dann sie wird an Gottes Statt' und aus Gottes Befehl gesprochen. Von diesem Befehl und Gewalt der Schlüssel, wie tröstlich, wie nötig sie sei den erschrockenen Gewissen, wird mit großem Fleiß gelehret; darzu, wie Gott forder, dieser Absolution zu glauben, nicht weniger, denn so Gottes Stimme vom Himmel erschulle, und uns der Absolution fröhlich trösten und wissen, daß wir durch solchen Glauben Vergebung der Sünde erlangen[2]. Von diesen nötigen Stucken haben vorzeiten die Prediger, so von der Beicht viel lehreten, nicht ein Wörtlein gerührt, sondern allein die Gewissen mit langer Erzählung der Sünden, mit Genugtun, mit Ablaß, mit Wallfahrten und dergleichen gemartert. Und viel unser Widersacher bekennen selbs, daß dieses Teils von rechter christlicher Buß schicklicher dann zuvor in langer Zeit geschrieben und gehandelt sei.

Und wird von der Beicht also gelehret, daß man niemand dringen soll, die Sünde namhaftig zu erzählen[3]. Dann solchs ist un-

haec tempora magnum ' erat silentium. Docentur homines, ut absolutionem plurimi faciant, quia sit vox Dei et mandato Dei pronuntietur. Ornatur potestas clavium et commemoratur, quantam consolationem afferat perterrefactis conscientiis, et quod requirat Deus fidem, ut illi absolutioni tamquam voci suae de coelo so'nanti credamus, et quod illa fides vere consequatur et accipiat remissionem peccatorum. Antea immodice extollebantur satisfactiones; fidei et meriti Christi ac iustitiae fidei nulla fiebat mentio. Quare in hac parte minime sunt culpandae ecclesiae nostrae. Nam hoc etiam adversarii tribuere nobis coguntur, quod doctrina de poenitentia diligentissime a nostris tractata et patefacta sit.

Sed de confessione docent, quod enumeratio delictorum non sit necessaria, nec sint onerandae conscientiae cura

fleißigst unterricht, daß sie wissen, wie ein groß tröstlich Ding ist die Beicht und Absolutio, so doch zuvor die Mönich nichts vom Glauben und Absolutio gesagt, haben allein die armen Gewissen gemartert mit Erzählung der Sünden, die doch keinem Menschen auf Erden möglich ist. Derhalben tringt man die Leut auch nicht zu Erzählung der Sünden, denn man findet nicht, daß gepotten sei in der Schrift, die Sünden zu erzählen, so ist auch nicht möglich,

---

1 fleißig] mit Fleiß Sp 2 sei] und Sp 3 achten + sei Sp 4 des gegenwärtigen] eines schlechten Sp 5 Wort + selbs Sp 7 aus] in M3 von dem Befehle Gottes W 9 nötig und tröstlich Sp sie] er Sp 10 gelehret] gepredigt Sp 11 dieser] der N1 11/2 Gott haben will, daß man dieser Absolution nicht weniger glauben soll, denn wenn Sp 12/3 so bis erschulle] denn so man Gottes Stimme vom Himmel höret Ed. pr. 13/4 der Absolution] des Sp dero M3 Konf deren W derselben N2 3 Lü der[selben] Absolution M derselben Absolution D2 14 fröhlich] gewißlich Ed. pr. getrostet und vergewißt N1 15 solchen > Ed. pr. 16 erlangten N1 diesen] welchen Sp nötigen > W 17 Stucken die Prediger, so in Vorzeiten von Sp in Vorzeiten A2 M R Lü 19 Gewissen + gemartert (> Z. 22) M3 Konf N1 (> die) 20/1 Genugtuung 3 Lü D2 21 mit > zweimal N1 und Wallfahrten M 22 gemartert] > W + haben Sp Es bekennen auch unser Widersacher selbs viel Sp 24 schicklicher + bas und tröstlicher Sp 26 sei > N1 27 Man lehret auch bei uns von der Beicht also Sp Beicht über d. Z. statt [Buß] A2 M D2 (vom Schreiber) N2 (vom 1. Korrektor) 29 namhaft N1 ist + doch Sp

---

2/3 Docentur bis faciant > Na 3 plurimi] magni De 9 suae > D De F H M2 N Ed. pr. Dei A credamus] confidamus A 10 fides + in Christum Ed. pr. 10/11 aus welchem Glauben folgt Vergebung der Sünd Na 11 accipiat et consequatur A 13 fidei + vero Ed. pr. 14 in > A ward wenig gedacht Na 15/16 nostrae > A 16 nobis tribuere A 19 et] ac ADFHNM2N 29 enumeratio bis necessaria > Na

---

¹) s. S. 249, 14ff. 259, 10ff. ²) Vgl. den gr. u. kl. Kat. s. u. S. 517ff., 725ff. ³) Vgl. S. 66 Anm. 1. Über die Beziehung des Art. 25 zum Unt. d. Vis. Hoffmann S. 423ff.

XXV. Von der Beicht.

muglich, wie der Psalm spricht: „Wer kennet die Missetat?" Und Jeremias sagt: „Des Menschen Herz ist so arg, daß man's nicht auslernen kann." Die elend menschlich Natur steckt also tief in Sunden, daß sie dieselben nicht alle sehen oder kennen kann, und sollten wir allein von denen absolviert werden, die wir zählen konnen, wäre uns wenig geholfen. Derhalben ist nicht not, die Leute zu dringen, die Sünde namhaftig zu erzählen. Also haben's auch die Väter gehalten, wie man findet Dist. I. de poenitentia, da die Worte Chrysostomi angezogen werden: „Ich sage nicht, daß du dich selbs sollt öffentlich dargeben noch bei einem anderen dich selbst verklagen oder schuldig geben, sonder gehorch dem Propheten, welcher spricht: Offenbare dem Herrn deine Wege. Derhalben beichte Gott dem Herrn, dem wahrhaftigen Richter, neben deinem Gebet; nicht sage deine Sunde mit der Zungen, sonder in deinem Gewissen"[1]. Hie siehet man klar, daß Chrysostomus nicht

enumerandi omnia delicta, quia impossibile est omnia delicta recitare, ut testatur psalmus: Delicta quis intelligit? et Ieremias: Pravum est cor hominis et inscrutabile. Quodsi nulla peccata nisi recitata remitterentur, nunquam acquiescere conscientiae possent, quia plurima peccata neque vident neque meminisse possunt. Testantur et veteres scriptores enumerationem illam non esse necessariam. Nam in Decretis citatur Chrysostomus, qui sic ait: Non tibi dico, ut te prodas in publicum, neque apud alios accuses te, sed oboedire te volo prophetae dicenti: Revela ante Deum viam tuam. Ergo tua confitere peccata apud Deum, verum iudicem, cum oratione. Delicta tua pronuntia non lingua, sed conscientiae tuae memoria. Et Glossa de poenitentia Dist. 5. in cap. Consideret, fatetur, humani iuris esse confessionem. Verum confessio, cum propter maximum absolutionis benefi-

Ps. 19, 13. Jer. 17, 9.
8
9
10
11
Ps. 36 (37), 5 (Vulg.)
12
13

dann der Psalm spricht: Delicta quis intelligit? „Wer erkennet die Missetat?" Item das Gebot der Beicht halb ist also gestalt, daß den Priestern befohlen, niemand das Sakrament zu reichen, der nicht von innen Absolutio begehret. Sunst ist den Leuten kein Zeit und Maß bestimmt, wenn sie peichten sollen, denn solch Gebot wurde ein großen Mißbrauch der Sakrament anrichten, wie dann vor dieser Zeit geschehen, daß die Leut, so nicht willens gewesen, von Sunden zu lassen, zum Sakrament getrieben sind, dadurch die Sakrament hoch geunehret werden. Denn die Absolutio ist ein Trost fur erschrockene Gewissen; dieser Trost wirdet verspottet, so einer denselbigen foddern soll, der ihn doch nicht begehret, dazu so man Zeit und Maß setzet, wenn man zum Sakrament muß gehen, so wurde folgen wider die Regel S. Pauli, daß viel dazu gedrungen wurden, die den Leib und das Plut Christi unwirdiglich nehmen. An solcher Uneher des Sakraments wären diejenigen schuldig, die solche zum Sakrament gedrungen hätten. Es werden aber die Leut ernstlich durch Gottes Wort darzu vermahnet, und wird ihn furgehalten, daß wer Christen sein will, schuldig sei, das Sakrament zu brauchen. Wer auch dasselbig nimmer brauch, der zeige an, daß er nicht wolle Christen sein, wie der Canon in Concilio zu Toleto gemacht auch spricht C.: Si qui intrant dis. 2. de consec.[2].

---

1 spricht ist > N 1   2/4 Und bis kann > Sp   2 Missetaten N 1   spricht M 3 W Konf   4 kann] mag Z Lü   Dann die Sp   5 also] so Sp   dieselben N 1   6 erkennen N 1   und > Sp   7 wir + nu Sp   werden > N 1   8 wäre] so wurd Sp   9 vonnoten Sp   11 Dieser Meinung sind auch die Väter gewesen Sp   haben N 2 D 1 M 3 Konf   12 I. > N 1   De paenitentia dist. 1. Sp   13 Chrysostomus N 1 (so korr.) Sant Chrysostomus Wort Sp   15 noch] oder A 2 N 2 M 3 Lü   gegen einen anderen verklagen Sp   16 dich > M   18 welcher] der do Sp   22/3 In welchen Worten man klar siehet Sp   23 nicht zwinget] darauf nicht dringt Sp

4/9 et bis possunt > Na   4 et] item A D F H M 2 N   Jeremias > N   7 possent acquiescere D   10 illam > Ed. pr.   11 in Decretis > Na   citatur] testatur N   13 te > F 1   14 te accuses A D F H M 2 N   sed te K R S W   17 apud Deum] coram Deo De   19 memoria + etc. A D F H M 2 N   19—S. 100, 2 Et bis retinetur] Diese Wort zeigen an, daß die Erzählung der Sunden nit vonnoten sei, wiewohl man die Beicht nit unterlassen soll von wegen des großen Nutzs der Absolution. Na   20 in A D F H M 2 N   22 cum] tum D

---

[1]) Decr. Grat. p. II c. 33 qu. 3. De poenitentia d. I. c. 87, 4. Chrysostomus, Hom. 31 in ep. ad Hebr. MSG 63, 216.   [2]) Decr. Grat. p. III. De consecr. d. 2. c. 21. Konzil von Toledo (400) c. 13. Lauchert S. 180.

zwinget, die Sunde namhaftig zu erzählen. So lehret auch die Glossa in Decretis, de poenitentia, Dist. 5., daß die Beicht nicht durch die Schrift geboten, sondern durch die Kirchen eingesetzt sei[1]. Doch wird durch die Prediger dieses Teils fleißig gelehret, daß die Beicht von wegen der Absolution, welche das Hauptstuck und das Furnehmbst darin ist, zu Trost der erschrockenen Gewissen darzu umb etlicher anderer Ursachen willen, zu erhalten sei[2].

cium tum propter alias utilitates conscientiarum, apud nos retinetur.

⟨XXVI.⟩ Von Unterschied der Speis.

Vor Zeiten hat man also gelehret, gepredigt und geschrieben, daß Unterschied der Speise und dergleichen Tradition, von Menschen eingesetzt, darzu dienen, daß man dardurch Gnad verdiene und fur die Sunde genugtue[3]. Aus diesem Grund hat man täglich neue Fasten, neue Ceremonien, neue Orden und dergleichen erdacht und auf solches

⟨XXVI.⟩ De discrimine ciborum.

Publica persuasio fuit non tantum vulgi, sed etiam docentium in ecclesiis, quod discrimina ciborum et similes traditiones humanae sint opera utilia ad promerendam gratiam et satisfactoria pro peccatis. Et quod sic senserit mundus, apparet ex eo, quia cotidie instituebantur novae caerimoniae, novi ordines.

Na] Von Unterschied der Speis.
Man hat dafur gehalten, die Unterschied der Speis und dergleichen sein ein Genugtuung fur die Sund und Verdienst der Gnaden. Also haben ir viel gelehret und all Tag etwas Neues erdacht. Solchen Irrtum hat man nit länger gedulden mogen, dann er dem Verdienst Christi und der Gerechtikeit des Glaubens ganz entgegen ist, welche man in der Christenheit fur

---

1 erzählen] erklären M   2/5 So bis sei > Sp   3 Dist. 5. + cap. consideret Konf   4 geboten > E   5 Doch geschieht durch — fleißiger Unterricht Sp   6/11 gelehret, daß, obschon die Erzählung der Sünden nicht not ist, dennoch privata absolutio zu Trost der erschrocknen Gewissen soll erhalten werden. Ed. pr.   6 daß + man Sp   8 Haupt und furnehmst Stuck in der Beicht den erschrocken Gewissen zu Trost erhalten soll. Sp   das (2.) u. darin > N 1   9/10 darzu] und N 1 + auch A 2 N 2 M   11 sei. + So ist auch solche Beicht dazu nützlich, daß man die Leut höret, wie sie unterricht sind im Glauben, und wo es not ist, daß man sie besser unterricht. Ed. pr.   13 In Vorzeiten A 2 N 2 M R 3 Lü   Fort N 1 (= anfangs)   15/6 Tradition bis eingesetzt] menschliche Tradition und Satzung Sp   16 und dozu M   16/8 dienen sollen, dadurch Gottes Gnad zu verdienen und — genugzutun Sp   18/19 genugtun + und daß es Gottesdienst sind, darumb uns Gott gerecht schätze Ed. pr.   Derhalben man auch täglich hat neue Fasten, Cerimonien, Orden Sp   20 dergleichen + mehr Sp

1 conscientiarum utilitates A D F H M 2 N   16 humanae] hominum A   sunt Hü   19 quia] quod A

---

[1]) Glosse zu Decr. Grat. De poen. 5, 1. Lyon 1506 f. 375 b: Melius dicitur eam ⟨confessionem⟩ institutam fuisse a quadam universalis ecclesiae traditione quam ex novi vel veteris testamenti auctoritate.   [2]) Luther in einem Zusatz für die Sonderausgabe seines Bekenntnisses 1528: „Aus dieser Ursache halt ich viel von der heimlichen Beicht, weil daselbst Gotts Wort und Absolution zur Vergebunge der Sünden heimlich und ein iglichen sunderlich gesprochen wird und, so oft er will, darin solch Vergebung oder auch Trost, Rat und Bericht haben mag, daß sie ein gar teuer nützes Ding ist für die Seelen, so ferr, daß man niemand dieselbigen mit Gesetzen und Geboten aufdringe... und daß man nicht alle Sünde zu zählen oder zu berichten zwinge, sunder welche am meisten drucken oder welche jemand nennen will, aller Dinge, wie ich im Betbüchlein habe geschrieben." WA XXVI, 507$_{17}$ff. Das Betbüchlein WA X 2, 438 ff. 470 ff.   [3]) Thomas, S. Th. II 2, qu. 147 a. 1. c: Assumitur ieiunium principaliter ad tria: primo quidem ad concupiscentias carnis reprimendas... secundo assumitur ad hoc, quod mens liberius eleuetur ad sublimia contemplenda... tertio ad satisfaciendum pro peccatis.

heftig und hart getrieben, als seien solche Dinge nötige Gottesdienst, dardurch man Gnad vordien, so man's halte, und große Sunde geschehe, so man's nicht halte. Daraus sind viel schädlicher Jrrtumb in der Kirchen gefolget.

Erstlich ist dardurch die Gnad Christi und die Lehr vom Glauben verdunkelt, welche uns das Evangelium mit großem Ernst fur= hält, und treibet hart darauf, daß man den Verdienst Christi hoch und teuer achte und wisse, daß Glauben an Christum hoch und weit uber alle Werk zu setzen sei. Derhalben hat Sanct Paulus heftig wider das Gesetz Moysi und menschliche Tradition gefochten, daß wir lernen sollen, daß wir fur Gott nicht fromb werden aus unseren Werken, sondern allein durch den Glauben an Chri= stum, daß wir umb Christus willen Gnade erlangen. Solche Lehr ist schier ganz ver= loschen, dardurch, daß man hat gelehret, Gnad zu verdienen mit gesatzten Fasten, Unterschied der Speis, Kleidern etc.

novae feriae, nova ieiunia, et doctores in templis exigebant haec opera tamquam necessarium cultum ad promerendam gratiam et vehementer terrebant conscientias, si quid omitterent. Ex hac persuasione de traditionibus multa incommoda in ecclesia secuta sunt.

Primum obscurata est doctrina de gratia et iustitia fidei, quae est praecipua pars evangelii et quam maxime oportet existere et eminere in ecclesia, ut meritum Christi bene cognoscatur, et fides, quae credit remitti peccata propter Christum, longe supra opera et supra omnes cultus alios collocetur. Quare et Paulus in hunc locum maxime incumbit, legem et traditiones humanas removet, ut ostendat iustitiam christianam aliud quiddam esse quam huiusmodi opera, videlicet fidem, quae credit nos propter Christum recipi in gratiam. At haec doctrina Pauli paene tota oppressa est per traditiones, quae pepererunt opinionem, quod per discrimina ciborum et similes cultus oporteat mereri gratiam et iustitiam. In poenitentia nulla mentio fiebat de fide, tantum haec opera satisfactoria proponebantur; in his putabatur tota poenitentia consistere.

und fur prediget und treiben muß. Derhalben auch Paulus schier in allen seinen Episteln solche Meinung widerficht, uf daß man seh, wie die Gerechtifeit nit aus solchen Werken sonder aus dem Glauben an Christum folg. Etlich sagen, wiewohl mit Ungrund, wir wider= fechten solchs allein darumb, daß wir die geistliche Gewalt schmälern mochten, etlich, daß wir wieder ein heidnisch Wesen in die Welt bringen, aber wir widerfechten und unterlassen nit alle Menschensatzung in gemein. Man hat aber je dem Volk mussen entdecken, was davon zuhalten sei. Wir sein auch nit die ersten, die solcher Gestalt davon gelehrt haben. Augustinus sagt, man soll sie halten als ein frei Ding. Gerson verbeut die Gewissen darmit zu verbinden, daraus sich vil frommer Leut getrost haben. Dann niemand je auf Erdrich kommen, der

1 heftig und > 3 Lü getrieben] gedrungen 3 Lü 1/4 darauf hart und heftig ge= trieben, als sollten — Gottesdienst sein, so man's hielte, Gottes Gnad dardurch zu verdienen, so man's aber nicht hielte, daß man große Sunde täte. Sp 1 seien] sind Ed. pr. Konf 2/3 dardurch bis halte > Ed. pr. 5 sind] denn Sp 6 gefolget + und gewachsen sind Sp erfolget Konf 8 Erstlich ist > N1 Dann erstlich ist — durch W Gnad Christi Verheißung Christi Ed. pr. 9 verdunkelt + worden Sp 10 uns > N2 D2 R 3 Lü über d. Z. A2 M 11 hart darauf treibt Sp 12 teuer und hoch N1 13 wissen soll Sp der Glaube Sp 14 soll gesetzt werden Sp 15 hat > Sp 16 und + die Sp Traditiones N1 E Traditiones und Satzung Sp 17 wir + draus Sp 18 fromm werden nicht Sp 20/1 daß bis erlangen] daß uns Gott umb Christus willen ohne unser Verdienst Sund vergebe und gerecht schätze Ed. pr. 20 umb] durch M K Ra 20/1 Gnade erlangen um — willen Konf 21/2 Welche Lahr — verloschen ist Sp 22/4 gelehrt hat, man vermoge Gottes Gnad mit — Fasten, mit —, mit Kleidern etc. zu erwerben. Sp ge= lehret, mit Gesetzen, Fasten und dergleichen Vergebung der Sunden zu verdienen. Ed. pr. 24 und Unterschied — und Kleider N1

7 ecclesiis M2 8 Primo A D F H M 2 Ed. pr. Primum—erat N 11 existere] exstare Ed. pr. 13/6 peccata bis locum a. R. R 14 super Fabr. et + super et supra Hü 14/5 et bis alios > A D F H M 2 N Fabr. 20/1 credit bis gratiam] credit peccata gratis remitti propter Christum A D F H M 2 N 26/7 fiebat mentio D F N K R S W Fabr. 27 de fide > R 28/9 putabatur] videbatur poenitentia tota A D F H M 2 N

Zum anderen haben auch solche Traditionen Gottes Gebot verdunkelt; dann man setzt diese Traditiones weit über Gottes Gebot. Dies hielt man allein fur christlich Leben: wer die Feier also hielte, also betet, also fastet, also gekleidet wäre, das nennete man geistlich, christlich Leben. Daneben hielt man andere notige gute Werk fur ein weltlich, ungeistlich Wesen, nämlich diese, so jeder nach seinem Beruf zu tun schuldig ist, als daß der Hausvater arbeite, Weib und Kind zu nähren und zu Gottesforcht aufzuziehen, die Hausmutter Kinder gebieret und wartet ihr, ein Furst und Oberkeit Land und Leut regiert etc.¹. Solche Werk, von Gott geboten, mußten ein weltliches und unvollkommenes Wesen sein; aber die Traditiones mußten den prächtigen Namen haben, daß sie allein heilige, vollkommene Werke hießen. Derhalben war kein Maß noch End, solch Traditiones zu machen.

Zum dritten, solche Traditiones sind zu hoher Beschwerung der Gewissen geraten. Denn es war nicht muglich, alle Traditiones zu halten, und waren doch die Leute in der Meinung, als wäre solches ein notiger Gottesdienst, und schreibt Gerson², daß viel hiermit in Verzweifung gefallen, etlich haben sich auch selbs umbbracht, derhalben daß sie diese Satzung alle gehalten hätt. Daraus dann mancher in Verzweiflung gefallen, etlich ihnen selbs den Tod getan, dann sie den Trost der Gerechtikeit aus dem Glauben nit hätten. Welche aber etwas davon hielten, die vermeinten Vergebung dadurch zu erlangen. Zudem hat man solche Satzung weit uber die Gebot Gottes gehalten. Welcher zu geordenter Zeit fastet oder dergleichen tät, der meint, er wär schon ein Christ, aber auf seinen Beruf hätt niemand kein Acht, ja es war nit wert, das ein Christ sollt mit solchen Sachen umbgehen, als haushalten, Weib, Kinder und Hausgesind regieren und erziehen etc. Solche Werk, die von Gott be-

Secundo hae traditiones obscuraverunt praecepta Dei, quia traditiones longe praeferebantur praeceptis Dei. Christianismus totus putabatur esse observatio certarum feriarum, rituum, ieiuniorum, vestitus. Hae observationes erant in possessione honestissimi tituli, quod essent vita spiritualis et vita perfecta. Interim mandata Dei iuxta vocationem nullam laudem habebant: quod paterfamilias educabat sobolem, quod mater pariebat, quod princeps regebat rempublicam. Haec putabantur esse opera mundana et imperfecta et longe deteriora illis splendidis observationibus. Et hic error valde cruciavit pias conscientias, dolebant se teneri imperfecto vitae genere, in coniugio, in magistratibus aut aliis civilibus functionibus, mirabantur monachos et similes, et falso putabant illorum observationes Deo gratiores esse.

Tertio traditiones attulerunt magna pericula conscientiis, quia impossibile erat omnes traditiones servare, et tamen homines arbitrabantur has observationes necessarios cultus esse. Gerson scribit multos incidisse in de'sperationem, quosdam etiam sibi mortem conscivisse, quia senserant se non posse

---

1 anderen + so Sp   solche Satzung auch Sp   2 Gebot] Wort 3 Lü   4/6 Dies hat man auch allein fur ein geistlichs und christlichs Leben gehalten, wenn einer also feiert, also gekleidet ware Sp   6 wäre > N1   6/7 das bis Leben > Sp   7/10 Andere aber notige gute Werk hat man fur ein weltlich Wesen und, da Gott nicht Gefallen an truge, gehalten, als nämlich, daß ein jeder Sp   10 ein jeder M R 3 Lü   11/5 arbeiten — nähren (> zu) — aufziehen — gebären — ihr warten — regieren N1   12 ernähren Lü Ed. pr. Konf   12/3 auch zu ziehen M K Ra   13/4 daß die — ihr wartet, daß Sp   14 ihrer wartet A 2 N 2 M R 3   15 Dann solche gute Sp   16/8 haben mussen ein weltlich und unvollkommenlich Leben sein. Die menschlich Satzung aber haben den prächtigen Namen gefuhrt Sp   17 die > N1   19 heilige > Sp   20 ist kein — gewest Sp   noch] und N1   21 Traditiones + und Satzung Sp   23 so sind auch solche Traditiones und Satzung Sp sind solche A 2 N 2 M R 3   24 gewachsen und geraten N1   26 und waren doch] Dennoch waren Sp   in > Konf   28 und] Darumb Sp Gerson schreibt A 2 N 2 M R 3   daß dardurch viel Leute in Sp   29/30 gefallen sind und etlich sich selbs umbgebracht haben, aus dem, daß N2   etlich — sich — haben, darumb A 2 N 2 M R 3

---

3 praeferebantur longe Hü   4 putabatur totus V   7 in possessione erant N 8 esset A De N Hü V   vita (2.) > A   11 materfamilias N   14 esse > A   et (1.) > A 17 quae dolebant A D F H M 2 N   19 functionibus civilibus A D F H M 2 N   26 esse cultus A M 2 N   29 etiam > A   30 quia] qui A D F H M 2 N   (quia Ed. pr.) R (später korr. aus quia)

---

¹) Zur scholastischen Ständelehre Holl, Ges. Auff. III 199ff.   ²) Nicht nachweisbar, doch s. S. 103 A. 1.

kein Trost von der Gnad Christi gehört ha'ben. Dann man siehet bei den Summisten und Theologen, wie die Gewissen verwirrt, welche sich unterstanden haben, die Traditiones zusammenzuziehen, und Aquität gesucht, daß sie den Gewissen hulfen, haben so viel damit zu tun gehabt, daß dieweil alle heilsame christliche Lehre von notigern Sachen, als vom Glauben, von Trost in hochen Anfechtungen und derglei= chen, darnieder gelegen ist. Daruber haben auch viel frommer, gelehrter Leut vor dieser Zeit sehr geklagt, daß solche Traditiones viel Zanks in der Kirche anrichten, und daß fromme Leute damit verhindert, zur rechten Erkanntnus Christi nicht kommen mochten. Gerson und etliche meher haben heftig dar= über geklaget[1]. Ja, es hat auch Augustino mißfallen, daß man die Gewissen mit so viel Traditionibus beschwert. Derhalben er dabei Unterricht gibt, daß man's nicht fur notig Ding halten soll[2].

Darumb haben die Unsern nicht aus Frevel oder Verachtung geistlichs Gewalts von diesen Sachen gelehret, sonder es hat die hoche Not gefordert, von obangezeigten Irrtumben Unterricht zu tun, welche aus

satisfacere traditionibus, et interim consolationem nullam de iustitia fidei et de gratia audierant. Vide'mus summistas[3] et theologos colligere traditiones et quaerere epiikias[4], ut levent conscientias; non satis tamen expediunt, sed interdum magis iniiciunt laqueos conscientiis. Et in colligendis traditionibus ita fuerunt occupatae scholae et conciones, ut non vacaverit attingere scripturam et quaerere utiliorem doctrinam de fide, de cruce, de spe, de dignitate civilium rerum, de consolatione conscientiarum in arduis tentationibus. Itaque Gerson et alii quidam theologi graviter questi sunt se his rixis traditionum impediri, quominus in meliore doctrinae genere versari possent. Et Augustinus vetat onerare conscientias huiusmodi observationibus et prudenter admonet Ianuarium, ut sciat eas indifferenter observandas esse; sic enim loquitur.

Quare nostri non debent videri hanc causam temere attigisse aut odio episcoporum, ut quidam falso suspicantur. Magna necessitas fuit, de illis erroribus, qui nati erant ex traditionibus male in-

fohlen, sagt man, gehörten den Schwachen und Unvollkommen zu, allein die Heuchelwerk hätten den ehrlichen Namen, daß sie heilige christliche und Gott wohlgefällige Werk genannt wurden.
Die geistlichen Rechtgelehrten und Theologen ließen die Schrift fahren, gingen allein mit diesen Sachen ihr Leben lang umb, aber von Glauben, Hoffnung, Kreuz etc. zu handeln,

---

3/4 wie *bis* verwirrt > Sp   5/6 Äquität] ἐπιεικείας Konk   5/13 und Linderung und Äquität zu suchen, den Gewissen zu helfen, wie verwirrt die Gewissen gewest sind. Dann weil alle heilsame, christliche Lahr von notigen — dawider gelegen ist, so haben sie domit sehr viel zu tun gehabt. Darumb hat Gerson und viel gelehrter, frummer Leut mehr in Vorzeiten darüber sehr heftig geklagt Sp   7 und haben N1 A2 N2 R   8 christliche > N1   von > N1   9 notig N1   notigen E   12 gelehrter > M3 W Konk   13 Traditiones + und Satzung Sp   15 damit] dardurch Sp   zu der M3   zu rechtem D1 Ed. pr. Konk   15/6 zur *bis* mochten > N1   17/8 Gerson *bis* geklaget > Sp   20 Traditiones N1   Tradition und Satzungen Sp   21 auch dabei den Sp   24 Der= halben die Sp   26 gelehrt haben Sp   27 hoche > Sp   Notturst Sp D2   erfordert Sp W   27/8 Unterricht zu tun von oben angezeigten Irrtumben N1 E A2 N2 M R Lü   27 obangezeigten] beruhrten Sp   28 Irrtumben] Ortern Z Orten Lü

---

5 ἐπιεικείας Ed. pr.   ἐπικείας S   ἐπικίας K R W   epikeias D   7 interdum] interim F V   15 Gerson > H   quidam theologi *a. R.* W   17 versari possent in A D F H M 2 N   meliori K R S W   18 genere doctrinae A D F H M 2 N W   24 videre K

---

[1]) Gerson, De vita spirituali animae, lect. 2. Opp. 2. ed (1728) III 16f. du Pin. lect. 4 coroll. 11, ebenda S. 45A.   [2]) Augustin, Ep. 54, 2. 2 ad Ianuarium. MSL 33, 200. CSEL 34, 160, 9ff. Ep. 55, 19, 35. MSL 33, 221ff. CSEL 34, 209, 18ff.   [3]) Summae de casibus conscientiae (Dietterle ZKG 24—28, 1903—07), etwa die von Luther am 10.12.1520 verbrannte Summa angelica des Angelus de Clavassio oder die sog. Summa summarum des Sylvester Prierias (s. auch u. S. 242 Anm. 3).   [4]) ἐπιείκεια (Billigkeit) ist die freie, sinnvolle Erfüllung des Gesetzes. Τὸ ἐπιεικὲς δίκαιον μέν ἐστιν, οὐ τὸ κατὰ νόμον δέ, ἀλλ' ἐπανόρθωμα νομίμου δικαίου. Aristoteles, Nikomach. Ethik V, 14, S. 1137, 11 Bekker. Thomas, In sent. III 37, 1. 4c: Epiikia per quam homo praetermissa lege legislatoris intentionem sequitur, und S. Th. II, 2. q. 120 a. 2 (s. auch u. S. 131, 8).

Mißverstand der Tradition gewachsen sein. Dann das Evangelium zwingt, daß man die Lehre vom Glauben soll und müsse in der Kirchen treiben, welche doch nicht mag verstanden werden, so man vermeint, durch eigene gewählte Werke Gnad zu verdienen.

Und ist davon also gelehret, daß man durch Haltung gedachter menschlicher Tradition nicht kann Gnad verdienen oder Gott versuhnen oder fur die Sund gnugtun. Und soll derhalben kein notiger Gottsdienst daraus gemacht werden. Dazu wird Ursach aus der Schrift angezogen. Christus Matth. 15 entschuldigt die Apostel, da sie gewohnliche Traditiones nicht gehalten haben, und spricht dabei: „Sie ehren mich vergeblich mit Menschengeboten." So er nun dies ein vergeblichen Dienst nennet, muß er nicht notig sein. Und bald hernach: „Was zum Munde eingehet, verunreinigt den Menschen nicht." Item Paulus spricht Röm. 14: „Das Himmelreich stehet nicht in Speis oder Trank." Kol. 2: „Niemand soll euch richten in Speis, Trank, Sabbat etc." Actuum 15. spricht Petrus: „Warumb versucht ihr Gott mit Auflegung des Jochs auf der Junger Hälse, welches weder unsere Väter noch wir haben mugen tragen? Sonder wir glauben durch die Gnad unsers Herren Jesu Christi

Matth. 15, 9.
Matth. 15, 11.
Röm. 14, 17.
Kol. 2, 16.
Apg. 15, 10 f.

tellectis, admonere ecclesias. Nam evangelium cogit urgere doctrinam in ecclesia de gratia et iustitia fidei, quae tamen intelligi non potest, si putent homines se mereri gratiam per observationes ab ipsis electas.

Sic igitur docuerunt, quod per observationem traditionum humanarum non possimus gratiam mereri aut satisfacere pro peccatis. Quare non est sentiendum, quod huiusmodi observationes sint necessarius cultus. Addunt testimonia ex scriptura. Christus Matth. 15 excusat apostolos, qui non servaverant usitatam traditionem, quae tamen videbatur de re media esse et habere cognationem cum baptismatibus legis. Dicit autem: Frustra colunt me mandatis hominum. Igitur non exigit cultum inutilem. Et paulo post addit: Omne quod intrat per os, non coinquinat hominem. Item Rom. 14: Regnum Dei non est esca aut potus. Col. 2: Nemo iudicet vos in cibo, potu, sabbato aut die festo. Actuum 15 ait Petrus: Quare tentatis Deum, imponentes iugum super cervices discipulorum, quod neque nos neque patres nostri portare potuimus? Sed per gratiam Domini nostri Iesu

---

waren sie nit mußig. Hie sollen die Bischofe ein Einsehens gehabt und diesem Jammer ein Ziel gesteckt haben. Jetzund gebrauchen sich des auch unsere Feind, so durch uns an Tag gebracht worden ist, und konnen von allen Menschenlehren gewisser urteilen denn hievor.

Wir lehren aber hievon also, daß Menschen Gebot und Satzungen vor Gott nit verdienen Vergebung der Sunden, sie sollen auch nit aufgericht werden als notwendig zu der Seelen Seligkeit. Solchs beweisen wir aus der Schrift. Als die Apostel gestraft wurden, daß sie diese Gebot ubertreten hätten, sagt Christus: „Vergeblich dienen sie mir mit Menschengeboten." Item: „Was durch den Mund eingehet, verunreint den Menschen nit." Item Paulus:

---

1 erwachsen Sp   2/5 Dann das Euangelion zwingt die Lahre vom Glauben zu treiben in der Kirchen. Nu kann die Lahre vom Glauben nicht verstanden Sp   3 der > Ed. pr.   6 gewählte > N1   erwählte Sp E Ed. pr. Konf   7 Darumb hat man bei uns also gelehrt und gepredigt Sp   also davon M3 W Konf   8 gedachter > Sp   8/9 Tradition und Satzung nicht moge Gottes Gnad Sp   9/10 kann Gott versuhnen oder fur Sunde gnugtun oder Vergebung der Sunde verdienen Ed. pr.   11 Derhalben soll man kein notigen Gottsdienst draus machen Sp   12/3 Dazu *bis* angezogen > Sp   13 Dann Christus selbs entschuldigt Matthäi 15. Sp   Christus > N1   14 sie + die Sp   15 Tradition (*so auch* 3) und Satzung Sp   haben] hätten Sp   16 sagt Sp   17/9 So *bis* sein (> nicht) *a. R.* Sp   18 muß] mag N1   19 darnach N2 M R   23/4 Kol. *bis* Trank > W   24 etc. > Sp N1   25 Warumb] Was N2 D2 M R 3 Lü (A2 Warumb *aus* Was *korr.*) ihr > W   ihr + denn nun A2 N2 M R 3 D2   26 Auflegen A2 N2 R D2   29 unsers] des A2 N2 M   unsers Herren > 3 Lü

---

2 urgere > H   2/3 in ecclesiis (*so auch* H M 2 N Ed. pr.) urgere doctrinam A D De F   9 possumus D Hü   9/10 satisfacere pro peccatis] iustificari Ed. pr.   14 servaverunt A De   16 re + non illicita, sed Ed. pr.   18 et dicit (autem >) A D F H M 2 N   21 per] in A D F H M 2 N   21 coinquinat] inquinat Ed. pr.   24 vos iudicet D   25 festo] + Item: Si mortui estis cum Christo ab elementis mundi, quare tanquam viventes in mundo decreta facitis: ne attingas, ne gustes, ne contrectes? (= Kol. 2, 16. 20) Ed. pr. Conc (§ 26 Kolde)   27 cervicem A   discipulorum] apostolorum D   29 Jesu > K

XXVI. Von Unterschied der Speis.

selig zu werden, gleicherweis wie auch sie."
Da verbeut Petrus, daß man die Gewissen
nicht beschweren soll mit mehr äußerlichen
Ceremonien, es sei Moysi oder ander. Und
1. Timoth. 4 werden solche Verbot, als Speis
verbieten, Ehe verbieten etc. Teufelslehre
genannt. Dann dies ist stracks dem Evangelio entgegen, solche Werk einsetzen oder
tun, daß man damit Vergebung der Sunde
verdiene, oder als möge niemand Christen
sein ohn solchen Dienst.

Daß man aber den Unsern hie Schuld
gibt, als verbieten sie Kasteiung und Zucht
wie Jovinianus[1], wird sich viel anders aus
ihren Schriften befinden. Dann sie haben
allzeit gelehret vom heiligen Kreuz, daß
Christen zu leiden schuldig seind, und dieses
ist rechte, ernstliche und nicht erdichte
Kasteiung.

Daneben wird auch gelehret, daß ein
iglicher schuldig ist, sich mit leiblicher Ubung,

Christi credimus salvari, quemadmodum
et illi. Hic vetat Petrus onerare conscientias pluribus ritibus sive Moisi sive
aliis. Et I. Timoth. 4 vocat prohibitionem cibo rum doctrinas daemoniorum,
quia pugnat cum evangelio talia opera
instituere aut facere, ut per ea mereamur gratiam, aut quod non possit existere christiana iustitia sine tali cultu.

Hic obiiciunt adversarii, quod nostri
prohibeant disciplinam et mortificationem carnis sicut Iovinianus. Verum
aliud deprehendetur ex scriptis nostrorum. Semper enim docuerunt de cruce,
quod christianos oporteat tolerare afflictiones. Haec est vera et seria et non
simulata mortificatio, variis afflictionibus exerceri et crucifigi cum Christo.

Insuper docent, quod quilibet christianus debeat se corporali disciplina seu

---

„Niemand soll euch urteilen umb die Speis etc. Item Act. 15: „Was versucht ihr Gott
und legt den Jungern ein Burd auf, die weder wir noch unsere Väter haben tragen mogen,
sonder durch die Gnad Christi getraun wir selig zu werden." Item Paulus nennt es Teufelslehr, die die Speis verbieten. Hierumb soll man solchs von den Christen nit als notwendig
erfordern.

---

1 gleicherweis bis sie] in N2 vom 1. Korr., in R später gestr. > N1 M3 W Kont wie
auch eure Väter Sp   2/7 S. Peter, die Gewissen in kein Weg mit äußerlichen Cerimonien
Moisis oder auch andern zu beschweren. Sant Paul nennet die Verbot der Ehe und Speis etc.
1. Timoth. IV. Teufelslehre. Sp   4 es sei bis ander] N2 vom 1. Korr. u. R. > A2 M D2
5/6 solche bis etc.] solche Traditiones Ed. pr.   6 etc. > N1   7 genannt] + [Dies
ist stracks] D1   Dann so (also D1 E) lauten Sanft Pauls Wort: „Der Geist aber sagt deutlich, daß in den letzten Zeiten werden etlich vom Glauben abtreten und anhangen den irrigen
Geistern und Lehren der Teufel durch die, so in Gleisnerei Lugentedner (lugend D1 Lügener
Ed. pr.) sind (sei D2) und Brandmal in ihren Gewissen haben und verbieten ehelich zu
werden und (> Lü) zu meiden die Speis, die Gott geschaffen hat, zu nehmen mit Danksagung (mit Danksagung zu nehmen D1 E Ed. pr.) den Glaubigen und denen, die die (> D1)
Wahrheit erkennt haben." E A2 M 3 Lü D2 Ed. pr. In D1 von gleicher Hand unten a. R.,
in N2 vom 2. Schreiber (wie S. 45, Z. 1/3), in R später gestrichen (> Sp N1.2 M3 W Kont)
Dann > 3 Lü   dies] das Sp A2 N2 M 3 Lü   7/8 wider das Evangelion Sp   8 entgegen] nachgegen M3   solche + oder andere Werk der Meinung Sp   9 tun, domit —
zu erlangen Sp   10 möge] kunnt Sp   11 ohn solche Werk ein Christen sein Sp   Dienst]
solche Dienste D1.2 Ed. pr. Kont   Verdienst M 3 Lü   12 Unsern > N1   hie > Sp
13 als sollten sie Zucht und Kasteiung verbieten Sp   14 viel anders] ungezweifelt aus —
viel anders Sp   anderst finden aus N1   15 finden W   16 je allzeit Sp   daß + die
Sp   17/9 und bis Kasteiung] welchs dann die rechte Kasteiung ist Sp   18 und > W
22 — S. 106, 6 Daneben bis werden] Die Unseren lehren auch, daß solche leibliche Ubung
nicht etlich bestimpte Tage allein, sonder stetigs fur und fur getrieben sollen werden. Sp

---

3 sive (2.) > K   5 doctrinam Ed. pr.   9 christiana iustitia] christianismus
Ed. pr.   15 deprehenditur A   18 et (1.) > Ed. pr.   19 variis + scilicet A
22 seu] aut A D F H M2 N

---

[1]) Der Asket Jovinianus bekämpfte seit etwa 385 in Rom die mönchische Verdienstlehre
und Stufenethik, nicht „Kasteiung und Zucht". So hatten ihn die Schmähschriften des
Hieronymus geschildert. RE³ IX 398ff. W. Haller, Jovinianus (Texte u. Unt. NF. II 2)
1897.

als Fasten und ander Arbeit, also zu halten, daß er nicht Ursach zu Sunden gebe, nicht daß er mit solchen Werken Gnad verdiene[1]. Diese leibliche Übung soll nicht allein etliche bestimbte Tage, sondern stetigs getrieben werden. Davon redet Christus Luk. 21.: „Hütet euch, daß euer Herzen nicht beschwert werden mit Füllerei." Item: „Die Teufel werden nicht ausgeworfen dann durch Fasten und Gebet." Und Paulus spricht, er kasteie seinen Leib und bringe ihn zu Gehorsam; damit er anzeigt, daß Kasteiung dienen soll, nicht damit Gnad zu verdienen, sonder den Leib geschickt zu halten, daß er nicht verhindere, was einem iglichen nach seinem Beruf zu schaffen befohlen ist. Und wird also nicht das Fasten verworfen, sondern daß man ein notigen Dienst daraus auf bestimbte Tag und Speise, zu Verwirrung der Gewissen, gemacht hat.

Luk. 21, 34.
Mark. 9, 29.
1. Kor. 9, 27.

Auch werden dieses Teils viel Ceremonien und Tradition gehalten, als Ordnung der Messe und andere Gesäng, Feste etc., welche darzu dienen, daß in der Kirchen Ordnung gehalten werde. Daneben aber wird das Volk unterricht, daß solcher äußerlicher Gottesdienst nicht fromb mache vor Gott, und daß man ohn Beschwerung des Gewissens

corporalibus exercitiis et laboribus sic exercere et coercere, ne saturitas aut desidia exstimulet ad peccandum, non ut per illa exercitia mereamur remissionem peccatorum aut satisfaciamus pro peccatis. Et hanc corporalem disciplinam oportet semper urgere, non solum paucis et constitutis diebus, sicut Christus praecipit: Cavete, ne corda vestra graventur crapula. Item: Hoc genus daemoniorum non eiicitur nisi ieiunio et oratione. Et Paulus ait: Castigo corpus meum et in servitutem redigo. Ubi clare ostendit se ideo castigare corpus, non ut per eam disciplinam mereatur remissionem peccatorum, sed ut corpus habeat obnoxium et idoneum ad res spirituales et ad faciendum officium iuxta vocationem suam. Itaque non damnantur ipsa ieiunia, sed traditiones, quae certos dies, certos cibos praescribunt cum periculo conscientiae, tamquam istiusmodi opera sint necessarius cultus.

Servantur tamen apud nos pleraeque traditiones, ut ordo lectionum in missa, feriae etc., quae conducunt ad hoc, ut res ordine geratur in ecclesia. Sed interim admonentur homines, quod talis cultus non iustificet coram Deo, et quod non sit ponendum peccatum in talibus rebus, si omittantur sine scandalo. Haec

Nichts minder werden derselben Satzungen viel bei uns gehalten als Feiertag, Gesang und anders, welche zu einem ordenlichen Wesen in der Kirchen dienstlich sein. Daneben vermahnt man das Volk, das man sie nit als notwendig, sonder von Frieds wegen halt, und mochten, so es ohn Ärgernus gescheh, wohl ohn Sund unterlassen werden.
Solcher Freiheit haben sich auch die Alten gebraucht, wie man aus vielen Decreten und Canones spuren kann. Die Orientischen hielten die Östern zu einer andern Zeit dann die Romischen, und hat solchs kein Uneinikeit in der Christenheit gebracht.

1 als + mit M   Arbeit] Übung M3 W Konf   3 Gnad] Vergebung der Sunde verdiene oder darum fur Gott werde gerecht geschätzt. Und Ed. pr.   6 So sagt auch Christus selbs Sp   Davon] Darumb N1   Luf.21 > Sp M3 W Konf   am 21. A2 3 M
8/10 Item bis Gebet > Sp   8 Füllerei] Fressen und Saufen A2 D2 N2 M R E D1
([Füllerei]) Ed. pr.   8/10 Item bis Gebet a. R. D 1   10 Und] > Sp (+ S.) M R wie A2
12 Kasteiung nicht dazu diene, Gottes Gnad Sp   14 halten] machen Sp   daß] domit er das —, das Sp   15 nach seinem] auf seinen N1   16 Stand und Beruf zu tun Sp   Und > N2
16/20 Und bis hat > Sp   18 Dienst] cultum Ed. pr.   24 Bei uns werden auch viel Sp
26 und andere > Sp A2 N2 M R 3 Lü D2   andere Gesänge > Ed. pr.   29 Volk + bei uns Sp   29/30 daß bis Gott] daß wir umb Christus willen durch Glauben gerecht geschätzt werden, nicht von wegen dieser Werk Ed. pr.   30 vor Gott nicht Sp   macht Konf und] sonder daß mans Sp   31 man] + den 3 Lü + sie N2 (rot später über d. Z.) mans N1 Ed. pr. Konf   der Gewissen Sp N1

2 aut] et Hü   3 peccatum Hü   4/5 remissionem peccatorum] gratiam A D F H M2 N
7 oporteat M2   9 corda] corpora De F H M2 N Ed. pr.   10 crapula + etc. A
11 nisi + in R W   13 redigo in servitutem D F H M2 N A (+ etc.)   20 ieiunia ipsa A
23 eiusmodi Hü   25/7 traditiones quae conducunt in ecclesia, ut ordo — missa et praecipuae feriae Ed. pr.   28 homines admonentur M2 Ed. pr.   31 etiam si R W Hü V

---

[1]) Luther, Von der Freiheit eines Christenmenschen, WA VII 30$_{11}$ff.

halten soll, also daß, so man es nachläßt ohne Ärgernus, nicht daran gesundigt wird¹. Diese Freiheit in äußerlichen Ceremonien haben auch die alten Väter gehalten. Dann in Orient hat man das Osterfest auf andere Zeit dann zu Rom gehalten². Und da etliche diese Ungleichheit für eine Trennung in der Kirche halten wollten, sind sie vermahnet von anderen, daß nicht not, in solchen Gewohnheiten Gleichheit zu halten. Und spricht Irenaeus also: „Ungleichheit im Fasten trennet nicht die Einigkeit des Glaubens"³; wie auch Dist. 12. von solcher Ungleichheit in menschlichen Ordnungen geschrieben, daß sie der Einigkeit der Christenheit nicht zuwider sei. Und Tripartita Hist. lib. 9. zeucht zusammen viel ungleicher Kirchengewohnheit und setzet ein nutzlichen christlichen Spruch: „Der Apostel Meinung ist nicht gewesen, Feiertag einzusetzen, sonder Glaub und Lieb zu lehren⁴."

libertas in ritibus humanis non fuit ignota patribus. Nam in Oriente alio tempore servabatur pascha quam Romae, et cum Romani propter hanc dissimilitudinem accusarent Orientem schismatis, admoniti sunt ab aliis, tales mores non oportere ubique similes esse. Et Irenaeus inquit: Dissonantia ieiunii fidei consonantiam non solvit, et Distinct. 12. Gregorius Papa significat, talem dissimilitudinem non laedere unitatem ecclesiae⁵. Et in Historia Tripartita lib. 9. multa colliguntur exempla dissimilium rituum et recitantur haec verba: Mens apostolorum fuit non de diebus festis sancire, sed praedicare bonam conversationem et pietatem.

Torg.] Von Menschenlehr und Menschenordnung⁶.

Zum ersten. Wiewohl Gottesdienst nicht in Menschenlehr stehet, so hat dannoch mein gnädigster Herr in seiner Kurfl. Gnaden Landen gewöhnliche Kirchenordnungen halten lassen⁷, so dem heiligen Euangelio nicht entgegen sind, und lassen predigen und die Leut berichten, daß solche Ordnungen umb Friedens willen zu halten sei, wie dann dasselbig offentlich und man sehen moge, daß göttliche Ämpter in seiner kurfürstlichen Gn. Landen mit großer Andacht und größerm Ernst gehalten werden etc. dann bei den Widersachern.

Zum andern. Es sind aber viel menschliche Ordnung, die ahn Sund nicht mögen gehalten werden. Darzu hat mein gnädigster Herr niemand wollen, hat auch nicht sollen dazu mit Gewalt wider Gottes Gebot dringen aus dieser Ursach: die Schrift spricht Actum 4: Oportet deo magis oboedire quam hominibus. „Man soll Gott mehr gehorsam sein dann den Menschen." Solchs gebieten auch die Canones Dis. 8: Daß alle Gewohnheit, wie alt sie auch sei, wie lang sie auch gewähret habe, soll der Schrift und Wahrheit weichen⁸ etc.

1/2 daß wenn mans schon ohn Ärgernus nachläßt, daß man daran nicht sundige. Sp   3 Dann diese Sp   4 gehabt N1   4/5 Also hat man im Orient die Ostern zur andern Sp   8 wollten] wollen N1   8/9 wurden sie von den andern erinnert Sp   9 not + ist N2 (*später*) Ed. pr. Konk   vonnoten Sp   9/10 solchen Dingen Sp   10 Gleichheit > N1   10/2 Und *bis* Glaubens > Sp   11 Irenäus spricht A2 N2 M R 3   13/5 So stehet auch Dist. 12, daß Ungleichheit der menschlichen Ordnung der Einigkeit der christlichen Kirchen Sp   14 menschlicher Ordnung N1   16/21 Und *bis* lehren > Sp   16 im 9. Buch A2 N2 M R 3   18 christlichen > M

---

1 humanis > A   3 servaverunt A D F H M 2 R   9 sicut et A D F H M 2 N

---

¹) Vgl. Art. XV.   ²) In Kleinasien am jüdischen Passahtage (14. Nisan), dem Tage des Vollmonds nach der Frühlings-Tag- und Nachtgleiche, in Rom (wie vorher schon in Palästina und Ägypten) an dem darauf folgenden Sonntage. K. Müller, Kirchengeschichte I 1³, 226ff. K. Holl, Ges. Aufl. II, 214ff.   ³) Euseb, Kirchengeschichte V, 24, 13, S. 494, 24. Schwartz.   ⁴) Cassiodor, Hist. trip. IX, 38. MSL 69, 1154 A nach Sokrates, Hist. eccl. V 22. MSG 67, 628 B.   ⁵) Decr. Grat. I d. 12. c. 10.   ⁶) Das erste Stück der Torg. Art. Es hat S. 108, 24ff. 47ff. unmittelbare Beziehungen zu Art. XXVI, aber auch vielfache zur ganzen CA.   ⁷) Die sächsischen Visitationsverordnungen 1527—1529 bei E. Sehling, Die ev. Kirchenordnungen des 16. Jh. I, 1902, 142—178.   ⁸) Decr. Grat. p. I, d. 8 c. 4—6 s. o. S. 36 3, 1ff.

Dieweil aber etlich dagegen sich horen lassen, als sollte kein Aenderung gestattet sein worden ahn Bewilligung der Kirchen oder des Bapsts, daß auch die Sunden, so aus gedachten Menschenleheren gefolget, viel träglicher und weniger schädlich gewesen sein denn das Scisma, so nun durch solche Änderung entstanden, item daß wir als Scismatici abgeschnittene Glieder von der Kirchen sind, daß auch die Sakrament bei uns untuchtig etc., wie dann solchs etzlich hoch aufmutzen etc.

Derhalben ist not, hierauf zu antworten: Man ruhm Gehorsam als hoch als man kann, Apg. 5, 29. so stehet dieser Spruch fest: „Man muß Gott mehr gehorsam sein dann den Menschen." Gal. 1, 8. Item Galat.: „So ein Engel von himmel ein ander Evangelium predigt, denn ich gepredigt, soll er verbannt sein." Daraus folget klar, daß diejenige nicht verbannt sind, so von falscher Lehr und Ordnungen weichen, sonder die sind verbannt offentlich durch S. Paul, die falsche Lehr und Ordnung halten etc.

Daruber so stehet Einigkeit der christlichen Kirchen nicht in äußerlichen menschlichen Ordnungen, darumb ob wir schon ungleiche Ordnung gegeneinander halten, sind wir darumb nicht abgeschnittene Gelieder von der Kirchen, sind auch darumb die heiligen Sakrament bei uns nicht untuchtig.

Denn Ungleichheit in äußerlichen, menschlichen Ordnungen sind nicht wider die Einigkeit der christlichen Kirchen, wie klar ausweiset dieser Artikel, den wir im Glauben bekennen: Credo sanctam ecclesiam catholicam[1]. Denn dieweil uns hie geboten, daß wir glauben, daß catholica ecclesia sei, das ist die Kirch in ganzer Welt und nicht gepunden an ein Ort, sonder allenthalb, wo Gottes Wort und Ordnung ist, daß da Kirch sei und doch die äußerlichen, menschlichen Ordnungen nicht gleich sind, folget, daß solche Ungleichheit nicht wider die Einigkeit der Kirchen ist.

Joh.10, 3.5. Auch spricht Christus: Oves meae vocem meam audiunt, alienam non audiunt nec Luk. 17, 20. sequuntur. Und „Gottes Reich kompt nicht mit äußerlicher Weis", si dixerunt: ecce hic Röm.14, 17. ecce illic. Und Paulus: „Gottes Reich ist weder in Essen noch Trinken etc." Item Augustinus schreibt klar ad Januarium, daß Einigkeit der Kirchen nicht in äußerlicher Menschenordnung stehe und spricht, daß solche Menschenordnung sollen frei sein, mogen gehalten oder nicht gehalten werden[2].

Auch so es ein Scisma sein solt, äußerliche Ordnung zu ändern, sind pilliger die fur Scismaticis zu halten, die erstlich wider der ganzen Christenheit Ordnung gehandelt und wider die Concilia, als die Ehe verboten, so doch Synodus Constantinopolitana gepoten, die Ehe den Priestern nicht zu verpieten[3]. Item die neue Gottesdienst angehoben wider Gottes Wort und wider der alden Kirchen Brauch und Ubung haben Meß verkauft, so doch die alde Kirche gar nicht von solchen Kaufmessen weiß.

Uber das alles, so angezogen wird aus den patribus von Scismaticis, daß Sacramenta bei ihnen nicht duchtig und dergleichen, heißen bei denselbigen Schismatici nicht die, so Ungleichheit uben in äußerlichen Menschenordnungen, sonder die so von Gottes Wort in einem Artifel weichen, wie Augustinus klar schreibt contra Cresconium et Hieronymum: Nullum Scisma est, nisi sibi aliquam heresin confingunt[4].

Welche menschlichen Ordnungen aber ahn Sund nicht mogen gehalten werden, wollen wir hernach erzählen. Denn es ist not, zuvor von denen Ordnungen auch zu sagen, die fur Mittel gehalten werden, von welchen auch viel Irrtumb vor dieser Zeit in der Kirchen gepredigt und gelehrt worden. Als nämlich von Fasten, Unterschied der Speis und Kleider, sonderlichen Ferien, Gesang, Wallfahrten und dergleichen, daß solchs alles Werk seien, dadurch man Gnad erlang und Vergebung der Sunden.

Nu ist offentlich, daß solchs ein schädlicher, verdammlicher Irrtumb ist, wie dann viel auch bei den Widersacher bekennen und haben Trost durch diese Lahr empfangen, so dawider gelehret, daß Vorgebung der Sund und Gnad wahrhaftiglich und gewißlich uns durch Christum aus Gnaden geschenkt werde, und daß wir solch empfangen allein durch Glauben an Christum, daß uns umb des Christi willen und durch Christi Verdienst unser Sund vergeben werden ahn unser Verdienst. Darumb so man lehret, daß man durch ob=

---

[1]) s. o. S. 21. [2]) s. o. S. 103, Anm. 2. [3]) Kanon 13 der 6. ökum. Synode zu Konstantinopel (Trullanum I). Mansi XI, 947. Decr. Grat. p. I d. 31 c. 13. [4]) Augustin, Contra Cresconium II 6ff. MSL 42, 470ff. (nicht wörtlich).

gedachte menschliche Ordnung Gnad und Vergebung der Sunde erlang, ists gewißliche ein offentliche Gotteslästerung und ganz wider das heilig Euangelium. Denn Paulus klar lehret, daß, so wir durch unser Werk wollen gerecht werden und Gnad erwerben, daß uns Christus vergeblich gestorben sei. Galat. 2. et Rom. 3.: Arbitramur hominem justificari ex fide sine operibus legis. Item Ephe. 2: „Ihr seid durch Gnad selig worden durch den Glauben und solchs nicht durch euch, sonder es ist Gottes Gab nicht aus den Werken." Darumb diejenigen, so also gelehret, daß wir Gnad erlangen durch eigene, gewählte Werk, als gesatzte Fasten oder Feier oder dergleichen, die haben Christo groß Unehr getan, daß sie den Preis, so Christo gehort, ihren eignen erwählten Werken zugeschrieben haben, haben auch damit gemacht, daß Christus und sein Gnad nicht ist erkennet worden, so doch Gott kein hoher Ehr geschehen mag, dann daß man Christum erkenne und hör, wie geschrieben stehet: Hic est filius meus dilectus, in quo mihi complacitum est; hunc audite. Item Christus spricht: Frustra colunt me mandatis hominum. „Sie ehren mich vergeblich mit Menschengepot." Da ist ja ausgedruckt, daß Gott menschliche Kirchenordnung nicht dafur hält, daß sie Vergebung der Sund verdienen. Item es hat auch Christus verboten, Sund und Gerechtigkeit in Unterschied der Speis zu setzen, und will, daß solchs frei gelassen werd, wie S. Paul spricht: Nemo vos arguat. „Es soll euch niemand verdammen umb Speis oder Trank willen." Aber itzund schilt man Ketzer die, so nicht Unterschied der Speis halten, so doch Paulus solchen Underscheid Teufels Lehr nennet.

Darumb so man rechte christliche Lehr von solchen Ordnungen, so fur Mittel[1] gehalten werden, zulaßt, mag man sie wohl halten. Wie dann erstlich in der Kirchen Ordnung gemacht von Feier oder Fasten, nicht dadurch Gnad zu erlangen, sondern daß die Leut konnten lernen und wissen, wenn sie zusammenkommen sollten oder sunst leiblich Ubung hätten, daß sie dodurch Gottes Wort zu hören und zu lernen geschickter wurden. Wo man aber solch Ordnung foddert, als seien sie nutz Gnad zu erlangen, oder als moge ahn solche Werk niemand Christen sein, solchem Irrtum soll man mit Lehr und mit dem Exempel widerstehen, wie Paulus auch nicht Titum wollen beschneiden, damit er bewiese, daß solch Werk nicht not oder nutz wäre, Gnad zu erwerben.

Derhalben hat auch mein gnädigster Herr niemand gezwungen, Unterschied der Speis oder gesatzte Fasten zu halten, sonder hat solche Traditiones fallen lassen. Denn es ist offentlich, daß man sie fur Werk gehalten hat, damit man Vergebung der Sund erlanget. Damit solcher Irrtum nicht bestätigt wurde, hat man die Leut zu dieser Ordnungen nicht gedrungen.

Auch rufen die Widersacher diejenige fur Ketzer aus, so nicht Unterschied der Speis halden, machen also ein Werk daraus, ahn welches niemand kein Christ sein möge, so doch Christus spricht: „Speis macht den Menschen nicht unrein."

Es zeigen auch die alten Canones an, was von solchen menschlichen Ordnungen zu halten sei. Dis. 4. ist verboten, die gefallen Fasten wieder anzurichten[2]. So nun solch Ordnung mogen durch Gewohnheit abkommen, so folgt, daß sie nicht not sind zum christlichen Leben. Und also sind auch durch Gewohnheit gefallen Canones paenitentiales, und hält doch niemand, daß Sund sei, dieselbigen nachzulassen[3]. Also sind viel ander Ordnung gefallen und viel alter Canones, wie zu sehen in Decretis. Mittwochs= und Freitags=Fasten[4], item die ganze Fasten hat niemand gehalten, wie sie geboten. Auch spricht Dis. 12,5: Romana Ecclesia wisse, daß nicht nachteilig sei der Seelen Heil andere Ordnungen zu andern Zeiten und Ortern[5]. Item Hieronymus und Augustinus schreiben auch, daß man aus solchen Ordnungen kein notig Ding machen soll[6].

Aus diesem allem ist klar, was in gemein von menschlichen Ordnung in meines gnädigsten Herrn Landen gelehret wird, das ahn Zweifel in der Schrift und patribus gnugsam gegrundet ist.

---

[1]) Mitteldinge, Adiaphora. [2]) Decr. Grat. I, d. 4 c. 6. [3]) Die der öffentlichen Buße dienenden altkirchlichen Bußkanones wichen der im frühen Mittelalter aufkommenden Beichte. [4]) s. o. S. 70 Anm. 1. [5]) Decr. Grat. I, 12, 10. [6]) s. o. S. 36 Anm. 2. S. 103 Anm. 2.

⟨XXVII.⟩ Von Klostergelübden[1].

Von Klostergelübden zu reden, ist not, erstlich, zu bedenken, wie es bis anher damit gehalten, welch Wesen in Klöstern gewesen, und daß sehr viel darin täglich nicht allein wider Gottes Wort, sondern auch bäpstlichen Rechten zuentgegen gehandelt ist. Denn zu Sankt Augustini Zeiten sind Klosterständ frei gewesen; folgend, da die rechte Zucht und Lehre zerruttet, hat man Klostergelübd erdacht und damit eben als mit einem erdachten Gefängnus die Zucht wiederumb aufrichten wellen[2].

Uber das hat man neben den Klostergelubden viel ander Stück mehr aufbracht, und mit solchen Banden und Beschwerden ihr viel, auch vor gebuhrenden Jahren beladen.

So seind auch viel Personen aus Unwissenheit zu solchem Klosterleben kummen, welche, wiewohl sie sunst nicht zu jung gewesen, haben doch ihr Vermugen nicht gnug-

⟨XXVII.⟩ De votis monasticis.

Quid de votis monachorum apud nos doceatur, melius intelliget, si quis meminerit, qualis status fuerit monasteriorum, quam multa contra canones in ipsis monasteriis cotidie fiebant. Augustini tempore erant libera collegia; postea, ubique corrupta disciplina, addita sunt vota, ut tamquam excogitato carcere disciplina restitueretur. Additae sunt paulatim supra vota aliae multae observationes. Et haec vincula multis ante iustam aetatem contra canones iniecta sunt[3]. Multi inciderunt errore in hoc vitae genus, quibus etiamsi non deessent anni, tamen iudicium de suis viribus defuit. Qui sic irretiti erant, cogebantur manere, etiamsi quidam beneficio canonum liberari possent. Et hoc accidit magis etiam in monasteriis virginum quam monachorum, cum sexui imbecilliori magis parcendum esset. Hic

Torg.] De votis.
Von Klosterleben.

Diese Sach von Klosterleben betrifft mein gnädigsten Herrn nicht, denn sein Kurfürstlich Gnaden haben die Monich nicht heißen aus den Klöstern oder in die Kloster gehen, sondern man soll billig von ihnen selb Ursach fragen, warumb solchs geschehen. Privata res est, nec ad communem ecclesiam pertinet.

Doch sind demnach Ursach anzuzeigen, warumb mein gnädigster Herr die Kloster nicht widerumb angericht hat, warumb auch sein Kurfürstliche Gnaden die ausgangene Personen geduldet. Es sind furnehmlich drei Ursachen, darumb das Klosterleben, wie es bis anher gehalten, unrecht und wider Gott ist.

2/7 Von bis ist] Dieser Artikel von den Klostergelübden belangt nicht die ganze christliche Kirchen, sondern allein etzliche einzeln Personen, umb welcher willen das ganz Volk nicht soll verworfen werden. Dann wenn gleich die Veränderung des Klosterleben Mangel hat, dieweil aber die Lehre und Predigt, so dieses Teils im Schwang gehet, soll angezeigt werden, so muß man dovon auch Bericht tun. Und diesen Bericht vom Klosterleben wird ein jeder dester baß vernehmen, so er bedenken wird, wie es in Klöstern zugangen und wie mannigfältiglich darin und wider die bäpstische Recht täglich geschehen ist. Sp   4 gewesen] gehabt Mz   sie in — gehabt Konk   7 zugegen N1 N2 R   8 ist der Klosterstand Sp   9 da > Sp N2   10 da hat Sp E   11/2 erdachten > N1   17 hat man ihr Sp N1 A2 (über d. Z.) D1 Ed. pr.   auch unter ihren gebuhrlichen Sp   21 welche] und Sp

1 monasticis] monachorum A D F H M 2 N   2 Na beginnt: Dieser Handel betrifft nit die ganzen Versammlung, sonder etlich wenig Sonderperson, von der wegen die ganz Versammlung nit billig verworfen wird, obgleich etwas Unrechts in dieser Ändrung befunden wurd. Aber nichts minder woll wir jetzt auch erzählen, was wir von diesem Stuck lehren und halten.   2/4 Quid bis meminerit] Männiglich ist unverborgen Na   6 cotidie > Na   7 libera erant collegia N   8 postea corrupta disciplina ubique addita A D F H M 2 N   9/10 tamquam bis carcere > Na   11 paulatim > A

[1]) Über die allmähliche Ausstattung des Artikels mit Quellenbelegen vgl. Gußmann I 1, 519 Anm. 21.   [2]) A. Zumkeller, Das Mönchtum des hl. Augustinus. 1950. Vor der im 7./8. Jh. sich durchsetzenden Regula Benedicti galt im Abendland eine Fülle von Regeln. Der Austritt aus dem Klosterleben war ursprünglich möglich. RE³ XIII 229ff.   [3]) Die Oblation von Kindern war im Frühmittelalter üblich (Reg. Ben. 59, aus Anlaß des Falles Gottschalk verteidigt von Hrab. Maurus MSL 107, 419ff. v. Schubert, Frühmitt. 451ff. 622) und kanonisch erlaubt: Monachum aut paterna devotio aut propria professio facit; quid-

XXVII. Von Klostergelübden.

sam ermessen noch verstanden. Dieselben alle, also verstrickt und verwickelt, seind gezwungen und gedrungen gewesen, in solchen Banden zu bleiben, ungeachtet des, daß auch bapstlich Recht ihr viel frei gibt[1]. Und das ist beschwerlicher gewesen in Jungfrauklöstern dann Monichklöstern, so sich doch geziemet hätte, der Weibsbilder als der Schwachen zu verschonen. Dieselb Strenge und Härtigkeit hat auch viel frommen Leuten in Vorzeiten mißfallen; dann sie haben wohl gesehen, daß beide, Knaben und Maidlein, umb Unterhaltung willen des Leibs, in die Klöster versteckt seind worden. Sie haben auch wohl gesehen, wie ubel dasselb Furnehmen geraten ist, was Ärgernus, was Beschwerung der Gewissen es gebracht, und haben viel Leut geklagt, daß man in solcher fahrlicher Sache die Canones so gar nicht geachtet. Zudem so hat man eine solche Meinung von den Klostergelubden, die unverborgen auch viel Monichen ubel gefallen hat, die wenig einen Verstand gehabt.

Dann sie gaben fur, daß Klostergelubd der Tauf gleich wären, und daß man mit dem Klosterleben Vergebung der Sunde und

rigor displicuit multis bonis viris ante haec tempora, qui videbant puellas et adolescentes in monasteria detrudi propter victum, videbant, quam infeliciter succederet hoc consilium, quae scandala pareret. quos laqueos conscientiis iniiceret. Dolebant auctoritatem canonum in re periculosissima omnino neglegi et contemni. Ad haec mala accedebat talis persuasio de votis, quam constant etiam olim displicuisse ipsis monachis, si qui paulo cordatiores fuerunt.

Dicebant vota paria esse baptismo; docebant se hoc vitae genere mereri remissionem peccatorum et iustifica-

Die erst ist, daß solches Leben der Meinung furgenommen wird, dadurch fur die Sund gnug zu tun und Gnad verdienen, wie Thomas mit klaren Worten das Klosterleben der Tauf gleich hältet und spricht, daß Monchwerden Sund wegnehme als die Tauf. Was ist das anders, denn menschlichen Werken und selbs erwähltem Gottesdienst die Ehre geben, die Christo gehört? Christus hat Gnad erworben, die erlangen wir durch Glauben ahn unser Verdienst. Ephes. 2.: Darumb so ists ein große Gottslästerung mit Klosterleben wollen Gnad verdienen und die Sund bezahlen. Die Tauf hat Gottes Wort und Ordnung und ist Gotts Werk, darumb nimpt sie Sund weg. Aber Klosterleben hat nicht Gottes Wort, dann es stehet in eitel Menschengeboten, davon Christus spricht: Frustra colunt me mandatis hominum, daraus gewiß ist, daß Klosterleben nicht kann Sund wegnehmen, sinteinmal

Eph. 2, 8 f.

Matth. 15, 9.

---

1 noch] und M3 W Konf   Dieselben] *Von hier ab ist der Art. in Ed. pr. völlig umgearbeitet, vgl. S. 119 Anm. 3.*   alle > Ed. pr.   2 und verwickelt > Ed. pr.   3 gedrungen und gezwungen M   und gedrungen > N1   gewesen] > Konf   worden N1 Ed. pr.   4/5 das bäpstlich Sp   5/7 dasselb ist in Jungfrauklöstern beschwerlicher gewest denn in Sp   7 dann + in M   geziemet] gebuhret Sp   8 hätte] hat N1   schwachen + Personen M (*über d. Z.*) K Ra   9 Und diese (Strenge und >) Sp   Sterung N1   Strenghei M Gestrengheit D1   Strengkeit A2 3 Lü   10 in > N1   auch in Vorzeiten Sp   11 mißgefallen M R3 D2 E   13 Erhaltung Konf   14 sind verstedt Konf   16 was (2.) > N1   16/7 Beschwernus M   der Gewissen > Sp M   16/20 Beschwerung auch draus erfolget und ihnen auch fast wehe getan, daß die bäpstliche Recht in der allerfährlichsten Sachen so gar hindangesetzt und veracht wurden. Sp   18 klagt N1 E   19 gefährlichen N1   20 hat man] hätte man D1 E   haben sie auch Sp   20/1 von dem Klosterleben und Gelubd gehabt, die auch den Munchen, die wenig ein Verstand gehabt, nicht gefallen hat, wie am Tag ist. Sp   22 die auch M3   30 denn] den *Hdschr.*

---

2 videbant > A De   4 et quam A   8 periculosissima > Na   omnino > A   11 monachis ipsis A D F H M2 N (Ed. pr. ips. m.)   12 si *bis* fuerunt > Na   24 Dicebant] Docebant D F M2 Ed. pr.   25 docebant > Na   dicebant V

---

quid horum fuerit, alligatum tenebit (Decr. Grat. II C. 20. q. 1 c. 3. Decr. Greg. III tit. 31 c. 12. 13). Sie ging seit dem 12. Jh. zurück und wurde Trid. Sess. XXV De reg. c. 15 verboten LThK 7, 658.   [1]) s. o. S. 91 Anm. 2.

Rechtfertigung fur Gott verdienet[1]. Ja sie setzten noch mehr darzu, daß man mit dem Klosterleben verdient nicht allein Gerechtigkeit und Frombkeit, sonder auch, daß man damit hielte die Gebot und Räte, im Evangelio verfaßt[2], und wurden also die Klostergelubde hocher gepreiset dann die Tauf; item daß man mehr verdienet mit dem Klosterleben dann mit allen anderen Ständen, so von Gott geordnet seind, als Pfarrer- und Predigerstand, Obrigkeit-, Fursten-, Herrenstand und dergleichen, die alle nach Gottes Gebot, Wort und Befehl ihrem Beruf ohn erdichte Geistlichkeit dienen, wie dann dieser Stuck keins mag verneint werden; dann man findet's in ihren eigen Buchern[3].

Uber das, wer also gefangen und ins Kloster kommen, lernet wenig von Christo. Etwa hätt man Schulen der heiligen Schrift und anderer Kunste, so der christlichen Kirchen dienstlich seind, in den Klöstern, daß man aus den Klostern Pfarrer und Bischofe genummen hat[4]. Jetzt aber hat's viel eine

tionem coram Deo. Immo addebant amplius, vitam monasticam non tantum mereri iustitiam coram Deo, sed amplius etiam, quia servaret non modo praecepta, sed etiam consilia evangelica. Ita persuadebant monasticam professionem longe praestantiorem esse baptismo, vitam monasticam plus mereri quam vitam magistratuum, pastorum et similium, qui sine facticiis religionibus in mandatis Dei suae vocationi serviunt. Nihil horum negari potest; exstant enim in libris eorum.

Quid fiebat postea in monasteriis? Olim erant scholae sacrarum litterarum et aliarum disciplinarum, quae sunt utiles ecclesiae, et sumebantur inde pastores et episcopi: nunc alia res est; nihil enim opus est recitare nota. Olim ad discendum conveniebant: nunc fin-

---

Menschengebot ein vergeblicher Dienst sind, darin das Klosterleben ganz gefasset ist. Dieweil nu das Klosterglubd ein ungottlich Glubd ist, so man durch solche Werk gedenkt, Gnad zu verdienen, ist es untuchtig und gilt nicht.

Die ander Ursach: Dies ist auch wider Gottes Gebot, geloben, nicht ehelich zu werden,

---

1 verdienet] erlanget Sp   2 setzten bis dazu] sagten noch wohl mehr Sp   setzen N1 M3 W D1.2 3 Lü Konf   3/4 Gerechtigkeit + vor Gott eingefügt A2 M, im Text K Ra   4 Frummkeit, die vor Gott gilt, verdiente Sp   5 hielte] beide Sp   7 hoher denn bis gepreiset Sp   8 item] Sie sagten auch weiter Sp   mehr damit (mit dem Klosterleben >) N1   9 Klosterleben mehr verdienet Sp   anderen > Sp D2 E   10 so > seind > Sp   10/1 Pfarrherr-, Predigerambt N1   11 und > A2 N2 M 3 Lü D2   13 in ihrem Konf   15 verneinen mag Konf   18 und ins] in das N1   18/9 Uber bis Christo > Sp   20 Ferner so hat man in Vorzeiten Schulen Sp   21 anderer + freien Sp   so] die Sp   22 seind > Sp   den > K 3 Lü D1 E   in Klöstern gehabt und aus Sp   in den Klöstern gehalten Konf   23 Pfarrherrn N1   24 genummen hat > Sp   hat > N1   aber > N1

1/3 Immo bis coram deo > Na a. R. M 2   2 amplius > Ed. pr.   3 iustitiam mereri ADFHM2NKSW   6 Item F1   7 praestantiorem] meliorem ADFHM2N   9 vitam pastorum ADFHM2N   9/10 et similium > Na   10 sine bis religionibus > Na   10/1 in mandatis Dei sine ADFHM2N   12/3 Nihil bis eorum > Na   13 enim] et V Hü   22/3 nunc bis nota > Na   23 enim > Ed. pr.   est > V

---

[1]) Der Vergleich zwischen Profeß und Taufe war im Mittelalter geläufig. Thomas STh. II 2. q. 189 a. 3. ad 3: Rationabiliter autem dici potest, quod etiam per ingressum religionis aliquis consequatur remissionem omnium peccatorum ... unde legitur in vitis patrum, quod eandem gratiam consequuntur religiones intrantes quam consequuntur baptizati. Vgl. auch Comm. in sent. Petr. Lomb. IV. d. 4 q. 3. a. 3. r. 3 und die Konstitutionen des Dominikanerordens d. I c. 15. f. 38b (Ausgabe von 1507) bei A. V. Müller, Luthers theol. Quellen, 1912, 28f. Luther wurde nach der Profeß von Prior, Konvent und Beichtvater beglückwünscht, daß er „nu wäre als ein unschüldig Kind, das itzt rein aus der Taufe käme". WA XXXVIII 147f. Zahlreiche Äußerungen L.s bei Scheel, Dokumente zu Luthers Entwicklung, 1929², Reg. s. v. Mönchstaufe.   [2]) z.B. Bonaventura, Breviloquium V 9 (5, 262 Quaracchi), Thomas, STh. II 1 q. 108 Art. 4.   [3]) s. o. S. 102 Anm. 1.   [4]) So Melanchthon schon Loci comm. 1521, S. 126f. Kolde.

andere Gestalt. Dann vor Zeiten kamen sie der Meinung zusammen im Klosterleben, daß man die Schrift lernet. Jetzt geben sie fur, das Klosterleben sei ein solch Wesen, daß man Gotts Gnad und Frombkeit vor Gott damit verdiene, ja es sei ein Stand der Vollkummenheit[1]; und setzen's den anderen Ständen, so von Gott eingesetzt, weit fur. Das alles wird darumb angezogen ohn alle Verunglimpfung, damit man je dester baß vernehmen und verstehen muge, was und wie die Unseren lehren und predigen.

Erstlich lehren sie bei uns von denen, die zur Ehe greifen, also, daß alle die, so zum ledigen Stand nicht geschickt seind, Macht, Zug und Recht haben, sich zu verehelichen[2]. Dann die Gelubd vermugen nicht Gottes Ordnung und Gebot aufzuheben. Nun lautet Gottes Gebot also 1. Kor. 7: „Umb der Hurerei willen hab ein itzlicher sein eigen Weib, und eine itzliche hab ihren eigenen Mann." Dazu dringet, zwinget und treibet nicht allein Gottes Gebot, sondern auch denen, so Brunst leiden, wie Paulus spricht: Melius est nubere quam uri. Und dieweil solch Glubdnus auch wider die Schopfung und Natur des Menschen ist, so ist es auch unmoglich. Dieweil es nun wider Gottes Gebot, dazu unmoglich ist, so folget, daß solch Glubd nicht ist, und daß diejenige, welche des ehelichen Lebens bedurfen, sollen und mussen aus den Klostern gehen. Derhalben auch die alten Canones jungen Personen erlauben, aus den Klostern zu gehen. 20.41. Dazu schreibt Augustinus, daß wenn schon die sundigen, so aus den Klostern gangen und ehelich worden, sei solchs demnach ein rechte Ehe und soll nicht zurissen werden[3].

Die dritt Ursach ist, daß diejenige, so in Klostern bis anher gewesen, ob sie schon wollten und vermochten, ahn Ehe zu leben, werden sie doch getrungen, den Mißbrauch der Meß fur Toten etc. und andere unrechte Cultus zu halten, als der heiligen Anrufung etc. Darumb haben sie billig Ursach von solchem unchristlichem Wesen, da man mit Gottes Namen dem Bauch dienet, zu fliehen, als Sunde wider das ander Gebot zu meiden.

gunt institutum esse vitae genus ad promerendam gratiam et iustitiam, immo praedicant, esse statum perfectionis, et longe praeferunt omnibus aliis vitae generibus a Deo ordinatis. Haec ideo recitavimus nihil odiose exaggerantes, ut melius intelligi hac de re doctrina nostrorum posset.

Primum de his, qui matrimonia contrahunt, sic docent, quod liceat omnibus, qui non sunt idonei ad caelibatum, contrahere matrimonium, quia vota non possunt ordinationem et mandatum Dei tollere. Est autem hoc mandatum Dei: Propter fornicationem habeat unusquisque uxorem suam. Neque mandatum solum, sed etiam creatio et ordinatio Dei cogit hos ad coniugium, qui sine singu-

---

1 Gestalt + mit den Klöstern Sp A2 M R Z D 1.2 E Lü (Sp außerdem + Ist auch nicht vonnoten, die Ding, so leider ohn das am Tag und unverborgen sind, zu erzählen. In Vorzeiten sind die klosterliche Versammlung darumb gewesen, daß man die Schrift drinnen lernet.) 3 Jetzt + aber Sp   4 daß das Klosterleben ein solcher Stand sei, domit man Sp   es sei das N 1 E   5/6 vor Gott] die vor Gott gilt Sp   7/8 das Klosterwesen allen anderen Ständen, auch von Sp   9/10 Welchs alles wir niemands zu Unglimpf, sondern zu hoher Notdurft der Sachen dartun, der Meinung, daß mans dester baß   12 predigen und lehren M3 W Konf   17 nicht] keineswegs Sp   18 Gebot und Ordnung Sp   19 am 7. Z 19/22 Umb bis Mann] Ein jeder soll sein eigen Eheweib haben, Hurerei zu vermeiden. Sp 20 hab] hatt D 1   22 Dazu treibt, zwingt und dringt Sp   treibt, dringt und zwingt N 1

7 posset de hac re A D F H M 2 N (possit)   15 docent + apud nos A D F H M 2 N 18 et] ac A D F H M 2 N   19 Est > N   20 zu vermeiden Hurerei Na   22 etiam > D

---

[1]) Über das Mönchtum als status perfectionis vgl. A. V. Müller, Luthers theol. Quellen, 1912, 31ff. Luther, De votis monasticis 1521, WA VIII, 584_{23}ff. Thomas STh II, 2. q. 186 a. 1c: In hoc autem perfectio hominis consistit, quod totaliter Deo inhaereat.., et secundum hoc religio perfectionis statum nominat. Auch ohne den Begriff ist der religiöse Vorzug des mönchischen Standes der kath. Theologie selbstverständlich. Thomas STh II, 2. q. 186 a. 9: Status religionis est securior quam status saecularis vitae, unde Gregor in princ. Mor. (in epist. ad Leand. episc. sup. exposit. lib. Tob. cap. 1) comparat vitam saecularem mari fluctuanti, vitam autem religionis portui tranquillo. Gabr. Biel bei Denifle, Luther u. Luthertum I[2], 171.   [2]) Luther, De votis monasticis, WA VIII 584_{2}ff. Welche Personen verboten sind zu ehelichen WA X, 2, 284_{21}ff.   [3]) Vgl. S. 115 A. 1—3.

Gotts Geschopf und Ordnung alle die zum Ehestand, die ohn sonder Gotteswerk mit der Gabe der Jungfrauschaft nicht begnadet seind, lauts dieses Spruches Gottes selbs, Gen. 2: „Es ist nicht gut, daß der Mensch allein sei; wir wollen ihme ein Gehilfen machen, der umb ihne sei."

Was mag man nun dawider aufbringen? Man ruhme das Gelubd und die Pflicht, wie hoch man welle, man muß es auf als hoch, als man kann, so mag man dannoch nicht erzwingen, daß Gottes Gebot dardurch aufgehaben werde. Die Doctores sagen, daß die Gelubd auch wider des Bapsts Recht unbundig sind[1]; wie viel weniger sollen sie dann binden, Statt und Kraft haben wider Gottes Gebot!

Wo die Pflicht der Gelubd kein anderen Ursachen hätte, daß sie möchte aufgehaben werden, so hätten die Bäpst auch nicht darwider dispensiert und erlaubt. Dann es gebuhret keinem Menschen, die Pflicht, so aus gottlichen Rechten herwächst, zu zurreißen. Darum haben die Bäpste wohl bedacht, daß in dieser Pflicht ein Äquität soll gebraucht werden, und haben zum oftermal dispensiert, als mit einem Kunig von Aragon[2] und vielen anderen. So man nun zu Erhaltung zeitlicher Dinge dispensiert hat, soll viel billiger dispensiert werden um Notdurft willen der Seelen.

Folgend, warum treibt der Gegenteil so hart, daß man die Gelubd halten muß, und siehet nicht an zuvor, ob das Gelubd seine Art hab? Dann das Gelubd soll in muglichen Sachen und willig, ungezwungen sein[3]. Wie aber die ewige Keuschheit in des Menschen Gewalt und Vermugen stehe, weiß man wohl; auch seind wenig, beide Mannes- und

lari Dei opere non sunt excepti, iuxta illud: Non est bonum homini esse solum, Genes. 2. Igitur non peccant, qui obtemperant huic mandato et ordinationi Dei.

Quid potest contra haec opponi? Exaggeret aliquis obligationem voti, quantum volet, tamen non poterit efficere, ut votum tollat mandatum Dei. Canones docent in omni voto ius superioris excipi; quare multo minus haec vota contra mandata Dei valent.

Quodsi obligatio votorum nullas haberet causas, cur mutari possit, nec romani pon'tifices dispensassent. Neque enim licet homini obligationem, quae simpliciter est iuris divini, rescindere. Sed prudenter iudicaverunt romani pontifices aequitatem in hac obligatione adhibendam esse; ideo saepe de votis dispensasse leguntur. Nota est enim historia de rege Aragonum revocato ex monasterio; nec desunt exempla nostri temporis.

Deinde, cur obligationem exaggerant adversarii seu effectum voti, cum interim de ipsa voti natura sileant, quod debet esse in re pos'sibili, quod debet esse voluntarium, sponte et consulto conceptum? At quomodo sit in potestate hominis perpetua castitas, non est ignotum. Et quotusquisque sponte et

---

[1]) Decr. Grat. p. II. c. 20. q. 4. c. 2: Monacho non licet votum vovere sine consensu abbatis sui, si autem voverit, frangendum erit.   [2]) Ramir II., ursprünglich Mönch, wurde nach dem Tode seines kinderlosen Bruders von den Gelübden entbunden. Gußmann I 1, S. 519 Anm. 21. Melanchthon kennt die Erzählung wohl aus Gerson, De consiliis evangelicis et statu perfectionis II, S. 678c Du Pin.   [3]) Thomas STh II 2, q. 88 art. 1. art. 8.

XXVII. Von Klostergelübden.

Weibspersonen, die von ihnen selbs, willig und wohl bedacht, das Klostergelubd getan haben. Ehe sie zu rechtem Verstand kummen, so uberredt man sie zum Klostergelubd; zuweilen werden sie auch darzu gezwungen und getrungen. Darum ist es je nicht billig, daß man so geschwind und hart von der Gelubd Pflicht disputiere, angesehen, daß sie alle bekennen, daß solchs wider die Natur und Art des Gelubdes ist, daß es nicht willig und mit gutem Rat und Bedacht gelobt wird.

Etlich Canones und bäpstliche Recht zurreißen die Gelubd, die unter funfzehen Jahren geschehen sein[1]. Dann sie halten's dafur, daß man vor derselben Zeit so viel Verstands nicht hat, daß man die Ordnung des ganzen Lebens, wie dasselb anzustellen, beschließen konne. Ein ander Kanon gibt der menschlichen Schwachheit noch mehr Jahre zu; dann er verbeut, das Klostergelubd unter achtzehn Jahren zu tun[2]. Daraus hat der meiste Teil Entschuldigung und Ursach, aus den Klostern zu gehen; dann sie des mehrern Teils in der Kindheit vor diesen Jahren in Kloster kummen seind.

Endlich, wenn gleich die Verbrechung des Klostergelubds möcht getadelt werden, so konnt aber dannoch daraus nicht erfolgen, daß man derselben Ehe zurreißen sollte. Dann Sankt Augustin sagt 27. quaest. I, cap. Nuptiarum, daß man solche Ehe nicht zurreißen soll[3]. Nun ist je Sankt Augustin nicht in geringem Ansehen in der christlichen Kirche, ob gleich etliche hernach anders gehalten.

Wiewohl nun Gottes Gebot von dem Ehestande ihr sehr viel vom Klostergelubd frei und ledig macht, so wenden doch die Unseren noch mehr Ursachen fur, daß Klostergelubd nichtig und unbündig sei. Dann aller Gottesdienst, von den Menschen ohn Gottes Gebot und Befehl eingesetzt und erwählet,

consulto vovit? Puellae et adolescentes, priusquam iudicare possunt, persuadentur ad vovendum, interdum etiam coguntur. Quare non est aequum tam rigide de obligatione disputare, cum omnes fateantur contra voti naturam esse, quod non sponte, quod inconsulto promittitur.

Plerique canones rescindunt vota, ante annum 15. contracta, quia ante illam aetatem non videtur tantum esse iudicii, ut de perpetua vita constitui possit. Alius canon, plus concedens hominum imbecillitati, addit annos aliquot; vetat enim ante annum 18. aetatis votum facere. Sed utrum sequemur? Maxima pars habet excusationem, cur monasteria deserant, quia plurimi ante hanc aetatem voverunt.

Postremo, etiamsi voti violatio reprehendi posset, tamen non videtur statim sequi, quod coniugia talium personarum dissolvenda sint. Nam Augustinus negat debere dissolvi, 27., quaest. I., cap. Nuptiarum; cuius non est levis auctoritas, etiamsi alii postea aliter iudicaverunt.

Quamquam autem mandatum Dei de coniugio videatur plerosque liberare a votis, tamen afferunt nostri et aliam rationem de votis, quod sint irrita, quia omnis cultus Dei, ab hominibus sine mandato Dei institutus et electus ad promerendam iustificationem et

---

2 Klostergelubdnus A2 M R 3 D2 E   3 zum rechten Konf   5/6 gedrungen und gezwungen N1   7 schwind N1   10 Gelubdnus A2 M R 3 D2 E   15 derselbigen N1   16 hab A2 3   18 kann A2   konnt R   konnte E   22 Ursachen M3 W Konf   22/3 daß sie aus den Klostern gehen N1 3 Lü D1 E   24 diesen] korr. aus solchen M R   solchen Jahren] diesen Jahren N2   solchen A2   ins 3 Lü   Klöster Konf   28 nicht daraus Konf   folgen N1   30 I > N1   34 gehalten + etc. N1   37 macht] gemacht N1 Konf   39 sei] sein 3 R   40 den > N1 N2

---

1 vovit] + wahrlich gar wenig. Na   6 fateantur] + daß kein Glubd sei noch heiß Na   naturam] + und Namen Na   7 non] + moglich Na   8 promittitur] admittitur D F H M 2 N   14 esse tantum V Hü   17/18 aliquot] 3 Jahr zu und setzt es auf 18 Jahr Na   19 aetatis > D F H M 2 N   XV [in] aetatis V   facere] fieri D F H M 2 N   21 cur bis deserant] dero so aus dem Kloster kommen Na   29/32 Nam bis auctoritas] wie Augustinus schreibt, dem man hierin billig Glauben gibt Na   32 etiamsi] tametsi D H M 2 N   32/3 iudicaverunt] senserunt D F H M 2 N   37 nostri] nobis N   39/40 ab bis Dei > H   40 et electus > Na

---

[1]) Decr. Grat. p. II. C. 20. q. 1. c. 10.   [2]) ebenda c. 5.   [3]) Augustin, De bono viduitatis c. 9 (MSL 40, 437 f.) nach Decr. Grat. p. II. C. 27. q. 1. c. 41.

Gerechtigkeit und Gottes Gnad zu erlangen, sei wider Gott und dem heiligen Evangelio und Gottes Befehl entgegen; wie dann Christus selbs sagt Matth. 15: „Sie dienen mir vergeblich mit Menschengeboten." So lehret's auch Sanft Paul uberall, daß man Gerechtigkeit nicht soll suchen aus unsern Geboten und Gottesdiensten, so von Menschen erdicht seind, sonder daß Gerechtigkeit und Frombkeit vor Gott kommt aus dem Glauben und Vertrauen, daß wir glauben, daß uns Gott um seines einigen Sohns Christus willen zu Gnaden nimbt.

Nun ist es je am Tage, daß die Monich gelehret und geprediget haben, daß die erdachte Geistlichkeit gnugtun fur die Sunde und Gottes Gnad und Gerechtigkeit erlangen[1]. Was ist nun das anders, dann die herrlichkeit und Preis der Gnade Christi vermindern und die Gerechtigkeit des Glaubens verleugnen? Darum folget aus dem, daß solche gewöhnliche Gelubd unrechte, falsche Gottesdienste gewesen. Derhalben seind sie auch unbundig. Dann ein gottlos Gelubd, und das wider Gotts Gebot geschehen, ist unbundig und nichtig; wie auch die Canones lehren, daß der Eid nicht soll ein Band zur Sunde sein.

Sanft Paul sagt zun Galatern am 5.: „Ihr seid ab von Christo, die ihr durch das Gesetz rechtfertig werden wellt, und habt der Gnaden gefehlet." Derhalben auch die, so durch Gelubd wellen rechtfertig werden, seind von Christo ab und fehlen der Gnad Gottes. Dann dieselben rauben Christo seine Ehr, der allein gerecht macht, und geben solche Ehr ihren Gelubden und Klosterleben.

Man kann auch nicht leugnen, daß die Moniche gelehret und geprediget haben, daß

Constat autem monachos docuisse, quod facticiae religiones satisfaciant pro peccatis, mereantur gratiam et iustificationem. Quid hoc est aliud, quam de gloria Christi detrahere et obscurare ac negare iustitiam fidei? Sequitur igitur ista vota usitata impios cul'tus fuisse, quare sunt irrita. Nam votum impium et factum contra mandata Dei non valet; neque enim debet votum vinculum esse iniquitatis, ut canon dicit[2].

gratiam, impius est, sicut Christus ait: 'Frustra colunt me mandatis hominum. Et Paulus ubique docet iustitiam non esse quaerendam ex nostris observationibus et cultibus, qui sunt excogitati ab hominibus, sed contingere eam per fidem credentibus, se recipi in gratiam a Deo propter Christum.

Paulus ait: Evacuati estis a Christo, qui in lege iustificamini, a gratia excidistis. Ergo etiam qui votis iustificari volunt, evacuantur a Christo et a gratia excidunt. Nam et hi, qui votis tribuunt iustificationem, tribuunt propriis operibus hoc, quod proprie ad gloriam Christi pertinet. Neque vero negari potest, quin monachi docuerint se per vota et observationes suas iustificari et mereri remissionem peccatorum; immo affinxe-

---

2 heiligen > M3 W Konf   5 vergeben M3 W   vergebens Konf   mit Menschengeboten > N1   10 vor] bei N1   13 Christus > N1   14 es > N1   15/6 erdichte N1   16/8 genugtun — erlange 3   genugtue > N1 Lü Konf   22 gewöhnliche > N1   24/6 Dann bis unbundig > A2   29 am > N2 A2   30 ab] abgefallen N1   die] wie M   31 und 33 rechtfertigt N1   36 gebens (solche Ehr >) N1   38 Nu kann man W

4/8 ex nostris — Christum] aus Werken und Verdiensten durch uns erdacht, sonder durch den Glauben an Christum etc. Na   5 sunt] sint Ed. pr.   14 autem] aut V   14/5 Nun haben die Munich ohn Scheuhe gelehret, daß ihr Klosterleben Na   19 ac] et M2 De   20 Daraus unwidersprechlich folgen Na   21/3 Nam bis valet > Na   24/5 ut canon dicit > dafür: als so einer gelobt, einen Totschlag zu ton, der tut unrecht, so er aber dieses Gelubd zureißt und nit hält, tut er recht daran. Na   29 ait] dicit D F H M 2 N   33 excidunt + Also auch die, so durch Gelubd wollen rechtfertig werden, haben der Gnade und Christi gefehlt. Na   33—S. 117, 8 Nam bis operibus > Na außer 39—S. 117, 2 immo — opera: Uber das alles haben sie auch andern ihre gute Werk mitgeteilt und anders mehr, daß sie sich jetzund selbs schämen   33 et > D De F H   36 vero] enim M2

---

[1] Thomas, s. o. S. 112 Anm. 1.   [2] Decr. Grat. II. C. 22. q. 4. c. 22: Iuramentum non ob hoc fuisse institutum invenitur, ut esset vinculum iniquitatis. Hier ist aber nicht vom Mönchsgelübde die Rede.

XXVII. Von Klostergelübden.

sie durch ihre Gelubd und Klosterwesen und Weise gerecht werden und Vergebung der Sunden verdienen; ja sie haben noch wohl ungeschickter und ungereumbter Ding erdicht und gesaget, daß sie ihre gute Werk den anderen mitteilten[1]. Wann nun einer dies alles wollt unglimpflich treiben und aufmutzen, wie viel Stuck kunnt er zusammenbringen, der sich die Monich auch jetzt selbs schämen und nicht wellen getan haben! Uber das alles haben sie auch die Leute des uberredt, daß die erdichte geistliche Orden Ständ seind christlicher Vollkommenheit[2]. Dies ist ja die Werk ruhmen, daß man dadurch gerecht werde. Nun ist es nicht ein geringe Argernus in der christlichen Kirchen, daß man dem Volke einen solchen Gottesdienst furträgt, den die Menschen ohn Gottes Gebot erdicht haben, und lehren, daß ein solcher Gottesdienst die Menschen vor Gott fromb und gerecht mache. Dann Gerechtigkeit des Glaubens, die man am meisten in der christlichen Kirchen treiben soll, wird verdunkelt, wann den Leuten die Augen aufgesperret werden mit dieser seltsamen Engelgeistlichkeit und falschem Furgeben des Armuts, Demut und Keuschheit.

Uber das werden auch die Gebote Gotts und der recht und wahre Gottsdienst dadurch verdunkelt, wenn die Leute horen, daß allein die Moniche im Stande der Vollkommenheit sein sollen. Dann die christliche Vollkommenheit ist, daß man Gott von Herzen und mit Ernst furchtet, und doch auch eine herzliche Zuversicht und Glauben, auch Vertrauen faßt, daß wir umb Christus willen ein gnädigen, barmherzigen Gott haben, daß wir mugen und sollen von Gott bitten und begehren, was uns not ist, und hilfe

runt absurdiora, gloriati sunt se aliis mutuari sua opera. Haec si quis velit odiose exaggerare, quam multa possit colligere, quorum iam ipsos monachos pudet! Ad haec persuaserunt hominibus facticias religiones esse statum christianae perfectionis. An non est hoc tribuere iustificationem operibus? Non est leve scandalum in ecclesia, populo proponere certum cultum ab hominibus excogitatum sine mandato Dei, et docere, quod talis cultus iustificet homines. Quia iustitia fidei, quam maxime oportet tradi in ecclesia, obscuratur, cum illae mirificae religiones angelorum, simulatio paupertatis et humilitatis et caelibatus offunduntur oculis hominum.

Praeterea obscurantur praecepta Dei et verus cultus Dei, cum audiunt homines solos monachos esse in statu perfectionis. Nam perfectio christiana est serio timere Deum et rursus concipere magnam fidem et confidere propter Christum, quod habeamus Deum placatum, petere a Deo et certo exspectare auxilium in omnibus rebus gerendis iuxta vocationem, interim foris diligenter facere bona opera et servire vocationi. In his rebus est vera perfectio et

---

1 ihr Konf   und > N1   Kloster[leben]wesen E   1/2 Klosterleben, Weis (Wese Lü) und Wesen 3 Lü   3 Sünd N2   4 und ungereumbter > Konf   6 mitteilen M3 W 3 Lü Konf   einer wollte E   7 unglimpflich wollt M R   9 der] dero N1 A2 N2 M R E (über [das])   auch > M3 W Konf   10 jetzo auch Lü   12 des > M3 W Konf die] ihre N1   13 Ordenständ sind [ch] rechte christliche N1   Ordenstände (orden stände D1) sein christliche 3 D1   Ordensstände sind christliche Konf   14 ruhmen] Ruhmung M   17 einen > N1   21 macht M3 W Konf   22 Dann > N1   23 christlichen > M3 W Konf   24 Leuten > N1   25/6 Augen mit — aufgesperrt werden und A2 N2 M R 3 Lü werden > N1   26 Engelseligkeit Lü   27 Demut und Keuschheit > M   28 Uber das > N1   29 der > M R   35 Zuversicht, Glauben und A2 N2 M R 3 D1 E

1 gloriati sunt] dixerunt D F H M2 N (Conf. las wohl gloriati sunt, Ficker S. 122, 17)   1/2 mutuari aliis N   7/8 iustificationem tribuere operibus D F H M2 N   14 tradi in ecclesia] predigen soll, desgleichen Gottes Gebot und der wahrhaftige Gottesdienst verfinstert Na   14/7 cum bis hominum > Na   14/6 cum bis humilitatis et > H   28 obscurant K R S W   29/30 audiunt homines] dem Volk furgesetzt wird Na   31 Nam] quia A D F H M2 N   Darin doch alle die sein, die Gott von herzen forchten Na   35 certe V   37/38 iuxta bis vocationi > Na   facere diligenter N

---

[1]) Der Entwurf der Conf. verteidigt das mit der communio sanctorum (dazu s. o. S. 61 Anm. 3), Ficker 122, 12ff.   [2]) s. o. S. 113 Anm. 1.

von ihm in allen Trubsalen gewißlich, nach eins jeden Beruf und Stand, gewarten, daß wir auch indes sollen mit Fleiß äußerlich gute Werk tun und unsers Berufes warten. Darin stehet die rechte Vollkommenheit und der rechte Gottsdienst, nicht in Betteln oder in einer schwarzen oder grauen Kappen etc. Aber das gemein Volk fasset viel schädlicher Meinung aus falschem Lob des Klosterlebens, so es horet, daß man den ledigen Stand ohne alle Maß lobet. Denn daraus folget, daß es mit beschwertem Gewissen im Ehestand ist. So der gemeine Mann horet, daß die Bettler allein sollen vollkommen sein, kann er nicht wissen, daß er ohne Sünde Guter haben und hantieren muge. So das Volk horet, es sei nur ein Rat, nicht Rach uben, folget, daß etliche vermeinen, es sei nicht Sund, außerhalb des Ambts Rach zu uben. Etliche meinen, Rach gezieme den Christen gar nicht, auch nicht der Oberkeit.

Man lieset auch der Exempel viel, daß etliche Weib und Kind, auch ihr Regiment verlassen und sich in Kloster gesteckt haben. Dasselb, haben sie gesagt, heißt aus der Welt fliehen und ein solch Leben suchen, das Gott baß gefiele dann der anderen Leben. Sie haben auch nicht konnen wissen, daß man Gott dienen soll in den Geboten, die er gegeben hat, und nicht in den Geboten, die von Menschen erdicht seind. Nun ist je das ein guter und vollkommener Stand des Lebens, welcher Gotts Gebot fur sich hat; das aber ist ein fahrlicher Stand des Lebens, der Gotts Gebot nicht fur sich hat. Von solchen Sachen ist vonnoten gewesen, den Leuten guten Bericht zu tun.

Es hat auch Gerson in Vorzeiten den Irrtumb der Moniche von der Vollkommenheit gestraft und zeigt an, daß bei seinen

verus cultus Dei; non est in caelibatu aut mendicitate aut sordida veste. Itaque populus concipit multas perniciosas opiniones ex illis falsis praeconiis vitae monasticae. Audit sine modo laudari caelibatum; ideo cum offensione conscientiae versatur in coniugio. Audit solos mendicos perfectos esse; ideo cum offensione conscientiae retinet possesiones, cum offensione conscientiae negotiatur. Audit consilium evangelicum esse de non vindicando; ideo alii in privata vita non verentur ulcisci; audiunt enim prohiberi vindictam consilio, non praecepto. Alii contra magis etiam errant, qui omnes magistratus, omnia civilia officia iudicant indigna esse christianis et cum consilio evangelico pugnare.

Leguntur exempla hominum, qui deserto coniugio, deserta reipublicae administratione abdiderunt se in monasteria. Id vocabant fugere mundum et quaerere sanctum vitae genus; nec videbant Deo serviendum esse in illis mandatis, quae ipse tradidit, non in mandatis, quae sunt excogitata ab hominibus. Bonum et perfectum vitae genus est, quod habet mandatum Dei. De his rebus necesse est admoneri homines.

Et ante haec tempora reprehendit Gerson errorem monachorum de perfectione et testatur, suo tempore novam

---

1 gewißlich] N2R3Lü über d. Z. vom Schreiber M   2/4 und bis Berufes > E   3 indes] in derselben N1   äußerlich (eA2) mit Fleiß N 1 A 2 N 2 MR   6 in] zu N 1   10/3 so bis der gemeine] so er horet (So sie es hören Konf), daß — lobet, folget, daß — ist. Dann daraus (+ so Konf) der gemein M3 W Konf   11/2 Denn bis folget > N1   12 Beschwerd der Gewissen N1   13 ist über d. Z. D 1   14 sollen > N 1   24 verlassen haben — gesteckt. Dasselbig hat man fur gesagt, es heiß N1   25 Dasselbig A2 N2 M D1   heiße A2 N2 M R   26 Leben] über [Wesen] D 1   30 den > N 1   34 und das ein N1   des Lebens > N 1   38 auch > M   40 zeigt] zeucht Konf

2 veste sordida ADFHM2N   2/3 Itaque] Verum ADFHM2N   8 esse perfectos M2 Ed. pr.   10 cum bis conscientiae > ADFHM2N   13 ulcisci] indulge e cupiditati vindictae N (in M2 gestrichen u. ulcisci von anderer Hand a. R.)   14/5 audiu t bis praecepto > Na (aber Na übersetzt hier ziemlich frei)   enim consilium esse non praeceptum ADFHM2N   15/19 Alii bis pugnare] Alii omnes magistratus et civilia officia iudicant indigna esse christianis. ADFHM2N   16 omnes + etiam Hü   24/5 se in monasteria abdiderunt A   25 mundum] ex mundo ADFHM2N   26 quaerere vitae genus, quod Deo magis placeret ADFHM2N   28/29 quae bis mandatis > KRSW   31 Dei] welcher kein Wort und Befehl Gottes hat, ist fährlich Na   38 suis temporibus Na ADFH M2N

Zeiten dieses eine neue Rede gewesen sei, daß das Klosterleben ein Stand der Vollkommenheit sein soll[1].

So viel gottloser Meinung und Irrtumb kleben in den Klostergelübden: daß sie sollen rechtfertigen und frumb vor Gott machen, daß sie die christlich Vollkommenheit sein sollen, daß man damit beide, des Evangeliums Räte und Gebot, halte, daß sie haben die Übermaßwerk, die man Gott nicht schuldig sei. Dieweil dann solchs alles falsch, eitel und erdicht ist, so macht es auch die Klostergelubd nichtig und unbundig[3].

hanc vocem fuisse, quod vita monastica sit status perfectionis.

Tam multae impiae opiniones haerent in votis: quod iustificent, quod sint perfectio christiana, quod servent monachi consilia et praecepta, quod habeant opera supererogationis[2]. Haec omnia, cum sint falsa et inania, faciunt vota irrita[4].

---

10 Übermaß der Werke W Konf (*wie Drucke vor* Ed. pr.)

---

1 hanc > A D F H M 2 N   4/10 Tam *bis* irrita] Also viel irriger, unchristlicher War⁵ hangen an den Klostergelubden, dardurch sie billig fur unkräftig geacht wurden. Na   6 monachi > A D F H M 2 N   9 cum] quod K

---

[1]) Gerson hat sich sehr häufig gegen den Begriff des status perfectionis gewandt. Er entnimmt ihn Thomas STh II, 2. q. 184. a. 5. De consiliis evangelicis et statu perfectionis Op. II, S. 680 A Du Pin (vgl. die ganze Schrift S. 669ff.). De perfectione cordis: Rursus omittenda est huiusmodi disceptatio super perfectionem statuum, quoniam sapere videtur Pharisaicam gloriationem ... Porro qui de status sui perfectione gloriatur, recogitet, quod non in statu perfectionis esse, sed perfecte vivere laudabile est. III, s. 439 B. Dgl. auch den Gerson zugeschriebenen Traktat Contra proprietarios regulae divi Augustini II, 783 B und u. S. 388 Anm. 2.   [2]) Werke, zu denen nicht alle verpflichtet sind. Dgl. S. 112 Anm. 2 und Thomas STh II 2. q. 85. a. 4. c.   [3]) In Ed. pr. ist der Artikel außer dem Anfang (f. zu S. 111, Z. 1) neu formuliert. CR 26, 637ff. Kolde, Konfession 88ff. Es können hier nur die wichtigeren der sachlich nicht bedeutenden Änderungen angemerkt werden. Zu S. 113, 9: „Wie aber die Mönche dies ihr heilig Leben, da sie von rühmen, halten, wollen wir hie umb Glimpfs willen fallen lassen." — S. 114, 5: das Genesiszitat fehlt. — S. 114, 13ff. Genauere Übersetzung des lateinischen Textes. — S. 116, 9: „daß wir haben Vergebung der Sunde umb Christus willen, daß wir auch umb Christus willen gerecht geschätzt werden, so wir gläuben". — S. 116, 29/37 Erläuterung zu Gal. 5, 4: „Das ist, diejenige, so mit eigen Werken Vergebung der Sunden zu verdienen furhaben und vermein, Gott zu gefallen umb ihrer Werk willen und Erfüllung des Gesetz, und nicht darauf feststehen, daß sie Vergebung der Sunden umb Christus willen, allein aus Barmherzigkeit, durch Glauben empfahen, daß sie auch umb Christus willen Gott gefallen, nicht von wegen eigner Werk, die verlieren Christum, ja sie verstoßen ihn. Denn sie setzen ihr Vertrauen, das Christo allein gehört, auf ihre eigne Werk; item sie halten ihre eigne Werk gegen Gottes Zorn und Gericht, nicht den Mittler und Versühner Christum. Darümb rauben sie Christo seine Ehr und gebens ihren Orden." — S. 116, 38—117, 11: „Denn das ist öffentlich, daß die Mönche furgeben, sie verdienen mit ihren Gelübden Vergebung der Sunden und gefallen Gott umb solcher Werk willen. Also lehren sie vertrauen auf eigene Werk, nicht auf Christus Versuhnung. Solch Vertrauen ist öffentlich wider Gott und ist vergeblich, wenn Gott richtet und das Gewissen erschreckt. Denn unser Werk können nicht bestehen wider Gottes Zorn und Gericht. Sondern allein also wird Gottes Zorn versühnet, wenn wir ergreifen Gottes Verheißung, in Christo zugesagt, und gläuben, daß uns Gott nicht von wegen unser Werk, sondern aus Barmherzigkeit umb Christus willen gnädig sein wolle. Derhalben diejenige, so auf eigene Werk vertrauen, die verstoßen Christum und wollen sein nicht, denn sie wollen nicht auf ihn vertrauen." — S. 119, 6 rechtfertigen und frumb vor Gott machen) „daß man durch eigene erichte Mönchewerk Vergebung der Sunde verdienen sollt, daß man darümb gerecht fur Gott geschätzt werde".   [4]) Var. stimmt mit der lat. Ed. pr. nahezu wörtlich überein, außer S. 116, 29—117, 11, wo sie wie die Ausgaben seit der Oktav-Ausgabe 1531 die Übersetzung zu dem oben angeführten deutschen Text der Ed. pr. bietet. Statt mereri gratiam ist überall mereri remissionem peccatorum gesetzt (gelegentlich auch zu iustificationem zugesetzt).   [5]) Kram

⟨XXVIII.⟩ Von der Bischofen Gewalt.   ⟨XXVIII.⟩ De potestate ecclesiastica.

Von der Bischofen Gewalt[1] ist vor Zeiten viel und mancherlei geschrieben, und haben etliche unschicklich den Gewalt der Bischofen und das weltlich Schwert untereinander gemenget, und sein aus diesem unordentlichen Gemenge sehr große Kriege, Aufruhr und Emporung erfolgt, aus dem, daß die Bischofen im Schein ihres Gewalts, der ihnen von Christo gegeben, nicht allein neue Gottesdienst angerichtet haben und mit Furbehaltung etlicher Fälle[2] und mit gewaltsamen Bann die Gewissen beschwert, sonder auch sich unterwunden, Kaiser und Kunige zu setzen und entsetzen, ihres Gefallens[1];

Magnae disputationes olim fuerunt de potestate episcoporum, in quibus nonnulli incommode commiscuerunt potestatem ecclesiasticam et potestatem gladii. Et ex hac confusione maxima bella, maximi motus exstiterunt, dum Pontifices, freti potestate clavium, non solum novos cultus instituerunt, reservatione casuum, violentis excommunicationibus conscientias oneraverunt, sed etiam regna mundi transferre et imperatoribus adimere imperium conati sunt. Haec vitia multo ante reprehenderunt in ecclesia homines pii et eruditi. Itaque

Von Vermöge der Schlussel[3].

De potestate clavium.

Davon hat man vorzeiten gehalten, daß potestas clavium vermoge der Schlussel, sei das geistlich und weltlich Regiment, und daß der Bapst durch die Schlusselgewalt empfangen habe, Konig zu setzen und entsetzen und musse kein Konig ahn des Bapsts Confirmatio werden. Solcher Irrtumb ist also getrieben, daß auch die, so anders gehalten, fur Ketzer condemmniert sind. Aber itzund bekennen alle unser Widersacher, daß dieses ein schädlicher unchristlicher Irrtumb sei, daß sich der Bapst aus Kraft der Schlussel und Evangelii des weltlichen Regiments unterstehet, Konig zu setzen und entsetzen. Und lehren, wie man vermuge der Schlussel, also daß potestas clavium Befelch sei, das Evangelium zu predigen, Sunder zu strafen und zu vergeben in Namen und von wegen Christi.

So ist nun potestas clavium allein geistlich Regiment, das Evangelium predigen, Sund strafen und vergeben, Sacramenta reichen. Dies allein soll der Bischof oder Priester Ampt sein. Und gehort lauts des Evangelii nicht in dieses Ampt, weltliche Regiment zu stellen oder ordnen, Konig setzen oder entsetzen. Dann Christus spricht mit klaren Worten, er wolle Petro geben Schlussel des Himmelreichs. Damit wird abgesondert geistlich Regiment von weltlichem, und Johan. 20.: Sicut misit me Pater et ego mitto vos. „Wie mich der Vater gesandt hat, also sende ich euch. Nehmet den heiligen Geist. Welchen ihr die Sund vergebet, den sollen sie vergeben sein; welchen ihr nicht vergebet, denen soll nicht vergeben sein."

Matth. 16, 19. Joh. 20, 21.

---

4 ungeschicklich Konf (so auch Drucke vor Mel. Ed. pr.)   6 unordentlichen > N1
7 Ufruhren und Emporungen M   10 gegeben + mißbraucht und 3   12 mit > N1
14 sich auch Konf (wie Drucke vor Ed. pr.)   unterwunden] unterstanden 3   Konige und Kaiser N1 D1   15 und + zu M 3

2 olim > A D F H M 2 N   6 ex hac confusione] daraus Na   7 dum] tunc K
11 onerarunt Hü

---

[1]) Luthers Meinung WABr V 492,17ff. (21. VII. 1530).   [2]) Casus reservati, Fälle, in denen die Absolution den Bischöfen oder dem Papst vorbehalten war. Hinschius IV, 102ff. V, 360ff. Vgl. Decr. Greg. IX. l. V. t. 39. Extrav. comm. l. V. t. 9. Einer Einschränkung der Reservatfälle hatte sogar Campegi in der sog. Regensburger Reformation (Constitutio ad removendos abusus et ordinatio ad cleri vitam reformandam) 1524 zugestimmt. Goldast, Coll. Constit. Imp. III (1609) 48 Nr. 9, 9. Praktisch waren im Mittelalter die bischöflichen Reservationen wichtiger. Hauck V 364.   [3]) Diese Vorarbeit zu Art. XXVIII findet sich zusammen mit den Torgauer Artikeln im Weimarer Archiv. Förstemann I 87ff. CR 26, 185. Brieger, Die Torg. Artikel, 286f. Gußmann I 1, 98. Dazu W. Maurer, in: Volk Gottes, Festgabe für Jos. Höfer, 1967, 371ff.

XXVIII. Von der Bischofen Gewalt.

welchen Frevel auch lange Zeit hiervor gelehrte und gottfürchtige Leute in der Christenheit gestraft haben. Derhalben die Unsern zu Trost der Gewissen gezwungen seind worden, den Unterschied des geistlichen und weltlichen Gewalts, Schwertes und Regimentes anzuzeigen, und haben gelehrt, daß man beide Regiment und Gewalten, um Gottes Gebots willen, mit aller Andacht ehren und wohl halten soll als zwo höchste Gaben Gottes auf Erden².

Nun lehren die Unseren also, daß der Gewalt der Schlussel³ oder der Bischofen sei, lauts des Evangeliums, ein Gewalt und Befehl Gottes, das Evangelium zu predigen, die Sunde zu vergeben und zu behalten und die Sakrament zu reichen und handeln. Dann Christus hat die Apostel mit diesem Befehle ausgesandt Joh. 20: „Gleichwie mich mein Vater gesandt hat, also sende ich euch auch. Nehmet hin den heiligen Geist; welchen ihr ihre Sünden erlassen werdet, denselben sollen sie erlassen sein, und denen ihr sie vorbehalten werdet, denen sollen sie vorbehalten sein."

Denselben Gewalt der Schlussel oder der Bischofen ubt und treibet man allein mit der Lehre und Predig Gottes Worts und mit Handreichung der Sakramente gegen vielen oder einzeln Personen, darnach der

nostri ad docendas con'scientias coacti sunt ostendere discrimen ecclesiasticae potestatis et potestatis gladii, et docuerunt, utramque propter mandatum Dei religiose venerandam et honore afficiendam esse tamquam summa Dei beneficia in terris.

Sic autem sentiunt, potestatem clavium seu potestatem episcoporum iuxta evangelium potestatem esse seu mandatum Dei praedicandi evangelii, remittendi et retinendi peccata et administrandi sacramenta. Nam cum hoc mandato Christus mittit apostolos: Sicut misit me Pater, ita et ego mitto vos. Accipite spiritum sanctum; quorum remiseritis peccata, remittuntur eis, et quorum retinueritis peccata, retenta sunt. Et Marc. XVI: Ite, praedicate evangelium omni creaturae etc.

Haec potestas tantum exercetur docendo seu praedicando evangelium et porrigendo sacramenta vel multis vel singulis iuxta vocationem, quia conceduntur non res corporales, sed res aeter-

In diesen Worten stehet, daß die Apostel kein Befelch haben vom weltlichen Regiment, sonder allein von der Lahr und Predig und Reichung der Sakrament, dadurch Vorgebung der Sunden ausgeteilet wird. Item Christus verbeut, daß sich die Apostel weltlichs Regiments nicht unterstehen sollen, do er spricht: „Die weltlichen Fursten herrschen, ihr aber sollt nicht herrschen." Item Matthaei 5: „Ihr sollt dem Übel nicht widerstehen." Nu ist je weltlich Regiment Straf und dem Ubel widerstehen. Item Christus wollte den Romern nicht in ihr Regiment greifen. Dann man bat, er sollt das Erb teilen, spricht er: „Wer hat mich zu einem Richter uber euch gesetzt?" Item: Regnum meum non est de hoc mundo.

---

5 die Unterscheid N1   9/10 Andacht als zwo höchste Gaben Gottes auf Erden A2 N2 M R 3 D2   12 der] die Konf   13 das 2. der > N1 3 Lü K Ra   [der] M   15 Gottes > M   17 zu handeln 3 Konf   18 diesem] dem 3 Konf   19 am 20. M 3   Joh. 20 > E   22 ihre] die E Konf (wie Drucke vor Ed. pr.)   23 denselben] dieselben W   24 denen M3 den N1 N2 E Konf (wie Drucke vor Ed. pr.)   25 der (2.) > M3 W Konf   28 Wort A2 N2   29 [nach der] N1

---

1 docendas] consolandas A D F H M 2 N   3 et potestatis > V   4/7 utramque bis terris > Na   14 potestatem + Dei N   15 Dei > A   21/3 remittuntur bis sunt > Na 23 Et > Na A D F H M 2 N   Ite + et K   25/6 docendo > Na   26 evangelium] verbum A D F H M 2 N   28/9 non conceduntur A D De F F1

---

¹) Gregor VII. Dictatus papae: 12. Quod illi liceat imperatores deponere. Mirbt, Quellen⁴, Nr. 278. Bonifaz VIII. Bulle Unam sanctam: Spiritualis potestas terrenam potestatem instituere habet et iudicare, si bona non fuerit (unter Berufung auf Jer. 1, 10). Mirbt, 211,8   ²) Vgl. zu Art. XVI.   ³) So hieß der Art. ursprünglich. Vgl. Torg. und noch Melanchthons Brief an Luther vom 22. Mai. WA Br V 336₂₉.

Beruf ist. Dann damit werden geben nicht leibliche, sunder ewige Ding und Guter, als nämlich ewige Gerechtigkeit, der heilig Geist und das ewig Leben. Diese Guter kann man anderst nicht erlangen, dann durch das Amt der Predig und durch die Handreichung der heiligen Sakrament. Dann Sankt Paul spricht: „Das Evangelium ist ein Kraft Gottes, selig zu machen alle, die daran glauben." Dieweil nun der Gewalt der Kirchen oder Bischofen ewige Guter gibt und allein durch das Predigtamt geubt und getrieben wird, so hindert er die Polizei und das weltliche Regiment nichts überall. Dann weltlich Regiment gehet mit viel andern Sachen umb dann das Evangelium; weltlich Gewalt schutzt nicht die Seele, sonder Leib und Gut wider äußerlichen Gewalt mit dem Schwert und leiblichen Penen.

Darumb soll man die zwei Regiment, das geistlich und weltlich, nicht in einander mengen und werfen. Dann der geistlich Gewalt hat seinen Befehl, das Evangelium zu predigen und die Sakrament zu reichen; soll auch nicht in ein frembd Amt fallen; soll nicht Konige setzen und entsetzen, soll weltlich Gesetz und Gehorsam der Oberkeit nicht aufheben oder zurrutten, soll weltlicher Gewalt Gesetze machen und stellen von weltlichen Händeln, wie dann auch Christus selbs gesagt hat: „Mein Reich

nae, iustitia aeterna, spiritus sanctus, vita aeterna. Haec non possunt contingere nisi per ministerium verbi et sacramentorum, sicut Paulus dicit: Evangelium est potentia Dei ad salutem omni credenti. Et Psal. 118: Eloquium tuum vivificat me. Itaque cum potestas ecclesiastica concedat res aeternas et tantum exerceatur per ministerium verbi, non impedit politicam administrationem, sicut ars canendi nihil impedit politicam administrationem. Nam politica administratio versatur circa alias res quam evangelium. Magistratus defendit non mentes, sed corpora et res corporales adversus manifestas iniurias et coercet homines gladio et corporalibus poenis. Evangelium defendit mentes adversus impias opiniones, adversus diabolum et mortem aeternam.

Non igitur commiscendae sunt potestates ecclesiastica et civilis. Ecclesiastica suum mandatum habet evangelii docendi et sacramenta administrandi. Non irrumpat in alienum officium, non transferat regna mundi, non abroget leges magistratuum, non tollat legitimam oboedientiam, non impediat iudicia de ullis civilibus ordinationibus aut contractibus, non praescribat leges magistratibus de forma reipublicae constituenda; sicut dicit Christus: Reg-

Aus diesen und viel ander Spruchen ist klar, daß die Schlussel nicht weltlich Regiment heißen oder weltlich Polici. Ist aber daneben dem Babst etwas durch die Kaiser geben, gehet die Schlussel nicht an, sed est donatio humana, die nehmen wir ihm nicht. Denn diese Lahr des Evangelii läßt Herrn Herrn pleiben und gehet allein mit den Gewissen und dem Herzen umb, wie es gegen Gott stehen und mit Gott einig werden soll. Und sind der Geistlichen Mißbräuch oft vor dieser Zeit gestrafet, aber die vorigen haben allzeit aufruhrisch gehandelt, und die Bischof aus den Gütern stoßen wollen. Itzund aber haben wir das geistlich Ampt

1 gegeben Konf   2/3 Ding bis ewige > E   4 Leben + etc. N1   5 anders Z D1.2 Konf   durchs N1 N2   6/7 die > des — Sakraments N1   7 saget Z   10 die Gewalt Konf   13 er] es N1 sie Konf   14 Dann + das Konf   16 weltlich] weltlicher A2 N2 M R Lü   welche Konf (aus Schreibfehler in M3: welch)   17 Seelen Lü Konf   19 leiblichen] äußerlichen W   27 und] noch N1   oder Konf   27/8 weltlich bis Gehorsam (a. R.) [Gesetze] D1

1/2 spiritus bis aeterna über d. Z. (a. R. l'Abbe Notar) V   6/7 Et bis me > A D F H M 2 N   7 cum + omnis D   8 concedat] concernat K R S W (K a. R. von ders. Hand, aber wieder durchstrichen alias concedat)   allein geistliche, ewige Dinge austeilt Na   9 ministerium > Na   11/2 sicut bis administrationem > A N   11 canendi] + oder rechnen konnen Na   12 politica administratio] es Na   18 poenis + ut iustitiam civilem et pacem retineat Na A D F H M 2 N   18/20 Evangelium bis aeternam > Na A D F H M 2 N (in R unterstrichen und a. R. nb. omissa haec)   24 administrandi > R administrandi sacramenta A D F H M 2 N   27 leges] + und Ordnung Na   28 non] aut N   32 constituenda > A D F H M 2 N   constituendae W Hü   weltlicher Oberkeit kein Maß setzen, zu regieren Na

XXVIII. Von der Bischofen Gewalt.

ist nicht von dieser Welt"; item: "Wer hat mich zu einem Richter zwischen euch gesetzt?" Und Sanct Paul zun Philipp. am 3.: "Unser Burgerschaft ist im himmel"; und in der andern zun Korinth. am 10.: "Die Waffen unserer Ritterschaft sind nicht fleischlich, sondern mächtig fur Gott, zu verstören die Anschläge und alle Hohe, die sich erhebt wider die Erkanntnus Gottes."

Diesergestalt unterscheiden die Unsern beider Regiment und Gewalt Ambte und heißen sie beide als die hochsten Gaben Gottes auf Erden in Ehren halten.

Wo aber die Bischofen weltlich Regiment und Schwert haben, so haben sie dieselben nicht als Bischofe aus gottlichen Rechten, sondern aus menschlichen, kaiserlichen Rechten, geschenkt von romischen Kaisern und Konigen, zu weltlicher Verwaltung ihrer Guter, und gehet das Ambt des Evangeliums gar nichts an.

Derhalben ist das bischoflich Ambt nach gottlichen Rechten das Evangelium predigen, Sunde vergeben, Lehr urteilen und die Lehre, und weltlich Regiment also unterschieden, daß man wissen mag, was zum Gewissen gehort, und wie von Gutern und äußerlicher Herrlichkeit zu halten.

Dieweil nu vermoge der Schlussel heißt, Evangelium predigen, Sakrament reichen, folgt auch, daß der Babst aus Kraft der Schlussel nicht Macht hat, neue Gottesdienst zuwider dem Evangelio zu ordnen oder die Gewissen mit Gesetzen zu binden. Und so der Babst Gesetz macht, tut er solchs nicht aus Kraft der Schlussel, sonder machet Gesetz, wie ein ander welt-

num meum non est de hoc mundo. Item: Quis constituit me iudicem aut divisorem supra vos? Et Paulus ait Philip. 3: Nostra politia in coelis est. 2. Cor. 10: Arma militiae nostrae non sunt carnalia, sed potentia Deo ad destruendas cogitationes etc.

Ad hunc modum discernunt nostri utriusque potestatis officia, et iubent utramque honore afficere et agnoscere, utramque Dei donum et beneficium esse.

Si quam habent episcopi potestatem gladii, hanc non habent ut episcopi mandato evangelii, sed iure humano, donatam a regibus et imperatoribus ad administrationem civilem suorum bonorum. Haec interim alia functio est quam ministerium evangelii.

Cum igitur de iurisdictione episcoporum quaeritur, discerni debet imperium ab ecclesiastica iurisdictione. Proinde

Luk. 12, 14.
M 64
Phil. 3, 20.
2. Kor. 10, 4.

---

2 zum N2   zwischen > E   3 am > N2   5 andern] 2. M3 Konf, zweiten D1   am > Konf   2. Kor. 10. N2   7/8 verstören] versohnen A2   11 beide A2 Konf   Gewalt Ampt N1   Gewalt=Amt Konf   12 höchste Gabe Konf   15 Beschwerdt N1   16 aus] nach N1   gottlichem A2 N2 R D1   17 menschlichem A2 N2   18 romischen > Konf (wie in den Drucken vor Ed. pr.)   21 gar nichts] nichts nit N1   an + [Doch haben die Unsern allzeit dabei Ufruhr zu verhüten gelehrt, daß Guter und Oberkeit haben nicht wider Gott sei, ist] D1   23 gottlichem N2 M3   24/S. 124, 1 Lehre, so > N1.

2 iudicem aut > Na   3 Et > A D De F   3/4 Phil. 3. > Na   4 Politia nostra est D   2. Cor. 10 > Na   6/7 sed bis etc. > Na   7 etc. > Hü   10 unterscheiden wir — und vermahnen Na   12/3 et bis esse] als ein Gab Gottes Na   15 ut > Ed. pr.   16 ex mandato Hü Ed. pr.   18 civilem > Na   19/20 Dies aber gehet das Evangelium nichts an, Na   Haec autem nihil pertinet ad administrationem evangelii. F   20 evangelii + Semper autem docuerunt nostri, ut seditiones prohiberent, legitimam professionem bonorum et imperii apud quoscunque vel episcopos vel civiles magistratus non laedere conscientiam, quia legitima divisio rerum et imperiorum non est contra evangelium. Apostoli erant piscatores, Lucas fuit medicus, Paulus erat textor. Hae artes bona conscientia retineri poterant, tametsi res erant aliae quam officium docendi. Ita res est alia imperium, alia officium docendi evangelii. Neque tamen illa imperii possessio laedit conscientias, sicut quilibet pastor potest tenere proprium, alius plus alio. Est enim mandatum evangelii, ut ecclesiae suppeditent honestum victum pastoribus. Sed oportet pastores ita versari in administratione rerum, ut non omittant officium docendi. Ita oportebat et episcopalis meminisse officii episcopalis non tantum gubernare imperia, quanquam difficile est, utrique rei pariter servire. Na A F F1 Ed. ant.   24 Proinde] Porro A D F H M2 N

so dem Evangelio entgegen, verwerfen und die Gottlosen, dero gottlos Wesen offenbar ist, aus christlicher Gemein ausschließen, ohn menschlichen Gewalt, sonder allein durch Gottes Wort. Und desfalls seind die Pfarrleut und Kirchen schuldig, den Bischofen gehorsam zu sein, lauts dieses Spruchs Christi, Lucä am 10.: „Wer euch höret, der höret mich." Wo sie aber etwas dem Evangelio entgegen lehren, setzen oder aufrichten, haben wir Gotts Be'fehl in solchem Falle, daß wir nicht sollen gehorsam sein, Matth. am 7.: „Sehet euch fur fur den falschen Propheten." Und Sankt Paul zun Galat. am 1.: „So auch wir oder ein Engel vom Himmel euch ein ander Evangelium predigen wurd, dann das wir euch geprediget haben, der sei verflucht"; und in der 2. Epistel zun Korinth am 13.: „Wir haben kein Macht wider die Wahrheit, sondern für die Wahrheit"; item: „Nach der Macht, welche mir der Herr zu bessern, und nicht zu verderben gegeben hat." Also gebeut auch das geistlich Recht 2, q. 7, im Kap. „Sacerdotes" und im Kap. „Oves"¹. Und Sankt Augustin schreibt in der Epistel wider Petilianum, man soll auch den Bischofen, so ordentlich gewählet, nicht folgen,

Luk. 10, 16.
W 55
Matth. 7, 15.
Gal. 1, 8.
2. Kor. 13, 8.
2. Kor. 13, 10.

secundum evangelium seu. ut loquuntur, de iure divino haec iurisdictio competit episcopis ut episcopis, hoc est his, quibus est commissum ministerium verbi et sacramentorum, remittere peccata, reiicere doctrinam ab evangelio dissentientem et impios, quorum nota est impietas, excludere a communione ecclesiae, sine vi humana, sed verbo. Hic necessario et de iure divino debent eis ecclesiae praestare oboedientiam, iuxta illud: Qui vos audit, me audit.

At cum ali'quid contra evangelium docent aut constituunt, tunc habent ecclesiae mandatum Dei, quod prohibet oboedire. Matth. 7: Cavete à pseudoprophetis. Gal. 1: Si angelus de coelo aliud evangelium evangelizaverit, anathema sit. 2. Cor. 13: Non possumus aliquid contra veritatem, sed pro veritate. Item: Data est nobis potestas ad aedificationem, non ad destructionem. Sic et canones praecipiunt, II. quaest. VII. cap. Sacerdotes et cap. Oves. Et Augustinus contra Petiliani epistolam inquit: Nec catholicis episcopis consentiendum est, sicubi forte falluntur aut contra

---

licher Furst, davon er doch kein Befelch hat und dispensiert, loset sie wieder auf, wie ein Furst ein Dieb losgeben mag. Wo nu dieselbigen Gesetz und Dispensationes wider Gottes Wort sind, ist man schuldig, Gott mehr gehorsam zu sein dann den Menschen, wie droben angezeigt. Item dieweil die Schlussel nicht anders sind, denn Evangelium predigen und Sakrament reichen, hat der Babst nicht mehr Gewalt durch die Schlussel dann ein jeder Pfarrner, wie die Canones selbst anzeigen, denn sie geben zu in articulo mortis, daß ein Pfarrer alle casus reservatos absolviern möge².

---

1 so > A2 N2 M R 3 D1.2 E   2 dero] der N1 N2 M D2 R 3 deren A2 *(durch Korr.)*
4 menschliche Konk   5 desfalls] diesfalls M3 W Konk des[halben]falls D1   7 Lucä > M3
8 am > N1 N2 D1   9 entgegen] zu entgegen A2 M 3 D1   zugegen N1 N2   12 am
> N2 D1   7. + sagt Christus A2 N2 M R 3   14 zun > N1   am > N1 A2 N2
17 der] *Alle Handschr. außer D1 u. 2 das (Konk der)*   18 am > N1   2. Cor. 13 N2
22 geben A2 N2 M R   23 im > N 1   23/4 im *(beide)* > A 2 M   24 Sacerdotes
und a. R. D1   26 solle N1. 2 E

2 haec] nulla A D F H M2 N (R *a. R.* nb. mutata)   3 ut episcopis > N his > A D F H M2 (Ed. pr. his)   5 nisi remittere A D F H M2 N   5/7 peccata, item cognoscere doctrinam et doctrinam ab evangelio dissentientem reiicere A D F H M2 N   7/8 impios bis impietas] offenbarn Gottlosen und Sunder Na   9 allein durchs Wort Na   10 Hic] Haec K R S W   de > K R S W   10/1 In solchem ist die christlich Kirch vor Gott schuldig, ihm gehorsam zu sein. Na   13 At] Verum A D F H M2 N   14 constituunt] statuunt A D F H M2 N   14/6 tunc *bis* oboedire] dann da ist uns verboten, ihnen zu gehorchen Na   14 mandatum Dei habent ecclesiae D F H   15 obedientiam prohibet A D F H M2 N   19 sit] esto A   1. Cor. 13 Na   21 Item an einem andern Ort Na   22/4 Sic *bis* Oves] Also sagen die geistlichen Recht mehr dann an einem Ort. Na   25 contra *bis* epistolam > Na   Peubiani V   26 catholicis] christlichen Na

---

¹) Decr. Grat. p. II. q. 7. c. 8 und c. 13. Luther WA X 1, 2; 290₁₀ff. XI 408ff.   ²) Lib. Sext. V, 9. c. 5 (Mitte) Clem. V, 8. c. 3 (Ende). Auch Tridentinum Sessio XIV c. 7.

XXVIII. Von der Bischofen Gewalt.

wo sie irren oder etwas wider die heilige göttliche Schrift lehren oder ordnen.

Daß aber die Bischofe sonst Gewalt und Gerichtszwäng haben in etlichen Sachen, als nämlich Ehesachen oder Zehenten[2], dieselben haben sie aus Kraft menschlicher Recht. Wo aber die Ordinarien[3] nachlässig in solchem Ampt seind, so seind die Fursten schuldig, sie tun's auch gleich gern oder ungern, hierin ihren Untertanen, um Friedes willen, Recht zu sprechen, zu Verhutung Unfrieden und großer Unruhe in Ländern.

Weiter disputiert man auch, ob Bischofe Macht haben, Ceremonien in der Kirchen aufzurichten, desgleichen Satzungen von Speis, Feiertagen, von unterschiedlichen Orden der Kirchendiener. Dann die den Bischofen diesen Gewalt geben, ziehen diesen Spruch Christi an, Johannis am 16.: „Ich habe euch noch viel zu sagen, ihr aber könnt es itzt nicht tragen; wenn aber der Geist der Wahrheit kummen wird, der wird euch in alle Wahrheit fuhren."[4] Darzu fuhren sie auch das Exempel Actuum am 15., da sie Blut und Ersticktes verboten haben. So zeucht man auch das an, daß der Sabbat in Sonntag verwandelt ist worden wider die zehen Gebot, darfur sie es achten, und wird kein Exempel so hoch getrieben und angezogen als die Verwandlung des Sabbats, und wellen damit erhalten, daß die Gewalt der Kirchen groß sei, dieweil sie mit den

canonicas Dei scripturas aliquid sentiunt[1].

29 Si quam habent aliam vel potestatem vel iurisdictionem in cognoscendis certis causis, videlicet matrimonii aut decimarum etc., hanc habent humano iure, ubi, cessantibus ordinariis, coguntur principes vel inviti retinendae publicae pacis causa subditis ius dicere[5].

30 Praeter haec disputatur, utrum episcopi seu pastores habeant ius instituendi caerimonias in ecclesia et leges de cibis, feriis, gradibus ministrorum seu ordinibus etc. condendi. Hoc ius qui 31 tribuunt episcopis, allegant testimonium: Adhuc multa habeo vobis dicere, sed non potestis portare modo. Cum autem venerit spiritus ille veritatis, docebit vos omnem veritatem. Allegant 32 et exemplum apostolorum, qui prohibuerunt abstinere a sanguine et suffocato. Allegatur sabbatum, mutatum in diem 33 dominicum contra Decalogum, ut videtur. Nec ullum exemplum magis iactatur quam mutatio sabbati. Magnam contendunt ecclesiae potestatem esse, quod dispensaverit de praecepto Decalogi.

M 65

Joh. 16, 12. 13.

Apg. 15, 20. 29.

---

3 sonst Gewalt und] andere N2 R 3 D2 *für* [andere] A2 M   4 Gerichtszwang N1 Konf
5 Ehesachen] + Wucher A2 M [Wucher] N2 R   7/8 Ampt nachlässig A2 N2 M   8 Ampt
über d. Z. M   seind (1.) > M3 W Konf   9 auch *über d. Z.* A2 > N2 M R 3 Lü D2
gleich > M3 W Konf   11 Verhutung] verhuten 3 Lü   12 Landen 3   13 ob auch
M3 W Konf   ob + die N2 3 Lü   14 Ceremonia N2   15 Satzung N2 A2 3 D2
16 Speis, + von N1 A2 N2 3 D1   19 am > N1 N2   24 am > N1 A2 N2 R Lü (5.)
26 in + den N2   31 damit] darumb N1   die] der N1   31/2 der Kirchen Gewalt
A2 N2 M R 3

1 Dei > N   wider die lautern heiligen Schrift Na   3/9 Si *bis* dicere > Na
3/4 vel — vel] sive — sive A D F H M2 (Ed. pr. vel — vel)   6 etc. + et Hü   8 inviti
suis subditis ius dicere, ut pax retineatur A D F H M2 N   14 seu pastores] > Na
A D F H (Ed. pr. *liest es*) [seu pastores] M2   15 ecclesiis N   18 testimonium] illud D
die Wort Christi, da er sagt Na   21 ille venerit F   ille spiritus A D H M2 N K R S W
23 et] etiam A D M2 N   24 sanguine et > N   25 Allegatum S   Allegant A D F H M2 N
26 Decalogum] ein ausdrücklich Gebot Gottes Na   26/30 ut videtur *bis* Decalogi] darauf
sie am allermeisten pochen, daß ein Bischof solchs soll Macht gehabt haben. Na

---

[1]) De un. eccl. 11, 28. MSL 43, 410f. CSEL 52, 264₁₃. (Vgl. Bardenhewer, Gesch. d. altkirchl. Lit. IV, 470. Altaner, Patrologie S. 379.)   [2]) Die Abgabe des Zehnten von dem Rohertrag aller Grundstücke und Wirtschaften, die sowohl im mosaischen wie im römischen Recht Vorbilder hat, wurde als kirchliche Forderung am frühesten in Irland beobachtet, im 6. Jh. in der fränkischen Kirche allgemein gefordert und als Stück der karolingischen Reformation durchgeführt. RE³ XXI 631ff. h. v. Schubert, Die Gesch. d. christl. Kirche im Frühmittelalter 551ff. LThK² X, 1318ff.   [3]) Bischöfe   [4]) Ed, Loci theologici Nr. 1 u. 15.
[5]) Vgl. Kolde, Alt. Red. S. 65f.

zehen Geboten dispensiert und etwas daran verändert hat[1].

Aber die Unsern lehren in dieser Frag also, daß die Bischofe nicht Macht haben, etwas wider das Evangelium zu setzen und aufzurichten, wie dann obangezeigt ist und die geistlichen Rechte durch die ganze neunte Distinktion lehren[2]. Nun ist dieses offentlich wider Gottes Befehl und Wort, der Meinung Gesetze zu machen oder zu gebieten, daß man dardurch fur die Sunde gnugtue und Gnad er lange. Dann es wird die Ehre des Verdiensts Christi verlästert, wenn wir uns mit solchen Satzungen unterwinden, Gnad zu verdienen. Es ist auch am Tag, daß umb dieser Meinung willen in der Christenheit menschliche Aufsatzung unzählig uberhand genummen haben und indes die Lehre vom Glauben und die Gerechtigkeit des Glaubens gar unterdruckt ist gewesen. Man hat täglich neue Feiertag, neue Fasten geboten, neue Ceremonien und neue Ehrerbietung der heiligen eingesatzt, mit solchen Werken Gnad und alles Guts bei Gott zu verdienen.

Item, die menschliche Satzungen aufrichten, tun auch damit wider Gottes Gebot, daß sie Sunde setzen in der Speis, in Tagen und dergleichen Dingen, und beschweren also die Christenheit mit der Knechtschaft des Gesetzes, eben als mußte bei den Christen ein solcher Gottesdienst sein, Gotts Gnad zu verdienen, der gleich wäre dem levitischen[3] Gottsdienst, welchen Gott sollt den Aposteln und Bischofen befohlen haben aufzurichten, wie dann etliche davon schreiben. Stehet auch wohl zu glauben, daß etliche Bischofe mit dem

Sed de hac quaestione nostri sic docent, quod episcopi non habeant potestatem constituendi aliquid contra evangelium, ut supra ostensum est. Et fatentur id canones Distinct. 9. per totum. Porro contra scripturam est traditiones condere, ut per earum observationem satisfaciamus pro peccatis aut mereamur iustificari. Laeditur enim gloria meriti Christi, cum talibus observationibus iustificari nos sentimus. Constat autem, propter hanc persuasionem in ecclesia traditiones paene in infinitum crevisse, oppressa interim doctrina de fide et iustitia fidei, quia subinde plures feriae factae sunt, ieiunia indicta, caeremoniae novae, ordines novi instituti, quia arbitrabantur se auctores talium rerum his operibus mereri gratiam. Sic olim creverunt canones poenitentiales, quorum adhuc in satisfactionibus vestigia quaedam videmus.

Item auctores traditionum faciunt contra mandatum Dei, cum collocant peccatum in cibis, diebus et similibus rebus, et onerant ecclesiam servitute legis, quasi oporteat apud christianos ad promerendam iustificationem cultum esse similem levitico, cuius ordinationem commiserit Deus apostolis et episcopis. Sic enim scribunt quidam, et videntur Pontifices aliqua ex parte exemplo legis mosaicae decepti esse. Hinc sunt illa onera, quod peccatum mortale sit,

---

1 daran etwas N1 E   2 hatten N1   verwandelt habe 3   6 oben anzeigt N1
15 zu verdienen, unterwinden A2 N2 M R 3 D2   18 indes > N1   20 gar ist Konf
ist > M3 W   21 Fastung 3 Lü   22 geboten + und 3 Lü   22/3 Ehrerbietungen N2
24 Gut A2 N2 M R D1 D2   33 dergleichen E   35 haben > M   36 Es stehet 3 Lü

3 hac > R   4 habent H   5 statuendi M2 Ed. pr.   6/7 ut bis totum > Na
Et fatentur] Idem docent A D De F H (Item) Docent idem M2 N Ed. pr.   7 id] et
D De F H   per totum > Ed. pr.   9 condere + aut exigere A D F H M2 N   earum]
eam D   10 zu Gnaden kommen und fur die Sunde gnugtun Na   11 iustificari]
gratiam A D F H M2 N   gratiam et iustitiam Ed. pr.   gloria meriti Christi] Christus
12/3 cum bis sentimus > Na   13 iustificari nos sentimus] conamur mereri iustificationem
A D F H M2 N   13/24 Constat bis videmus] Aus dieser Ursach, daß man vermeint hat,
viel damit zu verdienen, haben solche Satzung als Feiertag, Fasten, heiligenehr etc. sich
also merklich gemehret und zugenommen. Na   15 paene in infinitum crevisse traditiones
A D F H M2 N   17 et] ac A D F H N   et [ac] M2   et Ed. pr.   19 ordines >
novi honores sanctorum instituti sunt A D F H M2 N   26/36 Item bis decepti esse]
Es ist auch ohn Mittel wider Gott, ein Sund aus der Speis und Feiertagen zu machen, als
wären wir noch unter dem Alten Testament. Daraus dann vielleicht etlich Bischof verursacht
worden, solche Satzung zu machen. Na   28 in diebus Ed. pr.   36/7 Hinc bis onera]
Daher kommt es auch Na

---

[1]) Thomas STh. II 2. q. 122. a. 4 ad 4.   [2]) Decr. Grat. I. d. 9. c. 8 sqq.   [3]) jüdischen.

XXVIII. Von der Bischofen Gewalt.

Exempel des Gesetzs Moysi sind betrogen worden. Daher so unzählig Satzungen kummen seind, daß eine Todsunde sein soll, wenn man an Feiertagen eine Handarbeit tut, auch ohn Ärgernus der anderen, daß ein Todsund sei, wenn man die Siebenzeit[1] nachläßt, daß etlich Speise das Gewissen verunreinige, daß Fasten ein solch Werk sei, damit man Gott versuhne, daß die Sunde in einem furbehaltenen Fall werde nicht vergeben, man ersuche dann zuvor den Vorbehalter des Falls, unangesehen, daß die geistlichen Rechte nicht von Furbehaltung der Schuld, sondern von Furbehaltung der Kirchenpeen reden[2].

Woher haben dann die Bischofen Recht und Macht, solche Aufsätze der Christenheit aufzulegen, die Gewissen zu verstricken? Dann Sankt Peter verbeut in Geschichten der Apostel am 15., das Joch auf der Jünger Hälse zu legen. Und Sankt Paul sagt zun Korinthern, daß ihnen der Gewalt, zu bessern und nicht zu verderben, gegeben sei. Warumb mehren sie dann die Sunde mit solchen Aufsätzen?

Doch hat man helle Spruche der gottlichen Schrift, die da verbieten, solche Aufsätze aufzurichten, die Gnad Gotts damit zu verdienen, oder als sollten sie vonnoten zur Seligkeit sein. So sagt Sankt Paul zun Kolossern am 2.: „So laßt nun niemand euch Gewissen machen uber Speise oder uber Trank oder uber bestimbten Tagen, nämlich den Feiertagen oder Neumonden oder Sabbaten, welches ist der Schatten von dem, der zukunftig wäre, aber der Korper selbs ist in Christo"; item: „So ihr dann nun

etiam sine offensione aliorum in feriis laborare manibus, quod certi cibi polluant conscientiam, quod ieiunia, non naturae, sed afflictiva, sint opera placantia Deum quod peccatum mortale sit, omittere horas canonicas, quod peccatum in casu reservato non possit remitti, nisi accesserit auctoritas reservantis; cum ipsi canones hic non de reserva tione culpae, sed de reservatione poenae ecclesiasticae loquantur.

Unde habent ius episcopi tales traditiones imponendi ecclesiis ad illaqueandas conscientias, cum Petrus vetet imponere iugum discipulis, cum Paulus dicat, potestatem ipsis datam esse ad aedificationem, non ad destructionem. Cur augent peccata per tales traditiones?

Verum exstant clara testimonia, quae prohibent condere traditiones ad placandum Deum aut tamquam necessarias ad salutem. Paulus Coloss. 2: Nemo vos iudicet in cibo, potu, parte diei festi, novilunio aut sabbatis. Item: Si mortui estis cum Christo ab elementis mundi, quare tamquam viventes in mundo decreta facitis: Non attingas, non gustes, non contrectes? Quae omnia pereunt usu et sunt mandata et doctrinae hominum, quae habent speciem

---

2 so] soviel N2   4 am Feiertag N1   tue Konk   6 sei] sein soll D1   sieben Zeite M   sieben Gezeiten 3   7/8 verunreinigen A2 M 3 D1   13 von + der A2 N2 M R   der Behaltung 3 Lü   14 Schuld bis der > N1   von + der N2   15 Kirchenbänn M   16/17 Recht und Macht korr. aus Rechnung gemacht A2 M   Rechnung gemacht Au   18 verstricken + etc. M3   19/20 Actorum 15. N1   in Act. 15 N2   21 sagt > E   22 zu den M   der] die A2   23 Besserung — Verderbung 3 Lü   28 Gottes Gnad A2 N2 M 3   29/30 zur Seligkeit vonnoten A2 N2 R 3 D2   30 S. Paulus sagt N1   31 2.] andern M D1   euch + ein 3 Lü   33 Tag N1   34 neuen Monaten N2   35 welcher M3   35/7 welches bis Christo > A2 N1.2 E M R 3 Lü D1.2   37 nun > M3 W Konk

2/11 quod bis loquantur > Na (nur: oder seine Tagzeit unterließ)   2 manibus + quod sit peccatum mortale omittere horas canonicas (hier las auch Na diese Worte) A D F H M2 N   3/4 non bis afflictiva > Ed. pr.   5/7 mortale bis peccatum > F   9 cum + quidem Ed. pr.   hic > A D F H M2 N   16 tales] has A D F H M2 N   17/18 ecclesiis bis conscientias] die Gewissen Na   18/9 iugum imponere D   21 destructionem + etc. Na   22/31 Cur bis sabbatis > Na   22 Cur + igitur A D F H M2 N   augent > F   tales] has A D F H M2 N   27 tales traditiones A D F H M2 N   27/28 ad placandum Deum (Dominum K)] ad promerendam gratiam A D F H M2 N   31 Item a. R. K

---

[1]) Die kanonischen Tagesgebete, deren Verwerfung durch Luther Eck Art. 279 erwähnt hatte.
[2]) s. o. S. 120 Anm. 2.

gestorben seid mit Christo von den weltlichen Satzungen, was laßt ihr euch dann fangen mit Satzungen, als wäret ihr lebendig? Die da sagen: Du sollt das nicht anruhren, du sollt das nicht essen noch trinken, du sollt das nicht anlegen, welches sich doch alles unter Händen verzehret, und seind Menschen Gebot und Lehre und haben ein Schein der Weisheit." Item Sanct Paul zum Tito am 1. verbeut öffentlich, man soll nicht achten auf jüdische Fabeln und Menschengebot, welche die Wahrheit abwenden.

Tit. 1,14.

So redet auch Christus selbs, Matth. am 15., von denen, so die Leute auf Menschengebot treiben: „Laßt sie fahren, sie seind der Blinden Blindenleiter"; und verwirft solche Gottesdienst und sagt: „Alle Pflanzen, die mein himmlischer Vater nicht pflanzet hat, die werden ausgereut."

Matth. 15,14.

Matth. 15,13.

So nun die Bischofen Macht haben, die Kirchen mit unzähligen Aufsätzen zu beschweren und die Gewissen zu verstricken, warumb verbeut dann die gottlich Schrift so oft, die menschliche Aufsätze zu machen und zu horen? Warumb nennet sie dieselben Teufelslehren? Sollt dann der heilig Geist solchs alles vergeblich verwarnet haben?

Derhalben dieweil solche Ordnung als notig aufgericht, damit Gott zu versuhnen und Gnad zu verdienen, dem Evangelio entgegen seind, so ziemt sich keineswegs den Bischofen, solche Gottsdienste zu erzwingen. Dann man muß in der Christenheit die Lehre von der christlichen Freiheit behalten, als nämlich, daß die Knechtschaft des Gesetzes nicht notig ist zur Rechtfertigung, wie dann Sanct Paul zun Galatern schreibt am 5.:

M 67

Gal. 5, 1.

sapientiae. Ad Titum 1: Non attendentes 46 iudaicis fabulis et mandatis hominum, aversantium veritatem.

Christus Matth. 15 inquit de his, qui 47 exigunt traditiones: Sinite illos; caeci sunt et duces caecorum; et improbat 48 tales cultus: Omnis plantatio, quam non plantavit pater meus, eradicabitur.

Si ius habent episcopi talibus tradi- 49 tionibus onerandi conscientias, cur toties prohibet scriptura condere traditiones? Cur vocat eas doctrinas daemoniorum? Num frustra haec praemonuit spiritus sanctus?

Relinquitur igitur, cum ordinationes, 50 institutae tamquam necessariae aut cum opinione promerendae iustificationis, pugnent cum evangelio, quod non liceat episcopis tales cultus instituere aut tamquam necessarios exigere. Ne- 51 cesse est enim in ecclesiis retineri doctrinam de libertate ' christiana, quod non sit necessaria servitus legis ad iustificationem, sicut in Galatis scriptum est:

---

1 seid > E   2 denn euch Konf   3/4 lebendig] + noch lebendig in der Welt *a. R. vom Korr.* A2   noch *über d. Z.* in der Welt *a. R.* M *(3. Hand)*   9 Weisheit Wahrheit] M3 W Konf (N2 *später rot*)   der Weisheit ein Schein M   10 Tit. 1. N1 N2   11 auf die N1 13 am > N2 D1   14 denen] den N2 R   16 solchen 3 Konf   17 Alle + die N1   19 die] > N2 M R D2   über *d. Z.* A2   22 bestricken M   24 so oft > D2   die > N2 3 menschliche Aufsätze] menschlichen Satzungen N1   26 Teufelslehre A2 N2 M R D2 Lü(lehr) 27 alles > D1   29 um damit N1   32 solchen 3 Lü   37 schreibt zu A2 N2 R D2 Lü sagt 3   dann Paulus sagt Gal. 5 N1   am > A2 N2

1 Item ad Na A D F M2 N   1] > Na A D F H M2 N   Titum + aperte prohibet traditiones A D F H M2 N   attendas K R S W   ihr sollt nichts achten Na   3 adversantium F   13 Et Christus A D F H M2 N (Item Na)   17 meus + coelestis A D F H M2 N   20—S. 129, 6 Si *bis* institutos] Aus diesen allen erscheint, daß die Bischofe solchs kein Gewalt noch Macht haben, dann uns der heilige Geist nit vergeblich davor gewarnet hat, insonderheit so man die fur notwendig hält oder aber vermeint, Genad damit zu erwerben. Dann man in der Christenheit in allweg muß die christlich Freiheit erhalten, damit männiglich wiß, daß man nit durch das Gesetz oder Werk, sonder aus Gnaden durch den Glauben an Christum rechtfertig werdet. Na   20 episcopi onerandi ecclesias infinitis traditionibus et illaqueandi conscientias A D F H M2 N   22 condere > K R S W condere et audire A D F H M2 N   23 doctrinam Hü   24 haec > M2   25 sanctus > A 30 iustificationis] gratiae A D F H M2 N   32 ullis episcopis A D F H M2 N   33 tamquam necessarios > A D F H M2 N   34 retinere K (—i *korr. aus* —e W) 37 sicut] sic K

"So bestehet nun in der Freiheit, damit uns Christus befreiet hat, und laßt euch nicht wiederumb in das knechtische Joch verknupfen." Dann es muß je der furnehme Artikel des Evangeliums erhalten werden, daß wir die Gnad Gotts durch den Glauben an Christum ohn unser Verdienst erlangen und nicht durch Gottsdienst, von Menschen eingesetzt, verdienen.

Was soll man dann halten vom Sonntag und dergleichen andern Kirchenordnungen und Ceremonien? Darzu geben die Unsern diese Antwort[1], daß die Bischofen oder Pfarrer mugen Ordnung machen, damit es ordentlich in der Kirche zugehe, nicht damit Gottes Gnad zu erlangen, auch nicht damit fur die Sunde gnugzutun oder die Gewissen damit zu verbinden, solchs fur notige Gottsdienst zu halten und es dafur zu achten, daß sie Sunde täten, wenn sie ohn Ärgernus dieselben brechen. Also hat Sankt Paul zun Korinthern verordnet, daß die Weiber in der Versamblung ihre Haupt sollen decken; item, daß die Prediger in der Versamblung nicht zugleich alle reden, sonder ordentlich, einer nach dem andern.

Solch Ordnung gebuhrt der christlichen Versamblung umb der Lieb und Friedes willen zu halten, und den Bischofen und Pfarrern in diesen Fällen gehorsam zu sein, und dieselben soferne zu halten, damit einer den anderen nicht ärgere, damit in der Kirche keine Unordnung oder wustes Wesen sei; doch also, daß die Gewissen nicht beschwert werden, daß man's fur solche Ding

Nolite iterum iugo servitutis subiici. 52 Necesse est retineri praecipuum evangelii locum, quod gratiam per fidem in Christum consequamur, non per certas observationes aut per cultus ab hominibus institutos.

Quid igitur sentiendum est de die 53 dominico et similibus ritibus templorum? Ad hoc respondent, quod liceat episcopis seu pastoribus facere ordinationes, ut res ordine in ecclesia gerantur, non ut per eas satisfaciamus pro peccatis aut obligentur conscientiae, ut iudicent esse necessarios cultus. Sic 54 Paulus ordinat, ut in congregatione mulieres velent capita, ut ordine audiantur interpretes in ecclesia.

W 58

1. Kor. 11, 5.

Talibus ordinationibus convenit ecclesias propter caritatem et tranquillitatem obtemperare easque servare eatenus, ne alii offendant alios, sed, ut ordine et sine tumultu fiant omnia in ecclesiis, verum ita, ne onerentur conscientiae, ut ducant esse necessarias ad salutem ac iudicet se peccare, cum sine scandalo violant; sicut nemo dixerit,

---

1 nun ihr auf der Freiheit etc. (damit bis verknupfen >) N1   2 gefreiet M3 W 3
3 wieder Konf   4 je > N1   furnehmst D 2 E M Konf   7 erlangen > N1
8 Gottsdienst] Dienst M3 W Konf   von + den N2 R   11 Kirchenordnung Lü D2 Konf
15 zugehet M   16 Gottes > N1   18 notigen Konf   19 es > 3 Lü   20 dieselben
ohn Ärgernus A2 N2 M R D2   Ärgernus + der andern N1   23 bedecken N1
30 Pfarrer N2 R   zu > N2

4 gratis consequamur A D F H M2 N   4 u. 5 per] propter A D F H M2 N   10 sentiendum] sciendum K S W (von 2. Hand darüber sentiendum)   10/2 de die bis templorum] zur Veränderung des Sabbats an den Sonntag Na   12 hoc] haec A D F H M2 N
Antwort, wir gestehen Na   13 seu pastoribus > Na   14/5 gerantur in ecclesia, non ut per illas mereamur gratiam aut satisfaciamus A D F H M2 N nit daß man dardurch Gnad, Gerechtigkeit oder anders verdient noch die Gewissen damit beschwer, ob sie gleich unterlassen werden. Na   16 ut] aut K R S W   17 necessarios esse D   cultus + ac sentiant se peccare, cum sine offensione aliorum violant A D F H M2 N   20 in ecclesia interpretes etc. A D F H M2 N   item, daß einer nach dem andern lehr oder predige Na   27—S. 130, 2 Talibus bis procedit] Solche Ordnung soll man von Frieds und Einikeit wegen und, damit alle Ding ordentlich zugehen, auch niemand geärgert wird, halten und handhaben, und gar nit von Gewissens wegen. Na   27 Tales ordinationes A D F H M2 N   28 et] ac F   29 obtemperare easque > A D F H M2 N   30 ne alius alium offendat, ut A D F H M2 N   31 omnia fiant A D F H M2 N   32/3 conscientiae onerentur A D F H M2 N   33 esse + res A D F F1 N   res esse De H M2 Ed. pr.   34/5 cum violant eas sine aliorum offensione A D F H M2 N

---

[1]) Antwort, weil Eck Art. 177/179 Irrtümer in diem dominicam zusammengestellt hatte.

halte, die not sein sollten zur Seligkeit, und es dafur achten, daß sie Sunde täten, wenn sie dieselben ohn der anderen Ärgernus brechen; wie dann niemands sagt, daß das Weib Sund tue, die mit bloßem Haupt ohn Ärgernus der Leute ausgeht.

Also ist die Ordnung vom Sonntag, von der Osterfeier, von den Pfingsten und dergleichen Feier und Weise. Dann die es dafur achten, daß die Ordnung vom Sonntag fur den Sabbat als notig aufgericht sei, die irren sehr. Dann die heilig Schrift hat den Sabbat abgetan und lehret, daß alle Ceremonien des alten Gesetz nach Eroffnung des Evangeliums mogen nachgelassen werden. Und dannoch, weil vonnoten gewest ist, ein gewissen Tag zu verordnen, uf daß das Volk wußte, wann es zusammenkommen sollt, hat die christlich Kirch den Sonntag darzu verordent und zu dieser Veränderung desto mehr Gefallens und Willens gehabt, damit die Leute ein Exempel hätten der christlichen Freiheit, daß man wußte, daß weder die Haltung des Sabbats noch eins andern Tags vonnoten sei¹.

Es sind viel unrichtige Disputationen² von der Verwandlung des Gesetzes, von den Ceremonien des Neuen Testaments, von der Veranderung des Sabbats, welche alle entsprungen seind aus falscher und irriger Meinung, als müßte man in der Christenheit einen solchen Gottsdienst haben, der dem levitischen oder judischen Gottsdienst gemäß wäre, und als sollt Christus den Aposteln und Bischofen befohlen haben, neue Ceremonien zu erdenken, die zur Seligkeit notig wären. Dieselben Irrtumb haben sich in die Christenheit eingeflochten, da man die Gerechtigkeit des Glaubens nicht lauter und rein gelehrt und gepredigt hat. Etliche disputieren also vom Sonntage, daß man ihn halten müsse, wie

peccare mulierem, quae in publicum non velato capite sine scandalo procedit.

Talis est observatio diei dominici, paschatis, pentecostes et similium feriarum et rituum. Nam qui iudicant ecclesiae auctoritate pro sabbato institutam esse diei dominici observationem tamquam necessariam, non recte sentiunt. Scriptura abrogavit sabbatum, non ecclesia. Nam post revelatum evangelium omnes ceremoniae Mosaicae omitti possunt. Et tamen quia opus erat constituere certum diem, ut sciret populus, quando convenire deberet, apparet ecclesiam ei rei destinasse diem dominicum, qui ob hanc quoque causam videtur magis placuisse, ut haberent homines exemplum christianae libertatis et scirent nec sabbati nec alterius diei necessariam observationem esse.

Exstant prodigiosae disputationes de mutatione legis, de caerimoniis novae legis, de mutatione sabbati, quae omnes ortae sunt ex falsa persuasione, quod oporteat in ecclesia cultum esse similem levitico et quod Christus commiserit apostolis et episcopis excogitare novas caerimonias, quae sint ad salutem necessariae. Hi errores serpserunt in ecclesiam, cum iustitia fidei non satis clare doceretur. Aliqui disputant diei dominici observationem non quidem iuris divini esse, sed quasi iuris divini; praescribunt de feriis, quatenus liceat operari. Huiusmodi disputationes quid sunt aliud quam laquei conscientiarum? Quamquam enim conentur epiikeizare

---

1 not] noten M3   notig N1 E   zur Seligkeit notig A2 N2 M R D2   2 dafur + zu M
5 tuet A2   tut D1   8 den] der N2 M R   14 Evangelii N2   16 dannoch] dennach N2   demnach aus dannoch A2 (Korr.)   demnach M auf Rasur vom Schreiber   gewest > N1   26 unrichtiger N2 3 R   41 also > N1   vom Sonntag also A2   42 ihn über d. Z. D1 > N1 A2 N2 M R 3 Lü D2 E

2 capite procedit sine offensione hominum A D F H M2 N   9 et rituum > Na
9/14 Nam bis ecclesia] Dann welche meinen, sie seien als notwendig also geordnet, die irren sich weit. Na   12 non recte sentiunt] longe errant Na A D F H M2 N   13/6 non bis possunt] quae docet omnes ceremonias mosaicas post revelatum evangelium omitti posse A D F H M2 N   16 omitti possunt] ist — aufgehoben Na   17 instituere K
18 debeat A D De F H   20/4 qui bis esse] vielleicht auch von christlicher Freiheit wegen, damit man sehe, daß man an den Sabbat nit gebunden wär. Na   24 observationem necessariam A D F H M2 N   26—S. 131, 33 Exstant bis re tali > Na   27 imitatione V
34/35 ecclesia Hü   41 aliud > D   quam] nisi A D F H M2 N

---

¹) Vgl. Luthers Erklärung des 3. Gebots in den Deuteronomiumpredigten WA XVI, 477ff. und im gr. Kat.   ²) Vgl. Thomas STh II, 1. q. 103.

wohl nicht aus gottlichen Rechten, dennoch schier als viel als aus göttlichen Rechten; stellen Form und Maß, [1] wiefern man am Feiertag arbeiten moge. Was seind aber solche Disputationes anders dann Fallstricke des Gewissens? Dann wiewohl sie sich unterstehen, menschliche Aufsätze zu lindern und epikeiziern, so kann man doch keine epikeia[1] oder Linderung treffen, solange die Meinung stehet und bleibet, als sollten sie vonnoten sein. Nun muß dieselb Meinung bleiben, wenn man nichts weiß von der Gerechtigkeit des Glaubens und von der christlichen Freiheit.

Die Apostel haben geheißen, man soll sich enthalten des Blutes und Erstickten. Wer hält's aber itzo? Aber dennoch tun die kein Sund, die es nicht halten; dann die Apostel haben auch selbst die Gewissen nicht wellen beschweren mit solcher Knechtschaft, sondern haben's umb Ärgernus willen ein Zeitlang verboten. Dann man muß Achtung haben in dieser Satzung auf das Hauptstuck christlicher Lehre, das durch dieses Dekret[2] nicht aufgehoben wird.

Man hält schier kein alte Canones, wie sie lauten; es fallen auch derselben Satzungen täglich viel weg, auch bei denen, die solche Aufsätze allerfleißigst halten. Da kann man den Gewissen nicht raten noch helfen, wo diese Linderung nicht gehalten wird, daß wir wissen, solche Aufsätze also zu halten, daß man's nicht darfür achte, daß sie notig sein, daß auch den Gewissen unschädlich sei, obgleich solche Aufsätze fallen.

Es wurden aber die Bischof leichtlich die Gehorsam erhalten, wo sie nicht darauf drungen, diejenigen Satzungen zu halten, so doch ohn Sund nicht mogen gehalten werden. Itzo aber tun sie ein Ding und verbieten beide Gestalten des heiligen Sakraments, item den Geistlichen den Ehestand, nehmen

traditiones, tamen nunquam potest aequitas deprehendi, donec manet opinio necessitatis, quam manere necesse est, ubi ignoratur iustitia fidei et libertas christiana.

Apostoli iusserunt abstinere a sanguine etc. Quis nunc observat? Neque tamen peccant, qui non observant, quia ne ipsi quidem apostoli voluerunt onerare conscientias tali servitute, sed ad tempus prohibuerunt propter scandalum. Est enim perpetua voluntas evangelii in decreto consideranda.

Vix ulli canones servantur accurate et multi cotidie exolescunt apud illos etiam, qui defendunt traditiones. Nec potest conscientiis consuli, nisi haec aequitas servetur, ut sciamus eas sine opinione necessitatis servari nec laedi conscientias, etiamsi quid mutet usus hominum in re tali.

Facile autem possent episcopi legitimam oboedientiam retinere, si non urgerent servare traditiones, quae bona conscientia servari non possunt. Nunc imperant caelibatum, nullos recipiunt, nisi iurent se puram evangelii doctrinam nolle docere. Non petunt ecclesiae

---

1 gottlichem Recht N 1   1/2 dennoch *bis* Rechten > N 1 E M3 W Konf   4 moge] muß A 2
5 falsch Strick N2 R Au   Fallstrick A 2 *auf Rasur*   6 der Gewissen A 2 N 2 M 3 D 2
7 und epikeiziern > N 1   8 epikeisiern A 2 3 Lü N 2 (*daraus später rot* epiicieren)   epiicieren
Konf   epikeia oder > N 1   epikeia] ἐπιείκειαν Konf N 2 *später rot*   11 dieselbige M
dieselbig Konf   12 nicht N 1   24 dieses > N 1   27/8 täglich derselben Satzung [täglich]
N 2   28 hinweg A 2   29 aufs fleißigst N 1   ufs allerfleißigst A 2 N 2 M R D 2   30 den]
dem Konf   32 man wisse N 1   33 achte] halte Konf   34 daß + es 3   35 wogleich
A 2 N 1.2 M R D 1 D 2 E   41 heiligen > N 1 N 2 R 3 Lü

4 ignorantur Ed. pr.   16 etc. > Hü A D F H M 2 N   sanguine + et suffocato. De
22 consideranda in decreto A D F H M 2 N   27 cotidie] quidem A   28 qui + diligentissime A D F H M 2 N   30 eos De Ed. pr.   32/3 etiamsi *bis* tali] etiamsi traditiones exolescant (exolescunt F N) A D F H M 2 N   36 possunt K   38/9 servare — servari] servari — servare K R W   servari — servari V Hü S   40 nullos recipiunt] sie gestatten keinem zu predigen Na   42 Wir begehrn nit Na

---

[1]) s. o. S. 103 Anm. 4.   [2]) Das sog. Apostelbekret Apg. 15, 23 ff.

niemands auf, er tu dann zuvor ein Eid, er welle diese Lehre, so doch ohn Zweifel dem heiligen Evangelio gemäß ist, nicht predigen. Unsere Kirchen begehren nicht, daß die Bischofen mit Nachteil ihrer Ehre und Würden wiederumb Fried und Einigkeit machen, wiewohl solches den Bischofen in der Not auch zu tun gebuhrt; allein bitten sie darum, daß die Bischofen etlich unbillige

M 69 Be'schwerung nachlassen, die doch vorzeiten auch in der Kirchen nicht gewesen und angenommen sein wider den Gebrauch der christlichen gemeinen Kirchen; welche vielleicht im Anheben etlich Ursach gehabt, aber sie reimen sich nicht zu unseren Zeiten. So ist's auch unleugbar, daß etlich Satzungen aus Unverstand angenommen seind. Darum sollten die Bischofe der Gutigkeit sein, dieselbigen Satzungen zu miltern, sintemal eine

W 60 solche Anderung nichts scha'det, die Einigkeit christlicher Kirchen zu erhalten. Denn viel Satzung, von Menschen aufkommen, seind mit der Zeit selbst gefallen und nicht notig zu halten, wie die bäpstlichen Recht selbs zeugen[1]. Kann's aber je nicht sein, es auch bei ihnen nicht zu erhalten, daß man solche menschliche Satzung mäßige und abtu, welche man ohn Sund nicht kann halten, so mussen wir der Apostel Regel folgen, die uns gebeut,

Apg. 5, 29. wir sollen Gott mehr gehorsam sein denn den Menschen.

1. Petr. 5, 2 f. Sankt Peter verbeut den Bischofen die Herrschaft, als hätten sie Gewalt, die Kirchen, wozu sie wollten, zu zwingen. Jetzt gehet man nicht damit umb, wie man den Bischofen ihr Gewalt nehme, sondern man bittet und begehrt, sie wollten die Gewissen nicht zu Sunden zwingen. Wenn sie aber solches nicht

nostrae, ut episcopi honoris sui iactura sarciant concordiam; quod tamen decebat bonos pastores facere. Tantum petunt, ut iniusta onera remittant, quae nova sunt et praeter consuetudinem ecclesiae catholicae recepta. Fortassis initio habuerunt illae constitutiones causas probabiles, quae tamen posterioribus temporibus non congruunt. Apparet etiam quasdam errore receptas esse. Quare ' clementiae episcoporum esset nunc illas mitigare, quia talis mutatio non labefacit ecclesiae unitatem. Multae enim traditiones humanae tempore mutatae sunt, ut ostendunt ipsi canones. Quodsi non potest impetrari, ut relaxentur observationes, quae sine peccato non possunt praestari, oportet nos regulam apostolicam sequi, quae praecipit, Deo magis oboedire quam hominibus.

Petrus vetat episcopos dominari et ecclesias cogere. Non id nunc agitur, ut de dominatione sua cedant episcopi, sed hoc unum petitur, ut patiantur evangelium doceri pure et relaxent paucas quasdam observationes, quae sine peccato servari non possunt. Quodsi non

---

1 er *bis* Eid] ehe er denn zuvor ein Eid getan hab Konf   3 heiligen > N 1   3/11 ist *bis* gewesen > W   4 begehren nicht] bitten nicht darümb N 1   12 Gebrauch] Prauch A 2 N 2 M R 3 D 2   18/9 dieselben N 1 D 2   21 Kirchen] Lieb N 1 der christlichen Kirchen A 2 N 2 D 2 M R 3   22 von + den Konf   25 es auch] oder ist es N 1   es] + ist N 2. R D 2 3 + [ist] A 2 M D 1   27 Satzungen 3 D 1 Konf   gemäßig N 1   30 wir sollen] man soll N 2 R   33 sie + nit N 1   36 ihr] ihre A 2 N 2 Lü Konf   ihren N 1 M 3 D 1

1 nostrae ecclesiae K   nostrae > A D F H M 2 N   nostri (ecclesiae >) Hü   honoris sui iactura] mit ihrem Nachteil Na   7/8 initio quaedam constitutiones habuerunt probabiles causas A D F H M 2 N   8/9 quae *bis* congruunt] welche aber jetzund nit mehr vor Augen sein Na   11 esse > N   clementiae episcoporum] pontificiae clementiae A D F H M 2 N   12 illas nunc A D F H M 2 N   solche Härtigkeit Na   12/3 quia *bis* unitatem] dieweil das der Christenheit keinen Nachteil brächt Na   17/8 sine peccato] ohn Nachteil der Gewissen Na   32—S. 133, 3 Petrus *bis* praebent > R   Jetzt begehrt man den Bischofen —, sonder allein daß Na   33 ecclesias cogere] ecclesiis imperare Ed. pr.   Nunc non agitur A D F H M 2 N   Nunc non id agitur Ed. pr.   33/4 ut dominatio eripiatur episcopis, sed A D F H M 2 N Ed. pr.   36 pure doceri A D F H M 2 N   38 non possunt servari K   39/S. 133, 1 non facient] nihil remiserint M 2 N Ed. pr.   nihil remittent A D De F H

---

[1]) z. B. die Bußkanones s. o. S. 109 Anm. 3.

tun werden und diese Bitte verachten, so mogen sie gedenken, wie sie deshalben Gott werden Antwort geben müssen, dieweil sie mit solcher ihrer Härtigkeit Ursach geben zu Spaltung und Schisma, das sie doch billig sollen verhuten helfen¹.

facient, ipsi viderint, quomodo Deo rationem reddituri sint, quod hac pertinacia causam schismati praebent².

Dies seind die furnehmsten Artikel, die fur streitig geachtet werden. Dann wiewohl man viel mehr Mißbräuche und Un=

Recensuimus praecipuos articulos, qui videntur habere controversiam. Quamquam enim de pluribus abusibus

---

1 wurden N1 A2 N2 M R 3 D2 2 mogen] mussen N1 2/3 vor Gott werden Antwort A2 N2 M R D1 3 werden > 3 Lü werden deshalben Gott Konf 5 und + das N2 M R das (> und) 3 Lü billig > N1 5 sollten N1 A2 N2 M D1 7 *darüber* Beschluß E A2 N2 M R D2 3 Lü *Der folgende Beschluß fehlt* N1 seind + itzt D1 die + itzo E D2 A2 N2 M R 3 8 strittig N2 R

2/3 quod pertinacia sua D F H M2 N A (sua >) 7 *davor* Epilogus A D F H M2 N Ed. pr. *Der folgende Beschluß fehlt* Na Hi sunt praecipui articuli A D F H M2 N

---

¹) Die wichtigsten sachlichen Abweichungen in dem völlig neu gefaßten Art. XXVIII der Ed. pr. Er beginnt: „Etliche haben geistliche und weltliche Gewalt sehr unschicklich durcheinander gemenget, haben gelehret, daß der Bapst aus Christus Befehl ein Monarcha und Herr sein soll aller weltlichen Güter, Königreich und Herrschaften, der König zu setzen und entsetzen Gewalt habe. Und sind daraus oftmals Krieg entstanden, daß die Bäpst haben Kaiser und andere König entsetzen wöllen. So haben sie auch im geistlichen Regiment die Schlüssel dahin gedeutet, daß Bäpst möchten neue Gottesdienst gebieten, die Gewissen zu beschweren mit reservatione casuum, sind auch ins Fegfeuer damit gefahren, habens auch mancherleiweis mit der excommunicatio mißbraucht. Davon haben vor dieser Zeit etliche fromme, gelehrte Leute geschrieben." — S. 122, 27 „Könige setz oder entsetze, daß sie weltlich Recht von Zinsen oder andern weltlichen Sachen mache." — S. 126, 8/12 „Nu ist am Tage, daß aus dieser Meinung traditiones in der Kirchen fur und fur gemacht und gehäuft sind und ist dadurch unterdrückt die Lehre vom Glauben an Christum, daß man ohne Verdienst umb Christus willen Vergebung der Sunden erlange und daß wir gerecht geschätzt werden durch Glauben." — S. 128, 33—129, 9 Dann *bis* verdienen] „Dann man muß in der Kirchen diesen furnehmsten Artikel des Euangelii rein und klar behalten, daß wir nicht Vergebung der Sunde verdienen durch unser Werk, werden auch nicht gerecht geschätzet von wegen unser erwählten Gottesdienst, sonder umb Christus willen durch Glauben. Weiter muß man auch diese Lehre wissen und behalten, daß im Neuen Testament kein solcher Gottesdienst mit gesatzter Speis und Kleidung und dergleichen not ist wie im Gesetz Moisi, und daß niemand die Kirch soll beschweren und Sunde machen in solchen Stücken. Denn also spricht Paulus zun Galatern V: Ihr sollt euch nicht widderumb unter das Joch der Knechtschaft dringen lassen." — S. 130, 19/25 hat *bis* sei] „... haben sie den Sonntag geordnet, daß man daran Gottes Wort hören und lernen soll. Dergleichen sind auch Fest ordiniert als Weihnacht, Ostern, Pfingsten ꝛc., daran die wunderbarlichen und heilsamen Historien zu lehren. So hilft auch bestimpte Zeit, daß man solcher großer Ding Gedächtnus fester behältet. Und ist nicht die Meinung, daß solche Feier auf jüdische Weis müssen gehalten werden, als sei die Feier an ihr selbst ein nötiger Kultus im Neuen Testament, sondern sollen umb der Lahr willen gehalten werden." — S. 130, 37 „Dieser Irrtum ist eingerissen, da man des Glaubens vergessen hat und hat wollen durch solche Werk verdienen, daß Gott gnädig wäre." — S. 131, 6/14 Dann *bis* Freiheit] „Und wiewohl etliche Doctores Linderung und Epiikias gesucht haben, kann doch das Gewissen nicht aus den Stricken kommen, so lang es solche Ding fur nötige Gottesdienst hältet, dadurch man muß fur Gott gerecht werden, und ohne die man nicht könne gerecht werden." — S. 132, 33—133, 2 fehlt. ²) Var. zeigt gegenüber Ed. pr. mit den Ausgaben seit der Oktav-Ausgabe 1531 an einigen Stellen unbedeutende Änderungen. (Vgl. zu Art. XXVII, S. 119 Anm. 4.) S. 130, 13/16: Scriptura *bis* possunt] Scriptura concedit, ut observatio sabbati nunc sit libera. Docet enim ceremonias Mosaicas post revelatum evangelium non necessarias esse.

richtigkeit hätt anziehen konnen, so haben wir doch, die Weitläufigkeit und Länge zu verhuten, allein die furnehmsten vermeldet, daraus die anderen leichtlich zu ermessen. Dann man hat in Vorzeiten sehr geklagt uber den Ablaß, uber Wallfahrten, uber Mißbrauch des Banns. Es hatten auch die Pfarrer unendliche Gezänke mit den Monichen von wegen des Beichthorens, des Begräbnus, der Beipredigten[1] und unzähliger anderer Stuck mehr. Solchs alles haben wir im Besten und umb Glimpfs willen ubergangen, damit man die furnehmbsten Stucke in dieser Sachen dester baß vermerken mocht. Darfur soll es auch nicht gehalten werden, daß in dem jemands ichtes[3] zu Haß wider[4] oder Unglimpf geredt oder angezogen sei, sonder wir haben allein die Stuck erzählt, die wir für notig anzuziehen und zu vermelden geacht haben, damit man daraus dester baß zu vernehmen habe, daß bei uns nichts, weder mit Lehre noch mit Ceremonien, angenommen ist, das entweder der heiligen Schrift oder gemeiner christlichen Kirchen zuentgegen wäre. Dann es ist je am Tage und offentlich, daß wir mit allem Fleiß, mit Gottes Hilf (ohne Ruhm zu reden) verhutt haben, damit je kein neue und gottlose Lehre sich in unseren Kirchen einflöchte, einreiße und uberhand nähme.

Die obgemeldten Artikel haben wir dem Ausschreiben nach ubergeben wellen, zu einer Anzeigung unser Bekenntnus und der Unsern Lehre. Und ob jemands befinden wurde, der daran Mangel hätt, dem ist man

dici poterat, tamen fugiendae prolixitatis causa praecipua complexi sumus. Magnae querelae fuerunt de indulgentiis, de peregrinationibus, de abusu excommunicationis; parochiae multipliciter vexabantur per stationarios[2]; infinitae contentiones fuerunt pastoribus cum monachis de iure parochiali, de confessionibus, de sepulturis et aliis innumerabilibus rebus. Huiusmodi negotia praetermisimus, ut illa, quae sunt in hac causa praecipua, breviter proposita facilius cognosci possent. Neque hic quidquam ad ullius contumeliam dictum aut collectum est. Tantum ea recitata sunt, quae videbantur necessario dicenda esse, ut intelligi posset, in doctrina ac caerimoniis apud nos nihil esse receptum contra scripturam aut ecclesiam catholicam, quia manifestum est, nos diligentissime cavisse, ne quae nova et impia dogmata in ecclesias nostras serperent.

Hos articulos suprascriptos voluimus exhibere iuxta edictum Caesareae Maiestatis, in quibus confessio nostra exstaret, et eorum, qui apud nos docent, doctrinae summa cerneretur. Si quid in

---

5 hat > M3 W Konf   in] > N2 R je E   klagt E A2 N2 M R3 D1 D2   8 unendlich (unendliche A2 M R) Gezänk N2 A2 M R D2 Konf   10 Beipredigten] Leichpredigten Konf, danach später in N2 (rot) und M (vom Korr.) geändert.   11/2 Solchs bis Besten a. R. D1   12 im] am 3 Lü   15 solls A2 N2 M R3 D1 E   16/7 Haß bis Unglimpf] haß [und] [wider] wider Unglimpf und oder a. R. D1   Haß und Unglimpf A2 N2 M R3 Lü D2   19] anziehen N2   21 habe] korr. aus hätt A2 M   hätt N2 R Lü D2 Au 3 (hätte) D2   22 mit + der E A2 N2 M R3 D1 D2   mit (2.) > E A2 N2 M R3 D1 D2   24 gemeinen N2   27 hilf] Willen M   29 Kirchen] + heimlich A2 R M D2 [heimlich] a. R. D1   einflöchten N2   einrissen N2 R M   30 nehmen M   Hinter Z. 30 Finis D2   31 Diese (aus Die) M   32 wellen > E   33 unsers A2 N2 M R3

1/2 fugiendae bis causa] ut fugeremus prolixitatem A D F H M2 N   2 sumus + ex quibus cetera facile iudicari possunt A D F H M2 N   7 fuerunt] erant A D F H M2 N   9 sepulchris Hü   sepulturis + de extraordinariis concionibus A D F H M2 N   et + de A D F H M2 N   14 hic > F   17 possit H N Ed. pr.   21 qua A D F H M2 N   22 ecclesiis nostris K R S W   31 suprascriptos > K R S W   32 Handschriften meist (auch V) C. M.   Caesae M. V. Hü

---

[1]) Predigten zu außergewöhnlichen Gelegenheiten.   [2]) Almosenprediger, Ablaßprediger, quaestores oder stationarii (nach ihren stationes genannten Versammlungen), seit Anfang des 12. Jh. nachgewiesen. Gegen ihr Treiben (Tetzel) und die Verwüstung des ordentlichen Pfarramtes durch ihre Predigten wandten sich seit dem IV. Laterankonzil 1215 zahlreiche Synoden vergeblich, so daß Trid. Sess. V De reform. c. 2 ihnen 1546 das Predigen verbot und Trid. Sess. XXI De reform. c. 9 das Amt 1562 ganz aufhob. LThK[2] I, 55.   [3]) irgend etwas   [4]) weder

fernern Bericht mit Grund gottlicher heiliger Geschrift zu tun urpietig.

hac confessione desiderabitur, parati sumus latiorem informationem, Deo volente, iuxta scripturas exhibere.

⟨Melanchthons erster Entwurf für den Beschluß.⟩[1]

Dieweil dann die kaiserliche Majestat als ein hochloblichster, christlichster Kaiser hieraus genädiglichen zu vornehmen haben, warauf die Lehre ruhet, so in obgemeldtes Kurfirsten zu Sachsen Furstentumb Landen und Gebieten gelehrt und gepredigt wirdet, und nämlich warin die Rechtfertigung des Menschen stehet, auch wo der Mensch Vergebung seiner Sunde und Erlangung der Genaden Gottes suchen oder nicht suchen soll. Item welchs christliche und gottselige Zerimonien und warzu die dienstlich und nutz und wie dieselbigen zu halten, auch welche Zeremonien ärgerlich sein, und zu dem wie das Volk gelehrt und unterrichtet wirdet, daß es sich gegen den Obrigkeiten (do es nicht wider Gott und zu Sunden gedrungen wirdet) mit untertänigster Ehrerbietung, Forcht und Gehorsam, in aller Untertänigkeit zu halten schuldig sei, so geruch der allmächtig barmherzige Gott, Ihrer Majestat Genade und kaiserlichen Muhet zu verleihen, Ihrer Majestat Ausschreiben genädigem und christlichem Erbieten nach, in diesen allergroßten und wichtigsten Sachen dermaßen zu handeln, domit nach erhorten in Liebe und Gutigkeit eins jeden Opinion und Meinung alles das, so wider die klare und helle gottliche Schrift befunden und derhalben auf diesem oder jenem Teil unrecht gehalten und furgenommen, zu einer einichen christlichen Wahrheit, die Gott selber und durch sich dann sein einiges Wort und Christum der Welt kund worden, was sein gottlicher Wille ist und er von den Menschen erfordert, auch wann er den fur ihme will rechtfertig und selig werden lassen, zuvorpringen und zuvorgleichen alle Spaltung und Miß=
verstand der Schrift. In welcher Einigkeit und unitas der Christenheit als auf die recht Grund=
festen allein ruhet und stehen soll, abgetan und also zwuschen allen Ständen eine einige wahre christliche Religion angenommen und gehalten und so gefährlicher und sorglicher Zweispalt, als itzt in Kirchen und Gemeinden vorhanden, gänzlich hingelegt und abgestellet werde. Dann wo solchs dermaßen und, wie kaiserliche Majestat in obberuhrtem ihrem kaiserlichen Aus=
schreiben einen genädigen und christlichen Wege angezeigt, nicht vurgenommen sollt werden, wollt zu besorgen stehen, daß es nur täglich zu weiter fährlichen Zweispalt, Trennung, Un=
einigkeit und Zuruttung der Kirchen gereichen wurde. Nachdem (wie man fur Augen sicht) leider in deutscher Nation viel furwitziger Leut sein, die sich nur um eigens Ruhmbs willen viel Disputierens und darnebem allerlei schädliche und gefährliche Lehren wider die christ=
lichen und von Gott eingesetzten Sakrament zu erweken unterstehen. Auch ferner (wie furhanden) in andern Artikeln zu tun unterstehen werden, insonderheit wo sie etwo Anhang und Handhabung, wie dann leichtlich beschehen konnt, darzu finden und erlangen, und dann diejenigen auf diesem Teil unbracht, verjagt oder vortrieben wären, die bis anher aufs heftigst mit Unterrichtung der Wahrheit darwider gestrebt und solche und dergleichen Ketzerei aufs heftigst widerfochten haben. Dann wo die nicht vorhanden, wurden sich darnach die andern weniger scheuen und zu vorigen Ketzereien, so sie der Sakrament halben erwecket haben, noch mehr schädlicher Irrtumb einfuhren.

Hierumb wolle die romisch kaiserlich Majestat in der frommen Konig Fußstapfen schreiten, so etwan uber das judisch Volk regiert, die ihnen nichts hocher haben anliegen lassen, dann dasjenige abzutun und niederzulegen, was wider die Gebot und Befelch Gottes fur einen Gottsdienst im Volk aufgericht worden, seind auch darumb, daß sie in Sachen Gottes Ehre und Dienst belangend mehr auf seinen Befelch und Gebot dann menschliche Erfindung und Zusätze gesehen, von den Propheten, so zu ihren Zeiten gewesen, aufs hochst gepreiset, die andern aber, welche das nicht getan (und den falschen Gottsdienst nicht umbgestürzt noch verboten haben) heftiglich gestraft worden, und derwegen der ganzen Christenheit auch vieler Menschen Seelenheil beherzigen und sich in diesen Sachen erzeigen, domit Gott dem

---

1 ferrer M3 W ferner Konf   2 Schrift Konf   5 *Die Korrekturen der Abschrift stammen größtenteils von Brück* (B). *Und vor* Dieweil B   11 und (*1.*) [darzu]   14 geruch + [und wolle Gott]   20 worden + ist B   29 es] die Sachen B   30 man + leider B   31 leider *gestr.* B   34 insonderheit *gestr.* B   35 wie *bis* konnt *gestr.* B   erlangen + wurd B   dann] insunderheit itzo B   36 auf diesem Teil *gestr.* B   unbracht *korr. aus* un=
bericht (?) B   40 noch] nicht Hdschr.   43 einen *gestr.* B   47/48 und *bis* haben *gestr.* B

[1]) Dieser Entwurf eines Schlusses für das sächsische Bekenntnis ist in Ja mit der Überschrift „Ungeferlicher Beschluß" überliefert, von Willkomm ARG IX, 1912, 343/45 gedruckt.

Allmächtigen zu rechtem Lobe und der deutschen Nation zu Frieden, den Leuten zu Besserung christlicher Lahre und die Vorkundigung des heiligen Evangelii und Gottes Worts pleiben, die Jugend getreulich dorinnen unterwiesen und die rechte christliche Lahr auf die nachfolgend Welt kommen müge, wie dann jedermann schuldig ist, for dieselb zu sorgen. Das wirdet ahn Zweifel das höchst und löblichst kaiserlich Werk sein, das ihre Majestät in solcher ihrer 5 Hoheit immer tun mügen. Dann ihr kaiserliche Majestät wissen genädiglich zu betrachten, daß diese Sachen nicht zeitliche Güter, Land oder Leut, sondern ewigs Heil und Unheil der Seelen und Gewissen belangen, und wie hierinnen gehandelt, so wirdet Gott am jüngsten Gericht Rechenschaft dafür fordern. Gott vorleihe ihrer kaiserlichen Majestät zu solcher aufgeschrieben Handlung Genad und Heil. Amen. 10

⟨Der Beschluß in der Ed. pr.⟩

Wir haben die fürnehmlichen Artikel unser ganzen Lahr erzählet, wiewohl aber etliche mehr Mißbräuch anzuziehen gewesen, als von Indulgentien, von Wallfahrten, von Mißbrauch des Bannes, Unruge in Pfarren durch Mönche und Stationarios an vielen Orten angericht wird. Diese und dergleiche Stück haben wir fallen lassen, denn was wir davon 15 halten, ist leichtlich aus den erzähleten Artikel abzunehmen. Wir haben auch niemand mit dieser Schrift zu schmähen gedacht, sondern allein unser Bekenntnus getan, daraus männiglich erkennen mag, daß wir in Lahr und Zeremonien nicht halten zuwider Gottes Wort oder der heiligen gemeinen und catholica christlichen Kirchen. Denn das ist öffentlich, daß wir mit höchstem Fleiß gewehret haben, daß nicht neue unchristliche Lahr bei uns gelehret 20 oder angenommen werden möcht. Diese obgeschriebene Artikel ubergeben wir Kaiserlicher Majestät, unserm allergnädigsten Herrn, wie ihr Kaiserliche Majestät begehrt hat, darin in Summa zu sehen Bekenntnus unsers Glaubens und unser Prediger und Pfarrner Lahr, und erbieten uns weiter Bericht von dieser Lahr, wo solchs begehrt wird, durch Gottes Gnad aus heiliger göttlicher Schrift, von allen Artikeln und jedem in Sonderheit nach Not= 25 durft zu tun.

Euer Kaiserlichen Majestat untertänigste gehorsame	Caesareae Maiestatis vestrae fideles et subditi	8
Johanns, Herzog zu Sachsen, Kurfurst[1].	Ioannes, Dux Saxoniae, Elector.	9
Georg, Markgraf zu Brandenburg.	30 Georgius, Marchio Brandenburgensis.	10

---

1 Frieden + auch B   27 *Unterschriften haben von selbständigen Handschriften nur* A2 *(mit Abschriften* A3 *u. Königsberg)* E N2 M *(mit Abschriften* K *u.* Ra) R 3 Lü *u.* W. *In zahlreichen anderen Abschriften sind sie nach verschiedenen Vorlagen später zugefügt. Vgl. Tschackert 55 f. und die Beschreibung der Handschriften bei ihm. Die Devotionsformel* Euer *bis* gehorsame ·> N2 R Lü   Euer *bis* Majestät] *von Hand des Kanzlers Heller* A2   28—S. 137, 7 untertänigste *bis* Reutlingen *von 2. gleichz. Hand* M   28 untertänigste, gehorsame] *so liest* W > N2 R Lü   untertane und gehorsame 3   gehorsame > E   Ed. pr. (untertänige) Konk   untertänigste Kurfürst, Fürsten und Städte A2 M   29 Don Gotts Gnaden Johanns (> N2) Herzog N2 R 3 Lü   Kurfürst zu Sachsen W und Kurfürst N2 R 3   Kurfürst etc. A2   30 Markgraf etc. W   Brandenburg etc. A2

28 *Vor* fideles *eingeschoben* Subscriptum erat V   Sic erat subscriptum Hü   subditi + ut supra sunt memorati R *(Unterschriften fehlen). Die Bemerkung ist nicht mit Förstemann I 448 ff. CR 26, 211. 335, Tschackert 40 auf die (nur in der deutschen Vorrede enthaltene) ursprüngliche Aufzählung (s. zu S. 45 Z. 1), sondern auf das in R vorausgehende Verzeichnis zu beziehen.*

---

[1]) Johann der Beständige (1525—1532), der Bruder Friedrichs des Weisen. RE³ IX 237 ff. Gußmann I 1, 86 ff. — Markgraf Georg von Brandenburg=Ansbach (1515, seit 1526 allein — 1543). RE³ VI 533 ff. AdB VIII 611 ff. Schornbaum, Zur Politik des Markgrafen Georg von Brandenburg, 1901. Gußmann I 1, 62 ff. — Ernst der Bekenner (1520—46). RE³ V 474 ff. AdB VI 260. A. Wrede, Ernst der Bekenner, 1888. VRG Nr. 25. Uhlhorn in Zeitschr. d. hist. Vereins f. Niedersachsen, 1897, 22 ff. — Philipp der Großmütige (1519—1567). RE³ XV 296 ff. Rommel, Phil. d. Großm., 3 Bde. 1830. W. Sohm, Territorium und Reformation in der hessischen Geschichte 1526—1555, 1915. Gußmann I 1, 47 ff. — Johann Friedrich der Großmütige, noch Kurprinz, der Sohn Johanns d. Best. (1532—1554). RE³ IX 244 ff.

Beschluß. 137

Ernst, Herzog zu Lunenburg.	Ernestus manu propria.	11
Philipp, Landgraf zu Hessen.	Philips, L. z. Hessen sst.[1]	12
Hanns Friedrich, Herzog zu Sachsen.	Ioannes Fridericus, Dux Saxoniae.	13
Franz, Herzog zu Lunenburg.	Franciscus, Dux Luneburgensis.	14
Wolf, Fürst zu Anhalt.	5 Wolfgangus, Princeps de Anhalt.	15
Burgermeister und Rät zu Nurmberg.	Senatus Magistratusque Nurnbergensis.	16
Burgermeister und Rät zu Reutlingen[2].	Senatus Reutlingensis.	17

1 Ernst *bis* Lunenburg > W   zu + Braunschweig und A2 N2 M R 3 Lü (> E Ed. pr.)
3 Johanns A2 N2 E M R 3   3/4 Hanns *bis* Lunenburg > Konf   4 Franciscus E
Ed. pr.   zu + Braunschweig und A2 N2 M R 3 Lü   5 Wolfgang Fürst E N2 M R 3
Fürst Wolfgang A2 Lü   *dahinter* Albrecht, Graf und Herr zu Mansfeld[3] A2 N2 M R 3 Lü
6/7 und die Städte Nurmberg und Reutlingen 3   und die bede (*über die 3. M*) Gesandten der
zweier (> Lü) Städte Nurnberg und Reutlingen A2 N2 M R Lü   Rat und Burger=
meister zu Nurmberg Rat von Reitlingen E   die Stadt Norimberg (Nürnberg Konf), die
Stadt Reutlingen Ed. pr. Konf.

1 Ernestus manu propria > K S W   manu propria > V Fabr. (*war wohl abgekürzt*)
Ernestus a Lunenburg A D F H M2 N   2 [manu] sst Hü   cum sst V   cum suis
Fabr. etc. sst S W   Landtgravius Hassiae K   Lantgr. Hassiae A   5 de] ab
A D F H M2 N

G. Mentz, Joh. Friedr. d. Großm. 1503—1554, 3 Bde., 1903/8. — Franz, der jüngere, noch nicht volljährige Bruder Ernsts († 1549). O. v. Heinemann, Gesch. v. Braunschweig u. Hannover II 440ff. — Wolfgang von Anhalt († 1566). AdB 44, 68ff. — Die Gesandten Nürnbergs waren Christoph Kreß und Klemens Volkamer. Gußmann I 1, 135ff.; der Gesandte Reutlingens der Bürgermeister Jos Weiß. Gußmann I 1, 153ff. — Mitte Juli traten noch Windsheim, Heilbronn, Kempten und Weißenburg (i. Nordgau) bei.

[1]) subscripsit   [2]) Sicherheit über die deutschen Unterschriften ist nicht zu gewinnen. In den Handschriften aus dem Besitz der Unterzeichner weichen sie vielfach voneinander ab und unterliegen starken Bedenken. In A2 N2 u. R sind sie offensichtlich der gestrichenen Stelle der Vorrede (S. 45 zu Z. 1) entnommen, in M und wohl auch A2 erst etwas später hinzugefügt. Darauf deutet der Handwechsel in A2 und M und bei A2 ein Verte am Ende der vorhergehenden Seite. M gibt sie wohl nach A2. In E stammen sie (wie in Au, s. Tschackert 20) wohl aus einer lateinischen Form, ebenso in Ed. pr. In der Abschrift aus der kaiserlichen Kanzlei M3 und in D1 fehlen die Unterschriften. W gibt sie vielleicht nach W; in beiden fehlt Ernst von Lüneburg (Tschackert 18). Die Unterschriften des übergebenen deutschen Exemplars werden denen des lateinischen, die uns durch die Abschriften aus dem Brüsseler Archiv bezeugt sind, sehr ähnlich gewesen sein. Ich gebe die deutsche Form daher nach W, verbessere aber zwei Kürzungen (S. 136, Z. 29 und 30) und die Auslassung Ernsts von Lüneburg.
[3]) Graf Albrecht von Mansfeld, den fast alle deutschen Handschriften aus protestantischem Besitz (außer E) mit aufführen, gehörte als nicht völlig reichsunmittelbar nicht zu den Unterzeichnern. Er wird in den Berichten Tetlebens und Brücks (s. o. XVIII Anm. 8) nicht mit ihnen genannt, wird von Jonas (an Luther 25. Juni, WABr V 392, 18) und Luther (an Hausmann 6. Juli, WABr V 440, 10) nicht mit ihnen aufgezählt und fehlt in den lat. Handschriften und der Ed. pr. Er ist aber nach dem Bericht der Memminger Gesandten (Dobel, Memmingen im Reformationszeitalter IV 31) als Führer der Grafen und Ritter bei der Übergabe vor den Kaiser hingetreten. (Kolde, Einleitung S. XIX, Anm. 1.) Er unterzeichnet später die Bescheide der Evangelischen mit (Förstemann II 187), wird aber vom Kaiser im ersten Abschied nicht wie die später beigetretenen Städte (s. S. 136 Anm. 1) mit unter den Protestanten aufgeführt (Förstemann II 475).

ND.

APOLOGIA
CONFESSIONIS AUGUSTANAE.

Apologia der Confession

aus dem Latein verdeutscht durch

Justum Jonam.

Abkürzungen:

Ed. pr. = Melanchthons Editio princeps Wittenberg 1531.
Ed. pr. D. = Exemplar der Ed. pr. in der Sächsischen Landesbibliothek Dresden (A 130) mit Randbemerkungen Luthers (WA XXX 3, 487 ff.).
Ed. 1531. 8⁰ = Oktavausgabe der lat. CA und Apol. (CR 26, 337 ff.).
Conf. = Endgültiger Text der katholischen Konfutation der CA (CR 27, 81 ff.).
Conc = lat. Konkordienbuch (Leipzig 1580).
Konk = deutsches Konkordienbuch (Dresden 1580).

APOLOGIA CONFESSIONIS.

PHILIPPUS MELANCHTHON LECTORI SALUTEM D.

Postquam confessio Principum nostrorum publice praelecta est, theologi quidam ac monachi adornaverunt confutationem[1] nostri scripti, quam Caesarea Maiestas curasset etiam in consessu Principum praelegi, postulavit a nostris Principibus, ut illi confutationi assentirentur.

Nostri autem, quia audierant multos articulos improbatos esse, quos abiicere sine offensione conscientiae non poterant, rogaverunt sibi exhiberi exemplum confutationis, ut et videre, quid damnarent adversarii, et rationes eorum refellere possent.

Et in tali causa, quae ad religionem et ad docendas conscientias pertinet, arbitrabantur fore, ut non gravatim exhiberent suum scriptum adversarii.

Sed non potuerunt id impetrare nostri nisi periculosissimis conditionibus, quas recipere non poterant[2].

Apologia der Confession.

Vorrede.
Philippus Melanchthon dem Leser.

Als die Bekenntnis unser gnädigsten und gnädigen Herren, des Kurfürsten zu Sachsen und der Fürsten dieses Teils, zu Augsburg öffentlich vor kaiserl. Majest. und den Ständen des Reichs ist vorlesen worden, haben etliche Theologi und Mönche wider dieselbige Bekenntnis und Confession ein Antwort und Verlegung gestellet, welche dann kaiserl. Majest. hernach vor Ihrer Majest., den Kurfürsten, Fürsten und Ständen des Reichs vorlesen lassen und hat begehret, daß unsere Fürsten auf solche Meinung forthin wollten zu gläuben, auch zu lehren und zu halten willigen.

Dieweil aber die Unsern angehört, daß in solcher Antwort der Theologen viel Artikel verworfen, welche sie ohne Beschwerung des Gewissens und mit Gott nicht können lassen verwerfen, haben sie der Antwort oder Confutation Abschrift gebeten, damit sie eigentlichen sehen und erwägen möchten, was die Widersacher zu verdammen sich unterstünden, und desto richtiger auf ihre Ursache und fürgebrachte Gründe wieder antworten möchten.

Und in dieser großen, hochwichtigsten Sache, welche nicht Zeitliches, sondern eine gemeine Religion, aller Heil und Wohlfahrt der Gewissen und wiederum auch große Fährlichkeit und Beschwerung derselbigen belanget, haben es die Unsern gewiß dafür gehalten, daß die Widersacher solche Abschrift ohn alle Beschwerung ganz willig und gern überreichen, oder auch uns anbieten würden.

Aber die Unsern haben solches gar nicht anders erlangen mügen, denn mit fast beschwerlichen angehefteten Verpflichtungen und

---

[1]) Vgl. die Einleitung S. XXII. Es waren unter Führung des Legaten Campegi etwa 20 Theologen beteiligt, vor allem Eck, Fabri, Cochläus, Dietenberger, Wimpina. J. Ficker, Die Konfutation des Augsburgischen Bekenntnisses. Ihre erste Gestalt und ihre Geschichte. 1891. Die spätere Form in CR 27 und an den dort in der Einleitung genannten Orten.
[2]) Der Kaiser lehnte am 5. Aug. eine schriftliche Antwort der Evangelischen von vornherein

3 Instituta est autem deinde pacificatio, in qua apparuit, nostros nullum onus quamlibet incommodum detrectare, quod sine offensione conscientiae suscipi posset. Sed adversarii obstinate hoc postulabant, ut quosdam manifestos abusus atque errores approbaremus; quod cum non possemus facere, iterum postulavit Caes. Maiest., ut Principes nostri assentirentur confutationi. Id facere Principes nostri recusaverunt[1].

Quomodo enim assentirentur in causa religionis scripto non inspecto? Et audierant articulos quosdam damnatos esse, in quibus non poterant iudicia adversariorum sine scelere comprobare.

5 Iusserant autem me et alios quosdam parare apologiam confessionis[2], in qua exponerentur Caes. Maiest. causae, quare non reciperemus confutationem, et ea, quae obiecerant adversarii, diluerentur.
6 Quidam enim ex nostris inter praelegendum capita locorum et argumentorum
7 exceperant[3]. Hanc apologiam obtulerunt ad extremum Caes. Maiest. ut cognosceret nos maximis et gravissimis causis impediri, quo minus confutationem approbaremus. Verum Caes. Maiest. non recepit oblatum scriptum[4].

8 Postea editum est decretum quoddam[5], in quo gloriantur adversarii, quod nostram confessionem ex scripturis confutaverint.
9 Habes igitur, lector, nunc apologiam

Condition, welche sie in keinen Weg haben willigen mügen.

Darnach ist ein Unterhandlung und etliche Wege der Güte oder Sühne vorgenommen, da sich denn die Unsern aufs höhest erboten alles gern zu tragen, zu dulden und zu thun, das ohne Beschwerung der Gewissen geschehen künnt. Aber die Widersacher haben darauf allein hart gestanden, daß wir in etliche öffentliche Mißbräuch und Irrtum haben willigen sollen, und so wir das nicht thun künnten noch wollten, hat die kaiserl. Majest. wieder begehrt, daß unsere Herren und Fürsten willigen sollten, so zu gläuben, so zu halten, wie der Theologen Confutation lautet, welches unser Fürsten ganz und gar abgeschlagen.

Denn wie sollten Ihr Kur- und Fürstl. Gn. in so hoher allerwichtigsten Sachen, vieler und ihr eigen Seel und Gewissen belangend, in eine Schrift willigen, die man ihnen nicht übergeben, noch zu überlesen vergönen oder überreichen wollte, sonderlich so sie in der Vorlesung angehört, daß solche Artikel verworfen waren, die sie nicht möchten noch könnten nachgeben, sie wollten denn öffentlich wider Gott und Ehrbarkeit handeln.

Derhalben Ihr Kur- und Fürstl. Gn. mir und andern befohlen ein Schutzrede oder Apologie unsers ersten Bekenntnis zu stellen, in welcher der kaiserl. Majest. Ursachen angezeigt würden, warumb wir die Confutation nicht annehmen, und warumb dieselbige nicht gegründet wäre. Denn ob man uns wohl Abschrift und Copei über unser Flehen, Bitten und höchstes Ansuchen versaget, so hatten die Unsern doch in Verlesung der Confutation die Summa der Argument fast in Eil und als im Fluge gefangen und aufgezeichnet, darauf wir die Apologie dasmal, so uns Copei endlich versaget, stellen mußten. Dieselbige Apologie haben die Unsern zuletzt, als sie von Augsburg Abschied genommen, der kaiserl. Majest. überantwort, damit Ihr Majest. verstehen möchte, daß es ganz groß hochwichtige Ursach hätte, warumb wir die Confutation nicht hätten mögen willigen; aber die kaiserl. Majest. hat die überantwort Apologie geweigert anzunehmen.

Darnach ist gleichwohl ein Decret ausgangen, darinne die Widersacher sich mit Ungrund rühmen, daß sie unser Bekenntnis aus der heiligen Schrift verlegt[6] haben.

Dagegen aber hat jedermann unser Apo-

ab, verlangte Vergleichung mit den Altgläubigen auf Grund der Konfutation und stellte die Bedingung, daß die Evangelischen die Konfutation nicht aus den Händen gäben und weder sie noch ihr Glaubensbekenntnis drucken ließen. Förstemann II, 179 f. Tetleben 5. Aug.
[1]) Die Antworten der Evangelischen vom 9. und 13. August. Förstemann II, S. 183. 201 ff. [2]) Vgl. die Einleitung. [3]) Vor allem der Nürnberger Humanist Joach. Camerarius, der Freund Melanchthons. CR 2, 250. [4]) Vgl. die Einleitung.
[5]) Entwurf zum Reichstagsabschied 22. Sept. („durch die heiligen Evangelien und Geschichten mit gutem Grund widerlegt und abgeleint") Förstemann II, 475. [6]) widerlegt

nostram, ex qua intelliges, et quid adversarii iudicaverint (retulimus **enim** bona fide), et quod articulos aliquot contra manifestam scripturam spiritus sancti damnaverint, tantum abest, ut nostras sententias per scripturas labefactaverint.

Quamquam autem initio apologiam instituimus communicato cum aliis consilio, tamen ego inter excudendum quaedam adieci. ¹Quare meum nomen profiteor, ne quis queri possit sine certo auctore librum editum esse.

Semper hic meus mos fuit in his controversiis, ut quantum omnino facere possem, retinerem formam usitatae doctrinae, ut facilius aliquando coire concordia posset. Neque multo secus nunc facio, etsi recte possem longius abducere huius aetatis homines ab adversariorum opinionibus.

Sed adversarii sic agunt causam, ut ostendant se neque veritatem neque concordiam ¹quaerere, sed ut sanguinem nostrum exsorbeant.

Et nunc scripsi, quam moderatissime potui; ac si quid videtur dictum asperius, hic mihi praefandum est, me cum theologis ac monachis, qui scripserunt confutationem, litigare, non cum Caesare aut Principibus, quos, ut debeo, veneror. Sed vidi nuper confutationem¹, et animadverti adeo insidiose et calumniose scriptam esse, ut fallere etiam cautos in certis locis posset.

Non tractavi tamen omnes cavillationes; esset enim infinitum opus; sed praecipua argumenta complexus sum, ut exstet apud omnes nationes testimonium de nobis, quod recte et pie sentiamus de evangelio Christi. Non delectat nos discordia, nec nihil movemur periculo nostro, quod quantum sit in tanta acerbitate odiorum, quibus intelligimus accensos esse adversarios, facile intelligimus. Sed non possumus abiicere manifestam veritatem et ecclesiae necessariam.

logie und Schutzrede, daraus er wird sehen, wie und was die Widersacher geurteilt haben. Denn wir haben es hie eigentlich erzählt, wie es ergangen, und nicht anders, weiß Gott! So haben wir auch hie klar angezeigt, wie sie etliche Artikel wider die öffentliche helle Schrift und klare Wort des heil. Geistes verdammet haben, und dürfen nimmermehr mit der Wahrheit sagen, daß sie ein Tittel aus der heiligen Schrift wider uns verantwortet hätten.

Wiewohl ich nu anfänglich zu Augsburg 10 diese Apologie hatte angefangen mit Rat und Bedenken etlicher anderer, so hab ich doch itzund, so dieselbige im Druck ausgehen soll, etwas dazu ¹getan. Darum schreib ich auch hie mein Namen dran, damit niemands klagen müge, das Buch sei ohn Namen ausgangen.

Ich hab mich bisher, so viel mir müglich 11 gewesen, geflissen von christlicher Lehre nach gewöhnlicher Weise zu reden und zu handeln, damit man mit der Zeit desto leichtlicher zusammenrücken und sich vergleichen künnte: wiewohl ich diese Sachen mit Fugen weiter von ihr gewöhnlichen Weis hätte führen mögen.

Die Widersacher handeln aber diese Sache 12 dargegen also unfreundlich, daß sie sich ¹gnug merken lassen, daß sie weder Wahrheit noch Einigkeit suchen, sondern allein unser Blut zu saufen.

Nu hab ich auf diesmal auch noch aufs 13 gelindest geschrieben, wo aber etwas Geschwindes in diesem Buch ist, will ich solches nicht wider kaiserl. Majest. oder die Fürsten, welchen ich gebührliche Ehre gern erzeige, sondern wider die Mönche und Theologen geredet haben. Denn ich habe erst 14 neulich die Confutation bekommen recht zu lesen, und merke, daß viel darinne so gefährlich, so giftig und neidisch geschrieben, daß es auch an etlichen Orten fromme Leute betrügen möchte.

Ich hab aber nicht alle zänkische, mutwillige 15 Ränke der Widersacher gehandelt; denn da wären unzählige Bücher von zu schreiben. Ihre besten, höchsten Gründe hab ich gefasset, daß bei hohen und niedern Ständen, bei den itzigen und unsern Nachkommen, 16 bei allen eingebornen Deutschen, auch sonst aller Welt, allen fremden Nationen ein klar Zeugnis vor Augen sei und ewig stehen bleibe, daß wir rein, göttlich, recht von dem Evangelio Christi gelehret haben. Wir haben wahrlich nicht Lust oder Freude an Uneinigkeit; auch sind wir nicht so gar stock- oder steinhart, daß wir unser Fahr nicht beden-

---

¹) Vgl. die Einleitung.

ken. Denn wir sehen und merken, wie die Widersacher in dieser Sache uns so mit großer Gift und Bitterkeit suchen und bis hieher gesucht haben an Leib, Leben und allem, was wir haben. Aber wir wissen die öffentlichen, göttlichen Wahrheit, ohn welche die Kirche Christi nicht kann sein oder bleiben, und das ewige heilige Wort des Evangelii nicht zu verleugnen oder zu verwerfen.

Quare incommoda et pericula propter gloriam Christi et utilitatem ecclesiae perferenda esse sentimus, et confidimus Deo probari hoc nostrum officium, et speramus aequiora de nobis iudicia posteritatis fore.

Derhalben, so wir um des Herrn Christi und um dieser allerhöchsten, wichtigsten Sachen willen, an welcher der ganze heilige christliche Glaube, die ganze christliche Kirche gelegen ist, noch größern Widerstand, Fahr oder Verfolgung warten oder ausstehen sollen, wollen wir in so ganz göttlicher, rechter Sachen gern leiden, und vertrösten uns des gänzlich, sinds auch gewiß, daß der heiligen, göttlichen Majestät im Himmel und unserm lieben Heiland Jesu Christo dieses wohlgefällt, und nach dieser Zeit werden Leut sein und unser Nachkommen, die gar viel anders und mit mehr Trauen von diesen Sachen urteilen werden.

17 Neque enim negari potest, quin multi loci doctrinae christianae, quos maxime prodest exstare in ecclesia, a nostris patefacti et illustrati sint; qui qualibus et quam periculosis opinionibus obruti olim iacuerint apud monachos, canonistas et theologos sophistas, non libet hic recitare.

Denn es können die Widersacher selbs nicht verneinen noch läugnen, daß viele und die höchsten, nötigsten Artikel der christlichen Lehre, ohne welche die christliche Kirch samt der ganzen christlichen Lehre und Namen würden vergessen und untergehen, durch die Unsern wieder an Tag bracht sein. Denn mit was zänkischen, vergeblichen, unnützen, kindischen Lehren viel nötige Stücke vor wenig Jahren bei Mönchen, Theologen, Canonisten und Sophisten untergedrückt gewesen, will ich hie diesmal nicht erzählen; es soll noch wohl kommen.

18 Habemus publica testimonia multorum bonorum virorum, qui Deo gratias agunt pro hoc summo beneficio, quod de multis necessariis locis docuerit meliora, quam passim leguntur apud adversarios nostros.

Wir haben (Gott Lob) Zeugnis von vielen hohen, ehrlichen, redlichen, gottfürchtigen Leuten, welche Gott von Herzen danken vor die unaussprechlichen Gaben und Gnaden, daß sie in den allernötigsten Stücken der ganzen Schrift von uns viel klärer, gewisser, eigentlicher, richtiger Lehre und Trost der Gewissen haben, denn in allen Büchern der Widersacher immer funden ist.

19 Commendabimus itaque causam nostram Christo, qui olim iudicabit has controversias, quem oramus, ut respiciat afflictas et dissipatas ecclesias et in concordiam piam et perpetuam redigat.

Darum wollen wir, so die erkannte helle Wahrheit je mit Füßen getreten wird, diese Sache hie Christo und Gott im Himmel befehlen, der der Waisen Vater und Witwen und aller Verlassenen Richter ist, der wird (das wissen wir je fürwahr) diese Sache urteilen und recht richten. Und du, Herr Jesu Christ, dein heiliges Evangelium, dein Sache ist es; wollest ansehen so manch betrübt Herz und Gewissen und dein Kirchen und Häuflein, die vom Teufel Angst und Not leiden, erhalten und stärken deine Wahrheit. Mache zu Schanden alle Heuchelei und Lügen, und gib also Friede und Einigkeit, daß dein Ehre fürgehe und dein Reich wider alle Porten der Hölle kräftig ohne Unterlaß wachse und zunehme.

APOLOGIA CONFESSIONIS.
⟨Art. I. De Deo.⟩

Primum articulum confessionis nostrae probant nostri adversarii[1], in quo exponimus, nos credere et docere, quod sit una essentia divina, individua etc., et tamen tres sint distinctae personae eiusdem essentiae divinae et coaeternae, pater, filius et spiritus sanctus. Hunc articulum semper docuimus et defendimus et sentimus, eum habere certa et firma testimonia in scripturis sanctis, quae labefactari non queant. Et constanter affirmamus, aliter sentientes extra ecclesiam Christi et idolatras esse et Deum contumelia afficere[2].

⟨Art. II.⟩ De Peccato Originali.[3]

Secundum articulum de peccato originis probant adversarii, verum ita, ut reprehendant tamen definitionem peccati originalis, quam nos obiter recitavimus[4]. Hic in ipso statim vestibulo deprehendet Caes. Maiest., non solum iudicium, sed etiam candorem istis defuisse,

Apologia der Confession.
⟨Art. I. Von Gott.⟩

Den ersten Artikel unsers Bekenntnis lassen ihnen die Widersacher gefallen, in welchem angezeigt wird, wie wir gläuben und lehren, daß da sei ein ewiges, einiges, unzerteilt göttlich Wesen und doch drei unterschiedene Personen in einem göttlichen Wesen, gleich mächtig, gleich ewig, Gott Vater, Gott Sohn, Gott heiliger Geist. Diesen Artikel haben wir allzeit also rein gelehret und verfochten, halten auch und sein gewiß, daß derselbige so starken, guten, gewissen Grund in der heiligen Schrift hat, daß niemands müglich den zu tadeln oder umzustoßen. Darumb schließen wir frei, daß alle diejenigen abgöttisch, Gotteslästerer und außerhalb der Kirchen Christi sein, die da anders halten oder lehren.

⟨Art. II.⟩ Von der Erbsünde.

Den andern Artikel von der Erbsunde lassen ihnen auch die Widersacher gefallen, doch fechten sie an, als haben wirs nicht recht troffen, da wir gesagt, was die Erbsunde sei, so wir doch zufällig allein des Orts davon geredt. Da wird alsbald im Eingang die kaiserl. Majest. befinden, daß

APOLOGIA CONFESSIONIS.[5]
MDXXX.
Ps. CXIX.
Principes persecuti sunt me gratis.

In ipso statim vestibulo deprehendet Caesarea Maiestas, defuisse non solum iudicium, sed etiam candorem istis, qui scripserunt Confutationem Confessionis nostrae. Cavillantur enim peccati originis praeter necessitatem, cum dicunt timorem Dei et fiduciam erga Deum significare actus. Quare peccato originis non possint

---

[1]) CR 27, 84. Ficker S. 4.   [2]) Vgl. zu CA Art. I.   [3]) Vgl. dazu A. Warko, ThStKr. 79. 1906, S. 86—107. Engelland S. 90 ff. Schlink S. 71 ff.   [4]) At declaratio articuli, quod peccatum originis sit, quod nascantur homines sine metu Dei, sine fiducia erga Deum est omnino reiicienda, cum sit cuilibet christiano manifestum, esse sine metu Dei, sine fiducia erga Deum potius esse culpam actualem adulti quam noxam infantis recens nati ... Sed et ea reiicitur declaratio, qua vitium originis concupiscentiam dicunt, si ita concupiscentiam volunt esse peccatum, quod etiam post baptismum remaneat peccatum in puero. CR 27, 88. Ficker S. 8 f.   [5]) Der erste Entwurf der Apologie. Vgl. S. XXII.

qui confutationem scripserunt. Nam cum nos simplici animo obiter recensere voluerimus illa, quae peccatum originis complectitur, isti, acerba interpretatione conficta, sententiam per se nihil habentem incommodi arte depravant. Sic inquiunt: Sine metu Dei, sine fide esse est culpa actualis; igitur negant esse culpam originalem.

2 Has argutias satis apparet in scholis natas esse, non in consilio Caesaris. Quamquam autem haec cavillatio facillime refelli possit: tamen ut omnes boni viri intelligant, nos nihil absurdi de hac causa docere, primum pe'timus, ut inspiciatur germanica confessio; haec absolvet nos suspicione novitatis. Sic enim ibi scriptum est: Weiter wird gelehret, daß nach dem Fall Adae alle Menschen, so natürlich geborn werden, in Sunden empfangen und geborn werden, das ist, daß sie alle von Mutterleib an voll böser Lüst und Neigung sind, keine wahre Gottesforcht, kein wahren Glauben an Gott von Natur haben können[1]. Hic
3 locus testatur nos non solum actus, sed potentiam seu dona efficiendi timorem et fiduciam erga Deum adimere propagatis secundum carnalem naturam. Dicimus enim, ita natos habere concupiscentiam, nec posse efficere verum timorem et fiduciam erga Deum. Quid hic reprehendi potest? Bonis viris quidem arbitramur nos satis purgatos esse. Nam in hanc sententiam latina descriptio potentiam naturae detrahit, hoc est, dona et vim efficiendi timorem et fiduciam erga Deum detrahit et in adultis actus. Ut cum nominamus concupiscentiam, non tantum actus seu fructus intelligimus, sed perpetuam naturae inclinationem[2].

unser Widerwärtigen in dieser hochwichtigen Sachen oft gar nichts merken noch verstehen, wiederumb auch oft unser Wort böslich und mit Fleiß uns verkehren, oder je zu Mißverstand deuten. Denn so wir aufs allereinfältigest und kläreft davon geredt, was die Erbsünde sei oder nicht sei, so haben sie aus eitel Gift und Bitterkeit die Wort, so an ihnen selbs recht und schlecht geredt, mit Fleiß übel und unrecht deutet. Denn also sagen sie: Ihr sprecht, die Erbsunde sei dieses, daß uns ein solch Sinn und Herz angeboren ist, darinne keine Furcht Gottes, kein Vertrauen gegen Gott ist, das ist je ein wirkliche Schuld und selbst ein Werk oder actualis culpa, darumb ifts nicht Erbsunde.

Es ist leichtlich zu merken und abzunehmen, daß solche cavillatio von Theologen, nicht von des Kaisers Rat herkommet. Wiewohl wir nu solche neidische, gefährliche, muthwillige Deutungen wohl wissen zu verlegen, doch daß alle redliche und ehrbare Leute verstehen mügen, daß wir in dieser Sache nichts Ungeschicktes lehren, so bitten wir, sie wollen unser vorige deutsche Confession, so zu Augsburg überantwortet, ansehen; die wird gnug anzeigen, wie wir nichts Neues oder Ungehörtes lehren. Denn in derselbigen ist also geschrieben: „Weiter wird gelehret, daß nach dem Fall Adä alle Menschen, so natürlich geboren werden, in Sunden empfangen und geboren werden, das ist, daß sie alle von Mutter Leibe an voll böser Lust und Neigung sind, keine wahre Gottesfurcht, keinen wahren Glauben an Gott von Natur haben können." In diesem erscheinet genug, daß wir von allen, so aus Fleisch geboren sind, sagen, daß sie untüchtig sind zu allen Gottes Sachen, Gott nicht herzlich fürchten, ihme nicht glauben, noch vertrauen können. Da reden wir von angeborner böser Art des Herzens, nit allein von actuali culpa oder von wirklicher Schuld und Sunden. Denn wir sagen, daß in allen Adamskindern eine böse Neigung und Lust sei, und daß niemands ihme selbs ein Herz könne oder vermüge zu machen, das Gott erkenne oder Gott herzlich vertraue, herzlich fürchte. Ich wollte doch gern hören,

---

convenire. Germanica confessio declarat, nos non de actibus, sed de donis loqui. quae contigissent integrae naturae. Sic enim ibi recitatur: Weiter wird gelehret, daß nach dem Fall Adae alle Menschen, so natürlich geborn werden, in Sunden entpfangen und geborn werden, das ist, daß sie alle von Mutterleib an voll boser Lust und Neigung sind und keine wahre Gottesforcht, kein wahren Glauben an Gott von Natur haben

---

[1] f. o. S. 53.   [2] Ex ista pulchra autoritate (Augustin Contra Jul. II, 5, 12. MSL 44, 682) patet, quomodo concupiscentia sit ipsa infirmitas nostra ad bonum. Luther zu Röm. 7, 17. Römerbriefvorl. WA LVI 351, 10. II, 179, 29 Ficker. W. Braun, Die Bedeutung der Concupiszenz in Luthers Leben und Lehre 1908.

was sie da schelten wollen oder möchten. Denn fromme, redliche Leute, den die Wahrheit lieb, sehen ohn allen Zweifel, daß dieses recht und wahr ist. Denn auf die Meinung sagen wir in unser lateinischen Bekenntnis, daß in einem natürlichen Menschen nicht potentia, das ist, nicht so viel Tügens, Vermügens sei, auch nicht an unschuldigen Kindlein, welche auch aus Adam untüchtig sein, immer herzlich Gott zu fürchten und herzlich Gott zu lieben. In den Alten aber und Erwachsenen sind noch über die angeborne böse Art des Herzens auch noch actus und wirkliche Sünde. Darumb wenn wir angeborne böse Lust nennen, meinen wir nicht allein die actus, böse Werk oder Früchte, sondern inwendig die böse Neigung, welche nicht aufhöret, so lang wir nicht neu geboren werden durch Geist und Glauben.

Sed postea ostendemus pluribus verbis, nostram descriptionem consentire cum usitata ac veteri definitione. Prius enim consilium nostrum aperiendum est, cur his potissimum verbis hoc loco usi simus. Adversarii in scholis fatentur: materiale, ut vocant, peccati originalis esse concupiscentiam[1]. Quare in definiendo non fuit praetereunda, praesertim hoc tempore, cum de ea nonnulli parum religiose philosophantur.

Aber darnach wollen wir mit mehr Worten anzeigen, daß wir von der Erbsünde, nämlich was dieselbige sei oder nicht, auch auf geübte alte Weise der Scholastiker, und nicht so ungewöhnlich geredt haben. Ich muß aber erst anzeigen, aus was Ursachen ich an dem Ort fürnehmlich solcher und nicht ander Wort habe brauchen wollen. Die Widersacher selbst reden also davon in ihren Schulen und bekennen, daß die Materien oder Materiale der Erbsünde, wie sie es nennen, sei böse Lust. Darumb so ich habe wollen sagen, was Erbsünde sei, ist das nicht zu übergehen gewest, sonderlich dieser Zeit, da etliche von derselbigen angebornen bösen Lust mehr heidnisch aus der Philosophie, denn nach dem göttlichen Wort oder nach der heiligen Schrift reden.

Quidam[2] enim disputant, peccatum originis non esse aliquod in natura hominis vitium seu corruptionem, sed tantum servitutem seu conditionem mortalitatis quam propagati ex Adam sustineant sine aliquo proprio vitio propter alienam culpam. Praeterea addunt neminem damnari morte aeterna propter peccatum originis, sicut ex ancilla servi nascuntur et hanc conditionem sine naturae vitiis, sed propter calamitatem

Denn etliche reden also davon, daß die Erbsunde an der menschlichen Natur nicht sei ein angeborne böse Art, sondern allein ein Gebrechen und aufgelegte Last oder Bürde, die alle Adamskinder umb fremder Sunde willen, nämlich Adams Sunde halben, tragen müssen, und darumb alle sterblich sein, nicht daß sie selbst alle von Art und aus Mutterleibe Sünde ererbeten. Dar'über sagen sie dazu, daß kein Mensch ewig verdammt werde allein umb der Erbsunde oder

konnen. Haec verba testantur, nos non de actibus, sed de potentia loqui, quod videlicet homines secundum naturam propagati non possint efficere viribus naturalibus verum timorem Dei et veram fiduciam erga Deum. Neque hoc novum est, quod timor et fiducia significent non actus tantum, sed etiam dona, et nos sic loqui voluimus, ut vulgarem definitionem, quae subobscura est, interpretaremur. Sic enim alias definiunt, peccatum originis esse carentiam iustitiae originalis. Nos partes numeramus, deesse timorem Dei, deesse fiduciam erga Deum. Nam iustitia originalis haec dona in nascentibus erat allatura, timorem Dei et fiduciam erga Deum. Et has partes ideo etiam commemoravimus, quia cum alii de peccato originali loquuntur, tantum recensent crassissimas cupiditates, contra secundam tabulam, non recensent illa vitia naturae peiora, quomodo haereat in natura contemptus Dei, diffidentia erga Deum, et similes pestes spirituales. Haec in scholis non attingunt, interim pueriliter disputant, utrum fomes sit qualitas corporis, utrum contagione pomi contracta sit, an afflatu serpentis.

[1]) Peccatum originale materialiter quidem est concupiscentia, formaliter vero est defectus originalis iustitiae. Thomas STh. II, 1. q 82 a. 3 c. [2]) Zwingli. Vgl. zu CA Art. II, S. 53, Anm. 2 und Fidei ratio 1530. Opp. IV, 6 ff. Schuler=Schulthess.

6 matris sustinent. Nos ut hanc impiam opinionem significaremus nobis displicere, concupiscentiae mentionem fecimus, optimo animo morbos nominavimus et exposuimus, quod natura hominum corrupta et vitiosa nascatur.

Erbjammers willen, sondern gleichwie von einer leibeigen Magd leibeigen Leute und Erbknechte geboren werden, nicht ihr eigen Schuld halben, sondern daß sie der Mutter Unglücks und Elends entgelten und tragen müssen, so sie doch an ihn selbst, wie ander Menschen, ohne Wandel geboren werden: so sei die Erbsünde auch nicht ein angeboren Übel, sondern allein ein Gebrechen und Last, die wir von Adam tragen, aber vor uns selbst darumb nicht in Sünden und Erbungnaden stecken. Damit ich nu anzeigete, daß uns solche unchristliche Meinung nicht gefiele, hab ich dieser Wort gebraucht: „alle Menschen von Mutterleib an sind alle voll böser Lüste und Neigung", und nenne die Erbsünde auch darumb eine Seuche, anzuzeigen, daß nicht ein Stück, sondern der ganze Mensch mit seiner ganzen Natur mit einer Erbseuche von Art in Sünden geboren wird.

7 Neque vero tantum concupiscentiam nominavimus, sed diximus etiam deesse timorem Dei et fidem. Id hoc consilio adiecimus: Extenuant peccatum originis et scholastici doctores, non satis intelligentes definitionem peccati originalis, quam acceperunt a patribus. De fomite[1] disputant, quod sit qualitas corporis, et, ut suo more sint inepti, quaerunt: utrum qualitas illa contagione pomi an ex afflatu serpentis contracta sit? utrum augeatur medicamentis[2]? Huiusmodi quaestionibus oppresserunt principale negotium. 8 Itaque cum de peccato originis loquuntur, graviora vitia humanae naturae non commemorant, scilicet ignorationem Dei, contemptum Dei, vacare

Darumb nennen wir es auch nicht allein eine böse Lust, sondern sagen auch, daß alle Menschen in Sünden ohne Gottesfurcht, ohne Glauben geboren werden. Dasselbige setzen wir nicht ohne Ursach dazu. Die Schulzänker oder Scholastici, die reden von der Erbsünde, als sei es allein ein leiderlich gering Gebrechen, und verstehen nicht, was die Erbsünde sei, oder wie es die andern heiligen Väter gemeint haben. Wenn die Sophisten schreiben, was Erbsünde sei, was der fomes oder böse Neigung sei, reden sie unter andern davon, als sei es ein Gebrech am Leib, wie sie denn wunderkindisch von Sachen zu reden pflegen, und geben Fragen für, ob derselbige Gebrech aus Vergiftung des verboten Apfels im Paradies oder aus

---

Quod vero addunt etiam, articulum Lutheri damnatum esse, quod post baptismum remaneat peccatum originis, non necessaria cavillatio est. Sciunt enim recte docuisse Lutherum, quod reatus solutus sit per baptismum, etiam si materiale ut vocant peccati maneat. Hoc Lutherus secutus scripturas et vocat Augustinus peccatum. Alii fomitem vocant et somniant iuxta philosophicas opiniones, naturam hominis, etiam si infirma sit, tamen suis viribus posse timorem Dei, fiduciam erga Deum et similes motus efficere. Cupiditates naturales fecerunt res medias. Ita scholastici retinuerunt nomen peccati originalis, rem non satis explicaverunt, ideo opus fuit Luthero exponere, quid sit peccatum originis, et quomodo reatus tollatur et incipiat mortificari peccatum per spiritum sanctum. Et tamen non statim prorsus eximatur. Et has reliquias peccati scriptura vocat peccatum, Paulus enim inquit, Captivantem me in lege peccati. Et sic Augustinus saepe loquitur. Inquit enim contra Julianum: Peccatum remittitur in baptismo, non ut non sit, sed ut non imputetur. Item: Lex peccati, quae in membris corporis est, remissa est regeneratione spirituali, et manet in carne mortali. Remissa quia reatus solutus est sacramento, quo renascuntur fideles. Ex his facile perspiciet Caesarea Maiestas, nos de peccato originis prorsus idem sentire ac docere, quod catholica ecclesia sentit.

---

[1] Zunder, der nach der Taufe bleibende Rückstand der Erbsünde, mit concupiscentia gleichbedeutend gebraucht. Vgl. z. B. Petrus Lombardus, Sent. lib. II. d. 30, 7. MSL 192, 722. Thomas Quaest disp. de malo q. 3. a. 4 ad 16. Opp. Parm. 8, 294. STh III q. 15 a. 2 q. 27 a. 3. [2] Biel In sent. l. II. d. 30. a. 3 dub 2. Dort wird auch angeführt, daß Gregor von Rimini, gestützt auf Augustin, für den flatus serpentis eintritt und sich gegen die verfehlte Auffassung Adams von seinem Sündenfall wendet, quod cibus vetitus, quem comederunt, alteravit et intoxicavit carnem eorum ad corruptionem miseram, quam nunc sentimus. Grane, Contra Gabrielem, 1962, 83ff. Oberman (s. S. 53[2]), 120ff.

metu et fiducia Dei, odisse iudicium Dei, fugere Deum iudicantem, irasci Deo, desperare gratiam, habere fiduciam rerum praesentium etc. Hos morbos, qui maxime adversantur legi Dei, non animadvertunt scholastici; imo tribuunt interim humanae naturae integras vires ad diligendum Deum super omnia, ad facienda praecepta Dei, quoad substantiam actuum; nec vident se pugnantia dicere. Nam propriis viribus posse diligere Deum super omnia, facere praecepta Dei, quid aliud est, quam habere iustitiam originis? Quodsi has tantas vires habet humana natura, ut per sese possit diligere Deum super omnia, ut confidenter affirmant scholastici[1], quid erit peccatum originis? Quorsum autem opus erit gratia Christi, si nos possumus fieri iusti propria iustitia? Quorsum opus erit spiritu sancto, si vires humanae per sese possunt Deum super omnia diligere et praecepta Dei facere? Quis non videt, quam praepostere sentiant adversarii? Leviores morbos in natura hominis agnoscunt, graviores morbos non agnoscunt, de quibus tamen ubique admonet nos scriptura et prophetae perpetuo conqueruntur, videlicet de carnali securitate, de contemptu Dei, de odio Dei et similibus vitiis nobiscum natis. Sed postquam scholastici admiscue'runt doctrinae christianae philosophiam de perfectione naturae, et plus, quam satis erat, libero arbitrio et actibus elicitis tribuerunt, et homines philosophica seu civili iustitia, quam et nos fatemur rationi subiectam esse et aliquo modo in potestate nostra esse, iustificari coram Deo, docuerunt: non potuerunt videre interiorem immunditiam naturae hominum. Neque enim potest iudicari nisi ex verbo Dei, quod scholastici in suis disputationibus non saepe tractant.

Anblasen der Schlangen Adam erst ankommen sei? Item ob es mit dem Gebrechen die Arznei je länger je ärger macht? Mit solchen zänkischen Fragen haben sie diese ganze Häuptsachen und die fürnehmste Frage, was die Erbsünde doch sei, gar verwirret und unterdrücket. Darumb wenn sie von der Erbsünde reden, lassen sie das Größte und Nötigste außen, und unsers rechten, größten Jammers gedenken sie gar nicht, nämlich daß wir Menschen alle also 9 von Art geboren werden, daß wir Gott oder Gottes Werk nicht kennen, nicht sehen noch merken, Gott verachten, Gott nicht ernstlich 10 fürchten noch vertrauen, seinem Gericht oder Urteil feind sein. Item daß wir alle von Natur vor Gott als einem Tyrannen fliehen, wider seinen Willen zürnen und murren. Item uns auf Gottes Güte gar nicht lassen noch wagen, sondern allzeit mehr auf Geld, W 73 Gut, Freunde verlassen. Diese geschwinde Erbseuche, durch welche die ganze Natur verderbt, durch welche wir alle solch Herz, 11 Sinn und Gedanken von Adam ererben, welches stracks wider Gott und das erste höchste Gebot Gottes ist, übergehen die Scholastici und reden davon, als sei die menschliche Natur unverderbet, vermüge Gott groß zu achten, zu lieben über alles, Gottes Gebot zu halten etc., und sehen nicht, daß sie wider sich selbs sind. Denn solchs 12 aus eigen Kräften vermügen, nämlich Gott M 80 groß zu achten, herzlich zu lieben, sein Gebot halten, was wäre das anders, denn ein neu Kreatur im Paradies, gar rein und heilig sein? So wir nu aus unsern Kräften so Großes vermöchten, Gott über alles zu lieben, seine Gebot zu halten, wie die Scholastici tapfer dürfen heraus sagen, was wäre denn die Erbsünde? Und so wir aus eigen Kräften gerecht worden, so ist die Gnade Christi vergeblich; was dürften wir auch 13 des heiligen Geistes, so wir aus menschlichen Kräften Gott über alles lieben und seine Gebot halten können? Hie sicht je

jedermann, wie ungeschickt die Widersacher von diesem hohen Handel reden. Sie bekennen die kleinen Gebrechen an der sündlichen Natur, und des allergrößten Erbjammers und Elends gedenken sie nicht; da doch die Apostel alle über klagen, das die ganze Schrift allenthalben meldet, da alle Propheten über schreien, wie der 13. Psalm und etliche andere Psalmen sagen: Da ist nicht, der gerecht sei, auch nicht einer, da ist nicht, der nach Gott fraget, da ist nicht, der Gutes tut, auch nicht einer. Ihr Schlund ist ein offenes Grab, Ps. 14 Otterngift ist unter ihren Lippen. Es ist keine Furcht Gottes für ihren Augen. So doch (13 vulg.), 3 auch die Schrift klar sagt, daß uns solches alles nicht angeflohen, sondern angeboren sei. Ps. 5, 10 Dieweil aber die Scholastici unter die christliche Lehre viel Philosophie gemengt, und viel von dem Licht der Vernunft und den actibus elicitis reden, halten sie zu viel vom freien Willen und unsern Werken. Darüber haben sie gelehret, daß die Menschen durch ein äußerlich ehrbar Leben für Gott fromm werden, und haben nicht gesehen die angeborne

---

[1]) Vgl. S. 74 Anm. 2. Biel In sent. III, 27. q. un. a. 3 dub. 5. Q. (s. u. S. 184, Anm. 1); IV, 14. q 1 a. 2. concl. 5 S. Duns Scotus In sent. III, 27. q. un.

Unreinigkeit inwendig der Herzen, welche niemands gewahr wird, denn allein durch das Wort Gottes, welches die Scholastici in ihren Büchern fast spärlich und selten handeln. Wir sagen auch wohl, daß äußerlich ehrbar zu leben etlichermaß in unserm Vermügen stehe, aber für Gott fromm und heilig zu werden ist nicht unsers Vermügens.

14 Hae fuerunt causae, cur in descriptione peccati originis et concupiscentiae mentionem fecimus, et detraximus naturalibus viribus hominis timorem et fiduciam erga Deum. Voluimus enim significare, quod peccatum originis hos quoque morbos contineat: ignorationem Dei, contemptum Dei, vacare metu Dei et fiducia erga Deum, non posse diligere Deum. Haec sunt praecipua vitia naturae humanae, pugnantia proprie cum prima tabula Decalogi[1].

Das sind die Ursachen, warumb ich des Orts als ich habe wöllen sagen, was die Erbsünde sei, der angebornen bösen Lust gedacht habe und gesagt, daß aus natürlichen Kräften kein Mensch vermag Gott zu fürchten oder ihm zu vertrauen. Denn ich habe wöllen anzeigen, daß die Erbsünde auch diesen Jammer in sich begreife, nämlich, daß kein Mensch Gott kennet oder achtet, keiner ihn herzlich fürchten oder lieben oder ihm vertrauen kann. Das sind die größten Stück der Erbseuche, durch welche wir alle aus Adam stracks wider Gott, wider die erste Tafel Mosi und das größte, höchste göttlich Gebot gesinnet und geartet sind.

15 Neque novi quidquam diximus. Vetus definitio recte intellecta prorsus idem dicit, cum ait: peccatum originis carentiam esse iustitiae originalis[2]. Quid est autem iustitia? Scholastici hic rixantur de dialecticis quaestionibus, non explicant,
16 quid sit iustitia originalis. Porro iustitia in scripturis continet non tantum secundam tabulam Decalogi, sed
W 74 primam quoque, quae praecipit de timore Dei, de fide, de amore Dei. Itaque
17 iustitia originalis habitura erat non solum aequale temperamentum qualitatum corporis[3], sed etiam haec dona: notitiam Dei certiorem, timorem Dei, fiduciam Dei, aut certe rectitudinem et vim ista
18 efficiendi. Idque testatur scriptura, cum
Gen. 1, 27 inquit hominem ad imaginem et similitudinem Dei conditum esse. Quod quid
M 81 est aliud, nisi in homine hanc sapientiam et iustitiam effigiatam esse, quae Deum apprehenderet et in qua reluceret Deus, hoc est, homini dona esse data: notitiam Dei, timorem Dei, fiduciam
19 erga Deum et similia? Sic enim interpretantur similitudinem Dei Irenaeus[4] et Ambrosius, qui cum alia multa in hanc sententiam dicit, tum ita inquit: Non est ergo anima ad imaginem Dei, in qua

Und wir haben da nichts Neues gesagt. Die alten Scholastici, so man sie recht verstehet, haben gleich dasselbige gesagt; denn sie sagen, die Erbsünde sei ein Mangel der ersten Reinigkeit und Gerechtigkeit im Paradies. Was ist aber iustitia originalis oder die erste Gerechtigkeit im Paradies? Gerechtigkeit und Heiligkeit in der Schrift heißt je nicht allein, wenn ich die ander Tafel Mosi halte, gute Werk tue und dem Nähesten helfe, sondern denjenigen nennet die Schrift fromm, heilig und gerecht, der die erste Tafel, der das erste Gebot hält, das ist, der Gott von Herzen fürchtet, ihn liebt und sich auf Gott verläßt. Darumb ist Adams Reinigkeit und unverrückt Wesen nicht allein ein fein vollkommene Gesundheit und allenthalben rein Geblüt, unverderbte Kräfte des Leibs gewesen, wie sie davon reden, sondern das Größt an solcher edeler erster Kreatur ist gewesen ein helles Licht im Herzen, Gott und sein Werk zu erkennen, eine rechte Gottesfurcht, ein recht herzliches Vertrauen gegen Gott und allenthalben ein rechtschaffen gewisser Verstand, ein fein gut fröhlich Herz gegen Gott und allen göttlichen Sachen. Und das bezeuget auch die heilige Schrift, da sie sagt, daß der Mensch nach Gottes Bilde und Gleichnis

---

[1]) 1. Tafel (1—3) Gottesliebe, 2. Tafel Nächstenliebe; vgl. Augustin, Contra Faustum 15,4 MSL 42, 306 u. ö. (Meyer, Komm. zu Luthers Kl. Kat., 101 f.). Danach u. a. Biel In sent. II dist. 30 qu. 2 a. 1. Zur Stelle Cl. Bauer, Melanchthons Naturrechtslehre, ARG 42, 1951, 83 ff.   [2]) Anselm De conceptu virg. et orig. peccato c. 27 bestimmt die Erbsünde als iustitiae debitae nuditas (vgl. auch c. 2). Thomas, s. o. S. 147, Anm. 1. [3]) Thomas STh II, 1. q. 82 a. 1: Peccatum originale est ... quaedam inordinata dispositio proveniens ex dissolutione illius harmoniae, in qua consistebat ratio originalis iustitiae. II, 1. q. 85 a. 3: Per iustitiam originalem perfecte ratio continebat inferiores animae vires.   [4]) Irenaeus, Adv. Haer. V, 11, 2. II, S. 349 Harvey. MSG 7, 1151.

II. Von der Erbsünde.

Deus non semper est[1]. Et Paulus ad Ephesios et Colossenses ostendit imaginem Dei notitiam Dei esse, iustitiam et veritatem. Nec Longobardus veretur dicere, quod iustitia originis sit ipsa similitudo Dei, quae homini indita est a Deo[2]. Recitamus veterum sententias, quae nihil impediunt Augustini interpretationem de imagine[3].

geschaffen sei. Denn was ist das anders, denn daß göttliche Weisheit und Gerechtigkeit, die aus Gott ist, sich im Menschen bildet, dadurch wir Gott erkennen, durch welche Gottes Klarheit sich in uns spiegelt, das ist, daß dem Menschen ersten, als er geschaffen, diese Gaben gegeben sein, recht klar Erkenntnis Gottes, rechte Furcht, recht Vertrauen und dergleichen? Denn also legen auch solches aus vom Bild und Gleichnis Gottes Irenäus und Ambrosius, so er allerlei auf die Meinung redet, sagt unter andern: Die Seele ist nicht nach dem Bilde Gottes geschaffen, in welcher Gott nicht allzeit ist. Und Paulus zu den Ephesern und Kolossern zeiget gnug an, daß Gottes Bild in der Schrift nicht anders heiße, denn Erkenntnis Gottes und rechtschaffen Wesen und Gerechtigkeit für Gott. Und Longobardus sagt frei heraus, daß die erstgeschaffene Gerechtigkeit in Adam sei das Bild und die Gleichnis Gottes, welches an dem Menschen von Gott gebildet ist. Ich erzähle die Meinung und Sprüche der Alten, welche an der Auslegung Augustini, wie derselbige vom Bilde Gottes redet, nichts hindern.

Itaque vetus definitio, cum inquit peccatum esse carentiam iustitiae, detrahit non solum obedientiam inferiorum virium hominis, sed etiam detrahit notitiam Dei, fiduciam erga Deum, timorem et amorem Dei, aut certe vim ista efficiendi detrahit. Nam et ipsi theologi in scholis tradunt ista non effici sine certis donis et auxilio gratiae[4]. Nos ipsa dona nominamus, ut res intelligi possit, notitiam Dei, timorem et fiduciam erga Deum. Ex his apparet veterem definitionem prorsus idem dicere, quod nos dicimus, detrahentes metum Dei et fiduciam, videlicet non actus tantum, sed dona et vim ad haec efficienda.

Darumb die Alten, da sie sagen, was die Erbsunde sei, und sprechen, es sei ein Mangel der ersten angeschaffenen Gerechtigkeit, da ist ihr Meinung, daß der Mensch nicht allein am Leibe oder geringsten, niedersten Kräften verderbet sei, sondern daß er auch dadurch verloren habe diese Gaben: recht Erkenntnis Gottes, rechte Liebe und Vertrauen gegen Gott und die Kraft, das Licht im Herzen, so ihm zu dem allen Liebe und Lust macht. Denn die Scholastici oder Theologen selbst in Schulen lehren, daß dieselbige angeborne Gerechtigkeit uns nicht müglich wäre gewesen ohne sonderliche Gaben und ohne Hilfe der Gnaden. Und dieselbigen Gaben nennen wir Gottesfurcht, Gottes Erkenntnis und Vertrauen gegen Gott, damit daß man es verstehen müge. Aus diesem allem erscheinet gnugsam, daß die Alten, da sie sagen, was die Erbsunde sei, gleich mit uns stimmen, und auch ihre Meinung ist, daß wir durch die Erbsunde in den Jammer kommen, geboren, daß wir kein gut Herz, welchs Gott recht liebet, gegen Gott haben, nicht allein kein rein gutes Werk zu thun oder vollbringen vermügen.

Eadem est sententia definitionis, quae exstat apud Augustinum, qui solet definire peccatum originis concupiscentiam

Gleich dasselbig meint auch Augustinus, da er auch will sagen, was die Erbsunde sei, und pflegt die Erbsunde ein böse Lust

---

[1] Ambrosius, Hexaëmeron VI, 8, 45. MSL 14, 260A. CSEL 32, 1, S. 236, 17: Non est ergo ad imaginem Dei ⟨anima⟩ in qua Deus semper est?   [2] Petrus Lombardus Sent. II, dist. 16 c. 4: Factus est ergo homo secundum animam ad imaginem et similitudinem non patris vel filii vel spiritus sancti, sed totius trinitatis. Ita et secundum animam dicitur homo esse imago Dei, quia imago Dei in eo est. MSL 192, 684.   [3] Augustin De trinitate XII, 7. 12. 14 (§ 20) MSL 44, 1003. 1048. 1051.   [4] Über die Lehre vom auxilium gratiae im Urstand (adiutorium gratiae, donum superadditum, donum supernaturale) bei Augustin, den Franziskanertheologen, Thomas und Duns Scotus und über die Lehrunterschiede vgl. Seeberg, Dogmengesch. II³, S. 501 ff. III⁴. S. 421 f. 657.

esse¹. Significat enim concupiscentiam successisse amissa iustitia. Nam aegra natura, quia non potest Deum timere et diligere, Deo credere, quaerit et amat carnalia; iudicium Dei aut secura contemnit, aut odit perterrefacta. Ita et defectum complectitur Augustinus et vi-
25 tiosum habitum, qui successit. Neque vero concupiscentia tantum corruptio qualitatum corporis est, sed etiam prava conversio ad carnalia in superioribus
M 82 viribus. Nec vident, ¹quid dicant, qui simul tribuunt homini concupiscentiam non mortificatam a Spiritu Sancto et dilectionem Dei super omnia.

zu nennen, denn er will anzeigen, daß nach Adams Fall anstatt der Gerechtigkeit böse Lust uns angeboren wird. Denn von dem Fall an, dieweil wir, als von Art sündlich geboren, Gott nicht fürchten, lieben noch 5 ihm vertrauen, so tun wir nichts anders, denn daß wir uns auf uns selbst verlassen, verachten Gott oder erschrecken und fliehen von Gott. Und also ist in Augustinus Worten auch die Meinung gefasset und begriffen 10 derjenigen, die da sagen, die Erbsünde sei ¹ein Mangel der ersten Gerechtigkeit, das ist die böse Lust, welche anstatt derselbigen Gerechtigkeit uns anhängt. Und ist die böse Lust nicht allein eine Verderbung oder Ver- 15 rückung der ersten reinen Leibsgesundheit Adams im Paradies, sondern auch eine böse Lust und Neigung, da wir nach den allerbesten, höchsten Kräften und Licht der Vernunft dennoch fleischlich wider Gott geneigt und gesinnet sind. Und diejenigen wissen nicht, was sie sagen, die da lehren, der Mensch vermöge aus seinen Kräften Gott über alles zu lieben, und müssen doch zugleich bekennen, 20 es bleibe, so lange dies Leben währet, noch böse Lust, so fern sie vom heiligen Geist nicht gänzlich getötet ist.

26 Nos igitur recte expressimus utrumque in descriptione peccati originalis, videlicet defectus illos, non posse Deo credere, non posse Deum timere ac diligere. Item habere concupiscentiam, quae carnalia quaerit contra verbum Dei, hoc est, quaerit non solum voluptates corporis, sed etiam sapientiam et iustitiam carnalem, et confidit his bonis,
27 contemnens Deum. Neque solum veteres, sed etiam recentiores, si qui sunt cordatiores, docent simul ista vere peccatum originis esse, defectus videlicet, quos recensui, et concupiscentiam. Sic enim inquit Thomas: Peccatum originis habet privationem originalis iustitiae et cum hoc inordinatam dispositionem partium animae, unde non est privatio pura,
28 sed quidam habitus corruptus². Et Bonaventura: Cum quaeritur, quid sit originale peccatum, recte respondetur, quod sit concupiscentia immoderata. Recte etiam respondetur, quod sit debitae iustitiae carentia. Et in una istarum
29 responsionum includitur altera³. Idem sensit Hugo, cum ait, originale peccatum esse ignorantiam in mente et concupiscentiam in carne⁴. Significat enim, nos nascentes afferre ignorationem Dei, incredulitatem, diffidentiam, contemptum,
30 odium Dei. Haec enim complexus est,

Derhalben wir so eigentlich beides erwähnet und ausgedrückt, da wir haben lehren wöllen, was die Erbsünde sei, beide es 25 böse Lust und auch den Mangel der ersten Gerechtigkeit im Paradies, und sagen, derselbe Mangel sei, daß wir Adamskinder Gott von Herzen nicht vertrauen, ihn nicht fürchten noch lieben. Die böse Lust sei, daß 30 natürlich wider Gottes Wort all unser Sinn, Herz und Muth stehet, da wir nicht allein suchen allerlei Wollust des Leibs, sondern auch auf unser Weisheit und Gerechtigkeit vertrauen, und dagegen Gottes 35 vergessen und wenig, ja gar nichts achten. Und nicht allein die alten Väter, als Augustinus und dergleichen, sondern auch die neulichsten Lehrer und Scholastici, die etwas Verstand gehabt, lehren, daß diese zwei 40 Stück sämtlich die Erbsünde sind, nämlich der Mangel und die böse Lust. Denn also sagt S. Thomas, daß Erbsünde ist nicht allein ein Mangel der ersten Gerechtigkeit, sondern auch ein unördentlich Begierde oder 45 Lust in der Seelen. Derhalben ist es, sagt er, nicht allein eitel lauter Mangel, sondern auch aliquid positivum. Und Bonaventura auch sagt klar: „Wenn man fragt, was die Erbsünde sei, ist dies die rechte Antwort, 50 daß es ein ungewehret böse Lust sei. Auch ist die rechte Antwort, daß es ein Mangel sei der Gerechtigkeit, und eins gibt das

---

¹) Augustin De nuptiis et conc. I, 24, 27. MSL 44, 429. CSEL 42, 240, 2ff. Contra Julianum II, 9, 31 ff. MSL 44, 694. Vgl. zum Begriff Seeberg, Dogmengesch. II³, S. 516 ff. ²) Thomas STh. II, 1. q. 82. a. 1 ad 1. ³) Bonaventura In Sent. lib. II. dist. 30. q. un. art. 2c. ⁴) Hugo von St. Viktor De sacramentis I, 7. c. 28. MSL 176, 299 A.

cum ignorantiam nominat. Et hae sententiae consentiunt cum scripturis. Nam Paulus interdum expresse nominat defectum, ut 1. Cor. 2: Animalis homo non percipit ea, quae Spiritus Dei sunt. Alibi concupiscentiam nominat efficacem in membris et parientem malos fructus. Plures locos citare de utraque parte possemus; sed in re manifesta nihil opus est testimoniis. Et facile iudicare poterit prudens lector, has non tan¹tum culpas actuales esse, sine metu Dei et sine fide esse. Sunt enim durabiles defectus in natura non renovata.

ander." Gleich dasselbig meinet auch Hugo, da er sagt: „Die Erbsünde ist Blindheit im Herzen und böse Lust im Fleisch." Denn er will anzeigen, daß wir Adamskinder alle 1.Kor. 2,14 so geboren werden, daß wir Gott nicht Röm. 7,5 kennen, Gott verachten, ihm nicht vertrauen, ja ihn auch fliehen und hassen. Denn das hat Hugo wollen kurz begreifen, da er 31 gesagt: ignorantia in mente, Blindheit oder Unwissenheit im Herzen. Und die Sprüche auch der neuesten Lehrer stimmen W 76 überein mit der heiligen Schrift. Denn Paulus nennet die Erbsünde unter Zeiten mit klaren Worten einen Mangel göttliches Lichts 2c. 1. Korinth. 2.: „Der natürliche Mensch aber vernimmt nichts vom Geiste Gottes." Und an andern Orten nennet er es böse Lust, als zu den Römern am 7., da er sagt: „Ich sehe ein ander Gesetz in meinen Gliedern 2c." Welche Lust allerlei böse Früchte gebieret. Ich könnt hie wohl viel mehr Sprüche der Schrift fürbringen von beiden diesen Stücken; aber in dieser öffentlichen Wahrheit ist es nicht noth. Ein jeder Verständiger wird leichtlich sehen und merken, daß also ohne Gottesfurcht, ohne Vertrauen im Herzen sein sind nicht allein actus oder wirklich Sünde, sondern ein angeboren Mangel des göttlichen Lichts und alles guten, welcher da bleibt, so lange wir nicht durch den heiligen Geist neu geboren und durch den erleucht werden.

Nihil igitur de peccato originis sentimus alienum aut a scriptura aut a catholica ecclesia, sed gravissimas sententias scripturae et patrum, obrutas sophisticis rixis theologorum recentium, repurgamus et in lucem restituimus. Nam res ipsa loquitur recentiores theologos non animadvertisse, quid voluerint patres de defectu loquentes. Est autem necessaria cognitio peccati originis. Neque enim potest intelligi magnitudo gratiae Christi, nisi morbis nostris cognitis. Tota hominis iustitia mera est hypocrisis coram Deo nisi agnoverimus cor naturaliter vacare amore, timore, fiducia Dei. Ideo propheta inquit: Postquam ostendisti mihi, percussi femur meum. Item: Ego dixi in excessu meo, omnis homo mendax, id est, non recte sentiens de Deo.

Wie wir nun bisher von der Erbsünd 32 M 83 geschrieben und gelehret, so lehren wir nichts neues, nichts anders, denn die heilige Schrift, die gemeine heilige christliche Kirche, sondern solche nötige, tapfere, klare Sprüche der heiligen Schrift und der Väter, welche durch ungeschickt Gezänk der Sophisten unterdrückt gewesen, bringen wir wieder an Tag, und wollten gerne die christliche Lehre rein 33 haben. Denn es ist je am Tage, daß die Sophisten und Schulzänker nicht verstanden haben, was die Väter mit dem Wort: Mangel der ersten Gerechtigkeit gemeinet. Dies Stück aber eigentlich und richtig zu lehren und was die Erbsünde sei oder nicht sei, ist gar hoch vonnöthen, und kann niemand sich 34 nach Christo, nach dem unaussprechlichen Jer. 31,19. Schatz göttlicher Hulde und Gnade, welche Ps. 116,11. das Evangelium fürträgt, herzlich sehnen oder darnach Verlangen haben, der nicht sein Jammer und Seuche erkennet, wie Christus sagt: „Die Gesunden dürfen des Arztes nicht." All heilig, ehrbar Leben, alle gute Matth. 9,12. Werke, so viel immer ein Mensch auf Erden tun mag, sind für Gott eitel Heuchelei und Mark. 2,17. Greuel, wir erkennen denn erst, daß wir von Art elende Sünder sind, welche in Ungnaden Gottes sein, Gott weder fürchten noch lieben. Also sagt der Prophet Jerem. 31: „Dieweil du mir es gezeiget hast, bin ich erschrocken." Und der Psalm: „Alle Menschen sind Lügner", das ist, sie sind nicht recht gesinnet von Gott.

Hic flagellant adversarii etiam Lutherum, quod scripserit: Peccatum originis manere post baptismum¹; addunt hunc

Hie schreien nu die Widersacher heftig 35 wider D. Luther, daß er geschrieben hat, die Erbsünde bleibe auch nach der Taufe,

---

¹) Luthers 2. Leipz. These: In puero post baptismum peccatum remanens negare, hoc est Paulum et Christum semel conculcare WA II, 160₃₃. Dazu die Resolutio II, 410 ff. VI, 608 f., 622 f. VII 103 ff. VIII 57. Conf. S. 8 f. Ficker CR 27, 88 ff. Lämmer, Vortrid.= kath. Theol. 117 ff.

articulum iure damnatum esse a Leone X[1]. Sed Caes. Maiest. in hoc loco manifestam calumniam deprehendet. Sciunt enim adversarii, in quam sententiam Lutherus hoc dictum velit, quod peccatum originis reliquum sit post baptismum. Semper ita scripsit, quod baptismus tollat reatum peccati originalis, etiamsi materiale, ut isti vocant, peccati maneat, videlicet concupiscentia[2]. Addidit etiam de materiali, quod spiritus sanctus, datus per baptismum, incipit mortificare concupiscentiam et novos motus creat in homine[3]. Ad eundem modum loquitur et Augustinus, qui ait: Peccatum in baptismo remittitur, non ut non sit, sed ut non imputetur[4]. Hic palam fatetur esse, hoc est, manere peccatum, tametsi non imputetur. Et haec sententia adeo placuit posterioribus, ut recitata sit et in decretis[5]. Et contra Iulianum inquit Augustinus: Lex ista, quae est in membris, remissa est regeneratione spirituali et manet in carne mortali. Remissa est, quia reatus solutus est sacramento, quo renascuntur fideles; manet autem, quia operatur desideria, contra quae dimicant fideles[6]. Sic sentire ac docere Lutherum sciunt adversarii, et cum rem improbare non possint, verba tamen calumniantur, ut hoc artificio innocentem opprimant.

und sagen dazu, derselbig Artikel sei billig verdammt von Pabst Leo dem X. Aber kaiserl. Majest. wird hie öffentlich finden, daß sie uns ganz unrecht thun; denn die Widersacher verstehen fast wohl, auf was Meinung D. Luther das geredt will haben, da er sagt, die Erbsunde bleibe nach der Taufe. Er hat allzeit klar also geschrieben, daß die heilige Taufe die ganze Schuld und Erbpflicht der Erbsunde wegnimmt und austilget, wiewohl das Material (wie sie es nennen) der Sunde, nämlich die böse Neigung und Lust bleibet. Darüber in alle seinen Schriften setzet er noch dazu vom selbigen Material, daß der heilige Geist, welcher gegeben wird durch die Taufe, anfähet inwendig die übrige böse Lüste täglich zu töten und zu löschen, und brengt ins Herz ein neu Licht, ein neuen Sinn und Mut. Auf die Meinung redet auch Augustinus, da er also sagt: „Die Erbsunde wird in der Taufe vergeben, nicht daß sie nicht mehr sei, sondern daß sie nicht zugerechnet werde." Da bekennt Augustinus öffentlich, daß die Sunde in uns bleibet, wiewohl sie uns nicht zugerechent wird. Und dieser Spruch Augustini hat den Lehrern hernach so wohl gefallen, daß er auch im Decret angezogen wird. Und wider Julianum sagt Augustinus: „Das Gesetz, das in unsern Gliedern ist, ist weggethan durch die geistliche Wiedergeburt, und bleibt doch im Fleisch, welches ist sterblich. Es ist hinweg getan, denn die Schuld ist ganz los durch das Sacrament, dadurch die Gläubigen neu geboren werden; und bleibt noch da, denn es wirket böse Lüste, wider welche kämpfen die Gläubigen." Daß Doctor Luther so hält und lehret, wissen die Widersacher fast wohl, und so sie es nicht können anfechten, sondern selbst bekennen müssen, verkehren sie ihm böslich die Wort und deuten ihm sein Meinung fälschlich, die Wahrheit unterzudrücken und unschuldig zu verdammen.

At disputant concupiscentiam poenam esse, non peccatum[7]. Lutherus defendit peccatum esse[8]. Supra dictum est Au-

Aber weiter disputieren die Widersacher, daß die böse Lust ein Last und aufgelegte Strafe sei und sei nicht eine solche Sunde,

---

[1]) Errores Martini Lutheri (Bulle Exsurge Domine 15. 6. 1520) 2.: Luthers Leipz. These. — 3. Fomes peccati, etiamsi nullum adsit actuale peccatum, moratur exeuntem a corpore animam ab ingressu coeli. Mirbt, Quellen⁴ Nr. 417 S. 257₁₇.
[2]) Schon in den Randbemerkungen zum Lombarden WA IX, 74, 18ff. 75, 16ff. Damals folgerte Luther noch, daß die concupiscentia nicht die Erbsünde selbst sei, da sie in der Taufe nicht aufgehoben werde, sondern poena originalis peccati.   [3]) De captivitate babylonica WA VI, S. 534, 3ff.   [4]) De nupt. et concup. I, 25. MSL 44, 430. CSEL 42, 240₁₇.   [5]) Wohl Decr. Grat. III. De consecr. d. 4 c. 2 aus Augustin De bapt. parv. I 39.   [6]) Contra Julianum II, 3. MSL 44, 675.   [7]) Poena consequens divinam iustitiam. Thomas STh. II, 1. q. 93. a. 3 ad 1. III, q. 27. a. 3, 1. Potest igitur in Christi fidelibus, qui ⟨Druck: qua⟩ mente serviunt legi Dei, concupiscentia carnis repugnante legi mentis, nullum esse peccatum, quam tamen apostolus ⟨Röm. 7, 20⟩ peccatum vocat, quia peccato facta et peccati paena est. Eck Enchiridion locorum communium. (Köln o. O. u. J.) fiiij. Vgl. auch Eck bei Plitt, Apologie S. 106.   [8]) Er hatte ursprünglich auch anders gedacht (s. o. Anm. 2). In der Wendung seit der Psalmen-

gustinum definire peccatum originis, quod sit concupiscentia¹. Expostulent cum Augustino, si quid habet incommodi haec sententia. Praeterea Paulus ait:
5 Concupiscentiam nesciebam esse peccatum, nisi lex diceret: non concupisces; item: Video aliam legem in membris meis repugnantem legi mentis meae et captivantem me legi peccati, quae est in
10 membris meis. Haec testimonia nulla cavillatione everti possunt. Clare enim appellant concupiscentiam peccatum, quod tamen his, qui sunt in Christo, non imputatur, etsi res sit natura digna
15 morte, ubi non condonatur. Sic patres citra controversiam sentiunt. Nam Augustinus longa disputatione refellit opinionem istorum, qui sentiebant concupiscentiam in homine non esse vitium,
20 sed ἀδιάφορον, ut corporis color aut adversa valetudo ἀδιάφορον dicitur².

die des Todes und Verdammnis schuldig. Dawider sagt Doct. Luther, es sei ein solche verdammliche Sünde. Ich hab hie oben gesagt, daß Augustinus auch solches meldet, 39 die Erbsunde sei die angeborne böse Lust. Soll dieses übel geredt sein, mögen sie es mit Augustino ausfechten. Darüber sagt Paulus Röm. 7.: „Die Sünde erkannt ich Röm. nicht ohne durch das Gesetz; denn ich wußte 7,7,23. nicht von der Lust, wo das Gesetz nicht ge= 40 sagt hätte: Laß dich nicht gelüsten." Da sagt je Paulus dürre heraus: „Ich wußte nicht, daß die Lust Sünde war 2c." Item: „Ich sehe ein ander Gesetz in meinen Gliedern, das da widerstreitet dem Gesetz in meinem 41 Gemüte und nimmt mich gefangen in der Sünde Gesetz, welches ist in meinen Gliedern." Dieses sind Pauli helle, gewisse Wort und klare Sprüche, da vermag kein Gloß, kein listiges Fündlein nichts wider; diese Sprüche werden alle Teufel, alle Menschen nicht mögen umstoßen. Da nennet er klar

die bösen Lust ein Sünde, doch sagt er, daß solche Sünde denjenigen, so an Christum glauben, nicht wird zugerechnet; doch an ihr selbst ist es gleichwohl wahrlich ein Sünde
25 des Todes und ewigen Verdammnis schüldig. Und hat keinen Zweifel, daß auch solches der alten Väter Meinung gewest. Denn Augustinus disputiert und sicht heftig wider diejenigen, die da hielten, daß die böse Neigung und Lust am Menschen nicht Sünde wäre und weder gut noch böse, wie schwarzen oder weißen Leib haben auch weder gut noch bös ist.

30 Quodsi contendent adversarii fomitem esse ἀδιάφορον², reclamabunt non solum multae sententiae scripturae, sed plane tota ¹ ecclesia. Quis enim unquam ausus est dicere haec esse ἀδιάφορα, etiamsi
35 perfectus consensus non accederet, dubitare de ira Dei, de gratia Dei, de verbo Dei, irasci iudiciis Dei, indignari, quod Deus non eripit statim ex afflictionibus, fremere, quod impii meliore fortuna
40 utuntur, quam boni, incitari ira, libidine, cupiditate gloriae, opum etc. Et haec agnoscunt in se homines pii, ut apparet in psalmis ac prophetis. Sed in scholis transtulerunt huc ex philosophia prorsus
45 alienas sententias, quod propter passiones nec boni nec mali simus, nec laudemur nec vituperemur³. Item nihil esse peccatum nisi voluntarium⁴. Hae sententiae apud philosophos de civili iudicio

Und wenn die Widersacher werden für= 42 geben, daß fomes oder die böse Neigung weder gut noch böse sei, da werden nicht 'allein viel Sprüche der Schrift wider sein, W 78 sondern auch die ganze Kirche und alle Väter. Denn alle erfahrne, christliche Herzen wissen, daß diese Stücke leider uns in der Haut stecken, angeboren sind, nämlich daß wir Geld, Gut und alle andere Sachen großer, denn Gott achten, sicher dahin gehen und leben. Item daß wir immer nach Art fleischlicher Sicherheit also gedenken, Gottes 43 Zorn und Ernst sei nicht so groß über die Sünde, als er doch gewis ist. Item daß wir den edlen, unaussprechlichen Schatz des Evangelii und Versühnung Christi nicht herzlich so teuer und edel achten, als sie ist. Item daß wir wider Gottes Werk und Willen murren, daß er in Trübsalen nicht bald hilfet und machts, wie wir wollen. Item

---

vorlesung hat ihn Gregor von Rimini beeinflußt. Seeberg, Dogmengesch. IV, 1. ⁴ S. 88 f. III ⁴, S. 771 ff. WA I 67₁₀. Zu Röm. 5, 14. WA LVI 313₄ ff. II, 144, 19 ff. Ficker.
¹) S. 152, Anm. 1. ²) 3 B. Contra Iul. IV 9 ff. Op. imp. c. Iul. V 5. VI 8. MSL 44, 740 ff. 45, 1436. 1514. ³) Thomas STh. II, 1. q. 24. a. 1: Ad tertium, dicendum, quod Philos. ⟨Aristoteles Nikomach. Ethik II, 4. II, S. 1105 Bekker⟩ dicit, quod non laudamur aut vituperamur secundum passiones absolute consideratas: sed non removet, quin possint fieri laudabiles vel vituperabiles secundum quod a ratione ordinantur. ⁴) Thomas STh. II, 1. q. 71. a. 5 c. q. 74. a. 1c.

dictae sunt, non de iudicio Dei. Nihilo prudentius assuunt et alias sententias, naturam non esse malam. Id in loco dictum, non reprehendimus; sed non recte detorquetur ad extenuandum peccatum originis. Et tamen hae sententiae leguntur apud scholasticos, qui intempestive commiscent philosophicam seu civilem doctrinam de moribus cum evangelio. Neque haec in scholis tantum disputabantur, sed ex scholis, ut fit, efferebantur ad populum. Et hae persuasiones regnabant et alebant fiduciam humanarum virium et opprimebant cognitionem gratiae Christi. Itaque Lutherus, volens magnitudinem peccati originalis et humanae infirmitatis declarare, docuit reliquias illas peccati originalis non esse sua natura in homine ἀδιάφορα sed indigere gratia Christi, ne imputentur, item spiritu sancto, ut mortificentur.

wir erfahren täglich, daß es uns wehe tut, wie auch David und alle Heiligen geklagt, daß den Gottlosen in dieser Welt wohlgehet. Darüber fühlen alle Menschen, wie leicht ihr Herz entbrennet, jetzund mit Ehrgeiz, denn mit Grimm und Zorn, denn mit Unzucht. So nu die Widersacher selbst bekennen müssen, daß solcher Unglaube, solcher Ungehorsam wider Gott im Herzen ist, wenn schon nicht ganze Verwilligung (wie sie davon reden), sondern allein die Neigung und Lust da ist, wer will so kühne sein, daß er diese grobe Stücke weder bös noch gut achte? Nu sind die klaren Psalmen und klare Worte der Propheten da, daß sie bekennen, daß sie sich also fühlen. Aber die Sophisten in Schulen haben zu dieser Sache wider die klare öffentliche Schrift geredt und aus der Philosophie ihr eigen Träume und Sprüche erdichtet, sagen, daß wir umb der bösen Lüste willen weder bös noch gut, noch zu schelten noch zu loben sind. Item daß Lüste und Gedanken inwendig nicht Sünde sind, wenn ich nicht ganz drein verwillige. Dieselbigen Rede und Worte in der Philosophen Büchern sind zu verstehen von äußerlicher Ehrbarkeit für der Welt und auch äußerlicher Strafe für der Welt. Denn da ists wahr, wie die Juristen sagen: L. cogitationis, Gedanken sind zollfrei und straffrei[1]. Aber Gott erforschet die Herzen, mit Gottes Gericht und Urteil ists anders. Also flicken sie auch an diese Sache andere ungereimte Sprüche, nämlich: Gottes Geschöpf und die Natur könne an ihr selbst nicht bös sein. Das fecht ich nicht an, wenn es irgend geredt wird, da es statt hat; aber dazu soll dieser Spruch nicht angezogen werden die Erbsunde gering zu machen. Und dieselbigen Sprüche der Sophisten haben viel unsägliches Schadens getan, durch welche sie die Philosophie und die Lehre, welche äußerlich Leben für der Welt belangend, vermischen mit dem Evangelio, und haben doch solchs nicht allein in der Schule gelehret, sondern auch öffentlich unverschämt für dem Volk gepredigt. Und dieselbigen ungöttlichen, irrigen, fährliche und schädliche Lehren hatten in aller Welt überhand genommen, da ward nichts gepredigt denn unser Verdienst in aller Welt, dadurch ward das Erkenntnis Christi und das Evangelium ganz untergedrückt. Derhalben hat D. Luther aus der Schrift lehren und erklären wollen, wie ein groß Todschuld die Erbsunde für Gott sei, und wie in großem Elend wir geboren werden, und daß die uberig Erbsunde, so nach der Taufe bleibt, an ihr selbst nicht indifferens sei, sondern bedarf des Mittlers Christi, daß sie uns Gott nicht zurechne, und ohne Unterlaß des Lichts und Wirkung des heiligen Geistes, durch welchen sie ausgefeget und getödtet werde.

Quamquam scholastici utrumque extenuant, peccatum et poenam, cum docent hominem propriis viribus posse mandata Dei facere: in Genesi aliter describitur poena imposita pro peccato originis. Ibi enim non solum morti et aliis corporalibus malis subiicitur humana natura[2], sed etiam regno diaboli. Nam ibi fertur haec horribilis sententia: Inimicitias ponam inter te et mulierem, et inter semen tuum et semen illius. Defectus et concupiscentia sunt poenae et peccata; mors et alia corporalia mala et tyrannis diaboli proprie poenae sunt.

Wiewohl nu die Sophisten und Scholastici anders lehren, und beide von der Erbsunde und von derselbigen Strafe der Schrift ungemäß lehren, da sie sagen, der Mensch vermüge aus seinen Kräften Gottes Gebot zu halten, so wird doch die Strafe, so Gott auf Adams Kinder auf die Erbsunde gelegt, im ersten Buch Mosi viel anders beschrieben. Denn da wird die menschlich Natur verurteilt nicht allein zum Tode und andern leiblichem Ubel, sondern dem Reich des Teufels unterworfen. Denn da wird dies schrecklich Urteil gefället: „Ich will Feindschaft zwischen dir und dem

---

[1] Nach Ulpian und Cicero. Wander I 1395 Nr. 44. [2] Thomas STh II 1 q. 85 a. 5 c

II. Von der Erbsünde.

Est enim natura humana in servitutem tradita, et captiva a diabolo tenetur, qui eam impiis opinionibus et erroribus dementat et impellit ad omnis generis peccata. Sicut autem diabolus vinci non potest nisi auxilio Christi: ita non possumus nos propriis viribus ex ista servitute eximere. Ipsa mundi historia ostendit, quanta sit potentia regni diaboli. Plenus est mundus blasphemiis contra Deum et impiis opinionibus, et his vinculis habet diabolus irretitos sapientes et iustos coram mundo. In aliis ostendunt se crassiora vitia. Cum autem datus sit nobis Christus, qui et haec peccata et has poenas auferat et regnum diaboli, peccatum et mortem destruat: beneficia Christi non poterunt cognosci, nisi intelligamus mala nostra. Ideo de his rebus nostri concionatores diligenter docuerunt, et nihil novi tradiderunt, sed sanctam scripturam et sanctorum patrum sententias proposuerunt.

Weibe, zwischen ihrem Samen und deinem Samen setzen 2c." Der Mangel erster Gerechtigkeit und die böse Lust sind Sund und Straf. Der Tod aber und die andern leiblichen Ubel, die Tyrannei und Herrschaft des Teufels sein eigentlich die Strafe und poenae der Erbsund. Denn die menschliche Natur ist durch die Erbsunde unter des Teufels Gewalt dahin geben und ist also gefangen unter des Teufels Reich, welcher manchen großen, weisen Menschen in der Welt mit schrecklichem Irrtum, Ketzerei und ander Blindheit betäubet und verführet, und sonst die Menschen zu allerlei Laster dahin reißet. Wie es aber nicht müglich ist, den listigen und gewaltigen Geist Satan zu uberwinden ohne die Hilfe Christi, also können wir uns aus eigen Kräften aus dem Gefängnis auch nicht helfen. Es ist in allen Historien von Anfang der Welt zu sehen und zu finden, wie ein unsäglicher, großer Gewalt das Reich des Teufels sei. Man sicht, daß die Welt vom Höchsten bis zum Niedersten voll Gotteslästerung, voll großer Irrtumb gottloser Lehre wider Gott und sein Wort ist. In den starken Fesseln und Ketten hält der Teufel jämmerlich gefangen viel weiser Leute, viel Heuchler, die vor der Welt heilig scheinen. Die andern führet er in ander grobe Laster: Geiz, Hoffart 2c. So uns nu Christus darumb gegeben ist, daß er dieselbigen Sunde und schwere Strafe der Sunde wegnehme, die Sunde, den Tod, des Teufels Reich uns zu gut überwinde, kann niemands herzlich sich freuen des großen Schatzes, niemands die überschwänglichen Reichtümer der Gnaden erkennen, er fühle denn vorerst dieselbige Last, unser angeboren groß Elend und Jammer. Darumb haben unser Prediger von dem nötigen Artikel mit allem höchsten Fleiß gelehret, und haben nichts Neues gelehret, sondern eitel klare Wort der heiligen Schrift und gewisse Sprüche der Väter, Augustini und der Andern.

Haec arbitramur satisfactura esse Caes. Maiest. de puerilibus et frigidis cavillationibus, quibus adversarii articulum nostrum calumniati sunt. Scimus enim nos recte et cum catholica ecclesia Christi sentire. Sed si renovabunt hanc controversiam adversarii, non defuturi sunt apud nos, qui respondeant et veritati patrocinentur. Nam adversarii in hac causa magna ex parte, quid loquantur, non intelligunt. Saepe dicunt pugnantia, nec formale peccati originis nec defectus, quos vocant, recte ac dialectice expediunt. Sed nos hoc loco noluimus istorum rixas nimis subtiliter excutere. Tantum sententiam sanctorum patrum, quam et nos sequimur, communibus et notis verbis duximus esse recitandam.

Dieses achten wir, solle die kaiserl. Majest. ihr billig lassen gnug sein wider das lose, kindische, ungegründt Fürbringen der Widersacher, durch welch sie der Unsern Artikel ohne Ursache ganz unbillig anfechten. Denn sie singen, sagen, wie viel, was und wie lange sie wollen, so wissen wir eigentlich das und sinds fürwahr gewis, daß wir christlich und recht lehren, und mit der gemeinen christlichen Kirchen gleich stimmen und halten. Werden sie darüber weiter mutwilligen Zank einführen, so sollen sie sehen, es sollen hie, will Gott, Leute nicht feilen, die ihnen antworten und die Wahrheit dennoch erhalten. Denn die Widersacher wissen das mehrer Teil nicht, was sie reden. Denn wie ofte reden und schreiben sie ihnen selbst widerwärtigs? Verstehen auch ihr eigen Dialectica nicht vom Formal der Erbsunde, das ist, was eigentlich an ihrem Wesen die Erbsunde sei oder nicht sei, was auch der Mangel der ersten Gerechtigkeit sei. An diesem Orte aber haben wir nicht wollen von ihren zänkischen Disputation subtiler oder weiter reden, sondern allein die Sprüche und Meinung der heiligen Väter, welchen wir auch gleichförmig lehren, mit klaren, gemeinen, verständlichen Worten erzählen wollen.

⟨Art. III. De Christo⟩.

1 (52) Tertium articulum probant adversarii[1], in quo confitemur duas in Christo naturas, videlicet naturam humanam, assumptam a verbo in unitatem personae suae; et quod idem Christus passus sit ac mortuus, ut reconciliaret nobis patrem; et resuscitatus, ut regnet, iustificet et sanctificet credentes etc. iuxta symbolum Apostolorum et symbolum Nicaenum.

⟨Art. III. Von Christo.⟩

Den dritten Artikel lassen ihnen die Widersacher gefallen, da wir bekennen, daß in Christo zwo Natur sind, nämlich daß Gottes Sohn die menschliche Natur hat angenommen, und also Gott und Mensch ein Person, ein Christus ist; und daß derselbige für uns hat gelitten und gestorben, uns dem Vater zu versühnen; und daß er auferstanden ist; daß er ein ewig Reich besitze, alle Gläubigen heilige und gerecht mache ꝛc. wie das Credo der Apostel und Symbolum Nicaenum lehret.

⟨Art. IV.⟩ De Iustificatione[2].

1 In quarto, quinto, sexto, et infra in articulo vicessimo, damnant nos, quod docemus, homines non propter sua merita, sed gratis propter Christum consequi remissionem peccatorum fide in Christum. Utrumque enim damnant, et quod negamus homines propter sua merita consequi remissionem peccatorum, et quod affirmamus homines fide consequi remissionem peccatorum et 2 fide in Christum iustificari.[3] Cum autem

⟨Art. IV.⟩ Wie man vor Gott fromm und gerecht wird.

Im vierten, fünften und sechsten, und hernach im zwanzigsten Artikel verdammen die Wi'dersacher unser Bekenntnis, daß wir lehren, daß die Gläubigen Vergebung der Sunde durch Christum ohne alle Verdienst allein durch den Glauben erlangen, und verwerfen gar trötzlich beides. Erstlich, daß wir nein dazu sagen, daß den Menschen durch ihren Verdienst sollten die Sunde vergeben werden. Zum andern, daß wir halten, lehren und bekennen, daß niemand Gott ver-

---

In quarto et sexto adduntur prolixae disputationes de merito, neque tamen satis explicatur, quatenus opera hominum sint meritoria, quod qui non explicant istis laudibus, obscurant doctrinam de iustitia fidei, quae maxime necessaria est piis et quam maxime oportet in ecclesia regnare et predicare.

Porro etiam si opera essent meritoria, tamen articulus noster recte et catholice positus est, quod non debeamus confidere operibus nostris, sed merito et gratuita promissione Christi. Hoc continet articulus noster. Et id fateri omnes catholicos oportet. Sic et Augustinus loquitur: Non meritis nostris Deus nos ad aeternam vitam, sed pro sua miseratione perducit. Et psalmus ait: Non intrabis in iudicium

---

[1]) Conf. CR 27, 90f. Neben der Billigung zählte der Entwurf der Conf. noch prot. Ketzereien gegen das Apostolikum, Personbegriff, Christologie auf. Ficker S. 11ff. Vgl. auch Cochläus Philippica I, 27. CR 27, 91f.   [2]) Zum folgenden Art. vgl. Loofs ThStKr 57, I. 1884, S. 613ff. Eichhorn ebda. 60. 1887, S. 415ff. Frank NKZ. 1892, S. 846ff. Stange, ebda. 10. 1899, S. 169ff. 543ff. Warko ThStKr 79. 1906, S. 108ff. 200ff. Loofs, Dogmengesch. 1906⁴ § 83, 4. Thieme ThStKr 80, 1907, S. 363ff. E. F. Fischer, Autorität und Erfahrung in der Begründung der Heilsgewißheit 1907, S. 43ff. J. Kunze, Die Rechtfertigungslehre in der Apologie 1908. O. Ritschl ZThK 1910, S. 292ff. Ders., Dogmengesch. d. Protestantismus II, 1. S. 246ff. R. Seeberg, Dogmengesch. IV 2. 1920². ³ S. 403ff. Engelland S. 541 ff. H. E. Weber, Ref., Orth. u. Rat. I 1, S. 65 ff. Schlink S. 134ff. 154 ff. Brunstäd S. 73ff. Über die seit 1529 deutliche Wandlung in Melanchthons Begriff iustificatio aus regeneratio (CR 14, S. 1079. 21, S. 215) in remissio peccatorum (CR 15, S. 444) vgl. O. Ritschl ZThK 1910, S. 313 ff. Dogmengesch. d. Prot. II 1. S. 245f. Seeberg, Dogmengesch. IV 2. S. 403. — Eine frühere Fassung des Artikels auf 5½ wieder vernichteten Doppelblättern ist nach einem Druck aus dem Besitz Veit. Dietrichs CR 27, 460—478 abgedruckt.
[3]) Conf.: Quod in quarto articulo Pelagiani damnantur, qui arbitrati sunt, hominem propriis viribus, seclusa gratia Dei, posse mereri vitam aeternam, tanquam catholicum et antiquis conciliis consentaneum acceptatur. CR 27, 92. — Nam si quis intenderet improbare merita hominum, quae per assistentiam gratiae divinae fiunt, plus assentiret Manichaeis quam ecclesiae catholicae. Omnino enim sacris literis adversatur negare

in hac controversia praecipuus locus doctrinae christianae agitetur, qui recte intellectus illustrat et amplificat honorem Christi et affert necessariam et
5 uberrimam consolationem piis conscientiis, rogamus, ut Caes. Maiest. de rebus tantis clementer nos audiat. Nam adversarii, cum neque quid remissio peccatorum, neque quid fides, neque quid gra-
10 tia, neque quid iustitia sit, intelligant, misere contaminant hunc locum, et obscurant gloriam et beneficia Christi, et eripiunt piis conscientiis propositas in Christo consolationes. Ut autem et con-
15 firmare confessionem nostram, et diluere ea, quae adversarii obiiciunt, possimus, initio quaedam praefanda sunt, ut fontes utriusque generis doctrinae, et adversariorum et nostrae, cognosci pos-
20 sint.

sühnet wird, niemands Vergebung der Sunde erlanget, denn allein durch den Glauben an Chriſtum. Dieweil aber ſolcher Zank iſt über dem höchſten fürnehmſten Artikel der ganzen chriſtlichen Lehre, alſo daß an dieſem Artikel ganz viel gelegen iſt, welcher auch zu klarem richtigen Verſtande der ganzen heiligen Schrift fürnehmlich dienet, und zu dem unausſprechlichen Schatz und dem rechten Erkenntnis Chriſti allein den Weg weiſet, auch in die ganze Bibel allein die Tür auftut, ohne welchen Artikel auch kein arm Gewiſſen ein rechten, beſtändigen, gewiſſen Troſt haben oder die Reichtümer der Gnaden Chriſti erkennen mag: — ſo bitten wir, kaiſerl. Majeſt. wollen von dieſer großen, tapfern, hochwichtigen Sachen nach Notdurft und gnädiglich uns hören. Denn dieweil die Widerſacher gar nicht verſtehen noch wiſſen, was durch dieſe Wort in der Schrift zu verſtehen, was Vergebung der Sunde ſei,

3

4

was Glaube, was Gnade, was Gerechtigkeit ſei, ſo haben ſie dieſen edlen hochnötigen, fürnehmſten Artikel, ohne welchen niemands Chriſtum erkennen wirdet, jämmerlich beſudelt, und den hohen, teuren Schatz des Erkenntnis Chriſti oder was Chriſtus und
25 ſein Reich und Gnade ſei, gar unterdrückt und den armen Gewiſſen ein ſolchen ſo edlen, großen Schatz und ewigen Troſt, daran es gar gelegen, jämmerlich geraubet. Daß wir aber unſer Bekenntnis bekräftigen und was die Widerſacher fürbracht, verlegen mügen, ſo wollen wir zuvor erſt anzeigen Grund und Urſach beiderlei Lehre, damit jeder Teil klärer zu vernehmen ſei.

30 Universa scriptura in hos duos locos praecipuos distribui debet: in legem et promissiones. Alias enim legem tradit, alias tradit promissionem de Christo, videlicet cum aut promittit Christum
35 venturum esse, et pollicetur propter eum remissionem peccatorum, iustificationem et vitam aeternam, aut in evangelio Christus, postquam apparuit, promittit remissionem peccatorum, iustifi-
40 cationem et vitam aeternam. Vocamus

Die ganze Schrift beide altes und neues Teſtaments wird in die zwei Stück geteilt und lehret dieſe zwei Stück, nämlich Geſetz und göttliche Verheißungen. Denn an etlichen Oerten hält ſie uns für das Geſetz, an etlichen beut ſie Gnade an durch die herrlichen Verheißung von Chriſto; als wenn im alten Teſtament die Schrift verheißet den zukünftigen Chriſtum und beutet ewigen Segen, Benedeiung, ewiges Heil, Gerechtigkeit und ewiges Leben durch ihn an,

5 W 81

6

cum servo tuo, quia non iustificabitur in conspectu tuo omnis vivens. Ita noster articulus fiduciam operum nostrorum damnat, quam semper catholica ecclesia damnavit.

Quid autem iudicabunt homines, si prodierit in publicum interpretatio sententiae
45 Christi? Cum feceritis omnia, dicite, servi inutiles sumus. Nam hanc interpretationem affinxerunt isti scriptores, quod opera nostra Deo quidem sint inutilia, nobis autem sint utilia.

Quam multa hic dici possent de hac frigida expositione, nisi Caesareae Maiestatis rationem haberemus, cuius titulum cum essent huic operi scriptores addituri,
50 debebant esse diligentiores.

meritoria opera nostra. 93. — In articulo quinto, quod spiritus sanctus per verba et sacramenta detur tanquam per instrumenta probatur. 97. — Quod autem articulo sexto confitentur, fidem debere parere bonos fructus ratum gratumque habetur, quoniam fides sine operibus mortua est. 98. — Quod vero in eodem articulo iustificationem soli fidei tribuunt, ex diametro pugnat cum evangelica veritate opera non excludente. 99. Conf. iſt in der endgültigen Form noch reicher mit Bibelſtellen ausgeſtattet als in der urſprünglichen (Ficker S. 15—32).

autem legem in hac disputatione Decalogi praecepta, ubicunque illa in scripturis leguntur. De ceremoniis et iudicialibus legibus Moisi in praesentia nihil loquimur.

oder im neuen Testament, wenn Christus, sieder er kommen ist auf Erden, im Evangelio verheißet Vergebung der Sünden, ewige Gerechtigkeit, ewiges Leben. Hie aber an dem Ort nennen wir das Gesetz die Zehen Gebot Gottes, wo dieselbigen in der Schrift gelesen werden. Von den Ceremonien und den Gesetzen der Gerichtshändel wollen wir hie nicht reden.

7 Ex his adversarii sumunt legem, quia humana ratio naturaliter intelligit aliquo modo legem, (habet enim idem iudicium scriptum divinitus in mente), et per legem quaerunt remissionem peccatorum et iustificationem. Decalogus autem requirit non solum externa opera civilia, quae ratio utcunque efficere potest, sed etiam requirit alia longe supra rationem posita, scilicet vere timere Deum, vere diligere Deum, vere invocare Deum, vere statuere, quod Deus exaudiat, et exspectare auxilium Dei in morte, in omnibus afflictionibus; denique requirit obedientiam erga Deum in morte et omnibus afflictionibus, ne has fugiamus aut aversemur, cum Deus imponit.

8
M 88

Von diesen zweien Stücken nehmen nu die Widersacher das Gesetz für sich. Denn dieweil das natürliche Gesetz, welches mit dem Gesetz Mosi oder Zehen Geboten übereinstimmet, in aller Menschen Herzen angeboren und geschrieben ist, und also die Vernunft etlichermaß die Zehen Gebote fassen und verstehen kann, will sie wähnen, sie habe gnug am Gesetz und durchs Gesetz könne man Vergebung der Sünden erlangen. Die Zehen Gebot aber erfodern nicht allein ein äußerlich ehrbar Leben oder gute Werk, welche die Vernunft etlichermaß vermag zu tun, sondern erfodern etwas viel höhers, welchs über alle menschliche Kräfte, über alle Vermügen der Vernunft ist, nämlich will das Gesetz von uns haben, daß wir Gott sollen mit ganzem Ernst von Herzengrund fürchten und lieben, ihnen in allen Nöten allein anrufen und sonst auf nichts einigen Trost setzen. Item das Gesetz will haben, daß wir nicht weichen noch wanken sollen, sondern aufs allergewissest im Herzen schließen, daß Gott bei uns sei, unser Gebet erhöret, und daß unser Seufzen und Bitten Ja sei. Item daß wir von Gott noch Leben und allerlei Trost erwarten sollen mitten im Tode, in allen Anfechtungen seinem Willen uns gänzlich heimgeben, im Tod und Trübsal nicht von ihm fliehen, sondern ihm gehorsam sein, gerne alles tragen und leiden, wie es uns gehet.

9 Hic scholastici secuti philosophos tantum docent iustitiam rationis, videlicet civilia opera, et affingunt, quod ratio sine spiritu sancto possit diligere Deum supra omnia. Nam donec humanus animus otiosus est, nec sentit iram ac iudicium Dei, fingere potest, quod velit Deum diligere, quod velit propter Deum benefacere. Ad hunc modum docent homines mereri remissionem peccatorum, faciendo quod est in se, hoc est, si ratio dolens de peccato eliciat actum dilectionis Dei, aut bene operetur propter

Hie haben die Scholastici den Philosophis gefolget, und wenn sie wöllen sagen, wie man für Gott fromm wird, lehren sie allein ein Gerechtigkeit und Frommkeit, da ein Mensch äußerlich für der Welt ein ehrbar Leben führet und gute Werk tut, und erdichten diesen Traum dazu, daß die menschliche Vernunft ohne den heiligen Geist vermüge Gott über alles zu lieben. Denn wohl ists wahr, wenn ein Menschenherz müßig ist und nicht in Anfechtungen, und dieweil es Gottes Zorn und Gericht nicht fühlet, so mag es ein solchen Traum ihm erdichten,

---

Christus in illa similitudine apud Lucam hoc docet, quod sicut servus non constituit dominum debitorem, ita neque nos possimus Deum constituere debitorem. Ideo iubet, ut nos sentiamus esse servos, etiam cum omnia fecimus. Et addit inutiles, quod intelligenti naturam sermonis significat insufficientes. Quis enim satis amat Deum, satis timet Deum, satis credit Deo? satis patienter tolerat adversa, satis diligit proximum, satis facit vocationi suae. Haec est germana et vera sententia verbi Christi.

Potest et aliter responderi, quod Christus velit nec nobis opera utilia esse, quia non loquitur de qualibet utilitate, sed de illa, quae Deum obligat, ut declarat collatio. Sicut servi opera non sunt utilia, ut obligent Dominum, ita nec opera nostra

IV. Von der Rechtfertigung.

Deum[1]. Et haec opinio, quia naturaliter blanditur hominibus, peperit et auxit multos cultus in ecclesia, vota monastica, abusus missae, et subinde alii alios cultus atque observationes hac opinione excogitaverunt. Et ut fiduciam talium operum alerent atque augerent, affirmaverunt Deum necessario gratiam dare sic operanti, necessitate non coactionis, sed immutabilitatis[2].

als liebe es Gott über alles und tue viel Gutes, viel Werk umb Gottes willen, aber es ist eitel Heuchelei. Und auf die Weis haben doch die Widersacher gelehret, daß die Menschen Vergebung der Sunde verdienen, wenn sie so viel tun, als an ihnen ist, das ist, wenn die Vernunft ihr läßt die Sunde leid sein, und erdichtet ein Willen dazu, Gott zu lieben. Und diese Meinung und irrige Lehre, dieweil die Leute natürlich dazu geneigt sind, daß ihr Verdienst und Werk für Gott etwas geachtet und verdienen mochten, hat unzählig viel mißbräuchliche Gottesdienst in der Kirche angericht und geursacht, als sind die Klostergelübde, Mißbräuche der Messen, wie denn solchs unzählig, immer ein Gottesdienst über den andern aus diesem Irrtum erdacht ist. Und daß nur solch Vertrauen auf unser Verdienst und Werke immer weiter ausgebreitet worden, haben sie unverschämt dürfen sagen und schließen, Gott der Herr müsse von Not Gnade geben denjenigen, die also gute Werke tun, nicht daß er gezwungen wäre, sondern daß dies die Ordnung also sei, die Gott nicht übergehe noch ändere.

In hac opinione multi magni et perniciosi errores haerent, quos longum esset enumerare. Tantum illud cogitet prudens lector: Si haec est iustitia christiana, quid interest inter philosophiam et Christi doctrinam? Si meremur remissionem peccatorum his nostris actibus elicitis, quid praestat Christus? Si iustificari possumus per rationem et opera rationis, quorsum opus est Christo aut regeneratione? Et ex his opinionibus iam eo prolapsa res est, ut multi irrideant nos, qui docemus aliam iustitiam praeter philosophicam quaerendam esse. Audivimus quosdam pro concione, allegato evangelio, Aristotelis Ethica enarrare. Nec errabant isti, si vera sunt, quae defendunt adversarii. Nam Aristoteles de moribus civilibus adeo scripsit erudite, nihil ut de his requirendum sit eo sunt utilia, ut Deum obligent. Sed non est opus longiore disputatione in re nota.

Und in diesen Stücken, eben in dieser Lehre, sind viel andere große, ganz schädliche Irrtumb und schreckliche Lästerungen Gottes begriffen und verborgen, welche alle bei Namen zu erzählen jetzo zu lang wäre. Allein das wölle doch umb Gottes willen ein jeglicher christlicher Leser bedenken. Können wir durch solche Werk für Gott fromm und Christen werden, so wollt ich gerne hören (und versucht alle euer bestes, hie zu antworten), was doch vor Unterscheid sein wollt zwischen der Philosophen und Christi Lehre, so wir Vergebung der Sunde erlangen mügen durch solch unser Werk oder actus elicitos, was hilft uns denn Christus? Können wir heilig und fromm für Gott werden durch natürliche Vernunft und unser eigen gute Werk, was dürfen wir denn des Bluts und Tods Christi oder, daß wir durch ihnen neu geboren werden, wie Petrus

Ubique clamat scriptura, ne gloriemur, ne confidamus nobis, ideo recte nos diximus, quod etiam si opera bona necessarie facienda sint propter mandatum Dei, tamen non sit confidendum operibus nostris, sed gratia Christi. Hactenus de fiducia meritorum nostrorum.

Quod vero contendunt opera esse meritoria, quia scriptura utatur nomine mercedis, ad id respondemus, mercedem dici non propter dignitatem operum nostrorum, sed propter promissionem Dei, quam accipimus fide non propter opera, sed

---

[1] Nach den älteren Franziskanertheologen (Loofs, Dogmengesch. § 65, 2 a) zuletzt Biel In sent. II, 27. qu. un. a. 3 dub. 4: Dubitatur, utrum necessario Deus det gratiam facienti, quod in se est ... Est necessitas ex conditione seu suppositione. Tunc dicitur, quod Deus dat gratiam facienti quod in se est ex necessitate immutabilitatis et suppositione, quia disposuit dare immutabiliter gratiam facienti quod in se est ... Illa ergo ordinatione stante et suppositione non potest non dare gratiam facienti quod in se est, quia tunc esset mutabilis. Nik. Herborn, Locorum communium ... Enchiridion 1529. Corp. Cath. XII. 1927. c. 5, S. 31: Operibus ex caritate elicitis ex divino decreto meremur, quibus et merces vitae aeternae debetur. Luthers 13. Heidelberger These 1518: Liberum arbitrium post peccatum res est de solo titulo, et dum facit, quod in se est, peccat mortaliter. WA I, 354₅.
[2] Bonaventura In sent. III d. 12 a. 2. 9. 1. Luther De servo arb. WA XVIII 634₂₁ ff. 693₂₁.

15 amplius. Videmus exstare libellos, in quibus conferuntur quaedam dicta Christi cum Socratis, Zenonis et aliorum dictis, quasi ad hoc venerit Christus, ut traderet leges quasdam; per quas mereremur remissionem peccatorum, non acciperemus gratis propter ipsius merita.
16 Itaque si recipimus hic adversariorum doctrinam, quod mereamur operibus rationis remissionem peccatorum et iustificationem, nihil iam intererit inter iustitiam philosophicam, aut certe pharisaicam, et christianam.

1. Petri 1. sagt? Und aus dem fährlichen Irrtumb dieweil man solchen öffentlich in Schulen gelehret und auf den Predigtstühlen getrieben, ist es leider dahin geraten, daß auch große Theologen zu Löwen, Paris 2c. von keiner andern christlichen Frommkeit oder Gerechtigkeit gewußt haben (obwohl alle Buchstaben und Syllaben im Paulo anders lehren), denn von der Frommkeit, welche die Philosophie lehret. Und so es uns billig fremde sein sollte, und wir billig sie verlachen sollten, verlachen sie uns, ja verspotten Paulum selbst. Also gar ist der schändlich gräulich Irrtumb eingerissen. Ich hab selbst einen großen Prediger gehört, welcher Christi und das Evangelium nicht gedacht und Aristotelis Ethicorum prediget; heißt das nicht kindisch, närrisch unter Christen geprediget? Aber ist der Widersacher Lehre wahr, so ist das Ethicorum ein köstlich Predigtbuch und eine feine neue Bibel. Denn von äußerlich ehrbarem Leben wird nicht leicht jemands besser schreiben, denn Aristoteles. Wir sehen, daß etlich Hochgelahrten haben Bücher geschrieben, darinne sie anzeigen, als stimmen die Wort Christi und die Sprüche Socratis und Zenonis fein zusammen, gleich als sei Christus kommen, daß er gute Gesetz und Gebot gebe, durch welche wir Vergebung der Sunden verdienen sollten, und nicht vielmehr Gnade und Friede Gottes zu verkünden und den heiligen Geist auszuteilen durch sein Verdienst und Blut. Darumb, so wir der Widersacher Lehre annehmen, daß wir Vergebung der Sunden verdienen mügen aus Vermügen natürlicher Vernunft und unser Werke, so sind wir schon aristotelisch und nicht christlich, und ist kein Unterschied zwischen ehrbarm, heidnischem, zwischen pharisäischem und christlichem Leben, zwischen Philosophie und Evangelio.

17 Quamquam adversarii, ne Christum omnino praetereant, requirunt notitiam historiae de Christo et tribuunt ei, quod meruerit ¹ nobis dari quendam habitum, sive, ut ipsi vocant, primam gratiam, quam intelligunt habitum esse inclinantem, ut facilius diligamus Deum¹. Exiguum tamen est, quod huic habitui tribuunt, quia fingunt actus voluntatis ante habitum illum et post illum habitum eiusdem speciei esse. Fingunt voluntatem posse diligere Deum; sed habitus ille tamen exstimulat, ut idem faciat libentius². Et iubent mereri hunc habitum primum per praecedentia merita; deinde iubent mereri operibus legis incrementum illius habitus et vitam aeternam³.

Wiewohl nu die Widersacher, damit sie des Namen Christi nicht gar als die gottlosen, rohen Heiden schweigen, also vom Glauben reden, daß sie sagen, es sei ein Erkenntnis der Historien von Christo, und wiewohl sie von Christo auch dennoch etwas sagen, nämlich daß er uns verdienet habe ein habitum oder, wie sie es nennen, primam gratiam, die erste Gnade, welche sie achten für eine Neigung dadurch wir dennoch Gott leichter denn sonst lieben können, so ist es doch ein schwache, geringe, kleine schlechte Wirkung, die Christus also hätte, oder die durch solchen habitum geschähe. Denn sie sagen nichts desto weniger, daß die Werke unser Vernunft und Willens, ehe derselbige habitus da ist, und auch darnach,

propter meritum Christi. Neque enim is honos meritis Christi detrahendus est. Sed fortassis intempestivum, videtur hoc loco, prolixius de hac re disputare, cum ad docendas pias mentes haec duo sufficiant, quod necessario facienda sint opera propter mandatum Dei, et quod non debeamus fidere operibus.

Et ut iustitia legis mereatur premia legis, certe gratiam et iustitiam coram Deo non meremur nostris operibus. Nam qui hanc gloriam tribuit operibus nostris, detrahit de gloria Christi. Sicut inquit Paulus, si iustitia est ex lege, frustra Christus mortuus est.

---

¹) R. Seeberg, Die Theol. d. Joh. Duns Scotus S. 280. ²) Die eingegossene caritas ist nach Duns Scotus eine confortatio dilectionis naturalis. De princ. rer. quaest. 15, 25. Seeberg S. 502. ³) Das ist der Aufriß der franziskanischen Rechtfertigungslehre. Deus disponit per attritionem in aliquo tempore tanquam per aliquod meritum de congruo in aliquo instanti dare gratiam et pro illa attritione ut pro merito iustificat, sicut

IV. Von der Rechtfertigung.

Ita sepeliunt Christum, ne eo mediatore utantur homines, et propter ipsum sentiant se gratis accipere remissionem peccatorum et reconciliationem, sed somnient se propria impletione legis mereri remissionem peccatorum et propria impletione legis coram Deo iustos reputari; cum tamen legi nunquam satisfiat, cum ratio nihil faciat nisi quaedam civilia opera, interim neque timeat Deum, neque vere credat se Deo curae esse. Et quamquam de habitu illo loquuntur, tamen sine iustitia fidei neque existere dilectio | Dei in hominibus, neque quid sit dilectio Dei, intelligi potest.

wenn derselbige habitus da ist, eiusdem speciei, das ist, für und nach, einerlei und ein Ding sei. Denn sie sagen, daß unser Vernunft und menschlicher Wille an ihm selbst vermüge Gott zu lieben, allein der habitus bringe eine Neigung, daß die Vernunft dasselbige, das sie zuvor wohl vermag, desto lieber und leichter tue. Darumb lehren sie auch, daß derselbige habitus müsse verdienet werden durch unser vorgehende Werk, und daß wir durch die Werk des Gesetzes Vermehrung solcher guter Neigung und das ewige Leben verdienen. Also verbergen uns die Leute | Christum und begraben ihnen aufs neu, daß wir ihnen nicht fur einen Mittler erkennen können. Denn sie

schweigen gar, daß wir lauter aus Gnaden ohne Verdienst Vergebung der Sünden durch ihnen erlangen, sondern bringen ihre Träume auf, als künnten wir durch gute Werk und des Gesetzes Werk Vergebung der Sünde verdienen; so doch die ganze Schrift sagt, daß wir das Gesetz nicht vermügen zu erfüllen oder zu halten. Und so die Vernunft am Gesetz nichts ausrichtet, denn daß sie allein äußerliche Werke tut, im Herzen aber fürchtet sie Gott nicht: so gläubt sie auch nicht, daß Gott ihr warnehme. Und wiewohl daß sie von dem habitu also reden, so ist es doch gewiß, daß ohne den Glauben an Christum rechte Gottesliebe in keinem Herzen sein kann; so kann auch niemands verstehen, was Gottesliebe ist, ohne den Glauben.

Et quod fingunt discrimen inter meritum congrui et meritum condigni[1], ludunt tantum, ne videantur aperte πελαγιαvίζειν. Nam si Deus necessario dat gratiam pro merito congrui, iam non est meritum congrui, sed meritum condigni. Quamquam quid dicant, non vident. Post habitum illum dilectionis fingunt, hominem de condigno mereri. Et tamen iubent dubitare, utrum adsit habitus[2]. Quomodo igitur sciunt, utrum de congruo, an de condigno mereantur? Sed tota haec res conficta est ab otiosis hominibus, qui non norant, quomodo contingat remissio peccatorum et quomodo in iudicio Dei et terroribus conscientiae fiducia operum nobis excutiatur. Securi hypocritae semper iudicant se de condigno mereri, sive adsit habitus ille, sive non adsit, quia naturaliter confidunt homines propria iustitia; sed conscientiae perterrefactae ambigunt et dubitant, et subinde alia opera quaerunt et cumulant, ut acquiescant. Hae nunquam sentiunt

Daß sie aber ein Unterscheid erdichten unter merito congrui und merito condigni, unterm gebührlichen Verdienst und rechtem ganzen Verdienst, spielen und zanken sie allein mit Worten, damit sie sich nicht öffentlich als Pelagianer merken lassen. Denn so Gott von Not muß Gnade geben, umb Gebühr=Verdienst, so ist es nicht Gebühr=Verdienst, sondern ein rechte Pflicht und ganz Verdienst, wiewohl sie selbst nicht wissen, was sie sagen. Denn sie erdichten und träumen, daß wenn der habitus der Liebe Gottes (davon oben gesagt), da ist, so verdiene der Mensch gebührlich oder de congruo die Gnade Gottes, und sagen doch, es könne niemands so gewiß sein, ob derselbige habitus da sei. Nu höret, lieben Herren, wie wissen sie denn oder wenn wissen sie es, ob sie gebührlich oder durch ganz Verdienst, für voll oder halb unserm Herren Gott seine Gnad abverdienen? Aber, ach lieber Herr Gott! das sind eitel kalte Gedanken und Träume müßiger, heilloser, unerfahrner | Leute, welche die Bibel nicht viel

---

est meritum iustificationis. In sent. IV d. 14 q. 2, 15. Seeberg, S. 322. Nach der infusio gratiae sind die Verdienste de condigno. So schon Bonaventura; Seeberg, Dogmengesch. III⁴, S. 459. 469.

[1]) Meritum congrui est quando peccator facit, quod in se est et pro se. Meritum digni, quando iustus facit pro alio. Meritum condigni, quando iustus operatur pro se ipso, quia ad hoc ordinatur gratia de condigno. Bonaventura In Sent. I d. 41. a. 1. qu. 1.
[2]) Melanchthon hat richtig die Spannungen in der habitus-Lehre des Duns Scotus und seiner Nachfolger erkannt. Vgl. Seeberg, Dogmengesch. III⁴ S. 664 ff. Braun, Die Bedeutung der Concupiszenz in Luthers Leben u. Lehre, S. 178 ff.

se de condigno mereri, et ruunt in desperationem, nisi audiant praeter doctrinam legis evangelium de gratuita remissione peccatorum et iustitia fidei. wenn das Herz Gottes Zorn fühlet, oder das Gewissen in Aengsten ist. Die sichern, unerfahrnen Leuten gehen wohl immer dahin in dem Wahn, als verdienen sie mit ihren Werken de congruo Gnade. Denn es ist ohne das uns angeboren natürlich, daß wir von uns selbs und unsern Werken gern etwas viel wollten halten. Wenn aber ein Gewissen recht seine Sunde und Jammer fühlet, so ist aller Scherz, sind alle Spielgedanken aus und ist eitel großer, rechter Ernst; da läßt sich kein Herz noch Gewissen stillen noch zufrieden stellen, suchet allerlei Werke und aber Werke, und wollt gern Gewißheit, wollt gern Grund fühlen und gewis auf etwas fußen und ruhen. Aber dieselbigen erschrocknen Gewissen fühlen wohl, daß man de condigno, noch de congruo nichts verdienen kann, sinken bald dahin in Verzagen und Verzweiflung, wenn ihnen nicht ein ander Wort, denn des Gesetzes Lehre, nämlich das Evangelium von Christo, daß der fur uns gegeben ist, gepredigt wird. Daher weiß man etliche Historien, daß die Barfüßer Mönche, wenn sie etlichen guten Gewissen an der Todstunde lange haben umsonst ihren Orden und gute Werk gelobt, daß sie zuletzt haben müssen ihres Ordens und S. Franciscen schweigen und dies Wort sagen: Lieber Mensch, Christus ist für dich gestorben! Das hat in Aengsten erquicket und erkühlet, Fried und Trost allein geben.

21 Ita nihil docent adversarii, nisi iustitiam rationis aut certe legis, in quam intuentur sicut Iudaei in velatam Moisi faciem, et in securis hypocritis, qui putant se legi satisfacere, excitant praesumptionem et inanem fiduciam operum et contemptum gratiae Christi. Econtra pavidas conscientias adigunt ad desperationem, quae operantes cum dubitatione nunquam possunt experiri, quid sit fides et quam sit efficax; ita ad extremum penitus desperant.

Also lehren die Widersacher nichts, denn ein äußerliche Frommkeit äußerlicher guter Werk, welche Paulus des Gesetzes Frommkeit nennet, und sehen also, wie die Jüden, das verdeckt Angesicht Mosi, tun nichts, denn daß sie in etlichen sichern Heuchlern die Sicherheit und Härtigkeit stärken, führen die Leute auf ein Sandgrund auf ihre eigen Werk, dadurch Christus und das Evangelium veracht wird, geben manchem elenden Gewissen Ursach zur Verzweifelung, denn sie tun gute Werke auf ungewissen Wahn, erfahren nimmer, wie ein groß kräftig Ding der Glaube ist, fallen zuletzt ganz in Verzweifelung.

22 Nos autem de iustitia rationis sic sentimus, quod Deus requirat eam, et quod propter mandatum Dei necessario sint facienda honesta opera, quae Decalogus praecipit, iuxta illud: Lex est paedagogus, item: Lex est iniustis posita. Vult enim Deus coerceri carnales illa civili disciplina, et ad hanc conservandam dedit leges, litteras, doctrinam, magistratus, poenas. 23 Et potest hanc iustitiam utcunque ratio suis viribus efficere, quamquam saepe vincitur imbecillitate naturali et impellente diabolo ad manifesta flagitia. 24 Quamquam autem huic iustitiae rationis libenter tribuimus suas laudes; nullum enim maius bonum habet haec natura corrupta, et recte inquit Aristoteles: Neque hesperum neque luciferum formosiorem esse iustitia[1], ac Deus etiam ornat eam corporalibus

Wir halten und reden von der äußerlichen Frommkeit also, daß Gott wohl foddert und haben will ein solch äußerlich ehrbar Leben, und um Gottes Gebots willen müsse man dieselbigen guten Werke tun, welche in Zehen Geboten werden geboten. Denn das Gesetz ist unser Zuchtmeister und das Gesetz ist den Unrechten geben. Denn Gott der Herr will, daß den groben Sunden durch ein äußerliche Zucht gewehret werde, und dasselbe zu erhalten, gibt er Gesetz, ordnet Oberkeit, gibt gelehrte weise Leute, die zum Regiment dienen. Und also äußerlich ehrbar Wandel und Leben zu führen vermag etlichermaßen die Vernunft aus ihren Kräften, wiewohl sie oft durch angeborne Schwachheit und durch List des Teufels auch daran gehindert wird. Wiewohl ich nu einem solchen äußerlichem Leben und den guten Werken gerne so viel Lobes laß, als ihm

---

[1]) Nikomach. Ethik V, 3. II, S. 1129. Bekker: Πολλάκις κρατίστη τῶν ἀρετῶν εἶναι δοκεῖ ἡ δικαιοσύνη καὶ οὐδ' ἕσπερος οὐδ' ἕῳος οὕτω θαυμαστός. Auch WA XL 2, 485₁₁. 615.

IV. Von der Rechtfertigung.

praemiis: tamen non debet cum contumelia Christi laudari.

gebühret, denn in diesem Leben und im weltlichen Wesen ist je nichts bessers, denn Redlichkeit und Tugend, wie denn Aristoteles sagt, daß weder Morgenstern noch Abendstern lieblicher, schöner sei, denn Ehrbarkeit und Gerechtigkeit, wie denn Gott solche Tugend auch belohnet mit leiblichen Gaben: so soll man doch gute Werke und solchen Wandel nicht also hoch heben, daß es Christo zu Schmach reiche.

Falsum est enim, quod per opera nostra mereamur remissionem peccatorum.

Denn also schließe ich und bin des gewiß: erdicht ists und nicht wahr, daß wir durch unser Werke sollten Vergebung der Sünde verdienen.

Falsum est et hoc, quod homines reputentur esse iusti coram Deo propter iustitiam rationis.

Auch ists Lüge und nicht wahr, daß ein Mensch für Gott könne gerecht und fromm werden durch seine Werke und äußerliche Frommkeit.

Falsum est et hoc, quod ratio propriis viribus possit Deum supra omnia diligere et legem Dei facere, videlicet vere timere Deum, vere statuere, quod Deus exaudiat, velle obedire Deo in morte et aliis ordinationibus Dei, non concupiscere aliena etc., etsi civilia opera efficere ratio potest.

Auch ist es Ungrund und nicht wahr, daß die menschliche Vernunft aus ihren Kräften vermügen soll Gott über alles zu lieben, sein Gebot zu halten, ihnen zu fürchten, gewiß darauf zu stehen, daß Gott das Gebet erhöre, Gott zu danken und gehorsam zu sein in Trübsalen und anderm, was Gottes Gesetz gebeut, als nicht fremdes Gutes begehren 2c. Denn das alles vermag Vernunft nicht, wiewohl sie äußerlich ehrbar Leben und gute Werke etlichermaßen vermag.

Falsum est et hoc et contumeliosum in Christum, quod non peccent homines facientes praecepta Dei sine gratia.

Auch ist es erdichtet und nicht wahr und ein Lästerung wider Christum, daß diejenigen sollten ohne Sunde sein, die Gottes Gebot allein äußerlich halten ohne Geist und Gnade im Herzen.

Huius nostrae sententiae testimonia habemus non solum ex scripturis, sed etiam ex ¹ patribus. Nam Augustinus copiosissime disputat contra Pelagianos, gratiam non dari propter merita nostra¹. Et de natura et gratia inquit: Si possibilitas naturalis per liberum arbitrium et ad cognoscendum, quomodo vivere debeat, et ad bene vivendum sufficit sibi, ergo Christus gratis mortuus est, ergo evacuatum est scandalum crucis. Cur non etiam ego hic exclamem? Imo exclamabo et istos increpabo dolore christiano: Evacuati estis a Christo, qui in natura iustificamini; a gratia excidistis. Ignorantes enim iustitiam Dei et vestram volentes constituere iustitiae Dei non estis subiecti. Sicut enim finis legis, ita etiam naturae humanae vitiosae salvator Christus est ad iustitiam omni credenti². Et Ioh. 8.: Si vos Filius liberaverit, vere liberi eritis. Non igitur possumus per rationem liberari a peccatis et mereri

Dieses meines Beschluß hab ich Zeugnis nicht allein aus der heiligen Schrift, sondern ¹ auch aus den alten Vätern. Augustinus redet und handelt solchs aufs allerreichlichst wider die Pelagianer, daß die Gnade nicht geben wird um unsers Verdienstes willen. Und im Buch de natura et gratia, das ist, von der Natur und Gnade, sagt er also: „So das Vermügen der Natur durch den freien Willen gnug ist beide zu erkennen, wie man leben soll, und also recht zu leben, so ist Christus umbsonst gestorben. Warumb soll ich hie auch nicht rufen und schreien mit Paulo? Ich mag billig schreien: Ihr habt Christum verloren, die ihr durch das Gesetzes Werk gerecht werden wollt, und seid von der Gnade gefallen. Denn ihr erkennet die Gerechtigkeit nicht, die für Gott gilt, und trachtet eure eigne Gerechtigkeit aufzurichten, und seid der Gerechtigkeit, die für Gott gilt, nicht untertan. Denn wie das Ende des Gesetzes Christus ist, also ist auch der Heiland der verderbeten Natur Christus."

Gal. 5,4. cf. 2,21.

Röm. 10, 3.4.

Joh. 8, 36.

---

¹) Die Schriften zusammengestellt bei Seeberg, Dogmengesch. II³ S. 483. Doch vgl. über den Begriff des Verdienstes nach dem Gnadenempfang Seeberg S. 531 und Gottschick ZThK 11, 1901. S. 125, 139. ²) De natura et gratia 40, 47. MSL 44, 270. CSEL 60, 268, 9.

remissionem peccatorum. Et Ioh. 3. scriptum est: Nisi quis renatus fuerit ex aqua et spiritu, non potest introire in regnum Dei. Quodsi opus est renasci per spiritum sanctum, iustitia rationis non iustificat nos coram Deo, non facit legem. Rom. 3.: Omnes carent gloria Dei, id est, carent sapientia et iustitia Dei, quae Deum agnoscit et glorificat. Item Rom. 8.: Sensus carnis inimicitia est adversus Deum. Legi enim Dei non est subiectus ac ne potest quidem ei subiici. Qui autem in carne sunt, Deo placere non possunt. Haec adeo sunt aperta testimonia, ut non desiderent acutum intellectorem, sed attentum auditorem, ut Augustini verbis utamur[1], quibus ille in eadem causa usus est. Si sensus carnis est inimicitia adversus Deum, certe caro non diligit Deum; si non potest legi Dei subiici, ¹ non potest Deum diligere. Si sensus carnis est inimicitia adversus Deum, peccat caro etiam, cum externa civilia opera facimus. Si non potest subiici legi Dei, certe peccat, etiamsi egregia facta et digna laude iuxta humanum iudicium habet. Adversarii intuentur praecepta secundae tabulae, quae iustitiam civilem continent, quam intelligit ratio. Hac contenti putant se legi Dei satisfacere. Interim primam tabulam non vident, quae praecipit, ut diligamus Deum, ut vere statuamus, quod Deus irascatur peccato, ut vere timeamus Deum, ut vere statuamus, quod Deus exaudiat. At humanus animus sine spiritu sancto aut securus contemnit iudicium Dei, aut in poena fugit et odit iudicantem Deum. Itaque non obtemperat primae tabulae. Cum igitur haereant in natura hominis contemptus Dei, dubitatio de verbo Dei, de minis et promissionibus, ¹ vere peccant homines etiam cum honesta opera faciunt sine spiritu sancto, quia faciunt ea impio corde, iuxta illud: Quidquid non est ex fide, peccatum est. Tales enim operantur cum contemptu Dei, sicut Epicurus non sentit se Deo curae esse, respici aut exaudiri a Deo[2]. Hic contemptus vitiat opera in speciem honesta, quia Deus iudicat corda.

Item Joh. am 8.: „So euch der Sohn frei macht, so seid ihr recht frei." Derhalben können wir durch die Vernunft oder unser gute Werk nicht frei werden von den Sunden oder Vergebung der Sunden verdienen. Item Joh. am 3. stehet geschrieben: „Es sei denn, daß jemand neu geboren werde aus dem Wasser und Geist, so kann er nicht in das Reich Gottes kommen." So nu das dazu gehöret, daß wir durch den heiligen Geist müssen neu geboren werden, so können uns unser gute Werk oder eigen Verdienst nicht rechtfertig machen für Gott, so können wir das Gesetz nicht halten noch erfüllen. Item Röm. 3.: „Sie sind allzumal Sunder und mangeln des Ruhmes, den sie an Gott haben sollten", das ist, ihnen mangelt die Weisheit und Gerechtigkeit, die für Gott gilt, dadurch sie Gott recht erkennen, groß achten und preisen sollten. Item Röm. am 8.: „Fleischlich gesinnet sein, ist eine Feindschaft wider Gott, sintemal es dem Gesetz Gottes nicht untertan ist, denn es vermag es auch nicht; die aber fleischlich gesinnet sind, mögen Gott nicht gefallen." Das sind so gar klare, helle Sprüche der Schrift, daß sie nicht so scharfes Verstandes bedürfen, sondern allein daß man es lese und die klaren Wort wohl ansehe, wie auch Augustinus in der Sache saget. Ist nu die Vernunft und fleischlich gesinnet sein ein Feindschaft wider Gott, so kann kein Mensch ohne den heiligen Geist herzlich Gott lieben. Item: ist fleischlich gesinnet sein wider Gott, so sein wahrlich die besten gute Werk unrein und Sünde, die immer ein Adamskind tun mag. Item: kann das Fleisch Gottes Gesetz nicht untertan sein, so sundiget wahrlich auch ein Mensch, wenn er gleich edele, schöne, köstliche gute Werke tut, die die Welt groß achtet. Die Widersacher sehen allein die Gebot an der andern Tafel Mosi, die da auch von der äußerlichen Ehrbarkeit redet, welche die Vernunft besser vernimmt, und wollen wähnen, mit solchen äußerlichen, guten Werken halten sie Gottes Gesetz. Sie sehen aber die erste Tafel nicht an, welche gebeut und von uns haben will, daß wir Gott herzlich sollen lieben, daran gar nicht wanken noch zweifeln sollen, daß Gott umb der Sunde willen zörne, daß wir Gott herzlich fürchten sollen, daß wir uns gewiß in unsern Herzen sollen darauf verlassen, Gott

sei nicht ferne, er erhöre unser Gebet 2c. Nu sind wir, ehe wir durch den heiligen Geist neu geboren werden, alle der Art aus Adam, daß unser Herz in Sicherheit Gottes Zorn, Urteil und Dräuen verachtet, seinem Urteil und Strafen gehässig und feind ist. So nu alle Adamskinder in so großen Sunden geboren werden, daß wir alle von Art Gott verachten, sein Wort, seine Verheißung und Dräuen in Zweifel setzen, so müssen wahrlich

---

[1]) De gratia et libero arbitrio 8, 19. MSL 44, 892.   [2]) Cicero de legibus I 7, 21 f.

unser besten gute Werke, die wir tun, ehe wir durch den heiligen Geist neu geboren werden, sündlich und verdammt Werke für Gott sein, wenn sie gleich für der Welt schön sein; denn sie gehen aus einem bösen, gottlosen, unreinem Herzen, wie Paulus sagt, Röm. 14.: „Was nicht aus dem Glauben gehet, das ist Sünde." Denn alle solche Werk-
5 heiligen tun Werk ohne Glauben, verachten Gott im Herzen und gläuben als wenig, daß Gott sich ihrer annehme, als Epicurus gläubt hat. Die Verachtung Gottes inwendig muß je die Werk unflätig und sündlich machen, wenn sie gleich für den Leuten schön sind; denn Gott forschet die Herzen.

Postremo hoc imprudentissime scribi-
10 tur ab adversariis, quod homines, rei aeternae irae, mereantur remissionem peccatorum per actum elicitum dilectionis[1], cum impossibile sit diligere Deum, nisi prius fide apprehendatur remissio
15 peccatorum. Non enim potest cor, vere sentiens Deum irasci, diligere Deum, nisi ostendatur placatus. Donec terret et videtur nos abiicere in aeternam mortem, non potest se erigere natura hu-
20 mana, ut diligat iratum, iudicantem et punientem. | Facile est otiosis fingere ista somnia de dilectione, quod reus peccati mortalis possit Deum diligere super omnia, quia non sentiunt, quid sit ira
25 aut iudicium Dei. At in agone conscientiae et in acie experitur conscientia vanitatem illarum speculationum philosophicarum. Paulus ait: Lex iram operatur. Non dicit, per legem mereri homines re-
30 missionem peccatorum. Lex enim semper accusat conscientias et perterrefacit. Non igitur iustificat, quia conscientia perterrefacta lege fugit iudicium Dei. Errant igitur, qui per legem, per opera sua
35 mereri se remissionem peccatorum confidunt. Haec de iustitia rationis aut legis, quam adversarii docent, satis sit dixisse. Nam paulo post, cum nostram sententiam de iustitia fidei dicemus, res ipsa
40 coget plura testimonia ponere; quae etiam proderunt ad illos errores adversariorum, quos hactenus recensuimus, evertendos.

Zuletzt, so ist je das auch aufs närrischt 36 und ungeschicktest von den Widersachern geredt, daß die Menschen, die auch ewiges Zorns schuldig sein, Vergebung der Sünden erlangen durch die Liebe oder actum elicitum dilectionis; so es doch unmöglich ist Gott zu lieben, wenn das Herz nicht erst durch den Glauben Vergebung der Sünden ergriffen hat. Denn es kann je ein Herz, das in Aengsten ist, Gottes Zorn recht fühlet, Gott nicht lieben, er geb denn dem W 87 Herzen Luft, er tröste und erzeige sich denn wieder gnädig. Denn dieweil er schrecket 37 und also uns angreift, als wölle er uns in ewiger Ungnade in den ewigen Tod von sich stoßen, so muß der armen schwachen Natur das Herz und Mut entfallen und muß je für so großen Zorn erzittern, der so gräulich schreckt und straft, und kann je alsdenn, ehe Gott selbst tröstet, kein Fünklein Liebe füh- 38 len. Müßige und unerfahrne Leute mügen Röm. ihnen wohl selbst ein Traum von der Liebe 4,15. erdichten, darumb reden sie auch so kindisch davon, daß einer, der gleich einer Todsünden schuldig ist, könne gleichwohl Gott über alles lieben; denn sie wissen noch nicht recht, was Sünde für ein Last, was es für ein große Qual sei, Gottes Zorn fühlen. Aber fromme 39 Herzen, die es im rechten Kampf mit Satan und rechten Aengsten des Gewissens erfahren haben, die wissen wohl, daß solche Wort und Gedanken eitel Gedanken, eitel Träume sind. Paulus sagt: „Das Gesetz richt nur Zorn an." Röm. 4. Er sagt nicht, daß durch das Gesetz die Leute verdienen Vergebung der Sünden. Denn das
45 Gesetz klagt allzeit das Gewissen an und erschreckts. Derhalben macht das Gesetz niemands fromm und gerecht für Gott, denn ein erschrocken Gewissen fleuhet für Gott und seinem Urteil. Derhalben irren diejenigen, die durch ihre Werke oder durch das Gesetz wollen verdienen Vergebung der Sünden. Dieses sei gnug gesagt von der Gerechtigkeit der Werk- M 94
heiligen oder der Vernunft, welche die Widersacher lehren. Denn bald hernach, wenn wir
50 werden sagen von der Frommkeit und Gerechtigkeit, die vor Gott gilt, die aus dem Glauben kömmt, wird die Sache an ihr selbst mit bringen mehr Sprüche aus der Schrift einzuführen, welche denn alle auch gleich stark dienen werden die obangezeigte Irrtumb der Widersacher umbzustoßen.

Quia igitur non possunt homines viri-
55 bus suis legem Dei facere, et omnes sunt sub peccato et rei aeternae irae ac mor-

Dieweil denn kein Mensch aus seinen 40 Kräften Gottes Gesetz zu halten vermag, W 88 und sind alle unter der Sünde, schuldig des

---

[1] Vgl. S. 161 Anm. 1, auch Conf. zu Art. XX CR 27, 121.

tis: ideo non possumus per legem a peccato liberari ac iustificari, sed data est promissio remissionis peccatorum et iustificationis propter Christum, qui datus est pro nobis, ut satisfaceret pro peccatis mundi, et positus est mediator ac propitiator. Et haec promissio non habet conditionem meritorum nostrorum, sed gratis offert remissionem peccatorum et iustificationem, sicut Paulus ait: Si ex operibus, iam non est gratia. Et alibi: Iustitia Dei iam manifestatur sine lege, id est, gratis offertur remissio peccatorum. Nec pendet reconciliatio ex nostris meritis. Quodsi ex nostris meritis penderet remissio peccatorum et reconciliatio esset ex lege, esset inutilis. Quia enim legem non facimus, sequeretur etiam promissionem reconciliationis nunquam nobis contingere. Sic argumentatur Paulus Rom. 4.: Si ex lege esset hereditas, inanis esset fides et abolita promissio. Si enim promissio requireret conditionem meritorum nostrorum ac legem, cum legem nunquam faciamus, sequeretur promissionem inutilem esse.

Röm. 11,6.
Röm. 3,21.

Röm. 4,14.

W 88

43 Cum autem iustificatio contingat per gratuitam promissionem, sequitur, quod non possumus nos ipsi iustificare. Alioqui quorsum opus erat promittere? Cumque promissio non possit accipi, nisi fide, evangelium, quod est proprie promissio remissionis peccatorum et iustificationis propter Christum, praedicat iustitiam fidei in Christum, quam non docet lex; neque haec est iustitia legis.
44 Lex enim requirit a nobis opera nostra et perfectionem nostram. Sed promissio offert nobis, oppressis peccato et morte, gratis reconciliationem propter Christum, quae accipitur non operibus, sed sola fide. Haec fides non affert ad Deum fiduciam propriorum meritorum, sed tantum fiduciam promissionis seu promissae misericordiae in Christo. Haec igitur fides specialis, qua credit unusquisque sibi remitti peccata propter Christum, et Deum placatum et propitium esse propter Christum, consequitur remissionem peccatorum et iustificat nos. Et quia in poenitentia, hoc est in terroribus, consolatur et erigit corda,

45
M 95

ewigen Zorns und Todes, so können wir durch das Gesetz der Sunde nicht los noch vor Gott fromm werden, sondern es ist verheißen Vergebung der Sunde und Gerechtigkeit durch Christum, welcher für uns gegeben ist, daß er die Sunde der Welt bezahlet, und ist der einige Mittler und Erlöser. Und diese Verheißung laut nicht also, durch Christum habt ihr Gnade, Heil 2c., wo ihrs verdienet, sondern lauter aus Gnade beutet er an Vergebung der Sunde, wie Paulus sagt: „So aus den Werken Vergebung der Sunde ist, so ists nicht Gnade." Und an einem andern Ort: „Diese Gerechtigkeit, die für Gott gilt, ist ohne Gesetz offenbaret", das ist, umbsonst wird Vergebung der Sunde angeboten. Und darum liegts nicht an unserm Verdienst, daß wir Gott versühnet werden. Denn wenns an unserm Verdienst läge, Vergebung der Sunde und die Versühnung Gottes aus dem Gesetz wäre, so wäre es verloren und wären wahrlich übel Gott vereiniget und versühnet. Denn wir halten das Gesetz nicht und vermügen es nicht zu halten, so würde folgen, daß wir auch die zugesagte Gnade und Versühnung nimmermehr erlangeten. Denn also schleußt Paulus zu den Römern 4.: „So aus dem Gesetz das Erbe ist, so ist der Glaube nichts und die Verheißung ist abe." So sich nu die Verheißung gründet auf unsern Verdienst und auf das Gesetz, so folgte, dieweil wir das Gesetz nicht halten können, daß die Verheißung vergeblich wäre.

So wir aber für Gott fromm und gerecht werden allein aus lauter Gnade und Barmherzigkeit, die in Christo verheißen ist, erfolgt, daß wir durch unser Werk nicht fromm werden. Denn was wäre sonst der herrlichen, göttlichen Verheißunge vonnöten, und was dörft Paulus die Gnade so hoch heben und preisen? Derhalben lehret, rühmet, prediget und preiset das Evangelion die Gerechtigkeit, die aus dem Glauben kömmt an Christum, welche nicht ein Gerechtigkeit des Gesetz ist. So lehret auch das Gesetz davon nichts, und ist gar viel ein höher Gerechtigkeit, denn des Gesetzes Gerechtigkeit ist. Denn das Gesetz foddert von uns unser Werk und will haben, daß wir inwendig im Herzen gottfürchtig und ganz rechtschaffen sind. Aber die göttliche Zusage die beutet an uns, als denjenigen, die von der Sunde und Tode überwältigt sein, Hülfe, Gnad und Versühnung umb Christus willen, welche Gnad niemands mit Werken fassen kann, sondern allein durch den Glauben an Christum. Derselbe Glaub bringet noch schenket Gott dem Herrn kein Werk, kein eigen Verdienst, sondern bauet bloß auf lau-

IV. Von der Rechtfertigung. (Was der Glaube sei?)

regenerat nos et affert spiritum sanctum, ut deinde legem Dei facere possimus, videlicet diligere Deum, vere timere Deum, vere statuere, quod Deus exaudiat, obedire Deo in omnibus afflictionibus, mortificat concupiscentiam etc. Ita fides, quae gratis accipit remissionem peccatorum, quia opponit mediatorem et propitiatorem Christum irae Dei, non opponit nostra merita aut dilectionem nostram, quae fides est vera cognitio Christi, et utitur beneficiis Christi, et regenerat corda, et praecedit legis impletionem. Et de hac fide nulla syllaba exstat in doctrina adversariorum nostrorum. Proinde reprehendimus adversarios, quod tantum tradunt iustitiam legis, non tradunt iustitiam evangelii, quod praedicat iustitiam fidei in Christum.

ter Gnad und weiß sich nichts zu trösten noch zu verlassen, denn allein auf Barmherzigkeit, die verheißen ist in Christo. Derselbige Glaube nu, da ein jeder für sich gläubet, daß Christus für ihn geben ist, der erlanget allein Vergebung der Sunde um Christus willen und macht uns für Gott fromm und gerecht. Und dieweil derselbige in rechtschaffener Buße ist, unser Herzen auch im Schrecken der Sunde und des Todes wieder aufrichtet, so werden wir durch denselbigen neu geboren und kommt durch den Glauben der heilig Geist in unser Herz, welcher unser Herzen verneuert, daß wir Gottes Gesetz halten können, Gott recht lieben, gewißlich fürchten, nicht wanken noch zweifeln, Christus sei uns geben, er erhöre unser Rufen und Bitten, und daß wir in Gottes Willen uns fröhlich geben können auch mitten im Tode. Also derselbige Glaube, der aus Gnaden umbsonst empfähet und erlanget Vergebung der Sunde, ist rechtschaffen, der gegen Gottes Zorn nicht sein Verdienst oder Werk setzet, welches ein Federlen gegen Sturmwind wäre, sondern der Christum den Mittler darstellet, und derselbig Glaub ist ein recht Erkenntnis Christi. Wer also gläubet, der erkennet die große Wohltat Christi, und wird ein neu Kreatur und ehe ein solch Glaube im Herzen ist, kann niemands das Gesetz erfüllen. Von demselbigen Glauben und Erkenntnis Christi ist nicht eine Syllabe, nicht ein Tittel in allen Büchern der Widersacher. Darum schelten wir auch die Widersacher, daß sie allein das Gesetz lehren von unsern Werken und nicht das Evangelium, das da lehret, daß man gerecht werde, wenn man an Christum gläubet.

Quid sit fides iustificans.

Adversarii tantum fingunt fidem esse notitiam historiae, ideoque docent eam cum peccato mortali posse existere[1]. Nihil igitur loquuntur de fide, qua Paulus toties dicit homines iustificari, quia, qui reputantur iusti coram Deo, non versantur in peccato mortali. Sed illa fides, quae iustificat, non est tantum notitia historiae, sed est assentiri promissioni Dei, in qua gratis propter Christum offertur remissio peccatorum et iustificatio[2]. Et ne quis suspicetur tantum notitiam esse, addemus amplius: est velle

Was der Glaub sei, der für Gott fromm und gerecht macht.

Die Widersacher wöllen wähnen, der Glaub sei dieses, daß ich wisse oder gehört habe die Historien von Christo; darum lehren sie, ich könne wohl gläuben, ob ich gleich in Todsunden sei. Darum von dem rechten christlichem Glauben, davon Paulus an allen Orten so oft redet, daß wir durch den Glauben fur Gott fromm werden, da wissen oder reden sie gar nichts von. Denn welche vor Gott heilig und gerecht geacht werden, die sind nicht in Todsunden. Darum der Glaube, welcher fur Gott fromm und gerecht macht, ist nicht allein dieses, daß ich

---

[1]) Die Scholastik nach dem Lomb. Sent. III. d. 23 c. 4. Thomas STh. II, 1. q. 71. a. 4 c: Hoc dico ⟨daß caritas bei Todsünde verloren geht⟩ propter fidem et spem, quarum habitus remanent informes post peccatum mortale. Vgl. auch III, q. 49. a 1 ad 5. Schon in den Randbemerkungen zum Lombarden brach Luther mit dieser Lehre. Fides, quae remanet cum peccato mortali non ea est, quae possit martyrium obire et caetera. Sed est acquisita et naturaliter moralis, quae accedente examine deficeret, quia non elevat naturam super se. WA IX, 90₂₈. Luther kehrte seinen Widerspruch immer wieder scharf heraus. Holl, Ges. Aufl. I²⁻³ S. 190. Dagegen Eck, Leipziger These I, 17 gegen Karlstadt. Corp. Cath. I, 48, 22. Das Tridentinum verwarf nach Kämpfen (Rückert, Die Rechtfertigungslehre auf dem Trid. Konzil 1925, S. 173. 182) die prot. Anschauung. Sess. VI, cap. 15; can. 28. [2]) Melanchthon Loci 1521, S. 167 ff. Kolde⁴. Werke II, 1 (1952), 91 ff.

et accipere oblatam promissionem remissionis peccatorum et iustificationis.

wisse die Historien, wie Christus geboren, gelitten 2c. (das wissen die Teufel auch), sondern ist die Gewißheit oder das gewisse, starke Vertrauen im Herzen, da ich mit ganzem Herzen die Zusag Gottes für gewiß und wahr halte, durch welche mir angeboten wird ohne mein Verdienst Vergebung der Sunde, Gnade und alles Heil durch den Mittler Christum. Und damit daß niemands wähne, es sei allein ein bloß Wissen der Historien, so setze ich das dazu, daß der Glaub ist, daß sich mein ganz Herz desselbigen Schatzes annimmt, und ist nicht mein Tun, nicht mein Schenken noch Geben, nicht mein Werk oder Bereiten, sondern daß ein Herz sich des tröstet und ganz darauf verlässet, daß Gott uns schenkt, uns gibt, und wir ihme nicht, daß er uns mit allem Schatz der Gnaden in Christo überschüttet.

M 96 49 Ac facile potest cerni discrimen inter hanc fidem et inter iustitiam legis. Fides est λατρεία[1], quae accipit a Deo oblata beneficia; iustitia legis est λατρεία, quae offert Deo nostra merita. Fide sic vult coli Deus, ut ab ipso accipiamus ea, quae promittit et offert.

Aus diesem ist leicht zu merken Unterscheid zwischen dem Glauben und zwischen der Frommkeit, die durch Gesetz kommt. Denn der Glaub ist ein solcher Gottesdienst und latria, da ich mir schenken und geben lasse. Die Gerechtigkeit aber des Gesetzs ist ein solcher Gottesdienst, der da Gott anbeutet unser Werke. So will Gott nu durch den Glauben also geehret sein, daß wir von ihm empfahen, was er verheißet und anbeutet.

50 Quod autem fides significet non tantum historiae notitiam, sed illam fidem, quae assentitur promissioni, aperte
Röm. 4, 16. testatur Paulus, qui ait: Iustitiam ideo ex fide esse, ut sit firma promissio. Sentit enim promissionem non posse accipi nisi fide. Quare inter se correlative comparat et connectit promissionem et fidem.
51 Quamquam facile erit iudicare, quid sit fides, si symbolum consideremus, ubi certe ponitur hic articulus: remissionem peccatorum. Itaque non satis est credere, quod Christus natus, passus, resuscitatus sit, nisi addimus et hunc articulum, qui est causa finalis historiae: remissionem peccatorum. Ad hunc articulum referri cetera oportet, quod videlicet propter Christum, non propter nostra merita donetur nobis
52 remissio peccatorum. Quid enim opus erat Christum dare pro peccatis nostris, si nostra merita pro peccatis nostris possunt satisfacere?

Daß aber der Glaub nicht allein sei die Historien wissen, sondern der da festhält die göttliche Verheißungen, zeigt Paulus gnugsam an, der da sagt zu den Römern am 4.: Derhalben muß die Gerechtigkeit durch den Glauben kommen, auf daß die Verheißung fest bleibe. Da heftet und verbindet Paulus die zwei also zusammen, daß, wo Verheißung ist, da muß auch Glaube sein 2c. und wiederum correlative, wo Verheißung ist, da fordert Gott auch Glauben. Wiewohl noch klärer und schlechter zu zeigen ist, was der Glaub, der da gerecht macht, sei, wenn wir unser eigen Credo und Glauben ansehen. Denn im Symbolo stehet je dieser Artikel: Vergebung der Sunde. Darum ists nicht gnug, daß ich wisse oder gläube, daß Christus geboren ist, gelitten hat, auferstanden ist, wenn wir nicht auch diesen Artikel, darum das alles endlich geschehen, gläuben, nämlich: Ich gläube, daß mir die Sunde vergeben sein. Auf den Artikel muß das ander alles gezogen werden, nämlich, daß um Christus willen, nicht um meines Verdienstes willen uns die Sunde vergeben werden. Denn was wäre not, daß Gott Christum für unser Sunde gäbe, wenn unser Verdienst für unser Sunde könnte gnugtun?

W 90

53 Quoties igitur de fide iustificante loquimur, sciendum est haec tria obiecta concurrere: promissionem, et quidem gratuitam, et merita Christi tamquam pretium et propitiationem. Promissio accipitur fide; gratuitum excludit nostra

Derhalben so oft wir reden von dem Glauben, der gerecht macht oder fide iustificante, so sind allzeit diese drei Stücke oder obiecta beieinander. Erstlich die göttliche Verheißung, zum andern, daß dieselbige umsonst ohne Verdienst Gnade anbeutet, für

---

[1] Röm. 9, 4. 12, 1. λατρεία gebührt nach Johannes Damaszenus allein Gott (im Gegensatz zur προσκύνησις den Bildern gegenüber. Loofs, Dogmengesch. § 43, 7). So auch Thomas Summa contra gentiles l. III c. 120.

merita, et significat tantum per misericordiam offerri beneficium; Christi merita sunt pretium, quia oportet esse aliquam certam propitiationem pro peccatis nostris. Scriptura crebro misericordiam implorat. Et sancti patres saepe dicunt nos per misericordiam salvari. Quoties igitur fit mentio misericordiae, sciendum est, quod fides ibi requiratur, quae promissionem misericordiae accipit. Et rursus, quoties nos de fide loquimur, intelligi volumus obiectum, scilicet misericordiam promissam. Nam fides non ideo iustificat aut salvat, quia ipsa sit opus per sese dignum, sed tantum, quia accipit misericordiam promissam.

das dritte, daß Christi Blut und Verdienst der Schatz ist, durch welchen die Sunde bezahlet ist. Die Verheißung wird durch den Glauben entpfangen; daß sie aber ohne Verdienst Gnade anbeut, da gehet all unser Würdigkeit und Verdienst unter und zu Boden, und wird gepreiset die Gnade und große Barmherzigkeit. Der Verdienst Christi aber ist der Schatz; denn es muß je ein Schatz und edles Pfand sein, dadurch die Sunde aller Welt bezahlt sein. Die ganze Schrift, altes und neues Testament, wenn sie von Gott und Glauben redet, braucht viel dieses Worts: Güte, Barmherzigkeit, misericordia. Und die heiligen Väter in allen ihren Büchern sagen alle, daß wir durch Gnade, durch Güte, durch Vergebung selig werden.

So oft wir nun das Wort Barmherzigkeit in der Schrift oder in den Vätern finden, sollen wir wissen, daß da vom Glauben gelehrt wird, der die Verheißung solcher Barmherzigkeit fasset. Wiederum, so oft die Schrift vom Glauben redet, meinet sie den Glauben, der auf lauter Gnade bauet; denn der Glaube nicht darum für Gott fromm und gerecht macht, daß er an ihm selbst unser Werk und unser ist, sondern allein darum, daß er die verheißene, angebotene Gnade ohne Verdienst aus reichem Schatz geschankt nimmt.

Et hic cultus, haec λατρεία in prophetis et psalmis passim praecipue laudatur, cum tamen lex non doceat gratuitam remissionem peccatorum. Sed patres norant promissionem de Christo, quod Deus propter Christum vellet remittere peccata. Igitur cum intelligerent Christum fore pretium pro nostris peccatis, sciebant opera nostra non esse pretium rei tantae. Ideo gratuitam misericordiam et remissionem peccatorum fide accipiebant, sicut sancti in novo testamento. Huc pertinent illae crebrae repetitiones misericordiae et fidei in psalmis et prophetis, ut hic: Si iniquitates observaveris, Domine, Domine, quis sustinebit? Hic confitetur peccata, nec allegat merita sua. Addit: Quia apud te propitiatio est. Hic erigit se fiducia misericordiae Dei. Et citat promissionem: Sustinuit anima mea in verbo eius, speravit anima mea in Domino, id est, quia promisisti remissionem peccatorum, hac tua promissione sustentor[1]. Itaque et patres iustificabantur non per legem, sed per promissionem et fidem. Ac mirum est adversarios adeo extenuare fidem, cum videant ubique pro praecipuo cultu laudari, ut psalmo XLIX.: Invoca me in die tribulationis et eripiam te. Ita vult innotescere Deus, ita vult se coli, ut ab ipso accipiamus beneficia, et quidem accipiamus propter ipsius misericordiam, non

Und solcher Glaub und Vertrauen auf Gottes Barmherzigkeit wird als der größte, heiligste Gottesdienst gepreiset, sonderlich in Propheten und Psalmen. Denn wiewohl das Gesetz nicht vornehmlich predigt Gnade und Vergebung der Sunde, wie das Evangelium, so sind doch die Verheißung von dem künftigen Christo von einem Patriarchen auf den andern geerbet, und haben gewußt, auch geglaubt, daß Gott durch den benedeieten Samen, durch Christum, wollt Segen, Gnade, Heil und Trost geben. Darum so sie verstunden, daß Christus sollt der Schatz sein, dadurch unser Sunde bezahlt werden, haben sie gewußt, daß unsere Werke ein solche große Schuld nicht bezahlen könnten. Darum haben sie Vergebung der Sunde, Gnade und Heil ohne alle Verdienst empfangen und durch den Glauben an die göttliche Verheißung, an das Evangelium von Christo selig worden als wohl, als wir oder die Heiligen im neuen Testament. Daher kommts, daß diese Wort Barmherzigkeit, Güte, Glaube so oft in Psalmen und Propheten wiederholet werden. Als im 130. Psalm: „So du willt, Herr, acht haben auf Missetat, Herre, wer wird bestehen?" Da bekennet David seine Sunde, rühmet nicht viel Verdienst, sagt auch weiter: „Denn bei dir ist Vergebung, daß man dich fürchte." Da fühlet er wieder Trost und verläßt sich auf Gnade und Barmherzigkeit, verläßt sich auf die göttliche Zusage und

---

[1]) Seit Ed. 1531. 8⁰ hat Melanchthon hier einen Abschnitt über Abraham als Beispiel für den Trost des Glaubens an die Verheißung eingefügt. CR 27, 437f.

propter merita nostra. Haec est amplissima consolatio in omnibus afflictionibus. Et huiusmodi consolationes abolent adversarii, cum fidem extenuant et vituperant, et tantum docent homines per opera et merita cum Deo agere.

spricht: „Meine Seele harret des Herrn und ich warte auf sein Wort." Und: „Aber meine Seele wartet doch auf den Herrn." Das ist, dieweil du verheißen hast Vergebung der Sunde, so halte ich mich an die Zusage, so verlasse und wage ich mich auf die gnädige Verheißung. Darum werden die heiligen Patriarchen fur Gott fromm und heilig auch nicht durchs Gesetz, sondern durch Gottes Zusage und den Glauben. Und sollt wahrlich jedermann sich hoch verwundern, warum die Widersacher doch so wenig oder gar nichts vom Glauben lehren, so sie doch sehen gar nahe in allen Syllaben der Bibel, daß der Glaube für den allerhöchsten, edelsten, heiligsten, größten, angenehmsten, besten Gottesdienst gelobt und gepreiset wird. Also sagt er im 49. Psalm: „Ruf mich an in der Zeit der Not und ich will dich erretten." Also nu und durch diese Weis will Gott uns bekannt werden. Also will er geehret sein, daß wir von ihm Gnade, Heil, alles Gut nehmen und empfahen sollen, und nämlich aus Gnaden, nicht um unsers Verdienstes willen. Dieses Erkenntnis ist gar ein edel Erkenntnis und ein großmächtiger Trost in allen Anfechtung, leiblich, geistlich, es komm zu sterben oder zu leben, wie fromme Herzen wissen; und denselbigen edelen, teuren, gewissen Trost rauben und nehmen die Widersacher den armen Gewissen, wenn sie vom Glauben so kalt, so verächtlich reden und lehren, dagegen mit Gotte, der hohen Majestat, durch unser elend, bettelisch Werk und Verdienst handeln.

Ps. 50,15.

M 98

Quod fides in Christum iustificet.

Daß der Glaub an Christum gerecht macht.

61 Primum, ne quis putet nos de otiosa notitia historiae loqui, dicendum est, quomodo contingat fides. Postea ostendemus, et quod iustificet et quomodo hoc intelligi debeat, et diluemus ea, quae 62 adversarii obiiciunt. Christus Lucae ultimo iubet praedicare poenitentiam in nomine suo et remissionem peccatorum. Evangelium enim arguit omnes homines, quod sint sub peccato, quod omnes sint rei aeternae irae ac mortis, et offert propter Christum remissionem peccatorum et iustificationem, quae fide accipitur. Praedicatio poenitentiae, quae arguit nos, perterrefacit conscientias veris et seriis terroribus. In his corda rursus debent concipere consolationem. Id fit, si credant promissioni Christi, quod propter ipsum habeamus remissionem peccatorum. Haec fides in illis pavoribus erigens et consolans accipit remissionem peccatorum, iustificat et vivificat. Nam illa consolatio est nova et 63 spiritualis vita. Haec plana et perspicua sunt, et a piis intelligi possunt, et habent ecclesiae testimonia. Adversarii nusquam possunt dicere, quomodo detur spiritus sanctus. Fingunt sacramenta conferre spiritum sanctum ex opere operato sine bono motu accipientis, quasi vero otiosa res sit donatio spiritus sancti[1].

Luk. 24,47.

Vor das erst, daß niemand gedenke, wir reden von einem schlechten Wissen oder Erkenntnis der Historien von Christo, so müssen wir erstlich sagen, wie es zugehet, wie ein Herz anfähet zu gläuben, wie es zum Glauben kommt. Darnach wollen wir anzeigen, daß derselbe Glaub für Gott fromm macht, und wie das zu verstehen sei, und wollen der Widersacher Gründe eigentlich klar und gewis ablehnen. Christus befiehlt Lukae am letzten zu predigen Buß und Vergebung der Sunde. Das Evangelium auch strafet alle Menschen, daß sie in Sunden geboren seien und daß sie alle schuldig des ewigen Zorns und Tods seien, und beutet ihnen an Vergebung der Sunde und Gerechtigkeit durch Christum. Und dieselbige Vergebung, Versöhnung und Gerechtigkeit wird durch den Glauben empfangen. Denn die Predigt von der Buß oder diese Stimme des Evangelii: Bessert euch, tut Buß, wenn sie recht in die Herzen gehet, erschreckt sie die Gewissen und ist nicht ein Scherz, sondern ein groß Schrecken, da das Gewissen sein Jammer und Sunde und Gottes Zorn fühlet. In dem Erschrecken sollen die Herzen wieder Trost suchen. Das geschicht, wenn sie gläuben an die Verheißung von Christo, daß wir durch ihnen Vergebung der Sunde haben. Der Glaub, welcher in solchem Zagen und Schrecken die Herzen wieder aufrichtet und tröstet, empfähet und empfindet Vergebung der Sunde, macht gerecht und bringt Leben; denn derselbige starke Trost ist ein neu Geburt

---

[1]) Vgl. zu CA Art. XIII, S. 68, Anm. 3.

und ein neu Leben. Dieses ist je einfältig und klar geredt; so wissen fromme Herzen, daß es also ist, so sind die Exempel, daß es mit allen Heiligen so gangen von Anbeginn, in der Kirchen verhanden, wie an der Bekehrung Pauli und Augustini zu sehen ist. Die Widersacher haben nichts Gewisses, können nirgend recht sagen oder verständlich davon reden, wie der heilige Geist geben wird. Sie erdichten ihnen eigene Träume, daß durch schlecht leiblich Empfahen und Brauchen der Sacrament ex opere operato die Leut Gnad erlangen und den heiligen Geist empfahen, wenn schon das Herz gar nicht dabei ist; gleich als sei das Licht des heiligen Geistes so ein schlecht, schwach, nichtig Ding.

Cum autem de tali fide loquamur, quae non est otiosa cogitatio, sed quae a morte liberat, et novam vitam in cordibus parit, et est opus spiritus sancti: non stat cum peccato mortali, sed tantisper, dum adest, bonos fructus parit, ut postea dicemus. Quid potest dici de conversione impii seu de modo regenerationis simplicius et clarius? Proferant unum commentarium in sententias ex tanto scriptorum agmine, qui de modo regenerationis dixerit. Cum loquuntur de habitu dilectionis, fingunt eum homines per opera mereri, non docent per verbum accipi; sicut et hoc tempore Anabaptistae docent¹. At cum Deo non potest agi, Deus non potest apprehendi nisi per verbum. Ideo iustificatio fit per verbum, sicut Paulus inquit: Evangelium est potentia Dei ad salutem omni credenti. Item: Fides est ex auditu. Et vel hinc argumentum sumi potest, quod fides iustificet, quia, si tantum fit iustificatio per verbum et verbum tantum fide apprehenditur, sequitur, quod fides iustificet. Sed sunt aliae maiores rationes. Haec diximus hactenus, ut modum regenerationis ostenderemus et ut intelligi posset, qualis sit fides, de qua loquimur.

So wir aber von einem solchen Glauben reden, welcher nicht ein müßiger Gedank ist, sondern ein solch neu Licht, Leben und Kraft im Herzen, welche Herz, Sinn und Mut verneuert, ein andern Menschen und neu Kreatur aus uns macht, nämlich ein neu Licht und Werk des heiligen Geistes, so verstehet ja männiglich, daß wir nicht von solchem Glauben reden, dabei Todsunde ist, wie die Widersacher vom Glauben reden. Denn wie will Licht und Finsternis bei einander sein? Dann der Glaub, wo er ist und dieweil er da ist, gebieret er gute Frucht, wie wir darnach sagen wollen. Dieses ist je mit klaren, deutlichen, einfältigen Worten geredt, wie es zugehet, wenn ein Sunder recht sich bekehret, was die neu Geburt sei oder nicht sei. Trotz nu geboten allen den Sententiariis, ob sie unter den unzähligen Commenten, Glossen und Scribenten über Sententiarum einen können fürbringen, der ein Wörtlein, ein Tittel recht davon setzet, wie es zugehet, wenn ein Sunder bekehret wird. Wenn sie von der Liebe reden, oder wenn sie von ihrem habitu dilectionis reden, so bringen sie wohl ihre Träume für, daß denselbigen habitum die Leute verdienen durch ihr Werk, reden aber gar nichts von Gottes Verheißung oder Wort, wie auch zu dieser Zeit die Wiedertäufer lehren. Nu kann man mit Gott doch je nicht handeln; so läßt sich Gott nicht erkennen, suchen noch fassen, denn allein im Wort und durchs Wort, wie Paulus sagt: Das Evangelium ist eine Kraft Gottes allen, die daran gläuben. Item zu den Römern am 10.: Der Glaub ist aus dem Gehör. Und aus dem allein sollt je klar gnug sein, daß wir allein durch den Glauben für Gott fromm werden. Denn so wir allein durchs Wort Gottes zu Gott kommen und gerecht werden, und das Wort kann niemands fassen, denn durch den Glauben, so folget, daß der Glaub gerecht macht. Doch sind andere Ursachen, die sich zu dieser Sach besser reimen. Dieses hab ich bisher gesagt, daß ich anzeige, wie es zugehet, wie wir neu geboren werden, und daß man verstehen möcht, was der Glaub ist oder nicht ist, davon wir reden.

Nunc ostendemus, quod fides iustificet. Ubi primum hoc monendi sunt lectores, quod sicut necesse est hanc sententiam tueri, quod Christus sit mediator, ita necesse sit defendere, quod fides iustificet. Quomodo enim erit Christus mediator, si in iustificatione non utimur eo mediatore, si non sentimus, quod propter ipsum iusti reputemur? Id autem est

Nu wöllen wir anzeigen, daß derselbige Glaube, und sonst nichts, uns für Gott gerecht macht. Und erstlich will ich dieses hie den Leser verwarnen, gleichwie dieser Spruch muß und soll stehen bleiben und kann ihn niemands umstoßen: Christus ist unser einiger Mittler: also kann auch diesen Spruch niemands umstoßen: Durch den Glauben werden wir rechtfertig ohne Werke. Denn

---
¹) Vgl. zu CA Art. V, S. 58, Anm. 4.

70 credere, confidere meritis Christi, quod propter ipsum certo velit nobis Deus placatus esse. Item sicut oportet defendere, quod praeter legem necessaria sit promissio Christi: ita necesse est defendere, quod fides iustificet. Lex enim non docet gratuitam remissionem peccatorum. Item: lex non potest fieri, nisi prius accepto spiritu sancto. Necesse est igitur defendere, quod promissio Christi necessaria sit. At haec non potest accipi ¹ nisi fide. Itaque qui negant fidem iustificare, nihil nisi legem abolito evangelio et abolito Christo docent.

W 93

wie will Christus der Mittler sein und bleiben, wenn wir nicht durch den Glauben uns an ihn halten, als an Mittler, und also Gott versühnet werden, wenn wir nicht gewiß im Herzen halten, daß wir um seinetwillen für Gott gerecht geschätzt werden? Das heißt nu gläuben: also vertrauen, ¹sich getrösten des Verdiensts Christi, daß um seinetwillen Gott gewiß uns wölle gnädig sein. Item wie dieses klar in der Schrift ist, daß über das Gesetz zur Seligkeit not ist die Verheißung Christi: also ist auch klar, daß der Glaub gerecht macht; denn das Gesetz predigt nicht Vergebung der Sünde aus Gnaden. Item das Gesetz können wir nicht erfüllen noch halten, ehe wir den heiligen Geist empfahen. Darum muß das bestehen, daß zur Seligkeit die Verheißung Christi vonnöten ist. Dieselbigen kann nu niemands fassen noch empfahen, denn allein durch den Glauben. Darum diejenigen, so lehren, daß wir nicht durch den Glauben fur Gott gerecht und fromm werden, was tun die anders, denn daß sie Christum und das Evangelium unterdrücken und das Gesetz lehren?

71 Sed nonnulli fortassis, cum dicitur, quod fides iustificet, intelligunt de principio, quod fides sit initium iustificationis seu praeparatio ad iustificationem, ita ut non sit ipsa fides illud, quo accepti 72 sumus Deo, sed opera, quae sequuntur, et somniant fidem ideo valde laudari, quia sit principium¹. Magna enim vis est principii, ut vulgo dicunt, ἀρχὴ ἥμισυ παντός², ut si quis dicat, quod grammatica efficiat omnium artium doctores, quia praeparet ad alias artes, etiamsi sua quemque ars vere artificem efficit. M 100 Non sic de fide senti¹mus, sed hoc defendimus, quod proprie ac vere ipsa fide propter Christum iusti reputemur, seu accepti Deo simus. Et quia iustificari significat ex iniustis iustos effici seu regenerari, significat et iustos pronuntiari seu reputari³. Utroque enim modo loquitur scriptura. Ideo primum volumus hoc ostendere, quod sola fides ex iniusto iustum efficiat, hoc est, accipiat remissionem peccatorum.

Aber etliche, wenn man sagt, der Glaub macht rechtfertig für Gott, verstehen solchs vielleicht vom Anfang, nämlich daß der Glaub sei nur der Anfang, oder ein Vorbereitung zu der Rechtfertigung, also, daß nicht der Glaub selbst dafür gehalten werden soll, daß wir dadurch Gott gefallen und angenehm sind, sondern daß wir Gott angenehm sind von wegen der Lieb und Werk, so folgen, nicht von wegen des Glaubens. Und solche meinen, der Glaub werde allein derhalben gelobet in der Schrift, daß er ein Anfang sei guter Werk, wie denn allzeit viel ¹am Anfang gelegen ist. Dies aber ist nicht unser Meinung, sondern wir lehren also vom Glauben, daß wir durch den Glauben selbst für Gott angenehm sind. Und nachdem das Wort iustificari auf zweierlei Weise gebraucht wird, nämlich für bekehrt werden oder neu geboren, item für gerecht geschätzt werden, wollen wir das erst anzeigen, daß wir allein durch den Glauben aus dem gottlosen Wesen bekehrt, neu geboren und gerecht werden.

73 Offendit quosdam particula SOLA, cum et Paulus dicat: Arbitramur hominem iustificari fide, non ex operibus; item Ephes. 2.: Dei donum est, non ex vobis neque ex operibus, ne quis glorietur; item Rom. 3.: Gratis iustificati. Si displicet exclusiva SOLA, tollant etiam

Röm. 3, 28.
Eph. 2, 8. 9.
Röm. 3, 24.

Etliche fechten groß an das Wort SOLA, so doch Paulus klar sagt zu den Römern am 3.: „So halten wir nu, daß der Mensch gerecht werde ohne des Gesetz Werk"; item zun Ephesern 2.: „Gottes Gabe ist, nicht aus euch noch aus den Werken, auf daß sich nicht jemand rühme"; item zun

---

¹) Schatzgeyer, Scrutinium divinae scripturae. Corp. Cath. V, S. 39, 14. Ebenso Trid. Sess. VI c. 8. ²) Plato, leg. 6 p. 753 E. ³) Zur sprachlichen und sachlichen Deutung des Satzes vgl. die Lit. auf S. 158, Anm. 2. Loofs (zuletzt Dogmengesch. § 83, 4), Ritschl, ZThK 1910, S. 308 f. und Kunze, der significat Z. 39 wegzudenken vorschlägt (S. 30 f.), fassen Z. 37–44 als einen Satz und Z. 41 ff. als Nachsatz (wie in der deutschen Übersetzung), Eichhorn und Stange fassen Z. 39 als Nachsatz. H. E. Weber I, 1. S. 70. FC I. u. S. 920, 5 ff.

IV. Von d. Rechtf. (Daß wir Vergebung der Sünde ... erlangen.)

ex Paulo illas exclusivas: gratis, non ex operibus, donum est etc. Nam hae quoque sunt exclusivae. Excludimus autem opinionem meriti. Non excludimus verbum aut sacramenta, ut calumniantur adversarii. Diximus enim supra fidem ex verbo concipi, ac multo maxime ornamus ministerium verbi. Dilectio etiam et opera sequi fidem debent. Quare non sic excluduntur, ne sequantur, sed fiducia meriti dilectionis aut operum in iustificatione excluditur. Idque perspicue ostendemus.

Römern am 3. dergleichen. So nu dieses Wort und diese exclusiva SOLA etlichen so hart entgegen ist, so übel gefällt, die mügen an so viel Orten in den Episteln Pauli auch diese Wort auskratzen: aus Gnaden, item nicht aus Werken, item Gottes Gabe 2c., item daß sich niemand rühme 2c. und dergleichen, denn es sind ganz starke 74 exclusivae. Das Wort aus Gnaden schleußt Verdienst und alle Werke aus, wie die Namen haben. Und durch das Wort SOLA, so wir sagen: allein der Glaub macht fromm, schließen wir nicht aus das Evangelium und die Sakrament, daß darum das Wort und Sakrament sollten vergeblich sein, so es der Glaub allein thut, wie die Widersacher uns alles gefährlich deuten; sondern unsern Verdienst daran schließen wir aus. W 94 Denn wir haben oben gnug gesagt, daß der Glaub durchs Wort kommt; so preisen wir das Predigamt und Wort höher und mehr denn die Widersacher, so sagen wir auch, die Liebe und Werk sollen dem Glauben folgen. Darum schließen wir die Werk durchs Wort SOLA nicht also aus, daß sie nicht folgen sollten; sondern das Vertrauen auf Verdienst, auf Werk, das schließen wir aus und sagen, sie verdienen nicht Vergebung der Sunden. Und das wollen wir noch richtiger, heller und klärer zeigen.

Quod remissionem peccatorum sola fide in Christum consequamur.

Daß wir Vergebung der Sunde (allein) durch den Glauben an Christum erlangen.

Fateri etiam adversarios existimamus, quod in iustificatione primum necessaria sit remissio peccatorum[1]. Omnes enim sub peccato sumus. Quare sic argumentamur:

Wir halten, die Widersacher müssen bekennen, daß für allen Dingen zu der Rechtfertigung vonnöten sei Vergebung der Sunde. Denn wir sind alle unter der Sunde geboren. Darum so schließen wir nu also: 75

Consequi remissionem peccatorum est iustificari iuxta illud: Beati, quorum remissae sunt iniquitates. Sola fide in Christum, non per dilectionem, non propter dilectionem aut opera consequimur remissionem peccatorum, etsi dilectio sequitur fidem. Igitur sola fide iustificamur, intelligendo iustificationem, ex iniusto iustum effici seu regenerari.

Vergebung der Sunde erlangen und haben, dasselbige heißt für Gott gerecht und Ps. 32, 1. fromm werden, wie der 31. Psalm sagt: 77 „Wohl dem, dem die Ubertretung vergeben ist. Allein aber durch den Glauben an Christum", nicht durch die Liebe, nicht um der Liebe oder Werk willen, erlangen wir Vergebung der Sünde, wiewohl die Liebe folget, 78 wo der Glaub ist. Derhalben muß folgen, daß wir allein durch den Glauben gerecht werden. Denn gerecht werden heißt ja aus einem Sunder fromm werden und durch den M 101 heiligen Geist neu geboren werden. 76

Minor[2] ita facile poterit declarari, si sciamus, quomodo fiat remissio peccatorum. Adversarii frigidissime disputant, utrum sint una mutatio, remissio peccatorum et infusio gratiae[3]. Otiosi homines, quid dicerent, non habebant. In re-

Daß wir aber allein durch den Glauben, 79 wie die minor meldet, nicht durch die Liebe Vergebung der Sunde erlangen, wollen wir itzund klar machen. Die Widersacher reden kindisch von diesen hohen Dingen; sie fragen, ob es einerlei Veränderung sei, Ver-

---

[1]) So nur Duns Scotus und seine Anhänger (R. Seeberg, Die Theologie des Joh. Duns Sc., S. 323 ff.) während Thomas den logischen Aufbau des Rechtfertigungsvorgangs bestimmt: Naturali ordine primum est gratiae infusio, secundum motus liberi arbitrii in Deum, tertium est motus liberi arbitrii in peccatum, quartum vero est remissio culpae. STh. II, 1. q. 113. a. 8 c.
[2]) Der Untersatz des vorhergehenden Schlusses: Sola fide ... consequimur remissionem peccatorum. [3]) Außer Anm. 1 Duns Scotus In sent. IV. d. 16. q. 2, 4: Infusio gratiae et expulsio culpae seu magis proprie loquendo, remissio culpae, non sunt simpliciter una mutatio. Beides ist nur nach der potentia ordinata verbunden (ebenda q. 2, 15).

missione peccatorum oportet in cordibus vinci terrores peccati et mortis aeternae, sicut Paulus testatur 1. Cor. 15.: Aculeus mortis peccatum est, potentia vero peccati lex. Gratia autem Deo, qui dat nobis victoriam per Dominum nostrum Iesum Christum. Id est, peccatum perterrefacit conscientias; id fit per legem, quae ostendit iram Dei adversus peccatum, sed vincimus per Christum. Quomodo? Fide, cum erigimus nos fiducia promissae misericordiae propter Christum. Sic igitur probamus minorem: Ira Dei non potest placari, si opponamus nostra opera, quia Christus propositus est propitiator, ut propter ipsum fiat nobis placatus Pater. Christus autem non apprehenditur tanquam mediator nisi fide. Igitur sola fide consequimur remissionem peccatorum, cum erigimus corda fiducia misericordiae propter Christum promissae. Item Paulus Rom. 5. ait: Per ipsum habemus accessum ad Patrem, et addit: per fidem. Sic igitur reconciliamur Patri et accipimus remissionem peccatorum, quando erigimur fiducia promissae misericordiae propter Christum. Adversarii Christum ita intelligunt mediatorem et propitiatorem esse, quia meruerit habitum dilectionis[1], non iubent nunc eo uti mediatore, sed prorsus sepulto Christo fingunt nos habere accessum per propria opera, et per haec habitum illum mereri, et postea dilectione illa accedere ad Deum[2]. Annon est hoc prorsus sepelire Christum et totam fidei doctrinam tollere? Paulus econtra docet nos habere accessum, hoc est, reconciliationem per Christum. Et ut ostenderet, quomodo id fiat, addit, quod per fidem habeamus accessum. Fide igitur propter Christum accipimus remissionem peccatorum. Non possumus irae Dei opponere nostram dilectionem et opera nostra.

gebung der Sünde und Eingießung der Gnade, oder ob es zwu seien. Die müßigen, unerfahrnen Leute können doch gar nicht von diesen Sachen reden. Denn Sünde recht fühlen und Gottes Zorn ist nicht so ein schlecht, schläfrig Ding. Wiederum Vergebung der Sünde ergreifen ist nicht so ein schwacher Trost. Denn also sagt Paulus 1. Kor. 15.: „Der Stachel des Todes ist die Sünde, die Kraft aber der Sünde ist das Gesetz. Gott aber sei Lob, der uns gibt Überwindung durch Jesum Christum unsern Herrn." Das ist, die Sünde erschreckt das Gewissen, das geschicht durchs Gesetz, welches uns Gottes Ernst und Zorn zeigt wider die Sünde, aber wir liegen ob durch Christum. Wie geschicht das? Wenn wir gläuben, wenn unser Herzen wieder aufgericht werden und sich halten an die Verheißung der Gnade durch Christum. So beweisen wir nu dieses also, daß wir durch den Glauben an Christum und nicht durch Werk Vergebung der Sünde erlangen. Nämlich Gottes Zorn kann nicht versühnet noch gestillt werden durch unser Werke, sondern allein Christus ist der Mittler und Versühner, und um seinetwillen allein wird uns der Vater gnädig. Nu kann Christum niemands als einen Mittler fassen durch Werk, sondern allein, daß wir dem Wort gläuben, welches ihn als einen Mittler prediget. Darum erlangen wir allein durch den Glauben Vergebung der Sünde, wenn unser Herz getröstet und aufgerichtet wird durch die göttliche Zusage, welche uns um Christus willen angeboten wird. Item Paulus zu den Römern am 5.: „Durch ihnen haben wir ein Zugang zum Vater", und sagt klar dazu: „durch den Glauben." Also werden wir nu, und nicht anders dem Vater versühnet, also erlangen wir Vergebung der Sünde, wenn wir aufgericht werden, festzuhalten an der Zusage, da uns Gnad und Barmherzigkeit verheißen ist durch Christum. Die Widersacher, die verstehen dieses vom Mittler und Versühner Christo also, daß Christus uns verdiene die Liebe oder den habitum dilectionis, und sagen nicht, daß wir ihnen als einen einigen Mittler brauchen müssen, sondern stecken Christum wieder ins Grab, erdichten ein anders, als haben wir einen Zutritt durch unser Werk, item als verdienen wir durch Werk den habitum, und können darnach durch die Liebe zu Gott kommen. Das heißt je Christum wieder ins Grab stecken und die ganze Lahre vom Glauben wegnehmen. Dagegen aber lehret Paulus klar, daß wir ein Zutritt haben, das ist, Versühnung Gottes durch Christum. Und daß er anzeige, wie dasselbige geschehe, so setzt er dazu: durch den Glauben haben wir den Zutritt, durch den Glauben empfahen wir Vergebung der Sünde aus dem Verdienst Christi, und können Gottes Zorn nicht stillen, denn durch Christum. So ist leicht zu verstehen, daß wir nicht Vergebung verdienen durch unser Werk oder Liebe.

---

[1]) Vgl. Gottschick ZKG 23, 1902, S. 337ff. Etwa auch Duns In sent. III. d. 19 q. un. mit II. d. 27 q. un. § 3/4.   [2]) dilectione illa accedere ad Deum.] Dafür seit Ed. 1531. 8⁰: dilectione habere pacem conscientiae.

Secundo. Certum est peccata remitti propter propitiatorem Christum. Rom. 3.: Quem posuit Deus propitiatorem. Addit autem Paulus: per fidem. Itaque ita nobis prodest hic propitiator, cum fide apprehendimus promissam in eo misericordiam et opponimus eam irae ac iudicio Dei. Et in eandem sententiam scriptum est ad Ebraeos 4.: Habentes pontificem etc. accedamus cum fiducia. Iubet enim accedere ad Deum, non fiducia nostrorum meritorum, sed fiducia pontificis Christi; requirit igitur fidem.

Tertio. Petrus in Actis cap. 10.: Huic omnes prophetae testimonium perhibent, remissionem peccatorum accipere per nomen eius omnes, qui credunt in eum. Quomodo potuit clarius dicere? Remissionem peccatorum accipimus, inquit, per nomen eius, hoc est propter eum: ergo non propter nostra merita, non propter nostram contritionem, attritionem, dilectionem, cultus, opera. Et addit: cum credimus in eum. Requirit igitur fidem. Neque enim possumus apprehendere nomen Christi nisi fide. Praeterea allegat consensum omnium prophetarum. Hoc vere est allegare ecclesiae auctoritatem. Sed de hoc loco infra de poenitentia rursus dicendum erit[1].

Quarto. Remissio peccatorum est res promissa propter Christum. Igitur non potest accipi nisi sola fide. Nam promissio accipi non potest nisi sola fide. Rom. 4.: Ideo ex fide, ut sit firma promissio, secundum gratiam; quasi dicat: si penderet res ex meritis nostris, incerta et inutilis esset promissio, quia nunquam constituere possemus, quando satis meriti essemus. Idque facile intelligere queunt peritae conscientiae. Ideo Paulus ait Galat. 3.: Conclusit Deus omnia sub peccatum, ut promissio ex fide Iesu Christi detur credentibus. Hic detrahit meritum nobis, quia dicit omnes reos esse et conclusos sub peccatum; deinde addit promissionem, videlicet re-

Zum andern ists gewiß, daß die Sünde vergeben werden um des Versühners Christi willen, Röm. 3.: „Welchen Gott dargestellet hat zu einem Gnadenstuhl" oder zu einem Versühner, und setzt klar dazu: „durch den Glauben." So wird uns der Versühner nu also nütz, wenn wir durch den Glauben fassen das Wort, dadurch verheißen wird Barmherzigkeit, und dieselbigen halten gegen Gottes Zorn und Urteil. Und dergleichen stehet geschrieben Ebr. am 4.: „Wir haben einen Hohenpriester Christum 2c. Laßt uns zu ihm treten mit Freidigkeit." Er heißt uns zu Gott treten, nicht im Vertrauen unserer Werk, sondern im Vertrauen auf den Hohenpriester Christum; derhalben fodert er je klar den Glauben.

Vor das dritte, Petrus in Geschichten der Aposteln am 10. sagt: „Dem Jesu geben Zeugnis alle Propheten, daß wir Vergebung der Sünde durch seinen Namen erlangen sollen, alle, die in ihnen gläuben." Wie hätte doch Petrus klärer können reden? Er sagt: Vergebung der Sünde empfahen wir durch seinen Namen, das ist, durch ihnen erlangen wir sie, nicht durch unser Verdienst, nicht durch unser Reu oder Attrition, nicht durch unser Liebe, nicht durch einigen Gottesdienst, nicht durch einige Menschensatzung oder Werke, und setzet dazu: Wo wir in ihnen gläuben. Derhalben will er, daß ein Glaub im Herzen sei, darum sagt er, es zeugen mit einem Mund von dem Christo alle Propheten. Das, mein ich, heißt recht die christliche Kirchen oder katholisch Kirche allegiert. Denn wenn alle heilige Propheten zeugen, das ist je ein herrlich, groß, trefflich, stark Decret und Zeugnis. Aber von dem Spruch wollen wir darunten weiter reden.

Zum vierten, Vergebung der Sünde ist verheißen um Christus willen. Darum kann sie niemands erlangen, denn allein durch den Glauben. Denn die Verheißung kann man nicht fassen noch derselben teilhaftig werden, denn allein durch den Glauben. Röm. 4.: „Derhalben muß die Gerechtigkeit durch den Glauben kommen, auf daß sie sei aus Gnaden und die Verheißung fest bleibe." Gleich als sollt er sagen: so unser Heil und Gerechtigkeit auf unserm Verdienst stünde, so wäre die Verheißung Gottes immer noch ungewiß und wäre uns unnütz; denn wir könnten nimmer des gewiß sein, wenn wir gnug verdienet hätten. Und dieses verstehen fromme Herzen und christliche Gewissen fast wohl, nähmen nicht tausend Welt, daß unser

---

[1] f. u. S. 265, Z. 14 ff.

85 missionis peccatorum et iustificationis, dari, et addit, quomodo accipi promissio possit, videlicet fide. Atque haec ratio sumpta ex natura promissionis apud Paulum praecipua est et saepe repetitur¹. Neque excogitari neque fingi quidquam potest, quo hoc Pauli argumentum everti queat. Proinde non patiantur se bonae mentes depelli ab hac sententia, quod tantum fide accipiamus remissionem propter Christum. In hac habent certam et firmam consolationem adversus peccati terrores et adversus aeternam mortem et adversus omnes portas inferorum².

Heil auf uns stünde. Damit stimmt Paulus zun Galatern: „Gott hat alles unter der Sünde beschlossen, daß die Verheißung aus dem Glauben Jesu Christi den Gläubigen widerfahre." Da stößt Paulus allen unsern Verdienst danieder; denn er sagt: wir sind alle schuldig des Todes und unter der Sünde beschlossen, und gedenkt der göttlichen Zusage, dadurch wir allein Vergebung der Sünde erlangen, und setzt noch weiter dazu, wie wir der Verheißung teilhaftig werden, nämlich durch den Glauben. Und dieser Grund, dieses Argument, da Paulus aus Art und Natur der göttlichen Verheißung schleußt, nämlich also: so Gottes Verheißung gewiß sein und feststehen soll, wie nicht feilen kann, so muß Vergebung der Sünde nicht aus unserm Verdienst sein, sonst wäre sie ungewiß, und wüßten nicht, wenn wir gnug verdienet hätten. Ja dies Argument, sage ich, und der Grund ist ein rechter Fels, und fast das stärkste im ganzen Paulo, und wirdet gar oft erholet und angezogen in allen Episteln. Es wird auch nimmermehr auf Erden ein Mensch etwas trachten und dichten oder erdenken, dadurch der einig Grund allein, wenn sonst nichts wäre, müge umgestoßen werden. Es werden auch fromme Herzen und christliche Gewissen sich in keinen Weg lassen hievon abführen, nämlich daß wir allein durch den Glauben um Christus Verdienstes willen Vergebung der Sünde haben. Denn da haben sie ein gewissen starken, ewigen Trost wider die Sünde, Teufel, Tod, Hölle. Das andre alles ist ein Sandgrund und bestehet nicht in Anfechtungen.

86 Cum autem sola fide accipiamus remissionem peccatorum et spiritum sanctum³, sola fides iustificat, quia reconciliati reputantur iusti et filii Dei, non propter suam munditiem, sed per misericordiam propter Christum; si tamen hanc misericordiam fide apprehendant. Ideoque scriptura testatur, quod fide iusti reputemur. Adiiciemus igitur testimonia, quae clare pronuntiant, quod fides sit ipsa iustitia, qua coram Deo iusti reputamur, videlicet non, quia sit opus per sese dignum, sed quia accipit promissionem, qua Deus pollicitus est, quod propter Christum velit propitius esse credentibus in eum, seu quia sentit, quod Christus sit nobis factus a Deo sapientia, iustitia, sanctificatio et redemptio.

So wir nu allein durch den Glauben Vergebung der Sünde erlangen und den heiligen Geist, so macht allein der Glaube für Gott fromm. Denn mit denjenigen, so mit Gott versühnet sind, die sind für Gott fromm und Gottes Kinder, nicht um ihrer Reinigkeit willen, sondern um Gottes Barmherzigkeit willen; so sie dieselbige fassen und ergreifen durch den Glauben. Darum zeuget die Schrift, daß wir durch den Glauben für Gott fromm werden. So wollen wir nu Sprüche erzählen, welche klar melden, daß der Glaube fromm und gerecht mache, nicht derhalben, daß unser Gläuben ein solch köstlich rein Werk sei, sondern allein derhalben, daß wir durch Glauben, und sonst mit keinem Ding, die angebotene Barmherzigkeit empfahen.

87 Paulus in epistola ad Romanos praecipue de hoc loco disputat et proponit, quod gratis iustificemur fide, credentes nobis Deum placatum propter Christum. Et hanc propositionem capite tertio, quae statum universae disputationis continet, tradit: Arbitramur hominem fide iustificari, non ex operibus legis. Hic adversarii interpretantur ceremonias leviticas⁴. At Paulus non tantum de ce-

Paulus in der Episteln zu den Römern handelt vornehmlich dieses Stück, wie ein Mensch für Gott fromm werde, und beschleußt, daß alle, die da gläuben, daß sie durch Christum ein gnädigen Gott haben, ohne Verdienst durch den Glauben für Gott fromm werden. Und diesen gewaltigen Beschluß, diese Proposition, in welcher gefasset ist die Häuptsache der ganzen Episteln, ja der ganzen Schrift, setzet er im dritten⁵ Ka-

---

¹) Röm. 4, 16. Gal. 3, 18.   ²) Matth. 16, 18.   ³) sanctum] + et reconciliationem propter Christum seit Ed. 1531. 8°.   ⁴) Herborn, Enchiridion Corp. Cath. XII, S. 30f. Conf. CR 27, 101f.   ⁵) Ed. pr.: vierten.

remoniis loquitur, sed de tota lege. Allegat enim infra ex Decalogo: Non concupisces. Et si opera moralia mererentur remissionem peccatorum et
5 iustificationem, etiam nihil opus esset Christo et promissione, et ruerent omnia illa, quae Paulus de promissione loquitur. Male etiam scriberet ad Ephesios: Gratis nos salvatos esse, et donum Dei
10 esse, non ex operibus. Item Paulus allegat Abraham, allegat Davidem. At hi de circumcisione habuerunt mandatum Dei. Itaque si ulla opera iustificabant, necesse erat illa opera tunc, cum man-
15 datum haberent, etiam iustificasse. Sed recte docet Augustinus Paulum de tota lege loqui, sicut prolixe disputat de spiritu et litera, ubi postremo ait: His igitur consideratis pertractatisque pro
20 viribus, quas Dominus donare dignatur, colligimus non iustificari hominem praeceptis bonae vitae, nisi per fidem Iesu Christi[1].

pitel mit dürren klaren Worten also: „So halten wir es nu, daß der Mensch gerecht werde ohne des Gesetzs Werk, allein durch den Glauben." Da wollen die Widersacher sagen, Paulus habe ausgeschlossen allein die jüdischen Ceremonien, nicht andere tugendliche Werke. Aber Paulus redet nicht allein von Ceremonien, sondern eigentlich gewiß redet er auch von allen andern Werken und von dem ganzen Gesetze oder Zehen Geboten. Denn im 7. Kapitel hernach zeuhet er an den Spruch aus den Zehen Geboten: „Laß dich nicht gelüsten." Und so wir durch andere Werke, welche nicht jüdische Ceremonien wären, könnten Vergebung der Sunde erlangen und dadurch Gerechtigkeit verdienen, was wäre denn Christus und seine Verheißung vonnöten? Da läge schon danieder alles, was Paulus von der Verheißung an so viel Orten redet. So schriebe auch Paulus unrecht zu den Ephesern, da er sagt Eph. 2,:

Röm. 7,7.

Eph. 2,8

Röm. 4,1.6.

M 104

Ohne Verdienst, umsonst seid ihr selig worden, denn Gottes Gabe ists, nicht aus Wer-
25 ken. Item Paulus zeucht an in der Episteln zu den Römern Abraham und David. Dieselbigen hatten einen Befehl und Gottes Gebot von der Beschneidung. So nu irgend ein Werk fur Gott fromm machet, so müßten je die Werke, die dazumal Gottes Befehl hatten, auch gerecht und fromm gemacht haben. Aber Augustinus der lehret klar, daß Paulus von dem ganzen Gesetz rede, wie er denn nach der Länge solches disputiert de spiritu et litera,
30 von dem Geist und Buchstaben, da er zuletzt sagt: So wir nu dieses Stück nach Vermügen, das Gott verliehen hat, bewogen und gehandelt haben, so schließen wir, daß kein Mensch fromm wird durch Gebot eines guten Lebens, sondern durch den Glauben Jesu Christi.

Et ne putemus temere excidisse Paulo sententiam, quod fides iustificet, longa
35 disputatione munit et confirmat eam in quarto capite ad Romanos, et deinde in omnibus epistolis repetit. Sic ait capite quarto ad Romanos: Operanti merces non imputatur secundum gratiam, sed
40 secundum debitum; ei autem, qui non operatur, credit autem in eum, qui iustificat impium, reputatur fides eius ad iustitiam. Hic clare dicit fidem ipsam imputari ad iustitiam. Fides igitur est illa
45 res, quam Deus pronuntiat esse iustitiam, et addit gratis imputari, et negat posse gratis imputari, si propter opera deberetur. Quare excludit etiam meritum operum moralium. Nam si his de-
50 beretur iustificatio coram Deo, non imputaretur fides ad iustitiam sine operibus. Et postea: Dicimus enim, quod Abrahae imputata est fides ad iustitiam. Capite 5. ait: Iustificati ex fide, pacem
55 habemus erga Deum, id est, habemus conscientias tranquillas et laetas coram Deo. Rom. 10.: Corde creditur ad iusti-

Und daß niemands denken darf, als sei Paulo dieses Wort (der Mensch wird gerecht allein durch den Glauben) entfahren, so führt er das nach der Länge aus im 4. Kap. zu den Römern und erholet solches in allen seinen Episteln. Denn also sagt er am 4. Kapitel: „Dem, der mit Werken umgehet, wird der Lohn nicht aus Gnaden zugerechnet, sondern aus Pflicht; dem aber, der nicht mit Werken umgehet, gläubet aber an den, der die Gottlosen gerecht macht, dem wird sein Glaube gerechnet zur Gerechtigkeit." So ists nu aus den Worten klar, daß der Glaub das Ding und das Wesen ist, welchs er Gottes Gerechtigkeit nennet, und setzet dazu, sie werde aus Gnaden zugerechnet, und sagt, sie könnt uns aus Gnaden nicht zugerechnet werden, so Werke oder Verdienst da wären. Darum schleußt er gewißlich aus allen Verdienst und alle Werke nicht allein jüdischer Ceremonien, sondern auch alle andere gute Werke. Denn so wir durch dieselben Werke fromm würden für Gott, so würde uns der Glaube nicht gerechnet zur Gerechtigkeit ohne alle Werke, wie doch Pau-

88

89

Röm. 4, 4 f.

W 98

90

Röm. 4, 9.

91

Röm. 5, 1.

92

Röm. 10, 10.

---

[1]) De spiritu et litera 13, 22. MSL 44, 214f. CSEL 60, 176, 13.

tiam. Hic pronuntiat fidem esse iustitiam cordis. Ad Galat. 2.: Nos in Christo Iesu credimus, ut iustificemur ex fide Christi et non ex operibus legis. Ad Ephes. 2.: Gratia enim salvati estis per fidem, et hoc non ex vobis, Dei enim donum est, non ex operibus, ne quis glorietur.

Iohannis primo: Dedit eis potestatem filios Dei fieri, his, qui credunt in nomine eius, qui non ex sanguinibus neque ex voluntate carnis neque ex voluntate viri, sed ex Deo nati sunt. Iohannis 3.: Sicut Moises exaltavit serpentem in deserto, ita exaltari oportet filium hominis, ut omnis, qui credit in ipsum, non pereat. Item: Non misit Deus filium suum in mundum, ut iudicet mundum, sed ut salvetur mundus per ipsum. Qui credit in eum, non iudicatur.

Actuum 13.: Notum igitur sit vobis, viri fratres, quod per hunc vobis remissio peccatorum annuntiatur et ab omnibus, quibus non potuistis in lege iustificari. In hoc omnis, qui credit, iustificatur. Quomodo potuit clarius de officio Christi et de iustificatione dici? Lex, inquit, non iustificabat. Ideo Christus datus est, ut credamus nos propter ipsum iustificari. Aperte detrahit legi iustificationem. Ergo propter Christum iusti reputamur, cum credimus, nobis Deum placatum esse propter ipsum. Actuum 4.: Hic est lapis, qui reprobatus est a vobis aedificantibus, qui factus est in caput anguli; et non est in aliquo alio salus, neque enim aliud nomen est sub coelo datum hominibus, in quo oporteat nos salvos fieri. Nomen autem Christi tantum fide apprehenditur. Igitur fiducia nominis Christi, non fiducia nostrorum operum salvamur. Nomen enim hic significat causam, quae allegatur, propter quam contingit salus. Et allegare nomen Christi est confidere nomine Christi, tamquam causa seu pretio, propter quod salvamur. Actuum 15.: Fide purificans corda eorum. Quare fides illa, de qua loquuntur Apostoli, non est otiosa notitia, sed res accipiens spiritum sanctum et iustificans nos.

lus klar sagt. Und hernach spricht er: „Und wir sagen, daß Abraham sein Glaub ist gerechnet zur Gerechtigkeit." Item Kap. 5.: „Nu wir denn sind gerecht worden durch den Glauben, so haben wir Friede mit Gott durch unsern Herrn Jesu Christ", das ist, wir haben fröhliche stille Gewissen für Gott. Röm. 10.: „So man von Herzen glaubt, so wird man gerecht." Da nennet er den Glauben die Gerechtigkeit des Herzen. Zu den Galatern am 2.: „So gläuben wir auch an Christum Jesum, auf daß wir gerecht werden durch den Glauben an Christum und nicht durchs Gesetzs Werke." Ephes. 2.: „Denn aus Gnaden seid ihr selig worden durch den Glauben, und dasselbige nicht aus euch, Gottes Gabe ist es, nicht aus Werken, auf daß sich niemands rühme."

Joh. 1. Kapit.: „Den gab er Macht, Kinder Gottes zu werden, die da an seinen Namen gläuben, welche nicht von dem Geblüt noch von dem Willen des Fleisches noch von dem Willen des Mannes, sondern von Gott geboren sein." Johan. am 3.: „Wie Moses in der Wüsten eine Schlangen erhöhet hat, also muß des Menschen Sohn auch erhöhet werden, auf daß alle, die an ihn gläuben, nicht verloren werden." Item: „Gott hat sein Sohn nicht gesandt in die Welt, daß er die Welt richte, sondern daß die Welt durch ihnen selig werde. Wer an ihn gläubt, der wird nicht gericht."

Actuum 13.: „So sei es nu euch kund, lieben Brüder, daß euch verkündiget wird Vergebung der Sünde und von dem allem, durch welchs ihr nicht könnet im Gesetz Mosi gerecht werden. Wer aber an diesen gläubet, der ist gerecht." Wie hätte er doch klärer reden können von dem Reich Christi und von der Rechtfertigung? Er sagt, das Gesetz habe nicht können jemands gerecht machen, und sagt, darum sei Christus geben, daß wir gläuben, daß wir durch ihn gerecht werden. Mit klaren Worten sagt er, das Gesetz kann niemands gerecht machen. Darum wird uns durch Christum Gerechtigkeit zugerechnet, wenn wir gläuben, daß uns Gott durch ihn gnädig ist. Akt. 4.: „Das ist der Stein, von euch Bauleuten verworfen, der zum Eckstein worden ist, und ist in keinem andern Heil, und ist auch kein ander Name den Menschen geben, darinnen wir sollen selig werden." An den Namen aber Christi kann ich nicht anders gläuben, denn daß ich höre predigen den Verdienst Christi und solchs fasse. Derhalben durch Gläuben an den Namen Christi, und nicht durch Vertrauen auf unsere Werke werden wir selig. Denn das Wort Name an dem Ort bedeut Ursach, dadurch und darum das Heil kömmt. Darum den Namen Christi rühmen oder bekennen ist als viel, als vertrauen auf den, der Christus allein ist und heißt, daß der causa meines Heils und

Schatzes sei, dadurch ich erlöst bin. Act. 15.: „Durch den Glauben reiniget er ihre Herzen."
Darum ist der Glaub, da die Aposteln von reden, nicht ein schlecht Erkenntnis der Historien,
sondern ein stark kräftig Werk des heiligen Geistes, das die Herzen verändert.

Abacuc 2.: Iustus ex fide vivet. Hic primum dicit homines fide esse iustos, qua credunt Deum propitium esse, et addit, quod eadem fides vivificet, quia haec fides parit in corde pacem et gaudium et vitam aeternam.

Abak. 1. Kap.: „Der Gerechte lebt seines Glaubens." Da sagt er erstlich, daß der Gerechte durch den Glauben gerecht wird, so er gläubt, daß Gott durch Christum gnädig sei. Zum andern sagt er, daß der Glaub lebendig macht. Denn der Glaub bringet allein den Herzen und Gewissen Friede und Freude und das ewige Leben, welches hie in diesem Leben anficht. — 100 Hab. 2,4.

Esaiae 53.: Notitia eius iustificabit multos. Quid est autem notitia Christi, nisi nosse beneficia Christi[1], promissiones, quas per evangelium sparsit in mundum? Et haec beneficia nosse, proprie et vere est credere in Christum, credere, quod, quae promisit Deus propter Christum, certo praestet.

Es. 53.: „Sein Erkenntnis wird viel gerecht machen." Was ist aber das Erkenntnis Christi, denn sein Wohlthat kennen und sein Verheißung, die er in die Welt hat geprediget und predigen lassen? Und die Wohltat kennen, das heißt an Christum wahrlich gläuben, nämlich gläuben das, was Gott durch Christum verheißen hat, daß er das gewiß geben wolle. — 101 Jes. 53,11. M 106

Sed plena est scriptura talibus testimoniis, quia alibi legem, alibi promissiones de Christo et de remissione peccatorum et de gratuita acceptatione propter Christum tradit.

Aber die Schrift ist voll solcher Sprüche und Zeugnis. Denn diese zwei Stücke handelt die Schrift: Gesetz Gottes und Verheißung Gottes. Nu reden die Verheißung von Vergebung der Sunde und Gottes Versühnung durch Christum. — 102

Exstant et apud sanctos patres sparsim similia testimonia. Ambrosius enim inquit in epistola ad Irenaeum quendam[2]: Subditus autem mundus eo per legem factus est, quia ex praescripto legis omnes conveniuntur et ex operibus legis nemo iustificatur, id est, quia per legem peccatum cognoscitur, sed culpa non relaxatur. Videbatur lex nocuisse, quae omnes fecerat peccatores, sed veniens Dominus Iesus peccatum omnibus, quod nemo poterat evitare, donavit et chirographum nostrum sui sanguinis effusione delevit. Hoc est, quod ait: Abundavit peccatum per legem; superabundavit autem gratia per Iesum. Quia postquam totus mundus subditus factus est, totius mundi peccatum abstulit, sicut testificatus est Iohannes dicens: Ecce agnus Dei, ecce, qui tollit peccatum mundi. Et ideo nemo glorietur in operibus, quia nemo factis suis iustificatur. Sed qui iustus est, donatum habet, quia post lavacrum iustificatus est. Fides ergo est, quae liberat per sanguinem Christi, quia beatus ille, cui peccatum remittitur et venia donatur[2]. Haec sunt Ambrosii verba, quae aperte patrocinantur nostrae sententiae;

Und bei den Vätern findet man auch viel der Sprüche. Denn auch Ambrosius zu Irenäo schreibt: „Die ganze Welt aber wird darum Gott untertan, unterworfen durchs Gesetz; denn durch das Gebot des Gesetzes werden wir alle angeklagt, aber durch die Werk des Gesetzes wird niemands gerecht. Denn durch das Gesetz wird die Sunde erkannt, aber die Schuld wird aufgelöset durch den Glauben, und es scheinet wohl, als hätte das Gesetz Schaden getan, denn es alle zu Sundern gemacht hat; aber der Herr Christus ist kommen und hat uns die Sunde, welche niemands konnt meiden, geschenkt und hat die Handschrift durch Vergießen seines Bluts ausgelöscht. Und das ist, das Paulus sagt zu den Römern am 5.: Die Sunde ist mächtig worden durchs Gesetz, aber die Gnade ist noch mächtiger worden durch Jesum. Denn dieweil die ganze Welt ist schuldig worden, so hat er der ganzen Welt Sünde weggenommen, wie Johannes zeugt: Siehe, das ist das Lamm Gottes, welches der Welt Sünde wegnimmt. Und darum soll niemands seiner Werke sich rühmen; denn durch sein eigen Tun wird niemands gerecht; wer aber gerecht ist, dem ists geschenkt in der Tauf in Christo, da er — 103 Röm 5,20. Joh. 1,29. 104 Ps. 32,1.

---

[1]) Hoc est Christum cognoscere, beneficia eius cognoscere. Melanchthon, Loci 1521, S. 65 Kolde⁴. Werke II, 1 (1952) 7, 10. Vgl. Mel.s Paulus-Rede 1520, Werke I (1951) S. 31, 11 ff. 40, 28 ff. und o. S. 94, 25 f.   [2]) Ep. 73 MSL 16, 1307 f.

105 detrahit operibus iustificationem et tribuit fidei, quod liberet per sanguinem Christi. Conferantur in unum acervum sententiarii omnes, qui magnificis titulis ornantur. ¹Nam alii vocantur angelici, alii subtiles, alii irrefragabiles¹. Omnes isti lecti et relecti non tantum conferent ad intelligendum Paulum, quantum confert haec una Ambrosii sententia.

ist gerecht worden. Denn der Glaub ist, der uns los macht durch das Blut Christi, und wohl dem, welchem die Sünde vergeben wird und Gnade wiederfähret." Diese sind Ambrosii klare Wort, die doch ganz öffentlich mit unser Lehre auch stimmen. Er sagt, daß die Werke nicht gerecht machen, und sagt, daß der Glaub uns erlöse durch das Blut Christi. Wenn man alle sententiarios über einen Haufen zusammen schmelzet, die doch große Titel führen, dann etliche nennen sie engelisch, angelicos, etliche subtiles, etliche irrefragabiles, das ist Doctores, die nicht irren können, und wenn man sie alle läse, so werden sie alle mit ein nicht so nütz sein, Paulum zu verstehen, als der einige Spruch Ambrosii.

106 In eandem sententiam multa contra Pelagianos scribit Augustinus. De spiritu et litera sic ait: ,Ideo quippe proponitur iustitia ¹ legis, quod qui fecerit eam, vivet in illa, ut cum quisque infirmitatem suam cognoverit, non per suas vires neque per literam ipsius legis, quod fieri non potest, sed per fidem concilians iustificatorem perveniat et faciat et vivat in ea. Opus rectum, quod qui fecerit, vivet in eo, non fit nisi in iustificato. Iustificatio autem ex fide impetratur.' Hic clare dicit iustificatorem fide conciliari et iustificationem fide impetrari. Et paulo post: ,Ex lege timemus Deum, ex fide speramus in Deum. Sed timentibus poenam absconditur gratia, sub quo timore anima laborans etc. per fidem confugiat ad misericordiam Dei, ut det, quod iubet'². Hic docet lege terreri corda, fide autem consolationem capere, et docet' prius fide apprehendere misericordiam, quam legem facere conemur. Recitabimus paulo post et alia quaedam.

Auf die Meinung hat auch Augustinus viel wider die Pelagianer geschrieben und de spiritu et litera sagt er also: „Darum wird uns das ¹ Gesetz und seine Gerechtigkeit fürgehalten, daß, wer sie thut, dadurch lebe, und daß ein jeder, so er sein Schwachheit erkennet, zu Gott, welcher allein gerecht macht, komme, nicht durch sein eigen Kräfte noch durch den Buchstaben des Gesetzes, welchen wir nicht erfüllen können, sondern durch den Glauben. Ein recht gut Werk kann niemands thun, denn der zuvor selbst gerecht, fromm und gut sei; Gerechtigkeit aber erlangen wir allein durch den Glauben." Da sagt er klar, daß Gott, welcher allein seliget und heiliget, durch den Glauben versühnet wird, und daß der Glaub uns für Gott fromm und gerecht macht. Und bald hernach: „Aus dem Gesetz fürchten wir Gott, durch den Glauben hoffen und vertrauen wir in Gott. Die aber die Strafe fürchten, den wird die Gnade verborgen, unter welcher Furcht, wenn ein Mensch in Angst ist 2c., soll er durch den Glauben fliehen zu der Barmherzigkeit Gottes, daß er dasjenige gebe, dazu Gnade verleihe, das er im Gesetz gebeutet." Da lehret er, daß durch das Gesetz die Herzen geschreckt werden und durch den Glauben wieder Trost empfahen.

107 Profecto mirum est, adversarios tot locis scripturae nihil moveri, quae aperte tribuunt iustificationem fidei, et quidem **108** detrahunt operibus. Num frustra existimant toties idem repeti? Num arbitrantur excidisse spiritui sancto non animad- **109** vertenti has voces? Sed excogitaverunt etiam cavillum, quo eludunt. Dicunt de fide formata accipi debere, hoc est, non tribuunt fidei iustificationem nisi propter dilectionem³. Imo prorsus non tribuunt

Es ist wahrlich Wunder, daß die Widersacher können so blind sein und so viel klarer Sprüche nicht ansehen, die da klar melden, daß wir durch den Glauben gerecht werden, und nicht aus den Werken. Wo denken doch die armen Leute hin? Meinen sie, daß die Schrift ohne Ursachen einerlei so oft mit klaren Worten erholet? Meinen sie, daß der heilige Geist sein Wort nicht gewiß und bedächtlich setze, oder nicht wisse, was er rede? Darüber haben die gottlosen

---

¹) angelicus Thomas, subtilis Duns Scotus, irrefragabilis Alexander v. Hales. LThK² VI, 231 (Lit.).   ²) De spiritu et litera 29, 51. MSL 44, 232/3. CSEL 60; 207, 4 und 208, 5
³) Thomas STh. II, 1. q. 113. a. 4 ad 1: Motus fidei non est perfectus, nisi sit caritate informatus, unde simul in iustificatione impii cum motu fidei est etiam motus caritatis.

fidei iustificationem, sed tantum dilectioni, quia somniant fidem posse stare cum peccato mortali. Quorsum hoc pertinet, nisi ut promissionem iterum aboleant et redeant ad legem? Si fides accipit remissionem peccatorum propter dilectionem, semper erit incerta remissio peccatorum, quia nunquam diligimus tantum, quantum debemus; imo non diligimus, nisi ¹ certo statuant corda, quod donata sit nobis remissio peccatorum. Ita adversarii, dum requirunt fiduciam propriae dilectionis in remissione peccatorum et iustificatione, evangelium de gratuita remissione peccatorum prorsus abolent; cum tamen dilectionem illam neque praestent neque intelligant, nisi credant gratis accipi remissionem peccatorum.

Nos quoque dicimus, quod dilectio fidem sequi debeat, sicut et Paulus ait: In Christo Iesu neque circumcisio aliquid valet neque praeputium, sed fides per dilectionem efficax. Neque tamen ideo sentiendum est, quod fiducia huius dilectionis aut propter hanc dilectionem accipiamus remissionem peccatorum et reconciliationem, sicut neque accipimus remissionem peccatorum propter alia opera sequentia, sed sola fide, et quidem fide proprie dicta, accipitur remissio peccatorum, quia promissio non potest accipi nisi fide. Est autem fides proprie dicta, quae assentitur promissioni; de hac fide loquitur scriptura. Et quia accipit remissionem peccatorum et reconciliat nos Deo, prius hac fide iusti reputamur propter Christum, quam diligimus ac legem facimus, etsi necessario sequitur dilectio. Neque vero haec fides est otiosa notitia, nec potest stare cum peccato mortali, sed est opus spiritus sancti, quo liberamur a morte, quo eriguntur et vivificantur perterrefactae mentes. Et quia sola haec fides accipit remissionem peccatorum, et reddit nos acceptos Deo, et affert spiritum sanctum¹: rectius vocari gratia gratum faciens poterat, quam effectus sequens, videlicet dilectio².

Leute ein sophistische Gloß erdichtet und sagen: die Sprüche der Schrift, so sie vom Glauben reden, sind von fide formata zu verstehen. Das ist, sie sagen: der Glaub macht niemands fromm oder gerecht, denn um der Liebe oder Werk willen. Und in Summa, nach ihrer Meinung, so macht der Glaub niemands gerecht, sondern die Liebe allein. Denn sie sagen, der Glaube könne neben einer Todsunde sein. Was ist das anders, denn alle Zusage Gottes und Verheißung der Gnaden umgestoßen und das Gesetz und Werke geprediget? So der Glaube Vergebung der Sunde und Gnad erlangt um der Liebe willen, so wird die Vergebung der Sunde allzeit ungewiß sein. Denn wir lieben Gott nimmer so vollkömmlich, als wir sollen. Ja wir können Gott nicht lieben, denn das Herz sei erst gewis, daß ihm die Sunde vergeben sein. Also, so die Widersacher lehren auf Liebe Gottes, die wir vermügen, und eigen Werke vertrauen, stoßen sie das Evangelium, welchs Vergebung der Sunde prediget, gar zu Boden; so doch die Liebe niemands recht haben noch verstehen kann, er gläube denn, daß wir ¹aus Gnaden umsonst Vergebung der Sunde erlangen durch Christum.

Wir sagen auch, daß die Liebe dem Glauben folgen soll, wie Paulus sagt: „In Christo Jesu ist weder Beschneidung noch Vorhaut etwas, sondern der Glaub, welcher durch die Liebe wirket." Man soll aber darum auf die Liebe nicht vertrauen, noch bauen, als erlangten wir um der Liebe willen oder durch die Liebe Vergebung der Sunde und Versühnung Gottes. Gleichwie wir nicht Vergebung der Sunde erlangen um anderer Werk willen, die da folgen, sondern allein durch den Glauben. Denn die Verheißung Gottes kann niemands durch Werk fassen, sondern allein mit dem Glauben. Und der Glaub eigentlich oder fides proprie dicta ist, wenn mir mein Herz und der heilig Geist im Herzen sagt, die Verheißung Gottes ist wahr und ja; von demselbigen Glauben redet die Schrift. Und dieweil der Glaub, ehe wir etwas tun oder wirken, nur ihm schenken und geben lässet und empfähet, so wird uns der Glaube zur Gerechtigkeit gerechnet wie Abraham, ehe wir lieben, ehe wir Gesetz tun oder einig Werk. „Wiewohl es wahr ist, daß Frücht und Werk nicht außen bleiben, und der Glaub ist nicht ein bloß, schlecht Erkenntnis der Historien, sondern ein neu Licht im Herzen und kräftig Werk des heiligen Geistes, dadurch wir neu geboren werden, dadurch die erschrockene Gewissen wieder aufgericht und Leben erlangen." Und dieweil der Glaub allein Ver-

---

¹) sanctum] + et reddit conscientias pacatas ac tranquillas seit Ed. 1531. 8⁰ ²) Duns Scotus und die Nominalisten setzten gratia gratum faciens und caritas infusa gleich (See-

gebung der Sünde erlangt und uns Gott angenehm macht, bringet er mit sich den heiligen Geist und sollt billiger genennet werden gratia gratum faciens, das ist die Gnade, die da angenehm macht, denn die Lieb, welche folgt.

117 Hactenus satis copiose ostendimus et testimoniis scripturae et argumentis ex scriptura sumptis, ut res magis fieret perspicua, quod sola fide consequimur remissionem peccatorum propter Christum, et quod sola fide iustificemur, hoc est, ex iniustis iusti efficiamur seu rege-
118 neremur. Facile autem iudicari potest, quam necessaria sit huius fidei cognitio, quia in hac una conspicitur Christi officium, hac una accipimus Christi beneficia, haec una affert certam et firmam
119 consolationem piis mentibus. Et oportet
W 102 'in ecclesia exstare doctrinam, ex qua concipiant pii certam spem salutis. Nam adversarii infeliciter consulunt hominibus, dum iubent dubitare, utrum consequamur remissionem peccatorum[1]. Quomodo in morte sustentabunt se isti, qui de hac fide nihil audiverunt, qui putant dubitandum esse, utrum consequantur
120 remissionem peccatorum? Praeterea
M 109 'necesse est retineri in ecclesia Christi evangelium, hoc est, promissionem, quod gratis propter Christum remittuntur peccata. Id evangelium penitus abolent, qui de hac fide, de qua loquimur, nihil do-
121 cent. At scholastici ne verbum quidem de hac fide tradunt. Hos sequuntur adversarii nostri et improbant hanc fidem. Nec vident se totam promissionem gratuitae remissionis peccatorum et iustitiae Christi abolere improbata hac fide

Bis anher haben wir reichlich angezeigt aus Sprüchen der Väter und der Schrift, damit doch diese Sache gar klar würde, daß wir allein durch den Glauben Vergebung der Sünde erlangen um Christus willen, und daß wir allein durch den Glauben gerecht werden, das ist aus ungerecht fromm, heilig und neu geboren werden. Fromme Herzen aber sehen hie und merken, wie ganz überaus hochnötig diese Lehre vom Glauben ist; denn durch die allein lernet man Christum erkennen ¹ und seine Wohlthat, und durch die Lehre finden die Herzen und Gewissen allein rechte gewisse Ruhe und Trost. Denn soll ein christlich Kirche sein, soll ein Christenglaub sein, so muß je ein Predigt und Lehre darinnen sein, dadurch die Gewissen auf kein Wahn noch Sandgrund gebaut werden, sondern darauf sie sich gewiß verlassen und vertrauen mügen. Darum sind wahrlich die Widersacher untreue Bischof, untreue Prediger und Doctores, ' haben bisanher den Gewissen übel geraten und raten ihnen noch übel, daß sie solche Lehre führen, da sie die Leute lassen im Zweifel stecken, ungewiß schweben und hangen, ob sie Vergebung der Sünde erlangen oder nicht? Denn wie ists müglich, daß diejenigen in Todesnöten und letzten Zügen und Ängsten bestehen sollten, die diese nötige Lehre von Christo nicht gehöret haben oder nicht wissen, die da noch wanken und in Zweifel stehen, ob sie Vergebung der Sünde haben oder nicht? Item soll ein christliche Kirche

sein, so muß je in der Kirchen das Evangelium Christi bleiben, nämlich diese göttliche Verheißung, daß uns ohne Verdienst Sünden vergeben werden um Christus willen. Dasselbige heilige Evangelium drücken diejenigen gar unter, die von dem Glauben, davon wir reden, gar nichts lehren. Nu lehren noch schreiben die Scholastici nicht ein Wort, nicht ein Tittel vom Glauben, welchs schrecklich ist zu hören. Den folgen unsere Widersacher und verwerfen diese höchste Lehre vom Glauben und sind so verstockt und blind, daß sie nicht sehen, daß sie damit das ganze Evangelium, die göttliche Verheißung von der Vergebung der Sünde und den ganzen Christum unter die Füße treten.

---

berg, Duns Scotus S. 301. Dogmengesch. III⁴, 766), während Thomas die Gnade mit Augustin von den drei theologischen Tugenden unterschied; gratia praevenit caritatem. Sth. II, 1. q. 110. a. 3. Loofs, Dogmengesch. § 70, 5b. Melanchthon, Loci 1521: Non iustificat autem caritas, eo quod nemo diligat, quantum debet; fides iustificat. S. 193, Kolde⁴. Werke II, 1 (1952) 116, 10.

¹) Vgl. Seeberg, Dogmengesch. III⁴, S. 477 ff. und Rückert, Die Rechtfertigungslehre auf dem Trid. Konzil S. 192ff. Biel In sent. II. d. 27 q. un. a. 3 dub 5Q. Homo non potest evidenter scire, se facere quod in se est, quia hoc facere includit in se obedire Deo propter Deum tanquam ultimum et principalem finem. Quod exigit dilectionem Dei super omnia, quam ex naturalibus suis homo potest elicere. Haec enim prima dispositio ad gratiae infusionem, qua existente certissime infunditur gratia. Difficillimum autem est scire, se habere illam dilectionem. Et forte naturaliter impossibile. Quia et si scire possumus nos diligere Deum, non tamen evidenter scire possumus illam circumstantiam: super omnia.

De Dilectione et Impletione Legis.

Hic obiiciunt adversarii[1]: Si vis in vitam ingredi, serva mandata; item: Factores legis iustificabuntur; et alia multa similia de lege et operibus, ad quae priusquam respondemus, dicendum est, quid nos de dilectione et impletione legis sentiamus.

Scriptum est apud prophetam: Dabo legem meam in corda eorum. Et Rom. 3. ait Paulus: Legem stabiliri, non aboleri per fidem. Et Christus ait: Si vis ingredi in vitam, serva mandata. Item: Si dilectionem non habeam, nihil sum. Hae sententiae et similes testantur, quod oporteat legem in nobis inchoari et magis magisque fieri. Loquimur autem non de ceremoniis, sed de illa lege, quae praecipit de motibus cordis, videlicet de Decalogo. Quia vero fides affert spiritum sanctum et parit novam vitam in cordibus, necesse est, quod pariat spirituales motus in cordibus. Et qui sint illi motus, ostendit propheta, cum ait: Dabo legem meam in corda eorum. Postquam igitur fide iustificati et renati sumus, incipimus Deum timere, diligere, petere et exspectare ab eo auxilium, gratias agere et praedicare, et obedire ei in afflictionibus. Incipimus et diligere proximos, quia corda habent spirituales et sanctos motus.

Haec non possunt fieri, nisi postquam fide iustificati sumus et renati accipimus spiritum sanctum. Primum quia lex non potest fieri sine Christo. Item lex non potest fieri sine spiritu sancto. At spiritus sanctus accipitur fide, iuxta illud Pauli, Galat. 3.: Ut promissionem Spiritus accipiamus per fidem. Item quomodo potest humanum cor diligere Deum, dum sentit eum horribiliter irasci et opprimere nos temporalibus et perpetuis calamitatibus? Lex autem semper accusat nos, semper ostendit irasci Deum. Non igitur diligitur Deus, nisi

Von der Liebe und Erfüllung des Gesetzes.

Hie werfen uns die Widersacher diesen Spruch für: „Willtu ewig leben, so halt die Gebot Gottes." Item zu den Römern am 2.: „Nicht, die das Gesetz hören, werden gerecht sein, sondern die das Gesetz tun", und dergleichen viel vom Gesetz und von Werken. Nu ehe wir darauf antworten, müssen wir sagen von der Liebe und was wir von Erfüllung des Gesetzes halten.

Es stehet geschrieben im Propheten: „Ich will mein Gesetz in ihr Herz geben." Und Röm. 3. sagt Paulus: „Wir heben das Gesetz nicht auf durch den Glauben, sondern richten das Gesetz auf." Item Christus sagt: „Willtu ewig leben, so halt die Gebot." Item zu den Korinthern sagt Paulus: „So ich nicht die Liebe habe, bin ich nichts." Diese und dergleichen Sprüche zeigen an, daß wir das Gesetz halten sollen, wenn wir durch den Glauben gerecht worden sein, und also je länger je mehr im Geist zunehmen. Wir reden aber hie nicht von Ceremonien Mosi, sondern von den zehen Geboten, welche von uns fordern, daß wir von Herzengrund Gott recht fürchten und lieben sollen. Dieweil nu der Glaub mit sich bringet den heiligen Geist und ein neu Licht und Leben im Herzen wirkt, so ist es gewiß und folget von Not, daß der Glaub das Herz verneuet und ändert. Und was das für ein Neuerung der Herzen sei, zeigt der Prophet an, da er sagt: „Ich will mein Gesetz in ihre Herzen geben." Wenn wir nu durch den Glauben neu geboren sein und erkennet haben, daß uns Gott will gnädig sein, will unser Vater und Helfer sein, so heben wir an Gott zu fürchten, zu lieben, ihm zu danken, ihnen zu preisen, von ihm alle Hilfe zu bitten und zu warten, ihm auch nach seinem Willen in Trübsalen gehorsam zu sein. Wir heben alsdenn auch an, den Nähesten zu lieben; da ist nu inwendig durch den Geist Christi ein neu Herz, Sinn und Mut.

Dieses alles kann nicht geschehen, ehe wir durch den Glauben gerecht werden, ehe wir neu geboren werden durch den heiligen Geist. Denn erstlich kann niemands das Gesetz halten ohne Christus' Erkenntnis, so kann auch niemands das Gesetz erfüllen ohne den heiligen Geist. Den heiligen Geist aber können wir nicht empfahen, denn durch den Glauben, wie zu den Galatern am 3. Paulus sagt, daß wir die Verheißung des Geistes durch den Glauben empfahen. Item es ist unmüglich, daß ein Menschenherz allein durch das Gesetz oder sein Werk Gott liebe. Denn das Gesetz zeigt allein an Got=

---

[1]) Herborn, Enchiridion Corp. Cath. XII 27, 31. 28, 8.

postquam apprehendimus fide misericordiam. Ita demum fit obiectum amabile.

tes Zorn und Ernst, das Gesetz klagt uns an und zeigt an, wie er so schrecklich die Sunde strafen wölle beide mit zeitlichen und ewigen Strafen. Darum was die Scholastici von der Liebe Gottes reden, ist ein Traum, und ist unmüglich Gott zu lieben, ehe wir durch den Glauben der Barmherzigkeit erkennen und ergreifen. Dann alsdenn erst wird Gott obiectum amabile, ein lieblich, selig Anblick.

130 (9) Quamquam igitur civilia opera, hoc est, externa opera legis sine Christo et sine spiritu sancto aliqua ex parte fieri possint, tamen apparet ex his, quae diximus: illa, quae sunt proprie legis divinae, hoc est, affectus cordis erga Deum, qui praecipiuntur in prima tabula, non posse fieri sine spiritu sancto.
131 (10) Sed adversarii nostri sunt suaves theologi; intuentur secundam tabulam et politica opera, primam nihil curant, quasi nihil pertineat ad rem, aut certe tantum externos cultus requirunt. Illam aeternam legem et longe positam supra omnium creaturarum sensum atque intellectum: Diliges Dominum Deum tuum ex toto corde, prorsus non considerant.

Deut. 6, 5.

Wiewohl nu ein ehrbar Leben zu führen und äußerliche Werk des Gesetzes zu tun die Vernunft etlichermaß ohne Christo, ohne den heiligen Geist aus angebornem Licht vermag, so ist es doch gewiß, wie oben angezeigt, daß die höchste Stücke des göttlichen Gesetzes, als das ganze Herz zu Gott zu kehren, von ganzem Herzen ihn groß zu achten, welchs in der ersten Tafel und im ersten höchsten Gebot gefordert wird, niemands vermag ohne den heiligen Geist. Aber unser Widersacher sind gute rohe, faule, unerfahrne Theologen. Sie sehen allein die ander Tafel Mosi an und die Werke derselbigen. Aber die erste Tafel, da die höchst Theologei inne stehet, da es alles angelegen ist, achten sie gar nicht; ja dasselbige höchste, heiligste, größte, fürnehmste Gebot, welches allen menschlichen und engelischen Verstand übertrifft, welches den höchsten Gottesdienst, die Gottheit selbst und die Ehre der ewigen Majestät belanget, da Gott gebeut, daß wir herzlich ihn sollen für einen Herrn und Gott halten, fürchten und lieben, halten sie so gering, so klein, als gehöre es zu der Theologei nicht.

132 (11) At Christus ad hoc datus est, ut propter eum donentur nobis remissio peccatorum et spiritus sanctus, qui novam et aeternam vitam ac aeternam iustitiam in nobis pariat¹. Quare non potest lex vere fieri nisi accepto spiritu sancto per fidem. Ideo Paulus dicit, legem stabiliri per fidem, non aboleri; quia lex ita demum fieri potest, cum contingit ¹spiritus sanctus. Et Paulus docet 2. ¹Cor. 3.:
133 (12) Velamen, quo facies Moisi tecta est, non posse tolli nisi fide in Christum, qua accipitur spiritus sanctus. Sic enim ait: Sed usque in hodiernum diem, cum legitur Moises, velamen positum est super cor eorum; cum autem conversi fuerint ad Deum, auferetur velamen. Dominus autem spiritus est, ubi autem spiritus Domini, ibi libertas. Velamen intelligit
134 (13) Paulus humanam opinionem de tota lege, Decalogo et ceremoniis, videlicet quod hypocritae putant externa et civilia opera satisfacere legi Dei, et sacrificia et cultus ex opere operato iustificare coram
135 (14) Deo. Tunc autem detrahitur. nobis hoc

Joh. 16, 15.

W 104
M 111
2. Kor. 3.
3, 15 f.

Christus ist uns aber dazu dargestellet, daß um seinetwillen uns Sünde vergeben und der heilig Geist geschenkt wird, der ein neu Licht und ewiges Leben, ewige Gerechtigkeit in uns wirkt, daß er uns Christum im Herzen zeigt, wie Johannis am 16. geschrieben: „Er wird von dem Meinen nehmen und euch verkündigen." Item er wirket auch andere ¹Gabe, ¹Liebe, Danksagung, Keuscheit, Geduld ꝛc. Darum vermag kein niemands ohne den heiligen Geist zu erfüllen, darum sagt Paulus: „Wir richten das Gesetz auf durch den Glauben, und tuns nicht ab"; denn so können wir erst das Gesetz erfüllen und halten, wenn der heilig Geist uns gegeben wird. Und Paulus 2. Kor. 3. sagt, daß die Decke des Angesichts Mosi könne nicht weggetan werden, denn allein durch den Glauben an den Herrn Christum, durch welchen geben wird der heilige Geist. Denn also sagt er: „Bis auf diesen Tag, wenn Moses gelesen wird, ist die Decke über ihrem Herzen; wenn sie sich aber zum Herren bekehren, wird die Decke weggetan. Denn der Herr ist ein Geist, wo aber

---

¹) pariat.] + Primum ostendat Christum, sicut Iohan. 16 scriptum est: Ille me clarificabit, quia de meo accipiet et annunciabit vobis. Deinde et alia dona afferat, dilectionem, invocationem, gratiarum actionem; caritatem, patientiam etc. seit Ed. 1531. 8⁰.

velamen, hoc est, eximitur hic error, quando Deus ostendit cordibus nostris immunditiem nostram et magnitudinem peccati. Ibi primum videmus nos longe abesse ab impletione legis. Ibi agnoscimus, quomodo caro secura atque otiosa non timeat Deum, nec vere statuat respici nos a Deo, sed casu nasci et occidere homines. Ibi experimur nos non credere, quod Deus ignoscat et exaudiat. Cum autem audito evangelio et remissione peccatorum fide erigimur, concipimus spiritum sanctum, ut iam recte de Deo sentire possimus, et timere Deum et credere ei etc. Ex his apparet, non posse legem sine Christo et sine spiritu sancto fieri.

des Herrn Geist ist, da ist Freiheit." Die Decke nennet Paulus den menschlichen Gedanken und Wahn von zehen Geboten und Ceremonien, nämlich daß die Heuchler wähnen wollen, daß das Gesetz müge erfüllet und gehalten werden durch äußerliche Werke, und als machen die Opfer, item allerlei Gottesdienst ex opere operato jemands gerecht für Gott. Denn wird aber die Decke vom Herzen genommen, das ist, der Irrtum und Wahn wird weggenommen, wenn Gott im Herzen uns zeigt unsern Jammer, und läßt uns Gottes Zorn und unser Sunde fühlen. Da merken wir erst, wie gar fern und weit wir vom Gesetz seien. Da erkennen wir erst, wie sicher und verblendet alle Menschen dahin gehen, wie sie Gott nicht fürchten, in Summa nicht gläuben, daß Gott Himmel, Erden und alle Kreatur geschaffen hat, unser Odem und Leben und die ganze Kreatur alle Stund erhältet und wider den Satan bewahret. Da erfahren wir erst, daß eitel Unglaub, Sicherheit, Verachtung Gottes in uns so tief verborgen stecket. Da erfahren wir erst, daß wir so schwach oder gar nichts gläuben, daß Gott Sunde vergebe, daß er Gebet erhöre 2c. Wenn wir nu das Wort und Evangelium hören und durch den Glauben Christum erkennen, empfahen wir den heiligen Geist, daß wir denn recht von Gott halten, ihnen fürchten, ihme gläuben 2c. In diesem ist nu gnugsam angezeigt, daß wir Gottes Gesetz ohne den Glauben, ohn Christum, ohn den heiligen Geist nicht halten können.

Profitemur igitur, quod necesse sit inchoari in nobis et subinde magis magisque fieri legem. Et complectimur simul utrumque, videlicet spirituales motus et externa bona opera. Falso igitur calumniantur nos adversarii, quod nostri non doceant bona opera, cum ea non solum requirant, sed etiam ostendant, quomodo fieri possint. Eventus coarguit hypocritas, qui suis viribus conantur legem facere, quod non possint praestare, quae conantur. Longe enim imbecillior est humana natura, quam ut suis viribus resistere diabolo possit, qui habet captivos omnes, qui non sunt liberati per fidem. Potentia Christi opus est adversus diabolum, videlicet, ut quia scimus nos propter Christum exaudiri et habere promissionem, petamus, ut gubernet et propugnet nos spiritus sanctus, ne decepti erremus, ne impul¹si contra voluntatem Dei aliquid suscipiamus. Sicut Psalmus docet: Captivam duxit captivitatem, dedit dona hominibus. Christus enim vicit diabolum et dedit nobis promissionem et spiritum sanctum, ut auxilio divino vincamus et ipsi. Et 1. Ioh. 3.: Ad hoc apparuit filius Dei, ut solvat opera diaboli. Deinde non hoc tantum docemus, quomodo fieri lex possit, sed etiam quomodo Deo placeat, si quid fit, videlicet non quia legi satisfaciamus sed quia sumus in Christo, sicut paulo post

Darum sagen wir auch, daß man muß das Gesetz halten, und ein jeder Gläubiger fähet es an zu halten, und nimmt je länger, je mehr zu in Liebe und Furcht Gottes, welchs ist recht Gottes Gebot erfüllet. Und wenn wir vom Gesetzhalten reden oder von guten Werken, begreifen wir beides, das gut Herz inwendig und die Werke auswendig. Darum tun uns die Widersacher unrecht, da sie uns schuld geben, wir lehren nicht von guten Werken; so wir nicht allein sagen, man müsse gute Werk tun, sondern sagen auch eigentlich, wie das Herz müsse dabei sein, damit es nicht lose, taube, kalte Heuchlerwerke sein. Es lehret die Erfahrung, daß die Heuchler, wiewohl sie sich unterstehen, aus ihren Kräften das Gesetz zu halten, daß sie es nicht vermügen, noch mit der Tat beweisen. Denn wie fein sein sie ohne Haß, Neid, Zank, Grimm, Zorn, ohne Geiz, Ehebruch 2c.? Also, daß nirgend die Laster größer sein, denn in Klöstern, Stiften. Es sind alle menschliche Kräfte viel zu schwach dem Teufel, daß sie seiner List und Stärke aus eigenem Vermügen widerstehen sollten, welcher alle diejenigen gefänglich hältet, die nicht durch Christum erlöset werden. Es muß göttliche Stärke sein und Christus Auferstehung, die den Teufel überwinde. Und so wir wissen, daß wir Christi Stärke, seines Siegs durch den Glauben teilhaftig werden, können wir auf die Verheißung, die wir haben, Gott bitten,

dicemus. Constat igitur nostros requirere bona opera. Imo addimus et hoc, quod impossibile sit, dilectionem Dei, etsi exigua est, divellere a fide, quia per Christum acceditur ad Patrem, et accepta remissione peccatorum vere iam statuimus nos habere Deum, hoc est, nos Deo curae esse, invocamus, agimus gratias, timemus, diligimus, sicut Iohannes docet in prima epistola. Nos diligimus eum, inquit, quia prior dilexit nos, videlicet quia dedit pro nobis filium et remisit nobis peccata. Ita significat praecedere fidem, sequi dilectionem. Item fides illa, de qua loquimur, existit in poenitentia, hoc est, concipitur in terroribus conscientiae, quae sentit iram Dei adversus nostra peccata, et quaerit remissionem peccatorum et liberari a peccato. Et in talibus terroribus et aliis afflictionibus debet haec fides crescere et confirmari. Quare non potest existere in his, qui secundum carnem vivunt, qui delectantur cupiditatibus suis et obtemperant eis. Ideo Paulus ait: Nulla nunc damnatio est his, qui sunt in Christo Iesu, qui non secundum carnem ambulant, sed secundum Spiritum. Item: Debitores sumus non carni, ut secundum carnem vivamus. Si enim secundum carnem vixeritis, moriemini; si autem spiritu actiones corporis mortificabitis, vivetis. Quare fides illa, quae accipit remissionem peccatorum in corde perterrefacto et fugiente peccatum, non manet in his, qui obtemperant cupiditatibus, nec existit cum mortali peccato.

daß er uns durch seines Geistes Stärke beschirme und regiere, daß uns der Teufel nicht fälle oder stürze; sonst fielen wir alle Stunde in Irrtum und gräuliche Laster. Darum sagt Paulus nicht von uns, sondern von Christo: „Er hat das Gefängnis gefangen geführt." Denn Christus hat den Teufel überwunden und durchs Evangelium verheißen den heiligen Geist, daß wir durch Hulf desselbigen auch alles Uebel überwinden. Und 1. Joh. 3. ist geschrieben: „Dazu ist erschienen der Sohn Gottes, daß er auflöse die Werke des Teufels." Darüber so lehren wir nicht allein, wie man das Gesetz halte, sondern auch, wie es Gott gefalle alles, was wir tun, nämlich nicht daß wir in diesem Leben das Gesetz so vollkömmlich und rein halten können, sondern daß wir in Christo sein, wie wir hernach wollen sagen. So ist es nu gewiß, daß die Unsern auch von guten Werken recht lehren. Und wir setzen noch dazu, daß es unmüglich sei, daß rechter Glaub, der das Herz tröstet und Vergebung der Sünden empfähet, ohn die Liebe Gottes sei. Denn durch Christum kommt man zum Vater, und wenn wir durch Christum Gott versühnet sein, so gläuben und schließen wir denn erst recht gewiß im Herzen, daß ein wahrer Gott lebe und sei, daß wir ein Vater im Himmel haben, der auf uns allzeit siehet, der zu fürchten sei, der um so unsägliche Wohlthat zu lieben sei, dem wir sollen allzeit herzlich danken, ihm Lob und Preis sagen, welcher unser Gebet, auch unser Sehnen und Seufzen erhöret, wie denn Johannes in seiner ersten Epistel sagt: „Wir lieben ihnen, denn er hat uns zuvor geliebet." UNS nämlich, denn er hat sein Sohn für uns gegeben und uns Sünde vergeben. Da zeigt Johannes gnug an, daß der Glaube also fürgehe und die Liebe alsdenn folge. Item dieser Glaube ist in denen, da rechte Buße ist, das ist, da ein erschrocken Gewissen Gottes Zorn und seine Sünde fühlet, Vergebung der Sünde und Gnade suchet. Und in solchem Schrecken, in solchen Ängsten und Nöten beweiset sich erst der Glaub, und muß auch also bewährt werden und zunehmen. Darum kann der Glaub nicht sein in fleischlichen sichern Leuten, welche nach des Fleisches Lust und Willen dahin leben. Denn also sagt Paulus: „So ist nu nichts Verdammlichs an denen, die in Christo Jesu sind, die nicht nach dem Fleisch wandeln, sondern nach dem Geist." Item: „So sind wir nu Schuldener, nicht dem Fleisch, daß wir nach dem Fleisch leben. Denn wo ihr nach dem Fleisch lebet, so werdet ihr sterben müssen; wo ihr aber durch den Geist des Fleisches Geschäfte tötet, so werdet ihr leben." Derhalben kann der Glaube, welcher allein in dem Herzen und Gewissen ist, denen ihr Sünde herzlich leid sein, nicht zugleich neben einer Todsünde sein, wie die Widersacher lehren. So kann er auch nicht in denjenigen sein, die noch der Welt fleischlich, nach des Satans und des Fleisches Willen leben.

Ex his effectibus fidei excerpunt adversarii unum, videlicet dilectionem, et docent, quod dilectio iustificet[1]. Ita mani-

Aus diesen Früchten und Werken des Glaubens klauben die Widersacher nur ein Stücke, nämlich die Liebe, und lehren, daß

---

[1]) Saepe fidei tribuunt ⟨adversarii⟩ iustificationem, cum id pertineat ad gratiam et caritatem. Conf. CR 27, 100.

feste apparet, eos tantum docere legem. Non prius docent accipere remissionem peccatorum per fidem. Non docent de mediatore Christo, quod propter Christum habeamus Deum propitium, sed propter nostram dilectionem. Et tamen, qualis sit illa dilectio, non dicunt, neque dicere possunt. Praedicant se legem implere, cum haec gloria proprie debeatur Christo; et fiduciam propriorum operum opponunt iudicio Dei, dicunt enim se de condigno mereri gratiam et vitam aeternam[1]. Haec est simpliciter impia et vana fiducia. Nam in hac vita non possumus legi satisfacere, quia natura carnalis non desinit malos affectus parere, etsi his resistit Spiritus in nobis.

Sed quaerat aliquis: Cum et nos fateamur dilectionem esse opus spiritus sancti, cumque sit iustitia, quia est impletio legis, cur non doceamus, quod iustificet? Ad hoc respondendum est: Primum hoc certum est, quod non accipimus remissionem peccatorum neque per dilectionem neque propter dilectionem nostram, sed propter Christum sola fide. Sola fides, quae intuetur in promissionem et sentit ideo certo statuendum esse, quod Deus ignoscat, quia Christus non sit frustra mortuus etc., vincit terrores peccati et mortis. Si quis dubitat, utrum remittantur sibi peccata, contumelia afficit Christum, cum peccatum suum iudicat maius aut efficacius esse, quam mortem et promissionem Christi; cum Paulus dicat, gratiam exuberare supra peccatum, hoc est, misericordiam ampliorem esse quam peccatum. Si quis sentit se ideo consequi remissionem peccatorum, quia diligit, afficit contumelia Christum et comperiet in iudicio Dei, hanc fiduciam propriae iustitiae impiam et inanem esse. Ergo necesse est, quod fides reconciliet et iustificet[2]. Et sicut non accipimus remissionem peccatorum per alias virtutes legis seu propter eas, videlicet propter patientiam, castitatem, obedientiam erga magistratus etc., et tamen has virtutes sequi oportet: ita neque propter dilectionem Dei accipimus remissionem peccatorum, etsi sequi eam necesse est. Ceterum nota est con-

die Liebe für Gott gerecht mache; also sind sie nichts anders denn Werkprediger und Gesetzlehrer. Sie lehren nicht erst, daß wir Vergebung der Sünde erlangen durch den Glauben. Sie lehren nichts von dem Mittler Christo, daß wir durch denselbigen einen gnädigen Gott erlangen, sondern reden von unser Liebe und unsern Werken, und sagen doch nicht, was es vor eine Liebe sei, und können es auch nicht sagen. Sie rühmen, sie können das Gesetz erfüllen oder halten, so doch die Ehre niemands gehöret, denn Christo; und halten also ihr eigen Werk gegen Gottes Urtheil, sagen, sie verdienen de condigno Gnad und ewiges Leben. Das ist doch ein ganz vergeblich und gottlos Vertrauen auf eigene Werk. Denn in diesem Leben können auch Christen und Heiligen selbst Gottes Gesetz nicht vollkömmlich halten; denn es bleiben immer böse Neigung und Lüst in uns, wiewohl der heilig Geist denselbigen widerstehet.

Es möcht aber jemands unter ihnen fragen: So wir selbst bekennen, daß die Lieb eine Frucht des Geistes sei, und so die Liebe dennoch ein heilig Werk und Erfüllung des Gesetzes genennet wird, warum wir denn auch nicht lehren, daß sie für Gott gerecht mache? Antwort: Erst ist das gewiß, daß wir Vergebung der Sünde nicht empfahen weder durch die Liebe noch um der Liebe willen, sondern allein durch den Glauben um Christus willen. Denn allein der Glaub im Herzen siehet auf Gottes Verheißung, und allein der Glaub ist die Gewißheit, da das Herz gewiß drauf stehet, daß Gott gnädig ist, daß Christus nicht umsonst gestorben sei 2c. Und derselbig Glaube überwindet allein das Schrecken des Todes und der Sünde. Denn wer noch wanket oder zweifelt, ob ihm die Sünde vergeben sein, der vertrauet Gott nicht und verzaget an Christo, denn er hält sein Sünde für größer und stärker, denn den Tod und Blut Christi; so doch Paulus sagt zun Römern am 5. Kap.: „Die Gnad sei mächtiger denn die Sünde", das ist, kräftiger, reicher und stärker. So nu jemands meinet, daß er darum Vergebung der Sünde will erlangen, daß er die Liebe hat, der schmähet und schändet Christum, und wird am letzten Ende, wenn er vor Gottes Gericht stehen soll, finden, daß solch Vertrauen vergeblich ist. Darum ist es gewiß, daß allein der Glaub gerecht macht. Und gleichwie wir nicht erlangen Vergebung der Sünde durch andere gute Werk und Tugende, als um Geduld willen, um

Röm. 5, 20.

---

[1]) Bonaventura Breviloquium V, 2. In sent. II d. 27 a. 2 q. 3.   [2]) iustificet] ex iniusto iustum efficiat. seit Ed. 1531. 8⁰.

suetudo sermonis, quod interdum eodem verbo causam et effectus complectimur κατὰ συνεκδοχήν¹. Ita Lu¹cae 7. ait Christus: Remittuntur ei peccata multa, quia dilexit multum. Interpretatur enim se ipsum Christus, cum addit: Fides tua salvam te fecit. Non igitur voluit Christus, quod mulier illo opere dilectionis merita esset remissionem peccatorum. Ideo enim clare dicit: Fides tua salvam te fecit. At fides est, quae apprehendit misericordiam propter verbum Dei gratis. Si quis hoc negat fidem esse, prorsus non intelligit, quid sit fides. Et ipsa historia hoc loco ostendit, quid vocet dilectionem. Mulier venit hanc afferens de Christo opinionem, quod apud ipsum quaerenda esset remissio peccatorum. Hic cultus est summus cultus Christi. Nihil potuit maius tribuere Christo. Hoc erat vere Messiam agnoscere, quaerere apud eum remissionem peccatorum. Porro sic de Christo sentire, sic colere, sic complecti Christum est vere credere. Christus autem usus est verbo dilectionis non apud mulierem, sed adversus pharisaeum, quia totum cultum pharisaei cum toto cultu mulieris comparabat². Ob-

Keuschheit, um Gehorsams willen gegen der Oberkeit, und folgen doch die Tugenden, wo Glaub ist; ¹ also empfahen wir auch nicht um der Liebe Gottes willen Vergebung der Sunde, wiewohl sie nicht außen bleibt, wo dieser Glaube ist. Daß aber Christus Lucä am 7. Kap. spricht: „Ihr werden viel Sunden vergeben werden, denn sie hat viel geliebet", da legt Christus sein Wort selbst aus, da er sagt: „Dein Glaub hat dir geholfen." Und Christus will nicht, daß die Frau durch das Werk der Liebe verdienet habe Vergebung der Sunde, darum sagt er klar: „Dein Glaub hat dir geholfen." Nu ist das der Glaub, welcher sich verläßet auf Gottes Barmherzigkeit und Wort, nicht auf eigene Werk. Und meinet jemands, daß Glaube sich zugleich auf Gott und eigene Werk verlassen könne, der verstehet gewißlich nicht, was Glauben sei. Denn das erschrocken Gewissen wird nicht zufrieden durch eigene Werk, sondern muß nach Barmherzigkeit schreien und läßt sich allein durch Gottes Wort trösten und aufrichten. Und die Historien selbst zeigt an dem Ort wohl an, was Christus Liebe nennet. Die Frau kommt in der Zuversicht zu Christo, daß sie wolle Vergebung der Sünde bei ihm erlangen, das

---

¹) beides darunter verstehend. ²) Dazu schrieb Luther in Ed. pr. (s. o. S. XXIII¹⁰) an den Rand:

Urgendum est utrumque
1. Fides tua te salvam fecit. Quia hoc ad mulierem dixit, ostendens non dilectione, sed fide omnia meruisse, ergo fides accepit remissionem peccatorum.
2. Cui minus dimittitur, minus diligit. Ergo remitti est ante diligere. Quare et illud sic intelligitur. Dimittuntur ei peccata multa, quia dilexit multum.

Et dicitur hoc adversus superbum Pharisaeum, qui definiebat, eam esse peccatricem. Imo respondet Christus: Adeo non est peccatrix, ut iam non solum fide vos praevenerit, sed etiam caritate superaverit. Et in iustitiam legis pervenit, ad quam tu sectando legem adhuc abes. Igitur non illi, sed tibi dico, ut iam scias etiam foris absolutam et non iam peccatricem a vobis habendam esse, quia melior est vobis. Plus diligit quam tu, et iustior est lege quam vos. Ideo nec secundum legem volo eam haberi peccatricem apud vos, et etiam publice eam absolvo, ut quae etiam in vestra legis iustitia vos vicerit et condemnet. Est ergo inversio rhetorica. Ipsa est peccatrix, imo ipsa est iusta, tu vero peccator, quia facit foris, quae tu non facis. Et peccata eius scias esse remissa. Sic ostendit Christus displicere sibi peccatricem appellari ab eo, qui maior erat peccator et trabe sua neglecta festucam istius iudicat. 3. Ipsa parabola confirmat remissionem gratuitam esse priorem et sequi dilectionem, quia is, cui plura dimittuntur, plus diligit. Recte, ait Christus, iudicasti, ergo rectum est dilectionem sequi remissionem peccatorum. Facit autem hysteron proteron contra Pharisaeum, ut eam etiam publice absolutam ostendat, ut dixi, coram mundo. Quia non solum credit coram Deo, sed etiam ostendit suam fidem mundo, ergo et coram mundo est iusta et non amplius peccatrix.

duplex³ remissio fidei occulta sicut duplex³ iustitia
caritatis publica
Ideo Ibi tua fides (dicit) sal⟨vam⟩
Hic tibi dico, qui publice eam damnasti.

Wie gefällt dir das? Ich spreche sie auch fur euch und nach eurem eigen Gesetz recht, quia dimissa ei peccata esse debetis concedere et non peccatricem iudicare.

³) dˣ (Lesung von H. Volz zu WA XXX 3,490 Anm. 2). Ähnliche Äußerungen Luthers zu Luk. 7,47: WA XXXIX 1, 128 ff. 208₉ff. 91₁₇ff. 312₈ff. XXXIX 2, 196₂₁ff. Etwas anders

iurgat pharisaeum, quod non agnosceret ipsum esse Messiam, etsi haec externa officia ipsi praestaret, ut hospiti, viro magno et sancto. Ostendit mulierculam et praedicat huius cultum, unguenta, lacrimas etc., quae omnia erant signa fidei et confessio quaedam, quod videlicet apud Christum quaereret remissionem peccatorum. Magnum profecto exemplum est, quod non sine causa commovit Christum, ut obiurgaret pharisaeum, virum sapientem et honestum, sed non credentem. Hanc ei impietatem exprobrat et admonet eum exemplo mulierculae, significans turpe ei esse, quod cum indocta muliercula credat Deo, ipse legis doctor non credat, non agnoscat Messiam, non quaerat apud eum remissionem peccatorum et salutem. Sic igitur totum cultum laudat, ut saepe fit in scripturis, ut uno verbo multa complectamur; ut infra latius dicemus in similibus locis, ut: Date elemosynam, et omnia erunt munda. Non tantum elemosynas requirit, sed etiam iustitiam fidei. Ita hic ait: Remittuntur ei peccata multa, quia dilexit multum, id est, quia me vere coluit fide et exercitiis et signis fidei. Totum cultum comprehendit. Interim tamen hoc docet, quod proprie accipiatur fide remissio peccatorum, etsi dilectio, confessio et alii boni fructus sequi debeant. Quare non hoc vult, quod fructus illi sint pretium, sint propitiatio, propter quam detur remissio peccatorum, quae reconciliet nos Deo. De magna re disputamus, de honore Christi, et unde petant bonae mentes certam et firmam consolationem, utrum fiducia collocanda sit in Christum, an in opera nostra. Quodsi in opera nostra collocanda erit, detrahitur Christo honos mediatoris et propitiatoris. Et tamen comperiemus in iudicio Dei, hanc fiduciam vanam esse et conscientias inde ruere in desperationem. Quodsi remissio peccatorum et reconciliatio non contingit gratis propter Christum, sed propter nostram dilectionem, nemo habiturus est remissionem peccatorum, nisi ubi totam legem fecerit, quia lex non iustificat, donec nos accusare potest. Patet igitur, cum iustificatio sit reconciliatio propter Christum, quod fide iustificemur, quia certissimum est sola fide accipi remissionem peccatorum.

heißt recht Christum erkennen und ehren. Denn größer Ehre kann man Christo nicht tun. Denn das heißt Messiam oder Christum wahrlich erkennen, bei ihm suchen Vergebung der Sünde. Dasselbige von Christo halten, also Christum erkennen und annehmen, das heißt recht an Christum glauben. Christus aber hat dieses Wort, da er sagt: „Sie hat viel geliebet", nicht gebraucht, als er mit der Frauen redet, sondern als er mit dem Pharisäer redet. Denn der Herr Christus hältet gegenander die ganze Ehre, die ihm der Pharisäer getan hat, mit dem Erbieten und Werken, so die Frau ihm erzeiget hat. Er straft den Pharisäer, daß er ihn nicht hat erkennt für Christum, wiewohl er ihn äußerlich geehret als einen Gast und frommen heiligen Mann. Aber den Gottesdienst der Frauen, daß sie ihre Sunde erkennet und bei Christo Vergebung der Sunde suchet, diesen Dienst lobet Christus. Und es ist ein groß Exempel, welches Christum billig bewegt hat, daß er den Pharisäer als einen weisen, ehrlichen Mann, der doch nicht an ihnen gläubet, strafet. Den Unglauben wirft er ihm für und vermahnet ihn durch das Exempel, als sollt er sagen: Billig sollt du dich schämen, du Pharisäer, daß du so blind bist, mich für Christum und Messiam nicht erkennest, so du ein Lehrer des Gesetzes bist, und das Weib, das ein ungelehrt, arm Weib ist, mich erkennet. Darum lobet er da nicht allein die Liebe, sondern den ganzen cultum oder Gottesdienst, den Glauben mit den Früchten, und nennet doch für dem Pharisäo die Frucht. Denn man kann den Glauben im Herzen andern nicht weisen und anzeigen, denn durch die Früchte, die beweisen für den Menschen den Glauben im Herzen. Darum will Christus nicht, daß die Liebe und die Werke sollen der Schatz sein, dadurch die Sünden bezahlt werden, welches Christi Blut ist. Derhalben ist dieser Streit über einer hohen wichtigen Sache, da den frommen Herzen und Gewissen ihr höchster, gewißter, ewiger Trost an gelegen ist, nämlich von Christo, ob wir sollen vertrauen auf den Verdienst Christi oder auf unsere Werke. Denn so wir auf unsere Werke vertrauen, so wird Christo sein Ehre genommen, so ist Christus nicht der Versöhner noch der Mittler, und werden doch endlich erfahren, daß solch Vertrauen vergeblich sei, und daß die Gewissen dadurch nur in Verzweiflung fallen. Denn so wir Vergebung der Sünde und Versühnung

Gottes nicht ohne Verdienst erlangen durch Christum, so wird niemands Vergebung der Sunde haben, er habe dann das ganze Gesetz gehalten. Denn das Gesetz macht niemands gerecht für Gott, so lange es uns anklaget. Nu kann sich ja niemands rühmen, daß er dem Gesetz gnug getan habe. Darum müssen wir sonst Trost suchen, nämlich an Christo.

159 (38) Nunc igitur respondeamus ad illam obiectionem, quam supra proposuimus[1]. Recte cogitant adversarii dilectionem esse legis impletionem[2], et obedientia erga legem certe est iustitia; sed hoc fallit eos, quod putant, nos ex lege iustificari. Cum autem non iustificemur ex lege, sed remissionem peccatorum et reconciliationem accipiamus fide propter Christum, non propter dilectionem aut legis impletionem: sequitur necessario, quod fide in Christum iustificemur.

Nu wöllen wir antworten auf die Frage, welche wir oben angezeigt: warum die Liebe oder dilectio niemands für Gott gerecht mache? Die Widersacher denken also, die Liebe sei die Erfüllung des Gesetzes, darum wäre es wohl wahr, daß die Liebe uns gerecht macht, wenn wir das Gesetz hielten. Wer darf aber mit Wahrheit sagen oder rühmen, daß er das Gesetz halte und Gott liebe, wie das Gesetz gebeut? Wir haben oben angezeigt, daß darum Gott die Verheißung der Gnaden getan hat, daß wir das Gesetz nicht halten können. Darum sagt auch allenthalben Paulus, daß wir durch das Gesetz nicht können für Gott gerecht werden. Die Widersacher müssen hie wohl weit feilen und der Häuptfrage irre gehen, denn sie sehen in diesem Handel allein das Gesetz an. Denn alle menschliche Vernunft und Weisheit kann nicht anders urteilen, denn daß man durch Gesetze müsse fromm werden, und wer äußerlich das Gesetz halte, der sei heilig und fromm. Aber das Evangelium rücket uns herum, und weiset uns von dem Gesetz zu den göttlichen Verheißungen und lehret, daß wir nicht gerecht werden durchs Gesetz, denn niemand kann es halten; sondern dadurch, daß uns um Christus willen Versühnung geschenkt ist, und die empfahen wir allein durch den Glauben. Dann ehe wir ein Tittel am Gesetz erfüllen, so muß erst da sein der Glaub an Christum, durch welchen wir Gott versühnet werden und erst Vergebung der Sünden erlangen. Lieber Herr Gott, wie dörfen doch die Leute sich Christen nennen oder sagen, daß sie auch die Bücher des Evangelii einmal je ansehen oder gelesen haben, die noch dieses anfechten, daß wir Vergebung der Sünde durch den Glauben an Christum erlangen? Ist es doch einem Christenmenschen schrecklich allein zu hören.

160 (39) Deinde illa legis impletio seu obedientia erga legem est quidem iustitia, cum est integra, sed in nobis est exigua et immunda. Ideo non placet propter ipsam, non est accepta propter se ipsam. 161 (40) Quamquam autem ex his, quae supra dicta sunt, constet iustificationem non solum initium renovationis significare, sed reconciliationem, qua etiam postea accepti sumus: tamen nunc multo cla'rius perspici poterit, quod ' illa inchoata legis impletio non iustificet, quia tantum est accepta propter fidem. Nec est confidendum, quod propria perfectione et impletione legis coram Deo iusti reputemur, ac non potius propter Christum:

Zum andern ists gewiß, daß auch diejenigen, so durch den Glauben und heiligen Geist neu geboren sind, doch gleichwohl noch, so lang das Leben währet, nicht gar rein sein, auch das Gesetz nicht vollkömmlich halten. Denn wiewohl sie die Erstling des Geistes empfahen, und wiewohl sich in ihnen das neu, ja das ewige Leben angefangen, so bleibt doch noch etwas da von der Sünde und bösem Lust und ' findet das Gesetz noch viel, das es uns anzuklagen hat. Darum, obschon Liebe Gottes und gute Werk in Christen sollen und müssen sein, so sind sie dennoch für Gott nicht gerecht um solcher ihrer Werk willen, sondern um Christus willen durch den Glauben. Und Vertrauen auf eigene Erfüllung des Gesetzes ist eitel Abgötterei und Lästerung Christi, und fället doch zuletzt weg und macht, daß die Gewissen verzweifeln. Derhalben soll dieser Grund fest stehen bleiben, daß wir um Christus willen Gott angenehm und gerecht sind durch Glauben, nicht von wegen unser Liebe und Werke. Das wollen wir also klar und gewiß machen, daß mans greifen möge. So lang das Herz nicht Friede für Gott hat, kann es nicht gerecht sein; denn es fleuht für Gottes Zorn, und verzweifelt, und wollt, daß Gott nicht richtet. Darum kann das Herz nicht gerecht und Gott angenehm sein, dieweil es nicht Friede mit Gott hat. Nu macht der Glaub allein, daß das Herz zufrieden wird, und erlangt Ruhe und Leben Röm. 5., so es sich getrost und frei verläßt auf Gottes Zusage um Christus willen. Aber unsere Werk bringen das Herz nicht zufrieden, denn wir finden allzeit, daß sie nicht rein sind. Darum muß folgen, daß wir allein durch Glauben Gott angenehm und gerecht sind, so wir im Herzen schließen, Gott wölle uns gnädig sein, nicht von wegen unser Werk und Erfüllung

---

[1]) S. 189, Z. 23.   [2]) Von hier bis S. 195, Z. 27 in den Ausgaben seit Ed. 1531. 8⁰ stark verkürzt und verändert.   CR 27, 453.

IV. Von d. Rechtf. (Von der Liebe und Erfüllung des Gesetzes.) 193

des Gesetzes, sondern aus lauter Gnaden um Christus willen. Was können die Widersacher wider diesen Grund aufbringen? Was können sie wider die offentlichen Wahrheit erdichten oder erdenken? Denn dies ist je gewiß und die Erfahrung lehret stark gnug, daß, wenn wir Gottes Urtheil und Zorn recht fühlen oder in Anfechtung kommen, unsere
5 Werke oder Gottesdienste das Gewissen nicht können zu Ruhen bringen. Und das zeigt die Schrift oft gnug an, als im Pf.: „Du wöllest mit deinem Knechte nicht in das Gericht gehen, denn für dir wird keiner, der da lebt, gerecht sein." Da zeigt er klar an, daß alle Heiligen, alle fromme Kinder Gottes, welche den heiligen Geist haben, wenn Gott nicht aus Gnaden ihnen will ihre Sünde vergeben, noch übrige Sunde im Fleisch an sich
10 haben. Denn daß David an einem andern Ort sagt: „Herr, richte mich nach meiner Gerechtigkeit", da redet er von seiner Sach und nicht von eigener Gerechtigkeit, sondern bitt, daß Gott sein Sache und Wort schützen wölle, wie er denn sagt: „Richte meine Sache." Wiederum im 129. Pf. sagt er klar, daß keiner, auch nicht die höchsten Heiligen können Gottes Urteil ertragen, wenn er will auf Missetat acht geben, wie er sagt: „So du willt acht
15 haben auf Missethat, Herr, wer wird bestehen?" Und also sagt Job am 9.: „Ich entsetze mich für allen meinen Werken." Item: „Wenn ich gleich schneeweiß gewaschen wäre und meine Hände gleich glänzeten für Reinigkeit, noch wirdstu Unreines an mir finden." Und in Sprüchen Salomonis: „Wer kann sagen, mein Herz ist rein?" Und 1. Joh. 1.: „So wir werden sagen, daß wir keine Sünde haben, verführen wir uns selbst und ist die
20 Wahrheit nicht in uns." Item im Vaterunser bitten auch die Heiligen: „Vergib uns unser Schuld." Darum haben auch die Heiligen Schuld und Sunde. Item im 4. Buch Mosi: „Auch der Unschuldige wird nicht unschuldig sein." Und Zacharias der Prophet sagt am 2. Kap.: „Alles Fleisch sei stille für dem Herrn." Und Esaias sagt: „Alles Fleisch ist Gras", das ist, das Fleisch und alle Gerechtigkeit, so wir vermügen, die können Gottes
25 Urteil nicht ertragen. Und Jonas sagt am 2. Kap.: „Welche sich verlassen auf Eitelkeit vergeblich, die lassen Barmherzigkeit fahren." Derhalben erhältet uns eitel Barmherzigkeit; unser eigen Werke, Verdienst und Vermügen können uns nicht helfen. Diese Sprüche und dergleichen in der Schrift zeigen an, daß unsere Werk unrein sein, und daß wir Gnade und Barmherzigkeit bedörfen. Darum stellen die Werk die Gewissen nicht zufrieden, son-
30 dern allein die Barmherzigkeit, welche wir durch den Glauben ergreifen.

Ps. 143, 2.

Ps. 7, 9.
Ps. 130, 3.

Hiob 9, 28,
30 f. vulg.

Spr. Sal.
20, 9.
1. Joh. 1, 8.

Num. 14,
18.
Zach. 2, 13.
Jes. 40, 6.

Jon. 2, 9.

Primum, quia Christus non desinit esse mediator, postquam renovati sumus. Errant, qui fingunt eum tantum primam gratiam meritum esse, nos postea placere
35 nostra legis impletione et mereri vitam aeternam¹. Manet mediator Christus, et semper statuere debemus, quod propter ipsum habeamus placatum Deum, etiamsi nos indigni simus. Sicut Paulus aperte
40 docet, cum ait: Nihil mihi conscius sum, sed in hoc non iustificatus sum; sed sentit se fide reputari iustum propter Christum, iuxta illud: Beati, quorum remissae sunt iniquitates. Illa autem re-
45 missio semper accipitur fide. Item imputatio iustitiae evangelii est ex promissione; igitur semper accipitur fide, semper statuendum est, quod fide propter Christum iusti reputemur. Si renati
50 postea sentire deberent, se acceptos fore propter impletionem legis, quando esset conscientia certa, se placere Deo, cum nunquam legi satisfaciamus? Ideo semper ad promissionem recurrendum est,
55 hac sustentanda est infirmitas nostra, et statuendum nos propter Christum iustos

Zum dritten, Christus bleibt nicht destoweger für als nach der einige Mittler und Versühner, wenn wir in ihm also neu geboren sein. Darum irren diejenigen, die da erdichten, daß Christus allein uns primam gratiam oder die ersten Gnade verdiene, und daß wir hernach durch unsere eigene Werke und Verdienst müssen das ewige Leben verdienen. Denn er bleibt der einige Mittler, und wir sollen des gewiß sein, daß wir um seinetwillen allein ein gnädigen Gott haben; ob wir es auch gleich unwürdig sein, wie Paulus sagt: Durch ihn haben wir ein Zugang zu Gott. Denn unsere besten Werke, auch nach empfangener Gnade des Evangelii (wie ich gesagt), sein noch schwach und nicht gar rein; denn es ist je nicht so ein schlecht Ding um die Sunde und Adams Fall, wie die Vernunft meinet oder gedenket, und ist über allen menschlichen Verstand und Gedanken, was durch den Ungehorsam vor ein schrecklicher Gottes Zorn auf uns geerbet ist. Und ist gar eine gräuliche Verderbung an der ganzen menschlichen Natur geschehen, welche kein Menschenwerk, sondern allein Gott selbst kann

162
(41)

W 110

163
(42)
1. Kor. 4, 4.

M 117
Ps. 32, 1
Rom. 4, 7.

164
(43)

165
(44)

---

¹) Auch nach Thomas kann der Mensch die prima gratia nicht verdienen (STh. II, 1. q. 114. a. 5 c), aber de condigno das augmentum gratiae und das ewige Leben (a. 8 u. 3).

reputari, qui sedet ad dextram Patris et perpetuo interpellat pro nobis. Hunc pontificem contumelia afficit, si quis sentit se iam iustum et acceptum esse propter propriam impletionem legis, non propter illius promissionem. Nec intelligi potest, quomodo fingi queat homo iustus esse coram Deo, excluso propitiatore et mediatore Christo.

166 Item, quid opus est longa disputatione? Tota scriptura, tota ecclesia clamat legi non satisfieri. Non igitur placet illa inchoata legis impletio propter se ipsam, 167 sed propter fidem in Christum. Alioqui lex semper accusat nos. Quis enim satis diligit, aut satis timet Deum? Quis satis patienter sustinet afflictiones a Deo impositas? Quis non saepe dubitat, utrum Dei consilio an casu regantur res humanae? Quis non saepe dubitat, utrum a Deo exaudiatur? Quis non saepe stomachatur, quod impii fortuna meliore utuntur quam pii, quod pii ab impiis opprimuntur? Quis satisfacit vocationi suae[1]? Quis diligit proximum sicut se ipsum? Quis non irritatur a concupi-168 scentia? Ideo Paulus inquit: Non, quod volo bonum, hoc facio, sed quod nolo, malum. Item: Mente servio legi Dei, carne autem servio legi peccati. Hic aperte praedicat se legi peccati servire. Et David ait: Non intres in iudicium cum servo tuo, quia non iustificabitur in conspectu tuo omnis vivens. Hic etiam servus Dei deprecatur iudicium. Item: Beatus vir, cui non imputat Dominus peccatum. Semper igitur in hac infirmitate nostra adest peccatum, quod imputari poterat, de quo paulo post inquit: Pro hoc orabit ad te omnis sanctus. Hic ostendit sanctos etiam oportere petere 169 remissionem peccatorum. Plus quam coeci sunt, qui malos affectus in carne non sentiunt esse peccata, de quibus Paulus dicit: Caro concupiscit adversus 170 spiritum, spiritus adversus carnem. Caro diffidit Deo, confidit rebus praesentibus, quaerit humana auxilia in calamitate, etiam contra voluntatem Dei, fugit afflictiones, quas debebat tolerare propter

erwiederbringen. Darum sagt der Psalm: „Wohl denen, welchen ihre Sunde vergeben sein." Darum dörfen wir Gnade und Gottes gnädiger Güte und Vergebung der Sunde, wenn wir gleich viel gute Werk getan haben. Dieselbige Gnad aber läßt sich allein durch den Glauben fassen. Also bleibt Christus allein der Hohepriester und Mittler, und was wir nu Gutes tun oder was wir des Gesetzes halten, gefället Gott nicht für sich selbst, sondern daß wir uns an Christum halten und wissen, daß wir ein gnädigen Gott haben nicht um des Gesetzes willen, sondern um Christus willen.

Zum vierten, so wir hielten, daß, wenn wir nu zu dem Evangelio kommen und neu geboren sein, hernach durch unsere Werk verdienen sollen, daß uns Gott gnädig forthin wäre, nicht durch Glauben: so käme das Gewissen nimmer zu Ruhe, sondern müßte verzweifeln; denn das Gesetz klagt uns ohne Unterlaß an, dieweil wir es nicht vollkömmlich halten können 2c. Wie denn die ganze heilige, christliche Kirche, alle Heiligen allzeit bekannt haben und noch bekennen. Denn also sagt Paulus zu den Römern am 7.: „Das Gute, das ich will, das tue ich nicht, sondern das Böse, das ich nicht will, das tue ich 2c." Item: Mit dem Fleische diene ich dem Gesetz der Sunden 2c." Denn es ist keiner, der Gott den Herrn so von ganzem Herzen fürchtet und liebet, als er schüldig ist, keiner, der Kreuz und Trübsal in ganzem Gehorsam gegen Gott träget, keiner, der nicht durch Schwachheit oft zweifelt, ob auch Gott sich unser annehme, ob er uns achte, ob er unser Gebet erhöre. Darüber murren wir oft aus Ungeduld wider Gott, daß es den Gottlosen wohl gehet, den Frommen übel. Item wer ist, der seinem Beruf recht gnugtut, der nicht wider Gott zörnet in Anfechtungen, wenn Gott sich verbirgt? Wer liebet seinen Nächsten als sich selbst? Wer ist ohn allerlei böse Lüste? Von den Sunden allen sagt der Psalm: „Dafür werden bitten alle Heiligen zu rechter Zeit." Da sagt er, daß alle Heiligen müssen um Vergebung der Sunde bitten. Derhalben sein diejenigen gar stockblind, welche die böse Lüste im Fleische nicht für Sunde halten, von welchen Paulus sagt: „Das Fleisch strebet wider den Geist und der Geist strebet wider das Fleisch." Denn das Fleisch vertrauet Gott nicht, verläßt sich auf diese Welt und zeitliche Güter,

---

[1]) vocatio hier im Sinne von Beruf, wie Melanchthon das Wort in CA (Art. 16 S. 71, 19, Art. 26, S. 102, 10, Art. 27, S. 118, 2ff.) im Anschluß an Luther gebraucht hatte. Holl, Ges. Auff. III, S. 218f.

mandatum Dei, dubitat de Dei misericordia etc. Cum talibus affectibus luctatur spiritus sanctus in cordibus, ut eos reprimat ac mortificet, et inferat novos spirituales motus. Sed de hoc loco infra plura testimonia colligemus, quamquam ubique obvia sunt, non solum in scripturis, sed etiam in sanctis patribus.

Praeclare inquit Augustinus: Omnia mandata Dei implentur, quando, quidquid non fit, ignoscitur[1]. Requirit igitur fidem, etiam in bonis operibus, ut credamus nos placere Deo propter Christum, nec opera ipsa per se digna esse, quae placeant. Et Hieronymus contra Pelagianos: Tunc ergo iusti sumus, quando nos peccatores fatemur, et iustitia nostra non ex proprio merito, sed ex Dei consistit misericordia[2]. Oportet igitur adesse fidem in illa inchoata legis impletione, quae statuat, nos propter Christum habere Deum placatum. Nam misericordia non potest apprehendi nisi fide, sicut supra aliquoties dictum est. Quare cum ait Paulus, legem stabiliri per fidem, non solum hoc intelligi oportet, quod fide renati concipiant spiritum sanctum, et habeant motus consentientes legi Dei, sed multo maxime refert et hoc addere, quod sentire nos oportet, quod procul a perfectione legis absimus. Quare non possumus statuere, quod coram Deo iusti reputemur propter nostram impletionem legis, sed quaerenda est alibi iustificatio, ut conscientia fiat tranquilla. Non enim sumus iusti coram Deo, donec fugientes iudicium Dei irascimur Deo. Sentiendum est igitur, quod reconciliati fide propter Christum iusti reputemur, non propter legem aut propter opera nostra, sed quod haec inchoata impletio legis placeat propter fidem, et quod propter fidem non imputetur hoc, quod deest impletioni legis, etiamsi conspectus impuritatis nostrae perterrefacit nos. Iam si est alibi quaerenda iustificatio, ergo nostra dilectio et opera non iustificant. Longe supra nostram munditiem, imo longe supra ipsam legem collocari debent mors et satisfactio Christi, nobis donata, ut statuamus nos propter illam satisfactionem habere propitium Deum, non propter nostram impletionem legis[3].

Hoc docet Paulus ad Gal. 3 cum ait: Christus redemit nos a maledictione legis, factus pro nobis maledictum, hoc est, lex damnat omnes homines, sed Christus, quia sine peccato subiit poenam peccati et victima pro nobis factus est, sustulit illud ius legis, ne accuset, ne damnet hos qui credunt in ipsum, quia ipse est propitiatio pro eis, propter quam nunc iusti reputantur. Cum autem iusti reputentur, lex non potest

suchet in Trübsalen menschlichen Trost und Hilfe, auch wider Gottes Willen, zweifelt an Gottes Gnade und Hilfe, murret wider Gott im Kreuz und Anfechtungen, welches alles wider Gottes Gebot ist. Wider die Adamssunde streitet und strebet der heilige Geist in den Herzen der Heiligen, daß er dieselbige Gift des alten Adams, die böse verzweifelte Art ausfege und tödte, und in das Herze einen andern Sinn und Mut bringe.

Und Augustinus sagt auch: „Alle Gebot Gottes halten wir denn, wenn uns alles, das wir nicht halten, vergeben wird." Darum will Augustinus, daß auch die guten Werke, welche der heilig Geist wirkt in uns, Gott nicht anders gefallen, denn also, daß wir gläuben, daß wir Gott angenehm sein um Christus willen, nicht, daß sie an ihnen selbst sollten Gott gefallen. Und Hieronymus sagt wider Pelagium: „Dann sind wir gerecht, wenn wir uns für Sunder erkennen, und unser Gerechtigkeit stehet nicht in unserm Verdienst, sondern in Gottes Barmherzigkeit." Darum, wenn wir gleich ganz reich von rechten, guten Werken sein und also angefangen haben, Gottes Gesetz zu halten, wie Paulus, da er treulich gepredigt hat 2c., so muß dennoch der Glaub da sein, dadurch wir vertrauen, daß Gott uns gnädig und versühnet sei um Christus willen und nicht um unser Werk willen. Denn die Barmherzigkeit läßt sich nicht fassen, denn allein durch den Glauben. Darum diejenigen, so lehren, daß wir um Werk willen, nicht um Christus willen Gott angenehm werden, die führen die Gewissen in Verzweifelung.

171 (50)

172 (51)

173 (52)

174 (53)

175 (54) Röm. 3, 31.

176 (55)

177 (56)

178 (57)

179 (58) Gal. 3, 13

---

[1]) Retractationes I 19, 3. MSL 32, 615. CSEL 36, S. 90, 10. [2]) Dial. adv. Pelagianos I, 13. MSL 23, 527 D. [3]) Z. 37/48 sed *bis* legis seit Ed. 1531. 8° verkürzt: Sed sentiendum est, quod iusti seu accepti reputemur propter Christum, non propter legem aut opera nostra, et quod haec inchoata legis impletio placeat Deo, quia sumus in Christo. Item quod propter fidem in Christum non imputetur nobis hoc, quod deest impletioni legis.

eos accusare aut damnare, etiamsi re ipsa legi non satisfecerint¹. In eandem sententiam scribit ad Colossenses: In Christo consummati estis; quasi dicat: etsi adhuc procul abestis a perfectione legis, tamen non damnant vos reliquiae peccati, quia propter Christum habemus reconciliationem certam et firmam, si creditis, etiamsi haeret peccatum in carne vestra.

Semper debet in conspectu esse promissio, quod Deus propter suam promissionem, propter Christum velit esse propitius, velit iustificare, non propter legem aut opera nostra. In hac promissione debent pavidae conscientiae quaerere reconciliationem et iustificationem, ¹ hac promissione debent se sustentare ac certo statuere, quod habeant Deum propitium propter Christum, propter suam promissionem. Ita nunquam possunt opera conscientiam reddere pacatam, sed tantum promissio. Si igitur praeter dilectionem et opera alibi quaerenda est iustificatio et pax conscientiae, ergo dilectio et opera non iustificant, etsi sunt virtutes et iustitiae legis, quatenus sunt impletio legis. Et eatenus haec obedientia legis iustificat iustitia legis. Sed haec imperfecta iustitia legis non est accepta Deo nisi propter fidem. Ideo non iustificat, id est, neque reconciliat neque regenerat neque per se facit acceptos coram Deo.

Ex his constat sola fide nos iustificari coram Deo, quia sola fide accipimus remissionem peccatorum et reconciliationem propter Christum, quia reconciliatio seu iustificatio est res promissa propter Christum, non propter legem. Itaque sola fide accipitur, etsi donato spiritu sancto sequitur legis impletio².

Aus dem allen ist klar gnug, daß allein der Glaube uns für Gott gerecht macht, das ist, er erlanget Vergebung der Sunde und Gnade um Christus willen und bringt uns zu einer neuen Geburt. Item, so ifts klar gnug, daß wir allein durch den Glauben den heiligen Geist empfangen; item daß unsere Werk und da wir anfahen, das Gesetz zu halten an ihm selbst Gott nicht gefallen.

So ich nu, wenn ich gleich voll guter Werke bin, wie Paulus war und Petrus, dennoch anderswo muß meine Gerechtigkeit suchen, nämlich in der Verheißung der Gnade Christi, item so allein der Glaub das Gewissen stillet, so muß je das gewiß sein, daß allein der Glaub fur Gott gerecht macht. Denn wir müssen allzeit dabei bleiben, wollen wir recht lehren, daß wir nicht um des Gesetzes willen, nicht um Werke willen, sondern um Christus willen Gott angenehm sein. Denn die Ehre, so Christo gebühret, soll man nicht dem Gesetz oder unsern elenden Werken geben.

Responsio ad argumenta adversariorum.

Antwort auf die Argument der Widersacher.

Cognitis autem huius causae fundamentis, videlicet discrimine legis et promissionum seu evangelii, facile erit diluere ea, quae adversarii obiiciunt. Citant enim dicta de lege et operibus, et omittunt dicta de promissionibus. Semel autem responderi ad omnes sententias de lege potest, quod lex non possit fieri sine Christo, et si qua fiunt civilia opera sine Christo, non placent Deo. Quare cum praedicantur opera, necesse est addere, quod fides requiratur, quod propter fidem praedicentur, quod sint fructus et testimonia fidei³. Ambiguae et periculosae causae multas et varias solutiones gignunt. Verum est enim illud veteris poetae:

Ὁ δ' ἄδικος λόγος
νοσῶν ἐν αὑτῷ φαρμάκων δεῖται σοφῶν⁴.

So wir nu die rechten Gründe dieser Sache haben angezeigt, nämlich den Unterscheid unter göttlicher Verheißung und des Gesetzes, so kann man leichtlich verlegen dasjenige, so die Widersacher dagegen fürbringen. Denn sie führen Sprüche ein von Gesetz und guten Werken, die Sprüche aber, so von göttlicher Verheißung reden, lassen sie außen. Man kann aber kurz antworten auf alle Sprüche, so sie einführen von dem Gesetze, nämlich, daß das Gesetz ohne Christo niemands halten kann, und wenn gleich äußerlich gute Werk geschehen ohne Christo, so hat doch Gott darum an der Person nicht Gefallen. Darum wenn man will von guten Werken lehren oder predigen, soll man allzeit dazu setzen, daß zuvoderst Glaube da sein müsse, und daß sie allein um des Glaubens willen an Christum Gott angenehm

---

¹) Dieser Satz fehlt seit Ed. 1531. 8⁰. ²) Der Abschnitt Z. 6 bis hier ist seit Ed. 1531. 8⁰ stark erweitert. CR 27, 456 ff. ³) fidei] + Quid potest simplicius hac nostra doctrina dici? Necesse est enim ad cognoscenda beneficia Christi, discernere promissiones a lege. Seit Ed. 1531. 8⁰. ⁴) Euripides, Phoenissae v. 474 f.

Sed in bonis et firmis causis una atque altera solutio, sumpta ex fontibus, corrigit omnia, quae videntur offendere. Id fit et in hac nostra causa. Nam illa regula, quam modo recitavi, interpretatur omnia dicta, quae de lege et operibus citantur. Fatemur enim scripturam alibi legem, | alibi evangelium seu gratuitam promissionem peccatorum propter Christum tradere. Verum adversarii nostri simpliciter abolent gratuitam promissionem, cum negant, quod fides iustificet, cum docent, quod propter dilectionem et opera nostra accipiamus remissionem peccatorum et reconciliationem. Si pendet ex conditione operum nostrorum remissio peccatorum, | prorsus erit incerta. Erit igitur abolita promissio. Proinde nos revocamus pias mentes ad considerandas promissiones, et de gratuita remissione peccatorum et reconciliatione, quae fit per fidem in Christum, docemus. Postea addimus et doctrinam legis. Et haec oportet ὀρθοτομεῖν, ut ait Paulus. Videndum est, quid legi, quid promissionibus scriptura tribuat. Sic enim laudat opera, ut non tollat gratuitam promissionem.

sein, und daß sie Früchte und Zeugnis des Glaubens sind. Diese unser Lehre ist je klar; sie läßt sich auch wohl am Licht sehen und gegen die heilige Schrift halten, und ist auch klar hie und richtig fürgetragen; wer ihm will sagen lassen und die Wahrheit¹ nicht wissentlich verleugnen. Denn Christi Wohltat und den großen Schatz des Evangelii (welchen Paulus so hoch hebt) recht zu erkennen, müssen wir je auf einen Teil Gottes Verheißung und angebotene Gnade, auf den andern Teil das Gesetz so weit von einander scheiden als Himmel und Erden. In baufälligen Sachen bedarf man viel Glossen; aber in guten Sachen ist allezeit eine solutio oder zwo, die durchaus gehen ¹und lösen alles auf, so man dagegen vermeint aufzubringen. Also hie in dieser Sache; diese einige solutio löset alle Sprüch auf, die wider uns angezogen werden, nämlich daß man das Gesetz ohn Christo nicht recht tun kann, und obschon äußerliche Werk geschehen, daß doch Gott die Person nicht gefället außer Christo. Denn wir bekennen, daß die Schrift diese zwo Lehre führet: Gesetz und Verheißung der Gnaden. Die Widersacher aber, die treten schlechts das ganz Evangelium mit Füßen und alle Verheißunge der Gnaden in Christo, so sie lehren, daß wir um unser Liebe und Werke willen Vergebung der Sunde erlangen, und nicht durch den Glauben. Denn so Gottes Gnade und Hilfe gegen uns gebauet ist auf unsere Werk, so ist sie gar ungewiß. Denn wir können nimmermehr gewiß sein, wenn wir Werke gnugtun, oder ob die Werke heilig oder rein gnug sein. So wird auch also die Vergebung der Sunde ungewiß, und gehet Gottes Zusage unter, wie Paulus sagt: „Die göttliche Zusage ist denn umgestoßen und ist alles ungewiß." Darum lehren wir die Herze und Gewissen, daß sie sich trösten durch dieselbige Verheißung Gottes, welche fest stehet und beutet Gnade an und Vergebung der Sunde um Christus willen, nicht um unser Werk willen. Darnach lehren wir auch von guten Werken und von dem Gesetz, nicht daß wir durch das Gesetz verdienen Vergebung der Sunde, oder daß wir um des Gesetzes willen Gott angenehm sein, sondern daß Gott gute Werk haben will. Denn man muß (wie Paulus sagt) recht schneiden und teilen Gottes Wort, das Gesetz auf einen Ort, die Zusage Gottes auf den andern. Man muß sehen, wie die Schrift von der Verheißung, wie sie von dem Gesetz redet. Denn die Schrift gebeut und lobet also gute Werke, daß sie doch gleichwohl Gottes Verheißung und den rechten Schatz, Christum, noch viel tausendmal höher setzet.

Sunt enim facienda opera propter mandatum Dei, item ad exercendam fidem, item propter confessionem et gratiarum actionem. Propter has causas necessario debent bona opera fieri, quae quamquam fiunt in carne nondum prorsus renovata, quae retardat motus spiritus sancti et aspergit aliquid de sua immunditie: tamen propter fidem sunt opera sancta, divina, sacrificia et politia Christi regnum suum ostendentis coram hoc mundo. In his enim sanctificat corda et

Denn gute Werke soll man und muß man tun, denn Gott will sie haben; so sind es Früchte des Glaubens, wie Paulus zu den Ephesern am 2. sagt: „Denn wir sein geschaffen in Christo Jesu zu guten Werken." Darum sollen gute Werke dem Glauben folgen als Danksagungen gegen Gott, item daß der Glaub dadurch geübet werde, wachse und zunehme, und daß durch unser Bekenntnis und guten Wandel ander auch verinnert werden.

reprimit diabolum, et ut retineat evangelium inter homines, foris opponit regno diaboli confessionem sanctorum et in nostra imbecillitate declarat potentiam suam. Pauli apostoli, Athanasii, Augustini et similium, qui docuerunt ecclesias, pericula,

labores, conciones sunt sancta opera, sunt vera sacrificia Deo accepta, sunt certamina Christi, per quae repressit diabolum et depulit ab his, qui crediderunt. Labores David in gerendis bellis et in administratione domestica sunt opera sancta, sunt vera sacrificia, sunt certamina Dei, defendentis illum populum, qui habebat verbum Dei, adversus diabolum, ne penitus extingueretur notitia Dei in terris. Sic sentimus etiam de singulis bonis operibus in infimis vocationibus et in privatis. Per haec opera triumphat Christus adversus diabolum, ut quod Corinthii conferebant elemosynam, sanctum opus erat et sacrificium et certamen Christi adversus diabolum, qui laborat, ne quid fiat ad laudem Dei. Talia opera vituperare, confessionem doctrinae, afflictiones, officia caritatis, mortificationes carnis, profecto esset vituperare externam regni Christi inter homines politiam. Atque hic addimus etiam de praemiis et de merito. Docemus operibus fidelium proposita et promissa esse praemia. Docemus bona opera meritoria esse, non remissionis peccatorum, gratiae aut iustificationis, (haec enim tantum fide consequimur), sed aliorum praemiorum corporalium et spiritualium in hac vita et post hanc vitam, quia Paulus inquit: Unusquisque recipiet mercedem iuxta suum laborem. Erunt igitur dissimilia praemia propter dissimiles labores. At remissio peccatorum similis et aequalis est omnium, sicut unus est Christus, et offertur gratis omnibus, qui credunt sibi propter Christum remitti peccata. Accipitur igitur tantum fide remissio peccatorum et iustificatio, non propter ulla opera, sicut constat in terroribus conscientiae, quod non possunt irae Dei opponi ulla nostra opera, sicut Paulus clare dicit: Fide iustificati, pacem habemus erga Deum per Dominum nostrum Iesum Christum, per quem et accessum habemus fide etc. Fides autem quia filios Dei facit, facit et coheredes Christi. Itaque quia iustificationem non meremur operibus nostris, qua efficimur filii Dei et coheredes Christi, non meremur vitam aeternam operibus nostris. Fides enim consequitur, quia fides iustificat nos, et habet placatum Deum. Debetur autem iustificatis iuxta illud: Quos iustificavit, eosdem et glorificavit. Paulus commendat nobis praeceptum de honorandis parentibus mentione praemii, quod additur illi praecepto, ubi non vult, quod obedientia erga parentes iustificet nos coram Deo; sed postquam fit in iustificatis, meretur alia magna praemia. Deus tamen varie exercet sanctos et saepe differt praemia iustitiae operum, ut discant non confidere sua iustitia, ut discant quaerere voluntatem Dei magis quam praemia; sicut apparet in Iob, in Christo et aliis sanctis. Et de hac re docent nos multi psalmi, qui consolantur nos adversus foelicitatem impiorum, ut Psal. 36: Noli aemulari. Et Christus ait: Beati, qui persecutionem patiuntur propter iustitiam, quoniam ipsorum est regnum coelorum. His praeconiis bonorum operum moventur haud dubie fideles ad bene operandum. Interim etiam praedicatur doctrina poenitentiae adversus impios, qui male operantur, ostendit ira Dei, quam minatus est omnibus, qui non agunt poenitentiam. Laudamus igitur et requirimus bona opera et multas ostendimus causas, quare fieri debeant¹.

Sic de operibus docet et Paulus, cum inquit, Abraham accepisse circumcisionem, non ut per illud opus iustificaretur. Iam enim fide consecutus erat, ut iustus reputaretur. Sed accessit circumcisio, ut haberet in corpore scriptum signum, quo commonefactus exerceret fidem, quo etiam confiteretur fidem coram aliis et alios ad credendum suo testimonio invitaret. Abel fide gratiorem hostiam obtulit. Quia igitur fide iustus erat, ideo placuit sacrificium, quod faciebat, non ut per id opus mereretur remissionem peccatorum et gratiam, sed ut fidem suam exerceret et ostenderet aliis ad invitandos eos ad credendum².	Also sagt Paulus, daß Abraham habe die Beschneidung empfangen, nicht daß er um des Werks willen wäre gerecht worden, sondern daß er an seinem Leibe ein Zeichen hätte, dadurch er verinnert würde und immer im Glauben zunähme, item daß er seinen Glauben bekennet für andern und durch sein Zeugnis die andern auch zu glauben reizet. Also hat Abel durch den Glauben Gott ein angenehm Opfer getan. Denn das Opfer hat Gott nicht gefallen ex opere operato, sondern Abel hielts gewiß dafür, daß er ein gnädigen Gott hätte; das Werk aber tät er, daß er seinen Glauben übet und die andern durch sein Exempel und Bekenntnis zu glauben reizet.

---

¹) Vgl. Art. 20 in CA und Apol. 1531. 8° verkürzt. CR 27, 478.   ²) Der Abschnitt von S. 197, Z. 45 bis hier seit Ed.

Cum hoc modo bona opera sequi fidem debeant, longe aliter utuntur operibus homines, qui non possunt credere ac statuere in corde, sibi gratis ignosci propter Christum, se habere Deum propitium gratis propter Christum[1]. Hi cum vident opera sanctorum, humano more iudicant, sanctos promeruisse remissionem peccatorum et gratiam per haec opera. Ideo imitantur ea, et sentiunt se per opera similia mereri remissionem peccatorum et gratiam, sentiunt se per illa opera placare iram Dei et consequi, ut propter illa opera iusti reputentur. Hanc impiam opinionem in operibus damnamus. Primum, quia obscurat gloriam Christi, cum homines proponunt Deo haec opera tamquam pretium et propitiationem. Hic honos, debitus uni Christo, tribuitur nostris operibus. Secundo, neque tamen inveniunt conscientiae pacem in his operibus, sed alia super alia in veris terroribus, cumulantes tandem desperant, quia nullum opus satis mundum inveniunt. Semper accusat lex et parit iram. Tertio, tales nunquam assequuntur notitiam Dei; quia enim irati fugiunt Deum iudicantem et affligentem, nunquam sentiunt se exaudiri. At fides ostendit praesentiam Dei, postquam constituit, quod Deus gratis ignoscat et exaudiat[2].

So nu also und nicht anders die guten Werke sollten dem Glauben folgen, so tun die viel anderer Meinung ihr Werke, die nicht gläuben, daß ihnen ohne Verdienst Sunde vergeben werde um Christus willen. Denn wenn dieselbigen sehen gute Werke an den Heiligen, richten sie menschlicher Weise von den Heiligen, wollen wähnen, die Heiligen haben mit ihren Werken. Vergebung der Sunde erlangt oder sein durch Werke für Gott gerecht worden. Darum tun sie dergleichen ihnen nach und meinen, sie wollen auch also Vergebung der Sunde erlangen und Gottes Zorn versühnen. Solchen öffentlichen Irrtum und falsche Lehre von den Werken verdammen wir. Erstlich, daß dadurch Christo dem rechten Mittler die Ehre genommen wird und wird den elenden Werken geben, wenn wir an Christus statt unsere Werke wöllen darstellen für ein Schatz und Versühnung des göttlichen Zorns und der Sunde. Denn die Ehre gehört allein Christo, nicht unsern elenden Werken. Zum andern, so finden doch die Gewissen auch nicht Friede in solchen Werken. Denn wenn sie schon der Werke viel tun und zu tun sich fleißigen, so findet sich doch kein Werk, das rein genug sei, das wichtig, köstlich gnug sei ein gnädigen Gott zu machen, das ewige Leben gewiß zu erlangen, in Summa das Gewissen rühig und friedlich zu machen. Für das dritte, die auf Werke bauen, die lernen nimmermehr Gott recht kennen noch

seinen Willen. Denn ein Gewissen, das an Gottes Gnaden zweifelt, das kann nicht gläuben, daß es erhöret werde. Und dieweil es Gott nicht anrufen kann, wird es auch göttlicher Hilfe nicht innen, kann also Gott nicht kennen lernen. Wenn aber der Glaub da ist, nämlich daß wir durch Christum ein gnädigen Gott haben, der darf fröhlich Gott anrufen, lernet Gott und seinen Willen kennen.

Semper autem in mundo haesit impia opinio de operibus. Gentes habebant sacrificia, sumpta a patribus. Horum opera imitabantur, fidem non tenebant, sed sentiebant opera illa propitiationem et pretium esse, propter quod Deus reconciliaretur ipsis. Populus in lege imitabatur sacrificia hac opinione, quod propter illa opera haberent placatum Deum, ut ita loquamur, ex opere operato. Hic videmus, quam vehementer obiurgent populum prophetae. Psal. 49. Non in sacrificiis arguam te. Et Ierem. Non praecepi de holocaustomatis. Tales loci damnant non opera, quae certe Deus praeceperat, ut externa exercitia in hac politia, sed damnant impiam per-

Aber der Irrtum von den Werken klebet der Welt gar hart an. Die Heiden hatten auch Opfer, welche von Patriarchen erstlich herkommen; dieselbigen Opfer und Werke der Väter haben sie nachgetan. Vom Glauben wußten sie nicht, hielten dafür, daß dieselbigen Werke ihnen ein gnädigen Gott machten. Die Israeliten erdichteten ihnen auch Werke und Opfer der Meinung, daß sie dadurch wollten ein gnädigen Gott machen durch ihr opus operatum, das ist, durch das bloße Werk, welches ohne Glauben geschach. Da sehen wir, wie heftig die Propheten dawider schreien und rufen, als im 49. Psalm: „Deines Opfers halben strafe ich dich nicht ꝛc." Item Jeremias sagt: „Ich habe nicht mit euren Vätern von Brandopfer geredet." Da

---

[1]) se habere *bis* Christum > seit Ed. 1531. 8°. [2]) At *bis* exaudiat] At cum accessit fides, quae credit, quod gratis reputemur iusti, haec audet Deum invocare et sentit se exaudiri et consequitur veram notitiam Dei. Seit Ed. pr. 1531. 8°.

suasionem, quod sentiebant se per illa opera placare iram Dei, et fidem abiiciebant. Et quia nulla opera reddunt pacatam conscientiam, ideo subinde nova opera excogitantur praeter mandata Dei. Populus Israel viderat prophetas in excelsis sacrificasse[1]. Porro sanctorum exempla maxime movent animos, sperantes se similibus operibus perinde gratiam consecuturos esse, ut illi consecuti sunt. Quare hoc opus mirabili studio cepit imitari populus, ut per id opus mereretur remissionem peccatorum, gratiam et iustitiam[2]. At prophetae sacrificaverant in excelsis, non ut per illa opera, mererentur remissionem peccatorum et gratiam, sed quia in illis locis docebant, ideo ibi testimonium fidei suae proponebant. Populus audierat Abraham immolasse filium suum[3]. Quare et ipsi, ut asperrimo ac difficillimo opere placarent iram Dei, mactaverunt filios[4]. At Abraham non hac opinione immolabat filium, ut id opus esset pretium et propitiatio, propter quam iustus reputaretur. Sic in ecclesia instituta est coena Domini, ut recordatione promissionum Christi, quarum in hoc signo admonemur, confirmetur in nobis fides et foris confiteamur fidem nostram et praedicemus beneficia Christi, sicut Paulus ait: Quoties feceritis, mortem Domini annunciabitis etc. Verum adversarii nostri contendunt missam esse opus, quod ex opere operato iustificat et tollit reatum culpae et poenae in his, pro quibus fit. Sic enim scribit Gabriel[5].

verdammen die Propheten nicht die Opfer an ihnen selbst, denn die hat Gott geboten als äußerliche Ubunge in demselbigen seinem Volk, sondern sie treffen vornehmlich ihr gottlos Herz, da sie die Opfer der Meinung taten, daß sie meineten, dadurch würde Gott ex opere operato versühnet; dadurch ward der Glaub unterdrückt. Und so nu kein Werk das Gewissen recht zufrieden stellet, so pflegen die Heuchler auf ein blinds Geratwohl und wagen dahin gleichwohl ein Werk über das ander, ein Opfer über das ander zu erfinden, und alles ohne Gottes Wort und Befehl mit bösem Gewissen, wie wir im Papstthum gesehen. Und vornehmlich lassen sie sich bewegen durch die Exempel der Heiligen. Denn wenn sie denen also nachfolgen, meinen, sie wollen Vergebung der Sunde erlangen, wie die Heiligen erlangt haben 2c. Aber die Heiligen gläubeten. Das Volk Israel hatte gesehen, daß die Propheten opferten auf den Höhen und Hainen; das Werk taten sie nach, daß sie durch das Werk Gottes Zorn versühneten. Die Propheten aber hatten da Opfer getan, nicht daß sie durch die Werk Vergebung der Sunde verdienen wollten, sondern daß sie an den Orten predigten und lehreten. Darum taten sie die Opfer zu einem Zeugnis ihres Glaubens. Item das Volk hatte nu gehöret, daß Abraham seinen Sohn geopfert hatte; sie nu auch Werke täten, die sie schwer und sauer ankämen, so opferten sie ihre Söhne auch. Abraham aber war nicht der Meinung seinen Sohn zu opfern, daß solchs sollt ein Versühnung sein, dadurch er für Gott gerecht würde 2c. Also in der Kirchen hat Christus das Abendmahl eingesetzt, darinne

durch göttliche Zusage Vergebung der Sunde wird angeboten, daß wir verinnert werden, daß durch das äußerliche Zeichen unser Glaube gestärkt werde, daß wir dadurch auch für den Leuten unsern Glauben bekennen und die Wohlthat Christi preisen und predigen, wie Paulus sagt: So oft ihr das tut, sollt ihr den Tod des Herrn verkündigen 2c. Die Widersacher aber geben für, die Messe sei ein solch Werk, das ex opere operato für Gott uns gerecht mache und erlöse diejenigen von Pein und Schuld, für welche es geschiehet.

Antonius, Bernhardus, Dominicus, Franciscus et alii sancti patres elegerunt certum vitae genus, vel propter studium vel propter alia utilia exercitia. Interim sentiebant se fide propter Christum iustos reputari et habere propitium Deum[6], non propter illa propria exercitia[7]. Sed multitudo deinceps imitata est non fidem patrum, sed exempla sine fide, ut per illa

S. Antonius, Bernhardus, Dominicus und andere Heiligen haben durch ein eigen Leben von Leuten sich getan, damit sie desto leichter die heilige Schrift könnten lesen oder um ander Uebung willen. Nicht desto weniger haben bei sich gehalten, daß sie durch den Glauben an Christum für Gott gerecht wären, daß sie allein durch Christum ein gnädigen Gott erlangten. Aber der

---

[1]) 1. Sam. 9, 12 f. 1. Kön. 18, 20 ff.   [2]) ut *bis* iustitiam] ut placaret iram Dei. Seit Ed. pr. 1531. 8⁰.   [3]) 1. Mos. 22.   [4]) 3. Mos. 20, 2 ff. 2. Kön. 23, 10. Jer. 7, 31. 19, 5. 32, 35.   [5]) Expos. canonis missae lect. 26. 81.   [6]) + propter Christum. Seit Ed. 1531. 8⁰.   [7]) Athanasius, Vita Antonii 5. MSG 26, 850. Bernhard: Vita pr. V 2, 10 (= ep. 310) MSL 185, 356 f. Vgl. auch MSL 183, 773 f. Franziskus, Verba admon. 5. 12. Böhmer, Analekten², 29.

opera mererentur remissionem peccatorum, gratiam et iustitiam; non senserunt se haec gratis accipere propter propitiatorem Christum. Sic de omnibus operibus iudicat mundus, quod sint propitiatio, qua placatur Deus, quod sint pretia, propter quae reputamur iusti. Non sentit Christum esse propitiatorem, non sentit, quod fide gratis consequamur, ut iusti reputemur propter Christum. Et tamen cum opera non possint reddere pacatam conscientiam, eliguntur subinde alia, fiunt novi cultus, nova vota, novi monachatus praeter mandatum Dei, ut aliquod magnum opus quaeratur, quod possit opponi irae et iudicio Dei. Has impias opiniones de operibus adversarii tuentur contra scripturam.

große Hauf ist hernach zugefahren, haben den Glauben an Christum fahren lassen, haben allein gesehen auf die Exempel ohne Glauben, und sich unterstanden durch dieselbigen Klosterwerke Vergebung der Sünde zu erlangen. Also setzt allzeit die Vernunft die guten Werke zu hoch und an einen unrechten Ort. Den Irrtum ficht nu an das Evangelium und lehret, daß wir für Gott gerecht werden nicht um des Gesetzes oder unserer Werk willen, sondern allein um Christus willen. Christus aber kann man nicht fassen, denn allein durch den Glauben. Darum so werden wir auch allein durch den Glauben für Gott gerecht.

At haec tribuere operibus nostris, quod sint propitiatio, quod mereantur remissionem peccatorum et gratiam, quod propter ea iusti coram Deo reputemur, non fide propter Christum propitiatorem, quid hoc aliud est, quam Christo detrahere honorem mediatoris et propitiatoris? Nos igitur etsi sentimus ac docemus, bona opera necessario facienda esse (debet enim sequi fidem inchoata legis impletio), tamen Christo suum honorem reddimus. Sentimus ac docemus, quod fide propter Christum coram Deum iusti reputemur, quod non reputemur iusti propter opera sine mediatore Christo, quod non mereamur remissionem peccatorum, gratiam et iustitiam per opera, quod opera nostra non possimus opponere irae et iudicio Dei, quod opera non possint terrores peccati vincere, sed quod sola fide vincantur terrores peccati, quod tantum mediator Christus per fidem opponendus sit irae et iudicio Dei. Si quis secus sentit, non reddit Christo debitum honorem, qui propositus est, ut sit propitiator, ut per ipsum habeamus accessum ad Patrem. Loquimur autem nunc de iustitia, per quam agimus cum Deo, non cum hominibus, sed qua apprehendimus gratiam et pacem conscientiae. Non potest autem conscientia pacata reddi coram Deo, nisi sola fide, qua statuit nobis Deum placatum esse propter Christum, iuxta illud: Iustificati ex fide pacem habemus; quia iustificatio tantum est res gratis promissa propter Christum, quare sola fide semper coram Deo accipitur.

Nunc igitur respondebimus ad illos locos quos citant adversarii, ut probent nos dilectione et operibus iustificari[1]. Ex Corinthiis citant[2]: Si omnem fidem habeam etc., caritatem autem non habeam, nihil sum. Et hic magnifice triumphant. Totam ecclesiam, aiunt[3], certificat Paulus, quod non iustificet sola fides. Facilis autem responsio est, postquam ostendimus supra, quid de dilectione et operibus sentiamus. Hic locus Pauli requirit dilectionem. Hanc requirimus et nos. Diximus enim supra, oportere existere in nobis renovationem et inchoatam legis impletionem, iuxta illud: Dabo legem meam in corda eorum. Si quis dilectionem abiecerit, etiamsi habet magnam fidem, tamen non retinet eam. Non enim retinet spiritum sanctum. Neque vero hoc loco tradit

Dagegen ziehen die Widersacher an den Spruch Pauli zu den Korinthern am 13: „Wenn ich hätte allen Glauben 2c. und hätte aber die Liebe nicht, so bin ich nichts." Da rufen die Widersacher mit einem großen Triumph und rühmen, sie seien durch diesen Spruch gewiß, daß nicht allein der Glaube für Gott uns gerecht mache, sondern auch die Liebe. Es ist aber ganz leicht zu antworten, nachdem wir oben haben angezeigt, was wir von der Liebe und Werken halten. Paulus will in dem Spruche, daß in den Christen solle Liebe sein gegen dem Nähesten; das sagen wir auch. Denn wir haben je hie oben gesagt: wenn wir neu geboren sein, so fahen wir an das Gesetz zu halten und Gottes Gesetze gehorsam zu sein. Darum wenn jemands die christliche Liebe nachlässet, so ist er, wenn er gleich großen, starken Glauben gehabt, kalt worden und ist nu

---

[1]) Conf. CR 27, 100.   [2]) Z. 2—39 seit Ed. 1531. 8° verkürzt. CR 27, 482. Im folgenden (bis S. 207) ebenfalls mehrfache Änderungen. CR 27, 483—489.   [3]) Hic S. Paulus certificat Principes et totam ecclesiam, fidem solam non iustificare. CR 27, 100.

Paulus modum iustificationis, sed scribit his, qui cum fuissent iustificati, cohortandi erant, ut bonos fructus ferrent, ne amitterent spiritum sanctum. Ac praepostere faciunt adversarii: hunc unum locum citant, in quo Paulus docet de fructibus, alios locos plurimos omittunt, in quibus ordine disputat de modo iustificationis. Ad hoc in aliis locis, qui de fide loquuntur, semper adscribunt correctionem, quod debeant intelligi de fide formata[1]. Hic nullam adscribunt correctionem, quod fide etiam opus sit sentiente, quod reputemur iusti propter Christum propitiatorem. Ita adversarii excludunt Christum a iustificatione, et tantum docent iustitiam legis. Sed redeamus ad Paulum. Nihil quisquam ex hoc textu amplius ratiocinari potest, quam quod dilectio sit necessaria. Id fatemur. Sicut necessarium est non furari. Neque vero recte ratiocinabitur, si quis inde velit hoc afficere: non furari necessarium est, igitur non furari iustificat; quia iustificatio non est certi operis approbatio, sed totius personae. Nihil igitur laedit nos hic Pauli locus; tantum ne affingant adversarii, quidquid ipsis libet. Non enim dicit, quod iustificet dilectio, sed quod nihil sim, id est, quod fides extinguatur, quamlibet magna contigerit. Non dicit, quod dilectio vincat terrores peccati et mortis, quod dilectionem nostram opponere possimus irae ac iudicio Dei, quod dilectio nostra satisfaciat legi Dei, quod sine propitiatore Christo habeamus accessum ad Deum nostra dilectione, quod dilectione nostra accipiamus promissam remissionem peccatorum. Nihil horum dicit Paulus. Non igitur sentit, quod dilectio iustificet, quia tantum ita iustificamur, cum apprehendimus propitiatorem Christum, et credimus nobis Deum propter Christum placatum esse. Nec est iustificatio somnianda omisso propitiatore Christo. Tollant adversarii promissionem de Christo, aboleant evangelium, si nihil opus est Christo, si nostra dilectione possumus vincere mortem, si nostra dilectione sine propitiatore Christo accessum habemus ad Deum. Adversarii cor'rumpunt pleraque loca, quia suas opiniones ad ea afferunt, non sumunt ex

wieder fleischlich, ohne Geist und Glauben. Denn da ist nicht der heilige Geist, wo nicht christliche Liebe ist und andere gute Früchte. Es folget aber daraus nicht, daß uns die Liebe für Gott gerecht macht, das ist, daß wir darum durch die Liebe Vergebung der Sünde erlangen, daß die Liebe das Schrecken der Sünde und des Tods überwinde, daß die Liebe an Christus Statt gegen Gottes Zorn und Gericht solle gehalten werden, daß die Liebe das Gesetz erfülle, daß wir durch die Liebe Gott versühnet und angenehm werden, und nicht um Christus willen. Von dem allen sagt Paulus nichts, und die Widersacher erdichten es doch aus ihrem Hirne. Denn so wir durch unser Liebe Gottes Zorn überwinden, so wird durch unser Gesetzerfüllen Gott angenehm sein, mügen die Widersacher auch sagen, daß die göttliche Verheißung, das ganze Evangelium nichts sei. Denn dasselbige lehret, daß wir einen Zugang haben zu Gott allein durch Christum, daß wir nicht durch unser Gesetzwerk, sondern um Christus willen Gott angenehm sein, als den einigen Mittler und Versühner. Die Widersacher deuten viel Sprüche auf ihre Meinung, die doch nicht also lauten; aber sie machen Zusatz daran, wie hie. Denn dieser Spruch ist klar gnug, wenn allein die Widersacher ihre eigene Träume außerhalb der Schrift nicht daran flickten; so sie doch nicht verstehen, was Glaube sei, was Christus ist, oder wie es zugeht, wenn ein Mensch für Gott gerecht wird. Die Korinther und etliche aus ihnen hatten das Evangelium gehöret und viel trefflicher Gaben empfangen, und wie es denn in solchen Sachen zugehet, im Anfang waren sie hitzig und wacker zu allen Sachen, darnach erwuchsen Rotten und Sekten unter ihnen, wie Paulus anzeiget, huben an die rechten Apostel zu verachten. Darum strafet sie Paulus, vermahnet sie wieder zur Einigkeit und zu christlicher Liebe. Und Paulus redet an dem Ort nicht von Vergebung der Sünde oder wie man für Gott fromm und gerecht wird, oder wie es zugehet wenn ein Sünder zu Christo bekehret wird, sondern redet von den Früchten des Glaubens, redet auch nicht von der Liebe gegen Gott, sondern von der Liebe gegen dem Nähesten. Nu ist es fast närrisch, daß die Liebe gegen dem Nähesten, dadurch wir hie auf Erden mit den Leuten handeln, uns für Gott soll gerecht machen,

---

[1]) Quod autem fidei mentionem hic faciunt, eatenus admittitur, quatenus de fide non sola (ut aliqui male docent), sed quae per dilectionem operatur (ut Apostolus recte docet Gal. 5 ⟨6⟩) intelligitur. Conf. zu Art. 5. CR 27, 97. Joh. Fisher v. Rochester Assert. Luther. confutatio bei Lämmer, Die vortrident. kath. Theologie des Reformationszeitalters 1858, S. 145.

ipsis locis sententiam. Quid enim habet hic locus incommodi, si detraxerimus interpretationem, quam adversarii de suo assuunt, non intelligentes, quid sit iustificatio aut quomodo fiat? Corinthii antea iustificati multa acceperant excellentia dona. Fervebant initia, ut fit. Deinde coeperunt inter eos existere simultates, ut significat Paulus, coeperunt fastidire bonos doctores. Ideo obiurgat eos Paulus, revocans ad officia dilectionis; quae etiamsi sunt necessaria, tamen stultum fuerit somniare, quod opera secundae tabulae coram Deo iustificent, per quam agimus cum hominibus, non agimus proprie cum Deo. At in iustificatione agendum est cum Deo, placanda est ira eius, conscientia erga Deum pacificanda est. Nihil horum fit per opera secundae tabulae.

Sed obiiciunt praeferri dilectionem fidei et spei[1]. Paulus enim ait: Maior horum caritas. Porro consentaneum est maximam et praecipuam virtutem iustificare. Quamquam hoc loco Paulus proprie loquitur de dilectione proximi et significat, dilectionem maximam esse, quia plurimos fructus habet. Fides et spes tantum agunt cum Deo. At dilectio foris erga homines infinita habet officia: tamen largiamur sane adversariis, dilectionem Dei et proximi maximam virtutem esse, quia hoc summum praeceptum est: Diliges Dominum Deum. Verum quomodo inde ratiocinabuntur, quod dilectio iustificet? Maxima virtus, inquiunt, iustificat. Imo sicut lex etiam maxima seu prima non iustificat, ita nec maxima virtus legis. Sed illa virtus iustificat, quae apprehendit Christum, quae communicat nobis Christi merita, qua accipimus gratiam et pacem a Deo. Haec autem virtus fides est. Nam, ut saepe dictum est, fides non tantum notitia est, sed multo magis velle accipere seu apprehendere ea, quae in promissione de Christo offeruntur. Est autem et haec obedientia erga Deum, velle accipere oblatam promissionem, non minus λατρεία quam dilectio. Vult sibi credi Deus, vult nos ab ipso bona accipere, et id pronuntiat esse verum cultum.

so doch zu der Gerechtigkeit, welche für Gott gilt, dieses gehöret, daß wir etwas erlangen, dadurch Gottes Zorn gestillet und das Gewissen gegen Gott im Himmel zu Friede komme. Der keines geschieht durch die Liebe, sondern allein durch den Glauben, durch welchen man faßt Christum und Gottes Zusage. Das ist aber wahr, wer die Liebe verleuret, der verleuret auch Geist und Glauben. Und also sagt Paulus: „Wenn ich die Liebe nicht habe, so bin ich nichts." Er setzt aber nicht die afirmativa dazu, daß die Liebe für Gott gerecht mache.

Aber hie sagen sie auch, die Liebe werde dem Glauben und der Hoffnung vorgezogen. Denn Paulus sagt 1. Korinth. 13.: „Die Liebe ist die größest unter den dreien." Nu sei es zu achten, daß die Tugend, so Paulus die größest nennt, für Gott uns gerecht und heilig mache. Wiewohl nu Paulus da eigentlich redet von der Liebe gegen dem Nähesten, und so er spricht: „Die Liebe ist die größest", sagt er darum, denn die Liebe gehet weit und trägt viel Früchte auf Erden. Denn Glaub und Hoffnung handeln allein mit Gott. Aber die Liebe gehet auf Erden untern Leuten um und tut viel Guts mit trösten, lehren, unterrichten, helfen, raten, heimlich, öffentlich. Doch lassen wir zu, daß Gott und den Nähesten lieben die höhest Tugend sei. Denn dies ist das höhist Gebot: „Du sollt Gott lieben von ganzem Herzen." Daraus folget nu nicht, die Liebe uns gerecht mache. Ja, sprechen sie, die höhist Tugend soll billig gerecht machen. Antwort: Es wäre wahr, wenn wir um unser Tugend willen ein gnädigen Gott hätten. Nu ist droben bewiesen, daß wir um Christus willen, nicht um unser Tugend willen angenehm und gerecht sind; denn unser Tugend sind unrein. Ja, wie dieses Gesetz das höhist ist: „Du sollt Gott lieben", also kann diese Tugend, Gott lieben, am allerwenigsten gerecht machen. Denn so das Gesetz und Tugend höher ist, so wirs weniger tun können, darum sind wir nicht um der Liebe willen

gerecht. Der Glaub aber macht gerecht, nicht um unsers Tuns willen, sondern allein derhalben, daß er Barmherzigkeit sucht und empfähet, und will sich auf kein eigen Ton verlassen, das ist, daß wir lehren, Gesetz macht nicht gerecht, sondern das Evangelium, das glauben heißt, daß wir um Christus willen, nicht um unsers Tons willen ein gnädigen Gott haben.

---

[1] Conf. CR 27, 100. Ficker S. 20.

229 (108) M 126 Ceterum adversarii tribuunt dilectioni. iustificationem, quia ubique legis iustitiam docent et requirunt. Non enim possumus negare, quin dilectio sit summum opus legis. Et humana sapientia legem intuetur et quaerit in ea iustitiam. Ideo et scholastici doctores, magni et ingeniosi homines, summum opus legis praedicant, huic operi tribuunt iustificationem[1]. Sed decepti humana sapientia non viderunt faciem Moisi retectam, sed velatam[2], sicut pharisaei, philosophi, Mahometistae. Verum nos stultitiam evangelii praedicamus, in quo alia iustitia revelata est, videlicet, quod propter Christum propitiatorem iusti reputemur, cum credimus nobis Deum propter Christum placatum esse. Nec ignoramus, quantum haec doctrina abhorreat a iudicio rationis ac legis. Nec ignoramus multo speciosiorem esse doctrinam legis de dilectione. Est enim sapientia. Sed non pudet nos stultitiae evangelii. Id propter gloriam Christi defendimus et rogamus Christum, ut spiritu sancto suo adiuvet nos, ut id illustrare ac patefacere possimus.

230 (109)

231 (110) Kol. 3, 14. Adversarii in confutatione et hunc locum contra nos citaverunt ex Coloss.: Caritas est vinculum perfectionis[3]. Hinc ratiocinantur, quod dilectio iustificet, quia perfectos efficit. Quamquam hic multis modis de perfectione responderi posset, tamen nos simpliciter sententiam Pauli recitabimus. Certum est Paulum de dilectione proximi loqui. Neque vero existimandum est, quod Paulus aut iustificationem aut perfectionem coram Deo tribuerit operibus secundae tabulae potius, quam primae. Et si dilectio efficit perfectos, nihil igitur opus erit propitiatore Christo. Nam fides tantum apprehendit propitiatorem Christum. Hoc autem longissime abest a sententia Pauli, qui nunquam patitur excludi propitiatorem Christum. Loquitur igitur non de personali perfectione, sed de integritate communi ecclesiae. Ideo enim ait, dilectionem esse vinculum seu colligationem, ut significet se loqui de colligandis et copulandis pluribus membris ecclesiae inter se. Sicut enim in omnibus familiis, in omnibus rebus publicis concordia mutuis officiis alenda est, nec retineri tranquillitas potest, nisi quaedam errata inter se dissimulent homines et condonent: ita iubet Paulus in ecclesia dilectionem existere, quae retineat concordiam, quae toleret, sicubi opus est, asperiores mores fratrum, quae dissimulet quaedam levia errata, ne dissiliat ecclesia in varia schismata et ex schismatis oriantur odia, factiones et haereses.

232 (111)

Die Widersacher lehren aber darum also von der Liebe, daß sie uns Gott versühne, denn sie wissen nicht vom Evangelio, sondern sehen allein das Gesetz an, wollen damit um eigener Heiligkeit willen ein gnädigen Gott haben, nicht aus Barmherzigkeit um Christus willen. Also sind sie allein Gesetzelehrer, und nicht Lehrer des Evangelii.

Auch ziehen die Widersacher wider uns an den Spruch zu den Kolossern: „Die Liebe ist ein Band der Vollkommenheit." Daher schließen sie, daß die Liebe für Gott gerecht mache, denn sie macht uns vollkommen. Wiewohl wir hie allerlei antworten könnten von der Vollkommenheit, doch wollen wir hie den Spruch Pauli einfältig handeln. Es ist gewiß, daß Paulus von der Liebe des Nähisten redet; so darf man auch nicht gedenken, daß Pauli Meinung sei, daß wir sollten für Gott eher gerecht werden durch die Werke der andern Tafeln, denn durch die Werke der ersten Tafeln. Item, so die Liebe die Vollkommenheit ist oder vollkömmliche Erfüllung des Gesetzes, so ist des Mittlers Christi nicht vonnöten. Paulus aber der lehret an allen Orten, daß wir darum Gott angenehm sein um Christus willen, nicht um unser Liebe, oder unser Werke oder Gesetzes willen. Denn auch kein Heiliger (wie oben gesagt) erfüllet das Gesetz vollkömmlich. Darum so er an allen andern Orten schreibt und lehret, daß in diesem Leben an unsern Werken kein Vollkommenheit ist, so ist nicht zu gedenken, daß er zu den Kolossern von Vollkommenheit der Person rede, sondern er redet von Einigkeit der Kirchen, und das Wort, so sie Vollkommenheit deuten, heißet nicht anders, denn unzerrissen sein, das ist einig sein. Daß er nu sagt: die Liebe ist ein Band der Vollkommenheit, das ist, sie bindet, füget und hält zusammen die vielen Gliedmaß der Kirchen unter sich selbst. Denn gleichwie in einer Stadt oder in einem Hause die Einigkeit dadurch erhalten wird, daß einer dem andern zu gute halte, und kann nicht Friede noch

W 120 Ruhe bleiben, wo nicht einer dem andern viel versiehet, wo wir nicht einander tragen: also will Paulus da vermahnen zu[1] der christlichen Liebe, daß einer des andern Fehle,

---

[1]) s. o. S. 161, Anm. 1.   [2]) 2. Kor. 3, 12ff.   [3]) CR 27, 101.

Gebrechen dulden und tragen soll, daß sie einander vergeben sollen, damit Einigkeit erhalten werde in der Kirchen, damit der Christenhaufe nicht zurissen, zutrennet werde, und sich in allerlei Rotten und Sekten teilen, daraus denn großer Unrat, Haß und Neid, allerlei Bitterkeit und böse Gift, endlich öffentliche Ketzerei erfolgen möchten.

Necesse est enim dissilire concordiam, quando aut episcopi imponunt populo du'riora onera, nec habent rationem imbecillitatis in populo. Et oriuntur dissidia, quando populus nimis acerbe iudicat de moribus doctorum aut fastidit doctores propter quaedam levia incommoda; quaeruntur enim deinde et aliud doctrinae genus et alii doctores. Econtra perfectio, id est, integritas ecclesiae conservatur, quando firmi tolerant infirmos, quando populus boni consulit quaedam incommoda in moribus doctorum, quando episcopi quaedam condonant imbecillitati populi. De his praeceptis aequitatis pleni sunt libri omnium sapientium, ut in hac vitae consuetudine multa condonemus inter nos propter communem tranquillitatem. Et de ea cum hic tum alias saepe praecipit Paulus. Quare adversarii imprudenter ratiocinantur ex nomine perfectionis, quod dilectio iustificet[1], cum Paulus de integritate et tranquillitate communi loquatur. Et sic interpretatur hunc locum Ambrosius: Sicut aedificium dicitur perfectum seu integrum, cum omnes partes apte inter se coagmentatae sunt[2]. Turpe est autem adversariis, tantopere praedicare dilectionem, cum nusquam praestent eam. Quid nunc agunt? Dissipant ecclesias, scribunt leges sanguine, et has proponunt Caesari, clementissimo Principi, promulgandas, trucidant sacerdotes et alios bonos viros, si quis leviter significavit se aliquem manifestum abusum non omnino probare. Haec non conveniunt ad ista praeconia dilectionis, quae si sequerentur adversarii, ecclesiae tranquillae essent et res publica pacata. Nam hi tumultus consilescerent, si adversarii non nimis acerbe exigerent quasdam traditiones inutiles ad pietatem, quarum plerasque ne ipsi quidem observant, qui vehementissime defendunt eas. Sed sibi facile ignoscunt, aliis non item, ut ille apud poëtam: Egomet mi ignosco, Maenius inquit[3]. Id autem alienissimum est ab his encomiis dilectionis, quae hic ex Paulo recitant, nec magis intelligunt, quam parietes intelligunt vocem, quam reddunt.

Denn die Einigkeit kann nicht bleiben, wenn die Bischöfe ohne alle Ursache zu schwere Bürden auflegen dem Volk. Auch werden daraus leichtlich Rotten, wenn das Volk aufs geschwindest alles will meistern und aussetzen an der Bischöfe oder Prediger Wandel und Leben, oder wenn sie alsbald der Prediger müde werden, etwa um eines kleinen Gebrechens willen; da folget viel groß Unrats. Alsdenn bald suchet man aus derselbig Verbitterung andere Lehrer und andere Prediger. Wiederum wird erhalten Vollkommenheit und Einigkeit, das ist, die Kirche bleibt unzutrennet und ganz, wenn die Starken die Schwachen dulden und tragen, wenn das Volk mit seinen Predigern auch Geduld hat, wenn die Bischofe und Prediger wiederum allerlei Schwachheit, Gebrechen dem Volk nach Gelegenheit wissen zu gut zu halten. Von dem Wege und der Weis, Einigkeit zu halten, ist auch viel allenthalben geschrieben in den Büchern der Philosophi und Weltweisen. Denn wir müssen einander viel vergeben und für gut haben um Einigkeit willen. Und davon redet Paulus mehr denn an einem Ort. Darum schließen die Widersacher nicht recht, daß die Liebe solle für Gott gerecht machen. Denn Paulus redet da nicht von der Vollkommenheit oder Heiligkeit der Personen, wie sie wähnen, sondern sagt: Die Liebe mach ein stilles Wesen in der Kirchen. Und also legt den Spruch auch Ambrosius aus: „Gleichwie ein Gebäu ganz ist, wenn alle Stücke zusammen hangen 2c." Es sollten sich aber die Widersacher auch wohl schämen, daß sie so trefflich hoch von der Liebe schreiben und predigen und Liebe, Liebe in allen ihren Büchern schreiben und schreien, und gar keine Liebe erzeigen. Denn wie ein schöne Christenliebe ist das, daß sie durch ihre ungehört Tyrannei zutrennen und zureißen die Einigkeit der Kirchen, so sie nichts denn Blutbriefe und tyrannisch Gebot ausgehen zu lassen dem allerlöblichsten Kaiser gern das Ärgest wollten einbilden. Sie erwürgen die Priester und viel andere fromme, ehrliche Leute keiner ander Ursache halben, denn daß sie allein öffentliche, schändliche Mißbräuche anfechten. Sie wollten gerne, daß alle die tot wären, die wider ihre gottlose Lehre mit einem Wort mucken. Das alles reimet sich gar übel zu dem großen Rühmen

---

[1]) CR 27, 100f.   [2]) ? Nicht im Ambrosiaster.   [3]) Horaz Sat. I, 3, 23. Ed. pr. fälschlich Maevius.

von Liebe, von caritas 2c. Denn wenn bei den Widersachern ein Tröpflin Liebe wäre, so könnt man wohl Frieden und Einigkeit in der Kirchen machen, wenn sie ihre Menschensatzunge, welche doch nichts zu christlicher Lehre oder Leben nütze sein, nicht also aus lauter rachgieriger Bitterkeit und pharisäischem Neid wider die erkannte Wahrheit verfechten, sonderlich so sie ihre Satzungen selbst nicht recht halten.

238 (117) Ex Petro citant et hanc sententiam:
Petr. 4, 8. Universa delicta operit caritas¹. Con-
M 128 stat et Petrum loqui de dilectione erga proximum, quia hunc locum accommodat ad praeceptum, quo iubet, ut diligant se mutuo. Neque vero ulli apostolo in
W 121 mentem venire potuit, quod dilectio nostra vincat peccatum et mortem, quod dilectio sit propitiatio, propter quam Deus reconcilietur omisso mediatore Christo, quod dilectio sit iustitia sine mediatore Christo. Haec enim dilectio, si qua esset, esset iustitia legis non evangelii, quod promittit nobis reconciliationem et iustitiam; si credamus, quod propter Christum propitiatorem pater placatus sit, quod donentur nobis merita
239 Christi. Ideo Petrus paulo ante iubet,
(118) ut accedamus ad Christum, ut aedificemur super Christum. Et addit: Qui
1. Petr. crediderit in eum, non confundetur. Di-
2, 4—6. lectio nostra non liberat nos a confusione, cum Deus iudicat et arguit nos. Sed fides in Christum liberat in his pavoribus, quia scimus propter Christum nobis ignosci.

Aus dem Apostel Petro ziehen sie auch an den Spruch, da er sagt: „Die Liebe decket zu die Mennige der Sünde." Nu ist es gewiß, daß Petrus da auch redet von der Liebe gegen dem Nähisten. Denn er redet daselbst von dem Gebot der Liebe, da geboten ist, daß wir uns unternander lieben sollen. So ist es auch keinem Apostel nie in seine Gedanken kommen, daß die Liebe sollt den Tod überwinden oder die Sünde, daß die Liebe sollt ein Versühnung sein ohne den Mittler Christum, daß die Liebe sollt unser Gerechtigkeit sein ohne den Versühner Christum. Denn die Liebe, wenn wir sie schon gleich haben, so ist es nichts mehr denn ein Gerechtigkeit des Gesetzes, sie ist je nicht Christus, durch welchen wir allein gerecht werden, wenn wir gläuben, daß um des Mittlers willen uns der Vater gnädig ist, daß uns sein Verdienst geschenkt wird. Darum kurz zuvor vermahnet Petrus, daß wir uns sollen zu Christo halten, daß wir auf ihnen als den Eckstein erbauet werden. Denn er saget: „Wer an ihnen gläubet, der wird nicht zu Schanden werden." Mit unsern Werken und Leben werden wir wahrlich für Gottes Urteil und Angesicht mit Schanden bestehen. Aber der Glaub, durch welchen Christus unser wird, der erlöset uns von solchen Schrecken des Tods. Denn durch die Verheißung sind wir recht gewiß, daß uns durch Christum die Sunde vergeben ist.

240 (119) Ceterum haec sententia de dilectione
Spr. Sal. sumpta est ex Proverbiis, ubi antithesis
10, 12. clare ostendit, quomodo intelligi debeat: Odium suscitat rixas, et universa delicta
241 (120) tegit dilectio. Idem prorsus docet, quod
Kol. 3, 13. illa Pauli sententia ex Colossensibus sumpta, ut, si quae dissensiones inciderint, mitigentur et componantur aequitate et commoditate nostra. Dissensiones, inquit, crescunt odiis, ut saepe videmus ex levissimis offensionibus maximas fieri tragoedias. Inciderant quaedam inter C. Caesarem et Pompeium leves offensiones, in quibus si alter alteri paululum cessisset, non exitisset
242 bellum civile. Sed dum uterque morem
(121) gerit odio suo, ex re nihili maximi motus orti sunt. Et multae in ecclesia haereses ortae sunt tantum odio doc-

Und das Wort 1. Petr. 4.: „Die Liebe decket der Sünde Mennige 2c.", ist genommen aus den Sprüchen Salomonis, da er sagt: „Haß richtet Hader an, aber die Liebe, die decket der Sünden Mennige zu." Da gibet der Text klar an ihm selbst gnug, daß er von der Liebe redet gegen dem Nähisten, und nicht von der Liebe gegen Gott. Und er will gleich dasselbige, das der nähest Spruch Pauli zu den Kolossern sagt, nämlich daß wir uns sollen fleißigen, brüderlich, freundlich zu leben, also daß einer den andern nicht zu gut halte, daß Unlust und Zwiespalt vermeidet werden, als sollt er sagen: Zwiespalt erwächset aus Haß; wie wir denn sehen, daß aus geringen Fünklin oft groß Feuer angehet. Es waren nicht so große Sachen, darüber erst C. Cäsar und Pompejus uneins worden, und wo einer dem andern gewichen hätte, so

---

¹) Nicht in Conf., aber 3. B. Herborn, Enchiridion II. Corp. Cath. XII, S. 21, 12.

torum. Itaque non de propriis delictis, sed de alienis loquitur, cum ait: Dilectio tegit delicta; videlicet aliena, et quidem inter homines, id est, etiamsi quae offensiones incidunt, tamen dilectio dissimulat, ignoscit, cedit, non agit omnia summo iure. Petrus igitur non hoc vult, quod dilectio coram Deo mereatur remissionem peccatorum, quod sit propitiatio excluso mediatore Christo, quod regeneret ac iustificet[1], sed quod erga homines non sit morosa, non aspera, non intractabilis, quod quaedam errata amicorum dissimulet, quod mores aliorum etiam asperiores boni consulat, 'sicut vulgaris quaedam sententia praecipit: Mores amici noveris, non oderis[2]. Neque temere de hoc officio dilectionis toties praecipiunt apostoli, quod philosophi vocant ἐπιείκειαν[3]. Necessaria est enim haec virtus ad publicam concordiam retinendam, quae non potest durare, nisi multa dissimulent, multa condonent inter se pastores et ecclesiae.

wäre der folgende große Krieg, so viel Blutvergießen, so manch groß Unglück und Unrat nicht daraus kommen. Aber da ein jeder mit dem Kopf hindurch wollte, ist der große unsägliche Schade, Zurüttung des ganzen römischen Regiments der Zeit erfolget. Und es sein viel Ketzereien daher erwachsen, daß Prediger auf einander sind verbittert worden. So ist nu Petri Spruch also zu verstehen: „Die Liebe decket der Sunde Mennige zu", das ist, die Liebe decket des Nähisten Sunde. Das ist, ob sich gleichwohl Unwill unter Christen begibt, so trägt doch die Liebe alles, übersieht gern, weicht dem Nähisten, duldet und trägt brüderlich seine Gebrechen, und suchet nicht alles aufs schärfest. So will nu Petrus das gar nicht, daß die Liebe für Gott verdiene Vergebung der Sunde, daß die Liebe uns Gott versühne ohne den Mittler Christum, daß wir durch die Liebe sollten Gott angenehm sein ohne den Mittler Christum; sondern das will Petrus: daß, in welchem christliche Liebe ist, der ist nicht eigensinnig, nicht hart und unfreundlich, sondern hält leichtlich dem Nähisten sein Gebrechen und

Feile zu gut, vergibt brüderlich dem Nähisten, stillet, weiset sich selbst und weichet um Friedes willen, wie auch lehret der Spruch: Amici vitia noris, non oderis, das ist, ich soll meines Freunds Weise lernen, aber ihn (ob es nicht alles schnurgleich ist) darum nicht hassen. Und die Apostel vermahnen nicht ohn Ursache zu solcher Liebe, welches die Philosophi Epifikian genennet haben. Denn sollen Leute in Einigkeit beinander sein oder bleiben, es sei in der Kirchen oder auch weltlichem Regiment, so müssen sie nicht alle Gebrechen gegen einander auf der Goldwage abrechen, sie müssen lassen einander fast viel mit dem Wasser fürüber gehen und immer zu gut halten, so viel auch immer müglich, brüderlich mit einander Geduld haben.

Ex Iacobo citant: Videtis igitur, quod ex operibus iustificatur homo, et non ex fide sola[4]. Neque alius locus ullus magis putatur officere nostrae sententiae, sed est facilis et plana responsio. Si non assuant adversarii suas opiniones de meritis operum, Iacobi verba nihil habent incommodi. Sed ubicunque fit mentio operum, adversarii affingunt suas impias opiniones, quod per bona opera mereamur remissionem peccatorum, quod bona opera sint propitiatio ac pretium, propter quod Deus nobis reconcilietur, quod bona opera vincant terrores peccati et mortis, quod bona opera coram Deo propter suam bonitatem sint accepta, nec egeant misericordia et propitiatore Christo. Horum nihil venit in mentem Iacobo, quae tamen omnia nunc defendunt adversarii praetextu sententiae Iacobi.

Auch ziehen sie den Spruch aus dem Aposteln Jakobo an und sagen: „Sehet ihr nu, daß wir nicht allein durch den Glauben, sondern durch Werke für Gott gerecht werden." Und sie wollen wähnen, der Spruch sei fast stark wider unser Lehre. Aber wenn die Widersacher allein ihre Träume außen lassen und nicht hinan flicken, was sie wollen, so ist die Antwort leicht. Denn des Apostels Jakobi Spruch hat wohl seinen einfältigen Verstand, aber die Widersacher erdichten das dazu, daß wir durch unser Werke verdienen Vergebung der Sunde, item daß die guten Werke ein Versühnung sein, dadurch uns Gott gnädig wird, item daß wir durch die guten Werke überwinden können die großen Macht des Teufels, des Tods und der Sunde, item daß unser gute Werke an ihnen selbst für Gott so angenehm und groß geacht sein, daß wir des Mittlers Christi nicht dürfen. Der keines ist dem

---

[1]) regeneret ac iustificet] propter dilectionem simus accepti, non propter mediatorem Christum. Seit Ed. 1531. 8°.   [2]) Porphyr. zu Horaz Sat. I 3, 32. Otto, Sprichwörter der Römer S. 22.   [3]) s. o. S. 103, Anm. 4.   [4]) CR 27, 98.

245 (124) Primum igitur hoc expendendum est, quod hic locus magis contra adversarios facit, quam contra nos. Adversarii enim docent hominem iustificari dilectione et operibus. De fide, qua apprehendimus propitiatorem Christum, nihil dicunt. Imo hanc fidem improbant; neque improbant tantum sententiis aut scriptis, sed etiam ferro et suppliciis conantur in ecclesia delere. Quanto melius docet Iacobus, qui fidem non omittit, non subiicit pro fide dilectionem, sed retinet fidem, ne propitiator Christus excludatur in iustificatione. Sicut et Paulus, cum summam tradit vitae christianae, complectitur fidem et dilectionem I Tim. I.: Finis mandati caritas est de corde puro et conscientia bona et fide non ficta.

1. Tim. 1,5.

M 130 246 (125) Secundo res ipsa loquitur, hic de operibus dici, quae fidem sequuntur, et ostendunt fidem non esse mortuam, sed W 123 vivam et efficacem in ¹ corde. Non igitur sensit Iacobus, nos per bona opera mereri remissionem peccatorum et gratiam. Loquitur enim de operibus iustificatorum, qui iam sunt reconciliati, accepti et consecuti remissionem peccatorum. Quare errant adversarii, cum hinc ratiocinantur, quod Iacobus doceat, nos per bona opera mereri remissionem peccatorum et gratiam, quod per opera nostra habeamus accessum ad Deum, sine propitiatore Christo.

247 (126) Tertio Iacobus paulo ante dixit de regeneratione, quod fiat per evangelium. Jak.1,18. Sic enim ait: Volens genuit nos verbo veritatis, ut nos essemus primitiae creaturarum eius. Cum dicit nos evangelio renatos esse, docet, quod fide renati ac iustificati simus. Nam promissio de Christo tantum fide apprehenditur, cum opponimus eam terroribus peccati et mortis. Non igitur sentit Iacobus, nos per opera nostra renasci.

Aposteln Jakobo in sein Herz kommen, welchs doch alles die Widersacher sich zu erhalten unterstehen durch den Spruch Jakobi.

So müssen wir nu erst dieses merken, daß dieser Sprüche mehr ist wider die Widersacher, denn für sie. Denn die Widersacher lehren, der Mensch werde für Gott fromm und gerecht durch die Liebe und Werke. Von dem Glauben, dadurch wir uns halten an den Mittler Christum, reden sie nichts. Und das mehr ist, von dem Glauben wollen sie nichts hören noch sehen, unterstehen, diese Lehre vom Glauben mit dem Schwert und Feuer zu tilgen. Jakobus aber tut anders, er läßt den Glauben nicht außen, sondern redet vom Glauben, damit läßt er Christum den Schatz und den Mittler bleiben, dadurch wir für Gott gerecht werden, wie auch Paulus, da er die Summe setzt christliches Glaubens, setzt er Glauben und Liebe zusammen. 1. Tim. I.: „Die Summa des Gesetz ist die Liebe aus ungefärbtem Glauben."

Zum andern zeigt die Sache an ihr selbst an, daß er von Werken redet, welche dem Glauben folgen; denn er zeigt ¹ an, daß der Glaub nicht müsse tot, sondern lebendig, kräftig, schäftig und tätig im Herzen sein. Darum ist Jakobi Meinung nicht gewesen, daß wir durch Werke Gnade oder Vergebung der Sünde verdienen. Denn er redet von Werken derjenigen, welche schon durch Christum gerecht worden sein, welche schon Gott versöhnet sein und Vergebung der Sünde durch Christum erlanget haben. Darum irren die Widersacher weit, wenn sie aus dem Spruche schließen wollen, daß wir durch gute Werk Gnade und Vergebung der Sünde verdienen, oder daß Jakobus dies wolle, daß wir durch unsere Werk ein Zugang zu Gott haben ohne den Mittler und Versühner Christum.

Zum dritten so hatte S. Jakobus zuvor gesagt von der geistlichen Wiedergeburt, daß sie durch das Evangelium geschiehet. Denn also sagt er im I. Kap.: „Er hat uns gezeuget nach seinem Willen, durch das Wort der Wahrheit, auf daß wir wären Erstlinge seiner Kreaturen." So er nu sagt, daß wir durch das Evangelium neu geboren sein, so will er, daß wir durch den Glauben gerecht sein für Gott worden. Denn die Verheißunge von Christo fasset man allein durch den Glauben, wenn wir durch dieselbige getröst werden wider das Schrecken des Todes, der Sünde ꝛc. Darum ist seine Meinung nicht, daß wir durch unsere Werke sollten neu geboren werden.

Ex his liquet non adversari nobis Iacobum, qui cum otiosas et securas mentes, quae somniabant se habere fidem, cum non haberent, vituperaret, distinxit inter mortuam fidem ac vivam fidem. Mortuam ait esse, quae non parit bona opera; vivam ait esse, quae parit bona opera. Porro nos saepe iam ostendimus, quid appellemus fidem. Non enim loquimur de otiosa notitia, qualis est etiam in diabolis, sed de fide, quae resistit terroribus conscientiae, quae erigit et consolatur perterrefacta corda. Talis fides neque facilis res est, ut somniant adversarii[1], neque humana potentia, sed divina potentia, qua vivificamur, qua diabolum et mortem vincimus. Sicut Paulus ad Coloss. ait, quod fides sit efficax per potentiam Dei et vincat mortem: In quo et resuscitati estis per fidem potentiae Dei. Haec fides cum sit nova vita, necessario parit novos motus et opera. Ideo Iacobus recte negat nos tali fide iustificari, quae est sine operibus. Quod autem dicit nos iustificari fide et operibus, certe non dicit nos per opera renasci. Neque hoc dicit, quod partim Christus sit propitiator, partim opera nostra sint propitiatio. Nec describit hic modum iustificationis, sed describit, quales sint iusti, postquam iam sunt iustificati et renati. Et iustificari significat hic non ex impio iustum effici, sed usu forensi iustum pronuntiari[2]. Sicut hic: Factores legis iustificabuntur. Sicut igitur haec verba nihil habent incommodi: Factores legis iustificabuntur, ita de Iacobi verbis sentimus: Iustificatur homo non solum ex fide, sed etiam ex operibus, quia certe iusti pronuntiantur homines habentes fidem et bona opera. Nam bona opera in sanctis, ut diximus, sunt iustitiae et placent propter fidem. Nam haec tantum opera praedicat Iacobus, quae fides efficit, sicut testatur, cum de Abrahamo dicit: Fides adiuvat opera eius. In hanc sententiam dicitur: Factores legis iustificantur, hoc est, iusti pronunciantur, qui corde credunt Deo, et deinde habent bonos fructus, qui placent propter fidem, ideoque sunt impletio legis. Haec simpliciter ita dicta nihil habent vitii, sed depravantur ab adversariis, qui de suo affingunt impias

Aus diesem allen ist klar gnug, daß der Spruch Jakobi nicht wider uns ist. Denn er schilt da etliche faule Christen, welche allzu sicher waren worden, machten ihnen Gedanken, sie hätten den Glauben, so sie doch ohne Glauben waren. Darum macht er Unterscheid zwischen lebendigem und totem Glauben. Den toten Glauben nennt er, wo nicht allerlei gute Werke und Früchte des Geistes folgen, Gehorsam, Geduld, Keuschheit, Liebe 2c. Lebendigen Glauben nennet er, da gute Früchte folgen. Nu haben wir gar ofte gesagt, was wir Glauben nennen. Denn wir nennen das nicht Glauben, daß man die schlechte Historien wisse von Christo, welche auch in Teufeln ist, sondern das neue Licht und die Kraft, welche der heilig Geist in den Herzen wirket, durch welche wir das Schrecken des Todes, der Sünde 2c. überwinden. Das heißen wir Glauben. Ein solch christlicher Glaube ist nicht so ein leicht, schlecht Ding, als die Widersacher wähnen wollen. Wie sie denn sagen: Glaub, Glaub, wie bald kann ich gläuben 2c. Es ist auch nicht ein Menschengedanke, den ich mir selbst machen könne, sondern ist ein göttliche Kraft im Herzen, dadurch wir neu geboren werden, dadurch wir den großen Gewalt des Teufels und des Todes überwinden, wie Paulus sagt zun Kolossern: „In welchem ihr auch seid auferstanden durch den Glauben, den Gott wirket 2c." Derselbige Glaube, dieweil es ein neu göttlich Licht und Leben im Herzen ist, dadurch wir ander Sinn und Mut kriegen, ist lebendig, schäftig und reich von guten Werken. Darum ist das recht geredet, daß der Glaube nicht recht ist, der ohne Werke ist. Und ob er sagte, daß wir durch den Glauben und Werke gerecht werden, so sagt er doch nicht, daß wir durch die Werke neu geboren werden, so sagt er auch nicht, daß Christus halb der Versühner sei, halb unser Werke, sondern er redet von Christen, wie sie sein sollen, nachdem sie nu neu geboren sind durch das Evangelium. Denn er redet von Werken, die nach dem Glauben folgen sollen, da ists recht geredet. Wer Glauben und gute Werk hat, der ist gerecht. Ja, nicht um der Werke willen, sondern um Christus willen durch den Glauben. Und wie ein guter Baum gute Frücht tragen soll, und doch die Frücht machen den Baum nicht gut, also müssen gute Werk

---

[1] Schatzgeyer, Scrutinium div. script. II. Corp. Cath. V, 38, 30: Nunquid constantissimus ferventissimusque evangelii praedicator doctrinam evacuavit evangelicam, ut, cum haec: crucem tollere, Christum sequi et pro posse in omnibus se ei conformari doceat, ipse solam fidem sufficere praedicet? [2] Zum Verständnis der Stelle vgl. Loofs ThStKr. 1884, S. 621ff. Stange NKZ 1899, 546ff. Ritschl ZThK 1910, S. 322ff.

opiniones. Non enim sequitur hinc opera mereri remissionem peccatorum, opera regenerare corda, opera esse propitiationem, opera placere sine propitiatore Christo, opera non indigere propitiatore Christo¹. Horum nihil dicit Iacobus, quae tamen impudenter ratiocinantur adversarii ex Iacobi verbis.

folgen nach der neuen Geburt, wiewohl sie den Menschen nicht für Gott angenehm machen; sondern wie der Baum zuvor gut sein muß, also müsse der Mensch zuvor Gott angenehm sein durch Glauben um Christus willen. Die Werk sind viel zu gering dazu, daß uns Gott um ihren willen gnädig sein soll, wo er uns nicht um Christus willen gnädig wäre. Also ist Jakobus S. Paulo nicht entgegen, sagt auch nicht, daß wir durch die Werke verdienen Vergebung der Sünde, sagt nicht, daß unsere Werke des Teufels Macht, den Tod, die Sünde, der Helle Schrecken überwinden und dem Tode Christi gleich sein. Er sagt nicht, daß wir durch Werk Gott angenehm werden. Er sagt nicht, daß unsere Werk die Herzen zu Ruhe bringen und Gottes Zorn überwinden, oder daß wir Barmherzigkeit nicht dürfen, wenn wir Werk haben. Der keines sagt Jakobus, welchen Zusatz doch die Widersacher hinzuflicken an die Wort Jakobi.

254 (133) Citantur² adversus nos et aliae quaedam sententiae de operibus³. Luc. 6.:
Luk. 6, 37. Remittite et remittetur vobis. Esai. 58.:
Jes. 58, 7. Frange esurienti panem tuum, tunc invocabis, et Dominus exaudiet. Dan. 4.:
Dan. 4, 24. Peccata tua elemosynis redime. Matth. 5.:
Matth. 5, 3. Beati pauperes spiritu, quia talium est 255 (134) regnum coelorum. Item: Beati misericordes, quia misericordiam consequentur. Hae sententiae etiam nihil haberent incommodi, si nihil affingerent adversarii. Duo enim continent: Alterum est praedicatio seu legis seu poenitentiae, quae et arguit malefacientes et iubet benefacere; alterum est promissio, quae additur. Neque vero adscriptum est peccata remitti sine fide, aut ipsa opera propi-
256 (135) tiationem esse. Semper autem in praedicatione legis haec duo oportet intelligi, et quod lex non possit fieri, nisi fide in
Joh. 15, 5. Christum renati simus; sicut ait Christus:
M 132 Sine me nihil potestis facere. Et ut maxime fieri possint quaedam externa
W 125 opera, retinenda est haec universalis sententia, quae totam legem interpreta-
Hebr. 11, 6. tur: Sine fide impossibile est placere Deo; retinendum est evangelium, quod
Röm. 5, 2. per Christum habeamus accessum ad
257 (136) Patrem. Constat enim, quod non iustificamur ex lege. Alioqui quorsum opus esset Christo aut evangelio, si sola praedicatio legis sufficeret? Sic in praedicatione poenitentiae non sufficit praedicatio legis seu verbum arguens peccata, quia lex iram operatur, tantum accusat, tantum terret conscientias, quia conscientiae nunquam acquiescunt, nisi audiant vocem Dei, in qua clare promittitur remissio peccatorum. Ideo necesse est addi evangelium, quod propter Christum

Auch führen sie noch mehr Sprüche wider uns, als diesen: Danielis am 4. sagt der Text: „Deine Sünde löse mit Gerechtigkeit und deine Übertretung mit Almosen gegen den Armen." Und Es. am 58.: „Brich den Hungerigen dein Brot." Item Luk. am 6.: „Vergebet, so wird euch vergeben werden." Und Matthäi am 5. Kap.: „Selig sind die Barmherzigen, denn sie werden die Barmherzigkeit erlangen." Auf diese Sprüche und dergleichen von den Werken antworten wir erstlich dieses, nämlich daß (wie wir oben gesagt) das Gesetz niemands halten kann ohne Glauben, so kann niemands Gott gefallen ohne Glauben an Christum, wie er sagt: „Ohn mich künnt ihr nichts tun." Item: „Ohne den Glauben ist es unmüglich Gott zu gefallen." Item wie Paulus sagt: „Durch Christum haben wir ein Zugang zu Gott durch den Glauben." Darum so oft die Schrift der Werk gedenket, so will sie allenthalben das Evangelium von Christo und den Glauben mit gemeinet haben. Zum andern, so sind die Sprüche aus Daniel und die andern (so jetzund erzählt) fast alle Prediget von der Buße. Erstlich predigen sie das Gesetz, zeigen die Sünde an und vermahnen zur Besserung und guten Werken. Zum andern ist daneben eine Verheißung, daß Gott wolle gnädig sein. Nu ist es gewiß, daß zu einer rechten Buß nicht gnug ist allein das Gesetz zu predigen, denn es schrecket allein die Gewissen; sondern es müsse darzu kommen auch das Evangelium, nämlich daß die Sünde ohne Verdienst vergeben werden um Christus willen, daß wir durch den Glauben erlangen Vergebung der Sünde. Das ist so gewiß und also klar, daß, wo die Widersacher das werden anfechten und Christum und den Glauben von der

---

¹) Von S. 209, 43 (sunt) ab umgeformt seit Ed. 1531. 8⁰. CR 27, 491. ²) Von hier bis zum Ende des Art. S. 233 seit Ed. 1531. 8⁰ ganz neu gefaßt. CR 27, 516—24. ³) CR 27, 93 ff.

peccata remittantur et quod fide in Christum consequamur remissionem peccatorum. Si excludunt' adversarii a praedicatione poenitentiae evangelium de Christo, merito sunt iudicandi blasphemi adversus Christum.

Buße scheiden, billig für Lästerer des Evangelii und Christi geacht werden.

Itaque cum Esaias primo cap. praedicat poenitentiam: Quiescite agere perverse, discite bene facere, quaerite iudicium, subvenite oppresso, iudicate pupillo, defendite viduam, et venite et expostulate mecum: si fuerint peccata vestra ut coccinum, quasi nix dealbabuntur. Sic et hortatur ad poenitentiam propheta et addit promissionem. Et stultum fuerit in tali sententia tantum haec opera considerare: subvenire oppresso, iudicare pupillo. Initio enim ait: Desinite agere perverse, ubi taxat impietatem cordis et requirit fidem. Nec dicit propheta, quod per opera illa: subvenire oppresso, iudicare pupillo, mereri possint remissionem peccatorum ex opere operato, sed praecipit haec opera, ut necessaria in nova vita. Interim tamen remissionem peccatorum fide accipi vult ideoque additur promissio. Sic sentiendum est de omnibus similibus locis. Christus praedicat poenitentiam, cum ait: Remittite, et addit promissionem: Remittetur vobis. Neque vero hoc dicit, quod illo nostro opere, cum remittimus, mereamur remissionem peccatorum ex opere operato, ut vocant, sed requirit novam vitam, quae certe necessaria est. Interim tamen vult fide accipi remissionem peccatorum. Sic cum ait Esaias: Frange esurienti panem, novam vitam requirit. Nec propheta de illo uno opere loquitur, sed de tota poenitentia, ut indicat textus; interim tamen vult remissionem peccatorum fide accipi. Certa est enim sententia, quam nullae portae inferorum evertere poterunt, quod in praedicatione poenitentiae non sufficiat praedicatio legis, quia lex iram operatur et semper accusat. Sed oportet addi praedicationem evangelii, quod ita donetur nobis remissio peccatorum, si credamus nobis remitti peccata propter Christum. Alioqui quorsum opus erat evangelio, quorsum opus erat Christo? Haec sententia semper in conspectu esse debet, ut opponi possit his, qui abiecto Christo, deleto evangelio male detorquent scripturas ad humanas opiniones, quod remissionem peccatorum emamus nostris operibus.

258 (137)
Jes. 1, 16—18.

259 (138)
Luk. 6, 37.

Jes. 58, 7.

260 (139)

Sic et in concione Danielis fides requirenda est. Non enim volebat Daniel regem tantum elemosynam largiri, sed totam poenitentiam complectitur cum ait: Redime peccata tua eleemosynis, id est, redime peccata tua mutatione cordis et operum. Hic autem et fides requiritur. Et Daniel de cultu unius Dei Israel multa ei concionatur, et regem convertit non solum ad eleemosynas largiendas, sed multo magis ad fidem. Exstat enim egregia confessio regis de Deo Israel: Non est alius Deus, qui ' possit ita salvare. Itaque duae sunt partes in concione Danielis. Altera pars est, quae praecipit de nova vita et operibus novae vitae. Altera ' pars est, quod Daniel promittit regi remissionem peccatorum. Et haec promissio remissionis peccatorum non est praedicatio legis, sed vere prophetica et evangelica vox, quam certe voluit Daniel fide accipi. Norat enim Daniel promissam esse remissionem peccatorum in Christo non solum Israëlitis, sed etiam omnibus gentibus. Alioqui non potuisset regi polliceri remissionem peccatorum. Non est enim hominis, prae-

Darum soll man die Wort des großen hohen Propheten Daniels nicht allein auf das bloße Werk, auf die Almosen deuten und ziehen, sondern auch den Glauben ansehen. Man muß der Propheten Wort, welche voll Glaubens und Geistes gewest, nicht so heidnisch ansehen, als Aristotelis oder eins andern Heiden. Aristoteles hat auch Alexandrum vermahnet, daß er seine Macht nicht zu eignem Mutwillen, sondern zu Besserung Landen und Leuten brauchen sollt. Das ist recht und wohl geschrieben, man kann auch von königlichem Amt nicht Bessers predigen ' oder schreiben. Aber Daniel sagt seinem Köˈnig nicht allein von seinem königlichen Amt, sondern von der Buß, von Vergebung der Sunde, von Versühnung gegen Gott und von den hohen, großen, geistlichen Sachen, welche gar hohe und weit uber alle menschliche Gedanken und Werke gehen. Darum sind seine Wort nicht allein von Werken und Almosen zu verstehen, welche auch ein Heuchler tun kann, sondern furnehmlich vom Glauben. Daß man aber muß Glauben hie verstehen, da wir von reden, das ist, gläuben, daß Gott Sunde durch Barmherzigkeit, nicht um

261 (140)

Dan. 4, 24.

Dan. 3, 29.
M 133
W 126

262 (141)

sertim in terroribus peccati sine certo verbo Dei¹ statuere de voluntate Dei, quod irasci desinat. Ac verba Danielis in sua lingua clarius de tota poenitentia loquuntur et clarius promissionem efferunt: Peccata tua per iustitiam redime, et iniquitates tuas beneficiis erga pauperes. Haec verba praecipiunt de tota poenitentia. Iubent enim, ut fiat iustus, deinde ut bene operetur, ut, quod regis officium erat, miseros adversus iniuriam defendat. Iustitia autem est fides in corde. Redimuntur autem peccata per poenitentiam, id est, obligatio seu reatus tollitur, quia Deus ignoscit agentibus poenitentiam, sicut Ezech. 18. scriptum est. Neque hinc ratiocinandum est, quod ignoscat propter opera sequentia, propter eleemosynas, sed ignoscit propter suam promissionem his, qui apprehendunt promissionem. Nec apprehendunt, nisi qui vere credunt et fide peccatum vincunt et mortem. Hi renati dignos fructus poenitentiae parere debent, sicut Iohannes ait. Est igitur addita promissio: Ecce erit sanatio delictorum tuorum. Hieronymus hic praeter rem addidit dubitativam particulam, et multo imprudentius in commentariis contendit remissionem peccatorum incertam esse². Sed nos meminerimus evangelium certo promittere remissionem peccatorum. Et hoc plane fuerit evangelium tollere, negare, quod certo debeat promitti remissio peccatorum. Dimittamus igitur hoc in loco Hieronymum. Quamquam et in verbo redimendi promissio ostenditur. Significatur enim, quod remissio peccatorum possibilis sit, quod possint redimi peccata, id est, tolli obligatio seu reatus, seu placari ira Dei. Sed adversarii nostri ubique omissis promissionibus tantum praecepta intuentur et affingunt humanam opinionem, quod propter opera contingat remissio, cum hoc

unsers Verdienst willen vergebe, das beweiset der Text selbst. Erstlich damit, denn es sind zwei Stücke in Daniels Prediget. Das ein ist Gesetzprediget und Strafe. Das ander ist die Verheißung oder Absolutio. Wo nu Verheißung ist, muß Glauben sein. Denn Verheißung kann nicht anders empfangen werden, denn daß sich das Herz verlässet auf solch Gottes Wort und siehet nicht an eigne Wirdigkeit oder Unwirdigkeit. Darum fordert Daniel auch Glauben; denn also laut die Verheißung: „Deine Sunde werden geheilet." Dieses Wort ist ein rechte prophetische und evangelische Predigt. Denn Daniel wisset, daß durch den künftigen Samen, Christum, nicht allein den Jüden, sondern auch den Heiden Vergebung der Sunde, Gnad und ewig Leben zugesagt war, sonst hätte er den König nicht also können trösten. Denn es ist nicht Menschenwerk eim erschrocken Gewissen gewißlich Vergebung der Sunde zusagen und trösten, daß Gott nicht mehr zürnen wolle; da muß man von Gottes Willen Zeugnis aus Gottes Wort haben, wie denn Daniel die hohen Verheißungen vom künftigen Samen gewißt und verstanden hat. Dieweil er nu ein Promissio setzet, ist klar und offenbar, daß er Glauben fordert, da wir von reden. Daß er aber spricht: „Deine Sunde löse mit Gerechtigkeit und deine Uebertretung mit Wohltaten gegen den Armen", ist ein Summa einer ganzen Predigt, und ist so viel: Besser dich! Und ist wahr, so wir uns bessern, werden wir los von Sunden. Darum sagt er recht: „Löse deine Sunde." Daraus folget aber nicht, daß wir von Sunden los werden um unser Werk willen, oder daß unser Werk die Bezahlung sein für die Sunde. Auch setzet Daniel nicht allein die Werke, sondern spricht: „Löse deine Sunde mit Gerechtigkeit." Nu weiß männiglich, daß Gerechtigkeit in der Schrift nicht allein äußerliche Werke heißt, sondern fasset den Glauben, wie Paulus spricht: Iustus ex

---

¹) Dazu Luther in Ed. pr. D a. R. Quaeritur an verbum Danielis sit Dei. Si Dei, ergo fides praerequiritur, Deum esse, cuius est verbum legis. Ergo in omni verbo Dei (darüber legis) includitur fides in Deum { minantem / promittentem } ut dicitur Ebre. XI. omnem accedentem oportet credere, quod Deus sit et remunerator sit.

Hic nunc quaeritur de { falsa / vera } fide.

Item Nunc ipsi moraliter coguntur prius { voluntatem rectam / intellectum verum } actibus praeferre. Quanto magis in his caelestibus recta voluntas / verus intellectus } quae est { fides / verbum } requiritur.

²) Hieronymus übersetzt Dan. 4, 24: Forsitan ignoscet Deus delictis tuis. Dazu Comm. in Dan. 4, 24. MSL 25, 517A.

textus non dicat, sed multo magis fidem requirat. Nam ubicunque promissio est, ibi fides requiritur. Non enim potest accipi promissio nisi fide. fide vivet, „der Gerechte lebet seines Glaubens". Darum fordert Daniel erstlich Glauben, da er Gerechtigkeit nennet, und spricht: „Löse deine Sunde mit Gerechtigkeit, das ist, mit Glauben gegen Gott, dadurch du gerecht wirdest. Dazu tu auch gute Werk, nämlich warte deines Amts, sei nicht¹ ein Tyrann, sondern siehe zu, daß dein Regiment Landen und Leuten nützlich sei, halt¹ Friede und schütz die Armen wider unrechten Gewalt. Das sein fürstliche eleemosynae. Also ist klar, daß dieser Spruch der Lehre vom Glauben nicht entgegen ist. Aber unser Widersacher, die groben Esel, flicken ihre Zusätz an alle solche Sprüch, nämlich daß uns die Sund um unser Werke willen vergeben werden, und lehren vertrauen auf Werk, so doch die Sprüch nicht also reden, sondern fordern gute Werk, wie denn wahr ist, daß muß ein ander und besser Leben in uns werden. Aber dennoch sollen dieselbige Werke Christo sein Ehre nicht nehmen.

Hebr. 10, 38.

M 134
W 127

Also ist auch auf den Spruch aus dem Evangelio zu antworten: „Vergebet, so wird euch vergeben." Denn es ist gleich eine solche Lehre von der Buße. Das erste Stück an diesem Spruch fordert Besserung und gute Werke, das ander Stück setzt dazu die Verheißung, und man soll daraus nicht schließen, daß unser Vergeben uns ex opere operato Vergebung der Sunde verdiene. Denn das sagt Christus nicht, sondern wie in andern Sakramenten Christus die Verheißung heftet an das äußerliche Zeichen, also heftet er auch hie die Verheißung von Vergebung der Sunde an die äußerlichen gute Werke. Und wie wir im Abendmahl nicht erlangen Vergebung der Sunde ohne den Glauben ex opere operato, also auch nicht in diesem Werk und unserm Vergeben; denn unser Vergeben ist auch kein gut Werk, es geschehe denn von denjenigen, welchen von Gott in Christo die Sunde schon zuvor vergeben sind. Darum unser Vergeben, soll es Gott gefallen, so muß es nach der Vergebung, da uns Gott vergibt, folgen. Denn Christus pfleget die zwei also zusammen zu setzen, das Gesetz und Evangelium, beide den Glauben und auch die guten Werke, daß er anzeige, daß kein Glaube da sei, wenn nicht gute Werk folgen. Item daß wir äußerliche Zeichen haben, welche uns verinnern des Evangelii und Vergebung der Sunde, dadurch wir getröstet werden, daß also manchfältig unser Glaube geübet werde. Also sollen solche Sprüche verstanden werden, denn sonst wäre es stracks wider das ganz Evangelium, und würde unser bettelisch Werke an Christus Statt gesetzt, welcher allein soll die Versühnung sein, welcher je nicht zu verachten ist. Item wo sie sollten von Werken verstanden werden, so würde die Vergebung der Sunde ganz ungewiß; denn sie stunde auf einem losen Grunde, auf unsern elenden Werken.

Verum opera incurrunt hominibus in oculos. Haec naturaliter miratur humana ratio, et quia tantum opera cernit, fidem non intelligit neque considerat, ideo somniat haec opera mereri remissionem peccatorum et iustificare. Haec opinio legis haeret naturaliter in animis hominum, neque excuti potest, nisi cum divinitus docemur. Sed revocanda est ab huiusmodi carnalibus opinionibus ad verbum Dei. Videmus nobis evangelium et promissionem de Christo propositam esse. Cum igitur lex praedicatur, cum praecipiuntur opera, non est repudianda promissio de Christo. Sed haec prius apprehendenda est, ut bene operari possimus, et ut opera nostra Deo placere queant, sicut inquit Christus: Sine me nihil potestis facere. Itaque si Daniel his verbis usus esset: Peccata tua redime per poenitentiam, praeterirent hunc locum adversarii. Nunc cum vere hanc ipsam sententiam verbis aliis, ut videntur, extulit, detorquent verba adversarii contra doctrinam gratiae et fidei, cum Daniel maxime voluerit complecti fidem. Sic igitur ad verba Danielis respondemus, quod, quia poenitentiam praedicat, non doceat tantum de operibus, sed de fide quoque, ut ipsa historia in textu testatur. Secundo quia Daniel clare ponit promissionem, necessario requirit fidem, quae credat gratis remitti peccata a Deo. Quamquam igitur in poenitentia commemorat opera, tamen hoc Daniel non dicit, quod per opera illa mereamur remissionem peccatorum. Loquitur enim Daniel non solum de remissione poenae, quia remissio poenae¹ frustra quaeritur, nisi cor apprehenderit prius remissionem culpae. Ceterum si adversarii tantum intelligunt Danielem de remissione poenae, nihil contra

265
(144)

266
(145)

Joh. 15, 5.

267
(146)

268
(147)

---

¹) Ed. pr. las ursprünglich: culpae. Das ist unter den Errata verbessert, aber CR 27, 495 Anm. 58 auf die falsche Stelle bezogen.

1. Kor. 11, 31. nos faciet hic locus, quia ita necesse erit ipsos fateri, quod remissio peccati et iustificatio gratuita praecedat. Postea nos quoque concedimus poenas, quibus castigamur, mitigari nostris orationibus et bonis operibus, denique tota poenitentia, iuxta illud:
Jer. 15, 19. Si nos iudicaremus, non iudicaremur a Domino. Et Ieremiae 15.: Si converteris, con-
Zach. 1, 3. vertam te. Et Zachariae 1.: Convertimini ad me, et ego convertar ad vos. Et
Ps. 50, 15. Psalm. 49.: Invoca me in die tribulationis.

269 (148) Teneamus igitur has regulas in omnibus encomiis operum, in praedicatione legis, quod lex non fiat sine Christo. Sicut ipse inquit: Sine me nihil potestis facere. Item
Hebr. 11, 6. quod sine fide impossibile sit placere Deo. Certissimum est enim, quod doctrina legis non vult tollere evangelium, non vult tollere propitiatorem Christum. Et maledicti sint pharisaei, adversarii nostri, qui legem ita interpretantur, ut operibus tribuant gloriam Christi, videlicet quod sint propitiatio, quod mereantur remissionem pec-
M 135 catorum. Sequitur igitur semper ita laudari opera, quod placeant propter fidem,
W 128 quia opera non placent sine propitiatore Christo. Per hunc habemus accessum ad
270 (149) Deum, non per opera sine mediatore Christo. Ergo cum dicitur: Si vis in vitam
Röm. 5, 2. ingredi, serva mandata, sentiendum est mandata sine Christo non servari, nec pla-
Matth. 19, 17. cere sine Christo. Sic in ipso Decalogo, in primo praecepto: Faciens misericordiam
Exod. 20, 6. in millia his, qui diligunt me et custodiunt praecepta mea, amplissima promissio legis additur. Sed haec lex non fit sine Christo. Semper enim accusat conscientiam, quae legi non satisfacit, quare territa fugit iudicium et poenam legis. Lex enim ope-
Röm. 4, 15. ratur iram. Tunc autem facit legem, quando audit nobis propter Christum reconciliari Deum, etiamsi legi non possumus satisfacere. Cum hac fide apprehenditur mediator Christus, cor acquiescit et incipit diligere Deum et facere legem, et scit iam se placere Deo propter mediatorem Christum, etiamsi illa inchoata legis impletio
271 procul absit a perfectione et valde sit immunda. Sic iudicandum est et de praedi-
(150) catione poenitentiae. Quamquam enim scholastici nihil omnino de fide in doctrina poenitentiae dixerunt, tamen arbitramur neminem adversariorum tam esse furiosum, ut neget absolutionem evangelii vocem esse. Porro absolutio fide accipi debet, ut erigat perterrefactam conscientiam.

272 (151) Itaque doctrina poenitentiae, quia non solum nova opera praecipit, sed etiam promittit remissionem peccatorum, necessario requirit fidem. Non enim accipitur remissio peccatorum, nisi fide. Semper igitur in his locis de poenitentia intelligere
Matth. 6, 14. oportet, quod non solum opera, sed etiam fides requiratur, ut hic Matth. 6.: Si dimiseritis[1] hominibus peccata eorum, dimittet et vobis Pater vester coelestis delicta vestra. Hic requiritur opus et additur promissio remissionis peccatorum, quae non
273 (152) contingit propter opus, sed propter Christum per fidem. Sicut alibi multis locis
Apg. 10, 43. testatur scriptura. Actuum 10: Huic omnes prophetae testimonium perhibent, remis-
1. Joh. 2, 12. sionem peccatorum accipere per nomen eius omnes, qui credunt in eum. Et 1. Ioh. 2.:
Eph. 1, 7. Remittuntur vobis peccata propter nomen eius. Eph. 1.: In quo habemus redemp-
274 (153) tionem per sanguinem eius in remissionem peccatorum. Quamquam quid opus est recitare testimonia? Haec est ipsa vox evangelii propria, quod propter Christum, non propter nostra opera, fide consequamur remissionem peccatorum. Hanc evangelii vocem adversarii nostri obruere conantur male detortis locis, qui continent doctrinam legis aut operum. Verum est enim, quod in doctrina poenitentiae requiruntur opera, quia certe nova vita requiritur. Sed hic male assuunt adversarii, quod
275 (154) talibus operibus mereamur remissionem peccatorum aut iustificationem. Et tamen Christus saepe annectit promissionem remissionis peccatorum bonis operibus, non quod velit bona opera propitiationem esse, sequuntur enim reconciliationem, sed propter duas causas. Altera est, quia necessario sequi debent boni fructus. Monet igitur hypocrisin et fictam poenitentiam esse, si non sequantur boni fructus. Altera causa est, quia nobis opus est habere externa signa[2] tantae promissionis, quia con-
276 (155) scientia pavida multiplici consolatione opus habet. Ut igitur baptismus, ut coena Domini sunt signa, quae subinde admonent, erigunt et confirmant pavidas mentes,

---

[1]) Dazu Luther in Ed. pr. D. a. R. Non possumus remittere, nisi prius remissum sit nobis et missus sit nobis spiritus sanctus. Sonst heißts vergeben, aber nit vergessen.
[2]) Luther a. R. Imo interna, cum cor nostrum non coarguit nos, scimus quod filii ⟨im Original filium⟩ Dei simus.

ut credant firmius remitti peccata: ita scripta et picta est eadem promissio in bonis operibus, ut haec opera admoneant nos, ut firmius credamus. Et qui non benefaciunt, non excitant se ad credendum, sed contemnunt promissiones illas. Sed pii amplectuntur eas et gaudent habere signa et testimonia tantae promissionis. Ideo exercent se in illis signis et testimoniis. Sicut igitur coena Domini non iustificat ex opere operato sine fide, ita eleemosynae non iustificant sine fide ex opere operato[1].

Sic et Tobiae concio cap. 4. accipi debet: Eleemosyna ab omni peccato et a morte liberat[2]. Non dicemus hyperbolen esse, quamquam ita accipi debet, ne detrahat de laudibus Christi, cuius propria sunt officia liberare a peccato et a morte. Sed recurrendum est ad regulam, quod doctrina legis sine Christo non prodest. Placent igitur eleemosynae Deo, quae sequuntur reconciliationem seu iustificationem, non quae praecedunt. Itaque liberant a peccato et morte non ex opere operato, sed ut de poenitentia supra diximus, quod fidem et fructus complecti debeamus, ita hic de eleemosyna dicendum est, quod tota illa novitas vitae salvet. Et eleemosynae sunt exercitia fidei, quae accipit remissionem peccatorum, quae vincit mortem, dum se magis magisque exercet et in illis exercitiis vires accipit. Concedimus et hoc, quod eleemosynae mereantur multa beneficia Dei, mitigent poenas, quod mereantur, ut defendamur in periculis peccatorum et mortis, sicut paulo ante de tota poenitentia diximus. Ac tota concio Tobiae inspecta ostendit ante eleemosynas requiri fidem: Omnibus diebus vitae tuae in mente habeto Deum. Et postea: Omni tempore benedic Deum et pete ab eo, ut vias tuas dirigat. Hoc autem proprie fidei est illius, de qua nos loquimur, quae sentit se habere Deum placatum propter ipsius misericordiam, et vult a Deo iustificari, sanctificari et gubernari. Sed adversarii nostri, suaves homines, excerpunt mutilatas sententias, ut imperitis fucum faciant. Postea affingunt aliquid de suis opinionibus. Requirendi igitur sunt integri loci, quia, iuxta vulgare praeceptum, incivile est, nisi tota lege perspecta, una aliqua particula eius proposita, iudicare vel respondere. Et loci integri prolati plerumque secum afferunt interpretationem.

Citatur mutilatus et hic locus Lucae 11.: Date eleemosynam, et ecce omnia munda sunt vobis[3]. Plane surdi sunt

Auch ziehen sie an ein Spruch aus Tobia: „Die Almosen erlöse von der Sünde und von dem Tode." Wir wollen nicht sagen, daß da ein Hyperbole sei, wiewohl wir es sagen möchten, damit Christi Ehre erhalten werde; denn dies ist Christus Amt allein, von der Sünde, vom Tode erlösen zc. Wir wollen aber uns zu unser alte Regeln halten, nämlich daß das Gesetz oder die Werk außer Christo niemands gerecht machen für Gott. So gefallen nu die Almosen, (welche dem Glauben folgen), denn erst Gott, wenn ich durch Christum versühnet bin, nicht die vorher gehen. Darum erlösen sie vom Tode nicht ex opere operato, sondern wie ich kurz zuvor von der Buße gesagt habe, daß man den Glauben mit den Früchten zugleich muß zusammen fassen, also ist auch von den Almosen zu sagen, daß sie Gott gefallen, dieweil sie geschehen in den Gläubigen. Denn Tobias redet nicht allein von Almosen, sondern auch vom Glauben. Denn er sagt: „Lobe Gott und bitte ihnen, daß er dich wolle auf deinen Wegen leiten zc." Da redet er eigentlich von dem Glauben, da wir von reden, der da gläubt, daß er ein gnädigen Gott habe, den er zu loben schuldig ist für eitel große Güte und Gnade, von dem er auch täglich wartet Hilfe und bittet ihnen, daß er ihn im Leben und Sterben leiten und regieren wolle. Auf die Weise mügen wir nachgeben, daß die Almosen nicht unverdienstlich sein gegen Gott, nicht aber, daß sie können den Tod, die Hölle, den Teufel, die Sünde überwinden, das Gewissen zur Ruhe stellen (denn das muß durch den Glauben an Christum allein geschehen); sondern verdienen, daß uns Gott schützet für künftigem Übel und Fahr Leibes und der Seelen. Das ist der einfaltige Verstand, welcher auch mit andern Sprüchen der Schrift übereinstimmet. Denn wo gute Werke gelobet werden in der Schrift, so soll man es allzeit nach der Regel Pauli verstehen, daß man das Gesetz und die Werk nicht über Christum hebe, daß Christus und der Glaub so hoch über alle Werke gehen, als der Himmel über der Erden ist.

Auch ziehen sie an den Spruch Christi: „Gebet Almosen, so wird euch alles rein sein." Die Widersacher sein taub und haben

---

[1]) Vgl. S. 213, 19. 294, 41. 685, 5. 21 ff. [2]) In der Conf. zu Art. XX zit. CR 27, 122.
[3]) CR 27, 122.

adversarii. Toties iam dicimus ad praedicationem legis oportere addi evangelium de Christo, propter quem placent bona opera, sed illi ubique excluso Christo docent mereri iustificationem per opera legis. Hic locus integer prolatus ostendet fidem requiri. Christus obiurgat pharisaeos, sentientes se coram Deo mundari, hoc est, iustificari crebris ablutionibus. Sicut papa, nescio quis, de aqua sale conspersa inquit, quod populum sanctificet ac mundet; et glossa ait, quod mundet a venialibus[1]. Tales erant et pharisaeorum opiniones, quas reprehendit Christus, et opponit huic fictae purgationi duplicem munditiam, alteram internam, alteram externam. Iubet, ut intus mundentur et addit de munditie externa: Date eleemosynam de eo, quod superest, et sic omnia erunt vobis munda. Adversarii non recte accommodant particulam universalem omnia; Christus enim addit hanc conclusionem utrique membro: Tunc omnia erunt munda, si intus eritis mundi, et fo'ris dederitis eleemosynam. Significat enim, quod externa mundities collocanda sit in operibus a Deo praeceptis, non in traditionibus humanis, ut tunc erant illae ablutiones, et nunc est cotidiana illa a'spersio aquae, vestitus monachorum, discrimina ciborum et similes pompae. Sed adversarii corrumpunt sententiam, sophistice translata particula universali ad unam partem: Omnia erunt munda datis eleemosynis. Atqui Petrus dixit: Fide purificari corda. Sed totus locus inspectus sententiam offert consentientem cum reliqua scriptura, quod si corda sint mundata, et deinde foris accedant eleemosynae, hoc est, omnia opera caritatis: ita totos esse mundos, hoc est, non intus solum, sed foris etiam. Deinde cur non tota illa concio coniungitur? Multae sunt partes obiurgationis, quarum aliae de fide, aliae de operibus praecipiunt. Nec est candidi lectoris excerpere praecepta operum, omissis locis de fide.

dicke Ohren, darum müssen wir ihnen die Regel oft erholen, daß das Gesetz ohne Christo niemands für Gott fromm mache und daß alle Werk allein um Christus willen angenehm sein. Aber die Widersacher schließen Christum allenthalben aus, tun gleich, als sei Christus nichts, und lehren unverschamt, daß wir Vergebung der Sunde erlangen durch gute Werke 2c. Wenn wir aber den Spruch unzurissen ganz ansehen, so werden wir sehen, daß er auch vom Glauben mit redet. Christus schilt die Pharisäer, daß sie wollten wähnen, sie würden für Gott heilig und rein durch allerlei baptismata carnis, das ist, durch allerlei leibliche Bade, Waschen und Reinigung am Leibe, an Gefäße, an Kleidern. Wie auch ein Papst in seine Canones gesetzt hat ein nötig päpstlich Stücke vom Weihwasser, daß, wenn es mit geweihtem Salz besprengt wird, so heiligets und reiniget das Volk von Sunden. Und die Glosse sagt,¹ es reinige von täglichen Sunden. Also hatten die Pharisäer auch Irrtum unter sich, welche Christus strafet und setzt gegen die erdichten Reinigungen zweierlei Reinigkeit, eine innerlich, die ander äußerlich, und vermahnet, daß sie inwendig sollen rein sein; das geschieht, wie Petrus sagt in Geschichten der Aposteln am 15. durch den Glauben. Und setzt dazu von ¹ äußerlicher Reinigkeit: „Gebet Almosen von dem, das ihr übrig habt, so wird euch alles rein sein." Die Widersacher führen nicht recht ein das Wort alles. Denn Christus setzt den Beschluß auf beide Stücke, auf die innerliche und äußerliche Reinigkeit, und sagt: „Alles wird euch rein sein." Das ist, wenn ihr euch nicht allein leiblich badet, sondern Gott gläubet, und also inwendig rein seid und auswendig Almosen gebet, so wird euch alles rein sein. Und zeigt an, daß auch die rechte äußerliche Reinigkeit stehe in den Werken, welche Gott geboten habe und nicht in menschlichen Satzungen, als da waren dieselbigen traditiones pharisaeorum 2c. und wie bei unser Zeit ist das Besprizen und Sprengen des Weihwassers, die schneeweißen Mönchskleider, die Unterschied der Speis und dergleichen. Die Widersacher aber ziehen dies signum universale, nämlich das Wort alles, sophistisch allein auf ein Teil und sagen: Alles wird euch rein sein, wenn ihr Almosen gebet 2c. Als man einer sagt: Andreas ist da, darum sein alle Aposteln da. Darum im antecedent oder vorgehend Stücke dies Spruchs soll beides beinander bleiben: Gläubet und gebet Almosen. Denn darauf gehet die ganze Sendung, das ganze Amt Christi, darum ist er da, daß sie gläuben sollen. Wenn nu beide Stück zusammen gefasset werden: gläuben und Eleemosynen geben, so folget recht, daß alles rein sei, das Herz durch Glauben, der äußerlich Wandel durch gute Werk. Also soll man die Predigt ganz fassen, und nicht das eine Stück umkehren und deuten, daß das Herz von Sunden rein wird

---

[1]) Pseudo-Alexander I. Decr. Grat. III. De consecr. d. III. c. 20.

durch unser Eleemosynen. Es sind auch wohl etliche, die da meinen, daß es wider die
Pharisäer von Christo ironice oder spöttisch geredt sei, als sollt er sagen: Ja, lieben
Junkern, raubet und stehlet und gehet darnach hin, gebet Almosen, so werdet ihr bald rein
sein. Daß also Christus etwas herbe und höhnisch anstecke ihre pharisäische Heuchelei. Denn
5 wiewohl sie voll Unglaubens, voll Geiz und alles Argen waren, so hielten sie doch ihre
Reinigung, gaben Almosen und meineten, sie wären gar reine zarte Heiligen. Die Auslegung ist dem Text daselbst nicht entgegen.

Postremo hoc monendi sunt lectores, quod adversarii pessime consulunt piis con- 285
scientiis, cum docent per opera mereri remissionem peccatorum, quia conscientia (164)
10 colligens per opera remissionem non potest statuere, quod opus satisfaciat Deo.
Ideo semper angitur et subinde alia opera, alios cultus excogitat, donec prorsus
desperat. Haec ratio exstat apud Paulum Rom. 4, ubi probat, quod promissio iusti- Röm. 4,14f.
tiae non contingat propter opera nostra, quia nunquam possemus statuere, quod
haberemus placatum Deum. Lex enim semper accusat. Ita promissio irrita esset et
15 incerta. Ideo concludit, quod promissio illa remissionis peccatorum et iustitiae fide
accipiatur, non propter opera. Haec est vera et simplex et germana sententia Pauli,
in qua maxima consolatio piis conscientiis proposita est et illustratur gloria Christi,
qui certe ad hoc donatus est nobis, ut per ipsum habeamus gratiam, iustitiam et
pacem.

20 Hactenus recensuimus praecipuos locos, quos adversarii contra nos citant, ut 286
ostendant, quod fides non iustificet et quod mereamur remissionem peccatorum et (165)
gratiam per opera nostra. Sed speramus nos piis conscientiis satis ostendisse, quod
hi loci non adversentur nostrae sententiae, quod adversarii male detorqueant scripturas ad suas opiniones, quod plerosque locos citent truncatos, quod omissis cla-
25 rissimis de fide tantum excerpant ex scripturis locos de operibus eosque depravent,
quod ubique affingant humanas quasdam opiniones praeter id, quod verba scripturae dicunt, quod legem ita doceant, ut evangelium de Christo obruant. Tota W 131
enim doctrina adversariorum partim est a ratione humana sumpta, partim est 287
doctrina legis, non evangelii. Duos enim modos iustificationis tradunt, quorum (166)
30 alter est sumptus a ratione, alter ex lege, non ex evangelio seu promissione de
Christo.

Prior modus iustificationis est apud ipsos, quod docent homines per bona opera 288
mereri gratiam tum de congruo, tum de condigno[1]. Hic modus est doctrina rationis, (167)
quia ratio non videns immunditiem cordis sentit se ita placere Deum, si bene ope-
35 retur, et propterea subinde alia opera, alii cultus ab hominibus in magnis periculis
excogitati sunt adversus terro'res conscientiae. Gentes et Israelitae mactaverunt M 138
humanas hostias et alia multa durissima opera susceperunt, ut placarent iram Dei.
Postea excogitati sunt monachatus, et hi certaverunt inter se acerbitate observationum contra terrores conscientiae, contra iram Dei. Et hic modus iustificationis,
40 quia est rationalis et totus versatur in externis operibus, intelligi potest et utcunque
praestari. Et ad hunc canonistae detorserunt ordinationes ecclesiasticas male intellectas, quae a patribus longe alio consilio factae sunt, nempe non ut per opera illa
quaereremus iustitiam, sed ut ordo quidam propter tranquillitatem hominum inter
se in ecclesia esset. Ad hunc modum detorserunt et sacramenta maximeque missam,
45 per hanc quaerunt iustitiam, gratiam, salutem ex opere operato.

Alter modus iustificationis traditur a theologis scholasticis, cum docent, quod iusti 289
simus per quendam habitum a Deo infusum, qui est dilectio, et quod hoc habitu adiuti (168)
intus et foris faciamus legem Dei, et quod illa impletio legis sit digna gratia et vita
aeterna[2]. Haec doctrina plane est doctrina legis. Verum est enim, quod lex inquit:
50 Diliges Dominum Deum tuum etc. Diliges proximum tuum. Dilectio igitur est Deut. 6,5.
impletio legis.   Levit.19,
                                                                                   18.

---

[1] s. o. S. 163, Anm. 1 u. S. 189, Anm. 1.   [2] Thomas STh. II, 1. q. 114 a. 3.
Nach Thomas ist das Verdienst dabei de congruo: secundum excellentiam suae ⟨hominis⟩
virtutis und de condigno: secundum quod procedit ex gratia spiritus sancti. ebenda 3 c.

290 Facile est autem iudicium homini christiano de utroque modo, quia uterque modus
(169) excludit Christum, ideo reprehendendi sunt. In priore manifesta est impietas, qui
docet, quod opera nostra sint propitiatio pro peccatis. Posterior modus multa habet
incommoda. Non docet uti Christo, cum renascimur. Non docet iustificationem esse
remissionem peccatorum. Non docet prius remissionem peccatorum contingere,
quam diligimus, sed fingit, quod eliciamus actum dilectionis, per quem mereamur
remissionem peccatorum. Nec docet fide in Christum vincere terrores peccati et
mortis. Fingit homines propria impletione legis accedere ad Deum sine propitiatore
Christo; fingit postea ipsam impletionem legis sine propitiatore Christo iustitiam
esse dignam gratia et vita aeterna, cum tamen vix imbecillis et exigua legis impletio
contingat etiam sanctis.

291 Verum si quis cogitabit evangelium non esse frustra datum mundo, Christum non
(170) esse frustra promissum, exhibitum, natum, passum, resuscitatum, facillime intelliget
nos non ex ratione aut lege iustificari. Nos igitur cogimur de iustificatione dissentire
ab adversariis. Evangelium enim alium modum ostendit, evangelium cogit uti Christo
in iustificatione, docet, quod per ipsum habeamus accessum ad Deum per fidem,
docet, quod ipsum mediatorem et propitiatorem debeamus opponere irae Dei, docet
fide in Christum accipi remissionem peccatorum et reconciliationem et vinci terrores
292 peccati et mortis. Ita et Paulus ait, iustitiam esse non ex lege, sed ex promissione,
(171) in qua promisit pater, quod velit ignoscere, quod velit reconciliari propter Christum.
Röm. 4,13. Haec autem promissio sola fide accipitur, ut testatur Paulus ad Rom. cap. 4. Haec
fides sola accipit remissionem peccatorum, iustificat et regenerat. Deinde sequitur
dilectio et ceteri boni fructus. Sic igitur docemus hominem iustificari, ut supra diximus[1], cum conscientia territa praedicatione poenitentiae erigitur et credit se habere
293 Deum placatum propter Christum. Haec fides imputatur pro iustitia coram Deo,
(172) Rom. 4. Et cum hoc modo cor erigitur et vivificatur fide, concipit spiritum sanctum,
Röm. 4, 3, 5. qui renovat nos, ut legem facere possimus, ut possimus diligere Deum, verbum Dei,
obedire Deo in afflictionibus, ut possimus esse casti, diligere proximum etc. Haec
opera etsi adhuc a perfectione legis procul absint, tamen placent propter fidem, qua
iusti reputamur, quia credimus nos propter Christum habere placatum Deum. Haec
294 plana sunt et evangelio consentanea, et a sanis intelligi possunt. Et ex hoc funda-
(173) mento facile iudicari potest, quare fidei tribuamus iustificationem, non dilectioni,
etsi dilectio fidem sequitur, quia dilectio est impletio legis. At Paulus docet nos non
ex lege, sed ex promissione iustificari, quae tantum fide accipitur. Neque enim accedimus ad Deum sine mediatore Christo, neque accipimus remissionem peccatorum
295 propter nostram dilectionem, sed propter Christum. Ac ne diligere quidem possumus
(174) iratum Deum, et lex semper accusat nos, semper ostendit iratum Deum. Necesse est
igitur nos prius fide apprehendere promissionem, quod propter Christum pater sit
296 placatus et ignoscat. Postea incipimus legem facere. Procul a ratione humana, procul
W 132 (175) a Moise reiiciendi sunt oculi in Christum, et sentiendum, quod Christus sit nobis
donatus, ut propter eum iusti reputemur. Legi nunquam in carne satisfaciemus. Ita
igitur iusti reputamur non propter legem, sed propter Christum, quia huius merita
297 nobis donantur, si in eum credimus. Si quis igitur haec fundamenta consideraverit,
(176) quod non iustificemur ex lege, quia legem Dei humana natura non potest facere, non
potest Deum diligere, sed quod iustificemur ex promissione, in qua propter Christum
M 139 promissa est reconciliatio, iustitia et vita aeterna: is facile intelliget necessario
tribuendam esse iustificationem fidei, si modo cogitabit Christum non esse frustra
promissum, exhibitum, natum, passum, resuscitatum, si cogitabit promissionem
gratiae in Christo non frustra, praeter legem et extra legem factam esse statim
a principio mundi, si cogitabit promissionem fide accipiendam esse, sicut Iohannes
1. Joh. inquit: Qui non credit Deo, mendacem facit eum, quia non credit in testimonium,
5, 10 ff. quod testificatus est Deus de filio suo, et hoc est testimonium, quod vitam aeternam
dedit nobis Deus, et haec vita in filio eius est. Qui habet filium, habet vitam, qui non
Joh. 8, 36. habet filium Dei, vitam non habet. Et Christus ait: Si vos filius liberaverit, vere liberi
Röm. 5, 2. eritis. Et Paulus: Per hunc habemus accessum ad Deum, et addit: per fidem. Fide
igitur in Christum accipitur promissio remissionis peccatorum et iustitiae. Nec iustificamur coram Deo ex ratione aut lege.

---

[1] f o. S, 173 ff.

Haec tam perspicua, tam manifesta sunt, ut miremur tantum esse furorem adver- 298
sariorum, ut haec vocent in dubium. Manifesta ἀπόδειξις¹ est, cum non iustificemur (177)
coram Deo ex lege, sed ex promissione, quod necesse sit fidei tribuere iustificationem. Quid potest contra hanc ἀπόδειξιν opponi, nisi totum evangelium, totum
5 Christum abolere quis volet? Gloria Christi fit illustrior, cum docemus eo uti media- 299
tore ac propitiatore. Piae conscientiae vident in hac doctrina uberrimam conso- (178)
lationem sibi proponi, quod videlicet credere ac certo statuere debent, quod propter
Christum habeant placatum patrem, non propter nostras iustitias, et quod Christus
adiuvet tamen, ut facere etiam legem possimus. Haec tanta bona eripiunt ecclesiae 300
10 adversarii nostri, cum damnant, cum delere conantur doctrinam de iustitia fidei. (179)
Viderint igitur omnes bonae mentes, ne consentiant impiis consiliis adversariorum.
In doctrina adversariorum de iustificatione non fit mentio Christi, quomodo ipsum
debeamus opponere irae Dei, quasi vero nos possimus iram Dei dilectione vincere,
aut diligere Deum iratum possimus. Adhaec conscientiae relinquuntur incertae. Si 301
15 enim ideo sentire debent se habere Deum placatum, quia diligunt, quia legem faciunt, (180)
semper dubitare necesse est, utrum habeamus Deum placatum, quia dilectionem
illam aut non sentiunt, ut fatentur adversarii, aut certe sentiunt valde exiguam esse,
et multo saepius sentiunt se irasci iudicio Dei, qui humanam naturam multis terri-
bilibus malis opprimit, aerumnis huius vitae, terroribus aeternae irae etc. Quando
20 igitur acquiescet, quando erit pacata conscientia? Quando diliget Deum in hac
dubitatione, in his terroribus? Quid est aliud haec doctrina legis, nisi doctrina desperationis? Ac prodeat aliquis ex adversariis, qui doceat nos de hac dilectione, quo- 302
modo ipse diligat Deum. Prorsus, quid dicant, non intelligunt, tantum vocabulum (181)
dilectionis non intellectum reddunt, sicut parietes. Adeo confusa et obscura est
25 eorum doctrina, et gloriam Christi transfert in humana opera, et conscientias vel ad
praesumptionem vel ad desperationem adducit. Nostra vero speramus a piis menti- 303
bus facile intelligi, et speramus afferre perterrefactis conscientiis piam et salubrem (182)
consolationem. Nam quod adversarii cavillantur multos impios ac diabolos etiam
credere, saepe iam diximus nos de fide in Christum, hoc est, de fide remissionis pecca-
30 torum, de fide, quae vere et ex corde assentitur promissioni gratiae, loqui. Haec non
fit sine magno agone in cordibus humanis. Et homines sani facile iudicare possunt,
illam fidem, quae credit nos a Dei respici, nobis ignosci, nos exaudiri, rem esse supra
naturam; nam humanus animus per sese nihil tale de Deo statuit. Itaque neque in
impiis neque in diabolis haec fides est, de qua loquimur.
35   Praeterea si quis sophista cavillatur iustitiam in voluntate esse, quare non possit 304
tribui fidei, quae in intellectu est, facilis est responsio, quia isti in scholis etiam fa- (183)
tentur voluntatem imperare intellectui, ut assentiatur verbo Dei². Ac nos clarius
dicimus: Sicut terrores peccati et mortis non sunt tantum cogitationes intellectus,
sed etiam horribiles motus voluntatis fugientis iudicium Dei, ita fides est non tantum
40 notitia in intellectu, sed etiam fiducia in voluntate, hoc est, est velle et accipere hoc,
quod in promissione offertur, videlicet reconciliationem et remissionem peccatorum.
Sic utitur nomine fidei scriptura, ut testatur haec sententia Pauli: Iustificati ex fide Röm. 5,1.
pacem habemus erga Deum. Iustificare vero hoc loco forensi consuetudine significat 305 (184)
reum absolvere et pronuntiare iustum, sed propter alienam iustitiam, videlicet Christi,
45 quae aliena iustitia communicatur nobis per fidem³. Itaque cum hoc loco iustitia 306
nostra sit imputatio alienae iustitiae, aliter hic de iustitia loquendum est, quam cum (185)
in philosophia aut in foro quaerimus iustitiam proprii operis, quae certe est in voluntate. Ideo Paulus inquit 1. Cor. 1.: Ex ipso vos estis in Christo Iesu, qui factus est 1.Kor.1,30.
nobis sapientia a Deo, iustitia et sanctificatio et redemptio. Et 2. Cor. 5.: Eum, qui 2.Kor.5,21.
50 non novit peccatum, pro nobis fecit peccatum, ut nos efficeremur iustitia Dei in ipso. 307 (186)
Sed quia iustitia Christi donatur nobis per fidem, ideo fides est ¹ iustitia in nobis W 133
imputative, id est, est id, quo efficimur accepti Deo propter imputatio'nem et ordi- M 140
nationem Dei, sicut Paulus ait: Fides imputatur ad iustitiam. Etsi propter morosos Röm.4,3.5.
quosdam τεχνολογικῶς⁴ loquendum est: Fides recte est iustitia, quia est oboedientia 308 (187)

---

¹) Beweis.   ²) Movetur enim intellectus ad assentiendum iis, quae sunt fidei, ex
imperio voluntatis, nullus enim credit nisi volens. Thomas STh. II, 1. q. 56 a. 3. c.
³) Zum Verständnis der Stelle vgl. Ritschl ZThK 1910, S. 324ff.   ⁴) Nach den Kunst=
regeln.

erga evangelium. Constat enim oboedientiam erga edictum superioris vere esse speciem distributivae iustitiae. Et haec oboedientia erga evangelium imputatur pro iustitia adeo, ut tantum propter hanc, quia hac apprehendimus propitiatorem Christum, placeant bona opera seu oboedientia erga legem. Neque enim legi satisfacimus, sed id propter Christum condonatur nobis, ut Paulus ait: Nulla nunc damnatio est his, qui in Christo Iesu etc. Haec fides reddit Deo honorem, reddit Deo, quod suum est, per hoc, quod obedit accipiens promissiones. Sicut et Paulus inquit Rom. 4.: De promissione Dei non dubitavit per diffidentiam, sed firmus fuit fide dans gloriam Deo. Ita cultus et λατρεία evangelii est accipere bona a Deo; econtra cultus legis est bona nostra Deo offerre et exhibere. Nihil autem possumus Deo offerre, nisi antea reconciliati et renati. Plurimum autem consolationis affert hic locus, quod cultus in evangelio praecipuus est a Deo velle accipere remissionem peccatorum, gratiam et iustitiam. De hoc cultu ait Christus Ioh. 6.: Haec est voluntas patris mei, qui misit me, ut omnis, qui videt filium et credit in eum, habeat vitam aeternam. Et pater inquit: Hic est filius meus dilectus, in quo mihi complacitum est, hunc audite. Adversarii de oboedientia erga legem dicunt, non dicunt de oboedientia erga evangelium, cum tamen legi non possimus obedire, nisi renati per evangelium, cum non possimus diligere Deum, nisi accepta remissione peccatorum. Donec enim sentimus eum nobis irasci, natura humana fugit iram et iudicium eius. Si quis hoc etiam cavilletur: Si fides est, quae vult illa, quae in promissione offeruntur, videntur confundi habitus, fides et spes, quia spes est, quae exspectat res promissas: ad hoc respondemus hos affectus non ita divelli posse re ipsa, ut in scholis distrahunt otiosis cogitationibus. Nam et ad Ebraeos definitur fides esse expectatio rerum sperandarum. Si quis tamen volet discerni, dicimus spei obiectum proprie esse eventum futurum, fidem autem de rebus futuris et praesentibus esse et accipere in praesentia remissionem peccatorum exhibitam in promissione.

Ex his speramus satis intelligi posse, et quid sit fides, et quod cogamur sentire, quod fide iustificemur, reconciliemur et regeneremur, siquidem iustitiam evangelii, non iustitiam legis docere volumus. Nam qui docent, quod dilectione iustificemur, legis iustitiam docent, nec uti docent Christo mediatore in iustificatione. Et haec manifesta sunt, quod non dilectione, sed fide vincamus terrores peccati et mortis, quod non possimus nostram dilectionem et impletionem legis opponere irae Dei, quia Paulus dicit: Per Christum habemus accessum ad Deum per fidem. Hanc sententiam toties inculcamus propter perspicuitatem. Totius enim causae nostrae statum clarissime ostendit, et diligenter inspecta abunde de tota re docere et consolari bonas mentes potest. Ideo prodest eam in promptu et in conspectu habere, non solum ut opponere possimus adversariorum doctrinae, qui docent non fide, sed dilectione et meritis sine mediatore Christo ad Deum accedere, sed etiam ut per eam erigamus nos in pavoribus et fidem exerceamus. Manifestum est et hoc, quod sine auxilio Christo non possimus legem facere, sicut ipse inquit: Sine me nihil potestis facere. Ideo priusquam legem facimus, oportet corda fide renasci.

Was nu auf ander dergleichen mehr Sprüch zu antworten sei, ist leichtlich abzunehmen aus diesem, so wir verklärt haben. Denn die Regel leget aus alle Sprüch von guten Werken, daß sie außer Christo für Gott nichts gelten, sondern das Herz muß zuvor Christum haben und gläuben, daß es Gott gefalle um Christus willen, nicht von wegen eigener Werk. Die Widersacher führen auch etliche Schulargument, darauf leichtlich zu antworten ist, wenn man weiß, was Glauben ist. Erfahrne Christen reden viel anders vom Glauben, denn die Sophisten, wie wir droben angezeigt, daß gläuben heißt vertrauen auf Gottes Barmherzigkeit, daß er gnädig sein wolle um Christus willen ohn unsern Verdienst, und das heißt gläuben den Artikel, Vergebung der Sunde. Dieser Glaub ist nicht allein die Histo'ria wissen, die auch Teufel wissen. Darum ist das Schulargument leichtlich aufzulösen, daß sie sprechen, die Teufel gläuben auch, darum mache der Glaube nicht gerecht. Ja die Teufel wissen die Historia, gläuben aber nicht Vergebung der Sunde. Item daß sie sprechen, gerecht sein heißt Gehorsam, nu ist ja Werk tun ein Gehorsam, darum müssen die Werk gerecht machen. Darauf soll man also antworten: Gerecht sein heißt solcher Gehorsam, den Gott dafür annimmt. Nu will Gott unsern Gehorsam in Werken nicht annehmen für Gerechtigkeit; denn es ist nicht ein herzlicher Gehorsam, dieweil niemand das Gesetz recht haltet. Darum hat er ein andern Gehorsam geordnet, den er will für Gerechtigkeit annehmen, nämlich daß wir unsern Ungehorsam erkennen und vertrauen,

wir gefallen Gott um Christus willen, nicht von wegen unsers Gehorsams. Derhalben heißt nu hie gerecht sein, Gott angenehm sein, nicht von wegen eigens Gehorsams, sondern aus Barmherzigkeit um Christus willen. Item, Sünde ist Gott hassen, darum muß Gerechtigkeit sein, Gott lieben. Wahr ists, Gott lieben ist Gerechtigkeit des Gesetz.
Aber dieses Gesetz erfüllet niemand. Darum lehret das Evangelium eine neue Gerechtigkeit, daß wir um Christus willen Gott gefallen, ob wir schon das Gesetz nicht erfüllen, und sollen doch anheben, das Gesetz zu tun. Item, was ist Unterschied zwischen Glauben und Hoffen? Antwort: Hoffnung wartet künftiger Güter und Rettung aus der Trübsal, Glauben empfähet gegenwärtige Versühnung und schleußt im Herzen, daß Gott die Sünde vergeben hab, und daß er jetzund mir gnädig sei. Und dieses ist ein hoher Gottesdienst, der Gott damit dienet, daß er ihm die Ehre tut und die Barmherzigkeit und Verheißung so gewiß hält, daß er ohn Verdienst kann allerlei Güter von ihm empfahen und warten. Und in diesem Gottesdienst soll das Herz geübet werden und zunehmen; davon wissen die tollen Sophisten nichts.

Hinc etiam intelligi potest, quare reprehendamus adversariorum doctrinam de merito condigni[1]. Facillima diiudicatio est, quia non faciunt mentionem fidei, quod fide propter Christum placeamus, sed fingunt bona opera, facta adiuvante illo habitu dilectionis, iustitiam esse dignam, quae per se placeat Deo, et dignam aeterna vita, nec opus habere mediatore Christo. Quid est hoc aliud, quam transferre gloriam Christi in opera nostra, quod videlicet propter opera nostra placeamus, non propter Christum? At hoc quoque est detrahere Christo gloriam mediatoris, qui perpetuo est mediator, non tantum in principio iustificationis. Et Paulus ait, si iustificatus in Christo opus habet, ut postea alibi quaerat iustitiam, tribuit Christo. quod sit minister peccati, id est, quod non plene iustificet. Et absurdissimum est, quod adversarii docent, quod bona opera de condigno mereantur gratiam, quasi vero post principium iustificationis, si conscientia terreatur, ut fit, gratia per bonum opus quaerenda sit, et non fide in Christum.

Aus diesem allen ist leichtlich zu verstehen, was man halten soll vom merito condigni, da die Widersacher erdichten, daß wir für Gott gerecht sind durch die Liebe und unser Werk. Da gedenken sie nicht einmal des Glaubens, und anstatt des Mittlers Christi setzen sie unser Werk, unser Erfüllung des Gesetzes; das ist in keinem Weg zu leiden. Denn wiewohl wir oben gesagt, wo die neu Gebürt ist durch Geist und Gnade, da folget auch gewißlich die Liebe; so soll man doch die Ehre Christi nicht unsern Werken geben, sondern das ist gewiß, daß wir vor und nach, wenn wir zu dem Evangelio kommen, gerecht geschätzet werden um Christus willen und der Christus bleibt der Mittler und Versühner vor als nach, nach als vor, und durch Christum haben wir ein Zugang zu Gott, nicht darum, daß wir das Gesetz gehalten haben und viel Gutes getan, sondern daß wir so fröhlich, getrost auf Gnade bauen und so gewiß uns verlassen, daß wir um Gnade um Christus willen gerecht für Gott geschätzt werden, und das lehret, prediget, bekennet die heilige catholica, christliche Kirche, daß wir selig werden durch Barmherzigkeit, wie wir oben haben angezogen aus Hieronymo. Unser Gerechtigkeit stehet nicht auf eigen Verdienst, sondern auf Gottes Barmherzigkeit, und dieselbige Barmherzigkeit fasset man durch den Glauben.

Secundo. Doctrina adversariorum relinquit conscientias ambiguas, ut nunquam pacatae esse queant, quia lex semper accusat nos etiam in bonis operibus. Semper enim caro concupiscit adversus Spiritum. Quomodo igitur hic habebit conscientia pacem sine fide, si sentiet, quod non propter Christum, sed propter opus proprium iam placere debeat? Quod opus inveniet, quod statuet dignum esse vita aeterna? Siquidem spes ex meritis debet[2] existere. Adversus has dubitationes Paulus inquit: Iustificati ex fide pacem habemus; certo statuere debemus, quod propter Christum donetur nobis iustitia et vita aeterna. Et de Abraham ait: Contra spem in spem credidit.

---

[1]) Vgl. S. 189, Anm. 1.   [2]) Vor debet las Ed. pr. ursprünglich tantum, es wurde aber schon in den Errata entfernt.

321 Tertio. Quomodo sciet conscientia, quando opus inclinante illo habitu dilectionis
(200) factum sit, ut statuere possit, quod de condigno mereatur gratiam? Sed haec ipsa
distinctio tantum ad eludendas scripturas conficta est, quod alias de congruo, alias
de condigno mereantur homines, quia, ut supra diximus[1], intentio operantis non
distinguit genera meritorum, sed hypocritae securi sentiunt simpliciter opera sua
esse digna, ut propterea iusti reputentur. Econtra territae conscientiae de omnibus
operibus dubitant, ideo subinde alia quaerunt. Hoc est enim de congruo mereri,
dubitare et sine fide operari, donec desperatio incidit. In summa, plena errorum et
periculorum sunt omnia, quae in hac re tradunt adversarii.

322   Quarto. Tota ecclesia confitetur, quod vita aeterna per misericordiam contingat.
(201) Sic enim inquit Augustinus de gratia et libero arbitrio, cum quidem loquitur de
operibus sanctorum post iustificationem factis: Non meritis nostris Deus nos ad
aeternam vitam, sed pro sua miseratione perducit[1]. Et lib. 9. confess.: Vae hominum
vitae quantumcunque laudabili, si remota misericordia iudicetur[2]. Et Cyprianus in
enarratione orationis dominicae: Ne quis sibi quasi innocens placeat et se extollendo
plus pereat, instruitur et docetur peccare quotidie, dum quotidie pro peccatis iubetur
323 orare[4]. Sed res nota est et habet plurima et clarissima testimonia in scriptura et
(202) ecclesiasticis patribus, qui uno ore omnes praedicant nos, etiamsi habeamus bona
324 opera, tamen in illis bonis operibus misericordia indigere. Hanc misericordiam
(203) intuens fides erigit et consolatur nos. Quare adversarii male docent, cum ita efferunt
merita, ut nihil addant de hac fide apprehendente misericordiam. Sicut enim supra
diximus promissionem et fidem correlativa esse, nec apprehendi promissionem nisi
fide, ita hic dicimus promissam misericordiam correlative requirere fidem, nec posse
apprehendi nisi fide. Iure igitur reprehendimus doctrinam de merito condigni, cum
nihil de fide iustificante tradat et obscuret gloriam et officium mediatoris Christi.
325 Neque nos quidquam hac in re novi docere existimandi sumus, cum patres in ec-
(204) clesia hanc sententiam tam clare tradiderint, quod misericordia indigeamus etiam in
bonis operibus.

Ps. 326   Et scriptura idem saepe inculcat. In Psalmo: Non intres in iudicium cum servo
143,2. (205) tuo, quia non iustificabitur in conspectu tuo omnis vivens. Hic simpliciter detrahit
omnibus etiam sanctis et servis Dei gloriam iustitiae, si non ignoscat Deus, sed
iudicet et arguat corda eorum. Nam quod alibi gloriatur David de sua iustitia, loquitur de causa sua adversus persecutores verbi Dei, non loquitur de personali mun-
Ps.7,9. ditie, et rogat causam et gloriam Dei defendi, ut Psalmo 7.: Iudica me, Domine,
secundum iustitiam meam et secundum innocentiam meam super me. Rursus Psal-
Ps.130,3. mo 130. ait neminem posse sustinere iudicium Dei, si observet peccata nostra: Si
Hiob 9,28. 327 iniquitates observaveris, Domine, Domine, quis sustinebit? Et Iob 9: Verebar omnia
Hiob 9,30.(206) opera mea. Item: Si lotus fuero quasi aquis nivis, et fulserint velut mundissimae ma-
Spr.Sal.20,9. nus meae, tamen sordibus intinges me. Et Proverb. 20.: Quis potest dicere, mundum
1.Joh.1,8. 328 est cor meum, purus sum a peccato? Et 1. Ioh. 1.: Si dixerimus, quod peccatum non
Matth. (207) habemus, ipsi nos seducimus, et veritas in nobis non est etc. Et in oratione dominica
6,12. 329 (208) sancti petunt remissionem peccatorum. Habent igitur et sancti peccata. In Numeris
Num.14,18 cap. 14.: Et innocens non erit innocens. Et Deut. 4.: Deus tuus ignis consumens est.
Deut.4.24. Et Zacharias ait: Sileat a facie Domini omnis caro. Et Esaias: Omnis caro foenum
Sach.2, 13.
Jes.4,6. et omnis gloria eius quasi flos agri, exsiccatum est foenum, et cecidit flos, quia spiri-
tus Domini sufflavit in eo, id est, caro et iustitia carnis non potest sustinere iudicium
Jon.2,9. 330 Dei. Et Ionas ait cap. 2.: Frustra observant vana, qui misericordiam relinquunt, id
(209) est, omnis fiducia est inanis, praeter fiduciam misericordiae, misericordia servat
Dan. 331 nos, propria merita, proprii conatus non servant nos. Ideo et Daniel orat cap. 9.:
9,18f. (210) Neque enim in iustificationibus nostris prosternimus preces coram te, sed in mi-
serationibus tuis multis. Exaudi, Domine, placare, Domine, attende et fac ne mo-
reris propter temet ipsum, Deus meus, quia nomen tuum invocatum est super civitatem et super populum tuum. Sic docet nos Daniel apprehendere misericordiam in
orando, hoc est, confidere misericordia Dei, non confidere nostris meritis coram
332 Deo. Et miramur, quid agant in precatione adversarii, si tamen homines profani
(211)

---
[1] S. 163,26 ff. Vgl. auch 189,12. 217,32.   [2] De gratia et lib. arb. 9, 21. MSL 44, 893.
[3] Confess. IX, 13: Vae etiam laudabili vitae hominum, si remota misericordia discutiam eam. MSL 32, 778. CSEL 33, 223, 23.   [4] De orat. dom. 22. MSL 4, 552 B. CSEL III, 1.
S. 283, 18.

unquam aliquid a Deo petunt. Si commemorant se dignos esse, quia dilectionem et bona opera habeant, et reposcunt gratiam tanquam debitam, perinde orant ut pharisaeus apud Lucam cap. 18. qui ait: Non sum sicut ceteri homines. Talis oratio, Luk.18,11.
quae nititur propria iustitia, non misericordia Dei¹, iniuria afficit Christum, qui
5 cum sit pontifex noster, interpellat pro nobis. Sic igitur nititur oratio misericordia (212) 333
Dei, quando credimus nos propter Christum pontificem exaudiri, sicut ipse ait: W 136
Quidquid petieritis patrem in nomine meo, dabit vobis. In nomine meo, inquit, quia Joh. 14,13.
sine hoc pontifice non possumus accedere ad patrem.

Hie wollen aber alle Verständigen sehen, was aus der Widersacher Lehre folgen wollt.
10 Denn so wir halten werden, daß Christus allein uns primam gratiam, das ist, die erste Gnade verdienet hättet (wie sie es nennen), und wir hernach durch unsere Werke erst das ewige Leben müßten verdienen, so werden die Herzen oder Gewissen weder an der Todsstunde, noch sonst nimmermehr zufrieden werden, werden nimmermehr bauen können auf gewissen Grund, werden nimmer gewiß, ob uns Gott gnädig wäre. Also führete ihre Lehre
15 die Gewissen ohne Unterlaß auf eitel Herzleid und endlich auf Verzweifelung. Denn Gottes Gesetz ist nicht ein Scherz, das klagt die Gewissen an außer Christo ohne Unterlaß, wie Paulus sagt: Das Gesetz richtet Zorn an. Also denn, wenn die Gewissen Gottes Röm.4,15. Urtel fühlen und haben kein gewissen Trost, fallen sie dahin in Verzweifelung.

Paulus sagt: „Alles, was nicht aus dem Glauben ist, das ist Sunde." Diejenigen aber M 143
20 können nichts aus Glauben tun, die denn sollen ein gnädigen Gott erst bekommen, wenn Röm.14,23.
sie mit ihren Werken das Gesetz erfüllet haben. Denn sie werden allzeit wanken und zweifeln, ob sie Werk gnug getan haben, ob dem Gesetz gnug geschehen sei. Ja sie werden stark fühlen und empfinden, daß sie noch dem Gesetz schuldig sein, darum werden sie nimmermehr bei sich gewiß halten, daß sie ein gnädigen Gott haben, oder daß ihr Gebet erhöret
25 werde. Derhalben können sie Gott nimmer recht lieben, auch nichts Gutes sich zu Gott versehen, oder Gott recht dienen. Denn was sind doch solche Herzen und Gewissen anders, denn die Helle selbst; so nichts anders in solchen Herzen ist, denn eitel Zweifeln, eitel Verzagen, eitel Murren, Verdrieß und Haß wider Gott. Und in dem Haß rufen sie doch gleichwohl Gott heuchlisch an, wie der gottlos König Saul tat.

30 Hie können wir uns berufen auf alle christliche Gewissen, und alle diejenigen, die Anfechtungen versucht haben. Die müssen bekennen und sagen, daß solch solch groß Ungewißheit, solch Unruhe, solch Qual und Angst, solch schrecklich Zagen und Verzweifelung aus solcher Lehre der Widersacher folget, da sie lehren oder wähnen, daß wir durch unser Werk oder Erfüllung des Gesetzes, so wir tun, für Gott gerecht werden, und weisen uns den Holz=
35 weg, zu vertrauen nicht auf die reichen, seligen Zusage der Gnade, welche uns durch den Mittler Christum werden angeboten, sondern auf unsere elende Werke.

Darum bleibt dieser Beschluß wie eine Mauer, ja wie ein Fels fest stehen, daß wir, ob wir schon angefangen haben das Gesetz zu tun, dennoch nicht um solcher Werk willen, sondern um Christus willen durch Glauben Gott angenehm sind und mit Gott Frieden
40 haben, und ist uns Gott für dieselbige Werk nicht schuldig das ewig Leben; sondern gleichwie uns Vergebung der Sünde und Gerechtigkeit um Christus willen, nicht um unser Werke oder des Gesetzes willen, wird zugerechnet, also wird uns auch nicht um unser Werke willen noch um des Gesetzes willen, sondern um Christus willen samt der Gerechtigkeit ewig Leben angeboten, wie denn Christus sagt: „Das ist der Wille des Vaters, der Joh.6,40.
45 mich gesandt hat, daß ein itzlicher, der den Sohn siehet und gläubet an ihnen, habe das ewige Leben." Item: „Der da gläubet in den Sohn, hat das ewige Leben." Joh.6,47.

Nu hie sind wohl die Widersacher zu fragen, was sie doch den armen Gewissen an der Todesstunde vor Rat geben? ob sie die Gewissen vertrösten, daß sie sollen wohl fahren, selig werden, ein gnädigen Gott haben um ihrs eigen Verdienst willen, oder aus Gottes
50 Gnade und Barmherzigkeit um Christus willen? Denn S. Peter, S. Paul und dergleichen Heiligen können nicht rühmen, daß ihnen Gott für ihre Marter das ewige Leben schuldig W 137 sei, haben auch nicht auf ihre Werk vertrauet, sondern auf Barmherzigkeit, in Christo verheißen.

---

¹) Talis bis Dei] Qui sic petit gratiam, nec nititur misericordia Dei. Conc.

Und es wäre auch nicht müglich, daß ein Heilige, wie groß und hohe er ist, wider das Anklagen gottliches Gesetzes, wider die große Macht des Teufels, wider das Schrecken des Todes und endlich wider Verzweifelung und Angst der Helle sollt bleiben oder bestehen konnen, wenn er nicht die göttliche Zusage, das Evangelium, wie ein Baum oder Zweig ergriffe in der großen Fluet, in dem starken, gewaltigen Strome, unter den Wellen und Bulgen der Todangst, wenn er nicht durch den Glauben sich an das Wort, welchs Gnade verkündiget, hielte, und also ohne alle Werke, ohne Gesetz, lauter aus Gnaden, das ewige Leben erlanget. Denn diese Lehre allein erhält die christlichen Gewissen in Anfechtungen und Todesängsten, von welchen die Widersacher nichts wissen und reden davon, wie der Blinde von der Farbe.

Hie werden sie aber sagen: So wir durch lauter Barmherzigkeit sollen selig werden, was ist denn für ein Unterschied unter denen, die da selig werden, und die da nicht selig werden? Gilt kein Verdienst, so ist kein Unterscheid unter Bösen und Guten und folget, daß sie zugleich selig werden. Das Argument hat die Scholaster bewegt, daß sie haben erfunden das meritum condigni; denn es muß ein Unterschied unter denen sein, die da selig werden und die verdammt werden.

Röm 8, 30. Für das erst aber sagen wir, daß das ewige Leben gehört denen, die Gott gerecht schätzet, und wenn sie sind gerecht geschätzet, sind sie damit Gottes Kinder und Christi Miterben worden, wie Paulus zu den Römern am 8. sagt: „Welche er gerecht gemacht, die hat er auch herrlich gemacht." Darum wird niemand selig, denn allein die da gläuben dem Evangelio. Wie aber unsere Versühnung gegen Gott ungewiß, wenn sie sollt auf unsern Werken stehen und nicht auf Gottes gnädiger Verheißung, welche nicht feihlen kann, also auch wäre alles ungewiß, was wir durch die Hoffnung warten, wenn sie sollte gebauet M 144 sein auf unsern Verdienst und Werke. Denn Gottes Gesetz klaget das Gewissen an ohne Unterlaß, und fühlen im Herzen nicht anders, denn diese Stimme aus den Wolken und Deut. 5, 6 ff. Feuerflammen, Deuter. am 5.: „Ich bin der Herr dein Gott, das sollt du tun, das bist du schuldig, das will ich haben rc." Und kein Gewissen kann Ruhe haben ein Augenblick, wenn das Gesetz und Moses im Herzen dränget, wo es Christum ergreift durch den Glauben. Es kann auch nicht recht hoffen das ewige Leben, es sei denn erst zu Ruhen. Denn ein Gewissen, das da zweifelt, das fleuhet vor Gott und verzweifelt, das kann nicht hoffen. Nu muß aber die Hoffnung des ewigen Lebens gewiß sein. Damit sie nu nicht wanke, sondern gewiß sei, so müssen wir gläuben, daß wir das ewige Leben haben nicht durch unsere Werke oder Verdienst, sondern aus lauter Gnaden durch den Glauben an Christum.

In Welthändeln und in den weltlichen Gerichtsstühlen, da ist zweierlei Gnade und Recht. Recht ist durch die Gesetze und Urteil gewiß, Gnade ist ungewiß. Hie für Gott ists ein ander Ding: denn die Gnade und Barmherzigkeit ist durch ein gewiß Wort zugesagt, und das Evangelium ist das Wort, das uns gebeut zu gläuben, daß uns Gott gnädig sei Joh. 3, 17. und selig machen wolle um Christus willen, wie der Text laut: „Gott hat seinen Sohn nicht in die Welt geschickt, daß er die Welt richte, sondern daß die Welt selig werde durch ihnen. Wer in ihnen gläubet, der wird nicht gericht."

So oft als man nu redet von Barmherzigkeit, so ists also zu verstehen, daß Glaube gefordert wird, und derselbig Glaube, der macht das Unterschied unter denen, die selig werden, und unter denen, die verdammt werden, unter Wirdigen und Unwirdigen. Denn das ewige Leben ist niemands zugesagt, denn den Versühneten in Christo. Der Glaub aber versühnet und macht uns gerecht für Gott, wenn und zu welcher Zeit wir die Zusage durch den Glauben ergreifen. Und das ganze Leben durch sollen wir Gott bitten und uns fleißigen, daß wir den Glauben bekommen und in dem Glauben zunehmen. Denn, wie oben gesagt ist, der Glaub ist, wo Buße ist, und ist nicht in den, die nach dem Fleisch wandeln. Derselbig Glaub soll auch durch allerlei Anfechtunge das ganze Leben durch wachsen und zunehmen. Und welche den Glauben erlangen, die werden neu geboren, daß sie auch neu Leben führen, gute Werk tun.

W 138 Wie wir nu sagen, daß die rechte Buß soll das ganze Leben durch währen, also sagen wir auch, daß die guten Werk und Früchte des Glaubens das ganz Leben durch geschehen sollen; wiewohl unser Werke nimmermehr so teuer werden, daß sie sollten dem Schatz

IV. Von d. Rechtf. (Antwort auf die Argumente der Widersacher.)

Christi gleich sein oder das ewig Leben verdienen, wie auch Christus sagt: „Wenn ihr Luk. 17, 10. alles getan habt, so sprecht: wir sein unnütze Knechte." Und S. Bernhardus sagt recht: „Es ist not, und du mußt erst gläuben, daß du Vergebung der Sunde nicht haben könnest, denn allein durch Gottes Gnade, und darnach, daß du auch sonst hernach kein gut Werk
5 haben und tun könnest, wenn Gott dirs nicht gibt, endlich, daß du das ewige Leben mit keinen Werken verdienen kannst, wenn dir dasselbig auch nicht ohne Verdienst geben wird." Und bald hernach: „Niemands wolle sich selbst verführen; denn wenn du wirdest recht die Sache bedenken, so wirdest du ohne Zweifel finden, daß du mit zehen tausend nicht könnest entgegen kommen dem, der dir mit zwenzig tausend begegnet 2c."¹ Das sind
10 je starke Sprüche S. Bernhardi; sie möchten doch demselben gläuben, ob sie uns nicht gläuben wollten.

Darum, damit die Herzen ein rechten gewissen Trost und Hoffnung haben mügen, so weisen wir sie, wie Paulus tut, auf die göttliche Zusage der Gnaden in Christo und lehren, daß man müsse gläuben, daß Gott nicht um unserer Werke, nicht um Erfüllung
15 des Gesetzes, uns das ewige Leben gibt, sondern um Christus willen, wie Johannes der Apostel in seiner Epistel spricht: „Wer den Sohn hat, der hat das Leben; wer den Sohn 1. Joh. 5, 12. nicht hat, der hat nicht das Leben."

Huc pertinet et sententia Christi Luc. cap. 17: Cum feceritis omnia, quae prae-
20 cepta sunt vobis, dicite: servi inutiles sumus. Haec verba clare dicunt, quod Deus salvet per misericordiam et propter suam promissionem, non quod debeat propter dignitatem operum nostrorum. Sed ad-
25 versarii mirifice ludunt hic in verbis Christi². Primum faciunt ἀντιστρέφον³ et in nos retor'quent. Multo magis, inquiunt, dici posse: Si credideritis omnia, dicite, servi inutiles sumus. Deinde ad-
30 dunt opera inutilia esse Deo, nobis vero non esse inutilia. Videte, quam delectet adversarios puerile studium sophistices. Et quamquam hae ineptiae indignae sint, quae refutentur, tamen paucis re-
35 spondebimus. Ἀντιστρέφον est vitiosum. Primum enim decipiuntur adversarii in vocabulo fidei, quod si significaret nobis notitiam illam historiae, quae etiam in impiis et diabolis est, recte ratiocina-
40 rentur adversarii fidem inutilem esse, cum dicunt: Cum credideritis omnia, dicite, servi inutiles sumus. Sed non de notitia historiae, sed de fiducia promissionis et misericordiae Dei loquimur.
45 Et haec fiducia promissionis fatetur nos esse servos inutiles, imo haec confessio, quod opera nostra sint indigna, est ipsa vox fidei, sicut apparet in hoc exemplo

Hie haben die Widersacher ihre große 334 Kunst trefflich bewiesen und den Spruch (213) Christi verkehrt: Wenn ihr alles getan Luk. 17, 10. habt, so sprecht: wir sind unnütze Knechte. Ziehen ihn von Werken auf Glauben, sagen, vielmehr, wenn wir alles gläuben, sind wir unnütze Knechte. Das sind je schändliche 335 Sophisten, die die tröstliche Lehre vom Glau- (214) ben so gar verkehren. Sagt, ihr Esel, wenn einer da liegt am Tode und fühlet, daß er M 145 kein Werk hat, das für Gottes Gericht gnug sei, und kann auf kein Werk vertrauen, was wollt ihr demselben raten? Wollt ihr ihm auch sagen, wenn du schon gläubest, so bist 336 du doch ein unnützer Knecht, und hilft dich (215) nicht? Da müsse das arm Gewissen in Verzweifelung fallen, wenn es nicht weiß, daß das Evangelium den Glauben eben darum fordert, dieweil wir untüchtige Knechte sind, 337 und nicht Verdienst haben. Darum soll man (216) sich hüten für den Sophisten, so die Worte Christi also lästerlich verkehren. Denn es folgt nicht: die Werke helfen nicht, darum hilft der Glaube auch nicht. Wir müssen den groben Eseln ein grob Exempel geben. Es folgt nicht: der Heller hilft nicht, darum hilft der Gülden auch nicht. Also wie der Gülden viel höher und stärker ist denn der Heller, soll man verstehen, daß Gläuben viel höher und stärker ist denn Werk. Nicht, daß Glauben helfe um seiner Wirdigkeit willen,

---

¹) Sermo in annunt. b. Mariae 1. 2. MSL 183, 383. ²) Si factores inutiles dici debent, quanto magis his, qui solum credunt, dicere convenit: Si credideritis omnia dicite: servi inutiles sumus. Non ergo haec vox Christi extollit fidem sine operibus, sed docet, quod opera nostra nihil utilitatis Deo afferunt, quod operibus nostris nemo potest inflari, quod opera nostra comparata divinis praemiis nulla sunt et nihil. Conf. CR 27, 101. Aus dem ausführlicheren Entwurf: Nihil enim utilitatis Deo afferunt opera nostra, sed nobis; utilia nobis sunt opera. Ficker S. 31, 11. ³) Analogia, mutua collatio. Melanchthon, Erotemata dialectices CR 13, 547.

Danielis, quod paulo ante citavimus: Non in iustificationibus nostris prosternimus preces etc. Fides enim salvat, quia apprehendit misericordiam seu promissionem gratiae, etiamsi nostra opera sint indigna. Et in hanc sententiam nihil laedit nos ἀντιστρέφον: Cum credideritis omnia, dicite, servi inutiles sumus, videlicet, quod opera nostra sint indigna; hoc enim cum tota ¹ ecclesia docemus, quod per misericordiam salvemur. Sed si ex simili ratiocinari volunt: cum feceris omnia, noli confidere operibus tuis, ita cum credideris omnia, noli confidere promissione divina: haec non cohaerent. Sunt enim dissimillima. Dissimiles causae, dissimilia obiecta fiduciae sunt in priore propositione et in posteriore. Fiducia in priore est fiducia nostrorum operum. Fiducia in posteriore est fiducia promissionis divinae. Christus autem damnat fiduciam nostrorum operum, non damnat fiduciam promissionis suae. Non vult nos de gratia et misericordia Dei desperare, arguit opera nostra tamquam indigna, non arguit promissionem, quae gratis offert misericordiam. Et praeclare hic inquit Ambrosius: Agnoscenda est gratia, sed non ignoranda natura¹. Promissioni gratiae confidendum est, non naturae nostrae. Sed adversarii suo more faciunt, contra fidei doctrinam detorquent sententias pro fide traditas. Verum haec spinosa reiiciamus ad scholas. Illa cavillatio plane puerilis est, cum interpretantur servos inutiles, quia opera Deo sint inutilia, nobis vero sint utilia. At Christus de ea utilitate loquitur, quae constituit nobis Deum debitorem gratiae. Quamquam alienum est hoc loco disputare de utili aut inutili. Nam servi inutiles significant insufficientes, quia nemo tantum timet, tantum diligit Deum, tantum credit Deo, quantum oportuit. Sed missas faciamus has frigidas cavillationes adversariorum, de quibus quid iudicaturi sint homines, si quando proferentur in lucem, facile possunt existimare viri prudentes. In verbis maxime planis et perspicuis repererunt rimam. At nemo non videt, in illo loco fiduciam nostrorum operum improbari.

sondern darum, daß er auf Gottes Verheißung und Barmherzigkeit vertrauet. Glaub ist stark, nicht um seiner Würdigkeit willen, sondern von wegen der göttlichen Verheißung. Und darum verbeut Christus hie vertrauen auf eigene Werk; ¹ denn sie können nicht helfen. Dagegen verbeut er nicht vertrauen auf Gottes Verheißung. Ja er fordert dasselbig Vertrauen auf Gottes Verheißung eben darum, dieweil wir untüchtige Knechte sind und die Werke nicht helfen können. Derhalben ziehen die Böswichte die Wort Christi unrecht von Vertrauen eigener Würdigkeit auf Vertrauen göttlicher Zusage. Damit ist ihre Sophisterei klar verlegt und aufgelöset. Der Herr Christus wolle die Sophisten, so sein heiliges Wort also zerreißen, bald zu Schanden machen. Amen.

Teneamus igitur hoc, quod ecclesia confitetur, quod per misericordiam salvemur. Et ne quis hic cogitet: Si per misericordiam salvandi sumus, incerta spes erit, si nihil praecedit in his, quibus contingit salus, quo discernantur ab illis, quibus non contingit: huic satisfaciendum est. Scholastici enim videntur hac ratione moti quaesivisse meritum condigni. Nam haec ratio valde potest exercere humanum animum. Breviter igitur respondemus. Ideo ut sit certa spes, ideo ut sit praecedens discrimen inter hos, quibus contingit, et illos, quibus non contingit salus, necesse est constituere, quod per misericordiam salvemur. Hoc cum ita nude dicitur, absurdum videtur. Nam in foro et iudiciis humanis ius seu debitum certum est, misericordia incerta. Sed alia res est de iudicio Dei. Hic enim misericordia habet claram et certam promissionem et mandatum Dei. Nam evangelium proprie hoc mandatum est, quod praecipit, ut credamus Deum nobis propitium esse propter Christum. Non misit Deus filium suum in mundum, ut iudicet mundum, sed ut salvetur mundus per ipsum. Qui credit in eum, non iudicatur etc. Quoties igitur de misericordia dicitur, addenda est fides promissionis. Et haec fides parit certam spem, quia nititur verbo et mandato Dei. Si spes niteretur operibus, tunc vero esset incerta, quia opera non possunt pacare conscientiam, ut supra saepe dictum est. Et haec fides facit discrimen inter hos, quibus contingit salus, et illos, quibus non contingit. Fides facit discrimen inter dignos et indignos, quia vita aeterna promissa est iustificatis, fides autem iustificat.

---

¹) Expos. evang. sec. Luc. VIII, 32 (zu 17, 8). MSL 15, 1774. CSEL XXXII, 4, S. 406, 12.

IV. Von d. Rechtf. (Antwort auf die Argumente der Widersacher.)

Sed hic iterum clamitabunt adversarii nihil opus esse bonis operibus, si non me- 348
rentur vitam aeternam.¹ Has calumnias supra refutavimus. Imo vero necesse est (227)
bene operari. Iustificatis dicimus promissam esse vitam aeternam. At nec fidem nec
iustitiam retinent illi, qui ambulant secundum carnem. Ideo iustificamur, ut iusti bene
5 operari et obedire legi Dei incipiamus. Ideo regeneramur et spiritum sanctum accipi- 349
mus, ut nova vita habeat nova opera, novos affectus, timorem, dilectionem Dei, odium (228)
concupiscentiae etc. Haec fides, de qua loquimur, existit in poenitentia, et inter bona 350
opera, inter tentationes et pericula confirmari et crescere debet, ut subinde certius (229)
apud nos statuamus, quod Deus propter Christum respiciat nos, ignoscat nobis,
10 exaudiat nos. Haec non discuntur sine magnis et multis certaminibus. Quoties re-
currit conscientia, quoties sollicitat ad desperationem, cum ostendit aut vetera peccata aut nova aut immunditiem naturae? Hoc chirographum² non deletur sine magno
agone, ubi testatur experientia, quam difficilis res sit fides. Et dum inter terrores 351 (230)
erigimur et consolationem concipimus, simul crescunt alii motus spirituales, notitia Kol. 3, 10.
15 Dei, timor Dei, spes, dilectio Dei, et regeneramur, ut ait Paulus, ad agnitionem Dei, 2. Kor. 3, 18.
et intuentes gloriam Domini transformamur ¹ in eandem imaginem, id est, con- W 140
cipimus veram notitiam Dei, ut vere timeamus eum, vere confidamus nos respici, Rom. 8, 10.
nos exaudiri. Haec regeneratio est quasi inchoatio aeternae vitae, ut Paulus ait: Si 352 (231)
Christus in vobis est, spiritus vivit, corpus autem mortuum est etc. Et: Super- 2. Kor. 5, 2f.
20 induemur, si tamen induti, non nudi reperiemur. Ex his iudicare candidus lector po- 353 (232)
test, nos maxime requirere bona opera, siquidem hanc fidem docemus in poenitentia
existere et debere subinde crescere in poenitentia. Et in his rebus perfectionem christianam et spiritualem ponimus, si simul crescant poenitentia et fides in poenitentia.
Haec intelligi melius a piis possunt, quam quae de contemplatione aut perfectione
25 apud adversarios docentur. Sicut autem iustificatio ad fidem pertinet, ita pertinet ad 354 (233)
fidem vita aeterna. Et Petrus ait: Reportantes finem seu fructum fidei vestrae, sa- 1. Petr. 1, 9.
lutem animarum. Fatentur enim adversarii, quod iustificati sint filii Dei et coheredes
Christi. Postea opera, quia placent Deo propter fidem, merentur alia praemia corpo- 355
ralia et spiritualia. Erunt enim discrimina gloriae sanctorum. (234)

30 Sed hic reclamant adversarii, vitam aeternam vocari mercedem, quare necesse sit eam de condigno mereri per bona opera³. Breviter et plane respondemus. Paulus Rom. 6. vitam aeter-
35 nam donum appellat, quia donata iustitia propter Christum simul efficimur filii Dei et coheredes Christi, sicut ait Iohannes: Qui credit in Filium, habet vitam aeternam. Et Augustinus inquit, et hunc
40 secuti alii multi idem dixerunt: Dona sua coronat Deus in nobis⁴. Alibi vero scriptum est: Merces vestra copiosa erit in coelis. Haec si videntur adversariis pugnare, ipsi expediant. Sed parum aequi
45 iudices sunt, nam doni vocabulum omittunt, omittunt et fontes totius negotii, et excerpunt vocabulum mercedis idque acerbissime interpretantur non solum ¹ contra scripturam, sed etiam contra
50 sermonis consuetudinem. Hinc ratiocinantur, quia merces nominatur, igitur opera nostra sunt eiusmodi, quae debeant esse pretium, pro quo debetur

Die Widersacher aber wöllen beweisen, daß 356
wir das ewige Leben mit Werken verdienen (235)
de condigno, damit, daß das ewige Leben
wird genennet ein Lohn. Wir wollen darauf
kurz und richtig antworten. Paulus nennet
das ewige Leben ein Geschenk und Gabe;
denn wenn wir durch den Glauben gerecht
werden, so werden wir Gottes Söhne und
Miterben Christi. An einem andern Ort Joh. 3, 36.
aber stehet geschrieben: „Euer Lohn ist reichlich im Himmel." Wenn nu die Widersacher
dünket, daß dieses widernander sei, so
mügen sie es ausrichten. Sie tun, wie sie Luk. 6, 23.
pflegen; sie lassen das Wort donum außen
und lassen allenthalben außen das Häupt- 357
stück, wie wir für Gott gerecht werden, item (236)
daß Christus allzeit der Mittler bleibt, und
klauben darnach heraus das Wort merces
oder Lohn und legen denn dasselbige ihres
Gefallens ¹ aufs ärgste aus, nicht allein M 147
wider die Schrift, sondern auch wider gemeinen Brauch zu reden, und schließen denn
also: da stehet in der Schrift „euer Lohn ꝛc.",
darum sind unsere Werke so würdig, daß

---

¹) „Wer will aber das tun, das unnütze ist, oder davon er nicht verhoffet etwas Gewinst oder Nutzes zu haben?" Joh. Mensing: Bescheid, ob der Glaube allein, ohne alle gute Werke dem Menschen genug sei zur Seligkeit. 1528. Bl. 33. ThStKr 1906, 126. ²) Kol. 2, 14.
³) CR 27, 101. 123. Herborn, Enchiridion Corp. Cath. XII, 33, 7ff. ⁴) De gratia et lib. arb. VI, 9, 15. MSL 44, 890.

vita aeterna. Sunt igitur digna gratia et vita aeterna, nec indigent misericordia aut mediatore Christo aut fide. Plane nova est haec dialectica: vocabulum audimus mercedis, igitur nihil opus est mediatore Christo, aut fide habente accessum ad Deum propter Christum, non propter opera nostra. Quis non videt haec esse ἀνακόλουθα[1]? Nos non rixamur de vocabulo mercedis. De hac re litigamus, utrum bona opera per se sint digna gratia et vita aeterna, an vero placeant tantum propter fidem, quae apprehendit mediatorem Christum? Adversarii nostri non solum hoc tribuunt operibus, quod sint digna gratia et vita aeterna, sed fingunt etiam, quod merita supersint sibi, quae donare aliis, et iustificare alios queant, ut cum monachi suorum ordinum merita vendunt aliis. Haec portenta Chrysippeo more[2] coacervant, hac una voce mercedis audita: Merces appellatur, igitur habemus opera, quae sunt pretium, pro quo debetur merces; igitur opera per sese, non propter mediatorem Christum placent. Et cum alius alio plura habeat merita, igitur quibusdam supersunt merita. Et haec merita donare aliis possunt isti, qui merentur. Mane lector, nondum habes totum soriten[3]. Addenda sunt enim certa sacramenta huius donationis, mortuis induitur cucullus[4] etc. Talibus coacervationibus beneficium Christi et iustitia fidei obscurata sunt.

Non movemus inanem λογομαχίαν de vocabulo mercedis. Si concedent adversarii, quod fide propter Christum iusti reputemur, et quod bona opera propter fidem placeant Deo, de nomine mercedis postea non valde rixabimur. Nos fatemur vitam aeternam mercedem esse, quia est res debita propter promissionem, non propter nostra merita. Est enim promissa iustificatio, quam supra ostendimus proprie esse donum Dei. Et huic dono coniuncta est promissio vitae aeternae, iuxta illud: Quos iustificavit, eosdem et glorificavit. Huc pertinet quod Paulus ait: Reposita est mihi corona iustitiae, quam reddet mihi Dominus iustus iudex etc. Debetur enim corona iustificatis propter promissionem.

wir dadurch das ewige Leben verdienen. Das ist gar ein neue Dialectica, da finden wir das enzele Wort Lohn, darum tun unsere Werk vollkömmlich gnug dem Gesetze, darum sind wir durch unsere Werke Gott angenehm, dürfen keiner Gnade noch keines Mittlers Christi. Unsere gute Werke sind der Schatz, dadurch das ewige Leben erkauft und erlanget wird. Darum können wir durch unsere gute Werke das erste höchste Gebot Gottes und das ganze Gesetz halten. Weiter können wir auch tun opera supererogationis, das ist übrige Werk und mehr, denn das Gesetz fordert. Darum haben die Mönche, so sie mehr tun, denn sie schuldig sein, übrigen, überflüssigen Verdienst, den mügen sie andern schenken oder um Geld mitteilen, und mügen des Geschenks, als die neuen Götter, ein neu Sakrament einsetzen, damit sie bezeugen, daß sie ihre Verdienst jenen verkauft und mitgeteilet haben, wie denn die Barfüßenmönchen und ander Orden unverschämt getan, daß sie den toten Körpern haben Ordenskappen angezogen. Das sind feine starke Gründe, welche sie alle aus der einigen Syllaben Lohn spinnen können, damit sie Christum und den Glauben verdunkeln.

Wir aber zanken nicht um das Wort Lohn, sondern von diesen großen, hohen, allerwichtigsten Sachen, nämlich wo christliche Herzen rechten gewissen Trost suchen sollen. Item ob unsere Werk die Gewissen können zu Ruhen oder Friede bringen. Item ob wir halten sollen, daß unsere Werk des ewigen Lebens wirdig sind, oder ob es um Christus willen geben werde. Dieses sind die rechten Fragen in diesen Sachen; wenn da die Gewissen nicht recht bericht sein, so können sie keinen gewissen Trost haben. Wir aber haben klar genug gesagt, daß die guten Werke das Gesetz nicht erfüllen, daß wir Gottes Barmherzigkeit bedürfen und daß wir durch den Glauben Gott angenehm werden, und daß die guten Werke, sie sein wie köstlich sie wollen, wenn es auch S. Pau-

---

[1]) Schluß ohne zwingende Kraft, da er membra non cohaerentia enthält. Melanchthon, Erotemata dialectices CR 13, 716f. [2]) Chrysippos, eine Art Neubegründer der Stoa im 3. J. v. Chr., das Beispiel eines glänzenden Dialektikers und schlechten, wahllos Gründe und Zitate häufenden Stilisten. Überweg-Prächter I¹², 1926, S. 413f. [3]) Trugschluß. Melanchthon, Erotemata dialectices CR 13, 624f. [4]) Bestattung im Gewand irgend eines Ordens war im Mittelalter häufig. Eisenhofer II, 137.

IV. Von d. Rechtf. (Antwort auf die Argumente der Widersacher.)

Et hanc promissionem scire sanctos oportet, non ut propter suum commodum laborent, debent enim laborare propter gloriam Dei; sed ne desperent in afflictionibus, scire eos oportet voluntatem Dei, quod velit eos adiuvare, eripere, servare. Etsi aliter perfecti, aliter infirmi audiunt mentionem poenarum et prae'miorum; nam infirmi laborant sui commodi causa. Et tamen praedicatio praemiorum et poenarum necessaria est. In praedicatione poenarum ira Dei ostenditur, quare ad praedicationem poenitentiae pertinet. In praedicatione praemiorum gratia ostenditur. Et sicut scriptura saepe mentione bonorum operum fidem complectitur, vult enim complecti iustitiam cordis cum fructibus: ita interdum cum aliis praemiis simul offert gratiam, ut Esai. 58, et saepe alias apud prophetas. Fatemur et hoc, quod saepe testati sumus, quod, etsi iustificatio et vita aeterna ad fidem pertinet, tamen bona opera mereantur alia praemia corporalia et spiritualia et gradus praemiorum, iuxta illud: Unus quisque accipiet mercedem iuxta suum laborem. Nam iustitia evangelii, quae versatur circa promissionem gratiae, gratis accipit iustificationem et vivificationem. Sed impletio legis, quae sequitur fidem, versatur circa legem, in qua non gratis, sed pro nostris operibus offertur et debetur merces. Sed qui hanc merentur, prius iustificati sunt, quam legem faciunt. Itaque prius sunt translati in regnum filii Dei, ut Paulus ait, et facti coheredes Christi. Sed adversarii, quoties de merito dicitur, statim transferunt rem a reliquis praemiis ad iustificationem, cum evangelium gratis offerat iustificationem propter Christi merita, non nostra; et merita Christi communicantur nobis per fidem. Ceterum opera et afflictiones merentur non iustificationem, sed alia prae'mia, ut in his sententiis merces operibus offertur: Qui parce seminat, parce metet, et qui largiter seminat, largiter metet. Hic clare modus mercedis ad modum operis confertur. Honora patrem et matrem, ut sis longaevus super terram. Et hic proponit lex certo operi mercedem. Quamquam igitur legis impletio meretur mercedem, proprie enim merces ad legem pertinet: tamen meminisse nos evangelii oportet, quod gratis offert iustificationem propter Christum. Nec legem prius facimus aut facere possumus, quam reconciliati Deo, iustificati et renati sumus. Nec illa legis impletio

lus Werke selbst wären, kein Gewissen können zu Ruhe machen. Aus dem allem folget, (243) daß wir sollen gläuben, daß wir das ewige Leben erlangen durch Christum aus Gnaden, nicht um der Werke oder des Gesetzes willen. Was sagen wir aber von dem Lohn, welches die Schrift gedenket? Für das erste, wenn wir sagten, daß das ewige Leben werde ein Lohn ge'nennet, darum, daß den Gläubigen Christi aus der göttlichen Verheißung gehöret, so hätten wir recht gesagt. Aber die Schrift nennet das ewige Leben einen Lohn, nicht daß Gott schüldig sei um die Werk das ewige Leben zu geben, sondern nachdem das ewige Leben sonst geben wird aus andern Ursachen, daß dennoch damit vergolten werden unsere Werk und Trübsal, obschon der Schatz so groß ist, daß ihn Gott uns um die Werke nicht schüldig wäre. Gleichwie das Erbteil oder alle Güter eines Vaters dem Sohn geben werden und sind ein reiche Vergleichung und Belohnung seines Gehorsams, aber dennoch empfähet er das Erbe nicht um seines Verdienstes willen, sondern daß es ihm der Vater gönnet als ein Vater 2c. Darum ists gnug, daß das ewige Leben deshalben werde ein Lohn genennet, daß dadurch vergolten werden die Trübsalen, so wir leiden, und die Werk der Liebe, die wir tun, ob es wohl damit nicht verdienet wird. Denn es ist zweierlei Vergelten, eins das man schuldig ist, das ander, das man nicht schuldig ist. Als, so der Kaiser eim Diener ein Fürstentum gibt, damit wird vergolten des Dieners Arbeit und ist doch die Arbeit nicht würdig des Fürstentums,' sondern der Diener bekennet, es sei ein Gnadenlehen. Also ist uns Gott um die Werke nicht schuldig das ewige Leben; aber dennoch so ers gibt um Christus willen den Gläubigen, so wird damit unser Leiden und Werk vergolten. Weiter sagen wir, daß die guten Werke wahrlich verdienstlich und meritoria sein. Nicht daß sie Vergebung der Sunde uns sollten verdienen oder für Gott gerecht machen. Denn sie gefallen Gott nicht, sie geschehen denn von denjenigen, welchen die Sunde schon vergeben sind. So sind sie auch nicht wert des ewigen Lebens, sondern sie sind verdienstlich zu andern Gaben, welche in diesem und nach diesem Leben gegeben werden. Denn Gott der verzeuhet viel Gaben bis in jenes Leben, da nach diesem Leben Gott die Heiligen wird zu Ehren setzen. Denn hie in diesem Leben will er den alten Adam kreuzigen und töten mit allerlei Anfechtunge und Trübsalen. Und dahin gehöret der Spruch Pauli: „Ein jeder wird Lohn empfahen nach seiner Arbeit." Denn die Seligen werden Belohnung haben, einer

placeret Deo, nisi propter fidem essemus accepti. Et quia homines propter fidem sunt accepti, ideo illa inchoata legis impletio placet, et habet mercedem in hac vita et post hanc vitam. De nomine mercedis pleraque alia hic etiam dici poterant ex natura legis, quae quia longiora sunt, alio in loco explicanda erunt.

Verum urgent adversarii, quod proprie mereantur vitam aeternam bona opera, quia Paulus dicit Rom. 2.: Reddet unicuique secundum opera eius¹. Item: Gloria, honor et pax omni operanti bonum. Ioh. 5.: Qui bona fecerint, resurrectionem vitae. Matth. 25.: Esurivi et dedistis mihi manducare etc. In his locis et similibus omnibus, in quibus opera laudantur in scripturis, necesse est intelligere non tantum externa opera, sed fidem etiam cordis, quia scriptura non loquitur de hypocrisi, sed de iustitia cordis cum fructibus suis. Quoties autem fit mentio legis et operum, sciendum est, quod non sit excludendus Christus mediator. Is est enim finis legis et ipse inquit: Sine me nihil potestis facere. Ex hoc canone diximus supra² iudicari posse omnes locos de operibus. Quare cum operibus redditur vita aeterna, redditur iustificatis, quia neque bene operari possunt homines nisi iustificati, qui aguntur Spiritu Christi, nec sine mediatore Christo et fide placent bona opera, iuxta illud: Sine fide impossibile est placere Deo. Cum dicit Paulus: Reddet unicuique secundum opera eius, intelligi debet non tantum opus externum, sed tota iustitia vel iniustitia. Sic: Gloria operanti bonum, hoc est, iusto. Dedistis mihi manducare, fructus et testimonium iustitia cordis et fidei allegatur, redditur igitur vita aeterna iustitiae. Ad hunc modum scriptura simul complectitur iustitiam cordis cum fructibus. Et saepe fructus nominat, ut ab imperitis magis intelligatur, et ut significet requiri novam vitam et regenerationem, non hypocrisin. Fit autem regeneratio fide in poenitentia.

höher denn der ander. Solch Unterschied macht der Verdienst, nachdem er nu Gott gefällt, und ist Verdienst, dieweil diejenigen solche Werk tun, die Gott zu Kindern und Erben angenommen hat. So haben sie denn eigen und sonderlichen Verdienst, wie ein Kind für dem andern.

Die Widersacher ziehen auch andere Sprüche an, zu beweisen, daß die Werk das ewige Leben verdienen. Als diese: Paulus sagt: „Er wird einem jeden geben nach seinen Werken." Item Joh. am 5: „Die Gutes getan haben, werden auferstehen zur Auferstehung des Lebens." Item Matth. am 25.: „Mich hat gehungert und ihr habt mich gespeiset." Antwort: Diese Sprüche alle, welche die Werk loben, sollen wir verstehen nach der Regeln, welche ich oben gesetzt habe, nämlich, daß die Werk außerhalb Christo Gott nicht gefallen, und daß man in keinen Weg ausschließen soll den Mittler Christum. Darum so der Text sagt, daß das ewige Leben werde gegeben denen, „die Gutes getan haben", so zeigt er an, daß es werde denjenigen geben, die durch den Glauben an Christum zuvor gerecht sein worden. Denn Gott gefallen keine gute Werke, es sei denn der Glaube dabei, dadurch sie gläuben, daß sie Gott angenehm sein um Christus willen, und welche also durch den Glauben sind gerecht worden, die bringen gewißlich gute Werk und gute Früchte, als der Text sagt: „Mich hat gehungert und ihr habt mich gespeiset 2c." Da muß man ja bekennen, daß Christus nicht allein das Werk verstehe, sondern das Herz haben wolle, das da recht von Gott haltet und gläubet, daß es Gott gefalle durch Barmherzigkeit. Also lehret Christus, daß das ewige Leben den Gerechten gegeben wird, wie dabei Christus spricht: „Die Gerechten werden ins ewige Leben gehen." Und nennet doch droben die Früchte, daß wir lernen sollen, daß Gerechtigkeit und Glaube nicht ein Heuchelei, sondern ein neu Leben sei, da gute Werk müssen folgen.

Nemo sanus iudicare aliter potest, nec nos aliquam otiosam subtilitatem hic affectamus, ut divellamus fructus a iustitia cordis, si tantum adversarii concesserint, quod fructus propter fidem et mediatorem Christum placeant, non sint per sese digni gratia et vita aeterna. Hoc enim reprehendimus in adversariorum doctrina, quod talibus locis scripturae seu philosophico seu iudaico more intellectis abolent iustitiam fidei et excludunt mediatorem Christum. Ex his locis ratiocinantur, quod haec

---

¹) CR 27, 100.   ²) f. o. S. 210, 33 ff. 213, 42 ff. 220, 39.

opera mereantur gratiam, alias de congruo, alias de condigno, cum videlicet accedit dilectio, id est, quod iustificent et, quia sint iustitia, digna sint vita aeterna. Hic error manifeste abolet iustitiam fidei, quae sentit, quod accessum ad Deum habeamus propter Christum, non propter opera nostra, quae sentit nos per pontificem et mediatorem Christum adduci ad patrem et habere placatum patrem, ut supra satis dictum est. Et haec doctrina de iustitia fidei non est in ecclesia Christi negligenda, quia sine ea non potest officium Christi conspici, et reliqua doctrina iustificationis tantum est doctrina legis. Atqui nos oportet retinere evangelium et doctrinam de promissione propter Christum donata.

Wir suchen hie nicht ein unnötige Subtilität, sondern es hat große Ursache, warum man in diesen Fragen ein gewissen Bericht muß haben. Denn alsbald, wenn man den Widersachern zuläßet, daß die Werk das ewige Leben verdienen, bald spinnen sie diese ungeschickte Lehre daraus, daß wir vermügen Gottes Gesetz zu halten, daß wir keiner Barmherzigkeit bedürfen, daß wir für Gott gerecht sein, das ist, Gott angenehm durch unsere Werke, nicht um Christus willen, daß wir auch opera supererogationis[1] und mehr tun können, denn das Gesetz erfordert. Also wird denn die ganze Lehre vom Glauben gar unterdrückt. Soll aber ein christliche Kirche sein und bleiben, so muß je die reine Lehre von Christo, von Gerechtigkeit des Glaubens erhalten werden. Darum müssen wir solche große pharisäische Irrtum anfechten, damit wir den Namen Christi und die Ehre des Evangelii und Christi erretten und den christlichen Herzen ein rechten, beständigen, gewissen Trost erhalten. Denn wie ist es müglich, daß ein Herz oder Gewissen könne zu Ruhen kommen oder die Seligkeit hoffen, wenn in Anfechtungen und Todesängsten für Gottes Urteil und Augen unsere Werk so gar zu Staub werden, wo es nicht durch Glauben des gewiß wird, daß wir selig werden aus Gnaden um Christus willen, nicht um unser Werk, um unser Erfüllung des Gesetzes. Und freilich S. Lorenz, da er auf dem Rost gelegen und um Christus willen gemartert[2], ist nicht also gesinnet gewest, daß dasselbige sein Werk Gottes Gesetz vollkömmlich und rein erfüllet, daß er ohne Sünde wäre, daß er des Mittlers Christi oder der Gnade nicht dürfet. Er hats freilich bleiben lassen bei dem Wort des Propheten Davids: „Du wollest nicht in Gericht gehen, Herre, mit deinem Knechte 2c." S. Bernhardus hat auch nicht gerühmet, daß seine Werke wirdig wären des ewigen Lebens, da er spricht: „Perdite vixi, ich habe sündlich gelebt 2c." Doch richtet er sich getrost wieder auf, hältet sich an die Verheißung der Gnade und gläubet, daß er um Christus willen Vergebung der Sünde habe und das ewige Leben, wie der Psalm sagt: „Wohl denen, welchen die Sünde vergeben sein", und Paulus zu den Römern am 4.: „Dies ist des Menschen Seligkeit, wenn ihm die Gerechtigkeit wirdet zugerechnet ohne Werke." So sagt nu Paulus, der sei selig, welchem die Gerechtigkeit wird zugerechnet durch den Glauben an Christum, ob er gleich kein gute Werke getan hat. Das ist der rechte beständige Trost, welcher in Anfechtungen bestehet, damit die Herzen und Gewissen können gestärkt und getröstet werden, nämlich daß um Christus willen durch den Glauben uns Vergebung der Sünde, Gerechtigkeit und ewiges Leben geben wird. Wenn nu die Sprüche, so von Werken reden, dermaß verstanden werden, daß sie den Glauben mitbegreifen, so sind sie gar nichts wider diese Lehre. Und man muß allzeit den Glauben mitbegreifen, damit wir den Mittler Christum nicht ausschließen. Dem Glauben aber folget Erfüllung des Gesetzes; denn der heilig Geist ist da, der macht ein neu Leben. Das sei gnug von diesem Artikel.

Non igitur litigamus in hoc loco de parva re cum adversariis. Non quaerimus otiosas subtilitates, cum reprehendimus eos, quod docent vitam aeternam mereri operibus, omissa hac fide, quae apprehendit mediatorem Christum. Nam de hac fide, quae credit nobis patrem propitium esse propter Christum, nulla apud scholasticos syllaba exstat. Ubique sentiunt, quod simus accepti, iusti propter opera nostra vel ex ratione facta vel certe facta inclinantia illa dilectione, de qua dicunt. Et tamen habent quaedam dicta, quasi apophthegmata[3] veterum auctorum, quae depravant interpretando. Iactatur in scholis, quod bona opera placeant propter gratiam, et quod sit confidendum gratiae Dei: Hic interpretantur gratiam habitum, quo nos diligimus Deum, quasi vero voluerint dicere veteres, quod debeamus confidere nostra dilec-

---

[1] f. o. S. 119 Anm. 2. [2] Römischer Diakon, der 258 das Martyrium erlitt. Acta Sanct. Aug. II, 485 ff. [3] kanonische Aussprüche.

tione, quae quam sit exigua, quam sit immunda, certe experimur. Quamquam hoc
mirum est, quomodo isti iubeant confidere dilectione, cum doceant nesciri, utrum
adsit[1]. Cur non exponunt hic gratiam misericordiam Dei erga nos? Et quoties
mentio huius fit, addere oportebat fidem. Non enim apprehenditur nisi fide promissio
misericordiae, reconciliationis, dilectionis Dei erga nos. In hanc sententiam recte
dicerent confidendum esse gratia, placere bona opera propter gratiam, cum fides
gratiam apprehendit. Iactatur et hoc in scholis, valere bona opera nostra virtute
passionis Christi. Recte dicitur. Sed cur non addunt de fide? Christus enim est
propitiatio, ut Paulus ait, per fidem. Cum fide eriguntur pavidae conscientiae et
sentiunt peccata nostra deleta esse morte Christi et Deum nobis reconciliatum
esse propter passionem Christi, tum vero prodest nobis passio Christi. Si omittatur
doctrina de fide, frustra dicitur opera valere virtute passionis Christi.

Et plerasque alias sententias corrumpunt in scholis, propterea quia non tradunt
iustitiam fidei, et fidem intelligunt tantum notitiam historiae seu dogmatum[2], non
intelligunt hanc virtutem esse, quae apprehendit promissionem gratiae et iustitiae,
quae vivificat corda in terroribus peccati et mortis. Cum Paulus inquit: Corde creditur ad iustitiam, ore fit confessio ad salutem. Hic fateri adversarios existimamus,
quod confessio ex opere operato non iustificet aut salvet, sed tantum propter fidem
cordis. Et Paulus sic loquitur, quod confessio salvet, ut ostendat, qualis fides consequatur vitam aeternam, nempe firma et efficax fides. Non est autem firma fides, quae
non ostendit se in confessione. Sic cetera bona opera placent propter fidem, sicut et
orationes ecclesiae rogant, ut omnia sint accepta propter Christum. Item petunt
omnia propter Christum. Constat enim semper in fine precationum addi hanc clausu-
lam: per Christum Dominum nostrum[3]. Ideo concludimus, quod fide iustificemur
coram Deo, reconciliemur Deo et regeneremur, quae in poenitentia apprehendit
promissionem gratiae et vere vivificat perterritam mentem, ac statuit, quod Deus
sit nobis placatus ac propitius propter Christum. Et hac fide ait Petrus nos custodiri
ad salutem, quae revelabitur. Huius fidei cognitio christianis necessaria est et ube-
rimam affert consolationem in omnibus afflictionibus et officium Christi nobis ostendit, quia isti, qui negant homines fide iustificari, negant Christum mediatorem esse
ac propitiatorem, negant promissionem gratiae et evangelium. Tantum docent aut
doctrinam rationis aut legis de iustificatione. Nos, quantum hic fieri potuit, ostendimus fontes huius causae et exposuimus ea, quae adversarii obiiciunt. Quae quidem
facile diiudicabunt boni viri, si cogitabunt, quoties citatur locus de dilectione aut
operibus, legem non fieri sine Christo, nec nos ex lege, sed ex evangelio, hoc est,
promissione gratiae in Christo promissae iustificari. Et speramus hanc, quamvis
brevem, disputationem bonis viris ad confirmandam fidem, ad docendam et consolandam conscientiam utilem futuram esse. Scimus enim ea, quae diximus, consentanea esse scripturis propheticis et apostolicis, sanctis patribus, Ambrosio, Augustino et plerisque aliis et universae ecclesiae Christi, quae certe confitetur Christum esse propitiatorem et iustificatorem.

Nec statim censendum est Romanam ecclesiam sentire, quidquid papa aut cardinales aut episcopi aut theologi quidam aut monachi probant. Constat enim pontificibus magis curae esse dominationem suam, quam evangelium Christi. Et plerosque
compertum est palam Epicuraeos esse. Theologos constat plura ex philosophia
admiscuisse doctrinae christianae, quam satis erat. Nec auctoritas horum videri debet tanta, ut nusquam dissentire a disputationibus eorum liceat, cum multi manifesti
errores apud eos reperiantur, ut quod possimus ex puris naturalibus Deum super
omnia diligere[4]. Hoc dogma peperit alios errores multos, cum sit manifeste falsum.
Reclamant enim ubique scripturae, sancti patres et omnium piorum iudicia. Itaque,
etiamsi in ecclesia pontifices aut nonnulli theologi ac monachi docuerunt remissionem peccatorum, gratiam et iustitiam per nostra opera et novos cultus quaerere,
qui obscuraverunt Christi officium, et ex Christo non propitiatorem et iustificatorem, sed tantum legislatorem fecerunt: mansit tamen apud aliquos pios semper

---

[1]) Vgl. S. 184, Anm. 1.   [2]) Fides informis im Gegensatz zur fides caritate formata
[3]) P. Schorlemmer, Die Kollektengebete. 1928, S. 24ff.   [4]) S. 184, Anm. 1
und die S. 74 Anm. 2 und 149 Anm. 1 genannten Stellen.

cognitio Christi. Porro scriptura praedixit, fore ut iustitia fidei hoc modo obscurare- 393
tur per traditiones humanas et doctrinam operum. Sicut Paulus saepe queritur¹ (272)
tunc quoque fuisse, qui pro iustitia fidei docebant homines per opera propria et
proprios cultus, non fide propter Christum reconciliari Deo et iustificari, quia
5 homines naturaliter ita iudicant Deum per opera placandum esse. Nec videt ratio 394
aliam iustitiam quam iustitiam legis civiliter intellectae. Ideo semper extiterunt in (273)
mundo, qui hanc carnalem iustitiam solam docuerunt, oppressa iustitia fidei, et tales
doctores semper existent etiam. Idem accidit in populo Israel. Maxima populi pars 395
sentiebat se per sua opera mereri remissionem peccatorum, cumulabant sacrificia (274)
10 et cultus. Econtra prophetae, damnata illa opinione, docebant iustitiam fidei. Et res
gestae in populo Israel sunt exempla eorum, quae in ecclesia futura fuerunt. Itaque 396
non perturbet pias mentes multitudo adversariorum, qui nostram doctrinam impro- (275)
bant. Facile enim iudicari de spiritu eorum potest, quia in quibusdam articulis adeo
perspicuam et manifestam veritatem damnaverunt, ut palam appareat eorum im-
15 pietas. Nam et bulla Leonis X. damnavit articulum maxime necessarium, quem omnes 397
christiani teneant et credant, videlicet non esse confidendum, quod simus absoluti (276)
propter nostram contritionem, sed propter verbum Christi: Quodcunque ligaveris Matth.16,19.
etc.². Et nunc in hoc conventu auctores confutationis damnaverunt apertis verbis 398
hoc, quod fidem diximus partem esse poenitentiae, qua consequimur remissionem (277)
20 peccatorum et vincimus terrores peccatorum et conscientia pacata redditur³. Quis
autem non videt hunc articulum, quod fide consequamur remissionem peccatorum,
verissimum, certissimum et maxime necessarium esse omnibus christianis? Quis
ad omnem posteritatem, audiens talem sententiam damnatam esse, iudicabit auctores
huius condemnationis ullam Christi notitiam habuisse?

25 Et de spiritu eorum coniectura fieri potest ex illa inaudita crudelitate, quam con- 399
stat eos in bonos viros plurimos hactenus exercuisse. Et accepimus in hoc conventu (278)
quendam reverendum patrem in senatu imperii, cum de nostra confessione sententiae
dicerentur, dixisse nullum sibi consilium videri utilius, quam si ad confessionem,
quam nos exhibuissemus atramento scriptam, sanguine rescriberetur. Quid diceret
30 crudelius Phalaris⁴? Itaque hanc vocem nonnulli etiam principes iudicaverunt indignam esse, quae in tali consessu diceretur. Quare etiamsi vindicant sibi adversarii 400
nomen ecclesiae, tamen nos sciamus ecclesiam Christi apud hos esse, qui evangelium (279)
Christi docent, non qui pravas opiniones contra evangelium defendunt, sicut inquit Joh.10,27.
Dominus: ¹ Oves meae vocem meam audiunt. Et Augustinus ait: Quaestio est, ubi M 152
35 sit ecclesia? Quid ergo facturi sumus? In verbis nostris eam quaesituri sumus, an in
verbis capitis sui, Domini nostri Iesu Christi? Puto, quod in illius verbis quaerere
debemus, qui veritas est et optime novit corpus suum⁵. Proinde non perturbent nos
iudicia adversariorum, cum humanas opiniones contra evangelium, contra auctoritatem sanctorum patrum, qui in ecclesia scripserunt, contra piarum mentium te-
40 stimonia defendunt.

⟨Art. VII. et VIII.⟩ De Ecclesia.

⟨Art. VII. und VIII.⟩ Von der Kirchen.

Septimum articulum confessionis nostrae damnaverunt⁶, in quo diximus Ecclesiam esse congregationem sancto-
45 rum. Et addiderunt longam declamationem, quod mali non sint ab ecclesia
segregandi, cum Iohannes comparaverit
ecclesiam areae, in qua triticum et paleae
simul coacervata sint, et Christus com-
50 paraverit eam sagenae, in qua pisces

Den siebenten Artikel unsers Bekenntnis, 1
da wir sagen, daß die christliche Kirche sei
die Versammlung der Heiligen, verdammen
die Widersacher und führen weitläuftig Geschwätz ein, daß die Bösen oder Gottlosen
von der Kirchen nicht sollen gesondert werden, dieweil Johannes der Täufer die Kir- Matth.3.
chen vergleicht einem Tennen, in welchem 12.
Korn und Spreu bei einander liegen, item

---

¹) Gal. 4, 9. 5, 7. Kol. 2, 8, 16 f. 1. Tim. 4, 2 f.   ²) Errores Lutheri (Bulle Exsurge
Domine) 11. Mirbt, Quellen⁴ S. 257 ₃₅.   ³) Conf. zu Art. XII. CR 27, 110 f.
⁴) Wegen seiner Grausamkeit berüchtigter Tyrann von Akragas (Agrigent) in Sizilien um
560 v. Chr.   ⁵) Ep. ad cath. contra Donatistas (De unitate ecclesiae) VI 15, 2. MSL 43,
392. CSEL 52, 232, 23 ff.   ⁶) Septimus confessionis articulus, quo affirmatur, ecclesiam congregationem esse sanctorum non potest citra fidei praeiudicium admitti, si per
hoc segregentur ab ecclesia mali et peccatores. Conf. CR 27, 102 f.

2 boni et mali sunt etc. Profecto verum est, quod aiunt: Nullum remedium esse adversus sycophantae morsum. Nihil tam circumspecte dici potest, ut calumniam 3 evitare queat. Nos ob hanc ipsam causam adiecimus octavum articulum, ne quis existimaret nos segregare malos et hypocritas ab externa societate ecclesiae, aut adimere sacramentis efficaciam, quae per hypocritas aut malos administrantur. Itaque hic non est opus longa defensione adversus hanc calumniam. Satis nos purgat articulus octavus. Concedimus enim, quod hypocritae et mali in hac vita sint admixti ecclesiae et sint membra ecclesiae secundum externam societatem signorum ecclesiae, hoc est, verbi, professionis et sacramentorum, praesertim si non sint excommunicati. Nec sacramenta ideo non sunt efficacia, quia per malos tractantur, imo recte uti possumus sacramentis, quae per ma‐ 4 los administrantur. Nam et Paulus praedicit futurum, ut antichristus sedeat in templo Dei, hoc est in ecclesia dominetur ac gerat officia. At ecclesia non est 5 tantum societas externarum rerum ac rituum sicut aliae politiae, sed principaliter est societas fidei et spiritus sancti in cordibus, quae tamen habet externas notas, ut agnosci possit, videlicet puram evangelii doctrinam et administrationem sacramentorum consentaneam evangelio Christi¹. Et haec ecclesia sola dicitur

Christus die Kirchen vergleicht einem Netze, da böse und gute Fische innen sein. Da sehen wir, daß wahr ist, wie man sagt, daß man nicht so deutlich reden kann, böse Zungen könnens verkehren. Wir haben eben darum und aus dieser Ursach den achten Artikel dazu gesetzt, daß niemands darf Gedanken fassen, als wollten wir die Bösen und Heuchler von der äußerlichen Gesellschaft der Christen oder Kirchen absondern, oder als wäre unsere Meinung, daß die Sakrament, wenn sie durch Gottlose gereicht werden, ohne Kraft oder Wirkung sein. Darum darf diese falsche, unrechte Deutung keiner langen Antwort; der acht Artikel entschuldigt uns genugsam. Wir bekennen und sagen auch, daß die Heuchler und Bösen auch mögen Glieder der Kirchen sein, in äußerlicher Gemeinschaft des Namens und der Aemter, und daß man von Bösen möge die Sakrament recht empfahen, sonderlich wenn sie nicht verbannet sein. Und die Sakrament sind darum nicht ohne Kraft oder Wirkung, daß sie durch Gottlose gereicht werden. Denn auch Paulus zuvor hat prophezeiet, daß antichristus soll sitzen im Tempel Gottes, hirrschen und regieren in der Kirchen, Regiment und Amt darinne haben. Aber die christliche Kirche stehet nicht allein in Gesellschaft äußerlicher Zeichen, sondern stehet furnehmlich in Gemeinschaft inwendig der ewigen Güter im Herzen, als des heiligen Geistes, des Glaubens, der Furcht und Liebe Gottes. Und dieselbige Kirche hat doch auch

In septimo articulo conantur nos praegravare mentione Johannis Huss². Cum nos aperte paulo post fateamur, in ecclesia multos malos et hypocritas admixtos esse. Hos vocant etiam adversarii mortua membra Ecclesiae. Quare cum definivimus ecclesiam, recte complectimur viva membra. Et ne quis dicat nos Platonicam civitatem somniare, addimus externas notas, quibus Ecclesia agnosci debet, videlicet consensum de Evangelio et usum sacramentorum consentientem Evangelio. Illa congregatio est ecclesia, in qua extant haec signa, sed in his, qui habent haec signa, quidam sancti sunt, qui recte utuntur his signis, alii sunt hypocritae et mali, qui his signis abutuntur. Quid potuit simplicius dici, aut quis unquam pius aliter locutus est? Sed adversarii non sunt veriti etiam, manifestas calumnias Caesareae Maiestati obtrudere. Nonne Paulus Ephes. V. inquit, Christus dilexit ecclesiam et se ipsum tradidit pro ea, ut ipsam sanctificaret, mundans lavacro aquae per verbum etc. Hic vocat ecclesiam congregationem illorum, qui mundantur, et addit signa externa baptismum et verbum.

Quod addunt, ad veram unitatem ecclesiae necessarias esse universales traditiones humanas, constanter negamus. Nam observationes humanae non sunt cultus ad iustitiam necessarii. Ita similitudo traditionum non est necessaria. Ut aliae gentes aliis dierum spaciis utuntur, ita aliis ritibus humanis in ecclesia uti possunt. Hoc clare docet scriptura in multis locis Ro. XIIII. Regnum Dei non est esca et potus, sed iustitia et pax et gaudium in spiritu sancto. Galat. III. Omnes filii Dei estis per fidem in Christum Jesum. Quicunque enim baptizati estis, Christum induistis. Neque Iudaeus est, neque Graecus, neque servus est, neque liber, neque masculus est, neque femina. Sed de hac re infra etiam dicetur.

---

¹) Vgl. die Erläuterungen zu CA Art. VII u. VIII.   ²) CR 27, 105.

corpus Christi, quod Christus spiritu suo renovat, sanctificat et gubernat, ut testatur Paulus Eph. 1. cum ait: Et ipsum dedit caput super omnia ecclesiae, quae est corpus eius, videlicet integritas, id est tota congregatio ipsius, qui omnia in omnibus perficit. Quare illi, in quibus nihil agit Christus, non sunt membra Christi. Idque fatentur adversarii, malos esse mortua membra ecclesiae[1]. Quare miramur, cur reprehenderint nostram descriptionem, quae de vivis membris loquitur. Neque novi quidquam diximus. Paulus omnino eodem modo definivit ecclesiam Eph. 5., quod purificetur, ut sit sancta. Et addit externas notas, verbum et sacramenta. Sic enim ait: Christus dilexit ecclesiam et se tradidit pro ea, ut eam sanctificet, purificans lavacro aquae per verbum, ut exhibeat eam sibi gloriosam ecclesiam non habentem maculam neque rugam aut aliquid tale, sed ut sit sancta et inculpata. Hanc sententiam paene totidem verbis nos in confessione posuimus. Sic definit ecclesiam et articulus in symbolo, qui iubet nos credere, quod sit sancta catholica ecclesia. Impii vero non sunt sancta ecclesia. Et videtur additum, quod sequitur, sanctorum communio, ut exponeretur, quid significet ecclesia, nempe congregationem sanctorum, qui habent inter se societatem eiusdem evangelii seu doctrinae et eiusdem spiritus sancti, qui corda eorum renovat, sanctificat et gubernat.

äußerliche Zeichen, dabei man sie kennet, nämlich wo Gottes Wort rein gehet, wo die Sakrament demselbigen gemäß gereicht werden, da ist gewiß die Kirche, da sein Christen und dieselbige Kirche wird allein genennet in der Schrift Christus Leib. Denn Christus ist ihr Häupt und heiliget und stärket sie durch seinen Geist, wie Paulus zu den Ephesern am 1. sagt: „Und hat ihnen gesetzt zum Häupt der Gemeinen, welche ist sein Leib und die Fülle des, der alles in allen erfüllet." Darum in welchen Christus durch seinen Geist nichts wirket, die sein nicht Gliedmaß Christi. Und das bekennen auch die Widersacher, daß die Bösen[1] allein tote Gliedmaß der Kirchen sein. Darum kann ich mich nicht gnugsam verwundern, warum sie doch unsern Beschluß von der Kirchen anfechten, so wir von lebendigen Gliedmaß der Kirchen reden. Und wir haben nichts neues gesagt. Denn Paulus zu den Ephesern am 5. Kap. sagt gleich also, was die Kirche sei, und setzt auch die äußerlichen Zeichen, nämlich das Evangelium, die Sakramente. Denn also sagt er: „Christus hat geliebet die Gemeine und sich selbst für sie gegeben, auf daß er sie heiliget, und hat sie gereiniget durch das Wasserbad im Wort, auf daß er sie ihm selbst zurichtet, eine Gemeine, die herrlich sei, die nicht habe Flecken oder Runzel, sondern daß sie heilig sei, unsträflich 2c." Diesen Spruch des Apostels haben wir dem nahe von Wort zu Wort gesetzt in unser Bekenntnis und also bekennen wir auch in unserm heiligen Symbolo und Glauben: „Ich glaube eine heilige christliche Kirche." Da sagen wir, daß die Kirche

Eph. 1, 22 f.

6

7

M 153
Eph. 5, 25 ff.

8

heilig sei; die Gottlosen aber und Bösen können nicht die heilige Kirche sein. In unserm Glauben folget bald hernach: „Gemeinschaft der Heiligen." Welchs noch klärer, deutlicher auslegt, was die Kirche heißt, nämlich den Haufen und die Versammlung, welche ein Evangelium bekennen, gleich ein Erkenntnis Christi haben, einen Geist haben, welcher ihre Herzen verneuet, heiliget und regieret.

W 147

Et hic articulus necessaria de causa propositus est. Infinita pericula videmus, quae minantur ecclesiae interitum. Infinita multitudo est impiorum in ipsa ecclesia, qui opprimunt eam. Itaque ne desperemus, sed sciamus ecclesiam tamen mansuram esse, item sciamus, quamvis magna multitudo sit impiorum, tamen ecclesiam existere et Christum praestare illa, quae promisit ecclesiae, remittere peccata, exaudire, dare spiritum sanctum; has consolationes proponit nobis articulus ille in symbolo. Et catholicam ecclesiam dicit, ne intelligamus, ecclesiam esse politiam externam

Und der Artikel von der katholick oder gemein Kirchen, welche von aller Nation unter der Sonnen zusammen sich schickt, ist gar tröstlich und hohenötig. Denn der Hauf der Gottlosen ist viel größer, gar nahe unzählig, welche das Wort verachten, bitter hassen und aufs äußerste verfolgen, als da sein Türken, Mahometisten, andere Tyrannen, Ketzer 2c. Darüber wird die rechte Lehre und Kirche oft so gar unterdrückt und verloren, als unterm Papsttum geschehen, als sei keine Kirche, und läßt sich oft ansehen, als sei sie gar untergangen. Dagegen daß wir gewiß sein mügen, nicht zweifeln, sondern fest und gänzlich gläuben,

9

10

---

[1] Conf. vergleicht sie mit der Spreu. Matth. 3, 12. CR 27, 103.

certarum gentium, sed magis homines sparsos per totum orbem, qui de evangelio consentiunt et habent eundem Christum, eundem spiritum sanctum et eadem sacramenta, sive habeant easdem traditiones humanas sive dissimiles. Et in decretis inquit glossa, ecclesiam large dictam complecti bonos et malos; item malos nomine tantum in ecclesia esse, non re, bonos vero re et nomine¹. Et in hanc sententiam multa leguntur apud patres. Hieronymus enim ait: Qui ergo peccator est aliqua sorde maculatus, de ecclesia Christi non potest appellari nec Christo subiectus dici².

daß eigentlich eine christliche Kirche bis an das Ende der Welt auf Erden sein und bleiben werde, daß wir auch gar nicht zweifeln, daß eine christliche Kirche auf Erden lebe und sei, welche Christi Braut sei, obwohl der gottlos Hauf mehr und größer ist, daß auch der Herr Christus hie auf Erden in dem Haufen, welcher Kirche heißt, täglich wirke, Sunde vergebe, täglich das Gebet erhöre, täglich in Anfechtungen mit reichem, starkem Trost die Seinen erquicke und immer wieder aufrichte, so ist der tröstliche Artikel im Glauben gesetzt: „Ich glaube ein katholisch, gemeine, christliche Kirche", damit niemands denken möchte, die Kirche sei, wie ein ander äußerlich Polizei, an dieses oder jenes Land, Königreich oder Stand gebunden, wie von Rom der Papst sagen will; sondern das gewiß wahr bleibt, daß der Hauf und die Menschen die rechte Kirche sein, welche hin und wieder in der Welt, von Aufgang der Sonne bis zum Niedergang, an Christum wahrlich glauben, welche denn ein Evangelium, einen Christum, einerlei Tauf und Sakrament haben, durch einen heiligen Geist regieret werden, ob sie wohl ungleiche Ceremonien haben. Denn auch im Decret Gratiani sagt klar die Glosse, daß dies Wort Kirche large zu nehmen, begreift Böse und Gute. Item, daß die Bösen allein mit den Namen in der Kirchen sein, nicht mit dem Werke; die Guten aber sind beide mit Namen und Werken darinne. Und auf die Meinung liest man viel Sprüche bei den Vätern. Denn Hieronymus sagt: „Welcher ein Sünder ist und in Sunden noch unrein liegt, der kann nicht genennet werden ein Gliedmaß der Kirchen, noch in dem Reich Christi sein."

Quamquam igitur hypocritae et mali sint socii huius verae ecclesiae secundum externos ritus tamen cum definitur ecclesia, necesse est eam definiri, quae est vivum corpus Christi, item, quae est nomine et re ecclesia. Et multae sunt causae. Necesse est enim intelligi, quae res principaliter efficiat nos membra et viva membra ecclesiae. Si ecclesiam tantum definiemus externam politiam esse bonorum et malorum, non intelligent homines regnum Christi esse iustitiam cordis et donationem spiritus sancti, sed iudicabunt tantum externam observationem esse certorum cultuum ac rituum. Item quid intererit inter populum legis et ecclesiam, si ecclesia est externa politia? At sic discernit Paulus ecclesiam a populo legis, quod ecclesia sit populus spiritualis, hoc est, non civilibus ritibus distinctus a gentibus, sed verus populus Dei, renatus per spiritum sanctum. In populo legis praeter promissionem de Christo habebat et carnale semen promissiones rerum corporalium, regni etc.

Wiewohl nu die Bösen und gottlosen Heuchler mit der rechten Kirchen Gesellschaft haben in äußerlichen Zeichen, im Namen und Ämtern, dennoch wenn man eigentlich reden will, was die Kirche sei, muß man von dieser Kirchen sagen, die der Leib Christi heißt und Gemeinschaft hat nicht allein in äußerlichen Zeichen, sondern die Güter im Herzen hat, den heiligen Geist und Glauben. Denn man muß je recht eigentlich wissen, wodurch wir Gliedmaß Christi werden, und was uns macht zu lebendigen Gliedmaßen der Kirchen. Denn so wir würden sagen, daß die Kirche allein ein äußerliche Polizei wäre, wie andere Regimente, darinne Böse und Gute wären ꝛc., so wird niemands daraus lernen noch verstehen, daß Christi Reich geistlich ist, wie es doch ist, darinne Christus inwendig die Herzen regieret, stärket, tröstet, den heiligen Geist und mancherlei geistliche Gaben austeilet, sondern man wird gedenken, es sei eine äußerliche Weis, gewisse Ordnung etlicher Ceremonien und Gottesdiensts. Item, was wollt für ein Unterschied sein zwischen dem Volk

---

¹) Decr. Grat. II. C. 33. q. 3. d. 1. de poen. c. 70. Glosse: Ecclesia Christi quandoque large sumitur, ut granum et poleam complectatur ... Vel dic aliud esse de ecclesia, quod hic negatur de malis; aliud esse in ecclesia, quod in contrariis conceditur. Vel distingue. Nam sunt quidam in ecclesia nomine et re, ut boni catholici; ut hic: quidam nec nomine nec re ut praecisi.   ²) Pseudo-Hieron. In ep. ad Eph. 5, 24. MSL 26, 531 C.

VII. Von der Kirchen.

Et propter has dicebantur populus Dei
etiam ¹ mali in his, quia hoc carnale semen Deus separaverat ab aliis gentibus
per certas ordinationes externas et promissiones; et tamen mali illi non place-
bant Deo. At evangelium affert non um-
bram aeternarum rerum, sed ipsas res
aeternas, spiritum sanctum et iustitiam,
qua coram Deo iusti sumus.

des Gesetzes und der Kirchen, so die Kirche allein ein äußerliche Polizei wäre. Nu unterscheidet Paulus also die Kirche von den Jüden, daß er sagt, die Kirche sei ein geistlich Volk, das ist ein solch Volk, welches nicht allein in der Polizei und bürgerlichen Wesen unterschieden sei von den Heiden, sondern ein recht Volk Gottes, welches im Herzen erleuchtet wird und neu geboren durch den heiligen Geist. Item, in dem jüdischen Volk da hatten alle diejenigen, so von Natur Jüden und aus Abrahams Samen geboren waren, über die Verheißung der geistlichen Güter in Christo auch viel Zusage von leiblichen Gütern, als vom Königreiche 2c. Und um der göttlichen Zusage willen waren auch die Bösen unter ihnen Gottes Volk genennet. Denn den leiblichen Samen Abrahä und alle geborne Jüden hatte Gott abgesondert von andern Heiden durch dieselbigen leiblichen Verheißunge, und dieselbigen Gottlosen und Bösen waren doch nicht das rechte Gottes Volk, gefielen auch Gott nicht. Aber das Evangelium, welchs in der Kirchen geprediget wird, bringet mit sich nicht allein den Schatten der ewigen Güter, sondern ein jeder rechter Christ, der wird hie auf Erden der ewigen Güter selbst teilhaftig, auch des ewigen Trosts, des ewigen Lebens und heiligen Geistes und der Gerechtigkeit, die aus Gott ist, teilhaftig, bis daß er dort vollkömmlich selig werde.

Igitur illi tantum sunt populus iuxta
evangelium, qui hanc promissionem spiritus accipiunt. Ad haec ecclesia est regnum
Christi, distinctum contra regnum diaboli.
Certum est autem impios in potestate
diaboli et ¹ membra regni diaboli esse,
sicut docet Paulus Ephes. 2., cum ait,
diabolum efficacem esse in incredulis.
Et Christus inquit ad pharisaeos, quibus
certe erat externa societas cum ecclesia,
id est, cum sanctis in populo legis, prae-
erant enim, sacrificabant et docebant:
Vos ex patre diabolo estis. Itaque ecclesia, quae vere est regnum Christi, est
proprie congregatio sanctorum. Nam
impii reguntur a diabolo et sunt captivi
diaboli, non reguntur spiritu Christi.

Derhalben sind die allein nach dem Evangelio Gottes Volk, welche die geistlichen Güter, den heiligen Geist empfahen, und dieselbige Kirche ist das Reich Christi, unterschieden von dem Reich des Teufels. Denn es ist gewiß, daß ¹ alle Gottlosen im Gewalt des Teufels sein und Gliedmaß seines Reichs, wie Paulus zu den Ephesern sagt: Daß der Teufel kräftig regiere in den Kindern des Unglaubens. Und Christus sagt zu den Pharisäern, welche die heiligsten waren, und auch den Namen hatten, daß sie Gottes Volk und die Kirche wären, welche auch ihr Opfer täten: Ihr seid aus eurem Vater, dem Teufel. Darum die rechte Kirche ist das Reich Christi, das ist, die Versammlung aller Heiligen, denn die Gottlosen werden nicht regiert durch den Geist Christi.

Sed quid verbis opus est in re manifesta? Si ecclesia, quae vere est regnum
Christi, distinguitur a regno diaboli, necesse est impios, cum sint in regno diaboli, non esse ecclesiam; quamquam in
hac vita, quia nondum revelatum est
regnum Christi, sint admixti ecclesiae
et gerant officia in ecclesia. Nec propterea impii sunt regnum Christi, quia
revelatio nondum facta est. Semper enim
hoc est regnum Christi, quod spiritu
suo vivificat, sive sit revelatum, sive sit
tectum cruce. Sicut idem est Christus,
qui nunc glorificatus est, antea afflictus
erat. Et conveniunt huc similitudines
Christi, qui clare dicit Matth. 13., bonum
semen esse filios regni, at zizania filios
diaboli; agrum dicit mundum esse, non
ecclesiam. Ita Iohannes de illa tota gente

Was sind aber viel Wort vonnöten in so klarer öffentlicher Sache? Allein die Widersacher widersprechen der hellen Wahrheit. So die Kirche, welche je gewiß Christi und Gottes Reich ist, unterschieden ist von des Teufels Reich, so können die Gottlosen, welche in des Teufels Reich sein, je nicht die Kirche sein; wiewohl sie in diesem Leben, dieweil das Reich Christi noch nicht offenbart ist, unter den rechten Christen und in der Kirchen sein, darinne auch Lehramt und andere Ämter mit haben. Und die Gottlosen sind darum mittler Zeit nicht ein Stück des Reichs Christi, weil es noch nicht offenbart ist. Denn das rechte Reich Christi, der rechte Haufe Christi sind und bleiben allzeit diejenigen, welche Gottes Geist erleucht hat, stärket, regieret; ob es wohl für der Welt noch nicht offenbart, sondern un-

Iudaeorum loquitur et dicit fore, ut vera ecclesia separetur ab illo populo. Itaque hic locus magis contra adversarios facit, quam pro eis quia ostendit verum et spiritualem populum a populo carnali separandum esse. Et Christus de specie ecclesiae dicit, cum ait: Simile est regnum coelorum sagenae aut decem virginibus, et docet ecclesiam tectam esse multitudine malorum, ne id scandalum pios offendat; item ut sciamus verbum et sacramenta efficacia esse, etsi tractentur a malis. Atque interim docet impios illos, quamvis habeant societatem externorum signorum, tamen non esse verum regnum Christi et membra Christi. 20 Sunt enim membra regni diaboli. Neque vero somniamus nos Platonicam civitatem, ut quidam impie cavillantur[1], sed dicimus existere hanc ecclesiam, videlicet vere credentes ac iustos sparsos per totum orbem. Et addimus notas: puram doctrinam evangelii et sacramenta. Et haec ecclesia proprie est columna veritatis. Retinet enim purum evangelium et, ut Paulus inquit, fundamentum, hoc est, veram Christi cognitionem et fidem. Etsi sunt in his etiam multi imbecilles, qui supra fundamentum aedificant stipulas perituras, hoc est, quasdam inutiles opiniones, quae tamen, quia non evertunt fundamentum, tum condonantur 21 illis, tum etiam emendantur. Ac sanctorum patrum scripta testantur, quod interdum stipulas etiam aedificaverint supra fundamentum, sed quae non everterunt fidem eorum. Verum pleraque istorum, quae adversarii nostri defendunt, fidem evertunt, ut quod damnant articulum de remissione peccatorum, in quo dicimus fide accipi remissionem peccatorum. Manifestus item et perniciosus error est, quod docent adversarii mereri homines remissionem peccatorum dilectione erga Deum ante gratiam. Nam hoc quoque est tollere fundamentum, hoc est, Christum. Item, quid opus erit fide, si sacramenta ex opere operato sine bono motu 22 utentis iustificant? Sicut autem habet ecclesia promissionem, quod semper sit habitura spiritum sanctum, ita habet comminationes, quod sint futuri impii doctores et lupi. Illa vero est proprie ecclesia, quae habet spiritum sanctum. Lupi et mali doctores etsi grassantur in ecclesia, tamen non sunt proprie regnum Christi. Sicut et Lyra testatur, cum ait: Ecclesia non consistit in hominibus ra-

term Kreuz verborgen ist. Gleichwie es allzeit ein Christus ist und bleibt, der die Zeit gekreuziget ward und nu in ewiger Herrlichkeit hirrschet und regieret im Himmel. Und da reimen sich auch die Gleichnus Christi hin, da er klar sagt Matth. am 13., daß „der gute Same sind die Kinder des Reichs, das Unkraut sind die Kinder des Teufels, der Acker sei die Welt", nicht die Kirche. Also ist auch zu verstehen das Wort Johannis, da er sagt Matth. am 3.: „Er wird seine Tenne fegen, und den Weizen in seine Scheure sammlen, aber die Spreu wird er verbrennen." Da redet er von dem ganzen jüdischen Volk und sagt, die rechte Kirche solle von dem Volk abgesondert werden. Derselbige Spruch ist den Widersachern mehr entgegen, denn für sie. Denn er zeigt klar an, wie das recht, gläubig, geistlich Volk solle von dem leiblichen Israel abgescheiden werden. Und da Christus spricht: Das Himmelreich ist gleich einem Netze, item den zehen Jungfrauen, will er nicht, daß die Bösen die Kirche sein, sondern unterricht, wie die Kirche scheinet in dieser Welt. Darum spricht er, sie sei gleich diesem 2c. das ist, wie im Haufen Fische die guten und bösen durch einander liegen, also ist die Kirche hie verborgen unter dem großen Haufen und Mennige der Gottlosen, und will, daß sich die Frommen nicht ärgern sollen. Item, daß wir wissen sollen, daß das Wort und die Sakrament darum nicht ohne Kraft sein, obgleich Gottlose predigen oder die Sakrament reichen. Und lehret uns Christus damit also, daß die Gottlosen, ob sie wohl nach äußerlicher Gesellschaft in der Kirchen sein, doch nicht Gliedmaß Christi, nicht die rechte Kirche sein, denn sie sind Gliedmaß des Teufels. Und wir reden nicht von einer erdichten Kirchen, die nirgend zu finden sei, sondern wir sagen und wissen fürwahr, daß diese Kirche, darinne Heiligen leben, wahrhaftig auf Erden ist und bleibet, nämlich daß etliche Gottes Kinder sind hin und wider in aller Welt, in allerlei Königreichen, Inseln, Ländern, Städten vom Aufgang der Sonnen bis zum Niedergang, die Christum und das Evangelium recht erkennt haben, und sagen, dieselbige Kirche habe diese äußerliche Zeichen: das Predigtamt oder Evangelium und die Sakrament. Und dieselbige Kirche ist eigentlich, wie Paulus sagt, ein Säule der Wahrheit, denn sie behält das reine Evangelium, den rechten Grund. Und wie Paulus sagt: Einen andern Grund kann niemands legen, außer dem, der gelegt ist, welcher ist Christus. Auf

---

[1] Vgl. WA VII 683₈. O. Ritschl I 311. Thieme 198. Lämmer, Vortrid. Theol. 78, 13. u. S. 260₄₀.₅₀. 310₃₅.

VII. Von der Kirchen.

tione potestatis vel dignitatis ecclesiasticae vel saecularis, quia multi principes et summi pontifices et alii inferiores inventi sunt apostatasse a fide. Propter quod ecclesia consistit in illis personis, in quibus est notitia vera et confessio fidei et veritatis[1]. Quid aliud diximus nos in confessione nostra, quam quod hic dicit Lyra?

Den Grund sind nu die Christen gebauet. Und wiewohl nu in dem Haufen, welcher auf den rechten Grund, das ist, Christum und den Glauben gebauet ist, viel schwache sein, welche auf solchen Grund Stroh und Heu bauen, das ist, etliche menschliche Gedanken und Opinion, mit welchen sie doch den Grund, Christum, nicht umstoßen noch verwerfen, derhalben sie dennoch Christen sind und werden ihnen solche Feihl vergeben, werden auch etwa erleucht und besser unterricht: also sehen wir in Vätern, daß sie auch beiweilen Stroh und Hau auf den Grund gebauet haben, doch haben sie damit den Grund nicht umstoßen wollen. Aber viel Artikel bei unsern Widersachern stoßen den rechten Grund nieder, das Erkenntnis Christi und den Glauben. Denn sie verwerfen und verdammen den hohen, größten Artikel, da wir sagen, daß wir allein durch den Glauben, ohne alle Werke Vergebung der Sunde durch Christum erlangen. Dagegen lehren sie vertrauen auf unsere Werke, damit Vergebung der Sunden zu verdienen, und setzen anstatt Christi ihre Werke, Orden, Messe, wie auch die Jüden, Heiden und Türken mit eigen Werken fürhaben selig zu werden. Item, sie lehren, die Sakramente machen fromm ex opere operato ohne Glauben. Wer nu den Glauben nicht nötig achtet, der hat Christum bereit verloren. Item, sie richten Heiligendienst an, rufen sie an anstatt Christi, als Mittler 2c. Wie aber klare Verheißungen Gottes in der Schrift stehen, daß die Kirche allzeit soll den heiligen Geist haben, also stehen auch ernste Dräuung in der Schrift, daß neben den rechten Predigern werden einschleichen falsche Lehrer und Wölfe. Diese ist aber eigentlich die christliche Kirche, die den heiligen Geist hat. Die Wölfe und falsche Lehrer, wiewohl sie in der Kirchen wüten und Schaden tun, so sind sie doch nicht die Kirche oder das Reich Christi, wie auch Lyra bezeuget, da er sagt: „Die rechte Kirche stehet nicht auf Prälaten ihres Gewalts halben, denn viel hohes Standes, Fürsten und Bischofe, auch viel nieder Standes sind vom Glauben abgefallen. Darum stehet die Kirche auf denjenigen, in welchen ist ein recht Erkenntnis Christi, ein rechte Confession und Bekenntnis des Glaubens und der Wahrheit." Nu haben wir in unser Confession nicht anders gesagt im Grunde, denn eben das, das Lyra also mit klaren Worten sagt, daß er nicht klärer reden könnte.

Sed fortassis adversarii sic postulant definiri ecclesiam, quod sit monarchia externa suprema totius orbis terrarum, in qua oporteat romanum pontificem habere potestatem ἀνυπεύθυνον[2], de qua nemini liceat disputare aut iudicare, condendi articulos fidei, abolendi scripturas, quas velit, instituendi cultus et sacrificia, item condendi leges, quas velit, dispensandi et solvendi, quibuscunque legibus velit, divinis, canonicis et civilibus, a quo imperator et reges omnes accipiant potestatem et ius tenendi regna de mandato Christi, cui cum pater omnia subiecerit, intelligi oporteat hoc ius in papam translatum esse. Quare necesse sit papam esse dominum totius orbis terrarum, omnium regnorum mundi, omnium rerum privatarum et publicarum, habere plenitudinem potestatis in temporalibus et spiritualibus, habere utrumque gladium, spiritualem et temporalem[3]. Atque haec definitio, non ecclesiae Christi, sed regni

Aber es wollten gern die Widersacher ein neue römische Definition der Kirchen haben, daß wir sollten sagen, die Kirche ist die öberste Monarchia, die größte, mächtigste Hoheit in der ganzen Welt, darinnen der römische Pabst als das Haupt der Kirchen aller hohen und niedern Sachen und Händel, weltlicher, geistlicher, wie er will und denken darf, durchaus ganz mächtig ist, von welches Gewalt (er brauchs, mißbrauchs, wie er wolle), niemands disputieren, reden oder mucken darf. Item, in welcher Kirchen der Pabst Macht hat, Artikel des Glaubens zu machen, allerlei Gottesdienst aufzurichten, die heilige Schrift nach allem seinem Gefallen abzuthun, zu verkehren und zu deuten wider alle göttliche Gesetz, wider sein eigen Dekretal, wider alle Kaiserrechte, wie oft, wie viel und wenn es ihnen gelüst, Freiheit und Dispensation um Geld zu verkäufen, von welchem der römische Kaiser, alle Könige, Fürsten und Potentaten schuldig sein, ihre königliche Kron, ihre Herrlichkeit und Titel zu empfahen, als

---

[1] Nik. v. Lyra Postilla super Matth. 16, 10. [2] unumschränkt. [3] Seit Bern=

pontificii, habet auctores non solum canonistas, sed etiam Danielem cap. 11.

vom Statthalter Christi. Derhalben der Pabst ein irdischer Gott, ein oberste Majestät und allein der großmächtigste Herr in aller Welt ist, über alle Königreich, über alle Lande und Leute, über alle Güter, geistlich und weltlich, und also in seiner Hand hat alles, beide weltlich und geistlich Schwert. Diese Definition, welche sich auf die rechte Kirchen gar nicht, aber auf des römischen Pabsts Wesen wohl reimet, findet man nicht allein in der Canonisten Büchern, sondern Daniel der Prophet malet den Antichrist auf diese Weise.

25 Quodsi hoc modo definiremus ecclesiam, fortassis haberemus aequiores iudices. Multa enim exstant immoderate et impie scripta de potestate romani pontificis, propter quae nemo unquam reus factus est. Nos soli plectimur, quia praedicamus beneficium Christi, quod fide in Christum consequamur remissionem peccatorum, non cultibus excogitatis a 26 pontifice. Porro Christus, prophetae et apostoli longe aliter definiunt ecclesiam 27 Christi, quam regnum pontificium. Nec est ad pontifices transferendum, quod ad veram ecclesiam pertinet, quod videlicet sint columnae veritatis, quod non errent. Quotusquisque enim curat evangelium, aut iudicat dignum esse lectione? Multi etiam palam irrident religiones omnes, aut si quid probant, probant illa, quae humanae rationi consentanea sunt, cetera fabulosa esse arbitrantur et similia 28 tragoediis poëtarum. Quare nos iuxta scripturas sentimus ecclesiam proprie dictam esse congregationem sanctorum, qui vere credunt evangelio Christi et habent spiritum sanctum. Et tamen fatemur multos hypocritas et malos his in hac vita admixtos habere societatem externorum signorum, qui sunt membra ecclesiae secundum societatem externorum signorum ideoque gerunt officia in ecclesia. Nec adimit sacramentis efficaciam, quod per indignos tractantur, quia repraesentant Christi personam propter vocationem ecclesiae, non repraesentant proprias personas, ut testatur Christus: Qui vos audit, me audit. Cum verbum Christi, cum sacramenta porrigunt, Christi vice et loco porrigunt. Id docet nos illa vox Christi, ne indignitate ministrorum offendamur.

Wenn wir eine solche Definition setzten und sagten, daß die Kirche wäre ein solcher Pracht, wie des Pabstes Wesen stehet, so möchten wir vielleicht nicht so gar ungnädige Richter haben. Denn es sind der Widersacher Bücher am Tage, darinnen des Pabstes Gewalt allzu hoch gehaben wird; dieselbige straft niemand. Allein wir müssen herhalten, derhalben, daß wir Christus Wohltat preisen und hoch heben, und die klaren Wort und Lehre der Aposteln schreiben und predigen, nämlich daß wir Vergebung der Sünde erlangen durch den Glauben an Jesum Christum und nicht durch Heuchelei oder erdichte Gottesdienst, welche der Pabst unzählig angericht. Christus aber und die Propheten und Aposteln schreiben und reden gar viel anders davon, was die Kirche Christi sei, und des Pabsts Reich will sich zu derselbigen Kirchen gar nicht reimen, sondern siehet ihr gar unähnlich. Darum soll man die Sprüche, so von der rechten Kirchen reden, nicht auf die Päbste oder Bischofe deuten, nämlich daß sie Säulen der Wahrheit sein, item daß sie nicht irren können. Denn wie viel findet man wohl oder wie viel sind bisanher funden unter Bischofen, Päbsten 2c., die sich des Evangelii mit Ernst und herzlich angenommen oder das wert geachtet hätten ein Blättlin, einen Buchstaben darinnen recht zu lesen? Man weiß wohl leider viel Exempel, daß ihr viel in Welschland und sonst sein, welche die ganze Religion, Christum und das Evangelium verlachen und öffentlich für ein Spott halten. Und lassen sie ihnen etwas gefallen, so lassen sie ihnen das gefallen, das menschlicher Vernunft gemäß, das ander alles halten sie für Fabeln. Darum sagen und schließen wir nach der heiligen Schrift, daß die rechte christliche Kirche sei der Haufe hin und wieder in der Welt derjenigen, die da wahrlich glauben dem Evangelio Christi und den heiligen Geist haben. Und wir bekennen doch auch, daß so lange dieses Leben auf Erden währet, viel Heuchler und Böse in der Kirchen sein unter den rechten Christen, welche auch Glieder sind der Kirchen, sofern äußerliche Zeichen betrifft. Denn sie haben Aemter in der Kirchen, predigen, reichen Sakrament, und tragen den Titel und Namen der Christen. Und die Sakramente, Taufe 2c. sind darum nicht ohne Wirkung oder Kraft, daß sie durch Unwürdige und Gottlose gereicht

---

hard von Clairvaux De consideratione IV, 3, 7. MSL 182, 776 übliche Deutung von Luk. 22, 38. Bonifaz VIII. Bulle Unam sanctam bei Mirbt Quellen⁴ S. 210, 38.

VII. Von der Kirchen.

werden. Denn um des Berufs willen der Kirchen sind solche da, nicht für ihre eigen Person, sondern als Christus, wie Christus zeuget: Wer euch höret, der höret mich. Also ist auch Judas zu predigen gesendet. Wenn nu gleich Gottlose predigen und die Sakrament reichen, so reichen sie dieselbigen an Christus statt. Und das lehret uns das Wort Christi, daß wir in solchem Fall die Unwürdigkeit der Diener uns nicht sollen irren lassen.

Sed de hac re satis clare diximus in Confessione, nos improbare Donatistas et Viglevistas[1], qui senserunt homines peccare, accipientes sacramenta ab indignis in ecclesia. Haec in praesentia videbantur sufficere ad defensionem descriptionis ecclesiae, quam tradidimus. Neque videmus, cum ecclesia proprie dicta appelletur corpus Christi, quomodo aliter describenda fuerit, quam nos descripsimus. Constat enim impios ad regnum et corpus diaboli pertinere, qui impellit et habet captivos impios. Haec sunt luce meridiana clariora, quae tamen si pergent calumniari adversarii, non gravabimur copiosius respondere.

Aber von dem Stück haben wir klar gnug geredt in unserer Confession, nämlich daß wir es nicht halten mit den Donatisten und Wikleffisten, die da hielten, daß diejenigen sündigen, die die Sakrament in der Kirchen von gottlosen Dienern empfahen. Dieses, achten wir, soll gnug sein zu schützen und zu erhalten die Definition, da wir gesagt, was die Kirche sei? Und nachdem die rechte Kirche in der Schrift genennet wird Christus Leib, so ist je gar nicht müglich anders davon zu reden, denn wie wir davon geredt haben. Denn es ist je gewiß, daß die Heuchler und Gottlosen nicht Christus Leib sein können, sondern in das Reich des Teufels gehören, welcher sie gefangen hat und treibt, wozu er will. Dieses alles ist ganz öffentlich und so klar, daß niemands leucken[3] mag. Werden aber die Widersacher mit ihren Calumnien fortfahren, soll ihnen ferner Antwort geben werden.

Damnant adversarii et hanc partem septimi articuli, quod diximus ad veram unitatem ecclesiae satis esse, consentire de doctrina evangelii et administratione sacramentorum, nec necesse esse, ubique similes traditiones humanas esse seu ritus aut ceremonias ab hominibus institutas. Hic distinguunt universales et particulares ritus et probant articulum nostrum, si intelligatur de particularibus ritibus; de universalibus ritibus, non recipiunt[2]. Non satis intelligimus, quid velint adversarii. Nos de vera, hoc est, spirituali unitate loquimur, sine qua non potest existere fides in corde seu iustitia cordis coram Deo. Ad hanc, dicimus, non esse necessariam similitudinem rituum humanorum sive universalium sive particularium, quia iustitia fidei non est iustitia alligata certis traditionibus, sicut iustitia legis erat alligata Mosaicis ceremoniis, quia illa iustitia cordis est res vivificans corda. Ad hanc vivificationem nihil conducunt humanae traditiones sive universales sive particulares, nec sunt effectus Spiritus Sancti, sicut castitas,

Auch verdammen die Widersacher dieses Stück vom siebenten Artikel, da wir gesagt haben, daß gnug sei zu Einigkeit der Kirchen, daß einerlei Evangelium, einerlei Sakrament gereicht werden, und sei nicht not, daß die Menschensatzungen allenthalben gleichförmig sein. Diese Stück lassen sie also zu, daß nicht not sei zu Einigkeit der Kirchen, daß traditiones particulares gleich sein. Aber daß traditiones universales gleich sein, das sei not zu wahrer Einigkeit der Kirchen. Das ist eine gute grobe distinctio. Wir sagen, daß diejenigen ein einträchtige Kirche heißen, die an einen Christum gläuben, ein Evangelium, einen Geist, einen Glauben, einerlei Sakrament haben, und reden also von geistlicher Einigkeit, ohne welche der Glaube und ein christlich Wesen nicht sein kann. Zu derselbigen Einigkeit sagen wir nu, es sei nicht not, daß Menschensatzungen, sie sein universales oder particulares, allenthalben gleich sein. Denn die Gerechtigkeit, welche für Gott gilt, die durch den Glauben kommt, ist nicht gebunden an äußerliche Ceremonien oder Menschensatzungen. Denn der Glaub ist ein

---

[1]) In CA Art. VIII fehlen die Wiclifisten. Conf. zu Art. VIII: Quam haeresin ⟨der Donatisten⟩ postea Waldenses et pauperes de Lugduno resuscitarunt: quod deinde Johannes Wickleff in Anglia et Johannes Huss in Bohemia secuti sunt. CR 27, 105. Zu Wiclif Seeberg, Dogmengesch. III[4], 795 f.   [2]) CR 27, 104.   [3]) leugnen.

2. Aufl.

patientia, timor Dei, dilectio proximi et opera dilectionis.

Licht im Herzen, das die Herzen verneuert und lebendig macht; da helfen äußerliche Satzungen oder Ceremonien, sie sind universal oder particular, wenig zu.

32 Nec leves causae fuerunt, cur hunc articulum poneremus. Constat enim multas stultas opiniones de traditionibus serpsisse in ecclesiam. Nonnulli putaverunt humanas traditiones necessarios cultus esse ad promerendam iustificationem[1]. Et postea disputaverunt, qui fieret, quod tanta varietate coleretur Deus, quasi vero observationes illae essent cultus, et non potius externae et politicae ordinationes, nihil ad iustitiam cordis seu cultum Dei pertinentes, quae alibi casu alibi propter quasdam probabiles rationes variant. Item aliae ecclesiae alias propter tales traditiones excommunicaverunt, ut propter observationem paschatis, picturas et res similes[2]. Unde imperiti existimaverunt fidem seu iustitiam cordis coram Deo non posse existere sine his observationibus. Exstant enim de hoc negotio multa inepta scripta Summistarum[3] et aliorum.

Und es hat nicht geringe Ursachen gehabt, daß wir den Artikel gesetzt haben; denn es ist gar mancher großer Irrtum und närrische Opinion von den Satzungen eingerissen in der Kirchen. Etliche haben wollt wähnen, daß christliche Heiligkeit und Glaube ohne solche Menschensatzungen nicht gelte für Gott, könne auch niemand Christen sein, er halte denn solche traditiones, so es doch nichts anders sein denn äußerliche Ordnung, welche oft zufällig, oft auch aus Ursachen an einem Ort anders sein denn am andern, wie im weltlichen Regiment eine Stadt andere Gebräuch hat denn die ander. Auch liest man in Historien, daß eine Kirche die andern in Bann getan solcher Satzung halben, als um des Ostertags willen, um der Bilder willen und desgleichen. Darum haben die Unerfahrenen nicht anders gehalten, denn daß man durch solche Ceremonien für Gott fromm würde, und daß niemands Christen sein könnte ohne solche Gottesdienste und Ceremonien. Denn es sind gar viel ungeschickter Bücher der Summisten und anderer davon noch für Augen.

33 Sed sicut dissimilia spatia dierum ac noctium non laedunt unitatem ecclesiae, ita sentimus non laedi veram unitatem ecclesiae dissimilibus ritibus institutis ab[1] hominibus. Quamquam placet nobis, ut universales ritus propter tranquillitatem serventur. Sicut et nos in ecclesiis ordinem missae, diem dominicum et alios dies festos celebriores libenter servamus[4]. Et gratissimo animo amplectimur utiles ac veteres ordinationes, praesertim cum contineant paedagogiam, qua

Aber wie die Einigkeit der Kirchen dadurch nicht getrennet wird, ob in einem Lande, an einem Ort die Tage natürlich länger oder kürzer sein denn an andern, also halten wir auch, daß die Einigkeit der Kirchen dadurch nicht getrennet wird, ob solche Menschensatzungen an einem Ort diese, am andern jene Ordnung haben. Wiewohl es uns auch wohlgefällt, daß die Universalceremonien um Einigkeit und guter Ordnung willen gleichförmig gehalten werden, wie wir denn in unsern Kirchen die

---

[1]) Eck in einem Bedenken von Anf. Aug. 1530 über CA XXVIII (abusus VII): Articulus 7. discordat cum ecclesia, quia auffert ei regimen et potestatem statuendi pro subditis, ut perveniant in vitam aeternam. Schirrmacher, 207. Ebenso in Gutachten bei G. Müller, J. Eck u. die CA (1958, s. o. S. XXI), 238. Besonders klar die Pariser Theologen 1535 gegen Melanchthons Consilium de moderandis controversiis religionis ad Gallos (CR 2, 741 ff.): Talia (praecepta disciplinae) enim ad virtutes comparandas conducunt et ad faciliorem seu commodiorem divinorum praeceptorum adimpletionem, per quae sane Deus placatur et flagella sua amovet, promerentur christiani, vitia comprimuntur, magna acquiruntur satisfactionis emolumenta. Lämmer, Vortrid. kath. Theol. 202.   [2]) Passahstreit der 190er Jahre, in dem Rom die Kleinasiaten exkommunizierte; Verurteilung der Synode von Konstantinopel 754 durch die Lateransynode 769 in der Bilderfrage; Schisma des Photius 863—900 und vor allem die endgültige Exkommunikationsbulle gegen die griechische Kirche 1054 (Mirbt Nr. 269).   [3]) Verfasser der kasuistischen Beichthandbücher seit der Summa de casibus conscientiae des Raimund v. Pennaforte, Mitte 13. Jh. RE³ X, 118 f. (s. auch o. S. 103 U. 3).   [4]) s. o. S. 42. Anm. 7.

prodest populum et imperitos assuefacere ac docere. Sed non disputamus nunc, an conducat propter tranquillitatem aut corporalem utilitatem servare. Alia res agitur. Disputatur enim, utrum observationes traditionum humanarum sint cultus necessarii ad iustitiam coram Deo. Hoc est κρινόμενον[1] in hac controversia, quo constituto postea iudicari potest, utrum ad veram unitatem ecclesiae necesse sit, ubique similes esse traditiones humanas. Si enim traditiones humanae non sunt cultus necessarii ad iustitiam coram Deo, sequitur posse iustos et filios Dei esse, etiamsi quas traditiones non habent, quae alibi receptae sunt. Ut si forma vestitus germanici non est cultus Dei necessarius ad iustitiam coram Deo, sequitur posse iustos ac filios Dei et ecclesiam Christi esse, etiamsi qui utantur non germanico, sed gallico vestitu.

Kirchen im Gebrauch sein. Als ein Gleichnis: Wenn dies stehet, daß deutsch und französisch Kleidung tragen nicht ein nötiger Gottesdienst sei, so folget, daß etliche gerecht, heilig und in der Kirchen Christi sein können, die auch gleich nicht deutsch oder französisch Kleidung tragen.

Hoc clare docet Paulus ad Col., cum ait: Nemo vos iudicet in cibo aut in potu aut in parte diei festi aut neomeniae aut sabbatorum, quae sunt umbra futurorum, corpus autem Christi. Item: Si mortui estis cum Christo ab elementis mundi, quid adhuc tanquam viventes mundo decreta facitis: ne tetigeritis, neque gustaveritis, neque contrectaveritis, quae omnia pereunt usu consumpta et sunt praecepta et doctrinae hominum, speciem habentia sapientiae in superstitione et humilitate? Est enim sententia: Cum iustitia cordis sit res spiritualis vivificans corda, et constet, quod traditiones humanae non vivificent corda, nec sint effectus spiritus sancti, sicut dilectio proximi, castitas etc., nec sint instrumenta, per quae Deus movet corda ad credendum, sicut verbum et sacramenta divinitus tradita, sed sint usus rerum nihil ad cor pertinentium, quae usu pereant, non est sentiendum, quod sint necessariae ad iustitiam coram Deo. Et in eandem sententiam inquit Rom. 14.: Regnum Dei non est esca et potus, sed iustitia et pax et gaudium in Spiritu Sancto. Sed non est opus citare multa testimonia, cum ubique sint obvia in scripturis, et nos plurima in confessione

Messe, des Sonntags Feier und die andern hohen Feier auch behalten. Und wir lassen uns gefallen alle gute nützliche Menschensatzungen, sonderlich die da zu einer feinen äußerlichen Zucht dienen der Jugend und des Volks. Aber hie ist die Frage darüber nicht: Ob Menschensatzungen um äußerlicher Zucht willen, um Friedes willen zu halten sein? Es ist gar viel ein ander Frage, nämlich ob solche Menschensatzungen halten ein Gottesdienst sei, dadurch man Gott versühne, und daß ohne solche Satzungen niemands für Gott gerecht sein möge? Das ist die Hauptfrage. Wenn darauf schließlich und endlich geantwortet ist, so ist darnach klar zu urteilen, ob das heiße einig oder einträchtig mit der Kirchen sein, wenn wir allenthalben solche Satzungen zugleich halten. Denn so solche Menschensatzungen nicht ein nötiger Gottesdienst sind, so folget, daß etliche fromm, heilig, gerecht, Gotteskinder und Christen sein können, die gleich nicht die Ceremonien haben, so in andern

Also lehrt auch Paulus klar zu den Kolossern am 2. Kap.: "So lasset nu niemand euch Gewissen machen über Speise, Trank, oder bestimmte Feiertage oder neue Monden oder Sabbather, welche sind der Schatten von dem, das zukünftig war, aber der Körper selbst ist in Christo." Item: So ihr denn nu abgestorben seid mit Christo den Satzungen der Welt, was laßt ihr euch denn fangen mit Satzungen, als lebet ihr noch in der Welt, die da sagen: Du sollt das nicht angreifen, du sollt das nicht kosten, du sollt das nicht anrühren, welchs sich doch alles unter den Händen verzehret und ist Menschengebot und Lehre, welche haben ein Schein der Weisheit durch selbst erwählet Geistlichkeit und Demut. Denn das ist Pauli Meinung: Der Glaub im Herzen, dadurch wir fromm werden, ist ein geistlich Ding und Licht im Herzen, dadurch wir verneuet werden, andern Sinn und Mut gewinnen. Die Menschensatzungen aber sind nicht ein solch lebendig Licht und Kraft des heiligen Geistes im Herzen, sind nichts Ewiges, darum machen sie nicht ewig Leben, sondern sind äußerlich leibliche Übung, die das Herz nicht ändern. Darum ist nicht zu halten, daß sie nötig sein zu der Gerechtigkeit, die für Gott gilt. Und auf die Meinung redet Paulus auch zu den Römern am 14.: Das Reich

---

[1]) Zu entscheiden.

congesserimus in posterioribus articulis. Et huius controversiae κρινόμενον infra paulo post repetendum erit; videlicet utrum traditiones humanae sint cultus necessarii ad iustitiam coram Deo? Ubi de hac re copiosius disputabimus.

38 Adversarii dicunt universales traditiones ideo servandas esse, quia existimentur ab apostolis traditae esse[1]. O religiosos homines! ·Ritus ab apostolis sumptos retineri volunt, non volunt retineri doctrinam apostolorum. Sic iudi‑
39 candum est de ritibus illis, sicut ipsi apostoli in suis scriptis iudicant. Non enim voluerunt apostoli nos sentire, quod per tales ritus iustificemur, quod tales ritus sint res necessariae ad iustitiam coram Deo. Non voluerunt apostoli tale onus imponere conscientiis, non voluerunt iustitiam et peccatum collocare in observationibus dierum, ciborum et
40 similium rerum. Imo Paulus appellat huiusmodi opiniones doctrinas daemoniorum. Itaque voluntas et consilium apostolorum ex scriptis eorum quaeri debet, non est satis allegare exemplum. Servabant certos dies, non quod ea observatio ad iustificationem necessaria esset, sed ut populus sciret, quo tempore conveniendum esset. Servabant et alios quosdam ritus, ordinem lectionum, si quando conveniebant. Quaedam etiam ex patriis moribus, ut fit, retinebat populus, quae apostoli nonnihil mutata ad historiam evangelii accomodaverunt, ut pascha, pentecosten, ut non solum docendo, sed etiam per haec exempla memoriam maximarum rerum traderent posteris. Quodsi
41 haec tradita sunt tamquam necessaria ad iustificationem, cur in his ipsis postea multa mutarunt episcopi? Quodsi erant iuris divini, non licuit ea mutare auctoritate humana. Pascha ante synodum Ni‑
42 caenam alii alio tempore servabant[2]. Neque haec dissimilitudo laesit fidem. Postea ratio inita est, ne incideret nostrum pascha in iudaici paschatis tempus. At apostoli iusserant ecclesias servare pascha cum fratribus conversis ex iu‑

Gottes ist nicht Speis und Trank", sondern Gerechtigkeit, Friede und Freude im heiligen Geist." Aber es ist nicht not hie viel Sprüche anzuzeigen, so die ganze Bibel der voll ist, und wir auch in unser Confession, in den letzten Artikeln, der viel fürbracht, so wollen wir dieser Sachen Hauptfrage hernach auch sonderlich handeln, nämlich ob solche Menschensatzungen ein Gottesdienst sein, welcher not sei zur Seligkeit; da wir denn reichlicher und mehr von dieser Sache reden wollen.

Die Widersacher sagen, man müsse darum solche Satzungen, sonderlich die Universalceremonien, halten, denn es sei vermutlich, daß sie von den Aposteln auf uns geerbet. O wie große, heilige, treffliche, apostolische Leute. Wie fromm und geistlich sind sie doch nu worden! Die Sa*tzungen und Ceremonien, von den Aposteln, wie sie sagen, aufgericht, wollen sie halten, und der Apostel Lehre und klare Wort wollen sie nicht halten. Wir sagen aber und wissen, daß es recht ist: Man soll also und nicht anders von allen Satzungen lehren, urteilen und reden, denn wie die Apostel selbst in ihren Schriften davon gelehret haben. Die Apostel aber fechten auf das allerstärkest und heftigest allenthalben wider allein wider diejenigen, so Menschensatzungen wollen hoch heben, sondern auch, die das göttliche Gesetz, die Ceremonien der Beschneidung 2c. wollten als nötig achten zur Seligkeit. Die Apostel haben in keinen Weg ein solche Bürde auf die Gewissen legen wöllen, daß solche Satzungen von gewissen Tagen, von Fasten, von Speis und dergleichen sollten Sunde sein, so mans nicht hielt. Und, das mehr ist, Paulus nennet klar solche Lehre Teufelslehre. Darum was die Aposteln in dem für gut und recht gehalten, das muß man aus ihren klaren Schriften suchen und nicht allein Exempel anzeigen. Sie haben wohl gehalten etliche gewisse Tage, nicht daß solches nötig wäre, daß Gott fromm und gerecht zu werden, sondern daß das Volk wüßte, wann es sollt zusammen kommen. Auch haben sie wohl etliche Bräuch und Ceremonien gehalten, als ordentliche Lection in der Bibel, wenn sie zusammen kamen 2c. Auch haben im Anfang der Kirchen die Jüden, so Christen worden, viel behalten von ihren jüdischen Festen und Ceremonien, welches die Aposteln darnach auf die Historien des Evangelii gericht

---

[1]) Ab omnibus enim fidelibus universales ritus observandos esse, pulchre S. Augustinus ad Januarium, cuius testimonio et ipsi utuntur, docet. Praesumendum enim sit, illos ritus ab apostolis dimanasse. Conf. CR 27, 104. [2]) s. o. S. 107 Anm. 2.

daismo¹. Itaque hunc morem quaedam gentes pertinaciter post synodum Nicaenam retinuerunt, ut iudaicum tempus observarent². Verum apostoli decreto illo non voluerunt ecclesiis imponere necessitatem, id quod verba decreti testantur. Iubent enim, ne quis curet, etiamsi fratres servantes pascha non recte supputent tempus. Verba, decreti exstant apud Epiphanium: Ὑμεῖς μὴ ψηφίζητε, ἀλλὰ ποιεῖτε, ὅταν οἱ ἀδελφοὶ ὑμῶν οἱ ἐκ περιτομῆς, μετ' αὐτῶν ἅμα ποιεῖτε, κἄν τε πλανηθῶσι, μηδὲν ὑμῖν μελέτω³. Haec scribit Epiphanius verba esse apostolorum in decreto quodam posita de paschate, in quibus prudens lector facile potest iudicare, apostolos voluisse populo stultam opinionem de necessitate certi temporis eximere, cum prohibent curare, etiamsi in supputando erretur. Porro quidam in oriente, qui Audiani appellati sunt ab auctore dogmatis, propter hoc decretum apostolorum contenderunt pascha cum Iudaeis servandum esse⁴. Hos refellens Epiphanius⁵ laudat decretum, et inquit nihil continere, quod dissentiat a fide aut ecclesiastica regula, et vituperat Audianos, quod non recte intelligant τὸ ῥητόν, et interpretatur in hanc sententiam, in quam ¹ nos interpretamur, quod non senserit apostoli referre, quo tempore servaretur pascha, sed quia praecipui fratres ex Iudaeis conversi erant, qui morem suum servabant, horum exemplum propter concordiam voluerint reliquos sequi. Et sapienter admonuerunt lectorem apostoli, se neque libertatem evangelicam tollere neque necessitatem conscientiis imponere, quia addunt non esse curandum, etiamsi erretur in supputando.

Multa huius generis colligi possunt ex historiis, in quibus apparet dissimilitudinem humanarum observationum non laedere unitatem fidei. Quamquam quid opus est disputatione? Omnino quid sit iustitia fidei, quid sit regnum Christi, non intelligunt adversarii, si iudicant necessariam esse similitudinem observationum in cibis, diebus, vestitu et similibus rebus, quae non habent mandatum

haben. Also sind unsere Ostern von der Jüden Ostern und unsere Pfingsten von der Jüden Pfingsten herkommen. Und haben die Aposteln nicht allein mit Lehren, sondern auch durch solche Feste von der Historien das Erkenntnis Christi und den großen Schatz auf die Nachkommen erben wollen. So nu solche und dergleichen Ceremonien nötig sind zur Seligkeit, warum haben hernach die Bischöfe viel darinne verändert? Denn sind sie durch Gottes Befehl eingesetzt, so hat kein Mensch Macht gehabt die zu verändern. Die Ostern hat man für dem Concilio zu Nicen an eim Ort auf ein andere Zeit gehalten, denn am andern. Und die Ungleichheit hat dem Glauben oder der christlichen Einigkeit nichts geschadet. Darnach hat man mit Fleiß den Ostertag verrückt, daß unser Ostertag mit der Jüden Ostertag je nicht gleich soll überein treffen. Die Aposteln aber haben befohlen in Kirchen den Ostertag also auf die Zeit zu halten, wie ihn die Brüder, so aus dem Jüdentum bekahrt waren, hielten. Darum haben etliche Bistum und Völker, auch nach dem Concilio zu Nicen, hart darüber gehalten, daß der Ostertag mit dem jüdischen Ostertag soll gleicher Zeit gehalten werden. Aber die Aposteln haben mit ihrem Decret den Kirchen nicht wöllen ¹ eine solche Last auflegen, als wäre solchs nötig zur Seligkeit, wie die klaren Wort auch desselbigen ihres Decrets anzeigen, denn sie drückens mit klaren Worten aus, daß niemands sich darum beköümmern solle, ob die Brüder, so Ostertag halten ꝛc., gleich die Zeit nicht eigentlich abrechnen. Denn Epiphanius zeucht an die Worte der Aposteln, daraus ein jeder Verständiger klar zu merken hat, daß die Aposteln die Leute von dem Irrtum haben wollen abweisen, damit ihm niemands Gewissen mache über Feiertage, gewisse Zeit ꝛc. Denn sie setzen klar dazu, man soll sich nicht groß darum beköümmern, ob schon in der Rechnung des Ostertags geirret sei.

Dergleichen unzähelige könnte ich aus den Historien fürbringen und noch klärer anzeigen, daß solche Ungleichheit an äußerlichen Satzungen niemands von der gemeinen Christenkirchen absondert oder scheidet. Die Widersacher verstehen gar nicht, was der Glaube, was das Reich Christi sei, die da lehren, daß in den Satzungen, welche von Speis, von Tagen, von Kleidung und dergleichen Dingen reden, die Gott nicht ge-

---

¹) f. Anm. 3. ²) RE³ XIV, 733 f. ³) Panarion haer. 70, 10. III, 243, 2 f. 21. Holl (Zusammengezogen.) ⁴) Mönchische Sekte des 4. Jh. RE³II, 217. ⁵) Panarion haer. 70, 10.

46 Dei. Videte autem religiosos homines, adversarios nostros. Requirunt ad unitatem ecclesiae similes observationes humanas, cum ipsi mutaverint ordinationem Christi in usu coenae, quae certe fuit antea ordinatio universalis. Quodsi ordinationes universales necessariae sunt, cur mutant ipsi ordinationem coenae Christi, quae non est humana, sed divina? Sed de hac tota controversia infra aliquoties dicendum erit[1].

47 Octavus articulus approbatus est totus[2], in quo confitemur, quod hypocritae et mali admixti sint ecclesiae, et quod sacramenta sint efficacia, etiamsi per malos ministros tractentur, quia ministri funguntur vice Christi, non repraesentant suam personam, iuxta illud: Luk. 10, 16. Qui vos audit, me audit. 48 Impii doctores deserendi sunt, quia hi iam non funguntur persona Christi, sed sunt antichristi. Matth. 7, 15. Et Christus ait: Cavete a pseudoprophetis. Gal. 1, 9. Et Paulus: Si quis aliud evangelium evangelizaverit, anathema sit.

49 Ceterum monuit nos Christus in collationibus de ecclesia, ne offensi privatis vitiis sive sacerdotum sive populi schismata excitemus[3], sicut scelerate fecerunt Donatistae. 50 Illos vero, qui ideo excitaverunt schismata, quia negabant sacerdotibus licere, tenere possessiones aut proprium, plane seditiosos iudicamus. Nam tenere proprium civilis ordinatio est. Licet autem christianis uti civilibus ordinationibus, sicut hoc aëre, hac luce, cibo, potu. Nam ut haec rerum natura et hi siderum certi motus vere sunt ordinatio Dei et conservantur a Deo, ita legitimae politiae vere sunt ordinatio Dei et retinentur ac defenduntur a Deo, adversus diabolum.

boten hat, die Einigkeit der christlichen Kirchen stehe. Es mag aber hie jedermann sehen und merken, wie andächtige, überaus heilige Leute die Widersacher sein. Denn so Universalordnungen nötig sind und nicht sollen geändert werden, wer hat ihnen befohlen die Ordnung im Abendmahl Christi zu ändern, welche nicht ein Menschensatzung ist, sondern ein göttliche Ordnung? Aber davon wollen wir hernach sonderlich handeln.

Den VIII. Artikel lassen ihnen die Widersacher ganz gefallen, da wir sagen, daß auch Heuchler und Gottlosen in der Kirchen funden werden, und daß die Sakramente nicht darum ohne Kraft sein, ob sie durch Heuchler gereicht werden; denn sie reichens an Christus statt und nicht für ihre Person, wie der Spruch lautet: „Wer euch höret, der höret mich." Doch soll man falsche Lehrer nicht annehmen oder hören; denn dieselbigen sind nicht mehr an Christus statt, sondern sind Widerchristi. Und Christus hat von den klar befohlen: „Hütet euch für den falschen Propheten." Und Paulus zu den Galatern: „Wer euch ein ander Evangelium prediget, der sei verflucht."

Sonst, was der Priester eigen Leben belanget, hat uns Christus vermahnet in den Gleichnissen von der Kirchen, daß wir nicht schismata oder Trennung sollen anrichten, ob die Priester oder das Volk nicht allenthalben rein, christlich leben, wie die Donatisten getan haben. Diejenigen aber, die darum an etlichen Orten haben schismata und Trennung angericht, daß sie fürgeben, die Priester dörften nicht Güter oder eigens haben, die achten wir für aufrührisch. Denn eigens haben, Güter haben ist ein weltliche Ordnung. Die Christen aber mögen allerlei weltliche Ordnung so frei brauchen, als sie der Luft, Speis, Trank, gemeines Lichts brauchen. Denn gleichwie Himmel, Erde, Sonne, Mond und Sternen Gottes Ordnung sind und von Gott erhalten werden, also sind Politien und alles, was zur Polizei gehöret, Gottes Ordnung, und werden erhalten und beschützt von Gott wider den Teufel.

⟨Art. IX. De Baptismo.⟩

1 (51) Nonus articulus approbatus est[4], in quo confitemur, quod baptismus sit necessarius ad salutem, et quod pueri sint baptizandi, et quod baptismus puerorum

⟨Art. IX. Von der Taufe.⟩

Den neunten Artikel lassen ihnen die Widersacher auch gefallen, da wir bekennen, daß die Taufe zur Seligkeit vonnöten sei, und daß die Taufe der jungen Kinder nicht

---

[1]) Zu Art. XXII S. 328ff. [2]) CR 27, 105. [3]) Matth. 13, 24—30. 36—43. 47—50.
[4]) CR 27, 105f.

non sit irritus, sed necessarius et efficax ad salutem. Et quoniam evangelium pure ac diligenter apud nos docetur, Dei beneficio hunc quoque fructum ex eo capimus, quod in ecclesiis nostris nulli extiterunt Anabaptistae, quia populus verbo Dei adversus impiam et seditiosam factionem illorum latronum munitus est. Et cum plerosque alios errores Anabaptistarum damnamus, tum hunc quoque, quod disputant baptismum parvulorum inutilem esse. Certissimum est enim, quod promissio salutis pertinet etiam ad parvulos. Neque vero pertinet ad illos, qui sunt extra ecclesiam Christi, ubi nec verbum nec sacramenta sunt, quia Christus regenerat per verbum et sacramenta. Igitur necesse est baptizare parvulos, ut applicetur eis promissio salutis, iuxta mandatum Christi: Baptizate omnes gentes. Ubi sicut offertur omnibus salus, ita offertur omnibus baptismus, viris, mulieribus, pueris, infantibus. Sequitur igitur clare infantes baptizandos esse, quia salus cum baptismo offertur. Secundo manifestum est, quod Deus approbat baptismum parvulorum. Igitur Anabaptistae impie sentiunt, qui damnant baptismum parvulorum. Quod autem Deus approbet baptismum parvulorum, hoc ostendit, quod Deus dat spiritum sanctum sic baptizatis. Nam si hic baptismus irritus esset, nullis daretur spiritus sanctus, nulli fierent salvi, denique nulla esset ecclesia. Haec ratio bonas et pias mentes vel sola satis confirmare potest contra impias et fanaticas opiniones Anabaptistarum.

vergeblich sei, sondern nötig und seliglich. Und dieweil das Evangelium bei uns rein und mit allem Fleiß geprediget wird, so haben wir auch (Gott Lob) den großen Nutzen und selige Frucht davon, daß nicht Wiedertäufer in unser Kirchen eingerissen. Denn unser Volk ist (Gott Lob) unterricht durch Gottes Wort wider die gottlosen, aufrührischen Rotten derselbigen mörderischen Böswicht, und so wir viel andere Irrtumb der Wiedertäufer dämpfen und verdammen, so haben wir den doch sonderlich wider sie erstritten und erhalten, daß die Kindertauf nicht unnütz sei. Denn es ist ganz gewiß, daß die göttlichen Verheißungen der Gnaden des heiligen Geistes nicht allein die Alten, sondern auch die Kinder belangen. Nu gehen die Verheißungen diejenigen nicht an, so außerhalb der Kirchen Christi sein, da weder Evangelium noch Sakramente ist. Denn das Reich Christi ist nirgend, denn wo das Wort Gottes und die Sakramente sind. Darumb ist auch recht christlich und not die Kinder zu täufen, damit sie des Evangelii, der Verheißung des Heils und der Gnaden teilhaftig werden, wie Christus befiehlet: „Gehet hin, täufet alle Heiden." Wie ihnen nu wird Gnade, Heil in Christo, also wird ihnen angeboten die Taufe, beide Mannen und Weiben, Knaben und jungen Kindern. So folget gewiß daraus, daß man die jungen Kinder täufen mag und soll, denn in und mit der Taufe wird ihnen die gemeine Gnad und der Schatz des Evangelii angeboten. Zum andern ists am Tage, daß Gott der Herr ihm gefallen läßt die Taufe der jungen Kinder; derhalben lehren die Wiedertäufer unrecht, so dieselbige Taufe verdammen. Daß aber Gott Gefallen hat an der Taufe der jungen Kinder, zeigt er damit an, daß er vielen, so in der Kindheit getauft sein, den heiligen Geist hat gegeben; denn es sind viel heiliger Leute in der Kirchen gewesen, die nicht anders getauft sein.

⟨Art. X. De Sacra Coena.⟩   ⟨Art. X. Vom heiligen Abendmahl.⟩

Decimus articulus approbatus est[1], in quo confitemur nos sentire, quod in coena Domini vere et substantialiter ad-

Den zehnten Artikel fechten die Widersacher nicht an, darinne wir bekennen, daß unsers Herrn Christi Leib und Blut wahr-

---

De decimo. Neque nos fingimus, mortuum corpus Christi sumi in sacramento, aut corpus exsangue, aut sanguinem sine corpore sumi, sed sentimus integrum et vivum Christum adesse in qualibet parte sacramenti.

---

[1]) Decimus articulus in verbis nihil offendit, quia fatentur, in eucharistia post consecrationem legitime factam corpus et sanguinem Christi substantialiter et vere adesse, si modo credant, sub qualibet specie integrum Christum adesse, ut non minus sit sanguis Christi sub specie panis per concomitantiam, quam est sub specie vini, et e diverso... Adiicitur unum tanquam ad illius confessionis articulum valde necessarium, ut credant

sint corpus et sanguis Christi et vere exhibeantur cum illis rebus, quae videntur, pane et vino, his qui sacramentum accipiunt. Hanc sententiam constanter defendimus re diligenter inquisita et agitata. Cum enim Paulus dicat, panem esse participationem corporis Domini etc., sequeretur panem non esse participationem corporis, sed tantum spiritus Christi, si non adesset vere corpus Domini. Et comperimus non tantum romanam ecclesiam affirmare corporalem praesentiam Christi, sed idem et nunc sentire et olim sensisse graecam ecclesiam. Id enim testatur canon missae apud illos, in quo aperte orat sacerdos, ut mutato pane ipsum corpus Christi fiat[1]. Et Vulgarius, scriptor ut nobis videtur non stultus, diserte inquit, panem non tantum figuram esse, sed vere in carnem mutari[2]. Et longa sententia est Cyrilli in Iohannem cap. 15., in qua docet, Christum corporaliter nobis exhiberi in coena. Sic enim ait: non tamen negamus recta nos fide caritateque sincera Christo spiritualiter coniungi. Sed nullam nobis coniunctionis rationem secundum carnem cum illo esse, id profecto pernegamus. Idque a divinis scripturis omnino alienum dicimus. Quis enim dubitavit Christum etiam sic vitem esse, nos vero palmites, qui vitam inde nobis acquirimus? Audi Paulum dicentem: Quia „omnes unum corpus sumus in Christo," quia „etsi multi sumus, unum tamen in eo sumus. Omnes enim uno pane participamus." An fortasse putat ignotam nobis mysticae benedictionis virtutem esse? Quae cum in nobis sit, nonne corporaliter quoque facit, communicatione carnis Christi, Christum in nobis habitare? Et paulo post: Unde considerandum est non habitudine solum, quae per caritatem intelligitur, Christum in nobis esse, verum etiam participatione naturali etc.[3]. Haec recitavimus, non ut hic disputationem de hac re institueremus, non enim improbat hunc articulum Caes. Maiestas, sed ut clarius etiam perspicerent, quicunque ista legent, nos defendere receptam in tota ¹ ecclesia sententiam, quod in coena Domini vere et substantialiter adsint corpus et sanguis Christi et vere exhibeantur cum his rebus, quae videntur, pane et vino. Et loquimur de praesentia vivi Christi; scimus enim, quod mors ei ultra non dominabitur.

haftiglich im Nachtmahl Christi zugegen und mit dem sichtbaren Dingen, Brot und Wein, dargereicht und genommen wird, wie man bis anher in der Kirchen gehalten hat, wie auch der Gräken Canon zeuget. Und Cyrillus spricht, daß uns Christus leiblich gereicht und geben wird im Abendmahl. Denn so sagt er: „Wir läugnen nicht, daß wir durch rechten Glauben und reine Liebe Christo geistlich vereiniget werden. Daß wir aber nach dem Fleisch gar keine Vereinigung mit ihm haben sollten, da sagen wir nein zu, und das ist auch wider die Schrift. Denn wer will zweifeln, daß Christus auch also der Weinstock sei, wir die Reben, daß wir Saft und Leben von ihm haben? Höre, wie Paulus sagt: ‚Wir sind alle ein Leib in Christo, wiewohl unser viel sind, so sind wir in ihm doch eins; denn wir genießen alle eines Brots.' Meinest du, daß wir die Kraft des göttlichen Segens im Abendmahl nicht wissen? Denn wenn der geschicht, so macht er, daß durch die Genießung des Fleisches und Leibes Christi Christus auch leiblich in uns wohnet. Item: Darum ist das zu merken, daß Christus nicht allein durch geistliche Einigkeit, durch die Liebe, sondern auch durch natürliche Gemeinschaft in uns ist." Und wir reden von Gegenwärtigkeit des lebendigen Leibes; denn wir wissen, wie Paulus sagt, daß der Tod forthin nicht über ihn hirrschen wird.

---

ecclesiae potius quam aliter nonnullis male docentibus omnipotenti verbo Dei in consecratione eucharistiae substantiam panis in corpus Christi mutari. Ita enim in concilio generali ⟨ Conc. Lat. 1215) diffinitum est. CR 27, 106 f. Lit. f. o. S. 64 A. 1.

¹) Vgl. die Epiklesen der griech. Liturgien, z. B. Markusliturgie: καὶ ποιήσῃ τὸν μὲν ἄρτον σῶμα — τὸ δὲ ποτήριον αἷμα τῆς καινῆς διαθήκης αὐτοῦ τοῦ κυρίου. Brightman, Lit. east. and west. I, 136. Chrysostomuslit: καὶ ποιήσον τὸν μὲν ἄρτον τοῦτον τίμον σῶμα τοῦ Χριστοῦ σου. Brightm. I, 387 (ähnlich die Basiliuslit. I, 330).
²) Der Bulgare Theophylact, Erzb. von Achrida (11. Jh.). Comm. in ev. Marc. 14, 22: οὐ γὰρ ἀντίτυπος τοῦ κυριακοῦ σώματός ἐστιν ὁ ἄρτος. ἀλλ' εἰς αὐτὸ ἐκεῖνο μεταβάλλεται τὸ σῶμα τοῦ Χριστοῦ. MSG 123, 649 D. Melanchthon hatte diese Stelle und ev. Matth. 26, 26 (MSG 123, 444 D) schon in seinen Sententiae veterum aliquot scriptorum de coena domini 1530 gegen die Schweizer angeführt. CR 23, 739 f. Das: ut nobis videtur non stultus ist gegen Ökolampads Gegenschrift gerichtet. Plitt, Apologie S. 156 f. In Ed. 1531. 8°, der Übersetzung von Jonas und den späteren Ausgaben fehlt die Stelle. Zu mutari vgl. S. 247 Anm. 1. ³) Cyrill v. Alexandr. In Joh. lib. X, 2. MSG 74, 341 A/B. D.

⟨Art. XI. De Confessione.⟩

Undecimus articulus de retinenda absolutione in ecclesia probatur[1]. Sed de confessione addunt correctionem, videlicet observandam esse constitutionem Cap. Omnis utriusque[2], ut et quotannis fiat confessio, et quamvis omnia peccata enumerari non queant, tamen diligentiam adhibendam esse, ut colligantur, et illa, quae redigi in memoriam possunt, recenseantur. De hoc toto articulo dicemus paulo post copiosius, cum sententiam nostram de poenitentia totam explicabimus[3]. Constat nos beneficium absolutionis et potestatem clavium ita illustravisse et ornavisse, ut multae afflictae conscientiae ex doctrina nostrorum consolationem conceperint, postquam audiverunt mandatum Dei esse, imo propriam evangelii vocem, ut absolutioni credamus, et certo statuamus nobis gratis donari remissionem pecca-

⟨Art. XI. Von der Beicht.⟩

Den eilften Artikel, da wir sagen von der Absolution, lassen ihnen die Widersacher gefallen. Aber was die Beicht belanget, setzen sie dieses dazu, daß mit der Beicht soll gehalten werden nach dem Kapitel: Omnis utriusque sexus, daß ein jeder Christ alle Jahr einmal beichte, und ob er alle Sünde so rein nicht kann erzählen, daß er doch Fleiß habe sich der alle zu erinnern, und so viel er sich erinnern mag, daß er die in der Beicht sage. Vom ganzen Artikel wollen wir hernach weiter handeln, wenn wir von der christlichen Buß werden reden. Es ist am Tage und es können die Widersacher nicht leugnen, daß die Unsern von der Absolution, von den Schlüsseln, also christlich, richtig, rein geprediget, geschrieben und gelehret haben, daß viel betrübte, angefochtene Gewissen daraus großen Trost empfangen, nachdem sie dieses nötigen Stücks klar unterricht sein, nämlich

---

In undecimo. Etsi confessionem et absolutionem probamus, sicut constat, tamen non alligabimus cuiusquam conscientiam ad observandum capitulum: Omnis utriusque sexus, quia continet mandatum impossibile, ut omnia peccata confiteamur. Porro non solum facta omnia meminisse impossibile est, sed etiam impossibile nosse omnia peccata. Pravum est enim cor hominis et inscrutabile.

Natura humana plena est malis cupiditatibus, impietate, contemptu Dei, haec peccata haerent ita in natura, ut non possint cerni aut intelligi, nisi Spiritus Sanctus ostendat ea in cordibus nostris. Necesse est autem docere conscientias, quod etiam non enumerata peccata remittantur credentibus.

Et cum de absolutione et fide docendus esset populus, una cura omnium scribentium et docentium in templis fuit, assuefacere homines ad colligenda peccata, interim de fide altissimum silentium erat.

Itaque hanc sarcinam capituli Omnis utriusque non imponemus piis conscientiis, quae per se multum habet incommodi, et addiderunt glossae infinitos et periculosissimos laqueos.

In duodecimo, quod dicunt debere certa opera imponi confitentibus ad satisfaciendum, non potest probari ex scripturis.

Et quod fingunt mutari poenam mortis aeternae in poenam temporalem, imponendam potestate clavium, nunquam probari poterit. Et haec opinio ledit gloriam meriti et satisfactionis Christi. Quia Christus est victima pro peccato. Sicut scriptura inquit: Ipse est propitiatio pro peccatis nostris.

Quanta impietas est fingere, quod culpa propter meritum Christi tollatur, verum mors aeterna tollatur propter nostra opera, cum Christus sit victor mortis et peccati.

Quamquam autem Deus exerceat sanctos variis afflictionibus, tamen hae potestate clavium neque imponi neque tolli possunt. David post adulterium punitus est. Haec pena non erat pro peccato necessaria, sed ita visum est Deo, et humiliare ipsum et aliis exemplum ostendere, sicut ipse inquit: Bonum mihi, quod humiliasti me, ut discerem iustificationes tuas.

Quod autem in synodis facti sunt canones poenitentiales, hi nihil pertinebant ad remissionem peccatorum. Sed erant quaedam publica disciplina exempli causa instituta, vel ut probarentur, etiam isti redibant ad Ecclesiam, ritus erat humanus, ad remissionem culpae aut poenae non necessarius.

---

[1]) CR 27, 107.   [2]) Conc. Lat. 1215 can. 21.   Decr. Greg. IX. lib. V. tit. 38 c. 12.
[3]) S. 272ff.

2. Aufl.

torum propter Christum, et sentiamus vere nos hac fide reconciliari Deo. Haec sententia multas pias mentes erexit, et initio commendationem maximam apud omnes bonos viros attulit Luthero, cum ostendit certam et firmam consolationem conscientiis, quia antea tota vis absolutionis erat oppressa doctrinis operum, cum de fide et gratuita remissione nihil docerent sophistae et monachi.

daß es Gottes Gebot ist, daß es der rechte Brauch des Evangelii ist, daß wir der Absolution gläuben und gewiß bei uns dafür halten, daß ohne unsern Verdienst uns Sünde vergeben werden durch Christum, daß wir auch so wahrhaftig, wenn wir dem Wort der Absolution gläuben, Gotte werden versühnet, als höreten wir eine Stimme von Himmel. Diese Lehre, welche fast nötig, ist vielen angefochtenen Gewissen fast tröstlich gewest. Auch haben viel redliche, verständige Leute, viel fromme Herzen im Anfang dieser unser Lehr halben D. Luthern hoch gelobet und des ein sonder Freude gehabt, daß der nötige, gewisse Trost wiederum wäre an Tag bracht. Denn zuvor was die ganze nötige Lehre von der Buß und Absolution unterdrückt, nachdem die Sophisten keinen rechten und beständigen Trost des Gewissens lehreten, sondern weiseten die Leute auf ihre eigene Werk, daraus eitel Verzweifelung in erschrocken Gewissen kommt.

3 (60) Ceterum de tempore, certe in ecclesiis nostris plurimi saepe in anno utuntur sacramentis, absolutione et coena Domini. Et qui docent de dignitate et fructibus sacramentorum, ita dicunt, ut invitent populum, ut saepe utantur sacramentis. Exstant enim de hac re multa a nostris ita scripta[1], ut adversarii, si qui sunt boni viri, haud dubie probent
4 (61) ac laudent. Denuntiatur et excommunicatio flagitiosis et contemptoribus sacramentorum. Haec ita fiunt et iuxta evangelium et iuxta veteres canones.
5 (62) Sed certum tempus non praescribitur, quia non omnes pariter eodem tempore idonei sunt. Imo si accurrant eodem tempore omnes, non possunt ordine audiri et institui homines. Et veteres canones ac patres non constituunt certum tempus. Tantum ita dicit canon: Si qui intrant ecclesiam Dei et deprehenduntur nunquam communicare, admoneantur. Quodsi non communicant, ad poenitentiam accedant. Si communicant, non semper abstineant. Si non fecerint, abstineant[2]. Christus ait, illos sibi iudicium manducare, qui manducant indigne. Ideo pastores non cogunt hos, qui non sunt idonei, ut sacramentis utantur.

Was aber die gewisse Zeit der Beicht belanget, so ist es wahr und den Widersachern unverborgen, daß in unsern Kirchen viel Leute des Jahrs nicht allein einmal, sondern oft beichten, der Absolution und des heiligen Sakraments brauchen. Und die Prediger, wenn sie von dem Brauch und Nutz der heiligen Sakrament lehren, lehren sie also, daß sie das Volk mit Fleiß vermahnen des heiligen Sakraments oft zu gebrauchen. Und es sind auch die Bücher und Schriften der Unsern am Licht, welche also geschrieben, daß die Widersacher, welche ehrbare, gottfürchtige Leute sein, solche nicht anfechten, sondern loben müssen. So wird auch von unsern Predigern allzeit daneben gemeldet, daß die sollen verbannet und ausgeschlossen wer'den, die in öffentlichen Lastern leben, Hurerei, Ehebruch 2c. Item so die heiligen Sakrament verachten. Das halten wir also nach dem Evangelio und nach den alten canonibus. Aber auf gewisse Tage oder Zeit im Jahr wird niemand zum Sakrament gedrungen, denn es ist nicht müglich, daß die Leute alle gleich auf eine gewisse Zeit geschickt sein, und wenn sie alle in einer ganzen Pfarre auf eine Zeit zum Altar laufen, können sie nicht so fleißig verhört und unterricht werden, wie sie bei uns unterricht werden. Und die alten Canones und Väter setzen keine gewisse Zeit; allein also sagt der Canon: "So etliche sich zu der Kirchen begeben und befunden werden, daß sie das Sakrament nicht brauchen, soll man sie vermahnen. Wo etliche nicht communicieren, sollen sie zur Buß vermahnet werden. So sie aber wollen für Christen gehalten sein, sollen sie nicht allzeit davon halten." Paulus 1. Kor. 11. sagt, daß diejenigen das Sakrament zum Gericht empfahen, die es unwürdig empfahen. Darum zwingen unsere Pfarrer diejenigen nicht, die nicht geschickt sein, das Sakrament zu empfahen.

6 (63) De enumeratione peccatorum in confessione sic docentur homines, ne laquei

Von dem Erzählen aber und Verinnerung der Sünde in der Beicht unterrichten

---

[1]) s. o. S. 66 Anm. 1. [2]) Conc. Tolet. 400. can. 13. Decr. Grat. III. De consecr. d. 2. c. 20.

iniiciantur conscientiis. Etiamsi prodest rudes assuefacere, ut quaedam enumerent, ut doceri facilius possint: verum disputamus nunc, quid sit necessarium iure divino. Non igitur debeant adversarii nobis allegare constitutionem. Omnis utriusque, quae nobis non est ignota, sed ex iure divino ostendere, quod enumeratio peccatorum sit necessaria ad consequendam remissionem. Tota ecclesia per universam Europam scit, quales laqueos inieicerit conscientiis illa particula constitutionis, quae iubet omnia peccata confiteri. Nec tantum habet incommodi textus per se, quantum postea affinxerunt Summistae, qui colligunt circumstantias peccatorum[1]. Quales ibi labyrinthi, quanta carnificina fuit optimarum mentium? Nam feros et profanos ista terriculamenta nihil movebant. Postea quales tragoedias excitavit quaestio de proprio sacerdote inter pastores et fratres, qui tunc minime erant fratres, cum de regno confessionum belligerabantur[2]. Nos igitur sentimus enumerationem peccatorum non esse necessariam iure divino. Idque placet Panormitano et plerisque aliis eruditis iurisconsultis[3]. Nec volumus imponere necessitatem conscientiis nostrorum per constitutionem illam. Omnis utriusque, de qua perinde iudicamus, ut de aliis traditionibus humanis, de quibus sentimus, quod non sint cultus ad iustificationem necessarii. Et haec constitutio rem impossibilem praecipit, ut omnia peccata confiteamur. Constat autem plurima nos nec meminisse, nec intelligere iuxta illud: Delicta quis intelligit?

unsere Prediger also die Leute, daß sie doch die Gewissen nicht verstricken, als sei es not, alle Sunden bei Namen zu erzählen. Wiewohl es nu gut ist, die groben unerfahrnen dazu unterweisen, daß sie etliche Sunden in der Beicht namhaftig machen, was sie drücket, damit man sie leichtlicher unterrichten kann, so disputieren wir doch davon hie nicht, sondern davon, ob Gott geboten habe, daß man die Sunde also alle erzählen müsse, und ob die Sunden verzählet nicht mögen vergeben werden. Derhalben sollten die Widersacher uns nicht angezogen haben das Kapitel: Omnis utriusque sexus, welches wir sehr wohl kennen; sondern aus der heiligen Schrift, aus Gottes Wort uns beweiset haben, daß solch Erzählen der Sunde von Gott geboten wäre. Es ist leider allzu klar am Tage und rüchtig durch alle Kirchen in ganz Europa, wie dieses particula des Kapitels: Omnis utriusque sexus, da es gebeut, man solle schuldig sein, alle Sunde zu beichten, die Gewissen in Elend, Jammer und Verstrickung bracht hat. Und der Text an ihm selbst hat nicht so viel Schadens getan, als hernach die Summisten Bücher, darinnen die Umstände, Circumstanz der Sunde zusammengelesen. Denn damit haben sie erst die Gewissen recht irre gemacht und unsäglich geplagt, und dazu eitel gutherzige Leute, denn die Frechen und Wilden haben darnach nicht viel gefragt. Darüber, nachdem der Text also lautet: ein jeder soll seinem eigen Priester beichten, was großes Zanks und wie mördlichen Neid und Haß hat zwischen Pfarrern und Mönchen allerlei Orden diese Frage angericht, welches doch der eigen Priester wäre? Denn da war alle Brüderschaft, alle Freundschaft aus, wenn es um die Herrschaft, um den Beichtpfennig zu tun war. Darum halten wir, daß Gott nicht geboten hat die Sunde namhaftig zu machen und erzählen. Und das hält auch Panormitanus und viel andere Gelehrte. Darum wöllen wir keine Bürde auf die Gewissen legen durch das Kapitel Omnis utri'usque sexus, sondern sagen von demselbigen, wie von andern Menschensatzungen, nämlich, daß es nicht ein Gottesdienst sei, der nötig sei zur Seligkeit. Auch so wird in dem Kapitel ein unmüglich Ding geboten, nämlich daß wir alle Sunde beichten sollen. Nu ists gewiß, daß wir viel Sunde nicht können gedenken, auch wohl die größten Sunden nicht sehen, wie der Psalm sagt: „Wer kennet seine Fehle?"

Si sint boni pastores, scient, quatenus prosit examinare rudes, sed illam carni-

Wo verständige, gottfürchtige Pfarrer und Prediger sein, die werden wohl wissen,

---

[1]) s. o. S. 242 Anm. 3.   [2]) Neben dem Beschluß des 4. Laterankonzils 1215, omnia sua solus peccata saltem semel in anno fideliter confiteatur proprio sacerdoti (can. 21 Mirbt⁴ Nr. 331), hatten eine Fülle von Beichtprivilegien der Orden, namentlich der Bettelorden Raum gefunden. Die dagegen gerichtete Lehre des Joh. de Polliaco wurde 1321 verurteilt. Extrav. comm. lib. V. tit. 3 c. 2.   Denzinger, Enchiridion¹⁶·¹⁷ Nr. 491.
[3]) Nikolaus de Tudeschis, Erzb. v. Palermo († 1445), berühmter Kommentator der späteren Teile des Corp. iur. can. RE³ XIV, 626. Comm. in quinque libr. Decret. lib. V. tit. 38 c. 12.

ficinam Summistarum confirmare non volumus, quae tamen minus fuisset intolerabilis, si verbum unum addidissent de fide consolante et erigente conscientias. Nunc de hac fide consequente remissionem peccatorum nulla est syllaba in tanta mole constitutionum¹, glossarum², summarum³, confessionalium⁴. Nusquam ibi Christus legitur. Tantum leguntur ׀ supputationes peccatorum. Et maxima pars consumitur in peccatis contra traditiones humanas, quae et vanissima. Haec doctrina adegit multas pias mentes ad desperationem, quae non potuerunt acquiescere, quia sentiebant iure divino necessariam esse enumerationem, et tamen experiebantur impossibilem esse. Sed haerent alia non minora vitia in doctrina adversariorum de poenitentia, quae iam recensebimus.

wiefern not und nütze fein mag die Jugend und fonft unerfahrne Leut in der Beicht zu fragen. Aber diefe Tyrannei über die Gewiffen, da die Summiften als die Stockmeifter die Gewiffen ohne Unterlaß geplagt haben, können noch wöllen wir nicht loben, welche dennoch weniger befchwerlich gewefen wäre, wenn fie doch mit einem Wort auch des Glaubens an Chriftum, dadurch die ׀ Gewiffen recht getröftet werden, gedacht hätten. Nu aber ift von Chrifto, von Glauben, von Vergebung der Sunde nicht ein Syllabe, nicht ein Tittel in fo viel großen Büchern ihrer Decretal, ihrer Comment, ihrer Summiften, ihrer Confeffional; da wird niemands ein Wort lefen, daraus er Chriftum, oder was Chriftus fei, müge lernen. Allein gehen fie mit diefen Regiftern um die Sunden zu fammlen, zu häufen, und wäre noch etwas, wenn fie doch die Sunde verftünden, die Gott für Sunde

hältet. Nu ift der größer Teil ihrer Summen nichts anders, denn var Narrenwerk, von Menfchenfatzungen. O was hat die heillofe, gottlofe Lehre viel frommer Herzen und Gewiffen, die gern recht getan hätten, zu Verzweifelung bracht, welche nicht haben rugen können; denn fie wußten nicht anders, fie müßten fich alfo freffen und beißen mit dem Erzählen, Zufammenrechnen der Sunde, und befunden doch immer Unruhe, und daß es ihnen unmüglich war. Aber nicht weniger ungefchicktes Dinges haben die Widerfacher von der ganzen Buß gelehret, welchs wir hernach wollen erzählen.

⟨Art. XII.⟩ De Poenitentia.

1 In articulo duodecimo probant primam partem, qua exponimus lapsis post baptismum contingere posse remissionem peccatorum, quocunque tempore et quotiescunque convertuntur. Secundam partem damnant, in qua poenitentiae partes dicimus esse contritionem et fidem. Negant fidem esse alteram partem poenitentiae⁵. 2 Quid hic, Carole, Caesar invictissime, faciamus? Haec est propria vox evangelii, quod fide consequamur remissionem peccatorum. Hanc vocem evangelii damnant isti scriptores confutationis. Nos igitur nullo modo assentiri confutationi possumus. Non possumus saluberrimam vocem evangelii et plenam consolationis damnare. Quid est aliud negare, quod fide consequamur remissionem peccatorum, quam contumelia afficere sanguinem et mortem Christi? 3 Rogamus igitur te, Carole, Caesar invictissime, ut nos de hac re maxima, quae praecipuum evangelii locum, quae veram Christi cognitionem, quae verum cultum Dei continet, patienter ac diligenter audias et cognoscas. Comperient enim omnes boni viri, nos

⟨Art. XII.⟩ Von der Buß.

In dem zwelften Artikel laffen ihnen die Widerfacher das erfte Teil gefallen, da wir fagen, daß alle diejenigen, fo nach der Taufe in Sunde fallen, Vergebung der Sunde erlangen, zu was Zeit und wie oft fie fich bekehren. Das ander Teil verwerfen und verdammen fie, da wir fagen, die Buß habe zwei Stücke, contritionem und fidem, das ift, zur Buße gehören diefe zwei, ein reuig zurfchlagen Herz und der Glaube, daß ich gläube, daß ich Vergebung der Sunde durch Chriftum erlange. Da höre man nu, wozu die Widerfacher nein fagen. Da dörfen fie unverfchämt verneinen, daß der Glaube nicht ein Stück der Buße fei. Was follen wir nu hie, allergnädigfter Herr Kaifer, gegen diefen Leuten tun? Gewiß ift's, daß wir durch den Glauben Vergebung der Sunde erlangen. Diefes Wort ift nicht unfer Wort, fondern die Stimme und Wort Jefu Chrifti, unfers Heilandes. Das klare Wort Chrifti nu verdammen diefe Meifter der Confutation, darum können wir in keinem Wege in die Confutation willigen. Wir wöllen, ob Gott will, die klaren Wort des Evangelii, die heilige göttliche Wahrheit und das felige Wort, darinne aller

---

¹) kirchl. Verordnungen. ²) Erläuterungen des kan. Rechts. LThK² IV, 970. ³) f. o. S. 242 Anm. 3. ⁴) Ablaß- (oder Beicht-) Briefe LThK² I, 54. Köhler, Dokumente zum Ablaßftreit (1934²), S. 113, 21. ⁵) CR 27, 109 ff.

XII. Von der Buß.

in hac re ¹ praecipue docuisse vera, pia, salubria et necessaria universae ecclesiae Christi. Comperient ex scriptis nostrorum plurimum lucis accessisse evangelio, et multos perniciosos errores emendatos esse, quibus antea obruta fuit doctrina de poenitentia per scholasticorum et canonistarum opiniones.

Trost und Seligkeit stehet, nicht verleugnen. Denn dieses also verneinen, daß wir durch den Glauben Vergebung der Sunde erlangen, was wär das anders, denn das Blut Christi und seinen Tod lästern und schänden. Darum bitten wir, allergnädigster Herr Kaiser, daß Eur. Kaif. Majestät in dieser großen, hohesten, allerwichtigsten Sachen, welcher unser eigene Seel und Gewissen, welche auch den ganzen Christenglauben, das ganze Evangelium, das Erkenntnis Christi und das Höhist, Größte nicht allein in diesem vergänglichen, sondern auch künftigem Leben, ja unser aller ewiges Genesen und Verderben für Gott belanget, gnädiglich und mit Fleiß hören und erkennen. Es sollen alle gottfürchtige, fromme und ehrbare Leute nicht anders befinden, denn daß wir in dieser Sache die göttliche Wahrheit und eitel heilsame, hohenötigste, tröstlichiste Unterricht der Gewissen gelehret haben und lehren lassen, daran allen frommen Herzen der ganzen christlichen Kirchen das Mirklichst und Größest, ja all ihr Heil und Wohlfahrt gelegen, ohne welchen Unterricht kein Predigtamt, kein christlich Kirche sein noch bleiben kann. Es sollen alle Gottfürchtige befinden, daß diese Lehre der Unsern von der Buß das Evangelium und reinen Verstand wieder an Tag bracht hat, und daß dadurch viel schädlicher, häßlicher Irrtum abgetan, wie denn durch der Scholastiken und Canonisten Bücher diese Lehre, was doch rechte Buß sei oder nicht sei, gar unterdruckt war.

Ac priusquam accedimus ad defensionem nostrae sententiae, hoc praefandum est. Omnes boni viri omnium ordinum, ac theologici ordinis etiam, haud dubie fatentur ante Lutheri scripta confusissimam fuisse doctrinam poenitentiae. Exstant libri Sententiariorum, ubi sunt infinitae quaestiones, quas nulli theologi unquam satis explicare potuerunt. Populus neque rei summam complecti potuit nec videre, quae praecipue requirerentur in poenitentia, ubi quaerenda esset pax conscientiae. Prodeat nobis aliquis ex adversariis, qui dicat, quando fiat remissio peccatorum. Bone Deus, quantae tenebrae sunt! Dubitant, utrum in attritione vel in contritione fiat remissio peccatorum¹. Et si fit propter contritionem, quid opus est absolutione, quid agit potestas clavium, si peccatum iam est remissum? Hic vero multo magis etiam sudant, et potestatem clavium impie extenuant². Alii somniant potestate clavium non remitti culpam, sed mutari poenas aeternas in temporales³. Ita saluberrima potestas esset mi-

Und ehe wir zur Sache greifen, müssen wir dieses anzeigen. Es werden alle ehrbare, redliche, gelehrte Leute hohes und niedrigs Standes, auch die Theologen selbst bekennen müssen, und ohne Zweifel auch die Feinde werden von ihrem eigen Herzen überzeugt, daß zuvor und ehe denn Doctor Luther geschrieben hat, eitel dunkele, verworrene Schriften und Bücher von der Buß vorhanden gewest. Wie man siehet bei den Sententiarien, da unzählige unnütze Fragen sein, welche noch keine Theologi selbst haben gnugsam können ausörtern. Viel weniger hat das Volk aus ihren Predigten und verwirreten Büchern von der Buß eine Summa fassen mügen oder merken, was doch zu wahrer Buß fürnehmlich gehöret, wie oder durch was Weis ein Herz und Gewissen Ruhe und Frieden suchen müßte, und Trotz, es trete noch einer herfür, der aus ihren Büchern ein einigen Menschen unterrichte, wenn gewiß die Sunde vergeben sind. Lieber Herr Gott, wie siecht man da Blindheit, wie wissen sie so gar nicht davon, wie sind ihre Schriften eitel Nacht, eitel Finsternis! Sie bringen Fragen

---

¹) Unterscheidung der Franziskaner-Theologen vornehmlich seit Alex. v. Hales. Über das Aufkommen Seeberg, Dogmengesch. III⁴, 278 Anm. 1. Die contritio ist nach Biel In sent. IV. d. 16. q. 1 a. 1 lit. C, perfecta et sufficiens ad dimissionem peccati... Alia est imperfecta non sufficiens ex parte paenitentis ad remissionem peccati.... Et attritio est informis, quandoque indifferens, quandoque vitiosa. Contritio vero semper formata caritate. ²) Zum Folg. vgl. K. Müller, Der Umschwung in der Lehre von der Buße. Festschrift C. Weizsäcker, 1892, 287ff. (Dazu Loofs, Dogmengesch. § 59,1). P. Schmoll, Die Bußlehre der Frühscholastik, 1909. B. Poschmann, Buße und letzte Ölung, 1951. ³) Statim namque ad veram poenitentiam transit poena in poenam, aeterna in transitoriam, non purgatoria in purgatoriam. Richard. v. St. Viktor, Tract. de potestate ligandi et solvendi 4. MSL 196, 1162 D.

nisterium non vitae et spiritus, sed tantum irae et poenarum. Alii videlicet cautiores fingunt potestate clavium remitti peccata coram ecclesia, non coram Deo[1]. Hic quoque perniciosus error est. Nam si potestas clavium non consolatur nos coram Deo, quae res tandem reddet pacatam conscientiam? Iam illa sunt magis etiam perplexa. Docent nos contritione mereri gratiam. Ubi si quis interroget, quare Saul, Iudas et similes non consequantur gratiam, qui horribiliter contriti sunt? Hic de fide et de evangelio respondendum erat, quod Iudas non crediderit, non erexerit se evangelio et promissione Christi. Fides enim facit discrimen inter contritionem Iudae et Petri. Verum adversarii de lege respondent, quod Iudas non dilexerit Deum, sed timuerit poenas. Quando autem territa conscientia praesertim in seriis, veris et illis magnis terroribus, qui describuntur in psalmis ac prophetis et quos certe degustant isti, qui vere convertuntur, iudicare poterit, utrum Deum propter se timeat, an fugiat aeternas poenas? Hi magni motus literis et vocabulis discerni possunt, re ipsa non ita divelluntur, ut isti suaves sophistae somniant. Hic appellamus iudicia omnium bonorum et sapientum virorum. Hi haud dubie fatebuntur has disputationes apud adversarios perplexissimas et intricatissimas esse. Et tamen agitur de re maxima, de praecipuo evangelii loco: de remissione peccatorum. Tota haec doctrina de his quaestionibus, quas recensuimus, apud adversarios plena est errorum et hypocrisis, et obscurat beneficium Christi, potestatem clavium et iustitiam fidei.

für, ob in attritione oder contritione Vergebung der Sunde geschehe, und so die Sunde vergeben wird um der Reu oder Contrition willen, was denn der Absolution vonnöten sei? Und so die Sunde schon vergeben sein, was denn die Gewalt der Schlüssel vonnöten sei? Und da ängsten sie sich und verbrechen sich erst über, und machen die Gewalt der Schlüssel gar zu nichte. Etliche unter ihnen erdichten und sagen, durch die Gewalt der Schlüssel werde nicht vergeben die Schuld für Gott, sondern die ewigen Pein werden dadurch verwandelt in zeitliche, und machen also aus der Absolution, aus Gewalt der Schlüssel, dadurch wir Trost und Leben gewarten sollen, eine solche Gewalt, dadurch uns nur Straf aufgeleget werde. Die andern wollen klüger sein, die sagen, daß durch Gewalt der Schlüssel Sunde vergeben werden für den Leuten oder für der christlichen Gemein, aber nicht für Gott. Das ist auch fast ein schädlicher Irrtum. Denn so die Gewalt der Schlüssel, welche von Gott gegeben ist, uns nicht tröstet für Gott, wodurch will denn das Gewissen zu Rugen kommen? Darüber so lehren und schreiben sie noch ungeschickter und verwirreter Ding; sie lehren, man könne durch Reue Gnade verdienen, und wenn sie da gefragt werden, warum denn Saul und Judas und dergleichen nicht Gnade verdienet haben, in welchen gar ein schreckliche Contrition gewesen ist? — auf diese Frage sollten sie antworten, daß es Judas und Saul am Evangelio und Glauben gefehlet hätte, daß Judas sich nicht getröstet hat durchs Evangelium, und hat nicht gläubet; denn der Glaube unterscheidet die Reue Petri und Judä. Aber die Widersacher gedenken des Evangelii und Glaubens gar nicht, sondern des Gesetzes; sagen, Judas habe Gott nicht geliebet, sondern hab sich

für der Straf gefürcht. Ist aber das nicht ungewiß und ungeschickt von der Buß gelehret? Denn wenn will ein erschrocken Gewissen sonderlich in den rechten großen Ängsten, welche in Psalmen und Propheten beschrieben werden, wissen, ob es Gott aus Liebe als seinen Gott fürchtet, oder ob es seinen Zorn und ewige Verdammnis fleuhet und hasset. Es mügen diejenigen von diesen großen Ängsten nicht viel erfahren haben, dieweil sie also mit Worten spielen, und nach ihren Träumen Unterschied machen. Aber im Herzen, und wenn es zu Erfahrung kommt, findet sichs viel anders, und mit den schlechten Syllaben und Worten findet kein Gewissen Ruge, wie die guten, sanften, müßigen Sophisten träumen. Hie berufen wir uns auf Erfahrung aller Gottfürchtigen, auf alle redliche verständige Leute, die auch gern die Wahrheit erkennten, die werden bekennen, daß die Widersacher in allen ihren Büchern nichts Rechtschaffenes gelehret haben von der Buß, sondern eitel verworren unnütz Geschwätz; und ist doch dies ein Häuptartikel der christlichen Lehre, von der Buße, von Vergebung der Sunde. Nu ist dieselbige Lehre von den Fragen, die jetzo erzählet, voller großer Irrtum und Heuchelei, dadurch die rechte Lehre von Christo, von den Schlüsseln, von Glauben, zu unsäglichem Schaden der Gewissen unterdruckt gewesen.

---

[1]) Potestas clavium extendit se ad remissionem et retentionem culpae, non coram Deo, sed in facie ecclesiae. Biel In sent. IV. d. 18. q. 1. a 2. lit. I. (auf Grund des Lombarden).

Haec fiunt in primo actu¹. Quid cum ventum est ad confessionem? Quantum ibi negotii est in illa infinita enumeratione peccatorum, quae tamen magna ex parte consumitur in traditionibus humanis? Et quo magis crucientur bonae mentes, fingunt hanc enumerationem esse iuris divini. Et cum ipsam enumerationem exigant praetextu iuris divini, interim de absolutione, quae vere est iuris divini, frigide loquuntur. Fingunt ipsum sacramentum ex opere operato conferre gratiam sine bono motu utentis, de fide apprehendente absolutionem et consolante conscientiam nulla fit mentio. Hoc vere est, quod dici solet: ἀπιέναι πρὸ τῶν μυστηρίων².	Weiter richten sie noch mehr Irrtum an, wenn man von der Beicht reden soll; da lehren sie nichts, denn lange Register machen und Sünde erzählen und mehrerteil in Sünden wider Menschengebot, und treiben hie die Leute, als sei solch Zählen de iure divino, das ist von Gott geboten; und dieses wäre noch so hoch beschwerlich nicht, wenn sie nur auch recht von der Absolution und Glauben hätten gelehrt. Aber da fahren sie abermal fürüber und lassen den hohen Trost liegen und dichten, das Werk, beichten und reuen, mache fromm ex opere operato, ohne Christo, ohne Glauben; das heißen rechte Juden.
Restat tertius actus de satisfactionibus. Hic vero habet confusissimas disputationes. Fingunt aeternas poenas mutari in poenas purgatorii, et harum partem remitti potestate clavium, partem docent redimendam esse satisfactionibus³. Addunt amplius, quod oporteat satisfactiones esse opera supererogationis, et haec constituunt in stultissimis observationibus, velut in peregrinationibus, rosariis aut similibus observationibus, quae non habent mandata Dei. Deinde, sicut purgatorium satisfactionibus redimunt, ita excogitata est ars redimendi satisfactiones, quae fuit quaestuosissima. Vendunt enim indulgentias, quas interpretantur esse remissiones satisfactionum. Et hic quaestus non solum ex vivis, sed multo amplior est ex mortuis. Neque solum indulgentiis, sed etiam sacrificio missae redimunt satisfactiones mortuorum. Denique infinita res est de satisfactionibus. Inter haec scandala, non enim possumus enumerare omnia, et doctrinas daemoniorum iacet obruta doctrina de iustitia fidei in Christum et de beneficio Christi. Quare intelligunt omnes boni viri utiliter et pie reprehensam esse doctrinam sophistarum et canonistarum de poenitentia. Nam haec dogmata aperte falsa sunt, et non solum aliena a scripturis sanctis, sed etiam ab ecclesiasticis patribus:	Das dritte Stück von diesem Spiel ist die satisfactio oder Gnugtuung für die Sünde. Daselbst lehren sie noch ungeschickter, verwirreter, werfen das Hundert ins Tausend, daß daselbst nicht ein Tröpflein gutes oder nötiges Trostes ein arm Gewissen finden möcht. Denn da erdichten sie ihnen selbst, daß die ewige Pein werde für Gott verwandelt in Pein des Fegfeuers und ein Teil der Pein werde vergeben und erlassen durch die Schlüssel, für ein Teil aber müsse man gnugtun mit Werken. Darüber sagen sie weiter und nennen die Gnugtuung opera supererogationis, das sind denn bei ihnen die kindischen närrischen Werke, als Wallfahrt, Rosenkränze und dergleichen, da kein Gebot Gottes von ist. Und weiter, wie sie die Pein des Fegfeuers abkäufen und lösen mit ihrem Gnugtun, also haben sie noch weiter ein Fündlein erdacht, dieselbigen Gnugtuung für das Fegfeuer auch abzulösen, welchs denn ein recht genießlicher reicher Kauf und großer Jahrmarkt worden. Denn sie haben unverschamt ihren Ablaß verkauft und gesagt, wer Ablaß löset, der kaufe sich also ab, da er sonst müßte gnugtun, und die Krämerei, den Jahrmarkt, haben sie unverschamt getrieben, nicht allein daß sie den Lebendigen Ablaß verkauft, sondern auch für die Toten hat man Ablaß müssen kaufen. Darüber haben sie auch den schrecklichen Mißbrauch der Messe eingeführt, daß sie die Toten haben mit Messe halten erlösen wöllen, und unter solchen Teufelslehren ist unterdruckt ge-

wesen die ganze christliche Lehre von Glauben, von Christo, wie wir dadurch sollen getröstet werden. Darum merken und verstehen hie alle ehrbare, redliche, ehrliebende, verständige Leute, schweige denn Christen, daß ganz hohe vonnöten gewesen ist, solch ungöttliche Lehre

---

¹) Die drei Akte des Bußsakraments: contritio, confessio, satisfactio. ²) Wie die Katechumenen der alten Kirche vor der Eucharistie. ³) Thomas Sth II, 1. q. 87 a. 5. III q. 86 a. 4. Suppl. q. 25 a. 1. Über Redemptionen und Ablaß vgl. Loofs § 59, 9 a. Seeberg III⁴, 106 ff. Poschmann (vgl. S. 253 Anm. 2), 67 ff., 112 ff., 118 ff.

der Sophisten und Canonisten von der Buß zu tadeln. Denn dieselbige ihre Lehre ist öffentlich falsch, unrecht, wider die klaren Worte Christi, wider alle Schrift der Aposteln, wider die ganze heilige Schrift und Väter, und sind das ihre Irrtüm:

17   I. Quod per bona opera extra gratiam facta mereamur ex pacto divino gratiam¹.

18   II. Quod per attritionem mereamur gratiam².

19   III. Quod ad deletionem peccati sola detestatio criminis sufficiat³.

20   IV. Quod propter contritionem, non fide in Christum consequamur remissionem peccatorum⁴.

21   V. Quod potestas clavium valeat ad remissionem peccatorum non Deo, sed coram ecclesia⁵.

22   VI. Quod potestate clavium non remittantur peccata coram Deo, sed quod sit instituta potestas clavium, ut mutet poenas aeternas in temporales, ut imponat certas satisfactiones conscientiis, ut instituat novos cultus et ad tales satisfactiones et cultus obliget conscientias⁶.

23   ᶦVII. Quod enumeratio delictorum in confessione, de qua praecipiunt adversarii, sit necessaria iure divino⁷.

24   VIII. Quod canonicae satisfactiones necessariae sint ad poenam purgatorii redimendam, aut prosint tamquam compensatio ad delendam culpam. Sic enim imperiti intelligunt⁸.

25   IX. Quod susceptio sacramenti poenitentiae ex opere operato sine bono motu utentis, hoc est, sine fide in Christum consequatur gratiam⁹.

26   X. Quod potestate clavium per indulgentias liberentur animae ex purgatorio¹⁰.

27   XI. Quod in reservatione casuum non solum poena canonica, sed etiam culpa reservari debeat in eo, qui vere convertitur¹¹.

I. Daß uns Gott muß die Sunde vergeben, so wir gute Werke tun, auch außerhalben der Gnaden.

II. Daß wir durch die Attrition oder Reu Gnade verdienen.

III. Daß unser Sunde auszulöschen gnug sei, wenn ich die Sunde an mir selbst hasse und schelte.

IV. Daß wir durch unser Reue, nicht um des Glaubens willen an Christum Vergebung der Sunde erlangen.

V. Daß die Gewalt der Schlüssel verleihe Vergebung der Sunde nicht für Gott, sondern für der Kirchen oder den Leuten.

VI. Daß durch die Gewalt der Schlüssel nicht allein die Sunde vergeben werden, sondern dieselbige Gewalt sei darum eingesetzt, daß sie die ewigen Pein verwandelt in zeitliche, und daß sie den Gewissen etliche Gnugtuung auflege, und Gottesdienst und satisfactiones aufrichte, dazu die Gewissen für Gott verpflichte und verbinde.

ᶦVII. Daß das Erzählen und eigentlich Rechnen aller Sunde von Gott geboten sei.

VIII. Daß satisfactiones, welche doch von Menschen aufgesetzt, not sein zu bezahlen die Pein oder auch die Schuld. Denn wiewohl man in der Schule die satisfactiones allein für die Pein abrechnet, so verstehet doch männiglich, daß man dadurch Vergebung der Schuld verdiene.

IX. Daß wir aus Empfahung des Sakraments der Buß, ex opere operato, wenn das Herz gleich nicht dabei ist, ohne den Glauben an Christum Gnade erlangen.

X. Daß aus dem Gewalt der Schlüssel durch den Ablaß die Seelen aus dem Fegfeuer erlöset werden.

XI. Daß in Reservatfällen nicht die Strafe der canonum, sondern die Schuld der Sunden für Gott durch den Pabst möge reserviert werden in denen, die sich wahrlich zu Gott bekehren.

---

¹) s. o. S. 161 A. 1.   ²) Duns In sent. IV d. 1 q. 2: Iste motus ⟨detestatio der Sünde⟩ dicitur attritio et est dispositio sive meritum de congruo ad deletionem peccati mortalis.   ³) s. Anm. 2   ⁴) s. S. 253 A. 1   ⁵) Vgl. S. 254 Anm. 1
⁶) Vgl. S. 253 Anm. 3. Der erste Teil der Auflage liest: — peccata, tantum fiat mutatio poenae aeternae in poenas temporales.   ⁷) Vgl. S. 66 Anm. 1. Der erste Teil der Aufl. der Ed. pr.: sit iuris divini.   ⁸) So lehrt die Scholastik seit Abaelard. Eth. 19 23. Dial. MSL 178, 665, 672, 1634.   ⁹) s. S. 68 Anm. 3.   ¹⁰) Paltz, Coelifodina. Köhler, Dokumente zum Ablaßstreit S. 65 ff. Ablaßbulle Leos X. 31. 3. 1515, ebda. S. 92, 8 ff.   ¹¹) Vgl. o. S. 120 Anm. 2. Auch Trid. Sess. XIV c. I: Hanc autem delictorum reservationem consonum est divinae auctoritati non tantum in externa politia, sed etiam coram Deo vim habere.

Nos igitur, ut explicaremus pias conscientias ex his labyrinthis sophistarum, constituimus duas partes poenitentiae, videlicet contritionem et fidem¹. Si quis volet addere tertiam, videlicet dignos fructus poenitentiae, hoc est mutationem totius vitae ac morum in melius, non refragabimur². De contritione praecidimus illas otiosas et infinitas disputationes, quando ex dilectione Dei, quando ex timore poenae doleamus³. Sed dicimus contritionem esse veros terrores conscientiae, quae Deum sentit irasci peccato et dolet se pecasse. Et haec contritio ita fit, quando verbo Dei arguuntur peccata, quia haec est summa praedicationis evangelii, arguere peccata et offerre remissionem peccatorum et iustitiam propter Christum et spiritum sanctum et vitam aeternam, et ut renati benefaciamus. Sic complectitur summam evangelii Christus, cum ait Lucae ultimo: Praedicari in nomine meo poenitentiam et remissionem peccatorum inter omnes gentes. Et de his terroribus loquitur scriptura, ut Ps. 37.: Quoniam iniquitates meae supergressae sunt caput meum, sicut onus grave gravatae sunt super me, etc. Afflictus sum et humiliatus sum nimis. Rugiebam a gemitu cordis mei. Et Ps. 6.: Miserere mei, Domine, quoniam infirmus sum. Sana me, Domine, quoniam conturbata sunt ossa mea, et anima mea turbata est valde. Et tu, Domine, usque quo? Et Esaiae 38.: Ego dixi in dimidio dierum meorum: vadam ad portas inferi. Sperabam usque ad mane. Quasi leo, sic contrivit omnia ossa mea. In his terroribus sentit conscientia iram Dei adversus peccatum, quae est ignota securis hominibus secundum carnem ambulantibus. Videt peccati turpitudinem et serio dolet se peccasse; etiam fugit interim horribilem iram Dei, quia non potest eam sustinere humana natura, nisi sustentetur verbo Dei. Ita Paulus ait: Per legem legi mortuus sum. Lex enim tantum accusat et terret conscientias. In his terroribus adversarii nostri

Daß wir nu den Gewissen hülfen aus den unzähligen Stricken und verworrenen Netzen der Sophisten, so sagen wir, die Buß oder Bekehrung habe zwei Stücke, contritionem und fidem. So nu jemands will das dritte Stück dazu setzen, nämlich die Früchte der Buß und Bekehrung, welche sind gute Werke, so folgen sollen und müssen, mit dem will ich nicht groß fechten. Wenn wir aber de contritione, das ist, von rechter Reue reden, schneiden wir ab die unzähligen unnützen Fragen, da sie Fragen fürgeben, wenn wir aus der Liebe Gottes, item wenn wir aus Furcht der Strafe Reue haben? Denn es sein allein bloße Wort und vergebliche Geschwätz derjenigen, die nicht erfahren, wie einem erschrockenem Gewissen zu Sinne ist. Wir sagen, daß contritio oder rechte Reue das sei, wenn das Gewissen erschreckt wird und seine Sunde und den großen Zorn Gottes über die Sunde anhebt zu fühlen, und ist ihm leid, daß es gesündiget hat. Und dieselbige contritio gehet also zu, wenn unser Sund durch Gottes Wort gestraft wird. Denn in diesen zweien Stücken stehet die Summa des Evangelii. Erstlich sagt es: Bessert euch, und macht jedermann zu Sundern. Zum andern beuts an Vergebung der Sunde, das ewige Leben, Seligkeit, alles Heil und den heiligen Geist durch Christum, durch welchen wir neu geboren werden. Also fasset auch die Summa des Evangelii Christus, da er Lucä am letzten sagt: Zu predigen in meinem Namen Buß und Vergebung der Sunde unter allen Heiden. Und von dem Schrecken und Angst des Gewissens redet die Schrift im 37. Psalm: „Denn meine Missetat sind über mein Haupt gangen; wie ein schwere Last sind sie mir zu schwer worden." Und im 6. Psalm: „Herr, sei mir gnädig, denn ich bin schwach; heile mich, Herr, denn meine Gebeine sind erschrocken, und meine Seele ist sehr erschrocken 2c. Ach du Herr, wie lange?" Und Es. 38: „Ich sprach, nun muß ich zur Höllen Pforten fahren, da ich länger zu leben gedachte 2c. Ich dachte, möchte ich bis morgen leben; aber er zubrach mir alle meine Gebeine wie ein Löwe."

---

¹) Vgl. CA Art. XII.   ²) Z. 6: hoc est bona opera consequentia conversionem, non refragabimus. Neque ignoramus, quod vocabulum poenitentiae grammaticis significet improbare id, quod antea probabamus. Id magis quadrat ad contritionem quam ad fidem. Sed nos hic docendi causa poenitentiam totam conversionem intelligimus, in qua duo sunt termini, mortificatio et vivificatio. Nos vocamus usitatis nominibus contritionem et fidem. Seit Ed. 1531. 8⁰.   ³) Durandus In sent. IV d. 17 q. 2 ad 1: Quando voluntas hominis adhaerens peccato premitur timore et consideratione poenae debitae peccato et ob hoc resilit a peccato, dicitur attrita, sed quando non solum timore poenae, sed amore vitae aeternae totaliter resilit a peccato, plane detestando ipsum, dicitur contrita.

nihil de fide dicunt: ita tantum proponunt verbum, quod arguit peccata. Quod cum solum traditur, doctrina legis est, non evangelii. His doloribus ac terroribus dicunt homines mereri gratiam, si tamen diligunt Deum. At quomodo diligent Deum homines in veris terroribus, cum sentient horribilem et inexplicabilem humana voce iram Dei? Quid aliud nisi desperationem docent, qui in his terroribus tantum ostendunt legem?

Item: „Meine Augen wollten mir brechen, Herr, ich leide Not 2c." In denselbigen Ängsten fühlet das Gewissen Gottes Zorn und Ernst wider die Sünde, welchs gar ein unbekannte Sache ist solchen müßigen und fleischlichen Leuten, wie die Sophisten und ihresgleichen. Denn da merkt erst das Gewissen, was die Sünde für ein großer Ungehorsam gegen Gott ist, da drücket erst recht das Gewissen der schreckliche Zorn Gottes, und es ist unmüglich der menschlichen Natur denselbigen zu tragen, wenn sie nicht durch Gottes Wort würde aufgericht. Also sagt Paulus: Durch das Gesetz bin ich dem Gesetz gestorben. Denn das Gesetz klaget allein die Gewissen an, gebeut, was man tun solle, und erschreckt sie. Und da reden die Widersacher nicht ein Wort vom Glauben; lehren also kein Wort vom Evangelio, noch von Christo, sondern eitel Gesetzlehre, und sagen, daß die Leute mit solchem Schmerzen, Reue und Leid, mit solchen Ängsten Gnade verdienen, doch wo sie aus Liebe Gottes Reue haben oder Gott lieben. Lieber Herr Gott, was ist doch das für ein Predigt für die Gewissen, den Trosts vonnöten ist? Wie können wir doch dann Gott lieben, wenn wir in so hohen, großen Ängsten und unsäglichem Kampf stecken, wenn wir so großen schrecklichen Gottes Ernst und Zorn fühlen, welcher sich so stärker fühlet, denn kein Mensch auf Erden nachsagen oder reden kann? Was lehren doch solche Prediger und Doctores anders, denn eitel Verzweifelung, die in so großen Ängsten einem armen Gewissen kein Evangelium, kein Trost, allein das Gesetz predigen?

Nos igitur addimus alteram partem poenitentiae de fide in Christum, quod in his terroribus debeat conscientiis proponi evangelium de Christo, in quo promittitur gratis remissio peccatorum per Christum. Debent igitur credere, quod propter Christum gratis remittantur ipsis peccata. Haec fides erigit, sustentat et vivificat contritos, iuxta illud: Iustificati ex fide pacem habemus. Haec fides consequitur remissionem peccatorum. Haec fides iustificat coram Deo, ut idem locus testatur: Iustificati ex fide. Haec fides ostendit discrimen inter contritionem Iudae et Petri, Saulis et Davidis. Ideo Iudae aut Saulis contritio non prodest, quia non accedit ad eam haec fides apprehendens remissionem peccatorum donatum propter Christum. Ideo prodest Davidis aut Petri contritio, quia ad eam fides accedit apprehendens remissionem peccatorum donatam propter Christum. Nec prius dilectio adest, quam sit facta fide reconciliatio. Lex enim non fit sine Christo, iuxta illud: Per Christum habemus accessum ad Deum. Et haec fides paulatim crescit et per omnem vitam luctatur cum peccato, ut vincat peccatum et mortem. Ceterum fidem sequitur dilectio, ut supra diximus. Et sic clare definiri potest filialis timor, talis pavor, qui cum fide coniunctus est, hoc est, ubi fides consolatur et sustentat pavidum cor. Servilis timor, ubi fides non sustentat pavidum cor.

Wir aber setzen das ander Stücke der Buß dazu, nämlich den Glauben an Christum, und sagen, daß in solchem Schrecken den Gewissen soll vorgehalten werden das Evangelium von Christo, in welchem verheißen ist Vergebung der Sünde aus Gnaden durch Christum. Und solche Gewissen sollen glauben, daß ihnen um Christus willen Sünde vergeben werden. Derselbig Glaub richtet wieder auf, tröstet und machet wieder lebendig und fröhlich solche zerschlagene Herzen, wie Paulus zu den Röm. am 5. sagt: „So wir nu gerechtfertigt sein, haben wir Friede mit Gott." Derselbig Glaub zeigt recht an Unterschied unter der Reue Judä und Petri, Sauls und Davids. Und darum ist Judä und Sauls Reue nichts nütz gewest. Denn da ist nicht Glaube gewest, der sich gehalten hätte an die Verheißung Gottes durch Christum. Dagegen sind Davids und S. Peters Reue rechtschaffen gewesen. Denn da ist der Glaube gewest, welcher gefaßt hat die Zusage Gottes, welche anbeut Vergebung der Sünde durch Christum. Denn eigentlich ist in keinem Herzen einige Liebe Gottes, es sei denn, daß wir erst Gott versühnet werden, durch Christum. Denn Gottes Gesetz oder das erste Gebot kann ohne Christo niemands erfüllen noch halten, wie Paulus zu den Ephesern (2, 18. 3, 12) sagt: „Durch Christum haben wir einen Zutritt zu Gott." Und der Glaub kämpfet das ganze Leben durch wider die Sünde und wird durch mancherlei Anfechtung probiert und

nimmt zu. Wo nu der Glaub ist, da folget denn erst die Liebe Gottes, wie wir hie oben gesagt. Und das heißt also recht gelehrt, was timor filialis sei, nämlich ein solchs Fürchten und Erschrecken für Gott, da dennoch der Glaub an Christum uns wiederum tröstet. Servilis timor autem, knechtliche Furcht ist Furcht ohne Glauben, da wird eitel Zorn und Verzweifelung.

Porro potestas clavium administrat et exhibet evangelium per absolutionem, quae est vera vox evangelii. Ita et absolutionem complectimur, cum de fide dicimus, quia fides est ex auditu, ut ait Paulus. Nam audito evangelio, audita absolutione erigitur et concipit consolationem conscientia. Et quia Deus vere per verbum vivificat, claves vere coram Deo remittunt peccata, iuxta illud: Qui vos audit, me audit. Quare voci absolventis non secus ac voci de coelo sonanti credendum est. Et absolutio proprie dici potest sacramentum poenitentiae, ut etiam scholastici theologi eruditiores loquuntur[1]. Interim haec fides in tentationibus multipliciter alitur per evangelii sententias et per usum sacramentorum. Haec enim sunt signa novi testamenti, hoc est, signa remissionis peccatorum. Offerunt igitur remissionem peccatorum, sicut clare testantur verba coenae Domini: Hoc est corpus meum, quod pro vobis traditur. Hic est calix novi testamenti etc. Ita fides concipitur et confirmatur per absolutionem, per auditum evangelii, per usum sacramentorum, ne succumbat, dum luctatur cum terroribus peccati et mortis. Haec ratio poenitentiae plana et perspicua est, et auget dignitatem potestatis clavium et sacramentorum, et illustrat beneficium Christi, docet nos uti mediatore ac propitiatore Christo.

Die Gewalt nu der Schlüssel, die verkündiget uns durch die Absolution das Evangelium. Denn das Wort der Absolution verkündigt mir Friede und ist das Evangelium selbst. Darum wenn wir vom Glauben reden, wollen wir die Absolution mit begriffen haben. Denn der Glaub ist aus dem Gehör, und wenn ich die Absolution höre, das ist, die Zusage göttlicher Gnade oder das Evangelium, so wird mein Herz und Gewissen getröstet. Und dieweil Gott durch das Wort wahrlich neu Leben und Trost ins Herz gibt, so werden auch durch Gewalt der Schlüssel wahrhaftig hier auf Erden die Sünde los gezählet also, daß sie für Gott im Himmel los sein, wie der Spruch lautet: „Wer euch höret, der höret mich." Darum sollen wir das Wort der Absolution nicht weniger achten noch glauben, denn wenn wir Gottes klare Stimme von Himmel höreten, und die Absolution, das selige, tröstliche Wort, sollt billig das Sacrament der Buß heißen, wie denn auch etliche Scholastici, welche gelehrter, denn die andern gewesen, davon reden. Und derselbige Glaub an das Wort soll für und für gestärkt werden durch Predigthören, durch Lesen, durch Brauch der Sakrament. Denn das sind die Siegel und Zeichen des Bunds und der Gnaden im neuen Testament, das sein Zeichen der Versühnung und Vergebung der Sünde. Denn sie bieten an Vergebung der Sünde, wie denn klar zeugen die Wort im Abendmahl: „Das ist mein Leib, der für euch gegeben wird 2c. Das ist der Kelch des neuen Testaments 2c." Also wird auch der Glaub gestärkt durch das Wort der Absolution, durch die Prediger des Evangelii, durch Entpfahen des Sakraments, damit er in solchem Schrecken und Ängsten des Gewissens nicht untergehe. Das ist eine klare, gewisse, richtige Lehr von der Buß; dadurch kann man verstehen und wissen, was die Schlüssel sein oder nicht sein, was die Sakrament nütz sein, was Christi Wohltat ist, warum und wie Christus unser Mittler ist.

Sed quia confutatio damnat nos, quod has duas partes poenitentiae posuerimus[2], ostendendum est, quod scriptura in poenitentia seu conversione impii ponat has praecipuas partes. Christus enim inquit Matth. 11.: Venite ad me omnes, qui laboratis et onerati estis, et ego reficiam vos. Hic duo membra sunt. Labor et onus significant contritionem, pavores et terrores peccati et mortis. Venire ad Christum est credere, quod propter Christum remittantur peccata;

Dieweil aber die Widersacher verdammen, daß wir die zwei Teil der Buß gesetzt haben, so müssen wir anzeigen, daß nicht wir, sondern die Schrift diese zwei Stück der Buß oder Bekehrung also ausdrückt. Christus sagt Matthäi am 11.: „Kommt zu mir alle, die ihr mühselig und beladen seid, und ich will euch erquicken." Da sind zwei Stück. Die Last oder die Bürde, da Christus von redet, das ist der Jammer, das groß Erschrecken für Gottes Zorn im Herzen. Zum andern das Kommen zu Christo; denn

---

[1]) Duns In sent. IV. d. 16 q. 1 § 7. Seeberg, Duns Sc. 415   [2]) s. S. 252 Anm. 5.

cum credimus, vivificantur corda spiritu sancto per verbum Christi. Sunt igitur hic duae partes praecipuae, contritio et fides. Et Marci primo Christus ait: Agite poenitentiam et credite evangelio. Ubi in priore particula arguit peccata, in posteriore consolatur nos et ostendit remissionem peccatorum. Nam credere evangelio non est illa generalis fides, quam habent et diaboli, sed proprie est credere remissionem peccatorum propter Christum donatam. Haec enim revelatur in evangelio. Videtis et hic duas partes coniungi, contritionem, cum arguuntur peccata, et fidem, cum dicitur: Credite evangelio. Si quis hic dicat Christum complecti etiam fructus poenitentiae seu totam novam vitam, non dissentiemus. Nam hoc nobis sufficit, quod hae partes praecipuae nominantur: contritio et fides.

Paulus fere ubique, cum describit conversionem seu renovationem, facit has duas partes, mortificationem et vivificationem, ut Coloss. 2.: In quo circumcisi estis circumcisione non manu facta, videlicet exspoliatione corporis peccatorum carnis. Et postea: In quo simul resuscitati estis per fidem efficaciae Dei. Hic duae sunt partes. Altera est exspoliatio corporis peccatorum, altera est resuscitatio per fidem. Neque haec verba, mortificatio, vivificatio, exspoliatio corporis peccatorum, resuscitatio, Platonice intelligi debent de simulata mutatione[1]; sed mortificatio significat veros terrores, quales sunt morientium, quos sustinere natura non posset, nisi erigeretur fide. Ita hic exspoliationem corporis peccatorum vocat, quam nos dicimus usitate contritionem, quia in illis doloribus concupiscentia naturalis expurgatur. Et vivificatio intelligi debet non imaginatio Platonica, sed consolatio, quae vere sustentat fugientem vitam in contritione. Sunt ergo hic duae partes, contritio et fides. Quia enim conscientia non potest reddi pacata nisi fide, ideo sola fides vivificat, iuxta hoc dictum: Iustus ex fide vivet.

Et deinde in Colossensibus inquit, Christum delere chirographum, quod per legem adversatur nobis. Hic quoque duae sunt partes, chirographum et deletio chirographi. Est autem chirographum conscientia arguens et condemnans nos. Porro lex est verbum, quod arguit et condemnat peccata. Haec igitur vox, quae

das Kommen ist nicht anders, denn glauben, daß um Christus willen uns Sunde vergeben werden, und daß wir durch den heiligen Geist neu geboren und lebendig werden. Darum müssen diese zwei die fürnehmste Stück in der Buß sein: die Reu und der Glaube. Und Marci am 1. sagt Christus: „Tut Buß und glaubet dem Evangelio." Für das erst macht er uns zu Sundern und schreckt uns. Zum andern tröstet er uns und verkündiget Vergebung der Sunde. Denn dem Evangelio glauben heißt nicht allein die Historien des Evangelii glauben, welchen Glauben auch die Teufel haben, sondern heißt eigentlich glauben, daß uns durch Christum Sunde vergeben sein, denn denselbigen Glauben prediget uns das Evangelium. Da sehet ihr auch die zwei Stücke: die Reue oder das Schrecken des Gewissens, da er sagt: tut Buß, und den Glauben, da er sagt: gläubet dem Evangelio. Ob nu jemands wollt sagen, Christus begreift auch die Früchte der Buß, das ganze neue Leben, das fechten wir nicht groß an. Es ist uns hie gnug, daß die Schrift diese zwei Stück fürnehmlich ausdrückt: Reue und Glauben.

Paulus in allen Epistlen, so oft er handelt, wie wir bekehret werden, fasset er diese zwei Stück zusammen: Sterben des alten Menschen, das ist Reue, Erschrecken für Gottes Zorn und Gericht, und dagegen Verneuerung durch den Glauben. Denn durch Glauben werden wir getröst und wieder zum Leben gebracht und errettet von Tod und Hölle. Und von diesen zweien Stücken redet er klar Röm. 6.: Daß wir der Sunden gestorben sein, das geschicht durch Reue und Schrecken, und wiederum sollen wir mit Christo auferstehen, das geschieht, so wir durch Glauben wiederum Trost und Leben erlangen. Und dieweil Glauben soll Trost und Friede im Gewissen bringen, lauts des Spruchs, Röm. 4.: „So wir gerecht sind worden durch den Glauben, haben wir Friede", folget, daß zuvor Schrecken und Angst im Gewissen ist. Also gehen Reue und Glauben neben einander.

---

[1]) Über mortificatio und vivificatio Melanchthon Loci 1521, S. 151, 234 Kolde⁴. Werke II, 1 (1952) 149, 31ff. 155, 34ff.

dicit: Peccavi Domino, sicut David ait, est chirographum. Et hanc vocem impii et securi homines non emittunt serio. Non enim vident, non legunt scriptam in corde sententiam legis. In veris doloribus ac terroribus cernitur haec sententia. Est igitur chirographum ipsa contritio, condemnans nos. Delere chirographum est tollere hanc sententiam, qua pronuntiamus, fore ut damnemur[1], et sententiam insculpere, qua sentiamus nos liberatos esse ab illa condemnatione. Est autem fides nova illa sententia, quae abolet priorem sententiam et reddit pacem et vitam cordi. 2.Sam.12, 13.

Quamquam quid opus est multa citare testimonia, cum ubique obvia sint in scripturis? Psalmo 117.: Castigans castigavit me Dominus, et morti non tradidit me. Psalmo 118.: Defecit anima mea prae angustia, confirma me verbo tuo. Ubi in priore membro continetur contritio, in secundo modus clare describitur, quomodo in contritione recreemur, scilicet verbo Dei, quod offert gratiam. Id sustentat et vivificat corda. Et 1. Reg. 2.:[1] Dominus mortificat et vivificat, deducit ad inferos et reducit. Horum altero significatur contritio, altero significatur fides. Et Esaiae 28.: Dominus irascetur, ut faciat opus suum. Alienum est opus eius, ut operetur opus suum. Alienum opus Dei vocat, cum terret, quia Dei proprium opus est vivificare et consolari. Verum ideo terret, inquit, ut sit locus consolationi et vivificationi, quia secura corda et non sentientia iram Dei fastidiunt consolationem. Ad hunc modum solet scriptura haec duo coniungere, terrores et consolationem, ut doceat haec praecipua membra esse in poenitentia, contritionem et fidem consolantem et iustificantem. Neque videmus, quomodo natura poenitentiae clarius et simplicius tradi possit.

Wiewohl was ist not viel Sprüche oder Zeugnis der Schrift einzuführen, so die ganze Schrift der Sprüche voll ist. Als im 117. Psalm: „Der Herr züchtiget mich wohl, aber er gibt mich dem Tode nicht." Und im 118. Psalm: „Meine Seele vergehet für Grämen, richte mich auf nach deinen Worten." Erstlich sagt er von Schrecken oder von der Reue. Im andern Stück des Vers zeigt er klar an, wie ein reuig arm Gewissen wieder getröstet wird, nämlich durch das Wort Gottes, welches[1] Gnade anbeutet und wieder erquicket. Item 1. Sam. 2: „Der Herr tötet und machet lebendig, er führet in die Hölle und wieder heraus." Da werden auch die zwei Stücke gerührt: Reue und Glaube. Item Esaiä am 28.: „Der Herr wird zürnen, daß er sein Werk tue, welchs doch nicht sein Werk ist." Er sagt: Gott werde schrecken, wiewohl dasselbige nicht Gottes Werk sei; denn Gottes eigen Werk ist lebendig machen. Andere Werk, als Schrecken, Töten, sind nicht Gottes eigene Werk. Denn Gott macht allein lebendig und wenn er schrecket, tut ers darum, daß sein seliger Trost uns desto angenehmer und süßer werde; denn sichere und fleischliche Herzen, die Gottes Zorn und ihre Sünde nicht fühlen, achten keines Trosts. Auf die Weis pflegt die heilige Schrift die zwei Stücke bei einander zu setzen, erstlich das Schrecken, 49 Ps.118,18. Ps.119,28. 50 1.Sam. M.175 [2,6. 51 52

darnach den Trost, daß sie anzeigen, daß diese zwei Stücke zu einer rechten Buß oder Bekehrung gehören, erstlich herzliche Reue, darnach Glaube, der das Gewissen wieder aufrichte. Und ist je gewiß also, daß nicht wohl müglich ist von der Sache klärer oder richtiger zu reden. So wissen wir fürwahr, daß Gott in seinen Christen, in der Kirchen also wirket.

Haec enim sunt duo praecipua opera Dei in hominibus, perterrefacere, et iustificare ac vivificare perterrefactos. In haec duo opera distributa est universa scriptura. Altera pars lex est, quae ostendit, arguit et condemnat peccata. Altera pars evangelium, hoc est, promissio gratiae in Christo donatae, et haec promissio subinde repetitur in tota scriptura, primum tradita Adae,[1] postea patriarchis, deinde a prophetis illustrata, postremo praedicata et exhibita a Christo inter Iudaeos et ab apostolis sparsa in totum mundum. Nam fide huius promissionis

Dies sind nu die fürnehmste zwei Werk, dadurch Gott in den Seinen wirket. Von den zweien Stücken redet die ganze Schrift, erstlich, daß er unser Herzen erschrecket und uns die Sünde zeigt, zum andern, daß er wiederum uns tröstet, aufrichtet und lebendig macht. Darum führt auch die ganze Schrift diese zweierlei Lehren. Eine ist das Gesetz,[1] welche uns zeiget unsern Jammer, strafet die Sünde. Die ander Lehr ist das Evangelium; denn Gottes Verheißung, da er Gnade zusagt durch Christum, und die Verheißung der Gnaden wird von Adam her durch die ganze Schrift immer wieder= 53 W.169. 54

---

[1]) sententiam — damnemur] sententiam condemnationis ex animo. Seit Ed. 1531. 8°.

sancti omnes iustificati sunt, non propter suas attritiones vel contritiones.

holet. Denn erstlich ist die Verheißung der Gnaden oder das erste Evangelium Adam zugesagt: „Ich will Feindschaft setzen 2c." Hernach sind Abraham und andern Patriarchen von demselbigen Christo Verheißung geschehen, welche denn die Propheten hernach geprediget, und zuletzt ist dieselbige Verheißung der Gnade durch Christum selbst, als er nu kommen war, geprediget unter die Jüden und endlich durch die Aposteln unter die Heiden in alle Welt ausgebreitet. Denn durch den Glauben an das Evangelium oder an die Zusage von Christo sind alle Patriarchen, alle Heiligen von Anbeginn der Welt gerecht für Gott worden, und nicht um ihrer Reue oder Leid oder einigerlei Werk willen.

55 Et exempla ostendunt similiter has duas partes. Adam obiurgatur post peccatum et perterrefit; haec fuit contritio. Postea promittit Deus gratiam, dicit futurum semen, quo destruetur regnum diaboli, mors et peccatum; ibi offert remissionem peccati. Haec sunt praecipua. Nam etsi postea additur poena, tamen haec poena non meretur remissionem peccati. Et de hoc genere poenarum paulo post dicemus[1].

Und die Exempel, wie die Heiligen sind fromm worden, zeigen auch die obgedachten zwei Stücke an, nämlich das Gesetz und Evangelium. Denn Adam, als er gefallen war, wird er erst gestraft, daß sein Gewissen erschrickt und in große Ängste kömmt; dasselbe ist die rechte Reue oder contritio. Hernach sagt ihm Gott Gnad und Heil zu durch den gebenedeieten Samen, das ist, Christum, durch welchen der Tod, die Sunde und des Teufels Reich sollt zerbrochen werden; da beutet er ihm wieder an Gnade und Vergebung der Sunde. Das sind die zwei Stücke. Dann wiewohl Gott hernach Adam Straf aufleget, so verdienet er doch durch die Straf nicht Vergebung der Sunde. Und von derselbigen aufgelegter Straf wöllen wir hernach sagen.

56 Sic David obiurgatur a Nathan et perterrefactus inquit: Peccavi Domino. Ea est contritio. Postea audit absolutionem: Dominus sustulit peccatum tuum non morieris. Haec vox erigit Davidem et fide sustentat, iustificat et vivificat eum. Additur et hic poena, sed haec poena non meretur remissionem peccatorum. 57 Nec semper adduntur peculiares poenae, sed haec duo semper existere in poenitentia oportet, contritionem et fidem, ut Lucae 7. Mulier peccatrix venit ad Christum lacrimans. Per has lacrimas agnoscitur contritio. Postea audit absolutionem: Remittuntur tibi peccata, fides tua salvam te fecit, vade in pace. Haec est altera pars poenitentiae, fides, quae 58 erigit et consolatur eam. Ex his omnibus apparet piis lectoribus nos eas partes poenitentiae ponere, quae propriae sunt in conversione seu regeneratione et remissione peccati. Fructus digni et poenae sequuntur regenerationem et remissionem peccati. Ideoque has duas partes posuimus, ut magis conspici fides possit, quam in poenitentia requirimus. Et magis intelligi potest, quid sit fides, quam praedicat evangelium, cum opponitur contritioni ac mortificationi[2].

Also wird David vom Propheten Nathan hart angeredet und erschreckt, daß er spricht und bekennet: „Ich hab für dem Herrn gesundiget." Das ist nu die Reu. Hernach höret er das Evangelium und die Absolution: „Der Herr hat deine Sunde weggenommen, du sollt nicht sterben." Als David das Wort gläubet, empfähet sein Herz wieder Trost, Licht und Leben. Und wiewohl ihm auch die Straf wird aufgelegt, so verdienet er doch durch die Straf nicht Vergebung der Sunde. Und es sind auch wohl Exempel, da solche sonderliche Strafen nicht dazu getan werden, sondern diese zwei Stücke gehören allzeit fürnehmlich zu einer rechten Buß. Das erst, daß unser Gewissen die Sunde erkenne und erschrecke; zum andern, daß wir der göttlichen Zusage gläuben. Als Luk. am 7. kommt das arm sundig Weib zu Christo und weinet bitterlich. Das Weinen zeigt die Reue an. Hernach höret sie das Evangelium: Deine Sunde sind dir vergeben, dein Glaub hat dir geholfen, gehe im Frieden. Das ist nu das ander fürnehmste Stück der Buß, nämlich der Glaub, der sie wieder tröstet. Aus diesem können hie alle christliche Leser merken, daß wir nicht unnötige Disputationes einführen, sondern klar, richtig und eigentlich das

---

[1] S. 284ff. [2] In den Ausgaben seit Ed. 1531, 8°, ist hier ein längeres Zitat aus Bernhard v. Clairv. Sermo in festo annunc. b. Mariae virg. III. 3 MSL 183, 394 angefügt. CR 27, 545 f.

Stücke der Buß setzen, ohne welche die Sunde nicht können vergeben werden, ohne welche niemands für Gott fromm, heilig oder neu geboren wird. Die Früchte aber und gute Werke, item Geduld, daß wir gern leiden Kreuz und Strafe, was Gott dem alten Adam auflegt, das alles folget, wenn also erst durch den Glauben die Sunde vergeben ist und wir neu geboren sein. Und wir haben diese zwei Stücke klar gesetzt, damit der Glaube an Christum, davon die Sophisten, Canonisten alle geschwiegen, auch einmal gelehret werde, damit man auch desto klärer sehen müge, was der Glaube sei oder nicht sei, wenn er also gegen das große Schrecken und Angst gehalten wird.

Sed quia adversarii nominatim hoc damnant, quod dicimus homines fide consequi remissionem peccatorum[1], addemus paucas quasdam probationes, ex quibus intelligi poterit remissionem peccatorum contingere non ex opere operato propter contritionem, sed fide illa speciali, qua unusquisque credit sibi remitti peccata. Nam hic articulus praecipuus est, de quo digladiamur cum adversariis, et cuius cognitionem ducimus maxime necessariam esse christianis omnibus. Cum autem supra de iustificatione de eadem re satis dictum videatur, hic breviores erimus. Sunt enim loci maxime cognati, doctrina poenitentiae et doctrina iustificationis.

Dieweil aber die die Widersacher diesen klaren, gewissen, trefflichsten Artikel ohne alle Scheu und Scham namhaftig verdammen, da wir sagen, daß die Menschen Vergebung der Sunde erlangen durch den Glauben an Christum, so wollen wir des etliche Gründe und Beweisung setzen, aus welchen zu verstehen sei, daß wir Vergebung der Sunde nicht erlangen ex opere operato oder durch das getane Werk durch Reu oder Leid 2c., sondern allein durch den Glauben, da ein jeder für sich selbst gläubet, daß ihm Sünde vergeben sein. Denn dieser Artikel ist der fürnehmste und nötigste, darum wir mit den Widersachern streiten, welcher auch der nötigst ist allen Christen zu wissen. So wir aber hieroben im Artikel de iustificatione von demselbigen genugsam gesagt, so wollen wir desto kürzer hie dasselbe handeln.

Adversarii cum de fide loquuntur et dicunt eam praecedere poenitentiam[2], intelligunt fidem, non hanc, quae iustificat, sed quae in genere credit Deum esse, poenas propositas esse impiis etc. Nos praeter illam fidem requirimus, ut credat sibi quisque remitti peccata. De hac fide speciali litigamus; et opponimus eam opinioni, quae iubet confidere non in promissione Christi, sed in opere operato contritionis, confessionis et satisfactionum etc. Haec fides ita sequitur terrores, ut vincat eos et reddat pacatam conscientiam. Huic fidei tribuimus, quod iustificet et regeneret, dum ex terroribus liberat, et pacem, gaudium et novam vitam in corde parit. Hanc fidem defendimus vere esse necessariam ad remissionem peccatorum, ideo ponimus inter partes poenitentiae[3]. Nec aliud sentit ecclesia Christi, etiamsi adversarii nostri reclamant.

Die Widersacher, wenn sie vom Glauben reden, sagen sie, der Glaube müsse für der Buß hergehen, und verstehen nicht den Glauben, welcher für Gott gerecht macht, sondern den Glauben, durch welchen in genere, das ist, ingemein gegläubet wird, daß ein Gott sei, daß eine Hölle sei 2c. Wir reden aber darüber von einem Glauben, da ich für mich gewiß gläube, daß mir die Sunde vergeben sein um Christus willen. Von diesem Glauben streiten wir, der nach dem Schrecken folgen soll und muß, und das Gewissen trösten und das Herz in dem schweren Kampf und Angst wieder zufrieden machen. Und das wollen wir, will Gott, ewiglich verfechten und wider alle Pforten der Hölle erhalten, daß derselbig Glaub muß da sein, sollen jemands Sunde vergeben werden. Darum setzen wir dieses Stück auch zur Buß. Es kann auch die christliche Kirche nicht anders halten, denn daß Sund vergeben werden durch solchen Glauben, wiewohl die Widersacher als die wütenden Hunde dawider bellen.

Principio autem interrogamus adversarios, utrum absolutionem accipere pars sit poenitentiae nec ne? Quod si a confessione separant, ut sunt subtiles in

Für das erst frage ich hie die Widersacher, ob es auch ein Stück der Buß sei, die Absolution hören oder empfahen? Denn wie sie die Absolution absondern von der Beicht,

---

[1]) CR 27, 99. [2]) CR 27, 111. [3]) poenitentiae] + seu conversionis. Seit Ed. 1531, 8°.

distinguendo, non videmus, quid prosit confessio sine absolutione. Sin autem non separant a confessione acceptionem absolutionis, necesse est eos sentire, quod fides sit pars poenitentiae, quia absolutio non accipitur nisi fide. Quod autem absolutio non accipiatur nisi fide ex Paulo probari potest, qui docet Rom. 4, quod promissio non possit accipi nisi fide. Absolutio autem est promissio remissionis peccatorum. Igitur necessario requirit fidem. Nec videmus, quomodo dicatur is accipere absolutionem, qui non assentitur ei. Et quid aliud est non assentiri absolutioni, quam Deum accusare mendacii? Si cor dubitet, sentit incerta et inania esse, quae promittit Deus. Ideo 1. Ioh. 5. scriptum est: Qui non credit Deo, mendacem facit eum, quia non credit in testimonium, quod testificatus est Deus de Filio suo.

Secundo fateri adversarios existimamus, remissionem peccatorum poenitentiae seu partem seu finem seu, ut ipsorum more loquamur, terminum esse ad quem[1]. Ergo id, quo accipitur remissio peccatorum, recte additur partibus poenitentiae. Certissimum est autem, etiamsi omnes portae inferorum reclament, remissionem peccatorum non posse accipi nisi sola fide, quae credit peccata remitti propter Christum, iuxta illud Rom. 3.: Quem proposuit Deus propitiatorem per fidem in sanguine ipsius. Item Rom. 5.: Per quem accessum habemus per fidem in gratiam etc. Nam conscientia territa non potest opponere irae Dei opera nostra aut dilectionem nostram, sed ita demum fit pacata, cum apprehendit mediatorem Christum et credit promissionibus propter illum donatis. Non enim intelligunt, quid sit remissio peccatorum aut quomodo nobis contingat, qui somniant corda pacata fieri sine fide in Christum. Petrus citat ex Esaia: Qui crediderit in eum, non confundetur. Necesse est igitur confundi hypocritas, confidentes se accipere remissionem peccatorum propter sua opera, non propter Christum. Et Petrus ait in Actis cap. 10.: Huic omnes prophetae testimonium perhibent, remissionem peccatorum accipere per nomen eius omnes, qui credunt in eum. Non potuit dici magis dilucide.

wie sie denn subtil sein wollen zu distinguieren, so wird niemands wissen oder sagen können, was die Beicht ohne die Absolution nütz sei. So sie aber die Absolution von der Beicht nicht absondern, so müssen sie sagen, daß der Glaub an das Wort Christi sei ein Stücke der Buß, so man die Absolution nicht empfahen kann, denn allein durch den Glauben. Daß man aber das Wort der Absolution nicht empfahen kann, denn allein durch den Glauben, ist zu beweisen aus Paulo Röm. 4, da er sagt, daß die Verheißung Gottes niemands fassen kann, denn allein durch den Glauben. Die Absolution aber ist nichts anders, denn das Evangelium, ein göttliche Zusage der Gnaden und Hulde Gottes rc. Darum kann man sie nicht haben noch erlangen, denn allein durch den Glauben. Denn wie kann denjenigen das Wort der Absolution nütz werden, die sie nicht gläuben? Die Absolution aber nicht gläuben, was ist das anders, denn Gott Lügen strafen? Dieweil das Herz wanket, zweifelt, hälts für ungewiß, das Gott da zusaget. Darum stehet 1. Joh. 5 geschrieben: „Wer Gott nicht gläubt, der lügenstraft ihn, denn er gläubt nicht dem Zeugnis, da Gott von seinem Sohne zeuget."

Zum andern, so müssen je die Widersacher gewiß bekennen, daß die Vergebung der Sünde sei ein Stücke oder, daß wir auf ihre Weise reden, sei finis, das Ende, oder terminus ad quem der ganzen Buß. Denn was hülfe Buß, wenn nicht Vergebung der Sünde erlanget würde? Darum dasjenige, dadurch Vergebung der Sünde erlanget wird, soll und muß je ein fürnehmest Stücke der Buß sein. Eigentlich ist es aber wahr, klar und gewiß, wenn alle Teufel, alle Pforten der Hölle darwider schrien, daß das Wort niemands von der Vergebung der Sünde fassen kann, denn allein durch den Glauben. Röm. 3: „Welchen Gott hat fürgestellt zu einem Gnadenstuhl durch den Glauben rc." Item Röm. 5: „Durch welchen wir auch ein Zutritt haben im Glauben zu dieser Gnade rc." Denn ein erschrocken Gewissen, das seine Sünde fühlet, merkt balde, daß Gottes Zorn mit unsern elenden Werken nicht zu verführen ist, sondern also kommt ein Gewissen recht zu Frieden, wenn es sich hält an den Mittler Christum und gläubet den göttlichen Zusagungen. Denn diejenigen verstehen nicht, was Vergebung der Sünde sei, oder wie man dieselbige erlanget, die da wähnen, die Herzen und Gewissen können gestillet werden ohne den Glauben an Christum. Petrus der Apostel führet ein den Spruch Esaj.: „Wer an ihnen gläubet, der wird nicht zu Schanden werden." Derhalben müssen die Heuchler für

---

[1] Thomas STh II 1. q. 113 a 6 c.

XII. Von der Buß.

quam quod ait: per nomen eius, et addit: omnes, qui credunt in eum. Tantum igitur ita accipimus remissionem peccatorum per nomen Christi, hoc est, propter Christum, non propter ulla nostra merita atque opera. Et hoc ita fit, cum credimus nobis remitti peccata propter Christum.

Gott zu Schanden werden, die da meinen, sie wollen Vergebung der Sünde erlangen durch ihr Werk, nicht um Christus willen. Und Petrus in den Geschichten der Apostel am 10. sagt: „Dem Jesu geben Zeugnis alle Propheten, daß diejenigen Vergebung der Sünde durch seinen Namen erlangen so an ihnen gläuben." Er hätte nicht klärer reden können, denn daß er sagt: durch seinen Namen, und setzt dazu: „alle, die an ihn gläuben." Darum erlangen wir Vergebung der Sünde durch den Namen Christi, das ist, um Christus willen, nicht um unsers Verdiensts oder Werke willen, und das geschiehet also, wenn wir gläuben, daß uns Sünden vergeben werden um Christus willen.

Adversarii nostri vociferantur se esse ecclesiam, se consensum ecclesiae sequi. At Petrus hic in nostra causa etiam allegat consensum ecclesiae: Huic, inquit, omnes prophetae perhibent testimonium, remissionem peccatorum accipere per nomen eius etc. Profecto consensus prophetarum iudicandus est universalis ecclesiae consensus esse. Nec papae nec ecclesiae concedimus potestatem decernendi contra hunc consensum prophetarum. At bulla Leonis aperte damnat hunc articulum de remissione peccatorum[1], damnant et adversarii in confutatione. Qua ex re apparet, qualis sit ecclesia iudicanda istorum, qui non solum decretis improbant hanc sententiam, quod remissionem peccatorum consequamur fide, non propter opera nostra, sed propter Christum, sed etiam iubent eam vi ac ferro abolere, iubent omni genere crudelitatis perdere viros bonos, qui sic sentiunt.

Die Widersacher schreien wohl, sie seien die christliche Kirche, und sie halten, was die catholica, gemeine Kirche hält. Petrus aber, der Apostel, hie in unser Sache und unserm höchsten Artikel rühmet auch ein catholica, gemeine Kirche, da er sagt: Dem Jesu geben Zeugnis alle Propheten, daß wir Vergebung der Sünde erlangen durch seinen Namen. Ich meine je, wenn alle heilige Propheten einträchtig zusammen stimmen (nachdem Gott auch ein einigen Propheten für ein Weltschatz achtet), solle je auch ein Decret, ein Stimme und einträchtig stark Beschluß sein der gemeinen, katholischen, christlichen, heiligen Kirchen, und billig dafür gehalten werden. Wir werden weder Pabst, Bischof noch Kirchen die Gewalt einräumen wider aller Propheten einträchtige Stimme, etwas zu halten oder zu schließen. Noch hat Pabst Leo der X. diesen Artikel als irrig dürfen verdammen. Und die Widersacher verdammen dieses auch. Darum ist gnug am Tag, was das für ein fein christliche Kirche sei, die nicht allein durch öffentliche, geschriebene Decret und Mandat diesen Artikel, nämlich daß wir Vergebung der Sünde ohne Werke durch den Glauben an Christum erlangen, verdammen darf, sondern auch über dem Bekenntnis dieses Artikels unschuldig Blut verdammen und erwürgen. Sie dürfen Gebot ausgehen lassen, daß man fromme, redliche Leute, die also lehren, solle verjagen, und trachten ihnen durch allerlei Tyrannei als die Bluthunde nach Leib und Leben.

Sed habent magni nominis auctores, Scotum[2], Gabrielem[3] et similes, dicta patrum, quae in decretis truncata citantur. Certe, si numeranda sunt testimonia, vincunt. Est enim maxima turba nugacissimorum scriptorum in sententias[4], qui tamquam coniurati defendunt illa figmenta de merito attritionis et operum et cetera, quae supra recitavimus. Sed ne quis multitudine moveatur, non magna auctoritas est in testimoniis posteriorum, quin non genuerunt sua scrip-

Aber sie werden vielleicht sagen, sie haben auch Lehrer für sich, Scotum, Gabrielem und dergleichen, die auch großen Namen haben, dazu auch die Sprüche der Väter, welche im Decret verstümpelt angezogen. Ja, es ist wahr, sie heißen alle Lehrer und Scribenten, aber am Gesange kann man merken, welche Vögel es sind. Dieselbigen Scribenten haben nicht anders denn Philosophie gelehret, und von Christo und Gottes Werk nicht gewußt; das beweisen ihre Bücher klar. Derhalben lassen wir uns nicht irren,

---

[1]) Bulle Exsurge Domine 15. Mirbt, Quellen⁴ S. 257 ₄₃. [2]) Duns Scotus († 1308). [3]) Gabriel Biel († 1495.) [4]) Kommentare zu den Sentenzen des Petr. Lombardus.

ta, sed tantum compilatis superioribus transfuderunt illas opiniones ex aliis libris in alios. Nihil iudicii adhibuerunt sed ut pedanei senatores taciti comprobaverunt superiorum errores non intellectos. Nos igitur hanc Petri vocem non dubitemus opponere quamlibet multis legionibus Sententiariorum, quae allegat consensum prophetarum. Et accedit testimonium spiritus sancti ad hanc concionem Petri. Sic enim ait textus: Adhuc loquente Petro verba haec cecidit spiritus sanctus super omnes, qui audiebant verbum. Sciant igitur piae conscientiae hoc esse mandatum Dei, ut credant sibi gratis ignosci propter Christum, non propter opera nostra. Et hoc mandato Dei sustentent se adversus desperationem et adversus terrores peccati et mortis. Et hanc sententiam sciant a principio mundi in ecclesia extitisse apud sanctos. Petrus enim clare allegat consensum prophetarum, et apostolorum scripta testantur eos idem sentire. Nec desunt patrum testimonia. Nam Bernardus idem dicit verbis minime obscuris: Necesse est enim primo omnium credere, quod remissionem peccatorum habere non possis nisi per indulgentiam Dei, sed adde adhuc, ut credas et hoc, quod per ipsum peccata tibi donantur. Hoc est testimonium, quod perhibet spiritus sanctus in corde tuo dicens: Dimissa sunt tibi peccata tua. Sic enim arbitratur apostolus gratis iustificari hominem per fidem[1]. Haec Bernardi verba mirifice illustrant causam nostram, quia non solum requirit, ut in genere credamus peccata remitti per misericordiam, sed iubet addere specialem fidem, qua credamus, et nobis ipsis remitti peccata, et docet, quomodo certi reddamur de remissione peccatorum, videlicet cum fide corda eriguntur et fiunt tranquilla per spiritum sanctum. Quid requirunt amplius adversarii? Num adhuc audent negare fide nos consequi remissionem peccatorum, aut fidem partem esse poenitentiae?

sondern wissen fürwahr, daß wir das Wort des heiligen Apostels Petri als eines großen Doctors, fröhlich mögen halten gegen alle Sententiarios über einen Haufen und wenn ihr viel tausend wären. Denn Petrus sagt klar, es sei ein einträchtige Stimme aller Propheten, und dieselbige herrliche Predigt des hohen, großen Aposteln hat Gott kräftig dasmal bestätigt durch Austeilung des heiligen Geistes. Denn also sagt der Text: „Als Petrus noch redet, fiel der heilige Geist auf alle, die dem Wort zuhöreten." Derhalben sollen die christliche Gewissen das wohl merken, daß dieses Gottes Wort und Gebot ist, daß uns ohne Verdienst Sünde vergeben werden durch Christum, nicht um unser Werke willen, und solch Gottes Wort und Gebot ist ein rechter, starker, gewisser, unvergänglich Trost wider alles Schrecken der Sünde, des Tods, wider alle Anfechtung und Verzweifelung, Qual und Angst des Gewissens. Da wissen die müßigen Sophisten wenig von, und diese selige Predigt, das Evangelium, welche Vergebung der Sünde prediget durch den gebenedeiten Samen, das ist, Christum, ist von Anbegin der Welt aller Patriarchen, aller frommen Königen, aller Propheten, aller Gläubigen größter Schatz und Trost gewest; denn sie haben an denselbigen Christum geglaubt, da wir an glauben. Denn von Anfang der Welt ist kein Heiliger anders denn durch den Glauben desselbigen Evangelii selig worden. Darum sagt auch Petrus, es sei ein einträchtige Stimme aller Propheten, und die Aposteln predigen auch einträchtig gleich dasselbige, und zeigen an, daß die Propheten gleich als durch einen Mund geredet haben. Darüber sind die Zeugnis der heiligen Väter. Denn Bernhardus sagt mit klaren Worten also: „Darum ist für allen Dingen not zu wissen, daß wir Vergebung der Sünde nicht anders haben können, denn durch Gottes Gnade; doch sollt du dieses dazu setzen, daß du das gläubest, daß auch dir, nicht allein andern, durch Christum Sünde vergeben werden. Das ist das Zeugnis des heiligen Geistes inwendig in deinem Herzen, wann er dir selbst sagt in deinem Herzen, dir selbst sind deine Sünde vergeben. Denn also nennets der Apostel, daß der Mensch ohne Verdienst gerecht wird durch den Glauben. Diese Wort S. Bernhards streichen erst diese unsere Lehre recht heraus und setzen sie recht an das Licht. Denn er sagt, daß wir nicht allein ingemein gläuben sollen, daß uns Sünde vergeben werden, sondern sagt, dieses muß dazu gesetzt werden, daß ich für mich gläube, daß mir Sünde vergeben sein. Und lehret darüber noch eigentlicher und klärer, wie wir inwendig im Herzen der Gnade, der Vergebung unser Sünde gewiß werden, nämlich, wenn die Herzen getröstet werden und gestillet inwendig durch diesen Trost. Wie aber nu, ihr Widersacher? Ist S. Bernhard auch ein Ketzer? Was wollt ihr

---

[1] Bernhard v. Clairvaux, Sermo in festo b. Mariae virg. I, 1. MSL 183, 383 A.

doch mehr haben? Wollt ihr noch leugnen, daß wir Vergebung der Sünde erlangen durch den Glauben?

Tertio adversarii dicunt peccatum ita remitti, quia attritus seu contritus elicit actum dilectionis Dei, per hunc actum meretur accipere remissionem peccatorum[1]. Hoc nihil est nisi legem docere, deleto evangelio et abolita promissione de Christo. Tantum enim requirunt legem et nostra opera, quia lex exigit dilectionem. Praeterea docent confidere, quod remissionem peccatorum consequamur propter contritionem et dilectionem. Hoc quid est aliud nisi collocare fiduciam in nostra opera, non in verbum et promissionem Dei de Christo? Quodsi lex satis est ad consequendam remissionem peccatorum, quid opus est evangelio, quid opus est Christo, si propter nostrum opus consequimur remissionem peccatorum? Nos contra a lege ad evangelium revocamus conscientias, et a fiducia propriorum operum ad fiduciam promissionis et Christi, quia evangelium exhibet nobis Christum et promittit gratis remissionem peccatorum propter Christum. Hac promissione iubet nos confidere, quod propter Christum reconciliemur patri, non propter nostram contritionem aut dilectionem. Non enim alius est mediator aut propitiator nisi Christus. Nec legem facere possumus, nisi prius per Christum reconciliati simus. Et si quid faceremus, tamen sentiendum est, quod non propter illa opera, sed propter Christum mediatorem et propitiatorem consequimur remissionem peccatorum.

Imo contumelia Christi et evangelii abrogatio est sentire, quod remissionem peccatorum propter legem aut aliter consequamur, quam fide in Christum. Et hanc rationem supra tractavimus de iustificatione, cum diximus, quare profiteamur homines fide iustificari, non dilectione[2]. Itaque doctrina adversariorum, cum docent homines contritione et dilectione sua consequi remissionem peccatorum et confidere hac contritione et dilectione, tantum est doctrina legis, et quidem non intellectae, sicut Iudaei in velatam Moisi faciem intuebantur. Fingamus enim adesse dilectionem, fingamus adesse opera, tamen neque di-

Für das dritte sagen die Widersacher, daß die Sünde also vergeben werde, quia attritus vel contritus elicit actum dilectionis Dei, wenn wir uns aus der Vernunft fürnehmen, Gott zu lieben; durch das Werk (sagen sie) erlangen wir Vergebung der Sünde. Das ist nichts anders, denn das Evangelium und die göttlichen Verheißung abtun und eitel Gesetz lehren, denn sie reden von eitel Gesetz und unsern Werken; denn das Gesetz fordert Liebe. Darum lehren sie vertrauen, daß wir Vergebung der Sünden erlangen durch solche Reue und unser Lieben. Was ist das anders, denn vertrauen auf unsere Werke, nicht auf die Zusage oder Verheißung von Christo? So nu das Gesetz gnug ist Vergebung der Sünde zu erlangen, was ist Christi, was ist des Evangelii vonnöten? Wir aber weisen die Gewissen abe von dem Gesetz, von ihren Werken auf das Evangelium und die Verheißung der Gnade. Denn das Evangelium, das beutet Christum an und eitel Gnade, und heißt uns auf die Zusage vertrauen, daß wir um Christus willen versühnet werden dem Vater, nicht um unser Reue oder Liebe willen; denn es ist kein ander Mittler oder Versühner denn Christus. So können wir das Gesetz nicht erfüllen, wenn wir nicht erst durch Christum versühnet sein, und ob wir schon etwas Guts tun, so müssen wir es doch dafür halten, daß wir nicht um der Werk willen, sondern um Christus willen Vergebung der Sünde erlangen.

Derhalben heißt das Christum geschmäht und das Evangelium abgetan, wenn jemand wollt halten, daß wir Vergebung der Sünde durch das Gesetz oder auf andere Weise denn durch den Glauben an Christum erlangen. Und dieses haben wir auch oben gehandelt de iustificatione, da wir gesagt haben, warum wir lehren, daß wir durch den Glauben gerecht werden und nicht durch die Liebe Gottes oder durch unsere Liebe gegen Gott. Derhalben, wenn die Widersacher lehren, daß wir durch Reue und Liebe Vergebung der Sünde erlangen und drauf vertrauen, ist nichts anders, denn das Gesetz lehren, welches sie dennoch nicht verstehen, was es für eine Liebe gegen Gott fordere,

---

[1]) Per nihil magis placatur Deus quam per actum a caritate elicitum. Biel In sent. IV. d. 16. q. 4 a. 3. dub. 3. Operibus ex caritate elicitis ex divino decreto meremur. Herborn, Enchiridion c. 5. Corp. Cath. XII, 31, 22.   [2]) S. 172ff.

Propter has causas contendit Paulus, quod non iustificemur ex lege, et opponit legi promissionem remissionis peccatorum, quae propter Christum donatur, ac docet nos gratis propter Christum fide accipere remissionem peccatorum. Ad hanc promissionem revocat nos Paulus a lege. In hanc promissionem iubet intueri, quae certe irrita erit, si prius lege iustificamur, quam per promissionem, aut si propter nostram iustitiam consequimur remissionem peccatorum. At constat, quod ideo nobis data est promissio, ideo exhibitus est Christus, quia legem non possumus facere. Quare necesse est prius nos promissione reconciliari, quam legem facimus. Promissio autem tantum fide accipitur. Igitur necesse est contritos apprehendere fide promissionem remissionis peccatorum donatae propter Christum, ac statuere, quod gratis propter Christum habeant placatum patrem. Haec ' est sententia Pauli ad Rom. 4., ubi inquit: Ideo ex fide, ut secundum gratiam firma sit promissio. Et ad Galatas 3.: Conclusit scriptura omnia sub peccatum, ut promissio ex fide Iesu Christi detur credentibus, id est, omnes sunt sub peccato, nec possunt aliter liberari, nisi fide apprehendant promissionem remissionis peccatorum. Prius igitur oportet nos fide accipere remissionem peccatorum, quam legem facimus, etsi, ut supra dictum est, fidem dilectio sequitur, quia renati spiritum sanctum accipiunt; ideo legem facere incipiunt.

Citaremus plura testimonia, nisi obvia essent cuilibet pio lectori in scripturis. Et nos non nimis prolixi esse cupimus, ut facilius haec causa perspici possit. Neque vero dubium est, quin haec sit sententia Pauli, quam defendi-

lectio neque opera possunt esse propitiatio pro peccato. Ac ne possunt quidem opponi irae et iudicio Dei, iuxta illud: Non intrabis in iudicium cum servo tuo, quia non iustificabitur in conspectu tuo omnis vivens. Nec debet honos Christi transferri in nostra opera.

sondern sehen wie die Jüden allein in das verdeckte Angesicht Mose. Denn ich will gleich setzen, daß die Werke und die Liebe da sein, dennoch können weder Werke noch Liebe Gott versühnen, oder als viel als Christus gelten, wie der Psalm sagt: „Du wollest nicht mit deinem Knechte in das Gerichte gehen 2c." Darum sollen wir die Ehre Christi nicht unsern Werken geben.

Aus dieser Ursache streitet Paulus, daß wir nicht durch das Gesetz gerecht werden, und hält gegen das Gesetz die Zusage Gottes, die Verheißung der Gnaden, welche um Christus willen uns gegeben wird. Da rücket uns Paulus herum und weiset uns vom Gesetz auf die göttliche Verheißung, da will er, daß wir sollen auf Gott und seine Zusage sehen, und den Herrn Christum für unsern Schatz halten; denn dieselbige Zusage wird vergeblich sein, so wir durch des Gesetzes Werk gerecht für Gott werden, so wir durch unser Gerechtigkeit Vergebung der Sünde verdienen. Nu ist es gewiß, daß Gott darum die Zusage tut, darum Christus auch kommen ist, daß wir das Gesetz nicht halten noch erfüllen können. Darum müssen wir erst durch die Verheißung versühnet werden, ehe wir das Gesetz erfüllen, die Verheißung aber kann man nicht fassen, denn allein durch den ! Glauben. Darum alle diejenigen, so rechte Reue haben, ergreifen die Verheißung der Gnaden durch den Glauben und gläuben gewiß, daß wir dem Vater versühnet werden durch Christum. Das ist auch die Meinung Pauli zun Römern am 4.: „Darum erlangen wir Gnade durch den Glauben, daß die Verheißung fest stehe." Und zu den Galatern am 3.: „Die Schrift hat alles unter die Sünde beschlossen, daß die Verheißung Jesu Christi durch den Glauben werde gegeben den Gläubigen", das ist, alle Menschen sind unter der Sünde und können nicht erlöset werden, sie ergreifen denn Vergebung der Sünde durch den Glauben. Darum müssen wir erst Vergebung der Sünde durch den Glauben erlangen, ehe wir das Gesetz erfüllen. Wiewohl, wie wir oben gesagt, aus dem Glauben die Liebe gewiß folget, denn diejenigen, so gläuben, empfahen den heiligen Geist. Darum fahen sie an, dem Gesetz hold zu werden und demselbigen zu gehorchen.

Wir wollten hie mehr Sprüche einführen, aber die Schrift ist der allenthalben voll. Ich wollt es auch gern nicht zu lang machen, damit diese Sache desto klärer sei. Denn es hat gar keinen Zweifel, daß dieses Pauli Meinung sei, daß wir Vergebung der

mus, quod fide accipiamus remissionem peccatorum propter Christum, quod fide mediatorem Christum opponere debeamus irae Dei, non opera nostra. Nec perturbentur piae mentes, etiamsi Pauli sententias calumnientur adversarii. Nihil tam simpliciter dicitur, quod non queat depravari cavillando. Nos scimus hanc, quam diximus, veram et germanam sententiam Pauli esse, scimus hanc nostram sententiam piis conscientiis firmam consolationem afferre, sine qua nemo consistere in iudicio Dei queat.

Itaque repudientur illae pharisaicae opiniones adversariorum, quod non accipiamus fide remissionem peccatorum, sed quod oporteat mereri dilectione nostra et operibus, quod dilectione nostram et opera nostra irae Dei opponere debeamus. Haec doctrina legis est, non evangelii, quae fingit prius hominem lege iustificari, quam per Christum reconciliatus sit Deo, cum Christus dicat: Sine me nihil potestis facere; item: Ego sum vitis vera, vos palmites. Verum adversarii fingunt nos esse palmites non Christi, sed Moisi. Prius enim volunt lege iustificari, dilectionem nostram et opera offerre Deo, quam reconcilientur Deo per Christum, quam sint palmites Christi. Paulus contra contendit legem non posse fieri sine Christo. Ideo promissio prius accipienda est, ut fide reconciliemur Deo propter Christum, quam legem facimus. Haec satis perspicua esse piis consci'entiis existimamus. Et hinc intelligent, cur supra professi simus, iustificari homines fide, non dilectione, quia oportet nos opponere irae Dei non nostram dilectionem aut opera, aut confidere nostra dilectione ac operibus, sed Christum mediatorem. Et prius oportet apprehendere promissionem remissionis peccatorum, quam legem facimus./

verstehen, warum wir hieroben gesagt haben,
gerecht werden, nicht durch unsere Werke oder
alles Tun und Werk sind zu schwach, Gottes
müssen wir Christum, den Mittler, darstellen.

Postremo, quando erit pacata conscientia, si ideo accipimus remissionem peccatorum, quia nos diligimus aut

Sunde erlangen um Christus willen durch den Glauben, daß wir auch den Mittler setzen müssen gegen Gottes Zorn, nicht unsere Werk. Es sollen sich auch fromme, christliche Gewissen daran nichts irren, ob die Widersacher die klaren Sprüche Pauli fälschlich auslegen und unrecht deuten. Denn so einfältig, so gewiß und rein, so klar kann man nichts reden oder schreiben, man kann ihm mit Worten ein ander Nasen machen. Wir sind aber des gewiß und wissens fürwahr, daß die Meinung, die wir gesetzt, die rechte Meinung Pauli ist. So hat das auch gar kein Zweifel, daß diese Lehre allein ein recht gewisser Trost ist, die Herzen und Gewissen in rechtem Kampf und in agone des Tods und Anfechtung zu stillen, zu trösten, wie es die Erfahrung gibt.

Derhalben nur weit, weit von uns mit den pharisäischen Lehren der Widersacher, da sie sagen, daß wir Vergebung der Sünde nicht durch den Glauben erlangen, sondern daß wir sie verdienen müssen mit unsern Werken und mit unser Liebe gegen Gott. Item, daß wir mit unsern Werken und Liebe sollen Gottes Zorn versühnen. Denn es ist eine rechte pharisäische Lehre, eine Lehre des Gesetzes, nicht des Evangelii, da sie lehren, daß der Mensch erst durch das Gesetz gerecht werde, ehe er durch Christum Gott versühnet werde, so doch Christus sagt: „Ohn mich könnt ihr nichts thun." Item: „Ich bin der Weinstock; ihr seid die Reben." Die Widersacher aber, die reden davon, als sein wir nicht Christi Reben, sondern Mosi. Denn sie wollen erst durchs Gesetz fromm und gerecht für Gott werden, und erst unsere Werk und Dilection Gott opfern, ehe sie Reben am Weinstock Christi sein. Paulus aber, welcher freilich ein viel höher Doctor ist, denn die Widersacher, redet klar und streitet wiederum dies allein, daß niemand das Gesetz tun könne ohne Christo. Darum diejenigen, so die Sünde und Angst des Gewissens recht fühlen oder erfahren haben, die müssen sich an die Zusage der Gnaden halten, daß sie durch Glauben erst Gott versühnt werden um Christus willen, ehe sie das Gesetz erfüllen. Dieses alles ist offentlich und klar gnug bei gottfürchtigen Gewissen, und hieraus werden Christen wohl daß wir allein durch den Glauben für Gott Dilection ꝛc. Denn alle unser Vermügen, Zorn wegzunehmen und zu stillen, darum

Endlich aber sollten die Widersacher bedenken, wenn will doch ein arm Gewissen zu Frieden kommen und stille werden, so

legem facimus? Semper enim accusabit nos lex, quia nunquam legi Dei satisfacimus. Sicut inquit Paulus: Lex iram operatur. Chrysostomus quaerit de poenitentia, unde certi reddamur peccata nobis remissa esse¹? Quaerunt et in sententiis eadem de re adversarii². Hoc non potest explicari, non possunt conscientiae reddi tranquillae, nisi sciant mandatum Dei esse et ipsum evangelium, ut certo statuant propter Christum gratis remitti peccata, nec dubitent sibi remitti. Si quis dubitat, is, ut Iohannes ait, accusat promissionem divinam mendacii. Hanc certitudinem fidei nos docemus requiri in evangelio. Adversarii relinquunt conscientias incertas et ambigentes. Nihil autem agunt conscientiae ex fide, cum perpetuo dubitant, utrum habeant remissionem. Quomodo possunt in hac dubitatione invocare Deum, quomodo possunt statuere, quod exaudiantur? Ita tota vita est sine Deo et sine vero cultu Dei. Hoc est, quod Paulus inquit: peccatum esse, quidquid non fit ex fide. Et quia in hac dubitatione perpetuo versantur, nunquam experiuntur, quid sit fides. Ita fit, ut ad extremum ruant in desperationem. Talis est doctrina adversariorum, doctrina legis, abrogatio evangelii, doctrina desperationis. Nunc libenter omnibus bonis viris permittimus iudicium de hoc loco poenitentiae, nihil enim habet obscuri, ut pronuntient, utri magis pia et salubria conscientiis docuerint, nos an adversarii. Profecto non delectant nos hae dissensiones in ecclesia, quare nisi magnas et necessarias causas haberemus dissentiendi ab adversariis, summa voluntate taceremus. Nunc cum ipsi manifestam veritatem damnent, non est integrum nobis deserere causam, non nostram, sed Christi et ecclesiae.

wir Gnade und Vergebung der Sünde darum erlangen, daß wir Gott lieb haben, oder daß wir das Gesetz erfüllen. Das Gesetz wird uns allzeit anklagen, denn kein Mensch erfüllet das Gesetz, wie Paulus sagt: „Das Gesetz richtet Zorn an." Es fraget Chrysostomus, so fragen auch die Sententiarii, wie einer gewiß wird, daß ihm die Sünde vergeben sein? Es ist wahrlich wohl Fragens wert. Wohl dem, der da rechte Antwort gibt. Auf diese allernötigste Frage ist nicht müglich zu antworten, es ist auch nicht müglich, das Gewissen in Anfechtung recht zu trösten oder zu stillen, man antworte denn auf diese Meinung. Es ist Gottes Beschluß, Gottes Befehl von Anbeginn der Welt her, daß uns durch den Glauben an den gebenedeieten Samen, das ist, durch den Glauben um Christus willen ohne Verdienst sollen Sünde vergeben werden. So jemands aber daran wanket oder zweifelt, der lügenstraft Gott in seiner Verheißung, wie Johannes sagt. Da sagen wir nu, daß ein Christ solchs für gewiß als Gottes Befehl halten soll, und hältet ers also, so ist er gewiß und fühlet Frieden und Trost. Die Widersacher, wenn sie lang predigen und lehren außer dieser Lehre, lassen sie je die armen Gewissen im Zweifel stecken. Da ist nicht müglich, daß da sollt Ruhe sein, ein still oder friedlich Gewissen, wenn sie zweifeln, ob Gott gnädig sei. Denn so sie zweifeln, ob sie ein gnädigen Gott haben, ob sie recht tun, ob sie Vergebung der Sünde haben: wie können sie denn in dem Zweifel Gott anrufen, wie können sie gewiß sein, daß Gott ihr Gebet achte und erhöre? Also ist alle ihr Leben ohne Glauben und können Gott nicht recht dienen. Das ists, das Paulus zun Römern sagt: „Was nicht aus dem Glauben ist, das ist Sünde." Und dieweil sie in dem Zweifel allzeit und ewig stecken bleiben, so erfahren sie nimmer, was Gott, was Christus, was Glaube sei. Darüber gehts zuletzt also, daß sie in Verzweifelung, ohne Gott, ohne alle Gottes Erkenntnis sterben. Ein solche schädliche Lehre führen die Widersacher. Nämlich ein solche Lehre, dadurch das ganze Evangelium wird weggetan, Christus unterdrückt, die Leute in Herzleid und Qual der Gewissen, endlich, wenn Anfechtungen kommen, in Verzweifelung geführet. Dieses wolle nu kaiserliche Majestät gnädiglich betrachten und wohl aufsehen, es belangt nicht Gold oder Silber, sondern Seelen und Gewissen. Auch wollen alle Ehrbare, Verständige hie wohl aufmerken, was diese Sache sei oder nicht sei. Hie mügen wir leiden, daß alle ehrbare Leute urteilen, welches Teil für die christlichen Gewissen das Nützlichste gelehret habe, wir oder die Widersacher. Denn wahrlich soll man es dafür halten, daß uns mit Zank und Zwiespalt nicht wohl ist. Und wenn es nicht die größten, allerwichtigsten Ursach hätte, nämlich unser aller Gewissen, Heil und Seele belangend, warum wir dieses müssen mit den Widersachern so heftig streiten, so wollten wir wohl schweigen. Aber nachdem sie das heilige Evangelium, alle klare Schrift der Aposteln, die göttliche Wahrheit

---

¹) Ad Theod. laps. I, 5ff. MSG 47, 282ff.   ²) s. o. S. 184 Anm. 1.

verdammen, so können wir mit Gott und Gewissen diese selige Lehre und göttliche Wahrheit, daran wir endlich, wenn dies arm zeitlich Leben aufhöret und aller Kreaturen Hilfe aus ist, den rechten, einigen, ewigen, höchsten Trost warten, nicht verleugnen, auch von dieser Sache in keinen Weg weichen, welche nicht unser allein ist, sondern der ganzen Christenheit, und belanget den höchsten Schatz, Jesum Christum.

Diximus, quas ob causas posuerimus has duas partes poenitentiae, contritionem et fidem. Idque hoc fecimus libentius, quia circumferuntur multa dicta de poenitentia, quae truncata citantur ex patribus, quae ad obscurandam fidem detorserunt adversarii. Talia sunt: Poenitentia est mala praeterita plangere, et plangenda iterum non committere[1]. Item: Poenitentia est quaedam dolentis vindicta, puniens in se, quod dolet se commisisse[2]. In his dictis nulla fit mentio fidei. Ac ne in scholis quidem, cum interpretantur, aliquid de fide additur. Quare nos eam, ut magis conspici doctrina fidei posset, inter partes poenitentiae numeravimus. Nam illa dicta, quae contritionem aut bona opera requirunt et nullam fidei iustificantis mentionem faciunt, periculosa esse res ipsa ostendit. Et merito desiderari prudentia in istis potest, qui centones illos sententiarum et decretorum congesserunt. Nam cum patres alias de alia parte poenitentia loquantur, non tantum de una parte, sed de utraque, hoc est, de contritione et fide, excerpere et coniungere sententias profuisset.

Wir haben nu angezeigt, aus was Ursachen wir die zwei Stücke der Buß gesetzt haben, nämlich die Reue und den Glauben. Und das haben wir darum auch getan, denn man findet allerlei Sprüche hin und wieder in Büchern der Widersacher von der Buß, welche sie aus Augustino und den andern alten Vätern stückweis verstümmelt einführen, welche sie denn allenthalben dahin gedeut und gestreckt haben den Glauben ganz unterzudrücken. Als diesen Spruch haben sie gesetzt: „Die Buß ist ein Schmerz, dadurch die Sunde gestraft wird. Item: Die Buß ist, daß ich beweine die vorige Sunde und die beklagten Sunden nicht wieder tue." In den Sprüchen wird des Glaubens gar nicht gedacht, und auch in ihren Schulen, da sie gleich solche Sprüche nach der Länge handeln, gedenken sie des Glaubens gar nicht. Darum, damit die Lehre vom Glauben desto bekannter würde, haben wir den Glauben für ein Stück der Buß gesetzt. Denn die Sprüche, die unser Reue und unser gute Werk lehren und des Glaubens gar nicht gedenken, die sind gar fährlich, wie die Erfahrung gibt. Darum wenn sie die großen Fahr der Seelen und Gewissen bedacht hätten, sollten die Sententiarii und Canonisten über ihr Decret billig weislicher geschrieben haben. Denn so die Väter von dem andern Teil der Buß auch reden, nicht allein von einem Teil, sondern von beiden, von der Reue und vom Glauben, so sollten sie beides beieinander gesetzt haben.

Nam Tertullianus egregie de fide loquitur, amplificans iusiurandum illud apud prophetam: Vivo ego, dicit Dominus, nolo mortem peccatoris, sed ut convertatur et vivat. Quia enim iurat Deus nolle se mortem peccatoris, ostendit requiri fidem, ut iuranti credamus, et certo statuamus eum nobis ignoscere. Magna debet esse auctoritas apud nos promissionum divinarum per sese. At haec promissio etiam iureiurando confirmata est. Quare si quis non statuit sibi ignosci, is negat Deum verum iurasse, qua blasphemia atrocior nulla excogitari potest. Sic enim ait Tertul-

Denn Tertullianus auch redet gar tröstlich vom Glauben, und sonderlich preiset er den göttlichen Eid, davon der Prophet redet: „Als wahr ich lebe, sagt der Herr, will ich nicht den Tod des Sunders, sondern daß er sich bekehre und ¹ lebe." Dieweil Gott schwöret (sagt er), er wolle nicht den Tod des Sunders, so erfordert er gewiß den Glauben, daß wir seinem Eid und Schwören gläuben sollen, daß er uns Sunde vergeben wolle. Gottes Zusage sollen ohne das bei uns aufs höchst angesehen und geacht sein. Nu ist die Zusage mit einem Eid bestätigt. Darum so jemands hältet, daß ihm Sunde nicht vergeben werden, der lügenstrafet Gott,

---

¹) Decr. Grat. II. C. 33. q. 3. De poen. d. 3. c. 1. Ambrosius Serm. 25, 1. MSL 17, 677 A.
²) Decr. Grat. II. C. 33. q. 3. De poen. d. 3. c. 4. Pseudo-Augustin, De vera et falsa poenitentia 19, 35. MSL 40, 1129.

lianus: Invitat praemio ad salutem, iurans etiam. „Vivo" dicens cupit sibi credi. O beatos, quorum causa iurat Deus. O miserrimos, si nec iuranti Domino credimus[1] | Atque hic sciendum est, quod haec fides debeat sentire, quod gratis nobis ignoscat Deus propter Christum, propter suam promissionem, non propter nostra opera, contritionem, confessionem aut satisfactiones[2]. Nam si fides nitatur his operibus, statim fit incerta, quia conscientia pavida videt haec opera indigna esse. Ideo praeclare ait Ambrosius de poenitentia: Ergo et agendam poenitentiam et | tribuendam veniam credere nos convenit, ut veniam tamen tamquam ex fide speremus, tamquam ex syngrapha fides impetrat[3]. Item: Fides est, quae peccata nostra cooperit[4]. Exstant itaque sententiae apud patres non solum de contritione et operibus, sed etiam de fide. Verum adversarii, cum neque naturam poenitentiae intelligant, neque sermonem patrum, excerpunt dicta de parte poenitentiae, videlicet de operibus; alibi dicta de fide, cum non intelligant, praetereunt.

welchs die größt Gotteslästerung ist. Denn also sagt Tertullianus: „Invitat praemio ad salutem, iurans etiam etc. Das ist: Gott locket uns zu unserm eigen Heil mit seinem eigen Eide, daß man ihm gläube. O wohl denen, um deren willen Gott schwöret! O wehe uns elenden Leuten, wenn wir auch dem göttlichen Eid nicht gläuben!" Und hie müssen wir wissen, daß der Glaub gewiß dafür halten soll, daß uns Gott aus Gnaden Sünde vergibt um Christus willen, nicht um unser Werk willen, um Beicht oder Gnugtun willen. Denn alsbald wir uns 'auf Werke gründen, werden wir ungewiß. Denn ein erschrocken Gewissen merkt bald, daß sein beste Werk nichts wert sein gegen Gott. Darum sagt Ambrosius ein fein Wort von der Buß: „Wir müssen Buß tun und auch gläuben, daß uns Gnade widerfahre; doch also, daß wir der Gnade hoffen aus dem Glauben, denn der Glaube wartet und erlanget, wie aus einer Handschrift, Gnade. Item: Der Glaub ist eben das, dadurch die Sunde bedeckt werden." Darum sind klare Sprüche in den Büchern der Väter nicht allein von Werken, sondern auch vom Glauben. Aber die Widersacher, so sie nicht verstehen die rechten Art der Buß, verstehen auch der Väter Sprüche nicht, klauben sie heraus etliche verstümmelt von einem Teil der Buß, nämlich von der Reue und von den Werken, und was vom Glauben geredt ist, da laufen sie überhin.

De Confessione et Satisfactione.

Boni viri facile iudicare possunt plurimum referre, ut de superioribus partibus, videlicet contritione et fide conservetur vera doctrina. Itaque in his locis illustrandis semper plus versati sumus, de confessione et satisfactionibus non admodum rixati sumus. Nam et nos confessionem retinemus praecipue propter absolutionem, quae est verbum Dei quod de singulis auctoritate divina pronuntiat potestas clavium. Quare impium esset ex ecclesia privatam absolutionem tollere[5]. Neque quid sit remissio peccatorum aut potestas clavium, intelligunt, si qui privatam absolutionem aspernantur. Ceterum de enumeratione delictorum in confessione supra diximus[6], quod sentiamus eam non esse iure divino

Von der Beicht und Gnugtuung.

Gottfürchtige, ehrbare, fromme, christliche Leute können hie wohl merken, daß viel daran gelegen ist, daß man de poenitentia, von der Reue und dem Glauben, ein rechte, gewisse Lehre in der Kirchen habe und erhalte. Denn der große, unsäglich, ungehört Betrug vom Ablaß 2c., item die ungeschickte Lehre der Sophisten hat uns gnug gewitziget, was großen Unrats und Fährlichkeit daraus entstehet, wenn man hie feihl schlägt. Wie hat manch fromm Gewissen unterm Pabstum hie so in großer Arbeit den rechten Weg gesucht und unter solchem Finsternis nicht funden. Darum haben wir allzeit großen Fleiß gehabt von diesem Stück klar, gewiß richtig zu lehren. Von der Beicht und Gnugtuung haben wir nicht sonders gezänkt. Denn die Beicht behalten wir auch um der Absolu-

---

[1]) Tertullian, De paenitentia 4. MSL 1, 1234A. CSEL 76; 149,29.   [2]) aut satisfactiones] satisfactionem aut dilectionem. Seit Ed. 1531. 8⁰.   [3]) De poenitentia adv. Novatianos II, 9. MSL 16, 538A.   [4]) ? — Fides igitur peccatum minuit. Apol. proph. David 13, 63. MSL 14, 877D   [5]) Vgl. auch Luthers Urteil o. S. 100 Anm. 2.   [6]) S. 250f.

necessariam. Nam quod obiiciunt quidam iudicem prius debere cognoscere causam, priusquam pronuntiat¹, hoc nihil ad hanc rem pertinet, quia ministerium absolutionis beneficium est seu gratia, non est iudicium seu lex. Itaque ministri in ecclesia habent mandatum remittendi peccata, non habent mandatum cognoscendi occulta peccata. Et quidem absolvunt ab his, quae non meminimus, quare absolutio, quae est vox evan|gelii remittens peccata et consolans conscientias, non requirit cognitionem².

tion willen, welche ist Gottes Wort, dadurch uns die Gewalt der Schlüssel los spricht von Sunden. Darum wäre es wider Gott die Absolution aus der Kirchen also abtun 2c. Diejenigen, so die Absolution verachten, die wissen nicht, was Vergebung der Sunde ist, oder was die Gewalt der Schlüssel ist. Von dem ¹ Erzählen aber der Sunden haben wir oben in unserm Bekenntnis gesagt, daß wir halten, es sei von Gott nicht geboten. Denn daß sie sagen, ein jeglicher Richter muß erst die Sachen und Gebrechen hören, ehe er das Urteil spreche, also müssen erst die Sunden erzählet werden 2c., das tut

nichts zur Sache. Denn die Absolution ist schlecht der Befehl los zu sprechen, und ist nicht ein neu Gerichtzwang, Sunde zu erforschen. Denn Gott ist der Richter, der hat den Aposteln nicht das Richteramt, sondern die Gnadenexecution befohlen, diejenigen loszusprechen, so es begehren, und sie entbinden auch und absolvieren von Sunden, die uns nicht einfallen. Darum ist die Absolution eine Stimme des Evangelii, dadurch wir Trost empfangen, und ist nicht ein Urteil oder Gesetz.

Et ridiculum est huc transferre dictum Salomonis: Diligenter cognosce vultum pecoris tui. Nihil enim dicit Salomon de confessione, sed tradit oeconomicum praeceptum patrifamilias, ut utatur ¦ suo et abstineat ab alieno, et iubet eum res suas diligenter curare; ita tamen, ne studio augendarum facultatum occupatus animus abiiciat timorem Dei aut fidem aut curam verbi Dei. Sed adversarii nostri mirifica metamorphosi transformant dicta scripturae in quaslibet sententias. Hic cognoscere significat eis audire confessiones, vultus non externam conversationem, sed arcana conscientiae. Pecudes significant homines. Sane bella est interpretatio et digna istis contemptoribus studiorum eloquentiae. Quodsi velit aliquis per similitudinem transferre praeceptum a patresfamilias ad pastorem ecclesiae, certe vultum debebit interpretari de externa conversatione. Haec similitudo magis quadrabit.

Und es ist närrisch und kindisch gnug bei Verständigen, den Spruch Salomonis, da er am 27. sagt: „Diligenter cognosce vultum pecoris tui", das ist, „habe acht auf deine Schafe 2c." an dem Ort von der Beicht oder Absolution ein|führen. Denn Salomon redet da gar nichts von der Beicht, sondern gibt ein Gebot den Hausvätern, daß sie sollen mit dem Ihren zufrieden sein und sich fremdes Guts enthalten, und befiehlt mit diesem Wort, ein jeder solle seines Viehes und Güter fleißig wahrnehmen, doch soll er aus Geiz Gottes Furcht, Gottes Gebot und Wort nicht vergessen. Aber die Widersacher machen aus der Schrift schwarz und weiß, wenn und wie sie wollen, wider alle natürliche Art der klaren Wort an dem Ort: Cognosce vultum pecoris etc. Da muß cognoscere Beicht hören heißen. Vieh oder Schafe muß da Menschen heißen. Stabulum, achten wir, heißt auch eine Schule, da solche Doctores und Oratores inne sein. Aber ihnen geschiehet recht, die also die heilige Schrift, alle gute Künste verachten, daß sie so grob in der Grammatik

fehlen. Wenn jemands an dem Ort je Lust hätte, ein Hausvater, davon Salomon redet, mit einem Seelhirten zu vergleichen, so müßt vultus da nicht arcana conscientiae, sondern den äußerlichen Wandel bedeuten.

Sed omittamus ista. Aliquoties fit in Psalmis mentio confessionis, ut: Dixi, confitebor adversum me iniustitiam meam Domino, et tu remisisti iniquitatem peccati mei. Talis confessio peccati, quae Deo fit, est ipsa contritio. Nam cum Deo fit confessio, corde fieri necesse est, non solum voce, sicut fit in

Aber ich laß das fahren. Es wird an etlichen Orten in Psalmen gedacht des Worts confessio, als im 32. Ps.: „Ich will dem Herrn meine Uebertretung bekennen wider mich." Dasselbige Beichten und Bekennen, das Gott geschiehet, ist die Reue selbst. Denn wenn wir Gott beichten, so müssen wir im Herzen uns für Sunder erkennen, nicht al-

---

¹) Herborn, Enchiridion 23. C. Cath. XII 81|15. ²) 4/13 quia *bis* cognitionem] seit Ed. 1531. 8⁰ umgeformt. CR 27, 554.

scenis ab histrionibus. Est igitur talis confessio contritio, in qua sentientes iram Dei confitemur Deum iuste irasci, nec placari posse nostris operibus, et tamen quaerimus misericordiam propter promissionem Dei. Talis est haec confessio: Tibi soli peccavi, ut tu iustificeris et vincas, cum iudicaris. Id est: Fateor me peccatorem esse et meritum aeternam iram, nec possum opponere meas iustitias, mea merita tuae irae. Ideo pronuntio te iustum esse, cum condemnas et punis nos. Pronuntio te vincere, quando hypocritae iudicant te, quod sis iniustus, qui ipsos punias aut condemnes bene meritos. Imo nostra merita non possunt opponi tuo iudicio, sed ita iustificabimur, si tu iustifices, si tu reputes nos iustos per misericordiam tuam. Fortassis et Iacobum citabit aliquis: Confitemini vicissim delicta. Sed hic non loquitur de confessione sacerdotibus facienda, sed in genere de reconciliatione fratrum inter se. Iubet enim mutuam esse confessionem.

Porro adversarii nostri multos doctores receptissimos damnabunt, si contendent enumerationem delictorum in confessione necessariam esse iure divino. Quamquam enim confessionem probamus et quandam examinationem prodesse iudicamus, ut institui homines melius possint: tamen ita moderanda res est, ne conscientiis iniiciantur laquei, quae nunquam erunt tranquillae, si existimabunt se non posse consequi remissionem peccatorum, nisi facta illa scrupulosa enumeratione. Hoc certe falsissimum est, quod adversarii posuerunt in confutatione, quod confessio integra sit necessaria ad salutem[1]. Est enim impossibilis. Et quales laqueos hic iniiciunt conscientiae, cum requirunt integram confessionem! Quando enim statuet conscientia integram esse confessionem? Apud scriptores ecclesiasticos fit mentio confessionis, sed hi non loquuntur de hac enumeratione occultorum delictorum, sed de ritu publicae poenitentiae[2]. Quia enim lapsi aut famosi

lein mit dem Munde wie die Heuchler die Wort allein nachreden. So ist dieselbig Beicht, die Gott geschiehet, ein solche Reue im Herzen, da ich Gottes Ernst und Zorn fühle, Gott recht gebe, daß er billig zürnet, daß er auch mit unserm Verdienst nicht könne versühnet werden, und da wir doch Barmherzigkeit suchen, nachdem Gott hat Gnade in Christo zugesagt. Also ist das eine Beicht im 51. Psalm: „An dir allein hab ich gesündiget, daß du recht erfunden werdest, wenn du gerichtet wirdest." Das ist: Ich bekenne mich einen Sunder, und daß ich verdient habe ewi'gen Zorn, und kann mit meinen Werken, noch mit meinen Verdienst deinen Zorn nicht stillen. Darum sage ich, daß du gerecht bist und billig uns strafest. Ich gebe dir recht, obwohl die Heuchler dich richten, du seiest unrecht, daß du ihren Verdienst und gute Werke nicht ansiehest. Ja ich weiß, daß meine Werke für deinem Urteil nicht bestehen, sondern also werden wir gerecht, so du uns für gerecht schätzest durch deine Barmherzigkeit. Es möcht etwa auch einer den Spruch Jacobi anziehen: „Bekennet einander euer Sunde." Er redet aber da nicht von der Beicht, die dem Priester geschiehet 2c., sondern redet von einem Versühnen und Bekennen, wenn ich sonst mich mit meinem Nähesten versühne.

Es müssen auch die Widersacher gar viel ihr eigene Lehrer verdammen, so sie wollen sagen, daß Erzählung der Sunde müsse geschehen und von Gott geboten sei. Denn wiewohl wir die Beicht auch behalten und sagen, es sei nicht unnütz, daß man Jugend und unerfahrne Leute auch frage, damit sie desto besser mügen unterrichtet werden: doch ist das alles also zu mäßigen, damit die Gewissen nicht gefangen werden, welche nimmer können zufrieden sein, so lange sie in dem Wahn sein, daß man für Gott schuldig sei, die Sunde zu erzählen. Derhalben ist das Wort der Widersacher, da sie sagen, daß zur Seligkeit not sei eine ganze reine Beicht zu tun, da keine Sunde verschwiegen 2c., ganz falsch. Denn solche Beicht ist unmüglich. O Herr Gott, wie jämmerlich haben sie manch fromm Gewissen geplagt und gequält damit, daß sie gelehrt, die Beicht müsse ganz rein sein und keine Sunde ungebeicht bleiben! Denn wie kann ein Mensch immer gewiß werden, wenn er ganz rein gebeicht habe? Die Väter gedenken auch der Beicht, aber sie reden nicht von

---

[1]) Quare admonendi sunt ⟨Principes et civitates⟩, cum confessio integra nedum sit ad salutem necessaria, sed etiam nervus exsistat christianae disciplinae et totius obedientiae, ut ecclesiae orthodoxae conformentur. CR 27, 159.   [2]) Die alte Kirche kennt mit Ausnahme des Mönchtums und anderer unbedeutender Ansätze zur Privatbeichte nur

XII. Von der Buß. (Von der Beicht und Genugtuung.)

non recipiebantur sine certis satisfactionibus, ideo confessionem faciebant isti apud presbyteros, ut pro modo delictorum praescriberentur eis satisfactiones. Haec tota res nihil simile habuit huic enumerationi, de qua nos disputamus. Confessio illa fiebat, non quod sine ea non posset fieri remissio peccatorum coram Deo, sed quod non poterant satisfactiones praescribi, nisi prius cognito genere delicti. Nam alia delicta habebant alios canones[1].

Et ex illo ritu publicae poenitentiae reliquum habemus etiam nomen satisfactionis. Nolebant enim sancti patres recipere lapsos aut famosos, nisi prius cognita et spectata poenitentia eorum, quantum fieri poterat. Et huius rei multae videntur fuisse causae. Nam ad exemplum pertinebat castigare lapsos, sicut et glossa in decretis admonet[2], et indecorum erat homines famosos statim admittere ad communionem. Hi mores diu iam antiquati sunt. Nec necesse est eos restituere, quia non sunt necessarii ad remissionem peccatorum coram Deo. Neque hoc senserunt patres, mereri homines remissionem peccatorum per tales mores aut talia opera. Quamquam haec spectacula imperitos solent fallere, ut putent se per haec opera mereri remissionem peccatorum coram Deo. Verum si quis sic sensit, iudaice et gentiliter sensit. Nam et ethnici habuerunt quasdam expiationes delictorum, per quas fingebant se reconciliari Deo. Nunc autem more antiquato manet nomen satisfactionis et vestigium moris, quod in confessione praescribuntur certae satisfactiones, quas definiunt esse opera non debita. Nos vocamus satisfactiones canonicas. De his sic sentimus, sicut de enumeratione, quod satisfactiones canonicae non sint necessariae iure divino ad remissionem peccatorum. Sicut neque illa spectacula vetera satisfactionum in poenitentia publica iure divino necessaria fuerunt ad remissionem peccatorum. Retinenda est enim

Erzählung der heimlichen Sunde, sondern von einer Ceremonien einer öffentlichen Buß. Denn vor Zeiten hat man diejenigen, so in öffentlichen Lastern gewesen, nicht wieder angenommen in der Kirchen, ohn ein öffentliche Ceremonien und Strafe; derhalben so mußten sie den Priestern ihre Sunde namhaftig beichten, daß nach der Größe der Uebertretung die satisfactiones könnten aufgelegt werden. Das ganze Ding aber ist nichts gleich gewesen dem Sundeerzählen, davon wir reden. Denn dieselbe Beicht und Bekenntnis geschach nicht darum, daß ohne dieselbige Beicht Vergebung der Sunde für Gott nicht geschehen kann, sondern daß man ihnen kein äußerliche Strafe könnt auflegen, man wüßte denn die Sunde.

Und von der äußerlichen Ceremonien der öffentlichen Buß ist auch das Wort satisfactio oder Gnugtuung herkommen. Denn die Väter wollten diejenigen, so in öffentlichen Lastern erfunden, nicht wieder annehmen ohn ein Straf. Und dieses hatte viel Ursachen. Denn es dienet zu einem Exempel, daß öffentliche Laster gestraft würden, wie auch die Glosse im Decret sagt. So war es auch ungeschickt, daß man diejenigen, so in offene Laster gefallen waren, sollte bald unversucht zu dem Sakrament zulassen. Dieselbigen Ceremonien alle sind nu verlangest[3] abgekommen, und ist nicht not, daß man sie wieder aufrichte, denn sie tun gar nichts zu der Versühnung für Gott. Auch ist das der Väter Meinung in keinen Weg gewest, daß die Menschen dadurch sollten Vergebung der Sunde erlangen, wiewohl solche äußerliche Ceremonien leichtlich die Unerfahrnen dahin bringen, daß sie meinen, sie helfen etwas zur Seligkeit. Wer nu das lehret oder hältet, der lehrt und hältet ganz jüdisch und heidnisch. Denn die Heiden haben auch gehabt etliche Reinigung, da sie haben wollen wähnen, sie würden dadurch gegen Gott versühnet. Nu aber, so dieselbige Weise der öffentlichen Buß abkommen ist, ist blieben der Name satisfactio, und ist noch blieben der Schatten des alten Brauchs, daß sie in der Beichte Gnugtuung auflegen und nennens opera non debita. Wir nennens satisfactiones canonicas. Davon lehren wir, wie von Erzählung der Sunden, nämlich, daß dieselbigen öffentlichen Ceremonien von Gott nicht geboten sind, auch nicht not sind und nicht helfen zur Vergebung der

---

ein öffentliches Bußverfahren. Davon reden auch die in Conf. CR 27, 158f. angeführten Väterstellen.

[1]) Bußkanones RE³ III, 581ff.   [2]) Glosse zu Decr. Grat. II. C. 24. q. 3. c. 18.
[3]) längst.

sententia de fide, quod fide consequamur remissionem peccatorum propter Christum, non propter nostra opera praecedentia aut sequentia. Et nos ob hanc causam praecipue de satisfactionibus disputavimus, ne susciperentur ad obscurandam iustitiam fidei, neve existimarent homines se propter illa opera consequi remissionem peccatorum. Et adiuvant errorem multa dicta, quae in scholis iactantur, quale est, quod in definitione satisfactionis ponunt: fieri eam ad placandam divinam offensam[1].

Sed tamen fatentur adversarii, quod satisfactiones non prosint ad remissionem culpae. Verum fingunt satisfactiones prodesse ad redimendas poenas seu purgatorii seu alias. Sic enim docent, in remissione peccati Deum remittere culpam, et tamen, quia convenit iustitiae divinae punire peccatum, mutare poenam aeternam in poenam temporalem[2]. Addunt amplius partem illius temporalis poenae remitti potestate clavium, reliquum autem redimi per satisfactiones. Nec potest intelligi, quarum poenarum pars remittatur potestate clavium, nisi dicant partem poenarum purgatorii remitti; qua ex re sequeretur satisfactiones tantum esse poenas redimentes purgatorium. Et has satisfactiones dicunt valere, etiamsi fiant ab his, qui relapsi sunt in peccatum mortale, quasi vero divina offensa placari queat ab his, qui sunt in peccato mortali[3]. ¹ Haec tota res est commentitia, recens conficta sine auctoritate scripturae et veterum scriptorum ecclesiasticorum. Ac ne Longobardus quidem de satisfactionibus hoc modo loquitur[4]. Scholastici viderunt in ecclesia esse satisfactiones. Nec animadverterunt illa spectacula instituta esse tum exempli causa, tum ad probandos

Sunde. Denn diese Lehre muß für allen Dingen erhalten werden und stehen bleiben, daß wir durch den Glauben Vergebung der Sunde erlangen, nicht durch unser Werke, die vor oder nach geschehen, wenn wir bekehrt oder neu geboren sein in Christo. Und wir haben fürnehmlich aus dieser Ursach von den satisfactionibus geredt, damit niemands die Gnugtuung also verstünde, daß dadurch die Lehre vom Glauben würde untergedrückt, als könnten wir durch unsere Werke Vergebung der Sunde verdienen. Denn der fährliche Irrtum von satisfactionibus ist also eingerissen und bestätiget durch etliche ungeschickte Lehre, so die Widersacher schreiben, die Gnugtuung sei ein solch Werk, dadurch der göttliche Zorn und Ungnade versühnet werde.

Jedoch bekennen die Widersacher selbst, daß die satisfactiones nicht los machen die Schuld für Gott, sondern sie erdichten, daß sie allein quitt und los machen die Peen oder Strafe. Denn so lehren sie, daß wenn die Sunde vergeben wird, so wird die Schuld oder culpa ohne Mittel, allein durch Gott vergeben, und doch, dieweil er ein gerechter Gott ist, läßt er Sunde nicht ohne Strafe und verwandelt die ewige Straf in zeitliche Strafe. Darüber lehren sie, daß ein Teil der zeitlichen Strafe erlassen werde durch die Gewalt der Schlüssel. Ein Teil aber soll durch die satisfactiones oder Gnugtuung bezahlt werden. Und man kann nicht verstehen, welches Teil der Strafe oder Pein erlassen werde durch die Gewalt der Schlüssel, sie wollten denn sagen, daß ein Teil der Pein des Fegfeuers erlassen wer¹de, daraus folgen wollt, daß die satisfactiones allein dieneten zu erlösen die Pein des Fegfeuers. Und weiter sagen sie, die satisfactiones tügen für Gott, wenn sie gleich von denjenigen geschehen, die in Todsünde gefallen sein, gleich als lasse sich Gott von den versühnen, die in Todsunde liegen und seine Feinde sind. Dieses alles sind eitel erträumte, erdichte Lehre und Worte ohne allen Grund der Schrift und wider alle Schrift der alten Väter. Auch redet Longo-

---

[1]) Satisfactio est operatio exterior laboriosa seu penalis voluntarie assumpta ad puniendum peccatum commissum a se et ad placandam divinam offensam. Biel In sent. IV. d. 16. q. 2. a. 1. C. Vgl. ebda q. 4. a. 3. dub. 3. Herborn überschreibt in seinem Enchiridion c. 26: Ieiunio placatur Deus ... c. 28: Oratione placatur Deus ... Corp. Cath. XII, S. 88. 97. Nach Thomas ist Satisfaktion möglich nicht nach der aequalitas quantitatis, sondern der aequalitas proportionis, da der Mensch den Eltern und Gott gegenüber auch nach Aristoteles außerstande ist, aequivalens reddere secundum quantitatem; sed sufficit, ut homo reddat, quod potest, quia amicitia non exigit aequivalens, sed quod possibile est. STh. III. Suppl. q. 13. a. 1. c. Vgl. auch III. q. 86 a. 3. c.   [2]) Thomas STh. III. Suppl. q. 18. a. 2 ad 1. Vgl. auch S. 253 Anm. 3.   [3]) 3. B. Duns. Seeberg, Dogmengesch. III⁴ 547 Anm. 2.   [4]) Sent. IV. d. 14—19. MSL 92, 868ff.

hos, qui petebant recipi ab ecclesia. In summa, non viderunt esse disciplinam et rem prorsus politicam. Ideo superstitiose¹ finxerunt eas non ad disciplinam coram ecclesia, sed ad placandum Deum valere. Et sicut alias saepe incommode commiscuerunt spiritualia et πολιτικά, idem accidit et in satisfactionibus. Atqui glossa in canonibus aliquoties testatur has observationes institutas esse propter disciplinam ecclesiae¹.

bardus selbst nicht auf die Weise von den satisfactionibus. Die Scholastici haben wohl von Hörsagen gehabt, daß etwan satisfactiones in der Kirchen gewesen wären, und haben nicht bedacht, daß es ein äußerlich Ceremonie gewest, da die publice poenitentes oder die Büßer sich gegen der Kirchen erzeigen mußten, mit einer Ceremonien, welche dazu war eingesetzt, erstlich zu einem Schrecken und Exempel, daran sich andere möchten stoßen, zum andern zu einer Probe, ob dieselben Sünder oder Büßer, so wieder Gnade begehrten, auch herzlich sich bekehret hätten. In Summa, sie haben nicht gesehen, daß solche satisfactio ein äußerliche Zucht, Straf und disciplina ist gewest und ein solch Ding, wie ein andere weltliche Zucht zu einer Scheu oder Furcht aufgericht. Darüber haben sie gelehret, daß sie nicht allein zu einer Zucht, sondern auch Gott zu versühnen dieneten und not wären zur Seligkeit. Wie sie aber in vielen andern Stücken das Reich Christi, welchs geistlich ist, und der Welt Reich und äußerliche Zucht in einander gekocht haben, also haben sie auch getan mit den satisfactionibus. Aber die Glossen in canonibus zeigen an etlichen vielen Orten an, daß dieselbigen satisfactiones allein zu einem Exempel für der Kirchen dienen sollen.

Videte autem quomodo in confutatione, quam ausi sunt obtrudere Caes. Majestati, probent haec sua figmenta². Multa dicta ex scripturis citant, ut fucum imperitis faciant, quasi haec res habeat auctoritatem ex scripturis, quae adhuc Longobardi tempore ignota erat³. Allegant has sententias: Facite fructus dignos poenitentiae. Item: Exhibete membra vestra servire iustitiae. Item, Christus praedicat poenitentiam: Agite poenitentiam! Item, Christus iubet apostolos poenitentiam praedicare, et Petrus praedicat poenitentiam Act. 2. Postea citant quaedam dicta patrum et canones et concludunt: satisfactiones in ecclesia contra expressum evangelium et conciliorum et patrum decreta abolendae non sunt, quin imo absoluti a sacerdote injunctam poenitentiam perficere debent, illud Pauli sequentes: Dedit semet ipsum pro nobis, ut redimeret nos ab omni iniquitate, et mundaret sibi populum acceptabilem, sectatorem bonorum operum.

Hie laßt uns aber sehen, wie die Widersacher solche ihre Träume gründen und beweisen in der Confutation, welche sie kaiserl. Majestät zuletzt aufgehängt. Sie ziehen viel Sprüche der Schrift an, daß sie den Unerfahrnen ein Schein machen, als sei ihre Lehre von satisfactionibus in der Schrift gegründet, welches doch noch zu Longobardus Zeiten unbekannt war. Sie bringen diese Sprüch herfür: „Tut Buß, bringet Früchte der Buß." Item: „Begebet euer Gliedmaß zu dienen der Gerechtigkeit." Item Christus hat gesagt: „Tut Buß." Item Christus befiehlet den Aposteln, Buß zu predigen. Item Petrus prediget Buß in Geschichten der Aposteln am 2. Darnach zeigen sie an etliche Sprüche der Väter und die Canones, und beschließen, es sollen die Gnugtuung in der Kirchen wider das Evangelium, wider der Väter und Concilien Decret, wider Beschluß der heiligen Kirchen nicht abgetan werden, sondern diejenigen, so Absolution erlangen, sollen ihr Buß und Satisfaction, Gnugtuung, so ihnen vom Priester aufgelegt, vollbringen ec.

Deus perdat istos impios sophistas, tam sceleste detorquentes verbum Dei ad sua somnia vanissima. Quis bonus vir non commoveatur indignitate tanta? Christus inquit: ¹Agite poenitentiam, apostoli praedicant poenitentiam: igitur poenae aeternae compensantur poenis purgatorii⁴, igitur claves habent mandatum remittendi partem poenarum purgatorii⁴

Gott wölle schänden und strafen solche verzweifelte Sophisten, die so verräterlich und böslich das heilige Evangelium auf ihre Träume deuten. Welchem frommen, ehrbarn Mann sollt nicht solch groß öffentlich Mißbrauch göttliches Worts im Herzen wehe thun? Christus spricht: Tut Buß. Die Aposteln predigen auch: Tut Buß. Darum ist durch die Sprüche beweiset, daß

---

¹) Glosse zu Decr. Grat. II. C. 23. q. 4. c. 18. 19. ²) CR 27, 111. ³) f. o. S. 276 Anm. 2. ⁴) poenis purgatorii] satisfactionibus nostris. Seit Ed. 1531. 8⁰.

gatorii, igitur satisfactiones redimunt poenas purgatorii. Quis docuit istos asinos hanc dialecticam? Sed haec neque dialectica neque sophistica est, sed est sycophantica. Ideo allegant hanc vocem, agite poenitentiam, ut cum tale dictum contra nos citatum imperiti audiunt, concipiant opinionem nos totam poenitentiam tollere. His artibus alienare animos et inflammare odia conantur, ut con¹clament contra nos imperiti, tollendos esse e medio tam pestilentes haereticos, qui improbent poenitentiam.

Gott Sünde nicht vergebe, ohne um der erdichten Satisfaction willen? Wer hat die groben, unverschämten Esel solche Dialektiken gelehret? Es ist aber nicht Dialektika noch Sophistika, sondern es sind Bubenstück, mit Gottes Wort also zu spielen und so verdrießlichen Mutwillen zu treiben. Darum ziehen sie den Spruch als dunkel und verdeckt an aus dem Evangelio: Tut Buß ꝛc., daß, wenn die ¹ Unerfahrnen hören, daß dies Wort aus dem Evangelio wird wider uns angezogen, denken sollen, wir sein solche Leute, die gar nichts von der Buße halten.

Mit solchen Böswichtstücken gehen sie mit uns um. Wiewohl sie wissen, daß wir recht von der Buße lehren, so wollen sie doch die Leute abschrecken, und gern viel Leute wider uns verbittern, daß die Unerfahrnen schreien sollen: kreuzige, kreuzige solche schädliche Ketzer, welche von der Buß nichts halten; und werden also öffentlich als die Lügener hie überwunden.

124 (27) Sed speramus apud bonos viros has calumnias parum profecturas esse. Et Deus tantam impudentiam ac malitiam non diu feret. Nec utiliter consulit suae dignitati romanus pontifex, quod tales patronos adhibet, quod rem maximam iudicio horum sophistarum permittit. Nam cum nos in confessione fere summam doctrinae christianae universae complexi simus, adhibendi fuerant iudices de tantis, tam multis et tam variis negotiis pronuntiaturi, quorum doctrina et fides probatior esset quam horum sophistarum, qui hanc confutationem scripserunt¹. **125 (28)** Idque te, Campegi², pro tua sapientia providere decebat, ne quid in tantis rebus isti scriberent, quod aut hoc tempore aut ad posteros videatur posse minuere romanae sedis existimationem. Si romana sedes censet aequum esse, ut omnes gentes agnoscant eam pro magistra fidei, debet operam dare, ut docti et integri viri de religionibus cognoscant. Quid enim iudicabit mundus, si quando proferetur in lucem scriptum adversariorum, quid iudicabit posteritas de **126 (29)** his calumniosis iudiciis³? Vides, Campegi, haec esse postrema tempora, in quibus Christus praedixit plurimum periculi fore religioni. Vos igitur, qui tamquam in specula sedere et gubernare religiones debetis, his temporibus oportuit singularem adhibere tum prudentiam tum diligentiam. Multa sunt signa, quae, nisi provideritis, minantur mutationem **127 (30)** romano statui. Et erras, si tantum vi et

Aber wir trösten uns des und wissens fürwahr, daß bei gottfürchtigen, ja bei ehrbarn, frommen, redlichen Leuten solche unverschämte Lügen und Fälscherei der heiligen Schrift doch nichts schaffen. So wird auch Gott der Herre, als wahr er ein lebendiger Gott ist, solche unverschämte Gotteslästerung und ungehörte Bosheit nicht lange leiden, sie werden sich gewiß am ersten und andern Gebot Gottes verbrennen. Und nachdem wir in unser Confession fast alle höchste Artikel der ganzen christlichen Lehre begriffen haben, also, daß über diese Sache kein größer, hochwichtiger Sache kann unter der Sonnen sein, sollte man zu diesen hohen, allerwichtigsten Händeln die ganze heilige, christliche Religion, Wohlfahrt und Einigkeit der ganzen christlichen Kirchen und in aller Welt so viel unzählige Seelen und Gewissen jetzt und dieser Zeit und bei unsern Nachkommen belangende, billig mit allem treuen, höchsten Fleiß Leute gesucht und auserlesen haben, die gottfürchtiger, verständiger, erfahrner, tüglicher und redlicher wären, auch mehr treues, gutes Herzen und Sinnes zu gemeinem Nutz, zu Einigkeit der Kirchen, zu Wohlfahrt des Reichs trügen und erzeigten, denn die losen leichtfertigen Sophisten, so die Confutation geschrieben haben. Und Ihr, Herr Cardinal Campegi, als der Verständige, dem diese Sache zu Rom vertrauet, des Weisheit man rühmen will, wenn ihr auch nichts, denn des Pabst und Stuhls zu Rom Ehre wolltet achten oder ansehen, hättet hie besser sollen haushalten und dieses mit höchstem Fleiß vorkommen, daß in sol-

---

¹) fides *bis* scripserunt] fides bonis viris probaretur. Seit Ed. 1531. 8⁰. ²) Der päpstliche Legat Lorenzo Campegi (1474—1539). RE³ III, 698ff. ³) Die Konfutation wurde trotz des Spottes der Evangelischen und des Drängens kath. Kreise geheimgehalten, sie erschien erst 1573. CR 27, 38. Ficker S. Cff.

armis existimas ecclesias retinendas esse. Doceri de religione postulant homines. Quam multos esse existimas non tantum in Germania, sed etiam in Anglia, in Hispania, in Galliis, in Italia, denique in ipsa urbe Roma, qui, quoniam vident exortas esse de maximis rebus controversias, dubitare alicubi incipiunt et taciti indignantur quod has tantas res rite cognoscere et iudicare recusatis, quod non explicatis ambigentes conscientias, quod tantum jubetis nos armis opprimi ac deleri. Multi sunt boni viri, quibus haec dubitatio morte acerbior est[1]. Non satis expendis, quanta res sit religio, si bonos viros leviter existimas angi, sicubi incipiunt ambigere de aliquo dogmate. Et haec dubitatio non potest non parere summam odii acerbitatem adversus illos, qui cum mederi conscientiis debebant, obsistunt, quo minus explicari res possit. Non hic dicimus Dei iudicium vobis pertimescendum esse. Nam hoc leviter curare pontifices putant, qui cum ipsi teneant claves, scilicet patefacere sibi coelum, cum volunt, possunt. De hominum iudiciis deque tacitis voluntatibus omnium gentium loquimur, quae profecto hoc tempore requirunt, ut haec negotia ita cognoscantur atque constituantur, ut sanentur bonae mentes et a dubitatione liberentur. Quid enim futurum sit, si quando eruperint odia illa adversus vos, pro tua sapientia facile iudicare potes. Verum hoc beneficio devincire omnes gentes vobis poteritis, quod omnes sani homines summum et maximum iudicant, si dubitantes conscientias sanaveritis. Haec non eo diximus, quod nos de nostra confessione dubitemus. Scimus enim eam veram, piam et piis conscientiis utilem esse. Sed credibile est passim multos esse, qui non de levibus rebus ambigunt, nec tamen audiunt idoneos doctores, qui mederi conscientiis ipsorum possint.

Sed redeamus ad propositum. Scripturae citatae ab adversariis prorsus nihil loquuntur de canonicis satisfactionibus et de opinionibus scholasticorum, cum constet eas nuper natas esse[2]. Quare mera calumnia est, quod detorquent scripturas ad illas suas opiniones. Nos dicimus, quod poenitentiam, hoc est, conversionem seu regenerationem boni fructus, bona opera in omni vita sequi debeant. Nec potest esse vera conversio aut vera contritio, ubi non sequuntur

cher so gar großer trefflichen Sachen durch die oder dergleichen Sophisten nicht ein solch ungeschickte confutatio wäre geschrieben, welche beide zu dieser Zeit und künftig bei den Nachkommen euch nicht anders, denn zu eitelm Spott, zu Verkleinerung eures Gerüchts und Namens, zu ewigem, unvorwindlichem Schimpf und Schaden gereichen wird. Ihr Romanisten sehet, daß diese die letzten Zeiten seind vor dem jüngsten Tag, von welchen Christus warnet, daß viel Fährlichkeit sollen vorfallen in der Kirchen. Ihr nu, die ihr wöllet Wächter, die Hirten und Häupter der Kirchen genennet sein, sollt in dieser Zeit mit sonderm, treuem, höchstem Fleiß Aufsehen haben. Es sein viel Zeichen vor Augen schon, daß, wo ihr euch nicht ganz wohl in die Zeit und Sachen schicket und richtet, daß es mit dem ganzen römischen Stuhl und Wesen eine große, starke Veränderung gewinnen will. Und dürft euch in Sinn nicht nehmen, ja dürft nicht gedenken, daß ihr die Gemeinden und Kirchen allein mit dem Schwert und Gewalt wöllt bei euch und dem römischen Stuhl erhalten. Denn gute Gewissen schreien nach der Wahrheit und rechtem Unterricht aus Gottes Wort, und denselbigen ist der Tod nicht so bitter, als bitter ihnen ist, wo sie etwa in einem Stücke zweifeln; darum müssen sie suchen, wo sie Unterricht finden. Wöllt ihr die Kirche bei euch erhalten, so müßt ihr darnach trachten, daß ihr recht lehren und predigen lasset, damit künnt ihr einen guten Willen und beständigen Gehorsam anrichten.

Wir wöllen hie wieder zur Sachen kommen. Die Sprüche aus der Schrift, so angezogen von Widersachern, reden nichts von den Gnugtuungen und Satisfaktion, davon die Widersacher streiten. Darum ist es lauter Fälscherei der Schrift, daß sie Gottes Wort auf ihre Meinung deuten. Wir sagen, wo rechte Buß, Verneuerung des heiligen Geistes ist im Herzen, da folgen gewiß gute Früchte, gute Werk, und ist nicht müglich, daß ein Mensch sollte sich zu Gott bekehren, rechte Buße tun, herzliche Reu haben, und

---

[1]) quibus — est] qui facilius mortem et omnia genera suppliciorum ferrent, quam ferunt hanc dubitationem. Seit Ed. 1531. 8⁰.   [2]) Der Begriff der satisfactio geht zurück auf Tertullian (De paen. 7. MSL 1, 1242A. CSEL 76; 160,50), in dem scholastischen Sinn der Tilgung der zeitl. Sündenstrafen in der Bußlehre seit Abaelard, vgl. K. Müller (o. S. 253 Anm. 2).

mortificationes carnis et boni fructus. Veri terrores, veri dolores animi non patiuntur corpus indulgere voluptatibus, et vera fides non est ingrata Deo, nec contemnit mandata Dei. Denique nulla est interior poenitentia, nisi foris pariat etiam castigationes carnis. Et hanc dicimus esse sententiam Iohannis, cum ait: Facite fructus dignos poenitentiae, item Pauli, cum ait: Exhibete membra vestra servire iustitiae; sicut et alibi inquit: Exhibete corpora vestra hostiam vivam, sanctam etc. Et cum Christus inquit: Agite poenitentiam, certe loquitur de tota poenitentia, de tota novitate vitae et fructibus, non loquitur de illis hypocriticis satisfactionibus, quas fin'gunt scholastici tum quoque valere ad compensationem poenae purgatorii aut aliarum poenarum, cum fiunt ab his, qui sunt in peccato mortali[1].

Ac multa colligi argumenta possunt, quod haec dicta scripturae nullo modo pertineant ad scholasticas satisfactiones. Isti fingunt satisfactiones esse opera indebita, scriptura autem in his sententiis requirit opera debita. Nam haec vox Christi est vox praecepti: Agite poenitentiam. Item, adversarii scribunt confitentem, si recuset suscipere satisfactiones, non peccare, sed persoluturum esse has poenas in purgatorio. Iam hae sententiae sine controversia praecepta sunt ad hanc vitam pertinentia: Agite poenitentiam; facite fructus dignos poenitentiae; exhibete membra vestra servire iustitiae. Quare non possunt detorqueri ad satisfactiones, quas recusare licet. Non enim licet recusare praecepta Dei. Tertio, indulgentiae remittunt illas satisfactiones, ut docet cap. Cum ex eo, de poenitentiis et remissione[2]. At indulgentiae non solvunt nos illis praeceptis: Agite poenitentiam; facite fructus dignos poenitentiae. Itaque manifestum est male detorqueri illa dicta scripturae ad canonicas satisfactiones. Videte porro, quid sequatur. Si poenae purgatorii sunt satisfactiones seu satispassiones, aut satisfactiones sunt redemptio poenarum purgatorii: num etiam hae sententiae praecipiunt, ut animae castigentur in purgatorio? Id cum sequi necesse sit ex

sollten nicht folgen gute Werke, gute Früchte. Denn ein Herz und Gewissen, das recht sein Jammer und Sünde gefühlt hat, recht erschreckt ist, das wird nicht viel Wollüste der Welt achten oder suchen. Und wo der Glaube ist, da ist er Gott dankbar, achtet und liebet herzlich seine Gebote. Auch ist inwendig im Herzen gewißlich keine rechte Buß, wenn wir nicht äußerlich gute Werk, christliche Geduld erzeigen. Und also meinets auch Johannes der Täufer, da er sagt: „Erzeiget rechte Früchte der Buße." Item Paulus, da er sagt zu den Röm. am 6.: „Begebet euer Glieder zu Waffen der Gerechtigkeit 2c." Und Christus, da er spricht: „Tut Buß", redet wahrlich von der ganzen Buß und von dem ganzen neuen Leben und seinen Früchten. Er redet nicht von den heuchlischen Satisfaktionen, davon die Scholastici träumen und dürfen sagen, daß sie denn auch gelten für Gott für die Strafe, wenn sie in Todsünden geschehen. Das sollt freilich ein köstlicher Gottesdienst sein.

Auch so sind sonst viel Argument und Gründe, daß die obangezeigten Sprüche der Schrift sich nichts reimen auf die Gnugtuung, davon die Scholastici reden. Sie erdichten und sagen, die satisfactiones sein Werke, die wir nicht schüldig sein. Die heilige Schrift aber in den Sprüchen, so eingeführet, fordert solche Werk, die wir schuldig sein. Denn dieses Wort Christi, da er sagt: Tut Buß, ist ein Wort des göttlichen Gebots. Item die Widersacher schreiben, daß diejenigen, so da beichten, ob sie schon die aufgelegten satisfactiones nicht wöllen annehmen, da sie doch darum nicht sündigen, sondern werden im Fegfeuer müssen Strafe tragen und gnugtun. Nu hats je kein Zweifel, daß diese Sprüche: „Tut Buß" 2c., item Pauli: „Gebet eure Gliedmaß zu dienen der Gerechtigkeit" und dergleichen Sprüche sein Christi und der Apostel, die das Fegfeuer gar nichts, sondern allein dieses Leben angehen. Derhalben können sie nicht gestreckt werden zu den aufgelegten satisfactionibus, die ich mag annehmen oder nicht annehmen; denn Gottes Gebot sein uns nicht also frei heimgestellet 2c. Zum dritten, so lehret des Pabsts Recht und Canon, daß durch den Ablaß solche satisfactiones werden erlassen, cap. Cum ex eo, de penitentiis. Aber der Ablaß macht niemands los von diesen Geboten: „Tut Buß; erzeiget rechte Früchte der Buß 2c." Darum ist es hell am Tag, daß

---

[1]) Vgl. Luthers 1. der 95 Thesen WA I, 233. 531₄ ff. und o. S. 276 Anm. 3. [2]) Decr. Greg. IX. lib. V. tit. 38. De poenitentiis et remissionibus. c. 14.

adversariorum opinionibus, hae sententiae novo modo interpretandae erunt: Facite fructus dignos poenitentiae; agite poenitentiam, hoc est, patiamini poenas purgatorii post hanc vitam. Sed piget has ineptias adversariorum pluribus refellere. Constat enim scripturam loqui de operibus debitis, de tota novitate vitae, non de his observationibus operum non debitorum, de quibus loquuntur adversarii. Et tamen his figmentis defendunt ordines, venditionem missarum et infinitas observationes, quod scilicet sint opera, si non pro culpa, tamen pro poena satisfacientia.

man ganz ungeschickt die Sprüche der Schrift einführet von den satisfactionibus. Denn so die Peinen des Fegfeuers sind satisfactiones oder satispassiones, oder so die satisfactiones sind Quittierung der Pein des Fegfeuers, so müssen die obangezeigte Sprüche Christi und Pauli auch beweisen und probieren, daß die Seelen ins Fegfeuer fahren und daselbst Pein leiden. So nu das von Not folget aus der Widersacher Opinion, so müssen die Sprüche alle neue Röcke anziehen und also ausgeleget werden: „Facite fructus etc., erzeiget rechte Früchte der Buß", das ist, leidet im Fegfeuer nach diesem Leben. Aber es ist verdrießlich, so von öffentlichem Irrtum der Widersacher mehr

137
(40)

Worte zu machen. Denn man weiß fürwahr, daß die Schrift an den Orten redet von Werken, die wir schuldig sein, und von dem ganzen neuen Leben eines Christen ꝛc., nicht von den erdichten Werken, die wir nicht schuldig sein, davon die Widersacher reden. Und doch mit diesen Lügen verteidigen sie die Möncherei, das Käufen und Verkäufen der Messen und unzählige andere Tradition, nämlich, daß es Werk sein gnug zu tun für die Peen und Strafe, ob sie gleich für die Schuld gegen Gott nicht gnug tun.

Cum igitur scripturae citatae non dicant, quod operibus non debitis poenae aeternae compensandae sint, temere affirmant adversarii, quod per satisfactiones canonicas poenae illae compensentur. Nec habent claves mandatum poenas aliquas commutandi, item [1] partem poenarum remittendi[1]. Ubi enim leguntur haec in scripturis? Christus de remissione peccati loquitur, cum ait: Quidquid solveritis etc., quo remisso sublata est mors aeterna, et reddita vita aeterna. Neque hic loquitur de imponendis poenis: quidquid ligaveris, sed de retinendis peccatis illorum, qui non convertuntur. Sed dictum Longobardi de parte poenarum remittenda sumptum est a canonicis poenis; harum partem remittebant pastores[2]. Quamquam igitur sentimus, quod poenitentia debeat bonos fructus parere propter gloriam et mandatum Dei; et boni fructus habent mandata Dei, vera ieiunia, verae orationes, verae eleemosynae etc.: tamen hoc nusquam reperimus in scripturis sanctis, quod poenae aeternae non remittantur nisi propter poenam purgatorii aut satisfactiones canonicas, hoc est, propter certa quaedam opera non debita, aut quod potestas clavium habeat mandatum

So nu die Sprüche aus der Schrift angezogen gar nicht melden, daß durch die Werk, so wir nicht schuldig, die ewige Pein oder Fegfeuer bezahlet werden, so sagen die Widersacher ohn allen Grund, daß durch solche satisfactiones die Peinen des Fegfeuers abgelöset werden.[1] So haben auch die Schlüssel nicht Befehl Pein aufzulegen, oder die Pein zum Teil, halb oder ganz zu quittieren. Man liefet solche Träume und Lügen nirgend in der Schrift. Christus redet von Vergebung der Sunde, da er sagt: „Was ihr auflöset ꝛc." Wenn die Sunde vergeben ist, so ist auch der Tod weggenommen und das ewige Leben geben. Auch so redet der Text: „Was ihr auflöset ꝛc.", nicht von Straf auflegen, sondern daß auf denjenigen die Sunde bleiben, die sich nicht bekehren. Wiewohl wir nu halten, daß nach der rechten Buß gute Früchte und Werke folgen sollen, Gott zu Lob und Danke, und von denselbigen guten Werken und Früchten haben wir Gottes Gebot, als von Fasten, Beten, Almosen ꝛc.: so findet man doch nirgend in der Schrift, daß Gottes Zorn oder die ewigen Peine sollten mügen abgelöset werden durch die Pein des Fegfeuers oder durch satisfactiones oder Gnugtuen, das ist, durch etliche Werke, die wir ohne das nicht schuldig wären, oder daß die Gewalt der Schlüs-

138 W 186
(41)

M 193

Matth. 18, 18

139
(42)

---

[1]) Nec *bis* remittendi] Praeterea cum certissimum sit remissionem peccatorum gratuitam esse seu gratis propter Christum donari, sequitur non requiri satisfactiones. Et evangelium habet mandatum gratis remittendi peccata, non imponendi poenas et novas leges aut partem poenarum imponendi parte remissa. Scit Ed. 1531. 8⁰. [2]) Petr. Lombardus, Sent. IV. d. 18. 7. MSL 92, 888.

140 (43) Praeterea mors Christi non est solum satisfactio pro culpa, sed etiam pro aeterna morte, iuxta illud: Ero mors tua, o mors. Quid est igitur monstri, dicere, quod Christi satisfactio redimat culpam, nostrae poenae redimant mortem aeternam? ut iam illa vox: Ero mors tua, intelligi debeat non de Christo, sed de nostris operibus, et quidem non de operibus a Deo praeceptis, sed de frigidis quibusdam observationibus excogitatis ab hominibus? Et dicuntur mortem abolere, etiam cum fiunt in peccato mortali. 141 (44) Incredibile est, quanto cum dolore has ineptias adversariorum recitemus, quas qui expendit, non potest non succensere istis doctrinis daemoniorum, quas sparsit in ecclesia diabolus, ut opprimeret cognitionem legis et evangelii, poenitentiae et vivificationis et beneficiorum Christi. 142 (45) Nam de lege sic dicunt: Deus condescendens nostrae infirmitati constituit homini mensuram eorum, ad quae de necessitate tenetur, quae est observatio praeceptorum, ut de reliquo, id est, de operibus supererogationis possit satisfacere de commissis[1]. Hic fingunt homines legem Dei ita facere posse, ut plus etiam, quam lex exigit, facere possimus. Atqui scriptura ubique clamat, quod multum absimus ab illa perfectione, quam lex requirit. Sed isti fingunt legem Dei contentam esse externa et civili iustitia, non vident eam requirere veram dilectionem Dei ex toto corde etc., damnare totam concupiscentiam in natura. Itaque nemo tantum facit, quantum lex requirit. Ridiculum igitur est, quod fingunt nos amplius facere posse. Quamquam enim externa opera facere possumus non mandata lege Dei, tamen illa est vana et impia fiducia, quod legi Dei sit satisfactum. 143 (46) Et verae orationes, verae eleemosynae, vera ieiunia habent praecepta Dei; et ubi habent praeceptum Dei, non possunt sine peccato omitti. Verum illa opera, quatenus non sunt praecepta lege Dei, sed habent ce tam formam ex humano praescripto, sunt opera traditionum humanarum, de quibus Christus dicit: Frustra colunt me mandatis hominum; ut certa ieiunia, in- commutandi poenas aut partem remittendi. Haec probanda erant adversariis.

ſel Befehl haben Pein aufzulegen oder ein Teil der Pein zu erlaſſen. Daſſelbige ſollten nu die Widerſacher aus der Schrift beweiſen; das werden ſie wohl laſſen.

Darüber ſo iſt es gewiß, daß Chriſtus Tod ein Gnugtuung iſt nicht allein für die Schuld gegen Gott, ſondern auch für den ewigen Tod, wie klar der Spruch Oſeä lautet: „Tod, ich will dein Tod ſein." Was iſt es denn für ein Greuel zu ſagen, daß Chriſti Tod gnug tue für die Schuld gegen Gott, aber die Pein, ſo wir leiden, die erlöſe uns von ewigem Tode? Alſo daß dies Wort des Propheten: „Tod, ich will dein Tod ſein", nicht von Chriſto, ſondern von unſern Werken und dazu von elenden menſchlichen Satzungen, die Gott nicht geboten hat, ſollen verſtanden werden. Und noch darüber dürfen ſie ſagen, daß dieſelbigen Werk für den ewigen Tod gnug tun, wenn ſie gleich in Todſunden geſchehen. Es muß billig eim frommen Herzen wehe tun die ganz ungeſchickte Rede der Widerſacher. Denn wer es lieſet und bedenket, dem müſſen je herzlich wehe tun ſolche öffentliche Teufelslehren, die der leidige Satan in die Welt geſtreuet hat, die rechte Lehre des Evangelii unterzudrücken, damit niemands oder wenig möchten unterricht werden, was Geſetz oder Evangelium, was Buß oder Glaube, oder was die Wohltat Chriſti ſein. Denn vom Geſetz ſagen ſie alſo: Gott hat unſer Schwachheit angeſehen, und hat dem Menſchen ein Ziel und Maß geſetzt der Werke, welche er zu tun ſchuldig iſt, das ſind die Werke der zehen Gebot 2c., daß er von dem übrigen, von den operibus supererogationis, das iſt, von den Werken, die er nicht ſchüldig iſt, möchte gnugtun für ſeine Feil und Sunde. Da erdichten ſie ihnen ſelbſt einen Traum, als vermüge oder könne ein Menſch alſo Gottes Geſetz erfüllen, daß er etwas mehr und übriges tue, denn das Geſetz erfordert; ſo doch die ganze heilige Schrift zeuget, alle Propheten auch zeugen, daß Gottes Geſetz viel Höhers fordere, denn wir immer zu tun vermügen. Aber ſie wollen wähnen, daß Geſetz Gottes und Gott ſei zufrieden mit äußerlichen Werken, und ſehen nicht, wie das Geſetz fordert, daß wir Gott lieben ſollen von ganzem Herzen 2c. und aller böſen Lüſte los ſein. Darum iſt kein Menſch auf Erden, der ſo viel tut, als das Geſetz erfordert. Darum iſts bei Verſtändigen ganz närriſch und kindiſch anzuſehen, daß ſie erdichten, wir können noch etwas

---

[1] Über die doppelte Geſetzeserfüllung und praecepta und consilia z. B. Bonaventura, Breviloquium V, 9 (5, 262 Quaracchi), vgl. auch oben S. 112 Anm. 2. 119 Anm. 2.

stituta non ad carnem coercendam, sed ut per id opus reddatur honos Deo, ut ait Scotus[1], et compensetur mors aeterna. Item certus numerus precum, certus modus eleemosynarum, cum ita fiunt, ut ille modus sit cultus ex opere operato, reddens honorem Deo et compensans mortem aeternam. Tribuunt enim his ex opere operato satisfactionem, quia docent, quod valeant etiam in his, qui sunt in peccato mortali. Iam illa longius recedunt a praeceptis Dei, peregrinationes, et harum magna est varietas, alius facit iter cataphractus[2], alius facit iter nudis pedibus. Haec vocat Christus inutiles cultus, quare non prosunt ad placandam offensam Dei, ut adversarii loquuntur. Et tamen haec opera magnificis titulis ornantur, vocantur opera supererogationis, tribuitur eis honos, quod sint pretium pro morte aeterna. Ita praeferuntur operibus praeceptorum Dei. In hunc modum lex Dei bifariam obscuratur, et quia putatur legi Dei satisfactum esse per externa et civilia opera, et quia adduntur traditiones humanae, quarum opera praeferuntur operibus legis divinae.

mehr tun, denn das göttliche Gesetz erfordert. Denn wiewohl wir die arme, äußerliche Werk tun können, die nicht Gott, sondern Menschen geboten haben, welche Paulus bettelische Satzunge nennet, so ist doch das ein närrisch, vergeblich Vertrauen, daß ich vertrauen wollt, ich hätte damit Gottes Gesetz erfüllet, ja mehr getan, denn Gott erfordert. Item, rechte Gebete und rechte Almosen, rechte Fasten, die sind von Gott geboten, und im Fall, da sie von Gott geboten sein, da kann man sie ohne Sunde nicht nachlassen. Dagegen diese Werk, sofern sie nicht geboten sein in Gottes Gesetze, sondern haben eine Form nach menschlicher Wahl, so sind sie nichts denn Menschensatzungen, von welchen Christus sagt: „Sie dienen mir vergeblich mit Menschengeboten." Wie denn sein etzliche gewisse Fasten, nicht dazu erfunden das Fleisch zu zähmen, sondern damit Gott zu ehren und, wie Scotus sagt, des ewigen Todes los zu werden. Item, wie denn sind etliche Gebet, etliche gewisse Almosen, welche sollen ein Gottesdienst sein, welcher ex opere operato Gott versühne und von ewiger Verdammnis erlöse. Denn sie sagen und lehren, daß solch Werk ex opere operato, das ist, durchs getane Werk für die Sunde gnug tun, und lehren, daß solche Satisfaktion gelte, obgleich einer in Todsunden lieget. Darüber sind noch Werk, die noch weniger göttlichen Befehl oder Gebot haben, als da sind Rosenkränze, Wallfahrten, welche denn mancherlei sind. Denn etliche gehen in vollem Harnisch zu S. Jakob[3], etliche mit bloßen Füßen und dergleichen. Das nennet Christus vergebliche, unnütze Gottesdienst. Darum sind sie nicht nutze Gott zu versühnen, wie doch die Widersacher sagen, und dieselbigen Werk, als Wallfahrten, rühmen sie doch und achtens für große köstliche Werk, nennen es opera supererogationis, und das schändlicher ist, das noch gotteslästerischer ist, man gibt ihnen die Ehre, die Christi Tod und Blut allein gebühret, daß sie sollen das pretium, das ist, der Schatz sein, damit wir von dem ewigen Tod erlöset sein. Pfui des leidigen Teufels, der Christus heiligen und teuren Tod so schmähen darf. Also werden dieselben Wallfahrten fürgezogen den rechten Werken, so in den zehen Geboten sein ausgedrückt, und wird also zweierlei Weis Gottes Gesetz verdunkelt, erstlich, daß sie wähnen, sie haben dem Gesetz gnug getan, so sie die äußerlichen Werk getan haben, zum andern, daß sie die elenden Menschensatzungen höher achten denn die Werk, so Gott geboten hat.

Deinde obscuratur poenitentia et gratia. Nam mors aeterna non redimitur illa compensatione operum, quia est otiosa, nec degustat in praesentia mortem. Alia res op|ponenda est morti, cum tentat nos. Sicut enim ira Dei fide in Christum vincitur, ita vincitur mors fide in Christum. Sicut Paulus ait: Deo gratia, qui dat nobis victoriam per Dominum nostrum Iesum Christum; non inquit: Qui dat nobis victoriam, si adversus mortem opponamus satisfactiones nostras. Ad-

Darüber wird auch untergedrückt die Lehre von der Buß und Gnade. Denn der ewige Tod und die Angste der Hellen lassen sich nicht also quittieren, wie sie wähnen wollen. Man muß gar viel ein andern und größern Schatz haben, dadurch wir vom Tod, ewigen Ängsten und Schmerzen erkauft werden, denn unsere Werke sein. Denn solche Werkheiligkeit ist ein müßig Ding und die Werkheiligen schmecken nicht einmal, was der Tod ist, sondern wie Gottes Zorn nicht anders mag noch kann überwunden werden,

---

[1]) Duns Scotus In sent. IV. d. 15. q. 1. a. 3. [2]) gepanzert. [3]) St. Jakob in Compostella nach der Sage der Ort des Martyriums des Zebedaiden Jakobus, das beliebteste mittelalterliche Wallfahrtsziel in Europa.

versarii otiosas speculationes tractant de remissione culpae, nec vident, quomodo in remissione culpae liberetur cor ab ira Dei et a morte aeterna per fidem in Christum. Cum igitur mors Christi sit satisfactio pro morte aeterna, et cum ipsi adversarii fateantur illa opera satisfactionum esse opera non debita, sed opera traditionum humanarum, de quibus Christus inquit, quod sint inutiles cultus: tuto possumus affirmare, quod satisfactiones canonicae non sint necessariae iure divino ad remissionem culpae aut poenae aeternae aut poenae purgatorii.

Matth. 15, 9.

denn durch den Glauben an Christum, also wird auch der Tod überwunden allein durch Christum, wie Paulus sagt: „Gott sei Lob, der uns Sieg gibt durch Jesum Christum, unsern Herrn." Er sagt nicht, der uns Sieg gibt durch unsere Gnugtuung. Die Widersacher reden fast kalt und schläfrig von der Vergebung der Sünde gegen Gott, und sehen nicht, daß Vergebung solcher Schuld und Erlösung von Gottes Zorn und ewigem Tode ein solch groß Ding ist, das solchs allein durch den einigen Mittler Christum und durch den Glauben an ihnen erlangt wird. So nu der Tod und das Blut Christi die rechte Bezahlung ist für den ewigen Tod, und die Widersacher bekennen selbst, daß solche Werke der Satisfaktion Werke sein, die wir nicht schüldig sein, sondern Menschensatzunge, von welchen Christus Matth. am 15. sagt, daß es vergebliche Gottesdienste sein, so mügen wir frei auch aus ihren eigenen Worten schließen, daß solche satisfactiones nicht von Gott geboten sein, auch ewige Pein und Schuld, oder Pein des Fegfeuers nicht ablösen.

148 (51) Sed obiiciunt adversarii vindictam seu poenam necessariam esse ad poenitentiam, quia Augustinus ait: Poenitentiam esse vindictam punientem etc.[1]. Concedimus vindictam seu poenam in poenitentia necessariam esse non tamquam meritum seu pretium, sicut adversarii fingunt satisfactiones, sed vindicta formaliter est in poenitentia, hoc est, quia ipsa regeneratio fit perpetua mortificatione vetustatis. Sit sane belle dictum a Scoto, poenitentiam appellari quasi poenae tenentiam[2]. Sed de qua poena, de qua vindicta loquitur Augustinus? certe de vera poena, de vera vindicta, scilicet de contritione, de veris terroribus. Neque hic excludimus mortificationes externas corporis, quae sequuntur veros animi dolores[3].

149 (52) Longe errant adversarii, si verius poenam esse iudicant satisfactiones canonicas, quam veros terrores in corde. Stultissimum est nomen poenae detorquere ad illas frigidas satisfactiones, non referre ad illos horribiles terrores conscientiae, de quibus ait [1] David: Circumdederunt me dolores mortis etc. Quis non malit loricatus[4] et cataphractus[4] quaerere templum Iacobi[5], Basilicam Petri[6] etc., quam sustinere illam ineffabilem vim doloris, quae est etiam in mediocribus, si sit vera poenitentia.

W 189
Ps. 18, 5.
2. Sam. 22, 5.

Es werden die Widersacher vielleicht uns hie fürwerfen, daß die Pein und Straf eigentlich zur Buß gehöre. Denn Augustinus sagt, „die Buß sei eine Rache, Angst und Strafe über die Sünde." Antwort: unser Widersacher sind grobe Esel, daß sie die Wort Augustini, der da redet von der Reu und ganzen Buß, deuten auf die Ceremonien der Satisfaction, und weiter noch daran hängen, daß solche satisfactio soll verdienen Vergebung des ewigen Todes. Wir lehren auch, daß in der Buße Strafe der Sünden sei; denn die großen Schrecken, dadurch die Sünde in uns gerichtet wird, ist eine Straf, viel größer und höher, denn allen Wallfahrten und dergleichen Gaukelspiel. Aber solch Schrecken gehet die satisfactiones nicht an, so verdienet es auch nicht Vergebung der Sünde oder des ewigen Todes, sondern wo wir nicht durch Glauben getröstet würden, wäre solch Schrecken und Straf eitel Sünde und Tod. ' Also lehret Augustinus von der Straf. Aber unser Widersacher, die groben Esel, wissen gar nicht, was Buß oder Reue sei, sondern gehen mit ihrem Gaukelspiel um, mit Rosenkränzen, Wallfahrten und dergleichen.

---

[1]) Poenitentia itaque est vindicta puniens in se, quod dolet comisisse. Pseudo-Augustin, De vera et falsa poenitentia 19, 35. MSL 40, 1129.   [2]) Duns Scotus In sent. IV. d. 14. q. 1. a. 3. concl. 2 mit dem Lombarden IV. d. 14. c. 2 auf Grund des Anm. 1 zit. Abschnitts aus De vera et f. poen.: Poenitere est poenam tenere, ut semper puniat in se ulciscendo, quod commisit peccando (ebda. 1128).   [3]) Z. 24/39 Concedimus bis dolores] seit Ed. 1531. 8° erweitert und umformuliert. CR 27, 563.   [4]) gepanzert.   [5]) Vgl. S. 283 Anm. 3.   [6]) St. Peter in Rom, wo nach der Überlieferung Petrus begraben ist. Dazu RGG³ V, 248f. 261ff. (Lit.).

XII. Von der Buß. (Von der Beicht und Genugtuung.)

At, inquiunt, convenit iustitiae Dei punire peccatum. Certe punit in contritione, cum in illis terroribus iram suam ostendit. Sicut significat David, cum orat: Domine, ne in furore tuo arguas me. Et Ieremias cap. 10.: Corripe me, Domine, verumtamen in iudicio, non in furore, ne ad nihilum redigas me. Hic sane de acerbissimis poenis loquitur. Et fatentur adversarii contritionem posse tantam esse, ut non requiratur satisfactio. Verius igitur contritio poena est, quam satisfactio. Praeterea subiecti sunt sancti morti et omnibus communibus afflictionibus, sicut ait Petrus 1. Petr. 4.: Quia tempus est incipere iudicium a domo Dei; si autem primum a nobis, qualis erit finis istorum, qui non credunt evangelio? Et ut hae afflictiones plerumque sint poenae peccatorum, tamen in piis habent alium finem potiorem, scilicet ut exerceant eos, ut inter tentationes discant quaerere auxilium Dei, agnoscant diffidentiam cordium suorum etc., sicut Paulus de se inquit 2. Cor. 1.: Sed ipsis in nobis sententiam mortis habuimus, ne confideremus nobis ipsis, sed Deo excitanti mortuos. Et Esaias ait: Angustia, in qua clamant, disciplina tua est ipsis, hoc est, afflictiones sunt disciplina, qua Deus exercet sanctos. Item, afflictiones propter praesens peccatum infliguntur, quia in sanctis mortificant et extinguunt concupiscentiam, ut renovari spiritu possint, sicut ait Paulus Rom. 8.: corpus mortuum est propter peccatum, id est, mortificatur propter praesens peccatum, quod adhuc in carne reliquum est. Et mors ipsa servit ad hoc, ut aboleat hanc carnem peccati, ut prorsus novi resurgamus. Neque iam in morte credentis, postquam fide terrores mortis vicit, ille aculeus est et sensus irae de quo dicit Paulus: Aculeus mortis peccatum est, potentia vero peccati lex. Illa potentia peccati, ille sensus irae vere est poena, donec adest; mors sine illo sensu irae proprie non est poena. Porro satisfactiones canonicae non pertinent ad has poenas, quia adversarii dicunt potestate clavium remitti aliquam partem poenarum. Item, claves iuxta ipsos condonant satisfactiones et poenas, quarum causa fiunt satisfactiones. At constat illas afflictiones communes non tolli potestate clavium. Et si de his poenis volunt intelligi, quare addunt quod in purgatorio oporteat satisfacere?[1]

Aber da sprechen sie: Gott, als er ein gerechter Richter ist, muß die Sunde ohne Straf nicht lassen. Ja wahrlich straft er die Sunde, wenn er in solchem Schrecken die Gewissen so stark mit seinem Zorn dränget und ängstet, wie David im 6. Psalm sagt: Ps. 6, 2. „Herr, strafe mich nicht in deinem Grimm." Und Jeremias am 10. Kap.: „Strafe mich, Jer. 10, 24. Herre, doch mit Gnaden, nicht in deinem Grimme, daß ich nicht vergehe." Da redet er wahrlich von großer unsäglicher Angst, und die Widersacher selbst bekennen, die Reue könne so bitter und geschwind sein, daß die Satisfaktion nicht not sei. Darum ist die contritio oder Reu gewisser eine Pein, denn die satisfactio. Darüber müssen die Heiligen den Tod, allerlei Kreuz und Trübsal tragen, wie die andern, wie Petrus sagt, 1. Petr. 4: „Es ist Zeit, das Gericht 1 Petr. 4, 17. anzufahen an dem Hause Gottes." Und wiewohl dieselbigen Trübsalen oft Peen und Straf sein über die Sunde, so haben sie doch in den Christen ein andere Ursache, nämlich daß sie sollen die Christen treiben und üben, daß sie in Anfechtung merken ihren schwachen Glauben und lernen Gottes Hilfe und Trost suchen, wie Paulus von ihm selbst sagt, 2. Kor. 1: „Da wir über die Maß 2. Kor. 1, 8f. beschweret waren und übermacht, also, daß wir bei uns beschlossen hatten, wir müßten sterben, damit wir lerneten nicht auf uns vertrauen." Und Esaias sagt: „Die Not Jes. 26, 16. und Angst, darinnen sie stecken und dich anrufen, ist ihnen eine Zucht", das ist, die Trübsal ist die Kinderzucht, dadurch Gott übet die Heiligen. Item, die Trübsalen auch schickt uns Gott zu, die Sunde in uns, so noch überig ist, zu töten und zu dämpfen, daß wir im Geist verneuert werden. Wie Paulus Röm. 8 sagt: „Der Leib ist tot um der Röm. 8, 10. Sunde willen", das ist, er wird täglich mehr und mehr getötet um der Sunde willen, die noch im Fleisch überig ist, und der Tod selbst dienet dazu, daß er des sündlichen Fleisches 1. Kor. 15, 56. ein Ende mache und daß wir gar heilig und verneuert auffstehen endlich von Toten. Von diesen Trübsalen und Peenen werden wir nicht los durch die satisfactiones; derhalben kann man nicht sprechen, daß die satisfactiones gelten für solche Kreuz und Trübsal und zeitliche Strafe, der Sunden wegnehmen. Denn dies ist gewiß, daß die Gewalt der Schlüssel niemands frei, los absolvieren kann vom Kreuz oder von andern gemeinen Trübsalen. Und so sie wollen, daß das Wort poenae, dadurch genug getan wird, solle von gemeinen Trübsalen verstanden werden, wie lehren sie denn, man müsse im Fegfeuer gnug tun?

---
[1]) Der Abschnitt von Z. 1 ab seit Ed. pr. 1531. 8° anders gefaßt. CR 27, 564f.

155 Obiiciunt de Adam, de Davide, qui
(58) propter adulterium punitus est¹. Ex his
exemplis faciunt universalem regulam,
quod singulis peccatis respondeant propriae poenae temporales in remissione
156 peccatorum². Prius dictum est sanctos
(59) sustinere poenas, quae sunt opera Dei,
sustinent contritionem seu terrores, sustinent et alias communes afflictiones. Ita
sustinent aliqui proprias poenas a Deo
impositas, exempli causa. Et hae poenae
nihil pertinent ad claves, quia claves neque imponere neque remittere eas possunt, sed Deus sine ministerio clavium
imponit et remittit.

Nec sequitur universalis regula: Da-
vidi propria poena imposita est, igitur
praeter communes afflictiones alia quaedam purgatorii poena est, in qua singulis peccatis singuli gradus respondent.
157 Ubi docet hoc scriptura non posse nos
(60) a morte aeterna liberari, nisi per illam
compensationem certarum poenarum
praeter communes afflictiones? At contra
saepissime docet remissionem peccatorum gratis contingere propter Christum,
Christum esse victorem peccati et mortis. Quare non est assuendum meritum
satisfactionis. Et quamvis afflictiones
reliquae sint, tamen has interpretatur
praesentis peccati mortificationes esse,
non compensationes aeternae mortis seu
pretia pro aeterna morte.

158 Iob excusatur, quod non sit afflictus
(61) propter praeterita mala facta. Itaque afflictiones non semper sunt poenae aut
signa irae. Imo pavidae conscientiae docendae sunt, alios fines afflictionum
potiores esse, ne sentiant se a Deo reiici,
si in afflictionibus nihil nisi poenam et
iram Dei videant. Alii fines potiores
sunt considerandi, quod Deus alienum
opus faciat, ut suum opus facere possit
etc., sicut longa concione docet Esaias
159 (62) cap. 28. Et cum discipuli interrogarent
de coeco, quis peccasset, Iohannis 9.,
respondet Christus causam coecitatis
esse non peccatum, sed ut opera Dei in
eo manifestentur. Et apud Ieremiam dicitur: Quibus non erat iudicium, biben-
tes bibent etc. Sicut prophetae interfecti
sunt, Iohannes Baptista et alii sancti.

Sie werfen uns Exempel für von Adam
und David, welcher um seines Ehebruchs
willen gestraft ist. Aus den Exempeln
machen sie eine Regel, daß itzliche Sunde
müsse ihr gewisse zeitliche Strafe haben,
ehe die Sunde vergeben werden. Ich habe
vor gesagt, daß die Christen Trübsal leiden,
dadurch sie gezüchtiget werden, so leiden sie
Schrecken im Gewissen, manchen Kampf und
Anfechtung. Also legt unser Herr Gott auch
etlichen Sundern eigene Peen und Strafe
auf zu einem Exempel. Und mit den Peenen
hat die Gewalt der Schlüssel nichts zu tun,
sondern allein Gott hat sie aufzulegen und
zu lösen, wie er will.

Es folgt auch gar nicht, ob David ein
eigen Strafe aufgelegt ist, daß darum über
die gemeine Kreuz und Trübsal aller Christen noch eine Pein des Fegfeuers sei, da
ein itzliche Sunde ihre Grad und Maß der
Pein hat. Denn es ist nirgend in der Schrift
zu finden, daß wir von ewiger Pein und
Tod nicht sollten können erlöset werden,
denn durch solche Quittierung unsers Leidens und Gnugtuns. Aber allenthalben
zeuget die Schrift, daß wir Vergebung der
Sunde ohne Verdienst erlangen durch
Christum, und daß Christus allein die
Sunde und den Tod überwunden hat. Darum sollen wir unsern Verdienst nicht dran
pletzen und flicken. Und wiewohl Christen
allerlei Peene, Strafe und Trübsal leiden
müssen, so zeigt doch die Schrift an, daß
solche uns aufgelegt werden, den alten
Adam zu töten und zu demütigen, nicht damit uns von dem ewigen Tod zu lösen.

Job wird entschüldiget in der Schrift, daß
er nicht geplagt sei um einiger bösen Taten
willen. Darum sind die Trübsalen und Un-
fechtungen nicht allzeit göttliches Zorns
Zeichen, sondern man muß die Gewissen
fleißig unterrichten, daß sie die Trübsal
lernen gar viel anders ansehen, nämlich als
Gnadenzeichen, daß sie nicht denken, Gott
habe sie von sich gestoßen, wenn sie in Trübsalen sein. Man soll die andern rechten
Früchte des Kreuzes ansehen, nämlich daß
Gott uns angreift und darum ein fremd
Werk tut, wie Esaias sagt, damit er sein
eigen Werk in uns haben müge, wie er denn
davon eine lange tröstliche Predigt macht,
am 28. Kap. Und da die Jünger fragten
von dem Blinden Joh. 9, sagt Christus,
daß weder des Blinden Altern noch er gesündigt haben, sondern Gottes Ehre und

---

¹) Herborn, Enchiridion 24. Corp. Cath. XII. S. 83, 12ff.   ²) in remissione pecca-
torum] in imponenda potestate clavium. Seit Ed. 1531. 8⁰.

Quare afflictiones non semper sunt poenae pro certis factis praeteritis, sed sunt opera Dei destinata ad nostram utilitatem, et ut potentia Dei fiat conspectior in infirmitate nostra.

Sic Paulus ait: Potentia Dei perficitur in infirmitate mea. Itaque corpora nostra debent esse hostiae, propter voluntatem Dei, ad obedientiam nostram declarandam, non ad compensandam mortem aeternam, pro qua aliud pretium habet Deus, scilicet mortem filii sui. Et in hanc sententiam interpretatur Gregorius ipsam etiam poenam Davidis, cum ait: Si Deus propter peccatum illud fuerat comminatus, ut sic humiliaretur a filio, cur dimisso peccato, quod erat ei comminatus, implevit? Respondetur, remissionem illam peccati factam esse, ne homo ad percipiendam vitam impediretur aeternam. Subsecutum vero illud comminationis exemplum, ut pietas hominis etiam in illa humilitate exerceretur atque probaretur. Sic et mortem corporis propter peccatum Deus homini inflixit et post peccatorum remissionem propter exercendam iustitiam non ademit, videlicet ut exerceatur et probetur iustitia istorum, qui sanctificantur[1].

Neque vero tolluntur communes calamitates proprie per illa opera satisfactionum canonicarum, hoc est, per illa opera traditionum humanarum, quae ipsi sic valere dicunt ex opere operato, ut, etiamsi fiant in peccato mortali, tamen redimant poenas. Et cum obiicitur illud Pauli: Si nos iudicaremus ipsi, non iudicaremur a Domino, verbum iudicare intelligi debet de tota poenitentia et fructibus debitis, non de operibus non debitis. Adversarii nostri dant poenas contemptae grammatices, cum intelligunt iudicare idem esse, quod cataphractum peregre ire ad sanctum Iacobum[2] aut similia opera. Iudicare significat totam poenitentiam, significat damnare peccata. Haec damnatio vere fit in contritione et mutatione vitae. Tota poeni-

Werke müssen offenbaret werden. Und also sagt auch Jeremias der Prophet: „Diejenigen, so nicht Schuld dran haben, sollen den Kilch trinken 2c." Also sind die Propheten erwürget, also ist Johannes Baptista getötet und andere Heiligen. Darum sind die Trübsalen nicht allzeit Strafen oder Peenen für die vorigen Sünden, sondern sind Gottes Werke, zu unserm Nutz gericht, daß Gottes Stärke und Kraft in unser Schwachheit desto klärer erkennet werde, wie er mitten im Tode helfen kann 2c.

Also sagt Paulus: „Gottes Kraft und Stärke läßt sich in Schwachheit erfahren und sehen." Darum sollen wir unsere Leibe opfern in Gottes Willen, unser Gehorsam und Geduld zu erzeigen, nicht von dem ewigen Tode oder ewiger Pein uns zu erlösen. Denn da hat Gott ein ander Schatz verordnet, nämlich den Tod seines Sohnes, unsern Herrn Christi. Und also legt S. Gregorius das Exempel Davids aus, da er sagt: „So Gott um derselbigen Sunde willen ihm gedräuet hat, daß er also von seinem eigenen Sohn sollte gedemütigt werden, warum hat er denn solches ergehen lassen, da die Sunde schon vergeben war? Ist zu antworten, daß die Vergebung geschehen ist, daß der Mensch nicht verhindert würde, das ewige Leben zu empfangen. Die gedräute Strafe ist nichts desto weniger gefolget, daß er ihnen prüfet und in Demut behielte. Also hat auch Gott dem Menschen den natürlichen Tod aufgelegt, und denselbigen auch, als die Sunde vergeben, nicht weggenommen, damit bewähret werden und geprüfet diejenigen, welchen Sunde vergeben und sie geheiliget werden.

Nu ist öffentlich, daß die Schlüssel diese gemeine Strafe, als Krieg, Teurung und dergleichen Plagen nicht wegnehmen. Item daß auch canonicae satisfactiones uns nicht los machen von solchen Plagen, also daß unsere satisfactiones dafür helfen oder gelten sollten, wenn wir schon in Todsünden liegen. Auch bekennen die Widersacher selbst, daß sie die satisfactiones auflegen nicht für solche gemeine Plagen, sondern für das Fegfeuer, darum sind ihre satisfactiones eitel erdichte Träume. Aber hie ziehen etliche den Spruch Pauli an 1. Kor. 11: „So wir uns selbst richteten, so würden wir nicht gerichtet." Daraus schließen sie, so wir uns selbst Strafe auflegten, würde Gott gnädiger strafen. Antwort: Paulus redet von Besserung des ganzen Lebens, nicht von äußerlicher Strafe

---

[1]) Augustin De peccatorum meritis et remissione II, c. 34, 56. MSL 44, 183 f. CSEL 60, 125₇. Melanchthon hat hier Decr. Grat. II. C. 33. q. 3. De poenitentia d. 1. c. 82 u. 83 miteinander verwechselt.   [2]) Vgl. S. 283 Anm. 3.

tentia, contritio, fides, boni fructus impetrant, ut mitigentur poenae et calamitates publicae et privatae, sicut Esaias capite primo docet: Desinite male facere, et discite benefacere etc. Si fuerint. peccata vestra, ut coccinum, quasi nix dealbabuntur. Si volueritis et audieritis me, bona terrae comedetis. 165 (68) Nec est ad satisfactiones et opera traditionum humanarum transferenda gravissima et saluberrima sententia a tota poenitentia et operibus debitis seu a Deo praeceptis. Et hoc prodest docere, quod mitigentur communia mala per nostram poenitentiam et per veros fructus poenitentiae, per bona opera facta ex fide, non, ut isti fingunt, facta in peccato 166 mortali. Et huc pertinet exemplum (69) Ninivitarum, qui sua poenitentia, de tota loquimur, reconciliati sunt Deo et impetraverunt, ne deleretur civitas.

und Ceremonien, darum tut dieser Spruch nichts zur Satisfaktion. Denn was fragt Gott nach der Strafe ohne Besserung? Ja es ist eine greuliche Gotteslästerung, daß man lehret, unser Satisfaktion lindert Gottes Strafe, wenn sie schon in Todsunden geschicht. Paulus redet von Reu, von Glauben und von der ganzen Besserung, redet nicht von der äußerlichen Straf allein. Darum kann man heraus nicht mehr erzwingen, denn so wir uns bessern, so wende Gott seine Strafe ab. Das ist wahr und ist nützlich, tröstlich und not zu predigen, daß Gott die Strafe lindert, wenn wir uns bessern, wie er mit Ninive tät. Und also lehret Esaias am 1. Kap.: „Wenn schon eure Sunden blutrot sind, sollen sie dennoch ab und schneeweiß sein, wenn ihr euch bessert." Und diese Besserung stehet nicht in der canonica satisfactio, sondern in andern Stücken der Buß, in Reu, im Glauben, in guten Werken, so folgen nach dem Glauben. Aber unser Widersacher deuten diese tröstliche Sprüche auf ihre Lügen, und Gaukelspiel von der Satisfaktion.

167 Quod autem patres mentionem faciunt (70) satisfactionis, quod concilia fecerunt canones, diximus supra¹ disciplinam ecclesiasticam fuisse exempli causa constitutam. Nec sentiebant hanc disciplinam necessariam esse vel ad culpae vel ad poenae remissionem. Nam si qui in his mentionem purgatorii fecerunt, interpretantur esse non compensationem aeternae poenae, non satisfactionem, sed purgationem imperfectarum animarum. Sicut Augustinus ait venialia concremari², hoc est, mortificari diffidentiam erga Deum et alios affectus similes.
168 Interdum scriptores transferunt satis-
(71) factionis vocabulum ab ipso ritu seu spectaculo ad significandam veram mortificationem. Sic Augustinus ait: Vera satisfactio est peccatorum causas excidere, hoc est, mortificare carnem, item coercere carnem, non ut compensentur aeternae poenae, sed ne caro pertrahat ad peccandum³.

Daß aber die alten Lehrer und Väter der Satisfaktion gedenken, daß die Concilia von den satisfactionibus Canones gemacht, habe ich droben gesagt, es sei ein äußerliche Ceremonien gewesen, und ist der Väter Meinung nicht gewesen, daß dieselbige Ceremonie der Buß sollt ein Auslöschen sein der Schuld gegen Gott oder der Pein. Denn so etliche Väter gleich sein, die des Fegfeuers gedenken, so legen sie es doch selbst aus: ob es auch wäre, so sei es doch nicht Erlösung vom ewigen Tod und Pein, welchs Christus allein tut, sondern daß es ein Reinigen und Fegen sei, wie sie reden, der unvollkommenen Seelen. Also sagt Augustinus: „Die täglichen Sunden werden verbrannt und ausgelöscht, als schwacher Glaube gegen Gott und dergleichen ꝛc." Man findet auch an etlichen Orten, daß die Väter das Wort satisfactio oder Gnugtuung, welches ursprünglich von der Ceremonien der öffentlichen Penitenz herkommt, wie ich gesagt, brauchen für rechte Reu und Tötung des alten Adams. Also sagt Augustinus: „Die rechte satisfactio oder Gnugtuung ist Ursach der Sunden abschneiden, das ist, das Fleisch töten ꝛc., item, das Fleisch zähmen und kasteien, nicht daß ewiger Tod oder Pein damit quittiert werde, sondern daß uns das Fleisch nicht zu Sunden ziehen möge.

169 Ita Gregorius de restitutione loqui-
(72) tur falsam esse poenitentiam, si non

Also sagt Gregorius von Wiedergeben fremder Güter, daß es ein falsche Buße sei,

---

¹) S. 276, 46 ff. ²) De civ. Dei. XXI, c. 26, 4. MSL 41, 745. CSEL 40, II. 571.
³) Pseudo-Augustin (Gennadius v. Massilia † um 492. RE³ VI, 513) De eccl. dogm. 24. MSL 43, 1218: Satisfactio poenitentiae est causas peccatorum excidere nec earum suggestionibus aditum indulgere. Nach Decr. Grat. II. C. 33. q. 3. De poen. d. 3. c. 3.

satisfiat illis, quorum res occupatas tenemus[1]. Non enim vere dolet se furatum esse aut rapuisse is, qui adhuc furatur. Tantisper enim fur | aut praedo est, dum est iniustus possessor alienae rei. Civilis illa satisfactio necessaria est, quia scriptum est: Qui furatus est, deinceps non furetur. Item Chrysostomus inquit: In corde contritio, in ore confessio, in opere tota humilitas[2]. Hoc nihil contra nos facit. Debent sequi opera bona poenitentiam, debet poenitentia esse, non simulatio, sed totius vitae mutatio in melius.

Item, patres scribunt satis esse, si semel in vita fiat illa publica seu solennis poenitentia, de qua sunt facti canones satisfactionum[3]. Qua ex re intelligi potest, quod sentiebant illos canones non esse necessarios | ad remissionem peccatorum. Nam praeter illam solennem poenitentiam saepe alias volunt poenitentiam agi, ubi non requirebantur canones satisfactionum.

Architecti confutationis scribunt, non esse tolerandum, ut satisfactiones contra expressum evangelium aboleantur[4]. Nos igitur hactenus ostendimus canonicas illas satisfactiones, hoc est, opera non debita, facienda propter compensationem poenae, non habere mandatum evangelii. Res ipsa ostendit. Si opera satisfactionum sunt opera non debita, quare allegant expressum evangelium? Nam si evangelium iuberet compensari poenas per talia opera, iam essent debita opera. Sed sic loquuntur, ut fucum faciant imperitis, et allegant testimonia, quae de debitis operibus loquuntur, cum ipsi in suis satisfactionibus praescribant opera non debita. Imo ipsi concedunt in scholis, sine peccato recusari posse satisfactiones. Falso igitur hic scribunt, quod expresso evange-

wenn denjenigen nicht gnug geschiehet, deren Güter wir mit Unrecht inne haben. Denn den gereuets nicht, daß er | gestohlen hat, der noch immer stiehlt. Denn so lang er fremd Gut innehat, so lang ist er ein Dieb oder Räuber. Dieselbigen satisfactio gegen denen, so einer schuldig ist, soll gegen denselbigen geschehen, und von derselbigen civili satisfactione ist nicht not hie zu disputieren.

Item, die Väter schreiben, daß es gnug sei, daß einmal im ganzen Leben geschehe die publica Penitenz oder die öffentliche Buß, davon die canones satisfactionum gemacht sein. Daraus kann man merken, daß ihre Meinung nicht | gewest, daß dieselbigen Canones nötig sein sollten zu Vergebung der Sunden. Denn ohne dieselbigen Ceremonien der öffentlichen Buß lehren sie sonst viel von der christlichen Buß, da sie der canones satisfactionum nicht gedenken.

Die Esel, so die Confutation gestellet haben, sagen, es sei nicht zu leiden, daß man die satisfactiones wider das öffentliche Evangelion wolle abtun. Wir haben aber bis anher klar gnug angezeigt, daß dieselbigen canonicae satisfactiones, das ist, solche Werk (wie sie davon reden), so wir nicht schüldig sein, in der Schrift oder Evangelio nicht gegründet sein. So zeiget das die Sache an ihr selbst an. Denn wenn die satisfactiones Werke sein, die man nicht schüldig ist, warum sagen sie, wir lehren wider das klare Evangelion? Denn so im Evangelio stünde, daß die ewige Pein und Tod weggenommen würden durch solche Werke, so wären es Werke, die man vor Gott zu tun schüldig wäre. Aber sie reden also, daß sie den Unerfahrnen ein Schein für der Nasen machen, und ziehen Sprüche der heiligen Schrift an, welche von rechten

---

[1]) Decr. Grat. II. C. 33. q. 3. De poen. d. 6. c. 6.   [2]) Pseudo-Chrysostomus (nicht bei den Maurinern). Entnommen aus Decr. Grat. II. C. 33. q. 3. De poen. d. 1. c. 4 und d. 3. c. 8. Dgl. auch Loofs Dogmengesch. § 66, 8b, Anm. 2. Die Stelle wurde Conf. CR 27, 158 zitiert.   [3]) Wohl ein Mißverständnis der Äußerungen von Tertullian De paen. 7. MSL 1, 1240. CSEL 76, 158; Hieronymus: secunda post naufragium tabula Ep. 80, 9. MSL 22, 1115 und Ambrosius De poen. II, 95: Si vere agerent poenitentiam, iterandam non putarent, quia sicut unum baptisma, ita una poenitentia, quae tamen publica agitur. Nam cotidiani nos debet poenitere peccati, sed haec delictorum leviorum, illa graviorum. MSL 16, 541.   [4]) CR 27, 111.

lio cogamur satisfactiones illas canonicas suscipere.

welche sie opera non debita nennen. Sie lehren und geben selbst nach in ihren Schulen, daß man ohne Todsünde solche Satisfaktion könne nachlassen. Darum ist das falsch, daß sie sagen, das klare Evangelion vermöge, man muß die satisfactiones halten.

christlichen Werken, die wir schuldig sein, reden; so sie doch ihr Gnugtun gründen auf Werke, die wir nicht schuldig sein, und

174 (77) Ceterum nos saepe iam testati sumus[1], quod poenitentia debeat bonos fructus parere, et qui sint boni fructus, docent mandata, videlicet invocatio, gratiarum actio, confessio evangelii, docere evangelium, obedire parentibus et magistratibus, servire vocationi, non occidere, non retinere odia, sed esse placabilem, dare egentibus, quantum pro facultatibus possumus, non scortari, non moechari, sed coercere et refrenare, castigare carnem, non propter compensationem poenae aeternae, sed ne obtemperet diabolo, ne offendat spiritum sanctum, item vera dicere. Hi fructus habent praecepta Dei, et propter gloriam et mandatum Dei fieri debent, habent et praemia. Sed quod non remittantur poenae aeternae nisi propter compensationem certarum traditionum aut purgatorii

175 (78) hoc non docet scriptura. Indulgentiae olim erant condonationes publicarum illarum observationum, ne nimium gravarentur homines[2]. Quodsi humana auctoritate remitti satisfactiones et poenae queunt, non igitur iure divino necessaria est illa compensatio; nam ius divinum non tollitur humana auctoritate. Porro cum nunc per se antiquatus sit mos, et quidem dissimulantibus episcopis, nihil opus est remissionibus illis. Et tamen mansit nomen indulgentiarum. Et sicut satisfactiones non intellectae sunt de politica disciplina, sed de compensatione poenae: ita indulgentiae male intellectae sunt, quod liberent animas ex purgatorio. At clavis non habet po-

176 (79) testatem nisi super terram ligandi et
Matth. 18, 18. solvendi[3], iuxta illud: Quidquid ligaveris super terram, erit ligatum in coelo; quidquid solveris super terram, erit solutum in coelo. Quamquam, ut supra diximus, clavis potestatem habet non imponendi poenas aut cultus instituendi, sed tantum habet mandatum remittendi peccata his, qui convertun-

Weiter haben wir nu oft gesagt, daß rechtschaffene Buß ohne gute Werk und Früchte nicht sein könne, und was rechte gute Werk sein, lehren die zehen Gebot, nämlich Gott den Herrn wahrlich und von Herzen am höchsten groß achten, fürchten und lieben, ihnen in Nöten fröhlich anrufen, ihm allzeit danken, sein Wort bekennen, dasselbige Wort hören, auch andere dadurch trösten, lehren, Ältern, Oberkeit gehorsam sein, seines Amts, Berufs treulich warten, nicht bitter, nicht hässig sein, nicht töten, sondern tröstlich, freundlich sein dem Nähesten, den Armen nach Vermögen helfen, nicht huren, nicht ehebrechen, sondern das Fleisch allenthalben im Zaum halten. Und das alles, nicht für den ewigen Tod oder ewige Pein gnug zu tun, welches Christo allein gebühret, sondern also zu tun, damit dem Teufel nicht Raum gegeben werde und Gott erzürnet und der heilige Geist betrübet und geunehret werde. Diese Früchte und gute Werke hat Gott geboten, haben auch ihre Belohnung, und um Gottes Ehre und göttliches Gebots willen sollen sie auch geschehen. Daß aber die ewigen Peinen nicht anders erlassen werden, denn allein durch Gnugtun im Fegfeuer oder etliche gute Werke menschlicher Tradition, das sagt die heilige Schrift nirgend von. Durch den Ablaß werden etwa solche aufgelegte Buß und Satisfaktio quittiert den publice poenitentibus oder Büßern, daß die Leute nicht zu sehr beschwert werden. Haben nu Menschen Macht, die satisfactiones und aufgelegte Straf oder Peen zu erlassen, so ist solche satisfactio von Gott nicht geboten. Denn göttlichen Befehl und Gebot kann ein Mensch nicht abtun. Nachdem aber die alte Weise der öffentlichen Buß und Gnugtuung ist vorlängst abgetan, welchs die Bischofe von einer Zeit in die andre haben geschehen lassen, ist des Ablaß nicht vonnöten, und ist doch der Name indulgentia oder Ablaß in der Kirche blieben. Gleich wie nu das Wort satisfactio

---

[1] CA Art. VI. XII (S. 60, 66). Apol. S. 214, 49 f. 257 4 ff. 260 16 ff. 279 48 ff.   [2] Brieger in RE³ IX, 1901, 77 ff. Paulus, Gesch. d. Abl. im Mittelalter I (1922), 11 ff. In den ältesten Ablaßurkunden wird die Hälfte, ein Viertel usw. der Buße erlassen. Köhler, Dokumente zum Ablaßstreit. S. 6 17 (dazu Brieger 78 10). Paulus I, 137. Lea, A History of auricular confession and indulgences. III [1896], 157), 7 2.   [3] Dagegen z. B. Paltz, Coelifodina bei Köhler, Dokumente S. 71 f.

tur, et arguendi et excommunicandi istos, qui nolunt converti. Sicut enim solvere significat remittere peccata, ita ligare significat non remittere peccata. Loquitur enim Christus de regno spirituali. Et mandatum Dei est, ut ministri evangelii absolvant hos, qui convertuntur, iuxta illud: Potestas nobis data est ad aedificationem. Quare reservatio casuum[1] politica res est. Est enim reservatio poenae canonicae, non est reservatio culpae coram Deo in his, qui vere convertuntur. Proinde recte iudicant adversarii, cum fatentur, quod in articulo mortis illa reservatio casuum non debeat impedire absolutionem.

ist anders verstanden, denn für eine Kirchenordnung und Ceremonia, also hat man das Wort Indulgenz oder Ablaß auch unrecht gedeutet und ausgelegt für solche Gnade und Ablaß, durch welchen die Seelen aus dem Fegfeuer erlöset werden; so doch die ganze Gewalt der Schlüssel in der Kirchen nicht weiter sich erstreckt, denn allein hie auf Erden, wie der Text lautet: „Was du binden wirdest auf Erden, das soll gebunden sein im Himmel; was du auflösen wirdest auf Erden, das soll aufgelöset sein im Himmel." So ist die Gewalt der Schlüssel nicht ein solch Gewalt, sonderliche eigene Strafe oder Gottesdienst aufzurichten, sondern allein Sunde zu vergeben denjenigen, so sich bekehren, und zu verbannen diejenigen, die sich nicht bekehren. Denn auflösen an dem Ort heißt Sunde vergeben, binden heißt Sunde nicht vergeben. Denn Christus redet von einem geistlichen Reich, und Gott hat befohlen, diejenigen, so sich bekehren, von Sunden zu entbinden, wie Paulus sagt: „Die Gewalt ist uns geben zu erbauen, und nicht zu brechen." Darum ist auch die reservatio casuum, das ist, darinne der Pabst und die Bischofe etliche Fälle fürbehalten, ein äußerlich, weltlich Ding. Denn sie behalten ihn für die Absolution a poena canonica, nicht von der Schuld gegen Gott. Darum lehren die Widersacher recht, da sie selbst bekennen und sagen, daß an der Todesstunde eine solche reservatio oder Furbehaltung nicht solle hindern die rechte christliche Absolution.

Exposuimus summam nostrae doctrinae de poenitentia, quam certo scimus piam et salubrem bonis mentibus esse. Et boni viri, si contulerint nostram doctrinam cum confusissimis disputationibus adversariorum, perspicient adversarios omisisse doctrinam de fide iustificante et consolante pia corda. Videbunt etiam multa fingere adversarios de merito attritionis, de illa infinita enumeratione delictorum, de satisfactionibus, οὔτε γῆς φασὶν οὔτε οὐρανοῦ ἁπτόμενα, quae ne ipsi quidem adversarii satis explicare possunt.

Hiemit haben wir die Summa unser Lehre von der Buß angezeigt, und wissen fürwahr, daß dieselbige christlich ist und frommen Herzen ganz nützlich ist und hoch vonnöten. Und so gottfürchtige, fromme, ehrbare Leute diesen allerwichtigsten Handel nach Notdurft bedenken werden, und diese unsere, ja Christi und der Apostel Lehre halten gegen so viel ungeschickter, verworren, kindische Disputation und Bücher der Widersacher, so werden sie befinden, daß sie das allerhöchste nötigste Stück, nämlich vom Glauben an Christum, ohne welches niemand etwas Rechtschaffens, Christliches lehren oder lernen mag, gar haben ausgelassen, dadurch allein die Gewissen mügen rechten Trost haben. Sie werden auch sehen, daß die Widersacher viel aus eigenem Hirn erdichten von [1] Verdienst der Attrition, von der Erzählung der Sunde, von Gnugtuung, welchs alles in der Schrift ungegründet, und weder oben noch unten anreicht, welches die Widersacher selbs nicht verstehen.

⟨Art. XIII.⟩ De Numero et Usu Sacramentorum.

In XIII. articulo probant adversarii, quod dicimus sacramenta non esse tantum notas professionis inter homines, ut quidam fingunt, sed magis esse signa et testimonia voluntatis Dei erga nos, per quae movet Deus corda ad credendum. Sed hic iubent nos etiam septem

⟨Art. XIII.⟩ Von den Sakramenten und ihrem rechten Brauch.

Im dreizehnten Artikel lassen ihnen die Widersacher gefallen, daß wir sagen, die Sakramente sind nicht schlechte Zeichen, dabei die Leute unter einander sich kennen, wie Losung im Krieg und Hof-Farbe 2c., sondern sind kräftige Zeichen und gewisse Zeugnis göttlicher Gnade und Willens

---

[1] f. o. S. 120 Anm. 2.

sacramenta numerare¹. Nos sentimus praestandum esse, ne negligantur res et ceremoniae in scripturis institutae, quotcunque sunt. Nec multum referre putamus, etiamsi docendi causa alii numerant aliter, si tamen recte conservent res in scriptura traditas. Nec veteres eodem modo numeraverunt².

gegen uns, dadurch Gott unsere Herzen erinnert und stärket, desto gewisser und fröhlicher zu gläuben. Aber hie wollen sie haben, wir sollen auch bekennen, daß an der Zahl sieben Sakrament sein, nicht mehr noch weniger. Darauf sprechen wir, daß not sei, diese Ceremonien und Sakrament, die Gott eingesetzt hat durch sein Wort, wie viel und in was Zahl die sind, zu erhalten. Aber von dieser Zahl der sieben Sakrament befindet man, daß die Väter selbs nicht gleich gezählet haben, so sind auch diese sieben Ceremonien nicht alle gleich nötig.

3 Si sacramenta vocamus ritus, qui habent mandatum Dei et quibus addita est promissio gratiae³, facile est iudicare, quae sint proprie sacramenta. Nam ritus ab hominibus instituti non erunt hoc modo proprie dicta sacramenta. Non est enim auctoritatis humanae promittere gratiam. Quare signa sine mandato Dei instituta non sunt certa signa gratiae, etiamsi fortasse rudes docent, aut 4 admonent aliquid. Vere igitur sunt sacramenta baptismus, coena Domini, absolutio, quae est sacramentum poenitentiae. Nam hi ritus habent mandatum Dei et pro'missionem gratiae, quae est propria novi testamenti. Certo enim debent statuere corda, cum baptizamur, cum vescimur corpore Domini, cum absolvimur, quod vere ignoscat nobis 5 Deus propter Christum. Et corda simul per verbum et ritum movet Deus, ut credant et concipiant fidem, sicut ait Paulus: Fides ex auditu est. Sicut autem verbum incurrit in aures, ut feriat corda: ita ritus ipse incurrit in oculos, ut moveat corda. Idem effectus est verbi et ritus, sicut praeclare dictum est ab Augustino sacramentum esse verbum

So wir Sakrament nennen die äußerlichen Zeichen und Ceremonien, die da haben Gottes Befehl und haben ein angehefte göttliche Zusage der Gnaden, so kann man bald schließen, was Sakrament sein. Denn Ceremonien und andere äußerliche Ding, von Menschen eingesetzt, sein auf die Weise nicht Sakrament. Denn Menschen ohne Befehl haben nicht Gottes Gnade zu verheißen. Darum Zeichen, so ohn Gottes Befehl sein eingesetzt, sind nicht Zeichen der Gnade, wiewohl sie den Kindern und groben Leuten sonst mügen ein Erinnerung bringen, als ein gemalet Kreuz. So sind nu rechte Sakrament die Taufe und das Nachtmahl des Herrn, die Absolutio. Denn diese haben Gottes Befehl, haben auch Verheißung der Gnaden, welche denn eigentlich gehöret zum neuen Testament und ist das neue Testament. Denn dazu sind die äußerlichen Zeichen eingesetzt, daß dadurch beweget werden die Herzen, nämlich durchs Wort und äußerliche Zeichen zugleich, daß sie gläuben, wenn wir getauft werden, wenn wir des Herrn Leib empfahen, daß Gott uns wahrlich gnädig sein will durch Christum, wie Paulus sagt: „Der Glaub ist aus dem Gehöre." Wie aber das Wort in

---

In XIII⁰. articulo exigunt, ut confiteamur septem esse sacramenta. De hoc numero in nostra Confessione nihil diximus. Nemo enim unquam in ecclesia sensit, quod necesse sit septem sacramenta numerare, si sacramenta vocamus ceremonias, quas Christus observari praecepit, et quibus addidit promissionem gratiae. Constat tales ceremonias duas esse, baptismum et coenam Domini. Interim posse et absolutionem vocari sacramentum libenter assentimur. Habet enim mandatum Christi et promissionem. Nec repugnamus, si haec appellatio tribuatur ordini, quia ministerium habet mandatum Dei, item si tribuatur matrimonio. Nam hoc quoque habet mandatum Dei. Sed hoc non pertinet tantum ad novum testamentum. Confirmatio et extrema unctio ritus sunt ecclesiastici, sed non habent expressum mandatum Christi. Quare idem iudicandum est de his ritibus, quod de aliis traditionibus humanis, ne pro rebus necessariis ad salutem habeantur.

---

¹) CR 27, 114.   ²) Die Siebenzahl der Sakramente ist von Petr. Lombardus in der Mitte des 12. Jh. festgelegt worden. Sent. IV. d. 2, 1. Über ältere und zeitgenössische Zählungen Seeberg, Dogmengesch. III⁴ 282 ff. Loofs, Dogmengesch. § 66, 2a.   ³) Melanchthon Loci 1521 S. 224. Kolde.

visibile¹, quia ritus oculis accipitur et est quasi pictura verbi, idem significans, quod verbum. Quare idem est utriusque effectus. Augustinus ein fein Wort geredt hat. „Das Sakrament", sagt er, „ist ein sichtlich Wort." Denn das äußerliche Zeichen ist wie ein Gemäle, dadurch dasselbige bedeutet wird, das durchs Wort gepredigt wird; darum richtets beides einerlei aus.

die Ohren gehet, also ist das äußerliche Zeichen für die Augen gestellet, als inwendig das Herz zu reizen und zu bewegen zum Glauben. Denn das Wort und äußerliche Zeichen wirken einerlei im Herzen, wie M 203

Confirmatio et extrema unctio sunt ritus accepti a patribus, quos ne ecclesia quidem tamquam necessarios ad salutem requirit², quia non habent mandatum Dei. Propterea non est inutile hos ritus discernere a superioribus qui habent expressum mandatum Dei et claram promissionem gratiae.

Aber die confirmatio und die letzte Ölung sind Ceremonien, welche von den alten Vätern herkommen, welche auch die Kirche nie als für nötig zur Seligkeit geachtet hat. Denn sie haben nicht Gottes Befehl noch Gebot. Darum ists wohl gut dieselbigen zu unterscheiden von den obangezeigten, welche durch Gottes Wort eingesetzt und befohlen sein und ein angehefte Zusage Gottes haben.

Sacerdotium intelligunt adversarii non de ministerio verbi et sacramentorum aliis porrigendorum, sed intelligunt de sacrificio, quasi oporteat esse in novo testamento sacerdotium simile levitico quod pro populo sacrificet et mereatur aliis remissionem peccatorum³. Nos docemus, sacrificium Christi morientis in cruce satis fuisse pro peccatis totius mundi, nec indigere praeterea aliis sacrificiis, quasi illud non satis fuerit pro peccatis nostris. Ideo iustificantur homines non propter ulla reliqua sacrificia, sed propter illud unum Christi sacrificium, si credant illo sacrificio se redemtos esse. Ideo sacerdotes vocantur non ad ulla sacrificia velut in lege pro populo facienda, ut per ea mereantur populo remissionem peccatorum, sed vocantur ad docendum evangelium et sacramenta porrigenda populo. Nec habemus nos aliud sacerdotium, simile levitico, sicut satis docet epistola ad Ebraeos⁴. Si autem ordo de ministerio verbi intelligatur, non gravatim vocaverimus ordinem sacramentum. Nam ministerium verbi habet mandatum Dei et habet magnificas promissiones, Rom. 1. : Evangelium est potentia Dei ad salutem omni credenti. Item Esaiae 55.: Verbum meum, quod egredietur de ore meo, non revertetur ad me vacuum, sed faciet,

Durch das Sakrament des Ordens oder Priesterschaft verstehen die Widersacher nicht das Predigamt und das Amt die Sakrament zu reichen und auszuteilen, sondern verstehen von Priestern, die zu opfern geordent sein. Gleich als muß im neuen Testament ein Priestertum sein, wie das levitische Priestertum gewesen, da die Priester für das Volk opfern und den andern Vergebung der Sünde erlangen. Wir aber lehren, daß das einige Opfer Christi am Kreuz gnug getan hat für aller Welt Sünde, und daß wir nicht eins andern Opfers für die Sünde dörfen. Denn wir haben im neuen Testament nicht ein solch Priestertum, wie das levitische Priestertum war, wie die Epistel zu den Ebräern lehret. Wo man aber das Sakrament des Ordens wollt nennen ein Sakrament von dem Predigamt und Evangelio, so hätte es kein Beschwerung, die Ordination ein Sakrament zu nennen. Denn das Predigamt hat Gott eingesetzt und geboten, und hat herrliche Zusage Gottes, Röm. 1. „Das Evangelium ist ein Kraft Gottes alle denjenigen, so daran gläuben rc." Es. 55. „Das Wort, das aus meinem Munde gehet, soll nicht wieder zu mir leer kommen, sondern tun, was mir gefällt." Wenn man das Sakrament des Ordens also verstehen wollt, so möcht man auch das Auflegen der Hände ein Sakrament nennen. Denn die Kirche hat Gottes Befehl,

Hebr. 7, 11 ff.
W 197
Röm. 1, 16.
Jes. 55, 11.

---

¹) Tract. 80 in Joh. 3. MSL 35, 1840. De cataclysmo MSL 40, 694.   ²) Katholische Lehre bis heute. Cod. iur. can. c. 787, doch nur im Sinne des Thomas STh. III. q. 72. a. 1 ad 3: Confirmatio est de necessitate salutis, quamvis sine ea possit esse salus, dum tamen non praetermittatur ex contemptu sacramenti.   ³) Petr. Lomb. Sent. IV. d. 24, 9. MSL 92, 904. Joh. Fisher Sacri sacerdotii defensio contra Lutherum 1525. III, 49. Corp. Cath. IX. S. 49f. Herborn, Euchiridion 11—16. Corp. Cath. XII. S. 52ff.   ⁴) Hebr. 7—9.

12 quaecunque volui etc. Si ordo hoc modo intelligatur, neque impositionem manuum vocare sacramentum gravemur. Habet enim ecclesia mandatum de constituendis ministris, quod gratissimum esse nobis debet, quod scimus Deum approbare ministerium illud et adesse in 13 ministerio. Ac prodest, quantum fieri potest, ornare ministerium verbi omni genere laudis adversus fanaticos homines, qui somniant spiritum sanctum dari non per verbum, sed propter suas quasdam praeparationes, si sedeant otiosi, taciti, in locis obscuris, expectantes illuminationem, quemadmodum olim ἐνϑουσιασταί docebant[1] et nunc docent Anabaptistae[2].

daß sie soll Prediger und Diakonos bestellen. Dieweil nu solchs sehr tröstlich ist, so wir wissen, daß Gott durch Menschen und diejenigen, so von Menschen gewählet sind, predigen und wirken will, so ist gut, daß man solche Wahl hoch rühme und ehre, sonderlich wider die teuflische Anabaptisten, welche solche Wahl samt dem Predigtamt und leiblichen Wort verachten und lästern.

14 Matrimonium non est primum institutum in novo testamento, sed statim initio creato genere humano. Habet autem mandatum Dei, habet et promissiones, non quidem proprie ad novum testamentum pertinentes sed magis pertinentes ad vitam corporalem. Quare si quis volet sacramentum vocare, discernere tamen a prioribus illis debet, quae proprie sunt signa novi testamenti et sunt testimonia gratiae et remissionis 15 peccatorum. Quodsi matrimonium propterea habebit appellationem sacramenti, quia habet mandatum Dei, etiam alii status seu officia, quae habent mandatum Dei, poterunt vocari sacramenta, sicut magistratus.

Aber der eheliche Stand ist nicht erst eingesetzt im neuen Testament, sondern bald als das menschliche Geschlecht erst geschaffen ist. Und er ist auch durch Gott befohlen und geboten. Er hat auch göttliche Zusagung, welche wohl nicht eigentlich zum neuen Testament gehören, sondern mehr das leibliche Leben angehen. Darum so es jemands will ein Sakrament nennen, fechten wir nicht hoch an. Es soll aber gleichwohl abgesondert werden von den vorigen zweien, welche eigentlich Zeichen und Siegel sind des neuen Testaments. Denn so der Ehestand allein darum sollt ein Sakrament heißen, daß Gott denselbigen eingesetzt und befohlen hat, so müßten die andern Ämter und Stände auch Sakrament genennt werden, die auch in Gottes Wort und Befehl gehen, als Oberkeit oder Magistrat etc.

16 Postremo, si omnes res annumerari sacramentis debent, quae habent mandatum Dei et quibus sunt additae promissiones, cur non addimus orationem, quae verissime potest dici sacramentum? Habet enim et mandatum Dei et promissiones plurimas, et collocata inter sacramenta, quasi in illustriore loco, 17 invitat homines ad orandum. Possent hic numerari etiam eleemosynae, item afflictiones, quae et ipsae sunt signa, quibus addidit Deus promissiones. Sed omittamus ista. Nemo enim vir prudens de numero aut vocabulo magnopere rixabitur, si tamen illae res retineantur, quae habent mandatum Dei et promissiones.

Und endlich, so man alle die Dinge wollt mit so herrlichem Titel Sakrament nennen, darum daß sie Gottes Wort und Befehl haben, so sollt man billig für allen andern das Gebet ein Sakrament nennen. Denn da ist ein starker Gottes Befehl und viel herrlicher göttlicher Zusage. Es hätte auch wohl Ursache. Denn wenn man dem Gebet so großen Titel göbe, würden die Leute zum Gebet gereizt. Auch könnt man die Almosen unter die Sakrament rechnen. Item das Kreuz und die Trübsalen der Christen, denn die haben auch Gottes Zusage. Doch wird kein verständiger Mann großen Zank darüber machen, ob sieben oder mehr Sakrament gezählet werden, doch so fern, daß Gottes Wort und Befehl nicht abgebrochen werde.

18 Illud magis est necessarium intelligere, quomodo sit utendum sacramen-

Das ist aber mehr vonnöten zu disputieren und zu wissen, was der rechte Brauch der

---

[1] Holl, Enthusiasmus und Bußgewalt beim griech. Mönchtum. 1898. S. 38ff. 148ff. 181ff. Der Enthusiasmus erreicht seine Höhe in der Lichtmystik Symeons des „neuen Theologen" († um 1040) und der Hesychasten. Holl S. 211ff. Ders., Ges. Aufs. II, 403ff. (= RE³ XIX, 215ff.). [2] s. o. S. 58 Anm. 4. Holl, Ges. Aufs. I². ³. S. 428ff.

tis. Hic ¹ damnamus totum populum scholasticorum doctorum, qui docent, quod sacramenta non ponenti obicem conferant gratiam ex opere operato sine
⁵ bono motu utentis¹. Haec simpliciter iudaica opinio est sentire quod per ceremoniam iustificemur, sine bono motu cordis, hoc est, sine fide. Et tamen haec impia et perniciosa opinio magna auc-
¹⁰ toritate docetur in toto regno pontificio. Paulus reclamat et negat, Abraham iustificatum esse circumcisione, sed circumcisionem esse signum propositum ad exercendam fidem. Ita nos docemus,
¹⁵ quod in usu sacramentorum fides debeat accedere, quae credat illis promissionibus et accipiat res promissas, quae ibi in sacramento offeruntur. Et est ratio plana et firmissima. Promissio est in-
²⁰ utilis, nisi fide accipiatur. At sacramenta sunt signa promissionum. Igitur in usu debet accedere fides ut, si quis utetur coena Domini, sic utatur. Quia id est ¹ sacramentum novi testamenti, ut
²⁵ Christus clare dicit, ideo statuat sibi offerri res promissas in novo testamento, scilicet gratuitam remissionem peccatorum. Et hanc rem fide accipiat, erigat pavidam conscientiam, et sentiat
³⁰ haec testimonia non esse fallacia, sed tam certa, quam si Deus novo miraculo de coelo promitteret se velle ignoscere. Quid autem prodessent illa miracula et promissiones non credenti? Et loquimur
³⁵ hic de fide speciali, quae praesenti promissioni credit, non tantum quae in genere credit Deum esse, sed quae credit offerri remissionem peccatorum. Hic usus sacramenti consolatur pias et pa-
⁴⁰ vidas mentes.

Sakrament sei. Da müssen wir frei verdammen den ganzen Haufen der scholasticorum und ihren Irrtum strafen, daß sie lehren, daß diejenigen, so die Sakrament schlecht gebrauchen, wenn sie nicht obicem setzen, ex opere operato Gottes Gnade erlangen, wenn schon das Herz alsdenn kein guten Gedanken hat. Das ist aber stracks ein jüdischer Irrtum, so sie halten, daß wir sollten durch ein Werk und äußerliche Ceremonien gerecht und heilig werden ohne Glauben und wenn das Herz schon nicht dabei ist, und diese schädliche Lehre wird doch gepredigt und gelehrt weit und breit, durchaus und überall im ganzen Pabsts Reich und Pabsts Kirchen. Paulus schreiet dawider und sagt, daß Abraham sei für Gott gerecht worden, nicht durch die Beschneidung, sondern die Beschneidung sei ein Zeichen gewesen, den Glauben zu üben und zu stärken. Darum sagen wir auch, daß zum rechten Brauch der Sakramenten der Glaube gehöre, der da glaube ¹ der göttlichen Zusage, und zugesagte Gnade empfahe, welche durch Sakrament und Wort wird angeboten. Und dies ist ein gewisser rechter Brauch der heiligen Sakrament, da sich ein Herz und Gewissen auf wagen und lassen mag. Denn die göttliche Zusage kann niemands fassen, denn allein durch den Glauben. Und die Sakrament sein äußerliche Zeichen und Siegel der Verheißung. Darum zum rechten Brauch derselbigen gehört Glaube. Als wenn ich das Sakrament des Leibes und Bluts Christi empfahe, saget Christus klar: „Das ist das Neu Testament." Da soll ich gewiß glauben, daß mir Gnade und Vergebung der Sünde, welche im neuen Testament verheißen ist, widerfahre. Und solchs soll ich empfahen im Glauben und damit trösten mein er-

W 198

19

Röm. 4, 9 ff.

20

M 205

21

Luk. 22, 20.

22

schrocken, blöd Gewissen, und stehen darauf gewiß, daß Gottes Wort und Zusage nicht fehlen, sondern so gewiß und noch gewisser sein, als ob Gott mir eine neue Stimme oder
⁴⁵ neu Wunderzeichen von Himmel ließ geben, dadurch mir würde Gnade zugesagt. Was hülfen aber Wunderzeichen, wenn nicht Glaube da wäre? Und wir reden hie vom Glauben, da ich selbst gewiß für mich gläube, daß mir die Sünde vergeben sein, nicht allein vom fide generali, da ich gläube, daß ein Gott sei. Derselbige rechte Brauch der Sakrament tröstet recht und erquicket die Gewissen.

Quantum autem in ecclesia abusuum
⁵⁰ pepererit illa fanatica opinio de opere operato sine bono motu utentis, nemo verbis consequi potest. Hinc est illa infinita profanatio missarum; sed de hac infra dicemus². Neque ulla littera ex
⁵⁵ veteribus scriptoribus proferri potest, quae patrocinetur hac in re scholasticis. Imo contrarium ait Augustinus, quod fi-

Was aber die häßliche, schändliche, ungöttliche Lehre vom opere operato, da sie gelehret, daß, wenn ich der Sakrament gebrauche, so macht das getane Werk mich für Gott fromm und erlangt mir Gnade, ob gleich das Herz kein guten Gedanken dazu hat, für Mißbrauch und Irrtum eingeführet, kann niemands gnug nachdenken, schreiben noch sagen. Denn daher ist auch

23

---

¹) f. o. S. 68 Anm. 3. ²) S. 349.

des sacramenti, non sacramentum iustificet¹. Et est nota Pauli sententia: Corde creditur ad iustitiam.

der unsägliche, unzählige, gräuliche Mißbrauch der Messen kommen. Und sie können kein Tittel noch Buchstaben aus den alten Vätern anzeigen, dadurch der Scholaster Opinion beweiset werde. Ja Augustinus saget stracks dawider, daß der Glaube in Brauch des Sakraments, nicht das Sakrament fur Gott uns fromm mache.

⟨Art. XIV. De Ordine Ecclesiastico.⟩

⟨Art. XIV. Vom Kirchenregiment.⟩

1 (24) Articulum XIV. in quo dicimus nemini nisi rite vocato concedendam esse administrationem sacramentorum et verbi in ecclesia, ita recipiunt, si tamen utamur ordinatione canonica². Hac de re in hoc conventu saepe testati sumus, nos summa voluntate cupere conservare politiam ecclesiasticam et gradus in ecclesia, factos etiam humana auctoritate³. Scimus enim bono et utili consilio a patribus ecclesiasticam disciplinam hoc modo, ut veteres canones describunt,

Im vierzehnten Artikel, da wir sagen, daß man niemands gestatte zu predigen oder die Sakrament zu reichen in der Kirchen, „denn allein denjenigen, so recht gebührlich berufen sein", das nehmen sie an, wenn wir den Beruf also verstehen, von Priestern, welche nach Inhalt der Canonum geordiniert oder geweihet sein. Von der Sache haben wir uns etlichemal auf diesem Reichstage hören lassen, daß wir zum höchsten geneigt sind, alte Kirchenordnung und der Bischofe Regiment, das man nennet canoni-

De XIV^{to}. postulant, ut ordinatio fiat ab episcopis, hic breviter respondebimus, quod maxime cupiamus ecclesiasticam politiam conservare, eamque ad tranquillitatem ecclesiae prodesse iudicamus. Itaque non reciperemus ministros sine autoritate episcoporum, si paulo clementiores essent. Neminem ordinant, neminem admittunt ad ministerium, nisi impositis durissimis conditionibus, ne doceat doctrinam evangelii, ne ducat uxorem. Sunt et aliae nihilo leviores.

Quia vero has conditiones bona conscientia accipere nostri sacerdotes non possunt, ideo non requirunt autoritatem episcoporum. Oportet enim Deo magis obedire quam hominibus. Si hanc tyrannidem remitterent episcopi, summa voluntate redderetur apud nos episcopis ius suum, ut gradus in ecclesiis sapienter constituti conservarentur.

Ac viderint episcopi, quomodo Deo rationem reddituri sint, quod iniusta onera imponunt sacerdotibus, quod pertinacia sua efficiunt, ut ecclesiastica obedientia dissolvatur. Haec tyrannis neutiquam decet pastores, quibus inquit Paulus potestatem datam esse ad aedificationem, non ad destructionem.

---

¹) Tract. 80 in Joh. 3. MSL 35, 1840: Unde ista tanta virtus aquae, ut corpus tangat et cor abluat, nisi faciente verbo, non quia dicitur, sed quia creditur? Oben im Text die von Luther sprichwörtlich gebrauchte Formulierung. Zu Hebr. 5, 1 WA LVII 170₁. (vgl. I 286₁₇. 324₁₆) Resol. 7. I, 544 ₄₀. De capt. bab. VI 532 ₂₈. ²) Intelligi debet, eum rite vocatum, qui secundum formam iuris iuxta ecclesiasticas sanctiones ac decreta ubique in orbe christiano hactenus observata vocatur, non secundum Ierobiticam vocationem ⟨1. Kön. 12, 31⟩ seu plebis tumultum ac quamlibet aliam inordinatam intrisionem, non vocatus sicut Aaron ⟨Ex. 28, 1. Hebr. 5, 4⟩ In hac itaque sententia confessio acceptatur; admonendi tamen sunt, ut in ea perseverent, ut neminem, neque pastorem neque concionatorem nisi rite vocatum in ditionibus suis admittant. Conf. CR 27, 114 f. ³) Im umfassendsten Sinne Melanchthon in seinen Sonderverhandlungen mit dem Legaten Campegi. Parati sumus obedire ecclesiae romanae, modo ut illa pro sua clementia, qua semper erga omnes gentes usa est, pauca quaedam vel dissimulet vel relaxet, quae iam mutare ne quidem si velimus queamus . . . Romani Pontificis auctoritatem et universam politiam ecclesiasticam reverenter colimus, modo nos non abiiciat Romanus Pontifex. CR 2, 170, vgl. 173. 247. Wiederherstellung der bischöfl. Gewalt war auch in den Gutachten für die Ausgleichsverhandlungen im August zugestanden. Förstemann II, 247. 259. Dagegen Schnepf ebenda 311 ff. Hessen, Lüneburg und Nürnberg. Schirrmacher 243, und Luther WABr V 578 ₃₅. 595 ₁₉₂.

constitutam esse. Sed episcopi sacerdotes nostros aut cogunt hoc doctrinae genus, quod confessi sumus, abiicere ac damnare, aut nova et inaudita crudelitate miseros et innocentes occidunt. Hae causae impediunt, quominus agnoscant hos episcopos nostri sacerdotes. Ita saevitia episcoporum in cau¹sa est quare alicubi dissolvitur illa canonica politia, quam nos magnopere cupiebamus conservare. Ipsi viderint, quomodo rationem Deo reddituri sint, quod dissipant ecclesiam. Nostrae conscientiae hac in re nihil habent periculi, quia, cum sciamus confessionem nostram veram, piam et catholicam esse, non debemus approbare saevitiam istorum, qui hanc doctrinam persequuntur. Et ecclesiam esse scimus apud hos, qui verbum Dei recte docent et recte administrant sacramenta, non apud illos, qui verbum Dei non solum edictis delere conantur, sed etiam recta et vera docentes trucidant, erga quos, etiamsi quid mitiores sunt. Porro hic iterum volumus testatum, nos libenter conservaturos esse ecclesiasticam et canonicam politiam, si modo episcopi desinant in nostras ecclesias saevire. Haec nostra voluntas et coram Deo et apud omnes gentes ad omnem posteritatem excusabit nos, ne nobis imputari possit, quod episcoporum auctoritas labefactatur, ubi legerint atque audierint homines, nos iniustam saevitiam episcoporum deprecantes nihil aequi impetrare potuisse.

cam politiam, helfen zu erhalten, so die Bischöfe unser Lehre dulden und unsere Priester annehmen wollten. Nu haben die Bischöfe bis anher die Unsern verfolget und wider ihre eigene Recht ermordet. So können wir auch noch nicht erlangen, daß sie von solcher Tyrannei ablassen. Derhalben ist die Schuld unsers Gegenteils, daß den Bischöfen der Gehorsam entzogen wird, und sind wir für Gott und allen frommen Leuten entschuldiget. Denn dieweil die Bischöfe die Unsern nicht dulden wollen, sie verlassen denn diese Lehre, so wir bekannt haben und wir doch für Gott schuldig sind, diese Lehre zu bekennen und zu erhalten, müssen wir die Bischöfe fahren lassen und Gott mehr gehorsam sein und wissen, daß die christliche Kirche da ist, da Gottes Wort recht gelehret wird. Die Bischöfe mögen zusehen, wie sie es verantworten wöllen, daß sie durch solche Tyrannei die Kirchen zerreißen und wüst machen.

contra canones faciunt, tamen ipsi canones

⟨Art. XV.⟩ De Traditionibus Humanis in Ecclesia.

In articulo XV. recipiunt primam partem, in qua dicimus observandos esse ritus ecclesiasticos, qui sine peccato observari possunt et ad tranquillitatem et bonum ordinem in ecclesia prosunt. Alteram partem omnino damnant, in qua dicimus traditiones humanas institutas ad placandum Deum, ad promerendam gratiam et satisfaciendum pro peccatis adversari evangelio[1]. Quamquam in ipsa confessione de discrimine ciborum satis multa diximus de traditionibus, tamen hic quaedam breviter repetenda sunt.

⟨Art. XV.⟩ Von den menschlichen Satzungen in der Kirchen.

Im funfzehenten Artikel lassen sie ihnen gefallen, da wir sagen, die Ceremonien und Satzungen soll man halten in der Kirchen, die man mit gutem Gewissen ohne Sunde halten kann, und die zu guter Ordnung und Friede dienen. Das andere Stück verdammen sie, da wir sagen, daß die Satzungen, welche aufgericht sein, Gott zu versühnen und Vergebung der Sunde zu erlangen, stracks wider das Evangelium sein. Wiewohl wir in der Confession von Unterscheid der Speise und von Satzungen viel gesagt haben, so müssen wir es doch kurz hie wieder erholen.

In XVto. hoc reprehenditur, quod diximus, traditiones humanas non esse cultus ad salutem necessarios. Sed is articulus in Confessione nostra multis testimoniis confirmatus est. Et quia infra plura de hac re dicturi sumus, satis est nunc unicum hoc testimonium ponere, quod Christus nobis proponit: Frustra colunt me mandatis hominum.

Cum in hanc sententiam ubique damnet scriptura hanc opinionem, quod promereamur gratiam per cultus a nobis excogitatos sine verbo Dei, quanta impudentia est, hos cultus pro necessariis exigere?

---

[1] CR 27, 115f.

3 Etiamsi arbitrabamur adversarios ex aliis causis defensuros esse traditiones humanas, tamen hoc non putavimus futurum, ut hunc articulum damnarent: non mereri nos remissionem peccatorum aut gratiam observatione traditionum humanarum. Postquam igitur hic articulus damnatus est, facilem et planam causam habemus. 4 Nunc aperte iudaizant adversarii, aperte obruunt evangelium doctrinis daemoniorum. Tunc enim scriptura vocat traditiones doctrinas daemoniorum, quando docetur, quod sint cultus utiles ad promerendam remissionem peccatorum et gratiam. Tunc enim obscurant evangelium, beneficium Christi et iustitiam fidei. 5 Evangelium docet nos fide propter Christum gratis accipere remissionem peccatorum et reconciliari Deo. Adversarii contra alium mediatorem constituunt, scilicet has traditiones. Propter has volunt consequi remissionem peccatorum, per has volunt placare iram Dei. At Christus aperte ¹dicit: Frustra colunt me mandatis hominum.

1. Tim 4, 1—3
Matth. 15, 9.

6 Supra copiose disputavimus homines iustificari fide, cum credunt se habere Deum placatum non propter nostra opera, sed gratis propter Christum. Hanc certum est evangelii doctrinam esse, quia Paulus clare dicit ad Ephes. 2.: Gratis salvati estis per fidem, et hoc non ex vobis, Dei donum est, non ex hominibus. 7 Nunc isti dicunt, promereri homines remissionem peccatorum per has observationes humanas. Quid hoc est aliud, quam praeter Christum alium iustificatorem, alium mediatorem constituere? 8 Paulus inquit ad Galatas: Evacuati estis a Christo, qui lege iustificamini; id est, si sentitis vos mereri observatione legis, ut iusti coram Deo reputemini, nihil proderit vobis Christus, quia quorsum opus est Christo istis, qui sentiunt se iustos esse sua observatione legis? 9 Deus proposuit Christum, quod propter hunc mediatorem, non propter nostras iustitias velit nobis esse propitius. At isti sentiunt Deum esse placatum, propitium propter traditiones et non propter Christum. Adimunt igitur 10 Christo honorem mediatoris. Nec interest inter nostras traditiones et mosaicas ceremonias, quod ad hanc rem attinet. Paulus ideo damnat mosaicas ceremonias, sicut traditiones damnat, quia

Eph. 2, 8 f.
Gal. 5, 4.

Wiewohl wir gedachten, daß die Widersacher andere Ursache suchen würden, die menschliche Satzungen zu schützen, so hätten wir doch nicht gemeint, daß sie diesen Artikel, nämlich durch Menschen Tradition verdienet niemands Vergebung der Sunde, verdammen sollten. Dieweil aber derselbe ganze Artikel unverschämt verdammt ist, so haben wir ein leichte, schlechte Sache. Denn das ist öffentlich jüdisch, das heißt öffentlich mit des Teufels Lehre das Evangelium unterdrücken. Denn die heilige Schrift und Paulus nennen solche Satzungen denn erst rechte Teufelslehre, wenn man sie dafur rühmet, daß sie sollen dienen, dadurch Vergebung der Sunde zu erlangen. Denn da sind sie stracks wider Christum, wider das Evangelium, wie Feuer und Wasser wider einander sein. Das Evangelium lehret, daß wir durch den Glauben an Christum ohne Verdienst Vergebung der Sunde erlangen und Gott versühnet werden. Die Widersacher aber setzen ein andern Mittler, nämlich Menschengesetz, durch die wöllen ¹ sie Vergebung der Sunde erlangen, durch die wöllen sie den Zorn Gottes versühnen. Aber Christus sagt klar: „Sie dienen mir vergeblich durch Menschengebot."

Droben haben wir reichlich angezeigt, daß wir durch den Glauben für Gott gerecht werden, wenn wir gläuben, daß wir ein gnädigen Gott haben, nicht durch unsere Werk, sondern durch Christum. Nu ists gar gewiß, daß solchs das reine Evangelium sei. Denn Paulus sagt klar zu den Ephesern am 2. Kapitel: „Ohne Verdienst seid ihr selig worden, und das nicht aus euch, denn Gottes Gabe ist, nicht aus Werken." Nu sagen die Widersacher, die Leute verdienen Vergebung der Sunde durch solche menschliche Satzung und Werke. Was ist das anders, denn über Christum ein andern Mittler, ein andern Versühner stellen und setzen? Paulus sagt zu den Galatern: „Ihr seid von Christo abgefallen, so ihr durchs Gesetz wollt gerecht werden", das ist, so ihr haltet, daß ihr durchs Gesetz für Gott gerecht werdet, so ist euch Christus nichts nütze. Denn was dürfen diejenigen des Mittlers Christi, die durch die Werk des Gesetzes vertrauen Gott zu versühnen. Gott hat Christum dargestellet, daß er um desselben Mittlers willen, nicht um unser Gerechtigkeit willen uns will gnädig sein. Aber sie halten, ¹ daß Gott um ihrer Werke willen und um solcher Tradition willen uns gnädig sei. So nehmen sie nu und rauben Christo seine Ehr, und ist kein Unterschied zwischen den Ceremonien des Gesetzes Mosi und solchen Sat-

existimabantur esse opera, quae¹ mererentur iustitiam coram Deo. Ita obscurabatur officium Christi et iustitia fidei. Quare remota lege, remotis traditionibus contendit, quod non propter ista opera, sed propter Christum gratis promissa sit remissio peccatorum, modo ut fide accipiamus eam. Nam promissio non accipitur nisi fide. Cum igitur fide accipiamus remissionem peccatorum, cum fide habeamus propitium Deum propter Christum, error et impietas est constituere, quod per has observationes mereamur remissionem peccatorum. Si quis hic dicat non mereri nos remissionem peccatorum, sed iam iustificatos per has traditiones mereri gratiam: hic iterum reclamat Paulus, Christum peccati ministrum fore, si post iustificationem sentiendum sit, quod deinde non propter Christum iusti reputemur, sed primum mereri debeamus per alias observationes, ut iusti reputemur. Item: Hominis testamento nihil addi debet. Ergo nec Dei testamento, qui promittit, quod propter Christum propitius nobis esse velit, addi debet, quod primum per has observationes debeamus mereri, ut accepti et iusti reputemur.

zungen, so viel es diese Sache belanget. Paulus verwirft Moses Ceremonien eben darum, drum er auch Menschengebot verwirft, nämlich daß es die Jüden für solche Werk hielten, dadurch man Vergebung der Sunde verdienet. Denn dadurch ward Christus untergedrückt. Darum verwirft er die Werk des Gesetzes und Menschengebot zugleich und streitet dieses, daß nicht um unser Werk, sondern um Christus willen ohne Verdienst verheißen sei Vergebung der Sunde, doch also, daß wir durch den Glauben fassen. Denn die Verheißung kann man nicht anders, denn durch den Glauben fassen. So wir nu durch den Glauben Vergebung der Sunde erlangen, so wir durch den Glauben ein gnädigen Gott haben um Christus willen, so ist es ein groß Irrtum und Gotteslästerung, daß wir durch solche Satzungen sollten Vergebung der Sunde erlangen. Wenn sie nu hie sagen wollten, daß wir nicht durch solche Werk Vergebung der Sunde erlangen, sondern wenn wir durch den Glauben itzund Vergebung haben, so sollen wir darnach durch solche Werke verdienen, daß uns Gott gnädig sei. Da streitet aber Paulus wieder zu den Galatern am 2. Kap., da er¹ sagt: „Sollten wir aber, da suchen durch Christum gerecht zu werden, auch noch selber Sunder erfunden werden,

so wäre Christus ein Sundendiener." Item: „Zu eines Menschen Testament soll niemands ein Zusatz machen." Darum soll man auch zu dem Testament Gottes, da er uns verheißt, er will uns gnädig sein um Christus willen, nichts zutun, oder dieses anflicken, als verdienen wir erst, daß uns Gott um solcher Werk willen gnädig sein müsse.

Quamquam quid opus est longa disputatione? Nulla traditio a sanctis patribus hoc consilio instituta est, ut mereatur remissionem peccatorum aut iustitiam, sed sunt institutae propter bonum ordinem in ecclesia et propter tranquillitatem. Et ut velit aliquis instituere certa opera ad promerendam remissionem peccatorum aut iustitiam, quomodo sciet illa opera Deo placere, cum non habeat testimonium verbi Dei? Quomodo de voluntate Dei certos reddet homines, sine mandato et verbo Dei? Nonne ubique in prophetis prohibet instituere peculiares cultus sine suo mandato? Ezech. 20. scriptum est: In praeceptis patrum vestrorum nolite incedere, nec iudicia eorum custodiatis, nec in idolis eorum polluamini. Ego Dominus Deus vester. In praeceptis meis ambulate, et iudicia mea custodite et facite ea. Si licet hominibus instituere cultus et per hos cultus merentur gratiam, iam omnium gentium cultus erunt approbandi, cultus instituti a Ieroboam et

Und wenn gleich noch jemands wollt solche Werk aufrichten oder erwählen, damit Gott zu versühnen, Vergebung der Sunde zu verdienen, wie wollt er des gewiß werden, daß die Werk Gott gefielen, so er kein Gottes Befehl noch Wort davon hat? Wie wollt er die Gewissen und Herzen versichern, wie sie mit Gott stehen? Item, daß die Werk Gott gefallen, wenn kein Gottes Wort noch Befehl da ist? Es verbieten die Propheten allenthalben eigene, erwählte, sonderliche Gottesdienst anzurichten ohne Gottes Wort und Befehl, Ezech. am 20. „Wandelt nicht in Geboten euer Väter, so haltet ihre Sitten nicht und werdet nicht unrein von ihren Götzen. Ich bin der Herr euer Gott. In meinen Geboten wandelt, und haltet meine Rechte und Sitten und tut dieselbigen." So die Menschen Macht haben, Gottesdienst anzurichten, daß wir dadurch Sunde bezahlen und fromm werden für Gott, so müssen aller Heiden Gottesdienst, alle Abgötterei aller gottlosen Könige in Israel, Jerobeams und anderer auch gut sein, denn es ist kein Unterschied. Stehet

aliis extra legem erunt approbandi. Quid enim interest, si nobis licuit instituere cultus utiles ad promerendam gratiam aut iustitiam, cur non licuit idem gentibus et Israelitis? Ideo gentium et Israelitarum cultus improbati sunt, quod sentiebant sese per illos mereri remissionem peccatorum et iustitiam, et iustitiam fidei non norant. Postremo, unde reddimur certi, quod cultus ab hominibus instituti sine mandato Dei iustificent, siquidem de voluntate Dei nihil affirmari potest sine verbo Dei? Quid si hos cultus non approbat Deus? Quomodo igitur affirmant adversarii, quod iustificent? Sine verbo ac testimonio Dei hoc non potest affirmari. Et Paulus ait, omne, quod non est ex fide, peccatum esse. Cum autem hi cultus nullum habeant testimonium verbi Dei, dubitare conscientiam necesse est, utrum placeant Deo.

Et quid in re manifesta verbis opus est? Si hos humanos cultus defendunt adversarii nostri, tamquam promerentes iustificationem, gratiam, remissionem peccatorum, simpliciter constituunt regnum antichristi. Nam regnum antichristi est novus cultus Dei, excogitatus humana auctoritate, reiiciens Christum, sicut regnum Mahometi habet cultus, habet opera, per quae vult iustificari coram Deo, nec sentit homines coram Deo gratis iustificari fide propter Christum. Ita et papatus erit pars regni antichristi, si sic defendit humanos cultus, quod iustificent. Detrahitur enim honos Christo, cum docent, quod non propter Christum gratis iustificemur per fidem, sed per tales cultus, maximeque cum docent tales cultus non solum utiles esse ad iustificationem, sed necessarios etiam, sicut supra in articulo octavo[1] sentiunt, ubi damnant nos, quod diximus, quod non sit necessarium ad veram unitatem ecclesiae ubique similes esse ritus ab hominibus institutos[2]. Daniel capite undecimo significat novos cultus humanos ipsam formam et πολιτείαν regni antichristi fore. Sic enim inquit: Deum Maosim in loco suo colet, et Deum, quem non noverunt patres eius, colet auro et argento et lapidibus pretiosis. Hic describit novos cultus, quia inquit talem

bei Menschen die Macht, Gottesdienst aufzurichten, dadurch man müge Seligkeit verdienen, warum sollten der Heiden und Israeliten selbsterwählte Gottesdienst unrecht sein? Denn darum sein der Heiden und Israeliten Dienste verworfen, daß sie wähnen wollten, solche Dienste gefielen Gotte, und wußten nichts vom höchsten Gottesdienste, der da heißt Glaube. Item, woher sind wir gewiß, daß solche Gottesdienst und Werke ohne Gottes Wort für Gott gerecht machen, so kein Mensch Gottes Willen anders erfahren oder wissen kann, denn allein durch sein Wort? Wie wenn solche Gottesdienst Gott der Herr nicht allein verachtet sondern auch für ein Greuel hältet? Wie dürfen denn die Widersacher sagen, daß sie für Gott gerecht machen? Ohne Gottes Wort kann je niemands das sagen. Paulus sagt zu den Römern: „Alles, was nicht aus dem Glauben geschiehet, das ist Sünde." So nu dieselbigen Gottesdienst kein göttlichen Befehl haben, so müssen die Herzen im Zweifel stehen, ob sie Gotte gefallen.

Und was darf die öffentliche Sache vieler Worte? Wenn die Widersacher diese Gottesdienst also verteidigen, als seins Werks, dadurch man Vergebung der Sünde und Seligkeit verdienet, so richten sie öffentliche antichristische Lehre und Reich an. Denn das Reich Antichristi ist eigentlich solch neu Gottesdienst, durch Menschen erdichtet, dadurch Christus verworfen wird, wie Mahomets Reich selbsterwählte Gottesdienst hat, eigene Werk, dadurch sie für Gott vermeinen heilig und fromm zu werden, und halten nicht, daß man allein durch den Glauben an Christum gerecht werde. Also wird das Pabsttum auch ein Stücke vom Reich Antichristi, so es lehret durch Menschengebot Vergebung der Sünden zu erlangen und Gott zu versühnen. Denn da wird Christo seine Ehre genommen, wenn sie lehren, daß wir nicht durch Christum, ohne Verdienst gerecht werden durch den Glauben, sondern durch solche Gottesdienst; sonderlich wenn sie lehren, daß solch selbsterwählt Gottesdienst nicht allein nütz sei, sondern auch nötig. Wie sie denn oben im achten Artikel halten, da sie das verdammen, daß wir gesagt zu rechter Einigkeit der Kirchen sei nicht not, daß allenthalben gleichförmige Menschensatzungen sein. Daniel im 11. Kap. malet das Reich Antichristi also ab, daß er anzeigt, daß solche neue Gottesdienst von Menschen erfunden, werde die

---

[1]) Conf. zu Art. VII.   [2]) CR 27, 104 (soweit es sich nicht um speciales ritus handelt).

XV. Von den menschlichen Satzungen.

Deum coli, qualem patres ignoraverint. Nam sancti patres, etsi habuerunt et ipsi ritus et traditiones, tamen non sentiebant has res utiles aut necessarias esse ad iustificationem, non obscurabant gloriam et officium Christi, sed docebant nos iustificari fide propter Christum, non propter illos humanos cultus. Ceterum ritus humanos observabant propter utilitatem corporalem, ut sciret populus, quo tempore conveniendum esset, ut ordine et graviter in templis exempli causa fierent omnia, denique ut vulgus etiam haberet quandam paedagogiam. Nam discrimina temporum et varietas rituum valet ad admonendum vulgus. Has causas habebant patres rituum servandorum, et propter has causas nos quoque recte servari traditiones posse iudicamus. Et valde miramur adversarios alium finem traditionum defendere, quod videlicet mereantur remissionem peccatorum, gratiam aut iustificationem. Quid hoc aliud est, quam colere Deum auro et argento et rebus pretiosis, id est, sentire, quod Deus fiat placatus varietate vestitus, ornamentorum et similibus ritibus, quales sunt infiniti in traditionibus humanis?[1]

Politia und das rechte Wesen des antichristischen Reichs sein. Denn also sagt er: „Den Gott Maosim wird er ehren, und dem Gott, den seine Väter nicht gekennet haben, wird er mit Gold, Silber und Edelgestein dienen." Da beschreibet er solche neu Gottesdienst. Denn er sagt von einem solchem Gott, davon die Väter nichts gewußt haben. Denn die heiligen Väter, wiewohl sie auch Ceremonien und Satzungen gehabt, so haben sie doch nicht dafür gehalten, daß solche Ceremonien nütz und nötig wären zur Seligkeit, so haben sie doch damit Christum nicht untergedrückt, sondern haben gelehrt, daß uns Gott um Christus willen gnädig sei, nicht um solcher Gottesdienst willen. Aber dieselben Satzungen haben sie gehalten von wegen leiblicher Übung. Als die Feste, daß das Volk wüßte, wenn es sollt zusammen kommen, daß in den Kirchen alles ordentlich und züchtiglich um guter Exempel willen zuginge, daß auch das gemeine grobe Volk in einer feinen Kinderzucht gehalten würde. Denn solche Unterscheid der Zeit und solche mancherlei Gottesdienst dienen das Volk in Zucht zu behalten und zu erinnern der Historien. Diese Ursachen haben die Väter gehabt menschliche Ordnung zu erhalten. Und auf die Weise fechten wirs auch nicht an, daß man gute Gewohnheit halte. Und wir können uns nicht gnugsam wundern, daß die Widersacher wider alle Schrift der Apostel, widers alte und neue Testament lehren dörfen, daß wir durch solche Gottesdienst sollen ewiges Heil und Vergebung der Sunde erlangen. Denn was ist das anders, denn wie Daniel sagt: „Gott ehren mit Gold, Silber und Edelgestein", das ist, halten, daß Gott uns gnädig werde durch mancherlei Kirchenschmuck, durch Fahnen, Kerzen, wie denn unzählig sein bei solchen Menschensatzungen.

Paulus ad Colossenses scribit traditiones habere speciem sapientiae. Et habent profecto. Nam εὐταξία illa valde decet in ecclesia, eamque ob causam necessaria est. Sed humana ratio, quia non intelligit iustitiam fidei, naturaliter affingit, quod talia opera iustificent homines, quod reconcilient Deum etc. Sic sentiebat vulgus inter Israelitas, et hac opinione augebant tales ceremonias, sicut apud nos in monasteriis creverunt. Sic iudicat humana ratio etiam de exercitiis corporis, de ieiuniis, quorum finis cum sit coercere carnem, ratio affingit finem, quod sint cultus, qui iustificent. Sicut Thomas scribit: Ieiunium valere ad deletionem et prohibitionem culpae[2]. Haec sunt verba Thomae. Ita sapientiae

Paulus zu den Kolossern schreibt, daß solche Satzungen haben ein Schein der Weisheit. Und hat auch ein großen Schein, als sei es fast heilig, denn Unordnung stehet übel und solche ordentliche Kinderzucht ist nützlich in der Kirchen 2c. Dieweil aber menschliche Vernunft nicht verstehet, was Glaub ist, so fallen diejenigen, so nach Vernunft richten, von Stund an drauf und machen ein solch Werk draus, das uns gen Himmel helfen solle und Gott versühnen. Also haben die Irrtüm und schädliche Abgötterei eingerissen bei den Israeliten. Darum machten sie auch ein Gottesdienst über den andern, wie bei unser Zeit ein Altar über den andern, eine Kirche über die andere gestiftet ist. Also richtet auch die menschliche Vernunft von andern leiblichen

---

[1]) Z. 18/28 et propter bis humanis]. Seit Ed. 1531. 8° stark erweitert durch Hinweis auf die Verteidigung der ordinis causa geschaffenen traditiones der Kirche durch Epiphanius gegen die als cultus Dei verstandenen observationes der Enkratiten. CR 27, 576f. s. u. S. 342, 21 ff. und 343 Anm. 2. [2]) STh. II, 2 q. 147. a. 3. c.

ac iustitiae species in talibus operibus decipit homines. Et accedunt exempla sanctorum, quos dum student imitari homines, imitantur plerumque externa exercitia, non imitantur fidem eorum.

Übungen, als von Fasten 2c. Denn Fasten dienet dazu, den alten Adam zu zähmen, da fället bald die Vernunft drauf und macht ein Werk daraus, das Gott verführe, wie Thomas schreibt: „Fasten sei ein Werk, das da tüge Schuld gegen Gott auszulöschen und ferner zu verhüten." Das sind die klaren Worte Thomä. Also dieselbigen Gottesdienste, welche sehr gleißen, haben ein großen Schein und ein groß Ansehen der Heiligkeit für den Leuten. Und dazu helfen nu die Exempel der Heiligen, da sie sprechen, S. Franziskus hat ein Kappen getragen und dergleichen. Hie sehen sie allein die äußerliche Uebung an, nicht das Herz und Glauben.

25 Postquam fefellit homines haec species sapientiae ac iustitiae, deinde sequuntur infinita incommoda, obscuratur evangelium de iustitia fidei in Christum, et succedit vana fiducia talium operum. Deinde obscurantur praecepta Dei, haec opera arrogant sibi titulum perfectae et spiritualis vitae et longe praeferuntur operibus praeceptorum Dei, ut operibus suae cuiusque vocationis, administrationi reipublicae, administrationi oeconomiae, vitae coniugali, educationi liberorum. 26 Haec prae illis ceremoniis iudicantur esse profana, ita ut cum quadam dubitatione conscientiae a multis exerceantur. Constat enim multos deserta administratione reipublicae, deserto coniugio illas observationes amplexos esse tamquam meliores et sanctiores.

Und wenn nu die Leute also durch so großen und prächtigen Schein der Heiligkeit betrogen werden, so folget denn unzählig Fahr und Unrat draus, nämlich daß Christi Erkenntnis und das Evangelium vergessen wird, und daß man alles Vertrauen auf solche Werke setzet. Darüber so werden durch solche heuchelische Werke die rechte guten Werk, die Gott in zehen Geboten fordert, ganz unterdrückt, (welchs schrecklich ist zu hören). Denn die Werk müssen allein geistlich, heilig, vollkommen Leben heißen und werden denn weit fürgezogen den rechten, heiligen, guten Werken, da ein jeder nach Gottes Gebot in seinem Beruf zu wandeln, die Oberkeit fleißig, treulich zu regieren, die Hausväter, die ehelichen Leute, Weib und Kind, Gesinde in christlicher Zucht zu halten schuldig sein. Item, da eine Magd, ein Knecht seinem Herrn treulich zu dienen pflichtig ist. Dieselbigen Werke hältet man nicht für göttlich, sondern für weltlich Wesen, also, daß viel Leute darüber ihnen ein schwer Gewissen gemacht. Denn man weiß je, daß etliche ihren Fürstenstand verlassen, etliche den Ehestand und sind in Klöster gangen, heilig und geistlich zu werden.

27 Neque hoc satis est. Ubi occupavit animos persuasio, quod tales observationes ad iustificationem necessariae sint, misere vexantur conscientiae, quia non possunt omnes observationes exacte praestare. Nam quotusquisque numerare omnes potuit? Exstant immensi libri, imo bibliothecae totae, nullam syllabam de Christo, de fide in Christum, de bonis operibus suae cuiusque vocationis continentes, sed tantum colligentes traditiones et harum interpretationes, quibus interdum exacerbantur, interdum relaxantur. 28 Quomodo torquetur vir optimus Gerson, dum quaerit gradus et latitudines praeceptorum. Nec tamen potest constituere ἐπιείκειαν in gradu certo; interim graviter deplorat pericula piarum conscientiarum, quae parit haec acerba interpretatio traditionum[1].

Und ist über den Irrtum noch der Jammer dabei, daß, wenn die Leute in dem Wahn sein, daß solche Satzung nötig sein zur Seligkeit, die Gewissen ohn Unterlaß in Unruhe und Qual sein, daß sie ihre Orden, ihre Möncherei, ihre aufgelegte Werk nicht so gestrenge gehalten haben. Denn wer könnt die Satzunge alle erzählen? Es sind unzählig viel Bücher, in welchen nicht ein Tittel, nicht eine Syllabe von Christo, vom Glauben geschrieben oder von den rechten guten Werken, die Gott gebeut, welche jeder nach seinem Beruf zu tun schuldig ist, sondern allein von solchen Satzungen schreiben sie, als von den vierzig Tagen zu fasten, von Messe hören, von vier Gezeiten beten 2c., da ist des Deutens und Dispensierens kein Ende. Wie jämmerlich martert sich, wie ringet und windet sich über den Dingen der gute, fromme Mann Ger-

---

[1] Mecum siquidem et cum aliis saepe recogito, multas ex ignorantia huius negotii ⟨der Auslegung des Gesetzes super eas steriles imaginationum varietates⟩ suboriri turba-

son, da er gern den Gewissen mit dem rechten Trost helfen wollt, da er gradus und latitudines suchet praeceptorum, wie fern dieselben Gebot binden, und kann doch nicht finden einen gewissen Grad, da er darf dem Herzen Sicherheit und Friede gewiß zusagen. Darum klaget er auch ganz heftig, wie in großer Fahr die Gewissen und Conscienz dadurch stehen, daß man solche Satzung also bei einer Todsünde fordert und will gehalten haben.

Nos igitur contra illam speciem sapientiae et iustitiae in humanis ritibus, quae fallit homines, muniamus nos verbo Dei, et primum sciamus eas neque remissionem peccatorum, neque iustificationem mereri coram Deo, neque ad iustificationem necessarias esse. Testimonia quaedum supra citavimus[1]. Et plenus est Paulus. Ad Coloss. 2. clare dicit: Nemo vos iudicet in cibo, potu aut stato festo aut novilunio aut sabbatis, quae sunt umbrae futurorum; corpus autem Christi. Atque hic simul et legem Moysi et traditiones humanas complectitur, ne adversarii eludant haec testimonia, ut solent, quod Paulus tantum de lege Moysi loquatur[2]. Ille vero hic clare testatur se loqui de traditionibus humanis. Quamquam, quid dicant, adversarii non vident; si evangelium negat ceremonias Moysi, quae erant divinitus institutae, iustificare: quanto minus iustificant traditiones humanae?

Nec habent episcopi potestatem instituendi cultus tamquam iustificantes aut necessarios ad iustificationem. Imo apostoli Actor. 15. dicunt: Quid tentatis Deum, imponentes iugum etc., ubi velut magnum peccatum accusat Petrus hoc consilium onerandae ecclesiae. Et ad Galatas 5. vetat Paulus iterum servituti subiici. Volunt igitur apostoli in ecclesia manere hanc libertatem, ne iudicentur ulli cultus legis aut traditionum necessarii esse, sicut in lege fuerunt necessariae ceremoniae ad tempus, ne obscuretur iustitia fidei, si iudicent homines cultus illos mereri iustificationem, aut ad iustificationem necessarios esse. Multi varias ἐπιεικείας quaerunt in traditionibus, ut conscientiis medeantur, neque tamen certos gradus reperiunt, per quos explicent conscientias ex his vinculis. Verum sicut Alexander solvit Gordium

Wir aber sollen uns wider solche heuchlische, gleißende Satzungen, dadurch viel verführt, und jämmerlich die Gewissen ohn Ursach geplagt werden, rüsten und stärken mit Gottes Wort, und sollen erstlich das gewiß halten, daß Vergebung der Sünde nicht durch solche Satzung verdienet wird. Wir haben den Apostel droben angezogen zu den Kolossern: „Laßt euch niemands Gewissen machen über Speis, Trank, Neumonden, Sabbathern." Und der Apostel will das ganze Gesetz Mosi und solche Tradition zugleich begriffen haben, damit die Widersacher hie nicht entschlüpfen, wie sie pflegen, als rede Paulus allein vom Gesetz Mosi. Er zeiget aber klar genug an, daß er von menschlichen Satzungen auch rede; wiewohl die Widersacher selbst nicht wissen, was sie sagen. Denn so das Evangelium und Paulus klar melden, daß auch die Ceremonien und Werke des Gesetz Mosi für Gott nicht helfen, so werdens viel weniger menschliche Satzungen tun.

Derhalben haben die Bischofe nicht Macht noch Gewalt eigene erwählte Gottesdienst aufzurichten, welche sollen die Leute für Gott heilig und fromm machen. Denn es sagen auch die Aposteln Actuum am 15.: „Was versucht ihr Gott und legt eine Bürden auf die Jünger 2c.?" Da schilt es Petrus als ein groß Sünde, damit man Gott verlästere und versuche. Darum ist es der Apostel Meinung, daß diese Freiheit in der Kirchen bleiben soll, daß keine Ceremonien, weder das Gesetz Mosi noch andere Satzungen, sollen als nötige Gottesdienst geschätzt werden, wie etliche Ceremonien im Gesetz Mosi als nötig mußten im alten Testament eine Zeit lang gehalten werden. Darum müssen wir auch wehren, daß die Predigt von der Gnade und von Christo, von Vergebung der Sunde aus lauter Gnade nicht unterdrückt werde, und der schädliche Irrtum einreiße, als sind die Satzungen nötig, fromm für

---

tiones in politiis tam ecclesiasticis quam temporalibus. In hominum praeterea conscientiis modo scrupuli vani contemnendi surrepunt, modo contemptus insurgit temerarius et audacior quam satis est; fit insuper, quoniam ignoratur virtus legis divinae, frequenter irritum mandatum Dei propter traditiones hominum ... Has vero traditiones hominum, quis cunctas dinumeret, in canonibus summorum Pontificum, in constitutionibus synodalibus provinciarum et dioecesium, religionum regulis usw. De vita spirituali animae lect. 2. III, 16 D. du Pin. Ebenda über die gradus: coroll. 7. p. 23; epikeia: lect. 5. p. 62

[1]) S. 298 ff.   [2]) CR 27, 102.

nodum, quem cum explicare non posset, gladio semel dissecuit: ita apostoli semel liberant conscientias traditionibus, praesertim si tradantur ad promerendam iustificationem. Huic doctrinae cogunt **nos apostoli adversari docendo et exemplis.** Cogunt nos docere, quod traditiones non iustificent, quod non sint necessariae ad iustificationem, quod nemo debeat condere aut recipere traditiones hac opinione, quod mereantur iustificationem. Tunc etiamsi quis observat, observet sine superstitione tamquam politicos mores, sicut sine superstitione aliter vestiuntur milites, aliter scholastici. Apostoli violant traditiones et excusantur a Christo. Erat enim exemplum ostendendum Pharisaeis, quod illi cultus essent inutiles. Et si quas traditiones parum commodas omittunt nostri, satis nunc excusati sunt, cum requiruntur, tamquam promereantur iustificationem. Talis enim opinio in traditionibus est impia.

Gott zu sein. Es haben Gerson und viel andere treue, fromme Leute, welche über die großen Fährlichkeiten der Gewissen Mitleiden getragen, Epikeian und Linderung gesucht, wie man doch darinne den Gewissen helfen möchte, daß sie durch die Tradition nicht so in mannchfältige Wege gemartert würden, und haben nichts Gewisses finden können, den Gewissen aus den Banden zu helfen. Die heilige Schrift und die Aposteln aber sein kurz hindurch gangen und schlecht mit einem Striche alles quittiert und klar dürre heraus gesagt, daß wir in Christo frei, ledig seien von allen Traditionen, sonderlich wenn man dadurch Seligkeit und Vergebung der Sünden zu erlangen suchet. Darum lehren auch die Aposteln, daß man der schädlichen, pharisäischen Lehre soll widerstreben mit Lehren und mit dem Gegenexempel. Darum lehren wir, daß solche Satzungen nicht gerecht machen für Gott, daß sie auch nicht not sein zur Seligkeit, daß auch niemands solche Satzungen machen oder annehmen soll, der Meinung, daß er wölle für Gott dadurch gerecht werden. Wer sie aber halten will, der halte sie, wie ich ein ander Stadtgebrauch möcht halten, da ich wohne, ohn alles Vertrauen dadurch gerecht zu werden für Gott. Als: daß ich bei den Deutschen deutsche Kleidung trage, bei den Walen wälsche, halte ich als ein Landbrauch, nicht dadurch selig zu werden. Die Aposteln, wie das Evangelium angezeigt, brechen frisch solche Satzunge und werden von Christo derhalben gelobet. Denn man muß es nicht allein mit Lehren, Predigen, sondern auch mit der Tat den Pharisäern anzeigen und beweisen, daß solche Gottesdienste nichts nütz sein zur Seligkeit. Und darum, ob die Unsern gleich etliche Tradition und Ceremonien nachlassen, so sind sie doch gnugsam entschuldiget. Denn die Bischofe fordern solches als nötig zur Seligkeit; das ist ein Irrtum, der nicht zu leiden ist.

Ceterum traditiones veteres factas in ecclesia utilitatis et tranquillitatis causa libenter servamus easque interpretamur πρὸς τὸ εὐφημότερον¹, exclusa opinione, quae sentit, quod iustificent. Ac falso nos accusant inimici nostri, quod bonas ordinationes, quod disciplinam ecclesiae aboleamus. Vere enim praedicare possumus publicam formam ecclesiarum apud nos honestiorem esse, quam apud adversarios². Et si quis recte expendere velit, verius servamus canones, quam adversarii³. Apud adversarios missas faciunt sacrificuli inviti et mercede conducti et plerumque tantum mercedis causa. Canunt Psalmos, non ut discant aut orent, sed cultus causa, quasi illud opus sit cultus, aut certe mercedis causa. Apud nos utuntur coena Domini multi singulis Dominicis, sed prius instituti, explorati et absoluti. Pueri canunt Psalmos, ut discant⁴, canit et populus, ut vel discat

Weiter, die ältesten Satzungen aber in der Kirchen, als die drei hohen Feste ꝛc., die Sonntagsfeier und dergleichen, welche um guter Ordnung, Einigkeit und Friedes willen erfunden ꝛc., die halten wir gerne. Auch so predigen die Unsern aufs glimpflichste gegen dem Volk davon, allein daneben sagen sie, daß sie für Gott nicht gerecht machen. Darum reden die Widersacher ihren Gewalt und tun uns ganz für Gott unrecht, wenn sie uns Schuld geben, daß wir alle gute Ceremonien, alle Ordnung in der Kirchen abbringen und niederlegen. Denn wir mügen es mit der Wahrheit sagen, daß es christlicher, ehrlicher in unsern Kirchen mit rechten Gottesdiensten gehalten wird, denn bei den Widersachern. Und wo gottfürchtige, ehrbare, verständige, unparteiische Leute sein, die diese Sache recht genau wollen bedenken und ansehen, so halten wir die alten Canones und mentem legis mehr, reiner und fleißiger, denn die Widersacher. Denn

---

¹) im besten Sinne. ²) Luther an Kurf. (20. 5. 1530) WABr. V 325ff. ³) Vgl. Luthers Vorrede zu Spenglers Auszug aus dem kan. Recht WA 30 II, 219. W. Maurer ZRG Kan. Abt. 51, 1965, 233ff. ⁴) Vgl. S. 42 Anm. 3.

vel oret. Apud adversarios nulla prorsus
est κατήχησις puerorum, de qua quidem
praecipiunt canones. Apud nos coguntur
pastores et ministri ecclesiarum publice
instituere et audire pueritiam¹; et haec
ceremonia optimos fructus parit. Apud
adversarios in multis regionibus toto
anno nullae habentur conciones, praeterquam in Quadragesima². Atqui praecipuus cultus Dei ¹ est docere evangelium.
Et cum concionantur adversarii, dicunt
de traditionibus humanis, de cultu sanctorum et similibus nugis, quas iure fastidit populus; itaque deseruntur statim
initio, postquam recitatus est evangelii
textus. Pauci quidam meliores nunc de
bonis operibus dicere incipiunt; de iustitia fidei, de fide in Christum, de consolatione conscientiarum nihil dicunt;
imo hanc salu'berrimam evangelii partem lacerant convitiis. Econtra in nostris
ecclesiis omnes conciones in his locis
consumuntur: de poenitentia, de timore
Dei, de fide in Christum, de iustitia fidei,
de consolatione conscientiarum per fidem, de exercitiis fidei, de oratione,
qualis esse debeat, et quod certo statuendum sit, quod sit efficax, quod exaudiatur, de cruce, de dignitate magistratuum et omnium civilium ordinationum,
de discrimine regni Christi seu regni
spiritualis et politicarum rerum, de coniugio, de educatione et institutione puerorum, de castitate, de omnibus officiis
caritatis. Ex hoc statu ecclesiarum iudicari potest nos disciplinam ecclesiasticam et pias ceremonias et bonos
mores ecclesiasticos diligenter conservare.

die Widersacher treten unverschamt die aller- 41
ehrlichsten Canones mit Füßen, wie sie
denn Christo und dem Evangelio auch tun.
Die Pfaffen und Mönche in Stiften mißbrauchen der Messe aufs schrecklichst und
greulichst, halten Messe täglich in großer 42
Anzahl, allein um der Zinse willen, ums
Geld, um des schändlichen Bauchs willen.
So singen sie die Psalmen in Stiften, nicht
daß sie studieren oder ernstlich beten, (denn
das mehrer Teil verstünde ' nicht ein Vers
in Psalmen); sondern halten ihre Metten
und Vesper als einen gedingten Gottesdienst, der ihnen ihre Rente und Zinse trägt.
Dieses alles können sie nicht leugnen. Es
schämen ' sich auch selbst etliche Redliche
unter ihnen desselbigen Jahrmarkts und
sagen, clerus dörfe einer Reformation. Bei
uns aber braucht das Volk des heiligen Sakraments willig, ungedrungen, alle Sonntage, welche man erst verhöret, ob sie in 43
christlicher Lehre unterricht sein, im Vater
unser, im Glauben, in zehen Geboten etwas
wissen oder verstehen. Item die Jugend und
das Volk singet ordentlich lateinische und
deutsche Psalmen, daß sie der Sprüche der
Schrift gewohnen und beten lernen. Bei den
Widersachern ist kein Katechismus, da doch
die Canones von reden. Bei uns werden die
Canones gehalten, daß die Pfarrer und
Kirchendiener öffentlich und daheim die
Kinder und Jugend in Gottes Wort unterweisen. Und der Katechismus ist nicht ein
Kinderwerk, wie Fahnen, Kerzen tragen,
sondern ein fast nützliche Unterrichtung. Bei 44
den Widersachern wird in vielen Ländern,
als in Italien und Hispanien 2c. das ganze
Jahr durch nicht geprediget, denn allein in
der Fasten. Da sollten sie schreien und billig
hoch klagen, denn das heißt auf einmal alle

Gottesdienst recht umgestoßen. Denn der allergrößte, heiligste, nötigste, höchste Gottesdienst,
welchen Gott im ersten und andern Gebot als das Größte hat gefordert, ist Gottes Wort
predigen; denn das Predigtamt ist das höchste Amt in der Kirchen. Wo nu der Gottesdienst
ausgelassen wird, wie kann da Erkenntnis Gottes, die Lehre Christi oder das Evangelium
sein? Darum, wenn sie gleich in der Fasten oder sonst ander Zeit predigen, lehren sie
nichts denn von solchen Menschensatzungen, von Anrufen der Heiligen, vom Weihwasser
und von solchen Narrenwerken, und ist der Gebrauch, daß ihr Volk bald, wenn der Text
des Evangelii gesagt ist, aus der Kirchen laufe, welches sich vielleicht davon angefangen,
daß sie nicht haben mügen die andern Lügen hören. Etliche wenige unter ihnen heben nu
auch an von guten Werken zu predigen. Von dem Erkenntnis Christi aber, vom Glauben,
von Trost der Gewissen können sie nichts predigen, sondern dieselbigen seligen Lehre, das
liebe, heilige Evangelium nennen sie lütherisch. In unser Kirchen aber werden von Predigern diese folgende nötige Stücke mit höchstem Fleiß gelehret: von rechter Buß, von der
Furcht Gottes, von dem Glauben, was der sei, von dem Erkenntnis Christi, von der Gerechtigkeit, die aus dem Glauben kommt; item, wie die Gewissen in Ängsten und Anfechtung sollen Trost suchen, wie der Glaub durch allerlei Anfechtunge muß geübet werden,
was ein recht Gebet sei, wie man beten soll; item, daß ein Christ gewiß sich trösten soll,

---

¹) Vgl. S. 42 Anm. 9.   ²) Das gilt nur für das flache Land.   Lit. bei Schian
RE³ XV, 652 . XXIII, 338 f.

daß sein Rufen und Bitten Gott werde erhören im Himmel, von dem heiligen Kreuz, von Gehorsam gegen der Oberkeit; item, wie ein jeder in seinem Stande christlich leben und fahren mag, von Gehorsam der Herrengebot, aller weltlicher Ordnung und Gesetz; item, wie zu unterscheiden sein das geistliche Reich Christi und die Regiment und Reiche in der Welt, von dem Ehestande und wie der christlich zu führen sei, von christlicher Zucht der Kinder, von der Keuschheit, von allerlei Werken der Liebe gegen den Nähisten. Also ist unsere Kirche mit Lehre und Wandel bestellet, daraus unparteiische Leute wohl merken und abnehmen können, daß wir christliche, rechte Ceremonien nicht abtun, sondern mit Fleiß aufs treulichste erhalten.

45 Ac de mortificatione carnis et disciplina corporis ita docemus, sicut narrat confessio[1], quod vera et non simulata mortificatio fiat per crucem et afflictiones, quibus Deus exercet nos. In his obediendum est voluntati Dei, sicut ait Paulus: Exhibete corpora vestra hostiam etc. Et haec sunt spiritualia exercitia timoris et fidei. 46 Verum praeter hanc mortificationem, quae fit per crucem, est et voluntarium quoddam exercitii genus necessarium, de quo Christus ait: Cavete, ne corda vestra graventur crapula. Et Paulus: Castigo corpus meum et in servitutem redigo etc. Et haec exercitia 47 suscipienda sunt, non quod sint cultus iustificantes, sed ut coerceant carnem, ne saturitas obruat nos et reddat securos et otiosos, qua ex re fit, ut affectibus carnis indulgeant et obtemperent homines. Haec diligentia debet esse perpetua, quia habet perpetuum mandatum Dei. 48 Et illa praescripta forma certorum ciborum ac temporum nihil facit ad coercendam carnem. Est enim delicatior et sumptuosior, quam reliqua convivia; et ne adversarii quidem observant formam in canonibus traditam[2].

Röm. 12, 1.
M 214
Luk. 21, 34.
Kor. W208
9, 27.

Und die Kasteiung des Fleisches oder alten Adams lehren wir also, wie unser Confession meldet, daß die rechte Kasteiung denn geschiehet, wenn uns Gott den Willen bricht, Kreuz und Trübsal zuschickt, daß wir lernen seinem Willen gehorsam sein, wie Paulus zun Röm. am 12. sagt: „Begebet euer eigen Leibe zu einem heiligen Opfer." Und das sind rechte heilige Kasteiung, also in Anfechtungen lernen Gott kennen, ihnen fürchten, lieben 2c. Über dieselbigen Trübsalen, welche nicht in unserm Willen stehen, sind auch noch die leiblichen Übunge, da Christus von sagt: „Hütet euch, daß euer Leib nicht beschweret wird mit Fressen und Saufen." Und Paulus zu den Korinth.: „Ich zähme meinen Leib 2c." Die Übung sollen darum geschehen, nicht daß es nötige Gottesdienste sein, dadurch man für Gott fromm werde, sondern daß wir unser Fleisch im Zaum halten, damit wir durch Füllerei und Beschwerung des Leibes nicht sicher und müßig werden, des Teufels Reizunge und des Fleisches Lüsten folgen. Desselbige Fasten und Kasteien sollt nicht allein auf gewisse Zeit, sondern allzeit geschehen. Denn Gott will, daß wir allzeit mäßig und nüchtern leben, und wie die Erfahrung gibt, so helfen dazu nicht viel bestimmte Fastentag. Denn man hat mit Fischen und allerlei Fastelspeise mehr Unkost und Quasserei getrieben, denn außer der Fasten; und die Widersacher selbst haben die Fasten nie gehalten dergestalt, wie sie in canonibus angezeiget ist.

49 Multas et difficiles disputationes habet hic locus de traditionibus, ac nos re ipsa experti sumus traditiones vere esse laqueos conscientiarum. Cum exiguntur tamquam necessariae, miris modis cruciant conscientias praetermittentes aliquam observationem. Rursus abrogatio sua habet incommoda, suas quaestiones. 50 Sed nos facilem et planam causam habemus, quia adversarii damnant nos, quod docemus traditiones humanas non mereri remissionem peccatorum. Item requirunt universales traditiones, quas sic vocant, tamquam necessarias ad iustificationem. Hic habemus patronum con-

Gal 4, 3. 9.

Dieser Artikel von der menschlichen Tradition oder Satzunge hat ganz viel schwere Disputation und Frage hinter sich, und die Erfahrung hats allzustark geben, daß solche Satzung rechte schwere Ketten und Stricke sein, die Gewissen jämmerlich zu quälen. Denn wenn dieser Wahn da ist, daß sie nötig sein zur Seligkeit, so plagen sie über alle Maßen ein arm Gewissen. Wie denn fromme Herzen wohl erfahren, wenn sie in horis canonicis ein Complet ausgelassen 2c. oder dergleichen dawider getan. Wiederum schlechthin die Freiheit lehren, hat auch sein Bedenken und seine Frage, nachdem das gemeine Volk äußerlicher Zucht und

---

[1] S. 105, 21.   [2] s. o. S. 105, 15.

stantem Paulum, qui ubique contendit has observationes neque iustificare, neque necessarias esse supra iustitiam fidei. Et tamen usum libertatis in his rebus ita moderandum esse docemus, ne imperiti offendantur et propter abusum libertatis fiant iniquiores verae doctrinae evangelii, neve sine probabili causa mutetur aliquid in usitatis ritibus, sed ut propter alendam concordiam serventur veteres mores, qui sine peccato aut sine magno incommodo servari possunt. Et in hoc ipso conventu satis ostendimus[1] nos propter caritatem ἀδιάφορα[2] non gravatim observaturos esse cum aliis, etiamsi quid incommodi haberent, sed publicam concordiam, quae quidem sine offensione conscientiarum fieri posset, iudicavimus omnibus aliis commodis anteferendam esse. Sed de hac tota re paulo post etiam dicemus, cum de votis et de potestate ecclesiastica disputabimus[3].

Anleitung bedarf. Aber die Widersacher machen diese Sache selbst gewiß und schlecht. Denn sie verdammen uns darum, daß wir lehren, daß wir durch menschliche Satzungen nicht verdienen Vergebung der Sünde für Gott. Item, sie wollen ihre Satzung durch die ganze Kirche universaliter durchaus gehalten haben, schlechts als nötig, und setzen sie an Christi statt. Da haben wir ein starken Patron für uns, den Apostel Paulum, welcher an allen Orten das streitet, daß solche Satzungen für Gott nicht gerecht machen und nicht nötig sein zur Seligkeit. Auch lehren die Unsern deutlich und klar, daß man der christlichen Freiheit in den Dingen also gebrauchen soll, daß man für den Schwachen, so solches nicht unterrichtet sein, nicht Ärgernis anrichte, und daß nicht etwa diejenigen, so der Freiheit mißbrauchen, die Schwachen von der Lehre des Evangelii abschrecken. Darum lehren auch unsere Prediger, daß ohne sondere, ohne bewegende Ursachen an den Kirchenbräuchen nichts geändert soll werden, sondern um Friedes und Einigkeit willen soll man diejenigen Gewohnheiten halten, so man ohne Sünde und ohne Beschwerung der Gewissen halten kann. Und auf diesem Augsburger Reichstag haben wir uns gleich genug finden und vernehmen lassen, daß wir um Liebe willen unbeschwert sein wollten, etliche adiaphora mit den andern zu halten. Denn wir haben auch bei uns wohl bedacht, daß gemeine Einigkeit und Friede, so viel derselbigen ohne Beschwerung der Gewissen zu erhalten wäre, billig allen andern geringen Sachen würde fürgezogen. Aber von dem Allen wollen wir hernach weiter reden, wenn wir von Klostergelübden und von der potestate ecclesiastica handeln werden.

⟨Art. XVI. De Ordine Politico.⟩

Articulum XVI. recipiunt adversarii sine ulla exceptione[4], in quo confessi sumus, quod liceat christiano gerere magistratus, exercere iudicia ex imperatoriis legibus seu aliis praesentibus legibus, supplicia iure constituere, iure bella gerere, militare, iure contrahere, tenere proprium, iusiurandum postulantibus magistratibus dare, contrahere matrimonium, denique quod legitimae ordinationes civiles sint bonae creaturae Dei et ordinationes divinae, quibus tuto christianus uti potest. Hic totus locus de discrimine regni Christi et regni civilis litteris nostrorum utiliter illustratus est[5], quod regnum Christi sit spiri-

⟨Art. XVI. Vom weltlichen Regiment.⟩

Den XVI. Artikel lassen ihnen die Widersacher gefallen ohne alle weiter Fragen, da wir in der Confession sagen und lehren, daß ein Christ mit Gott und Gewissen in der Oberkeit sein mag, Land und Leute regieren, Urteil und Recht sprechen aus kaiserlichen und andern landläuftigen Rechten, die Übeltäter mit dem Schwert und sonst nach der Schärfe strafen, Kriege führen, kriegen, kaufen und verkaufen, Haus, Hof und sonst Eigenes haben und behalten, aufgelegte Eide in Gerichten schwören. In Summa, da wir lehren, daß Oberkeit und Regiment, item ihr Recht und Strafe und alles, was dazu gehöret, sein gute Kreaturen Gottes und Gottes Ordnung, der ein Christ mit

---

[1] Vgl. die Ausgleichsverhandlungen vom August 1530, Förstemann II, 219ff. Daraus bes. „Der kursächs. Theologen Bedenken, in welchen Artikeln man dem Gegenteile nachgeben könne" S. 247f. und die Antwort auf die von kath. Seite vorgeschlagenen „unbeschließigen und unvergrifflichen christlichen Mittel" S. 256ff. An Kirchenbräuchen sollten zugestanden werden: die wesentlichen Fastenzeiten, gleichmäßige Zeremonien, Gesänge, Evangelien und Episteln; an Feiertagen u. a.: die großen Marienfeste, Allerheiligen. S. 261f. Über die bischöfl. Gewalt s. S. 296 Anm. 3.   [2] Nach Diog. Laert. Vit. phil. VII 102, 104.   [3] S. 377 ff., 396 ff.   [4] CR 27, 116.   [5] Vgl. S. 71 Anm 1.

tuale, hoc est, in corde notitiam Dei, timorem Dei et fidem, iustitiam aeternam et vitam aeternam inchoans, interim foris sinat nos uti politicis ordinationibus legitimis quarumcunque gentium, inter quas vivimus, sicut sinit nos uti medicina aut architectonica aut cibo, potu, aëre. Nec fert evangelium novas leges de statu civili, sed praecipit, ut praesentibus legibus obtemperemus, sive ab ethnicis sive ab aliis conditae sint, et hac obedientia caritatem iubet exercere. Insaniebat enim Carolostadius, qui nobis imponebat leges iudiciales Moysi[1]. De his rebus ideo copiosius scripserunt nostri, quia monachi multas perniciosas opiniones sparserunt in ecclesiam. Vocaverunt politiam evangelicam communionem rerum, dixerunt esse consilia, non tenere proprium, non ulcisci. Hae opiniones valde obscurant evangelium et regnum spirituale, et sunt periculosae rebus publicis. Nam evangelium non dissipat politiam aut oeconomiam, sed multo magis approbat, et non solum propter poenam, sed etiam propter conscientiam iubet illis parere tamquam divinae ordinationi.

gutem Gewissen brauchen mag. Dieser Artikel gefällt ihnen wohl. Dieser ganz wichtiger, nötiger Artikel vom Unterschied des geistlichen Reichs Christi und weltlichen Reichs, welcher fast nötig ist zu wissen, ist durch die Unsern ganz eigentlich, richtig und klar geben, vielen Gewissen zu merklichem, großem Trost. Denn wir haben klar gelehret, daß Christi Reich geistlich ist, da er regieret durch das Wort und die Predigt, wirket durch den heiligen Geist und mehret in uns Glauben, Gottesfurcht, Liebe, Geduld inwendig im Herzen, und fähet hie auf Erden in uns Gottes Reich und das ewige Leben an. So lang aber dies Leben währet, läßt er uns nichts destoweniger brauchen der Gesetze, der Ordnung und Stände, so in der Welt gehen, darnach eines jeden Beruf ist, gleichwie er uns läßt brauchen der Arznei, item Bauens und Pflanzens, der Luft, des Wassers. Und das Evangelium bringet nicht neue Gesetze im Weltregiment, sondern gebeutet und will haben, daß wir den Gesetzen sollen gehorsam sein und der Oberkeit, darunter wir wohnen, es sein Heiden oder Christen, und daß wir in solchem Gehorsam unser Liebe erzeigen sollen. Denn Carolostadius war in diesem Fall gar toll und töricht, daß er lehrete, man sollte nach dem Gesetz Mosi die Stadt und Landregiment bestellen. Von diesem Stücke haben die Unsern darum desto fleißiger geschrieben, denn die Mönche hatten viel und ganz schädliche Irrtum gelehret in der Kirchen. Denn sie haben dieses ein evangelisch Leben genennet, daß man nichts Eigens hätte, daß man nicht Straf und Rache übet, daß man nicht Weib und Kind hätte. Solche Lehren haben die reine evangelische Lehre ganz unterdrückt, daß man gar nicht verstanden hat, was christlich oder das geistliche Reich Christi sei, und haben weltlich und geistlich Reich in einander gekocht, daraus viel Unrats und aufrührischer, schädlicher Lehre erfolget 2c. Denn das Evangelium zureißet nicht weltlich Regiment, Haushaltung, Käufen, Verkäufen und ander weltliche Polizei, sondern bestätiget Oberkeit und Regiment,[1] und befiehlt denselbigen gehorsam zu sein als Gottes Ordnung, nicht allein um der Strafe willen, sondern auch um des Gewissens willen.

Iulianus Apostata[2], Celsus[3] et plerique alii obiecerunt christianis, quod evangelium dissiparet respublicas, quia prohiberet vindictam, et alia quaedam traderet parum apta civili societati. Et hae quaestiones mire exercuerunt Origenem[4], Nazianzenum[5] et alios, cum quidem facillime explicari possint, si sciamus evangelium non ferre leges de statu civili, sed esse remissionem peccatorum et inchoationem vitae aeternae in cordi-

Julianus Apostata, Celsus und etliche andere, die haben den Christen fürgeworfen, daß ihr Evangelium die Weltregiment und Politien zurisse und zurüttet, dieweil es verböte, man sollt sich nicht rächen und dergl. Und dieselben Fragen haben Origeni und Nazianzeno und etlichen andern viel zu tun gemacht, so man doch leichtlich darauf antworten kann, wenn wir allein wissen, daß die evangelische Lehre nicht neu Gesetz macht von Weltregimenten, sondern

---

[1]) Luther, Wider die himml. Propheten WA XVIII, 63 20ff.   [2]) Kaiser Julian (361—63) Contra christianos lib. II. fragm. 12. S. 237 Neumann.   [3]) Origenes, Contra Celsum VII, 58. II, S. 207f. Koetschau.   [4]) Contra Celsum VII. 59—61. II, S. 208ff. Koetschau.   [5]) Oratio IV. Contra Julianum I, 97. MSG 35, 632. Die Anwendung auf den Staat stammt wie bei der Celsus-Origenes-Stelle von Melanchthon.

XVI. Vom weltlichen Regiment.

bus credentium; ceterum non solum externas politias approbare, sed nos etiam subiicere illis, sicut necessari subditi sumus legibus temporum, vicibus hiemis et aestatis tamquam divinis ordinationibus. Evangelium prohibet vindictam privatam, idque hoc consilio Christus toties inculcat, ne apostoli putarent se imperia debere istis eripere, qui alioqui tenebant, sicut Iudaei de regno Messiae somniabant, sed ut scirent se de regno spirituali docere oportere, non mutare civilem statum. Itaque privata vindicta non consilio, sed praecepto prohibetur Matth. 5. et Rom. 12. Publica, quae fit ex officio magistratus, non dissuadetur, sed praecipitur, et est opus Dei, iuxta Paulum Rom. 13. Iam publicae vindictae species sunt iudicia, supplicia, bella, militia. De his rebus quam male iudicaverint multi scriptores, constat, quia in hoc errore fuerunt evangelium externam quandam, novam et monasticam politiam esse, nec viderunt evangelium cordibus afferre iustitiam aeternam, foris autem probare statum civilem.

predigt Vergebung der Sünde, und daß das geistlich Reich und ewig Leben in Herzen der Gläubigen anfähet. Das Evangelium aber läßt nicht allein bleiben dieselbigen äußerlichen Politien, Weltregiment und Ordnung, sondern will auch, daß wir sollen gehorsam sein, gleichwie wir in diesem zeitlichen Leben gehorsam und unterworfen sein sollen und müssen gemeinem Lauf der Natur als Gottes Ordnung, wir lassen es Winter und Sommer werden 2c., das hindert nichts am geistlichen Reich. Das Evangelium verbeut allein privatam vindictam, daß niemand der Oberkeit in ihr Amt greife. Und das zeigt Christus darum so ofte an, daß die Aposteln nicht dächten, sie sollten Weltherren werden und die Königreiche und Oberkeit denjenigen nehmen, die die Zeit in Herrschaften waren, wie denn die Jüden vom Reich des Messiä gedachten, sondern daß sie wüßten, daß ihr Amt wäre zu predigen vom geistlichen Reich, nicht einiges Weltregiment zu verändern. Derhalben ist das Gebot, da Christus verbeut sich selbst zu rächen, nicht allein ein Rat, sondern ein ernst Gebot, Matth. am 5. und Röm. 12. Die Rache aber und Strafe des Argen, so von der Oberkeit geschiehet, ist damit nicht verboten, sondern vielmehr geboten. Denn es ist Gottes Werk, wie Paulus Röm. am 13. sagt. Dieselbige Rache geschiehet, wenn man Übeltäter strafet, Krieg führet um gemeines Friedes willen, des Schwerts, der Pferd und Harnisch braucht 2c. Von den Dingen haben etliche Lehrer solche schädliche Irrtume gelehret, daß gar nahe alle Fürsten, Herren, Ritter, Knechte ihren Stand für weltlich, ungöttlich und verdammt gehalten 2c. Und ist nicht wohl mit Worten auszureden, was unsägliche Fahr und Schaden der Seelen und Gewissen daraus geursacht. Denn man hat gelehret, als sei das Evangelium und die christliche Lehre eitel Möncheleben, und haben nicht gesehen, daß das Evangelium lehret, wie man für Gott und im Gewissen von der Sünde, Hölle, dem Teufel erlöset wird, und läßt auswendig der Welt ihr Regiment in äußerlichen Dingen.

Vanissimum et hoc est, quod sit perfectio christiana non tenere proprium. Nam perfectio christiana est sita non in contemptu civilium ordinationum, sed in motibus cordis, in magno timore Dei, in magna fide, sicut Abraham, David, Daniel, etiam in magnis opibus atque in imperiis non minus perfecti erant, quam ulli eremitae. Sed monachi multi externam hypocrisin offuderunt oculis hominum, ne videri posset, in quibus rebus sit vera perfectio. Quibus laudibus vexerunt communionem rerum quasi evangelicam! At hae laudes plurimum habent periculi, praesertim cum longe dissentiant a scripturis. Scriptura enim non praecipit, ut res sint communes, sed lex Decalogi, cum inquit: Non furtum facies, dominia distinguit, et suum quemque tenere iubet. Plane furebat Vuiglefus, qui negabat licere sacerdotibus

So ist das auch ein lauter Lügen und Betrug gewesen, daß sie gelehret haben unverschamt, daß die christliche Vollkommenheit stehe darinne, daß man nichts Eigens habe. Denn christliche Vollkommenheit stehet nicht darinne, daß ich mich äußerlich fromm stelle und von dem Weltwesen mich absondere, sondern der Glaub und rechte Gottesfurcht im Herzen ist die Vollkommenheit. Denn Abraham, David, Daniel sind in königlichem Stande, großen Fürstenräten und Ämtern gewesen, haben auch große Reichtümer gehabt, und sind doch heiliger, vollkommener gewesen, denn je ein Mönch oder Karthäuser ist auf Erden kommen. Aber die Mönche, sonderlich Barfüßer, haben den Leuten ein Schein für den Augen gemacht; darüber hat niemands gewußt, worinne die rechte Heiligkeit stünde. Denn wie hoch evangelisch, wie für große Heiligkeit haben die Mönche allein dieses gerühmet, daß man

12 (64) tenere proprium[1]. Sunt infinitae disputationes de contractibus[2], de quibus nunquam satisfieri bonis conscientiis potest, nisi sciant hanc regulam, quod christiano liceat uti civilibus ordinationibus ac legibus. Haec regula tuetur conscientias, cum docet eatenus licitos esse contractus coram Deo, quatenus eos magistratus seu leges approbant.

nicht Eigens haben sollt, daß man sollt willig arm sein? Aber dasselbige sind gar schädliche Lehre, nachdem die Schrift nichts davon meldet, sondern stracks dawider lehret. Die zehen Gebot Gottes sagen klar: „Du sollt nicht stehlen." Da läßt ja Gott nach, daß ein jeder das Seine habe. In diesem Stücke hat Wiclefus gar gewütet, da er hat darauf gedrungen, kein Bischof noch Pfaffe sollt Eigens haben. So sind unzählige, verworrene Disputation von Contracten, da christliche Gewissen nimmermehr können gestillet werden, sie sind denn dieses nötigen Stückes unterricht, daß ein Christ mit gutem Gewissen sich halten mag nach Landrecht und Gebrauch. Denn dieser Unterricht errettet viel Gewissen, da wir lehren, daß die Contract sofern für Gott ohne Fahr sein, sofern sie in gemeinen Rechten und Landgebräuchen, (welche den Rechten gleich gelten), angenommen sein.

13 (65) Hic totus locus rerum politicarum a nostris ita patefactus est, ut plurimi boni viri, qui versantur in republica et in negotiis, praedicaverint se magnopere adiutos esse. qui antea monachorum opinionibus vexati dubitabant, utrum illa civilia officia et negotia evangelium permitteret. Haec ideo recitavimus, ut etiam exteri intelligant hoc doctrinae genere, quod nos sequimur, non labefactari, sed multo magis muniri auctoritatem magistratuum et dignitatem omnium ordinationum civilium, quarum rerum magnitudo fatuis illis opinionibus monasticis mirifice antea fuit obscurata, quae longe praeferebant hypocrisin paupertatis et humilitatis politiae et oeconomiae, cum hae mandatum Dei habeant[3], illa communio Platonica non habeat mandatum Dei.

Dieser hohe nötige Artikel, nämlich von Oberkeit, von Weltgesetzen, ist von den Unsern ganz klar und richtig geben, also, daß viel große, hohe, ehrbare Leute, die nach ihrem Stand mit Regimenten müssen umgehen und in großen Händeln sein, bekennen, daß ihre Gewissen merklichen Trost empfangen haben, welche zuvor durch solche Irrtume der Mönche unsägliche Qual erlitten und in Zweifel stunden, ob ihre Stände auch christlich wären, und ob das Evangelium solches nachließe. Dieses haben wir darum erzählt, daß auch die Fremden, Feind und Freund, verstehen mügen, daß durch diese Lehre die Oberkeit, Landregiment, kaiserliche Recht und andere nicht niedergestoßen, sondern vielmehr hoch gehaben und geschützt wird, daß auch diese Lehre erst recht Unterricht gibet, wie ein herrlich groß Amt, voll christlicher guter Werke, das Amt der Regiment ist 2c.

Welches alles zuvor durch die heuchelische Mönchslehre für sündliche weltliche Stände, Leben und Wesen zu unsäglicher Fährlichkeit des Gewissens gehalten ist worden. Denn die Mönche haben solche Heuchelei erdichtet, ihr Demut und Armut viel höher gerühmet und gehalten, denn Fürsten und Herren, Vater, Mutter, Hausvaterstand; so doch diese Stände Gottes Worts Befehl haben, die Möncherei kein Befehl Gottes hat.

⟨Art. XVII. De Christi Reditu ad Iudicium.⟩

⟨Art. XVII. Von der Wiederkunft Christi zum Gericht.⟩

1 (66) Articulum XVII. recipiunt adversarii sine exceptione[4], in quo confitemur Christum in consummatione mundi appariturum esse, ac mortuos omnes resuscitaturum, et piis aeternam vitam et aeterna gaudia daturum, impios vero condemnaturum esse, ut cum diabolo sine fine crucientur.

Den XVII. Artikel nehmen die Widersacher an, da wir bekennen, daß Christus am jüngsten Tage kommen werde, die Toten auferwecken, den Frommen das ewige Leben und Freude geben, die Gottlosen zu ewiger Pein mit dem Teufel verdammen.

---

1) De ecclesia VIII, S. 176 ff. Loserth. Vgl. auch die 1418 verurteilten Artikel Wiclifs Nr. 32. 39. Mirbt⁴ S. 230.   2) LThK² X, 749 ff. Schwane, Die theol. Lehre über die Verträge. 1871.   3) praeferebant bis habeant] praeferebant politiae et oeconomiae riduculam et vanissimam hypocrisin paupertatis et humilitatis, cum quidem politia et oeconomia habeant mandata Dei. Seit Ed. 1531. 8°.   4) CR 27, 117.

⟨Art. XVIII. De Libero Arbitrio.⟩

Articulum XVIII. recipiunt adversarii de [1] libero arbitrio; etsi quaedam addunt testimonia parum apta ad eam causam. Addunt et declamationem, quod non sit nimium tribuendum libero arbitrio cum Pelagianis, neque omnem ei libertatem adimendam esse cum Manichaeis[1]. Praeclare sane; sed quid interest inter Pelagianos et adversarios nostros, cum utrique sentiant homines sine spiritu sancto posse Deum diligere et praecepta Dei facere quoad substantiam actuum[2], mereri gratiam ac justificationem operibus, quae ratio per se efficit sine Spiritu Sancto? Quam multa absurda sequuntur ex his Pelagianis opinionibus, quae in scholis magna auctoritate docentur! Has Augustinus sequens Paulum magna contentione refutat, cuius sententiam supra in articulo de iustificatione recitavimus[3]. Neque vero adimimus humanae voluntati libertatem Habet humana voluntas libertatem in operibus et rebus deligendis, quas ratio per se comprehendit. Potest aliquo modo efficere iustitiam civilem seu iustitiam operum, potest loqui de Deo, exhibere Deo certum cultum externo opere, obedire magistratibus, parentibus, in opere externo eligendo potest continere manus a caede, ab adulterio, a furto. Cum reliqua sit in natura hominis ratio et iudicium de rebus sensui subiectis, reliquus est etiam delectus earum rerum et libertas et facultas efficiendae iustitiae civilis. Id enim vocat scriptura iustitiam carnis, quam natura carnalis, hoc est, ratio per se efficit sine spiritu sancto. Quamquam tanta est vis concupiscentiae, ut malis affectibus saepius obtemperent homines quam recto iudicio. Et diabolus, qui est efficax in impiis, ut ait Paulus, non desinit incitare hanc imbecillem naturam ad varia delicta. Haec causae sunt, quare et civilis iustitia rara sit inter homines, sicut videmus ne ipsos quidem philosophos eam consecutos esse, qui videntur eam expetivisse. Illud autem falsum est, non peccare hominem, qui facit opera praeceptorum extra gratiam. Et addunt amplius talia opera etiam de congruo mereri[4] remissionem peccatorum ac iustificationem[5]. Nam humana corda sine spiritu sancto sunt sine timore Dei, sine fiducia erga Deum,

⟨**Art. XVIII. Vom freien Willen.**⟩

Den XVIII. Artikel nehmen die Widersacher [1] an vom freien Willen, wiewohl sie etliche Sprüche der Schrift anziehen, die sich zu der Sache nicht reimen. Auch machen sie ein groß Geschrei davon, daß man den freien Willen nicht solle zu hoch heben wie die Pelagianer, so soll man ihm nicht zu viel nehmen mit den Manichäern. Ja alles wohl geredt. Was ist aber für Unterscheid zwischen den Pelagianern und unsern Widersachern, so sie beide lehren, daß die Menschen ohne den heiligen Geist können Gott lieben, Gottes Gebot halten quoad substantiam actuum, das ist, die Werke können sie tun durch natürliche Vernunft, ohne den heiligen Geist, dadurch sie die Gnade Gottes verdienen? Wie viel unzählige Irrtum erfolgen aus dieser pelagianischen Lehre, die sie gleichwohl in ihren Schulen gar stark treiben und predigen! Dieselbigen Irrtum widerficht Augustinus aus Paulo aufs heftigest, welches Meinung wir oben de justificatione gesetzt. Und wir sagen auch, daß die Vernunft etlichermaß einen freien Willen hat. Denn in den Dingen, welche mit der Vernunft zu fassen, zu begreifen sein, haben wir einen freien Willen. Es ist etlichermaß in uns ein Vermügen äußerlich ehrbar zu leben, von Gott zu reden, ein äußerlichen Gottesdienst oder heilige Gebärde zu erzeigen, Oberkeit und Ältern zu gehorchen, nicht stehlen, nicht töten. Denn dieweil nach Adams Fall gleichwohl bleibt die natürliche Vernunft, daß ich Böses und Gutes kenne in den Dingen, die mit Sinnen und Vernunft zu begreifen sein, so ist auch etlichermaß unsers freien Willens Vermögen ehrbar oder unehrbar zu leben. Das nennet die heilige Schrift die Gerechtigkeit des Gesetzes oder Fleisches, welche die Vernunft etlichermaß vermag ohne den heiligen Geist; wiewohl die angeborne böse Lust so gewaltig ist, daß die Menschen öfter derselbigen folgen denn der Vernunft, und der Teufel, welcher, wie Paulus sagt, kräftiglich wirket in den Gottlosen, reizet ohne Unterlaß die arme, schwache Natur zu allen Sünden. Und das ist die Ursache, warum auch wenig der natürlichen Vernunft nach ein ehrbar Leben führen, wie wir sehen, daß auch wenig Philosophi, welche doch darnach heftig sich bemühet, ein ehrbar äußerlich Leben recht geführet haben. Das ist aber falsch und erdicht, daß diejenigen sollten ohne Sünde

---

[1]) CR 27, 118. [2]) Vgl. S. 74 Anm. 2. [3]) s. o. S. 165, 37 ff. [4]) talia *bis*. mereri] talibus operibus necessario deberi. Seit Ed. 1531. 8°. [5]) s. o. S. 162 Anm. 3. 163 A. 1.

non credunt se exaudiri, sibi ignosci, se iuvari et servari a Deo. Igitur sunt impia. Porro arbor mala non potest ferre bonos fructus. Et sine fide impossibile est Deo placere.

Matth. 7, 18.
Ebr. 11, 6.

sein, die solche Werke tun außerhalben der Gnaden, oder daß solche gute Werke de congruo Vergebung der Sunde und Gnade verdienen sollten. Denn solche Herzen, die ohne den heiligen Geist sein, die sind ohne Gottes Furcht, ohne Glauben, Vertrauen, glauben nicht, daß Gott sie erhöre, daß er ihre Sunde vergebe, daß er ihnen in Nöten helfe. Darum sind sie gottlos. Nu kann ein böser Baum nicht gute Frucht tragen, und ohne Glauben kann niemands Gott gefallen.

7 (73)
M 219

Igitur etiamsi concedimus libero arbitrio libertatem et facultatem externa opera legis efficiendi, tamen illa spiritualia non tribuimus libero arbitrio, scilicet vere timere Deum, vere credere Deo, vere statuere ac sentire, quod Deus nos respiciat, exaudiat, ignoscat nobis etc. Haec sunt vera opera primae tabulae, quae non potest humanum cor efficere sine spiritu sancto, sicut ait Paulus: Animalis homo, hoc est, homo tantum naturalibus viribus utens, non percipit ea, quae Dei sunt. Et hoc iudicari potest, si considerent homines, quomodo corda de voluntate Dei sentiant, utrum vere statuant se respici et exaudiri a Deo. Hanc fidem difficile est et sanctis retinere, tantum abest, ut sit in impiis. Concipitur autem, ut supra diximus, cum corda perterrefacta evangelium audiunt et consolationem concipiunt.

1. Kor. 2, 14.

8 (74)

Darum, ob wir gleich nachgeben, daß in unserm Vermügen sei solch äußerlich Werk zu tun, so sagen wir doch, daß der freie Wille und Vernunft in geistlichen Sachen nichts vermag, nämlich das Gott wahrlich glauben, gewiß sich zu verlassen, daß Gott bei uns sei, uns erhöre, unsere Sunde vergebe 2c. Denn das sind die rechten, hohen, edelsten guten Werke der ersten Tafel in zehen Geboten; die vermag kein Menschenherz ohne des heiligen Geistes Licht und Gnade, wie Paulus sagt zu den Korinthern: „Der natürliche Mensch vernimmt nichts vom Geist Gottes." Das ist: ein Mensch, der nicht erleucht ist durch Gottes Geist, vernimmt gar nichts aus natürlicher Vernunft von Gottes Willen oder göttlichen Sachen. Und das empfinden die Menschen, wenn sie ihr Herz fragen, wie sie gegen Gottes Willen gesinnet sein, ob sie auch gewiß dafür halten, daß Gott ihr wahrnehme und sie erhöre. Denn solches gewiß zu gläuben und also auf ein unsichtbaren Gott sich ganz wagen und verlassen, und, wie Petrus sagt, (1. Ep. 1, 8) den Christum, den wir nicht sehen, lieben und groß achten, das kommt auch die Heiligen schwer an; wie sollt es denn in Gottlosen leicht sein? Denn heben wir an recht zu gläuben, wenn unser Herzen erst erschrecket werden und durch Christum wieder aufgericht, da wir durch den heiligen Geist neu geboren werden, wie oben gesagt.

9 (75)

Prodest igitur ista distributio, in qua tribuitur libero arbitrio iustitia civilis, et iustitia spiritualis gubernationi spiritus sancti in renatis. Ita enim retinetur paedagogia, quia omnes homines pariter debent scire, et quod Deus illam civilem iustitiam requirat, et quod aliquo modo praestare eam possimus. Et tamen ostenditur discrimen inter iustitiam humanam et spiritualem, inter philosophicam et doctrinam spiritus sancti, et intelligi potest, ad quid opus sit spiritu sancto. Neque haec distributio a nobis inventa est, sed scriptura clarissime tradit eam. Tractat eam et Augustinus[1], et est recens egregie tractata a Guilelmo Parisiensi[2], sed sceleste obruta est ab

10 (76)
W 214

Darum ists gut, daß man dieses klar unterscheidet, nämlich, daß die Vernunft und frei Wille vermag, etlichermaß äußerlich ehrbar zu leben, aber neu geboren werden, inwendig ander Herz, Sinn und Mut kriegen, das wirket allein der heilige Geist. Also bleibet weltliche äußerliche Zucht; denn Gott will ungeschicktes, wildes, freches Wesen und Leben nicht haben, und wird doch ein rechter Unterscheid gemacht unter äußerlichem Weltleben und Frömmkeit, und der[1] Frömmkeit, die für Gott gilt, die nicht philosophisch äußerlich ist, sondern inwendig im Herzen. Und diese Unterscheid haben wir nicht erdicht, sondern die heilige Schrift setzet solches klar. So handelts auch Augustinus, und ist neulich von Guilielmo

---

[1]) Vgl. die in CA Art. 18 (S. 73, 20) zit. Stelle aus Pseudo=Augustin, **Hypomnesticon** III, 4, 5. MSL 44, 1623.   [2]) Wilhelm Peraldus O. P. († vor 1270 KL² IX, 1798), Summa de virtutibus. De iustitia V. pars in tractatu de quatuor virtutibus cardinalibus. 1492.

⟨Art. XIX. De Causa Peccati.⟩

Articulum XIX. recipiunt adversarii[1], in quo confitemur, quod etsi unus ac solus Deus condiderit universam naturam et conservet omnia, quae existunt, tamen causa peccati sit voluntas in diabolo et hominibus avertens se a Deo, iuxta dictum Christi de diabolo: Cum loquitur mendacium, ex propriis loquitur.

⟨Art. XX. De Bonis Operibus.⟩

In articulo XX. diserte ponunt haec verba, quod reiiciant et improbent hoc, quod dicimus, quod non mereantur homines remissionem peccatorum bonis operibus[2]. Hunc articulum clare praedicant se reiicere et improbare. Quid in re tam manifesta dicendum est? Hic aperte ostendunt architecti confutationis, quo spiritu agantur. Quid est enim certius in ecclesia, quam quod remissio peccatorum contingat gratis propter Christum, quod Christus sit propitiatio pro peccatis, non nostra opera. sicut Petrus inquit: Huic omnes prophetae perhibent testimonium, in nomine ipsius accipere remissionem peccatorum omnes, qui credunt in eum. Huic ecclesiae prophetarum assentiamur potius, quam istis perditis scriptoribus confutationis, qui tam impudenter blasphemant Christum. Nam etiamsi qui fuerunt scriptores, qui senserunt post remissionem peccatorum homines iustos esse coram Deo, non fide, sed ipsis operibus, tamen hoc non senserunt, quod ipsa remissio peccatorum contingat propter opera nostra, non gratis propter Christum.

⟨Art. XIX. Von der Ursach der Sunden.⟩

istis, qui somniaverunt homines legi Dei obedire posse sine spiritu sancto, dari autem spiritum sanctum, ut accedat respectus meritorii.

Parisiensi auch fleißig geschrieben und gehandelt. Aber diejenigen, die ihnen selbst erdichten und erträumen, als vermügen die Menschen Gottes Gesetz zu halten ohne den heiligen Geist, und als werde der heilige Geist uns Gnade geben in Ansehung unsers Verdiensts, haben diese nötige Lehre schändlich unterdrückt.

Den XIX. Artikel lassen ihnen die Widersacher gefallen, da wir lehren, daß, wiewohl der einige Gott die ganze Welt und ganze Natur geschaffen hat und alle Stunde alle Kreaturen erhältet, so ist er doch nicht ein Ursach der Sunde, sondern der böse Wille in Teufeln und Menschen, der sich von Gott abkehret, der ist ein Ursach der Sunde, wie Christus sagt von dem Teufel: „Wenn er Lügen redet, so redet er aus seinem Eigen."

⟨Art. XX. Von guten Werken.⟩

Im XX. Artikel setzen sie klar diese Wort, daß sie unsere Lehre verwerfen und verdammen, da wir sagen, daß die Leute durch gute Werke nicht verdienen Vergebung der Sunde. Das merke jedermann wohl: eben den Artikel verdammen und verwerfen sie mit klaren Worten. Was ist nu not in dieser öffentlichen Sachen viel Wort zu machen? Die großen Doctor und Meister der Confutation geben da öffentlich an Tag, was für ein Geist aus ihnen redet. Denn in der christlichen Kirchen ist das kein geringer Artikel, sondern der allerhöchst und Häuptartikel, daß wir Vergebung der Sunde erlangen ohn unsern Verdienst durch Christum, und daß nicht unsere Werke, sondern Christus sei die Versühnung für unsere Sunde, wie Petrus sagt: „Dem Jesu geben Zeugnis alle Propheten, daß wir Vergebung der Sunde erlangen, alle, die an ihnen gläuben." Solch stark Zeugnis aller heiligen Propheten mag billig ein Beschluß heißen der catholice christlichen Kirchen. Denn auch ein einiger Prophet gar groß bei Gott geacht und ein Weltschatz ist. Derselbigen heiligen Kirchen und dem einträchtigen Munde aller Propheten sollen wir billiger gläuben, denn den heillosen gottlosen Sophisten, so die Confutation gemacht haben und Christum so unverschamt lästern. Denn wiewohl etliche Lehrer also auch davon geschrieben, daß wir hernach, wenn uns die Sunde vergeben ist, nicht durch den Glauben, sondern durch unsere eigen

---

[1] CR 27, 120.   [2] CR 27, 121.

Werk Gnade erlangen, so haben sie doch das nicht gehalten, daß die Vergebung der Sünde an ihr selbst um unser Werk willen uns widerfahre, und nicht um Christus willen.

4 (81) Non ferenda est igitur blasphemia tribuere honorem Christi nostris operibus. Nihil pudet iam istos theologos, si talem sententiam in ecclesia audent ferre. Neque dubitamus, quin optimus Imperator ac plerique Principum hunc locum nullo modo fuerint in confutatione relicturi, si essent admoniti. 5 (82) Infinita hoc loco testimonia ex scriptura, ex patribus citare possemus. Verum et supra satis multa de hac re diximus. Et nihil opus est pluribus testimoniis illi, qui scit, quare Christus nobis donatus sit, qui scit Christum esse propitiationem pro peccatis nostris. Esaias inquit: Posuit Dominus in eo iniquitates omnium nostrum. Adversarii contra docent Deum ponere iniquitates nostras non in Christo, sed in nostris operibus. Neque hic dicere libet, qualia opera doceant. 6 (83) Videmus horribile decretum contra nos compositum esse, quod magis terreret nos, si de ambiguis aut levibus rebus contenderemus. Nunc cum conscientiae nostrae intelligant damnari ab adversariis manifestam veritatem, cuius propugnatio ecclesiae necessaria est et amplificat gloriam Christi, facile terrores mundi contemnimus, et ingenti animo, si quid erit patiendum, propter gloriam Christi, propter utilitatem ecclesiae feremus. 7 (84) Quis non gaudeat mori in confessione horum articulorum, quod remissionem peccatorum fide consequamur gratis propter Christum, quod operibus nostris non mereamur remissionem peccatorum? 8 (85) Nullam habebunt satis firmam consolationem conscientiae piorum adversus terrores peccati et mortis et adversus diabolum sollicitantem ad desperationem, si non sciant, se debere statuere, quod gratis propter Christum habeant remissionem peccatorum. Haec fides sustentat et vivificat corda in illo asperrimo certamine desperationis.

Darum ist es ein greulich Gotteslästerung, die Ehre Christi also unsern Menschenwerken zu geben. Und wir vertrösten und versehen uns zu kaiserl. Majestät und auch andern Fürsten dieser kaiserlichen, fürstlichen Tugend, daß sie so öffentliche Unwahrheit und Ungrund, dadurch für aller Welt Gott und das Evangelium gelästert wird, in keinen Weg würden in der Confutation, wenn sie verwarnet wären, gelassen haben. Denn daß dieser Artikel gewißlich göttlich und wahr ist, und daß dies die heilige göttliche Wahrheit sei, könnten wir hie gar nahe unzählige Sprüche der Schrift fürbringen, auch aus den Vätern. Und ist gar nahe keine Syllabe, kein Blatt in der Bibel, in den fürnehmsten Büchern der heiligen Schrift, da das nicht klar gemeldet wäre. Wir haben oben auch viel von diesen Stücken gesagt, und gottfürchtige, fromme Herzen, die da wohl wissen, warum Christus geben ist, die da nicht für aller Welt Güter und Königreiche entbehren wollten, daß Christus nicht unser einiger Schatz, unser einiger Mittler und Versühner wäre, die müssen sich hie entsetzen und erschrecken, daß Gottes heilig Wort und Wahrheit so öffentlich von armen Menschen verachtet und verdammet wird. Esaias der Prophet sagt: „Der Herre hat auf ihnen gelegt unser aller Sünde." Die Widersacher aber lügenstrafen Esaiam und die ganze Bibel und Schrift und sagen, er hab unser Sünde auf uns und unsere Werke und bettelische Gnugtuung gelegt. Ich will dennoch hie schweigen der kindischen Werke, Rosenkränz, Wallfahrten, etc. und dergleichen etc. Wir sehen gar wohl die ernstliche Mandat und das kaiserliche Edikt wider uns und unsere Lehre ausgangen; des sollten wir billig erschrecken, wenn wir von leichten geringen Sachen oder von Sachen, die in Zweifel stünden, zu handeln hätten. Nachdem wir aber (Gott Lob) durch Gottes Wort in unsern Herzen und Gewissen des ganz ohn allen Zweifel für Gott gewiß sein, daß die

Widersacher verdammen die öffentliche göttliche Wahrheit und die rechte, christliche, selige, heilige Lehre, ohn welche kein christliche Kirche irgend sein kann, welche ein jeder Christ, sofern sein Leib und Leben reicht, schuldig ist zu der Ehre Gottes zu bekennen, zu retten und zu schützen: so lassen wir uns von solcher heilsamer Lehre nicht abschrecken. Denn wer wollt ihm doch nicht wünschen an seinem letzten Ende, daß er in Bekenntnis des Artikels sterben möcht, daß wir Vergebung der Sünde durch den Glauben, ohn unser Verdienst und Werk durch das Blut Christi erlangen? Es gibt die Erfahrung, wie die Mönche selbs bekennen müssen, daß sich die Gewissen nicht lassen stillen noch zufrieden bringen, denn durch den Glauben an Christum. Und die Gewissen können kein rechten, beständigen Trost haben in den großen Ängsten an der Todesstunde und in Anfechtung wider das große Schrecken des Todes, der Sünde, wenn sie nicht an die Zusage der Gnade in Christo sich

halten. Auch können sie keinen beständigen Trost haben wider den Teufel, welcher denn
erst stark die Herzen dränget und ängstet, zur Verzweifelung reizet, und alle unser Werk
in einem Augenblick wie den Staub hinweg bläset, wenn sie nicht an dem Evangelio, an
dieser Lehre fest halten, daß wir ohn unsern Verdienst durch das teur Blut Christi Ver‑
gebung der Sunde erlangen. Denn der Glaub allein erquicket und erhält uns in dem großen
Todeskampf, in den großen Angsten, wenn keine Kreatur helfen kann, ja wenn wir außer‑
halb dieser ganzen sichtlichen Kreatur von dannen in ein ander Wesen und Welt sollen ab‑
scheiden und sterben.

Digna igitur causa est, propter quam nullum recusemus periculum. „Tu ne cede malis, sed contra audentior ito"[1], quisquis assentiris confessioni nostrae, cum adversarii terroribus, cruciatibus, suppliciis conantur excutere tibi tantam consolationem, quae universae ecclesiae in hoc nostro articulo proposita est. Non deerunt quaerenti testimonia scripturae, quae confirmabunt animum. Nam Paulus tota voce, ut dicitur, clamitat Rom. 3. et 4., gratis remitti peccata propter Christum. Ideo inquit: Ex fide iustificamur, et gratis, ut firma sit promissio. Id est, si ex nostris operibus penderet promissio, non esset firma. Si propter nostra opera daretur remissio peccatorum, quando sciremus eam nos consecutos esse, quando reperiret opus conscientia territa, quod statueret ad placandam iram Dei sufficere? Sed supra de tota re diximus[2]. Inde lector sumat testimonia. Nam hanc non disputationem, sed querelam indignitas rei nobis expressit, quod hoc loco diserte posuerunt se improbare hunc nostrum articulum, quod remissionem peccatorum consequamur non propter opera nostra, sed fide et gratis propter Christum.

Darum ist es eine Sache, die wahrlich der Rede wert ist, um welcher willen ein jeder Christ von Herzen gern alles wagen und in Fahr setzen soll. Darum alle diejenigen, so dieser unser Confession anhangen, dürfen sich nicht schrecken oder irren lassen, sondern mügen in aller Freudigkeit auf Gott und den Herrn Christum es getrost und fröhlich wagen und diese öffentliche Wahrheit wider alle Welt, Tyrannei, Zorn, Dräuen, Schrecken, auch wider alles tyrannisch täglich Morden und Verfolgen fröhlich bekennen. Denn wer wollt ihm doch solchen großen, ja ewigen Trost, daran der ganzen christlichen Kirchen alles Heil gelegen ist, nehmen lassen? Wer die Bibel in die Hand nimmt und mit Ernst liest, der merkt bald, daß allenthalben in der Schrift diese Lehre gegründet ist. Denn Paulus sagt klar zun Röm. am 3. und 4., daß die Sunde ohne Verdienst um Christus willen vergeben werden, darum sagt er: „Wir werden gerecht durch den Glauben ohn Verdienst, daß die Verheißung fest stehe." Das ist, so die Verheißung aus unsern Werken wäre, so wäre sie nicht fest. Und wenn die Gnade oder Vergebung der Sunde geben würde um unser Werke willen, wenn würden wir denn gewiß, daß wir Gnade erlanget hätten? Wenn wollt das Gewissen ein solch Werk finden, das gnug wäre Gottes Zorn zu versühnen? Wir haben hie oben davon gnug gesagt; da mag ein jeder Sprüche der Schrift, so diese Lehre gründen, suchen. Denn an diesem Ort hat mich bewegt so heftig zu klagen die greuliche, unverschämte, übermachte, fürgewachte Bosheit der Widersacher, da sie mit klaren Worten setzen, daß sie diesen Artikel verwerfen, daß wir Vergebung der Sunde erlangen nicht durch unser Werk, sondern ohn Verdienst durch den Glauben an Christum.

Adversarii etiam addunt testimonia suae condemnationi. Et operae pretium est unum atque alterum recitare. Allegant ex Petro: Studete firmam facere vocationem vestram etc.[3] Iam vides, lector, adversarios nostros non perdidisse operam in discenda dialectica, sed habere artificium ratiocinandi ex scripturis prorsus quidquid libet. Facite firmam vocationem vestram per bona opera. Igitur opera merentur remissionem peccatorum. Sane concinna erit argu‑

Die Widersacher führen auch etliche Sprüche der Schrift ein, warum sie diesen Artikel verdammen. Nämlich bringen sie den Spruch Petri herfür: „Fleißet euch, euren Beruf fest zu machen durch gute Werk 2c." Da siehet jedermann, daß unsere Widersacher ihr Geld nicht übel angelegt, da sie Dialecticam studiert haben. Denn sie mügen die Sprüche der Schrift gereimt, ungereimt, schließlich, unschließlich, wie sie wöllen, und wie es ihnen gefällt, einführen. Denn also schließen sie: Petrus sagt:

---

[1]) Vergil, Aeneis VI, 95.   [2]) S. 167, 54 ff.   [3]) CR 27, 112.

mentatio, si quis sic ratiocinetur de reo capitalis poenae, cui poe¹na remissa est: Magistratus praecipit, ut in posterum abstineas ab alieno. Igitur per hoc meritus es condonationem poenae, quod nunc ab alieno abstines. Sic argumentari est ex non causa causam facere. Nam Petrus loquitur de operibus sequentibus remissionem peccatorum et docet, quare sint facienda, scilicet ut sit firma vocatio, hoc est, ne vocatione sua excidant, si iterum peccent. Facite bona opera, ut perseveretis in vocatione, ne amittatis dona vocationis, quae prius contigerunt, non propter sequentia opera, sed iam retinentur fide, et fides non manet in his, qui amittunt spiritum sanctum, qui abiiciunt poenitentiam, sicut supra diximus¹, fidem existere in poenitentia.

"Fleißet euch durch gute Werk, euren Beruf fest zu machen", darum verdienen wir durch Werke Vergebung der Sünde. Es ist wahrlich ein feine Argumentation, als wenn einer spräche von einem Beklagten im Halsgericht, welchem das Leben gefristet wäre: der Richter hat geboten, daß der forthin sich solcher Übeltat soll enthalten, darum so hat er verdienet mit solchem Enthalten, daß ihm das Leben gefristet ist. Also argumentieren, das heißt ex non causa causam machen. Denn Petrus redet von guten Werken und Früchten, die da folgen dem Glauben, und lehret, warum man sie tun solle, nämlich daß wir unsern Beruf fest machen, das ist, daß wir nicht wiederum vom Evangelio fallen, wenn wir wiederum sündigten. Will sagen: Tut gute Werke, daß ihr bei dem Evangelio, bei eurem himmlischen Beruf bleibet, daß ihr nicht wiederum abfallet, kalt werdet, verlieret Geist und Gaben, die euch aus Gnaden durch Christum widerfahren sind, nicht um der folgenden Werke willen. Denn in dem Beruf bleibet man fest durch den Glauben, und der Glaube und heilige Geist bleibet in denjenigen nicht, die sündlich Leben führen.

Addunt alia testimonia non melius cohaerentia. Postremo dicunt hanc opinionem ante mille annos Augustini tempore damnatam esse². Id quoque falsissimum est. Semper enim ecclesia Christi sensit remissionem peccatorum gratis contingere. Imo Pelagiani damnati sunt, qui gratiam propter opera nostra dari contendebant³. Ceterum supra satis ostendimus, quod sentiamus bona opera necessario sequi debere fidem. Non enim abolemus legem, inquit Paulus, sed stabilimus, quia cum fide accepimus spiritum sanctum, necessario sequitur legis impletio, qua subinde crescit dilectio, patientia, castitas et alii fructus Spiritus.

Der Sprüche und Zeugnis setzen sie mehr, die sich eben so wohl reimen. Dazu dürfen sie sagen, daß diese Meinung für tausend Jahren zu Augustinus Zeiten verdammet sei. Das ist nicht wahr, sondern eine Lügen. Denn die christliche Kirche hat allzeit gehalten, daß Vergebung der Sünde ohn Verdienst uns widerfahre, und die Pelagiani sind darum verdammt, die da sagten, die Gnade würde uns geben um unser Werk willen. Wir haben oben gnug angezeigt, daß wir auch lehren, daß wo Glaub ist, da sollen gute Früchte und gute Werke folgen. Denn "wir tun das Gesetz nicht ab, sondern richten es auf", wie Paulus sagt. Denn wenn wir durch Glauben den heiligen Geist empfangen haben, so folgen gute Früchte, da nehmen wir denn zu in der Liebe, in Geduld, in Keuschheit und andern Früchten des Geistes.

⟨Art. XXI.⟩ De Invocatione Sanctorum.

⟨Art. XXI.⟩ Von Anrufen der Heiligen.

Articulum XXI. simpliciter damnant, quod invocationem sanctorum non requirimus⁴. Nec ullo in loco prolixius rhetoricantur. Neque tamen aliud quidquam efficiunt, quam sanctos honorandos esse, item sanctos, qui vivunt, orare pro aliis: quasi vero propterea necessaria sit invocatio mortuorum sanctorum. Al-

Den einundzwanzigsten Artikel verdammen die Widersacher ganz, daß wir von Anrufen der Heiligen nichts lehren, und sie handeln kein Stück so gar mit weitläuftigem Geschwätze und richten doch nichts aus, denn daß sie sagen, man solle die Heiligen ehren. Item sie probieren, die lebendigen Heiligen beten einer für den andern; daraus schließen

---

¹) S. 188₁₄ff. 227₇ff. Z. 14 ff. wird zit. FC S. 948₁₂ff. ²) CR 27, 123. ³) Auf Synoden von Karthago und Mileve 416 und dem Konzil von Ephesus 431. ⁴) CR 27, 123—128.

XXI. Von Anrufen der Heiligen.

legant Cyprianum, quod vivum Cornelium rogaverit, ut discedens pro fratribus oret¹. Hoc exemplo probant mortuorum invocationem. Citant et Hieronymum contra Vigilantium : In hac arena, inquiunt, ante mille et centum annos vicit Hieronymus ¹ Vigilantium². Sic triumphant adversarii, quasi iam sit debellatum. Nec vident isti asini, apud Hieronymum contra Vigilantium nullam exstare syllabam de invocatione. Loquitur de honoribus sanctorum, non de invocatione³. Neque reliqui veteres scriptores ante Gregorium fecerunt mentionem invocationis⁴. Certe haec invocatio cum his opinionibus, quas nunc docent adversarii de applicatione meritorum, non habet testimonia veterum scriptorum.

Confessio nostra probat honores sanctorum. Nam hic triplex honos probandus est. Primus est gratiarum actio. Debemus enim Deo gratias agere, quod ostenderit exempla misericordiae, quod significaverit se velle salvare homines, quod dederit doctores aut alia dona ecclesiae. Et haec dona, ut sunt maxima, amplificanda sunt, et laudandi ipsi sancti, qui his donis fideliter usi sunt, sicut Christus laudat fideles negotiatores. Secundus cultus est confirmatio fidei nostrae; cum videmus Petro condonari negationem, erigimur et nos, ut magis credamus, quod vere gratia exuberet supra peccatum. Tertius honos est imitatio

sie, daß man die toten Heiligen solle und müsse anrufen. Sie ziehen an Cypria¹num, der hab Cornelium, da er noch gelebet, gebeten, daß er, wenn er gestorben wäre, für die Brüder bitten wollte. Damit beweisen sie, daß man die toten Heiligen müsse anrufen. Auch ziehen sie an Hieronymum wider Vigilantium, und sagen: In dieser Sache hat vor tausend Jahren Hieronymus Vigilantium überwunden. Also gehen sie überhin, meinen, sie haben weit gewonnen, und sehen die groben Esel nicht, daß im Hieronymo wider Vigilantium keine Syllabe stehet von Anrufen der Heiligen. Hieronymus redet nicht von anrufen der Heiligen, sondern von Heiligen ehren. Auch so haben die alten Lehrer vor Gregorius Zeiten des Anrufens der Heiligen nicht gedacht. Und die Anrufung der Heiligen, wie auch die applicatio des Verdiensts der Heiligen, davon die Widersacher lehren, hat gar kein Grund in der Schrift.

In unser Confession leugnen wir nicht, daß man die Heiligen ehren soll. Denn dreierlei Ehre ist, damit man die Heiligen ehret. Für das erst, daß wir Gott danksagen, daß er uns an den Heiligen Exempel seiner Gnaden hat dargestellet, daß er hat Lehrer in der Kirchen und andere Gaben geben, und die Gaben, weil sie groß sein, soll man sie hoch preisen, auch die Heiligen selbst loben, die solcher Gaben wohl gebraucht haben, wie Christus im Evangelio lobet die treuen Knechte. Die andere Ehre, so wir den Heiligen tun mügen, daß wir an ihrem Exempel unsern Glauben stärken, als wenn ich sehe, daß Petro aus so reicher Gnade die Sünde vergeben ist, da er Chri-

W 218

3

4

5 Matth. 25, 21. 23.

6 Röm. 5, 20.

De invocatione sanctorum. Concedimus angelos et sanctos in coelis apud Deum orare pro ecclesia, sicut et scriptura dicit, quod gaudium sit angelis super peccatore poenitentiam agente. Sed hoc nihil facit ad invocationem, invocatio incerta et periculosa est. Nulla enim habet testimonia scripturae. Ideo eam non recipimus.

Nec patimur aequari sanctorum honorem cum honore Christi. Unus Christus talis est intercessor ac mediator, ut sit propitiator. Alii sancti non sunt propitiatores. Mandatum et promissionem de Christo habemus: Quicquid petieritis patrem in nomine meo, dabit vobis.

Itaque in nomine Christi debemus invocare, illum pontificem et placatorem patri ostendere, hic honor nullo modo debet transferri ad alios sanctos.

---

¹) CR 27, 126. Cyprian an Cornelius Ep. 60, 5. MSL 3, 863A. CSEL III, 2, 695 7. ²) CR 27, 124. Vigilantius, Presbyter in Aquitanien, wandte sich Anf. des 5. Jh. gegen den Kult der Märtyrer und ihrer Reliquien. ³) Contra Vigilantium 5. 7. MSL 23, 343. 345. ⁴) Man pflegte in der alten Kirche zwischen λατρεία Gott gegenüber und dem cultus der Heiligen (Augustin) oder zwischen λατρεία und δουλία wie auch im Mittelalter (Petr. Lomb. Sent. III, 9, 1. MSL 92, 776. Thomas STh. II, 2. q. 3. a. 3) oder ähnlich zu unterscheiden. Lucius, Die Anfänge des Heiligenkults in der christlichen Kirche. 1904. S. 331 ff. J. P. Kirsch, Die Lehre v. d. Gemeinsch. d. Heiligen im christl. Altertum. 1900. S. 180 ff

primum fidei, deinde ceterarum virtutum, quas imitari pro sua quisque vocatione debet. Hos veros honores non requirunt adversarii. Tantum de invocatione, quae etiamsi nihil haberet periculi, tamen non est necessaria, rixantur.

stum verleugnet, wird mein Herz und Gewissen gestärkt, daß ich gläube, daß die Gnade mächtiger sei denn die Sünde. Für das dritte ehren wir die Heiligen, wenn wir ihres Glaubens, ihrer Liebe, ihrer Geduld Exempel nachfolgen, ein jeder nach seinem Beruf. Von dieser rechten Ehre der Heiligen reden die Widersacher gar nichts; allein von dem Anrufen der Heiligen, welches, wenn es auch ohn Fährlichkeit der Gewissen wäre, doch nicht not ist, da zanken sie von.

8 Praeterea et hoc largimur, quod angeli orent pro nobis. Exstat enim testimonium Zachariae 1., ubi angelus orat: Domine exercituum, usque quo tu non 9 misereberis Ierusalem etc.?¹ De sanctis etsi concedimus quod, sicut vivi orant pro ecclesia universa in genere, ita in coelis orent pro ecclesia in genere, tametsi testimonium nullum de mortuis orantibus exstat in scripturis, praeter illud somnium sumptum ex libro Machabaeorum posteriore.

Darüber so geben wir ihnen nach, daß die Engel für uns bitten. Denn Zach. am 1. stehet geschrieben, daß der Engel bitt: „Herr Zebaoth, wie lang willt du dich nicht erbarmen über Jerusalem?" Und wiewohl wir nachgeben, daß, gleichwie die lebendigen Heiligen für die ganze Kirche bitten ingemein oder in genere, also mügen für die ganze Kirchen die Heiligen im Himmel bitten ingemein, in genere. Doch hat solchs kein Zeugnis in der Schrift, denn allein den Traum, der genommen ist aus dem andern Buch Maccabaeorum.

10 Porro ut maxime pro ecclesia orent sancti, tamen non sequitur, quod sint invocandi. Quamquam confessio nostra hoc tantum affirmat, quod scriptura non doceat sanctorum invocationem, seu petere a sanctis auxilium². Cum autem neque praeceptum neque promissio neque exemplum ex scripturis de invocandis sanctis afferri possit, sequitur conscientiam nihil posse certi de illa invocatione habere. Et cum oratio debeat ex fide fieri, quomodo scimus, quod Deus approbet illam invocationem? Unde scimus sine testimonio scripturae, quod sancti intelligant 11 singulorum preces? Quidam plane tribuunt divinitatem sanctis, videlicet quod tacitas cogitationes mentium in nobis cernant. Disputant de matutina et vespertina cognitione³, fortassis, quia dubitant, utrum mane an vesperi audiant. Haec comminiscuntur, non ut sanctos honore afficiant, sed ut quaestuosos cultus de-

Weiter, ob die Heiligen gleich beten für die Kirchen, so folget doch daraus nicht, daß man die Heiligen solle anrufen. Wiewohl unser Confession allein dies setzet: in der Schrift stehet nichts von dem Anrufen der Heiligen oder daß man Hilf suchen solle bei den Heiligen. So man nu weder Gebot noch Zusage noch Exempel aus der Schrift mag fürbringen, so folget, daß kein Herz noch Gewissen darauf sich verlassen kann. Denn dieweil ein jeglich Gebet soll aus dem Glauben geschehen, woher will ich denn wissen, daß Gott ihm gefallen läßt Anrufen der Heiligen, wenn ich nicht Gottes Wort davon habe? Wodurch werde ich gewiß, daß die Heiligen mein Gebet und eines jeden besondern hören? Etliche machen schlechts Götter aus den Heiligen und sagen, sie können unser Gedanken wissen und uns ins Herz sehen. Dasselbige erdichten sie nicht, daß sie damit die Heiligen ehren, sondern daß sie ihre Kretzschmerei⁴ und Jahr-

---

¹) Zit. Conf. CR 27, 125. Luthers Koburger Sermon von den Engeln 1530 nennt als Aufgabe der Engel: „Das Ärgste zum Besten wenden, alles wohl auslegen, trösten, raten, helfen, schützen und lehren" WA XXXII 119₂₂. ²) S. 83 b, ₂. ³) Scholastische, Augustin De genesi ad litteram IV, 24. 29—32. MSL 34, 313. 315 ff. CSEL 28 I; 123. 127 ff. entnommene Unterscheidung der Erkenntnis der Engel. Cognoscit enim angelus res vel in creatore sive in verbo aut in creatura, sive cognoscat in seipso angelo per species concreatas sive in propriis generibus per species a rebus receptas. Prima cognitio est supernaturalis et beatifica et in lumine gloriae, secunda est naturalis in lumine naturae … Prima cognitio in verbo vocatur matutina, secunda dicitur vespertina. Biel, Sacri canonis missae expositio (1488) Lect. 31 CD. ⁴) Geldgeschäfte.

fendant. Nihil afferri potest ab adversariis contra hanc rationem, quod cum invocatio non habeat testimonium ex verbo Dei, non possit affirmari, quod sancti intelligant invocationem nostram, aut, ut maxime intelligant, quod Deus eam approbet. Quare adversarii non debebant nos ad rem incertam cogere, quia oratio sine fide non est oratio. Nam quod allegant ecclesiae exemplum, constat novum hunc in ecclesia morem esse; nam veteres orationes, etsi mentionem sanctorum faciunt, non tamen invocant sanctos[1]. Quamquam etiam illa nova invocatio in ecclesia dissimilis est invocationi singulorum.

Deinde adversarii non solum invocationem in cultu sanctorum requirunt, sed etiam applicant merita sanctorum pro aliis, et faciunt ex sanctis non solum deprecatores, sed etiam propitiatores. Id nullo modo ferendum est. Nam hic prorsus transfertur in sanctos proprius honor Christi. Faciunt enim eos mediatores et propitiatores, et quamquam distinguunt de mediatoribus intercessionis et mediatoribus redemptionis[2], tamen plane faciunt ex sanctis mediatores redemptionis. Atque etiam illud dicunt sine testimonio scripturae, quod ut verecundissime dicatur, tamen obscurat officium Christi, et fiduciam misericordiae debitam Christo transfert in sanctos. Fingunt enim homines Christum duriorem esse et sanctos placabiliores, et magis confidunt misericordia sanctorum, quam misericordia Christi, et fugientes Christum quaerunt sanctos. Ita faciunt ex eis re ipsa mediatores redemptionis.

markt, welcher ihnen Geld trägt, verteidigen. Wir sagen noch wie vor: in Gottes Wort, in der Schrift stehet nichts, daß die Heiligen unser Anrufen verstehen, und ob sie es verstünden, daß Gott ihm solch Anrufen gefallen lasse; so hats je kein Grund. Dawider können die Widersacher nichts aufbringen; darum sollten die Widersacher uns zu ungewissen Dingen nicht zwingen oder dringen, denn ein Gebet ohne Glauben ist nicht ein Gebet. Denn daß sie sagen, die Kirche habe es in Gebrauch, so ist es doch gewiß, daß solches ein neu Brauch in der Kirchen ist, denn die alten Collecten, ob sie wohl der Heiligen gedenken, so rufen sie doch die Heiligen nicht an.

Darüber reden die Widersacher nicht allein von Anrufen der Heiligen, sondern sagen auch, daß Gott der Heiligen Verdienst annehme für unsere Sünde, und machen also aus den Heiligen nicht allein Fürbitter, sondern Mittler und Versühner. Das ist nu gar nicht zu leiden, denn da geben sie die Ehre, so Christo allein gebührt, den Heiligen; denn sie machen aus ihnen Mittler und Versühner. Und wiewohl sie wollen Unterscheid machen unter Mittlern, die für uns bitten, und dem Mittler, der uns erlöset und Gott versühnet hat, so machen sie doch aus den Heiligen Mittler, dadurch die Leute verführet werden, und daß sie sagen, die Heiligen sind Mittler für uns zu bitten, das sagen sie auch ohn alle Schrift, und wenn man schon davon aufs glimpflichst reden will, so wird doch Christus und seine Wohltat durch solche Lehre unterdrückt, und vertrauen da auf die Heiligen, da sie auf Christum vertrauen sollten. Denn sie erdichten ihnen selbst einen Wahn, als sei Christus ein strenger Richter und die Heiligen gnädige gütige Mittler, fliehen also zu den Heiligen, scheuen sich für Christo, wie für einem Tyrannen, vertrauen mehr auf die Güte der Heiligen, denn auf die Güte Christi, laufen von Christo und suchen der Heiligen Hilfe. Also machen sie im Grunde doch mediatores redemptionis aus den Heiligen.

Itaque ostendemus, quod vere faciant ex sanctis non tantum deprecatores, sed propitiatores, hoc est, mediatores redemptionis. Nondum recitamus hic vulgi abusus. De doctorum opinionibus adhuc loquimur. Reliqua etiam imperiti iudicare possunt

Derhalben wollen wir beweisen, daß sie aus den Heiligen machen nicht allein Fürbitter, sondern Versühner und mediatores redemptionis. Wir reden hie noch nicht von groben Mißbräuchen, wie der gemeine Pöfel mit den Heiligen und Wallfahrten öffentlich Abgötterei treibt, wir reden, was

---

[1]) Die Kollekten wenden sich immer an Gott. P. Schorlemmer, Die Kollektengebete 1928. 12 ff. (s. d. Heiligenfeste im Sacramentarium Gregorianum hsg. v. Lietzmann 1921 und im Missale Romanum). Vgl. das Urteil der Sorbonne über die orationes ad sanctos: Lämmer, Vortrid. kath. Theol. 334 f.   [2]) Nam etsi fatetur, unum esse mediatorem redemptionis, Caesarea Maiestas cum tota ecclesia, tamen sunt multi mediatores intercessionis. (Begründet mit Deut. 5, 28. Ex. 17, 9 ff. 32, 31 ff. Apg. 27, 23 u. a.) Conf. CR 27, 127. Lämmer 335 f.

17 In propitiatore haec duo concurrunt: Primum oportet exstare verbum Dei, ex quo certo sciamus, quod Deus velit misereri et exaudire invocantes per hunc propitiatorem. Talis exstat de Christo promissio: Quidquid petieritis patrem in nomine meo, dabit vobis. De sanctis nulla exstat talis promissio. Quare conscientiae non possunt certo statuere, quod per sanctorum invocationem exaudiamur. Itaque invocatio illa non fit ex fide. **18** Deinde mandatum etiam habemus, ut invocemus Christum iuxta illud: Venite ad me, qui laboratis etc., quod certe nobis quoque dictum est. Et Esaias ait 11.: In die illa stabit radix Iesse, in signum populorum, ipsum gentes deprecabuntur. Et Psal. 43: Vultum tuum deprecabuntur omnes divites plebis. Et Psal. 71.: Et adorabunt eum omnes reges terrae. Et paulo post: Orabunt coram eo iugiter. Et Ioh. 5. inquit Christus: Ut omnes honorificent filium, sicut honorificant Patrem. Et Paulus 2. Thess. 2. orans inquit: Ipse autem Dominus noster Iesus Christus et Deus et pater noster exhortetur corda vestra et confirmet vos etc. At de sanctorum invocatione quod possunt adversarii praeceptum, quod exemplum ex scripturis afferre? **19** Alterum est in propitiatore, quod merita ipsius proposita sunt, ut quae pro aliis satisfacerent, quae aliis donentur imputatione divina, ut per ea tamquam propriis meritis iusti reputentur. Ut si quis amicus pro amico solvit aes alienum, debitor alieno merito tamquam proprio liberatur. Ita Christi merita nobis donantur, ut iusti reputemur fiducia meritorum Christi, cum in eum credimus, tamquam propria merita haberemus.

20 Et ex utroque, nempe ex promissione et donatione meritorum, oritur fiducia misericordiae. Talis fiducia promissionis divinae, item meritorum Christi debet afferri ad orandum. Vere enim statuere debemus, et quod propter Christum exaudiamur, et quod ipsius meritis habeamus placatum Patrem.

ihre Gelehrten von diesem Stücke predigen, schreiben und in ihren Schulen lehren. Das ander, als die groben Mißbräuche, können auch unerfahrne grobe Leute urteilen und richten.

Es gehören zwei Stücke zu einem Mittler oder Versühner. Für das erst ein gewiß klar Gottes Wort und Verheißung, daß Gott durch den Mittler erhören will alle, die ihn anrufen. Eine solche göttliche Zusage stehet in der Schrift von Christo: „was ihr werdet bitten den Vater in meinem Namen, das wird er euch geben." Von den Heiligen stehet nirgend in der Schrift ein solch Zusage, darum kann keiner bei sich gewiß schließen, daß er auf Anrufen der Heiligen erhöret werde. Darum ist solch Anrufen nicht aus dem Glauben. Darüber haben wir Gottes Wort und Gebot, daß wir sollen Christum anrufen, da er sagt: „Kommt zu mir alle, die ihr mühselig und beladen seid und ich will euch erquicken." Pf. 43. „Für deinem Angesicht werden anbeten alle Reichen im Volk." Und Pf. 71. „Und werden ihn anbeten alle Könige auf Erden." Und bald hernach: „Sie werden täglich für ihm knien ꝛc." Und Joh. am 5. sagt Christus: „Damit sie alle ehren den Sohn, wie sie ehren den Vater." Item Theff. 2 sagt Paulus, da er betet: „Unser Herr Jesus Christus und Gott unser Vater ermahne euer Herzen und stärke euch." Das sind eitel Sprüche von Christo. Aber von Anrufen der Heiligen können die Widersacher kein Gottes Gebot, kein Exempel der Schrift bringen. Zum andern gehört zu einem Versühner, daß sein Verdienst für ander Leute bezahle, daß seines Verdiensts und Bezahlung andere teilhaftig werden, als hätten sie selbst bezahlt. Als wenn ein gut Freund für den andern Schuld bezahlt, da wird der Schüldiger durch eines andern Bezahlung, als durch sein eigen Bezahlen, der Schuld los. Also wird uns Christi Verdienst geschenkt und zugerechnet, wenn wir an ihnen gläuben, gleich als wäre sein Verdienst unser, daß uns also seine Gerechtigkeit und sein Verdienst wird zugerechnet, und wird sein Verdienst unser eigen.

Auf beide Stücke, nämlich auf die göttliche Zusage auf Christi Verdienst, muß ein christlich Gebet gründen. Ein solcher Glaub an die göttliche Zusage und auf den Verdienst Christi gehört zum Gebet. Denn wir sollen gewiß dafür halten, daß wir um Christus willen erhöret werden und daß wir um seinetwillen ein gnädigen Gott haben.

Hic adversarii primum iubent invocare sanctos, cum neque promissionem Dei neque mandatum neque exemplum scripturae habeant. Et tamen faciunt, ut maior fiducia misericordiae sanctorum concipiatur, quam Christi, cum Christus ad se venire iusserit, non ad sanctos. Secundo applicant merita sanctorum aliis, sicut merita Christi, iubent confidere meritis sanctorum, quasi reputemur iusti propter merita sanctorum, sicut iusti reputamur meritis Christi. Nihil hic fingimus. In indulgentiis dicunt se applicare merita sanctorum[1]. Et Gabriel interpres canonis missae confidenter pronunciat: Nos ordine instituto a Deo debere ad auxilia sanctorum confugere, ut salvemur eorum meritis et votis[2]. Haec sunt verba Gabrielis. Et tamen passim in libris et concionibus adversariorum leguntur absurdiora. Quid est facere propitiatores, si hoc non est? Prorsus aequantur Christo, si confidere debemus, quod meritis eorum salvemur.

Ubi autem institutus est ille ordo a Deo, quem dicit iste, quod debeamus ad auxilia sanctorum confugere? Proferat exemplum ex scripturis, aut praeceptum. Fortassis ex aulis regum sumunt hunc ordinem, ubi amicis intercessoribus utendum est. At si rex constituerit certum intercessorem, non volet ad se causas per alios deferri[3]. Ita cum Christus sit constitutus intercessor et pontifex, cur quaerimus alios?

Passim usurpatur haec forma absolutionis: Passio Domini nostri Iesu Christi, merita beatissimae virginis Mariae et omnium sanctorum sint tibi in remissionem peccatorum[4]. Hic pronuntiatur absolutio, quod non solum meritis Christi,

Da lehren nu die Widersacher, wir sollen die Heiligen anrufen, so wir dazu weder Gebot noch Verheißung noch Exempel in der Schrift haben, und machen doch damit, daß man größer Vertrauen auf die Heiligen setzet, denn auf Christum; so doch Christus sagt: Kommt zu mir, nicht zu den Heiligen. Zum andern sagen sie, daß Gott der Heiligen Verdienst annehme für unsere Sunde, und lehren also Vertrauen auf der Heiligen Verdienst, nicht auf den Verdienst Christo. Und solches lehren sie klar vom Ablaß, darinne sie der Heiligen Verdienst austeilen als satisfactiones für unsere Sunde. Und Gabriel, der den canonem missae auslegt, der darf frei sagen: „Wir sollen nach der Ordnung, die Gott eingesetzt hat, fliehen zu den Heiligen, daß wir durch ihre Hilf und Verdienst selig werden." Dies sind die klaren Worte Gabrielis. Und hin und wieder in der Widersacher Büchern findet man noch viel Ungeschickters von Verdienst der Heiligen. Heißt das nun die Heiligen nicht zu Versühnern gemacht? Denn da werden sie doch gar Christo gleich, wenn wir vertrauen sollen, daß wir durch ihren Verdienst selig werden.

Wo ist aber die Ordnung von Gott eingesetzt, da Gabriel von redet, daß wir sollen zu den Heiligen fliehen? Er bringe doch ein Wort, ein einig Exempel aus der heiligen Schrift. Sie machen vielleicht die Ordnung von dem Brauch, der in weltlichen Fürstenhofen ist, da die Räte des Fürsten armer Leute Sachen furtragen und als Mittler fördern. Wie aber, wenn ein Fürst oder ein König ein einigen Mittler bestellet und wollt durch keinen andern die Sachen in Gnaden hören, oder alle Bitte durch den allein erhören? Darum so Christus nu allein zu einem Hohenpriester und Mittler gesetzt ist, warum suchen wir denn andere? Was können nun hie die Widersacher dawider sagen?

Es ist eine gemeine Form der Absolution bis anher gebraucht, die laut also: „Das Leiden unsers Herrn Jesu Christi, die Verdienst der Mutter Mariä und aller Heiligen sollen sein dir zur Vergebung der Sunde." Da wird öffentlich die Absolutio gesprochen

---

[1]) Paltz, Coelifodina bei Köhler, Dokumente zum Ablaßstreit 53₄ 62₅. Prierias gegen Luthers 58. These. Köhler, Luthers 95 Thesen 174f.   [2]) Sacri canonis missae expositio (1488) Lect. 30. M: Ex quibus patet, preces nostras spemque consequendae beatitudinis per mediatores sanctos in caelo inanes non esse, sed ordine a Deo instituto nos ad eorum auxilia confugere debere ac debita veneratione eos semper implorare, ut salvemur eorum meritis atque votis.   [3]) f. S. 83 b, ₂₃.   [4]) Ähnliche Formel der Erzdiöz. Paris bei Morinus, Comm. hist. de disciplina in administratione sacramenti poenitentiae. 1682. 600 D: Per meritum passionis et resurrectionis Domini nostri Iesu Christi, per intercessionem B. Mariae

sed meritis aliorum sanctorum reconciliemur et iusti reputemur. Quidam e nobis viderunt morientem doctorem theologiae, ad quem consolandum adhibitus erat monachus quispiam theologus. Is morienti nihil inculcabat, nisi hanc precationem: Mater gratiae, nos ab hoste protege, in hora mortis suscipe.

Ut largiamur, quod beata Maria oret pro ecclesia, num ipsa suscipit animas in morte, num vincit mortem, num vivificat? Quid agit Christus, si haec facit beata Maria? Quae etsi est dignissima amplissimis honoribus, tamen non vult se aequari Christo, sed potius exempla sua nos intueri et amplecti vult. At res loquitur ipsa, quod publica persuasione beata virgo prorsus in locum Christi successerit. Hanc invocaverunt homines, huius misericordia confisi sunt, per hanc voluerunt placare Christum, quasi is non esset propitiator, sed tantum horrendus iudex et ultor. Nos autem sentimus, quod non sit confidendum, quod merita sanctorum nobis applicentur, quod propter illa Deus nobis reconcilietur, aut reputet nos iustos, aut salvet nos. Tantum enim Christi meritis consequimur remissionem peccatorum, cum in eum credimus¹. De aliis sanctis dictum est: Unusquisque recipiet mercedem secundum suum laborem, id est, ipsi inter se donare sua merita alii aliis non possunt, sicut monachi vendunt suorum ordinum merita. Et Hilarius ait de fatuis virginibus: Et quia prodire obviam fatuae extinctis lampadibus non possunt, deprecantur eas, quae prudentes erant, ut oleum mutuent, quibus responderunt, non posse se dare, quia non sit forte, quod omnibus satis sit, alienis scilicet operibus ac meritis neminem adiuvandum, ¹quia unicuique lampadi suae emere oleum necesse sit².

nicht allein durch den Verdienst Christi, sondern auch durch Verdienst der andern Heiligen, daß wir durch denselbigen sollen Gnade und Vergebung der Sünde erlangen. Etliche aus uns haben gesehen ein Doktor der heiligen Schrift in agone oder an seinen letzten Zügen, dem war ein Mönch beigeben, ihnen zu trösten. Nu rief und schrie er dem sterbenden Menschen nichts anders ein, denn allein dieses Gebet: „Maria, du Mutter der Güte und Gnaden, behüte uns für dem Feinde und in der Todesstunde nimm uns auf", Maria mater gratiae etc.

Ob nu gleich Maria die Mutter Gottes für die Kirchen bittet, so ist doch das zu viel, daß sie sollt den Tod überwinden, daß sie für der großen Gewalt des Satans uns behüten sollt. Denn was wäre Christus not, wenn Maria das vermöchte? Denn wiewohl sie alles höchsten Lobes wert ist, so will sie doch nicht Christo gleich gehalten sein, sondern will vielmehr, daß wir die Exempel ihres Glaubens und ihrer Demut folgen sollen. Nun ist dies offentlich am Tage, daß durch solche falsche Lehre Maria an Christus Statt ist kommen; dieselbige haben sie angerufen, auf der Güte haben sie vertrauet, durch die haben sie wollt Christum versühnen, gleich als sei er nicht ein Versühner, sondern allein ein schrecklicher, rachgieriger Richter. Wir sagen aber, daß man nicht lehren soll auf die Heiligen vertrauen, als mache uns ihr Verdienst selig, sondern allein um Christus Verdienst willen erlangen wir Vergebung der Sünde und Seligkeit, wenn wir an ihnen gläuben. Von den andern Heiligen ist gesagt: „Ein jeder wird Lohn empfahen nach seiner Arbeit ꝛc." Das ist, sie unter einander können einer dem andern ihr Verdienst nicht mitteilen, wie die Mönche ihrer Orden Verdienst uns unverschämt verkauft haben. Und Hilarius sagt von den törichten Jungfrauen: „Dieweil die tollen dem Bräutigam nicht können entgegen gehen, dieweil ihre Lampen verloschen sind, so bitten sie die weisen, daß sie ihnen wöllen Öle leihen; aber dieselbigen antworten: ¹sie könnens ihnen nicht leihen, denn es möcht beiden feilen, es sei nicht gnug für alle ꝛc." Da zeiget er an, daß niemands unter uns durch fremde Werke oder Verdienst dem andern helfen kann.

---

semper virginis et omnium sanctorum et sanctarum misereatur vestri omnipotens Deus et dimittat vobis omnia peccata vestra et perducat vos ad vitam aeternam. Amen.
¹) Z. 30/6 quod non *bis* credimus] nos tantum fiducia meritorum christi iustificari, non fiducia meritorum B. Virginis aut aliorum sanctorum. Seit Ed. 1531. 8°.   ²) Comm. in evang. sec. Matthaeum c. 27, 5. (Matth. 25, 8. 9) MSL 9, 1060 C.

Cum igitur adversarii doceant fiduciam collocare in invocationem sanctorum, cum neque verbum Dei, neque exemplum scripturae habeant, cum applicent
5 merita sanctorum pro aliis, non secus ac merita Christi, et proprium Christi honorem in sanctos transferant: neque opiniones eorum de cultu sanctorum, neque consuetudinem invocationis reci-
10 pere possumus. Scimus enim fiduciam in Christi intercessionem collocandam esse, quia haec sola habet promissionem Dei. Scimus solius Christi merita propitiationem pro nobis esse. Propter Christi
15 merita reputamur iusti, cum credimus in eum, sicut textus ait: Omnes, qui confidunt in eum, non confundentur. Nec est confidendum, quod iusti reputemur meritis beatae Virginis[1] aut aliorum
20 sanctorum.

Haeret et hic error apud doctos, quod singulis sanctis certae procurationes
25 commissae sint, ut Anna divitias largiatur[2], Sebastianus arceat pestilentiam[3], Valentinus medeatur morbo comitiali[4], Georgius tueatur equites[5]. Hae persuasiones plane sunt ortae ex ethnicis exem-
30 plis. Sic enim apud Romanos putabatur Iuno ditare[6], Febris arcere febrim[7], Castor et Pollux defendere equites[8] etc. Et fingamus moderatissime tradi invocationem sanctorum, tamen, cum exem-
35 plum sit periculosissimum, quorsum opus est eam defendere, cum nullum habeat mandatum aut testimonium ex verbo Dei? Imo nec veterum scriptorum testimonium habet. Primum quia, ut supra
40 dixi, cum alii mediatores praeter Christum quaeruntur, collocatur fiducia in alios, obruitur tota notitia Christi. Idque res ostendit. Videtur initio mentio sanctorum, qualis est in veteribus orationi-
45 bus, tolerabili consilio recepta esse. Postea secuta est invocatio, invocationem prodigiosa et plus quam ethnici abusus

So nu die Widersacher lehren, daß wir 31
auf Anrufen der Heiligen vertrauen sollen, so sie doch des kein Gottes Befehl haben, kein Gottes Wort noch Exempel altes oder neues Testaments haben, so sie auch den Verdienst der Heiligen so hoch heben als den Verdienst Christi, und die Ehre, so Christo gebühret, den Heiligen geben: so können wir ihre Meinung und Gewohnheit von Anbeten oder Anrufen der Heiligen nicht loben noch annehmen. Denn wir wissen, daß wir unser Vertrauen sollen setzen auf Christum; da haben wir Gottes Zusage, daß er soll der Mittler sein, so wissen wir, daß allein Christi Verdienst eine Versühnung für unser Sünde ist. Um Christus willen werden wir versühnet, wenn wir in ihn gläuben, wie der Text sagt: „Alle, die an ihn gläuben, die sollen nicht zu Schanden werden." Und man soll nicht vertrauen, daß wir von wegen des Verdienstes Mariä für Gott gerecht sind.

Röm. 9, 33
1. Petr. 2, 6
Jes. 28, 16.

Auch so predigen ihre Gelehrten unver- 32
schamt, daß jeder untern Heiligen ein sonderliche Gabe könne geben, als S. Anna behüt für Armut, S. Sebastianus für der Pestilenz, S. Valten für die fallende Seuche, den heiligen Ritter S. Jörgen haben die Reuter angerufen für Stich und Schoß und allerlei Fahr zu behüten, und das alles im Grunde ist von Heiden herkommen. Und ich will gleich setzen, daß die Widersacher nicht 33 so gar unverschamt heidnische Lügen vom Anrufen der Heiligen lehreten, dennoch ist das Exempel fährlich. So sie auch des keinen Gottes Befehl noch Wort haben, auch aus den alten Vätern davon nichts Gewisses können aufbringen: was ist denn not, daß man solchen Ungrund verteidigen will? 34 Erstlich aber ist es darum ganz fährlich, denn so man andere Mittler suchet, denn Christum, so setzt man Vertrauen auf dieselbigen und wird also Christus und das Erkenntnis Christi ganz unterdrückt, wie wir leider die Erfahrung haben. Denn es mag sein, daß erstlich etliche guter Meinung der Heiligen gedacht haben in ihrem Gebet.

---

[1]) Nec bis Virginis] Nec iustificamur fiducia meritorum B. Virginis. Seit Ed. 1531. 8⁰.
[2]) Die Mutter der Maria gilt u. a. als Patronin der Armut. Stadler, Heiligenlexikon. I. 1858. 223. Holweck, A biographical dictionary of the saints. 1924. 79. LThK² I, 570 f.
[3]) Nach der Legende Offizier der Prätorianergarde, Märtyrer unter Diokletian, Patron gegen die Pest mit berühmten Wundererfolgen. Stadler V, 229. Holweck 890.
[4]) Missionar in Rhätien im 5. Jh., Schutzpatron von Passau, Helfer gegen Epilepsie und Gicht. Stadler V, 635. Holweck 1002. [5]) Kappadokischer Krieger, Märtyrer unter Diokletian, der „Großmärtyrer" der östl. Kirche, Patron der Ritter. Stadler II, 384. Holweck 423. RGG³ II, 1395. [6]) Fulgentius Mitologiarum lib. II, S. 38 Helm. Hygin. fab. 92, S. 84, 21 Bunte (im Urteil des Paris). [7]) Roscher, Lexikon der griech. u. röm. Mythologie I 2, 1469. [8]) Roscher I 1, 1156.

secuti sunt. Ab invocatione ad imagines ventum est, hae quoque colebantur, et putabatur eis inesse quaedam vis, sicut Magi vim inesse fingunt imaginibus signorum coelestium certo tempore sculptis. Vidimus in quodam monasterio simulacrum beatae Virginis, quod quasi αὐτόματον arte movebatur, ut videretur aut adversari petentes aut annuere.

Bald hernach ist gefolgt das Anrufen der Heiligen. Bald nach dem Anrufen sein entzeln eingerissen die wunderliche heidnische Greuel und Mißbräuche ꝛc., als daß mans dafür gehalten, daß die Bilder ein eigen heimliche Kraft hätten, wie die Zauberer und Magi dafür halten, daß, wenn man etlicher Sternzeichen zu gewisser Zeit in Gold oder ander Metall gräbt oder bildet, die sollten ein sonderliche heimliche Kraft haben und Wirkung. Unser etliche haben etwan in einem Kloster ein Marienbild gesehen, von Holz geschnitzt, welches also inwendig mit Schnürlein könnt gezogen werden, daß es von außen schiene, als regte sichs von ihm selbst, als winkets mit dem Häupt den Anbetern, die es erhöret, und als wendet es das Angesicht weg von Anbetern, die nicht viel opferten, die es nicht erhöret.

Et tamen omnium statuarum atque picturarum portenta superant fabulosae historiae de sanctis, quae magna auctoritate publice tradebantur. Barbara petit inter tormenta praemium, ne quis invocans ipsam moriatur sine eucharistia[1]. Alius totum psalterium stans pede in uno cotidie recitavit. Christophorum pinxit aliquis vir prudens, ut significaret per allegoriam, magnum oportere robur animi esse in his, qui ferrent Christum, hoc est, qui docerent evangelium, aut confiterentur, quia necesse sit subire maxima pericula. Deinde stolidi monachi apud populum docuerunt invocare Christophorum, quasi talis Polyphemus aliquando exstitisset[2]. Cumque sancti maximas res gesserint vel reipublicae utiles vel continentes privata exempla, quarum commemoratio tum ad fidem confirmandam tum ad imitationem in rebus gerendis multum conduceret, has nemo ex veris historiis conquisivit. At vero prodest audire, quomodo sancti viri administraverint respublicas, quos casus, quae pericula subierint, quomodo sancti viri regibus auxilio fuerint in magnis periculis, quomodo docuerint evangelium, quas habuerint cum haereticis dimicationes. Prosunt et exempla misericordiae, ut cum videmus Petro condonatam esse negationem, cum videmus Cypriano condonatum esse, quod Magus fuisset[3], cum videmus Augustinum in morbo expertum vim fidei constanter affirmare, quod vere

Und ob solcher Greuel, solch Abgötterei, Wallfahrten und Betrug mit den Bildern unzählig und unsäglich nicht wären gewesen, so sind doch noch greulicher und häßlicher gewesen die vielen Fabeln und Lügen der Legenden von Heiligen, welche man öffentlich geprediget. Als von S. Barbara haben sie geprediget, daß sie an ihrem Tode Gott gebeten hat für ihre Marter den Lohn zu geben, wer sie anriefe, daß der nicht könnte ohn Sakrament sterben. S. Christophorum, welcher auf deutsch heißt Christträger, hat etwan ein weiser Mann den Kindern in solcher großen Länge malen lassen, und hat wöllen anzeigen, daß ein größere Stärke, denn Menschenstärke ist, in denjenigen sein müsse, die Christum sollen tragen, die das Evangelium predigen und bekennen sollen. Denn sie müssen durch das große Meer bei Nacht waten ꝛc., das ist, allerlei große Anfechtung und Fahr ausstehen. Da sind darnach die tollen, ungelehrten, heillosen Mönche zugefahren, und haben das Volk also gelehret den Christophorum anrufen, als sei etwan ein solch großer Riese leiblich vorhanden gewesen, der Christum durchs Meer getragen hat. So nu Gott der Allmächtige durch seine Heiligen, als sunderliche Leute, viel großes Dinges gewirket in beiden Regimenten, in der Kirchen und in weltlichen Händeln, so sind viel großer Exempel an der Heiligen Leben, welche Fürsten und Herren, rechten Pfarrherrn und Seelsorgern, beide zum Weltregiment und Kirchenregierung fürnehmlich

---

[1]) Nach Legende des 15. Jh. RE³ II 395. Stadler I 380 ff. Holweck 131. [2]) Die bekannte Christophoruslegende ist erst im 12. Jh. auf deutschem Boden aus älterer Überlieferung entstanden, in ihrer klassischen Form bei Jacobus a Voragine, Legenda aurea ed. Gräße. K. Richter, Der deutsche Christoph Acta Germ. V, 1, 1896. RGG³ I, 1789. LThK² II, 1167. Künstle, Ikonographie der Heiligen 154 ff. [3]) Cyprian, nach der Legende bekehrter Zauberer, Bischof von Antiochien im 3. Jh. R. Reitzenstein, C. der Magier. Nachr. d. Gött. Ges. d. Wiss. 1917, S. 38 ff. RGG³ I, 1892. LThK² VI, 701.

XXI. Von Anrufen der Heiligen.

Deus exaudiat preces credentium¹. Huiusmodi exempla, quae vel fidem vel timorem vel administrationem reipublicae continent, proderat recitari. Sed histriones quidam nulla neque fidei neque rerumpublicarum regendarum scientia praediti confinxerunt fabulas imitatione poematum, in quibus tantum insunt superstitiosa exempla de certis precibus, certis ieiuniis, et addita sunt quaedam ad quaestum facientia. Cuiusmodi sunt miracula de rosariis et similibus ceremoniis conficta. Neque opus est hic recitare exempla. Exstant enim legendae², ut vocant, et specula³ exemplorum et rosaria⁴, in quibus pleraque sunt non dissimilia veris narrationibus Luciani⁵.

zu Stärkung des Glaubens gegen Gott ganz nütz wären, die haben sie lassen fahren, und das Geringste von den Heiligen geprediget, von ihrem harten Lager, von hären Hemden 2c., welches des größern Teils Lügen sind. Nu wäre es je nütz und fast tröstlich zu hören, wie etliche große, heilige Leute (wie in der heiligen Schrift von Königen Israel und Juda erzählt wird), in ihrem Regiment Land und Leute regiert hätten, wie sie gelehret und geprediget, was mancherlei Fahr und Anfechtung sie ausgestanden, wie auch viel gelehrter Leute den Königen, Fürsten und Herren in großen fährlichen Läuften rätig und tröstlich sein gewest, wie sie gelehret und das Evangelium geprediget haben, was mancherlei Kämpfe sie mit den Ketzern ausgestanden. So wären auch die Exempel, da den Heiligen große sonderliche Barmherzigkeit von Gott erzeiget, fast nütz und tröstlich. Als wenn wir sehen, daß Petrus, so Christum verleugnet, Gnad erlanget hat, daß Cypriano sein Magia vergeben ist. Item, wir lesen, daß Augustinus, da er todkrank gewesen, erst die Kraft des Glaubens erfahren hat und öffentlich Gott bekennt mit diesen Worten: „Nu hab ich erst empfunden, daß Gott der Gläubigen Seufzen und Gebet erhöre"¹.' Solch Exempel des Glaubens, da man lernet Gott fürchten, Gott vertrauen, daraus man recht siehet, wie es gottfürchtigen Leuten in der Kirchen, auch in großen Sachen der hohen weltlichen Regiment ergangen, die hätte man fleißig und klar von den Heiligen schreiben und predigen sollen. Nun haben etliche müßige Mönche und lose Buffen, (welche nicht gewißt, wie große und schwere Sorge es ist, Kirchen oder sonst Leute regieren,) Fabeln erdichtet, zum Teil aus der Heiden Bücher, da nichts denn Exempel sind, wie die Heiligen hären Hemde getragen, wie sie ihre sieben Zeiten gebetet, wie sie Wasser und Brot gessen, und haben das alles gericht auf ihre Kretzschmerei aus den Wallfahrten Geld zu marken; wie denn sind die Wunderzeichen, welche sie vom Rosenkranze rühmen, und wie die Barfüßenmönche von ihren hölzern Körnern rühmen⁶. Und ist hie nicht groß Not Exempel anzuzeigen, ihre Lügenlegenden sind noch vorhanden, daß mans nicht verneinen mag.

His prodigiosis et impiis fabulis applaudunt episcopi, theologi, monachi, quia faciunt πρὸς τὰ ἄλφιτα⁷, nos non ferunt, qui, ut Christi honos et officium magis conspici possit, non requirimus invocationem sanctorum, et abusus in cultu sanctorum taxamus. Cumque omnes boni viri ubique desiderent in his abusibus corrigendis vel episcoporum auctoritatem vel diligentiam concionantium, tamen adversarii nostri in confutatione omnino dissimulant etiam manifesta vitia, quasi recepta confutatione velint nos cogere, ut etiam notissimos abusus approbemus.

Und solchen Greuel wider Christum, solche Gotteslästerung, schändliche unverschämte Lügen und Fabeln, solche Lügenprediger können die Bischofe und Theologen leiden und haben sie lange Zeit gelitten zu großem Schaden der Gewissen, daß schrecklich ist zu gedenken; denn solche Lügen haben Geld und Zinse getragen. Uns aber, die wir das Evangelium rein predigen, wollten sie gern vertilgen; so wir doch darum das Anrufen der Heiligen anfechten, damit Christus allein der Mittler bliebe und der große Mißbrauch abgetan werde. So auch lange vor dieser Zeit, ehe D. Luther geschrieben, ihre Theologen selbst, auch

---

¹) ?   ²) Die volkstümlichste mittelalterliche Sammlung ist die Legenda aurea (S. 324 Anm. 2) des 13. Jh.   ³) „Spiegel" verschiedenster Art, z. B. Speculum perfectionis (Franziskuslegende) ed. P. Sabatier. I, 1929.   ⁴) Beliebter Titel erbaulicher, aber auch juristischer (KL² II 139) und naturwissenschaftlicher (Du Cange s. v.) Schriften.
⁵) Lucian aus Samosata, Satiriker des 2. Jh. n. Chr. Pauly-Wissowa, Realenzykl. d. klass. Altertums XIII 2; 1725ff.   ⁶) Paternosterkörnlein, Rosenkranzperlen, die an die Türen geheftet wurden. Vgl. WA XXX, 2; 253 bei Anm. 83. 302.
⁷) Unterhalt.

alle fromme, gottfürchtige, ehrbare Leute über die Bischofe und Prediger geschrien, daß sie
die Mißbräuche um des Bauchs und Gelds willen zu strafen übergingen, so gedenken doch
unser Widersacher in ihrer Confutation solcher Mißbräuche nicht mit einem Wort, daß,
so wir die Confutation annehmen, müßten wir zugleich in all ihre öffentliche Mißbräuche
gehen.

40 Ita insidiose scripta est confutatio non tantum in hoc loco, sed fere ubique. Nullus est locus, in quo a dogmatibus suis discernant manifestos abusus. Et tamen apud ipsos si qui sunt saniores, fatentur multas falsas persuasiones haerere in doctrina scholasticorum et canonistarum, multos praeterea abusus in tanta inscitia et negligentia pastorum 41 irrepsisse in ecclesiam. Neque enim primus fuit Lutherus, qui de publicis abusibus quereretur. Multi docti et praestantes viri longe ante haec tempora deploraverunt abusus missae, fiduciam observationum monasticarum, quaestuosus cultus sanctorum, confusionem doctrinae de poenitentia, quam vel maxime oportebat perspicuam et explicatam exstare in ecclesia. Ipsi audivimus excellentes theologos desiderare modum in scholastica doctrina[1], quae multo plus habet rixarum philosophicarum, quam pietatis. Et tamen in his veteres fere propiores sunt scripturae, quam recentiores. Ita magis magisque degeneravit istorum theologia. Nec alia causa fuit multis bonis viris, qui initio amare Lutherum coeperunt, quam quod videbant eum explicare animos hominum ex illis labyrinthis confusissimarum et infinitarum disputationum, quae sunt apud scholasticos theologos et canonistas, et res utiles ad pietatem docere.

Also voll Hinterlist und gefährlichs Betrugs ist ihr ganze Confutatio, nicht allein an diesem Ort, sondern allenthalben. Sie stellen sich, als sein sie gar goldrein, als haben sie nie kein Wasser betrübt. Denn an keinem Ort unterscheiden sie von ihren dogmatibus oder Lehre die öffentlichen Mißbräuche. Und doch viel unter ihnen sind so ehrbar und redlich, bekennen selbst, daß viel Irrtum sind in der scholasticorum und Canonisten Bücher, daß auch viel Mißbräuche durch ungelehrte Prediger und durch so großen schändlichen Unfleiß der Bischofe eingerissen sein in der Kirchen. Es ist auch D. Luther nicht allein, noch der erste gewesen, der über solche unzählige Mißbräuche geschrien und geklagt hat. Es sein viel gelehrte, redliche Leute für dieser Zeit gewesen, welche erbärmlich geklagt haben über den großen Mißbrauch der Messen, über Mißbrauch der Möncherei, item, über solchen Geiz- und Geldmarkt der Wallfahrten, und sonderlich daß der nötigste Artikel von der Buß, von Christo, ohn welchen keine christliche Kirche sein noch bleiben kann, welcher für allen andern rein und richtig soll gelehrt werden, so jämmerlich ward unterdruckt.

Secunda Pars.

Haec doctrina, quam confessi sumus, non tantum habet emendationem quorundam abusuum in externis ritibus, sed habet alia maiora bona, propter quae illam amplexi sumus, et cupimus propter gloriam Dei puram retinere. Tota ecclesia fuit antea oppressa doctrina operum. Et gloria meritorum Christi et iustitiae fidei iacebat ignota. In concionibus nonnulli nihil docebant nisi quasdam observationes humanas, certa ieiunia, certas ferias, cerimonias, indulgentias, certos ordines, certos cultus sanctorum, et similia. Si qui videbantur prudentiores, docebant opera civilia. De fide in Christum, de iustitia fidei nihil audiebatur. At hic praecipuus locus est doctrina de iustitia fidei.

Est et inter praecipuos locos doctrina poenitentiae. Quam misere haec contaminata est non solum ab his, qui vendiderunt indulgentias, sed ab aliis hypocritis, qui obliti fidei docuerunt propter nostra merita remitti peccata, qui conscientias adegerunt ad desperationem per enumerationem peccatorum, per impias satisfactiones.

Cum igitur hi loci de poenitentia et de iustitia fidei in hac doctrina, quam nostri docent, repurgati sint, et gloria Christi illustrata sit, agnoscimus maxima dona

---

[1] Wohl bes. Wendelin Steinbach, den Melanchthon noch in Tübingen gehört hat. J. Haller, Die Anfänge der Univ. Tübingen 1927. I 191 II 69* CR 11, 1026.

Quare non fecerunt candide adversarii, quod cum vellent nos assentiri confuta-tioni, dissimulaverunt abusus. Ac si vellent ecclesiae consultum, maxime isto in loco, in hac occasione, debebant hortari optimum Imperatorem, ut de corrigendis abusibus consilium caperet, quem quidem non obscure animadvertimus cupidissimum esse bene constituendae et sanandae ecclesiae. Sed adversarii non hoc agunt, ut honestissimam et sanctissimam voluntatem Imperatoris adiuvent, sed ut nos quoquo modo opprimant. De statu ecclesiae multa signa ostendunt eos parum sollicitos esse. Non dant operam, ut exstet apud populum certa quaedam summa dogmatum ecclesiasticorum. Manifestos abusus nova et inusitata crudelitate defendunt. Nullos patiuntur in ecclesiis idoneos doctores. Haec quo spectent, boni viri facile iudicare possunt. Sed hac via neque suo regno neque ecclesiae bene consulunt. Nam interfectis bonis doctoribus, oppressa sana doctrina, postea exsistent fanatici spiritus, quos non poterunt reprimere adversarii, qui et ecclesiam impiis dogmatibus perturbabunt et totam ecclesiasticam politiam evertent, quam nos maxime cupimus conservare.

Darum haben die Widersacher darinne nicht treulich noch christlich gehandelt, daß sie in ihr Confutation die öffentliche Mißbräuche stillschweigend übergangen. Und wenn es ihnen rechter Ernst wäre, der Kirchen und den armen Gewissen zu helfen, und nicht vielmehr Pracht und Geiz zu erhalten, so hätten sie hie recht Zutritt und Ursach gehabt, und sollten sonderlich an diesem Ort die kaiserl. Majestät, unsern allergnädigsten Herrn, aufs untertänigst angesucht haben, solche große, öffentliche, schändliche Mißbräuche, welche uns Christen auch bei Türken, bei Jüden und allen Ungläubigen zu Spott gereichen, abzuschaffen. Denn wir in vielen Stücken klar gnug vermerket, daß kaiserl. Majestät, unser allergnädigster Herr, ohn Zweifel mit allem treuen Fleiß die Wahrheit forschen und nachsuchen, und gern die christliche Kirche recht bestellet und geordnet sehen. Aber den Widersachern ist daran nicht viel gelegen, wie sie der kaiserlichen Majestät kaiserlichem christlichem Gemüt, Willen und löblichem Bedenken gnug tun oder wie sie den Sachen helfen, sondern wie sie nur die Wahrheit und uns unterdrücken. Denn sie liegen darum nicht viel ungeschlafen, daß die christliche Lehre und das Evangelium rein geprediget werde. Das Predigtamt lassen sie ganz wüste stehen, verteidigen öffentliche Mißbräuche, vergießen noch täglich unschuldig Blut aus ungehörter Tyrannei und Wüterei, allein ihre öffentlichen Lügen zu verteidigen. Auch so wöllen sie fromme christliche Prediger nicht dulden. Wo das endlich hinausgehen will, können verständige Leute wohl abnehmen.

---

nobis a Deo proposita esse, videmus conscientiis certam et consolationem propositam esse, videmus in quibus rebus positus sit verus Dei cultus, videmus quae opera, quae genera Deo placeant.

Harum rerum cognitio commendavit nobis primum hanc doctrinam nostrorum. Et ex ea multum ipsi adversarii iam decerpunt, quanquam malam gratiam reddant his, a quibus admoniti sunt.

Postea consecuta in ritibus externis mutatio, quae quoniam habet causas in illis praecipuis articulis, quos supra recensuimus, non voluimus repugnare verbo Dei. Et tamen ita moderati sumus eam mutationem, ut catholicos ritus magna ex parte retinuerimus. Ad haec nuper etiam hic obtulimus nos ad uniuersales ceremonias observandas propter caritatem, quae sine peccato recipi possent. Verum haec moderatio, quam speramus nobis apud Deum profuturam esse, nihil profuit nobis apud aduersarios, qui contendunt a nobis, ut contra conscientiam omnes veteres abusus recipiamus, itaque cum assentiri non possumus, respondebimus paucis ad ea, quae meminimus, nobis praelecta esse in Confutatione nostrae Confessionis, et rogamus Caesaream Maiestatem cum debita reuerentia, ne gravetur audire causas, quae nos cogunt manere in sententia. Nunquam enim nobis defuit voluntas obtemperandi Caesareae Maiestati in omnibus rebus, quae sine offensione conscientiae praestari possent.

Nunc autem sine contumelia Christi veteres abusus approbare non possumus. Si quid autem videbitur durius dictum esse, id nullo modo ad Caesaream Maiestatem pertinet, cuius virtus et bonitas toti orbi terrarum nota est, et quam summa reverentia, tanquam dominum nostrum clementissimum prosequimur, sed pertinet haec disputatio ad hos, qui nos falso accusant apud Caesaream Maiestatem, quod adversemur doctrinae Christianae.

Denn mit eitel Gewalt und Tyrannei werden sie nicht lange Kirchen regieren. Und obgleich die Widersacher nichts anders, denn allein des Pabsts Reich, zu erhalten suchten, so wird doch das der Weg nicht dazu sein, sondern ein eitel Wüstung des Reichs und der Kirchen. Denn wenn sie gleich alle fromme christliche Prediger also erwürget hätten, und das Evangelium unterdrückt wäre, so werden darnach Rottengeister und Schwärmergeister kommen, welche mit der Faust auch aufrührisch fechten werden, welche die Gemeine und Kirchen mit falschen Lehren werden betrüben, alle Kirchenordnung verwüsten, welche wir gerne erhalten wöllten.

44 Quare te, optime Imperator Carole, propter gloriam Christi, quam nihil dubitamus te cupere ornare atque augere, oramus, ne violentis consiliis adversariorum nostrorum assentiaris, sed ut quaeras alias honestas vias concordiae ita constituendae, ne piae conscientiae graventur, neve saevitia aliqua in homines innocentes, sicut hactenus fieri vidimus, exerceatur, nec sana doctrina in ecclesia opprimatur. Hoc officium Deo maxime omnium debes, sanam doctrinam conservare et propagare ad posteros, et defendere recta docentes. Id enim postulat Deus, cum reges ornat nomine suo et Deos appellat, inquiens: Ego dixi: Dii estis, ut res divinas, hoc est, evangelium Christi, in terris conservari et propagari curent, et tamquam vicarii Dei vitam et salutem innocentum defendant.

Derhalben, allergnädigster Herr Kaiser, nachdem wir nicht zweifeln, Euer kaiserl. Majestät Gemüte und Herz sei, daß die göttliche Wahrheit, die Ehre Christi und das Evangelium müge erhalten werden und allzeit reichlich zunehmen, bitten wir aufs untertänigst, Euer kaiserliche Majestät wöllen dem unbilligen Fürnehmen der Widersacher nicht Statt geben, sondern gnädiglich andere Wege suchen der Einigkeit, damit die christlichen Gewissen also beschweret werden, damit auch die göttliche Wahrheit nicht so mit Gewalt unterdrückt oder unschuldige Leute darum durch eitel Tyrannei erwürget, wie bis anher geschehen. Denn Euer kaiserl. Majestät wissen sich des ohn Zweifel zu erinnern, daß solches sonderlich Euer kaiserl. Majestät Amt ist, die christliche Lehre, so viel menschlich oder müglich, also zu erhalten, daß sie müge auf die Nachkommen reichen, auch fromme, rechte Prediger schützen und handhaben.

Denn das fordert Gott der Herr von allen Königen und Fürsten, da er ihnen seinen Titel mitteilet und nennet sie Götter, da er sagt: „Ihr seid Götter." Darum nennet er sie aber Götter, daß sie göttliche Sachen, das ist, das Evangelium Christi und die reine göttliche Lehre auf Erden, so viel müglich, schützen, retten und handhaben sollen, auch rechte christliche Lehrer und Prediger an Gottes Statt wider unrechten Gewalt in Schirm und Schutz haben.

⟨Art. XXII.⟩ De Utraque Specie Coenae Domini.

⟨Art. XXII.⟩ Von beiderlei Gestalt im Abendmahl.

1 Non potest dubitari, quin pium sit et consentaneum institutioni Christi et verbis Pauli, uti utraque parte in coena Domini. Christus enim instituit utramque partem et instituit non pro parte ecclesiae, sed pro tota ecclesia. Nam non presbyteri solum, sed tota ecclesia auctoritate Christi, non auctoritate humana utitur sacramento, idque fateri adver-

Es hat kein Zweifel, daß es göttlich ist und recht und dem Befehl Christi und den Worten Pauli gemäß, beiderlei Gestalt im Abendmahl brauchen. Denn Christus hat beiderlei Gestalt eingesetzt nicht allein für ein Teil der Kirchen, sondern für die ganzen Kirchen. Denn nicht allein die Priester, sondern die ganze Kirche brauchet des Sakraments aus Befehl Christi, nicht aus Men-

---

De utraque specie.

Initio reprehendunt nos, quod inter abusus numeravimus, quod non porrigitur utraque species sacramenti laicis. Et contendunt potius abusum fore, si porrigatur laicis utraque species. Postulatum est a nobis, ut huic scripto assentiremur. Quod si nihil haberet incommodi praeter hunc unum locum, gravissima causa esset, ne reciperemus. Nam quo ore? qua fronte possumus institutum Christi abusum vocare? Notum est sacramentum a Christo pro tota ecclesia institutum esse, quomodo autem licet nobis rescindere ordinationem Christi? Paulus inquit, testamen-

sarios existimamus. Iam si Christus instituit pro tota ecclesia, cur altera species adimitur parti ecclesiae? Cur prohibetur usus alterius speciei? Cur mutatur ordinatio Christi, praesertim cum ipse vocet eam testamentum suum? Quodsi hominis testamentum rescindere non licet, multo minus Christi testamentum rescindere licebit. Et Paulus inquit, se a Domino accepisse, quod tradidit. Tradiderat autem usum utriusque speciei, sicut clare ostendit textus 1. Cor. 11. Hoc facite, inquit primum de corpore, postea eadem verba de poculo repetit. Et deinde: Probet se ipsum homo, et sic de pane comedat et ex poculo bibat. Haec sunt verba disponentis. Et quidem praefatur, ut, qui sunt usuri coena Domini, simul utantur. Quare constat pro tota ecclesia sacramentum institutum esse. Et manet mos adhuc in ecclesiis graecis et fuit quondam etiam in latinis ecclesiis, sicut Cyprianus[1] et Hieronymus testantur. Sic enim inquit Hieronymus in Sophoniam: Sacerdotes, qui eucharistiae serviunt et sanguinem Domini populis eius dividunt etc.[2] Idem testatur synodus Toletana[3]. Nec difficile fuerit magnum acervum testimoniorum congerere. Hic nihil exaggeramus, tantum relinquimus prudenti lectori expendendum, quid sentiendum sit de divina ordinatione.

schen Befehl, und das müssen die Widersacher bekennen. So nu Christus für die ganze Kirchen das ganze Sakrament hat eingesetzt, warum nehmen sie denn der Kirchen die eine Gestalt? Warum ändern sie die Ordnung Christi, sonderlich so ers sein Testament nennet? Denn so man eines Menschen Testament nicht soll brechen, viel weniger soll man das Testament Christi brechen. Und Paulus sagt: „Ich habe es vom Herrn empfangen, das ich euch geben habe." Nu hat er ihnen je beide Gestalt geben, wie der Text klar anzeigt, 1. Kor. 11. „Das tut, sagt er, zu meinem Gedächtnis." Da redet er vom Leibe. Darnach erholet er dieselbigen Wort vom Blut Christi, und sagt bald hernach: „Es prüfe sich aber der Mensch selbst, und esse also von dem Brot, trinke also vom Kilche 2c." Da nennet er sie beide. Das sind die klaren Wort des Apostels Pauli, und er macht eine Vorrede kurz zuvor, daß diejenigen, so das Sakrament brauchen wöllen, sollen es in einem Abendmahl zugleich brauchen. Darum ists gewiß, daß nicht allein für die Priester, sondern für der ganzen Kirchen ist eingesetzt. Und solcher Brauch wird auch heutiges Tages gehalten in der griechischen Kirchen, so ist er auch in den latinischen oder römischen Kirchen gewesen, wie Cyprianus und Hieronymus zeugen. Denn also sagt Hieronymus über den Propheten Sophoniam: „Die Priester, so das Sakrament reichen und das Blut Christi dem Volk austeilen 2c." Dasselbige zeuget auch synodus Toletana. Und es wäre fast leicht viel Sprüche und Zeugnis hie einzuführen; wir wöllens aber um Kürze willen unterlassen. Denn ein itzlicher christlicher Leser wird selbst bedenken können, ob sichs gebühre, Ordnung und Einsetzung Christi verbieten und ändern.

1. Kor. 11, 23 f.

Adversarii in confutatione non hoc agunt, ut excusent ecclesiam, cui adempta est altera pars sacramenti. Id decuit bonos et religiosos viros. Erat quaerenda firma ratio excusandae ecclesiae et docendarum conscientiarum, quibus non potest contingere nisi pars sacramenti. Nunc ipsi defendunt recte protum hominis non licere cuiquam mutare, cur igitur testamentum Christi non solum mutant isti, sed etiam abusum vocant? Accepi a Domino, inquit Paulus, quod tradidi vobis. Tradiderat autem toti ecclesiae usum utriusque speciei, quare dubium non est, quin utraque species pro tota ecclesia ordinata sit.

Die Widersacher gedenken gar nicht in ihrer Confutation, wie derjenigen Gewissen zu trösten oder zu entschuldigen sein, denen unterm Papsttum eine Gestalt entzogen ist. Dieses hätte gelehrten und gottsfürchtigen Doctoribus wohl angestanden, daß sie beständige Ursach hätten angezeigt, solche Gewissen zu trösten. Nu dringen sie darauf,

M 233

Sed quod adversarii allegant de fractione panis ex Luca et Actis, non probant in illis locis mentionem sacramenti fieri, et ut concedamus de sacramento dici, non probant, tantum unam partem sacramenti datam esse.

Est etiam citata historia de posteris Heli, quibus Deus minatur, quod deiecturus sit eos a sacerdotio, ut cogantur mendicare panem a sacerdotibus. Quam apte et

---

[1]) s. o. S. 85 Anm. 3.   [2]) s. o. S. 85 Anm. 4.   [3]) Concil. Tolet. IV (633) c. 7. Mansi X, 620.

hiberi alteram partem, et vetant concedere usum utriusque partis¹. Primum fingunt initio ecclesiae alicubi morem fuisse, ut una pars tantum porrigeretur. Neque tamen exemplum huius rei vetus ullum afferre possunt. Sed allegant locos, in quibus fit mentio panis, ut apud Lucam, ubi scriptum est, quod discipuli agnoverint Christum in fractione panis. Citant et alios locos de fractione panis². Quamquam autem non valde repugnamus, quominus aliqui de sacramento accipiantur, tamen hoc non consequitur, unam partem tantum datam esse, quia partis appellatione reliquum significatur communi consuetudine sermonis. Addunt de laica communione³, quae non erat usus alterius tantum speciei, sed utriusque; et si quando sacerdotes laica communione uti iubentur, significatur, quod a ministerio consecrationis remoti fuerint⁴. Neque hoc ignorant adversarii, sed abutuntur inscitia imperitorum, qui cum audiunt laicam communionem, statim somniant morem nostri temporis, quo datur laicis tantum pars sacramenti.

daß es christlich und recht sei beiderlei Gestalt zu verbieten, und wollen nicht gestatten, beiderlei Gestalt zu gebrauchen. Für das erste erdichten sie aus ihrem Kopfe, daß im Anfang der Kirchen ein Gebrauch gewesen sei, daß man den Laien allein einerlei Gestalt gereicht habe, und können doch des Gebrauchs kein gewiß Exempel anzeigen. Sie ziehen etliche Sprüche aus dem Evangelisten Luka an von dem Brechen des Brots, da geschrieben stehet, daß die Jünger den Herrn erkannt haben im Brotbrechen. Sie ziehen auch mehr Sprüche von dem Brotbrechen an. Wiewohl wir nu nicht hart dawider sein, ob etliche vom Sakrament wollten verstanden werden, so folget doch daraus nicht, daß nur die eine Gestalt anfänglich gereicht sei. Denn es ist gemein, daß man ein Stück nennet und das Ganze meinet. Sie ziehen auch an die laica communio, gleich als sei es eine Gestalt brauchen, welches nicht wahr ist. Denn so die Canones auflegen den Priestern laica communione zu gebrauchen, meinen sie, daß sie zu einer Strafe nicht selbst consecrieren sollen, sondern von einem andern gleichwohl beiderlei Gestalt empfahen. Und die Widersacher wissen das selber wohl, aber sie machen also ein Schein, den Ungelehrten und Unerfahrnen. Denn wenn dieselbigen hören das Wort communio laica, denken sie von Stund an, es sei ein communio gewesen, wie zu unser Zeit, daß man die Laien mit einerlei Gestalt gespeiset habe.

Ac videte impudentiam. Gabriel inter ceteras causas recitat, cur non detur utraque pars, quia fuerit discrimen inter laicos et presbyteros faciendum⁵. Et credibile est hanc praecipuam causam esse, cur defendatur prohibitio unius partis, ut dignitas ordinis religione quadam fiat commendatior. Hoc est consilium humanum, ut nihil dicamus incivilius, quod quo spectet, facile iudicari potest. Et in confutatione allegant de filiis Heli, quod

Aber lasset sehen weiter, wie unverschamt Ding schreiben doch die Widersacher wider Christi Einsetzung und Ordnung. Gabriel unter andern Ursachen, warum den Laien nicht beide Gestalt gereicht werde, setzt auch diese: es habe müssen ein Unterscheid sein, sagt er, unter Priestern und Laien. Und ich halt wohl, es sei die größt und fürnehmst Ursach, warum sie heutigs Tag so fest halten, damit der Pfaffenstand heiliger scheine gegen dem Laienstand. Das ist nu ein Menschen-

in loco citata est historia, facile est iudicare. Prius vocabatur abusus conservatio instituti Christi. Nunc cita ratiocinantur tanquam significaturi, quod populus ita plectendus fuerit, ut a sacerdotibus acciperet tantum unam partem sacramenti, sicut filii Heli cogebantur panem mendicare, puniti a Deo. Nostro iudicio non satis reverenter loquuntur de sacramento, qui conservationem instituti Christi vocant abusum. Item qui sacramentum institutum ad consolationem conscientiarum interpretantur poenam esse, adempta altera parte.

Nihil autem opus est respondere ad hanc historiam de posteris Heli, cum nemo non videat intempestive ad hanc causam detortam esse.

¹) CR 27, 129 ff. ²) Apg. 2, 42. 46. 20, 7. CR 27, 129 f. ³) Fuit ergo semper in ecclesia discrimen laicae communionis sub una et sacerdotalis sub utraque specie. CR 27, 131. ⁴) Vgl. Konz. v. Orléans 538 can. 19. Mansi IX, 17. ⁵) Ex illo autem errore, quod communio sub utraque specie esset de necessitate salutis, sequuntur alii non minus periculosi errores, ut recitat Gerson. Scilicet primo quod tanta esset dignitas laicorum circa sumptionem corporis Christi sicut sacerdotum. Biel Sacri canonis missae expositio (1488) lect. 84. R/S.

amisso summo sacerdotio petituri sint unam partem sacerdotalem 1. Reg. 2. Hic dicunt usum unius speciei significatum esse. Et addunt: sic ergo et nostri laici una parte sacerdotali, una specie contenti esse debent[1]. Plane ludunt adversarii, cum ad sacramentum transferunt historiam de posteris Heli. Ibi describitur poena Heli. Num hoc quoque dicent laicos propter poenam removeri ab altera parte? Sacramentum institutum est ad consolandas et erigendas territas mentes, cum credunt carnem Christi datam pro vita mundi cibum esse, cum credunt se coniunctos Christo vivificari. Verum adversarii argumentantur laicos removeri ab altera parte poenae causa. Debent, inquiunt, esse contenti. Satis pro imperio. Cur autem debent? Non est quaerenda ratio, sed lex esto, quidquid dicunt theologi. Haec est ἑωλοκρασία[2] Ecciana. Agnoscimus enim istas Thrasonicas voces[3], quas si exagitare vellemus, non defutura nobis esset oratio. Videtis enim, quanta sit impudentia. Imperat tamquam aliquis tyrannus in tragoediis: Quod nolint, velint, debent esse contenti. Num hae rationes, quas citat, excusabunt hos in iudicio Dei, qui prohibent partem sacramenti, qui saeviunt in homines bonos utentes integro sacramento? Si hac ratione prohibent, ut sit ordinis discrimen, haec ipsa ratio movere debet, ne assentiamur adversariis, vel si alioqui morem cum ipsis servaturi eramus. Alia sunt discrimina ordinis sacerdotum et populi, sed non est obscurum, quid habeant consilii, cur hoc discrimen tantopere defendant. Nos, ne de vera dignitate ordinis detrahere videamur, de hoc callido consilio plura non dicemus.

gedanke; worauf der gehe, ist wohl abzunehmen. Und in der Confutation ziehen sie an die Kinder Heli im 1. Buch der Könige am 2. Kapitel, da der Text sagt: „Wer ubrig ist von deinem Hause, der wird kommen und ihnen anbeten um ein Stück Brots, und wird sagen: Lieber, laß mich zu einem Priesterteil, daß ich ein Bissen Brots esse zc." Da, sagen sie, ist die einerlei Gestalt bedeutet, und sagen nu, also sollen auch unsere Laien mit einem Priesterteil, das ist, mit einerlei Gestalt zufrieden sein. Die Meister der Confutation sind recht unverschamte, grobe Esel, sie spielen und gaukeln mit der Schrift, wie sie wollen, so die Historien von den Kindern Heli auf das Sakrament deuten. Denn an dem Ort wird beschrieben die ernstliche Strafe über Heli und seine Kinder. Wollen sie denn auch sagen, daß den Laien eine Gestalt werde darum gewehret zu einer Strafe? Sie sind gar töricht und toll. Das Sakrament ist von Christo eingesetzt, erschrockene Gewissen zu trösten, ihren Glauben zu stärken, wenn sie gläuben, daß Christi Fleisch für der Welt Leben gegeben ist, und daß wir durch die Speise mit Christo vereiniget werden, Gnad und Leben haben. Aber die Widersacher schließen also, daß diejenigen, so solch Sakrament in einer Gestalt empfahen, damit also gestraft werden, und sprechen, es sollen und müssen die Laien ihnen genügen lassen; das heißt je stolz gnug daher getrotzt. Wie, ihr Herren, dürften wir auch Ursach fragen, warum sie ihnen sollen genügen lassen? Oder soll es eitel Wahrheit heißen, was ihr wollt und was ihr saget? Sehet aber Wunder zu, wie unverschamt und frech die Widersacher sein; sie dürfen ihr Wort als eitel Herrengebot setzen, sagen frei, die Laien müssen ihnen genügen lassen. Wie aber, wenn sie nicht müssen? Sind das nun die Gründe und Ursachen, dadurch diejenigen entschuldiget sollen sein für Gottes Urteil, die bis anher die Leute von beiderlei Gestalt abgedrungen und unschüldig die Leute darum er-

Colligunt et alias rationes, quare profuerit tantum unam partem porrigere populo. Scilicet ne sanguis effundatur. Item quia in vasis possit asservari.

Propter has rationes non est ordinatio Christi rescindenda. Itaque nos in hac sententia manemus, quod non sit abusus, utraque parte sacramenti uti. Non enim audemus institutum Christi vocare abusum. Quod autem citantur testimonia ex synodo Constanciensi et Basiliensi, neutra synodus vocat abusum, uti utraque specie. Et in decreto Synodi Basiliensis clare scriptum est, hos, qui utraque parte utuntur, bene uti sacramento. Quod cum ita sit, hic potius abusus vocandus est, gravare conscientias hominum prohibitione alterius partis sacramenti.

---

[1]) Hic clare ostendit sacra scriptura, posteros Heli ablato ab eis sacerdotio petere admitti ad unam partem sacerdotatem, ad buccellam panis. Sic ergo et nostri laici una parte sacerdotali, una specie contenti esse debent. Conf. CR 27, 131.   [2]) zusammengegossener Bodensatz, häufig in der deutschen Form „Grundsuppe".   [3]) Thraso großmäuliger Soldat in den Eunuchen des Terenz.

würget haben? Sollen sie sich damit trösten, daß von Kindern Heli geschrieben: sie werden betteln? Das wird ein faul Entschuldigung sein für Gottes Gericht.

14 Allegant et periculum effusionis et similia quaedam[1], quae non habent tantam vim, ut ordinationem Christi mutent. Et
15 fingamus sane liberum esse, uti una parte aut ambabus, quomodo poterit prohibitio defendi? Quamquam ecclesia non sumit sibi hanc libertatem, ut ex ordinationibus Christi faciat res indifferentes.
16 Nos quidem ecclesiam excusamus, quae hanc iniuriam pertulit, cum utraque pars ei contingere non posset, sed auctores, qui defendunt recte prohiberi usum integri sacramenti, quique nunc non solum prohibent, sed etiam utentes integro sacramento excommunicant et vi persequuntur, non excusamus. Ipsi viderint, quomodo Deo rationem suorum consiliorum reddituri sint. Neque statim iu-
17 dicandum est ecclesias constituere aut probare, quidquid pontifices constituunt, praesertim cum scriptura de episcopis et pastoribus vaticinetur in hanc sententiam, ut ¹ Ezechiel ait: Peribit lex a Sacerdote.

Doch sie ziehen noch mehr Ursach an, warum beide Gestalt nicht solle gereicht werden, nämlich um Fährlichkeit willen, damit nicht etwa ein Tröpflein aus dem Kelche verschütt werde. Dergleichen Träume bringen sie mehr für, um welcher willen Christus Ordnung billig nicht soll geändert werden. Ich will aber gleich setzen, daß frei wäre, einer oder beiderlei Gestalt brauchen. Wie wollten sie denn beweisen, daß sie Macht hätten, beiderlei Gestalt zu verbieten? Wiewohl auch den Menschen oder der Kirchen nicht gebühret, die Freiheit selbst zu machen, oder daß sie aus Christi Ordnung wollten res indifferentes, das ist frei auf beiden Seiten, machen. Die armen Gewissen, welchen die eine Gestalt mit Gewalt entzogen ist, und solch Unrecht haben leiden müssen, die wollen wir hie nicht richten. Aber diejenigen so beiderlei Gestalt verboten haben, und noch nicht allein verbieten, sondern auch also öffentlich lehren, predigen, die Leute darum fahen, erwürgen 2c., ¹ die laden auf sich Gottes schrecklich Gericht und Zorn, und die wissen wir gar nicht zu entschuldigen,

sie mügen sehen, wie sie Gott wollen Rechenschaft geben ihres Fürnehmens. Und es ist auch nicht so bald der Kirchen Beschluß, was die Bischofe und Pfaffen beschließen, sonderlich so die Schrift und der Prophet Ezechiel sagt: „Es werden Priester und Bischofe kommen, die kein Gottes Gebot noch Gesetz wissen."

⟨Art. XXIII.⟩ De Coniugio Sacerdotum.[2]

⟨Art. XXIII.⟩ Von der Priesterehe.

1 In tanta infamia inquinati coelibatus audent adversarii non solum defendere legem pontificiam impio et falso praetextu nominis divini, sed etiam hortari Caesarem ac Principes, ne tolerent coniugia sacerdotum ad ignominiam et infamiam Romani imperii. Sic enim loquuntur[3].

Wiewohl die große ungehörte Unzucht mit Hurerei und Ehebruch unter Pfaffen und Mönchen 2c. auf hohen Stiften, andern Kirchen und Klöstern in aller Welt also rüchtig ist, daß man davon singet und saget, noch sind die Widersacher, so die Confutation gestellet, so ganz verblendet und unverschämt, daß sie des Pabstes Gesetz, dadurch die Ehe verboten, verteidingen, und

dazu mit falschem Schein, als sei es Geistlichkeit. Darüber, wiewohl sie billig sich des überaus schändlichen, unzüchtigen, freien, losen Bubenlebens auf ihren Stiften und in Klöstern in ihr Herz schämen sollten und allein des Stücks halben nicht kühnlich die Sonnen ansehen, wiewohl auch ihr bös, unruhwig Herz und Gewissen ihnen billig so bange macht, sich zu entsetzen und zu scheuen für so löblichem ehrliebendem Kaiser ihre Augen aufzuheben, so sind sie doch henkerskühne, tun wie der Teufel selbst und alle verwegene, verruchte Leute, gehen in ihrem blinden Trotz dahin aller Ehr und Scham vergessen. Und die reinen keuschen Leute dürfen kaiserl. Majestät, die Kurfürsten und Fürsten vermahnen, daß sie der Priester Ehe nicht leiden sollen ad infamiam et ignominiam imperii, das ist

---

[1]) Pro tanta quoque multitudine populi difficultas esset in vase pro specie vini caute promenda, quae et diutius asservata acesceret, moveret nauseam et vomitum sumentibus. Neque sine periculo effusionis facile circumferri posset ad infirmos. Conf. CR 27, 132. [2]) Der Artikel erster Fassung dazu auf S. 345 ff. [3]) Principes tolerare non debent in perpetuam Romani imperii ignominiam et infamiam, sed conforment se potius universali ecclesiae. CR 27, 141.

zu deutsch, dem römischen Reich zu Schmach und Unehren. Denn dies sind ihre Wort, gleich als sei ihr schändlich Leben der Kirchen sehr ehrlich und rühmlich.

Quae maior impudentia unquam ulla in historia lecta est, quam haec est adversariorum? Nam argumenta, quibus utuntur, postea recensebimus. Nunc hoc expendat prudens lector, quid frontis habeant isti nihili homines, qui dicunt coniugia parere infamiam et ignominiam imperio, quasi vero ecclesiam valde ornet ista publica infamia flagitiosarum ac prodigiosarum libidinum, quae flagrant apud istos sanctos patres, qui ‚Curios simulant et bacchanalia vivunt‘[1]. Ac pleraque ne verecunde quidem nominari queunt, quae isti summa licentia faciunt. Et has suas libidines castissima dextra tua, Carole Caesar (quem etiam vetera quaedam vaticinia appellant regem pudica facie, de te enim dictum apparet: Pudicus facie regnabit ubique[2]) propugnari postulant. Postulant, ut contra ius divinum, contra ius gentium, contra canones conciliorum dissipes matrimonia, ut in homines innocentes tantum propter coniugium atrocia supplicia constituas, ut sacerdotes trucides, quibus religiose parcunt etiam barbari, ut in exilium agas extorres mulieres, orbos pueros. Tales leges tibi ferunt, optime et castissime Imperator, quas nulla barbaria quamlibet immanis ac fera, posset audire. Sed quia nulla cadit in hos tuos mores vel turpitudo vel saevitia, speramus te et in hac causa clementer nobiscum acturum esse, praesertim ubi cognoveris, nos gravissimas habere causas nostrae sententiae sumptas ex verbo Dei, cui adversarii nugacissimas et vanissimas persuasiones opponunt.

Wie konnten doch die Widersacher ungeschickter, unverschämter und öffentlicher ihre eigene Schande und Schaden wirken und reden? Dergleichen unverschämt Fürbringen für einem römischen Kaiser wird man in keiner Historien finden. Wenn sie nicht alle Welt kennte, wenn nicht viel frommer, redlicher Leute, ihre eigene Concanoniken, unter ihnen selbst über so schändlich, unzüchtig, unehrlich Wesen vor langer Zeit geklagt hätten, wenn ihr eherlos, schändlich, ungöttlich, unzüchtig, heidnisch, epikurisch Leben und die Grundsuppe aller Unzucht zu Rom nicht so gar am Tage wäre, daß sich weder decken noch färben noch schmücken will lassen, so möcht man denken, ihre große Reinigkeit und ihre unverruckte jungferliche Keuschheit wäre ein Ursache, daß sie ein Weib oder die Ehe auch nicht mügen hören nennen, daß sie die heiligen Ehe, welche der Pabst selbst ein Sakrament der heiligen Ehe heißt, infamiam imperii taufen. Wohlan, ihre Argument und Gründe wollen wir hernach erzählen. Dieses wolle aber ein jeder christlicher Leser, alle ehrbare, ehrliebende, fromme Leute zu Herzen nehmen und wohl bedenken, wie ganz ohn Ehr und Scheu und alle Scham die Leute sein müssen, so die heiligen Ehe, welche die heilige Schrift aufs höhest preiset und lobet, ein Schandflecken, ein Infamien des römischen Reichs dürfen nennen, gleich als sei es so eine große Ehre der Kirchen und des Reichs ihre lästerliche, greuliche Unzucht, wie man das römische und der Pfaffen Wesen kennet. Und, allergnädigster Herr Kaiser, bei Euer kaiserl. Majestät, welche in alten Schriften wird ein züchtiger Fürst und König gennenet, denn freilich dieser Spruch von Euer kaiserl. Majestät gesagt ist: pudicus facie regnabit ubique; ja bei Euer Majestät und den löblichen Reichsständen dürfen solche Leute suchen und unverschämt fordern, daß Euer Majestät (das Gott verhüte) solch greuliche Unzucht sollen handhaben, ihre kaiserliche Macht, welche der Allmächtige bis anher Euer Majestät sieghaftig und seliglich zu gebrauchen gnädiglich verliehen hat, darauf wenden soll, schändliche Unzucht und ungehörte Laster, welche auch bei den Heiden für greulich gehalten, zu schützen und zu verteidigen. Und wie sie in ihren blutdürstigen, verblendeten Herzen gesinnet sein, daß sie gern wollten ungeacht aller göttlichen und natürlichen Recht, ungeacht der Concilien und ihrer eigen Canones solche Priesterehe mit Gewalt auf einmal zureißen, viel armer, unschuldiger Leute keiner ander Ursach denn allein um des Ehestands willen tyrannisch mit Galgen und Schwert dahin richten, als die Priester selbst, welcher doch in größeren Fällen auch die Heiden verschonet haben, als die großen Übeltäter um der Ehe willen erwürgen, so viel frommer, unschuldiger Weib und Kind ins Elend vertreiben,

---

[1]) Juvenal Sat. II, 3. M'. Curius Dentatus galt als Muster der Sittenstrenge und Genügsamkeit. A. Otto, Die Sprichwörter u. sprichwörtl. Redensarten d. Römer. Nr. 485.
[2]) Καὶ τότε ἁγνὸς ἄναξ πάσης γῆς σκῆπτρα κρατήσει εἰς αἰῶνας ἅπαντας. Orac. Sibyllina VIII, 169f. S. 150 Geffcken.

zu armen verlassen Witwen und Waisen machen und ihren teuflischen Haß an unschüldigem Blute rächen: dazu dürfen sie Euer kaiserl. Majestät vermahnen. Dieweil aber Gott der Allmächtige Euer Majestät mit sonderlicher angeborner Güte und Zucht begnadet, daß Euer Majestät aus hohem, adelichen, christlichem Gemüt so große Unzucht zu handhaben oder so ungehörte Tyrannei fürzunehmen, selbst Scheu haben und diese Handlung ohne Zweifel viel fürstlicher und christlicher bedenken, denn die losen Leute, so hoffen wir, Euer Majestät werden in diesem guten Grund und Ursach haben aus der heiligen Schrift, dagegen die Widersacher eitel Lügen und Irrtum fürbringen.

5 Et tamen non tuentur serio coelibatum. Neque enim ignorant, quam pauci praestent castitatem, sed praetexunt speciem religionis regno suo, cui prodesse coelibatum putant, ut intelligamus Petrum recte monuisse, futurum ut pseudoprophetae fictis verbis decipiant homines. Nihil enim vere, simpliciter et candide in hac tota causa dicunt, scribunt aut agunt adversarii, sed re ipsa dimicant de dominatione, quam falso putant periclitari et hanc impio praetextu pietatis munire conantur.

2. Petr. 2, 1.

Auch so ist es ihnen gewiß nicht Ernst, solchen Cölibat und ehelosen Stand zu verfechten; denn sie wissen wohl, wie reine Jungfern sie sein, wie wenig unter ihnen die Keuschheit halten. Allein sie bleiben bei ihrem Trostwort, das sie in ihrer Schrift finden: si non caste tamen caute, und wissen, daß keusch sich rühmen oder nennen, und doch nicht sein, in der Welt ein Schein der Keuschheit hat, daß auch ihr Pabstreich und Pfaffenwesen dadurch für der Welt desto heiliger scheinet. Denn Petrus der Apostel hat recht gewarnet, daß solche falsche Propheten werden die Leute betrügen mit erdichten Worten. Die Widersacher nehmen sich der Sache der Religion, welches die Hauptsache ist, gar nicht mit Ernst an. Was sie schreiben, reden, handeln, sind eitel Wort ad hominem; da ist kein Ernst, kein Treu, kein recht Herz zu gemeinem Nutz den armen Gewissen und Kirchen zu helfen. Im Grund ists ihnen um die Herrschaft zu tun, derselbigen haben sie Sorge und unterstützeln sie sein mit eiteln gottlosen heuchlischen Lügen; so wird sie auch stehen wie Butter an der Sonnen.

6 Nos hanc legem de coelibatu, quam defendunt adversarii, ideo non possumus approbare, quia cum iure divino et naturali pugnat et ab ipsis canonibus conciliorum dissentit[1]. Et constat superstitiosam et periculosam esse. Parit enim infinita scandala, peccata et corruptelam publicorum morum. Aliae controversiae nostrae aliquam disputationem doctorum desiderant: in hac ita manifesta res est in utraque parte, ut nullam requirat disputationem. Tantum requirit iudicem virum bonum et timentem Dei. Et cum defendatur a nobis manifesta veritas, tamen adversarii calumnias quasdam architectati sunt ad cavillanda argumenta nostra.

M 237

Wir können das Gesetz vom ehelosen Stand darum nicht annehmen, denn es ist wider göttlich und natürlich Recht, wider alle heilige Schrift, wider die Conzilien und Canones selbst. Darüber ists lauter Heuchelei und den Gewissen fährlich und ganz schädlich, so erfolgen auch daraus unzählige Ärgernis, häßliche, schreckliche Sunde und Schande, und wie man siehet in den rechten Pfaffenstädten und Residenzen, wie sie es nennen, Zerrüttung aller weltlicher Ehr und Zucht. Die andern Artikel unser Confession, wiewohl sie gewiß gegründt, sind dennoch so klar nicht, daß sie nicht mit einem Schein möchten angefochten werden. Aber dieser Artikel ist so klar, daß er auf beiden Seiten gar nahe keiner Rede darf; allein wer ehrbar und gottfürchtig ist, der kann hie bald Richter sein, und wiewohl wir die öffentliche Wahrheit hie nun für uns haben, noch suchen die Widersacher Fündlin, unser Gründe etwas anzufechten.

W 232 **7** Primum. Genesis docet homines conditos esse, ut sint foecundi, et sexus recta ratione sexum appetat. Loquimur enim non de concupiscentia, quae pec-

Gen. 1, 28.

Erstlich ist geschrieben Gen. am 1., daß Mann und Weib also geschaffen von Gott sein, daß sie sollen fruchtbar sein, Kinder zeugen 2c., das Weib geneigt sein zum Mann, der

---

[1] Luther, De votis monasticis 1521. WA VIII, 583ff. Wider den falsch genannten geistlichen Stand 1522. WA X 2, 105ff. Vgl. S. 88 Anm. 1. Das Konzil von Nicäa lehnte ein Verbot des ehelichen Umgangs ab. Sokrates Hist. eccl. I, 11. MSG 67, 101ff.

XXIII. Von der Priesterehe.

catum est, sed de illo appetitu, qui in integra natura futurus erat, quem vocant στοργὴν φυσικήν. Et haec στοργή est vere ordinatio divina sexus ad sexum. Cum autem haec ordinatio Dei sine singulari opere Dei tolli non possit, sequitur ius contrahendi matrimonii non posse tolli statutis aut votis.

Haec cavillantur adversarii, dicunt initio fuisse mandatum, ut repleretur terra, nunc repleta terra non esse mandatum coniugium[1]. Videte, quam prudenter iudicent. Natura hominum formatur illo verbo Dei, ut sit foecunda non solum initio creationis, sed tantisper, dum haec corporum natura existet. Sicut hoc verbo terra fit foecunda: Germinet terra herbam virentem. Propter hanc ordinationem non solum initio coepit terra producere gramina, sed quotannis vestiuntur agri, donec existet haec natura. Sicut igitur legibus humanis non potest natura terrae mutari, ita neque votis neque lege humana potest natura[2] hominis mutari sine speciali opere Dei.

Secundo. Et quia haec creatio seu ordinatio divina in homine est ius naturale, ideo sapienter et recte dixerunt iurisconsulti coniunctionem maris et feminae esse iuris naturalis. Cum autem ius naturale sit immutabile, necesse est semper manere ius contrahendi coniugii. Nam ubi natura non mutatur, necesse est et illam ordinationem manere, quam Deus indidit naturae, nec potest legibus humanis tolli[3]. Ridiculum igitur est, quod adversarii nugantur, initio fuisse mandatum coniugium, nunc non esse. Hoc per inde est, ac si dicerent: Olim na-

Mann wieder zum Weibe. Und wir reden hie nicht von der unordentlichen Brunst, die nach Adams Fall gefolget ist, sondern von natürlicher Neigung zwischen Mann und Weib, welche auch gewesen wäre in der Natur, wenn sie rein blieben wäre. Und das ist Gottes Geschöpf und Ordnung, daß der Mann zum Weib geneigt sei, das Weib zum Mann. So nu die göttliche Ordnung und die angeschaffene Art niemands ändern mag noch soll, denn Gott selbst, so folget, daß der Ehestand durch kein menschlich Statut oder Gelübde mag abgetan werden.

Wider diesen starken Grund spielen die Widersacher mit Worten, sagen, im Anfang der Schöpfung habe das Wort noch statt gehabt: „Wachset und mehret euch und erfüllet die Erde." Nu aber, so die Erde erfüllet ist, sei die Ehe nicht geboten. Sehet aber, wie weise Leute sein da die Widersacher. Durch dies göttliche Wort (Wachset und mehret euch), welches noch immer gehet und nicht aufhöret, ist Mann und Weib also geschaffen, daß sie sollen fruchtbar sein, nicht allein die Zeit des Anfangs, sondern so lang diese Natur währet. Denn gleichwie durch das Wort Gen. am 1., da Gott sprach: „Es lasse die Erde aufgehen Gras und Kraut 2c.", die Erde also geschaffen ist, daß sie nicht allein im Anfang Frucht bracht, sondern daß sie alle Jahr Gras, Kräuter und ander Gewächs brächt, so lang diese Natur währet: also ist auch Mann und Weib geschaffen fruchtbar zu sein, so lang diese Natur währet. Wie nun das Menschengebot und Gesetz nicht ändern kann, daß die Erde nicht sollte grüne werden 2c., also kann auch kein Klostergelübde, kein Menschengebot die menschliche Natur ändern, daß ein Weib nicht sollt eins Manns begehren, ein Mann eins Weibs, ohn ein sonderlich Gottes Werk.

Zum andern, dieweil das göttliche Geschöpf und Gottes Ordnung natürlich Recht und Gesetz ist, so haben die Jurisconsulti recht gesagt, daß des Manns und Weibs Beieinandersein und Zusammengehören ist natürlich Recht. So aber das natürliche Recht niemands verändern kann, so muß je einem jeden die Ehe frei sein. Denn wo Gott die Natur nicht verändert, da muß auch die Art bleiben, die Gott der Natur eingepflanzt hat, und sie kann mit Menschengesetzen nicht verändert werden. Derhalben ist es ganz kindisch, daß die Widersacher sagen, im Anfang da der Mensch geschaffen, sei die Ehe

---

[1]) Conf.: Praeceptum tunc erat de procreatione prolis, ut repleretur terra; qua modo repleta, adeo quidem, ut sit pressura, non est a modo praeceptum valentibus continere. CR 27, 142. [2]) Luther in Ed. pr. D. a. R.: Sic ille dixit: Mater mea vovit, quod ego debeo fieri episcopus. Et ille, qui vovit, esse nolle amplius mingere in gloriam Dei.
[3]) Luther in Ed. pr. D. a. R.: Et simul sequitur: Donec terra repleta est, omnes omnium nuptiae cessare debent, donec per mortem evacuetur terra pro futuris nuptiis.

scentes homines secum attulerunt sexum, nunc non afferunt. Olim secum attulerunt ius naturale nascentes, nunc non afferunt. Nullus Faber fabrilius cogitare quidquam posset[1], quam hae ineptiae excogitatae sunt ad eludendum ius naturae. Maneat igitur hoc in causa, quod et scriptura docet, et iurisconsultus sapienter dixit: coniunctionem maris et feminae esse iuris naturalis. Porro ius naturale vere est ius divinum, quia est ordinatio divinitus impressa naturae. Quia autem hoc ius mutari non potest sine singulari opere Dei, necesse est manere ius contrahendi coniugii, quia ille naturalis appetitus est ordinatio Dei in natura sexus ad sexum, et propterea ius est; alioqui quare uterque sexus conderetur? Et loquimur, ut supra dictum est, non de concupiscentia, quae peccatum est, sed de illo appetitu, quem vocant στοργὴν φυσικήν, quem concupiscentia non sustulit ex natura, sed accendit, ut nunc remedio magis opus habeat, et coniugium non solum procreationis causa necessarium sit, sed etiam remedii causa. Haec sunt perspicua et adeo firma, ut nullo modo labefactari queant.

geboten, nu aber nicht. Denn es ist gleich, als wenn sie sprächen: Etwan zu Adams und der Patriarchen Zeiten, wenn ein Mann geboren ward, hatte er Mannes Art an sich, wenn ein Weib geboren ward, hat'te sie Weibs Art an sich, jetzund aber ists anders; vor Zeiten bracht ein Kind aus Mutterleib natürliche Art mit sich, nu aber nicht. So bleiben wir nu billig bei dem Spruch, wie die Jurisconsulti weislich und recht gesagt haben, daß Mann und Weib bei einander sein, ist natürlich Recht. Ists nun natürlich Recht, so ist es Gottes Ordnung, also in der Natur gepflanzt, und ist also auch göttlich Recht. Dieweil aber das göttlich und natürlich Recht niemands zu ändern hat, denn Gott allein, so muß der Ehestand jedermann frei sein. Denn die natürliche, angeborne Neigung des Weibs gegen den Mann, des Manns gegen dem Weib ist Gottes Geschöpf und Ordnung. Darum ists recht und hat kein Engel noch Mensch zu ändern. Gott der Herr hat nicht allein Adam geschaffen, sondern auch Evam, nicht allein ein Mann, sondern auch ein Weib, und sie gesegnet, daß sie fruchtbar sein. Und wir reden, wie ich gesagt habe, nicht von der unordentlichen Brunst, die da sündlich ist, sondern von der natürlichen Neigung, die zwischen Mann und

Weib auch gewesen wäre, so die Natur rein blieben wäre. Die böse Lust nach dem Fall hat solche Neigung noch stärker gemacht, daß wir nu des Ehestandes viel mehr dürfen, nicht allein Kinder zu zeugen, sondern auch ärger Sunde zu verhüten. Dies ist so klarer Grund, daß es niemands wird umstoßen, sondern der Teufel und alle Welt wird es müssen bleiben lassen.

Tertio. Paulus ait: Propter fornicationem unusquisque habeat uxorem suam. Hoc iam expressum mandatum est, ad omnes pertinens, qui non sunt idonei ad coelibatum. Adversarii iubent sibi ostendi praeceptum, quod praecipit sacerdotibus uxores ducere, quasi sacerdotes non sint homines[2]. Nos, quae de natura hominum in genere disputamus, profecto etiam ad sacerdotes pertinere iudicamus. An non praecipit hic Paulus, ut ducant uxores isti, qui non habent donum continentiae? Interpretatur enim se ipse paulo post, cum ait: Melius est nubere, quam uri. Et Christus clare dixit: Non omnes capiunt hoc verbum, sed quibus datum est. Quia nunc post peccatum concurrunt haec duo, naturalis appetitus et concupiscentia, quae inflammat naturalem appetitum, ut iam magis opus sit coniugio, quam in natura in-

Für das dritte sagt Paulus: „Zu vermeiden die Hurerei, hab ein itzlicher sein eigen Eheweib." Das ist ein gemein Befehl und Gebot und gehet alle diejenigen an, die nicht vermügen ohne Ehe zu bleiben. Die Widersacher die fordern, wir sollen Gottes Gebot zeigen, da er gebiete, daß die Priester sollen Weiber nehmen, gleich als sein die Priester nicht Menschen. Was die Schrift ingemein von ganzem menschlichen Geschlecht redet, das gehet wahrlich die Priester mit an. Paulus gebeut da, daß diejenigen sollen Weiber nehmen, so nicht haben die Gabe der Jungfrauschaft, denn er legt sich bald hernach selbst aus, da er sagt: „Es ist besser ehelich werden, denn brennen." Und Christus sagt klar: „Sie fassen nicht alle das Wort, sondern denen es geben ist." Dieweil nun nach Adams Fall in uns allen die beide beinander sein, die natürliche Neigung und angeborne böse Lust, welche die natür-

---

[1]) Anspielung auf den zu den Konfutatoren gehörenden Faber, Koadjutor, später Bischof von Wien.   [2]) CR 27, 143. Luther in Ed. pr. D a. R.: Et vos ostendite praeceptum, quod praecipiat sacerdotibus non licere uxores habere.

tegra: ideo Paulus de coniugio tamquam de remedio loquitur et propter illa incendia iubet nubere. Neque hanc vocem: Melius [1] est nubere, quam uri, ulla humana auctoritas, ulla lex, ulla vota tollere possunt, quia haec non tollunt naturam aut concupiscentiam[1]. Retinent igitur ius ducendi omnes, qui uruntur. Et tenentur hoc mandato Pauli: Propter fornicationem unusquisque habeat uxorem suam, omnes, qui non vere continent, de qua re iudicium ad conscientiam cuiusque pertinet.

liche Neigung noch stärker macht, also daß des Ehestandes mehr vonnöten ist, denn da die Natur unverderbt war: darum redet Paulus also von [1] der Ehe, daß damit unser Schwachheit geholfen werde, und solch Brennen zu vermeiden gebeut er, daß diejenigen, so es dürfen, sollen ehelich werden. Und dies Wort: „Es ist besser ehelich zu werden, denn brennen", mag durch kein Menschengesetz, durch kein Klostergelübde weggetan werden. Denn kein Gesetz kann die Natur anders machen, denn sie geschaffen oder geartet ist. Darum haben wir Freiheit und Macht ehelich zu werden alle, so das Brennen fühlen und alle, die nicht recht rein und keusch vermügen zu bleiben, die sein schüldig, diesem Gebot und Wort Pauli zu folgen: „Es soll ein itzlicher sein eigen Weib haben, zu vermeiden Hurerei." Darinne hat ein jeder für sich sein Gewissen zu prüfen.

Nam quod hic iubent petere a Deo continentiam, iubent corpus laboribus et inedia conficere[2], cur sibi quoque non canunt haec magnifica praecepta? Sed ut supra diximus, tantum ludunt adversarii, nihil agunt serio. Si continentia esset omnibus possibilis, non requireret peculiare donum. At Christus ostendit eam peculiari dono opus habere, quare non contingit omnibus. Reliquos vult Deus uti communi lege naturae, quam instituit. Non enim vult Deus contemni suas ordinationes, suas creaturas. Ita vult illos castos esse, ut remedio divinitus proposito utantur, sicut ita vult vitam nostram alere, si cibo, si potu utamur. Et Gerson testatur multos fuisse bonos viros, qui conati domare corpus tamen parum profecerunt[3]. Ideo recte ait Ambrosius: Sola virginitas est, quae suaderi potest, imperari non potest; res magis voti quam praecepti est[4]. Si quis hic obiecerit Christum laudare hos, qui se castrant propter regnum coelorum, is hoc quoque consideret, quod tales laudat, qui donum continentiae habent, ideo enim addidit: Qui potest capere, capiat. Non enim placet Christo immunda continentia. Laudamus et nos veram continentiam. Sed nunc de lege disputamus, et de his, qui non habent donum continentiae. Res debebat relinqui libera, non debebant iniici laquei imbecillibus per hanc legem.

Denn daß die Widersacher sagen, man soll Gott um Keuschheit bitten und anrufen, man solle den Leib mit Fasten und Arbeit kasteien, sollten sie billig solch Kasteien anfahen. Aber wie ich hie oben gesagt, die Widersacher meinen diese Sache nicht mit Ernst, sie spielen und scherzen ihres Gefallens. Wenn Jungfrauschaft einem jeden müglich wäre, so dürfts keiner sondern Gottes Gabe. Nun sagt der Herr Christus Matth. am 19., es sei ein besonder hohe Gottesgabe und nicht jedermann fasse das Wort. Die andern nu, will Gott, daß sie sollen brauchen des Ehestandes, den Gott hat eingesetzt. Denn Gott will nicht, daß man sein Geschöpf und Ordination verachten soll, so will er dennoch, daß dieselbigen auch sollen keusch sein, nämlich, daß sie des Ehestandes brauchen, welchen er eheliche Reinigkeit und Keuschheit zu erhalten hat eingesetzt; wie er auch will, daß wir sollen der Speise und des Tranks brauchen, die er uns zu Leibes Enthaltung[5] geschaffen hat. Und Gerson der zeigt an, daß viel frommer, großer Leute gewesen sein, die durch Leibeskasteien haben wollen Keuschheit halten und haben dennoch nichts geschafft. Darum sagt auch S. Ambrosius recht: „Allein die Jungfrauschaft ist ein solch Ding, die man raten mag und nicht gebieten." Ob jemands hie nu sagen wollt, der Herr Christus lobet diejenigen, die sich selbst verschnitten haben um des Himmelreichs willen, der soll auch bedenken, daß Christus von denjenigen redet, welche die Gabe der Jungfrauschaft haben; denn darum setzt er hinzu: „Wer es fassen kann, der fasse es." Denn dem Herrn Christo gefällt solche unreine Keuschheit nicht, wie in Stiften und Klöstern ist. Wir lassen auch rechte Keuschheit ein sein, edel Gottes Gabe sein. Wir reden aber hie davon, daß solch Gesetz

---

[1]) Luther in Ed. pr. D a. R.: Concupiscentia non tollitur neque natura per votum aut legem humanam.   [2]) CR 27, 144f.   [3]) Etwa Super coelibatu 3. II 629C. Du Pin.   [4]) Exhortatio virginitatis 3, 17. MSL 16, 356C.   [5]) Unterhalt.

und Verbot der Ehe unrecht ist, und von denen, die Gottes Gabe nicht haben. Darum soll es frei sein, und sollen nicht solche Stricke den armen Gewissen angeworfen werden.

23 Quarto. Dissentit lex pontificia et a canonibus conciliorum. Nam veteres canones non prohibent coniugium, nec contracta coniugia dissolvunt, etsi hos, qui in ministerio contraxerunt, removent ab administratione[1]. Haec missio istis temporibus beneficii loco erat. Sed novi canones, qui non sunt in synodis conditi, sed privato consilio pontificum facti[2], et prohibent contrahere matrimonia, et contracta dissolvunt, idque palam est fieri contra mandatum Christi: Quos Deus coniunxit, homo non separet. Adversarii vociferantur in confutatione **24** coelibatum praeceptum esse a conciliis[3]. Nos non accusamus decreta conciliorum, nam haec certa conditione permittunt coniugium, sed accusamus leges, quas post veteres synodos romani pontifices contra auctoritatem synodorum condiderunt. Adeo pontifices contemnunt auctoritatem synodorum, quam aliis volunt videri sacrosanctum. Propria **25** igitur est haec lex de perpetuo coelibatu huius novae pontificiae dominationis. Neque id abs re Daniel enim tribuit hanc notam regno antichristi, videlicet contemptum mulierum.

Zum vierten, so ist auch dasselbige Pabstsgesetz wider die Canones und alten Conzilien. Denn die alten Canones verbieten nicht die Ehe, sie zureißen auch nicht den Ehestand; wiewohl sie diejenigen, so sich zum Ehestand be'geben, ihres geistlichen Amtes entsetzen. Das war die Zeit nach Gelegenheit mehr ein Gnade, denn ein Strafe. Aber die neuen Canones, die nicht in den Conciliis, sondern durch die Päbste gemacht sein, die verbieten die Ehe und zureißen die iam contracta matrimonia 2c. So ist nu am Tage, daß solches wider die Schrift, auch wider Christi Gebot ist, da er saget: „Die Gott zusammen gefügt hat, soll der Mensch nicht scheiden." Die Widersacher schreien fast, daß der Cölibat oder Keuschheit der Priester geboten sei in den Conciliis. Wir fechten die Concilia des Teils nicht an, denn sie verbieten die Ehe nicht, sondern das neue Gesetz fechten wir an, welches die Päbste wider die Concilia gemacht haben. Also gar verachten die Päbste selbst die Concilia, so sie doch andern bei Gottes Zorn und ewiger Verdammnis dürfen gebieten, die Concilien zu halten. Darum ist das Gesetz, dadurch Priesterehe verboten, ein recht Pabstsgesetz der römischen Tyrannei. Denn der Prophet Daniel hat das antichristische Reich also abgemalt, daß es solle Ehestand und Eheweiber, ja das weibliche Geschlecht verachten lehren.

26 Quinto. Etsi adversarii non defendunt legem superstitionis causa, cum videant non solere observari, tamen superstitiosas opiniones serunt, dum praetexunt religionem. Coelibatum ideo praedicant se requirere, quod sit mundities[4], quasi coniugium sit immundities ac peccatum, aut quasi coelibatus magis mereatur iustificationem quam coniugium[5]. Et huc **27** allegant ceremonias legis mosaicae, quod cum in lege tempore ministerii sacerdotes separati fuerint ab uxoribus, in

Zum fünften, wiewohl sie das ungöttliche Gesetz nicht Heiligkeit halben oder aus Unwissenheit verteidigen, denn sie wissen wohl, daß sie Keuschheit nicht halten, so geben sie doch Ursach zu unzähliger Heuchelei, dieweil sie ein Schein der Heiligkeit fürwenden. Sie sagen, daß darum die Priester sollen Keuschheit halten, denn sie müssen heilig und rein sein; gleich als sei der Ehestand ein Unreinigkeit, gleich als werde man ehe heilig und gerecht für Gott durch den Cölibat, denn durch den Ehestand. Und

---

[1]) s. o. S. 88 Anm. 1. [2]) Melanchthon denkt wohl vor allem an die von den Päpsten unter dem Einfluß der cluniacensischen Reform erlassene Reihe von Verordnungen: Leo IX. 1054 Decr. Grat. I. d. 32. c. 14. Nikolaus II. 1059 d. 32. c. 5. Alexander II. d. 32. c. 6. d. 81. c. 16—18, die die Fastensynode von Rom 1074 unter Gregor VII. wieder aufnahm (Mirbt Nr. 281). [3]) CR 27, 136 f. [4]) Sacerdotes frequenter manducantes pascha nostrum Christum cingere convenit renes per continentiam et munditiam. CR 27, 140. Sed adeo ecclesia non prohibet nuptias, ut etiam matrimonium inter septem sacramenta connumeret; cum quo sane stat, ut ob excellens ministerium ecclesiasticis excellentiorem praecipiat munditiem. 145. [5]) magis bis coniugium] mereatur remissionem peccatorum et reconciliationem, coniugium vero non mereatur remissionem peccatorum etc. Seit Ed. 1531. 8°.

novo testamento sacerdos, cum semper orare debeat, semper debeat continere[1]. Haec inepta similitudo allegatur tamquam demonstratio, quae cogat sacerdotes ad perpetuum coelibatum, cum quidem in ipsa similitudine coniugium concedatur, tantum ministerii tempore consuetudo interdicitur. Et aliud est orare, aliud ministrare. Orabant sancti tunc quoque, cum non exercebant publicum ministerium, nec consuetudo cum coniuge prohibebat, ne orarent.

dazu ziehen sie an die Priester im Gesetz Mosi. Denn sie sagen, wenn die Priester haben im Tempel gedienet, haben sie sich ihrer Weiber müssen enthalten; darum, so im neuen Testament die Priester allzeit beten sollen, sollen sie sich auch allzeit keusch halten. Solch ungeschickt närrisch Gleichnis ziehen sie an als ein ganz klaren gewissen Grund, dadurch schon erstritten sei, daß die Priester schuldig sein, ewige Keuschheit zu halten, so sie doch, wenn auch das Gleichnis hie tügte oder sich reimete, nichts mehr damit erhalten, denn daß die Priester sich ihrer Weiber allein eine Zeit lang enthalten sollten, nämlich wenn sie Kirchendienst fürhätten. Auch so ist ein ander Ding beten, ein ander Ding in der Kirchen priesterlich Amt tun. Denn viel Heiligen haben wohl gebetet, wenn sie gleich nicht im Tempel gedienet, und hat sie eheliche Beiwohnung daran nicht gehindert.

Sed respondebimus ordine ad haec figmenta. Primum hoc fateri necesse est adversarios, quod coniugium sit mundum in credentibus, quia est sanctificatum verbo Dei, hoc est, est res licita et approbata verbo Dei, sicut copiose testatur scriptura. Christus enim vocat coniugium coniunctionem divinam, quum ait: Quos Deus coniunxit. Et Paulus de coniugio, de cibis et similibus rebus inquit: Sanctificantur per verbum et orationem, hoc est, per verbum, quo conscientia fit certa, quod Deus approbet, et per orationem, hoc est, per fidem, quae cum gratiarum actione tamquam dono Dei utitur. Item 1. Cor. 7.: Sanctificatur vir infidelis per uxorem fidelem etc., id est, usus coniugalis licitus et sanctus est propter fidem in Christum, sicut licitum est uti cibo etc. Item 1. Tim. 2.: Salvatur mulier per filiorum generationem etc. Si talem locum adversarii de coelibatu proferre possent, tum vero miros triumphos agerent. Paulus dicit salvari mulierem per filiorum generationem. Quid potuit dici contra hypocrisin coelibatus honorificentius, quam mulierem salvari ipsis coniugalibus operibus, usu coniugali, pariendo et reliquis oeconomicis officiis? Quid autem sentit Paulus? Lector observet addi fidem, nec laudari officia oeconomica sine fide: Si manserint, inquit, in fide. Loquitur enim de toto genere matrum. Requirit igitur praecipue fidem, qua mulier accipit remissionem peccatorum et iustificationem. Deinde addit certum opus vocationis, sicut in singulis hominibus fidem sequi debet bonum opus certae vocationis. Id opus placet Deo propter fi-

Wir wollen aber ordentlich nach einander auf solche Träume antworten. Für das erste müssen je die Widersacher bekennen und können nicht leugnen, daß der Ehestand an Christgläubigen ein rein heilig Stand sei; denn er ist je geheiliget durch das Wort Gottes. Denn von Gott ist er eingesetzt, durch Gottes Wort ist er bestätigt, wie da die Schrift reichlich zeuget. Denn Christus sagt: „Was Gott hat zusammengefüget, das soll kein Mensch scheiden." Da sagt Christus, Eheleute und Ehestand füge Gott zusammen, so ist es ein rein, heilig, edel, löblich Gotteswerk. Und Paulus sagt von der Ehe, von Speise und dergleichen, „daß sie geheiliget werden durch das Wort Gottes und durch das Gebet". Erstlich durchs göttliche Wort, dadurch das Herz gewiß wird, daß Gott dem Herrn der Ehestand gefället. Zum andern, durch das Gebet, das ist durch Danksagung, welche im Glauben geschieht, da wir des Ehestands, Speis, Tranks mit Danksagung brauchen. 1. Kor. 7. „Der ungläubige Mann wird geheiliget durch das gläubige Weib", das ist, der Ehestand ist rein, gut, christlich und heilig um des Glaubens willen in Christum, des wir brauchen mügen mit Danksagung, wie wir Speis, Trank 2c. brauchen. Item, 1. Tim. 2. „Das Weib aber wird selig durch Kindergebären, so sie bleibt im Glauben 2c." Wenn die Widersacher von ihrer Pfaffenkeuschheit ein solchen Spruch könnten fürbringen, wie sollten sie triumphieren? Paulus sagt, das Weib werde selig durch Kindergebären. Was hätte doch der heilige Apostel wider die schändliche Heuchelei der unflätigen, erlogenen Keuschheit Trefflichers reden können, denn daß er sagt, sie werden selig durch die eheliche Werke, durch Gebären, durch Kin-

---

[1]) CR 27, 138 f.

dem. Ita mulieris officia placent Deo propter fidem, et salvatur mulier fidelis, quae in talibus officiis vocationis suae pie servit.

dersäugen und -ziehen, durch Haushalten 2c. ? Ja wie meint das Paulus? Er setzt dazu mit klaren Worten: „So sie bleibt im Glauben 2c." Denn die Werk und Arbeit im Ehestande für sich selbst ohn den Glauben werden hie allein nicht gelobet. So will er nun für allen Dingen, daß sie Gottes Wort haben und gläubig sein, durch welchen Glauben (wie er denn allenthalben sagt) sie empfahen Vergebung der Sünde und Gott versühnet werden. Darnach gedenkt er des Werks ihres weiblichen Amts und Berufs. Gleichwie in allen Christen aus dem Glauben sollen gute Werke folgen, daß ein jeder nach seinem Beruf etwas tue, damit er seinem Nächsten nütz werde, und wie dieselbigen gute Werke Gott gefallen, also gefallen auch Gott solche Werk, die ein gläubig Weib tut ihrem Beruf nach, und ein solch Weib wird selig, die also ihrem Beruf nach im ehelichen Stand ihr weiblich Amt thut.

33 Haec testimonia docent coniugium rem licitam esse. Si igitur mundities significat id, quod coram Deo licitum et approbatum est, coniugia sunt munda, 34 quia sunt approbata verbo Dei. Et Paulus ait de rebus licitis: Omnia munda mundis, hoc est, his, qui credunt Christo et fide iusti sunt. Itaque ut virginitas in impiis est immunda: ita coniugium in piis est mundum propter verbum Dei et fidem.

Diese Sprüche zeigen an, daß der Ehestand ein heilig und christlich Ding sei. So nu Reinigkeit auch das heißt, das für Gott heilig und angenehm ist, so ist der Ehestand heilig und angenehm, denn er ist bestätiget durch das Wort Gottes. Und wie Paulus sagt: „Den Reinen ist alles rein", das ist, denen, die da gläuben in Christum. Derhalben wie die Jungfrauschaft in den Gottlosen unrein ist, also ist der Ehestand heilig in den Gläubigen um des göttlichen Worts und Glaubens willen.

35 Deinde. Si mundities proprie opponitur concupiscentiae, significat munditiem cordis, hoc est, mortificatam concupiscentiam, quia lex non prohibet coniugium, sed concupiscentiam, adulterium, scortationem. Quare coelibatus non est mundities. Potest enim esse maior mundities cordis in coniuge, velut in Abraham aut Iacob, quam in plerisque etiam vere continentibus.

So aber die Widersacher das Reinigkeit heißen, da kein Unzucht ist, so heißt Reinigkeit des Herzens, da die böse Lust getötet ist. Denn Gottes Gesetz verbeut nicht die Ehe, sondern die Unzucht, Ehebruch, Hurerei. Darum äußerlich ohne Weib sein, ist nit die rechte Reinigkeit, sondern es kann ein größer Reinigkeit des Herzens sein in einem Ehemann (als in Abraham und Jakob), denn in vielen die gleich nach leiblicher Reinigkeit ihre Keuschheit recht halten.

36 Postremo. Si ita intelligunt coelibatum munditiem esse, quod mereatur iustificationem magis, quam coniugium, maxime reclamamus. Iustificamur enim neque propter virginitatem neque propter coniugium, sed gratis propter Christum, cum credimus nos propter eum 37 habere Deum propitium. Hic exclamabunt fortassis, Ioviniani more aequari coniugium virginitati¹. Sed propter haec convitia non abiiciemus veritatem de iu- 38 stitia fidei, quam supra exposuimus. Neque tamen aequamus coniugio virginitatem. Sicut enim donum dono praestat, prophetia praestat eloquentiae, scientia rei militaris praestat agriculturae, eloquentia praestat architectonicae: ita virginitas donum est praestantius coniugio. 39 Et tamen sicut orator non est magis iu-

Endlich, so sie die Keuschheit derhalben Reinigkeit nennen, daß man dadurch ehe sollt für Gott gerecht werden, denn durch den Ehestand, so ist es ein Irrtum. Denn ohne Verdienst um Christus willen allein erlangen wir Vergebung der Sünde, wenn wir gläuben, daß wir durch Christus Blut und Sterben ein gnädigen Gott haben. Hie aber werden die Widersacher schreien, daß wir wie Jovinianus den Ehestand der Jungfrauschaft gleich achten. Aber um ihres Geschreies willen werden wir die göttliche Wahrheit und die Lehre von Christo, von Gerechtigkeit des Glaubens, die wir oben angezeigt, nicht verläugnen. Doch lassen wir dennoch der Jungfrauschaft ihr Preis und Lob, und sagen auch, daß eine Gabe sei höher denn die andern. Denn gleichwie Weisheit zu regieren ein höher Gabe ist,

---

¹) Vgl. S. 105 Anm. 1.

XXIII. Von der Priesterehe.

stus coram Deo propter eloquentiam, quam architectus propter architectonicam: ita virgo non magis meretur iustificationem virginitate, quam coniunx coniugalibus officiis, sed unusquisque in suo dono fideliter servire debet ac sentire, quod propter Christum fide consequatur remissionem peccatorum, et fide iustus coram Deo reputetur.

Nec Christus aut Paulus laudant virginitatem ideo, quod iustificet, sed quia sit expeditior, et minus distrahatur domesticis occupationibus in orando, docendo, serviendo. Ideo Paulus ait: Virgo curat ea, quae sunt Domini. Laudatur igitur virginitas propter meditationem et studium. Sic Christus non simpliciter laudat hos, qui se castrant, sed addit: propter regnum coelorum, hoc est, ut discere aut docere evangelium vacet. Non enim dicit virginitatem mereri remissionem peccatorum aut salutem.

Ad exempla sacerdotum leviticorum respondimus, quod non efficiunt oportere perpetuum coelibatum imponi sacerdotibus. ¹ Deinde immunditiae leviticae non sunt ad nos transferendae. Consuetudo contra legem tunc erat immunditia. Nunc non est immunditia, quia Paulus dicit: Omnia munda mundis. Liberat enim nos evangelium ab illis immunditiis leviticis. Ac si quis hoc consilio legem coelibatus defendit, ut illis observationibus leviticis gravet conscientias, huic perinde adversandum est, ut apostoli in Actis cap. 15. adversantur his, qui circumcisionem requirebant et legem Moisi christianis imponere conabantur.

Interim tamen boni scient moderari usum coniugalem, praesertim cum sunt occupati publicis ministeriis, quae quidem saepe tantum faciunt negotii bonis viris, ut omnes domesticas cogitationes

denn andere Künste: also ist die Jungfrauschaft oder Keuschheit eine höher Gabe, denn der Ehestand. Und doch wiederum, wie der Regent nicht von wegen seiner Gabe und Klugheit für Gott mehr gerecht ist, denn ein ander von wegen seiner Kunst, also ist der Keusche nicht mehr gerecht für Gott von wegen seiner Gabe, denn die Ehelichen von wegen ihres Standes, sondern ein jeder soll treulich dienen mit seiner Gabe und dabei wissen, daß er um Christus willen durch Glauben Vergebung der Sünde habe und gerecht für Gott geschätzet wird.

Der Herr Christus und Paulus auch loben die Jungfrauschaft nicht darum, daß sie für Gott gerecht mache, sondern daß diejenigen, so ledig ohn Weib oder ohn Mann sein, desto freier, unverhindert mit Haushalten, Kinderziehen 2c., lesen, beten, schreiben, dienen können. Darum saget Paulus zu den Korinthern: „Aus der Ursach wird die Jungfrauschaft gelobt, daß man in dem Stand mehr Raum hat, Gottes Wort zu lernen und andere zu lehren." So lobt auch Christus nicht schlechthin diejenigen, so sich verschnitten, sondern setzt dazu: um des Himmelreichs willen, das ist, daß sie desto leichter lernen und lehren können das Evangelium. Er sagt nicht, daß Jungfrauschaft Vergebung der Sünde verdiene.

Auf das Exempel von den levitischen Priestern haben wir geantwort, daß damit gar nicht beweiset ist, daß die Priester sollen ohne Ehestand sein. Auch so gehet uns Christen das Gesetz Mosi mit den Ceremonien der Reinigkeit oder Unreinigkeit nichts an. Im Gesetz Mosi, wenn ein Mann sein Weib berühret, ward er etliche Zeit unrein: jetzund ist ein Christenehemann nit unrein. Denn das neue Testament sagt: „Den Reinen ist Alles rein." Denn durch das Evangelium sind wir gefreiet von allen Mosis Ceremonien, nicht allein von den Gesetzen der Unreinigkeit. Wo aber den Cölibat jemands aus dem Grunde wollte verfechten, daß er die Gewissen wollte verpflichten zu solchen levitischen Reinigkeiten, dem müssen wir eben so heftig widerstehen, als die Apostel den Jüden widerstanden haben, in Geschichten der Apostel am 15. Kapitel, da sie zu dem Gesetz Mosi und zu der Beschneidung die Christen verpflichten wollten.

Hie aber werden christliche, gottfürchtige Eheleute wohl in ehelicher Pflicht Maß zu halten wissen. Denn diejenigen, so in Regimenten oder der Kirchen Ämtern sein und zu schaffen haben, die werden auch im Ehe-

animis excutiant. Sciunt boni et hoc, quod Paulus iubet vasa possidere in sanctificatione. Sciunt item, quod interdum secedendum sit, ut vacent orationi, sed Paulus hoc ipsum non vult esse perpetuum. Iam talis continentia facilis est bonis et occupatis. Sed illa magna turba otiosorum sacerdotum, quae in collegiis est, in his deliciis ne quidem hanc leviticam continentiam praestare potest, ut res ostendit. Et nota sunt poemata: Desidiam puer ille sequi solet, odit agentes etc.¹

stand wohl keusch müssen sein. Denn mit großen Sachen und Händeln beladen sein, da Landen und Leuten, Regimenten und Kirchen angelegen ist, ist ein gut remedium, daß der alte Adam nicht geil werde. So wissen auch die Gottfürchtigen, daß Paulus 1. Thess. 4 sagt: „Ein jeglicher unter euch wisse sein Faß zu behalten in Heiligung und Ehren, nicht in der Lustseuche." Dagegen aber, was kann für ein Keuschheit bei so viel tausend Mönch und Pfaffen sein, die ohne Sorge in allem Lust leben müßig und voll, haben dazu kein Gottes Wort, lernens nicht und achtens nicht? Da muß alle Unzucht folgen. Solche Leute können weder levitische noch ewige Keuschheit halten.

45 Multi haeretici male intellecta lege Moisi contumeliose de coniugio senserunt, quibus tamen peperit singularem admirationem coelibatus. Et Epiphanius queritur Encratitas hac commendatione praecipue cepisse imperitorum animos². Hi abstinebant a vino, etiam in coena Domini, abstinebant a carnibus omnium animantium, qua in re superabant fratres Dominici, qui piscibus vescuntur³. Abstinebant et a coniugio, sed haec res praecipuam admirationem habuit. Haec opera, hos cultus sentiebant magis mereri gratiam, quam usum vini et carnium, et quam coniugium, quod videbatur res esse profana et immunda, et quae vix posset placere Deo, etiamsi non in totum damnaretur.

Viel Ketzer, welche das Gesetz Mosi, oder wie es zu brauchen sei, nicht verstanden, reden schmählich von dem Ehestand, welche doch um solches heuchelischen Scheines willen für heilig gehalten sein. Und Epiphanius klagt heftig, daß die Enkratiten mit dem heuchelischen Schein, sonderlich der Keuschheit, bei den Unerfahrnen ein Ansehen gewonnen haben. Sie trunken keinen Wein, auch nicht im Abendmahl des Herrn, und enthielten sich gar beide, Fische und Fleisch zu essen, waren noch heiliger, denn die Mönche, welche Fische essen. Auch enthielten sie sich des Ehestandes, das hatte erst ein großen Schein, und hielten also, daß sie durch diese Werk und erdichte Heiligkeit Gott versühneten, wie unser Widersacher lehren.

46 Has religiones angelorum Paulus ad Colossenses valde improbat. Opprimunt enim cognitionem Christi, cum sentiunt homines se mundos ac iustos esse propter talem hypocrisin, opprimunt et cognitionem donorum et praeceptorum Dei. 47 Vult enim Deus nos pie uti donis suis. Ac nos exempla commemorare possemus, ubi valde perturbatae sunt piae quaedam conscientiae propter legitimum usum coniugii. Id malum erat natum ex opinionibus monachorum superstitiose 48 laudantium coelibatum. Neque tamen temperantiam aut continentiam vituperamus, sed supra diximus, exercitia et castigationes corporis necessarias esse. Fiduciam vero iustitiae detrahimus 49 certis observationibus. Et eleganter dixit

Wider solche Heuchelei und Engelheiligkeit streitet Paulus heftig zu den Kolossern. Denn dadurch wird Christus gar unterdrückt, wenn die Leute in solchen Irrtum kommen, daß sie verhoffen, rein und heilig zu sein für Gott durch solche Heuchelei. So kennen auch solche Heuchler Gottes Gabe noch Gebot nicht; denn Gott will haben, daß wir mit Danksagung seiner Gaben brauchen sollen. Und ich wüßte wohl Exempel fürzubringen, wie manch fromm Herz und armes Gewissen dadurch betrübet worden und in Fahr kommen ist, daß es nicht unterricht, daß der Ehestand, die Ehepflicht und was an der Ehe ist, heilig und christlich wäre. Der groß Jammer ist erfolgt aus der Mönchen ungeschicktem Predigen, welche ohne Maß den Cölibat, die Keusch-

---

¹) Ovid, Remedia amoris 149. ²) Panarion haer. 46, 2, 2. II 205₇ Holl. ³) Asketische Vegetarier in den urchristlichen Gemeinden 1. Tim. 4, 3ff., später 3. T. Vertreter gnostischer Gedanken. Epiphanius haer. 46. 47. Hilgenfeld, Ketzergesch. des Urchristentums 1884. 546ff. RGG³ II, 494.

Epiphanius, observationes illas laudandas esse διὰ τὴν ἐγκράτειαν καὶ διὰ τὴν πολιτείαν¹, hoc est, ad coercendum corpus aut propter publicos mores; sicut sunt instituti quidam ritus ad commonefaciendos imperitos, non quod sint cultus iustificantes².

Sed adversarii nostri non requirunt coelibatum per superstitionem; sciunt enim non solere praestari castitatem. Verum praetexunt superstitiosas opiniones, ut imperitis fucum faciant. Magis igitur odio digni sunt, quam Encratitae, qui quadam specie religionis lapsi videntur; illi Sardanapali³ consulto abutuntur praetextu religionis.

Sexto. Cum habeamus tot causas improbandae legis de perpetuo coelibatu, tamen praeter has accedunt etiam pericula animarum et publica scandala, quae, etiamsi lex non esset iniusta, tamen absterrere bonos viros debent, ne approbent tale onus, quod inumerabiles animas perdidit.

Diu omnes boni viri de hoc onere questi sunt vel sua vel aliorum causa, quos periclitari videbant, sed has querelas nulli pontifices audiunt⁴. Neque obscurum est, quantum haec lex noceat publicis moribus, quae vitia, quam flagitiosas libidines pepererit. Exstant Romanae satyrae⁵. In his etiamnum agnoscit mores Roma legitque suos.

heit lobeten und den ehelichen Stand für ein unrein Leben ausschrien, daß er sehr hinderlich wäre zu der Seligkeit und voll Sunden.

Aber unser Widersacher halten nicht so hart über dem ehelosen Stand um des Scheins willen der Heiligkeit; denn sie wissen, daß zu Rom, auch in allen ihren Stiften ohne Heuchelei, ohne Schein eitel Unzucht ist. So ist es auch ihr Ernst nicht keusch zu leben, sondern wissentlich machen sie die Heuchelei für den Leuten. Derhalben sind sie ärger und ihr Heuchelei ist häßlicher, denn der Ketzer Enkratiten; den war doch mehr Ernst, aber diesen Epicureis ists nicht Ernst, sondern sie spotten Gott und der Welt und wenden allein diesen Schein für, damit ihr frei Leben zu erhalten.

Zum sechsten, so wir so viel Ursache haben, warum wir des Pabsts Gesetz vom Cölibat nicht können annehmen, so sind doch darüber unzählige Fährlichkeiten der Gewissen, unsäglich viel Ärgernisse. Darum ob solch Pabstgesetz gleich nicht unrecht wäre, so sollte doch billig alle ehrbare Leute abschrecken solche Beschwerung der Gewissen, daß so unzählige Seelen dadurch verderben.

Es haben lang für dieser Zeit viel ehrbare Leute auch unter ihnen ihr eigen Bischofe, Canonici ꝛc. geklaget über die große, schwere Last des Cölibats und befunden, daß sie selbst und andere Leute in großer Fahr ihrer Gewissen darüber kommen; aber der Klage hat sich niemand angenommen. Darüber ist es am Tag, wie an vielen Orten, wo Pfaffenstifte sein, gemeine Zucht dadurch zerrüttet wird, was gräulicher Unzucht, Sunde und Schande, was großer ungehörter Laster dadurch geursacht. Es sind der Poeten Schrifte und satyrae vorhanden; darinne mag sich Roma spiegeln.

---

¹) Panarion haer. 47, 1, 6. II, 216 ⁸ Holl. ²) S. 342, 21 bis 343, 7] Seit Ed. 1531. 8° findet sich die zweimalige Beziehung auf die Enkratiten weiter oben (S. 301 Anm. 1) und ist hier durch eine entsprechende Ausführung über das Mönchtum ersetzt. CR 27, 604.
³) Sardanapal nach der Sage der letzte Assyrerkönig, sprichwörtlich für Weichling, Schlemmer.
⁴) Theiner, Die Einführung der erzwungenen Ehelosigkeit. II, 1. 1828. S. 251 ff. 323 ff. Mirbt, Die Publizistik im Zeitalter Gregors VII. 1894. 274 ff. Hauck, Kirchengesch. Deutschlands III, 781 ff.   ⁵) Vgl. das bei Pastor, Gesch. d. Päpste III, 483 ff., IV, 1. S. 459 ff. genannte Material, vor allem die Erzeugnisse zu dem 1504—18 jährlich gefeierten Pasquino=fest, die an den Sockel des Pasquino, einer nach einem witzigen Schuster benannten antiken Statue geheftet wurden. Deutsche Satiren bei Osk. Schade, Satiren und Pasquille aus der Reformationszeit. 3 Bde 1856/58.

53 Sic ulciscitur Deus contemptum sui doni suaeque ordinationis in istis, qui coniugium prohibent. Cum autem hoc fieri in aliis legibus consueverit, ut mutentur, si id evidens utilitas suaserit, cur idem non fit in hac lege, in qua tot graves causae concurrunt, praesertim his postremis temporibus, cur mutari debeat? Natura senescit et fit paulatim debilior, et crescunt vitia, quo magis remedia 54 divinitus tradita adhibenda erant. Videmus, quod vitium accuset Deus ante diluvium, quod accuset ante conflagrationem quinque urbium. Similia vitia praecesserunt excidia aliarum urbium multarum, ut Sybaris, Romae. Et in his imago temporum proposita est, quae 55 proxima erunt rerum fini. Ideo inprimis oportuit hoc tempore severissimis legibus atque exemplis munire coniugium, et ad coniugium invitare homines. Id ad magistratus pertinet, qui debent publicam disciplinam tueri. Interim doctores evangelii utrumque faciant: hortentur ad coniugium incontinentes, hortentur alios, ut donum continentiae non aspernentur.

Also rächet Gott der Allmächtige die Verachtung seiner Gabe und seiner Gebot in denjenigen, die den Ehestand verbieten. So man nu oft etliche nötige Gesetz aus Ursach geändert hat, wenn es der gemeine Nutz erfordert: warum sollt denn dies Gesetz nicht geändert werden, da so viel trefflicher Ursachen sein, so viel unzählig Beschwerung der Gewissen, darum es billig geändert werde? Wir sehen, daß dies die letzten Zeiten sein, und wie ein alter Mensch schwächer ist, denn ein junger, so ist auch die ganze Welt und ganze Natur in ihrem letzten Alter und im Abnehmen. Der Sünde und Laster wird nicht weniger, sondern täglich mehr. Derhalben sollt man wider die Unzucht und Laster desto ehe der Hilfe brauchen, die Gott geben hat, als des Ehestands. Wir sehen in dem ersten Buch Mosi, daß solche Laster der Hurerei auch hatten überhand genommen für der Sündflut. Item, zu Sodoma, zu Sybari, zu Rom und andern Städten ist gräuliche Unzucht eingerissen, ehr sie verstöret wurden. In diesen Exempeln ist abgemalt, wie es zu den letzten Zeiten gehen werde, kurz für der Welt Ende. Derhalben, so es auch die Erfahrung gibt, daß jetzund in diesen letzten Zeiten Unzucht stärker denn je leider eingerissen, sollten treue Bischofe und Oberkeit viel mehr Gesetz und Gebot machen die Ehe zu gebieten denn zu verbieten, auch mit Worten, Werken und Exempeln die Leut zu dem Ehestand vermahnen, das wäre der Oberkeit Amt; denn dieselbigen soll Fleiß haben, daß Ehre und Zucht erhalten wird. Nu hat Gott die Welt also geblendet, daß man Ehebruch und Hurerei gar nahe ohne Strafe duldet, dagegen straft man um des Ehestands willen. Ist das nicht schrecklich zu hören? Dabei sollten die Prediger beiderlei unterrichten: diejenigen, so die Gabe der Keuschheit haben, vermahnen, daß sie dieselbige nicht verachten, sondern zu Gottes Ehre brauchten, die andern, welchen der eheliche Stand vonnöten ist, dazu auch vermahnen.

56 Pontifices cotidie dispensant, cotidie mutant alias leges optimas, in hac una lege coelibatus ferrei et inexorabiles sunt, cum quidem constet eam simpliciter hu57 mani iuris esse. Et hanc ipsam legem nunc exacerbant multis modis. Canon iubet suspendere sacerdotes[1], isti parum commodi interpretes suspendunt non ab officio, sed ab arboribus[2]. Multos bonos viros crudeliter occidunt, tantum propter 58 coniugium. Atque haec ipsa parricidia ostendunt hanc legem doctrinam esse daemoniorum. Nam diabolus, cum sit homicida, legem suam defendit his parricidiis.

Der Pabst dispensiert sonst täglich in vielen nötigen Gesetzen, daran gemeinem Nutz viel gelegen, da er billig sollt fest sein. Allein in diesem Gesetz vom Cölibat erzeiget er sich als hart als Stein und Eisen, so man doch weiß, daß nichts, denn ein Menschengesetz ist. Sie haben viel frommer, redlicher, gottfürchtiger Leute, welche niemands kein Leid getan, wüterisch und tyrannisch erwürget, allein um des Ehestands willen, daß sie aus Notdurft ihrer Gewissen sind ehelich worden. Derhalben zu besorgen, daß des Habels Blut so stark gen Himmel schreiet, daß sie es nimmer werden verwinden, sondern wie Cain zittern müssen. Und dieselbige cainische Mörderei des unschul-

---

[1] Römische Fastensynode 1078 can. 11. Mirbt S. 152 26. [2] Wortspiel mit suspendere = absetzen und = aufhängen. Mißhandlung verheirateter Kleriker kam zuerst in großem Stil in dem Aufstand des verhetzten Mailänder Pöbels, der Pataria (RE³ XIV, 761 ff.) im 11. Jh. vor. Die gleiche Bewegung suchte Gregor VII. in Deutschland zu entfesseln. Theiner, Ehelosigkeit II, 1; 52 ff. 112 ff. Mirbt, Publizistik 447 ff. Hauck III, 778 ff.

digen Bluts zeigt an, daß diese Lehre vom Cölibat Teufelslehre sei. Denn der Herr Christus nennet den Teufel einen Mörder, welcher solch tyrannisch Gesetz mit eitel Blut und Morden auch gern wollt verteidingen.

Scimus aliquid offensionis esse in schismate, quod videmur divulsi ab his, qui existimantur esse ordinarii episcopi. Sed nostrae conscientiae tutissimae sunt, postquam scimus nos summo studio concordiam constituere cupientes, non posse placare adversarios, nisi manifestam veritatem proiiciamus, deinde nisi cum ipsis conspiremus, quod velimus hanc iniustam legem defendere, contracta matrimonia dissolvere, intercifere sacerdotes, si qui non obtemperent, in exilium agere miseras mulieres atque orbos pueros. Cum autem certum sit has conditiones Deo displicere, nihil doleamus nos non habere συμμαχίαν tot parricidiorum cum adversariis.

Exposuimus causas, quare non possimus bona conscientia assentiri adversariis, legem pontificiam de perpetuo coelibatu defendentibus, quia pugnet cum iure divino et naturali ac dissentiat ab ipsis canonibus, et sit superstitiosa et plena periculi, postremo, quia tota res sit simulata. Non enim imperatur lex religionis causa, sed dominationis causa, et huic impie praetexitur religio. Neque quidquam a sanis hominibus contra has firmissimas rationes afferri potest. Evangelium permittit coniugium his, quibus

Wir wissen fast wohl, daß etliche sehr schreien, wir machen Schismata. Aber unser Gewissen sind ganz sicher, nachdem wir mit allem treuen Fleiß Friede und Einigkeit gesucht haben und die Widersacher ihnen nicht wöllen genügen lassen, wir verleugnen denn (das Gott verhüte) die öffentliche, göttliche Wahrheit, wir willigen denn mit ihnen das häßliche Pabstgesetz anzunehmen, fromme, unschüldige Eheleute von einander zu reißen, die ehelichen Priester zu erwürgen, unschüldige Weib und Kind ins Elend zu vertreiben, ohn alle Ursache unschüldig Blut zu vergießen. Denn nachdem es gewiß ist, daß solchs Gott nicht gefällt, so sollen wir uns lassen lieb sein, daß wir kein Einigkeit noch Gemeinschaft, auch kein Schuld an so viel unschuldigem Blut mit den Widersachern haben.

Wir haben Ursach angezeigt, warum wir es mit gutem Gewissen mit den Widersachern nicht halten können, die den Cölibat verteidingen. Denn es ist wider alle göttliche und natürliche Rechte, wider die Canones selbs, dazu ists eitel Heuchelei und Fahr. Denn sie halten über derselbigen erdichten Keuschheit nicht so hart Heiligkeit halben, oder daß sie es nicht anders verstünden, sie wissen wohl, daß jedermann der hohen Stifte Wesen, welche wir wohl zu nennen wüßten, kennet, sondern allein ihre Tyrannei und Herrschaft zu erhalten. Und

---

De coniugio sacerdotum.

Mirum est in hac una causa tam acerbe exigi canones, in qua manifesta necessitas postulabat, eos mitigari, cum in aliis negotiis saepe levissimis de causis relaxentur. Neque negari potest, quin haec prohibitio coniugii simpliciter sit iuris humani. Et subinde variavit apud alias gentes, et aliis temporibus. Veteres canones concedunt sacerdotibus ducere uxores, sed removent eos a ministerio, non excommunicant. Recentiores canones, qui in tanta multitudine sacerdotum mitiores esse debebant, minus sunt clementes.

Aliquamdiu licuit diaconis in ministerio uxores ducere, ita ut non cogerentur abdicare officium, si tamen non vovissent. Et vovere non cogebantur, id quoque postea mutatum est.

Diu concessum est, ut presbyteri retinerent uxores ductas ante sacerdotium. Hoc quoque mutatum est reclamantibus synodis Nicaena et Constantinopolitana.

Si tunc non offendit novitas, cum mutatio facta est contra autoritatem synodorum et contra ius divinum, cur nunc offendit novitas, cum constet nihil fieri contra ius divinum, si coniugium concedatur huic ordini? Praesertim his postremis temporibus, cum paulatim cum ipsa rerum natura senescunt etiam vires hominum et crescunt vitia. Quare remedia a Deo proposita non sunt repudianda. Imo ius divinum cogit hos, qui non habent donum castitatis, contrahere matrimonia. Sic enim Paulus praecepit: Propter fornicationem unusquisque habeat uxorem suam. Hoc mandatum liberat a canonibus hos, qui non sunt idonei ad coelibatum. Magis enim oportet obedire Deo quam hominibus.

opus est. Neque tamen hos cogit ad coniugium, qui continere volunt, modo ut vere contineant. Hanc libertatem et sacerdotibus concedendam esse sentimus, nec volumus quemquam vi cogere ad coelibatum, nec contracta matrimonia dissolvere.

es wird kein ehrbar Mensch wider obenangezeigte starke, klare Gründe etwas mügen aufbringen. Das Evangelium läßt alle denjenigen den Ehestand frei, denen er vonnöten ist, so zwinget es die zum Ehestand nicht, so die Gabe der Keuschheit haben, wenn es allein rechte Keuschheit und nicht Heuchelei ist. Die Freiheit, halten wir, sei den Priestern auch zu vergönnen, und wir wöllen niemands mit Gewalt zum Cölibat zwingen, wöllen auch fromme Eheleute nicht von einander treiben oder Ehe zureißen.

62 Obiter etiam, dum recensuimus argumenta nostra, indicavimus, quomodo adversarii unum atque alterum cavillentur, et calumnias illas diluimus. Nunc brevissime commemorabimus, quam gravibus 63 rationibus defendant legem. Primum dicunt a Deo revelatam esse[1]. Videtis extremam impudentiam istorum nebulonum. Audent affirmare, quod divinitus revelata sit lex de perpetuo coelibatu, cum adversetur manifestis scripturae testimoniis, quae iubent, ut unusquisque habeat uxorem suam propter fornicationem; item quae vetant dissolvere contracta matrimonia[2]. Paulus admonet, quem auctorem habitura fuerit ista lex, cum vocat eam doctrinam daemoniorum. Et fructus indicant auctorem, tot monstrosae libidines, tot parricidia, quae nunc suscipiuntur praetextu illius legis.

Wir haben nu etliche unsere Gründe auf diesmal kurz angezeigt, auch haben wir vermeldet, wie die Widersacher so ungeschickten Behelf und Träum dawider aufbringen. Nu wöllen wir anzeigen, mit was starken Gründen sie ihr Pabstgesetz verteidigen. Erstlich sagen sie, solch Gesetz sei von Gott offenbaret. Da siehet man, wie ganz unverschamt die heillosen Leute sein. Sie dürfen sagen, daß ihr Eheverbieten von Gott offenbart sei, so es doch öffentlich ist wider die Schrift, wider Paulum, da er sagt: „Hurerei zu vermeiden, hab ein itzlicher sein eigen Eheweib." Item, so die Schrift und Canones stark verbieten, daß man die Ehe, so schon vollzogen, in keinem Wege zureißen soll, was dürfen die Buben sagen und den hohen allerheiligsten Namen der göttlichen Majestät so frech und unverschamt mißbrauchen? Paulus der Apostel sagt recht, wer der Gott sei, der solch Gesetz erst eingeführt, nämlich der leidige Satan; denn er nennets Teufelslehre. Und wahrlich, die Frucht lehret uns den Baum kennen, so wir sehen, daß so viel schrecklicher, greulicher Laster dadurch geursacht werden, wie an Rom zu sehen, item daß auch über diesem Gesetz des Würgens und Blutvergießens der Teufel kein Ende macht.

64 Secundum argumentum adversariorum est, quod sacerdotes debeant esse mundi, iuxta illud: Mundamini, qui fertis vasa Domini. Et citant in hanc sen-

Der ander Grund der Widersacher ist, daß die Priester sollen rein sein, wie die Schrift sagt: „Ihr sollet rein sein, die ihr traget die Gefäß des Herrn." Das Argument haben

Quod autem adversarii ratiocinantur, sacerdotes debere mundos esse, quia conveniat sacramenta tractari a mundis, recte argumentantur. Nam coniugium non est immundities. Scriptura enim dicit: Honorabile coniugium esse. Et sanctus martyr Paphnutius adsentiente universa synodo Nicaena dixit, honorabiles esse nuptias et castitatem cum propria coniuge concubitum. Illa non est mundities vocanda, quae polluit conscientias, aut fornicatione, aut aliis incendiis libidinum, et Paulus mavult, ut coniuges conveniant, quam ut tententur a Satana. Verius iudicat esse munditiem consuetudinem coniugum, quam est simulata continentia, si desit donum. Quamquam haec res non habet opus disputatione, Tota scriptura laudat coniugium, et docet nos ordinationem et institutum Dei esse. Quare verbo Dei sanctificatum est. Est igitur mundities coniugalis fides, qua credunt coniuges placere Deo hoc vitae genus, et curant, ut iuxta mandatum Dei ambulent in hoc vitae genere, non scortentur, non committant adulterium etc.

[1] CR 27, 140. Gemeint ist eine angeblich an Cyprian erfolgte Offenbarung. Pseudo-Cyprian, De singularitate clericorum 1. CSEL 3 III, 173 10. [2] Matth. 5, 32. 19, 6. 1. Kor. 7, 10. 27.

tentiam multa¹. Hanc rationem, quam ostendant velut maxime εὐπρόσωπον,² supra diluimus. Diximus enim virginitatem sine fide non esse munditiem coram Deo, et coniugium propter fidem mundum esse, iuxta illud: Omnia munda mundis. Diximus et hoc externas munditias et ceremonias legis non esse huc transferendas, quia evangelium requirit munditiem cordis, non requirit ceremonias legis. Et fieri potest, ut cor mariti, velut Abrahae aut Iacob, qui fuerunt πολύγαμοι, mundius sit et minus ardeat cupiditatibus, quam multarum virginum, etiam vere continentium. Quod vero Esaias ait: Mundamini, qui fertis vasa Domini, intelligi debet de munditie cordis, de tota poenitentia. Ceterum sancti in externo usu scient, quatenus conducat moderari usum coniugalem et, ut Paulus ait, possidere vasa in sanctificatione. Postremo, cum coniugium sit mundum, recte dicitur his, qui in coelibatu non continent, ut ducant uxores, ut sint mundi. Ita eadem lex: Mundamini, qui fertis vasa Domini, praecipit, ut immundi coelibes fiant mundi coniuges.

Tertium argumentum horribile est, quod sit haeresis Ioviniani coniugium sacerdotum³. Bona verba! Novum hoc crimen est, coniugium esse haeresin. Ioviniani tempore nondum norat mundus legem de perpetuo coelibatu⁴. Impudens igitur mendacium est, coniugium

wir hie oben verleget; denn wir haben gnug angezeigt, daß Keuschheit ohne Glauben kein Reinigkeit für Gott sei, und der Ehestand ist Heiligkeit und Reinigkeit um des Glaubens willen, wie Paulus sagt: „Den Reinen ist alles rein." So haben wir klar gnug gesagt, daß Mosis Ceremonien von Reinigkeit und Unreinigkeit dahin nicht zu ziehen sein. Denn das Evangelium will haben Reinigkeit des Herzens. Und hat kein Zweifel, daß Abrahams, Isaak, Jakobs, der Erzväter Herzen, welche doch viel Weiber gehabt, reiner gewest sein, denn vieler Jungfrauen, die gleich nach Reinigkeit des Leibes rechte reine Jungfrauen gewest. Daß aber Esaias sagt: „Ihr sollet rein sein, die ihr das Gefäß des Herrn traget", das ist zu verstehen von ganzer christlicher Heiligkeit und nicht von Jungfrauschaft, und eben dieser Spruch gebeut den unreinen ehelosen Priestern, daß sie reine eheliche Priester werden. Denn, wie zuvor gesagt ist, die Ehe ist Reinigkeit bei den Christen.

Das dritte ist erstlich ein schrecklich Argument, daß der Priester Ehe solle Ketzerei sein. Gnadet unserer armen Seele, lieben Herrn, fahrt schöne! Das ist gar ein Neues, daß der heilige Ehestand, den Gott im Paradies geschaffen hat, soll Ketzerei sein worden. Mit der Weis würde die ganze Welt eitel

Tit.1,15.

1.Thess.4,4.

Neque est ficta laude coelibatus ornandus, ita ut graventur conscientiae coniugum, quasi versentur in immundo genere vitae. Adversarii nobis obiiciunt, quod Joviniani haeresin sequamur, qui de laudibus virginitatis detrahit. Nos non vituperamus virginitatem. Habeat illa suam laudem, quam tribuit ei Christus, qui laudat eos, qui se propter regnum coelorum castraverunt. Nos non de virginitate, sed de imbecillitate hominum disputamus. Digna laude virginitas est in his, qui habent id donum; si qui non habent donum, non sunt onerandi durissimo canone, qui coelibatum praecepit. Sic etiam iudicavit Ambrosius, qui inquit: Sola virginitas est, quae suaderi potest, imperari non potest, res magis est voti, quam praecepti. Sed iubent impetrari orationibus et aliis exercitiis. Cur hoc isti non faciunt, qui defendunt coelibatum? quorum cum sint notissima flagitia, non sunt hoc loco apud Imperatorem castissimum et amantissimum pudicitiae commemoranda. Sed ita respondemus. Id non est orare, sed tentare Deum, si quis luctando expertus suam imbecillitatem non velit uti ordinatione Dei. Extant libri magnorum virorum, qui deplorant incendia istorum, qui acerrime restiterunt tentationibus, et satis ostendunt, quam gravide sauciaverint hae tentationes conscientias illorum. Nam Christus ipse docet, non omnes capere hoc verbum. Quare vult Deus quosdam uti sua ordinatione. Sic igitur orandum est, ut ordinatio Dei non contemnatur, qua vult uti istos, quibus donum non impertit, sicut vult uti nos cibo et aliis creaturis, cum non conservat vitam nostram sine illarum usu.

¹) CR 27, 140. Vgl. S. 338 Anm. 4.   ²) glänzend.   ³) CR 27, 141. Vgl. S. 105 Anm. 1.   ⁴) s. o. S. 88 Anm. 1.

sacerdotum Ioviniani haeresin esse, aut ab ecclesia tunc id coniugium damnatum esse. In huiusmodi locis est videre, quid consilii habuerint adversarii in scribenda confutatione. Iudicaverunt ita facillime moveri imperitos, si crebro audiant convitium haeresis, si fingant nostram causam multis ante iudiciis ecclesiae confossam et damnatam esse. Itaque saepe falso allegant ecclesiae iudicium. Id quia non ignorant, exhibere nobis exemplum apologiae noluerunt, ne haec vanitas, ne hae calumniae coargui possent. Quod vero ad Ioviniani causam attinet, de collatione virginitatis et coniugii supra diximus, quid sentiamus[1]. Non enim aequamus coniugium et virginitatem, etsi neque virginitas neque coniugium meretur iustificationem.

Ketzerkinder sein. Es ist ein große, unverschämte Lügen, daß der Priester Ehe solle Joviniani Ketzerei sein, oder daß solche Priesterehe zu der Zeit von der Kirchen solle verdammt sein. Denn zu Jovinianus Zeiten hat die Kirche von diesem Pabstsgesetz, dadurch den Priestern die Ehe ganz verboten ist, noch nicht gewußt. Und solches wissen unser Widersacher wohl. Aber sie ziehen oft alte Ketzereien an, und reimen unser Lehre dazu wider ihr eigen Gewissen, allein den Ungelehrten einzubilden, als sei unser Lehre vor Alters von der Kirchen verdammt und also männiglich wider uns zu bewegen. Mit solchen Griffen gehen sie um und darum haben sie uns die Confutation nicht wollen zustellen. Sie haben besorgt, man möchte ihr öffentlich Lügen verantworten, welches ihnen ein ewige Schande bei allen Nachkommen sein wird. Was aber Joviniani Lehre belanget, haben wir hie oben gesagt, was wir von Keuschheit und was wir vom Ehestand halten. Denn wir sagen nicht, daß der Ehestand gleich sei der Jungfrauschaft, wiewohl weder Jungfrauschaft noch Ehestand gerecht macht für Gott.

Talibus argumentis tam vanis defendunt legem impiam et perniciosam bonis moribus. Talibus rationibus muniunt Principum animos adversus iudicium Dei, in quo Deus reposcet rationem, cur dissipaverint coniugia, cur cruciaverint, cur interfecerint sacerdotes. Nolite enim dubitare, quin, ut sanguis Abel mortui clamabat, ita clamet etiam sanguis multorum bonorum virorum, in

Mit solchen schwachen, losen Gründen schützen und verteidigen sie des Pabsts Gesetz vom Cölibat, das so zu großen Lastern und Unzucht hat Ursach geben. Die Fürsten und Bischofe, so diesen Lehrern gläuben, werden wohl sehen, ob solche Gründe den Stich halten, wenn es zu der Todesstunde kommt, daß man für Gott soll Rechenschaft geben, warum sie frommer Leute Ehe zurissen haben, warum sie diese gestöckt und

---

Ridiculum autem est, quod inquiunt, hanc vocem Dei: Crescite et multiplicamini, tantum ad illud tempus, cum essent pauci homines, pertinere, non ad nostrum tempus.

Nos sic sentimus, quod illa verba creent et ordinent naturam, qualem postea existere necesse est, sicut alia similia verba: Germinet terra herbam viventem. Haec vox vestit agros, quotannis creat fruges, parit victum omnibus animantibus. Ita haec sententia: Crescite etc. non solum mandatum, sed etiam naturae conditionem continet, quam mutare non est nostrum, sed Dei opus.

Nec fecerunt virgines, si quae vere conservaverunt virginitatem, contra mandatum Dei, quia cum a conditione illa communi naturae exemptae essent, mandato etiam solutae erant, quod ad illam communem conditionem naturae pertinet. Exemit enim istas peculiare donum et opus Dei.

Sed fingamus rem facilem esse cuivis perpetuam castitatem, quis dedit potestatem pontificibus hanc legem ecclesiis imponendi? Praesertim cum Paulus antea monuerit, tales leges doctrinas esse daemoniorum.

Haec atque alia multa dici possent in hac causa, si esset obscura. Nunc ita manifesta est necessitas mitigandi huius canonis, ut nihil opus sit longa disputatione. Omnium libidinum reos se faciunt isti, qui hunc canonem contra mandatum Dei defendunt, quare nos non possumus assentiri, ut contra coniugium sacerdotum pronuntietur.

---

[1] S. 340, 14ff.

quos iniuste saevitum est. Et ulciscetur hanc saevitiam Deus; ibi comperietis, quam sint inanes hae rationes adversariorum, et intelligetis in iudicio Dei nullas calumnias adversus verbum Dei consistere, ut ait Esaias: Omnis caro foenum, et omnis gloria eius quasi flos foeni.

geplöckt haben, warum sie so viel Priester erwürgt und unschüldig Blut über alles Klagen, Heulen und Weinen so vieler Witwen und Waisen, vergossen haben. Denn das dürfen sie ihnen nicht in Sinn nehmen. Die Zähren und Tränen der armen Witwen, das Blut der Unschuldigen ist im Himmel unvergessen, es wird zu seiner Stund als stark, als des heiligen unschüldigen Habels Blut über sie in hohen Himmel schreien und für Gott, dem rechten Richter, rufen. Wenn nu Gott solche Tyrannei richten wird, werden sie erfahren, daß ihr Argumente Stroh und Heu sind und Gott ein verzehrend Feuer, für dem nichts bleiben kann außer göttlichs Wortes 1. Petr. 1.

Jes. 40, 6.

1. Petr. 1, 24 f.

Nostri Principes, quidquid acciderit, consolari se conscientia rectorum consiliorum poterunt, quia etiamsi quid sacerdotes in contrahendis coniugiis mali fecissent, tamen illa dissipatio coniugiorum, illae proscriptiones, illa saevitia manifeste adversatur voluntati et verbo Dei. Nec delectat nostros Principes novitas aut dissidium, sed magis fuit habenda ratio verbi Dei, praesertim in causa non dubia, quam aliarum rerum omnium.

Unsere Fürsten und Herren, es gehe wie es wölle, haben sich des zu trösten, daß sie mit gutem Gewissen gehandelt haben. Denn ich will gleich setzen, daß der Priester Ehe etwa anzufechten sei, als nicht ist, doch ist das strads wider Gottes Wort und Willen, daß die Widersacher die vollzogenen Ehen also zureißen, arme, unschuldige Leute ins Elend jagen und erwürgen. Es haben unsere Fürsten und Herrn ja nicht Lust an Neuerung und Zwiespalt, dennoch sind sie schüldig, daß sie das göttlich Wort und Wahrheit in so gerechter und gewisser Sachen mehr lassen gelten, denn alle andere Sachen. Da verleihe Gott Gnade zu. Amen.

71

⟨Art. XXIV.⟩ De Missa.[1]

Initio hoc iterum praefandum est nos non abolere missam, sed religiose retinere ac defendere[2]. Fiunt enim apud nos missae singulis dominicis et aliis festis, in quibus porrigitur sacramentum his, qui uti volunt, postquam sunt explorati atque absoluti. Et servantur usitatae ceremoniae publicae, ordo lectionum, orationum, vestitus et alia similia.

Adversarii longam declamationem habent de usu latinae linguae in missa in

⟨Art. XXIV.⟩ Von der Messe.

Erstlich müssen wir aber dies hie zum Eingange sagen, daß wir die Messe nicht abtun. Denn alle Sonntag und Feste werden in unser Kirchen Messen gehalten, dabei das Sakrament gereicht wird denjenigen, die es begehren, doch also, daß sie erst verhört und absolviert werden. So werden auch christliche Ceremonien gehalten mit Lesen, mit Gesängen, Gebeten und dergleichen ꝛc.

Die Widersacher machen ein groß Geschwätz von der latinischen Messe, und reden

1

W 244

2

De missa.

Adversarii fatentur, magnos abusus esse missae. Quare ignoscant nostris, qui haec vitia reprehenderunt, quae non irrepsissent in ecclesiam, si episcopi advigilassent.

Neque vero difficile est iudicare, utrum sit abusus, quod conducti mercede, quod coacti legibus fundationum certum numerum missarum faciunt statis temporibus inviti, cum parum sunt idonei.

Haec vitia ita sunt vulgaria, ita nota omnibus, ut dissimulari non possint.

Sed sunt alia minus nota imperitis, quae adversarii leviter attigerunt. Defendunt missam esse sacrificium, quia ante annos mille ita iudicatum sit, et quia graeci vocent liturgiam, item quia Misbah hebraice significet altare, graece thysiasterion,

[1]) Eine Vorarbeit zu diesem Artikel bildet Melanchthons Iudicium de Missa vom Juli 1530. CR. 2, 208—214. Vgl. auch 215f. 217. [2]) Vgl. S. 91 Anm. 4.

qua sua'viter ineptiunt, quomodo prosit auditori indocto in fide ecclesiae missam non intellectam audire¹. Videlicet fingunt ipsum opus audiendi cultum esse, prodesse sine intellectu. Haec nolumus odiose exagitare, sed iudicio lectorum relinquimus. Nosque ideo commemoramus, ut obiter admoneamus, et apud nos retineri latinas lectiones atque orationes.

Cum autem ceremoniae debeant observari, tum ut discant homines scripturam, tum ut verbo admoniti concipiant fidem, timorem, atque ita orent etiam, nam hi sunt fines ceremoniarum: latinam linguam retinemus propter hos, qui latine discunt atque intelligunt, et admiscemus germanicas cantiones, ut habeat et populus, quod discat, et quo excitet fidem et timorem². Hic mos semper in ecclesiis fuit. Nam etsi aliae frequentius, aliae rarius admiscuerunt germanicas cantiones, tamen fere ubique aliquid canebat populus sua lingua. Illud vero nusquam scriptum aut pictum est hominibus prodesse opus audiendi lectiones non intellectas, prodesse ceremonias, non quia doceant vel admoneant, sed ex opere operato, quia sic fiant, quia spectentur. Male valeant istae pharisaicae opiniones.

Quod vero tantum fit apud nos publica missa seu communis, nihil fit contra catholicam ecclesiam. Nam in graecis parochiis ne hodie quidem fiunt privatae missae, sed fit una publica missa, idque tantum dominicis diebus et festis³. In monasteriis fit cotidie missa, sed tantum publica. Haec sunt vestigia morum ve-

ganz un'geschickt und kindisch davon, wie auch ein Ungelehrter, der Latein nicht verstehe, groß verdiene mit Messe hören im Glauben der Kirchen. Da erdichten sie ihnen selbst, daß das schlechte Werk des Meßhörens ein Gottesdienst sei, welcher auch denn nütze sei, wenn ich kein Wort höre oder verstehe. Das will ich nicht hie dermaßen ausstreichen, wie es wert wäre. Wir wollen verständige Leute hie richten lassen. Wir gedenken des darum, daß wir anzeigen, daß bei uns die lateinische Messe, Lection und Gebet auch gehalten werden.

So aber die Ceremonien sollen darum gehalten werden, daß die Leute die Schrift und Gottes Wort lernen, und dadurch zu Gottesfurcht kommen und Trost erlangen und also recht beten, denn darum sind Ceremonien eingesetzt: so behalten wir das Latein um der willen, die lateinisch können, und lassen daneben deutsche christliche Gesänge gehen, damit das gemeine Volk auch etwas lerne und zu Gottesfurcht und Erkenntnis unterricht werde. Der Brauch ist allzeit für löblich gehalten in der Kirchen. Denn wiewohl an etlichen Orten mehr, an etlichen Orten weniger deutscher Gesänge gesungen werden, so hat doch in allen Kirchen je etwas das Volk deutsch gesungen; darum ists so neu nicht. Wo stehet aber diese pharisäische Lehre geschrieben, daß Meßhören ohn Verstand ex opere operato verdienlich und seliglich sei? Schämet euch ins Herz, ihr Sophisten, mit solchen Träumen.

Daß wir aber nicht Privatmessen, sondern allein ein öffentlich Messe, wenn das Volk mit communiciert, halten, das ist nichts wider die gemeine christliche Kirchen. Denn in der griechischen Kirchen werden auf diesen Tag keine Privatmessen gehalten, sondern allein eine Messe, und dasselbige auf die Sonntage und hohe Feste. Das ist alles

---

postremo quia Christus dicit: Hoc facite, facere autem sacrificare significet. Addunt, Arianam esse haeresin, si quis sentiat, missam non esse sacrificium.

Atque hae rationes visae sunt illis dignae, quibus adderent titulum Caesareae Maiestatis, de quibus quid iudicaturi sint homines, si quando in publicum proferentur, prudentes viri facile existimare possunt. Causam omnium maximam et difficillimam, quae nunc controvertuntur, satis defensam putant prolatis aliquot vocabulis, ab aliquo paedagogo precario sumptis. Quid enim faciunt ad rem? Quid quod eorum etymologias scriptores isti, si se rumpant, dicere non queant?

---

¹) Neque necessarium est, ut omnia verba missae audiat vel intelligat et etiam intelligens semper attendat. Praestat enim intelligere et attendere finem, quia missa celebratur, ut offeratur eucharistia in memoriam passionis Christi ... At modo catholici ab incunabulis imbibunt mores consuetudinesque ecclesiae; unde facile norunt, quid quolibet tempore in ecclesia agendum sit. Conf. CR 27, 147f.   ²) s. o. S. 42 Anm. 3.
³) RE³ XIV. 460f. Heiler, Urkirche u. Ostkirche, 1937, 306.

terum. Nusquam enim veteres scriptores ante Gregorium mentionem faciunt privatarum missarum¹. Qualia fuerint initia, nunc omittimus: hoc con¹stat, quod, postquam monachi mendicantes regnare coeperunt, ex falsissimis persuasionibus et propter quaestum ita auctae sunt, ut omnes boni viri diu iam eius rei modum desideraverint. Quamquam S. Franciscus recte voluit ei rei prospicere, qui constituit, ut singula collegia cotidie unica communi missa contenta essent². Hoc postea mutatum est sive per superstitionem, sive quaestus causa. Ita, ubi commodum est, instituta maiorum mutant ipsi, postea nobis allegant auctoritatem maiorum. Epiphanius scribit, in Asia synaxin ter celebratam esse singulis septimanis, nec cotidianas fuisse missas. Et quidem ait hunc morem ab apostolis tra¹ditum esse. Sic enim inquit: Συνάξεις δὲ ἐπιτελούμεναι ταχθεῖσαί εἰσιν ἀπὸ τῶν ἀποστόλων, τετράδι καὶ προσαββάτῳ καὶ κυριακῇ³.

ein Anzeigung des alten Brauchs der Kirchen. Denn die Lehrer, so vor der Zeit S. Gregorius gewesen, gedenken an ¹ keinem Ort der Privatmessen. Wie aber die einzelnen Messen oder Privatmessen einen Anfang gehabt, lassen wir itzund anstehen. Das ist gewiß, da die Bettelorden und Mönche also überhand genommen, sind die Messen aus den falschen Lehren derselbigen also täglich mehr und mehr gestift und eingerissen um Gelds und Geiz willen, also daß die Theologen selbst darüber allzeit geklagt. Und wiewohl S. Franziskus aus rechter guter Meinung hat dem Dinge wollen fürkommen und hat geordnet den Seinen, daß ein itzlich Kloster täglich mit einer gemeinen Messe sollte zufrieden sein, dasselbige nützliche Statut ist hernach durch Heuchelei oder um Gelds willen geändert. Also verändern sie die Ordnung der alten Väter, wenn und wo sie gelüstet, wenn es ihnen in die ¹ Küchen trägt, und sagen uns darnach, man müsse der alten Väter Ordnung heiliglich halten. Epiphanius schreibet, daß in Asia alle Wochen communio dreimal gehalten sei, und man habe nicht täglich Messe gehalten, und sagt, der Brauch sei von den Aposteln also herkommen.

Etsi autem adversarii in hoc loco multa congerunt, ut probent missam esse sacrificium, tamen ille ingens tumultus verborum prolata hac unica responsione consilescet, quod haec quamvis longa coacervatio auctoritatum, rationum, testimoniorum non ostendat, quod missa ex opere operato conferat gratiam, aut applicata pro aliis mereatur eis remissionem venialium et mortalium peccatorum, culpae et poenae. Haec una responsio evertit omnia, quae adversarii obiiciunt non solum in hac confutatione, sed in omnibus scriptis, quae de missa ediderunt.

Wiewohl nu die Widersacher an diesem Ort viel Wort und Sprüche in einander gekocht haben, da sie mit beweisen wollen, daß die Messe ein Opfer sei, so ist doch das große Geschrei mit dieser einigen Antwort bald gestillet, und ist ihnen das Maul bald gestopfet, wenn wir sagen: die Sprüche, die Argument, Gründe und alles, was fürbracht, beweisen nicht, daß die Messe ex opere operato dem Priester oder andern, für die, so sie appliziert werden, verdienen Vergebung der Sünde, Verlassung der Pein und Schuld. Diese einige, klare Antwort stößt über ein Haufen zu Boden alles, was die Widersacher fürbringen nicht allein in der Confutation, sondern in allen ihren Büchern und Schriften, welche sie von der Messe geschrieben.

Nonne totidem vocabulis opponi alia commodiora poterunt? Ecclesia vocat synaxin, vocat communionem.
Et canon ipse testatur plures ex altari sumere. Haec cum non quadrent ad privatas missas, subindicant, novum esse morem privatas missas celebrandi.
Sed haec tanta causa non est iudicanda coniecturis. Neque de nomine rixa est. Scimus missam a veteribus vocari sacrificium, quia sit memoria sacrificii Christi, ut Irenaeus ait. Nec inviti concedimus sanctis patribus appellationem sacrificii. Non

---

¹) Die Spezialisierung der Messen ist zuerst im Sacramentarium Leonianum 6. Jh. greifbar. RE³ XII, 699 f. v. Schubert, Frühmittelalter 649 ff.   ²) Moneo praeterea et exhortor in Domino, ut in locis, in quibus fratres morantur, una tantum missa celebretur in die secundum formam sanctae ecclesiae. Ep. ad capitulum generale 3. Böhmer, Analekten² 40₂₆.   ³) Haer. tom. III. De fide 22. III 522₂₆ Holl.

10 Et hic causae status est, de quo ita nobis admonendi sunt lectores, ut Aeschines admonebat iudices, ut, perinde ac pugiles de statu inter se certant, ita cum adversario dimicarent ipsi de statu controversiae, nec sinerent eum extra causam egredi[1]. Ad eundem modum hic adversarii nostri cogendi sunt, ut de re proposita dicant. Et cognito controversiae statu facillima erit diiudicatio de argumentis in utraque parte.

11 Nos enim in confessione nostra ostendimus, nos sentire, quod coena Domini non conferat gratiam ex opere operato, nec applicata pro aliis vivis aut mortuis mereatur eis ex opere operato remissionem peccatorum, culpae aut poenae[2]. **12** Et huius status clara et firma probatio est haec, quia impossibile est consequi remissionem peccatorum propter opus nostrum ex opere operato, sed fide oportet vinci terrores peccati et mortis, cum erigimus corda cognitione Christi, et sentimus nobis ignosci propter Christum ac donari merita et iustitiam Christi, Rom. 5.: Iustificati ex fide pacem habemus. Haec tam certa, tam firma sunt, ut adversus omnes portas inferorum consistere queant.

13 Si, quantum opus est, dicendum fuit, iam causa dicta est. Nemo enim sanus illam pharisaicam et ethnicam persuasionem de opere operato probare potest. Et tamen haec persuasio haeret in populo, haec auxit in infinitum missarum numerum. Conducuntur enim missae ad iram Dei placandam, et hoc opere remissionem culpae et poenae consequi volunt, volunt impetrare, quidquid in omni vita opus est; volunt etiam mortuos liberare. Hanc pharisaicam opinio-

Und das ist die Häuptfrage in dieser ganzen Sache, davon wöllen wir ein jeden christlichen Leser verwarnet haben, daß er den Widersachern genau darauf sehe, ob sie auch bei der Häuptfrage bleiben. Denn sie pflegen aus der Häuptsache viel vergebliche, ungereimte Umschweife zu machen. Denn wenn man gleich und ungewankt bei der Häuptfrage bleibt und nichts Fremdes einmenget, da ist desto leichter zu urteilen auf beiden Seiten.

Wir haben in unser Confession angezeigt, daß wir halten, daß das Abendmahl oder die Messe niemand fromm mache ex opere operato, und daß die Messe, so für andere gehalten wird, ihnen nicht verdie'ne Vergebung der Sunde, Verlassung Pein und Schuld. Und des Häuptstücks haben wir ganz starken, gewissen Grund, nämlich diesen: Es ist unmüglich, daß wir sollten Vergebung der Sunden erlangen durch unser Werk ex opere operato, das ist durch das getane Werk an ihm selbst sine bono motu utentis, wenn schon das Herz kein guten Gedanken hat, sondern durch den Glauben an Christum muß der Schrecken der Sunde, des Tods überwunden werden, wenn unser Herzen aufgericht und getröst werden durch das Erkenntnis Christi, wie oben gesagt, wenn wir empfinden, daß wir um Christus willen Verdienst und Gerechtigkeit geschenkt wird ein gnädigen Gott haben, also daß uns sein Röm. 5. Kap. „So wir denn gerecht sein worden durch den Glauben, so haben wir Friede mit Gott 2c." Dies ist ein solch starker, gewisser Grund, daß alle Pforten der Höllen dawider nichts werden können aufbringen; des sind wir gewiß.

Und dieses wäre eben gnug von der ganzen Sache. Denn kein Vernünftiger oder Verständiger wird die pharisäische oder heidnische Heuchelei und den großen Mißbrauch vom opere operato loben mögen. Und ist doch derselbe Irrtum in aller Welt eingerissen. Daher hat man so viel unzählige Messen in aller Welt, in allen Stiften, Klöstern, Kirchen, Klausen, in allen Winkeln gestiftet. Denn dazu werden Messe um Geld gehalten, Gottes Zorn zu versühnen, durch das Werk Vergebung der Sunde, Erlösung

---

enim litigamus cum illis, sed cum recentioribus, qui male intellecto nomine sacrificii invexerunt opiniones et cultus in ecclesiam maxime pugnantes cum evangelio.

De applicatione litigamus, utrum coena sit opus, quod mereatur eis gratiam ex opere operato. De hac re cum adversariorum libri pleni sint, nullum tamen potest ex ullo scriptore ecclesiastico veteri proferri testimonium, quod missa ex opere operato mereatur aliis gratiam. Nam hae prodigiosae opiniones et haec prodigiosa vocabula recentia sunt et excogitata a monachis, qui missam ad sacrilegum quaestum retulerunt.

---

[1]) In Ctesiphontem 206. S. 266 Blaß.   [2]) s. o. S. 93, 9 ff.

nem docuerunt in ecclesia monachi et sophistae¹.

von Pein und Schuld zu erlangen, die Toten aus dem Fegfeuer zu erlösen, Gesundheit, Reichtum, Glück und Wohlfahrt in Hantierung zu erlangen 2c. Die heuchelische, pharisäische Opinion haben die Mönche und Sophisten in die Kirchen gepflanzt.

Quamquam autem causa iam dicta est, tamen quia adversarii multas scripturas inepte detorquent ad defensionem suorum errorum, pauca ad hunc locum addemus. Multa de sacrificio in confutatione dixerunt², cum nos in confessione nostra consulto id nomen propter ambiguitatem vitaverimus. Rem exposuimus, quid sacrificium isti nunc intelligant, quorum improbamus abusus. Nunc ut male detortas scripturas explicemus, necesse est initio, quid sit sacrificium, exponere. Toto iam decennio infinita paene volumina ediderunt adversarii de sacrificio³, neque quisquam eorum definitionem sacrificii hactenus posuit. Tantum arripiunt nomen sacrificii vel ex scripturis, vel ex patribus. Postea affingunt sua somnia, quasi vero sacrificium significet, quidquid ipsis libet.

Wiewohl nu der Irrtum von Mißbrauch 14 der Meß gnugsam verleget ist, dadurch, daß man nicht durch unser Werk, sondern durch Glauben an Christum Vergebung der Sunden erlanget, doch dieweil die Widersacher viel Sprüche der Schrift ganz ungeschickt einführen, ihren Irrtum zu verteidigen, wollen wir etwas mehr hie noch dazu setzen. Die Widersacher reden in ihrer Confutation viel vom Opfer; so wir doch in unser Confession das Wort sacrificium mit Fleiß gemeidet haben um ungewisses Verstandes willen, sondern haben ihren höhsten 15 Mißbrauch mit klaren Worten ausgedruckt, den sie unter dem Namen sacrificium meinen und treiben. Daß wir nu die Sprüche, so sie unrecht und fälschlich eingeführet, verlegen mügen, müssen wir ¹ erst sagen, was W 247 das Wort sacrificium oder Opfer heißet. Sie haben zehen ganzer Jahr viel Bücher geschrieben, daß die Messe ein Opfer sei, und ihr keiner hat noch nie definiert, was Opfer sei oder nicht sei. Sie suchen allein das Vokabel oder Wort sacrificium, wo sie es finden in concordantiis bibliae, und dehnen es hieher, es reime sich oder nicht. Also tun sie auch in der alten Väter Büchern; darnach erdichten sie ihre Träume dazu, gleich als müsse sacrificium heißen, was sie wollen.

Quid sit sacrificium, et quae sint sacrificii species.

Was Opfer sei oder nicht sei, und wie mancherlei Opfer.

Socrates in Phaedro Platonis ait se maxime cupidum esse divisionum, quod sine his nihil neque explicari dicendo, neque intelligi possit, ac si quem deprehenderit peritum dividendi, hunc in-

Und damit man nicht blind in die Sache 16 falle, müssen wir erstlich Unterscheid anzeigen, was Opfer und was nicht Opfer sei, und dies ist nützlich und gut allen Christen zu wissen. Die Theologen pflegen recht zu

---

Quod autem missa applicata pro aliis non mereatur eis gratiam, satis est repetere unam rationem. Doctrina applicationis manifeste pugnat cum evangelio et iustitia fidei. Nam scriptura docet, nos iustificari fide, non per opera. Sed si missa meretur alteri gratiam, iustitia est ex operibus, non ex fide, tunc videlicet sentiunt alterum necessario consequi gratiam propter opus alterius, modo non ponat obicem.
Meritum Christi fide consequimur. At illi meritum missae mutuantur aliis etiam sine fide. Ita pluris faciunt meritum missae quam meritum Christi.

---

¹) s. o. S. 68 Anm. 3.   ²) CR 27, 150 ff.   ³) Cochläus, De gratia sacramentorum. 1522. Adv. cucullatum Minotaurum Wittenb. de sacramentorum gratia iterum. 1523. Corp. Cath. 3. Wimpina, Sectarum, errorum, hallucinationum et schismatum ... anacephalaeosis. 1528 (darin ein Abschnitt: Von der Messe, ob die ein christlich Opfer sei.) Heinrich VIII. v. England, Assertio septem sacramentorum. 1520. Joh. Fisher, Assertionis Lutheranae confutatio. 1523. Außerdem die Urteile der Löwener und Pariser Fakultäten und die zahlreichen allgemeinen Darstellungen der kath. Lehre. Eck, Enchiridion 1525. Berth. v. Chiemsee, Tewtsche Theologey 1528. Schatzgeyer, Scrutinium divinae scripturae. 1522. Corp. Cath. 5. Herborn, Enchiridion. 1529. Corp. Cath. 12. Reiches Material daraus bei Lämmer, Die vortrid. kath. Theologie 1858, S. 259—278.

quit se assectari, eiusque tamquam Dei vestigia sequi¹. Et iubet dividentem in ipsis articulis membra secare, ne quod membrum mali coqui more quassatum frangat. Sed haec praecepta adversarii magnifice contemnunt, ac vere sunt iuxta Platonem κακοὶ μάγειροι², sacrificii membra corrumpentes, quemadmodum intelligi po'terit, cum species sacrificii recensuerimus. Theologi recte solent distinguere sacramentum et sacrificium³. Sit igitur genus horum vel ceremonia vel opus sacrum. Sacramentum est ceremonia vel opus, in quo Deus nobis exhibet hoc, quod offert annexa ceremoniae promissio, ut baptismus est opus, non quod nos Deo offerimus, sed in quo Deus nos baptizat, videlicet minister vice Dei, et hic offert et exhibet Deus remissionem peccatorum etc., iuxta promissionem: Qui crediderit et baptizatus fuerit, salvus erit. Econtra sacrificium est ceremonia vel opus, quod nos Deo reddimus, ut eum honore afficiamus.

19 Sunt autem sacrificii species proximae duae, nec sunt plures. Quoddam est sacrificium propitiatorium, id est, opus satisfactorium pro culpa et poena, hoc est, reconcilians Deum seu placans iram Dei, seu quod meretur aliis remissionem peccatorum. Altera species est sacrificium εὐχαριστικόν, quod non meretur remissionem peccatorum aut reconciliationem, sed fit a reconciliatis, ut pro accepta remissione peccatorum et pro aliis beneficiis acceptis gratias agamus, seu gratiam referamus.

20 Has duas species sacrificii magnopere oportet et in hac controversia et in aliis multis disputationibus in conspectu et ob oculos positas habere, et singulari diligentia cavendum est, ne confundantur. Quod si modus huius libri pateretur, rationes huius divisionis adderemus. Habet enim satis multa testimonia in epi-

unterscheiden sacrificium und sacramentum, Opfer und Sakrament. Nu das genus wollen wir lassen sein ceremonia oder heilig Werk. Sacramentum ist ein ceremonia oder äußerlich Zeichen oder ein Werk, dadurch uns Gott gibt dasjenige, so die göttliche Verheißung, welche derselbigen Ceremonien angeheft ist, anbeutet. Als die Tauf ist ein Ceremonien und ein Werk, nicht das wir Gott geben oder anbieten, sondern in welchem uns Gott gibt und anbeut in welchem uns Gott täuft oder der Diener an Gottes Statt. Da beut uns Gott an und gibt uns Vergebung der Sunde nach seiner Verheißung: „Wer da gläubet und getäuft wird, der soll selig werden." Wiederum sacrificium oder Opfer ist ein ceremonia oder ein Werk, das wir Gott geben, damit wir ihnen ehren.

Es ist aber fürnehmlich zweierlei Opfer und nicht mehr, darunter alle andere Opfer begriffen sein. Für eins ist ein Versühnopfer, dadurch gnug getan wird für Pein und Schuld, Gottes Zorn gestillet und versühnet, und Vergebung der Sunde für andere erlanget. Zum andern ist ein Dankopfer, dadurch nicht Vergebung der Sunde oder Versühnung erlangt wird, sondern geschiehet von denjenigen, welche schon versühnet sein, daß sie für die erlangte Vergebung der Sunde und andere Gnaden und Gaben Dank sagen.

Dieser zweierlei Opfer muß man mit Fleiß wahrnehmen in diesem Handel, und in vielen andern Disputationen ganz wohl darauf sehen, daß man diese zwei nicht in einander menge. Und diese unterschiedliche Teilung hat wohl starke Beweisung aus der Episteln zu den Ebräern und an vielen Orten in der Schrift. Und alle Opfer im Gesetz

---

Hae opiniones serpserunt in ecclesiam extincta doctrina de iustitia fidei. Nec potest verus usus sacramentorum et ceremoniarum retineri nisi cognita iustitia fidei.
Improbamus igitur hanc applicationem, cumque privatae missae hac opinione factae sint, non possumus restituere eas, aut assentiri his, qui defendunt eas. Sed una communis missa fit, ubi porrigitur sacramentum his, qui uti volunt ad consolandas pavidas conscientias. Nam ad hunc usum, ut in Confessione exposuimus, institutum est sacramentum. Et de hoc usu sacramenti multa scripserunt ecclesiastici patres. Nec sumus Ariani iudicandi, quia non probamus illam applicationem contra evangelium excogitatam.

---

¹) Plato, Phädrus 50, 266 B.   ²) schlechte Köche. Phädrus 49, 265 E.   ³) Luther Sermon von d. neuen Testament WA VI 367 [13]. De capt. bab. WA VI 526 [13].

stola ad Ebraeos et alibi¹. Et omnia sacrificia levitica ad haec membra referri tamquam ad sua domicilia possunt. Dicebantur enim in lege quaedam propitia¹toria sacrificia propter significationem seu similitudinem, non quod mererentur remissionem peccatorum coram Deo, sed quia merebantur remissionem peccatorum secundum iustitiam legis, ne illi, pro quibus fiebant, excluderentur ab ista politia. Dicebantur itaque propitiatoria pro peccato, pro delicto holocaustum. Illa vero erant εὐχαριστικά, oblatio, libatio, retributiones, primitiae, decimae².

Sed revera unicum tantum in mundo fuit sacrificium propitiatorium, videlicet mors Christi, ut docet epistola ad Ebraeos, quae ait: Impossibile est sanguine taurorum et hircorum auferri peccata. Et paulo post de voluntate Christi: In qua voluntate sanctificati sumus per oblationem corporis Iesu Christi semel. Et Esaias interpretatur legem, ut sciamus mortem Christi vere esse satisfactionem pro pec¹catis nostris seu expiationem, non ceremoniae legis, quare ait: Postquam posuerit animam suam hostiam pro delictis, videbit semen longaevum etc. Nam vocabulum אשם³, quo hic usus est, significat hostiam pro delicto, quae in lege significavit, quod ventura esset hostia quaedam satisfactura pro peccatis nostris et reconciliatura Deum, ut scirent homines, quod non propter nostras iustitias, sed propter aliena merita, videlicet Christi, velit Deus nobis reconciliari. Paulus idem nomen אשם interpretatur peccatum, Rom. 8: De peccato damnavit peccatum, id est, peccatum punivit de peccato, id est, per hostiam pro peccato. Significantia verbi facilius intelligi potest ex moribus gentium, quos videmus ex patrum sermonibus male intellectis acceptos esse. Latini vocabant piaculum hostiam, quae in magnis calamitatibus, ubi insigniter videbatur Deus irasci, offerebatur ad placandam iram Dei, et litaverunt aliquando huma-

Mosi, wie mancherlei die sein, können unter diese zweierlei Opfer als unter ihre genera beschlossen ¹ und begriffen werden. Denn etzliche Opfer im Geseß Mosi werden genennet Sühneopfer oder Opfer für die Sunde um der Bedeutung willen, nicht daß Vergebung der Sunde dadurch verdienet wird für Gott, sondern daß es äußerliche Versühnung waren, um der Bedeutung willen, denn diejenigen, für welche sie geschahen, wurden durch solche Opfer versühnt, daß sie nicht aus dem Volk Israel verstoßen würden. Darum waren es genennet Sühneopfer; die andern Opfer aber waren Dankopfer.

Also sind im Geseß wohl Bedeutung gewesen des rechten Opfers, aber es ist allein ein einiges, wahrhaftiges Sühneopfer, Opfer für die Sunde, in der Welt gewesen, nämlich der Tod Christi, wie die Epistel zu den Ebräern sagt: „Es ist unmüglich gewest, daß der Ochsen und Böcke Blut sollte Sunde wegnehmen." Und bald hernach stehet von dem Gehorsam und Willen Christi: „In welchem Willen wir geheiliget sein durch das Opfern des Leibes Jesu ¹ Christi einmal ꝛc." Und Esaias der Prophet hat auch zuvor das Geseß Mosi ausgelegt und zeigt an, daß der Tod Christi die Bezahlung für die Sunde ist, und nicht die Opfer im Geseß, da er von Christo sagt: „Wenn er sein Leben zum Schuldopfer gegeben hat, so wird er Samen haben und in die Länge leben." Denn der Prophet hat das Wort Schuldopfer auf Christus Tod gezogen, anzuzeigen, daß die Schuldopfer im Geseß nicht das rechte Opfer wären, die Sunde zu bezahlen, sondern es müßte ein ander Opfer kommen, nämlich Christus Tod, dadurch Gottes Zorn sollt versühnet werden. Item, die Schuldopfer im Geseß mußten aufhören, da das Evangelium geoffenbaret und das rechte Opfer ausgericht ward. Darum sind es nicht recht Versühnung für Gott gewesen, denn sie haben fallen müssen und hat ein anders müssen kommen. Derhalben sind es allein Bedeutungen und Fürbild der rechten Versühnung gewesen. Darum bleibt dieses fest stehen, daß nur ein einig Opfer gewesen ist,

---

Falsa et haec calumnia est, quod aboleamus sacrificium. Nam ut interim largiamur, quod missa sit significata per iuge sacrificium, certe non abolemus missam, sed abusum corrigimus.
Retinemus morem ecclesiae veteris. Ab uno sumunt hi, qui petunt corpus et sanguinem Domini. Populus ad communionem et usum sacramenti assuefit. Apud adversarios rarissime utitur sacramento populus, tantum pauci conducticii utuntur. Ita nos magis retinemus usum sacramenti ac iuge sacrificium, ut ipsi appellant, quam adversarii.

---

¹) Hebr. 10, 5ff. 13, 15f. Ez. 32, 6. 2. Sam. 6, 17 u. ö.   ²) Lev. 1—7.   ³) Schuldopfer.

nis hostiis, fortassis quia audierant, quandam humanam hostiam placaturam esse Deum toti generi humano[1]. Graeci alibi καθάρματα, alibi περιψήματα appellaverunt[2]. Intelligunt igitur Esaias et Paulus, Christum factum esse hostiam, hoc est piaculum, ut ipsius meritis, non nostris reconciliaretur Deus. Maneat ergo hoc in causa, quod sola mors Christi est vere propitiatorium sacrificium. Nam levitica illa sacrificia propitiatoria tantum sic appellabantur ad significandum futurum piaculum. Propterea similitudine quadam erant satisfactiones redimentes iustitiam legis, ne ex politia excluderentur isti, qui peccaverant. Debebant autem cessare post revelatum evangelium; et quia cessare in evangelii revelatione debebant, non erant vere propitiationes, cum evangelium ideo promissum sit, ut exhibeat propitiationem.

nämlich der Tod Christi, das für ander sollt appliciert werden, Gottes Zorn zu versühnen.

25 Nunc reliqua sunt sacrificia εὐχαριστικά, quae vocantur sacrificia laudis, praedicatio evangelii, fides, invocatio, gratiarum actio, confessio, afflictiones sanctorum, immo omnia bona opera sanctorum. Haec sacrificia non sunt satisfactiones pro facientibus, vel applicabiles pro aliis, quae mereantur eis ex opere operato remissionem peccatorum seu reconciliationem. Fiunt enim a reconciliatis. Et talia sunt sacrificia novi testamenti, sicut docet Petrus 1. Petri 2.: Sacerdotium sanctum, ut offeratis hostias spirituales. Opponuntur autem hostiae spirituales non tantum pecudibus, sed etiam humanis operibus, ex opere operato oblatis, quia spirituale significat motus spiritus sancti in nobis. Idem docet Paulus Rom. 12.: Exhibete corpora vestra hostiam viventem, sanctam, cultum rationalem. Significat autem cultus rationalis cultum, in quo Deus intelligitur, mente apprehenditur, ut fit in motibus timoris et fiduciae erga Deum. Opponitur igitur non solum cultui levitico, in quo pecudes mactabantur, sed etiam cultui, in quo fingitur opus ex opere operato offerri. Idem docet epistola ad Ebraeos cap. 13.: Per ipsum offeramus hostiam laudis semper Deo, et addit interpretationem, id est, fructum labiorum confitentium nomini eius. Iubet offerre laudes, hoc est, invocationem, gratiarum actionem, confessionem et similia. Haec valent non ex opere operato, sed propter fidem. Id monet particula: per ipsum offeramus, hoc est, fide in Christum.

Über dieses einige Sühnopfer, nämlich den Tod Christi, sind nu andere Opfer, die sind alle nur Dankopfer, als alles Leiden Predigen, gute Werk der Heiligen. Dasselbige sind nicht solche Opfer, dadurch wir versühnet werden, die man für andere tun könne oder die da verdienen ex opere operato Vergebung der Sunde oder Versühnung. Denn sie geschehen von denjenigen, so schon durch Christum versühnet sein. Und solch Opfer sind unser Opfer im neuen Testament, wie Petrus der Apostel 1. Petr. 2 sagt: „Ihr seid ein heilig Priestertum, daß ihr opferet geistliche Opfer."

27 In summa, cultus novi testamenti est spiritualis, hoc est, est iustitia fidei in

Und im neuen Testament gilt kein Opfer ex opere operato sine bono motu utentis,

Sed quia adversarii hostiliter exagitant hanc privatae missae mutationem et criminantur nos, quod, velut Antiochus, aboleamus iuge sacrificium, aliquanto plura de hoc loco dicenda sunt.

In Numeris cap. XXVIIIº. describitur iuge sacrificium, cremabatur agnus et offerebatur simila conspersa oleo, accedebat et libatio, certa vini mensura. Haec ceremonia erat perpetua. Qua si quis contendet significari missam, non valde repugnabimus, si tamen totam missam complectetur, hoc est, coenam Domini cum praedicatione verbi, quae addita est huic cerimoniae, sicut Paulus inquit: Quoties

---

[1] Das Piakularopfer ist bei den Römern „die Einlösung einer verfallenen Strafbuße für eine Unterlassung oder einen Verstoß gegen die Sätze des ius sacrum, die sakralrechtliche Parallele zu der multa des weltlichen Strafrechts". Wissowa, Religion und Kultus der Römer 1912², 392. [2] Nach 1. Cor. 4, 13. Vgl. Joh. Weiß und Lietzmann z. St. κάθαρμα: Aschylus, Choeph. 96. Euripides, Hercules furens 225. Iphig. Taurica 1316. περίψημα: vgl. Photius und Suidas s. v., nicht klassisch (Abschaum, Reinigungsopfer).

XXIV. Von der Messe. (Was Opfer sei.)

corde et fructus fidei. Ideoque abrogat leviticos cultus. Et Christus ait Ioh. 4.: Veri adoratores adorabunt Patrem in spiritu et veritate. Nam et Pater tales quaerit, qui adorent eum. Deus est spiritus, et eos, qui adorant eum, in spiritu et veritate oportet adorare. Haec sententia clare damnat opiniones de sacrificiis, quae fingunt ex opere operato valere, et docet, quod oporteat spiritu, id est, motibus cordis et fide adorare. Ideo et prophetae damnant in veteri testamento opinionem populi de opere operato, et docent iustitiam et sacrificia spiritus. Ieremiae 7.: Non sum locutus cum patribus vestris, et non praecepi eis in die, qua eduxi eos de terra Aegypti, de holocaustis et victimis, sed hoc verbum praecepi eis dicens: Audite vocem meam, et ero vobis Deus etc. Quomodo existimemus Iudaeos hanc concionem excepisse, quae videtur palam pugnare cum Moise? Constabat enim Deum praecepisse patribus de holocaustis ac victimis, sed Ieremias opinionem de sacrificis damnat, hanc non tradiderat Deus, videlicet quod illi cultus ex opere operato placarent eum. Addit autem de fide, quod hoc praeceperit Deus: Audite me, hoc est, credite mihi, quod ego sim Deus ' vester, quod velim sic innotescere, cum misereor et adiuvo, nec habeam opus vestris victimis, confidite, quod ego velim esse Deus iustificator, salvator, non propter opera, sed propter verbum et promissionem meam, a me vere et ex corde petite et exspectate auxilium.

das ist, das Werk ohn ein guten Gedanken im Herzen. Denn Christus spricht Joh. 4. Joh. 4, 23 f. „Die rechten Anbeter werden den Vater anbeten im Geist und in der Wahrheit", das ist mit Herzen, mit herzlicher Furcht und herzlichem Glauben. Darum ists eitel teuflisch, pharisäisch und antichristlich Lehre und Gottesdienst, daß unser Widersacher lehren, ihr Meß verdiene Vergebung Schuld und Pein ex opere operato. Die Jüden verstunden ihre Ceremonien auch 28 nicht recht und meineten, sie wären für Gott fromm, wenn sie die Werk getan hätten ex opere operato. Dawider schreien die Propheten aufs allerernstlichst, damit sie die Jer. 7, 22 f. Leute von eigen Werken auf die Zusage Gottes wiesen und sie zum Glauben und rechten Gottesdienst brächten. Also stehet Jerem. am 7. „Ich habe nit mit euren Vätern von Opfern geredt oder Brandopfer, da ich sie aus Egyptenland führet, sondern dies Wort hab ich ihn geboten: Höret meine Stimme, so will euer Gott sein 2c." Was werden wohl die halsstarrigen Jüden W 250 zu dieser Predigt und Lehre gesagt haben, die da ganz öffentlich wider das Gesetz und Mosen scheinet? Denn es war je öffentlich, daß Gott den Vätern von Opfern geboten hatte, das konnt Jeremias nicht leugnen. Jeremias aber verdammt ihren Irrtum von W 250 den Opfern, von welchen kein Gottes Befehl war, nämlich daß sie meineten, daß die Opfer ex opere operato Gott versühneten und gefielen. Darum setzet Jeremias das dazu vom Glauben, das Gott geboten hat: Höret mich, das ist, gläubet mir, daß ich euer Gott bin, daß ich euch erhalte, mich euer erbarme, euch alle Stunden helfe, und

darf euer Opfer nicht; gläubet, daß ich euer Gott bin, der euch gerecht macht und heilig, nicht um eures Verdienstes willen, sondern um meiner Zusage willen; darum sollt ihr von mir allen Trost und Hilfe warten.

Damnat opinionem de opere operato et Psalmus 49., qui repudiatis victimis requirit invocationem: Numquid manducabo carnes taurorum? etc. Invoca me in die tribulationis tuae, et eripiam te, et honorificabis me. Testatur hanc esse veram λατρείαν hunc esse verum honorem, si ex corde invocemus ipsum.

Auch so verwirft die heidnisch Opinion 29 von opere operato der 49. Psalm, da er Ps. 50, 13.15 sagt: „Meinest du, daß ich Ochsenfleisch essen wolle oder Bocksblut trinken? Ruf mich an in der Zeit der Not 2c." Da wird das opus operatum verworfen und sagt: Ruf mich an. Da zeiget er den höchsten Gottesdienst an, wenn wir ihnen von Herzen anrufen.

---

comederitis panem hunc et calicem hunc bibetis, mortem Domini annunciate donec venerit. Ut igitur istic erat perpetua quaedam ceremonia, quae et significabat, venturum esse Christum et hunc populum duraturum esse donec Christus nasceretur, ita nos habemus coenam Domini, quae recte vocatur aeternum testamentum, quia testatur, Christum apparuisse et non restare novum aliud verbum, quod mundo Deus missurus sit, et significat hoc novum testamentum et ecclesiam semper mansuram esse.

Ps. 40, 7. Item Psalm. 39.: Sacrificium et oblationem noluisti, aures autem aperuisti mihi, id est, verbum mihi proposuisti, quod audirem, et requiris, ut credam verbo tuo et promissionibus tuis, quod vere velis misereri, opitulari etc. Item
Ps. 51, 18 f. Psalm. 50.: Holocaustis non delectaberis.
M 255 Sa'crificium Deo spiritus contribulatus, cor contritum et humiliatum Deus non
Ps. 4, 6. despicies. Item Psalm. 4.: Sacrificate sacrificium iustitiae et sperate in Domino. Iubet sperare, et dicit id esse iustum sacrificium, significans cetera sacrificia non esse vera et iusta sacrificia. Et
Ps. 116, 17. Psalm. 115: Sacrificabo hostiam laudis, et nomen Domini invocabo. Vocant invocationem hostiam laudis.

30 Sed plena est scriptura talibus testimoniis, quae docent, quod sacrificia ex opere operato non reconcilient Deum. Ideoque in novo testamento abrogatis cultibus leviticis docet fore, ut nova et munda sacrificia fiant, videlicet fides, invocatio, gratiarum actio, confessio et praedicatio evangelii, afflictiones propter evangelium et similia.

31 Et de his sacrificiis loquitur Malachias:
Mal. 1, 11. Ab ortu solis usque ad occasum magnum
W 251 est nomen meum in gentibus, et in omni loco in'censum offertur nomini meo et oblatio munda. Hunc locum detorquent adversarii ad missam, et allegant auctoritatem patrum[1]. Facilis est autem responsio, quod, ut maxime loqueretur de missa, non sequatur missam ex opere operato iustificare, aut applicatam aliis mereri remissionem peccatorum etc. Nihil horum dicit propheta, quae monachi
32 et sophistae impudenter affingunt. Ceterum ipsa prophetae verba offerunt sententiam. Primum enim hoc proponunt, magnum fore nomen Domini. Id fit per praedicationem evangelii. Per hanc enim innotescit nomen Christi, et misericordia patris in Christo promissa cognoscitur. Praedicatio evangelii parit fidem in his, qui recipiunt evangelium. Hi invocant Deum, hi agunt Deo gratias, hi tolerant

Item im 39. Psalm: „Du haft keine Luft am Opfer und Speisopfer; aber die Ohren haft du mir aufgetan." Das ist, du haft mir ein Wort geben, das ich hören soll, und forderst, daß ich deinem Wort gläuben soll, und deinen Zusagen, daß du mir helfen willt. Item Psalm 50: „Du haft nicht Luft zum Opfer, ich gäbe dir es sonft 2c. Die Opfer Gottes sind ein zubrochen Geist 2c." Item im 4. Psalm: „Opfert Opfer der Gerechtigkeit und hoffet auf den Herrn." Da befiehlt er, daß wir sollen auf den Herrn hoffen und nennet das ein recht Opfer, da zeiget er an, daß die andern nicht rechte Opfer sein 2c. Item Psalm 115: „Dir will ich Dankopfer opfern und des Herrn Namen anrufen 2c."

Und die ganze Schrift ist voll solcher Sprüche, die da anzeigen, daß kein Opfer, kein Werk ex opere operato Gott versühnet. Darum lehret sie, daß im neuen Testament die Opfer des Gesetzes Mosi abgetan sein, und sein eitel reine Opfer ohne Makel, nämlich der Glaube gegen Gott, Danksagung, Gottes Lob, Predigt des Evangelii, Kreuz und Leiden der Heiligen und dergleichen.

Und von diesen Opfern redet Malachias, da er sagt: „Von Aufgang der Sonnen bis zu ihrem Niedergang ist mein Name groß unter den Heiden, und an allen Orten soll meinem Namen geopfert werden ein rein Opfer." Denselbigen Spruch deuten die Widersacher fälschlich und närrisch von der Messe zu verstehen, und ziehen die alten Väter an. Es ist aber da bald geantwortet: wenn gleich Malachias von der Messe redet, als er nicht tut, so folget doch daraus nicht, daß die Messe ex opere operato uns für Gott fromm mache, oder daß man Messe könne halten für andere, denselbigen Vergebung der Sünde zu erlangen. Der keines sagt der Prophet, sondern die Sophisten und Mönche erdichtens unverschämt aus ihrem eigen Hirn. Die Wort aber des Propheten bringen selbst den rechten Verstand mit. Denn erst sagt der Prophet, es solle der Name des Herrn groß werden; das geschiehet durch die Predigt des Evangelii. Denn durch

Sed ad ceremoniam addenda est praedicatio evangelii, per quam innotescit Christus et mactantur hostiae et agunt gratias Deo et laudant Deum. Haec sunt sacrificia novi testamenti. Nam crematio agni significat mortificationem Christi et omnium membrorum eius, similat vivificationem, quae fit per fidem in praedicatione poenitentiae, libatio gratiarum actionem et praedicationem. Has hostias significavit illud spectaculum exhibitum in lege, videlicet postquam apparuisset Christus, mansurum in mundo evangelium et perpetuo docendum esse, ut subinde aliqui

[1] CR 27, 150 f.

afflictiones in confessione. hi bene operantur propter gloriam Christi. Ita fit magnum nomen Domini in gentibus. „Incensum" igitur et „oblatio munda" significant non ceremoniam ex opere operato, sed omnia illa sacrificia, per quae fit magnum nomen Domini, scilicet fidem, invocationem, praedicationem evangelii, confessionem etc. Et facile patimur, si quis hic velit complecti ceremoniam, modo neque intelligat solam ceremoniam, neque doceat ceremoniam ex opere operato prodesse. Sicut enim inter sacrificia laudis, hoc est, inter laudes Dei complectimur praedicationem verbi: ita laus esse potest seu gratiarum actio ipsa sumptio coenae Domini, sed non ex opere operato iustificans aut applicanda aliis, ut mereatur eis remissionem peccatorum. Sed paulo post exponemus, quomodo et ceremonia sacrificium sit. Verum quia Malachias de omnibus cultibus novi testamenti, non solum de coena Domini loquitur, item quia non patrocinatur pharisaicae opinioni de opere operato, ideo nihil contra nos facit, sed magis adiuvat nos. Requirit enim cultus cordis, per quos vere fit magnum nomen Domini.

dieselbigen wird der Name Christi bekennet, und wird bekannt die Gnade in Christo verheißen. Durch die Predigt aber des Evangelii kommen die Leute zum Glauben; die rufen denn Gott recht an, die danken Gott, die leiden um Gottes willen Verfolgung, die tun gute Werke. Darum nennets der Prophet das reine Opfer, nicht die Ceremonien der Messe allein ex opere operato, sondern alle geistliche Opfer, durch welche Gottes Namen groß wird. Nämlich ein rein, heilig Opfer ist die Predigt des Evangelii, der Glaub, Anrufung, Gebet, das Evangelium und Christum für der Welt bekennen 2c. Und wir fechten nicht groß an, ob es jemands je auch auf die Ceremonien der Messe deuten wollt, wenn er nur sagt, daß die schlechte ceremonia ex opere operato Gott versühne. Denn wie wir die Predigt heißen ein Lobopfer, so mag die ceremonia des Abendmahls an ihm selbst ein Lobopfer sein, aber nicht ein solch Opfer das ex opere operato für Gott gerecht mache oder das man für andere tun könne, ihnen Vergebung der Sünde zu erlangen. Aber bald hernach wollen wir auch sagen, wie die ceremonia ein Opfer sei. Dieweil aber Malachias redet von allen Gottesdiensten und Opfern des neuen Testament,

Abendmahl. Item, dieweil er klar wider denselben pharisäischen Irrtum vom opere operato, so tut der Spruch nichts wider uns, sondern vielmehr für uns, denn er fordert inwendig das Herz, Gott Dankopfer zu tun, durch welchs der Namen des Herrn recht groß werde.

Citatur ex Malachia et alius locus: Et purgabit filios Levi, et colabit eos quasi aurum et quasi argentum, et erunt Domino afferentes sacrificia in iustitia. Hic locus aperte requirit sacrificia iustorum, quare non patrocinatur opinioni de opere operato. Sunt autem sacrificia filiorum Levi, hoc est, docentium in novo testamento, praedicatio evangelii et boni fructus praedicationis, sicut Paulus ait Rom. 15.: Sacrifico evangelium Dei, ut oblatio gentium fiat accepta, sanctificata spiritu sancto, id est, ut gentes fiant hostiae acceptae Deo per fidem etc. Nam illa mactatio in lege significabat et mortem Christi et praedicationem evangelii,

Es wird auch aus dem Malachia noch ein Spruch angezogen: „und er wird feigern die Söhne Levi wie Gold und wie Silber, und sie werden Gott opfern Opfer der Gerechtigkeit." Da sagt er von Opfern der Gerechtigkeit, darum ist der Text wider das opus operatum. Die Opfer aber der Söhne Levi, das ist derjenigen, die da predigen im neuen Testament, ist die Predigt des Evangelii und die gute Früchte der Predigt, wie Paulus zu den Römern sagt am 15.: „Ich soll sein ein Diener Christi unter den Heiden zu opfern das Evangelium Gottes, auf daß die Heiden ein Opfer werden, Gott angenehm durch den Glauben." Denn das Ochsen- und Schafschlachten im Gesetz hat bedeut den

convertantur et fiant hostiae Deo, et accipiant vitam aeternam, et agant gratias Deo, et laudent Deum, et testentur, quod vera sit evangelii doctrina, quod vere Deus irascatur peccatis, quod vere ignoscat credentibus, vere exaudiat, vere salvet. Et hoc testimonio alios ad credendum invitent. Hoc sacrificium praedicationis et gratiarum actionis semper in ecclesia manere debet. Ceremonia ipsa sine doctrina est muta.

Nunc igitur consideremus, utri aboleant iuge sacrificium, evangelium apud adversarios paucissimis locis docetur, in multis magnis regionibus fere toto anno

qua hanc vetustatem carnis mortificari oportet, et inchoari novam et aeternam vitam in nobis.

Tod Christi und das Predigtamt des Evangelii, dadurch der alte Adam täglich getötet werde, und das neue und ewige Leben sich anfähet.

Sed adversarii ubique sacrificii nomen ad solam ceremoniam detorquent[1]. Praedicationem evangelii, fidem, invocationem et similia omittunt, cum ceremonia propter haec instituta sit, et novum testamentum debeat habere sacrificia cordis, non ceremonialia pro peccatis facienda more levitici sacerdotii.

Aber die Widersacher deuten allenthalben das Wort Opfer oder sacrificium allein auf die Ceremonien der Meß. Von dem Predigamt des Evangelii, vom Glauben, vom Danken und Anrufen göttliches Namens reden sie gar nichts; so doch die Ceremonia darum ist eingesetzt, so doch das neue Testament eitel geistliche Opfer hat inwendig des Herzens, und nicht solche Opfer wie das levitische Priestertum.

Allegant et iuge sacrificium quod sicut in lege fuit iuge sacrificium, ita missa debeat esse iuge sacrificium novi testamenti[2]. Bene cum adversariis agitur, si patimur nos vinci allegoriis. Constat autem, quod allegoriae non pariunt firmas probationes. Quamquam nos quidem facile patimur missam intelligi iuge sacrificium, modo ut tota missa intelligatur, hoc est, ceremonia cum praedicatione evangelii, fide, invocatione et gratiarum actione. Nam haec simul coniuncta sunt iuge sacrificium novi testamenti, quia ceremonia propter haec instituta est, nec ab his divellenda est. Ideo Paulus ait: | Quoties comedetis panem hunc, et poculum Domini bibetis, annuntiate mortem Domini. Illud vero nullo modo sequitur ex hoc typo levitico, quod ceremonia sit opus ex opere operato iustificans aut applicandum pro aliis, ut mereatur eis remissionem peccatorum etc.

Auch so ziehen die Widersacher an das iuge sacrificium, das ist, das tägliche Opfer, und sagen, wie im Gesetz Mosi sei gewesen ein täglich Opfer, also sei die Messe iuge sacrificium des neuen Testaments. Wenn die Sache mit Allegorien auszurichten wäre, so würde jedermann Allegorien finden, ihm dienlich. Aber alle Verständige wissen, daß man in solchen hochwichtigen Sachen für Gott gewiß und klar Gottes Wort haben muß, und nicht dunkele und fremde Sprüche herzu ziehen mit Gewalt. Solche ungewisse Deutungen halten den Stich nicht für Gottes Gericht. Wiewohl wir wollten den Widersachern zu Gefallen noch die Messe wohl iuge sacrificium oder täglich Opfer nennen lassen, | wenn sie die ganze Messe, das ist, die Ceremonien mit der Danksagung, mit dem Glauben im Herzen, mit dem herzlichen Anrufen göttlicher Gnade iuge sacrificium nenneten; denn das alles zusammen möchte iuge sacrificium des neuen Testaments heißen. Denn die Ceremonia der Meß oder des Abendmahls ist um des alles willen aufgericht; denn sie ist um des Predigens willen eingesetzt, wie Paulus sagt: „So oft ihr das Brot esset und den Kelch trinket, sollt ihr den Tod des Herrn verkündigen." Das folget aber gar nicht aus der Figur des täglichen Opfers, daß die Messe sei ein solch Opfer, das ex opere operato Gott versühne, oder daß man für andere halten oder tun könne, ihnen Vergebung der Sünde zu erlangen.

nullae fiunt conciones. Et cum fiunt, recitatur somnium alicuius monachi, aut si quid est melius, proponitur aliqua civilis sententia ex philosophia. De Christo, de fide in Christum, quod per illum habeamus placatum Deum, quod per illum impetremus a Deo omnia bona, non propter merita nostra, de exercitio fidei in omnibus afflictionibus, de sua cuiusque vocatione, de caritate, de his rebus ibi minimum docetur, ubi plurimum est venalium missarum. Interim ceremonia instituta propter praedicationem de Christo, confertur ad alium usum, ut mereatur aliis gratiam ex

---

[1]) CR 27, 150ff.   [2]) Conf. folgert aus Dan. 12, 11 und Matth. 24, 15: Juge ergo sacrificium Christianorum in adventu abominationis, id est Antichristi, cessabit universaliter, sicut iam in aliquibus ecclesiis cessat particulariter. Et sic sedebit in loco desolationis, quando videlicet ecclesiae erunt desolatae, in quibus non canuntur horae canonicae, missae non celebrantur, nulla dispensabuntur sacramenta, nulla erunt altaria, nullae sanctorum imagines, nullae candelae, nullus ornatus. CR 27, 152.

XXIV. Von der Messe. (Was Opfer sei.)

Et typus apte pingit non ceremoniam solam, sed etiam praedicationem evangelii. In Numer. cap. 28. tres ponuntur partes illius cotidiani sacrificii, crematio agni, libatio et oblatio similae. Lex habebat picturas seu umbras rerum futurarum. Ideo in hoc spectaculo Christus et totus cultus novi testamenti pingitur. Crematio agni significat mortem Christi. Libatio significat, ubique in toto mundo credentes illius agni sanguine aspergi per evangelii praedicationem, hoc est, sanctificari, sicut Petrus loquitur: In sanctificationem spiritus, in obedientiam et aspersionem sanguinis Iesu Christi. Oblatio similae significat fidem, invocationem et gratiarum actionem in cordibus. Ut igitur in veteri testamento umbra cernitur, ita in novo res significata quaerenda est, non alius typus tamquam ad sacrificium sufficiens.

Und wenn man iuge sacrificium oder das tägliche Opfer recht ansiehet, so malets ab und bedeut nicht allein die Ceremonien, sondern auch die Predigt des Evangelii. Denn im 4. Buch Mosi am 28. werden gesetzt drei Stücke, die zu demselbigen täglichen Opfer gehöreten. Erstlich ward geopfert ein Lamm zu einem Brandopfer und ward Wein darauf gossen. Darnach ward auch geopfert ein Kuche mit Semmelmehl und Öl gemenget. Das ganze Gesetz Mosi ist ein Schatten und Figur Christi und des neuen Testaments, darum so wird Christus darin abgemalet. Das Lamm bedeutet den Tod Christi. Wein darauf gießen bedeutet, daß in aller Welt alle Gläubigen von des Lamms Blut besprenget werden durch das Evangelium, das ist, daß sie geheiliget werden, wie Petrus sagt 1. Petr. 1: „Durch Heiligung des Geistes im Gehorsam und Besprengung des Blutes Jesu Christi." Der Kuch bedeutet das Anrufen und die Danksagung in aller Gläubigen Herzen. Wie nu im alten Testament der Schatten ist und die Bedeutung Christi oder des Evangelii, also ist im neuen Testament dasselbige Evangelium und die Wahrheit, welche durch die Figur bedeut ist, zu suchen, und ist nicht erst ein neu typus oder Figur zu suchen, das sie möchten oder wollten sacrificium nennen.

Quare etiamsi ceremonia est memoriale mortis Christi, tamen sola non est iuge sacrificium, sed ipsa memoria est iuge sacrificium, hoc est, praedicatio et fides, quae vere credit, Deum morte Christi reconciliatum esse. Requiritur libatio, hoc est, effectus praedicationis, ut per evangelium aspersi sanguine Christi sanctificemur, mortificati ac vivificati. Requiruntur et oblationes, hoc est, gratiarum actiones, confessiones, et afflictiones.

Darum, wiewohl die Messe oder Ceremonia im Abendmahl ein Gedächtnis ist des Tods Christi, so ist doch nicht die Ceremonia allein das iuge sacrificium oder tägliche Opfer, sondern das Gedächtnis des Tods Christi zusamt mit der Ceremonia ist das tägliche Opfer, das ist, die Predigt vom Glauben und Christo, welcher Glaube wahrlich gläubet, daß Gott durch den Tod Christi versühnet sei. Zu demselbigen iuge sacrificio gehöret auch die Frucht der Predigt, daß wir mit dem Blut Christi besprenget, das ist, geheiliget werden, daß der alte Adam getötet und der Geist zunehme, das ist das Gießen. Darnach sollen wir auch danken und Gott loben und den Glauben mit Leiden und guten Werken bekennen, das ist durch Mehl und Öle bedeutet.

Sic abiecta pharisaica opinione de opere operato intelligamus, significari cultum spiritualem et iuge sacrificium cordis, quia in novo testamento corpus bonorum, hoc est, spiritus sanctus, mortificatio et vivificatio[1] requiri debent. Ex his satis apparet typum de iugi sacrificio opere operato. Ibi vere est abrogatum iuge sacrificium, ubi legitimus usus sacramenti perversus est et conticescit praedicatio evangelii.

Also, wenn der grobe pharisäische Irrtum von dem opere operato weggetan ist, findet sich, daß durch das iuge sacrificium bedeut ist das geistliche Opfer und tägliche Opfer der Herzen, denn Paulus sagt: „Im alten Testament ist der Schatten der künftigen Güter, der Leib aber und die Wahr-

Talis est status in illo regno pontificio, qui doctrinam evangelii aut negligunt, aut etiam persequuntur et delere conantur. Et sunt alia multa signa Antiochi regno istam pontificum dominationem significatam esse. Nonne pontifices colunt Deum suum auro, argento et lapidibus preciosis, ac nobiscum belligerantur, quod hos

---

[1]) Von Melanchthon gern gebrauchte Begriffe. Loci 1521. S. 234 Kolde.

Kol. 2, 17. nihil contra nos facere, sed magis pro nobis, quia nos omnes partes significatas iugi sacrificio requirimus. Adversarii falso somniant solam ceremoniam significari, non etiam praedicationem evangelii, mortificationem et vivificationem cordis etc.

heit ist in Christo." Das ist nu das Erkenntnis Christi und der heilige Geist im Herzen, welcher eitel Danksagung und täglich geistliche Opfer im Herzen wirket. Aus dem erscheinet nu genug, daß das Gleichnis vom iuge sacrificio oder täglichem Opfer nichts wider uns ist, sondern vielmehr für uns. Denn wir haben klar angezeiget, daß alles,

W 254 was zum täglichen Opfer im Gesetz Mosi gehöret hat, muß ein wahr herzlich Opfer, nicht opus operatum bedeuten. Der Widersacher Traum ist falsch, da sie wähnen wollen, es werde allein das schlechte äußerliche Werk und Ceremonia bedeut, so doch der Glaube im Herzen, das Predigen Bekennen, Danksagung und herzliches Anrufen die rechten täglichen Opfer sein und das Beste an der Messe, sie nennens gleich Opfer oder anders.

41 Nunc igitur boni viri facile iudicare poterunt falsissimam hanc criminationem esse, quod iuge sacrificium aboleamus. Res ostendit, qui sint Antiochi illi[1], qui regnum tenent in ecclesia, qui praetextu religionis trahunt ad se regnum mundi, et abiecta cura religionis et docendi evangelii dominantur, belligerantur velut reges mundi, qui novos cultus institu-
42 erunt in ecclesia. Nam adversarii in missa solam retinent ceremoniam, eamque conferunt publice ad sacrilegum quaestum. Postea fingunt hoc opus applicatum pro aliis mereri eis gratiam et
43 omnia bona. In concionibus non docent evangelium, non consolantur conscientias, non ostendunt gratis remitti peccata propter Christum, sed proponunt cultus sanctorum, satisfactiones humanas, traditiones humanas, per has affirmant homines coram Deo iustificari. Et harum quaedam cum sint manifeste impiae, tamen vi defenduntur. Si qui concionatores volunt perhiberi doctiores, tradunt quaestiones philosophicas, quas neque populus neque ipsi, qui proponunt, intelligunt. Postremo, qui sunt tolerabiliores, legem docent, de iustitia fidei nihil dicunt.

Nu können alle gottfürchtige, fromme, ehrbare christliche Leute leichtlich merken, daß der Widersacher Beschuldigung unrecht ist, da sie sagen, wir tun das iuge sacrificium ab. Die Erfahrung aber gibts, daß sie die rechten Antiochi sein, die als die wütende Tyrannen mit eitel Durst und Gewalt sich erzeigen in der Kirchen, die unter einem Schein der Geistlichkeit zu sich ziehen allen Gewalt der Welt und fragen doch nichts nach dem Predigamt, nach Christo oder dem Evangelio. Darüber unterstehen sie sich, neue Gottesdienst ihres Gefallens in der Kirchen anzurichten und mit eitel Gewalt zu verfechten. Denn die Widersacher behalten allein die Ceremonien der Messe, den rechten Brauch aber der Messe lassen sie fahren und brauchen die Messe allein zum Geiz und schändlichen Jahrmarkt und erdichten darnach, es sei ein Werk, das andern zu gut komme, das andern Vergebung der Sunden, Pein und Schuld verdiene. In ihren Predigten aber lehren sie nicht das Evangelium, sie trösten auch nicht die Gewissen, sie predigen auch nicht, daß die Sunde ohne Verdienst vergeben werden um Christus willen, sondern predigen von Anrufen der Heiligen, von satisfactionibus, von Gnugtuung, von Menschensatzungen, und sagen, daß dadurch die Leute für Gott fromm werden. Und wiewohl derselbigen öffentlichen gotteslästerlichen Mißbräuche viel sein, so wollen sie doch dieselbigen, dieweil sie Geld tragen, mit Gewalt erhalten. Und die gelehrtesten Prediger unter ihnen predigen verworrene philosophische Quästion und Frage, welche weder sie selbst noch das Volk verstehen. Endlich, ob etliche unter ihnen sein nicht gar ungelehrt, so lehren sie doch eitel Gesetz und lehren von Christo oder vom Glauben gar nichts.

impios cultus non probemus? Accusant nos, quod ceremonias negligamus, quod altaria, quod monasteria profanemus, hortantur clementissimum imperatorem, ut atroces poenas in nos constituat. Haec sunt Antiochi exempla, quae nihil ad nos pertinent. Nam apud nos Dei beneficio manet ecclesiae mos et manet legitimus usus sacramenti, et accedit praedicatio evangelii de vero cultu Dei, de fide, de spe, de cruce, non de humanis traditionibus, aut somniis scholasticis.

---

[1] Nach Antiochus IV. Epiphanes (176—163 v. Chr.), der den Tempel in Jerusalem plünderte, und anstatt des jüdischen Gottesdienstes den Zeuskult einzuführen suchte. 1. Makk. 1, 57 ff.

Adversarii in confutatione miras tragoedias agunt de desolatione templorum, quod videlicet stent inornatae arae sine candelis, sine statuis¹. Has nugas iudicant esse ornatum ecclesiarum. Longe aliam desolationem significat Daniel, videlicet ignorationem evangelii. Nam populus obru'tus multitudine et varietate traditionum atque opinionum nullo modo potuit complecti summam doctrinae christianae. Quis enim unquam de populo intellexit doctrinam de poenitentia, quam adversarii tradiderunt? Et hic praecipuus locus est doctrinae christianae.

Die Widersacher ziehen den Daniel an, der da sagt: „Es werden Greuel und Verwüstung in der Kirchen stehen", und deuten dieses auf unsere Kirchen, derhalben daß die Altar nicht bedeckt sein, nicht Lichter darin brennen und dergleichen. Wiewohl es nicht wahr ist, daß wir solche äußerliche Ornament alle weg tun, dennoch, so es schon also wäre, redet Daniel nicht von solchen Dingen, die gar äußerlich sind und zur christlichen Kirchen nicht gehören, sondern meinet viel ein andere greulichere Verwüstung, welche im Pabsttum stark gehet, nämlich von Verwüstung des nötigsten größten Gottesdiensts, des Predigamts und Unterdrückung des Evangelii. Denn bei den Widersachern predigt man das mehrer Teil von Menschensatzungen, dadurch die Gewissen von Christo auf eigene Werk und Vertrauen geführet werden; so ists gewiß, daß unterm Pabsttum die Predigt von der Buß oder de poenitentia, wie die Widersacher davon gelehret, niemands verstanden hat, und das ist doch das nötigest Stück der ganzen christlichen Lehre.

Vexabantur conscientiae enumeratione delictorum et satisfactionibus. De fide, qua gratis consequimur remissionem peccatorum, nulla prorsus fiebat ab adversariis mentio. De exercitiis fidei luctantis cum desperatione, de gratuita remissione peccatorum propter Christum omnes libri, omnes conciones adversariorum mutae erant. Ad haec accessit horribilis profanatio missarum et alii multi impii cultus in templis. Haec est desolatio, quam Daniel describit.

Die Widersacher haben die arme Gewissen gequälet und geplaget mit Sunden erzählen; vom Glauben an Christum, dadurch man erlangt Vergebung der Sunde, von dem rechten Kampf und Anfechtung, welche sind Übung des Glaubens, haben sie gar nichts recht gelehret, dadurch die Gewissen hätten mügen Trost haben. Alle ihre Bücher, alle ihre Predigt sind in dem Stücke als nütze gewesen als nichts, und haben dazu unsäglichen Schaden getan. Darüber ist bei den Widersachern der schreckliche, greuliche Mißbrauch der Messe, desgleichen kaum je auf Erden gewest, und sonst unzählig viel unchristliche, närrische Gottesdienst. Das ist die rechte Verwüstung, davon Daniel sagt.

Econtra Dei beneficio apud nos serviunt ministerio verbi sacerdotes, docent evangelium de beneficiis Christi, ostendunt remissionem peccatorum gratis contingere propter Christum. Haec doctrina affert firmam consolationem conscientiis. Additur et doctrina bonorum operum, quae Deus praecipit. Dicitur de dignitate atque usu sacramentorum.

Dagegen in unsern Kirchen warten die Priester recht ihres Amts, lehren und predigen das Evangelium, predigen Christum, daß wir nicht um unser Werke willen, sondern um Christus willen Vergebung der Sunde und ein gnädigen Gott haben. Diese Lehre gibt den Herzen ein rechten, gewissen, beständigen Trost. Auch so lehren sie die zehen Gebot und von rechtschaffen guten Werken, welche Gott geboten hat, darüber auch von rechtem christlichen Brauch der heiligen Sakrament.

Detorquent ad missam et verba Malachiae: Ab ortu solis usque ad occasum magnum est nomen meum inter gentes, et in omni loco incensum ponitur nomini meo, et offeretur oblatio mundo, quia magnum est nomen meum inter gentes, dixit Deus Sebaoth. Similes figurae reperiuntur et apud alios prophetas, qui cum de evangelio loquuntur, verbis legis uti solent, et recte significant non alium externum cultum, sed spiritualem. Nam epistola ad Ebraeos docet, nullum sacrificium post Christi mortem praeterea necessarium esse pro peccato. Ideo Petrus docet nos sacerdotium sanctum esse ad offerendas spirituales hostias. Sic igitur accipiendus

---

¹) f. o. S. 360 Anm. 2.

49 Quodsi iuge sacrificium esset usus sacramenti, tamen nos magis retineremus quam adversarii, quia apud illos sacerdotes mercede conducti utuntur sacramento. Apud nos crebrior et religiosior usus est. Nam populus utitur, sed prius institutus atque exploratus. Docentur enim homines de vero usu sacramenti, quod ad hoc institutum sit, ut sit sigillum et testimonium gratuitae remissionis peccatorum, ideoque debeat pavidas conscientias admonere, ut vere statuant et credant, sibi gratis remitti peccata. Cum igitur et praedicationem evangelii et legitimum usum sacramentorum retineamus, manet apud nos iuge sacrificium.

Und wenn ja das Abendmahl oder die Messe sollt das tägliche Opfer genennet werden, so möchte billiger die Messe bei uns also heißen. Denn bei ihnen halten ihre Pfaffen das mehrer Teil alle um ihre Präbenden und um Gelds willen Messe. In unsern Kirchen wird das heilige Sakrament also nicht mißbrauchet. Denn da wird niemand mit Geld dazu getrieben, sondern man lässet die Gewissen sich prüfen, Trost da zu suchen, dazu werden die Leute unterrichtet von rechtem christlichen Brauch des Sakraments, daß es nämlich dazu eingesetzt ist, daß es sei ein Siegel und gewiß Zeichen der Vergebung der Sünde, dadurch die Herzen erinnert und der Glaube gestärkt wird, daß sie gewiß gläuben, daß ihnen die Sünde vergeben sind. So wir nu die Predigt des Evangelii und den rechten Brauch des Sakraments bei uns behalten, so haben wir ohne Zweifel das tägliche Opfer.

50 Et, si de externa specie dicendum est, frequentia in templis apud nos maior est, quam apud adversarios. Tenentur enim auditoria utilibus et perspicuis concionibus. Verum adversariorum doctrinam **51** nunquam neque populus neque doctores intellexerunt. Et verus ornatus est ecclesiarum doctrina pia, utilis et perspicua, usus pius sacramentorum, oratio ardens et similia. Candelae, vasa aurea et similes ornatus decent, sed non sunt proprius ornatus ecclesiae. Quodsi adversarii in talibus rebus collocant cultus, non in praedicatione evangelii, in fide, in certaminibus fidei, sunt in istis numerandi, quos Daniel describit colere Deum suum auro et argento.

Und wenn man gleich von äußerlichem Wohlstehen sagen sollt, so sind unser Kirchen besser gezieret, denn des Gegenteils. Denn der rechte äußerliche Kirchenschmuck ist auch rechte Predigt, rechter Brauch der Sakrament, und daß das Volk mit Ernst dazu gewöhnet sei und mit Fleiß und züchtig zusammen komme, lerne und bete. Dieweil man nu durch Gottes Gnade in unsern Kirchen christlich und heilsam Ding lehret von Trost in allem Anfechten, bleiben die Leute gern bei guter Predigt. Denn es ist kein Ding, das die Leute mehr bei der Kirchen behält, denn die gute Predigt. Aber unser Widersacher predigen ihre Leute aus der Kirchen; denn sie lehren nichts von den nötigsten Stücken christlicher Lehre, sagen Heiligenlegend und andere Fabeln. Über das, wo unser Widersacher ihre Kerzen, Altartücher, Bilder und dergleichen Zier für nötige Stück und damit Gottesdienst anrichten, sind sie des Antichrists Gesinde, davon Daniel sagt, daß sie ihren Gott ehren mit Silber, Gold und dergleichen Schmuck.

52 Allegant et ex epistola ad Ebraeos: Omnis pontifex ex hominibus assumptus pro hominibus constituitur in his, quae sunt ad Deum, ut offerat dona et sacrificia pro peccatis. Hinc ratiocinantur, cum in novo testamento sint pontifices

Auch so ziehen sie an aus der Epistel zu den Ebräern am 5. Kapitel. „Ein itzlicher Hoherpriester, der aus den Menschen genommen wird, der wird gesetzt für die Menschen gegen Gott, auf daß er opfere Gaben und Opfer für die Sünde." Da schließen sie: nach-

est locus Malachiae, ut incensum et oblatio intelligantur non de sola ceremonia, sed de praedicatione, fide et gratiarum actione. Sine hac cerimonia ipsa non est sacrificium ex opere operato, ut loquuntur, sicut ad Ebraeos etiam scriptum est: Per ipsum offerimus hostiam laudis semper Deo, hoc est fructum laborium confitentium nomini eius. Ac verba ipsa Malachiae indicant, non esse solam ceremoniam intelligendam, quia incensum non est typus proprie coenam Domini significans, sed orationem significat. Item additur: Magnum est nomen meum inter gentes. Id ad praedicationem pertinet, qua nomen Dei late spargitur et innotescit. Et discunt homines nosse Deum, timere Deum, et credere Deo.

et sacerdotes, sequitur, quod sit et sacrificium aliquod pro peccatis. Hic locus vel maxime movet indoctos, praesertim cum illa pompa sacerdotii et sacrificiorum veteris testamenti offunditur oculis. Haec similitudo decipit imperitos, ut iudicent oportere ad eundem modum apud nos existere aliquod ceremoniale sacrificium, applicandum pro peccatis aliorum, sicut in veteri testamento. Neque aliud est ille cultus missarum et reliqua politia papae, quam levitica politia male intellecta¹.

dem im neuen Testament Bischofe sein und Priester, so folget, daß auch ein Opfer müsse sein für die Sunde. Dieses nu möcht am meisten die Ungelehrte und Unerfahrne bewegen, sonderlich wenn sie ansehen das herrliche Gepränge im Tempel und Kirchen, item die Kleidung Aaronis, da im alten Testament auch viel Schmuck vom Gold, Silber und Purpur gewesen, denken sie, es müsse im neuen Testament gleich also ein Gottesdienst, solche Ceremonien und Opfer sein, da man für anderer Leute Sunde opfere, wie im alten Testament. Denn der ganze Mißbrauch der Messen und päbstlich Gottesdienst ist nirgend herkommen, denn daß sie haben wollen den Mosis Ceremonien nachfolgen und haben es nicht verstanden, daß das neue Testament mit andern Sachen umgehet und daß solche äußerliche Ceremonien, ob man sie zu Kinderzucht braucht, sollen ihr Maß haben.

Et cum sententia nostra habeat praecipua testimonia in epistola ad Ebraeos, tamen adversarii locos ex illa epistola truncatos contra nos detorquent, ut in hoc ipso loco, ubi dicitur, pontificem constitui, ut offerat sacrificia pro peccatis. Scriptura ipsa statim attexit Christum pontificem. Verba praecedentia de levitico sacerdotio loquuntur et significant leviticum pontificatum fuisse imaginem pontificatus Christi. Nam sacrificia levitica pro peccatis non merebantur remissionem peccatorum coram Deo, tantum erant imago sacrificii Christi, quod unum futurum erat propitiatorium sacrificium, ut supra diximus. Itaque epistola magna ex parte consumitur in hoc loco, quod vetus pontificatus et vetera sacrificia non fuerint ad hoc instituta, ut mererentur remissionem peccatorum coram Deo seu reconciliationem, sed tantum ad significandum futurum sacrificium unius Christi. Oportuit enim sanctos in veteri testamento iustificari fide ex promissione remissionis peccatorum donandae propter Christum, sicut et sancti in novo testamento iustificantur. Omnes sanctos ab initio mundi sentire oportuit, hostiam et satisfactionem fore pro peccato Christum, qui promissus erat, sicut Esaias docet cap. 53.:

Und wiewohl unsere Sache sonderlich wohl gegründet ist in der Epistel zu den Ebräern, so ziehen doch die Widersacher aus derselbigen Epistel etliche Sprüche verstümpfelt an, als eben an dem obangezeigten Ort, da der Text sagt: „Ein itzlicher Hoherpriester 2c. wird gesetzt zu opfern 2c." Der Text führet das bald auf Christum. Die Wort, so fürher gehen, reden vom levitischen Priestertum und sagen, das levitische Priestertum sei eine Deutung des Priestertums Christi. Denn die levitischen Opfer für die Sunde, die verdienten nicht Vergebung der Sunde für Gott, sondern waren allein ein Bild Christi, welcher war das rechte einige, wahre Opfer für die Sunde, wie ich oben gesagt habe. Und gar nahe die ganze Epistel zu den Ebräern handelt das mehr Teil davon, daß das levitische Priestertum und die Opfer im Gesetz dazu nit eingesetzt, daß man Vergebung der Sunde oder Versühnung für Gott damit verdienen solle, sondern allein zu bedeuten das künftige rechte Opfer, Christum. Denn die Patriarchen und Heiligen im alten Testament sind auch gerecht worden und Gott versühnet durch den Glauben an die Verheißung von dem künftigen Christo, durch welchen Heil und Gnade verheißen ward, gleichwie wir im neuen Testament durch den Glauben an Christum, der da offenbart ist, Gnad erlangen. Denn

Ad hunc modum veteres etiam exponunt hunc locum Malachiae. Sic enim inquit Tertullianus: In omni loco sacrificium nomini meo offeretur, et sacrificium mundum, scilicet simplex oratio de conscientia pura. Et Hieronymus: Regula scripturarum est, ubi manifestissima prophetia de futuris texitur, per incertas allegorias non extenuare, quae scripta sunt. Qui offerunt caecum et claudum, sciant carnalibus victimis spirituales successuras, et nequaquam taurorum hircorumque sanguinem,

---

¹) quam — intellecta] quam κακοζηλία ⟨Eifersucht⟩ leviticae politiae male intellectae. Seit Ed. 1531. 8⁰.

Cum posuerit animam suam hostiam pro peccato etc.

alle Gläubigen von Anbeginn haben geglaubt, daß ein Opfer und Bezahlung für die Sünde geschehen würde, nämlich Christus, welcher künftig und verheißen war, wie Esaia am 53. sagt: „Wenn er seine Seel wird geben ein Schuldopfer für die Sünde ꝛc."

56 Cum igitur in veteri testamento sacrificia non mererentur reconciliationem nisi similitudine quadam, (merebantur enim reconciliationem politicam,) sed significarent venturum sacrificium: sequitur unicum esse sacrificium Christi, applicatum pro aliorum peccatis. Nullum igitur reliquum est in novo testamento sacrificium applicandum pro peccatis aliorum praeter unum Christi sacrificium in cruce.

So nu im alten Testament durch die Opfer niemands hat erlangt Vergebung der Sünde, denn allein sie haben bedeut das einige Opfer Christi: so folget, daß allein ein einiges Opfer ist, nämlich Christus, welcher für aller Welt Sünde bezahlt und gnug getan hat. Derhalben ist im neuen Testament fürder auch kein ander Opfer zu machen, dadurch die Sünde bezahlet werden, denn allein der einige Tod Christi, so am Kreuz einmal geopfert ist.

57 Tota via errant, qui fingunt sacrificia levitica coram Deo meruisse remissionem peccatorum, et hoc exemplo sacrificia applicanda pro aliis in novo testamento requirunt praeter mortem Christi. Haec imaginatio simpliciter obruit meritum passionis Christi et iustitiam fidei, et corrumpit veteris et novi testamenti doctrinam, et pro Christo alios mediatores et propitiatores nobis efficit pontifices et sacrificulos, qui cotidie vendunt operam suam in templis.

58 Quare si quis ita argumentatur, oportere in novo testamento pontificem esse, qui pro peccatis offerat, tantum de Christo concedendum est. Et hanc solutionem confirmat tota epistola ad Ebraeos. Et id prorsus esset alios mediatores constituere praeter Christum, si aliam satisfactionem applicandam pro peccatis aliorum et reconciliantem Deum, praeter 59 mortem Christi, requireremus. Deinde quia sacerdotium novi testamenti est ministerium spiritus, ut docet Paulus 2. Corinth. 3., ideo unicum habet sacrificium Christi satisfactorium et applicatum pro peccatis aliorum. Ceterum nulla habet sa¹crificia similia leviticis, quae ex opere operato applicari pro aliis possint, sed exhibet aliis evangelium et sacramenta, ut per haec concipiant fidem et spiritum sanctum, et mortificentur et vivificentur, quia ministerium

2. Kor. 3, 6.

W 258

M 262

Darum, wenn sie so sagen, es müsse im neuen Testament ein Priester sein, der da opfert, so ist das allein von Christo nachzugeben und zu verstehen. Und darauf dringet und stimmet stark die ganze Epistel zu den Ebräern. Und das hieß auch gar andere Mittler darstellen und eindringen neben Christo, wenn wir ein andere Satisfaction für die Sünde zuließen und Versühnung, denn den Tod Christi. Und dieweil das Priestertum des neuen Testaments ein Amt ist, dadurch der heilige Geist wirkt, kann kein Opfer sein, das ex opere operato andern helfe. Denn wo nicht eigner Glaube und Leben durch den heiligen Geist gewirkt wird, kann mich eines andern opus operatum nicht fromm und selig machen. Darum kann die Meß nicht für andere gelten: das ist ja klar und gewiß.

spiritus pugnat cum applicatione operis operati. Est enim ministerium spiritus, per quod spiritus sanctus efficax est in cordibus, quare habet tale ministerium, quod ita prodest aliis, cum in eis efficax est, cum regenerat et vivificat eos. Id non fit applicatione alieni operis pro aliis ex opere operato.

---

sed thymiama, hoc est sanctorum orationes Domino offerendas, et non in una provincia Judaea, nec in una Judaea urbe Hierusalem, sed in omni loco.

Postremo iactent adversarii, quantum volent, significationem iugis sacrificii et verba Malachiae, tamen non poterunt efficere, quod coena ex opere operato sine praedicatione, sine fide sit sacrificium, et applicatum pro aliis mereatur eis gratiam et iustificet eos.

Ad has impias opiniones confirmandas nihil proderunt aut Malachiae verba aut figura iugis sacrificii. Et, ut fit, error parit errorem; ubi semel occupavit animos

Ostendimus rationem, quare missa non iustificet ex opere operato, nec applicata pro aliis mereatur eis remissionem, quia utrumque pugnat cum iustitia fidei. Impossibile est enim remissionem peccatorum contingere, vinci terrores peccati et mortis ullo opere aut ulla re nisi fide in Christum, iuxta illud: Iustificati ex fide pacem habemus.

Ad haec ostendimus scripturas, quae contra nos citantur, minime patrocinari impiae opinioni adversariorum de opere operato. Idque iudicare omnes boni viri apud omnes gentes possunt. Quare repudiandus est error Thomae, qui scripsit: Corpus Domini, semel oblatum in cruce pro debito originali, iugiter offerri pro cotidianis delictis in altari, ut habeat in hoc ecclesia munus ad placandum sibi Deum[1]. Repudiandi sunt et reliqui communes errores, quod missa conferat gratiam ex opere facienti. Item quod applicata pro aliis etiam iniustis, non ponentibus obicem, mereatur eis remissionem peccatorum, culpae et poenae. Haec omnia falsa et impia sunt, nuper ab indoctis monachis conficta, et obruunt gloriam passionis Christi et iustitiam fidei.

Et ex his erroribus infiniti alii nati sunt, quantum missae valeant applicatae simul pro multis, quantum valeant singulae pro singulis. Sophistae habent descriptos gradus meritorum, sicut argentarii gradus ponderum in auro aut argento. Deinde vendunt missam tamquam pretium ad impetrandum, quod quisque expetit, mercatoribus, ut felix sit negotiatio, venatoribus, ut felix sit venatio[2]. Et alia infinita. Postremo persuasio de applicatione, disputari coeptum est, utrum meritum missae sit finitum an infinitum, utrum sit divisibile, utrum tantundem valeat missa facta pro pluribus, quantum pro singulis singulae. Hinc fuit quaestus uberrimus, in omnibus periculis ad hoc opus, tanquam ad idolum, erat receptus. At Christus fide vult se invocari, fide expectari omnia bona, non propter merita nostra aut opera.

Wir haben nu Ursach angezeiget, warum die Messe niemands für Gott gerecht mache ex opere operato, warum auch Messen für andere nicht können gehalten werden; denn beides ist stracks wider den Glauben und die Lehre von Christo. Denn es ist unmüglich, daß Sunde sollten vergeben werden, oder daß die Schrecken des Tods, der Helle sollten durch eines andern Werk überwunden werden, denn allein durch den Glauben an Christum, wie der Spruch lautet zu den Röm. am 5.: „So wir gerecht sein worden, haben wir Friede mit Gott 2c." Röm. 5, 1.

Dazu haben wir angezeiget, daß die Sprüche der Schrift, welche man wider uns anzeucht, auch nichts beweisen vor die heidnische und antichristische Lehre der Widersacher vom opere operato. Und das können nu alle gottfürchtige, ehrbare Leute in aller Welt, in allen Nationen merken und urteilen. Darum ist zu verwerfen der Irrtum Thomä, der da schreibt, daß der Leib des Herrn einmal am Kreuz geopfert sei für die Erbsunde und werde täglich für die täglichen Sunde geopfert auf dem Altar, daß also die Kirche habe ein Opfer, täglich Gott zu versühnen. Auch sind die andern Irrtum zu verwerfen, daß die Messe zu gut komme ex opere operato dem, der sie hältet. Item, wenn man Meß hältet für andere, die nicht obicem setzen, wenn sie gleich gottlos sein, daß dieselbigen Vergebung der Sunde und Erlösung von Pein und Schuld erlangen. Das alles sind eitel Irrtum und falsch, und von eitel ungelehrten, heillosen Mönchen erdichtet, die doch vom Evangelio, von Christo und dem Glauben gar nichts wissen.

Aus diesem Irrtum von solchen Mißbräuchen der Messen sind unzählige andere erwachsen, nämlich daß sie disputieren, ob ein Meß, wenn sie für viel gehalten wird, auch kräftig sei, als wenn ein jede Person ein eigen Messe für sich halten lässet. Aus dieser Disputation sind die Messen gewachsen und je höher verkauft worden. Weiter, so halten sie noch Messe für die Toten, zu erlösen die Seelen aus dem Fegfeuer, welchs ein schändlich Jahrmarkt ist, so doch

---

[1] Opusc. 58. De venerabili sacramento altaris c. 1. f. o. S. 93 Anm. 1 und CR 2, 209.
[2] Über die Votivmessen zu besonderen Zwecken vgl. A. Franz, Die Messe im deutschen Mittelalter 1902, 204 ff. Dort auch über die Messen gegen Krankheit 178 ff.

transferunt eam et ad mortuos, liberant animas applicatione sacramenti a poenis purgatorii, cum sine fide nec vivis missa prosit. Neque ex scripturis adversarii afferre vel unam syllabam possunt ad defensionem istarum fabularum, quas in ecclesia magna auctoritate docent, neque ecclesiae veteris neque patrum testimonia habent.

das Sakrament weder den Lebendigen noch Toten nütz ist ohne den Glauben. Und die Widersacher können aus der Schrift nicht einen Buchstaben, nicht eine Syllabe fürbringen zu Bestätigung der Träume und Fabeln, welche sie doch ohn alle Scheu und Scham mit großem Geschrei in großem Ansehen predigen, so sie doch darüber weder der Kirche noch der Väter Zeugnis haben. Darum sind es heillose, verblendte Leute, welche die öffentlichen Wahrheit Gottes wissentlich verachten und mit Füßen treten.

Quid patres de sacrificio senserint.

Was die alten Lehrer oder Väter vom Opfer schreiben.

Et quoniam loca scripturae, quae contra nos citantur, explicavimus, de patribus etiam respondendum est. Non ignoramus missam a patribus appellari sacrificium, sed hi non hoc volunt, missam ex opere operato conferre gratiam, et applicatam pro aliis mereri eis remissionem peccatorum, culpae et poenae. Ubi leguntur haec portenta verborum apud patres? Sed aperte testantur se de gratiarum actione loqui. Ideoque vocant εὐχαριστίαν[1]. Diximus autem supra sacrificium εὐχαριστικόν non mereri reconciliationem sed fieri a reconciliatis, sicut afflictiones non merentur reconciliationem, sed tunc sunt sacrificia εὐχαριστικά, quando reconciliati sustinent eas.

Nachdem wir die Sprüche, so die Widersacher aus der Schrift angezogen, recht ausgelegt und verantwort haben, so müssen wir auch auf der alten Väter Sprüche, welche sie anziehen, antworten. Wir wissen wohl, daß die Väter die Messe ein Opfer nennen, aber der Väter Meinung ist nicht, daß man durch Messe halten ex opere operato Vergebung der Sünde erlange, oder daß man Messe halten solle für Lebendige und Toten, ihnen Vergebung der Sünde, Ablaß von Pein und Schuld zu erlangen. Denn sie werden nimmermehr beweisen, daß von solchem Greuel wider alle Schrift die Väter etwas gelehrt, sondern der Väter Bücher reden von Danksagung und Dankopfer, darum nennen sie die Messe eucharistiam. Wir haben aber hie oben angezeigt, daß die Dankopfer nicht Vergebung der Sünde erlangen, sondern geschehen von denjenigen, die schon versühnt sein durch den Glauben an Christum. Gleichwie Kreuz und Trübsal nicht Versühnung gegen Gott verdienen, sondern sind Dankopfer, wenn diejenigen, so versühnet sein, solch Trübsal tragen und leiden.

Et hoc responsum in genere ad patrum dicta satis tuetur nos contra adversarios. Certum est enim illa figmenta de merito operis operati nusquam exstare apud patres[2]. Sed ut tota causa magis perspici possit, dicemus et nos de usu sacramenti ea, quae certum est consentanea esse patribus et scripturae.

Und diese kurze Wort sind Antwort gnug wider die Sprüche der Väter, schützen uns auch gnug wider unser Widersacher. Denn es ist gewiß, daß die Träume von opere operato nirgend in der Väter Büchern oder Schriften funden werden. Aber damit diese ganze Sache und Handel von der Messe desto klärer zu verstehen sei, so wöllen wir auch vom rechten Brauch des Sakraments reden, und also, wie es in der heiligen Schrift und in allen Schriften der Väter auch zu finden.

Cum autem adversarii de merito et applicatione missae nullas attulerint rationes, tantum allegent nomen sacrificii, idque non ex canonica scriptura, sed ex patribus, non videtur opus esse longiore responsione.

Neque poterunt unquam vel ex scriptura vel ex patribus quidquam producere, quod adeo firmum sit, ut nostram rationem, quam recensui, evertat. Certa est enim sen-

---

[1] Zuerst Didache 9, 1. Vgl. dazu Knopf im Ergänzungsbd. d. Handbuchs zum N. T. 1923, S. 24 f.   [2] s. o. S. 68 Anm. 3.

XXIV. Von der Messe. (Vom rechten Brauch des Sakraments.)

De usu sacramenti et de sacrificio.

Quidam belli homines[1] fingunt coenam Domini institutam esse propter duas causas. Primum, ut sit nota et testimonium professionis, sicut certa forma cuculli est signum certae professionis. Deinde cogi¹tant praecipue talem notam Christo placuisse, videlicet convivium, ut significaret mutuam inter Christianos coniunctionem atque amicitiam, quia symposia sunt signa foederum et amicitiae. Sed haec opinio est civilis, nec ostendit praecipuum usum rerum a Deo traditarum, tantum de caritate exercenda loquitur, quam ' homines profani et civiles utcunque intelligunt, de fide non loquitur, quae quid sit, pauci intelligunt.

Sacramenta sunt signa voluntatis Dei erga nos, non tantum signa sunt homines inter sese, et recte definiunt sacramenta in novo testamento esse signa gratiae[2]. Et quia in sacramento duo sunt, signum et verbum: verbum in novo testamento est promissio gratiae addita. Promissio novi testamenti est promissio remissionis peccatorum, sicut textus hic dicit: Hoc est corpus meum, quod pro vobis datur; hic est calix novi testamenti cum sanguine meo, qui pro multis effundetur in remissionem peccatorum. Verbum igitur offert remissionem peccatorum. Et ceremonia est quasi pictura verbi seu sigillum, ut Paulus vocat, ostendens promissionem. Ergo sicut promissio inutilis est, nisi fide accipiatur, ita inutilis est ceremonia, nisi fides accedat, quae vere statuat hic offerri remissionem peccatorum. Et haec fides erigit contritas mentes. Et sicut verbum ad hanc fidem excitandam traditum est, ita sacramentum institutum est, ut illa species incurrens in oculos moveat corda ad credendum. Per haec enim, videlicet

Vom rechten Brauch des Sakraments und von dem Opfer.

Etliche fürwitzige Gelehrten erdichten 68 ihnen selbst, das Abendmahl des Herrn sei um zweierlei Ursache willen eingesetzt. Erstlich, daß es sei eine Losung und Zei¹chen eines Ordens, wie die Mönchskappen ihrer Orden Unterschied und Zeichen sein. Darnach gedenken sie, Christus habe sonderlich Wohlgefallen, dieselbige Losung durch ein Essen oder Abendmahl zu geben oder anzurichten, daß er anzeigte die Freundschaft brüderlicher Verwandtnis, so untern Christen sein soll; denn mit einander essen und trinken ist ein Zeichen der Freundschaft. Aber das ist ein ' menschlicher Gedank und zeigt nicht den rechten Brauch des Sakraments an. Da wird allein von Liebe und Freundschaft geredt, welchs weltliche Leute auch verstehen. Da ist aber vom Glauben, welchs das Größt ist, welcher Glaube ein nichts geredt oder von der Verheißung Gottes, viel höher, größer Ding ist, denn man gedenkt.

Die Sakramente aber sind Zeichen des 69 göttlichen Willens gegen uns und sind nicht allein Losungen oder Zeichen, dabei sich die Leute kennen, und diejenigen sagen recht, die da sagen, die Sakramenta sind signa gratiae, das ist, die Sakrament sind Zeichen der Gnade. Und dieweil im Sakrament zwei Dinge sein, das äußerliche Zeichen und das Wort, so ist im neuen Testament das Wort die Verheißung der Gnade, welche dem Zeichen angeheft ist. Und dieselbige Verheißung im neuen Testament ist eine Verheißung der Vergebung der Sunde, wie der Text sagt: „Das ist mein Leib, der für euch 70 geben wird; das ist der Kilch des neuen Luk. 22, 19. Testaments in meinem Blut, welches vergossen wird für Viele, zur Vergebung der Sunde." Das Wort beutet uns an Vergebung der Sunde. Das äußerliche Zeichen ist wie ein Siegel und Bekräftigung der Wort und Verheißung, wie es Paulus auch Röm. 4, 11. nennet. Darum, wie die Verheißung vergeblich ist, wenn sie nicht durch den Glauben gefaßt wird, also ist auch die Ceremonia oder äußerlich Zeichen nicht nütz, es sei denn der Glaube da, welcher wahrhaftig dafür

---

tentia, quod si iustitia est ex fide, non possit ex opere operato esse iustitia. Quare missa non iustificat.

Si quem autem fortassis movebit nomen liturgiae, is sciat, eius vocabuli usum latissime patere, nec significare oblationem, sed in genere administrationem seu functionem, neque sacram tantum, sed etiam civilem, exempla infinita occurrent legentibus graecos autores. Et apud Demosthenem liturgiae etiam significant onera

---

[1]) Zwingli f. o. S. 68 Anm. 1. [2]) Dgl. CA IV. Formal ähnlich auch Thomas STh. III q. 62 a. 1 ad 1.

per verbum et sacramentum, operatur spiritus sanctus.

Verheißung gibt solchen Glauben zu erwecken, geben und für die Augen gestellet, daß es die Herzen zu gläuben bewege und den Glauben stärke. Denn durch die zwei, durchs Wort und äußerliche Zeichen, wirket der heilige Geist.

hält, daß uns Vergebung der Sünde widerfähret. Und derselbige Glaube tröstet die erschrockenen Gewissen. Und wie Gott die

71 Et talis usus sacramenti, cum fides vivificat perterrefacta corda, cultus est novi testamenti, quia novum testamentum habet motus spirituales, mortificationem et vivificationem. Et ad hunc usum instituit Christus, cum iubet facere 72 in sui commemorationem. Nam meminisse Christi non est otiosa spectaculi celebratio, aut exempli causa instituta, sicut in tragoediis celebratur memoria Herculis aut Ulyssis; sed est meminisse beneficia Christi, eaque fide accipere, ut per ea vivificemur. Ideo Psalmus ait: Memoriam fecit mirabilium suorum, misericors et miserator Dominus; escam dedit timentibus se. Significat enim voluntatem et misericordiam Dei agno-73 scendam esse in illa ceremonia. Illa autem fides, quae agnoscit misericordiam, vivificat. Et hic principalis usus est sacramenti, in quo apparet, qui sint idonei ad sacramentum, videlicet perterrefactae conscientiae, et quomodo uti debeant.

Und dies ist der rechte Brauch des heiligen Sakraments, wenn durch den Glauben an die göttlichen Verheißung die erschrockenen Gewissen werden wieder aufgericht. Und das ist der rechte Gottesdienst im neuen Testament; denn im neuen Testament gehet der höchste Gottesdienst inwendig im Herzen zu, daß wir nach dem alten Adam getötet werden, und durch den heiligen Geist neu geboren werden. Und dazu hat auch Christus das Sakrament eingesetzt, da er sagt: Solchs tut zu meinem Gedächtnis. Denn solchs zu Christi Gedächtnis tun, ist nicht ein solch Ding, das allein mit Geberden und Werken zugehet, allein zu einer Erinnerung und zu einem Exempel, wie man in Historien Alexandri und dergleichen gedenkt 2c., sondern heißt da Christum recht erkennen, Christi Wohltat suchen und begehren. Der Glaube nu, der da erkennet die überschwängliche Gnade Gottes, der macht lebendig. Und das ist der fürnehmste Brauch des Sakraments, daran wohl zu merken, welche recht geschickt sein zu dem Sakrament, nämlich die erschrockene Gewissen, welche ihre Sünde fühlen, für Gottes Zorn und Urteil erschrecken und sich nach Trost sehnen. Darum sagt der Psalm: „Er hat ein Gedächtnis gemacht seiner Wunder, der gnädige und barmherzige Herr; er hat Speise geben denen, so ihnen fürchten." Und der Glaube, der da erkennet solche Barmherzigkeit, der macht lebendig, und das ist der rechte Brauch des Sakraments.

74 Accedit et sacrificium. Sunt enim unius rei plures fines. Postquam conscientia fide erecta sensit, ex qualibus terroribus liberetur, tum vero serio agit gratias pro beneficio et passione Christi, et utitur ipsa ceremonia ad laudem Dei, ut hac obedientia gratitudinem ostendat, et testatur se magni facere dona Dei. Ita fit ceremonia sacrificium laudis.

Da ist denn auch und findet sich das Dankopfer oder Danksagung. Denn wenn das Herz und Gewissen empfindet, aus was großer Not, Angst und Schrecken es erlöset ist, so danket es aus Herzensgrunde für so großen unsäglichen Schatz, und braucht auch der Ceremonien oder äußerlichen Zeichen zu Gottes Lobe und erzeigt sich, daß es solche Gottes Gnade mit Dankbarkeit annehme, groß und hoch achte. Also wird die Messe ein Dankopfer oder Opfer des Lobes.

75 Ac patres quidem de duplici effectu loquuntur, de consolatione conscientiarum et de gratiarum actione seu laude. Horum effectuum prior ad sacramenti rationem pertinet, posterior pertinet ad

Und also reden die Väter davon von zweierlei Effekt oder Nutzen des Sakraments. Erstlich daß dadurch die Gewissen getröstet werden. Zum andern daß Gott Lob und Dank gesagt wird. Das erste gehört

publica et tributa, quae cives pendunt ad usus reipublicae. Et in hac significatione Paulus hac voce aliquoties utitur. II. Corinth. IX. de collatione Corinthiorum ait: Administratio huius liturgiae, id est huius officii vel collationis. Sed haec reiiciemus ad grammaticos.

sacrificium. De consolatione ait Ambrosius: Accedite ad eum et absolvimini quia est remissio peccatorum. Qui sit iste, quaeritis? Audite ipsum dicentem: Ego sum panis vitae, qui venit ad me, non esuriet, et qui credit in me, non sitiet unquam[1]. Hic testatur in sacramento offerri remissionem peccatorum, testatur et fide accipi debere. Infinita testimonia leguntur in hanc sententiam apud patres quae omnia detorquent adversarii ad opus operatum et applicandum pro aliis, cum patres aperte requirant fidem et de propria cuiusque consolatione loquantur, non de applicatione.

Praeter haec leguntur et sententiae de gratiarum actione, qualis illa est suavissime dicta a Cypriano de pie communicantibus: Pietas, inquit, inter data et condonata se dividens, gratias agit tam uberis beneficii largitori[2]. Id est, pietas intuetur data et condonata, hoc est, confert inter se magnitudinem beneficiorum Dei et magnitudinem nostrorum malorum, mortis et peccati, et agit gratias etc. Et hinc exstitit appellatio εὐχαριστίας in ecclesia. Neque vero ceremonia ipsa est gratiarum actio ex opere operato applicanda pro aliis, ut mereatur eis remissionem peccatorum etc., ut liberet animas defunctorum. Haec pugnant cum iustitia fidei, quasi ceremonia sine fide prosit aut facienti aut aliis.

eigentlich zum rechten Brauch des Sakraments, das ander zu dem Opfer. Vom Trost sagt Ambrosius: „Gehet zu ihm, das ist, zu Christo, und empfahet Gnad ꝛc., denn er ist die Vergebung der Sünde. Fraget ihr aber, wer er sei? höret ihnen selbst reden: Ich bin das Brot des Lebens, wer zu mir kömmt, den wird nicht hungern, und wer an mich gläubet, den wird nicht dürsten." Da zeigt er an, daß mit dem Sakrament angeboten wird Vergebung der Sünde. Er sagt auch, man soll solchs mit dem Glauben fassen. Man findt der Sprüche unzählig in der Väter Büchern, welche die Widersacher alle auf das opus operatum und auf das Meßhalten, so für ander geschiehet, deuten; so doch die Väter vom Glauben an die Verheißung Gottes und von dem Trost, den die Gewissen empfangen, reden, und de applicatione gar nichts sagen.

Darüber findet man Sprüche in den Vätern von Danksagung, wie denn Cyprianus fast lieblich redet vom christlichen Communicieren. „Ein christlich Herz", sagt er, „teilet seinen Dank auf einen Teil vor den geschenkten Schatz, aufs ander Theil für die vergebenen Sünden, und danket für so reiche Gnade." Das ist: ein christlich Herz das siehet an, was ihm geschenkt ist in Christo und was ihm auch für große Schuld aus Gnaden verlassen ist, hält gegenander unsern Jammer und die große Barmherzigkeit Gottes und danket Gott ꝛc. Und daher ist es Eucharistia genennt in der Kirchen. Darum ist die Messe nicht eine solche Danksagung, die man ex opere operato für andere tun oder halten solle, ihnen Vergebung der Sünde zu erlangen. Denn solches wäre stracks wider den Glauben, gleich als die Messe oder die äußerliche Ceremonie ohne den Glauben jemands fromm und selig machet.

De vocabulis missae.

Adversarii revocant nos etiam ad grammaticam, sumunt argumenta ex appellationibus missae quae non habent opus longa disputatione. Non enim sequitur missam, etiamsi vocatur sacrificium, opus esse ex opere operato gratiam conferens, aut applicatum pro aliis mereri eis remissionem peccatorum etc. Λειτουργία, inquiunt, significat sacrificium, et Graeci missam appellant liturgiam[3]. Cur hic omittunt appellationem veterem synaxis[4], quae ostendit missam olim fuisse multorum communicationem? Sed dicamus de liturgia. Ea vox non significat proprie sacrificium, sed potius publicum ministerium, et apte quadrat ad nostram sententiam, quod videlicet unus minister consecrans reliquo populo exhibet corpus et sanguinem Domini, sicut

---

[1]) Expositio in Psalmum 118. c. 18, 28. MSL 15, 1462 C. CSEL 62, 411 28.
[2]) Pseudo-Cyprian, De coena Domini et prima institutione. = Arnold v. Bonneval, De card. operibus Christi 6. MSL 189, 1647 C.   [3]) CR 27, 153. Zum Folgenden vgl. CR 2, 396. 440.   [4]) σύναξις = Eucharistie, z. B. Pseudo-Dionysius Areopagita, De eccl. hier. III, 1. MSG 3, 424 B. Häufiger = Versammlung. Suicer, Thesaurus s. v.

1. Kor. 4, 1. unus minister docens exhibet evangelium populo, sicut ait Paulus: Sic nos existimet
2. Kor. 5, 20. homo tamquam ministros Christi et dispensatores sacramentorum Dei, hoc est,
evangelii et sacramentorum. Et 2. Cor. 5.: Propter causam Christi legatione fungi‑
mur tamquam Deo per nos adhortante, rogamus Christi causa: reconciliamini etc.
81 Ita apte quadrat nomen λειτουργία ad ministerium. Est enim vetus verbum, usurpatum
in publicis ministeriis civilibus, ac significat Graecis onera publica, sicut tributum,
sumptum instruendae classis aut similia, ut testatur oratio Demosthenis πρὸς Λεπτί‑
νην, quae tota consumitur in disputatione de publicis muneribus et immunitatibus:
Φήσει δὲ ἀναξίους τινὰς ἀνθρώπους εὑρομένους ἀτέλειαν ἐκδεδυκέναι τὰς λειτουργίας id est,
dicet indignos quosdam homines inventa immunitate detrectare publica onera[1]. Et
sic romanis temporibus locuti sunt, ut ostendit rescriptum Pertinacis ff. de iure im‑
munitatis l. Semper: Εἰ καὶ μὴ πασῶν λειτουργιῶν τοὺς πατέρας ὁ τῶν τέκνων ἀριθμὸς ἀν‑
εῖται, etsi non liberat parentes omnibus oneribus publicis numerus natorum[2]. Et com‑
mentarius Demosthenis scribit, λειτουργίαν genus esse tributorum, sumptus ludorum,
sumptus instruendarum navium, curandi gymnasii et similium publicarum curationum[3].
82 Et Paulus pro collatione usurpavit 2. Cor. 9. Officium huius collationis non solum
2. Kor. 9, 12. supplet ea, quae desunt sanctis, sed etiam efficit, ut plures Deo ubertim agant gratias
Phil. 2, 25. etc. Et Philipp. 2. appellat Epaphroditum λειτουργόν, ministrum necessitatis suae, ubi
W 263 83 certe non potest intelligi sacrificulus. Sed nihil opus est pluribus testimoniis, cum
exempla ubique obvia sint legentibus graecos scriptores in quibus λειτουργία usur‑
patur pro publicis oneribus civilibus seu ministeriis[4]. Et propter diphtongum gram‑
matici non deducunt a λιτή, quod significat preces, sed a publicis bonis, quae vocant
λεῖτα, ut sit λειτουργέω curo, tracto publica bona[5].

84 Illud est ridiculum, quod argumentantur altaris mentionem fieri in sacris litteris,
quare necesse sit missam esse sacrificium, cum parabola altaris per similitudinem a
85 Paulo citetur. Et missam fingunt dictam ab altari מזבח[6]. Quorsum opus erat tam
procul accersere etymologiam, nisi volebant ostentare scientiam ebraicae linguae?
Deut. 16, 10 Quorsum opus est procul quaerere etymologiam, cum exstet nomen missa Deuter.
16, ubi significat collationes vel munera populi, non oblationem sacerdotis. Debebant
enim singuli venientes ad celebrationem paschae aliquod munus quasi symbolam
86 afferre. Hunc morem initio retinuerunt et Christiani. Convenientes afferebant panes,
vinum et alia, ut testantur canones apostolorum[7]. Inde sumebatur pars, quae con‑
secraretur; reliquum distribuebatur pauperibus. Cum hoc more retinuerunt et nomen
collationum missa. Et propter tales collationes apparet etiam alicubi missam dictam
87 esse ἀγάπην, nisi quis mavult ita dictam esse propter commune convivium[8]. Sed
omittamus has nugas. Ridiculum est enim adversarios in re tanta adeo leves con‑
iecturas afferre. Nam etiamsi missa dicitur oblatio, quid facit vocabulum ad illa
somnia de opere operato et applicatione, quam fingunt aliis mereri remissionem pec‑
catorum? Et potest oblatio dici propterea, quia ibi offeruntur orationes, gratiarum
actiones et totus ille cultus, sicut et εὐχαριστία dicitur. Verum neque ceremoniae neque
orationes ex opere operato sine fide prosunt. Quamquam nos hic non de orationibus,
sed proprie de coena Domini disputamus.

---

[1]) Ad Leptinem 1. 457, 7.   [2]) Reskript des Kaisers Pertinax († 193 n. Chr.), mit
dem er einen Vater von 16 Kindern seiner Ämter enthebt: Εἰ καὶ μὴ πασῶν λειτουρ‑
γιῶν ἀφίησιν τοὺς πατέρας ὁ τῶν τέκνων ἀριθμός ... οὐκ ἔστιν ἄλογον, ὥστε συγχωρῆσαι
σχολάζειν τῇ παιδοτροφίᾳ καὶ ἀνέσθαι σε τῶν λειτουργιῶν. Dig. L. 6, 6 § 2.   [3]) Ulpian,
Comm. in Demosth. ad Lept. 494, 26. IX, 512 Dindorf.   [4]) Leiturgia ist Dienst‑
leistung für die Allgemeinheit. Reiche Belege bei Pauly, Realenzykl. d. klass. Alter‑
tums XII, 2. 1871 ff. Kittel ThWb IV 221 ff. W. Bauer, Wörterb. 3. A. 7. s. v.   [5]) Es
wird abgeleitet von λήϊτον (von λαός, Volk), λεῖτον ist ungebräuchlich.   [6]) CR 27, 155.
[7]) Can. Apost. 2—5. Const. Apost. VIII, 47 S. 565 Funk.   [8]) Agapen sind die aus den
jüdischen Gemeinschaftsmahlen entstandenen, zur Erinnerung an die Tischgemeinschaft mit
Jesus gefeierten kultischen Gemeindemahlzeiten. Sie bilden bis ins 2. Jh. mit der Eucharistie
eine Einheit, werden dann aber selbständige Veranstaltungen privater Liebestätigkeit.
Lietzmann, Messe und Herrenmahl 1926, 197 ff., 256 ff. K. Völker, Mysterium und Agape,
1927, nach dem die Agapen erst im 2. Jh. als selbständige kirchliche Einrichtungen entstanden
sind, hat sich nicht durchgesetzt.

Von dem Wort Messe.

Hie ist zu sehen, welche grobe Esel unser Widersacher sind. Sie sagen, das Wort missa komme von dem Wort misbeach, das ein Altar heißet, daraus soll folgen, daß die Messe ein Opfer sei; denn auf dem Altar opfert man. Item das Wort liturgia, wie die Gräken
5 die Meß nennen, soll auch ein Opfer heißen. Darauf wöllen wir kurz antworten. Alle Welt siehet, daß aus diesen Gründen dieser heidnische und antichristische Irrtum nicht folgen müsse, daß die Meß helfe ex opere operato sine bono motu utentis. Darum sind sie Esel, daß sie in solcher großwichtigen Sache so ungereimet Ding fürbringen. Auch so wissen die Esel kein Grammatica. Denn missa und liturgia heißen nicht Opfer. Missa
10 heißt hebräisch ein zusammengetragen Steuer. Denn also ist etwa die Weis gewesen, daß die Christen Speis und Trank zu gut den Armen in die Versammlung gebracht haben. Und solche Weis ist von Jüden herkommen, die auf ihre Fest mußten solche Steuer bringen; die nenneten sie missa. So heißt liturgia gräkisch eigentlich ein Amt, darinne man der Gemeine dienet; das schicket sich wohl auf unsere Lahr, daß der Priester da als ein ge-
15 meiner Diener denjenigen, so communicieren wöllen, dienet und das heilige Sakrament reichet.

Etliche meinen, missa komme nicht aus dem Hebräischen, sondern sei als viel als remissio, Vergebung der Sunde. Denn so man communiciert hat, hat man gesprochen: Ite, missa est; „Ziehet hin, ihr habt Vergebung der Sunde¹." Und daß dem also sei,
20 ziehen sie an, daß man bei den Gräken gesprochen hat: Laïs Aphesis², das ist auch so viel, ihnen ist verziehen. Wo dem also, wäre dieses ein feiner Verstand; denn es soll allzeit bei dieser Ceremonien Vergebung der Sunden geprediget und verkündiget werden. Doch ist diesem Handel wenig geholfen, das Wort missa heiße, was es wölle.

Graecus canon etiam multa dicit de oblatione, sed palam ostendit se non loqui
25 proprie de corpore et sanguine Domini, sed de toto cultu, de precibus et gratiarum actionibus. Sic enim ait: *Καὶ ποίησον ἡμᾶς ἀξίους γενέσθαι τοῦ προσφέρειν σοὶ δεήσεις καὶ ἱκεσίας καὶ θυσίας ἀναιμάκτους ὑπὲρ παντὸς λαοῦ*³. Nihil offendit recte intellectum. Orat enim nos dignos effici ad offerendas preces et supplicationes ad hostias incruentas pro populo. Nam ipsas preces vocat hostias incruentas. Sicut et paulo post: *Ἔτι προσφέ-*
30 *ρομέν σοι τὴν λογικὴν ταύτην καὶ ἀναίμακτον λατρείαν*⁴, offerimus, inquit, hunc rationalem et incruentum cultum. Inepte enim exponunt, qui hic rationalem hostiam malunt interpretari et transferunt ad ipsum corpus Christi, cum canon loquatur de toto cultu, et *λογικὴ λατρεία* a Paulo dicta sit contra opus operatum, videlicet de cultu mentis, de timore, de fide, de invocatione, de gratiarum actione etc.

35 ⟨De missa pro defunctis.⟩   ⟨Von den Messen für die Toten.⟩

Quod vero defendunt adversarii nostri applicationem ceremoniae pro liberandis animabus defunctorum, qua ex re quaestum infinitum faciunt, nulla habent testimonia, nullum mandatum ex scripturis. Neque vero est leve peccatum, tales cultus sine mandato Dei, sine exemplo scripturae in ecclesia instituere, et coenam Domini institutam ad recordationem et praedicationem inter vivos transferre ad mortuos. Hoc est abuti nomine Dei contra secundum praeceptum.	Daß aber die Widersacher noch dies wollen verteidigen, daß die Messe den Toten helfe, davon sie ein eigen Jahrmarkt und sonderlich unsägliche Kretzmerei gemacht, des haben sie kein Zeugnis noch Befehl Gottes in der Schrift. Nu ist es je ein unsäglicher großer Greuel und nicht ein kleine Sunde, daß sie dürfen ohn Gottes Wort, ohne alle Schrift ein Gottesdienst in der Kirchen anrichten und dürfen das Abendmahl des Herrn, welches Christus eingesetzt das Wort zu predigen, dabei seines Todes zu gedenken, zu stärken den Glauben

---

¹) Missa ist nicht als Verbalform zu erklären; weder wie oben noch wie die Schlußformel der Messe lange gedeutet wurde: Ite, missa est (sc. concio). Es ist Substantiv = Entlassung. Rottmanner, Th. Quartalschr. 1889. 531 ff. RE³ XII, 666 ff. LThK² VII, 321.
²) λαοῖς ἄφεσις.   ³) Gebet zu Beginn der Gläubigenmesse in der Chrysostomusliturgie. Brightman, Liturgies eastern and western 375.   ⁴) Die invocatio. Brightman 521

derjenigen, so die Ceremonien brauchen, unverschämt ziehen auf die Toten. Denn das heißt recht Gottes Namen mißbrauchen wider das ander Gebot.

Primum enim contumelia est evangelii sentire, quod ceremonia ex opere operato sine fide sit sacrificium reconcilians Deum et satisfaciens pro peccatis. Horribilis oratio est, tantundem tribuere operi sacerdotis, quantum morti Christi. Deinde peccatum et mors non possunt vinci nisi fide in Christum, sicut Paulus docet: Iustificati ex fide pacem habemus, quare non potest vinci poena purgatorii applicatione alieni operis.

Denn erstlich ist das die höchste Schmach und Lästerung des Evangelii und Christi, daß das schlechte Werk der Messen ex opere operato ein Opfer sei, das Gott versühne und für die Sünde gnug tue. Es ist eine rechte schreckliche, häßliche Predigt und Lehre und ein großer, unsäglicher Greuel, daß das schlechte getane Werk eines Priesters als viel gelten solle, als der Tod Christi. So ist je gewiß, daß die Sünde und der Tod nicht können überwunden werden, denn allein durch den Glauben an Christum, wie Paulus sagt zu den Röm. am 5. Darum so können die Messen den Toten in keinem Weg ex opere operato helfen.

90 Omittemus iam, qualia habeant adversarii testimonia de purgatorio, quales existiment poenas esse purgatorii, quales habeat causas doctrina satisfactionum, quam supra ostendimus vanissimam esse[1]. Illud tantum opponemus: certum est coenam Domini institutam esse propter remissionem culpae. Offert enim remissionem peccatorum, ubi necesse est vere culpam intelligere. Et tamen pro culpa non satisfacit, alioqui missa esset par morti Christi. Nec remissio culpae accipi potest aliter nisi fide. Igitur missa non est satisfactio, sed promissio et sacramentum requirens fidem.

Wir wöllen hie nicht erzählen, wie schwache Gründe die Widersacher vom Fegfeuer haben. Item, woher die Lehre von der Gnugtuung und Satisfaktion erst aufkommen; wie wir denn haben oben angezeigt, daß es eitel Träume und erdichter Menschentand ist. Allein das wöllen wir ihnen sagen, daß gewiß ist, das Abendmahl gehöret eigentlich zur Vergebung der Schuld. Denn was Trost hätten wir, so uns da sollt Vergebung angeboten werden und sollt doch nicht Vergebung der Schuld sein? So nu die Ceremonia Vergebung der Schuld anbeut, folget, daß unmöglich ist, daß es ein satisfactio sei ex opere operato oder den Toten helfe. Denn gehöret sie zur Vergebung der Schuld, so muß sie allein dazu dienen, die Gewissen zu trösten, daß sie glauben, ihnen sei die Schuld wahrhaftig vergeben.

91 Ac profecto necesse est omnes pios acerbissimo dolore affici, si cogitent missam magna ex parte ad mortuos et ad satisfactiones pro poenis translatam esse. Hoc est tollere iuge sacrificium ex ecclesia, hoc est, Antiochi regnum[2], qui saluberrimas promissiones de remissione culpae, de fide transtulit ad vanissimas opiniones de satisfactionibus, hoc est evangelium contaminare, corrumpere usum sacramentorum. Hi sunt, quos Paulus dixit reos esse corporis et sanguinis Domini, qui oppresserunt doctrinam de fide, et remissionem culpae et corpus et sanguinem Domini ad sacrilegum quaestum praetextu satisfactionum

Und wahrlich, es wäre nicht Wunder, daß alle fromme christliche Leute für Angst und Leide Blut weineten, wenn sie recht bedächten, wie unsäglich greulich und schrecklich Mißbrauch der Messen unter dem Pabsttum ist, nämlich daß die Messe das mehrer Teil nirgend zu anders gebraucht wird, denn für die Toten und die Pein des Fegfeuers abzulösen. Sie schreien, wir tun iuge sacrificium oder das täglich Opfer ab. Das heißt recht iuge sacrificium, das täglich Opfer abgetan aus der Kirchen, das ist eine rechte Tyrannei und Wüterei des gottlosen Antiochi, also das ganze Evangelium, die ganze Lehre vom Glauben, von Christo unterdrücken und auf solche Träume von satis-

---

[1]) S. 275, 18ff.   [2]) Vgl. S. 362 Anm. 1.

contulerunt. Et huius sacrilegii poenas aliquando dabunt. Quare cavendum est nobis et omnibus piis conscientiis, ne approbent adversariorum abusus.

Paulus von sagt, „daß sie schuldig sein am Leib und Blut des Herrn", welche die Lehre von Christo, vom Glauben unterdrücken und mißbrauchen der Messe und des Abendmahls zu einem schändlichen, unverschamten öffentlichen Geiz, zu einem Jahrmarkt und Kretzmerei, und das alles unter einem heuchelischen Schein der Satisfaktion. Und eben um dieser großen, unsäglichen Gotteslästerung willen werden die Bischofe schwere Strafe von Gott gewarten müssen. Es wird einmal Gott das ander Gebot wahrlich wahr machen und einen großen grimmigen Zorn über sie ausgießen. Darum haben wir uns und alle wohl vorzusehen, daß wir uns der Widersacher Mißbrauch nit teilhaftig machen.

Sed redeamus ad causam. Cum missa non sit satisfactio, nec pro poena nec pro culpa, ex opere operato sine fide: sequitur applicationem pro mortuis inutilem esse. ¹ Neque hic opus est longiore disputatione. Constat enim, quod illae applicationes pro mortuis nulla habeant ex scripturis testimonia. Nec tutum est in ecclesia cultus instituere sine auctoritate scripturae. Et si quando opus erit, prolixius de tota re dicemus. Quid enim nunc rixemur cum adversariis, qui neque quid sacrificium, neque quid sacramentum, neque quid remissio peccatorum, neque quid sit fides, intelligunt?

Wir wöllen aber wieder auf die Sache kommen. So die Messe nu nicht ein Gnugtuung ist weder für eine Pein noch Schuld ex opere operato, so folget, daß die Messe, so ¹ man für die Toten hältet, unnütz und nichts sei. Und es darf nicht langer Disputation. Denn das ist gewiß, daß solche Messe halten für die Toten in der Schrift gar kein Grund hat. Nu ist es ein Greuel, in der Kirchen Gottesdienst anrichten ohne alle Gottes Wort, ohne alle Schrift. Und wenn es not wird sein, so wöllen wir von diesem Stücke ganz reichlich mehr und nach aller Notdurft weiter reden. Denn was sollen wir uns itzund hie viel mit den Widersachern zanken, so sie gar nicht verstehen, was Opfer, was Sakrament, was Vergebung der Sunde, was Glaube sei?

Nec graecus canon applicat oblationem tamquam satisfactionem pro mortuis, quia applicat eam pariter beatis omnibus patriarchis, prophetis, apostolis. Apparet igitur, Graecos tamquam gratiarum actionem offerre, non applicare tamquam satisfactionem pro poenis. Quamquam etiam loquuntur non de sola oblatione corporis et sanguinis Domi¹ni, sed de reliquis missae partibus, videlicet orationibus et gratiarum actionibus. Nam post consecrationem precantur, ut sumentibus prosit, non loquuntur de aliis. Deinde addunt: Ἔτι προσφέρομέν σοι τὴν λογικὴν ταύτην λατρείαν ὑπὲρ τῶν ἐν πίστει ἀναπαυσαμένων προπατόρων, πατέρων, πατριαρχῶν, προφητῶν, ἀποστόλων etc.¹. At λογικὴ λατρεία non significat ipsam hostiam, sed orationes et omnia, quae ibi geruntur.

Und der griechisch Canon appliciert auch nicht die Messe als ein Gnugtuung für die Toten; denn er appliciert sie zugleich für alle Patriarchen, Propheten, Aposteln. Daraus erscheinet, daß die Griechen auch als ein Danksagung opfern, nicht aber als ein Satisfaktion für die Pein des Fegfeuers. Denn es wird freilich nicht ihr Meinung sein, die ¹ Propheten und Aposteln aus dem Fegfeuer zu erlösen, sondern allein Dank zu opfern neben und mit ihnen für die hohen ewigen Güter, so ihnen und uns gegeben sind.

Quod vero allegant adversarii patres de oblatione pro mortuis, scimus veteres loqui de oratione pro mortuis, quam nos non prohibemus, sed applicationem coenae Domini pro mortuis ex opere operato improbamus. Nec patrocinantur adversariis veteres de opere operato. Et ut maxime Gregorii aut recentiorum testimonia habeant, nos opponimus clarissimas et certissimas scripturas. Et patrum magna dissimilitudo est. Homines erant et labi ac decipi poterant. Quamquam si nunc revivisceret, ac viderent sua dicta praetexi luculentis illis mendaciis, quae docent adversarii de opere operato, longe aliter se ipsi interpretarentur.

---

¹) Die intercessio der Chrysostomus-Liturgie. Brightman, 387.

96 Falso etiam citant adversarii contra nos damnationem Aerii, quem dicunt propterea damnatum esse, quod negaverit in missa oblationem fieri pro vivis et mortuis[1]. Saepe hoc colore utuntur, allegant veteres haereses, et cum his falso comparant nostram causam, ut illa collatione praegravent nos. Epiphanius testatur Aerium sensisse, quod orationes pro mortuis sint inutiles[2]. Id reprehendit. Neque nos Aerio patrocinamur, sed vobiscum litigamus, qui haeresin manifeste pugnantem cum prophetis, apostolis et sanctis patribus sceleste defenditis, videlicet quod missa ex opere operato iustificet, quod mereatur remissionem culpae et poenae, etiam iniustis, pro quibus applicatur, si non ponant obicem. Hos perniciosos errores improbamus, qui laedunt gloriam passionis Christi, et penitus obruunt doctrinam de iustitiae fidei.

97 Similis fuit persuasio impiorum in lege, quod mererentur remissionem peccatorum non gratis per fidem, sed ¹per sacrificia ex opere operato[3]. Itaque augebant illos cultus et sacrificia, instituebant cultum Baal in Israel, in Iuda etiam sacrificabant in lucis. Quare prophetae damnata illa persuasione belligerantur non solum cum cultoribus Baal, sed etiam cum aliis sacerdotibus, qui sacrificia a Deo ordinata cum illa opinione impia faciebant[4]. Verum haeret in mundo haec persuasio et haerebit semper, quod cultus et sacrificia sint propitiationes. Non ferunt homines carnales soli sacrificio Christi tribui hunc honorem, quod sit propitiatio, quia iustitiam fidei non intelligunt, sed parem honorem tribuunt reliquis cultibus et sacrificiis.

98 Sicut igitur in Iuda haesit apud impios pontifices falsa persuasio de sacrificiis, sicut in Israel baalitici cultus duraverunt, et tamen erat ibi ecclesia Dei, quae impios cultus improbabat: ita haeret in regno pontificio cultus baaliticus, hoc est, abusus missae, quam applicant, ut per eam mereantur iniustis remissionem culpae et poenae. Et videtur hic baaliticus cultus una cum regno pontificio duraturus ¹ esse, donec veniet Christus ad iudicandum, et gloria adventus sui perdet regnum antichristi.

Die Widersacher ziehen an, daß etwa für Ketzerei verdammt sein soll, daß einer, genannt Aerius, soll gehalten haben, die Meß sei nicht ein Opfer für die Toten. Hie behelfen sie sich aber mit ihren gewöhnlichen Griffen, daß sie erdichten, unser Lehre sei von Alters her verworfen. Aber die Esel schämen sich keiner Lügen. So wissen sie nicht, wer Aerius gewesen oder was er gelehret hat. Epiphanius schreibet, daß Aerius gehalten habe, daß das Gebet für die Toten sei unnütz. Nu reden wir nicht vom Gebet, sondern vom Nachtmahl Christi, ob das ex opere operato ein Opfer sei den Toten zu helfen. Dieser unser Handel betrifft Aerium nichts. Was auch sonst aus den Vätern vor die Meß angezogen wird, belangt alles diesen Handel nicht. Denn die guten frommen Väter haben diesen greulichen, lästerlichen, antichristlichen Irrtum nicht gelehret, daß die Meß ex opere operato den Lebendigen und Toten Vergebung Pein und Schuld verdiene. Denn dieser Irrtum vom opere operato ist ein ¹ öffentliche Ketzerei wider alle Schrift, wider alle Propheten und Apostel, und alle Christen sollen lernen, daß solche papistische Meß eitel schreckliche Abgötterei sein. Es bleibt aber in der Welt solche Abgötterei, so lang der Antichrist regieret und bleibet. Denn wie in Israel ein falscher Gottesdienst ward angericht mit Baal, auch unrechte Gottesdienst waren unterm Schein des Gottesdiensts, den Gott geordnet hat: also hat der Antichrist in der Kirchen auch ein falschen Gottesdienst aus dem Nachtmahl Christi gemacht. Und doch, wie Gott unter Israel und Juda dennoch seine Kirche, das ist, etliche Heiligen behalten hat, also hat Gott seine Kirche, das ist, etliche Heiligen unterm Pabsttum dennoch erhalten, daß die christliche Kirche nicht ganz untergangen ist. Wiewohl nu der Antichrist mit seinem ¹ falschen Gottesdienst zum Teil bleiben wird, bis daß Christus der Herr öffentlich kommen und richten wird, so sollen doch alle Christen verwarnet sein, sich zu hüten vor solcher Abgötterei, und sollten lernen, wie man Gott recht dienen und Vergebung der Sunde durch den Glauben an Christum erlangen soll, daß sie Gott recht ehren und beständigen Trost wider die Sunde haben können. Denn darum hat Gott gnädiglich

---

[1]) Aërius, Presbyter aus Sebaste in Pontus, griff verschiedene Punkte im kirchlichen Ritus und Verfassungsleben an, u. a. die abergläubischen Vorstellungen von der Fürbitte für die Toten und die gesetzliche Fastenpraxis der Kirche. RE³ I, 232.   [2]) Panarion haer. 75, 2. 3. 7. III 333 ff. 338 f.   [3]) non gratis bis operato] per sacrificia ex opere operato, non acciperent gratis per fidem. Seit Ed. 1531. 8⁰.   [4]) Jer. 2, 8. 2, 26 ff. 17, 1 ff.

Interim omnes, qui vere credunt evangelio, debent improbare illos impios cultus excogitatos contra mandatum Dei ad obscurandam gloriam Christi et iustitiam fidei.

Haec de missa breviter diximus, ut omnes boni viri ubique gentium intelligere queant, nos summo studio dignitatem missae tueri et verum usum ostendere et iustissimas habere causas, quare ab adversariis dissentiamus. Ac volumus admonitos esse omnes bonos viros, ne adiuvent adversarios defendentes profanationem missae, ne gravent se societate alieni peccati. Magna causa, magna res est, nec inferior illo negotio Eliae prophetae, qui cultum Baal improbabat. Nos modestissime causam tantam proposuimus, et nunc sine contumelia respondimus. Quodsi commoverint nos adversarii, ut omnia genera abusuum missae colligamus, non tam clementer erit agenda causa.

sein Evangelium scheinen lassen, daß wir verwarnet und selig würden.

Dieses haben wir von der Messen kurz gesagt, daß alle gottfürchtige, fromme, ehrbare Leute in allen Nationen verstehen mügen, daß wir mit allem treuen Fleiß die rechte Ehre und den rechten Brauch der Messen erhalten haben und daß wir des große, hochwichtige Ursachen haben, warum wir es mit den Widersachern nicht halten. Und wir wöllen alle fromme, ehrbare Leute verwarnet haben, daß sie des großen Greuels und Mißbrauchs der Messen sich mit den Widersachern nicht teilhaftig machen, damit sie sich nicht mit fremden Sunden beschweren. Es ist ein großer Handel und eine ganz wichtige Sache. Denn dieser Mißbrauch ist nicht geringer, denn zu Helias Zeiten die Sache war mit dem falschen Gottesdienst Baal. Wir haben auf diesmal mit gelinden Worten und ohne Schmähworte diese Sache fürgetragen; werden aber die Widersacher nicht aufhören zu lästern, so sollen sie innen werden, daß wir ihnen auch härter zusprechen wollen.

99

1. Kön. 18, 17 ff.

⟨Art. XXVII.⟩ De Votis Monasticis.

Apud nos in oppido Thuringiae Isenaco Franciscanus quidam fuit ante annos triginta, Iohannes Hilten[1], qui a suo sodalitio coniectus est in carcerem, propterea quod quos'dam notissimos abusus reprehenderat. Vidimus enim eius scripta, ex quibus satis intelligi potest, quale fuerit ipsius doctrinae genus. Et qui norunt eum, testantur fuisse senem placidum et sine morositate gravem. Is multa praedixit, quae partim evenerunt hactenus, partim iam videntur impendere, quae non volumus recitare, ne quis interpretetur, ea aut odio cuiusquam aut in gratiam alicuius narrari. Sed postremo, cum vel propter aetatem vel propter squalorem carceris in morbum incidisset, accersivit ad se guardianum, ut suam valetudinem illi indicaret; cumque guardianus accensus odio pharisaico

⟨Art. XXVII. Von den Klostergelübden.⟩

In der Stadt Isenach im Land zu Döringen ist etwan gewesen für dreißig Jahren ein Barfüßermönch, Johannes Hilten genannt, welcher von seinen Brüdern ist in ein Kerker geworfen, ' darum daß er etliche öffentliche Mißbräuche im Klosterleben hatte angefochten. Wir haben auch seiner Schrift zum Teil gesehen, aus welchen wohl zu merken ist, daß er christlich und der heiligen Schrift gemäß geprediget, und die ihn kannt haben, sagen heutiges Tages, daß es ein frommer, stiller, alter Mann gewesen ist ganz redlichs, ehrbars Wesens und Wandels; derselbige hat viel von diesen Zeiten prophezeiet und zuvor gesagt, das bereit geschehen ist, etliches auch, das noch geschehen soll, welchs wir doch hie nicht erzählen wöllen, damit niemands gedenke, daß wir aus Neid oder jemands zu Gefallen solchs fürbrächten. Endlich als er Alters halben und

1

M 271

2

---

[1]) Dazu Luther in Ed. pr. D. a. R.: Hunc virum arbitror adhuc vivum aut recens mortuum fuisse, cum ego Isenaci litteris primis erudirer. Memini enim eius factam mentionem ab hospite meo Henrico Schalben cum compassione quasi vincti in carcere. Eram autem 15 aut 14 annos natus. Erat autem Henricus Schalben intimus istis Minoritis paene captivus et servus eorum cum tota familia sua. — Joh. Hilten (wohl Joh. Herwich aus Ilten b. Hannover) war, vielleicht wegen apokalyptischer Ketzerei, zu lebenslänglichem Klosterkerker bei Wasser und Brot verurteilt. O. Clemen ZKG 47. 1928, 402 ff. H. Dolz ZKG 67. 1955/56, 111 ff.

duriter obiurgare hominem propter doctrinae genus, quod videbatur officere culinae, coepisset, tum iste omissa iam mentione valetudinis ingemiscens inquit, se has iniurias aequo animo propter Christum tolerare, cum | quidem nihil scripsisset aut docuisset, quod labefactare statum monachorum posset, tantum notos quosdam abusus reprehendisset. Sed alius quidam, inquit, veniet anno Domini M. D. XVI. qui destruet vos, nec poteritis ei resistere. Hanc ipsam sententiam de inclinatione regni monachorum et hunc annorum numerum postea etiam repererunt eius amici perscriptum ab ipso in commentariis suis inter annotationes, quas reliquerat in certos locos Danielis[1]. Quamquam autem, quantum huic voci tribuendum sit, eventus docebit, tamen exstant alia signa, quae minantur mutationem regno monachorum, non minus certa, quam oracula. Constat enim, quantum sit in monasteriis hypocrisis ambitionis, avaritiae, quanta inscitia et indoctissimi cuiusque saevitia, quanta vanitas in concionibus, in excogitandis subinde novis aucupiis pecuniae. Et sunt alia vitia, quae non libet commemorare. Cumque fuerint olim scholae doctrinae christianae, nunc degeneraverunt velut ab aureo genere in ferreum, seu ut cubus platonicus in malas harmonias degenerat, quas Plato ait exitium afferre[2]. Locupletissima quaeque monasteria tantum alunt otiosam turbam, quae ibi falso praetextu religionis helluatur de publicis eleemosynis ecclesiae. Christus autem admonet de sale insipido, quod soleat effundi et conculcari. Quare ipsi sibi monachi his moribus fata canunt. Et accedit nunc aliud

auch daß ihm das Gefängnis sein Gesundheit verderbet, in eine Krankheit gefallen, hat er zu sich lassen bitten den Guardian, ihm seine Schwachheit angezeigt, und als der Guardian aus pharisäischer Bitterkeit und Neid ihn mit harten Worten angefahren, darum daß solche Predigt nicht wollt in der Küchen nütz sein, hat er seines Leibes Schwachheit zu klagen unterlassen, tief erseufzet und mit ernsten Gebärden gesagt, er wolle solch Unrecht um Christus willen gern tragen und leiden, wiewohl er nichts geschrieben noch gelehret hätte, das der Mönchen Stand nachteilig, sondern hätte allein grobe Mißbräuche angegriffen. Zuletzt hat er gesagt: „Es wird ein ander Mann kommen, wenn man schreibt 1516, der euch Mönche tilgen wird, und der wird für euch wohl bleiben, dem werdet ihr nicht widerstehen können." Dasselbige Wort, wie die Möncherei würde ins Fallen geraten und dieselbige Jahrzahl hat man hernach funden in andern seinen Büchern, und sonderlich in den Commentariis über den Danielem. Was aber von dieses Mannes Rede zu halten sei, lassen wir eim jeden sein Urteil. Doch sind sonst Zeichen, daß der Mönche Wesen nicht lange bestehen könne. Es ist am Tage, daß das Klosterwesen nichts, denn ein unverschämte Heuchelei und Betrug ist voll Geizes und Hoffarts, und je ungelehrter Esel die Mönche sind, je halsstarriger, grimmiger und bitterer, je giftiger Ottern sie sein, die Wahrheit und Gottes Wort zu verfolgen. So sind ihre Predigt und Schriften lauter kindisch, ungereimt, närrisch Ding und ist all ihr Wesen dahin gericht, daß sie den Bauch und ihren Geiz füllen. Anfänglich sein die Klöster nicht solche Kerker oder ewige Gefängnis gewesen, sondern Schulen, darinne man die Jugend und andere in der

---

De votis.

Si recte meminimus, haec verba erant in Confutatione, quod vota sint fundata in veteri ac novo testamento. De veteri paulo post respondebimus. Ubi autem in novo testamento probentur, non scimus, nisi fortassis in his locis: Frustra colunt me mandatis hominum, et: Omnis plantatio, quam non plantavit pater meus coelestis, eradicabitur. Hi loci recte quadrant ad haec vota. Et huiusmodi praeconia multa de monachis etiam repereimus, ut Matthaei XXIII°. Vae vobis scribae et pharisaei, hypocritae, quia similes estis sepulchris dealbatis, quae foris quidem apparent speciosa, intus vero plena sunt ossibus mortuorum et immunditie. Sic et vos foris quidem iusti apparetis hominibus, intus autem pleni estis hypocrisi et intemperantia. Si qui sunt in novo testamento loci magis convenientes votis ac monachis, proferantur, nos respondere non gravabimur.

[1]) Melanchthon hatte den Danielkommentar Hiltens gelesen und exzerpiert. CR 7, S. 995f. 1007. 24, S. 64. 25, S. 14. 27, S. 628. Cod. Pal. lat. 1849 der Vatikanischen Bibliothek enthält: Johannes Hiltenius, Opera omnia, quae iam reperiri possunt. ZKG 47, 404.   [2]) Wohl Ps. Plato Timaeus Locrus 98 C.

XXVII. Von den Klostergelübden.

signum, quod passim auctores sunt interficiendorum bonorum virorum. Has caedes Deus haud dubie brevi ulciscetur. Neque vero accusamus omnes; arbitramur enim passim aliquos viros bonos in monasteriis esse, qui de humanis cultibus et factitiis, ut quidam scriptores vocant[1], moderate sentiunt, nec probant saevitiam, quam exercent hypocritae apud ipsos.

heiligen Schrift hat auferzogen. Nu ist solch edel Gold zu Kot worden und der Wein Wasser worden. Fast in den rechten größten Stiften und Klöstern sein eitel faule, unnütze, müßige Mönche, die unterm Schein der Heiligkeit von gemeinen Almosen in aller Pracht und Wollust leben. Christus sagt aber, daß das taube Salz nichts nütze sei, denn daß mans [1] hinwegwerfe und mit Füßen trete. Darum, so die Mönche ein solch ungöttlich Wesen führen, so singen sie 8

ihnen mit der Tat ihr eigen requiem und wird bald mit ihn aus sein. Darüber ist noch ein Zeichen, daß die Mönche werden untergehen, daß sie Ursacher, Stifter und Anreger sein, daß viel gelehrter redlicher Leute unschuldig erwürget und dahin gerichtet werden. Das Abels-Blut schreiet über sie und Gott wird es rächen. Wir sagen nicht von allen; es mügen etliche in Klöstern sein, die das heilig Evangelium von Christo wissen und keine Heiligkeit auf ihre Traditiones setzen, die sich auch des Bluts nicht schuldig gemacht haben, welches die Heuchler unter ihnen vergießen.

Sed de genere doctrinae disputamus, quod nunc defendunt architecti confutationis, non utrum vota servanda sint. Sentimus enim licita vota servari deberi, sed utrum cultus illi mereantur remissionem peccatorum et iustificationem; utrum sint satisfactiones pro peccatis; utrum sint pares baptismo; utrum sint observatio praeceptorum et con[1]siliorum; utrum sint perfectio evangelica; utrum habeant merita supererogationis; utrum merita illa applicata pro[2] aliis salvent eos; utrum licita sint[3] vota his opinionibus facta; utrum licita sint vota, quae praetextu religionis tantum ventris et otii causa suscepta sunt; utrum vere sint vota, quae sunt extorta aut invitis aut his, qui per aetatem nondum iudicare poterant de genere vitae, quos parentes aut amici intruserunt in monasteria, ut

Wir reden aber hie von der Lehre, welche die Meister der Confutation loben und verteidigen. Wir disputieren nicht, ob man Gelübde Gott halten soll, denn wir halten auch, daß man rechte Gelübde zu halten schuldig sei; sondern davon reden wir, ob man durch die Gelübde und solche Möncherei erlange Vergebung der Sünde [1] für Gott; ob sie Gnugtuung sein für die Sünde; ob sie der Taufe gleich sein, ob sie die Vollkommenheit sein, dadurch die praecepta und consilia, das ist, nicht allein die Gebot, sondern auch die Räte gehalten werden; ob sie sind evangelische Vollkommenheit; ob die Mönche haben merita supererogationis, das ist, so viel übriges Verdiensts und heiliger Werke, daß sie der auch nicht alle dürfen; ob ihr Verdienste, wenn sie die den andern mitteilen, dieselbigen selig machen; ob die Klostergelübde christlich sein, der 9

Sed nunc in genere respondemus, vota facta cum opinione iustitiae et gratiae promerendae per tale opus impium cultum esse. Et nec in veteri, nec in novo testamento approbari. Clara est enim sententia Pauli: Evacuati estis a Christo, qui lege iustificamini, gratia excidistis. Quanto magis illi gratia excident, qui iustitiam quaerunt per vota, quae prorsus fiunt sine mandato et verbo Dei. Sancti viri, ut Bernardus, Franciscus, Bonaventura et similes, ita vixerunt in illis regulis, ut sentirent, se non per illas observationes mereri gratiam, sed sciebant se fide iustificari. Interim in hoc genere vitae versabantur tanquam in scholis, quia haec exercitia corporalia videbantur esse ipsis commoda. Sed publicus error fuit, quod professio sit alter baptismus, quod observationes monasticae mereantur gratiam, satisfaciant pro peccatis. Has opiniones nostri docent esse impias et vota hac opinione facta docent esse irrita. Contra hanc nostrorum doctrinam nihil afferunt adversarii. Hic controversiae status est, quem non scimus, an attigerint adversarii. Si permittunt nobis, quod vota non mereantur gratiam, quod cultus ipse monasticus sit irritus cultus, ut Christus ait: Frustra colunt me mandatis hominum, facile concedent, etiam ipsa vota facta opinione impia irrita esse.

---

[1]) et factitiis *bis* vocant > seit Ed. 1531. 8⁰.   [2]) pro > in den vollständigen Exemplaren der Ed. pr. und im Conc.   [3]) sint licita so die vollständigen Expl. der Ed. pr. und Conc.

de publico alerentur, sine patrimonii privati iactura; utrum licita sint vota, quae palam vergunt ad malum exitum, vel quia propter imbecillitatem non servantur, vel quia hi, qui sunt in illis sodalitiis, coguntur abusus missarum, impios cultus sanctorum, consilia saeviendi in bonos viros approbare et adiuvare? De his quaestionibus disputamus. Et cum nos in confessione pleraque diximus de eiusmodi votis[1], quae etiam canones pontificum improbant, tamen adversarii iubent omnia, quae produximus, reiicere[2]. His enim verbis usi sunt.

Meinung also getan? Item, ob die Klostergelübde, welche erzwungen sein von Unwilligen und denjenigen, welche noch Jugend halben nicht verstanden, was sie tun, welche die Altern oder Freunde in die Klöster gestoßen des Bauchs halben, allein ihr väterlich Erbe zu sparen, christlich und göttlich sein; ob die Klostergelübde christlich sein, die gewißlich zu Sunden Ursach geben, nämlich daß die Ordenspersonen den häßlichen Mißbrauch der Messe, das Anrufen und Anbeten der Heiligen loben und annehmen müssen, und des unschuldigen Bluts, das bis anher vergossen ist, sich müssen teilhaftig machen? Item, da die Gelübde Schwachheit halben doch nicht gehalten werden, ob dieselbigen rechte Gelübde und christlich sein? Von diesen Fragen ist unser Streit und Disputation. Und so wir in unser Confession von vielen untüchtigen Gelübden auch gesagt haben, welche die Canones der Päbste selbs verwerfen, noch wollen die Widersacher alles, was wir fürbracht, verworfen haben. Denn also sagen sie mit klaren Worten, daß alles, so wir fürbracht haben, soll verworfen werden.

Ac operae pretium est audire, quomodo cavillentur nostras rationes et quid afferant ad muniendam suam causam. Ideo breviter percurremus pauca quaedam argumenta nostra, et diluemus in his obiter cavillationes adversariorum. Cum autem haec tota causa diligenter et copiose a Luthero tractata sit in libro, cui titulum fecit: De votis monasticis[3], volumus hic librum illum pro repetito habere.

Es will aber hie not sein anzuzeigen, wie sie doch unser Gründe anfechten, und was sie fürbringen, ihre Sache zu erhalten. Darum wollen wir kurz verlegen, was die Widersacher fürbringen, und so nu dieser Handel fleißig und reichlich gehandelt ist in dem Buch Doctoris Martini von den Klostergelübden, so wollen wir dasselbige Buch hie als für erneuert und erholet achten.

11 Primum hoc certissimum est non esse licitum votum, quo sentit is, qui vovet, se mereri remissionem peccatorum coram Deo aut satisfacere pro peccatis coram Deo[4]. Nam haec opinio est manifesta contumelia evangelii, quod docet nobis gratis donari remissionem peccatorum propter Christum, ut supra copiose dictum est. Recte igitur citavimus Pauli locum ad Galatas: Evacuati estis a Christo, qui in lege iustificamini a gratia excidistis. Qui quaerunt remissionem peccatorum non fide in Christum,

Für das erst ist das gewiß, daß solche Gelübde nicht göttlich noch christlich sein, wenn ich also mein Klostergelübde tu, daß ich gedenke dadurch zu erlangen Vergebung der Sunde gegen Gott oder für die Sunde gnugzutun. Denn das ist ein Irrtum, der da öffentlich wider das Evangelium ist, und ist eine Lästerung Christi. Denn das Evangelium lehret, daß wir ohne Verdienst Vergebung der Sunde erlangen durch Christum, wie wir hier oben reichlich gesagt haben. Darum haben wir Pauli Sprüche recht eingeführt zu den Galatern. „So ihr durchs

Sed allegant locum evangelii: Qui reliquerit domum aut fratres aut sorores aut patrem aut matrem aut uxorem propter nomen meum, centuplum accipiet. Hoc profecto est fucum facere imperitis, ad vitam monasticam detorquere alienissimam sententiam. Duplex est fuga, quaedam fit sine vocatione, quaedam cum vocatione. De hac loquitur Christus. Nihil enim sine vocatione contra mandata Dei suscipi debet. Est ergo sententia, quod in persecutione vitam et omnia, potius deserere debeamus, quam evangelium negare aut deserere; ideo addit: propter evangelium. Neque enim debet accipi sententia ita, ut pugnet cum aliis mandatis Dei. Porro alia mandata prohibent deserere uxores et liberos.

---

[1] S. 110ff. [2] CR 27, 168. [3] De votis monasticis iudicium. 1521. WA VIII, 573ff. [4] Vgl. z. B. S. 112 Anm. 1 u. S. 113 Anm. 1.

sed operibus monasticis, detrahunt de honore Christi et iterum crucifigunt Christum. Audite autem, audite, quomodo hic elabantur architecti confutationis. Pauli locum tantum de lege Moisi exponunt, et addunt monachos omnia propter Christum observare et conari propius secundum evangelium vivere, ut mereantur vitam aeternam. Et addunt ¹horribilem epilogum, his verbis: Quare impia sunt, quae hic contra monasticen allegantur¹. O Christe, quamdiu feres has contumelias, quibus evangelium tuum afficiunt hostes nostri! Diximus in confessione remissionem peccatorum gratis accipi propter Christum per fidem. Si haec non est ipsa evangelii vox, si non est sententia patris aeterni, quam tu, qui es in sinu patris, revelasti mundo, iure plectimur. Sed tua mors testis est, tua resurrectio testis est, spiritus sanctus testis est, tota ecclesia tua testis est, vere hanc esse evangelii sententiam, quod consequamur remissionem peccatorum non propter nostra merita, sed propter te, per fidem.

Gesetz wollt gerecht werden, so seid ihr von Christo und der Gnade abgefallen." Denn die da suchen Vergebung der Sünde nicht durch den Glauben an Christum, sondern durch die Klostergelübde und Möncherei, die ¹rauben Christo seine Ehre, und kreuzigen ihnen aufs neu. Höret aber, Lieber, höret, wie die Meister der Confutation hier gerne Behelf suchen wollten, sagen: Paulus sei allein vom Gesetz Mosi zu verstehen, die Mönche aber tun und halten alles um Christus willen und fleißigen sich aufs allernähest dem Evangelio gemäß zu leben, damit sie das ewige Leben verdienen und setzen ein schrecklich Wort dazu: „Darum ist es, sagen sie, unchristlich und ketzerisch, was wider das Mönchleben wird fürbracht." O Herr Jesu Christe! wie lang wiltu leiden und dulden solche öffentliche Schmach deines heiligen Evangelii, da unser Feinde dein Wort und Wahrheit lästern?

12

13

Wir haben in unser Confession gesagt, daß man Vergebung der Sünde ohne Verdienst durch den Glauben an Christum erlangen muß. Ist das nicht das lauter reine Evangelium, wie es die Aposteln geprediget, ist das nicht die Stimme des Evangelii des ewigen Vaters, welche du, Herr, der du sitzest im Schoß des Vaters, der Welt offenbart hast, so sollen wir billig gestraft werden. Aber dein herber bitter Tod am Kreuz, dein heiliger Geist, welchen du reichlich ausgeteilet hast, deine ganze heilige christliche Kirche gibt stark, gewaltig und gewiß Gezeugnis, welches so helle und offenbar ist als die Sonne, daß dies die Summa, der Kern des Evangelii ist, daß wir Vergebung der Sünde erlangen nicht um unsers Verdiensts willen, sondern durch den Glauben an Christum.

Paulus cum negat homines lege Moisi mereri remissionem peccatorum, multo magis detrahit hanc laudem traditioni-

Wenn Paulus darf sagen, daß wir durch das heilige göttliche Gesetz Mosi und seine Werk nicht verdienen Vergebung der Sünde,

14

Sed violentia excusat nos, cum deserere cogimur uxores et liberos, cum expellimur ex sedibus. De his persecutionibus loquitur Christus, ut aequo animo toleremus iniuriam. Verum adversarii interpretantur non de persecutione, non de violentia, sed de fuga sine vocatione suscepta, etiam contra mandata Dei. Concedunt enim, ut is, qui sponsalia contraxit, dimissa sponsa ingrediatur monasterium. Deinde haec fuga non fit propter evangelium, propter officium praedicationis, propter confessionem verbi, sed fit propter suscipiendos certos cultus, qui sunt improbati in scripturis. Non igitur deserunt domum aut patrem aut matrem propter nomen Christi, sed propter falsam opinionem, quam de illo cultu inutili conceperunt. Et fortasse plurimi non gloriae evangelii, sed ventri consulentes. Et fortasse deserunt exiguas facultates et centuplum accipiant, hoc est, ut habeant otium et culinam lautiorem inveniant.

¹) Cassatur quoque, quod aiunt, vitam votariam esse inventum hominum. Nam in sacris liberis est fundata, a spiritu sancto religiosis patribus inspirata. Neque detrahit honori Christi, quoniam monastici omnia propter Christum observant et Christum imitantur. Falsa est ergo sententia, qua cultum monasticum damnant ut impium, qui est christianissimus. Non enim evacuantur monachia gratia Dei sicut Judaei, de quibus S. Paulus loquitur Gal. 5 ⟨v. 4⟩, cum iustificationem adhuc in lege Mosis quaerebant. Sed monastici contendunt propius secundum evangelium vivere, ut mereantur vitam aeternam. Quare impia sunt, quae hic contra monasticam allegantur. CR 27, 175f.

bus humanis, idque aperte ad Colossenses testatur. Si lex Moisi, quae erat divinitus revelata, non merebatur remissionem peccatorum, quanto minus istae fatuae observationes abhorrentes a civili consuetudine vitae merentur remissionem peccatorum?

so will er, daß wir viel weniger das tun durch menschliche Satzungen, und das zeigt er zu den Kolossern klar gnug an. Denn so die Werke des Gesetz Mosi, welchs durch Gott war offenbart, nicht verdienen Vergebung der Sunde, wie viel weniger werdens tun die närrischen Werke, Möncherei, Rosenkränze und dergleichen, die auch zu weltlichem Leben nicht not noch nütze sein, viel weniger geben sie der Seel ewiges Leben.

15 Adversarii fingunt Paulum abolere legem Moisi, et Christum ita succedere, ut non gratis donet remissionem peccatorum, sed propter opera aliarum legum, si quae nunc excogitentur. Hac impia et fanatica imaginatione obruunt beneficium Christi. Deinde fingunt inter hos, qui observant illam legem Christi, monachos propius observare quam alios, propter hypocrisin paupertatis, obedientiae et castitatis, cum quidem omnia sint plena simulationis. Paupertatem iactant in summa copia rerum omnium. Obedientiam iactant, cum nullum genus hominum libertatem habeat maiorem quam monachi. De coelibatu non libet dicere, qui quam purus sit in plerisque, qui student continere, Gerson indicat¹. Et quotusquisque continere studet? sich meisterlich geschlossen haben. Von ihrer heiligen, großen, fährlichen Keuschheit mag ich nicht sagen; ich will es Gerson sagen lassen, der auch von denjenigen, so ernstlich sich geflissen keusch zu leben, wahrlich nicht viel Reinigkeit und Heiligkeit sagt; wiewohl das mehrer Teil ist Heuchelei, und unter tausend nicht einer, der mit Ernst gedenke rein und keusch zu leben, daß wir inwendig der Herzen Gedanken schweigen.

Die Widersacher erdichten ihnen selbst ein Traum, daß Christus das Gesetz Mosi habe abgetan, und sei kommen also nach Mose und ein neu gut Gesetz gebracht, dadurch man Vergebung der Sunden erlangen müsse. Durch den schwärmerischen, närrischen Gedanken drücken sie Christum unter und seine Wohltat. Darnach erdichten sie weiter, daß unter denen, welche die neuen Gesetze Christi hal'ten, die Mönche Christo und den Aposteln am nähesten ähnlich leben und wandeln durch ihren Gehorsam, Armut und Keuschheit, so doch die ganze Möncherei eitel unverschämte, schändliche Heuchelei ist. Sie sagen von Armut, so sie doch für großem Ueberfluß nie haben erfahren können, wie einem rechten Armen zu Herzen ist. Sie rühmen ihren Gehorsam, so kein Volk auf Erden freier ist, denn die Mönche, welche aus Bischof und Fürsten Gehorsam

17 Scilicet hac simulatione propius secundum evangelium vivunt monachi. Christus non ita succedit Moisi, ut propter nostra opera remittat peccata, sed ut sua merita, suam propitiationem op-

Soll nu das die große Heiligkeit sein? Heißt das Christo und dem Evangelio gemäß gelebt? Christus ist nicht also nach Mose kommen, neue Gesetz zu bringen, daß er um unser Werk willen die Sunde ver-

Citatur a monachis de perfectione et haec sententia: Si vis perfectus esse, vade, vende omnia, quae habes, da pauperibus et sequere me. Haec sententia continet vocationem peculiarem, quae ad illam personam pertinebat, non ad omnes. Jussit enim, ut sequeretur et una circumiret sicut alii apostoli. Et sicut hic sequi debuit vocationem, ita et nobis expectanda est vocatio. Nec sine vocatione abiiciendae sunt possessiones, deserenda familia. Tunc erimus perfecti, cum vocationi obtemperabimus. Id enim ostendit nos vere credere Deo. Sic accipienda est perfectio, non quod fuga reddat perfectos, sed quod oboedientia ostendit fidem esse perfectam, hoc est sinceram, non simulatam. Sed vita monastica primum sine vocatione suscipitur, deinde habet cultus, qui non habent mandatum Dei. Ideo res propemodum tota pugnat cum vocatione. Est autem periculosissimum vitae genus, in quo sine vocatione et sine verbo Dei vivitur. Interim si qui sunt, qui ibi serviunt in evangelio, hos non improbamus, modo fideliter et pure doceant et intelligant, se non propter monasticos cultus, sed propter ministerium verbi habere vitae genus et cultum Deo gratum.

---

¹) Vgl. S. 337 Anm. 3.

ponat irae Dei pro nobis, ut gratis nobis ignoscatur. Qui vero praeter Christi propitiationem propria merita opponit irae Dei, et propter propria merita consequi remissionem peccatorum conatur, sive afferat opera legis mosaicae, sive Decalogi, sive regulae Benedicti[1], sive regulae Augustini[2], sive aliarum regularum, is abolet promissionem Christi, abiecit Christum et excidit gratia. Haec est Pauli sententia.

Vide autem, Carole Caesar Imperator clementissime, videte, Principes, videte omnes Ordines, quanta sit impudentia adversariorum! Cum Pauli locum in hanc sententiam citaverimus, ipsi ascripserunt: Impia sunt, quae hic contra monasticen allegantur[3]. Quid est autem certius, quam quod remissionem peccatorum consequuntur homines fide propter Christum? Et hanc sententiam audent isti nebulones impiam vocare. Nihil dubitamus, quin si admoniti fuissetis de hoc loco, eximi e confutatione tantam blasphemiam curassetis.

Cum autem supra copiose ostensum sit impiam opinionem esse, quod propter opera nostra consequamur remissionem peccatorum, breviores in hoc loco erimus. Facile enim inde prudens lector ratiocinari poterit, quod non mereamur remissionem peccatorum per opera monastica. Itaque et illa blasphemia nullo modo ferenda est, quae 'apud ' Thomam

gebe, sondern seinen Verdienst, seine eigen Werke setzet er gegen Gottes Zorn für uns, daß wir ohne Verdienst Gnade erlangen. Wer aber ohne die Versühnung Christi seine eigene Werke gegen Gottes Zorn setzet und um seines eigen Verdiensts willen Vergebung der Sünde erlangen will, er bringe die Werke des Gesetzes Mosi, der Zehen Gebot, der Regeln Benedicti, Augustini oder andere Regeln, so wirft er hinweg die Verheißung Christi, fället ab von Christo und seiner Gnade.

Hie wollen aber kaiserliche Majestät, alle 18 Fürsten und Stände des Reichs merken, wie überaus unverschämt die Widersacher sind, daß sie trotzlich dürfen sagen, es sei alles gottlos, was wir wider die Möncherei haben fürbracht: so wir doch ganze gewisse und klare Sprüch Pauli angezogen haben, 19 und je nichts klärer, gewisser in der ganzen Bibel ist, denn daß wir Vergebung der Sünde erlangen allein durch den Glauben an Christum. Und die gewisse göttliche Wahrheit dürfen die Meister der Confutation, die verzweifelten Böswicht und heillosen Buben, gottlose Lehre heißen. Wir haben aber keinen Zweifel, wo kaiserliche Majestät und die Fürsten des verwarnet werden, sie werden eine solche öffentliche Gotteslästerung lassen aus der Confutation tilgen und ausreißen.

Dieweil wir aber hie oben reichlich angezeigt, daß es ein Irrtum sei, daß wir 20 Vergebung der Sünde um unsers Verdiensts willen erlangen sollten, so wollen wir hier desto kürzer reden. Denn ein jeder verständiger Leser kann leichtlich abnehmen, daß wir durch die elenden Mönchwerke nicht können vom Tode und ' des Teufels Gewalt erlöset werden und Vergebung der

---

Quod vero adversarii negant, unquam dictum esse, vitam monasticam statum esse perfectionis, Gerson viderit. Is peculiarem librum scripsit ad illam impiam opinionem refellendam. Et affirmat quosdam ita loqui. Sed non est opus quaerere testes, plerique omnes audivimus talia concionantes monachos in templis. Quidam acuti, ut communem errorem corrigerent, neque tamen recepta verba prorsus abiicerent, scripserunt, vitam monasticam esse statum acquirendae perfectionis. Hoc prudenter dictum est, modo ut populus dextre accipiat. Quis autem status? quod vitae genus? non est status acquirendae perfectionis. In coniugio, in omni vocatione ad perfectionem tendere debemus, ac sentire, quod unumquemque vocaverit Deus ad certam functionem, in qua velit eum exercere, ut discat credere. Haec fides perfectio est singulorum.

[1]) Regel Benedikts von Nursia (1. Hälfte d. 6. Jh.), die Grundurkunde des abendländischen Mönchtums. S. Benedicti regula monachorum. Ed. Butler 1912. [2]) Die aus einem Schreiben Augustins an die Nonnen von Hippo (Ep. 211 MSL 33, 211 ff., CSEL 57.) umgestaltete Grundregel für das Gemeinschaftsleben (die vita canonica) der Weltgeistlichen. Hauck IV[3.4]., 358 ff. 423. RGG[3] I, 751. LThK[2] I, 1104 f. [3]) CR 27, 176.

legitur, professionem monasticam parem esse baptismo¹. Furor est humanam traditionem, quae neque mandatum Dei neque promissionem habet, aequare ordinationi Christi, quae habet et mandatum et promissionem Dei, quae continet pactum gratiae et vitae aeternae.

Sunde verdienen. Darum ist auch das gotteslästerische, häßliche Wort, welches Thomas schreibt, in keinem Wege zu leiden, daß ins Kloster gehen solle ein neue Taufe sein oder der Taufe gleich sein. Denn es ist ein teufelisch Wüterei und Irrtum, daß man ein heillose menschliche Satzung und Gebot, welchs weder Gottes Gebot noch Zusage hat, der heiligen Taufe vergleichen sollt, dabei keine Zusage oder Verheißung Gottes ist.

21 Secundo. Obedientia, paupertas et coelibatus, si tamen non sit impurus, exercitia sunt ἀδιάφορα. Ideoque sancti uti eis sine impietate possunt, sicut usi sunt Bernhardus, Franciscus, et alii sancti viri. Et hi usi sunt propter utilitatem corporalem, ut expeditiores essent ad docendum et ad alia pia officia, non quod opera ipsa per se sint cultus, qui iustificent, aut mereantur vitam aeternam. Denique sunt ex illo genere, de quo Paulus ait: Corporalis exercitatio parumper utilis est. Et credibile est alicubi nunc quoque esse bonos viros in monasteriis, qui serviunt ministerio verbi, qui illis observationibus sine impiis opinionibus utuntur. At sentire, quod illae observationes sint cultus, propter quos coram Deo iusti reputentur et per quos mereantur vitam aeternam, hoc pugnat cum evangelio de iustitia fidei, quod docet, quod propter Christum donetur nobis iustitia et vita aeterna. Pugnat et cum dicto Christi: Frustra colunt me mandatis hominum. Pugnat et cum hac sententia: Omne, quod non est ex fide, peccatum est. Quomodo autem possunt affirmare, quod sint cultus, quos Deus approbet tamquam iustitiam coram ipso, cum nullum habeant testimonium verbi Dei?

1. Tim. 4, 8.
22
23
Matth 15, 9.
Röm. 14, 23.

Zum andern, so sind diese Stücke: willig Armut, Gehorsam, Keuschheit, wenn sie anders nicht unrein ist, eitel Adiaphora und leibliche Übung, darin weder Sunde noch Gerechtigkeit zu suchen ist. Darum haben die Heiligen derselbigen viel anders gebraucht, als S. Bernhard, Franciskus und andere, denn itzund die Mönche. Denn dieselbigen haben solchs Dings gebraucht zur Übung des Leibs, daß sie desto leichter warten können Lehrens, Predigens und anderer dergleichen, nicht daß solche Werk Gottesdienst sollten sein, für Gott gerecht zu machen oder das ewige Leben zu verdienen, sondern die Werke malet Paulus recht ab, da er sagt: „Leibliche Übung ist wenig nütze." Und es ist müglich, daß in etlichen Klöstern noch etliche fromme Leute sein, welche lesen und studieren, die solcher Regel und Satzungen brauchen ohne Heuchelei und mit diesem Bericht, daß sie ihre Möncherei nicht für Heiligkeit halten. Das aber halten, daß dieselbigen Werke ein Gottesdienst sein, dadurch wir für Gott fromm werden und das ewige Leben verdienen, das ist stracks wider das Evangelium und wider Christum. Denn das Evangelium lehret, daß wir durch den Glauben an Christum gerecht werden und das ewige Leben erlangen. So ist es auch stracks wider das Wort Christi: „Sie dienen mir vergeblich mit Menschengeboten." So ist es wider diesen Spruch Pauli: „Alles, was nicht aus dem Glauben ist, das ist Sunde." Wie können sie aber sagen, daß es Gottesdienste sind, die Gott gefallen und angenehm sein für ihm, so sie kein Gottes Wort noch Befehl haben.

24 Sed videte impudentiam adversariorum. Non solum docent, quod obser-

Hie ist aber erst zu merken, wie gar unverschämte Heuchler und Buffen sie sein. Sie

---

Fortasse prudentius diceretur, vitam monasticam esse scholas, paedagogiam et disciplinam puerilem, cuius proximus finis est non illa spiritualis perfectio, sicut aliorum statuum, sed doctrina et eruditio, qua instructi iuvenes postea fiebant idonei ad regendas et docendas ecclesias. Talia fuerunt initio collegia Basilii et Augustini, ubi studiosi una versabantur, et exercebantur in sacris litteris, et assuefiebant ad honesta officia, ut postea praefici ecclesiis possent. Nec erant votis oneratae conscientiae. Talia si nunc essent monasteria, nemo vituperaret.

Nunc magna ex parte monasteria alunt tantum otiosos ventres, qui praetextu religionis helluantur eleemosynis publicis.

---

¹) s. o. S. 112 Anm. 1. Luther dazu in Ed. pr. D. a. R.: Blasphemia b. Thomae.

vationes illae sint cultus iustificantes, sed addunt perfectiores esse cultus, hoc est, magis merentes remissionem peccatorum et iustificationem, quam sint alia vitae genera[1]. Et hic concurrunt multae falsae ac perniciosae opiniones. Fingunt se servare praecepta et consilia[2]. Postea homines liberales, cum somnient se habere merita supererogatio¹nis, vendunt haec aliis. Haec omnia plena sunt pharisaicae vanitatis. Extrema enim impietas est sentire, quod Decalogo ita satisfaciant, ut super¹sint merita, cum haec praecepta omnes sanctos accusent: Diligas Dominum Deum tuum ex toto corde tuo. Item: Non concupiscas. Propheta ait: Omnis homo mendax, id est, non recte de Deo sentiens, non satis timens, non satis credens Deo. Quare falso gloriantur monachi in observatione monasticae vitae praeceptis satisfieri ac plus quam praecepta fieri.

dürfen sagen, daß ihr Klostergelübde und Orden nicht allein Gottesdienst sein, die gerecht und fromm für Gott machen, sondern setzen noch dies dazu, daß es Stände sein der Vollkommenheit, das ist heiliger und höher Stände, denn andere, als Ehestand, Regentenstand; und sind also in solcher ihrer mön¹chischen Heuchelei und phariseischem Wesen unzählige andere greuliche ketzerische Irrtum begriffen. Denn sie rühmen sich für die allerheiligsten Leute, welche nicht allein die Gebot oder praecepta, sondern ¹ auch die consilia, das ist die hohen Räte, was die Schrift von hohen Gaben nicht ein Gebot, sondern ein Rat gibt, halten. Darnach so sie ihnen selbst erdichten, sie sein so reich von Verdienst und Heiligkeit, daß ihnen noch überbleibt, so sind dennoch die frommen Heiligen so milde, daß sie ihre merita supererogationis, ihre übrige Verdienst andern anbieten und um einen gleichen Pfennig, um Geld laßen zustehen.

Dieses alles ist eitel grobe, greuliche, erlogene, erstunkene Heiligkeit und eitel pharisäische Heuchelei und Gleißnerei. Denn nachdem das erste Gebot Gottes („Du sollt Gott deinen Herrn lieben von ganzem Herzen, von ganzer Seelen 2c.") höher ist, denn ein Mensch auf Erden begreifen kann, nachdem es die höhste Theologia ist, daraus alle Propheten, alle Aposteln ihr beste höhste Lehre als aus dem Brunnen geschöpft haben, ja so es ein solch hohe Gebot ist, darnach allein aller Gottesdienst, alle Gottes Ehre, alle Opfer, alle Danksagung im Himmel und auf Erden reguliert und gericht müssen werden, also, daß alle Gottesdienst, wie hoch, köstlich und heilig sie scheinen, wenn sie außer dem Gebot sein, eitel Schalen und Hülsen ohne Kern, ja eitel Unflat und Greuel für Gott sein, welches hohe Gebot so gar kein Heiliger vollkommen erfüllet hat, daß noch wohl Noah und Abraham, David, Petrus und Paulus sich da für unvollkommen, für Sunder bekennen und hie unten bleiben müssen: so ist es unerhörter pharisäischer, ja recht teuflischer Stolz, daß ein lausiger Barfüßermönch oder dergleichen heilloser Heuchler soll sagen, ja predigen und lehren, er habe das heilige hohe Gebot also vollkömmlich gehalten und erfüllet, und nach Erfordern und Willen Gottes so viel guter Werk gethan, daß ihm noch Verdienst überbleiben. Ja, lieben Heuchler, wenn sich die heiligen zehen Gebot und das hohe erste Gottes Gebot also erfüllen ließen, wie sich die Brote und Parteken laßen in Sack stecken. Es sind unverschamte Heuchler, damit die Welt in diesen letzten Zeiten geplagt ist. Der Prophet David sagt: „Alle Menschen sind Lügner." Das ist: kein Mensch auf Erden, auch nicht die Heiligen achten oder fürchten Gott so hoch und groß, als sie sollten, kein Mensch auf Erden glaubt und vertrauet Gott so ganz vollkömmlich, als er soll 2c. Darum sind es Lügen und heuchlerische erdichte Träume, daß die

Et quod hortantur nos adversarii, ut sequentes maiorum nostrorum exempla reformemus monasteria, plane agnoscunt multum degenerasse mores monachorum. Nos hanc tutissimam reformationem esse indicamus, ne quem includamus contra conscientiam. Interim scholas sacrarum literarum in nostris ditionibus pro nostris facultatibus et excitabimus et excitatas ornabimus.

Postremo argumentantur adversarii, perpetuam castitatem non esse impossibilem homini, et cum sit difficilis, precibus impetrandam esse. De hoc argumento supra diximus, ita orandum esse, ut interim non aspernemur remedia a Deo ostensa, si poscat imbecillitas nostra, nam qui amat periculum, peribit in illo. Quis autem nescit, quantum sit periculi in hac imbecillitate humanae naturae in acerrimis insidiis diaboli. Ac iure sancti viri dixerunt, perpetuam esse pugnam, victoriam raram, itaque nos prohibere non volumus, quo minus hi, qui non possunt ferre onus monasticae vitae, contrahant matrimonia iuxta verbum et ordinationem Dei.

---

[1]) f. o. S. 113 Anm. 1.   [2]) f. o. S. 119 Anm. 2.

Mönche rühmen, sie leben nach der Vollkommenheit des Evangelii und der Gebot Gottes, oder tun mehr, denn sie schuldig sein, daß ihnen gute Werk und etliche Zentner übriger, überflüssiger Heiligkeit im Vorrat bleiben.

26 Deinde falsum et hoc est, quod observationes monasticae sint opera consiliorum evangelii. Nam evangelium non consulit discrimina vestitus, ciborum, abdicationem rerum propriarum. Hae sunt traditiones humanae, de quibus omnibus dictum est: Esca non commendat Deo. Quare neque cultus iustificantes sunt, neque perfectio; imo cum his titulis fucatae proponuntur, sunt merae doctrinae daemoniorum.

1 Kor. 8, 8.
1. Tim. 4, 1.

Auch so ist das falsch und erlogen, daß das Möncheleben sollte sein ein Erfüllung der Consilien oder Räthe im Evangelio. Denn das Evangelium hat nirgend geraten solche Unterscheid der Kleider, der Speise, oder durch solchen Bettelstab der Leute Güter auszusaugen; denn es sind eitel Menschensatzungen, von welchen Paulus sagt: „Die Speise macht uns nicht heiliger für Gott 2c." Darum sind es auch nicht Gottesdienst, die für Gott fromm machen, sind auch nicht ein evangelische Vollkommenheit, sondern wenn man sie mit den prächtigen Titeln lehret, prediget und ausschreitet, so sinds, wie sie Paulus nennet, rechte Teufelslehre.

27 Virginitas suadetur, sed his, qui donum habent, ut supra dictum est. Error est autem perniciosissimus sentire, quod perfectio evangelica sit in traditionibus humanis. Nam ita etiam Mahometistarum monachi gloriari possent se habere perfectionem evangelicam. Neque est in observatione aliorum, quae dicuntur ἀδιάφορα, sed quia regnum Dei est iustitia et vita in cordibus, ideo perfectio est crescere timorem Dei, fiduciam misericordiae promissae in Christo et curam obediendi vocationi, sicut et Paulus describit perfectionem: Transformamur a claritate in claritatem, tamquam a Domini spiritu. Non ait: alium subinde cucullum accipimus aut alios calceos aut alia cingula. Miserabile est in ecclesia tales pharisaicas, imo mahometicas voces legi atque audiri, videlicet perfectionem evangelii, regni Christi, quod est vita aeterna, in his stultis observationibus vestium et similium nugarum collocari.

W 274
Röm. 14, 17.
M 277
2. Kor. 3, 18.

Die Jungfrauschaft lobet Paulus und als ein guten Rat prediget er's denen, welche dieselbe Gaben haben, wie ich hier oben gesagt habe. Derhalben ist es ein schändlicher, höllischer Irrtum, lehren und halten, daß evangelische Vollkommenheit in menschlichen Satzungen stehe. Denn auf die Weis möchten sich auch die Mahometisten und Türken rühmen, (denn sie haben auch Einsiedelnn und Mönchen, wie gläubliche Historien vorhanden), daß sie evangelische Vollkommenheit hielten. So ist auch die evangelische Vollkommenheit nicht in den Dingen, welche Adiaphora sind, sondern dieweil dieses das Reich Gottes ist, daß inwendig der heilige Geist unsere Herzen erleuchte, reinige, stärke, und daß er ein neu Licht und Leben in den Herzen wirke, so ist die rechte evangelische, christliche Vollkommenheit, daß wir täglich im Glauben in Gottesfurcht, in treulichem Fleiß des Berufs und Amts, das uns befohlen ist, zunehmen, wie auch Paulus die Vollkommenheit beschreibt, do er sagt 2. Kor. 3: „Wir werden verkläret in dasselbige Bilde von einer Klarheit zu der andern, als vom Geist des Herrn." Er sagt nicht: wir gehen von einem Orden in den andern, wir ziehen jetzund diese, dann jene Kappen an, jetzund diesen Gürtel, dann jenen Strick 2c. Es ist erbärmlich, daß in der christlichen Kirchen solche pharisäische, ja türkische und mahometische Lehre überhand genommen haben, daß sie lehren, die evangelische Vollkommenheit und das Reich Christi, durch welchs sich hie die ewigen Güter und das ewige Leben anheben sollen, stehen in Kappen, in Kleidern, in Speis und dergleichen Kinderwerk.

28 Nunc audite Areopagitas nostros[1], quam indignam sententiam posuerint in confutatione. Sic aiunt: Sacris literis ex-

Hie höre man aber weiter die trefflichen Lehrer, wie sie in ihre Confutation so ein öffentliche Gotteslästerung und häßlich

---

[1]) Richter (nach den Mitgliedern des Areopags, der obersten athenischen Gerichtsbehörde).

pressum est monasticam vitam, debita observatione custoditam, quam per gratiam Dei quilibet monastici custodire possunt, mereri vitam aeternam, et quidem multo auctiorem. Christus eis promisit, qui reliquerint domum aut fratres etc.[1]. Haec sunt verba adversariorum, in quibus hoc primum impudentissime dicitur, quod sacris litteris expressum sit vitam monasticam mereri vitam aeternam. Ubi enim loquuntur sacrae literae de monastica? Sic agunt causam adversarii, sic citant scripturas nihili homines; cum nemo nesciat monasticam recens excogitatam esse, tamen allegant auctoritatem scripturae, et quidem dicunt hoc suum decretum expressum esse in scripturis.

Praeterea contumelia afficiunt Christum, cum dicunt homines per monasticam mereri vitam aeternam. Deus ne suae quidem legi hunc honorem tribuit, quod mereatur vitam aeternam, sicut clare dicit apud Ezech. cap. 20.: Ego dedi eis praecepta non bona et iudicia, in quibus non vivent. Primum hoc certum est, quod vita monastica non mere¹tur remissionem peccatorum, sed hanc fide gratis accipimus, ut supra dictum est. Deinde propter Christum, per misericordiam donatur vita aeterna his, qui fide accipiunt remissionem, nec opponunt merita sua iudicio Dei, sicut et Bernhardus gravissime dicit: Necesse est primo omnium credere, quod remissionem peccatorum habere non possis, nisi per indulgentiam Dei. Deinde, quod nihil prorsus habere queas operis boni, nisi et hoc¹ dederit ipse. Postremo, quod aeternam vitam nullis potes operibus promereri, nisi gratis detur et illa[2]. Cetera, quae in eandem sententiam sequantur, supra recitavimus. Addit autem in fine Bernhardus: Nemo se seducat, quia, si bene cogitare voluerit, inveniet procul dubio, quod nec cum decem millibus possit occurrere ei, qui cum viginti millibus venit ad se[3]. Cum autem nec divinae legis operibus mereamur remissionem peccatorum aut vitam aeternam, sed necesse sit quaerere misericordiam promissam in Christo: multo minus observationibus monasticis, cum sint merae traditiones humanae, tribuendus est

Wort gesetzt haben. Sie dürfen unverschämt sagen, es sei in der heiligen Schrift geschrieben, daß das Mönchleben und die heiligen Orden das ewige Leben verdienen, und Christus habe dasselbige sonderlich den Mönchen überschwänglich zugesagt, welche also verlassen Haus, Hof, Brüder, Schwester. Das sind die klaren Wort der Widersacher. Ist aber das nicht eine ganz unverschamte Lügen, es sei in der heiligen Schrift geschrieben, daß man durch das Mönchleben könnte das ewige Leben verdienen? Wie seid ihr doch so kühne, wo redet doch die Schrift von Möncherei? Also handeln diese große, trefflichen Sachen die Widersacher, also führen sie die Schrift ein. Die ganze Welt weiß, die Historien sind vor Augen, daß die Orden und Möncherei ein ganz neu Ding ist, noch dürfen sie rühmen, die heilige Schrift rede von ihr Möncherei.

Darüber so lästern sie und schmähen Christum, daß sie sagen, man könne durch Klosterleben das ewige Leben verdienen. Gott tut seinem eigen Gesetz nicht die Ehre, daß man durch die Werk des Gesetzes sollt das ewige Leben verdienen, wie er klar sagt Ezechielis am 20. Ich habe ihnen geben Gesetz, dadurch sie das Leben¹ nicht haben können. Denn für das erst ist das gewiß, daß durch Möncherei niemands kann das ewige Leben verdienen, sondern um Christus Verdiensts willen, durch lauter Barmherzigkeit wird das ewige Leben geben denjenigen, so durch den Glauben Vergebung der Sunde erlangen und halten denselben gegen Gottes Urteil, nicht ihren armen Verdienst. Wie auch S. Bernhard ein fein Wort geredt hat, daß wir Vergebung der Sunde nicht haben können, denn allein durch Gottes Gnade und Güte. Item: daß wir gar nichts von¹ guten Werken haben können, wenn er es nicht gibt. Item, daß wir das ewige Leben nicht verdienen können mit Werken, sondern es werde uns auch aus Gnaden geben. Und dergleichen redet S. Bernhard viel auf dieselbe Meinung, wie wir oben erzählet. Und am Ende setzt noch S. Bernhard dazu: „Darum wölle niemands darinnen sich selbst betrügen noch verführen, denn wird ers selbst recht bedenken, so wird er gewiß finden, daß er mit zehentausend dem nicht kann entgegen kommen, (nämlich Gott) der mit zwanzigtausend auf ihn zudringet." So wir denn auch nicht durch die Werk des göttlichen Gesetzes Vergebung der Sunde oder das ewige Leben verdienen, sondern

---

[1]) CR 27, 172. Vgl. auch S. 225.   [2]) Sermo I. in annunciat. b. Mariae virginis 1. MSL 183, 383 A.   [3]) ebda. 2. 383 D.

hic honor, quod mereantur remissionem peccatorum aut vitam aeternam.

müssen die Barmherzigkeit suchen, welche in Christo verheißen ist, so verdienen wir es viel weniger durch Klosterleben, Möncherei, das eitel Menschensatzungen seind, und soll die Ehre viel weniger den bettelischen Satzungen gegeben werden.

34 Ita simpliciter obruunt evangelium de gratuita remissione peccatorum et de apprehendenda misericordia promissa in Christo, qui docent monasticam vitam mereri remissionem peccatorum aut vitam aeternam, et fiduciam debitam Christo transferunt in illas stultas observationes. Pro Christo colunt suos cucullos, suas sordes. Cum autem et ipsi egeant misericordia, impie faciunt, quod fingunt merita supererogationis eaque aliis vendunt.

Diejenigen, die da lehren, daß wir durch Möncherei können Vergebung der Sünde verdienen, und setzen also das Vertrauen, welchs Christo allein gebühret, auf die elenden Satzungen, die treten schlecht das heilige Evangelion und die Verheißung von Christo mit Füßen, und für den Heiland Christum ehren sie ihre schäbichte Kappen, ihre mönchische tolle Werke. Und so es ihnen noch selbst feilet an Gnade, so tun sie als die gottlosen, heillosen Leute, daß sie noch ihre merita supererogationis erdichten und andern Leuten das übrige Teil am Himmel verkaufen.

35 Brevius de his rebus dicimus, quia ex his quae supra de iustificatione, de poenitentia, de traditionibus humanis diximus[1], satis constat vota monastica non esse pretium, propter quod detur remissio peccatorum et vita aeterna. Et cum Christus vocet traditiones cultus inutiles, nullo modo sunt perfectio evangelica.

Wir reden hie desto kürzer von dieser Sache; denn aus dem, so droben geredt von der Buß, de iustificatione, von Menschensatzungen 2c., ist gnug zu merken, daß die Klostergelübde nicht der Schatz sein, dadurch wir erlöset und erlangen ein ewiges Leben 2c. Und so Christus dieselbigen Satzungen nennet vergebliche Gottesdienste, so sind sie in keinem Wege ein evangelische Vollkommenheit.

36 Verum adversarii videri volunt astute moderari vulgarem persuasionem de perfectione. Negant monasticam vitam perfectionem esse, sed dicunt statum esse acquirendae perfectionis[2]. Belle dictum est, et meminimus hanc correctionem exstare apud Gersonem[3]. Apparet enim prudentes viros offensos immodicis illis encomiis vitae monasticae, cum non auderent in totum detrahere ei laudem perfectionis, addidisse hanc ἐπανόρθωσιν, quod sit status acquirendae perfectionis. **37** Hoc si sequimur, nihilo magis erit monastica status perfectionis, quam vita

Doch haben etliche vernünftige Mönche ein Scheu gehabt, ihr Möncherei so hoch zu rühmen, daß sie sollt christliche Vollkommenheit heißen. Die haben diesen hohen Ruhm gemäßiget, haben gesagt, es sei nicht christliche Vollkommenheit, sondern es sei ein Stand, der dazu dienen soll, christliche Vollkommenheit zu suchen. Solcher Mäßigung gedenkt auch Gerson und verwirft sie unchristliche Rede, daß Möncherei christliche Vollkommenheit sei. Wo nu Möncherei nur ein Stand ist Vollkommenheit zu suchen, so ists nicht mehr ein Stand der Vollkommenheit, denn der Bauern und Ackerleute, der

---

[1]) S. 159ff., 249ff., 297ff. [2]) Quod autem odiosius apponitur, quod religiosi sint in statu perfectionis, ita ab eis nunquam auditum est. Religiosi enim sibi non arrogant perfectionem, sed statum perfectionis acquirendae, quia eorum instituta sunt instrumenta perfectionis, non ipsa perfectio. CR 27, 176. — Luther hier in Ed. pr. D. *a. R.:* 1. Perfectio. 2. Status perfectionis. [3]) Gerson, De consiliis evangelicis et statu perfectionis: Status nempe perfectionis exercendae intendit, bonum suum in alios effundere et multiplicare; status vero perfectionis acquirendae bonum illud, quod iam alius diffundit, intendit, nititur et festinat in se acquirere... Status curatorum est status perfectionis exercendae, religiosi vero status magis est acquirendae. Secundum praedicta autem status perfectionis exercendae perfectior est statu perfectionis acquirendae. II 679 B/C 680 A Du Pin. Im übrigen war Gerson der Begriff überhaupt unerwünscht, s. o. S. 119 Anm. 1.

XXVII. Von den Klostergelübden.

agricolae aut fabri. Nam hi quoque sunt status acquirendae perfectionis. Omnes enim homines in quacunque vocatione perfectionem expetere debent, hoc est, crescere in timore Dei, in fide, in dilectione proximi et similibus virtutibus spiritualibus.

Schneider und Bäcker Leben 2c. Denn das alles sind auch Stände, christliche Vollkommenheit zu suchen. Denn alle Menschen, sie sein in was Stande sie wöllen, ein jeder nach seinem Beruf, so sollen sie nach der Vollkommenheit, so lang dies Leben währet, streben und allzeit zunehmen in Gottesfurcht, im Glauben, in Liebe gegen dem Nähesten und dergleichen geistlichen Gaben.

Exstant in historiis eremitarum exempla, Antonii et aliorum, quae exaequant genera vitae. Scribitur Antonio petenti, ut Deus sibi ostenderet, quantum in hoc vitae genere proficeret, quendam in urbe Alexandria sutorem monstratum esse per somnium, cui compararetur. Postridie Antonius veniens in urbem accedit ad sutorem, exploraturus illius exercitia et dona; collocutus cum homine nihil audit, nisi eum pro universa civitate paucis verbis orare, deinde arti suae operam dare[1]. Hic intellexit[2] Antonius non esse iustificationem tribuendam illi vitae generi, quod susceperat.

Man liest in vitis patrum von S. Antonio und etlichen andern großen heiligen Einsiedeln, welche durch Erfahrung dahin sind endlich kommen, daß sie gemerkt, daß sie ihre Werk vor Gott nicht mehr fromm machen, denn anderer Stände Werk. Denn S. Antonius hat auf eine Zeit Gott gebeten, daß er ihm doch zeigen wollt, wie weit er kommen wäre ins Leben der Vollkommenheit. Da ward ihm angezeigt ein Schuster zu Alexandria, und ward ihm gesagt, dem Handwerksmanne wäre er in Heiligkeit gleich. Bald den andern Tag macht sich Antonius auf, zog gen Alexandria, sprach denselbigen Schuster an, und fraget mit Fleiß, was er für ein heiligen Wandel Leben und Wesen führet. Da antwortet ihm der Schuster: Ich tu nichts besonders; denn morgens spreche ich mein Gebet vor die ganze Stadt und arbeite darnach mein Handwerk, warte meines Hauses 2c. Da verstund Antonius bald, was Gott durch die Offenbarung gemeint hätte. Denn man wird nicht durch dies oder jenes Leben für Gott gerecht, sondern allein durch den Glauben an Christum.

Sed adversarii, etsi nunc moderantur laudes de perfectione, tamen aliter re ipsa sentiunt. Vendunt enim merita et applicant pro aliis hoc praetextu, quod observent praecepta et consilia, quare re ipsa sentiunt sibi superesse merita. Quid est autem arrogare sibi perfectionem, si hoc non est? Deinde in ipsa confutatione positum est, quod monastici contendant propius secundum evangelium vivere[3]. Tribuit igitur perfectionem traditionibus humanis, si ideo propius secundum evangelium vivunt monachi, quia non habent proprium, quia sunt coelibes, quia obediunt regulae in vestitu, cibis et similibus nugis.

Die Widersacher aber, wiewohl sie sich itzund auch schämen, die Möncherei Vollkommenheit zu nennen, so halten sie es doch im Grund dafür. Denn sie verkäufen ihre Werk und Verdienste und geben für, sie halten nicht allein die Gebot, sondern die consilia und Räte, und wähnen, sie behalten Verdienst noch übrig. Heißt das nu nicht mit der Tat Vollkommenheit und Heiligkeit rühmen, wenn sie gleich mit Worten ein wenig die Sache mäßigen? Auch ist klar gesetzt in der Confutation, daß die Mönche näher und genauer nach dem Evangelio leben, denn andere Weltlichen. Wo nu ihre Meinung ist, daß man dadurch dem Evangelio näher lebet, wenn man nicht Eigens hat, außerhalb der Ehe lebet, ein sonderliche Kleidung oder Kappen trägt, also fastet, also betet: so ist ja ihre Meinung, daß ihre Möncherei christliche Vollkommenheit sei, dieweil sie dem Evangelion näher sein soll, denn gemein Leben.

Item, confutatio dicit monachos mereri vitam aeternam auctiorem, et alle-

Item in der Confutation stehet geschrieben, daß die Mönche das ewige Leben reich-

---

[1]) De vitis patrum III. Verba seniorum 130. MSL 785. Auch Luther verwendete die Geschichte gern. E. Schäfer, Luther als Kirchenhistoriker 1897, 425.   [2]) Luther dazu in Ed. pr. D. a. R.: Sic de Paphnutio.   [3]) CR 27, 176.

Matth. 19,29. gat scripturam: Qui reliquerit domum etc.; scilicet hic quoque perfectionem arrogat factitiis religionibus[1]. Sed hic locus scripturae nihil facit ad vitam monasticam. Non enim hoc vult Christus, quod deserere parentes, coniugem, fratres, sit opus ideo faciendum, quia mereatur remissionem peccatorum et vitam aeternam. Imo maledicta est illa desertio. Fit enim cum contumelia Christi, si quis ideo deserat parentes aut coniugem, ut hoc ipso opere mereatur remissionem peccatorum et vitam aeternam.

licher erlangen, denn andere, und ziehen an die Schrift: „Wer Haus und Hof verläßt 2c." Da rühmen sie auch ein Vollkommenheit, welche soll an der Möncherei sein. Aber der Spruch redet nichts von der Möncherei. Denn Christus will da nicht, daß Vater, Mutter, Weib, Kind, Haus und Hof verlassen ein solch Werk sei, damit man Vergebung der Sünde und das ewige Leben verdiene, sondern auf die Weise Vater und Mutter verlassen, gefällt Gott gar nichts und ist in die Hölle vermaledeiet. Denn wenn jemands darum Eltern, Haus, Hof verläßt, daß er dadurch will Vergebung der Sünde und das ewige Leben verdienen, da lästert er Christum.

41 Duplex autem desertio est. Quaedam fit sine vocatione, sine mandato Dei, hanc non probat Christus. Nam opera a nobis electa sunt inutiles cultus. Clarius autem hinc apparet Christum non probare hanc fugam, quia loquitur de deserenda uxore et liberis. Scimus autem, quod mandatum Dei prohibet deserere uxorem et liberos. Alia desertio est, quae fit mandato Dei, videlicet cum cogit nos potestas aut tyrannis cedere, aut negare evangelium. Hic habemus mandatum, ut potius sustineamus iniuriam, potius eripi nobis patiamur non solum facultates, coniugem, liberos, sed vitam quoque. Hanc desertionem probat Christus ideoque addit: Propter Evangelium, ut significet se de his loqui, non qui faciunt iniuriam uxori et liberis, sed qui propter confessionem evangelii sustinent 42 iniuriam. Corpus nostrum etiam deserere debemus propter evangelium. Hic ridiculum fuerit sentire, quod cultus Dei sit se ipsum occidere et relinquere corpus sine mandato Dei. Ita ridiculum est sentire, quod cultus Dei sit deserere possessiones, amicos, coniugem, liberos sine mandato Dei.

Es ist aber zweierlei Verlassen. Eins geschieht aus Beruf und Gottes Gebot. Das Verlassen, welches ohne Beruf und Gottes Gebot geschieht, das läßt ihm der Herr Christus gar nicht gefallen. Denn die Werk, so wir selbst erwählen, nennet der Herr Christus unnütze, vergebliche Gottesdienst. Man siehet aber daraus noch klärer, daß Christus nicht meinet ein solchs Fliehen von Weib und Kind; er sagt: „Wer da verläßt Weib, Kind, Haus, Hof 2c." Nu wissen wir, daß Gott geboten hat, Weib, Kind nicht zu verlassen. Es ist aber ein ander Verlassen, wenn wir aus Gottes Gebot verlassen Eltern, Weib, Kind 2c., und wenn wir es selbst fürnehmen. Denn wenn Tyrannen mich wollten zwingen das Evangelium zu verleugnen, oder verjagen, da haben wir Gottes Befehl, daß wir sollen ehe Unrecht leiden, als: daß wir nicht allein von Weib und Kindern, Haus und Hof vertrieben werden, sondern auch, daß man uns unser Leib und Leben nimmt. Von dem Verlassen redet Christus, darum setzet er auch dazu: Um des Evangelions willen, und zeigt gnug an, daß er von dem rede, die um des Evangelions willen leiden, nicht Weib und Kind aus eigenem Fürnehmen verlassen. Denn wir sind auch schuldig, unser eigen Leben

zu lassen um des Evangelions willen. Da wäre es nu närrisch und ganz widersinns verstanden, wenn ich mich selbst töten wollt ohne Gottes Befehl. Also ist es auch närrisch das für Heiligkeit und Gottesdienst halten, daß ich aus eigenem Vornehmen verließe Weib und Kind ohne Gottes Befehl.

43 Constat igitur male detorqueri dictum Christi ad vitam monasticam. Nisi fortassis hoc quadrat, quod centuplum in hac vita recipiunt. Plurimi enim fiunt monachi non propter evangelium, sed propter culinam et otium, qui pro exiguis patrimoniis inveniunt amplissimas

Derhalben wird der Spruch Christi übel auf die Möncherei gedeut. Es möcht sich aber das auf die Mönche reimen, daß sie Hundertfältiges in diesem Leben empfahen. Denn viel werden Mönche um des Bauchs willen und daß sie Müßiggang und feiste Küchen haben, da sie als Bettler dennoch

---

[1] CR 27, 172.

opes. Sed ut tota res monastica simulationis plena est, ita falso praetextu testimonia scripturae citant, ut dupliciter peccent, hoc est, ut fallant homines, et fallant praetextu nominis divini.

Citatur et alius locus de perfectione: Si vis perfectus esse, vade, vende, quae habes[1], et da pauperibus, et veni et sequere me. Hic locus exercuit multos, qui finxerunt perfectionem esse, possessiones ac dominia rerum abiicere. Sinamus philosophos Aristippum praedicare, qui magnum auri pondus abiecit in mare[2]. Talia exempla nihil pertinent ad christianam perfectionem. Rerum divisio, dominia et possessio sunt ordinationes civiles, approbatae verbo Dei in praecepto: Non furtum facies. Desertio facultatum non habet mandatum aut consilium in scripturis. Nam evangelica paupertas non est desertio rerum, sed non esse avarum, non confidere opibus, sicut David pauper erat in ditissimo regno.

Quare cum desertio facultatum sit mere traditio humana, est inutilis cultus. Et immodica sunt illa encomia in Extravagante, quae ait abdicationem proprietatis omnium rerum propter Deum meritoriam et sanctam et viam perfectionis esse[3]. Et periculosissimum est rem pugnantem cum civili consuetudine talibus immoderatis laudibus efferre. At Christus hic perfectionem vocat. Imo iniuriam faciunt textui, qui truncatum allegant. Perfectio est in hoc, quod addit Christus: Sequere me[4]. Exemplum obedientiae in vocatione propositum est. Et quia vocationes dissimiles sunt, ita haec vocatio non est omnium[5], sed proprie

in reiche Klöster kommen. Wie aber die ganze Möncherei voll Heuchelei ist und Betrugs, also ziehen sie auch die Schrift fälschlich an, tun also zweierlei schreckliche Sunde. Vor eins, daß sie die Welt mit Abgötterei betrügen. Zum andern daß sie Gottes Namen und Wort fälschlich anziehen ihre Abgötterei zu schmücken.

Auch so wird ein Spruch angezogen: „So du willt vollkommen sein, so gehe, verkauf alles, was du hast, und gibs den Armen und folge mir nach." Der Spruch hat vielen zu schaffen gemacht, daß sie haben wöllen wähnen, das sei die höchste Heiligkeit und Vollkommenheit, nicht Eigens haben, nicht Haus, Hof, Güter haben. Es mügen aber die Cynici, als Diogenes, der kein Haus haben wollt, sondern lag in einem Faß, solche heidnische Heiligkeit rühmen; christliche Heiligkeit stehet viel auf höhern Sachen, denn auf solcher Heuchelei. Denn Güter haben, Haus und Hof, sind weltlicher Regiment Ordnungen, welche durch Gott bestätiget sind, als im siebenten Gebot: Du sollt nicht stehlen 2c. Darum Güter, Haus und Hof verlassen, ist in der Schrift nicht geboten noch geraten. Denn evangelische, christliche Armut stehet nicht darinne, daß ich die Güter verlasse, sondern daß ich nicht darauf vertraue, gleichwie David gleichwohl arm war bei einer großen Gewalt und Königreich.

Darum dieweil solch Verlassen der Güter nichts ist, denn ein menschliche Satzung, so ist es ein unnütz Gottesdienst. Und des Pabsts Extravagant rühmet und lobet auch viel zu hoch solche mönchische heuchlische Armut, da sie saget, nicht Eigens haben um Gottes willen sei ein verdienstlich heilig Ding und ein Weg der Vollkommenheit. Wenn unerfahrne Leute solch Rühmen hören, fallen sie darauf, es sei unchristlich in Gütern sitzen; daraus folgen denn viel Irrtum und Aufrühren. Durch solch Rühmen ist Müntzer betrogen worden, und werden dadurch viel Anabaptisten verführt. Sie sprechen aber: Hats doch Christus selb Vollkommenheit genennet. Da sag ich nein

---

[1]) Luther in Ed. pr. D. dazu a. R.: Vade, vende omnia, scilicet eadem causa, qua relinquenda sunt, id est propter Christum, non propria electione. Sic beati pauperes spiritu vel eadem causa ut supra. Christus ibi loquitur de causa evangelii, de cruce et confessione publica tempore belli satanae. [2]) Diog. Laert. II, 77. Aristipp, der Gründer der Schule der Hedoniker, im 5./4. Jh. v. Chr., tat es freilich, um sein Geld nicht Seeräubern in die Hände fallen zu lassen. [3]) Extrav. Joh. XXII. tit. 14. c. 5 II, 1232 Friedberg. Zitat aus einer Konstitution Nikolaus' III. Lib. sext. Decr. lib. V. tit. 12. c. 3. [4]) Luther in Ed. pr. D. a. R.: ·|· patere mecum. [5]) Luther in Ed. pr. D. a. R.: imo est omnium, quia publica propter Christum.

ad illam personam, cum qua ibi loquitur Christus, pertinet, sicut vocatio David ad regnum, Abraham ad mactandum filium non sunt nobis imitandae. Vocationes sunt personales, sicut negotia ipsa variant temporibus et personis; sed exemplum obedientiae est generale. Perfectio erat futura illi iuveni, si huic vocationi credidisset et obedivisset. Ita perfectio nobis est obedire unumquemque vera fide suae vocationi.

zu; denn sie tun dem Text Gewalt, daß sie ihn nicht ganz anziehen. Vollkommenheit stehet in diesem Stück, da Christus spricht: Folge mir nach. Und darinne stehet eins jeden Christen Vollkommenheit, daß er Christo folge, ein jeder nach seinem Beruf, und sind doch die Beruf ungleich, einer wird berufen zu eim Regenten, der ander zu eim Hausvater, der dritt zu eim Prediger. Darum, obschon jener Jüngling beruft ist, daß er verkaufen sollt, betrifft sein Beruf nicht andere, wie Davids Beruf, daß er König werden sollt, nicht alle betrifft; Abrahams Beruf, daß er sein Sohn opfern sollt, betrifft nicht andere. Also sind die Beruf ungleich, aber der Gehorsam soll gleich sein, und darin stehet Vollkommenheit, so ich in meinem Beruf gehorsam bin, nicht so ich mich eines fremden Berufs annimm, da ich nicht Befehle oder Gottes Gebot von habe.

51 Tertio. In votis monasticis promittitur castitas. Supra autem diximus de coniugio sacerdotum, non posse votis aut legibus tolli ius naturae in hominibus[1]. Et quia non omnes habent donum continentiae, multi propter imbecillitatem infeliciter continent. Neque vero ulla vota aut ullae leges possunt abolere mandatum spiritus sancti: Propter fornicationem unusquisque habeat uxorem suam. Quare hoc votum non est licitum in his, qui non habent donum continentiae, sed propter imbecillitatem contaminantur. 52 De hoc toto loco satis supra dictum est, in quo profecto mirum est, cum versentur ob oculos pericula et scandala, tamen adversarios defendere suas traditiones contra manifestum Dei praeceptum. Nec commovet eos vox Christi, qui obiurgat pharisaeos, qui traditiones contra mandatum Dei fecerant.

Vor das dritte, eins von den Substantialklostergelübden ist die Keuschheit. Nu haben wir oben von der Priesterehe gesagt, daß man durch kein Gesetze oder Klostergelübde natürlich oder göttlich Recht ändern kann, und so nicht alle Leute die Gabe der Keuschheit haben, so halten sie auch dieselbigen, daß Gott geklagt sei. So können auch keine Klostergelübde noch Gesetze dem heiligen Geist sein Gebot ändern, da Paulus sagt: „Hurerei zu vermeiden, habe ein jeglicher sein eigen Eheweib." Darum sind Klostergelübde nicht christlich in denen, welche nicht haben die Gabe der Keuschheit, sondern fallen und machens ärger aus Schwachheit. Von dem Artikel haben wir hier oben gesagt, und ist wahrlich Wunder, so die Widersacher vor Augen sehen so viel unzählige Fährlichkeit der Gewissen und Ärgernis, daß sie nichtsdestoweniger als die törichten, rasenden Leute dringen auf solche Menschensatzungen wider das öffentliche Gottes Gebot, und sehen nicht, daß der Herr Christus so ernstlich strafet die Pharisäer, welche Satzungen wider Gottes Gebot lehreten.

53 Quarto. Liberant hos, qui vivunt in monasteriis, impii cultus, quales sunt profanatio missae ad quaestum collatae pro mortuis, cultus sanctorum, in quibus duplex vitium est, et quod sancti in locum Christi surrogantur et impie coluntur, sicut finxerunt Dominicastri rosarium b. Virginis[2], quod est mera βαττολογία[3] non minus stulta, quam impia, vanissimam fiduciam alens. Deinde hae ipsae impietates tantum conferuntur ad quae-

Zum vierten, so sollt doch jedermann vom Klosterleben abschrecken der greuliche, schreckliche Mißbrauch der Messen, welche gehalten werden vor Lebendige und vor die Toten. Item, das Anrufen der Heiligen, das alles auf Geiz, auf eitel Teufelsgreuel gericht ist. Denn am Anrufen der Heiligen ist zweierlei Greuel. Der eine, daß der Heiligendienst auf Geiz gericht ist. Der ander, daß die Heiligen werden gesetzt an Christus statt, und daß sie werden abgöttisch ange-

---

[1] S. 334, 30 ff.   [2] Das Rosenkranz-Gebet ist aus älteren Elementen (gehäuften Vaterunsern schon bei den ägyptischen Mönchen und dem Ave-Maria Ende 11. Jh.) am Ende des Mittelalters entstanden. Die Dominikaner haben es besonders gefördert; ihre Legende führt es seit dem 15. Jh. auf eine Marien-Vision des Dominikus zurück. RE³ XVII, 144 ff. J. H. Schütz, Die Gesch. d. Rosenkranzes 1909.   [3] Matth. 6, 7.

stum. Item, evangelium de gratuita remissione peccatorum propter Christum, de iustitia fidei, de vera poenitentia, de operibus, quae habent mandatum Dei, neque audiunt neque docent. Sed versantur aut in philosophicis disputationibus aut in traditionibus ceremoniarum, quae obscurant Christum.

betet und vor Mittler gegen Gott gehalten, wie allein die Predigermönche (schweige unzählig tolle Träume der andern Mönche) mit der Brüderschaft des Rosenkranz ein rechte unverschämte Abgötterei haben angericht, welches itzund Feinde und Freunde selbst spotten. Item, das Evangelion, welchs da predigt Vergebung der Sunden um Christus willen, von rechter Buß, von rechten guten Werken, die Gottes Befehl haben, hören sie nicht, sie lehrens auch nicht, sondern lehren aus ihren Predigten Fabeln von Heiligen und eigne erdichte Werk, dadurch Christus wird unterdrücket. Das alles haben die Bischofe leiden können.

Non hic dicemus de illo toto cultu ceremoniarum, de lectionibus, cantu¹ et similibus rebus, quae poterant tolerari, si haberentur pro exercitiis, sicut lectiones in scholis, quarum finis est docere audientes et inter docendum aliquos commovere ad timorem aut fidem. Sed nunc fingunt has ceremonias esse cultus Dei, qui mereantur remissionem peccatorum ipsis et aliis. Ideo enim augent has ceremonias. Quodsi susciperent ad docendos et adhortandos auditores, breves et accuratae lectiones plus prodessent, quam illae infinitae βαττολογίαι. Ita tota vita monastica plena est hypocrisi et falsis opinionibus. Ad haec omnia accedit et hoc periculum, quod, qui sunt in illis collegiis, coguntur assentiri persequentibus veritatem. Multae igitur graves et magnae rationes sunt, quae liberant bonos viros ab hoc vitae genere.

Wir wöllen hie geschweigen der unzähligen kindischen Ceremonien und närrischen Gottesdienst mit Lektion, mit Gesängen und dergleichen, welche zum Teil möchten zu dulden sein, wenn sie eine Maß hätten und zu guter Übunge gebraucht würden, wie man der Lektion in der Schule und der Predigt dazu gebrauchet, daß die Zuhörer davon sich bessern. Aber nu erdichten sie ihnen selbst, daß solche mancherlei Ceremonien sollen Gottesdienst sein, Vergebung der Sunde dadurch zu verdienen ihnen selbst und andern, darum machen sie auch ohne Unterlaß neue Ceremonien. Denn wenn sie solche Kirchendienst und Ceremonien dahin richteten, daß die Jugend und der gemeine Mann möchte geübt werden in Gottes Wort, so wären kurze und fleißige Lection viel nützer, denn ihr Geplärre im Chor, das weder Maß noch Ende hat. Also ist das ganze Klosterleben gar voll Abgötterei und voll heuchlischer Irrtum wider das erst und ander Gebot, wider Christum. Darüber ist noch die Fährlichkeit dabei, daß diejenigen, die also in Stiften oder Klöstern sind, müssen wissentlich helfen die Wahrheit verfolgen. Derhalben sind viel großer Ursachen, darum fromme, redliche Leute Klosterleben fliehen oder auch verlassen mügen.

Postremo multos liberant ipsi canones, qui aut illecti artibus monachorum sine iudicio voverunt, aut coacti ab amicis voverunt. Talia vota ne canones quidem pronuntiant esse vota. Ex his omnibus apparet plurimas esse causas, quae docent vota monastica, qualia hactenus facta sunt, non esse vota, quare tuto deseri potest vitae genus plenum hypocrisi et falsarum opinionum.

Darüber, so sprechen die Canones selbst diejenigen los, die überredt sind mit guten Worten, ehe sie zu ihrem rechten Alter kommen sind oder welche die Freunde wider ihren Willen in ein Kloster verstoßen haben. Aus dem allen erscheinet, daß viel Ursachen sind, welche da anzeigen, daß die Klostergelübde, welche bisher geschehen sind, nicht recht christliche, bündige Gelübde sind. Darum mag man Klosterleben mit gutem Gewissen verlassen, nachdem es voll Heuchelei und allerlei Greuel ist.

Hic obiiciunt ex lege Nazaraeos². Sed hi non suscipiebant vota sua cum his opinionibus, quas hactenus diximus nos reprehendere in votis monachorum. Na-

Hie werfen uns die Widersacher für die Nazaräer im Gesetz Mosi. Aber die täten ihre Gelübde nicht der Meinung, dadurch Vergebung der Sunde zu erlangen, wie wir

---

¹) Die Lektionen, Psalmen, Kantiken, Antiphonen, Responsorien usw. des Breviers. Eisenhofer II, 502 ff. ²) CR 27, 169.

zaraeorum ritus erat exercitium aut protestatio fidei coram hominibus[1], non merebatur remissionem peccatorum coram Deo, non iustificabat coram Deo. Deinde sicut nunc circumcisio aut mactatio victimarum non esset cultus, ita nec ritus Nazaraeorum nunc debet proponi tamquam cultus, sed debet iudicari simpliciter ἀδιάφορον. Non igitur recte confertur monachatus sine verbo Dei excogitatus, ut sit cultus, qui mereatur remissionem peccatorum et iustificationem, cum ritu Nazaraeorum[2], qui habebat verbum Dei, nec traditus erat in hoc, ut mereretur remissionem peccatorum, sed ut esset exercitium externum sicut aliae ceremoniae legis. Idem de aliis votis in lege traditis dici potest.

oben von den Mönchengelubden geklagt haben. Der Nazaräer Orden war eine leibliche Uebung mit Fasten, mit gewisser Speis, dadurch sie ihren Glauben bekenneten, nicht daß sie dadurch Vergebung der Sünde erlangten, oder dadurch vom ewigen Tod erlöset würden; denn das suchten sie anderswo, nämlich in der Verheißung von dem gebenedeiten Samen. Item, wie die Beschneidung im Gesetz Mosi oder das Opferschlachten itzund nicht soll für ein Gottesdienst aufgerichtet werden, also soll man das Fasten oder Ceremonien der Nazaräer nicht aufrichten oder anziehen als ein Gottesdienst, sondern soll gehalten werden[1] für ein Mittelding und leibliche Übung. Derhalben können noch sollen sie ihren Mönchstand, welcher ohne Gottes Wort erdichtet ist als ein Gottesdienst, dadurch Gott versühnet werde, nicht vergleichen mit der Nazaräer Stand, welchen Gott befohlen hatte, und war nicht dazu erdacht, daß die Nazaräer dadurch sollten erlangen ein gnädigen Gott, sondern daß es ein äußerliche Zucht und Übung wäre des Leibs, wie andere Ceremonien im Gesetz Mosi. Item, gleich dasselbige ist auch von andern mancherlei Gelübden, die im Gesetz Mosi gesetzt werden, zu antworten.

59 Allegantur et Rechabitae[3], qui nec possessiones habebant ullas, nec vinum bibebant, ut sribit Ieremias cap. 35. Scilicet pulchre quadrat exemplum Rechabitarum ad monachos nostros, quorum monasteria superant palatia regum, qui lautissime vivunt. Et Rechabitae in illa omnium rerum penuria tamen erant coniuges. Nostri monachi cum affluant omnibus deliciis, profitentur coelibatum.

Auch so ziehen die Widersacher an das Exempel der Rechabiten, welche keine Güter hatten, auch keinen Wein trunken, wie Hieremia sagt Kap. 35. Ja wahrlich, es reimet sich wohl der Rechabiten Exempel zu unsern Mönchen, so ihre Klöster prächtiger, denn der Könige Palast gebaut sind, so sie in allem Überfluß leben. Auch so sind die Rechabiten bei ihrem Armut doch Eheleute gewesen; unsere Mönche, so sie allen Pracht, allen Überfluß haben, geben in ihrer Heuchelei Keuschheit für.

60 Ceterum exempla iuxta regulam, hoc est, iuxta scripturas certas et claras, non contra regulam seu contra scripturas **61** interpretari convenit. Certissimum est autem observationes nostras non mereri remissionem peccatorum aut iustificationem. Quare cum laudantur Rechabitae, necesse est eos morem suum non ideo servasse, quod sentirent se per eum mereri remissionem peccatorum, aut opus ipsum cultum esse iustificantem, aut propter quem consequerentur vitam aeternam, non per misericordiam Dei, propter semen promissum. Sed quia ha-

Nu die Verständigen und Gelehrten wissen wohl, daß man alle Exempel nach der Regeln, das ist nach der klaren Schrift, und nicht wider die Regel oder Schrift, soll auslegen oder einführen. Darum so die Rechabiten in der Schrift gelobet werden, so ist es gewiß, daß sie ihre Weis und Ceremonien nicht darum gehalten haben, dadurch Vergebung der Sünde oder ewigs Leben zu verdienen, oder daß ihre Werk an ihnen selbst sie für Gott versühnen künnten, sondern sie haben als fromme, gottfürchtige Kinder gegläubt an den gesegneten gebenedeiten Samen, an den zukünftigen Chri-

---

[1]) Die Nasiräer Israels hatten sich Jahve zu besonderem Dienst geweiht; der bekannteste ist Simson. Richt. 13 ff. Num. 6. RE³ XIII 653 ff.   [2]) Dazu Luther in Ed. pr. *D. a. R.:* Et erat temporale, deinde non caelebs nec pauper nec oboediens.   [3]) CR 27, 169. Die Rekabiter, Nachbarn der Israeliten, hielten streng an den nomadischen Lebensformen fest. RE³ XVI 480 ff. RGG³ V, 951. Ed. Meyer, Die Israeliten und ihre Nachbarstämme 1906. — Dazu Luther in Ed. pr. *D. a. R.:* Nec illi erant caelibes aut oboedientes aut pauperes ut monachi.

XXVII. Von den Klostergelübden.

buerunt mandatum parentum, laudatur obedientia, de qua extat praeceptum Dei: Honora patrem et matrem.

Deinde mos habebat finem proprium: quia peregrini erant, non Israelitae, apparet patrem voluisse eos certis notis discernere a suis popularibus, ne relaberentur ad impietatem popularium[1]. Volebat his notis eos admonere doctrinae fidei et immortalitatis. Talis finis est licitus. At fines monasticae longe alii traduntur. Fingunt opera monastices cultus esse, fingunt ea mereri remissionem peccatorum ac iustificationem. Est igitur dissimile monasticae exemplum Rechabitarum; ut omittamus hic alia incommoda, quae haerent in praesenti monastica.

Citant et ex priore ad Timotheum cap. 5. de viduis, quae servientes ecclesiae alebantur de publico, ubi ait: Nubere volunt, habentes damnationem, quia primam fidem irritam fecerunt[2]. Primum hic fingamus apostolum de votis loqui, tamen hic locus non patrocinabitur monasticis votis, quae fiunt de impiis cultibus, et hac opinione, ut mereantur remissionem peccatorum et iustificationem. Paulus enim tota voce damnat omnes cultus, omnes leges, omnia opera, si ita observentur, ut mereantur remissionem peccatorum, aut ut propter ea consequamur vitam aeternam, non propter Christum per misericordiam. Ideo necesse est vota viduarum, si qua fuerint, dissimilia fuisse votis monasticis.

Praeterea, si non desinant adversarii detorquere locum ad vota, detorquendum erit eodem hoc quoque, quod vetat eligi viduam minorem annis sexaginta. Ita vota ante eam aetatem facta erunt irrita. Sed nondum norat ecclesia haec vota. Itaque damnat Paulus viduas, non quia nubunt, iubet enim nubere iuniores, sed quia publico sumptu alitae lasciviebant ideoque fidem abiiciebant. Hoc vocat primam fidem, scilicet non voti

stum, und dieweil sie haben Gebot und Befehl gehabt ihrer Eltern, wird in der Schrift gelobt ihr Gehorsam von welchem das vierte Gebot redet: „Du sollt dein Vater und dein Mutter ehren."

Item, so hat der Rechabiter Weis noch eine Ursach. Sie waren unter den Heiden gewesen, da hat sie ihr Vater unterscheiden wöllen von den Heiden mit etlichen Zeichen, daß sie nicht wieder fielen in gottlos Wesen und Abgötterei. Darum hat sie ihr Vater dadurch wöllen erinnern der Gottesfurcht, des Glaubens, der Auferstehung der Toten und das ist eine gute Ursach. Aber die Möncherei hat viel andere Ursach. Sie erdichten, daß die Möncherei sei ein Gottesdienst, dadurch man verdiene Vergebung der Sünde und Gott versühnet werde. Darum ist es gar keine Vergleichung mit der Rechabiten Exempel; daß ich geschweige ander unzählig Unrat und Ärgernis, welche darüber noch am Klosterleben sind.

Auch so bringen sie für aus der ersten Episteln zum Timotheo am 5. von den Witwen, welche den Kirchen dieneten und von dem gemeinen Kirchengut ernährt wurden, da Paulus sagt: „Denn wenn sie geil worden sind wider Christum, so wollen sie freien, und haben ihr Urteil, daß sie den ersten Glauben verbrochen haben." Ich will gleich setzen, daß, da der Apostel von den Gelübden rede, (wie doch nicht ist), so tut doch der Spruch gar nichts dazu, daß die Klostergelübden sollten christlich sein. Denn die Klostergelübde geschehen darum, daß sie sollen ein Gottesdienst sein, dadurch man Vergebung der Sünde verdiene. Paulus aber verwirft alle Gesetze, alle Werke, allen Gottesdienst, welche also gehalten und angenommen werden, dadurch Vergebung der Sünde und das ewige Leben zu verdienen, welches wir allein durch Christum erlangen. Darum ist es gewiß, ob die Witwen etliche Gelübde gethan hätten, daß sie doch ungleich den itzigen Klostergelübden gewesen sind.

Darüber wenn die Widersacher je den Spruch Pauli wollten auf die Klostergelübde ziehen und dehnen, so müßten sie das auch annehmen, daß Paulus verbeut, es solle keine Witwe eingenommen werden, die jünger wäre denn 60 Jahr. Also werden denn alle Klostergelübde, welche vor der Zeit des Alters geschehen sind von jüngern Leuten, unbündig und nichts sein. Aber die Kirche hat von den Klostergelübden die Zeit nichts gewußt. So verwirft nu

---

[1]) Jer. 35, 6 ff.   [2]) CR 27, 173.

monastici, sed christianismi. Et hoc modo fidem accipit in eodem capite: Si quis proprios, et maxime domesticos non curat, fidem abnegavit. Aliter enim de fide loquitur, quam sophistae. Non tribuit fidem his, qui habent peccatum mortale. Ideo dicit hos abiicere fidem, qui non curant propinquos. Et ad eundem modum dicit mulierculas petulantes fidem abiicere[1].

Paulus die Witwen nicht darum, daß sie ehelich werden, (denn er heißt die jungen ehelich werden,) sondern daß sie aus dem gemeinen Kirchenkasten sich nähren ließen, desselbigen zu ihrer Lust und Mutwillen mißbrauchten und also den ersten Glauben brechen. Das heißt er den ersten Glauben fahren lassen nicht der Klostergelübde, sondern ihrer Taufe, ihrer christlichen Pflicht, ihres Christentums. Und also redet er auch vom Glauben im selbigen Kapitel: „So jemands sein Hausgenossen nicht versorget, der hat sein Glauben verleugnet." Denn er redet anders vom Glauben, denn die Sophisten. Darum sagt er, daß diejenigen den Glauben verleugnen, die ihre Hausgenossen nicht versorgen. Also sagt er auch von den vorwitzigen Weibern, daß sie den Glauben fahren lassen.

69 Percurrimus aliquot nostras rationes et obiter diluimus ea, quae adversarii obiiciunt. Et haec collegimus non solum propter adversarios, sed multo magis propter pias mentes, ut habeant in conspectu causas, quare improbare debeant hypocrisin et fictos cultus monasticos, quos quidem totos hoc una vox Christi abrogat, cum ait: Frustra colunt me mandatis hominum. Quare vota ipsa et observationes ciborum, lectionum, cantuum, vestitus, calceorum, cingulorum[2] inutiles cultus sunt coram Deo. Et certo sciant omnes piae mentes simpliciter pharisaicam et damnatam opinionem esse, quod illae observationes mereantur remissionem peccatorum, quod propter eas iusti reputemur, quod propter eas consequamur vitam aeternam, non per misericordiam propter Christum. Et necesse est sanctos viros, qui in his vitae generibus vixerunt, abiecta fiducia talium observationum didicisse, quod remissionem peccatorum propter Christum gratis haberent, quod propter Christum per misericordiam consecuturi essent vitam aeternam, non propter illos cultus, quod Deus tantum approbet cultus suo verbo institutos qui valeant in fide.

Wir haben etliche Ursachen angezeigt und verlegt, was die Widersacher fürbracht. Dieses haben wir nicht allein um der Widersacher willen erzählt, sondern vielmehr um etlicher christlicher Herzen und Gewissen willen, daß sie mügen klar vor Augen haben, warum die Klostergelübde und die mancherlei Möncherei nicht recht oder christlich sind, welche auch alle mit ein das einige Wort Christi möcht zu Boden stoßen, da er saget: Sie dienen mir vergeblich mit Menschengeboten. Denn aus dem Wort allein hat man kurz, daß die ganze Möncherei, Kappen, Strick, Gürtel und alle eigene erdichte Heiligkeit für Gott unnütze, vergebliche Gottesdienst sein, und alle christliche, fromme Herzen sollen das ganz für gewiß halten, daß dies gewiß ein pharisäisch, verdammt, häßlicher Irrtum ist, daß wir sollten durch solche Möncherei Vergebung der Sünde oder das ewige Leben verdienen, und nicht vielmehr erlangen durch den Glauben an Christum. Darum fromme Leute, so im Klosterleben selig worden und erhalten sind, die haben endlich müssen dahin kommen, daß sie an allen ihrem Klosterleben verzagt, alle ihre Werk wie Kot veracht, alle ihre heuchlische Gottesdienst verdammt und sich an die Zusage der Gnade in Christo fest gehalten haben, wie man des denn von

S. Bernhard ein Exempel hat, daß er gesagt: Perdite vixi, „Ich hab sündlich gelebt." Denn Gott will kein andere Gottesdienste haben, denn welche er hat selbst aufgericht durch sein Wort.

⟨Art. XXVIII.⟩ De Potestate Ecclesiastica.

⟨Art. XXVIII.⟩ Von der Potestate Ecclesiastica.

1 Vehementer hic vociferantur adversarii de privilegiis et immunitatibus ec-

Die Widersacher machen hie ein groß Geschrei von den Freiheiten und Privilegien

---

[1]) Dazu Luther in Ed. pr. a. R.: Relabebantur forte ad Iudaismum, cum in ecclesia non invenirent, qui vellet aut posset ducere. Et Iudaei odio Christi libentes eas duxerint.
[2]) Gürtel von Bruderschaften, die religiöse Verpflichtungen übernehmen und Ablässe vermitteln. KL[2] V, 1346ff. LThK[2] IV, 1281. Beringer, Die Ablässe, 1930[15], II passim.

clesiastici status, et addunt epilogum: Irrita sunt omnia, quae in praesenti articulo contra immunitatem ecclesiarum et sacerdotum inferuntur[1]. Haec est mera calumnia; nos enim de rebus aliis in hoc articulo disputavimus. Ceterum saepe testati sumus nos politicas ordinationes et donationes Principum et privilegia non reprehendere[2].

Sed utinam vicissim audirent adversarii querelas ecclesiarum et piarum mentium. Dignitates et opes suas fortiter tuentur adversarii, interim statum ecclesiarum negligunt, non curant recte doceri ecclesias et sacramenta rite tractari. Ad sacerdotium admittunt quoslibet sine discrimine. Postea imponunt onera intolerabilia, quasi delectentur exitio aliorum, suas traditiones longe accuratius servari postulant, quam evangelium. Nunc in gravissimis et difficillimis controversiis, de quibus populus misere cupit doceri, ut habeat aliquid certi, quod sequatur, non expediunt mentes, quas dubitatio acerbissime cruciat, tantum conclamant ad arma. Praeterea in rebus manifestis decreta sanguine scripta proponunt, quae minantur horrenda supplicia hominibus, nisi manifeste contra mandata Dei faciant. Hic vicissim oportebat vos videre lacrimas miserorum et audire miserabiles querelas multorum bonorum hominum, quas haud dubie respicit et exaudit Deus, cui aliquando rationem procurationis vestrae reddituri estis.

der Geistlichen, (wie sie es nennen,) und setzen darnach ein solchen Beschluß: „Es ist, sagen sie, alles nichts und untüchtig, was in diesem Artikel wider die Freiheit und Privilegien der Kirchen und Priester wird fürbracht." Hie handeln die Meister der Confutation aber als Buben, uns zu verunglimpfen. Denn in unser Confessio ist nichts geredt wider der Kirchen oder Priester Freiheiten, damit sie von weltlicher Oberkeit, Kaisern, Königen und Fürsten begnadet sind. Denn wir lehren ja, man soll weltliche Ordnung und Recht halten.

Aber wollt Gott, daß die Widersacher doch auch einmal höreten die unsäglich erbärmlich große Klag aller Kirchen, das große Schreien und Seufzen so viel frommer Herzen und Gewissen. Der Kirchen Freiheit und was Geld und Gut belangt, vergessen die Widersacher nicht, aber wie die nötigsten, nützlichsten Ämt in der Kirchen bestellet sind, da sorgen sie nichts. Sie fragen gar nichts darnach, wie man lehre oder predige, sie fragen nicht darnach, wie christlicher Brauch der Sakrament erhalten werde, sie ordinieren grobe Esel; damit ist christliche Lehre untergangen, daß die Kirchen nicht mit tüchtigen Predigern bestellt sind. Sie machen Traditiones und unträgliche Bürden, die Seelen zu verderben, und ob solchen ihren Traditionen halten sie viel fester, denn ob Gottes Geboten. Viel armer Seelen stecken itzund im Zweifel, wissen nicht, was sie halten sollen. Da gebühret den Prälaten, zu hören, was recht was unrecht wäre, und die Mißbräuche zu ändern, den armen Leuten aus dem Zweifel zu helfen, und die Last von den beschwerten Gewissen zu nehmen. Was sie aber tun, ist am Tage. Sie machen Edikt wider öffentliche Wahrheit, erzeigen unerhörte Tyrannei wider fromme Leute zu Erhaltung etlicher ihrer Traditionen, die öffentlich wider Gott sind. So sie nu ihre Privilegia rühmen, sollten sie billig auch ihr Amt bedenken und vieler

---

De potestate ecclesiastica.

In hoc articulo non admodum disputaverunt adversarii, quae proprie sit potestas ecclesiastica iuxta evangelium. Tota fere oratio fuit de immunitate ordinis ecclesiastici, quae illis humano iure contigit. Nos autem saepe diximus, ut erga alios, ita erga hunc ordinem libenter omnia civilia officia praestare.

Habent episcopi possessiones, habent imperia concessa iure humano, nos nihil istorum cuiquam eripimus. Sed aequum erat, eos non solum de opibus suis, sed etiam de officio seu ministerio sollicitos esse, quales haberent ecclesiae pastores, quales sacerdotes ordinarentur, ut pura doctrina evangelii traderetur in scholis et ecclesiis, quae fidem et caritatem aleret in animis hominum, ut sacramenta religiose tractarentur, ut vitia publica censuris ecclesiasticis notarentur et emendarentur, ut ordinationes ecclesiasticae ad aedificationem, non ad destructionem proponerentur, ut disciplina ecclesiastica ita retineretur, ne iniustis oneribus conscientiae piorum gravarentur, ut scholae bonarum artium, quae sunt utiles ecclesiae, conservarentur.

[1] CR 27, 179.   [2] s. o. S. 122 35. 123 15 ff. 132 34 ff.

frommen Christen Seufzen und Klagen hören, die ohne Zweifel Gott höret, und wird einmal Rechenschaft von den Prälaten fodern.

6 Cum autem nos in confessione, in hoc articulo, varios locos complexi simus[1], adversarii nihil respondent, nisi episcopos habere potestatem regiminis et coercitivae correctionis, ad dirigendum subditos in finem beatitudinis aeternae, et ad potestatem regiminis requiri potestatem iudicandi, definiendi, discernendi et statuendi ea, quae ad praefatum finem expediunt aut conducunt[2]. Haec sunt verba confutationis, in quibus docent nos adversarii, quod episcopi habeant auctoritatem condendi leges utiles ad consequendam vitam aeternam. De hoc articulo controversia est.

Auch antwortet die Confutatio nicht auf unsere Gründe, sondern stellet sich recht päbstlich, sagt von großer Gewalt der Bischofe und beweiset sie nicht, spricht also, daß die Bischofe Gewalt haben zu herrschen, zu richten, zu strafen, zu zwingen, Gesetz zu machen, dienlich zum ewigen Leben. Also rühmet die Confutatio der Bischofe Gewalt und beweiset sie doch nicht. Von diesem Artikel ist nu der Streit: ob die Bischofe Macht haben Gesetz zu machen außer dem Evangelio, und zu gebieten dieselbigen zu halten als Gottesdienst, dadurch ewiges Leben zu verdienen.

7 Oportet autem in ecclesia retinere hanc doctrinam, quod gratis propter Christum fide accipiamus remissionem peccatorum. Oportet et hanc doctrinam retineri, quod humanae traditiones sint inutiles cultus, quare nec peccatum nec iustitia in cibo, potu, vestitu et similibus rebus collocanda est, quarum usum voluit Christus liberum relinqui, cum ait: Quod intrat in os, non coinquinat hominem. Et Paulus: Regnum Dei non 8 est esca aut potus. Itaque nullum habent ius episcopi condendi traditiones extra evangelium, ut mereantur remissionem peccatorum, ut sint cultus, quos approbet Deus tamquam iustitiam, et qui gravent conscientias, ita ut peccatum sit eos omittere. Haec omnia docet vel unus locus in Actis, ubi apostoli dicunt: Fide purificari corda. Et deinde prohibent imponere iugum, et ostendunt, quantum periculi sit, exaggerant peccatum istorum, qui onerant ecclesiam. Quid tentatis Deum? inquiunt. Hoc fulmine nihil

Darauf tun wir diesen Bericht: Man muß in der Kirchen diese Lehre behalten, daß wir ohne Verdienst um Christus willen durch den Glauben Vergebung der Sunde erlangen, so muß man auch die Lehre behalten, daß alle Menschensatzunge nicht nütze sind, Gott zu versühnen. Darum in Speis, Trank, Kleidern und dergleichen ist weder Sunde noch Gerechtigkeit zu setzen. Denn Paulus spricht: „Das Reich Gottes ist nicht Essen und Trinken." Darum haben die Bischofe nicht Macht, Satzung zu machen außer des Evangelii, also daß man dadurch Vergebung der Sunde erlangen wollt, oder daß es sollten Gottesdienste sein, um welcher willen uns Gott gerecht schätze, und zu welchen sie die Gewissen verpflichten bei einer Todsunde. Das alles lehret der einige Spruch in Geschichten der Aposteln am 15. Kap. da Petrus sagt: daß die Herzen werden durch den Glauben gereiniget. Und darnach verbieten sie ein Joch oder Bürde auf die Jünger zu legen, und sagen, wie fährlich das sei. Auch geben sie zu verstehen, daß die

---

Hanc curam iam olim abiecerant episcopi, ac si qui fuerunt meliores, magis assidui fuerunt in exigendis traditionibus humanis, quam in docendo evangelio.
Sed haec quoque disciplina iam Romae irridetur. Pontifices belligerantur de imperio cum regibus. Ut mare per se tranquillum cient venti, ita pontifices movent regna, quoties libitum est.
Haec non solum aliena sunt ab evangelio, sed etiam a canonibus. Interim acerbissime exigunt canones suos ab aliis, cum nulli minus servent canones quam ipsi episcopi. Et dignitatem suam et opes defendi postulant, cum non curent ecclesias, obliti canonis sui, quod beneficium detur propter officium. Haec deplorare his temporibus capitale et haereticum habetur. Neque nos attigissemus, nisi provocassent adversarii. Ceterum saepe iam testati sumus, nos non solum potestatem ecclesiasticam, quae in evangelio instituta est, summa pietate venerari tamquam maximum Dei donum, per quod Deum agnoscimus et a peccato et potestate diaboli liberamur, et vitam aeternam consequimur, sed etiam ecclesiasticam politiam et

[1]) S. 120ff.   [2]) CR 27, 179.

terrentur adversarii nostri, qui vi defendunt traditiones et impias opiniones. ihr Gott?" Dies hart, ernst Wort der Aposteln, welchs sie billig als ein Donnerschlag schrecken sollt, lassen ihnen die Widersacher gar nicht zu Herzen gehen, sondern wollen noch mit aller Tyrannei und Gewalt ihre erdichte Gottesdienst verteidigen.

schrecklich sündigen und wider Gott handeln und Gott versuchen, die also die Kirchen beschweren. Denn sie sagen: "Was versucht

Nam et supra damnaverunt articulum XV¹, in quo posuimus, quod traditiones non mereantur remissionem peccatorum, et hic dicunt traditiones conducere ad vitam aeternam. Num mereantur remissionem peccatorum? num sunt cultus, quos approbat Deus tamquam iustitiam? num vivificant corda? Paulus ad Colossenses ideo negat prodesse traditiones ad iustitiam aeternam et vitam aeternam, quia cibus, potus, vestitus et similia sint res usu pereuntes. At vita aeterna in corde rebus aeternis, hoc est, verbo Dei et spiritu sancto efficitur. Expediant igitur adversarii, quomodo conducant traditiones ad vitam aeternam.

Denn den XV. Artikel, darinne wir gesetzt haben, daß wir durch Menschensatzungen nicht verdienen Vergebung der Sünde, verdammen sie, und sagen hie: Die Menschensatzunge sind nütz und dienstlich, das ewig Leben zu verdienen. Dagegen ist ja öffentlich, daß sie das Herz inwendig nicht trösten, so bringen sie auch kein neu Licht, oder Leben ins Herz; wie denn Paulus zu den Kolossern sagt, daß darum die Satzungen nichts helfen ewige Gerechtigkeit oder ewiges Leben zu erlangen, denn die Satzunge lehren von Unterscheid der Speise, Kleider und der Dinge, welche sich unterm Händen verzehren. Das ewige Leben aber, welches inwendig durch Glauben in diesem Leben anfähet, wirket der heilige Geist im Herzen durch das Evangelium. Darum werden die Widersacher nimmermehr nicht beweisen, daß man durch Menschensatzung das ewige Leben verdiene.

Cum autem evangelium clare testetur, quod non debeant imponi ecclesiae traditiones, ut mereantur remissionem peccatorum, ut sint cultus, quos approbet Deus tamquam iustitiam, ut gravent conscientias, ita ut omittere eas iudicetur esse peccatum: nunquam poterunt adversarii ostendere, quod episcopi habeant potestatem tales cultus instituendi.

So nu das Evangelium klar verbeut, daß mit solchen Satzungen die Kirchen und Gewissen nicht sollen beschweret werden, also daß man dadurch Vergebung der Sünde erlangen müsse, oder müsse sie halten als nötige Gottesdienst, ohne welche christliche Heiligkeit nicht sein könne, oder daß man sie bei einer Todsunde zu halten soll schuldig sein, so werden die Widersacher nimmermehr beweisen, daß die Bischofe solche Gottesdienst anzurichten Macht haben.

Ceterum quam potestatem tribuat evangelium episcopis, diximus in con-

Was aber die Bischofe vor ein Amt oder Gewalt haben in der Kirchen, haben wir in

gradus in ecclesia magnopere probare, et, quantum in nobis est, conservare cupere. Non detrectamus autoritatem episcoporum, modo non cogant facere contra mandata Dei. Haec voluntas liberabit nos corum Deo et iudicio posteritatis universae, ne iudicemur rei huius schismatis, quod initio excitatum est iniusta damnatione doctrinae Lutheri, nunc augetur pertinacia illorum, qui non possunt ullo mode flecti, ut unam atque alteram constitutionem ecclesiasticam mitigent. In quibus tamen nos etiam cessuri eramus tyrannidi istorum, si sine offensione conscientiae cedere possemus. Nunc oportet nos magis obedire Deo quam hominibus.

Sed veniamus tandem ad disputationem de traditionibus ecclesiasticis, quam attigerunt hic adversarii.

Quid sentiamus esse potestatem ecclesiasticam iuxta evangelium, exposuimus in Confessione nostra. Est enim mandatum de evangelio docendo, de administratione sacramentorum, de remittendis et retinendis peccatis, haec potestas partim ordinis, partim iurisdictionis appellatur.

---

¹) CR 27, 116.

fessione[1]. Qui nunc sunt episcopi, non faciunt episcoporum officia iuxta evangelium; sed sint sane episcopi iuxta politiam canonicam, quam non reprehendimus. Verum nos de episcopo loquimur iuxta evangelium. Et placet nobis vetus partitio potestatis in potestatem ordinis et postestatem iurisdictionis[2]. Habet igitur episcopus potestatem ordinis, hoc est, ministerium verbi et sacramentorum, habet et potestatem iurisdictionis, hoc est, auctoritatem excommunicandi obnoxios publicis criminibus, et rursus absolvendi eos, si conversi petant absolutionem. Neque vero habent potestatem tyrannicam, hoc est, sine certa lege, neque regiam, hoc est, supra legem, sed habent certum mandatum, certum verbum Dei, quod docere, iuxta quod exercere suam iurisdictionem debent. Quare non sequitur, etiamsi habeant aliquam iurisdictionem, quod possint novos cultus instituere. Nam cultus nihil pertinent ad iurisdictionem. Et habent verbum, habent mandatum, quatenus exercere iurisdictionem debeant, scilicet, si quis commiserit adversus illud verbum, quod acceperunt a Christo.

der Confeſſion geſagt. Die Biſchofe, ſo itzund den Biſchofsnamen tragen in der Kirchen, tun gar nicht ihr biſchöflich Amt nach dem Evangelio. Aber laß ſie gleich Biſchofe ſein der canonica politia nach, welche wir in ihrem Wert laſſen. Wir reden aber von rechten chriſtlichen Biſchofen, und es gefällt mir die alte Diviſion oder Teilung nicht übel, daß ſie geſagt haben, biſchöfliche Gewalt ſtehe in dieſen zweien, potestate ordinis und potestate jurisdictionis, das iſt in Reichung der Sacrament und geiſtlichem Gerichtszwang. So hat ein jeder chriſtlicher Biſchof potestatem ordinis, das iſt, das Evangelium zu predigen, Sakrament zu reichen, auch hat er Gewalt eines geiſtlichen Gerichtszwangs in der Kirchen, das iſt, Macht und Gewalt aus der chriſtlichen Gemeine zu ſchließen diejenigen, ſo in öffentlichen Laſtern funden werden, und dieſelbigen, wenn ſie ſich bekehren, wieder anzunehmen, und ihnen die Abſolution mitzuteilen. Sie haben aber nicht ein tyranniſchen Gewalt, das iſt, ohn gewiß Geſetz zu urteilen. So haben ſie auch keinen königlichen Gewalt, das iſt, über die gegebene Geſetz zu ſchaffen, ſondern haben ein gewiß Gottes Gebot und gemeſſen Befehl, unter welchem ſie ſind, nach welchem ſie ihren geiſtlichen Gewalt und Gerichtszwang brauchen ſollen. Ob ſie ſchon ſolche Jurisdiktio über öffentliche Laſter haben, ſo folget doch nicht, daß ſie darum Macht haben neue Gottesdienſt anzurichten. Denn iurisdictio und neue Gottesdienſte machen ſind weit von einander. Item, es ſtreckt ſich auch die iurisdictio nicht auf Sünde wider ihre neue Geſetze, ſondern allein auf ſolche Sunde, die wider Gottes Gebot ſind. Denn das Evangelium richtet ihnen nicht ein Regiment an außer dem Evangelio, das iſt ja klar und gewiß.

Quamquam nos in confessione addidimus etiam[3], quatenus liceat eis condere traditiones, videlicet non tamquam necessarios cultus, sed ut sit ordo in ecclesia propter tranquillitatem. Et hae non debent laqueos iniicere conscientiis, tamquam praecipiant necessarios cultus,

Wiewohl wir nu in der Confeſſion dazu geſetzt haben, wie fern die Biſchofe mügen Satzungen machen, nämlich daß ſie die nicht als nötige Gottesdienſt aufrichten und lehren, ſondern daß ſtille und ordentlich in der Kirchen zugehe. Aber damit ſollen die Gewiſſen nicht gefangen ſein, als ſein's nötige

Haec maxima beneficia Dei obscurantur, cum addunt quidam potestatem condendi leges et novos cultus. Nam ubi induit animus opinionem, quod Christus commiserit ecclesiae instituere novos quosdam cultus et ceremonias praeter evangelium, statim obscuratur doctrina de gratia et iustitia fidei et remissione peccatorum. Et iudicant homines, se iustitia operum, videlicet talium cultuum iustificari, non per fidem in Christum. Et quia tales traditiones nunquam rite servantur, grauiter vexantur conscientiae. Manet ergo hoc in controversia, utrum episcopi habeant potestatem condendi novos cultus et leges praeter evangelium. Adversarii sic argumentantur, cum evangelium concedat episcopis potestatem iurisdictionis, sequitur, ut habeant potestatem condendi leges. Verum hoc sequi non oportet. Nam scriptura concedit, ut iurisdictionem exerceant, ut solvant, ut ligent, non ex novis legibus, sed ex ipso evangelio. Non enim habent potestatem tyrannicam aut regiam supra legem, quam acceperunt. Sic enim ait Paulus: Non possumus aliquid contra veritatem. Nos tamen in Confessione non in totum ademimus episcopis autoritatem faciendi ordinationes

---

[1] ſ. S. 121 ff. 489 ff.   [2] Hinſchius, Kirchenrecht II 40 f.   [3] S. 127, 27 ff.

sicut Paulus docet, cum ait: In libertate, qua Christus vos liberavit, state, nec iterum iugo servitutis subiiciamini. Oportet igitur liberum usum talium ordi-
5 nationum relinqui, modo ut scandala vitentur, ne iudicentur esse cultus necessarii; sicut pleraque ordinaverunt ipsi apostoli, quae tempore mutata sunt. Neque ita tradiderunt, ut mutare non
10 liceret. Non enim dissentiebant a suis scriptis, in ¹ quibus magnopere laborant, ne ecclesiam opprimat opinio, quod ritus humani sint necessarii cultus.

15 sie sollten nötig sein oder ewig bleiben. Denn sie haben wider ihre eigene Schrift und Lehre nicht gehandelt, darin sie das gar heftig streiten, daß man die Kirche nicht solle mit Satzungen also beschweren oder verpflichten, als sind sie nötig zur Seligkeit.

Haec est simplex ratio traditionum interpretandarum, videlicet ut sciamus
20 eas non esse necessarios cultus, et tamen propter vitanda scandala in loco sine superstitione observemus. Et sic multi docti et magni viri in ecclesia senserunt. Nec videmus, quod opponi possit. Cer-
25 tum est enim, sententiam illam: Qui vos audit, me audit, non loqui de traditionibus, sed maxime contra traditiones facere. Non est enim mandatum cum libera, ut vocant, sed cautio de rato, de
30 speciali mandato, hoc est, testimonium datum apostolis, ut eis de alieno verbo, non de proprio, credamus. Vult enim Christus nos confirmare, quemadmodum opus erat, ut sciremus verbum traditum
35 per homines efficax esse, nec quaerendum esse aliud verbum de coelo. De traditionibus non potest accipi: Qui vos audit, me audit. Requirit enim Christus, ut ita doceant, ut ipse audiatur, quia
40 dicit: Me audit. Igitur suam vocem, suum verbum vult audiri, non traditiones humanas. Ita dictum, quod maxi¹me pro

Gottesdienst. Denn Paulus zun Galatern sagt am 5. Kap. „So stehet nu in der Freiheit, wie euch Christus hat frei gemacht, und laßt euch nicht wieder unter das Joch der Knechtschaft bringen." So muß man nu frei lassen, solcher äußerlicher Satzung zu brauchen oder nicht zu brauchen, daß sie nicht vor solche Gottesdienst geacht oder gehalten werden, welche nötig sollten sein zur Seligkeit. Doch ist man schuldig Ärgernis ¹zu meiden. Also haben die Apostel viel Dings um guter Zucht willen in der Kirchen geordent, das mit der Zeit geändert ist, und haben nicht Satzung also gemacht, daß

Gal. 5, 1.

16

M 289

Das ist ein einfältiger, klarer Unterricht 17 von Menschensatzungen, nämlich daß wir wissen, daß es nicht nötige Gottesdienst sind, und daß man sie dennoch nach Gelegenheit Ärgernis zu meiden halten soll. Und also haben viel gelehrte große Leute in 18 der Kirchen gehalten und gelehret, und ist gewiß, daß die Widersacher dawider nichts können aufbringen. So ist es auch gewiß, daß dieses Wort des Herrn Christi: „Wer euch höret, der höret mich", nicht von Menschensatzungen redet, sondern ist stracks dawider. Denn die Apostel empfahen da nicht ein mandatum cum libera, das ist ein ganzen freien, ungemessen Befehl und Gewalt, sondern haben ein gemessen Befehl, nämlich nicht ihr eigen Wort, sondern Gottes Wort und das Evangelion zu predigen. Und der Herr Christus will in den Worten 19 („Wer euch höret, der höret mich") alle Welt stärken, wie auch vonnöten war, daß wir sollten ganz ¹ gewiß sein, daß das leibliche Wort Gottes Kraft wäre und daß niemands vom Himmel ein ander Wort dürft suchen oder gewarten. Darum kann dies

Luk. 10, 16.

W 287

in ecclesia, sed fecimus diversa legum genera. Opus est ordinationibus in ecclesiis, ut sciat populus, quo tempore debeat convenire, ut sit ordo officiorum, ut Paulus
45 inquit: Omnia fiant ordine et decenter. Aliud genus est, cum instituuntur certi cultus, certa ieiunia, discrimina ciborum, dierum, coelibatus et similes observationes. Item cum illae ipsae ordinationes factae, non ut ea opera placarent Deum, sed ne qua confusio esset in congregatione, putantur esse necessarii cultus. Ac de utroque genere ostendimus in Confessione, quid sentiamus.
50 Potest aliquis uti exercitio, quod videtur esse commodum, si tamen per id exercitium non quaerat mereri gratiam, sed instituere tale opus et obligare conscientias et efficere rem necessariam ad salutem, hoc plane est, sicut Petrus inquit, tentare Deum, et repugnat christianae libertati, quae docet, quod gratis iustificemur per fidem in Christum, et non ex ullis nostris operibus. Et vetat instituere aliquos tales
55 cultus tanquam necessarios ad salutem.
Itaque si quae sunt ordinationes ecclesiasticae, quae sine peccato servari possunt, et sunt utiles ad ordinem in ecclesia, ita serventur, ne quis offendatur. Neque tamen iudicentur res esse necessariae ad iustitiam, aut ad fidem, ut vulgo loquuntur, nec

nobis facit, et gravissimam consolationem et doctrinam continet, detorquent isti asini ad res nugacissimas, discrimina ciborum, vestitus et similia.

Wort: Wer euch höret, der höret mich, von Satzungen nicht verstanden werden. Denn Christus will da, daß sie also lehren sollen, daß man durch ihren Mund Christum selbst höre. So müssen sie ja nicht ihr eigen Wort predigen, sondern sein Wort, seine Stimme und Evangelion, soll man Christum hören. Dies tröstliche Wort, welches aufs allerstärkest unsere Lehre bestätiget und viel nötiger Lehre und Trosts für die christlichen Gewissen in sich hat, das deuten die groben Esel auf ihre närrische Satzunge, auf ihre Speis, Trank, Kleider und dergleichen Kinderwerk.

20 Citant et hoc: Obedite praepositis vestris[1]. Haec sententia requirit obedientiam erga evangelium. Non enim constituit regnum episcopis extra evangelium. Nec debent episcopi traditiones contra evangelium condere, aut traditiones suas contra evangelium interpretari. Idque cum faciunt, obedientia prohibetur, iuxta illud: Si quis aliud evangelium docet, anathema sit.

Auch ziehen sie diesen Spruch an zu den Ebräern am 13. „Gehorchet denen, die euch fürgehen 2c." Der Spruch fordert, daß man soll gehorsam sein dem Evangelio, denn er gibt den Bischofen nicht ein eigene Herrschaft oder Herrengewalt außer dem Evangelio; so sollen auch die Bischofe nicht wider das Evangelium Satzung machen, noch ihre Satzunge wider das Evangelium auslegen. Denn wenn sie das tun, so verbeut uns das Evangelium ihnen gehorsam zu sein, wie Paulus zu den Galatern sagt: „So euch jemands würde ein ander Evangelium predigen, der sei verflucht."

21 Idem respondemus ad hunc locum: Quidquid dixerint, facite, quod constet non universaliter praecipi, ut omnia recipiamus, quia alibi iubet scriptura plus obedire Deo, quam hominibus. Quando igitur impia docent, non sunt audiendi. Haec autem impia sunt, quod traditiones humanae sint cultus Dei, quod sint necessarii cultus, quod mereantur remissionem peccatorum et vitam aeternam.

Gleich dasselbige antworten wir auch auf den Spruch Matth. am 23.: „Auf Moses Stuhl sitzen die Schriftgelehrten 2c.; alles nu, was sie euch sagen, das ihr halten sollet, das haltet und tuts." Das ist gewiß, daß damit nicht geboten wird universaliter, ingemein, daß wir alles sollen halten, was sie gebieten, auch wider Gottes Gebot und Wort. Denn an eim andern Ort sagt die Schrift: „Man muß Gott mehr gehorchen, denn den Menschen." Darum wenn sie unchristlich und wider die Schrift lehren, soll man sie nicht hören. So richt dieser Spruch auch nicht ein Regiment an außer dem Evangelio, darum können sie ihre Gewalt, die sie außer dem Evangelio aufgericht haben, nicht durchs Evangelium beweisen. Denn das Evangelium redet nicht de traditionibus, sondern von Gottes Wort zu lehren.

22
23 Obiiciunt et scandala publica et motus, qui exorti sunt praetextu nostrae doctrinae[2]. Ad haec breviter respondemus. Si in unum conferantur omnia scandala, tamen putentur pollui conscientiae, cum sine scandalo negliguntur. Et quidem factae sunt non ad conscientias gravandas aut cultus instituendos, sed tantum ad vitandam confusionem in ecclesiis et scandala. Non enim loquimur hic de politicis et iudicialibus legibus, sed proprie de ceremoniis et ritibus ecclesiasticis.

Adversarii vehementer criminantur hanc doctrinam libertatis christianae, sed sciant se haec convitia non nobis, sed verbo Dei dicere. Nam si putentur talia opera esse necessarii cultus ad iustitiam christianam, prorsus obscuratur iustitia fidei et gratiae.

Necesse est autem in ecclesia extare hanc doctrinam, quod non ex nostris operibus aut cultibus, sed fide in Christum iustificemur gratis. Necesse est scire, quod ad veram unitatem fidei non sit necessaria similitudo humanarum traditionum. Haec omnia obruuntur, cum doctrina illa christianae libertatis amittitur.

Ad haec quanta carnificina fuerit optimarum mentium illa infinita multitudo traditionum et ceremoniarum, si non adhibita fuerit haec consolatio et epikeia, sicut et Gerson ait. Constat denique, quod tanta est huiusmodi institutionum multitudo,

---

[1] z. B. Herborn, Enchiridion 23, 27. Corp. Cath. XII 116₂, 126₁.   [2] CR 27, 181.

unus articulus de remissione peccatorum, quod propter Christum gratis consequamur remissionem peccatorum per fidem, tantum affert boni, ut omnia incommoda obruat. Et hic initio conciliavit Luthero non tantum nostrum favorem, sed etiam multorum, qui nunc nos oppugnant.

— — — Παλαιὰ γὰρ εὕδει
χάρις, ἀμνάμονες δὲ βροτοί,

inquit Pindarus[1]. Nos tamen neque deserere veritatem necessariam ecclesiae volumus, neque assentiri adversariis condemnantibus eam possumus. Oportet enim Deo magis obedire quam hominibus. Isti rationem schismatis excitati reddent, qui manifestam veritatem initio condemnaverunt et nunc summa crudelitate persequuntur. Deinde nullane scandala haerent apud adversarios? Quantum mali est in sacrilega profanatione missae ad quaestum collatae? quanta turpitudo in coelibatu? Sed omittamus comparationem. Haec pro tempore respondimus ad confutationem. Nunc iudicium permittimus omnibus piis, an adversarii recte glorientur se confessionem nostram scripturis vere confutasse[2].

Finis.

Daß aber die Widersacher zu Ende der Confutatio uns verunglimpfen und beschweren, daß diese Lehre zu Ungehorsam und andern mehr Ärgernis Ursach gebe, solchs wird dieser unser Lehre unbillig aufgelegt. Denn es ist öffentlich, daß Oberkeit aufs höhist durch diese Lehre gepreiset ist. So weiß man, daß an denen Orten, da diese Lehre geprediget ist, durch Gottes Gnade bis anher die Oberkeit in allen Ehren von Untertanen gehalten ist.

Daß aber Uneinigkeit und Spaltung in der Kirchen ist, weiß man, wie sich diese Händel erstlich zugetragen haben, und wer Ursach zur Trennung gegeben, nämlich die Indulgenzkrämer, die unleidliche Lügen unverschämt predigten und nachmals den Luther verdammten, daß er dieselbige Lügen nicht billigte, dazu erregten für und für mehr Händel, daß Luther ander mehr Irrtum anzufechten verursacht ward. Dieweil aber unser Gegenteil die Wahrheit nicht hat dulden wollen und sich untersteher, öffentliche Irrtum noch mit Gewalt zu handhaben, ist leichtlich zu richten, wer an der Trennung schuldig ist. Es sollt ja billig alle Welt, alle Weisheit, aller Gewalt Christo und seinem heiligen Wort weichen; aber der Teufel ist Gottes Feind, darum erregt er alle seine Macht wider Christum, Gottes Wort zu dämpfen und unterzudrücken. Also ist der Teufel mit seinen Gliedern, so sich wider Gottes Wort legt, Ursach der Spaltung und Uneinigkeit; denn wir zum höchsten Frieden gesucht haben, des wir noch zum höchsten begehren, so fern, daß wir nicht gedrungen werden Christum zu lästern und zu verleugnen. Denn Gott weiß, der aller Herzen Richter ist, daß wir an dieser schrecklichen Uneinigkeit nicht Lust oder Freud haben. So hat der Gegenteil bis anher kein Frieden machen wollen, darin nicht gesucht sei, daß wir die heilsame Lehre von Vergebung der Sünde durch Christum ohn unser Verdienst sollten fallen laßen, dadurch doch Christus zum höchsten gelästert würde.

quod si tenerentur in suo rigore, maxima pars ecclesiae damnaretur, et caritas, quae est finis totius legis etiam divinae laederetur.

Ac perpetua fuit inter sapientes et bonos viros de his oneribus querela, qui videbant primum, obscurari doctrinam fidei et gratiae, item praecepta Dei, cum populus in hoc unum esset intentus, ne negligeret traditiones humanas. Sicut Gerson inquit: Subditi, simplices et timidi, quando tot traditionibus intendere compelluntur a superioribus suis, quid mirum, si minus capaces reddentur divinorum praeceptorum? Quanquam hoc accidit non solum vulgo, sed etiam doctis. Deinde videbant conscientias in varios laqueos et pericula incidere, cum nemo esset, qui tot traditiones servaret. Itaque necesse est, in ecclesiis doceri hanc epikiam traditionum humanarum, et quamvis abutantur homines feri, tamen magis est habenda ratio ecclesiae et piorum. Ita iudicavit et Gerson, cum ait: Et si contemptus ex hac laxatione apud quosdam improbos oritur, tamen alii bene instituti gratias agent. Non desunt magistratus, qui feros coercere possint, ubi opus erit. Et prudens concionator non so-

---

[1]) Isthm. VII 23f. [2]) S. 402, 40—403, 15 Si in unum bis confutasse] seit Ed. 1531. 8° stark erweitert. CR 27, 644 ff. Das Wesentliche daraus hat die deutsche Übersetzung.

Und wiewohl nicht ohn ist, daß, wie die Welt pflegt, in dieser Spaltung dennoch Ärgernis durch Frevel und ungeschickte Leute etwa fürgefallen, denn der Teufel richt solche Ärgernis an zu Schmach dem Evangelio: so sind sie doch alle nicht zu achten gegen dem hohen Trost, den diese Lehre mit sich bracht hat, die lehret, daß wir um Christus willen ohn unser Verdienst Vergebung der Sünd und ein gnädigen Gott haben. Item, daß sie unterricht, daß Gottesdienst nicht sei, verlassen weltliche Stände und Oberkeit, sondern daß solche Stände und Oberkeit Gott gefallen und rechte heilige Werk und Gottesdienst sein.

So wir auch des Gegenteils Ärgernus erzählen sollten, dazu wir wahrlich nicht Lust haben, würde es gar ein schrecklich Register werden, wie die Messe zu eim schändlichen, lästerlichen Jahrmarkt durch den Gegenteil gemacht, wie ein unzüchtig Leben durch ihren Cölibat angericht ist, wie die Päbste nu länger denn 400 Jahr mit den Kaisern gekriegt haben und des Evangelii vergessen und allein darnach tracht, daß sie selbst Kaiser wären und ganz Italia unter sich brächten, wie sie mit den Kirchengütern gespielt haben, wie durch ihren Unfleiß viel falscher Lehre und falsche Gottesdienst durch die Mönche aufgericht sind. Ist doch ihr Heiligendienst ein öffentliche heidnische Abgötterei. Alle ihre Skribenten sagen nicht ein Wort von diesem Glauben an Christum, dadurch Vergebung der Sünde erlanget, die höhest Heiligkeit setzen sie in Menschensatzungen, davon schreiben und predigen sie fürnehmlich. So ist das billig auch unter ihren Ärgernus zu zählen, daß sie sich öffentlich erzeigen, was Geist sie haben, daß sie so viel unschuldiger frommer Leute, itzund um christlicher Lehre willen ermorden. Doch wollen wir hievon itzund nicht reden; denn diese Sachen soll man nach Gottes Wort richten, und die Ärgernus beider Seiten dieweil nicht ansehen.

Wir hoffen, es sollen alle Gottfürchtige in dieser unser Schrift gnugsam sehen, daß unser Lehre christlich und allen Frommen tröstlich und heilsam sei. Darum bitten wir Gott, daß er Gnade verleihe, daß sein heiliges Evangelium bei allen erkannt und geehret werde, zu seinem Lobe und zu Friede, Einigkeit und Seligkeit unser allen, und erbieten uns hiemit, wo es not ist, von allen Artikeln weiter Bericht zu tun.

---

lum de libertate, sed de cavendis scandalis etiam dicet ac Paulus hanc causam moderari solet. Neque nostri primum aut soli de hoc negotio disputaverunt. Atque alii alio modo de hac re scripserunt. Gerson vero non dubitat ita dicere: Non plus habent in potestate praelati ecclesiae ligare subditos ad aliqua, quae non sunt tradita in regula evangelica, professa ab omnibus christianis, quam habent abbates super religiosis suis ad obligandum eos praeter regularem professionem suam. De quibus tamen est sententia beati Thomae et aliorum doctorum concorditer, quod non potest abbas monacho praecipere aliud, quam in regula sua professus fuerit.

Respondimus pro tempore ad ea, quae meminimus, nec recusamus de hac nostra Confessione rationem reddere omni poscenti.

Quod si contigisset nobis videre Confutationem nomine Caesareae Maiestatis domini nostri Clementissimi praelectam potuissemus ad pleraque magis apposite respondere.

IV.

Artikel christlicher Lehre,

so da hätten sollen aufs Concilium zu Mantua oder wo es sonst worden wäre, überantwort werden von unsers Teils wegen und was wir annehmen oder nachgeben künnten oder nicht etc. Durch Dokt. Martin Luther geschrieben.

Anno 1537.

Articuli christianae doctrinae,

qui a nostris concilio, si quod vel Mantuae vel alibi congregandum fuisset, exhibendi fuerant indicantes, quid recipere, concedere vel recusare possemus et deberemus. Scripti a D. Martino Luthero.

Anno 1537.

(Sternchen am Rande der Anmerkungen verweisen auf Nachträge. Vgl. S. 468 und 542)

Abkürzungen:

O = Luthers Niederschrift der Schmalk. Art. in der Heidelberger Universitätsbibliothek (cod. Pal. germ. 423, 4°).

Sp = Spalatins Abschrift der Schmalk. Art. im Staatsarchiv Weimar (Reg H 124, Bl. 1a—38b).

Fr = Abschrift der Schmalk. Art. im Frankfurter (a. M.) Stadtarchiv (Acta das Religions- und Kirchenwesen allhier betr. ab anno 1532—1540 Tom. II b, Bl. 86 a—102 b; die Abschrift ist durch Bombeneinwirkung im zweiten Weltkrieg verlorengegangen).

A = Artickel / so da hetten sollen auffs Concilion zu Mantua / oder wo es würde sein / vberantwortet werden (Wittenberg, Lufft 1538).

D = Die Heubtartikel des Christlichen Glaubens / Wider den Bapst / vnd der Hellen Pforten zu erhalten ([Wittenberg, Seitz] 1543), Bl. A 2 a—F 3 b.

J = Artikel der Euangelischen Lere / so da hetten sollen auffs Concilium vberantwort werden / wo es sein würde / Vnd vom gewalt des Bapsts / vnd seiner Bischoffe ([Magdeburg, Lotther] 1553), Bl. a 1 a—g 1 b.

Konk = deutsches Konkordienbuch (Dresden 1580), Bl. 135a bis 150b.

Conc 1580 = lat. Konkordienbuch (Leipzig 1580), S. 271—310.

Conc 1584 = lat. Konkordienbuch (Leipzig 1584), S. 281—321.

Cochläus = (Johann Cochläus), Ein nötig vnd Christlich Bedencken / auff des Luthers Artickeln / die man Gemeynem Concilio fürtragen sol (Leipzig, Wolrab 1538).

Wicel = Antwort auff Martin Luthers letzt bekennete Artickel / vnsere gantze Religion vnd das Concili belangend Georgii Wicelii (Leipzig, Wolrab 1538).

Ein Sternchen (*) bei einem Zitat aus der WA bedeutet, daß dieses auch in der Bonner Studentenausgabe, hrsg. von O. Clemen (jetzt Berlin, W. de Gruyter & Co.), zu finden ist.

Die Artikel 1537[1].

His satis est doctrinae pro vita aeterna. Ceterum in politia et economia satis est legum, quibus nexamur, ut non sit opus praeter has molestias fingere alias quasi necessarias[2]. „Sufficit diei malitia sua[3]."

Vorrede D. Martini Luther.

Da der Bapst Paulus, des Namens der Dritte, ein Concilium ausschreib[4], im vergangenem Jahr auf die Pfingsten[5] zu Mantua zu halten, und hernach

---

ARTICULI CHRISTIANAE DOCTRINAE,

qui a nostris concilio, si quod vel Mantuae vel alibi congregandum fuisset, exhibendi fuerant indicantes, quid recipere, concedere vel recusare possemus et deberemus,
scripti
a
D. Martino Luthero
Anno 1537.

PRAEFATIO D. MART. LUTH.

Cum papa Paulus, hujus nominis tertius, concilium indiceret anno superiori circa pentecosten Mantuae congregandum et paulo post ab urbe Mantua alio trans-

---

1—5 *nur in* O, 1 *auch in* Fr   6—S. 414, 8 > O Sp *und in allen Hss.*

1 A D *haben keine Überschriften,* J *hat als Überschrift den Titel von* A (Artikel ... nicht etc. Anno 1538), Konk: Artikel christlicher Lehre, so da hätten sollen aufs Concilium zu Mantua oder wo es sonst worden wäre, überantwort werden von unsers Teils wegen und was wir annehmen oder nachgeben könnten oder nicht etc. Durch Doct. Mart. Luth. geschrieben. Anno 1537., Sp (*von Schreiberhand*): Doctoris Lutheri Bedenken des Glaubens halben und warin vor kunftigen Concilio endlich zu verharren, dessen sich auch 43 Theologi, darunter auch Philippus underschrieben.   7—S. 408, 9 > D

12 recipere + vel Conc 1584   vel recusare > Conc 1584   13 deberemus] quid non Conc 1584

---

[1]) Von Spalatins Hand.   [2]) Vgl. dazu unten 413,12 ff.   [3]) Matth. 6, 34. — Dieses Motto, das in Sp und den Drucken fehlt, ist ziemlich schwierig zu entziffern, da die Tinte stark verblaßt ist. Über die verschiedenen Lesungen vgl. WA L 192 f. Anm. 2.   [4]) Paul III. 1534—1549; in der Bulle vom 2. Juni 1536 (zum Datum vgl. L. von Pastor, Geschichte der Päpste V (Freiburg 1909), 57 Anm. 7).   [5]) 23. Mai 1537 (= Mittwoch nach Pfingsten).

von Mantua wegruckt[1], daß man noch nicht weiß, wohin er's legen will oder kann[2], und wir uns auf unserm Teil versehen sollten, daß wir, entweder auch zum Concilio berufen oder unberufen, verdammpt würden, ward mir befohlen[3], Artikel unser Lehre zu stellen[4] und zusammenbringen, ob's zur Handelung[5] käme, was und wiefern[6] wir wollten oder kunnten den Papisten weichen und auf welchen wir gedächten, endlich[7] zu beharren und zu bleiben.

Demnach hab ich diese Artikel zusammenbracht und unserm Teil überantwortet. Die sind auch von den Unsern angenommen und einträchtiglich bekennet und beschlossen[8], daß man sie sollte (wo der Bapst mit den Seinen einmal so kühne wollt werden, ohn Liegen und Triegen, mit Ernst und wahrhaftig ein recht frei Concilium[9] zu halten, wie er wohl schuldig wäre) offentlich überantworten und unsers[10] Glau-

ferret (unde nondum constat, quo illud convocare vel velit vel possit) et nobis quoque sperandum esset, ut ad concilium ipsi etiam vocaremur, vel metuendum, ne non vocati damnaremur, injungebatur mihi, ut articulos doctrinae nostrae conscriberem et colligerem, si forte res procederet, ut constaret, quid et quatenus pontificiis cedere et in quibus capitibus constanter perseverare et vellemus et possemus.

2 Conscripsi igitur hosce articulos et nostrae parti tradidi. A nostris illi recepti et unanimi confessione approbati sunt, ut concilio (si quod a papa et pontificiis tandem sine mendaciis et fraudibus vero, legitimo et christiano modo institueretur

---

10 Ich hab diese D   13 solle D Konk   16 frei + christlich Konk

24 sunt + et decretum est Conc 1584   25—S. 409, 27 institueretur +, sicut omnino deberet) Conc 1584

---

[1]) verlegte. — Am 20. April 1537 verkündigte Paul III. die Prorogation des Konzils auf den 1. November 1537 in einer Bulle, die Luther mit einer Vorrede und Randglossen versehen herausgab; vgl. WA L 90—95, XLVIII 679, TR VI Nr. 6993 sowie Joh. Mathesius, Luthers Leben in Predigten, hrsg. von G. Loesche (2. Aufl. 1906), 255 16 ff. Am 8. Oktober 1537 verkündete Paul III. in einer weiteren Bulle die Wahl Vicenzas als Konzilsortes und die 2. Prorogation des Konzils auf den 1. Mai 1538; vgl. auch WA L 288, 2 ff. Am 25. April 1538 verschob er einstweilen die Konzilseröffnung; am 28. Juni 1538 verkündete eine neue päpstliche Bulle die 3. Prorogation auf Ostern (6. April) 1539. Nachdem das Konzil am 21. Mai 1539 auf unbestimmte Zeit suspendiert worden war, wurde es erst am 13. Dezember 1545 in Trient eröffnet. Vgl. dazu Pastor a. a. O., 57 ff. [2]) Cochläus schreibt Bl. M 2 a: „Daß aber itzt das Generalkonzilium nicht gehalten wird zu Vicenz in der Venediger Gepiet, dahin es gelegt und ausgeschrieben ist, das kann dem Bapst nicht billich zur Schuld und Ungelimpf zugemessen werden (wie ihm Lut. zumisset), weil offenbar ist, daß er drei herrliche, hochgelahrte und welterfahrne Kardinäl als Legaten allda etliche Monat gehalten hat, aber aus teutschen Landen niemand das Konzilium ersucht ⟨= besucht⟩ hat, ausgenommen meinen gnädigsten Herrn, den Kardinal und Erzbischof ⟨Albrecht⟩ von Mainz und Magdeburg, Kurfürsten etc., welches ehrliche Botschaft ⟨= Gesandtschaft⟩ allein aus uns Teutschen zu Vicenz (wie mir glaubwirdiglich einer, der itzt erst von Vicenz ist wiederkommen, geschrieben hat) gehorsamlich erschienen ist." Die drei Kardinäle Lorenzo Campegio, Jacopo Simonetta, Bischof von Pesaro, und Hieronymus Aleander (1480 bis 1542), Luthers schärfster Gegner auf dem Wormser Reichstag 1521, wurden am 20. März 1538 vom Papst zu Konzilslegaten ernannt.   [3]) Vom Kurfürsten Johann Friedrich von Sachsen am 11. Dezember 1536; vgl. WABr VII 613 f., Volz-Ulbrich, Urkunden, 22—25, oben XXIV.   [4]) aufstellen.   [5]) Verhandlung.   [6]) wieweit   [7]) endgültig   [8]) Zu diesem Irrtume Luthers vgl. oben XXVf.   [9]) Zu Luthers Auffassung von den Aufgaben eines Konzils vgl. WA L 606—624; zum „freien" Konzil vgl. WA LIV 208—212   [10]) als unsers

bens Bekenntnis fürbringen. Aber weil sich der römisch Hof so greulich fur einem freien Concilio furcht und das Liecht so schändlich fleucht, daß er auch denen, die seines Teils sind, die Hoffnung genommen hat, als werde er nimmermehr ein frei Concilion leiden, viel weniger selbs halten, daran sie sich denn, wie billich, fast ärgern und nicht geringe Beschwerung drüber haben, als die daran merken, daß der Bapst lieber wollt die ganze Christenheit verloren und alle Seelen verdammpt sehen, ehe er sich oder die Seinen wollt ein wenig reformieren und seiner Tyrannei eine Maß setzen lassen.

So hab ich gleichwohl diese Artikel indes wollen durch offentlichen Druck an den Tag geben, ob ich ja ehe sterben sollt[1], denn ein Concilium würde (wie ich mich ganz versehe und verhoffe[2]), weil die liechtflüchtigen und tagscheuende Schelmen so jämmerlich Mühe haben, das Concilium zu verziehen[3] und zu verhindern, damit die, so nach mir leben und bleiben werden, mein Zeugnis und Bekenntnis[4] haben vorzuwenden[5] über[6] das Bekenntnis, das ich zuvor hab lassen ausgehen[7], darauf ich auch noch bisher blieben bin und bleiben will mit Gottes Gnaden. Denn was soll ich sagen? Wie soll ich klagen? Ich bin noch im Leben, schreibe, predige und lese[8] täglich; noch[9] finden sich solche giftige

tur) publice offerrentur et fidei nostrae confessionem explicarent. Cum autem Romana ista aula seu curia adeo formidet christianum liberumque concilium et lucem turpissime fugiat, ita ut etiam ipsis pontificiis spes concilii christiani non tantum convocandi, sed etiam ferendi et concedendi prorsus adempta sit, unde sane offenduntur merito multi pontificii et aegre ferunt negligentiam istam papae ac inde facile colligunt malle papam interitum totius christianitatis et damnationem omnium animarum quam sui et suorum aliquam reformationem et tyrannidis suae contractionem et modum.

Ideo et nihilominus articulos hos in publicum emittere volui, ut, si citius ex hac vita evocarer, quam concilium congregaretur (quod ita eventurum esse omnino confido et spero, cum lucifugi isti σχέτλιοι nimium in protrahendo et impediendo concilio laborent), ut, inquam, ii, qui post me vivent et remanebunt, testimonium et confessionem meam haberent et proponere possent adjunctam confessioni, quam antea publicavi, in qua hactenus constanter permansi et permanebo deinceps per Dei gratiam. Quid enim dicam? Quomodo querelam instituam? Adhuc superstes sum, scribo, conciones habeo et praelego publice et quotidie, et tamen virulenti

2 freien + christlichen Konk. 5 frei + christlich Konk. 18 das] ein frei D

33/4 aliquam bis modum] vel exiguam saltem reformationem et quam tyrannidi suae modum praescribi patiatur. Conc 1584 37 σχέτλιοι] nebulones Conc 1584

[1]) falls ich eher sterben sollte [2]) Vgl. WABr VII 238 (Luther 1535). [3]) aufschieben
[4]) Vgl. den Auftrag des Kurfürsten von Anfang Dezember 1536: Luther solle „sein Grund und Meinung mit göttlicher Schrift verfertigen, worauf er ... auch in seinem letzten Abschied von dieser Welt vor Gottes allmächtiges Gericht gedenkt zu beruhen und zu bleiben." Auch Brück spricht am 3. September 1536 von Luthers „Testament" (Volz-Ulbrich a. a. O., 19. 23). Vgl. auch unten 462₅ff. [5]) vorlegen, vorzeigen [6]) außer [7]) Luther verweist hier auf seine Schrift: „Vom Abendmahl Christi Bekenntnis 1528", deren dritter Teil „Bekenntnis der Artikel des Glaubens" auch gesondert im Druck erschien. Vgl. WA XXVI 253 und *499—509. Auch WA L 262₃ (in der Schrift „Die drei Symbola" 1538) bezieht sich Luther auf sein „Bekenntnis". [8]) Vorlesungen halte [9]) dennoch

Leute nicht allein unter den Widersachern, sondern auch falsche Brüder, die unsers Teils sein[1] wollen, die sich unterstehen, mein Schrift und Lehre stracks wider mich zu führen[2], lassen mich zusehen und zuhören, ob sie wohl wissen, daß ich anders lehre, und wollen ihre Gift mit meiner Erbeit schmücken[3] und die armen Leute unter meinem Namen verführen. Was will doch immermehr[4] nach meinem Tode werden?[5]

Ja, ich sollte billich alles verantworten[6], weil[7] ich noch lebe? Ja wiederumb, wie kann ich allein alle Mäuler des Teufels stopfen? Sonderlich denen (wie[8] sie alle vergiftet sind), die nicht hören noch merken wollen, was wir schreiben, sondern allein an dem sich üben[9] mit allem Fleiß, wie sie unsere Wort in allen Buchstaben aufs schändlichst verkehren und verderben mügen. Solchen lasse ich den Teufel antworten oder zuletzt Gottes Zorn, wie sie verdienen. Ich denke oft an den guten Gerson[10], der zweifelt, ob man etwas Guts sollt öffentlich schreiben: Tut man's nicht, so werden viel Seelen versäumet[11], die man kunnte erretten. Tut man's aber, so ist der Teufel da mit unzähligen giftigen, bösen Mäulern, die alles vergiften und verkehrn, daß doch die Frucht verhindert wird. Doch was sie dran gewinnen, siehet man am Tage[12]; denn sintemal[13] sie so schändlich wider uns gelogen und die Leute mit Liegen haben wollen behalten[14], hat Gott sein Werk immerfort getrieben, ihren Haufen immer kleiner und unsern größer gemacht und sie mit ihren Lügen zuschanden lassen werden und noch immerfort.

homines, non tantum ex adversariis, sed etiam falsi fratres, qui nobiscum se sentire ajunt, mea scripta et doctrinam meam simpliciter contra me afferre et allegare audent me vivente, vidente et audiente, etiamsi sciant me aliter docere, et volunt virus suum meo labore exornare et miseros homines meo sub nomine decipere et seducere. Quid ergo, bone Deus, post obitum meum fiet?

Deberem quidem ad omnia respondere, dum adhuc vivo. Sed quaeso, quomodo omnia diaboli ora obstruere solus possum? praesertim eorum (utpote venenatorum omnium), qui nec audire nec attendere volunt, quid scribamus, sed in eo toti sunt, ut verba nostra etiam in minutissimis literis scelerate pervertant et depravent. His ergo diabolus respondeat et tandem ira Dei, quemadmodum merentur. Saepe recordor boni Gersonis dubitantis, numquid boni publice scribendum et proferendum sit: Si scriptio omittitur, multae animae negliguntur, quae liberari potuissent; si vero illa praestatur, statim diabolus praesto est cum linguis pestiferis et calumniarum plenis, quae omnia corrumpunt et veneno inficiunt, ut utilitas scriptorum impediatur. Quid tamen ex ista malitia sua commodi recipiant, manifestum est. Quia enim nos mendaciis perdite onerarunt et simpliciores a nobis per ista mendacia retrahere voluerunt, Deus opus suum subinde promovit et ipsorum coetum reddidit minorem, nostrum vero majorem ac ipsos ob mendacia confudit et confundit etiamnum.

---

47 a nobis > Conc 1584   48 retrahere] in suo coetu retinere Conc 1584

---

[1]) unserer Partei angehören   [2]) anführen   [3]) bemänteln   [4]) je in Zukunft
[5]) Vgl. dazu WA XXVI 262₂₂ ff. und *499₂ ff.   [6]) beantworten   [7]) solange als
[8]) wiewohl   [9]) tätig sind   [10]) Johannes Gerson (1363—1429), Kanzler der Universität Paris. Das Zitat findet sich dem Sinne nach in Gersons Schrift. „De laude scriptorum", consid. XI. (J. Gersonis opera omnia, hrsg. v. M. L. Ellies du Pin II (1706) 702).
[11]) vernachlässigt   [12]) deutlich   [13]) obwohl   [14]) bei ihrer Partei halten

Ich muß eine Historia sagen: Es ist hie zu Wittemberg gewest aus Frankreich ein Doktor gesandt[1], der fur uns öffentlich sagt, daß sein König gewiß und übergewiß wäre, daß bei uns kein Kirche, kein Oberkeit, kein Ehestand sei, sondern ginge alles unternander wie das Viehe und tät idermann, was er wollt. Nu rat[2], wie werden uns an jenem Tage fur dem Richtstuel Christi ansehen die,' so solche grobe Lügen dem Könige und andern Landen durch ihre Schrift eingebildet[3] haben fur eitel Wahrheit? Christus, unser aller HErr und Richter, weiß ja wohl, daß sie liegen und gelogen haben. ' Des Urteil werden sie wiederumb müssen hören, das weiß ich furwahr. Gott bekehre, die zu bekehren sind, zur Buße, den andern wird's heißen weh und ach ewiglich.

Und daß ich wieder komme zur Sache, möchte ich furwahr wohl gern ein recht Concilium sehen, damit doch viel Sachen und Leuten geholfen würde. Nicht daß wir's bedürfen; denn unser Kirchen sind nu durch Gottes Gnaden mit dem reinen Wort und rechtem Brauch der Sakrament, mit Erkenntnis allerlei Ständen[4] und rechten Werken also erleucht und beschickt[5], daß wir unserhalben nach keinem Concilio fragen und in solchen Stücken vom Concilio nichts Bessers zu hoffen noch zu gewarten[6] wissen. Sondern da sehen wir in den Bistumen allent-

Recitabo historiam. Fuit Witebergae doctor quidam ex Galliis missus, qui nobis palam indicabat regi suo certo persuasum esse apud nos nullam esse ecclesiam, nullum magistratum, nullum conjugium, sed promiscue omnes pecudum more vivere pro arbitrio. Dic jam, quo vultu nos coram tribunali Christi in ultimo judicio sint aspecturi ii, qui tam crassa et prodigiosa mendacia regi et aliis regnis per sua scripta inculcarunt ceu veritatem? Christus, omnium nostrum Dominus et judex, scit ipse istos mentiri et semper mentitos esse. Hujus sententiam audire cogentur, quod certo scio. Deus convertat convertendos, ut agant poenitentiam. Ceteros obruet vae et ah in aeternum.

Ut autem redeam ad rem, optarim ex animo concilium christianum et liberum aliquando congregari, ut multis et rebus et hominibus consuleretur, non quod nos concilio indigeamus (nostrae enim ecclesiae per Dei gratiam puritate verbi et vero usu sacramentorum ac cognitione vocationum et verorum operum ita sunt illuminatae, edoctae et confirmatae, ut concilio opus nobis non sit nec a concilio aliquid melius aut perfectius ostendi nobis possit), sed quod in episcopatibus videamus

18 recht + christlich Konk

29 certo + certius Conc 1584   34 sententiam + vicissim Conc 1584   40/41 illuminatae bis confirmatae] illustratae et constitutae Conc 1584   41 aliquid] de his rebus quidquam Conc 1584   42 aut bis possit)] sperare et expectare possimus) Conc 1584

[1]) Es handelt sich um Dr. Gervasius Waim (oder Wain) aus Memmingen (vgl. WABr II 31 Anm 4; VI 130 Anm. 1; VIII 36₃₄₋₃₇; XI 320; WATR IV 4383), der 1531 als Gesandter des Königs Franz I. von Frankreich u. a. auch in Torgau weilte. Melanchthon bezeichnete ihn damals als „homo, ut videtur, inimicissimus nostrae causae" (CR II 517).   [2]) stelle dir vor.   [3]) vorgespiegelt.   [4]) mit der richtigen Auffassung von der Bedeutung der verschiedenen menschlichen Berufe.   [5]) versehen.   [6]) erwarten

halben viel Pfarren ledig und wüst¹, daß einem das
Herz möcht' brechen. Und fragen doch weder Bischof
noch Tumherrn² darnach, wie die armen Leute leben
oder sterben, für die doch Christus ist gestorben,
und sollen denselben nicht hören mit ihnen reden als
den rechten Hirten mit seinen Schafen³, daß mir
grauet und bange ist, er möcht' einmal ein Engel-
concilium lassen gehen über Deutschland, das uns
alle in Grund verderbet wie Sodom und Gomorra,
weil wir sein so frevelich mit dem Concilio spotten.

Über⁴ solche notige Kirchensachen wären auch in
weltlichem Stande unzählige, große Stücke zu bessern; da ist Uneinigkeit der Fürsten und Stände,
Wucher und Geiz⁵ sind wie eine Sintflut eingerissen
und eitel Recht worden, Mutwill⁶, Unzucht, Übermut mit Kleiden, Fressen, Spielen, Prangen, mit
allerlei Untugend und Bosheit, Ungehorsam der
Untertanen, Gesinde und Erbeiter, aller Handwerk,
auch der Baurn Übersetzung⁷ (und wer kann's alles
erzählen?) haben also überhand genommen, daß
man's mit zehen Conciliis und zwenzig Reichstagen
nicht wieder wird zurecht bringen. Wenn man solche
Häuptstück des geistlichen und weltlichen Standes,
die wider Gott sind, im Concilio wurde handeln⁸,
so würde man wohl zu tun kriegen alle Hände voll,

passim multas parochias plane desertas et vacuas, ita ut prae dolore cor hominis
pii exstingui facile possit. Et tamen nec episcopi nec canonici curant miserorum
hominum vel vitam vel mortem, pro quibus tamen Christus est mortuus, quem
miseri homines ut verum pastorem cum ovibus suis loquentem audire non pos-
11 sunt. Et hoc me movet, ut exhorrescens vehementer metuam, ne Christus ipse
aliquando convocet concilium angelicum contra Germaniam, quo funditus deleamur
sicut Sodoma et Gomorrha, quandoquidem tam temere ipsi illudimus nomine et
praetextu concilii.
12 Praeter haec tam necessaria negotia ecclesiastica essent quoque res magnae in
statu politico corrigendae ut discordia principum et statuum. Usura et avaritia
ceu diluvium inundarunt et specie juris defenduntur. Petulantia, lascivia, superbia
et luxus ac fastus in vestitu, crapula, alea, pompa, vitiorum et scelerum concur-
sus, malitia, contumacia subditorum, familiae, opificum, mercennariorum, rusticorum
aucupia et iniquissima in venditionibus aestimatio (et quis recitare potest omnia?)
adeo accreverunt, ut decem conciliis et viginti comitiis politicis corrigi nequeant.
13 Si haec principalia in ecclesiastico et politico statu, quae contra Deum fiunt, in
concilio tractarentur, satis superque esset, de quibus ageretur, nec opus esset
ludicris et jocularibus confabulationibus de veste talari, de insignibus verticalibus,

4 die] welche D Konk   7 einmal + einst D J Konk

27/8 miserorum *bis* mortem] quomodo miseri homines vel vivant vel moriantur
Conc 1584

¹) Vgl. WA L 512₃₃ und 618₂₋₅ ; in einer Tischrede vom 10. September 1538 wird
berichtet, daß im Bistum Würzburg 600 sehr reiche Pfarreien vakant seien (WATR IV
Nr. 4002). ²) Domherren ³) Joh. 10,12. ⁴) außer ⁵) Habsucht ⁶) Willkür
⁷) Übervorteilung durch alle Handwerker, auch durch die Bauern; vgl. dazu Luther in
seiner „Vermahnung zum Gebet wider den Türken" 1541: „Der Baur steigert
(= verteuert) neben dem Adel Korn, Gersten und alles und machen mutwillige (= will-
kürliche) Teurunge, da sonst (= eigentlich) Gott gnug hat wachsen lassen. Der
Bürger schätzt (= brandschatzt) in seinem Handwerk auch, was und wie er will" (WA LI
588₁₈₋₂₀); vgl. auch WA XXXII 181₂₀ ff., LIV 404₂₇ ff., unten 617₁₅ ff. und 620₁₂ ff.
⁸) behandeln

daß man dieweil[1] wohl würde vergessen des Kinderspiels und Narrenwerks von langen Röcken[2], großen Platten[3], breiten Gürteln[4], Bischofs- und Kardinalshüten oder -stäben[5] und dergleichen Gäukelei[6]. Wenn wir zuvor hätten Gottes Gebot und Befehl ausgericht im geistlichen und weltlichen Stande, so woll'ten wir Zeit gnug finden, die Speise[7], Kleider, Platten und Kasel[8] zu reformiern. Wenn wir aber solche Kamelen verschlingen und dafur Mücken seigen[9], die Balken lassen stehen und die Splitter richten wollen[10], so ' möchten wir wohl auch mit dem Concilio zufrieden sein.

Darumb hab ich wenig Artikel gestellet; denn wir ohn das[11] von Gott soviel Befehl[12] haben, in der Kirchen, in der Oberkeit, im Hause[13] zu tun, daß wir sie nimmermehr ausrichten können. Was soll's denn oder wozu hilft's, daß man darüber viel Dekret und Satzung im Concilio machet, sonderlich, so man diese Häuptstück, von Gott geboten, nicht achtet noch hält? Gerade als müßte er unser Gaukelspiel feiren[14] dafur, daß wir seine ernste Gebot mit Füßen treten. Aber unser Sunde drücken uns und lassen Gott nicht gnädig über uns sein; denn wir büßen auch nicht, wollen dazu noch allen Greuel verteidi-

rasuris et tonsuris, de cingulis latis seu balteis, de episcoporum et cardinalium infulis, galeris, pileis et baculis et similibus inanitatibus. Si antea Dei mandatum et voluntatem in ecclesiastico et politico ordine expedivissemus, satis postea otii et temporis nobis relinqueretur ad reformationem ciborum, vestium, cereorum, rasurarum, casularum etc. At quia camelos deglutimus et interea culices excolamus, trabes relinquimus et festucas inquirimus et judicamus, supersedere concilio possumus.

Paucos igitur articulos composui. Habemus enim satis mandatorum Dei in ecclesia, in magistratu, in oeconomia, quibus satisfacere nunquam possumus. Ad quid ergo prodest copia ista decretorum, traditionum et legum in concilio, cum praecipua capita a Deo mandata nec curentur nec serventur? Quasi vero Deus in ludicris fabulis nostris acquiescere et interea sua divina mandata pedibus, ut conculcentur, ferre cogatur. Peccata autem nostra nos aggravant nec sinunt Deum nobis esse propitium, quia poenitentiam non agimus et insuper omnem abomina-

26 inanitatibus] vanitatibus Conc 1584   32 composui] conscripsi Conc 1584   enim + jam antea Conc 1584   33 magistratu] politia Conc 1584

[1]) darüber. Zu den folgenden Punkten vgl. auch WATR V 634₁₁ ff. und 636₂₆ ff. sowie WA L 517₅ ff.   [2]) Die Alba, entstanden aus der bis an die Füße reichenden, langärmligen Tunika, ist aus weißem Linnen hergestellt und gehört zu den liturgischen Untergewändern der Kleriker der höheren Ordnung.   [3]) Tonsuren; vgl. dazu RE XIX 836—839.   [4]) Mit dem reich verzierten, mehrere Finger breiten Gürtel (cingulum oder zona) wird die Alba gegürtet.   [5]) Den Bischöfen und Kardinälen steht der Krummstab (virga oder baculus pastoralis) zu. Die Bischöfe tragen die Bischofsmütze (mitra oder infula), die Kardinäle den roten Hut (pileus oder galerus cardinalitius) (seit Innozenz IV., 1248), bzw. das rote Birett.   [6]) Possen   [7]) Es handelt sich um die Fastengebote; vgl. 3. B. WA VI *447 und L 651.   [8]) Casula, das Meßgewand, ist ein geschlossener, glockenförmiger, oft mit Gold, Silber und Edelsteinen reich verzierter Mantel. Zu den verschiedenen liturgischen Gewändern vgl. Eisenhofer, Grundriß der katholischen Liturgik², 95 ff., H. Bergner, Handbuch der kirchlichen Kunstaltertümer in Deutschland (1905), 369 ff., F. Bock, Geschichte der liturgischen Gewänder des Mittelalters II (1866) 50 ff., RE X 528—532, Jos. Braun, Die liturgischen Paramente in Gegenwart und Vergangenheit² (1924) 62 ff.   [9]) Matth. 23,24.   [10]) Matth. 7,3—5.   [11]) ohnehin   [12]) Aufträge   [13]) Über die drei ordines vgl. WA L 652, XXVI *504 f., unten 523—527.   [14]) ehren

gen. Ah, lieber HErr Jesu Christe, halt du selber
Concilium und erlöse die Deinen durch deine herr=
liche Zukunft¹. Es ist mit dem Papst und den Seinen
verloren. Sie wollen dein nicht, so hilf du uns Armen
und Elenden, die wir zu dir seufzen und dich suchen
mit Ernst, nach der Gnade, die du uns gegeben hast
durch deinen heiligen Geist, der mit dir und dem Vater
lebet und regiert ewiglich gelobt, AMEN.

1537

[der Artikel]   **Das erste Teil** der Artikel* ist von den hohen Artikeln der gottlichen Majestät², als

1. [Als] Daß [Gott] Vater, Sohn und heiliger Geist in einem [naturlichen] gottlichen Wesen und Natur drei unterschiedliche Personen [in eim sind] ein einiger Gott ist, der Himmel und Erden geschaffen hat etc.

2. Daß der Vater von niemand, der Sohn vom Vater geboren, der heilige Geist vom Vater und Sohn ausgehend.

3. Daß nicht der Vater noch heiliger Geist, sondern der Sohn sei Mensch geworden.

4. Daß der Sohn sei also Mensch worden, daß er vom heiligen Geist ohn männlich Zutun empfangen und von der reinen, heiligen Jungfrau Maria geporn sei,' darnach gelitten, gestorben, be=
graben, zur Helle gefahren, auferstanden von den Toten, aufge=
fahren gen Himmel, sitzend zur Rechten Gottes, kunftig, zu richten die Lebendigen und die Toten etc., wie der Apostel³, item S. Atha=
nasii Symbolon⁴ und der gemeine Kinderkatechismus⁵ lehret.

tionem defendere volumus. O Domine Jesu Christe, indicito et celebra tu ipse concilium, et redime tuos adventu tuo glorioso. Actum est de papa et pontificiis. Hi te non curant. Juva ergo nos miseros et inopes, qui ad te gemimus et te ex corde quaerimus secundum gratiam, quam nobis dedisti per spiritum sanctum tuum, qui tecum et cum patre vivit et regnat benedictus in saecula, Amen.

PRIMA PARS
de articulis divinae majestatis.

I. Pater, filius et spiritus sanctus in una divina essentia et natura tres distinctae personae sunt unus Deus, qui creavit coelum et terram.

II. Pater a nullo, filius a patre genitus est, spiritus sanctus a patre et filio procedit.

III. Non pater, non spiritus sanctus, sed filius homo factus est.

IIII. Filius ita factus est homo, ut a spiritu sancto sine virili opera conciperetur et ex Maria pura, sancta, semper virgine nasceretur. Postea passus et mortuus est, sepultus, descendit ad inferna, resurrexit a mortuis, ascendit ad coelos, sedet ad dexteram Dei venturus judicare vivos et mortuos etc., sicut de his symbolum apostolicum et Athanasianum et catechismus puerilis omnium nos edocent.

1 | als *a. R.*   14/5 ein *bis* etc. über *d. Z. u. a. R.*   25/6 item S. Athanasii *a. R.*   26 gemeine *a. R.*

7 deinen] den D   9 {1537 > AD J Konf   {5 etc.} AD J Konf

28 redime] libera Conc 1584   33 de + summis Conc 1584   43 catechismus + noster Conc 1584 omnium > Conc 1584

¹) Wiederkunft   ²) Vgl. oben 50f., 54, 145, 158f. und unten 804—812, 1017—1049. Vgl. dazu Luthers „Bekenntnis" (oben 409 Anm. 7) WA XXVI *500—502, *505, XXXIII 86f., 178f., 160—162, L 273—282. Vgl. auch WA XI 450₂₈₋₃₂; F. Katten=
busch, Luthers Stellung zu den öcumenischen Symbolen (1883).   ³) Vgl. oben 21 und WA L 262 ff.   ⁴) Vgl. oben 28—30 und WA L 262 ff.   ⁵) Vgl. unten 311 und 650—653.

Diese Artikel sind in keinem Zank noch Streit, weil wir zu beiden Teilen dieselbigen [gläuben und] bekennen¹. Darumb nicht vonnoten, itzt davon weiter zu handeln.

Das ander Teil ist von den Artikeln, so das Ampt und Werk Jesu Christi oder unser Erlosung betreffen.

Hie ist der erste und Häuptartikel:

1. Daß Jesus Christus, unser Gott und Herr, sei „umb unser Sunde willen gestorben und umb unser Gerechtigkeit willen auferstanden", Ro. 4.², und er allein „das Lamb Gottes ist, das der Welt Sunde trägt", Joh. 1.³, und „Gott unser aller Sunde auf ihn gelegt hat", Isaiae 53.⁴, item⁵: „Sie sind alle zumal Sunder und werden ohn Verdienst gerecht aus seiner Gnade durch die Erlosung Jesu Christi in seinem Blut" etc., Ro. 3⁶.

Dieweil nu solchs muß gegläubt werden und sonst mit keinem Werk, Gesetze noch Verdienst mag erlanget oder [uns] gefasset werden, so ist es klar und gewiß, daß allein [der] solcher Glaube uns gerecht mache⁷, wie Ro. 3⁸. S. Paulus spricht: „Wir halten, daß der Mensch gerecht werde ohn Werk des Gesetzes durch den Glauben", item: „Auf daß er alleine gerecht sei und gerecht mache denen, der da ist des Glaubens an Jesu."⁹

Von diesem Artikel kann man nichts¹⁰ weichen oder nachgeben, es falle Himmel und Erden oder was nicht bleiben will; denn es

---

De his articulis nulla est inter nos et adversarios controversia, cum utrosque utrinque confiteamur; quamobrem non est necesse, ut pluribus jam de illis agamus.

SECUNDA PARS

est de articulis, qui officium et opus Jesu Christi sive redemptionem nostram concernunt.

Hic primus et principalis articulus est.

Quod Jesus Christus, Deus et Dominus noster, sit propter peccata nostra mortuus 1 et propter justitiam nostram resurrexerit, Rom. 4. Et quod ipse solus sit agnus 2 Dei, qui tollit peccata mundi, Johan. 1. Et quod Deus omnium nostrum iniquitates in ipsum posuerit, Esaiae 53. Omnes peccaverunt et justificantur gratis absque 3 operibus seu meritis propriis ex ipsius gratia per redemptionem, quae est in Christo Jesu in sanguine ejus, Rom. 3.

Hoc cum credere necesse sit et nullo opere, lege aut merito acquiri et apprehendi 4 possit, certum est et manifestum solam hanc fidem nos justificare, sicut Paulus Rom. 3. inquit: Statuimus justificari hominem per fidem absque operibus legis. Item: Ut sit ipse justus et justificans eum, qui est ex fide Jesu Christi.

De hoc articulo cedere aut aliquid contra illum largiri aut permittere nemo 5 piorum potest, etiamsi coelum et terra ac omnia corruant. Non enim est aliud

---

3 weiter *über d. Z.*   11 53. *a. R.*   16 solcher *a. R.*

7 ff. *alle vorgesetzten Zahlen* > AD J Konk

23 utrosque] illos Conc 1584

---

¹) Luther schrieb zunächst „gläuben und bekennen", tilgte dann aber die ersten beiden Worte wieder, weil er den Katholischen den Glauben nicht zutraute. Vgl. Luthers Worte (1544): „Was hilft ihn (= den Papst), daß er mit dem Maul hoch rühmet den rechten Gott, den Vater, Sohn und heiligen Geist und trefflichen Schein furwendet eines christlichen Lebens? Gleichwohl ist und bleibt er der größest Feind Christi und der rechte Antichrist". WA LIV 160₂₂₋₂₅; vgl. auch XXXXVI 138₁₇ f., L 269₃₂₋₃₅ sowie K. Thieme, Luthers Testament wider Rom (1900), 14 ff.   ²) Röm. 4,25.   ³) Joh. 1,29.   ⁴) Jes. 53,6.   ⁵) ferner   ⁶) Röm. 3,23—25.   ⁷) Vgl. dazu unten 460 f.   ⁸) Röm. 3,28. Zu diesem Zitat vgl. WA XXXII *632 f., *636 f. und *640—643.   ⁹) Röm. 3,26.   ¹⁰) nicht

* den Menschen ge=
geben
** Isaiae 53.[2]

„ist kein ander Name*, dadurch wir konnen selig werden", spricht
S. Petrus Act. 4.[1] „Und durch seine Wunden sind wir geheilet."**
Und auf diesem Artikel stehet alles, das wir wider den Bapst,
Teufel und Welt lehren und leben[3]. Darum mussen wir des
gar gewiß sein und nicht zweifeln. Sonst ist's alles verlorn, und
behält Bapst und Teufel und alles wider uns den Sieg und Recht.

Der ander Artikel.[4]

Daß die Messe im Bapsttum muß der großeste und schrecklichste
Greuel sein, als die stracks und gewaltiglich wider diesen Häupt=
artikel strebt und doch uber und fur allen andern bäpstlichen Ab=
gottereien die hohest und schonest gewest ist; denn [sie] es ist ge=
halten, daß solch Opfer oder Werk der Messe (auch durch einen
bosen Buben getan[5]) helfe den Menschen von Sunden, beide hie
im Leben und dort im Fegfeur, welchs doch allein soll und muß
tun das Lamb Gottes, wie droben gesagt etc[6].* Von diesem Artikel
ist auch nicht zu weichen oder nachzulassen; denn der erst Artikel
leidet's nicht.

Und wo etwa vernunftige Papisten wären, mochte man dermaßen
und freundlicherweise mit ihnen reden, nämlich: Warumb sie doch
so hart[7] an der Messen hielten? 1. Ist's doch ein lauter Menschen=

* [etc.]

nomen hominibus datum, per quod salvari possimus, inquit Petrus Actorum 4. Et
per vulnera ejus sanati sumus, Esaiae 53.

Et in hoc articulo sita sunt et consistunt omnia, quae contra papam, diabolum
et mundum in vita nostra docemus, testamur et agimus. Quare oportet nos de
hac doctrina esse certos et minime dubitare, alioquin actum est prorsus et papa
et diabolus et omnia adversa jus et victoriam contra nos obtinent.

II. Articulus de missa docet,

1 Quod missa in papatu sit maxima et horrenda abominatio simpliciter et hostiliter e diametro pugnans contra articulum primum, quae tamen prae omnibus aliis pontificiis idolatriis summa et speciosissima fuit. Statuerunt enim, quod sacrificium istud seu opus missae etiam ab impio ac perdito nebulone praestitum liberet hominem a peccatis cum in hac vita, tum in purgatorio, cum tamen solus agnus Dei nos liberet, ut supra dictum est. Hic nihil permittendum nec cedendum est, quia prior articulus id non fert.

2 Cum sanioribus pontificiis placide hoc modo conferri posset. Primum quare tam rigide missae patrocinium suscipiant, cum illa tantummodo sit hominum inventum

1 den bis gegeben a. R.   11 es über d. Z.   12 der Messe a. R.   16 erst über d. Z.
19 und über d. Z.

1 keins Sp   2 geheilet] geheiliget D J   5 ist es Konf   7 Artikel + von der
Messe Sp J Konf   19 nämlich] erstlich Konf   20 1. > Konf

24 et (1.) + universum Conc 1584

[1]) Apg. 4, 12.   [2]) Jes. 53, 5.   [3]) Vgl. dazu WA XXXIX I 205 f. und XLIII 232.   [4]) Vgl.
oben 91—97, 349—377, WA VI *353—378, *451f., *512—526, VIII 411—476, 482—563,
XII *29, 208—220 und 249—258, XIII 14—18, XI 441f., XVIII 22—36, XXVI *508,
XXXII *293—309, 610—615, XXXIII 90f. und *310f., XXXVIII *195ff. und 262—272,
XXXIX¹ 139—173, WABr II 372₇₃, III 130—132. Vgl. dazu auch Luthers: „Formula
missae et communionis" (1523) und „Deutsche Messe und Ordnung Gottesdiensts" (1526),
WA XII *205—220 und XIX *72—113.   [5]) Vgl. WABr V 431₅₂ und WA VI *371₁₀ff. und
*525₂₇₋₃₀: „Usitatissimum ex Gregorio dicitur missam mali sacerdotis non minoris ducendam quam boni cuiuscunque nec sancti Petri meliorem fuisse quam Judae traditoris, si
sacrificassent." Vgl. auch Thomas von Aquino, Summa theologiae P. III. qu. 64 art. 5 und 9.
[6]) Oben 415₆ff.   [7]) fest

fundlin, von Gott nicht geboten [welchs man doch]. Und alle Menschenfundlin mugen wir fallen lassen, wie Christus spricht Matthäi 15.¹: „Sie dienen mir vergeblich mit Menschengeboten."

2. Zum andern [weil] ist es ein unnotig Ding [ist, so] das kann* man[s] ohn Sunde und Fahr² wohl lassen**.

* [kann] ** kann.

3. Zum dritten [weil] kann man das Sakrament viel besser und seligerweise (ja allein)* seligerweise nach Christus' Einsetzung kriegen [kann]. Was ist's denn, daß man umb einer [unschädlichen, geringen, verächtlichen] unnotigen, ertichten Sachen*, d[ie]a man's sonst wohl und seliger haben kann, die Welt in Jammer und Not wollt' zwingen?

*) gestr. und hinter seligerweise (2.) gesetzt
* willen

Man lasse den Leuten offentlich predigen, wie die Messe als ein Menschentand müge ohn Sunde nachbleiben³ und niemand verdammpt werde, wer sie nicht acht', sondern müge wohl ohn Messe wohl durch⁴ bessere Weise selig werden. Was gilt's⁵, ob die Messe alsdenn nicht von ihr selbs fallen wird, nicht allein bei dem tollen Pöfel⁶, sondern auch bei allen frommen, christlichen, vernünftigen, gottfürchtigen Herzen? Vielmehr, wo sie hören würden, daß es ein fährlich⁷ Ding, ohn Gottes Wort und Willen erticht und erfunden, ist.

4. Zum vierden, weil solch unzähliche, unaussprechliche Mißbräuche in aller Welt mit Käufen und Verkäufen der Messen⁸ entstanden, sollt' man sie billich lassen fahren*, allein umb solche Mißbräuche zu wehren, wenn sie gleich an ihr selbs⁹ etwas Nützlichs und Guts hätte. Wieviel mehr sollt'* man sie fahren lassen,

* auch

* corr. in soll

---

et a Deo non mandata sit? Hominum vero inventiones tuto omittere possumus, ut Christus testatur Matthaei 15.: Frustra colunt me mandatis hominum.

Secundo res est non necessaria, quae sine peccato et periculo omitti potest.   3

Tertio sacramentum meliori et Deo magis accepto, imo hoc solo accepto, salutari et beato modo secundum Christi institutionem sumi potest. Cur igitur propter figmentum humanum et non necessarium, cum aliter et rectius res ipsa haberi possit, ad extremas miserias homines cogerentur et adigerentur?   4

Curetur, ut publice hominibus ostendatur missam esse rem commentitiam seu humanum figmentum posse sine peccato omitti et neminem damnari, qui missam negligit, sed etiam sine missa meliore ratione homines salvari posse. Sic fiet, ut missa sit sponte corruitura non tantum in vulgo rudi, sed etiam in animis omnium piorum, christianorum et sanorum, idque multo magis, cum audierint missam esse quiddam valde periculosum sine Dei verbo et voluntate confictum atque inventum.   5

Quarto. Cum fere innumeri et inenarrabiles abusus in universo mundo ex negotiatione missarum exstiterint, abroganda merito missa est, ut abusus isti removeantur, etiamsi quid utilitatis et boni in se contineret. Quanto magis autem, cum   6

---

4 ist (1.) über d. Z.   das über d. Z.   6 kann über d. Z.   8/9 [unschädlichen bis verächtlichen] a. R.   9 ertichten a. R.   willen über d. Z.   9/10 die man corr. in da man's   12/22 fehlt O Sp und in allen Handschriften; der nachträgliche Einschub ist in O durch einen wagerechten Doppelstrich angedeutet.   25 auch über d. Z.

4 ist's A D J Konk   9 ertichten, unnotigen Sp A D J Konk   25 umb > J Konk
25/6 solchen Mißbräuchen J Konk   27 viel > Sp

37 negligit] non curat Conc 1584

---

¹) Matth. 15,9.   ²) Gefahr   ³) unterbleiben   ⁴) auf   ⁵) fürwahr   ⁶) Pöbel
⁷) gefährlich   ⁸) Vgl. WA XXXII *293₁: „Von der Kaufmesse".   ⁹) an und für sich

M 302

* [so] und man['s]

solche Mißbräuche ewiglich zu verhuten, weil sie doch gar unnotig, unnutz und fährlich ist, so man's* alles notiger, nutzlicher und gewisser ohn die Messe haben kann.

W 308

5. Zum funften, nu aber die Messe nichts anders ist noch sein kann (wie der Kanon¹ und alle Bucher² sagen) denn ein Werk der Menschen (auch boser Buben), damit einer sich selbs und andere mit sich gegen Gott versuhnen, Vergebung der Sunden und Gnade er-

* [kann] will
* aller=

werben und verdienen kann* (denn so wird sie gehalten, wenn sie aufs *beste wird gehalten. Was sollt' sie sonst?), so soll und muß man sie verdammen und [fallen lassen] verwerfen; denn das ist stracks wider den Häuptartikel, [daß nicht] der da [nicht] sagt, daß nicht

* boser oder frommer

ein* Messeknecht mit seinem Werk, sondern das Lamb Gottes und Sohn Gottes unsere Sunde trägt³.

Und ob einer zum guten Schein⁴ wollt' furgeben, er wollt'

* berichten⁶ oder

zur Andacht⁵ sich selbs* kommuniciern, das ist nicht ernst; denn wo er mit Ernst will kommunicieren, so hat er's gewiß und aufs

* gereicht.

beste im Sakrament nach der Einsetzung Christi*. Aber sich selbs

plane inutilis, non necessaria et periculosa sit et omnia utilius atque certius absque missa haberi possint, eam missam facere debemus, ut abusus istos tetros perpetuo fugiamus!

7   Quinto. Cum missa nihil sit aliud nec aliud esse possit (sicut canon et omnes libri pronuntiant) quam opus hominum (etiam impiorum nebulonum), quo opere aliquis seipsum et alios una cum seipso cum Deo reconciliare, remissionem peccatorum et gratiam impetrare et mereri conatur (sic enim aestimatur missa, cum maxime praedicatur; ad quid enim alioqui prodesset?), ideo certe damnanda et rejicienda est. Hoc enim directe pugnat cum primario articulo, qui affirmat non missificum sacerdotem vel bonum vel malum suo opere, sed agnum Dei et filium Dei tollere peccata nostra.

8   Quod si quis fucum facere et praetendere vellet se ex devotione sibi ipsi communionem exhibere velle, is longe erraret nec serio et ex animo loqueretur. Communio enim vera et certa est in sacramento, quae fit secundum institutionem

---

2 und (2.) a. R.   8 will a. R.   9 aller= über d. Z.   10 verwerfen über d. Z.
11 der bis daß a. R.   nicht (3.) über d. Z.   12 boser oder frommer a. R.   15 berichten oder über d. Z.   17 nach bis Christi a. R.   gereicht a. R.

8 so] also Sp Konk

---

¹) der Meßkanon; vgl. dazu Luther: „Vom Greuel der Stillmesse, so man den Kanon nennet" (1525): „Nu tun die papistischen Pfaffen in der Messe nichts anders, denn daß sie ohn Unterlaß mit solchen Worten fahren: ‚Wir opfern, wir opfern' (= offerimus) und ‚diese Gaben, diese Gaben' (= haec dona) etc. und schweigen des Opfers gar still, das Christus tan hat, danken ihm nicht, ja verachten's und verleuken's (= verleugnen's) und wollen selbs fur Gott kommen mit ihrem Opfer" (WA XVIII 24₉₋₁₃); vgl. auch WA XXXIII *310   ²) Vgl. z. B. Gul. Durandus, Rationale divinorum officiorum IV 35₁₂: „Traditur autem, quod Gelasius, papa quinquagesimus primus a beato Petro, canonem principaliter ordinavit." Diese Bemerkung ging in die meisten liturgischen Werke des Mittelalters (z. B. G. Biel) über.
³) Joh. 1, 29.   ⁴) zu seiner Rechtfertigung   ⁵) Erbauung   ⁶) mit dem Abendmahl versehen; vgl. dazu Luthers Bedenken (1530), ob „wohl ein Pfaff sich selber kommuniciern oder ihm selber das Sakrament geben" möge, WABr V 504f.   Vgl. ferner auch WA VIII 438₁₁ ff. und 514₄ ff. Über diese Frage schreibt Cochläus Bl. D 2 b: „Daß aber ein Priester in der Meß für sich selbs das hochwirdig Sakrament empfahet, das ist nirgend in der Schrift oder von der Kirchen verboten, sonder vielmehr geboten, wie im Dekretbuch viel Canones anzeigen (am Rande ist verwiesen auf Decr. Grat. P. III D. 2 c. 12); denn auch Luther selbs im Buch seiner Bekenntnis vom Abendmahl saget, daß es Christus auch für sich selbs empfangen und den Aposteln gereicht habe (WA XXVI *462), welchs auch ein iglicher Priester zu tun willig ist, nämlich zu reichen, wo Leute sind, die es nach christlicher Kirchen Ordnung zu empfahen begehren."

II. Teil, Art. 2 (Messe). 419

kommuniciern ist* ungewiß und unnotig**, und er weißt nicht,   * ein Menschendunkel[1],
was er macht, weil er ohn Gottes Wort falschem Menschendunkel   ** [ja] dazu verboten,
und =fundlin folget. So ist's auch nicht recht (wenn alles sonst   † auch
schlecht[2] wäre), daß einer das gemein Sakrament der Kirchen
5 nach seiner eigen Andacht[3] will brauchen und damit seins Ge=   * ohn Gottes Wort
fallens* außer der Kirchengemeinschaft spielen.

Dieser Artikel von der Messe wird's ganz und gar[4] sein in
Concilio; denn wo es muglich wäre, daß sie uns alle andere Ar=
tikel nachgeben, so konnen sie doch diesen Artikel nicht nachgeben,
10 wie der Campegius[5] zu Augsburg gesagt: er wollt' sich ehe auf
Stucken[6] zureißen lassen, ehe er wollt' die Messe fahren lassen[7].
So werde ich mich auch mit Gottes Hulfe lassen zu Aschen   *, er sei gut oder bose,
machen, ehe ich einen Messeknecht mit seinem Werk* lasse meinem**   ** Herrn und
Heilande Jesu Christo gleich oder hoher sein. Also sind und bleiben
15 wir ewiglich gescheiden und widernander. Sie fuhlen's wohl:
wo die Messe fället, so liegt das Bapsttum[8]. Ehe sie das lassen
geschehen, so toten sie uns alle*.   *, wo sie es [kun] ver-
Uber das alles hat dieser Trachenschwanz[9], die Messe, viel   mugen.
Unziefers und Geschmeiß[10] mancherlei Abgotterei gezeuget [die].

---

20 Christi. Seipsum autem communicare humana persuasio est, incerta et non necessaria, imo prohibita. Nescit enim ille, quid faciat, cum absque verbo Dei opinioni
et figmento humano obsequatur. Non etiam recte facit is (etiamsi res alioqui   9
plana esset), qui sacramentum proprium ecclesiae extra ecclesiae communionem
sine verbo Dei ex propria quadam devotione et affectione usurpare vult.

25 In hoc articulo de missa concilium potissimum sudabit et consummabitur. Etsi   10
enim possibile esset, ut omnes reliquos articulos nobis concederent, tamen hunc
concedere non poterunt, quemadmodum Campegius Augustae dixit se prius omnia
tormenta, membrorum dilaniationem et mortem passurum quam missam missam
facturum esse. Et ego etiam per Dei opem in cineres corpus meum redigi et
30 concremari patiar prius, quam ut missarium ventrem vel bonum vel malum aequi-
parari Christo Jesu, Domino et servatori meo, aut eo superiorem esse feram. Sic
scilicet in aeternum disjungimur et contrarii invicem sumus. Sentiunt quidem
optime cadente missa cadere papatum. Hoc priusquam fieri patiantur, omnes nos
trucidabunt, si poterunt.

35 Ceterum draconis cauda ista (missam intelligo) peperit multiplices abomina-   11
tiones et idolatrias.

---

1 ein Menschendunkel *a. R.*   [ja] dazu verboten *über d. Z.*   auch *über d. Z.*
3/4 (wenn *bis* wäre) *a. R.*   4 der Kirchen *über d. Z.*   6 ohn Gottes Wort *a. R.*
13 mit seinem Werk *a. R.*   er *bis* bose, *a. R.*   Herrn und *über d. Z.*   18 die Messe
a. R.

7 im Sp A D J Konk

[1]) Einfall   [2]) in Ordnung   [3]) nach seinem religiösen Bedürfnis   [4]) der entscheidende Punkt
[5]) Der päpstliche Legat Lorenzo Campegio (1474—1539) auf dem Augsburger Reichstag 1530;
diese Anekdote berichtet Luther WA XXX^{III} *311$_{25}$f., 352$_{25-28}$, 362$_{29-31}$, TR III Nr. 3732
und mit wörtlichen Anklängen an obige Stelle III Nr. 3502 (am 12. Dezember 1536,
also in den Tagen der Niederschrift der Schmalkaldischen Artikel).   [6]) in Stücke   [7]) Auf
dem Augsburger Reichstage bildete die Messe neben dem Laienkelch und der Priesterehe
einen entscheidenden Verhandlungspunkt; vgl. dazu WABr V 397, 431f., 490, 498f., 502,
504f., 573f., 593f.; CR II 208—214, 293, 304, 349f., 354f., IV 991—993, 1009—1011.
Melanchthon selbst verhandelte sowohl schriftlich (vgl. CR II 168ff., 246ff., 254f.) wie mündlich ergebnislos mit Campegio in Augsburg über die Frage der Messe.   [8]) häufig bezeichnet
Luther Messe und Cölibat mit Anspielung auf Richt. 16,29 als „die zwo Säulen, darauf das
Bapsttum stehet"; vgl. WA XXXVIII *271$_{37}$f., X^{II} 220$_{13-16}$, TR I Nr. 113, 662, 1141, III
Nr. 2852, 3319, V Nr. 6046.   [9]) Bei Luther öfters bildlich gebraucht; vgl. z. B. WA XXX^{II}
506$_{16}$ sowie Apol. 12,3ff. und 20,2f.   [10]) Ungeziefer und Gift

Erstlich: das Fegfeur[1]. Da hat man mit Seelmessen, Vigilien, dem Siebenden, dem Dreißigsten und jährlichen Begängnis[2], zuletzt mit der Gemeindwochen[3] und Allerseelentag[4] und Seelbad[5] ins Fegfeur gehandelt, daß die Messe schier allein fur die Toten gebraucht ist[6], so Christus* das Sakrament allein fur die Lebendigen gestiftet hat. Drumb ist Fegfeur mit allem seinem Gepränge, Gottsdienst und Gewerbe[7] fur ein lauter Teufelsgespenst zu achten; denn es ist auch wider den Häuptartikel, daß allein Christus und nicht Menschenwerk den Seelen helfen soll, ohn daß sonst auch uns nichts von den Toten befohlen noch gepoten ist[8], [derhalben man es mocht* wohl lassen, wenn es schon kein Irrtum noch Abgotterei wäre.]

Die Papisten führen[9] hie Augustinum[10] und etliche Väter[11], die vom Fegfeur sollen geschrieben haben, und meinen, wir sehen nicht, wozu und wohin

---

12 Primo purgatorium. Missis enim pro animabus, item vigiliis, septimis et tricesimis, anniversariis exsequiis, postremo vulgari septimana et omnium animarum die, balneis, et quae his affinia sunt, innumeris aliis phantasiis irruerunt in purgatorium. Sic missa propemodum pro solis defunctis fuit celebrata, cum tamen Christus sacramentum pro solis viventibus instituerit. Quapropter purgatorium et quicquid ei solennitatis, cultus et quaestus adhaeret, mera diaboli larva est. Pugnat enim cum primo articulo, qui docet Christum solum et non hominum opera animas liberare. Et constat etiam de mortuis nihil nobis divinitus mandatum esse. Idcirco tuto omitti illud omne potest, etiamsi nihil erroris et idololatriae ei inesset.

13 Pontificii allegant Augustinum et quosdam patres, qui de purgatorio scripserint,

---

3/4 und Seelbad a. R.   5 doch über d. Z.   10 noch gepoten über d. Z.   11 mag über d. Z.   11/12 derhalben bis wäre a. R. Diese Worte stehen, obwohl in O gestrichen, doch in allen Drucken. Hinter derhalben befindet sich auch eine Setzermarke. 13 — S. 421, 25 > O Sp und in allen Hss. Der nachträgliche Einschub in O ist durch einen wagerechten Strich angedeutet.

2 Begängnissen D J Konf   3 und (1.) > Sp   5 so doch Christus D J Konf
6 ist + das A D J Konf   11 mag man es D J Konf

[1] Vgl. oben 255, 276, 280f, 286, 288, 290, 374, WA I 65f., *233, *246, *555ff., *586, II *70, 322—344, VII *451—455, VIII 452 ff., 531 ff., XI[a] 588f., XI 451, XII 596, XXVI *508, XXXII 367—390 („Widerruf vom Fegefeuer" 1530), XXXIII *309, WABr I 553f., II 422f., WATR III Nr. 3695.   [2] Unter einer Vigilie versteht man eine Gedächtnisfeier für Verstorbene; sie wird am Abend vor dem eigentlichen jährlichen Gedächtnistage, an dem dann eine Seelenmesse zelebriert wird, begangen. Schon Tertullian erwähnt das Jahresgedächtnis für die Verstorbenen (De corona cap. 3, MSL II 79), Ambrosius die Seelenmesse am 7. und 30. Tage nach dem Hinscheiden (De obitu Theodosii oratio cap. 3, MSL XVI 1386); vgl. Eisenhofer, Liturgik, 168 f. Vgl. WA I 389$_{35}$ ff., VI *370$_{35}$ ff., *444$_{2}$ f., VIII 452 ff., 531 ff., XV *30$_{22}$ ff., XVIII 6 f., XXVI *508.$_{5}$ ff., XXXII *297$_{27}$ ff., *347$_{30}$, *348$_{18-20}$, 375$_{29}$, 611$_{13}$ff., XXXI^{1} 226$_{11}$ff., XXXIV^{1} 536$_{24}$f., WABr III 488$_{15}$, WATR IV Nr. 3984, V Nr. 6200. [3] Die gemeine Woche (hebdomada oder septimana communis) ist die ganze Woche nach dem Michaelistage (29. September), in der zahlreiche Messen für die Verstorbenen gelesen wurden. Vgl. WA XXXII 252, 260 Anm. 37 und *351$_{16}$.   [4] Am 2. November; dieser Gedächtnistag für die Verstorbenen wurde schon im 10. Jahrhundert gefeiert; vgl. WA XXXII 252, 260 Anm. 38 und *351$_{20}$ sowie Eisenhofer, 163.   [5] für arme Leute in der Absicht gestiftete Freibäder, damit das eigene Seelenheil zu fördern. Vgl. WA XXXII 252, 260 f. Anm. 39 und *348$_{21}$, XXXVIII *217$_{18}$, XLVII 497$_{14}$ f., Enders VII

sie solche Sprüche führen. Sankt Augustinus[1] schreibet nicht, daß ein Fegfeur sei, hat auch keine Schrift[2], die ihn dazu zwinge, sondern läßt es im Zweifel hangen[3], ob eins sei, und saget, seine Mutter habe begehrt, daß man ihr sollt' gedenken bei dem Altar oder Sakrament. Nu solches alles ist ja nichts denn Menschenandacht[4] gewest einzeler Personen, die kein Artikel des Glaubens (welches allein Gott zugehöret) stiften. Aber unser Papisten führen solch Menschenwort dahin[5], daß man solle gläuben ihrem schändlichen, lästerlichen, verfluchten Jahrmarkt von Seelmessen, ins Fegfeur zu opfern etc. Solches werden sie noch lange nicht aus Aug. beweisen. Wenn sie nu den fegfeurischen Messenjahrmarkt abgetan haben, davon S. Augustinus nie geträumet hat, alsdenn wollen wir mit ihnen reden, ob S. Augustinus' Wort ohn Schrift[2] müge zu dulden sein und der Toten gedacht werden bei dem Sakrament. Es gilt nicht[6], daß man aus der heiligen Väter Werk oder Wort Artikel des Glaubens macht. Sonst müßt' auch ein Artikel des Glaubens werden, was sie fur Speise, Kleider, Häuser etc. gehabt hätten, wie man mit dem Heiligtum[7] getan hat. Es heißt, Gottes Wort soll Artikel des Glaubens stellen und sonst niemand, auch kein Engel[8].

---

et non putant nos intelligere, ad quid et quare sic illi locuti sint. Augustinus non scribit esse purgatorium nec etiam habet testimonium scripturae, quo nitatur, sed in dubio relinquit, num sit, et inquit matrem suam petiisse, ut sui commemoratio fieret ad altare sive sacramentum. At hoc in universum nihil nisi hominum et quidem unius atque alterius devotio fuit. non constituens articulum fidei, id quod solius Dei est. Nostri autem pontificii sententias istas hominum citant, ut fides 14 habeatur tetris, blasphemis et maledictis nundinationibus de missis pro animabus in purgatorio seu de inferiis et oblationibus etc. Sed ex Augustino nunquam ista probabunt. Et cum nundinationes istas et missas purgatorio destinatas aboleverint, quae ne per somnium quidem Augustino in mentem venerunt, colloquemur tandem cum illis, an Augustini dicta destituta verbo sit admittenda et an mortuorum commemoratio ad eucharistiam sit facienda. Ex patrum enim verbis et factis non 15 sunt exstruendi articuli fidei, alioquin etiam articulus fidei fieret victus ipsorum, vestimentorum ratio, domus etc., quemadmodum cum reliquiis sanctorum luserunt. Regulam autem aliam habemus, ut videlicet verbum Dei condat articulos fidei et praeterea nemo, ne angelus quidem.

268 Anm. 50, G. Uhlhorn, Die christliche Liebestätigkeit im Mittelalter II (1884) 310—313. [6]) Vgl. auch unten 443,8 ff. [7]) Geschäfte [8]) Vgl. dazu WA XXVI *508,1 ff. [9]) zum Beweise vorbringen [10]) De civitate Dei XXI, cap. 24 (MSL XLI 738; CSEL XLII 559) [11]) z. B. Gregor, Dialog. IV, cap. 39 (MSL LXXVII 396). Cochläus schreibt Bl. D 4b—E 1a: „Dargegen aber können wir beweisen, daß solcher Glaub und Brauch ⟨scil. „vom Fegfeur zu sagen oder für die Toten zu bitten"⟩ allezeit bis von Aposteln her ist in christlicher Kirchen gewest. Bei den Grecken und in orientischer Kirchen bezeugen das S. Dionysius (ein Diszipel Pauli) ⟨= Dionysius Areopagita⟩, Origenes, Athanasius, Chrysostomus, Cyrillus, Damascenus etc. Bei den Römern in occidentischer Kirchen bezeugen es die vier fürtreffliche Lehrer Ambrosius, Hieronymus, Augustinus und Gregorius und nach ihnen all andre lateinische Theologi und Kanonisten."

[1]) Confess. IX 11 und 13 (MSL XXXII 775, 778—780, CSEL XXXIII 219, 223, 225). Vgl. auch WA VI *372,12 ff. [2]) Schriftstellen [3]) unentschieden [4]) Menschendünkel [5]) benutzen dazu [6]) Es geht nicht an [7]) Reliquien [8]) Vgl. Gal. 1,8 sowie WA II *427,8 ff. und VII 131—133 und *423—427.

* [die] viel

M 304

* [Und ist hie] Hie ist
W 310 auch

* ohn Gottes Wort,

* Und man lasse solchs predigen, daß es unnötig, dazu fährlich sei, darnach sehen, wo Wallfahrten bleiben.

Zum andern ist draus gefolget, daß die bosen Geister haben die*
Buberei angericht, daß sie als Menschenseelen erschienen sind,
Messe, Vigilien, Wallfahrten und andere Almosen geheischt mit
unsaglichen Lugen und Schalkeit¹, welchs wir alle haben fur
Artikel des Glaubens halten und darnach leben mussen, und der
Bapst solchs bestätiget wie auch die Messe' und andere alle Greuel.
Und ist hie* kein Weichen oder Nachlassen.

Zum dritten: die Wallfahrten². Da hat man auch gesucht Messen,
Vergebung der Sunden und Gottes Gnaden; denn die Messe
hat's alles regiert. Nu ist das ja gewiß, daß solch Wallfahrten*
uns nicht gepoten, auch nicht vonnoten, weil wir's wohl besser
haben mugen und ohn alle Sunde und Fahr lassen mugen. Warumb
läßt man denn daheimen³ eigen Pfarr, Gottes Wort, Weib und
Kind etc., die notig und geboten sind, und läuft den unnotigen, ungewissen, schädlichen Teufelsirrwischen nach, ohn daß⁴ der Teufel
den Bapst geritten hat, solchs zu preisen und bestätigen, damit
die Leute ja häufig von Christo auf ihr eigen Werk fielen⁵ und abgottisch wurden, welchs das Argeste dran ist? Uber das⁶, daß es
unnotig, ungepoten, ungeraten und ungewiß, dazu schädlich Ding
ist. Darumb ist hie auch kein Weichen oder Nachgeben etc.*

Zum vierden: die Bruderschaften⁷, da sich die Kloster, Stiften,

16 Secundo. Hoc etiam inde evenit, ut cacodaemones malitiam suam exercerent et
ceu animae defunctorum apparerent, missas, vigilias, peregrinationes et eleemosy-
17 nas exigerent horrendis mendaciis et ludibriis. Quae omnia oportuit nos pro articulis fidei recipere et vitam secundum illa instituere quae haec papa confirmavit
sicut et missam et alias abominationes omnes. In his ergo cedere aut aliquid concedere nec possumus nec debemus.

18 Tertio ortae inde sunt peregrinationes. Ad has etiam postulatae sunt missae,
remissio peccatorum et gratia Dei. Missa enim omnia gubernavit. Constat autem
certo peregrinationes istiusmodi carentes verbo Dei nobis mandatas non esse nec
esse necessarias, cum melius ad animae curam pervenire et sine peccato et periculo
peregrinationes illas omittere possimus. Cur domi vocationes, parochiae, verbum
Dei, uxóres et liberi etc. deseruntur, quorum cura necessaria et mandata est et
non necessarii, incerti, perniciosi et diabolici ignes vere fatui seu errores illis
19 praeferuntur? Sic scilicet Satanas papam dementavit, ut ista laudaret et stabiliret
et multi magno numero a Christo ad propria sua opera desciscerent et idololatrae fierent, quod omnium pessimum est, cum alioqui res ipsa per se nec necessaria nec praecepta sit, sed consilio et certitudine destituatur et plane noxia sit.
20 Quamobrem hic cedere aut concedere aliquid non licet etc. Atque hoc pro concione
doceatur peregrinationes istas esse non necessarias, sed perniciosas et postea
videatur, ubinam peregrinationes maneant. Sic enim sponte corruent.
21 Quarto fraternitates seu societates. Coenobia enim, canonicatus et vicaristae

---

1 viel *über d. Z.*   5 mussen *über d. Z.*   7 Hie ist auch *über d. Z.*   10 ohn Gottes
Wort *a. R.*   11 auch *über d. Z.*   19 dazu *über d. Z.*   20 Und *bis* bleiben *a. R.*

---

1 ist + das Konk   6 alle andere J Konk   12 und + sie A D J Konk   14 dem Sp
17 ihre A D J Konk

---

34 perniciosi] periculosi Conc 1584

---

¹) Luther bezieht sich hier auf Geistererscheinungen, von denen Gregor der Große
(Dialog. IV, cap. 40, MSL LXXVII 396 f.) und Petrus Damiani (Opusculum XXXIV,
cap. 5, MSL CXLV 578f.) berichten; vgl. dazu WA I *234₃₃f., VIII 452 bis
454, 531—533, X^{I,1} 585—587, X^{II} 153_{8-10}, X^{III} 196f., XII 597, XVIII 547, XXVI
*508₅f., XXVII 511_{21}, XXIX 525 f., XXX^{II} 211, 254, *347_{28}, 385, XXXIII *310f.,
XXXVI¹ 534f., XLVII 857_{8-15}, TR III Nr. 3695.   ²) Vgl. oben 76, 98, 255, 283, 314,
319, 325, WA I 422—424, VI *437 f., *447 f., XXII 360_{23} ff., XXX^{11} 253 f., *296 f.,
LI *489_{25} ff., TR I Nr. 1157.   ³) vernachlässigt   ⁴) nur weil   ⁵) abfielen   ⁶) abgesehen davon   ⁷) Die seit dem 8. Jahrhundert bezeugten Gebetsverbrüderungen zwischen
verschiedenen Klöstern wurden begründet, um die Mitglieder bei dem Tode eines Bruders

II. Teil, Art. 2 (Messe). 423

auch Vikaristen[1] haben verschrieben und mitgeteilet (recht und redlichs Kaufs) alle Messen, gute Werk etc. beide fur Lebendigen und Toten, welchs nicht allein eitel Menschentand*, ganz unnotig und ungeboten, [dazu] sondern auch wider den ersten Artikel der
5 Erlosung ist, darumb keinesweges zu leiden.

Zum funften: das Heiligtum[2], darin so manch offentliche Lugen und Narrwerk erfunden**, dazu auch† weder gepoten noch geraten, ganz unnotig und unnutz Ding ist. Aber das Ärgest, daß es auch hat mussen Ablaß und Vergebung der Sunde wirken [wie] als ein
10 gut Werk und Gottesdienst wie die Messe etc.

Zum [funften] sechsten: Hie horet her das liebe Ablaß[4], so beide

* ohn Gottes Wort,
** von Hunds= und Roß=knochen[3], das auch umb solcher Buberei willen, des der Teufel gelacht hat, längst sollt' verdammpt worden sein, [weil es] wenn gleich etwas Guts dran wäre,
† ohn Gottes Wort,

scriptis se obligarunt et communicaverunt (contractu certo et emptione confirmata) missas omnes et bona opera etc. pro vivis et mortuis. Hoc non tantum prorsus humanum figmentum est sine verbo Dei, non necessarium, non manda-
15 tum, sed etiam contra primum articulum redemptionis, quare nec admittendum nec ferendum.

Quinto reliquiae sanctorum refertae multis mendaciis, ineptiis et fatuitatibus. 22
Canum et equorum ossa ibi saepe reperta sunt. Et licet aliquid forte laudandum fuisset, tamen propter imposturas istas, quae diabolo risum excitarunt, jam dudum
20 damnari debuissent, cum praesertim careant verbo Dei et non necessariae et inutiles sint. Estque hoc omnium teterrimum, quod finxerunt istas reliquias indulgen- 23
tiam et remissionem peccatorum operari et loco cultus Dei et boni operis sicut missam illas venerati sunt etc.

Sexto. Huc pertinent indulgentiae vivis et defunctis pro pecunia attributae, 24

---

3 ohn Gottes Wort *a. R.* 4 sondern *über d. Z.* 7 von *bis* wäre *a. R.* ohn Gottes Wort *über d. Z.* 8 ist *über d. Z.* 9 als *über d. Z.* 11 sechsten *über d. Z. von Spalatins Hand*

10 etc. > Sp   11 gehöret A D J Konk

15 primum] primarium Conc 1584

---

zu Gebeten und frommen Leistungen zu verpflichten; im späteren Mittelalter traten neben diese Verbrüderungen die kirchlichen Bruderschaften (fraternitates), die gleichfalls religiöse Zwecke verfolgten und entweder nur von Geistlichen (z. B. eines Domkapitels oder einer Pfarr=, bzw. Kollegiatkirche) oder von Geistlichen und Laien oder nur von Laien gebildet werden konnten; vgl. A. Werminghoff, Verfassungsgeschichte der deutschen Kirche im Mittelalter (2. Aufl. 1913), 149 Anm. 4 und 192—194. Über Luthers Stellung zu den Bruderschaften im allgemeinen vgl. WA II *754—758.
   [1]) Niedere Geistliche an einer Kirche (meist Pfarrkirche), die mit der Vertretung des Pfarrers betraut sind, auch Altaristen genannt; vgl. dazu G. Matthaei, Die Vikariestiftungen der Lüneburger Stadtkirchen im Mittelalter und im Zeitalter der Reformation (1928), 3 ff. [2]) Vgl. unten 583_29, WA XXX II 254, 265 f., *297_18, *298_17 ff., *348_29, XXXIII *315_24 ff., LI 193_15 f., TR II Nr. 1272, 2399, 2638, III Nr. 3637 b, 3785, 3867, IV Nr. 4391, 4721, 4925, V Nr. 5484, 5844, 5853, 6466, 6469; vgl. auch Luthers Spottschrift: „Neue Zeitung vom Rhein" (1542), WA LIII *404 f. Cochläus schreibt Bl. F 1 a f.: „Was hie Luther fürgibt, das hat S. Hieronymus vor eilfhundert Jahren mit Schriften und Ursachen gar kräftiglich wider den Ketzer Vigilantium verleget und das wirdige Heiligtum vertedingt ⟨= verteidigt⟩. Desgleichen haben auch andere heilige Lehrer als S. Ambrosius und S. Augustinus, Basilius, Chrysostomus etc. in ihren Sermonen und Büchern viel heilsamer Lehre und Exempeln vom Heiligtum der lieben Heiligen an Tag gegeben, welche hieher zu lang wären, auch ohn Not zu verzählen, weil Luther nichts darwider fürbringt denn seine bloße Wort und eigenen Dünkel." [3]) Vgl. WA LI 138_5—8: „Das beinen oder hülzene Heiltumb, welchs vom Teufel erdacht und erfunden ist und von Rom auf die ganze weite Welt gepfercht, ich will wohl sagen, daß es nicht Heiligen=, sondern Pferdebein irgend von einem Schindeleich sind." Vgl. auch WA L 642_23 ff. [4]) Vgl. dazu oben 98, 134, 255, 272, 280, 290 f., 321, unten 442_11 ff, 486_30—32, WA I 65—69, 98 f., 141, *233—238, *243—246, 383—393, *525—628, II 7—26, 28—30, 70, 344—358, VI *497 f., VII 125 f., *399—405, XVIII 255—269, XXVI *507, XXXII *281—286, L 113—116, LI *488 f.,

* leidige Judas oder
* darin
* ohn Gottes Wort,

den Lebendigen und Toten ist gegeben (doch umb Geld) und¹ der* Bapst die Verdienst Christi sampt den ubrigen² Verdiensten aller Heiligen und der ganzen Kirchen* verkäuft etc., welchs alles nicht zu leiden ist [so] und auch nicht allein* ohn Not, ungepoten, sondern zuwider ist dem ersten Artikel; denn Christus' Verdienst nicht durch unser Werk oder Pfenning, sondern durch' den Glauben aus Gnaden erlanget wird ohn alles Geld und Verdienst, nicht durchs Bapsts Gewalt, sondern durch die Predigt oder Gottes Wort furgetragen.

Von Heiligen-Anrufen³.

Anrufung der Heiligen ist auch der endchristlichen Mißbräuche einer und streitet wider den ersten Hauptartikel und tilget die Erkenntnis Christi. Ist auch nicht gepoten noch geraten, hat auch kein Exempel der Schrift, und haben's alles tausendmal besser an Christo, wenn jenes gleich köstlich Gut wäre, als doch nicht ist⁴.

quibus sacrilegus et damnatus ille Judas seu papa meritum Christi et merita superflua omnium sanctorum et totius ecclesiae vendidit etc., quae omnia et singula nequaquam ferenda sunt, quia carent verbo Dei, non sunt mandata, non sunt necessaria, sed pugnant cum articulo primo. Meritum enim Christi non nostris operibus aut nummis, sed per fidem ex gratia apprehenditur et obtinetur sine pecunia et merito, non per papae potestatem, sed per praedicationem verbi Dei oblatum et propositum.

De invocatione sanctorum.

Invocatio sanctorum est etiam pars abusuum et errorum Antichristi pugnans cum primo principali articulo et delens agnitionem Christi. Non etiam est mandata nec consilio nec exemplo nec testimonio scripturae nititur. Omnia in Christo melius et certius nobis sunt proposita, ut non egeamus invocatione sanctorum, etiamsi res pretiosa esset, cum tamen sit res maxime perniciosa.

1 leidige Judas oder *über d. Z.*   3 darin *über d. Z.*   4 und corr. aus so   ohn Gottes Wort *über d. Z.*   6 oder Pfenning *a. R.*   7 aus Gnaden *über d. Z.*   7/8 ohn bis Verdienst *a. R.*   10/5 > nur O

10 Von Anrufung der Heiligen J Konk   11 Anrufen J   12 und (1.) > D

TR IV Nr. 4153, WABr I 111f. Dazu schreibt Cochläus Bl. F2bf.: „Ist nu dem also, daß die Sünd, obwohl die Schuld durch Reu und Beicht vergeben wird, muß gestraft werden durch etliche Werk der Buße, nämlich durch Beten, Fasten, Wachen, Wallfahrten, hart Liegen, härin Kleid, Almusen etc., wie man viel hundert Jahr in der Kirchen getan hat, weil (= solange) die Lieb und Andacht noch warm und hitzig was ... Hernach aber, als die Lieb und Andacht je länger je kälter worden ist, Buß zu tun, haben die Bäpst solchen Mangel durch Ablaß erstattet aus vollmächtiger Gewalt der Schlüsseln, die ihnen Gott geben hat, daß sie dennoch durch Ablaßbrief viel Volks verursacht und gereizt haben, Reu und Leid zu haben, zu beichten, zu beten, zu Almusen geben, die ohne das oftmals weder gebeicht noch gebüßet hätten."
¹) und worin   ²) überschüssigen (die opera supererogationis oder superabundantia).
³) Vgl. oben 83 b. c. f., 239, 316—326, 392f., unten 486₃₂₋₃₄, 562, 583, WA I 411—426, II *69 f., *696 f., III 647, X¹ᵇ 82—84, X¹¹ 165 f., X¹ 451 f., XV 192—198, XXVI *508, XXXII *643—645, TR III Nr. 3695, IV Nr. 4153, 4779, V Nr. 5267f., WABr III 131f.
Cochläus schreibt Bl. F4a: „Weil wir denn wissen, daß die Anrufung der Heiligen allezeit in der Kirchen bis von Aposteln her im Brauch gewest und in der Schrift nicht verboten ist, so förchten wir garnicht, daß hierin die andern christliche Nationes (die viel ältere Christen seind denn wir Deutschen) in gemeinem Concilio dem Luther mehr Glaubens und Beifalls sollten geben denn S. Hieronymo wider Vigilantium, denn S. Athanasio, Basilio, Ambrosio etc., denn so altem Gebrauch der Kirchen, welchen Gott selbs mit soviel Wunderwerken sichtiglich bis auf diesen Tag allezeit bestätiget hat."   ⁴) Dieser Absatz entstand bei der Theologenberatung in Wittenberg (Ende Dez. 1536).

Und wiewohl die Engel im Himmel fur uns bitten (wie Christus selber auch tut), also auch die Heiligen auf Erden oder vielleicht auch im Himmel, so folget daraus nicht, daß wir die Engel und Heiligen anrüfen, anbeten, ihnen fasten, feiern, Messe halten, opfern, Kirchen, Altar, Gottesdienst stiften und anderweise mehr dienen und sie fur Nothelfer halten und allerlei Hülfe unter sie teilen[1] und iglichem ein sonderliche zueigen sollten, wie die Papisten lehren und tun[2]; denn das ist Abgötterei, und solche Ehre gehöret Gott alleine zu; denn du kannst als ein Christ und Heilige auf Erden fur mich bitten nicht in einerlei[3], sondern in allen Nöten. Aber darumb soll ich dich nicht anbeten, anrüfen, feiern, fasten, opfern, Messe halten dir zu Ehren und auf dich meinen Glauben zur Seligkeit setzen. Ich kann dich sonst[4] wohl ehren, lieben und danken in Christo. Wenn nu solche abgöttische Ehre von den Engeln und toten Heiligen weggetan wird, so wird die ander Ehre ohn Schaden sein, ja balde vergessen werden; denn wo der Nutz und Hülfe, beide leiblich und geistlich, nicht mehr zu hoffen ist, werden sie die Heiligen wohl mit Frieden[5] lassen, beide im Grabe und im Himmel; denn ümbsonst oder aus Liebe wird ihr niemand viel gedenken, achten noch ehren.

Und in Summa: Was die Messe ist, was draus kommen ist, was dran hanget, das konnen wir nicht leiden und muffen's verdammen, damit wir das heilige Sakrament rein und gewiß, nach der Einsetzung Christi durch den Glauben gebraucht und empfangen, behalten mugen.

Etsi angeli in coelo pro nobis orent (sicut ipse quoque Christus facit) et sancti in terris et fortassis etiam in coelis, tamen inde non sequitur angelos et sanctos a nobis esse invocandos, adorandos, jejuniis, feriis, missis, oblationibus, templorum, altarium, cultuum fundationibus et aliis modis honorandos ut patronos et intercessores et unicuique eorum certa auxilia esse tribuenda, ut papistae docent et faciunt. Hoc enim idololatricum est et hic honos soli Deo tribuendus est. Potes quidem ut christianus et sanctus in terris pro me orare, non in una tantum, sed in omni necessitate. Propterea autem non debeo te adorare, invocare, ferias, jejunia, oblationes, missas in tui honorem et cultum celebrare et fidem ad salutem meam tibi mancipare, cum aliis modis te honorare, diligere et tibi gratias agere in Christo possim. Haec igitur idololatrica reverentia de angelis et defunctis sanctis si sublata fuerit, etiam reliquus cultus periculo carebit et cito oblivioni tradetur. Ubi enim spes commodi et subsidii corporalis et spiritualis adempta fuerit, ibi cultus sanctorum facile evanescet, sive illi sint in sepulcris, sive in coelis. Frustra enim aut ex mera caritate nemo ipsorum facile recordabitur nec eos colet et honore divino afficiet.

Summatim: Quidquid missa pontificia est et quidquid habet, quod ex ea natum est et quidquid ei adhaeret, id universum ferre non possumus, sed damnare cogimur, ut venerandum sacramentum purum et certum secundum institutionem Christi per fidem usurpatum et acceptum retinere possimus.

1/25 > OSp *und in allen Handschriften; ein wagerechter Strich in* O *deutet den nachträglichen Einschub an.* 29 gebraucht und a. R.

41 Haec *bis* reverentia] Hic ergo idolatricus cultus Conc 1584   42 sublatus Conc 1584   etiam *bis* cultus] reliqua veneratio Conc 1584

---

[1]) ihnen zuschreiben   [2]) Vgl. oben 323, unten 562, WA 1 150 und 412—416, WABr I 82f.   [3]) einer einzigen   [4]) auf andere Weise   [5]) unbehelligt

[Wie . . . . nu hiemit genugsam angezeigt, was wir tun
oder lassen, weichen oder geben wollen; denn wo wir gleich[s]
alles nachließen, was sie wollten haben, so sind sie doch in dem,
daß sie garnichts wollen nachlassen, auch nicht die Wurzeweih[1]
an unser Frauen Tag[2] etc.]

[Weil nu hiemit alles genugsam angezeigt, was sie verdrießen
und unleidlich sein wird, doch, weil der erste Zorn (wie man
spricht) der beste ist, so lasse man flugs gehen alles].[3]

Der dritte Artikel.

Daß die Stift[4] und Klöster, vorzeiten guter Meinung gestift,
zu erziehen [als] gelehrte Leute und zuchtige Weibsbilder[5], sollen
wiederumb zu solchem Brauch ge'ordent werden, damit man
Pfarrherrn, Prediger und ander Kirchendiener haben muge, auch
sonst notige Personen zu weltlichem Regiment in Städten und
Ländern, auch wohlgezogene Jungfrauen zu Hausmuttern und
Haushalterin etc.[6]

Wo sie dazu nicht dienen wollen, ist's besser, man laß' sie wust
liegen oder reiße sie ein, denn daß sie sollten mit ihrem lästerlichem
Gottsdienst, durch Menschen ertichtet, als etwas Bessers denn
der gemein Christenstand und von Gott gestifte Ämpter und Orden[7]

III. Articulus de collegiis canonicorum,
cathedralibus et monasteriis.

1 Collegia canonicorum et coenobia olim optima intentione majorum fundata ad
educandos viros doctos et castas ac modestas feminas debebant rursum converti
in talem usum, ut pastores, concionatores et alii ecclesiarum ministri haberi
possent, item alii idonei ad politicam administrationem sive ad rempublicam in
civitatibus et regionibus ac pie educatae virgines ad oeconomiam et liberorum
educationem etc.

2 Hunc usum si non retineant, consultum est, ut vasta deserantur aut diruantur
potius, quam ut idololatricis cultibus et figmentis hominum propagata praeferantur
christianae vitae et a Deo mandatis officiis et vocationibus. Haec enim omnia

---

9 Artikel + von (+ den Sp J) Stiften und Klöstern Sp J Konk   11 sollten A D J
Konk   12 zu] in A D J Konk   solchen J Konk

---

[1]) Vgl. unten 462f. Anm. 8.   [2]) Mariä Himmelfahrt, 15. August.   [3]) Reichert (WAL 211
Anm. 1) hat zuerst die Entzifferung dieser von Luther durch mehrfaches Durchstreichen
unleserlich gemachten Sätze versucht; jedoch war sein Ergebnis noch an zahlreichen Stellen
zu berichtigen.   [4]) Die Dom- und Stiftskapitel (an den Dom- bzw. Kollegiatkirchen)
sind Vereinigungen von Weltgeistlichen, Kanoniker genannt. Daneben stehen die Kano-
nissenstifter, deren Mitglieder, die Stiftsfrauen (canonicae), keine Nonnen sind, da sie kein
feierliches Gelübde abgelegt und nicht auf ihr Eigentum verzichtet haben. Der Scholaster
(scholasticus) leitet die Dom- bzw. Stiftsschule, die Scholastrin den Unterricht junger,
dem Stift zur Erziehung anvertrauter Mädchen; vgl. Werminghoff, Verfassungsgeschichte,
143—152 und 190 f.   [5]) Vgl. oben 112f., 378f. WA VI *439 f., *452, *461, XV *47,
XXXII *315—317, L 77 f., 617, 651, TR IV 675. Vgl. dazu Cochläus Bl. G 1 a f.: „Was
hie Luther fürgiebet, ist auch eitel Menschentand und aus keiner heiligen Schrift oder
Historien beweislich. Es seind Stift und Klöster allezeit in der Kirchen gewest und nicht
als Kinderschulen, sonder als Gotteshäuser geweihet und gehalten worden, fürnehmlich zu
Lob, Ehr und Dienst Gottes gebauet und gestift, wie man aus Dionysio, Philone, Eusebio
⟨am Rand: Hist. eccles. lib. II cap. 17, MSG XX 173—184; Eusebius' Kirchengesch. II 17,
hrsg. v. E. Schwartz, 142—152⟩, Chrysostomo, Augustino, Hieronymo, Cassiano, Gregorio, Beda, Bernardo etc. klärlich beweisen kann; auch die kaiserliche Recht, die Historien,
die Hauptbriefe der Stifter nicht anders ausweisen, denn daß fürnehmlich in Stiften und
Klöstern soll das Lob, Ehr und Dienst Gottes gesucht und gehalten werden."   [6]) Vgl.
dazu WA XV *27—53 und XXVI *504.   [7]) Orden = Beruf, Stand. Vgl. oben 413
Anm. 13 und K. Holl, Gesammelte Aufsätze zur Kirchengeschichte III (1928) 218.

gehalten werden; denn das ist alles auch wider den ersten Häuptartikel von der Erlösung Jesu Christi. Zu dem, daß sie auch (wie
alle ander Menschenfündlin) nicht gepoten, nicht vonnöten, nicht
nutz, dazu fährliche und [schädlich] vergebliche Mühe machen, wie
5 die Propheten solche Gottesdienste „Aven", das ist „Mühe" heißen¹.
    Der vierde Artikel².
    Daß der Bapst nicht sei jure divino oder aus Gottes Wort³
das Häupt der ganzen Christenheit (denn das gehöret einem allein
zu, der heißt Jesus Christus⁴), sondern allein Bischof oder Pfarr-
10 herr⁵ der Kirchen zu Rom und derjenigen, so sich williglich oder
durch menschliche Kreatur (das ist weltliche Oberkeit⁶) [in] zu
ihm begeben haben⁷, nicht unter ihm als einem Herren, sondern
neben ihm als Bruder und Gesellen, Christen zu sein, wie solchs
auch die alten Concilia und die Zeit S. Cypriani⁸ weisen⁹. Itzt
15 aber tarr¹⁰ kein Bischof den Bapst „Bruder" heißen wie zu der
Zeit¹¹, sondern muß ihn seinen „allergnädigsten Herrn" heißen,

---

pugnant cum primo principali articulo de redemptione facta per Jesum Christum.
Quid? quod sicut alia hominum somnia non sunt praecepta, non necessaria, non
utilia, sed periculosa et causam praebent vano labori, molestiis periculosis et
20 cultui infrugifero, quem prophetae appellant 'Aven', id est dolorem et laborem.

IV. Articulus de papatu docet,

Quod papa non sit jure divino seu secundum verbum Dei caput totius christi- 1
anitatis (hoc enim nomen uni et soli Jesu Christo debetur), sed tantum episcopus
et pastor ecclesiae, quae est Romae, et eorum, qui voluntarie et sponte vel per
25 humanam creaturam, id est politicum magistratum se ad eum conferunt, non ut
sub ipso tanquam sub domino vivant, sed ut cum eo tanquam fratres, collegae,
sodales et christiani sint, quemadmodum hoc ipsum vetera concilia et aetas
Cypriani ostendunt. Hodie vero nullus episcoporum audet papam nominare 2
fratrem, ut aetate Cypriani factum est, sed oportet, ut episcopi, imo caesares et

---

8/9 denn bis Christus a. R.   9/10 oder Pfarrherr über d. Z.   13 Bruder und a. R.

6 Artikel + vom Bapsttumb Sp J Konk

---

¹) און. Vgl. 3. B. Sach. 10,2, Hab. 1,3 (dazu WA XIX 357 f.), Jes. 1,13, 29,20, 41,29
(dazu WADB XI¹ 94, WA XXXII 11, 181 und 307). Nach biblischem Vorbild bezeichnet Luther das Wittenberger Allerheiligenstift als „Bethaven" (3. B. WA VIII 475 ₂₀,
556 ₂₂ und 561 ₂₁; WABr II 405 ₁₄).   ²) Vgl. oben 209 f. und WA I *571, II 20, 161,
183—240, 248, 255—322, 397 f., 432—435, 628—642, VI *285—324, 328—348, *415 f.,
*497 f., VII 127—131, *409—419, 705—728, XII 197, XXVI 152 f., XXXII 488—490,
L 341—343, WABr I 567, 601—603, V 432.   ³) Vgl. dazu WA II 279 ₂₃ f.: „Sacra
scriptura, quae est proprie jus divinum".   ⁴) Vgl. Eph. 1,22, 4,15, 5,23, Kol. 1,18, sowie
WA II 257.   ⁵) Vgl. dazu WA VII 630 ₃₄—631 ₃: „‚Bischof' kummpt auch aus kriecher
Sprach, den sie nennen: ‚episcopus', der heißet auf latinisch: ‚speculator', auf deutsch:
‚ein Wartmann' oder ‚Wächter auf der Wart' . . . Also soll ein iglicher Pfarrer oder geistlich
Regent ein Bischof, das ist Aufseher, ein Wächter sein, daß in seiner Stadt und bei seinem
Volk das Evangelium und der Glaub Christi gebauet werde." Vgl. WA II 227—229, 240,
VI *440, XXVI *506.   ⁶) auf Grund landesherrlicher Rechte des Papstes (patrimonium
Petri). Zum Ausdruck vgl. 1. Petr. 2,13: „Subjecti . . . estote omni humanae creaturae"
und WA XII 328 ₁₁—₂₅. Dgl. WA XXXII 490 und WABr V 432.   ⁷) sich ihm zuge-
sellt haben.   ⁸) Luther denkt hier an die Konzilien zu Nicäa, Konstantinopel, Ephesus
und Chalcedon; vgl. WA LIV 243, I. 538 f., 550, 576, 581 und II 261 und 641 f. Zu can. 4
des Nicänums und zu Cyprians (Bischof von Karthago, † 258) Brief über die Bischofswahl
vgl. auch unten 475 f.   ⁹) beweisen   ¹⁰) wagt   ¹¹) Cyprian an Cornelius (251—253)
(„frater carissime"), Epistulae (MSL III 700, 703, 708, 710, 725, 731, 796, 830, CSEL
III II 597, 599, 605, 606, 614, 616, 666, 691); Luther zitiert diese Briefe häufig, vgl.

wenn's auch ein König oder Kaiser wäre. Das wollen, sollen und
können [es] wir nicht auf unser Gewissen nehmen. Wer es aber
tun will, der tu' es ohn uns.

Hieraus folget, daß alle dasjenige, so der Bapst aus solcher falscher, freveler, lästerlicher, angemaßter Gewalt getan und furgenommen hat, eitel teuflisch Geschicht und Geschäft gewest und
noch sei (ohn was das leiblich Regiment[1] belanget, darin Gott
auch wohl durch 'einen Tyrannen und Buben läßt [dem] einem
Volk viel Guts geschehen) zu Verderbung der ganzen heiligen,
christlichen Kirchen (soviel an ihm gelegen) und zu verstören den
ersten Häuptartikel von der Erlösung Jesu Christi.

Denn da stehen alle seine Bullen und Bücher, [und] darin er
brülle[n]t wie ein Lewe (als der Engel Apocaly. 12.[2] bildet[3]),
daß [niemand] kein Christ könne selig werden, er sei denn ' ihm
gehorsam und untertan in allen Dingen, was er will, was er
sagt, was er tut[4]. Welchs alles nichts anders ist, denn also viel
gesagt: „Wenn du gleich an Christum gläubst und alles an ihm
hast, was zur Seligkeit not ist, so ist's doch nichts und alles umbsonst, wo du mich nicht für deinen Gott hältest, mir untertan
und gehorsam bist." So es doch offenbärlich ist, daß die heilige
Kirche ohn Bapst gewest zum wenigsten über fünfhundert Jahren[5]
und bis auf diesen Tag die griechisch und viel anderer Sprachen
Kirchen noch nie unter dem Bapst gewest und noch nicht sind[6].

---

reges papam appellent omnium gratiosissimum dominum. Hanc arrogantiam bona
conscientia nec volumus nec possumus nec debemus probare. Qui vero se ei subjicere voluerit, faciat id suo periculo sine nobis.

3   Hinc sequitur omnia, quae papa ex tam arrogante, temeraria, mendace, blasphema et furto arrepta potestate suscepit et fecit et adhuc facit, fuisse et esse mere
diabolica acta et instituta (excepta politici regni administratione, ubi Deus saepe
etiam per tyrannos et perfidos nebulones populo alicui benefacit) ad perditionem
totius sanctae ecclesiae catholicae seu christianae (quantum in ipso est) et ad
destructionem primi et praecipui articuli de redemptione facta per Jesum Christum.

4   Prostant enim omnes ipsius bullae et libri, in quibus rugit ut leo (ut angelus
Apoc. 12 significat) clamitans neminem christianorum posse salvari, nisi ei obediat
et subjectus sit in omnibus, quaecunque vult, quaecunque dicit, quaecunque facit.
Hoc totum quid aliud dictum est nisi, licet in Christum credas et omnia, quae ad
salutem necessaria sunt, in ipso solo habeas, tamen te nihil proficere, nisi papam
habeas et colas ut Deum tuum et ei subditus sis et obedias? cum tamen manifestum
sit sanctam ecclesiam sine papa fuisse ad minimum ultra quingentos annos et adhuc
hodie Graecorum et multarum aliarum linguarum ecclesias nec fuisse hactenus nec

---

2 wir *über d. Z.*   5 freveler *a. R.*   6/7 und noch *a. R.*   8 und Buben *a. R.*
einem *über d. Z.*   11 Häupt= *a. R.*   12 darin er *über d. Z.*   14 kein Christ *a. R.*

WA II 20, 258, 264, L 84. Ambrosius an Siricius (384—399), Epist. 42, (MSL XVI 1124).
Augustin an Innocenz I. (401—417), Epist. 175, 177 (MSL XXXIII 758, 764, CSEL XLIV
652, 669). Dazu schreibt Wicel Bl. D 1 b: „Gleichwie Dir nu Dein Primat keiner nimmpt,
der Dir ‚lieber Bruder' schreibet, also hält sich's auch hie, und gleichwie man Dich ‚Bruder'
heißet, also mag man auch den Bapst ‚Bruder' heißen ohn Fahr; denn diese christliche Appellation kann ihm freilich nicht mißfallen."

[1]) Vgl. oben 427 Anm. 6.   [2]) Apok. 10 (!),3. Diesen Irrtum Luthers, der sich auch WA
L 578 findet, rügt Wicel Bl. D 2 b.   [3]) darstellt   [4]) Vgl. dazu die Bulle „Unam
sanctam" von Bonifazius VIII.: „Porro subesse Romano pontifici omnem humanae creaturae declaramus, dicimus, diffinimus et pronunciamus omnino esse de necessitate
salutis"; Extravag. comm. I, 8 c. 1.   [5]) Als letzten römischen Bischof betrachtete
Luther Gregor I. (590—604); Sabinian (604—606) und Bonifaz III. (607) nannte er die
ersten Päpste; vgl. WA LIV 229 f., 236, I *571, II 20, L 578 und unten 477_{1—5}.   [6]) Vgl.
WA II 225, 236, VI 287, VII 127, *411, X^{II} 197, 241, L 84, LIV 235, 243, WABr 1 253.

II. Teil, Art. 4 (Papsttum).

So ist's [am Tag], wie oft gesagt, ein Menschengeticht, das nicht
geboten, ohn Not und vergeblich; denn die heilige, christliche Kirche
ohn solch Häupt wohl bleiben kann und wohl besser blieben wäre,
wo solch Häupt durch den Teufel nicht aufgeworfen wäre, und ist
auch das Bapsttum kein Nutz in der Kirchen; denn es ubet kein
christlich Ampt, und muß also die Kirche bleiben und bestehen ohn
den Bapst.

Und ich setze¹, daß der Bapst wollte sich des begeben², daß er
nicht jure divino oder aus Gottes Gebot der Oberst wäre, sondern
damit die Einigkeit der Christenheit wider die Rotten und Ketzerei
deste baß erhalten wurde, müßte man ein Häupt haben, daran
sich die andern alle hielten. Solchs Häupt wurde nu durch Menschen
erwählet, und stunde in menschlicher Wahl und ·Gewalt, dasselbe
Häupt zu ändern, zu entsetzen. Wie [im] zu Konstenz das Concilium fast die Weise hielt³ mit den Bäpsten, setzten der drei ab⁴
und wähleten den vierden⁵. Ich setze¹ nu (sage ich), daß sich der
Bapst und der Stuel zu Rom solchs begeben² und annehmen wollt',
welchs doch unmuglich ist; denn er müßte sein ganz Regiment und
Stand lassen umbkehren und zerstoren mit allen seinen Rechten
und Buchern. Summa, er kann's nicht tun.

Dennoch wäre damit der Christenheit nichts⁶ geholfen, und
wurden viel mehr Rotten werden denn zuvor; denn weil man
solchem Häupt nicht müßte untertan sein aus Gottes Befehl, sondern aus menschlichem guten Willen, wurde es gar leicht'lich und

M 308

---

adhuc esse sub papa. Taceo, quod, ut saepe dictum est, hominum hoc figmentum 5
sit, non mandatum, non necessarium, non utile. Sancta enim christiana sive catholica ecclesia consistere absque isto capite optime potest et constitisset, certe rectius
ac melius cum ea ageretur, nisi diabolus illud caput in medium projecisset et exaltasset. Et certum est papatum nullius esse usus in ecclesia, quia nullum ecclesiasticum 6
officium exercet. Et necesse est ecclesiam permanere et consistere sine papa.

Pono autem papam fateri se non jure divino sive ex mandato Dei esse supremum, 7
sed ut concordia et unitas christianorum adversus sectarios et haereticos commodius conservari possit, caput certum esse eligendum, cui ceteri omnes quasi
innitantur atque tale caput per homines eligi et in hominum quoque electione et
potestate situm esse, illud caput ut mutet et semoveat, sicut Constantiense concilium hac propemodum ratione tres papas removit et quartum elegit, pono, inquam,
haec a papa et sede Romana ita dici et accipi (quod tamen impossibile est, sic
enim universum suum regnum et statum immutari, everti et destrui pateretur
omniaque jura et volumina sua, id quod, ut paucis dicam, nunquam faciet).

Tamen neque hoc modo consuleretur ecclesiae christianae, sed plures quam antea
sectae oriturae essent. Si enim non ex mandato Dei, verum ex hominis libera 8
voluntate capiti isti obedientia praestanda esset, facile et brevi tempore contemptum

---

4/5 *und ist auch das Bapsttumb* (= *die ersten Worte von Bl. 9a*) *von Spalatins Hand auf
den unteren Rand von Bl. 7b in O geschrieben; das Einzelblatt Bl. 8, das S. 429, 8—430, 13
enthält, ist nämlich von Luther bei der ersten Niederschrift nachträglich eingefügt und dieser
Text durch ein Einweisungszeichen als auf Bl. 9a gehörig markiert. Damit der Setzer nun
darauf aufmerksam wurde, daß auf Bl. 7b zunächst noch 2 Zeilen (oben Zl. 4—7) von
Bl. 9a folgen, setzte offenbar Spalatin deren Anfang auf den unteren Rand von Bl. 7b.*

10 Christenheit] Christen Konk   21 der Christenheit domit Sp

---

¹) nehme an   ²) darauf verzichten   ³) ganz so verfuhr   ⁴) Johann XXIII.
wurde in der 12. Sitzung am 29. Mai 1415 abgesetzt, Benedikt XIII. in der 37. Sitzung
am 26. Juli 1417, Gregor XII. verzichtete freiwillig am 4. Juli 1415. Vgl. dazu WA LIV
208—210.   ⁵) Martin V. wurde am 11. November 1417 gewählt. — Luther beschäftigte
sich gerade damals wegen der von ihm veranstalteten Ausgabe der Hußbriefe mit dem Konstanzer Konzil; vgl. WA L 16—19 und TR III Nr. 3502 und 3542.   ⁶) in keiner Weise

bald veracht, zuletzt kein Gelied behalten, mußte auch nicht immerdar zu Rom oder anderm Ort[1] sein, sondern wo und in welcher
Kirchen Gott einen solchen Mann hätte gegeben, der tuchtig dazu
wäre. O das wollt' ein weitläuftig, wust Wesen[2] werden.

Darumb kann die Kirche nimmermehr baß regiert und erhalten
werden, denn daß wir alle unter einem Häupt Christo[3] leben und
die Bischofe alle gleich nach dem Ampt (ob sie wohl ungleich nach
den Ga'ben[4]) fleißig zusammen halten in einträchtiger Lehre,
Glauben [und], Sakramenten, Gebeten und Werken der Liebe
etc. Wie S. Hierony. schreibt[5], daß die Priester zu Alexandria
sämptlich und ingemein die Kirchen regierten, wie die Apostel
auch getan und hernach alle Bischofe in der ganzen Christenheit,
bis der Bapst seinen Kopf uber alle erhub.

Dies Stuck zeigt gewaltiglich, daß er der rechte Endechrist[6]
oder Widerchrist sei, der sich uber und wider Christum gesetzt und
erhohet, weil er will die Christen nicht lassen selig sein ohn seine
Gewalt, welche doch nichts ist, von Gott nicht geordent noch geboten. Das heißt eigentlich, „uber Gott und wider Gott sich

---

tandem nullum membrum retineret nec etiam perpetuo Romae aut quovis alio in
loco illud esse oporteret, sed ubicunque et in quacunque ecclesia Deus virum talem,
qui ad tantum munus obeundum idoneus esset, largiretur. Haec res perplexa et
confusionis plena futura esset.

9   Quapropter ecclesia nunquam melius gubernari et conservari potest, quam si
omnes sub uno capite, quod est Christus, vivamus et episcopi omnes pares officio
(licet dispares sint quoad dona) summa cum diligentia conjuncti sint unanimitate
doctrinae, fidei, sacramentorum, orationis et operum caritatis etc., sicut S. Hieronymus scribit sacerdotes Alexandriae communi opera gubernasse ecclesias. Et apostoli
idem fecerunt ac postea omnes episcopi in toto orbe christiano, donec papa caput
suum super omnes attolleret.

10 Haec doctrina praeclare ostendit papam esse ipsum verum Antichristum, qui
supra Christum sese extulit et evexit, quandoquidem christianos non vult esse
salvos sine sua potestate, quae tamen nihil est et a Deo nec ordinata nec mandata

---

12 in *über d. Z.*

---

5 und unterhalten Sp   10 etc. > Sp   11 sämptlichen Konk   wie] und Konk   16 erhohet
+ hat D J Konk

31 supra + et contra Conc 1584

---

[1]) anderm bestimmten Ort; so residierten die Päpste z. B. von 1309—1377 dauernd
in Avignon.   [2]) umständliche, ungeordnete Einrichtung   [3]) Vgl. oben 427 Anm. 4.
[4]) 1. Kor. 12,4 und 8—10; Röm. 12,6—8.   [5]) Luther, der hier aus dem Kopfe zitierte,
hat zwei Hieronymus=Zitate, die er öfter gleichzeitig nennt (WA II 228f., 259, WABr
I 392), zusammengezogen, nämlich Commentarius in Epist. ad Titum 1,5f. (MSL XXVI
562; Decr. Grat. P. I D. 95 c. 5), wo Alexandria nicht erwähnt wird („Idem est ergo presbyter qui et episcopus, et antequam diaboli instinctu studia in religione fierent ...,
communi presbyterorum consilio ecclesiae gubernabantur"), und epist. 146 ad Euangelum presbyterum (MSL XXII 1194; CSEL LVI 310 $_{8-10}$; Decr. Grat. P. I D. 93 c. 24,
früher epist. 85 ad Euagrium: „Nam et Alexandriae a Marco Evangelista usque ad Heraclam et Dionysium episcopos presbyteri semper unum ex se electum in excelsiori gradu
collocatum episcopum nominabant"). Derselbe Irrtum ist Luther unten 458 $_{13-15}$
und WA L 84 $_{32-34}$ untergelaufen. — Den Brief an Euangelus (Euagrius) veröffentlichte
Luther 1538 (WA L 339—343).   [6]) Diese schon in der mittelhochdeutschen Literatur ge-
bräuchliche Bezeichnung des Antichrists weist auf dessen Erscheinen am Weltende hin.
Luther lehnte 1522 in der Adventspostille (WA X^{1,2} 47) diese Volksetymologie ab und
wählte dafür die Übersetzung: „Widerchrist".

setzen", wie S. Paulus sagt[1]. [Nein] Solchs tut dennoch der Turke noch Tatter[2] nicht, wie große Feinde sie der Christen sind, sondern lassen gläuben an Christum, wer da will, und nehmen leiblichen Zins und Gehorsam von den Christen[3].

Aber der Bapst will nicht lassen gläuben, sondern spricht, man solle ihm gehorsam sein, so werde man selig[4]. Das wollen wir nicht tun oder druber sterben in Gottes Namen. Das kommpt alles daher, daß er jure divino der Oberst hat sollen heißen uber die christ[en]liche Kirche[5]. Darumb hat er sich mussen Christo gleich und uber Christum setzen, sich das Häupt, hernach einen Herren der Kirchen, zuletzt auch der ganzen Welt und schlecht[6] einen irdischen Gott[7] ruhmen lassen, bis er auch den Engeln im Himmelreich zu gebieten sich unterstund[8].

Und wenn man unterscheidet [und sondert] des Bapsts Lehre von der heiligen Schrift oder sie dagegen stellet und hält, so findet sich's, daß des Bapsts Lehre, [wenn] wo sie am allerbesten ist, so ist sie aus dem kaiserlichen, heidnischen Recht[9] genommen und lehret weltliche Händel und Gerichte, wie seine Decretales[10] zeugen.

---

est. Hoc proprie loquendo est se efferre supra et contra Deum, sicut Paulus 2. Thess. 2. loquitur. Et hoc profecto nec Turcae nec Tartari faciunt, quantumvis sint christianorum atroces hostes, sed permittunt, ut credat in Christum, quicunque voluerit, et accipiunt tributum et obedientiam externam sive corporalem a christianis.

Papa vero prohibet hanc fidem ajens sibi obediendum esse, si quis salvari velit. Hoc autem facere nolumus, etiamsi nobis propterea moriendum sit in nomine Domini. Et id in universum inde oritur, quod papa jure divino voluit esse summum caput christianae ecclesiae. Ideo seipsum Christo aequiparavit et supra Christum tandem extulit et se caput, deinde dominum ecclesiae, postea totius mundi et simpliciter terrestrem Deum praedicari voluit, donec etiam ipsis angelis in coelo praecipere haec et illa conaretur.

Et cum instituitur discrimen inter dogma papae et sacram scripturam et utriusque fit collatio, manifeste patet papae dogma, etiam optimum, ex civili, caesareo et ethnico jure concinnatum esse et politica negotia et judicia seu jura tractare, sicut

---

14 man *über d. Z.*   [und sondert] *a. R.*   15 sie *über d. Z.*   16 wo *über d. Z.*

1 Paulus + in der andern zun Thessalonicern Sp sagt + 2. Thessalo. (+ 2. Konf) J Konf   5 gläuben + an Christum Sp J   10 darnach Sp   18 zeigen Sp

---

[1]) 2. Thess. 2,4. Diese Schriftstelle benutzt Luther am häufigsten für den Beweis, daß der Papst der Antichrist sei. Vgl. dazu H. Preuß, Die Vorstellungen vom Antichrist im späteren Mittelalter, bei Luther und in der konfessionellen Polemik (1906), 156.   [2]) Tartar   [3]) Vgl. dazu WA XXXII 195.   [4]) Vgl. oben 428 Anm. 4.   [5]) Vgl. dazu z. B. Decr. Grat. P. I D. 21 c. 3, D 22 c. 1 und 2; Decret. Greg. IX. V, 33 c. 23.   [6]) geradezu   [7]) Vgl. WA LIV 227: „Er ist, wie die Juristen sagen, ein irdischer Gott"; so z. B. Augustinus de Ancona (Triumphus) († 1328), Zenzelinus de Cassanis († ca. 1350) (die betreffenden Stellen abgedr. bei P. Hinschius, Das Kirchenrecht der Katholiken und Protestanten I (1869) 196 Anm. 5) und Franciscus de Zabarellis († 1417) (bei F. M. Cappello, De curia Romana I [1911], 14); vgl. auch WA VII *176, XXXII 488, L 4 und 83, LIV 209, EA XLI 296.   [8]) Diese Worte beziehen sich auf die vermutlich unechte Bulle von Papst Klemens VI. „Ad memoriam reducendo" vom 27. Juni 1346 (vgl. RE IX 547), laut der er aus Anlaß des Jubeljahres 1350 den Engeln befohlen haben soll, „der Pilger Seelen, so auf der Romfahrt sturben, gen Himmel zu führen". Schon Hus wandte sich gegen diesen Ablaß. Vgl. W. Köhler, Luther und die Kirchengeschichte I[1] (1900) 206, WA VII *421, VI *543, XXXII *282, 448, 478, 488, XXXIII *316, L 35, WADB XI[2] 86₃₋₉.   [9]) römischen Recht; vgl. dazu die tabellarische Übersicht über die Quellen des Decretum Gratiani bei E. Friedberg, Corpus juris canonici Teil 1 (1879), Sp. XXXIX f. Vgl. auch TR II Nr. 2470.   [10]) Decretales (scil. litterae oder epistolae) sind päpstliche Erlasse und Entscheidungen.

Darnach lehret sie Zeremonien von Kirchen, Kleidern, Speisen, Personen und des Kinderspiels, Larven=[1] und Narrenwerks ohn Maße, aber in diesem allen garnichts von Christo, Glauben und Gotts Gepoten[2].

Zuletzt ist's nichts denn eitel[3] Teufel, da er seine Lugen von Messen, Fegfeur, Klosterei [und], eigener Werk und Gottsdienst (welchs denn das recht Bapsttum ist) treibet uber und wider Gott, verdammpt, totet und plaget alle Christen, so solchen seinen Greuel nicht uber alles heben und ehren. Darumb so wenig wir den Teufel selbs fur einen Herren oder Gott anbeten konnen, so wenig konnen wir auch seinen Apostel, den Bapst oder Endechrist, in seinem Regiment zum Häupt oder Herrn leiden; denn Lugen und Mord, Leib' und Seel zu verderben ewiglich, das ist sein bäpstlich Regiment eigentlich[4], wie ich dasselb in vielen Buchern beweiset habe[5].

An diesen vier Artikeln werden sie gnug zu verdammen haben im Concilio; denn sie nicht das geringst Geliedlin von der Artikel einem uns lassen[6] konnen noch wollen. Des mussen wir gewiß sein und uns erwegen[7] der Hoffnung, Christus, unser HErr, habe seinen Widersacher angegriffen und werde nachdrucken[8], beide mit seinem Geist und Zukunft[9], Amen.

Denn im Concilio werden wir nicht fur dem Kaiser oder weltlicher Oberkeit (wie zu Augspurg[10]), der ganz ein gnädigs[11] Ausschreiben tät und in der Gute ließ die Sachen verhoren[12], sondern fur dem Bapst und dem Teufel[s] selbs werden wir da stehen,

---

ostendunt decretales, deinde proponere ceremonias de templis, vestibus, cibis, personis et similibus ludicris, larvis et jocularibus supra modum et inter haec omnia nihil plane de Christo, fide et mandatis Dei.

Postremo repraesentare ipsum diabolum, dum mendacia papalia de missis, purgatorio, monastica vita, operibus propriis et cultibus fictitiis (in quibus singulis merus papatus fundatur et consistit) supra et contra Deum urget et disseminat et omnes christianos, qui has papae abominationes super omnia praedicare et honorare nolunt, damnat, trucidat, excruciat. Quare sicut diabolum ipsum non possumus adorare et pro Domino et Deo colere, ita nec ejus apostolum, papam seu Antichristum, in regno ejus ut caput et dominum ferre possumus. Mentire enim et occidere, animas et corpora in aeternum perdere pontificii regni proprium est in quarto modo, sicut hoc ipsum multis libris evidentissime ad oculum demonstravi.

15 Hi articuli quatuor sufficiunt, quos in concilio sibi damnandos proponant. Non enim vel minimum punctulum in his articulis nobis concedent. Et de hoc certos nos esse oportet et praemonitos ac obfirmatos firma spe Christum, Dominum nostrum, irruisse in adversarium suum, quem et insecuturus et confecturus est spiritu et adventu suo, Amen.

16 Nam in concilio stabimus non coram caesare aut politico magistratu sicut Augustae Vindelicorum (ubi caesar clementissimum edictum promulgans benigne et placide causam et rem ipsam audiri volebat), sed coram papa ac ipso diabolo

---

5 nichts *über d. Z.*   6/7 (welchs *bis* ist) *a. R.*   21/2 oder *bis* Oberkeit *a. R.*

6 eigem D eigen J Konk   15 gnugsam A D J Konk   21 in dem Sp

35/6 in quarto modo > Conc 1584

---

[1]) Phantasie=   [2]) Vgl. TR IV Nr. 4515 und VI Nr. 6863.   [3]) bloße   [4]) Vgl. unten S. 1060₄₁—1061₃.   [5]) Vgl. oben 427 Anm. 2.   [6]) zugestehen   [7]) verlassen auf   [8]) sich durchsetzen   [9]) Wiederkehr; vgl. dazu 2. Thess. 2,8.   [10]) auf dem Augsburger Reichstag 1530.   [11]) ein ganz gnädiges   [12]) Das Ausschreiben Karls V. vom 21. Januar 1530 ist gedruckt bei K. E. Förstemann, Urkundenbuch zu der Geschichte des Reichstages zu Augsburg im Jahre 1530 I (1833) 1—9, vgl. besonders S. 8: „alle eins jeglichen Gutbedunken, Opinion und Meinung zwischen uns selbs in Liebe und Gutligkeit

II. Teil, Art. 4 (Papsttum). — III. Teil. Sünde.   433

der nichts gedenkt zu horen, sondern schlechts¹ verdammen, morden
und zur Abgötterei zu zwingen. Darumb mussen wir hie nicht
seine Fuße kussen² oder sagen: „Ihr seid mein gnädiger Herr",
sondern [mit Sachar] wie in Zacharia der Engel zum Teufel
5 sprach: „Strafe dich Gott, Satan". [Pfui dein mal an!³]

                              *   * **Das dritte Teil**   M 310
  Folgende Stücke oder Artikel mugen wir mit gelehrten, ver=   **der Artikel.**
nunftigen oder unter uns selbs handeln⁴, denn* [erstlich von der]   * [denn]
der Bapst und sein Reich achten derselben nicht viel; denn con-
10 scientia ist bei ihn nichts, sondern Geld, Ehr und Gewalt*.   * ist's gar⁵.
Von der Sunde⁶.
  [Erstlich von der Sunden] Hie mussen wir bekennen, wie S. Pau=
lus Ro. 5.⁷ sagt, daß die Sunde sei von Adam, dem einigen Men=
schen, herkommen, durch welchs Ungehorsam alle Menschen sind
15 Sunder worden und* dem Tod und dem Teufel unterworfen.   * [und],
Dies heißt die Erbsunde oder Häuptsunde.

---

comparebimus, qui nihil audire vult, sed simpliciter indicta causa damnare, occidere
et ad idololatriam vi cogere. Quare hic non sunt nobis exosculandi pedes ejus nec
dicendum: Gratiosissimus dominus es!, sed quemadmodum in Zacharia angelus ad
20 Satanam dicebat: 'Increpet Dominus te, Satana.'

                   TERTIA PARS ARTICULORUM.

  De sequentibus articulis agere poterimus cum doctis et prudentibus viris vel
etiam inter nos ipsos. Papa et regnum pontificium illos non magnopere curant.
Conscientia enim apud eos nihil est, sed pecunia, gloria, honores, potentia ipsis
25 sunt omnia.

                   I. De peccato.

  Hic confitendum nobis est, ut Paulus Rom. 5. affirmat, peccatum ab uno homine 1
Adamo ortum esse et introiisse in mundum, per cujus inobedientiam omnes homines
facti sunt peccatores morti et diabolo obnoxii. Hoc nominatur originale, haere-
30 ditarium, principale et capitale peccatum.

---

  7 wir *über d. Z. von fremder Hand*   9/10 denn *bis* Gewalt *a. R.*   10 ist's gar
a. R.   11 *über* Von der Sunde *von fremder Hand* Titel *als Anweisung für den
Drucker*   15 und dem Teufel *über d. Z.*   16 Dies *bis* Häuptsunde *a. R.*

  7 wir Sp *a. R.*   11 Konk *zählt alle Artikel durch mit den Zahlen von* I *bis* XV
16 Das Sp

  zu hören, zu verstehen und zu erwägen, die zu einer christlichen Wahrheit zu brengen ⟨= brin-
gen⟩ und zu vergleichen". Vgl. dazu auch WA XXXIII *287 und *292 sowie WABr V
470. — Bemerkenswert ist diese völlige Verkennung des Kaisers, die Luther mit den übrigen
protestantischen Theologen teilte. Er bezeichnet ihn als den „frommen Carolus, der ein
Schaf unter den Wölfen ist" (WABr V 373), und schiebt die ganze Verantwortung für den
Augsburger Reichstagsabschied der Umgebung des Kaisers, den „Verrätern und Böse-
wichtern (sie seien Fürsten oder Bischofe)", zu (WA XXXIII 331). Vgl. auch WA XXXIII
196f., *291—298, 331f., 362, 388, WABr V 440, TR II Nr. 1687, 2695.
  ¹) kurzerhand   ²) Die „adoratio" durch Niederknieen und Fußkuß steht dem Papst
seitens aller Gläubigen zu; vgl. auch Corp. jur. can. Clementinae V, 10. c. 4. 1520 schreibt
Luther: „Es ist ein unchristlich, ja endchristlich Exempel, daß ein armer, sündiger Mensch ihm
lässit seine Suß kussen von dem. der hundertmal besser ist denn er" (WA VI *435; vgl. auch
IX 703, L 78, 87, 342).   ³) Sach. 3, 2.   Pfui über dich! Vgl. WA XXI 559 (177₄₀)
und XXXIII 676 (36₁₃).   ⁴) verhandeln   ⁵) alles; vgl. dazu auch WA L 269.
⁶) Vgl. oben 53, 75, 145—158, 313, unten 770—776, 843—866 sowie WA I 86, 121,
224, XXVI *503, XXXIII 87, 162 f., XXXIX¹ 84, 110—118 (1536), XLI¹¹ 322 bis
325, LVI 311—313.   ⁷) Röm. 5, 12.

Solcher Sunden Fruchte sind darnach die bosen Werk, so in
den zehen Geboten verboten sind als Unglaube, falscher Glaube,
Abgotterei, [Mißtrau an Gott] ohn Gottesfurcht sein, Vermessen=
heit, verzweifeln, Blindheit und Summa: Gott nicht kennen oder
achten, darnach liegen, bei Gotts Namen schweren, [Gotts Wort]
nicht beten, nicht anrufen, Gottes Wort nicht achten, Eltern un=
gehorsam sein, morden, Unkeuschheit, stehlen, triegen etc.

Solche Erbsunde ist so gar ein tief[1] bose Verderbung der Natur,
daß sie kein Vernunft nicht kennet, sondern muß' aus der Schrift
Offenbarung gegläubt werden[2], Pf. 50.* und Ro. 5., Exo. 33.,
Gen. 3.[3] Darumb sind das eitel Irrtum und Blindheit wider
diesen Artikel, das die Schultheologen[4] gelehrt haben:[5]

1. Nämlich daß nach dem [Erbfall] Erbfall Adae des Menschen
naturlichen Kräfte[6] sind ganz und unverderbt blieben. Und [daß]
der Mensch habe von Natur eine rechte Vernunft und guten Willen,
wie die Philosophi[7] solchs lehren.

2. Item daß der Mensch habe einen freien Willen, Guts zu tun
und Boses zu lassen und wiederumb Guts zu lassen und Boses
zu tun[8].

3. Item daß der Mensch muge [Gottes Gebot] aus naturlichen
Kräften [die] alle Gebot Gottes tun und halten.

4. Item er muge aus naturlichen Kräften Gott lieben uber alles
und seinen Nächsten als sich selbs.

2   Hujus peccati fructus postea sunt mala opera in decalogo prohibita, ut sunt
diffidentia, incredulitas, falsa fides sive κακοπιστία, idololatria, sine Dei timore esse,
praesumptio seu temeritas, desperatio, caecitas seu excaecatio et, ut summatim
dicam, Deum non agnoscere, non curare. Deinde mentiri, nomine Dei abuti, peje-
rare, non orare, non invocare, verbum Dei contemnere vel negligere, parentibus im-
morigerum esse, occidere, lascivire, furari, decipere etc.

3   Hoc peccatum haereditarium tam profunda et tetra est corruptio naturae, ut
nullius hominis ratione intelligi possit, sed ex scripturae patefactione agnoscenda
et credenda sit, psal. 51., Rom. 5., Exod. 33., Gen. 3. Quapropter meri sunt errores
et caligines contra hunc articulum scholasticorum doctorum dogmata, quibus
docetur:

4   Post Adae lapsum hominis naturales vires mansisse integras et incorruptas et
hominem naturaliter habere rationem rectam et bonam voluntatem, sicut philosophi docent.

5   Et hominem habere liberum arbitrium faciendi bonum et omittendi malum et
econtra omittendi bonum et faciendi malum.

6   Item hominem posse naturalibus viribus omnia mandata Dei servare et facere.
7   Et posse naturalibus viribus Deum super omnia diligere et proximum sicut
seipsum.

5. Item wenn ein Mensch tut, soviel an ihm ist, so gibt ihm Gott gewißlich seine Gnade.

6. Item wenn er zum Sakrament will gehen, ist nicht not ein guter Fursatz, Guts zu tun, sondern sei gnug, daß er nicht einen bosen Fursatz, Sunde zu tun, habe, so gar gut ist die Natur und das Sakrament so kräftig[1].

7. Es sei nicht in der Schrift gegrundet, daß zum guten Werk vonnoten sei der heilige Geist mit seiner Gnaden[2].

Solche und dergleichen viel Stuck sind aus Unverstand und Unwissenheit beide der Sunden und Christi, unsers Heilands, kommen, rechte heidnische Lehre, die wir nicht leiden konnen; denn wo diese Lehre recht sollt' sein, so ist Christus vergeblich gestorben, weil kein Schaden noch Sunde im Menschen ist, [darum] dafur er sterben mußte, oder wäre allein fur den Leib, nicht fur die Seele auch gestorben, weil die Seele gesund und allein der Leib des Todes ist[3].

Vom Gesetze[4].

Hie halten wir, daß das Gesetze gegeben sei von Gott, erstlich der Sunden zu steuren mit Dräuen und Schrecken der Strafe und mit Verheißen und Anbieten der Gnaden und Wohltat. Aber solchs alles ist der Bosheit halben, so die Sunde im Menschen gewirkt, ubel geraten; denn einsteils sind davon ärger worden, als die dem Gesetz feind sind darumb, daß es verbeut, was sie gerne tun, und gebeut, was sie ungern tun. Derhalben, wo sie fur der Strafe konnen[5]), tun sie [nur deste] nu mehr wider das Gesetze [die Andern] denn zuvor. Das sind denn die rohen, bosen Leute, die Boses tun, wo sie Stätt und Raum haben.

Item si faciat homo, quantum in se est, Deum largiri ei certo suam gratiam.   8

Et si accedere velit homo ad eucharistiam, non opus esse bono proposito recte   9
faciendi, sed sufficere, si non adsit malum propositum peccandi: tam bonam scilicet esse naturam et tantam esse vim sacramenti.

Item non posse ex scriptura probari ad bonum opus necessario requiri spiritum   10
sanctum et ejus gratiam.

Talia et similia portenta orta sunt ex inscitia et ignorantia peccati et Christi,   11
servatoris nostri, suntque vere et mere ethnica dogmata, quae tolerare non possumus. Si enim ista approbantur, Christus frustra mortuus est, cum nullum peccatum et damnum sit in homine, pro quo mori eum oportuerit, aut solummodo pro corpore mortuus diceretur, non pro anima, quandoquidem anima prorsus sana et solum corpus morti obnoxium perhiberetur.

II. De lege.

Sentimus legem a Deo datam esse, primum ut peccatum prohiberetur comminationibus et metu poenarum. Item promissione et annuntiatione gratiae et beneficiorum. Sed haec omnia propter malitiam, quam peccatum in homine effecit, male cesserunt. Quidam enim inde deteriores redditi fuerunt, qui scilicet legem oderunt prohibentem ea, quae facere ipsi mallent, et praecipientem, quae gravatim praestant. Quare, nisi poena coërceantur, plura patrant contra legem quam antea. Atque hi sunt mali, effrenes et securi homines, qui perpetrant mala, quoties occasionem aliquam offerri sibi animadvertunt.   1   2

---

4 Guts zu tun *a. R.*   18 ge= (l.) *in* gegeben *über d. Z.*   19 der Strafe *a. R.*   25 nu *über d. Z.*   26/7 Das *bis* haben *a. R.*

[1]) Vgl. WA I 324, 544, VI 608, 622, XVII^II 80.   [2]) Vgl. unten 886 25—27.   [3]) Vgl. WA XVIII *186, oben 165.   [4]) Vgl. oben 185—233, unten 790—795, 951—961, WA I 398, VII *23f., 52f., 63f., VIII *609, XI,1 450—466, XI,2 155—158, XV 228f., XVIII 65, XXXIX^I 50f., 347, 423—425, WADB VII 2—6, 12ff., VIII 16ff.   [5]) sofern sie die Strafe nicht daran hindert

Die Andern werden blind und vermessen, lassen sich dunken, sie halten und konnen das Gesetz halten aus ihren Kräften, wie itzt droben[1] gesagt ist von den Schultheologen. Daher kommen die Heuchler und falsche Heiligen.

Aber das fürnehmeste [Ursach] Ampt oder Kraft [ist] des Gesetzs ist, daß es die Erbsunde mit Fruchten und allem offenbare[2] und dem Menschen zeige, wie gar[3] tief und grundlos seine Natur gefallen und verderbet*, ist, als dem das Gesetz sagen muß, daß er keinen Gott habe noch achte oder bete frembde Gotter an, welchs er zuvor und ohn das Gesetz nicht gegläubt hätte. Damit wird er erschreckt, gedemutigt, verzagt [und], verzweifelt, wollte gern, daß ihm geholfen wurde, und weiß nicht, wo aus, fäht an, Gotte feind zu werden und murren etc. Das heißt denn Ro. 3.: „Das Gesetze erregt Zorn"[4] und Ro. 5.: „Die Sunde wird großer durchs Gesetze".[5]

Von der Buße.[6]

Solch Ampt des Gesetzes* behält das Neue Testament und treibt's[7] auch, wie Paulus Ro. 1.[8] [, 2 und 3] tut und spricht: „Gottes Zorn wird vom Himmel offenbart[9] uber alle Menschen", item 3.[10]: „Alle Welt ist fur Gott schuldig und kein Mensch ist fur ihm gerecht", und Christus Jo. 16.[11]: „Der heilige Geist wird die Welt strafen umb die Sunde."

Das ist nu die Donnerart[12] Gottes, damit er beide, die offenbärlichen Sunder und die falschen Heiligen[13] in einen Haufen schlägt[14] und läßt keinen recht haben, treibt sie [also] allesampt in das Schrecken und [Verzweifeln an ih] Verzagen. Das ist der Hammer (wie

Marginalia:
M 312

* umgestellt: tief seine Natur gefallen und grundlos [und gestr.] verderbet

* [des Gesetzes]

---

3 Quidam vero arrogantia et caecitate percutiuntur et insolenti opinione tenentur se servare et posse servare legem viribus suis, sicut jam paulo ante de scholasticis doctoribus dictum est. Hinc hypocritae et justitiarii seu in speciem sancti proveniunt.

4 Praecipuum autem officium et ἐνέργεια legis est, ut peccatum originale et omnes fructus ejus revelet et homini ostendat, quam horrendum in modum natura ejus lapsa sit et funditus ac totaliter depravata, ita ut lex ei dicat hominem nec habere nec curare Deum et adorare alienos deos, id quod antea et sine lege homo non credidisset. Hac ratione perterrefit, humiliatur, prosternitur, desperat de seipso et anxie desiderat auxilium nec scit, quo fugiat, incipit irasci Deo et obmurmurare
5 prae impatientia. Hoc est, quod Paulus inquit Rom. 4.: Lex iram operatur. Et Rom. 5.: Lex auget peccatum. Lex subintravit, ut abundaret delictum.

III. De poenitentia.

1 Hoc officium legis retinetur in Novo Testamento et in eo exercetur, ut Paulus Rom. 1. facit inquiens: Ira Dei de coelo revelatur super omnes homines. Et 3.: Omnes sunt rei coram Deo. Nemo hominum justus est coram eo. Et Christus Johan. 16. inquit: Spiritus sanctus arguet mundum de peccato.
2 Hoc igitur fulmen est Dei, quo et manifestos peccatores et hypocritas prosternit et nullum justum pronuntiat, sed omnes ad terrorem et desperationem adigit. Hic

---

2 itzt *über d. Z.*   5 das *corr. aus* die   12/3 fäht *bis* etc. *a. R.*   18 [2 und 3] *a. R.*

6 mit + den Konf.   7/8 verderbt und gefallen Sp   9 oder] und A D J Konf.
13 und + zu Konf.   17 des Gesetzes J (*aus* Sp *eingefügt; vgl. auch unten S.* 956 31)
22 umb die Sunde strafen Sp   Sunde + etc. J   24 die > A D J Konf.

---

[1]) Vgl. oben 434 20 f.   [2]) Vgl. oben 434 8—12 sowie Röm. 7,7 und 3,20.   [3]) völlig
[4]) Röm. 4(!),15.   [5]) Röm. 5,20.   [6]) Vgl. oben 66 f., 252—272, unten 953 ff., WA
I 98 f., *233, *243—246, 319—324, *525 f., *530 f., 648 ff., II 160, 359—383, *713—723,
VI *543—549, XVIII 65, XXXII *288—292, XXXIX 345—347, 350.   [7]) lehrt's
[8]) Röm. 1,18.   [9]) Vgl. unten 956 30—32.   [10]) Röm. 3,19 f.   [11]) Joh. 16,8.   [12]) Donnerteil, Blitzstrahl.   [13]) Vgl. oben 435 26 f. und 436 4   [14]) vernichtet

III. Teil. Gesetz. Buße.

Jeremias¹ spricht): „Mein Wort ist ein Hammer, der die Felsen zuschmettert." Dies ist nicht activa contritio, eine gemachte Reu, sondern passiva contritio, das recht Herzeleid, Leiden und Fühlen des Todes.

Und das heißt denn, die rechte Buße anfahen. Und muß der Mensch hie horen [und] solch Urteil: „Es ist nichts mit Euch allen, Ihr seid offentliche Sunder oder Heiligen, Ihr mußt alle anders werden und anders tun, [denn] weder Ihr itzt seid und tut, Ihr seid wer und wie groß, weise, mäch'tig und heilig, als Ihr wollt, hie ist niemand fromm" etc.

Aber zu solchem Ampt tut das Neue Testament flugs die tröstliche Verheißung der Gnaden durchs Evangelion², der man gläuben solle. Wie Christus spricht Marci 1.³: „Tut Buße und gläubt dem Evangelio", das ist: „Werdet und macht's anders und gläubt mei'ner Verheißung." Und fur ihm her Johannes wird genannt ein Prediger der Buße, doch zur Vergebung der Sunden. Das ist, er sollt' sie alle strafen und zu Sunder machen, auf daß sie wußten, was sie fur Gott wären und sich erkenneten als verlorne Menschen und also dem HErrn bereit wurden, die Gnade zu empfahen und der Sunden Vergebung von ihm gewarten⁴ und annehmen. Also sagt auch Christus Lucae ult.⁵ selbs: „Man muß in meinem Namen in alle Welt predigen Buße und Vergebung der Sunden."

Wo aber das Gesetz solch sein Ampt allein treibt ohn Zutun des Evangelii, da ist der Tod und die Helle, und muß der Mensch verzweifeln wie Saul und Judas⁶, wie S. Paulus⁷ sagt: „Das Gesetze tötet durch die Sunde." Wiederumb gibt das Evangelion nicht einerleiweise⁸ Trost und Vergebung, sondern durch Wort,

---

malleus est, ut Hieremias inquit: Verbum meum quasi malleus conterens petras. Haec non est activa contritio seu factitia et accersita, sed passiva contritio, conscientiae cruciatus, vera cordis passio et sensus mortis.

Sic scilicet incipit vera poenitentia. Et hic homo audit sententiam promulgari dicentem: Quotquot estis, nihil estis, sive manifesti peccatores, sive opinione vestra sancti sitis, omnes vos alios fieri oportet et aliter operari, quam quales nunc estis et sicut jam operamini, qualescunque sane sitis, magni, sapientes, potentes, sancti. In summa hic nemo justus, sanctus, pius est.

Huic officio Novum Testamentum statim adjungit consolationem et promissionem gratiae evangelii, cui credendum est, sicut Christus inquit Marci 1.: Agite poenitentiam et credite evangelio, id est, fiatis alii et faciatis aliter et credatis meae promissioni. Et ante Christum Johannes nominatur praeco poenitentiae, sed ad remissionem peccatorum, hoc est, Johannes omnes arguit et peccatores esse evicit, ut scirent, quid coram Deo essent, et seipsos agnoscerent ut perditos homines atque ita Deo apparrarentur ad gratiam amplectendam et remissionem peccatorum ab eo sperandam et accipiendam. Sic etiam Christus Lucae 24. ipse inquit: In nomine meo ubique praedicanda est poenitentia et remissio peccatorum inter omnes gentes.

Quando autem lex hoc officium suum sola exercet sine evangelio, nihil aliud nisi mors et infernus hominem opprimunt prorsus desperantem ut Saulem et Judam, sicut Paulus testatur legem per peccatum hominem morti tradere. Econtra evangelium affert consolationem et remissionem non uno tantum modo, sed per verbum,

---

2/4 Dies *bis* Todes *a. R.*   3 das *über d. Z.*   7 offentliche *a. R.*   8 weder *über d. Z.*
12/3 der *bis* solle *a. R.*   28 durch *über d. Z.*

2 Dies] Das A D J Konf   10 etc. > Sp A D J Konf   21/3 Also *bis* Sunden > Sp
(*drei Zeilen übersprungen*)   21 ult.] (am Konf) 24. D J Konf   28 weise > Sp
durchs Sp D J Konf

---

¹) Jer. 23,29.   ²) Vgl. WA VII* 24 und unten 956₃₂₋₃₄.   ³) Mark. 1,15.
⁴) erwarten.   ⁵) Luk. 24,47.   ⁶) Vgl. 1.Sam. 28,20 und 31,4; Matth. 27,3—5.
⁷) Röm. 7,10.   ⁸) eine Art von

* [CXXIX] [CXXX]
zuges. und gestr.]
130. (vor Psalm)²

Sakrament und dergleichen, wie wir horen werden¹, auf daß die Erlosung ja reichlich sei bei Gott (wie der Psalm CXXIX sagt) wider* die große Gefängnis der Sunden.

Aber itzt mussen wir [vollend von der] die falsche Buße der Sophisten³ gegen die rechte Buße halten, damit sie beide deste baß verstanden werden.

Von der falschen Buße der Papisten⁴.

Unmuglich ist's gewest, daß sie sollten recht von der Buße lehren, weil sie die rechten Sunde nicht erkenneten; denn (wie droben gesagt⁵) sie halten von der Erbsunde nicht[s] recht, sondern sagen, die naturlichen Kräfte des Menschen seien ganz und unverderbt blieben; die Vernunft konne recht lehren, und der Wille konne recht darnach tun, daß Gott gewißlich seine Gnade [ihm] gibt, wenn ein Mensch tut, soviel an ihm ist, nach seinem freien Willen.

Hieraus mußte folgen, daß sie allein die wirklichen Sunde bußeten als bose bewilligete Gedanken⁶ (denn bose Bewegung⁷, Lust, Reizung war nicht Sunde), bose Wort, bose Werk, die der freie Wille wohl hätte kunnt lassen.

Und zu solcher Buße setzten sie drei Teil, Reu, Beicht, Gnugtun⁸ mit solcher Vertrostung und Zusage: wo der Mensch recht

---

sacramenta et similiter, quemadmodum audiemus paulo post, ut ita redemptio apud Deum sit copiosa, ut in 130. psalmo scriptum est, contra horrendam captivitatem peccati.

9 Nunc porro falsam poenitentiam sophistarum cum vera poenitentia conferemus, ut utraque melius intelligi possit.

De falsa poenitentia pontificiorum.

10 Impossibile est pontificios recte docere de poenitentia, cum peccatum non recte agnoscant. Nam, ut supra ostensum est, de peccato originali non recte sentiunt, quia ajunt naturales vires hominis mansisse integras et incorruptas et rationem recte posse docere ac voluntatem posse ea, quae docentur, praestare et Deum certo donare suam gratiam, cum homo tantum facit, quantum in se est, secundum liberum suum arbitrium.

11 Ex hoc dogmate sequitur tantum ob actualia peccata agendam esse poenitentiam, ut sunt malae cogitationes, quibus homo obtemperat (concupiscentia enim, vitiosi affectus, inclinatio, libido et affectio prava secundum illos non sunt peccata), sermones mali, mala opera, quae voluntas libera omittere potuisset.

12 Huic poenitentiae adjungunt tres partes, contritionem, confessionem et satisfactionem addita grandi consolatione et pollicitatione remissionis peccatorum,

---

3 130 über d. Z. [CXXIX] sagt über d. Z. [CXXX] a. R. wider a. R. 4 die über d. Z. falsche a. R. 10 recht a. R. 14 Mensch a. R.. ist über d. Z. 16 bewilligete a. R. 17 bose (1.) a. R.

15 mußte + nu Konk 19 setzen J Konk

27 est] fuit Conc 1584 cum + verum Conc 1584 28 agnoverint Conc 1584
29 mansisse + omnino Conc 1584

---

¹) Unten 449₆ ff. ²) Ps. 130,8 (129,8 nach der Zählung der Vulgata). ³) Scholastiker; dies Schlagwort wurde im Kampf gegen die Scholastik zu deren Charakterisierung vom Erfurter Humanistenkreis gebraucht, von ihnen übernahm es dann Luther im Jahre 1518; vgl. F. Lepp, Schlagwörter des Reformationszeitalters (1908), S. 78—82. ⁴) Vgl. oben 272—291. ⁵) Oben 434₁₃₋₁₆ und 435₁ f. ⁶) wie böse Gedanken, in die sie eingewilligt hatten; die Tatsünden. ⁷) Regung, Affekt ⁸) So lehrten die Scholastiker seit Petrus Lombardus († 1160). Contritio cordis, confessio oris, satisfactio operis. Vgl. dazu WA I 98, *243, 319, VI 610, 624 f., VII 112 f., *351—355, XXXIV¹ 301—310, LIV 427, 436.

III. Teil. Buße. Falsche Buße der Papisten.

reuet, beichtet, gnugtät, so hätte er damit Vergebung verdienet
und die Sunde fur Gott bezahlet, weiseten so die Leute in der
Buße auf 'Zuversicht eigener Werk¹. Daher kam das Wort auf
der Kanzel, wenn man die gemeine² Beicht dem Volk fursprach:
5 „Friste mir, Herr Gott, mein Leben, bis ich meine Sunde buße
und mein Leben bessere"³.

Hie war kein Christus und nichts vom Glauben gedacht⁴, sondern man hoffete, mit eigenen Werken die Sunde fur Gott zu
uberwinden und zu tilgen. Der[uber] Meinung⁵ wurden wir auch
10 Pfaffen und Munche, daß wir uns selbs wider die Sunde legen
wollten.

Mit der Reu⁶ war es also getan⁷: weil niemand alle seine
Sunde kunnte bedenken (sonderlich das ganze Jahr⁸ begangen),
flickten sie den Pelz also⁹. Wenn die verborgen Sunde hernach
15 ins Gedächtnis kämen, mußte man sie auch bereuen und beichten
etc. Indes¹⁰ waren sie Gottes Gnaden befohlen.

Zudem, weil auch niemand wußte, wie groß die Reue sein sollt',
damit sie ja gnugsam wäre fur Gott, gaben sie solchen Trost. Wer
nicht kunnte contritionem, das ist Reue haben, der sollte attri-

20 meriti, expiationis peccatorum ac plenariae redemptionis coram Deo, si homo vere
doleat, confiteatur et satisfaciat. Sic in poenitentia homo ad fiduciam propriorum
operum ducitur. Hinc orta est vox, quae in suggestis, cum praelegeretur vulgo 13
publica absolutio, usurpata fuit: Prolonga, Deus, vitam meam, donec pro meis
peccatis satisfecero et vitam meam emendavero.

25 Hic altum fuit silentium de Christo et fide et tantum opinio et spes fuit de propriis 14
operibus, quibus peccata coram Deo delerentur. Et hanc ob causam facti sumus
sacrifici et monachi, ut nos ipsos peccato opponeremus.

Quod ad contritionem attinet, cum nemo posset omnia peccata sua in memoria 15
retinere, praesertim per integrum annum commissa, centones hos assuebant, si
30 memoria peccati absconditi forte recurreret, etiam illud sufficiente contritione de-
flendum et confitendum esse etc. Interea Dei gratiae homo committebatur.

Cum etiam nemo sciret, quanta contritio esse deberet, quae coram Deo sufficeret, 16
dicebant, si quis contritionem non haberet, eum saltem attritionem habere oportere,

---

2/3 in der Buße *a. R.*   4 dem Volk *a. R.*   5 mein Leben *a. R.*   9 *Der corr.
aus* Dar   Meinung *a. R.*

---

1 bereuet J   2 so] also J Konk   16 etc. > J

---

¹) sich auf eigene Werke zu verlassen   ²) allgemeine   ³) Diese Worte stammen
aus der „offenen Schuld", dem öffentlichen Schuldbekenntnis, das der Geistliche seit
dem 10. Jahrhundert im Anschluß an die Predigt im Namen der Gemeinde spricht.
In den ältesten Beichtformularen fehlt noch die von Luther hier zitierte Wendung, der
früheste mir bekannte Beleg stammt aus einer Handschrift des 12. Jahrhunderts. Dort
heißt es: „Ich bitte gewegedes ⟨um Hilfe, fürbitte⟩ unte gedinges ⟨und fürsprache⟩ mîne
frouwun sancte Mariun, mînen hêrren sancte Petrum unte alle gotes heiligon, daz sie
mir helfente sîn ⟨helfen⟩, daz ich sô lango gevristet werde, unze ⟨bis⟩ ich mîne sunte rehte
geriuwe ⟨bereue⟩ unte rechto gebuozze"; vgl. K. Müllenhoff und W. Scherer, Denkmäler
deutscher Poesie und Prosa aus dem 8.—12. Jahrhundert I (3. Ausg. 1892) 288. Andere
Beispiele vgl. ebenda I 307 (12. Jahrh.), R. Cruel, Geschichte der deutschen Predigt im Mittelalter (1879), 223; Br. Bardo, Deutsche Gebete (3. Aufl. 1917) 68; Seelen-Gärtlein, Voll-
ständiges Gebetbuch für katholische Christen aus vielen der schönsten deutschen Gebete des
Mittelalters zusammengestellt (3. Aufl. 1882), 118. Zur offenen Schuld vgl. RE XIV 347
und Eisenhofer 202.   ⁴) erwähnt   ⁵) in der Absicht   ⁶) Vgl. WA I 319—322, 446,
VI *544 f., VII 113—117, *355—367.   ⁷) verhielt es sich folgendermaßen   ⁸) Auf dem
4. Lateankonzil (1215) c. 21 wurde bestimmt: „Omnis utriusque sexus fidelis, postquam ad annos discretionis pervenerit, omnia sua solus peccata saltem semel in
anno fideliter confiteatur proprio sacerdoti" (Decret. Greg. IX V, 38 c. 12).   ⁹) fanden sie folgenden Ausweg   ¹⁰) Währenddessen

tionem haben¹, welchs ich mag eine halbe oder Anfang der Reue
nennen; denn sie haben['s] selbs alles beides nicht verstanden, wissen
auch noch nicht, was es gesagt sei², so wenig als ich. Solch attritio
ward denn³ contritio gerechent, wenn man zur Beicht ging.

Und wenn sich's begab, daß etwa einer sprach, er kunnte nicht
reuen noch Leide haben fur seine Sunde, als mocht' geschehen [etwa]
sein in der Hurenliebe oder Rachgier etc., fragten sie, ob er denn
nicht wunschte oder gern wollte, daß er Reue mocht' haben?
Sprach[e] er denn: Ja (denn wer wollt hier „Nein" sagen ohn⁴
der Teufel selbs?), so nahmen sie es fur die Reu an und vergaben
ihm seine Sunde [hinder] auf solch sein guts Werk [etc.]. Hie
zogen sie S. Bernhard⁵ zum Exempel an etc.

Hie siehet man, wie die blinde Vernunft tappet in Gottes Sachen
und Trost sucht in eigenen Werken nach ihrem Dunkel und an
Christum oder den Glauben nicht denken kann. Wenn man's nu
beim Licht besiehet, ist solche Reu ein gemachter und getichter⁶
Gedanke aus eigen Kräften ohn Glaube, ohn Erkenntnis Christi,
darin zuweilen der arme Sunder, wenn ' er an die Lust oder Rach
gedacht, lieber gelacht denn geweinet hätte, ausgenommen die
entweder mit dem Gesetze recht troffen⁷ oder von dem Teufel
vergeblich [ist] sind mit traurigem Geist geplagt gewest. Sonst ist
gewiß solche Reu lauter' Heuchlei gewest [die] und hat der Sunden
Lust nicht getötet; denn sie mußten reuen, hätten lieber mehr ge=
sundigt, wenn es frei gewest wäre.

Mit der Beicht⁸ stund es also. Ein iglicher mußte alle seine
Sunde erzählen (welchs ist ein unmuglich Ding), das war eine

---

id est dimidiam quasi contritionem vel initium contritionis. Haec vocabula ipsi nec
intellexerunt nec intelligunt minus quam ego. Et attritio reputabatur pro contritione venientibus ad confessionem.

17 Et cum quis diceret se non posse habere contritionem sicut non dolere posse ob
peccata sua (ut fieri potuit in illicito amore aut vindictae cupiditate etc.), interroga-
bant, an is non optaret et cuperet dolere? Respondenti cupere se (quis enim nisi
ipse diabolus negaret se cupere?) accipiebant hoc pro contritione et remittebant
peccata propter hoc bonum ipsius opus, quod nomine contritionis ornabant. Hic
allegabant exemplum Bernhardi etc.

18 Videmus autem, quam palpet et titubet caeca ratio in rebus divinis et consolationem quaerat in propriis operibus pro sua opinione et Christi et fidei prorsus
obliviscatur. Quod si res ipsa perspicue consideretur, contritio ista est factitia et
fictitia cogitatio seu imaginatio ex propriis viribus absque fide, absque agnitione
Christi et in ista contritione miser peccator forte recordans suae flammae et cupi-
ditatis vindictae vel ridere vel lacrimare potius potuit quam aliud cogitare exceptis
iis, qui vel legis fulmine tacti vel a diabolo spiritu tristitiae afflicti fuerant. His,
inquam, exceptis contritio ista fuit mera hypocrisis et peccati flammas non mortifi-
cavit, oportuit enim homines dolere, cum libentius peccassent, si liberum ipsis
fuisset.

19 Confessio sic instituebatur, ut homines juberentur omnia sua peccata enumerare
(quod factu impossibile erat), haec ingens carnificina fuit. Et si quis quorundam

---

4 gerechent a. R.   7 sein über d. Z.   9 denn a. R.   11/2 Hie bis etc. von Luther
nachträglich zugesetzt   12 sie über d. Z.   14 in eigenen Werken a. R.   18 oder
Rach a. R.

9 ohn > J   26 (welchs ... Ding ist) A D J Konk

47 erat] est Conc 1584

¹) Zu der scholastischen Theorie von contritio und attritio vgl. O. Scheel, Martin Luther
II ((1930) 288f. und RE XVII 714.   ²) bedeute   ³) dann für   ⁴) außer   ⁵) Vgl.
dazu Bernhard, Tractatus de gratia et libero arbitrio IV 10 (MSL CLXXXII 1002).
⁶) erdichteter   ⁷) getroffen   ⁸) Vgl. dazu unten 453, Anm. 1.

III. Teil. Falsche Buße der Papisten.

große Marter. Welche er aber vergessen hatte, wurden ihm sofern[1] vergeben, wenn sie ihm wurden einfallen, daß er sie noch mußt' beichten.

Damit kunnte er nimmer wissen, wenn er rein gnug gebeicht oder wenn des Beichtens* einmal ein Ende haben sollt', ward gleichwohl auf sein Werk geweiset und gesagt, je reiner er beicht und je mehr er sich schämet und [solch] sich selbs also fur dem Priester schändet[2], je ehe und besser er gnug tät fur die Sunde; denn solche Demut erwurbe gewißlich Gnade bei Gott[3].

    * d[e]as Beichten[s]

Hie war auch kein Glaube noch Christus, und die Kraft der Absolution ward ihm nicht gesagt, sondern auf Sunde-zählen[4] und Schämen stund sein Trost. Es ist aber [hie] nicht zurzählen, was Marter, Buberei und Abgotterei solch Beichten angericht hat.

Die Gnugtuung[5] ist noch[6] das allerweitläuftigst; denn kein Mensch kunnt wissen, wieviel er tun sollt' fur ein einige Sunde, schweige[7] denn fur alle. Hie funden sie nu [die] einen Rat, nämlich daß sie wenig Gnugtuns aufsetzten[8], die man wohl halten konnte als 5 Paternoster, ein Tag fasten etc. Mit der ubrigen Buße weiste man sie ins Fegfeur.

---

peccatorum oblitus esset, is eatenus absolvebatur, ut, si in memoriam illa recurrerent, ea postea confiteretur.

Nemo igitur scire potuit, num unquam sufficienter, pure et recte confessus esset et quando confessionis finis futurus esset. Et tamen nihilominus ducebantur homines ad propria sua opera et haec consolatio ipsis proponebatur, quo confessio esset purior, magis ingenua et aperta, pudore et ignominia coram sacerdote suffusa, eo satisfactionem pro peccato esse pleniorem et humilitate illa certo ac merito gratiam Dei impetrari.

Nulla hic fides, nullus Christus erat. Et virtus absolutionis non explicabatur confitenti, sed consolatio ejus in enumeratione peccatorum et pudore consistebat. Nemo autem recitare potest miserias, carnificinas, fraudes et idolatrias ex confessione ista natas.

Chrysostomus serm. de poenitent.[9] sic inquit: 'Non est necesse confiteri praesente teste tua peccata; solum recognosce ea in corde tuo. Hoc examen non requirit testes, sufficit, quod solus Deus te videat et audiat. Dic ergo Deo peccatum tuum, qui non irrogat poenam, sed peccatorum remissionem.' Homil. de S. Pligon.[10]: 'Ego fide jubeo, si te ex corde converteris ad Dominum et pollicitus fueris te ad pristina peccata amplius non reversurum, quod Deus nihil abs te requirit ad satisfactionem[11].'

Ceterum satisfactio longe perplexior est, nemo enim scire poterat, quantum faciendum esset pro uno tantum peccato, nedum pro omnibus. Hic arte utebantur et parum satisfactionum imponebant, quae etiam facile servari poterant, ut quinque orationes Dominicas, jejunium unius diei etc., cetera, quae in poenitentia desiderari dicebant, relegabant ad purgatorium.

---

1 große *a. R.*   5 des *in das corr.*   9 gewißlich *a. R.*   12 zur- *über d. Z.*   16 sie *über d. Z.*   16/7 nämlich *über d. Z.*   18 etc. *über d. Z.*

6 seine Werk(e) J Konk   gesagt] so getröstet D Konk   8 er fur die Sunde genug tät Sp

29 pudore] pudefactione Conc 1584   32/8 Chrysostomus *bis* satisfactionem > Conc 1584

---

[1]) unter der Bedingung   [2]) erniedrigt   [3]) Vgl. z. B. Abälard, Ethica seu scito teipsum cap. 24 (MSL CLXXVIII 668) und Epitome theologiae christianae cap. 36 (MSL CLXXVIII 1756).   [4]) aufzählen   [5]) Vgl. oben 255 f., WA I 65—69, 98, *233, *243 f., 324, 383—386, VI *548 f., 610, 624 f., LI *487 f.   [6]) erst recht   [7]) geschweige   [8]) auferlegten   [9]) De poenitentia homil. 2 (MSG XLIX 285—287); vgl. dazu oben 99 f.   [10]) De beato Philogonio homil. 6 (MSG XLVIII 754)   [11]) Diesen 1580 eigenmächtig eingefügten Absatz tilgte Selneccer 1584.

Hie war nu auch eitel Jammer und Not. Etliche meineten, sie
wurden nimmer aus dem Fegfeur kommen, dieweil nach den
alten Kanonen¹ sieben Jahr Buße auf eine Todsunde gehöret.
Noch² stund die Zuversicht auch auf unserm Werk der Gnugtuung,
und, wo [sie] die Gnugtuung hätte[n] mugen vollkommen sein, so
hätte die Zuversicht gar³ drauf gestanden und wäre weder Glaube
noch Christus nutz gewest, aber sie war unmuglich. [Also das ist die
falsche Buße] Wenn nu einer hundert Jahr also gebußet hätte,
so hätte er doch nicht gewußt, wenn er ausgebußet hätte. Das hieß
immerdar gebußt und nimmermehr zur Buße kommen.

Hie kam nu der heilige Stuel zu Rom der armen Kirchen zu
Hulfe und erfand ' das Ablaß⁴, damit vergab er [auch] und hub
auf die Gnugtuung, erstlich einzelen sieben Jahr, hundert Jahr etc.
und teilet es unter die Kardinal und Bischof, daß einer kunnt
hundert Jahr, einer hundert Tage Ablaß geben, aber die ganze
Gnugtuung aufzuheben behielt er ihm allein zuvor⁵.

Da nu solchs begunst⁶, Geld zu tragen⁷, und der Bullenmarkt
gut ward, erdacht er das Guldenjahr⁸ und legt's gen Rom, das

22 Hic quoque magna calamitas oriebatur. Quidam enim metuebant se in aeternum
ex purgatorio non liberari posse, cum secundum veteres canones pro uno peccato
23 mortali poenitentia septennis seu septem annorum constituta esset. Et tamen fiducia semper collocata erat in nostro opere satisfactionis ac, si satisfactio potuisset
esse perfecta, tota fiducia in eam conjecta fuisset nec opus fuisset Christo et fide.
At impossibilis illa erat. Et si quis centum annos poenitentiam ista ratione exercuisset, nondum certus tamen de sufficientia, perfectione et fine poenitentiae suae
fuisset. Hoc scilicet erat perpetuo poenitere et nunquam ad poenitentiam pervenire.
24 Hac de causa sedes ista Romana sancta miserae ecclesiae subveniebat et indulgentias effingebat, quibus remittebatur et abolebatur expiatio seu satisfactio, primum
particulatim ad annos septem, centum etc. et eas distribuebat inter cardinales et
episcopos, ita ut quidam ad annos centum, quidam ad dies centum indulgentiam
conferrent. Totam autem satisfactionem relaxandi potestatem sibi reservabat.
25 Hac ratione cum accresceret pecunia et nundinatio bullarum esset fructuosa, excogitavit annum aureum, jubilaeum, vere auriferum (Jubeljahr, Güldenjahr), quem

6/7 und *bis* gewest *a. R.*   8 also *a. R.*   9 gewußt *über d. Z.*   9/10 Das *bis* kommen *nachträglich von Luther zugefügt*   12/3 und hub auf *a. R.*   13 etc. *über d. Z.*

1 auch + ein D J Konk   12/3 vergab und hub er auf A D J Konk   14 es + aus Konk   15 einer] der ander Sp

24 quis] qui Conc 1584

¹) Es handelt sich um die 47 canones poenitentiales, die einen Auszug aus dem Decretum Gratiani und den Dekretalen Gregors IX. darstellen und in der Fassung, die ihnen der Minorit Astesanus († 1330) in seiner Summa de casibus (lib. V tit. 32) gab, eine sehr starke Verbreitung fanden. Solche Bestimmungen, wie sie Luther erwähnt, enthält z. B. can. 3, 4, 7—10, 14, 22, 23, 23, 26, 28, 30, 42. Vgl. F. W. H. Wasserschleben, Die Bußordnungen der abendländischen Kirche (1851) 96, H. J. Schmitz, Die Bußbücher und die Bußdisziplin der Kirche (1883) 794—808; vgl. auch WABr V 478 Anm. 7, WA I 65 und *245. Auch das Nicänum bestimmte (can. 12), daß gefallene Christen 7 Jahre büßen sollten; vgl. Rufinus, Historia ecclesiastica I, cap. 6 (MSL XXI 474) und WA L 531 ₁₉ f.
²) Dennoch ³) ganz ⁴) Vgl. oben 423 Anm. 4 sowie RE IX 76—94 und XXIII 685. ⁵) Zunächst handelte es sich bei dem Ablaß um den Nachlaß kirchlicher Bußstrafen, sodann überhaupt der zeitlichen Strafen. Den Plenarablaß (Erlaß des gesamten Bußwerkes) erteilte erstmalig der Papst Urban II. 1095 den Kreuzfahrern. ⁶) begann ⁷) einzubringen ⁸) Bonifaz VIII. stiftete im Jahre 1300 das Jubeljahr (annus jubilaeus) zu Rom (vgl. RE IX 546—549) durch die Bulle: „Antiquorum habet fida" („Omnibus in praesenti anno ... et in quolibet anno

III. Teil. Falsche Buße der Papisten. 443

hieß Vergebung [von] aller Pein und Schuld¹. Da liefen die Leute
zu²; denn es [ward] wäre idermann gern der schweren, unträglichen
Last [frei] los gewest. Das hieß: die Schätze der Erden finden und
erheben³. Flugs eilet weiter der Bapst und macht viel Guldenjahr⁴
5 aufeinander. Aber je mehr er Geld verschlang, je weiter ihm der
Schlund ward. Darumb schickt er's [zuletzt] darnach durch Le=
gaten heraus in die Länder⁵, bis alle Kirchen und Häuser voll
Guldenjahr wurden. Zuletzt rumpelt⁶ er auch ins Fegfeur unter
die Toten, erstlich mit Messen= und Vigilienstiften⁷, [zuletzt und]
10 darnach mit dem Ablaß⁸ [mit Bullen] und dem Guldenjahr⁹,
und wurden endlich die Seelen so wohlfeil, daß er eine umb ein
Schwertgroschen¹⁰ losgab¹¹.

Romae celebrari voluit. Hunc appellabat remissionem omnis culpae et poenae.
Accurrebant igitur plurimi, quia ab onere molestissimo liberari unusquisque cupie-
15 bat. Hoc erat effodere et conquirere thesauros terrae. Mox papa annos aureos
multiplicabat et alium supra alium accumulabat et, quo plus auri devorabat, eo
plus fauces ipsius appetebant, ideoque per legatos suos mittebat annos istos passim
in provincias, quoad omnia templa et domus annis aureis opplerentur. Tandem 26
irruebat etiam in purgatorium ad defunctos, primum missarum et vigiliarum funda-
20 tione, deinde indulgentiis et anno aureo et animas tam vili pretio aestimabat, ut
unam pro sex nummis liberam pronuntians dimitteret.

2 wäre *über d. Z.*   gern *über d. Z.*   unträglichen *über d. Z.*   3 los gewest *über d. Z.*
6 darnach *a. R.*   10 mit dem Ablaß *steht ursprünglich hinter* Toten *(Zl. 9) und ist durch
eine Klammer hinter* darnach *gestellt*

1 hieß er Konf   3 gewest] gemacht Konf   4 eilet der Bapst weiter A D J Konf
9 und > Sp

centesimo secuturo ad basilicas ipsas accedentibus reverenter, vere poenitentibus et
confessis, ... non solum plenam et largiorem, immo plenissimam omnium suorum
concedemus et concedimus veniam peccatorum"; Extravag. commun. V, 9 c. 1.;
W. Köhler, Dokumente zum Ablaßstreit von 1517 (1934), S. 18 f.). Schon im
14. Jahrhundert wird das Jubeljahr als „Goldenes Jahr" bezeichnet; vgl. Werminghoff,
Verfassungsgeschichte, 199 Anm. 8. Vgl. dazu WA VI 437, XVIII 255—269, XXX II 253,
*283, L 75f., LIV 268, WADB XI² 86; vgl. auch Luthers Vorrede und Randglossen zu den
beiden Jubeljahrsglossen von Clemens VII. (1525), WA XVIII 255—269.
¹) Der Ausdruck „remissio poenae et culpae" ist seit der Mitte des 13. Jahrhunderts bezeugt
(vgl. RE IX 83 ff.), verschwindet aber seit dem Konstanzer Konzil aus amtlichen Aktenstücken der
Kurie (vgl. Th. Brieger, Das Wesen des Ablasses am Ausgange des Mittelalters [1897] 51).
²) Vgl. K. Benrath, An den christlichen Adel deutscher Nation von des christlichen Standes
Besserung von D. Martin Luther (1884), 101 Anm. 59.   ³) Auf Grund der Daniel=
stelle cap. 11, 43 war im Mittelalter der „gemeine Spruch unter den Christen" entstanden,
daß der Teufel dem Antichrist die in der Erde verborgenen Schätze zeigen würde, um damit
die Menschen zu verführen; vgl. Preuß, Die Vorstellungen vom Antichrist, 20. Luther
bezieht öfters diese Überlieferung auf die Geldgeschäfte der Päpste; WA VI *289, *416,
L 80₁₇f., WADB XI² 100₁₀f.   ⁴) Die Jubeljahre fanden statt 1300, 1350, 1390, 1423, 1450,
1475, 1500, 1525.   ⁵) In Deutschland verkündigte z. B. Nikolaus von Cusa als päpstlicher
Legat den Jubelablaß von 1450 sowie Giannangelo Arcimboldi und Erzbischof Albrecht von
Mainz den Ablaß von 1514 (1506), der die Kraft des Jubelablasses haben sollte; auch den
Ablaß von 1500 konnte man außerhalb Roms erlangen.   ⁶) drängte sich ein   ⁷) Vgl.
oben 420₁.   ⁸) Der vermutlich erste päpstliche Ablaß für Verstorbene stammt von
Papst Sixtus IV. (1476). Vgl. RE IX 92 und Köhler, Dokumente, 37—39.   ⁹) Seit 1500
wurde der Ablaß für die Verstorbenen mit dem Jubelablaß verbunden („Nec non volumus
aliquas eleemosynas pro animabus defunctorum elargiri"; Köhler, Dokumente, 25).
¹⁰) Der halbe Schwertgroschen ist eine kleine kursächsische Münze, die auf dem Avers die
sächsischen Kurschwerter zeigt; über ihren Wert (= 6 Pfennige) vgl. Neues Archiv für säch=
sische Geschichte und Altertumskunde XXXVIII (1917) 366 f.   ¹¹) Luther spielt hier wohl

[Da sehen wir, wie die falsche Buße mit eitel Heuchlei ist angefangen und mit solcher großer Buberei und Schalkeit ist ausgangen.] Noch half das auch alles nicht; denn der Bapst, wiewohl er die Leute auf solch Ablaß lehret sich verlassen und vertrauen, so macht er's doch selbs wiederumb auch ungewiß; denn er setzt in seine Bullen: „Wer des Ablaß oder Guldenjahrs wollt' teilhaftig sein, der sollt' bereuet und gebeicht sein[1] und Geld geben."[2] Nu haben wir droben gehoret[3], daß solche Reu und Beicht bei ihnen ungewiß und Heuchlei ist. Desgleichen wußte auch niemand, welche Seele im Fegfeuer wäre. Und [welche] so etliche drinnen wären, wußte niemand, welche recht gereuet und gebeicht hätte. Also nahm er das Geld und vertröstet sie auf [das] sein Gewalt[4] und Ablaß und weiset sie doch wiederumb auf ihr ungewiß Werk. [Das heißt der Welt recht gelohnet fur ihr Undankbarkeit gegen Gott.]

Wo nu etliche waren, die nicht solcher wirklicher Sunden[5] mit Gedanken, Worten und Werken sich schuldig [wußten] dauchten, wie ich und meinsgleichen in Klöstern und Stiften[6] Munch und

27 Neque tamen hoc quoque sufficiebat. Papa enim etsi jubebat homines indulgentiis istis tuto fidere ad salutem, tamen ipse rem universam denuo incertam in dubium vocabat. Nam in bullis suis scribit eum, qui indulgentiarum seu jubilaei anni particeps fieri velit, oportere contritum et confessum esse ac pecuniam numerare. Audivimus autem supra contritionem et confessionem illorum esse incertam et hypocriticam. Nemo etiam sciebat, quae anima in purgatorio esset ac, si quae in eo esse dicebantur, nemo sciebat, quae recte et contritae et confessae fuissent. Sic papa sanctum denarium corradebat et interea ducebat homines ad fiduciam potestatis et indulgentiarum suarum et rursum inde abducebat ac remittebat ad incerta ipsorum opera et merita.

28 Cumque nonnulli essent, qui se actualium peccatorum istorum vel cogitationibus vel verbis vel factis commissorum non agnoscebant reos, quemadmodum ego et mei similes in monasteriis et fundationibus seu sacerdotum sodalitiis seu collegiis

---

7 und (2.) corr. aus umb   9/12 Desgleichen bis hätte a. R.   10 so etliche über d. Z.
12 auf über d. Z.   12/3 sein Gewalt und a. R.   doch und-umb über d. Z.   17 dauchten a. R.

3 Nu half das alles auch nicht Sp   12 hätten Konk   das + liebe A D J Konk
sie + dieweil A D J Konk

auf den von den Ablaßverkäufern gebrauchten Vers an: „Sobald das Geld im Kasten klingt, die Seele aus dem Fegfeuer in den Himmel springt"; vgl. dazu WA I *234$_{29}$f., *584$_{21}$f., XXXII *284$_{21}$f., L 35$_{13}$f., LI 539$_{23-25}$, WABr I 111$_{21}$f., ARG II (1904) 78 Anm. 3, RE IX 93$_{4-7}$, N. Paulus, Joh. Tetzel (1899), 138 ff.
[1]) „Omnibus vere poenitentibus et confessis" ist von der Mitte des 13. Jahrhunderts ab die, wenn auch keineswegs bei allen, so doch bei den meisten Ablaßbewilligungen ausdrücklich aufgeführte Bedingung des Empfanges, RE IX 82.   [2]) Vgl. z. B. das Ablaßplakat von 1517 (bei J. Köstlin, Luthers Leben [2. Aufl. 1883], 92 faksimiliert): „Primo ipse Nuncius et Commissarius et ejus subdelegati et deputati possunt concedere tempore ab ipsis constituto, quod vere poenitentes et confessi undecunque venientes, ecclesias ab ipsis deputandas visitantes et in capsis ad hoc deputandis offerentes juxta ipsius Commissarii et subdelegandorum arbitrium plenissimam omnium peccatorum suorum remissionem consequantur." — Bonifaz VIII. hatte 1300 bestimmt (Köhler, Dokumente, 19), daß im Jubeljahr die Römer an wenigstens 30 Tagen und die dazu nach Rom wallfahrenden Pilger an mindestens 15 Tagen die Peterskirche besuchen sollten. Alexander VI. setzte 1500 fest (Köhler, Dokumente, 24 f.), daß die Römer die Zeit bis auf 7 Tage, die fremden Pilger bis auf 5 Tage unter der Bedingung abkürzen könnten, „ut videlicet peregrini et forenses quartam, Romani vero et in dicta urbe commorantes et residentes octavam partem ejus, quod pro eorum victu diebus, qui eis abbreviabantur, exponerent, in capsa poenitentiariorum praedictorum pro eorum eleemosyna ponant."
[3]) Vgl. oben 439$_{17}$ ff. und 441$_4$ ff.   [4]) „de plenitudine potestatis', (Köhler, Dokumente, 37$_{27}$).   [5]) Tatsünden   [6]) Vgl. oben 426 Anm. 4.

Pfaffen sein wollten, die wir mit Fasten, Wachen, Beten, Meß‑
halten, [Studiern] harten Kleidern und Lager etc. uns wehreten
wider bose Gedanken und mit Ernst und Gewalt[en] wollten heilig'
sein, und doch das erblich angeborn Ubel etwa im Schlaf tät (wie
5 auch S. Augustinus und Hierony. mit andern bekennen¹), was
sein Art ist, so hielt doch ein iglicher vom an'dern, daß etliche so
heilig wären, wie wir lehreten, die ohn Sunde voll guter Werk
wären, also daß wir darauf unser gute Werk andern als uns uber‑
flussig² zum Himmel mitteileten und verkäuften, das ist ja³ wahr,
10 und sind Siegel, Briefe und Exempel vorhanden.
  Diese durften der Buße nicht; denn was wollten sie bereuen?,
weil⁴ sie in bose Gedanken nicht bewilligten⁵. Was wollten sie
beichten?, weil sie bose Wort vermieden. Wafur wollten sie gnug‑
tun?, weil sie der Tat unschuldig waren, also daß sie auch andern
15 armen Sundern ihr ubrige² Gerechtigkeit verkäufen kunnten.
Solche Heiligen waren auch die Pharisäer und Schriftgelehrten
zur Zeit Christi.
  Hie kommpt der feurige Engel S. Johannes⁶, der rechten Buße
Prediger, und schlägt mit einem Donner [unter] alle beide in einen
20 Haufen⁷, spricht: „Tut Buße."⁸ So denken jene: „Haben wir doch
gebußt"; diese denken: „Wir durfen keiner Buße". Spricht Jo‑
hannes: „Tut alle beide Buße; denn Ihr seid falsche Bußer,
so⁹ sind diese falschen Heiligen, und durft alle beide Vergebung der
Sunden, weil Ihr alle beide noch nicht wisset, was die rechte

25 monachi et flamines jejuniis, vigiliis, orationibus, missarum celebrationibus, duris
lectisterniis et vestibus etc. resistere conabamur malis cogitationibus et violenter
sancti esse volebamus et licet innatum malum saepe etiam inter dormiendum (sicut
Augustinus et Hieronymus quoque conqueruntur) naturam suam exsereret, tamen
nos mutuo sanctos esse aestimabamus, sicut docebamus, sine peccato et plenos
30 operum bonorum usque adeo, ut bona opera nostra etiam aliis quasi superflua in
nobis communicaremus et venderemus, id quod ita factum esse testantur sigilla,
literae, exempla, quae exstant.
  Cum igitur, inquam, tales essent, hi poenitentia non indigebant. Quae enim con‑
tritio poterat esse in iis, qui malis cogitationibus non assentirentur? Quae confessio
35 de verbis non prolatis? Quae satisfactio pro non factis seu pro innocentia, qua aliis
miseris peccatoribus superabundans justitia vendi poterat? Tales hypocritae et
sancti erant tempore Christi etiam Pharisaei et scribae.
  Hic exsurgit angelus ille igneus B. Johannis, praeco verus verae poenitentiae,
et tonitru ac fulmine uno ferit ambos (vendentes et ementes opera) inquiens;
40 'Agite poenitentiam!' 'Attamen egimus poenitentiam', ajunt miseri illi. Ceteri vero
dicunt: 'Non indigemus poenitentia.' Johannes autem inquit: 'Ambo agite poeniten‑
tiam, quia falsi estis poenitentiarii et ceteri sunt falsi sancti seu hypocritae et
ambo indigetis remissione peccatorum, cum nondum sciatis, quid sit vere peccatum,

---

1/2 Meßhalten *a. R.*   2 harten *bis* Lager *a. R.*   5/6 was *bis* ist *a. R.*   17 zur
Zeit Christi *von Luther nachträglich zugefügt*   19/20 in einen Haufen *a. R.*

13 bose > A D Konk (böse *in* J *aus* Sp *eingesetzt*)   18/19 der rechte Buße Prediger D
der rechte Bußprediger J Konk   24 noch alle beide Sp

28 Hieronymus + et alii Conc 1584   31 nobis + ad salutem consequendam Conc
1584   38 Johannes Conc 1584

---

¹) Augustin, Conf. II 2, X 30 (MSL XXXII 675—677, 796 f.; CSEL XXXIII 29—32, 257 f.),
Hieronymus, Epist. ad Eustochium 22,7 (MSL XXII 398). Vgl. auch WA X¹,² 233₁₅₋₁₈,
XIII 662₅₋₇, XXIV 448₅ f., XL II 86₁₂—87₃, XLVI 781₈₋₂₅, XLVII 326₁₆₋₁₉, TR III
Nr. 3777 und I Nr. 121.   ²) Vgl. oben 424 Anm. 2.   ³) gewißlich   ⁴) wo sie doch
⁵) einwilligten   ⁶) Matth. 11,10.   ⁷) vernichtet   ⁸) Matth. 3,2.   ⁹) andrerseits

Sunde sei, schweige[1], daß Ihr sie bußen oder meiden solltet. Es ist
Eur keiner gut, seid voller Unglaubens, Unverstands und Un=
wissenheit Gottes und seines Willens; [denn] denn da ist er vor=
handen, von des Fulle wir alle mussen nehmen Gnade umb Gnade[2],
und kein Mensch ohn ihn fur Gott kann gerecht sein. Drumb wollt
Ihr bußen, so bußet recht. Eur Buße tut's nicht. Und Ihr Heuch=
ler, die Ihr keiner Buße bedurft, Ihr Schlangenziefer[3], wer hat
Euch versichert[4], daß Ihr dem kunftigen Zorn entrinnen werdet
etc.?"

Also predigt auch S. Paulus Ro. 3.[5] und spricht: „Es ist keiner
verständig, keiner gerecht, keiner achtet Gottes, keiner tut Guts,
auch nicht einer, allzumal sind sie untuchtig und abtrunnig." Und
Act. 17.[6]: „Nu aber gebeut Gott allen Menschen, an allen Enden
Buße zu tun." „Allen Menschen" (spricht er), niemand ausgenom=
men, der ein Mensch ist. Diese Buße lehret uns, die Sunde erken=
nen, nämlich daß[7] mit uns alle[s]n verlorn [ist][8], Haut und
Haar nicht gut ist[9] und mussen schlechts[10] neu und ander Menschen
werden.

[11]Diese Buße ist nicht stucklich[12] und bettelisch[13] wie jene, so die
wirklichen Sunde bußet, und ist auch nicht ungewiß wie jene;
denn sie disputiert nicht, welchs Sunde oder nicht Sunde [ist]
sei, sondern stoßt alles in Haufen[14], spricht, es sei alles und[15] eitel
Sunde mit uns. Was wollen wir lange suchen, teilen oder unter=
scheiden? Darumb so ist auch hie die Reu nicht ungewiß; denn es

---

nedum, ut de eo poenitere et fugere illud possitis. Nullus vestrum bonus est, pleni
estis incredulitate, ruditate et ignorantia Dei et voluntatis Dei. Praesens enim hic
coram adest, de cujus plenitudine nos omnes accipere oportet gratiam pro gratia,
et nemo hominum sine ipso coram Deo justus esse potest. Et, vos hypocritae, qui
non egetis poenitentia, vos genimina viperarum, quis vobis praemonstravit, ut
fugeretis a ventura ira?' etc.

33 Eodem modo etiam Paulus Roman. 3. concionatur: 'Non est justus quisquam,
non est intelligens, non est requirens Deum, non est, qui faciat bonum, ne unus
34 quidem, omnes declinaverunt et inutiles facti sunt.' Et Actor. 17: 'Nunc Deus an=
nuntiat hominibus, ut omnes ubique poenitentiam agant.' 'Omnes', dicit, nemine
35 excepto, qui modo homo est. Haec poenitentia docet nos agnoscere peccatum,
videlicet de nobis omnibus plane actum esse et intus et in cute[16] nihil boni in nobis
esse et simpliciter fieri nos alios et novos homines oportere.
36 Haec poenitentia non est partialis et mutilata, qualis est ista actualium pecca=
torum, nec etiam est incerta, qualis ista est. Non enim disputat, utrum sit pec=
catum vel non peccatum, sed totum prosternit et affirmat universum et merum esse
peccatum quoad nos et nihil esse in nobis, quod non sit peccatum sive reum.
Quid enim diu quaerere, partiri et distinguere volumus? Quamobrem etiam con=

---

1 schweige *bis* solltet *a. R.*   2 seid *über d. Z.*   voller *corr. aus* volles   11 keiner achtet Gottes *a. R.*   22 sei *über d. Z.*

---

1 Es < Sp   23 oder] und Konk

---

28 potest. + Quare si poenitentiam agere volueritis, recte illam agite; vestra
poenitentia nulla est. Conc 1584   29 vobis praemonstravit] vos certos reddidit
Conc 1584

---

[1]) geschweige   [2]) Joh. 1,16.   [3]) Matth. 3,7; Schlangenungeziefer, Otterngezücht
[4]) dafür Sicherheit gegeben   [5]) Röm. 3,10—12.   [6]) Apg. 17,30.   [7]) daß es
[8]) wir zu nichts nütze sind   [9]) an uns nichts Gutes ist   [10]) schlechterdings   [11]) Vgl.
zu den folgenden Ausführungen WA XXXIV 1 301—310.   [12]) unvollkommen   [13]) kümmer=
lich   [14]) macht keinen Unterschied   [15]) Wohl als Schreibfehler Luthers zu tilgen; vgl.
unten 447 5.   [16]) in= und auswendig; sprichwörtliche Redensart; vgl. Persius III 30.

bleibt nichts da, damit wir mochten was Guts gedenken[1], die
Sunde zu bezahlen, sondern ein bloß, gewiß Verzagen an allem,
das wir sind, gedenken[2], reden oder tun etc.

Desgleichen kann die Beicht auch nicht falsch, ungewiß oder
5 stucklich sein; denn wer bekennet, daß alles eitel Sunde mit ihm
sei, der begreift[3] alle Sunde, läßt keine außen und vergisset auch
keine. Also kann die Gnugtuung auch nicht ungewiß sein; denn
sie ist nicht unser ungewisse, sundliche Werk, sondern das Leiden
und Blut des unschuldigen „Lämmlin Gottes, das der Welt Sunde
10 trägt."[4]

Von dieser Buße predigt Johannes und hernach Christus [auch]
im Evangelio, und wir auch. Mit dieser Buße stoßen wir Bapst
und alles, was auf unser guten Werk gebauet ist, zu Boden; denn
es ist alles auf einen faulen, nichtigen Grund gebauet, welcher
15 heißt gute Werk oder Gesetz, so doch kein gut Werk da ist, sondern
eitel bose Werk und niemand das Gesetz tut (wie Christus Joh. 7.[5]
sagt), sondern allzumal ubertreten. Darumb ist das Gebäu[6]
eitel falsche Lugen und Heuchelei, wo es am allerheiligesten und
allerschonesten.

20 Und diese Buße währet bei den Christen bis in den Tod; denn
sie beißt sich mit der ubrigen[7] Sunde im Fleisch durchs ganze
Leben, wie S. Paulus Ro. 7.[8] zeuget, daß er kämpfe mit dem
Gesetz seiner Glieder etc., und das nicht durch eigen Kräfte, sondern
durch die Gabe des heiligen Geists, welche folget auf die Vergebung
25 der Sunden. Dieselbige Gabe reiniget und feget täglich die ubrige
Sunden aus und erbeitet, den Menschen recht rein und heilig zu
machen[9].

---

tritio hic non est dubia aut incerta. Nihil enim remanet, quo aliquid boni cogitare
possimus ad expiandum peccatum, sed abjicienda nobis est omnis spes de omnibus,
30 quidquid sumus, quidquid cogitamus, loquimur et facimus etc.

Similiter confessio quoque non potest esse falsa, incerta, manca aut mutila. Qui 37
enim confitetur totum in se esse merum peccatum, is comprehendit omnia peccata,
nullum excludit, nullius obliviscitur. Sic et satisfactio non potest esse incerta, quia 38
non est nostrum incertum et peccato contaminatum opus, sed est passio et sanguis
35 immaculati et innocentis agni Dei, qui tollit peccata mundi.

De hac poenitentia concionatur Johannes, deinde Christus in evangelio et nos 39
etiam. Et hac poenitentiae concione destruimus papam et omnia, quae nituntur
nostris bonis operibus. Omnia enim fundamento putri et vano insistunt, quod appellatur bonum opus sive lex, cum tamen nullum bonum opus adsit, sed tantum mala
40 opera et nemo faciat legem (ut Christus Johan. 7. testatur), sed omnes eam
transgrediantur. Quare aedificium, quod superstruitur, tantummodo mendacium et
hypocrisis est, etiam qua in parte sanctissimum et formosissimum est.

Haec poenitentia christianis est perpetua durans usque ad mortem, quia lucta- 40
tur cum peccato residuo in carne per totam vitam, sicut Paulus Rom. 7. ostendit
45 se belligerari cum lege membrorum suorum etc. idque non propriis viribus, sed
dono spiritus sancti, quod remissionem peccatorum sequitur et quotidie reliquias
peccati purgat et expellit et in eo est, ut hominem purificet, rectificet, sanctificet.

---

5 mit ihm *a. R.*   8 ungewisse, sundliche *a. R.*   14 nichtigen *a. R.*   25 ubrige *a. R.*

1 was] etwas Konk   3 etc. > Sp   5 alles > Sp   alles mit ihm eitel Sunde
A D J Konk   6 und > Sp   7 auch die Genugtuung Sp   18 falsche > Konk   19 aller=
schonesten + ist A D J Konk

43 poenitentia + in Conc 1584   est perpetua durans] durat Conc 1584

---

[1]) erfinden   [2]) denken   [3]) faßt zusammen   [4]) Joh. 1,29; zur „satisfactio
Christi" vgl. WA XXXIV¹ 301,13 ff. und 23 ff.   [5]) Joh. 7,19.   [6]) Gebäude   [7]) streitet
mit der übrig gebliebenen   [8]) Röm. 7,23 und 8,2.   [9]) Vgl. unten 886,30—40.

Hievon weiß Bapst, Theologen, Juristen noch kein Mensch nichts, sondern ist eine Lehre vom Himmel, durchs Evangelion offenbart, und muß Ketzerei heißen bei den gottlosen Heiligen.

Wiederumb ob etliche Rottengeister kommen würden, wie vielleicht etliche bereit da fürhanden sind und zur Zeit der Aufruhr¹ mir selbs fur Augen kamen, die da halten, daß alle die, so einmal den Geist oder Vergebung der Sunden empfangen hätten oder gläubig worden wären, wenn dieselbigen hernach sundige'ten, so blieben sie gleichwohl im Glauben und schadet ihnen solche Sunde nicht² und schreien also: „Tu, was du willt, gläubst du, so ist's alles nichts, der Glaube vertilget alle Sunde" etc., sagen dazu, wo jemand nach dem Glauben und Geist sundiget, so habe er den Geist und Glauben nie recht gehabt. Solcher unsinnigen Menschen hab ich viel fur mir gehabt und sorge, daß noch in etlichen solcher Teufel stecke.

Darümb so ist vonnöten, zu wissen und zu lehren, daß, wo die heiligen Leute über das, so sie die Erbsunde noch haben und fühlen, dawider auch täglich büßen und streiten, etwa in offentliche Sunde fallen als David in Ehebruch, Mord und Gottslästerung⁴, daß alsdenn der Glaube und Geist weg ist gewest; denn der heilige Geist läßt die Sunde nicht walten und überhand gewinnen, daß sie vollnbracht werde, sondern steuret und wehret, daß sie nicht muß tun, was sie will. Tut sie aber, was sie will, so ist der heilige Geist und Glaube nicht dabei; denn es heißt, wie S. Johanns⁵ sagt: „Wer aus Gott geborn ist,

41 De tantis rebus papa, theologi, juristae aliique homines ex ratione sua nihil norunt, sed haec doctrina est e coelo per evangelium patefacta et ab impiis sanctis seu hypocritis pro haeresi proclamatur.

42 Ceterum, si sectarii quidam orirentur, quorum nonnulli jam forsan adsunt et tempore seditionis rusticanae mihi ipsi obtingebant sentientes omnes eos, qui semel spiritum aut remissionem peccatorum accepissent et credentes facti essent, si deinde peccarent, manere tamen in fide et peccatum ipsis nihil obesse. Hinc voces ipsorum: Fac, quidquid lubet, modo credas, nihil tibi nocet, fides omnia peccata delet etc. Addunt praeterea, si quis post fidem et spiritum acceptum peccet, eum nunquam spiritum et fidem vere habuisse. Et tam insanos homines vidi et audivi multos et vereor, ne adhuc in nonnullis daemon iste latitans habitet.

43 Si igitur, inquam, tales in posterum etiam orirentur, sciendum et docendum est, quod si sancti, qui originale peccatum et adhuc habere se sentiunt et quotidie de eo poenitent et cum eo luctantur, insuper ruant in manifesta peccata ut David in adulterium, homicidium et blasphemiam, eos excutere fidem et spiritum sanctum

44 et abesse tum ab ipsis fidem et spiritum sanctum. Spiritus enim sanctus non sinit peccatum dominari, invalescere et victoriam obtinere ac consummari, sed reprimit et coërcet, ne facere possit, quod vult. Si vero facit, quod vult, certe spiritus

45 sanctus et fides amittuntur nec simul adsunt. Sic enim inquit Johannes: 'Qui ex

---

4—S. 449, 4 > O Sp *und in allen H ss.; auf den nachträglichen Einschub ist in O durch ein Zeichen a. R. aufmerksam gemacht.*

11 schrieen J Konk   24 ist weg J Konk

35 obtingebant] in conspectum veniebant Conc 1584   36 si] etsi Conc 1584   43 et (*1.*) > Conc 1584

---

¹) Bauernkrieg 1525; vgl. auch WA XXXII 107₁₈ und Anm. 3   ²) Vgl. oben 67.
³) abgesehen davon, daß   ⁴) 2. Sam. 11.   ⁵) 1. Joh. 3,9 und 5,18.

III. Teil. Falsche Buße der Papisten. Evangelium. Taufe.

der sundigt nicht und kann nicht sundigen." Und
ist doch auch die Wahrheit (wie derselbige S. Johannes
schreibt[1]): „So wir sagen, daß wir nicht Sunde haben,
so liegen wir, und Gottes Wahrheit ist nicht in uns."

Vom Evangelio[2].

Wir wollen nu wieder zum Evangelio kommen, welchs gibt
nicht einerleiweise[3] Rat und Hulf wider die Sunde; denn Gott
ist* reich in seiner Gnade: erstlich durchs mundlich Wort, darin ge-   * uberschwenglich
predigt wird Vergebung der Sunde in alle Welt, welchs ist das
eigentliche Ampt des Evangelii, zum andern[4] durch die Taufe,
zum dritten durchs heilig Sakrament des Altars, zum vierden
durch die Kraft der Schlussel[5] und auch per mutuum colloquium
et consolationem fratrum[6], Matth. 18.: „Ubi duo fuerint congregati" etc.[7]

Von der Taufe[8]

Die Taufe ist nicht[9] anders denn Gottes Wort im Wasser, durch
seine Einsetzung befohlen, oder, wie Paulus sagt, „lavacrum in
verbo"[10], wie auch Augustinus sagt: „Accedat verbum ad elemen-

Deo natus est, non peccat et peccare non potest.' Et tamen etiam hoc verum est,
quod idem Johannes dicit: 'Si dicimus nos peccatum non habere, mentimur et
veritas Dei non est in nobis.'

IV. De evangelio.

Nunc ad evangelium redibimus, quod non uno modo consulit et auxiliatur nobis
contra peccatum. Deus enim superabundanter dives et liberalis est gratia et bonitate sua. Primum per verbum vocale, quo jubet praedicari remissionem peccatorum
in universo mundo. Et hoc est proprium officium evangelii. Secundo per baptismum.
Tertio per venerandum sacramentum altaris. Quarto per potestatem clavium atque
etiam per mutuum colloquium et consolationem fratrum, Matthaei 18.: 'Ubi duo
aut tres fuerint congregati' etc.

V. De baptismo.

Baptismus nihil est aliud quam verbum Dei cum mersione in aquam secundum
ipsius institutionem et mandatum sive, ut Paulus inquit: 'Lavacrum in verbo',
sicut et Augustinus ait: 'Accedat verbum ad elementum et fit sacramentum.' Quare

---

*5 Hier setzt die erste Schreiberhand ein (bis S. 457, 5).   8 uberschwenglich über d. Z.
von Luthers Hand   16/7 durch bis befohlen a. R.*

*9 aller J Konk   13/4 Matth. bis etc.] Wie Christus selbs sagt Matthäi am achtzehen-
den: „Wo zwen oder drei versammlet sind in meinem Namen, do bin ich mitten unter
ihnen." Sp   16 nichts Sp   17 sagt + zun Ephesern: „Das Wasserbad im Wort", Sp J*

[1] 1. Joh. 1,8.   [2] Vgl. unten 790—795 und 951—969, WA I 105, *236₂₂ f.,
*616f., VII 720f., XI,1 668—672, XI,2 158 ff., XII 260, XV 228, XVIII 65, XXVI *506,
XXXIII 88, 164f. sowie WADB VI 2—10.   Cochläus bemerkt Bl. J 1 b zu Luthers
Ausführungen: „Er läßt aber außen den Anfang, Mittel und Ende des rechten Evangelii,
welchs alles uns lehret Buß wirken." Wicel Bl. J 2 a schreibt: „So muß gepredigt werden
nicht allein Vergebung der Sünden, sondern auch Buße in Christi Namen."   [3] nicht nur auf
eine Weise   [4] Diese Punkte bilden den Inhalt der folgenden Abschnitte.   [5] Vgl.
unten 452 Anm. 7.   [6] „durch wechselseitige Unterhaltung und Tröstung der Brüder";
vgl. dazu J. Köstlin, Luthers Theologie II (2. Aufl. 1901) 252.   [7] „Wo zwei versammelt sind",
Matth. 18,20.   [8] Vgl. oben 63 f., 246 f., unten 515—517, 535—541, 691—707, WA II 168,
*727—737, VI *526—538, XII 42—48, XXVI *506, XXXIII 89, 165f., L 630f., LI *487, *502;
vgl. ferner WA XXII S. LXXXVIf. (Verzeichnis der Lutherschen Predigten über die
Taufe). Vgl. auch WA XXXVII 258—267, 270—275, 627—672.   [9] nichts   [10] „das
Wasserbad im Wort", Eph. 5,26.

tum et fit sacramentum."¹ Und darumb halten wir's nicht mit
Thoma² und den Predigermonchen³, die des Worts (Gottes
Einsetzung) vergessen und sagen, Gott habe eine geistliche Kraft
ins Wasser [gesetzt] gelegt, welche die Sunde durchs Wasser
abwasche, auch nicht mit Scoto⁴ und den Barfußenmonchen⁵,
die da lehren, daß ' die Taufe die Sunde abwasche aus Beistehen
gottliches Willens, also daß diese Abwaschung geschicht allein durch
Gottes Willen, garnicht [aus] durchs Wort oder Wasser.

[Vom Sakrament] Von der Kindertaufe⁶

halten wir, daß man die Kinder taufen solle⁷; denn sie gehoren
auch zu der verheißenen Erlosung, durch Christum geschehen⁸,
und die Kirche soll [es] sie ihnen reichen, [wenn sie gefodert wird.]

Vom Sakrament des Altars⁹

halten wir, daß [unter] Brot und Wein im Abendmahl sei der
wahrhaftige Leib und Blut Christi [im Abendmahl] und werde

---

non sentimus cum Thoma et monachis praedicatoribus seu Dominicanis, qui verbi
et institutionis Dei obliti dicunt Deum spiritualem virtutem aquae contulisse et
indidisse, quae peccatum per aquam abluat. Non etiam facimus cum Scoto et Minoritis seu monachis Franciscanis, qui docent baptismo ablui peccatum ex assistentia
divinae voluntatis et hanc ablutionem fieri tantum per Dei voluntatem et minime
per verbum et aquam.

De paedobaptismo

docemus infantes esse baptizandos. Pertinent enim ad promissam redemptionem
per Christum factam et ecclesia debet illis baptismum et promissionis illius annuntiationem.

VI. De sacramento altaris.

De sacramento altaris statuimus panem et vinum in coena esse verum corpus

---

8 durchs *über der Zeile von Spalatins Hand*   9 Von der Kindertaufe *über d. Z.*
12 sie *über d. Z.*   14 im Abendmahl *a. R. von der Hand des Schreibers*

9 D Konk *nicht als besondere Überschrift*   10 Von der Kindertaufe halten J
14 Vom Sakrament des Altars halten J Konk

27 statuimus] sentimus Conc 1584

---

¹) „Es komme das Wort zum Element und so entsteht das Sakrament", Tractatus 80 in
Joh. cap. 3 (MSL XXXV 1840); bei Augustin heißt es aber „Accedit", Luther zitiert
öfters in der abweichenden form; vgl. z. B. unten 694₂₉ und 709₂₇.   ²) Thomas von
Aquino; vgl. seine Summa theologiae p. III q. 62 art. 4: „Et hoc modo vis spiritualis est
in sacramentis, inquantum ordinantur a Deo ad effectum spiritualem."   ³) Dominikanern   ⁴) Duns Scotus; vgl. seine Sententiae IV dist. 1 q. 2 ff.   ⁵) Franziskanern
⁶) Vgl. dazu WA II 507 ff., VI *538, XI 301, 452, XVIII¹ 78—88, XXVI 144—173,
XXXIII 89 und 168 f., WABr II 425—427 und 546 sowie unten 700₃₂ ff.; ferner
Kolde, Analecta Lutherana, 219 f. und die Wittenberger Konkordie (1536): „De baptismo
infantium omnes sine ullo dubio consenserunt, quod necesse sit infantes baptizari. Cum
enim promissio salutis pertineat etiam ad infantes et pertineat non ad illos, qui sunt
extra ecclesiam, necesse est eam applicari infantibus per ministerium et adjungere eos
membris ecclesiae," (WABr XII 210₄₆₋₄₉).   ⁷) Karlstadt (vgl. H. Barge, Andreas Bodenstein von Karlstadt II [1905] 176), die Zwickauer Propheten, Thomas
Müntzer (vgl. Köstlin=Kawerau, Martin Luther I 487) und die Wiedertäufer (vgl.
oben 62) verwarfen die Kindertaufe, da den Kindern der Glaube (vgl. Mark. 16,16)
fehle (WA XXVI 154 ff.).   ⁸) Matth. 19, 14.   ⁹) Vgl. oben 64 f., 247 f., unten
519—521, 707—725, 796—803, 970—1016, WA II *742—754, VI *508, *511, XIII 48—58
XI 432—443, XV 394 f., 490—497, XVIII 101—125, 134—200, XIX 457—461, 482—512,
XXIII 64—283, XXVI *261—498, *506, XXXII 595—626, XXXIII 89, 110—159,

nicht allein gereicht und empfangen von frommen, sondern auch
von bosen Christen¹.
   Und daß man nicht soll einerlei Gestalt² allein geben. Und
wir bedurfen der hohen Kunst³ nicht, die uns lehre, daß unter
5 einer Gestalt soviel sei als unter beiden, wie uns die Sophisten⁴
und das Concilium zu Kostenz⁵ lehren; denn ob's gleich wahr
wäre, daß unter einer soviel sei als unter beiden, so ist doch die
eine Gestalt nicht die ganze Ordnung und Einsetzung, durch Christum
gestift und befohlen. Und sonderlich verdammen und verfluchen
10 wir in Gottes Namen diejenigen, so nicht allein beide Gestalt
lassen anstehen⁶, sondern auch gar herrlich daher verbieten, ver=
dammen, lästern als Ketzerei und setzen sich damit wider und uber
Christum, unsern Herrn und Gott etc.

et sanguinem Christi et non tantum dari et sumi a piis, sed etiam a malis christianis
15 et impiis.
   Et non tantum unam speciem esse dandam. Non enim indigemus doxosophia 2
ista, quae nos doceat sub una specie tantum esse, quantum sub utraque, sicut
sophistae et concilium Constantiense docent. Etsi enim verum esse forte possit, 3
quod sub una tantum sit, quantum sub utraque, tamen una species non est tota
20 ordinatio et institutio per Christum facta, tradita et mandata. Imprimis vero dam- 4
namus et exsecramur in nomine Domini omnes eos, qui non tantum utramque
speciem omittunt, verumetiam tyrannice eam prohibent, damnant et calumniantur
ut haeresin et ita se ipsos supra et contra Christum, Dominum et Deum nostrum,
extollunt opponentes et praeponentes se Christo etc.

8 eine] einige D J Konf

14'5 a malis *bis* impiis] ab impiis christianis Conc 1584   22 calumniantur] blasphemant Conc 1584

169f., 558—565, XXXVIII 298f., L 631, LIV 161—167, 426, 452. Vgl. auch oben 416
Anm. 4 sowie WA XXII S. LXXXVII f. (Verzeichnis der von Luther über das Abendmahl
gehaltenen Predigten).
   ¹) Zu der Korrektur Luthers vgl. oben XXIV. Die betreffenden Abschnitte der
Wittenberger Konkordie von 1536 lauten: „Itaque sentiunt et docent cum pane
et vino vere et substantialiter adesse, exhiberi et sumi corpus Christi et sanguinem
... Quare, sicut Paulus ait ⟨1. Kor. 11,27⟩, etiam indignos manducare, ita sentiunt porrigi
vere corpus et sanguinem Domini etiam indignis et indignos sumere, ubi servantur verba
et institutio Christi" (WABr XII 209₄ff.); zu den Konkordienverhandlungen vgl. W. Köhler,
Zwingli und Luther II (1952), 432ff. Luther verlangte 1536 von den Oberdeutschen die Aner=
kennung des Satzes, daß der Leib Christi „tam ab impiis quam a piis" im Abendmahl genossen
werde, auf den Wunsch der Oberdeutschen verzichtete er aber auf den Ausdruck „impii"
und begnügte sich mit dem paulinischen „indigni" (1.Kor. 11,27). In den Schmalkaldischen
Artikeln hat Luther seine alte Formulierung wieder aufgenommen; vgl. dazu Köstlin=
Kawerau, Luther II 340—342, Köstlin, Luthers Theologie I 480—482, 484 und II 242,
ferner WA XVIII 170—175, XXIII 251, XXVI *506, WABr VI 25, X 331. Vgl.
auch unten 702₄₋₇, 13—23 und 978₄₄—₄₈.   ²) sub una specie; vgl. dazu oben 85f. und
328—332, WA II *742 f., VI 79—81, 137—140, 144—151, *374, *456, *498—500, *502
bis 507, VII 122—124, 389—399, X^II 20 f., 24—29, 201, 242, X^III 45 f., XII 217 f., XXIII
413—417, XXVI 564 f., 590—614, XXX^II *320—323, XXX^III 348—352, XXXVIII
*244—248, XXXIX^I 14—38, LI *490, LIV 426, 432, WABr II 371 f., 482, III 265, V 430,
572 f., 590 f.   ³) Wissenschaft   ⁴) Vgl. oben 438 Anm. 3; den von Luther erwähnten
Standpunkt nahm z. B. Gerson in seinem „Tractatus de communione laicorum" ein.   ⁵) Das
Konzilsdekret vom 15. Juni 1415 besagte: „cum firmissime credendum sit et nullatenus
dubitandum integrum Christi corpus et sanguinem tam sub specie panis quam sub specie
vini veraciter contineri" (Mansi, Sacrorum conciliorum nova et amplissima collectio
XXVII 727); vgl. dazu auch: „Etliche Sprüche Doc. Martini Luther wider das Concilium
Obstantiense (wollt sagen) Constantiense, zu Wittemberg gestellet und gehalten und wo
man noch will. 1535" (WA XXXIX^I 13—38).   ⁶) unterlassen

Von der Transsubstantiatio[1] achten wir der spitzen[2] Sophisterei[3] garnichts, da sie lehren, daß Brot und Wein verlassen oder verlieren ihr naturlich Wesen und bleibe allein Gestalt und Farbe des Brots und nicht recht Brot; denn es reimet sich[4] mit der Schrift aufs best, daß Brot da sei und bleibe, wie es S. Paulus selbs nennet[5]: „[panis] Das Brot, das wir brechen", item* und: „Also esse[n] er von dem Brot"[6].

[item]

Von den Schlusseln[7].

Die Schlussel sind ein Ampt und Gewalt, der Kirchen von Christo gegeben[8], zu binden und zu losen die Sunde, nicht allein die groben und wohlbekannten Sunde, sondern auch die subtilen, heimlichen, die Gott allein erkennet, wie geschrieben[9] stehet: „Wer kennet, wieviel er feilet?" Und Paulus Rom. 7.[10] klagt selbs, daß er mit dem Fleisch diene dem „Gesetz der Sunde"; denn es stehet nicht bei uns, sondern bei Gott allein zu urteilen, welche, wie groß und wieviel die Sunde sind, wie geschrieben[11] stehet: „Komm* nicht ins Gericht mit deinem Knecht; denn fur dir ist kein lebendig' Mensch gerecht." Und Paulus 1. Kor. 4.[12] auch sagt: „Ich bin mir wohl nichts bewußt, aber darumb bin ich nicht gerecht."

[Komm] +Gehe

5 De transsubstantiatione subtilitatem sophisticam nihil curamus, qua fingunt panem et vinum relinquere et amittere naturalem suam substantiam et tantum formam et colorem panis et non verum panem remanere. Optime enim cum sacra scriptura congruit, quod panis adsit et maneat, sicut Paulus ipse nominat: 'Panis, quem frangimus.' Et: 'Ita edat de pane.'

VII. De clavibus.

1 Claves sunt officium et potestas ecclesiae a Christo data ad ligandum et solvendum peccata non tantum enormia et manifesta, sed etiam subtilia, abscondita, soli Deo nota, sicut psal. 19. scriptum est: 'Delicta quis intelligit?' Et Rom. 7. Paulus 2 conqueritur se 'carne servire legi peccati.' Non enim penes nos est, sed solius Dei est judicare, quae, quanta et quotuplicia sint peccata, ut scriptum est psal. 144.: 'Ne 3 intres in judicium cum servo, quia non justificabitur coram te omnis vivens.' Et Paulus 1. Cor. 4. inquit: 'Nullius quidem mihi conscius sum, sed per hoc non justificatus sum.'

2/3 oder verlieren *a. R.*   6 item *von Luther gestrichen*   16 Gehe *über d. Z. von Luthers Hand* Komm *von Luther gestrichen*

4 Brots + und Weins Sp   5 selbs + zun Korinthern Sp   8 den > A D J Konk
12 stehet + im neunzehenden Psalm Sp J Konk   16 die > Konk   stehet + in Psalmen Sp + im 143. Psalm J Konk   18 1. Kor. 4] zun Korinthern Sp

23 formam] speciem Conc 1584   32 servo + tuo Conc 1584

---

[1]) Vgl. unten 517—519, 725—733, WA II *749, VI *456, *508—512, XII 202—208, 245—249, XI 441, XXVI *437—445, WABr IX 419 und 443—445.   [2]) spitzfindigen
[3]) WA VI *456_{36} nennt Luther die Transsubstantiation einen „Wahn sancti Thomä und des Bapsts"; zu diesem Irrtum vgl. RE XX 56 f. Das 4. Lateranfonzil von 1215 hat in c. 1 den Ausdruck sanktioniert („transsubstantiatis pane in corpus et vino in sanguinem potestate divina").   [4]) stimmt überein   [5]) 1. Kor. 10,16.   [6]) 1. Kor. 11,28.   [7]) Vgl. oben 98, 121, 249, WA I 131, *236_{18}f., *594—596, *615, II 11, 187—194, 248f., *722 f., VI *309, XII 183—185, XXXII 435—507, XLVII 288—297, L 631 f., LIV 249—252.   [8]) Matth. 16,19 und 18,18.   [9]) Ps. 19,13.   [10]) Röm. 7,23.   [11]) Ps. 143,2.
[12]) 1. Kor. 4,4.

Von der Beicht¹.

Weil die Absolutio oder Kraft des Schlussels auch ein Hulfe und Trost ist wider die Sunde und bose Gewissen, im Evangelio durch Christum gestift, so soll man die Beicht oder Absolutio beileib nicht lassen abkommen in der Kirchen, sonderlich umb der bloden² Gewissen willen, auch umb des jungen, rohen Volks willen, damit es verhoret und unterrichtet werde in der christlichen Lehre.

Die Erzählung³ aber der Sunden soll frei sein einem idern⁴, was er erzählen oder nicht erzählen will; denn solange wir im Fleisch sind, werden wir nicht liegen, wenn wir sagen: „Ich bin ein armer Mensch voller Sunde", Rom. 7.⁵: „Ich fuhle ein ander Gesetz in meinen Gliedern" etc.; denn dieweil die absolutio privata von dem Ampt herkommpt der Schlussel⁶, soll man sie nicht verachten, sondern hoch und wert halten wie alle ander Ampter der christlichen Kirchen.

Und in diesen Stücken, so das mündlich, äußerlich Wort betreffen, ist fest darauf zu bleiben, daß Gott niemand seinen Geist oder Gnade gibt ohn⁷ durch oder mit dem vorgehend äußerlichem Wort, damit wir uns bewahren fur den Enthusiasten, das ist

VIII. De confessione.

Cum absolutio et virtus clavium etiam sit consolatio et auxilium contra peccatum et malam conscientiam in evangelio ab ipso Christo instituta, nequaquam in ecclesia confessio et absolutio abolenda est, praesertim propter teneras et pavidas conscientias et propter juventutem indomitam et petulantem, ut audiatur, examinetur et instituatur in doctrina christiana. 1

Enumeratio autem peccatorum debet esse unicuique libera, quid enumerare aut non enumerare velit. Quamdiu enim in carne sumus, non mentiemur confitentes et dicentes: 'Agnosco me miserum esse peccatorem et scatere peccatis', Rom. 7.: 'Sentio aliam legem in membris meis' etc. Et cum absolutio privata ab officio clavium oriatur, negligenda non est, sed maximi facienda, sicut et alia officia christianae ecclesiae magni facienda sunt. 2

Et in his, quae vocale et externum verbum concernunt, constanter tenendum est Deum nemini spiritum vel gratiam suam largiri nisi per verbum et cum verbo externo et praecedente, ut ita praemuniamus nos adversum enthusiastas, id est 3

16—S. 456, 19 > O Sp *und in allen Hss. In O ist der Nachtrag durch einen wagerechten Strich angedeutet.*

2 der Schlüsseln D J Kon! 6 auch *bis* willen > Sp (*Spalatin irrte vom ersten zum zweiten willen ab*) 12 etc.], das da widerstreitet dem Gesetz in meinem Gemut und nimmpt mich gefangen in der Sunden Gesetz, welchs ist in meinen Gliedern". Sp

---

¹) Vgl. oben 440₂₅ff., 66f., 97—100, 249—252, 272ff., unten 517—519, 725—733, 799f., WA I 98 f., 322—324, 509 f., 516 f., II 59 f., 645 f., VI 158—169, *546—548, VII 117—119, 297f., *367—371, VIII 138—185, XII *32f., XIII 58—64, XI 65, XII *216f., 491—493, XV 481—489, XVII¹ 170f., XIX 513—523, XXVI *507, XXVII 95—97, XXIX 136—146, XXXII 287f., XXXIII 89, 166f., 565—570, WABr V 453, VI 454f. Vgl. auch Kolde, Analecta Lutherana, 219 und die Wittenberger Konfordie: „De absolutione optant omnes, ut in ecclesia etiam privata absolutio conservetur et propter consolationem conscientiarum et quia valde utilis est ecclesiae disciplina illa, in qua privatim audiuntur homines, ut imperiti erudiri possint. Nam profecto tali colloquio et examine opus est rudioribus. Neque ideo vetus confessio et enumeratio delictorum probanda aut requirenda est, sed colloquium illud propter absolutionem et institutionem conservetur" (WABr XII 211₆₈₋₇₃); vgl. auch Köstlin=Kawerau, Luther II 342. ²) schwachen, furchtsamen ³) Aufzählung ⁴) jeden ⁵) Röm. 7, 23. ⁶) von dem Amt der Schlüssel herkommt ⁷) außer

Geistern[1], so sich rühmen, ohn und vor dem Wort den
Geist zu haben, und darnach die Schrift oder mündlich
Wort richten, deuten und dehnen ihres Gefallens,
wie der Münzer tät und noch viel tun heutigs
Tages, die zwischen dem Geist und Buchstaben scharfe
Richter sein wollen und wissen nicht, was sie sagen
oder setzen[2]; denn das Bapsttum auch eitel Enthusias‐
mus ist, darin der Bapst rühmet, „alle Rechte sind
im Schrein seines Herzens"[3] und, was er mit seiner
Kirchen urteilt und heißt, das soll Geist und Recht
sein, wenn's gleich über und wider die Schrift oder
mündlich Wort ist[4]. Das ist alles der alte Teufel
und alte Schlange, der Adam und Eva auch zu
Enthusiasten machte, vom äußerlichen Wort Gotts
auf Geisterei[5] und eigen Dünkel führt und tät's
doch auch durch andere äußerlich Wort, gleichwie
auch unsere Enthusiasten das äußerliche Wort ver‐
dammen und doch sie selbs nicht schweigen, sondern
die Welt voll plaudern und schreiben, gerade als
künnte der Geist durch die Schrift oder mündlich
Wort der Apostel nicht kommen. Aber durch ihre
Schrift und Wort mußte er kommen. Warumb
lassen sie auch ihre Predigt und Schrift nicht an‐

---

spiritus, qui jactitant se ante verbum et sine verbo spiritum habere et ideo scrip‐
turam sive vocale verbum judicant, flectunt et reflectunt pro libito, ut faciebat
Monetarius et multi adhuc hodie, qui acute discernere volunt inter spiritum et
4 literam et neutrum norunt nec, quid statuant, sciunt. Quid? quod etiam papatus
simpliciter est merus enthusiasmus, quo papa gloriatur omnia jura esse in scrinio
sui pectoris et, quidquid ipse in ecclesia sua sentit et jubet, id spiritum et justum
esse, etiamsi supra et contra scripturam et vocale verbum aliquid statuat et prae‐
5 cipiat. Hoc in universum vetus est Satanas et serpens, qui etiam Adamum et Evam
in enthusiasmum conjiciebat et ab externo verbo Dei ad spiritualitates et proprias
opiniones abducebat, id quod tamen et ipse per alia externa verba perficiebat.
6 Perinde ac hodie nostri enthusiastae externum verbum damnant et tamen ipsi non
silent, sed mundum garrulitatibus et scriptionibus implent, quasi vero spiritus per
scripta et vocale verbum apostolorum venire nequeat, sed per ipsorum verba et
scripta primum veniat. Cur ergo non omittunt suas conciones et scriptiones, donec

---

7 auch + ein Konf   11 oder + das Konf

31 vetus] antiquus Conc 1584   37 non + ipsi etiam Conc 1584

[1]) Schwärmern; vgl. dazu Wicel Bl. K 2b: „Hie wischet der Mann unter die Mone‐
tarien ⟨Anhänger des Monetarius = Thomas Münzer⟩, welche er ‚Enthusiasten'
nennet, halte, er hab's also von Philip. ⟨Melanchthon⟩ gehöret, der solche auch Fanaticos
heißet"; vgl. oben 294₈₋₁₃ (Apol.) und CR IX 1078: „Omnibus aetatibus fanatici seu
enthusiastici hoc μοϱυογυπεῖον sibi induerunt, quod se nominarunt πνευματιϰούς".
[2]) lehren. — Vgl. dazu WA XVIII 136—139, XXI 468 f., XXXIV^II 487 ₂ f., XXXVI
491 und 499—506; 1539 schreibt Luther: „Also hieß Münzer uns Wittemberger Theologen
die ‚Schriftgelehrten' und sich den ‚Geistgelehrten' und ihm nach viel ander mehr" (WA
L 646 ₃₃ f. und Anm. a), 1545 äußert er: „Münzer hat seine Bauren auch hinbracht, daß
sie ... uns und die Unsern ‚Schriftgelehrten' und ‚Buchstabeler' hießen" (WA LIV 173 ₅₋₇).
Zu Münzer vgl. auch Holl, Gesammelte Aufsätze zur Kirchengeschichte I (4. und 5. Aufl.
1927) 431—453, WABr III 104—106 und 120, zu Karlstadt und den Zwickauer Propheten,
die auch derartige Anschauungen vertraten, WABr II 493 und III 315, Barge, Karlstadt II
161 f., Köstlin‐Kawerau, Luther I 488 und 510, zu den Wiedertäufern (an diese denkt Luther
wohl bei „heutigs Tags") oben 58.   [3]) Corp. jur. can., Liber Sextus I, 2 c. 1: „ponti‐
fex, qui jura omnia in scrinio pectoris sui censetur habere"; vgl. dazu WA VI *459,
L 86₁₅₋₂₂ und WADB XI² 52₈ f.   [4]) Vgl. dazu unten 470₇ ff.   [5]) Schwarmgeisterei

stehen¹, bis der Geist selber in die Leute ohn und vor ihrer Schrift kommpt, wie sie rühmen, daß er in sie kommen sei ohn Predigt der Schrift? Davon hie weiter nicht Zeit ist zu disputiern, wir haben's sonst gnugsam getrieben².

Denn auch die, so vor der Taufe gläuben oder in der Taufe gläubig werden, haben's durchs äußerliche vorgehende Wort als³ die Alten, so zu Vernunft kommen sind, müssen zuvor gehört haben, daß: „Wer da gläubt und getauft wird, der ist selig⁴", ob sie gleich, erst ungläubig, nach 10 Jahren den Geist und Taufe kriegen. Und Kornelius Act. 10.⁵ hatte lange zuvor gehöret bei den Jüden vom künftigen Messia, dadurch er gerecht fur Gott, und sein Gebet und Almosen angenehm waren in solchem Glauben (wie Lukas ihn „gerecht und gottfürchtig⁶" nennet) und nicht ohn solch vorgehend Wort oder Gehör kunnte gläuben noch gerecht sein. Aber S. Petrus mußt' ihm offenbarn, daß der Messias (an welchen zukünftigen er bis daher gegläubet hatte) nu kommen wäre und sein Glaube vom zukünftigen Messia ihn nicht bei den verstockten, ungläubigen Jüden gefangen hielte, sondern wußte, daß er nu mußt selig werden durch den gegenwärtigen Messiam und denselben nicht mit den Jüden verleugnen noch verfolgen etc.

Summa: der Enthusiasmus sticket⁷ in Adam und seinen Kindern von Anfang bis zu Ende der Welt, von dem alten Trachen in sie gestiftet⁸ und gegiftet⁹, und ist aller Ketzerei, auch des Bapsttums und Mahomets¹⁰ Ursprung, Kraft und Macht. Darumb sollen

---

spiritus ipse ad homines sine ipsorum scriptis et ante ea veniat, quemadmodum gloriantur spiritum se accepisse sine praedicatione scripturarum? Sed de his jam non vacat pluribus disputare. Et satis alias de his a nobis dictum est.

Nam etiam ii, qui ante baptismum credunt vel in baptismo credere incipiunt, per externum praecedens verbum credunt ut adulti. Audiunt enim: 'Quicunque crediderit et baptizatus fuerit, salvus erit', etiamsi primum increduli post decennium accipiant spiritum et baptismum. Cornelius Actor. 10. longe ante audierat apud Judaeos de venturo Messia, per quem justus coram Deo preces et eleemosynas Deo gratas praestabat ex fide (sicut Lucas eum nominat justum, pium et timentem Dei) et sine praecedente illo verbo atque auditu credere et justus esse non poterat. Petrus autem patefacere ei jubebatur Messiam (in quem venturum hactenus ille crediderat) jam advenisse, ut fides ejus de venturo Messia eum apud induratos et incredulos Judaeos non captivum teneret, sed ut sciret se salvandum esse per praesentem Messiam et hunc cum Judaeorum turba non negaret nec persequeretur etc.

Quid multis? Enthusiasmus insitus est Adamo et filiis ejus a primo lapsu usque ad finem mundi ab antiquo dracone ipsis veneno quodam implantatus et infusus estque omnium haeresium et papatus et Mahometismi origo, vis, vita et potentia.

---

17 solche vorgehende Konk   28 zum J Konk

¹) unterlassen ²) behandelt. Vgl. oben 454 Anm. 2. ³) wie ⁴) Mark. 16, 16; vgl. zu diesen Ausführungen WA XXVI 154—166. ⁵) Apg. 10, 1 ff. ⁶) Apg. 10, 2 und 22. ⁷) steckt ⁸) ihnen mitgegeben ⁹) als Gift eingeimpft ¹⁰) Vgl. Luthers Einleitung zur „Verlegung des Alcoran Bruder Richardi" (1542): „Und wo sollt' man sie ⟨die Türken⟩ auch können bekehren, so sie die ganze Heilge Schrift, beide Neu und Alt Testament ver=

und müssen wir darauf beharren, daß Gott nicht¹ will mit uns Menschen handeln denn¹ durch sein äußerlich Wort und Sakrament. Alles aber, was ohn solch Wort und Sakrament vom Geist gerühmet wird, das ist der Teufel; denn Gott wollt' auch Mosi' erst durch den feurigen Pusch und mündlich Wort erscheinen². Und kein Prophet, weder Elias noch Elisäus, außer oder ohn die zehen Gebot den Geist kriegt haben. Und Johannes, der Täufer, nicht ohn Gabriels vorgehend Wort empfangen³ noch ohn Mariä Stimm in seiner Mutter Leibe sprang⁴. Und S. Petrus⁵ spricht: Die Propheten haben nicht „aus menschlichem Willen", sondern aus dem „heiligen Geist" geweissaget, doch als „die heiligen Menschen Gottes". Aber ohn äußerlich Wort waren sie nicht heilig, viel weniger hätte sie als noch unheilig der heilige Geist zu reden getrieben; denn sie ' waren heilig, spricht er, da der heilige Geist durch sie redet.

Vom Bann⁶.

Den großen Bann, wie es der Bapst nennet, [wollen wir nicht leiden; denn der gehör] halten wir fur ein lauter weltliche Strafe, und gehet uns Kirchendiener nichts an⁷. Aber der kleine, das ist

10 Quare in hoc nobis est constanter perseverandum, quod Deus non velit nobiscum aliter agere nisi per vocale verbum et sacramenta et quod, quidquid sine verbo et
11 sacramentis jactatur ut spiritus, sit ipse diabolus. Nam Deus etiam Mosi voluit apparere per rubum ardentem et vocale verbum. Et nullus propheta, sive Elias,
12 sive Elisaeus, spiritum sine decalogo sive verbo vocali accepit. Et Johannes baptista nec concipiebatur sine Gabrielis praecedente verbo nec in matris utero saliebat
13 sine Mariae verbo. Et Petrus inquit: Prophetae non ex voluntate humana, sed spiritu sancto inspirati locuti sunt sancti Dei homines, qui sine verbo externo non erant sancti nec a spiritu sancto ut non sancti seu profani ad prophetandum impulsi, sed sancti erant, inquit Petrus, cum per eos spiritus sanctus loqueretur.

IX. De excommunicatione.

Majorem illam excommunicationem, quam papa retinet, non nisi civilem poenam esse ducimus non pertinentem ad nos ministros ecclesiae. Minor autem,

---

6 erstlich] Konk   10 vorgehende Konk   15 äußerliche Konk   16 unheilige Konk

34 retinet] ita nominat Conc 1584

werfen als numehr tot und untüchtig, und gestehen ⟨halten stand⟩ niemand keiner Rede noch Disputation von der Heiligen Schrift, ... bleiben auf ihrem Alcoran ... Wir wollen lieber ... seinen ⟨Gottes⟩ Zorn ... leiden, denn mit dem Teufel und seinem Apostel Mahmet und seinen Heiligen, den Türken, die Heilige Schrift verleugnen" (WA LIII 276 16—24).

¹) nur   ²) Ex. 3, 2 und 4 ff.   ³) Luk. 1,13—20.   ⁴) Luk. 1, 41. 44.   ⁵) 2. Petr. 1,21.   ⁶) Vgl. oben 122 f., 250, 400, unten 489, 493 f., 825, 1089, WA I *618 ff., 638—643, VI *63—75, VII 126 f., *405—407, XXXII 250, *309—311, 501 ff., XLVII 279 ff., 669—671, WATR IV Nr. 4381. Die katholische Kirche unterscheidet zwischen der „excommunicatio major", die von jeder kirchlichen Gemeinschaft und dem bürgerlichen Recht ausschließt, und der „excommunicatio minor", die nur den Genuß der Sakramente verbietet, sich also auf rein geistliches Gebiet beschränkt. Die biblische Grundlage für den Bann bildet besonders Matth. 18, 15 ff.; über den Bann vgl. RE II 381—383.   ⁷) „Der große Bann ... ist nicht anders, wenn man ihn bei dem Licht besiehet, dann des Kaisers Acht, ... ist eine kaiserliche Strafe ... Der gehet uns nicht an. Uns ist nicht befohln das Regiment über leibliche Sachen. Der geistliche Bann, damit Christus zu predigen und zu schaffen hat, gehort uns" (WA XLVII 282 23 f. und 284 22—26, vgl. auch TR V Nr. 5477).

der rechte christliche Bann, ist, daß man offenbärlich [n] hals=
starrige Sunder nicht soll lassen zum Sakrament oder ander Ge=
meinschaft der Kirchen kommen, bis sie sich bessern und die Sunde
meiden. Und [in] die Prediger sollen in diese geistliche Strafe oder
5 Bann nicht mengen die weltliche Strafe¹.

Von der Weihe und [Ordina] Vokation².

Wenn die Bischofe wollten rechte Bischofe sein und der Kirchen
und des Evangelions sich annehmen, so mochte[n] man das umb
der Liebe und Einigkeit willen, doch nicht aus Not [das] lassen ge=
10 geben sein, daß sie uns und unsere Prediger ordinierten und kon=
firmierten³, doch hindangesetzt alle Larven und Gespenste⁴ un=

---

quam nominat, vera et christiana est excommunicatio, quae manifestos et obstinatos
peccatores non admittit ad sacramentum et communionem ecclesiae, donec
emendentur et scelera vitent. Et ministri non debent confundere hanc ecclesiasticam
15 poenam seu excommunicationem cum poenis civilibus.

X. De initiatione, ordine et vocatione.

Si episcopi suo officio recte fungerentur et curam ecclesiae et evangelii gererent, 1
posset illis nomine caritatis et tranquillitatis, non ex necessitate permitti, ut nos
et nostros concionatores ordinarent et confirmarent hac tamen conditione, ut

---

6 *Hier setzt die zweite Schreiberhand ein (bis S. 460, 5)* Vokat= *über d. Z. von fremder*
Hand 8 sich *über d. Z.*

1 ist > AD 2/3 lassen kommen, bis Sp 7/8 und sich der A D J Konk 8 man
+ ihnen J Konk

---

¹) Schon 1520 hatte sich Luther dahin ausgesprochen, daß nicht nur Leute, „so im Glauben *
spenstig ⟨widerspenstig⟩ sein, sondern alle, die offentlich sundigen", jedoch nicht zur „Rache",
sondern zur „Besserung" gebannt werden sollten (WA VI *75₄ ff., *65₁₇ f., *445₁₈ ff.);
auch der kursächsische Visitationsunterricht von 1528 tritt dafür ein, daß man die „Strafe
des rechten und christlichen Banns ... nicht ganz ließe abgehen", und zwar sollten öffent=
liche Sünder dadurch gestraft werden, daß man sie nach mehrmaliger Vermahnung nicht
zum Sakrament zuläßt (WA XXVI 233₂₅ ff.). Bürgerliche Folgen zog der Bann nicht nach
sich (WABr VI 360f.). So schreibt Luther 1533: „Ea, quae politica prohibet excommuni=
catio, nobis nullo modo est tentanda, primum quod non sit nostri juris ..., deinde quod
hoc saeculo excommunicatio major ne potest quidem in nostram potestatem redigi, et
ridiculi fieremus ante vires hanc tentantes"; nachdrücklich lehnt Luther auch die Einmischung
weltlicher Obrigkeit ab: „Nec vellem politicum magistratum in id officii misceri, sed om=
nibus modis separari" (WABr VI 498₂₃ f.). Luther selbst griff mehrfach zu dem Mittel des *
Ausschlusses vom Sakrament, so z. B. dem kurfürstlichen Landvogt Hans Metzsch gegen=
über wegen seines skandalösen Lebens; vgl. Köstlin=Kawerau, Luther II 438f. und WATR IV
Nr. 4073. Zum ersten Male wandte Luther ihn am 22. August 1529 gegen die „Wetter=
macherinnen" an; WA XXIX 539₁₋₃ und 520₁₈ ff. ²) Vgl. oben 293f., unten 478,
489—493, WA VI *560—567, XII 220f., XII 169—196, XXXVIII *236—256, L 632—634,
WABr VII 432. ³) Zu diesem Zugeständnis waren die Protestanten schon auf dem
Augsburger Reichstag 1530 bereit, wenn ihnen dafür die Duldung ihrer Lehre gewährt
würde. „Solche Demut haben wir unsern Antiochis und Demetriis ⟨2. Makk. 13,23 f. und
14,26⟩ bisher auch angeboten, daß unser Pfarrherrn Macht sollten haben zu bestätigen,
ob sie wohl unser Feinde wären, damit sie nicht zu klagen hätten, wir wären stolz und
wollten nichts tun noch leiden umb Friedens und Einigkeit willen. Aber weil solche Demut
ihnen verschmäht ist, ... soll's ihnen hinfurt nicht mehr so gut werden; sie sollen ihren Greuel
und Chresem behalten, wir wollen sehen, wie wir Pfarrherrn und Prediger kriegen aus der
Taufe und Gottes Wort ohn ihren Chresem, durch unser Erwählen und Berufen geor=
diniert und bestätigt" (Luther 1533), WA XXXVIII *236₂₃ ff. Vgl. auch ebd. *195₁₇ f.,
XXXII *340—343, XLI 241₁ ff., WATR IV Nr. 4595, Köstlin=Kawerau, Luther II 231f.
und oben 296f. ⁴) ohne alles Scheinwerk und Schwindel

christlichs Wesens und Gepränges. Nu[n] sie [sind] aber nicht rechte Bischofe sind ader auch nicht sein wollen, sondern weltliche Herrn und Fursten, die weder predigen nach lehren nach täufen nach kommunicieren noch einiges Werk ader Ampt der Kirchen treiben wollen, dazu diejenigen, die solch Ampt berufen treiben, verfolgen und verdammen, so muß dennoch umb ihrenwillen die Kirche nicht ohn Diener bleiben¹.

Darumb wie die alten Exempel der Kirchen und der Väter uns lehren, wollen und sollen wir selbs ordinieren [durch die] tuchtige Person zu solchem Ampt². Und das haben sie uns nicht zu vorbieten nach zu wehren, auch nach ihrem eigen Rechte; denn ihre Rechte sagen, daß diejenigen, so auch von Ketzern ordiniert sind, sollen geordiniret heißen und bleiben³. Gleichwie S. Hieronymus schreibet von der Kirchen zu Alexandria, daß sie erstlich ohn Bischofe [durch] durch die Priester und Prediger ingemein regiert sind worden⁴.

seponerentur omnes larvae, praestigiae, deliramenta et spectra pompae ethnicae.
2 Quia vero nec sunt nec esse volunt veri episcopi, sed politici dynastae et principes, qui nec concionantur et docent nec baptizant nec coenam administrant nec ullum opus et officium ecclesiae praestant, sed eos, qui vocati munus illud subeunt, persequuntur et condemnant, profecto ipsorum culpa ecclesia non deserenda nec ministris spolianda est.
3 Quapropter, sicut vetera exempla ecclesiae et patrum nos docet, idoneos ad hoc officium ipsi ordinare debemus et volumus. Et hoc nobis prohibere non possunt, etiam secundum sua jura, quae affirmant etiam ab haereticis ordinatos vere esse ordinatos et illam ordinationem non debere mutari. Et Hieronymus scribit de ecclesia Alexandrina eam primum ab episcopis, presbyteris et ministris communi opera gubernatam fuisse.

1 sie *über d. Z.*   6 treiben *über d. Z.*   dennoch *über d. Z.*   9 tuchtige *über d. Z.*
10 zu *corr. aus* so   14 durch *über d. Z. von fremder Hand*

14 ohn] von D J Konf

¹) Vgl. unten 1060₁₆₋₃₅.   ²) Zunächst begnügte sich Luther damit, neu ins Amt berufene Geistliche, die die Priesterweihe nicht besaßen, vor versammelter Gemeinde im Gottesdienste ins Amt einzuführen; erstmalig geschah dies am 14. Mai 1525 bei dem Wittenberger Archidiakon Georg Rörer. Auf kurfürstlichen Befehl wurde dann zuerst am 20. Oktober 1535 in Wittenberg eine Ordination mit voraufgehender Prüfung vollzogen. Die vom sächsischen Kurfürsten erstrebte gemeinsame Regelung der auf die Ordination bezüglichen Fragen kam auf dem Tage in Schmalkalden nicht zustande; vgl. Volz=Ulbrich, Urkunden und Aktenstücke 73. 90. Für Luther war das Entscheidende die Berufung; so sagt er 1533: „Ordiniern soll heißen und sein berufen und befehlen das Pfarrampt" (WA XXXVIII *238₇ f.). Zu Luthers Rechtfertigung der Ordination vgl. WA XLI 240—242 und 457 f. Vgl. auch G. Rietschel, Luther und die Ordination (2. Aufl. 1889); Deutsche Zeitschrift für Kirchenrecht XV (1905) 66—90 und 273—288; G. Rietschel, Lehrbuch der Liturgik II (1909) 405—428; WA XXXVIII *220 ff. und 401 bis 433.   ³) Vgl. Decr. Grat. P. I D. 68 c. 1, P. III D. 4 c. 107. — Dazu schreibt Cochläus Bl. K 1 b f.: „Daß aber Luther fürgiebet, daß die, so von Ketzern ordiniert werden, sollen auch nach unsern bäpstlichen Rechten ordiniert heißen und bleiben, das wird allein verstanden von denen Ketzern, die nach Ordnung und Gebrauch der Kirchen ordinieren, wie die Arianer, Donatisten, Pelagianer etc. taten, welche die Form der Kirchen hielten im Weihen; denn wie ihre Kinder, von ihnen getauft, nicht mußten wieder getauft werden, also auch ihre Priester und Diakon, von geweiheten Bischofen geweihet, nicht mußten von neuem wieder geweihet werden. Daß wir aber des Luthers oder Pommers hundsungeweiheter Bischofenweihe, die ohn Öl und Chresem wider christlicher Kirchen Ordnung mit Verachtung der rechten Bischofen geschehen, sollten für rechte Weihe halten, das wird uns Luther weder aus Sankt Hieronymo noch aus bäpstlichen Rechten nimmermehr anzeigen." Zu dieser Frage vgl. WA XXXVIII *237₄ ff., Oesterreichische Vierteljahresschrift für katholische Theologie Jahrg. 1 (1862) 238 ff. und 387 ff., Hinschius, Kirchenrecht I 83 f.   ⁴) Vgl. oben 430₁₀ f.

Von der Priesterehe[1].

Daß sie die Ehe verboten [haben] und den gottlichen Stand der Priester mit ewiger Keuschheit beschwert haben, das haben sie weder Fuge nach Recht gehabt, sondern haben gehandelt als die endechristlichen, tyrannischen, verzweifelten[2] Buben und damit gegeben Ursache allerlei erschrecklicher, greulicher, unzähliger Sunde der Unkeuschheit, darin sie denn noch stecken. Als[3] wenig nu[n] uns aber ihnen Macht gegeben ist, aus eim Männlin ein Fräulin aber aus eim Fräulin ein Männlin zu machen aber beides nichts zu machen[4], so wenig haben sie auch Macht gehabt, solche Kreatur Gottes zu scheiden aber verbieten, daß sie nicht ehrlich und ehlich beinander sollten wohnen. Darumb wollen wir in ihren leidigen Zölibat nicht willigen, auch nicht leiden, sondern die Ehe frei haben, wie sie Gott geordnet und gestiftet hat, und wollen sein Werk nicht zureißen nach hindern; denn S. Pauel sagt, es sei „ein teuflisch Lehre"[5].

Von der Kirchen[6].

Wir gestehen[7] ihn nicht, daß sie die Kirche sein, und sind's auch nicht, und wollen [sie]'s auch nicht horen, was sie unter dem Namen der Kirchen gebieten aber verbieten; denn es weiß gottlob ein Kind von 7 Jahren[8], was die Kirche sei, nämlich die heiligen Gläubigen und „die Schäflin, die ihres Hirten Stimme hören"[9];

XI. De conjugio sacerdotum.

Quod conjugium prohibuerunt et divinum ordinem sacerdotum perpetuo coelibatu onerarunt, malitiose sine omni honesta causa fecerunt et in eo Antichristi, tyrannorum et pessimorum nebulonum opus exercuerunt ac causam praebuerunt multis horrendis, abominandis, innumeris peccatis tetrarum libidinum, in quibus adhuc volutantur. Sicut autem nec nobis nec ipsis datum est, ut ex masculo feminam aut ex femella marem condamus aut utrumque annihilemus, ita etiam ipsis non est datum, ut creaturas Dei disjungant, separent, vetent, ne in conjugio honeste una cohabitent et vivant. Quare ipsorum spurco coelibatui assentiri nolumus nec etiam illum feremus, sed conjugium liberum habere volumus, sicut Deus illud ipse ordinavit et instituit, cujus opus nec rescindere nec destruere nec impedire volumus. Paulus enim dicit prohibitionem conjugii esse doctrinam daemoniorum 1. Tim. 4.

XII. De ecclesia.

Nequaquam largimur ipsis, quod sint ecclesia, quia revera non sunt ecclesia. Non etiam audiemus ea, quae nomine ecclesiae vel mandant vel vetant. Nam (Deo sit gratia) puer septem annorum novit hodie, quid sit ecclesia, nempe credentes,

---

12 in *über d. Z.*   19 's *über d. Z.*

5/6 damit Ursache gegeben A D J Konk   8 ihnen + die J   12 sollen Sp   15 sagt] in der ersten zum Timotheo sagt Sp   sagt + 1. Tim. 4. Konk   18 sein] sind Sp   19 wollen sie Sp

---

[1]) Vgl. oben 86—91, 332—349, unten 495₇, 614, WA II 644, VI 146, *307 f., *440—443, *565, VII 674—678, XI⁶ 144 f., XII 126—130, 149—153, 156 f., 279 f., XIII 23—26, XI 455, XII 92—142, XXXII *323—340, 423, 426 f., XXXIII 90, L 380, 634—641 WABr II 370 f., 373 f., 408, 573, V 431, 593, VII 586.   [2]) heillosen   [3]) So   [4]) den Geschlechtsunterschied ganz aufzuheben   [5]) 1. Tim. 4,1.   [6]) Vgl. oben 61 f., 233—247, unten 491 f., 655 f., WA I 642, 656 f., 685, II 20, 190, 208, 239, 279, 287, 430, VI 292—297, *560 f., VII 684 f., 719—722, 846, XVIII *650 f., XXVI *506 f., XXXII 421, 425, XXXIII 89 f., XXXVIII *221, .277 f., XLVII 772—779, L 283, 624—653, LI *476—531.   [7]) gestehen zu   [8]) 7 Jahre ist die unterste Grenze der Selbständigkeit, WA LI 524 Anm. 6.   [9]) Joh. 10,3. Vgl. unten 1060₅₋₁₅.

denn also beten die Kinder: „Ich gläube [an die] eine heilige christliche Kirche."¹ Diese Heiligkeit stehet² nicht in Chorhembden³, Platten, langen Rocken⁴ und andern ihren Zeremonien, durch sie uber⁵ die heilige Schrift ertichtet, sondern im Wort Gottes und rechtem Glauben.

Wie man fur Gott gerecht wird und von guten Werken⁶

Was ich davon bisher und stetiglich gelehret hab', das weiß ich garnicht zu ändern, nämlich daß wir „durch den Glauben" (wie S. Petrus sagt⁷) ein ander neu, rein Herz kriegen und Gott umb Christi willen, unsers Mittlers, uns fur ganz gerecht und heilig halten will und hält. Obwohl die Sunde im Fleisch noch nicht gar⁸ weg oder tot ist, so will er sie doch nicht rechnen noch wissen.

Und auf solchen Glauben, Verneuerung und Vergebung der Sunde folgen denn gute Werk, und, was an denselben auch noch sundlich oder Mangel ist, soll nicht fur Sunde oder Mangel gerechnet werden eben umb desselben Christi willen, sondern der Mensch soll ganz, beide nach der Person und seinen Werken, gerecht und heilig heißen und sein aus lauter Gnade und Barmherzigkeit in Christo uber uns ausgeschutt und ausgebreit. Darumb

---

3 sancti, oviculae audientes vocem pastoris sui. Sic enim orant pueri: 'Credo sanctam ecclesiam catholicam sive christianam.' Haec sanctitas non consistit in amiculo linteo, insigni verticali, veste talari et aliis ipsorum ceremoniis contra sacram scripturam excogitatis, sed in verbo Dei et vera fide.

XIII. Quomodo coram Deo homo justificetur et de bonis operibus.

1 Quod de justificatione hactenus semper et assidue docui, mutare nec in minimo possum, videlicet nos per fidem (ut Petrus loquitur) aliud novum et mundum cor acquirere et Deum propter Christum, mediatorem nostrum, nos justos et sanctos reputare. Et etsi peccatum in carne nondum plane ablatum et mortuum est, tamen Deus illud nobis non vult imputare nec meminisse.
2 Hanc fidem, renovationem et remissionem peccatorum sequuntur bona opera. Et quod in illis pollutum et imperfectum est, pro peccato et defectu non censetur idque etiam propter Christum atque ita totus homo, cum quoad personam suam, tum quoad opera sua justus et sanctus est et nominatur ex mera gratia et misericordia in Christo super nos effusa, expansa et amplificata. Quare gloriari ob merita

---

1 eine *über d. Z.*   6 *Hier setzt wieder die erste Schreiberhand ein (bis zum Schluß)*

7 *ich bis hab'] wir bis haben* J   *wissen wir* J   9 *sagt* + *in der Apostelgeschichten am funfzehenden* Sp

---

¹) Vgl. unten 655f.   ²) besteht   ³) oder Chorrock (superpelliceum), ein aus der Alba entstandenes leinenes Gewand, das die Geistlichen ursprünglich nur beim Chordienst trugen, seit dem 14. Jahrhundert wurde es dann das liturgische Gewand, dessen sich die Kleriker bei allen Funktionen bedienten, für welche nicht ausdrücklich die Alba vorgeschrieben war; vgl. Eisenhofer, Liturgik, 100, RE X 530, Jos. Braun, Die liturg. Paramente² 85 ff.
⁴) Vgl. oben 413₂.   ⁵) über — hinaus   ⁶) Vgl. oben 60, 75—81, 159—184, 313—316, 415₁₄₋₂₀, unten 781—790, 913—950, WA I 324, 353f., 356—359, *593, *616, II *21f., VI 85f., *202—276, VII *21—38, 50—73, XI 298—302, 453, XXX² 657—676, XXXIII 88, 162—164, 166, XXXIX¹ 78—126, 205 (vgl. ebd. S. XII; XXXIX² 426), L 597f., WADB VII 10₂₈ff., 16₃₀ff., WABr IX 406—408, XII 189—195 Nr. 4259a (= WATR VI Nr. 6727), vgl. besonders Luthers Vorlesung über den Römerbrief (Holl, Ges. Aufsätze I 111—154) und über den Galaterbrief (WA II 443—618, XL¹ 33—XL² 184, LVII [Gal.] 1—108), Köstlin, Luthers Theologie I 44—49, 209—213, II 175—180, 192—201.
⁷) Apg. 15, 9.   ⁸) ganz.

konnen wir nicht ruhmen viel Verdienst unser Werke, wo sie ohn
Gnad und Barmherzigkeit angesehen werden, sondern, wie ge=
schrieben stehet¹: „Wer sich ruhmet, der ruhme sich des HERRn",
das ist, daß er einen gnädigen Gott hat, so ist's alles gut, sagen auch
weiter, daß, wo gute Werk nicht folgen, so ist der Glaube falsch
und nicht recht.

Von Klostergelubden².

Weil die Klostergelubde stracks wider den ersten Häuptartikel
streiten, so sollen sie schlecht abe³ sein; denn sie sind's, da Christus
von sagt Matth. 24.: „Ego sum Christus"⁴ etc.; denn wer da
gelobt ein Klosterleben, der gläubt, daß er ein besser Leben fuhre
denn der gemein Christenmann, und will durch seine Werk nicht
allein ihm selber, sondern auch andern zum Himmel helfen. Das
heißt Christum verleugnen etc. Und sie ruhmen aus ihrem S. Thoma,
daß Klostergelubde der Taufe gleich sei*⁵.   * Das ist eine Gotts=
lästerunge.

Von Menschensatzungen⁶.

Daß die Papisten sagen, Menschensatzungen dienen zu Ver=
gebung der Sunden oder verdienen die Seligkeit, das ist unchrist=
lich und verdammpt, wie Christus spricht⁷: „Vergeblich dienen sie

et opera non possumus, cum absque gratia et misericordia adspiciuntur, sed, ut
scriptum est 1. Cor. 1.: 'Qui gloriatur, in Domino glorietur', quod scilicet habeat
Deum propitium. Sic enim omnia bene se habent. Dicimus praeterea, ubi non
sequuntur bona opera, ibi fidem esse falsam et non veram.

XIV. De votis monasticis.

Quia vota monastica e diametro pugnant cum primo principali articulo, ideo
plane abroganda sunt. Ea enim sunt, de quibus Christus inquit Matth. 24.: 'Ego
sum Christus' etc. Qui enim votum facit in monasterio vivendi, is credit se vitae
rationem sanctiorem initurum esse, quam alii christiani ducunt, et suis operibus
non tantum sibi, sed etiam aliis coelum mereri vult. Hoc vero quid aliud est quam
Christum negare? Et pontificii ex suo Thoma dicere non erubescunt votum monasticum esse aequale et par baptismo. Haec blasphemia est in Deum.

XV. De humanis traditionibus.

Quod pontificii dicunt humanas traditiones facere ad remissionem peccatorum et
mereri salutem, plane impium et damnatum est, sicut Christus inquit: 'Frustra

---

1 unser Werke] und Werk Konk   3 stehet + zun Korinthern Sp J + 1. Kor. 1.
Konk   9/10 da *bis* von] davon Sp   14 etc. > Sp A D J Konk   19 spricht + Matthäi
am funfzehenden Sp

---

¹) 1. Kor. 1,31; 2. Kor. 10,17.   ²) Vgl. oben 110—120, 377—396, WA II *735 f.,
VI *440, *538—542, VII 625, VIII 323—335, *573—669, XI,¹ 481—498, 681—709,
XIX 287—293, WABr II 370 f., 374 f., 382—385.   ³) schlechthin abgetan   ⁴) Matth.
24,5; „Ich bin Christus".   ⁵) Thomas von Aquino, Summa theologiae P. II, 2
qu. 189 art. 3 ad 3; IV Sent. dist. 4 qu. 3a. 3q. 3.3. Vgl. H. Denifle, Luther und
Luthertum I 1 (2. Aufl. 1904), 220—232, Scheel, Luther II 26 f., K. Holl, Aufsätze III 210
Anm. 2; vgl. auch WA VI *440₈ f., *539 ₁₆₋₁₉, VIII *596 ₂₁, XIV 62 ₄₋₆, XXV 186₂₂₋₂₅,
XXXII *300 ₂₆₋₂₈, XXXIV 92 ₄ f., XXXVIII 148—158, *226 ₁₁ f., XLV 524 ₁₀ f.,
LI 113,5 f. *487 ₂₄₋₂₈, LIV 266 ₁₈₋₂₂, oben 111 f. und 383 f.   ⁶) Vgl. oben 69 f., 100—107.
125—132, 205, 211—216, 282 f., 297—307, 381 f., unten 502, 813—816, 1053—1063,
WA XXVI *509, XXXIII 91 und 168.   ⁷) Matth. 15,9.

mir, weil sie lehren solche Lehre, die nichts sind denn Menschengebot." Item ad Titum 1.¹: "Aversantium veritatem". Item daß sie sagen, es sei Todsund, solche Satzungen brechen, ist auch nicht recht².

Dies sind die Artikel, darauf ich stehen muß und stehen will bis in meinen Tod, ob Gott will, und weiß darinne nichts zu ändern noch nachzugeben. Will aber imand etwas nachgeben, das tue er auf sein Gewissen³.

Zuletzt ist noch der Geukelsack⁴ des Bapsts dahinden⁵ von närrischen und kindischen Artikeln als von Kirchweihe, von Glocken täufen, Altarstein täufen und Gevattern dazu bitten, die dazu gaben⁶ etc. Welchs Täufen ein Spott und Hohn der heiligen Taufe ist, daß man's nicht leiden soll⁷.

Darnach von Licht weihen, Palmen, Wurz, Hafern, Fladen weihen⁸ etc., welchs [doch] doch nicht kann geweihet heißen noch sein, sondern eitel Spott und Betrug ist.

---

colunt me docentes doctrinas et mandata hominum' et Tit. 1.: 'aversantium veritatem'. Item, quod dicunt esse peccatum mortale, si quis non servet ista statuta, etiam impium est.

3   Hi sunt articuli, in quibus constantem me esse oportet, et constans ero usque ad mortem meam Deo dante, et nec mutare nec concedere quidquam in illis possum. Si quis alius voluerit aliquid concedere, faciat id periculo suae conscientiae.

4   Postremo restant praestigiae papales de stultis et puerilibus articulis ut de templorum dedicationibus, campanarum baptizationibus, altarium dedicationibus et baptizationibus adhibitis patrimis seu susceptoribus, qui munera largiebantur etc. Haec baptizatio fit in contumeliam, ignominiam et dedecus sacrosancti baptismi et ideo minime toleranda est.

5   Deinde de consecrationibus cereorum, palmarum, placentarum, avenae, herbarum et aromatum etc., quae omnia non possunt dici consecrationes, sed ludibria et merae imposturae sunt.

---

2 Item (1.) bis veritatem a. R.   14/5 Fladen und weihen a. R. (im Text fehlt das korrespondierende Einweisungszeichen)

2 ad Titum 1.] Sant Paulus zum Tito am ersten: "Welche sich von der Wahrheit abwenden" Sp, Tito 1.: "Aversantium veritatem", "welche sich abwenden von der Wahrheit" J   3 sei + ein Sp   5 wir bis muffen J   5/6 wollen bis unfern bis wissen J   14/15 Liecht weihen, Palmen, Fladen weihen, Würz, Hafern etc. A Liecht (Liechten J + weihen Konf), Palmen, Fladen, Hafern, Wurz weihen etc. D J Konf   14 etc. > Sp

¹) Tit. 1,14; "die sich von der Wahrheit abwenden".   ²) Vgl. dazu Cochläus Bl. L 3b und 4a: "Wer nu bricht aus Frevel mit Verachtung des obersten Priesters, den Bischofen und gehorsamen Christen zu Trotz und zu Argernis der Schwachen und Einfältigen, wie denn des Luthers Anhang täglich tut mit Fleischessen und Fastenbrechen etc., dem ist es ohn Zweifel ein schwere Todsünd... Wer aber solche Kirchensatzunge bricht oder übertritt nicht aus Fürsatz und Mutwillen, wie des Luthers Hauf tut, sonder aus Unwissenheit oder Vergessenheit, aus Schwachheit oder menschlicher Gebrechligkeit, dem halte ich's für keine Todsünd."   ³) Vgl. oben 409₂₁₋₂₄.   ⁴) Tasche des Gauklers oder Taschenspielers   ⁵) übrig   ⁶) Patengeschenke machen   ⁷) Die Weihe von Kirchen, Glocken und Altären gehört zu den bischöflichen, resp. weihbischöflichen Funktionen. Der Altarstein ist die aus einem einzigen Naturstein bestehende Altarplatte (mensa), die in der Mitte das Reliquiengrab (sepulchrum) enthält. Die Glocken werden gewöhnlich in der Benediktion (Taufe), deren Ritus dem der richtigen Taufe sehr ähnlich ist, nach Heiligen benannt, wobei die anwesenden Zeugen (oft hundert oder mehr) an den Strick greifen und als Paten bezeichnet werden; sie sind zu Patengeschenken an die Kirche und deren Geistliche verpflichtet; vgl. WA XXXII 254 f., *348, XXXVIII *204₁, *217₁₉, unten 493₁₄f., Eisenhofer, Liturgik 287—292.   ⁸) Diese Weihen werden vom Priester vorgenommen. Nachdem am Karsonnabend in der Kirche das alte Feuer aus-

III. Teil. Menschensatzungen — Unterschriften.

Und des Gaukelwerks unzählich viel, welche wir befehlen ihrem[1] Gott und ihnen selbs anzubeten, bis sie['s] es mude werden, wir wollen damit unverworren[2] sein.

Martinus Luther D. subscripsit.
Justus Jonas[2] D. Rector subscripsit manu propria.
Joannes Bugenhagen[3] Pomer Doctor subscripsit.
Caspar Creutziger[4] D. subscripsit.
Niclas Amsdorff[5] subscripsit Magdeburgensis.
Georgius Spalatinus[6] subscripsit Aldemburgensis.
Ich Philippus Melanthon halt diese obgestallte Artikel auch fur recht und christlich, vom

Et sunt talium praestigiarum infinitae aliae, quas committimus Deo ipsorum et ipsis adorandas, donec illis defatigentur. Nobis nihil cum istis negotii esse debet.

Ego Philippus Melanthon suprapositos articulos approbo ut pios et christianos. De

Die Unterschriften stehen in Sp J Konk Conc 1580 *und* 1584.

gelöscht ist, wird neues Feuer entzündet und mit Weihwasser besprenat; an diesem Feuer wird dann die in der Ostervigilie geweihte Osterkerze angezündet. Auch zu Mariä Lichtmeß (2. Februar) werden Lichter geweiht, am Palmsonntage Palmzweige, am 15. August (Mariä Himmelfahrt) die Kräuter, Blumen, Kornähren, Honig, Weinstöcke etc., am 26. Dezember (Stephanstag) der Hafer, am Ostersonnabend oder -sonntag die Fladen oder ungesäuerten Osterkuchen (placentae consecratae). Die „Würzweihe" erwähnt Luther auch oben 426,4 f. in dem gestrichenen Absatz. Vgl. zu den verschiedenen Weihen WA VI *561 28 f., XXXII 251, 253, 259 f., 264, 266 f., *350 f., XXXVIII *217 21 f., L 644 20 ff., 645 12 f., Eisenhofer 140—142, 155 f., 128 f., 159, 146, 224.

[1]) unbelästigt [2]) 1493—1555, aus Nordhausen; 1518 Dr. jur., seit 1521 als Propst an der Schloßkirche und Professor des kanonischen Rechts in Wittenberg; bald trat er nach Erwerbung der theologischen Doktorwürde (1521) in die theologische Fakultät über. Als Übersetzer Lutherscher und Melanchthonscher Schriften entfaltete er eine rege Tätigkeit; am Marburger Religionsgespräch (1529) und Augsburger Reichstag (1530) nahm er teil, jedoch nicht am Tage von Schmalkalden. Im Wintersemester 1536/37 bekleidete er das Rektorat der Universität. 1541 verließ er Wittenberg; 1546 hielt er eine der Leichenpredigten auf Luther; über ihn vgl. RE IX 341—346. [3]) 1485—1558, aus Wollin; seit 1521 in Wittenberg, wurde er 1523 als Pfarrer an die dortige Stadtkirche berufen; 1533 promovierte er zusammen mit Cruciger (s. u. Anm. 4) und Aepinus (s. u. 467 Anm. 4) zum Dr. theol. und trat dann in die theologische Fakultät ein. Er hielt 1546 in der Schloßkirche die deutsche Leichenpredigt auf Luther. Sein Hauptverdienst liegt in der Organisation der protestantischen Kirchen Niederdeutschlands und Dänemarks; über ihn vgl. RE III 525—532. [4]) 1504—48, aus Leipzig; 1528 wurde er Prediger an der Schloßkirche in Wittenberg, 1533 Dr. theol. und Mitglied der theologischen Fakultät. In Schmalkalden war er nicht anwesend, dagegen nahm er 1540/41 an den Religionsgesprächen in Hagenau und Worms sowie an dem Regensburger Reichstag teil; über ihn vgl. RE IV 343 f. [5]) Nikolaus von Amsdorf, 1483—1565, aus Torgau; Lic. theol. 1511, Domherr am Wittenberger Allerheiligenstift; Luther widmete ihm 1520 seine Schrift: „An den christlichen Adel"; 1524—41 Pfarrer und Superintendent in Magdeburg; 1541 ernannte ihn Kurfürst Johann Friedrich zum Bischof von Naumburg-Zeitz entgegen der Wahl des Domkapitels; Luther führte ihn 1542 ein. Durch den Schmalkaldischen Krieg verlor er sein Bistum und lebte fortan in Magdeburg als Führer der strengen Lutheraner und im Kampf gegen das Interim. 1552—58 sein Streit gegen Georg Major und Justus Menius (s. u. 467 Anm. 7) über die Notwendigkeit der guten Werke und 1556—60 der synergistische Streit gegen Johann Pfeffinger; über Amsdorf vgl. RE I 464—467. [6]) Georg Burkhardt, 1484—1545, aus Spalt bei Nürnberg; zunächst Hofprediger, Bibliothekar und Sekretär des Kurfürsten Friedrich des Weisen; er vermittelte den Verkehr zwischen Luther und dem Kurfürsten, nach dessen Tode (1525) er auch weiterhin im Hofdienst verblieb, aber nach Altenburg übersiedelte, wo er das Pfarramt bekleidete. Er war mehrfach als Visitator und in politischen Missionen tätig; über ihn vgl. RE XVIII 547—553, WABr XII 204 Anm. 4 und J. Höß, Georg Spalatin (1956).

Bapst aber halt ich, so er das Evangelium wollte zulassen, daß ihm umb Friedens und gemeiner Einigkeit willen derjenigen Christen, so auch unter ihm sind und kunftig sein möchten, sein· Superiorität uber die Bischofe, die er hat jure humano, auch von uns zu zulassen [und zu geben] sei[1].

8 Joannes Agricola[2] Eisleben. subscripsit.
9 Gabriel Didymus[3] subscripsit.
10 Ego Urbanus Rhegius[4] D., ecclesiarum in ducatu Luneburgensi Superintendens, subscribo meo et fratrum meorum nomine et ecclesiae etiam Hannopheranae.
11 Ego Stephanus Agricola[5], Ecclesiastes Curiensis, subscribo.
12 Et ego Joannes Draconites[6] subscribo, Professor et Ecclesiastes Marpurgensis.
13 Ego Chunradus Figenbocz[7] pro gloria Dei subscribo me ita credidisse et adhuc praedico et credo firmiter uti supra.

pontifice autem statuo, si evangelium admitteret, posse ei propter pacem et communem tranquillitatem christianorum, qui jam sub ipso sunt et in posterum sub ipso erunt, superioritatem in episcopos, quam alioqui habet jure humano, etiam a nobis permitti.

---

[1]) Vgl. dazu oben XXIV, unten 471—489. Die Form: ‚Melanthon' benutzt Melanchthon seit 1531.   [2]) Johann Schneider, 1494—1566, aus Eisleben; er zählte zu Luthers engstem Freundeskreise; 1519—25 gehörte er der Wittenberger philosophischen Fakultät an, dann ging er als Schulrektor und Prediger nach Eisleben; seit Ende 1536 war er wieder in Wittenberg, wo er auch Luther während des Schmalkaldischen Tages 1537 vertrat. Infolge des Antinomistenstreites verließ er Wittenberg 1540 und ging nach Berlin, wo er Hofprediger Joachims II. und Generalsuperintendent wurde; über ihn vgl. RE I 249 bis 253.   [3]) Gabriel Zwilling, ca. 1487—1558, aus Annaberg; als Wittenberger Augustinermönch war er im Herbst und Winter 1521 der Führer der evangelischen Neuerer, die sich gegen die Privatmesse, die Bilder usw. wandten. Er trat dann aus dem Kloster aus, 1523 kam er zunächst als Prediger, dann als Pfarrer nach Torgau. 1549 wurde er als Gegner des Interims abgesetzt. — Im Januar 1537 unterzeichnete Didymus die Schmalkaldischen Artikel in Torgau, in Schmalkalden war er nicht anwesend; vgl. über ihn RE IV 639—641.   [4]) Urban Rieger, 1489—1541, aus Langenargen am Bodensee; 1520 Dr. theol.; ursprünglich ein Gegner Luthers, wandte er sich diesem seit 1520 zu. Als Geistlicher wirkte er in Augsburg für die Reformation, 1530 berief ihn Herzog Ernst von Lüneburg nach Celle (1531 zum Landessuperintendenten in Braunschweig-Lüneburg ernannt), in der Stadt Hannover ordnete er das Kirchenwesen neu; 1536 unterzeichnete er die Wittenberger Konkordie; über ihn vgl. RE XVI 734—741, RGG³ V 1082f., WABr XII 204 Anm. 4, Weimar, Staatsarchiv, Reg H 138, Bl. 95 und Hannover, Stadtarchiv, A I O (Vollmacht des Rates Hannovers für Rhegius vom 31. I. 1537, in Schmalkalden ihn zu vertreten).
[5]) Stephan Castenpauer, 1491(?)—1547, aus Abensberg in Niederbayern; als Augustinermönch in Rattenberg am Inn, wegen ketzerischer Predigten 1522 gefangengesetzt; im nächsten Jahre konnte er nach Augsburg entfliehen, wo er als Prediger im Sinne Luthers wirkte. 1529 nahm er am Marburger Religionsgespräch teil. Infolge des Streites zwischen Zwinglianern und Lutheranern in Augsburg nahm er 1531 seinen Abschied, von Markgraf Georg von Brandenburg als Pfarrer nach Hof berufen; über ihn vgl. RE I 253—255, NDB I, 104f., Weimar, Staatsarchiv, Urk. 1576 (Agricola und Schneeweiß [s. u. 465 Anm. 5] als Bevollmächtigte des Markgrafen nach Schmalkalden gesandt, 30. I. 1537); Agricola vertrat die Geistlichen des Landes oberhalb des Gebirges, Schneeweiß die des Landes unterhalb des Gebirges.   [6]) Johannes Drach, 1494—1566, aus Carlstadt am Main; bis 1521 Kanoniker in Erfurt, 1522/23 erster evangelischer Pfarrer in Miltenberg, wo er sich aber gegen Albrecht von Mainz nicht behaupten konnte; 1523 D. theol. in Wittenberg. 1534—47 in Marburg Nachfolger Erhard Schnepfs (s. u. 465 Anm. 3) als Prediger und Professor der Theologie. 1551 wurde er an die Universität Rostock, 1560 nach Marienwerder als Präsident des Bistums Pomesanien berufen: über ihn vgl. RE V 12—15, NDB IV 95, F. Gundlach, Catalogus professorum academiae Marburgensis (1927) 6; mit ihm vertraten Adam Krafft (s. u. 465 Anm. 8), Antonius Corvinus (s. u. 466 Anm. 1), Dionysius Melander (s. u. 466 Anm. 4) und Johannes Fontanus (s. u. 498 Anm. 8), der nur Melanchthons Traktat unterschrieb, die hessische Geistlichkeit.   [7]) Dr., zunächst Prediger in Halberstadt und Goslar, seit 1528 Dechant und Pfarrer an St. Nicolai in Zerbst; 1540 ist er nicht mehr im Amte; damals (am 17. Fe-

Andreas Osiander[1], Ecclesiastes Nurembergensis, subscribo.
M. Vitus Diethrich[2], Ecclesiastes Noribergensis.
Erhardus Schnepffius[3], Concionator Stugardiensis, subscribo.
Conradus Öttingerus[4] Phorcensis, Ulrichi Duois Concionator.
Simon Schneeweiss[5], Parochus ecclesiae in Creilsheim.
Johannes Schlachinhauffen[6], Pastor ecclesiae Coetensis, subscribo.
M. Georgius Heltus[7] Forhemius.
M. Adamus a Fulda[8], Concionatores Hassiaci[9].

---

bruar) unterzeichnet er ein Gutachten der anhaltischen Theologen über die Augsburgische Konfession und die Schmalkaldischen Artikel in Bernburg. — Er vertrat 1537 in Schmalkalden die Pfarrer von Anhalt-Zerbst, Johann Schlaginhaufen (s. u. Anm. 6) die von Anhalt-Köthen und Georg Helt (s. u. Anm. 7) die von Anhalt-Dessau; vgl. das Schreiben der vier anhaltinischen Fürsten Wolfgang, Johann V., Georg III. und Joachim I. an den sächsischen Kurfürsten vom 1. Februar 1537 (Weimar, Staatsarchiv, Reg H 138, Bl. 63); über Feigenbutz vgl. ADB XXXI 335 und Mitteilungen des Vereins für anhaltische Geschichte und Altertumskunde XI 343 ff.

[1] 1498—1552, aus Gunzenhausen an der Altmühl; 1522—48 Pfarrer an der St. Lorenzkirche in Nürnberg, er war bei der Einführung der Reformation in Nürnberg stark beteiligt; am Marburger Religionsgespräch, dem Augsburger Reichstag (1530) und den Religionsgesprächen in Hagenau und Worms (1540/1) nahm er teil. Mit seinen Nürnberger Kollegen geriet er in heftige Streitigkeiten wegen der Privatbeichte, für die er nachdrücklich eintrat. 1549—52 Pfarrer und Theologieprofessor in Königsberg; 1550 brach der Streit über die Rechtfertigungslehre Osianders aus, der erst nach seinem Tode 1567 beigelegt wurde; zur Entsendung Osianders und Veit Dietrichs auf den Tag von Schmalkalden 1537 vgl. Bayrisches Staatsarchiv in Nürnberg, Ratsbücher Nr. 18, Bl. 121a (31. I. 37) und Ratsverläße 1536 fasc. 5, Bl. 5a (27. I. 37). Zu Osiander vgl. RE XIV 501—509. [2] 1509—49, aus Nürnberg; er stand Luther nahe, in dessen Hause er Tischreden des Reformators aufzeichnete; 1529 wurde er Magister artium. Er begleitete Luther 1529 nach Marburg und 1530 auf die Koburg. 1535 wurde er Pfarrer an der St. Sebalduskirche in Nürnberg. Er gab eine Reihe von Lutherschen Vorlesungen heraus und übersetzte auch Melanchthons „Tractatus de potestate et primatu papae" (vgl. oben XXVII und unten 471—496) ins Deutsche. Über ihn vgl. oben Anm. 1 sowie RE IV 653—658 und B. Klaus, Veit Dietrich (1958). [3] 1495—1558, aus Heilbronn; seit 1520 evangelischer Prediger, er stand zusammen mit Brenz (s. u. 466 Anm. 2) an der Spitze des süddeutschen Luthertums gegen die Zwinglianer. 1527—34 Theologieprofessor in Marburg, 1530 nahm er am Augsburger Reichstag teil. 1534 ging er als Prediger nach Stuttgart, wo er zusammen mit Blaurer (in Tübingen) (s. u. 496 Anm. 11) Württemberg reformierte. 1544—48 Pfarrer und Theologieprofessor in Tübingen, 1549—58 Theologieprofessor und Superintendent in Jena. Er war ein Parteigänger des Flacius; über ihn vgl. RE XVII 670—674 und Gundlach, Catalogus, 5. Zusammen mit Konrad Öttinger (s. u. Anm. 4) vertrat er die württembergischen Geistlichen. [4] Konrad Öttinger aus Pforzheim († 1540), erst Hofprediger Philipps von Hessen, seit 1534 Herzog Ulrichs von Württemberg; vgl. RE XIV 529 und Württembergische Kirchengeschichte, hrsg. vom Calwer Verlagsverein (1893) 275, 280, 329, 331, 333, 339. [5] aus Znaim in Mähren; zunächst Hofprediger des Markgrafen Georg von Brandenburg in Ansbach, seit 1534 Pfarrer in Crailsheim, wo er noch 1545 wirkte; er nahm 1540/1 an dem Hagenauer und Wormser Religionsgespräch und dem Regensburger Reichstag teil; über ihn vgl. Th. Kolde, Die älteste Redaktion der Augsburger Konfession (1906) 110 Anm. 1, RE XVII 246. Über seine Entsendung nach Schmalkalden s. o. 464 Anm. 5. [6] † ca. 1560, aus Neunburg in der Oberpfalz (?); 1531/32 schrieb er Tischreden in Luthers Haus nach; 1532 Pfarrer in Zahna, 1533 Pfarrer, später Superintendent in Köthen an der St. Jakobikirche. Über ihn vgl. ADB XXXI 329—336, über seine Sendung nach Schmalkalden o. 464 f. Anm. 7. Er begleitete den kranken Luther am 26. Februar 1537 nach Tambach und kehrte dann mit der Nachricht von dessen Gesundung nach Schmalkalden zurück. [7] † 1545, aus Forchheim bei Bamberg; 1505 in Leipzig Magister, seit 1518 Erzieher und später vertrauter Berater des Fürsten Georg III. von Anhalt; über ihn vgl. O. Clemen, Georg Helts Briefwechsel (1907), 1—4, über seine Sendung nach Schmalkalden o. 464 f. Anm. 7. [8] Adam Krafft, 1493—1558, aus Fulda; 1519 Magister in Erfurt, 1521—25 Prediger in Fulda, dann 1525 Hofprediger Philipps von Hessen in Kassel und 1526 Superintendent der Diözese Marburg, 1527—58 Theologieprofessor in Marburg, er besuchte das Marburger

22 M. Antonius Corvinus[1].
23 Rursum ego Joannes Bugenhagius Pomeranus D. subscribo nomine Magistri Joannis Brencii[2], quemadmodum a Schmalkaldia recedens mihi mandavit ore et literis[3], quas his fratribus, qui subscripserunt, ostendi.
24 Ego Dionysius Melander[4] subscribo Confessioni, Apologiae et Concordiae in re eucha-
25 Paulus Rhodius[5], Superintendens Stettinensis. [ristiae.
26 Gerardus Oemcken[6], Superintendens ecclesiae Mindensis.
27 Ego Brixius Northanus[7], ecclesiae Christi, quae est Susati, minister, subscribo articulis reverendi patris M. Lutheri et fateor me hactenus ita credidisse et docuisse et porro per spiritum Christi ita crediturum et docturum.

Religionsgespräch, an der Reformation Hessens war er besonders beteiligt. Die Schmalkaldischen Artikel und Melanchthons Traktat unterschrieb für ihn Corvinus (s. u. Anm. 1), weil er damals schon abgereist war (nach dem 17. Februar, CR III 267); über ihn vgl. RE XI 57, O. Hütteroth, Die althessischen Pfarrer der Reformationszeit (1953), 221 f., Gundlach, Catalogus, 4.   [9]) Auf Krafft und Corvinus bezüglich.

[1]) Anton Rabe, 1501—53, aus Warburg bei Paderborn; 1528—31 Pfarrer in Goslar, 1531 Pfarrer in Witzenhausen, später (nach 1540) Superintendent in Pattensen bei Hannover; 1536 in Marburg Magister. Er führte die Reformation vor allem in dem Herzogtum Göttingen-Kalenberg durch. 1549—52 wurde er wegen seines Widerstandes gegen das Interim gefangen gehalten; über ihn vgl. RE IV 302—305.   [2]) 1499—1570, aus Weil der Stadt; 1518 bei der Heidelberger Disputation für Luther gewonnen, seit 1522 Pfarrer in Schwäbisch-Hall, von wo aus er die Reformation Württembergs 1535 durchführen half. Er war der Führer der süddeutschen Lutheraner gegen die Zwinglianer. Er nahm an den Religionsgesprächen in Marburg 1529, in Hagenau und Worms 1540/1 und in Regensburg 1541 u. 1546 teil. 1548 mußte er wegen des Interims aus Schwäbisch-Hall fliehen, 1553 wurde er von Herzog Christoph von Württemberg zum Propst und ersten Prediger an der Stuttgarter Stiftskirche und herzoglichen Rate ernannt und übernahm die Ordnung des gesamten württembergischen Kirchenwesens; über ihn vgl. RE III 376—388.   [3]) Das Original der Vollmacht befindet sich in Weimar, Staatsarchiv, Reg H 124, Bl. 42a und lautet (gedr. J., Konf. Conc 1580 und 1584, Dolz-Ulbrich, 119 f.): „Legi et iterum atque iterum relegi Confessionem et Apologiam ab illustrissimo principe Electore Saxoniae et aliis principibus ac statibus Romani Imperii Caesareae majestati Augustae oblatam. Legi item formulam Concordiae in re Sacramentaria Wittenbergae cum D. Bucero et aliis institutam. Legi etiam articulos a D. Martino Luthero, praeceptore nostro observandissimo, in Smalkaldensi conventu germanica lingua conscriptos et libellum de papatu et de potestate ac jurisdictione episcoporum. Ac pro mediocritate mea judico haec omnia convenire cum sacra scriptura et cum sententia verae καὶ γνησίης catholicae ecclesiae. Quanquam autem in tanto numero doctissimorum virorum, qui nunc Smalkaldiae convenerunt, minimum omnium me agnoscam, tamen, quia mihi non licet exitum huius conventus expectare, obsecro te, clarissime vir D. Johannes Bugenhagi, pater in Christo observande, ut humanitas tua nomen meum, si opus fuerit, [et caeteri id] omnibus illis, quae supra commemoravi, adscribat. Me enim ita sentire, confiteri et perpetuo docturum esse per Jesum Christum, Dominum nostrum, hoc meo chirographo testor. Actum Smalkaldiae 23. februarii anno XXXVII. Johannes Brencius, Ecclesiastes Hallensis."   [4]) ca. 1486—1561; zunächst Dominikaner in Ulm und Pforzheim, 1525—35 evangelischer Prediger in Frankfurt a. M., wo er zu der zwinglianischen Richtung neigte; seit 1535 Pfarrer an der Martinskirche in Kassel und Hofprediger Philipps von Hessen, dessen Doppelehe er 1540 einsegnete; 1536 unterzeichnete er die Wittenberger Konkordie; über ihn vgl. Hütteroth, Die althessischen Pfarrer, 221 f. und WABr XII 204 Anm. 4 und WA XXX III 554 f.   [5]) Paul von Rhode, 1489—1563, aus Bärenrode in Anhalt; 1523 als evangelischer Pfarrer nach Stettin berufen; 1535 dort zum Superintendenten ernannt, wirkte er bei der evangelischen Neuordnung Pommerns mit. 1537/38 war er vorübergehend als Superintendent in Lüneburg, kehrte aber dann nach Stettin zurück; über ihn vgl. ADB XXIX 7—10 und WABr VIII 61—65 Nr. 3145.   [6]) Gerdt Omcken, ca. 1485—1562, aus Kamen in der Grafschaft Mark; Pfarrer in Lemgo, Soest und dann als Superintendent in Minden; er starb als Superintendent in Güstrow; über ihn vgl. ADB XXIV 346 f., RGG[3] IV 1586 f.   [7]) Brixius thon Noirde, † 1557, aus Schoppingen (Ostfriesland); seit 1528 Geistlicher, 1534—48 erst als Coadjutor, dann als Pfarrer in Soest an St. Petri, 1548—57 als Pfarrer in Lübeck; über ihn vgl. WA XXXVIII
* 388 f. und Enders X 262 Anm. 2.

Michael Caelius¹, Concionator Mansfeldensis, subscribit.
M. Petrus Geltnerus², Concionator Franckenfurdensis, subscripsit.
Wendalinus Faber³, Parochus Seburgae in Mansfeldia.
[Joannes Aepinus⁴ Hamburgensis subscripsit, de superioritate pontificis D. Philippi sen-
5 tentiae in fine additae assentitur cum omnibus Hamburgen. concionatoribus.] Ego
Joannes Aepinus subscribo.
Similiter et ego Joannes Amsterdamus⁵ Bremensis.
Ego Friderichus Myconius⁶, Gothanae ecclesiae apudThuringos Pastor, meo et JustiMenii⁷
Isenacensis nomine subscribo.
10 Ego Johannes Langus⁸, Doctor et Erphurdiensis ecclesiae Concionator, meo et aliorum
meorum in evangelio cooperariorum nomine, nempe:

---

¹) 1492—1559, aus Döbeln; seit 1516 Lehrer und seit 1518 Pfarrer an verschiedenen Orten, 1525 als Hofprediger von Graf Albrecht von Mansfeld berufen; er war bei dem Tode von Luthers Vater († 1530) und auch des Reformators anwesend, auf den er in Eisleben eine Leichenpredigt hielt; über ihn vgl. ADB III 680 f. ²) † 1572, aus Bamberg; erster evangelischer Pfarrer an der Kaufmannskirche in Erfurt, 1536 nach Frankfurt a. M. als Pfarrer berufen; über ihn vgl. WABr II 577 f. Anm. 1, RE II 675 f., C. Krause, Helius Eobanus Hessus II (1879) 224 Anm. 2. ³) Seit 1526 Lehrer an der deutschen Schule in Eisleben, später Schloßprediger des Grafen Gebhard von Mansfeld zu Seeburg; im antinomistischen Streite war er ein Gegner Agricolas; über ihn vgl. WABr IV 55 f. Anm. 1. ⁴) Johann Hoeck, 1499—1553, aus Ziesar; 1529 nach Hamburg als Pfarrer an St. Petri berufen, 1532 zum Superintendenten und Pfarrer am Dom ernannt; 1533 promovierte er zum Dr. theol. in Wittenberg. 1546 brach ein Streit aus über Aepins Lehre von der Höllenfahrt Christi, der erst 1551 beigelegt wurde; über ihn vgl. RE I 228—231. N. Staphorst, Historia ecclesiae Hamburgensis diplomatica, das ist Hamburgische Kirchen-Geschichte 2. Teil I (1729) Jährliche Gestalt des Hamburgischen Predig-Ampts, 11 zählt außer Aepinus 15 Hamburger Pfarrer und Prediger für das Jahr 1537 auf. ⁵) Johann Timann, † 1557, aus Amsterdam; seit 1524 Pfarrer an St. Martin in Bremen; an dem Wormser Religionsgespräch und dem Regensburger Reichstag (1540/41) nahm er teil. Er stritt 1555 ff. gegen seinen Kollegen und Melanchthons Gesinnungsgenossen Albert Hardenberg für die lutherische Abendmahls- und Ubiquitätslehre; über ihn vgl. RE XIX 778—781 und VII 412 ff. ⁶) Friedrich Mecum, 1490—1546, aus Lichtenfels; zuerst Franziskaner, 1524 als Pfarrer nach Gotha berufen, wo er die Reformation durchführte; er nahm am Marburger (1529) und Hagenauer (1540) Religionsgespräch teil, 1536 unterzeichnete er die Wittenberger Konkordie. Die Behauptung J. G. Süßes (Probe einer ... Historie derer Smalcaldischen Artickel [1739] 35 f.), Myconius wäre nicht auf dem Tage in Schmalkalden 1537 gewesen und hätte erst in Gotha die Artikel unterzeichnet, beruht auf einem Irrtum: Osiander nennt ihn am 17. Februar unter den Erschienenen (Volz-Ulbrich, Urkunden, 113₁₈f.). Sowohl Luthers Artikel als Melanchthons Traktat (bei diesem steht sein Name noch vor dem Blaurers) unterschrieb er in Schmalkalden, verließ aber diesen Ort bereits am 26. Februar vor Schluß des Konventes, um zusammen mit Bugenhagen, Spalatin, Schlaginhaufen und dem Arzt Sturtz den kranken Reformator heimzugeleiten; vgl. G. Buchwald, Luther-Kalendarium (1929) 112 (so erklärt sich auch Melanchthons Brief an Myconius vom 28. Februar, CR III 290 f. und WABr VIII 52 Nr. 3141); über Myconius vgl. RE XIII 603—607. ⁷) Jodocus Menig, 1499—1558, aus Fulda; 1525—28 Prediger an der St. Thomaskirche in Erfurt, 1529—52 Pfarrer und Superintendent in Eisenach, hier bekämpfte er die Wiedertäufer und reformierte Thüringen. Er nahm am Marburger (1529), Hagenauer und Wormser (1540/41) Religionsgespräch teil und unterzeichnete die Wittenberger Konkordie. 1546—56 Pfarrer in Gotha, 1557—58 in Leipzig; von Amsdorf wurde er in den majoristischen Streit hineingezogen; über Menius vgl. RE XII 577—581. Menius war auch in Schmalkalden anwesend, wurde aber durch dringende Geschäfte nach Hause gerufen, so daß Myconius für ihn unterschrieb; vgl. G. L. Schmidt, Justus Menius, Der Reformator Thüringens I (1867) 227 f. ⁸) ca. 1487—1548, aus Erfurt; Augustiner in Wittenberg und Erfurt, mit Luther eng befreundet, 1519 Dr. theol.; er wirkte in Erfurt gleichzeitig als Prediger und Dozent; 1522 verließ er das Kloster, ordnete in Erfurt die kirchlichen Verhältnisse, dort 1525 Pfarrer an der Augustinerkirche, seit 1530 Prediger an der Michaeliskirche. Nach Osianders Bericht vom 17. Februar 1537 war er damals in Schmalkalden (Volz-Ulbrich 113₁₆; vgl. auch WABr VIII 462 f.). Er ist schon vor Unterzeichnung der Artikel abgereist und hat sie dann zusammen mit Mechler in Erfurt, wo Luther in der Nacht vom 4. zum 5. März weilte

468 Schmalkaldische Artikel.

35 Domini Licentiati Ludovici Platzii[1] Melosingi.
36 D. Magistri Sigismundi Kirchneri[2].
37 D. Wolphgangi Kiswetter[3].
38 D. Melchioris Weittman[4].
39 D. Johannis Thall[5].
40 D. Johannis Kiliani[6].
41 D. Nicolai Fabri[7].
42 D. Andreae Menseri[8], mea manu subscribo.
43 Et ego Egidius Mechelerus[9] [sua] mea manu subscripsi. 5

(Volz=Ulbrich, Urkunden, 137f.), unterschrieben. Unter dem Melanchthonschen Traktat fehlen diese Namen. Über Lang vgl. ADB XVII 635—637 und RGG³ IV 226.

[1]) Ludwig Platz oder Placenta, † 1547, aus Melsungen; 1497 in Erfurt immatrikuliert, 1504 Magister, 1520 als Lic. theol. Rektor der Universität, 1530 und 1533 Dekan der philosophischen Fakultät. Im Alter (um 1530) trat er zum Protestantismus über, 1536 zog er sich von der Universität zurück, um sich ganz dem Predigtamt (in Walschleben bei Erfurt) zu widmen; Nachmittagsprediger an der St. Andreaskirche; über ihn vgl. Mitteilungen des Vereins für die Geschichte und Altertumskunde von Erfurt 15. Heft (1892) 49, 65—69, 135f. und G. Bauch, Die Universität Erfurt im Zeitalter des Frühhumanismus (1904) 144f. — Über die 9 Erfurter Prediger vgl. Zeitschrift des Vereins für Kirchengeschichte der Provinz Sachsen XIV (1917) 154 Anm. 1 und 157 Anm. 2—8. [2]) 1480—1561, aus Schönstädt bei Langensalza; 1501 in Erfurt immatrikuliert; seit 1528 als Nachfolger von Justus Menius (s. o. 467 Anm. 7) Pfarrer an der St. Thomaskirche, seit 1530 als Nachfolger von Johannes Thall (s. u. Anm. 5) an der Kaufmannskirche in Erfurt. [3]) aus Langewiesen bei Ilmenau, 1502 in Leipzig immatrikuliert, 1504 dort Baccal. artium, 1506 in Erfurt immatrikuliert; Pfarrer an der Predigerkirche in Erfurt. [4]) Erfurter Augustinermönch; er verließ dann das Kloster, ging nach Kassel und wurde 1525 an die St. Andreaskirche in Erfurt als erster evangelischer Pfarrer berufen. [5]) † 1550; 1536—50 als Nachfolger von Peter Geltner (s. o. 467 Anm. 2) Pfarrer an der Kaufmannskirche in Erfurt. [6]) † 1541 (?); als Regularkanoniker seit 1508 der Universität angehörig; 1. Pfarrer an der Reglerkirche. [7]) Ehemaliger Erfurter Augustinermönch (schon 1488); als Supprior 1503/08 bezeugt (Revue d'histoire ecclésiastique 55 [1960], 822 [lies: suppior]. 840 Nr. 7. 856 Anm. 2; Th. Kolde, Die deutsche Augustiner-Congregation und Johann von Staupitz [1879], 416). Erst evangelischer Pfarrer an der St. Georgs=, dann an der Augustinerkirche in Erfurt. [8]) † 1556; 1536—49 Langs Vikar an der St. Michaeliskirche in Erfurt, über ihn vgl. WABr VI 333 Anm. 1. [9]) † 1547, aus Erfurt; bis 1521 Franziskanermönch, später Prediger an der Bartholomäi=, seit 1525 an der Barfüßerkirche in Erfurt. Er unterzeichnete die Schmalkaldischen Artikel eigenhändig; über ihn vgl. O. Clemen, Flugschriften aus den ersten Jahren der Reformation IV (1911) 221—226.

Nachträge

(Vgl. die Sternchen am Rande der betreffenden Seiten)

407 Anm. 4: Vgl. auch H. Jedin, Geschichte des Konzils von Trient I (2. Aufl. 1951), 252.
408 Anm. 1: Vgl. Jedin a. a. O., 264ff.   Anm. 3: Vgl. auch WABr VII 605 und 613.
409 Anm. 7: Den Anfang des „Bekenntnisses" vgl. auch unten 981₁₃₋₄₈ (FC).
414₁₄ Zu „[. . .] sind] . . . ist" (lat. Übersetzung: „sunt") vgl. unten 933₂ („est") und („ist") sowie WA L 278₃₂ff. und 281₃₉f. („ist").
414₄₀ Zu „semper virgine" (Luther: „Jungfrau") vgl. unten 1024₃₅₋₄₀.
415₅ Zum „Häuptartikel" vgl. auch WA XXXI¹ 1ff.
415₂₁ Vgl. dazu Loofs, Der articulus stantis et cadentis ecclesiae (ThStKr 90 [1917], 323—420).
426₇f. Vgl. dazu WABr VII 15₁₂, 141₁₂f., IX 451₄, WADB X² 85, WATR I 252₁₄, III 361₁₆.
431 Anm. 7: Vgl. auch WA XXIII 545₁₅, XXXII 471₁₄, XXXVIII *233₁₇f., LI *495₁₉f., WATR IV 339₁₂ und 458₂.
   Anm. 8: Vgl. dazu N. Paulus in: Theologie und Glaube V (1913), 533—536, ferner WA VI *543₂₂f., VII 776₃, VIII 158₂₃f., XV 515₃₉, XXXII 471₁₂f., XLV 3₂₀, L 289₂₂₋₂₅, LIV 209₂₇, WATR I 214₆f. V 468₁f., WADB III 86₅.
445 Anm. 6: Auch Mark. 1,2 (= Mal. 3,1). Vgl. Luther-Jahrbuch XXXI (1964), 69—76.
450 Anm. 1: Das Augustinzitat steht auch im Decretum Gratiani P. II C. 1 q. 1 c. 54.
454 Anm. 3: Vgl. auch WA VI *425₃₋₁₉, VII 166₆f., XI,¹ 648₂f., L 289₈₋₁₄.

Fortsetzung S. 542

V.

De potestate et primatu papae tractatus

per theologos Smalcaldiae congregatos conscriptus.

Anno 1537.

Von der Gewalt und Oberkeit des Bapsts,

durch die Gelehrten zusammengezogen zu Schmalkalden.

Anno 1537.

Abkürzungen:

Spal = Spalatins lat. Abschrift des Tractatus im Staatsarchiv zu Weimar (Reg H 124, Bl. 43a—59a).

K = Defensio conjugii sacerdotum pia et erudita, missa ad Regem Angliae, collecta a Philippo Melanthone (Straßburg, Crato 1540), S. 110—140.

Conc = lat. Konkordienbuch (Leipzig 1584), S. 322—339.

S = Abschrift aus Nikolaus Selneccers Besitz in der Göttinger Staats= und Universitätsbibliothek (Ms. Theol. 250 II, Bl. 222ª—236 ᵇ).

Diet = Abschrift der deutschen von Veit Dietrich angefertigten Übersetzung des Tractatus im Staatsarchiv zu Weimar (Reg H 124, Bl. 60a—80a; von Schreiberhand mit eigenhändigen Korrekturen und Zusätzen Dietrichs).

L = Von des Bapsts gewalt / welches er sich anmasset wider die Götlichen Schrifft / vnd der ersten Kirchen brauch. Item von der Bischoffen Jurisdiction / Gestellet durch Herrn Philippum Melanthon / vnd verdeutschet durch Vitum Dietherich ([Nürnberg, Petrejus] 1541); buchstabengetreu abgedruckt bei L. von Ranke, Deutsche Geschichte im Zeitalter der Reformation VI (Gesamt=Ausgabe der Deutschen Akademie [1926]) 88—101.

J = Artikel der Euangelischen Lere / so da hetten sollen auffs Concilium vberantwort werden / wo es sein würde / Vnd vom gewalt des Bapsts / vnd seiner Bischoffe ([Magdeburg, Lotther] 1553), Bl. g2a—k4a.

Konk = deutsches Konkordienbuch (Dresden 1580), Bl. 151a—159b.

Ulm = Abschrift der Dietrichschen Übersetzung im Ulmer Stadtarchiv (Reformationsakten XXI. Teil (X, 27,1), Nr. 34, Bl. 1a bis 21b).

Essl = Abschrift der Dietrichschen Übersetzung früher im Eßlinger Stadtarchiv, jetzt im Stuttgarter Staatsarchiv (Kasten 3, Fach 21 B 137, 1537. Eßlingen Stadt Bl. 1a—17b).

Im Apparat nicht berücksichtigt sind die wertlosen Sonderlesarten der vielfach mit K zusammengehenden lateinischen Kopie in der Handschrift: Sup. ep. (4°) 74, Bl. 406ª—413ª der Hamburger Staats= und Universitätsbibliothek.

DE POTESTATE ET PRIMATU PAPAE[1].

Von der Gewalt und Obrigkeit des Bapsts, durch die Gelehrten zusammengezogen.

Schmalkalden 1537.

1 Romanus episcopus arrogat sibi, quod jure divino sit supra omnes episcopos et
2 pastores[2]. ' Deinde addit etiam, quod jure divino habeat utrumque gladium[3], hoc est autoritatem conferendi regna et trans-
3 ferendi. Et tertio dicit, quod haec credere sit de necessitate salutis[4]. Et propter has causas Romanus episcopus vocat se vi-
4 carium Christi in terris[5]. Hos tres articulos sentimus et profitemur falsos, impios, tyrannicos et perniciosos ecclesiae esse.
5 Ut autem intelligi nostra confirmatio possit, primum definiemus, quid vocent supra omnes episcopos esse jure divino. Intelli-

5 Der Bapst ruhmet sich zum ersten, daß er aus gottlichen Rechten der Oberst sei uber alle andere Bischofe und Pfarrherrn in der ganzen Christenheit. Zum andern, daß er aus gottlichem Rechten habe beide
10 Schwert, das ist, daß er muge Konig setzen und entsetzen, weltliche Reich ordnen etc. Zum dritten sagt er, daß man solchs bei Verlust der ewigen Seligkeit zu glauben schuldig sei. Und dies sind die Ursachen,
15 daß der Bapst sich nennet und ruhmet, er sei der Statthalter Christi auf Erden. Diese drei Artikel halten und erkennen wir, daß sie falsch, ungottlich, tyrannisch und der

---

1 De papatu MDXXXVII. Schmalkaldiae. Spal *auf Bl.* 43 a. 1/3 De potestate et primatu papae ἀδέσποτον. K   De potestate et primatu papae tractatus per theologos Smalcaldiae congregatos conscriptus anno MDXXXVII. Conc   5 episcopus] pontifex Conc
9/10 autoritatem etiam regna conferendi et transferendi K Conc   10 hoc S   14 et profitemur > K Conc   confitemur S   14 impios > K   18 episcopos > K Conc

1/4 Artikel das Bapsttumb belangend, welche durch die Herren Theologen einträchtiglich zu Schmalkalden beschlossen. 1537. Schmalkalden. Diet *auf Bl.* 60a *von Schreiberhand*; Von dem bäpstlichen Gewalt L; J Konk *wie* 1/4 (Konk: Oberkeit *bis* zu Schmalkalden Anno ..)   17 bekennen L

---

[1]) Über Melanchthons Stellung zum Papste vgl. oben 463f. WATRV Nr. 5551, CR II 744—746, IV 530f., XII 200—206 (Oratio de pontificum Romanorum ambitione, monarchia, tyrannide, 1556), WABr XII 116, WA XI 375—379.   [2]) Vgl. z. B. Decr. Grat. P. I D. 21 c. 3, D. 22 c. 1 und 2; Decret. Greg. IX. V, 33 c. 23.   [3]) Vgl. dazu besonders die Bulle „Unam sanctam" von Bonifaz VIII. (1301) (Corp. jur. can. Extrav. comm. I, 8 c. 1); dort heißt es: „In hac ejusque ⟨= ecclesiae⟩ potestate duos esse gladios, spiritualem videlicet et temporalem, evangelicis dictis ⟨Luk. 22, 38⟩ instruimur ... Sed is quidem pro ecclesia, ille vero ab ecclesia exercendus." Über die Zweischwertertheorie vgl. Jos. Berchtold, Die Bulle Unam sanctam (1887) 14—19 und E. Bernheim, Mittelalterliche Zeitanschauungen in ihrem Einfluß auf Politik und Geschichtsschreibung I (1918) 225 und Anm. 2. Vgl. auch CR III 466, 471, IV 530.   [4]) da es sich hierbei um Dogmen der katholischen Kirche handelt; schon das Konstanzer Konzil verurteilte 1418 als 41. Artikel Wiclifs: „Non est de necessitate salutis credere Romanam ecclesiam esse supremam inter alias ecclesias"; vgl. dazu WA II 279 und 643.   [5]) Diese Bezeichnung wird von den Päpsten erst seit Innozenz III. (1198—1216) gebraucht; vgl. z. B. Decr. Greg. IX. I, 7 c. 2 und 4, Liber Sextus I, 6 c. 3 § 4, Mansi, Collectio XXXI 1031, WA VI 331 5; Wiclif hatte den Satz aufgestellt (37. Artikel): „Nec papa est proximus et immediatus vicarius Christi et apostolorum"; vgl. dazu WA II 643.

gunt enim papam esse episcopum universalem et, ut ipsi loquuntur, oecumenicum¹, id est, a quo debeant petere ordinationem et confirmationem omnes episcopi et pastores per totum orbem terrarum, qui habeat jus eligendi, ordinandi, confirmandi, deponendi omnes episcopos². Ad haec arrogat sibi [potestatem] autoritatem condendi leges de cultibus³, de mutatione sacramentorum, de doctrina et vult suos articulos, sua decreta, suas leges haberi pro articulis fidei seu pro mandatis Dei obligantibus conscientias, quia tribuit sibi potestatem jure divino, imo etiam vult anteferri mandatis Dei⁴. Et atrocius est, quod addit, quod sit de necessitate salutis haec omnia credere.

I. Primum igitur ostendamus ex evangelio, quod Romanus episcopus non sit jure divino supra alios episcopos aut pastores. Lucae vicesimosecundo⁵ Christus expresse prohibet dominationem inter apostolos. Nam haec ipsa erat quaestio, cum Christus dixisset de sua passione, disputabant, quis esset praefuturus et tanquam absentis Christi vicarius futurus. Ibi Christus hunc apostolorum errorem reprehendit et docet non futuram inter illos dominationem seu superioritatem, sed apostolos

chriſtlichen Kirchen ganz ſchädlich ſind. Auf daß nun unſer Grund und Meinung deſte baß müge verſtanden werden, wollen wir zum erſten anzeigen, was es heiße, daß er rühmet, er ſei aus göttlichen Rechten der Oberſte; dann alſo meinen ſie es, daß der Bapſt über die ganzen chriſtlichen Kirchen gemeiner Biſchof und, wie ſie es nennen, oecumenicus episcopus ſei, das iſt, von welchem alle Biſchofe und Pfarrherrn durch die ganze Welt ſollen ordiniert und beſtätigt werden, daß er allein Recht und Macht habe, alle Biſchofe und Pfarrherrn zu wählen, ordnen, beſtätigen und entſetzen. Neben dem maßet er ſich auch dies an, daß er Macht habe, allerlei Geſetz zu machen von Gottesdienſt, Änderung der Sakrament und der Lehre, und will, daß man ſeine Statuta und Satzungen andern Artikeln des chriſtlichen Glaubens und der heiligen Schrift ſoll gleich halten, als die ohne Sund nicht mögen nachgelaſſen werden; denn er will ſolch Gewalt auf das göttlich Recht und heilige Schrift gründen, ja er will, daß man es der heiligen Schrift und den Geboten Gottes ſoll fürziehen. Und das noch ärger iſt, ſetzet er noch das hinzu, ſolchs alles ſoll und muſſe man glauben bei Verluſt der ewigen Seligkeit.

Darumb wollen wir zum erſten aus dem heiligen Evangelio anzeigen, daß der Bapſt gar keiner Obrigkeit über andere Biſchofe und Seelſorger aus göttlichem Recht ſich moge anmaßen. 1. Lucae am 22. verbeut Chriſtus mit klaren, hellen Worten, daß kein Apoſtel einige Oberkeit über die andern haben ſoll; dann eben dies war die Frag under den Jungern, als Chriſtus von ſeinem Leiden ihnen geſagt hätt', daß ſie diſputierten undereinander, wer under ihnen Herr ſein und Chriſtum nach ſeinem Ab-

---

1 papam > K Conc 2/3 οἰκουμενικόν K Conc 8 autoritatem *a. R.* Spal
11/5 haberi *bis* Dei] existimari pares legibus divinis, hoc est, sentit sic obligari conscientias hominum legibus pontificiis, ut peccent mortaliter, qui eas negligunt etiam sine scandalo. K Conc 30 ff. *Die Zahlen* > K Conc 32 aut] et K Conc

14 und + zu L einzuſetzen Konk 17/8 die Sakrament und die Lehre ändern L
39 ihnen] ſchon Konk

---

¹) Vgl. dazu CR XXV 501. Thomas von Aquino ſchreibt z. B. (Opusculum contra errores Graecorum ad Urbanum IV., II 33; gedr. bei C. Mirbt, Quellen zur Geſchichte des Papſttums und des römiſchen Katholizismus [5. Aufl. 1934] 199): „Legitur .. in Chalcedonensi ⟨451⟩ concilio, quod tota synodus clamavit Leoni ⟨I.⟩ papae: Leo sanctissimus, apostolicus et oecumenicus, id est universalis patriarcha per multos annos vivat!" Vgl. dazu unten 477 Anm. 2. ²) auf Grund der päpſtlichen „plenitudo potestatis". Vgl. z. B. Decr. Grat.P. I D. 21 c. 1 § 8. ³) Zu den Kanoniſationen von Heiligen und Anordnung von allgemeinen Feiertagen vgl. Werminghoff, Verfaſſungsgeſchichte, 199.
⁴) Vgl. z. B. Decr. Grat. P. I D. 15 c. 2, D. 19 c. 2 und 6, D. 20 c. 1 und dazu WA II 427, VII 131—133, *175 f., *423—427, L 86, TR V Nr. 6481. ⁵) Luk. 22, 24—27.

tanquam pares ad commune ministerium evangelii mittendos esse. Ideo ait: „Reges gentium dominantur eis, vos autem non sic, sed quicunque voluerit esse major inter vos, erit minister vester." Hic ostendit antithesis, quod dominatio improbetur. Idem docet similitudo[1], cum Christus in eadem disputatione de regno collocat in medio puerum significans non futurum principatum inter ministros, sicut nec puer principatum aliquem sibi sumit aut appetit.

II. Johannis vigesimo[2] Christus pariter mittit apostolos sine discrimine, cum ait: „Sicut misit me pater, ita et ego mitto vos." Eodem modo ait se mittere singulos, sicut ipse missus est; quare nulli tribuit prærogativam aut dominationem præ reliquis.

III. Galat. secundo[3] Paulus manifeste affirmat se neque ordinatum neque confirmatum esse a Petro nec agnoscit Petrum talem, a quo sit petenda confirmatio. Et nominatim pugnat hac de re suam vocationem non pendere ab autoritate Petri. Debuit autem agnoscere Petrum tanquam superiorem, si Petrus erat jure divino superior. Ideo inquit Paulus se non consulto Petro statim docuisse evangelium. Item[4]: „Mea nihil refert, quales illi fuerint, qui aliquid esse videntur. Personam enim hominis Deus non accipit." Item[4]: „Qui videbantur esse aliquid, nulla mihi mandata dederunt." Cum igitur Paulus clare testetur se ne quidem voluisse requirere

sterben verwesen sollt'. Aber Christus strafet solchen Irrtumb der Apostel und lehret sie, es werde die Weise nicht haben[5], daß sie wollten Herrn sein und Oberkeit haben, sondern sie sollten zugleich[6] Aposteln sein und in gleichem Ampt das Evangelion predigen. Darumb sagt er auch: „Die weltlichen König herrschen, und die Gewaltigen heißet man gnädige Herrn, Ihr aber nicht also, sondern der Großest under Euch soll sein wie der Geringst und der Fürnehmest wie ein Diener." Hie siehet man, wann man's gegeneinander hält, daß er kein Herrschaft under den Aposteln haben will, wie solchs auch wohl scheinet aus der andern Gleichnus, da Christus in gleicher Disputation von der Herrschaft ein junges Kind in die Mitten stellet, auf daß er anzeige, daß, gleichwie ein Kind keiner Herrschaft begehret noch sich underfähet, also auch die Apostel und alle, so das Wort führen sollen, nicht Oberkeit sollen suechen noch brauchen.

2. Johannis 20. sendet Christus seine Junger zugleich[6] zum Predigampt ohn alle Unterschied, daß einer weder mehr noch weniger Gewalt soll haben dann der ander; dann, so sagt er, „gleichwie mich mein Vater gesandt hat, so sende ich Euch." Die Wort sind hell und klar, daß er ein jeden also sende, wie er ist gesendet worden. Da kann je keiner kein sonder Oberkeit oder Gewalt für und über die andern rühmen.

3. Galatern 2. zeigt der heilig Paulus klar an, daß er von Petro weder ordiniert noch konfirmiert und bestätigt sei, und erkennet Petrum in keinen Weg[7] dafür, als hätte er von ihm muessen bestätigt werden, und in Sonderheit streitet er dieses, daß sein Beruf auf S. Peters Gewalt garnicht stehe noch grundet sei. Nun sollt' er je Petrum als ein Obersten erkennet haben, wo Petrus anderst solch Obrigkeit von Christo hätt' empfangen, wie der Bapst ohn allen Grund rühmet. Darumb spricht auch Paulus, er hab' das Evangelion ein lange Zeit frei gepredigt, ehe er Petrum darumb besprachet[8] hab'. Item er spricht, „es liege ihm nichts an denen, die das Ansehen

---

6 improbatur S   38 petenda sit K Conc   50 ne voluisse quidem K Conc

15 II. Wie Konk   18 in die Mitten] mitten unter die Apostel Konk   20 unterstehet L
24—S. 475, 13 verschieben sich Konk alle Zahlen um eins nach oben.   29 hat > L
37 und (2.) > Konk   erkennet + auch Konk   48/9 sich mit Petro und den andern
drüber besprochen Konk

[1] Matth. 18, 1—4.   [2] Joh. 20, 21.   [3] Gal. 2, 2 und 6.   [4] Gal. 2, 6.   [5] es werde nicht so zugehen   [6] in gleicher Weise   [7] keineswegs   [8] mit … verhandelt

confirmationem Petri, etiam cum ad eum venisset, docet autoritatem ministerii a verbo Dei pendere et Petrum non fuisse superiorem ceteris apostolis nec unius Petri ordinationem aut confirmationem requirendam esse.

haben, welcherlei sie gewesen sind; dann Gott achtet das Ansehen der Person und Menschen nicht." „Mir aber haben die, so das Ansehen hätten, kein Befelch getan." Weil nun Paulus klar zeuget, er hab' bei Petro nicht wollen ansuechen, daß er ihm zu predigen erlaubte, auch dazumal, da er am letzten sei zu ihm kommen, haben wir ein gewisse Lehre, daß das Predigampt vom gemeinen Beruf der Apostel herkommet, und ist nicht not, daß alle dieser einigen Person Petri Beruf oder Bestätigung haben.

11 IV. 1. Corinth. tertio[1] Paulus exaequat ministros et docet ecclesiam esse supra ministros. Quare Petro non tribuitur superioritas aut dominatio supra ecclesiam aut reliquos ministros. Sic enim ait: „Omnia vestra sunt, sive Paulus, sive Cephas, sive Apollo", id est: nec ceteri ministri nec Petrus sibi sumat dominationem aut superioritatem supra ecclesiam, non onerent ecclesiam traditionibus, non valeat ullius autoritas plus quam verbum, non opponatur autoritas Cephae contra autoritatem aliorum apostolorum, sicut argumentabantur eo tempore: Cephas hoc observat, qui est superior apostolus, ergo et Paulus et ceteri debent hoc observare. Hunc praetextum Paulus detrahit Petro et negat ejus autoritatem anteferendam esse ceteris aut ecclesiae. I. Petri V.[2]: „Non dominantes in clero."

4. 1. Korinth. 3. machet Paulus alle Kirchendiener gleich und lehret, daß die Kirchen mehr sei dann die Diener. Darumb kann man mit keiner Wahrheit sagen, daß Petrus einiche Oberkeit oder Gewalt fur andern Aposteln uber die Kirchen und alle andere Kirchendiener gehabt habe; dann, so spricht er, „es ist alles Eur, es sei Paulus oder Apollo oder Cephas", das ist, es darf weder Peter noch ander Diener des Worts ihnen zumessen einichen Gewalt oder Oberkeit uber die Kirchen. Niemand soll die Kirche beschweren mit eignen Satzungen, sonder hie soll es so heißen, daß keines Gewalt noch Ansehen mehr gelte dann das Wort Gottes[4]. Man darf nicht Cephas' Gewalt höher machen dann der andern Aposteln, wie sie dann zu der Zeit pflegten zu sagen: Cephas hält dies also, der doch der furnehmeste Apostel ist, darumb soll es Paulus und ander auch so halten. Nein, spricht Paulus, und zeuget Petro dies Hutlin ab[5], daß sein Ansehen und Gewalt sollt' höher sein dann der andern Apostel oder Kirchen.

Ex Historiis.

12 V. Nicaena synodus ordinavit, ut Alexandrinus episcopus curaret ecclesias in oriente et Romanus episcopus curaret suburbanas, hoc est eas, quae in provinciis Romanis in occidente erant[3]. Hinc pri-

Aus den Historien.

5. Das Konzil zu Nicäa hat beschlossen, daß der Bischofe zu Alexandrien sollte bestellen die Kirchen in Orient und der Bischof zu Rom die „suburbanos", das ist die, so zu Rom gehorten in Occident.

19/20 sive Apollo, sive Cephas K Conc 32/3 I. Petri bis clero > K Conc 41 curaret Spal über d. Z.

2 Person und > L 3 nicht." + Item L 8 am] zum L 35 dies] das L 37 sollt' + mehr und L 39 Andere Zeugnus aus L 43 suburbanas L

---

[1]) 1. Kor. 3, 4—8 und 22. [2]) 1. Petr. 5,3. [3]) Die betreffende Stelle im can. 6 des Konzils zu Nicaea lautet: Τὰ ἀρχαῖα ἔθη κρατείτω τὰ ἐν Αἰγύπτῳ καὶ Λιβύῃ καὶ Πενταπόλει, ὥστε τὸν Ἀλεξανδρείας ἐπίσκοπον πάντων τούτων ἔχειν τὴν ἐξουσίαν, ἐπειδὴ καὶ τῷ ἐν τῇ Ῥώμῃ ἐπισκόπῳ τοῦτο σύνηθές ἐστιν. (Mansi, Collectio II 669, 671); der Ausdruck „suburbicanas" stammt erst aus Rufins Übersetzung, Historia eccl. I, cap. 6 (MSL XXI 473): „Et ut apud Alexandriam et in urbe Roma vetusta consuetudo servetur, ut vel ille Aegypti vel hic suburbicariarum ecclesiarum sollicitudinem gerat"; doch sind hiermit nicht die späteren suburbikarischen Bistümer

mum humano jure, id est ordinatione synodi crevit autoritas Romani episcopi. Jam si Romanus episcopus habuisset jure divino superioritatem, non licuisset synodo detrahere ei aliquid juris et in Alexandrinum transferre. Imo omnes orientis episcopi perpetuo debuissent ¹ petere ordinationem et confirmationem a Romano.

VI. Item synodus Nicaena constituit, ut episcopi eligerentur a suis ecclesiis praesente aliquo vicino episcopo aut pluribus¹. Idem servatum est etiam in occidente et in Latinis ecclesiis, sicut testatur Cyprianus² et Augustinus³. Sic enim ait Cyprianus in epistola 4. ad Cornelium²: „Propter quod diligenter de divina traditione et apostolica observatione servandum est et tenendum, quod apud nos quoque et fere in omnibus provinciis tenetur, ut ad ordinationes rite celebrandas ad eam plebem, cui praepositus ordinatur, episcopi ejusdem provinciae proximi quique conveniant et episcopus deligatur plebe praesente, quae singulorum vitam plenissime novit, quod et apud vos factum videmus in Sabini, collegae nostri, ordinatione, ut de universae fraternitatis suffragio et de episcoporum, qui in praesentia convenerant, judicio episcopatus ei deferretur et manus ei imponeretur." Hunc morem Cyprianus vocat divinam traditionem et apostolicam observationem et affirmat fere in omnibus provinciis observari. Cum igitur nec ordinatio nec confirmatio a Romano episcopo peteretur in maxima orbis parte, in Graecis et Latinis ecclesiis, satis apparet ecclesias | Hie ist des romischen Bischofes Macht zum ersten gewachsen, nicht aus gottlichem, sonder menschlichem Rechten, wie es im Concilio Nicaeno ist beschlossen worden. So nun der romische Bischofe nach gottlichem Rechte wär' der Oberst gewesen, hätte das Konzili zu Nicäa nit Macht gehabt, ihm solche Gewalt zu nehmen und auf den Bischof zu Alexandria zu wenden, ja alle Bischofe in Orient sollten je und je vom Bischofe zu Rom begehrt haben, daß er sie ordinieret und bestätiget hätte.

6. Item im Concilio Nicaeno ist beschlossen worden, daß ein itzliche Kirch einen Bischof fur sich selbst in Beiwesen⁴ eines oder mehr Bischofen, so in der Nähe wohneten, wählen sollte. Solch ist nicht allein in Orient ein lange Zeit, sonder auch in andern und lateinischen Kirchen gehalten worden, wie solchs klar in Cypriano und Augustino ist ausgedruckt; dann so spricht Cyprianus epistola 4. ad Cornelium: „Darumb soll man es fleißig nach dem Befelch Gottes und der Apostel Gebrauch halten, wie es dann bei uns und fast in allen Landen gehalten wurd, daß zu der Gemeine, da ein Bischof zu wählen ist, andere des Orts nahent⁵ gelegne Bischofe zusamm sollen kommen und in Gegenwart der ganzen Gemeine, die eins jeden Wandel und Leben weiß, der Bischof soll gewählet werden, wie wir dann sehen, daß es in der Wahl Sabini, unsers Mitgesellen, auch beschehen ist, daß er nach Wahl der ganzen Gemeine und Rat etlicher Bischofe, so vorhanden gewest, zum Bischofe erwählet und die Hände ihm aufgelegt sein" etc. Diese Weise heißet Cyprianus ein gottliche Weise und apostolischen Gebrauch und zeuget, daß es fast in allen Landen dazumal so |

---

1 id] hoc K Conc   17 testantur K S

3 sonder + aus L   18/9 in andern und] in Occident und der L   20 im J Konk   32 es + bei Euch L   34 geschehen Konk   38 ein] Eur Diet J   39 Brauch L

gemeint, sondern die 10 italienischen Provinzen: Kampanien, Tuscien und Umbrien, Picenum suburbicarium, Sizilien, Apulien und Kalabrien, Bruttii und Lucanien, Samnium, Sardinien, Korsika, Valeria; vgl. Hinschius, Kirchenrecht I 552—557. Luther führt das Nicänum häufig als Argument gegen den göttlichen Ursprung des päpstlichen Primates an; vgl. WABr I 469, WA II 258, 285, 397, L 537f., LIV 236.   ⁴) Vgl. unten S. 1061₁₀₋₁₄.
⁵) nimmt Petrus die dominierende Stellung
¹) Can. 4 des Nicänums setzt die Wahl durch die „Kirche" voraus und enthält Bestimmungen über die Ordination des Neugewählten; vgl. Mansi, Collectio II 669 und Rufin, Historia eccl. I, cap. 6 (MSL XXI 473); vgl. auch WA II 258, VI *455.   ²) Epist. 67 ad Felicem presbyterum et Aelium diaconum (CSEL III^II 739₇₋₁₈); in den älteren Ausgaben ist dieser Brief dem an Cornelius angefügt; vgl. WA II 230f., 258, VI *408₄₋₇, *455, LIII 257.   ³) De baptismo contra Donatistas II cap. 2 (MSL XLIII 128; CSEL LI 177), ep. 213 (MSL XXXIII 966—968; CSEL LVII 372—379); vgl. auch WA II 230, 258.
⁴) Beisein   ⁵) nahe

tunc non tribuisse superioritatem et dominationem Romano episcopo.

VII. Superioritas illa est impossibilis. Nam impossibile est unum episcopum esse inspectorem ecclesiarum totius orbis terrarum aut ecclesias in ultimis terris sitas petere ab uno ordinationem. Constat enim regnum Christi dispersum esse per totum orbem terrarum hodieque multae sunt ecclesiae in oriente[1], quae non petunt a Romano episcopo ordinationem aut confirmationem. Itaque superioritas illa cum sit impossibilis et [non] nunquam in usu fuerit nec agnoverint eam ecclesiae in maxima parte orbis, satis apparet non institutam esse.

VIII. Multae veteres synodi sunt indictae et habitae, in quibus non praesedit Romanus episcopus ut Nicaena et pleraeque aliae[2]. Id quoque testatur, quod ecclesia tunc non agnoverit primatum seu superioritatem Romani episcopi.

IX. Hieronymus inquit[3]: „Si autoritas quaeritur, orbis major est urbe. Ubicunque episcopus fuerit sive Romae, sive Eugubii, sive Constantinopoli, sive Regii, sive Alexandriae, ejusdem meriti est et ejusdem sacerdotii. Potentia divitiarum et humilitas paupertatis sublimiorem vel inferiorem facit".

gehalten sei. Weil nun weder die Ordinatio noch Confirmatio dazumal durch das größte Teil der Welt in allen Kirchen der Griechen und Latinischen beim Bischofe zu Rom ist gesuecht worden, ist es klar, daß die Kirchen dazumal solch Oberkeit und Herrschaft dem Bischofe zu Rom nicht geben hat.

7. Solch Oberkeit und Herrschaft ist auch ganz und gar unmuglich; dann wie konnte es moglich sein, daß ein Bischof sollte alle Kirchen der ganzen Christenheit versorgen oder daß die Kirchen, so fern von Rom gelegen, allein von einem alle ihr Kirchendiener konnten ordiniern lassen? Dann das ist je gewiß, daß das Reich Christi durch die ganze Welt ist ausgeteilet. So sind auch noch heutigs Tags viel christlicher Versammblung der Kirchen in Orient, welche Kirchendiener haben, so weder von Bapst noch den Seinen ordiniert noch konfirmiert sind. Weil nun solch Oberkeit, der sich der Bapst wider alle Schrift anmaßet, auch ganz und gar unmoglich ist und die Kirchen in der Welt hin und wieder den Bapst fur ein solchen Herren weder erkennet noch brauchet haben, siehet man wohl, daß solche Oberkeit nicht von Christo eingesetzt und nicht aus gottlichem Rechten kommet.

8. Es sind vor alters viel Concilia ausgeschrieben und gehalten worden, in welchen der Bischof zu Rom nicht als der Oberst gesessen ist als zu Nicäa und an andern Orten mehr. Dasselb ist je auch ein Anzeigen, daß die Kirche dazumal den Bapst fur einen Oberherrn uber alle Kirchen und Bischofe nicht erkennet habe.

9. S. Hieronymus spricht: „Wann man will von Gewalt und Herrschaft reden, so ist je orbis mehr dann urbs", das ist, Welt ist mehr dann die Stadt Rom. Darumb „es sei der Bischof zu Rom oder Eugubien, zu Konstantinopel oder Regio oder Alexandrien, so ist Wirde und Ampt gleich" etc.

17/8 confirmationem Spal *a. R.*   19/20 nunquam *bis* nec Spal *a. R. von fremder Hand*] non K Conc   40 est major K Conc   44/6 Potentia *bis* facit] etc. Conc   45 inferiorem Spal *a. R.*

3 große J Konk   9 7. > Konk   18 christliche L J Konk   35/6 Anzeigunge Konk   43 oder Diet *über d. Z. von fremder Hand*

---

[1]) Vgl. oben 428₂₂ f. und Anm. 6.   [2]) Vgl. dazu Melanchthons Gutachten: „Daß die Kaiser Macht haben, Concilia auszuschreiben, Anno 1536" (ARG XXIII (1926), 271 f., 274, 283—286, CR III 134—136); vgl. auch WA VI *413, L 522—524, 549, 581, 592, LIV 221 f.   [3]) Epist. 146 ad Euangelum (MSL XXII 1194; CSEL LVI 310₁₃—311₂; Decr. Grat. P. I D. 93 c. 24); vgl. dazu WA II 228, 259, L 84, 340. Eugubium ist das heutige Gubbio in Umbrien am Südabhang des Appenin nordöstl. von Perugia, schon zur Zeit Silvesters I. (314/37) als Bistum bezeugt.

19 X. Gregorius scribens ad Alexandrinum patriarcham¹ vetat se appellari universalem episcopum. Et in regestis² dicit in synodo Chalcedonensi primatum esse oblatum Romano episcopo nec tamen acceptum.

20 XI. Postremo, quomodo potest papa jure divino esse supra totam ecclesiam, cum ecclesia habeat electionem et paulatim mos invaluerit, ut Romani episcopi ab imperatoribus confirmarentur?³

21 Item, cum diu fuissent certamina de primatu inter Romanum et inter Constantinopolitanum episcopum, tandem Phocas imperator constituit Romano episcopo tribuendum esse primatum⁴. Quod si ecclesia vetus agnovisset Romani pontificis primatum, haec contentio incidere non potuisset nec fuisset opus decreto imperatoris.

22 Sed objiciuntur quaedam dicta, videlicet: „Tu es Petrus et super hanc petram aedificabo ecclesiam meam." Item: „Tibi dabo

10. Item Gregorius schreibt zum Patriarchen zu Alexandria[m Patriarchen] und verbeutet ihm, er soll ihn nicht heißen den hohesten Bischof. Und in den Regesten sagt er, es sei im Concili zu Chalcedon dem Bischof zu Rom angeboten worden, er soll der oberst Bischof sein, aber er habe es nit angenommen.

11. Zum lesten, wie kann der Bapst nach gottlichen Rechten uber die Kirchen sein, weil doch die Wahl bei der Kirchen stehet und dies mit der Zeit gar in die Gewohnheit kommen ist, daß die romischen Bischofe von den Kaisern sind bestätigt worden.

Hie werden etliche Spruch wider uns gefuhrt als Matthäi am 16.: „Du pist Petrus, und auf diesen Fels will ich pauen

---

4/5 oblatum esse primatum K Conc 22 non incidere K Conc 25 Confutatio K
(als Überschrift) objiciunt K Conc

1/2 Patriarchen zu Diet über d. Z. von Dietrichs Hand zum Alexandro Patriarcha L
12 gar mit der Zeit J Konf 16/24 fehlt in den deutschen Texten.

---

¹) Epist. lib. VIII ep. 30 ad Eulogium, episcopum Alexandrinum (MSL LXXVII 933; Decr. Grat. P. I D. 99 c. 5): „Nam dixi nec mihi vos nec cuiquam alteri tale aliquid scribere debere; et ecce in praefatione epistolae, quam ad meipsum, qui prohibui, direxistis, superbae appellationis verbum universalem me papam dicentes imprimere curastis. Quod, peto, dulcissima mihi Sanctitas vestra ultra non faciat." Vgl. WA II 201, 15 ff. ²) Epist. lib. V ep. 43 ad Eulogium, episcopum Alexandrinum, et Anastasium, episcopum Antiochenum (MSL LXXVII 771): „Sicut enim veneranda mihi vestra Sanctitas novit per sanctam Chalcedonensem synodum pontifici sedis apostolicae, cui Deo disponente deservio, hoc universitatis nomen oblatum est. Sed nullus unquam decessorum meorum hoc tam profano vocabulo uti consensit, quia videlicet, si unus patriarcha universalis dicitur, patriarcharum nomen ceteris derogatur. Sed absit hoc, absit a christiani mente id sibi velle quempiam arripere, unde fratrum suorum honorem imminuere ex quantulacunque parte videatur." Vgl. dazu oben 472 Anm. 1, WA II 201, 280, 300, 643, LIV 229. ³) Während der Herrschaft des oströmischen Kaisers über Italien (bis 781) bestätigte dieser den neu gewählten Papst. 824 und 962 schlossen Lothar I. und Otto I. Verträge mit dem Papst, die ebenfalls diese Bestätigung vorsahen; vgl. auch WA LIV 230, WABr I 353. ⁴) 607 erlangte Papst Bonifaz III. von Kaiser Phokas (602/10), daß dieser Rom als „caput omnium ecclesiarum" anerkannte; vgl. RE III 289, WA LIV 230, CR XXV 501. Melanchthons Quelle ist vermutlich die vita Bonifacii III. in Bart. Platina, Liber de vita Christi ac de vitis summorum pontificum Romanorum (Venedig 1479 u. ö.). In einem zeitgenössischen Gedichte auf Luthers Verbrennung der Bannbulle heißt es:
„Jam primatus ille ruit,
Quem dolose nobis struit
Phocas, Bonifacius"
(ARG VI [1909] 232). Über Platina vgl. Schäfer, Luther als Kirchenhistoriker 127—151; RE XI 446; E. Sueter, Geschichte der neueren Historiographie (3. Aufl. 1936), 47—49 u. 609.

claves."[1] Item: „Pasce oves meas,"[2] et alia quaedam. Cum autem haec tota controversia copiose et accurate tractata [1] sit alibi in libris nostrorum[3] nec recenseri omnia hoc loco possint, referimus nos ad illa scripta eaque pro repetitis habere volumus. Breviter tamen respondebimus de interpretatione. In omnibus illis dictis Petrus sustinet personam communem totius coetus apostolorum, sicut ex ipso textu apparet. Nam Christus non interrogat unum Petrum, sed ait: „Vos quem me esse dicitis?"[4] Et quod hic singulari numero dicitur: „Tibi dabo claves," „Quidquid ligaveris,"[5] alibi plurali numero dicitur: „Quidquid ligaveritis"[6] etc. Et in Johanne[7]: „Quorum remiseritis peccata" etc. Haec verba testantur pariter omnibus apostolis tradi claves et pariter mitti omnes apostolos. Ad haec necesse est fateri, quod claves non ad personam unius certi hominis, sed ad ecclesiam pertineant, ut multa clarissima et firmissima argumenta testantur. Nam Christus de clavibus dicens Matthaei XVIII. addit: „Ubicunque duo vel tres consenserint super terram"[8] etc. Tribuit igitur claves ecclesiae principaliter et immediate, sicut et ob eam causam ecclesia principaliter habet jus vocationis. Itaque necesse est in illis dictis Petrum sustinere personam totius coetus apostolorum. Quare non tribuunt aliquam praerogativam seu superioritatem seu dominationem Petro.

meine Gemeine oder Kirchen." Item: „Dir will ich die Schlüssel geben." Item: „Weide meine Schaf" und dergleichen mehr. Weil aber dieser ganz Handel fleißig und genugsam von den Unsern zuvor ist traktieret, wollen wir dieselbige Schriften hie erholet[9] haben und auf dies Mal kurz antwurten, wie bemeldte Spruch im Grund zu verstehen sind. In allen diesen [gleichen] Sprüchen ist Petrus ein gemeine[10] Person und redet nicht für sich allein, sonder für alle Apostel. Dieses beweisen die Text klar; dann Christus fragt je Petrum allein nicht, sonder spricht: „Wer sagt IHR, daß ich sei?" Und das Christus hie zu Petro allein redet als: „Dir will ich die Schlüssel geben," item: „Was Du binden wirdest" etc., dasselb redet er an andern Orten zu dem ganzen Haufen, als: „Was Ihr binden werdt auf Erden" etc., item in Johanne: „Welchem Ihr die Sunden vergebet" etc. Diese Wort zeugen, daß die Schlüssel allen ingemein geben und sie alle zugleich zu predigen gesandt worden sind. Über das muß man je bekennen, daß die Schlüssel nicht einem Menschen allein, sonder der ganzen Kirchen gehören und geben sind, wie dann solchs mit hellen und gewissen Ursachen genugsam kann erwiesen werden; dann gleichwie die Verheißung des Evangelii gewiß und ohn Mittl[11] der ganzen Kirchen zugehöret, [auch] also gehören die Schlüssel ohn Mittl[11] der ganzen Kirchen, dieweil die Schlüssel nichts anders sind dann das Ampt, dardurch solch Verheißung idermann, wer es begehrt, würd mitgeteilt, wie es dann im Werk für Augen ist, daß die Kirche Macht hat, Kirchendiener zu ordiniern. Und Christus spricht bei diesen Worten: „Was Ihr binden werdet"[12] etc. und deutet, wem

---

3 armate S   5 referemus K   illa] ea K Conc   11 interrogat non K Conc etc. > S   23 clarissima *und* firm Spal *a. R.*   27 claves] ferculum Conc 1580   27/8 principaliter claves ecclesiae K Conc   32 tribuit S

9/10 In *bis* Sprüchen Diet *a. R. von Dietrichs Hand*   19 als:] Alles, J Konk
20 etc. > L   21 Welchen Konk   30/8 dann *bis* ordiniern *hinter* S. 479, 5 Kirchen L Ulm Essl   32 gehören + auch L   38 hab' L   38/9 Und Christus spricht > L (*aber in* Ulm Essl)

[1]) Matth. 16, 18 f. Vgl. z. B. Decr. Grat. P. I D. 19 c. 7, D. 21 c. 2 und 3, D. 22 c. 2, P. II C. 24 qu. 1 c. 18, Liber Sextus I, 6 c. 17. Von den Katholiken haben z. B. Johann Eck, Hieronymus Emser, Silvester Prierias und Augustin Alveld über den päpstlichen Primat geschrieben.   [2]) Joh. 21, 17. Vgl. z. B. Decr. Greg. IX. I, 6 c. 4 und Extravag. comm. I, 8 c. 1.   [3]) Zur Matthäusstelle vgl. WA II 19 f., 187—194, 248, 272, 277 f., 286 f., 299, 301, 320, 628 f., VI 309—311, 314, VII 128 f., *409—415, 708—714, ferner auch XXXVIII 611 ff. (1538) und LIV 230 f., 244 ff. (1545). — Zur Johannesstelle vgl. WA II 194—197, 301 f., VI 316—321, VII 130, *415—417, ferner auch LIV 231, 273 ff. (1545).   [4]) Matth. 16, 15.   [5]) Matth. 16, 19.   [6]) Matth. 18, 18.   [7]) Joh. 20, 23.   [8]) Matth. 18, 20.   [9]) auf ... erneut hingewiesen   [10]) keine Privatperson   [11]) unmittelbar   [12]) Matth. 18, 18.

25 Quod vero dictum est: „Super hanc petram aedificabo ecclesiam meam"¹, certe ecclesia non est aedificata super autoritatem hominis, sed super ministerium professionis illius, quam Petrus fecerat, in qua praedicat Jesum esse Christum, filium Dei. Ideo alloquitur eum tanquam ministrum: „Super hanc petram", id est
26 super hoc ministerium. Porro ministerium Novi Testamenti non est alligatum locis et personis sicut ministerium Leviticum, sed est dispersum per totum orbem terrarum et ibi est, ubi Deus dat dona sua, apostolos, prophetas, pastores, doctores. Nec valet illud ministerium propter ullius personae autoritatem, sed
27 propter verbum a Christo traditum. Et hoc modo non de persona aut superioritate Petri interpretantur plurimi ex sanctis patribus hanc sententiam: „Super hanc petram" ut Origenes,² Ambrosius³,
28 Cyprianus⁴, ' Hilarius⁵, Beda⁶. Sic ait

er die Schlüssel geben, nämblich der Kirchen: „Wo zween oder drei versammelt sind in meinem Namen"⁸ etc. Item Christus giebet das höheft und letzt Gericht der Kirchen, da
5 er spricht: „Sag's der Kirchen."⁹ Daraus folget nun, daß in solchen Sprüchen nicht allein Petrus, sonder der ganze Hauf der Aposteln gemeinet wurd. Darumb kann man in keinen Weg aus solchen Sprüchen
10 ein sonder Gewalt der Oberkeit grunden, die Petrus fur andern Aposteln gehabt hab' oder haben hat sollen.

Daß aber stehet: „Und auf diesen Felsen will ich mein Kirchen pauen", da muß man
15 je bekennen, daß die Kirch nicht auf einigs Menschen Gewalt gebauet sei, sonder sie ist gebauet auf das Ampt, welchs die Bekanntnus fueret, die Petrus tut, nämblich daß Jesus sei der Christ und Sohn Gottes.
20 Darumb redet er ihn auch an als einen Diener solchs Ampts, da diese Bekanntnus und Lehre innen gehen soll, und spricht: „Auf diesen Felsen", das ist auf diese Predig und Predigampt. Nun ist je das
25 Predigampt an kein gewiß Ort noch Person gebunden, wie der Leviten Ampt im Gesetz gebunden war, sonder es ist durch die ganze Welt ausgestreuet und ist an dem Ort, da Gott seine Gaben gibt Aposteln, Pro-
30 pheten, Hirten, Lehrer etc. Und tut die Person garnichts zu solchem Wort und Ampt, von Christo befohlen, es predige und lehre es, wer da woll', wo Herzen sind, die es glauben und sich daran halten, den wider-

---

16/7 illius professionis K Conc   30/1 aut superioritate > K Conc   33 Ambrosius > K Conc   34 Cyprianus + Augustinus⁷ K Conc   34 Hilarius + et K Conc

---

10 der] oder L

---

¹) Matth. 16, 18.   ²) Comment. in Matth. tom. XII, 11: „Οὐχὶ δὲ καὶ ἐπὶ πάντων καὶ ἐφ' ἑκάστῳ αὐτῶν τὸ προειρημένον, τὸ 'πύλαι ᾅδου οὐ κατισχύσουσιν αὐτῆς' γίνεται; καὶ τὸ 'ἐπὶ ταύτῃ τῇ πέτρᾳ οἰκοδομήσω μου τὴν ἐκκλησίαν';" (MSG XIII 1000); vgl. auch WA II 188, 299.   ³) Ambrosiaster, Comment. in epist. ad Ephesios cap. 2, 20: „Hoc est in catholicae fidei confessione statuam fideles ad vitam" (MSL XVII 380); vgl. auch WA II 286, 299.   ⁴) De catholicae ecclesiae unitate cap. 4: „Hoc erant utique et ceteri apostoli, quod fuit Petrus, pari consortio praediti et honoris et potestatis, sed exordium ab unitate proficiscitur, ut ecclesia Christi una monstretur" (MSL IV 500; CSEL III¹ 213 ₂₋₅); vgl. auch WA II 278, LIV 246.   ⁵) Vgl. 480 Anm. 2.   ⁶) In Matth. evang. expositio lib. III cap. 16: „Metaphorice ei dicitur: ,Super hanc petram', id est Salvatorem, quem confessus es, aedificatur ecclesia" (MSL XCII 78 f.); vgl. auch WA II 299.   ⁷) Retractationum lib. I cap. 21 (20): „Petra autem erat Christus, quem confessus Simon" (MSL XXXII 618; CSEL XXXVI 98 ₁₃ f.); vgl. dazu 1. Kor. 10, 4, ferner enarrat. in ps. 60 (MSL XXXVI 724), serm. 76 (MSL XXXVIII 479), serm. 244 (MSL XXXVIII 1148), serm. 358 (MSL XXXIX 1589), In Joh. evang. tract. 124 cap. 21 (MSL XXXV 1973), serm. 270: „Petrus unus pro ceteris, unus pro omnibus: ,Tu es', inquit, ,Christus, filius Dei vivi' ... non supra Petrum, quod tu es, sed supra petram, quem confessus es" (MSL XXXVIII 1238f.), serm. 232 cap. 3: „Tunc ait Petrus,

Chrysostomus[1]: „'Super hanc petram' ait, non 'super Petrum'. Non enim super hominem, sed super fidem Petri aedificavit ecclesiam suam. Quae autem erat fides?
29 Tu es Christus, filius Dei vivi." Hilarius[2]: „Petro revelavit pater, ut diceret: Tu es filius Dei vivi. Super hanc igitur confessionis petram ecclesiae aedificatio est. Haec fides ecclesiae fundamentum est."

30 Et hoc, quod dicitur: „Pasce oves meas"[3], item: „Diligis me plus his?"[4], hinc nondum sequitur peculiarem superioritatem Petro traditam esse. Jubet enim pascere, hoc est docere verbum seu ecclesiam verbo regere, quod habet Petrus commune cum ceteris apostolis.

31 Secundus articulus magis etiam perspicuus est, quod Christus dederit apostolis tantum potestatem spiritualem, hoc est mandatum docendi evangelii, annuntiandi remissionem peccatorum, administrandi sacramenta, excommunicandi impios sine vi

fähret, wie sie es horen und glauben, darumb daß es Christus so zu predigen befohlen und seinen Verheißungen zu gläuben geheißen hat. Auf diese Weise
5 legen solchen Spruch viel alter Lehrer aus, nicht von der Person Petri, sonder vom Ampt und Bekenntnis als Origenes, Ambrosius, Cyprianus, Hilarius, Beda. Also spricht Chrysostomus: „Uf
10 diesen Felsen etc. und nicht uf Petrum; dann er hat nicht uf den Menschen, sonder uf den Glauben Petri sein Kirch gebaut, welchs ist aber der Glaube: ‚Du bist Christus, der Sohn Gottes, des
15 Lebendigen'." Hilarius: „Petro hat's der Vater offenbaret: ‚Du bist der Sohn des lebendigen Gottes', hierum uf diesen Fels des Bekanntnus ist die Kirch gebaut. Diese ist der Kirchen
20 Grunde und Fundament."

Daß nu an andern Orten stehet: „Weide meine Schafe", item: „Peter, hast mich auch lieber denn diese?", folget noch nicht, daß Petrus mehr Gewalt sollt' haben denn
25 andere Apostel, sonder er heißt ihn weiden, das ist das Evangeli predigen oder die Kirchen durchs Evangeli regiern, das gehet je eben sowohl auf andere Apostel als auf Petrum.

30 Der ander Artikel ist noch klärer dann der erste; dann Christus hat seinen Jungern allein geistlich Gewalt geben, das ist, er hat ihnen befohlen, das Evangelion zu predigen, Vergebung der Sunden zu verkun-
35 digen, die Sakrament zu reichen und die

---

1 ait (Diet *über d. Z.*) > K Conc   5 vivi." + Et K Conc   24 enim] eum K Conc

---

2/4 darumb daß es Christus so zu predigen befohlen und seinen Verheißungen zu gläuben geheißen hat. *nur* L Ulm Essl   4/9 (Auf *bis* Beda) und 21/9 Diet *nachgetragen auf eingelegtem Blatt von Dietrichs Hand.*   5 solche Sprüche L   9/20 Also *bis* Fundament." *nur* Ulm Essl   21 am L   Ort L   22 hast + Du J Konk   23 diese?", + aus diesem L noch > L   24 Petrus + damit L   25 Apostel > L   26 Evangeli] Wort L

---

unus pro omnibus, quia unitas in omnibus" (MSL XXXVIII 1109), In epist. Joh. ad Parthos tract. 10: „Super hanc fidem, super id, quod dictum est: ‚Tu es Christus, filius Dei vivi'. ‚Super hanc petram', inquit, ‚fundabo ecclesiam meam'" (MSL XXXV 2054), serm. 295 cap. 1 (MSL XXXVIII 1349), De trinitate II cap. 17 (MSL XLII 864); vgl. auch WA II 277f., 286, 299, XXXVIII 618f., LIV 246. — Für den Nachweis der Zitate durfte ich Denks Itala-Archiv in der Erzabtei Beuron benutzen, der ich für die mir gewährte Unterstützung auch an dieser Stelle meinen ergebensten Dank aussprechen möchte.   [8]) Matth. 18, 20.   [9]) Matth. 18, 17.

[1]) Dies Zitat ließ sich nicht ermitteln; vgl. aber z. B. In Matth. homil. 54 (55) (MSG LVIII 534) und WA II 188, 278, 299, LIV 246.   [2]) De trinitate VI 36f. (MSL X 186f.). Diese drei Sätze folgen bei Hilarius nicht unmittelbar aufeinander.   [3]) Joh. 21, 17.
[4]) Joh. 21, 15.

corporali nec dederit[jus] potestatem gladii aut jus constituendi, occupandi aut conferendi regna mundi. Christus enim ait[1]: „Ite docentes servare ea, quae praecepi vobis." Item: „Sicut misit me pater, ita et ego mitto vos."[2] Constat autem Christum non esse missum, ut gladium gereret aut teneret regnum mundanum, sicut ipse inquit: „Regnum meum non est de hoc mundo."[3] Et Paulus ait[4]: „Non dominamur fidei vestrae." Item: „Arma militiae nostrae non sunt carnalia"[5] etc. Quod igitur Christus in passione sua spinis coronatur et producitur deridendus in regia purpura, significatum est fore, ut spreto regno spirituali, hoc est oppresso evangelio constituatur aliud mundanum regnum praetextu potestatis ecclesiasticae. Quare Bonifacii Octavi constitutio[6] et capitulum „Omnes" distinctione vigesima secunda[7] et similes sententiae sunt falsae et impiae, quae contendunt jure divino papam esse dominum regnorum mundi. Ex qua persuasione tenebrae in ecclesiam horribiles invectae sunt, deinde etiam magni in Europa motus orti. Neglectum enim est ministerium evangelii. Exstincta est notitia fidei et regni spiritualis, christiana justitia puta'batur esse externa illa politia, quam papa constituisset. Deinde papae rapere ad se imperia coeperunt[8],

Gottlosen zu bannen ohn leiblich Gewalt durchs Wort. Und hat ihnen garnicht befohlen, das Schwert zu fueren noch weltlich Regiment zu bestellen, einzunehmen, Konig zu setzen oder zu entsetzen; dann so spricht Christus: „Gehet hin und lehret, daß man das halte, was ich Euch geboten hab'", item: „Wie mich mein Vater gesandt hat, so sende ich Euch." Nun ist es je am Tag, daß Christus nicht dazu gesandt ist, daß er das Schwert sollt' fueren oder auf weltliche Weis regieren, wie er dann selb sagt: „Mein Reich ist nit von dieser Welt." Und Paulus spricht: „Wir herrschen nicht uber Euren Glauben," item: „Unser Kriegsrustung und Waffen sind nicht fleischlich" etc. Daß nun Christus in seim Leiden mit Dornen gekronet und im Purpurkleid erfur gefuhret und so verspottet ist worden, ist alles ein Deutung[9] gewesen, daß mit der Zeit das recht geistlich Reich Christi sollt' verachtet und sein Evangelion unterdruckt und ein ander äußerlich Reich anstatt desselben under dem Schein geistlicher Gewalt aufgerichtet werden. Darumb ist die Constitutio Bonifacii VIII. und das Kapitel: „Omnes" Distinct. 22. und dergleichen andere Spruch mehr ganz und gar falsch und gottlos, damit sie erhalten wollen, daß der Bapst vermug gottlichs Rechts ein Herr sei uber die Konigreich der Welt, wie

1 potestatem Spal *a. R.* 13 sua > K Conc 27 est enim K Conc 29/30 illa externa K Conc

1 Gewalt + allein L 4 einzunehmen > L 11 sollt' Diet *über d. Z. von Dietrichs Hand* sollt' fueren] führet L 12 regieret *corr. in* regieren Diet regieret L 14 herrschen Diet *a. R. von Dietrichs Hand*

1) Matth. 28, 19 f. 2) Joh. 20, 21. 3) Joh. 18, 36. 4) 2. Kor. 1, 24. 5) 2. Kor. 10, 4. 6) Die Bulle: „Unam sanctam" vom Jahr 1301, Extravag. comm. I, 8 c. 1. „Spiritualem autem et dignitate et nobilitate terrenam quamlibet praecellere potestatem oportet tanto clarius nos fateri, quanto spiritualia temporalia antecellunt ... Nam veritate testante spiritualis potestas terrenam potestatem instituere habet et judicare, si bona non fuerit ... Ergo si deviat terrena potestas, judicabitur a potestate spirituali. ... Est autem haec autoritas, etsi data sit homini et exerceatur per hominem, non humana, sed potius divina ore divino Petro data sibique suisque successoribus in ipso, quem confessus fuit petra firmata dicente Domino ipsi Petro: ‚Quodcunque ligaveris' etc. Quicunque igitur huic potestati a Deo sic ordinatae resistit, Dei ordinationi resistit." 7) Decr. Grat. P. I D. 22 c. 1: „Omnes sive patriarchae in cuiuslibet apicem sive metropoleon primatus aut episcopatuum cathedras vel ecclesiarum cuiuslibet ordinis dignitatem instituit Romana ecclesia. Illam vero solus ipse fundavit et super petram fidei mox nascentis erexit, qui beato aeternae vitae clavigero terreni simul et coelestis imperii jura commisit." Vgl. dazu CR III 466, 471, 530 f., WA VII 172, LIV 262 und 264 f. 8) Die eigentlichen Begründer des Kirchenstaates sind Alexander VI., sein Sohn Cesare Borgia und Julius II. (Eroberung Mittelitaliens, die Republik Venedig muß Ravenna, Faenza und Rimini abtreten); vgl. dazu WA VI *435, LIV 243, 292. Das Ludovicianum (817) und Ottonianum (962) (Decr. Grat. P. I D. 63 c. 30 und 33), die neben der „Donatio Constantini" (Decr. Grat. P. I D. 96 c. 13 und 14) eine wichtige Rechtsgrundlage für die päpstlichen Gebietsansprüche bilden, hielt Luther irrigerweise für eine päpstliche Fälschung

transtulerunt regna[1], vexarunt injustis excommunicationibus[2] et bellis[3] fere omnium nationum reges in Europa, sed maxime imperatores Germanicos[4], alias ut occuparent civitates Italicas[5], alias ut episcopos Germaniae redigerent in suam servitutem et eriperent imperatoribus collationem[6]. Imo etiam in Clementina[7] scriptum est: „Vacante imperio papam esse legitimum successorem." Ita papa non solum dominationem contra mandatum Christi[8] invasit,

dann aus solchem falschen Wohn[9] zum ersten schreckliche Finsternus in der Kirchen und darnach greuliche Zerruttung und Rumor in Europa erfolget sind; denn da hat man das Predigampt fallen lassen, und ist die Lehre vom Glauben und geistlichem Reich Christi [ist] gar verloschen, und [das] hat man des Bapsts äußerlichen Wesen und Satzungen fur christliche Gerechtigkeit gehalten [hat]. Darnach sind die Bapst auch zugefahren, haben Furstentumb und Konig-

---

5 Italicas civitates K Conc

5 lassen fallen J Konk (so auch ursprünglich Diet; nachträglich umgestellt)   6 ist Diet über d. Z.   7 und Diet a. R. von fremder Hand   8 hat man > L   man hat J Konk   hat Diet über d. Z. von fremder Hand   9 Satzungen + hat man L

(WA LIV 264). — Mit der Tatsache, daß die Normannenfürsten Robert Guiscard und Richard sich 1059 von Nikolaus II. mit Unteritalien und Sizilien belehnen ließen, erkannten sie das päpstliche, auf die „Donatio Constantini" gegründete Besitzrecht an. Luther schrieb 1520: „Daß sich der Bapst enthalt', ... sich keines Titels unterwinde ⟨keinen Anspruch erhebe auf⟩ des Kunigreichs zu Neapel und Sizilien. Er hat eben soviel Recht dran als ich, will dennoch Lehenherr drober sein. Es ist ein Raub und Gewalt, wie fast alle ander seine Guter sein, drumb sollt' ihm der Kaiser solchs Lehens nit gestatten" (WA VI *435); vgl. auch WA L 79. — 1213 belehnte Innozenz III. Johann ohne Land mit England und Schottland. Darüber äußert sich Luther 1537: „Item er hat's dahin bracht, daß er sich schreibt und rühmet des Königreichs zu Engelland Erbherr und Lehenherr. Solche Schrift hab' ich ⟨1535 zu Wittenberg⟩ mit meinen Augen gesehen, die der fromme Mann ... Petrus Paulus Vergerius herausbrachte an den römischen König Ferdinand und andere deutsche Fürsten, sie wider den Konig zu Engelland zu hetzen" (WA L 78).   9) Symbol
[1]) Vgl. z. B. die von Päpsten eingesetzten deutschen Gegenkönige: 1077 Rudolf von Schwaben durch Gregor VII., 1246 Heinrich Raspe von Thüringen und 1247 Wilhelm von Holland durch Innozenz IV., 1346 Karl IV. durch Klemens VI.; vgl. auch CR XI 164.
[2]) Johann ohne Land von England 1208 von Innozenz III. gebannt, 1212 abgesetzt; deutsche Könige und Kaiser: Heinrich IV. 1076 und 1080 von Gregor VII. gebannt und abgesetzt, 1094 von Urban II. gebannt; Heinrich V. 1118 von Gelasius II. gebannt; Friedrich I. 1160 von Alexander III. gebannt; Philipp von Schwaben 1201, Otto IV. 1210 von Innozenz III. gebannt; Friedrich II. 1227 und 1239 von Gregor IX. gebannt, 1245 von Innozenz IV. gebannt und abgesetzt; Konradin 1267 von Klemens IV. gebannt; Ludwig der Bayer 1324 und 1327 von Johann XXII., 1346 von Klemens VI. gebannt und abgesetzt; zu dem Bann gegen Philipp IV. von Frankreich, den Bonifaz VIII. 1303 infolge seiner Gefangennahme nicht mehr verkünden konnte, vgl. WA L 76 f. Vgl. ferner CR XI 310, XII 291, WA VI *405 f., XV 185 f., XXXII 488, L 79, 510 f., LIV 234, 263 f., 298, WADB XI² 82₈ f.   [3]) 1495/96 gegen Karl VIII. von Frankreich (Alexander VI., Heilige Liga); 1511/13 gegen Ludwig XII. von Frankreich (Julius II., Heilige Liga); 1526/29 gegen Karl V. (Klemens VII., Liga von Cognac); vgl. auch CR XI 164, XII 286.
[4]) insbesondere die staufischen Kaiser; vgl. z. B. CR XI 310—313.   [5]) Es handelt sich hierbei um die Mathildinischen Güter, die der Kurie 1115 nach dem Tode der Markgräfin Mathilde von Tuszien durch Schenkung zufielen und auf die die deutschen Kaiser als erledigtes Reichslehen Anspruch erhoben. Erst 1209 verzichtete Otto IV. zugunsten des Papstes auf diese Güter, die ein wichtiges Kampfobjekt zwischen diesem und den staufischen Kaisern gebildet hatten; vgl. auch CR IV 531.   [6]) Der Investiturstreit (1075—1122), der durch das Wormser Konkordat beigelegt wurde. Vgl. dazu CR XI 164, WA L 75, 77 und Hutten, Wie allwegen sich die römischen Bischöf oder Bäpst gegen den teutschen Kaiseren gehalten haben (Ulrici Hutteni opera omnia, hrsg. v. E. Böcking, V [Leipzig 1861] 365—384).   [7]) Corp. jur. can. Clementinae II, 11 c. 2: „Nos tam ex superioritate, quam ad imperium nos dubium nos habere, quam ex potestate, in qua vacante imperio imperatori succedimus, ... declaramus", vgl. dazu WA VI *434, VII *173, IX 701, XXXII 488, XXXIII 381, L 87; WADB XI² 82₂₋₄.   [8]) Mark. 10, 42 f., vgl. dazu CR III 471, IV 532, WA IX 701.   [9]) Wahn

De potestate papae. 483

sed etiam tyrannice praetulit se omnibus regibus[1]. Nec tantum in hac re factum ipsum reprehendendum est, quantum illud detestandum, quod praetexit autoritatem Christi, quod claves ad regnum mundanum transfert, quod salutem alligat ad has impias et nefarias opiniones, cum ait de necessitate salutis esse, ut credant homines jure divino papae hanc dominationem competere[2]. Hi tanti errores cum obscurent fidem et regnum Christi, nullo modo dissimulandi sunt. Eventus enim ostendit eos fuisse magnas pestes ecclesiae.

37

38 Tertio loco hoc addendum est. Etiamsi Romanus episcopus divino jure primatum et superioritatem haberet, tamen non debetur obedientia his pontificibus, qui defendunt impios cultus, idolatriam et doctrinam pugnantem cum evangelio. Imo tales pontifices et tale regnum haberi debent tanquam anathema. Sic Paulus[3] clare docet: „Si angelus de coelo aliud evangelium doceret praeter id, quod vos docui, anathema sit." Et in Actis[4]: „Oportet Deo magis obedire quam hominibus." Idem et canones clare docent haeretico papae non esse obediendum[5].

reich zu sich gerissen, König gesetzt und entsetzt und mit unbilligem Bann und Kriegen fast alle König in Europa geplaget, sonderlich aber die teutschen Kaiser, bisweilen darumb, daß sie die Städt in welschen Land an sich brächten, bisweilen, daß sie die Bischofe in teutschen Land ihnen undertan machten und die Bistumb selb verleihen mochten, die der Kaiser allein zu verleihen hat. Ja das mehr ist, in der Clementina stehet also: „Wann das Kaisertumb ledig stehe, so sei der Bapst der recht Erbe darzu." Also hat sich der Bapst nicht allein weltlicher Herrschaft wider Gottes klaren Befelch unbillich underfangen, sonder hat wie ein Tyrann uber alle Könige sein wollen. Wiewohl nun solchs Tun der Bäpste an ihm selb ganz und gar sträflich ist, so ist doch dies das Ärgst daran, daß er solchen Mutwillen und Frevel mit dem Befelch Christi decket und die Schlussel deutet auf weltliche Herrschaft und [zeuget] hänget an solche ungottliche und schändliche Opinion der Seelen Seligkeit, da er sagt: „Es sollen es die Leut bei ihrer Seelen Seligkeit also glauben, daß der Bapst solche Macht hab' aus göttlichem Rechten." Weil nu solche greuliche Irrtumb die Lehr vom Glauben und Reich Christi ganz verfinstert haben, will es sich in keinen Weg leiden, daß man darzu sollte stillschweigen; dann man siehet's im Werk vor Augen, was großer Schade der Kirchen daraus erwachsen ist.

Zum dritten muß man auch dies wissen, obschon der Bapst den Primat und Oberkeit aus göttlichem Rechte hätte, daß [dannoch niemand den Bapstischen zu folgen schuldig wär', welche falsche Gottesdienst, Abgotterei und unreine Lehr wider das Evangelion erhalten wollten] man denjenigen Bäpsten, so falsche Gottesdienst, Abgotterei und falsche Lehr wider das Evangelion furgeben, keinen Gehorsam schuldig ist, ja das mehr ist, man solle[n] auch solche Bäpste und solch Reich fur ein Anathema und verfluchtes Wesen [ge]halten [werden], wie Paulus klar sagt: „Wenn ein Engel von

W 339

---

9 papae > K Conc   41 Sicut K Conc

10 hatte L   17 des Bapsts L   22 hänget (a. R. von Dietrichs Hand)] bindet L   40/3 man bis ist Diet a. R. von Dietrichs Hand   44 man Diet über d. Z. von Dietrichs Hand

---

[1]) Vgl. Decr. Greg. IX. I, 33 c. 6: „... quanta est inter solem et lunam, tanta inter pontifices et reges differentia cognoscatur"; vgl. dazu WA II 216ff., VII* 165, XXX II 488, LIV 240, ferner Extravag. comm. I, 1 c. 1, WA IX 709.   [2]) Vgl. dazu oben 82₁₀f. und Anm. 4.   [3]) Gal. 1, 8.   [4]) Apg. 5, 29.   [5]) Decr. Grat. P. I D. 40 c. 6: „Si papa suae et fraternae salutis negligens reprehenditur inutilis et remissus in operibus suis et insuper a bono taciturnus, quod magis officit sibi et omnibus, nihilominus innumerabiles populos catervatim secum ducit, primo mancipio gehennae cum

Leviticus pontifex jure divino erat summus sacerdos et tamen impiis pontificibus non erat obediendum, ut Hieremias et alii prophetae dissentiebant a pontificibus. Apostoli dissentiebant a Caipha nec debebant ei obedire. Constat autem Romanos pontifices cum suis membris defendere impiam doctrinam et impios cultus. Ac plane notae Antichristi competunt in regnum papae et sua membra. Paulus enim ad Thessalonicenses[1] describens Antichristum vocat eum „adversarium Christi extollentem se super omne, quod dicitur aut colitur Deus, sedentem in templo Dei tanquam Deum." Loquitur igitur de aliquo regnante in ecclesia, non de regibus ethnicis et hunc vocat „adversarium Christi", quia doctrinam pugnantem cum evangelio excogitaturus sit, et is arrogabit sibi autoritatem divinam. Primum autem constat papam regnare in ecclesia et praetextu ecclesiasticae autoritatis et ministerii sibi hoc regnum constituisse. Praetexit enim haec verba: „Tibi dabo claves."[2] Deinde doctrina papae multipliciter pugnat cum evangelio et arrogat sibi papa autoritatem divinam tripliciter: Primum, quia sumit sibi jus mutandi doctrinam Christi et cultus a Deo institutos et suam doctrinam et suos cultus vult observari tanquam divina[3]. Secundo, quia sumit sibi potestatem non solum solvendi et ligandi in hac vita, sed etiam sumit sibi jus de animabus post hanc vitam[4]. Tertio, quia papa non vult ab ecclesia aut ab ullo judicari et antefert suam autoritatem judicio conciliorum et totius ecclesiae[5]. Hoc autem est se Deum facere nolle ab ecclesia aut ab ullo judicari. Postremo hos tam horribiles errores et hanc impietatem de-

Himmel käme und ein anders Evangelion prediget, anderst dann wir Euch gepredigt haben, der sei verflucht." Und in Actis stehet, „man solle Gott mehr gehorchen dann den Menschen", wie die geistlichen Recht selb sagen: „Ein Bapst, der ein Ketzer ist, soll man nit gehorsam sein." Der Hohepriester im Gesetze Mose hätte das Ampt aus dem gottlichen Rechten, und gleichwohl war niemand verpflicht zum Gehorsam, wann sie wider Gottes Wort handleten, wie man siehet, daß Hieremias und andere Propheten sich von den Priestern sonderten. Also sonderten sich die Apostel von Caipha und waren ihm kein Gehorsam schuldig. Nun ist es je am Tage, daß die Bäpste sampt ihrem Anhang gottlose Lehre und falsche Gottesdienst erhalten wollen und handhaben. So reimen sich[6] auch alle Untugend, so in der heiligen Schrift vom Antichrist sind weisgesagt, mit des Bapsts Reich und seinen Gliedern; dann Paulus, do er den Antichrist malet zun Thessalonichern, nennet er ihn einen „Widersacher Christi, der sich uber alles erhebe, das Gott oder Gottesdienst heißet, also daß er sich setzet in den Tempel Gottes als ein Gott und gibt fur, er sei ein Gott" etc. Hie redet Paulus von einem, der in der Kirchen regieret, und nicht von weltlichen Konigen und nennet ihn einen Widerwärtigen Christi, weil er ein andere Lehre werde erdenken, und daß er sich solchs alles werde anmaßen, als tät er's aus gottlichen Rechten. Nun ist am ersten dies wahr, daß der Bapst in der Kirchen regiert und under dem Schein geistlicher Gewalt solch Herrschaft hat an sich bracht; dann er grundet sich auf diese Wort: „Ich will Dir die Schlüssel geben." Zum andern ist je des Bapsts Lehre in alle Weg wider

---

32 ligandi et solvendi K Conc

9 und > Konk   23 zun > Konk   2. Thess. 2. Konk   28 ein > L etc. (Diet *von Dietrichs Hand*) > L   33 tät] hätt' L   34 gottlichen Rechten] göttlichem Gewalt L   35 wahr] offentlich L   37 an sich bracht hat L   39 Schlüssel + des Himmelreichs Konk   40 in alle Weg] offentlich L

---

ipso plagis multis in aeternum vapulaturus, huius culpas istic redarguere praesumit mortalium nullus, quia cunctos ipse judicaturus a nemine est judicandus, nisi deprehendatur a fide devius"; vgl. auch Decr. Grat. P. II C. 2 q. 7 c. 13.

[1]) 2. Thess. 2, 3 f. Vgl. dazu Preuß, Die Vorstellungen vom Antichrist im späteren Mittelalter, bei Luther etc., 203 f.   [2]) Matth. 16, 19; vgl. dazu oben 478 Anm. 1.   [3]) Vgl. oben 472,7 ff.   [4]) Vgl. oben 443 8—12.   [5]) Vgl. Decr. Grat. P. I D. 40 c. 6 (oben 483 Anm. 5), P. II C. 9 q. 3 c. 13 (unten 487 9—12) und Leos X. Bulle: „Pastor aeternus" (1516) („... cum etiam solum Romanum pontificem pro tempore existentem tanquam autoritatem super omnia concilia habentem tam conciliorum indicendorum, transferendorum ac dissolvendorum plenum jus et potestatem habere .. manifeste constet"); vgl. auch WA VI 336, *410, VII 167, LIV 236, 271, 285—295. Den Satz: „Papa a nemine judicatur" hat schon Gelasius I. († 496) aufgestellt.   [6]) treffen zu ... auf

fendit summa saevitia et interficit dissentientes¹.

41 Haec cum ita sint, cavere omnes christiani debent, ne fiant participes impiae doctrinae, blasphemiarum et injustae crudelitatis papae. Ideo papam cum suis membris tanquam regnum Antichristi deserere et exsecrari debent, sicut Christus jussit²: „Cavete a pseudoprophetis." Et Paulus jussit impios doctores vitandos et exsecrandos esse tanquam anathemata³. Et secunda Corinth. sexto⁴ ait: „Ne sitis consortes infidelium, quae est enim societas lucis et tenebrarum?"

42 Dissidere a consensu tot gentium et dici schismaticos grave est. Sed autoritas divina mandat omnibus, ne sint socii et propugnatores impietatis et injustae saevitiae. Ideo satis excusatae sunt conscientiae nostrae. Sunt enim manifesti errores regni papae. Et scriptura tota voce clamitat errores illos esse doctrinam daemoniorum
43 et Antichristi⁵. Manifesta est idololatria

das Evangeli [dann daß er sich solcher]. Zum dritten, daß er furgiebet, er sei Gott, ist in dreien Stucken zu merken. Zum ersten, daß er sich des anmaßet, er moge die Lehr Christi und rechte Gottesdienst, von Gott selb eingesetzt, ändern, und will sein Lehre und eigen erdichte Gottsdienst gehalten haben, als hätte sie Gott selb geboten. Zum andern, daß er sich der Gewalt anmaßet, zu binden und entbinden, nicht allein in diesem zeitlichen Leben hie, sonder auch in jenem Leben. Zum dritten, daß der Bapst nicht will leiden, daß die Kirch oder sonst imands ihn richte, sonder sein Gewalt soll uber alle Concilia und die ganzen Kirchen gehn. Das heißt aber, sich selb zum Gott machen, wenn man weder Kirchen noch imands Urteil leiden will. Zum lesten hat der Bapst solche Irrtumb und gottlos Wesen auch mit unrechter Gewalt und Morden verteidingt, daß er alle, so es nit allermaß mit ihm gehalten, hat umbbringen lassen.

Weil nun dem also ist, sollen alle Christen auf das fleißigst sich hueten, daß sie solcher gottlosen Lehr, Gotteslästerung und unpillichen Wuterei sich nit teilhaftig machen, sonder sollen vom Bapst und seinen Gliedern oder Anhang als von des Antichrists Reich weichen und es verfluchen, wie Christus befohlen hat: „Huetet Euch vor den falschen Propheten." Und Paulus gebeut, daß man falsche Prediger meiden und als einen [fluchen] Greuel verfluchen soll, und 2. Kor. 6. spricht er: „Ziehet nicht am frembden Joch mit den Unglaubigen; dann was hat das Liecht fur Gemeinschaft mit der finsternus" etc.?

Schwer ist es, daß man von soviel Landen und Leuten sich trennen und ein sondere Lehr fuhren will. Aber hie stehet Gottes Befelch, daß idermann sich soll hueten und nicht mit denen einhellig sein, so unrechte Lehre fuern oder mit Wuterei zu erhalten gedenken⁶. Darumb sind unsere Gewissen deshalb wohl entschuldigt und versichert; dann man siehet je vor Augen die großen

---

31 jubet K Conc

17 weder (*in* Diet *corr. aus* der) + der L   33 falsche] gottlose L   34 Greuel Diet *a. R.* von *Dietrichs Hand*   38 etc. (*in* Diet *über d. Z. von Dietrichs Hand*) > L   44 zu > L

¹) Hingerichtete protestantische Märtyrer: 1. Juli 1523 in Brüssel die Antwerpener Augustiner Heinrich Vos und Johannes van den Esschen, 17. September 1524 Kaspar Tauber in Wien, 10. Dezember 1524 Heinrich von Zütphen in Ditmar, 10. Mai 1527 Johann Heuglin aus Lindau in Meersburg, 16. August 1527 Leonhard Kaiser in Schärding, 15. September 1528 Lambert Thorn in Brüssel, 28. September 1529 Adolf Clarenbach und Peter Fliesteden in Köln etc.   ²) Matth. 7, 15.   ³) Tit. 3, 10.   ⁴) 2. Kor. 6, 14.   ⁵) 1. Tim. 4, 1.   ⁶) Vgl. auch unten 106 15—37.

in profanatione missarum¹, quae cum alia vitia habent, tum ad turpissimum quaestum impudenter collatae sunt. Doctrina de poenitentia² prorsus depravata est a papa et a suis membris. Docent enim remitti peccata propter dignitatem nostrorum operum³. Deinde jubent dubitare, an contingat remissio. Nusquam docent, quod gratis propter Christum remittantur peccata et quod hac fide consequamur remissionem peccatorum. Ita gloriam Christi obscurant et conscientiis firmam consolationem eripiunt et abolent veros cultus, scilicet exercitia fidei luctantis cum desperatione.

Obscuraverunt doctrinam de peccato⁴ et finxerunt traditionem de enumeratione delictorum⁵ parientem multos errores et desperationem. Affinxerunt satisfactiones⁶, quibus etiam obscuraverunt beneficium Christi. Ex his natae sunt indulgentiae⁶, quae sunt mera mendacia quaestus causa excogitata. Deinde invocatio sanctorum⁷ quantos abusus et quam horrendam idololatriam peperit? Quanta flagitia orta sunt ex traditione de coelibatu⁸? Quantas tenebras offudit evangelio doctrina de votis⁹? Ibi finxerunt vota esse justitiam coram Deo et mereri remissionem peccatorum. Ita transtulerunt beneficium Christi in humanas traditiones et penitus exstinxerunt doctrinam de fide. Finxerunt nugacissimas traditiones esse cultus Dei et perfectionem et praetulerunt eas operibus vocationum, quas Deus requirit et ordinavit. Neque hi errores existimandi sunt leves. Laedunt enim gloriam Christi et afferunt perniciem animabus nec possunt dissimulari. Deinde ad hos errores accedunt duo ingentia peccata. Primum, quod defendit errores illos injusta saevitia et

Irrtumbe, so ins Bapst Reich gehn, und die Schrift schreiet mit aller Macht, daß solche Irrtumb des Teufels und Antichrists Lehr sei. Die Abgotterei im Mißbrauch der Messen ist offenbar, welche neben dem¹⁰, daß sie sonst nichts tugen¹¹, zum schändlichen Genieß¹² und Krämerei mißbrauchet sind. Die Lehre von der Buße ist vom Bapst und den Seinen ganz gefälschet und verderbt worden; dann so lehren sie: Sunde werd' vergeben umb unser eigen Werk willen, und hängen dies dran: „Man sollte dannoch zweifeln, ob die Sunde vergeben sind." Darzu [beten] lehren sie nicht, daß umb Christus' willen die Sunde ohn Verdienst vergeben und solch Vergebung der Sunden durch den Glauben an Christum erlanget werde. Mit solcher Lehre nehmen sie Christo sein Ehr und berauben die Gewissen des rechten und gewissen Trostes und tun ab die rechten Gottesdienst, nämblich die Übung des Glaubens, welcher mit dem Unglauben und Verzweifelung uber der Verheißung des Evangelii kämpfet.

Dergleichen haben sie auch die Lehr verdunkelt von der Sunde und eigene Satzungen erdichtet, wie man alle Sund erzählen und beichten muesse, daraus mancherlei Irrtumb, auch endlich Verzweifelung gefolget ist. Darnach haben sie eigene Gnugtuung erdacht, dardurch die Wohltat und das Verdienst Christi auch verfinstert ist. Aus diesem ist das Ablaß gefolget, welchs lauter Lugen und allein umbs Gelds willen erdacht ist. Was ist denn darnach fur Mißbrauch und greuliche Abgotterei aus dem Anrufen der Heiligen gefolget? Was fur Schand und Laster sind kommen aus dem Verbot der Ehe? Wie ist nur das Evangelion durch die Lehre von Gelubden so verdunkelt worden? Da hat man gelehret, daß solche Gelubde sind fur Gott ein Gerechtigkeit und verdienen Vergebung der Sunden, daß also das Verdienst Christi auf Menschensatzung gezogen¹³ und die Lehre vom Glauben ganz abgetilget ist, und haben ihre närrichte und leichtfertige Satzungen fur den rechten Gottesdienst und Vollkummenheit geruhmet und den Werken, welche Gott von einem jeden in seinem Beruf fordert und geordent hat, furge-

---

14 scilicet] videlicet K Conc   36 effudit S   45 sunt existimandi K Conc   50 defendunt S

14 lehren Diet *über d. Z. von Dietrichs Hand*   22 welche L   34 umb des Konk*   36 greuliche > L   45 ausgetilget L   vertilget Konk*   46 närrische J Konk*

---

¹) Vgl. oben 416—419, insbesondere 417₂₃ff. und CR IV 535 f.   ²) Vgl. oben 438—445 und CR IV 534 f.   ³) Vgl. oben 415 f.   ⁴) Vgl. oben 433—435.   ⁵) Vgl. oben 440₂₅ff.   ⁶) Vgl. oben 441₁₄ff. und 423₁₁ff.   ⁷) Vgl. oben 424 f.   ⁸) Vgl. oben 459.   ⁹) Vgl. oben 461.   ¹⁰) abgesehen davon   ¹¹) taugen   ¹²) Gewinn   ¹³) übertragen

suppliciis. Alterum, quod judicium eripit ecclesiae nec sinit [recte] rite judicari ecclesiasticas controversias, imo contendit se supra concilium esse¹ et decreta conciliorum rescindere posse, sicut interdum impudenter loquuntur canones². Sed multo impudentius hoc factum esse a pontificibus exempla testantur³. Nona quaestione tertia⁴ ait canon: „Nemo judicabit primam sedem. Neque enim ab augusto neque ab omni clero neque a regibus neque a populo judex judicatur." Ita duplicem tyrannidem exercet papa: defendit errores suos vi et homicidiis et vetat cognitionem. Hoc posterius etiam plus nocet quam ulla supplicia. Quia sublato vero judicio ecclesiae non possunt tolli impia dogmata et impii cultus et multis saeculis infinitas animas perdunt.

Considerent igitur pii tantos errores regni papae et tyrannidem et cogitent primum abjiciendos esse errores et amplectendam esse veram doctrinam propter gloriam Dei¹ et salutem animarum. Deinde cogitent ¹ etiam, quantum scelus sit adjuvare injustam crudelitatem in interficiendis sanctis⁵, quorum sanguinem Deus haud dubie ulciscetur.

zogen. Nun darf man's nicht darfur achten, daß solches geringe Irrtumb sind; dann sie nehmen Christo seine Ehre und verdammen die Seelen, darumb soll man sie nicht ungestraft lassen hingehn. Zu diesen Irrtumen kommen nun zwo große, greuliche Sunde. Die eine, daß der Bapst solche Irrtumb mit unbilliger Wuterei und grausamen Tyrannei mit Gewalt verteidingt und erhalten will. Die ander, daß er der Kirchen das Urteil nimmpt und will solch Religionsachen ordenlicherweise nicht richten lassen, ja er will mehr dann alle Concilia sein und die Macht haben, daß er alles, so in Concilien beschlossen, moge zerreißen und aufheben, wie bisweilen die Canones solchs unverschämpt eraus sagen, und haben solchs die Bäpst noch unverschämpter getrieben, wie viel Exempel bezeugen. 9. quaestione 3. spricht der Kanon: „Niemand soll den hochsten Stuel richten; dann den Richter richtet weder Kaiser noch die Priester, weder König noch das Volk." Also handelt der Bapst auf beiden Seiten⁶ wie ein Tyrann, daß er solche Irrtumb mit Gewalt und Wuterei verteidingt und will keine Richter leiden. Und dies ander Stuck tut mehr Schadens dann alle Wuterei; dann alsbald⁷ der Kirchen das rechte Urteil und Erkanntnus genommen ist, kann nicht moglich sein, daß man falscher Lehre oder unrechtem Gottesdienst konnte steurn und muessen derhalb viel Seelen verloren werden.

Darumb sollen gottforchtige Leut solche greuliche Irrtumbe des Bapsts und sein Tyrannei wohl bedenken und zum ersten wissen, daß solche Irrtumbe zu fliehen und die rechten Lehr der Ehre Gottes und der Seelen Seligkeit halben anzunehmen sei. Darnach, daß man doch bedenke, wie ein greulich große Sunde es sei, solche unbillige Wuterei des Bapsts helfen furdern, da so-

---

2 rite *a. R.* Spal   12 Ita > Conc   35 et tyrannidem Spal *a. R.*   38 et + ad Conc

6 nun kommen L   16 bisweilen] zuweilen Konk   17 und Diet *a. R. von fremder Hand*
26 keinen L   30 kann + es L   32 müßten J   38 der (2.) > L

---

¹) Vgl. oben 484 ₃₄₋₃₇ und Anm. 5 sowie CR IV 539 f.   ²) Vgl. Decr. Grat. P. I D. 16, 17, 19 und 21; Decr. Greg. IX. I, 6 c. 4.   ³) Vgl. z. B. die Bulle „Execrabilis" von Pius II. (1460), in der die Appellation an ein zukünftiges Konzil verdammt wird: „Execrabilis et pristinis temporibus inauditus tempestate nostra inolevit abusus, ut a Romano pontifice, Jesu Christi vicario, cui dictum est in persona b. Petri: ‚Pasce oves meas' et ‚Quod ligaveris super terram, erit ligatum et in coelis', nonnulli spiritu rebellionis imbuti, non sanioris cupiditate judicii, sed commissi evasione peccati ad futurum concilium provocare praesumant, quod quantum sacris canonibus adversetur quantumve reipublicae christianae noxium sit, quisquis non ignarus jurium intelligere potest."   ⁴) Decr. Grat. P. II C. 9 q. 3 c. 13.   ⁵) Vgl. oben 485 Anm. 1.   ⁶) in doppelter Beziehung   ⁷) sobald

54 Inprimis autem oportet praecipua membra ecclesiae, reges et principes, consulere ecclesiae et curare, ut errores tollantur et conscientiae sanentur¹, sicut Deus nominatim reges hortatur²: „Et nunc, reges, intelligite, erudimini, qui judicatis terram." Prima enim cura regum esse debet, ut ornent gloriam Dei. Quare indignissimum fuerit eos conferre autoritatem et potentiam suam ad confirmandam idololatriam et cetera infinita flagitia et ad faciendas caedes sanctorum.

55 Et ut papa synodos habeat, quomodo sanari ecclesia potest, si papa nihil decerni contra arbitrium suum patiatur, si nemini concedat dicere sententiam nisi suis membris, quae habet obligata horrendis juramentis³ et maledictionibus ad defensionem suae tyrannidis et impietatis
56 sine ulla exceptione verbi Dei. Cum autem judicia synodorum sint judicia ecclesiae, non pontificum, praecipue regibus convenit coërcere pontificum licentiam et efficere, ne ecclesiae eripiatur facultas judicandi et decernendi ex verbo Dei. Et ut reliquos errores papae taxare ceteri christiani debent, ita etiam reprehendere debent pontificem defugientem et impedientem veram cognitionem et verum judicium ecclesiae.

57 Itaque etiamsi Romanus episcopus jure divino haberet primatum, tamen, postquam defendit impios cultus et doctrinam pugnantem cum evangelio, non debetur ei obe-

viel frommer Christen so jämmerlich ermordt werden, welcher Blut ohn Zweifel Gott nicht wurd ungerochen lassen.

Furnehmblich aber sollen Konig und Fursten als furnehme Gelieder der Kirchen helfen und schauen, daß allerlei Irrtumb weggeton und die Gewissen recht underrichtet werden, wie dann Gott zu solchem Ampt die Konig und Fursten sonderlich vermahnet am 2. Psalm: „Ihr Konig, laßt Euch weisen und, Ihr Richter auf Erden, laßt Euch züchtigen"; dann dies soll bei den Konigen und großen Herren die furnehmbste Sorg sein, daß sie Gottes Ehr fleißig furdern. Darumb wär' es je unbillich, wenn sie ihr Macht und Gewalt dahin wollten wenden, daß solch greuliche Abgotterei und ander unzähliche Laster erhalten und die frommen Christen so jämmerlich erwurgt wurden.

Und im Fall, daß der Bapst gleich ein Concilion halten wollt', wie kann der Kirchen wider solche Stuck geholfen werden, so der Bapst nicht leiden will, daß man etwas wider ihn schließe⁴ oder andere, dann ihm zuvor durch schreckliche Eidespflicht, auch Gottes Wort unausgenommen, zugetan, in Kirchensachen richten sollen? Weil aber die Urteil in Concilien der Kirchen und nicht des Bapsts Urteil sind, will es je den Konigen und Fursten gebuhren, daß sie dem Bapst solchen Mutwillen nicht einräumen, sonder schaffen, daß der Kirchen die Macht zu richten nicht genommen und alles nach der heiligen Schrift und Wort Gottes urteilet werde. Und gleichwie die Christen alle andere Irrtumb des Bapsts zu strafen schuldig sind, also sind sie auch schuldig, den Bapst selb zu strafen, wann er fliehen oder wehren will das rechte Urteil und wahre Erkanntnus der Kirchen.

Darumb obschon der Bapst aus gottlichen Rechten den Primat oder Oberkeit hätte, soll man ihm dannoch keinen Gehorsam leisten, weil er falsche Gottesdienst und ein

---

4/5 praecipua membra Spal *unterstrichen, dazu a. R. von Melanchthons Hand* praecipuas potestates   29 ecclesiae judicia K Conc   34 ceteri > Spal S   43 posteaquam Conc

---

5 fürnehmste J Konk   10 am] im J Konk   13 bei Diet *a. R.*   20 erwurgt] ermordet Konk   25 dann +, so Konk   26/7 durch *bis* unausgenommen (Diet *a. R. von Dietrichs Hand*) > L   27/8 zugetan] verpflichtet L   34 und] sonder L

---

¹) Vgl. dazu WA VI *413.   ²) Ps. 2, 10.   ³) der Obödienzeid, den ursprünglich nur die Erzbischöfe und exempten Bischöfe, später auch alle übrigen Bischöfe dem Papst schwören müssen und der aus einem wirklichen Lehnseid entstanden ist; vgl. dazu Decr. Greg. IX. II, 24 c. 4, Werminghoff, Verfassungsgeschichte 130, 133, Hinschius, Kirchenrecht III 199—206; WA XXXII 267 Anm. 109.   ⁴) beschließe

dientia. Imo necesse est ei tanquam Antichristo adversari.

Errores papae manifesti sunt et non leves. Manifesta est etiam crudelitas, quam exercet in pios. Et constat mandatum Dei esse, ut fu'giamus idololatriam, impiam doctrinam et injustam saevitiam. Ideo magnas, necessarias et manifestas causas habent omnes pii, ne obtemperent papae. Et hae necessariae causae pios consolantur adversus omnia convicia, quae de scandalis, de schismate, de discordia objici solent.

Qui vero sentiunt cum papa et defendunt ejus doctrinam et cultus, polluunt se idololatria et blasphemis opinionibus, fiunt rei sanguinis piorum, quos papa persequitur, laedunt gloriam Dei et impediunt salutem ecclesiae, quia confirmant errores et alia flagitia ad omnem posteritatem.

De potestate et jurisdictione episcoporum.

In Confessione[1] et Apologia[2] recitavimus ea, quae in genere de potestate ecclesiastica dici proderat. Evangelium enim tribuit his, qui praesunt ecclesiis, mandatum docendi evangelium, remittendi peccata, administrandi sacramenta, praeterea jurisdictionem[3], videlicet mandatum excommunicandi eos, quorum nota sunt crimina, et resipiscentes rursus absolvendi. Ac omnium confessione, etiam adversariorum liquet hanc potestatem jure divino communem esse omnibus, qui praesunt ecclesiis, sive vocentur pastores, sive presbyteri, sive episcopi. Ideoque Hieronymus[4] aperte docet in literis apostolicis omnes, qui

andere Lehre wider das Evangelion erhalten will, ja man soll sich aus Not wider ihn als den rechten Antichrist setzen.

Man siehet's je am Tag, was des Bapsts Jrrtumb und wie groß sie sind. So siehet man auch die Wuterei, welche er wider die frummen Christen furnimmpt. So stehet Gottes Befelch und Wort da, daß wir Abgotterei, falsche Lehr und unpillige Wuterei fliehen sollen. Darumb hat ein ider frommer Christ wichtige, notige und helle[5] Ursachen gnug, daß er dem Bapst nicht Gehorsam leiste. Und sind solche notige Ursachen allen Christen ein großer Trost wider allerlei Schmach und Schand, die sie uns auflegen, daß wir Ärgernis geben, Zertrennung und Uneinigkeit anrichten etc.

Die es aber mit dem Bapst halten und seine Lehr und falsche Gottesdienst verteidigen, die beflecken sich mit Abgotterei und gottslästerlicher Lehre und laden auf sich alles Blut der frommen Christen, die der Bapst und die Seinen verfolgen, die verhindern auch Gottes Ehr und der Kirchen Seligkeit, weil sie solch Jrrtumb und Laster fur aller Welt und allen Nachkommen zu Schaden verteidigen.

Von der Bischof Gewalt und Jurisdiktion.

In unser Konfession und Apologie haben wir ingemein[6] erzählet, was von Kirchengewalt zu sagen geweft ist; dann das Evangeli gebeutet denen, so den Kirchen sollen furstehen, daß sie das Evangelion predigen, Sunde vergeben und Sacramenta reichen sollen, und uber das[7] gibt es ihnen die Jurisdictio, daß man die, so [zu] in offentlichen Lastern liegen, bannen und, die sich bessern wollen, entbinden und absolvieren soll. Nun muß es jedermann, auch unsere Widersacher, bekennen, daß diesen Befelch zugleich alle haben, die den Kirchen furstehn, sie heißen gleich Pastores oder Presbyteri oder Bischofe. Darumb spricht auch Hierony=

---

5 non + sunt S   6 in pios > K Conc   22 Dei Spal *a. R.*   23 alia > K Conc   24 omnem Spal *a. R.*   30/2 In *bis* proderat > K Conc   32 enim > K Conc   34 evangelii K Conc   38 rursum K Conc

1 wider das Evangelion] dem Evangelio entgegen L   17 etc. > Konf   23 die (2.)] sie L   35 und + die L

---

[1]) Vgl. oben 120—133.   [2]) Vgl. oben 396—404 und ferner CR IV 994 f.   [3]) Vgl. oben 456 f. und unten 492.   [4]) Epist. 146 ad Euangelum (Euagrium) (MSL XXII 1193 f.; CSEL LVI 308—310; Decr. Grat. P. I D. 93 c. 24); vgl. auch Comm. in Epist. ad Titum 1, 5 f. (MSL XXVI 597; Decr. Grat. P. I D. 95 c. 5) und Epist. 69 ad Oceanum (MSL XXII 656; CSEL LIV 683$_{19}$ f.), ferner WA VII 631, L 84, LIV 229, WABr XII 116$_{12}$ f.   [5]) flare   [6]) im allgemeinen   [7]) außerdem

praesunt ecclesiis, et episcopos et presbyteros esse et citat ex Tito[1]. „Propterea te reliqui in Creta, ut constituas presbyteros per civitates." Et deinde addit: „Oportet episcopum esse unius uxoris virum." Item Petrus[2] et Johannes[3] vocant se presbyteros. Et deinde addit[4]: „Quod autem postea unus electus est, qui ceteris praeponeretur, in remedium schismatis factum est, ne unusquisque ad se trahens ecclesiam Christi rumperet. Nam et Alexandriae a Marco evangelista usque ad Esdram et Dionysium episcopos presbyteri semper ex se unum eligebant et in excelsiore loco collocabant, quem episcopum nominabant. Quomodo si exercitus imperatorem sibi faciat, diaconi autem eligant ex se, quem industrium noverint, et archidiaconum nuncupent[5]. Quid enim facit episcopus excepta ordinatione, quod presbyter non facit?"

Docet igitur Hieronymus humana autoritate distinctos gradus esse episcopi et presbyteri seu pastoris. Idque res ipsa loquitur, quia potestas est eadem, quam supra dixi. Sed una res postea fecit discrimen episcoporum et pastorum, videlicet ordinatio[6]. Quia institutum est, ut unus episcopus ordinaret ministros in pluribus ecclesiis. Sed cum jure divino non sint diversi gradus episcopi et pastoris, manifestum est ordinationem a pastore in sua ecclesia factam jure divino ratam esse.

mus mit hellen Worten, daß Episcopi und Presbyteri nicht underschieden sind, sondern daß alle Pfarrherrn zugleich Bischofe und Priester sind, und allegiert[7] den Text Pauli ad Titum 1., do er zu Tito schreibet: „Ich ließe Dich derhalb zu Kreta, daß Du bestelltest die Städte hin und her mit Priestern", und nennet solche ernach „Bischofe". „Es soll ein Bischof eins Weibs Mann sein", so nennen sich selb Petrus und Johannes „Presbyteros" oder „Priester". Darnach sagt Hieronymus weiter: „Daß aber einer allein erwählet wurd, der ander under ihm habe, ist geschehen, daß man damit der Zertrennung wehret, daß nicht einer hie, der ander dort ein Kirchen an sich zoge und die Gemeine also zerrissen wurde; denn zu Alexandria (sagt er) von Marco, dem Evangelisten, an bis auf Esdram und Dionysium haben allezeit die Presbyteri ein aus ihnen erwählet und hoher gehalten und Episcopum (einen Bischofe) genennet, gleichwie ein Kriegsvolk einen zum Hauptmann erwählet, wie auch die Diakon einen aus ihnen, der geschickt dazu ist, wählen und Archidiakon nennen; dann sage mir, was tut ein Bischofe mehr dann ein iglicher Presbyter, ohne daß er ander zum Kirchenampt ordnet" etc.?

Hie lehret Hieronymus, daß solche Underschied der Bischofen und Pfarrherren allein aus menschlicher Ordnung kommen sei, wie man dann auch im Werk siehet; dann das Ampt und Befelch ist gar einerlei, und hat ernach allein die Ordinatio den Underschied zwischen Bischofen und Pfarrherrn gemacht, dann so hat man's darnach geordnet, daß ein Bischofe auch in andern Kirchen Leut zum Predigampt ordnete. Weil aber nach gottlichem Recht kein Underschiede ist zwischen Bischofen und Pastoren oder Pfarrherren, ist's je ohn Zweifel, wann ein Pfarrherr in seiner Kirchen etliche tuchtige Personen zun Kirchenämptern ordnet, daß solche Ordinatio nach gottlichen Rechten kräftig und recht ist.

---

5 episcopum] enim Spal S (= *Vulg.-Text*)   33 dixit Conc

6 zu] in L   14 der] die J Konk   23 wählet L   33 das] dies L   33/4 und hat ernach] so hat auch L   36 dann *bis* darnach] hernach hat man es also L   41 's > L   je > Konk

[1]) Tit. 1, 5—7.   [2]) 1. Petr. 5, 1; vgl. dazu WA LIV 284.   [3]) 2. Joh. v. 1, 3. Joh. v. 1.   [4]) Epist. ad Euangelum (f. o.); Melanchthon hat den Hieronymustext, wie die Abweichungen zeigen, nicht der Hieronymusausgabe des Erasmus (Basel 1516, III 150a), sondern (wie auch Luther WA II 228) dem Decretum Gratiani (P. I D. 93 c. 24) entnommen, das in zahlreichen Ausgaben die Lesart: ‚Esdram' (statt des richtigen: ‚Heraclam') bietet. Erst zig von Reineccius (Leipzig 1708) veranstaltete Ausgabe des Konkordienbuches ändert den Namen in: ‚Heraclam'.   [5]) Über den Archidiakon, den aber der Bischof meist frei bestellte, vgl. Hinschius, Kirchenrecht II 183f.   [6]) Vgl. dazu CR III 183—185, IV 533, V 584f., 613f., VII 740—743, Jahrbuch für brandenburgische Kirchengeschichte XXI (1926) 3f. und 8f. Vgl. auch oben 457f. und 468a (Nachtr.).   [7]) führt an

66 Itaque cum episcopi ordinarii fiunt hostes evangelii aut nolunt impertire ordinatio-
67 nem, ecclesiae retinent jus suum. Nam ubicunque est ecclesia, ibi est jus administrandi evangelii. Quare necesse est ecclesiam retinere jus vocandi, eligendi et ordinandi ministros.

Et hoc jus est donum proprie datum ecclesiae, quod nulla humana autoritas ecclesiae eripere potest, sicut et Paulus testatur ad Ephesios[1], cum ait: „Ascendit, dedit dona hominibus." Et numerat inter dona propria ecclesiae pastores et doctores et addit dari tales ad ministerium ad aedificationem corporis Christi. Ubi est igitur vera ecclesia, ibi necesse est esse jus eligendi et ordinandi ministros: sicut in casu necessitatis absolvit etiam laicus et fit minister ac pastor alterius, sicut narrat Augustinus[2] historiam de duobus christianis in navi, quorum alter baptizaverit *κατηχούμενον* et is baptizatus deinde
68 absolverit alterum. Huc pertinent sententiae Christi, quae testantur claves ecclesiae datas esse, non tantum certis personis: „Ubicunque erunt duo vel tres congregati in nomine meo"[3] etc.

69 Postremo hoc etiam confirmat sententia Petri[4]: „Vos estis regale sacer'dotium," quae verba ad veram ecclesiam pertinent, quae, cum sola habeat sacerdotium, certe habet jus eligendi et ordinandi ministros.
70 Idque etiam communissima ecclesiae consuetudo testatur. Nam olim populus eligebat pastores et episcopos. Deinde accedebat episcopus seu ejus ecclesiae seu

Darumb weil doch die verordneten Bischofe das Evangelion verfolgen und tuchtige Personen zu ordiniern sich wegern[5], hat ein igliche Kirch in diesem fall guet fueg und Recht, ihr selb Kirchendiener zu ordiniern; denn wo die Kirche ist, do ist je der Befelch, das Evangelion zu predigen. Darumb muessen die Kirchen die Gewalt behalten, daß sie Kirchendiener fordern, wählen und ordiniern. Und solche Gewalt ist ein Geschenk, welchs der Kirchen eigentlich von Gott geben und von keiner menschlicher Gewalt der Kirchen kann genommen werden, wie Paulus zeuget zun Ephesern, da er sagt: „Er ist in die Hohe gefahrn und hat Gaben geben den Menschen." Und under solchen Gaben, die der Kirchen eigen sind, zählet er Pfarrherrn und Lehrer und hängt daran, daß solche geben werden zu Erbauung des Leibs Christi. Darumb folget, wo ein rechte Kirche ist, daß da auch die Macht sei, Kirchendiener zu wählen und ordiniern, wie dann in der Not auch ein schlechter[6] Lai einen andern absolviern und sein Pfarrherr werden kann, wie S. Augustin ein Historien schreibet, daß zwene Christen in einem Schiffe beisammen gewesen, der einer den andern getaufet und darnach von ihm absolviert sei. Hieher gehoren die Spruche Christi, welche zeugen, daß die Schlussel der ganzen Kirchen und nicht etlichen sondern Personen geben sind, wie der Text sagt: „Wo zwen oder drei in meim Namen versammelt sind, bin ich mitten under ihn" etc.

Zum lesten[7] wurd solchs auch durch den Spruch Petri bekräftigt, da er spricht: „Ihr seid das koniglich Priestertumb." Diese Wort betreffen eigentlich die rechte Kirchen, welche, weil sie allein das Priestertumb hat, muß sie auch die Macht haben, Kirchendiener zu wählen und ordiniern. Solchs zeuget auch der gemeine Brauch der Kirchen; dann vorzeiten wählet das Volk Pfarrherrn

---

2 evangelii] ecclesiae K Conc   25 catechumenum Spal *a. R.*   36 etiam hoc K Conc

15 zun Ephesern] Ephef. 4. Konf

---

[1]) Eph. 4, 8 und 11f. Vgl. dazu WA L 632 f.   [2]) Decr. Grat. P. III D. 4 c. 36 als Brief Augustins an Fortunatus: „Cum in navi quadam nullus fidelis esset praeter unum poenitentem, coepit imminere naufragium. Erat ibi quidam non immemor suae salutis et sacramenti vehementissimus flagitator nec erat aliquis, qui dare posset nisi poenitens ille; acceperat enim, pro peccato, de quo agebat poenitentiam, amiserat sanctitatem, sed non amiserat sacramentum. Nam si hoc amittunt peccantes, cum reconciliantur post poenitentiam, quare non iterum baptizantur? Dedit ergo, quod acceperat, et, ne periculose vitam finiret non reconciliatus, petiit ab eo ipso, quem baptizaverat, ut eum reconciliaret, et factum est. Evaserunt naufragium."   [3]) Matth. 18, 20.   [4]) 1. Petr. 2, 9.   [5]) weigern   [6]) einfacher   [7]) letzten

71 vicinus, qui confirmabat electum impositione manuum, nec aliud fuit ordinatio nisi talis comprobatio[1]. Postea accesserunt novae ceremoniae, quales multas describit Dionysius[2]. Sed est novus autor et fictitius, quisquis est, sicut et Clementis scripta sunt supposititia[3]. Deinde recentiores addiderunt: „Do tibi potestatem sacrificandi pro vivis et mortuis."[4] Sed ne illud quidem apud Dionysium est.

72 Ex his omnibus liquet ecclesiam retinere jus eligendi et ordinandi ministros. Quare cum episcopi aut fiunt haeretici aut nolunt impertire ordinationem, jure divino coguntur ecclesiae adhibitis suis pastoribus ordinare pastores et ministros. Et causam schismati et discordiae prae-

und Bischofe. Darzu kam der Bischof, am selben Ort oder in der Nähe gesessen, [der] und bestätiget den gewählten Bischof durch Auflegen der Hände, und ist dazumal die Ordinatio nichts anderst gewest dann solche Bestätigung. Darnach sind ander Zerimonien mehr dazu kommen, wie Dionysius deren etliche erzählet. Aber dasselb Buch Dionysii ist ein neu Gedicht[5] unter falschem Titel[6], wie auch das Buch Clementis einen falschen Titel[6] hat und lang nach Clemente von einem bosen Buben gemacht ist. Darnach ist auf die Letzt auch dies hinangehängt worden, daß der Bischof gesagt hat zu den, die er weihet: „Ich gebe Dir Macht, zu opfern fur die Lebendigen und die Toten." Aber das stehet auch im Dionysio nicht.

Hieraus siehet man, daß die Kirche Macht hat, Kirchendiener zu wählen und ordinieren. Darumb wenn die Bischofe entweder Ketzer sind oder tuchtige Personen nicht wollen ordiniern, sind die Kirchen fur Gott nach gottlichen Recht schuldig, ihnen selb Pfarrherren und Kirchendiener zu

---

5 autor novus K Conc   21/4 Quare bis ministros > K Conc

3 und (Diet von fremder Hand)] der L   5 dann + ein L

---

[1]) Vgl. dazu oben 475 13—34 und WA XXXVIII *236; zur Bischofswahl vgl. Werminghoff, Verfassungsgeschichte 4, Hinschius, Kirchenrecht II 512—516. [2]) Es handelt sich um die dem Dionysius Areopagita (vgl. Apg. 17, 34 und RE IV 687—696) zugeschriebene Schrift: Περὶ τῆς ἐκκλησιαστικῆς ἱεραρχίας (De ecclesiastica hierarchia, gegen Ende des 5. Jahrhunderts in Syrien entstanden), in deren 5. Kapitel (Περὶ τῶν ἱερατικῶν τελειώσεων) derartige Konsekrationsriten beschrieben werden (MSG III 500—516). Schon Laurentius Valla und Erasmus hatten gegen die Echtheit der Dionysischen Schriften Angriffe gerichtet. Vgl. dazu auch Luthers Kritik (1520): „Atque mihi (ut magis temerarius sim) in totum displicet tantum tribui, quisquis fuerit, Dionysio illi, cum ferme nihil in eo sit solidae eruditionis ... Ita in ‚Ecclesiastica hierarchia' quid facit, nisi quod ritus quosdam ecclesiasticos describit ludens allegoriis suis, quas non probat?" (WA VI *562). 1532 äußert er in einer Tischrede: „Dionysius mirabili garrulitate multa scripsit de divinis nominibus, de coelesti hierarchia et ecclesiastica ... Nec est verisimile illum fuisse Pauli discipulum nec quidem fuit Dionysius ille martyr ⟨von Alexandria, † 264⟩, sed Parisiensis aliquis" ⟨seit Abt Hilduin von St. Dénis, † 840, identifizierte man in Frankreich den Areopagiten mit dem fränkischen Schutzheiligen Dionysius; RE IV 688⟩ (WATR II Nr. 2779aa); vgl. auch W. Köhler, Luther und die Kirchengeschichte I, 1. Teil (1900) 289—299 und WA XLII 175. [3]) Zu der dem Bischofe Klemens von Rom († ca. 100) untergeschobenen, frühestens gegen Ende des 2. Jahrh. entstandenen Schrift: „Recognitionum libri X ad Jacobum fratrem Domini" (1526 erstmalig in Basel von Sichardus veröffentlicht) vgl. A. v. Harnack, Geschichte der altchristlichen Literatur I: Die Überlieferung und der Bestand (1893) 212 ff. und RE IV 171—179 (die anderen pseudoklementinischen Schriften waren damals noch unbekannt). [4]) Bei der Priesterweihe erteilt der Bischof mit den Worten: „Accipe potestatem offerre sacrificium Deo missamque celebrare tam pro vivis quam pro defunctis in nomine Domini" dem Priester unter Überreichung des mit Wein gefüllten Kelches und der Patene mit der Hostie die Vollmacht, das Meßopfer darzubringen. Vgl. Eisenhofer, Liturgik 268. Diese Formel ist bereits in dem Ordo Romanus (10. Jahrh.) enthalten; vgl. M. Hittorp, De divinis catholicae ecclesiae officiis (1568) 95; vgl. dazu WA XXXII 255, 306. [5]) Phantasterei, Erfindung   [6]) fingiertem Verfassernamen

bent impietas et tyrannis episcoporum. Quia Paulus praecipit, ut episcopi docentes et defendentes impiam doctrinam et impios cultus habeantur tanquam anathemata[1].

73 Diximus de ordinatione, quae una, ut Hieronymus inquit[2], discernebat episcopos a reliquis presbyteris. Itaque nulla disputatione opus est de ceteris episcoporum officiis. Nec vero opus est dicere de confirmatione[3], item de campanarum consecratione[4], quae propemodum sola retinuerunt. De jurisdictione aliquid dicendum est.

74 Constat jurisdictionem illam communem excommunicandi reos manifestorum criminum pertinere ad omnes pastores[5]. Hanc tyrannice ad se solos transtulerunt et ad quaestum contulerunt. Constat enim officiales[6], ut vocantur, non toleranda licentia usos esse et vel avaritia vel propter alias cupiditates vexasse homines et excommunicasse sine ullo ordine judiciorum. Quae est ' autem ty''rannis officiales in civitatibus habere potestatem suo arbitratu sine ordine judiciorum excommunicandi 75 homines? Et hac potestate qualibus in rebus abusi sunt! videlicet non in puniendis veris delictis, sed in jejuniis aut feriis violatis et similibus nugis. Tantum adulteria interdum puniebant. Et in hac re saepe vexabant innocentes et honestos homines[7]. Porro cum hoc crimen sit gravissimum, certe sine ordine judiciali nemo

ordinieren. Ob man nun dies wollte ein Unordnung oder Zertrennung heißen, soll man wissen, daß die gottlose Lehr und Tyrannei der Bischofe daran schuldig ist; denn so
5 gebeut Paulus, daß alle Bischofe, so entweder selb unrecht lehren oder unrechte Lehr und falschen Gottesdienst verteidigen, fur verfluchte Leut sollen gehalten werden.

Bis anher haben wir von der Ordinatio 10 gesagt, welche allein etwa Unterschied gemacht hat zwischen Bischofen und den Priestern, wie Hieronymus spricht. Darumb ist nicht not, von den ubrigen bischoflichen Ämptern viel zu disputiern, man wollte 15 dann von der Firmelung, Glockentaufen und andern solchem Gaukelspiel reden, welchs fast allein die Bischofe sonderlich gebrauchet, aber von der Jurisdictio ist noch zu handeln.

Dies ist gewiß, daß die gemeine Juris‑ 20 dictio, die, so in offentlichen Lastern liegen, zu bannen, alle Pfarrherren haben sollen und daß die Bischofe als Tyrannen sie zu sich gezogen und zu ihrem Genieß[8] schändlich mißbrauchet haben; dann die Offiziäl 25 haben unleidenlichen Mutwillen damit getrieben und die Leut entweder aus Geiz oder andern Mutwillen wohl geplaget und ohn alle vergehende rechtliche Erkanntnus gebannet. Was ist aber dies fur ein Tyran‑ 30 nei, daß ein Offizial in einer Stadt die Macht soll haben, allein seinem Mutwillen nach ohn rechtliche Erkanntnus die Leut mit dem Bann so zu plagen und zwingen etc.? Nun haben sie solchen Zwang in allerlei 35 Sachen brauchet und nicht allein die rechten Laster damit nit gestrafet, daß[9] der Bann auf[9] folgen sollt', sonder auch in andern geringen Stucken, wo man nicht recht ge‑

---

10 inquit] ait K Conc   15 retinuerint S   28 ut] quae S   29 arbitrio S   30 judiciorum + damnandi et K Conc   34 et] aut K Conc

3/8 die *bis* werden Diet *von Dietrichs Hand*   4 so] also L   8 verflucht] sträfliche J Konf.   13 den > J Konf.   33 und + zu Konf.   etc. > L   36 nit (Diet *über d. Z. von Dietrichs Hand*) > L

[1]) Gal. 1, 7—9.   [2]) Vgl. oben S. 490,19f.   [3]) Zur Firmung vgl. Eisenhofer, Liturgik 242—246 und WA VI *549 f.   [4]) Vgl. dazu oben 462 Anm. 7.   [5]) Vgl. oben 489,30—34.   [6]) Die Offiziale sind bischöfliche Beamte für die Zwecke der Rechtsprechung; sie entscheiden Ehe-, Disziplinar- und Verwaltungssachen. Über sie vgl. Werminghoff, Verfassungsgeschichte 158 f., Hinschius, Kirchenrecht II 202—206.   [7]) Vgl. dazu Joh. Mathesius, Luthers Leben in Predigten 124: „Hernach kamen nur ungelehrte und unzüchtige Offiziäl, die suchten aufm Rügetag ⟨Visitation⟩ Geld, Buß und Wandel und mahneten neben der Restaur ⟨Abgabe für die Kirchenausbesserung⟩ den Ehrzins ein, den die ehelosen und unzüchtigen Priester von ihren unzüchtigen Bettköchinnen jährlich ihren rifianischen ⟨kupplerischen⟩ Bischöfen pro dispensatione oder permissione reichen mußten. Wie es auch endlich dahin geriete, daß fromme Priester, so gern züchtig gelebet, solchen Bübinnenzins erlegen mußten, wenn sie schon mit ihren Müttern oder Freundinnen ⟨Verwandten⟩ haushielten." Ähnlich äußert sich auch Luther: „Endlich, da es nicht ärger kunnd fallen, bleib Junker Offizial auch daheim in warmer Stuben und schickte etwa einen Schelmen oder Buben, der auf dem Lande und in Städten umbher lief und, wo er etwas

76 damnandus est. Cum igitur hanc jurisdictionem episcopi tyrannice ad se transtulerint eaque turpiter abusi sint, nihil opus est propter hanc jurisdictionem obedire episcopis. Sed cum sint justae causae, cur non obtemperemus, rectum est et hanc jurisdictionem reddere piis pastoribus et curare, ut legitime exerceatur ad morum emendationem et gloriam Dei.

77 Reliqua est jurisdictio in iis causis, quae jure canonico ad forum, ut vocant, ecclesiasticum pertinent ac praecipue in causis matrimonialibus. Hanc quoque habent episcopi humano jure et quidem non admodum veteri, sicut ex codice et ex novellis Justiniani apparet[1] judicia matrimoniorum tunc fuisse apud magistratus. Et jure divino coguntur magistratus mundani haec judicia exercere, si episcopi sunt negligentes. Idem concedunt et canones[2].
Quare etiam propter hanc jurisdictionem
78 non necesse est obedire episcopis. Et quidem cum leges quasdam condiderint injustas de conjugiis et in suis judiciis observent, etiam propter hanc causam opus est alia judicia constitui. Quia traditiones de cognatione spirituali sunt injustae[3]. Injusta etiam traditio est, quae prohibet conjugium personae innocenti post factum divortium[4].

fastet oder gefeiret hat, ohn daß[5] sie bisweilen den Ehebruch gestrafet und dann auch oft unschuldige Leut geschmäht und infamiert haben; dann weil solch Beschuldigung sehr wichtig und schwer ist, soll je ohne rechtliche und ordenliche Erkanntnus in dem Fall niemand verdammpt werden. Weil nun die Bischofe solch Jurisdictio als Tyrannen an sich gebracht und schändlich mißbrauchet haben, darzu sunst gute Ursach sind, ihnen nicht zu gehorchen, so ist's recht, daß man diese geraubte Jurisdictio auch wieder von ihnen nehme und sie den Pfarrherrn, welchen sie aus Christi Befelch gehort, zustelle und trachte, daß sie ordenlicherweise den Leuten zu Besserung des Lebens und zu Mehrung der Ehre Gottes gebrauchet werde.

Darnach ist ein Jurisdictio in den Sachen, welche nach bapstlichem Recht in das forum ecclesiasticum oder Kirchengericht gehoren, wie sonderlich die Ehesachen sind. Solche Jurisdictio haben die Bischofe auch nur aus menschlicher Ordnung an sich bracht, die dannoch nit sehr alt ist, wie man ex Codice und Novellis Justiniani siehet, daß die Ehesachen dazumal gar von weltlicher Oberkeit gehandelt sind, und ist weltliche Oberkeit schuldig, die Ehesachen zu richten, besonder so die Bischofe unrecht richten oder nachlässig sind, wie auch die Canones zeugen. Darumb ist man auch solcher Jurisdictio halb den Bischofen keinen Gehorsam schuldig, und dieweil sie etliche unbillige Satzung von Ehesachen gemacht und in Gerichten, die sie besitzen, brauchen, ist weltliche Oberkeit auch dieser Ursach halb schuldig, solche Gericht anderst zu bestellen; dann je das Verbot von der Ehe zwischen Ge-

---

2 ad se > K   se + solos Conc   22 Hanc] Haec K Conc   24 ex (2.) > K Conc   25/6 matrimoniorum > Spal S   26 tunc] tum S   28 sint K Conc

1/2 bisweilen] zuweilen Konk   3 oft auch L   11 's > L   16 zur L   30 so] wo J Konk

durch böse Mäuler und Afterreder höret in den Tabernen von Manns- oder Weibspersonen, das zeigt er dem Offizial, der greif sie denn an nach seinem Schinderampt, schabet und schindet Geld auch von unschüldigen Leuten und bracht sie dazu umb Ehre und guten Leumund, daraus Mord und Jammer kam" (WA XXVI 196). Vgl. auch CR IV 540 und 547 f. und WA XXX[II] 254.   [8]) Vorteil   [9]) auf die

[1]) Vgl. z. B. Cod. Justiniani Lib. V tit. 1—27, Dig. 23 tit. 1—2 und Nov. 22, ferner H. Siber, Römisches Recht II (1928) 34—40.   [2]) Decr. Greg. IX. V, 26 c. 2.   [3]) Zum Eheverbot zwischen Gevattern wegen der cognatio spiritualis vgl. z. B. Decr. Greg. IX. IV, 11, ferner J. Freisen, Geschichte des canonischen Eherechts (2. Aufl. 1893) 507—531, CR IV 537, 1005, XXI 1058, WA VI *446, X[II] *281 f.   [4]) Die Kirchenväter bezogen sich bei dem Verbot der Wiederverheiratung nach erfolgter Scheidung auf Matth. 5, 32, Mark. 10, 11, Luk. 16, 18; vgl. dazu Freisen 771—775, 803—806, Decr. Grat. P. II C. 32 q. 7 c. 1—8, 10, CR IV 537, XXI 1067 f., WA VI *559 f., X[II] *289, XII 118 f., XXXIII 241, WABr IV 333_{17—19}.   [5]) abgesehen davon

Etiam injusta lex est, quae in genere omnes clandestinas et dolosas desponsationes¹ contra jus parentum approbat. Est et injusta lex de coelibatu sacerdotum². Sunt et alii laquei conscientiarum in eorum legibus, quos omnes hic recitare nihil attinet.

Illud satis est recitasse, quod multae sunt injustae leges papae de negotiis matrimonialibus, propter quas magistratus debent alia judicia constituere.

79 Cum igitur episcopi, qui sunt addicti papae, defendant impiam doctrinam et impios cultus nec ordinent pios doctores, imo adjuvent saevitiam papae, praeterea jurisdictionem eripuerint pastoribus et hanc tantum tyrannice exerceant, postremo cum in causis matrimonialibus multas injustas leges observent, satis multae et necessariae causae sunt, quare ecclesiae non agnoscant eos tanquam episcopos.
80 Ipsi autem meminerint opes datas esse episcopis tanquam elemosynas propter administrationem et utilitatem ecclesiarum, sicut inquit regula³: „Beneficium datur propter officium." Quare nec bona conscientia possunt possidere illas elemosynas. Et ecclesiam interim defraudant, cui opus est illis facultatibus ad ministros alendos et juvanda studia et suppeditandum certis pauperibus⁴ et ad constituenda

vattern unrecht ist. So ist dies auch unrecht, daß, wo zwei geschieden werden, der unschuldig Teil nit wiederumb heiraten soll.

Item daß ingemein alle Heirat, so heimblich und mit Betrug ohn der Eltern Vorwissen und Bewilligung geschehen, gelten und kräftig sein sollen. Item so ist das Verbot von der Priesterehe auch unrecht. Dergleichen sind in ihren Satzungen andere Stuck mehr, damit die Gewissen verwirrt und beschwert sind worden, die ohne Not ist hie alle zu erzählen.

Und ist an dem genug, daß man weiß, daß in Ehesachen viel unrechts und unbillichs Ding vom Bapst ist geboten worden, daraus weltlich Oberkeit Ursach genug hat, solche Gericht fur sich selb anderst zu bestellen. Weil dann nun die Bischofe, so dem Bapst sind zugetan, gottlose Lehr und falsche Gottesdienst mit Gewalt verteidingen und fromme Prediger nicht ordinieren wollen, sonder helfen dem Bapst, dieselbigen ermorden und daruber [haben sie] den Pfarrnern die Jurisdictio entzogen und allein wie Tyrannen zu ihrem Nutz sie gebrauchet haben, zum letzten, weil sie auch in Ehesachen so unbillich und unrecht handeln, haben die Kirchen großer und notwendiger Ursach genug, daß sie solche nicht als Bischofe erkennen sollen. Sie aber, die Bischofe sollen denken, daß ihre Gueter und Einkommen gestift sind als Almusen, daß sie der Kirchen dienen und ihr Ampt dest stattlicher ausrichten mogen, wie die Regula heißt: „Beneficium datur propter officium." Darumb konnen sie solch Almusen mit guetem Gewissen nicht gebrauchen und berauben damit die Kirche,

---

9 hic > K Conc   32/3 nec bis possunt] non possunt bona conscientia K Conc
37 ad > Conc

23 und (Diet von fremder Hand über d. Z.) daruber] zum andern weil sie darüber haben L
25 sie > L   haben (Diet von fremder Hand über d. Z.) > L   30 bedenken Konk
31 sind (Diet von Dietrichs Hand über d. Z.) > L

---

¹) Vgl. dazu Freisen, 311—323, Decr. Grat. P. II C. 30 q. 5 c. 1—3, CR IV 537, XV 1082, XXI 1059 f., WA XIa 642f., XV 167 ff., XXXIII 207—240. Luther geriet wegen der Frage der heimlichen Verlöbnisse mit den Wittenberger Juristen, insbesondere Hieronymus Schurff, die dieselben anerkannten, in heftige Streitigkeiten; vgl. dazu Köstlin-Kawerau, Martin Luther II 159—161, 468—471, 569—571.   ²) Über das impedimentum ordinis vgl. Hinschius, Kirchenrecht I 144—157 und oben 459.
³) Corp. jur. can. Liber Sextus I,3 c. 15; vgl. dazu Hinschius, Kirchenrecht II 364—369.
⁴) Vgl. dazu den Brief der in Schmalkalden versammelten Theologen vom 24. Februar 1537 an die Fürsten über die Verwendung der Kirchengüter (CR III 288—290; das von einem Schreiber geschriebene Konzept mit sachlichen Korrekturen von unbekannter Hand liegt im Staatsarchiv in Nürnberg, E-Lade 116 Nr. 87); vgl. dazu K. Körber, Kirchengüterfrage und schmalkaldischer Bund (VRGNr. 111/12, 1913) 164—166. Ein dementsprechender Artikel wurde dann auch in den Schmalkaldischen Abschied vom 6. März 1537 aufgenommen. — Zur Errichtung von Schulen vgl. auch oben 426 ₁₀ ff. und WA L 651.

81 judicia, praesertim matrimonialia¹. Tanta enim varietas et magnitudo est controversiarum matrimonialium, ut his opus sit peculiari foro, ad quod constituendum
82 opus est ecclesiae facultatibus. Petrus² praedixit futuros impios episcopos, qui elemosynis ecclesiarum abutantur ad luxum neglecto ministerio. Sciant igitur illi, qui ecclesiam defraudant, etiam ejus sceleris poenas Deo se daturos esse.

welche solcher Gueter darf zu Underhaltung der Kirchendiener und gelehrte Leut aufzuziehen und etlich Arme zu versorgen und sonderlich zu Bestellung der Ehegericht;
5 dann da tragen sich so mancherlei und seltzam Fäll zu, daß es wohl eins eigen Gerichts dorfte, solchs aber kann ohne Hulf derselbigen Gueter nicht bestellt werden. S. Peter spricht: „Es werden die falschen Bischofe
10 der Kirchengueter und Almosen zu ihrem Wohlluft prauchen und das Ampt verlassen." Dieweil nun der heilig Geist denselbigen dabei schrecklich dräuet, sollen die Bischofe wissen, daß sie auch fur diesen Raub
15 Gott muessen Rechenschaft geben.

M 345 **Vorzeichnus der Doktorn und Prediger, so sich zur Konfession und Apologia etc. unterschrieben haben. 1537.**

Die Concordia und Bewilligung der Prediger, so in dem Schmalkaldischen Konvent gewesen seind.

De mandato illustrissimorum principum et ordinum ac civitatum evangelii doctrinam profitentium relegimus articulos Confessionis exhibitae imperatori in conventu Augustano et Dei beneficio omnes [qui in hoc Smalcalensi³ conve] concionatores, qui in hoc Smalcalensi conventu interfuerunt, consentientes profitentur se juxta articulos Confessionis et Apologiae sentire et docere in suis ecclesiis. Profitentur etiam se articulum de primatu papae et ejus potestate et de potestate et juris-

20 Aus Befelch der durchläuchtigsten Fürsten, Ständ und Städten, so die Lehr des Evangelions bekennen, haben wir wiederumb verlesen die Artikul der Konfession, Kaiserlicher Majestät im
25 Reichstag zu Augspurg verantwurt, und bekennen us Gottes Genad alle Prediger, die in diesem Schmalkaldischen Konvent gewesen, einhelliglich, daß sie nach Inhalt der Artikel der
30 Konfession und Apologia halten und in ihren Kirchen lehren, sie bekennen

---

7 abuterentur K Conc   8 igitur] ergo K Conc   16—S. 497, 3 Spal Conc J Konk
16/9 Spal *von Spalatins Hand*   Doctores et concionatores, qui Confessioni Augustanae et Apologiae subscripserunt anno 1537. Conc   18 etc. > J Konk   19 haben.
+ Anno J Konk   20—S. 497, 3 Spal *von Melanchthons Hand*

1 solche J Konk   16—S. 497, 7 *nur* Essl Ulm   *In beiden Hss. schließt sich die Präsenzliste der in Schmalkalden anwesenden Theologen an, ohne Rücksicht darauf, ob sie unterzeichnet haben.*   31 lehren] halten Ulm

---

¹) Ein solches Ehegericht, das schon 1537 geplant war (vgl. G. Buchwald, Zur Wittenberger Stadt- und Universitätsgeschichte in der Reformationszeit [1893] 129), wurde in Wittenberg 1539 eingesetzt; vgl. O. Mejer, Zum Kirchenrechte des Reformationsjahrhunderts (1891) 1 ff., E. Sehling, Die evangelischen Kirchenordnungen des XVI. Jahrhunderts I (1902) 200—209, CR V 603—605, 638—640.   ²) 2. Petr. 2, 13 und 15.   ³) Melanchthon schreibt stets: Smalcalensis.

dictione episcoporum, qui hic principibus in hoc conventu exhibitus est Smalcaldiae, approbare. Ideo nomina sua subscribunt.

auch den Artikel von dem Primat des Papst und seinem Gewalt, auch von dem Gewalt und Jurisdiktion der Bischof, welcher hie in dem Konvent zu
5 Schmalkalden überantwurt ist, annehmen, darumb sie auch ihre Namen underschrieben haben.

Ego Joannes Bugenhagius[1] Pomeranus D. subscribo articulis Confessionis Augustanae, Apologiae et articulo de papatu Schmalcaldiae principibus oblato.
Et ego Urbanus Rhegius[2] D., ecclesiarum in ducatu Luneburgensi Superintendens, subscribo.
Nicolaus Amsdorff[3] Magdeburgensis subscripsit.
Georgius Spalatinus[4] Aldenburgensis subscripsit.
Andreas Osiander[5] subscribo.
M. Vitus Diethrich[6] Noribergensis subscribit.
Stephanus Agricola[7], Ecclesiastes Curiensis, manu propria subscripsit.
Joannes Draconites[8] Marpurgensis subscripsit.
Chunradus Figenbotz[9] se subscribit per omnia.
Martinus Bucerus[10].
Erhardus Schnepffius[11] subscribo.
Paulus Rhodius[12], Concionator in Stettin.
Gerardus Oemcken[13], ecclesiae Mindensis Minister.
Brixius Northanus[14], Susatiensis Concionator.
Simon Schneeweiss[15], Parochus in Crailsheim.
Rursum ego Pomeranus subscribo nomine Magistri Joannis Brencii[16], quemadmodum mihi mandavit[17].
Philippus Melanthon[18] subscribit manu propria.
Antonius Corvinus[19] subscribit tam suo quam Adami a Fulda[20] nomine manu propria.
Johannes Schlachinhauffen[21] subscribit manu propria.
Georgius Heltus[22] Forhemius.
Michael Caelius[23], Contionator Mansfeldensis.
Petrus Geltnerus[24], Contionator ecclesiae Franckenfurdiensis.

Die Unterschriften stehen in Spal Conc J Konf

[1]) Vgl. oben 463 Anm. 3.   [2]) Vgl. oben 464 Anm. 4.   [3]) Vgl. oben 463 Anm. 5.
[4]) Vgl. oben 463 Anm. 6.   [5]) Vgl. oben 465 Anm. 1.   [6]) Vgl. oben 465 Anm. 2.
[7]) Vgl. oben 464 Anm. 5.   [8]) Vgl. oben 464 Anm. 6.   [9]) Vgl. oben 464 Anm. 7.
[10]) 1491—1551, aus Schlettstadt; 1506—21 Dominikaner, 1518 bei der Heidelberger Disputation kam er mit Luther in Berührung; 1522 Pfarrer in Weißenburg i. E., 1523—40 in Straßburg, wo er an der Einführung der Reformation stark beteiligt war. Er nahm am Marburger Religionsgespräch (1529), dem Augsburger Reichstag (1530), an den Religionsgesprächen zu Hagenau und Worms (1540/1) und den Regensburger Reichstagen von 1541 und 1546 teil. Er arbeitete mit Philipp von Hessen an einer Einigung der protestantischen Stände, 1536 brachte er die Wittenberger Konkordie (WABr XII Nr. 4261 Beil. I) zustande. 1548 durch das Interim vertrieben, folgte er einem Rufe nach England. Er vertrat mit Paul Fagius (f. u. 498 Anm. 2) die Straßburger Geistlichen in Schmalkalden. Mit Wolfhart (f. u. 498 Anm. 5) folgte er dem kranken Luther und hatte mit ihm am 1. März 1537 in Gotha eine längere Unterredung über die Einigung mit den Oberdeutschen und Schweizern (WATR III Nr. 3544 und WA XLVIII 557); über ihn vgl. RE III 603—612, NDB II 695—697.   [11]) Vgl. oben 465 Anm. 3.   [12]) Vgl. oben 466 Anm. 5.   [13]) Vgl. oben 466 Anm. 6.
[14]) Vgl. oben 466 Anm. 7.   [15]) Vgl. oben 465 Anm. 5.   [16]) Vgl. oben 466 Anm. 2.   [17]) Vgl. oben 466 Anm. 3.   [18]) Vgl. oben 464 Anm. 1.   [19]) Vgl. oben 465 Anm. 1.   [20]) Vgl. oben 466 Anm. 8.   [21]) Vgl. oben 465 Anm. 6.
[22]) Vgl. oben 465 Anm. 7.   [23]) Vgl. oben 467 Anm. 1.   [24]) Vgl. oben 467 Anm. 2.

Dionysius Melander[1] subscripsit.
Paulus Fagius[2] Argentinensis.
Wendalinus Faber[3], Parochus Seburgae in Mansfeldia.
Conradus Öttinger[4] Phorcensis, Ulrichi ducis Wirtembergensis Contionator.
Bonifacius Wolfhart[5], verbi Minister ecclesiae Augustanae.
Joannes Aepinus[6], Hamburgensis Superintendens etc., subscripsit propria manu.
Id ipsum fecit Joannes Amsterdamus[7] Bremensis.
Joannes Fontanus[8], inferioris Hessiae Superintendens, subscripsit.
Friderichus Myconius[9] pro se et Justo Menic[10] subscripsit.
Ambrosius Blaurerus[11].

---

[1] Vgl. oben 466 Anm. 4.   [2] ca. 1504—1549, aus Rheinzabern; zunächst 1527 Schullehrer in Isny, 1536—37 studierte er in Straßburg Theologie, 1538—43 Pfarrer in Isny, 1543—44 ordnete er das Kirchenwesen in Konstanz, 1544—49 Professor und Prediger in Straßburg; 1549 folgte er wegen Einführung des Interims zusammen mit Butzer einem Rufe nach England; über ihn vgl. RE V 733f. und NDB IV 744.   [3] Vgl. oben 467 Anm. 3.   [4] Vgl. oben 465 Anm. 4.   [5] (Lycosthenes) † 1543, aus Buchheim in Franken; in Basel schloß er sich an Oekolompad und Zwingli an, 1525 ging er nach Straßburg, von wo er 1531 als Prediger an St. Anna und später an St. Moritz in Augsburg berufen wurde; er gehörte der zwinglianischen Richtung an; 1536 unterschrieb er die Wittenberger Konkordie (WABr XII 207. 210f.); in Schmalkalden vertrat Wolfhart die Augsburger Geistlichen; über ihn vgl. ADB XIX 727f., Beiträge zur bayerischen Kirchengeschichte 7 (1901) 167ff. und oben 497 Anm. 10.   [6] Vgl. oben 467 Anm. 4.   [7] Vgl. oben 467 Anm. 5.   [8] Fontanus oder Fontius † 1539, aus Wetter, Magister; 1529—35 Pfarrer in Homberg/Efze, 1536—38 Superintendent in der Diözese Kassel; über ihn vgl. O. Hütteroth, Die althessischen Pfarrer der Reformationszeit (1953) 88.   [9] Vgl. oben 467 Anm. 6.   [10] Vgl. oben 467 Anm. 7.   [11] 1492—1564, aus Konstanz; ursprünglich Benediktinermönch, trat er 1522 aus dem Kloster aus und wurde 1525 als Prediger nach Konstanz berufen, 1534 von Herzog Ulrich von Württemberg nach Tübingen, um zusammen mit Schnepff (s. o. 465 Anm. 3) die Reformation in Württemberg einzuführen. Als Gesinnungsgenosse Butzers vertrat er dessen vermittelnde Richtung. Nach seiner Entlassung 1538 ging er zunächst nach Augsburg und dann wieder nach Konstanz; 1548 wurde er von hier wegen seiner Stellungnahme gegen das Interim vertrieben; über ihn vgl. RE III 251—254 und NDB II 287f.

VI.

Enchiridion.

Der kleine Katechismus

D. Mart. Lutheri

für die

gemeine Pfarrherrn und Prediger.

Enchiridion.

Catechismus minor

D. Martini Lutheri

pro parochis et concionatoribus.

(Sternchen am Rande der Anmerkungen verweisen auf Nachträge. Vgl. S. 541)

Abkürzungen:

A = Die verlorene erste Wittenberger Buchausgabe des kleinen Katechismus (1529).

α = Nachdruck von A (Erfurt, Treffer [1529]).

β = Nachdruck von A (Erfurt, Treffer [1529]).

γ = Nachdruck von A (Marburg, [Rhode] 1529).

δ = Nachdruck von β und B ([Erfurt, Maler 1529]) (Fragment).

B = Enchiridion. Der kleine Catechismus, Gemehret vnd gebessert (Wittenberg, Schirlentz 1529).

C = Enchiridion. Der kleine Catechismus (Wittenberg, Schirlentz 1531).

D = Enchiridion. Der kleine Catechismus (Wittenberg, Schirlentz 1535).

E = Enchiridion. Der kleine Catechismus (Wittenberg, Schirlentz 1536).

F = Enchiridion. Der kleine Catechismus (Wittenberg, Schirlentz 1537).

G = Enchiridion. Der kleine Catechismus (Wittenberg, Schirlentz 1539).

H = Enchiridion. Der Kleine Catechismus, gebessert (Wittenberg, Schirlentz 1540).

J = Enchiridion. Der kleine Catechismus. Auffs new vbersehen vnd zugericht (Wittenberg, Schirlentz 1542).

K = Enchiridion. Der kleine Catechismus. Auffs new vbersehen vnd zugericht (Wittenberg, Schirlentz 1543).

Tr = Ein trawbüchlin für die einfeltigen Pfarherr. Mart. Luther (Wittenberg, Schirlentz 1529).

Ta = Das tauffbuchlin verdeudscht, auffs new zu gericht, durch Mar. Luth. (Wittenberg, Schirlentz 1526).

Konk = deutsches Konkordienbuch (Dresden 1580), Bl. 160a bis 173b.

A = Enchiridion piarum precationum, cum Calendario et passionali, ut uocant etc. Mar. Luth. (Wittenberg, Lufft 1529), Bl. k 5a—n 7b.

B = Parvus Catechismus pro pueris in schola ... Mart. Luther (Wittenberg, Rhaw 1529), Bl. A 6a bis C 8b.

Maj.[1] = Catechismus. D. Mar. Luth. Düdesch vnde Latinisch, daruth de Kinder lichtliken in dem lesende vnderwiset mögen werden (Magdeburg, Mich. Lotther [1531]), Bl. C 6b—D 1b (Beichte).

Corp. doctr. = Corpus doctrinae christianae, ex monumentis prophetarum et apostolorum, rotunde, breviter, neruose a D. Martino Luthero, et aliis harum Regionum Theologis collectum et comprehensum (Jena, Rebart 1571), Bl. 23b—27b (Trau= und Taufbüchlein).

Conc = lat. Konkordienbuch (Leipzig 1584), S. 341—386.

Ein Sternchen hinter den Buchstaben C—J deutet an, daß sämtliche Wittenberger Ausgaben von der jeweilig bezeichneten an bis zur letzten (K) die betreffende Variante aufweisen.

Enchiridion.

Der kleine Katechismus
fur die gemeine[1] Pfarrherr und Prediger[2].

[3]Martinus Luther allen treuen, frummen Pfarrherrn und Predigern. Gnad, Barmherzigkeit und Fried in Jesu Christo, unserm Herrn.

Diesen Katechismon oder christliche Lehre[4] in solche kleine, schlechte[5], einfältige Form zu stellen, hat mich gezwungen und gedrungen die klägliche, elende Not, so ich neulich erfahren habe, da ich auch ein Visitator war[6]. Hilf, lieber Gott, wie manchen Jammer habe ich gesehen, daß der gemeine Mann doch so garnichts weiß von der christlichen Lehre, sonderlich auf den Dörfern, und leider

[7]Omnibus piis parochis et concionatoribus gratiam, misericordiam et pacem in Christo Jeso, Domino nostro.

Miserabilis illa facies, quam proxime, cum visitatorem agerem, vidi, me ad edendum hunc catechismum simplicissime et brevissime tractatum coëgit. Deum immortalem, quantam calamitatem ibi vidi: vulgus, praesertim autem illud, quod in agris vivit, item plerique parochi adeo nullam christianae doctrinae cognitionem habent, ut dicere etiam pudeat.

M 349
W 361

1

2

---

1 > αβγ *(stand aber vermutlich in A)*   2 Katechismus + D. Mart. Lutheri Konk
3 Prediger, + Gemehret und gebessert. B + gebessert H + Aufs neu übersehen und zugericht. JK + Vorrede Doctoris Martini Lutheri Konk *(seit E als Seitenüberschrift)*
4 frummen > H *

1/3 A *beginnt ohne Überschrift auf Bl. k 5 a des* „Enchiridion piarum precationum, cum Calendario et passionali, ut vocant etc. Mar. Luth." Enchiridion. Catechismus minor D. Martini Lutheri pro parochis et concionatoribus. Praefatio D. Martini Lutheri. Conc
4 Martinus Lutherus omnibus fidelibus, piis Conc   6 nostro + Pr. Conc

---

[1]) ungelehrten; vgl. auch unten 528₁ und Luther 1530: „Latinisch mussen die gemeinen Pfarrherr und Prediger können und mügen des nicht empehren, so wenig als die gelehrten des Griechischen und Ebräischen empehren sollen" (WA XXX II 547 $_{19-21}$); in die Vorbildung der evangelischen Geistlichen von 1537—1560, soweit sie in Wittenberg ordiniert wurden, gibt das Ordiniertenbuch einen gewissen Einblick. Von den 1979 ordinierten Geistlichen sind 1025 mit Angabe ihres bisherigen Berufes angeführt, darunter 92 Handwerker (außerdem 44 Bürger ohne nähere Berufsbezeichnung); vgl. Buchwald, Wittenberger Ordiniertenbuch II (1895), S. I Anm. 1.   [2]) Vgl. dazu unten 575 Anm. 2.   [3]) Die Vorrede fehlt nur in den Tafeldrucken.   [4]) Vgl. unten 553 Anm. 5.   [5]) schlichte [6]) Am 25. Juli 1528 wurde Luther zum Visitator von Kursachsen und Meißen bestellt, vom 22. Oktober bis Mitte November und vom 28. Dezember 1528 bis 9. Januar 1529 war er als Visitator beschäftigt; am 12. März 1529 wurde er von der weiteren Teilnahme an der Visitation entbunden (Buchwald, Luther-Kalendarium 61—64). Luther an Spalatin (11. November 1528): „In nostra visitatione in orbe Wittembergensi invenimus ... segnes populos ad verbum et sacramentum" (WABr IV 605$_{9-12}$); an denselben (vor Mitte Dezember 1528): „Ceterum miserrima est ubique facies ecclesiarum rusticis nihil discentibus, nihil scientibus, nihil orantibus, nihil agentibus, nisi quod libertate abutuntur nec confitentes nec communicantes, ac si religione in totum liberi facti sint" (WABr IV 624 $_{8-11}$).   [7]) Der obige Text nach A; die Vorrede in Conc nach A (da in B fehlend).

viel Pfarrherr fast ungeschickt und untüchtig sind zu lehren, und sollen doch alle Christen heißen, getauft sein und der heiligen Sakrament genießen, können wider Vaterunser noch den Glauben oder zehen Gebot¹, leben dahin wie das liebe Viehe und unvernünftige Säue und, nu² das Evangelion kommen ist, dennoch fein gelernt haben, aller Freiheit meisterlich zu missebrauchen³. ¹O Ihr Bischofe, was wollt Ihr doch Christo immer mehr antworten⁴, daß Ihr das Volk so schändlich habt lassen gehn und Eur Ampt nicht ein Augenblick je beweiset?⁵ Daß Euch alles Unglück fliehe!⁶ Verbietet einerlei⁷ Gestalt und treibt⁸ auf Euer Menschengesetze, fragt aber dieweil nichts darnach, ob sie das Vaterunser, Glauben, zehen Gebot oder einiges⁹ Gotteswort künnden. Ach und wehe über Euern Hals ewiglich.

Darumb bitte ich umb Gottes willen Euch alle, meine lieben Herrn und Brüder, so Pfarrherr oder Prediger sind, wollet Euch Eurs Ampts von Herzen annehmen, Euch erbarmen über Euer Volk, das Euch befohlen ist, und uns helfen, den Katechismon in die Leute, sonderlich in das junge Volk bringen, und, welche es nicht besser ¹ vermügen, diese Tafeln¹⁰ und Forme¹¹ für sich nehmen und dem Volk von Wort zu Wort fürbilden¹² und nämlich also:

Aufs erst, daß der Prediger für allen Dingen sich hüte und meide mancherlei oder anderlei Text und Form der zehen Gebot, Vaterunser, Glauben, der Sakrament etc., sondern nehme einerlei Form für sich, darauf er bleibe und dieselbige immer treibe, ein Jahr wie das ander; denn das junge und alber¹³ Volk muß man mit einerlei gewissen¹⁴ Text und Formen lehren, sonst werden sie gar

Et tamen omnes sancto illo Christi nomine appellantur et nobiscum communibus utuntur sacramentis, cum orationem Dominicam, symbolum apostolicum et decalogum non modo non intelligant, sed ne verba quidem referre possint. Quid multis moror? nihil omnino a bestiis differunt. Jam autem cum evangelium passim doceatur, illi vel maxime christianorum libertate fruuntur. Quid hic Christo respondebitis, episcopi, quibus illa cura est divinitus demandata? Vos enim estis, quibus vel solis illa christianae religionis calamitas debetur. Vos permisistis ita turpiter errare homines, vestra ea est culpa, qui nihil minus unquam fecistis quam hoc, quod vestri officii erat facere. Nolo hic quicquam mali vobis imprecari. Ea autem an non est summa impietas cum maxima impudentia conjuncta, quod unicam tantum speciem sacramenti ac vestras traditiones urgetis, hoc prorsus contemnitis et negligitis, an illi, qui vestrae fidei et curae commendati sunt, orationem Dominicam, symbolum apostolicum aut decalogum teneant nec ne! Vae, vae vobis!

Per Deum igitur omnes vos parochos et concionatores rogo atque obtestor, ut serio vestrum faciatis officium et ut divinitus vobis commendatae plebis agatis curam. Quod tum rectissime feceritis, si una nobiscum hunc catechismum vulgo, praesertim autem junioribus inculcetis. Quod si qui ex vobis adeo sunt indocti, ut omnino nullam harum rerum cognitionem habeant, illos non pudeat suis auditoribus praelegere de verbo ad verbum a nobis praescriptam hanc formam in hunc modum:

Primo omnium hoc cavebunt concionatores, ne subinde alio atque alio modo vel decalogum vel Dominicam orationem vel symbolum apostolicum vel etiam sacramenta proponant, sed ut perpetuo eadem utantur forma in his proponendis et explicandis vulgo. Ideo autem hoc do consilium, quod sciam non posse feliciter doceri simpliciores homines et, qui natu

---

8 gelehret Konf   12 hingehen D* Konf   18 künnen H* Konf   37 und > H*
48 man > a γ B—G

---

¹) Zu dieser seit 1450 üblichen Reihenfolge vgl. Meyer, Kommentar 82.   ²) wo
³) Vgl. dazu unten 546₂₈₋₃₁.   ⁴) wie wollt Ihr es vor Ch. verantworten   ⁵) Vgl. dazu oben 458₁₋₅.   ⁶) Daß Euch dafür nicht die Strafe treffe!   ⁷) die eine; vgl. dazu oben 451₃₋₁₂ und Anm. 2.   ⁸) dringt   ⁹) irgendein   ¹⁰) Kurze Texte in Buchform wurden als Tafel bezeichnet (Meyer, Kommentar 131); der Ausdruck bezieht sich nicht auf die Tafeldrucke des Kl. Kat.   Die Luthersche Vorrede wurde erst für die Buchausgabe des Kl. Kat. verfaßt.   ¹¹) Zu diesem Ausdruck vgl. WA VI 11₁ und VII *204 ₁₋₂.   ¹²) vorsprechen
¹³) einfältig   ¹⁴) einem bestimmten

leicht irre, wenn man heut sonst[1] und über Jahr so lehret, als wollt' man's bessern, und wird damit alle Mühe und Erbeit verloren[2]. Das haben die lieben Väter auch wohl gesehen, die das Vaterunser, Glauben, zehen Gebot alle auf eine Weise haben gebraucht. Darumb sollen wir auch bei dem jungen und einfältigen Volk solche Stück also lehren, daß wir nicht eine Silben verrücken oder ein Jahr anders denn das ander fürhalten oder fürsprechen. Darumb erwähle Dir, welche Form Du willt, und bleib dabei ewiglich. Wenn Du aber bei den Gelehrten und Verständigen predigst, da magst Du Deine Kunst[3] beweisen und diese Stücke so buntkraus[4] machen und so meisterlich drehen, als Du kannst. Aber bei dem jungen Volk bleib auf einer gewissen ewigen Forme und Weise und lehre sie für das allererst diese Stück, nämlich die zehen Gebot, Glauben, Vaterunser etc. nach dem Text hin von Wort zu Wort, daß sie es auch so nachsagen können und auswendig lernen.

Welche es aber nicht lernen wollen, daß man denselbigen sage, wie sie Christum verleugnen und keine Christen sind, sollen auch nicht zum Sakrament gelassen werden, kein Kind aus der Taufe heben, auch kein Stück der christlichen Freiheit brauchen[5], sondern schlechts[6] dem Bapst und seinen Offizialen[7], dazu dem Teufel selbs heimgeweiset[8] sein. Dazu sollen ihn die Eltern und Hausherrn Essen und Trinken versagen und ihn anzeigen, daß solche rohe Leute der Fürst aus dem Lande jagen wolle etc.

minores sunt, quam una atque eadem forma saepius proposita ac repetita. Quod si jam isto, jam alio modo eadem proponas, facile perturbantur simpliciores animi et fiet, ut pereat omnis opera, quam in docendo ponis. Atque hoc viderunt sancti patres, qui voluerunt decalogi, symboli et Dominicae orationis unam eandemque certis verbis descriptam formam in ecclesia esse. Illorum diligentiam nos imitari convenit et danda opera est, ut simplicioribus et junioribus sic illa proponamus, ut ne una quidem syllaba immutetur, quotiescumque tandem catechismum doceas, et ut perpetuo sui similis sit tractatio. Quamcumque igitur tibi delegeris praedicandi catechismi formam, eam perpetuo retinebis neque unquam ab ea discedes. Alia autem ratio est, si in turba doctorum hominum evangelium doceas, ibi enim ingenii et artis ostentandae est locus neque prohibeo, si apud illos tractationem varies et ceu Proteus[9] subinde alium atque alium vultum dicendo fingas. Apud simpliciores autem perpetuo eadem certis verbis descripta forma uteris. Et debet is primus esse labor, ut decalogum, symbolum, item orationem Dominicam de verbo ad verbum nude et simplicissime doceas, ut eadem saepius audita ipsi quoque auditores referre discant.

Quod si qui adeo religionem contemnunt, ut discere haec nolint, illi monendi sunt, quod Christum negent et quod nihil minus sint quam christiani. Atque illi neque admittendi sunt ad sacramentum altaris neque ad catechistarum officium, qui pueris baptizandis adsunt, et, si christianae libertatis jure uti velint, non eis est commodum, non est illud eis concedendum, sed potius ad papam atque eos, quos vocant officiales et ad ipsum quoque Satanam sunt ablegandi. Parentum autem et patrum familias officium erit negare talibus hominibus victum et pulchre quoque fecerint, si efferatis illis hominibus indicent eam principis esse

---

1 über + ein E* Konf   6 gebraucht haben h*   7 den a γ C h   14 da] so h*
19 diese] die Konf   21 etc. > h*   hin > h*   36 zu dem Konf

21/2 ingenii bis locus] eruditionis tuae specimen edere potes Conc   24 ceu Proteus > Conc

¹) so   ²) zunichte gemacht   ³) Gelehrsamkeit   ⁴) vielgestaltig   ⁵) Vgl. WA XXIX 471₂₁ff. und unten 553₃₇—554₄.   ⁶) schlechterdings   ⁷) Vgl. oben 493 Anm. 6.   ⁸) überlassen   ⁹) sagenhafter Meergott, der die Gabe hatte, sich in allerlei Gestalten zu verwandeln; vgl. Horaz, Epist. I 1, 90: „Quo teneam voltus mutantem Protea nodo?"

Denn wiewohl man niemand zwingen kann noch soll zum Glauben¹, so soll man doch den Haufen dahin halten und treiben², daß sie wissen, was Recht und Unrecht ist bei denen, bei welchen sie wohnen, sich nähren und leben wollen. Denn wer in einer Stadt wohnen will, der soll das Stadtrecht³ wissen und halten, des er genießen will, Gott gebe⁴, er gläube oder sei im Herzen für sich ein Schalk oder Bube.

Zum andern, wenn sie den Text nu wohl können, so lehre sie denn hernach auch den Verstand⁵, daß sie wissen, was es gesagt⁶, und nimm abermal für Dich dieser Tafeln Weise oder sonst eine kurze einige Weise, welche Du willt, und bleib dabei und verrücke sie mit keiner Syllaben nicht, gleichwie vom Text itzt gesagt ist, und nimm Dir der Weile⁷ dazu; denn es ist nicht not, daß Du alle Stück auf einmal fürnehmest, sondern eins nach dem andern. Wenn sie das erste Gebot zuvor wohl verstehen, darnach nimm das ander für Dich, und so furtan. Sonst werden sie überschüttet, daß sie keins wohl behalten.

Zum dritten, wenn Du sie nu solchen kurzen Katechismum gelehret hast, alsdenn nimm den großen Katechismum⁸ für Dich und gib ihn auch reichen und weitern Verstand. Daselbst streich ein iglich Gebot, Bitte, Stück aus⁹ mit seinen mancherlei Werken, Nutz, Frummen, Fahr und Schaden, wie Du das alles reichlich findest in so viel Büchlein, davon gemacht. Und insonderheit treibe das Gebot und Stück am meisten, das bei Deinem Volk am meisten not leidet. Als¹⁰ das siebend Gebot vom Stehlen mußt Du bei Handwerken, Händlern, ja auch bei Baurn und Gesinde heftig treiben; denn bei solchen Leuten ist allerlei Untreu und sententiam, ut in exilium aliquo delegentur et ejiciantur e patria.

Quamquam enim sic sentiam ad fidem neminem neque posse neque debere cogi, hoc tamen omnino faciendum est, ut teneat vulgus, quid jus, quid item contra jus illorum sit, cum quibus vivit et suum quaeritat victum. Hoc enim requiritur, ut quisque suae civitatis jura, quibus ceu privilegio quodam uti volet, norit et observet, sive credat vere, sive perditus aliquis sit nebulo.

Secundo, cum simpliciores illa jam catechismi verba bene annumerare didicerint, tradenda post quoque est eis explicatio, ut ea etiam intelligant. Potes autem vel hac nostra forma, quam hic praescriptam vides, vel alia quadam uti. Sicut autem, ut ante monui, catechismus nudus iisdem semper verbis vulgo proponendus est, ita in expositione catechismi cuperem perpetuo eandem tractationem sequendam ne quidem immutata unica syllaba. Sumes autem ad eam rem satis temporis neque enim necesse est omnia simul proposuisse, sed sunt faciendi ordines et in tractando alterum alteri rite convenit subjicere. Ut si jam exacte tenuerint, quidnam primum praeceptum postulet, tum ad secundum est pergendum. Ut sic omnia doceantur certo ordine, alias enim fiet, ut nimia copia obrutae et perturbatae mentes nihil prorsus retineant.

Tertio, postquam hanc brevem catechismi expositionem absolvisti, tum illam longiorem tractationem ingredieris, ut plenius omnia auditores intelligant. Ibi singula praecepta, singulas symboli et orationis Dominicae partes suis illustrabis coloribus, varia enumerabis opera, varios fructus et commoda, quae inde enascuntur, item pericula et damna quoque, in quae conjicimur, si minus ea praestemus. Invenies autem ista passim piorum hominum scriptis copiose explicata. Porro maxime urgebis illa praecepta, in quae potissimum committere tui loci homines vides. Et ut ejus rei

---

10 das Konk   13 nu > D* Konk   15 gesagt + sei E* Konk   20 der] die H*
38 reichern Konk   42 Büchern A B H*   46 von E — G Konk

4 neque posse neque] vel posse vel Conc   13 Secundum Conc

¹) Vgl. dazu Holl, Luther⁵ 344, 366—372, 484f., WA VIII 157₂₂, XXVI 200₂₂ff., WABr II 474₂₀f., V 136₅.   ²) Vgl. WA XXVII 444₁₅ff., WABr V 136₁₂ff., 157₁₃ff.
³) Vgl. dazu unten 554₄₋₇.   ⁴) gleichgültig ob   ⁵) Sinn, Verständnis   ⁶) bedeute
⁷) Zeit   ⁸) Luther denkt hier an seinen gr. Kat. („Deutsch Katechismus") und ähnliche Bücher (vgl. Zl. 42).   ⁹) lege dar   ¹⁰) Zum Beispiel

Dieberei groß¹. Item, das vierde Gebot mußt Du bei den Kindern und gemeinem Mann, daß sie stille, treu, gehorsam, friedsam sein², und immer viel Exempel aus der Schrift, da Gott solche Leute gestraft und gesegenet hat, einführen³.

Insonderheit treibe auch daselbest die Oberkeit und Eltern, daß sie wohl regieren und Kinder ziehen zur Schule, mit Anzeigen, wie sie solchs zu tun schüldig sind und, wo sie es nicht tun, welche ein verflucht Sünde sie tun; denn sie stürzen und verwüsten damit beide Gottes und der Welt Reich als die ärgesten Feinde beide Gottes und der Menschen; und streiche wohl aus, was fur greulich Schaden sie tun, wo sie nicht helfen, Kinder ziehen zu Pfarrherr, Prediger, Schreiber etc., daß Gott sie schrecklich drumb strafen wird. Denn es ist hie not zu predigen; die Eltern und Oberkeit sundigen itzt hierin, daß nicht zu sagen ist; der Teufel hat auch ein Grausames damit im Sinne⁴.

Zuletzt, weil nu die Tyrannei des Bapsts ab⁵ ist, so wollen sie nicht mehr zum Sakrament gehen und verachten's. Hier ist aber

exempla subjiciam, septimum praeceptum potissimum urgebis apud mercatores et apud illos, qui manuarias exercent operas. Commode quoque hoc praeceptum apud agricolas, servos et servas urgetur, illi enim pessima fide cum hominibus agunt et variis modis committunt furta. Sic quartum praeceptum apud imperitum vulgus et minores natu potissimum urgere convenit, ut sint quieti, bona fide omnia agant, pareant magistratibus et parentibus, publicam pacem non perturbent. Sunt autem haec sacrarum literarum historiis illustranda, ubi Deus vel graves poenas a transgressoribus hujus praecepti exegit vel illorum, qui servarint, omnia coepta mirabiliter fortunavit.

Hoc quoque imprimis eo loco ages, ut commoneas sui officii magistratum et parentes, ut summa diligentia publica munera obeant et suos liberos ad literarum studia adhibeant. Sic autem commonendi sunt, ut sentiant se debere illa ex divino mandato, quae si minus faciant, gravissime a se esse peccatum. Quid enim illi faciunt aliud, quam ut simul et divinam et humanam administrationem tollant non aliter atque infensissimi tum Dei, tum hominum hostes! Atque hic ceu in tabula spectandum propones, quam gravia damna rebus publicis dent illi, qui suos liberos non adhibent ad literas, ut in parochos, in ministros verbi, item ad alia officia, quorum haec vita non sine magna calamitate carere potest, aliquando deligi possint. Hoc quoque addes Deum gravissimas poenas pro illo peccato a parentibus expetiturum. Et sane haud scio, an sit alius locus, qui aeque merebatur tractari atque hic. Neque enim dici potest, quantum hac in parte a magistratibus et parentibus nostro saeculo peccetur. Non autem dubium est, quin id a Satana fiat eo consilio, ut in maximam calamitatem Germaniam conjiciat.

Postremo, quoniam papae tyrannis imminuta et labefactata jam est, multos passim invenias, qui ad sacramentum

---

3 Mann + wohl treiben J* Konk   22 und > H*   30 wird] werd' H*

7/8 committuntur Conc

---

¹) Vgl. dazu unten 616—624.   ²) Vgl. dazu unten 586—605.   ³) anführen
⁴) Vgl. dazu Luthers Schriften: An die Ratsherren aller Städte deutsches Lands, daß sie christliche Schulen aufrichten und halten sollen (1524) (WA XV *27—53), Eine Predigt, daß man Kinder zur Schulen halten solle (1530) (WA XXX II *517—588); vgl. auch WA XXX II 61--63.   ⁵) beseitigt; vgl. dazu unten 717 ₂₉₋₃₁ und Anm. 7.

not zu treiben, doch mit diesem Bescheid[1], wir sollen niemand zum Glauben oder zum Sakrament zwingen, auch kein Gesetz noch Zeit noch Stätt stimmen[2], aber also predigen, daß sie sich selbes ohn unser Gesetz dringen und gleich[3] uns Pfarrherrn zwingen, das Sakrament zu reichen, welchs tut man also, daß man ihn sagt: Wer das Sakrament nicht sucht noch begehrt zum wenigesten einmal oder vier[4] des Jahrs, da ist zu besorgen, daß er das Sakrament verachte und kein Christen sei, gleichwie der kein Christ ist, der das Evangelion nicht gläubet oder höret; denn Christus sprach nicht: „Solchs lasset" oder „Solchs verachtet", sondern: „Solches tut, sooft Jhr trinkt"[5] etc. Er will's wahrlich getan und nicht allerdinge[6] gelassen[7] und veracht haben; „Solchs TUT", spricht er[8].

Wer aber das Sakrament nicht groß acht, das ist ein Zeichen, daß er keine Sunde, kein Fleisch, keinen Teufel, keine Welt, keinen Tod, keine Fahr, keine Helle hat, das ist, er gläubt der keines, ob er wohl bis über die Ohren drin steckt, und ist zweifältig des Teufels. Wiederumb so darf er auch keiner Gnade, Leben, Paradies', Himmelreich, Christus', Gottes noch einiges[9] Gutes; denn wo er gläubet, daß er soviel Böses hätte und soviel Gutes bedürfte, so würde er das Sakrament nicht so lassen, darin solchem Ubel geholfen und soviel Guts gegeben wird. Man dürft' ihn auch mit keinem Gesetz zum Sakrament zwingen, sondern er würd' selbst gelaufen und geronnen[10] kommen, sich selbs zwingen und Dich treiben, daß Du ihm müßtest das Sakrament geben.

Darumb darfest Du hie kein Gesetz stellen wie der Bapst, streiche nur wohl aus[11] den Nutz und Schaden, Not und Frummen,

nunquam accedunt, sed contemnunt plane ceu rem inutilem et non necessariam. Illi quoque impellendi et urgendi sunt hac tamen ratione. Nolo ego quemquam neque ad fidem neque ad sacramenta cogi et male faciunt illi, qui leges, certa tempora aut certa loca ad tales res praescribunt. Sic tamen docere illi, qui in officio verbi sunt, debent, ut sine nostris legibus ultro sua voluntate coacti auditores ad nos veniant et nos ministros verbi cogant quasi ad porrigendum sacramentum. Id quod tum fiet, si sic doceas periculum esse, ne ii contemnant sacramentum neque digni sint, qui in christianorum numero censeantur, qui non in anno quater ut minimum sacramentum sumant, quemadmodum neque illi in christianorum numero censendi sunt, qui evangelio vel non credunt vel illud non audiunt. Neque enim Christus, cum institueret sacramentum, dixit: 'Hoc omittite' vel 'contemnite', sed: 'Hoc facite, quotiescumque biberitis' etc. dixit. Hoc certe vult, ut faciamus, non vult, ut aut prorsus intermittamus aut contemnamus, sic enim ait: 'Hoc facite.'

Quod si quis sacramentum contemnit, certum id est argumentum, quod neque is peccatum neque carnem neque Satanam neque mundum neque mortem neque pericula neque infernum habeat, hoc est, quod prorsus nihil horum credat, quamquam totus immersus sit peccatis et in Satanae regno gravissime teneatur captivus, contra non gratia, non vita, non paradiso, non coelo, non Christo, non Deo neque ullo alio bono opus habeat. Nam si crederet se peccatis obrutum longissime a gratia abesse, sine dubio hoc sacramentum non contemneret, in quo contra peccata remedium et tanta omnium bonorum copia nobis exhibetur. Neque etiam huic ullis legibus opus esset, quibus ad sacramentum sumendum cogeretur, ipse sua sponte accurreret coactus peccatorum mole et te potius cogeret ad porrigendum sibi sacramentum.

Non igitur hic legibus agendum est, id quod papa fecit. Hoc fac, ut oratione, quantum potes, hujus sacramenti com-

---

9 noch] oder Konf.   14 spricht J*   16 Jhr's H* Konf.   41 darf D—G Konf.
42 wird a γ D* Konf.   43 gerennet Konf.   45 mussest (müssest) D H* Konf.   51 wohl > H*
25 dixit > Conc

---

[1] in der Weise   [2] bestimmen   [3] gradezu   [4] etwa viermal   [5] 1. Kor. 11, 25.
[6] durchaus   [7] unterlassen   [8] Vgl. dazu unten 715,27—718,26   [9] irgendeines
[10] gerannt   [11] lege dar

Fahr und Heil in diesem Sakrament, so werden sie selbs wohl kommen ohn Dein Zwingen; kommen sie aber nicht, so laß sie fahren und sage ihn, daß sie des Teufels sind, die ihre große Not und Gottes gnädige Hülfe nicht achten noch fühlen. Wenn Du aber solches nicht treibest oder machest ein Gesetz und Gift draus, so ist es Deine Schuld, daß sie das Sakrament verachten. Wie sollten sie nicht faul sein, wenn Du schläfest oder schweigest? Darumb siehe darauf, Pfarrherr und Prediger. Unser Ampt ist nu ein ander Ding worden, denn es unter dem Bapst war, es ist nu ernst und heilsam worden. Darumb hat's nu viel Mühe und Erbeit, Fahr und Anfechtung, dazu wenig Lohn und Dank in der Welt; Christus aber will unser Lohn selbs sein, so wir treulich erbeiten. Das helfe uns der Vater aller Gnaden, dem sei Lob und Dank in Ewigkeit durch Christum, unsern Herrn. Amen.

moda et incommoda, pericula et bona, item necessitatem cum summa utilitate conjunctam exaggeres, tum fiet, ut ultro accurrant et ipsi se cogant. Quod si his nihil moveantur aliqui, sine eos suo vivere more, hoc tantum eis dices, quod in Satanae sint regno, qui nihil neque sua necessitate neque Dei benignitate et gratia, quam eis in sacramento exhibet, moveantur. Qui vero hoc modo suos auditores non urgent et legibus eos potius volunt cogere, illi occasionem contemnendi sacramenti illis praebent. Cum enim ministri verbi adeo sint oscitantes, non est mirum, si auditores quoque sint negligentiores. Hoc igitur probe considerent parochi et ministri verbi longe jam aliud suum esse officium, quam olim in papatu fuerit. Jam enim est ministerium salutis et gratiae, fit igitur, ut quoque difficilius sit et laboriosius. Et cum gravissima pericula et tentationes in eo ministerio sint perferendae, tamen neque laborum praemium neque gratias in mundo meretur. Verum nihil nos illa mundi ingratitudo cum summa impietate conjuncta moveat. Christus ipse nobis satis ampla praemia proposuit, si modo fideliter in sua vinea[2] laboraverimus. Id autem, ut commodius possimus, faxit Pater omnis gratiae, cui sit laus et gloria in saecula per Christum Jesum, Dominum nostrum. Amen.

Die zehen Gebot,

wie sie ein Hausvater seinem Gesinde einfältiglich furhalten soll.

Das erst.

Du sollt nicht ander Götter haben[1].

Was ist das? Antwort.

Wir sollen Gott über alle Ding fürchten, lieben und vertrauen.

[3]Parvus catechismus pro pueris in schola.

Quo pacto paedagogi suos pueros decem praecepta simplicissime docere debeant.

I.

Non habebis Deos alienos.

Quid hoc sibi vult? Responsio:

Nos debemus Deum super omnia timere, diligere et illi confidere.

---

15 viel + mehr H* Konk   19 uns > α β γ   35/7 *Die Überschrift schon in den Tafeldrucken; Die bis soll*] Ein kleiner Katechismus oder christliche Zucht. α β γ   39 erst + Gebot D—G Konk (*ebenso bei allen folgenden Geboten*)

21 ut > Conc   sit > Conc   23 eo > Conc   29 sua] ejus Conc   34/8 *Parvus bis debeant*] Decem praecepta, quomodo pater familias ea suae familiae simplicissime tradere debeat. Conc   39 I.] Primum praeceptum. Conc (*entsprechend bei allen folgenden Geboten*)   41 Quid *bis* vult?] Quae est hujus praecepti sententia? Conc (*ebenso bei allen folgenden Geboten*)   Responsio > Conc   42 Nos > Conc   supra Conc

---

[1]) Die Nürnberger Katechismusdrucke von 1531 und 1558 erweitern das erste Gebot durch die Zusätze: „Ich bin der Herr, Dein Gott" und „neben mir" (vgl. auch unten 555 15).   [2]) Matth. 20, 1ff.   [3]) Der obige Text nach B. Der Katechismustext in

Das ander.

Du sollt den Namen Deines Gottes nicht unnützlich führen¹.

Was ist das? Antwort.

Wir sollen Gott fürchten und lieben, daß wir bei seinem Namen nicht fluchen, schweren², zaubern, liegen oder triegen, sondern denselbigen in allen Nöten anrufen, beten, loben und danken.

Das dritte.

Du sollt den Feiertag heiligen.

Was ist das? Antwort.

Wir sollen Gott fürchten und lieben, daß wir die Predigt und sein Wort nicht verachten, sondern dasselbige heilig halten, gerne hören und lernen.

Das vierde.

Du sollt Deinen Vater und Dein Mutter ehren.

Was ist das? Antwort.

Wir sollen Gott fürchten und lieben, daß wir unser Eltern und Herrn nicht verachten noch erzürnen, sondern sie in Ehren halten, ihn dienen, gehorchen, lieb und wert haben.

Das funfte.

Du sollt nicht töten.

Was ist das? Antwort.

Wir sollen Gott fürchten und lieben, daß wir unserm Nähisten an seinem Leibe³ keinen Schaden noch Leid tun, sondern ihm helfen und fodern in allen Leibesnöten.

Das sechste.

Du sollt nicht ehebrechen.

II.

Non assumes nomen Domini Dei tui in vanum.

Quid hoc sibi vult? Responsio:

Debemus Deum timere et diligere, ut ne per nomen ejus maledicamus, juremus, incantemus, mentiamur aut dolis fallamus, sed in omni necessitate illud invocemus, adoremus et cum gratiarum actione laudemus.

III.

Memento, ut diem sabbati sanctifices.

Quid hoc sibi vult? Responsio:

Debemus Deum timere et diligere, ne divinos sermones, ejus verbum contemnamus, sed ut sanctum reputemus, libenter audiamus et discamus.

IV.

Honora patrem et matrem, ut sis longaevus super terram.

Quid hoc sibi vult? Responsio:

Debemus Deum timere et diligere, ne parentes et dominos nostros contemnamus neque ad iram commoveamus, sed honore afficiamus, illis serviamus, morem geramus, amore eos prosequamur et magni faciamus.

V.

Non occides.

Quid hoc sibi vult? Responsio:

Debemus Deum timere et diligere, ne vitae proximi nostri incommodemus aut aegre faciamus, sed illum adjuvemus et promoveamus in omnibus vitae necessitatibus.

VI.

Non moechaberis.

---

3 unnützlich führen] mißbrauchen⁴ E—G Konk   19 Dein > H   20 ehren, + auf daß Dir's wohl gehe und lange lebest auf Erden.⁵ H*

3 vanum. + Non enim habebit insontem Dominus eum, qui assumpserit nomen ejus in vanum. Conc   5 ut > Conc   6 maledicamus] imprecemur Conc (imprecari A)   15 sermones + et Conc   19 ut + bene sit tibi et Conc   34/5 necessitatibus] et corporis necessitatibus et periculis Conc

Conc ist nach B (unter Berücksichtigung von A) wiedergegeben. Die Stellen aus A, die Conc übernommen hat, sind in den Varianten durch ein beigefügtes (A) (z. T. unter Mitteilung des Wortlautes) gekennzeichnet.

¹) Die Nürnberger Drucke 1531 und 1558 fügen hinter „Namen" „des Herrn" ein; der Schluß lautet dort: „vergeblich führen; denn der Herr wird den nicht unschuldig halten, der seinen Namen vergeblich führet".   ²) Vgl. dazu unten 577₂₋₆.   ³) Leben   ⁴) Angleichung an den Text der Bibelübersetzung, der seit 1534 so lautet.   ⁵) Vgl. dazu unten 594₉₋₁₁.

Was ist das? Antwort.

Wir sollen Gott fürchten und lieben, daß wir keusch und züchtig leben in Worten und Werken und ein iglicher sein Gemahl lieben und ehren.

Quid hoc sibi vult? Responsio:

Debemus Deum timere et diligere, ut caste et pudice vivamus in verbis ac operibus, ut unusquisque suam conjugem amet et honoret.

Das siebend.

Du sollt nicht stehlen.

VII.

Non furtum facies.

Was ist das? Antwort.

Wir sollen Gott fürchten und lieben, daß wir unsers Nähisten Geld oder Gut nicht nehmen noch mit falscher War[1] oder Handel an uns bringen, sondern ihm sein Gut und Nahrung[1] helfen bessern und behüten.

Quid hoc sibi vult? Responsio:

Debemus Deum timere et diligere, ne proximo suam pecuniam aut sua bona auferamus neque falsis mercibus aut impostura ad nos pertrahamus, sed demus operam, ut illius opes conserventur et ejus conditio melior reddatur.

Das achte.

Du sollt nicht falsch Zeugnis reden wider Deinen Nähisten.

VIII.

Non loqueris contra proximum tuum falsum testimonium.

Was ist das? Antwort.

Wir sollen Gott fürchten und lieben, daß wir unsern Nähisten nicht fälschlich beliegen, verraten, afterreden[2] oder bösen Leumund machen, sondern sollen ihn entschuldigen und Guts von ihm reden und alles zum Besten kehren.

Quid hoc sibi vult? Responsio:

Debemus Deum timere et diligere, ne proximum falsis mendaciis involvamus, prodamus, traducamus aut infamia aliqua afficiamus, sed illum excusemus, aliquid boni de eo loquamur omnia in meliorem partem interpretantes.

Das neunde.

Du sollt nicht begehren Deines Nähisten Haus.

IX.

Non concupisces domum proximi tui.

Was ist das? Antwort.

Wir sollen Gott fürchten und lieben, daß wir unserm Nähisten nicht mit List nach seinem Erbe oder Hause stehen und mit eim Schein des Rechts an uns bringen etc., sondern ihm, dasselbige zu behalten, forderlich und dienstlich sein.

Quid hoc sibi vult? Responsio:

Debemus Deum timere et diligere, ne haereditatem vel domum proximi dolo malo captemus et sub specie recti nostris facultatibus adjungamus, sed detur opera sedulo, ut ista proximo diligenter custodiantur.

Das zehende.

Du sollt nicht begehren Deines Nähisten Weib, Knecht, Magd, Viehe oder was sein ist.

X.

Nec desiderabis uxorem ejus, non servum, non ancillam, non bovem, non asinum nec omnia, quae illius sunt.

Was ist das? Antwort.

Wir sollen Gott fürchten und lieben, daß wir unserm Nähisten nicht sein Weib, Gesind

Quid hoc sibi vult? Responsio:

Debemus Deum timere et diligere, ne a proximo uxorem, servos, ancillas vel

---

16 Gezeugnis Konk   32 Rechten Konk

4 ut] et Conc   5 et] ac Conc   10 suam > Conc   sua > Conc   22/3 aliquid boni] bene Conc (A)   23 eo sentiamus et loquamur et Conc (sentire et loqui A) 24 interpretantes] accipiamus et interpretemur Conc (accipere A)   31 specie + juris et Conc (juris species A)   32/4 detur *bis* custodiantur] potius eum juvemus, ut suas fortunas retineat integras Conc (potius juvare eum, ut *bis* integras A)   41 a > Conc

---

[1]) Einkommen, Vermögen   [2]) verleumden

oder Viehe abspannen[1], abdringen oder abwendig machen, sondern dieselbigen anhalten, daß sie bleiben und tun, was sie schüldig sind.

Was saget nu Gott von diesen Geboten allen? Antwort.

Er saget also:
Ich, der HERRE Dein Gott, bin ein eiferiger Gott, der über die, so mich hassen, die Sund der Väter heimsucht an den Kindern bis ins dritte und vierde Gelied. Aber denen, so mich lieben und meine Gebot halten, tu ich wohl in tausend Gelied.

Was ist das? Antwort.
Gott dräuet zu strafen alle, die diese Gebot übertreten, darumb sollen wir uns fürchten für seinem Zorn und nicht wider solche Gebot tun. Er verheißet aber Gnade und alles Guts allen, die solche Gebot halten, darumb sollen wir ihn auch lieben und vertrauen und gerne tun nach seinen Geboten.

Der Glaube,
wie ein Hausvater denselbigen seinem Gesinde aufs einfältigest furhalten soll.

Der erste Artikel von der Schepfung.
Ich gläube an Gott, den Vater allmächtigen[2], SCHEPFER Himmels und der Erden.

Was ist das? Antwort.
Ich gläube, daß mich Gott geschaffen hat sampt allen Kreaturn, mir Leib und Seel, Augen, Ohren und alle Gelieder, Vernunft und alle Sinne gegeben hat und noch erhält, dazu Kleider und Schuch, Essen und Trinken, Haus und Hofe, Weib und Kind, Acker, Viehe und alle Güter, mit aller Notdurft[3] und Nahrung dies Leibs und Lebens reich-

Quid autem summatim dicit Deus de his praeceptis omnibus? Responsio:

Sic dicit Exo. XX: Ego sum Dominus Deus tuus fortis zelotes visitans iniquitatem patrum in filios in tertiam et quartam generationem eorum, qui oderunt me, et faciens misericordiam in milia his, qui diligunt me et custodiunt praecepta mea.

Quid hoc sibi vult? Responsio:
Deus minatur poenam omnibus, qui ista praecepta transgrediuntur. Debemus itaque expavescere et timere iram Dei et nihil contra ejusmodi praecepta facere. Rursus promittit etiam suam gratiam et omnia bona omnibus, qui mandata observant. Merito igitur debemus nos Deum diligere et illi confidere et juxta mandata ejus omnem nostram vitam sedulo et diligenter instituere.

Quo pacto paedagogi suos pueros symbolum apostolicum simplicissime docere debeant.

Articulus primus de creatione.
Credo in Deum patrem omnipotentem, creatorem coeli et terrae.

Quid hoc sibi vult? Responsio:
Credo, quod Deus creavit me una cum omnibus creaturis, quod corpus et animam, oculos, aures et omnia membra, rationem et omnes sensus mihi dedit et adhuc sustentat. Ad haec, quod vestes et calceos, cibum ac potum, domum, uxorem, liberos, agros, jumenta et omnia bona cum omnibus vitae necessariis

---

13 halten, + den Konf.

1 suos > Conc   2 adhortari oportet] adhortemur et urgeamus Conc   7 sum > Conc   8 tuus + sum Conc   14 Quid *bis* vult?] Quae est horum verborum sententia? Conc   16 transgrediuntur + et violant Conc (violant A)   18 ejusmodi] hujusmodi Conc   20/1 mandata + illa Conc   22 nos > Conc   25/7 Quo *bis* debeant] Symbolum apostolicum, quomodo pater familias id suae familiae simplicissime tradere debeat. Conc   28 Primus articulus Conc (A)   32 Quid *bis* vult?] Quae est hujus articuli sententia? Conc (*ebenso bei dem 2. und 3. Artikel*)   33 creaverit Conc (A)   36 dederit Conc   37 sustentet Conc (A)

---

[1]) ablocken   [2]) Vgl. unten 555,35 f. und Anm. 5.   [3]) notwendigen Bedarf

lich und täglich versorget, wider alle Fährligkeit beschirmet und für allem Übel behüt und bewahret, und das alles aus lauter väterlicher, göttlicher Güte und Barmherzigkeit ohn alle mein Verdienst und Wirdigkeit, des alles ich ihm zu danken und zu loben und dafür zu dienen und gehorsam zu sein schüldig bin; das ist gewißlich wahr.

Der ander Artikel von der Erlösung.

Und an Jesum Christum, seinen einigen Sohn, unsern HERRN, der empfangen ist vom heiligen Geist, geboren von der Jungfrauen Maria, gelitten unter Pontio Pilato, gekreuziget, gestorben und begraben, niedergefahren zur Hellen, am dritten Tage auferstanden von den Toten, aufgefahren gen Himmel, sitzend zur Rechten Gottes, des allmächtigen Vaters, von dannen er kommen wird, zu rich'ten die Lebendigen und die Toten.

Was ist das? Antwort.

Ich gläube, daß Jesus Christus, wahrhaftiger Gott vom Vater in Ewigkeit geborn und auch wahrhaftiger Mensch von der Jungfrauen ¹Maria geborn, sei mein HERR, der mich verlornen und verdammpten Menschen erlöset hat, erworben, gewonnen und von allen Sunden, vom Tode und von der Gewalt des Teufels nicht mit Gold oder Silber, sondern mit seinem heiligen, teuren Blut und mit seinem unschüldigen Leiden und Sterben, auf daß ich sein eigen sei und in seinem Reich unter ihme lebe und ihme diene in ewiger Gerechtigkeit, Unschuld und Seligkeit, gleichwie er ist auferstanden vom Tode, lebet und regieret in Ewigkeit; das ist gewißlich wahr

Der dritte Artikel von der Heiligung.

Ich gläube an den heiligen Geist, ein heilige christliche Kirche, die Gemeine der Heiligen, Vergebung der Sunden, Auferstehung des Fleisches und ein ewiges Leben, Amen.

Was ist das? Antwort.

Ich gläube, daß ich nicht aus eigener Vernunft noch Kraft an Jesum Christ, meinen

copiose et quotidie largitur, me contra omnia pericula protegit et ab omnibus malis liberat ac custodit et haec omnia ex mera sua paterna ac divina bonitate et misericordia sine ullis meis meritis aut ulla dignitate, pro quibus omnibus illi gratias agere, pleno ore laudem tribuere, inservire, obsequi merito debeo. Hoc certissime verum est.

Articulus secundus de redemptione.

Et in Jesum Christum, filium ejus unicum, Dominum nostrum, qui conceptus est de spiritu sancto, natus ex Maria virgine, passus sub Pontio Pilato, crucifixus, mortuus et sepultus. Descendit ad inferna, tertia die resurrexit a mortuis. Adscendit ad coelos, sedet ad dexteram Dei, patris omnipotentis, inde venturus est judicare vivos et mortuos.

Quid hoc sibi vult? Responsio:

Credo, quod Jesus Christus, verus Deus a patre ante saecula genitus idemque verus homo natus ex Maria virgine, sit meus Dominus, qui me perditum et damnatum hominem redemit et ab omnibus peccatis, a morte, a potestate Satanae liberavit, non quidem auro aut argento, sed suo sancto ac pretioso sanguine suaque immerita passione et morte, ut ego essem proprie suus et in suo regno sub ipso viverem ac liberaliter servirem in perpetua justitia et innocentia, perinde ac ipse a morte surrexit, vivit et regnat in aeternum. Hoc certissime verum est.

Articulus tertius de sanctificatione.

Credo in spiritum sanctum, sanctam ecclesiam catholicam, sanctorum communionem, remissionem peccatorum, carnis resurrectionem et vitam aeternam, Amen.

Quid hoc sibi vult? Responsio:

Credo me propriis rationis meae viribus Jesu Christo, Domino meo, fidere

---

4 und < C*   13/4 aus Maria, der Jungfrauen¹, Konk   16 Tage + wieder² Konk

1 largiatur Conc   2 protegat Conc   3 liberet et custodiat Conc   10 Secundus articulus Conc (A)   17 ad (1.)] in Conc   29 aut] et Conc   31 immerita] innocente Conc   et] ac Conc   32 proprie suus] totus ipsius Conc   33 suo regno] regno ejus Conc   33/4 liberaliter] ei Conc   34/5 et innocentia] innocentia et beatitudine Conc   39 Tertius articulus Conc (A)

¹) Vgl. unten 556 ₃f.   ²) Vgl. unten 556 ₇.

Herrn, gläuben oder zu ihm kommen kann, sondern der heilige Geist hat mich durchs Evangelion berufen, mit seinen Gaben erleuchtet, im rechten Glauben geheiliget und erhalten, gleichwie er die ganze Christenheit auf Erden beruft, sammlet, erleucht, heiliget und bei Jesu Christo erhält im rechten einigen Glauben, in welcher Christenheit er mir und allen Gläubigen täglich alle Sünde reichlich vergibt und am jüngsten Tage mich und alle Toten auferwecken wird und mir sampt allen Gläubigen in Christo ein ewiges Leben geben wird; das ist gewißlich wahr.

aut ad eum accedere nullo modo posse, sed spiritus sanctus per evangelium me vocavit, suis donis illuminavit, recta fide sanctificavit et conservavit, quemadmodum solet totam ecclesiam in terra vocare, congregare, illuminare, sanctificare et in Jesu Christo per rectam unicam fidem conservare. In qua ecclesia mihi et omnibus christianis omnia peccata quotidie benigne remittit et nos omnes in extremo die a morte suscitabit mihi et omnibus in Christum credentibus vitam aeternam daturus. Hoc certissime verum est.

Das Vaterunser,
wie ein Hausvater dasselbige seinem Gesinde aufs einfältigest furhalten soll.

Quo pacto paedagogi suos pueros orationem Dominicam simplicissime docere debeant.

Vater unser, der Du bist im Himmel.

Was ist das? Antwort.

Gott will damit uns locken, daß wir glauben sollen, er sei unser rechter Vater und wir seine rechte Kinder, auf daß wir getrost und mit aller Zuversicht ihn bitten sollen wie die lieben Kinder ihren lieben Vater[1].

Prima petitio.

Sanctificetur nomen tuum.

Quid hoc sibi vult? Responsio:

Nomen Dei per se quidem sanctum est, verum nos oramus hac petitione, ut apud nos quoque sanctificetur.

Qua ratione fit istuc? Responsio:

Cum verbum Dei pure ac sincere docetur et nos secundum illud, ut filios Dei decet, pie vivimus, in quo adjuva nos, mi pater, qui es in coelis. Qui vero aliter docet vel vivit, quam verbum Dei

Die erste Bitte.
Geheiliget werde Dein Name.

Was ist das? Antwort.

Gottes Name ist zwar an ihm selbs[2] heilig, aber wir bitten in diesem Gebet, daß er bei uns auch heilig werde.

Wie geschicht das? Antwort.

Wo[3] das Wort Gottes lauter und rein gelehret wird und wir auch heilig als die Kinder Gottes darnach leben; des[4] hilf uns, lieber Vater im Himmel. Wer aber anders lehret und lebet, denn das Wort Gottes

---

18/24 > *in den Tafeldrucken* A B   20 uns damit H*   34 des] das Konk

1 accedere + et pervenire Conc   3 illuminavit, + in Conc (A)   7 rectam] veram ac Conc (vera ac A)   11/2 suscitabit + ac Conc   13 daturus] dabit Conc   15/7 Quo *bis* debeant] Oratio Dominica, quomodo pater familias eam suae familiae simplicissime tradere debeat. Conc   17 debeat. + Pater noster, qui es in coelis. Quae est horum verborum sententia? Responsio: Deus amanter nos hac praefatiuncula invitat, ut vere credamus eum nostrum verum patrem nosque ejus veros filios esse, et eum confidentius pleni fiducia invocemus, quemadmodum videmus liberos certa fiducia aliquid a parentibus suis petere. Conc (*bis auf die Frage und folgende Varianten:* eum] eo invocemus] oremus   petere] rogare *wörtlich aus der Neuauflage* (1543) *von A übernommen*)   27 Quid *bis* vult?] Quae est hujus petitionis sententia? Conc (*ebenso bei allen folgenden Bitten*)   31 istuc] istud Conc (*ebenso bei der 2. und 3. Bitte*)   34 in *bis* nos] quod ut fiat, dona nobis Conc (A)

---

[1]) Das Stück Zl. 19—25 hat Luther erst 1531 (C) hinzugefügt; daher fehlt es auch in A und B.   [2]) von selbst   [3]) Wenn   [4]) dazu

lehret, der entheiliget unter uns den Namen Gottes; da behüt uns für, himmlischer Vater.

Die ander Bitte.
Dein Reich komme.

Was ist das? Antwort.
Gottes Reich kömmpt wohl ohn unser Gebet von ihme selbs[1], aber wir bitten in diesem Gebet, daß auch zu uns komme.

Wie geschicht das? Antwort.
Wenn der himmlische Vater uns seinen heiligen Geist gibt, daß wir seinem heiligen Wort durch seine Gnade gläuben und göttlich[2] leben, hie zeitlich und dort ewiglich.

Die dritte Bitte.
Dein Wille geschehe wie im Himmel, also auch auf Erden.

Was ist das? Antwort.
Gottes guter, gnädiger Wille geschicht wohl ohn unser Gebet, aber wir bitten in diesem Gebet, daß er auch bei uns geschehe.

Wie geschicht das? Antwort.
Wenn Gott allen bösen Rat[3] und Willen bricht und hindert, so uns den Namen Gottes nicht heiligen und sein Reich nicht kommen lassen wollen, als da ist der Teufel[1], der Welt und unsers Fleisches Wille, sondern stärket und behält uns feste in seinem Wort und Glauben bis an unser Ende; das ist sein gnädiger, guter Wille.

Die vierde Bitte.
Unser täglich Brot gib uns heute.

Was ist das? Antwort.
Gott gibt täglich Brot auch wohl ohn unser Bitte allen bösen Menschen, aber wir bitten in diesem Gebet, daß er uns erkennen lasse und mit Danksagung empfahen unser täglich Brot.

---

docet, ille nomen Dei inter nos profanat. Ne autem hoc accidat, tu prohibe, mi pater coelestis.

Secunda petitio.
Adveniat regnum tuum.

Quid hoc sibi vult? Responsio:
Regnum Dei venit etiam per se sine nostra oratione, sed petimus hac precatione, ut ad nos quoque perveniat.

Qua ratione fit istuc? Responsio:
Cum pater coelestis dat nobis suum sanctum spiritum, ut suo sancto verbo per suam gratiam credamus ac pie hic temporalem, illic aeternum vitam agamus.

Tertia petitio.
Fiat voluntas tua sicut in coelo et in terra.

Quid hoc sibi vult? Responsio:
Bona ac misericors Dei voluntas fit quoque sine nostra oratione, sed rogamus hac petitione, ut etiam fiat apud nos in cordibus nostris.

Qua ratione fit istuc? Responsio:
Cum Deus frangit atque impedit omne malum consilium et voluntatem, quae nobis nomen Dei non sanctificent regnumque ejus ad nos pervenire non sinant, ut est diabolus, mundi et carnis nostrae voluntas. Deinde cum confortat et conservat nos firmiter in suo verbo et fide usque ad finem vitae nostrae. Haec est sua misericors ac bona voluntas.

Quarta petitio.
Panem nostrum quotidianum da nobis hodie.

Quid hoc sibi vult? Responsio:
Deus dat quidem omnibus panem quotidianum, quamvis non petamus, etiam malis hominibus. Sed nos precamur hac petitione, ut cognoscamus hoc atque ita panem nostrum quotidianum cum gratiarum actione accipiamus.

---

9 daß + es Konk   28 des Teufel(s) E* Konk

2/5 ut *bis* agamus] qui efficit gratia sua, ut sancto ejus verbo credamus ac pie vivamus cum in hoc tempore, tum postea in aeternum. Conc (qui efficit per suam gratiam A)   17 coelo, + sic Conc   22/3 fiat *bis* nostris] apud nos fiat Conc   25 atque] ac Conc   26/7 et *bis* sanctificent] voluntatem et conatus, qui obstant, quominus nomen Dei sanctificemus Conc   28/9 non sinant] possit Conc   29 diaboli Conc   32 et] ac Conc   33 sua > Conc   bona + ipsius Conc   41 Sed] At Conc   42 agnoscamus Conc hoc + beneficium Conc

[1]) von selbst   [2]) fromm   [3]) Anschlag   [1]) Vgl. Nachtrag S. 541.

Was heißt denn täglich Brot? Antwort.

Alles, was zur Leibsnahrung und ‑notdurft gehört als[1] Essen, Trinken, Kleider, Schuch, Haus, Hof, Acker, Viehe, Geld, Gut, frumm Gemahl, frumme Kinder, frumm Gesinde, frumme und treue Oberherrn, gut Regiment, gut Wetter, Friede, Gesundheit, Zucht, Ehre, gute Freunde, getreue Nachbarn und desgleichen.

Quid autem significat panis quotidianus? 14
Responsio:

Significat omne, quod ad vitae nostrae necessitatem ac sustentationem pertinet veluti cibum, potum, vestes, calceos, domum, aream, agros, pecudes, pecuniam, divitias, probam conjugem, probos liberos, probos servos, probum ac fidum magistratum, bonum reipublicae statum, commodam aeris temperiem, pacem, sanitatem, modestiam, honorem, bonos amicos, fidos vicinos et id genus alia.

Die fünfte Bitte.

Und verlasse[2] uns unser Schulde, als wir verlassen unsern Schuldigern.

Quinta petitio. 15

Et dimitte nobis debita nostra.

Was ist das? Antwort.

Wir bitten in diesem Gebet, daß der Vater im Himmel nicht ansehen wollt' unser Sunde und umb derselbigen willen solche Bitte nicht versagen; denn wir sind der keines wert, das wir bitten, haben's auch nicht verdienet, sondern er wollt's uns alles aus Gnaden geben; denn wir täglich viel sundigen und wohl eitel[3] Strafe verdienen; so wöllen wir zwarten[4] wiederumb auch herzlich vergeben und gerne wohl tun, die sich an uns versundigen.

Quid hoc sibi vult? Responsio: 16

Petimus hac prece, ne pater coelestis velit spectare peccata nostra atque ita istorum remissionem nobis denegare. Quandoquidem nullis rebus, quas petimus, digni sumus nec quicquam mereri possumus, sed ut velit nobis sua gratia largiri omnia, quia quotidie multifariam peccamus et nihil nisi poenam meremur. Tunc nos quidem vicissim ex corde condonabimus iis, a quibus in nos peccatum est, illisque libenter benefaciemus.

Die sechste Bitte.

Und fuhre uns nicht in Versuchung.

Sexta petitio. 17

Et ne nos inducas in tentationem.

Was ist das? Antwort.

Gott versücht zwar niemand, aber wir bitten in diesem Gebet, daß uns Gott wollt' behüten und erhalten, auf daß uns der Teufel, die Welt und unser Fleisch nicht betriege und verführe in Mißglauben, Verzweifeln und ander große Schande und Laster und, ob wir damit angefochten würden, daß wir doch endlich gewinnen und den Sieg behalten.

Quid hoc sibi vult? Responsio: 18

Deus quidem neminem tentat, sed tamen petimus hac precatione, ut ipse nos custodiat et conservet, ne Satanas, mundus et caro nostra nobis imponant et nos a recta fide ad superstitionem, desperationem atque alia gravia scelera et flagitia seducant. Et ut maxime ejusmodi tentationibus sollicitemur, ne succumbamus, sed ut tandem vincamus ac triumphemus.

Die siebende Bitte.

Sondern erlöse uns von dem Ubel.

Septima petitio. 19

Sed libera nos a malo.

---

26 tun + denen, Konk   35 und] noch Konk

5 veluti] videlicet Conc   10 commodam aeris temperiem] salubrem aerem Conc (salubris aer A)   14 remitte Conc (A)   nostra, + sicut et nos remittimus debitoribus nostris. Conc   17 prece] precatione Conc   18 spectare] respicere et examinare Conc (respicere A)   18/9 atque *bis* denegare] et propter ista nostram orationem repudiare Conc   23 largiri] et bonitate donare Conc   24 poenas Conc   25/7 Tunc *bis* benefaciemus] Vicissim autem ex corde condonabimus, quicquid in nos peccaverint alii, et pro maleficio libenter reddemus beneficium Conc (*bis auf die Varianten* autem >A; corde] animo; peccaverunt; libenter > A *wörtlich aus* A *übernommen*)   32 precatione] petitione Conc   35 ad] seducant et in Conc   superstitionem +, diffidentiam Conc (A)   37 seducant] conjiciant Conc (conjiciamur A)

[1]) wie   [2]) vergib   [3]) nur   [4]) wahrlich

Das Vaterunser. — Die Taufe.

Was ist das? Antwort.

Wir bitten in diesem Gebet als in der Summa[1], daß uns der Vater im Himmel von allerlei Übel Leibs und Seele, Guts und Ehre erlöse und zuletzt, wenn unser Stündlin kömmpt, ein seliges Ende beschere und mit Gnaden von diesem Jammertal zu sich nehme in den Himmel.

Amen[2].

Was ist das? Antwort.

Daß ich soll gewiß sein, solche Bitte sind dem Vater im Himmel angenehme und erhöret; denn er selbs hat uns geboten, also zu beten, und verheißen, daß er uns will erhören. Amen, Amen, das heißt: Ja, Ja, es soll also geschehen.

Das Sakrament der heiligen Taufe,

wie dasselbige ein Hausvater seinem Gesinde soll einfältig furhalten.

Zum ersten.

Was ist die Taufe? Antwort.

Die Taufe ist nicht allein schlecht[3] Wasser, sondern sie ist das Wasser, in Gottes Gebot gefasset und mit Gottes Wort verbunden.

Welchs ist denn solch Wort Gottes? Antwort.

Da unser Herre Christus spricht Matthäi am letzten[4]: „Gehet hin in alle Welt, lehret alle Heiden und täufet sie im Namen des Vaters und des Sohns und des heiligen Geists."

Zum andern.

Was gibt oder nützet die Taufe? Antwort.

Sie wirket Vergebung der Sünden, erlöset vom Tod und Teufel und gibt die

Quid hoc sibi vult? Responsio:

Oramus hac prece tamquam summatim, ut pater noster, qui in coelo est, liberet nos ab omnibus malis ac periculis corporis et animae, bonorum et honorum et ut tandem, cum hora mortis venerit, felicem vitae exitum largiatur nosque pro sua gratuita bonitate ex hac miseriarum valle ad se in coelum recipiat.

Amen.

Quid hoc sibi vult? Responsio:

Ut ego sim certus ejusmodi petitiones a patre nostro coelesti esse acceptas atque exauditas. Quia ipse nobis mandavit, ut ad istum modum oremus, promistique se nos exauditurum esse. Amen, Amen, id quod significat: Certe, certe, haec debent ita evenire.

Quo pacto paedagogi suos pueros sacramentum baptismi simplicissime docere debeant.

Primum.

Quid est baptismus? Responsio:

Baptismus non est simpliciter aqua, sed quae sit divino mandato inclusa et verbo Dei comprehensa.

Quod est igitur tale verbum Dei? Responsio:

Ubi Dominus noster Jesus Christus dicit Matthaei ultimo: 'Euntes docete omnes gentes baptizantes eos in nomine patris et filii et spiritus sancti.'

Secundum.

Quid praestat aut confert baptismus? Responsio:

Operatur condonationem peccatorum, liberat a morte, a diabolo et donat aeter-

---

8 den > α β γ   15 hat > α β γ   16 verheischen[5] Konf

2 prece] precatione Conc   2/3 summatim] in summa Conc (A)   3 qui *bis* est] coelestis Conc (A)   7 exitum + nobis Conc   12 Quid *bis* Responsio] Quae est hujus voculae significatio? Conc   13 Ut] „Amen" significat idem quod „certe", ut scilicet Conc   14 a patre] patri Conc   14/5 atque + ab eo Conc   16 istum] hunc Conc oraremus Conc (A)   18/9 quod *bis* evenire] est vere, certe haec ita fient. Conc   20/2 Quo *bis* debeant] Sacramentum baptismi, quomodo de eo pater familias suam familiam simplicissime docere debeat. Conc   26/7 quae *bis* comprehensa] est aqua divino mandato comprehensa et verbo Dei obsignata. Conc   28 igitur tale] illud Conc   38 condonationem] remissionem Conc (A)   39 morte + et Conc (A)

[1]) zusammenfassend   [2]) Der Nürnberger Katechismusdruck von 1558 fügt vor „Amen" ein: „Denn Dein ist das Reich und die Kraft und die Herrligkeit in Ewigkeit".   [3]) bloßes, einfaches   [4]) Matth. 28, 19; vgl. unten 691₂₇₋₃₀.   [5]) verheißen

ewigen Seligkeit allen, die es glauben, wie die Wort und Verheißung Gottes lauten.

Welch sind solch Wort und Verheißung Gottes? Antwort.

Da unser Herre Christus spricht Marci am letzten[1]: „Wer da gläubet und getauft wird, der wird selig. Wer aber nicht gläubet, der wird verdammpt."

Zum dritten.

Wie kann Wasser solche große Ding tun? Antwort.

Wasser tut's freilich[2] nicht, sondern das Wort Gottes, so mit und bei dem Wasser ist, und der Glaube, so solchem Wort Gottes im Wasser trauet; denn ohn Gottes Wort ist das Wasser schlecht[3] Wasser und keine Taufe, aber mit dem Wort Gottes ist's eine Taufe, das ist ein gnadenreich Wasser des Lebens und ein „Bad der neuen Geburt im heiligen Geist", wie S. Paulus saget zu Tito am dritten Kapitel[4]: „Durch das Bad der Wiedergepurt und Erneuerung des heiligen Geists, welchen er ausgossen hat über uns reichlich durch Jesum Christ, unsern Heiland, auf daß wir durch desselben Gnade gerechtfertiget Erben seien des ewigen Lebens nach der Hoffnung; das ist gewißlich wahr".

Zum vierden.

Was bedeut denn solch Wassertäufen? Antwort.

Es bedeut, daß der alte Adam in uns durch tägliche Reu und Buße soll ersäuft werden und sterben mit allen Sunden und bösen Lüsten, und wiederumb täglich erauskommen und auferstehen ein neuer Mensch, der in Gerechtigkeit und Reinigkeit für Gott ewiglich lebe.

nam beatitudinem omnibus, qui credunt hoc, quod verba et promissiones divinae pollicentur.

Quae sunt illa verba et promissiones divinae? Responsio:

Ubi Dominus noster Jesus Christus dicit Marci ultimo: 'Qui crediderit et baptizatus fuerit, salvus erit. Qui vero non crediderit, condemnabitur.'

Tertium.

Qui potest aqua tam magnas res efficere? Responsio:

Aqua procul dubio non efficit, sed verbum Dei juxta aquam et una cum aqua et fides, quae tali verbo Dei in aqua credit. Quia aqua sine verbo Dei est simpliciter aqua et non baptismus, sed si verbum Dei adjicitur, est baptismus, hoc est salutaris aqua vitae et 'lavacrum regenerationis in spiritu sancto', sicut Paulus ait ad Titum III.: 'Sed secundum suam misericordiam salvos nos fecit per lavacrum regenerationis ac renovationis spiritus sancti, quem effudit in nos opulente per Jesum Christum, servatorem nostrum, ut justificati illius gratia haeredes efficeremur juxta spem vitae aeternae, indubitatus sermo.'

Quartum.

Quid significat autem ista in aquam immersio? Responsio:

Significat, quod vetus Adam debet subinde per mortificationem ac poenitentiam in nobis submergi et extingui cum omnibus peccatis et malis concupiscentiis atque rursus quotidie emergere ac resurgere novus homo, qui in sanctitate et justitia coram Deo vivat in aeternum.

---

2 Wort und > H*   26/7 gerechtfertiget] gerecht und E* Konk   28 ist] ist je E—G Konk je ist H*   34 bösen > H*

1 omnibus + et singulis Conc   13 procul dubio] certe tantas res Conc   14 juxta bis una] quod in et Conc (A)   aqua + est Conc (A)   15 tali > Conc   17 non + est Conc   17/8 si bis adjicitur] addito verbo Dei Conc   19 aqua + gratiae et Conc (A)   21 Sed > Conc   22 nos salvos Conc   24/5 opulenter Conc   25 servatorem] salvatorem Conc (A)   28 indubitatus sermo] Fidelis hic sermo est Conc (Fidelis sermo est A)   30 autem significat Conc   32 debet] qui adhuc in nobis est Conc (A)   33 per + quotidianam Conc (quotidiana A)   34 extingui + debeat una Conc   37/8 sanctitate et justitia] justitia et puritate Conc (justus et purus A)

---

[1]) Mark. 16, 16; vgl. unten 691 ₃₃—₃₅.   [2]) gewiß   [3]) bloßes   [4]) Tit. 3, 5—8; die beiden Änderungen („gerecht und" sowie „ist je") seit 1536 sind eine Angleichung an den Text der Bibelübersetzung.

Die Taufe. — Die Beichte.

Wo stehet das geschrieben? Antwort.

Sankt Paul zun Römern am sechsten[1] spricht: „Wir sind sampt Christo durch die Taufe begraben im Tode, daß, gleichwie Christus ist von den Toten auferweckt durch die Herrligkeit des Vaters, also sollen wir auch in eim neuen Leben wandeln."

Ubi hoc scriptum est? Responsio:

Sanctus Paulus ad Ro. VI. dicit: 'Sepulti igitur sumus una cum Christo per baptismum in mortem, ut, quemadmodum excitatus est Christus ex mortuis per gloriam patris, ita et nos in novitate vitae ambulemus.'

Wie man die Einfältigen soll lehren beichten[2].

De confessione.

Was ist die Beicht? Antwort.

Die Beicht begreift zwei Stück in sich. Eins, daß man die Sunde bekenne, das ander, daß man die Absolutio oder Vergebung vom Beichtiger empfahe als von Gott selbs und ja nicht dran zweifel, sondern feste gläube, die Sunde seien dadurch vergeben für Gott im Himmel.

Quid sit confessio:

Confessio duo complectitur, alterum ut confiteamur peccata, alterum ut absolutionem seu remissionem peccatorum ab eo, cui confitemur, accipiamus tamquam ab ipso Deo et non dubitemus, sed firma fide credamus nobis vere remissa esse nostra peccata coram Deo in coelis.

Welche Sunde soll man denn beichten?

Fur Gott soll man aller Sunden sich schuld geben, auch die wir nicht erkennen, wie wir im Vaterunser tun.

Quae igitur peccata sunt recitanda?

Coram Deo fateri debes te omnium peccatorum reum esse, etiam eorum, quae nescis. Talis confessio est in oratione Dominica.

Aber fur dem Beichtiger sollen wir allein die Sunden bekennen, die wir wissen und fühlen im Herzen.

Sed coram fratre, cui confitemur, ea tantum peccata recitanda sunt, quae scimus quaeque conscientiam nostram premunt.

Welche sind die?

Da siehe Deinen Stand an nach den zehen Geboten, ob Du Vater, Mutter, Sohn, Tochter, Herr, Frau[3], Knecht seiest, ob Du ungehorsam, untreu, unfleißig, zornig, unzüchtig[4], heißig[5] gewest seiest, ob Du jemand Leide getan hast mit Worten oder Werken, ob du gestohlen, versäumet, verwahrlost, Schaden getan hast.

Quae sunt ea peccata?

Hic diligenter considera vitae genus, in quo es, et confer cum eo decem praecepta, an iis respondeat vita tua, an pater, mater, filius, filia, dominus, servus, mater familias, ancilla, praeceptor[6], an discipulus sis, num etiam alicubi inobediens fueris, num mala fide negotium tuum egeris, num sis indiligens, iracundus, libidinosus, petulans, invidus et an quem laeseris dicto aut facto, an furtum commiseris, an damnum alterius

---

4 im Tode] in den Tod H* Konf   8 bis S. 519, 35 > *in den Tafeldrucken und* A B
10 > G Konf   21 schüldig H* Konf   32/3 zornig *bis* heißig > D* Konf   34 *und*
36 habst H*

---

[1]) Röm. 6,4: die Änderung („in den Tod") seit 1540 ist eine Angleichung an den Text der Bibelübersetzung.   [2]) Vgl. unten 725 Anm. 4. Damit ersetzte Luther 1531 den Abschnitt: „Eine kurze Weise zu beichten für die Einfältigen dem Priester" (WA XXX¹ 343—345), der nur in B (hinter dem Taufbüchlein) und lateinisch in B (hinter dem Sakrament der Taufe) stand. Obiger lateinischer Text nach Maj.¹ (Magdeburg [1531]); da Conc eine neue selbständige Übersetzung des Stückes bietet, erübrigt sich die Mitteilung von Varianten. — Zu dieser Beichtanweisung vgl. auch Luthers „Sendschreiben an die zu Frankfurt" (1532) (WA XXX III 565—571), wo er sie verteidigt. Luther hatte die Beichte insbesondere für diejenigen bestimmt, die das Abendmahl empfangen wollen (ebd. 566 f.).   [3]) Herrin   [4]) frech   [5]) streitsüchtig   [6]) Aus der Bestimmung von Maj.¹ als Schulbuch erklärt sich die Einfügung von praeceptor, discipulus, studia (gegen den originalen Luthertext) durch den Übersetzer Georg Major.

Lieber[1], stelle mir eine kurze Weise zu beichten! Antwort.

So sollt Du zum Beichtiger sprechen:

„Wirdiger, lieber Herr[2], ich bitte Euch, wollet meine Beichte hören und mir die Vergebung sprechen umb Gottes willen."

„Sage an!"

„Ich armer Sunder bekenne mich für Gott aller Sunden schuldig; insonderheit bekenne ich für Euch, daß ich ein Knecht, Magd etc. bin; aber ich diene leider untreulich meinem Herrn; denn da und da hab ich nicht getan, was sie mich hießen, hab sie erzurnet und zu fluchen beweget, hab versäumet und Schaden lassen geschehen. Bin auch in Worten und Werken schampar[3] gewest, hab mit meinesgleichen gezürnet, wider meine Frauen[4] gemurret und geflucht etc. Das alles ist mir leid und bitte umb Gnade; ich will mich bessern."

Ein Herr oder Fraue[4] sage also:

„Insonderheit bekenne ich fur Euch, daß ich mein Kind und Gesind, Weib nicht treulich gezogen hab zu Gottes Ehren. Ich hab geflucht, böse Exempel mit unzüchtigen Worten und Werken gegeben, meinem Nachbar Schaden getan, ubel nachgeredet, zu teur verkauft, falsche und nicht ganze War gegeben." Und was er mehr wider die Gebot Gottes und seinen Stand getan etc.

Wenn aber jemand sich nicht befindet beschweret mit solcher oder größern Sunden, der soll nicht sorgen oder weiter Sunde suchen noch ertichten und damit eine Marter[5] aus der Beicht machen, sondern erzähle eine oder zwo, die Du weißest. Also: „In-

per negligentiam non caveris aut alia quapiam ratione alteri incommodaveris.

Quaeso te, indica mihi brevem formam confessionis.

Sic igitur alloqueris eum, cui confiteberis:

'Venerabilis domine, ego vos oro, ut velitis confessionem meam audire et remissionem peccatorum meorum mihi annuntiare.'

'Recita!'

'Ego miser peccator confiteor me coram Deo omnium peccatorum reum esse, praecipue autem coram vobis confiteor me esse discipulum, servum, ancillam, sed minus diligenter meum officium facere. Neque enim ubique heri aut praeceptoris mei jussis parui, sed offendi saepius eum mea negligentia et impuli eum, ut male mihi precaretur, quod non diligentius rem suam vel studia mea curaverim. Confiteor etiam lasciviam, quam in dictis et factis saepius prodidi, saepius cum aequali meo rixatus sum, saepius contra herum aut praeceptorem meum murmuravi, saepius ei male precatus sum et cetera. Poenitet autem horum et oro veniam ac remissionem peccatorum et promitto me sanctius post victurum.'

Praeceptor, herus vel mater familias sic dicat:

'Praecipue autem coram vobis confiteor, quod liberos, familiam, discipulos meos non diligenter instituerim ad cultum et laudem Dei, quod saepius male precari meis soleam et malo exemplo esse impudicis sermonibus ac lascivis moribus, quod saepius vicinum meum injuria affeci, quod saepe male de eo locutus sum, quod carius ei vendidi mercem meam aut corrupta vel non integra merce eum decepi.' Huc similia affer, quae in tuo vitae genere contra decem praecepta admisisti.

Quod si quis talibus aut majoribus peccatis non sentit conscientiam suam gravari, ille non debet sollicitus esse de quaerendis aut fingendis pluribus peccatis, ne ex confessione crucem sibi faciat, sed unum aut alterum peccatum sibi

---

38 getan + und Konf

[1]) Bitte [2]) Zu der Anrede vgl. WA XXX III 570₂₀—571₁₅. [3]) schamlos
[4]) Herrin [5]) Luther denkt hier an die katholische Beichte; vgl. oben 440₂₅ff.

sonderheit bekenne ich, daß ich einmal ge=
flucht, item einmal unhübsch¹ ' mit Worten
gewest, einmal dies N. versäumet habe" etc.
Und lasse es gnug sein.
   Weißest Du aber gar keine (doch nicht
wohl sollt' müglich sein), so sage auch keine
insonderheit, sondern nimm die Vergebung
auf die gemeine Beicht², so Du für Gott
tust gegen dem Beichtiger.

      Darauf soll der Beichtiger sagen:
„Gott sei Dir gnädig und stärke Deinen
Glauben, AMEN.

             Sprich:
Gläubst Du auch, daß meine Vergebung
Gottes Vergebung sei?"

„Ja, lieber Herr."

       Darauf spreche er:
„Wie Du gläubest, so geschehe Dir³. Und
ich aus dem Befehl unsers HERRN Jesu
Christi vergebe Dir Deine Sünde im Namen
des Vaters und des Sohns und des heiligen
Geists, Amen.
Gehe hin im Friede"⁴.
   Welche aber große Beschwerung des Ge=
wissens haben oder betrübt und angefochten
sind, die wird ein Beichtvater wohl wissen
mit mehr Sprüchen zu trösten und zum
Glauben reizen. Das soll allein ein ge=
meine⁵ Weise der Beicht sein fur die Ein=
fältigen.

notum recitet ad hunc modum: 'Peculiariter autem confiteor me alicui precatum
esse vel impudice locutum, fuisse negligentem' etc.
   Quod si prorsus nullum peccatum te
admisisse sentis (id quod impossibile
est), nullum recitabis, sed petes remissionem peccatorum dicta generali confessione, qua coram ministro aut fratre
Deo confiteris.

   Minister vel frater, qui audit confitentem, dicat:
'Deus misereatur tui et ignoscat tibi
ac confirmet fidem tuam, Amen.'

   Quaerat etiam ex confitente:
'Credisne hanc meam remissionem,
qua tibi remitto peccata, esse non meam,
sed Dei remissionem?'

   Respondeat confitens:
'Venerabilis domine, credo.'

   Addat minister:
'Fiat tibi secundum fidem tuam et ego
ex mandato Domini nostri Jesu Christi
remitto tibi peccata tua in nomine patris
et filii et spiritus sancti, Amen.
Abi in pace!'
   Si qui autem sunt, qui gravioribus
peccatis anguntur aut tristitiae spiritu
tentantur, eos minister vel frater pluribus sententiis sacrarum literarum conso-
labitur et eriget, ut apprehendant fide
remissionem peccatorum. Nos generalem tantum formam confitendi pro rudibus instituere voluimus.

Das Sakrament des Altars,
wie ein Hausvater dasselbige seinem Ge=
sinde einfältiglich furhalten soll.

Was ist das Sakrament des Altars?
           Antwort.
Es ist der wahre Leib und Blut unsers
Herrn Jesu Christi, unter dem Brot und

Quo pacto paedagogi suos pueros
sacramentum altaris simplicissime
docere debeant.

Quid est sacramentum altaris?
        Responsio:
Sacramentum altaris est verum corpus
et verus sanguis Domini nostri Jesu

---

4 Und] Also E*Konk   5 keine + (welchs H*Konk   15 Sprich] Weiter H*Konk
20 Antwort: „Ja, lieber Herr." Konk

36/8 Quo bis debeant] Sacramentum altaris, quomodo pater familias simplicissime
suam familiam de eo docere debeat. Conc

---

¹) rücksichtslos   ²) Zur offenen Schuld vgl. oben 439 Anm. 3.   ³) Matth. 8, 13.
⁴) Mark. 5, 34; Luk. 7, 50; 8, 48.   ⁵) gewöhnliche

Wein uns Christen zu essen und zu trinken von Christo selbs eingesetzt.

Wo stehet das geschrieben? Antwort.

So schreiben die heiligen Evangelisten Matthäus, Markus, Lukas und S. Paulus:

„Unser HERR Jesus Christus in der Nacht, da er verraten ward, nahm er das Brot, dankt' und brach's und gab's seinen Jungern und sprach: Nehmet hin, esset, das ist mein Leib, der fur Euch gegeben wird. Solchs tut zu meinem Gedächtnis.

Desselbengleichen nahm er auch den Kelch nach dem Abendmahl, danket und gab ihn den und sprach: Nehmet hin und trinket alle daraus. Dieser Kelch ist das neue Testament in meinem Blut, das fur Euch vergossen wird zur Vergebung der Sunden. Solches tut, sooft Ihr trinkt, zu meinem Gedächtnis"[1].

Was nützet denn solch Essen und Trinken? Antwort.

Das zeigen uns diese Wort: „fur Euch gegeben" und „vergossen zur Vergebung der Sunden", nämlich, daß uns im Sakrament Vergebung der Sunde, Leben und Seligkeit durch solche Wort gegeben wird; denn wo Vergebung der Sunde ist, da ist auch Leben und Seligkeit.

Wie kann leiblich Essen und Trinken solch groß Ding tun? Antwort.

Essen und Trinken tut's freilich nicht, sondern die Wort, so da stehen: „fur Euch gegeben" und „vergossen zur Vergebung der Sunden". Welche Wort sind neben dem leiblichen Essen und Trinken als das Häuptstück[2] im Sakrament. Und wer denselbigen Worten gläubt, der hat, was sie sagen und wie sie lauten, nämlich „Vergebung der Sunden".

Christi sub pane et vino nobis christianis ad manducandum ac bibendum ab ipso Christo institutum.

Ubi hoc scriptum est? Responsio:

Sic scribunt sancti evangelistae Matthaeus, Marcus, Lucas et sanctus Paulus:

Dominus noster Jesus Christus in ea nocte, qua traditus est, accepit panem et, postquam gratias egisset, fregit ac dixit: Accipite, comedite. Hoc est corpus meum, quod pro vobis datur, hoc facite in mei commemorationem.

Similiter et, postquam coenavit, accepto calice, cum gratias egisset, dedit illis dicens: Bibite ex hoc omnes, hic calix novum testamentum est in meo sanguine, qui pro vobis effunditur in remissionem peccatorum, hoc facite, quotiescumque biberitis, in mei commemorationem.

Quid vero prodest sic comedisse et bibisse? Responsio:

Id indicant nobis haec verba: 'Pro vobis datur' et: 'Effunditur in remissionem peccatorum.' Nempe quod nobis in sacramento condonatio peccatorum, vita et justitia per haec verba tribuuntur. Ubi enim remissio peccatorum est, ibi est et vita et justitia.

Qui potest corporalis manducatio tam magnum quid efficere? Responsio:

Manducare ac bibere equidem non efficiunt, sed illa verba, quae hic stant: 'Pro vobis datur' et: 'Effunditur in remissionem peccatorum', quae verba sunt circa corporalem hujus cibi ac potus participationem tamquam caput et summa in sacramento. Et qui fidit his verbis, ille habet, quod dicunt ac sonant, nempe 'remissionem peccatorum'.

---

14 Desselbigengleichen D* Konk   20 Jhr's Konk   27 Sunden E* Konk
29 Sünden Konk   31/40 > αβγ (stand aber in A)   31/2 solche große H* Konk
39 was] wie H*

10 ac dixit] et dedit discipulis suis dicens Conc (A)   14/5 accepto calice] accepit calicem et Conc   26 nobis + per verba illa Conc (A)   27 condonatio] remissio Conc (A)   28/9 et *bis* tribuuntur] justitia et salus donentur Conc   30 justitia] salus Conc   31 corporalis + illa Conc (A)   31/2 tam magnum quid] tantas res Conc (A)   33 ac] et Conc   equidem] ista recte Conc (ista A)   34 stant] ponuntur Conc   37/9 circa *bis* sacramento] una cum corporali manducatione caput et summa hujus sacramenti Conc   39 fidit] credit Conc (A).   40 ac] et sicut Conc

---

[1]) Vgl. unten 708₁₆₋₃₂.   [2]) Vgl. unten 691 Anm. 3

Wer empfähet denn solch Sakrament wirdiglich? Antwort.

Fasten und leiblich sich bereiten ist wohl eine feine äußerliche Zucht; aber der ist recht wirdig und wohl geschickt, wer den Glauben hat an diese Wort: „Fur Euch gegeben" und „vergossen zur Vergebung der Sunden". Wer aber diesen Worten nicht gläubt oder zweifelt, der ist unwirdig und ungeschickt; denn das Wort „fur Euch" fodert eitel[1] gläubige Herzen.

Wie ein Hausvater sein Gesinde soll lehren, morgens und abends sich segenen[2].

Des Morgens, so Du aus dem Bette fährest, sollt Du Dich segenen mit dem heiligen Kreuz[3] und sagen:
Des walt Gott Vater, Sohn, heiliger Geist, Amen.

Darauf knieend oder stehend den Glauben und Vaterunser; willt Du, so magst Du dies Gebetlin dazu sprechen:

Ich danke Dir, mein himmlischer Vater, durch Jesum Christ, Deinen lieben Sohn, daß Du mich diese Nacht fur allem Schaden und Fahr behut hast, und bitte Dich, Du wollest mich diesen Tag auch behuten fur Sunden und allem Ubel, daß Dir alle mein Tun und Leben gefalle; denn ich befehle mich, mein Leib und Seele und alles in Deine Hände. Dein heiliger Engel sei mit mir, daß der bose Feind keine Macht an mir finde, Amen.

Und alsdenn mit Freuden an Dein Werk gegangen und etwa ein Lied gesungen, als[4] die zehn Gepot[5] oder was Dein Andacht gibt.

Quis autem utitur hoc sacramento digne? Responsio:

Jejunare et corpus suum praeparare est quidem bona et externa disciplina, at ille est vere dignus ac probe paratus, qui habet fidem in haec verba: 'Pro vobis datur' et: 'Effunditur in remissionem peccatorum.' Qui vero his verbis non credit aut dubitat, ille est indignus ac imparatus. Quia hoc verbum 'pro vobis' requirit omnino corda credentia.

Quo pacto paedagogi suos pueros formas benedictionis, unam mane, alteram vesperi dicendam, simplicissime docere debeant.

Mane, cum surgis e lecto, signabis te signo sanctae crucis dicens:

In nomine patris et filii et spiritus sancti, Amen.

Deinde innitens genibus vel stans dicas symbolum et orationem Dominicam. Si vis, potes et hanc preculam addere:

Gratias ago tibi, mi pater coelestis, per Jesum Christum, filium tuum dilectum, quod me hac nocte ab omnibus incommodis ac periculis conservasti. Oro te, ut velis me hac die quoque conservare a peccato et omnibus malis, ut tibi omnia mea facta atque adeo tota vita bene placeant. Quia ego me meumque corpus et animam ac omnia in manus tuas committo, tuus sanctus angelus sit mecum, ne diabolus ullum jus in me reperiat.

Postea alacriter ad tua studia accedendum.

---

5 wer] der J*   14 segenen. + Der Morgensegen. (als Überschrift) Konk   19 Das Konk

1 autem > Conc   9 aut + de illis Conc   11 requirit] postulat Conc (A)   corda credentia] cor, quod Deo credat Conc (A)   12 paedagogi bis pueros] patres familias suam familiam Conc   23 Si vis] His Conc (A)   precatiunculam Conc (A)   28 conservasti] conservatum custodieris. Et Conc (A)   29 velis > Conc   29/30 conservare + et Conc   30 malis + custodire velis Conc   34 committo] commendo Conc (A)   35/8 ullum bis accedendum] quicquam in me possit, Amen. Postea alacriter ad vocationis tuae opus accedendum est cantato psalmo, decalogo vel alio carmine, quo excitetur cor tuum Conc (quid... in me possit und quo bis tuum A)

---

¹) ganz   ²) Vgl. dazu unten 578₃ff. und WA XXX II 250.   ³) bekreuzigen
⁴) zum Beispiel   ⁵) Vgl. dazu unten 559 Anm. 1.

Des Abends, wenn Du zu Bette gehest, sollt Du Dich segnen mit dem heiligen Kreuze und sagen:
Des walt Gott Vater, Sohn, heiliger Geist, Amen.

Darauf knieend oder stehend den Glauben und Vaterunser; willst Du, so magst Du dies Gebetlin dazu sprechen:

Ich danke Dir, mein himmlischer Vater, durch Jesum Christ, Deinen lieben Sohn, daß Du mich diesen Tag gnädiglich behut hast, und bitte Dich, Du wollest mir vergeben alle meine Sunde, wo ich Unrecht getan habe, und mich diese Nacht gnädiglich behuten; denn ich befehel mich, mein Leib und Seele und alles in Deine Hände. Dein heiliger Engel sei mit mir, daß der böse Feind keine Macht an mir finde, Amen.

Und alsdenn flugs und fröhlich geschlafen.

Vesperi, cum confers te cubitum, signabis te signo sanctae crucis dicens:

In nomine patris et filii et spiritus sancti, Amen.

Deinde innitens genibus vel stans dicas symbolum et orationem Dominicam. Si vis, potes et hanc preculam addere:

Gratias ago tibi, mi pater coelestis, per Jesum Christum, filium tuum dilectum, quod me hac die gratuita misericordia custodivisti. Oro te, ut velis mihi condonare omnia peccata mea, quae injuste perpetravi, velisque me hac nocte tua gratia benigne conservare. Quia ego me meumque corpus et animam ac omnia in manus tuas committo, tuus sanctus angelus sit mecum, ne diabolus ullum jus in me reperiat, Amen.

Atque ita tandem secure et tranquille dormiendum.

Wie ein Hausvater sein Gesinde soll lernen¹, das Benedicite² und Gratias sprechen.

Quo pacto paedagogi suos pueros benedictionem mensae et gratiarum actionem simplicissime docere debeant.

Die Kinder und Gesind sollen mit gefalten Händen und züchtig für den Tisch treten und sprechen:³
„Aller Augen warten auf Dich, HERRE, und Du gibst ihn ihre Speise zu seiner Zeit. Du tust Deine Hand auf und sättigest alles, was lebet, mit Wohlgefallen."

Scholia⁴.

Wohlgefallen heißet, daß alle Tier soviel zu essen kriegen, daß sie fröhlich

Benedictio mensae.

Pueri debent complicatis manibus modestiam prae se ferentes ante mensam stare ac dicere:
'Oculi omnium in te sperant, Domine, et tu das escam illorum in tempore opportuno. Aperis tu manum tuam et imples omne animal benedictione.'

Scholion.

Benedictio significat hic, quod omne animal tantum cibi nanciscitur, ut

vor 1 Der Abendsegen (als Überschrift) D Konk 1 gehest, + so C 4 Das Konk Sohn + und Konk 24 lehren E* Konk 33 Deine + milde Konk 35 bis S. 523,2 > nur β γ 35 Scholion H* 36 heißet + hie A B

1 Similiter vesperi Conc 6 innitens] flexis Conc (A) 8 Si vis] His Conc (A) precatiunculam Conc (A) 13 custodivisti] et bonitate tua custodieris. Et Conc velis > Conc 14 condonare > Conc 14/5 injuste > Conc 15 velisque] et quibus offendi te, remittere et Conc 16 conservare + velis Conc 18 committo] commendo Conc (A) 19/20 ullum bis reperiat] quicquam in me possit Conc (quid in me .. possit A) 21 secure] placide Conc 22 dormiendum + est Conc 23 paedagogi bis pueros] patres familias suam familiam Conc 28 Pueri + una cum familia Conc 29 ante] ad Conc (A) 30 stare ac dicere] accedere et sic orare Conc (accedant et .. sic orent A) 36 bis S. 523, 3 significat bis impediunt] hic significat largam distributionem Dei, qui omnibus animantibus tantum cibi suppeditat, ut inde hilariter et jucunde vivere possint. Hanc benedictionem et laetitiam ac acquiescentiam impediunt sollicitudo prohibita, cura, avaritia, tenacitas. Conc

¹) lehren ²) Von Luther aus dem Brevier entlehnt. ³) Ps. 145, 15f. ⁴) Vgl. dazu WADB VI 216 (Glosse zu Luk. 2, 14) und X¹ 577 (Glosse zu Ps. 145, 16).

und guter Ding druber sind; denn Sorge und Geiz hindern solch Wohlgefallen.

Darnach das Vaterunser und dies folgende Gebet:

HERR Gott, himmlischer Vater, segene uns und diese Deine Gaben, die wir von Deiner milden Gute zu uns nehmen, durch Jesum Christ, unsern HERRN, Amen.

Das Gratias[1].

Also auch nach dem Essen sollen sie gleicherweise züchtig und mit gefalten Händen sprechen:[2]

„Danket dem HERRN; denn er ist freundlich und seine Gute währet ewiglich, der allem Fleische Speise giebet, der dem Viehe sein Futter gibt, den jungen Raben, die ihn anrufen. Er hat nicht Lust an der Stärke des Rosses noch Gefallen an jemandes Beinen; der HERR hat Gefallen an den, die ihn furchten und die auf seine Gute warten."

Darnach das Vaterunser und dies folgende Gebet:

Wir danken Dir, HERR Gott Vater, durch Jesum Christ, unsern HERRN, fur alle Deine Wohltat, der Du lebest und regierest in Ewigkeit, Amen.

propterea sit laetum et hilari animo. Nam curae et avaritia talem benedictionem impediunt.

Deinde orationem Dominicam cum oratione sequenti: 9

Domine Deus, pater coelestis, benedic nos et haec dona, quae de tua largitate sumimus, per Christum, Dominum nostrum, Amen.

Gratiarum actio. 10

Sic quoque post cibum sumptum debent ad eundem modum modeste complicatis manibus dicere:

'Confitemini Domino, quoniam bonus, quoniam in aeternum misericordia ejus, qui dat escam omni carni, qui dat jumentis escam ipsorum et pullis corvorum invocantibus eum. Non in fortitudine equi voluntatem habebit neque in tibiis viri beneplacitum erit ei. Beneplacitum est Domino super timentes eum et in eis, qui sperant super misericordia ejus.'

Deinde orationem Dominicam cum oratione sequenti: 11

Gratias agimus tibi, Domine Deus pater, per Jesum Christum, Dominum nostrum, pro universis beneficiis tuis, qui vivis et regnas in saecula saeculorum, Amen.

Die Haustafel[3] etlicher Spruche

für allerlei heilige Orden[4] und Stände, dadurch dieselbigen als durch eigen Lektion[5] ihres Ampts[6] und Dienst zu ermahnen.

Elegantes quaedam ex scriptura sententiae pro omnibus sanctis ordinibus ac statibus, per quas illi tamquam propria quadam lectione sui officii et muneris admonentur. 1

Den Bischofen[7], Pfarrherrn und Predigern.

„Ein Bischof soll untsträflich sein, eines Weibes Mann, nüchtern, sittig, mäßig, gastfrei, lehrhaftig, nicht weinsüchtig, nicht

Episcopis, parochis et concionatoribus. 2

'Oportet igitur episcopum irreprehensibilem esse, unius uxoris maritum, vigilantem, sobrium, modestum, hospitalem,

---

1 1/2 gleicherweise + tun D* Konf   34 vermahnen Konf   39 lehrhaftig + als ein Haushalter Gottes H* (aus Tit. 1, 7)   weinsüchtig] ein Weinsäufer E*Konf (1530)

4 Deinde + addant Conc   7 nos bis dona] nobis et his donis tuis Conc   8 per + Jesum Conc (A)   11/2 debent > Conc   13 dicere] ad mensam assistant et dicant Conc   23 Deinde + addant Conc   30 Tabula oeconomica, in qua proponuntur elegantes Conc (A)   ex + sacra Conc   37 igitur > Conc (A)

---

[1]) Von Luther in Anlehnung an das Brevier verfaßt.   [2]) Ps. 106, 1; 136, 25; 147, 9—11.
[3]) Zur Abfassung der Haustafel, die nur in den Tafeldrucken fehlt, ist Luther wohl durch Gersons: „Tractatus de modo vivendi omnium fidelium" angeregt worden; vgl. ThStKr LXXX (1907), 87—97.   [4]) Zu dem ordo ecclesiasticus, politicus und oeconomicus vgl. oben 413 Anm. 13.   [5]) eine sie besonders betreffende Schriftstelle   [6]) an ihr Amt
[7]) Vgl. dazu unten 530 Anm. 5.

beißig¹, nicht schändliches Gewinsts gierig, sondern gelinde, nicht zänkisch, nicht geizig, der seinem eigen Hause wohl furstehe, der gehorsame Kinder habe mit aller Ehrberkeit, nicht ein Neuling" etc. In der ersten Epistel zu Timotheo am vierden Kap.²

aptum ad docendum, non vinolentum, non percussorem, non turpiter lucri cupidum, sed aequum, alienum a pugnis, alienum ab avaritia, qui suae domui bene 5 praesit, qui liberos habeat in subjectione cum omni reverentia, non novitium' etc., I. ad Timo. III. et ad Tit. I.

W 379 ³⟨Was die Christen ihren Lehrern und Seelsorgern zu tun schüldig seien.

Quid debeant auditores 3
episcopis suis.

„Esset und trinket, was sie haben; denn 10 ein Erbeiter ist seines Lohns wert", Lucae 10⁴. „Der Herr hat befohlen, daß, die das Evangelium verkündigen, sollen sich vom Evangelio nähren", 1. Kor. 9⁵. „Der unterricht wird mit dem Wort, der teile mit 15 allerlei Gutes dem, der ihn unterrichtet. Irret Euch nicht, Gott läßt sich nicht spotten", Gala. 6⁶. „Die Altesten, die wohl furstehen, die halte man zwiefacher Ehren wert, sonderlich die da erbeiten im Wort und 20 in der Lehre; denn es spricht die Schrift⁷: Du sollt dem Ochsen, der da drischt, nicht das Maul verbinden. Item⁸: Ein Erbeiter ist seines Lohnes wert", 1. Timo. 5⁹. „Wir bitten Euch, lieben Brüder, daß Ihr er= 25 kennet, die an Euch erbeiten und Euch furstehen in dem HErrn und Euch vermahnen, habet sie deste lieber umb ihrer Werk willen und seid friedsam mit ihnen", 1. Theff. 5¹⁰. „Gehorchet Euern Lehrern und folget ihnen; 30 denn sie wachen über Eure Seelen, als die da Rechenschaft dafur geben sollen, auf daß sie es mit Freuden tun und nicht mit Seufzen; denn das ist Euch nicht gut", Ebre. 13¹¹.⟩

'Dominus ordinavit his, qui evangelium annuntiant, de evangelio vivere', 1. Corint. IX. 'Communicet doctori in omnibus bonis is, qui docetur verbum', Gala. VI. 'Qui bene praesunt presbyteri, duplici honore digni habeantur, maxime qui laborant in verbo et doctrina. Dicit enim scriptura: Non alligabis os bovi trituranti. Et: Dignus est operarius mercede sua.' 'Obedite praepositis vestris et cedite eis. Ipsi enim vigilant quasi rationem pro animabus vestris reddituri, ut cum gaudio hoc faciant et non gementes, hoc enim non expedit vobis,' Ebre. XIII.

Von weltlicher Oberkeit. 35

De magistratibus. 4

„Jedermann sei der Oberkeit untertan; denn die Oberkeit, so allenthalben ist, ist

'Omnis anima potestatibus supereminentibus subdita sit. Non enim est pote-

---

1 beißig] bochen¹² J* (1541)   schändliches bis gierig] unehrliche Hantierung treiben E* Konk (1530)   2 zänkisch] haderhaftig E* Konk (1530)   5 etc.] der halte ob dem Wort (der .. halte Konk), das gewiß ist und lehren kann, auf daß er mächtig sei, zu ermahnen durch die heilsame Lehre und zu strafen die Widersprecher. H* Konk (aus Tit 1, 7)   5/6 1.Timo. 3, Tit. 1. H*   8/34 nur H*   8 Christen] Gemeine J*   9 seien] ist J*   28 ihres Werks J* (1522)   36 untertan der Oberkeit E* Konk (1522)   37 bis S. 525, 4 denn bis Urteil] die Gewalt über ihn hat; denn es ist keine Oberkeit ohn von Gott. Wo aber Oberkeit ist, die ist von Gott verordnet. Wer sich nu wider die Oberkeit setzet, der widerstrebet Gottes Ordnung. Die aber widerstreben, werden ein Urteil über sich J* (1530)

2 turpis Conc (A)   6 novitium, + tenacem fidelis sermonis, qui secundum doctrinam est, ut potens sit exhortari doctrina sana et eos, qui contradicunt, arguere Conc (A)   13 verbo Conc   17 alligabis] obligabis Conc   24 Ebre. XIII. > Conc

¹) bissig   ²) 1. Tim. 3 (!), 2–6; Tit. 1, 6–9. — Bei den Bibelzitaten ist in den Varianten das Jahr in Klammern beigefügt, seit wann die betreffende Fassung in der Bibelübersetzung erscheint.   ³) Die Abschnitte Zl. 8–34 und 525 Zl. 9–37, die zuerst in A und daraus abgedruckt in B erscheinen, stammen nicht von Luther, sind aber seit H resp. J wohl mit Luthers Willen in den deutschen Text des Kl. Kat. aufgenommen (WA XXXI 642 u. ThStKr LXXX [1907] 77f.).   ⁴) Luk. 10,7; fehlt im Lateinischen.   ⁵) 1. Kor. 9, 14.   ⁶) Gal. 6, 6f.   ⁷) Deut. 25, 4.   ⁸) Luk. 10, 7.   ⁹) 1. Tim. 5, 17f.   ¹⁰) 1. Theff. 5, 12f.; fehlt im Lateinischen.   ¹¹) Hebr. 13, 17.   ¹²) auftrumpfen

von Gott geordent. Wer aber der Oberkeit widerstrebet, der widerstrebet Gottes Ordnung; wer aber widerstrebet, wird sein Urteil empfahen; denn sie trägt das Schwert nicht umbsonst; sie ist Gottes Dienerin, eine Racherin zur Strafe über die, so Böses tun." Zun Römern am dreizehenden Kapitel[1].

⟨Was die Untertan der Oberkeit zu tun schüldig sind.

Mat. 22[2]: „Gebt dem Kaiser, was des Kaisers ist, und Gotte, was Gottes ist". Rom. 13[3]: „Jedermann sei untertan der Oberkeit" etc. „So seid nu aus Not untertan nicht allein umb der Strafe willen, sondern auch umb des Gewissens willen. Derhalben müsset Ihr auch Schoß geben; denn sie sind Gottes Diener, die solchen Schutz sollen handhaben. So gebet nu jedermann, was Ihr schuldig, Schoß, dem der Schoß gebuhrt, Zoll, dem der Zoll gebuhrt, Furcht, dem die Furcht gebuhrt, Ehre, dem die Ehre gebuhrt." 1. Timoth. 2[4]: „So vermahne ich nu, daß man fur allen Dingen zuerst tu Bitte, Gebet, Fürbitte und Danksagung fur alle Menschen, fur die Könige und fur alle Oberkeit, auf daß wir ein gerüglich[5] und stilles Leben führen mögen in aller Gottseligkeit und Ehrbarkeit" etc. Tit. 3[6]: „Erinnere sie, daß sie den Fürsten und der Oberkeit untertan und gehorsam sein, zu allem guten Werk bereit sein" etc. 1. Pet. 2[7]: „Seid untertan aller menschlicher Ordenung umb des HErrn willen, es sei dem Könige als dem Obersten oder den Häuptleuten als den Gesandten von ihm zur Rache über die Ubeltäter und zu Lobe den Frommen."⟩

Den Ehemännern.

„Ihr Männer, wohnet bei Eurn Weibern mit Vernunft und gebt dem weiblichen als dem schwachen Werkzeug seine Ehre als Miterben der Gnade des Lebens, auf daß Euer Gebet nicht verhindert werde." In der ersten Epistel Petri am dritten Kapitel[8]. „Und seid nicht bitter gegen sie." Zun Koloss. am dritten Kapitel[9].

stas nisi a Deo. Quae vero sunt potestates, a Deo ordinatae sunt. Itaque, quisquis resistit potestati, Dei ordinationi resistit. Qui autem restiterint, sibi ipsis judicium accipient. Non enim frustra gladium gestat. Nam Dei minister est, ultor ad iram ei, qui, quod malum est, fecerit,' ad Roma. XIII.

Quid subditi magistratibus suis debeant.

'Reddite, quae sunt caesaris, caesari', Matthaei XXII., Matth. XVII.[10] 'Omnis anima potestatibus sublimioribus etc. Ideoque necessitate subditi estote, non solum propter iram, sed etiam propter conscientiam. Ideo enim et tributa praestatis. Ministri enim Dei sunt in hoc ipsum servientes. Reddite ergo omnibus debita, cui tributum, tributum, cui vectigal, vectigal, cui honorem, honorem', Roma. XIII. 'Adhortor primum omnium fieri obsecrationes, orationes, interpellationes, gratiarum actiones pro omnibus hominibus, pro regibus et omnibus, qui in sublimitate constituti sunt, ut quietam et tranquillam vitam agamus cum omni pietate et gravitate', 1. Timoth. II. 'Admone illos principibus et potestatibus subditos esse, dicto obedire, ad omne bonum opus paratos esse, nemini convitium facere, non litigiosos esse etc.', Tit. III. 'Subjecti estote omni humanae creaturae propter Dominum, sive regi tamquam praecellenti, sive ducibus tamquam ab eo missis' etc., 1. Petri II.

Maritis.

'Viri similiter cohabitent secundum scientiam velut infirmiori vasi muliebri impartientes honorem tamquam etiam cohaeredes gratiae vitae, ne interrumpantur preces vestrae,' 1. Petri III. 'Viri, diligite uxores et ne sitis amarulenti adversus illas', ad Colos. III.

9/37 *nur* J*   40 den H*   weibischen E* Konk (*1522*)   41 schwächsten E* Konk (*1522*)

8 ad > Conc (*so stets im folgenden*)   10 suis > Conc   12 Matth. XVII. > Conc   13 sublimioribus + subdita sit Conc   20 vectigal, + cui timorem, timorem, Conc   29/32 dicto *bis* esse > Conc   32 Subjecti] Subditi Conc   39 similiter > Conc (A) cohabitent + cum uxoribus Conc (A)   40 veluti Conc   41 impertientes Conc   42 cohaeredibus Conc (A)

---

[1]) Röm. 13, 1f. u. 4.   [2]) Matth. 22, 21.   [3]) Röm. 13, 1 u. 5—7.   [4]) 1. Tim. 2, 1f.
[5]) geruhsam   [6]) Tit. 3, 1.   [7]) 1. Petr. 2, 13f.   [8]) 1. Petr. 3, 7.   [9]) Kol. 3, 19.
[10]) Matth. 17, 24—27.

Den Ehefrauen.

„Die Weiber seien untertan ihren Männern als dem HERRN, wie Sara Abraham gehorsam war und hieß ihn Herr. Welcher Töchter Ihr worden seid, so Ihr wohl tut und nicht so fürchtet fur einigem Scheusal"[1]. In der ersten Epistel Petri am dritten Kapitel[2].

Den Eldern.

„Ihr Väter, reizet Euere Kinder nicht zu Zorn, daß sie nicht blöde[3] werden, sondern ziehet sie auf in der Zucht und Vermahnung im HERRN." Zun Ephesern am 6. Kapit.[4]

Den Kindern.

„Ihr Kinder, seid gehorsam Eurn Eltern in dem HERRN; denn das ist billich. Ehre Vater und Mutter, das ist das erste Gebot, das Verheißunge hat, nämlich: daß Dir's wohlgehe und lange lebest auf Erden." Zun Ephesern am sechsten Kap.[5]

Den Knechten, Maiden, Tagelöhnern und Erbeitern etc.

„Ihr Knechte, seid gehorsam Euern leiblichen Herrn mit Furcht und Zittern, in einfältigem Herzen als Christo selbs, nicht mit Dienst allein fur Augen, als Menschen zu gefallen, sondern als die Knecht Christi, daß Ihr solchen Willen Gottes tut von Herzen mit Willfährigkeit. Laßt Euch dünken, daß Ihr dem HERRN und nicht den Menschen dienet, und wisset, was ein iglicher Guts tut, das wird er empfangen, er sei Knecht oder frei."[6]

Den Hausherrn und Hausfrauen.

„Ihr Herrn, tut auch dasselbige gegen ihn und laßt Euer Dräuen und wisset, daß Ihr auch einen Herren im Himmel habt, und ist bei ihm kein Ansehen der Person[7]."

Uxoribus.

'Similiter uxores subditae sitis vestris viris tamquam Domino, quemadmodum Sara obedivit Abrahae dominum illum appellans, cujus factae estis filiae, dum benefacitis et non terremini ullo pavore', I. Pet. III.

Parentibus.

'Parentes, ne provocetis ad iram liberos vestros, sed educetis eos per eruditionem et correptionem Domini', ad Ephesios VI.

Liberis.

'Filii, obedite parentibus vestris in Domino, nam id est justum: Honora patrem tuum et matrem, quod est praeceptum primum in promissione, ut bene tibi sit et sis longaevus in terra', ad Ephesios VI.

Servis, ancillis, mercennariis et ceteris ad laborem conductis.

'Servi, obedite eis, qui domini sunt juxta carnem, cum timore ac tremore, cum simplicitate cordis vestri tamquam Christo, non ad oculum servientes velut hominibus placere studentes, sed tamquam servi Christi, facientes, quae vult Deus, ex animo, cum benevolentia, servientes Domino et non hominibus, illud scientes, quod unusquisque, quod fecerit boni, hoc reportabit a Deo, sive servus fuerit, sive liber', ad Ephesios VI.

Patribus familias et matribus familias.

'Et vos Domini, eadem facite erga illos remittentes minas scientes, quod et vester ipsorum Dominus est in coelis nec personae respectus est apud illum', ad Ephesios VI.

---

1 Eheweibern Konk   6 fürchtet bis Scheusal] schüchter seid E* Konk (1530)   11 blöde] scheu E* Konk (1530)   13 im] zu dem E—G Konk (1530)   17 das] dies Konk   22 Mägden H* Konk   25/6 einfältigem] Einfältigkeit Eures E* Konk (1522)   30 Willfährigkeit] gutem Willen E* Konk (1530)   31 den] dem H* 34 freier J* (1522)   40 Person." + Ephes. 6 Konk.

7 III., +Ephes 5. Conc   18 matrem + tuam Conc (A)   25 juxta] secundum Conc 27 veluti Conc   33 bonum Conc (A)   reporturus sit Conc   34 VI. + et Colos. 3.[8] Conc (A)   39 und 40 est (beide Male)] st Conc   41 Eph. 7 (!)., + Colos. 4.[9] Conc

---

[1]) Vgl. WA XII 345 16–20: „Gemeinlich ist das der Weiber Natur, daß sie sich fur allem Ding scheuen und furchten, darum sie soviel Zäuberei und Aberglaubens treiben, da eine die ander lehrt, das nicht zu zählen ist, was sie fur Gaukelwerk haben. Das soll aber ein christlich Weib nicht tun."   [2]) 1. Petr. 3, 1 [Eph. 5, 22] und 6.   [3]) furchtsam [4]) Eph. 6, 4 [Kol. 3, 21].   [5]) Eph. 6, 1–3.   [6]) Eph. 6, 5–8.   [7]) Eph. 6, 9.   [8]) Kol. 3, 22–24. [9]) Kol. 3 (!), 25.

Der gemeinen¹ Jugend.

"Ihr Jungen, seid den Alten untertan und beweiset darin die Demut; denn Gott widerstehet den Hoffärtigen, aber den Demütigen giebet er Gnade. So demütiget Euch nu unter die gewaltige Hand Gottes, daß er Euch erhöhe zu seiner Zeit." In der ersten Epistel Petri am funften Kapitel².

Den Widwen.

"Welche ein rechte Widwe und einsam ist, die stellet ihre Hoffnung auf Gott und bleibet am Gebet Tag und Nacht; welche aber in Wollüsten lebet, die ist lebendig tot." In der ersten Epistel zu Timotheo am funften Kapitel³.

Der Gemeine.

"Liebe Deinen Nächsten wie Dich selbs. In dem Wort sind alle Gebote verfasset"⁴. Zun Römern am dreizehenden Kapitel⁵. "Und haltet an mit Beten fur alle Menschen." In der ersten Epistel zu Timotheo am andern Kapitel⁶.

Ein jeder lern sein Lektion,
So wird es wohl im Hause stohn⁷.

Communi juventuti.

'Similiter juniores subditi estote senioribus sic, ut omnes alius alii vicissim subjiciamini. Humilitatem animi vobis infixam habete. Propterea quod Deus superbis resistit, humilibus autem dat gratiam. Humiliemini igitur sub potenti manu Dei, ut vos extollat, cum erit opportunum', prima Petri quinto.

Viduis.

'Porro quae vere vidua est ac desolata, sperat in Deo et perseverat in obsecrationibus ac precationibus noctu dieque. Porro quae in deliciis versatur, ea vivens mortua est', 1 Timo. V.

Omnibus in commune.

'Dilige proximum tuum sicut teipsum. In hoc sermone omnia praecepta summatim comprehenduntur', ad Roma. XIII.
'Et ante omnia fiant deprecationes, obsecrationes, interpellationes, gratiarum actiones pro omnibus hominibus' etc., 1. Timo. II.

Cuique sit imprimis magnae sua lectio curae,
Ut domus officiis stet bene recta suis.

Ein jeder lern sein Lektion,
So wird es wohl im Hause stahn.

[8 wie] als Konk (1522)

5 quod] quia Conc (A)   7 Humiliamini Conc (A)   8/9 extollat *bis* opportunum] exaltet tempore opportuno Conc (exaltet A)   11 Porro > Conc (A)   12 speret Conc (A)   perseveret Conc   14 Porro quae] Quae vero Conc   versatur] vivit Conc (A)   27 bene recta] decorata Conc   hinter 29 Πᾶς ἰδίην ἀνάγνωσιν ἐῇ πραπίδεσσιν ἀθρήσας, Οἶκον ἔχει πυκινῶν εὐπορέοντα καλῶν. Conc

---

¹) insgemein   ²) 1. Petr. 5, 5 f.   ³) 1. Tim. 5, 5 f.   ⁴) zusammengefaßt   ⁵) Röm. 13, vgl. dazu WA XXVI* 505₁₁ff.   ⁶) 1. Tim. 2, 1.   ⁷) Zu diesem von Luther stammende Reim vgl. WA XXXV 580.

Ein Traubüchlin für die einfältigen Pfarrherrn[1].

Martinus Luther.

"So manchs Land, so manch Sitte", sagt das gemein Sprichwort[2]. Demnach, weil die Hochzeit und Ehestand ein weltlich Geschäft[3] ist, gebührt uns Geistlichen oder Kirchendiener nichts[4], darin zu ordenen[5] oder regieren, sondern lassen einer iglichen Stadt und Land hierin ihren Brauch und Gewohnheit, wie sie gehen[6]. Etliche führen die Braut zweimal zur Kirchen, beide des Abends und des Morgens, etliche nur einmal[7], etliche verkündigen's und bieten sie auf der Kanzel zwo oder drei Wochen zuvor[8]; solchs alles und dergleichen laß' ich

De copulatione conjugum pro rudioribus parochis.

Praefatio D. Martini Lutheri.

'Quot regiones, tot consuetudines' vulgo dici solet. Cum igitur nuptiae et matrimonia sint res civiles, non est nostrum utpote spiritualium seu ministrorum verbi divini officium quicquam ea in parte ordinare aut constituere, sed cuique civitati aut regioni suum relinquimus morem et consuetudinem, prout eam observant. Nonnulli sponsam bis in templum ducunt, semel vesperi et semel mane. Aliqui vero tantum semel id faciunt. Solent etiam quidam inituros conjugium de suggesto tri-

3 Vorrede D. Martini Luthers. E Konk auf Konk   14 verkündigen Konk   15 auf der Kanzel

---

[1]) Der deutsche Text nach dem Katechismusdruck C (1531), im Apparat die Abweichungen des Urdrucks des Traubüchleins Tr (1529), des Katechismusdruckes E (1536) und von Konk (nach dem Exemplar der Göttinger Universitätsbibliothek: 4° Theol. thet. I 364/5). Der lateinische Text nach dem Corpus doctrinae christianae (Jena 1571). In vielen Exemplaren von Konk 1580 und in Conc fehlt das Traubüchlein. Es ist zuerst der verschollenen Katechismusausgabe A (1529) als Anhang beigegeben. [2]) Vgl. dazu WA XXXIV[I] 125 8f. (Predigt vom 22. Januar 1531): "Ideo sollen wir mit den Ehesachen halten, wie es Lands Sitt und Recht ist, non ut Schwärmer, qui dicunt se liberos." [3]) natürliche Gottesordnung [4]) keineswegs [5]) Vgl. Luther, Von Ehesachen (WA XXX III 205 6–14): "Ich wehre mich fast ⟨sehr⟩, rufe und schreie, man solle solche ⟨Ehe-⟩Sachen der weltlichen Oberkeit lassen und, wie Christus ⟨Matth. 8,22⟩ spricht, "die Toten lassen ihre Toten begraben", Gott gebe ⟨gleichviel⟩, sie machten's recht oder unrecht; denn wir sollen ja Diener Christi sein, das ist, mit dem Evangelio und Gewissen umbgehen, damit wir auch ubrig gnug ⟨übergenug⟩ zu tun hätten wider Teufel, Welt und Fleisch. Es kann ja niemand leuken ⟨leugnen⟩, daß die Ehe ein äußerlich, weltlich Ding ist wie Kleider und Speise, Haus und Hof, weltlicher Oberkeit unterworfen, wie das beweisen soviel kaiserliche Rechte darüber gestellet"; vgl. auch WA XXIX 412 20–22. [6]) in Ubung sind [7]) Bei dem ersten Gang zur Pfarrkirche fand die Trauung (vor oder in der Kirche) statt, bei dem zweiten die Einsegnung der Ehe. Vgl. dazu die Hochzeit der Stiefschwester Maria des Kurfürsten Johann Friedrich von Sachsen mit Herzog Philipp von Pommern in Torgau am 27. Februar 1536, über die Luther folgendes berichtet: „Ego vesperi sponsum et sponsam copulavi, mane D. Pomeranus benedixit (cum ego vertigine correptus non possem), plane nostro more, ut in catechismo habetur; ita enim princeps voluerat" (WABr VI 372 15–18). Wurde die Trauung im Hause vollzogen, was das Ursprüngliche war (z. B. auch bei Luthers Hochzeit am 13. Juni 1525), oder schloß sich an die Trauung in der Kirche sogleich die Einsegnung der Ehe an, so fand nur ein Kirchgang statt. Die Braut zur Kirche zu führen, hatte auch die Bedeutung, daß dadurch die neue Ehe bekannt und geradezu bestätigt wurde; vgl. Lutherjahrbuch VII (1925), 49f. [8]) Üblich war das dreimalige Aufgebot (proclamatio oder publicatio matrimonialis) an verschiedenen Sonn- oder Feiertagen.

Herrn und Rat schaffen und machen, wie
sie wollen, es gehet mich nichts an.

Aber so man von uns begehrt[1], für der
Kirchen oder in der Kirchen sie zu segenen[2],
über sie zu beten oder sie auch zu trauen[3],
sind wir schuldig, dasselbige zu tun. Darumb
habe ich wollen diese Wort und Weise stellen
denjenigen, so es nicht besser wissen, ob
etliche gelüstet, einträchtiger Weise mit uns
hierin zu brauchen. Die andern, so es besser
können, das ist, die allerding[4] nichts kön=
nen und aber[5] sich dünken lassen, daß sie
alles können, dürfen dieses meines Diensts
nichts[6], ohn daß sie es überklügeln[7] und
übermeistern[8] mügen, und sollen sich ja
fleißiglich hüten, daß sie mit niemand etwas
Gleiches halten, man möchte sonst denken,
sie müßten von andern etwas lernen; das
wäre große Schande.

Weil man denn bisher mit den München
und Nonnen so trefflich[9] groß Gepränge ge=
trieben hat[1] in ihrem Einsegenen[10], so doch
ihr Stand und Wesen ein ungöttlich und
lauter Menschengeticht[11] ist, das keinen
Grund in der Schrift hat, wieviel mehr
sollen wir diesen göttlichen Stand ehren
und mit viel herrlicher Weise segenen, beten
und zieren? Denn ob's wohl ein weltlicher
Stand ist, so hat er dennoch Gottes Wort
für sich und ist nicht von Menschen ertichtet
oder gestiftet wie der Münche und Nonnen
Stand, darumb er auch hundertmal billicher
sollt' geistlich geachtet werden denn der
klösterliche Stand, welcher billich der aller=
weltlichst und fleischlichst sollt' geachtet wer=
den, weil er aus Fleisch und Blut und aller=
dinge[12] aus weltlicher Witze[13] und Vernunft
erfunden und gestift ist.

Auch darumb, daß diesen Stand das junge
Volk lerne mit Ernst ansehen und in Ehren

bus vicibus ante copulationem procla-
mare. Haec autem et ejusmodi plura
patior a magistratibus et dominis pro
arbitrio statui et decerni, ad me nihil
pertinent.

Si vero a nobis petitur, ut desponsatos 2
vel ante vel intra templum copulemus,
eis benedicamus aut pro ipsis oremus,
hoc sane ipsis officii debemus. Eo igitur
consilio istam formam praesertim ad
usum eorum, qui meliorem in promptu
non habent, complecti volui, si forte aliquibus placeret hac etiam parte simili
nobiscum ratione uti. Reliqui vero, qui
melius sciunt, hoc est, omnino nihil
sciunt, licet se omnia scire putent, hac
mea opera non indigent, nisi quod forte
eam reformare conabuntur. Illi igitur
tantum in hoc incumbant, ne cum quoquam conformitatem ullam observent.
Nam alioquin viderentur ab aliis aliquid
discere, id quod summo ipsis dedecori
foret.

Cum itaque hactenus in monachorum 3
et monialium consecratione tantae sint
adhibitae pompae, quorum tamen status
et vita impia merumque hominum figmentum fuit sine omni sacrae scripturae
fundamento, multo igitur magis iste divinus conjugum status honore afficiendus
summaque sollennitate tum benedicendo,
tum orando decorandus est. Etsi enim
politicum sit vitae genus, tamen verbo
Dei est fundatum neque est ab hominibus confictus iste conjugum status ut
monachorum et monialium. Multis igitur
modis debebat magis spiritualis dici
quam monasticus ille status, qui potius
omnium mundanissimus et carnalissimus
censendus est. Nam ex carne et sanguine
tantumque ex arbitrio et ratione hominum originem suam sumpsit.

Deinde etiam hanc ob causam, ut ju- 4
ventus istum conjugum statum recte

---

17 nicht Konk   19 fleißig Konk   37 geachtet] gehalten Konk   38 Klösterlinge Cr
39 soll Konk

[1]) Für die Gültigkeit der Trauung, die einen weltlich=rechtlichen Akt darstellte, war es gleich=
gültig, ob ein Geistlicher oder Laie sie vollzog. Hierin liegt eine Nachwirkung des deutschen
Rechtes, nach dem die Trauung im Brauthause von dem Vater, Vormund oder einem Verwand=
ten vorgenommen wurde.   [2]) Vgl. dazu Luthers Urteil über diejenigen, die auf die Einseg=
nung der Ehe verzichteten: „Si qui autem nullam benedictionem habere voluerи(n)t,
maneant bestiae nullis legibus vel ordine indigentes. Wollen sie ja Bestien sein, wollen
wir ihn auch darzu helfen" (Predigt vom 8. November 1528; WA XXVII 411 21–23).
[3]) Luthers Ausdruck ist ungenau: Die Trauung fand vor oder in der Kirche, die Einsegnung
und das Gebet dagegen stets nur in der Kirche statt.   [4]) durchaus   [5]) trotzdem
[6]) nicht   [7]) übertrumpfen   [8]) überlegen kritisieren   [9]) besonders   [10]) Bei
der Profeß eines Novizen wird sein Profeßkleid zuvor gesegnet. Die Jungfrauen werden
bei der Einkleidung als Nonnen feierlich eingesegnet (benedictio et consecratio virginum).
[11]) bloße menschliche Erfindung   [12]) in jeder Hinsicht   [13]) Verstand

halten als ein göttlich Werk und Gebot und nicht so schimpflich dabei seine Narrheit treibe mit Lachen, Spotten und dergleichen Leichtfertigkeit, so man bisher gewohnet hat¹, gerade als wäre es ein Scherz oder Kinderspiel, ehelich zu werden oder Hochzeit machen. Die es zum ersten gestift haben, daß man Braut und Bräutgam zur Kirchen führen soll, haben's wahrlich für keinen Scherz, sondern fur einen großen Ernst angesehen. Denn es kein Zweifel ist, sie haben damit den Segen Gottes und gemein Gebet² holen wollen und nicht ein Lächerei³ oder heidnisch Affenspiel⁴ treiben.

So beweiset es auch das Werk an ihm selbs wohl; denn wer von dem Pfarrherr oder Bischof⁵ Gebet und Segen begehrt, der zeiget damit wohl an (ob er's gleich mit dem Munde nicht redet), in was Fahr und Not er sich begibt und wie hoch⁶ er des göttlichen Segens und gemeinen Gebets² bedarf zu dem Stande, den er anfähet, wie sich's denn auch wohl täglich findet, was Unglücks der Teufel anricht in dem Ehestande mit Ehebruch, Untreu, Uneinigkeit und allerlei Jammer.

So wollen wir nu auf diese Weise an dem Bräutgam und Braut (wo sie es begehren und fodern) handeln.

Zum ersten auf der Kanzel aufbieten⁷ mit solchen Worten:

„Hans⁸ N. und Greta⁸ N. wollen nach göttlicher Ordnung zum heiligen Stande der Ehe greifen, begehren des⁹ ein gemein christlich Gebet für sie, daß sie es in Gottes Namen anfahen und wohl gerate.

Und hätte jemands etwas darein zu sprechen, der tu es beizeit oder schweige hernach. Gott gebe ihn seinen Segen, AMEN."

discat intueri ac reverenter de eo sentire tamquam de opere ac praecepto divino neque ibi tam leves ineptiae agitentur ridendo atque illudendo, ut hactenus moris fuit, tamquam res esset ludicra et puerilis contrahere conjugium aut nuptias celebrare. Qui initio constituerunt, ut sponsus et sponsa in templa ducerentur, profecto nequaquam ludum, sed rem potius seriam duxerunt nec dubium est, quin benedictionem Dei communesque preces ibi expetiverint, neque fuit ipsis animus eo in loco vel risum vel ethnicas nugas agitare.

Res etiam ipsa hoc declarat. Qui enim a pastore seu episcopo orationem aut benedictionem flagitat, ostendit (licet ore hoc ipsum non proferat), in quanta pericula se conjiciat et quantopere benedictione divina et precibus ecclesiae ad eum statum, quem ingreditur, indigeat. Postea vero quotidiana experientia docet, quot mala diabolus subinde in conjugio adulterio, infidelitate, discordia et plurimis aliis rebus excitare studeat.

Tali igitur modo cum sponso ac sponsa (si a nobis petitum fuerit) procedemus.

Primum de suggesto proclamabimus hisce verbis:

'Johannes N. et Margareta N. juxta institutionem Dei matrimonium inituri sunt. Petunt igitur ecclesiae preces, ut in Dei nomine inchoent et feliciter succedat.

Si quis vero, quod interpellet, habeat, faciat id tempestive aut postea silentium praestet. Deus ipsis benedicat, Amen.'

---

37 etwas] was E Konk

---

¹) gewohnt gewesen ist ²) allgemeine Fürbitte ³) Komödie ⁴) Possen ⁵) Luther bezeichnet den Pfarrer vielfach als Bischof, „um damit anzudeuten, daß jede Gemeinde ein in sich abgerundetes Ganzes darstelle" (Holl, Luther 353 und 357); vgl. auch oben 427 Anm. 5. ⁶) sehr ⁷) Innozenz III. hat 1215 auf dem 4. Lateankonzil zuerst für die gesamte Kirche das Aufgebot vorgeschrieben (Decr. Greg. IX. IV, 3 c. 3). Dem Aufgebot geht die Werbung und die die Ehe bereits rechtswirksam begründende Verlobung (das Verlöbnis „ist eine rechte Ehe fur Gott und der Welt"; WA XXX III 224 $_{33}$f.) vorauf. Zum Aufgebot vgl. auch Luthers Predigt vom 7. Januar 1532: „Es wird mir von Kaplan angezeigt, wie Ihr Euch einer neuen Gewohnheit annehmet im Ufbieten, schickt ihn ein Zeddelichen ufn Predigstuhl ⟨Kanzel⟩ et eos non acceditis, gleich als wir Euch unangezeigt im Sacke sollden vorkäufen nondum auditis testibus et signis vestri conjugii. Ideo cum testibus illos accedite, qui, quando factum sit, deinde vos proclament" (WA XXXVI 89 $_{21-25}$). ⁸) Hans und Grete waren zwar die Namen von Luthers Eltern, aber diese Namensverbindung ist auch sonst, z. B. in sprichwörtlichen Redensarten (vgl. auch: Hänsel und Gretel), sehr geläufig. ⁹) dazu

fur der Kirchen trauen¹ mit solchen Worten:

"Hans, willt Du Greten zum ehlichen Gemahel haben?"

Dicat²: "Ja."

"Greta, willt Du Hansen zum ehlichen Gemahel haben?"

Dicat²: "Ja."

Hie laß sie die Trauringe³ einander geben und fuge ihre beide rechte Hand zusammen⁴ und spreche:

"Was Gott zusammenfuget, soll kein Mensch scheiden⁵."

Darnach spreche er fur allen ingemein:

"Weil denn Hans N. und Greta N. einander zur Ehe begehren und solchs hie offentlich fur Gott und der Welt bekennen, darauf sie die Hände und Trauringe einander gegeben haben, so spreche ich sie ehlich zusammen im Namen des Vaters und des Sohns und des heiligen Geists⁶, Amen."

Ante templum ejusmodi verbis copulari possunt:

'Johannes, cupisne Margaretam tibi jungi matrimonio?'

Dicat: 'Ita.'

'Margareta, cupisne Johannem tibi conjugio copulari?'

Dicat: 'Ita.'

Hic sibi invicem tradant anulos desponsatorios ac junctis ipsorum dextris dicat:

'Quod Deus conjunxit, homo non separet.'

Postea coram tota ecclesia haec addat:

'Quia Johannes et Margareta conjugio volunt copulari idque hic coram tota ecclesia fatentur, qua de causa sibi invicem dextras et anulos dedere, ideo jam eos pronuntio conjuges in nomine patris et filii et spiritus sancti, Amen.'

---

9 sie] sich E

¹) Nach Luthers Wunsch soll der Verlobung möglichst bald die Trauung (copulatio) folgen (WATR II Nr. 1657, IV Nr. 4095). Da die Trauung in der Hauptsache weltliches Rechtes war, wurde sie zwar (seit dem 13. Jahrhundert) von einem Geistlichen (gelegentlich auch noch von einem Laien), aber vielfach vor der Kirchentür vollzogen; an vielen größeren Kirchen (z. B. St. Lorenz und St. Sebaldus in Nürnberg) gibt es besondere „Brauttüren". Luther traute z. B. Caspar Cruciger am 14. Juni 1524 nach Spalatins Bericht vor der Kirchentür in Wittenberg (vgl. Lutherjahrbuch VII 72 Anm. 36). Vgl. auch seine Predigt vom 10. Januar 1529: „Ideo fuhrt man's (= sie) fur die Kirchen" (WA XXIX 4 ₁₆f.). ²) Er (Sie) soll sagen: ³) Bis ins 13. Jahrhundert war der Ring nur als Verlobungsring gebräuchlich, den ursprünglich der Bräutigam seiner Braut als Handgeld (arrha) gab; späterhin wurde er auch als Trauring gebraucht. ⁴) Die junctio manuum, die erst seit dem späteren Mittelalter bei der Trauung üblich ist, erinnert an die alte deutschrechtliche körperliche traditio puellae. ⁵) Matth. 19,6; in Luthers Bibelübersetzung lautet diese Stelle perfektisch: „Was nu Gott zusammenfuget hat, das soll der Mensch nicht scheiden." Alle von Luther im Traubüchlein verwandten Bibelzitate begegnen bereits teils im Unterricht der Visitatoren an die Pfarrherrn (1528) (V; WA XXVI 225), teils in Bugenhagens, in zwiefacher Gestalt überliefertem Trauformular (vor 1529) (hs¹ und hs²; WA XXXIII 50 und ARG III (1905) 85f.). Matth. 19,6 ist in V und hs² benutzt. Im lateinischen Texte sind die Bibelzitate nach dem Wortlaut der Vulgata gegeben. ⁶) Übersetzung der spätmittelalterlichen Trauformel: „Ego conjungo vos in matrimonium in nomine patris et filii et spiritus sancti." Zur Trauung vgl. Bugenhagens Trauformular hs², das zeigt, wieweit sich Luther an die in Wittenberg übliche Form angeschlossen hat: „Drümb, Hans, begehrt Ihr Käten zum ehelichen Weibe nach Gottes Einsetzung und Gebenedeiung, so bekennet's offentlich fur dieser Gemeine. Ja. Similiter ad sponsam dic convertendo sermonem ad quemlibet; quibus respondentibus accipe primum anulum a sponso, deinde a sponsa permutando anulos, ut mos est, dando anulum sponsi sponsae et contra. Atque ita dic: Hans spricht offentlich für dieser Gemeine, er will haben Käten zum ehelichen Weibe nach Gottes Einsetzung und Gebenedeiung. Und Käte spricht, sie will haben Hansen zum ehlichen Manne, darauf haben sie einander geben die Ring, ein Zeichen der Vertrauung nach des Landes Gewohnheit. Ist nu jemand hie, der diese Vertrauung verhindern kann, der sprech's, sag's itzt an und schweig hernachmals. Expecta responsum, deinde dic: Diese zwo Person, die zusammebegehren nach Gottes Einsetzung, gebe ich hie zusamme und erläube Euch, ehelich zu sein fur Gott, dem Herrn, und dieser Gemeine im Namen des Vaters und des Sohns und des heiligen Geistes. Die Gebenedeiung Gottes sei uber Euch. Wachset und mehret Euch. Was Gott zusamme hat gefugt, das soll kein Mensch auflösen. Glück zu!"

Fur dem Altar über den Bräutgam und Braut[1] lese er Gottes Wort Genesis am andern Kapitel.[2]

„Und Gott, der HERR, sprach: Es ist nicht gut, daß der Mensch alleine sei, ich will ihm ein Gehulfen machen, die umb ihn sei. Da ließ Gott, der HERR, einen tiefen Schlaf fallen auf den Menschen, und er entschlief, und nahm seiner Rieben eine und schluß die Stätt zu mit Fleisch. Und Gott, der HERRE, bauet ein Weib aus der Riebe, die er von dem Menschen nahm, und bracht' sie zu ihm. Da sprach der Mensch: Das wäre einmal Bein[3] von meinen Beinen[3] und Fleisch von meinem Fleisch, man wird sie Männin heißen, darumb daß sie vom Mann genommen ist. Darumb wird ein Mann seinen Vater und seine Mutter verlassen und an seinem Weibe hangen, und werden sein zwei ein Fleisch."

Darnach wende er sich zu ihn beiden und rede sie an also:

„Weil Ihr beide Euch in den Ehestand begeben habt in Gottes Namen, so höret aufs erst das Gebot Gottes über diesen Stand.

So spricht S. Paulus[4]:

Ihr Männer, liebet Euere Weiber, gleichwie Christus geliebet hat die Gemeine und [1] hat sich selbs fur sie gegeben, auf daß er sie heiliget, und hat sie gereiniget durch das Wasserbad im Wort, auf daß er sie ihm selbs darstellet eine herrliche Gemeine, die nicht habe Flecken oder Runzel oder des etwas, sondern daß sie heilig sei und unsträflich. Also sollen auch die Männer ihre Weiber lieben als[5] ihre eigene Leibe.

Coram altari supra sponsum et sponsam legatur verbum Dei Genes. 2.

'Dixitque Dominus Deus: Non est bonum hominem solum esse, faciamus ei adjutorium simile sibi. Immisit ergo Dominus Deus soporem in Adam, cumque obdormivisset, tulit unam de costis ejus et replevit carnem pro ea. Et aedificavit Dominus Deus costam, quam tulerat de Adam, in mulierem et adduxit ad Adam. Dixitque Adam: Hoc nunc os ex ossibus meis et caro de carne mea. Ob hoc vocabitur virago, quoniam de viro sumpta est. Quamobrem relinquet homo patrem suum et matrem et adhaerebit uxori suae et erunt duo in carne una.'

His dictis convertat se ad utrosque et sic eos alloquatur:

'Quandoquidem utrique matrimonium iniistis, audite nunc mandatum Dei de hoc statu.

Sic inquit Paulus:

Viri, diligite uxores vestras, sicut et Christus dilexit ecclesiam et semet ipsum tradidit pro ea, ut illam sanctificaret mundans eam lavacro aquae in verbo vitae, ut exhiberet ipsam sibi gloriosam ecclesiam non habentem maculam aut rugam aut aliquid hujusmodi, sed ut sit sancta et immaculata. Ita et viri debent diligere uxores suas ut corpora sua. Qui suam uxorem diligit, se ipsum diligit.

---

1 den] dem Konk   6 umb ihn sei] sich zu ihm halte E Konk   14 wäre einmal] ist doch E Konk   18 seine > E Konk   19 und (2.) + sie E Konk   20 zwei > E Konk   23 Euch beide E Konk   33/4 darstellet bis Gemeine] zurichtet (zurichte Konk) eine Gemeine, die herrlich sei, E Konk   34 habe + einen E Konk   Runzeln E Konk

---

[1]) Die Einsegnung der Ehe fand in der Regel am Tage nach der Trauung statt. Über die in Wittenberg üblichen Zeiten vgl. Luthers Predigt vom 8. November 1528: „Hymenaeos nuptias celebrantes ... moneo, ut in ecclesiam ad benedictionem tempestive conveniant accepturi benedictionem a ministro, ne differant ad meridiem summam vel imum vesperum, sed conveniant statuta hora: aestivali tempore 8. antemeridiana vel 3. vespertina hora, brumali vero 9. antemeridiana vel 2. vespertina" (WA XXVII 411 $_{15-19}$; vgl. auch WA XXIX 412$_{18}$f.). Die Einsegnung (benedictio super sponsum et sponsam, benedictio nuptialis) war ursprünglich mit der Brautmesse verbunden, die dann bei den Evangelischen fortfiel. Der Brautsegen ist von Luther bereits in Wittenberg üblichen Form entsprechend (vgl. hs[1] und hs[2]) gestaltet. Bei der Einsegnung der Ehe wurde dann auch die Hochzeitspredigt gehalten; vgl. Luthers Hochzeitspredigt vom 24. April 1536: „Jam de nuptiis praedicandum, ut olim die Brautmeß gehalten und damit unserm Herrgott einen simplicem cultum getan, cum nihil praedicatum" (WA XLI 547$_4$f.).
[2]) Gen. 2, 18 und 21—24; vgl. V und hs[1]. Seit der Katechismusausgabe E (1536) sind die Bibelzitate dem revidierten Bibeltexte der ersten Vollbibel von 1534 angeglichen.
[3]) Knochen.   [4]) Eph. 5, 25—29 und 22—24. Vgl. V.   [5]) wie

Wer sein Weib liebet, der liebet sich selbs; denn niemand hat jemal sein eigen Fleisch gehasset, sondern er nähret es und pfleget sein gleichwie auch der HERR die Gemeine.

Die Weiber seien untertan ihren Männern als dem HERRN; denn der Mann ist des Weibes Häupt, gleichwie auch Christus das Häupt ist der Gemeine und er ist seines Leibs Heiland. Aber wie nu die Gemeine Christo ist untertan, also auch die Weiber ihren Männern in allen Dingen.

Zum andern höret auch das Kreuze, so Gott auf diesen Stand gelegt hat. So sprach Gott zum Weibe[1]:

Ich will Dir viel Kummer schaffen, wenn Du schwanger wirst, Du sollt Deine Kinder mit Kummer gepärn, und Du sollt Dich ducken fur Deinem Mann, und er soll Dein Herr sein.

Und zum Mann sprach Gott:

Dieweil Du hast gehoꝛhet der Stimm Deines Weibs und gessen von dem Baum, davon ich Dir gebot und sprach: „Du sollt nicht davon essen", verfluchet sei der Acker umb Deinenwillen, mit Kummer sollt Du Dich drauf nähren Dein Leben lang, Dorn und Disteln soll er Dir tragen, und sollt das Kraut auf dem Felde essen. Im Schweiß Deines Angesichtes sollt Du Dein Brot essen, bis daß Du wieder zur Erden werdest, davon Du genommen bist; denn Du bist Erde und sollt zu Erden werden.

Zum dritten, so ist das Euer Trost, daß Ihr wisset und gläubet, wie Euer Stand für Gott angenehme und gesegenet ist. Denn also stehet geschrieben[2]:

Gott schuf den Menschen ihm selbs zum Bilde, ja zum Bilde Gottes schuf er ihn; er schuf sie, ein Männlin und Fräulin, und Gott segenet sie und sprach zu ihn: Seid' fruchtbar und mehret Euch[3] und fullet die Erden und bringet sie unter Euch und hirrschet über Fisch im Meer und über Vogel unter dem Himmel und über alle Tier, das auf Erden kreucht. Und Gott sahe alles, was er gemacht hatte, und siehe da, es war alles sehr gut.

Nemo enim unquam carnem suam odio habuit, sed nutrit et fovet eam sicut et Christus ecclesiam.

Mulieres viris suis subditae sint sicut Domino, quoniam vir caput est mulieris, sicut Christus caput est ecclesiae, ipse salvator corporis ejus. Sed sicut ecclesia subjecta est Christo, ita et mulieres viris suis in omnibus.

Secundo audite jam etiam de cruce, quam Deus isti statui imposuit. Sic Deus ad mulierem inquit:

Multiplicabo aerumnas tuas et conceptus tuos. In dolore paries filios et sub viri potestate eris et ipse dominabitur tui.

Adae vero dixit:

Quia audivisti vocem uxoris tuae et comedisti de ligno, ex quo praeceperam tibi dicens: 'Ne comederis ex eo', maledicta terra in opere tuo. In laboribus comedes ex ea cunctis diebus vitae tuae. Spinas et tribulos germinabit tibi et comedes herbas terrae. In sudore vultus tui vesceris pane tuo, donec revertaris in terram, de qua sumptus es, quia pulvis es et in pulverem reverteris.

Tertio denique haec est consolatio vestra, quod scitis et creditis statum vestrum Deo probari et ab ipso benedici. Sic enim scriptum est:

Et creavit Deus hominem ad imaginem suam. Ad imaginem Dei creavit illum, masculum et feminam creavit eos. Benedixitque illis Deus et ait: Crescite et multiplicamini et replete terram et subjicite eam et dominamini piscibus maris et volatilibus coeli et universis animantibus, quae moventur super terram. Viditque Deus cuncta, quae fecerat, et erant valde bona.

---

15 Kummer] Schmerzen E Konk   16/7 Deine bis Kummer] mit Schmerzen Kinder E Konk   17/8 Du bis Mann] Dein Wille soll Deinem Mann unterworfen sein E Konk   34 wie] daß Konk   42 bringet bis Euch] macht sie Euch untertan E Konk   44 alles E Konk

---

[1]) Gen. 3, 16—19; vgl. hs¹ und hs².   [2]) Gen. 1,27f. und 1,31; vgl. hs¹ und hs².
[3]) Zu dieser Stelle bemerkte Luther 1540: „Doch wollt' ich gern ⟨bei der Trauung zwischen einer alten Frau und einem jungen Manne⟩, daß man die Wort außen ließ im Trauen: Crescite et multiplicamini! Allein mag ich nicht gern Zeremonien und Ordnung machen; denn wenn man einmal anfächt ⟨anfänet⟩, so hat's darnach kein End mehr, so kummpt eine uber die ander wie im Bapsttumb" (WATR V 5212).

Darumb spricht auch Salomon¹: Wer ein Weib kriegt, der krieget ein gut Ding und wird Wohlgefallen vom HERRN schepfen."

Hie recke die Hände über sie und bete also:

„HERRE Gott, der Du Mann und Weib geschaffen und zum Ehestand verordenet hast, dazu mit Fruchte des Leibes gesegenet und das Sakrament² Deines lieben Sohns Jesu Christi und der Kirchen, seiner Braut, darin bezeichent, wir bitten Deine grundlose Guete, Du wollest solch Dein Geschepf³, Ordenung und Segen nicht lassen verrucken noch verderben, sondern genädiglich in uns bewahren durch Jesum Christum, unsern HERRN, AMEN⁴."

Ideo et Salomon inquit: Qui invenit uxorem, invenit rem bonam et hauriet benedictionem a Domino.'

Hic manu porrecta super utrosque sic oret: 16

'Domine Deus, qui condidisti marem et feminam et ad conjugium ordinasti eisque fructu ventris benedixisti et mysterion conjunctionis et dilectionis inter dilectum filium tuum Jesum Christum et ecclesiam, ejus sponsam, in conjugio adumbrasti, tuam inexhaustam misericordiam imploramus, ne patiaris hoc tuum opus, hanc tuam ordinationem et benedictionem labefactari, sed potius in nobis conservari per Jesum Christum, Dominum nostrum, Amen.'

2/3 Weib bis schepfen] Ehefrau findet, der findet was Guts und schepft Segen vom HERRN. E Konk

¹) Spr. Sal. 18, 22. Vgl. V. Während die obigen Zitate wörtlich mit dem Text der Lutherschen Bibelübersetzung und der Vulgata übereinstimmen, handelt es sich bei dieser Stelle um ein freies Zitat. ²) Vgl. Eph. 5, 32: „Sacramentum hoc magnum est" (in der Bibelübersetzung stets: „Geheimnis") und W A D B VII 206 (Glosse zu Eph. 5,32). ³) Stiftung ⁴) Dies Luthersche Gebet ist von älteren, aus dem Ritual der Eheeinsegnung stammenden katholischen Gebeten beeinflußt; vgl. WA XXX III 56.

Das Taufbüchlin verdeutschet und aufs neu zugericht[1].

Libellus de baptizandis infantibus. Per D. Mart. Lutherum adornatus anno Domini 1526.

Martinus Luther.

Allen christlichen Lesern Genad und Friede in Christo, unserm Herrn.

Weil ich täglich sehe und höre, wie gar[2] mit Unfleiß und wenigem Ernst, will nicht sagen mit Leichtfertigkeit, man das hohe, heilige, tröstliche Sakrament der Taufe handelt über den Kindlen, wilcher Ursach, ich achte, der auch eine sei, daß die, so dabeistehen, nichts davon verstehen, was da geredt und gehandelt wird, dünkt mich's nicht alleine nütz, sondern auch not sein, daß man's in deutscher Sprache tue[3]. Und habe darumb solchs verdeutscht, anzufahen, auf Deutsch zu täufen, damit die Paten und Beistände deste mehr zum Glauben und ernstlicher Andacht gereizet werden[4] und die Priester, so da täufen, deste mehr Fleiß umb der Zuhörer willen haben müssen.

Ich bitt' aber aus christlicher Treu alle diejenigen, so da täufen, Kinder heben[5] und dabeistehen, wollten zu Herzen nehmen das treffliche Werk und den großen Ernst, der hierinnen ist. Denn Du hie hörest in den Worten dieser Gebet, wie kläglich[6] und

Martinus Lutherus christiano lectori gratiam et pacem in Christo, Domino nostro.

Cum videam et audiam quotidie, quanta negligentia et quam exigua severitate, ne dicam levitate, sublime, sanctum ac salutare sacramentum baptismi infantium tractetur, cujus quidem rei et haec una causa est, quod assistentes non intelligunt, quid ibi vel dicatur vel agatur, non tantum utile, sed necessarium quoque mihi videtur, ut in vernacula lingua administretur. Quae igitur Latino idiomate fiebant hactenus[7], in vernaculam linguam transtuli ac coepi Germanicis verbis baptizare, ut susceptores infantium ac reliqui assistentes ad majorem fidem et severiorem intentionem exsuscitarentur atque ipsi pastores administrantes baptismum propter auditores plus diligentiae adhiberent.

Rogo autem ex christiana fide omnes tum baptizantes, tum suscipientes ipsos infantes aut alioquin assistentes, ut hoc summum opus remque seriam, quae hic comprehenditur, perpendant. Audis enim in verbis istarum precationum, quantis

---

2 und > Ta 12 der > E Konk 17 solchs + (wie bisher zu Latein geschehen)³ Konk
19 Beistehende Ta Beiständer Konk

---

¹) Der deutsche Text nach dem Katechismusdruck C (1531), im Apparat die Abweichungen des Erstdrucks des „aufs neu zugerichteten" Taufbüchleins Ta (1526), des Katechismusdruckes E (1536) und von Konk (nach dem Exemplar der Göttinger Universitätsbibliothek: 4º Theol. thet. I 364/5). Der lateinische Text nach dem Corpus doctrinae christianae (Jena 1571). In vielen Exemplaren von Konk 1580 und in Conc fehlt das Taufbüchlein (vgl. oben 528 Anm. 1); es ist zuerst der Katechismusausgabe B (1529) als Anhang beigegeben.
²) sehr   ³) In der katholischen Kirche ist das Taufritual abgesehen von den Fragen an die Gevattern und deren Antworten lateinisch (vgl. auch oben Varianten Zl. 17 [aus der Ausgabe des Traubüchleins von 1523] „wie bisher zu Latein geschehen").   ⁴) Vgl. Luthers Predigt vom 14. Januar 1532: „Ideo Germanice reddimus baptismum, ut oretis simul und zuhort die trefflichen, schonen Wort. Sed audio, quod faciatis ut in taberna etc. Macht nicht ein Scherz draus, quia non est" (WA XXXVI 101 $_{15-17}$).   ⁵) aus der Taufe heben
⁶) mit wieviel Klagen   ⁷) Dieser Satz stammt aus Luthers Begleitworten zu der Ausgabe des Traubüchleins von 1525 (vgl. oben Anm. 3 nnd WA XII 46 $_{30}$), 1526 hat ihn Luther gestrichen, da sich damals bereits die deutsche Taufe eingebürgert hatte.

ernstlich die christlich Kirche das Kindlin herträgt und so mit beständigen, ungezweifelten[1] Worten fur Gott bekennet, es sei vom Teufel besessen und ein Kind der Sunden und Ungnaden, und so fleißiglich bittet umb Hülf und Gnade durch die Tauf, daß es ein Kind Gottes werden müge.

Darumb wolltest Du bedenken, wie gar nicht ein[2] Scherz ist, wider den Teufel handlen und denselben nicht allein von dem Kindlin jagen, sonder auch dem Kindlin solchen mächtigen Feind sein Leben lang auf den Hals laden, daß es wohl not ist, dem armen Kindlin aus ganzem Herzen und starkem Glauben beistehen, ' aufs andächtigest bitten, daß ihm Gott nach Laut[3] dieser Gebet nicht allein von des Teufels Gewalt helfe, sondern auch stärke, daß es müge wider ihn ritterlich im Leben und Sterben bestehen. Und ich besorge, daß darumb die Leute nach der Taufe so ubel auch geraten, daß man so kalt und lässig mit ihn umbgangen und so gar[4] ohn Ernst für sie gebeten hat in der Taufe.

So gedenke nu, daß in dem Täufen diese äußerliche Stücke das geringste sind[5], als da ist: unter Augen blasen[6], Kreuze anstreichen[7], Salz in den Mund geben[8], Speichel und Kot in die Ohren und Nasen tun[9], mit Öle auf der Brust und Schuldern salben[10] und mit Cresem die Scheitel bestreichen[11], Westerhembd anziehen[12] und

querelis quantaque severitate infans ab ecclesia afferatur quamque constantibus et indubiis verbis coram Deo fateatur eum a diabolo obsessum ac filium peccati atque irae esse quamque ardenter auxilium et gratiam per baptismum, ut filius Dei fiat, postulet.

Cogites itaque nequaquam esse ludum contra diabolum agere eumque non solum ab infante propulsare, sed tam potentem hostem contra infantem irritare, ut necessitas summa exigat toto pectore et fide valida infanti auxilium praestare et seria intentione preces facere, ut non tantum hunc infantem Deus, ut sonant verba orationis, a potestate diaboli liberet, sed etiam corroboret, ut contra ipsum tum vivens, tum moriens fortiter dimicare et subsistere valeat. Equidem vereor hanc ipsam esse causam, cur tam multi post baptismum degenerent, quia tam frigide ac negligenter baptismus est tractatus ac sine omni severitate preces recitatae sunt.

Quare scias haec externa in actione baptismi omnium esse minimi momenti, utpote flare in faciem, insignire cruce, salem ori inserere, sputum et lutum allinere auribus et naribus, oleo in pectore et scapulis ungere et chrismate verticem tangere, indusiolum induere, faculam ardentem in manus praebere et si qua

2 mit so Ta   5 fleißiglich Konf   10 vom Ta

---

[1]) die keinen Zweifel in sich schließen   [2]) durchaus kein   [3]) Wortlaut   [4]) ganz
[5]) Vgl. dazu Luthers Predigt vom 8. Januar 1532: „Insensati inutilia addiderunt. Wir konnen nicht groß prangen. Ego libentius vellem, ut verbo discernamus ipsum thesaurum, quam ut in externam pompam respiciamus" (WA XXXVI 108 26—29); 1523 hatte Luther alle Zeremonien des katholischen Rituals beibehalten der „schwachen Gewissen" wegen (vgl. unten 538 Anm. 7).   [6]) Am Anfang des gesamten Taufaktes bläst der Priester dem Täufling dreimal unter die Augen mit den Worten: „Exi ab eo, immunde spiritus, et da locum spiritui sancto paraclito" (exsufflatio); vgl. unten 538 18 f. und WA XII 42 2—4.   [7]) an Stirn und Brust (signum crucis); von Luther beibehalten, vgl. WA XII 42 5—7 und unten 538 19 f.   [8]) Nach den der Bekreuzigung folgenden Gebeten wird dem Täufling etwas exorzisiertes und gesegnetes Salz unter den Worten: „Accipe sal sapientiae, propitiatio tibi sit in vitam aeternam" in den Mund gelegt; vgl. WA XII 43 21—24.   [9]) Der letzte Teil des Taufexorzismus besteht darin, daß der Priester unter den Worten: „Ephpheta, quod est aperire in odorem suavitatis" und „Tu autem effugare, diabole, appropinquat enim judicium Dei" die Nase und Ohren des Täuflings mit etwas Speichel und etwas Erde, die mit Speichel vermischt ist (in Anlehnung an Mark. 7, 33 f.), bestreicht (apertio aurium); vgl. WA XII 45 11—15. Zum Ausdruck vgl. auch Joh. 9,6: „Da er solchs gesagt, spützet er auf die Erden und machet ein Kot aus dem Speichel und schmieret den Kot auf des Blinden Augen".   [10]) Die an die Abschwörung (abrenuntiatio) sich anschließende Salbung mit dem am Gründonnerstag vom Bischof geweihten Katechumenenöl (reines Olivenöl); WA XII 45 29—31.   [11]) Nach dem Taufakt erfolgt die Scheitelsalbung mit dem Chrisam (mit Balsam vermischtes, ebenfalls vom Bischof am Gründonnerstag geweihtes Olivenöl); vgl. WA XII 46 3—9.   [12]) Taufkleid; an die Stelle der ursprünglich als Taufkleid gebrauchten weißen Alba trat im Mittelalter bei Kindertaufen ein mit einer Kapuze versehenes Mäntelchen (cappa) (daher WA XII 46 12: „Hauben aufsetzen"); WA XII 46 11—14, L 651 1—8 und unten 541 3.

brennend Kerzen in die Händ geben[1], und was das mehr ist, das von Menschen, die Taufe zu zieren, hinzugetan ist; denn auch wohl ahn solchs[1] alles die Taufe geschehen mag und nicht die rechte Griffe[2] sind, die der Teufel scheuet oder fleucht. Er verachtet wohl größer Ding, es muß ein Ernst hie sein.

Sondern da[3] siehe auf[3], daß Du im rechten Glauben dastehest, Gottes Wort hörest und ernstlich mitbetest. Denn wo der Priester spricht: „Laßt uns beten", da vermahnet er Dich je[4], daß Du mit ihm beten sollt. Auch sollen seines Gebets Wort mit ihm zu Gott im Herzen sprechen alle Paten und die umbher stehen. Darumb soll der Priester diese Gebet fein deutlich und langsam sprechen, daß es die Paten hören und vernehmen künnden und die Paten auch einmütiglich im Herzen mit dem Priester beten, des Kindlins Not aufs allerernstlichst fur Gott tragen, sich mit ganzem Vermügen für das Kind wider den Teufel setzen[5] und sich stellen, daß sie es ein Ernst lassen sein, das dem Teufel kein Schimpf[6] ist.

Derhalben es auch wohl billich und recht ist, daß man nicht trunken und rohe Pfaffen täufen lasse, auch nicht lose Leute zu Gevattern nehme[7], sondern feine, sittige, ernste, frumme Priester und Gevattern, zu den man sich versehe[8], daß sie die Sach mit Ernst und rechtem Glauben handlen, damit man nicht dem Teufel das hohe Sakrament zum Spott setze[9] und Gott verunehre, der darinnen so überschwenglichen und grundlosen Reichtum seiner Gnaden über uns schüttet, das er selbs ein „neue Gepurt"[10] heißt, damit wir aller Tyrannei des Teufels ledig, von Sunden, Tod und Helle los, Kinder des Lebens und Erben aller Güter Gottes und Gottes selbs Kinder und Christus' Brüder werden.

Ach lieben Christen, laßt uns nicht so unfleißig solch unaussprechliche Gabe achten und handeln; ist doch die Taufe unser

sunt alia ejusmodi, quae ab hominibus ad ornandum baptismum sunt adjuncta. Nam absque istis omnibus baptismus conferri potest nec sunt res illae potissimae, quas diabolus abhorret aut fugit. Nam his longe majora fastidit. Necesse est hic serio rem geri.

Des igitur operam, ut in vera fide hic assistas, verbum Dei audias et serio Deum invoces. Quando enim minister verbi inquit: 'Oremus', te quoque exsuscitat, ut una preces facias. Eadem quoque verba, quae a ministro recitantur, in corde susceptores infantis simul recitent et qui alioquin circumstant. Eamque ob causam minister eas precationes clare et tarde pronuntiet, ut susceptores audire ac percipere queant, ut et ipsi susceptores unanimi spiritu cum ministro orent, causam infantis Deo serio exponant totisque viribus contra diabolum pro infante pugnent atque per omnia se gerant, ut qui serio agant, siquidem etiam diabolo non est lusus.

Et propter istas causas aequum ac justum est, ne ad baptismum ebrii aut profani ministri admittantur neque ad officium susceptorum homines leves vocentur, sed potius pii, modesti ac graves ministri et patrini adhibeantur, de quibus eam possimus habere persuasionem, quod eam rem summo studio et vera fide sint effecturi, ne hoc sublime sacramentum ludibrio exponatur diabolo et Deus contumelia afficiatur, qui in baptismo nos tam immensis et inexhaustis divitiis gratiae perfundit, ita ut ipsemet 'regenerationem' nominet, ut a tyrannide diaboli erepti, a peccato, morte, inferno liberati fiamus filii vitae ac heredes omnium bonorum Dei, imo ipsius Dei liberi ac fratres Christi efficiamur.

Non igitur, optimi christiani, tam negligenter tam inenarrabile Dei donum tractemus. Nam baptismus unica nostra

---

1 Hand Konk   6 verachtet] verlachet Konk   9/10 in rechtem Konk   19 können Konk   24 es + ihn Konk   ein > Ta   27 nicht + die Konk   37 daß er's Ta Konk

---

[1]) Am Ende des Taufaktes reicht der Priester dem Täufling oder dessen Paten eine brennende Kerze unter den Worten: „Accipe lampadem ardentem et irreprehensibilem"; WA XII 46 $_{18-20}$.   [2]) Kunstgriffe   [3]) darauf   [4]) wahrlich   [5]) dem T. widersetzen   [6]) Scherz   [7]) Vgl. dazu Luthers Predigt vom 14. Januar 1532: „Si vultis Gevattern bitten, non honoretis impios et scelestos homines, qui nomine et facto baptismum negligunt. Cavete illos! Wir werden solche von der Tauf wegweisen" (WA XXXVI 101 $_{30}$—102 $_9$); vgl. auch TR V Nr. 5568 (1543): „Ihr sollt kein Wucherer, Ehebrecher, Säufer lassen zu Gevattern stehn, multominus Schwärmerum."   [8]) von denen man erwarte   [9]) dem Spott des Teufels preisgebe   [10]) Joh. 3,3 und 5.

einiger¹ Trost und Eingang zu allen göttlichen Gütern und aller Heiligen Gemeinschaft. Das helf' uns Gott, AMEN.

consolatio est et introitus ad coelestia bona et ad societatem omnium sanctorum, ad quam nos Deus deducat, Amen. Non autem volui mutare multa, licet optarim melius armatam esse istam formam. Nam negligentes habuit autores, qui dignitatem baptismi non satis perpenderunt. Verum pleraque sic relinquo, ne infirmae conscientiae querulentur me novum baptismum instituere neve hactenus baptizati criminentur, quasi non sint recte baptizati. Nam, ut dictum est, in adjectionibus humanis non multum est situm, modo ipse baptismus verbo Dei, vera fide et seria invocatione Dei administretur. Deo te commendo, Amen⁷.

Der Täufer spreche:

"Fahr aus, Du unreiner Geist, und gib Raum dem heiligen Geist²." Darnach mach' er ihm ein Kreuz an die Stirn und Brust und spreche:

"Nimm das Zeichen des heiligen Kreuzs beide an der Stirn und an der Brust³!

Laßt uns beten⁴:

O allmächtiger, ewiger Gott, Vater unsers Herrn Jesu Christi, ich rufe Dich an über diesen N., Deinen Diener, der Deiner Taufe Gabe bittet und Dein ewige Gnade durch die geistliche Wiedergeburt begehrt. Nimm ihn auf, HERRE, und wie Du gesagt hast⁵: "Bittet, so werdet Ihr nehmen, sucht, so werdet Ihr finden, klopft an, so wird Euch aufgetan", so reiche nu das Gut dem, der da bittet, und öffne die Tür dem, der da anklopfet, daß er den ewigen Segen dieses himmelischen Bades⁶ erlange und das verheißen Reich Deiner Gabe entpfahe durch Christum, unsern Herrn, Amen.

Baptizans dicat:

'Exi, spiritus immunde, et locum praebe spiritui sancto!' Postea facta cruce in fronte et pectore dicat:

'Accipe signum crucis tum in fronte, tum in pectore!

Oremus:

Omnipotens, aeterne Deus, pater Domini nostri Jesu Christi, invoco te super isto N., servo tuo, petenti baptismi tui dona et gratiam tuam aeternam per spiritualem regenerationem flagitanti. Suscipe eum, Domine, et sicut dixisti: 'Petite et accipietis, quaerite et invenietis, pulsate et aperietur', praebe igitur bonum petenti, aperi ostium pulsanti, ut hujus coelestis lavacri benedictionem consequatur et promissum regnum gratiae tuae accipiat per Christum, Dominum nostrum, Amen.

---

hinter 3 als Überschrift: Das Taufbüchlin aufs neu zugericht. Mar. Lu. Ta der Konk   20 die]

hinter 16 dieselbe Überschrift wie oben S. 535, 1—3 Corp. doctr. (aber a. D. Martino Luthero)

---

¹) einziger. ²) Vgl. oben 536 Anm. 6. ³) Vgl. oben 536 Anm. 7. ⁴) Bearbeitung des Gebetes: "Deus immortale praesidium"; das voraufgehende Gebet: "Omnipotens, sempiterne Deus" hat Luther 1526 bis auf die Anrede gestrichen; WA XII 43 ₂₋₁₀. ⁵) Matth. 7, 7. ⁶) Tit. 3, 5. ⁷) Dieser Absatz, der in C fehlt, stammt aus Luthers Begleitworten zu der Ausgabe des Taufbüchleins von 1523 (WA XII 48 ₁₇₋₂₅); Luther strich ihn 1526 bei der Revision des Taufbüchleins, da dieser Absatz durch die starken Veränderungen im Taufbüchlein hinfällig wurde; er lautet in der Ausgabe von 1523: "Ich hab aber noch nichts Sonderlichs wollen verändern im Taufbüchlin, wiewohl ich's leiden möcht', es wäre besser gerüst; denn es auch unfleißige Meistere gehabt hat, die der Taufe Herrligkeit nicht gnugsam bewogen ⟨erwogen⟩. Aber die schwachen Gewissen zu scheuen, laß' ich's fast ⟨ganz⟩ so bleiben, daß sie nicht klagen, ich wolle ein neue Taufe einsetzen, und, die bisher getauft sind, tadeln, als die nit recht getauft wären. Denn, wie gesagt, an den menschlichen Zusätzen nicht so groß liegt, wenn nur die Tauf an ihr selbs mit Gottis Wort, richtigem Glauben und ernstem Gepet gehandelt wird. Hiemit Gott befohlen, Amen."

Laßt uns beten[1].

Allmächtiger, ewiger Gott, der Du hast durch die Sintflut nach Deinem gestrengen Gericht die ungläubige Welt verdammpt und den gläubigen Noe selbacht[2] nach Deiner großen Barmherzigkeit erhalten und den verstockten Pharao mit allen Seinen im roten Meer ersäuft und Dein Volk Israel trocken durchhin geführt, damit dies Bad Deiner heiligen Taufe zukünftig bezeichnet, und durch die Taufe Deines lieben Kindes, unsers Herren Jesu Christi, den Jordan und alle Wasser zur seligen Sintflut und reichlicher Abwaschung der Sünden geheiliget und eingesetzt, wir bitten durch[3] dieselbe Deine grundlose Barmherzigkeit, Du wolltest diesen N. gnädiglich ansehen und mit rechtem Glauben im Geist beseligen, daß durch diese heilsame Sintflut an ihm ersaufe und untergehe alles, was ihm von Adam angeboren ist und er selb dazu getan hat, und er, aus der Ungläubigen Zahl gesundert, in der heiligen Arca[4] der Christenheit trocken und sicher behalten, allzeit brünstig im Geiste, fröhlich in Hoffnung[5] Deinem Namen diene, auf daß er mit allen Gläubigen Deiner Verheißung ewiges Lebens zu erlangen würdig werde durch Jesum Christum, unsern Herrn, Amen.

Ich beschwere Dich, Du unreiner Geist, bei dem Namen des Vaters † und des Sohns † und des heiligen Geistes †, daß Du ausfahrest und weichest von diesem Diener Jesu Christi, N., Amen[6].

Laßt uns hören das heilig Evangelion Sankt Markus[7]:

Zu der Zeit brachten sie Kindlin zu Jesu, daß er sie sollt' anrühren. Aber die Jünger bedräueten die, so sie brachten. Da das Jesus sahe, verdroß ihn und sprach zu ihn: Laßt die Kindlin zu mir kommen und wehret ihn nicht. Denn solcher ist das Himmelreich. Wahrlich, ich sage Euch, wer nicht das Reich Gottes nimmpt wie ein Kindlin,

Oremus:

Omnipotens, aeterne Deus, qui pro judicio tuo severo mundum infidelem diluvio perdidisti et fidentem Noah cum octo[8] animabus pro tua magna misericordia custodivisti et Pharaonem induratum cum suo exercitu in mari rubro submersisti et populum tuum siccis pedibus traduxisti, quibus historiis lavacrum hoc baptismi praefigurasti, et baptismo tui dilectissimi filii, Domini nostri Jesu Christi, Jordanem omnesque alias aquas in salutare diluvium et copiosam ablutionem peccatorum consecrasti et instituisti, te oramus, ut ex inexhausta misericordia tua hunc N. propitius respicias veraque fide per spiritum sanctum dones, ut hoc salutari diluvio in ipso submergatur et intereat, quicquid ex Adam in ipsum propagatum est et ipsemet addidit, utque ex infidelium numero ereptus in arca sanctae ecclesiae tuae tutus conservetur, indesinenter spiritu fervens ac spe gaudens nomini tuo serviat, ut cum fidelibus omnibus juxta tuam promissionem vitam aeternam adipiscatur per Jesum Christum, Dominum nostrum.

Adjuro te, impure spiritus, in nomine patris† et filii† et spiritus sancti†, ut exeas et discedas ab hoc servo Jesu Christi, N., Amen.

Audiamus evangelium sancti Marci:

„Et offerebant ei parvulos, ut tangeret eos. Discipuli autem comminabantur offerentibus. Quos cum videret Jesus, indigne tulit et ait illis: 'Sinite parvulos venire ad me et ne prohibueritis eos: Talium enim est regnum coelorum. Amen dico vobis: Quisquis non receperit regnum Dei velut parvulus, non

---

16/7 wollest Konk   37 Und sie brachten E Konk   Jesu] ihm E   38/9 sollt' bis brachten] anrührete. Die Jünger aber fuhren die an, die sie trugen. E Konk   39 das] es aber E Konk   40 verdroß ihn] ward er unwillig E Konk   42/3 Himmelreich] Reich Gottes E Konk   43 nicht > E Konk   44 nimmpt wie] nicht empfähet als E Konk

---

[1] Im Anschluß an das Gebet: „Deus patrum nostrorum"; vgl. Zeitschrift für kirchliche Wissenschaft und kirchliches Leben X (1889) 591—595.   [2] 2. Petr. 2, 5.   [3] um ... willen   [4] Arche   [5] Röm. 12, 11 f.   [6] Von den drei Exorzismen: „Ergo, maledicte", „Audi, maledicte" und „Exorcizo te" hat Luther 1526 nur den letzten in verkürzter Gestalt beibehalten; ebenso hat er das folgende Gebet: „Aeternam atque mitissimam" fortgelassen; vgl. WA XII 44 8–36.   [7] Mark. 10, 13—16; Luther hat den Bibeltext bis zur Katechismusausgabe D (1535) frei wiedergegeben, seit E (1536) ihn aber dem Text der Bibelausgaben von 1534 und 1535 vollständig angeglichen; der lateinische Text nach der Vulgata.   [8] Es muß „septem" heißen („selbacht").

der wird nicht hinein kommen. Und er herzet sie und leget die Hände auf sie und segenet sie."

Denn lege der Priester seine Hände aufs Kinds Häupt und bete das Vaterunser sampt den Paten niedergekniehet:

„Vater unser, der Du bist im Himmel" etc.

Darnach leite man das Kindlin zu der Taufe¹ und der Priester spreche:

„Der HERR behüte Deinen Eingang und Ausgang von nu an bis zu ewigen Zeiten²."

Darnach laß' der Priester das Kind durch seine Paten dem Teufel absagen und spreche:

„N., entsagest Du dem Teufel?"
Antwort. „Ja."
„Und allen seinen Werken?"
Antwort. „Ja."
„Und alle seinem Wesen?"
Antwort. „Ja."

Darnach frage er:

„Gläubest Du an Gott, den allmächtigen Vater, Schepfer Himmels und Erden?"
Antwort. „Ja."
„Gläubest Du an Jesum Christ, seinen einigen Sohn, unsern Herrn, geporn und gelitten?"
Antwort. „Ja."
„Gläubest Du an den heiligen Geist, ein heilige christliche Kirche, Gemeine³ der Heiligen, Vergebung der Sunde, Auferstehung des Fleisches und nach dem Tod ein ewigs Leben?"
Antwort. „Ja."
„Willt Du getauft sein?"
Antwort. „Ja."

Da nehme er das Kind und tauche es in die Taufe⁴ und spreche:

„Und ich täufe Dich im Namen des Vaters und des Sohns und des heiligen Geistes."

intrabit in illud.' Et complexans eos et imponens manus super eos benedicebat eis."

Post haec imposita manu in caput infantis cum susceptoribus oret flexis genibus:

„Pater noster, qui es in coelo. Sanctificetur nomen tuum. Adveniat regnum tuum. Fiat voluntas tua sicut in coelo et in terra. Panem nostrum quotidianum da nobis hodie. Et dimitte nobis debita nostra, sicut et nos dimittimus debitoribus nostris. Et ne nos inducas in tentationem. Sed libera nos a malo, Amen."

Postea deducatur infans ad baptisma et minister dicat:

„Dominus custodiat introitum et exitum tuum ab hoc et in saeculum."

Deinde minister jubeat infantem per susceptores renuntiare et dicat:

„N., renuntias diabolo?"
Responsio: „Ita."
„Et omnibus operibus ejus?"
Responsio: „Ita."
„Et omnibus pompis ejus?"
Responsio: „Ita."

Postea interroget:

„Credis in Deum, patrem omnipotentem, creatorem coeli et terrae?"
Responsio: „Ita."
„Credis in Jesum Christum, filium ejus unicum, Dominum nostrum, natum et passum etc.?"
Responsio: „Ita."
„Credis in spiritum sanctum, sanctam ecclesiam Christi, communionem sanctorum, remissionem peccatorum, resurrectionem carnis ac post mortem vitam aeternam?"
Responsio: „Ita."
„Visne baptizari?"
Responsio: „Ita."

Hic accipiat infantem eumque immergens in aquam dicat:

„Baptizo te in nomine patris et filii et spiritus sancti."

---

1 er > E Konf   1/16 (= Bl. Aj) *fehlen in dem einzigen erhaltenen Exemplar von* C; *die fehlende Stelle nach* B.   7 Ta E *und* Konf *bringen den Text des Vaterunsers vollständig (Abweichungen von dem Text oben S. 512—514:* Zukomme Dein Reich Ta E Konf   als im Himmel und auf der Ta   auch > E   nicht einfuhre uns Ta).   23 alle Ta   28/9 den Vater allmächtigen⁵ Konf   29 und + der E Konf   32/3 und gelitten] von Maria, der Jungfrauen, gekreuziget, gestorben und begraben, auferstanden von den Toten, sitzend zur Rechten Gottes, zukünftig zu richten die Lebendigen und die Toten?" Konf

---

¹) Taufstein; nach katholischem Ritus findet der erste Teil der Taufe, der die Exorzismen enthält, vor der Kirchentür statt, der zweite in der Kirche am Taufstein. In der Ausgabe des Taufbüchleins von 1523 lautet diese Stelle bei Luther noch: „Darnach leite man das Kindlin in die Kirche" (WA XII 45 ₁₆ f.).   ²) Ps. 121,8.   ³) Vgl. dazu unten 657 ₁₋₁₈ f.   ⁴) Vgl. dazu unten 704 Anm. 7.   ⁵) Vgl. dazu unten 555 ₃₅ f. und Anm. 5.

Denn sollen die Paten das Kindlin halten in der Taufe, und der Priester spreche, weil[1] er das Westerhembd[2] anzeucht:

„Der allmächtige Gott und Vater unsers Herrn Jesu Christi, der Dich anderweit[3] geborn hat durchs Wasser und den heiligen Geist und hat Dir alle Deine Sunde vergeben, der stärke Dich mit seiner Gnade zum ewigen Leben, Amen.

Friede mit Dir."

Antwort „AMEN."[4]

Ibi susceptores infantulum apprehendant ac minister, donec album indusium induit, dicat:

„Omnipotens Deus et pater Domini nostri Jesu Christi, qui te per aquam et spiritum sanctum regenuit et omnia peccata tibi remisit, confirmet te per gratiam suam ad aeternam vitam, Amen.

Pax tecum!"

Responsio: „Amen."

---

[1]) während [2]) Vgl. oben 536 Anm. 12. [3]) zum zweiten Mal, von neuem (so stets Joh. 3, 3 und 7 in der Bibelübersetzung). [4]) Luther hat den letzten Teil des Taufaktes 1526 wesentlich vereinfacht; vgl. oben 536 Anm. 11 und 537 Anm. 1 sowie WA XII 46 1—20.

Nachträge

513 Anm. 4: Die richtige Lesart ist wohl: „des Teufels"; vgl. WA XXX^I 373 Anm. 8.

531 Anm. 1: Die im Luther=Jahrbuch VII 72 Anm. 29 angekündigte Veröffentlichung H. Boehmers ist im ARG XXII nicht erschienen, da Spalatins Aufzeichnung: „Wie doctor Martinus Luther Caspar Creutzinger vnd Elisabeth von Meseritz Dienstag vor Viti vor der Pfarrkirchen zu Wittenberg zusammen geben hat Anno domini xv^c xxiiij" (urschriftlich im Staatsarchiv Weimar, Reg O 1805, Bl. 1^a—3^a) bereits bei J. J. Müller, Entdecktes Staats=Cabinet 8. Eröffnung (Jena 1717), S. 218f. gedruckt ist.

Nachträge
Fortsetzung von S. 468

457 Anm. 1: Vgl. R. Götze, Wie Luther Kirchenzucht übte (Göttingen 1960) und WA XLVII 669—671.
458 Anm. 2: Vgl. auch H. Lieberg, Amt und Ordination bei Luther und Melanchthon (1962).
459 Anm. 8: Mit dem 7. Jahr endete nach den „Etymologiae" (lib. XI cap. 2) des Isidor von Sevilla die „infantia" und begann die „pueritia" (MSL LXXXII 415); auch im kanonischen Recht spielte das 7. Lebensjahr als unterste Grenze der Selbständigkeit eine gewisse Rolle (Decr. Greg. IX. lib. IV tit. 2 c. 4 u. 5).
463 Anm. 8 (zu S. 462): Vgl. auch E. Kohler, Martin Luther und der Festbrauch (1959), 46. 81. 90f. 116—119. 126. 137; Deutsches Wörterbuch X[1] 797.
464 Anm. 1: Zur Namensform Melanchthons vgl. CR I, Sp. CXXXf.
464 Anm. 2: Über Johann Agricola vgl. auch Handwörterbuch der Sage, hrsg. von W. E. Peuckert I (1961), 170—173.
465 Anm. 4: Über Öttinger vgl. auch Hütteroth, Die althessischen Pfarrer, 256 und W. Pfeilsticker, Neues württembergisches Dienerbuch Bd. 1 (1957), § 367.
466 Anm. 5: Über Bixius thon Noirde vgl. auch Jahrbuch des Vereins für westfälische Kirchengeschichte 38/39 (1937/38), 346—352.
467 Anm. 6: Über Friedrich Myconius vgl. auch RGG[3] IV 1229f. und H. Ulbrich, Friedrich Myconius 1490—1546 (1962), 11—23.

VII.

Der große Katechismus

deutsch

Dokt. Mart. Luther.

Catechismus major

D. Martini Lutheri.

(Sternchen am Rande der Anmerkungen verweisen auf Nachträge. Vgl. S. 733)

Abkürzungen:

a = Deudsch Catechismus (Wittenberg, Rhaw 1529).
(a^I und a^{II} bezeichnet die beiden Gruppen von a, die durch Korrekturen am Satz während des Druckes entstanden sind.)

U = Deudsch Catechismus. Gemehret mit einer newen unterricht und vermanung zu der Beicht (Wittenberg, Rhaw 1529).

A = Deudsch Catechismus. Gemehret mit einer newen vorrhede/ und vermanunge zu der Beicht (Wittenberg, Rhaw 1530).

B = Deudsch Catechismus. Auffs new Corrigirt und gebessert (Wittenberg, Rhaw 1538).

Konk = deutsches Konkordienbuch (Dresden 1580), Bl. 174a—227b.

f = D. Martini Lutheri theologi, Catechismus, lectu dignißimus, latinus factus per Vincentium Obsopoeum (Hagenau, Secer 1529).

h = Catechismus major D. Martini Luth. recognitus et auctus (Frankfurt a. M., Brubach 1544).

Conc = lat. Konkordienbuch (Leipzig 1584), S. 387—551.

Deutsch Katechismus.

Vorrede Martini Luther.[1]

Daß wir den Katechismum so fast treiben und zu treiben beide begehren und bitten, haben wir nicht geringe Ursachen, dieweil wir sehen, daß leider viel Prediger und Pfarrherr[2] hierin sehr säumig sind und verachten beide ihr Amt und diese Lehre, etliche aus großer hoher Kunst,[3] etlich aber aus lauter Faulheit und Bauchsorge, welche stellen sich nicht anders zur Sachen, denn als wären sie ümb ihrs Bauchs willen Pfarrherr oder Prediger und müßten nichts tun, denn der Güter gebrauchen, weil[4] sie leben, wie sie unter dem Bapsttumb gewohnet. Und wiewohl sie alles, was sie lehren und predigen sollen, itzt so reichlich klar und leicht fur sich haben in soviel heilsamen Büchern und, wie sie es vorzeiten hießen, die rechten 'Sermones per se loquentes', 'Dormi se-

Praefatio D. Martini Lutheri.

Quod in concionibus non ipsi solum catechismum urgemus, sed alios etiam, ut idem faciant, rogamus obtestamurque, non contemnendas sane causas habemus, maxime cum videamus et concionatores et parochos ipsos hic ut plurimum cessare contemnentes et officium suum et doctrinam ipsam idque inde adeo, quod quidam illorum nimis alta, ut sibi quidem videntur, sapiunt, quidam etiam ipsa socordia ventrisque cura nihil prius habent non aliter erga hoc negotium affecti, quam si ventris solummodo causa parochi et praecones verbi constituantur nec alia re occupatos esse conveniat, quam ut strenue prodigant consumantque, dum vivunt, omnia perinde ut sub papatu consuevere. Ac tametsi omnia, quae doceri atque praedicari debeant, hoc tempore abunde illis suppe-

---

₁—S. 553, 24 > a A; *obiger Text nach* A   ₁ Der große Katechismus deutsch Dokt. Mart. Luth. Eine christliche, heilsame und nötige Vorrede und treue, ernstliche Vermahnung D. M. L. an alle Christen, sonderlich aber an alle Pfarrherrn und Prediger, daß sie sich täglich im Katechismo, so der ganzen heiligen Schrift ein kurze Summa und Auszug ist, wohl uben und den immer treiben sollen etc. Konk   6 Pfarrherr und Prediger Konk

₁—S. 553, 30 > f; *obiger Text nach* h   ₁ Catechismus major D. Martini Lutheri. Pia, utilis et necessaria praefatio et fidelis ac seria cohortatio D. Martini Lutheri scripta ad omnes pios, in primis ad pastores et concionatores, ut quotidie se et alios in catechismo tanquam in summa et ἐπιτομῇ totius sacrae scripturae diligenter exerceant et illum fideliter c˙ assidue ecclesiae proponant etc. Conc

---

¹) In Konk steht diese große Vorrede (vom Jahr 1530) hinter der kürzeren (vom Jahr 1529, unten 553f.) entsprechend der Anordnung im 4. deutschen Band der Jenaer Gesamtausgabe der Werke Luthers (1556), der die Vorlage für den Abdruck in Konk bildete (WA XXXI¹ 518f.).   ²) Der Prediger ist nur auf den Predigtdienst beschränkt, während der Pfarrer daneben noch die Kasualien ausübt, also der Träger der gesamten Seelsorge ist.   ³) Gelehrsamkeit   ⁴) solange

cure', 'Paratos' et 'Thesauros'¹, noch sind sie nicht so fromm und redlich, daß sie solche Bücher käuften oder, wenn sie dieselbigen gleich haben, dennoch nicht ansehen noch lesen. Ach das sind zumal schändliche Freßlinge und Bauchdiener², die billicher Säuhirten oder Hundeknechte sein sollten denn Seelwarter und Pfarrherr.

Und daß sie doch soviel täten, weil sie des unnützen, schweren³ Geschwätzes der sieben Gezeiten⁴ nu los sind, an derselbigen Statt morgens, mittags und abends etwa ein Blatt oder zwei aus dem Katechismo, Betbüchlin⁵, Neu Testament oder sonst aus der Biblia lesen und ein 'Vaterunser fur sich und ihr Pfarrkinder beten, auf daß sie doch dem Evangelio wiederümb ein Ehre und Dank erzeig'ten, durch welchs sie denn so⁶ mancherlei Last und Beschwerungen erlediget sind, und sich schämeten ein wenig, daß sie gleichwie die Säu und Hunde nicht mehr vom Evangelio behalten denn solche faule, schädliche, schändliche, fleischliche Freiheit.

tant dilucideque ob oculos posita sint tot praeclaris ac salutaribus ad hoc editis libris cumque, ut olim nominare consueverunt, ita nunc reipsa 'Sermones per se loquentes', 'Dormi secure', 'Paratos' et 'Thesauros' habeant, ita tamen sive inertes, sive etiam perversi quidam sunt, ut haec scripta nec emere dignentur aut, si empta habeant, intueri saltem ac legere velint. Bone Deus, quam noxium detestandumque hoc hominum genus est, ventris gulaeque mancipia, quos rectius porcis aut canibus quam fidelium animabus praefeceris.

Ac optandum quidem foret, ut, cum inutiles laboriosaeque demurmurationes precularum canonicarum, ut vocantur, desierint, harum loco mane, meridie ac vesperi aliquot saltem paginas vel in catechismo vel in precationibus vel in Novo Testamento evolverent aut denique aliud quidpiam ex bibliis sacris sibi sumerent orationemque Dominicam aliquando ad Deum patrem et sua et gregis sui causa perorarent, quo tandem videlicet evangelio, cujus beneficio tot oneribus ac molestiis liberati sunt, vel aliquam rependant gratiam suppudeatque eos, quod instar canum ac suum non aliud ex evangelio addidicerint quam desidiosam, noxiam ac detestandam

---

26 so + von Konk
9 aut] nec Conc

---

¹) „Der selbsttätige Prediger", „Ruhe sanft" (denn Du findest eine fertige Predigt vor; „dormi secure vel dormi sine cura sunt nuncupati eo, quod absque magno studio faciliter possint incorporari et populo praedicari"), „fix und fertig", „Schatzkästlein". 1524 bezeichnet Luther derartige Werke als „tolle, unnütze, schädliche Mönchebücher" und als „Eselsmist, vom Teufel eingeführt" (WA XV 50₉₋₁₁). „Sermones dormi secure de tempore", „de sanctis" und „dominicales" ist der Titel von Predigtsammlungen des Kölner Minoriten Johann von Werden (um 1450; bis 1500 25 Drucke); das Predigtmagazin „Sermones parati de tempore et de sanctis" und „Paratus continens sermones de tempore et de sanctis" wurde siebzehnmal gedruckt, von den „Sermones Thesauri novi de tempore" und „de sanctis" sowie den „Sermones quadragesimales Thesauri novi" existieren im ganzen sogar an 40 Drucke; vgl. dazu J. Geffcken, Der Bildercatechismus des 15. Jahrhunderts I (1855), 13; R. Cruel, Geschichte der deutschen Predigt im Mittelalter (1879), 474—480. ²) Ausgangspunkt für dies in der Reformation häufig gebrauchte Schlagwort ist Röm. 16, 18; vgl. Lepp, Schlagwörter des Reformationszeitalters (1908), 131. ³) beschwerlich ⁴) des Breviergebetes der 7 kanonischen Horen ⁵) 1522 veröffentlichte Luther ein Betbüchlein, um damit die katholischen Gebets- und Andachtsbücher zu verdrängen (WA X II 375 ff.). ⁶) von so

Denn der Pobel leider ohn das allzu geringe achtet des Evangelii, und wir nicht sonderlichs ausrichten, wenn wir gleich allen Fleiß furwenden[1]. Was sollt's denn tun, wenn wir lässig und faul sein wollen, wie wir unter dem Bapsttumb gewesen sind?

Uber das schlähet mit zu[2] das schändlich Laster und heimlich böse Geschmeiß[3] der Sicherheit und Überdruß, daß viel meinen, der Katechismus sei ein schlecht[4], geringe Lehre, welche sie mit einem Mal überlesen und denn also bald alles können, das Buch in Winkel werfen und gleich[5] sich schämen, mehr drinnen zu lesen[6]. Ja, man findet wohl etliche Rülzen und Filze[7] auch unter dem Adel, die furgeben, man durfe hinfurt wider Pfarrherr noch Prediger, man hab's in Büchern und könne es von ihm selber wohl lernen, und lassen auch die Pfarren getrost fallen und verwusten, dazu beide Pfarrherr und Prediger weidlich Not und Hunger leiden[8], wie sich denn gebührt zu tun den tollen Deutschen. Denn wir Deutschen haben solch schändlich Volk und müssen's leiden. Das sage ich aber für mich. Ich bin auch ein Doktor und Prediger, ja so gelehrt und erfahren, als die alle sein mügen, die solche Vermessenheit und Sicherheit haben. Noch[9] tue ich wie ein Kind, das man den Katechismon lehret, und lese und spreche auch von Wort zu Wort des Morgens, und wenn ich Zeit habe, das Vaterunser, zehen Gepot,

hanc carnis licentiam. Nam cum vulgus 4 alioqui nimis frigide erga evangelium affectum sit et nos etiam, cum omnia summa conamur, aut nihil aut parum efficimus, quanto minus praeclari aliquid sperandum erit, si, quemadmodum sub papatu fuimus, ita nunc quoque desides ac negligentes esse coeperimus.

His accedit noxium atque pestiferum 5 illud malum securitatis et satietatis, quod multorum animis jam pridem latenter obrepit eosque ita inficit, ut sancte dejerent nihil esse facilius ipsa catechismi doctrina, adeo etiam, ut cum unica lectione illum percurrerint, statim velut ad summum provecti atque edocti librum ipsum in angulum aliquem abjiciant pudeatque eos quodammodo in manus sumere denuo. Imo, quod indignius est, 6 reperiuntur hodie etiam ex nobilibus quidam adeo ignobilis animi, ut affirmare ausint nihil opus esse amplius sive parochis sive concionatoribus, sed sufficere libros, ex quibus eadem haec discere quilibet per se ac nullo tradente queat. Unde et ipsas parochias strenue ac fortiter collabi ac desolari patiuntur, parochos autem et concionatores tantum non fame interire sinunt, perinde ut decet stolidos ac insanos Germanos. Talem etenim populum Germani et habemus et tolerare cogimur. Ego vero, ut 7 de me ipso dicam scilicet, tametsi doctor ac praedicator sum, non minori, ut opinor, cum doctrina, tum experientia praeditus quam ii, qui tanta de se praesumunt et ad tantam securitatem per-

---

5 sollt's + es Konf   14 alles > B Konf   37—S. 548, 1 die zehen Gebot, Glauben, das Vaterunser Konf

5 efficiamus Conc

[1]) anwenden   [2]) Dazu kommt noch   [3]) Seuche   [4]) schlichte   [5]) gleichsam
[6]) Vgl. WATR II Nr. 2554; V Nr. 5393.   [7]) grobe Menschen und Geizhälse   [8]) Luther schreibt 1541: „Wir fasten nicht allein, sondern leiden (mit S. Paulo ⟨1. Kor. 4, 11⟩) Hunger, welchs wir wohl an unsern armen Pfarrherrn, ihren Weiblin und Kindlin täglich sehen und andern viel Armen, den der Hunger aus den Augen siehet, kaum das Brot und Wasser haben und dazu fingernacket gehen, kein Eigens haben. Der Baur und Bürger gibt nicht, der Adel nimmpt, daß unser wenig sind, die etwas haben, und doch nicht allen helfen können" (WA LI 486 27—33; vgl. auch 590 25ff. und unten 602 6f. sowie Werdermann, Luthers Wittenberger Gemeinde (1929), 34 und 36f.   [9]) dennoch

Glaube, Psalmen ꝛc.¹ und muß noch täglich dazu lesen und studieren und kann dennoch nicht bestehen, wie ich gerne wollte, und muß ein Kind und Schüler des Katechismus bleiben und bleib's auch gerne. Und diese zarte, ekele² Gesellen wöllen mit einem Überlesen flugs Doktor über alle Doktor sein, alles können und nichts mehr bedürfen. Wohlan, solchs ist auch ein gewiß Anzeigen, daß sie beide ihr Ampt und des Volks Seelen, ja dazu Gott und sein Wort verachten, und durfen³ nicht fallen, sondern sind schon allzu greulich gefallen, durften wohl, daß sie Kinder würden und das ABC anfingen zu lernen, das sie meinen, längest an den Schuhen zurissen haben⁴.

Derhalben bitte ich solche faule Wänste oder vermessene Heiligen, sie wollten sich ümb Gottes willen bereden lassen und gläuben, daß sie wahrlich, wahrlich nicht so gelehret und so hohe Doctores sind, als sie sich lassen dünken, und nimmermehr gedenken, daß sie diese Stücke ausgelernt haben oder allerdinge venerunt, haudquaquam tamen imitari me pueros pudet, sed quemadmodum illos catechismum docemus, ita et ego mane aut quandocunque vacui aliquid temporis datur, ipsam orationem Dominicam, decem praecepta, articulos fidei, psalmos aliquot etc. mecum ipse quasi ad verbum recito. Et quanquam adhuc quotidie lectionibus et studiis vaco, attamen ne sic quidem possum pervenire, quo cupio, aut praestare, quae volo. Ita fit, ut puerum ac discipulum catechismi etiam hodie me profiteri necesse habeam, profiteorque libenter. At delicatuli fastidiosulique isti vel unica tantum lectione assequuntur, ut repente omnes ubique doctores post se relinquant sciantque omnia nec ullius doctrina aut institutione opus amplius habeant. Imo vero hoc ipso veluti certissimo argumento ostendunt, quod nullam prorsus nec sui officii nec salutis populi rationem habeant, sed contemnant et Deum pariter et verbum ipsius. Nec est, quod ruinam ultra metuant, cum jam horrendissimum casum fecerint, quin potius opus illis sit denuo repuerascere ac discere prima literarum elementa, quae alioqui etiam ipsis calceis (ut dicitur) sibi protrita esse existimant.

Rogo itaque hos ignavos ventres ac praesumptuosos sanctos, ut vel propter Deum hoc sibi persuaderi patiantur se ad eam eruditionem haudquaquam pervenisse, quam ipsi sibi tribuunt. Deinde, ut nec unquam in animum inducant se catechismi partes omnino omnes perdidicisse perspectasque habere, etiamsi

---

37 dieses Konk

¹) Von der Koburg aus (29.[?]Juni 1530) schrieb Luther (WABr VII 409₂₆f.): „Ego hic factus sum novus discipulus decalogi, illum jam repuerascens ad verbum edisco". Wörtlich mit obigen Ausführungen berührt sich eine Stelle in Luthers auch auf der Koburg geschriebenen Auslegung des 117. Psalms (WA XXXI¹ 227₁₁—228₂). Die große Vorrede zum Großen Katechismus ist vermutlich ebenfalls auf der Koburg entstanden (WA XXXI¹ 492). Vgl. ferner WA XXXII 65₂₋₅; 209₃₆f.; XXXIV¹ 391₄₋₆; XXXIV¹¹ 335₁₉f., 449₂₂f.; XXXVIII 358₇ff.; TR V Nr. 5517; Mathesius, Luthers Leben in Predigten, 278₄₋₁₀. ²) stolz, wählerisch ³) brauchen ⁴) abgetan zu haben; sprichwörtliche Redensart wie: „sich etwas an den Schuhsohlen ablaufen".

gnug wissen, ob sie es gleich dunkt, daß sie es allzu wohl können. Denn ob sie es gleich allerdinge aufs allerbeste wüßten und künnten (das doch nicht müglich ist in diesem Leben), so ist doch mancherlei Nutz und Frucht dahinden, so man's täglich lieset und übet mit Gedanken und Reden, nämlich daß der heilige Geist bei solchem Lesen, Reden und Gedenken gegenwärtig ist und immer neue und mehr Licht und Andacht dazu gibt, daß es immerdar besser und besser schmeckt und eingehet, wie Christus auch verheißt Matthäi 18.[1]: 'Wo zwen oder drei in meinem Namen versammlet sind, da bin ich in ihrem Mittel[2].'

Dazu hilft's aus der Maßen[3] gewaltiglich wider den Teufel, Welt, Fleisch und alle böse Gedanken, so man mit Gottes Wort ümbgehet, davon redet und tichtet[4], daß auch der erst Psalm[5] selig preiset die, so 'Tag und Nacht vom Gesetze Gottes handeln'. Ohn Zweifel wirst Du kein Weihrauch noch ander Geräuche[6] stärker wider den Teufel anrichten, denn so Du mit Gottes Geboten und Worten ümbgehest, davon redest, singest oder denkest. Das ist freilich das rechte Weihwasser[7] und Zeichen, dafur er fleugt[8] und damit er sich jagen läßt. Nu solltest Du doch ja allein ümb deswillen solch Stück gerne lesen, reden, denken und handeln, wenn Du sonst kein ander Frucht und Nutz davon hättest, denn daß Du den Teufel und böse Gedanken damit kannst verjagen; denn er kann Gottes Wort nicht hören noch lei-

notissimae ac meditatissimae ipsis videantur. Nam ut maxime demus eos omnia quam optime ac perfectissime tenere ac scire (quod tamen in hac vita propemodum impossibile fuerit), non tamen neque illud praetereundum multiplicem usum ac fructum ex eo consequi, si eadem illa rudimenta quotidie legantur meditandoque et loquendo exerceantur. Nimirum quod spiritus sanctus adsit huic lectioni, sermoni ac meditationi, qui subinde novos motus excitet ac majus lumen suppeditet, ut quotidie magis magisque hac doctrina afficiamur ac majus operae pretium in ea faciamus, sicuti et Christus ipse promittit apud Matthaeum capite decimooctavo, cum inquit: 'Ubicunque duo aut tres congregati fuerint in nomine meo, ero in medio eorum.'

Ad haec nihil est efficacius contra diabolum, carnem et omnes pravas cogitationes, quam si sedulo tractetur verbum Dei, de eo sit sermo et meditatio nostra, adeo ut psalmus primus eos pronuntiet 'beatos, qui in lege Dei meditantur die ac nocte'. Nec est, quod tus praestantius aut odoramentum aliquod efficacius adversus daemones habiturum te speres, quam si verbum et praecepta Dei multo usu tractes, de iis familiares misceas sermones, illa canas ac mediteris. Haec enim vere aqua illa sanctificata sunt verumque signum, quo Satan et fugatur et quod fugit maxime. Et si nulla alia utilitas hinc petenda sit, quam quod Satanam et pravas cogitationes depellat, certe vel sola haec tanti facienda erat, ut hanc doctrinae partem libenter disceres, legeres, meditareris et tractares. Non enim potest nec ferre nec audire

---

7 Danken B

3 ac] et Conc

---

[1]) Matth. 18, 20.   [2]) Mitte   [3]) über die Maßen   [4]) darüber nachdenkt   [5]) Ps. 1, 2.
[6]) Räucherwerk   [7]) Das Weihwasser dient zur Verscheuchung von Dämonen und wird u. a. beim Exorzismus gebraucht.   [8]) flieht

den. Und Gottes Wort ist nicht wie ein ander lose Geschwätz, wie von Dietrich von Bern[1], sondern wie S. Paulus Rom. 1.[2] sagt, „eine Kraft Gottes", ja freilich eine Kraft Gottes, die dem Teufel das gebrannte Leid antut[3] und uns aus der Maßen stärkt, tröst und hilft.

Und was soll ich viel sagen? Wo ich allen Nutz und Frucht sollt' erzählen, so Gottes Wort wirkt, wo wollt' ich Papier und Zeit gnug nehmen? Den Teufel heißt man Tausendkünstiger; wie will man aber Gottes Wort heißen, das solchen Tausendkünstiger mit aller seiner Kunst und Macht verjagt und zunichte macht? ¹ Es muß freilich mehr denn Hunderttausendkünstiger sein. Und wir sollten solche Macht, Nutz, Kraft und Frucht so leichtfertiglich verachten, sonderlich die wir Pfarrherr und Prediger sein wöllen? So sollt' man uns doch nicht allein nicht zu fressen geben, sondern auch mit Hunden aushetzen und mit Lungen auswerfen[4], weil wir des alles nicht allein täglich bedürfen wie des täglichen Brots, sondern auch täglich haben müssen wider das täglich und unrügig Anfechten und Lauren des tausendkünstigen Teufels.

Und ob solchs nicht gnug wäre zur Vermahnung, den Katechismon täglich zu lesen, so sollt' doch uns allein gnug-

verbum Dei Satan. Et ipsum verbum non est tale, quales sunt aniles fabulae[5] aut carmina lyricorum, sed est, quemadmodum Paulus ait, 'potentia Dei ad salutem omni credenti'. Ac revera potentia Dei, quae Satanam ut maxime affligit et premit, nos vero supra modum refocillatur et reficit.

Et quid multis opus? Si fructum ac utilitatem omnem, quam verbum Dei operatur, enumerare vellem, neque charta neque tempus suppeteret. Vulgo vocant Satanam mille artium opificem, hoc est, cujus potestas sit varia ac multiplex. At ipsum Dei sermonem, qui non solum variam ac multiplicem potestatem habet, verum etiam illum ipsum mille artium artificem cum omni potentia et arte sua opprimit et ad nihilum redigit, quo tandem nomine dignabimur? Nimirum non mille tantum artium, sed multarum myriadum artificem merito dixeris. Quare nos quidem, si tantam potentiam, tantam utilitatem, tantas vires, tantum denique usum illius adeo parvi aestimaremus, praesertim qui parochi et concionatores esse et perhiberi volumus, tum digni sane essemus, quibus non solum nullus suppeditaretur cibus, sed qui canibus etiam exigeremur, praesertim cum illis omnibus non minus quam quotidiani panis opus habeamus ac plane iisdem contra quotidianas ac irrequietas tentationes et insidias mille istius artium artificis carere non possimus.

Quod si neque haec satis sufficiant ad excitandos commonendosque animos ad diligentem catechismi lectionem, ipsum

---

3 Bern + etc. Konf

7/8 refocillat Conc   30/1 exigeremur] exagitaremur Conc

---

¹) Die Sage von Dietrich von Bern führt Luther öfters als Beispiel für Lügen und Fabeln an; vgl. z. B. WA II 112₂₂; XII 497₂₉; XVIII² 208₂₇; XXI 39₁₄f.; XXVIII 125₁₁; XXIX 484₂₃f., ₃₇; XXXIV 413₇; XXXVII 651₃₃; L 384₃₈; LII 227₃; LIV 288₁₆.   ²) Röm. 1, 16.   ³) sehr empfindlichen Schmerz bereiten (von Luther häufig gebrauchte Redensart); ursprünglicher Sinn: „einem durch Brandstiftung Schaden zufügen".   ⁴) mit Roßäpfeln hinaustreiben   ⁵) sprichwörtliche Redensart; Altweibergeschwätz.

sam zwingen Gottes Gebot, welcher
Deutero. 6.¹ ernstlich gebeut, 'daß man
solle sein Gebot sitzend, gehend, stehend,
liegend, aufstehend immer bedenken und
gleich als ein stetigs Mal und Zeichen
fur Augen und in Händen haben'. Ohn
Zweifeln wird er solchs ümbsonst nicht
also ernstlich heißen und fodern, sondern, dieweil er weiß unser Fahr und
Not, dazu der Teufel stetigs und wueti-
ges Sturmen und Anfechtung, will er
uns dafür warnen, rüsten und bewahren als mit gutem 'Harnisch' wider ihre
'feurige Pfeile'² und mit guter Arznei
wider ihre giftige böse Geschmeiß und
Eingeben³. O welche tolle, unsinnige
Narren sind wir, daß wir unter solchen
mächtigen Feinden, als die Teufel sind,
wohnen oder herbergen je müssen. Und
wöllen dazu unser Waffen und Wehre
verachten und faul sein, dieselbigen anzusehen oder dran zu gedenken.

Und was tun solche überdrussige, vermessene Heiligen, so nicht wollen oder
mügen den Katechismon täglich lesen
und lernen, denn daß sie sich selbs viel
gelehrter halten, denn Gott selbs ist mit
allen seinen heiligen Engeln, Propheten, Aposteln und allen Christen? Denn
weil sich Gott selbs nicht schämet, solchs
täglich zu lehren, als der nichts Bessers
wisse zu lehren, und immer solch einerlei lehret und nichts Neues noch anders
furnimmpt, und alle Heiligen nichts
Bessers noch anders wissen zu lernen und
nicht können auslernen, sind wir denn
nicht die allerfeinesten Gesellen, die wir
uns lassen dünken, wenn wir's einmal

tamen praeceptum Dei vel solum cogere
nos debebat, quod exstat Deut. sexto,
'ut praecepta ipsius sedentes, ambulan-
tes, stantes, jacentes, surgentes nunquam non meditemur ac velut signum
aliquod ob oculos ponamus ac manibus
gestemus'. Procul dubio non temere
Deus hoc tam severiter et praecipit et
exigit: sed cum non ignoret, quae nos
pericula et necessitates urgeant, ad haec
quanta contentione, assiduitate et pertinacia maligni spiritus nullo non momento in perpetuam nostri perniciem
sint instructi, voluit nos contra optimus
ille pater noster coelestis veluti solida
et efficaci 'armatura' hoc modo paratos
atque instructos esse, quo possimus et
'ignita tela' ac pravas pestiferasque
illorum aggressiones repellere ac pro-
fligare. Sed o stolidos ac insensatos nos,
qui, cum necesse habeamus diversari ac
degere inter hostes adeo potentes,
nempe daemones, nihilominus arma
nostra contemnamus, desides atque ster-
tentes ea ne adspicere quidem aut ipsorum meminisse sustineamus.

Et quid, quaeso, saturi illi prae-
sumptuosique sancti catechismi videlicet doctrinam respuentes ac longe ab-
jectiorem aestimantes, quam quae quotidie legi ac disci debeat, aliud agunt,
quam quod seipsos longe doctiores reputant Deo ipso, omnibus angelis, patriarchis, apostolis et omnibus christianis?
Nam cum non pudeat Deum ipsum haec
quotidie docere, ut qui melius ac praestantius aliquid, quod doceatur, non
habeat eademque illa saepius iteret atque
inculcet, novi vero ac alienum ab hac
doctrina nihil sibi sumat, addo etiam,
cum omnes sancti nihil nec melius nec
utilius sciant, quod discant, nec unquam

---

3 soll Konk   7 Zweifel B Konk   8 also] so Konk   9 weil Konk   32 Heiligen,
Engeln Konk

36 ac > Conc

¹) Deut. 6, 7—8.   ²) Eph. 6, 11 und 16.   ³) Ansteckung und Vergiftung

gelesen und gehöret haben, daß wir's alles können und nicht mehr lesen noch lernen dürfen[1]? Und können das auf ein Stunde auslernen, das Gott selbs nicht kann auslehren, so er doch dran lehret von Anfang der Welt bis zu Ende, und alle Propheten sampt allen Heiligen dran zu lernen gehabt und noch immer Schüler sind blieben und noch bleiben müssen?

Denn das muß ja sein: wer die zehen Gebot wohl und gar kann, daß der muß die ganze Schrift können, daß er könne in allen Sachen und Fällen raten, helfen, trösten, urteilen, richten beide geistlich und weltlich Wesen und müge sein ein Richter über alle Lehre, Stände, Geister, Recht und was in der Welt sein mag. Und was ist der ganze Psalter denn eitel Gedanken und Ubunge des ersten Gebots[2]? Nu weiß ich ja furwahr, daß solche faule Bäuche oder vermessene Geister nicht einen Psalmen verstehen, schweige[3] denn die ganze heilige Schrift, und wöllen den Katechismon wissen und verachten, welcher der ganzen heiligen Schrift kurzer Auszug und Abschrift ist.

Darümb bitte ich abermal alle Christen, sonderlich die Pfarrherr und Prediger, sie wollten nicht zu frühe Doctores sein und alles wissen sich dünken lassen (Es gehet an Dünken und gespannen Tuch viel ab)[4], sondern sich täglich wohl

ad plenum discere queant, an non scilicet egregii ac perbelli homines sumus, quod, cum semel hanc doctrinam vel legerimus vel audiverimus, in eam persuasionem veniamus, quasi omnia sciamus nec ulla amplius nobis opus sit lectione adeoque una etiam hora illud perdiscere possimus, quod nec ipse Deus perdocere potuit, idque cum jam inde a condito mundo ad finem usque illius idem hoc agat, denique omnes prophetae ac sancti abunde semper habuerint hinc, quod discerent, nihilominus discipuli perpetuo manserint et manere necesse habuerint.

Nam illud sane certum atque indubitatum est, quod, qui decem praecepta probe norit ac perdidicerit, is totam etiam scripturam sciat, ut possit in quibuslibet negotiis et casibus consilio, auxilio, consolatione praesto esse, discernere ac judicare civiles pariter et ecclesiasticas controversias sitque judex omnium doctrinarum, ordinum, spirituum, juris et aequitatis ac quidquid in mundo esse possit. Et quid, precor, totus psalmorum liber aliud quam meras cogitationes exercitiaque primi praecepti continet? Atqui persuasissimum habeo hujusmodi ignavos ventres ac praesumptuosos spiritus ne unicum quidem psalmum intelligere, nedum totam scripturam. Et interim tamen iidem illi catechismi traditionem contemnunt, qui totius scripturae quasi quoddam compendium est brevemque illius atque summariam descriptionem continet.

Quare nunc iterum omnes christianos obsecro obtestorque, inprimis vero parochos et concionatores, ne praemature doctores fieri velint seque omnia scire falso sibi persuadeant. Nam ut falsis ponderibus atque mensuris, ita et vanis

---

[1]) brauchen [2]) Vgl. 3. B. WATR I Nr. 751: „Quid enim psalmi sunt aliud quam syllogismi ex primo praecepto?" [3]) geschweige [4]) Sprichwort: Wie ein neues, straff gespanntes Tuch durch Einlaufen beim Waschen an Ausdehnung verliert, so schrumpfen auch die menschlichen Pläne bei der Ausführung zusammen; WA LI 652 1–3 und 690 Nr. 185.

drinnen uben und immer treiben, dazu mit aller Sorge und Fleiß sich fursehen fur dem giftigen Geschmeiß[1] solcher Sicherheit oder Dunkelmeister[2], sondern stetig anhalten beide mit lesen, lehren, lernen, denken und tich'ten[3] und nicht ablassen, bis solange sie erfahren und gewiß werden, daß sie den Teufel tot gelehret und gelehrter worden sind, denn Gott selber ist und alle seine Heiligen. Werden sie solchen Fleiß tun, so will ich ihn zusagen, und sie sollen's auch inne werden, welche Frucht sie erlangen werden und wie feine Leute Gott aus ihn machen wird, daß sie mit der Zeit selbs fein bekennen sollen, daß, je länger und mehr sie den Katechismon treiben, je weniger sie davon wissen und je mehr dran zu lernen haben, und wird ihn als den Hungerigen und Dürstigen denn allererst recht schmecken, das sie itzt fur großer Fülle und Überdruß nicht riechen mügen. Da gebe Gott seine Gnade zu, Amen.

persuasionibus multum decedit, cum ad justum examen exiguntur. Quin potius quotidie his studiis exerceantur eademque sedulo inculcent. Ad haec omni cura ac diligentia caveant, ne detestanda contagione securitatis praesumptionisque corripiantur, sed in hoc praecipue incumbant, ut legendo, docendo, discendo, cogitando et meditando omne tempus consumant nec antea desistant, donec reipsa compererint ac certi fiant, quod Satanam ac mortem perdidicerint doctioresque facti sint Deo et omnibus angelis ejus. Quod si hanc diligentiam adhibuerint, sancte ipsis promitto ac reipsa iidem etiam experientur, quod magnum inde fructum sint consecuturi et quod excellentes viros Deus ex ipsis facturus sit, adeo ut ipsi etiam aliquando fateantur, quod, quo magis catechismi doctrinam repetunt iterantque, eo minus ipsam apprehendant ac sciant, sed necesse habeant perpetuo illam discere. Ex qua quidem re fiet, ut tum demum veluti esurientibus et sitientibus placere ac sapere illud incipiat, cujus nunc prae nimia saturitate ac fastidio ne olfactum quidem ferre sustinent. Quod ut fiat, Deum precamur, quo gratiam nobis suam largiatur, Amen.

Vorrede[4].

Diese Predigt ist dazu geordnet und angefangen, daß es sei ein Unterricht fur die Kinder und Einfältigen. Darümb sie auch von Alters her auf griegisch heißet Katechismus[5], das ist ein Kinderlehre, so ein

Martini Lutheri in catechismum praefatio.

Praesentis hujus opusculi sermonem haud alio animo elaboravimus, quam ut esset institutio puerorum atque simplicium. Hinc apud veteres lingua graeca catechismus dictus est, quae vox pueri-

---

6 nicht + also B Konf.   31 Kurze Vorrede Konf.
31/2 Brevis praefatio Conc

[1]) Ansteckungsstoff   [2]) Meister nach eigenem Dünkel; vgl. auch WA XXXI¹ 228₁ (Auslegung des 117. Psalms 1530).   [3]) nachsinnen   [4]) Diese Vorrede ist auf Grund der Predigt vom 18. Mai 1528 (WA XXXI 2) entstanden.   [5]) κατηχισμός; vgl. auch O. Albrecht, Luthers Katechismen (VRG 121/22, 1915), 24—29; WA XIX 76₁ff., XXIII 486₁, XXXI¹ 448ff.

iglicher Christ zur Not[1] wissen soll, also daß, wer solchs nicht weiß, nicht künnde unter die Christen gezählet und zu keinem Sakrament zugelassen werden[2]. Gleichwie man einen Handwerksmann, der seines Handwerks Recht und Gebrauch nicht weiß, auswirfet und fur untüchtig hält. Derhalben soll man junge Leute die Stücke, so in den Katechismum oder Kinderpredigt gehören, wohl und fertig lernen lassen und mit Fleiß darinne uben und treiben. Darümb auch ein iglicher Hausvater schüldig ist, daß er zum wenigsten die Wochen einmal seine Kinder und Gesinde ümbfrage[3] und verhöre, was sie davon wissen oder lernen und, wo sie es nicht konnen, mit Ernst dazu halte[4]. Denn ich denke wohl der Zeit, ja es begibt sich noch täglich, daß man grobe[5], alte, betagte Leute findet, die hievon garnichts gewußt haben oder noch wissen, gehen doch gleichwohl zur Taufe und Sakrament und brauchen alles, was die Christen haben, so doch, die zum Sakrament gehen, billich mehr wissen und völligern Verstand aller christlichen Lehre haben sollen denn die Kinder und neue Schüler[6]. Wiewohl wir's fur den gemeinen Haufen bei den dreien Stücken[7] bleiben lassen, so von Alters her in der Christenheit blieben sind, aber wenig recht gelehret und getrieben[8], solange bis man sich in denselbigen wohl ube und läuftig[9] werde, beide jung und alt, was Christen heißen und sein will, und sind nämlich diese:

lem institutionem significat. Haec vero cuivis christianorum necessario debet esse perspecta et cognita, ita ut, si quis hujus cognitionem non habeat, in christianorum numerum merito non sit referendus neque ad sacramentorum participationem admittendus. Quemadmodum opifex quispiam manuarius, qui artis aut opificii sui rationem et usum non callet, jure optimo reprobandus et minimi pretii habendus est. Quapropter pueris articuli ad catechismum seu puerilem institutionem pertinentes summo studio tradendi sunt inque his ipsis non segniter exercenda eorundem industria. Inde fidelis ac vigilantis patris familias officium exigit, ut per hebdomadam ad minimum semel habito examine liberorum ac familiae periculum faciat ac audiens exacte perquirat, quid hisce de rebus intelligant aut didicerint, quibus ignoratis eosdem serio et graviter eo, ut ista perdiscant, adigat. Probe enim commemini atque adeo quotidie hoc ipsum usu venire videmus, ut usque adeo tardo atque hebeti ingenio inveniantur homines jamque natu grandiores, quibus hac de re nihil prorsus compertum fuit, aut etiam hodie nihil teneant, quanquam nihilosecus sacramentorum nobiscum fiant participes omnibusque illis utantur, quae peculiariter christianis utenda data et instituta sunt, cum tamen ii, qui sacramentorum usum sibi vendicant, plus scire neque non ampliore christianarum rerum intelligentia praediti atque exculti

---

12/3 zum *bis* einmal] oftmal B 19 Leute + gefunden und B 25 sollten Konk
11 est > Conc 15 his > Conc 30 nihil > Conc

---

[1]) notwendigerweise [2]) Vgl. dazu z. B. das Manuale curatorum von Joh. Surgant (1502 u. ö.) II 5: „Nullumque dictorum suorum parochianorum utriusque sexus cuiuscunque conditionis, qui praemissa ⟨oratio Dominica, symbolum, decem praecepta⟩ nesciverit seu ignoraverit, ad susceptionem sacratissimi eucharistiae sacramenti admittant" (WA XXXI 436); vgl. auch Albrecht, L.s Katechismen, 32—35. 1523 schreibt Luther: „Propositum est futuris diebus communionis nullum admittere nisi auditum et dextre pro fide sua respondentem, ceteros excludemus" (WABr III 183₁₁₋₁₃). [3]) der Reihe nach frage [4]) Vgl. dazu Werdermann, Luthers Wittenberger Gemeinde, 48 und 62. [5]) unwissende [6]) Abc=Schützen [7]) Gebote, Glaubensbekenntnis, Vaterunser; erst seit etwa 1525 wurde in Wittenberg der Katechismusstoff um 2 Stücke, die Taufe und das Abendmahl, erweitert; Albrecht, L.s Katechismen, 12—18; WA XXXI 440f.; Meyer, Kommentar, 78—81. [8]) Vgl. Mathesius, Luthers Leben in Predigten, 129₁₂₋₁₆: „Auf der Kanzel kann ich mich nicht erinnern, daß ich in meiner Jugend, der ich doch bis in 25. Jahr meines Alters ⟨1529⟩ im Bapsttumb leider bin gefangen gelegen, die zehen Gebot, Symbolum, Vaterunser oder Taufe gehöret hätte. In Schulen lase man in der Fasten von der Beicht und einerlei Gestalt." Vgl. ebd. 161₂₋₇, WA XXXI 466f. und Albrecht, L.s Katechismen, 5—8. [9]) bewandert

Vorrede.

esse debeant quam pueri aut novitii scholastici. Ceterum nos pro instituendo vulgo hisce tribus partibus contenti erimus, quae a priscis usque saeculis recepta consuetudine in christianismo permanserunt, tametsi perpauca ex his recte et sincere tradita sint populo, donec in iisdem probe triti et exercitati evaserint, cum senes, tum juvenes, quicunque christiani esse aut dici contendunt. Sunt autem hae:

Zum erſten:	Primum:
Die zehen Gepot Gottes.	**Decem praecepta.**

Das erſte: Du ſollt kein andere Götter haben neben mir[1].

Non habebis Deos alienos coram me. 1

Das ander: Du ſollt den Namen Gottes[2] nicht vergeblich führen.

Non assumes nomen Domini Dei tui in vanum. 2

Das dritte: Du ſollt den Feiertag heiligen.

Memento, ut diem sabbati sanctifices. 3

Das vierde: Du ſollt Vater[3] und Mutter ehren.

Honora patrem tuum et matrem tuam, ut sis longaevus super terram. 4

Das fünfte: Du ſollt nicht töten.

Non occides. 5

Das ſechſte: Du ſollt nicht ehebrechen.

Non moechaberis. 6

Das ſiebende: Du ſollt nicht ſtehlen.

Non furtum facies. 7

Das achte: Du ſollt kein falſch Zeugnis[4] reden wider Deinen Nähiſten.

Non loquaris contra proximum tuum falsum testimonium. 8

Das neunde: Du ſollt nicht begehren Deines Nähiſten Haus.

Non concupisces domum proximi tui. 9

Das zehend: Du ſollt nicht begehren ſeines Weibs, Knecht, Magd, Viech oder was ſein iſt.

Ne desiderabis uxorem ejus, non servum, non ancillam, non bovem, non asinum nec omnia, quae illius sunt. 10

Zum andern:	Secundo:
Die Häuptartikel unſers Glaubens.	**Articulos christianae fidei.**

Ich gläube an Gott, Vater allmächtigen[5], Schöpfer Himmels und der Erden. Und an Jeſum Chriſtum, ſeinen

Credo in Deum, patrem omnipotentem, creatorem coeli et terrae. Et in 11
Jesum Christum, filium ejus unicum, 12

14, 16, 18 *etc. statt der Worte Zahlen am Rand* Konf   35 *die 3 Artikel numeriert* Konf

12 Primum] quae sequuntur Conc   17 vanum, + quia non habebit Dominus Deus tuus insontem eum, qui assumpserit nomen ejus in vanum. Conc   25 loqueris Conc   29 Ne] Non Conc   34 Articuli Conc

---

[1]) Unten 560₅f.: „Du ſollt nicht andere Gotter haben" („neben mir" [aus Ex. 20, 3] fehlt); zu dieſer und den folgenden Abweichungen vgl. WA XXXI¹ 483; J. Meyer, Luthers großer Katechismus (1914) 25ff.; Meyer, Kommentar 60.   [2]) Unten 522₂₄: „Gottes Namen"   [3]) Unten 587₄: „Dein Vater".   [4]) Unten 624₂₅: „nicht falſch".
[5]) „Vater" iſt nicht durch ein Komma von „allmächtigen" zu trennen (vgl. „in patrem

einigen Sohn, unsern Herrn, der empfangen ist von dem heiligen Geist, geporen aus Maria der Jungfrauen, gelidden hat unter Pontio Pilato,¹ gekreuzigt, gestorben und begraben ist, niedergefahren zur Helle, am dritten Tage wieder auferstanden von Toten, aufgefahren gen Himmel, sitzend zur rechten Hand Gottes, des allmächtigen Vaters, und von dannen zukunftig¹, zu richten die Lebendigen und Toten. Ich gläube an den heiligen Geist, eine heilige christliche Kirche², Gemeinschaft der Heiligen, Vergebunge der Sunden, Auferstehung des Fleischs und ein ewigs Leben, Amen³.

Dominum nostrum, qui conceptus est de spiritu sancto, natus ex Maria virgine, passus sub Pontio Pilato, crucifixus, mortuus et sepultus. Descendit ad inferos, tertia die resurrexit a mortuis. Ascendit ad coelos, sedet ad dexteram Dei, patris omnipotentis, inde venturus est judicare vivos et mortuos. Credo in spiritum sanctum, sanctam ecclesiam catholicam, sanctorum communionem, remissionem peccatorum, carnis resurrectionem et vitam aeternam, Amen.

Zum dritten:
Das Gebete oder Vaterunser, so Christus gelehrt hat.

Tertio:
Orationem, quam nobis Christus tradidit in evangelio.

Vater unser, der Du bist im Himmel, geheiliget werde Dein Name, zukomme Dein Reich, Dein Wille geschehe als im Himmel auch auf Erden, unser täglich Brot gib uns heute und verlasse⁴ uns unsere Schuld, als wir verlassen unsern Schuldigern, und führe uns nicht in

Pater noster, qui es in coelis, sanctificetur nomen tuum. Veniat regnum tuum. Fiat voluntas tua, quemadmodum in coelo, sic etiam in terra. Panem nostrum quotidianum da nobis hodie. Et remitte nobis debita nostra, sicut et nos remittimus debi-

---

8 sitzet B 9 Hand > Konk 10 und > Konk dannen + er Konk zukunftig +
ist B Konk 11 und + die Konk 20 *die Bitten sind numeriert* Konk 22/3 *wie im
Himmel also auch* Konk

18 Oratio Conc 21 Adveniat Conc

---

omnipotentem"). Die Ausdrucksweise: „Vater allmächtigen", die bereits in althochdeutschen Denkmälern des 8. Jahrhunderts begegnet („fater almahtigon"; vgl. die Zusammenstellung bei H. J. R. Calinich, D. Martin Luthers kleiner Katechismus [1882] 27 f.), ist „eine alteererbte deutsche Kirchenfassung, die für den Gebrauch des Gottesdienstes und der Katechesen, für erbauliche und seelsorgerische Bedürfnisse einzelne wichtige Stücke der Bibel (und liturgischer Texte) den Laien längst festgeformt in der Muttersprache vermittelte" (G. Roethe, Deutsche Reden [o. J.] 190). Dahin gehört z. B. auch die alte Wortstellung: „Vater unser", die Luther im Katechismus beibehielt, in der Bibel dagegen modernisierte; vgl. dazu Meyer, Kommentar 93 und 96.

¹) kommend (venturus)   ²) Zu der bereits seit dem 15. Jahrhundert üblichen Übersetzung von „ecclesiam catholicam" durch „christliche Kirche" vgl. WA XXXI¹ 130 Anm. 3, 366 Anm. 8, XXVI *506, L 283 und 624—626, Meyer, Kommentar 95.   ³) Unten 647 24, 650 45—651 9, 653 27 f.: „den Vater" „vom" „von der Jungfrauen Maria"; es fehlt „hat" „ist" „wieder"; „von den"; es fehlt „Hand" „und"; „von dannen er kommen wird" „und die" „die Gemeine".   ⁴) erlaß, vergib; diese Form geht auf ältere Tradition zurück; vgl. Meyer, Kommentar 97.

Versuchung, sondern erlöse uns vom Übel, Amen¹.

Das sind die nötigsten Stücke, die man zum ersten lernen muß, von Wort zu Wort verzählen², und soll die Kinder dazu gewehnen, täglich, wenn sie des Morgens aufstehen, zu Tisch gehen und sich abends schlafen legen, daß sie es müssen aufsagen, und ihn nicht Essen noch zu trinken geben, sie hätten's denn gesagt. Desgleichen ist auch ein iglicher Hausvater schuldig, mit dem Gesind, Knecht und Mägden zu halten, daß er sie nicht bei sich halte, wo sie es nicht können oder lernen wöllen³. Denn es ist mit nichte⁴ zu leiden, daß ein Mensch so rohe und wilde sei und solches nicht lerne, weil in diesen dreien Stücken kürzlich, gröblich⁵ und aufs einfältigste verfasset⁶ ist alles, was wir in der Schrift haben; denn die lieben Väter oder Apostel (wer sie gewesen sind)⁷ haben also in eine Summa gestellet, was der Christen Lehre, Leben, Weisheit und Kunst⁸ sei, wovon sie reden und handlen und womit sie ümbgehen.

Wenn nu diese drei Stuck gefasset⁹ sind, gehöret sich auch, daß man wisse zu sagen von unsern Sakramenten (so Christus selbs eingesetzt hat), der Taufe und des heiligen Leibs und Bluts Christi, als nämlich den Text, so Matthäus¹⁰ und Markus¹¹ schreiben

toribus nostris. Et ne inducas nos in tentationem, sed libera nos a malo. Quia tuum est regnum et potentia et gloria in saecula saeculorum, Amen.

Hi sunt articuli summe necessarii, qui cuivis christianorum primo perdiscendi sunt atque ad verbum recitandi. Sunt autem ad hoc assidue assuescendi pueri, ut, quoties mane e stratis surrexerint et ad capiendum cibum accubuerint et sub vesperam iterum dormitum ierint, memoriter recitent neque ad cibum aut potum admittantur nisi his omnibus ante diligenter recitatis. Non secus boni patris familias oficium herile exigit imperium cum familia, nempe cum servis et ancillis agere neque quemquam in famulitio suo perferre ista nescientem aut recusantem discere. Neque enim ullo modo ferendum est, ut unus aliquis hominum usque adeo ferus sit et barbarus, qui haec nolit discere, cum in hisce tribus partibus summatim ac valde pingui (quod aiunt) Minerva¹² et, quoad ejus fieri potuit, simplicissima comprehensa sint omnia, quicquid passim in sacris literis longe lateque tractamus. Etenim sancti patres aut apostoli (quicunque tandem illi fuerint) compendio quodam complexi sunt christianorum doctrinam, vitam, artem et sapientiam, qua de re loquantur et tractent aut quid tandem id sit, quod exerceant.

Perceptis itaque diligenter hisce tribus articulis deinceps consentaneum est etiam nosse, quid de sacramentis nostris dicendum aut sentiendum sit, quae Christus ipse nobis utenda instituit nempe de baptismo et corpore et sanguine Jesu

---

7 erzählen (so stets) Konk   soll > B   9 des Abends B Konk   39 beschreiben B Konk

5 Haec sunt capita summe necessaria, quae Conc   6 perdiscenda Conc   7 recitanda Conc   8 assidue assuescendi] quotidie assuefaciendi Conc   10 accubuerint] accesserint Conc   15/6 imperium > Conc   20 unus > Conc   20/1 hominum aliquis Conc   23/4 valde bis Minerva] ruditer Conc   25 simplicissime Conc   29 fuerint) + hujusmodi Conc   quodam > Conc   38 nobis utenda > Conc   39 et (1.) + de Conc

---

¹) Unten 673₇, 675₄₀f., 689₂: „Dein Reich komme" („Zukomme Dein Reich") geht auf ältere Tradition zurück; vgl. Meyer, Kommentar 97) „wie im" „also auch" „von dem". ²) aufsagen   ³) Vgl. dazu WA XXXI¹ 458 und Albrecht, L.s Katechismen 36f.   ⁴) auf keinen Fall   ⁵) leichtverständlich   ⁶) zusammengefaßt   ⁷) „Luther hat sich nicht bemüht, die apostolische Herkunft besonders zu verfechten"; W. Köhler, Luther und die Kirchengeschichte II 96; Meyer, Kommentar 260. 1539 äußerte Luther bei Tisch: „Symboli verba ab apostolis esse constituta credo, die bei einander gewesen, dies feine symbolum so kurz und tröstlich gemacht haben". WATR IV Nr. 4334. Vgl. auch WA XXXIV 465₁₄f., XLI 275₂₉₋₃₄, 276₂₉₋₃₃ (XXI 523 und LII 343₁ ₄, 33 37). Vgl. auch unten 692₁ ₄.   ⁸) Gelehrsamkeit   ⁹) begriffen   ¹⁰) Matth. 28, 19.   ¹¹) Mark. 16, 16.   ¹²) sprichwörtliche Redensart; mit schlichtem Verstande, einfach; vgl. Cic., De amic. 5, 19.

am End ihres Evangelions, wie Christus seinen Jüngern die Letze gab¹ und sie abfertiget².

Christi. Cumprimis vero refert scire verba Matthaei ac Marci postremis capitibus suorum evangeliorum relata, quemadmodum Christus ex hoc mundo discedens ultimo munere suos affecerit discipulos eosdemque a se donatos dimiserit.

Von der Taufe.

De baptismo.

'Gehet hin und lehret alle Völker und täufet sie im Namen des Vaters und des Sohns und des heiligen Geists.' 'Wer da gläubt und getauft wird, der wird selig werden, wer aber nicht gläubt, der wird verdammpt werden³.'

Ite, docete omnes gentes baptizantes eos in nomine patris et filii et spiritus sancti. Qui crediderit et baptizatus fuerit, salvus erit. Qui vero non crediderit, jam judicatus est.

Soviel ist gnug einem Einfältigen aus der Schrift von der Taufe zu wissen, desgleichen auch vom andern Sakrament mit kurzen, einfältigen Worten als nämlich den Text Sankt Pauli⁴.

Tantum ex scriptura sacra de baptismo simplicem christianum nosse sufficit. Similiter et de secundo sacramento paucis et simplicibus verbis, nempe ex Pauli prima ad Corinthios epistola cap. 11.

Vom Sakrament.

De sacramento.

Unser Herre Jesus Christus in der Nacht, als er verraten ward, nahm das Brot, dankt' und brach's und gab's seinen Jüngern und sprach: 'Nehmet hin und es'set, das ist mein Leib, der fur Euch gegeben wird. Solchs tuet zu meinem Gedächtnis.'

Dominus noster Jesus Christus, in qua nocte tradebatur, accepit panem et gratias agens fregit et dixit: 'Accipite et manducate, hoc est corpus meum, quod pro vobis tradetur. Hoc facite in meam commemorationem.'

Desselbengleichen auch den Kilch nach dem Abendmahl und sprach: 'Dieser Kilch ist ein neues Testament in meinem Blut, das fur Euch vergossen wird zu Vergebung der Sunden. Solchs tut, so oft Ihr trinkt, zu meinem Gedächtnis⁵.'

Similiter et calicem, postquam coenavit, dicens: 'Hic calix novum testamentum est in meo sanguine. Hoc facite, quotiescunque bibetis, in meam commemorationem.'

Also hätte man überall⁶ fünf Stück⁷ der ganzen christlichen Lehre, die man immerdar

Ita passim quinque partes esse videmus totius christianae doctrinae, quas

---

2 Letze A B   30 das neue Konk   33 Ihr's Konk

3 suorum > Conc   13 jam bis est] condemnabitur Conc   20 De coena Domini Conc   23 fregit + deditque discipulis suis Conc   31 biberitis Conc

---

¹) verabschiedete (Letze = Abschied)   ²) aussandte   ³) Unten 691₂₇f., ₃₄f.: „hin in alle Welt, lehret alle Heiden" „werden" (2×) fehlt. Der obige Text (Zl. 9—14) entspricht genau der Fassung in der Lutherschen Bibelübersetzung.   ⁴) 1. Kor. 11, 23—25. ⁵) Unten 708 ₁₇₋₂₀, ₂₄₋₃₀: „da er" „nahm er" „hin, esset" „Desselbengleichen nahm er" „Abendmahl, dankt' und gab ihn den und sprach: Nehmet hin und trinket alle draus. Dieser" „das neue" „zur".   ⁶) im ganzen   ⁷) Vgl. oben 554 Anm. 7.

treiben soll und von Wort zu Wort fodern und verhören. Denn verlaße Dich nicht drauf, daß das junge Volk alleine aus der Predigt lerne und behalte. Wenn man nu solche Stücke wohl weiß, so kann man darnach auch etliche Psalmen oder Gesänge[1], so darauf gemacht sind, furlegen zur Zugabe und Stärke[2] deßelbigen und also die Jugend in die Schrift bringen und täglich weiter fahren[3].

Es soll aber nicht an dem gnug sein, daß man's alleine den Worten nach fasse und verzählen[4] künnde, sondern laße das junge Volk auch zur Predigt gehen, sonderlich auf die Zeit, so zu dem Katechismo geordnet[5], daß sie es hören auslegen und verstehen lernen, was ein iglich Stück in sich habe, also, daß sie es auch können auffagen, wie sie es gehört haben, und fein richtig antworten, wenn man sie fraget, auf daß es nicht ohn Nutz und Frucht geprediget werde. Denn darümb tuen wir den Fleiß, den Katechismum oft furzupredigen, daß man solchs in die Jugend bleue[6], nicht hoch[7] noch scharf[8], sondern kurze und aufs einfältigst, auf daß es ihn wohl eingehe und im Gedächtnis bleibe. Derhalben wollen wir nu die angezeigten Stücke nacheinander fur uns nehmen und aufs deutlichst davon reden, soviel not ist.

subinde exercendas esse putamus atque ad verbum a pueris exigendas et audiendas. Neque enim est, quod speres juventutem ex solis concionibus ista comprehensuram aut sensibus et memoriae reposituram. His ergo probe perspectis et cognitis non incommode atque intempestive aliquot etiam psalmi et cantilenae in hoc formati et expositi proponi possunt pueris, ut hisce prius perceptis quasi roborentur et confirmentur utque hac ratione juventus scripturae legendae et exercendae assuescat ac quotidie majoribus incrementis aucta progrediatur.

Sed non in hoc contenti esse debemus, ut haec tantum verbotenus percipiantur ac recitentur, sed hoc etiam curae tibi sit et sollicitudini, ut juventus sedulo intersit concionibus, praesertim iis temporibus, quae exercendo catechismo destinata sunt, ut haec exposita audiant, et quid singula quaeque sibi velint, non oscitanter discant intelligere, adeo ut prompte audita recitare calleant neque non interrogati callide respondere queant, ne citra fructum ista pro concionibus doceantur. Eam enim ob rem nos hanc operam hoc diligentius sumimus catechismum subinde praedicantes, ut haec juventuti diligenter inculcentur, nullo quidem orationis splendore aut apparatu rhetorico neque alto ingenii acumine, sed plane paulo rudius atque simplicius, ut hoc facilius et fidelius dicta nostra percipiant et tenacius memoriae infixa haereant. Quocirca supra memoratos articulos jam nunc singulatim tractandos in manus sumemus atque de

---

20 zu > Konk

1 exercendas esse putamus] exerceri Conc   2/3 exigi et audiri oportet. Conc   8/9 cantilenae] hymni Conc   19 et sollicitudini > Conc   23 quaeque sibi velint] in se comprehendant Conc   24 oscitantes Conc   25/6 neque non] et Conc   26 callide] scite Conc   34/5 plane *bis* simplicius] breviter et simplicissime Conc   36 percipiantur Conc

---

[1]) Zu den Liedern über die 10 Gebote und das Vaterunser vgl. WA XXXV 135—141 und 270—281.   [2]) Befestigung   [3]) vorgehen   [4]) auffagen   [5]) Am 29. November 1528 äußert Luther in einer Predigt: „Consueti sumus hactenus et ordinavimus quater quolibet anno tirocinium et fundamenta christianae cognitionis et vitae docere, quolibet quartali duas hebdomadas, in una hebdomade 4 dies hora 2. pomeridiana praedicari" (WA XXVII 444 $_{3-5}$); vgl. dazu auch WA XXVIII 510 $_9$f., 595 $_{10}$, 772f. zu 510 $_9$f. und 595 $_{10}$; XXIX 146 $_{11}$; XXXI 441, 548, 658; XXXII 209 $_{29}$f.; XXXIV^{II} 195 $_{14-20}$, 449 $_{20-30}$; Mathesius, Luthers Leben in Predigten 125 $_{10-14}$; Buchwald, Die Entstehung der Katechismen Luthers und die Grundlage des großen Katechismus (1894) XI; Meyer, Kommentar 48. Die Katechismuspredigt in den Quatemberzeiten wurde auch in der Wittenberger Kirchenordnung von 1533 angeordnet.   [6]) der Jugend einbläuen   [7]) schwer verständlich   [8]) gelehrt

Das erste Gepot[1].

Du sollt nicht andere Gotter haben.

Das ist, Du sollt mich alleine fur Deinen Gott halten. Was ist das gesagt[2] und wie verstehet man's? Was heißet ein Gott haben oder was ist Gott? Antwort: Ein Gott heißet das, dazu man sich versehen soll alles Guten und Zuflucht haben in allen Nöten. Also daß ein Gott haben nichts anders ist, denn ihm von Herzen trauen und gläuben, wie ich oft[3] gesagt habe, daß alleine das Trauen und Gläuben des Herzens machet beide Gott und Abegott. Ist der Glaube und Vertrauen recht, so ist auch Dein Gott recht, und wiederümb, wo das Vertrauen falsch und unrecht ist, da ist auch der rechte Gott nicht. Denn die zwei gehören zuhaufe[4], Glaube und Gott. Worauf Du nu (sage ich) Dein Herz hängest und verlässest, das ist eigentlich Dein Gott.

Darümb ist nu die Meinung dieses Gepots, daß es fodert rechten Glauben und Zuversicht des Herzens, welche den rechten einigen Gott treffe und an ihm alleine hange. Und will soviel gesagt haben[5]: siehe zu und lasse mich alleine Deinen Gott sein und suche je keinen andern; das ist, was Dir manglet an Gutem, des versiehe Dich zu mir und suche es bei mir und, wo Du Unglück und Not leidest, kreuch und halte Dich zu mir. JCH, ich will Dir gnug geben und aus aller Not helfen, laß nur Dein Herz an keinem andern hangen noch rugen[6].

Praeceptum I.

iis, quantum fieri poterit quantumque necessitas postulaverit, significantissime verba faciemus.

Non habebis Deos alienos coram me.

Hoc est, me solum pro Deo tuo habebis ac coles. Quid vero hisce verbis sibi vult aut quomodo hoc intelligendum est? Quid est unum habere Deum aut quid est Deus? Responsio: Deus est, de cujus bonitate et potentia omnia bona haud dubitanter tibi polliceris et ad quem quibuslibet adversis rebus atque periculis ingruentibus confugias, ita ut Deum habere nihil aliud sit quam illi ex toto corde fidere et credere. Quemadmodum saepenumero a me dictum est solam cordis fidem atque fiduciam et Deum et idolum aeque facere et constituere. Quod si fides et fiducia et recta et sincera est, Deum rectum habebis; contra, si falsa fuerit et mendax fiducia, etiam Deum tuum falsum ac mendacem esse necesse est. Siquidem haec duo, fides et Deus, una copula conjungenda sunt. Jam in quacunque re animi tui fiduciam et cor fixum habueris, haec haud dubie Deus tuus est.

Quare hujus praecepti sensus hic est, ut veram cordis in Deum fidem atque fiduciam exigat a vero et unico illo Deo non aberrantem, sed illi soli constanter adhaerentem, vultque plane ea dicere: Fide ac mihi permitte, ut ego solus Deus sim nec omnino extra me alium quaerere sustineas, hoc est, quarumcunque rerum inopia laboraveris, easdem de mea munificentia tibi polliceris et apud me quaeras, volo. Ac ubicunque pressus infortunio adversa pateris, ad me protinus opem imploraturus confugito. Ego, ego,

---

13 nicht Konk   35 zu > B   40 ich > A B

1 quantumque] et Conc   9 aut] ac Conc   10 unum > Conc   11 est (2.) + et vocatur Conc   13 haud dubitanter] certo Conc   15 ita > Conc   19 solam] quod sola Conc   fidem atque > Conc   fiducia   et > Conc   20 Deum + pariter Conc   et] atque Conc   20/1 aeque *bis* constituere] faciat et constituat Conc   24 ac] et Conc   31 in Deum > Conc   32 illo > Conc   34 vultque] ac idem Conc   ea] vult Conc   35/6 Fide *bis* sim] Hoc vide cures, ut me solum Deum tuum esse statuas Conc   37 sustineas] coneris Conc

---

[1]) Luther hat den Dekalog öfters ausgelegt; vgl. WA I 250—256, 258—265, 398—521; II 60—64; VI *204—276; VII *205—214; VIII 542—554; XII 377—388; XI 30—48; XVI 422—528; XXX^I 2—9, 27—43, 58—85 (Grundlage für den großen Katechismus); XXXVIII 365—373; vgl. auch WA XXXII 358 f.   [2]) bedeutet das   [3]) Vgl. z. B. WA XXVIII 679 ff. und 700.   [4]) zusammen   [5]) das bedeutet soviel als: [6]) ruhen

Das muß ich ein wenig grob ausstreichen[1], daß man's verstehe und merke bei gemeinen Exempeln des Widerspiels[2]. Es ist mancher, der meinet, er habe Gott und alles gnug, wenn er Geld und Gut hat, verläßt und brüstet sich drauf so steif und sicher, daß er auf niemand nichts gibt. Siehe, dieser hat auch einen Gott, der heißet[3] Mammon, das ist Geld und Gut, darauf er alle sein Herz setzet, welchs auch der allergemeinest[4] Abgott ist auf Erden. Wer Geld und Gut hat, der weiß sich sicher, ist fröhlich und unerschrocken, als sitze er mitten im Paradies, und wiederümb, wer keins hat, der zweifelt und verzagt, als wisse er von keinem Gott. Denn man wird ihr gar wenig finden, die guts Muts seien, nicht trauren noch klagen, wenn sie den Mammon nicht haben; es klebt und hängt der Natur an bis in die Gruben[5].

Also auch, wer darauf trauet und trotzet, daß er große Kunst[6], Klugheit, Gewalt, Gunst, Freundschaft[7] und Ehre hat, der hat auch einen Gott, aber nicht diesen rechten einigen Gott. Das siehest Du abermal dabei, wie vermessen, sicher und stolz man ist auf solche Güter und wie verzagt, wenn sie nicht furhanden oder entzogen werden.

inquam, affluenti omnium rerum copia te implebo uberrime atque etiam periclitantem ex omnibus malis eripiam. Tantum hoc cave sedulo, ne cor tuum prava fiducia ulli alteri apponas, unde perversa spe concepta quiesceret.

Hoc aliquanto planius ac rudius mihi explicandum est, ut exemplis sumptis a contrario rectius intelligatur, quid haec sibi velint. Equidem permultos videre licet existimantes sese et Deum et omnia abunde habere, quando ante divitiis abundant et opibus, quibus confisi adeo insolenter intumescunt, adeo constanter et secure his fruuntur, ut nemini non audeant contumaciter oppedere. Ecce, ii quoque Deum habent, sed cui nomen est Mammona, hoc est opes et pecunia, cui totius cordis adhaerent fiducia, in quem omnem spei suae summam collocarunt quaeque omnium communissimum in terris idolum est. Qui pecunia aut opibus large instructus est, ille re sua probe constabilita securum se non ignorat, animo laeto est atque interrito, quasi in medio paradiso vitam ageret omnium felicissimam. Contra qui aestive et modice nummatus est, ille animi dubius omnem spem propemodum desponso animo abjicit, ac si nihil prorsus de ullo Deo vel tantillum sibi constaret. Perquam enim pauci inveniuntur, qui bono sunt animo nullaque affecti tristitiae nubecula aut quaerimonia, qui divitiarum egestate gravati sunt. Haec enim rei pecuniariae cura atque cupiditas humanam naturam ad sepulcrum usque indivulse comitari consuevit.

Ita quoque, qui spei aut fiduciae suae summam in hoc sitam habet, quod ceteros ingenio, eruditione, sapientia, potentia, favore, multorum amicitia ac dignitate anteeat, ille quoque Deum habet, sed non verum illum coelestem et unicum Deum. Hoc inde iterum haud difficulter perspicitur, quam confidenter,

---

21 zagt A B Konk   23 seien + und Konk.

4/5 prava fiducia > Conc   5/6 unde bis quiesceret] nec ab eo pendeas nec in eo conquiescas Conc   7 mihi > Conc   12 ante > Conc   15/6 nemini bis oppedere] neminis rationem aut respectum ullum habeant. Conc   20/1 collocant quique Conc   24 non ignorat] esse statuit Conc   25 animo + adeo Conc   est > Conc   26 agat Conc   27/8 aestive bis est] opibus et pecunia caret Conc   29/30 propemodum bis animo > Conc   31 constet Conc   31/2 Perquam bis qui] Etenim paucos admodum invenias, qui sint Conc   33 sunt > Conc   33/5 nullaque bis sunt] quique nihil tristentur aut conquerantur, si destituat eos Mammona Conc   38 comitari consuevit] comitatur. Conc

---

[1]) deutlich erklären   [2]) an Beispielen des Alltags, wie man sich ganz entgegengesetzt verhält   [3]) Vgl. Matth. 6, 24.   [4]) allergewöhnlichste   [5]) Grab   [6]) Gelehrsamkeit   [7]) Verwandtschaft

Darümb sage ich abermal, daß die rechte Auslegung dieses Stücks sei, daß ein Gott haben heißet etwas haben, darauf das Herz gänzlich trauet.

Item, siehe, was wir bisher getrieben und getan haben in der Blindheit unter dem Bapsttumb. Wenn imand ein Zahn wehe täte, der fastet und feiret Sankt Apollonia[1]; fürchtet er sich fur Feursnot, so machet er Sankt Lorenz zum Nothelfer[2]; fürchtet er sich fur Pestilenz, so gelobt er sich zu Sankt Sebastian oder Rochio[3], und des Greuels unzählich viel mehr, da ein iglicher seinen Heiligen wählet, anbetet und anrufet in Nöten zu helfen. Daher[4] gehören auch, die es gar so grob treiben und mit dem Teufel ein Bund machen, daß er ihn Geld gnug gebe oder zur Buhlschaft[5] helfe, ihr Viech bewahre, verloren Gut wieder schaffe etc., als die Zauberer und Schwarzkünstige[6]; denn diese alle setzen ihr Herz und Vertrauen anderswo denn auf den wahrhaftigen Gott, versehen sich kein Guts zu ihm, suchen's auch nicht bei ihm.

Also verstehest Du nu leichtlich, was und wieviel dies Gepot fodert, nämlich das

secure et insolenter hisce rebus abundantes agere soleant, rursus quam desperanter, quam abjecte et humiliter, si haec aut non adsunt aut aliquando casu fortuito subtrahuntur. Quare iterum dico veram hujus particulae interpretationem esse Deum habere nihil aliud esse quam habere aliquid, cui cor humanum per omnia fidere soleat.

Ad haec vide, cuiusmodi hactenus rerum portenta sub papatu caecitate percussi admiserimus. Dolebat alicui denticulus, ille protinus ob honorem divae Apolloniae voluntario jejunio carnem suam macerabat. Quod si in metu erat, ne forte domus sua aliquando conflagraret incendio, protinus in Laurentii clientelam ac patrocinium semet tradebat. Metuebat aliquis contagium pestilentiae, illico nuncupatis votis profectionem ad S. Sebastianum aut Rochium suscipiebat et id genus portenta atque abominationes innumerabiles, quibus fiebat, ut quisque peculiarem divum sibi colendum eligeret, ad quem pressus necessitate preces fundebat currebatque. Huc pertinent etiam illi, qui omnem modum hisce in rebus excedebant ac cum diabolo foedus inibant, ut eos ampliter ditaret aut amicarum compotes faceret aut pecus a contagione servaret incolume aut rem perditam restitueret, cujus generis sunt incantatores, venefici et magicarum artium periti. Hi enim omnes cordis sui fiduciam alio collocant quam in verum Deum, de quo nihil boni sibi persuadent neque apud illum quaeritant quicquam boni.

Ad hunc modum jam haud obscure intelligis, quid et quantum hoc praecepto

---

3 si] quibus Conc   5 dico, + quod Conc   6 vera Conc   interpretatio Conc
7 esse > Conc   esse (2.)] sit Conc   10 vide bis hactenus] considera quaeso, quae nos Conc   11 papatu + horrenda Conc   16 domus] possessio Conc   22 suscipiebat] instituebat Conc   28 excedunt Conc   29 ineunt Conc   30 ditet Conc   31 faciat Conc   servet Conc   32 restituat Conc

---

[1]) Märtyrerin, † 9. Febr. 248 oder 249. Da ihr die Zähne ausgeschlagen wurden, gilt sie als Nothelferin gegen Zahnschmerzen; „Annosam ejus virginitatem et ardentissimam fidem nemo est qui meminerit" (WA I 416₁₂f., WABr I 83₂₁).   [2]) Römischer Diakon und Märtyrer, verbrannt 10. August 258. Über ihn vgl. WA I 414 17—24; II *70₃f., WABr I 83₂₇.   [3]) Sebastian, Märtyrer, † 20. Januar (Anf. des 4. Jahrhunderts?); er soll mit Pfeilen erschossen worden sein. St. Rochus (1295—1327) aus Montpellier; er widmete sich der Pflege der Pestkranken. Über diese beiden Heiligen redet Luther öfter, z.B. WA I 412, WABr I 83₂₇f. Vgl. auch W.¹ XXXII 252 und XXXVI 146 14f. und 29.   [4]) Hierher   [5]) Geliebten   [6]) Vgl. dazu Luthers Ausführungen (1516) über die Teufelskünste (WA I 408—410); einzelne der hier berichteten Teufelsgeschichten (von Wildfeuer, von dem Mönch und dem Juden, WA I 409 15—17, TR III, Nr. 3601) wurden später auf Dr. Faust übertragen. Vielleicht dachte Luther bei obiger Stelle auch an Dr. Faust, den er in Tischreden mehrfach erwähnt; vgl. E. Kroker, Doktor Faust und Auerbachs Keller (1903) 40—49.

ganze Herz des Menschen und alle Zuversicht auf Gott allein und niemand anders! Denn Gott zu haben, kannst Du wohl abnehmen², daß man ihn nicht mit Fingern ergreifen und fassen noch in Beutel stecken oder in Kasten schließen kann. Das heißet ihn aber gefasset, wenn ihn das Herz ergreifet und an ihm hanget. Mit dem Herzen aber an ihm hangen, ist nichts anders, denn sich gänzlich auf ihn verlassen. Darümb will er uns von allem andern abwenden, das außer ihm ist, und zu sich ziehen, weil er das einige ewige Gut ist. Als sollt' er sagen: was Du zuvor bei den Heiligen gesucht oder auf den Mammon und sonst vertrauet hast, das versiehe Dich alles zu mir und halte mich fur den, der Dir helfen und mit allem Guten reichlich überschütten will.

Siehe, da hast Du nu, was die rechte Ehre und Gottesdienst ist, so Gott gefället, welchen er auch gepeut bei ewigem Zorn, nämlich, daß das Herz kein andern Trost noch Zuversicht wisse denn zu ihm, lasse sich auch nicht davon reißen, sondern darüber wage und hindansetze alles, was auf Erden ist. Dagegen wirst Du leichtlich sehen und urteilen, wie die Welt eitel falschen Gottesdienst und Abgötterei treibt. Denn es ist nie kein Volk so rauchlos³ gewesen, das nicht einen Gottesdienst aufgerichtet und gehalten habe. Da hat idermann zum sonderlichen Gott aufgeworfen⁴, dazu er sich Guts, Hülfe und Trost versehen hat.

exigatur, nimirum totum cor hominis omnemque erga Deum atque adeo eundem solum fiducia. Qui enim Deus haberi possit, ipse perfacile aestimare potes, quod neque digitis apprehendi nec in marsupium ut moneta condi nec in cistam ut vasa argentea concludi possit. Ita vero dicitur haberi Deus, 14 quando corde apprehenditur eique soli hominis animus constanti atque inconcussa adhaeret fiducia. Ceterum corde 15 illi adhaerere nihil aliud est quam eidem per omnia fidere. Eam ob rem ab omnibus aliis, qui extra illum sunt, nos conatur divellere atque abstrahere et ad se solum, cum unicum illud et immortale bonum sit, attrahere, quasi ad hunc modum diceret: Quicquid antehac e divorum favore ac benevolentia tibi proventurum pollicitus es aut si quam in Mammona aut aliis rebus spem atque fiduciam reposuisti, omne illud jam tibi certa persuasione de me pollicere meque eum esse haud dubitanter existimes, qui tibi laboranti opem laturus sit teque omnibus rebus amplissime florentem et abundantem facturus.

Ecce jam tenes, quinam verus Dei 16 cultus sit quique honor illi habendus quique Deo gratus et acceptus sit et quem ipse obtinendum aeternae maledictionis supplicio praeceperit. Nimirum, ut cor hominis nullam aliam consolationem sciat, nullam aliam fiduciam quam ipsum solum neque ullo pacto ab hoc se divelli patiatur, sed potius de omnibus, quae sub sole sunt, semel in periculum veniat adeoque ipsius animae citius jacturam faciat. Et hoc facile jam 17 videbis aut judicabis, quomodo mundus nihil aliud quam falsum Dei cultum passim constituerit atque exerceat. Nunquam enim uspiam fuit usque adeo effera et ferina hominum natio, quae non aliquem Dei cultum constituerit et servaverit. Omnes enim certatim eum Deum sibi colendum delegerunt, ex quo aliquid emolumenti, opis atque solatii speraverunt.

---

2 omnisque Conc   2/3 atque *bis* solum] et neminem alium Conc   3 Qui] Quo pacto Conc   8 haberi + et apprehendi Conc   14 qui] quae Conc   28 tenes] habes Conc   29 cultus] honos Conc   29/30 quique *bis* Deo] et cultus Conc   30 gratus + illi Conc   sit et > Conc   30 quem] quemque Conc   31 ipse obtinendum] sub Conc   32 supplicio] poena praestandum Conc   praecipit Conc   34 sciat *hinter* fiduciam Conc   38 animae] vitae Conc   39 faciat, + quam ut hunc Deum deserat. Conc   Et hoc] Jam vicissim Conc   jam > Conc   40 aut] ac Conc   41 cultum + et idolatriam Conc   42/3 Nunquam] Nulla Conc

¹) Vgl. unten 698₂₀ ff. und 715₇ ff.   ²) erkennen   ³) ruchlos   ⁴) erhoben

Als nämlich[1] die Heiden, so ihr Datum[2] auf Gewalt und Hirrschaft stelleten, wurfen ihren Jupiter zum höhisten Gott auf[3], die andern, so nach Reichtumb, Glück oder nach Lust und guten Tagen stunden[4], Herculem, Mercurium[5], Venerem oder andere, die schwangere Frauen Dianam oder Lucinam[6] und so fort, machet ihm i'dermann zum Gott, dazu ihn sein Herz trug[7]. Also daß eigentlich, auch nach aller Heiden Meinung, ein Gott haben heißet trauen und gläuben, aber daran feilet es[8], daß ihr Trauen falsch und unrecht ist; denn es ist nicht auf den einigen Gott gestellet, außer welchem wahrhaftig kein Gott ist in Himmel noch auf Erden. Darümb die Heiden eigentlich ihren eigen erdichten Dünkel und Traum von Gott zum Abgott machen und sich auf eitel nichts verlassen. Also ist es ümb alle Abgötterei getan[9]; denn sie stehet[10] nicht allein darin, daß man ein Bild aufrichtet und anbetet, sondern fürnemlich im Herzen, welchs anderswohin gaffet, Hülfe und Trost suchet bei den Kreaturn, Heiligen oder Teufeln und sich Gottes nicht annimmpt noch soviel Guts zu ihm versiehet, daß er wolle helfen, gläubet auch nicht, daß von Gott komme, was ihm Guts widerfähret.

Darüber[11] ist auch ein falscher Gottesdienst und die hohiste Abgötterei, so wir bisher getrieben haben und noch in der Welt regieret, darauf auch alle geistliche Stände ge-

Inde videmus gentiles, quorum prora ac puppis (ut vulgato fertur proverbio[12]) in opulentia, dominatu, imperiis sita fuit, pro summo Deo cumprimis coluisse suum Jovem. Porro alii, quorum scopus erant divitiae, tum prosper rerum successus aut qui sectabantur voluptates et delicias, Herculem, Mercurium, Venerem aliosque religiose venerabantur. Mulieres uterum ferentes Dianam seu Lucinam sibi pro numine vendicabant. Atque ita deinceps quisque hunc sibi Deum venerandum proponebat, ad quem corde et animo rapiebatur. Itaque gentilium quoque opinione Deum habere nihil aliud est quam fidere et credere. In hoc tamen errant et falluntur, quod eorum fiducia falsa et mendax esse soleat, neque enim ad Deum verum recta tendit aut ordinata est, extra quem pro certo constat nullum alium Deum esse neque in coelo neque in terra. Quocirca gentes plane suam opinionem et somnium, quod de Deo conceperunt, pro Deo sibimet constituunt spemque suam prorsus in minus nihilo habent repositam. Non secus quoque cum omnibus aliis idolatriis agitur. Neque enim in hoc solo consistit, ut simulacrum aliquod erectum adoretur, sed in corde latet quod alio intentum est opem ac consolationem apud creaturas, divos aut diabolos quaeritans, Deum nihili faciens ac ne tantillum quidem benevolentiae aut humanitatis de illo sibi persuadens, ut velit opitulari. Multo minus credit Dei liberalitate et munificentia sibi contingere, quicquid bonarum rerum uspiam illi acciderit.

Praeter haec alius adhuc superest falsus et erroneus Dei cultus summam in sese complectens idolatriam, quam hactenus strenue exercuimus, et adhuc

---

15 im A B Konk   23 gaffet] hanget A A B

14 rapiebatur] ferebatur Conc   Ita Conc   18/9 esse soleat] est Conc   23 suam + propriam et effictam persuasionem seu Conc   25 Deo] idolo Conc   26 minus] mere Conc   27/8 Non *bis* agitur] Ea plane omnis idolatriae est ratio Conc   29 solum Conc   30 corde + potissimum Conc   33 nihili faciens] non curans Conc   34/5 benevolentiae aut humanitatis] benignitatis Conc   36 ut] quod Conc

---

[1]) Wie z. B.   [2]) Zuversicht   [3]) erhoben   [4]) trachteten   [5]) Beide wurden von den Römern als Spender des Reichtums und Wohlstands verehrt.   [6]) Die an das Lebenslicht (lux) fördernde Geburtsgöttin, öfters mit Juno identifiziert; vgl. zum Ganzen auch WA XXVIII 609$_{10}$—610$_2$; XXXI^I 230$_{2-4}$; XLI 653$_9$f.   [7]) zu dem ihn sein Herz zog   [8]) das ist der Mangel   [9]) bestellt   [10]) besteht   [11]) Außerdem   [12]) Cicero, Ad. fam. XVI 24$_1$: „mihi prora et puppis, ut Graecorum proverbium est ⟨πρῷρα καὶ πρύμνη⟩, fuit a me tui dimittendi"; „deren erster und letzter Beweggrund".

gründet sind, welche allein das ¹ Gewissen betrifft, das da Hülfe, Trost und Seligkeit suchet in eigenen Werken, vermisset sich, Gott den Himmel abezuzwingen, und rechnet, wieviel es gestiftet, gefastet, Messe gehalten hat etc., verlässet sich und pochet darauf, als wolle es nichts von ihm geschenkt nehmen, sondern selbs erwerben oder überflüssig¹ verdienen, gerade als mußte er uns zu Dienst stehen und unser Schuldner, wir aber seine Lehenherrn sein. Was ist das anders, denn aus Gott einen Götzen, ja einen Apfelgott² gemachet und sich selbs für Gott gehalten und aufgeworfen? Aber das ist ein wenig zu scharf³, gehöret nicht für die jungen Schüler.

Das sei aber den Einfältigen gesagt, daß sie den Verstand⁴ dieses Gepots wohl merken und behalten, daß man Gott alleine trauen und sich eitel Guts zu ihm versehen und von ihm gewarten soll, als der uns gibt Leib, Leben, Essen,¹ Trinken, Nahrung, Gesundheit, Schutz, Friede und alle Notdurft zeitlicher und ewiger Güter, dazu bewahret für Unglück und, so uns etwas widerfährt, rettet und aushilft, also daß Gott (wie gnug gesagt) alleine der ist, von dem man alles Guts empfähet und alles Unglücks los wird. Daher auch, achte ich, wir Deutschen Gott eben mit dem Namen von Alters her nennen (feiner und artiger⁵ denn kein andere Sprache) nach dem Wortlin „gut"⁶, als der ein ewiger Quellbrunn ist, der sich mit eitel

passim in mundo viget ec regnat, cujus gratia omnes religiosorum ordines fundati sunt. Hic solam tangit conscientiam auxilium, consolationem et salutem quaerens ex operibus, tantum sibi sumens, ut perverse conetur et temere, velit nolit Deus, in coelum perrumpere subducens secum rationem, quarum fundationum autor exstiterit, quantum jejunaverit, quot missarum myriadas lectitaverit etc. Spem suam in hoc reponens atque ferociens, quasi nihil velit a Deo gratuito datum accipere, sed omnia sua opera ab ipso consequi et abundanter promereri, non secus ac si Deus nobis cogatur obnoxius esse servitio et debito et nos illius essemus domini. Quid hoc aliud est quam ex eo ficulnum simulacrum⁷ aut pomarium (quod ajunt) Herculem facere ac semetipsum pro Deo aestimare inque ejus locum sufficere? Sed haec acutiora sunt, quam ut pueris ac tenerae aetati proponenda sint.

Ceterum hoc dictum sit simplicioribus, ut hujus praecepti sensum probe notent ac retineant, ut Deo soli fidamus, de eodem optima quaeque nobis polliceamur et exspectemus tanquam de eo, qui nobis det corpus, donet vitam, largiatur victus alimoniam, offundat annonam, tribuat membrorum valetudinem, paret defensionem, conciliet pacem ac reliqua rerum temporalium et sempiternarum necessaria suppeditet. Ad haec, qui nos ab omnibus servet periculis et infortunio et, si quid adversi nobis evenerit, a malis nos clementer servet et potenter eripiat. Ita ut Deus (quemadmodum abunde dictum est) solus ille pro certo habendus sit, a cujus

---

41 Quellborn A AB

1/2 cujus gratia] in quem Conc   3 Hic] quique Conc   attingit Conc   3/4 conscientiam, + quae Conc   5 quaerit Conc   ex + propriis Conc   13 datum > Conc   18 eo] Deo Conc   ficulneum Conc   20 Herculem] Deum Conc   22 ut] quae Conc   26 ut] quo Conc

---

¹) durch überschüssige Werke Anderer; vgl. oben 424 Anm. 2 und 445 ₈f.
²) entstellt aus „Aftergott"? Am 15. Juni 1539 äußerte Luther über König Ferdinand: „Ille infelix rex, der Appelkönig, will Christum, regem regum, vertreiben" (TR IV, Nr. 4654); 1530 schreibt er: „Was wären's sonst fur Könige oder Herrn? Apfelkönige oder gemalete Herrn mußten's sein" (WA XXXI¹ 234 ₂f.); bei Seb. Franck begegnet der Ausdruck „Apfelkaiser"; der „Apfelbischof" war eine Fastnachtsfigur, z. B. in Berlin.   ³) Vgl. oben 559 ₃₀.   ⁴) Sinn   ⁵) treffender   ⁶) Diese beiden Worte (gotisch: guþ — gôþs; alt- und mittelhochdeutsch: got — guot) hängen etymologisch nicht zusammen. Die gleiche Ableitung findet sich auch WA L 150 ₁₄₋₁₈.   ⁷) Vgl. dazu Horaz, Sat. I 8, 1—3 (Bericht der Priapus-Statue auf dem Esquilin über ihre Geschicke): Olim truncus ficulnus, inutile lignum, Cum faber, incertus scamnum faceretne Priapum, Maluit esse deum. Deus inde ego.

Güte übergeußet¹ und von dem alles, was gut ist und heißet, ausfleußt.

Denn ob uns gleich sonst viel Guts von Menschen widerfähret, so heißet es doch alles von Gott empfangen, was man durch sein Befehl und Ordnung empfähet. Denn unsere Eltern und alle Oberkeit, dazu ein iglicher gegen seinen Nähisten, haben den Befehl, daß sie uns allerlei Guts tuen sollen, also daß wir's nicht von ihn, sondern durch sie von Gott empfahen. Denn die Kreaturn sind nur die Hand, Rohre² und Mittel, dadurch Gott alles gibt, wie er der Mutter Brüste und Milch gibt, dem Kinde zu reichen, Korn und allerlei Gewächs aus der Erden zur Nahrung, welcher Güter keine Kreatur keines selbs machen kann. ' Derhalben soll sich kein Mensch unterstehen, etwas zu nehmen oder zu geben, es sei denn von Gott befohlen, daß man's erkenne fur seine Gaben und ihm darümb danke, wie dies Gepot fodert. Darümb auch solche Mittel durch die Kreaturn Guts zu empfahen nicht auszuschlagen sind noch durch Vermessenheit andere Weise und Wege zu suchen, denn Gott befohlen hat; denn das hieße nicht, von Gott empfangen, sondern von ihm selbs gesucht.

Da sehe nu auf³ ein iglicher bei sich selbs, daß man dies Gepot fur allen Dingen groß und hoch achte und in keinen Scherz schlage⁴. Frage und forsche Dein eigen Herz wohl, so wirst Du wohl finden, ob es allein an Gott hange oder nicht. Hast Du ein solch Herz, das sich eitel Guts zu ihm versehen kann,

bonitate omnia bona consequimur, tum cujus ope et opera ab omnibus malis eripimur. Unde, ut mea fert opinio, 25 nos Germani usque a majoribus nostris (praeclarius profecto et pulchrius quam ulla alia lingua) Deum a bonitatis vocabulo sermone nobis vernaculo Deum vocamus, quippe qui fons perennis sit et perpetuo scaturiens, affluentissimis bonis exundans et a quo omne, quicquid uspiam boni est, dicitur et emanat.

Nam quanquam alioqui multis bonis 26 cumulemur et afficiamur ab hominibus, omnia tamen a Deo data et concessa dicuntur, quaecunque ejus jussu et ordine undequaque percipimus. Majores enim nostri et omnes, qui in magistratu sunt, ad haec quilibet erga proximum suum hoc in mandatis a Deo accepit, ut omnis generis officia nobis ostendant et exhibeant adeo, ut haec non ab illis, sed per illos a Deo peculiariter accipiamus. Siquidem creaturae tantum manus sunt et organa, quorum opera et adminiculo Deus omnia largitur hominibus. Quemadmodum matri dat ubera lactis foecunda, quibus infans lactandus et alendus est, et campo suam segetem et omnia fructuum genera, quibus vescimur, quorum nullum ulla creatura proprio conatu aut studio creare potest aut producere. Quapropter nemini conandum est aliquid dare aut accipere, nisi a Deo praeceptum fuerit, ut pro Dei munere cognoscatur illique pro sua munificentia, prout hoc praeceptum exigit, agatur gratia. Quamobrem tales occasiones a creaturis bona percipiendi non sunt respuendae neque temeraria praesumptione aliae rationes et viae investigandae, atque Deus praecipit. Hoc enim non esset a Deo accipere, sed a se ipso quaerere.

Jam quisque apud se exactam curam 28 habeat, ut hoc praeceptum ante omnia magni faciat neque jocum esse existimet. Perquire et expiscare ipse cor tuum diligenter et ita haud dubie invenies, num ex solo Deo pendeat nec ne. Quod si ejusmodi tibi est animus, qui mera bona

---

50 zu ihm] zu Gott aⁱ

1 bona > Conc   3 Unde] Atque hinc adeo est, Conc   opinio, + quod Conc
6 Deum + (Gott) Conc   6/7 vocabulo + (gut) Conc   7 Deum > Conc   11 dicitur et] et dicitur, Conc   19 acceperunt Conc   23 sunt, + canales, media Conc   26 lacte Conc   32 nemini bis est] nemo conari debet, ut vel Conc   33 dare aut accipere] accipiat vel det Conc   37/8 tales bis creaturis] et haec media, videlicet per creaturas Conc   39 respuenda Conc   41 atque] quam Conc   48 ita > Conc

¹) von ... überfließt   ²) Kanal   ³) Darauf achte nun   ⁴) nicht in den Wind schlage

sonderlich in Nö¹ten und Mangel, dazu alles gehen und fahren lassen, was nicht Gott ist, so hast Du den einigen rechten Gott. Wiederümb hanget es auf etwas anders, dazu sich's mehr Guts und Hülfe vertröstet denn zu Gott, und nicht zu ihm läuft, sondern fur ihm fleugt¹, wenn es ihm ubel gehet, so hast Du ein andern Abegott.

Derhalben, auf daß man sehe, daß Gott solchs nicht will in Wind geschlagen haben, sondern ernstlich drüber halten², hat er bei diesem Gepot zum ersten ein schrecklich Dräuen, darnach ein schöne, tröstliche Verheißung gesetzt, welches man auch wohl treiben soll und dem jungen Volk furbleuen³, daß sie es zu Sinne nehmen und behalten.

Denn ich bin der HERRE, Dein Gott, ein starker Eiferer⁴, der da heimsuchet der Väter Missetat an den Kindern bis ins dritte und vierde Gelied, die mich hassen, und tue Barmherzigkeit an viel tausend, die mich lieb haben und meine Gepot halten.⁵

Wiewohl aber diese Wort auf alle Gepot gehen (wie wir hernach hören werden⁶), so sind sie doch eben zu diesem Häuptgepot gesetzt, darümb daß daran am meisten liegt, daß ein Mensch ein recht Häupt habe; denn wo das Häupt recht gehet, da muß auch das ganze Leben recht¹ gehen, und wiederümb⁷. So lerne nu aus diesen Worten, wie zornig Gott ist über die, so sich auf irgend etwas außer ihm verlassen, wiederümb, wie gütig und gnädig er ist denen, die ihm allein von

de divina bonitate persuadere ac polliceri sibi potest, praecipue vero tempore necessitatis et inopiae, ad haec, qui omnia potest contemnere, quicquid non est Deus, non est, quod dubites te habere Deum illum verum et unicum. Contra, sin ex alio quopiam pendet, de quo plus boni et opis sperat quam ab ipso Deo sese consecuturum nec ad illum confugit, sed potius aufugit rebus minime secundis, credibile est te a Deo vero illum penitus alienum esse et idolum aliud impio animo colere.

Ut autem dilucide videamus Dei voluntatem non esse, ut hoc suum praeceptum habeatur contemptui, huic praecepto primum terribiles et horrendas minas adjecit ac deinceps amabiles et consolatorias pollicitationes apposuit, quae quoque multoties repetendae et juventuti etiam atque etiam inculcandae sunt, ut hasce imis sensibus reconditas tandem memori mente teneant.

Primi praecepti appendicis expositio.

Quia ego sum Dominus, Deus tuus, fortis zelotes visitans iniquitatem patrum in filios in tertiam et quartam generationem eorum, qui me oderunt, et faciens misericordiam in milia his, qui diligunt me et custodiunt praecepta mea.

Quanquam vero haec verba communiter ad omnia praecepta referenda sunt (ut infra audiemus), ea tamen huic praecepto, quod aliorum omnium caput est, peculiariter adjecta sunt, propterea quod permagni admodum referat hominem rectum habere caput. Salvis enim rebus capitis reliquam etiam vitam bene se habere necesse est et contra. Jam vero ex his verbis perdisce, quam implacabiliter Deus irascatur iis, qui rei cuipiam

---

16/7 bei diesem Konk   27 starker Eiferer] eiferiger Gott A A B

11 credibile] certum Conc   12 illum penitus > Conc   13 impio bis colere] habere Conc   14 dilucide > Conc   16 habeatur contemptui] floccipendatur, sed certo statuatur ipsum gravissime hujus praecepti autoritatem tueri velle Conc   huic + ipsi Conc

¹) flieht   ²) wachen   ³) eindringlich vorsprechen   ⁴) Vgl. Ex. 34, 14: „Der Herr heißt ein Eiferer darumb, daß er ein eiferiger Gott ist".   ⁵) Unten 641 ₃₈₋₄₄ der Text ganz abweichend; der obige Text stimmt mit einer Ausnahme („ich der" „bin ein") genau zu der Fassung in Luthers Bibelübersetzung (Ex. 20, 5).   ⁶) Unten 641 ₄₆ff. und 643 ₂₅ff.   ⁷) umgekehrt

ganzem Herzen trauen und gläuben, also daß der Zorn nicht abläſſet bis ins vierde Geſchlecht oder Gelied, dargegen die Wohltat oder Gute gehet über viel tauſend, auf daß man nicht ſo ſicher hingehe und ſich in die Schanze ſchlage¹, wie die rohen Herzen denken, es liege nicht große Macht dran². Er iſt ein ſolcher Gott, der es nicht ungerochen³ läſſet, daß man ſich von ihm wendet, und nicht aufhöret zu zürnen bis ins vierde Gelied, ſolang bis ſie durch und durch ausgerottet werden. Darümb will er gefürchtet und nicht verachtet ſein.

M 392 Das hat er auch beweiſet in allen Hiſtorien und Geſchichten, wie uns die Schrift reichlich anzeigt und noch tägliche Erfahrung wohl lehren kann. Denn er alle Abgötterei von Anfang her gar⁴ ausgerottet hat und ümb ihrenwillen beide Heiden und Jüden, wie er auch bei heutigem Tage allen falſchen Gottesdienſt ſtürzet, daß endlich alle, ſo darin bleiben, müſſen untergehen. Darümb, ob man gleich itzt ſtolze, gewaltige und reiche Wänſte findet, die auf ihren Mammon trotzen, ungeachtet⁵ Gott zürne oder lache, als die ſeinen Zorn wohl trauen auszuſtehen, ſo werden ſie es doch nicht ausführen, ſondern, ehe man ſich's verſiehet, zu Scheitern gehen⁶ mit allem, darauf ſie getrauet haben, wie alle andere untergangen ſind, die ſich wohl ſicherer und mächtiger gewußt haben⁷.

extra se fidere soleant, et contra, quanta clementia et misericordia eos prosequatur, qui ei soli toto corde fidere et credere sustinent. Adeo, ut iracundia sua nullum finem faciat saeviendi in tertiam et quartam generationem, et rursum, ut sua clementia multis milibus benefacere non desinat. Ne tam securo ambulemus animo nullam nostri aut harum rerum rationem habere curantes, quemadmodum impia illa planeque ferina corda cogitare consueverunt non ita multum referre, qua ratione vixerint. Ejusmodi Deus est, qui, si corde ab eo discessum fuerit, inultum non passurus est neque modum aut finem irascendi statuet usque in quartam generationem grassaturus, donec omnes funditus exstirpati sunt. Quamobrem vult esse formidini et non contemptui et ludibrio.

Hoc ipsum multis etiam historiis et illis memorabilibus abunde testatum fecit, cujus rei nobis passim scriptura facit indicium atque etiamnum id ipsum in dies singulos quotidianis experimentis verissimum esse discimus. Siquidem jam inde ab initio omnem idololatriam crudeliter exstirpavit hujusque gratia cum gentes tum Judaeos, sicut adhuc hodie omnem falsum Dei cultum inclementer perdidit, ut plane omnibus in ea permanentibus succumbendum sit. Quocirca, tametsi tam feroces et potentes inveniantur Sardanapali⁸ et Phalarides⁹, qui ipsos Persas divitiis superant¹⁰, quibus secure freti non admodum morantur Dei favorem aut excandescentiam ut ii, qui divinam iracundiam susque deque¹¹ ferant neque tamen perniciem effugient, sed dicto citius et praeter omnium exspecta-

---

33 ſeinem A B Konk

1 se fidere soleant] ipsum confidunt Conc   3/4 fidere *bis* sustinent] fidunt et credunt Conc   10 habere curantes] habentes Conc   14 corde > Conc   14/5 discessum fuerit] discedatur Conc   15 inultum + id Conc   patitur Conc   16 statuit Conc   16/7 in quartam usque Conc   17/8 grassaturus > Conc   18/9 exstirpentur Conc   19 et > Conc   20 et] aut Conc   27/8 crudeliter] funditus Conc   30/1 inclementer perdidit] evertit Conc   36/9 non *bis* perniciem] parum curant, irasciturne an arrideat Deus, ut qui iram ejus sustinere se posſe confidant, tamen tandem perniciem non Conc

---

¹) ſich dem Glücksfall überlaſſe, ſich in Gefahr begebe (Schanze = chance)   ²) darauf komme es nicht ſo ſehr an   ³) ungeſtraft   ⁴) ganz   ⁵) ohne Rückſicht darauf, ob   ⁶) untergehen   ⁷) gedünkt haben   ⁸) Sardanapalus, der letzte König von Aſſyrien, als Typus eines feigen und verweichlichten Praſſers. Er ließ ſich bei einem gegen ihn ausgebrochenen Aufſtande mit ſeinen Schätzen auf einem Scheiterhaufen verbrennen.   ⁹) Phalaris, ein wegen ſeiner Grauſamkeit berüchtigter Tyrann zu Agrigent (vgl. z. B. Cicero, De offic. II 7, 26). Vgl. auch oben 233.   ¹⁰) Die Perſer waren wegen ihres Reichtums berühmt.   ¹¹) gleichgültig; vgl. Cicero, Ad Attic. XIV 6, 1.

Und eben ümb solcher harten Köpfe willen, die da meinen, weil er zusiehet und lässet sie feste sitzen, er wisse nichts drümb[1] oder nehme sich's nicht an, muß er also drein schlagen und strafen, daß er's nicht vergessen kann bis auf ihre Kindskinder, auf daß sich idermann daran stoße[2] und sehe, daß ihm kein Scherz ist. Denn diese sind's auch, die er meinet, als er spricht: „die mich hassen", das ist, die auf ihrem Trotz und Stolz beharren. Was man ihn prediget oder sagt, wollen sie nicht hören; straft man sie, daß sie sich erkennen und bessern, ehe die Strafe angehe, so werden sie toll und töricht, auf daß sie den Zorn redlich verdienen, wie wir auch itzt an Bischofen und Fürsten täglich erfahren.

Wie schrecklich aber diese Dräuwort sind, so viel mächtiger Trost ist an der Verheißung, daß, die sich allein an Gott halten, sollen gewiß sein, daß er Barmherzigkeit an ihn erzeigen will, das ist eitel Guts und Wohltat beweisen, nicht allein für sie, sondern auch an ihren Kindern bis ins tausend und abermal tausend Geschlechte. Solchs sollt' uns ja bewegen und treiben, unser Herz auf Gott zu erwegen[3] mit aller Zuversicht, so wir begehreten alles Guts zeitlich und ewig zu haben, weil sich die hohe Majestät so hoch

tionem cum tota sua pompa, cui fidebant perperam, pessum ibunt, velut omnes ceteros crudeliter periisse videmus, qui majori freti potentia in utramvis, quod ajunt, aurem dormiebant[4]. Neque aliam ob causam ullam quam propter hosce duros et pervicaces homines ad tempus dissimulans et permittens eosdem secure et potenter sua frui tyrannide rebus omnibus ex sententia succedentibus, quasi nihil esset ipsis conscius aut sua parum interesset, tanta utitur plectendi saevitia, ut neque natorum natos oblivioni possit tradere, ut quisque haec repetens animo tantam animi securitatem et contemptum emendet et videat quam haec non habenda ludibrio. Nam illi ipsi sunt, quos putat et perstringit ita inquiens: 'Qui me oderunt', hoc est, qui propria freti fiducia insolenter intumescunt atque ferociunt. Quidquid pro contionibus illis dictum fuerit, audire recusant; corripiuntur, ut flagitiosam vitam emendent, priusquam obruantur supplicio, versi in furorem ac rabiem impotenter et candescunt, ut omnibus modis iracundiam optime promeruisse videantur. Quemadmodum hodie hujus rei certissimum documentum in episcopis et principibus nostris experimur.

Porro autem, quanto atrociores et terribiliores hae sunt comminationes, tanto vehementior est promissionis consolatio, nempe eos, qui semet totos omni tradunt fiducia, certo fore Deum sibi ipsis ostensurum misericordiam, hoc est omnis generis benefacta et officia exhibiturum et non illis solum clementem futurum, sed suis quoque natis longa propagatione in mille usque et iterum mille generations. Haec, inquam, commovere nos debent et impel-

---

19 angehet Konk   34 sollen's A B Konk

3 crudeliter > Conc   6/12 Neque bis tanta] Et ob hos ipsos duros et praefractos homines, qui existimant Deum, quia ad tempus connivet eosque secure sua potentia frui permittit, vel ignarum plane esse istarum rerum vel earum cura non affici, tanta necessario Conc   17/8 quam bis ludibrio] Deum non jocari. Conc   21/2 ferociunt, + qui, Conc   22/3 concione illis dicatur, Conc   23/8 corripiuntur bis videantur] qui correpti, ut, priusquam obruantur supplicio, flagitiosam vitam emendent, in furorem ac rabiem vertuntur, ut ita omnibus modis iram Dei egregie promereantur. Conc   34 vehementior] potentior Conc   35 eos] quod Deus iis Conc   semet + ei Conc   36/7 certo bis ostensurum > Conc   37 misericordiam + suam certo ostensurus sit, Conc   38 et officia > Conc   39/40 exhibiturum bis suis] exhibiturus non tantum vero illis ipsis, sed ipsorum Conc

---

[1]) er kümmere sich nicht darum   [2]) darüber stutzig werde   [3]) herzlich auf Gott vertrauen   [4]) Terenz, Heautontim. 342; unbesorgt sein.

erbeut¹, so herzlich reizet und so reichlich verheißet.

Darümb lasse es ihm ein iglicher ernstlich zu Herzen gehen, daß man's nicht achte, als habe es ein Mensch geredt. Denn es gilt Dir² entweder ewigen Segen, Glück und Seligkeit oder ewigen Zorn, Unglück und Herzleid. Was willt Du mehr haben oder begehren, denn daß er Dir so freundlich verheißet, er wolle Dein sein mit allem Guten, Dich schützen und helfen in allen Nöten? Es feilet aber leider daran, daß die Welt der keines nicht gläubt noch fur Gottes Wort hält, weil sie siehet, daß, die Gott und nicht den Mammon trauen, Kümmer und Not leiden und der Teufel sich wider sie sperret³ und wehret, daß sie kein Geld, Gunst noch Ehre, dazu kaum das Leben behalten. Wiederümb, die dem Mammon dienen, haben Gewalt, Gunst, Ehre und Gut und alle Gemach⁴ fur der Welt. Derhalben muß man solche Wort fassen eben wider solchen Schein gestellet⁵, und wissen, daß sie nicht liegen noch triegen, sondern wahr müssen werden.

Denke Du selbs zurück oder frage ihm nach und sage mir: die alle ihr Sorg und Fleiß darauf gelegt haben, daß sie groß Gut und Geld zusammen scharreten, was haben sie endlich⁶ geschaffet⁷? So wirst Du finden, daß sie Mühe und Arbeit verloren haben oder, ob sie gleich große Schätze zuhaufe

lere, ut totius cordis nostri cogitationem omni fiducia in Deum jactaremus postulantes omnium rerum et temporalium et immortalium fieri compotes, quando summa majestas Dei tanta tam benigne et clementer nobis offert, tam amanter provocat, adeo ampliter pollicetur.

Quare quisque christianorum det operam, ut illi haec verba cordi sint neque in eam opinionem veniat, ut existimet haec dicta esse ab homine. Res tua agitur, semel enim hic de summa salutis tuae periclitaberis, ut aut perpetuo salvam, felicem et beatam vitam exigas aut ut perpetuo damnatus Dei inclementia omnes calamitates et aerumnas apud inferos non dicendis cruciatibus torquendus exhaurias. Quid vero habebis amplius aut plus etiam postules, quam quod tam amice tibi pollicetur, nimirum se tuum esse velle cum omni rerum copia, se tui defensorem et auxiliatorem in adversis futurum? Sed proh dolor in hoc omnes fallimur, quod mundus horum verborum nullum verum esse credit neque verba Dei esse existimat videns eos, qui suam fiduciam in Deum et non in Mammonam rejecerunt, omni miseriarum genere affectos vix vitam trahere diabolo illis ipsis reluctante et obstante, ut nihil opum, nihil favoris, nihil dignitatis uspiam consequantur, imo vitam ipsam aegre tueantur et obtineant. Contra illi, quorum summa spes atque fiducia est Mammona, ad amplissimos dignitatis gradus evecti in sublimi resident imperio, potentia, favore, dignitate et omni tranquillitate mundo venerandi atque spectabiles. Eam ob rem talia verba memoriae infigenda sunt. ut huic rerum mundanarum larvae atque obtutui opponantur, neque ignorandum est haec non posse mentiri aut fallere, sed esse et fore veracissima.

Jam vero paulisper retroversa cogitatione repete tecum animo aut alioqui perquire ab aliis mihique responde, quidnam illi, quorum omnis conatus, studium, cura et diligentia tantum eo destinata fuere, ut immensas opes per fas atque nefas⁸ cumularent atque repone-

---

19 die, + so 𝔄 A B Konf

2 jactemus Conc   2/3 postulantes, + ut Conc   4 fieri] fiamus Conc   7 ampliter] ubertim Conc   9 illi] sibi Conc   16 apud] ad Conc   19 postulabis Conc   20 amice] amanter Conc

¹) solch Entgegenkommen zeigt   ²) trägt Dir ein   ³) sich widersetzt   ⁴) Sicherheit   ⁵) als grade gegen den falschen Schein gerichtet (Beiträge zur Gesch. der dtsch. Sprache und Literatur XLIII [1918] 525f.)   ⁶) schließlich   ⁷) erreicht   ⁸) Vgl. unten 635 Anm. 16.

bracht, doch zustoben und zuflogen ist, also
daß sie selbs ihres Guts nie sind froh worden
und hernach nicht an die dritten Erben ge=
reichet hat¹. ' Exempel wirst Du gnug fin=
den in allen Historien, auch von alten erfahr= 5
nen Leuten, siehe sie nur an und habe Ach=
tung drauf. Saul war ein großer König,
von Gott erwählet, und ein frommer Mann;
aber da er eingesessen² war und sein Herz
ließe sinken³, hinge sich an seine Krone und 10
Gewalt, mußte er untergehen mit allem,
das er hatte, daß auch seiner Kinder keines
bliebe⁴. Wiederümb David war ein armer,
verachter Mann, verjagt und gescheucht, daß
er seines Lebens nirgend sicher war, noch 15
mußte er fur dem Saul bleiben und König
werden. Denn diese Wort mußten bleiben
und wahr werden, weil Gott nicht liegen
noch triegen kann, lasse Dich nur den Teufel
und Welt mit ihrem Schein, der wohl ein 20
Zeitlang währet, aber endlich⁵ nichts ist,
betriegen⁶.

Darümb lasset uns das erste Gepot wohl 40
lernen, daß wir sehen, wie Gott keine
Vermessenheit noch Vertrauen auf einig⁷
ander Ding leiden will und nicht Höhers
von uns fodert denn ein herzliche Zuver=
sicht alles Guten, also daß wir richtig und 45
stracks fur uns gehen und aller Guter, so Gott

rent, quidnam, inquam, illi tandem effe-
cerunt? Haud dubie invenies eos omnem
lusisse et laborem et operam. Aut quanquam inaestimandos thesauros multo
sudore partos accumulaverint, ita tamen
evanuisse eos ipsos vel cum pulvisculo
comperies, ut neque ipsi unquam ex tantis opibus ullam voluptatem perceperint
neque postea quicquam ad tertium
haeredem pervenerit. Harum rerum 44
exempla abunde multa omnes suppedita-
bunt historiae et haec eadem a natu
majorum multarum rerum peritis au-
dies, tantum vide, ut earundem curam et
rationem non levem habere digneris.
Pro certo sane constat Saulem regem 45
fuisse amplissimum ab ipso Deo in iegni
administrationem surrogatum vitae non
improbae; sed jam consecutus imperium,
cum a Deo suo declinasset animo
omnemque suam fiduciam in potentia
ac sceptro suo collocatam haberet, succumbendum ac pereundum illi erat funditus una cum rebus omnibus, quas
possederat, adeo ut neque liberorum
suorum ullus superstes permaneret.
Contra David, infimae fortunae homo, 46
erat abjectus et pastor, fugatus et passim actus insectationibus, ut ubique fere
de vita veniret in periculum, attamen a
Saulis impetu et insidiis tuto custodieba-
tur inque ejus locum rex creabatur.
Oportebat enim haec verba manere et
vera fieri, posteaquam Deus mentiri
nescit aut fallere. Tantum vide, ne diabolus et mundus hac sua splendida facie,
quae quidem ad tempus durat, sed profecto umbra aut somnio vanior est atque incertior, tibi imprudenti imponant.
Quamobrem primi praecepti sensum 47
exacte nobis perdiscendum esse opinor,
ut videamus, quam Deus nullo modo
vanam animi praesumptionem aut falsam
erga aliam rem extra se fiduciam tolerare queat. Nec quicquam tantopere a
nobis postulat quam certam quandam et

---

1 ist] sind B Konk   22 nicht betriegen Konk

1/2 effecerint Conc   21 potentia, + corona Conc   26 maneret Conc   41 opinor] statuo Conc

¹) spätlateinisches Sprichwort: „De male quaesitis non gaudet tertius heres" (vgl. WA XVI 5¹⁷₇ und ₁₅₋₁₇; XVII I 5¹⁸ ₁₀; XXVIII 587 ₂₃, 638 ₂₄; XXXII II 43 ₁₂; XLI 329 ₁₁f.; XLIII 474₁₅; LI 54 ₆, 397 ₂₉f.).   ²) fest im Amte saß   ³) Vgl. 1. Sam. 15, 11: „Er ⟨Saul⟩ hat sich hinder mir ⟨Gott⟩ abgewandt und meine Worte nicht erfüllet."   ⁴) Jonathan, Abinadab, Malchisua kamen im Kampfe gegen die Philister um (1. Sam. 31, 2), Sauls jüngster Sohn Is=Boseth (Esbaal, Iswi) fand den Tod durch Meuchelmord (2. Sam. 4, 7).   ⁵) schließlich   ⁶) überlaß es dem Teufel und der Welt..., Dich zu betrügen (Konk [„nicht betriegen"] und der lateinische Text, f und Conc [„vide, ne"], haben die Stelle falsch verstanden)   ⁷) irgendein

gibt, brauchen nicht weiter, denn wie ein Schuster seiner Nadel, Ahl und Draht brauchet zur Erbeit und darnach hinweg legt oder wie ein Gast der Herberge, Futter und Lager, allein zur zeitlichen Notdurft, ein iglicher in seinem Stand nach Gottes Ordnung, und lasse nur keines sein Herren oder Abgott sein. Das sei gnug vom ersten Gepot, welches wir mit Worten haben müssen ausstreichen[1], weil daran allermeist die Macht liegt[2], darümb, daß (wie vor gesagt)[3] wo das Herz wohl mit Gott dran ist und dies Gepot gehalten wird, so gehen die andern alle hernach[4].

indubitatam omnium bonarum rerum de se persuasionem. Ita ut recta via porro progredientes rebus omnibus, quas Deus largiri nobis consuevit, non aliter utamur atque sutor quispiam acu, subula filoque sutorio ad conficiendum opus suum, quo confecto illa deponit, aut quemadmodum hospites diversorio, ut de concessis opibus victum et amictum habeamus, prout diurni victus necessitas exegerit, quisque in suo statu, in quem divina vocatione et ordine constitutus est, nec quicquam rei nostrum dominum aut idolum esse permittamus. Et haec 48 de primo praecepto dicta sufficiant, quod verbis aliquantо fusioribus mihi explanandum fuit, quando summa et caput totius pietatis in eo vertatur, propterea quod (ut praedictum), ubi cordi cum Deo bene convenit et hoc praeceptum servatum fuerit, cetera omnia apte consequuntur.

Das ander Gepot.

Du sollt Gottes Namen nicht vergeblich führen[5].

Gleichwie das erste Gepot das Herz unterweiset und den Glauben gelehret hat, also führet uns dies Gepot eraus und richtet den Mund und die Zunge gegen Gott[6]. Denn das erste, so aus dem Herzen bricht und sich erzeigt[7], sind die Wort. Wie ich nu droben[8] gelehret habe zu antworten, was da heiße einen Gott haben, also mußt Du auch den Verstand[9] dieses und aller Gepot lernen einfältig fassen und von Dir sagen[10]. Wenn man nu fragt: „Wie verstehest Du das ander Gepot, oder was heißt Gottes Namen vergeblich führen oder mißbrauchen?" antworte aufs kürzste also: „das heißet Gottes Namen mißbrauchen, wenn man Gott den HERRN nennet, welcherleiweise es geschehen mag, zur Lügen oder allerlei Untugend." Darümb ist soviel gepoten, daß man Gottes Namen nicht fälschlich anziehe[11] oder in Mund nehme, da das Herz wohl anders weiß oder je anders wissen soll[12] als[13] unter den, die fur Gericht schweren und ein Teil dem andern leuget. Denn Gottes

Praeceptum II.

Non assumes nomen Domini 49 Dei tui in vanum.

Quemadmodum primo praecepto cor 50 hominis institutum est et fidei ratio tradita, ita hoc secundo foras producimur, quod os et linguam erga Deum fingit ac format. Primum enim, quod natum e corde ebullit et progreditur seque ostendit, sermo est. Itaque quemadmodum supra respondendum docui, quid sit habere Deum, ita quoque hujus et aliorum praeceptorum omnium intelligentiam simpliciter comprehendas atque pronunties necesse est. Interrogatus ergo, quo- 51 modo secundum praeceptum intelligis aut quid significat 'nomen Dei in vanum sumere' sive pernitiose usurpare, responde ad hunc modum paucissimis: Hoc est divino abuti nomine, quando Dei nomen quacumque ratione ad confirmanda mendacia aut alia id genus vitia atque flagitia tuenda usurpamus. Hinc tantum valet hujus praecepti constitutio, ne Dei nomen falso citemus aut in os sumamus, quando cor longe aliter sibi

---

16 mihi > Conc   28 secundum Conc   28/9 producimur *bis* et] nos producit osque ac Conc   40 pernitiose usurpare] eo abuti Conc

---

[1]) ausführlich erklären   [2]) es darauf am allermeisten ankommt   [3]) Vgl. oben 567 37—40.   [4]) folgt die Erfüllung der anderen von selbst   [5]) Vgl. oben 555 16 f.   [6]) bringt . . . in das richtige Verhältnis zu Gott   [7]) zutage kommt   [8]) Vgl. oben 560 10 ff.   [9]) Sinn   [10]) auf Dich anwenden   [11]) anführe   [12]) in Fällen, wo das Herz wohl weiß oder wissen sollte, daß die Dinge anders liegen   [13]) wie

Namen kann man nicht höher[1] mißbrauchen, denn damit zu liegen und triegen. Das lasse das Deutsch und leichtisten Verstand dieses Gepots bleiben[2].

Aus diesem kann nu idermann selbs wohl ausrechnen, wenn und wie mancherlei[3] Gottes Namen mißbraucht wird, wiewohl alle Mißbräuche zurzählen nicht müglich ist. Doch kürzlich auszurichten[4], geschicht aller Mißbrauch Gottlichs Namens erstlich in weltlichen Händeln und Sachen, so Geld, Gut, Ehre betreffen, es sei offentlich fur Gericht, auf dem Markt oder sonst, da man schweret und falsche Eide tuet auf Gottes Namen oder die Sache auf seine Seele nimmpt[5]. Und sonderlich ist solchs viel ganghaftig[6] in Ehesachen, da ihr zwei hingehen, einander heimlich geloben[7] und darnach verschweren[8]. Allermeist aber gehet der Mißbrauch in geistlichen Sachen, die das Gewissen belangen, wenn falsche Prediger auffstehen und ihren Lügentand fur Gottes Wort dargeben. 'Siehe, das heißet sich alles[9] unter Gottes Namen geschmuckt oder schone wollen sein[10] und recht haben, es geschehe in groben Welthändeln oder hohen, subtilen[11] Sachen des Glaubens und der Lehre. Und unter die Lugner gehören auch die Lästermäuler, nicht alleine die gar groben[12], idermann wohl bekannt, die da ohn Scheu Gottes Namen schänden (welche nicht in unsere, sondern des Henkers Schule gehören), sondern auch, die die Wahrheit ' und Gottes Wort offentlich lästern und dem Teufel geben[13], davon itzt nicht not, weiter zu sagen.

conscium est aut rem aliter habere non ignorat aut omnino aliter scire debeat, veluti iis persaepe solet contingere, qui lites sectantur et judicia, et altera pars aliquid perfide abjurat alteri. Neque 52 enim alia ratione nomine Dei perinde abutimur, quam si eo ad mentiendum et fallendum turpiter abutamur. Et hic hujus praecepti sensus sit facillimus et simplicissimus.

Ex his omnibus quivis proprio Marte[14] 53 facile exputare potest, quoties et quam multifariam divino nomine abutantur homines, tametsi omnes abusus perstringere impossibile est. Ut tamen haec paucis expediamus, nominis divini abusus omnium maxime in negotiis consistit et causis saecularibus, illis nimirum, quae ad rem pecuniariam, opes aut honores pertinent. Sive illud propalam fuit in contentione forensi aut alibi, ubi juratur divini nominis adducto testimonio perjuraturque aut ipsa anima oppignoratur perjurio. Cumprimis vero hoc vehementer locum habet in re connubiali, ubi duo furtim contracto inter se matrimonio, tandem cum ad judices ventum est, datam fidem abjurat alter alteri. Omnium vero maxime hic divini 54 nominis abusus in rebus viget spiritualibus, quae pertingunt conscientiam falsis doctoribus emergentibus suaque mendacia divini verbi loco venditantibus. Ecce omnibus hisce rationibus nihil 55 aliud quaerunt aut agunt homines, quam ut semet divini nominis praetextu exornent perfide pravo quodam consilio justi esse contendentes, sive illud in mundanis et carnalibus, sive in sublimioribus et subtilioribus fidei et doctrinae negotiis fieri soleat. Jam in mentientium numerum etiam blasphematores referendi sunt, non illi quidem crassi et impudentes vulgo noti omnibus, qui nullius prohibiti metu aut reverentia nomen Dei ore prorsus illoto, blasphemo et procaci subinde conspurcant et contaminant (quorum blasphema impietas non in

---

30 unter] (> A A) mit B Konk   39 die, so die A A B Konk

2 debebat Conc   4 lites + in foro et curia Conc   11 proprio Marte > Conc
12 exputare] colligere Conc   15 est] sit Conc   21 fuit] fiat Conc   aut] sive Conc

---

[1]) mehr   [2]) Das nimm als deutliche Erklärung und faßlichsten Sinn des Gebotes hin.
[3]) auf wie mancherlei Weise   [4]) um es kurz durchzusprechen   [5]) mit einem Schwur „Bei meiner Seele"   [6]) sehr üblich   [7]) sich heimlich verloben; über Luthers Stellung zu den heimlichen Verlöbnissen vgl. oben 495 Anm. 1.   [8]) eidlich ableugnen
[9]) immer   [10]) sich beschönigen wollen   [11]) schwer verständlichen, gelehrten   [12]) ganz unverschämten   [13]) zuschreiben   [14]) auf eigene Faust, selbst

Hie laß uns nu lernen und zu Herzen fassen¹, wie groß² an diesem Gepot gelegen ist, daß wir uns mit allem Fleiß huten und scheuen fur allerlei Mißbrauch des heiligen Namens als fur der hohisten Sunde, so äußerlich geschehen kann. Denn liegen und triegen ist an ihm selbs große Sund, wird aber viel schwerer, wenn man sie noch rechtfertigen will und sie zu bestätigen Gottes Namen anzeucht³ und zum Schanddeckel⁴ machet, also daß aus einer Lügen ein zweifältige, ja vielfältige Lügen wird.

Darümb hat Gott diesem Gepot auch ein ernstlich Dräuwort angehänget, das heißet also: „denn der HERR wird den nicht unschüldig halten, der seinen Namen vergeblich führet"⁵, das ist, es soll keinem geschenkt werden noch ungestraft abgehen. Denn so wenig er will ungerochen⁶ lassen, daß man das Herz von ihm wende, so⁷ wenig will er leiden, daß man seinen Namen führe, die Lügen zu beschonen⁸. Nu ist es leider ein gemeine⁹ Plage in aller Welt, daß ja so wenig sind, die nicht Gottes Namen zur Lügen und aller Bosheit brauchen, so wenig als ihr sind, die alleine von Herzen auf Gott vertrauen.

Denn diese schone Tugend haben wir von Natur alle an uns, daß, wer eine Schalkheit¹⁰ tan hat, gerne wollt' seine Schande decken und schmucken¹¹, daß niemand sähe

nostra, sed carnificis schola emendanda est), verum etiam illi, qui veritatem et verbum Dei propalam contumeliose lacerant ac diaboli verbum impudenter et impie esse confirmant, de quibus in praesentia amplius verba facienda non sunt.

Discamus itaque hoc loco diligenterque volutemus animo, quantum intersit hoc praeceptum servare aut transgredi, ut omni studio diligentiaque caveamus vitemusque omnem sacratissimi nominis Dei abusum et contumeliam tanquam peccatum omnium maximum et pessimum, quod externe designatur. Nam tametsi mentiri et fallere per se satis grande sit flagitium, multo tamen gravius redditur majori cumulatum facinore conantes illud defendere perjurio ac turpiter mentiendo divino nomine abutentes pro praetextu turpitudinis. Qua ratione fit, ut ex unico mendacio perjurii accessione cumulato multiplicia pullulent mendacia.

Eam ob rem Deus huic quoque praecepto saevam comminationem adplicuit, cujus haec verba sunt: 'Nec enim habebit insontem Dominus eum, qui assumpserit nomen Domini Dei sui in vanum.' Hoc est, nemo hoc impune laturus est, sed poenas graves dabit blasphemiae. Etenim quo minus inultum patietur, si quis cordis fiducia ab eo discesserit, hoc minus impunitum sinet, ejus nomen pro tuendis mendaciis prave ac falso usurpari. Sed o Dii immortales, quae tam exsecranda consuetudo divinum nomen blasphemandi omnium hominum animos corripuit? Nam perinde pauci sunt, qui salutifero Dei nomine ad mendacia, vanitatem et omnem iniquitatem suam tuendam non abuterentur, quam illorum, qui solum ex animo Deo credunt fiduntque.

Siquidem illa praeclara virtus (si Christo placet) omnibus nobis natura insita est, ut is, qui aliquod admisit criminose flagitium, suam turpitudinem

---

28 halten] sein lassen B

15 designatur] designari potest Conc   17/8 gravius *bis* facinore] gravius illud reddunt et majori etiam cumulant flagitio Conc   26 adplicuit] annexuit Conc   27 sunt verba Conc   32/3 Etenim *bis* patietur] Quam enim inultum non patietur Deus, Conc   34 discesserit] discedat, tam   34/5 hoc minus > Conc   35 sinet *bis* nomen] non sinet, si quis Conc   35 prave ac > Conc   36/7 usurpari] usurpet nomen ejus Conc   37 Deum immortalem Conc   43 abutuntur Conc

---

¹) nehmen   ²) viel   ³) heranzieht   ⁴) Deckmantel   ⁵) ohne Grund im Munde führt   ⁶) ungestraft   ⁷) ebenso   ⁸) beschönigen   ⁹) verbreitet, gewöhnlich   ¹⁰) böse Tat   ¹¹) bemänteln

noch wußte,¹ und ist keiner so verwegen¹, der sich begangener Bosheit fur idermann rühme, wollen's alle meuchling² getan haben, ehe man's gewahr wird. Greifet man denn einen an, so muß Gott mit seinem Namen herhalten und die Buberei fromm, die Schande zu Ehren machen. Das ist der gemeine³ Weltlauft, wie ein große Sintflut eingerissen in allen Landen. Darumb haben wir auch zu Lohn, was wir suchen und verdienen, Pestilenz⁴, Krieg⁵, Teurung⁶, Feur, Wasser⁷, ungeraten Weib, Kinder, Gesind und allerlei Unrat⁸. Wo sollt' sonst des Jammers soviel herkommen? Es ist noch große Gnade, daß uns die Erde trägt und nähret.

Darümb sollt' man fur allen Dingen das junge Volk ernstlich dazu halten und gewehnen, daß sie dieses und andere Gepot hoch fur Augen hätten, und, wo sie übertreten, flugs mit der Ruten hinder ihn her sein und das Gepot furhalten und immer einbleuen, auf daß sie also aufgezogen würden, nicht alleine mit Strafe, sondern zur Scheu und Furcht fur Gott.

So verstehest Du nu, was Gottes Namen mißbrauchen heiße, nämlich (aufs kürzst zu wiederholen) entweder bloß zur Lügen und etwas unter dem Namen ausgeben, das nicht ist, oder zu fluchen, schweren, zäubern

summa ope celare studeat, ne cujus oculis pateat aut aliquis designati facinoris sibi sit conscius. Usque adeo enim dissolutum aut sui negligentem et deploratae malitiae arbitror esse neminem, qui perpetrati flagitii sese jactet coram omnibus. Verum nemo non studet peccare clanculum et subdole, priusquam palam fiat aut resciscant homines. Tum si quis eam ob rem invaditur aut insimulatur facinoris, protinus nomen Dei patet injuriis estque obnoxium contumeliis. Hoc enim quisque suae culpae praetexit cogiturque nomen illud omnibus modis venerandum e vitiis virtutes, ex ignominia gloriam, e dedecore honores facere. Et hic est jam totius mundi communis quidam cursus, quo veluti quodam diluvio omnes regiones orbis terrarum inundant. Hinc nostris meritis digna quoque praemia capimus et, quod nostra blasphemia procacissime quaerimus, hoc nobis plena manu offunditur, nempe pestilentia, motus bellici, annonae caritas, incendia, aquarum inundationes, degeneres uxores et liberi, perfida familia et id genus malorum examina innumerabilia. Unde enim tantum calamitatum aliunde nobis eveniret? Adhuc bene magna gratia haec est, quod terra nobis non dehiscat.

Quamobrem summo studio juventus eo perducenda est et assuescenda sedulo, ut secundum hoc praeceptum una cum primo reverenter habeat magnique faciat proque transgressione protinus emendetur ferulis posito ante oculos praecepto et subinde inculcato, ut ita pueri non tantum educentur disciplina et verberibus, sed Dei quoque metu et reverentia coerceantur.

Jam ergo intelligis, quid sit abuti divino nomine, nimirum (ut breviter decurram per capita) quando aut simpliciter pro tuendo mendacio abutimur aut aliud quidpiam, quod non est, sub

---

39 sondern + auch Konk

29 aliunde] alioqui Conc 30/1 nobis non dehiscat] nos ferat atque nutriat Conc
33 assuescenda] assuefacienda Conc

---

¹) frech ²) lieber heimlich . . ., als daß ³) verbreitet, gewöhnlich ⁴) Vom August 1527 bis zum Januar 1528 und im Herbst 1528 wurde Wittenberg von der Pest heimgesucht; am 5. August 1528 starb Luthers Tochter Elisabeth; vgl. auch Werdermann, Luthers Wittenberger Gemeinde, 105f. ⁵) Karl V. kämpfte seit 1527 gegen England, Frankreich, den Papst, Mailand und Venedig (Liga von Cognac 1526). Ferner drohte 1528 der Neuausbruch des Türkenkrieges. ⁶) Über die Teurung in Wittenberg vgl. Lutherjahrbuch IX (1927) 78—87 und Werdermann, Luthers Wittenberger Gemeinde, 69f. und 72—78, 86. ⁷) Besonders im Frühjahr litt Wittenberg immer stark unter der Elbüberschwemmung. ⁸) Schade (vgl. WA XXXII 638 ₈₋₁₂).

und Summa, wie man mag, Bosheit aus=
zurichten. Daneben muß Du auch wissen,
wie man des Namens recht brauche. Denn
neben dem Wort, als er sagt: „Du sollt Got=
tes Namen nicht vergeblich brauchen", gibt
er gleichwohl zu verstehen, daß man sein
wohl brauchen solle. Denn er ist uns eben
darümb offenbaret und gegeben, daß er
im Brauch und Nutz soll stehen. Darümb
schleußt sich nu selbs¹, weil hie verpoten ist,
den heiligen Namen zur Lügen oder Un=
tugend zu führen, daß wiederümb gepoten
ist, ihn zur Wahrheit und allem Guten zu
brauchen. Als nämlich², so man recht
schweret, wo es not ist und gefodert wird,
also auch, wenn man recht lehret, item, wenn
man den Namen anrufet in Nöten, lobt und
dankt im Guten etc. Welchs alles zuhauf
gefasset³ und gepoten ist in dem Spruch
Psalm. 50.⁴: „Rufe mich an zur ¹ Zeit der
Not, so will ich Dich erretten, so sollt Du
mich preisen." Denn das heißet alles ihn
zur Wahrheit angezogen und seliglich ge=
braucht, und wird also sein Name geheiligt,
wie das Vaterunser betet.

Also hast Du die Summa des ganzen Ge=
pots verkläret⁵. Und aus diesem Verstand⁶
hat man die Frage leichtlich aufgelöset, da=
mit sich viel Lehrer⁷ bekümmert⁸ haben,
warümb im Evangelio verpoten ist zu
schweren⁹, so doch Christus¹⁰, S. Paulus¹¹

divini nominis praetextu molimur, quo
alterum fraudulenter circumducimus, aut
illud blasphemando, exsecrando, maledicendo, incantando ignominiose usurpamus. Breviter quacunque ratione ejus
adminiculo perpetrari possunt flagitia.
Ad haec scitu quoque opus est, quinam
Dei nomine recte utamur. Hisce enim
verbis, quibus praecipit: 'Non assumes
nomen Domini Dei tui in vanum,' etiam
illud intelligendum nobis proponit suo
nomine nos etiam recte et utiliter uti
posse. Non enim aliam ob causam nobis
revelatum est, quam ut utentibus subinde
sit fructuosum et utile. Inde hoc ultro
evincitur, quod, cum hic praecepto cautum sit, ne mentientes aut alioqui flagitiose delinquentes sanctum Dei nomen
prave usurpemus, contra praeceptum
nobis esse arbitremur, ut eo ad confirmandam veritatem ac reliquas actiones
honestas utamur. Nempe, quando recte
juramus, dum aut necessitas postulat aut
a nobis jusjurandum exigitur. Ita quoque, quando recte et sincere docetur
veritas evangelii. Praeterea, quando in
necessitatibus nomen Dei imploramus
aut idem rebus secundis laudamus et
gratias agimus etc. Quae omnia summatim comprehensa ac praecepta inveniuntur psal. L.: 'Voca me in die tribulationis,
eripiam te et glorificabis me.' Omnibus
hisce rationibus vere et salubriter divino
nomine utimur atque ita ejus nomen
sanctificatur, quemadmodum in oratione
Dominica precamur.

Ita totam hujus praecepti summam
habes explicatam. Ex hac intelligentia
haud difficulter ad quaestionem responderi potest, quae multorum doctorum
non vulgariter torsit et conturbavit in-
genia, quamobrem in evangelio nobis,

---

10 sich's Konf

7 quinam] quomodo Conc   11 suo] Dei Conc   23 dum] cum Conc   31 Invoca Conc

---

¹) folgt von selbst daraus   ²) Zum Beispiel   ³) zusammengefaßt   ⁴) Ps. 50, 15.
⁵) erklärt   ⁶) wenn man es so versteht   ⁷) z. B. Augustin (Decr. Grat. P. II C. 22 q. 1 c.
2, 3 und 5) und Hieronymus (Decr. Grat. P. II C. 22 q. 1 c. 8).   ⁸) gequält   ⁹) Matth. 5,
33—37; vgl. dazu WA XXXII 381₃₃—₃₉ (Auslegung von Matth. 5, 33—37): „Dieser Text ist
auch mit vielen Glossen zudehnet und mancherlei Wahn und Jrrtumb draus geschepft, daß viel
großer Doctores daruber zu schaffen gehabt und sich nicht haben konnen drein schicken, daß
hie so durre verboten ist, man solle allerdinge nicht schweren, sondern schlecht „Ja, ja" und
„Nein, nein" lassen bleiben, daß etliche die Gewissen so enge gespannet haben, daß man
zweifelt, ob einer auch solle einen Urfriede ⟨Urfehde⟩ tun, wenn er aus dem Gefängnis los
gegeben würde oder ob man durch einen Eid einen Friede und Vertrag annehmen sollte
mit den Türken oder Ungläubigen etc." Vgl. auch oben 68₉—₁₁ (gegen die Wiedertäufer,
die den Eid als Sünde ablehnen).   ¹⁰) Matth. 26, 63f.   ¹¹) Gal. 1, 20; 2. Kor. 1, 23.
Vgl. zur ganzen Frage WA XXXII 381—386.

und andere Heiligen oft geschworen haben.
Und ist kürzlich diese Meinung: schweren soll
man nicht zum Bösen, das ist zur Lügen,
und wo es nicht not noch nütz ist; aber zum
Guten und des Nähisten Bess'rung soll
man schweren. Denn es ist ein recht gut
Werk, dadurch Gott gepreiset, die Wahr=
heit und Recht bestätigt, die Lügen zurück=
geschlagen, die Leute zu Friede bracht, Ge=
horsam geleistet und Hader vertragen¹ wird;
denn Gott kommpt selbs da ins Mittel²
und scheidet Recht und Unrecht, böse und
gut von einander. Schweret ein Teil falsch,
so hat es sein Urteil, daß der Strafe nicht
wird entlaufen, und, ob es ein Weile lang
anstehet³, soll ihn doch nichts gelingen, daß
alles, so sie damit gewinnen, sich unter den
Händen verschleiße⁴ und nimmer fröhlich
genossen werde, wie ich an vielen erfahren
habe, die ihr eheliche Gelübd verschworen⁵
haben, daß sie darnach keine gute Stunde oder
gesunden Tag gehabt haben und also beide
an Leib, Seele und Gut dazu jämmerlich
verdorben sind.

Derhalben sage und vermahne ich wie
vor⁶, daß man die Kinder bei Zeit an⁷ ge=
wehne mit Warnen und Schrecken, Wehren
und Strafen, daß sie sich scheuen fur Liegen
und sonderlich Gottes Namen dazu zu führen.
Denn wo man sie so lässet hingehen, wird
nichts Guts draus, wie itzt fur Augen, daß
die Welt boser ist, denn sie je gewesen, und
kein Regiment, Gehorsam, Treue noch
Glaube, sondern eitel verwegene, unbändige
Leute, an den kein Lehren noch Strafen
hilft, welchs alles Gottes Zorn ¹ und Strafe
ist über solch mutwillige Verachtung dieses
Gepots. Zum andern soll man sie auch
wiederümb treiben und reizen, Gottes Na=
men zu ehren und stetig im Mund zu haben
in allem, was ihn begegnen und unter Augen
stoßen⁸ mag; denn das ist die rechte Ehre
des Namens, daß man sich alles Trosts zu
ihm versehe und ihn darümb anrufe, also

ne juremus, interdictum sit, cum pro
certo constet Christum, Paulum aliosque
sanctos jurasse saepenumero. Estque 66
breviter haec sententia: Equidem nullo
modo nobis ad mala jurandum est, hoc
est ad mendacia, et ubi neque utile
neque necesse est. Verum ad bonum et
proximi utilitatem licet nobis jurare. Est
enim opus valde bonum, quo Deus laudatur, veritas et justitia confirmatur,
mendacium refellitur, homines dissiden-
tes in concordiam rediguntur, obedientia
exhibetur et lites componuntur. Nam
Deus ipse hic intervenit segregans justitiam ab injustitia ac bonos malosque
disjungens. Quod si alterutra pars ma- 67
litiose perjurat, jam judicii sententia
pronuntiata est, quod poenam et supplicium perjurii non sit effugitura. Et si
fieret, ut ad tempus supplicii irrogatio
protraheretur, nihil tamen illi cadet ex
sententia, ita ut, quicquid perjurio lucri
fecerunt, sub manibus sensim evanescat
nec unquam ea re ex animo laeti fruantur.
Hoc ipsum ego non obscuris argumentis 68
in bene multis expertus sum, qui,
posteaquam connubii fidem promissam
abjurarunt, nunquam vel horulam exultarent laetitia aut saltem dieculam in-
columi fuissent valetudine atque ita
pariter et corpore et animo bonis etiam
amissis calamitose perierunt.

Quapropter etiam atque etiam hortor 69
et moneo, ut mature pueros properemus
monitis deterrere et verberibus com-
pescere, ne assuescant mendaciis, potissimum vero, ne ad haec confirmanda
Dei nomen citent et adducant. Ubi enim
ea jurandi licentia pueris impune per-
mittitur, nulla spes amplius superest
ullius bonae frugis ab illis exspectanda.
Quemadmodum hodie videmus, ut ego
existimem, mundum nunquam fuisse deteriorem et perditis moribus corruptio-
rem, quam nunc est, quando ne facies
quidem ullius reipublicae bene institutae,
nullum obedientiae et fidei amplius
supersit vestigium, verum omnia deplo-
ratissimis hominibus, qui nullo modo
frenari aut coerceri possunt et in quibus
docendis et objurgandis et oleum (quod
ajunt)⁹ periit et opera, omnia sunt re-

28/9 exultarent laetitia] jucundam habuerunt Conc   30 fuissent] fuerunt Conc
48 superest Conc

---

¹) beigelegt   ²) vermittelt selbst   ³) ausbleibt   ⁴) zerrinne   ⁵) eidlich abgeleugnet
⁶) zuvor; oben 575₃₂₋₄₀.   ⁷) daran   ⁸) vor die Augen kommen   ⁹) „Oleum et
operam perdidi"; vgl. Plautus, Poenulus 332; Cicero, Ad famil. VII 1,3; Ad Attic.
II 17,1.

daß das Herz (wie droben gehöret[1]) zuvor durch den Glauben Gotte seine Ehre gebe, darnach der Mund durch das Bekenntnis.

Solchs ist auch ein selige nützliche Gewohnheit und sehr kräftig wider den Teufel, der immerdar ümb uns ist und darauf lauret, wie er uns möchte zu Sund und Schande, Jammer und Not bringen, aber gar ungerne höret und nicht lang bleiben kann, wo man Gottes Namen von Herzen nennet und anrüfet, und sollt'[2] uns mancher schrecklicher und gräulicher Fall[3] begegnen, wo uns Gott nicht durch Anrufen seines Namens erhielte. Ich habe es selbs versucht und wohl erfahren, daß oft plötzlicher großer Unfall gleich in solchem Rufen sich gewendet hat und abgangen[4] ist. Dem Teufel zu Leid (sage ich) sollten wir den heiligen Namen immerdar im Mund führen, daß er nicht schaden kunnde, wie er gerne wollt'.

Dazu dienet auch, daß man sich gewehne, täglich Gotte zu befehlen mit Seel und Leib Weib, Kind, Gesind und was wir haben für alle zufällige[5] Not. Daher auch das Benedicite[6], Gratias[7] und andere Segen abends und morgens[8] kommen und blieben sind, item die Kinderubung, daß man sich segene[9], wenn man etwas Ungeheurs und

fertissima. Quae omnia divinae excandescentiae et supplicii argumenta sunt certissima, quo nos obruit propter procacem et temerariam hujus praecepti transgressionem. Secundo iterum eo alliciendi et assuescendi sunt pueri, ut Dei nomen reverenter colant et semper in ore habeant in omnibus, quicquid uspiam illis queat occurrere aut accidere. Hic enim rectus divini cultus est, ut de eo omnem nobis omnium malorum levationem et consolationem nobis polliceamur eamque ob rem illum imploremus, ita ut cor prius (sicut supra diximus) per fidem Deo suum honorem tribuat, deinceps vero os honorifica confessione idem faciat.

Atque haec divini nominis invocandi consuetudo vehementer salutaris est et utilis, cumprimis adversus diaboli insidias efficax, quas semper nobis molitur improbus omnes adoriendi et invadendi occasiones venans et captans, quibus nos in peccatum et dedecus, in calamitates et aerumnas praecipitet. Sed perinvitus audit divini nominis implorationem neque diu cunctatur aut cessat, ubicunque ex animo sacratissimum Dei nomen invocari perceperit. Et profecto multiplicibus et horrendis casibus atque periculis saepenumero ex improviso obruemur, nisi Deus per nominis sui invocationem nobis in tempore ferret suppetias. Ipse propriis experimentis hoc verissimum esse didici non raro improvisum et terribilem aliquem casum aut cladem in ipsa nominis Dei invocatione in melius fuisse commutatum ac nihil damni dedisse. Ut diabolo aegre faceremus (inquam), hoc sacrum nomen semper in ore habendum esset, ne, quemadmodum cupit, nocere nobis possit et incommodare.

Huc faciunt quoque illa, ut assuescamus quotidie nos et corpore et animo Deo commendare inque ejus tutelam ponere uxorem, liberos, familiam, et quicquid rerum possidemus, prae casibus fortuitis et periculis subitaneis. Unde etiam consecratio mensae et gratiarum actio aliaeque nocturnae et matutinae

---

1/2 excandescentiae] irae Conc   5 iterum] vicissim Conc   6 assuescendi] assuefaciendi Conc   10 rectus + nominis Conc   12 nobis > Conc   16 concessione a *und* Conc   20 utilis ac cumprimis efficax Conc   21 efficax > Conc   31 obrueremur Conc   43 Huc *bis* ut] Eodem et conducit, si Conc   47/8 prae *bis* subitaneis] adversus omnes casus et pericula Conc

---

[1]) Oben 572,26—29.   [2]) es würde   [3]) Unglück   [4]) vorübergegangen   [5]) jeweilige   [6]) Vgl. oben 522 f.; Gebet vor Tisch   [7]) Vgl. oben 523; Gebet nach Tisch   [8]) Vgl. oben 521 f.   [9]) sich bekreuzige

Schrecklichs siehet oder höret, und spreche: "HERR Gott, behüte", "Hilf, lieber Herr Christe" oder dergleichen. Also auch wiederümb, wenn imand etwas Guts ungedacht[1] widerfähret, wie gering es auch ist, daß man spreche: "Gott sei gelobt und gedankt", "Das hat mir Gott bescheret" etc. Wie man vormals die Kinder gewehnet hat, Sankt Niklaus und andern Heiligen zu fasten und beten[2]. Solchs wäre Gott angenehme und gefälliger denn kein Klosterleben noch Karthäuser[3] Heiligkeit.

Siehe, also möcht' man die Jugend kindlicher Weise und spielens[4] aufziehen in Gottes Furcht und Ehre, daß das erste und ander Gepot fein im Schwang und steter Ubunge gingen. Da künnde etwas Guts bekleiben[5], aufgehen und Frucht schaffen, daß solche Leute erwuchsen, der ein ganz Land genießen und froh werden möchte. Das wäre auch die rechte Weise, Kinder wohl zu ziehen, weil man sie mit Gutem und Lust[6] kann gewehnen. Denn was man alleine mit Ruten und Schlägen soll zwingen, da wird keine gute Art aus[7], und wenn man's weit bringet, so bleiben sie doch nicht länger fromm[8], denn die Rute auf dem Nacken liegt. Aber hie wurzelt es ins Herz, daß man sich mehr fur Gott denn fur der Ruten und Knüttel fürchtet. Das sage ich so einfältig fur die Jugend, daß es doch einmal eingehe. Denn weil wir Kindern predigen, müssen wir auch mit ihn lallen. Also haben wir den Mißbrauch gottlichs Namens verhütet und den rechten Brauch gelehret, welcher

benedictiones in usu permanserunt. Praeterea puerorum exercitium, ut semet cruce vel precatiuncula muniant audita re aliqua terrifica et horribili dicentes: 'Custodiat nos Deus pater', 'Auxiliare, Domine Jesu Christe' aut tale quidpiam. Ita quoque, si cui praeter spem aliquid boni contigerit, quantulumcunque tandem sit, ut dicat: 'Deo sit laus et gratiarum actio, cujus munificentia hoc mihi obtigit' etc. Quemadmodum quondam pueri parentum monitu consueverunt divum Nicolaum et jejunio honorare et precibus invocare. Haec, inquam, si fierent, Deo multo essent gratiora et acceptiora quam ulla vita monastica aut Carthusiorum fucata sanctimonia.

Ecce ad hunc modum juventus puerili quadam ratione et per lusum in timore et cultu Dei educari posset, ut prinum et secundum praeceptum assiduo quodam fervore in continuo versarentur exercitio. Inde alicujus bonae frugis aut indolis aliquando exorsurae et immensum fructum parituae spes esset, ut tales enascerentur homines, a quibus in totam patriam emanare posset utilitas. Et haec ipsa quoque vera esset puerorum educandorum ratio, quando gratia quadam et voluptate eorum animi perduci possint. Nam qui tantum plagis et ferulis evincendi et cogendi sunt, hi mox sub initium deplorata ac desperata sunt indole ac nisi tantisper cavent, dum plagarum ac ferulae formido eorum oculis obversatur et animo. Haec vero educationis ratio in corde agit radices, ut Deum plus metuant, quam aut ferulam avt fustem perhorrescant. Nam cum pueros doceamus, cum iisdem nobis quo-

18 Siehe] Denn B   38 ihn > B

2 puerorum + illud Conc   semet] sese Conc   9/10 gratiarum actio] gratia Conc   17 fucata Carthusianorum Conc   30 perduci] flecti Conc   30/1 possunt Conc   34/6 nisi bis animo] licet omnis diligentia, cura et opera in formandis ipsis adhibeatur et quasi summum obtineatur, tamen tantisper tantummodo oderunt peccare, donec plagarum ac ferulae formido eorum oculis et animo obversatur. Conc   38 aut] ut Conc   39 perhorrescant. + Atque haec juventutis causa tam simpliciter dico, ut vel tandem in animum penetrent ibique radices agant. Conc

[1]) unverhofft   [2]) Vgl. dazu WA XXXII *352₁₄—353₁: „Man lehrt die Kinder S. Niklas und dem Christkind fasten, daß sie sollen ihn des Nachts (am 6. Dezember) bescheren". [3]) Den Karthäuserorden (1084 von Bruno in dem Felsental la Chartreuse bei Grenoble gestiftet; über ihn vgl. M. Heimbucher, Die Orden und Kongregationen der katholischen Kirche I [2. Aufl. 1907] 477—494) führt Luther häufig als Beispiel eines besonders strengen Ordens an; vgl. unten 590₃₄, 591₁₉, 610₈, 693₁₀, WA XI,2 19₁₆₋₁₈, 102₁₂, 248₉f., 394₈₋₁₁, 404₃₃; XIX 12; XXXII 432; XLII 110f.; L 612f.; TR II Nr. 2851; VI 6584.   [4]) spielend   [5]) wurzeln   [6]) solange man sie in Güte und Vergnügen   [7]) WATR III Nr. 3566: „Man muß also strafen, daß der Apfel bei der Ruten sei".   [8]) rechtschaffen

nicht allein in Worten, sondern auch in der Übung und Leben stehen[1] soll, daß man wisse, daß solchs Gotte herzlich wohlgefalle und wolle es so reichlich belohnen, so greulich als er jenen Mißbrauch strafen will.

que balbutiendum fuit. Ita quidem divini nominis abusum praecavimus et rectum usum tradidimus, qui non tantum in verbis, verum multo magis in exercitio et vita debet consistere, ut sciamus hunc Deo summe placere, quem etiam tam munifice remuneraturus est, quam crudeliter et implacate abusum in blasphematoribus animadversurus est.

Das dritte Gepot.

Du sollt den Feiertag heiligen.

Feiertag haben wir genennet nach dem ebräischen Wörtlin Sabbath[2], welches eigentlich heißet feiren, das ist müßig stehen von der Erbeit[3]; daher wir pflegen zu sagen: „Feierabend machen" oder „heiligen Abend[4] geben". Nu hat Gott im Alten Testament den siebenden Tag ausgesondert und aufgesetzt[5] zu feiern und ge'poten, den selbigen fur allen andern heilig zu halten[6]. Und dieser äußerlichen Feier nach ist dies Gepot alleine den Jüden gestellet[7], daß sie sollten von groben Werken still stehen und rugen, auf daß sich beide Mensch und Viech wieder erholeten und nicht von steter Erbeit geschwächt würden. Wiewohl sie es hernach allzu enge spanneten[8] und gröblich mißbrauchten, daß sie auch an Christo lästerten und nicht leiden kunnten solche Werk, die sie doch selbs daran[9] täten, wie man in Evangelio lieset[10]; gerade als sollt' das Gepot damit erfullet sein, daß man gar kein äußerlich Werk täte, welchs doch nicht die Meinung[11] war, sondern endlich[12] die, daß sie den Feier- oder Rugetag heiligten, wie wir hören werden.

Darümb gehet nu dies Gepot nach dem groben Verstand[13] uns Christen nichts an; denn es ein ganz äußerlich Ding ist wie andere Satzunge des Alten Testaments, an sonder-

Praeceptum III.

Memento, ut diem sabbati sanctifices.

Sabbatum ab Hebraica dictione sabbath nominatum est, quod proprie feriari, hoc est a labore otiosum esse significat. Jam Deus in Veteri Testamento diem septimum elegit eundemque feriis et otio destinavit et prae omnibus aliis sanctificandum praecepit. Ejus itaque externae quietis gratia Judaeis hoc praeceptum constitutum est, ut ab externis et manuariis operibus quiescentes indulgerent otio, quo et homines et pecora alterna quadam requie vires repararent neque assiduo labore debilitati absumerentur. Quanquam postea nimis arcte suas ferias colebant ac vehementer abutebantur adeo, ut in Christo quoque ea opera damnarent et calumniarentur, quae ipsi quoque diebus festis faciebant, ut passim legitur in evangelio. Quasi vero haec esset hujus praecepti perfecta completio, si nullum prorsus externum opus manibus conficeretur, cum tamen ejus haec nunquam fuerit sententia, sed potius haec, ut diem festum sive sabbatum bonis operibus sanctificarent, quemadmodum in sequentibus latius audituri sumus.

Quamobrem hoc praeceptum, quantum ad externum et crassum illum sensum attinet, ad nos christianos non pertinet. Est enim externa quaedam res sicut

---

28 sie + es Konk   35 heiligen Konk

7/9 crudeliter bis est] horrende in abusum sui nominis animadversurus est. Conc
11 sabbatum Conc   16 significat. + Hinc dicere solemus feriari seu vacare a labore et sabbatum sanctificare. Conc   27/8 vehementer + iis Conc   37 bonis operibus > Conc

---

[1]) bestehen   [2]) שַׁבָּת   [3]) שָׁבַת aufhören, ruhen.   [4]) ursprünglich der Abend vor einem Feste; vgl. dazu WA XXXIV 281 f.   [5]) eingesetzt   [6]) Gen. 2, 3.   [7]) gegeben   [8]) allzusehr einschränkten   [9]) am Sabbath   [10]) Matth. 12, 1—13; Mark. 2, 23 bis 28; 3, 2—4; Luk. 6, 1—10; 13, 10—17; 14, 1—6; Joh. 5, 9—18; 7, 22 f.; 9, 14—16.   [11]) Absicht   [12]) recht besehen   [13]) äußerlichen Wortsinn

liche¹ Weise, Person, Zeit und Stätte gebunden², welche nu durch Christum alle frei gelassen sind³. Aber ein christlichen Verstand zu fassen fur die Einfältigen, was Gott in diesem Gepot von uns fodert, so merke, daß wir Feiertage halten nicht ümb der verständigen und gelehrten Christen willen, denn diese durfen's nirgend zu⁴, sondern erstlich auch ümb leiblicher Ursach und Notdurft willen, welche die Natur lehret und fodert für den gemeinen Haufen⁵, Knecht und Mägde, so die ganze Wochen ihrer Erbeit und Gewerbe gewartet⁶, daß sie sich auch einen Tag einziehen⁷ zu rugen und erquicken. Darnach allermeist darümb, daß man an solchem Rugetage (weil man sonst nicht dazu kommen kann) Raum⁸ und Zeit nehme, Gottesdiensts zu warten⁹, also, daß man zuhaufe komme¹⁰, Gottes Wort zu hören und handeln¹¹, darnach Gott loben, singen und beten¹².

Solchs aber (sage ich) ist nicht also an Zeit gebunden, wie bei den Jüden, daß es müsse eben dieser oder jener Tag sein, denn es ist keiner an ihm selbs besser denn der ander, sondern sollt' wohl täglich geschehen, aber weil es der Haufe nicht warten¹³ kann, muß man je zum wenigsten einen Tag in der

omnes aliae Veteris Testamenti constitutiones certis quibusdam ritibus, personis, temporibus et locis destinatae, quae omnes jam per Christum liberae factae sunt. Ceterum, ut hinc christianum aliquem intellectum hauriamus pro simplicibus, quidnam Deus hoc in praecepto a nobis exigit, ita habe: Nos dies festos celebrare non propter intelligentes et eruditos christianos, hi enim nihil opus habent feriis, verum omnium primum corporalis cujusdam necessitatis gratia, quam et natura docet et exigit, nimirum communis multitudinis gratia, servorum, ancillarum, qui per totam hebdomadam laboribus serviunt, ut et ipsi diem habeant, qua ab operibus respirantes semet ex labore reficiant et corpora fessa quiete firmare queant. Deinde eam ob rem potissimum, ut die sabbati, quando alias ei rei vacare non licet, otium et tempus sumatur cultui divino serviendi ita, ut conveniamus ad audiendum et tractandum Dei verbum ac deinceps Deum hymnis, psalmis et canticis laudemus.

Sed hoc, inquam, apud nos non perinde certis temporibus itidem ut apud Judaeos alligatum est, ut ei rei hic aut ille dies dictus aut praestitutus sit. Nullus enim dies altero est melior aut praestantior, verum haec quidem quotidie fieri debebant, sed quando multitudo

---

6/9 nicht *bis* sondern > B   31 sondern + es 𝔄AB

8 exigat Conc   11 omnium primum] primo etiam Conc   12 cujusdam + causae et Conc   25 et > Conc   canticis + et precibus Conc   28 itidem ut] sicut Conc   30 dies > Conc

---

¹) besondere, bestimmte   ²) Vgl. dazu Luther in seiner Schrift: „Wider die himmlischen Propheten von den Bildern und Sakrament" (1525): „Darumb ist Bilderei und Sabbath und alles, was Moses mehr und uber das naturlich Gesetze hat gesetzt, weil es naturlich Gesetz nicht hat, frei, ledig und abe und ist alleine dem judischen Volk in Sonderheit gegeben nicht anders, als wenn ein Kaiser oder König in seim Lande sonderliche Gesetze und Ordenunge machte wie der Sachsenspiegel in Sachsen und doch gleichwohl die gemeinen naturlichen Gesetze durch alle Lande gehen und bleiben als Eltern ehren, nicht morden, nicht ehebrechen, Gott dienen etc. Darümb laß man Mose der Juden Sachsenspiegel sein und uns Heiden unverworren ⟨unbelästigt⟩ damit, gleichwie Frankreich den Sachsenspiegel nicht achtet und doch in dem naturlichen Gesetze wohl mit ihm ⟨übereinstimmet⟩ etc." (WA XVIII 81 ₇₋₁₇).   ³) Vgl. Kol. 2, 16f. und Köstlin, Luthers Theologie II 285.   ⁴) bedürfen deren zu nichts   ⁵) das einfache Volk   ⁶) nachgegangen sind   ⁷) zurückziehen   ⁸) Gelegenheit   ⁹) am G. teilzunehmen   ¹⁰) zusammenkomme   ¹¹) behandeln   ¹²) „Daß man aber den Sabbath oder Sonntag auch feiret, ist nicht vonnöten noch umb Moses' Gepot willen, sondern daß die Natur auch gibt und lehret, man müsse ja zuweilen einen Tag rugen, daß Mensch und Vieh sich erquicke, wilche naturliche Ursache auch Mose in seinem Sabbath setzt, damit er den Sabbath, wie auch Christus Matth. 12. und Mar. 3. tut, unter den Menschen setzt; denn wo er alleine umb der Ruge willen soll gehalten werden, ist's klar, daß, wer der Ruge nicht bedarf, mag den Sabbath brechen und auf einen andern Tag dafur rugen, wie die Natur gibt. Auch ist er darumb zu halten, daß man predige und Gotts Wort höre" (WA XVIII 81₂₆—82₆).   ¹³) einhalten

Woche dazu ausschießen¹. Weil aber von Alters her der Sonntag dazu gestellet ist², soll man's auch dabei bleiben lassen, auf daß es in einträchtiger Ordnung gehe und niemand durch unnötige Neuerung ein Unordnung mache. Also ist das die einfältige Meinung dieses Gepots, weil man sonst³ Feirtag hält, daß man solche Feir anlege⁴, Gottes Wort zu lernen, also daß dieses Tages eigentlich Ampt sei das Predigamt ümb des jungen Volks und armen Haufens willen, doch das Feiren nicht so enge gespannet⁵, daß darümb andere zufällige Erbeit, so man nicht ümbgehen kann, verpoten wäre.

Derhalben wenn man fragt, was da gesagt sei⁶: „Du sollt den Feiertag heiligen", so antworte: „den Feiertag heiligen heißt soviel als heilig halten." Was ist denn heilig halten? nichts anders denn heilige Wort, Werk und Leben führen. Denn der Tag darf für sich selbs keins Heiligens nicht, denn er ist an ihm selbs heilig geschaffen. Gott will aber haben, daß er Dir heilig sei. Also wird er Deinethalben heilig und unheilig, so Du heilig oder unheilig Ding daran treibest. Wie gehet nu solchs Heiligen zu? Nicht also, daß man hinder dem Ofen sitze und kein grobe Erbeit tue oder ein Kranz aufsetze und sein beste Kleider anziehe, sondern (wie gesagt)⁷ daß man Gottes Wort handle⁸ und sich darin ube.

Und zwar⁹ wir Christen sollen immerdar solchen Feiertag halten, eitel heilig Ding treiben, das ist täglich mit Gottes Wort ümbgehen¹⁰, im Herzen und Mund ümbtragen. Aber weil wir (wie gesagt¹¹) nicht alle Zeit und Muße haben, müssen wir die Wochen etliche Stunde für die Jugend oder zum wenigsten einen Tag für den ganzen

praepedita negotiis interesse nequeat, ad minimum unus aliquis dies per hebdomadam huic rei serviendae eligendus est; porro autem cum a majoribus nostris ad hoc dies Dominica ordinata est, non est immutanda temere haec innoxia veterum consuetudo usu jam recepta, ut unanimis et consentiens ordo consistat, ne quis sua non necessaria innovatione conturbet omnia. Hujus ergo praecepti hic simplex sensus est, quando alias dies festos agimus, ut hasce ferias verbo Dei discendo destinemus ita, ut earundem dierum proprium munus sit officium concionandi et hoc juventutis et multitudinis instituendae gratia. Neque tamen tam arcte et superstitiose colantur feriae, ut earum gratia labores, qui vitari et intermitti non possunt, interdicantur.

Quare interrogatus, quid sit: 'Sabbatum sanctifices', responde: sabbatum sanctificare idem est, quod sabbatum sanctum habere. Quid ergo est sabbatum sanctum habere? Nihil aliud quam sanctis verbis, operibus et vitae vacare. Siquidem hic dies pro se non opus habet sanctificatione, jam enim inde ab initio creationis a suo conditore sanctificatus est. Porro autem hoc Deus a te contendit, ut tibi sit sanctus. Ita fit, ut tui gratia sanctus aut profanus reddatur, quatenus tu in eo sanctis aut profanis operibus vacaveris. In quo ergo sabbati sanctificatio sita est? Sane profecto non in hoc, ut post fornacem compressis (quod ajunt) manibus sedeas¹² aut nullum externum opus opereris aut corona florea caput cingas aut vestitu splendidiore te exornes, sed, ut dictum est, verbum Dei tractes inque eodem emendata in melius vita temet exerceas.

Et profecto nobis christianis subinde tales agendae essent feriae tantumque sacris rebus vacandum et incumbendum, hoc est, quotidie verbum Dei exercendum et in ore ac corde ferendum. Verum, quando non omnibus, ut diximus, et tempus et otium suppetit, certis aliquot per hebdomadam horis pro juven-

---

13 daß] das Konf   45 ümbgehen + und solchs A A B Konf

6 est (1.)] sit Conc   7 usu > Conc   23 sanctum > a   29 Porro] Hoc Conc
30 hoc > Conc   47 quando] quia Conc

¹) aussondern   ²) Vgl. RE XVIII 521—524 und Eisenhofer, Liturgik, 115; Luther führte die Einrichtung des Sonntags auf die Apostel zurück; vgl. WATR V Nr. 6191 und 6355.   ³) ohnehin   ⁴) verwende   ⁵) so sehr eingeschränkt   ⁶) was es bedeute   ⁷) Oben 581,₁₉₋₂₁.   ⁸) behandele   ⁹) wahrlich   ¹⁰) sich beschäftigen   ¹¹) Oben 581,₃₁f.   ¹²) Sprichwörtliche Redensart; müßig (die Hände im Schoß) dasitzen; vgl. Livius, VII 13,7.

Haufen dazu brauchen, daß ¹man sich alleine damit bekümmere¹ und eben die zehen Gepot, den Glauben und Vaterunser treibe und also unser ganzes Leben und Wesen nach Gottes Wort richte. Welche Zeit nu das im Schwang und Ubung gehet, da wird ein rechter Feiertag gehalten, wo nicht, so soll es kein Christenfeiertag heißen. Denn feiern und müßig gehen konnen die Unchristen auch wohl, wie auch das ganze Geschwurm² unser Geistlichen täglich in der Kirche stehen, singen und klingen, heiligen aber keinen Feiertag nicht, ¹ denn sie kein Gottes Wort predigen noch uben, sondern eben dawider lehren und leben.

Denn das Wort Gottes ist das Heiligtumb³ über alle Heiligtumb³, ja das einige⁴, das wir Christen wissen und haben. Denn ob wir gleich aller Heiligen Gebeine oder heilige und geweihete Kleider auf einem Haufen hätten, so wäre uns doch nichts damit geholfen, denn es ist alles tot Ding, das niemand heiligen kann⁵. Aber Gottes Wort ist der Schatz, der alle Ding heilig machet, dadurch sie selbs, die Heiligen alle, sind geheiligt worden. Welche Stund man nu Gottes Wort handlet, prediget, höret, lieset oder bedenket, so wird dadurch Person, Tag und Werk geheiligt, nicht des äußerlichen Werks halben, sondern des Worts halben, so uns alle zu Heiligen machet. Derhalben sage ich allezeit, daß alle unser Leben und Werk in dem Wort Gottes gehen müssen, sollen sie Gott gefällig oder heilig heißen; wo das geschicht, so gehet dies Gepot in seiner Kraft und Erfüllung. Wiederümb, was fur Wesen und Werk außer Gottes Wort gehet, das ist fur Gott unheilig, es scheine

tute aut ad minimum die quopiam pro tota ecclesia utamur oportet, ut tantum huic rei intenti simus neque aliud quam decem praecepta, symbolum fidei et orationem Dominicam exponendam et discendam proponamus atque ita totam hanc vitam nostram ad divinorum verborum amussim et regulam instituamus. Quocunque ergo tempore ista communi et unanimi consensu tractantur et exercitio, ibi profecto rectum celebratur sabbatum, sin non, neque christianorum sabbatum dicendum est. Quippe ferias et otium agere noverunt etiam ii, qui a Christo omnique pietate sunt alienissimi. Quemadmodum videmus totum illud examen et otiosam ac mollem turbam religiosorum nostrorum, qui quotidie in templis stantes cantillant et strenue tinniunt, boant et vociferantur, sed nullum sanctificant hac Stentorea⁶ vociferatione et lupino illo ululatu suo sabbatum. Neque enim ullum Dei verbum docent aut exercent, sed plane diversum et contrarium et doctrina et vita exprimunt.

Siquidem Dei verbum unicum illud sacrum est, quod omnes res sacras longe lateque sanctitate praecellit et exsuperat, imo potius unicum illud mysterium, quod nos christiani et scimus et habemus. Nam tametsi omnes omnium sanctorum reliquias et ossa in acervum cumulata possideremus aut in universum omnes sacras vestes haberemus, nihil tamen inde emolumenti caperemus aut sentiremus auxilii. Sunt enim res mortuae neminem sanctificare valentes. Verum enim vero Dei verbum thesaurus ille et gaza est pretiosissima, quae omnia sanctificat, cujus adminiculo etiam ipsi sancti omnes sanctimoniam consecuti sunt. Jam quacunque hora verbum Dei docetur, praedicatur, auditur, legitur aut repetitur memoria, ea hujus tractatione audientis persona, dies et opus sanctificatur non externi quidem operis gratia, sed propter verbum, quo omnes nos sancti reddimur et efficimur. Quo-

---

30 und > B   42 alle > AB

10/1 exercitio] exercentur Conc   43 legitur +, consideratur Conc

---

¹) beschäftige   ²) Schwarm   ³) Reliquie; zu dieser Ausdrucksweise vgl. WATR V Nr. 6288: „Wie das Hohelied Salomonis canticum canticorum, ein Gesang uber alle Gesänge genennet wird, also sei decalogus doctrina doctrinarum, ein Lehre uber alle Lehre ... Symbolum ... est historia historiarum, ein Historien uber alle Historien, die allerhöchste historia ... Oratio Dominica ... est oratio orationum, ein Gebet uber alle Gebet, das allerhochste Gebet ... Sacramenta sunt ceremoniae ceremoniarum, die hochsten Zeremonien"; vgl. auch TR I Nr. 757; WA XLVIII 281—283 Nr. VI und 429 Nr. 757.   ⁴) einzige   ⁵) Vgl. oben 423₆₋₁₀.   ⁶) Vgl. Homer, Ilias V 785.

und gleiße, wie es wolle, wenn man's mit eitel Heiligtumb behinge, als da sind die erdichte geistliche Stände[1], die Gottes Wort nicht wissen und in ihren Werken Heiligkeit suchen.

Darümb merke, daß die Kraft und Macht dieses Gepots stehet[2] nicht im Feiren, sondern im Heiligen, also daß dieser Tag ein sonderliche heilige Ubung habe. Denn andere Erbeit und Geschäfte heißen eigentlich nicht heilige Ubunge, es sei denn der Mensch zuvor heilig. Hie aber muß ein solch Werk geschehen, dadurch der Mensch selbs heilig werde, welchs alleine (wie ge'hört[3]) durch Gottes Wort geschicht, dazu denn gestiftet und geordnet[4] sind Stätte, Zeit, Personen und der ganze äußerliche Gottsdienst, daß solchs auch offentlich im Schwang gehe.

Weil nu soviel an Gottes Wort gelegen ist, daß ohn dasselbige kein Feiertag geheiliget wird, sollen wir wissen, daß Gott dies Gepot strenge will gehalten haben und strafen alle, die sein Wort verachten, nicht hören noch lernen wöllen, sonderlich die Zeit[5], so dazu geordnet ist. Darümb sundigen wider dies Gepot nicht alleine, die den Feiertag gröblich mißbrauchen und verunheiligen, als die ümb ihres Geiz oder Leichtfertigkeit willen Gottes Wort nachlassen[6] zu hören oder in Tabernen[7] liegen, toll und voll sind wie die Säu[8], sondern auch der ander Haufe, so Gottes Wort hören als ein andern Tand[9] und nur aus Gewohnheit zu Predigt und wieder eraus gehen und, wenn das Jahr ümb ist, konnen sie heuer[10] soviel als fert[11]. Denn bisher hat man gemeinet, es wäre wohl gefeiert, wenn man des Sonntags eine Messe oder das Evangelium hätte hören lesen,

circa nunquam non dico omnem vitam et opera nostra verbi Dei ductu et auspicio gubernari debere atque institui, si volumus haec Deo placere et sancta esse, quod si fit, constat hujus praecepti fervere plenitudinem. Contra, quaecunque res aut opera extra Dei verbum feruntur et instituuntur, haec coram Deo profana sunt et immunda, quamlibet tandem praeclara et splendida, etiamsi meris sacris divorum reliquiis essent exornata. Cujus generis sunt ficti atque excogitati religiosorum ordines verbum Dei juxta cum Turcis prorsus ignorantes et sanctitatem ex propriis operibus quaeritantes.

Quare ita habe hujus praecepti vim atque virtutem non consistere in otiando, sed in sanctificando ita, ut hic dies praecipuum aliquod sanctarum rerum exercitium habeat. Nam reliqui labores et exercitia proprio non dicuntur sancta exercitia, nisi homo prius sanctus fuerit. Hic vero ea fieri debent opera, per quae homo ipse sanctus fiat, id quod solum, ut dixi, verbo Dei fieri potest. Ad quod etiam fundata et constituta sunt certa loca, tempora, personae et totus externus Dei cultus, ut haec propalam assiduo usu exercitata ferveant.

Cum itaque tanti momenti sit verbum Dei, ut citra hujus tractationem nullas ferias sanctas esse certum sit, scire debemus Deum hoc praeceptum severe atque adeo serio conservari velle supplicium que de his omnibus esse sumpturum, quotquot verbum ejus proterve contemnunt aut audire et discere recusant eo praesertim tempore, quod huic audiendo et discendo destinatum est. Quare adversus hoc praeceptum peccant non tantum ii, qui contumeliosis operibus abutuntur sabbato idemque irreligiose profanant ut illi, qui dediti avaritiae aut prava rapti libidine verbum Dei non audiunt aut in tabernis vinariis poculis ac gulae indulgentes ferinam atque suillam vitam exigunt, verum etiam illi, qui perinde verbum Dei audiunt tanquam fabulam quandam et

---

18 *und* 19 in Konk   45 zur B Konk   47 fern Konk

6 fervere + efficaciam et Conc   14 juxta cum Turcis > Conc   22 proprie Conc

[1]) Vgl. den Titel von Luthers Schrift: „Wider den falsch genannten geistlichen Stand des Papsts und der Bischofe" (1522).   [2]) besteht   [3]) Oben 583₃₇₋₄₂.   [4]) bestimmt   [5]) während der Zeit; vgl. oben 559 Anm. 5.   [6]) unterlassen   [7]) Schenken   [8]) Vgl. dazu Werdermann, Luthers Wittenberger Gemeinde 25 und 85.   [9]) wie irgendeine andere Spielerei   [10]) in diesem Jahr   [11]) im vorigen Jahr; vgl. Werdermann, 15.

aber nach Gottes Wort hat niemand gefragt, wie es auch niemand gelehret hat. Itzt, weil[1] wir Gottes Wort haben, tuen wir gleichwohl den Mißbrauch nicht abe, lassen uns immer predigen und vermahnen, hören's aber ohn Ernst und Sorge. Darümb wisse, daß nicht alleine ümb Hören zu tuen ist, sondern auch soll gelernet und behalten werden, und denke nicht, daß es in Deiner Willköre[2] stehe oder nicht große Macht[3] dran liege, sondern daß Gottes Gepot ist, der es fodern wird, wie Du sein Wort gehört, gelernet und geehret habst.

Desgleichen sind auch zu strafen die ekelen[4] Geister, welche, wenn sie ein Predigt oder zwo gehört haben, sind sie es satt und überdruß, als die es nu selbs wohl können und keines Meisters mehr dürfen. Denn das ist eben die Sunde, so man bisher unter die Todsunde gezählet hat und heißet Akidia, das ist Tragheit oder Überdruß[5], ein feindselige, schädliche Plage, damit der Teufel vieler Herzen bezäubert und betreugt[6], auf daß er uns übereile[7] und das Wort Gottes wieder heimlich entziehe.

Denn das lasse Dir gesagt sein: ob Du es gleich aufs beste künndest und aller Dinge Meister wärest, so bist Du doch täglich unter

commentum anile, tantum pro more ac usitata quadam consuetudine auditum accedunt intrantes atque exeuntes jamque anno elapso ne pilo[8] doctiores aut meliores facti sunt. Hactenus enim haec 97 apud homines inveteravit opinio, ut existimarent per omnia satisfactum esse sabbato, si die Dominico missa ac evangelium audiretur. Ceterum verbum Dei nemo admodum requisivit, quemadmodum nemo quoque praesto fuit, qui illud sincere docuisset. Jam vero, posteaquam tanti thesauri facti sumus compotes, quo major aut amplior nullus reperiri potest, abusum nequaquam tollimus, sed sinimus quidem nobis multa praedicari ac nos moneri sedulo, ceterum nulla gravitate animique constantia et cura audimus. Scias itaque non tantum referre, ut audias, verum multo 98 magis etiam, ut auditum Dei verbum perdiscas et custodias. Neque in eam venias opinionem, ut haec tecum cogites in tua voluntate situm esse aut non ita multum referre, audias nec ne, sed praeceptum Dei esse, qui aliquando auditi a te verbi sui rationem tecum initurus est, quinam illud didiceris aut quam reverenter habueris.

Pari quoque ratione objurgandi sunt 99 illi delicati et fastidiosi spiritus, qui, simulatque unam et alteram concionem audierint, protinus saturi sunt correptique nausea verbum fastidiunt, utpote qui ipsi illud probe calleant nec egeant magistro aut doctore amplius. Haec enim verbi Dei nausea et fastidium ipsum illud peccatum est, quod inter mortalia peccata hactenus numeratum est diciturque ἀκηδία, hoc est socordia et taedium, odiosa profecto et damnosa pestis, qua diabolus hoc tempore multorum perstringit pectora, ut nos oscitantes opprimat ac verbum Dei iterum nobis clanculum subtrahat.

Hoc enim tibi praedictum sit, quanquam verbi divini omnium esses scientissimus omnesque reliquos hujus an-

---

5 immerdar Konk   7 umbs B Konk   8 soll auch Konk   33 nu > Konk

28 quinam] quomodo Conc   didiceris +, audieris Conc   33 audierunt Conc

---

[1]) wo   [2]) Willkür, Belieben   [3]) nicht viel   [4]) eingebildeten   [5]) ἀκηδία; Luther war Jtazist (vgl. WAB I 38 Anm. 1). Der Ausdruck stammt aus dem 4. Buch der Ethik des Aristoteles; die acedia (acidia) gehört zu den 7 Todsünden; vgl. O. Zöckler, Das Lehrstück von den sieben Hauptsünden (1893); G. Voigt, Die Wiederbelebung des classischen Alterthums I (2. Aufl. 1880), 140f.; Meyer, Kommentar 76.   [6]) Zum Ganzen vgl. WA XXXI¹ 223—227 („und ist eigentlich das Laster, so man Acedia heißt, Tragheit zu Gottesdienst"), I 72 29–31, 254 6, 521 15–32.   [7]) überrumple   [8]) Sprichwörtliche Redensart um kein Haar, um nichts; vgl. 3. B. Cicero, Ad. Attic. V 20,6.

des Teufels Reich, der wider Tag noch Nacht ruget, Dich zu beschleichen, daß er in Deinem Herzen Unglauben und böse Gedanken wider die vorigen[1] und alle Gepot anzunde. Darümb muß Du immerdar Gottes Wort im Herzen, Mund und fur den Ohren haben. Wo aber das Herz müßig stehet und das Wort nicht klinget, so bricht er ein und hat den Schaden getan, ehe man's gewahr wird. Wiederümb hat es die Kraft, wo man's mit Ernst betrachtet, höret und handlet, daß es nimmer ohn Frucht abgehet, sondern allezeit neuen Verstand, Lust und Andacht erwecket, rein Herz und Gedanken machet. Denn es sind nicht faule noch tote, sondern schäftige[2], lebendige Wort. Und ob uns gleich kein ander Nutz und Not triebe, so sollt' doch das idermann dazu reizen, daß dadurch der Teufel gescheucht und verjagt, dazu dies Gepot erfüllet wird und Gott gefälliger ist denn alle andere gleißende Heuchelwerke.

teires cognitione et magisterio, quotidie tamen sub diaboli militas imperio diu noctuque non desinentis tibi machinari perniciem, ut in corde tuo incredulitatem excitet teque malis cogitationibus adversus priora praecepta incendat. Quare omnibus modis necessarium est, ut verbum Dei in promptu habeas et, quod dici solet, in numerato[6], hoc est in corde, in ore, in auribus. Quiescente autem corde nec verbo Dei personante impressionem facit ac citius, quam persentiri potest aut iri obviam, damnum dabit. Contra ea vis et virtus verbi est, 101 ut, ubi seria quadam animi agitatione revocatur in memoriam aut auditur et tractatur, nunquam sine fructu evanescat, sed subinde nova quadam intelligentia, voluptate ac devotione auditorem afficit, retinet ac excitat pectusque et cogitationes purificat. Neque enim verba sunt putrida aut emortua succo et vigore carentia, sed plane viva et efficacia. Ad haec, si nulla alia utilitas aut 102 necessitas ad crebro et diligenter audiendum Dei verbum nos provocaret, tamen haec una satis vehemens esse debebat, quae merito omnes nos excitaret, quod verbi divini tractatione daemon fugatur et abigitur et hoc praeceptum impletur Deoque acceptius est sui verbi exercitium quam omnia alia splendida hypocritarum opera.

Das vierde Gepot.

Bisher haben wir die ersten drei Gepot gelernet, die da gegen Gott gerichtet sind: Zum ersten, daß man ihm von ganzem Herzen vertraue, furchte und liebe in alle unserm Leben. Zum andern, daß man seines heiligen Namens nicht mißbrauche zur Lügen noch einigem[3] bösen Stücke, sondern zu Gottes Lob, Nutz und Seligkeit des Nähisten und seiner selbs. Zum dritten, daß man an der Feier und Ruge Gottes Wort mit Fleiß handle und treibe, auf daß alle unser Tuen und Leben darnach gehe[4]. Folgen nu die andern siebene, gegen unserm Nähisten gestellet[5], unter welchen das erste und hohiste ist:

Praeceptum IIII.

Hactenus tria priora praecepta docuimus, quae erga Deum servanda nobis tradita sunt. Primum, ut ei ex toto corde fidamus, eum per omnem vitam nostram metuamus et diligamus. Deinde, ut ejus sancto nomine nequaquam ad mendacia aut ullam aliam nequitiam tuendam abutamur, sed idem ad laudem Dei ac utilitatem et salutem proximi atque etiam nostram usurpemus. Tertio, ut diebus festis verbum Dei diligenter audiatur et exerceatur, ut tota vita nostra ad ejus gnomonem et regulam non discrepante amussi respondeat. Sequuntur nunc deinceps reliqua septem

---

17 gleich > A A B   36 gelehret A A B   38 vertraue, + ihn B Konk

2 sub *bis* imperio] in Satanae potestate et regno positus es Conc   6 priora + et omnia Conc
12 citius] prius Conc   12/4 persentiri *bis* dabit] animadvertamus, damnum dedit Conc
20 afficiat, retineat ac excitet Conc   21 purificet Conc   35/6 docuimus] didicimus Conc

[1]) vorhergehenden   [2]) geschäftige, wirksame   [3]) irgend einem   [4]) sich danach richte
[5]) die sich auf . . . beziehen   [6]) Sprichwörtliche Redensart; in Bereitschaft haben; vgl. Quintilian, Inst. Orat. VI 3, 111.

Du sollt Dein Vater und Mutter ehren[1].

Diesem Vater- und Mutterstand hat Gott sonderlich den Preis gegeben fur allen Ständen, die unter ihm sind, daß er nicht schlechts[2] gepeut, die Eltern lieb zu haben, sondern zu ehren[3]. Denn gegen Brüder, Schwester und dem Nähisten ingemein befiehlt er nicht Hohers denn sie zu lieben, also daß er Vater und Mutter scheidet und auszeucht[4] fur alle andere Person auf Erden und neben sich setzet. Denn es ist viel ein höher Ding ehren denn lieben, als das nicht alleine die Liebe begreift[5], sondern auch eine Zucht, Demut und Scheue als gegen einer Majestät allda verporgen, auch nicht alleine fodert, daß man sie freundlich und mit Ehrbietung anspreche, sondern allermeist, daß man sich beide von Herzen und mit dem Leib also stelle und erzeige, daß man viel von ihn halte und nach Gott für die Obersten ansehe; denn welchen man von Herzen ehren soll, den muß man wahrlich fur hoch und groß achten, also daß man dem jungen Volk einbilde[6], ihre Eltern an Gottes Statt fur Augen zu halten und also denken, ob sie gleich gering, arm, gebrechlich und seltsam[7] seien, daß sie dennoch Vater und Mutter sind, von Gott gegeben. Des Wandels oder Feils halben sind sie der Ehren nicht beraubt. Darümb ist nicht anzusehen die Person, wie sie sind, sondern Gottes Willen, der es also schaffet und ordnet. Sonst sind wir zwar fur Gottes Augen alle gleich, aber unter uns kann es ohn solche Ungleichheit und ordenliche Unterscheid nicht sein. Darümb sie auch von Gott gepoten ist zu halten, daß Du mir als Deinem Vater gehorsam seiest und ich die Oberhand habe.

praecepta, quae erga proximum nobis conservanda sunt, quorum primum et summum hoc est:

Honora patrem tuum et matrem tuam, ut sis longaevus super terram.

Hunc parentum statum et ordinem Deus praecipue hoc ornavit elogio ante omnes alios, qui sub se sunt, status et ordines, ut non simpliciter praecipiat parentes esse amandos, sed honorandos. Nam erga fratres, sorores et proximum in genere nihil amplius praecipit quam amore prosequendos esse ita, ut parentes ab omnibus aliis, qui in terris agunt, segreget juxtaque se collocet. Est enim honor res amore multis modis sublimior, utpote, quae non tantum amorem in se complectatur, verum etiam singularem quandam modestiam, humilitatem et reverentiam, quae cuidam quasi majestati hic occultae habenda sit. Neque tantum exigit, ut amanter et cum honore parentes compellemus, sed omnium maxime, ut et corpore et animo ita nos exhibeamus, ut in existimatione magna apud nos sint ac post Deum pro summis ac maximis inter homines intueamur. Cui enim non simulate, sed ex animo honorem dare volumus, hunc profecto maximi pretii hominem esse existimemus oportet. Necessarium ergo duximus, ut pueris hoc identidem inculcetur, ut parentes suos Dei loco revereantur atque in honore habeant itaque secum animo cogitent, quod, quanquam tenues, egeni, imbecilli, deficientes et morosi sint, nihilosecus parentes sibi a Deo datos esse. Nam conditionis aut defectus gratia debito honore privati non sunt. Quare parentum personae intuendae non sunt, sed Dei voluntas consideranda ita jubentis et ordinantis. Alioqui coram Deo omnes pares sumus, sed nos inter nos hoc dispari et ordinato discrimine non possumus non discrepare. Quamobrem a Deo praeceptum est, ut mihi tanquam tuo patri dicto sis audiens egoque imperium in te obtineam.

---

4 und + Deine Konf   30 halten] haben A B   31 seltsam] wünderlich B Konf

9 se] ipso Conc   12 erga < f   15 terra Conc   25 nos + geramus, Conc
33 duximus] est Conc   37 imbecilles Conc   38 nihilosecus] nihilominus Conc
39 sibi *bis* esse] sint ab ipso Deo sibi dati Conc   44 omnes + quidem Conc

---

[1] Vgl. 555,20.   [2] schlechthin   [3] Vgl. dazu Werdermann, Luthers Wittenberger Gemeinde, 49f.   [4] ausnimmt   [5] in sich einschließt   [6] einpräge   [7] wunderlich

So lerne nu zum ersten, was die Ehre gegen den Eltern heiße, in diesem Gepot gefodert, nämlich daß man sie fur allen Dingen herrlich und wert halte als den höhisten Schatz auf Erden, darnach auch mit Worten sich züchtig gegen sie stelle, nicht ubel anfahre, poche¹ noch poltere², sondern lasse recht haben und schweige, ob sie gleich zuviel tuen³, zum dritten auch mit Werken, das ist mit Leib und Gut solche Ehre beweise⁴, daß man ihn diene, helfe und versorge, wenn sie alt, krank, gebrechlich oder arm sind und solchs alles nicht allein gerne, sondern mit Demut und Ehrbietung als fur Gott getan. Denn wer das weiß, wie er sie im Herzen halten soll, wird sie nicht lassen Not noch Hunger leiden, sondern über und neben sich setzen und mitteilen, was er hat und vermag.

M 407
W 419
Zum andern siehe und merke, wie groß, gut und heilig Werk allhie den Kindern¹ furgelegt⁵ ist, welchs man leider gar verachtet und in Wind schlägt und niemand wahrnimmpt, daß es Gott gepoten habe oder daß es ein heilig göttlich Wort und Lehre sei. Denn wenn man's dafur gehalten hätte, hätte ein iglicher daraus kunnden nehmen⁶, daß auch heilige Leute müßten sein, die nach diesen Worten lebten. So hätte man kein Klosterleben noch geistliche Stände dürfen aufwerfen⁷, wäre ein iglich Kind bei diesem Gepot blieben und hätte sein Gewissen kunnden richten gegen Gott und

Disce ergo sub initium, quinam honor 109 parentibus habendus sit hoc praecepto exactus, nimirum ut prae omnibus rebus reverenter habeantur et tractentur honorifice veluti maximus et pretiosissimus in terris thesaurus. Deinde, ut 110 parem quoque in verbis humanitatem et modestiam sentiant, ne acerbe invadantur neve cum iisdem pueri agant elate et ferociter, sed illis de suo jure nonnihil concedant et taceant, etiamsi nonnunquam modum excesserint. Tertio, ut idem quoque nihilo beni- 111 gnius opere comprobent, hoc est amore et officiis talem honorem habeant, ut hos sublevent obsequio, juvent munifice, eorundem non difficilem curam habeant, ubi jam consenuerint ac per aetatem viribus destituti languescere coeperint aut ad egestatem redacti sunt. Atque haec omnia humanitatis officia nedum libenter et benevole decrepitis parentibus, sed cum omni etiam humilitate et reverentia, tanquam coram Deo inspectante fiant, praestanda sunt. Qui enim novit, cujusmodi existimationem de parentibus in corde obtinere oporteat, ille non patietur eos laborare penuria aut fame ac siti contabescere, sed eosdem supra juxtaque se collocatos faciet discumbere illisque de fortunulis suis, quicquid habebit, non gravate impertiet, quam poterit amplissime, bene meritis parentibus θρεπτήρια remetiens.

Deinde vide, quaeso, et attende ani- 112 mum, quam magna et sancta opera hic liberis proposita sint, quorum proh dolor! nullus est respectus, sed plane negliguntur nec quisquam est, qui animadverteret haec a Deo esse praecepta aut Dei verbum esse et scripturae sacrae documenta. Quod si enim alterutrum horum aestimatum esset ab hominibus, quivis ex hoc facile potuisset colligere sanctos quoque debere esse homines, qui secundum horum verborum praescriptionem viverent, neque monasticam vitam instituere aut religiosorum per-

---

7 anfahre + noch mit ihnen B Konk   noch] und B   14 Ehrbietung A B Konk
18 und + ihnen B Konk

4/5 honorifice] benefice Conc   8 modestiam + a nobis Conc   8/9 acerbe eos invadant liberi Conc   9 pueri > Conc   13/4 nihilo benignius > Conc   15 officiis + corporis et fortunae Conc   16 hos] eos Conc   21 fuerint Conc   22 nedum] non solum Conc   27/8 obtinere oporteat] circumferre debeat Conc   33/4 quam bis remetiens > Conc   38 sed + quae Conc   39/40 animadvertat Conc   45 debere] oportere Conc   46/7 praescriptum Conc

---

¹) auftrumpfe   ²) zur Rede stelle   ³) auch wenn sie den Bogen überspannen   ⁴) erweise   ⁵) auferlegt   ⁶) entnehmen   ⁷) aufzurichten brauchen

sprechen: Soll ich gute und heilige Werke tuen, so weiß ich je kein bessers, denn meinen Eltern alle Ehre und Gehorsam zu leisten, weil es Gott selbs geheißen hat. Denn was Gott gepeut, muß viel und weit edler sein denn alles, was wir selbs mügen erdenken. Und weil kein höher noch besser Meister zu finden ist denn Gott, wird freilich[1] auch kein bessere Lehre sein, denn er von sich gibt. Nu lehret er je reichlich, was man tuen soll, wenn man rechtschaffene, gute Werk will üben, und in dem, daß er's gepeut, zeuget er, daß sie ihm wohl gefallen. Ist es denn Gott, der solchs gepeut und kein bessers weiß zu stellen, so werde ich's je nicht besser machen.

Siehe, also hätte man ein frommes Kind recht gelehret, seliglich erzogen und daheim behalten in Gehorsam und Dienst der Eltern, daß man Guts und Freude dran gesehen hätte. Aber also hat man Gottes Gepot nicht müssen aufmutzen, sondern liegen lassen oder überhin rauschen[2], daß ein Kind nicht bedenken[3] künnde und dieweil das Maul auffsperren nach dem[4], das wir aufgeworfen[5] haben und Gott keinmal drümb begrüßet[6].

Darümb laßt uns einmal lernen ümb Gottes willen, daß das junge Volk, alle ander Ding aus den Augen gesetzt, erstlich auf dies Gepot sehen, wenn sie Gott mit rechten guten Werken dienen wollen, daß sie tuen, was Vater und Mutter, oder den sie an ihr Statt untertan sind, lieb ist. Denn welchs

versos ordines invenire fuisset operae pretium, sed quivis puer in hoc praecepto mansisset potuissetque quietam et salvam erga Deum obtinere conscientiam ac dicere: Si mihi bona ac sancta facienda sunt opera, nullum scio praestantius, quam ut parentibus meis omnem honorem et obedientiam exhibeam, quando Deus hoc ipsum mihi faciendum tantopere praeceperit. Quicquid enim Deus praecipit, necessario multo debet esse nobilius et praestantius quam omne illud, quicquid nos ipsi comminiscimur. Et cum non sit alius ad inveniendum magister, cum sublimior, tum acutior, consentaneum est neque doctrinam ullam esse potiorem, quam cujus ipse autor et magister exstiterit. Jam quidem abunde, quid faciendum sit, perdocet, si vere bona opera facere atque exercere cupimus, atque hoc ipso, quod haec facienda praecipit, satis indicat sibi quoque eadem non displicere. Quod si ergo Deus est, qui ista mandat fieri, nec aliquid praeclarius novit constituere, nulla spes est hisce meliora me inventurum.

Ad hunc quidem modum probus puer docendus erat et salubriter educandus ac domi in parentum obsequio et obedientia jugiter retinendus, unde spectantes cepissent voluptatem et gaudium. Verum tanta cura ac diligentia divinum praeceptum non fuit commendandum, sed posthabendum planeque dissimulanter praetereundum ita, ut puer ista animo cogitare non potuerit, sed interim hians lupus illud captare, quod ipsi nunquam consulto Deo aut saltem semel salutato commenti adinvenimus.

Per Christum ergo vos obtestor, ut tandem vel sero discamus, ut juventus reliquis omnibus posthabitis cumprimis ad hoc praeceptum inconniventer intentos habeat oculos cupiens Deo servire vere bonis operibus, ut faciat, quae parentibus aut his, quibus horum loco

---

29 im Konk   33 daß + es B   36 begrüßen A   43 sehe B

1 invenire + necesse Conc   1/2 operae pretium > Conc   10 praecepit Conc   11 praecepit Conc   16 consentaneum] certum Conc   23 non displicere] mirifice probari Conc   36 interim + veluti Conc   37 ipsi + vix Conc   37/8 unquam Conc   38 Deo > Conc   saltem > Conc   39 salutato, + quod dicitur, Deo Conc   40/1 Per bis discamus] Quare aliquando tandem discamus, obsecro, Conc

---

[1]) fürwahr   [2]) Aber man fühlte sich nicht veranlaßt, Gottes Gebot in seiner ganzen Herrlichkeit zu zeigen, sondern durfte es unterlassen und schnell darüber hinweggehen   [3]) darüber nachdenken   [4]) stattdessen nur das anstaunen   [5]) aufgerichtet   [6]) deswegen wir Gott keinmal um Rat gefragt haben

Kind das weiß und tuet, hat zum ersten den großen Trost im Herzen, daß es fröhlich sagen und rühmen kann (zu Trotz und wider allen, die mit eigen erwähleten Werken ümbgehen): Siehe, das Werk gefället meinem Gott im Himmel wohl, das weiß ich fürwahr. Lasse sie mit ihren vielen, großen, sauren, schweren Werken alle auf einen Haufen hertreten und rühmen, laß sehen, ob ¹ sie irgend eines herfurbringen künnden, das größer und edler sei denn Vater und Mutter Gehorsam, so Gott nähisten¹ seiner Majestät Gehorsam gesetzt und befohlen hat, daß, wenn Gottes Wort und Willen gehet² und ausgericht wird, soll keines mehr gelten denn der Eltern Willen und Wort, also daß er dennoch auch unter Gottes Gehorsam bleibe und nicht wider die vorigen³ Gepot gehe.

Derhalben sollt Du von Herzen froh sein und Gotte danken, daß er Dich dazu erwählet und würdig gemachet hat, ihm solch köstlich, angenehme Werk zu tuen. Und halte es nur fur groß und teuer, ob es gleich das⁴ allergeringste und verachtiste angesehen wird, nicht unser Wirdigkeit halben, sondern daß es in dem Kleinod und Heiligtumb, nämlich Gottes Wort und Gepot, gefasset ist und gehet. O wie teuer sollten's alle Karthäuser⁵, Mönche und Nonnen⁶, käufen⁷, daß sie in alle ihrem geistlichen Wesen ein einig⁸ Werk fur Gott möchten bringen, aus seinem Gepot getan, und mit fröhlichem Herzen fur seinen Augen sprechen: „Nu weiß ich, daß Dir dies Werk wohl gefället." Wo wollen sie, die arme, elende Leute, bleiben, wenn sie fur Gott und aller Welt schamrot mit allen Schanden stehen werden

subjecta est, grata esse intellexerit. Quicunque enim puer haec comperta habet et fecerit, omnium primum hanc ingentem in corde consolationem obtinet, ut plenus gaudio dicere seque vere jactare possit adversus omnes, qui propriis et a se inventis operibus occupati sunt: Ecce, certus sum hoc opus Deo meo acceptum esse. Sine vero illos cum suis multis, magnis, laboriosis, amaris et gravibus operibus omnes ad unum prodire in medium et jactare, videamus saltem, num unum aliquod producturi sint, quod majus sit aut praeclarius quam obedire parentibus, quod Deus suae majestatis obedientiae primum esse voluit praecepitque ita, ut, si Dei verbum et voluntas locum habet et effecta fuerit, nihil quicquam valere debet amplius quam parentum verbum et voluntas, ita tamen, ut haec quoque divinae obedientiae subdita sit neque contra priora praecepta feratur.

Quapropter vere atque ex animo tibi triumphandum esset gaudio Deoque gratiae agendae prolixius etiam, quod te dignatus ad hoc elegerit, ut illi tam grata et pretiosa faceres opera. Tantum vide, ut hoc magni aestimes, quamvis apud homines videatur levissimum et contemptissimum et hoc non dignitatis nostrae gratia, quae nulla est, sed quod re omnium pretiosissima, nempe Dei verbo comprehensum et conclusum sit. O quam magno emerent omnes Carmelitae⁹ et monachi et monachae, ut in omni religione sua vel unum opus possent producere divinorum praeceptorum jussu factum valerentque coram Deo alacri animo dicere: Jam quidem certus sum hoc opus tibi non displicere. Ubi vero miserandi illi et aerumnosi mane-

---

16 keiner A B Konk

---

3 facit Conc 15 Deus + post Conc 16 obedientiam Conc 19 debeat Conc
26 prolixius etiam > Conc 36 monachae] moniales Conc 39 valerentque] possentque Conc 41 non displicere] bene placere Conc

---

¹) nächst ²) vor sich geht ³) vorhergehenden ⁴) für das ⁵) Vgl. oben 579 Anm. 3 ⁶) Über die Karthäusernonnen (entstanden 1147) vgl. Heimbucher, Die Orden und Kongregationen I 494f. ⁷) was würden ... dafür geben ⁸) einzig ⁹) Ursprünglich als Niederlassung von Eremiten ca. 1180 von Berthold auf dem Berge Karmel in Palästina gegründet (vielleicht in Nachahmung der Karthäuser), später in einen Bettelorden umgewandelt; über sie vgl. Heimbucher II (2. Aufl. 1907) 535—546. Die zweimalige Ersetzung des Namens der Karthäuser durch den der Karmeliter (Zl. 35f. und unten 591₁₉f.) ist eine Eigenmächtigkeit des Übersetzers, die nur im zweiten Falle in Conc rückgängig gemacht ist (vgl. auch unten 610₁₂ und 693₉).

fur einem jungen Kind, so in diesem Gepot gelebt hat, und bekennen, daß sie mit alle ihrem Leben nicht wert sind gewesen, ihm das Wasser zu reichen? Geschicht ihn auch recht ümb der teufelischen Verkehrung[1] willen, weil sie Gottes Gepot mit Füßen treten, daß sie sich vergeblich mit selbsterdachten Werken[2] martern müssen, dazu Spott und Schaden zu Lohn haben.

Sollt' nu nicht ein Herz springen und von Freuden zufließen, wenn es zur Arbeit ging und täte, was ihm befohlen wäre, daß es künnde sagen: „Siehe, das ist besser denn aller Karthäuser[3] Heiligkeit, ob sie sich gleich zu Tod fasten und ohn Unterlaß auf den Knien beten." Denn hie hast Du ein gewissen Text und gottlich Zeugnis, daß er dies geheißen hat, aber von jenem kein Wort befohlen. Aber das ist der Jammer und ein leidige Blindheit der Welt, daß solchs niemand gläubt, so hat uns der Teufel bezäubert mit falscher Heiligkeit und Schein eigener Werk. Derhalben wollt' ich je gerne (sage ich abermal), daß man Augen und Ohren auftäte und solchs zu Herzen nähme, auf daß wir nicht dermaleins wieder von dem reinen Gotteswort auf des Teufels Lügentand verleitet würden. So würde es auch wohl stehen, daß die Eltern deste mehr Freud, Liebe, Freundschaft und Eintracht in Häusern hätten, so künnten die Kinder den Eltern alle ihr Herz nehmen[4]. Wiederüm[5], wo sie storrig sind und nicht ehe tuen, was sie sollen, man lege ihn denn ein Knüttel auf den Rücken, so erzürnen sie beide Gott und Eltern, damit sie ihn selbs solchen Schatz und Freude des Gewissens entziehen und eitel Unglück sammlen.

bunt homines, quando coram Deo et universo mundo extreme confundentur collati ad unum aliquem puerum, qui hoc in praecepto vixerit, cogenturque fateri sese cum omni vitae suae ratione et operibus non dignos esse, qui illi vel matulam porrigant[6]! Sed et jure hoc illis accidit propter perversitatem diabolicam, quando Dei praeceptum ita contumeliose pessundant, ut semet incassum ultro excogitatis operibus excarnificatos discrucient, pro quibus nihil aliud praemii quam risum una cum damno lucrifaciunt.

Qui ergo cor hominis non gestiret gaudio aut laetitia diflueret, quod labori se accingeret faceretque, quod illi demandatum esset possetque dicere: Ecce hoc opus praestat ac potius est omnium Carmelitarum[7] sanctimonia, etiamsi ad necem usque se ipsos macerarent jejunio ac citra intermissionem innixi genibus preculas ad Deum funderent? Hic enim certum habes divini verbi testimonium, quod haec facienda in mandatis tibi dederit, ceterum de illis ne iota quidem uspiam praeceptum inveniri. Veruntamen haec mirifica mundi plaga est et horrenda caecitas, quod his rebus nemo fidem habere dignetur, adeo diabolus simulata sanctitate et fucatis operibus nostros perstrinxit ac dementavit oculos. Quamobrem percuperem, ut apertis corde et oculis serio tandem ista essent sollicitudine, ne aliquando iterum a puro Dei verbo abstracti et alienati in diabolica mendacia prolaberemur. Quin etiam hac ratione futurum prospicerem, ut parentes majori gaudio, amore, amicitia et concordia fruerentur in aedibus et liberi parentes haberent summa devinctos benevolentia. Contra, ubi pertinaces sunt nec citius

---

2 bekennen + müssen B Konf   25 ein > Konf   28 je > A B   41 und + die B

---

7 matulam] matellam Conc   9 quando] quia Conc   12 pro quibus > Conc 12/3 aliud *bis* risum] ad haec praemii inde aliud praeterquam ignominiam Conc 13/4 lucrifaciunt] reportent Conc   15 Qui] Quomodo Conc   17 illi] sibi Conc 19/20 Carmelitarum] Carthusianorum Conc   25/6 in *bis* dederit] mandaverit Conc 28 Veruntamen] At deploranda Conc   mirifica > Conc   29 est > Conc   caecitas + est Conc   his rebus] haec omnia Conc   30 fidem *bis* dignetur] credit Conc 33 percuperem + (ut repetam), Conc   34 corde et > Conc   oculis + et auribus Conc 35 essent sollicitudine] corde complecteremur Conc   37 abalienati Conc

---

[1]) Verführung   [2]) z. B. die Verpflichtung zu strengstem Stillschweigen.   [3]) Vgl. oben 579 Anm. 3.   [4]) die ganze Liebe der Eltern gewinnen   [5]) Andrerseits   [6]) Vgl. Martial, Epigr.. X 11, 3.   [7]) Vgl. oben 590 Anm. 9.

Darümb gehet's auch itzt in der Welt also, wie idermann klagt, daß beide jung und alt gar wild und unbändig ist, kein Scheu noch Ehre hat, nichts tuen denn mit Schlägen getrieben und hinder eins andern Rucken ausrichten[1] und abziehen[2], was sie künnden. Darumb auch Gott strafet, daß sie in allen Unrat[3] und Jammer kommen, so konnen die Eltern gemeiniglich selbs nichts, zeucht[4] ein Tor den andern[5], wie sie gelebt haben, so leben die Kinder hinnach.

Das soll nu (sage ich) das erste und großeste sein, das uns zu diesem Gepot soll treiben, ümb welchs willen, wenn wir kein Vater und Mutter hätten, sollten wir wunschen, daß uns Gott Holz und Stein furstellet, die wir Vater und Mutter möchten heißen. Wieviel mehr, weil[6] er uns lebendige Eltern geben hat, sollen wir froh werden, daß wir ihn mügen Ehre und Gehorsam erzeigen? Weil wir wissen, daß der hohen Majestät und allen Engeln so wohl gefället und alle Teufel verdreußet, dazu das hohest Werk ist, so man tuen kann nach[7] dem hohen Gottesdienst, in den vorigen Gepoten gefasset, also daß Almosengeben und alle andere Werk gegen dem Nähisten diesem noch nicht gleich sind. Denn Gott hat diesen Stand obenan gesetzt, ja an seine Statt auf Erden gestellet. Solcher Willen Gottes und Gefallen soll uns Ursach und Reizung gnug sein, daß wir mit Willen und Lust täten, was wir künnden.

quam fustibus adacti jussa capessunt et Deum et parentes juxta exasperant, qua re fit, ut se ipsos tanto privent thesauro et gaudio conscientiae nec aliud quam omne malum sibi cumulent. Et hoc est, 123 quod jam ea sit per totum orbem rerum conditio, quemadmodum omnes conqueruntur, quod aeque et senes et juvenes sint efferi et infrenes, in quibus nullum aut reverentiae aut honoris vestigium vel scintilla conspiciatur nihil nisi verberibus evictum facientes ac clanculum, quicquid possunt, effectum reddentes et subtrahentes. Eam ob rem Deus quoque punit eos, ut in omnem calamitatem prolapsi aerumnose vitam exigant. Fere 124 etiam videmus, ut ipsi parentes quoque nihil sciant et omnium rerum ignari sint, ita fit, ut stultus stultum doceat et, quemadmodum parentes vixerunt, ad eum modum deinceps quoque vivant liberi.

Hoc, inquam, primum et maximum 125 esse debebat, quod ad hujus praecepti observantiam nos merito provocaret, cujus gratia, si orbi essemus, nobis tamen optandum fuerat, ut nobis Deus truncos et saxa proponeret, quae parentum vice coleremus aut parentum appellatione dignaremur. Quanto magis, posteaquam vivos parentes nobis largitus est, laetitia nobis exultandum est, ut illis honorem habere et obedientiae obsequium ostendere queamus. Non ignorantes Deo optimo maximo ac omnibus angelis hoc summe placere et diabolo aegre esse, ad 126 hoc maximum esse opus, quod ipsi facere possumus post summum illum Dei cultum in prioribus praeceptis comprehensum adeo, ut eleemosynis juvare egentes neque non omnia reliqua opera, quae fiunt commodandi proximi gratia, huic nullo modo conferenda sint, quippe Deus huic parentum ordini primas tribuit eundemque in terris plane in suam sedem colendum evexit et extulit. Haec

---

11 hernach A B

1 et > Conc   2 Deum + simul Conc   juxta > Conc   2/3 qua *bis* ut] eoque Conc   3 privant Conc   4 nec aliud quam > Conc   5 omneque Conc   malum + et infortunium Conc   cumulant Conc   Et hoc] Atque hinc Conc   6 jam ea sit] ea jam Conc   orbem + est Conc   7 omnes] nemo non Conc   7/8 conqueritur Conc   9 effrenes Conc   13 effectum reddentes] efficientes Conc   21 quoque vivant] vivant et Conc   26 si orbi essemus] etiamsi parentibus destitueremur Conc   26/7 optandum tamen nobis Conc   42 fiunt *bis* gratia] proximo praestantur Conc   huc Conc

---

¹) verleumden   ²) verkleinern   ³) Schaden   ⁴) erzieht   ⁵) Sprichwörtliche Redensart.   ⁶) wo   ⁷) nächst

Dazu sind wir's ja auch schuldig fur der Welt, daß wir der Wohltat und allem Gutem, so wir von den Eltern haben, dankbar seien. Aber da regiert abermal der Teufel in der Welt, daß die Kinder der Eltern vergessen, wie wir alle Gottes vergessen, und niemand denket, wie uns Gott also nähret, hutet und schützet und soviel Guts gibt an Leib und Seele, sonderlich wenn einmal ein böse Stunde kömmpt, da zürnen und murren wir mit Ungedulb, und ist alles dahin, was wir unser Leben lang Guts empfangen haben. Eben also tuen wir den Eltern auch, und ist kein Kind, das solchs erkenne und bedenke, der heilige Geist gebe es denn. Solche Unart der Welt kennet Gott wohl, darumb erinnert und treibt er sie mit Gepoten, daß ein iglicher denke, was ihm die Eltern getan haben, so findet er, daß er Leib und Leben von ihn habe, dazu auch ernähret und aufgezogen sei, da er sonst hundertmal in seinem Unflat erstickt wäre. Darümb ist recht und wohl gesagt von alten weisen Leuten: „Deo, parentibus et magistris non potest satis gratiae rependi", [1] das ist: „Gotte, den Eltern und Schulmeistern kann man nimmer gnugsam danken noch vergelten." Wer das ansiehet und nachdenket, der wird wohl ungetrieben seinen Eltern alle Ehre tuen und sie auf den Händen tragen, als durch die ihm Gott alles Guts getan hat.

quidem Dei voluntas et beneplacitum sat vehementibus et causis et stimulis nostram debebat impulisse negligentiam, ut cum quadam voluptate atque lubentia, quod officium nostrum postulat, faceremus.

Ad haec coram mundo quoque in hoc adstringimur, ut acceptorum a parentibus beneficiorum memores mutuam officii vicem rependamus utque parentes aetate fessos vicissim alamus foveamusque. Sed hic rursum in mundo dominatur diabolus, ut liberi parentum obliviscantur, quemadmodum omnes nos Dei obliviscimur nec quisquam memoria repetit, qua sedulitate Deus nos alat, custodiat ac defendat, tum quanta bonorum copia corporis et animi nos cumulet et obruat. Praecipue vero, quando horulam paulo infeliciorem vix ostendentem se adversitate sustinemus protinus malorum impatientes, in iram prorumpimus ac murmuramus deque tot immensis bonis per omnem vitam a Deo acceptis nullum vel tantillum in memoria nostra residet amplius, sed prorsus expuncta omnia oblivioni mandata sunt. Non secus quoque cum parentibus agimus nec ullus puer est, qui parentum difficultatem, quam in nutricando et fovendo multifariam perpessi sunt, agnoscat ac perpenderet, nisi hoc a spiritu sancto acceperit gratiae. Ejusmodi vitiosam mundi naturam et ingratitudinem Deus probe compertam habet, quare praeceptis nos subinde impellit et admonet, ut quisque animo secum repetat, quantum bonorum a parentibus acceperit, et inveniet se ab iisdem et corpus et vitae initium accepisse atque item multo sudore et cura enutritum et educatum esse, ubi alias vel sexcenties in propriis sordibus tibi fuisset exhalanda anima. Quocirca praeclare et sapienter a veteribus dictum est: 'Deo, parentibus et magistris non potest satis cumulate reddi gratia.' Quicunque horum verborum recte memor fuerit, non exspectabit aliorum stimulos, ut erga parentes gratus appareat, sed sua sponte pro-

---

28 ist's Konk   34 nachdenket] bedenket A B Konk

29 parentum > Conc   30 quam + parentes Conc   31 fovendo + eo Conc   32 perpendat Conc   43 tibi] sibi pereundum Conc   43/4 exhalanda amima > Conc   46/7 cumulate reddi gratia] gratiae rependi Conc   49 stimulos] commonefactiones Conc

[1] Vgl. WA XXXII *579 29-31: „Einen fleißigen, frommen Schulmeister oder Magister oder wer es ist, der Knaben treulich zeucht und lehret, dem kann man nimmermehr gnug lohnen und mit keinem Gelde bezahlen, wie auch der Heide Aristoteles sagt".

Über das alles soll das auch ein große Ursach sein, uns deste mehr zu reizen, daß Gott an dieses Gepot ein liebliche Verheißung heftet und spricht: „Auf daß Du langes Leben habst im Lande, da Du wohnest."¹ Da siehe selbs, wie großer Ernst Gotte sei über diesem Gepot, weil er nicht alleine ausdrückt, daß ihm angenehme sei, Freude und Lust darin habe, sondern solle auch uns wohl geraten und zum Besten gedeihen, daß wir ein sanftes, süßes Leben mügen haben mit allem Guten. Darümb auch Sankt Paulus Eph. 6. solchs hoch anzeucht¹ und rühmet, als er spricht: „Das ist das erste Gepot, das eine Verheißung hat, auf daß Dir's wohlgehe und lange lebest auf Erden."² Denn wiewohl die andern auch ihre Verheißung eingeschlossen haben, ist's doch zu keinem so deutlich und ausgedruckt gesetzt.

Da hast Du nu die Frucht und das Lohn, daß, wer es hält, soll gute Tage, Glück und Wohlfahrt haben, wiederümb auch die Strafe, daß, wer ungehorsam ist, deste ehe ümbkommen und des Lebens nicht froh werden soll. Denn langes Leben haben heißet die Schrift nicht alleine wohl betaget werden, sondern alles haben, so zu langem Leben gehöret, als nämlich³ Gesundheit, Weib und Kind, Nahrung, Friede, gut Regiment etc., ohn welche dies Leben nicht fröhlich genossen werden noch die Länge⁴ bestehen kann. Willt Du nu nicht Vater und Mutter gehorchen und Dich lassen ziehen, so gehorche dem Henger, gehorchest Du dem nicht, so gehorche dem Streckebein⁵, das ist der Tod. Denn das will Gott kurzumb haben: entweder so Du ihm ge-

perabit eosdem et omni honore cumulare et in sinu (quod ajunt) gestare⁶ ac manibus ut eos, quorum opera Deus illi omnium rerum beatam copiam pleno cornu offuderit.

Super haec omnia ad hujus praecepti conservationem vel haec causa potissimum nos provocasse debebat, quod Deus huic praecepto peramabilem quandam promissionem adjecerit inquiens: 'Ut sis longaevus super terram,' quam Dominus Deus tuus tibi dabit. Hic ipse judicis partes tibi sume, quanta severitate hoc praeceptum Deo cordi sit non solum aperte indicanti illud sibi gratum esse aut gaudio ac voluptati, verum nobis etiam ipsis casurum esse felicissime ac non nisi in optimam partem eventurum, ut vitam tranquillam atque suavem exigamus omnibus rebus in terris affluentes. Hinc ipse quoque Paulus ad Ephesios et hoc ipsum citans pleno ore jactat, ubi inquit: 'Filii, obedite parentibus in Domino, hoc enim justum est. Honora patrem tuum et matrem tuam, quod est mandatum primum in promissione, ut bene tibi sit et sis longaevus super terram.' Nam tametsi et aliis praeceptis sua inclusa sit promissio, nulli tamen adeo significanter et expresse quam huic adjecta est.

Habes itaque hujus praecepti fructum et praemium, ut ille, qui hoc transgressus non fuerit, dies felices exigat nulla pressus inopia, contra quoque poenam ut ille, qui parentibus dicto non erit audiens, hoc citius intereat nec unquam sua vita cum voluptate fruatur. Esse enim aut fieri longaevum non tantum ad decrepitam usque aetatem vivere scriptura nominat, sed omnia habere affatim, quae ad longaevam vitam traducendam pertinent, ut est prospera valetudo corporis, uxor et liberi, victus non tenuis aut sordidus, externa rerum pax, bona et aequabilis reipublicae administratio et hujusmodi, sine quibus hac vita jucunde et voluptuose frui non possumus neque in longitudinem ipsa potest consistere.

---

8 leibliche B Konk   13 ausdrücke Konk

3 ac manibus > Conc   4 rerum beatam] bonorum Conc   5 affuderit Conc   9 peramabilem quandam] corporalium bonorum Conc   10 adjecerit] annectit Conc   13 judicis *bis* sume] aestima Conc   22 et] sexto Conc   47/9 hac *bis* ipsa] haec vita neque jucunde peragi neque diu consistere Conc   49 consistere > Conc

---

¹) stark herausstreicht   ²) Eph. 6, 2f.   ³) zum Beispiel   ⁴) auf die Dauer
⁵) Eine hauptsächlich niederdeutsche Bezeichnung für den Tod, bei Luther des öftern vorkommend; vgl. WA XXVII 554.   ⁶) sehr lieb haben; sprichwörtliche Redensart; vgl. Terenz, Adelphi 709.

horcheſt, Liebe und Dienſt tueſt, daß er Dir's überſchwänglich vergelte mit allem Guten, oder, wo Du ihn erzurniſt, daß er über Dich ſchicke beide Tod und Henger. Wo kommen ſoviel Schälke[1] her, die man täglich hängen, köpfen und radbrechen[2] muß denn[3] aus dem Ungehorſam, weil ſie ſich nicht mit Gut ziehen[4] laſſen, daß ſie es durch Gottes Straf ſo ausrichten[5], daß man Unglück und Herzleid an ihn ſiehet? Denn gar ſelten geſchicht, daß ſolche verruchte Leute eines rechten oder zeitigen[6] Tods ſterben.

Die Frommen aber und Gehorſamen haben den Segen, daß ſie lange in guter Ruge leben und ihr Kindskind ſehen (wie oben geſagt[7]) „ins dritte und vierde Gelied". Wie man auch erfähret, daß, wo feine, alte Geſchlechte ſind, die da wohl ſtehen und viel Kinder haben, freilich[8] daher kommen, daß mit etliche wohlgezogen und ihre Eltern fur Augen haben gehabt. Wiederümb ſtehet geſchrieben von den Gottloſen Pſal. 109.:[9] „Seine Nachkommen müſſen ausgerottet werden, und ihr Name muſſe in einem Gelied untergehen." Derhalben laſſe Dir's geſagt ſein, wie groß Ding es iſt bei Gott ümb den Gehorſam, weil er ihn ſo hoch ſetzet[10], ihm ſelbs ſo wohl gefallen läſſet und reichlich belohnet, dazu ſo ſtrenge darüber hält[11] zu ſtrafen, die dawider tuen. Das rede ich alles, daß man's dem jungen Volk wohl einbleue; denn niemand gläubt, wie dies Gepot ſo nötig iſt, doch bisher unter dem Bapſttumb nicht geachtet noch gelehret. Es ſind ſchlechte und leichte[12] Worte, meinet idermann, er künnde es vorhin[13] wohl, darümb fähret man über hin und

Jam ergo si gravaris auscultare parentibus et ab iisdem emendari recusas, esto dicto audiens carnifici. Quod si neque huic obedire sustines, obedito θανάτῳ πανδαμάτορι, τῶν κακῶν παίδων διδασκάλῳ. Hoc enim Deus, velis nolis, exigit, ut aut, si ipsi auscultaveris, quaeque arrideant, feceris, tibi largiter et affatim omnibus bonis penset praestiti obsequii promptitudinem aut, si ejus iracundiam tua pertinacia exasperaveris, te et morti et carnifici cruciandum objiciat. Unde enim agminatim pullulant et emergunt quotidie tot facinorosorum hominum examina, quae partim laqueo, partim gladio, partim etiam rota et igne plectenda et exstinguenda sunt quam ex parentum inobedientia? Quandoquidem parentum objurgationem ex gratia et amore profectam perferre nolunt, fit, ut Dei iracundia in omne facinus prolapsi, deinceps propalam excarnificati parentibus et dolori sint et dedecori. Perraro enim contingit, ut tam perditi et deplorati homines rectam aut maturam mortem oppetant.

Ceterum probi et obedientes benedictionem accipiunt, ut in multa tranquillitate belle et molliter consenescant ac natos natorum (ut supra dictum est) videant in tertiam et quartam generationem usque procreatos. Hoc ipsum experimentis quoque discimus, ut, ubi honestae et vetustae sunt progentes divitiis et liberorum numerosa sobole abundantes, procul dubio inde incrementum longa quadam propagatione acceperint, quod illorum aliquot sancte educati fuerint suisque majoribus reverenter auscultaverint. Rursum de impiis ita in sacris literis memoriae proditum legimus psalm. CIX.: 'Nepotes ejus eradicabuntur, in generatione altera deleatur nomen eorum.' Sit ergo tibi semel atque adeo dictum serio, quanti Deus faciat obedientiam, cum illi tantum tribuat, sibi usque adeo placeat, ut ejus observationem amplissimis praemiis remunerari soleat et rursus transgressores acerbe et immisericorditer puniat. Haec omnia eo a me dicta sunt, ut ista pueris in-

---

7/8 quaeque *bis* feceris] moremque gesseris Conc ‖ 13 enim] etiam Conc ‖ 18 parentum > Conc ‖ inobedientia + erga parentes Conc ‖ 34 progentes] familiae Conc ‖ 46/7 sibi *bis* placeat] tantum ea delectetur Conc ‖ 48/9 remunerari soleat] remuneret Conc ‖ 51 dicta sunt] dicuntur Conc

---

[1]) Böſewichte [2]) rädern [3]) wenn nicht [4]) in Güte erziehen [5]) ſoweit bringen [6]) rechtzeitigen [7]) Oben 594 40—42. [8]) gewiß [9]) Pſ. 109,13. [10]) ſchätzt [11]) wacht [12]) ſchlichte und einfache [13]) ohnehin

gaffet nach anderm Ding, siehet¹ und gläubt nicht, daß man Gott so hoch erzürnet, wenn man dies lässet anstehen, noch so köstlich angenehme Werk tuet, so man dabei bleibt.

In dieses Gepot gehöret auch weiter zu sagen von allerlei Gehorsam gegen Oberpersonen¹, die zu gepieten und zu regieren haben. Denn aus der Eltern Oberkeit fleußet und breitet sich aus alle andere. Denn wo ein Vater nicht allein vermag sein Kind aufziehen, nimmpt er ein Schulmeister dazu, der es lehre, ist er zu schwach, so nimmpt er seine Freund oder Nachbar zu Hülf, gehet er abe², so befiehlt er und übergibt das Regiment und Oberhand andern, die man dazu ordnet. Item so muß er auch Gesind, Knecht und Mägde zum Hausregiment unter ihm haben. Also daß alle, die man Herrn heißet, an der Eltern Statt sind und von ihn Kraft und Macht zu regieren nehmen müssen. Daher sie auch nach der Schrift alle Väter heißen, als die in ihrem Regiment das Vaterampt treiben und väterlich Herz gegen den Ihren tragen sollen. Wie auch von alters her die Römer und andere Sprachen Herrn und Frauen im Haus Patres et matres familias, das ist Hausväter und Hausmutter genennet haben. Also auch ihre Landsfursten und Oberherrn haben sie Patres patriae³, das ist Väter des ganzen Lands geheißen, uns, die wir Christen sein wöllen, zu großen Schanden, daß wir sie nicht auch also heißen oder zum wenigsten dafur halten und ehren.

culcentur sedulo. Nemo enim facile credit, quam necessaria sit hujus praecepti observatio, cujus hactenus sub papatu parvus fuit respectus, imo ne praedicatum quidem unquam. Sunt quidem verba nimis vulgaria et facilia, quae nemo non ante sibi probe cognita esse existimat, et haec ipsa causa est, cur tantopere negligantur adeo, ut ad alia nimium curiose intenti simus ignorantes interim neque credentes Deum vehementer accendi et inflammari iracundia hujus praecepti contemptu et negligentia nostra, cum tamen haec observantes his gratiora et praestantiora faceremus opera.

In hujus praecepti explanatione neque illud tacitum aut silentio praetereundum est, quod ad multiplicem obedientiam superiorum attinet, nempe eorum, qui versantur in imperio et reipublicae procurationem sustinent. Siquidem a parentum potestate omnes aliae propagantur et manant. Ubi enim parens aliquis filium rebellem et dyscolum solus educare nequit, magistrum adjutorem sibi adhibet, qui literis ac disciplinis liberalibus pueri ferociam molliat ac mitiget. Quod si hujus quoque opera ad retundendam ferocientis ingenii barbariem parum fuerit efficax aut valida, adjungit sibi vicini auxilium. Quod si diem suum obierit, commendat ac tradit filium educandum magistratibus aut tutoribus ad hoc constitutis. Ad haec ad rei familiaris administrationem servis quoque et ancillis opus est ita, ut omnes, quotquot domini appellatione dignamur, vice parentum sint, ab iisdemque potestatem ac vim regnandi accipiant. Unde quoque secundum scripturam omnes dicuntur patres, utpote, qui in reipublicae gubernatione officium patris obeant ergaque subditos patris animum obtineant. Quemadmodum olim apud Romanos et alios plerosque populos

---

1 andern Dingen (Ding a¹ A) A A B Konf   41 ihre Landsfursten] fromme Fürsten B

1 sedulo inculcentur Conc   2/5 necessaria bis praedicatum] necessarium sit hoc praeceptum hactenus tamen in papatu non magni aestimatum ac ne traditum Conc   6 nimis > Conc   11/6 Deum bis opera] tam accendi et provocari iram Dei hujus praecepti contemptu et negligentia nostra et vicissim obedientia ejus praecepti tam praeclara et grata opera illi praestari. Conc   38 dignamur] censentur Conc   43 reipublicae] sua Conc   44 obire Conc   45 obtineant] inducere debeant Conc   45 Quemadmodum + et Conc

---

¹) Vorgesetzte   ²) stirbt er   ³) Cicero erhielt nach Aufdeckung der catilinarischen Verschwörung den Ehrentitel „pater patriae" (Pro Sestio 57, 121); in der späteren Zeit gehört diese Bezeichnung zum offiziellen Titel der römischen Kaiser.

Was nu ein Kind Vater und Mutter schuldig ist, sind auch schuldig alle, die ins Hausregiment gefasset¹ sind. Darümb sollen Knecht und Mägde zusehen, daß sie ihren Herrn und Frauen nicht allein gehorsam sein, sondern auch in Ehren halten als² ihr eigene Väter und Mütter und tuen alles, was sie wissen, daß man von ihn haben will, nicht aus Zwang und Widerwillen, sondern mit Lust und Freuden, eben ümb voriger³ Ursach willen, daß es Gottes Gepot ist und ihm fur allen andern Werken wohl gefället, ümb welchs willen sie noch Lohn sollten zugeben und froh werden, daß sie Herrn und Frauen möchten überkommen⁴, solch fröhlich Gewissen haben und wissen, wie sie rechte güldene Werk tuen sollten, welche bisher verblichen⁵ und verachtet und dafur idermann ins Teufels Namen in Klöster, zu Wallfahrten und Ablaß gelaufen ist mit Schaden und bösem Gewissen.

Wenn man nu solchs künnd' dem armen Volk einbilden⁶, so würd' ein Maidlin⁷ in eitel Sprungen gehen⁸, Gott loben und danken und mit säuberlicher Erbeit, dafur sie sonst Nahrung und Lohn nimmpt, solchen Schatz kriegen, den alle, die man fur die Heiligsten achtet, nicht haben. Ist's nicht ein trefflicher Ruhm, das zu wissen

heros herasque patres et matres familias nominabant, ita quoque suos magistratus et principes dixerunt patres patriae nobis christianis in dedecus et ignominiam, quod non eadem appellatione parentes et principes nostros dignamur aut ad minimum eos pro talibus honoratos existimamus.

Jam quibuscunque in rebus puer obnoxius est parentibus, in his tota quoque familia iisdem est obnoxia. Inde servi atque ancillae etiam atque etiam impense dent operam, ut non solum dominis ac dominabus suis libenter pareant morem gerentes et obtemperantes, verum etiam veluti parentes suos honestent honoribus, non quidem coacte et invito animo, sed prompte et cum gaudio. Et hoc propter priorem causam, quod Deus eos honorandos et colendos praecepit illique prae omnibus operibus unice placeat. Cujus rei gratia illi non illibenter mercedem debebant planeque gestire gaudio, si heros et heras una cum tam laeta et alacri conscientia possint consequi, tum etiam certi esse, quinam aurea queant operari opera, quae hactenus prorsus rubigine et squalore obscurata et contempta ignoravimus, pro quibus faciendis nemo non impulsu diaboli aut in monasticae vitae lernam¹⁰ sceleratissimam semet praecipitavit aut ad divos, mercatum indulgentiarum, decipulas abiit magna jactura et temporis et nummorum et conscientiae.

Haec ergo, quemadmodum dicta sunt, si misero vulgo iterum atque iterum inculcarentur, qui fieri possit, ut puella uspiam mancipata servitio non exsiliret gaudio, Deo gratias ageret et laudaret et mediocri labore, pro quo alias victum et mercedem accipit, ejusmodi thesaurum consequeretur, cujus illi, quos sanc-

---

14 auch + sie B Konk   25 sollen B   26 verblichen] vergeblichen B verblieben⁹ Konk

9/13 Jam bis operam] Jam quaecunque liberi parentibus suis debent, eadem plane debent illis omnes, qui in oeconomia versantur. Quare et servi et ancillae etiam atque etiam operam dare debent, Conc   20 honorandos eos Conc   21 illique] hacque obedientia Conc   omnibus + aliis Conc   22 unice placeat] imprimis delectatur Conc   illi] vel ipsi Conc   23 non bis debebant] pretium impendere Conc   24 gaudio + debebant Conc   24/7 una bis opera] consequantur tamque pacata et hilari conscientia fruantur et sciant, quomodo vere aurea opera praestare queant Conc   38/9 puella bis servitio] famula Conc   40 et laudaret] eumque celebraret Conc

---

¹) einbezogen; zum Gesinde vgl. Werdermann, Luthers Wittenberger Gemeinde, 61 bis 67.   ²) wie   ³) obiger   ⁴) erhalten   ⁵) bedeutungslos geworden, in Vergessenheit geraten   ⁶) einprägen   ⁷) Dienstmagd   ⁸) sich sehr freuen   ⁹) unterblieben   ¹⁰) Der lernäische Sumpf bei Argos im Peloponnes, wo Herakles die vielköpfige Schlange tötete; vgl. dazu Erasmus, Adagia I 3,27: „Lerna malorum: de malis plurimis simul in unum congestis et accumulatis".

und sagen: „Wenn Du Dein tägliche Hausarbeit tuest, das besser ist denn aller Mönche Heiligkeit und strenges Leben"?[1] Und hast dazu die Zusagung, daß Dir zu allem Guten gedeihen[2] soll und wohl gehen. Wie willt Du seliger sein oder heiliger leben, soviel die Werk betrifft? Denn fur Gott eigentlich der Glaube heilig machet und alleine ihm dienet, die Werke aber den Leuten. Da hast Du alle Gut, Schutz und Schirm unter dem Herrn, ein fröhlich Gewissen und gnädigen Gott dazu, der Dir's hundertfältig vergelten will, und bist gar ein Junker, wenn Du nur fromm und gehorsam bist. ¹Wo aber nicht, hast Du erstlich eitel Zorn und Ungnade von Gott, kein Friede im Herzen, darnach alle Plage und Unglück. Welchen nu solchs nicht bewegen will und fromm machen, den befehlen wir dem Henker und Streckebein[3]. Darumb denke ein iglicher, der ihm will sagen[4] lassen, daß Gott kein Scherz ist, und wisse, daß Gott mit Dir redet und Gehorsam fodert. Gehorchest Du ihm, so bist Du das liebe Kind, verachtest Du es aber, so habe auch Schande, Jammer und Herzleid zu Lohn.

Desgleichen ist auch zu reden von Gehorsam weltlicher Oberkeit, welche (wie ge-

tissimos esse putamus, nunquam facti sunt participes! Nonne vero haec insignis et praeclara est jactantia nosse et posse dicere te, si quotidie diurni laboris pensum diligenter absolveris, opus fecisse sanctius ac melius, quam omnium monachorum sanctitas ac vita est, quam dure et laboriose exigunt! Et ne quid super hac in re in dubium venias, adjectam habes promissionem animum tuum certum facientem servilis conditionis functionem tibi casuram prospere ac feliciter. Qui vero beatius aut sanctius velis vivere, quantum ad opera attinet, cum bonis abunde instructus victum et tutelam ab hero accipias, ad haec pacatam conscientiam et faventem Deum obtineas, qui multis servitii tui rationem tibi pensaturus est. Quid multis moror? Palam beatus es, dummodo probitatis et obedientiae virtutem constanter retineas. Sin minus, primum quidem non nisi iram a Deo lucrifacis et inimicitias, postea amissa cordis tranquillitate omnes plagas incurris et infortunia. Quem ergo ista non movebunt et probum facient, hunc tanquam deploratae vitae hominem morti commendamus et carnifici. Quapropter quisque secum cogitet monita nostra non respuens Deum hoc suo praecepto non ludos facere aut jocos exercere sciasque illum ipsum haec tecum loqui debitam obedientiam exigentem, cui si auscultaveris, Deum habebis clementem et proprium, sin ejus verba respueris, non est, quod dubites tua praemia quoque fore dolorem, aerumnas et ignominiam.

Haud dispari quoque ratione disserendum est de obedientia, quae debetur ma-

---

7 Denn + wiewohl B   8/10 und *bis* Da] so sind doch solche Werk, so im Glauben gehen, auch heilige Werk. Also B   10 alles B Konk   15 nicht, + so B   22 Gott] ER U A B   40 welcher B

8/16 Et *bis* accipias] Ad haec annexam habes promissionem prospere ac feliciter id tibi casurum esse. Qua ratione vis esse beatior aut sanctiorem vitam agere, quantum ad opera attinet? Nam apud Deum sola fides vere justificat eique soli servit, opera vero hominibus. Ita fit, ut nihil non boni, protectionis et defensionis sub Domino tuo habeas Conc   28 morti] carnifici Conc   carnifici] morti Conc   28/38 Quapropter *bis* ignominiam] Quare quilibet, qui moneri se patitur, cogitet Deum hoc suo praecepto non ludos facere aut jocos exercere sciasque illum ipsum haec tecum loqui et obedientiam requirere. Quod si illi morem gesseris, placebis ei ejusque dilectus filius eris. Sin vero contempseris, age, et dedecus, aerumnas et dolores praemii loco tibi habeto. Conc   39/40 Haud *bis* disserendum] Similiter quoque dicendum Conc

---

[1]) Vgl. dazu Köstlin, Luthers Theologie II 331 f.; Holl, Luther, 259—263 und 474—476; WA XI^a 306—312; XXXII 21_{10—12}, 109—111; XXXIV¹ 485, II 312_{17} f.; XXXVI 339 f.; XXXVII 247 (LII 62 f.), 477 f. (LII 395—399); Werdermann, Luthers Wittenberger Gemeinde, 62 f., 124.   [2]) ausschlagen   [3]) Vgl. oben 594 Anm. 5.   [4]) belehren

sagt¹) alle in den Vaterstand gehöret und
am allerweitesten ümb sich greifet². Denn
hie ist nicht ein einzeler Vater, sondern sovielmal Vater, soviel er Landsessen³, Bürger oder Untertane hat. Denn Gott gibt
und erhält uns durch sie als durch unsere
Eltern Nahrung, Haus und Hof, Schutz und
Sicherheit. Darümb, weil sie solchen Namen
und Titel als ihren höhisten Preis mit allen
Ehren führen, sind wir auch schuldig, daß
wir sie ehren und groß achten fur den
teuersten Schatz und köstlichste Kleinod auf
Erden.

Wer nu hie gehorsam, willig und dienstbar ist und gerne tuet alles, was die Ehre
belanget, der weiß, daß er Gott Gefallen
tuet, Freud und Glück zu Lohn kriegt.
Will er's nicht mit Liebe tuen, sondern verachten und sich sperren⁴ oder rumoren⁵, so
wisse er auch wiederümb, daß er kein Gnade
noch Segen habe. Und wo er ein Gülden
damit meinet zu erlaufen, andersswo zehenmal mehr dagegen verliere oder dem Henger
zuteil werde, durch Krieg, Pestilenz und
Teurung ümbkomme oder an seinen Kindern
kein Guts erlebe, von Gesind, Nachbarn
oder Frembden und Tyrannen Schaden,
Unrecht und Gewalt leiden musse, auf daß
uns bezahlt werde und heimkomme⁶, was
wir suchen und verdienen.

Wenn uns nur einmal zu sagen wäre⁷,
daß solche Werk Gott so angenehme sind
und so reichliche Belohnung haben, wurden

gistratibus, quae, ut diximus, et ipsa in
parentum ordinem pertinet et referenda
est omnium maxime longe lateque patens.
Neque enim hic saltem unius familiae
parens est, sed toties pater princeps
existimandus est, quotquot cives aut
subditos suae ditioni subjectos habuerit.
Quippe Deus non secus per illos quam
parentes nos alit ac sustinet illorum
opera victum nobis praestans, penates,
tutelam, pacem atque securitatem. Quamobrem cum illi vitae moderatione,
aequitate, justitia aliisque virtutibus titulo ac nomini suo respondeant, vicissim
et nos debemus eos, ut digni sunt, omni
honore ostenso magni facere ut thesaurum in terris omnium pretiosissimum.

Jam qui hic prompto ac lubenti animo
obsequitur neque gravatim ea, quae ad
exhibendum honorem attinent, exequitur, ille non ignorat Deo se gratificari
praemiique loco gaudium ac felicitatem
consecuturum. Quod si gravatur facere
aut magistratus etiam contempserit aut
concitato tumultu rebellaverit, rursum
quoque ille sciat nullius gratiae aut benedictionis divinae unquam sese futurum
compotem, sed ab his omnibus excidisse
planissime. Et ubi sperat hac sua inobedientia aureum se lucraturum, alibi
in decuplo graviorem jacturam faciet
aut in carnificis manus incidet aut bello
et peste peremptus aut propter annonae
difficultatem fame effractus interibit aut
liberos suos degeneres omnique vitiorum genere coopertos videat, a familia,
vicinis, hospitibus, fisco et tyrannis certatim compiletur et damnum accipiat,
per injuriam opprimatur, ut dignis pensetur praemiis id, quod per inobedientiam nostram quaesitum ivimus.

Proinde, si apud nos vel semel tantum valeret alicujus cordati viri consilium et admonitio, nimirum ut credere-

---

1 den Vaterstand] den Verstand A dies Gebot B 3/4 sovielmal] so vieler Leute B Konk
6 uns > B 7 Eltern + unser B 12 köstliche A B 30 vom Konk 44 haben, + so B

2 et + huc Conc 12/4 illi *bis* respondeant] nomen et titulum illum uti summum
decus et gloriam suam merito et dignissime gestent Conc 21 ille *bis* gratificari] is
scit se rem Deo gratam facere Conc 24 contemnit Conc 25 rebellat Conc
32/41 bello *bis* ivimus] vel bello vel peste vel fame peribit aut liberos suos degeneres
omnique vitiorum genere coopertos videbit, a familia, vicinis, hostibus, fisco et
tyrannis certatim compilabitur, damnum accipiet et per injuriam opprimetur, ut
ita dignum ad nos redeat praemium, id quod per inobedientiam et quaerimus et
meremur. Conc 42 — *S.* 600, 2 apud *bis* esse] persuaderi saltem id nobis aliquando
pateremur, ut crederemus in tantum haec opera placere Deo tamque amplum praemium
propositum sibi habere, equidem Conc

¹) Oben 596 ₁₇–₂₀. ²) sich erstreckt ³) Einwohner ⁴) sich widersetzen ⁵) lärmen
⁶) vergolten werde ⁷) Wenn wir uns nur einmal sagen ließen

wir in eitel überschwänglichen Gutern sitzen und haben, was unser Herz begehret. Weil man aber Gottes Wort und Gepot so gar verächtlich hält, als hätte es irgend ein Holhipler[1] geredt, so laß auch sehen, ob Du der Mann seiest, der ihm entsitzen[2] künnde? Wie schwer wird's ihm wohl werden, daß er Dich wieder bezahle[3]? Darümb lebtest Du je so mehr[4] mit Gottes Hulde, Friede und Glück als mit Ungnade und Unglück. Warümb meinest Du, daß itzt die Welt so voll Untreue, Schande, Jammer und Mord ist, denn daß idermann sein eigen Herr und kaiserfrei[5] will sein, auf niemand nichts geben und alles tuen, was ihn gelüstet? Darümb strafet Gott ein Buben mit dem andern[6], daß, wo Du Deinen Herrn betreugst oder verachtest, ein ander komme, der Dir wieder also mitfahre[7], ja daß Du in Deinem Haus von Weib, Kind oder Gesind zehenmahl mehr eiden müssest.

Wir fühlen unser Unglück wohl, murren und klagen über Untreu, Gewalt und Unrecht, wollen aber nicht sehen, daß wir selbs Buben sind, die Strafe redlich verdienet haben und nichts[8] davon besser werden. Wir wollen kein Gnade und Glück haben,

mus talia opera in tantum placere Deo neque minus grata esse, in exuberantissima omnium rerum copia felicissimam vitam degeremus omnia, quaecunque humanus animus concupiscit, possidentes. Ceterum cum tam leviter et ne unius quidem assis[9] Dei verbum et praeceptum aestimare soleamus, quasi Cares[10] quispiam aut Thressis[11] homuncio illud dixisset sanxissetque, videamus quoque, num tu eum virum praestiturus sis, qui aequo Marte cum illo possit in arenam descendere? Quam vero difficile factu hoc illi erit, ut te persolvens tuam contundat ferociam? Quare multo quidem mihi videretur consultius et praestabilius magisque in rem tuam foret, ut potius in Dei favore, pace ac gratia neque non felici rerum successu viveres quam eodem tibi hostiliter adversante et inimico existente. Undenam putas universum jam orbem refertum esse perfidia, malitia, sceleribus, rapina, caede, perjuriis, latrocinio omnique genere calamitatum atque dedecoris, quam quod nemo alieni imperii jugum ferre sustinet, quisque liber, quisque sui juris καὶ αὐτόνομος esse conatur, neminem revereri aut metuere, sed, quodcunque animo suo visum aut libitum est, facere? Inde fit, ut Deus latronem latrone puniat, ut, ubi domino tuo fraudulenter imposueris aut eundem superbe spreveris, alius veniat, qui αὐτῷ τῷ μέτρῳ καὶ λώϊον[12] tuam fraudem tibi persolvat, quam adversus dominum tuum malitiose molitus es. Aut potius, ut in propriis laribus ab uxore, liberis et familia tua indignis modis vexatus in decuplo plus molestiae devores ac perferas.

Sentimus equidem haud obscure nostrum infortunium indies mussitantes et conquerentes perfidiam, vim, injuriam, sed interim clausis oculis egregie dissimulamus nos ipsos intus et in cute[13] nebulones esse perditissimos, qui poe-

---

10 mit > B

6 Ceterum cum] Quia vero Conc   8 solemus Conc   10 videris Conc   11 eum *bis* sis] is vir sis Conc   26 sustinet, + quod Conc   28 neminemque Conc   30 facere + vult Conc   34/40 αὐτῷ *bis* perferas] eadem mensura tibi remetiatur[14], imo et in propriis laribus ab uxore, liberis et familia decuplo plus perferre cogaris. Conc   42 indies mussitantes] murmurantes Conc   43 de perfidia, vi, injuria Conc

---

[1]) Waffelverkäufer, Gassenjunge, Schwätzer   [2]) trotzen   [3]) vergelte   [4]) viel besser   [5]) niemand über sich haben   [6]) Sprichwort   [7]) mit Dir umspringe   [8]) in keiner Beziehung   [9]) Sprichwörtliche Redensart; gering achten; vgl. Catull, V, 3.   [10]) Die Karer waren wegen ihrer niedrigen und treulosen Gesinnung berüchtigt.   [11]) Die Thraker galten als roh und gefühllos.   [12]) Hesiod, Ἔργα 350.   [13]) Sprichwörtliche Redensart; in- und auswendig; vgl. Persius III, 30.   [14]) Vgl. Matth. 7, 2; Mark. 4, 24; Luk. 6, 38.

darumb haben wir billich eitel Unglück ohn alle Barmherzigkeit. Es müssen noch etwo¹ fromme Leut auf Erden sein, daß uns Gott noch soviel Guts lässet, unserthalb sollten wir kein Heller im Haus, kein Strohhalm auf dem Feld behalten. Das alles habe ich müssen mit soviel Worten treiben², ob es einmal imand wollt' zu Herzen nehmen, daß wir der Blindheit und Jammers, darin wir so tief gelegen sind, mochten los werden, Gottes Wort und Willen recht erkennen und mit Ernst annehmen. Denn daraus würden wir lernen, wie wir künnden Freud, Glück und Heil zeitlich und ewig gnug haben.

Also haben wir dreierlei Väter in diesem Gepot furgestellet: des Gebluts, im Hause und im Lande. Darüber³ sind auch noch geistliche Väter, nicht wie im Bapsttum, die sich wohl also haben lassen nennen, aber kein väterlich Ampt gefuhret. Denn das heißen allein geistliche Väter, die uns durch Gottes Wort regieren und furstehen, wie sich Sankt Paulus ein Vater rühmet 1. Kor. 4.⁴, da er spricht: „Ich habe Euch gezeuget in Christo Jesu durch das Evangelion." Weil sie nu Väter sind, gepührt ihn auch die Ehre, auch wohl fur allen andern, aber da gehet⁵ sie am wenigsten; denn die Welt muß sie so ehren, daß man sie aus dem Lande jage und nicht ein Stück Brots gönne, und Summa, sie müssen (wie Paulus sagt⁶) „der Welt Kehrich und idermanns Schabab" sein. Doch ist not, solchs auch in den Pöbel zu treiben⁷, daß, die da Christen heißen wollen, fur Gott schuldig sind, die, so ihrer

nam hanc amplissime promeruimus, nec tamen vel tantillum vita in melius commutata resipiscere animum inducamus. Nullum locum gratiae et felicitati apud nos reliquum facimus, jure ergo optimo non nisi infortunium et acerbitatem omni sublata misericordia persentiscimus. Et profecto reor adhuc in humanis esse alicubi pios ac probos homines, cum tantum boni adhuc Deus nobis tribuere soleat; nam nostri gratia ne teruntium quidem⁸ in aedibus aut stipulam in arvis retinere debebamus. Haec omnia eam ob rem mihi percensenda fuere verbosius, si semel quispiam ista vel tandem emollitus corde conciperet, ut a miseranda ista caecitate et calamitate, in qua tam profunde immersi jacuimus, liberaremur Dei verbum ac voluntatem cognoscentes ac denique serio arripientes. Ex hoc enim disceremus, quo pacto gaudio, prosperitate et salute hic et in futuro saeculo frui possemus.

Ita triplices in hoc praecepto patres nobis praestitutos esse videmus, primum quidem sanguinis, deinde praesidentes in aedibus, ultimo, quibus partes gubernandae reipublicae commendatae sunt. Praeter hos supersunt adhuc patres spirituales, non illi quidem, qui hactenus in papatu hoc nominis sibi falso arrogarunt neque tamen ullum patris officium sunt exsecuti, illi enim soli spirituales patres dici merentur, qui verbo Dei nos pascunt, regunt ac docent et fideliter praesunt gregi. Quo nomine S. Paulus se patrem jactat scribens Corinthiis 1. Corinth. IV.: 'In Christo Jesu per evangelium vos genui.' Cum ergo patres eos esse constet, et his honor prae omnibus aliis deferendus est. Verum enim vero hic omnium minime cernitur. Ad hunc enim modum a mundo honorandi et honestandi sunt, ut passim

---

6/7 Das bis müssen] Darumb muß ich solchs B   24 dreierlei] zweierlei B Konk
25 Gebluts + und des Ampts oder der Sorge, (+ es sei B) B Konk   26 und] oder B
39 und + ihnen B   41 Schabab] Fußtuch B   Schabab + und Fußtuch Konk

1 promeruimus] meriti simus Conc

¹) irgendwo   ²) lehren   ³) Außerdem   ⁴) 1. Kor. 4, 15.   ⁵) ist ... in Übung
⁶) 1. Kor. 4, 13: περικαθάρματα τοῦ κόσμου ... πάντων περίψημα. Seit 1530 übersetzt Luther: „ein Fluch der Welt und ein Fegopfer aller Leute". „Schabab" ist der Imperativ zu dem Verbum „abschaben" und bezeichnet schon im Mittelhochdeutschen etwas Verächtliches. Luther wollte irrigerweise das Wort von dem hebräischen שְׁבָבִים = Späne (Hos. 8, 6) ableiten: „Das hebräisch Wort „Schabab" ist deutsch worden und heißt vorwerflich Ding als Kehrich, Schlacken, Späne, Schaum, Spreu, Trestern etc." (WA VIII 198 ₂₂f.; vgl. auch XIII 39 ₁₂₋₁₄; XVIII² 529 zu 374 ₂₁; WADB VII 96f.).   ⁷) einprägen   ⁸) Sprichwörtliche Redensart; nicht einen Heller, nicht das Mindeste; vgl. Cicero, Ad Attic. VI 2, 4.

Seele warten, „zwiefacher Ehre wert zu halten"¹, wohltuen und versorgen. Da will Dir Gott auch gnug zugeben und keinen Mangel lassen. Aber da sperret² und wehret sich idermann, haben alle Sorge, daß der Bauch verschmachte, und konnen itzt nicht einen rechtschaffenen Prediger nähren³, da wir zuvor zehen Mastbäuche gefullet haben. Damit wir auch verdienen, daß uns Gott seines Wortes und Segens beraube und wiederümb Lügenprediger⁴ auffstehen lasse, die uns zum Teufel führen, dazu unser Schweiß und Blut aussaugen.

Welche aber Gottes Willen und Gepot fur Augen halten, haben die Verheißung, daß ihn reichlich soll vergolten werden, was sie beide an leibliche und geistliche Väter wenden und zu Ehren tuen, ' nicht daß sie ein Jahr oder zwei Brot, Kleider und Geld haben sollen, sondern langes Leben, Nahrung und Friede und sollen ewig reich und selig sein. Darümb tue nur, was Du schuldig bist, und lasse Gott dafur sorgen, wie er Dich nähre und gnug schaffe. Hat er's verheißen und noch nie gelogen, so wird er Dir auch nicht liegen. ' Solchs sollt' uns je reizen und ein Herz machen, das zuschmelzen möcht fur Lust und Liebe gegen denen, so wir Ehre schuldig sind, daß wir die Hände aufhüben und fröhlich Gott danketen, der uns solche Verheißunge geben hat, darnach wir bis an der Welt Ende laufen sollten. Denn obgleich alle Welt zusammentäte,

ejecti oppidis agantur in exilium et ne frusto quidem panis pascantur citra invidiam et in summā 'hujus mundi purgamenta,' ut Paulus eodem capite loquitur, et 'peripsemata omnium' esse cogantur. Veruntamen valde necessarium est, ut haec quoque summa diligentia vulgo inculcentur eos, qui christiani esse contendunt, coram Deo debere pro officio, ut 'duplici honore' illos afficiant, qui eorum animarum curam gerunt, ut eosdem vicissim alant ac foveant, ad quod iterum Deus abunde suppeditabit, ut nulla premaris inopia. Sed hic rursum nemo non pertinacissime tenax est ὑπὸ κόλπου χεῖρας ἔχων⁵ metuensque, ne forte venter fame effractus contabescat. Nec unum jam valemus doctum, probum atque industrium praedicatorem alere, ubi ante decem cucullatos porcos aut aleatores sacrificos tantum abdomini servientes opipare saginavimus. Qua ratione etiam promeremur, ut suo verbo et benedictione Deus nos iterum tantae ingratitudinis gratia privet atque defraudet sinatque iterum mendaciorum doctores exoriri, qui suis imposturis recta ad orcum nos ductitent neque non sudorem et sanguinem nostrum devorent.

Ceterum, qui Dei voluntatem et praeceptum reverentur, eam promissionem acceperunt fore, ut illis affatim pensetur, quicquid in alendis cum corporalibus, tum spiritualibus patribus insumpserint, non quod per unius tantum anni spatium abunde habituri sint victum, vestitum et aliquantulum pecuniae possessuri, sed quod longaevi futuri sint commeatu instructi splendido, pacis tranquillitate fruituri, breviter perpetuo dites ac beati. Quare etiam atque etiam cura, ut, quod officium tuum exigit, prompte facias omnemque curam in Deum rejicias, quinam te aliturus sit aut omni copia instructurus. Quod si promisit nec unquam cuiquam mendax aut deceptor et fraus inventus est, nec tibi mentietur. Haec, inquam, nos provocare debebant ac animum facere, qui se omnium aman-

---

2 halten, + daß sie ihnen B Konk   und + sie B Konk   35 und + ihn A A B Konk
36 und] oder B

16/7 ὑπὸ bis metuensque] metuens Conc   19/20 industrium praedicatorem] fidelem concionatorem Conc   35 insumpserint + et ad amplificandum ipsorum honorem praestiterint, Conc   41 dites] divites Conc   45 quinam] quomodo Conc   47/8 et fraus > Conc   50 ac + talem Conc

¹) 1. Tim. 5, 17.   ²) sträubt   ³) vgl. oben 547,₂₄f. und Anm. 8.   ⁴) Lügenprediger (vgl. Mi. 2, 11) ist ein im 16. Jahrhundert sehr beliebtes Schlagwort; vgl. Lepp, Schlagwörter des Reformationszeitalters 111.   ⁵) Theocrit XVI 16.

vermöchte fie uns nicht ein Stündlin zum Leben zulegen oder ein Körnlin aus der Erden zu geben. Gott aber kann und will Dir alles überſchwänglich nach Deines Herzen Luſt geben. Wer nu ſolchs ver- achtet und in Wind ſchlägt, der iſt je nicht wert, daß er ein Gotteswort höre.

Das iſt nu zum Überfluß geſagt allen, ſo unter dies Gepot gehören. Darneben wäre auch wohl zu predigen den Eltern und was ihr Amt führet[1], wie ſie ſich halten ſollen gegen denen, ſo ihn befohlen ſind zu re- gieren. Welchs, wiewohl es in zehen Ge- poten nicht ausgedruckt[2] ſtehet, iſt es doch ſonſt an vielen Orten der Schrift reichlich gepoten. Auch will es Gott eben in dieſem Gepot mit eingebunden[3] haben, als[4] er Vater und Mutter nennet; denn er will nicht Buben noch Tyrannen zu dieſem Ampt und Regiment haben, gibt ihn auch nicht darümb die Ehre, das iſt Macht und Recht zu regieren, daß ſie ſich anbeten laſſen, ſondern denken, daß ſie unter Gottes Ge- horſam ſind, und fur allen Dingen ſich ihres Ampts herzlich und treulich annehmen, ihre Kinder, Geſind, Untertanen etc. nicht allein zu nähren und leiblich zu verſorgen, ſondern allermeiſt zu Gottes Lob und Ehre aufzu- ziehen. Darümb denke nicht, daß ſolchs zu Deinem Gefallen und eigener Willköre ſtehe, ſondern daß Gott ſtrenge gepoten und aufgelegt hat, welchem Du auch dafür wirſt müſſen antworten[5].

Da iſt nu abermal die leidige Plage, daß niemand ſolchs wahrnimmpt noch achtet, tissime effunderet erga nos, quibus honorem debemus ita, ut supinis manibus gaudentes Deo gratias ageremus, qui ejusmodi promissiones nobis tribuit, quarum gratia ad extremos Indos[6] impigerrime cursitare debebamus. Nam tametsi totus mundus omnes suas vires conferret, ne horulam quidem ad summam vitae nostrae posset adjicere aut unicum saltem granum e terra producere. Deus haec omnia et vult et potest tibi plena (quod ajunt) manu[7] praestare ex animi tui voto atque sententia. Jam qui talia negligit aut ventis et aurae discerpenda[8] permittit, ille indignior est, quam ut ullum Dei verbum audiat.

Haec velut auctarii loco iis, qui huic praecepto subjecti sunt, diximus. Ad haec parentes quoque docendi essent, quaenam illorum sint partes et officia, quomodo se gerere debeant erga eos, quos gubernandos et tuendos susceperunt. Quae res etsi dilucide in decalogo expressa non est, multis tamen aliis in locis scripturae abunde praecepta invenitur ac tradita. Deus quoque hoc ipso praecepto haec vult subintelligi, ubi parentum mentionem facit. Neque enim ejus voluntas est, ut aut perditi nebulones aut enormes tyranni hujus officii procurationem obeant neque in hoc illis ipsis honorem tribuit, hoc est potentiam et jus regendi, ut se precibus tanquam numen aliquod adorari patiantur, sed cogitent potius, quod et ipsi Deo obedientiam debeant, ut officium suae fidei delegatum ipsis curae sit ac sollicitudini utque liberos, familiam et subditos suos non tantum nutriant et corporalibus alimentis provideant, sed omnium maxime ad laudem et gloriam Dei propagandam educent. Quamobrem nequaquam fac cogites haec in tuo arbitratu aut voluntate sita esse, ut statuas aut facias in his, quae tibi visa fuerint, sed quod Deus haec tibi graviter atque adeo serio facienda praeceperit, cui etiam aliquando exigenti harum rerum rationem redditurus es.

Sed quam hic rursus miserandam plagam videmus, quod hujus officii nemo

---

25 gepoten] befohlen A A B   37/8 aufziehen B   50 Da] Das A Aber hie B

1 nos] eos Conc   12 tibi + superabundanter et Conc

---

[1]) iſt   [2]) ausdrücklich   [3]) inbegriffen   [4]) wo   [5]) Rechenſchaft ablegen   [6]) Vgl. Catull XI 2: „In extremos penetrabit Indos"   [7]) Sprichwörtliche Redensart; mit vollen Händen; vgl. z. B. Cicero, Ad Attic. II 25, 1.   [8]) Vgl. Catull LVI 142: „discerpunt inita venti".

gehen hin, als gäbe uns Gott Kinder, unser
Lust und Kürzweil daran zu haben, das Gesinde wie eine Kuhe oder ¹ Esel allein zur
Erbeit zu brauchen oder mit den Untertanen unsers Mutwillens¹ zu leben, lassen
sie gehen, als ging's ¹ uns nichts an, was sie
lernen oder wie sie leben, und will niemand
sehen, daß der hohen Majestät Befehl ist,
die solchs ernstlich wird fodern und rächen,
noch daß so große Not tuet², daß man sich
der Jugend mit Ernst annehme. Denn
wöllen wir feine³, geschickte Leute haben
beide zu weltlichem und geistlichem Regiment, so müssen wir wahrlich kein Fleiß,
Mühe noch Kost an unsern Kindern sparen
zu lehren und erziehen, daß sie Gott und
der Welt dienen mögen, und nicht allein
denken, wie wir ihn Geld und Gut sammlen;
denn Gott kann sie wohl ohn uns nähren
und reich machen, wie er auch täglich tuet.
Darumb aber hat er uns Kinder geben
und befohlen, daß wir sie nach seinem Willen
aufziehen und regieren, sonst dürfte er
Vater und Mutter nirgend zu. Darumb
wisse ein iglicher, daß er schüldig ist bei
Verlust göttlicher Gnade, daß er seine Kinder
fur allen Dingen zu Gottes Furcht und Erkenntnis ziehe und, wo sie geschickt sind, auch
lernen und studieren lasse, daß man sie, wozu
es not ist, brauchen künnde.

Wenn man nu solchs täte, würde uns Gott
auch reichlich segenen und Gnade geben, daß

respectum aut curam habere dignetur
perinde agentes, ac si Deus liberos tantum in hoc nobis praestitisset, ut animi
fallendi gratia nobis voluptati essent
aut delectamento, praeterea familiam
tantum in hoc, ut ea tanquam bove aut
asino opere faciundo utamur aut cum
subditis pro animi nostri libidine agamus non secus eos habentes neglectui,
quam si ad nos non pertinerent aut nostra nihil interesset, quid discant aut
quibus pietatis studiis suam vitam traducant. Ne quisquam eo intendit animum, ut cogitaret hoc divinae majestatis
esse praeceptum hoc ipsum severe exigentis graviterque ulciscentis aut summam necessitatem hoc exigere, ut juventutis recte educandae atque instituendae praecipua habeatur cura et ratio.
Quod si enim cum ad spiritualem, tum
mundanam rerum administrationem homines promptos et appositos habere
desideramus, profecto non erit ulli parcendum labori aut operae aut impensis
diligenter docendo atque instituendo liberos, ut et Deo servire et hominibus
utiles esse queant. Neque tantum nobis
cogitandum est, quo pacto illis ipsis
magnam saltem nummorum vim cumulemus ac reponamus. Hos enim Deus citra
nostram operam alere ac ditare novit,
id quod etiam quotidie factitat. Ideo
vero liberos nobis largitus est et commendavit, ut eosdem juxta voluntatem
ejus educemus regamusque, alioqui nihil
opus erat parentibus. Quapropter quisque indubitate ita habeat se debere pro
officio eoque adstringi, qui modo nolit
infensum et inclementem Deum suo malo experiri, ut ante omnia ita suos liberos educet, ut Deum pio metu revereantur et cognoscant. Atque ubi aliqua
relucebit spes egregii ingenii aut non
malae indolis, eosdem quoque bonis literis ac disciplinis imbuendos et formandos tradant, ut eorum opera, ad
quamcunque rem opus fuerit, uti queant homines.

His peractis diligenter et strenue Deus
nobis haud dubie suam benedictionem

---

15 sparen, + sie A A B Konk   16 ziehen A A B   28 auch + etwas B Konk   29 und]
oder B   29/30 daß bis künnde] daß sie der Welt mögen nutz sein zum Regiment und
wozu man ihr darf A A B

1 dignatur Conc   3 praestitisset] dedisset Conc   13 Nec Conc   14 cogitet
Conc   15/6 exigentis] examinaturae Conc   16 et graviter ulturae Conc   21/2 homines
+ idoneos Conc   40 ita] ad Dei timorem et agnitionem Conc   41/2 ut bis cognoscant
> Conc   46 opera + ad politiam et Conc

---

¹) nach unserm Belieben   ²) so sehr nötig ist   ³) tüchtige

man solche Leute erzöge, der Land und Leute gebessert möchten werden¹, dazu feine, gezogene² Bürger, züchtige und häusliche Frauen, die darnach fortan fromme Kinder und Gesind ziehen möchten. Da denke nu selbs, wie mördlichen³ Schaden Du tust, wo Du darinne versäumlich bist und an Dir lässest feilen, daß Dein Kind nützlich und seliglich erzogen werde, darzu alle Sund und Zorn auf Dich bringest und also die Helle an Dein eigen Kindern verdienest, ob Du gleich sonst fromm und heilig wärest. Derhalben auch Gott, weil man solchs verachtet, die Welt so greulich strafet, daß man kein Zucht, Regiment noch Friede hat, welchs wir auch alle klagen⁴, sehen aber nicht, daß unsere Schuld ist; denn wie wir sie ziehen, so haben wir ungeratene und ungehorsame Untertane. Das sei gnug zur Vermahnunge; denn solchs in die Länge zu treiben, gehöret auf ein ander Zeit⁵.

et gratiam largiter impertiret, ut ejusmodi educarentur homines, a quibus cum ipsa patria, tum populares praecipuum emolumentum caperent. Et hujus quoque disciplinae sedulitate et studio brevi emergerent bene modesti et recte educati cives, tum pudicae beneque moratae matronae rei familiaris diligentes et studiosae, qui deinceps indesinenter probos liberos et familiam laudabilem procrearent. Jam ipse tecum animo repete, quam nefarium facinus admittere aut damnum dare soleas, si hac in re negligenter egeris aut per te steterit, quo minus liberi tui utiliter ac salubriter educantur. Ad haec omnibus peccatis et ira temet gravas et oneras ita, ut liberorum tuorum negligentia aeternam damnationem promerearis, tametsi alias sanctam atque inculpatam vitam traduxeris. Eam ob rem Deus quoque, cum ista tam omisso animo negliguntur, mundum inusitatis et non dicendis poenis afficit, ut nullius disciplinae et pacatae gubernationis vestigium apud nos cernatur amplius, quod non raro dolenter conquerimur interim non videntes tantarum tragoediarum culpam penes nos esse. Quemadmodum enim regere consuevimus, ita rebelles ac degeneres subditos et liberos experimur. Et haec monendi gratia in praesens sufficiant, haec enim tractare prolixius aliud tempus postulat.

Das fünfte Gepot.

Du sollt nicht töten.

Wir haben nu ausgerichtet⁶ beide geistlich und weltlich Regiment, das ist göttliche und väterliche Oberkeit und Gehorsam. Hie aber gehen wir nu aus unserm Haus unter die Nachbarn, zu lernen, wie wir unternander leben sollen, ein iglicher fur sich selbs gegen

Praeceptum V.

Non occides.

Hactenus et spiritualem et mundanum magistratum, hoc est cum Dei, tum parentum obedientiam exsecuti sumus. Hoc vero in loco ex aedibus nostris ad vicinos egredimur ad discendum, quo pacto nobis inter nos cuique erga

---

16 daß + es Konk   18 ungehorsame + Kinder und A B Konk

12/3 facinus bis soleas] admittas facinus quamque atrox damnum des Conc
14 agas Conc   15 stet Conc   16 educentur Conc   18 negligentia] ergo Conc   29 penes nos] nostram Conc   39 parentum + jus et Conc

---

¹) von denen ... Vorteil haben möchten   ²) zu Tüchtigkeit erzogene   ³) entsetzlichen   ⁴) beklagen   ⁵) Vgl. dazu die ähnlichen Ausführungen Luthers in der Vorrede zu Justus Menius' „Oeconomia christiana" (aus dem Frühjahr 1529), WA XXXII 61—63; auch dort äußert Luther: „Davon ich ein ander Mal weiter und mit einem sonderlichen Büchlin vermahnen will, so Gott gibt, wider solche schändliche, schädliche, verdammpte Eltern, welche nicht Eltern, sondern schädliche Säue und vergiftige Tier sind, die ihr eigen Jungen selbs fressen" (63 ₁₆₋₁₉). Sowohl hier als oben im g. Kat. verweist Luther auf eine „Predigt, daß man Kinder zur Schulen halten solle", die im Sommer 1530 erschien (WA XXXII *517—588).   ⁶) erledigt

seinem Nähesten[1]. Darümb ist in diesem Gepot nicht eingezogen[2] Gott und die Oberkeit noch[3] die Macht genommen, so sie haben zu töten. Denn Gott sein Recht, Ubeltäter zu strafen, der Oberkeit an der Eltern Statt befohlen hat, welche verzeiten (als man in Mose[4] lieset) ihre Kinder selbs müßten fur Gericht stellen und zum Tod urteilen. Derhalben, was hie verpoten ist, ist einem gegen dem andern verpoten und nicht der Oberkeit.

Dies Gepot ist nu leicht[5] gnug und oft gehandlet[6], weil man's jährlich im Evangelio höret Matthäi 5.[7], da es Christus selbs auslegt und in eine Summa fasset, nämlich daß man nicht töten soll wider mit Hand, Herzen, Mund, Zeichen, Gebärden noch Hülfe und Rat. Darümb ist darin idermann verpoten zu zurnen, ausgenommen (wie gesagt) die an Gottes Statt sitzen, das ist Eltern und Oberkeit. Denn Gott und was in göttlichem Stand ist, gebühret zu zurnen, schelten und strafen eben ümb dere willen, so dies und andere Gepot übertreten.

Ursach aber und Not[8] dieses Gepots ist, daß Gott wohl weiß, wie die Welt böse ist und dies Leben viel Unglücks hat, darümb hat er dies und andere Gepot zwischen Gut und Böse gestellet. Wie nu mancherlei Anfechtung ist wider alle Gepot, also gehet's hie auch, daß wir unter viel Leuten leben müssen, die uns Leid tuen, daß wir Ursach kriegen, ihnen feind zu sein: Als[9] wenn Dein Nachbar siehet, daß Du besser Haus und Hof, mehr Guts und Glücks von Gott hast denn er, so verdreußt's ihn, neidet[10] Dich und redet nichts Guts von Dir. ¹ Also kriegst Du viel Feinde durch des Teufels Anreizung, die Dir kein Guts wider leiblich noch geistlich gönnen. Wenn man denn solche siehet, so will unser Herz wiederümb wüten und bluten[11] und sich rächen. Da hebt[12] sich denn widerfluchen und schlagen, daraus endlich Jammer und Mord folget. Da kömmpt nu Gott zuvor wie ein freundlicher Vater, legt sich ins Mittel[13] und will den Hader

proximum vita instituenda atque exigenda sit. Quare hoc praecepto Deus et magistratus non sunt comprehensi neque illis et jus et facultas perimendi facinorosos, quam obtinent, sublata est. Siquidem Deus jus suum plectendi criminosos magistratui parentum loco commendavit ac credidit, qui antiquitus ipsi (ut in Mose legitur) suos ipsorum liberos in jus rapere ac judicio condemnare cogebantur. Quapropter quicquid hic interdicitur, privatis personis peculiariter interdictum est et non magistratui.

Jam hoc praeceptum est intellectu valde facile ac crebro declaratum, quando quotannis in evangelio Matth. V. auditur, ubi illud Christus ipse interpretatur ac summatim complectitur, scilicet neque manu neque cordis cogitationibus neque ore neque signis neque consilio et auxilio. Quare omnibus hic irasci interdictum est exceptis his, ut diximus, qui Dei locum in terris obtinent, hoc est parentibus et magistratui. Dei enim et illorum, qui in divinum ordinem cooptati sunt, interest irasci, indignari, objurgare et punire ob eos ipsos, qui hoc et alia praecepta flagitiose transgrediuntur.

Ceterum hujus praecepti constituendi necessitas et causa haec fuit, quod Deo obscurum non erat, quanta esset mundi malitia et iniquitas et quam haec vita multis obnoxia esset periculis, eam ob rem Deus hoc praeceptum inter bonos et malos constituit. Jam quemadmodum multae sunt aliorum praeceptorum impugnationes, ita quoque hujus non sunt paucae aut modicae, ut cum multis hominibus nobis vivendum sit, qui nos injuria afficiunt, unde causas nanciscimur inimico animo eosdem prosequendi. Exempli causa: Si vicinus tuus viderit tibi esse aedes splendidiores, numerosiorem familiam, pinguiores agros, plus opum atque fortunae a Deo esse quam sibi, statim aegre patitur tibique prosperos rerum successus invidere incipit neque quicquam boni de te aut cogitat aut loquitur. Ita impulsu mali genii multos capis inimicos, qui nihil boni neque

---

22 auxilio + esse occidendum. Conc   52 capis] consequeris Conc

---

[1]) Vgl. dazu Werdermann, Luthers Wittenberger Gemeinde 81—84.   [2]) inbegriffen   [3]) noch ihnen   [4]) Deut. 21, 18—20.   [5]) leichtverständlich   [6]) behandelt   [7]) Matth. 5, 20—26 ist das Evangelium des 6. Trinitatissonntages; wir besitzen noch 16 Predigten Luthers über diesen Text, vgl. WA XXII S. LXVI f.   [8]) Notwendigkeit   [9]) z. B.   [10]) beneidet   [11]) Blut vergießen   [12]) erhebt   [13]) vermittelt

geschieden haben, daß kein Unglück daraus entstehe noch einer den andern verderbe. Und Summa will er hiemit ein iglichen beschirmet, befreiet[1] und befriedet[2] haben fur idermanns Frevel und Gewalt und dies Gepot zur Ringmauren, Festen und Freiheit[3] gestellet haben ümb den Nähisten, daß man ihm kein Leid noch Schaden am Leib tue.

So stehet nu dies Gepot darauf[4], daß man niemand kein Leid tue ümb irgend eines böses Stücks willen, ob er's gleich höchlich verdienet; denn wo Totschlag verpoten ist, da ist auch alle Ursach verpoten, daher Totschlag entspringen mag. Denn mancher, ob er nicht tötet, so fluchet er doch und wünschet, daß, wer es sollt' am Hals haben, würde nicht weit laufen. Weil nu solchs jedermann von Natur anhanget und in gemeinem Brauch ist, daß keiner vom andern leiden will, so will Gott die Wurzel und Ursprung wegräumen, durch welche das Herz wider den Nähisten erbittert wird, und uns gewehnen, daß wir allzeit dies Gepot fur Augen haben und uns darein spiegeln, Gottes Willen ansehen und ihm das Unrecht, so wir leiden, befehlen mit herzlichem Vertrauen und Anrufen seines Namens und also jene feindlich scharren[5] und zürnen lassen, daß sie tuen, was sie künnden. Also daß ein Mensch lerne den Zorn stillen und ein gedültigs, sanftes Herz tragen, sonderlich gegen denen, die ihm Ursach zu zürnen geben, das ist gegen die Feinde.

spiritualiter neque corporaliter tibi favere soleant. Hos ergo videntes animus noster vicissim ira exaestuat ac vindictae cupidine ardere incipit. Inde maledictorum ac litium pullulant initia, ex quibus deinceps calamitates et caedes emergunt oriunturque. Hic vero Deus tanquam amicus ac favens pater praevenit seque interponit arbitrum volens omnem discordiam componi ac praescindi, ne qua oriatur injuria aut alius perdat alium. Et in summa hoc praecepto quemquam ab omni vi atque injuria tutum, pacatum ac defensum esse contendit vultque plane hoc praeceptum esse proximo murum, arcem, asylum et propugnaculum proximo, ne quam molestiam et damnum a quoquam corpore accipiat.

Est ergo hujus praecepti sensus, ne quis ob ullum malefactum ulla conturbetur aut afficiatur injuria, etiamsi hanc abunde promeruisset. Ubi enim caedes interdicta est aut homicidium, ibi quoque causae, unde oriri possit homicidium, interdictae sunt. Crebro enim fit, ut aliquis, tametsi manus caede non contaminet, ita cruente imprecando devoveat proximum, ut non diu superstes viveret, si affectus esset ejus imprecationibus. Quando ergo hoc natura omnibus nobis insitum est, ut nemo quicquam ab alio ferre sustineat, vult Deus radicem atque adeo ipsam stirpem evellere, unde cor hominis adversus proximum exacerbatum exulceratur, nosque assuescere, ut nunquam non hoc praeceptum nostris oculis obversetur, in quo tanquam in speculo vitam nostram contemplemur, voluntatem Dei intueamur illiusque vim atque injuriam, quam immerenter patimur, certa quadam animi fiducia ac nominis sui imploratione commendemus atque ita illos vehementer furere atque irasci permittamus, ut, quod possint, faciant. Ut ad hunc modum homo discat sedare iracundiam ac patientem et mansuetum induere animum cumprimis erga illos, qui causam

---

6 zu Konk   21 man *bis* tue] niemand seinen Nähisten beleidige A B Konk   28 haben, + der B   39/40 und (1.) *bis* künnden > B

1/2 favere soleant] faveant Conc   2 videntes] cum videmus, Conc   4 cupidine] cupiditate Conc   8 favens] clemens Conc   13 quemquam] quemvis Conc   14/6 esse *bis* proximo] hocque praeceptum veluti Conc   17 proximo + esse vult Conc   32 est + et usitatum esse deprehenditur Conc   36/7 assuefacere Conc   46 possunt Conc

---

[1]) der Verfolgung entzogen   [2]) gesichert   [3]) Zufluchtsort   [4]) Der Sinn dieses Gebotes ist nun,   [5]) toben

Darumb ist die ganze Summa darvon (den Einfältigen aufs deutlichste einzubilden[1], was da heiße „nicht töten") zum ersten, daß man niemand Leid tue erstlich mit der Hand oder Tat, darnach die Zunge nicht brauchen lasse, darzu zu reden oder raten, über das[2] keinerlei Mittel oder Weise brauche noch bewillige[3], dadurch jemand möchte beleidiget werden, und endlich, daß das Herz niemand feind sei noch aus Zorn und Haß Böses gönne, also daß Leib und Seele unschuldig sei an jedermann, eigentlich[4] aber an dem, der Dir Böses wünschet oder zufüget; denn dem, der Dir Guts gönnet und tuet, Böses tuen, ist nicht menschlich, sondern teufelisch.

Zum andern ist auch dieses Gepots schüldig[5] nicht allein, der da Böses tuet, sondern auch, wer dem Nähisten Guts tuen, zuvorkommen[6], wehren, schützen und retten kann, obdaß ihm kein Leid noch Schaden am Leibe widerfahre, und tuet es nicht. Wenn Du nu einen Nacketen lässest gehen und künndest ihn kleiden, so hast Du ihn erfrieren lassen, siehest Du jemand Hunger leiden und speisest ihn nicht, so lässest Du ihn Hungers sterben. Also[7] siehest Du jemand zum Tod verurteilt oder in gleicher Not und nicht rettest, so Du Mittel und Wege darzu wüßtest, so hast Du ihn getötet. Und wird nicht helfen, daß Du fürwendest[8], Du habst keine Hülfe, Rat noch Tat darzu gegeben; denn Du hast ihm die Liebe entzogen und der Wohltat beraubt, dardurch er bei dem Leben blieben wäre.

Darumb heißet auch Gott billich die alle Mörder, so in Nöten und Fahr Leibs und

irascendi ei suppeditant, hoc est erga inimicos.

Quocirca tota hujus praecepti summa 188 haec est, ut simplicibus significantissime inculcetur, quid sit 'non occidere': Principio, ne quis afficiatur injuria, primum quidem manu aut opere. Deinde, ne utamur lingua in hoc, ut consilium demus alicui incommodandi. Insuper, ne quam causam aut occasionem praestemus aut consentiamus aliis, unde aliquis detrimentum possit accipere. Ac denique, ut ipsum cor hostiliter infensum sit nemini aut irritatum iracundia male velit aut disfaveat. Ita, ut et corpus et anima juxta sint extra noxiam de quovis, peculiariter tamen de eo, qui tibi mala imprecatur aut etiam objicit. Nam ei male facere, qui bene de te sit meritus aut tuis rationibus optime consultari cupit, non humanum est, sed plane diabolicum.

Secundo hujus praecepti reus est non 189 tantum is, qui mala facit, sed etiam is, qui, cum proximo bene facere ejusque damnum aut jacturam antevortere, obstare, eum tueri et servare potuisset, ne quod malum aut injuriam accepisset corpore, non facit. Jam ergo quotiescunque 190 nudum videris eundemque non adjutum dimiseris, cum prae facultatibus ejus nuditatem convestire possis ac tegere, hunc profecto frigore enecasti. Ita quoque videns famelicum nec tamen pascis eum, hunc fame cruciatum interire sinis. Non secus quoque, si quem morte condemnatum videris aut in simili quopiam casu periclitantem nec eum servare approperas, cum neque viae neque occasiones illius eripiendi tibi sint incognitae, pro certo constat hunc te neci dedisse. Neque tibi proderit haec adducta excusatio te in ejus necem non consensisse aut consilio et auxilio non adjutasse, siquidem caritatem illi subtraxisti iisque benefactis eum privasti, quibus adjutus non difficulter vitam retinuisset.

Quare Deus non injuria omnes illos 191 damnat homicidii, qui necessitate pres-

---

5 da] das A B   8 oder + zu B Konf   32 jemand + unschuldig B Konf   47 Darumb] Darnach B

9/12 ne bis accipere] ne qua utamur via aut medio, unde aliquis detrimentum possit accipere, neve aliis utentibus consentiamus. Cons   14/5 aut disfaveat > Conc   16/8 juxta bis objicit] extra omnem sint noxam, cum de quovis, tum peculiariter de eo, qui tibi mali quid vel precatur vel etiam infert. Conc   20 consultum Conc   26 posset Conc   27 accipiat Conc   32/3 quoque videns] quoties videris Conc

---

[1]) einzuprägen   [2]) außerdem   [3]) einwillige, zulasse   [4]) besonders   [5]) übertritt dieses Gebot   [6]) hindern   [7]) Ebenso   [8]) als Vorwand benutzt

Lebens nicht raten noch helfen, und wird gar schrecklich Urteil über sie gehen lassen am jüngsten Tage, wie Christus selbs verkündigt[1], und sprechen: „Ich bin hungerig und durstig gewesen, und Ihr habt mich nicht gespeiset noch getränkt, ich bin ein Gast gewesen, und Ihr habt mich nicht beherberget, ich bin nacket gewesen, und Ihr habt mich nicht bekleidet, ich bin krank und gefangen gewesen, und Ihr habt mich nicht besuchet." Das ist, Ihr hättet mich und die Meinen wohl lassen Hungers, Dursts und Frosts sterben, die wilden Tiere zureißen, im Gefängnis verfaulen und in Nöten verderben lassen. Was heißet das anders denn Mörder und Bluthunde gescholten? Denn ob Du solchs nicht mit der Tat begangen hast, so hast Du ihn doch im Unglück stecken und ümbkommen lassen, soviel an Dir gelegen ist. Und ist eben soviel, als ob ich imand sähe auf tiefem Wasser fahren und erbeiten[2] oder in ein Feur gefallen und künnde ihm die Hand reichen, eraustreißen und retten und doch nicht täte: Wie würde ich anders auch fur aller Welt bestehen[3] denn ein Mörder und Böswicht?

Darümb ist die endliche[4] Meinung Gottes, daß wir keinem Menschen Leid widerfahren lassen, sondern alles Gut und Liebe beweisen, und ist (wie gesagt[5]) eigentlich[6] gegen die gerichtet, so unsere Feinde sind. Denn daß wir Freunden Guts tuen, ist noch ein schlechte[7] heidnische Tugend, wie Christus Matthäi 5.[8] sagt.

Da haben wir nu abermal Gottes Wort, damit er uns reizen und treiben will zu rechten, edlen, hohen Werken als Sanftmut, Geduld und Summa Liebe und Wohltat gegen unsern Feinden, und will uns immerdar erinnern, daß wir zurücke denken des[9] ersten Gepots, daß er unser Gott sei, das

sis aut de vita periclitantibus consilio aut ope non subveniunt. Hos in die novissimo horrenda quoque damnabit sententia, quemadmodum ipse Christus annuntiat inquiens: 'Esurivi et non distis mihi manducare aut bibere, hospes eram et non collegistis me, nudus eram et non cooperuistis me, infirmus et in carcere eram et non visitastis me.' Hoc est: meque meosque fame, siti, frigore perire sivistis, a feris discerpi, in carcere situ et squalore putrescere inque omnibus necessitatibus foede succumbere. Quid aliud est quam homicidas et, quemadmodum Homerus loquitur, ἀνδροφόνους καὶ μιαιφόνους[10] culpasse? Nam tametsi hoc ipsum opere non perpetrasti, proximum tamen in periculis atque infortunio conflictantem, quantum ad te attinebat, immisericorditer perire permisisti. Et perinde factum est, ac si quem in profunda aqua navigantem et adversis ventis laborantem perspicerem aut in ignem prolabentem possemque illum porrecta manu e periculo eripere ac servare et non facerem. Qui vero coram toto mundo aliter atque funestus homicida et cruentus latro probari aut perhiberi possem?

Quapropter haec denique Dei est sententia, ne quem hominem laedi aut damnum accipere patiamur, sed omnibus humanitatis et benevolentiae officiis demereamur. Estque hoc praeceptum peculiariter erga eos conservandum, cum quibus inimicitiae nobis intercesserunt. Ut enim amicis ac fautoribus nostris bene faciamus, virtus valde levis est et ethnica, quemadmodum Christus Matth. V. loquitur.

Hoc loco iterum verbum Dei habemus propositum, quo nos ad vera, praeclara ac summa opera, nempe mansuetudinem, patientiam, breviter et amorem et benefacta inimicis nostris exhibenda pellicere ac provocare conatur. Vultque nos subinde commonefacere, ut retroflexa co-

---

1 gar + ein B Konk   4 und sprechen] da er sprechen wird Konk   sprechen + wird B
7 geherbergt A A B Konk

5 Esurivi + et sitii Conc   11 sivistis > Conc   13 succumbere + sivistis Conc
14 Quid + hoc Conc   14/5 quemadmodum *bis* loquitur > Conc   16 μιαιφόνους + (Bluthunde) Conc   19 conflictantem] haerentem Conc   21 factum > Conc
30 denique] decisiva Conc

---

¹) Matth. 25, 42 f.   ²) sich abmühen   ³) dastehen   ⁴) eigentliche   ⁵) Oben 608₁₄₋₁₆ f.   ⁶) besonders   ⁷) gewöhnliche   ⁸) Matth. 5, 46 f.   ⁹) an das   ¹⁰) Vgl. 3. B. Homer, Ilias I 242; IV 441; XXIV 479, 724; V 31. Beide Worte werden u. a. als Beinamen für Ares gebraucht.

ist, uns helfen, beistehen und schützen wolle, auf daß er die Lust, uns zu rächen, dämpfe¹. Solchs sollt' man nu treiben² und bleuen², so wurden wir gute Werk alle Händ voll zu tuen haben. Aber das wäre nicht fur die Mönche gepredigt, dem geistlichen Stande zuviel abbrochen³, der Karthäuser⁴ Heiligkeit zu nahe⁵, und sollt' wohl eben⁶ gute Werke verpoten und Klöster geräumet heißen. Denn mit der Weise⁷ wurde der gemeine Christenstand gleich⁸ soviel, ja weit und viel mehr gelten und idermann sehen, wie sie die Welt mit falschem heuchlischen Schein der Heiligkeit äffen und verfuhren, weil sie dies und ander Gepot in Wind geschlagen und fur unnötig gehalten, als wären's nicht Gepot, sondern Räte⁹, und daneben unverschämpt ihren Heuchelstand und Werke fur das vollkommenste Leben gerühmet und ausgeschrieen, auf daß sie ja ein gut, sanftes Leben fuhreten ohn Kreuz und Geduld. Darümb sie auch in die Kloster gelaufen sind, daß sie von niemand nichts leiden noch imand Guts tuen dürften. Du aber wisse, daß dies die rechte, heilige und göttliche Werk sind, welcher er sich mit allen Engeln freuet, dagegen alle menschliche Heiligkeit Stank¹⁰ und Unflat ist, dazu nicht anders denn Zorn und Verdammnis verdienet.

gitatione prioris praecepti simus memores illum esse Deum nostrum, hoc est nobis velle suppetias ferre, assistere ac tueri, ut animum vindictae cupidum in nobis compescat atque coerceat. Jam haec vulgo essent tradenda atque inculcanda, tum abunde bonorum esset operum, quae nos facere oportebat. Verum haec praedicatio non esset ex usu monachorum, sed plus justo religiosorum ordinem defraudaret inferretque insignem Carmelitarum¹³ sanctitati injuriam et fortasse hoc ipsum diceretur bona opera interdicere et monasteria desolari. Hac enim ratione vulgus tanti, imo potius multo majoris fieret eosque longo intervallo praecelleret ac quivis facile perspiceret, quomodo ipsi mundo tam foede hactenus imposuerint sua fucata et hypocritica sanctitate hoc et alia praecepta omnia illiberaliter respuentes et inutilia existimantes, tanquam non praecepta fuissent, sed consilia, ad haec suos fictitios ordines et sectas tam perniciosas, quam hypocriticas pro perfectissima vita jactarunt et proclamaverunt, ut plane vitam suavem et tranquillam omnique et cruce vacantem et patientia illi ventres et porci agerent. Quam ob causam se quoque in monasteria abdiderunt, ut a nemine quicquam paterentur molestiae neve quemquam ulla in re bona juvarent. Porro autem tu sis sciens haec vera, sancta et divina esse opera, quibus Deus cum omnibus angelis exhilaratur quibusque omnis humana sanctitas collata non nisi foetor et stercus est nec aliud quam iram et damnationem promeretur.

Das sechste Gepot.

Du sollt nicht ehebrechen.
Diese Gepot sind nu an ihn selbs leicht zu verstehen aus dem nähisten¹¹.; denn sie gehen alle dahin¹², daß man sich hüte fur

Praeceptum VI.

Non moechaberis.
Sequentia praecepta intellectu jam sunt facilia ex interpretatione prioris. Eo enim tendunt omnia, ut a damno et

---

23 die > B   25 dürfen Konk

14/5 desolare Conc   20 sanctitate, + quod et Conc   hoc + praeceptum Conc
21 respuerint Conc   22 existimarint Conc   25 vita + impudenter Conc   26 jactarint et proclamarint Conc   33 Porro bis sciens] Tu vero scito Conc   42 prioris] antecedentis Conc

---

¹) unterdrücken   ²) gründlich einprägen   ³) Abbruch getan   ⁴) Vgl. oben 579 Anm. 3.   ⁵) zu nahe getreten   ⁶) soviel als, gradezu   ⁷) auf diese Weise   ⁸) eben   ⁹) Zu dem Unterschied zwischen Geboten (praecepta) und Räten (consilia evangelica) vgl. RE IV 274—278; nach katholischer Auffassung verpflichten die Gebote jeden Menschen unbedingt, dagegen verschafft die (freiwillige) Erfüllung der Räte besondere Gnade und ihre Nichtbeachtung ist keine Sünde.   ¹⁰) Gestank   ¹¹) vorigen   ¹²) laufen darauf hinaus   ¹³) Vgl. oben 590 Anm. 9.

allerlei Schaden[1] des Nähisten, sind aber sein ordentlich[2] gestellet, zum ersten auf sein[3] eigene Person, darnach fortgefahren auf die nähiste Person oder das nähiste Gut nach seinem Leibe[4], nämlich sein ehelich Gemahl, welchs mit ihm ein Fleisch und Blut ist[5], also daß man ihm an keinem Gut höher Schaden tuen kann. Darumb auch deutlich hie ausgedruckt wird, daß man ihm keine Schande zufugen soll an seinem Eheweibe. Und lautet eigentlich[6] auf den Ehebruch darumb, daß im judischen Volk so geordnet und gepoten war, daß idermann mußte ehelich erfunden werden. Darümb auch die Jugend aufs zeitlichste beraten[7] ward, also daß Jungfrauenstand nichts galt, auch kein offentlich Huren= und Bubenleben (wie itzt[8]) gestattet ward. Darümb ist der Ehebruch die gemeineste[9] Unkeuschheit bei ihn gewesen.

Weil aber bei uns ein solch schändlich Gemenge[10] und Grundsuppe[11] aller Untugend und Büberei ist, ist dies Gepot auch wider alle Unkeuschheit gestellet, wie man sie nennen mag, und nicht alleine äußerlich die Tat verpoten, sondern auch allerlei Ursach, Reizung und Mittel, also daß Herz, Mund und der ganze Leib keusch sei, kein Raum, Hülfe noch Rat zur Unkeuschheit gebe, und nicht allein das, sondern auch wehre, schütze und rette, wo die Fahr und Not ist, und wiederümb helfe und rate[12], daß sein Nähister bei Ehren bleibe. Denn wo Du solchs nachläßest[13], so Du künndest dafur sein[14] oder durch die Finger siehest, als ging' Dich's nicht an, bist Du eben sowohl schuldig als der Täter selbs. Also ist, aufs kurze zu fassen, soviel gefodert, daß ein iglicher beide fur sich selbs keusch lebe und dem Nähisten auch dazu helfe, also daß Gott durch dies Gepot eines iglichen ehelich

inferenda injuria proximo caveamus. Sunt vero eleganti ordine posita. Primum enim de non laedenda proximi persona conditum est. Secundum respicit personam sibi proximam aut post se rem sibi proximam, nempe suam conjugem, quacum unum corpus et una caro effectus est ita, ut nulla in re majori possit affici injuria. Quamobrem hoc in loco diserte ac significanter expressum est, ne quam ignominiam illi faciamus afficientes contumelia suam conjugem. Ac peculiariter de stupro sonat propterea, quod in Judaismo ita ordinatum et praeceptum fuerat, ut quisque ducta uxore matrimonium contraheret. Unde quoque juvenes mature admodum operam dabant nuptiis, ita ut coelibatus apud Judaeos nullius haberetur momenti. Sed neque propalam visebantur aut concedebantur meretricum ac scortatorum lustra, ut hodie apud nos solenne est. Quamobrem adulterium apud illos communissimum fuit peccatum luxuriae.

Quoniam vero apud nos adeo foeda et nefanda omnium vitiorum et scortationum lerna[15] cernitur, hoc praeceptum quoque adversus omnia luxuriae genera et species constitutum est, quocunque tandem dici possunt nomine. Et nedum externum opus interdicitur, verum omnis generis etiam causae, illectamenta et occasiones, ut cor, os, oculi, aures atque adeo totum corpus purum sit ac castum, nullum locum, opem, consilium impudicitiae serviendae praebeat. Et non solum hoc, sed etiam hisce nefariis rebus summo conatu obstet, tueatur, prohibeat, ubi periculum et necessitatem viderit ac contra praesto sit auxilio et consilio, ne quam famae suae jacturam accepta in conjuge contumelia faciat. Nam ubicunque tale aliquid per negligentiam intermiseris, cum possis obsistere aut dissimulanter connives, quasi

---

28 alle] allerlei UAB Konk   42 kürzste Konk

13 stupro] adulterio Conc   16/7 quoque] et Conc   17/8 admodum *bis* nuptiis] contrahebant Conc   18 ut + virginitatis status et Conc   24 *und* 28 luxuriae] impudicitiae Conc   30 nedum] non solum Conc   41 consilio + proximo suo Conc   44 intermittis Conc

---

[1]) Schädigung   [2]) der Reihe nach   [3]) des Nächsten   [4]) das ihm nach seinem eigenen Leben nächststehende Gut   [5]) Gen. 2, 24.   [6]) hauptsächlich   [7]) möglichst zeitig verheiratet   [8]) Vgl. dazu WA VI 262$_{19-28}$, *467$_{17-26}$, XVIII 537$_{16}$ ff., WABr IX 229, Lutherjahrbuch IX (1927), 25 f.; Werdermann, Luthers Wittenberger Gemeinde, 10 und Anm. 2 (WA XXIX 44$_{25-27}$; XXXIV^{II} 21$_{20-27}$, 214$_{6-8}$).   [9]) verbreitetste   [10]) Vermischung   [11]) Bodensatz, Abschaum   [12]) steure   [13]) unterläßt   [14]) verhüten   [15]) Vgl. oben 597 Anm. 10.

Gemahl will ümbschränket¹ und bewahret haben, daß sich niemand daran vergreife.

Dieweil aber dies Gepot so eben² auf den Ehestand³ gerichtet ist und Ursach gibt, davon zu reden, sollt Du wohl fassen und merken: Zum ersten, wie Gott diesen Stand so herrlich ehret und preiset damit, daß er ihn durch sein Gepot beide bestätigt und bewahret. Bestätigt hat er ihn droben im vierden Gepot: „Du sollt Vater und Mutter ehren". Hie aber hat er ihn (wie gesagt) verwahret und beschützet. Darümb will er ihn auch von uns geehret, gehalten und geführet haben als einen göttlichen, seligen Stand, weil er ihn erstlich vor allen andern eingesetzt hat und darümb unterschiedlich Mann und Weib geschaffen (wie fur Augen) nicht zur Buberei, sondern daß sie sich zusammen halten, fruchtbar seien, Kinder zeugen, nähren und aufziehen zu Gottes Ehren. Darümb ihn auch Gott fur allen Ständen aufs reichlichste gesegnet hat, dazu alles, was in der Welt ist, darauf gewandt und ihm eingetan⁴, daß dieser Stand je wohl und reichlich versorget würde, also daß kein Scherz noch Furwitz, sondern trefflich Ding und göttlicher Ernst ist ümb das eheliche Leben. Denn es liegt ihm alle Macht daran⁵, daß man Leute ziehe, die der Welt dienen und helfen zu Gottes Erkenntnis, seligem Leben und allen Tugenden, wider die Bosheit und den Teufel zu streiten⁶.

tua nihil intersit, non secus ejus flagitii culpa teneris quam is ipse, qui perpetravit. Tantum ergo hoc praeceptum, ut paucissimis complectamur, a nobis exigit, ut quisque tum pro se vitam castam exigat, tum ut proximo quoque in hac obtinenda et tuenda sit auxilio. Voluit enim Deus hoc praecepto cujusque uxorem tanquam vallo circumsepire ac defendere, ne quis temere eam contrectando semet adulterio reum faceret aut pollueret.

Cum autem Deus hujus praecepti constitutionem plane de tuendo a contumelia matrimonio rogaverit ac nobis causam de eo disserendi suppediet, probe tibi notandum et imis sensibus reponendum erit: Primo quidem, quemadmodum Deus hunc matrimonii statum ac ordinem amplissime honoret ac praedicet, ut eundem praecepto suo aeque confirmet et tueatur ab injuria. Supra quidem quarto praecepto illum confirmavit: 'Honora patrem et matrem tuam.' Hoc vero in loco, ut dictum est, ut in tuto esset, circumvallavit ac defensum dedit. Quamobrem a nobis quoque magnopere contendit, ut hunc in honore habeamus, arripiamus et colamus ut divinum ac felicem ordinem, quando illum sub initium ante omnes alios servandum instituerit et eam ob rem notabili quodam discrimine, ut patet, masculum et feminam crearit non ad libidinose exercendam spurcitiem atque lasciviam, sed ut legitime conjuncti foecundi essent, liberos procrearent, nutrirent eosdemque ad Dei gloriam ampliandam pie ac recte educarent. Et hoc est, quamobrem Deus hunc quoque matrimonii ordinem prae omnibus aliis tantis cumulaverit benedictionibus, ad haec, quaecumque in mundo sunt, huic provehendo insumpsit eidemque utenda subdidit tantum in hoc, ut hic ordo opulente et largiter esset constabilitus. Qua ex re facile liquet

---

17 daß > AB   23 geehret + und also B Konf

6 ut > Conc   13/5 Cum bis rogaverit] Cum autem de conjugio tam evidenter praeceptum hoc constitutum sit Conc   18 quemadmodum] quomodo Conc   26 defensum dedit] defendit eum Conc   27/30 a bis felicem] et a nobis requirit, ut eundem honoremus, servemus et traducamus veluti divinum ac beatum Conc   30 sub initium] initio Conc   32 et eam] eamque Conc   32/3 notabili bis patet] separatim Conc   39 Et bis quamobrem] Idcirco quoque Conc   40 quoque > Conc   41 cumulavit Conc

---

¹) geschützt   ²) gradezu   ³) Vgl. dazu Luthers Schriften: „Vom ehelichen Leben", 1522 (WA XII *275—304), „Das siebente Kapitel S. Pauli zu den Korinthern", 1523 (WA XII 92—142) und „Traubüchlein für die einfältigen Pfarrherrn", 1529 (oben 528—530f.).
⁴) verliehen   ⁵) es kommt ihm vor allem darauf an   ⁶) Vgl. unten 725₁₈₋₂₁.

Darümb habe ich immerdar gelehret[1], daß man diesen Stand nicht verachte noch schimpflich halte[2], wie die blinde Welt und unsere falsche Geistlichen[3] tuen, sondern nach Gottes Wort ansehe, damit er geschmückt und geheiliget ist, also daß er nicht allein andern Ständen gleich gesetzt ist, sondern vor und über sie alle gehet, es seien Kaiser, Fursten, Bischofe und wer sie wollen. Denn was beide geistliche und weltliche Stände sind, müssen sich demütigen und alle in diesem Stand finden lassen, wie wir hören werden. Darümb ist es nicht ein sonderlicher, sondern der gemeineste[4], edleste Stand, so durch den ganzen Christenstand, ja durch alle Welt gehet und reichet.

Zum andern sollt Du auch wissen, daß es nicht allein ein ehrlicher, sondern auch ein nötiger Stand ist und ernstlich von Gott gepoten, daß sich ingemein hindurch alle Stände, Mann und Weibsbilde, so dazu geschaffen sind, darin finden lassen, doch etliche (wiewohl wenig) ausgenommen, welche Gott sonderlich ausgezogen[5], daß sie zum ehelichen Stand nicht tüchtig sind, oder durch hohe, übernatürliche Gabe befreiet hat, daß sie außer dem Stande Keuschheit halten können. Denn wo die Natur gehet, wie sie von Gott eingepflanzt ist, ist es nicht müglich, außer der Ehe keusch zu bleiben; denn Fleisch und Blut bleibt Fleisch und Blut, und gehet die natürlich Neigung und Reizung ungewehret und unverhindert, wie idermann siehet und fühlet. Derhalben,

non jocum aut curiositatem, sed rem magnam et arduam atque adeo constantem Dei voluntatem esse matrimonium. Permagni enim sua refert, ut educentur homines, qui mundum sua opera ad Dei cognitionem et beatam ac virtutibus exornatam vitam exigendam queant perducere adversus malitiam et daemones pugnandi gratia.

Quocirca subinde docui, ne hunc ordinem contemnamus aut tanquam jocularem leviter aestimemus, quem irridendi morem caeco mundo et pseudoreligiosis nostris hactenus fuisse vidimus, sed juxta Dei verbum, quo multis modis exornatus et sanctificatus est, eum intueamur ita, ut non solum ceteros pretio et dignitate aequare soleat, sed omnes ceteros longo intervallo post se relinquat, sive illi sint invicti caesares, sive purpurati principes aut infulati[6] episcopi aut quicunque tandem. Quicunque enim aut spirituales aut saeculares (ut loquuntur) sunt ordines, his omnibus hic venerandus est et omnibus hic quoque amplectendus, ut post audiemus latius. Quapropter matrimonium non privatus aliquis status habendum est, sed communissimus et nobilissimus, cujus usus per totam christianitatem, imo per totum mundum longe lateque patet.

Secundo illud quoque ignorandum non est hunc ordinem non solum esse honorificum, sed etiam necessarium neque non serio a Deo praeceptum, ut in genere omnes status ac ordines, cum viri, tum mulieres, quicunque ad hunc amplectendum natura sunt appositi, eundem arripiant contracto matrimonio. Quamquam nonnulli, licet perpauci inde exempti sint, quos Deus singulari quodam consilio segregavit, ut ad jugum matrimonii minus reperiantur idonei, aut summa ac naturam excedente gratia ea libertate donavit, quo possint extra hunc ordinem servata vitae pudicitia castitatem tueri. Ubi enim natura, quemadmodum a Deo nobis insita est, fertur ac rapitur, fieri nullo modo potest,

---

11 verachte] verachten soll B   12 halten B   14 ansehen B

33/4 illud bis non] sciendum Conc   35 honorificum] honestum Conc   necessarium etiam Conc   39/41 eundem bis Quamquam] in eo versentur exceptis Conc   41 nonnullis Conc   perpaucis Conc   41/2 inde bis sunt > Conc   45 summa bis excedente] sublimi ac supernaturali Conc

---

[1]) Vgl. oben 459 und Anm. 1.   [2]) gering schätze   [3]) Vgl. oben 584 Anm. 1.   [4]) verbreitetste   [5]) ausgenommen   [6]) Die Infel oder Mitra ist die bischöfliche Kopfbedeckung.

auf daß deste leichter wäre, Unkeuschheit etlicher Maße¹ zu meiden, hat auch Gott den Ehestand befohlen, daß ¹ ein iglicher sein bescheiden² Teil habe und ihm daran gnügen lasse, wiewohl noch Gottes Gnade dazu gehöret, daß das Herz auch keusch sei.

Daraus siehest Du, wie unser bäpstischer Haufe, Pfaffen, Mönche, Nonnen wider Gottes Ordnung und Gepot streben, so den Ehestand verachten und verpieten und sich ewige Keuschheit zu halten vermessen und geloben, dazu die Einfältigen mit lugenhaftigen Worten und Schein betriegen. Denn niemand so wenig Liebe und Lust zur Keuschheit hat als eben, die den Ehestand fur großer Heiligkeit meiden und entweder öffentlich und unverschämt³ in Hurerei liegen oder heimlich noch ärger treiben, daß man's nicht sagen tarr⁴, wie man leider allzuviel erfahren hat. Und kurzlich, ob sie gleich des Werks sich enthalten, so sticken sie doch im Herzen voll unkeuscher Gedanken und böser Lust, daß da ein ewigs Brennen und heimlichs Leiden ist, welchs man im ehelichen Leben ümbgehen kann. Darümb ist durch dies Gepot aller unehlichen Keuschheit Gelübd verdammpt und Urlaub gegeben⁵, ja auch gepoten allen armen gefangenen Gewissen, so durch ihre Klöstergelubde betrogen sind, daß sie aus dem unkeuschen Stand ins eheliche Leben treten, angesehen⁶ daß, ob sonst gleich das Klosterleben göttlich wäre, doch nicht in ihrer Kraft stehet, Keuschheit zu halten, und, wo sie darin bleiben, nur mehr und weiter wider dies Gepot sundigen müssen.

ut extra matrimonium caste vivatur. Siquidem caro ac sanguis naturam suam immutare non potest ac naturalis ille appetitus et carnis inclinatio consuetum iter nulla re obstante aut prohibente sequitur, id quod omnibus liquet hominibus. Quare et aliquatenus libido carnis caveri possit, Deus matrimonium instituit, ut quisque sua parte legitime destinata fruatur illaque contentus vivat, tametsi hic quoque gratia Dei opus est, ut cor quoque castitate purum sit.

Ex hoc jam liquide perspicis, quam furiose illa turba papistica, sacrifici, monachi et monachae huic praecepto Dei reluctentur, qui matrimonium contemnunt et prohibent seque perpetuam castitatem servaturos magna animi praesumptione pollicentur ac vovent, ad haec simplicium animos phaleratis dictis⁷, hoc est imposturis ac mendaciis impudenter seducunt. Nemo enim perinde castitatem exosam habet aut in libidines est pronior ac illi, qui matrimonium prae magna sanctitate vitare consueverunt et aut propalam et impudenter scortantes nihil omittunt et libidinibus exigentes vitam turpissimam aut clanculum longe foediora magisque nefaria perpetrant, quae, quominus narrare libet, pudore deterremur, ut abunde satis ista non raro, proh flagitia!, experti sumus. Et in summa quamquam ab ipso opere temperent, ipsum tamen cor impuris cogitationibus et pravis cupiditatibus plenum extrema flagrat libidine, ut plane perpetuo quodam incendio et occulto quodam vulnere carpantur et absumantur, quod in matrimonio constitutis nulla cum difficultate evitare licet. Quare hoc praecepto πάντων τῶν ἀγάμων, hoc est eorum, qui non contraxerunt matrimonium, castitatis et vota damnata et soluta sunt, imo quoque omnibus miseris conscientiis, quae suis monasticis votis imprudenter deceptae sunt, praeceptum est, ut deserto libidinoso et impuro ordine matrimonium arripiant ita reputantes, quod, quamquam alioqui monastica vita non discreparet ab evangelio, tamen in

---

8 posset Conc 12 castitate purum] castum Conc 15 huic + ordinationi et Conc 25 vitare consueverunt] detrectant Conc 26/33 scortantes bis summa] scortationi et libidinibus indulgent aut clanculum longe foediora, quae honeste commemorari non possunt, perpetrant, ut nimium, proh dolor!, experti sumus. Et breviter Conc 41 πάντων bis est] omnium Conc 42/3 non bis matrimonium] extra conjugium degunt, Conc 43 et (1.) > Conc 44 omnibus + irretitis et Conc 45/6 imprudenter] misere Conc 50 non bis evangelio] prorsus divina esset Conc

---

¹) einigermaßen ²) zugewiesen ³) schamlos ⁴) wagt ⁵) entlassen, beseitigt ⁶) in Anbetracht ⁷) schön klingende Worte; Terenz, Phormio 500.

Solchs rede ich nu darümb, daß man das junge Volk dazu halte¹, daß sie Lust zum Ehestand gewinnen und wissen, daß ein seliger Stand und Gott gefällig ist. Denn damit künnde man's mit der Zeit wiederümb dahin bringen, daß er wieder zu seinen Ehren käme und des unflätigen, wusten, unordigen² Wesens weniger würde, so itzt allenthalben in der Welt zu Zotten gehet³ mit offentlicher Hurerei und andern schändlichen Lastern, so aus Verachtung des ehelichen Lebens gefolgt sind. Darümb sind hie die Eltern und Oberkeit auch schuldig, auf die Jugend zu sehen, daß man sie zur Zucht und Ehrbarkeit aufziehe und, wenn sie erwachsen, mit Gott und Ehren berate⁴, dazu würde er seinen Segen und Gnade geben, daß man Lust und Freude davon hätte.

Aus dem allen sei nu zu beschließen⁵ gesagt, daß dies Gepot nicht alleine fodert, daß idermann mit Werken, Worten und Gedanken keusch lebe in seinem, das ist allermeist im ehelichen Stande, sondern auch sein Gemahl, von Gott gegeben, lieb und wert halte. Denn wo eheliche Keuschheit gehalten werden, da mussen Mann und Weib fur allen Dingen in Liebe und Eintracht beinander wohnen, daß eines das ander von Herzen und mit ganzer Treue meine⁶. Denn das ist der furnehmste Stuck eines, das Liebe und Lust zur Keuschheit machet, welchs wo es gehet⁷, wird auch Keuschheit wohl von ihr selbs folgen ohn alles Gepieten. Deshalben auch Sankt Paulus⁸ so fleißig die Eheleute vermahnet, daß eins das ander liebe und ehre. Da hast Du nu abermal

viribus suis situm non esset coelibem vitam agere, in qua si manserint, tantum magis atque magis incensi libidine adversus hoc praeceptum peccaturi sunt.

Jam haec eo a me dicta sunt, ut juventus crebris monitis in eam perducatur sententiam, ut incipiat voluptate quadam complecti matrimonium sciatque felicem et Deo acceptum esse ordinem. Hac enim ratione temporis progressu tantum posset effici, ut huic suus honos iterum redderetur et foeda illa omnium libidinum ac scortationum lerna⁹, quae turpissimis vitiis totum jam orbem occupavit, imminueretur, quae contemptu matrimonii consecuta sunt. Quare hoc quoque parentum ac magistratus est officium juvenum rationem habere, ut modestiam et integritatem perdiscant atque, ubi jam in viros adoleverint, mature honeste jungantur matrimonio, quam rem haud dubie sua gratia et benedictione prosperare dignabitur, ut inde voluptas et gaudium percipiatur.

Ultimo, ut tandem finem faciamus, hoc quoque in extremis adjiciatur hoc praeceptum non solum exigere, ut quivis operibus, verbis et cogitationibus caste vivat, hoc est cumprimis in matrimonio, sed etiam, ut comparem, hoc est conjugem suam a Deo concessam in pretio habeat ac amore prosequatur. Ubi enim volumus conjugali castitati locum esse, ibi necessum est ante omnia, ut vir et mulier in amore concordes conversentur, ut alter alterum ex animo mutua quadam benevolentia et fide complectatur. Haec enim praecipua res est, quae dulcem et voluptuosam facit castitatem, quae si praesto fuerit in matrimonio, ipsa castitas sua sponte non expectato praecepto consequetur. Inde quoque

---

7 daß + es B Konf

1 esset] sit Conc   2 maneant Conc   3 libidine incensi Conc   4 peccaturi sunt] delinquere cogantur Conc   11 effici posset Conc   huic] illi Conc   11/2 iterum honos Conc   12/6 omnium *bis* sunt] et manifestarum scortationum et aliorum turpissimorum vitiorum, quae contemptum matrimonii consecuta sunt, lerna passim nunc in mundo regnans diminueretur. Conc   18 juvenum] juventutis Conc   19 modestiam et integritatem] pudicitiam et honestatem Conc   20 jam in viros > Conc   23 dignabitur] dignaretur Deus Conc   24 inde > Conc   percipiatur] inde perciperetur Conc   25/6 ut *bis* extremis] ex his omnibus epilogi vice hoc Conc   27 quivis] quisque Conc   29 vivat + in suo Conc   cumprimis in matrimonio] conjugali imprimis statu Conc   30 hoc est] et Conc   31 suam > Conc   Deo + sibi Conc   38/42 Haec *bis* praecepto] Hoc enim unum est ex praecipuis, quae amorem et studium castitatis accendunt, quod, si praesto fuerit, ipsa quoque castitas sua sponte sine mandato Conc

---

¹) anhalte   ²) unordentlichen   ³) sich breit macht   ⁴) verheirate   ⁵) um abzuschließen   ⁶) liebe   ⁷) in Übung ist   ⁸) Eph. 5, 22 und 25; Kol. 3, 18f.   ⁹) Vgl. oben 597 Anm. 10.

ein köstlich, ja viel und große gute Werk, welche Du fröhlich rühmen kannst wider alle geistliche Stände, ohn Gottes Wort und Gepot erwählet.

divus Paulus tanta diligentia eos, qui sunt in matrimonio, admonet, ut mutuo amore se diligant et venerentur. Habes ergo hic iterum opus valde pretiosum, imo potius multa magna et praeclara opera, quae alacri animo jactare ac omnibus religiosorum ordinibus citra verbi Dei autoritatem institutis et electis potes opponere.

Das siebende Gepot.

Du sollt nicht stehlen.

Nach Deiner Person und ehlichem Gemahl ist zeitlich Gut das Nähiste, das will Gott auch verwahret haben und gepoten, daß niemand dem Nähisten das Seine abbreche[1] noch verkürze. Denn stehlen heißet nicht anders, denn eins andern Gut mit Unrecht zu sich bringen, damit kürzlich begriffen ist[2] allerlei Vorteil mit des Nähisten Nachteil in allerlei Händeln[3]. Das ist nu gar ein weitläuftig, gemein[4] Laster, aber so wenig geachtet und wahrgenommen, daß über die Maß ist, also daß, wo man sie alle ¹ an Galgen hängen sollte, was Diebe sind und doch nicht heißen wollen, sollt' die Welt bald wust werden und beide an Hengern und Galgen gebrechen[5]. Denn es soll (wie itzt gesagt) nicht allein gestohlen heißen, daß man Kasten und Taschen räumet, sondern Umbsichgreifen auf den Markt, in alle Kräme[6], Scherren[7], Wein- und Bierkeller, Werkstätte und kürzlich, wo man hantieret[8], Geld ümb Ware oder Arbeit nimmpt und gibt. Als nämlich[9], daß wir's fur den gemeinen Haufen ein wenig grob ausstreichen[10], daß man doch sehe, wie fromm[11] wir sind: wenn ein Knecht oder Magd im Hause nicht treulich dienet und Schaden tuet oder geschehen lässet, den sie wohl verwahren[12] kündte, oder sonst ihr Gut verwahrloset und versäumet aus Faulheit, Unfleiß oder Bosheit zu Trotz und Verdrieß Herrn und Frauen, und wie solchs mutwillig[13] geschehen kann (denn ¹ ich rede nicht von dem,

Praeceptum VII.

Non furtum facies.

Post tuam tuaeque conjugis personam proximum est res familiaris, hanc quoque Deus vult esse in tuto praecepitque, ne quis alterius fortunas invadat aut clanculum compilet. Furari enim nihil aliud est aut dicitur quam fortunas alterius per injuriam sibi vendicare, qua re breviter omnis generis in omnibus negotiis proximi defraudationes comprehensae sunt. Jam hoc vitium longe lateque patet, sed quod paucos admodum sollicitat adeo, ut omnem etiam modum excedat, ita ut, si omnes, quotquot fures sunt, fures tamen dici nolunt, praefocandi essent laqueo, cito totus mundus desolaretur neque cruces aut carnifices sufficerent. Neque enim hoc tantum furtum dicendum est, ut diximus, cistas clanculum evacuare et marsupia, sed in foro quoque locum habet, in tabernis, ubi res venales prostant, in cella vinaria et cerevisiaria, in officinis, breviter, ubicunque tractantur commercia, ubi pecunia pro mercibus divenditur aut labore datur et accipitur. Exempli causa, ut pro simplicibus aliquanto fusius ac rudius explanemus, ut saltem videamus, quam probi simus, quando servus aut ancilla suo servitio non fideliter praeest heroque suo damnum dat aut fieri permittit, cui obstare potuisset aut, quo minus fieret, antevertere aut alioqui rem herilem male tractat aut propter socor-

---

30 dem B Konf

9 opponere potes. Conc 21 vitium + admodum commune est et Conc 22/3 sed bis adeo] ac tam parum curatur Conc 23 etiam] plane Conc 24 ita] adeo Conc 25/6 praefocandi] suspendendi Conc 26 laqueo > Conc 29 cistas + et marsupia Conc 30 et marsupia > Conc 35 pecunia + vel Conc divenditur aut] vel Conc

---

[1]) entziehe [2]) worin kurz zusammengefaßt ist [3]) Vgl. dazu WA VI 3—8, 36—60, *466f.; XV *293—322; LI 331—424; Werdermann, Luthers Wittenberger Gemeinde 72—78, 86, 102. [4]) weitverbreitetes, gewöhnliches [5]) mangeln [6]) Kaufläden [7]) Fleischerbuden [8]) Geschäfte macht [9]) Zum Beispiel [10]) handgreiflich erklären [11]) rechtschaffen [12]) verhindern [13]) absichtlich

das versehen¹ und ungerne² getan ist), da kannst Du ein Jahr ein Gülden, dreißig oder vierzig und mehr entwenden, welchs so ein ander heimlich genommen oder enttragen³ hätte, mußt' er am Strick erwurgen⁴, aber hie darfst Du noch trotzen und pochen⁵, und tarr⁶ Dich niemand ein Dieb heißen.

Desgleichen rede ich auch von Handwerksleuten, Erbeitern⁷, Taglöhnern, die ihren Mutwillen⁸ brauchen und nicht wissen, wie sie die Leute übersetzen⁹ sollen, und doch lässig und untreu in der Erbeit sind. Diese alle sind weit über¹⁰ die heimlichen Diebe, fur den man Schloß und Riegel legen kann oder, wo man sie begreifet¹¹, also mitfähret¹², daß sie es nicht mehr tun. Fur diesen aber kann sich niemand hüeten, darf sie auch niemand sauer¹³ ansehen oder einiges¹⁴ Diebstahls zeihen, daß¹⁵ einer zehenmal lieber aus dem Beutel verlieren sollt'; denn da sind meine Nachbar, gute Freund, mein eigen Gesind, dazu ich mich Guts versehe¹⁶, die mich am allererste berucken¹⁷.

Also auch fort¹⁸ auf dem Markt und gemeinen Händeln¹⁹ gehet es mit voller Macht und Gewalt, da einer den andern öffentlich mit falscher Ware, Maß, Gewicht, Münze betreugt und mit Behendigkeit²⁰ und seltsamen Finanzen²¹ oder geschwinden Fundlin²² übervorteilt, item mit dem Kauf' übersetzet⁹ und nach seinem Mutwillen⁸ beschweret, schindet und plagt. Und wer kann solchs alles erzählen oder erdenken? Summa, das ist das gemeinste Handwerk und

diam, indiligentiam aut malitiam negligit, ut hero ac herae aegre atque moleste faciat, et quocunque pacto hoc prava animi libidine fieri potest. Neque enim loquor de his, quae per incogitantiam invito fiunt animo. Sic, inquam, quotannis herum tuum triginta aut quadraginta aureis defraudare potes, quos si alius clanculum convasasset, hujus gula esset perfringenda laqueo. Verum tu tanti furti tibi conscius adhuc ferocire audes et insolenter agere neque quisquam te audet alienae pecuniae condemnare.

Non secus quoque loquor de fabris sive 226 opificibus et mercennariis, qui sua utuntur libidine neque sciunt, quo pacto eos, qui suam sibi locant operam, satis exhauriant, cum nihilosecus in opere frigeant segniter et infideliter laborantes. Hi omnes longo intervallo $\dot\eta\mu\varepsilon\varrho o\varkappa o\iota\tau o\upsilon\varsigma$²³, hoc est fures nocturnos antecedunt, quorum rapacitas seris ac repagulis caveri potest, aut comprehensos ita coërcere, ut posthac ad eum modum non delinquant, horum autem improbitatem nemo, quamlibet perspicax, cavere potest nec quisquam audet eos vultu aliquanto obliquiore contueri aut ullius furti accusare ita, ut aliquis decies libentius aes suum e crumena amittere sustineret. Nam hi mei vicini sunt, mihi amici, mei proprii ministri, de quibus mihi omnia fidei et diligentiae officia polliceor, illi primi sunt, a quibus indigne compilor.

Ita quoque in foro, in emporiis, in 227 mercatibus, in publicis commerciis omnium potentissime hoc furti genus regnat et locum obtinet, ubi alius alium vitiosa merce, falsa mensura, iniquo pondere, adulterina moneta defraudat ac decipit neque non versipelli quadam astutia et M 428 miris imposturis atque decipulis circumductum despoliat. Ad haec, si quis alium pro libidine sua gravat commerciis ad vivum usque tondens et crucians. Et quis

16 die] so alle A A B Konk

13 audet + furti accusare et Conc   19 nihilosecius Conc   21/6 intervallo *bis* delinquant] superant intervallo nocturnos illos et clancularios fures, qui vel seris ac repagulis caveri vel comprehensi ita coerceri possunt, ut amplius id non faciant Conc   45 dispoliat Conc

---

¹) versehentlich   ²) unabsichtlich   ³) gestohlen   ⁴) ersticken; auf den Diebstahl stand der Tod durch den Strang.   ⁵) auftrumpfen   ⁶) wagt   ⁷) Vgl. dazu Werdermann, Luthers Wittenberger Gemeinde 65   ⁸) Willkür   ⁹) übervorteilen; vgl. oben 412 Anm. 7.   ¹⁰) weit schlimmer als   ¹¹) erwischt   ¹²) mit ihnen umspringt   ¹³) unfreundlich   ¹⁴) irgendeines   ¹⁵) sodaß   ¹⁶) von denen ich Gutes erwarte   ¹⁷) betrügen   ¹⁸) ferner   ¹⁹) gewöhnlichen Geschäften   ²⁰) Betrug   ²¹) schlauen Listen   ²²) tückischen Kniffen   ²³) Hesiod, "Ἔργα 605.

die größte Zunft auf Erden und, wenn man die Welt itzt durch alle Stände ansiehet, so ist sie nicht anders denn ein großer, weiter Stall voll großer Diebe. Darümb heißen sie auch Stuhlräuber[1], Land- und Straßen- 5 diebe, nicht Kastenräuber noch Meuchel- diebe[2], die aus der Barschaft zwacken[3], sondern die auf dem Stuhl sitzen und heißen große Junkern und ehrsame, fromme Bur- ger und mit gutem Schein[4] rauben und 10 stehlen.

Ja, hie wäre noch zu schweigen von ge- ringen einzelen Dieben, wenn man die großen, gewaltigen Erzdiebe sollt' angrei- 20 fen, mit welchen Herrn und Fursten Gesell- schaft[5] machen[6], die nicht eine Stadt oder zwo, sondern ganz Deutschland täglich aus- stehl'en. Ja, wo bliebe das Häupt und ober- W 439 ster Schutzherr aller Diebe, der heilige Stuhl 25 zu Rom[7] mit alle seiner Zugehöre[8], welcher aller Welt Güter mit Dieberei zu sich bracht und bis auf diesen Tag inne hat? Kürzlich[9], so gehet's in der Welt, daß, wer öffentlich stehlen und rauben kann, gehet 30 sicher und frei dahin, von idermann unge- straft, und will dazu geehret sein. Dieweil[10] müssen die kleinen, heimlichen Diebe, so sich einmal vergriefen haben, die Schand und Strafe tragen[11], jene fromm[12] und zu 35

haec omnia fando enumerare valet aut excogitare? In summa haec commu- 228 nissima omnium ar⸗ est et omnium numerosissima in terris sodalitas. Tum si quis mundum per omnes vagatus ordines recto judicio contemplabitur, nihil videbit aliud quam ingens aliquod et spatiosum stabulum, quod magnis furibus est refertissimum. Unde quoque 229 archipiratae latrocinio quaqua versum grassantes recte dicuntur, non cistarum compilatores aut fures clancularii, qui substantiam alicujus furto imminuunt, sed qui domi desident, magni dicuntur 15 proceres ac cives probi et integri sub honestatis praetextu furtum exercentes et latrocinium.

Sed haec quoque essent levia et plane 230 praetereunda silentio, quae de parvis et nullius momenti furibus memoravimus praeterquam, quae de maximis furibus et principatum furando et rapiendo obtinentibus dicenda essent, qui non unam atque alteram civitatem com- pilare solent, sed totam Germaniam indesinentibus rapinis et furto com- pilare ac denudare. Porro autem ubi gentium caput et summa omnium furum mater, defensatrix et Laverna[13] illa fura- cissima relinquenda esset, nempe sancta illa, si Diis placet, sedes Romana cum omnibus rebus suis, quae totius mundi opes furto depraedavit atque ad se perinde ut Caecias[14] nubes attraxit et in hunc diem etiamnum possidet? Ut ad 231

---

3 nichts Konf 21/2 mit *bis* machen *nur* a¹ Konf] > a¹¹ A B

4 Tum] Nam Conc 18/9 haec *bis* praetereunda] possent praeteriri Conc 21/3 praeterquam *bis* essent] praeter illis, quae de maximis illis furum antesignanis dicenda essent, quibuscum potentes et summi principes societatem ineunt, Conc 24 alteram + solum Conc 26—*S.* 619,17 indesinentibus *bis* supplicium] quotidie com- pilant atque denudant. Imo ubi maneret, quae totius mundi opes furtim ad se rapuit et in hunc usque diem possidet, defensatrix illa et caput furum omnium sancta, si Deo placet, sedes Romana? Breviter ita jam in mundo comparatum est, ut, qui propalam furari ac praedari novit, is concessa impunitate ab omnibus libere et secure agat, quin et honorem sibi deferri postulet, parvi interim et clancularii illi fures semel in furto deprehensi dedecus et poenam perferre illorumque honestatem confirmare cogantur. Veruntamen sciant illi se coram Deo fures esse omnium maximos, cui et dignas, quas meriti sunt, poenas sunt daturi. Conc

---

[1]) Wucherer; vgl. dazu WA LI 361 ₂₀f.: „Ein Wucherer ist ein schoner Dieb und Räuber und sitzt auf einen Stuhl, daher man sie Stuhlräuber heißt" (Luthers Ableitung ist irrig; das Wort gehört vielmehr zum Stamm: stôl [niederdtsch.] = auf Zins aus- geliehenes Kapital). [2]) heimliche Diebe [3]) stehlen [4]) unter dem Schein des Rechts [5]) Gemeinschaft [6]) Über die Auslassung dieser Stelle, die wohl auf einen Korrektor zurückgeht, vgl. WA XXXI¹ 165 Anm. 6, 492, 495. [7]) Vgl. WA XII 135—137. [8]) Anhang [9]) Kurz [10]) Unterdessen [11]) ertragen [12]) recht- schaffen [13]) Schutzgöttin des Gewinns und der Diebe; vgl. Horaz, Ep. I 16, 60. [14]) Nordostwind; vgl. dazu Plinius, Nat. hist. II 126: „Narrant et in Ponto Caecian in se trahere nubes".

Ehren machen. Doch sollen sie wissen, daß sie fur Gott die großesten Diebe sind, der sie auch, wie sie wert sind und verdienen, strafen wird. Weil nu dies Gepot so weit ümb sich greifet, wie itzt angezeigt, ist's not, dem Pöbel wohl furzuhalten und auszustreichen, daß man sie nicht so frei und sicher hingehen lasse, sondern immer Gottes Zorn fur Augen stelle und einbleue. Denn wir solchs nicht Christen, sondern allermeist Buben und Schälken predigen müssen, welchen wohl billicher Richter, Stockmeister[1] oder Meister Hans[2] predigen sollte. Darümb wisse ein iglicher, daß er schuldig ist bei Gottes Ungnaden, nicht allein seinem Nähisten kein Schaden zu tuen noch sein Vorteil zu entwenden noch im Kauf oder irgend einem[1] Handel allerlei[3] Untreu oder Tücke zu beweisen, sondern auch sein Gut treulich zu verwahren, seinen Nutz zu verschaffen und fodern, sonderlich, so er Geld, Lohn und Nahrung dafur nimmpt.

Wer nu solchs mutwillig verachtet, mag wohl hingehen und dem Henger entlaufen, wird aber Gottes Zorn und Strafe nicht entgehen und, wenn er sein Trotz und Stolz lang treibet, doch ein Landläufer[4] und Bettler bleiben, alle Plage und Unglück dazu haben. Itzt gehest Du hin, da Du solltest Deines Herrn oder Frauen Gut bewahren, dafur Du Dein Kropf und Bauch fullest, nimmpst

pauca redeam, ita jam in mundo comparatum est, ut is, qui propalam furandi ac latrocinandi rationem comperte tenet atque exercet, concessa impunitate ab omnibus secure agit et libere ob hoc ipsum honorem quoque sibi deferri postulans. Interim parvis illis furibus, qui semel saltem Mercurio parum propitio piceis manibus aliquid sustulerunt, dedecus et poena luenda est, ut magnorum illorum probitatem confirment. Planeque datur corvis venia vexante censura columbas[5], veruntamen sciant se coram Deo fures esse omnium maximos, qui de illis quoque, quemadmodum digni sunt et merentur, sumpturus est supplicium. Cum itaque hoc praeceptum tam multos complectatur, sicut jam ostensum est, consentaneum esse opinor, ut haec inconditae multitudini diligenter proponantur et explanentur, ne tam securo et libero agant animo, verum subinde ejus oculis divina ultio et iracundia obversetur et minaciter etiam inculcetur. Neque enim talia christianis, verum omnium maxime nebulonibus praedicamus, quibus multo justius judex aut minister carceris aut carnifex praedicaret. Quapropter nemo nesciat, qui quidem iratum Deum nolit experiri, sibi praeceptum esse, ut non solum proximo non det malum aut ejus invertat commodum neque in commerciis aut contractibus ulla perfidia, simulatione aut dolo malo eundem circumducat, sed etiam, ut ejus bona magna cum fide tueatur, ejus commoditatem, quoad ejus fieri potest, promoveat, praecipue quando suam operam argento, mercede ac victu pensandam locavit proximo.

Jam quicunque haec temere contempserit, fortasse ille vitabit manus carnificis, verum Dei iracundiam et supplicium non effugiet. Et quamquam ad tempus hac sua utatur ferocia, nihilosecus tamen erro et mendicabulum manebit circumforaneum omnes plagas et infortunia experturus. Jam quidem alio te vocat animi tui prolubium, ubi res herilis sin-

---

18 multa Conc complectatur, sicut jam], ut Conc   19 consentaneum esse opinor] modo complectatur, necessarium est Conc   20 inconditae multitudini] vulgo Conc   21 ne] neve Conc   21/25 securo *bis* inculcetur] secure et libere eos abire patiamur, sed subinde iram Dei eis ob oculos ponamus et inculcemus Conc   29 nemo nesciat] quilibet sciat Conc   30 experiri nolit Conc   32 det malum] damnum inferat Conc   42 fortasse ille vitabit] effugerit ille fortasse Conc   43 verum Dei iracundiam] at ipsius Dei iram Conc   43/4 supplicium non] poenam nunquam Conc   45/7 nihilosecus *bis* circumforaneum] circumforaneus erro tamen et mendicus manebit Conc

---

[1]) Gefängnisaufseher   [2]) Henker   [3]) irgendwelche   [4]) Landstreicher   [5]) Juvenal II 63; der Schelm geht straflos aus und der Unschuldige muß leiden

Dein Lohn als ein Dieb, lässest Dich dazu feiern[1] als ein Junker. Als ihr viel sind, die Herrn und Frauen noch trotzen und ungerne zu Lieb und Dienst täten, ein Schaden zu verwahren[2]. Siehe aber zu, was Du daran gewinnest, daß, wo Du Dein Eigens überkommpst[3] und zu Haus sitzest, dazu Gott mit allem Unglück helfen wird[4], soll sich's wieder finden[5] und heimkommen[6], daß, wo Du ein' Heller abebrochen oder Schaden getan hast, dreißigfältig bezahlen müssest. Desgleichen[7] soll es Handwerksleuten und Taglöhnern gehen, von welchen man itzt unleidlichen Mutwillen[8] hören und leiden muß, als wären sie Junkern in frömbdem Gut und idermann musse ihn wohl geben, wieviel sie wollen. Solche lasse nur getrost schinden, solang sie künnden, aber Gott wird seines Gepots nicht vergessen und ihn auch lohnen, wie sie gedienet[9] haben, und hängen nicht an ein grünen, sondern dürren Galgen[10], daß sie ihr Leben lang nicht gedeihen noch etwas für sich bringen. Und zwar[11] wenn ein recht geordnet Regiment in Landen wäre, künnd' man solchem Mutwillen[8] bald steuren und wehren, wie verzeiten bei den Römern gewesen ist, da man solchen flugs auf die Hauben greif[12], daß sich andere daran stoßen mußten[13].

gulari quadam fide tibi procuranda fuerat, cum tu gulae ac ventri servias non secus ac fur mercedem tuam accipiens, contendens etiam ob istam tuam perfidam negligentiam coli et honorari. Hujus generis permultos est videre jam ministros ac famulos, qui non contenti omnia perfide et maligne agere insuper cum heris suis etiam superbe et ferociter delitigant neque tantum humanitatis aut fidei lubentes ostenderent, ut damnum aliquod antevertendo praecaverent. Sed attende, precor, animum, quidnam hac tua malitiosa et iniqua ratione serviendi lucri sis consecuturus, ne tum, ubi ducta uxorcula ipse propriae domus curam susceperis (ad quod tibi Deus omnium inauspicatissime opem suam non denegabit), haec tua perfidia ad teipsum redeat fiatque, ut, ubi hero tuo prius vel unius oboli fraudem feceris aut damnum dederis, trigesies tuo maximo malo persolvas. Pari ratione artificibus quoque et mercennariis sua pensabitur perfidia, a quibus jam non dicendam planeque intolerabilem libidinem et audire et perferre cogimur, quasi in alienis bonis obtinerent dominium ac quivis, quodcunque postulassent, citra contradictionem mox numerare cogeretur. Hisce omnibus permitte sane, ut audacter proximum iniquissimis exactionibus deglubant ac tondeant, quamdiu poterint, equidem Deus sui praecepti non erit immemor illisque ipsis debita praemia redditurus est eosque non in virentem crucem, sed plane in aridam furcam suspensurus, ut per omnem aetatem infelices nihil unquam bonorum consequantur. Et profecto, si rempublicam haberemus bonis legibus institutam, facile ac citra moram ejusmodi hominum libido atque temeritas coërceri possit atque infringi, qualem olim apud Romanos morem fuisse legimus, ubi talium homuncionum improbitatem acerbissimis

---

3 und (2.) + ihn AAB Konk   [2 es] auch den AAB   13 gehen] widerfahren AAB
18 künnen B Konk

2 cum > Conc   gulae + interim Conc   ventri + tuo Conc   servis Conc   14/5 tua *bis* serviendi] ratione Conc   [6 ne *bis* uxorcula] nempe ut, ubi ducta uxore Conc   22 trigesies + id Conc   28 ac] aut Conc   43 posset Conc

---

[1]) ehren   [2]) verhüten   [3]) Eigentum erwirbst   [4]) was Gott Dich zu Deinem Unglück erreichen lassen wird   [5]) wenden   [6]) die Vergeltung kommen   [7]) Ebenso   [8]) Willkür   [9]) verdient   [10]) Der Tod am Galgen ist die härtere Strafe gegenüber dem an einem grünen Baum („grüner Galgen"). [11]) fürwahr   [12]) bei dem Schopfe nahm   [13]) dadurch gewarnt sein ließen

Also soll es allen andern gelingen¹, so
aus dem offenen, freien Markt nichts denn
ein Schindeleich² und Raubhaus machen,
da man täglich die Armen übersetzet³, neue
Beschwerung und Teurung macht und ig=
licher des Markts braucht nach seinem Mut=
willen⁴, trotzet und stolzet dazu, als habe
er gut Fug und Recht, das Seine so teuer
zu geben, als ihn gelüstet, und soll ihm nie=
mand drein reden. Denen wollen wir zu=
warten⁵ zusehen, schinden, zwacken und
geizen lassen, aber Gott vertrauen, der es
doch ohn das tuen wird, daß er, wenn Du
lang geschunden und geschreppelt⁶ hast, ein
Segen drüber spreche, daß Dir Dein Korn
auf dem Boden, Dein Bier im Keller, Dein
Viehe im Stall verderbe. Ja, wo Du
imand ümb ein Gülden täuschest und ver=
vorteilest⁷, soll Dir's den ganzen Haufen
wegrüsten⁸ und fressen, daß Du sein nim=
mer froh werdest.

Solchs sehen und erfahren wir zwar fur
Augen täglich erfullet werden, daß kein
gestohlen und fälschlich gewonnen Gut ge=
deihet⁹. Wieviel sind ihr, so Tag und Nacht
scharren und kratzen und doch keines Hellers
reicher werden? Und ob sie viel sammlen,
doch soviel Plage und Unglück müssen haben,
daß sie es nicht mit Freude genießen noch auf
ih're Kinder erben können. Aber weil sich
niemand daran kehret und hingehen, als
ging's uns nichts an, muß er uns anders
heimsuchen und Mores lehren, daß er eine
Landschatzung¹⁰ über die ander über uns
schicke oder ein Haufen Landsknecht zu Gast
lade, die uns auf eine¹¹ Stund Kasten und
Beutel räumen und nicht aufhören, weil¹²
wir ein Heller behalten, dazu zu Dank Haus

poenis emendabant, ut alii inde exemplum sibi sumerent.
Nihilo felicius aliis quoque sua debet
cadere avaritia et milvina rapacitas, qui
e foro et macello publico, quod omnibus
servire debebat, lustra praedonum et
locum latrocinii constituunt, ubi quotidie
indignis modis gravantur miseri novis
subinde inductis oneribus et caritatis
rationibus. Ac quisque foro pro sua libidine, utque illi visum fuerit, abutitur, ad
hoc intolerabiliter superbiens atque ferociens, quasi jure sibi hoc liceat, sua quam
maximo velit pretio divendere, tantum
abest, ut aliquis eam ob rem illi oblique
obmurmuret. Horum omnium specta-
tores erimus permissuri, ut pro arbitratu
suo alios deglubant, spolient, mutilent,
lacerent, rapiant ac omnibus modis suae
avaritiae serviant. In Deo tamen fiduciam nostram habebimus alioqui etiam
hoc ipsum facturo, ut ea benedictione,
ubi diu multumque alios degluberis
neque parum boni corraseris, tuas opes
prosperet, ut frumentum tuum in horreo,
cerevisia tua in cellario, pecus tuum in
stabulo pereat, imo potius, ubi proximum tuum vel aureo defraudaveris, tu
de tota summa ac sorte periclitans in
dubium venias, ut ita absumpta et ablata
evanescat, etiam cum pulvisculo¹³, ut
nunquam ullam ex ea voluptatem capias.
Hoc verum esse equidem quotidianis
experimentis discimus nullam rem aut
furto aut fraude paratam possessori
lucro esse. Quot enim esse putas, qui ex
diu noctuque corradendis et cumulandis
opibus excruciant, qui tamen ne teruntio
quidem¹⁴ ditiores evadunt? Et quamquam
multum cumulent, tot tamen plagis et
calamitatibus affecti sunt, ut cum voluptate ac gaudio rebus partis frui nequeant
neque liberis suis eam haereditatem relinquant. Verum enim vero cum neminem haec moveant atque non secus,
ac si nostra nihil interesset, agamus,
consentaneum est, ut alia ratione nos
invisat et sapere doceat, ut novis subinde
exactionibus exsugamur aut numeroso

12/3 zuwarten] zwarten Konk warten A A (als Verb aufgefaßt)

1 emendabant > Conc   2 sumerent, + coercebant. Conc   36 se > Conc
38 opibus + se Conc   47 consentaneum] necesse Conc   48 ut + nempe Conc

---

¹) ergehen   ²) Schindanger   ³) übervorteilt   ⁴) Willkür   ⁵) wahrlich   ⁶) müh=
sam zusammengescharrt   ⁷) übervorteilst   ⁸) durch Rost verderben; vgl. dazu Matth. 6,
19 f.; Luk. 12, 33.   ⁹) Vgl. dazu das Sprichwort: „Unrecht Gut gedeiht nicht".
¹⁰) Heimsuchung   ¹¹) in einer   ¹²) solange   ¹³) Sprichwörtliche Redensart; mit Stumpf
und Stiel, ganz und gar; Plautus, Trucul. 19.   ¹⁴) um keinen Heller; vgl. Cicero,
Ad. Attic. VI 2, 4.

und Hof verbrennen und verheeren, Weib und Kinder schänden und ümbbringen. Und Summa, stiehlst Du viel, so versiehe Dich gewißlich, daß Dir noch[1] soviel gestohlen werde und, wer mit Gewalt und Unrecht raubt und[1] gewinnet, ein andern leide[2], der ihm auch also mitspiele. Denn die Kunst kann Gott meisterlich, weil idermann den andern beraubt und stiehlet, daß er einen Dieb mit dem andern strafet. Wo wollt' man sonst Galgen und Stricke gnug nehmen?

Wer ihm nu will sagen[3] lassen, der wisse, daß Gottes Gepot ist und fur kein Scherz will gehalten sein. Denn ob Du uns verachtest, betreugst, stiehlst und raubst, wollen wir's zwar noch zukommen[4] und Deinem Hohmut ausstehen, leiden und dem Vaterunser nach vergeben und erbarmen. Denn die Frommen doch genug haben müssen, und Du Dir selbs mehr denn einem andern Schaden tuest, aber da hüte Dich fur, wenn das liebe Armut (welchs itzt viel ist[5]) kommpt, so ümb den täglichen Pfennig käufen und zehren muß[6], und Du zufährest, als müßt' idermann Deiner[7] Gnaden leben, schindest und schabst ihn auf den Grat[8], dazu mit Stolz und Übermut abeweisest, dem Du solltest geben und schenken, so gehet es dahin elend und betrübt und, weil es niemand klagen kann, schreit und rüfet es gen Himmel. Da huete Dich (sage ich abermal) als fur dem Teufel selbs. Denn solch Seufzen und Rufen wird nicht scherzen[9], sondern ein Nachdruck[10] haben, der Dir und aller Welt zu schwer werden wird. Denn es wird denen treffen[11], der sich der armen, betrübten Herzen annimmpt und nicht will ungerochen lassen. Verachtest Du es aber und trotzest, so siehe, wen Du auf Dich geladen hast. Wird Dir's gelingen und wohlgehen, sollt Du Gott und mich fur aller Welt Lügner schelten.

quodam peregrinorum militum exercitu nos adoriatur, qui in unius horulae spatio ita cistas et marsupia nostra exenterent nec ante depraedandi finem faciant, quam nobis nullus obolus manebit reliquus, ad haec vastata passim patria aedes nobis exurant etiam neque non uxores et liberos nostros affectos ignominia perimant. Et ut summatim dicam, multum furans certo tibi pollicere multa plura te furto amissurum. Tum qui per vim atque injuriam rapto vivit et lucro servit, ut alteri incommodet, ille alium nanciscetur, a quo paria accepturus est. Deus enim hujus artis est scientissimus, quandoquidem quisque alterum rapinis ac furto compilat, ut furem fure, latronem latrone puniat. Ubi alias sufficiens nobis suppeteret ad puniendos fures et patibulorum et laqueorum copia?

Jam qui amicis dictis commonetur, ille certum habeat Dei esse praeceptum, quod in jocum converti nolit. Nam etsi nos deceperis, contempseris aut furto et rapinis compilaveris, tuam quidem injuriam aequo animo tolerabimus fortasse propterea non illico fame perituri tibique, quemadmodum nos docet oratio Dominica, omnium injuriarum concessa venia gratiam faciemus tuique miserebimur. Probi enim et justi non possunt non exuberare copia tuque tibi longe majus detrimentum quam alteri concilias. Sed hic, obsecro, fac attento sis animo tibique caveas, ubi pauperes (quorum jam magnus est numerus) venerint, quibus nummis diurno labore partis omnia mercanda sunt, tuque non secus agis, quam si omnibus e tua gratia pendendum sit ad vivum usque deglubens ac rodens, quos etiam superbe a te dimissos abigis inhumanissime, quibus dare debebas et largiri gratuito. Illi quidem misere a te abeunt et affecti tristitia et, cum neminem habeant, cui ista conquerantur, sublata in coelum voce Deum ultorem invocant. Haec, inquam, iterum atque iterum repetens moneo, ut caveas tamquam ipsum cacodaemonem. Tales pauperum gemitus et implorationes joculares non erunt, sed vim in

---

25 Deinen A A B Konk   26 leiden > B   27 und erbarmen > B   Denn + wir wissen, daß A A B Konk

5 maneat Conc   30 gratiam faciemus] condonabimus Conc

[1]) noch einmal   [2]) sich gefallen lassen muß   [3]) sich belehren   [4]) uns darein finden
[5]) Vgl. dazu Werdermann, Luthers Wittenberger Gemeinde 99f.   [6]) welche von der Hand in den Mund leben müssen   [7]) von Deiner   [8]) Knochen; bis aufs äußerste
[9]) spaßen   [10]) Wirkung   [11]) zu dem dringen

Wir haben gnug vermahnet, gewarnet und gewehret: wer es nicht achten noch gläuben will, den lassen wir gehen, bis er's erfahre. Doch muß man dem jungen Volk solchs einbilden[1], daß sie sich hueten und dem alten unbändigen Haufen nicht nachfolgen, sondern Gottes Gepot fur Augen halten, daß nicht Gottes Zorn und Strafe auch über sie gehe. Uns gebühret nicht weiter, denn zu sagen und strafen mit Gottes Wort, aber daß man solchem öffentlichen Mutwillen[2] steure, da gehören Fürsten und Oberkeit zu, die selbs Augen ' und den Mut hätten, Ordnung zu stellen und halten in allerlei Händel und Kauf, auf daß das Armut nicht beschweret und verdrückt[3] würde noch sie sich mit frembden Sunden beladen dürften.

Das sei gnug davon gesagt, was stehlen heiße, daß man's nicht so enge spanne[4], sondern gehen lasse, soweit als wir mit dem Nähisten zu tuen haben, und kurz in ein Summa wie in den vorigen[5] zu fassen, ist dadurch verpoten erstlich: dem Nähisten Schaden und Unrecht zu tuen (wie mancherlei Weise zurdenken sind, Habe und Gut abzubrechen, verhindern und furzuhalten[6]), auch solchs nicht bewilligen noch gestatten, sondern wehren, verkommen[7], und wiederümb gepoten, sein Gut fordern, bessern und, wo er Not leidet, helfen, mitteilen, furstrecken beide Freunden und Feinden. Wer nu gute Werk suchet und begehret, wird hie ubrig genug[8] finden, die Gott von Herzen angenehme und gefällig sind, dazu mit trefflichem Segen begnadet

se habebunt, quae et tibi et universo mundo erit intolerabilis atque eum ipsum obruet, qui egenorum et pauperum nullam curam habere sustinet, id quod ipse inultum non patietur. Quod si haec superbe contempseris aut etiam irriseris, tum vide, quem inimicum tibi feceris. Si enim prospere tibi ceciderit, tum ipsum Deum et me coram universo mundo mendacii coarguas.

Nos abunde satis admonuimus ac dehortati sumus, qui ista neglexerit aut non crediderit, hunc missum faciemus, donec suo malo harum rerum fecerit periculum. Juventuti tamen haec studiose inculcanda sunt, ut sibi caveat nec veteris et indomitae multitudinis insequatur vestigia, sed Dei praeceptum inconniventer contueatur oculis et ne ipsam ira Dei una cum poenae acerbitate comprehendat. Nostrum officium non latius protenditur, quam ut hominum flagitia indicemus eademque verbo Dei puniamus, verum ut tam aperta et manifesta depraedandi ac furandi libido coërceatur, principum et magistratus interest, qui ipsi oculos haberent ac animum in omnibus negotiis atque commerciis certam rationem atque ordinem constituendi et conservandi, ne pauperes gravarentur et opprimerentur neque semetipsos alienis peccatis onerarent.

Sed jam satis superque dictum est, quid sit furari, ne tam angustis claudatur pomeriis, sed eo usque sinatur protendi, quousque nostra cum proximo exercenda negotia protenduntur. Et ut compendio quodam rei summam sicut in aliis praeceptis factitavimus, perstringam, illud hoc praecepto cautum est: Primum, ne quam injuriam inferamus proximo (qualescunque tandem et quam multiplices rationes excogitari possunt opes atque substantiam alienam imminuendi, decurtandi, impediendi, alienandi) neque his consentiamus aut haec fieri patiamur, sed prohibeamus ac omnibus modis ejus damnum antevertamus. Rursus contra praeceptum est, ut ejus bona promoveamus augeamusque atque, ubi ne-

---

24 und + zu Konk   43 wehren + und B Konk

2/3 eum ipsum obruet] ad eum pertingent, Conc   3/5 pauperum *bis* patietur] afflictorum cura afficitur ac injuriam illis illatam non patitur inultam. Conc   8/9 ipsum > Conc   9 mundo universo Conc   10 coarguas + licet. Conc   18/21 Dei *bis* comprehendat] mandatum Dei in conspectu habeat, ne et ipsam comprehendat ira et poenae divinae Conc   27 qui + si Conc   30 ne] neque Conc   34/5 claudatur pomeriis] id metis concludatur Conc   48 Rursus contra] Contra vero Conc

---

[1]) einprägen   [2]) Willkür   [3]) unterdrückt   [4]) fasse   [5]) vorigen Geboten   [6]) vorzuenthalten   [7]) verhüten   [8]) übergenug

und überschuttet, daß es reichlich soll vergolten werden, was wir unsern Nähisten zu Nutz und Freundschaft tuen, wie auch der König Salomo lehret Prover. 19.¹ „Wer sich des Armen erbarmet, der leihet dem HERRN, der wird ihm wieder vergelten sein Lohn." Da hast Du ein reichen Herrn, der Dir gewiß genug ist und nichts wird gebrechen noch mangeln lassen, so kannst Du mit fröhlichem Gewissen hundertmal mehr genießen, denn Du mit Untreu und Unrecht erschreppelst². Wer nu des Segens nicht mag, der wird Zorn und Unglück genug finden.

cessitate pressus est, ejus inopiam benigne sublevemus, illi impertiamus, prae manu aliquid demus, qui fruatur, cum amicis, tum inimicis. Jam qui bona opera 252 quaerit aut cupit facere, hic abunde satis inveniet, quae Deo ex animo perplacent et grata sunt, ad haec, quae incredibili quadam benedictione remuneratur et amplissime cumulat, ut cumulate vicissim pensetur, quicquid offic·i ac humanitatis proximo exhibuerimus. Quemadmodum sapientissimus etiam docet Salomon proverb. XIX.: 'Foeneratur Domino, qui miseretur pauperis, et vicissitudinem suam reddet ei.' Habes hic 253 opulentum Dominum, qui tibi procul dubio solvendo est nec patietur ulla te premi aut urgeri penuria, quo adjutore tranquilla conscientia in centuplo plus frui potes quam cum perfidia aut injuria proximi corradere. Jam qui hanc benedictionem nauseabundus fastidit, ille irarum et infortunii abunde inveniet.

Das achte Gepot.

Du sollt nicht falsch Gezeugnis³ reden wider Deinen Nähisten.

Über⁴ unsern eigenen Leib, ehelich Gemahl und zeitlich Gut haben wir noch einen Schatz, nämlich Ehre und gut Gerücht⁵, welchen wir auch nicht empehren konnen. Denn es gilt⁶, nicht unter den Leuten in öffentlicher Schande, von 'idermann verachtet, zu leben. Darümb will Gott des Nähisten Leumund, Glimpf⁷ und Gerechtigkeit so wenig als Geld und Gut genommen oder verkürzt haben, auf daß ein iglicher fur sein Weib, Kind, Gesind und Nachbar ehrlich bestehe⁸. Und zum ersten ist der gröbste Verstand⁹ dieses Gepots, wie die Wort lauten (Du sollt nicht falsch Zeugnis reden) auf öffentlich Gericht gestellet¹⁰, da man ein armen unschuldigen Mann verklagt und durch falsche Zeugen unterdrückt, damit er gestraft werde an Leib, Gut oder Ehre.

Praeceptum VIII.

Non loquaris contra proxi- 254 mum tuum falsum testimonium.

Praeter corpus proprium, legitimam 255 conjugem et rem familiarem adhuc alius nobis thesaurus superest, nempe nominis et famae aequabilis atque inviolatae praeclarum testimonium, quo nequaquam carere possumus. Neque enim praestat, ut fama parum secunda vivamus inter homines aperte infamia notabiles et contempti ab omnibus. Quocirca Deus proximi famam, nomen et 256 justitiam nihilo magis vult imminui ac decurtari quam argentum et opes ejus patere furto aut depraedationibus, ne quis aut uxoris aut liberorum aut familiae aut etiam vicini laboret infamia. Ac primum quidem crassior hujus praecepti 257 sensus, quemadmodum ipsa verba sonant ('Non loquaris contra proximum tuum falsum testimonium'), ad negotia

---

12 und + mit A B   erschreppelst] erschindest B   25 Zeugnis a^II A Konf   30 welchs B Konf

3 qui] quo Conc   9/10 cumulate bis pensetur] abunde compensetur nobis Conc
25 und 45 loqueris Conc   30 thesaurus nobis Conc   36 ab > Conc

¹) Weish. 19, 17.   ²) zusammenscharrst   ³) Vgl. Zl. 41 und oben 555₂₀f.
⁴) Außer   ⁵) Leumund, Ruf   ⁶) kommt darauf an   ⁷) Ehre   ⁸) als ehrenhaft dastehe   ⁹) leichtverständlichste Bedeutung   ¹⁰) bezogen

Das scheinet nu itzt, als gehe es uns wenig an, aber bei den Jüden ist's gar ein trefflich gemein Ding gewesen¹. Denn das Volk war in seinem, ordenlichen Regiment gefasset², und, wo noch ein solch Regiment ist, da gehet's ohn diese Sund nicht abe. Ursach ist diese: Denn wo Richter, Bürgermeister, Furst oder andere Oberkeit sitzet, da feilet es nimmer, es gehet nach der Welt Lauft, daß man niemand gerne beleidigen will, heuchlet und redet nach Gunst, Geld, Hoffnung oder Freundschaft, darüber muß ein arm Mann, mit seiner Sache verdruckt³, Unrecht haben und Strafe leiden. Und ist ein gemeine Plage in der Welt, daß im Gericht selten fromme⁴ Leut sitzen. Denn es gehöret fur allen Dingen ein frommer Mann zu einem Richter, und nicht allein ein frommer, sondern auch ein weiser, gescheider, ja auch ein kühner und kecker Mann. Also auch⁵ gehöret ein kecker, dazu furnehmlich ein frommer Mann zum Zeugen. Denn wer alle Sachen recht richten und mit dem Urteil hindurchreißen⁶ soll, wird oftmals gute Freund, Schwäger, Nachbar, Reiche und Gewaltige erzürnen, die ihm viel dienen oder schaden konnen. Darümb muß er gar blind sein, Augen und Ohren zugetan, nicht sehen noch hören denn stracks fur sich, was ihm furkommpt, und demnach schließen⁷.

Darauf ist nu erstlich dies Gepot gestellet⁸, daß ein iglicher seinem Nähisten helfe zu seinem Rechten und nicht hindern noch ¹ beugen lasse, sondern fodere und stracks druber halte⁹, Gott gebe¹⁰, es sei Richter

forensia referendus est, ubi miser aliquis et innocens accusatur falsisque testibus opprimitur, ut luendo poenas aut corporis aut rei aut famae in periculum veniat.

Jam hoc perinde apparet, quasi parum ad nos pertineat. Ceterum apud Judaeos res fuit vehementer usitata et communis, siquidem populus optimis legibus gubernabatur. Et ubi etiam hodie est respublica ad hunc modum instituta, non potest non ei peccato locus esse. Cujus rei haec causa est. Ubi enim pro tribunali judices, consules, principes aut alii magistratus cognoscendis causis dant operam, hic fieri non potest, quin pro hujus mundi usitata consuetudine res agatur, nemo libenter potentiorem laedere sustinet, sed quisque assentatur et loquitur ad gratiam victus aut nummis aut spe aut amicitia. Unde fit, ut miser aliquis victus et oppressus causa cadere ac poenas pendere cogatur. Estque communis quaedam in mundo clades atque calamitas, quod judicio perraro praesunt viri boni et integri. Neque enim quivis ei rei invenitur appositus, sed cumprimis necesse est, ut is, qui judicis functurus est officio, vir prudens sit et perspicax nec minori audacia et animi fortitudine praeditus. Non secus quoque operae pretium, ut, qui testem acturus est, vir sit fortis ac vitae non improbae. Qui enim in omnibus causis semper juste judicare neque vim aut injuriam inferre justitiae voluerit, ei saepicule amici, affines, cognati, vicini, potentes ac divites laedendi erunt et offendendi, qui multum illi aut obesse aut prodesse queant. Quocirca omnino caecus sit oportet, ut clausis et auribus et oculis nihil audiat aut videat, praeterquam quae illi exponuntur, ut secundum illa ferat sententiam.

Primum ergo eo tendit hujus praecepti constitutio, ut quivis proximo in ejus jure tuendo ferat suppetias neque obstet neve alio malitiose torqueat, verum omnibus modis promoveat illi-

---

22 allen + andern A A B Konk   24/5 gescheider] bescheidener Konk   44 Darauf] Darumb Konk   46 und + dasselb (dasselbige Konk) B Konk

29 vir + sit probus et pius et non tantum probus, verum etiam Conc   33 non improbae] inculpatae Conc   47 torqueat + aut torqueri sinat Conc

---

¹) kam es außerordentlich häufig vor   ²) verfaßt   ³) unterdrückt   ⁴) rechtschaffene; als Beispiel eines solchen „frommen, weisen, gescheiten" Juristen bezeichnet Luther einmal den kursächsischen Kanzler Gregor Brück (WATR II Nr. 1421).   ⁵) Ebenso   ⁶) durchgreifen   ⁷) dementsprechend sein Urteil fällen   ⁸) bezieht sich   ⁹) darüber wache   ¹⁰) gleichviel ob

oder Zeuge, und treffe an¹, was es wolle. Und sonderlich ist hiemit unsern Herrn Juristen ein Ziel gesteckt, daß sie zusehen, recht und aufgericht² mit den Sachen umbgehen, was recht ist, recht bleiben lassen, und wiederümb nicht verdrehen noch vermänteln oder schweigen unangesehen³ Geld, Gut, Ehre oder Herrschaft. Das ist ein Stuck und gröbste Verstand dieses Gepots von allem, das fur Gericht geschiehet.

Darnach greift es gar viel⁴ weiter, wenn man's soll ziehen⁵ ins geistlich Gericht oder Regiment, da gehet's also, daß ein iglicher wider seinen Nähisten fälschlich zeuget. Denn wo fromme Prediger und Christen sind, die haben fur der Welt das Urteil, daß sie Ketzer, Abtrünnige, ja aufrührische und verzweifelte Bösewicht heißen. Dazu muß sich Gottes Wort aufs schändlichst und giftigst verfolgen, lästern, lügenstrafen, verkehren und fälschlich ziehen und deuten lassen. Aber das gehe seinen Weg; denn es ist der blinden Welt Art, daß sie die Wahrheit und Gottes Kinder verdammpt und verfolgt und doch fur keine Sunde achtet.

Zum dritten, so uns allzumal belanget⁶, ist in diesem Gepot verpoten alle Sunde der Zungen, dadurch man den Nähisten mag Schaden tuen oder zu nahe sein⁷. Denn „falsch Zeugnis reden" ist nicht anders denn Mundwerk: was man nu mit Mundwerk wider den Nähisten tuet, das will Gott gewehret haben, es seien falsche Prediger mit der Lehre und Lästern, falsche Richter und Zeugen mit dem Urteil oder sonst außer⁸ dem Gericht mit Liegen und Übelreden. Daher gehöret sonderlich das leidige, schänd-

que interrite patrocinetur, sive judicis sive testis personam obtinuerit, quaecunque tandem res in contentionem venerit. Cumprimis verbo hoc loco jureperitis meta praefixa est, quo diligenter videant, ut causas forenses juste tractent atque integre, ut, quod justum est, justum esse patiantur et contra, ne suis imposturis et technis nigrum in candida vertant⁹ et prava recta faciant¹⁰ aut verum reticentes tacitum praetereant nullo respectu pecuniarum, opum, dignitatis atque potentiae habito. Et haec est una pars hujus praecepti et sensus aliquanto crassior de omnibus, quae aguntur in judicio.

Deinde multo latius patet, si in spirituale judicium aut regimen referatur, ubi ita agitur, ut quivis adversus proximum suum falsum loquatur testimonium. Ubicunque enim gentium probi agunt christiani et praedicatores, eo jam damnati sunt coram mundo judicio, ut pro haereticis et apostatis habeantur, imo potius, ut seditiosi et perditissimi latrones dicantur et aestimentur. Ad haec Dei quoque verbum turpissime et virulentissime laceratur, insectationem patitur, mendacii coarguitur, malitiose pervertitur ac falsis, confictis et erroneis interpretationibus alio detorsum depravatur. Sed haec in praesentia quidem missa faciamus. Ea enim caeci mundi natura est, ut veritatem et filios Dei improbe condemnet et injuriose insectetur neque tamen hoc factum peccati loco aestimet.

Tertio, quod ad nos omnes pertinet, omne peccatum linguae, quo famam proximi denigrare aut laedere possumus, hoc praecepto interdictum est. Nam loqui falsum testimonium nihil aliud quam oris et linguae opus est. Jam quacunque ratione linguae opibus proximus offenditur, hoc Deus prohibet, sive illud fiat per falsos doctores, perversa doctrina et contumelia, sive per iniquos testes et judices falso judicio, sive extra forum mendaciis et linguae virulentia.

---

9 und + der A A B Konk

9 nigra Conc   28 laceratur > Conc   29 patitur, + blasphematur, Conc   arguitur Conc   30/1 ac *bis* detorsum] et falso huc et illuc torquetur ac Conc   44 opibus] operibus Conc   47 contumelia] blasphemiis Conc

---

¹) betreffe   ²) aufrichtig   ³) verschweigen ohne Rücksicht auf   ⁴) erstreckt es sich sehr viel   ⁵) übertragen   ⁶) was uns alle betrifft   ⁷) kränken   ⁸) außerhalb   ⁹) Juven. III, 30.   ¹⁰) Terenz, Phorm. 771.

liche Laster: afterreden oder verleumbden, damit uns der Teufel reitet¹, davon viel zu reden wäre. Denn es ist ein gemeine schädliche Plage, daß idermann lieber Böses denn Guts von dem Nähisten höret sagen. Und wiewohl wir selbs so böse sind, daß wir nicht leiden konnen, daß uns imand ein böse Stuck nachsage, sondern iglicher gerne wollt', daß alle Welt Guldens² von ihm redete, doch können wir nicht hören, daß man das Beste von andern sage.

Derhalben sollen wir merken, solch Untugend zu meiden, daß niemand gesetzt³ ist, seinen Nähisten offentlich zu urteilen und strafen, ob er ihn gleich siehet sundigen, er habe denn Befehl zu richten und strafen; denn es ist gar ein große Unterscheid zwischen den zweien: Sunde richten und Sunde wissen. Wissen magst Du sie wohl, aber richten sollt Du sie nicht. Sehen und hören kann ich wohl, daß mein Nähister sundigt, aber gegen andern nachzusagen⁴ habe ich kein Befehl⁵. Wenn ich nu zufahre⁶, richte und urteile, so falle ich in eine Sunde, die großer ist denn jene. Weißt Du es aber, so tue nicht anders, denn mache aus den Ohren ein Grab⁷ und scharre es zu, bis daß Dir befohlen werde, Richter zu sein und von Ampts wegen zu strafen.

Das heißen nu Afterreder, die es nicht bei dem Wissen bleiben lassen, sondern fortfahren⁸ und ins Gericht greifen⁹ und, wenn sie ein Stücklin von einem andern wissen, tragen sie es in alle Winkel, kutzeln und krauen sich¹⁰, daß sie mügen eins andern Un-

In hunc gregem praecipue referendum 264 est illud detestabile vitium detractionis sive calumniae, quod diabolus penitus nobis insevit et inspiravit, de quo perquam multa verba facienda forent. Est enim haec quaedam perniciosa et communis calamitas, ut quivis praeoptet potius de alio audire mala quam bona. Et quamquam nos ipsi ita malorum pleni sumus, ut referre nequeamus, si quis malos nos praedicet, sed quivis malit potius, ut meras rosas¹¹ (quod aiunt), hoc est optima quaeque de eo loquerentur homines, audire tamen nullo modo possimus, ut de aliis optima praedicentur.

Quare ignorandum non est haec vitia 265 cavenda esse, nemini videlicet concessum esse proximum suum propalam judicare et objurgare, tametsi eundem peccantem videat, nisi prius judicandi et puniendi potestatem concreditam acceperit. Multo enim haec duo sejuncta 266 sunt discrimine: peccatum judicare et peccati esse conscium. Nosse quidem potes peccatum, verum tuum non est idem quoque judicare. Proximum meum peccantem audire et videre possum, verum, ut eundem quoque traducam apud alios sua peccata palam faciendo, in mandatis non habeo. Judicans ergo alium et condemnans in majus et gravius delictum prolabor, quam ille erat obnoxius. Itaque si alicujus delicti conscius es, nihil aliud facito, quam quod obstructis ore et auribus sepultum relinquas in pectore, donec judicis provincia tibi tradita fuerit et officium puniendi commissum.

Jam illi dicuntur obtrectatores seu 267 quadruplatores, qui non contenti sunt aliis delictorum esse conscios, verum judicandi quoque partes sibi sumunt atque, ubi quidpiam expiscati de alio resciverint, in omnes diffundunt angulos pas-

---

18 gesetzt] zugelassen B Konf   45 sich + damit B

1/2 In *bis* detestabile] Hucque imprimis pertinet detestabile illud Conc   7/8 praeoptet *bis* bona] mala de proximo quam bona audire malit Conc   9/14 nos *bis* homines] ipsi tam sumus mali, ut, si quis mali quid de nobis referat, ferre id non possimus, sed quivis optaret, ut nemo non optima et aurea quaeque de se praedicaret, Conc   14/5 nullo *bis* ut] non possimus; ut et Conc   17/8 ignorandum *bis* esse] ad devitandum hoc vitium discamus Conc   35 facies Conc   quod] ut Conc   42 aliis] se alienorum Conc   44 expiscati > Conc   45 omnes + id Conc

---

¹) verblendet, ansicht; sprichwörtliche Redensart; vgl. WA LI 725 Nr. 484.   ²) das Beste   ³) beauftragt   ⁴) ihn bei anderer ins Gerede bringen   ⁵) Auftrag   ⁶) eingreife   ⁷) begrabe es in Dir   ⁸) weitergehen   ⁹) dem Urteil vorgreifen   ¹⁰) finden eine freude daran   ¹¹) „eitel Rosen"; vgl. Grimm, Deutsches Wörterbuch VIII 1791 Nr. 7a.

lust¹ rügen² wie die Säu, so sich im Kot wälzen und mit dem Rüssel darin wühlen. Das ist nichts anders, denn Gotte in sein Gericht und Ampt fallen, urteilen und strafen mit dem schärffsten Urteil. Denn kein Richter höher strafen kann noch weiter fahren, denn daß er sage: Dieser ist ein Dieb, Mörder, Verräter etc. Darumb wer sich solchs unterstehet, vom Nähisten zu sagen, greift eben so weit als Kaiser und alle Oberkeit. Denn ob Du das Schwert nicht führest, so brauchest Du doch Deiner giftigen Zungen dem Nähisten zu Schand und Schaden.

Darumb will Gott gewehret haben, daß niemand dem andern ubel nachrede, wenn er's gleich schüldig ist und dieser wohl weiß, viel weniger, so er's nicht weiß und allein von Hörensagen genommen hat. Sprichst Du aber: „Soll ich's denn nicht sagen, wenn es die Wahrheit ist?" Antwort: „Warumb trägst Du's nicht fur ördenliche Richter?" „Ja, ich kann's nicht öffentlich bezeugen, so möcht' man mir vielleicht übers Maul fahren und ubel abweisen." Ei Lieber, reuchst Du den Braten?³ trauest Du nicht fur geordenten⁴ Personen stehen und verantworten, so halte auch das Maul. Weißt Du es aber, ' so wisse es fur Dich, nicht fur ein andern. Denn wo Du es weiter sagest, ob' es gleich wahr ist, so bestehest⁵ Du doch wie ein Lügner, weil Du es nicht kannst wahr machen, tuest dazu wie ein Böswicht. Denn man soll niemand sein Ehre und Gerucht nehmen, es sei ihm denn zuvor genommen öffentlich. Also heißt nu falsch Zeugnis alles, was man nicht, wie sich's gehöret, überweisen⁶ kann. Darümb was nicht mit gnugsamer Beweisung offenbar ist, soll niemand offenbar machen noch fur Wahrheit sagen. Und Summa, was heimsim deferentes, semet voluptuose titillantes et perfricantes alterius sordes movendo, quemadmodum lutulenta sus in coeno se volutat et rostrum foede immergit. Et hoc nihil aliud est quam Deo in judicium et officium ejus prociter irrumpere ac judicio omnium acerbissimo condemnare atque punire. Neque enim ullus judex quempiam graviore potest punire supplicio, quam si dixerit: Hic fur est, hic homicida est, proditor est etc. Quare quicunque tantum sibi sumpserit audaciae, ut non vereatur de proximo quidvis petulanter evomere, ille tantum sibi sumit potestatis, quantum sibi caesar et omnes magistratus sibi vendicant. Nam quamquam gladii potestatem non usurpes, tua tamen maledica, mordaci et virulenta lingua uteris, qua bacchans in proximum ejus famae perpetuas inuris maculas.

Eam ob rem Deus prohibuit, ne quis alterum maledico dente carpat⁷ aut alteri probrose detrahat, etiamsi reus est et ille probe compertum habeat; multo minus alteri struendae sunt contumeliae, quando nullius rei ignarus, sed tantum ex audito accepit et loquitur. Dices autem: Cur vero reticerem, cum verum esse certus sim? Respondeo: Et cur non defers eum ad legitimum judicem? Sed, inquis, hoc ipsum aperto testimonio non possum evincere, unde periculum est, ne falso intentatae calumniae poenas incurram. Hinc illae lacrimae⁸, hoc illud est, quod pertimescis. Quod si non tantum tibi fidis, ut coram ordinatis personis rem transigas atque respondeas, vide, ut os tuum etiam apud privatos compescas digito. Sin autem conscius es, tibi scias, non alteri. Ubi enim latius sparseris, etsi verum fuerit, non nisi impudenter mendax eris, cum verum facere nequeas nihiloque ab improbo vitiligatore et perdito sycophanta discrepas. Nemo enim per calumniam suo nomine aut fama fraudandus est, nisi ante propalam damnatus judicis senten-

---

1 rügen] rühren Konk   34 Personen + zu B Konk   44 Gezeugnis A A B Konk

4 in + suo Conc   16 sibi > Conc   21 maculas inuris Conc   22 prohibet Conc   24/5 est et ille] sit ille et hic rem Conc   25 compertam Conc   26 alteri *bis* contumeliae] vero Conc   27 nullius rei] rei ipsius Conc   27/8 sed *bis* loquitur] ex aliorum tantum relatu quid accepit. Conc   30 Et > Conc   32 aperto] certo Conc   39/40 apud privatos] privatim Conc   44 facere] id esse evincere Conc   44/6 nihiloque *bis* discrepas] haec sceleratum nebulonem et sycophantam agis. Conc

---

¹) Schmutz   ²) aufwühlen   ³) merkst Du etwas? sprichwörtliche Redensart; vgl. WA LI 676 Nr. 91.   ⁴) dazu verordneten   ⁵) stehst ... da   ⁶) beweisen   ⁷) Cicero, Pro Cornel. Balbo 26, 57.   ⁸) Terenz, Andria 126 und Horaz, Ep. I 19, 41.

8. Gebot.

lich ist, soll man heimlich bleiben lassen oder je heimlich strafen, wie wir hören werden. Darümb wo Dir ein unnutz Maul furkommpt, das ein andern austrägt¹ und verleumbdet, so rede ihm frisch unter Augen, daß er schamrot werde, so wird mancher das Maul halten, der sonst ein armen Menschen ins Geschrei bringt¹, daraus er schwerlich wieder kommen kann. Denn Ehre und Glimpf² ist bald genommen, aber nicht bald wiedergeben.

Also siehest Du, daß kurzumb³ verpoten ist, von dem Nähisten etwas Böses zu reden, doch ausgenommen⁴ weltliche Oberkeit, Prediger, Vater und Mutter, daß man dennoch dies Gepot so verstehe, daß das Böse nicht ungestraft bleibe. Wie man nu lauts des funften Gepots niemand schaden soll am Leibe, doch ausgezogen⁴ Meister Hansen⁵, der seines Ampts halben dem Nähisten kein Guts, sondern nur Schaden und Böses tuet und nicht wider Gottes Gepot sundigt, darümb daß Gott solch Ampt von seinetwegen geordnet hat; denn er ihm die Strafe seines Gefallens⁶ furbehalten hat, wie er im ersten Gepot dräuet: Also auch, wiewohl ein iglicher fur seine Person niemand richten noch verdammen soll, doch wo es die nicht tuen, denen es befohlen ist, sundigen sie ja sowohl⁷, als der's außer dem Ampt von sich selbs täte. Denn hie fodert die Not, von dem Ubel zu reden, klagen, furbringen⁸, fragen und zeugen. Und gehet nicht anders zu denn mit einem Arzt, der zuweilen dem, den er heilen soll, an heimliche Orte sehen und greifen muß. Also sind¹ Oberkeit, Vater und Mutter, ja auch Brüder und Schwester und sonst gute

tia ea dispoliatus est. Proinde falsum loqui testimonium omne illud loqui dicitur, quod aliquem fecisse aperte et, quemadmodum decet, non possumus evincere. Quocirca quicquid sufficienti testimonio nondum satis manifestum est, hoc nemini revelandum est aut pro vero referendum. Et in summa, quicquid occultum et arcanum est, hoc in occulto sinendum est aut occulte, quemadmodum audiemus, animadvertendum. Quare ubicunque in detractorem incideris alterius dicta ac facta contumeliose deferentem ac petulanter in quempiam debacchantem, audaciter huic in os obsiste, ut pudore suffundatur. Ita futurum est, ut crebro aliquis os suum obstruat, qui alioqui miserum aliquem in ora hominum pestifera detractione diffunderet eas notas ac maculas inusturus, quas aegre aut nunquam possit eluere. Praeclari enim nominis ac integrae famae testimonium cito alicui eripitur, sed semel ereptum non perinde facile recuperatur. Ita vides in universum interdictum esse mali quidpiam loqui de proximo exceptis tamen magistratibus, praedicatoribus et parentibus, ut hoc praeceptum ita intelligatur, ne vitia impunita maneant. Jam quemadmodum quinti praecepti jussu neminem corpore jubemur laedere excepto carnifice, qui ex officio nemini commodat, sed irrogatis suppliciis officit omnibus neque tamen praeceptum Dei transgreditur propterea, quod Deus hujus officii procurationem sui gratia constituerit, nam poenarum irrogationem suae voluntati perservavit, ut in praecepto primo minatur, ita quoque quamquam nemo, quantum ad propriam personam attinet, alium judicare neque damnare debeat, tamen, ubi hoc non fit ab iis, quorum officio hoc demandatum est, equidem non minus peccant ob negligentiam quam illi, qui extra officium hoc injussi faciunt. Hic enim exigit necessitas, ut de vitiis sermo habeatur, ut accusentur, deferantur in judicio, perquirantur et testimonio comprobentur. Neque secus agitur quam cum medico, qui nonnunquam aegroti, quem curandum suscepit,

---

45/6 Klagen fürbringen Konk

1| animadvertendum] redarguendum Conc   17 aliquis] quis Conc   21| possis Conc
27 praedicatoribus] concionatoribus Conc   30 quinto praecepto Conc   jussu > Conc
31| corpore > Conc   excepto + tamen Cunc   36 sua Conc   38 reservavit Conc
42/3 fit *bis* officio] faciunt ii, quibus Conc   43/4 equidem + ii Conc

---

¹) ins Gerede bringt   ²) guter Name   ³) durchaus   ⁴) mit Ausnahme von
⁵) Henker   ⁶) sich nach seinem Belieben   ⁷) ebensosehr   ⁸) aussagen

freund unternander schuldig, wo es not und nutz ist, Böses zu strafen.

W 447 Das wäre aber die rechte Weise, wenn man die Ordnung nach dem Evangelio hielte, Matth. 19.[1], da Christus spricht: „Sündiget Dein Bruder an Dir, so gehe hin und strafe ihn zwischen Dir und ihm alleine." Da hast Du ein köstliche, feine Lehre, die Zunge wohl zu regieren, die wohl zu merken ist wider den leidigen Mißbrauch. Darnach richte Dich nu, daß Du nicht sobald[2] den Nähisten anderswo austragest und nachredest, sondern ihn heimlich vermahnest, daß er sich bessere. Desgleichen auch, wenn Dir ein ander etwas zu Ohren trägt, was dieser oder jener getan hat, lehre ihn auch also, daß er hingehe und strafe ihn selbs, wo er's gesehen hat, wo nicht, daß er das Maul halte.

Solchs magst Du auch lernen aus täglichem Hausregiment. Denn so tut der Herr im Haus: wenn er siehet, daß der Knecht nicht tuet, was er soll, so spricht er ihm selbs zu. Wenn er aber so toll wäre, ließe den Knecht daheim sitzen und ginge eraus auf die Gassen, den Nachbarn zu klagen, würde er freilich müssen hören: „Du Narr, was gehet's uns an, warümb sagst Du's ihm selbs nicht?" Siehe, das wäre nu recht brüderlich gehandelt, daß dem Ubel geraten[3] würde und Dein Nähister bei Ehren bliebe. Wie auch Christus daselbs sagt[4]: „Höret er Dich, so hast Du Deinen Bruder gewonnen." Da hast Du ein groß trefflich Werk getan. Denn meinst Du, daß ein gering Ding sei, ein Bruder gewinnen? Laß alle Mönche und heilige Orden mit alle ihren Werken zuhaufe[5] geschmelzt erfurtreten, ob sie den Ruhm können aufbringen, daß sie einen Bruder gewonnen haben?

loca arcana contueri et contrectare necessitate cogitur, ita quoque magistratus, parentes, fratres atque sorores, tum qui amici sunt, inter se hoc mutuo obstringuntur officio, ut, ubi utile fuerit ac necessarium, alter alterius vicissim reprehendat vitia.

Ceterum haec recta esset ratio objurgandi vitia, si ordinem praescriptum in evangelio observaremus, ubi Christus inquit Matth. XVIII.: 'Si peccaverit in te frater tuus, vade et corrige inter te et ipsum solum.' Vides hic praeclaram doctrinam tibi propositam, qua linguam gubernabis, quae etiam diligenter animadvertenda est contra perniciosum detrahendi abusum et vitium. Ad hujus itaque doctrinae amussim tuam vitam institue, ne tam cito proximi tui famam in vulgus efferas eumque foede ac turpiter traducas, sed occulte corripias ac moneas, ut mutata vita resipiscat. Similiter alium quoque aliquid tibi insusurrantem aut deferentem, quid hic aut alter flagitiose designaverit, doce facere, ut eat illumque ipsum corripiat, si viderit, sin minus, ut os a detractione clausum teneat.

Hoc etiam discere potes ex quotidiana rei familiaris procuratione. Ita enim agere solet pater familias videns servum suum cessare aut suo non fungentem officio, ipse per se eundem objurgat et admonet officii. Verum si tam vecors esset et amens animi, ut relicto domi compressis (quod ajunt) manibus[6] desidente servo in forum progressus servilem socordiam vicinis conquereretur, haud dubie ab iisdem audire cogeretur: 'Quid vero hoc nostra interest, o caput multis modis ridiculum, cur illi ipsi ista non exprobras?' Ecce ad hunc quidem modum fraterne ageres, ut emendarentur vitia et proximi tui fama maneret salva atque integra. Sicut etiam Christus ipse eodem loco testatur inquiens: 'Si te audierit, animam fratris tui lucratus es.' Ita quidem magni ac memorabilis operis autor exstitisses. Aut tu forte rem leviculam esse existimas fratrem lucrifacere? Sine vero omnes monachos ac sacros ordines ad unum in unam massam conflatos prodire, num tantam sibi laudem vendicare possint se

---

10 18. Konk   17 und + ihm Konk   35 Nachbarn + über ihn B Konk

12 corrige + eum Conc   23/4 susurrantem Conc   44 emendarent Conc

[1]) Matth. 18(!), 15.   [2]) sogleich   [3]) abgeholfen   [4]) Matth. 18, 15.   [5]) zusammen   [6]) Vgl. oben 582 Anm. 12.

Weiter lehret Christus[1]: „Will er Dich aber nicht hören, so nimm noch einen oder zwen zu Dir, auf daß alle Sache bestehe auf zweier oder dreier Zeugen Munde", also daß ¹ man je mit dem selbs handle, den es belanget, und nicht hinder seinem Wissen nachrede. Will aber solchs nicht helfen, so trage es denn öffentlich fur die Gemeine, es sei fur weltlichem oder geistlichem Gerichte. Denn hie stehest Du nicht allein, sondern hast jene Zeugen mit Dir, durch welche Du den Schuldigen überweisen[2] kannst, darauf der Richter gründen, urteilen und strafen kann. So kann es ordenlich und recht dazu kommen, daß man den Bösen wehret oder bessert. Sonst wenn man ein andern mit dem Maul ümbträgt[3] durch alle Winkel und den Unflat rühret[4], wird niemand gebessert, und dar'nach, wenn man stehen[5] und zeugen soll, will man's nicht gesagt haben. Darümb geschähe solchen Mäulern recht, daß man ihn den Kutzel wohl büßete[6], daß sich andere daran stießen[7]. Wenn Du es Deinem Nähisten zu Besserung oder aus Liebe der Wahrheit tätest, würdest Du nicht heimlich schleichen noch den Tag und Licht scheuen.

Das alles ist nu von heimlichen Sunden gesagt. Wo aber die Sund ganz öffentlich ist, daß Richter und idermann wohl weiß, so kannst Du ihn ohn alle Sund meiden und fahren lassen, als der sich selbs zu Schanden gemacht hat, dazu auch öffentlich von ihm zeugen. Denn was offenbar am Tag ist, da kann kein Afterreden noch falsch Richten oder Zeugen sein. Als[8] daß wir itzt den Bapst mit seiner Lehre strafen, so öffentlich in Büchern am Tag gegeben und in aller Welt ausgeschrieen ist. Denn wo die Sund öffentlich ist, soll auch billich öffentliche

suis operibus vel unum lucratos esse fraterculum.

Eodem loco Christus docet ulterius: 'Si autem te non audierit, adjunge tibi adhuc unum vel duos, ut in ore duorum vel trium testium stet omne verbum', ita ut semper res ipsa cum eo transigatur, cujus maxime interest, ne quid prorsus absenti maledice detrahatur. Porro, si haec omnia ad emendandum fratrem parum erunt valida aut efficacia, defer haec omnia propalam judicanda ecclesiae, sive spiritualibus, sive saecularibus magistratibus. Neque enim hic solus causam agis, sed habes duos illos testes tibi conjunctos accusationem tuam comprobantes, cui innixus judex intrepide judicare et poenam irrogare potest. Ac tum quidem legitimo jure ac ordine eo perveniri potest, ut malorum improbitas aut coërceatur aut in melius emendetur. Alioqui quando alius passim detractionibus infamatus passim per omnes urbis angulos traducitur tantumque sordes commoventur, nemo emendatur ac deinceps, ubi res comprobanda erit testimonio, quisque a se dictum esse pernegat. Quapropter rectissime cum hisce detractoribus ageretur, ut gravissimas intemperantis linguae poenas luentes omnem maledicendi et obtrectandi voluptatem amitterent, ut alii inde exemplum sumentes linguae virulentiam dediscerent. Si haec fierent a te in rem proximi aut veritatis amore faceres, clandestinis ac furtivis calumniis rem non ageres neque diem et solem lucifugae instar vitares.

Haec omnia hactenus de occultis peccatis dicta sunt. Ceterum ubi peccatum plane manifestum est, ut neque judici neque cuiquam obscurum sit, tunc sine omni peccato illius commercium vitare ac missum facere potes ut eum, qui se ultro exposuerit dedecori. Quicquid enim manifeste liquet omnibus, hic neque obtrectationi neque falso judicio neque improbis testibus locus relinquitur. Veluti cum hodie Romanum pontificem tamquam Pseudochristum falsae doctrinae coarguimus, quam editis in lucem libris

---

8 Wissen + ihm B Konk   16 es] man A B Konk   49 an A B Konk

44 ac] eumque Conc   45 Quicquid enim] Ubi enim res   46 hic] ibi Conc
50 Pseudochristum] Antichristum Conc

---

[1]) Matth. 18, 16.   [2]) seine Schuld beweisen   [3]) ins Gerede bringt   [4]) im Schmutze wühlt   [5]) Rede stehen   [6]) die Lust verleidete   [7]) gewarnt sein ließen
[8]) Wie zum Beispiel

Strafe folgen, daß sich idermann dafur wisse zu hüeten.

Also haben wir nu die Summa und gemeinen Verstand[1] von diesem Gepot, daß niemand seinen Nähisten, beide Freund und Feind, mit der Zungen schädlich sein noch Böses von ihm reden soll, Gott gebe[2], es sei wahr oder erlogen, so nicht aus Befehl oder zu Besserung geschiehet, sondern seine Zunge brauchen und dienen lassen, von idermann das Beste zu reden, seine Sunde und Gebrechen zudecken, entschuldigen und mit seiner Ehre beschönen[3] und schmücken[4]. Ursach soll sein allermeist diese, so Christus im Evangelio anzeucht[5] und damit alle Gepot gegen dem Nähisten will gefasset[6] haben: „Alles, was Ihr wollet, das Euch die Leut tuen sollen, das tuet Ihr ihn auch."

Auch lehret solchs die Natur an unserm eigenen Leibe, wie S. Paulus 1. Kor. 12.[7] sagt: „Die Gelieder des Leibs, so uns dunken die schwächsten sein, sind die nötigsten, und die uns dünken die unehrlichsten sein, denselbigen legen[8] wir am meisten Ehre an[8] und, die uns ubel anstehen, die schmückt man am meisten." Das Angesicht, Augen, Nasen und Mund decket niemand zu; denn sie dürfen's nicht als an ihm selbs die ehrlichsten Gelieder, so wir haben. Aber die allergebrechlichsten, der wir uns schämen, deckt man mit allem Fleiß, da muß Hände, Augen sampt dem ganzen Leibe helfen decken und verhullen. Also sollen auch wir alle unternander, was an unserm Nähisten unehrlich und gebrechlich ist, schmücken[4] und mit allem, so wir vermügen, zu seinen Ehren dienen, helfen und förderlich sein und wiederümb wehren, was ihm mag zu Unehren reichen[9]. Und ist sonderlich ein feine, edle Tugend, wer alles, das er von Nähisten höret reden (so nicht öffentlich böse ist), wohl auslegen und

passim divulgavit et per totum orbem infinitarum animarum exitio proclamatam disseminavit. Ubi enim peccatum manifestum est, ibi non injuria et poena manifesta illud consequitur, ut quivis exemplis monitus illud cavere possit.

Ita jam hujus praecepti summam et communem intellectum paucis explicatum habemus, ne quis suo proximo, aeque amico atque inimico, linguae maledica petulantia noceat neve male de eo loquatur sive verum illud, sive confictum, cum neque ex mandato id faciat neque in usum aut aedificationem proximi, sed ita sua lingua utatur, ut ejus patrocinium prosit ac serviat aeque omnibus de universis ac item singulis honorificam mentionem faciendo, ut illorum peccata atque defectus officiose contegat, amice excuset suoque ipsius honore amanter exornet. Ad quod hac potissimum causa provocandi essemus, quam Christus ipse indicat in evangelio quaque quodam quasi compendio omnia praecepta erga proximum observanda comprehensa voluit hoc sic dicens: 'Quicquid volueritis, ut faciant vobis homines, hoc etiam facite illis.'

Quin etiam natura ipsa in proprio quemque corpore hoc docet, quemadmodum Paulus 1. ad Corinth. XII. inquit: 'Membra corporis, quae videntur infirmiora esse, necessaria sunt et, quae putamus ignobiliora esse membra corporis, his honorem abundantiorem circumdamus et, quae inhonesta sunt nostra, abundantiorem honestatem habent.' Faciem, oculos, nares, os nemo contegit neque enim egent, ut velentur, ut quae per se membra sunt honestissima omnium, quae habemus. Ceterum infirmissima quaeque, quorum nos pudet, si conspicerentur, illa omni studio conteguntur atque hic quidem manus, oculi una cum universo corpore in hisce tegendis et velandis occupati sunt. Non secus nobis quoque inter nos faciendum est, ut, quicquid in proximo nostro parum fuerit honorificum et infirmum, hoc accurate exornemus ac omnibus viribus ejus honori tuendo serviamus,

---

9 seinem B Konf   12 so + es B Konf   15 seine] des Nähisten A A B Konf
42 hüllen A A B   50 vom B Konf

26 hoc sic dicens] inquiens Conc   31 ad > Conc

[1]) allgemeine Bedeutung   [2]) gleichviel ob   [3]) beschönigen   [4]) verhüllen
[5]) Matth. 7, 12.   [6]) zusammengefaßt   [7]) 1. Kor. 12, 22f.   [8]) tun ... an   [9]) gereichen

aufs beste deuten oder je zugut halten kann wider die giftigen Mäuler, die sich fleißen[1], wo sie etwas ergröbbeln[2] und erhaschen können, am Nähisten zu tadeln und aufs ärgeste ausecken[3] und verkehren, wie itzt furnehmlich dem lieben Gotteswort und seinen Predigern geschicht. Darümb sind in diesem Gepot gar mächtig viel gute Werk verfasset[4], die Gott aufs hohiste wohlgefallen und überflussig Gut und Segen mit sich bringen, wenn sie nur die blinde Welt und falschen Heiligen erkennen wollten. Denn es ist nichts an und im ganzen Menschen, das mehr und weiter beide Guts schaffen und Schaden tuen kann in geistlichen und weltlichen Sachen denn die Zunge, so doch das kleinste und schwächste Gelied ist[5].

opitulemur, ejus famam ampliorem faciamus et contra, quicquid illi possit aut ignominiae aut dedecori esse, studiose propulsemus. Estque praecipue haec 289 praeclara virtus et illustris, qui omnia, quaecumque de proximo dicta inaudierit (si non manifesta fuerint flagitia), in optimam partem interpretari noverit aut aequi bonique consulere contra linguas venenatas atque pestiferas, quibus unice studio est, ut, si quid expiscati comprehenderint, quod in proximo in reprehensionem queant rupere, illud pessime interpretentur ac malitiose pervertant, quemadmodum jam omnium maxime Dei verbo ejusque doctoribus solet contingere. Eam ob rem hoc in praecepto 290 equidem valde multa bona et bene magna opera comprehensa sunt, quae Deo summe placent quaeque a nobis intermissa abunde multum benedictionis apportant, si tantum haec eadem hujus perditi mundi caecitas et sancti illi hypocritae dignarentur agnoscere. Neque enim quicquam 291 est in toto homine, quod longe lateque perinde plus bonorum ac itidem plus malorum aeque cum in spiritualibus, tum in mundanis negotiis operari potest atque lingua, quamquam omnium minimum et membrorum sit invalidissimum.

Das neunde und zehende Gepot.

Du sollt nicht begehren Deines Nähisten Haus.
Du sollt nicht begehren seines Weibs, Knecht, Magd, Viehe oder was sein ist.

Diese zwei Gepot sind fast[6] den Jüden sonderlich[7] gegeben, wiewohl sie uns dennoch auch zum Teil betreffen. Denn sie legen sie nicht aus von Unkeuschheit noch Diebstahl, weil davon droben gnug verpoten ist, hielten's auch dafur[8], sie hätten jene alle gehalten, wenn sie äußerlich die Werk getan oder nicht getan hätten. Darümb hat Gott diese zwei hinzugesetzt, daß man's auch halte fur Sunde und verpoten,

Praeceptum IX. et X.

Non concupisces domum 292 proximi tui nec desiderabis uxorem ejus, non servum, non ancillam, non bovem, non asinum neque omnia, quae illius sunt.

Haec duo posteriora praecepta Judaeis 293 peculiariter data sunt, quamquam ad nos quoque nonnulla ex parte pertineant. Neque enim de prava carnis libidine aut furto illa interpretantur aut intelliguntur, quae supra abunde interdicta sunt. Putabant quoque alia omnia sancte se conservasse, si externe fecissent aut non fecissent opera. Eam ob rem Deus quoque haec duo aliis praeceptis adjecit, ut

---

6 audierit Conc 1/2 expiscati comprehenderint] expiscentur et arripiant Conc 2/3 in (2.) bis rupere] reprehendere queant Conc 14 ac] aut Conc 7/8 Eam bis equidem] Sunt itaque in hoc praecepto Conc 18/9 et bis sunt] opera Conc 19 quae + et Conc 20 quaeque bis intermissa] et Conc 21 benedictionis + et bonorum secum Conc 22 tantum bis perditi] modo ea perdita hujus Conc 23/4 sancti bis agnoscere] falsi illi sanctuli agnoscere vellent Conc 29/30 minimum bis sit] membrorum et minimum sit et Conc 42 intelligunt Conc 44/5 servasse Conc 46/7 quoque > Conc

[1]) befleißigen [2]) ausfindig machen [3]) auslegen [4]) zusammengefaßt [5]) Vgl. Jak. 3, 5. [6]) genau genommen [7]) ausschließlich [8]) waren der Ansicht

des Nähsten Weib oder Gut begehren und einerleiweise¹ darnach zu stehen², und sonderlich darümb, weil in dem jüdischen Regiment Knechte und Mägde nicht wie itzt frei waren, ümbs Lohn zu dienen, wielang sie wollten, sondern des Herrn Eigen³ mit Leib und¹ was sie hatten wie das Viehe und ander Gut. Dazu auch ein iglicher über sein Weib die Macht hatte, durch ein Scheidbrief öffentlich von sich zu lassen⁴ und ein andere zu nehmen. Da mußten sie nu untereinander die Fahr stehen⁵, wenn imand eins andern Weib gerne gehabt hätte, daß er irgend ein Ursach nähme, beide sein Weib von sich zu tun und dem andern seins auch zu entfrömbden, daß er's mit gutem Fug⁶ zu sich brächte. Das war nu bei ihn kein Sunde noch Schande, so wenig als itzt mit dem Gesinde, wenn ein Hausherr seinem Knecht oder Magd Urlaub gibt⁷ oder einer dem andern sonst abdringet⁸.

Darümb haben sie nu (sage ich) diese Gepot also gedeutet, wie es auch recht ist (wiewohl es auch etwas weiter und hoher gehet), daß niemand dem andern das Seine als Weib, Gesind, Haus und Hof, Acker, Wiesen, Viehe denke und furnehme an sich zu bringen, auch⁹ mit gutem Schein und Behelf¹⁰, doch mit des Nähsten Schaden. Denn droben im siebenden Gepot ist die Untugend verpoten, da man frömbde Gut zu sich reißet oder dem Nähsten furhält¹¹, dazu man kein Recht haben kann. Hie aber ist auch gewehret, dem Nähsten nichts abzuspannen¹², ob man gleich mit Ehren fur der Welt dazu kommen kann, daß Dich niemand zeihen¹³ noch tadeln tarr¹⁴, als habst Du's mit Unrecht eröbert¹⁵. ¹ Denn die Natur so geschickt¹⁶ ist, daß niemand dem andern soviel als ihm selbs gönnet und ein iglicher, soviel er immer kann, zu sich brin-

haec quoque pro peccatis aestimentur uxorem proximi concupiscere aut aliquo pacto pro ea potiunda conari. Et hoc hanc ob causam potissimum, cum in Judaismo servi et ancillae non ut nunc fuerant liberi, ut huic aut illi mercede conducti pro suo arbitratu, quam diu libuisset, serviissent, sed domino erant proprie mancipati una cum corpore et rebus omnibus quemadmodum pecora et reliqua substantia. Ad haec ea quoque potestas in uxorem suam cuique erat libera, ut illam dato libello repudii a se poterat dimittere ac aliam domum ducere. Jam in hoc vicissim inter se periclitabantur, ne quis alterius uxoris cupidus sumpta alicubi occasione et suae repudium renuntiaret et alteri suam ereptam ipse aliquo modo consequeretur. Jam hoc apud Judaeos non habebatur dedecorosum, multo minus, quam quod apud nos jam cum mancipiis agitur, quando pater familias servum aut ancillam e servitio repudiaverit aut alius alium alio quovis modo suis ministris privaverit.

Proinde hoc praeceptum ita interpretati sunt, ut etiam intelligendum est (tametsi sublimiorem quoque et sensum latius tendentem in se complectatur), ne quis rem alterius, nempe uxorem, familiam, domum, agros, prata, pecora cogitaret aut in animum induceret sibi vendicare, etiamsi ea res cum aliquo honestatis praetextu fieri possit neque tamen citra damnum proximi. Supra enim praecepto septimo illud interdictum est vitium, quo aliena bona alteri eripiuntur et per vim possidentur, id quod nullo jure fieri potest, hic vero ea quoque animi pravitas et versutia interdicta est, ne quid proximo persuasione aliqua e manibus auferamus, etiamsi coram mundo illud honeste fieri possit, quasi per vim et injuriam esses consecutus. Ita enim natura comparatum est,

---

9 hatte, + sie B Konf   31 Weib + und A A B   44 ist so geschickt B

2 uxorem + aut rem Conc   4 hanc] eam Conc   6 fuerant] erant Conc
13/4 posset Conc   14 domum > Conc   19 modo + et praetextu ficto Conc   24 repudiat Conc   26 privat Conc   27 haec praecepta Conc   ita +, inquam, Conc   28/31 ut bis quis] et recte quidem (tametsi et latius aliquanto pateant), ne quis cogitaret vel in animum induceret Conc   33 cogitaret bis induceret > Conc   45 quasi] ne quis exprobrare tibi queat te Conc   injuriam + id Conc   45/6 esse consecutum Conc

---

¹) auf irgend eine Weise   ²) trachten   ³) Eigentum   ⁴) Vgl. Deut. 24, 1.
⁵) darauf gefaßt sein   ⁶) mit Recht   ⁷) entläßt   ⁸) abnötigt; vgl. dazu Werdermann, Luthers Wittenberger Gemeinde 66.   ⁹) wenn es auch ... geschieht   ¹⁰) Vorwand   ¹¹) vorenthält   ¹²) abzulocken   ¹³) beschuldigen   ¹⁴) wagt   ¹⁵) gewonnen
¹⁶) beschaffen

get, ein ander bleibe, wo er kann. Und wöllen noch dazu fromm[1] sein, können uns aufs feinste schmucken[2] und den Schalk[3] bergen, suchen und dichten[4] so behende Fündlin[5] und schwinde Griffe[6] (wie man itzt täglich aufs beste erdenket) als aus dem Rechten gezogen, turren[7] uns darauf kecklich berufen und trotzen und wöllen solchs nicht Schalkheit[8], sondern Gescheidigkeit und Fursichtigkeit[9] genennet haben. Dazu helfen auch Juristen und Rechtsprecher, so das Recht lenken[10] und dehnen, wie es zur Sache helfen will[11], die Wort zwacken[12] und zu Behelf[13] nehmen, unangesehen Billigkeit und des Nähisten Notdurft. Und Summa: wer in solchen Sachen der geschickste und gescheideste ist, dem hilft das Recht am besten, wie sie auch sprechen: „Vigilantibus jura subveniunt."[14]

Darümb ist dies letzte Gepot nicht fur die böse Buben fur der Welt, sondern eben fur die Frommsten gestellet, die da wollen gelobt sein, redliche und aufrichtige Leute heißen, als die wider die vorige Gepot nichts verschulden[15], wie furnehmlich die Jüden sein wollten, und noch viel großer Junkern, Herrn und Fürsten. Denn der ander gemeine Haufe gehöret noch weit herunter in das siebende Gepot, als die nicht viel darut nemo tantum faveat alteri, quantum sibi et quisque, quantum potest, tantum ad se per fas atque nefas[16] rapit non valde sollicitus, quid relinquatur alteri. Et quamquam haec designantes flagitia, tamen nihilosecus probi esse contendimus non ignorantes istam animi improbitatem atque versutiam honestissime exornare atque celare, dum diu noctuque ita prompta techna, ita ingeniosas imposturas (quemadmodum jam quotidie acutissime excogitantur et inveniuntur) quaerimus atque confugimus quasi e jure ac legibus excerptas. Neque veremur iis freti decipulis e jure falso citatis ferociter et superbe omnibus obsistere neque permittimus, ut haec dicatur improbitas aut nequitia, sed industriam ac providentiam nominari contendimus. His omnibus suffragantur et opitulantur quoque iurisperiti atque legum doctores, quibus studio est, si qua spes improbi nummi effulserit, jus eo per vim torquere ac trahere, quemadmodum ad causam omnium commodissime facere poterit, excerpentes verbula, prout in rem facere videbuntur. Atque ut in summa dicam, qui hac in re omnium fuerit ingeniosissimus et exercitatissimus, huic jura omnium fortissime suffragantur, id quod nec ipsi admodum inficias iverint dicentes: 'Vigilantibus jura subveniunt.'

Quare postremum hoc praeceptum non improbis nebulonibus conditum est, sed iis, qui volunt esse vita inculpatissima, qui laudari cupiunt et videri longe omnium optimi et integerrimi, ut qui adversus priora praecepta nihil prorsus deliquerint. Quales praecipue Judaei esse contendebant et his adhuc multo maiores proceres ac principes. Etenim alia illa communis turba et faex popularis ad

---

3 rapiat Conc   4/11 Et *bis* imposturas] Ad haec probi etiam haberi volumus eamque animi versutiam atque improbitatem pulcherrime ornare atque tegere novimus, diu noctuque tam ingeniosas technas atque imposturas inquirimus atque fingimus Conc   11 quotidie jam Conc   13 quaerimus atque confugimus > Conc   14 excerptas] petitas Conc   17/8 permittimus *bis* nequitia] improbitatem aut nequitiam hanc Conc   19 contendimus] volumus Conc   22 quibus studio est] qui Conc   23 affulserit Conc   25/7 eo *bis* videbuntur] per vim torquent ac trahunt, prout causae servire posse videtur, verbula in commodum suum excerpentes posthabita et aequitate et proximi necessitate. Conc   30/2 id *bis* dicentes] ut et inquiunt ipsi Conc   34 improbis + in mundo Conc   40/1 his *bis* ac] nunc multi adhuc magni proceres, nobiles et Conc

---

[1]) rechtschaffen   [2]) verhüllen   [3]) Bösewicht   [4]) ersinnen   [5]) schlaue Kniffe   [6]) tückische Listen   [7]) wagen   [8]) Bosheit   [9]) Klugheit   [10]) drehen   [11]) der Sache dienen kann   [12]) pressen   [13]) Vorwand   [14]) „Dem Wachsamen hilft das Recht"; sprichwörtliche Redensart.   [15]) sich zu Schulden kommen lassen   [16]) Sprichwörtliche Redensart; auf alle Weise; vgl. z. B. **Livius** VI 14, 10.

nach fragen, wie sie das Ihre mit Ehren und Recht gewinnen.

So begibt sich nu solchs am meisten in den Händeln, so auf Recht gestellet[1] werden, dadurch man furnimmpt, dem Nähisten etwas abzugewinnen und abzuschüpfen[2]. Als (daß wir Exempel geben) wenn man hadert und handlet ümb groß Erbfall[3], liegende Guter etc., da fuhret man erzu und nimmpt zu Hülfe, was ein Schein des Rechten haben will, mutzet[4] und schmuckt's[5] also herfur, daß das Recht diesem zufallen muß, und behält das Gut mit solchem Titel[6], daß niemand kein Klag noch Anspruch dazu hat. Item wenn einer gerne ein Schloß, Stadt, Grafschaft oder sonst etwas Großes hätte und treibt so viel Finanzerei[7] durch Freundschaft und womit er kann, daß es einem andern abe= und ihm zugesprochen wird, dazu mit Briefe und Siegel bestätigt, daß mit furstlichem Titel[6] und redlich gewonnen heiße.

Desgleichen auch in gemeinen Kauf= händeln, wo einer dem andern etwas be= hendiglich[8] aus der Hand rücket, daß jener muß hinnach sehen[9], oder ihn übereilet und bedränget, woran er sein Vorteil und Genieß[10] ersiehet, daß jener vielleicht aus Not oder Schuld nicht erhalten[11] noch ohn Schaden losen[12] kann, auf daß er's halb oder mehr gefunden habe, und muß gleichwohl nicht mit Unrecht genommen oder entwendet, sondern redlich gekauft sein. Da heißt's[13]: „der Erst der Best" und „Jglicher sehe auf seine Schanz"[14], ein ander habe, was er kann. Und wer wollt' so klug sein, alles zu erdenken, wieviel man mit solchem hübschen Schein

locum multo inferiorem, nempe praeceptum septimum releganda est, ut cui non nimium curae est, qua laude aut integritate sua bona sibi paraverint. Jam haec potissimum in his negotiis usu venire solent, quae in contentionem forensem perducta sunt, quibus decretum est proximo a nonnulla parte bonorum excusso aliquid eripere. Veluti exempli gratia, cum de pingui atque opulenta aliqua haereditate contentio est aut si quando aliae res magnae in medium vocabantur. Hic quisque ad tuendam suae causae aequitatem adducit, quicquid uspiam vel speciem justi obtinet, quod tanto verborum apparatu ita exornat, ut illi jus suffragari cogatur eoque titulo erepta bona sycophantiis retinet, ut nemo posthac iis de rebus cum eo pedem (quod ajunt) conferre[15] audeat. Praeterea, si quis aut arci aut civitati aut marchionatui aut alioqui rei magnae adjecit oculum ac tantum amicorum sycophantiis effectum potest reddere aut quorumcunque tandem auxilio, ut alius inde pulsus illi adjudicetur possessio, quae tandem literis ac cera confirmatur, ut acquisita dicatur jure ac principali titulo.

Similiter quoque in vulgaribus illis et publicis commerciis et contractibus, ubi alter alteri e manibus aliquid prompta quadam astutia eripit, ut alteri illi tamquam lupo hianti discedendum sit, aut alioqui alterum iniqua contractione urget et obruit nonnulla spe lucri aut emolumenti ad se redituri conspecta, quam alter ille aut pressus necessitate aut aeris alieni magnitudine victus sine dispendio obtinere non potest aut assequi, ut dimidium aut etiam amplius dimidio invenerit et lucrifecerit. Neque tamen hoc inique partum aut vi ereptum, verum justus contractus dicendus est. Hoc non

---

8 und + ihn (ihm A) von dem (Seinem A) Seinen A B Konk 10/11 liegende] oder andere B 17 einer] imand (jemand) A B Konk 34 bedränget] betreuget A B Konk

4 paraverit Conc 12/3 vocantur Conc 16 ita > Conc 18 sycophantiis > Conc 22 marchionatui] comitatui Conc 23/5 amicorum bis auxilio] largitionibus vel per amicos vel quavis ratione alia efficere potest, Conc 25/6 alio inde pulso Conc 26 illi] sibi Conc 27/9 quae bis titulo] eademque ad haec literis et sigillis confirmetur, ut titulo principali et honeste acquisita esse dicatur. Conc 40 aut assequi non potest Conc

---

[1]) vor Gericht verhandelt [2]) abzudrängen [3]) Erbschaft [4]) bauscht es auf [5]) bemäntelt [6]) Rechtsgrund [7]) Bestechung [8]) listig [9]) das Nachsehen haben [10]) Nutzen [11]) behaupten [12]) verkaufen [13]) Zwei sprichwörtliche Redensarten. [14]) Vorteil (chance) [15]) Sprichwörtliche Redensart; (vor Gericht) auf den Leib rücken; Cicero, Pro Planc. 19, 48.

kann zu sich bringen, das die Welt fur kein Unrecht hält, und nicht sehen will, daß damit der Nähiste enhindern bracht[1] wird und laſſen muß, das er nicht ohn Schaden empehren kann, ſo doch niemand iſt, der ihm ſolchs wollt' getan haben? Daran wohl zu ſpuren iſt, daß ſolcher Behelf[2] und Schein falſch iſt.

Alſo iſt's nu verzeiten auch mit den Weibern zugangen: da kunnten ſie ſolche Fundlin[3], wenn einem ein andere gefiele, daß er durch ſich oder andere (wie denn mancherlei Mittel und Wege zurdenken waren) zurichtet, daß ihr Mann ein Unwillen auf ſie warf oder ſie ſich gegen ihm ſperret[4] und ſo ſtellet, daß er ſie mußte von ſich tuen und dieſem laſſen. Solchs hat ohn Zweifel ſtark regieret im Geſetz, wie man auch im Evangelio[5] lieſt von dem König Herode, daß er ſeines eigenen Bruders Weib noch bei ſeinem Leben freiete, welcher doch ein ehrbarer, frommer Mann ſein wollte, wie ihm auch Sankt Markus Zeugnis gibt. Aber ſolch Exempel, hoffe ich, ſoll bei uns nicht ſtatthaben, weil im Neuen Teſtament[6] den Ehelichen verpoten iſt, ſich vonander zu ſcheiden, es wäre denn in ſolchem Fall, daß einer dem andern ein reiche Braut mit Behendigkeit entrückete[7]. Das iſt aber bei uns nicht ſeltſam[8], daß einer dem andern ſein Knecht oder Dienſtmagd abſpannet[9] und entfrömbdet oder ſonſt mit guten Worten abzeucht[10].

est aliud, quam quod Terentianus leno[11] loquitur: 'Potior est, qui prior ad dandum est [12].' Et quisque sui emolumenti rationem habeat foroque utatur non admodum sollicitus, quid proximus habeat. Et quis velit esse tam solers ac perspicax, ut omnes defraudandi ac imponendi rationes ac vias excogitaret, quibus honesta quadam specie aliquid insidiose eripientes alteri nobis vendicamus? Quod tamen mundi judicio ut inique actum non existimatur neque legibus vindicatur, sed neque videt quisquam ita proximum opprimi eidemque eripi, quo citra singulare dispendium carere non potest, cum tamen pro certo constet esse neminem, qui haec sibi ab alio fieri velit aut aequo animo sustineat, ut facile appareat ejusmodi praetextus et effugia mala esse et improba.

Ad hunc quoque modum apud antiquos agebatur in re uxoria, ubi tales technas comminiscebantur adlubescente et arridente alicujus oculis alterius conjuge, ut per se aut alios (velut multiplices erant harum fraudum struendarum viae) tantum efficeret, ut maritus cum uxore simultatem susciperet aut illa marito adversaretur neque in omnibus ejus voluntati esset morigera ita, ut repudiatam cogeretur a sese dimittere ac alteri concedere. Hic abducendarum uxorum mos haud dubie apud Judaeos frequens fuit et usitatus, quemadmodum in evangelio quoque de Herode legitur, qui uxorem fratris sui adhuc vivi sibi fecerat usurariam[13], qui tamen alioqui vir justus et integer vitae haberi contendebat, sicut Marcus illi quoque fert testimonium. Ceterum ejusmodi exempla spero apud nos locum non habitura, cum in Novo Testamento legibus intercepta sit et antiquata repudiandi licentia, nisi fortasse quispiam alteri sponsam egregie dotatam quadam versipelli vafritie e faucibus praeriperet[14]. Porro autem, ut alter alteri servos aut ancillas abalienet aut alioqui blandis verbis persuasos abducat, equidem apud nostrates non est rarum aut insolens.

---

45 abzeucht] abdringet A A B Konk

1/2 Terentianus leno loquitur] dicitur Conc 12 actum + aut inhonestum Conc
37 fecerat usurariam] ducebat Conc

---

[1]) benachteiligt   [2]) Vorwand   [3]) Kunſtgriffe   [4]) widerſetzte   [5]) Matth. 14, 3f.; Mark. 6, 17—20.   [6]) Matth. 5, 31f.; 19, 3—9; Mark. 10, 2—12; Luk. 16, 18; 1. Kor. 7, 10f.   [7]) mit Liſt wegnimmt   [8]) ſelten   [9]) weglockt   [10]) abſpenſtig macht   [11]) Dorio.   [12]) Terenz, Phormio 533.   [13]) Plautus, Amph. 498.   [14]) Sprichwörtliche Redensart; vgl. Terenz, Heautont. 673; Livius XXVI 2, 10; Cicero, In Catil. II 1, 2.

Es geschehe nu solchs alles, wie es wölle, so sollen wir wissen, daß Gott nicht haben will, daß Du dem Nähisten etwas, das ihm gehöret, also entziehest, daß er empehre und Du Deinen Geiz füllest[1], ob Du es gleich mit Ehren fur der Welt behalten kannst. Denn es ist ein heimliche, meuchlinge Schalkheit[2] und, wie man spricht, unter dem Hütlin gespielet[3], daß man's nicht merken soll. Denn ob Du gleich hingehest, als habst Du niemand unrecht getan, so bist Du doch Deinem Nähisten zu nahe[4]. Und heißet's nicht gestohlen noch betrogen, so heißet es dennoch daß Du des Nähisten Guts begehret, das ist, darnach gestanden[5] und ihm abwendig gemacht ohn seinen Willen und nicht wollen gönnen, das ihm Gott bescheret hat. Und ob Dir's der Richter und idermann lassen muß, so wird Dir's doch Gott nicht lassen; denn er siehet das Schalkherz[6] und der Welt Tücke wohl, welche, wo man ihr ein Finger breit einräumet, nimmpt sie ein Elle lang dazu, daß auch öffentlich Unrecht und Gewalt folget.

Also lassen wir diese Gepot bleiben in dem gemeinen Verstand[7], daß erstlich gepoten sei, daß man des Nähisten Schaden nicht begehre, auch nicht dazu helfe noch Ursach gebe, sondern ihm gönne und lasse, was er hat, dazu fodere und erhalte, was ihm zu Nutz und Dienst geschehen mag, wie wir wollten uns getan haben[8]. Also daß es sonderlich wider die Abgunst[9] und den leidigen Geiz gestellet sei, auf daß Gott die Ursach und Wurzel aus dem Wege räume, daher alles entspringet, dadurch man dem Nähisten Schaden tuet. Darümb er's auch deutlich mit den Worten setzet: „Du sollt nicht begehren etc." Denn er will fürnehmlich das Herz rein haben, wiewohl

Jam quocumque modo hic dolus malus fieri potest, sciendum est Deum nolle pati, ut tu aliquid detrahas proximo, quod suum est, ut ille egeat tuque tuae servias avaritiae, etsi illud non contradicente mundo honorifice retinere posses. Est enim occulta quaedam et insidiosa sycophantia, qua (quemadmodum dicitur) fucum fecisti [10] proximo, ne persentiri possit. Nam tametsi perinde te geras, quasi nemini feceris injuriam, plus justo tamen onerosus exstitisti proximo. Etsi neque furti neque fraudis insimulandus es, rem tamen proximi te concupisse certum est, hoc est pro ea consequenda laborasse et praeter ejus voluntatem alienasse eidemque invidiose diffavisse, quod divina liberalitate consecutus est. Et quamquam neque judex neque quisquam alius tibi audeat eripere, neque tamen Deus itidem eo te pacate frui permittit. Ipse enim fraudulentum pectus et mundi hujus vafritiem acute perspicit, quae, ubi vel lati digiti libertatem consecuta fuerit atque licentiam, mox omnem modum excedit licentiae ac denique prorumpit in apertam vim atque injuriam.

Hujus ergo praecepti communis intellectus est: Primum, ut hoc cautum sit, ne damnum proximi desideremus neque ad id adjutores simus vel re vel consilio causam nocendi proximo suppeditantes, verum ei, quicquid habuerit, candide faveamus sinamusque. Ad haec, ut omnibus officiis promoventes ab injuria quoque res suas defendamus, quemadmodum cupimus idem ab alio nobis fieri et contingere. Ita, ut praecipue hoc praeceptum ad invidiam et foedam insatiabilemque habendi cupidinem respiciat, quo Deus causam atque adeo ipsam radicem funditus evulsam auferat e medio, unde omnes proximo nocendi

---

4 er's Konk

9/10 persentiri] animadverti ac deprehendi Conc   14/5 rem *bis* est (*1.*)] certum tamen est te rem proximi concupiisse, Conc   16/8 et *bis* diffavisse] praeter voluntatem ejus abalienasse eidemque Conc   19 est, + invidiose non favisse Conc   20 tibi + id Conc   eripere + vicissim Conc   24/5 libertatem + atque licentiam Conc   25 atque licentiam > Conc   26 licentiae > Conc   27 prorumpit > Conc   28 injuriam + prorumpit. Conc.

---

[1]) Habgier stillst   [2]) heimtückische Bosheit   [3]) im Geheimen betrieben; sprichwörtliche Redensart (vom Zauberkünstler); vgl. WA LI 675f. Nr. 88.   [4]) zu nahe getreten   [5]) getrachtet   [6]) arge Herz   [7]) allgemeine Bedeutung   [8]) daß man uns täte   [9]) Mißgunst   [10]) Sprichwörtliche Redensart; jemand blauen Dunst vormachen, ihn täuschen; vgl. Terenz, Eun. 589.

9. und 10. Gebot. — Beschluß.

wir's, solang wir hie leben, nicht dahin bringen können. Also daß dies wohl ein Gepot bleibt wie die andern alle, das uns ohn Unterlaß beschüldigt und anzeigt, wie fromm[1] wir fur Gott sind.

So haben wir nu die zehen Gepot, ein Ausbund[2] göttlicher Lehre, was wir tuen sollen, daß unser ganzes Leben Gotte gefalle, und den rechten Born und Rohre[3], aus und in welchen quellen und gehen müssen alles, was gute Werk sein sollen, also daß außer den zehen Gepoten kein Werk noch Wesen gut und Gott gefällig kann sein, es sei so groß und köstlich fur der Welt, wie es wolle. Laß nu sehen, was unsere große Heiligen rühmen können von ihren geistlichen Orden und großen, schweren Werken, die sie erdacht und aufgeworfen haben und diese fahren lassen, gerade als wären diese viel zu gering oder allbereit[4] längist ausgericht. Ich meine je, man sollt' hie alle Hände voll zu schaffen haben, daß man diese hielte, Sanftmut, Geduld und Liebe gegen Feinden, Keuschheit, Wohltat etc., und was solche Stück mit sich bringen. Aber solche Werk gelten und scheinen[5] nicht fur der Welt Augen. Denn sie sind nicht seltsam[6] und aufgeblasen, an sonderliche eigene Zeit, Stätte, Weise und Gebärde geheftet, sondern gemeine tägliche Hauswerk, so ein Nachbar gegen dem andern treiben kann, darümb haben sie kein Ansehen. Jene aber sperren Augen und Ohren auf[7], dazu helfen sie selbs mit großem Gepränge, Kost[8] und herrlichem Gebäu und schmücken sie erfur, daß alles gleißen und leuchten muß, da räuchert man, da singet und klinget man, da zündet man Kerzen und Lichte an, daß man fur diesen keine andere hören noch sehen kön'ne. Denn daß da ein Pfaff in einer

viae ac rationes pullulant. Unde illud quoque hisce verbis expresse et significanter extulit: 'Non desiderabis etc.' Cordis enim puritatem cumprimis quaeritat, tametsi eandem plene, quoad in humanis agemus, nunquam consequemur, ita ut hoc praeceptum cum ceteris omnibus facile praeceptum maneat, quod citra intermissionem nos accuset judicetque, quam probi coram Deo simus.

Jam ergo decem praecepta utcumque explanata habemus potiorem divinae doctrinae summam indicantia, quid nobis faciendum sit, ut tota vita nostra Deo probetur et placeat. Praeterea fontem ipsum ac scaturiginem, ex quo ebullire debent omnia, quaecumque bonorum operum nomine censenda sunt ita, ut extra decem praeceptorum praescriptionem nullum bonum opus, quod quidem Deo placere possit, esse existimandum sit, quamlibet tandem coram mundo aut bonum aut magnum aut speciosum esse videatur. Sine jam vicissim videamus, quid nostri magni illi heroes sanctitate spectabiles jactare possint de spiritualibus suis et difficillimis operibus, quae ipsi ultro excogitarunt sibique facienda proposuerunt et haec a Deo praecepta missa faciunt, quasi leviora essent et viliora, quam ut tam religiosis convenirent aut digna essent tantis hominibus aut jam olim effecta reddita. Ego equidem in ea sum opinione, ut existimem cuivis abunde hic praescriptum esse, quod efficiat, ὅσσον τις δύναται χερσίν τε ποσίν τε[9], nempe ut haec diligenter servaremus, mansuetudinem, patientiam et amicum erga inimicos animum, castitatem, commodandi promptitudinem atque id genus alia, quae his virtutibus annexa sunt. Verum ejusmodi opera nihil splendoris et autoritatis coram mundo obtinent. Neque enim rara et nova sunt et fastu

---

Zwischen 5 *und* 11 Beschluß der X Gebot. Konk (*a. R.* A A B)

Zwischen 10 *und* 11 Conclusio decalogi. Conc   11/2 decem *bis* habemus] explanata utcumque habemus decem praecepta Conc   16/7 quo *bis* debent] qua ebulliant et in quam redeant vicissim Conc   19/20 praeceptorum praescriptionem] praecepta Conc   31/4 essent *bis* reddita] et viliora aut jamdudum praestita essent. Conc   35 opinione, ut existimem] sententia Conc   44 obtinent] habent Conc

---

[1] rechtschaffen   [2] Auszug   [3] Kanal   [4] schon   [5] sind sichtbar   [6] selten   [7] lenken die Aufmerksamkeit der Menschen auf sich   [8] Aufwand   [9] Homer, Ilias XX 360: „ἀλλ' ὅσσον μὲν ἐγὼ δύναμαι χερσίν τε ποσίν τε."

gülden Kasel¹ stehet oder ein Lai den ganzen Tag in der Kirchen auf den Knien liegt, das heißet ein köstlich Werk, das niemand gnug loben kann. Aber daß ein armes Maidlin eines jungen Kinds wartet und treulich tuet, was ihr befohlen ist, das muß nichts heißen². Was sollten sonst Mönche und Nonnen in ihren Klöstern suchen?

Siehe aber, ist es nicht ein verfluchte Vermessenheit der verzweifelten Heiligen, so da sich unterstehen, ein höher und besser Leben und Stände zu finden, denn die zehen Gepot lehren, geben fur, wie gesagt³, es sei ein schlecht⁴ Leben fur¹ den gemeinen Mann, ihres aber sei fur die Heiligen und Vollkommenen, und sehen nicht, die elenden, blinden Leute, daß kein Mensch so weit bringen kann, daß er eins von den zehen Gepoten halte, wie es zu halten ist, sondern noch beide der Glaube und das Vaterunser zu Hülfe kommen muß (wie wir hören werden)⁵, dadurch man solchs suche und bitte und ohn Unterlaß empfahe. Darümb ist ihr Rühmen gerade soviel, als wenn ich rühmete und sagte: „Ich habe zwar nicht ein Groschen zu bezahlen, aber zehen Gülden⁶ traue ich wohl zu bezahlen."

turgida, certis temporibus, locis, personis, ritibus, habitibus destinata, sed communia, protrita et domestica, quae vicinus erga vicinum exercere potest, eam ob rem nullius habentur autoritatis et pretii. Porro autem illa alia hominum et ora et oculos in se convertunt, quae ipsi quoque sumptuosissimis ceremoniis, magnis impensis, regiis aedificiis provehunt atque ita exornant, ut omnia summe niteant ac splendeant. Ibi tura incenduntur ac thymiamata, ibi pulsatur et cantillatur planeque omnia concentu perstrepunt. Alibi incenduntur cerei, ut prae his alia neque videri neque audiri queant. Nam quod sacrificus quispiam picturata auro casula amictus conspiciatur aut laicus quispiam per totum diem flexis innititur genibus in ecclesia secum, nescio quid, murmurans, hoc vero opus speciosum et praeclarum dicitur, quod a nemine sufficienter laudari potest. Ceterum quod misera aliqua puellula infanti in cunis posito sedulo serviat ac cum fide, quod illi demandatum est, faciat, illud vero nullius momenti habendum est. Quid enim aliud ventrosi monachi et lascivae ac prurientes libidine moniales in monasteriis suis quaeritarent?

Vide vero, an non haec detestabilis quaedam sit istorum desperatorum hominum praesumptio, qua sibi tantum sumunt, ut audeant sublimiorem vitam et ordines invenire, quam decem praecepta doceant, affirmantes, ut dictum est, vitam esse simplicem ac leviculam tantumque vulgo observandam et sectandam, suam vero sanctis et perfectis convenientem et propositam. Neque vident calamitosi illi et talpis longe caeciores homines nullum hominem eo rem deducere posse, ut vel uni praeceptorum perfecte satisfaciat, ut satisfaciendum est, sed utrumque et fidem et orationis assiduitatem nobis debere venire auxilio (ut infra audiemus), qua praeceptorum servandorum vim atque virtutem quaeramus ac precemur, ut indesinenter accipiamus. Quapropter

---

31 es] das Konk   33 ein > 𝔄 A B Konk

5 habentur] sunt Conc   17/8 conspicitur Conc   24 servit Conc   25 cum fide] fideliter Conc   26 facit Conc   momenti] pretii Conc   36 docent Conc   45/7 utrumque *bis* audiemus)] subvenire nobis necesse sit, sicut audiemus, et fidem et orationem, Conc   49/50 ut indesinenter] indesinenterque Conc

---

¹) Vgl. oben 413 Anm. 8.   ²) Vgl. dazu oben 597₄₂—598₃.   ³) Oben 610₅₋₂₅.
⁴) gewöhnliches   ⁵) Unten 646₁₂₋₂₂ und 662₂₀₋₃₁.   ⁶) Der Gulden hat 21 Groschen.

Das rede und treibe ich darümb, daß man des leidigen Mißbrauch, der so tief eingewurzelt hat und noch idermann anhänget, los werde und sich gewehne in allen Ständen auf Erden, allein hieher zu sehen und sich damit zu bekümmern. Denn man wird noch lang kein Lehre noch Stände aufbringen, die den zehen Gepoten gleich sind, weil sie so hoch sind, daß sie niemand durch Menschenkraft erlangen kann, und wer sie erlanget, ist ein himmlisch, engelisch Mensch weit über alle Heiligkeit der Welt. Nimm sie nur fur und versuche[1] Dich wohl, lege alle Kraft und Macht daran, so wirst Du wohl soviel zu schaffen gewinnen[2], daß Du kein andere Werk oder Heiligkeit suchen noch achten wirst. Das sei gnug von dem ersten Teil, beide zu lehren und vermahnen. Doch müssen wir zu beschließen wiederholen den Text, welchen wir auch droben im ersten Gepot[3] gehandlet haben, auf daß man lerne, was Gott drauf will gewendet haben, daß man die zehen Gepot wohl lerne treiben und uben.

Ich, der HERR Dein Gott, bin ein eiferiger Gott, der über die, so mich hassen, die Sunde der Väter heimsucht an den Kindern bis ins dritte und vierde Gelied. Aber denen, so mich lieben und meine Gepot halten, tu ich wohl in tausend Gelied[4].

Dieser Zusatz, wiewohl er (wie oben gehöret[5]) zuvoderst zum ersten Gepot angehängt ist, so ist er doch ümb aller Gepot willen gesetzt, als die sich sämptlich hieher ziehen[6] und darauf gerichtet sollen sein.

eorundem jactantia non est alia, quam si jactarem et dicerem: 'Equidem neque grossum habeo, quem debitoribus meis numerem, decem tamen aureos perfacile dissolvam.'

Haec propterea hoc diligentius dico et inculco identidem, ut tandem a miserando illo abusu, qui usque adeo invaluit actis profundissime radicibus et adhuc adhaeret omnibus, liberemur et assuescamus ex omnibus totius orbis ordinibus huc tantum intentos habere oculos deque his esse sollicitum: Nullo enim unquam tempore ullam doctrinam aut vitae ordines inveniemus, quae decem praeceptis aut pares sint aut conferendi, cum ita sint sublimia, ut ea nullus homo unquam suis viribus queat assequi. Et qui eadem assecutus fuerit, coelestis et angelicus homo perhibendus est longe lateque omnem mundi sanctitatem excedens. Tantum vide, ut ea tibi proponas tuique in iis ipsis periculum non segniter facias omnes virium tuarum nervos intendens et exercens, ac illico senties tantum tibi superesse negotii, ut supervacaneum existimaveris alia sanctitatis aut praestantioris vitae opera ambitiose curare atque quaerere. Et haec de prima parte cum ad monendum, tum docendum dicta sufficiant. Ut tamen aptius ei rei finis imponatur, illa nobis verba hic repetenda sunt, quae supra quoque in primo praecepto explanavimus, ut discamus, quantum operis Deus impendi velit decem praeceptis probe perdiscendis, inculcandis et exercendis.

Ego sum Dominus Deus tuus, fortis zelotes visitans iniquitatem patrum in filios in tertiam et quartam generationem, qui me oderunt, et faciens misericordiam in milia his, qui diligunt me et custodiunt praecepta mea.

Hoc auctarii quamquam, ut supra audivimus, sub initium primo praecepto annexum est, omnium tamen praeceptorum gratia positum esse negare non possumus, ut quae conjunctim omnia huc refe-

---

6 man + doch A A B Konk   23 Teil + der gemeinen christlichen Lehre, soviel not ist, A A B Konk   25 Text +, so dazu gehöret, A A B Konk   38 Ich + bin A A B bin > B   46/7 gehöret] gesagt B

1 eorundem] eorum Conc   5 exsolvam Conc   13 solliciti Conc   18 assequi queat Conc   46 Hoc auctarii] Haec appendix Conc   47/8 annexa Conc   49 positam Conc

---

[1]) prüfe   [2]) zu tun bekommen   [3]) Oben 567—572.   [4]) Vgl. oben 567_{26-33}.
[5]) Oben 567_{34}f.   [6]) hierauf beziehen

Darümb habe ich gesagt, man solle solchs auch der Jugend furhalten und einbleuen, daß sie es lerne und behalte, auf daß man sehe, was uns dringen und zwingen soll, solche zehen Gepot zu halten. Und soll es nicht anders ansehen, denn als sei dies Stück zu einem iglichen sonderlich gesetzet, also daß es in und durch sie alle gehe. Nu ist (wie vor gesagt[1]) in diesen Worten zusammengefasset beide ein zornig Dräuwort und freundliche Verheißung, uns zu schrecken und warnen, dazu zu locken und reizen, auf daß man sein Wort als ein göttlichen Ernst annehme und groß achte, weil er selbs ausdrücket, wie groß ihm daran gelegen sei und wie hart er drüber halten[2] wolle, nämlich daß er greulich und schrecklich strafen will alle, die seine Gepot verachten und übertreten, und wiederümb, wie reichlich er's belohnen will, wohltuen und alles Guts geben denen, die sie groß achten und gerne darnach tuen und leben. Damit er will gefodert haben, daß sie alle aus solchem Herzen gehen, das alleine Gott furchtet und fur Augen hat und aus solcher Furcht alles lässet, was wider seinen Willen ist, auf daß ihn nicht erzürne, und dagegen auch ihm allein vertrauet und ihm zu Liebe tuet, was er haben will, weil er sich so freundlich als ein Vater hören lässet und uns alle Gnade und Guts anbeut.

Das ist auch eben die Meinung[3] und rechte Auslegung des ersten und furnehmsten Gepots, daraus alle andere quellen' und gehen sollen, also daß dies Wort „Du sollt nicht andere Götter haben" nichts anders aufs einfältigste will gesagt haben, denn soviel

renda et dirigenda sint. Quare dixi haec quoque juventuti praeponenda et identidem occinenda esse, ut discat et tenaciter retineat, quo certum nobis fiat, quare ad hujusmodi praeceptorum observationem et adigendi et impellendi essemus. Neque aliter haec verba intuenda sunt, quam si ad unum quodque singillatim adjecta sint ita, ut in his et per haec proficiscantur omnia. Jam (ut praedictum est) haec verba uno quasi fasce et terribiles minas et amicam promissionem in se complectuntur, ut nos partim et terreant et admoneant, partim amanter provocent et pelliciant, ut ejus verba perinde ut divinam quandam severitatem arripiamus et magni faciamus, quandoquidem ipse hoc tacitum non praeterit, quanti sua verba faciat aut a nobis fieri velit, tum quam severe eadem tueri decreverit, nempe quod acerbissimis suppliciis terribiliter excruciaturus est omnes illos, qui sua praecepta superbe contempserint ac detestandis vitiis violaverint. Rursus opulentissime eos remuneraturus omnium gratia, benignitate, officiis, misericordia evectos et adjutos, qui eadem in pretio habituri sunt neque gravate juxta eorundem praescriptum vitam suam instituturi. Quare hoc a nobis exigit, ut omnia e tali proficiscantur pectore, quod Deum tantummodo metuat, eum unice in oculis habeat quodque hoc metu inductum omnia illa accurate caveat, quae ejus voluntati repugnare videbuntur, ne Deum exasperet iracundia. Et contra quod illi unice fidat quodque in ejus gratiam faciat omnia, quaecumque animo ejus grata esse intellexerit, quando tam amicum et paternum erga nos animum prae se fert nobisque omnibus ultro offert omnes totius inexhaustae gratiae ac bonitatis suae divitias.

Et haec quoque prioris ac praecipui praecepti, ex quo cetera omnia manant et ebulliunt, sententia est et vera ac genuina interpretatio ita, ut hoc verbum ('Non habebis Deos alienos') nihil aliud simplicissime expositum in se com-

---

1/2 solchs der Jugend auch A A B   der Jugend auch solches Konf   26 was] das Konf

2 proponenda Conc   [17 et] ac Conc   23 est] sit Conc   illos] eos Conc
superbe > Conc   24 detestandis vitiis > Conc   25/30 Rursus bis instituri] Et vicissim, quam largiter remunerari, benefacere et omnia bona largiri velit iis, qui magni ea faciunt et libenter juxta praescriptum eorum vivunt et agunt. Conc   36 videntur Conc   36/7 exasperet iracundia] ad iracundiam provocet Conc   39/40 intelligit, quandoquidem Conc   45 prioris] primi Conc

---

[1]) Oben 567₁₇₋₁₉   [2]) wachen   [3]) Sinn

hie gefodert: „Du sollt mich als Deinen einigen rechten Gott fürchten, lieben und mir vertrauen".[1] Denn wo ein solchs Herz gegen Gott ist, das hat dieses und alle andere erfüllet. Wiederümb wer etwas anders in Himmel und auf Erden fürchtet und liebet, der wird wider dieses noch keines[2] halten. Also hat die ganze Schrift überall dies Gepot geprediget und getrieben, alles auf die zwei Stück, Gottes Fürcht und Vertrauen, gerichtet, und fürnehmlich der Prophet David im Psalter durch und durch[3], als da er spricht:[4] „Der HERR hat Gefallen an denen, die ihn fürchten und auf seine Güte warten", als wäre das ganze Gepot mit einem Vers ausgestrichen[5] und ebensoviel gesagt: „Der HERR hat Gefallen an denen, die kein andere Götter haben."

Also soll nu das erste Gepot leuchten und sein Glanz geben in die andern alle. Darümb muß Du auch dies Stück lassen gehen durch alle Gepot als die Schele[6] oder Vögel[7] im Kranz, daß End und Anfang zuhaufe[8] füge und alle zusammenhalte, auf daß man's immer wiederhole und nicht vergesse. Als nämlich im andern[9] Gepot, daß man Gott fürchte und seines Namens nicht mißbrauche zu Fluchen, Liegen, Triegen und anderer Verführung oder Büberei, sondern recht und wohl brauche mit Anrufen, Beten, Loben und Danken, aus Liebe und Vertrauen nach dem ersten Gepot geschepft. Desgleichen soll solche Furcht, Liebe und Vertrauen[1] treiben und zwingen, daß man sein Wort nicht verachte, sondern lerne, gerne höre, heilig halte und ehre.

Darnach weiter durch die folgenden Gepot gegen dem Nähisten auch also, alles aus Kraft des ersten Gepots: daß man Vater und Mutter, Herrn und alle Öberkeit ehre, untertan und gehorsam sei, nicht ümb ihretwillen, sondern ümb Gottes willen. Denn

plectatur quam hoc ipsum, quod hic exigitur, nempe: 'Tu me velut unicum et verum Deum tuum metuas volo, me ames, tuam fiduciam in me adeo solum rejicias.' Ubi enim ejusmodi erga Deum cor erectum est, hoc et praesens et reliqua praecepta omnia ad unum complevit. Contra quicumque aliud in coelis aut in terra pertimescit et amat, neque hoc neque alia ulla servabit. Ita tota scriptura passim hoc unum praeceptum docuit et subinde inculcavit neque non omnia ad haec duo, nempe timorem Dei et fiduciam, retulit. Cumprimis vero propheta David nihil aliud paene per omne docet psalterium, velut cum inquit: 'Beneplacitum est Domino super timentes eum et in eis, qui sperant super misericordia ejus.' Quasi totum praeceptum unico versiculo explicatum esset ejusque haec summa foret: 'Illi Deo summe placent, quibus non sunt Dii alieni.'

Ad eum modum primum praeceptum lucere debet deque se splendorem emittere, ut aliis omnibus lucem praebeat. Quamobrem haec verba per omnia praecepta penetrare debent veluti ligneus in sertis circulus, ut finem cum principio copulent et omnia uno quasi fasce complectantur, ut subinde repetantur animo, ne memoriae excidant, utpote in secundo praecepto, ut Deum metuamus, ejus nomine non foede ac impie abutamur ad exsecrandum, maledicendum, mentiendum, fallendum aliasque improbitates et vitia exercenda, verum bene et recte utamur invocando, precando, laudando et gratias agendo amore ac fiducia Dei incitati juxta primi praecepti constitutionem. Similiter eo ipso metu, amore atque fiducia incitandi sumus, ut ejus verbum non contemptim respuamus aut delicati fastidiamus, sed avide discamus, libenter audiamus, sacrum, sanctum, pretiosum et honorificum habeamus.

Ita quoque deinceps per reliqua praecepta virtute prioris erga proximum observanda gradus faciendi sunt, ut parentes, dominos ac omnes magistratus honorantes habeamus in pretio, libenter eisdem obedientes obsequamur, non

---

3 volo > Conc   4 adeo > Conc   5 rejicias, + volo Conc   16 omne docet psalterium] omnes psalmos docet Conc   32 utpote] nempe Conc   37 recte + eo Conc   45 sacrum, sanctum] sacrosanctum Conc   48 prioris] primi Conc

---

[1]) Vgl. dazu oben 507₄₂f., 510₁₆f., 20f. und WA XXXI 485.   [2]) irgendein anderes   [3]) durchweg   [4]) Ps. 147, 11.   [5]) ausgelegt   [6]) Verschluß, der die beiden Kranzenden zusammenhält.   [7]) Reif   [8]) zusammen   [9]) zweiten

Du darfft wider Vater noch Mutter ansehen noch fürchten noch ihn zulieb tuen oder lassen, siehe aber zu, was Gott von Dir haben will und gar getrost fodern wird; läßt Du es, so hast Du ein zornigen Richter oder wiederümb ein gnädigen Vater. ¹ Item, daß Du Deinem Nähisten kein Leid, Schaden noch Gewalt tuest noch einerleiweise zu nahe seiest¹, es treffe² sein Leib, Gemahl, Gut, Ehre oder Recht an², wie es nacheinander gepoten ist, ob Du gleich Raum³ und Ursach dazu hättest und Dich kein Mensch drümb strafete, sondern idermann wohl tuest, helfest und foderst, wie und wo Du kannst, allein Gotte zu Liebe und Gefallen in dem Vertrauen, daß er Dir alles reichlich will erstatten. Also siehest Du, wie das erste Gepot das Häupt und Quellborn ist, so durch die andern alle gehet, und wiederümb alle sich zurückziehen und hangen in diesem, daß End und Anfang alles⁴ ineinander geknüpft und gebunden ist.

Solchs (sage ich nu) ist nutz und not, dem jungen Volk immer furzuhalten, vermahnen und erinnern, auf daß sie nicht allein wie das Viech mit Schlägen und Zwang, sondern in Gottes Furcht und Ehre aufgezogen werden. Denn wo man solchs bedenket und zu Herzen nimmpt, daß es nicht Menschentand, sondern der hohen Majestät Gepot sind, der mit solchem Ernst drüber hält⁵, zürnet und

quidem ob illorum, sed divinae voluntatis autoritatem. Neque enim tibi parentes respiciendi sunt neque quicquam illis gratificandum aut omittendum, sed eo fac respicias, quidnam rei Deus a te exigat, quod fidenter a te postulaturus est. Qua in re, si animo omisso fueris, iratum ac saevum judicem, sin feceris, clementem patrem experiere. Praeterea ne quam proximo tuo injuriam objicias aut vim facias neve ulla in re illi incommodare studeas, qua aut corpus ejus caede violares aut vulneribus aut uxorem ejus stupro contaminares aut bona furto imminueres aut famam clancularia contumelia et obtrectatione denigrares aut ejus jus opprimeres. Veluti haec omnia ordine interdicta sunt, etsi ad haec commode perpetranda neque locus tibi deesset neque occasio neque cujusvis hominis reprehensionem eam ob rem incurreres. Verum enim vero fac de omnibus bene mereri memineris, omnes officiose juvare ac promovere, quocumque aut ubicumque poteris, tantum in hoc, ut Deo gratificeris et placeas hac proposita fiducia illum ipsum esse, qui haec omnia tibi largiter pensaturus sit. Ita vides, quemadmodum primum praeceptum caput ac fons sit, unde reliqua omnia suam trahunt originem quodque rursus omnia alia retro pertrahat ex se pendentia, ut et finis et principium uno nodo et quidem illo Herculeo⁶ colligata esse videantur.

Talia, inquam, operae pretium est, ut juventuti nunquam non proponantur, monendo inculcentur et in memoriam assidue repetendo revocentur, ut non tantum fuste ac plagis, quemadmodum pecora rationis expertia, sed etiam in timore ac cultu Dei pia quadam ratione educentur. A quibus enim haec iusto examine perpenduntur animique seria

---

17 will > A   erstatten will B   20 in] an Konk

7 animo omisso] negligens Conc   11/29 objicias *bis* sit] aut damnum inferas vel vim facias neve ulla in re illi incommodes, sive corpus ejus, sive conjugem, sive opes, honorem aut jus spectes, veluti omnia haec ordine sunt mandata, etsi ad haec commode perpetranda neque locus tibi deesset neque occasio, ad haec nullius hominis reprehensionem eo nomine incurreres, sed de omnibus bene merearis, omnes officiose juves ac promoveas, quacumque ratione et ubicumque potes, tantum in hoc, ut Deo obedias hac fiducia eum ipsum omnia haec largiter tibi compensaturum. Conc   29 quemadmodum] quomodo Conc   34/5 nodo *bis* Herculeo] indissolubili nodo Conc   35 esse videantur] et copulata sint Conc   43—S. 645, 2 A *bis* esse] Quicumque enim haec considerant et animi seria quadam cogitatione perpendunt esse videlicet haec non Conc

¹) in irgendeiner Weise zu nahe trittst   ²) betreffe   ³) Möglichkeit   ⁴) ganz und gar
⁵) wacht   ⁶) Sprichwörtliche Redensart; ein (angeblich von Herkules erfundener) ganz fester Knoten; vgl. Sen., Ep. LXXXVII 38; Plinius, Nat. hist. XXVIII 63.

strafet, die sie verachten, und wiederümb so überschwänglich vergilt denen, die sie halten, daselbs wird sich's selbs reizen und treiben, gerne Gottes Willen zu tuen. Darümb ist nicht ümbsonst im Alten Testament[1] gepoten, daß man soll die zehen Gepot schreiben an alle Wänd und Ecken, ja an die Kleider, nicht daß man's allein lasse da geschrieben stehen und schautrage[2], wie die Jüden täten[3], sondern daß man's ohn Unterlaß fur Augen und in stetem Gedächtnis habe, in[4] alle unserm Tuen und Wesen treiben, und ein iglicher lasse es sein tägliche Ubung sein in allerlei Fällen, Geschäfte und Händeln, als stunde es an allen Orten geschrieben, wo er hinsiehet, ja wo er gehet oder stehet. So würde man beide fur sich daheim in seinem Haus und gegen Nachbarn Ursach gnug finden, die zehen Gepot zu treiben, daß niemand weit darnach laufen dürfte.

Aus dem siehet man abermal, wie hoch diese zehen Gepot zu heben und preisen sind über alle Stände, Gepot und Werk, so man sonst lehret und treibt. Denn hie können wir trotzen und sagen: Laß auftreten alle Weisen, und Heiligen, ob sie künnden ein Werk erfurbringen als diese Gepot, so Gott mit solchem Ernst fodert und befiehlt bei seinem hohisten Zorn und Strafe, dazu so herrliche Verheißung dazu setzet, daß er uns mit [1] allen Gütern und Segen überschütten will. Darümb soll man sie je fur allen andern Lehren teur und wert halten als den hohisten Schatz, von Gott gegeben.

quadam cogitatione alternantur videlicet haec non esse humanae rationis commenta, sed summae majestatis praecepta, quae tanta severitate vindicanda suscepit, ut horum contemptores implacabiliter punire, contra factores inaestimabilibus bonitatis suae divitiis remunerari statuerit, illi sua sponte ad faciendam Dei voluntatem satis erunt propensi. Quare in Veteri Testamento non temere mandatum erat, ut decem praecepta omnibus inscriberentur parietibus, angulis et vestibus, non in hoc, ut tantum inscripta spectanda circumferrentur, quemadmodum factitare consueverant, sed ut citra intermissionem obversarentur oculis et memoriae occurrerent in omnibus nostris negotiis et actionibus. Sint ergo cuique haec quotidiana exercitia et studia in omnibus casibus, negotiis et officiis, ac si omnibus insculpta locis legenda occurrerent, quocumque oculorum aciem flexerit, imo potius ubicumque incesserit aut presso vestigio steterit. Ita fiet, ut aeque et domi et foris erga vicinos semper sufficientem causam inveniamus decem praecepta exercendi, ut nemini ea incumbat necessitas illa procul petendi.

Ex his omnibus jam facile aestimare licet aut videre, quousque haec praecepta extollenda aut quanti tandem facienda sint prae omnibus et operibus et ordinibus, qui doceri consueverunt. Hic enim confidenter dicere possumus, ut ad unum prodeant omnes sapientes et, quotquot sanctimoniae titulo superbiunt, num unum queant opus quamlibet pusillum producere, quod vel extremo horum praeceptorum opusculo aequiparandum sit, quod tanta severitate Deus a suis exigit et faciendum praecipit tantam tamque intolerabilem transgressoribus interminatus iracundiam et contra factoribus adeo splendidas promissiones pollicitus se nimirum inexhaustis benedictionis suae divitiis tantum non obruturum. Quocirca non injuria haec praecepta omnibus aliis doctrinis anteferenda sunt inque magno habenda pretio tamquam thesaurus omnium, quem a Deo accepimus, pretiosissimus.

---

3 daselbs] so B   7 alle + Türe, A A B   ja + auch A A B Konf   12/3 treibe Konf

3 praecepta] mandata Conc   4/5 vindicanda *bis* implacabiliter] contemptores eorum Conc   6 contra vero factores eorum Conc   7/8 statuerit] velit Conc   8 faciendum Conc   15 factitare + Judaei Conc   47/8 obruturum + eos. Conc   51 omnium > Conc   52 accepimus, + omnium Conc

---

[1]) Deut. 6, 8 f.; 11, 20.   [2]) zur Schau trage   [3]) Matth. 23, 5.   [4]) wir es in

Das ander Teil.

Von dem Glauben.[1]

Bisher haben wir gehöret das erste Stück christlicher Lehre und darinne gesehen alles, was Gott von uns will getan und gelassen haben. Darauf folgt nu billich der Glaube, der uns fürlegt alles, was wir von Gott gewarten[2] und empfahen mussen, und, aufs kürzste zu reden, ihn ganz und gar erkennen lehret. Welchs eben dazu dienen soll, daß wir dasselbige tuen können, so wir lauts der zehen Gepot tuen sollen. Denn sie sind (wie droben[3] gesagt) so hoch gestellet, daß aller Menschen Vermügen viel zu gering und schwach ist, dieselbigen zu halten. Darümb ist dies Stück ja so[4] nötig als jenes zu lernen, daß man wisse, wie man dazu komme, woher und wodurch solche Kraft zu nehmen sei. Denn so wir künnten aus eigenen Kräften die zehen Gepot halten, wie sie zu halten sind, dürften wir nichts weiter, wider Glauben noch Vaterunser. Aber ehe man solchen Nutz und Not[5] des Glaubens ausstreichet[6], ist gnug erstlich fur die gar[7] Einfältigen, daß sie den Glauben an ihm selbs fassen und verstehen lernen.

Aufs erste hat man bisher den Glauben geteilet in zwelf Artikel[8], wiewohl, wenn man alle Stück, so in der Schrift stehen und zum Glauben gehören, einzelen fassen sollte,

De symbolo fidei

Sequitur catechismi pars secunda.

Hactenus catechismi, hoc est christianae doctrinae primam partem audivimus, in qua, quid faciendum, quidve nobis omittendum sit, Deus praeceperit, vidimus. Hanc deinceps justo ordine fidei confessio subsequitur, qua nobis summatim, quid a Deo suis exspectandum et accipiendum sit, proponitur atque, ut paucis dicam, eundem nos per omnia docet cognoscere. Quae eo nobis servire ac prodesse debet, ut id, quod praecepta exigunt, facere queamus, dum ea exigentibus praeceptis facere cogimur. Nam (ut supra dictum commemini) adeo sublimis et alta eorum est constitutio, ut omnium hominum vires longe leviores sint et invalidiores, quam ut eandem possint assequi aut contingere. Eam ob rem nihilo minus necessarium est hanc partem perdiscere quam priorem, ut compertum habeamus, quinam praeceptis satisfacere queamus et unde tanta vis ac virtus petenda aut inpetranda sit. Etenim si propriis viribus divinis praeceptis satisfacere possemus, quemadmodum illis satisfaciendum est, et fide et precatione haud difficulter careremus. Prius vero, quam ejusmodi et utilitas et necessitas fidei explanatur, primum quidem promere simplicibus abunde satis est, ut fidem per se comprehendant et intelligere discant.

Principio theologi nostri fidem hactenus in duodecim articulos diviserunt, quamquam, si omnes particulae, quas tradit scriptura et ad fidem referendae

---

7 fürträgt A B Konk   17 wie *bis* komme > A A B   18/9 zu nehmen sei] komme A A B

1/2 Secunda pars catechismi. Symbolum fidei. Conc   5 facere Conc   5/6 quidve *bis* praeceperit] quid omittere nos Deus velit, Conc   8 fidei confessio] fides Conc   9 suis] nobis Conc   16 commemini > Conc   20 contingere + et ei satisfacere. Conc   23 compertum *bis* quinam] sciamus, quomodo Conc   31 explanetur Conc   32/3 primum *bis* est] initio sufficit pro rudibus plane, Conc

[1]) Luther hat das apostolische Glaubensbekenntnis öfters ausgelegt; vgl. WA VII *215—220; XII 388—395; XI 48—54; XXIX 471—473; XXXI 9—11, 43—46, 86—94 (Grundlage für den großen Katechismus); XXXIVI 449—457; XXXVII 35—72; XXXVIII 373—375; XLV 11—24; L 262f. Vgl. auch Köhler, Luther und die Kirchengeschichte II 76—97.   [2]) erwarten   [3]) Oben 640 38—43, 641 13—15.   [4]) ebenso   [5]) Notwendigkeit   [6]) darlegt   [7]) ganz   [8]) Die Zwölfteilung des Apostolikums begegnet seit etwa 400. Nach der Tradition soll von jedem der zwölf Apostel ein Satz stammen; vgl. Leo d. Gr., Ep. 31 ad Pulcheriam: „catholici symboli brevis et perfecta confessio, quae duodecim apostolorum totidem est signata sententiis" (MSL LIV 794); vgl. auch Rufin, Commentarius in symbolum apostolorum (MSL XXI 337); Meyer, Kommentar, 91f.; Hahn, Bibliothek der Symbole³ (1897), 52f. Anm. 87.

gar viel mehr Artikel sind, auch nicht alle
deutlich mit so wenig Worten mügen aus=
gedrückt werden. Aber daß man's aufs leich=
teste und einfältigste fassen künnde, wie es
fur die Kinder zu lehren ist, wöllen wir den
ganzen Glauben kürzlich fassen in drei
Häuptartikel[1] nach den dreien Personen der
Gottheit, dahin alles, was wir gläuben, ge=
richtet ist, also daß der erste Artikel von Gott
dem Vater verkläre[2] die Schepfung, der
ander von dem Sohn die Erlösung, der dritte
von dem heiligen Geist die Heiligung. Als
wäre der Glaube aufs allerkürzste in soviel
Wort gefasset: „Ich gläube an Gott Vater,
der mich geschaffen hat, ich gläube an Gott
den Sohn, ' der mich erlöset '' hat, ich gläube
an den heiligen Geist, der mich heilig machet."
Ein Gott und Glaube, aber drei Person,
darümb auch drei Artikel oder Bekenntnis.
So wöllen wir nu kürzlich die Wort über=
laufen[3].

sunt, sigillatim comprehenderentur, multo
plures sunt articuli, sed neque tam
paucis verbis satis significanter possunt
exprimi. Veruntamen ut quam facillime
et simplicissime comprehendantur, veluti
pueris tradendi sunt, totum fidei
symbolum tribus tantum principalibus
articulis complectemur juxta tres divinitatis
personas, ad quas omnia, quae credimus,
referuntur et ordinantur, ita ut
primus articulus de Deo patre creationem
explicet, secundus de filio redemptionem,
tertius de spiritu sancto sancti=
ficationem. Quasi fides quam brevissime
tot verbis comprehensa esset: 'Credo in
Deum patrem, qui me creavit, credo in
Deum filium, qui me liberavit, credo in
spiritum, qui me sanctificat.' Unus Deus
et una fides, verum tres personae, quare
tres etiam articuli et confessiones. Jam
ergo ipsa fidei verba quam paucissimis
percurremus.

Der erste Artikel.

Ich gläube an Gott, den Vater
allmächtigen[4], SCHEPFER Him=
mels und der Erden.

Da ist aufs allerkürzste abgemalet und
furgebildet, was Gottes des Vaters Wesen,
Wille, Tuen und Werk sei. Denn weil die
zehen Gepot haben furgehalten, man solle
nicht mehr denn einen Gott haben, möchte
man nu fragen: „Was ist denn Gott fur
ein Mann, was tut er, wie kann man ihn
preisen oder abmalen und beschreiben, daß
man ihn kenne?" Das lehret nu dieser und
folgende Artikel. Also daß der Glaube nichts
anders ist denn ein Antwort und Bekenntnis
der Christen, auf das erst Gepot gestellet
Als wenn man ein jung Kind fragete.
„Lieber, was hast Du fur ein Gott, was
weißest Du von ihm?", daß es künnde sagen:
„Das ist mein Gott, zum ersten der Vater, der
Himmel und Erden geschaffen hat. Außer
diesem einigen halte ich nichts fur Gott,
denn sonst keiner ist, der Himmel und
Erden schaffen künnde."

Articulus I.

Credo in Deum, patrem om=
nipotentem, creatorem coeli
et terrae.

Quaenam sit Dei patris essentia, voluntas
et opus, hisce verbis compendiosissime
adumbratum et propositum
est. Cum enim decem praecepta docuerint
non esse nisi unum Deum habendum
et colendum, in quaestionem venire
posset, quid Deus esset, quid operis faceret,
quibus denique rebus laudandus
sit aut depingendus, ut cognoscatur.
Hoc jam sequens docet articulus fidem
nihil aliud esse quam responsionem
quandam et confessionem christianorum
ad primum praeceptum ordinatam. Velut
puer interrogatus a quopiam: 'Quemnam
Deum habes aut quid de illo compertum
tenes?' respondere possit: 'Primum
quidem hoc Deus meus est, qui
coelum ac terram condidit. Extra hunc
unum nullum alium Deum esse credo,
praeter hunc enim nemo est, qui sua virtute
atque potentia coelum ac terram
possit condere.'

---

18 und + ein Konk   45 ist keiner A A B

18 spiritum + sanctum Conc   21 quam paucissimis] breviter Conc   43 est, + videlicet pater, Conc

---

[1]) Schon 1520 teilte Luther den Glauben in „drei Häuptstück, nachdem die drei Person
der heiligen, gottlichen Dreifaltigkeit drein erzählet werden, das erst dem Vater, das ander
dem Suhn, das dritt dem heiligen Geist zuzueigen" (WA VII 214 25-27).   [2]) erkläre
[3]) kurz besprechen   [4]) Vgl. dazu oben 555f. Anm. 5 und 556 Anm. 3.

Fur die Gelehrten aber und die etwas läuftig¹ sind, kann man die Artikel alle drei weit ausstreichen² und teilen in soviel Stück, als es Wort sind. Aber itzt fur die jungen Schüler sei gnug, das Nötigste anzuzeigen, nämlich, wie gesagt, daß dieser Artikel belanget³ die Schepfung, daß man stehe auf dem Wort: „Schepfer Himmels und Erden." Was ist's nu gesagt⁴ oder was meinest Du mit dem Wort: „Ich gläube an Gott, Vater allmächtigen, Schepfer" etc.? Antwort: Das meine und gläube ich, daß ich Gottes Geschepfe bin, das ist, daß er mir geben hat und ohn Unterlaß erhält Leib, Seele und Leben, Geliedmaße klein und groß, alle Sinne, Vernunft und Verstand und so fortan⁵, Essen und Trinken, Kleider, Nahrung, Weib und Kind, Gesind, Haus und Hof etc., dazu alle Kreatur zu Nutz und Notdurft des Lebens dienen lässet, Sonne, Mond und Sternen am Himmel, Tag und Nacht, Luft, Feuer, Wasser, Erden und was sie trägt und vermag⁶, Vogel, Fisch, Tier, Getreide und allerlei Gewächs, item, was mehr leibliche und zeitliche Güter sind, gut Regiment, Friede, Si'cherheit. Also daß man aus diesem Artikel lerne, daß unser keiner das Leben noch alles, was itzt erzählet⁷ ist und erzählt mag werden, von ihm selbs hat noch erhalten kann, wie klein und gering es ist. Denn es alles gefasset ist in das Wort „Schepfer".

Darüber⁸ bekennen wir auch, daß Gott der Vater nicht allein solchs alles, was wir haben und fur Augen sehen, uns geben hat, sondern auch täglich fur allem Ubel und Unglück behütet und beschützet, allerlei Fährligkeit und Unfall abwendet, und solchs alles aus lauter Liebe und Güte, durch uns unverdienet, als ein freundlicher Vater, der für uns sorget, daß uns kein Leid widerfahre. Aber davon weiter zu sagen, gehöret in die

Ceterum pro doctis et qui aliquam scripturae cognitionem sibi paraverunt, ii tres articuli aliquanto fusius et locupletius declarari possunt inque tot partes dividi, quot verbis fidei symbolum contextum est. Verum in praesentia pro novitiis scholasticis maxime cognitu necessaria indicasse sufficiat, nempe hunc articulum, ut diximus, ad rerum creationem pertinere, ut huic verbo innitamur: 'Creator coeli et terrae.' Quid ergo haec sibi verba volunt aut his tu significari putas: 'Credo in Deum patrem omnipotentem, creatorem' etc.? Responsio: Hoc significari puto et credo me Dei esse creaturam, hoc est, quod ille mihi dederit quotidieque alat sustentetque corpus, animam, vitam, membra corporis, cum parva, tum magna, omnes sensus, rationis usum virtutemque intelligentiae ac deinceps cibum et potum, amictum, commeatum, uxorem, liberos, familiam, aedes, praedia etc. Ad haec, qui omnes creaturas ad vitae meae utilitatem et necessitatem servire mihi sinit, solem, lunam et sidera coelestia, diem et noctem, aërem, ignem, aquam, terram et omnes fructus terrae, quos sua foecunditate producit. volucres, pisces et omnia frumentorum ac fructuum genera. Insuper, si quae sunt alia rerum corporalium et temporalium bona, ut est aequabilis reipublicae status et administratio, pax, tranquilla securitas. Ita, ut ex hoc articulo discamus nostrum neminem vitam omniaque alia jam enumerata, et quae adhuc enumerari possent, a se habere neque retinere posse, quamlibet pusillum aut leve fuerit. Haec enim omnia nomine creatoris comprehensa sunt.

Praeter haec ingenue quoque confitemur Deum patrem non solum haec omnia, quae possidemus ac fruimur coramque oculis intuemur, nobis dedisse, sed quotidie etiam ejus tutela nos ab omnibus malis atque periculis custodiri omnes incommoditates, ruinas atque discrimina a nobis favorabiliter abigente et propulsante. Quae omnia mera humanitate et bonitate sua pellectus nobis

---

8 und + der A B Konk

20 sensus, + rationem, Conc   30 ac] et Conc   44 possidemus ac fruimur] habemus, possidemus Conc   49 favorabiliter > Conc

¹) bewandert   ²) weitläufig behandeln   ³) betrifft   ⁴) Was bedeutet   ⁵) usw.
⁶) hervorbringen kann   ⁷) aufgezählt   ⁸) Außerdem; vgl. zu dieser Stelle WA XXXI 485 und oben 511,1ff.

andern zwei Stück dieses Artikels, da man spricht: „Vater allmächtigen".

Hieraus will sich nu selbs schließen und folgen[1]: weil uns das alles, so wir vermügen[2], dazu was im Himmel und Erden ist, täglich von Gott gegeben, erhalten und bewahret wird, so sind wir ja[3] schüldig, ihn darümb ohn Unterlaß zu lieben, loben und danken und kürzlich ihm ganz und gar damit zu dienen, wie er durch die zehen Gepot fodert und befohlen hat. Hie wäre nu viel zu sagen, wenn man's sollt' ausstreichen[4], wie wenig ihr sind, die diesen Artikel gläuben. Denn wir gehen all überhin, hören's und sagen's, sehen aber und bedenken nicht, was uns die Wort fürtragen[5]. Denn wo wir's von Herzen gläubten, würden wir auch darnach tun und nicht so stolz hergehen, trotzen und uns brüsten, als hätten wir das Leben, Reichtumb, Gewalt und Ehre etc. von uns selbs, daß man uns fürchten und dienen müßte, wie die unselige verkehrte Welt tuet, die in ihrer Blindheit ersoffen ist, aller Güter und Gaben Gottes allein zu ihrer Hoffart, Geiz, Lust und Wohltagen[6] mißbraucht und Gott nicht einmal ansehe, daß sie ihm dankete oder fur ein Herrn und Schepfer erkennete. ' Darümb sollt' uns dieser Artikel alle demütigen und erschrecken, wo wir's gläubten. Denn wir sundigen täglich mit Augen, Ohren, Händen, Leib und Seele, Geld und Gut und mit allem, das wir' haben, sonderlich diejenigen, so noch wider Gottes Wort fechten. Doch haben die Christen den Vorteil, daß sie sich des schüldig erkennen, ihm dafur zu dienen und gehorsam zu sein.

immerentibus exhibet tamquam lenis ac clemens pater, cui nos curae sumus, ne quid mali aut adversi nobis accidat. Verum ea verbosius persequi ad reliquas 18 duas partes pertinet, ubi dicimus: 'Patrem omnipotentem.'

Ex his jam demonstratis facile evic- 19 tum consequitur et colligitur, cum omnia, quae possidemus quaeque in coelo et in terra sunt, quotidie a Deo concessa sustentantur et custodiuntur, nos debere eundem indesinenter diligere, laudibus extollere agendisque gratiis acceptorum beneficiorum esse memores et, ut uno verbo dicam, illi prorsus atque per omnia hisce gratuito datis muneribus servire, quemadmodum hoc ipsum decem praeceptis a nobis exigit et faciendum praecepit. Jam hoc loco multis ver- 20 bis opus esset, si foret faciendum indicium, quam illorum grex pusillus sit hunc articulum credentium. Hunc enim omnes subtersilimus audientes quidem et memorantes, sed nequaquam videntes aut animo expendentes, quid ipsa verba nobis non oscitanter aut somniculose expendendum proponant. Quod 21 si enim haec ex animo crederemus, horum verborum jussa haud dubie capesseremus neque tam superbe incederemus insolenter intumescentes, quasi a nobismetipsis aut nostra opera partis vita, divitiis, potentia, dignitate, honoribus etc. frueremur, ut alii servitute nobis obnoxii nos pertimescere cogerentur, quemadmodum infelix ac perversus mundus factitare consuevit, qui in caecitate sua submersus est omnibus bonis et muneribus divinitus datis tantum ad superbiam suam, tum avaritiam, voluptates et delicias turpissime abutens neque Deum vel semel respiciens, ut illi gratias ageret aut pro Domino ac creatore suo eum agnosceret. Quocirca hoc arti- 22 culo omnes humiliandi ac conterrendi essemus, si haec vera esse certo et constanter crederemus, siquidem quotidie victi carnis affectibus peccamus oculis, auribus, manibus, corpore et anima, opi-

---

41 sein, welchs die Welt nicht tut. A A B

11 sustententur Conc   custodiantur Conc   11/2 debere nos Conc   19 hoc loco] hic Conc   19/20 verbis opus] dicendum Conc   20/2 foret bis credentium] illustrare id quis vellet, quam pauci sint, qui hunc articulum credunt. Conc   23 subtersilimus] praetervolamus Conc   40 suam, tum > Conc   44/6 hoc bis essemus] hic articulus omnes nos humiliare ac conterrere debebat Conc

---

[1]) folgt von selbst als Schluß   [2]) besitzen   [3]) wahrlich   [4]) ausführlich behandeln
[5]) auftragen   [6]) Vergnügen

Derhalben sollen wir diesen Artikel täglich
uben, einbilden¹ und uns erinnern in allem,
was uns fur Augen kömmpt und Guts
widerfähret, und, wo wir aus Nöten oder
Fährligkeit kommen, wie uns Gott solchs
alles gibt und tuet, daß wir daran spüren
und sehen sein väterlich Herz und über=
schwängliche Liebe gegen uns. Davon
würde das Herz erwarmen und entzündet
werden, dankbar zu sein und aller solcher
Güter zu Gottes Ehren und Lob zu
brauchen. Also haben wir aufs kürzste die
Meinung² dieses Artikels, soviel den Ein=
fältigen erstlich not ist zu lernen, beide was
wir von Gott haben und empfahen und
was wir dafur schüldig sind, welchs gar ein
groß trefflich Erkenntnis ist, aber viel ein³
höher Schatz. Denn da sehen wir, wie sich
der Vater uns gegeben hat sampt allen
Kreaturen und aufs allerreichlichste in diesem
Leben versorget, ohn daß⁴ er uns sonst
auch mit unaussprechlichen, ewigen Gutern
durch seinen Sohn und heiligen Geist über=
schüttet, wie wir hören werden.

bus atque divitiis, breviter omnibus
rebus, quascunque possidemus. Praecipue vero illi, qui etiamnum impietate
instigati divino verbo repugnant ac re-
luctantur. Veruntamen christiani hoc
in lautiore parte sunt, quod se Deo
creatori suo debere non inficiantur, ut
pro acceptis bonis ipsi serviant atque
obtemperent.

Proinde hic articulus nobis quotidie
exercendus est ac jugi mentis agitatione
repetendus inque memoriam subinde
revocandus in omnibus, quaecumque
nobis objiciuntur beneque et feliciter
eveniunt atque ubi e periculis et necessitatibus liberati emergimus, sicut Deus
haec omnia nobis largitur et facit, ut in
hoc certis experimentis animadvertentes
discamus paternum ejus erga nos animum et inaestimabilem caritatem. Ex
hoc certe pectus incalescet et ad gratiarum actionem prompte agendam mirifice inflammabitur, ut omnibus ejusmodi
rebus ad Dei laudem et gloriam utatur.
Ita quidem paucissimis erutum atque
expressum hujus articuli sensum habemus, quantum simplicibus jam inde ab
initio scire ac discere necesse est, et
quid a Deo habeamus et accipimus et
quid pro acceptis bonis eidem vicissim
debeamus. Quae ingens et paene inaestimabilis est cognitio, thesaurus tamen
multo praestantior. Etenim hic plane
videmus, quemadmodum pater cum
omnibus creaturis se nobis tradiderit
quamque nos, quamdiu hac vita fruimur,
rebus omnibus opulentissime instruxerit,
praeterquam quod ineffabilibus et aeternis bonis per filium suum ac spiritum
sanctum amplissime cumulaverit, ut in
sequentibus mox audiemus.

Der ander Artikel.

Und an Jesum Christum, seinen
einigen Sohn, unsern HERRN, der
empfangen ist vom heiligen Geist,
geporen von der Jungfrauen Maria,

Articulus II.

Et in Jesum Christum, fi-
lium ejus unicum, Dominum
nostrum, qui conceptus est
de spiritu sancto, natus ex

---

18 erwarmet Konk

5/6 hoc *bis* sunt] hanc praerogativam habent, Conc   7 suo + id Conc   non infi-
ciantur] agnoscunt Conc   9 obtemperent, + id quod mundus facere nescit. Conc
11/2 est *bis* inque] menti infigendus et in Conc   13 revocandus + est Conc   14 bene-
que] quando vel bene Conc   feliciter +, quae nobis Conc   15 atque ubi] vel quando
Conc   27 jam inde ab > Conc   29 acceperimus Conc   34 quemadmodum] quomodo Conc   37 instruat Conc   41 mox > Conc

---

¹) einprägen   ²) Sinn   ³) ein viel   ⁴) abgesehen davon, daß

gelidden unter Pontio Pilato, ge=
kreuzigt, gestorben und begraben,
niedergefahren zur Hellen, am drit=
ten Tage auferstanden von den
Toten, aufgefahren gen Himmel,
sitzend zur Rechten Gottes, des all=
mächtigen Vaters, von dannen er
kommen wird, zu richten die Le=
bendigen und die Toten.¹

Hie lernen wir die andere Person der
Gottheit kennen, daß wir sehen, was wir
über² die vorigen³ zeitlichen Guter von Gott
haben, nämlich wie er sich ganz und gar aus=
geschüttet⁴ hat und nichts behalten, das er
nicht uns gegeben habe. Dieser Artikel ist
nu sehr reich und weit, aber daß wir's auch
kurz und kindlich handeln, wollen wir ein
Wort fur uns nehmen und darinne die ganze
Summa davon fassen, nämlich (wie gesagt⁵)
daß man heraus lerne, wie wir erlöset sind,
und soll stehen auf diesen Worten: „an
Jesum Christum, unsern HERRN".

Wenn man nu fragt: „Was gläubst Du
im andern Artikel von Jesu Christo?", ant=
wort' aufs kürzste: „Ich gläube, daß Jesus
Christus, wahrhaftiger Gottessohn, sei
mein HErr worden." Was ist nu das,
„ein Herr werden?" Das ist's, daß er mich
erlöset hat von Sunde, vom Teufel, vom
Tode und allem Unglück. Denn zuvor habe
ich keinen Herrn noch König gehabt, sondern⁶
unter des Teufels Gewalt gefangen, zu dem
Tod verdammpt, in der Sunde und Blind=
heit verstrickt gewesen.

Denn da wir geschaffen waren und allerlei
Guts von Gott, dem Vater, empfangen
hatten, kam der Teufel und bracht' uns in
Ungehorsam, Sunde, Tod und alle Un=
glück, daß wir in seinem Zorn und Ungnade
lagen, zu ewigem Verdammnis verurteilet,
wie wir verwirkt und verdienet hatten. Da
war kein Rat, Hülfe noch Trost, bis daß sich
dieser einige und ewige Gottessohn unsers
Jammers und Elends aus grundloser Güte

Maria virgine, passus sub
Pontio Pilato, crucifixus,
mortuus et sepultus. Descendit ad inferos, tertia die resurrexit a mortuis. Ascendit
ad coelos, sedet ad dexteram
Dei, patris omnipotentis,
inde venturus est judicare
vivos et mortuos.

Hoc loco aliam divinitatis personam
discimus cognoscere, ut videamus, quid
praeter bona temporalia prius enumerata Deus nobis largiri soleat, nempe
quemadmodum omnes bonitatis suae
ac divitiarum thesauros semel nobis effu-
derit nihilque sibi reliquum fecerit, quod
nobis utendum fruendumque non imper-
tisset. Jam hic articulus quoque late
patet estque plane foecundissimus. Verum ut et hunc compendio quodam ac
puerili discutiamus, unum verbum sumemus, quo totius rei summam complectemur, nempe (sicut dictum est) ut ex
hoc discamus, quomodo per Christum
ab omni maledictione liberati simus,
quod hisce verbis nititur: 'Et in Jesum
Christum, filium ejus unicum, Dominum
nostrum etc.'

Jam ergo interrogatus a quopiam:
'Quid credis in secundo articulo Jesu
Christi mentionem faciente?' ad hunc
modum responde paucissimis: 'Ego credo Jesum Christum, verum Dei filium,
Dominum meum esse factum.' Quid hoc
sibi vult 'fieri Dominum'? Hoc est, quod
me liberarit sanguine suo a peccatis,
diabolo, morte et omni exitio. Ante enim
neque regem habebam neque dominum,
sed sub diaboli potestate atque imperio
captivus tenebar ad mortem condemna-
tus inque peccatis ac caecitate irretitus.

Jam enim a Deo creati, cum omnis
generis inaestimabilia bona a patre accepissemus, venit diabolus nostrae felicitati invidens et nos suis technis in
apertam Dei rebellemque inobedientiam,
mortem et omnia pericula pertractos in-
jecit adeo, ut in ejus indignatione ja-
ceremus perpetuae damnationi adjudi-
cati, veluti culpa nostra promerueramus.
Hic nulla erat amplius relicta aut spes

---

18 fur uns > B   37 sondern] als ich A B   sondern + bin Konk   40 verstrickt +
bin A B

10 aliam] secundam Conc   14 quemadmodum] quomodo Conc   17/8 impertierit Conc
20/1 compendio *bis* puerili] breviter ac pueriliter Conc   30/1 de Jesu Christo Conc
31 mentionem faciente > Conc

---

¹) Vgl. oben 556 Anm. 3.   ²) außer   ³) den vorhergehenden   ⁴) ausgegeben
⁵) Oben 647₁₅f.   ⁶) sondern bin

erbarmete und von Himmel kam, uns zu helfen. Also sind nu jene Tyrannen und Stockmeister[1] alle vertrieben, und ist an ihre Statt getreten Jesus Christus, ein Herr des Lebens, Gerechtigkeit, alles Guts und Seligkeit, und hat uns arme, verlorne Menschen aus der Helle Rachen gerissen, gewonnen, frei gemacht und wiederbracht in des Vaters Huld und Gnade und als sein Eigentumb unter seinen Schirm und Schutz genommen, daß er uns regiere durch seine Gerechtigkeit, Weisheit, Gewalt, Leben und Seligkeit.

M 454
W 463
Das sei nu die Summa dieses Artikels, daß das Wortlin „HERR" aufs ein'fältigste soviel heiße als ein Erloser, das ist, der uns vom Teufel zu Gotte, vom Tod zum Leben, von Sund zur Gerechtigkeit bracht hat und dabei erhält. Die Stücke aber, so nacheinander in diesem Artikel folgen, tuen nichts anders, denn daß sie solche Erlösung verklären und ausdrücken, wie und wodurch sie geschehen sei, das ist, was ihn gestanden[2] und was er daran gewendet und gewagt hat, daß er uns gewönne und zu seiner Hirrschaft brächte, nämlich, daß er Mensch worden, von dem heiligen Geist und der Jungfrauen ohn alle Sunde empfangen und geporen, auf daß er der Sunden Herr wäre, darzu gelidden, gestorben und begraben, daß er fur mich genug täte und bezahlete, was ich verschuldet habe, nicht mit Silber noch Gold, sondern mit seinem eigenen teuren Blut. Und dies alles darümb, daß er mein HERR würde. Denn er fur sich der keines getan noch bedurft hat. Darnach wieder aufgestanden, den Tod verschlungen[3] und gefressen und endlich gen Himmel gefahren und das Regiment genommen zur Rechten des Vaters, daß ihm Teufel und alle Gewalt muß untertan sein und zu

recuperandae gratiae aut consilium adipiscendae salutis aut auxilium placandi patris aut consolatio ignoscendi delicti, donec ille immortalis patris immortalis filius calamitosam miseriam et exilium nostrum sua profundissima bonitate miseratus de coelo nobis opem laturus descendit nosque ab omni et peccati et mortis ac diaboli captivitate in libertatem adoptionis suae asseruit. Ita quidem omnium illorum tyrannorum atque exactorum potestas profligata et oppressa est, quorum in locum successit Jesus Christus, vitae, justitiae, salutis, justificationis ac omnium bonorum autor et Dominus, qui nos miseros, aerumnosos peccatores ex inferorum faucibus eripuit[4], asseruit inque libertatem vendicavit atque irati patris favorem et gratiam placata indignatione conciliavit ac tamquam possessionem suam in tutelam suam nos suscepit, ut nos per suam justitiam, sapientiam, potestatem, vitam et beatitatem regat et gubernet.

Sit itaque haec hujus articuli summa, ut haec vocula 'Dominus' simplicissime tantum significet atque salvator seu redemptor, hoc est, qui a diabolo ad Deum, e morte ad vitam, a peccatis ad justitiam reduxit, apud quae nos quoque retinet. Porro autem reliquae hujus articuli partes ordine semet consequentes nihil faciunt aliud, quam ut talem redemptionem per Christum nobis partam declarent ac exprimant, quomodo et per quem confecta sit, hoc est, quanti Christum constiterit et quid pro ea impetranda insumpserit, ut nos lucrifaceret suaeque ditioni subjiceret, nempe quod homo factus et e spiritu sancto ac Maria virgine et sine omni labe peccati conceptus et profectus sit, ut esset peccati Dominus, ad haec passus, mortuus et sepultus, ut pro me satisfaceret meamque culpam, quae mihi luenda fuerat, persolveret non auro neque argento, sed suo pretioso sanguine et haec omnia non ob aliam rem ullam, quam ut meus fieret Dominus. Neque enim sui gratia harum rerum quicquam fecit aut opus habuit. Post id iterum surrexit devicta atque absorpta morte ac

---

1 vom Konk   37/8 worden] worde A würde B   48 auferstanden Konk   52 zun Konk

3 consolatio] consilium Conc   19 atque (neque f) > Conc   30/1 apud *bis* retinet] in quibus et nos conservat. Conc   31 autem > Conc   33 ut] quod Conc   41 et > Conc   42 profectus] natus Conc   47 suo pretioso] et proprio pretioso suo Conc

---

[1]) Gefängnisaufseher   [2]) gekostet   [3]) Vgl. Jes. 25, 8.   [4]) Vgl. oben 637 Anm. 14.

Füßen liegen, solang bis er uns endlich am jüngsten Tage gar¹ scheide und sondere von der bösen Welt, Teufel, Tod, Sunde etc. Aber diese einzele Stück alle sonderlich auszustreichen² gehöret nicht in die kurze Kinderpredigt, sondern in die großen Predigte über das ganze Jahr³, sonderlich auf die Zeit⁴, so dazu geordnet sind, ein iglichen Artikel in die Länge⁵ zu handlen: von der Geburt, Leiden, Auferstehen, Himmelfahrt Christi etc. Auch stehet⁶ das ganze Evangelion, so wir predigen, darauf, daß man diesen Artikel wohl fasse, als an dem alle unser Heil und Seligkeit liegt und so reich und weit ist, daß wir immer gnug daran zu lernen haben.

denique coelos conscendit suscepta imperii administratione sedens ad dexteram patris, ut diaboli ac omnes potestates ad illius pedes projectae obedire cogantur, donec nos in die novissimo prorsus ab hoc pravo saeculo, diabolo, morte, peccatis liberatos separaret ac segreget. Ceterum hasce partes sigillatim tractare huic compendioso et pro pueris instituto sermoni non convenit, sed prolixis concionibus, quae per totius anni circulum habentur, praesertim iis temporibus, quae talibus prolixiore sermone tractandis destinata sunt de nativitate, passione, resurrectione a mortuis deque Christi in coelos ascensione et reliquis. Quin etiam totum evangelium, quod praedicamus, eo tendit, ut hunc articulum probe percipiamus, ut in quo totius salutis et felicitatis nostrae summa sita est quemque ob usum et foecunditatem suam longe lateque patentem nunquam satis perdiscere possumus.

Der dritte Artikel.

Ich gläube an den heiligen Geist, ein heilige christliche Kirche⁷, die Gemeine der Heiligen, Vergebung der Sunden, Auferstehung des Fleischs und ein ewigs Leben, Amen.

Diesen Artikel kann ich nicht besser örtern⁸ denn, wie gesagt⁹, von der Heiligung, daß dadurch der heilige Geist mit seinem Ampt ausgedrückt und abgemalet¹ werde, nämlich daß er heilig machet. Darumb müssen wir fußen auf das Wort: „HEILIGEN GEIST", weil es so kurz gefasset ist, daß man kein anders haben kann. Denn es sind sonst mancherlei Geist in der Schrift als Menschengeist¹⁰, himmlische Geister¹¹ und böser Geist¹². Aber Gottes Geist heißet allein ein heiliger Geist, das ist, der uns geheiligt hat

Articulus III.

Credo in spiritum sanctum, sanctam ecclesiam catholicam, communionem sanctorum, remissionem peccatorum, carnis resurrectionem et vitam aeternam, Amen.

Praesentem articulum non alio quam ad sanctificationem referre habeo, ut per hunc spiritus sanctus una cum ejus officio adumbretur et depingatur, nempe quod sanctificet. Quare huic verbo nitendum est: 'Credo in spiritum sanctum', quod tam astricte et breviter comprehensum sit, ut aliud habere nequeamus. Sunt enim alioqui multiplices in scriptura spiritus veluti humani, coelestes et mali spiritus, verum enim vero spiritus Dei solus sanctus spiritus dicitur, hoc

---

41/2 böse Geister Konk

7 separet Conc [5/7 a *bis* reliquis] ascensione Christi etc. Conc   32 Praesentem] Hunc Conc   quam] commodius quam sicut dictum Conc   33 habeo, ut] possum, quod videlicet Conc   34/5 una *bis* officio] ejusque officium, nempe quod sanctificet, Conc   35/6 nempe quod sanctificet > Conc   38 stricte Conc   40 alioquin Conc

---

¹) völlig   ²) besonders auszulegen   ³) im Verlauf des ganzen Jahres   ⁴) Weihnachten, Passionszeit, Ostern, Himmelfahrt.   ⁵) ausführlich   ⁶) beruht   ⁷) Vgl. dazu oben 556 Anm. 2.   ⁸) betiteln   ⁹) Oben 647₁₆ f.   ¹⁰) z. B. 1. Kor. 2, 11.   ¹¹) Luther versteht darunter die (guten) Engel (z. B. 2. Makk. 11, 6; 15, 23); vgl. Köstlin, Luthers Theologie II 103.   ¹²) z. B. 1. Sam. 16, 14 und 23; Tob. 3, 8; Apg. 19, 12 und 15.

und noch heiliget. Denn wie der Vater ein Schepfer, der Sohn ein Erlöser heißet, so soll auch der heilige Geist von seinem Werk ein Heiliger oder Heiligmacher heißen. Wie gehet aber solch Heiligen zu? Antwort: Gleichwie der Sohn die Herrschaft überkömmpt[1], dadurch er uns gewinnet durch seine Gepurt, Sterben und Auferstehen etc., also richtet der heilige Geist die Heiligung aus durch die folgende Stücke, das ist durch die Gemeine der Heiligen oder christliche Kirche, Vergebung der Sunden, Auferstehung des Fleischs und das ewige Leben, das ist, daß er uns erstlich führet in seine heilige Gemeine und in der Kirchen Schoß legt, dadurch er uns predigt und zu Christo bringet.

Denn wider Du noch ich künnten immermehr[2] etwas von Christo wissen noch an ihn gläuben und zum Herrn kriegen, wo es nicht durch die Predigt des Evangelii von dem heiligen Geist würde angetragen[3] und uns in Bosam[4] geschenkt. Das Werk ist geschehen und ausgericht; denn Christus hat uns den Schatz erworben und gewonnen durch sein Leiden, Sterben und Auferstehen etc. Aber wenn das Werk verborgen bliebe, daß niemand wüßte, so wäre es ümbsonst und verloren. Daß nu solcher Schatz nicht begraben bliebe, sondern angelegt und genossen würde, hat Gott das Wort ausgehen und verkünden lassen, darin den heiligen Geist geben, uns solchen Schatz und Erlösung heimzubringen[5] und zueignen. Darümb ist das Heiligen nicht anders, denn zu dem HERRN Christo bringen, solch Gut zu empfahen, dazu wir von uns selbs nicht kommen künnten.

So lerne nu diesen Artikel aufs deutlichste verstehen. Wenn man fragt: Was meinest Du mit den Worten: „Ich gläube an den heiligen Geist?", daß Du könnest antworten: „Ich gläube, daß mich der heilige Geist heilig machet, wie sein Name ist." Womit tuet er aber solchs oder was ist seine Weise und Mittel dazu? Antwort: „durch die christliche Kirche, Vergebung der Sunden,

est, qui nos sanctificavit et adhuc sanctificat. Nam quemadmodum pater creator, filius redemptor aut salvator dicitur, ita quoque spiritus sanctus ab officii sui opere sanctificator aut, si Graece mavis, ἁγιοποιητής dicendus est. Quae vero hujus sanctificationis est ratio? Responsio: Quemadmodum filius potestatem suam, qua nos sibi peculiariter vendicavit, per suam nativitatem, mortem, resurrectionem etc. consequitur, ita quoque spiritus sanctus sanctificationis munus exsequitur per sequentia, hoc est per communionem sanctorum aut ecclesiam christianorum, remissionem peccatorum, carnis resurrectionem et vitam aeternam. Hoc est, primum nos ducit spiritus sanctus in sanctam communionem suam ponens in sinum ecclesiae, per quam nos docet et Christo adducit.

Siquidem neque ego neque tu quicquam comperte de Christo scire possemus aut in eum credere aut pro Domino consequi, nisi per evangelii praedicationem spiritus sancti opera nobis offerretur et ultro condonaretur. Opus quidem ipsum completum est. Christus enim thesaurum nobis impetravit et peperit sua passione, morte et resurrectione etc. Verum si in occulto manens delitesceret nec quisquam aliquid de eo exploratum haberet, nemini esset usui, sed plane inutilis et deperditus. Ne ergo ejusmodi thesaurus sepultus jaceat, sed eo in usum verso fruantur homines, Deus verbum suum emisit praedicandum et invulgandum omnibus, in quo spiritum sanctum largitus est, ut ejusmodi thesauri nos faceret compotes. Quare sanctificare nihil aliud est quam ad Christum adducere ad suscipiendum bona per Christum nobis parta, ad quae per nosmetipsos nunquam pervenire possemus.

Jam ergo quam fieri potest significantissime, hunc articulum disce intelligere, ut interrogatus, quid hisce verbis significari putas: 'Credo in spiritum sanctum', prompte respondere possis: Credo spiritus sancti opera me sanctificari, cui rei nomen ejus testimonio est. Qua autem re illud facit aut qua ratione, quove medio ad hoc utitur? Responsio:

---

5 opere + sanctus aut Conc   5/6 aut bis ἁγιοποιητής > Conc   8 Respondeo Conc   8/9 potestatem suam, qua] dominium suum, quo Conc   23 comperte > Conc   27 donaretur Conc

---

[1]) erwirbt   [2]) je   [3]) angeboten   [4]) Busen, Schoß   [5]) nahezubringen

Auferstehung des Fleischs und das ewige Leben". Denn zum ersten hat er ein sonderliche Gemeine in der Welt, welche ist die Mutter, so ein iglichen Christen zeugt und trägt durch das Wort Gottes, welches er offenbaret und treibt, die Herzen er'leucht und anzündet, daß sie es fassen, annehmen, daran hangen und dabei bleiben

Denn wo er's nicht predigen lässet und im Herzen erweckt, daß man's fasset, da ist's verloren, wie unter dem Bapsttumb geschehen ist, da der Glaube ganz unter die Bank gesteckt[1], niemand Christum fur einen Herrn erkannt hat noch den heiligen Geist fur den, der da heilig machet. Das ist, niemand hat geglaubt, daß Christus also unser Herr wäre, der uns ohn unser Werk und Verdienst solchen Schatz gewonnen hätte und uns dem Vater angenehme gemacht. Woran hat es denn gemangelt? Daran, daß der heilige Geist nicht ist da gewesen, der solchs hätte offenbaret und predigen lassen, sondern Menschen und böse Geist sind da gewesen, die uns haben gelehret, durch unsere Werk selig zu werden und Gnad erlangen. Darümb ist es auch kein christliche Kirche. Denn wo man nicht von Christo prediget, da ist kein heiliger Geist, welcher die christliche Kirche machet, berüfet und zusammen bringet, außer welcher niemand zu dem Herrn Christo kommen kann. Das sei genug von der Summa[2] dieses Artikels Weil aber die Stück, so darin verzählet[3], fur die Einfältigen nicht so gar klar sind, wollen wir sie auch überlaufen[4].

Die heilige christliche Kirche[5] heißet der Glaube „Communionem sanctorum", „ein Gemeinschaft der Heiligen". Denn es ist beides einerlei zusammen gefasset[6], aber verzeiten das eine Stück nicht dabei ge=

Per christianorum communionem, remissionem peccatorum, carnis resurrectionem et vitam aeternam. Primum enim singularem in mundo communionem obtinet, haec mater est, haec quemlibet christianum per verbum, quod revelat spiritus, alit ac parturit, quod praedicatum humana pectora illuminat et incendit, ut capiant, arripiant, illi adhaerescant inque eo perseverent.

Ubicumque enim gentium spiritus sanctus verbum Dei praedicare non sinit inque corde excitat, ut arripiatur, ibi frustra est ac deperditum. Quemadmodum dominante papatu accidit, ubi fides prorsus neglecta et obscurata squalebat, nemo Christum pro Domino cognoscebat neque spiritum sanctum pro eo, qui sanctificaret, habebat, hoc est, nemo credidit Christum eum esse Dominum, qui sine operibus et nostris meritis tantum thesaurum nobis peperisset nosque patri reconciliasset. Et quid tandem in causa fuit? Hoc scilicet, quod spiritus sanctus praesto non fuerit, qui talia de Christo revelasset et praedicare sivisset, verum homines et mali daemones praesto fuerunt, qui docuerunt propriis operibus consequendam esse salutem et irati patris impetrandam gratiam. Eam ob rem neque christianorum fuit communio. Ubi enim de Christo nihil docetur, ibi neque ullus est spiritus sanctus, qui christianorum communionem solet constituere, convocare ac in unum cogere, citra cujus opem et operam nemo ad Christum Dominum pervenire potest. Haec quidem super articuli summam disputata sufficiant. Cum vero partes ac membra in eo enumerata pro captu simplicium non omnino clara sint, ea quoque paucis percurremus.

Sanctam christianorum ecclesiam 'communionem sanctorum' fides nominat. Utrumque enim idem conjunctim significat. Olim vero alterum adjectum non erat planeque male et inepte lingua

---

15 gesteckt + und A A B Konf   19 unsere Konf

6/9 per *bis* arripiant] parturit ac alit per verbum, quod spiritus sanctus revelat et praedicat et per quod pectora illuminat et accendit, ut verbum accipiant, amplectantur, Conc   13 accipiatur Conc   17 squalebat] jacuit Conc   18 cognovit Conc   19 habuit Conc   21 meritis nostris Conc   30/1 gratiam impetrandam Conc   38/9 super *bis* disputata] de summa hujus articuli Conc

---

[1]) vernachlässigt   [2]) Hauptinhalt   [3]) aufgezählt   [4]) kurz besprechen   [5]) Vgl. dazu auch oben 439f. und Anm. 6.   [6]) beide Verbindungen haben dieselbe Bedeutung

wesen[1], ist auch ubel und unverständlich verdeutscht: „eine Gemeinschaft der Heiligen". Wenn man's deutlich geben sollt', mußt' man's auf deutsche Art gar anders reden. Denn das Wort „Ecclesia" heißet eigentlich auf Deutsch ein „Versammlunge"[2]. Wir sind aber gewohnet[3] des Wörtleins „Kirche", welchs die Einfältigen nicht von einem versammleten Haufen, sondern von dem geweiheten Haus oder Gebäu verstehen, wiewohl das Haus nicht sollt' eine Kirche heißen ohn[4] allein darümb, daß der Haufe darin zusammenkömmpt. Denn wir, die zusammenkommen, machen und nehmen uns ein sonderlichen Raum und geben dem Haus nach dem Haufen ein Namen. Also heißet das Wortlin „Kirche" eigentlich nicht anders denn „ein gemeine Sammlung"[5] und ist von Art[6] nicht deutsch, sondern griechisch (wie auch das Wort „Ecclesia"). Denn sie heißen's auf ihre Sprach „Kyria", wie man's lateinisch „Curiam" nennet[7]. Darümb sollt's auf recht Deutsch und unser Muttersprach heißen „ein christliche Gemeine[8] oder Sammlung"! oder aufs allerbeste und klärste „ein heilige Christenheit"[9].

nobis vernacula expositum est. Quod si significanter enuntiandum esset, Germanico sermone prorsus aliter proferendum foret, siquidem haec vox 'ecclesia' proprie nihil aliud quam congregationem significat. Porro nos Germani hanc dictionem 'Kirche' usurpare consuevimus, quam simplices non de congregata multitudine, sed de consecratis templis aut aedificiis intelligunt. Tametsi sacra domus ecclesia dicenda non est nisi propterea, quod hominum multitudo in ea convenire soleat. Nos enim, qui convenimus, praecipuum locum confluendi nobis delegimus atque ita domui secundum multitudinem nominis quoque appellationem imponimus. Ita haec Germanica vocula 'Kirche' proprie nihil aliud significat quam congregationem neque vox Germana est, sed Graeca, sicut etiam ἐκκλησία. Illi enim sua lingua κυρίαν, quemadmodum Latini 'curiam' nominant. Quamobrem recto Germanorum sermone 'christianorum communio seu congregatio' dicenda fuerat aut omnium optime et clarissime 'sancta christianitas'.

---

1 unverständiglich A B   17 nichts Konk   21 wie man's] darnach man es auch A A B
21 man's + auch Konk

25 congregatio + (Ein christliche Gemeine oder Sammlung) Conc   dicenda fuerat >
Conc   26/7 christianitas + (Ein heilige Christenheit) dicenda fuerat Conc

---

[1]) Schon 1519 vertrat Luther die Auffassung, daß der Ausdruck „communio sanctorum" ein späterer Zusatz sei: „Totus mundus confitetur sese credere ecclesiam sanctam catholicam aliud nihil esse quam communionem sanctorum, unde et antiquitus articulus ille 'sanctorum communionem' non orabatur, ut ex Rufini symbolo exposito < MSL XXI 355—377; Hahn, Bibliothek der Symbole 25 > videre licet, sed glossa aliqua forte 'ecclesiam sanctam catholicam' exposuit esse 'communionem sanctorum', quod successu temporis in textum relatum nunc simul oratur" (WA II 190 $_{20-25}$); vgl. dazu Köhler, Luther und die Kirchengeschichte I^I 82—84. Der älteste Beleg für die Einfügung der Worte: „communionem sanctorum" ist die dem Bischof Nicetas von Remesiana zugeschriebene Symbolformel (ca. 400?); vgl. oben 24, Hahn, Bibliothek 49 und Anm. 80, RE VI 503—507   [2]) Vgl. dazu WA L 624—626 und VII 219. — Im Althochdeutschen wird „ecclesia" sowohl mit „kirihha" als auch mit „samanunga" übersetzt, dagegen im Mittelhochdeutschen nur noch mit „kirche".   [3]) gewöhnt an   [4]) wenn nicht   [5]) allgemeine Versammlung   [6]) der Herkunft nach   [7]) Während Luther das lateinische Wort: „curia", das vielmehr zu: „Quiris" = „der Quirite" gehört, irrigerweise mit κυρία in Verbindung bringt, wird seine Behauptung über den griechischen Ursprung des deutschen Wortes: „Kirche" (aus: κυριακή) durch neuere Sprachforschungen bestätigt; es ist nämlich eines der ältesten christlichen Lehnwörter, die von arianischen Missionaren aus dem Gotenreich donauaufwärts nach Deutschland gebracht wurden; vgl. Kluge-Götze-Mitzka, Etymologisches Wörterbuch der deutschen Sprache (17. Aufl. Berlin 1957), 369f.; nach Th. Frings, Grundlegung einer Geschichte der deutschen Sprache (3. Aufl. Halle 1957), 20 und 59 ist es von den Griechen in Trier übermittelt.   [8]) In der Bibel übersetzte Luther dementsprechend ἐκκλησία stets mit „Gemeine" (vgl. Matth. 16,18; Apg. 19,39f.; 1. Kor. 1,2; Gal. 1,2); vgl. auch WA XXVI *506$_{31}$.   [9]) In der Schrift „Von den Konziliis und Kirchen" (1539) tritt Luther dafür ein, das „undeutsche" und „blinde" Wort „Kirche" durch „Christenheit" oder „christlich Volk" zu ersetzen (WA L 624f.); vgl. auch Meyer, Kommentar 95 und 104f. sowie WA VI *407$_{30}$.

Also auch das Wort „Communio", das
dran gehänget ist, sollt' nicht „Gemeinschaft"[1],
sondern „Gemeine" heißen. Und ist nicht
anders denn die Gloffe oder Auslegung,
da imand hat wöllen deuten, was die christliche Kirche heiße. Dafur haben die Unsern,
so wider Latinisch noch Deutsch gekunnt
haben, gemachet „Gemeinschaft der Heiligen", so doch kein deutsche Sprach so redet
noch verstehet. Aber recht deutsch zu reden
sollt' es heißen „ein Gemeine der Heiligen",
das ist eine Gemeine, darin eitel[2] Heiligen
sind, oder noch klärlicher „ein heilige Gemeine"[3]. Das rede ich darumb, daß man
die Wort verstehe, weil es so in die Gewohnheit eingerissen ist, daß schwerlich wieder
erauszureißen ist, und soll bald[4] Ketzerei sein,
wo man ein Wort ändert.

Das ist aber die Meinung und Summa[5]
von diesem Zusatz: Ich gläube, daß da sei
ein heiliges Häuflein und Gemeine auf
Erden eiteler[6] Heiligen unter einem Häupt,
Christo, durch den heiligen Geist zusammenberufen, in einem Glauben, Sinne und Verstand, mit mancherlei Gaben, doch einträchtig
in der Liebe, ohn Rotten und Spaltung.
Derselbigen bin ich auch ein Stück und Gelied,
aller Güter, so sie hat, teilhaftig und Mit-
genosse[7], durch den heiligen Geist dahin-
gebracht und eingeleibet[8] dadurch, daß ich
Gottes Wort gehört habe und noch höre,
welchs ist der Anfang hineinzukommen.
Denn vorhin, ehe wir dazu kommen sind,
sind wir gar des Teufels gewesen, als die
von Gott und von Christo nichts gewußt
haben. So bleibt der heilige Geist bei der
heiligen Gemeine oder Christenheit bis auf
den jüngsten Tag, dadurch er uns holet,
und brauchet sie dazu, das Wort zu fuhren
und treiben, dadurch er die Heiligung
machet und mehret, daß sie täglich[1] zunehme

Ita quoque haec dictiuncula, quae al- 49
teri annexa est, non 'Gemeinschaft', sed
'Gemein' interpretanda fuerat. Neque
aliam ob rem quam interpretandi gratia
priori adjecta est, qua quispiam haud
dubie exponere voluit, quid christianorum esset ecclesia. Pro quo nostri, qui
et Germanae et Latinae linguae juxta
imperiti fuere, transtulerunt 'Gemeinschaft der Heiligen', cum tamen nulla Germanorum lingua ita loquatur aut intelligat. Verum recta et genuina Germanorum lingua vertenda erat 'ein Gemein der
Heiligen' 'sanctorum communio,' hoc est
ejusmodi communio, in qua non nisi
sancti versantur, aut adhuc significan-
tius 'ein heilige Gemein', hoc est 'sancta
communio'. Haec ideo dico, ut verba 50
sane et recte intelligantur, cum haec
consuetudo usque adeo usu recepta in-
veteraverit, ut vix unquam ex hominum
animis evelli possit et tam cito haereses
exoriantur, ubi verbulum aliquod temere
immutatum fuerit.

Hujus autem appendicis haec summa 51
est: Credo in terris esse quandam sanctorum congregatiunculam et communionem ex mere sanctis hominibus coactam
sub uno capite Christo, per spiritum
sanctum convocatam, in una fide, eodem sensu et sententia, multiplicibus
dotibus exornatam, in amore tamen
unanimem et per omnia concordem sine
sectis et schismatibus. Horum me quo- 52
que partem et membrum esse constanter credo, omnium bonorum, quaecumque
habent, participem ac municipem, spiritus sancti opera eo perductum iisdemque uno corpore unitum per hoc, quod
verbum Dei audierim atque etiamnum
audio, quod principium est in hanc communionem ingrediendi. Ante enim, quam
ad hanc pervenimus, penitus sub potestate eramus diaboli ut ii, quibus de
Deo ac Christo prorsus nihil comperte
exploratum fuerat. Quin etiam spiritus 53
sanctus a sanctorum communione seu

---

15 Wort + (Gemeinschaft der Heiligen) B; *hinter* verstehe Konk [17 soll] muß Konk
46 und + zu Konk 47 sie ... zunehme] wir ... zunehmen A A B

1 dictiuncula + „communio" Conc   22/3 tam *bis* exoriantur] statim haeresin
esse oporteat Conc   23 temere > Conc   38/9 iisdem Conc

---

[1]) Vgl. WA XXXI 189 Anm. 3, 367 Anm. 1; XXVI *490_{26}ff., *492_{40}ff.; Köhler,
Luther und die Kirchengeschichte I 91 Anm. 2.   [2]) lauter   [3]) Vgl. dazu WA L 624_{14-18}.
[4]) gleich   [5]) Sinn und Hauptinhalt   [6]) von lauter   [7]) Vgl. 1. Kor. 1, 9: „zur Gemeinschaft (κοινωνία) seines Sohnes Jesu Christi"; dazu setzte Luther die Randglosse „Das ist:
Ihr seid Miterben und Mitgenossen aller Güter Christi" (WADB VII 89).   [8]) einverleibt, eingefügt

und ſtark werden im Glauben und ſeinen Früchten, ſo er ſchaffet.

Darnach weiter gläuben wir, daß wir in der Chriſtenheit haben Vergebung der Sunde, welches geſchiehet durch die heiligen Sakrament und Abſolution, dazu allerlei Troſtſprüche des ganzen Evangelii. Darümb gehöret hieher, was von den Sakramenten zu predigen iſt, und Summa das ganze Evangelion und alle ¹ Ampter der Chriſtenheit. Welchs auch not iſt, daß ohn Unterlaß gehe. Denn wiewohl Gottes Gnade durch Chriſtum erworben iſt und die Heiligkeit durch den heiligen Geiſt gemacht durch Gottes Wort in der Vereinigung der chriſtlichen Kirchen, ſo ſind wir doch nimmer ohne Sund unſers Fleiſchs halben, ſo wir noch am Hals tragen¹. Darümb iſt alles in der Chriſtenheit dazu geordnet, daß man da täglich eitel² Vergebung der Sunden durch Wort und Zeichen hole, unſer Gewiſſen zu tröſten und aufrichten, ſolang wir hie leben. Alſo machet der heilg Geiſt, daß, ob wir gleich Sunde haben, doch ſie uns nicht ſchaden kann, weil wir in der Chriſtenheit ſind, da eitel² Vergebung der Sund iſt, beide das uns Gott vergibt und wir unternander vergeben, tragen und aufhelfen. Außer³ der Chriſtenheit aber, da das Evangelion nicht iſt, iſt auch kein Vergebung nicht, wie auch keine Heiligkeit da ſein kann. Darümb haben ſich alle ſelbs erausgeworfen und geſondert, die nicht durchs Evangelion und Vergebung der Sund, ſondern durch ihre Werke Heiligkeit ſüchen und verdienen wöllen.

christianitate non discedit, sed cum ea usque ad consummationem saeculi perseverat, per quam nos adducit, ejusque in hoc utitur adminiculo, ut verbum praedicet atque exerceat, per quod sanctificationem efficit communionem amplificans, ut quotidianis incrementis crescat et in fide ejusque fructibus, quos producit, corroborata fortis evadat. Praeterea credimus etiam nobis in hac christianitate esse remissionem peccatorum propositam, quae fit per sacramenta et absolutionem ecclesiae, ad haec multiplices totius evangelii sententias bonae spei ac consolationis plenissimas. Quare huc ea pertinent, quae de sacramentorum usu atque praestantia tradenda sunt, et in summa totum evangelium ac omnia christianitatis officia, quae ut assidue exerceantur et sedulo, summe habetur necessarium. Etenim quamquam Dei gratia per Christum impetrata est et sanctificatio per spiritum sanctum facta per verbum divinum in unitate ecclesiae catholicae, numquam tamen nos a peccatis sumus vacui et hoc carnis nostrae gratia, quam adhuc adhaerentem humeris nostris circumferimus. Quocirca omnia in christianitate eo adornata sunt, ut quotidie meras peccatorum condonationes auferamus et verbis et signis ad hoc constitutis ad consolandam et erigendam conscientiam, quamdiu in hac vita futuri sumus. Ita facit spiritus sancti gratia, ut, quamquam peccatis simus contaminati, non tamen nobis noceant in christianitate constitutis, ubi nihil aliud quam assidua et indesinens est peccatorum remissio, cum quam nobis Deus largitur, tum qua nos inter nos vicissim utimur ignoscentes alternis vicibus, sufferentes et erigentes. Sed etiam extra hanc christianitatem, ubi huic evangelio locus non est, neque ulla est peccatorum remissio, quemadmodum nec ulla sanctificatio adesse potest. Quocirca ab hac ecclesia omnes ii semet sua sponte abalienarunt, qui non per evangelii gratiam et peccatorum condonationem, sed propriis operibus sanctificationem quaerunt ac venantur ac promereri contendunt.

---

1 werde Konk   27 durchs Konk   34 das] ſo AAB

10 credimus] cernimus Conc   16 quae + de sacramentis et deinde Conc   21 habetur necessarium] necessarium est. Conc   41/2 alternis vicibus > Conc   42 erigentes + nos invicem. Conc

---

¹) mit uns herumſchleppen   ²) lauter   ³) Außerhalb

3. Artikel.

Indes aber, weil die Heiligkeit angefangen ist und täglich zunimmt, warten wir, daß unser Fleisch hingerichtet[1] und mit allem Unflat bescharret[2] werde, aber herrlich erfurkomme und auferstehe zu ganzer und volliger Heiligkeit in einem neuen ewigen Leben. Denn itzt bleiben wir halb und halb reine und heilig, auf daß der heilig Geist immer an uns erbeite durch das Wort und täglich Vergebung austeile bis in jenes Leben, da nicht mehr Vergebung wird sein, sondern ganz und gar rein und heilige Menschen, voller Frommkeit und Gerechtigkeit, entnommen[3] und ledig von Sund, Tod und allem Unglück in einem neuen unsterblichen und verklärten Leib. Siehe, das alles soll des heiligen Geists Ampt und Werk sein, daß er auf Erden die Heiligkeit anfahe und täglich mehre durch die zwei Stück: christliche Kirche und Vergebung der Sunde. Wenn wir aber verwesen, wird er's ganz auf einem Augenblick[4] vollführen und ewig dabei erhalten durch die letzten zwei.¹ Daß aber hie stehet „Auferstehung des Fleisches", ist auch nicht wohl deutsch geredt. Denn wo wir „Fleisch" hören, denken wir nicht weiter denn in die Scherren[5]. Auf recht Deutsch aber würden wir also reden: „Auferstehung des Leibs oder Leichnams"[6]. Doch liegt nicht große Macht[7] dran, so man nur die Wort recht verstehet.

Das ist nu der Artikel, der da immerdar im Werk gehen[8] und bleiben muß. Denn die Schepfung haben wir nu hinweg, so ist die Erlösung auch ausgerichtet, aber der heilige Geist treibt sein Werk ohn Unterlaß bis auf

Sed enim in hoc, quando sanctificationis opus inchoatum est et quotidie augetur, exspectamus, ut haec nostra caro cum omnibus suis sordibus et vitiis abolita et sepulta computrescat, verum praeclare et magnifice iterum prodeat et exsurgat a mortuis ad perfectam et absolutam sanctitatem nova atque immortali vita animata. Jam enim tantum ex dimidio puri ac sancti sumus, ut spiritus sanctus subinde habeat, quod divini verbi praedicatione in nobis eluat ac purificet, tum in dies singulos remissionem peccatorum distribuat usque in futuram vitam, ubi remissioni locus non erit amplius, sed homines in universum ab omni peccatorum contagio puri et sancti, pleni omni probitate atque justitia, subtracti et liberati a peccatis, morte et omni exitio in novam, perpetuam et transfiguratam vitam traducentur. Ecce haec omnia spiritus sancti sunt officia et opera, ut hic in terris sanctificationem exordiatur eandemque quotidie per haec duo augeat, nempe per sanctorum ecclesiam et peccatorum remissionem. Porro ubi jam soluti in cinerem computruerimus, hoc ipsum in momento oculi plene absoluturus est et purificaturus, in qua perpetuo nos retinebit duobus articulis posterioribus. Quod autem hic ponitur 'Auferstehung des Fleisches', 'carnis resurrectionem', ne hoc quidem valde apte et bene lingua nostra vernacula expressum est. Etenim carnem audientes, non latius memoria nostra quam in sepulchrum usque protenditur. Verum recte et genuine loquendo Germanice diceremus 'Auferstehung des Leibs oder Leichnams', hoc est 'corporis resurrectionem'. Attamen res est momenti non magni, dummodo verborum sensum recte percipiamus.

Jam hic ille est articulus, cujus opus semper fervere debet et efficax persistere. Rerum enim creationem abstulimus, sed et redemptionem jam effectam habemus. Porro autem spiritus sanctus

---

22 einen B   und + uns A A B Konk   26 wir (1.) + Deutschen A A B Konk

20 perpetuam +, glorificatam Conc   36/7 latius *bis* protenditur] ulterius cogitamus quam de macello Conc   46/7 abstulimus] accepimus Conc

---

¹) getötet   ²) begraben   ³) befreit   ⁴) in einem Augenblick   ⁵) Fleischläden
⁶) Vgl. dazu WA X Iª 235 ₁₈₋₂₁ (Auslegung von Joh. 1, 14): „Hie soll man durchs ⟨unter⟩: „Fleisch" vorstehen die ganz Menschheit, Leib und Seel nach der Schrift Gewohnheit, die den Menschen Fleisch nennet ⟨vgl. 3. B. Gen. 6, 12 und Joel 3, 1⟩..., und im Glauben sagen wir: „Ich gläub die Auferstehung des Fleischs", das ist: „aller Menschen".
⁷) sehr viel   ⁸) in Kraft sein

den jüngsten Tag, dazu er verordnet eine Gemeine auf Erden, dadurch er alles redet und tuet. Denn er seine Christenheit noch nicht alle zusammenbracht noch die Vergebung ausgeteilet hat. Darümb gläuben wir an den, der uns täglich erzuholet durch das Wort und den Glauben gibt, mehret und stärkt durch dasselbige Wort und Vergebung der Sünde, auf daß er uns, wenn das alles ausgericht und wir dabei bleiben, der Welt und allem Unglück absterben, endlich gar und ewig heilig mache, welchs wir itzt durchs Wort im Glauben warten[1].

Siehe, da hast Du das ganze göttliche Wesen, Willen und Werk mit ganz kurzen und doch reichen Worten aufs allerfeineste abgemalet, darin alle unser Weisheit stehet, so über[1] alle Menschen Weisheit, Sinn und Vernunft gehet und schwebt. Denn alle Welt, wiewohl sie mit allem Fleiß darnach getrachtet hat, was doch Gott wäre und was er im Sinn hätte und täte, so hat sie doch der keines je erlangen mögen. Hie aber hast Du es alles aufs allerreicheste. Denn da hat er selbs offenbaret und aufgetan den tieffsten Abgrund seines väterlichen Herzens und eitel unaussprechlicher Liebe in allen dreien Artikeln. Denn er hat uns eben dazu geschaffen, daß er uns erlösete und heiligte und über[2], daß er uns alles geben und eingetan[3] hatte, was im Himmel und auf Erden ist, hat er uns auch seinen Sohn und heiligen Geist geben, durch welche er uns zu sich brächte. Denn wir künnden (wie droben verkläret[4]) nimmermehr dazu kommen, daß wir des Vaters Hulde und Gnade erkenneten ohn durch den HERRN Christum, der ein Spiegel ist des väterlichen Herzens, außer welchem wir nichts sehen denn einen zornigen und schrecklichen Richter. Von Christo aber künnten wir auch nichts wissen, wo es nicht durch den heiligen Geist offenbaret wäre.

citra intermissionem nobis sanctificandis opus suum perficit usque in summum illum diem, ad quod communionem destinat, per quam omnia facit et loquitur. Nondum christianos suos omnes coëgit neque remissionis distribuendae officio prorsus perfunctus est. Eam ob rem in hunc credimus, qui quotidie nos divini verbi praedicatione attrahit et adsciscit fidemque impertit, auget atque corroborat per verbum illud et remissionem peccatorum, ut nos his omnibus perfecte absolutis nobisque iisdem constanter adhaerentibus et mundo ac omnibus periculis jam mortuis denique prorsus per omnia sanctos faciat, id, quod jam per verbum in fide exspectamus.

Ecce hoc loco totam divinitatis essentiam, voluntatem et operationem verbis equidem admodum brevibus, attamen opulentis et foecundis artificiose depictam habes, in quibus omnis nostra sapientia sita est omnem humanam sapientiam, rationem ac sensum longe lateque excedens ac superans. Nam universus mundus quamquam sedula pervestigatione jam inde ab initio elaborarit, quidnam Deus esset aut quid haberet animi seu cui operi intentus esset, nihil tamen harum rerum unquam intelligentia aut ratione assequi potuit, hic vere omnia haec copiosissime in numerato habes[5]. Hic enim ipse sui paterni pectoris abyssum omnium profundissimum manifestavit reservavitque et meras ardentissimi amoris et charitatis flammas indicavit, quas nullius lingua quamlibet fandi perita effari potest aut eloqui. Quippe ob id ipsum nos creavit, ut nos redimeret et sanctificaret, et praeter ea, quae nobis possidenda et utenda subjecit, quaecumque uspiam in coelo et in terra cernuntur, filium quoque suum et spiritum sanctum nobis largitus est, per quos nos ad se attraheret. Neque enim unquam (ut supra ostensum est) eo propriis viribus pervenissemus, ut patris favorem ac gratiam cognosceremus nisi per Jesum Christum, Dominum nostrum, qui paterni animi erga nos speculum est, extra quem nihil nisi iratum

---

4 alle > Konf   22 aller Konf   31 unaussprechliche A B   34 über + das, Konf

2/3 summum illum] extremum Conc   31 vero Conc   33/8 sui *bis* eloqui] in omnibus tribus articulis profundissimum abyssum paterni sui pectoris et meras ardentissimi et ineffabilis amoris sui flammas manifestavit reservavitque. Conc   47 pervenire possemus Conc

---

[1]) etwarten   [2]) außerdem   [3]) verliehen   [4]) Vgl. oben 651,42ff.   [5]) Vgl. oben 586 Anm. 6.

Darümb scheiden und sondern diese Artikel
des Glaubens uns Christen von allen andern
Leuten auf Erden. Denn was außer der
Christenheit ist, es seien Heiden, Türken,
Jüden oder falsche Christen und Heuchler,
ob sie gleich nur einen wahrhaftigen Gott
glauben und anbeten, so wissen sie doch nicht,
was¹ er gegen ihn gesinnet ist, können sich
auch keiner Liebe noch Guts zu ihm versehen,
darümb sie in ewigem Zorn und Verdamm=
nis bleiben. Denn sie den HERRN Christum
nicht haben, dazu mit keinen Gaben durch
den heiligen Geist erleuchtet und begnadet
sind.

Aus dem siehest Du nu, daß der Glaube
gar viel ein andere Lehre ist denn die zehen
Gepot. Denn jene² lehret wohl, was wir
tuen sollen, diese aber sagt, was uns Gott
tue und gebe. Die zehen Gepot sind auch
sonst³ in aller Menschen Herzen geschrieben⁴,
den Glauben aber kann keine menschliche
Klugheit begreifen und muß allein vom hei=
ligen Geist gelehret werden. Darümb ma=
chet jene Lehre² noch keinen Christen; denn
es bleibt noch immer Gottes Zorn und Un=
gnade über uns, weil wir's nicht halten
können, was Gott von uns fodert. Aber
diese bringet eitel Gnade, machet uns
fromm und Gott angenehme. Denn durch
diese Erkenntnis kriegen wir Lust und Liebe
zu allen Gepoten ' Gottes, weil wir hie
sehen, wie sich Gott ganz und gar mit allem,
das er hat und vermag, uns gibt zu Hülfe und
Steuer⁵, die zehen Gepot zu halten: der
Vater alle Kreaturn, Christus alle sein Werk,
der heilige Geist alle seine Gaben. Das sei
itzt genug vom Glauben, ein Grund zu
legen fur die Einfältigen, daß man sie nicht
überlade, auf daß, wenn sie die Summa
davon verstehen, darnach selbs weiter nach=
trachten und, was sie in der Schrift lernen,

et truculentum videmus judicem. Sed
neque de Christo quicquam scire possemus, si non per spiritum sanctum nobis
revelatus esset.

Proinde ii articuli nostrae fidei nos
christianos ab omnibus aliis, qui sunt in
terris, hominibus separant. Quicumque
enim extra christianitatem sunt, sive
gentiles, sive Turcae, sive Judaei aut
falsi etiam christiani et hypocritae,
quamquam unum tantum et verum
Deum esse credant et invocent, neque
tamen certum habent, quo erga eos ani-
matus sit animo neque quicquam favoris
aut gratiae de eo sibi polliceri audent
aut possunt, quamobrem in perpetua
ira et damnatione permanent. Neque
enim habent Christum Dominum neque
ullis spiritus sancti donis et dotibus
illustrati et condonati sunt.

Ex hoc jam clare vides et cognoscis
fidem longe aliam esse doctrinam ac
decem praecepta. Nam haec docent
quidem, quid faciendum sit, illa vero indicat, quid Deus nobis fecerit et praestiterit. Decem praecepta alioqui etiam
omnium hominum cordibus inscripta
sunt, ceterum fides nulli humanae sapientiae est comprehensibilis, sed a solo
spiritu sancto tradenda et docenda est.
Eam ob rem praeceptorum doctrina
nondum ullum christianum facit, semper
enim Dei ira atque indignatio nobis
incumbit, quamdiu servare nequimus,
quod Deus praeceptis suis a nobis exigit.
Haec vero, nempe fidei doctrina meram
gratiam secum apportat et haec justos
Deoque nos acceptos facit. Per hujus
doctrinae cognitionem amorem ac voluptatem Dei praeceptorum faciendorum
consequimur videntes hic, quemadmodum
Deus prorsus se nobis tradiderit cum
omnibus, quae possidet, ut praesenti ope
et auxilio in perficiendis praeceptis nos
sublevet, pater quidem omnibus suis
creaturis, Christus vero omnibus suis
operibus, porro autem spiritus sanctus

---

8 es sind B   23 jene] diese Konf   24 diese] jene Konf

4 revelatum Conc   15 eo] Deo Conc   16 perpetua + manent Conc   17 permanent > Conc   20 donati Conc   22 ac] quam sunt Conc   41 quemadmodum]
quomodo Conc

---

¹) wie   ²) die 10 Gebote   ³) ohnehin   ⁴) Vgl. Röm. 2,15. Luther denkt an das
natürliche Gesetz: „Hae quaedam leges datae omnibus gentibus, ut quod unus Deus sit,
non injuria facienda. Hoc norunt naturaliter gentiles, sed non e coelo haben's sich ge=
holet ut Judaei" (WA XVI 372 ₁₋₃). Vgl. ferner 3. B. WA XXXIX¹ 374 ₃₋₅, 402 ¹⁴f.
(„Lex quidem illo tempore nondum lata nec scripta erat, nihilominus tamen ⟨Abraham⟩
habuit legem naturae insculptam cordi ut omnes patres").   ⁵) Stütze

hieher ziehen und immerdar in reicherm Verstand zunehmen und wachsen. Denn wir haben doch täglich, solang wir hie leben, daran zu predigen und zu lernen.

omnibus suis dotibus. Haec quidem in praesentia de fide fundamenti pro simplicibus locandi gratia dicta sufficiant, ne obruantur multitudine, ut hujus rei intellecta jam probe summa ipsi proprio Marte⁴ hanc rem latius indagent et, quicquid in scripturis didicerint, huc referant ac subinde locupletiorem intellectum quotidianis incrementis consequantur. Quotidie enim haec, quamdiu in humanis egerimus, docentes et discentes vix unquam satis discemus aut docebimus.

Das dritte Teil.

Das Vaterunser¹.

Wir haben nu gehöret, was man tuen und gläuben soll, darin das beste und seligste Leben stehet, folgt nu das dritte Stück, wie man beten soll. Denn weil es also mit uns getan ist², daß kein Mensch die zehen Gepot vollkommen halten kann, ob er gleich angefangen hat zu gläuben, und sich der Teufel mit aller Gewalt sampt der Welt und unserm eigenen Fleisch dawider sperret³, ist nichts so not, denn daß man Gott immerdar in Ohren liege, rufe und bitte, daß er den Glauben und Erfüllung der zehen Gepot uns gebe, erhalte und mehre und alles, was uns im Wege liegt und daran hindert, hinwegräume. Daß wir aber wüßten, was und wie wir beten sollen, hat uns unser HERR Christus selbs Weise und Wort gelehret, wie wir sehen werden.

Ehe wir aber das Vaterunser nacheinander verklären, ist wohl am nötigsten, vorhin die Leute zu vermahnen und reizen zum Gebete,

Tertia catechismi pars orationis Dominicae explicationem complectitur

Hactenus audivimus, quid nobis cum faciendum, tum credendum sit, quibus in rebus optima et felicissima vita sita sit, sequitur jam deinceps pars tertia docens, quomodo orandum sit. Cum enim ita nobiscum comparatum esse videamus, ut nemo hominum decem praecepta plene et perfecte servare queat, tametsi credere inceperit, et diabolus huic nostro conatui summo studio una cum mundi ac propriae carnis nostrae illecebris obluctatur ac renititur, nihil perinde necessarium esse videtur, quam ut assiduis precibus divinas aures fatigemus et obtundamus, ut fidem et praeceptorum satisfactionem nobis praestare dignetur, nos sustentet atque auctos provehat, tum quicquid ad eam nobis impedimento est, hoc omne tollat e medio. Sed enim, ne nobis obscurum foret, quid et quomodo orare debeamus, Dominus noster Jesus Christus ipse nos rationem et verba orandi docuit, quemadmodum mox audiemus.

Prius tamen, quam ipsam orationem particulatim tractandam aggrediamur, vehementer operae pretium esse videtur

---

14 Teil. + Von dem Gebete. B Konk

5/6 proprio Marte] postea Conc 11 in bis egerimus] hic vivimus Conc 15/6 Oratio Dominica. Conc 28 obluctetur Conc renitatur Conc 29 esse videtur] est Conc 32/4 praestare bis tum] largiri, sustentare atque adaugere, tum et Conc 35 hoc bis tollat] omne hoc e medio tollere dignetur. Conc

---

¹) Luther hat das Vaterunser öfters ausgelegt; vgl. WA I 89—94; II 80—130; VI 11—19; 21f. (ZKG XLVIII [1929] 205f.); VII *220—229; IX 123—159; 223—225; XII 395—407; XI 55—59; XXXI 11—18; 46—50; 95—109 (Grundlage des großen Katechismus); XXXII 416—422; XXXVIII 360—363. ²) steht ³) widersetzt ⁴) Vgl. oben 573 Anm. 14.

wie auch Christus und die Aposteln¹ tan haben. Und soll nämlich das erste sein, daß man wisse, wie wir ümb Gottes Gepots willen schüldig sind zu beten. Denn so haben wir gehört² im andern Gepot: „Du sollt Gottes Namen nicht unnützlich führen", daß darin gefodert werde, den heiligen Namen preisen, in aller Not anrufen oder beten. Denn anrufen ist nichts anders denn beten. Also daß es streng und ernstlich geboten ist, so hoch³ als alle andere⁴, kein andern Gott haben, nicht töten, nicht stehlen etc., daß niemand denke, es sei gleich soviel, ich bete oder bete nicht, wie die grobe Leute hingehen in solchem Wahn und Gedanken: Was sollt' ich beten, wer weiß, ob Gott mein Gebet achtet oder hören will?, bete ich nicht, so betet ein ander, und kommen also in die Gewohnheit, daß sie nimmermehr beten, und nehmen zu Behelf⁵, daß wir falsch und Heuchelgebete verwerfen, als lehreten wir, man solle oder dürfe⁶ nicht beten.

Das ist aber je⁷ wahr: Was man bisher fur Gebete getan hat, geplärret⁸ und gedönet⁹ in der Kirchen etc., ist freilich kein Gebete gewesen. Denn solch äußerlich Ding, wo es recht gehet, mag ein Ubung fur die jungen Kinder, Schüler und Einfältigen sein und mag gesungen oder gelesen heißen, es heißet aber nicht ' eigentlich gebetet. Das heißet aber gebet, wie das ander Gepot lehret: „Gott anrufen in allen Nöten". Das will er von uns haben und soll nicht in unser Willköre¹⁰ stehen, sondern sollen und müssen beten, wollen wir Christen sein, sowohl als¹¹ wir sollen und müssen Vater, Mutter und der Oberkeit gehorsam sein. Denn durch das Anrufen und Bitten wird der Name Gottes geehret und nützlich ge=

homines ad orandum ostensis nonnullis argumentis et persuasionibus hortari et provocare, veluti Christus quoque et apostoli fecisse leguntur. Et hoc quidem primo loco recensendum est, ut non ignoremus divini praecepti jussu nobis orandum esse. Ita enim in secundo praecepto audivimus: 'Non assumes nomen Domini Dei tui in vanum!', quibus verbis hoc simul exigitur, ut sanctum Dei nomen laudemus idemque in omnibus necessitatibus precando invocemus. Invocare enim nihil aliud est quam preces ad Deum fundere. Ita, ut severe atque adeo serio praeceptum sit, quam omnia alia minaciter interdicta non habendos esse alienos Deos, non occidendum, non furandum etc., ne quis temere in eam opinionem veniat, ut existimet perinde esse, oret nec ne, quemadmodum nonnulli crassi et inculti homines factitare consueverunt in ejusmodi cogitationes descendentes: 'Quid vero multis orarem, cum nesciam, num Deus preces meas curet et audiat nec ne?, quod, si non oravero, oret alius.' Ex quo tandem in eam consuetudinem deveniunt, ut numquam quicquam orent praetexentes tandem suae pigritiae aut ignavae impietati potius nos falsas et hypocriticas oratiunculas rejicere, quasi vero nos umquam docuissemus non esse orandum.

Quamquam hoc diffiteri non possumus eas orationes, quae hactenus factae sunt Stentoreis¹² clamoribus in ecclesiis vociferando et tonando etc., non fuisse orationes. Ejusmodi enim res externae, ubi harum rectus est usus, puerorum, scholasticorum ac simplicium esse possunt exercitia legendo aut cantando consistentia, proprie tamen orationes aut preces existimandae non sunt. Sed enim hoc denique orare dicitur, quemadmodum secundum praeceptum docet: 'Deum tempore necessario invocare.' Hoc a nobis exigit neque res est nostri arbitrii, verum orare debemus et cogimur, si tamen christiani perhiberi contendimus, aeque atque parentibus et magistratibus

---

8 preisen + und A A B Konk   14 ich] er A A B   die grobe] viel grober B
20 daß] da Konk   41 gebet] beten B   46 Vater + und Konk   48 das] solch A A B

45 necessario] necessitatis Conc   48 tamen] modo Conc   contendimus] volumus Conc

---

¹) Vgl. z. B. Matth. 7, 7; Luk. 18, 1; 21, 36; Röm. 12, 12; Kol. 4, 2; 1. Thess. 5, 17; 1. Tim. 2, 1; Jak. 1, 6; 5, 13; 1. Petr. 4, 8; Judas 20.   ²) Vgl. oben 576—579.
³) sehr   ⁴) Gebote   ⁵) Vorwand   ⁶) brauche   ⁷) wirklich   ⁸) hergeleiert   ⁹) gebrüllt   ¹⁰) Belieben   ¹¹) ebenso wie   ¹²) Vgl. oben 583 Anm. 6.

braucht. Das sollt Du nu fur allen Dingen merken, daß man damit schweige[1] und zurückstoße solche Gedanken, die uns davon halten und abeschrecken. Denn gleichwie es nichts gilt, daß ein Sohn zum Vater sagen wollt': „Was liegt an meinem Gehorsam? Ich will hingehen und tuen, was ich kann, es gilt doch gleich soviel"[2], sondern da stehet das Gepot, Du sollt und mußt es tuen: Also auch hie stehet es nicht in meinem Willen, zu tuen und zu lassen, sondern soll und muß gebetet sein.

Daraus sollt Du nu schließen und denken, weil es so hoch[3] geboten ist zu beten, daß

omnibus obedientiae officiis obtemperare cogimur. Siquidem invocando et precando nomen Dei colitur et utiliter usurpatur. Jam haec diligenter notanda sunt, ut tales cogitationes subsurgentes in animo his opprimamus et expellamus, quibus ab orando abstrahimur et deterremur. Quemadmodum enim hoc non valet, si quis filius ad patrem diceret: Quid commodi mea tibi praestare potest obedientia? Ego vadam facturus, quod potero, perinde est, sive morigerus sim nec ne. Verum hic stat praeceptum Dei, velis, nolis, facias oportet. Ita quoque hic, ut omittas aut facias, in tuo arbitratu situm non est, sed orationibus vacandum est.

Ex hoc jam ita collige ac cogita, cum tantopere nobis injunctum sit, ut ore-

---

1/4 Das *bis* abeschrecken > A A B   1 nu > Konk   4/5 Denn *bis* nichts] Wie es nu nicht A A B   6 liegt an] fragt Gott nach A A B   12 sein + bei Gottes Zorn und Ungnaden. Das soll man nu fur allen Dingen fassen und merken, daß man damit schweige[1] und zurückschlage die Gedanken, so uns davon halten und abeschrecken, als liege kein große Macht[4] daran, ob wir nicht beten, oder sei denen befohlen, die heiliger und mit Gott besser dran sind denn wir. Wie denn das menschlich Herz von Natur so verzweifelt[5] ist, daß es immer fur Gott fleucht und denkt, er wölle und müge unsers Gebets nicht, weil wir Sunder sind und nichts denn Zorn verdient haben. Wider solche Gedanken (sage ich) sollen wir dies Gebot ansehen und uns zu Gott kehren, auf daß wir ihn durch solchen Ungehorsam nicht hoher erzürnen. Denn durch solch Gebot gibt er gnugsam zu verstehen, daß er uns nicht von sich stoßen noch verjagen will, ob wir gleich Sunder sind, sondern vielmehr zu sich ziehen, daß wir uns fur ihm demütigen, solche unsern Jammer und Not klagen, um Gnade und Hülfe bitten. Daher liest man in der Schrift, daß er auch zürnet über die, so ümb ihrer Sunde willen geschlagen wurden, daß sie sich nicht wieder zu ihm kehreten und durch das Gebete wieder seinen Zorn gelegt und Gnade gesucht haben. A A B (*in der Jenaer Ausg. fehlt der Abschnitt*)   18 nu + weiter A A B

4/8 Jam *bis* deterremur > Conc   9 quis > Conc   10 Quid + Deus meam obedientiam curat et quid Conc   13 extat Conc   16 orationibus vacandum] omnino orandum Conc   17 est, + si modo iram et inclementiam Dei in nos provocare nolumus. Hoc nunc vero ante omnia observandum ac imis sensibus reponendum venit, ut eo ipso subsurgentes in nobis cogitationes, quibus ab orando abstrahimur et deterremur, reprimamus et excutiamus, perinde ac si res non magni momenti sit, si non oremus, aut quasi ea aliorum cura sit, qui et sanctiores et Deo acceptiores sint quam nos, cujusmodi sane perversa desperatione cor humanum naturaliter infectum est, ut semper Deum fugiat ac cogitet Deum nec velle orationem nostram nec curare etiam, cum simus peccatores ac praeter iram atque divinam indignationem nihil meriti. Adversus has (inquam) cogitationes hoc praeceptum intueri debemus ac nos ad Dominum Deum, patrem nostrum, convertere, ne hac inobedientia nostra gravius et implacabilius exacerbemus Dominum Deum nostrum. Hoc etenim praecepto abunde testatum facit clareque dat intelligere, quod neutiquam velit nos a se repellere aut rejicere, tametsi peccatores simus, quin potius hoc agit, ut nos hoc pacto ad sese trahat utque humiliemur coram ipso nostramque miseriam ac necessitates coram ipso effundamus gratiam et auxilium implorantes. Hinc in scriptura legitur, quod etiam iis irasceretur, qui, cum propter peccata sua percussi essent, ad ipsum reverti noluerint seque illius irae perorationem opponere ac gratiam apud ipsum quaerere. h. *Dieser Zusatz steht in neuer Uebersetzung in* Conc; *damit erübrigt sich eine Mitteilung der Varianten.*

---

[1]) zum Schweigen bringe   [2]) es ist doch gleichgültig   [3]) eindringlich   [4]) nicht viel   [5]) heillos

beileib niemand sein Gebete verachten soll, sondern groß und viel davon halten. Und nimm immer das Gleichnis von den andern Geboten. Ein Kind soll beileib nicht sein Gehorsam gegen Vater und Mutter verachten, sondern immer gedenken: „Das Werk ist ein Werk des Gehorsams, und, das ich tue, tue ich nicht anderer Meinung, denn daß in ' dem Gehorsam und Gottes Gepot gehet, darauf ich künnde gründen[1] und fußen, und solchs groß achte nicht ümb meiner Wirdigkeit willen, sondern ümb des Gepots willen." Also auch hie, was und wofur wir bitten, sollen wir so ansehen als von Gott gefodert und in seinem Gehorsam getan und also denken: „Meinethalben wäre es nichts, aber darümb soll es gelten, daß Gott gepoten hat." Also soll ein iglicher, was er auch zu bitten hat, immer fur Gott kommen mit dem Gehorsam dieses Gepots.

Darümb bitten wir und vermahnen aufs fleißigst idermann, daß man solchs zu Herzen nehme und in keinen Weg[2] unser Gebete verachte. Denn man bisher also gelehret hat ins Teufels Namen, daß niemand solchs geachtet hat und gemeinet, es wäre genug, daß das Werk getan wäre, Gott erhöret's oder höret es nicht. Das heißet das Gebete in die Schanz geschlagen und auf Ebenteuer hin gemurret[3], darümb ist es ein verloren Gebete. Denn wir uns solche[4] Gedanken lassen irren[5] und abschrecken: „Ich bin nicht heilig noch wirdig genug; wenn ich so fromm und heilig wäre als S. Petrus, Paulus, so wollt' ich beten." Aber nur weit hinweg mit solchen Gedanken, denn eben das Gepot, das Sankt Paul troffen hat, das trifft mich auch, und ist eben sowohl ümb meinetwillen das ander Gepot gestellet als ümb seinetwillen, daß er kein besser noch heiliger Gepot zu rühmen hat. ' Darümb sollt Du so sagen: „Mein Gebete, das ich tue, ist ja so köstlich, heilig und Gott gefällig als S. Paulus' und der Allerheiligsten. Ur-

mus, ne quo modo quispiam suas preces contemnat, sed magni aestimet et magnifice de illis sentiat. Ac subinde similitudinem ex aliis praeceptis petas. Puer nequaquam suam erga parentes obedientiam leviter ducere debet, verum semper cogitare: 'Hoc opus obedientiae est et quicquid facio, non alio animo facio, quam quod in obedientia et praecepto Dei versatur, cui inniti possum atque hoc ipsum magni pendere, non quidem meae dignitatis gratia, sed propter praeceptum.' Non alia etiam hic obtinenda est sententia, quicquid et pro quacumque re Deum oraverimus, ita intuendum est quasi a Deo exactum inque ejus obedientia factum atque ita cogitare oportet: 'Quantum ad me quidem attinet, haec oratio nullius est habenda momenti aut pretii, verum ob id respuenda non est, cum Deus orare mihi praeceperit.' Ita cuique, quamcumque tandem rem precibus impetrare statuit, semper ad Deum hujus praecepti obedientia veniendum est.

Quocirca omnes homines per Christum obtestamur et hortamur, quam fieri potest diligentissime, ut haec denique nobis cordi sint neve ullo pacto nostras orationes tamquam rem nihili aspernemur. Ita enim hactenus in mali genii nomine docti sunt homines, ut nemo harum rerum ullam curam susceperit aestimaritque satis superque actum esse, modo opus orandi factum esset, Deus hoc exaudiret nec ne, non magnopere laboraret. Sed hoc est hylam, ut habet proverbium, inclamare aut loqui ventis ac litori ita nequicquam murmurando, ob id inutilis quoque et infrugifera fuit oratio. Ejus enim generis cogitationibus conturbamur et absterremur: 'Ego quidem sanctus non sum neque satis dignus, quod si tanta probitate ac vitae sanctimonia praecellerem ut divus Petrus aut Paulus, libenter orare velim.' Sed procul hinc aufer ex animo istiusmodi cogitationes. Nam hoc ipso praecepto, quo Paulus orare jussus est, etiam nos orare

---

9 daß + ich A A B   10 gehe A A B   11 achten A A B Konk   16/8 Meinethalben bis Gott] Ob wir gleich Sunder sind, dennoch solle es Gotte gefallen, weil er's A A B   38 Petrus + oder Konk   39 beten + und Erhörung hoffen B   46 das ich tue > B

10 versor Conc   13/4 Non bis sententia] Ad eundem plane modum et hic Conc   20 pretii, + quia peccator sum, Conc   36/7 hylam bis inclamare] orationem et invocationem nauci facere[6] Conc   45 vellem Conc

---

[1]) mich stützen   [2]) auf keinen Fall   [3]) auf gut Glück versucht und aufs Geratewohl hergeleiert   [4]) durch solche   [5]) hindern   [6]) Sprichwörtliche Redensart; ganz gering schätzen; vgl. Plautus, Bacch. 1102.

sach: denn ich will ihn gerne lassen heiliger sein der Person halben, aber des Gepots halben nicht, weil Gott das Gebete nicht der Person halben ansiehet, sondern seines Worts und Gehorsams halben. Denn auf das Gepot, daraus alle Heiligen ihr Gebete setzen, setze ich meines auch, dazu bete ich eben das, darümb sie allzumal bitten oder gebeten haben."

Das sei das erste und nötigste Stück, daß alle unser Gebete sich gründen und stehen soll auf Gottes Gehorsam, nicht an'gesehen unser Person, wir seien Sunder oder fromm, wirdig oder unwirdig. Und sollen wissen, daß Gott in keinen Scherz[1] will geschlagen haben, sondern zürnen und strafen, wo wir nicht bitten, so wohl als er allen andern Ungehorsam strafet, darnach, daß er unser Gebete nicht will lassen ümbsonst und verloren sein. Denn wo er Dich nicht erhören wöllte, würde er Dich nicht heißen beten und so streng Gepot darauf schlagen.

Zum andern soll uns deste mehr treiben und reizen, daß Gott auch eine Verheißung dazu getan und zugesagt hat, daß es soll Ja und gewiß sein, was wir beten, wie er spricht im 50. Psalm[2]: „Rufe mich an zur Zeit der Not, so will ich Dich erretten" und Christus im Evangelio Matthäi 7.[3]: „Bittet, so wird Euch gegeben etc. Denn ein iglicher, wer da bittet, der empfähet." Solchs sollt' je[4] unser Herz erwecken und anzünden, mit Lust und Liebe zu beten, weil er mit seinem Wort bezeuget, daß ihm unser Gebete herzlich wohl gefalle, dazu gewißlich erhöret und gewährt sein soll, auf daß wir's nicht verachten noch in Wind schlagen und auf

jubemur. Neque minus in mei gratiam quam ejus hoc secundum praeceptum constitutum est, ut non liceat illi sanctius jactare praeceptum aut praestantius. Quare ita tibi dicendum est: 'Meae preces, quas ad Deum fundo, nihilo sunt deteriores aut profaniores aut Deo minus acceptae, quam fuere Pauli et omnium sanctissimorum. Cujus rei causa haec est: perlibenter enim illis, quantum ad personam attinet, cedam vitae sanctimonia, verum praecepto nequaquam. Certum enim habeo Deum nequaquam orationes personae gratia respicere, sed propter verbum suum atque obedientiam sibi praestitam atque exhibitam. Ei enim praecepto, cui omnes sancti orando innixi sunt, ego quoque precans innitor, ad haec eadem ipsa precor, quae ipsi omnes ad unum precantur aut precati sunt.'

Haec quidem prima hujus exhortationis pars sit et omnium maxime necessaria, ut omnis nostra oratio divinae obedientiae innitatur nullo nostrae personae respectu, sive justi simus, sive peccatores, digni an indigni. Neque ignorandum est Deum nullo modo aeque laturum, ut ista in jocum convertantur, sed graviter nos et acerbe puniturum, si segnes in orando fuerimus. Deinde, quod nostras preces nequicquam ac temere effundi non patietur, si enim te audire nollet, ut orares, numquam tam severe tibi praecepisset.

Alterum, quod nos ad orandum hoc impensius instigare debebat, hoc est, quod Deus orationi peramicam quoque promissionem adjunxerit pollicitus certo fore, quicquid orantes petierimus. Quemadmodum hoc testatur psalmus L.: 'Invoca me in die tribulationis et eripiam te.' Et Christus Matth. VII.: 'Petite et dabitur vobis etc. Quicumque enim petit, accipit.' His quidem promissionibus haud dubie pectora nostra excitanda erant et inflammanda, ut cum voluptate et amore Deum precibus invocaremus, cum ipse suomet verbo testatum faciat sibi nostras orationes impense placere easque exau-

---

9 haben +, so ist mir's ja so hoch und (+ viel B) mehr vonnöten denn jenen großen Heiligen B Konk   39 beten] bitten A A B Konk

9 omnium + etiam Conc   9/10 Cujus bis haec] Ratio Conc   10 enim > Conc
14 orationem Conc   27/8 Neque ignorandum] Et sciendum Conc   31 fuerimus, + non secus ac omnem aliam inobedientiam punire solet. Conc   32 preces + frustra Conc   nequicquam > Conc   38 peramicam > Conc   45 quidem] utique Conc   45/6 haud dubie > Conc   48 precibus > Conc

[1]) in den Wind   [2]) Ps. 50, 15   [3]) Matth. 7, 7f.   [4]) fürwahr

ungewiß beten. Solchs kannst Du ihm aufrücken¹ und sprechen: „Hie komme ich, lieber Vater, und bitte nicht aus meinem Fürnehmen noch auf eigene Wirdigkeit, sondern auf Dein Gepot und Verheißung, so mir nicht feilen² noch liegen kann." Wer nun solcher Verheißung nicht gläubt, soll abermal wissen, daß er Gott erzürnet, als der ihm aufs höhiste unehret und lügenstrafet.

Uber das³ soll uns auch locken und ziehen, daß Gott neben dem Gepot und Verheißunge' zuvor kömmpt und selbs die Wort und Weise stellet und uns in Mund legt, wie und was wir beten sollen, auf daß wir sehen, wie herzlich er sich unser Not annimmpt, und je⁴ nicht daran zweifeln, daß ihm solch Gebete gefällig sei und gewißlich erhöret werde. Welchs gar ein großer Vorteil ist fur allen andern Gebeten, so wir selbs erdenken möchten. Denn da würde das Gewissen immer im Zweifeln stehen und sagen: „Ich habe gebetet, aber wer weiß, wie es ihm gefället oder ob ich die rechte Maß und Weise troffen habe?" Darümb ist auf Erden kein edler Gebete zu finden, weil es solch trefflich Zeugnis hat, daß Gott herzlich gerne höret, dafur wir nicht der Welt Gut sollten nehmen.

Und ist auch darümb also furgeschrieben, daß wir sehen und bedenken die Not, so uns dringen und zwingen soll, ohn Unterlaß zu beten. Denn wer da bitten will, der muß etwas bringen, furtragen und nennen, des er begehret, wo nicht, so kann es kein Gebete heißen. Darümb haben wir billich der Münche und Pfaffen Gebete verworfen, die Tag und Nacht feindlich⁵ heulen und murren, aber ihr keiner denket ümb ein Haar breit zu bitten. Und wenn man alle

ditum iri, ne ipsi respuamus aut hylam inclamamus in incertum orantes. Haec igitur illi potes objicere ita dicens: 'Venio ad te, carissime pater, oratum, non quidem mei animi decreto aut propria dignitate adductus, sed tuo praecepto ac promisso incitatus, quae mihi nequaquam mentientur.' Jam qui tali promissioni fidem non habet, iterum sciat se Deum exasperare iracundia ut is, qui eum summa afficit contumelia ac mendacii insimulat.

Praeter haec etiam hoc ipso ad orandum non mediocriter pelliciendi et pertrahendi essemus, quod Deus juxta praeceptum et promissionem etiam antevertit nos ipse verba ac modum orandi nobis praescribens ac velut praemansum in os inserens⁶, quomodo et quid nos orare oporteat, ut videamus, quam amanter necessitas nostra sibi curae sit neque ullo pacto dubitemus nostras orationes sibi placere easque certo exaudiendas esse. Quare sane praesens oratio longe antecellit omnes reliquas, quas ipsi excogitare possemus. Etenim in his conscientia semper futura esset in dubio atque dictura: 'Oravi quidem, ceterum ignoro, quomodo illi placuerit aut num legitimum modum ac mensuram orandi assecutus sim.' Quapropter hac nobilior in terris non potest inveniri precatio, cum tam praeclara habeat testimonia, quod Deo tam ex animo arrideat, pro qua totius orbis divitias commutare non debeamus.

Quin etiam eam ob rem certis verbis praescripta est, ut videamus et in animum revocemus necessitatem, qua de indesinenter orandum adigendi et impellendi essemus. Etenim qui orare voluerit, necessum est, ut is aliquid apportet, exponat et nominatim perstringat, quod petierit, quod nisi fit, non potest dici precatio. Proinde non abs re omnium monachorum ac sacrificorum orationes hactenus factas rejecimus diu noctuque

---

1 beten] bitten Konk   9 ihn A B Konk   23 Zweifel Konk   27 finden + denn das tägliche Vaterunser B Konk

1 ipsi + eas Conc   1/2 hylam inclamamus] nihili pendamus Conc   5 mei animi decreto] ex proprio arbitrio aut proposito Conc   10 exasperare iracundia] ad iracundiam provocasse Conc   is > Conc   summa eum Conc   22/3 exaudiri Conc   23 praesens] Dominica seu ab ipso Domino praescripta nobis Conc   43 petiit Conc   44 Proinde bis re] Merito itaque rejecimus Conc   45/6 hactenus factas orationes Conc   46 rejecimus bis noctuque] qui diu quidem ac noctu Conc

¹) vorhalten   ²) unerfüllt bleiben   ³) Dazu   ⁴) ja   ⁵) gewaltig, mörderlich
⁶) Vgl. Cicero, De oratore II 39, 162.

Kirchen sampt den Geiſtlichen zuſammenbrächte, ſo müßten ſie bekennen, daß ſie nie von Herzen ümb ein Tröpflin Weins gebeten hätten. Denn ihr keiner je hat aus Gottes Gehorſam und Glauben der Verheißung furgenommen zu beten, auch keine Not angeſehen, ſondern nicht weiter gedacht (wenn man's aufs beſte ausgericht hat), denn ein gut Werk zu tuen, damit ſie Gott bezahleten, als die nicht von ihm nehmen, ſondern nur ihm geben wollten.

Wo aber ein recht Gebete ſein ſoll, da muß ein Ernſt ſein, daß man ſeine Not fühle und ſolche Not, die uns drücket und treibet zu rufen und ſchreien. So gehet denn das Gebete von ſich ſelbs, wie es gehen ſoll, daß man keines Lehrens darf, wie man ſich dazu bereiten und Andacht ſchepfen ſoll. Die Not aber, ſo uns beide fur uns und idermann anliegen[1] ſoll, wirſt Du reichlich gnug im Vaterunſer finden; darümb ſoll es auch dazu dienen, daß man ſich der daraus erinner', betrachte und zu Herzen nehme, auf daß wir nicht laß werden zu beten. Denn wir haben alle gnug, das uns manglet, es feilet aber daran, daß wir's nicht fühlen noch ſehen. Darümb auch Gott haben will, daß Du ſolche Not und Anliegen klageſt und anzieheſt[2], nicht daß er's nicht wiſſe, ſondern daß Du Dein Herz entzündeſt, deſte ſtärker und mehr zu begehren, und nur den Mantel weit ausbreiteſt und auftueſt, viel zu empfahen.

Darümb ſollten wir uns von Jugend auf gewehnen, ein iglicher fur alle ſeine Not, wo er nur etwas fühlet, das ihn anſtößet[3], und auch anderer Leute, unter welchen er iſt, täglich zu bitten als fur Prediger, Ober-

laborioſe admodum ululantium et murmurantium, sed quorum nullus umquam vel pro titivilitio[4] orare decrevisset, et si fieri possit, ut in unum locum omnes ecclesiae rudentium asinorum officinae una cum toto omnium religiosorum examine congregarentur, non possent non fateri se numquam ex corde vel pro minima vini guttula Deum orasse. Neque enim quisquam illorum umquam aut Dei obedientia adductus aut fide promissionis pellectus orare statuit neque ullam necessitatem intuitus est, sed non ultra cogitavit (quando preculae omnium optimae demurmuratae sunt) quam bonum opus facere, quo diurnum pensum Deo persolveret, ut qui non ab eo accipiunt, sed tantum illi dare volunt.

Ceterum ubi oratio recte instituta esse debet, necessum est, ut seria sit precatio, ut quis necessitatem sentiat, qua premitur et ad invocandum et clamandum impellitur. Atque ita demum fit, ut recta, quemadmodum par est, ad Deum fundatur oratio, ut nullo doctore opus sit, quomodo aliquis ad orandum se praeparet aut unde devotionem hauriat. Necessitatem vero, quae cum pro nobis, tum pro aliis nobis cordi esse debet, abunde satis in oratione a Christo nobis praescripta invenies, quae etiam ad hanc rem nobis servire debet, ut ex illa necessitatis saepe admoneamur, ne ad orandum segnes evadamus. Sunt enim non parum multa, quae desunt nobis omnibus, hoc tamen unum cumprimis in omnibus desideratur, quod nemo nostrum eo videat aut sentiat. Quare Deus a nobis hoc summe contendit, ut eam necessitatem, qua premeris, orans conqueraris atque exponas, non quod ignoret, verum ut tu cor tuum incendas ad impensius ac fortius petendum utque sinum pallii tui saltem quam latissime distendas et aperias ad multa percipiendum.

Quocirca statim a pueritia assuescere conveniebat, ut quisque privatim pro sua necessitate, quamcumque tandem sibi objectam persentisceret, tum etiam pro aliis hominibus, quibuscum versatur,

---

8 wenn] wie A wo B   11 nur > B   29 der] derselben B Konk   30 erinner, + sie B Konk

1/2 ululant et murmurant Conc   2 sed quorum nullus] at interim nullus eorum Conc   3 decrevit Conc   4 fieri possit, ut > Conc   14/5 omnium optimae] vel optime Conc   34 evadamus] reddamur Conc   42 ignoret + ipse Conc   accendas Conc

[1]) angelegen ſein laſſen   [2]) zur Sprache bringſt   [3]) trifft   [4]) um eine Bagatelle; vgl. Plautus, Casin. 347.

keit, Nachbar, Gesind und immer (wie gesagt[1]) Gott sein Gepot und Verheißung aufrücken und wissen, daß er's nicht will verachtet haben. Das sage ich darümb, denn ich wollt' ger'ne, daß man solchs wieder in die Leute brächte, daß sie lerneten recht beten[2] und nicht so rohe und kalt hingehen, davon sie täglich ungeschickter werden zu beten, welchs auch der Teufel haben will und mit allen Kräften dazu hilft; denn er fühlet wohl, was ihm fur Leid und Schaden tuet, wenn das Gebete recht im Schwang gehet.

Denn das sollen wir wissen, daß alle unser Schirm und Schutz allein in dem Gebete stehet. Denn wir sind dem Teufel viel zu schwach sampt seiner Macht und Anhang, so sich wider uns legen, daß sie uns wohl künnten mit Füßen zutreten. Darümb müssen wir denken und zu den Waffen greifen, damit die Christen sollen gerüstet sein, wider den Teufel zu bestehen. Denn was meinest Du, daß bisher so groß Ding ausgerichtet habe, unserer Feinde Ratschlagen, Furnehmen, Mord und Aufruhr gewehret oder gedämpfet, dadurch uns der Teufel sampt dem Evangelio gedacht hat unterzudrücken, wo nicht etlicher frommer Leute Gebete als ein eiserne Mauer auf unser Seiten darzwischen kommen wäre? Sie sollten sonst selbs gar viel ein ander Spiel gesehen haben, wie der Teufel ganz Deutschland in seinem eigenen Blut verderbet hätte. Jtzt aber mügen sie es getrost verlachen und ihren Spott haben, wir wollen aber dennoch beide ihnen und dem Teufel allein durch das Gebete Manns gnug sein, wo wir ' nur fleißig anhalten und nicht laß werden. Denn wo irgendein frommer Christ bittet: „Lieber Vater, laß doch Deinen Willen geschehen," so spricht er droben: „Ja, liebes Kind, es soll ja[3] sein und geschehen, dem Teufel und aller Welt zu Trotz."

quotidie precaretur, veluti pro concionatoribus, magistratibus, vicinis, familia et aliis semperque Deum (ut dictum est) sui praecepti promissionisque admoneret nihil haesitans eundem suas preces exauditurum. Haec propterea dico, perlibenter enim velim, ut his probe perceptis homines iterum recte orare perdiscerent neque tam horridam et incultam atque ab omni devotionis affectu alienam vitam viverent, a qua in dies singulos ad precationes faciendas ineptiores evadunt, quod etiam diabolus anxie desiderat omnibus viribus eo instigans et opitulans, neque enim obscure sentit, quantum detrimenti sibi afferre soleat oratio fervens et sedula.

Hoc enim scire debemus omnem tutelam ac defensionem nostram unice adeo in oratione sitam esse. Multo enim viribus imbecilliores sumus, quam ut cum diabolo ejusque sociis auxiliaribus nos infestantibus aequo Marte depugnare queamus, adeo ut nos profligatos tantum pedibus conculcare possent. Ita nobis impense danda est opera, ut ea arma manibus arripiamus, quibus instructi christiani diabolo queant resistere. Quid enim putas hactenus tam magnas res effectas reddidisse inimicorum nostrorum consiliis discutiendis, insidiis retegendis, caedibus tollendis, seditionibus clanculariis opprimendis et exstinguendis, quibus diabolus una cum evangelio cogitabat nos evulsos funditus perimere, nisi aliquot proborum ac piorum hominum obstitisset oratio ac tamquam murus aeneus nos defendisset? Alioqui et ipsi longe cruentiorem tragoediam vidissent, quomodo diabolus totam Germaniam in suo proprio sanguine submersisset. Jam vero possunt illi quidem haec salse subsannare sua derisione notati, nos tamen plus satis animose et militariter et ipsis et diabolo imperatori suo solius orationis adminiculo obnitemur, dummodo diligenter precationi ac precibus vacaverimus neque segnes fiamus. Ubicun-

---

27/8 bisher ... habe] bisher sollt' ... haben B

13 etiam] et Conc   15 opitulans] juvans Conc   25 Ita] Ideo Conc   30 effectas reddidisse] effecisse Conc   31 detegendis Conc   34 diabolus + nos Conc   34/5 cogitabat *bis* perimere] penitus opprimere cogitabat Conc   38 aeneus + se interposuisset et Conc   ipsi + adversarii nostri   40 quomodo + nempe Conc   41/4 Jam *bis* militariter] Nunc vero salse haec illi et confidenter rideant licet et pro ludibrio habeant, nos tamen Conc   45/8 imperatori *bis* fiamus] solius orationis adminiculo sat fortes erimus, dummodo diligenter oraverimus nec segnes facti fuerimus Conc

[1]) Oben 667₁₋₆.   [2]) Vgl. dazu Luthers Schrift: „Einfältige Weise zu beten für einen guten Freund" (1535), WA XXXVIII 358—375.   [3]) gewißlich

Das sei nu zur Vermahnung gesagt, daß man fur allen Dingen lerne das Gebete groß und teuer achten und ein rechten Unterscheid wisse zwischen dem Plappern und etwas Bitten. Denn wir verwerfen mit nichte[1] das Gebete, sondern das lauter[2] unnütze Geheule und Gemurre[3] verwerfen wir, wie auch Christus selbs[4] lang Gewäsche verwirft und verbeut. Nu wöllen wir das Vaterunser aufs kürzst und klärlichste handlen. Da sind nu in sieben Artikel oder Bitte nacheinander gefasset alle Not, so uns ohn Unterlaß belanget[5], und ein igliche so groß, daß sie uns treiben sollt', unser Leben lang daran zu bitten.

que enim pius ac probus christianus orat: 'Coelestis ac omnipotens pater, precor, ut tuam voluntatem fieri sinas!', illico in sublimi respondet: 'Optime fili, plane hoc tibi persuadeas futurum ad retundendam diaboli mundique ferociam.'

Hactenus haec monendi gratia dicta sint, ut prae omnibus discamus orationem magni pendere veroque discrimine discernere verbosum multiloquium ab oratione aliquid petente. Nequaquam enim precationes rejicimus, verum non nisi inutilem illum boatum ac murmurantium sacrificorum et monachorum inconditam coaxationem damnamus, quemadmodum ipse quoque Christus in oratione molestam et ad ostentationem compositam battologiam damnat ac prohibet[5]. Jam vero ipsam orationem ab eodem nobis traditam paucis tractabimus et, quam fieri potest, clarissime. Sunt autem in his septem articulis sive precationibus omnes necessitates ordine comprehensae, quae nobis subinde contingunt et una quaeque harum ita magna est et vehemens, ut ea per omnem vitam nostram ad orandum impellendi essemus.

Die erste Bitte.

Geheiliget werde Dein Name.
Das ist nu etwas finster und nicht wohl deutsch geredet; denn auf unsere Muttersprache würden wir also sprechen: „Himmlischer Vater, hilf, daß nur Dein Name möge heilig sein." Was ist's nu gebetet, daß sein Name heilig werde? Ist er nicht vorhin[6] heilig? Antwort: Ja, er ist allezeit heilig in seinem Wesen, aber in unserm Brauch[7] ist er nicht heilig. Denn Gottes Namen ist uns gegeben, weil wir Christen worden und getauft sind, daß wir Gottes Kinder heißen und die Sakrament haben, dadurch er uns mit ihm verleibet[8], also daß alles, was Gottes ist, zu unserm Brauch[7] dienen soll. Da ist nu die große Not, dafur wir am meisten sorgen sollen, daß der Name sein Ehre habe, heilig und hehr gehalten werde als unser höhister Schatz und Heilig-

Prima precatio.

Sanctificetur nomen tuum.
Hoc aliquanto obscurius dictum est nec significanter expressum. Lingua enim nobis vernacula ita diceremus: 'Coelestis pater, fac quaeso, ut tantum nomen tuum sanctum sit.' Quid ergo sibi vult haec oratio, ut nomen ejus sanctum fiat? An non ante sanctum est? Responsio: Imo vero nunquam non sanctum est in sua essentia, at in usu nostro sanctum non est. Dei enim nomen nobis datum et inditum est, posteaquam christiani facti et baptizati sumus, ut filii Dei vocemur et sacramenta habeamus, per quae illi uniti et copulati sumus, ita ut omnia, quaecumque Dei sunt, usui nostro servire debeant. Ceterum hic jam nobis magna necessitudo incumbit et imponitur, quae

---

7 Vermahnung] Warnung Konk

1 probus ac pius Conc   4 respondet + Deus Conc   8 prae omnibus] ante omnia Conc   9 magni pendere] magni facere Conc   13 nisi + mere Conc   13/5 murmurantium *bis* coaxationem] murmur Conc   37 antea Conc   47/8 necessitas Conc

[1]) keineswegs   [2]) ganz   [3]) Gemurmel   [4]) Matth. 6, 7 (μὴ βατταλογήσετε); 23,14.
[5]) betrifft   [6]) an sich, von vornherein   [7]) Gebrauch   [8]) sich einverleibt

tumb, so wir haben, und daß wir als die frommen Kinder darümb bitten, daß sein Name, der sonst[1] im Himmel heilig ist, auch auf Erden bei uns und aller Welt heilig sei und bleibe.

Wie wird er nu unter uns heilig? Antwort aufs deutlichste, so man's sagen kann: wenn beide unser Lehre und Leben göttlich und christlich ist. Denn weil wir in diesem Gebete Gott unsern Vater heißen, so sind wir schuldig, daß wir uns allenthalben halten und stellen wie die frommen Kinder, daß er unser[2] nicht Schande, sondern Ehre und Preis habe. Nu wird er von uns entweder mit Worten oder mit Werken verunheiligt. (Denn was wir auf Erden machen, muß entweder Wort oder Werk, Reden oder Tuen sein.) Zum ersten also, wenn man predigt, lehret und redet unter Gottes Namen, das doch falsch und verführisch ist, daß sein Name die Lügen schmücken[3] und verfäufen[4] muß. Das ist nun die größiste Schande und Unehre göttlichs Namens, darnach auch, wo man gröblich den heiligen Namen zum Schanddeckel[5] führet mit Schweren, Fluchen, Zäubern etc. Zum andern auch mit öffentlichen bösem Leben und Werken, wenn die, so Christen und Gottes Volk heißen, Ehebrecher, Säufer, geizige Wänste, neidisch und Afterreder[6] sind: da muß abermal Gottes Name ümb unsernwillen mit Schanden bestehen und gelästert werden. Denn gleichwie es einem leiblichen Vater ein Schande und Unehre ist, der ein böses ungeraten Kind hat, das mit Worten und Werken wider ihn handlet, daß er ümb seinetwillen muß verachtet und geschmähet werden, also auch reichet[7] es auch zu Gottes Unehren, so wir, die nach seinem Namen genennet sind und allerlei Güter von ihm haben, anders lehren, reden und leben denn fromme und himmlische Kinder, daß er hören muß, daß man von uns sagt, wir müssen nicht Gottes, sondern des Teufels Kinder sein.

nobis cumprimis curae esse debet, ut nomini divino suus honor habeatur, ut sancte ac reverenter tractetur veluti thesaurus noster unicus, quo nobis non major est aut amplior, utque nos tamquam probi liberi ab hoc patre precibus contendamus, ut nomen suum, quod alioqui in coelis per omnia sanctum est, etiam in terris apud nos inque universo orbe sanctum sit ac maneat.

Porro autem nomen ejus quomodo 39 inter nos sanctificatur aut sanctum fit? Responsio, ut, quam apertissime potero, dicam, cum et doctrina et vita nostra juxta divina et christiana fuerit. Cum enim hac oratione Deum patrem nostrum compellemus, consentaneum est atque adeo debemus, ut in omnibus ita nos geramus, ita nos exhibeamus, quemadmodum probos liberos aequum est, ne illi simus dedecori, sed laudi atque honori. Jam vero ejus nomen a nobis aut 40 verbis aut factis indigne violatum profanatur (quicquid enim in terris agimus, aut verbo aut facto comprehenditur). Ac primum quidem ad hunc mo- 41 dum, quando sub divini nominis praetextu id praedicatur, docetur ac dicitur, quod falsum est atque erroneum et quo seducuntur homines, ita ut ejus nomine comandum ac exornandum sit mendacium atque etiam venalius faciendum. Hoc jam summum dedecus est et contumelia, qua sacratissimum nomen Dei patris nostri indignissimis modis contaminatur et afficitur. Deinde quoque 42 quoties foede ac turpiter nomine Dei abutimur pejurando, exsecrando, maledicendo, perjurando incantando etc. Tertio quoque vita et operibus manifeste 43 malis ac nefariis, cum ii, qui christiani et populus Dei vocantur, sunt adulteri, vinolenti, avari, invidiosi, obtrectatores, maledici. Hic iterum gloriosum Dei nomen nostri gratia contumeliae ac dedecori exponitur. Sicut enim corporali 44 patri filius male moratus ac degener infamiae est ac turpitudini, qui et dictis et factis praecepta paterna transgreditur nobilitans semet flagitiis, ut ejus gratia ab omnibus contemptus notetur ignominia, ita quoque Deo vergit in contumeliam, si nos, qui juxta nominis ejus appellationem vocati sumus atque ab eodem omnigena bona accepimus, aliter

---

15 juxta > Conc   17/8 consentaneum *bis* adeo] utique Conc   39 perjurando > Conc

¹) ohnedies   ²) von uns   ³) bemänteln   ⁴) annehmbar machen   ⁵) Deckmantel   ⁶) Verleumder   ⁷) gereicht

Also siehest Du, daß wir eben das in diesem Stück bitten, so Gott im andern Gepot fodert, nämlich daß man seines Namens nicht mißbrauche zu Schweren, Fluchen, Liegen, Triegen etc., sondern nützlich brauche zu Gottes Lob und Ehren. Denn wer Gottes Namen zu irgendeiner Untuget brauchet, der entheiliget und entweihet[1] diesen heiligen Namen, wie man verzeiten eine Kirche entweihet hieße[1], wenn ein Mord oder andere Buberei darin begangen war oder wenn man eine Monstranzen[2] oder Heiligtumb[3] unehrete, als das wohl an ihm selbs heilig und doch im Brauch unheilig ward. Also ist das Stück leicht und klar, wenn man nur die Sprache verstehet, daß „heiligen" heißt soviel als auf unsere Weise „loben, preisen und ehren" beide mit Worten und Werken. Da siehe nun, wie hoch solch Gebete vonnöten ist. Denn weil wir sehen, wie die Welt so voll Rotten und falscher Lehrer ist, die alle den heiligen Namen zum Deckel[4] und Schein[5] ihrer Teufelslehre führen, sollten wir billich ohn Unterlaß schreien und rufen wider solche alle, beide die fälschlich predigen und gläuben und was unser Evangelion und reine Lehre anfichtet, verfolgt und dämpfen will als Bischofe, Tyrannen, Schwärmer etc. Item auch fur uns selbs, die wir Gottes Wort haben, aber nicht dankbar dafur sein noch darnach leben, wie wir sollen. Wenn Du nu solchs von Herzen bittest, kannst Du gewiß sein, daß Gott wohl gefället. Denn liebers wird er nicht hören, denn daß seine Ehre und Preis fur und über alle Ding gehe, sein Wort rein gelehret, teur und wert gehalten werde.

docuerimus, locuti fuerimus, vixerimus, atque pios ac coelestes filios Dei par est, adeo, ut ob hoc ipsum male audire cogatur nos videlicet non esse filios Dei, sed filios diaboli. Ita clare vides hoc articulo idem nos orare, quod in secundo praecepto Deus a nobis exigit, nimirum ne ejus nomine prave abutamur jurando, detestando, mentiendo, fallendo etc., sed utiliter idem ad Dei honorem et gloriam usurpemus. Quicumque enim divino nomine alicujus vitii tegendi gratia abutitur, ille hoc sanctum nomen profanat, violat, conspurcat atque contaminat non secus, atque olim sacrae domus profanatae dicebantur caede humana conspersae aut alioqui foeda aliqua turpitudine in iisdem flagitiose perpetrata dehonestatae aut, si res sacra contumeliose afficeretur, ut, quae per se quidem sancta esset, ipso tamen usu profana fieret. Est ergo hic articulus jam intellectu facilis tantum verbis recte perceptis, ut 'sanctificare' tantum significet ac 'laudare, extollere, honorem habere' cum verbis, tum operibus. Jam vero ipse vide, quam ista precatio omnibus modis sit necessaria. Cum enim haud obscure videamus, quam mundus refertus sit propemodum infinitis sectis et falsis doctoribus omnibus divinum nomen suae diabolicae doctrinae praetexentibus, non injuria nobis indesinenter clamandum erat adversus omnes ita scelerate divino nomine abutentes, hoc est aeque adversus falsa docentes et prava superstitiose credentes, tum quicquid evangelium et sanam doctrinam nostram temere impugnat, ut sunt mitrati[6] episcopi et nostri principes Phalaride[7] nihilo mitiores, tam etiam insanientes ambitione et furiis sacramentarii atque id genus alii haeretici et veritatis impugnatores. Praeterea pro nobismet ipsis quoque, qui verbum Dei habemus, sed qui non grati sumus neque tanti muneris memores neque perinde, ut verbo docemur, vivimus. Haec devote atque ex animo orans certus esse potes Deo summe placere tuam precatiunculam. Neque enim quicquam audiet

---

12 Untugend B Konf   20 das] dies Konf   36 sind Konf

2 par est] decet Conc   40/4 et *bis* impugnatores] tyranni, Swermeri etc. Conc
50/1 precatiunculam] orationem Conc

---

[1]) Über die Exekration und Pollution vgl. Thalhofer, Handbuch der katholischen Liturgik (2. Aufl. 1912) I 407f. und II 498f.   [2]) Gefäß, in welchem die Hostie zur Anbetung gezeigt wird (vgl. Eisenhofer, Liturgik 94f.).   [3]) Reliquie   [4]) Mantel   [5]) Rechtfertigung
[6]) Über die Mitra der Bischöfe vgl. Eisenhofer, Liturgik 103f.   [7]) Vgl. oben 568 Anm. 9.

gratius aut amantius, quam quod ejus honor et gloria prae omnibus rebus passim unice floreat ac vigeat, ejus verbum sincere doceatur ac carum et pretiosum aestimetur.

Die ander Bitte.

Dein Reich komme¹.

Wie wir im ersten Stück gebeten haben, daß Gottes Ehre und Namen betrifft, daß Gott wehre, daß die Welt nicht ihre Lügen und Bosheit darunter schmücke², sondern hehr und heilig halte beide mit Lehre und Leben, daß er an uns gelobt und gepreiset werde, also bitten wir hie, daß auch sein Reich kommen solle. Aber gleichwie Gottes Name an ihm selbs heilig ist und wir doch bitten, daß er bei uns heilig seie, also kömmpt auch sein Reich ohn unser Bitten von sich selbs. Doch bitten wir gleichwohl, daß er zu uns komme, das ist, unter uns und bei uns gehe, also daß wir auch ein Stück seien, darunter sein Name geheiligt werde und sein Reich im Schwang gehe.

Was heißet nu Gottes Reich? Antwort: Nichts anders denn wie wir droben³ im Glauben gehört haben, daß Gott seinen Sohn Christum, unsern HERRN, in die Welt geschickt, daß er uns erlösete und frei machete von der Gewalt des Teufels und zu sich brächte und regierete als ein König der Gerechtigkeit, des Lebens und Seligkeit wider Sunde, Tod und böse Gewissen, dazu er auch seinen heiligen Geist geben hat, der uns solchs heimbrächte⁴ durch sein heiliges Wort und durch seine Kraft im Glauben erleuchtete und stärkte. Derhalben bitten wir nu hie zum ersten, daß solches bei uns kräftig werde und sein Name so gepreiset durch das heilige Wort Gottes und christlich Leben, beide daß wir, die es angenommen haben, dabei bleiben und täglich zunehmen und daß es bei andern Leuten ein Zufall⁵ und Anhang gewinne und gewaltiglich durch

Secunda precatio.

Veniat regnum tuum.

Quemadmodum primo articulo precati sumus ea, quae ad honorem et gloriam nominis Dei pertinent, ut Deus obstaculo esse dignetur, ne sui nominis praetextu mundus sua mendacia atque malitiam insidiose celet ac protegat, sed ipse ejus gloriam claram habeat et inviolabilem, ut per nos celebretur et extollatur laudibus, ita quoque hic precamur, ut regnum ejus veniat. Verum sicut nomen Dei per se sanctum est, nos tamen oramus, ut apud nos quoque sanctum sit, ita quoque regnum ejus ultro venit citra nostram precationem, nihilosecus tamen precamur, ut ad nos veniat, inter nos et apud nos versetur, ita ut nos quoque pars simus, inter quos nomen ejus sanctificatur et ejus regnum floreat.

Quid autem regnum Dei dicitur? Responsio: Nihil aliud quam quod supra in symbolo fidei audivimus, quod Deus filium suum Jesum Christum in mundum miserit, ut nos a diaboli potentia et captivitate redimeret inque libertatem assereret et ad se perductos regeret veluti rex justitiae, vitae, salutis et felicitatis adversus peccatum, mortem et malam conscientiam. Ad quod etiam spiritum sanctum largitus est, qui talia nobis offerret per sanctum verbum suum perque virtutem suam nos in fide illuminaret et fortificaret. Eam ob rem hic primum petentes precamur, ut id, quod Christus nobis impetravit, apud nos fiat efficax, ut ejus nomen celebretur per sanctum Dei verbum et vitam pie et christiane institutam, ut et nos, qui accepimus, illud mordicus⁶ retineamus et

---

19 er] es Konf   22 wird B   23 gehet B

7 Adveniat Conc   10/1 Deus *bis* dignetur] prohibeat Deus Conc   13 tegat Conc   14/5 inviolabilem + cum in doctrina, tum in vita, Conc   21/2 nihilosecus] nihilominus Conc   22 veniat +, id est Conc   24 simus + eorum Conc   25 sanctificetur Conc   41 petentes > Conc   46 mordicus] constanter Conc   et + quotidie in eo crescamus ac idem Conc

---

¹) Vgl. oben 556 21 f.   ²) verhülle   ³) Oben 652 3—12.   ⁴) herzubrächte
⁵) Beifall   ⁶) mit aller Kraft; vgl. z. B. Cicero, De re publica I 51.

die Welt gehe, auf daß ihr viel zu dem Gnadenreich kommen, der Erlösung teilhaftig werden, durch den heiligen Geist erzubracht, auf daß wir also allesampt in einem Königreich itzt angefangen ewig bleiben.

Denn „Gottes Reich zu uns kommen" geschicht auf zweierlei Weise: einmal hie zeitlich durch das Wort und den Glauben, zum andern ewig durch die Offenbarung[1]. Nu bitten wir solchs beides, daß es komme zu denen, die noch nicht darinne sind, und zu uns, die es überkommen[2] haben, durch täglich Zunehmen und künftig in dem ewigen Leben. Das alles ist nicht anders denn soviel gesagt: „Lieber Vater, wir bitten, gib uns erstlich Dein Wort, daß das Evangelion rechtschaffen durch die Welt geprediget werde, zum andern, daß auch durch den Glauben angenommen werde, in uns wirke und lebe, daß also Dein Reich unter uns gehe durch das Wort und Kraft des heiligen Geists und des Teufels Reich niedergeleget[3] werde, daß er kein Recht noch Gewalt über uns habe, solange bis es endlich gar[4] zustöret, die Sunde, Tod und Helle vertilget werde, daß wir ewig leben in voller Gerechtigkeit und Seligkeit."

Aus dem siehest Du, daß wir hie nicht ümb eine Parteken[5] oder zeitlich vergänglich Gut bitten, sondern ümb einen ewigen, überschwenglichen Schatz und alles, was Gott selbs vermag, das viel zu groß ist, daß ein menschlich Herz solchs türrste in Sinn nehmen[6] zu begehren, wo er's nicht selbs geboten hätte zu bitten. Aber weil er Gott ist, will er auch die Ehre haben, daß er viel mehr und reichlicher gibt, denn imand begreifen kann, als ein ewiger unvergänglicher Quell, der, je mehr er ausfleußet und übergehet, je mehr er von sich gibt, und nichts höher von uns begehret, denn daß man viel und große Ding von ihm bitte, und wiederümb zürnet, wenn man nicht getrost bittet und fodert. Denn gleich als wenn der reicheste, mächtigste Kaiser einen armen Bettler hieße bitten, was er nur begehren möchte, und bereit wäre, groß kaiserlich Geschenk zu geben, und der Narr nicht mehr denn eine

ab aliis certatim arripiatur et potenter per mundum dominetur, ut multi ad regnum gratiae perveniant, redemptionis fiant participes per spiritum sanctum adducti, ut omnes ita in hujus regis regno hic incepto perpetuo maneamus.

Siquidem regnum Dei duplici ratione ad nos venire dicitur, semel in hoc mundo temporaliter per verbum et fidem, deinde aeternaliter et hoc per revelationem, jam utrumque hoc precamur, ut et ad eos veniat, qui nondum in eo versantur, et ad nos, qui illud consecuti sumus, quotidianis incrementis auctum et in futuro in vita aeterna immortali revelandum. Horum omnium non alius quam hic sensus est: 'Coelestis ac omnipotens pater, precamur te, ut nobis sub initium tuum verbum impertire digneris, ut evangelium pure ac sincere per mundum praedicetur. Deinde, ut per fidem quoque susceptum in nobis operetur ac vivat, ut ita regnum tuum inter nos erectum vigeat per verbum ac virtutem spiritus sancti, ut regnum diaboli abolitum prorsus exstirpetur, ne quid juris aut potestatis illi in nos relinquatur, donec prorsus submersum fuerit peccatis, morte et orco exstinctis, ut nos perpetuo in perfecta justitia ac felicitate vivamus.'

Ex his omnibus, nisi fallor, acute perspicis nos hoc loco non pro frusto panis aut re aliqua temporali et transitoria precari, sed pro aeterno thesauro, cujus pretium est inaestimabile, breviter pro omnibus iis, quae Deus ipse possidet, quae multo majora sunt, quam ut homo animo concipere audeat eam fiduciam tanta postulandi, nisi ipse haec petenda nobis in mandatis dedisset. Verum quoniam Deus est et quidem omnipotens, eum etiam honorem sibi vendicat, ut multo plura ac magnificentiora largiatur, quam ullus queat mente comprehendere, veluti fons perennis et indesinens, qui, quo largius ac copiosius manando exundat, hoc liberalius semet effundit. Nec quicquam impensius a nobis flagitat, quam ut multa et magna ab eo postulemus, et contra nobis infensus est nihil audacter et confidenter a sua beni-

---

16 gib + und erhalte uns B

6 incepto] inchoato Conc   16 revelandum] consummandum Conc   19 initio Conc   32/3 nisi *bis* perspicis] vides Conc   39 auderet Conc

---

[1] bei der Wiederkunft Christi   [2] erworben   [3] vernichtet   [4] ganz   [5] Kleinigkeit (eigentlich Almosen)   [6] sich vorzunehmen wagte

Hofesuppen[1] bettelte, würde er billich als
ein Schelm[2] und Böswicht gehalten, als der
aus[3] kaiserlicher Majestät Befehl sein Hohn
und Spott triebe und nicht wert wäre, fur
seine Augen zu kommen. Also reichet[4] es
auch Gotte zu großer Schmach und Unehre,
wenn wir, denen er soviel unaussprechliche
Güter anbeutet und zusaget, solchs verachten
oder nicht trauen zu empfahen und kaum
ümb ein Stück Brots unterwinden zu bitten.
Das ist alles des schändlichen Unglaubens
Schuld, der sich nicht soviel Guts zu Gott
versiehet, daß er ihm den Bauch ernähre,
schweige daß er solche ewige Güter sollt'
ungezweifelt von Gott gewarten[5]. Darümb
sollen wir uns dawider stärken und dies lassen
das erste sein zu bitten, so wird man freilich[6]
alles ander auch reichlich haben, wie Christus
lehret[7]: „Trachtet am ersten nach dem
Reich Gottes, so soll Euch solchs alles zu=
fallen." Denn wie sollt' er uns an Zeit=
lichen mangeln und darben lassen, weil[8]
er das Ewige und Unvergängliche ver=
heißet?

gnitate petentibus et postulantibus. Nam
veluti cum opulentissimus et potentissi-
mus caesar alicui mendico eam optionem
et precandi libertatem offerret, ut, quod-
cumque ejus ferret animus, a se optaret
et peteret, se paratum esse μονονουχὶ
χρυσᾶ ὄρη, hoc est munera plane regia et
magnifica largiri petenti, at ille vecors
asinus non plus sordido postularet sor-
bitio, merito pro latrone et homine nequam reputandus esset, qui perlibera-
lem caesaris munificentiam subsannas-
set ac risui exposuisset neque dignus
esset amplius, qui in conspectum caesaris admitteretur, ita quoque Deo extreme contumeliosum est tanta tamque
ineffabilia bona nobis offerenti et polli-
citanti, si ejus inexhaustam benignita-
tem contempserimus aut nos certo consecuturos non speramus ac vix pro
frusto panis impetrando precari sustinemus. Verum enim vero omnis haec culpa impiae incredulitati nostrae assi-
gnanda est non tantum bonitatis de Deo
sibimet pollicenti, ut crederet ventrem a
Deo nutritum iri, omitto, ut indubitabi-
liter speraret aliquando ejusmodi bona
immortalia se consecuturam. Quapropter adversus hanc munire nobis convenit et huic petitioni primas deferre[10] atque ita omnibus aliis procul dubio quoque abundabimus, veluti Christus ipse
docet: 'Quaerite primum regnum Dei
et cetera omnia adjicientur vobis.' Qui
enim adeo pateretur rerum temporalium
nos urgeri inopia, quum aeterna et
coelestia bona se nobis certo daturum
persancte receperit?

Die dritte Bitte.

Dein Wille geschehe wie im Him=
mel, also auch auf Erden[9].

Bisher haben wir gebeten, daß sein
Name von uns geehret werde und sein

Tertia petitio.

Fiat voluntas tua quemad-
modum in coelo, sic etiam in
terra.

Hactenus ut nomen ejus a nobis sanctificetur et colatur, tum praeterea, ut ejus

---

9 getrauen Konk 12 nichts Konk 15 warten A B 21/2 Zeitlichem Konk

6/7 μονονουχὶ bis est > Conc 8/9 at bis asinus] ille vero stolidus Conc 10/3 pro bis exposuisset] utique ille pro scelerato nebulone et homine nequam haberetur, qui caesareae majestatis mandatum ludibrio haberet Conc 19 contemnamus Conc 20 speremus Conc 21/2 sustineamus Conc 26/7 indubie Conc 28/32 Quapropter bis abundabimus] Quare contra nos muniamus hocque imprimis petamus atque ita demum reliqua quoque omnia abunde habebimus, Conc 34/5 Qui enim adeo] Quomodo enim Conc

---

[1]) Bettelsuppe, die man den Armen auf dem Hofe reicht [2]) verworfenen Menschen [3]) mit [4]) gereicht [5]) erwarten [6]) gewiß [7]) Matth. 6, 33; Luk. 12, 31. [8]) wäh=rend [9]) Vgl. oben 556₂₂f. [10]) Vgl. Cicero, De nat. Deorum I 6, 15.

Reich unter uns gehe, in welchen zweien ganz begriffen ist, was Gottes Ehre und unser Seligkeit belanget, daß wir Gott sampt allen seinen Gütern zu eigen kriegen. Aber hie ist nu ja so große Not, daß wir solchs feste halten[1] und uns nicht lassen davon reißen. Denn wie in einem guten Regiment nicht allein müssen sein, die da bauen und wohl regieren, sondern auch die da wehren, schützen und feste drüber halten[2], also auch hie; wenn wir gleich fur die höhiste Not[3] gebeten haben ümb das Evangelion, Glauben und heiligen Geist, daß er uns regiere, aus des Teufels Gewalt erlöset, so müssen wir auch bitten, daß er sein Willen geschehen lasse. Denn es wird sich gar wunderlich anlassen, wenn wir dabei bleiben sollen, daß wir viel Anstöße[4] und Büffe[5] darüber müssen leiden von dem allen, so sich untersteht, die zwei vorigen Stücke zu hindern und wehren.

Denn niemand gläubt, wie sich der Teufel dawider setzet und sperret, als der nicht leiden kann, daß jemand recht lehre oder gläube, und tuet ihm über die Maße wehe, daß er muß seine Lügen und Greuel, unter dem schönsten Schein göttlichs Namens geehret, aufdecken lassen und mit allen Schanden stehen, dazu aus dem Herzen getrieben werden und in einen solchen Riß in sein Reich lassen geschehen. Darümb tobt und wütet er als ein zorniger Feind mit aller seiner Macht und Kraft, hänget an sich alles, was unter ihm ist, darzu nimmpt er zu Hülfe die Welt und unser eigen Fleisch. Denn unser Fleisch ist an ihm selbs faul[6] und zum Bösen geneigt, ob wir gleich Gottes Wort angenommen haben und gläuben. Die Welt aber ist arg und böse. Da hetzet er an, bläset und schüret zu, daß er uns hindere, zurück-

regnum inter nos vigeat, precati sumus, quibus duobus plene comprehensum est, quicquid ad Dei honorem et nostram salutem pertinet, ut Deum cum omnibus suis divitiis peculiariter consequamur, verum hic alia rursus nobis incumbit et vehemens quidem necessitas, ut tantas una cum Deo acceptas divitias constanter ac firmiter retineamus neque nos ullo modo avelli patiamur. Nam quemadmodum in republica bonis legibus instituta non tantum eos esse oportet, qui aedilium, praetorum et praefectorum[7] partes obeant, hoc est, qui publicis praesint aedificiis et officiorum procurationibus, sed etiam qui imperatores agant, qui hostiles incursiones propellant, qui ab omni vi atque injuria patriam tueantur sedulo, ita quoque hic, quamquam pro eo, quod nobis summe necessarium est, oravimus, nempe ut evangelii fieremus compotes neque non fidei ac spiritus sancti participes, qui nos regat, e diaboli potestate liberet, illud tamen nobis quoque nihilo segnius orandum est, ut voluntatem suam fieri patiatur. Ut enim in cognita veritate persistamus, mirae exorientur tragoediae multaeque impugnationes et casus nobis erunt sufferendi ab omnibus iis, qui duo priora summa ope impedire nituntur atque subvertere.

Nemo enim facile credit, quam diabolus omnibus repugnet viribus, ut qui ferre non potest quemquam recte docere aut sincere credere neque illi quicquam potest accidere aegrius atque dolentius, quam quod videt nugaces et abominabiles doctrinas suas sub speciosissimo Dei nomine veneratas jam exorta luce evangelii detegi atque ita turpiter subsannari, insuper e pectoribus hominum evelli talique clade regni sui pomeria imminui. Quocirca tamquam inimicus ira percitus fremit insaniens omnique exercitus sui robore nos incursans et adoriens. Praeterea omnium suorum copias sibi adjungens, mundi quoque et propriae carnis nostrae socia arma auxilio sibi deposcens. Etenim caro nostra per se pigra est et prona ad malum, tametsi

---

14 erlöse B Konk   21 und + zu Konk

10 avelli + inde Conc   11 constituta Conc   26 patiatur + Deus Conc   40 veneratas] adoratas Conc   46/7 incursans et adoriens] incurrit et aditur Conc   50 deposcit Conc

[1]) Vgl. oben 513 30 f. und WA XXXI 485. das Notwendigste, nämlich   [2]) eifrig darüber wachen   [3]) als für   [4]) Angriffe   [5]) Anfechtungen   [6]) schlecht   [7]) Bezeichnungen römischer Verwaltungsbeamten.

treibe, fälle und wieder unter sein Gewalt bringe. Das ist alle seine Wille, Sinn und Gedanken, darnach er Tag und Nacht trachtet, und kein Augenblick feiret, brauchet alle ¹Künste, Tücke, Weise und Wege darzu, die er immer erdenken kann.

Darümb müssen wir uns gewißlich des versehen und erwegen¹, so wir Christen sein wöllen, daß wir den Teufel sampt allen seinen Engeln² und der Welt zu Feinde haben, die uns alle Unglück und Herzleid anlegen³. Denn wo Gottes Wort geprediget, angenommen oder gegläubt wird und Frucht schaffet, da soll das liebe heilige Kreuz auch nicht außen bleiben⁴. Und denke nur niemand, daß er Friede haben werde, son'dern hinansetzen⁵ müsse, was er auf Erden hat, Gut, Ehre, Haus und Hof, Weib und Kind, Leib und Leben. Das tut nu unserm Fleisch und alten Adam wehe, denn es heißet, festhalten und mit Geduld leiden, wie man uns angreift, und fahren lassen, was man uns nimmpt. Darümb ist je so große⁶ Not als in allen andern, daß wir ohn Unterlaß bitten: „Lieber Vater, Dein Wille geschehe, nicht des Teufels und unserer Feinde Wille noch alles des, so Dein heiliges Wort verfolgen und dämpfen will oder Dein Reich hindern, und gib uns, daß wir alles, was drüber zu leiden ist, mit Geduld tragen und überwinden, daß unser armes Fleisch aus Schwachheit oder Tragheit nicht weiche noch abfalle."

verbum Dei arripuerimus et credimus. Porro autem mundus extreme malus et improbus hunc in nos omnibus modis incitat instigans ac provocans, ut objecto impedimento nos retrahat, prosternat ac denuo victos iterum suo imperio subjiciat. Haec tota sua voluntas est, has cogitationes versat in animo, hoc diu noctuque molitur nec momento quidem quieti indulget et otio omnibus suis artibus, dolis, insidiis, rationibus, modis viisque utens, quascumque excogitare poterit.

Quare non est, quod quicquam certius nobis futurum polliceamur, si nobis animus est esse christianis, quam cum diabolo et omnibus angelis ejus neque non cum mundo nobis suscipiendas esse inimicitias nos omnibus modis et omni molestiae genere vexaturis et infestauris. Ubicumque enim gentium evangelium praedicatum, acceptum aut creditum fuerit et fructus produxerit, ibi necessario crucis quoque persecutiones consequuntur. Neque est, quod quisquam cogitet se pacate et tranquille victurum, sed semel jacta alea⁷ periclitandum esse de omnibus, quaecumque in terris uspiam possidet, de fortunis suis, honore, fama, aedibus, conjuge, liberis, familia, denique etiam de vita et capite proprio. Hoc jam nostrae carni, nempe Adamo veteri vehementer dolet neque tamen malis cedendum est, sed magno animo constanter perseverandum et contra fortius eundum, ut invicta animi tolerantia, quibuscumque injuriis impugnati fuerimus, perferamus eaque aequo animo missa faciamus, quaecumque per vim nobis erepta fuerint. Eam ob rem aeque necessarium est et utibile, ut in omnibus aliis indesinenter oremus: 'Tua voluntas, precor, fiat, optime pater, non diaboli neque inimicorum nostrorum neque omnium illorum, qui tuum sacratissimum verbum insectantur quaerentes opprimere aut regnum tuum impedire. Largire quoque nobis eam animi patien-

---

2 bringe] dringe A B   17 der] die A B Konk   36 wir + allezeit in dem Gehorsam gegen Dir gehen und bleiben und in alle unserm Leben und Wesen nach Deinem Willen tun und B

1 arripuerimus] apprehenderimus Conc   credamus Conc   30 suis > Conc
39 missa faciamus] mittamus Conc   41 et utibile > Conc   46 quaerentes + illud Conc

¹) uns darauf gefaßt machen   ²) Zu den Engeln des Teufels vgl. Matth. 25, 41; WA XXXII 112 ₁₀f.; Köstlin, Luthers Theologie II 103ff.   ³) antun   ⁴) ausbleiben, fehlen   ⁵) opfern   ⁶) eine ebenso große   ⁷) Vgl. Sueton, Julius 32.

Siehe, also haben wir aufs einfältigste in diesen dreien Stücken die Not, so Gotte selbs betrifft, doch alles ümb unsernwillen, denn es gilt allein uns, was wir bitten, nämlich also, wie gesagt[1], daß auch in uns geschehe, das sonst außer uns geschehen muß. Denn wie auch ohn unser Bitten sein Namen geheiligt werden und sein Reich kommen muß, also muß auch sein Wille geschehen und durchdringen, obgleich der Teufel mit alle seinem Anhang fast[2] dawider rumoren[3], zürnen und toben und sich unterstehen[4], das Evangelion ganz auszutilgen. Aber ümb unserwillen müssen wir bitten, daß sein Wille auch unter uns wider solch ihr Toben unverhindert gehe, daß sie nichts schaffen können, und wir wider alle Gewalt und Verfolgung feste dabei bleiben und solchen Willen Gottes uns gefallen lassen.

Solch Gebete soll nu itzt unser Schutz und Wehre sein, die zurückschlage und niederlege alles, was der Teufel, Bischofe, Tyrannen und Ketzer wider unser Evangelion vermügen. Laß sie allezumal zürnen und ihr Höhistes versuchen, ratschlagen und beschließen, wie sie uns dämpfen und ausrotten wöllen, daß ihr Wille und Rat fortgehe und bestehe: Dawider soll ein Christ oder zwen mit diesem einigen Stücke unser Maur sein, daran sie anlaufen[5] und zu Scheitern gehen[6]. Den Trost und Trotz haben wir, daß des Teufels und aller unser Feinde Willen und Furnehmen soll und muß untergehen und zunicht werden, wie stolz, sicher und gewaltig sie sich wissen[7]. Denn wo ihr Wille nicht gebrochen und gehindert würde, so künnt' sein Reich auf Erden nicht bleiben noch sein Name geheiligt werden.

tiam, ut, quaecumque nobis propterea toleranda sunt, patienter sufferamus atque vincamus, ne miseranda nostra caro victa imbecillitate aut pigritia repudiata cruce turpiter tergiversetur.'

Ecce ita simplicissime his tribus petitionibus necessitatem ipsi Deo incumbentem habemus, veruntamen propter nos. Nobis enim tantum seritur ac metitur[8], si quid oraverimus, nempe ita (sicut dictum est), ut in nobis quoque illud fiat, quod alioqui etiam extra nos fieri debuit. Nam quemadmodum ejus nomen etiam nobis non orantibus sanctificari et regnum ejus venire debet, ita quoque voluntas ejus non potest non fieri, quamquam diabolus cum omnibus suis auxiliaribus copiis ei repugnet, irascatur et insaniat summa ope nitens totum evangelium subvertere. Verum propter nosmet ipsos nobis orandum est, ut ejus voluntas inter nos etiam adversus ejusmodi illorum insanias completa locum inveniat, ut omnis illorum conatus frustra sit et nos adversus omnem injuriarum vim atque insectationem inconcussi perseveremus ac talem Dei voluntatem nobis nunquam displicere sinamus.

Talis, inquam, oratio jam nunc nostra debet esse tutela et propugnatio, quae fuget prosternatque omne, quicquid diabolus, episcopi et Nerones nostri, tum etiam haeretici adversus evangelium nostrum insidiose moliuntur. Permitte sane, ut omnes magno erga nos irascantur stomacho omnem (quod ajunt) moventes lapidem[9], ut collatis in unum consiliis decernant, quomodo nos velint opprimere, subvertere, evellere, ut suae voluntatis et consilii fiant compotes. Horum omnium improbis consiliis et perfidis conspirationibus unum atque alterum christianum hac armatum precatiuncula non verebor opponere, ille noster murus erit et propugnaculum, quo victi ac profligati foede succumbent. Hanc equidem consolationem habemus et hanc fiduciam obtinemus certo fore, ut diaboli ac omnium inimicorum nostro-

---

11 sonst außer uns] doch sonst B   32 Teufel, + Bapst B Konf   37/8 und bestehe > Konf

13 debuit] oportet Conc   33/4 et *bis* etiam] tyranni et Conc

---

[1]) Oben 673₁₅₋₂₁. [2]) sehr [3]) lärmen [4]) versuchen [5]) den Kopf einrennen [6]) zugrunde gehen [7]) dünken [8]) Sprichwörtliche Redensart; vgl. Plautus, Epid. 265. [9]) Sprichwörtliche Redensart; nichts unversucht lassen; vgl. Plinius ep. I 20, 15: 'πάντα denique λίθον κινῶ'.

rum voluntas atque consilium facta irrita nequicquam evanescant, quamlibet tandem ferociter insolescant aut semet securos et potentes esse confidant. Nisi enim illorum voluntas intercepta infringeretur, regnum Dei locum in terris non haberet, sed neque nomen ejus sanctificaretur.

Die vierde Bitte.

Unser täglich Brot gib uns heute.

Hie bedenken wir nu den armen Brotkorb, unsers Leibs und zeitlichen Lebens Notdurft, und ist ein kurz, einfältig Wort, greifet aber auch sehr weit ümb sich. Denn wenn Du „täglich Brot" nennest und bittest, so bittest Du alles, was dazu gehöret, das tägliche Brot zu haben und genießen und dagegen auch wieder alles, so dasselbige hindert. Darümb mußt Du Dein Gedanken wohl auftuen und ausbreiten, nicht allein in Backofen oder Mehlkasten, sondern ins weite Feld und ganze Land, so das tägliche Brot und allerlei Nahrung trägt und uns bringet. Denn wo es Gott nicht wachsen ließe, segnete und auf dem Land erhielte, würden wir nimmer kein Brot aus dem Backofen nehmen noch auf den Tisch zu legen haben.

Und daß wir's kürzlich fassen, so will diese Bitte mit eingeschlossen haben alles, was zu diesem ganzen Leben in der Welt gehöret, weil wir allein ümb deswillen das tägliche Brot haben müssen. Nu gehöret nicht allein zum Leben, daß unser Leib sein Futter und Decke[1] und andere Notdurft habe, sondern auch, daß wir unter den Leuten, mit welchen wir leben und ümbgehen in täglichem Handel und Wandel[2] und allerlei Wesen, mit Ruge und Friede hinkommen[3], Summa, alles, was beide häuslich und nachbarlich oder bürgerlich Wesen[4] und Regiment belanget. Denn wo diese zwei gehindert werden, daß sie nicht gehen, wie sie gehen sollen, da ist auch des Lebens Notdurft gehindert, daß ¹ endlich[5] nicht kann erhalten werden. Und ist wohl das aller-

Quarta petitio.

Panem nostrum quotidianum da nobis hodie.

Hoc loco χοίνικος καὶ καρδόπου memores sumus, hoc est victus nostri alendo corpori et temporali vitae sustentandae necessarii. Est autem verbum perbreve ac simplex, sed tamen late patens. Ubi enim panem quotidianum precaris ac nominas, ibi omnia, quae ad quotidiani panis fruitionem pertinent, precaris et rursus eadem opera deprecaris etiam omnia, quae huic impedimento esse possunt. Quare cogitationes tuae tibi probe aperiendae sunt et dilatandae, ne tantum in angustiis mactrae ac clibani consistas, sed in spatiosum campum evageris panem quotidianum et omnis generis alimenta nobis producentem. Nisi enim Deus e terris fruges sineret excrescere, insuper benediceret et a calamitate defenderet, nunquam pistum panem e clibano extraheremus aut discumbentibus proponeremus.

Ut autem compendiose dicamus, haec petitio conclusa in se complectitur omnia, quaecumque ad hanc vitam in hoc saeculo traducendam pertinent, cujus solius gratia quotidiano pane opus habemus. Jam non tantum ad hanc vitam sufficit, ut corpori nostro prospectum sit, unde alatur et tegatur aliaque habeat necessaria, verum etiam, ut cum iis hominibus, quibuscum conversamur et vivimus, quibuscum commercia et omnis generis negotia et contractus sociamus et exercemus, pacata ac tranquilla temporis conditione fruamur. Et in summa, quicquid ad domesticam rerum administrationem pertinet. Etenim ubicumque locorum et domesticae et civilis administrationis usus interceptus aut con-

---

2 nequicquam > Conc   29 insuper + easdem Conc   47 ad + politicam, civilem
et Conc

---

¹) So übersetzt Luther bis zum Jahre 1541 1. Tim. 6,8: διατροφὰς καὶ σκεπάσματα; Seit 1541 heißt die Stelle: „Nahrung und Kleider".   ²) Verkehr   ³) auskommen
⁴) Verhältnisse   ⁵) auf die Dauer

nötigste, fur weltliche Oberkeit und Regiment zu bitten, als durch welchs uns Gott allermeist unser täglich Brot und alle Gemach¹ dieses Lebens erhält. Denn ob wir gleich aller Güter von Gott die Fülle haben überkommen, so können wir doch desselben keins behalten noch sicher und fröhlich brauchen, wo er uns nicht ein beständig, friedlich Regiment gäbe. Denn wo Unfried, Hader und Krieg ist, da ist das täglich Brot schön² genommen oder je³ gewehret.

Darümb möchte man billich in eines iglichen frommen⁴ Fürsten Schild⁵ ein Brot setzen fur⁶ ein Lawen⁷ oder Rautenkranz⁸ oder auf die Münze⁹ fur⁶ das Gepräge schlagen, zu erinnern beide sie und die Untertanen, daß wir durch ihr Ampt Schutz und Friede haben und ohn sie das liebe Brot nicht essen noch behalten können. Darümb sie auch aller Ehren wert sind, daß man ihn dazu gebe, was wir sollen und können, als denen, durch welche wir alles, was wir haben, mit Friede und Ruge genießen, da wir sonst keinen Heller behalten würden, dazu daß man auch fur sie bitte, daß Gott deste mehr Segen und Guts durch sie uns gebe.

Also sei aufs kürzste angezeigt und entworfen¹⁰, wieweit dies Gebete gehet durch allerlei Wesen¹¹ auf Erden. Daraus möcht' nu imand ein lang Gebete machen und mit vielen Worten alle solche Stück, so darein gehören, verzählen¹², als nämlich¹³ daß wir bitten, daß uns Gott gebe Essen und Trinken, Kleider, Haus und Hof und gesunden

turbatus fuerit, ut perpetuum tenorem quietis obtinere nequeat, ibi quoque vitae alimenta intercepta sunt planeque de victu nostro actum est. Estque prorsus 74 res omnium maxime utibilis et necessaria diligenter orare pro magistratibus, quippe quorum tutela et opera Deus nobis potissimum victus copiam hujusque vitae tranquillam conditionem conservat. Nam quamquam omnibus rebus a Deo datis abundaremus affluentissime, harum tamen nullam retinere possumus neque etiam cum securitate frui et gaudio, nisi constantem et pacatam reipublicae administrationem nobis tribuerit. Ubi enim motus vigent et tumultus fervent bellici, hic quoque panis quotidianus subtractus est aut ad minimum impeditus.

Quare cujusque boni et vigilantis prin- 75 cipis insignia multo justius pane insignirentur quam leonis imagine aut sertis rutae aut ipsa moneta imaginis loco panes insculpto aptius cuderetur admonendi gratia cum eos, tum ipsorum quoque subditos esse videlicet principes, quorum officio tutelam ac pacem haberemus, neque sine illis aut panem edere aut eundem nos servare posse. Cujus rei gratia omni etiam honore digni sunt, ut illis per nos benigne detur, quicquid ex officio dare debemus et possumus veluti iis, quorum beneficio omnibus, quaecumque possidemus, molliter ac quiete fruimur, cum alioqui ne assem quidem eramus servaturi. Ad haec, ut pro illis ipsis quoque oremus, nostri est officii, ut per eos Deus plus benedictionis et bonorum nobis largiri dignetur.

Sit ergo ita paucissimis indicatum et 76 adumbratum, quousque haec protendatur oratio, nempe per omnia hujus vitae negotia atque commercia. Ex his jam aliquis prolixas preculas posset componere ac multis verbis omnes partes, quae huc referendae sunt, singillatim percensere, nimirum haec nos orare, ut

---

3/4 Gemach] Notdurft B

5 utibilis et > Conc   23 cuderentur Conc   40 adumbratum] delineatum Conc

¹) Ruhe, Annehmlichkeit   ²) schon   ³) zum mindesten   ⁴) rechtschaffen   ⁵) Wappenschild; in der Katechismuspredigt vom 15. Dezember 1528 äußerte Luther in umgekehrter Weise: „Ideo wär's wohl recht, daß man aufs Brot druckte des Kaisers et principum Schild als auf das Geld oder Munz" (WA XXXI¹ 103₂₈₋₃₀ und ₂₂—104₂).   ⁶) anstatt   ⁷) z. B. ein schwarzer Löwe in Gold im Wappen der Mark Meißen und ein rot-weiß gestreifter Löwe in Blau im Wappen der Landgrafschaft Thüringen.   ⁸) z. B. im kursächsischen Wappen.   ⁹) Der sächsische und braunschweigische Löwenpfennig zeigt einen Löwen im Wappen (Neues Archiv f. Sächs. Gesch. u. Altertumskunde XXXVIII [1917], 366 f.).   ¹⁰) skizziert   ¹¹) Verhältnisse   ¹²) aufzählen   ¹³) z. B.; vgl. dazu WA XXXIII 30—36.

4. Bitte.

Leib, dazu das Getreide und Früchte auf dem Feld wachsen und wohl geraten lasse, darnach auch daheim wohl haushalten helfe, frumm Weib, Kinder und Gesind gebe und bewahre, unser Arbeit, Handwerk oder, was wir zu tuen haben, gedeihen und gelingen lasse, treue Nachbarn und gute Freunde beschere etc., item Kaiser, König und alle Stände und sonderlich unsern Landsfursten, allen Räten, Oberherrn und Amptleuten Weisheit, Stärke und Glück gebe, wohl ' zu regieren und wider Türken[1] und alle Feinde zu siegen, den Untertanen und gemeinem Haufen Gehorsam, Fried und ' Eintracht, unternander zu leben, und wiederümb, daß er uns behüte fur allerlei Schaden des Leibs und Nahrung, Ungewitter, Hagel, Feur, Wasser, Gift, Pestilenz, Viehesterben, Krieg und Blutvergießen, teuer Zeit, schädliche Tier, bösen Leuten etc. Welchs alles gut ist, den Einfältigen einzubilden[2], daß solchs und dergleichen von Gott muß gegeben und von uns gebeten sein.

Fürnehmlich aber ist dies Gebete auch gestellet wider unsern höhisten Feind, den Teufel. Denn das ist alle sein Sinn und Begehre, solchs alles, was wir von Gott haben, zu nehmen oder hindern. Und lässet ihm nicht genügen, daß er das geistliche Regiment hindere und zustöre damit, daß er die Seelen durch seine Lügen verführet und unter sein Gewalt bringet, sondern wehret und hindert auch, daß kein Regiment noch ehrbarlich und friedlich Wesen auf Erden bestehe; da richtet er soviel Hader, Mord, Aufruhr und Krieg an, item Ungewitter, Hagel, das Getreide und Viehe zu verderben, die Luft zu vergiften etc. Summa, es ist ihm leid, daß jemand ein Bissen Brots von Gott habe und mit Frieden esse, und, wenn es in seiner Macht stünde und unser Gebete nähist Gott nicht wehrete, würden wir freilich[3] keinen Halm auf dem Felde, kein Heller

Deus nobis praestet victus et amictus copiam, domum, prosperam corporis valetudinem utque fruges in agris magno cum fenore laetas provenire sinat. Deinde quod domi quoque rei familiaris procurationem adjuvet, ut uxorem pudicam, probos liberos, bene moratam det familiam et servet incolumem nostrum laborem, opificium aut, quamcumque tandem rem efficiendam habemus, prosperet atque promoveat, fideles vicinos ac bonos amicos nobis jungat et offerat etc. Praeterea ut caesari, regibus et omnibus ordinibus, cumprimis vero nostrae ditionis principi ejusque consiliariis, proceribus atque praefectis sapientiam, fortitudinem et prosperitatem bene regnandi suppeditet atque erga Turcas et omnes inimicos victoriam, subditis vero et communi plebeculae obedientiam, pacem et mutuam inter sese vivendi concordiam. Contra, ut nos ab omnibus detrimentis victus ac vitae custodiat, a perniciosis tempestatibus, a saeva grandine, a calamitosis incendiis, a tristibus aquarum inundationibus, a veneno, ab annis pestiferis, a pecorum letali contagio, a belli saevitia et caedibus, ab annonae difficultate, ab exitiosis bestiis, a pravis hominibus, a virulentis linguis etc. Haec enim omnia diligenter inculcare simplicibus non est inutile, haec videlicet atque similia a Deo praestanda esse et ab eodem precibus impetranda.

Potissimum autem haec oratio contra hostem etiam nobis infensissimum, nempe diabolum adornata est. Haec enim omnis ejus est cogitatio et desiderium, ut haec omnia, quaecumque a Deo impertita habemus, nobis auferat. Neque contentus est rerum spiritualium procurationem foede conturbare, ut animas suis nugis seductas suo imperio subjiciat, verum manibus pedibusque[4] obstat etiam enixe studendo, ne qua in terris externarum rerum administratio aut civilis status honeste et pacate institutus diu consistat, unde tot passim lites, jurgia, caedes, motus, seditiones, tumultus et bella concitat. Insuper tempestates et grandines emittit e nubibus aut contagione pecus inficit aut corrupto coeli tractu aërem reddit pestilentem et tabificum. In summa, maxime discrucietur animo

---

[8 erga] adversus Conc   33/4 praestanda esse] dari oportere Conc   34 impetranda + esse Conc

---

[1]) Vgl. dazu oben 575 Anm. 5.   [2]) einzuprägen   [3]) gewiß   [4]) Vgl. Terenz, Andria 161.

im Hause, ja nicht eine Stunde das Leben behalten, sonderlich die, so Gottes Wort haben und gerne wollten Christen sein.

Siehe, also will uns Gott anzeigen, wie er sich alle unser Not annimmpt und so treulich auch fur unser zeitliche Nahrung sorget, und wiewohl er solchs reichlich gibt und erhält, auch den Gottlosen und Buben, doch[1] will er, daß wir darümb bitten, auf daß wir erkennen, daß wir's von seiner Hand empfahen, und darinne sein väterliche Güte gegen uns spüren. Denn wo er die Hand abzeucht, so kann es doch nicht endlich[2] gedeihen noch erhalten werden, wie man wohl täglich siehet und fühlet. Was ist itzt fur ein Plage in der Welt allein mit der bösen Münze[3], ja mit täglicher Beschwerung und Aufsetzen[4] in gemeinem Handel, Kauf und Arbeit deren, die ' nach ihrem Mutwillen[5] das liebe Armut drucken und ihr täglich Brot entziehen[6]? ' Welchs wir zwar müssen leiden, sie aber mügen sich fursehen, daß sie nicht das gemeine Gebet verlieren[7], und sich hüten, daß dies Stücklin im Vaterunser nicht wider sie gehe.

unum aliquem vel bolum panis nos a Deo habere reliquum eoque pacate vesci. Et si per illum staret et nostra oratio Deo non esset proprior, sane ne culmum quidem in agris servaremus incolumem neque salvum obolum in marsupio, imo ne unius usuram horulae ad vivendum nobis concederet, cumprimis vero iis, quibus Dei verbum est quibusque animus est perlibenter christiano more vivendi.

Ecce ad hunc quidem modum Deus nobis indicat, quemadmodum omnes necessitates nostrae sibi curae sint, tum quam fideliter etiam temporalis victus nostri rationem habere soleat. Et quamquam hunc impiis etiam hominibus et improbis nebulonibus affatim suppeditare atque tueri, nihilosecus tamen vult, ut pro eo consequendo oremus, ut certo cognoscamus nos haec omnia ab ejus munificentia et liberalitate accipere, quo ita ejus paternam bonitatem erga nos propensam non dubiis argumentis perspiciamus. Ubi enim manum ejus aut clauserit aut subtraxerit, nihil feliciter provenire potest aut denique retineri, id quod quotidie verissimum esse experimur. Quam enim hodie miseriam non patimur, adulterina saltem moneta, imo potius quotidianis aggravationibus et exactionibus in publicis commerciis, contractibus, negotiis, laboribus eorum videlicet, qui pauperes pro sua libidine opprimunt eorundemque victum decurtant et imminuunt? Quod quidem nobis perferendum est, ceterum illi sibi prospiciant, ne communis orationis jacturam faciant sibi etiam atque etiam caventes, ne hunc in oratione nostra articulum adversum experiantur.

Die funfte Bitte.

Und verlasse[8] uns unser Schuld, als wir verlassen unsern Schuldigern.

Quinta petitio.

Et remitte nobis debita nostra, sicut et nos remittimus debitoribus nostris.

3/4 per *bis* proprior] in illius potestate esset constitutum nec post Deum oratio nostra obstaret Conc   7 imo nec unius horulae usuram Conc   9/11 quibusque *bis* vivendi] qui verbum Dei habent et vere christiani esse ex animo cupiunt. Conc   13 quemadmodum] quomodo Conc   16 habere soleat] habeat Conc   19 nihilosecus] nihilominus Conc   25 ejus] suam Conc   40/1 hunc *bis* experiantur] hanc orationis Dominicae particulam sibi adversam habeant. Conc

---

[1]) dennoch   [2]) auf die Dauer   [3]) falschen Münze; vgl. dazu oben 617, 40 f.   [4]) Wucher   [5]) Willkür   [6]) Vgl. dazu oben 616—624 sowie 575 Anm. 6 und 616 Anm. 3.   [7]) Kirchengebet der Gemeinde; sprichwörtliche Redensart; die allgemeine Achtung verlieren; vgl. WA LI 705 Nr. 298.   [8]) erlasse; vgl. oben 556 Anm. 4.

Dies Stück trifft¹ nu unser armes und elends Leben an¹, welchs, ob wir gleich Gottes Wort haben, gläuben, seinen Willen tuen und leiden und uns von Gottes Gabe und Segen nähren, gehet es doch ohn Sunde nicht abe, daß wir noch täglich strauchlen und zuviel tuen², weil wir in der Welt leben unter den Leuten, die uns viel zuleid tuen und Ursach geben zu Ungeduld, Zorn, Rache etc., darzu den Teufel hinder uns haben, der uns auf allen Seiten zusetzet und ficht (wie gehört) wider alle vorige Stücke, daß nicht müglich ist, in solchem steten Kampf allzeit fest stehen. Darümb ist hie abermal große Not zu bitten und rufen: „Lieber Vater, verlasse uns unsere Schuld" Nicht daß er auch ohn und vor unserm Bitten nicht die Sunde vergebe; denn er hat uns das Evangelion, darin eitel Vergebunge ist, geschenket, ehe wir drümb gebeten oder jemals darnach gesunnen³ haben, es ist aber darümb zu tuen⁴, daß wir solche Vergebung erkennen und annehmen. Denn weil das Fleisch, darin wir täglich leben, der Art ist, daß Gott nicht trauet und gläubt und sich immerdar regt mit bösen Lüsten und Tücken, daß wir täglich mit Worten und Werken, mit Tuen und Lassen sundigen, darvon das Gewissen zu Unfried kommpt, daß sich fur Gottes Zorn und Ungnade furchtet und also den Trost und Zuversicht aus dem Evangelio sinken lässet: So ist ohn Unterlaß vonnöten, daß man hieher laufe und Trost hole, das Gewissen wieder aufzurichten.

Solchs aber soll nu darzu dienen, daß uns Gott den Stolz breche und in der Demut halte. Denn er hat ihm fürbehalten das Vorteil⁵, ob jemand wöllte ' auf seine Frommkeit bochen und andere verachten, daß er sich selbs ansehe und dies Gebete fur Augen

Hic articulus calamitosam vitam nostram attingit, quae, quamquam Dei verbum habeamus, credamus, ejus voluntatem faciamus et perferamus nosque donis ac benedictionibus alamur, tamen peccatis vacare non potest, adeo ut adhuc quotidie prolabamur modumque excedamus in mundo viventes cum hominibus multa nobis aegre facientibus causamque impatientiae, iracundiae, ultionis et similium exhibentibus. Ad haec, cum diabolum a tergo nos infestum habeamus ab omni parte nos impugnantem contraque priores (ut dictum est) articulos omnibus modis decertantem ita, ut non sit possibile in tam frequenti et assiduo certamine non quandoque succumbere. Quamobrem hic iterum magna necessitudo orandi humeris nostris imponitur: 'Optime pater, remitte nobis debita nostra.' Non quod ante aut citra nostram precationem peccata nobis remiserit (siquidem evangelium nobis dono dedit, in quo merae peccatorum condonationes continentur, priusquam pro illo impetrando oravimus aut illud nobis in animum venerit), verum propterea nobis orandum est, ut talem remissionem cognoscentes suscipiamus. Cum enim carnis, in qua vivimus quotidie, ea sit indoles et ingenium, ut Deo non fidat et credat, semper pravis sit dedita concupiscentiis, ut in dies singulos dictis ac factis, faciendo et omittendo peccemus, qua re conscientiae tranquillitas conturbatur, ut Dei iram atque indignationem perhorrescat et ita consolationem et fiduciam evangelii amittat, peropus est quotidie atque adeo citra intermissionem huc cursitare consolationis petendae gratia, qua conscientiam iterum erectam sublevemus.

Verum enim vero hoc eo valere debet, ut Deus insolescentis animi tumorem nobis infringat inque humilitate retineat. Eam enim sibi praerogativam soli praeservavit, ut, si quis ob suam probitatem sibi nimium placere velit ἢ μέγα φρονεῖν

---

6 daß] denn Konk   12 gehört] gesagt ist B   14 fest + zu Konk   25 daß + es B Konk

1 calamitosam] miseram et aerumnosam Conc   4/5 nosque] ejusque Conc   6 tamen bis potest] peccatis tamen vacua et immunis non est Conc   12 cum > Conc   12/3 infestum habeamus] infestantem habemus, qui Conc   13/4 impugnat Conc   15 decertat Conc   19/20 humeris nostris imponitur] nobis incumbit Conc   21 quod + non Conc   22 nobis + non Conc   27 venit Conc   29 agnoscamus et accipiamus Conc   48 velit bis φρονεῖν] eam confidenter jactare velit Conc

---

¹) betrifft   ²) nicht Maß halten   ³) daran gedacht   ⁴) es handelt sich darum   ⁵) Vorrecht

stelle, so wird er finden, daß er ebenso[1] fromm ist als die andern, und müssen alle fur Gott die Federn niederschlagen[2] und froh werden, daß wir zu der Vergebung kommen, und denke es nur niemand, solang wir hie leben, dahin zu bringen, daß er solcher Vergebung nicht dürfe. Summa: Wo er nicht ohn Unterlaß vergibt, so sind wir verloren.

So ist nu die Meinung[3] dieser Bitte, daß Gott nicht wollt' unser Sunde ansehen und fürhalten, was wir täglich verdienen[4], sondern mit Gnaden gegen uns handeln und vergeben, wie er verheißen hat, und also ein fröhlich und unverzagt Gewissen geben, fur ihm zu stehen und zu bitten. Denn wo das Herz nicht mit Gott recht stehet und solche Zuversicht schepfen kann, so wird es nimmermehr sich türren[5] unterstehen zu beten. Solche Zuversicht aber und fröhlichs Herz kann nirgend herkommen, denn es wisse, daß ihm die Sunde vergeben seien.

Es ist aber dabei ein nötiger und doch tröstlicher Zusatz angehänget: "als wir vergeben unsern Schuldigern". Er hat's verheißen, daß wir sollen sicher sein, daß uns alles vergeben und geschenkt sei, doch sofern[6], daß wir auch unserm Nähisten vergeben. Denn wie wir gegen Gott täglich viel verschulden und er doch aus Gnaden alles vergibt, also müssen auch wir unserm Nähisten immerdar vergeben, so uns Schaden, Gewalt und Unrecht tuet, böse Tücke beweiset etc. Vergibst Du nu nicht, so denke auch nicht, daß Dir Gott vergebe. Vergibst Du aber, so hast Du den Trost und Sicherheit, daß Dir im Himmel vergeben wird, nicht ümb

aliosque arroganter et illiberaliter contemnere, ad se reversus in suum ipsius sinum inspueret[7] et hanc orationem sibi ante oculos poneret ita fore, ut mox inveniret se nihilo meliorem esse aliis. Omnibus enim nobis coram Deo cristae demittendae et contrahendae sunt ac gaudendum, ut remissionis fiamus participes. Nec quisquam sit, qui ita inducat 91 animum eo rem se deducturum, ut, quamdiu nobis haec vita manserit, sibi nihil opus foret remissione. In summa, nisi Deus citra intermissionem remittendo ad nostra flagitia clementer conniveat, actum de nobis est.

Jam vero hujus precationis hic sensus 92 est, ne Deus peccata nostra intueatur neve meritis nostris debita reddat praemia, sed agat nobiscum clementer peccatorum concedens veniam, quemadmodum pollicitus est, atque ita nobis laetam ac interritam largiatur conscientiam, qua animati coram eo et stare et precari queamus. Ubi enim cordi cum Deo non recte convenit neque talem haurire potest fiduciam, nunquam in perpetuum aliquid ab eo precari sustinebit. Porro autem ejusmodi fiducia et animus laetitia gestiens non aliunde venire potest, quam ut certo sciat peccata sibi esse remissa.

Verum huic precationi necessarium, 93 attamen consolationis plenum adjectum est auctarium: 'Sicut et nos remittimus debitoribus nostris.' Pollicitus est, ut securi essemus omnia peccata nobis esse remissa et condonata, ita tamen, ut nos vicissim proximo nostro suas offensiunculas, quibus laesi sumus, benigne remittamus. Nam quemadmodum nos quotidie 94 nostris peccatis Deum offendimus et tamen ille omnia nobis benigne ignoscendo condonat, ita nostri quoque erit officii proximo subinde dare veniam, qui damno, vi atque injuria nos afficit, dolo malo nobiscum agit etc. Si gravaris igno- 95

---

7 dürfte AAB   28 seien] sind B   38 allen B

1 et illiberaliter > Conc   2/3 in bis et] semetipsum intueatur Conc   3 hancque Conc   4 ponat Conc   4/5 inveniat Conc   5 se + aliis Conc   aliis > Conc   9 sit, qui ita > Conc   10 se rem perducturum Conc   11/2 nobis bis foret] hic vivimus, non opus habeat ea Conc   13/5 Deus bis est] citra intermissionem remittat Deus, actum est de nobis. Conc   16 vero] itaque Conc   16/7 est sensus Conc   18/9 praemia reddat Conc   19 nobiscum clementer agat Conc   30 ut] si Conc   37 suas > Conc   38 quibus + ab eo Conc

---

[1]) ebensowenig   [2]) sich ducken   [3]) Sinn   [4]) Vgl. dazu WA XXXI 485 und oben 514 17 ff.   [5]) wagen zu   [6]) unter der Bedingung   [7]) Bei übermütigen Gedanken oder Worten pflegten sich die Alten in den Busen zu speien, um die Strafe der Götter abzuwenden; vgl. Plinius, Nat. hist. XXVIII 35.

Deines Vergebens willen, denn er tuet es frei[1] ümbsonst aus lauter Gnade, weil er's verheißen hat, wie das Evangelion lehret, sondern daß er uns solchs zu Stärk und Sicherheit als zum Wahrzeichen setze neben der Verheißunge, die mit diesem Gebete stimmet[2], Lucä 6[3].: „Vergebt, so wird Euch vergeben." Darümb sie auch Christus bald nach dem Vaterunser wiederholet und spricht Matth. 6[4].: „Denn so Ihr den Menschen ihre Feile vergebt, so wird Euch Euer himmlischer Vater auch vergeben" etc.

Darümb ist nu solchs Zeichen bei diesem Gebete mit angeheftet, daß, wenn wir bitten, uns der Verheißung erinnern und also denken: „Lieber Vater, darümb komme und bitte ich, daß Du mir vergebest, nicht daß ich mit Werken gnug tuen oder verdienen könne, sondern weil Du es verheißen hast und das Siegel dran gehänget, daß so gewiß sein solle, als habe ich ein Absolutio, von Dir selbs gesprochen." Denn wieviel die Taufe und Sakrament, äußerlich zum Zeichen gestellet, schaffen, soviel vermag auch dies Zeichen, unser Gewissen zu stärken und fröhlich zu machen, und ist fur andern eben darumb gestellet, daß wir's alle Stunden künnden brauchen und uben, als das wir allezeit bei uns haben.

scere proximo, non est, quod tibi pollicearis aut cogites Deum tibi tua peccata condonaturum, sin autem benigne ignoveris aliis, ea tibi consolatio et securitas proposita est, ut in coelo quoque certo tibi ignoscatur. Et hoc quidem non propter tuam ignoscentiam aut veniam, quam largiris proximo, libere enim facit et gratuito ex mera gratia, cum illud se facturum receperit, quemadmodum docet evangelium, verum ut nos certos ac securos faciat tamquam signo una cum promissione proposito, quae huic orationi consonat Lucae VI.: 'Remittite et remittetur vobis.' Eam ob rem Christus quoque Matthaei VI. illico post traditam orandi rationem repetit inquiens: 'Si enim remiseritis hominibus peccata eorum, remittet et vobis pater vester coelestis delicta vestra.'

Proinde huic orationi tale signum annexum est, ut nos orantes promissionis admoneat, ut ita cogitemus: 'Optime pater, ideo ad te oratum venio, ut mihi ignoscas propitius, non quod operibus queam satisfacere aut veniam a te promereri, sed cum tu hoc nobis promiseris adjecta etiam sphragide, ut tam certus sim veniae, ac si dictam a te absolutionem accepissem.' Quantum enim baptismus et sacramentum pro externo signo constitutum praestat, tantum etiam hoc signum conscientiam nostram corroborare atque exhilarare potest estque ideo institutum pro aliis, ut hoc omnibus horis uti atque exercere queamus ut re, quam semper nobiscum in parato[8] habeamus.

Die sechste Bitte.

Und fuhre uns nicht in Versuchunge.

Wir haben nu gnug gehöret, was fur Mühe und Erbeit will haben[5], daß man das alles, so man bittet, erhalte und dabei bleibe, das dennoch nicht ohn Gebrechen und Strauchlen abgehet. Darzu, ob wir gleich Vergebung und gut Gewissen überkommen[6] haben und ganz los gesprochen sind, so ist's doch mit dem Leben so getan[7], daß einer heut stehet und morgen darvon fället. Drumb müssen wir abermal bitten, ob wir nu

Sexta petitio.

Et ne inducas nos in tentationem.

Jam quidem satis superque audivimus, quantum requirat laboris et operis omnia, quaecumque precamur, naviter retinere et in illis constanter perseverare, tamen vel sic vix fieri posse, ut non labamur et hallucinemur. Ad haec quamquam erratorum veniam et conscientiae tranquillitatem consequamur ac per omnia a peccatis perpurgati simus, ita tamen vitae nostrae ratio comparata est,

---

12 tamquam + symbolo seu certo Conc   36 atque exercere] et frui Conc   44 naviter > Conc

---

[1]) ganz   [2]) übereinstimmt   [3]) Luk. 6, 37.   [4]) Matth. 6, 14.   [5]) es kostet   [6]) erhalten   [7]) steht es so   [8]) Vgl. oben 586 Anm. 6.

fromm sind und mit gutem Gewissen gegen Gott stehen, daß er uns nicht lasse zurückfallen und der Anfechtung oder Versuchunge weichen. Die Versuchung aber oder (wie es unsere Sachsen von Alters her nennen) Beköringe¹ ist dreierlei: des Fleisches, der Welt und des Teufels. Denn im Fleisch wohnen wir und tragen den alten Adam am Hals², der regt sich und reizet uns täglich zur Unzucht, Faulheit, Fressen und Saufen, Geiz und Täuscherei, den Nähisten zu betriegen und übersetzen³, und Summa allerlei böse Lüste, so uns von Natur ankleben und dazu erregt werden durch ander Leute Gesellschaft, Exempel, Hören und Sehen, welche oftmals auch ein unschüldigs Herz verwunden und entzünden.¹ Darnach ist die Welt, so uns mit Worten und Werken beleidiget und treibet zu Zorn und Ungeduld, Summa, da ist nichts denn Haß und Neid, Feindschaft, Gewalt und Unrecht, Untreu, Rächen, Fluchen, Schelten, Afterreden,¹ Hoffart und Stolz mit überflüssigem Schmuck, Ehre, Ruhm und Gewalt, da niemand will der Geringste sein, sondern obenan sitzen und fur jedermann gesehen sein. Dazu kommpt nu der Teufel, hetzet und bläset auch allenthalben zu, aber sonderlich treibt er, was das Gewissen und geistliche Sachen betrifft, nämlich daß man beide Gottes Wort und Werk in Wind schlage und verachte, daß er uns vom Glauben, Hoffnung und Liebe reiße und bringe zu Mißglauben, falscher Vermessenheit und Verstockung oder wiederümb⁴ zur Verzweifelung, Gottes Verleugnen und Lästerung und andern unzählichen greulichen Stücken. Das sind nu die Stricke und Netze, ja die rechten „feurigen Pfeile"⁵, die nicht Fleisch und Blut, sondern der Teufel aufs allergiftigste ins Herz scheußet.

ut hodie unus aliquis stet, postero die cadat. Quapropter iterum nobis orandum est, ne nos jam probitatem et justitiam consecutos et pacata erga Deum conscientia versantes retro prolabi sinat ac tentationum impugnationibus ignaviter cedere. Est autem triplex tentatio: carnis, mundi et diaboli. Siquidem in carne versamur ac veterem Adamum humeris nostris circumferimus, hic suis movetur affectibus et nos subinde provocat ac pellicit ad turpitudinem, ad socordiam, ad crapulam et ingluviem, ad avaritiam et fraudulentiam, ad decipiendum et defraudandum proximum et, ut in summa dicam, ad omnes pravas cupiditates, quae natura nobis insitae sunt quaeque in nobis saepenumero excitantur ab aliis, videlicet sodalibus, perniciosis exemplis, audiendo et videndo, quae non raro vel Aristidis⁶ animum vel si uspiam adhuc fuit incorruptior, possint inflammare atque corrumpere. Deinde huic succedit mundus, a quo et dictis et factis offendimur ac plane ad iracundiam et impatientiam compellimur. Atque ut summatim virtutes mundanas perstringam, hic nihil aliud videre est quam odium et invidentiam, inimicitias, simultates, jurgia, vim, injurias, perfidiam, ultionem, maledicentiam, convitia, contumelias, superbiam et insolentiam nimio ornatu, honore, jactantia atque potentia semet efferentem, ubi nemo posteriores ferre sustinet, sed reliquos omnes suo pompa post se relinquere. His succenturiatus⁷ accedit nunc diabolus passim instigans ac provocans. Verum praecipue in his perturbandis occupatus est, quae ad conscientiam et spiritualia negotia pertinent, nimirum ut ex aequo et verbum et opera Dei ventis discerpenda⁸ tradamus et contemnamus,

12/3 zu allerlei bösen Lüsten Konk   36 Verleugnung Konk   38 die (I.) > Konk

6 sinat > Conc   7 ignaviter cedere] cedere sinat Conc   7/8 tentatio + seu (ut Saxones nostri jam olim locuti sunt) conversio⁹, videlicet Conc   21 Aristidis] Davidis Conc   36 relinquere + studet. Conc   43 discerpenda tradamus] et aurae¹⁰, quod dicitur, committamus Conc

¹) Versuchung; dieses schon in althochdeutschen Übersetzungen des Vaterunsers begegnende Wort („korunga" oder „bikorunga") ist noch heutzutage im Niederdeutschen gebräuchlich. Luther bezeichnet dies Wort als „sehr fein altes Deutsch" (WA XXXI 106₁₆; vgl. auch II 122₃₅). Unter Sachsen versteht Luther die Niedersachsen (vgl. WA XVIII 154₂₇ und TR V Nr. 6146); im 16. Jahrhundert sprach man in Wittenberg plattdeutsch; vgl. C. Franke, Grundzüge der Schriftsprache Luthers I (2. Aufl. 1913) 39f.   ²) schleppen mit uns herum   ³) übervorteilen   ⁴) andrerseits   ⁵) Ephes. 6, 16.   ⁶) Er zeichnete sich durch Gerechtigkeitsliebe und Selbstlosigkeit aus; vgl. Nepos, Aristides.   ⁷) Terenz, Phormio 230.   ⁸) Vgl. oben 603 Anm. 8.   ⁹) „Beköringe" ist hier mißverstanden („Bekehrung").   ¹⁰) Ovid, Amor. I 8, 106; Ib. 108.

Das sind je große, schwere Fahr und Anfechtung, so ein iglicher Christ tragen[1] muß, wenn auch igliche fur sich allein wäre, auf daß wir je getrieben werden, alle Stunden zu rufen und bitten, weil[2] wir in dem schändlichen Leben sein, da man uns auf allen Seiten zusetzt, jagt und treibt, daß uns Gott nicht lasse matt und müde werden und wieder zurückfallen in Sunde, Schand und Unglauben. Denn sonst ist's unmüglich, auch die allergeringsten Anfechtung zu überwinden.

Solchs heißet nu „nicht einführen in Versuchunge", wenn er uns Kraft und Stärke gibt zu widerstehen, doch[3] die Anfechtung nicht weggenommen noch aufgehaben. Denn Versuchung und Reizunge kann niemand ümbgehen, weil wir im Fleisch leben und den Teufel ümb uns haben, und wird nicht anders draus, wir müssen Anfechtung leiden, ja darin sticken[4]. Aber da bitten wir fur, daß wir nicht hineinfallen und darin ersaufen. Darümb ist's viel ein ander Ding, Anfechtung fühlen und darein verwilligen oder Ja dazu sagen[5]. Fühlen müssen wir sie alle, wiewohl nicht alle einerlei, sondern etliche mehr und schwerer: als die Jugend furnehmlich vom Fleisch, darnach, was erwachsen und alt wird, von der Welt[6], die andern aber, so mit geistlichen Sachen ümbgehen, das ist die starken Christen, vom Teufel. Aber solch Fühlen, weil es wider unsern Willen ist und wir sein lieber los wären, kann niemand schaden. Denn

ut a fide et caritate nos avellat et in superstitionem, pravam nostri fiduciam et cordis indurationem aut denuo in extremam desperationem et Dei abnegationem et exsecrationem aliaque innumera et detestanda piacula nos verum praecipitet. Hi jam sunt laquei et retia, imo potius illa ignita tela, quae nequaquam caro et sanguis, verum diabolus in corda humana omnium venenatissime torquet et jaculatur.

Haec equidem magna sunt et ardua pericula nec levium tentationum impugnationes, quae cuique christianorum perferendae sunt, graves abunde, si harum una sola tantum toleranda esset. Inde omnibus horis ad orandum Deumque invocandum compellimur, quamdiu in hac calamitosa vita constituti ab omnibus partibus impugnamur, infestamur et fugamur, ne Deus nos defessos patiatur occumbere atque ita demum iterum in peccata, dedecus et incredulitatem prolabi. Absque hoc enim impossibile est vel levissimam tentatiunculam vincere.

Jam hoc non dicitur in tentationem inducere, quoties vim ac robur resistendi nobis suppeditat neque tamen tentatione sublata aut adempta. Neque enim quisquam tentationem aut illectamenta devitare potest, donec in carne vitam egerit et diaboli copiis circumvallatus fuerit. Et, velimus, nolimus, tentationes nobis sufferendae sunt atque etiam in illis ipsis nobis versandum est. Porro autem hoc deprecamur, ne in easdem prolapsi suffocemur. Quare longe alia res est tentationes persentire et iisdem consentire. Persentire omnes cogimur neque tamen easdem omnes, sed nonnulli plures et graviores, veluti juventus praecipue carnis tentationibus infestatur, deinde, qui ad maturam et constantem aetatem pervenerunt jam grandiores facti, a mundo tentantur, alii vero, qui rebus spiritualibus sunt impliciti, nimirum fortes illi christiani, a diabolo. Verum

---

17 da] daß 2 A   39 alle (2.) > B

3 denuo > Conc   6 piacula + iterum Conc   verum > Conc   36/7 prolapsi suffocemur] prolabamur et in iis submergamur. Conc

---

¹) bestehen   ²) solange   ³) ohne daß . . . aufgehoben wird   ⁴) stecken
⁵) Vgl. dazu WA II 124 ₂₆₋₂₉: „So liest man im Altvaterbuch ⟨= vitae patrum⟩, daß ein junger Bruder begehret, seiner Gedanken los zu sein. Do sprach der Altvater: ‚Lieber Bruder, daß die Vogel in der Luft Dir uber dem Häupte fliegen, magst Du nit wehren, kannst aber wohl wehren, daß sie Dir in den Haaren kein Nest machen'." Die gleiche Erzählung findet sich auch WA IX 157₃₂—158₂, XLIII 546₈f. ₂₅₋₂₈, TR VI Nr. 7075. *
⁶) Vgl. dazu WATR III Nr. 3190.

wo man's nicht fühlete, künnde es kein Anfechtung heißen. Bewilligen aber ist, wenn man ihm den Zaum lässet, nicht dawider stehet[1] noch bittet.

Derhalben müssen wir Christen des gerüstet sein und täglich gewarten[2], daß wir ohn Unterlaß angefochten werden, auf daß niemand so sicher und unachtsam hingehe, als sei der Teufel weit von uns, sondern allenthalben der Streiche gewarten[2] und ihm versetzen[3]. Denn ob ich itzt keusch, gedüldig, freundlich bin und in festem Glauben stehe, soll der Teufel noch diese Stunde ein solchen Pfeil ins Herz treiben, daß ich kaum bestehen bleibe. Denn ist ein solcher Feind, der nimmer abläßet noch müde wird, daß, wo eine Anfechtung aufhöret, gehen immer andere und neue auf. Darümb ist kein Rat noch Trost, denn hieher gelaufen, daß man das Vaterunser ergreife und von Herzen mit Gott rede: „Lieber Vater, Du hast mich heißen beten, laß mich nicht durch die Versuchung zurückfallen", so wirst Du sehen, daß sie ablassen muß und sich endlich gewonnen geben[4]. Sonst, wo Du mit Deinen Gedanken und eigenem Rat unterstehest[5], Dir zu helfen, wirst Du's nur ärger machen und dem Teufel mehr Raum[6] geben. Denn er hat ein Schlangenkopf, welcher, wo er ein Lücken gewinnet[7], darein er schliefen[8] kann, so gehet der ganze Leib hinnach[9] unaufgehalten, aber das Gebete kann ihm wehren und zurücktreiben.

ejusmodi tentationum sensus, quando praeter voluntatem nostram nobis objiciuntur, nemini nocere possunt, nisi enim sentirentur, tentationes dici non possent. Porro tum demum consentimus illis, quando laxatis habenis iisdem indulgemus neque vi neque oratione repugnantes.

Quapropter convenit nos christianos esse instructos ac quotidie assiduam tentationum pugnam exspectare, ne quis tam oscitanter et secure in utramvis (quod ajunt) aurem dormiat[10], quasi diabolus procul a nobis absit, sed ubi ictus praevidendi et declinandi sunt, diligenter advigilet. Quippe quamquam modo purus et castus sim, sim etiam patiens, mitis et dulcis, stans firma fide munitus, fieri tamen potest, ut hac hora diabolus tam pestifero et violento telo cor meum configat, ut vix queat persistere. Ejusmodi enim hostis est, qui numquam cessat aut defatigatur, adeo ut, ubi una tentationis procella impugnandi finem fecerit, subinde decem aliae suboriantur. Quapropter in tanta difficultate non aliud relinquitur consilium aut remedium quam ad hanc orationem confugiendi ac cum Deo ex corde ita loquendi: 'Tu me orare jussisti, optime pater, fac, precor, ne victus tentationibus retro in antiquam flagitiorum lernam[11] prolabar.' Hoc facto videbis ac senties eas desinere et minui easdemque victas herbam tibi porrecturas[12]. Alioqui, si tuis cogitationibus et proprio consilio tibi opem ferre annisus fueris, rem malam tantum deteriorem facies ac diabolo majorem te impugnandi occasionem praestabis, siquidem serpentinum caput habet, quod, ubi foramen, per quod irrepere poterit, nactum fuerit, totum corpus nemine obstante illico sequitur, ceterum oratione fugari ac vinci poterit.

---

28 sie + endlich B   endlich > B   37 und + ihn Konk

34 et] ac Conc   35 victam f Conc   40 praestabis] praebebis Conc   43 subsequitur Conc   44 vinci poterit] repelli potest Conc

---

[1]) widersteht   [2]) gewärtig sein   [3]) sie parieren   [4]) sich für besiegt erklären   [5]) versuchst   [6]) Gelegenheit   [7]) findet   [8]) schlüpfen   [9]) hinterher   [10]) Vgl. oben 569 Anm. 4.   [11]) Vgl. oben 597 Anm. 10.   [12]) Sprichwörtliche Redensart; sich für besiegt erklären (als Zeichen der Unterwerfung wurde ein Grashalm überreicht; vgl. Plinius, Nat. hist. XXII 8).

Die letzte Bitte.

Sondern erlöse uns von dem Übel[1], AMEN.

Im Ebräischen[2] lautet das Stücklin also: „Erlöse oder behüte uns von dem Argen oder Boshaftigen" und siehet eben[3], als rede er vom Teufel, als wollt' er's alles auf einen Haufen[4] fassen, daß die ganze Summa alles Gebets gehe wider diesen unsern Häuptfeind. Denn er ist der, so solchs alles, was wir bitten, unter uns hindert: Gottes Namen oder Ehre, Gottes Reich und Willen, das täglich Brot, fröhlich gut Gewissen etc. Darumb schlagen wir solchs endlich[5] zusammen und sagen: „Lieber Vater, hilf doch, daß wir des Unglücks alles los werden." Aber nichts destoweniger ist auch mit eingeschlossen, was uns Böses widerfahren mag unter des Teufels Reich: Armut, Schande, Tod und kürzlich aller unseliger Jammer und Herzleid, so auf Erden unzählich viel ist. Denn der Teufel, weil er nicht allein ein Lügner, sondern auch ein Totschläger[6] ist, ohn Unterlaß auch noch[7] unserm Leben trachtet und sein Mütlin kühlet[8], wo er uns zu Unfall und Schaden am Leib bringen kann. Daher kommpt's, daß er manchem den Hals bricht oder von Sinnen bringet, etliche im Wasser ersäuft und viel dahin treibt, daß sie sich selbs ümbbringen und zu viel anderen schrecklichen Fällen. Darumb haben wir auf Erden nichts zu tuen, denn ohn Unterlaß wider diesen Häuptfeind zu bitten. Denn wo uns Gott nicht erhielte, wären wir keine Stunde für ihm sicher.

Daher siehest Du, wie Gott für alles, was uns auch leiblich anfichtet, will ge‑

Ultima petitio.

Sed libera nos a malo, Amen. 112

Graeci codices hoc loco ita habent: 113
ἀλλὰ ῥῦσαι ἡμᾶς ἀπὸ τοῦ πονηροῦ. Quae verba perinde sonare videntur, quasi M 483 loquatur de diabolo, quasi velit uno fasce omnia perstringere, ut hujus orationis summa adversus hostem nostrum capitalissimum instituta sit. Ille enim is est, qui ea omnia, quae oramus, summo studio impedire conatur, nempe Dei nomen seu gloriam, Dei regnum et voluntatem, panem quotidianum, pacatam et laetam conscientiam etc. Quamobrem haec 114 omnia summatim complectemur orantes: 'Carissime pater, da, precor, ut ab omni W 490 malo atque infortunio liberemur.' Nihilo‑ 115 minus tamen ea quoque una inclusa sunt, quaecumque mala sub regno diaboli nobis possunt contingere, cujus generis sunt egestas, dedecus, mors et breviter omnium calamitatum tragoedia, quae in terris multiplex et immensa est. Nam diabolus, cum nedum mendax, verum etiam homicida esse soleat, nunquam non nobis insidiose necem machinatur, ut animo suo morem gereret[9] nobis in periculosos casus praecipitatis aut damno corporis affectis. Inde fit, ut complures fracta cervice perimat, multos immissa insania rationis usu privet, nonnullos in undis submersos suffocet ac multos ad mortem voluntariam sibimet consciscendam adigat aut alios quospiam casus terribiles subire compellat. Quare nihil 116 aliud in terris nobis superest operis quam ut indesinenter adversus hunc hostem nocentissimum preculas ad Deum fundere. Nisi enim Deus tantopere nos protegeret, ne horam quidem ab ejus insidiis in tuto esse liceret.

Ex his jam dictis facile perspicis, quo‑ 117 modo Deus pro omnibus rebus, etiam

---

1 Die + VII. und Konk   4 Ebräischen] Griechischen A A B Konk   das] dies B   7 er Konk   9 gehet Konk   diesen > Konk   43 Du + abermal A A B Konk

23 calamitatum + et miseriarum Conc   25 nedum] non tantum Conc   26 esse soleat] sit Conc   28 gerat Conc   38/40 hunc bis fundere] capitalem hunc hostem oremus. Conc   40/2 Deus bis liceret] divinitus conservaremur, ne unicam quidem horam ab insidiis ejus tuti essemus. Conc

---

¹) Vgl. oben 557₁.   ²) Ein in den späteren Ausgaben (s. o. die Varianten) verbesserter Schreibfehler Luthers; vgl. auch die Katechismuspredigt vom 15. Dezember 1528 („In Graeco", WA XXXI 108₂ und ₃₁).   ³) sieht grade so aus   ⁴) zusammen   ⁵) zum Schluß   ⁶) Joh. 8,44.   ⁷) nach   ⁸) Sprichwörtliche Redensart; vgl. WA LI 692 Nr. 204.   ⁹) Vgl. z. B. Plautus, Amph. 131; Terenz, Andr. 641.

beten sein, daß man nirgend keine Hülfe denn bei ihm suche und gewarte[1]. Solchs hat er aber zum letzten gestellet. Denn sollen wir von allem Übel behütet und los werden, muß zuvor sein Name in uns geheiligt, sein Reich bei uns sein und sein Wille geschehen. Darnach will er uns endlich fur Sünden und Schanden behüten, darneben von allem, was uns wehe tuet und schädlich ist.

Also hat uns Gott aufs kürzste furgelegt alle Not, die uns immer anliegen[2] mag, daß wir je keine Entschüldigung haben zu beten[3]. Aber da liegt die Macht an[4], daß wir auch lernen AMEN dazu sagen, das ist: nicht zweifeln, daß es gewißlich erhöret sei und geschehen werde. Denn es ist nicht anders denn eins ungezweifelten Glaubens Wort[5], der da nicht auf Ebenteur[6] betet, sondern weiß, daß Gott nicht leuget, weil er's verheißen hat zu geben. Wo nu solcher Glaube nicht ist, da kann auch kein recht Gebete sein. Darümb ist's ein schädlicher Wahn deren, die also beten, daß sie nicht dürfen von Herzen Ja dazu sagen und gewißlich schließen, daß Gott erhöret, sondern bleiben in dem Zweifel und sagen: „Wie sollt' ich so kühne sein und rühmen, daß Gott mein Gebete erhöre? Bin ich doch ein armer Sunder" etc. Das macht, daß sie nicht auf Gottes Verheißung, sondern auf ihre Werk und eigene Wirdigkeit sehen, damit sie Gott verachten und Lügen strafen. Derhalben sie auch nichts empfahen, wie Sankt Jakobus[7] sagt: „Wer da betet, der bete im Glauben und zweifel nicht. Denn wer da zweifelt, ist gleichwie ein Woge des Meers, so vom Winde getrieben und gewebt[8] wird; solcher Mensch denke nur nicht, daß er etwas von Gott empfahen werde." Siehe, soviel ist Gott daran gelegen, daß wir gewiß sollen sein, daß wir nicht ümbsonst bitten und in keinem Wege[9] unser Gebete verachten.

iis, quae corporales sunt, rogari postulat, ut nusquam alibi quam apud eum unice ullum quaeratur aut exspectetur auxilium. Ceterum hoc ultimo loco posuit. Si enim ab omnibus malis custodiri et liberari cupimus, necessum est, ut antea nomen ejus in nobis sanctificetur, regnum ejus penes nos sit, voluntas ejus fiat. His, inquam, ante peractis tum demum nos a peccatis, ab ignominia custodiet, praeterea ab omnibus aliis, quae aut dolori aut nobis perniciosa esse queant.

Ita nobis Deus omnes necessitates nostras, quibus premimur, compendiosissime proposuit, ne qua nobis relinqueretur negligendae orationis excusatio. Verum in hoc summa vis orationis sita est, ut noscamus quoque dicere: Amen, hoc est non haesitare orationem nostram certo esse exauditam et futurum esse, quod precati sumus. Nihil enim aliud est quam non haesitantis fidei verbum, non orantis temere, sed scientis Deum non mentiri, posteaquam audiendi facilitatem et certitudinem pollicitus est. Jam ubicumque talis fides non est, hic neque verae orationi locus esse potest. Quare perniciosa quaedam est illorum opinio ita orantium, ut non audeant Amen quoque ad finem orationis adjicere, hoc est certo concludere se exauditum iri, verum in dubio perseverant dicentes: 'Qui vero tantum mihi sumerem, ut jactarem Deum meas preces exaudisse, cum me peccatorem esse non ignorem?' Hujus rei causa est, quod non ad promissionem Dei, sed ad opus proprium suamque dignitatem respiciant. Unde fit, ut suis orationibus Deum tantum subsannent et mendacii coarguant. Hinc quoque quamlibet prolixe orantes consequuntur nihil, quemadmodum divus Jacobus inquit: 'Qui orat, in fide oret nihil haesitans. Qui enim haesitat, similis est fluctui maris, qui a vento movetur et circumfertur. Non ergo existimet homo ille, quod accipiat aliquid a Domino.' Ecce tanti refert certos esse nos non frustra oraturos, et nullo modo preces nostras respuamus.

---

4 von] fur B   19 nichts Konk   22 daß + ihm A B Konk

12 perniciosa nobis Conc   18 noscamus quoque dicere] dicere quoque discamus Conc   31 exaudiri Conc   35 ignorem?' + etc. Conc   48 certos esse] apud Deum, ut certi simus   48/9 orare et ut nullo Conc   49 respuamus] vili pendamus Conc

---

[1]) erwarte   [2]) bedrängen   [3]) daß wir nicht beten   [4]) darauf kommt es an
[5]) Vgl. WA II 126 29-31: „Das Wortlein 'Amen' ist hebräischer oder jüdischer Sprach und heißt auf Deutsch 'vorwahr' oder 'währlich', und ist fast wohl zu bedenken, daß es druckt aus den Glauben, den man haben soll in allen Bitten".   [6]) auf gut Glück   [7]) Jak. 1, 6 f.
[8]) bewegt   [9]) keineswegs

Das vierde Teil.

Von der Taufe.[1]

Wir haben nu ausgerichtet[2] die drei Häuptstück[3] der gemeinen christlichen Lehre. Über dieselbige[4] ist noch zu sagen von unsern zweien Sakramenten, von Christo eingesetzt, davon auch ein iglicher Christ zum wenigsten ein gemeinen kurzen Unterricht haben soll, weil ohn dieselbigen kein Christen sein kann, wiewohl man leider bisher nichts darvon gelehret hat[5]. Zum ersten aber nehmen wir fur uns die Taufe, dadurch wir erstlich in die Christenheit genommen[6] werden. Daß man's aber wohl fassen könne, wöllen wir's ordenlich handlen[7] und allein darbei bleiben, was uns nötig ist zu wissen; denn wie man's erhalten und verfechten musse wider die Ketzer und Rotten, wöllen wir den Gelehrten befehlen[8].

Aufs erste muß man fur allen Dingen die Wort wohl wissen, darauf die Taufe gegründet ist und dahin alles gehet[9], was darvon zu sagen ist, nämlich da der Herr Christus spricht Matth. am letzten:[10]

„Gehet hin in alle Welt, lehret alle Heiden und täufet sie im Namen des Vaters und des Sohns und des heiligen Geists."

Item Marci auch am letzten Cap.:[11]

„Wer da gläubet und getauft wird, der wird selig, wer aber nicht gläubt, der wird verdammt."[12]

In diesen Worten sollt Du zum ersten merken, daß hie stehet Gottes Gebot und Einsetzung, des[13] man nicht zweifele, die Taufe sei ein göttlich Ding, nicht von Menschen erdacht noch erfunden. Denn so wohl

Quarta pars catechismi.

De baptismo.

Hactenus tres principales communis christianae doctrinae partes exsecuti sumus. Praeter has superest, ut de duobus quoque sacramentis ab ipso Christo institutis disseramus, de quibus cuivis christiano ad minimum brevis quaedam institutio tenenda est, quandoquidem his ignoratis nemo christianus esse potest, tametsi hactenus nihil prorsus recti, sani de his traditum est populo. Primum vero ipsum baptismum tractandum nobis proponemus, per quem primitus in christianorum communionem cooptamur. Ut vero recte percipiatur, ordine cuncta explicabimus tantum ea tradituri, quae cognitu erunt necessaria. Qui enim adversus haereticos baptismus defendendus sit, hoc doctis relinquentes commendabimus.

Principio operae pretium est ipsa verba exacte nosse, quibus baptismo nitendum est et ad quae omnia respiciunt, quae de baptismo tractanda sunt, nempe ubi Christus inquit Matthaei ultimo:

'Euntes in mundum universum docete omnes gentes baptizantes eos in nomine patris et filii et spiritus sancti.'

Item Marci ultimo:

'Qui crediderit et baptizatus fuerit, salvus erit. Qui vero non crediderit, condemnabitur.'

In his verbis primum tibi notandum et expendendum venit hic stare Dei mandatum et institutionem, ne in dubium veniamus baptismum rem divinam esse, non ab hominibus excogitatam aut in-

---

18/9 wöllen *bis* befehlen] das gehöret auf ein ander Zeit B   32 auch > Konk   39 des] daß A B Konk

18 Qui] Quomodo Conc   23/4 quibus *bis* est] in quibus fundatus est baptismus Conc
38 exstare Conc   39/40 in dubium veniamus] dubitemus Conc

---

[1]) Vgl. dazu oben 449 f. und Anm. 8.   [2]) erledigt   [3]) Luther braucht dies Wort in doppelter Bedeutung: „Hauptteil, Hauptabschnitt" (WA XXX^I 86$_9$ f.: „Sed vos dividite symbolum in die Häuptstucke nach dem, daß drei Person sind", aber oben 647$_7$: „Häuptartikel") und „das Wesentlichste" (vgl. oben 520$_{37}$). Sonst bezeichnet Luther die 5 Teile des Katechismus als „Stücke" (vgl. oben 557$_{5, 19, 34}$, 558$_{34}$, 646$_3$, 662$_{19}$ u. ö.). Der Gebrauch von „Hauptstück" im Katechismus im heutigen Sinne stammt aus dem Nürnberger Kinderbüchlein (1531); vgl. Meyer, Kommentar, 81 f.   [4]) Außer diesen
[5]) Vgl. oben 554 Anm. 8.   [6]) aufgenommen   [7]) der Reihe nach behandeln   [8]) überlassen   [9]) auf die sich alles bezieht   [10]) Matth. 28, 19.   [11]) Mark. 16, 16.   [12]) Vgl. oben 558$_{9—14}$ und Anm. 3.   [13]) woran

als ich sagen kann, die zehen Ge᾽bot, Glauben und Vaterunser hat kein Mensch aus seinem Kopf gesponnen[1], sondern sind von Gott selbs offenbaret und gegeben, so kann ich auch rühmen, daß die Taufe ¹ kein Menschentand sei, sondern von Gott selbs eingesetzt, darzu ernstlich und streng geboten, daß wir uns müssen taufen lassen oder sollen nicht selig werden, daß man nicht denke, es sei so leichtfertig[2] Ding als ein neuen roten Rock[3] anziehen. Denn da liegt die höhiste Macht an[4], daß man die Taufe trefflich, herrlich und hoch halte; denn darüber streiten und fechten wir allermeist, weil die Welt itzt so voll Rotten ist, die da schreien, die Taufe sei ein äußerlich Ding, äußerlich Ding aber sei kein Nütz. Aber laß äußerlich Ding sein, als es immer kann, da stehet aber Gottes Wort und Gebot, so die Taufe einsetzet, gründet und bestätigt. Was aber Gott einsetzet und gebeut, muß nicht vergeblich, sondern eitel köstlich Ding sein, wenn es auch dem Ansehen nach geringer denn ein Strohhalm wäre. Hat man bisher künnden groß achten, wenn der Bapst mit Briefen und Bullen Ablaß austeilete, Altar oder Kirchen bestätigte, alleine ümb der Briefe und Siegel willen, so sollen wir die Taufe viel höher und köstlicher halten, weil es Gott befohlen hat, dazu in seinem Namen geschicht. Denn also lauten die Wort: „Gehet hin, täufet", aber nicht „in Euerm", sondern „in Gottes Namen".

Denn in Gottes Namen[5] getauft werden, ist nicht von Menschen, sondern von Gott selbs getauft werden; darumb ob es gleich durch des Menschen Hand geschicht, so ist

ventam. Nam quemadmodum pro certo dicere possum decem praecepta, symbolum fidei, orationem Dominicam nullum hominem e suo capite produxisse, sed ab ipso Deo data et manifestata esse, ita non minus vere jactare possum baptismum non esse humanae rationis commentum, sed ab ipso Deo institutum, ad haec severe praeceptum, ut nosmet baptizandos offeramus, aut non esse salvandos, ne quis in eam cogitationem forte veniat rem esse tam leviculam ac rubeam tunicam induere. In hoc enim summa vis et virtus pendet, ut baptismum veluti rem praeclaram ac pretiosam magni aestimemus, quando jam mundus ita refertus est sectis vociferantibus baptismum rem esse externam nullius momenti aut utilitatis. Verum pone esse rem quamlibet externam, hic autem stat Dei praeceptum et verbum, quibus baptismus institutus et confirmatus est. Ceterum quicquid Deus instituerit et faciendum praeceperit, certum est non esse rem nihili, sed pretiosam et utilem, etiamsi externa facie stipula fabali[6] aut cassa nuce[7] esset inanior et levior. Potuimus hactenus per multa saecula magni facere papam literis ac bullis suis vanissimis distribuentem indulgentias, altaria aut templa confirmantem, tantum propter concessa signa et literas, multo majore in pretio atque existimatione nobis baptismus habendus est, cujus ipse Christus autor exstitit, quem ipse praecepit, instituit ac in ejus nomine fieri soleat. Ita enim verba sonant: 'Ite et baptizate!', sed non in vestro, verum in Dei nomine.

Siquidem baptizari in nomine Dei non est ab hominibus, sed ab ipso Deo baptizari. Quapropter quamquam manibus hominum fieri soleat, revera tamen

---

13/4 denn bis allermeist] darüber wir (+ auch A) allermeist streiten und fechten A A B Konk 25 mit + seinen B Konk   27/8 alleine bis willen > B

11 esse salvandos] salvari nos posse Conc   13 rubeam + novam Conc   16/9 quando bis utilitatis] De eo enim vel maxime pugnamus et dimicamus, siquidem jam mundus ita refertus est sectis vociferantibus baptismum esse rem externam, rem externam vero nullius esse usus aut momenti. Conc   20 quamlibet] quomodocumque Conc   21 exstat Conc   21/2 praeceptum bis quibus] verbum et mandatum, quo Conc   22/3 institutus bis est] instituitur, fundatur et confirmatur. Conc   23/8 Ceterum bis levior] Quicquid autem Deus instituit et faciendum praecipit, certe non rem nihili, sed pretiosam et utilem esse necesse est, tametsi quoad externam faciem stramineo culmo vilior esset. Conc   32 signa] sigilla Conc   33 multo] quanto Conc   36 ejus] cujus Conc   37 fieri soleat] administratur Conc   42/3 manibus bis soleat] manu hominis administratur Conc

---

¹) ersonnen   ²) gleichgültig   ³) Feiertagsgewand   ⁴) liegt am meisten daran
⁵) Vgl. dazu Köstlin, Luthers Theologie I 410f.   ⁶) Vgl. Ovid, Fast. IV 725.   ⁷) Vgl. Plautus, Pseud. 371.

es doch wahrhaftig Gottes eigen Werk, daraus ein iglicher selbs wohl schließen kann, daß es viel höher ist denn kein[1] Werk, von einem Menschen oder Heiligen getan. Denn was kann man fur Werk größer machen denn Gottes Werk? Aber hie hat der Teufel zu schaffen, daß er uns mit falschem Schein blende und von Gottes Werk auf unser Werk führe. Denn das hat viel ein köstlichern Schein, daß ein Karthäuser[2] viel schwere, große Werk tuet, und halten alle mehr darvon, das wir selbs tuen und verdienen. Aber die Schrift lehret also: Wenn man gleich aller Münche Werk auf einen Haufen schluge, wie köstlich sie gleißen mügen, so wären sie doch nicht so edel und gut, als wenn Gott ein Strohhalm aufhübe. Warumb? Darumb daß die Person edler und besser ist; nu muß man hie nicht die Person nach den Werken, sondern die Werk nach der Person achten, von welcher sie ihren Adel nehmen müssen. Aber hie fället die tolle Vernunft zu[3], und, weil es nicht gleißet wie die Werk, so wir tuen, so soll es nichts gelten.

Aus diesem lerne nu ein richtigen Verstand fassen[4] und antworten auf die Frage, was die Taufe sei, nämlich also, daß sie nicht ein bloß schlecht[5] Wasser ist, sondern ein Wasser, in Gottes Wort und Gepot gefasset und dadurch geheiliget, daß nicht anders ist denn ein Gotteswasser, nicht daß das Wasser an ihm selbs edler sei denn ander Wasser, sondern daß Gottes Wort und Gepot dazu kömmpt. Darümb ist's ein lauter Bubenstück und des Teufels Gespotte, daß itzt unsere neue Geister[6], die Taufe zu lästern, Gottes Wort und Ordnung davon lassen und nicht anderes ansehen denn das Wasser, das man aus dem Brunnen schepfet, und darnach daher geifern[7]: „Was sollt' ein

opus Dei censendum et habendum est. Ex quo quivis haud difficulter potest colligere baptismi opus multo esse sublimius et praestantius quam ullum opus factum ab ullo divorum aut hominum. Sed enim hic omni studio occupatus est diabolus, ut factitia quadam larva et facie nos decipiat. Est enim hoc multo splendidius et praeclarius Carmelitam[8] quempiam magna et laboriosa quaedam facere opera et nos ipsi multo majoris opera et merita nostra quam Dei aestimamus. Verum scriptura ita docet, quamquam omnium monachorum opera quantumvis nitentia in unum conflata cumularentur, neque tamen tam pretiosa habenda forent, quam si Deus tantum stipulam humi sustulerit. Quid ita? Propterea, quod persona nobilior est atque excellentior. Jam vero hoc loco persona nequaquam juxta opera, verum opera juxta personam aestimanda sunt, a qua dignitatem mutuantur et pretium. Verum hic insana ratio perverse judicans atque praepostere ita existimat, cum non perinde splendidam faciem baptismus prae se ferre soleat atque opera, quae ipsa facit, nullius etiam momenti esse cogitur.

Ex his jam memoratis sanum intellectum percipe atque interrogatus, quid baptismus sit, ita responde non esse prorsus aquam simplicem, sed ejusmodi, quae verbo et praecepto Dei inclusa sit et per hoc sanctificata, ita ut nihil aliud sit quam divina aqua, non quod aqua per sese sit alia praestantior, sed quod ei verbum ac praeceptum Dei accesserit. Quocirca mera sycophantia est et diaboli illusio, quod hodie nostri novi spiritus et anabaptistae baptismum in contumeliam et reprehensionem rapiant Dei verbum et institutionem ab eo revellentes nec aliter intuentes quam aquam haustam e puteo ac

---

12 mehr darvon] viel mehr von dem B Konk   22/3 Aber bis zu] Aber das will die tolle Vernunft nicht achten B Konk   35 nichts Konk

1 opus Dei] proprium Dei opus Conc   5 hominum. + Quae enim opera possunt esse dicive majora quam Dei opera? Conc   7 8 decipiat + et a Dei opere ad nostrum opus nos abducat Conc   8 Est bis multo] Multo enim Conc   9 praeclarius + esse videtur Conc   24/5 ac praepostere judicans Conc   29 cogitur] baptismum Conc   34 Dei + comprehensa et illi Conc   36 quam + Dei seu Conc   37 aqua + haec Conc sit alia] uavis alia sit Conc   41/4 et bis revellentes], ut blasphement et contumelia afficiant baptismum, verbum et institutionem Dei ab eo divellunt Conc   44/5 intuentes] intuentur eum Conc   45 e puteo haustam Conc

---

¹) irgendein   ²) Vgl. oben 579 Anm. 3.   ³) drängt sich auf   ⁴) die richtige Bedeutung erfassen   ⁵) einfaches   ⁶) Schwarmgeister   ⁷) schwatzen   ⁸) Vgl. oben 590 Anm. 9.

Handvoll Wassers der Seelen helfen?" Ja Lieber, wer weiß das nicht, wenn es von=ander trennens soll gelten, daß Wasser Wasser ist? Wie tarrst[1] Du aber so in Gottes Ordnung greifen und das beste Kleinod davon reißen, damit es Gott verbunden und eingefasset hat und nicht will getrennet haben? Denn das ist der Kern in dem Wasser: Gottes Wort oder Gepot und Gottes Namen, welcher Schatz größer und edler ist denn Himmel und Erde.

Also fasse[2] nu die Unterscheid, daß viel ein ander Ding ist Taufe denn alle ander Wasser, nicht des natürlichen Wesens halben, sondern daß hie etwas Edlers dazu kömmpt. Denn Gott selbs sein Ehre hinansetzet, sein Kraft und Macht daran legt. Darümb ist es nicht allein ein natürlich Wasser, sondern ein göttlich, himmlisch, heilig und selig Wasser, und wie man's mehr loben kann, alles ümb des Worts willen, welches ist ein himmlisch, heilig Wort, das niemand gnug preisen kann; denn es hat und vermag alles, was Gottes ist. Daher hat es auch sein Wesen, daß es ein Sakrament heißet, wie auch S. Augustinus[3] gelehret hat: „Accedat verbum ad elementum et fit sacramentum", das ist: „Wenn das Wort zum Element oder natürlichem Wesen kömmpt, so wird ein Sakrament daraus", das ist ein heilig, göttlich Ding und Zeichen.

Darümb lehren wir allezeit, man solle die Sakrament und alle äußerlich Ding, so Gott ordnet und einsetzet, nicht ansehen nach der groben äußerlichen Larven[4], wie man die Schalen von der Nuß siehet, sondern wie Gottes Wort darein geschlossen ist. Denn also reden wir auch von Vater= und Mutterstand und weltlicher Oberkeit; wenn man die will[1] ansehen, wie sie Nasen, Augen, Haut und Haar, Fleisch und Bein haben, so sehen sie Türken und Heiden gleich, und möcht' auch imand zufahren[5] und sprechen: „Warümb sollt' ich mehr von diesem halten denn von andern?" Weil aber

deinceps ita blasphemo ore blaterantes: Quid vero utilitatis manus aquae plena praestaret animae? Quis vero adeo vecors et inops animi est, qui hoc ignoret divulsis baptismi partibus aquam esse aquam? Qua vero fronte tu tibi tantum sumis, ut non verearis ab constitutione Dei praestantiorem partem avellere, quas Deus constrinxit et inclusit, neque vult has esse divulsas et disjunctas? Quippe verbum Dei aut praeceptum, item nomen Dei in aqua ipse solet esse nucleus, qui thesaurus ipso coelo et mundo omnibus modis nobilior est et praestantior.

Ad hunc ergo modum ita discerne longe aliam rem esse baptismun atque omnes alias aquas, non naturalis essentiae gratia, sed quod huic aliquid praestantioris rei adjungitur. Ipse enim Deus baptismum suo honestat nomine suaque virtute confirmat. Eam ob rem non tantum naturalis aqua, sed etiam divina, coelestis, sancta et salutifera aqua habenda et dicenda est et, si quo alio laudis titulo nobilitari potest, non nisi verbi gratia, quod coeleste ac sanctum verbum est neque a quoquam satis ampliter, digne et cumulate laudari potest, siquidem omnem Dei virtutem et potentiam in se habet comprehensam. Inde quoque baptismus suam accipit essentiam, ut sacramenti appellationem mereatur, quemadmodum sanctus etiam docet Augustinus. 'Accedat,' inquit, 'verbum ad elementum et fit sacramentum,' hoc est res sancta atque divina.

Quocirca nunquam non docemus sacramenta et omnes res externas a Deo ordinatas et institutas non intuendas esse juxta crassam illam et externam larvam, veluti nucis putamina intuemur, sed quemadmodum hisce verbum Dei inclusum sit. Neque secus de parentum statu et magistratibus loquimur, quos si eatenus intueri volumus, quatenus nares, oculos, aures, cutem, pilos, carnem et ossa habeant, tum Turcis et gentilibus sunt similes ac aliquis dicere posset: 'Cur hos majoris facerem quam alios?' Atqui accedente praecepto: 'Honora patrem

---

2/4 wenn *bis* gelten *hinter* ist B   43 vom Konk

1 blaterant Conc   7 constitutione] ordinatione Conc   8 praestantiorem partem] pretiosissimum *κειμήλιον* Conc   8/10 quas *bis* disjunctas] quo Deus illam constrinxit et inclusit neque inde divelli vult aut sejungi? Conc   13 mundo] terra Conc   23 aqua +, quocumque alio laudis titulo nobilitari potest, Conc   24/5 et *bis* potest] hocque Conc

[1]) wagst   [2]) begreife   [3]) Vgl. oben 450 Anm. 1.   [4]) Erscheinung   [5]) kommen

das Gepot dazu kömmpt: „Du sollt Vater und Mutter ehren", so sehe ich ein andern Mann, geschmückt und angezogen mit der Majestät und Herrligkeit Gottes. Das Gepot (sage ich) ist die gülden Ketten, so er am Hals trägt, ja die Krone auf seinem Häupt, die mir anzeigt, wie und warümb man dies Fleisch und Blut ehren soll. Also und vielmehr sollt Du die Taufe ehren und herrlich halten ümb des Worts willen, als die er selbs beide mit Worten und Werken geehret hat, dazu mit Wunder von Himmel bestätigt. Denn meinest Du, daß ein Scherz war, da sich Christus täufen ließ, der Himmel sich auftäte, der heilige Geist sichtiglich erabfuhr[1], und war eitel göttliche Herrligkeit und Majestät. Derhalben vermahne ich abermal, daß man beileib die zwei, Wort und Wasser, nicht voneinander scheiden und trennen lasse. Denn wo man das Wort davon sondert, so ist's nicht ander Wasser, denn damit die Magd kochet, und mag wohl ein Badertaufe[2] heißen, aber wenn es dabei ist, wie es Gott geordnet hat, so ist's ein Sakrament und heißet Christus' Taufe. Das sei das erste Stück von dem Wesen und Wirde des heiligen Sakraments.

Aufs ander, weil wir nu wissen, was die Taufe ist und wie sie zu halten sei, müssen wir auch lernen, warümb und wozu sie eingesetzt sei, das ist, was sie nütze, gebe und schaffe. Solchs kann man auch nicht besser denn aus den Worten Christi, oben angezogen, fassen, nämlich: „Wer da gläubt und getauft wird, der wird selig."[3] Darümb fasse es aufs allereinfältigst also, daß dies der Taufe Kraft, Werk, Nutz, Frucht und Ende ist, daß sie selig mache. Denn man täufet niemand darümb, daß er ein Fürst werde, sondern, wie die Wort lauten, daß er „selig werde". Selig werden aber weiß man wohl, daß nichts anders heißet, denn von

tuum et matrem tuam!' alium virum video divina majestate et gloria exornatum. Praeceptum, inquam, aureus ille torques est, quem collo circumfert, imo potius corona in capite indicans, quomodo et quamobrem haec caro et sanguis honorandi sint. Ita quoque ac multo quidem vehementius baptismo honor habendus est propter verbum, quippe quem ipse ex aequo cum verbo, tum facto honoravit, ad haec miraculis coelitus ostensis confirmavit. Num enim putas rem fuisse jocularem Christum semetipsum Johanni baptizandum obtulisse, coelum diducto hiatu apertum esse, spiritum sanctum propalam e coelo columbina specie devolasse nec quicquam affuisse, quod non certissimis documentis divinam majestatem et gloriam repraesentasset? Quare iterum atque iterum repetens moneo, ne haec duo verbum et aquam ullo modo disjungi atque divelli patiamur. Disseparato enim verbo non alia est aqua atque illa, qua in culina ad elixandas carnes culinae praefecta utitur, potestque non male balneatorum dici baptismus. Ceterum conjuncto verbo, sicut Christus ordinavit et instituit, tum sacramentum est ac Christi baptismus dicitur. Et haec prima hujus institutionis pars sit de essentia et dignitate hujus sacramenti.

Deinde, posteaquam certi sumus, quid sit baptismus et quid de eo sentiendum, etiam illud nobis discendum venit, quamobrem et in quem usum baptismi ratio instituta sit, hoc est, quid utilitatis baptizatis afferat, conferat et pariat. Verum neque hoc melius atque compertius quam ex verbis Christi supra citatis sciri potest ac percipi, nimirum: 'Qui crediderit et baptizatus fuerit, salvus erit.' Quare rei summam ita simplicissime complectere hanc videlicet baptismi virtutem, opus, fructum et finem esse denique homines salvos facere. Nemo enim in hoc baptizatur, ut princeps evadat, verum, sicut

---

12 vom Konk   47 heiße Konk

2 gloria + indutum et Conc   10 ex *bis* tum] Deus et verbo et Conc   13 Christum] cum Christus Conc   14/5 obtulisse] offerret Conc   15/6 diducto *bis* sanctum] simul aperiretur et spiritus sanctus Conc   17 devolasse] descenderet Conc   18 affuisse] aliud adesset Conc   20 repraesentaret Conc   23 Disseparato] Separato Conc enim + inde Conc   45 denique] ut Conc   46 faciat Conc

---

[1]) Matth. 3, 16.   [2]) Vgl. Luthers Predigt über die Taufe 1534: „ein schlecht wässerig oder irdisch Wasser oder (wie es die Rotten heißen) ein Badewasser und Hundsbad" (WA XXXVII 642 $_{16-18}$; vgl. auch 640 $_{22}$ und zum „balneum caninum" WABr IV 36 $_9$ f.).
[3]) Mark. 16, 16.

Sunden, Tod, Teufel erlöset in Christus' Reich kommen und mit ihm ewig leben. Da siehest Du abermal, wie teuer und wert die Taufe zu halten sei, weil wir solchen unaussprechlichen Schatz darinne ¹ erlangen. Welches auch wohl anzeigt, daß nicht kann ein schlecht, lauter¹ Wasser sein. Denn lauter Wasser künde solchs nicht tuen, aber das Wort tuet's, und daß (wie oben gesagt²) Gottes Name darinne ist. Wo aber Gottes Name ist, da muß auch Leben und Seligkeit sein, daß es wohl ein göttlich, selig, fruchtbarlich und gnadenreich Wasser heißet. Denn durchs Wort kriegt sie die Kraft, daß sie ein „Bad der Wiedergeburt" ist, wie sie Paulus nennet an Titum am 3³.

Daß aber unsere Klüglinge⁴, die neuen Geister, furgeben, der Glaube mache allein selig, die Werk aber und äußerlich Ding tuen nichts dazu, antworten wir, daß freilich nichts in uns tuet denn der Glaube, wie wir noch weiter hören werden⁵. Das wöllen aber die Blindenleiter nicht sehen, daß der Glaube etwas haben muß, das er glaube, das ist, daran er sich halte und darauf stehe und fuße. Also hanget nu der Glaube am Wasser und gläubt, daß die Taufe sei, darin eitel Seligkeit und Leben ist, nicht durchs Wasser, wie gnug gesagt, sondern dadurch, daß mit Gottes Wort und Ordnung verleibet⁶ ist und sein Name darin klebet. Wenn ich nu solches gläube, was gläube ich anders denn an Gott als an den, der sein Wort darein geben und gepflanzt hat und uns dies äußerlich Ding furschlägt, darin wir solchen Schatz ergreifen künnden?

verba sonant, ut 'salvus fiat'. Ceterum salvum fieri scimus nihil aliud esse quam a peccati, mortis et diaboli tyrannide liberari, in Christi regnum deferri ac cum eo immortalem vitam agere. Ex hoc iterum non obscure perspicis, quanti momenti ac pretii baptismus habendus sit, in quo tam inaestimabilem tamque ineffabilem thesaurum consequimur. Atque hoc ipsum sufficienter indicat baptismum solam ac simplicem aquam esse non posse. Ejus enim virtutis simplex aqua esse non potest, verum enim vero Dei verbum facit, tum quod (ut supra diximus) Dei nomen in illo sit. Jam ubicumque Dei nomen est, ibi vitam quoque et summam felicitatem esse necesse est, ut non injuria divina, beata, fructuosa et omnis gratiae aqua referta dici possit. Etenim verbi divini accessione eam virtutem consequitur, ut 'λουτρὸν παλιγγενεσίας', hoc est 'lavacrum regenerationis,' quo nomine Paulus ad Titum tertio baptismum vocat, dici mereatur.

Quod autem nostri μωρόσοφοι, hoc est novi illi spiritus superciliose admodum fabulantur fidem solam esse, quae salvos faciat, opera vero et res externas ad salutem consequendam nihil praestare aut facere, respondeo sane in nobis nihil aliud facere aut operari salutem quam fidem, qua de re mox infra latius. Atqui hoc caecorum duces videre nolunt fidei aliquid habendum esse, quod credat, hoc est, cui innitatur et qua re suffulta persistat. Ita jam fides aquae adhaeret creditque baptismum esse, in quo mera beatitudo et vita est, non aquae virtute (ut abunde dictum est), sed per hoc, quod baptismus verbo Dei unitus et ordine confirmatus est et ejus nomine nobilitatus. Jam haec credens quid aliud quam in Deum credo ut in eum, qui suum verbum baptismo indidit et inseruit ac nobis externas res proponit, in quibus tantarum rerum thesaurum queamus comprehendere?

---

15 sie + auch B Konf   34 darauf + er Konf

19 aqua referta] plena aqua Conc   22 hoc est > Conc   23 quo nomine] sit, sicut nominat Conc   24/5 baptismum bis mereatur > Conc   26 autem + nasutuli Conc   hoc est > Conc   34/5 fidei bis esse] fidem necessario aliquid habere Conc   41/2 Dei bis ordine] et ordinatione divina unitus et Conc   42 et ejus] ejusque Conc   47/8 comprehendere queamus Conc

---

¹) einfaches, bloßes   ²) Oben 693₃₄.   ³) Tit. 3, 5.   ⁴) Besserwisser   ⁵) Unten 697₂₇ff.   ⁶) vereinigt

Nu sind sie so toll, daß sie vonander scheiden den Glauben und das Ding, daran der Glaube haftet und gebunden ist, ob es gleich äußerlich ist. Ja, es soll und muß äußerlich sein, daß man's mit Sinnen fassen und begreifen und dadurch ins Herz bringen könne, wie denn das ganze Evangelion ein äußerliche mündliche Predigt ist. Summa, was Gott in uns tuet und wirket, will er durch solch äußerliche Ordnung wirken. Wo er nu redet, ja wohin oder wodurch er redet, da soll der Glaube hinsehen und sich daran halten. Nu haben wir hie die Wort: „Wer da gläubt und getauft wird, ¹ der wird selig". Worauf sind sie geredt anders denn auf die Taufe, das ist das Wasser in Gottes Ordnung gefasset? Darümb folget, daß, wer die Taufe verwirft, der verwirft Gottes Wort, den Glauben und Christum, der uns dahin weiset und an die Taufe bindet.

Aufs dritte, weil wir den großen Nutz und Kraft der Taufe haben, so laß nu weiter sehen, wer die Person sei, die solchs empfahe, was die Taufe gibt und nützet. Das ist abermal aufs feinest und klärlichst ausgedruckt eben in den Worten: „Wer da gläubt und getauft wird, der wird selig", das ist, der Glaube macht die Person allein wirdig, das heilsame, göttliche Wasser nützlich zu empfahen. Denn weil solchs allhie in den Worten bei und mit dem Wasser furgetragen und verheißen wird, kann es nicht anders empfangen werden, denn daß wir solchs von Herzen gläuben. Ohn Glauben ist es nichts nütz, ob es gleich an ihm selbs ein göttlicher überschwänglicher Schatz ist. Darümb vermag das einige Wort: „Wer da gläubet" soviel, daß es ausschleußet und zurücktreibt alle Werk, die wir tuen können in der Meinung¹, als dadurch Seligkeit zu erlangen und verdienen. Denn es ist beschlossen²: was nicht Glaube ist, das tuet nichts dazu, empfähet auch nichts.

Jam nostri νεοσόφοι aut potius spermologi³ spiritus usque adeo vecordes sunt et nullius judicii, ut disjungere non vereantur fidem et rem, cui fides adhaerescit et alligata est, tametsi externa sit. Verum haec non potest non externa esse, ut sensibus percipi et comprehendi possit atque ita deinceps animo infigi, quemadmodum totum evangelium externa quaedam et corporalis est praedicatio. In summa, quicquid Deus in nobis facit et operatur, tantum externis hisce rebus et constitutionibus operari dignatur. Ubicumque jam loquitur, imo potius quocumque aut per quemcumque locutus fuerit, eo fidei dirigendi sunt oculi eique adhaerendum. Jam hic verbum Dei in promptu habemus: 'Qui crediderit et baptizatus fuerit, salvus erit.' Quorsum ista verba alias quam de baptismo dicta sunt, hoc est de aqua divino ordine fundata et confirmata? Ex hoc sequitur, ut is, qui baptismum contemnit et rejicit, verbum Dei, fidem et Christum quoque rejiciat eo nos ducentem et baptismo alligantem.

Tertio cognita jam ingenti cum virtute, tum utilitate baptismi videamus ulterius, quae persona sit talia accipiens, quae per baptismum offeruntur. Hoc iterum pulcherrime et clarissime in his verbis expressum est: 'Qui crediderit et baptizatus fuerit, salvus erit.' Hoc est: sola fides personam dignam facit, ut hanc salutarem et divinam aquam utiliter suscipiat. Cum enim hoc in verbis una cum aqua nobis offertur et proponitur, non alia ratione potest suscipi, quam ut hoc credamus ex animo. Citra fidem nihil prodest baptismus, tametsi per sese coelestis et inaestimabilis thesaurus esse negari non potest. Ideo unicum illud verbum ('qui crediderit') tantum potest, ut excludat atque rejiciat omnia opera, quaecumque facere poterimus hoc animo, ut per ea salutem consequamur et promereamur. Jam enim ita irrevocabiliter decretum est, quicquid fides non est, illud ad consequendam salutem nihil profuturum neque tantillum consecuturum.

---

32 in] mit Konk

1/3 nostri *bis* judicii] usque adeo insaniunt novi illi spiritus Conc [2 hisce] istiusmodi Conc 37 offeratur Conc proponatur Conc 39 ex animo credamus Conc 42 possit Conc

---

¹) in der Absicht ²) steht fest ³) Vgl. Apg. 17,18 und WADB VI 487 Randgl.

Sprechen sie aber, wie sie pflegen: Ist doch die Taufe auch selbs ein Werk, so sagst Du, die Werk gelten nichts zur Seligkeit, wo bleibet denn der Glaube? Antwort: Ja unsere Werk tuen freilich nichts zur Seligkeit, die Taufe aber ist nicht unser, sondern Gottes Werk (denn Du wirst, wie gesagt, Christus' Taufe gar weit müssen scheiden von der Badertaufe¹), Gottes Werk aber sind heilsam und not zur Seligkeit und schließen nicht aus, sondern fodern² den Glauben, denn ohn Glauben künnde man sie nicht fassen. Denn damit, daß Du lässest über Dich gießen, hast Du sie nicht empfangen noch gehalten, daß sie Dir etwas nütze. Aber davon wird sie Dir nutze, wenn Du Dich der Meinung³ läßt taufen als aus Gottes Befehl und Ordnung, darzu in Gottes Namen, auf daß Du in dem Wasser die verheißene Seligkeit empfahest. Nu kann solchs die Faust noch der Leib nicht tuen, sondern das Herz muß es gläuben. Also siehest Du klar, daß da kein Werk ist, von uns getan, sondern ein Schatz, den er uns gibt' und der Glaube ergreifet, so wohl als⁴ der HERR Christus am Kreuz nicht ein Werk ist, sondern ein Schatz im Wort gefasset und uns furgetragen und durch den Glauben empfangen. Darümb tuen sie uns Gewalt, daß sie wider uns schreien, als predigen wir wider den Glauben, so wir doch alleine darauf treiben⁵, als der so nötig dazu ist, daß ohn ihn nicht empfangen noch genossen mag werden.

Also haben wir die drei Stück, so man von diesem Sakrament wissen muß, sonderlich daß Gottes Ordnung ist, in allen Ehren zu halten, welchs allein gnung wäre, ob es gleich ganz ein äußerlich Ding ist wie das

Quod si, ut assolent, dixerint: Tamen ipse quoque baptismus opus est et tu dicis opera ad salutem consequendam nullius esse momenti, ubi tunc manet fides? Responde: Sane vero nostra opera ad salutem nihil faciunt, porro autem baptismus non nostrum, sed Dei opus est. Dei enim baptismus, ut dictum est, longe lateque a balneatoris baptismo tibi segregandus est. Dei autem opera salutifera sunt et ad salutem consequendam necessaria neque quicquam excludunt, sed fidem requirunt, citra quam comprehendi non possent. Nam quod te sinis aqua perfundi, baptismum nondum percepisti aut servasti, ut inde aliquid emolumenti ad te redeat, verum inde primum tibi proderit, si hoc consilio temet baptizandum obtuleris, ut Dei mandato et institutioni satisfacias, ut in nomine Domini baptizatus promissam in aqua salutem consequaris, jam haec neque palma neque corpus potest efficere, sed corde credendum est. Ita vides liquido hic nullum esse opus, quod nostra fieret opera, verum thesaurum, quem ille nobis largitur, sola fides apprehendit, non secus atque Dominus Jesus in cruce nullum opus est, sed thesaurus verbo comprehensus et nobis oblatus, quem sola fides apprehendit et consequitur. Quocirca nobis injuriam faciunt atque adeo falso coarguunt vociferantes nos contra fidem docere, cum illam unice tueamur atque extollamus ita utilem et necessariam, ut sine illa nihil quicquam possimus apprehendere aut consequi.

Ita quidem tres hujus sacramenti partes habemus, quas cuivis christiano non sunt ignorandae, praecipue vero, quod baptismus Dei sit constitutio in omni honore habenda ac pretio. Quae una

---

14/5 sie *bis* gehalten] die Taufe noch nicht also empfangen B Konk

1 solent Conc   10 segregandus] secernendus Conc   12 quicquam > Conc   14/5 Nam *bis* perfundi] Eo enim, quod te aqua perfundi sinis Conc   22 hoc Conc   23 palma] manus Conc   efficere potest Conc   25/6 nostra *bis* verum] a nobis fiat, sed Conc   30 nobisque Conc   32/6 Quocirca *bis* necessariam] Injuriam itaque nobis faciunt, cum adversus nos vociferantur, quasi contra fidem doceamus, cùm tamen unice illam urgeamus et inculcemus, ut quae tam sit necessaria, Conc   39/40 habemus tres hujus sacramenti partes Conc   40/1 cuivis *bis* ignorandae] quivis christianus tenere debet Conc   43 ac pretio habenda Conc

---

¹) Vgl. oben 695 Anm. 2.   ²) fordern; zu diesem doppeldeutigen Ausdruck: fodern = „fördern" und „fordern" vgl. den neunten Marburger Artikel: „Die heilge Taufe sei ein Sakrament, … ist nicht allein ein ledig Zeichen oder Losung unter den Christen, sondern ein Zeichen und Werk Gottes, darin unser Glaube gefordert", WA XXXIII 165 9—17; vgl. dazu die Anmerkung ebd. 165—168 und Köstlin, Luthers Theologie I 472f.   ³) in der Absicht   ⁴) ebenso wie   ⁵) dringen

Gepot: „Du sollt Vater und Mutter ehren", allein auf ein leiblich Fleisch und Blut gestellet, da man nicht das Fleisch und Blut, sondern Gottes Gepot ansiehet, darin es gefasset ist und ümb welchs willen das Fleisch Vater und Mutter heißet. Also auch, wenn wir gleich nicht mehr hätten denn diese Wort: „Gehet hin und täufet" etc., müßten wir's dennoch als Gottes Ordnung annehmen und tuen. Nu ist nicht allein das Gepot und Befehl da, sondern auch die Verheißung. Darümb ist es noch viel herrlicher, denn was Gott sonst gepoten und geordnet hat, Summa, so voll Trosts und Gnade, daß Himmel und Erden nicht kann begreifen. Aber da gehöret Künst[1] zu, daß man solchs gläube; denn es manglet nicht am Schatz, aber da manglet's an, daß man ihn fasse und feste halte.

Darümb hat ein iglicher Christen sein Leben lang gnug zu lernen und zu uben an der Taufe; denn er hat immerdar zu schaffen, daß er festiglich gläube, was sie zusagt und bringet: Überwindung des Teufels und Tods, Vergebung der Sunde, Gottes Gnade, den ganzen' Christum und heiligen Geist mit seinen Gaben. Summa, es ist so überschwänglich, daß, wenn's die blöde Natur bedenket, sollt' sie zweifeln, ob es künnde wahr sein. Denn rechne[2] Du, wenn irgend ein Arzt wäre, der die Künst künnde, daß die Leute nicht stürben oder, ob sie gleich stürben, darnach ewig lebten, wie würde die Welt mit Geld zuschneien und regenen, daß fur den Reichen niemand künnde zukommen? Nu wird hie in der Taufe idermann ümbsonst fur die Tur gebracht ein solcher Schatz und Arznei,[1] die den Tod verschlinget[3] und alle Menschen beim Leben erhält. Also muß man die Taufe ansehen und uns nutze machen, daß wir uns des stärken und trosten, wenn uns unser Sund oder Gewissen beschweret, und sagen: „Ich abunde satis nos movere debet, tametsi res prorsus sit externa. Quemadmodum quartum praeceptum: 'Honora patrem tuum et matrem tuam' tantum de corporali carne et sanguine honorandis constitutum est, in quo non carnem et sanguinem, sed Dei praeceptum intuemur, cui illa inclusa sunt cujusque gratia caro et sanguis pater ac mater dicuntur: Ita quoque si praeter haec verba: 'Ite et baptizate etc.' nihil nobis esset aliud, attamen nobis illa ut Dei constitutio arripienda essent et facienda. Jam hic non tantum adest praeceptum et mandatum faciendi, verum etiam promissio. Quare multo praestantior est atque sublimior baptismi constitutio quam alia, quae a Deo praecepta et ordinata sunt. In summa, adeo plena est consolationis et gratiae, ut ejus sublimitatem coelum ac terra assequi nequeant. Verum hic arte opus est, ut haec vera esse credantur, neque in thesauro quicquam desiderari potest, in hoc vis sita est, ut comprehendatur et comprehensus tenaciter retineatur.

Quapropter quivis christianorum per omnem vitam suam abunde satis habet, ut baptismum recte perdiscat atque exerceat. Sat enim habet negotii, ut credat firmiter, quaecumque baptismo promittuntur et offeruntur, victoriam mortis ac diaboli, peccatorum remissionem, Dei gratiam, Christum cum omnibus suis operibus et spiritum sanctum cum omnibus suis dotibus. Breviter, ista omnia, quae baptismus secum apportat, omnem humanam cogitationem exsuperant, ita ut, si imbecilla natura animo repeteret, non injuria in dubium veniret, num vera esse possint. Ipse enim hoc expendendum fac tibi proponas, si uspiam gentium esset medicus ea arte praeditus, qua posset efficere, ne homines morerentur aut, si mortem oppeterent, postea tamen perpetuo viverent, quam non ad eundem maximi minimique certatim et undarum instar multis cum opibus cursitarent, ita ut prae divitum turba nulla daretur accedendi copia? Jam hic in baptismo par-

---

36 bedenket] künnde bedenken B Konf sie + wohl B Konf 38 irgend] etwo[4] B Konf
40 darnach ewig lebten] doch bald wieder lebend würden (+ und darnach ewig lebten Konf)
B Konf

25 tenaciter] firmiter Conc 27 christianus Conc 32 victoriam + nempe Conc 33/4 remissionem peccatorum, gratiam Dei, Conc 41/2 hoc *bis* proponas] aestima, quod Conc

---

[1]) Verständnis [2]) bedenke [3]) Jes. 25,8. [4]) irgendwo

bin dennoch getauft; bin ich aber getauft, so ist mir zugesagt, ich solle selig sein und das ewige Leben haben, beide an Seel und Leib." Denn darümb geschicht solchs beides in der Taufe, daß der Leib begossen wird, welcher nicht mehr fassen kann denn das Wasser, und dazu das Wort gesprochen wird, daß die Seele auch kön'ne fassen. Weil nu beide Wasser und Wort eine Taufe ist, so muß auch beide Leib und Seele selig werden und ewig leben, die Seele durchs Wort, daran sie gläubt, der Leib aber, weil er mit der Seele vereinigt ist und die Taufe auch ergreifet, wie er's ergreifen kann. Darümb haben wir an unser Leib und Seele kein größer Kleinod. Denn dadurch werden wir gar heilig und selig, welchs sonst kein Leben, kein Werk auf Erden erlangen kann.

Das sei nu gnug gesagt von dem Wesen, Nutz und Brauch der Taufe, so viel hieher dienet[1]. Hiebei fällt nu ein Frage ein[2], damit der Teufel durch seine Rotten die Welt verwirret, von der Kindertaufe[3], ob sie auch gläuben oder recht getauft werden. Dazu sagen wir kürzlich: Wer einfältig ist, der schlage die Frage von sich und weise sie zu den Gelehrten. Willt Du aber antworten, so antworte also: Daß die Kindertaufe Christo gefalle, beweiset sich gnugsam aus seinem eigenen Werk, nämlich daß Gott deren viel heilig machet und den heiligen Geist gegeben hat, die also getauft[1] sind, und heutigs Tags noch viel sind, an denen man spüret, daß sie den heiligen Geist haben, beide der Lehre und Lebens halben, als uns von Gottes Gnaden auch gegeben ist, daß wir ja können die Schrift auslegen und Christum erkennen, welches ohn den heiligen Geist nicht geschehen kann. Wo aber Gott die Kindertaufe nicht annähme, würde er

vis et amplis, hoc est omnibus ejusmodi thesaurus et medicina offertur gratuito ad fores usque, quae mortem absorbet ac homines in vita conservat. Ita baptismus intuendus est et nobis fructuosus faciendus, ut hoc freti corroboremur et confirmemur, quoties peccatis aut conscientia gravamur, ut dicamus: 'Ego tamen baptizatus sum; quod si baptizatus, certum est ea promissa mihi data esse me beatum fore ac vitam immortalem et anima et corpore possessurum.' Ideo enim haec duo in baptismo fiunt, ut et corpus aqua perfundatur, quod praeter aquam nihil plus potest capere, et ad haec verba proferuntur, ut haec anima capiat. Jam vero quoniam et aquam et verba unum baptismum esse constat, sequitur, ut et corpus et anima juxta salva fiant ac vitam immortalem exigant, anima quidem per verbum, cui credit, corpus autem, quoniam animae unitum est et baptismum quoque apprehendit, qua ratione potest apprehendere. Quare neque in anima neque in corpore uspiam rem pretiosiorem habemus, siquidem baptismi auxilio prorsus sancti ac felices reddimur, id quod alioqui nulla vita, nullum uspiam opus potest assequi.

Haec quidem de baptismi essentia, utilitate et usu, quaecumque scitu erant necessaria, dicta sufficiant. Hoc vero loco occurrit quaestio, qua hodie diabolus per sectas suas mundum varie illaqueat, nempe de puerorum baptismo, num illi quoque credant aut recte baptizentur. Ad hanc nos ita breviter respondemus: Qui simplici intelligentia praeditus est, ille hanc quaestionem indiscussam a se removeat ac doctoribus discutiendam relinquat. Quod si tamen respondere volueris, ita responde: Puerorum baptismum Christo placere et gratum esse suo ipsius opere abunde ostenditur, nempe quod Deus illorum non paucos sanctificavit eosdemque spiritu sancto impertivit, qui statim a partu infantes baptizati sunt. Sunt etiam hodie non parum multi, quos certis indiciis animadvertimus spiritum sanctum habere, cum doctrinae eorum, tum etiam

---

32 hinter dienet Überschrift: Von der Kindertaufe. Konk (am Rande A A B)

1/3 ejusmodi bis usque] gratuito ad fores usque offertur ejusmodi thesaurus et medicina Conc   19 juxta > Conc   20 vitam bis exigant] in aeternum vivant Conc

---

[1]) paßt   [2]) Hierher ... gehört   [3]) Über die Kindertaufe vgl. WA XXVI 137 f., 144—174 („Von der Wiedertaufe an zwen Pfarrherrn", 1528), oben 450 und Anm. 6.

deren keinem den heiligen Geist noch ein Stück davon geben, Summa, es müßte so lange Zeit her bis auf diesen Tag kein Mensch auf Erden Christen sein. Weil nu Gott die Taufe bestätigt durch Eingeben[1] seines heiligen Geists, als man in etlichen Vätern als Sankt Bernhard, Gerson, Johann Hus[2] und andern wohl spüret, und die heilige christliche Kirche nicht untergehet bis ans Ende der Welt, so müssen sie bekennen, daß sie Gotte gefällig sei. Denn er kann je nicht wider sich selbs sein oder der Lügen und Büberei helfen noch sein Gnade und Geist dazu geben. Dies ist fast die beste[3] und stärkste Beweisung fur die Einfältigen und Ungelehrten. Denn man wird uns diesen Artikel: „Ich gläube eine heilige christliche Kirche, die Gemeine der Heiligen" etc. nicht nehmen noch ümbstoßen.

Darnach sagen wir weiter, daß uns nicht die größte Macht daran liegt[4], ob, der da getauft wird, gläube oder nicht gläube; denn darümb wird die Taufe nicht unrecht, sondern an Gottes Wort und Gepot liegt es alles. Das ist nu wohl ein wenig scharf[5], stehet[6] aber gar darauf, daß ich gesagt habe, daß die Taufe nichts anders ist denn Wasser und Gottes Wort bei und miteinander, das ist, wenn das Wort bei dem Wasser ist, so ist die Taufe recht, obschön[7] der Glaube nicht dazu kömmpt; denn mein Glaube machet nicht die Taufe, sondern empfähet die Taufe. Nu wird die Taufe davon nicht unrecht, ob sie gleich nicht recht empfangen oder gebraucht wird, als die (wie gesagt) nicht an unserm Glauben, sondern an das Wort gebunden ist. Denn wenngleich diesen Tag ein Jude mit Schalkheit[8] und bösem Fursatz erzukäme und wir ihn mit ganzem Ernst

vitae nomine, sicut et nobis gratia Dei datum et concessum est nosse scripturas interpretari et Christum cognoscere, quod citra spiritum sanctum nullo modo fieri posse nemo dubitat. At si puerorum baptismus Christo non probaretur, nulli horum spiritum sanctum aut ne particulam quidem ejus impertiret atque, ut summatim, quod sentio, eloquar, per tot saecula, quae ab hunc usque diem elapsa sunt, nullus hominum christianus perhibendus esset. Quoniam vero Deus baptismum sui sancti spiritus distributione confirmat, id quod in nonnullis patribus, divo Bernhardo, Gersone, Johanne Hus, non obscuris argumentis intelligitur, neque sancta christianorum ecclesia usque ad consummationem saeculi interibit, fateri coguntur Deo baptismum non displicere. Neque enim sibi ipse potest esse contrarius aut mendaciis et nequitiae suffragari neque huic promovendae spiritum suum impertire. Et haec fere optima et firmissima est pro simplicibus et indoctis comprobatio. Neque enim hunc articulum: 'Credo ecclesiam catholicam, communionem sanctorum' etc. nobis eripient aut subvertent unquam.

Deinde hoc quoque dicimus nobis non summam vim in hoc sitam esse, num ille, qui baptizatur, credat nec ne, per enim baptismo nihil detrahitur. Verum summa rei in verbo et praecepto Dei consistit. Hoc quidem aliquanto est acutius, veruntamen in hoc totum versatur, quod dixi baptismum nihil aliud esse quam aquam et verbum Dei simul juncta, hoc est accedente aquae verbo baptismus rectus habendus est etiam non accedente fide. Neque enim fides mea facit baptismum, sed baptismum percipit et apprehendit. Jam baptismus non vitiatur aut corrumpitur hominibus eo abutentibus aut non recte suscipientibus, quippe (ut dictum est) qui non fidei nostrae, sed verbo Dei alligatus est. Nam quamquam hodierno die Judaeus quispiam fraudulenta quapiam simulatione et malitioso

---

1/2 noch ein Stück davon > B   8 andern +, so in der Kindheit getauft sind, B Konk
10 sie (2.)] solche Kindertaufe B Konk

13 distributione] donatione Conc   15 Hus + et in aliis Conc   22/3 promovendae + gratiam suam ac Conc   45 quippe] qui Conc   46 qui > Conc

---

[1]) Inspiration   [2]) Über Luthers Stellung zu St. Bernhard, Gerson und Hus vgl. Köhler, Luther und die Kirchengeschichte II¹, 301—333, 342—363, 162—236 und Schäfer, Luther als Kirchenhistoriker 441—445, 447—449, 452—458.   [3]) allerbeste
[4]) am allermeisten daran liegt   [5]) scharfsinnig   [6]) beruht   [7]) obgleich   [8]) Bosheit

täuften, sollen wir nichtsdestoweniger sagen, daß die Taufe recht wäre. Denn da ist das Wasser sampt Gottes Wort, ob er sie gleich nicht empfähet, wie er soll, gleich als die unwirdig zum Sakrament gehen, das rechte Sakrament empfahen, ob sie gleich nicht gläuben¹.

Also siehest Du, daß der Rottengeister Einrede² nichts taug³. Denn, wie gesagt, wenngleich die Kinder nicht gläubten, welchs doch nicht ist (als itzt beweiset⁴), so wäre doch die Taufe recht und soll sie niemand wiedertäufen, gleich als dem Sakrament nichts abgebrochen⁵ wird, ob jemand mit bösem Fursatz hinzuginge, und nicht zu leiden wäre, daß er ümb des Mißbrauchs willen auf dieselbige Stunde abermal nähme, als hätte er zuvor nicht wahrhaftig das Sakrament empfangen. Denn das hieße das Sakrament aufs höhest gelästert und geschändet. Wie kämen wir dazu, daß Gottes Wort und Ordnung darümb sollt' unrecht sein und nichts gelten, daß wir's unrecht brauchen? Darümb sage ich: hast Du nicht gegläubt, so gläube noch und sprich also: „Die Taufe ist wohl recht gewesen, ich habe sie aber leider nicht recht empfangen." Denn auch ich selbs und alle, so sich täufen lassen, müssen fur Gott also sprechen: „Ich komme her in meinem Glauben und auch der andern, noch⁶ kann ich nicht drauf bauen, daß ich gläube und viel Leute fur mich bitten, sondern darauf baue ich, daß es Dein Wort und Befehl ist", gleichwie ich zum Sakrament gehe nicht auf meinen Glauben, sondern auf Christus' Wort. Ich sei stark oder schwach, ¹ das lasse ich Gott walten, das weiß ich aber, daß er mich heißet hingehen, essen und trinken etc. und mir seinen Leib und Blut schenkt, das wird mir nicht liegen noch triegen. Also tuen wir nu auch mit der Kindertaufe; das Kind tragen wir erzu der Meinung und Hoffnung, daß es gläube, und bitten, daß ihm Gott den Glauben gebe, aber darauf täufen wir's nicht, sondern allein darauf, daß Gott befohlen hat. Warümb das? Darümb daß wir wissen, daß Gott nicht

proposito veniret se baptizandum offerens nosque eundem omni studio baptizaremus, nihilosecus nobis dicendum esset baptismum verum et rectum esse. Hic enim aqua una cum verbo Dei praesto est, tametsi ille non recto animo, ut debebat, susceperit, sicut illi quoque indigne ad sacramentum accedentes verum corpus Domini accipiunt, quamquam non crediderint.

Ita vides βαπτισμομαστίγων objectionem vanam esse et nullius roboris. Nam quemadmodum diximus, quamquam pueri non crederent, quod nullo modo affirmandum est (ut jam ostensum est), tamen baptismus verus esset neque quisquam se de integro baptizandum offerat, veluti sacramento nihil detrahitur, tametsi aliquis ad ejus participationem improbo animo accesserit, neque ferendum esset, ut eadem hora propter priorem abusum ad sumendum accedat denuo, quasi initio verum sacramentum non percepisset. Hoc enim esset summa ignominia sacramentum afficere. Qui vero hoc aequum esse possit verbum et institutionem Dei propterea irrita esse debere, quia nos non recte utimur? Propterea dico, si non recte credidisti prius, tamen adhuc crede atque ita dicas: 'Baptismus quidem rectus fuit, ego vero eundem non recte suscepi.' Nam ego ipse quoque et omnes alii, qui baptizantur, coram Deo ita coguntur dicere: 'Venio huc in mea et aliorum fide neque tamen asseveranter affirmare audeo me certo credere et multi pro me precantur, sed huic fidens innitor, quod hoc verbum et praeceptum tuum sit.' Quemadmodum ad coenam corporis et sanguinis Domini accedo non mea fide, sed Christi verbo fretus, sive jam firmo, sive infirmo sim animo, illud ego Deo meo commendo, hoc tamen comperte teneo, quod jussu Dei mihi accedendum, edendum et bibendum est etc. quodque mihi suum corpus et sanguinem donat muneri, quae res nunquam mentietur aut me decipiet. Ad hunc modum cum puerorum baptismo quoque facimus, puerum ecclesiae mi-

---

19 er + es B er's Konf

2 eundem + serio Conc   3 nihilosecus] nihilominus Conc   7 quoque] qui Conc
8 sacramentum accedentes] coenam Domini accedunt Conc   11 vides + Rottensium⁷ Conc
17 se *bis* offerat] eos rebaptizare debet Conc   20 accedit Conc   24 summa + contumelia
et Conc   25/6 Qui *bis* possit] Qua vero ratione Conc   27 institutio Conc   28 debebunt
Conc   31 vero + miser Conc   47 muneri > Conc   48 nunquam + mihi Conc

---

¹) Vgl. oben 451₁ f. und Anm. 1.   ²) Widerspruch   ³) taugt   ⁴) Oben
700₃₆ ff.   ⁵) Abbruch getan   ⁶) dennoch   ⁷) Rottengeister

leugt, ich und mein Nähister und Summa alle Menschen mügen feilen[1] und triegen, aber Gottes Wort kann nicht feilen[1].

Darümb sind es je vermessene, tölpische Geister, die also folgern und schließen: Wo der Glaube nicht recht ist, da müsse auch die Taufe nicht recht sein. Gerade als ich wollt' schließen: Wenn ich nicht gläube, so ist Christus nichts, oder also: Wenn ich nicht gehorsam bin, so ist Vater, Mutter und Oberkeit nichts. Ist das wohl geschlossen[2], wo jemand nicht tuet, was er tuen soll, daß darümb das Ding an ihm selbs nichts sein noch gelten soll? Lieber, kehre es ümb und schleuß vielmehr also: Eben darümb ist die Taufe etwas und recht, daß man's unrecht empfangen hat. Denn wo sie an ihr selbs nicht recht wäre, künnd' man nicht mißbrauchen noch daran sundigen. Es heißet also[3]: „Abusus non tollit, sed confirmat substantiam", „Mißbrauch nimmpt nicht hinweg das Wesen, sondern bestätigt's". Denn Gold bleibt nichts weniger Gold, ob es gleich eine Bübin mit Sunden und Schanden trägt.

Darümb sei beschlossen[4], daß die Taufe allezeit recht und in vollem Wesen bleibt, wenn gleich nur ein Mensch getauft würde und dazu nicht rechtschaffen gläubte. Denn Gottes Ordnung und Wort lässet sich nicht von Menschen wandelbar machen noch ändern. Sie aber, die Schwärmergeister, sind so verblend, daß sie Gottes Wort und Gepot nicht sehen und die Taufe und Oberkeit nicht weiter ansehen denn als Wasser im Bach und Topfen oder als ein andern

nistro baptizandum apportamus hac spe atque animo, quod certo credat. Verum propterea non baptizamus, sed potius quod Deus ita faciendum nobis praeceperit. Cur ita? Ideo quod certi simus Deum non mentiri. Ego et proximus meus et in summa omnes homines errare possunt et fallere, porro autem verbum Dei nec potest errare nec fallere.

Quocirca illi vesani baptismonastiges nimium sibi sumunt, qui ita concludentes inferunt: Ubi fides non est, ibi nec baptismus rectus esse potest. Quasi ita velim concludere: Si fidem non habuero, sequitur Christum nihil esse. Aut sic: Si majorum jussis morem non gessero, nec parentes nec magistratus quicquam esse constat. Nonne vero hoc est inepte et inefficaciter colligere, ubi quis non facit, quod illi faciendum fuerat, propterea sequi rem per se nihil esse aut valere? Quin potius argumentum inverte atque ita collige: Sane ob id ipsum baptismus quantivis pretii et rectus habendus est, quod non recte ab hominibus susceptus est. Quippe si per se baptismus rectus non esset, eo nullo modo possemus abuti aut abutendo delinquere. Ita enim dicitur: 'Abusus non tollit, sed confirmat substantiam.' Siquidem aurum manet aurum, tametsi hoc meretrix contumelioso quaestu corporis partum circumferat.

Quare tandem semel conclusum esto baptismum omni tempore rectum esse ac plenam ejus permanere substantiam, etiamsi vel unus hominum baptizaretur neque tamen recte crederet. Neque enim id, quod semel Deus ordinavit et locutus est, ab hominibus mutari sinit aut pervertere. Verum enim vero nostri fanatici et spermologi[5] spiritus usque adeo excaecati sunt, ut Dei praeceptum ac verbum perspicere nequeant, neque

---

22 man sie B Konk

2 credat, + et precamur, ut Deus eum fide donet Conc 10/11 illi *bis* sumunt] nimium utique confidentes et crassi sunt spiritus illi, [8 esse constat] sunt. Conc 18/9 Nonne *bis* colligere] Rectene ac bene colligitur, Conc 26 Quippe si] Si enim Conc 29 Ita *bis* dicitur > Conc 30 substantiam', + vulgo dici solet. Conc aurum + nihilominus Conc 31/2 tametsi *bis* partum] quantumvis illud meretricula cum scelere et dedecore gestet ac Conc 36 permanere ejus Conc 41 perverti Conc 41/2 nostri *bis* spiritus > Conc 43 sunt + fanatici illi spiritus Conc

---

[1]) täuschen [2]) Ist das die richtige Schlußfolgerung [3]) Rechtssprichwort, von Luther auch in der Schrift „Von der Wiedertaufe" zitiert (WA XXVI 159₃₆f. und 161₂₄f.); dort äußert er ferner: „Gold wird darumb nicht Stroh, ob's ein Dieb stehlet und mißbraucht. Silber wird darumb nicht Papier, ob's ein Wucherer fälschlich gewinnet" (161₂₅f.). [4]) endgültig festgestellt [5]) Vgl. oben 697 Anm. 3.

Menschen und, weil sie keinen Glauben noch Gehorsam sehen, soll es an ihm selbs auch nichts gelten. Da ist ein heimlicher, aufrührischer Teufel, der gerne die Krone von der Oberkeit reißen wollt', daß man sie darnach mit Fußen trete, darzu alle Gottes Werk und Ordnunge uns verkehren und zunicht machen. Darumb müssen wir wacker[1] und gerüst sein und uns von dem Wort nicht lassen weisen[2] noch wenden, daß wir die Taufe nicht lassen ein bloß ledig Zeichen sein, wie die Schwärmer träumen.

Aufs letzte ist auch zu wissen, was die Taufe bedeutet und warümb Gott eben solch äußerlich Zeichen und Gebärde[3] ordnet[4] zu dem Sakrament, dadurch wir erstlich[5] in die Christenheit genommen[6] werden. Das Werk aber oder Gebärde[3] ist das, daß man uns ins Wasser senkt, das über uns hergehet[7], und darnach wieder erauszeucht. Diese zwei Stück, unter das Wasser sinken und wieder erauskommen, deutet[8] die Kraft und Werk[9] der Taufe, welchs nichts anders ist denn die Tötung des alten Adams, darnach die Auferstehung des neuen Menschens, welche beide unser Leben lang in uns gehen[10] sollen, also daß ein christlich Leben nichts anders ist denn eine tägliche Taufe, einmal angefangen und immer darin gegangen. Denn es muß ohn Unterlaß also getan sein, daß man immer ausfege, was des alten Adams ist, und erfürkomme, was zum neuen gehöret. Was ist denn der alte Mensch? Das ist er, so uns angeboren ist von Adam,[1] zornig, hässig, neidisch, unkeusch, geizig, faul, hoffärtig, ja ungläubig, mit allen Lästern besetzt[11] und von Art[12] kein Guts an ihm hat. Wenn wir nu in Christus' Reich kommen, soll solchs täglich abnehmen, daß wir je länger je milder, gedüldiger, sanftmütiger werden, dem Geiz, Haß, Neid, Hoffart je mehr abbrechen[13].

baptismum et magistratus aliter intuentur atque undam in fluviis aut pictam in pariete nebulam aut alium quempiam hominem et, cum nullam fidem aut obedientiam videant, et baptismus et magistratus nihil esse cogitur. Hic vero 62 clandestinus et seditiosus latitat diabolus, qui perlibenter coronam magistratui eriperet, ut deinceps oppressus conculcaretur pedibus, ad haec omnia Dei opera et ordinationes redactae in nihilum subverterentur funditus. Ideo nobis 63 advigilandum est naviter omni panoplia instructis, ne a verbo Dei nos divelli patiamur et abstrahi, ut baptismum non nudum et solum signum esse credamus, quemadmodum nostri spermologi[14] somniant.

Ultimo neque illud praetereundum aut 64 ignorandum est, quid baptismo significatur, tum quamobrem Deus talibus externis signis et gestibus hoc sacramentum celebrandum instituerit, per quod primum in christianorum communionem cooptamur. Opus vero aut gestus est, 65 quod baptizandi in aquam mergimur, qua prorsus contegimur, et postea mersi iterum extrahimur. Hae duae res, in aquam mergi et iterum emergere, virtutem et opus baptismi significant, quae non sunt alia quam veteris Adami mortificatio, postea novi hominis resurrectio. Quae duo per omnem vitam nobis indesinenter exercenda sunt, ita ut christiani vita nihil aliud sit quam quotidianus quidam baptismus, semel quidem inceptus, sed qui semper exercendus sit. Ita enim fieri necesse est, ut subinde veteris Adami sordes repurgentur atque eluantur, ut novi hominis nitor et forma prodeat. Quid autem est vetus homo? Hoc nimi- 66 rum est, quod ab Adamo, patre nostro, nobis successione quadam haereditaria innatum est, scilicet quod sumus iracundi, immites, invidi, luxuriosi, avari, pigri, superbi, increduli, breviter omnibus vitiis contaminati, et in quibus natura nihil boni inest. Jam in Christi 67

---

47 dem + Unglauben, B Konk

2 undam] aquam Conc   2/3 aut *bis* nebulam] ac olla Conc   [4 5 nos *bis* abstrahi] divelli et abstrahi nos patiamur Conc   17 spermologi + seu Schwermeri Conc   20/1 significetur Conc   31 mortificatio + et Conc

[1]) wachsam   [2]) führen   [3]) äußerliche Zeremonien   [4]) verordnet   [5]) zuerst   [6]) aufgenommen   [7]) uns ganz bedeckt; es war damals noch vielfach üblich, die Kinder im Taufbecken dreimal ganz unterzutauchen (Immersionstaufe); vgl. WA II 727 4–19; XII 45 32f.; oben 540 43 f. Daneben kommt seit dem 14. Jahrhundert die Infusionstaufe (dreimaliges Begießen mit dem Taufwasser) auf.   [8]) zeigt an   [9]) Auswirkung   [10]) vor sich gehen   [11]) erfüllt   [12]) von Natur   [13]) Abbruch tun   [14]) Vgl. oben 697 Anm. 3.

Das ist der rechte Brauch der Taufe unter den Christen, durch das Wassertäufen bedeutet[1]. Wo nu solchs nicht gehet[2], sondern dem alten Menschen der Zaum gelassen[3] wird, daß er nur stärker wird, das heißet nicht der Taufe gebraucht, sondern wider die Taufe gestrebt. Denn die außer Christo sind, können nicht anders tuen, denn täglich ärger werden, wie auch das Sprichwort lautet und die Wahrheit ist: „Immer je ärger, je länger, je böser"[4]. Ist einer furm Jahr stolz und geizig gewesen, so ist er heuer viel geiziger und stolzer, also daß die Untugend von Jugend auf mit ihm wächset und fortfähret. Ein junges Kind hat kein sonderliche Untugend an sich; wo er aber erwächst, so wird er unzüchtig und unkeusch; kommpt er zu seinem vollen Mannsalter, so gehen die rechten Laster an, je länger je mehr. Darümb gehet der alte Mensch in seiner Natur unaufgehalten[5], wo man nicht durch der Taufe Kraft wehret und dämpfet, wiederümb, wo Christen sind worden, nimmpt er täglich abe, solang bis er gar untergehet. Das heißet recht in die Taufe gekrochen und täglich wieder erfürkommen. Also ist das äußerliche Zeichen gestellet nicht allein, daß es solle kräftiglich wirken, sondern auch etwas deuten[6]. Wo nu der Glaube gehet[7] mit seinen Früchten, da ist's nicht ein lose Deutung[8], sondern das Werk[9] dabei. Wo aber der Glaube nicht ist, da bleibt es ein bloß unfruchtbar Zeichen.

Und hie siehest Du, daß die Taufe beide mit ihrer Kraft und Deutunge begreift

regnum delati hisce vitiis quotidie decrescendum est, ut subinde magis atque magis mitiores, liberaliores, patientiores, mansuetiores fiamus semper aliquid avaritiae, odio, invidentiae, superbiae, atque id genus vitiis detrahentes.

Et hic est rectus baptismi usus inter christianos per aquae mersionem significatus. Ceterum ubi baptismi exercitium non viget, sed Adamo veteri habenae laxantur, ut indies fiat ferocior, hoc non dicitur uti baptismo, sed eidem reluctari. Qui enim extra Christum sunt, nihil aliud peraeque norunt quam quotidie in pejus degenerare, id quod etiam Germanorum vulgatum comprobat proverbium: 'Quo seniores, hoc deteriores.' Si quis anno superiore nonnihil coepit fastu insolescere et ad rem attentus esse, ille mox in sequente anno multo fit insolentior et ad rem attentior, ita ut vitia ab incunabilis cum eo certis quibusdam incrementis pubescant. Infans puer nullis singularibus vitiis infectus est, sed hoc adolescente immodestae, intemperantis et lascivae vitae inquinamentis contaminatur, mox constantem ac virilem aetatem consecutus, tum demum magis atque magis vera illa vitiorum seges erumpit. Quare vetus homo naturam suam nemine obstante sequitur, si non baptismi virtute coërcitus et refrenatus fuerit. Contra, ubicumque christiani facti sunt, decrescit quotidie ac imminuitur, donec prorsus abolitus fuerit. Et hoc est vere in baptismo mergi et iterum quotidie emergere. Itaque hoc consilio externum signum nobis propositum est non tantum, ut efficaciter operetur, verum etiam, ut aliquid significet. Jam ubicumque fides fructibus foecunda viget, hic baptismus non tantum inanem significationem repraesentat, sed mortificandae carnis opera conjuncta habet. Porro autem fide absente nudum et inefficax signum tantummodo permanet.

Ex his jam clare vides baptismum aeque et virtute et significatione sua

---

22/4 er (dreimal)] es Konf   29 worden sind Konf   38 es > Konf

13/8 nihil bis Si] non possunt non quotidie in pejus degenerare, sicut et vulgato eoque vero dicitur proverbio: „Nunquam non deteriores, quo seniores, eo pejores" („Immer je ärger, je länger, je böser"). Quod si Conc   20 in sequente anno] anno sequente Conc   23 pubescant] progrediantur Conc   24/5 hoc adolescente] ubi adoleverit, Conc

---

[1]) angedeutet   [2]) vor sich geht   [3]) locker gelassen   [4]) Sonst zitiert Luther das Sprichwort in der Form: „Je älter, je kärger und je länger, je ärger" (WA XXIX 619₁₀; XXXI¹ 22₁₁f. und₁₄; XXXII 451₃₃f.; XXXIII 666₃₀).   [5]) lebt ... sich aus   [6]) verkünden   [7]) vorhanden ist   [8]) bloßes Symbol   [9]) Wirkung

auch das dritte Sakrament[1], welchs man genennet hat die Buße, als die eigentlich nicht anders ist[1] denn die Taufe. Denn was heißet Buße anders, denn den alten Menschen mit Ernst angreifen und in ein neues Leben treten? Darümb wenn Du in der Buße lebst, so gehest Du in der Taufe, welche solch neues Leben nicht allein deutet[2], sondern auch wirkt, anhebt und treibt; denn darin wird geben Gnade, Geist und Kraft, den alten Menschen zu unterdrücken, daß der neue erfurkomme und stark werde. Darümb bleibt die Taufe immerdar stehen[3], und obgleich jemand davon fället und sündigt, haben wir doch immer ein Zugang dazu, daß man den alten Menschen wieder unter sich werfe. Aber mit dem Wasser darf[4] man uns nicht mehr begießen. Denn ob man sich gleich hundertmal ließe ins Wasser senken, so ist's doch nicht mehr denn eine Taufe, das Werk aber und Deutung[6] gehet und bleibt. Also ist die Buße nicht anders denn ein Wiedergang[6] und Zutreten[7] zur Taufe, daß man das wiederholet und treibt, so man zuvor angefangen und doch davon gelassen hat.

Das sage ich darümb, daß man nicht in die Meinung komme, darin wir lange Zeit gewesen sind und gewähnet haben, die Taufe wäre nu hin, daß man ihr nicht mehr brauchen künnde, nachdem wir wieder in Sünde gefallen sind; das macht, daß man's nicht weiter ansiehet denn nach dem Werk, so einmal geschehen ist. Und ist zwar[8] daher kommen, daß Sankt Hieronymus[9] geschrieben hat: „Die Buße sei die andere Tafel, damit[10] wir müssen ausschwimmen[11] und überkommen[12], nachdem das Schiff gebrochen ist", darein wir treten und überfahren, wenn wir in die Christenheit kommen. Damit ist nu der Brauch der Taufe

tertium quoque sacramentum comprehendere, quod poenitentiam appellare consueverunt, quae proprie nihil aliud est quam baptismus aut ejus exercitium. Quid enim poenitentia dici potest aliud quam veterem hominem magno adoriri animo, ut ejus concupiscentiae coërceantur, ac novam vitam amplecti? Quare vivens in poenitentia in baptismo versaris hanc novam vitam non solum significante, verum etiam operante, incipiente et exercente. In hoc enim baptizatis datur et gratia et spiritus et virtus veterem hominem compescendi, ut novus prodeat ac confirmetur. Hinc baptismus semper subsistit et, quamquam aliquis ab eo peccatorum procellis abreptus excidat, nobis tamen subinde ad eum regressus patet, ut veterem hominem resipiscentiae jugo iterum subjiciamus. Verum, ut iterum aqua perfundamur, non est operae pretium. Nam etsi centies in aquam mergeremur, non tamen nisi unus baptismus est. Ceterum opus et significatio durat et permanet. Ita resipiscentia aut poenitentia nihil aliud est quam regressus quidam et reditus ad baptismum, ut illud iterum petatur et exerceatur, quod ante inceptum est et tamen intermissum negligentia.

Haec ideo a me dicta sunt, ne in eam opinionem descendamus, in qua permultos jam annos fuimus opinati baptismum jam completum esse, ut eo amplius uti nequeamus, posteaquam iterum in peccata prolapsi sumus. Cujus rei causa exstitit, quod eundem ulterius non sumus intuiti nisi secundum externum opus, quod semel factum atque completum est. Atque hoc inde quoque evenit, quod divus Hieronymus scriptum reliquit 'poenitentiam secundam esse tabulam, qua nobis ex hujus mundi pelago natandum et trajiciendum est fracta jam navi,' in quam transcendimus atque tra-

---

3 nichts Konk   20 sinken 21 A B

13/4 veterem] novum f   21/2 operae pretium] necesse Conc   29 inceptum est] quidem inceptum Conc   29/30 negligentia intermissum est. Conc   31 dicuntur Conc   32 opinionem descendamus] veniamus opinionem Conc

---

[1]) Vgl. dazu oben 557₃₆₋₃₈ und 691,5f, Albrecht, Luthers Katechismen, 17f. und WA XXX¹ 442f.   [2]) verkündet   [3]) bestehen   [4]) braucht   [5]) Wirkung und Symbol   [6]) Rückkehr   [7]) Annäherung   [8]) in Wahrheit   [9]) Ep. 130 ad Demetriadem de servanda virginitate (MSL XXII 1115): „Illa quasi secunda post naufragium miseris tabula sit"; vgl. auch ep. 122 ad Rusticum und ep. 147 ad Sabinianum lapsum (MSL XXII 1046, 1197) und Comment. in Jes. cap. 3, 8—9 (MSL XXIV 65); diesen Ausspruch zitiert Luther oft; vgl. WA XXXIV¹ 91 Anm. 3.   [10]) Brett, auf dem; das erste ist die Taufe.   [11]) aus dem Wasser schwimmen   [12]) ans Ufer kommen

weggenommen, daß sie uns nicht mehr
nützen kann. Darümb ists nicht recht ge=
redt, ¹ denn das Schiff zubricht nicht, weil
es (wie gesägt¹) Gottes Ordnung und nicht
unser Ding ist. Aber das geschicht wohl,
daß wir gleiten und erausfallen, fället
aber imand eraus, der sehe, daß er wieder
hinzuschwimme und sich dran halte, bis er
wieder hineinkomme und darin gehe, wie
vorhin² angefangen.

Also siehet man, wie ein hoch trefflich Ding
es ist ümb die Taufe, so uns dem Teufel
aus dem Hals reißet, Gott zu eigen macht,
die Sund dämpft und wegnimmpt, darnach
täglich den neuen Menschen stärket und im=
mer ¹ gehet und bleibt, bis wir aus diesem
Elend zur ewigen Herrligkeit kommen.
Darümb soll ein iglicher die Taufe halten
als sein täglich Kleid, darin er immerdar
gehen soll, daß er sich alleizeit in dem Glauben
und seinen Fruchten finden lasse, daß er den
alten Menschen dämpfe und im neuen
erwachse. Denn wollen wir Christen sein,
so müssen wir das Werk treiben, davon wir
Christen sind, fället aber jemand davon, so
komme er wieder hinzu. Wie nu Christus,
der Gnadenstuel³, darümb nicht weichet
noch uns wehret, wieder zu ihm zu kommen,
ob wir gleich sundigen, also bleibt auch
alle sein Schatz und Gabe. Wie nu einmal
in der Taufe Vergebunge der Sunden
überkommen⁴ ist, so bleibt sie noch täglich,
solang wir leben, das ist den alten Menschen
am Hals tragen⁵.

jicimus delati in christianitatem. Sed 82
hisce verbis baptismi usum Hieronymus
nobis sustulit, ut nobis amplius utilitati
esse nequeat. Quamobrem nequaquam
recte docuit, neque enim navis frangitur,
quando (ut diximus) Dei ordo seu constitutio et non nostrum opus est. Illud
vero non raro fieri solet, ut lapsantes
excidamus. Jam si quis exciderit, ille
det operam, ut iterum adnatet huicque
adhaerescat, donec iterum in navem re-
cipiatur inque ea iterum perinde versetur, ut primum inceperat.

Ita jam liquido omnibus compertum 83
esse arbitror, quam praeclara ac mirifica res sit baptismus eripiens nos a rictu
diabolico, Deum nobis donans pro munere proprio, peccatum opprimens et
auferens, deinde in dies singulos novum
hominem fortificans, semper etiam durans et permanens, donec ex hoc exilio
erepti ad immortalem gloriam migra-
verimus. Eam ob rem cuique baptismus 84
ita habendus est ut amictus quotidianus,
quo indutus semper debet incedere, ut
nunquam non in fide ejusque fructibus
inveniatur, ut coërcitis veteris hominis
concupiscentiis in novo adolescat. Si 85
enim christiani perhiberi contendimus,
baptismi opus sedulo nobis exercendum
est, unde christiani appellationem promeremur. Si quis autem exciderit, ille 86
iterum curet accedere. Nam quemadmodum Christus, omnis gratiae et misericordiae sedes, non cedit neque obstat
nobis prohibens iterum ad sese accedere,
quamquam peccantes hallucinemur, ita
quoque universorum bonorum suorum et
donorum thesaurus inconcussus permanet. Jam quemadmodum semel in baptismo peccatorum condonationem asse-
cuti sumus, ita ea adhuc quotidie permanet, quamdiu vixerimus, hoc est,
donec in terris veterem hominem collo
circumtulerimus.

Von dem Sakrament des Altars⁶.   De sacramento altaris.

Wie wir von der heiligen Taufe gehöret
haben, müssen wir von dem andern Sakra=

Quemadmodum hactenus de baptismo 1
disseruimus, ita jam nobis deinceps de

2/3 geredt + oder je nicht recht verstanden B Konk   14 siehet man] siehest Du B
15 dem Konk] den a A AB   33 Wie] Wenn Konk   48 haben, + also B Konk

3 utilitati] utilis Conc   8 lapsantes] labentes Conc   17/8 donans bis proprio]
proprium faciens Conc   33 iterum curet accedere] accedat vicissim. Conc   43 vivimus Conc   45 circumferimus Conc

---

¹) Oben 693 ₁.   ²) zuvor   ³) Vgl. Röm. 3, 25; Hebr. 4, 16.   ⁴) erlangt   ⁵) mit
uns herumschleppen   ⁶) Vgl. dazu oben 450—452 und Anm. 9 sowie Werdermann,
Luthers Wittenberger Gemeinde 30—32.

ment auch reden, nämlich die drei Stück: was es sei, was es nutze und wer es empfahen soll. Und solchs alles aus den Worten gegründet, dadurch[1] es von Christo eingesetzt ist, welche auch ein iglicher wissen soll, der ein Christ will sein und zum Sakrament gehen. Denn wir sind's nicht gesinnet[2], dazuzulassen und zu reichen denen, die nicht wissen, was sie da suchen oder warümb sie kommen[3]. Die Wort aber sind diese[4]:

Unser HERR Jesus Christus in der Nacht, da er verraten ward, nahm er das Brot, dankt' und brach's und gab's seinen Jüngern und sprach: „Nehmet hin, esset, das ist mein Leib, der fur Euch gegeben wird. Solchs tuet zu meinem Gedächtnis."

Desselbengleichen nahm er auch den Kelch nach dem Abendmahl, dankt' und gab ihn den und sprach: „Nehmet hin und trinket alle draus. Dieser Kelch ist das neue Testament in meinem Blut, das fur Euch vergossen wird zur Vergebung der Sunde. Solchs tuet, sooft Ihr trinket, zu meinem Gedächtnis."[5]

Hie wöllen wir uns auch nicht in die Haar legen[6] und fechten mit den Lästerern und Schändern dieses Sakraments, sondern zum ersten lernen, da die Macht an liegt[7] (wie auch von der Taufe), nämlich daß das fürnehmste Stück sei Gottes Wort und Ordnung oder Befehl. Denn es ist von keinem Menschen erdacht noch aufbracht, sondern ohn jemands Rat und Bedacht[8] von Christo eingesetzt. Derhalben wie die zehen Gepot, Vaterunser und Glaube bleiben in ihrem Wesen und Wirden, ob Du sie gleich nimmermehr hältest, betest noch gläubest, also bleibt auch dies hochwirdige Sakrament unverrückt, daß ihm nichts abgebrochen[9] noch genommen wird, ob wir's gleich un-

secundo quoque sacramento disserendum est, nempe quid sit, quid utilitatis afferat sumentibus, insuper quibus fruendum aut sumendum est. Atque haec omnia ipsius scripturae verbis confirmata comprobabimus, quibus a Christo jam inde ab initio institutum est. Haec equidem cuivis christiano cognoscenda sunt, qui quidem christianus esse contendit et hujus sacramenti cupit esse particeps. Neque enim nobis est animus posthac admittendi quemlibet aut quibuslibet ministrandi ignorantibus, quid hic quaerant aut quamobrem advenerint. Ceterum verba haec sunt:

Dominus noster Jesus Christus, in qua nocte tradebatur, accepit panem et gratias agens fregit et dixit: 'Accipite et manducate. Hoc est corpus meum, quod pro vobis tradetur. Hoc facite in meam commemorationem.' Similiter et calicem, postquam coenavit, dicens: 'Hic calix novum testamentum est in meo sanguine. Hoc facite, quotiescumque biberitis, in meam commemorationem.'

Principio nequaquam decretum est nobis hic cum quoquam pedem conferre[10] aut contentionis gratia cum hujus sacramenti detestandis blasphematoribus suscepto bello in arenam descendere, verum sub initium potius discere, qua in re hujus sacramenti vis et virtus (ut in baptismo fecimus) omnis sita est, nimirum ut sciamus caput et nervum in hoc esse Dei verbum, ordinem et mandatum. Neque enim a quoquam homine excogitatum aut inventum, sed citra cujusvis consilium et deliberationem ab ipso Christo institutum est. Quapropter sicut decem praecepta, oratio Dominica, fidei confessio suam dignitatem obtinent,

---

18 er > B   34 und (1.)] noch B

2 nempe + de his tribus partibus Conc   4 est] sit Conc   12/3 illud administrandi Conc   14 advenerint] accedant Conc   21/2 traditur Conc   22 und 29 meam] mei Conc   25 coenavit, + cum gratias egisset, dedit illis Conc   27 sanguine, + qui pro vobis et multis effunditur in remissionem peccatorum. Conc   40 est] sit Conc

---

[1]) mit Hilfe der Worte, durch die   [2]) gewillt   [3]) Vgl. oben 554₂₋₄   [4]) 1. Kor. 11, 23—25; Matth. 26, 26—28; Mark. 14, 22—24; Luk. 22, 19f.   [5]) Vgl. oben 558₂₁₋₂₃.   [6]) fahren   [7]) worauf es ankommt   [8]) Überlegung   [9]) kein Abbruch getan   [10]) Vgl. oben 636 Anm. 15.

wirdig brauchen und handlen. Was meinest Du, daß Gott nach unserm Tuen oder Gläuben fragt, daß er ümb deswillen sollt' sein Ordnung wandlen lassen? Bleibt doch in allen weltlichen Dingen alles, wie es Gott geschaffen und geordnet hat, Gott gebe[1], wie wir's brauchen und handlen. Solchs muß man immerdar treiben[2]. Denn damit kann man fast[3] aller Rottengeister Geschwätze zurückstoßen, denn sie die Sakrament außer Gottes Wort ansehen als ein Ding, das wir tuen.

Was ist nu das Sakrament des Altars? Antwort: Es ist der wahre Leib und Blut des HERRN Christi, in und unter dem Brot und Wein durch Christus' Wort uns Christen befohlen zu essen und zu trinken. Und wie von der Taufe gesagt, daß nicht schlecht[4] Wasser ist, so sagen wir hie auch, das Sakrament ist Brot und Wein, aber nicht schlecht[4] Brot noch Wein, so man sonst zu Tisch trägt, sondern Brot und Wein, in Gottes Wort gefasset und daran gebunden. Das Wort (sage ich) ist das, das dies Sakrament machet und unterscheidet, daß es nicht lauter[4] Brot und Wein, sondern Christus' Leib und Blut ist und heißet. Denn es heißet[5]: „Accedat verbum ad elementum et fit sacramentum", „Wenn das Wort zum äußerlichen Ding kommpt, so wird's ein Sakrament." Dieser Spruch S. Augustin ist so eigentlich[6] und wohl geredt, daß er kaum ein bessern gesagt hat. Das Wort muß das Element zum Sakrament machen, wo nicht, so bleibt's ein lauter Element. Nu ist's nicht eins Fürstens oder Kaisers, sondern der hohen Majestät Wort und Ordnung, dafür alle Kreaturn sollen zu Füßen fallen[7] und ja sprechen, daß es sei, wie er sagt, und

tametsi ea in perpetuum nunquam servaveris, oraveris neque credideris, ita quoque hoc venerabile sacramentum salvum ac inviolatum permanet, ut nihil illi detrahatur, quamlibet nos illo indigne abutamur. Quid putas Deo nostra opera aut fidem adeo curae esse aut sollicitudini, ut eam ob rem suum ordinem aut institutionem immutari patiatur? Videmus enim in omnibus mundanis rebus eum perpetuo tenorem consistere et ordinem perdurare, quem Deus semel rebus creandis praescripsit et instituit, quacumque tandem ratione illis utamur aut res creatas exerceamus. Haec quidem vulgo semper ac sedulo inculcanda sunt, iis enim omnium seditiosorum spirituum naeniae et gerrae[8] illico labefactantur et subvertuntur. Illi enim sacramenta extra Dei verbum intuentur ut rem a nobis factam.

Quid ergo sacramentum altaris esse dicemus? Responde esse verum corpus et sanguinem Domini nostri Jesu Christi in et sub pane et vino per verbum Christi, quod nobis christianis manducandum et bibendum praecepit et proposuit. Et sicut de baptismo diximus non simplici aqua existente, ita quoque hic dicimus hoc sacramentum panem et vinum esse, sed non simpliciter panem et vinum esse, quae proponuntur discumbentibus, sed panem et vinum Dei verbo inclusa et huic alligata. Verbum, inquam, illud est, quo hoc sacramentum fit atque discernitur, ne tantum simpliciter vinum et aqua, sed Christi corpus et sanguis sit ac dicatur. Nos enim Augustini verbis subscribimus ita dicentis: 'Accedat verbum ad elementum et fit sacramentum.' Hoc Augustini verbum tam proprie et expresse dictum est, ut vix aliud dixerit praeclarius. Virtute verbi elementum fit sacramentum, citra cujus accessionem non nisi elementum manet. Jam hoc non est alicujus principis aut caesaris, sed omnipotentis Dei verbum et institutio, cui merito omnes creaturae debebant ad

---

24 unter] mit B   30 noch] und B Konf

7/8 aut sollicitudini > Conc   22 ergo] est itaque Conc   22/3 esse dicemus > Conc
23 Responde esse] Responsio: Est Conc   24 sanguis Conc   26 quod > Conc
christianis + ad Conc   27 praecepit et proposuit] institutum et mandatum Conc
28/9 simplici aqua existente] simplicem eum esse aquam Conc

---

[1]) gleichviel   [2]) einprägen   [3]) durchaus   [4]) einfaches; vgl. oben 693$_{33}$.
[5]) Vgl. oben 450 Anm. 1 und 694$_{29}$f. sowie WABr XII 399—401.   [6]) zutreffend
[7]) niederknien   [8]) Possen; vgl. z. B. Plautus, Asin. 610; Trin. 760.

mit allen Ehren, Furcht und Demut annehmen. Aus dem Wort kannst Du Dein Gewissen stärken und sprechen: wenn hunderttausend Teufel¹ sampt allen Schwärmern herfahren: „Wie kann Brot und Wein Christus' Leib und Blut sein?" etc., so weiß ich, daß alle Geister und Gelehrten auf einen Haufen nicht so klug sind als die göttliche Majestät im kleinsten Fingerlein. Nu stehet hie Christus' Wort: „Nehmet, esset, das ist mein Leib", „Trinket alle daraus, das ist das neue Testament in meinem Blut" etc., da bleiben wir bei und wöllen sie ansehen, die ihn meistern¹ werden und anders machen, denn er's geredt hat. Das ist wohl wahr, wenn Du das Wort davon tust oder ohn Wort ansiehest, so hast Du nichts denn lauter Brot und Wein, wenn sie aber dabei bleiben, wie sie sollen und müssen, so ist's lauts derselbigen wahrhaftig Christus' Leib und Blut. Denn wie Christus' Mund redet und spricht, also ist es, als der nicht liegen noch triegen kann.

Daher ist nu leicht zu antworten auf allerlei Frage, damit man sich itzt be'kümmert², als diese ist, ob auch ein böser Priester künnde das Sakrament handeln³ und geben und was mehr desgleichen ist⁴. Denn da schließen⁵ wir und sagen: Obgleich ein Bube das Sakrament nimmpt oder gibt, so nimmpt er das rechte Sakrament, das ist Christus' Leib und Blut, ebensowohl als der es aufs allerwirdigst handelt. Denn es ist nicht gegründet auf Menschen Heiligkeit, sondern auf Gottes Wort. Und wie kein Heilige auf Erden, ja kein Engel im Himmel das Brot und Wein zu Christus' Leib und

pedes accidere atque assentiri hoc ita se habere, velut dicit, ac omni reverentia, metu et humilitate accipere. Hoc verbo conscientiae tuae imbecillitatem confirmare potes ac dicere: Etiamsi infinitae diabolorum myriades una cum omnibus sacramentariis uno ore impudentissime affirmarent: 'Quomodo panis et vinum Christi corpus et sanguis esse possunt?' etc., tamen compertum habeo omnes ad unum spiritus et sacramentarios eruditos non tanta excultos esse prudentia atque intelligentia, quanta Deum omnipotentem vel in minimo digitulo valere certo scio. Jam hic expresse Christi verbum ponitur: 'Accipite, edite, hoc est corpus meum', 'Bibite ex hoc omnes, hic est calix novi testamenti in meo sanguine' etc. In haec verba pedibus imus⁶, hisce constanter adhaerebimus perlibenter ea visuri, qui suo magisterio Christum aliter audebunt docere aut ea aliorsum torquere, atque ipse locutus est. Hoc equidem non inficiabimur verum esse, si ablato aut sine verbo hoc sacramentum inspexeris, praeter merum panem ac vinum nihil tibi mansurum reliqui, sed verbis una cum vino et pane manentibus, ut par est et esse debent, tum constat illa veraciter esse Christi corpus et sanguinem. Sicut enim os Christi dicit ac loquitur, ita quoque est, ut qui neque mentiri novit neque fallere.

Ex his jam haud difficulter respondere possumus ad omnis generis quaestiunculas, quibus jam passim multi sollicitantur, quarum una haec est, num profligatae quoque vitae sacerdos sacramentum ministrare aut tractare possit et ejusmodi. Siquidem hic nos ita concludimus dicentes: Quamquam nebulo perditissimus sacramentum aliis ministret aut ipse sumat, verum sacramentum illum sumere, hoc est Christi corpus et sanguinem non secus atque eum, qui omnium reverentissime et dignissime sumpserit aut tractaverit. Neque enim

---

1 hoc > Conc   se + rem Conc   2 velut] sicut Conc   ac omni] ipse, omnique Conc   3 humilitate + illud Conc   7 sacramentariis] Swermeris Conc   11 sacramentarios > Conc   11/2 eruditos] doctos Conc   20 adhaeremus Conc   22 audeant Conc   22/3 ea *bis* torquere] aliter facere Conc   25 ablato] verbum auferas Conc   verbo] eo Conc   26 inspexeris] intuearis Conc   29 ut *bis* debent] sicut debet et oportet Conc   35/6 quaestiones Conc   43 verum] tamen nihilominus Conc   45 eum] is Conc   46 reverendissime Conc

---

¹) Schulmeistern   ²) quält   ³) verwalten   ⁴) Vgl. oben 416₁₂f. und Anm. 5 sowie 451₁f. und Anm. 1.   ⁵) behaupten endgültig   ⁶) einer Ansicht beipflichten; vgl. z. B. Livius V 9, 2.

Blut machen kann, also kann's auch niemand ändern noch wandeln, ob es gleich mißbraucht wird. Denn ümb der Person oder Unglaubens willen wird das Wort nicht falsch, dadurch es ein Sakrament worden und eingesetzt ist. Denn er spricht nicht: „Wenn Ihr gläubt oder wirdig seid, so habt Ihr mein Leib und Blut", sondern: „Nehmet, esset und trinket, das ist mein Leib und Blut", item, „Solchs tuet" (nämlich das ich itzt tue, einsetze, Euch gebe und nehmen heiße). Das ist so viel gesagt[1]: „Gott gebe[2], Du seist unwirdig oder wirdig, so hast Du hie sein Leib und Blut aus Kraft dieser Wort, so zu dem Brot und Wein kommen." Solchs merke und behalte nur wohl. Denn auf den Worten stehet alle unser Grund, Schutz und Wehre wider alle Irrtumb und Verführung, so je kommen sind oder noch kommen mögen.

Also haben wir kürzlich das erste Stück, so das Wesen dies Sakraments belanget. Nu siehe weiter auch die Kraft und Nutz, darümb endlich[3] das Sakrament eingesetzet ist, welchs auch das Nötigste darin ist, daß man wisse, was wir da suchen und holen sollen. Das ist nu klar und leicht[4] eben aus den gedachten Worten: „Das ist mein Leib und Blut, FUR EUCH gegeben und vergossen zur Vergebunge der Sunde." Das ist kürzlich soviel gesagt: darümb gehen wir zum Sakrament, daß wir da empfahen solchen Schatz, durch und in dem wir Vergebunge der Sunde überkommen. Warümb das? Darümb daß die Wort dastehen und uns solchs geben. Denn darümb heißet er

humanae sanctimoniae, sed verbo Dei nititur. Et quemadmodum nullus sanctorum in terris, adde etiam nullus angelorum in coelis panem et vinum in Christi corpus et sanguinem potest vertere, ita quoque nemo aliter facere aut immutare potest, etsi hoc sacramento abutatur indignissime. Quippe propter personae indignitatem aut incredulitatem verbum non fit falsum aut irritum, per quod sacramentum factum et institutum est. Neque enim dicit: 'Quando credideritis aut digni eritis, tum corpus et sanguinem meum habebitis,' sed: 'Accipite, edite, bibite, hoc est corpus meum.' Et iterum: 'Hoc facite,' nimirum quod ego jam facio, instituo, vobis edendum et bibendum porrigo. Hoc perinde valet, ac si dixisset: 'Sive dignus, sive indignus fueris, hic corpus et sanguinem meum habes horum verborum virtute, quae pani ac vino adjecta sunt.' Hoc animo reconditum fac diligenter conserves. In his enim verbis omne nostrum praesidium, tutela et propugnatio adversus omnes illorum errores et seductiones sita sunt, quaecumque unquam exortae sunt aut adhuc olim exorientur.

Ita breviter primam partem ad hujus sacramenti substantiam pertinentem habemus. Jam vero latius virtutem quoque et utilitatem videamus, cujus gratia potissimum hoc sacramentum institutum est, quae etiam maxime omnium est necessaria, ut cognoscamus, quid rerum hic nobis quaerendum et petendum sit. Sed haec jam valde clara est et facilis cognitu ex verbis supra memoratis: 'Hoc est corpus meum et sanguis meus, quod pro vobis datur et effunditur in remissionem peccatorum.' Horum verborum, ut paucissimis dicam, hic sensus est: Ideo ad sacramentum accedimus ejusmodi thesauri consequendi gratia,

---

32 endlich > B   38 zu Konf

1/2 nititur + illud. Conc   5 vertere potest Conc   7/8 indignissime abutatur Conc   8 Quippe] Nam Conc   13 fueritis Conc   15 meum + et sanguis meus'. Conc   26 sita sunt > Conc   26/8 unquam bis exorientur] vel exortae sunt unquam vel deinceps adhuc exoriri possunt, sita sunt. Conc   29 Ita + habemus Conc   29/38 ad bis verbis] de substantia nempe sacramenti. Nunc porro videamus et virtutem ac utilitatem ejus, cujus gratia potissimum sacramentum hoc institutum est quodque omnium maxime in eo est necessarium, ut sciamus, quid hic nobis quaerendum indeque auferendum sit. Sed et hoc valde perspicuum est et cogniti facile ex iisdem Conc   38 memoratis + verbis Conc   42 ut bis dicam] breviter Conc   42/3 est sensus Conc   43 accedimus, + ut Conc   44 thesauri bis gratia] thesaurum ibi accipiamus Conc

---

[1]) Das bedeutet   [2]) Gleichviel   [3]) eigentlich   [4]) leichtverständlich

mich essen und trinken, daß es mein sei und mir nütze als ein gewiß Pfand und Zeichen, ja eben dasselbige Gut, so fur mich gesetzt ist wider meine Sunde, Tod und alle Unglück.

Darümb heißet es wohl ein Speise der Seelen, die den neuen Menschen nähret und stärkt. Denn durch die Taufe werden wir erstlich neu geboren, aber darneben, wie gesagt ist[1], bleibt gleichwohl die alte Haut in Fleisch und Blut am Menschen, da ist soviel Hindernis und Anfechtung vom Teufel und der Welt, daß wir oft müde und matt werden und zuweilen auch strauchlen. Darümb ist es gegeben zur täglichen Weide und Futterung, daß sich der Glaube erhole und stärke, daß er in solchem Kampf nicht zurückfalle, sondern immer je stärker und stärker werde. Denn das neue Leben soll also getan[2] sein, daß es stets zunehme und fortfahre. Es muß aber dagegen viel leiden. Denn so ein zorniger Feind ist der Teufel, wo er siehet, daß man sich wider ihn legt[3] und den alten Menschen angreift und uns nicht mit Macht überpoltern[4] kann, da schleicht und streicht er auf allen Seiten ümbher, versuchet alle Künste und lässet nicht abe, bis er uns zuletzt müde mache, daß man entweder den Glauben lässet fallen oder Hände und Füße gehen lässet[5] und wird unlüstig oder ungedültig. Dazu ist nu der Trost gegeben, wenn das Herz solchs fühlet, daß ihm will zu schwer werden, daß er hie neue Kraft und Labsal hole.

per quem et in quo peccatorum condonationem adipiscimur. Cur ita? Ideo, quod haec verba talia nobis dare ac promittere soleant. Siquidem propterea a Christo jubeor edere et bibere, ut meum sit mihique utilitatem afferat veluti certum pignus et arrabo, imo potius res ipsa, quam pro peccatis meis, morte et omnibus malis ille opposuit et oppignoravit.

Inde jure optimo cibus animae dicitur novum hominem alens atque fortificans. Per baptismum enim sub initio noviter regeneramur, verum nihilominus antiqua et vitiosa cutis carnis et sanguinis adhaeret homini. Jam hic multa sunt impedimenta et impugnationes, quibus cum a mundo, tum a diabolo acerrime infestamur, ita ut non raro defessi viribus deficiamus ac nonnunquam etiam in peccatorum sordes prolabamur. Ideo hoc sacramentum tamquam pro quotidiano alimento nobis datum est, ut hujus esu fides iterum vires suas reparet atque recuperet, ne in tali certamine aut tergiversetur aut succumbat denique, sed subinde magis atque magis fiat robustior. Etenim nova vita sic instituenda est, ut assidue crescat et porro pergendo incrementa accipiat. Verum huic contra multae passiones exhauriendae sunt. Tanta enim aestuat iracundia inimicus noster diabolus, simulatque conspexerit nos adversus se niti et hominem veterem injecto freno coërceri et ille nos vi nequeat opprimere, tum ab omni parte positis insidiis occulte irrepens nos adoritur, omnes suos nervos intendens, omnes suas artes experiens, nihil non fallaciarum conans nec prius absistit, quam nos denique extrema lassitudine defessos fecerit, ut aut abjecta (quod ajunt) hasta[6] fidem deseramus aut omni desperata repugnandi fiducia taediosi aut impatientes fiamus. Ad hoc jam datum est solatium et haec praesentaria animi levatio adornata, ut, cum cor senserit se nimia impugnatione premi, hic vires et refocillationem quaerat et auferat.

---

16 im A B Konk   23 immerdar Konk   29 und (2.)] daß er A A B   und (2.) + er Konk
33 machet   Konk   35 lässet > A A B Konk

1/2 condonationem *bis* ita?] remissionem consequamur. Quare hoc? Conc   3/4 haec *bis* soleant] verba illic exstant et haec dant nobis. Conc   13 sub > Conc   noviter > Conc   35 et], ut Conc

---

[1]) Oben 699,36 ff.   [2]) beschaffen   [3]) ihm entgegentritt   [4]) überrumpeln
[5]) Sprichwörtliche Redensart; verzagt   [6]) Sprichwörtliche Redensart; die Flinte ins Korn werfen; Cicero, Pro Murena 21, 45.

Hie verdrehen sich aber[1] unsere klugen Geister mit ihrer großen Kunst[2] und Klugheit, die schreien und poltern: „Wie kann Brot und Wein die Sunde vergeben oder den Glauben stärken?", so sie doch hören und wissen, daß wir solchs nicht von Brot und Wein sagen, als an ihm selbs Brot Brot ist, sondern von solchem Brot und Wein, das Christus' Leib und Blut ist und die Wort bei sich hat. Dasselbige, sagen wir, ist je der Schatz und kein ander, dadurch solche Vergebunge erworben ist. Nu wird es uns ja nicht anders denn in den Worten: „Fur Euch gegeben und vergossen" gebracht und zugeeignet. Denn darin hast Du beides, daß es Christus' Leib und Blut ist und daß es Dein ist als ein Schatz und Geschenke. Nu kann je Christus' Leib nicht ein unfruchtbar, vergeblich Ding sein, das nichts schaffe noch nütze. Doch wie groß der Schatz fur sich selbs ist, so muß er in das Wort gefasset und uns ge'reicht werden, sonst würden wir's nicht können wissen noch suchen.

Darümb ist's auch nichts geredt[3], daß sie sagen, Christus' Leib und Blut ist nicht im Abendmahl fur uns gegeben noch vergossen, drümb künnde man im Sakrament nicht Vergebunge der Sunde haben. Denn obgleich das Werk am Kreuz geschehen und die Vergebung der Sund erworben ist, so kann sie doch nicht anders denn durchs Wort zu uns kommen. Denn was wußten wir sonst davon, daß solchs geschehen wäre oder uns geschenkt sein sollte, wenn man's nicht durch die Predigt oder mündlich Wort furtrüge? Woher wissen sie es oder wie können sie die Vergebung ergreifen und zu sich bringen, wo sie sich nicht halten und gläuben an die Schrift und das Evangelion? Nu ist je das ganze Evangelion und der Artikel des Glaubens: „Ich gläube eine heilige christliche

Atqui hoc loco iterum ματαιολόγοι[4] spiritus nostri immodicae eruditionis et sapientiae suae singulare specimen exhibent tumultuantes et vociferantes: 'Qui vero, inquiunt, panis et vinum peccata possunt remittere aut fidem corroborare?' Cum tamen sciant et audiant nos talia de vino et pane nunquam adhuc docuisse, velut panis per se panis est, verum de tali pane et vino, quae Christi corpus et sanguis sunt et verba secum conjuncta habent. Hic, inquam, panis thesaurus ille est, quem jactamus, hic certe est nec alius, per quem ejusmodi peccatorum condonationem Christus nobis consecutus est. Jam ille non aliter quam per verba ('pro vobis traditur et effunditur') nobis offertur et donatur. Quippe in his utrumque habes, et quod Christi corpus sit et quod tuum est tamquam thesaurus et donum concessum gratuito. Quin etiam illud pro certo constat Christi corpus et sanguinem nequaquam rem otiosam et infrugiferam esse posse, quae nihil fructus aut utilitatis afferat. Veruntamen quamlibet magnus per se thesaurus exsistat, verbo includendus eoque nobis ministrandus est, alioqui eundem neque scire neque quaerere possemus.

Quare nihil etiam illud est planeque commentum frivolum, quod ganniunt Christi corpus et sanguinem non esse in coena pro nobis traditum et effusum, ob id in sacramento peccatorum remissionem nos habere non posse. Nam tametsi opus ipsum in cruce peractum est et peccatorum parta condonatio, neque tamen alia ratione quam per verbum ad nos pervenire aut perferri potest. Quid enim hac de re nos comperti haberemus haec facta esse aut nobis condonata, nisi haec praedicatione aut corporali verbo nobis annuntiarentur? Unde vero illi hoc habent exploratum aut cognitum aut quinam remissionem peccatorum possunt apprehendere, nisi scripturae et evangelio crediderint? Jam totum evan-

---

47 der > Konk

1 ματαιολόγοι] nasuti Conc 2/4 immodicae bis exhibent] mirifica eruditione et sapientia sua sese contorquent Conc 16 consecutus] meritus Conc 19 Quippe] Nam Conc 21 est] sit Conc 28 includendus bis ministrandus] eum includi ac in eo nobis offerri necesse Conc 32 frivolum commentum Conc garriunt Conc 38 peccatorum + ibi Conc 43 corporali] vocali Conc 46 quinam] quomodo Conc 48 crediderint + et innixi fuerint? Conc

---

[1]) abermals; vgl. oben 693,39ff. [2]) Gelehrsamkeit [3]) sinnlos [4]) Vgl. Tit. 1, 10.

Kirche, Vergebung der Sunde" etc. durch das Wort in dies Sakrament gesteckt und uns furgelegt. Warümb sollten wir denn solchen Schatz aus dem Sakrament lassen reißen, so sie doch bekennen müssen, daß eben die Wort sind, die wir allenthalben im Evangelio hören, und ja so wenig[1] sagen können, diese Wort im Sakrament seien kein Nutz, so wenig sie türren[2] sprechen, daß das ganze Evangelion oder Wort Gottes außer dem Sakrament kein Nütze sei.

M 504 Also haben wir nu das ganze Sakrament, beide was es an ihm selbs ist und was es bringet und nützet, nu muß man auch sehen, wer die Person sei, die solche Kraft und Nutz empfahe. Das ist aufs kürzste, wie droben[3] von der Taufe und sonst oft gesagt ist: Wer da solchs gläubt, wie die Wort lauten und was sie bringen. Denn sie sind nicht Stein noch Holz gesagt oder verkündigt, sondern denen, die sie hören, zu wilchen er spricht: „Nehmet und esset" etc. Und weil er Vergebung der Sunde anbeutet und verheißet, kann es nicht anders denn durch den Glauben empfangen werden. Solchen Glauben fodert er selbs in dem Wort, als er spricht: „FUR EUCH gegeben" und „FUR EUCH vergossen", als sollt' er sagen: „Darümb gebe ich's und heiße Euch essen und trinken, daß Ihr Euch's sollt annehmen und genießen". Wer nu ihm solchs lässet gesagt sein und gläubt, daß wahr sei, der hat es. Wer aber nicht gläubt, der hat nichts, als der's ihm lässet ümbsonst furtragen und nicht will solchs heilsamen Guts genießen. Der Schatz ist wohl aufgetan und idermann fur die Tur, ja auf den
W 509 Tisch gelegt, es ' gehört aber dazu, daß Du Dich auch sein annehmest und gewißlich dafur haltest, wie Dir die Wort geben.

gelium et fidei articulus: 'Credo ecclesiam sanctam catholicam, remissionem peccatorum' etc. virtute verbi in hoc sacramentum conclusus est et nobis propositus. Quamobrem ergo talem thesaurum ex hoc sacramento violenter atque indigne evelli ac diripi pateremur, cum, velint, nolint, fateri cogantur eadem haec esse verba, quae passim in evangelio repetita audimus, neque ulla in re magis affirmare audent hoc verbum in sacramento nullius esse momenti, quanto minus dicere sustinent (nisi plane pro impiis probari velint) totum evangelium aut verbum Dei extra sacramentum nullius esse pretii.

Jam ergo totum sacramentum a sacramentariorum injuria vindicavimus, cum quid per se sit, tum quid utilitatis apportet communicantibus. At jam deinceps pari opera videndum est, quae persona sit, cui tanta virtus et utilitas percipienda sit. Hic est, ut breviter dicam, veluti supra de baptismo et alias non raro diximus: Quicumque ea crediderit, quae verba loquuntur et afferunt. Neque enim saxis aut truncis dicta aut annuntiata sunt, sed audientibus, ad quos ita inquit: 'Accipite et manducate' etc. Et quia peccatorum condonationem offert benigneque pollicetur, non possunt haec aliter atque per fidem percipi. Eam fidem ipse iis verbis exigit inquiens: 'Pro vobis traditur', 'pro vobis effunditur' quasi diceret: 'Ideo vobis corpus et sanguinem meum offero edendumque et bibendum propino, ut vobis tamquam rem propriam vendicetis illisque ita fruamini.' Jam quicumque haec sibi dicta putat crediteque ita se habere, ille certo consecutus est. Ceterum hisce verbis diffidens minimo minus habet ut is, qui haec nequicquam sibi offerri patitur neque tamen sibi animus est aut consilium rebus tam salutaribus perfrundi. Thesaurus equidem apertus est atque omnibus obvius et expositus atque adeo ad fores usque adductus, imo potius mensae ad

---

8 sind B Konk   23 gläubt, + der hat, Konk   39 hat nichts] hat's nicht B

10/4 neque *bis* velint)] et tam non affirmare audeant haec verba in sacramento nullius usus esse, quam affirmare non audent Conc   16 pretii esse aut usus. Conc   17/23 a *bis* Hic] habemus, cum quid in se sit, tum quid afferat et prosit utentibus. Nunc et videndum est, quaenam sit persona ea, quae eam percipit vim et utilitatem. Haec Conc   36/7 edendumque *bis* propino] et edere ac bibere jubeo Conc   39 putat] statuit Conc   42 minimo minus] nihil Conc   ut is] utpote Conc   42/3 nequicquam haec Conc   43/5 tamen *bis* perfruendi] tam salutari bono frui cupit. Conc

---

[1]) ebensowenig   [2]) wagen zu   [3]) Oben 697₃₂ ff.

Das ist nu die ganze christliche Bereitung, dies Sakrament wirdig zu empfahen¹. Denn weil solcher Schatz gar² in den Worten furgelegt wird, kann man's nicht anders ergreifen und zu sich nehmen denn mit dem Herzen. Denn mit der Faust wird man solch Geschenke und ewigen Schatz nicht fassen. Fasten und beten etc. mag wohl ein äußerliche Bereitung und Kinderubung sein, daß sich der Leib züchtig und ehrbietig gegen dem Leib und Blut Christi hält und gebärdet. Aber das darin und damit gegeben wird, kann nicht der Leib fassen noch zu sich bringen. Der Glaube aber tut's des Herzens, so da solchen Schatz erkennet und sein begehret. Das sei gnug, soviel zur gemeinen Unterricht not ist von diesem Sakrament. Denn was weiter davon zu sagen ist, gehöret auf ein andere Zeit³.

Am End, weil wir nu den rechten Verstand⁴ und die Lehre von dem Sakrament haben, ist wohl not auch eine Vermahnung und Reizung, daß man nicht lasse solchen großen Schatz, so man täglich unter den Christen handelt und austeilet,¹ ümbsonst furübergehen; das ist, daß, die Christen wöllen sein, sich dazu schicken⁵, das hochwirdige Sakrament oft zu empfahen. Denn wir sehen, daß man sich eben laß und faul dazu stellet und ein großer Haufe ist deren, die das Evangelion hören, welche, weil des Bapsts Tand ist abkommen, daß wir gefreiet⁶ sind von seinem Zwang und Gebot, gehen sie wohl dahin ein Jahr, zwei oder drei und länger ohn Sakrament⁷, als seien sie so starke Christen, die sein nicht dürfen.

vescendum apparatus, verum hoc quoque peropus est, ut hunc tibi peculiariter vendices, huic manum extensam admoveas constanter credens, quemadmodum ipsa verba te docent. Haec jam tota christiana praeparatio est hoc sacramentum digne percipiendi. Cum enim hic thesaurus in verbis prorsus nobis proponatur, non aliter quam corde apprehendi potest. Manibus enim ejusmodi donum adeoque perennis thesaurus non est apprehensibilis. Jejunium et oratio etc. externae quidem praeparationis locum habere et puerile exercitium esse potest, ut corpus modeste et reverenter erga corpus et sanguinem Christi se gerat, verum quod in hoc et per hoc nobis donatur, corpus nullo modo potest apprehendere aut consequi. Porro autem fides cordis hoc facit ejusmodi thesaurum cognoscentis et cupientis. Et haec quidem, quantum ad communem hujus sacramenti institutionem attinet, dicta sufficiant. Quae enim ea de re latius disserenda sunt, aliud ac peculiare tempus requirunt.

Ultimo, quoniam de hujus sacramenti recto intellectu et vera doctrina certi sumus, admonitione etiam et cohortatione peropus est, ne talem ac tantum thesaurum, qui christianis quotidie exercetur et distribuitur, demus neglectui, hoc est, ut ii, qui Christo nomen dederunt, se praeparent ad hujus venerabilis sacramenti communionem saepe frequentandam. Videmus enim non obscure, quam pigre et segniter affecti simus. Estque horum bene magna pars, qui audiunt quidem evangelium quique, posteaque papae carnificina sublata est nobis ab ejus tyrannide praeceptique saevitia in libertatem assertis, tres quatuorque annos aut etiam amplius sine

---

41 wohl > A A B

1/2 apparatus bis est] impositus, at requiritur porro Conc   19/20 apprehendere bis autem] assequi aut apprehendere, sed Conc   31/2 christianis bis exercetur] quotidie inter christianos administratur Conc   32 demus neglectui] negligamus Conc   37 — S. 716,7 pigre bis urgeat] pigros et segnes ad id nos praebeamus. Est paene magna pars eorum, qui audiunt evangelium, qui, posteaquam papae commenta sunt sublata nosque a mandato et coactione ejus liberati sumus, duos, tres pluresve annos sine hoc sacramento exigunt, quasi tam firmi sint christiani, qui eo plane non opus habeant. Et impediri ac absterreri inde nonnulli hoc nomine sese patiuntur, quod docuimus non accedere debere ad hoc sacramentum, nisi quos fames ac sitis ejus urgeat atque compellat. Con

---

¹) Vgl. dazu Luthers „Sermo de digna praeparatione cordis pro suscipiendo sacramento eucharistiae" (1518), WA I 329—334.   ²) ganz   ³) Vgl. dazu Luthers „Vermahnung zum Sakrament des Leibs und Bluts unsers Herren" (1530), WA XXXII 595—626.   ⁴) Verständnis   ⁵) bereit machen   ⁶) befreit   ⁷) Vgl. dazu oben 505₄₈—506₁₉.

Und lassen sich etliche hindern und davon schrecken, daß wir gelehrt haben, es solle niemand dazu gehen, ohn die Hunger und Durst fühlen, so sie treibt. Etliche wenden fur, es sei frei und nicht vonnöten und sei gnug, daß sie sonst gläuben, und kommen also das mehr Teil[1] dahin, daß sie gar rohe werden und zuletzt beide das Sakrament und Gottes Wort verachten. Nu ist's wahr, was wir gesagt haben, man solle beileib niemand treiben noch zwingen, auf daß man nicht wieder ein neue Seelmörderei anrichte. Aber das soll man dennoch wissen, daß solche Leut fur keine Christen zu halten sind, die sich so lange Zeit des Sakraments äußern[2] und entziehen. Denn Christus hat es[1] nicht darümb eingesetzt, daß man's fur ein Schauspiel handele, sondern seinen Christen geboten, daß sie es essen und trinken und sein darüber gedenken.

Und zwar[3], welche rechte Christen sind und das Sarament teuer und wert halten, sollen sich wohl selbs treiben und hinzudringen[4]. Doch daß die Einfältigen und Schwachen, die da auch gerne Christen wären, deste mehr gereizt werden, die Ursach und Not zu bedenken, so sie treiben sollen, wöllen wir ein wenig davon reden. Denn wie es in andern Sachen, so den Glauben, Liebe und Geduld betrifft, ist nicht gnug, allein lehren und unterrichten, sondern auch täglich vermahnen, also ist es auch hie not mit Predigen anhalten, daß man nicht laß noch verdrossen werde, weil wir wissen und fühlen, wie der Teufel sich immer wider solchs und alles christliche Wesen sperret[5] und, soviel er kann, davon hetzet und treibt.

Und zum ersten haben wir den hellen[6] Text in den Worten Christi: „DAS TUET zu meinem[1] Gedächtnis". Das sind Wort,

hoc sacramento exigunt, quasi tantae firmitatis essent christiani, qui hujus adminiculo aut levatione non egeant. Sunt etiam, quos a sacramento absterret hoc, quod docuimus nemini videlicet accedendum esse, nisi quos horsum sitis ac fames urgeat. Sunt rursum, qui causantur liberum esse neque necessarium ac satis superque esse, ut credant se manducasse, quorum major pars eo denique pervenit, ut omnibus devotionis affectibus exutis plane brutescere incipiant ac demum cum sacramentum, tum verbum Dei extreme habeant contemptui. Equidem quod initio docuimus, verum esse non negamus neminem scilicet ad hanc coenam ullo modo adigendum aut impellendum esse, ne de integro novam animarum carnificinam constituamus. Hoc tamen interim non ignorare debemus tales pro christianis non esse reputandos, qui tanto tempore a sacramento semet alienos faciunt et subtrahunt, illud enim Christus in hoc non instituit, ut circumferatur pro spectaculo, sed suis christianis praecepit, ut edant ac bibant suique per hoc sint memores.

Et profecto, qui veri christiani sunt ac γνήσιοι Christi discipuli, quibus sacramentum est in aliqua existimatione ac pretio, illi semet sua sponte ultro impellent. Verum enim vero ut simplices etiam et infirmi, quibus aliqua voluntas est esse christianis, hoc vehementius incitentur ad causam et necessitatem reputandam, qua ad sacramentum impelli debeant, ea de re pauca quaedam verba faciemus. Nam quemadmodum in aliis negotiis ad fidem, caritatem, animi tolerantiam pertinentibus non satis est tantum docere et instituere, verum etiam quotidie ac sedulo monere populum, ita quoque hic requirit necessitas, ut praedicando seduli simus, ne segnes aut taediosi fiamus non ignorantes, quanto conatu et studio diabolus huic rei ac omni christiano exercitio reluctetur, adeo ut pro virili sua humanos animos ab eo fuget et absterreat.

Ac primum quidem clarum textum in ipsis Christi verbis habemus: 'Hoc facite in meam commemorationem.' Haec sunt

---

38/9 auch täglich vermahnen] daß man auch täglich vermahne B

14 habeant contemptui] contemnant. Conc   20 non ignorare debemus] sciendum est Conc   24 non in hoc Conc   52 meam] mei Conc

---

[1]) größtenteils   [2]) sich fernhalten von   [3]) fürwahr   [4]) sich hinzudrängen   [5]) sich widersetzt   [6]) unzweideutigen

die uns heißen und befehlen, dadurch denen, so Christen wollen sein, aufgelegt ist, das Sakrament zu genießen. Darümb, wer Christus' Jünger will sein, mit denen er hie redet, der denke und halte sich auch dazu, nicht aus Zwang, als von Menschen gedrungen, sondern dem Herrn Christo zu Gehorsam und Gefallen. Sprichst Du aber: Stehet doch dabei: „sooft Ihr's tuet", da zwingt er je niemand, sondern lässet's in freier Willköre. Antwort: Ist wahr, es stehet aber nicht, daß man's nimmermehr tuen solle, ja weil er eben[1] die Wort spricht: „sooft als Ihr's tuet", ist dennoch mit eingebunden[2], daß man's oft tuen soll, und ist darümb hinzugesetzet, daß er will das Sakrament frei haben, ungebunden an sonderliche[3] Zeit wie der Jüden Osterlamb, welches sie alle Jahr nur einmal, und eben[4] auf den vierzehenden Tag des ersten vollen Monds des Abends müßten essen[5] und keinen Tag überschreiten. Als[6] er damit sagen wollt': „Ich setze Euch ein Osterfest oder Abendmahl, das Ihr nicht eben[4] diesen Abend des Jahrs einmal, sondern oft sollet genießen, wann und wo Ihr wöllet nach eines iglichen Gelegenheit und Notdurft, an keinen Ort oder bestimmpte Zeit angebunden", wiewohl der Bapst hernach solchs ümbkehret und wieder ein Judenfest draus gemacht hat[7].

Also siehest Du, daß nicht also Freiheit gelassen ist, als möge man's verachten. Denn das heiße ich verachten, wenn man so lange Zeit hingehet und sonst kein Hindernis hat und doch sein begehret nimmer. Willt Du solche Freiheit haben, so habe eben so mehr[8] Freiheit, daß Du kein Christen seiest und nicht gläuben noch beten dürfest. Denn das ist eben sowohl Christus' Gepot

verba nobis praecipientia et jubentia, quibus iis, qui christiani censeri volunt, mandatur et praecipitur sacramenti fruitio. Quare qui Christi discipulus esse cupit, quibuscum hic verba facit, huic curae sit, ut haec verba sibi cordi sint, non quidem coactu velut impulso ab hominibus, verum ut Christo Jesu placeat et obsequatur. Dixeris autem fortasse: Tamen haec quoque particula: 'Quotiescumque feceritis' adjecta est, haec equidem cogit neminem, sed relinquit sacramenti usum in cujusque arbitratu liberum. Respondeo: Audio, sed non dixit, ut perpetuo nunquam faciamus, quin potius haec ipsa verba dicens: 'Quotiescumque feceritis' una injunxit, ut saepe sacramenti communionem iteremus. Estque propterea adjectum, quod sacramentum velit habere liberum, non certis alligatum temporibus velut Judaeorum pascha, quod singulis annis semel tantum ac non nisi decimo septimo[9] die primi mensis edebant vesperi, nec ullum diem subtersiliebant. Quasi velit dicere: 'Ego vobis festivitatem paschalem seu coenam adorno et constituo, quam non tantum ad hujus diei vesperam quotannis celebrabitis, sed ea saepe fruamini, quando et quotiescumque libitum fuerit, prout cuique integrum erit et necessarium nulli loco aut tempori alligatum.' Quamquam Romanae sedis idolum pontificium hanc quoque ut cetera omnia a Christo constituta perverterit iterumque Judaicam festivitatem ex ea reddiderit.

Ex his jam perspicuum est omnibus non ita relictum esse liberum, quasi contemni possit. Ceterum hoc ego voco sacramentum contemnere, quando nullo impedimento praepediti tanto tempore sacramentum quasi fastidientes non accedimus neque desideramus. Quod si hanc libertatem habere contendis, cur non potius illam quoque tibi arrogas,

---

14 als > A B   42 nimmer begehret A A B Konk

3/4 sacramenti fruitio], ut utantur sacramento. Conc   7 coactu] ex coactione Conc   8/9 Jesu *bis* et] Domino Conc   9 obsequatur + et obediat. Conc   21 certo tempori alligatum Conc   velut + erat Conc   24 edebant > Conc   vesperi + manducare Conc   25 subtersiliebant] transilire cogebantur. Conc   30 fruemini Conc

---

[1]) gerade   [2]) mit einbegriffen   [3]) eine bestimmte   [4]) gerade   [5]) Lev. 23,5.   [6]) Als ob   [7]) Auf dem 4. Laterankonzil (1215) wurde bestimmt: „suscipiens reverenter ad minus in pascha eucharistiae sacramentum" (Decret. Greg. IX. V, 38 c. 12); vgl. auch WA XXX[II] 251 und 260 Anm. 30.   [8]) doch lieber gleich   [9]) Irrtümlich statt „decimo quarto".

als jenes. Willt Du aber ein Christen sein, so mußt Du je zuweilen diesem Gepot genugtuen und gehorchen. Denn solch Gepot sollt' Dich je bewegen, in Dich selbs zu schlagen[1] und zu denken: „Siehe, was bin ich fur ein Christen? Wäre ich's, so würde ich mich je ein wenig sehnen nach dem, das mein Herr befohlen hat zu tuen." Und zwar[2], weil wir uns so frembde[3] dazu stellen, spüret man wohl, was wir fur Christen in dem Bapsttumb gewesen sind, als die aus lauterm Zwang und Furcht menschlichs Gepots sind hingangen ohn Lust und Liebe und Christus' Gepot nie angesehen. Wir aber zwingen noch dringen niemand, darf's uns auch niemand zu Dienst oder Gefallen tuen. Das soll Dich aber reizen und selbs zwingen, daß er's haben will und ihm gefället. Menschen[4] soll man sich wider zum Glauben noch irgend einem guten Werk nötigen lassen. Wir tuen nicht mehr, denn daß wir sagen und vermahnen, was Du tuen sollt, nicht ümb unsern, sondern ümb Deinenwillen. Er locket und reizet Dich, willt Du solchs verachten, so antworte[5] selbs dafur.

Das soll nu das erste sein, sonderlich fur die Kalten und Nachlässigen, daß sie sich selbs bedenken und erwecken. Denn das ist gewißlich wahr, als ich wohl bei mir selbs erfahren habe und ein iglicher bei sich finden wird, wenn man sich also davon zeucht, daß man von Tag zu Tage je mehr roh und kalt wird und gar in Wind schlägt. Sonst muß man sich je mit dem Herzen und Gewissen befragen und stellen als ein Mensch, das gerne wollt' mit Gott recht stehen. Je mehr nu solches geschiehet, je mehr das Herz erwarmet und entzündet wird, daß nicht gar erkalte. Sprichst Du aber: „Wie denn,

ut tibi prorsus non liceat esse christiano neque quicquam orare aut credere? Hoc enim perinde Christi praeceptum est atque illud. Sin christianus perhiberi cupis, ut huic praecepto nonnunquam satisfacias atque obtemperes, necesse est. Hoc enim praecepto monendus es, ut tui rationem haberes cogitaresque: 'Ecce cujusmodi ego christianus sum? Quod si essem, haud dubie vel modico harum rerum perficiendarum caperer desiderio, quas Dominus meus mihi faciendas praecepit.' Et profecto quandoquidem ad hanc coenam tam gravate et fastidiose affecti sumus ita nauseantes illam, satis apparet, quales in papatu christiani fuerimus, ut qui tantum coactu et metu humani praecepti accesserimus sine omni animi voluptate et amore praecipientis Christi nullo respectu habito. Sed enim nos neminem cogimus aut violenter impellimus nec quisquam in nostri gratiam hujus coenae conviva esse dignetur. Hoc vero impellendus eras et incitandus, quod Christo placeat, quod ille ipse faciendum praeceperit. Non debemus concedere hominibus, ut ab illis aut ad fidem aut ad ullum opus adigamur. Nos non plus facimus, quam ut doceamus et moneamus, quid facto opus sit, non in nostri, sed in tuae rei gratiam. Ipse pellicit te ac omnibus modis ad se provocat, hunc si arroganter contempseris, vide, ut ipse pro te respondeas.

Hoc primo quidem loco dictum est frigidis potissimum et negligentibus christianis, ut vel tandem serio ipsi sibimet cordi sint seque accendant et expergefaciant. Illud enim vero verius est, id quod apud me ipse expertus sum et quisque apud se ita esse inveniet, ut tam diuturna sui a sacramento alienatione in dies singulos etiam atque etiam frigidiores et barbariores evadamus ac denique prorsus id fastidiamus. Alioqui descendendum est cum animo in colloquium atque ita gerendum, quemadmodum par est homini Dei favorem et gratiam ex

---

2/3 genugtuen] folge tun B Konf   9 dazu > A B   11 die > B   16 oder] und Konf Wohlgefallen A B   19 soll man] sollen A   19/21 Menschen bis lassen > B   36/49 Das bis erkalte > B   48 erzündet A A

7/8 praecepto bis cogitaresque] mandatum permovere utique te debebat, ut in te descenderes et cogitares Conc   24/7 impellendus bis hominibus] impellere et ultro cogere te debebat, quod Christus id requirit et placet id illi. Hominibus utique non concedendum est, Conc   31 tuae rei] tui Conc   38/9 ipsi bis sint] resipiscant Conc

---

[1]) in Dich zu gehen   [2]) fürwahr   [3]) ablehnend   [4]) Von Menschen   [5]) übernimm selbst die Verantwortung

wenn ich fühle, daß ich nicht geschickt[1] bin?" Antwort: Das ist meine Anfechtung auch, sonderlich aus dem alten Wesen her unter dem Bapst, da man sich so zumartert hat, daß man ganz rein wäre und Gott kein Tädlin[2] an uns fünde, davon wir so schüchter dafur worden sind, daß flugs sich idermann entsetzt und gesagt hat: „O weh, Du bist nicht wirdig". Denn da hebt Natur und Vernunft an, zu rechnen unser Unwirdigkeit gegen das große teure Gut; da findet sich's denn als ein finster Latern gegen die lichte Sonne oder Mist gegen Edelsteine, und weil sie solchs siehet, will sie nicht hinan und harret, bis sie geschickt[1] werde, solang daß eine Woche die ander und ein halb Jahr das ander bringet. Aber wenn Du das willt ansehen[3], wie fromm und rein Du seiest, und darnach erbeiten[4], daß Dich nichts beiße[5], so mußt Du nimmermehr hinzukommen.

Derhalben soll man hie die Leute unterscheiden: Denn was freche und wilde sind, den soll man sagen, daß sie davon bleiben; denn sie sind nicht geschickt[1], Vergebunge der Sünde zu empfahen, als die sie nicht begehren und ungerne wollten fromm sein. Die andern aber, so nicht solche rohe und lose Leute sind und gerne fromm wären, sollen sich nicht davon sondern, ob sie gleich sonst schwach und gebrechlich sind. Wie auch Sankt Hilarius[6] gesagt hat: „Wenn ein Sunde nicht also getan[7] ist, daß man imand billich aus der Gemeine stoßen und fur ein Unchristen halten kann, soll man nicht vom Sakrament bleiben", auf daß man sich nicht des Lebens beraube. Denn soweit wird

animo cupienti. Jam quo frequentius hoc factum fuerit, hoc impensius cor calescit et incenditur, ne prorsus omnibus amoris divini flammis exstinctis congelascat. Dixeris fortasse: 'Quid autem, si sensero me non paratum esse?' Respondeo: Et hoc me quoque impugnat adhuc e papatu usque, in quo tanta mentis anxietate quisque se excarnificavit, ut per omnia puri essemus, ne Deus quicquam naevi aut labis in nobis inveniret. Unde tanta trepidatione sumus exanimati, ut illico quisque attonito animo in haec verba proruperit: 'Heu te miserum, hac coena omnibus modis indignus es.' Quippe natura et humana ratio hic suae dignitatis rationem inire incipit erga ingentis hujus et pretiosi boni praestantiam ac tunc perinde nitet atque obscura laterna lucido soli collata aut instar fimi candidis gemmis aut unionibus comparati. Has suae vitae sordes intuens recusat accedere et tantisper differt, donec bene praeparata fuerit, usque dum dies diei, mensis mensi, annus anno successerit. Ceterum si tibi consilium est animadvertendi, quanto sit tua probitas aut puritas, atque in hoc conari, ut nihil conscientiam tuam mordeat, futurum est, ut nunquam in aevum accedas.

Quare hic homines habita ratione discernendi sunt. Nam procaci feritate et improbitate insolescentibus dicendum est, ut a sacramento abstineant, neque enim ad percipiendam peccatorum remissionem sunt appositi, quippe qui non desiderant nec libenter probi esse velint. Reliqui vero, qui non ita ferini sunt et beluini quique probitatis amantes sunt, nullo modo semet ab hac coena debent sejungere, tametsi alioqui vita non bene firma sint aut in universum justa et laudabili. Quemadmodum ipse quoque docet Hilarius: 'Si quod peccatum non ita perpetratum est, cujus gratia aliquis jure ex ecclesia possit exigi ac pro gen-

---

7 sind > A B   10/1 Wirdigkeit A B   12 sich A B   als > B   31 Leute + also B   32 Denn was] Welche B

16 Quippe] Nam Conc   26/8 si *bis* puritas] hoc si intueri voles, quam videlicet tu sis probus et purus, Conc   30 nunquam in aevum] vix unquam Conc   36 quippe qui] utpote qui eam Conc   37 velint] student Conc   41/4 vita *bis* Hilarius] fragiles sint et imbecilles, quemadmodum et dictum est ab Hilario Conc

---

[1]) bereit   [2]) nicht den geringsten Makel   [3]) darauf Rücksicht nehmen   [4]) warten   [5]) anfechte   [6]) Vgl. Decr. Grat. P. III D. 2 c. 15: „Item Hilarius episcopus: Si non sunt tanta peccata, ut excommunicetur quis, non se debet a medicina corporis Domini separare"; sonst findet sich die Stelle bei Augustin, Ep. 54 cap. 3 (MSL XXXIII 201; CSEL XXXIV^{II} 162$_{15-17}$).   [7]) beschaffen

niemand kommen, daß er nicht viel täglicher Gebrechen im Fleisch und Blut behalte.

Darümb sollen solche Leute lernen, daß die höhiste Kunst ist, daß man wisse, daß unser Sakrament stehet nicht auf unser Wirdigkeit. Denn wir lassen uns nicht täufen, als die wirdig und heilig sind, kommen auch nicht zur Beichte, als seien wir rein und ohn Sunde, sondern das Widerspiel[1], als arme, elende Menschen und eben darümb, daß wir unwirdig sind, es wäre denn ein solcher, der kein Gnade und Absolutio begehret noch sich dächte zu bessern. Wer aber gerne wollt' Gnade und Trost haben, soll sich selbs treiben und niemand[2] davon schrecken lassen und also sprechen: „Ich wollt' wohl gerne wirdig sein, aber ich komme auf keine Wirdigkeit, sondern auf Dein Wort, daß Du es befohlen hast, als der gerne Dein Jünger wäre; meine Wirdigkeit bleibe, wo sie kann". Es ist aber schwer; denn das liegt uns immer im Weg und hindert, daß wir mehr auf uns selbs denn auf Christus' Wort und Mund sehen. Denn die Natur wollt' gerne so handeln, daß sie gewiß auf sich selbs möcht' fußen und stehen, wo nicht, so will sie nicht hinan. Das sei genug vom ersten Stück.

Zum andern ist über[3] das Gepot auch eine Verheißunge, wie auch oben[4] gehöret, die uns aufs allerstärkiste reizen und treiben soll. Denn da stehen die freundliche, liebliche Wort: „Das ist mein Leib, FUR EUCH gegeben", „Das ist mein Blut, FUR EUCH vergossen zur Vergebunge der Sunden." Diese Wort, habe ich gesaget[5], sind keinem Stock noch Stein geprediget, sondern mir und Dir, sonst möcht' er ebenso mehr[6] stillschweigen und kein Sakrament einsetzen. Drümb denke und bringe Dich auch in das

tili existimari, huic nequaquam a sacramento temperandum est', ne quis se ipse vita privet. Nemo enim eo probitatis unquam se venturum speret, ut non infinitos defectus in carne et sanguine suo retineat.

Quapropter ejusmodi hominibus discendum est summam esse scientiam nosse nostrum sacramentum non dignitatis nostrae gratia institutum esse. Quippe non ut dignos et sanctos nos baptizari permittimus neque hoc nomine peccata nostra confitemur, quasi puri et a delictis alieni essemus, sed plane contraria quadam ratione ut miseri ac aerumnosi peccatores et prorsus propterea, quia indigni sumus, nisi fortasse quispiam talis esset, qui nullam gratiam aut absolutionem desideraret neque cogitaret unquam vita in melius mutata resipiscere. Sed enim qui gratiam ac consolationem habendi et impetrandi cupidus est, ille semet instiget nulloque modo absterreri se patiatur itaque dicat: 'Perlibenter quidem hac coena dignus esse velim, nulla adductus dignitate venio, verum tuo verbo fretus adsum, propterea quod tu mihi praeceperis egoque non invitus in discipulorum tuorum numerum referri cupio, quantulacumque tandem mea sit dignitas, nihil moror.' Verum hoc arduum et grave est factu, hoc enim nobis subinde non praepedimento est, quod longe attentiores ad nos ipsos quam ad os et verba Christi sumus. Ita enim natura libenter velit agere, ut securitate quadam et certitudine se ipsa potius frui et niti posset, qua re frustrata abhorret accedere. Verum haec de prima parte satis superque diximus.

Secundo benigna quoque huic praecepto adjecta est promissio, ut supra etiam memoratum est, quae nos omnium vehementissime instigare debebat atque impellere. Haec enim illa sunt verba perquam amica et amabilia, humanitatis ac benevolentiae plenissima: 'Hoc est corpus meum, quod pro vobis traditur.' 'Hic est sanguis meus, qui pro vobis effunditur in remissionem peccatorum.' Haec, inquam, verba dixi neque ullis cautibus neque quercubus esse

---

11 Quippe non] Non enim Conc   28 praecepisti Conc   33/4 subinde bis est] nunquam non impedimento est et obstat, Conc   36/7 libenter velit agere] humana agere cuperet Conc

---

[1]) Gegenteil   [2]) durch niemand   [3]) außer   [4]) Oben 714 28 f.   [5]) Oben 714 24—26.
[6]) ebensogut

„**EUCH**", daß er nicht ümbsonst mit Dir rede. Denn da beut er uns an alle den Schatz, so er uns von Himmel bracht hat, dazu er uns auch sonst locket aufs allerfreundlichste, als da er spricht Matthäi 11.[1]: „Kommpt her zu mir alle, die Ihr mühselig und beladen seid, ich will Euch erquicken". Nu ist's je Sunde und Schande, daß er uns so herzlich und treulich fodert und vermahnet zu unserm höchsten und besten Gut und wir uns so frömbd[2] dazu stellen und solang hingehen, bis wir gar[3] erkalten und verharten[4], daß wir kein Lust noch Liebe dazu haben. Man muß je das Sakrament nicht ansehen als ein schädlich Ding, daß man darfur laufen[5] solle, sondern als eitel heilsame, tröstliche Arznei, die Dir helfe und das Leben gebe beide an Seele und Leib[6]. Denn wo die Seele genesen[7] ist, da ist dem Leib auch geholfen. Wie stellen wir uns denn darzu, als sei es ein Gift, daran man den Tod fresse?

Das ist wohl wahr, daß, die es verachten und unchristlich leben, nehmen's ihn zu Schaden und Verdammnis. Denn solchen soll nichts gut noch heilsam sein eben als einem Kranken, der aus Mutwillen isset und trinket, das ihm vom Arzt verboten ist, aber denen, so ihr Schwachheit fühlen und ihr gerne los wären und Hülfe begehren, sollen's nicht anders ansehen und brauchen denn als ein köstlich Thyriak[8] wider die Gift, so sie bei sich haben. Denn hie sollt Du im Sakrament empfahen aus Christus" Mund Vergebung der Sunde, welche bei praedicata, verum mihi et tibi, alioqui eadem opera aeque tacere potuisset neque ullum sacramentum instituisse. Quare fac etiam atque etiam cogites, ut tu quoque horum unus sis, quos his verbis alloquitur, ne tecum nequicquam loquatur ac temere. Hic enim omnes thesauri sui nobis offert divitias, quascumque coelitus secum humano generi detulit, ad quas etiam alias amicissime et amantissime nos provocat veluti Matth. XI., ubi inquit: 'Venite ad me omnes, qui laboratis et onerati estis, ego refocillabo vos.' Jam quidem extremum flagitium et facinus est, quod, cum ille tam amanter atque fideliter nos moneat ad nostrum summum et maximum bonum confluendos, nos tam alienos erga vocantem geramus ac tantum temporis a sacramenti participatione remoti exigamus, donec prorsus animo indurato refrixerimus, ut nulla usquam desiderii aut amoris scintilla in nobis superstes remaneat. Equidem sacramentum non perinde intuendum est ut res noxia, a qua vitanda ambobus (quod ajunt) pedibus fugiendum fuerat, verum ut salutifera et utilis medicina, quae tuis morbis medeatur vitamque tibi praestet et animae et corporis. Ubi enim anima recuperata salute convaluit, ibi corporis quoque valetudo salva est. Cur ergo nos illud ita abominantes cavemus, quasi cicuta esset, quae devorata mortem nobis inferret praesentariam?

Illud equidem inficias non iverim eos ipsos, qui contemnunt aut beluino more vivunt, tantum in perniciem et damnationem sibi sumere. Talibus enim nihil debet esse bono aut saluti. Non secus atque aegroto pro libidine sua edenti atque bibenti, quae ipsi a medico interdicta sunt. Porro iis, qui suae carnis infirmitatem sentiunt eaque libenter exonerati essent quaerentes auxilium, non aliter intueri debent et uti atque pretiosissima thyriaca aut antidoto praesentissimo adversus omnia venena, quibus in-

---

3 instituere Conc 4/7| cogites *bis* temere], ut et te in haec verba ('pro vobis') includas, ne nequicquam tecum loquatur. Conc 12 ubi > Conc 13/4 refocillabo] reficiam Conc 16 nos + vocet et Conc 27 fuerat] sit Conc 29 praestet] det Conc 35 praesentem Conc 40/1 Non *bis* aegroto] perinde atque aegroto accidere solet Conc 43 Porro iis] Ii vero Conc

---

[1] Matth. 11, 28. [2] ablehnend [3] ganz [4] hart werden [5] weglaufen [6] Vgl. oben 700,3ff. [7] gerettet [8] Gegengift, Mittel gegen Tiergift (ϑηριακόν).

sich hat und mit sich bringet Gottes Gnade und Geist mit alle seinen Gaben, Schutz, Schirm und Gewalt wider Tod und Teufel und alles Unglück.

M 510 Also hast Du von Gottes wegen beide des Herrn Christi Gebot und Verheißung. Zudem soll Dich Deinethalben treiben Dein eigene Not, so Dir auf dem Hals liegt, ümb welcher willen solch Gebieten, Locken und Verheißen geschicht. Denn er spricht selbs[1]: „Die Starken dürfen des Arzts nicht, sondern die Kranken", das ist, die müheselig und beschweret sind mit Sund, Furcht des Tods, Anfechtung des Fleischs und Teufels. Bist Du nu beladen und fühlest Dein Schwachheit, so gehe fröhlich hin und lasse Dich erquicken, trösten und stärken. Denn willt Du harren, bis Du solchs los werdest, daß Du rein und wirdig zum Sakrament kommest, so mußt Du ewig davon bleiben. Denn da fället er das Urteil und spricht: „Bist Du rein und fromm, so darfst Du mein nichts und ich Dein wieder nichts." Darümb heißen die alleine unwirdig, die ihr Gebrechen nicht fühlen noch wollen Sunder sein.

Sprichst Du aber: „Wie soll ich ihm[2] denn tuen[2], wenn ich solche Not nicht fühlen kann noch Hunger und Durst zum Sakrament empfinden?" Antwort: Denselbigen, die so gesinnet sind, daß sie sich nicht fühlen, weiß ich kein bessern Rat, denn daß sie doch in ihren Bosam greifen[3], ob sie auch Fleisch und Blut haben. Wo Du denn solchs findest, so gehe doch Dir zugut in S. Paulus' Epistel zun Galatern[4] und höre, was Dein Fleisch fur ein Früchtlin sei: „Offenbar sind aber (spricht er) die Werk des Fleischs, als da sind Ehebruch, Hurerei, Unreinigkeit, Geilheit[5], Abgötterei, Zauberei, Feindschaft, Hader, Eifer[6], Zorn, Zank, Zwietracht, Sekten, Haß, Mord, Saufen, Fressen

fecti sunt. Hic enim ex ore Christi sumes peccatorum condonationem secum habentem unaque apportantem Dei gratiam et spiritum una cum omnibus suis donis, tutela, protectione et potestate contra mortem, diabolum atque omnia mala.

Ita quidem a Deo et Christo praeceptum ejusque promissionem habes. Ad haec tui gratia tua ipsius necessitate etiam adigendus eras, qua misere premeris et cujus gratia ejusmodi praecepta, illectamenta et promissiones datae sunt. Ipse enim dicit: 'Non est opus medico valentibus, sed male habentibus', hoc est laborantibus, et qui peccatis, mortis formidine, carnis atque diaboli tentatione onerati sunt. Jam si peccatorum fasce gravatus es tuamque sentis infirmitatem, tum alacri accedas animo teque Christo refocillandum, levandum et corroborandum offeras. Etenim si tamdiu procrastinare est animus, donec defaecatis vitiis mundus et dignus sacramentum possis accedere, perpetuo tibi ab hac coena abstinendum erit. Etenim eam hic pronuntiat sententiam: 'Si purus et probus es, mea ope non indiges neque vicissim te mihi opus est.' Quare ii tantum indigni vocantur, qui suos defectus non sentiunt neque peccatores esse sustinent.

Quod si dixeris: 'Quid mihi tum faciendum suades, si talem carnis meae necessitatem persentiscere nequeo neque ulla sacramenti fame aut siti teneor?', respondeo: Iis, qui ita affecti sunt, ut nihil tale sentiant, nullum scio dare consilium praestabilius, quam ut in sinum proprium inspuant[7] videantque, num ipsi quoque carnem et sanguinem habeant, quod cum ita esse comperient, tum sui tantum compendii gratia Pauli epistolam scriptam ad Galatas requirant et audiant, cujusmodi sua caro fructus soleat producere: 'Manifesta sunt autem (inquit) opera carnis, quae sunt fornicatio, immunditia, impudicitia, luxuria,

---

22 mußt] magst A B   42 an die Galater Konk

1 enim + in sacramento Conc   5 donis] bonis Conc   10/2 necessitate *bis* premeris] necessitas, quae cervici tuae incumbit Conc   14 sunt, + impellere te debebat. Conc   21 refocillandum] reficiendum Conc   23 est animus] volueris Conc   30 vocantur] dicuntur Conc   39 praestabilius] praestantius Conc   40 inspuant] inspiciant Conc   47 sunt + adulterium, Conc

---

[1]) Matth. 9, 12.   [2]) mir helfen   [3]) bei sich Einkehr halten   [4]) Gal. 5, 19—20.
[5]) Unzucht (so Luther auch in der Bibelübersetzung seit 1530).   [6]) Neid (ebenfalls seit 1530).   [7]) Vgl. oben 684 Anm. 7.

und dergleichen." Derhalben kannst Du
es nicht fühlen, so gläube doch der Schrift,
die wird Dir nicht liegen, als die Dein
Fleisch besser kennet denn Du selbs. Ja
weiter schleußt S. Paulus zun Römern 7.[1]:
„Denn ich weiß, daß in mir, das ist in meinem
Fleisch, wohnet nichts Guts." Darf S. Paulus solchs von seinem Fleisch reden, so
wöllen wir auch nicht besser noch heiliger sein.
Daß wir's aber nicht fühlen, ist soviel deste
ärger. Denn es ist ein Zeichen, daß ein
aussätzig Fleisch ist, das da nichts empfindet
und doch wütet[1] und ümb sich frisset. Doch,
wie gesagt, bist Du so gar erstorben, so
gläube doch der Schrift, so das Urteil über
Dich spricht. Und Summa, je weniger Du
Dein Sunde und Ge'brechen fühlest, je
mehr Ursach hast Du hinzugehen, Hülf und
Arznei suchen.

Zum andern, siehe Dich ümb, ob Du auch
in der Welt seiest, oder weißt Du's nicht,
so frage Dein Nachbarn drümb. Bist Du in
der Welt, so denke nicht, daß an Sunden und
Not werde feilen. Denn sahe nur an und
stelle Dich, als wolltest Du fromm werden
und beim Evangelio bleiben, und siehe zu,
ob Dir niemand werde feind werden, dazu
Leid, Unrecht, Gewalt tuen, item zu Sunden
und Untugend Ursach geben. Hast Du es
nicht erfahren, so laß Dir's die Schrift sagen,
die der Welt allenthalben solchen Preis und
Zeugnis gibt.

Uber das wirst Du ja auch den Teufel
ümb Dich haben, welchen Du nicht wirst
gar unter Dich treten, weil es unser HERR
Christus selbs nicht hat können ümbgehen[2].
Was ist nu der Teufel? Nichts anders denn,

idolorum servitus, veneficia, inimicitiae,
contentiones, aemulationes, irae, rixae,
dissensiones, sectae, invidiae, homicidia,
ebrietates, comessationes et his similia.'
Quapropter si haec sentire nequis, sal- 76
tem scripturae credas, haec tibi non
mentietur, quippe cui caro tua propius
quam tibi nota est. Imo amplius quoque concludit Paulus ad Rom. VII. inquiens: 'Scio, quod non habitet in me,
hoc est in carne mea bonum.' Audet
Paulus hoc de carne sua proloqui, neque
nos vitae melioris aut sanctioris esse W 515
laborabimus. Ceterum nos idem non 77
persentiscimus, hoc periculosius aegro-
tamus. Signum enim est certissimum
nostram carnem lepra esse infectam, M 511
quae nihil sentit, tormentis tamen nos
pungit, dum passim circumroditur.
Veruntamen, ut dictum est, quod si us- 78
que adeo mortuus es, saltem scripturae
testimonio fidem habere digneris, quae,
qualis sis, jam tibi suo comprobavit judicio. Et in summa, quo minus tua peccata et defectus persentiscis, hoc plures
causae tibi supersunt accedendi opem-
que et medicinam quaerendi.

Deinde in hoc quoque fac attentus sis, 79
ut circumspicias, num in mundo quoque
verseris aut, si ignoras, id ex vicinis tuis
exquirito. Quod si una cum aliis in mundo constitutus es, non est, quod animum
inducas peccata tibi defutura. Tantum
enim incipias ac ita te geras, quasi probitatem sectari et cum evangelio stare
decreveris, ac vide, num nemo tibi infensus erit, insuper aegre faciat, vim atque
injuriam inferat, praeterea ad peccata et
vitia causam suppeditet. Quod si nondum expertus es, hoc ipsum scriptura
magistra fac audias sursum ac deorsum his praeclaris testimoniis et titulis
praedicante.

Praeter haec diabolum quoque juxta 80
te habebis, quem prostratum nequaquam
prorsus conculcabis, quem Dominus
noster Jesus Christus devitare non potuit. Quid ergo est diabolus? Nihil 81

---

7 Darf] Tarr³ B   36 Unrecht + und Konf

6 haec] quae Conc   7 quippe] et Conc   11/4 Audet bis Ceterum] Quod si Paulus
de sua carne id pronuntiare audet, neque nos vel meliores vel sanctiores illo esse
volumus. Quod autem Conc   18/9 sentit bis circumroditur] quidem sentit, saevit
tamen interim et circumcirca serpit. Conc   20 est > Conc   32/3 quod bis defutura]
ut cogites peccatum et necessitatem tibi defuturam. Conc   37 erit] futurus sit Conc
42 titulis + mundum Conc   46 quem] cum Conc   47 Christus + ipse Conc
47/8 potuerit. Conc

---

[1]) Röm. 7, 18.   [2]) vermeiden   [3]) Wagt

wie ihn die Schrift[1] nennet, ein Lügner und ein Mörder. Ein Lügner, das Herz zu verführen von Gottes Wort und verblenden, daß Du Deine Not nicht fühlest noch zu Christo kommen künndest. Ein Mörder, der Dir kein Stunde das Leben günnet. Wenn Du sehen solltest, wieviel Messer, Spieß und Pfeile alle Augenblick auf Dich gezielet werden, Du solltest froh werden, so oft Du künndest zu dem Sakrament zu kommen. Daß man aber so sicher und unachtsam dahin gehet, machet nichts anders, denn daß wir nicht denken noch gläuben, daß wir im Fleisch und der bösen Welt oder unter des Teufels Reich seien.

Darümb versuche und ube solchs wohl und gehe nür in Dich selbs oder siehe Dich ein wenig ümb und halte Dich nür der[2] Schrift. Fühlest Du alsdenn auch nichts, so hast Du deste mehr Not, zu klagen beide Gott und Deinem Bruder. Da laß Dir raten und fur Dich bitten und lasse nür nicht abe, solange bis der Stein von Deinem Herzen komme, so wird sich die Not wohl finden und Du gewahr werden, daß Du zweimal tiefer liegst denn ein ander armer Sunder und des Sakraments viel mehr dürfest wider das Elend, so Du leider nicht siehest, ob Gott Gnade gebe, daß Du es mehr fühlest und je hungeriger dazu würdest, sonderlich weil Dir der Teufel so zusetzet und ohn Unterlaß auf Dich hält[3], wo er Dich erhasche und bringe ümb Seele und Leib, daß Du keine Stund fur ihm sicher kannst sein. Wie bald möchte er Dich plötzlich in Jammer und Not bracht haben, wenn Du Dich's am wenigsten versiehest?

Solchs sei nu zur Vermahnunge gesagt nicht allein fur uns Alte und Große, sondern auch fur das junge Volk, so man in der christlichen Lehre und Verstand aufziehen soll. Denn damit künnde man deste leichter

aliud quam quod eum scriptura nominans esse perhibet, nempe 'mendax' et 'homicida'. Mendax quidem ob id, quod cor humanum a verbis divinis quaerit seducere et excaecare, ne tuam necessitatem sentias neve ad Christum medicum venire queas. Homicida vero, qui ne ad unius quidem horulae spatium vitam tibi favet. Quod si videndi tibi daretur copia, quot gladiis, quot hastis, quot sagittis et telis omnibus momentis in te collimet, gauderes toties tibi patere ad sacramentum accedendi januam, quoties possis consequi. Quod autem tam secure, tam incogitanter ambulamus, nihil facit aliud, quam quod non cogitamus aut credimus nos in carne et hoc pravo mundo vivere aut versari in regno diaboli.

Quamobrem haec probe experienda et exercenda tibi proponito teque ipse accurate fac excutias et noscas, tum paulisper circumspicito et vide, quid scriptura loquatur. Quod si ne tum quidem quicquam senseris, hoc major te urget ad querendum necessitas aeque cum Deo, tum fratri tuo. Ab his petas auxilium, utque pro te precentur, postula neque prius absistas, quam cor tuum adamantina illa duritie[4] liberatum fuerit. Ita fiet, ut demum tua tibi pateat necessitas clare visuro te terque quaterque[5] in omnium vitiorum lernam[6] profundius esse immersum quam ullum alium peccatorem teque sacramento multo egere impensius medendae calamitati tibi occultae Deo suam tibi largiente gratiam, ut magis sentias fiasque ad hunc modum sacramenti esurientior. Praecipue vero diabolo tantopere te infestante tibique perniciem machinante, ut te comprehensum et anima et vita juxta spoliet, ita ut nulla hora ab ejus insidiis tibi in tuto esse liceat. Quam cito vero et subito te oscitantem et nil tale opinantem in omne calamitatis genus praecipitaverit?

Haec jam hactenus monendi gratia dicta sint non tantum nobis grandioribus, verum etiam natu minoribus, qui in christiana doctrina ejusdemque intellectu educandi sunt. Ad hunc enim mo-

---

2 ein (1.) > Konf   14 und + in A A B Konf   30 armer > A B   31 das] solch B
32 nicht > A   so bis siehest > B

4/5 verbis bis excaecare] verbo Dei abducere et excaecare conatur, Conc   26 conquerendum Conc   26/7 cum bis tuo] apud Deum ac proximum tuum. Conc

[1]) Joh. 8, 44.   [2]) zu der.   [3]) Dir nachstellt.   [4]) Vgl. Plinius, Nat. hist. XXXVII 189.   [5]) sehr viel; vgl. z. B. Virgil, Georg. II 399; Aen. XII 155.   [6]) Vgl. oben 597 Anm. 10.

die zehen Gepot, Glauben und Vaterunser in die Jugend bringen, daß es ihn mit Lust und Ernst einginge und also von Jugend auf übten und gewohneten[1]. Denn es ist doch nu fast[2] mit den Alten geschehen, daß man solchs und anders nicht erhalten kann, man ziehe denn die Leute auf, so nach uns kommen sollen und in unser Ampt und Werk treten, auf daß sie auch ihre Kinder früchtbarlich erziehen, damit Gottes Wort und die Christenheit erhalten werde. Darümb wisse ein iglicher Hausvater, daß er aus Gottes Befehl und Gepot schuldig ist, seine Kinder solchs zu lehren oder lernen lassen, was sie können sollen. Denn weil sie getauft sind und in die Christenheit genommen[3], sollen sie auch solcher Gemeinschaft des Sakraments genießen, auf daß sie uns mögen dienen und nütze werden, denn sie müssen doch alle uns helfen gläuben, lieben, beten und wider den Teufel fechten.

Folget ein Vermahnung zu der Beicht:

dum hoc minore negotio decem praecepta, fidei symbolum et orationem Dominicam juventuti inculcare possemus, ut cum quadam voluptate atque adeo serio haec caperent et ita statim ab ipsis infantiae crepundiis percepta indesinenter exercerent atque assuescerent. Jam enim paene cum natu grandioribus ac tum est, ut haec atque alia illorum opera retinere nequeamus, nisi ejusmodi homines jam inde a puero educentur, qui nobis successuri sunt nostrumque opus et officium arrepturi, ut et ipsi suos liberos bene ac salutariter educent, quorum opera Dei verbum sustentetur et christianorum communio aedificetur. Quapropter quisque sciat pater familias hoc sui esse officii, ut Dei jussu atque praecepto haec liberos suos doceat aut alios docere sinat, quae eos nosse par est. Cum enim baptizati sint jamque in christianorum numerum et communionem cooptati, aequum est, ut hujus etiam communionis sacramento fruantur, ut nobis queant esse utilitati et subsidio. Operae pretium enim est, ut omnes nobiscum in partem fidei, orationis, charitatis, pugnae adversus diabolum susceptae veniant.

Ein kurze Vermahnung zu der Beicht[4].   Brevis adhortatio ad confessionem.

Von der Beichte haben wir allzeit also gelehret, daß sie solle frei sein, und des Bapsts Tyrannei niedergeleget[5], daß wir alle seines Zwangs los sind und befreiet von der unträglichen[6] Bürde und Last, der Christenheit aufgelegt. Denn kein schwerer Ding bisher gewesen ist, wie wir alle versucht[7] haben, denn daß man idermann zu beichten gezwungen bei der höhisten Todsunde,

De confessione sic semper docuimus, quod libera relinquenda sit, et simul tyrannidem papae subvertimus, ut nunc ab omnibus coactionibus ipsius liberati simus excussis a cervicibus nostris maximis oneribus, quae toti christianitati fuerunt imposita. Hactenus enim nihil quicquam gravius aut intolerabilius fuit, quam quod omnes homines promiscue ad confitendum coacti sunt poena etiam

---

23 Folget bis Beicht. > a B Konf   30 bis S. 733, 24 > a Konf *und in zahlreichen späteren Ausg. (da sie auch in der Jenaer Ausg. fehlt); die Ausg. Magdeburg* 1580 *enthält diesen Abschnitt.*

9/10 illorum opera retinere] ab ipsis impetrare Conc   17 pater familias sciat Conc   23/4 etiam *bis* sacramento] sacramenti participatione Conc   26/9 Operae *bis* veniant] Oportet enim eos omnes et singulos nobiscum credere, diligere, orare at adversus diabolum pugnare. Conc   30 *bis* S. 733, 29 > f *und* Conc; *obiger Text nach* h.

---

[1]) gewohnt würden   [2]) sicherlich   [3]) aufgenommen   [4]) Vgl. dazu oben 440₂₅ bis 441₁₃, 447₄₋₇, 453₁₋₁₅ und Anm. 1 sowie Werdermann, Luthers Wittenberger Gemeinde 27—30.   [5]) beseitigt   [6]) unerträglichen   [7]) erfahren

dazu dasselbige so hoch beschweret hat und die Gewissen gemartert mit so mancherlei Sunden zu erzählen¹, daß niemand hat konnen rein gnug beichten. Und das das 'Ärgste ist gewest, niemand gelehret noch gewußt hat, was die Beichte wäre oder wie nutz und tröstlich, sondern haben eitel Angst und Hellemarter draus gemacht, daß man's hat tuen müssen und doch keinem Ding so feind ist gewesen. Diese drei Stück sind uns nu entnommen² und geschenkt, daß wir's aus keinem Zwang noch Furcht dürfen tuen, auch der Marter entladen sind, so genau alle Sunde zu zählen¹, zudem haben wir das Vorteil, daß wir wissen, wie man ihr seliglich brauchen solle zu Trost und Stärke unsers Gewissens.

Aber solches kann nu idermann und haben's leider allzu wohl gelernet, daß sie tuen, was sie wollen, und sich der Freiheit also annehmen, als sollten oder dürften sie nimmermehr beichten. Denn das hat man balde gefasset, was uns sonst wohl tuet, und gehet aus der Maßen³ leichtlich ein, wo das Evangelion sanft und weich ist⁴. Aber solche Säu (habe ich gesagt⁵) sollten nicht bei dem Evangelio sein noch etwas davon haben, sondern unter dem Bapst bleiben und sich lassen treiben und plagen, daß sie müßten beichten, fasten etc. mehr denn vor je⁶. Denn ¹ wer das Evangelion nicht gläuben noch darnach leben will und tuen, was ein Christen tuen soll, der soll sein auch nicht genießen. Was wäre das, daß Du nur wolltest Genieß⁷ haben und nichts dazu

gravissimi peccati mortalis proposita, ad haec usque adeo rigide confessio exacta est tot peccatorum enumeratione, cum nemo satis pure poterat confiteri, ut nulla extiterit major conscientiarum carnificina. Et quod iniquissimum ac indignissimum fuit, nemo repertus est, qui recte senserit aut docuerit de confessione, quae illius esset utilitas ac quanta consolatio, sed potius ex illa conscientiarum anxietates et inferni flammas majores ac ardentiores reddiderunt, cum coacti sunt ad hanc homines nec tamen ulli rei perinde infensi. Nunc vero (Deo gratia) triplici hoc beneficio affecti sumus, quod nimirum nullo metu coacti hoc ipsum amplius facere necesse sit. Deinde quod carnificina illa conscientiarum sublata sit ex acerba illa enumeratione delictorum. Postremo vero, quod nunc eam habemus praerogativam, ut sciamus, quo pacto utiliter confessione utendum sit in consolationem ac confirmationem conscientiarum.

Verum enim vero nemo hoc ipsum nunc ignorat, sed, quod dolendum venit, nimium etiam quidam edocti sunt, cum, quae volunt, faciunt ac libertate ipsa perinde utuntur, quasi non sit necesse posthac confiteri. Hoc etenim perfacile discimus ac retinemus dicique non potest, quam placeat atque arrideat, si quid gratum et jucundum ex evangelio addiscitur. At porci illi (ut dixi) indigni sunt, qui in evangelii communione cum aliis vivant aut etiam de illo quicquam participent, sed manendum ipsis fuit sub tyrannide papae, ut illius exactionibus excarnificati velint nolint confiteantur, jejunent etc. idque magis quam antea unquam. Qui enim evangelio non credit nec vitam suam juxta illud instituit, ut vivat, quemadmodum christianum decet, is nec evangelii beneficiis

---

¹) aufzuzählen ²) abgenommen 501₈—502₉. ³) über die Maßen ⁴) Vgl. dazu oben ⁵) Vgl. z. B. oben 502₇. ⁶) je vorher ⁷) Nutzen

tuen noch darauf wenden? Darümb wollen wir solchen nichts gepredigt haben, auch mit unserm Willen nichts von unser Freiheit einräumen noch genießen lassen, sondern wieder den Bapst oder seinesgleichen über sie lassen, der sie zwinge wie ein rechter Tyrann. Denn es gehöret doch unter den Pobel, so dem Evangelio nicht gehorchen wöllen, nichts denn ein solcher Stockmeister[1], der Gottes Teufel und Henker sei. Den andern aber, so ihn gerne sagen lassen, müssen wir immer predigen, anhalten, reizen und locken, daß sie solchen teuren und tröstlichen Schatz, durchs Evangelion furgetragen, nicht lassen ümbsonst hingehen. Darümb wollen wir auch von der Beicht etwas reden, die Einfältigen zu unterrichten und vermahnen.

Zum ersten habe ich gesagt, daß über[2] diese Beicht, davon wir hie reden, noch zweierlei Beichte ist, die da mehr heißen mögen ein gemein Bekenntnis aller Christen, nämlich da man Gott selbs allein oder dem Nähisten allein beichtet und ümb Vergebung bittet, welche auch im Vaterunser gefasset sind, da wir sprechen: 'Vergib uns unser Schuld, als wir vergeben unsern Schuldigern' etc. Ja das ganze Vaterunser ist nicht anders denn ein solche Beichte. Denn was ist unser Gebete, denn daß wir bekennen, was wir nicht haben noch tuen, so wir schuldig sind, und begehren Gnade und ein fröhlich Gewissen? Solche Beicht soll und muß ohn Unterlaß geschehen, solang wir leben. Denn darin stehet[3] eigentlich ein christlich Wesen, daß wir uns fur Sunder erkennen und Gnade bitten.

frui debet. Quid tu vero his moribus fieri credis, ut tu tantum lucrum secteris nullis factis impensis? Itaque istis nos nihil quicquam praedicamus nec nostra etiam voluntate evangelica libertate frui patiemur, sed ad papam denuo aut ejus farinae similes relegatos cruciandos et torquendos trademus. Etenim praefracti illi ac contemptores evangelii in populo non alium merentur doctorem quam hujusmodi tortorem, qui cum Dei, tum diaboli nomine carnificis munus exequatur. Aliis vero, qui sponte sua dicto obedientes sunt, necesse habemus praedicare, confirmare eos et allicere, ne quantivis pretii thesaurum per evangelium oblatum sine fructu perire patiantur. Quare et de confessione aliquid dicemus, ut simpliciores eo melius instituamus et confirmemus.

Principio dixi praeter hanc confessionem, de qua nunc nobis sermo est, adhuc duplicem esse confessionem, quas rectius communem christianorum confessionem dixeris, videlicet cum ipsi Deo soli aut ipsi proximo soli confitemur ac delictorum condonationem petimus, quae confessio in ipsa etiam oratione Dominica comprehensa est, cum dicimus: 'Remitte nobis debita nostra, sicut et nos remittimus debitoribus nostris' etc. Imo tota oratio Dominica nihil aliud est quam hujusmodi confessio. Quid enim oratio nostra aliud sibi vult, quam quod confitemur nos ea nec habere nec facere, quae necesse sit et quae requiruntur a nobis, gratiam et misericordiam desiderantes ac laetam conscientiam? Hujusmodi confessionem necesse est sine intermissione fieri, quousque in hac vita vixerimus. In hoc enim revera ac serio christiana vita consistit, ut nos non gravate et peccatores agnoscamus et gratiam petamus.

---

25 da] daß A B

---

[1]) Büttel   [2]) außer   [3]) besteht

Desselbengleichen die andere Beicht, so ein iglicher gegen seinem Nähisten tuet, ist auch ins Vaterunser gebunden[1], daß wir unternander unser Schuld beichten und vergeben, ehe wir fur Gott kommen und ümb Vergebunge bitten. Nu sind wir insgemein alle unternander schuldig, drümb sollen und mügen wir wohl offentlich fur iderman beichten und keiner den andern scheuen. Denn es gehet, wie man spricht[2]: 'Ist einer fromm, so sind sie es alle', und tuet keiner Gott oder dem Nähisten, was er soll. Doch ist neben der gemeinen[3] Schuld auch ein sonderliche, wo einer einen andern erzürnet hat, daß er es ihm abebitte. Also haben wir im Vaterunser zwo Absolution, daß uns vergeben ist, was wir verschuldet haben beide' wider Gott und den Nähisten, wo wir dem Nähisten vergeben und uns mit ihm versühnen.

Über[4] solche offentliche, tägliche und nötige Beichte ist nu diese heimliche Beichte, so zwischen einem Bruder allein geschiehet, und soll dazu dienen, wo uns etwas sonderlichs anliegt oder anfichtet, damit wir uns beißen[5] und nicht können zufrieden sein, noch uns im Glauben stark gnug finden, daß wir solchs einem Bruder klagen, Rat, Trost und Stärke zu holen, wenn und wie oft wir wollen. Denn es ist nicht in Gepot gefasset wie jene zwo, sondern einem iglichen, wer sein darf, heimgestellet[6], daß er's zu seiner Not[7] brauche. Und ist daher kommen und geordnet, daß Christus selbs die Absolutio seiner Christenheit in Mund gelegt und befohlen hat, uns von Sunden aufzulosen[8]. Wo nu ein Herz ist, das seine Sunde fühlet und Trost begehret, hat es hie ein gewisse Zu-

Similiter et altera confessio, quam quisque coram proximo suo facit, etiam orationi Dominicae inclusa est, ut inter nos alterutrum delicta confiteamur et condonemus, antequam coram Deo sistamur ac vicissim nobis condonari quoque petamus. Jam vero certum est nos omnes debitores esse inter nos, quare licet nobis atque adeo debemus palam coram omnibus confiteri nec alter alterum revereri. Nec enim hic aliter agitur, quam vulgo dici solet: 'Si unus probus est, omnes probi sunt', nec unus aliquis reperiri potest, qui Deo aut proximo, quae debet, praestet. Nihilominus praeter hoc generale debitum etiam privatum et peculiare debitum reperitur, veluti cum alter alterum ad iracundiam provocavit, ut hujus debiti condonationem ab eo petat. Ita fit, ut in ipsa oratione Dominica duplicem absolutionem habeamus, ut condonatum nobis sit, si quid deliquerimus adversus Deum simul et proximum, dummodo et nos proximo remiserimus ac cum eo in gratiam redierimus.

Praeter hanc manifestam, quotidianam ac necessariam confessionem etiam occulta haec confessio fit coram uno aliquo fratre tantum, quae eo nobis servire ac prodesse debet, ut, si quid forte sit, quod nos peculiariter angat, premat, sollicitos habeat, cruciet et mordeat nec ullo pacto tranquillitatem intra nos retinere possumus nec sat robusti ac fortes in fide invenimur, ut tunc coram fratre aliquo hoc ipsum conqueramur ac veluti in sinum ipsius deponamus consilium auxilium et consolationem ab eo accepturi, quando et quoties opus sit. Neque enim haec confessio praecepto comprehensa est ut duae priores, sed unicuique libera facta, ut ea utatur, quandocumque necessitas postulaverit. Atque hinc adeo venit ac ordinatum est, quod Christus ipse absolutionem christianitati

---

[1]) einbegriffen [2]) Sprichwort. [3]) allgemeinen [4]) Außer [5]) herumschlagen
[6]) anheimgegeben [7]) wenn er es nötig hat [8]) zu absolvieren; Matth. 18, 15—19.

flucht, da es Gottes Wort findet und höret, daß ihn Gott durch ein Menschen von Sunden entbindet und lospricht.

So merke nu, wie ich oft gesagt habe, daß die Beichte stehet in¹ zweien Stücken. Das erste ist unser Werk und Tuen, daß ich meine Sunde klage und begehre Trost und Erquickung meiner Seele. Das ander ist ein Werk, das Gott tuet, der mich durch das Wort, dem Menschen in Mund gelegt, lospricht¹ von meinen Sunden, welchs auch das Furnehmste und Edelste ist, so sie lieblich und tröstlich machet. Nu hat man bisher allein auf unser Werk getrieben² und nicht weiter gedacht, denn daß wir ja reine gebeichtet hätten, und das nötigste ander Stück nicht geachtet noch gepredigt, gerade als wäre es allein ein gut Werk, damit man Gott bezahlen sollte, und wo die Beichte nicht vollkommen und aufs allergenauest getan wäre, sollte die Absolutio nicht gelten noch die Sund vergeben sein. Damit man die Leute soweit getrieben hat, daß iedermann hat verzweifeln müssen, so reine zu beichten (wie es denn nicht müglich war), und kein Gewissen hat mögen zu Rugen stehen³ noch sich auf die Absolutio verlassen. Also haben sie uns die liebe Beichte nicht allein unnütz, sondern auch schwer und sauer gemacht mit merklichem Schaden und Verderben der Seele.

Darümb sollen wir's also ansehen, daß wir die zwei Stück weit voneinander scheiden und setzen und unser Werk gering, aber Gottes Wort hoch und groß achten und nicht hingehen, als wollten

suae in os posuit ac commendavit, ut a peccatis absolveremur. Quodsi nunc cor hominis fuerit ductum in agnitionem peccatorum ac cupidum consolationis, illud hic certissimum refugium habet, ubi Dei verbum invenire et audire poterit, cum a Deo per hominem aliquem a peccatis absolvitur ac liber pronunciatur.

Attende igitur nunc, sicut saepenumero diximus, confessionem duabus rebus comprehensam esse. Prima est opus et factum nostrum, quod conqueror de peccatis meis ac peto consolationem ac refocillationem animae meae. Altera est opus, quod Deus facit, qui me per verbum, quod in os hominis posuit, a peccatis meis absolvit. Atque hoc ipsum cum praecipuum, tum nobilissimum est, quod confessionem gratam, jucundam et plenam consolationis efficit. Hactenus vero tantum ad nostrum opus compulsi sumus nec ultra cogitavimus, quam si sat pure confessio fieret, eam vero partem, quae erat praecipua et magis necessaria, non consideravimus nec docuimus, perinde ac si nos tam eximium opus fecissemus, quo Deus tantum non placari possit ac satisfieri illi a nobis et, si confessio exactissime facta non fuerit, tum ipsam absolutionem nihil valere nec peccata remissa esse. Qua ratione factum est, ut plerique desperaverint tam exactam et puram delictorum confessionem (quemadmodum nec possibile fuit) nec ullius conscientia pacari potuerit aut absolutioni fidere. Hoc pacto non tantum inutilem confessionem ipsam nobis reddiderunt, sed gravem etiam ac difficilem idque non sine ingenti jactura ac perditione animarum.

Quare hoc negotium ita nobis considerandum, ut has duas res longe inter se discernamus et seponamus ac nostrum opus levissimum, Dei vero verbum summum ac maximum reputemus nec ita ad

---

¹) bestehi aus ²) gedrungen ³) können beruhigt sein

wir ein köstlich Werk tuen und ihm' geben, sondern nur von ihm nehmen und empfahen. Du darfst nicht kommen und sagen, wie frumm oder böse Du bist. Bist Du ein Christen, so weiß ich's sonst[1] wohl, bist Du keiner, so weiß ich's noch viel mehr. Aber darümb ist's zu tuen, daß Du Deine Not klagest und lassest Dir helfen und ein fröhlich Herz und Gewissen machen.

Dazu darf Dich nu niemand dringen mit Geboten, sondern so sagen wir: Wer ein Christen ist oder gerne sein wollte, der hat hie ein treuen Rat, daß er hingehe und den köstlichen Schatz hole. Bist Du kein Christen oder begehrest solchs Trosts nicht, so lassen wir Dich ein[2] andern zwingen. Damit heben wir nu des Bapsts Tyrannei, Gepot und Zwang allezumal auf, als die sein nirgendzu dürfen, denn wir lehren (wie gesagt) also: Wer nicht willig und ümb der Absolution willen zur Beicht gehet, der lasse es nur anstehen. Ja, wer auch auf sein Werk hingehet, wie rein er seine Beicht getan habe, der bleibe nur davon. Wir vermahnen aber, Du sollt beichten und Deine Not anzeigen nicht darümb, daß Du es fur ein Werk tuest, sondern hörest, was Dir Gott sagen lässet. Das Wort, sage ich, oder Absolutio sollt Du ansehen, groß und teuer achten als ein trefflichen großen Schatz, mit allen Ehren und Dank anzunehmen.

Wenn man solchs ausstriche[3] und darneben die Not anzeigte, so uns dazu bewegen und reizen sollt', durft' man nicht viel Nötigens noch Zwingens.

confessionem accedamus, quasi praeclarum aliquod opus simus facturi ac Deo daturi, sed ut tantum a Deo accipiamus. Non est, quod venias ac dicas, quanta probitate aut malitia praeditus sis. Quodsi tu sis christianus, non me fugit, qualis tu sis. At si christianus non fueris, multo magis hoc ipsum compertum habeo. Verum propterea fit, quicquid hujus fit, ut necessitatem tuam aperias ac conqueraris et patiaris tibi consuli et opem ferri, ut cor laetum ac conscientiam tranquillam auferas.

Horsum nunc nemo praeceptis erit adigendus, sed ita dicimus: Si quis sit christianus aut esse desideret, is hic fidele consilium habet, ut eat et hunc pretiosum thesaurum sibi comparet. Quodsi christianus non sis, non desiderabis hanc consolationem ac nos facile permittemus ab alio te cogi atque hoc ipso tollimus nunc e medio, quicquid est tyrannidis, praeceptorum et coactionum pontificis Romani, ut qui his nihil opus habemus. Nos enim (ut dictum est) ita docemus: Qui non sponte ac propter absolutionem confessionem accedit, is plane supersedeat ab hoc labore ac intermittat. Imo vero, qui fiducia sui operis fretus accedit, quantumvis pure confessus sit, is etiam abstineat ab ea. Adhortamur vero et admonemus te, ut confitearis ac necessitatem tuam conqueraris non propterea, ut pro opere quodam reputes, sed ut audias et animadvertas, quidnam Deus ipse tibi loquatur. Verbum (inquam) aut absolutionem intueri, magni facere ac carum reputare debes ut excellentissimum thesaurum et omni honore et reverentia suscipere ac prosequi.

Quodsi hoc ipsum paulo diligentius explicatum fuerit ac, quanta hujus rei sit necessitas, demonstratum, qua eramus alliciendi, coactione plane nihil foret

---

14 Dich] ich A B

[1]) ohnedies [2]) von einem [3]) ausführlich darlegte

sein eigen Gewissen würde ein iglichen wohl treiben und so bange machen, daß er sein froh würde und täte wie ein armer elender Bettler, so er höret, daß man an einem Ort ein reiche Spende, Geld oder Kleider austeilet: da durft' man keines Böttels[1], der ihn triebe und schluge, er würde wohl selbs laufen, was er Leibs[2] laufen künnde, daß er's nicht versäumete. Wenn man nu ein Gebot drauf schlüge[3], daß alle Bettler sollten dahin laufen, des und kein anders[4], und schwiege[5] doch, was man da suchen und holen sollte, was wäre das anders, denn daß man hinginge mit Unlust und nicht dächte, etwas zu holen, sondern sich lassen sehen, wie arm und elend der Bettler wäre? Davon würde man nicht viel Freude oder Trost schepfen, sondern nur dem Gepot deste feinder werden.

Eben also haben bisher des Bapsts Prediger dies trefflichen reichen Almosen und unaussprechlichen Schatz geschwiegen und nur mit Haufen hingetrieben, nicht weiter denn daß man sähe, wie unrein und unflätige Leute wir wären. Wer kunnd' da gerne zur Beicht gehen? Wir aber sagen nicht, daß man sehen solle, wie voll Unflats Du seiest, und sich darin spiegeln, sondern raten und sagen: Bist Du arm und elende, so gehe hin und brauche der heilsamen Arznei. Wer nu sein Elend und Not fühlet, wird wohl solch Verlangen darnach kriegen, daß er mit Freuden hinzulaufe. Welche es aber nicht achten noch von ihn selbs kommen, die lassen wir auch fahren. Das sollen sie aber wissen, daß wir sie nicht fur Christen halten.

opus, sed cujusque conscientia tantum posset efficere ac eo impellere, ut magno desiderio hoc ipsum faceret, absolutionem caram haberet ac perinde ut miser aliquis mendicus faceret, qui supem ac eleemosynam alicubi distribuendam accedit. Hic certe lictore nihil esset opus, qui hunc plagis et verberibus ad currendum incitaret, sua sponte, quanto possit, citatissimo cursu hunc locum petiturus, ne quid damni mora sua sibi conciliet. Quod si nunc etiam omnes mendici praecepto adigerentur horsum velint nolint nec tamen diceretur, quid hinc petituri aut accepturi, tum non multum loci gaudio aut consolationi relinqueretur, quin potius magis infensi huic praecepto redderentur, perinde ac si in contumeliam ac ludibrium ipsorum factum esset ad ostentandam suam inopiam ac mendicitatem.

Ad eundem modum hactenus etiam concionatores papae egregiam illam eleemosynam ac incomparabilem thesaurum silentio praeterierunt eo solummodo homines turmatim compellentes, ut videre liceret, quam impuri et foedi essent. Quis hic lubens confessionem accessit? At nos hoc non dicimus, ut videndum sit, quantopere tu sordeas ac quantis immundiciitis repletus sis easque contemplemur tamquam in speculo, sed solummodo ut tibi consulatur et dicatur: Si miser et egenus es, accede et utere hac medicina. Qui nunc miseriae ac necessitatis suae conscius sibi est, is eo desiderio afficietur, ut magno gaudio accurrat. Qui vero non curant nec sua sponte venire sustinent, hos et nos valere sinimus. At nihilominus hoc scire debent, quod christiani nullo modo a nobis reputabuntur.

---

6 Geld oder Kleider > B   21 werden, + als wäre es ihnen zu Hohn und Spott aufgelegt, daß sie müßten ihr Armut und Elend sehen lassen B   30 sollte A B   31 sondern + daß man Dir möge B   33 gehe hin] komm B

[1] Büttels   [2] aus Leibeskräften   [3] daraus machte   [4] ohne Angabe eines Grundes   [5] verschwiege

So lehren wir nu, wie trefflich, köstlich und tröstlich Ding es ist ümb die Beichte, und vermahnen dazu, daß man solch teuer Gut nicht verachte, angesehen[1] unsere große Not. Bist Du nu ein Christ, so darfst Du wider meins Zwangs noch Bapsts Gebot nichts überall[2], sondern wirst Dich wohl selbs zwingen und mich darümb bitten, daß Du solches mögest teilhaftig werden. Willt Du es aber verachten und so stolz ungebeichtet hingehen, so schließen wir das Urteil[3], daß Du kein Christen bist und auch des Sakraments nicht sollt genießen. Denn Du verachtest, das kein Christen verachten soll, und machest damit, daß Du keine Vergebung der Sünde haben kannst. Und ist ein gewiß Zeichen, daß Du auch das Evangelion verachtest.

Summa, wir wollen von keinem Zwang wissen. Wer aber unser Predigt und Vermahnung nicht höret noch folget, mit dem haben wir nichts zu schaffen, soll auch nichts von dem Evangelio haben. Wärst Du ein Christ, so solltest Du froh werden, daß Du möchtest über hundert Meil darnach laufen und nicht Dich lassen nötigen, sondern kommen und uns zwingen. Denn da muß der Zwang ümbgekehret werden, daß wir ins Gebot und Du in die Freiheit kommest; wir dringen niemand, sondern leiden, daß man zu uns dringet, gleichwie man uns zwinget, daß wir predigen und Sakrament reichen müssen.

Darümb wenn ich zur Beichte vermahne, so tue ich nichts anders, denn daß ich vermahne, ein Christen zu sein. Wenn ich Dich dahin bringe, so habe ich Dich auch wohl zur Beicht gebracht. Denn welche darnach verlanget, daß sie

Docemus itaque nunc, quam pretiosa et magnifica plenaque consolationis res sit confessio, omnique studio adhortamur, ne tantum bonum contemnatur, cum tanta nobis incumbat necessitas. Quodsi nunc sis christianus, nihil tibi opus est vel mea coactione vel in universum omnibus praeceptis papae, sed tantum ut his omnibus particeps reddaris. At si pergis contemnere ac inconfessus superbe vitam tuam exigis, hanc nos contra te sententiam pronuntiamus, quod christianus non sis nec ad communionem sacramenti etiam admittendus. Contemnis enim illud, quod christianus nullo modo contemnere potest, facisque hoc pacto, ut plane nullam peccatorum remissionem habeas. Estque certissimum indicium etiam ipsum evangelium per te contemni et ludibrio expositum esse.

In summa nos nullius coactionis meminisse volumus. Qui vero nostram contionem et admonitionem audire ac sequi noluerit, cum illo nihil nobis erit negotii, haec ad modum cum eo certabimus nec ille etiam quicquam de evangelio participabit. Quodsi christianus esses, summo exsilires gaudio eam tibi datam occasionem, ut etiam centum miliariorum spatio emenso tantum bonum consequi posses nec ulla ratione te cogi sineres, sed ultro veniens nos potius cogeres. Hic enim necesse est coactionem inverti, ut nos in praeceptum et tu in libertatem venias. Nos neminem cogimus, sed patimur nos cogi, quemadmodum et ad contionandum et ad distribuenda sacramenta cogimur.

Quare cum ad confessionem adhortor, non aliud ago, quam quod unumquemlibet adhortor, ut pergat christianus esse. Quodsi huc te compulero atque hoc ipsum a te impetravero, abunde me officio perfunctum esse arbitror teque per-

---

42 ich + idermann B

[1]) in Anbetracht   [2]) in irgendeinem Punkte   [3]) fällen wir das endgültige Urteil

gerne fromme Christen und ihrer Sunde los wären und fröhlich Gewissen haben wollten, die haben schon den rechten¹ Hunger und Durst, daß sie nach dem Brot schnappen, gleich wie ein gejächter¹ Hirsch für Hitze und Durst entbrannt, wie der 42. Psalm² sagt: 'Wie der Hirsch schreiet nach den Wasserbächen, so schreiet meine Seele, Gott, zu Dir', das ist, wie wehe und bange einem solchen ist nach einem frischen Born, so angst und bange ist mir nach Gottes Wort oder Absolution und Sakrament etc. Siehe, das wäre recht von der Beicht gelehret, so künde man Lust und Liebe dazu machen, daß die Leut erzukämen und uns nachliefen, mehr denn wir gerne hätten. Die Papisten lassen wir plagen und martern sich und ander Leute, so solchen Schatz nicht achten und ihnen selbs zuschließen. Uns aber lasset die Händ aufheben, Gott loben und danken, daß wir zu solchem Erkenntnis und Gnade kommen sind.

quam opportune ad confessionem adduxi. Qui enim eo afficiuntur desiderio, ut libenter christiani fieri velint atque a gravissimo onere peccatorum levari, laetam ac pacatam conscientiam possidere, hi jam habent veram famem ac sitim, ut magno desiderio appetant panem, quemadmodum cervus ille in venatione agitatus prae nimio ardore ac siti inflammabatur, ut habet psalmus XLII., cum inquit: "Quemadmodum desiderat cervus ad fontes aquarum, ita desiderat anima mea ad te, Deus." In hunc modum recte de confessione doceretur atque hoc pacto amor et cupido ad illam in hominibus excitari possit, ut nos ultro accederent et consulerent, plures etiam, quam vellemus. Papistis vero permittimus, ut non se solum, sed alios etiam homines miris modis affligant et excruciant, qui, cum hunc tantum thesaurum contemnunt, indigni sunt, qui eo fruantur aut illius compotes fiant. Nos vero convenit utramque manum attollere in coelum ac Deum, patrem nostrum coelestem, collaudare et ex toto pectore gratias ei agere, quod in hanc cognitionem ac gratiam nos venire dignatus sit, Amen.

---

5 wie] als B   10/4 das bis etc. > B   24 sind, + Amen. B

¹) gejagter   ²) Ps. 42,2 (= Psalmentext 1524/28).

Nachträge
(Vgl. die Sternchen am Rand der betreffenden Seiten)

579 Anm. 2: Vgl. E. Kohler, Martin Luther und der Festbrauch (Köln=Graz 1959), 64 f.
687 Anm. 5: Vgl. auch WA II 124$_{26-29}$, XXV 233$_{7-13}$, XXX^{II} 230$_{28-32}$, XXXII 373$_{20-22}$, XXXIV^{II} 202$_4$f. und $_{17-19}$, XLIII 546$_8$f. und $_{25-28}$, XLIV 99$_{28-31}$, LIV 172$_{1-10}$.

VII.

Konkordienformel. — FORMULA CONCORDIAE.

Gründliche [Allgemeine], lautere, richtige und endliche Wiederholung und Erklärung etlicher Artikel Augsburgischer Confession,

in welchen ein Zeither unter etlichen Theologen | derselbigen zugetan | Streit vorgefallen, nach Anleitung Gottes Worts und summarischen Inhalt unser christlichen Lehr beigelegt und vorglichen.

(Sternchen am Rande des Textes verweisen auf Nachträge. Vgl. S. 1219 ff.)

Abkürzungen:

(Zu den Hss. u. Drucken f. d. Texte der Vorrede vgl. S. 739!)

$A =$ Urschrift der FC durch Andreä, Sächs. HauptStArch Dresden, 10307, Formula Concordiae geschrieben und von etzlichen Theologen unterschrieben . . .; grüner Pergamentumschlag, 34,5 : 21,7 cm; Bl. 3a: [Allgemeine] ›Grundtliche‹ Lautere, Richtige || vndt Endtliche widerholung . . . Bl. 3b: Summarischer Begriff der || streitigen Artikel . . . Bl. 4a = fol. 1a: Von [der] | dem Summarischen begriff | Regel . . ., folgt Epitome bis fol. 59a, mit eigenhänd. Unterschriften der Theologenkommission; Papier: 34 : 20/21 cm, Briquet, Les filigranes, Dictionnaire historique des marques du papier Nr. 12200; eine Hand mit eigenen und Korrekturen Andreäs im Text der Epitome des TB, zur Epitome FC überarbeitet von Andreä. Nach fol. 59 ein Zettel, 21 : 15 cm: Allgemeine Lauttere, Richtige . . . (vgl. S. 829, Anm. 1); Bl. 63a: Bedenken || Welchermaßen vermuge Gotts Worts . . . (vgl. S. 829, Anm. 1): Bl. 64a = fol. 1a: Nachdem aus sondern Gnaden . . ., folgt Solida Declaratio bis fol. 291b, Schluß mit eh. Unterschr. der Theologenkommission; Papier: 34 : 20/1, Briquet Nr. 1414; eine Hand schreibt halbbrüchig den Text des TB mit eigenen und Korrekturen von Andreä, zum Text der FC überarbeitet durch Andreä; leeres Schlußblatt.

$B =$ Hss $c + d + e$, verwandt: f, s.

$H =$ Hss $a + b$, verwandt: $w, ü$.

$a =$ SD + Ep, Hzgl. B Wolfenbüttel 67; **Papier**: 33 : 21, **Briquet** 235, **Hände**: 22; mit eh. Unterschr. der „Theologen, Kirchen- und Schuldiener" (auch Heßhus) in Braunschweig-Wolfenb.; das i. d. Univ. Helmstedt auf Befehl Hzg. Julius hinterlegte Exemplar.

$b =$ SD + Ep, StArch Hannover, Handschr. Z 28b, entspr. i. allg. a, zweites Exemplar.

$c =$ Ep + SD, StArch Nürnberg, Ansbacher Rel.-Akten 36, fol. 498—685, P: 32:21, Br: 1840. 8977, H: 1; Werbung Markgr. Georg Friedr. und 9 eh. Unterschr. Schweinfurt.

$d =$ Ep + SD, StArch Königsberg, Msc A 64 fol.; P: 30:21, Br: 157, H: 1; zweites Exemplar zu c.

$e =$ Ep + SD, StArch Königsberg, Msc A 65 fol., P: 35:22, Br: 3642. 917; Abschr. von d?

$f =$ Ep + SD, StArch Nürnberg, Ansbacher Rel.-Akten 37, fol. 3—221; P: 33,5:20,5, Br: 15984, H: 1.

$g =$ Ep + SD, St. Kreis u. Stadt B Augsburg, 372; P: 33:22, Br: 10455, H: 1 (?); dazu Werbung u. eh. Unterschr. je nach Ep und SD aus Pfalz-Neuburg (bis in das 17. Jh. als Matrikel, vgl. E. Wolf, Jb Ges Gesch Prot i. Österr. 1930), Grafsch. Öttingen, Reichsstädte: Regensburg, Augsburg, Nördlingen, Dinkelsbühl, Schwäb. Wörth, Bopfingen, Aalen.

$h =$ Ep + SD, Sächs. HauptStArch Dresden, 10305 Subscriptiones . . .; nach Dresden gesandtes zweites Expl. von g; nicht eingehend berücksichtigt.

$i =$ Ep + SD, UB Göttingen, Theol 247a; P: 32:22,5, Br: 10454, H: 1.

$k =$ Ep + SD, HauptStArch München, K. B. Allg. Reichsarch. Pfalz-Neuburg Nr. 1327; P: 33:22, Br: 10454, H: 1.

$l =$ Ep + SD, StadtArch Augsburg; P: 31:22, Br: 10455; mit 18 eh. Unterschr. d. Augsb. Ministeriums.

$m =$ Ep + SD, Landeskirchenrat Eisenach, Rep. Abt. III Loc. 26 Nr. 70; P: 33:21, Br: 3328. 1178, H: 1(?); nach Ep eh. Unterschr. aus Landau a. Rh., nach SD 1542 Namen von Geistl. u. Lehrern i. Grhzgt. Weimar, Ordinationsdaten 1582—1854, von der 22. Unterschr. an.

Vorrede.

$n =$ nur SD, Gem. Henneb. Arch Meiningen, Sect. II A 36 d, fol. 15—173; P: 32:22, Br: 3328. 1178, H: 6; davor Präfatio.
$o =$ nur SD, StArch Hannover, Celle Br. Arch. Def. 3 Nr. 28, fol. 235—375; P: 33:21, Br: 3330. 1178, H: 5 (?), davor Präfatio.
$p =$ nur SD, StArch Stuttgart, Nr. 77; P: 33:21, Br: 3330, H: 1; bricht anf. Art. VII ab.
$q =$ Ep + SD, StadtArch Frankfurt a. M., Acta eccl. ad Tom. IV, fol. 46—231; P: 33:21, Br: 3328, H: 3; davor Präfatio.
$r =$ Ep + SD, StArch Nürnberg, Ansbacher Rel.-Akten 36, fol. 1—309; P: 33,5:21, Br: 1414, H: 3; Werbung Markgr. Georg Friedrich u. eh. Unterschr. Brandenburg-Ansbach.
$s =$ Ep + SD, ib. fol. 312—498; P: 33:21, Br: 15 948, H: 1; mit 36 eh. Unterschr. Rothenburg o. Tauber.
$t =$ SD + Ep, Gem. Henneb. Arch Meiningen, A 36e, fol. 298—522; P: 33:20, Br: 1995, H: 2; am Ende dreifach wiederholte eh. Unterschr.; beim Text Randbemerkungen.
$u =$ nur SD, LB Dresden, Msc. Dresd. A 16; P: 31:21, Br: 1302. 256, H: 1; mit eh. Unterschr. Graffsch. Hanau.
$v =$ Ep + SD, Hzgl. B Gotha, A 82; P: 33:22, Br: 15 935, H: 2; Ep mit abschr. Unterschr. Giengen.
$w =$ SD + Ep, StArch Darmstadt, Abt. I Reichs-Rel.-Sachen Konv. 7, fol. 1—234; P: 32:22, Br: 156. 1316, H: 5.
$x =$ Ep + SD, StadtArch Eßlingen V $\frac{134}{207}$ 37; P: 30:21, Br: 9906, H: 1; mit abschr. Unterschr. Minist. Eßlingen, davor Präf. mit Unterschr.
$y =$ nur SD, Rigsarkiv Kopenhagen; P: 31:21, Br: 1840, H: 8; zahlreiche Randbemerkungen.
$z =$ Ep + SD, UB Hamburg, Cod. theol. 1249 fol., 1—134; P: 33:22, Br: 157; H: 1.
$ä =$ Ep + SD, UB Hamburg, Cod. theol. 1248 fol.; P: 33:21, Br: 15 948, H: 1.
$ö =$ Ep + SD, UB Göttingen, Cod. Ms. theol. 247; P: 32:20, Br: 1199, H: 1, für Achatius von Veltheim auf Harbke gefertigte Abschr.
$ü =$ nur SD, Stadt B Nürnberg, Amb 266 2º; P: 32:22, Br: 919; TB durch Streichungen und Zusätze mit roter Tinte zu FC umgestaltet, vermutlich das von Wilhelm von Hessen dem Rat v. Nürnberg (mit Begleitschr. Ems, 4. September 1577) übersandte Expl.
1 = nur Ep, StadtArch Lindau, Akt 64, 12; P: 33:21, Br: 3328, H: 1.
2 = nur Ep, StArch Stuttgart, N. 113; P: 33:21, Br: 3330, H: 1; dazu die Württ. Unterschr., beginnend mit J. Heerbrand, Th. Schnepffius, Joan. Brentius.
3 = nur Ep, StArch Hannover, Cal. Br. Arch. Def. 21 B IVe Nr. 35; P: 34:21, Br: 12 200; 29. Mai 1577 aus Dresden zugesandte Umarbeitung aus Ep des TB.
4 = nur Ep, UB Gießen, hf 862, fol. 2—18; P: 33:21, Br: 10 455, H: 1.
5 = nur Ep, UB Göttingen, Cod. Ms. theol. 250 I, Acta Selneceriana Tom. I; P: 34:21, Br: 3328, H: 1; eh. Unterschr. Kempten.
6 = nur Ep, StArch Marburg, Ö. St. S. 5452; P: 33:21, Br: 2301, H: 4.
7 = nur Ep, StB München, Cod. Germ. 5081/IV; Fragment, aus Mannheim (?).
$St =$ latein. Übersetzung von SD + Ep, LB Stuttgart, Theol. Philos. fol. Nr. 9; P: 33:21, Br: 3330, H:1; entspricht einem gleichförmigen Band des StArch Stuttgart, doch ist jener weitgehend von Chemnitz überarbeitet, vgl. S. XLIV.

Nicht erreichbar war die von Wilhelm v. Hessen mit Sup. Meier durchgearbeitete Abschr., vgl Heppe Syn. I. 244ff. Unberücksichtigt bleiben zwei Abschr. der Ep: HauptStArch Dresden 10303, I Concordia, fol. 415—455, und StArch Hannover, Celle Br. Arch. Def. 3 Nr. 15.

Hei = Konk Heidelberg 1582.
Konk = Konk Dresden 1580, Hzg. Ulrich v. Meckl. überf. Expl. d. UB Rostock, Fg 3 c.

Korrigenda- und Variantenlisten:

Bertram = J. C. Bertram, Recension e. Manuscripts der Concordienformel, in: Bertram, Lit. Abhandlungen III, 1—36, Halle 1782.
Cor = Correctur der Formulae Concordiae, in einigen Expl. von Konk Dresden 1580.

Helmst = „Verzeichnis der Veränderungen Formulae Concordiae", durch Helmstedter Theologen (Dan. Hoffmann) 1582, vgl. Hutterus 1358—1362, benützt nach dem Original im StArch Hannover, Cal. Br. Arch. Des. 21 B IVe Nr. 49.
U = Bericht Petri Ulneri Abbatis Bergensis zu *Helmst*, Hutterus 1375—1380.
C = StArch Hannover, Celle Br. Arch. Des. 3 Nr. 28, fol. 191, Ergebnis einer auf Befehl Hzg. Wilhelms vorgen. Vergleichung der aus Dresden stammenden Hs FC (= Hs *b*?) mit Konk.

Literatur:

Balthasar, Historie = J. H. Balthasar, Historie des Torgischen Buchs, 7 Stücke, Greifswald 1741/56.
Balthasar, Andere Sammlung = J. H. Balthasar, Andere Sammlung einiger zur Pommerschen Kirchenhistorie gehörigen Schriften, Greifswald 1725.
Bertram. Lüneb. II B = J. Gg. Bertram, Das Evang. Lüneburg oder Reformations- und Kirchen-Historie der Alt-ber. Stadt Lüneb., Braunschw. 1719, Teil II, Beilagen.
Carpzov, Isagoge = J. B. Carpzov, Isagoge in libros eccl. Lutheran. symbol., Lips. 1699.
Corp Doctr. Jul., Bericht = vgl. S. 843, Anm. 1.
Denzinger-Bannwart = H. Denzinger-Cl. Bannwart, Enchiridion Symbolorum, 16. u. 17. Aufl., 1928.
Feddersen = E. Feddersen, Schleswig-Holstein u. d. luther. Konkordie, Schr. Ver. Schlesw. Holst. KG I, 15. 1925.
Hachfeld = H. Hachfeld, Die schwäbische Confession nach e. wolfenb. Hs, Z hist Th NF XXX, 1866.
Heppe III B = H. Heppe, Gesch. d. deutsch. Protestantismus i. d. Jahren 1555—1581, 4 Bde, 1852/59, III, Beilagen.
Heppe, Syn. I B = H. Heppe, Gesch. d. hess. Generalsynoden 1568—1582, I, 1847, Beilagen.
Hospinian = Rod. Hospinian, Concordia Discors: De origine et progressu Formulae Concordiae Bergensis lib. unus, Tiguri 1607.
Hutterus = Leonh. Hutterus (Hütter), Concordia Concors, de Origine et progressu Formulae Concordiae eccl. confess. August. lib. unus, ed. II., Wittemb. 1622; oder ed. novissima, Francof. Lips. 1690.
Hutterus, Explic. = L. Hutterus, Libri Christianae Concordiae Explicatio plena et perspicua, ed. IV., Wittemb. 1652.
Musaeus, Praelectiones = Joh. Musaei ... Praelectiones in Epitomen Form. Conc. ed. ... ab haeredib. Musaei, Jena 1701.
Pressel = Th. Pressel, Zwei Actenstüke zur Genesis der Concordienformel, Jbb. f. dt. Th. XI, 1866.
Pressel, Kurf. Ludwig = Th. Pressel, Churf. Ludwig v. d. Pfalz u. d. Konkordienformel, Z hist Th NF XXXI, 1867.
Pressel, Andreä = Th. Pressel, Die fünf Jahre d. Dr. J. Andreä in Chursachsen, Jbb. f. dt. Th. XXII, 1877. Dazu: Leben u. Wirken von J. A., LB Stuttgart, Cod. hist. Fol. 898 Fasc. VII a.
Rehtmeyer III B = Ph. J. Rehtmeyer, Antiquitates eccl. inclyti Urb. Brunswigae oder der berühmten Stadt Braunschweig Kirchen-Historie, Teil III, Beilagen, Braunschweig 1710.
Schütz, Vita = O. F. Schütz, De vita Dav. Chytraei comment. lib. IV, Hamburg 1720.

⟨Jer. 5⟩ = Schriftbeweis nur aus Konk 1580.
Jer. 5 = Schriftbeweis nur aus Conc 1584.

Vorrede[1]

Allen und jeden, denen dieses unser Schreiben zu lesen fürkompt, entbieten wir, die hernachbenannten der Augsburgischen Konfession zugetane Kurfürsten, Fürsten und Stände im Heiligen Reich Deutscher Nation, nach Erforderung eines jeden Stands und Wirden unsere gebührliche

Omnibus et singulis has nostras lecturis nos, qui iisdem nomina nostra subscripsimus, Augustanae Confessioni 5 addicti electores, principes et Sacri Romani Imperii in Germania ordines pro dignitate et gradu cuiusque nostra studia, amicitiam ac salutem cum officio con-

Abkürzungen:

A = Druck der Vorrede (vgl. S. XLI) mit Randbemerkungen und Korrekturen Andreäs, vermutlich aus Wolfenbüttel und Braunschweig (vgl. S. XLII), Sächs. Hauptstaatsarchiv 10307 VIII Religion Buch 1580.

a = Vorlage für A, Vorrede im Heidelberger Abschied (31. Juli 1579, vgl. S. XLI) nach Abschr. Sächs. Hauptstaatsarch. 10306 VII Rel. Buch 1579.

H = Concordia ... usw., Heydelberg durch Joh. Spies MDLXXXII fol.

J = von Hzg. Julius von Braunschw.-Wolfenb. unterzeichnete Abschrift von A mit Zusätzen (vgl. S. XLII), Sächs. Hauptstaatsarchiv 10305. Der Chur u. Fürsten Subscriptiones ...

P = Pfälzische Fassung (vgl. S. XLI), beigelegt dem Schreiben Kurf. Ludwig an Kurf. August, 20. April 1579, Sächs. Hauptstaatsarch. 10306 VI Rel. Buch 1579.

S = Sächsische Fassung (vgl. S. XLI), hergestellt nach s, p u. C, vgl. Abdruck bei Pressel, Kurf. Ludwig 304—318.

s = halbbrüchig, zugleich mit dem Theologenbericht (fol. 4—49, vgl. S. XLI) u. e. Schreiben des Kurf. August vom 15. Nov. Hzg. Julius zugestellt, Staatsarch. Hannover, Cal. Br. Arch. Des. 21 B IV e Nr. 46 Vol. I fol. 54—68, S-Fassung nach P korrigiert.

p = S-Fassung mit Überarbeitung zu P (Vorlage für P oder erst nach P?) mit P im selben Band.

C = S-Fassung, nach P (abschriftl. im gleichen Band, 217—234, präsentiert 25. Dez. 1579) in der Harburger Kanzlei überarbeitet, Staatsarch. Hannover, Celle Br. Arch. Des. 3 Nr. 28, fol. 36—57. Hff. s, p und C sind je für sich nur in ihren Eigentümlichkeiten gegenüber A, P, S aufgenommen.

Konk = Konk Dresden 1580 A_2—B_6, Abdruck oben S. 3—17.

---

5 Kurfürsten, Fürsten] Kur, Fürsten s Fürsten > a

---

[1]) Vorarbeiten in zeitl. Folge: a) Vorschläge auf e. württemb. Theologenkonvent mit Andreä, Bebenhausen, 23. Sept. 1578 (vgl. Pressel, Kurf. Ludwig 292); b) vielleicht danach und vermutl. von Andreä gestellter Entwurf, abschriftl. im Sächs. Hauptstaatsarch. 10303, Concordia III (fol. 106a/107a): ELECTORES ET PRINCIPES etc. Cum sciamus nobis a Deo Opt. Max. gubernacula reipublicae Christianae commissa esse, non autem satis sit ad subditorum incolumitatem elaborare, nisi in primis eorundem aeternae saluti consulatur, nihil praetermittendum nobis iudicavimus, quod ad tam necessariam gubernationis curam pertinere videretur. Quare cum videremus quaedam inter Augustanae Confessionis theologos magna contentione utrinque et propugnata et defensa, nonnulla autem a fanaticis vafre et malitiose ad corrumpendam et obruendam Evangelii sinceritatem excogitata et iis

Dienst, Freundschaft, gnädigen Gruß und geneigten Willen, auch untertänigste, untertänige und willige Dienst, und hiemit zu wissen:

Nachdem Gott der Allmächtige zu diesen letzten Zeiten der vorgänglichen Welt aus unermeßlicher Lieb, Gnad und Barmherzigkeit dem menschlichen Geschlecht das Licht seines heiligen Evangelii und alleinseligmachenden Worts aus dem aberglaubischen päpstischen Finsternüs deutscher Nation, unserm geliebten Vaterland, rein, lauter und unvorfälscht erscheinen und vorleuchten lassen, und darauf aus göttlicher, prophetischer, apostolischer Schrift ein kurz Be-

Ingens Dei Opt. Max. beneficium est, quod postremis temporibus et in hac mundi senecta pro ineffabili amore, clementia ac misericordia sua humano generi lucem evangelii et verbi sui (per quod solum veram salutem accipimus) post tenebras illas papisticarum superstitionum in Germania, carissima patria nostra, puram et sinceram exoriri et praelucere voluit. Et eam sane ob causam brevis et succincta Confessio ex

10 dem] den *S P*   11 Finsternüs] Finsternussen *S P*, + in *C*

ecclesiae pacem mirifice turbari, pro officii nostri ratione diligenter sane et accurate cogitavimus, quomodo his rebus inveniri remedia ea possent, quae cum pietate et sinceritate Christiana essent coniuncta. Itaque doctissimorum theologorum opera usi tum Concordiae Librum conscribi curavimus, in quo hoc primum agimus, ut fundamenta fidei nostrae Christianae in controversiis ortis quam simplicissime ex scriptis propheticis et apostolicis, praeterea Confessione Augustanae et Smalcaldicis Articulis, tum scriptis similibus proponantur, fanaticorum autem opiniones et corruptelae refutentur. Deinde et hoc spectamus, ut pia laudabilisque pax in ecclesia inveniatur et conservetur. Quae sane duae res mortalium generi ut inprimis necessariae ac fructuosae ita ab omnibus in negotio religionis certatim expetendae sunt. Nec dubium est, pios et cordatos homines hoc consilium nostrum non modo perturbaturos, sed memoriam summi illius beneficii grato animo perpetuo conservaturos esse: quemadmodum etiam tot hominum doctorum subscriptiones luculenter testantur. At vero cum hic liber Germanico idiomate conscriptus exteris nationibus, quae Germanice non sciunt, quasi clausus videri potuerit, nisi Latinitati etiam donaretur, et ea ratione non nostris tantum hominibus, sed quam pluribus aliis communicaretur, visum est nobis per homines eruditos et singulari pietate et candore praeditos hunc Concordiae Librum in Latinam linguam convertendum esse. Quanquam enim non dubitaremus satis multos esse futuros, qui nemine iubente hoc essent aggressuri, tamen cum animadverteremus ea quoque in re periculum et quidem non vulgare posse exsistere, nisi diligens cautio adhiberetur, idoneos homines ei translationi praefecimus. Neque enim ignotum est ex superiorum temporum historia, fuisse quosdam parum fides, qui cum in omnes occasiones evertendae veritatis intenti essent, praeclarissimorum virorum libros suis conversionibus adulterarent, cum aut mutilos aut certe ad institutum suum ancipiti versione detortos, pro veris et genuinis hominibus exteris obtruderent, quod sane ne et in huius libri translatione fieret, nec piis hominibus imponeretur, operam dedimus, ut hic Concordiae Liber, quemadmodum Germanice ad captum omnium luculenter scriptus est, ita in peregrina etiam lingua germanam faciem retineret veramque de his tantis rebus sententiam et quidem sine omni ambiguitate iis explicaret, qui de nostro idiomate iudicare non possent. Quare, lector, hoc labore, qui in tuam gratiam uno ad aeternam multorum salutem institutus est, fruere. Certo enim confirmare possumus, si eum absque praeiudicio, animo, ut par est, candide legeris, te primo omnipotenti Deo, deinde omnibus iis, qui eo ardendo elaborarunt, gratias acturum esse, quod tanta perspicuitate, brevitate, candore de rebus ad bene beateque inveniendum erudiaris. Dominus pacis et concordiae spiritu sancto suo efficiat, ut quemadmodum is liber ad veras concordiae pacisque rationes summa cura diligentiaque compositus est, ita eum fructum, quem boni viri avidissime exspectant, cumulatissime et quidem ab omnibus auferat. Bene et feliciter vale ⟨fol. 107b: Copey von der Praefation oder lateinischen Vorrede vor das Concordienbuch⟩. „Translation der lateinischen praefation" fol. 108a/110b: **Jn Namen der dreier weltlichen Kurfürsten dem christlichen Leser.** Nachdem

kanntnüs zusammengefasset, so auf dem Reichstag zu Augsburg Anno etc. 30. weiland Kaiser Carolo dem Fünften hochlöblichster Gedächtnus von unsern gottseligen und christlichen Vorfahren in deutscher und lateinischer Sprach übergeben, für ¹allen Ständen des Reichs dargetan und öffentlich durch die ganze Christenheit in der weiten Welt ausgebreitet worden und erschollen ist:

Als haben sich folgents zu solchem Bekenntnüs viel Kirchen und Schulen als

verbo Dei et sacrosanctis prophetarum et apostolorum scriptis collecta est, quae etiam in comitiis Augustanis anno 1530. Imperatori Carolo Quinto excellentis memoriae a pientissimis maioribus nostris Germanico et Latino idiomate oblata et ordinibus Imperii proposita, denique publice ad omnes homines Christianam doctrinam profitentes adeoque in totum terrarum orbem sparsa ubique percrebuit et in ore et sermone omnium esse coepit.

Hanc deinceps Confessionem multae ecclesiae et academiae ut symbolum

---

3 Carolo] Carlen P

---

wir wissen, daß uns von dem allmächtigen Gott die Regierung der Christen befohlen, und aber unserm Ampt noch nicht gnug geschehen, wann wir unsere Untertanen leiblich schützen, es sei dann, daß auch ihnen zu ihrem ewigen Heil geraten, haben wir darfür geachtet, daß nichts zu unterlassen, was zu solcher gottseliger Sorge der Regierung vonnöten sein möchte.

Demnach als wir gesehen, daß Streit unter den Theologen Augsburgischer Confession entstanden und in etlichen Artikeln hart gegen- und widereinander zu beiden Teilen geschrieben, etlichs aber von den Schwarm- und Irrgeistern boshaftig und mutwillig, die reine Lehr des Evangelii zu verfälschen, erdichtet, dardurch der Friede und Einigkeit der Kürchen uf mancherlei Weise betriebt worden, haben wir, vermöge unsers tragenden Ampts, mit besonderem Fleiß Nachdenken gehabt, wie durch ein heilsame Arznei diesen Dingen also begegnet und abgeholfen werden mochte, darmit der Gottseligkeit und christlichen, unverfälschten Wahrheit nichts abgebrochen würde.

Haben demnach diese Verordnung getan, daß durch etlicher gelehrten und reiner Theologen Zutun dies Buch der Concordi zusammengetragen, in wölchem erstlich dahin gesehen, daß der Grund unsers christlichen Glaubens in den eingefallenen Religionsstreiten auf das allereinfältigst und beständigst aus den Schriften der Propheten und Aposteln, desgleichen aus der Augsburgischen Confession, Schmalkaldischen Artikeln und dergleichen Schriften dargetan, dargegen aber der Schwarmgeister irrige Meinungen und Verfälschungen widerlegt. Nachmals daß auch ein gottgefällige, lobliche Einigkeit in der Kürchen gefunden und erhalten werden möge, wölches beides, wie es dem menschlichen Geschlecht besunders notwendig und nützlich, also billich auch alle Menschen, besunders in Glaubenssachen, mit allem Fleiß darnach trachten sollen.

Und ist kein Zweifel, es werden alle frummen Herzen sollich unser Vormahnen ihnen nicht allein wohlgefallen lassen, sunder auch derselben mit dankbarm Gemüt nimmermehr vergessen, wie dann sollichs so vieler gelehrter Männer subscriptiones offenbarlich bezeugen.

Dieweil aber dies Buch anfangs teusch geschrieben und also den ausländischen Königreichen, so der teuschen Sprach nicht erfahren, gleich als ein unbekannt und beschlossen Buch bleiben möchte, da es nicht in die lateinische Sprach dolmetschet werden, nicht allein unsern Undertonen im teuschen Land, sunder auch vielen andern Ausländischen mitgeteilet werden möcht, haben wir für gut angesehen, daß mehrermelt Buch durch gelehrte, gottesförchtige Männer, so eines aufrichtigen Gemüts und reiner Lehr mit Herzen zugeton, in die lateinische Sprach gebracht worden. Dann ob wir wohl in keinen Zweifel gesetzt, daß sich ihre viel finden würden, wölche sich, auch ohne Befehlch, solcher Arbeit für sich selbst unterstehen möchten, jedoch wann wir darneben auch bedenken, daß sollichs nicht ohne, darzu nicht geringe, Gefahr, demnach haben wir mit besonderm Fleiß geschickte und aufrichtige Leut darzu verordnen wöllen.

Wie dann unverborgen, und die Erfahrung in etlichen vergangenen Jahren gnugsam gelehret und ausgewiesen, daß sich etlich gefunden, so im Glauben nicht richtig gewesen, die alle Gelegenheit gesucht, die göttliche Wahrheit zu verkehren, wölche vortrefflicher Männer Bücher durch ihre Dolmetschung gefälschet, nachmals dieselbige eintweder abgekürzt und gestimmelt, oder durch zweifelhaftige, zweizüngige Dolmetschung auf den Schlag ihrer irrigen Lehr gerichtet und also für der Autorum wahrhaftige und eigentliche Meinung frembden Landen zugeschoben haben.

dieser Zeit zum Symbolo ihres Glaubens in den fürnehmbsten streitigen Artikeln wider das Papsttumb und allerlei Rotten bekennet und darauf in christlichem, einmütigen Vorstand und ohne einigen Streit und Zweifel sich gezogen, berufen, und die darin begriffene und in göttlicher Schrift wohlgegründte, auch in den bewährten alten Symbolis kurz vorfaßte Lehr vor den einigen alten und von der allgemeinen rechtlehrenden Kirchen Christi geglaubten, wider viel Ketzereien und Irrtumben erstrittenen und wiederholeten Konsens erkannt, fest und beständig gehalten.

Was aber bald auf den christlichen Abschied des hocherleuchten und gottseligen Mannes Dokt. Martini Luthers in unserm geliebten Vaterland deutscher Nation für ganz gefährliche Läufte und beschwerliche Unruhe erfolget, und wie bei solchem sorglichen Zustand und Zerrüttung der wohlgefaßten Regiment der Feind des menschlichen Geschlechts sich bemühet, seinen Samen, falsche Lehre und Uneinigkeit, auszusprengen, in Kirchen und Schulen schäd-

quoddam horum temporum in praecipuis fidei articulis, praesertim controversis illis contra Romanenses et varias corruptelas doctrinae coelestis, complexae sunt et defenderunt et perpetuo consensu ad eam absque omni controversia et dubitatione provocaverunt.

Doctrinam etiam in illa comprehensam, quam scirent et solidis scripturae testimoniis suffultam et a veteribus receptisque symbolis approbatam, unicum et perpetuum illum vere sentientis ecclesiae ac contra multiplices haereses et errores olim defensum, nunc autem repetitum consensum esse constanter iudicaverunt.

At vero ignotum nemini esse potest, statim posteaquam summa pietate praeditus et praestantissimus heros D. Martinus Lutherus rebus eximeretur humanis, dulcem patriam nostram Germaniam periculosissima tempora et rerum perturbationes gravissimas excepisse. In quibus sane difficultatibus et reipublicae ante florentis optimeque constitutae misera distractione hostis ille mortalium astute laboravit, ut semina falsae doc-

13 wiederholeten] wiederholenden *P*   25 falsche] falscher *s*

Darmit nun dergleichen sich auch nicht mit diesem Buch der Concordi zutragen, und also fromme Leut betrogen werden möchten, haben wir diese fleißige Verordnung geton, daß vielermelt Buch, wie es auf das allerhellest in teuscher Sprach für allermänniglich begriffen, auf gleiche Weise auch in der lateinischen Sprach an Tag gegeben würdt, darin die göttlich Wahrheit von so hohen göttlichen Sachen ohn allen Zweifel auch den Ausländischen erkläret, wölche unserer teuschen Sprach unerfahren sonst nicht verneimen könnten.

Demnach wollest du, christlicher Leser, weil solches dir wie auch allen frommen Christen zu gutem und derselben ewigen Heil vorgenommen, es mit Dank annehmen und gebrauchen. Dann wir dir für gewiß versprechen können, wenn du dies Buch ohne beschwerlich Vorurteil mit freiem Gemüt lesen wirst, daß du zuvorderst dem allmächtigen Gott, nachmals auch allen denen danken würst, die an solchem, und daß es an Tag gebracht, gearbeitet haben. Dardurch du so deutlich, kurz und runde von so hohen, wichtigen Sachen unterwiesen, welche zur Gottseligkeit und christlichem Leben erfordert werden.

Der Gott des Friedens und der Einigkeit wölle mit seinem H. Geist verschaffen, wie sollichs Buch zu Anstellung und Erhaltung christlichs Friedes und Einigkeit mit höchstem Fleiß verfasset, daß es auch solche Früchte, wie alle frommen Herzen mit höchster Begierd warten, überflüssig bei allermänniglich schaffe. Hiemit Gott befohlen.

c) Schmalkald. Abschied, 18. Okt. 1578, Hutterus 653—697, vgl. Pressel, Kurf. Ludwig 294ff.   d) Vorrede in der Fassung von *S.*, Andreäs Entwurf, verändert in Jüterbog, 26. Jan. 1579; vgl. Pressel, Kurf. Ludwig, 304—318.   e) Theologenbericht, Nov. 1578 von Andreä gestellt, in Jüterbog überarbeitet, Abdruck bei Pressel, Zwei Aktenstücke usw. Jbb. f. dt. Theol. XI 711—742.   f) Vorrede in der Fassung von *P*, in Heidelberg überarbeitete *S*-Gestalt.   g) „Historica narratio", gestellt in Anlehnung an *S* und *P* durch Hartmann Pistorius, Febr. (?) 1579, Konzept. i. Sächs. Hauptstaatsarch. 10306 VI Rel., Buch. 1579. Vgl. dazu S. XLI; führt zum oben wiedergegeb. Text des Heidelb. Abschieds (*A*), 31. Juli 1579. Veränderungen zwischen *A* und Konf: vornehmlich durch Hzg. Julius und die niedersächs. Städte; vgl. Pressel, Kurf. Ludwig 531ff. 542ff., ein ausführl. Schreiben Chemnitzens an Kurf. August (11. Jan. 1580) und das darauf ruhende Verzeichnis von zu bessernden Stellen: Pressel 538f.; dazu S. XLII und S. 744 Anm. 10; S. 761 Anm. 1.   Schlußredaktion: 25. Febr./1. März 1580, Kloster Bergen, durch Andreä und Chemnitz.

Vorrede.

liche und ärgerliche Spaltung zu erregen, damit die reine Lehre Gottes Worts zu verfälschen, das Band der christlichen Lieb und Einmütigkeit zu trennen und den Lauf des heiligen Evangelii hier durch merklich zu vorhindern und aufzuhalten, und welchergestalt dahero die Widersacher der göttlichen Wahrheit Ursach genommen, uns und unsere Schulen und Kirchen übel auszurufen, ihre Irrtumb zu bemänteln und die armen verirreten Gewissen vom Erkenntnus der reinen evangelischen Lehre abzuwenden und desto williger unter dem päpstischen Joch und Zwang wie auch unter andern wider Gottes Wort streitigen Irrtumben[1] zu halten, solches ist zwar männiglichen bewußt, offenbar und unvorborgen.

Wiewohl wir nun nichts liebers gesehen und von dem Allmächtigen gewünscht und gebeten, dann daß unsere Kirchen und Schulen in der Lehre Gottes Worts, auch lieblicher, christlicher Einigkeit erhalten und wie bei Lebzeiten Doktor Luthers nach Anleitung Gottes Worts christlich und wohl angestellt und fortgepflanzt werden möchten: so ist doch gleichergestalt wie noch bei der heiligen Aposteln[2] Leben in den Kirchen, darinnen sie das reine, lautere Wort Gottes selbst gepflanzet, durch falsche Lehrer vorkehrete Lehr eingeschoben worden, also auch ist unsere Kirchen umb unserer und der undankbaren Welt Unbußfertigkeit und Sünde willen vorhängt worden.

Derwegen wir dann uns unsers von Gott befohlenen und tragenden Ampts erinnert und nicht unterlassen haben, unsern Fleiß dahin anzuwenden, damit in unsern Landen und Gebieten denselben darin eingeführten und je länger je mehr einschleichenden falschen vorfürischen Lehren gesteuret und unsere Untertanen auf rechter Bahn der einmal erkannten und bekannten göttlichen Wahrheit erhalten und nicht davon abgeführet werden möchten. Inmaßen dann unsere löbliche Vorfahren und zum Teil wir auch derwegen uns zu dem Ende miteinander zu Frankfurt am Main des 58. Jahrs

trinae et dissensiones in ecclesiis et scholis spargeret, dissidia cum offendiculo coniuncta excitaret atque his suis artibus puritatem doctrinae coelestis corrumperet, vinculum caritatis Christianae et pium consensum solveret, sacrosancti evangelii cursum maiorem in modum impediret et retardaret.

Notum etiam universis est, qua ratione hostes veritatis coelestis inde occasiones arripuerint, ut ecclesiis et academiis nostris detraherent, suis erroribus integumenta invenirent, pavidas errantesque conscientias a puritate doctrinae evangelicae abstraherent, ut illis in ferendo et tolerando iugo servitutis pontificiae et amplectendis reliquis etiam corruptelis cum verbo Dei pugnantibus obsequentioribus uterentur.

Nobis profecto nihil vel gratius accidere poterat, vel quod maiore animorum contentione et precibus a Deo Opt. Max. petendum iudicaremus, quam ut nostrae et ecclesiae et scholae in sincera doctrina verbi Dei ac exoptata illa et pia animorum consensione perseverassent et, quod Luthero adhuc superstite fiebat, pie et praeclare secundum regulam verbi Dei institutae et propagatae ad posteritatem fuissent.

Animadvertimus autem, quemadmodum temporibus apostolorum in eas ecclesias, in quibus ipsi evangelium Christi plantaverant, per falsos fratres corruptelae introductae fuerunt, ita propter nostra peccata et horum temporum dissolutionem tale quid irato Deo contra nostras quoque ecclesias permissum.

Quare nostri officii, quod divinitus nobis iniunctum esse novimus, memores in eam curam diligenter nobis incumbendum existimamus, ut in provinciis et ditionibus nostris falsis dogmatibus, quae ibi sparsa sunt et subinde magis magisque sese quasi in consuetudinem et familiaritatem hominum insinuant, occurratur et imperio nostro subiecti in recta pietatis via et agnita et hactenus constanter retenta defensaque veritate doctrinae coelestis perseverent, nec ab ea se abduci patiantur.

Qua sane in re partim antecessores

---

1 Spaltung] Spaltungen s   8 Ursach] Scheinursachen s   14/15 wie bis Irrtumben > S   23 der + reinen S P, + >reinen< a   23/4 lieblicher] leiblicher P   31 Lehrer] Bruder S   43/44 =selben bis mehr > S   47 erkannten und bekannten ~ a   52 58.] 1558. Konk

[1]) Vornehmlich „Sakramentierer", Zwinglianer und Kalvinisten.   [2]) 2 Tim. 4, 3. 4;
1. Joh. 4, 1; 2. Petr. 2, 1.

bei der damals fürgestandenen Gelegenheit des gehaltenen Kurfürstentages[1] eines ⟨christlichen⟩[2] Abschieds und dahin vorglichen, daß wir in einer gemeinen Versammlung zuhaufkommen und von etlichen Sachen, die von unsern Widerwärtigen uns und unseren Kirchen und Schulen zum ärgsten gedeutet worden, „notdürftiglichen und freundlichen unterreden"[3] wollten.

Darauf dann folgents unsere selige Vorfahren und zum mehrern Teil wir uns gegen

nostri laudatissimi, partim nos elaborare studuimus, cum anno Christi 1558. Francofurti ad Moenum oblata comitiorum (quae tum ab electoribus habebantur) occasione communibus votis in eam sententiam itum est, peculiarem et communem conventum habendum esse, in quo de iis rebus, quae ab adversariis ecclesiis et academiis nostris odiose per calumniam obiicerentur, solide et familiariter tamen inter nos ageretur.

Et quidem post deliberationes illas antecessores nostri piae excellentisque

WB1 a 7a

2/3 eines bis und]: [eines christlichen Abschiedes und] S   christlichen > J Konk H; in A von der Hand Andreäs getilgt; in dem von Hzg. Ulrich von Mecklenburg unterzeichneten Expl. (Sächs. Hauptstaatsarch. 10305, Der Chur und Fürsten ... subscriptiones f. 471 ff.): christlichen] wohlgemeinten; im unterschriebenen Expl. von Schwäb. Hall (10308, Praefationes, so von etlichen Städten subscribiert ... Stück 16): christlichen] fürstlichen; vgl. dazu Anm. 2   3 und] uns P J   8 freundlichen + uns Konk   13 mehrern > Konk H

[1] Februar/März 1558 gelegentlich der Kaiserwahl Ferdinands I.; Kurfürsten: Ott Heinrich—Pfalz, August—Sachsen, Joachim II.—Brandenburg; dazu Fürsten: Pfalzgraf Wolfgang—Pfalz-Zweibrücken, Hzg. Christoph—Württemberg, Landgr. Philipp—Hessen; Verhandlungen über Beseitigung der auf dem Wormser Kolloquium Sept. 1557 offenkundig gewordenen Spaltung zwischen Philippisten (Wittenberg, Albertiner) und Gnesiolutheranern (Jena, Ernestiner). Rezeß (CR IX 489—507) vom 18. März („Frankforter Buch", Formula pacis Froncofordianae auf Grund eines Gutachtens Melanchthons (CR IX 365—378): Glaubensbekenntnis der sechs Fürsten über Rechtfertigung, gute Werke, Abendmahl, Adiaphora, Abkommen über Vereinbarung in etwaigen anderen Streitfragen und Druckereizensur; anstatt einer vorerst unsicheren Generalsynode als Grundlage für eine Einigung aller evangelischen Stände. Nicht nur die Gnesiolutheraner in Jena (Flacius, Refutatio Samaritani Interim, Weimarer Konfutationsbuch 1559 u. a. Schrr.), sondern auch Gemäßigtere wenden sich gegen die bewußte Unklarheit und Weite dieses Bekenntnisses; vgl. S. 749,21 ff., RE³ VI 169—172, Chr. A. Salig, Vollst. Historie der Augsb. Confession u. derselben zugetan. Kirchen III 365 ff., 1735.   [2] „christlichen" in S, P, a, A und daher, namentl. in Süddeutschland, vielfach mitunterzeichnet (Abschrr. mit Originalfertigungen im Sächs. Hauptstaatsarch. 10305, Der Chur und Fürsten Subscript..., 10307 Form. Conc. cum Praef., 10308 Praef., so von etl. Grafen u. Herren..., Praef., so von etl. Städten...). Nach Andreä (1580 gegenüber Hzg. Julius, 8. Jan., u. Kurf. Ludwig, Mai) ist das Wort nur durch ein Schreiberversehen in der a zugrundeliegenden 2. Jüterbog. fassung der Vorrede stehen geblieben (Pressel, Kurf. Ludw. 574) und dann in Heidelberg übersehen worden. Zu Kassel (21./31. Okt.) und Dessau (9./12. Nov.) hätten die kurpfälz. Abgeordneten der Streichung zugestimmt (vgl. Pressel 556). Kurf. Ludwig bleibt gleichwohl nachdrücklich bei der fassung des Heidelb. Abschieds, zumal die Vorrede in dieser Gestalt von vielen unterzeichnet sei (Pressel, 565 f., 570 f.), und gibt erst nach langen Verhandlungen nach (13. Juni 1580, Pressel 587). Die Streichung des Wortes aus A erfolgt vor allem auf niedersächs. Einspruch (für die Städte vgl. Pressel 538 f. und den vorhergehend. Brief Chemnitzens an Kf. August, 11. Jan. 1580) gemäß der ablehnenden Stellung zu Frankfurt 1558 und Naumburg 1561 (vgl. A. 1 u. S. 745, A. 1). Daher ersetzt Hzg. Ulrich-Meckl. „christlichen" durch „wohlgemeinten" (obwohl er nach dem Fakultätsgutachten vom 15. Dez. die Streichung lieber sähe [Begleitschr. 31. Dez. 1579 an die drei Kurf.], wie auch die Fakultät früher, Lib. Fac. Theol. I, 226/7, der fassung S den Vorzug vor P gegeben) und andere ähnlich; vgl. App. 3. Stelle und S. 749,24. Hzg. Julius fordert die Tilgung auf Grund e. Helmst. Fakultätsbedenkens (Febr. 1579), das die Unterdrückung der Abschiede wünscht, da der Werbeerfolg ihrer Erwähnung der voraussichtl. Abwendung vieler Freunde der FC nicht entsprechen dürfte, und e. schroffen Gutachten des Heßhus (25. Okt.) über den „auf Schrauben gesetzten ... Cothurnus" des Frankf. Abschieds, der Lehrverfälschungen vertusche, verstreiche, verkleistere"; dazu Pressel, Kurf. Ludwig 531 ff.   [3] CR IX 492.

der Naumburg¹ in Thöringen zusammengetan, mehrgedachte Augsburgische Konfession, so Kaiser Karl dem V. in der großen Reichsversammlung zu Augsburg Anno etc. 30. überantwortet, an die Hand genommen und solch christlich Bekanntnus, so auf das Zeugnüs der unwandelbaren Wahrheit göttliches Worts gegründet, damit künftiglichen auch unsere Nachkommen vor unreiner, falscher und dem Wort Gottes widerwärtiger Lehre, soviel an uns, zu warnen und zu verwahren, abermals einhelliglichen subscribiert und solchergestalt gegen der Röm. Kais. Majestät, unserm allergnädigsten Herrn, und sonsten männiglichen bezeuget und dargetan, daß unser Gemüt und Meinung gar nicht wäre, einige andere oder neue Lehre anzunehmen, zu vorteidigen oder auszubreiten, sondern bei der zu Augsburg Anno etc. 30. einmal erkannten und bekannten Wahrheit vormittelst göttlicher Vorleihung beständiglich zu vorharren und zu bleiben, der Zuvorsicht und Hoffnung, es sollten nicht allein dardurch die Widersacher der reinen evangelischen Lehr von ihrem erdichten Lästern und Vorunglimpfung wider uns abgestanden und andere gutherzige Leut durch „solche unsere wiederholete und repetierte Bekenntnus erinnert und angereizet worden sein", mit desto mehrerm Ernst der

memoriae et partim etiam nos Numburgi in Turingia congressi sumus. Et tum Augustanam Confessionem (cuius iam aliquoties meminimus) Imperatori Carolo Quinto in frequentioribus illis imperii comitiis Augustae anno 1530. habitis oblatam in manus sumpsimus et piae illi Confessioni, quae solidis testimoniis immotae ac in verbo Dei expressae veritatis superstructa est, tum una mente omnes subscripsimus. Videlicet ut ea ratione posteritati consuleremus et, quantum quidem in nobis erat, auctores et monitores essemus ad vitanda falsa dogmata, quae cum verbo Dei pugnarent. Idque eo consilio fecimus, ut apud Caesaream Maiestatem Dominum nostrum clementissimum, deinde in universum apud omnes testificatio sempiterna exstaret, nunquam in animum nos induxisse, novum aliquod et peregrinum dogma vel defendere vel spargere velle, sed cupere, eam veritatem, quam Augustae anno 1530. professi sumus, Deo nos iuvante constanter tueri ac retinere.

Fuimus etiam in spem non dubiam adducti, fore, ut ea ratione non solum ii, qui puriori doctrinae evangelicae adversantur, a confictis criminationibus et accusationibus abstinerent, sed alii etiam

---

5 etc. 30.] 1530. Konf   9 auch] auf *s*   12/3 subscribiert] unterschrieben Konf *H*
20 etc. 30.] 1530. Konf   erkannten und bekannten ~ *s*

---

¹) 20. Jan./1. Febr. 1561 von Hzg. Christoph—Württemberg u. Joh. Friedr.—Sachsen betrieben und nach Gewinnung Kurf. Friedr. III.—Pfalz u. August—Sachsen, ferner Landgr. Philipp—Hessen u. Pfalzgr. Wolfgang—Zweibrücken durch e. Ausschreiben des Kurf. August — neue Unterzeichnung der CA 1530 (nach Vorschlag Joh. Friedrichs) angesichts d. bevorst. Wiedereröffnung des Tridentinums (26. Nov. 1560 angek.) — einberufen; in den Verhandlungen trifft man auf die Verschiedenheiten der Texte CA neben der Differenz zwischen Kurf. Friedr. III. u. August einerseits, die CA 1540 (da ihr Art. X transsubstantiatische Verfälschung ausschließe), und den andern, die CA 1530 unterschreiben wollen. Der von Hzg. Ulrich mitgebrachte Chyträus erstrebt Unterzeichnung der CA invar. samt Art. Smalc. gegenüber der melanchthon CA var., für die Kurf. Friedr. III. als „gute u. christl. Erklärung der ersten Konfession" eintritt. Einigung auf den deutschen Text der Witt. Quartausg. 1530/1 und — auf Betreiben Friedrichs — den lat. der Oktavausgabe 1531 (vgl. RE³ XIII 665) samt einer von beiden Kurf. entworfenen Präfatio (G. G. Weber, Krit. Gesch. d. Augsb. Conf. II 1784, Anhang F vff.) an den Kaiser, die das Bekenntnis zu CA 1530 ausspricht, aber auch das zu CA 1540, durch die die CA invar. „etwas stattlicher und ausführlicher wiederholet, auch aus Grund H. Schrift erkläret und gemehret ist", aufrecht erhält und das zur Apologie wiederholt; dazu die Transsubstantiation abweisende Erklärung zum Abendmahl. Unterzeichner: beide Kurf., Philipp, Christoph, Karl v. Baden, u. durch ihre Räte Joh. u. Gg. Friedr. v. Brandenburg, Pfalzgr. Wolfgang, Pommern, Anhalt, Henneberg. Joh. Friedrich u. Hzg. Ulrich verweigern die Unterschrift; ihrem Beispiel folgen vor allem Niedersachsen u. d. Seestädte; vgl. S. 744, Anm. 1 u. S. 749, 21ff. Chr. A. Salig, Vollst. Hist. d. Augsb. Conf. III 653/715, 1735. Gelbke, D. Naumb. Fürstentag 1793. R. Calinich, D. Naumb. Fürstentag 1561, 1870. Heppe I 364ff. Schmid, D. Kampf d. luth. Kirche um Luthers Lehre v. Abendmahl 319ff., 337, 1868 RE³ XIII 661; der Bericht in der Vorrede in oben gekennzeichneter wörtlicher Anlehnung an das nach Jüterbog gebrachte naumburgische Aktenmaterial (Abschied).

Wahrheit des alleinseligmachenden göttlichen Worts nachzuforschen, beizupflichten und zu ihrer Seelen Heil und ewigen Wohlfahrt darbei ohne einige fernere disputation und Gezänk christlich zu bleiben und zu verharren.

Wir haben aber dessen allen ungeachtet nicht ohne Beschwerung erfahren müssen, daß diese unsere Erklärung und Wiederholung unserer vorigen christlichen Bekanntnüs bei den Widersachern wenig geachtet, noch hierdurch wir oder unsere Kirchen der ausgesprengten beschwerlichen Nachreden erlediget, sondern von den andern unsern und unserer christlichen Religion widerwärtigen und irrigen Opinionsverwandten auch solche wohlmeinende Handlung nochmals dahin verstanden und gedeutet worden, als sollten wir unsers Glaubens und Religionsbekenntnüs so ungewiß sein und dasselbe so viel und oft verändert haben, daß weder wir noch unsere Theologen wissen mögen, welches die rechte und einmal übergebene Augsburgische Confession sei; durch welch ungegründ Vorgeben viel frommer Herzen von unsern Kirchen und Schulen, Lehr, Glauben und Bekanntnüs abgeschreckt und abgehalten werden. Darzu auch dieser Unrat kommen, daß unter dem Namen vielgedachter Augsburgischen Confession die widerwärtige Lehre vom heiligen Sakrament des Leibes und Bluts Christi und andere irrige opinionen hin und wieder in Kirchen und Schulen eingeschoben worden.

Wann dann solches etliche gottfürchtige, friedliebende und gelehrte Theologen[1] vormerkt und wohl gesehen, daß diesen falschen Verleumbdungen und denen täglich weiter einreißenden Religionsstreiten besser nicht zu begegnen, dann so die eingefallenen Spaltungen von allen streitigen Artikeln gründlich und eigentlich aus Gottes Wort erkläret, entscheiden und falsche Lehr ausgesetzt und

boni et cordati homines hac nostra iterata et repetita confessione invitarentur, ut maiori studio et cura veritatem coelestis doctrinae (quae sola nobis ad salutem ductrix est) quaererent et investigarent et in ea saluti animae ac aeternae felicitati suae consulturi repudiatis in posterum omnibus controversiis et disceptationibus acquiescerent.

Sed non absque animi perturbatione certiores facti sumus hanc nostram declarationem ac repetitionem illam piae Confessionis apud adversarios parum admodum ponderis habuisse, nec nos et ecclesias nostras calumniis praeiudiciorum, quae contra nos illi in vulgus sane gravissima sparserant, liberatas. Esse etiam ab adversariis verae religionis ea, quae nos optimo animo et consilio fecimus, in eam partem accepta, perinde ac si incerti de religione nostra essemus eamque toties in alias atque alias formulas transfuderimus, ut nec nobis nec theologis nostris constaret, quae illa olim Augustae Imperatori oblata Confessio esset.

Haec adversariorum commenta multos bonos ab ecclesiis, scholis, doctrina, fide et Confessione nostra absterruerunt et abalienaverunt.

Ad haec incommoda id etiam accessit, quod sub praetextu Augustanae Confessionis dogma illud pugnans cum institutione sacrae coenae corporis et sanguinis Christi et aliae etiam corruptelae passim et in ecclesias et in scholas introducerentur.

Quae omnia cum nonnulli pii, pacis et concordiae amantes, praeterea etiam docti theologi animadvertissent, iudicarunt calumniis illis et subinde magis magisque crescentibus dissidiis in religione rectius occurri non posse, quam si controversi articuli ex verbo Dei solide accurateque declararentur et explicarentur, falsa dogmata reiicerentur

---

10 Wir bis aber] So haben wir doch Erklärungen P   17/9 von bis Opinions-] des andern Teils Religions + S   [7 unsern] uns P   20 nochmals] nachmals P   23/4 viel und oft ~ H   23/24 und dasselbe bis haben a a. R.   31 werden] worden Konk P   32 unter + den Theologen mehrgedachter Augsburgischer Konfession die erregete ärgerliche Spaltungen von hohen und fürnehmen Artikuln unsers christlichen Glaubens von Tage zu Tag überhand genommen, dardurch unserer Widersacher Lästerung gestärket und einfältige Herzen in ihrem Glauben irregemacht und nicht wenig betrübet, sonderlich aber weil unter S   35/36 und bis opinionen > P, urspr. p C   43/4 Spaltungen] Spaltung P

21 essemus] simus

---

[1]) Vgl. S. XXXIII ff.

verworfen, die göttliche Wahrheit aber lauter bekennet, dardurch den Widersachern mit beständigem Grunde der Mund gestopft und den einfältigen frommen Herzen richtige Erklärung und Anleitung vorgestellt würde, wie sie sich in solchen Zwiespalt schicken und künftiglich durch Gottes Gnade für falscher Lehre bewahret werden möchten.

So haben obgedachte Theologen[1] sich anfänglich durch ausführliche Schriften aus Gottes Wort gegeneinander deutlich und richtig erkläret, welchergestalt mehrgedachte ärgerliche Spaltungen ohne Verrückung der göttlichen Wahrheit beigelegt und aufgehoben und dardurch den Widersachern aller gesuchter Schein und Ursach zu lästern abgestrickt und benommen wer den könnte. Entlichen auch die streitigen Artikel vor die Hand genommen, in Gottesfurcht betrachtet, erwogen, erkläret und, wie die eingefallene Spaltungen christlich zu entscheiden, in eine Schrift verfasset.

Und als uns zum Teil von solchem christlichen Werk Bericht einkommen, haben wir darob nicht allein ein gutes Gefallen gehabt, sondern dasselbe auch mit christlichem Ernst und Eifer zu befördern uns vonwegen unsers tragenden und von Gott befohlenen Ambts schuldig geachtet[2].

Und demnach wir, der Kurfürst zu Sachsen etc., mit Rat und Zutuen etzlicher unserer Religionsverwandten Kur- und Fürsten zu Beförderung der christlichen Lehrer Einigkeit etzliche vornehme, unvordächtige, wohlerfahrne und gelehrte Theologen gegen Torgau der wenigern Zahl im 76. Jahr zusammenberufen, welche sich miteinander von den streitigen Artikeln und der jetzt angezogenen derhalben gefaßten schriftlichen Vorgleichung christlich unterredet und mit Anrufung Gottes des Allmächtigen zu seinem Lob und Ehre entlichen mit gutem Bedacht und sorgfältigem Fleiß durch besondere Gnade des Heiligen Geistes alles, so hierzu gehörig und notwendig, in gute Ordnung zusammengefasset und in ein Buch gebracht haben, welches hernach etzlichen vielen der Augsburgischen Confession verwandten

et damnarentur: contra autem divinitus tradita veritas diserte et luculenter proponeretur; ut qui sibi persuaderent, hac ratione et adversariis silentium imponi et simplicioribus et piis viam ac rationem certam demonstrari posse, quomodo porro in his se dissidiis gerere et in posterum etiam divina adiuti gratia corruptelas doctrinae vitare possent.

Principio igitur theologi scripta quaedam hac de re eaque satis prolixa et ex verbo Dei desumpta inter se communicarunt, quibus diserte et dextre ostenderunt, quomodo controversiae illae cum offensione ecclesiarum coniunctae absque ulla veritatis evangelicae iactura sopiri et tolli e medio possent; ita enim futurum, ut adversariis occasiones et praetextus ad calumniam quaesiti praeciderentur et eriperentur. Postremo articulos controversos in manus sumptos accurate et religiose perpenderunt et declararunt adeoque scripto quodam peculiari complexi sunt, qua via ac ratione dissidia illa exorta recte et pie componi possent.

Nos autem de hoc pio theologorum proposito facti certiores non modo id probavimus, sed magno etiam studio ac zelo pro ratione muneris et officii divinitus nobis commissi promovendum nobis esse iudicavimus.

Ac proinde nos, Dei gratia Dux Saxoniae, Elector etc. de consilio quorundam etiam aliorum electorum et principum in religione nobiscum consentientium ad provehendum pium illud inter doctores ecclesiae concordiae institutum eximios quosdam minimeque suspectos, exercitatos etiam et singulari eruditione praeditos theologos Torgam anno septuagesimo sexto evocavimus.

Hi cum fuissent congressi de articulis controversis et scripto pacificationis (cuius paulo ante meminimus) religiose inter se contulerunt.

Et quidem primum precibus piis ad Deum Opt. Max. eiusque laudem et gloriam susceptis, cura deinde et diligentia singulari (iuvante eos Domini spiritu gratia sua) omnia ea, quae ad

---

13 mehrgedachte] mehrgemelte *s*   21/22 eingefallene *bis* christlich] christlichen Spaltungen *Müller*   28 ein > *s*   34 etc. > *P*   etzlicher > *S*   48 Ordnung] Ordnungen *P*   50 etzlichen vielen] insonderheit allen *S*   vielen + fürnehmbsten *P*

17 sopiri] deponi de manibus   34/5 quorundam etiam aliorum] reliquorum   35 principum + qui   36 consentientium] conveniunt

---

[1]) Vgl. S. XXXIIIff.   [2]) Vgl. f. d. folgende S. XXXVII.

Kur-, Fürsten und Ständen zugesand und begehrt worden, daß ihre Liebden und sie dasselbige durch ihre vornehme Theologen mit besonderem Ernst und christlichem Eifer durchlesen, hin und her erwägen, darauf ihre Erklärungen und censuras in Schriften vorfassen lassen und uns darüber allenthalben ihr ratsames Bedenken ohne Scheu zu erkennen geben wollten.

Nachdem nun solche erholete iudicia eingebracht und in denselben allerhand christliche, notwendige und nützliche Erinnerung geschehen, welchergestalt die in der überschickten Erklärung begriffene christliche Lehr wider allerlei gefährlichen Mißverstand mit Gottes Wort vorwahret werden könnte, damit unter derselben künftiglich nicht unreine Lehr vorsteckt, sonder eine lautere Erklärung der Wahrheit auch auf unsere Nach[1]kommen gebracht werden möchte, als ist daraus letztlich obberührte Formula der christlichen Concordien, wie hernach folget, vorfertigt worden.

Darauf unter uns etliche, dieweil es bei uns allen zu sonderbaren vorhinderlichen Ursachen noch zur Zeit nicht vorgenommen werden mögen[1], dieselbe ferner allen und jeden unserer Lande und Gebieten Theologen, Kirchen- und Schuldienern von Artikeln zu Artikeln vorlesen und sie zu fleißiger und ernstlicher Betrachtung der darinnen begriffenen Lehr erinnern und ermahnen lassen.

hanc deliberationem pertinere et requiri viderentur, optimo convenientissimoque ordine scripto quodam complexi sunt.

Is postea liber praecipuis nonnullis Augustanam Confessionem profitentibus electoribus et principibus ac ordinibus transmissus est et petitum, ut ipsi adhibitis praestantissimis et doctissimis theologis sollicita cura et pio zelo eum legerent, diligenter examinarent et suam de eo sententiam et censuram scriptis comprehenderent et postremo de omnibus et singulis iudicium suum eiusque rationes nobis liberrime exponerent.

Has ergo censuras cum accepissemus, multas in iis pias et utiles commonefactiones invenimus, quomodo transmissa illa declaratio sincerae doctrinae Christianae contra corruptelas ac depravationes sacrarum litterarum testimoniis muniri et confirmari posset, ne forte progressu temporis sub eius praetextu impia dogmata occultarentur, sed sincere veritatis minime fucata declaratio ad posteritatem transmitteretur.

Ex his ergo, quae optime meditata ad nos pervenerant, Liber iste piae Concordiae, de quo diximus, compositus et ea forma, qua subiicietur, absolutus est.

Deinceps ex nostro ordine quidam (neque enim nos omnes, ut et alii nonnulli, hoc tempore certas ob causas, quae obstabant, id facere poteramus) librum hunc omnibus et singulis nostrarum regionum et ditionum theologis, ecclesiae et scholarum ministris articulatim et distincte recitari et ipsos ad diligentem accuratamque considerationem earum doctrinae partium, quae in illo continentur, excitari curavimus.

---

1 Kur-] Kurfürsten *P* und (2.) + daneben *a*   2 und sie > *S*   3 vornehme] vortreffliche und wohlgeschickte *S P*   5 darauf] darüber *s*   15 iudicia + und Bedenken Konk   16/7 in denselben *bis* nützliche] zu mehren Teil miteinander durch besondere Vorleihung der Gnaden Gottes in allen Artikuln übereinstimmt und darneben allerlei nützliche *S*; dero etliche in allen Artikuln miteinander übereingestimmt, darneben von andern, (so in fundamento gleichwohl der Lehr nicht widerig) allerhand christlich und notwendige *P, p a. R.*   17/8 Erinnerung + in denselben *S*   [8 geschehen] beschehen *S*   21 Mißvorstand + beides *S*   Wort + und sonsten *S*   27 Formula] Buch Konk H   Concordien + vorbessert und also *S*   30/3 unter *bis* dieselbe] wir dieselbige noch *S*   dieweil] alldieweil *a P*   32 Ursachen + | wie auch bei andern mehr Ständen | *A, Andreä,* darüber: der beiden Kurfürsten Sachsen und Brandenburg etc. Addition; Ursachen + wie auch bei etlichen andern mehr Ständen Konk *H*   33 dieselbe] dasselbige Konk *H*   35/6 von *bis* und] untergeben *s*   36/7 fleißiger + Durchlesung und *s*   38 ermahnen] vermahnen *a*   39 lassen + inmaßen dann von ihnen sampt und sonderlich solch Konkordienbuch mit großem Fleiß und Ernst ponderiert und erwogen worden *s*

21 posset] possit

---

[1]) Vgl. Var. zu Z. 32 und S. 747,50, Pressel; Kurf. Ludwig 558 u. hier S. XL—XLIII.

Vorrede. 749

Und nachdem sie die Erklärung der eingefallenen Zwiespaltungen zuvörderst dem Wort Gottes und dann auch der Augsburgischen Confession gemäß und gleichförmig befunden, als haben sie, denen es obgehörtermaßen vorgelegt worden, mit erfreuetem Gemüte und herzlicher Danksagung gegen Gott dem Allmächtigen dies Concordienbuch für den rechten[1], christlichen Verstand der Augsburgischen Confession freiwillig und mit wohlbedachtem Mut angenommen, approbiert, unterschrieben und solches mit Herzen, Mund und Hand öffentlich bezeuget. Derwegen dann auch dieselbe christliche Vorgleichung nicht allein etzlicher wenig unserer Theologen, sondern ingemein aller und jeder unserer Kirchen- und Schuldiener in unsern Landen und Gebieten einmütiges und einhelliges Bekenntnüs heißt und ist.

Dieweil dann nun die vorgemelten unserer löblichen Vorfahren und unsere zu Frankfurt am Main und Naumburg aufgerichte und wohlgemeinte Abschiede nicht allein das begehrte Ende der christlichen Einigkeit nicht erreicht[2], sondern dieselbe auch von etlichen zu Bestätigung ihrer irrigen Lehre haben wollen angezogen werden, da doch in unser Gemüt und Herz nicht kommen, daß wir durch dieselbigen einige neue, falsche oder irrige Lehr einführen, beschönen, bestätigen oder von der Anno etc. 30. übergebenen Augsburgischen Confession im geringsten abweichen wollten, und wir, soviel unser bei obernennter Naumburgischen Handlung gewesen, uns damals vorbehalten und erboten haben, wann unser Bekanntnus von jemand künftig angefochten

Cum ergo illi declarationem controversorum articulorum congruere imprimis quidem cum verbo Dei, deinde Augustana Confessione animadverterent, promptissimo animo et testificatione suae erga Deum gratitudinis hunc Concordiae Librum ut piam et genuinam sententiam Augustanae Confessionis exprimentem ultro et quidem accurate meditatum et consideratum receperunt, approbarunt eique subscripserunt et de eo corde, ore et manu palam testati sunt.

Quare pia illa pacificatio non solum paucorum quorundam nostrorum theologorum, sed in universum omnium et singulorum ecclesiae ministrorum et ludimoderatorum in nostris provinciis et ditionibus consentiens et concors confessio et vocatur et perpetuo erit.

Quia vero nostrae et praeclari nominis antecessorum nostrorum primum Francofurti ad Moenum, deinde Numburgi pio et sincero animo susceptae et scriptis comprehensae conventiones non modo eum, qui expetebatur, finem et pacificationem non sunt assecutae, sed ex iis etiam a quibusdam patrocinium erroribus et falsis dogmatibus quaesitum est; cum tamen nobis ne in mentem quidem unquam venerit, hoc nostro scripto vel novum aliquod et falsum doctrinae genus introducere, integumentis commendare, confirmare, vel in minimis etiam a Confessione illa anno 1530. Augustae exhibita discedere, quin potius, quotquot nostrorum actionibus Numburgicis illis interfuimus, tum etiam id

---

5/6 denen *bis* worden > *S*   8/9 dies Concordienbuch > *a*   10 der *bis* Confession] und einige Bekenntnus der göttlichen Wahrheit, in prophetischer und apostolischer Schrift begriffen, darauf auch die Augsburgische Konfession gegründet *S*   12 approbiert + und *a*   14 dieselbe] diese *S*, die *P*   15 allein + unter der hernach benannten Augsburgischen Konfession verwandten Kur-, Fürsten und Ständen oder *s*   21/35 dieweil *bis* und] Damit nun nicht alleine unser Widersacher ungegründetes Vorgeben mit offenbaren Zeugnus der Wahrheit widerleget, sondern fürnehmblich auch fromme und gottsfürchtige Herzen hohes und niedriges Standes, so dardurch irre und in ihren christlichen Vorhaben hinterstellig gemacht worden, deshalben eigentlichen und beständigen Bericht einnehmen mögen, und dann *s*   23 am Main > *a*   24 Abschiede + an ihm selbst nicht widerwärtig, jedoch *P*   31/2 beschönen] bescheinen *P*   33 etc. 30.] 1530. Konf   35 obernennter] oberwähnter *H*

24 pio *bis* susceptae] initae   26 et + piam   30 est; cum : *in Conc 1580. 1584* est. *Absatz*: Cum ...

---

[1]) Den Theologen des Pfalzgr. Richard v. Simmern bedenklich (21. Dez. 1579, Pressel, Kurf. Ludwig 502); ähnlich den Pommern (Balthasar, Andere Sammlung 211, Pressel, Kurf. L. 512), während die Kurfürsten (Pressel 515) betonen, daß weder in der Vorrede noch in FC selbst diese als Norm für CA erscheine.   [2]) Vgl. S. 744, Anm. 1; 745, Anm. 1.

oder zu welcher Zeit es die Notdurft erfor-
M 12 dern 'würde, daß wir derwegen fernere Ausführung tun wollten: so haben wir uns zu
entlicher Erklärung unsers Gemüts nunmehr
gedachten Buchs der Concordien und Wiederholung unsers christlichen Glaubens und
Bekanntnus christlichen voreiniget und vorglichen. Und damit sich durch unserer Wider-
WB1 sacher ungegründte Vorleumbdung, als ' soll-
b 2b ten wir selbst nicht wissen, welches die rechte
Augsburgische Confession wäre, niemand
dörfte irremachen lassen, sondern die, so
jetzo leben, sowohl als unsere liebe Nachkommen eigentlich und gründlich möchten
bericht werden und endliche Gewißheit haben, welches dieselbe christliche Confession,
darzu sich bis anhero wir und die Kirchen
und Schulen unserer Lande jederzeit bekannt
und berufen, seie: haben wir in demselben
nach dem reinen, unfehlbaren und unwandelbaren Wort Gottes uns einig und allein
zu der¹ Augsburgischen Confession, so
Kaiser Carolo dem V. Anno etc. 30. in der
großen Reichsvorsammlung zu Augsburg
übergeben, wie die in unser seligen Vorfahren, welche dieselbige Kaiser Carolo
dem V. auf jetztgemeltem Reichstag selbsten
überantwortet, Archiven vorhanden gewesen
und hernach mit dem rechten, dem Kaiser

integrum nobis reservavimus et promisimus insuper, ut si quid successu temporis
in nostra Confessione desideraretur, aut
quoties id necessitas postulare videretur,
nos porro omnia solide et prolixe declaraturos esse. Ideoque hanc ipsam ob
causam in hoc Libro Concordiae ad
declarationem constantis et perpetuae
voluntatis nostrae et repetitionem Christianae fidei et Confessionis nostrae
magno et pio consensu elaboravimus.
Ideo ne adversariorum nostrorum calumniis de ingenio suo confictis, quibus
iactant, ne nobis quidem constare, quae
sit vera et genuina illa Augustana Confessio, aliqui se turbari sinant, sed et ii,
qui nunc in vivis sunt, et posteritas etiam
diserte et firmiter doceatur ac certior
reddatur, quaenam illa pia Confessio sit,
quam et nos et ecclesiae ac scholae
nostrarum ditionum omnibus temporibus
professae et amplexae fuerint: post sinceram et immotam verbi Dei veritatem
solam primam illam Augustanam Confessionem Imperatori Carolo V. anno 1530.
in celebribus illis comitiis Augustanis
exhibitam, solam (dicimus) nec ullam
aliam amplecti nos velle luculenter testamur, cuius exempla in archivis ante-

---

3 uns > S   4/5 numehr gedachten] in mehrgedachtem s, dieses P   7/19 christ=
lichen bis demselben > s   19 demselben] denselben P   22 der + ersten und unveränderten S   23 etc. 30.] 1530. Konk   25—S. 751, 6 wie die bis befunden > s   26 Carolo]
Carl P

9/10 Christianae bis et] verae   10 nostrae >

---

¹) In S + „ersten und unveränderten" (vgl. Var. zu S. 752, 17; 759, 5/7, dazu S. 835, 7).
Bei der Einleitung FC (S. 835, 7) wird die Tilgung dieser erstmals auf dem Lichtenberger
Konvent (16. Febr. 1576, Hutterus 282) begegnenden Eingrenzung unter Hinweis auf
vorgebl. Bloßstellung der Unterzeichner der Frankf. (1558) und Naumb. (1561) Abschiede
(vgl. S. 744 Anm. 1; S. 745, Anm. 1) schon für TB gefordert (Hessen: Heppe Syn. IB 14,
vgl. 31; Kurpfalz, Pressel, Kurf. Ludw. 37) aber von den Theologen FC abgelehnt (Hut-
terus 434). Die Proteste hören nicht auf: Hessen (Samtschreiben Dez. 1577, Heppe, Syn.
IB 118), Pommern (Bedenken FC Febr./Mai 1577, Balthasar, Andere Sammlung 119ff.),
Anhalt (Herzberg, vgl. Hutterus 737; Antwort auf Schmalkalden, 16. Dez. 1578, Pressel, Kurf.
Ludw. 297), Pfalzgr. Richard u. Kurpfalz (vgl. d. Instruktion f. Tangermünde, 3. März 1578,
Hutterus 612. 617), in dieser nur die ambergischen (gegenüber den das „Epitheton" billi-
genden Heidelbergern, Pressel Kurf. 286) Theologen trotz der Abweisung (Hutterus 628 ff.)
ihrer Forderungen in Tangermünde (Hutterus 654, Pressel, Kurf. Ludw. 294), bis in
Schmalkalden die Sicherung dieser Beifügung gegen Mißdeutung für die künftige Präfatio
vereinbart wird (18. Okt. 1578, Hutterus 668. 686). Gleichwohl läßt Kurf. Ludwig in der
Vorrede die Tilgung der auch Hessen (Pressel 476, 26. Okt. 1579) u. a. anstößigen Einschränkung vornehmen (dazu Andreä u. d. kursächs.-kurbrand. Gesandtschaft, Juli 1579, Pressel,
449. 463). Über die Theologen FC hinaus (Hutterus 667. 527f.) tritt hingegen Hzg. Julius
für die Beibehaltung von „unverändert" ein (22. Jan. 1578, an Landgr. Wilhelm, Hutterus 600f.), zumal die Helmstedter dadurch die Abschaffung der CA var. durch die CA invar.
ausgesprochen wissen möchten (Bedenken v. Febr. 1579), während die Kurfürsten wiederholt betonen, z. B. gegen Pommern (Pressel 515), daß weder CA var. noch Naumburg
1561 verworfen würden. Zum Ganzen S. 751, 37ff. u. S. 752 Anm. 2.

übergebenen Original, so in des Heiligen
Reichs Vorwahrung geblieben¹, durch wohlbeglaubte Leute mit großem Fleiß collationiert und hernach beide, das lateinische und
deutsche Exemplar allenthalben gleicher
Meinung befunden und zu keiner andern
bekennen wollen; auch der Ursach solche damals übergebene Confession dieser nachfolgenden unserer Erklärung und Concordienbuch einverleiben lassen, auf daß
männiglich sehen möge, 'daß' wir in unsern
Landen, Kirchen und Schulen keine andere
Lehre zu gedulden gemeint, dann wie dieselb zu Augsburg Anno etc. 30. durch mehrgedachte Kurfürsten², Fürsten und Stände
einmal bekannt worden; darbei wir auch,
vormittelst der Gnaden Gottes, bis an unser
seliges Ende gedenken zu vorharren und vor
dem Richterstuhl unsers Herren Jesu Christi
mit fröhlichem, unerschrockenem Herzen und
Gewissen zu erscheinen. Und vorhoffen demnach, es werden hinfüro unsere Widersacher
unser, auch unserer Kirchen und derselben
Diener mit den beschwerlichen Auflagen verschonen, da sie vorgeben, als ob wir unsers
Glaubens ungewiß seien und deswegen fast
alle Jahr oder Monat eine neue Confession
machen sollten.

Was dann die andere Edition der Augsburgischen Confession anlanget, deren auch
in der Naumburgischen Handlung Meldung
geschehen³, weil wir befunden und männiglich offenbar und unvorborgen ist, daß sich
etzliche unterstanden, die Irrtumb vom heiligen Abendmahl und andere unreine Lehre

cessorum nostrorum excellentis memoriae, qui ipsi Carolo V. in comitiis illis
eam exhibuerunt, reposita per fide dignos
homines, ne quid ad accuratissimas rationes diligentiae in nobis desideraretur,
cum eo, quod Imperatori ipsi exhibitum
est et in Sacri Rom. Imp. archivo asservatur, conferri voluimus, et certi sumus
nostra et Latina et Germanica exempla
per omnia sibi conformi sententia invicem respondere. Qua etiam de causa
Confessionem illam tum exhibitam nostrae, quae his subiicietur, declarationi
sive Libro Concordiae inserere voluimus,
ut omnes intelligant, quod in nostris
ditionibus, ecclesiis et scholis nullam
aliam doctrinam ferre constituerimus,
quam quae Augustae anno 1530. a commemoratis supra electoribus, principibus
et Imperii ordinibus solenni confessione
approbata fuit.

Hanc Confessionem etiam Deo nos
bene iuvante usque ad ultimos spiritus
pie ex hac vita ad coelestem patriam
migraturi tenebimus, excelso et intrepido animo puraque conscientia comparituri coram tribunali Domini nostri
Iesu Christi.

Speramus itaque adversarios nostros
posthac et nobis et ecclesiarum nostrarum ministris parsuros esse, nec consuetis illis et gravissimis criminationibus
usuros, nos de fide nostra nihil certi
apud nos ipsos posse constituere, eamque
ob causam fere singulis annis, imo vero
mensibus, novas confessiones cudere.

Porro quod ad alteram Augustanae
Confessionis editionem, cuius etiam in
Numburgicis actis fit mentio, attinet,
animadvertimus (quod et notum universis est) quosdam sub praetextu verborum
posterioris illius editionis corruptelas in
negotio coenae et alios errores conte-

---

2 Vorwahrung geblieben] Mainzischen Kanzlei vorwahret *P*, urspr. *C*   6 befunden + worden *P*   9/10 und Concordienbuch > *s*   10 lassen + in allermaßen
wie dieselbige von Wort zu Wort in der Mainzischen Reichskanzlei hinterlegt und mit
vielen andern unser der Kur= und Fürsten Exemplaren, als sie zu Augsburg domals umb-
geschrieben, kollationiert ist worden *s*   14 etc. 30.] 1530. Konk   15 Kurfürsten]
Kur=, *SP*   23 unser, auch] uns *P*   auch > *s*   26 fast] schier *P*, urspr. *C*   39 Meldung + und approbation *P*   40 geschehen] beschehen *a*   43 Abendmahl] Nachtmahl *s*

10 conformi senter·:a >

---

¹) Zur Frage des Exemplars für Konk. vgl. Heppe IIIB 79. 170; III 140., Balthasar,
Andere Sammlung 57ff.: die Pommern lehnen den Mainzer Text als bedenklich ab (ib.
120. 209), während die Kurfürsten der FC die Übereinstimmung von „Wittenberg 1531"
mit „Mainz" betonen (Pressel 515. 517ff.).   ²) Kurfürsten, vgl. S. 830, Anm. 1.
³) Vgl. S. 745 Anm. 1.

unter den Worten derselbigen andern Edition[1] zu vorstecken und zu vorbergen und solches in öffentlichen Schriften und ausgegangenem Druck den einfältigen Leuten einzubilden, ungeachtet daß solche irrige Lehre in der zu Augsburg übergebenen Confession mit ausdrücklichen Worten verworfen und viel ein anders zu erweisen ist: so haben wir hiemit auch öffentlich bezeugen und dartuen wöllen, wie auch noch, unser Wille und Meinung keinesweges gewesen, falsche und unreine Lehr, so darunter verborgen werden möchte, dardurch zu beschönen, zu bemänteln oder als der evangelischen Lehr gemäß zu bestätigen; inmaßen wir dann die andere Edition der ersten übergebenen Augsburgischen Confession zuwider niemals[2] vorstanden noch aufgenommen oder andere mehr nützliche Schriften Herrn Philippi Melanthonis, wie auch Brentii, Urbani Regii, Pomerani etc., wofern sie mit der Norma, der Concordien einverleibt, übereinstimmen, nicht verworfen oder verdampt haben wollen[3].

gere et occultare voluisse et scriptis publice excusis imperitae plebeculae obtrudere conatos nec motos esse Augustanae Confessionis (quae prima exhibita est) disertis verbis, quibus errores illi palam reiiciuntur, ex quibus etiam longe alia, quam ipsi volunt, sententia evinci potest.

Visum igitur est nobis hisce litteris publice testari et certiores facere universos, quod nec tum ac ne nunc quidem ullo modo voluerimus falsa et impia dogmata et opiniones (quae sub integumentis aliquibus verborum latere possent) defendere, excusare aut veluti cum doctrina evangelica consentientes approbare.

Nos sane nunquam posteriorem editionem in ea sententia accepimus, quae a priori illa, quae exhibita fuit, ulla ex parte dissideret.

Nec etiam alia scripta utilia D. Philippi Melanchthonis neque Brentii, Urbani Regii, Pomerani et similium repudianda ac damnanda esse iudicamus, quatenus cum ea norma, quae Concordiae Libro expressa est, per omnia consentiunt.

---

2 zu vorstecken] zu erstrecken *P*   6 der + ersten *S*   7 und + doraus *S* und + auch aus der andern Edition *P*   13 möchte] möchten *P*   17 übergebenen + unveränderten *s*, und in rebus unveränderten *P*   18—S. 755, 11 aufgenommen *bis* Geheimnüs ist] sondern dieselbige allen ungleichen, widerwärtigen Vorstand und mutwillige Verkehrung hiemit gänzlich, soviel an uns, zu verhüten, noch den deutlichen, klaren und hellen Worten der ersten unveränderten Confession erkläret und ausgeleget haben wollen *s*   + Darmit aber was in derselben oder anderen folgenden Editionen in etlichen Artikuln zu mehrer Erklärung der ersten deutlicher und ausführlicher gesatzt und der ersten in derselben rechten Vorstand nicht zuwider ist, auch nicht verworfen haben *p C*   aufgenommen + viel weniger umb des aufgedrungenen ungleichen Verstands und mutwilliger Verkehrung willen, so weniger, als auch die andern nutzen Schriften Philippi Melanchthonis verworffen oder verdampt, noch unserer gottseligen Vorfahren und unsere vorige Acta in Religionssachen annihiliert oder in ein einigen Verdacht gesetzt haben wöllen. Wir sind auch keinesweges bedacht, durch das Wörtlin Synergisten jemands Person, sondern allein die Lehr der Pelagianer, noch die tres causas concurrentes andergestalt, denn wofern sie pro efficientibus gehalten wurden, zu verwerfen oder sonst einig personalia einmengen zu lassen *P p*   24 wollen + doch gleichwohl uns keineswegs gefallenlassen noch billigen können, daß wider unsern Verstand ⟨*Andreä*: Wissend⟩, Meinung und Willen etzliche unrichtige ⟨*Andreä*: unverdächtige⟩ Theologen in den Punkten, darüber die Zeithero unter den Augsburgischen Konfessionsverwandten so heftig gestritten worden, ihren ⟨*Andreä*: ihre⟩ Irrtumb und widerwärtige, falsche Meinungen in und mit der andern Edition der Augsburgischen Konfession beschönen und die darin verstecken wollen *J* + *a. R.* Herzog Julii zu Brunschwig addition; in *A a. R., Andreä*, darüber: Herzog Julii Addition, vgl. S. XLII u. Pressel, Kurf. Ludwig 542*f.*

---

[1]) Art. X, CR XXVI 357.   [2]) Gegen diese Sicherung der CA var. und des Naumburger Abschieds wendet sich vor allem Hzg. Julius (19. Nov. 1579, Pressel 537, vgl. S. 750 Anm. 1) auf Rat der Helmst. Fakultät und Heßhusens (25. Okt.), der später (23. Jan. 1580) die Streichung dieses ganzen Absatzes wünscht.   [3]) Vgl. S. 837, 16 ff. Die niedersächs. Städte (Rehtmeyer IIIB 271) wünschen mit Berufung auf die Konvente von 1576 in Lichtenberg und Torgau (Hutterus 282), die „etliche Bücher, das Corpus doctrinae D. Philippi und andere seine scripta als gute, nützliche Bücher propter metho-

Desgleichen obwohl etliche Theologi, wie auch Lutherus selbsten, vom heiligen Abendmahl in die disputation von der persönlichen Voreinigung beider Naturen in Christo (doch wider ihren Willen) von den Widersachern gezogen[1]: so erklären sich unsere Theologen Inhalts des Concordienbuchs und der darinnen begriffenen Norma lauter, daß unser und des Buchs beständiger Meinung nach die Christen im Handel von des Herren Abendmahl auf keinen andern, sondern auf diesen einigen Grund und Fundament, nämlich auf die Wort der Stiftung des Testaments Christi gewiesen werden sollen, welcher allmächtig und wahrhaftig und demnach zu vorschaffen vermag, was er verordnet und in seinem Wort vorheißen hat; und do sie bei diesem Grund unangefochten bleiben, von andern Gründen nicht disputieren, sondern mit einfältigem Glauben bei den einfältigen Worten Christi vorharren, welches am sichersten und

Quamquam autem nonnulli theologi, et in his ipse Lutherus, cum de coena dominica agerent, inviti etiam ab adversariis ad disputationes de personali unione duarum in Christo naturarum pertracti sint, tamen theologi nostri in Concordiae Libro et ea, quae in illo est, sanioris doctrinae norma diserte testantur et nostram et huius libri sententiam constantem et perpetuam esse, pios homines in negotio coenae dominicae ad nulla alia fundamenta quam verborum institutionis testamenti Domini nostri Iesu Christi deducendos esse. Nam cum ille et omnipotens et verax sit, expeditum ei esse ea, quae et instituit et verbo suo pollicitus est, praestare.

Et sane cum hoc fundamentum ab adversariis impugnatum non fuerit, de aliis probandi rationibus in hoc argumenti genere non contendent, sed in vera fidei simplicitate verbis apertissimis Christi

---

1—S. 755, 11 desgleichen *bis ist*] *in C Korrekturnachtrag mit dem Vermerk*: Nota Was folgt ist in der 3 Kurfürsten überschickte Exemplar ⟨*im gleichen Band f. 217—234*⟩ zugesetzt ... 2 selbsten + bei dem Handel *a p* 6 gezogen + So ist doch unsere beständige Meinung, daß die Christen in der Lehr von dem H. Abendmahl uf diesen einigen Grund und Fundament (und keinen andern), nämlich allein uf die Wort der Stiftung des Testaments Christi gewiesen und mit den Sakramentierern von dem Allenthalbensein etc. weiter nicht disputiert werde, wie auch nie solches jemand us unsern Religionsverwandten anmuten noch uflegen wöllen. Ebnermaßen sollen in loco de persona Christi die phrases in abstracto, als Christi menschliche Natur und Menschheit etc. ist allmächtig, allenthalben, allwissend etc. (welche bis anher von etlichen unsern Theologen, allein der Zwinglianer Betrug zu entdecken, geführet sonsten aber von ihnen nicht gern für den gemeinen Mann gebracht worden), niemand ufgedrungen, sondern allein Heiliger Schrift und der Norma doctrinae, dem Concordibuch einverleibet, gemäß hievon gelehrt und alles unnotwendige Gezänk und disputationes deswegen uf dem Predigstuhl gänzlich vermieden bleiben *P p* 14—S. 755, 11 werden *bis ist* > *P* 16 zu vorschaffen vermag ~ *a* 18 sie] wir *J* 22 vorharren] bleiben *a*

---

dum et eruditas ac utiles explicationes plurimarum optimarum rerum Kirchen und Schulen commendieren", daß solche Schriften mit der Schranke der Unterwerfung unter die Formula (TB, FC) und Lutheri scripta mögen „entweder in praefatione oder conclusione oder sonsten bei dieser Formula ausdrücklich also gesetzt und publiciert" werden. Ähnlich die Pommern (Balthasar, Andere Sammlung 59f.) und das braunschw.-wolfenb. Bed. zu TB (Hutterus 407). Die Theologen FC scheuen eine Nennung von Namen, da sie als Brandmarkung könnte mißverstanden werden (Hutterus 435); dazu Theologenbericht, Pressel 713.

[1]) Hessen (Heppe, Syn. IB 126ff., Pressel, Kurf. Ludwig 67), noch schroffer Anhalt (Pressel 69. 272. 283), gemäßigter Kurpfalz (Hutterus 660) u. a. bekämpfen die von ihnen in FC gefundene Heranziehung der Ubiquität als „Nebenfundament" der Realpräsenz. Die kursächs. u. kurbrand. Theologen erklären dagegen in Tangermünde (Hutterus 633ff.) und Schmalkalden (671ff.), daß FC ausdrücklich die Einsetzungsworte als das Fundament betrachte (vgl. S. 998, 21ff., 1002, 11ff.) und nur durch deren Mißdeutung bei Zwinglianern und Kalvinisten genötigt worden sei, von der Person Christi zu reden. Die (Theologen-)Vorrede soll das nachdrücklich wiederholen (Schmalk. Abschied, Hutterus 687), vgl. den Theol. Bericht, Pressel 722ff.; Kurf. Ludwig nimmt diese Erklärung in die Ständevorrede auf (Hs. *P*, vgl. Pressel, Kurf. Ludwig 447); Hessen genügt sie nicht (Pressel 467, 26. Okt. 1579) und Pfalzgr. Richard sieht die Ubiquität als Nebenfundament gleichwohl tacite stehenbleiben. Vgl. zum Ganzen S. 1009, Anm. 5.

bei dem gemeinen Laien auch erbaulich, der diese disputation nicht ergreifen kann. Wann aber die Widersacher solchen unsern einfältigen Glauben und Verstand der Wort des Testaments Christi anfechten und als ein Unglauben schelten und vorwerfen, als sei unser einfältiger Verstand und Glaub wider die Artikel unsers christlichen Glaubens und demnach falsch und unrecht: solle durch wahrhaftige Erklärung der Artikel unsers christlichen Glaubens angezeigt und erwiesen werden, daß obgemelter unser einfältiger Verstand der Wort Christi denselben Artikeln nicht zuwider seie.

Die phrases und modos loquendi[1], von der Majestät menschlicher Natur in der Person Christi, darein sie zur Rechten Gottes gesetzt und erhöhet, betreffend da gesagt wirdt: Die menschliche Natur Christi ist allmächtig, allwissende, allenthalben etc., damit auch deshalben aller Mißverstand und Ärgernus aufgehoben, dieweil das Wort abstractum[2] nicht in einerlei Verstand von den Schul- und Kirchenlehrern gebraucht: erklären sich unsere theologi mit lautern klaren Worten, daß ermelte göttliche Majestät der menschlichen Natur Christi nicht außerhalb der persönlichen Vereinigung zugeschrieben, oder daß sie dieselbige an und vor sich selbst essentialiter, formaliter, habitualiter, subiective[3], wie die Schul-

firmiter insistent, quae ratio tutissima et erudiendis imperitis hominibus accommodatissima est; neque enim illi ea, quae de his rebus accuratius disputata sunt, intelligunt.

At vero cum illa assertio nostra et simplex verborum testamenti Christi sensus ab adversariis impugnatur et veluti impius et rationibus verae fidei repugnans reiicitur, denique articulis Symboli Apostolici (praesertim de filii Dei incarnatione, ascensione in coelum et sessione ad dextram omnipotentis virtutis et maiestatis Dei) contrarius et proinde etiam falsus esse contenditur: vera solidaque articulorum illorum interpretatione demonstrandum est, nostram illam sententiam nec a verbis Christi neque ab articulis illis dissidere.

Quod vero ad phrases et loquendi modos attinet, qui in hoc Concordiae Libro, quando de maiestate humanae naturae in persona Christi ad dexteram Dei collocatae et evectae agitur, usurpantur, ut omnes sinistrae suspiciones et offendicula, quae ex varia significatione vocabuli ABSTRACTI (quemadmodum hoc nomine et scholae et patres hactenus usi sunt) existere possent, e medio tollantur, theologi nostri disertis et expressis verbis testatum volunt, maiestatem illam humanae Christi naturae extra unionem personalem nequaquam adscribendam esse, nec etiam concedendum, quod humana natura eam maiestatem vel propriam vel per se

---

6 und + uns 8   8/9 Glaubens + besonders von der Menschwerdung des Sohns Gottes, von seiner Himmelfahrt und Sitzen zur Rechten der allmächtigen Kraft und Majestät Gottes *A a. R., Andreä*, darüber [Herzog Julii etc. addition] D. Kem ⟨= Chemnitz⟩ D. Ja. ⟨= Andreä⟩ addition; *J a. R.*, Konk*H*   20 loquendi + Im Buch der Konkordien gesatzt *A a. R., Andreä*, darüber: D. Kem. ⟨= Chemnitz⟩ und D. Jacob ⟨= Andreä⟩ add.   loquendi + das ist, die Art und Weise zu reden, welche im Buch der Concordien gebraucht Konk*H*   23/5 da *bis* etc. > Konk*H*; in A unterstrichen, dazu a. R. *Andreä*: dieses unterstrichene Wort möchten dagegen ausgelassen werden; *ebenso J*   35 selbst + auch in der persönlichen Vereinigung *A a. R., Andreä*, darüber D. Kem. ⟨= Chemnitz⟩ und D. Jacob ⟨= Andreä⟩ add.; *J a. R.*, Konk*H*

---

[1]) Vgl. S. 1103, Anm. 1, dazu die Ablehnung der christol. Aussagen in abstracto durch Hessen (Heppe, Syn. IB 124ff. u. a.), Anhalt (Pressel, Kurf. Ludwig 71—297f.), Kurpfalz (Pressel 294f., Hutterus 664) und ihre Verteidigung durch Andreä (gegen Hessen, Hutterus 538ff.) und die andern Theologen in Tangermünde (Hutterus 634f.) und Schmalkalden (Hutterus 679), wo man für die Vorrede Abhilfe vereinbart (688), die zunächst der Theologenbericht (Pressel 730ff.) bietet. Kurf. Ludwig nimmt die Erklärung, angebl. nach dem Schmalk. Abschied, in die Ständevorrede auf (*P*, vgl. Pressel, Kurf. Ludw. 447); vgl. dazu Andreä u. die Erkl. der kursächs. kurbrandenb. Gesandtschaft in Heidelberg, Juli 1579 (Pressel, Kurf. Ludwig 450. 464).   [2]) Vgl. S. 1106, Anm. 2; Pressel, Theologenbericht, 730ff.   [3]) Dazu S. 852, Anm. 6 u. Heßhus, der unentwegt für Tilgung latein. Fachausdrücke eintritt: „... ob darin decorum gehalten werde, daß den weltlichen Kurfürsten die ... sordida et obscura, etiam non necessaria et obsoleta vocabula scholasticorum theologorum, die der hondertste Pfarrherr nicht verstehet, als formaliter, habitualiter, sub-

lehrer reden, habe, dergestalt, ¹ dann und do also gelehret wirdet, die göttliche und menschliche Natur sampt derselben Eigenschaften miteinander vormischt und die menschliche Natur der göttlichen Natur nach ihrem Wesen und Eigenschaften exaequiert und also verlaugnet würde, sondern, wie die alten Kirchenlehrer geredt, ratione et dispensatione hypostaticae unionis¹, das ist, vonwegen der persönlichen Vereinigung, welches ein unerforschlich Geheimnüs ist².

(etiam in unione personali) essentialiter, M 16 formaliter, habitualiter, subiective (haec enim quamvis non satis Latine vocabula scholis placent) possideat. Nam si eam 5 et dicendi et docendi rationem teneremus, divina et humana naturae una cum proprietatibus suis confunderentur, humana etiam divinae ratione essentiae et proprietatum exaequaretur, imo vero 10 tota negaretur.

Sentiendum ergo esse theologi iudicant, id ratione et dispensatione hypostaticae unionis fieri, quemadmodum docta antiquitas ea de re caute locuta 15 est, quod mysterium tantum habet, ut omnes ingenii nostri intelligentiaeque vires superet.

Was dann die condemna'tiones³, Aussetzung und Vorwerfung falscher unreiner Lehre, besonders im Artikel von des Herrn 20 Abendmahl betrifft, so in dieser Erklärung und gründlicher Hinlegung der streitigen Artikeln ausdrücklich und unterschiedlich gesetzt werden müssen, darmit sich männiglich vor denselben wüßte zu hüten, und aus 25 vielen andern Ursachen keineswegs umb-

Ad condemnationes, reprobationes et WB1 reiectiones impiorum dogmatum et eius b 5 a praesertim, quod de sacra coena exstitit, quod attinet, hae sane in hac nostra declaratione et controversorum articulorum solida explicatione et decisione expresse et distincte non solum eam ob causam, ut universi sibi ab his damnatis dogmatibus caverent, omnino proponen-

---

7 würde] wurden *a*   20 des Herrn] dem Herrn *P*   21 dieser > *S*   25 wüßte] wisse *a*   25/6 aus *bis* Ursachen] derhalben *s*   26 Ursachen + [welche in hernachfolgenden der Theologen Bericht ⟨vgl. S. XLI⟩ weiter ausgeführt] *p C*

¹) Vgl. S. 1042, Anm. 1.   ²) Vgl. S. 1132, Anm. 2.   ³) Gemeint ist vor allem das damnamus in Art. VII, vgl. S. 1013, Anm. 3; 1016, Anm. 5, und daher fordern — wie man schon früher (Frankfurt 1558, RE³ IX 494, Naumburg 1561, RE³ XIII 663) aus religionspolit. Gründen die condemnatio entgegen der Ansicht theol. Verfechter reiner Lehre (in Naumburg 3. B. Chyträus) zu vermeiden suchte — vor allem Anhalt, Hessen und Kurpfalz Beseitigung oder Milderung der Verwerfungsformel. Die Anhalter Theologen grundsätzlich — sie lehnen darum auch FC ab (31. Aug. 1577, Pressel, Kurf. Ludwig 69ff.) — und immer wieder (Herzberg, Aug. 1578, Hutterus 739; nach d. Schmalk. Abschied, 16. Dez. 1578, Pressel 297). Hessen grundsätzlich u. besonders wegen der engl. Werbung u. d. Gedankens e. prot. Gesamtbündnisses (Pressel, Kurf. Ludwig 62, Heppe, Syn. IB 128f. u. o.). Kurpfalz im Blick auf Friedrich III.; Kurf. August ist bereit nachzugeben (Instruktion f. Tangermünde 3. März 1578: condemnare schließe voraufgehenden Prozeß in sich, Hutterus 614. 619, Pressel, Kurf. Ludwig 86), aber die Tangermünder Konventtheologen erklären, damnamus an Stelle des empfohlenen improbamus der CA entspreche der inzwischen erfolgten Verschärfung der Spannung zu den Sakramentierern (Hutterus 637), während Andreä — noch nachdrücklicher Chyträus u. besonders Heßhus — das condemnamus als von Christus selbst vorgeschrieben bezeichnet (Hutterus 555ff. Pressel, Kurf. 99). In Schmalkalden vereinbart man — Kurpfalz vorbehaltl. seines Antrags auf Tilgung oder Milderung des Worts damnandi (Hutterus 661) — nach versuchtem Schriftbeweis für das damnare (675ff.) in der Präfation auszuführen: „Man verdamme die Person nicht, man verdamme nicht totas ecclesias, man habe nicht Gefallen an der Papisten laniena" (Hutterus 686); dazu Theologenbericht Pressel 739ff. Kurf. Ludwig hält an seiner Forderung fest (Pressel, Kurf. 447) und führt sie durch e. große Streichung in *S* (vgl. bei S. 757, 19) 3. T. durch; dazu Andreä (Pressel 450f.) u. d. Erkl. der drei Kurf. an Pommern (13. März 1580, Pressel 517ff.). Grundsätzlich für das damnamus steht Hzg. Julius (Hutterus 605, vgl. hier S. 756, Anm. 1. 2), auch Joachim Ernst v. Anhalt (Heppe III 178).

gangen werden kann: ist gleichergestalt unser Wille und Meinung nicht, daß hiemit die Personen, so aus Einfalt irren[1] und die Wahrheit des göttlichen Worts nicht lästern, vielweniger aber ganze Kirchen in- oder außerhalb des Heiligen Reichs Deutscher Nation[2] gemeint, sondern daß allein damit die falschen und vorführischen Lehren und derselben halsstarrige Lehrer und Lästerer, die wir in unsern Landen, Kirchen und Schulen keinesweges zu gedulden gedenken, eigentlich vorworfen werden, dieweil dieselbe dem ausgedrücktem Wort Gottes zuwider und neben solchem nicht bestehen können, auf daß fromme Herzen für derselben gewarnet werden möchten, sintemal wir uns ganz und gar keinen Zweifel machen, daß viel frommer, unschuldiger Leute, auch in den Kirchen, die sich bishero mit uns nicht allerdings vorglichen, zu finden seind, welche in der Einfalt ihres Herzens wandeln, die Sach nicht recht vorstehen und an den Lästerungen wider das heilige Abendmahl, wie solches in un'sern Kirchen nach der Stiftung Christi gehalten und vormöge der Wort seines Testaments davon einhelliglich gelehret wird, gar keinen Gefallen tragen und sich verhoffentlich, wann sie in der Lehr recht unterrichtet werden, durch Anleitung des Heiligen Geistes zu der unfehlbaren Wahrheit des göttlichen Worts mit uns und unseren Kirchen und

dae fuerunt, sed ob alias etiam quasdam rationes nullo modo praetermitti potuerunt. Sic ut nequaquam consilium et institutum nostrum sit eos homines, qui ex quadam animi simplicitate errant, nec tamen blasphemi in veritatem doctrinae coelestis sunt, multo vero minus totas ecclesias, quae vel sub Romano Imperio Nationis Germanicae vel alibi sunt, damnare. Quin potius mens atque animus noster fuerit, hac ratione fanaticas opiniones et earundem pervicaces doctores et blasphemos duntaxat (quos in ditionibus, ecclesiis et scholis nostris nequaquam tolerandos iudicamus) palam reprehendere et damnare, quod illi errores expresso verbo Dei repugnent, et quidem ita, ut cum eo conciliari nequeant. Deinde etiam eam ob causam hoc suscepimus, ut pii omnes de his diligenter vitandis monerentur. Nequaquam enim dubitamus multos pios et minime malos homines in iis etiam ecclesiis, quae hactenus non per omnia nobiscum senserunt, reperiri, qui simplicitatem quandam suam sequantur et negotium quidem ipsum non probe intelligant, sed blasphemias, quae contra sacram coenam (quemadmodum ea in ecclesiis nostris secundum institutionem Christi dispensatur et iuxta verba testamenti ipsius magna bonorum omnium consen-

---

7 allein damit] darmit [nur allein] *s*, Tilgung von Chemnitz gefordert   8 falschen] falsche *s*   vorführischen Lehren] vorführische Lehr *s*   8/11 und (2.) bis gedenken > *s*   12 vorworfen + und vordampt *S*   werden] werde *s*   dieweil dieselbe] welche *s*   14 solchem] demselben *s*   15 können] kann *s*   16 werden] worden *P*

9 Nationis Germanicae >

---

[1]) Schmalk. Abschied (Hutterus 692): zu sagen, daß damnamus wie überhaupt nur die Lehre und ohne voraufgehenden Prozeß keine Person, so auch nicht die treffe, „so aus Einfalt und Unverstand irren". Hingegen die Helmstedter Theologen: unvermeidlich sei condemnatio personarum, da Irrlehre und Irrlehrer untrennbar; man möge hinzufügen: „nach dem Befehl Christi Matth. 7". Noch schroffer Heßhus allein (25. Okt. 1579): trotz des Unterschieds zwischen „halsstarrigen Verführern" und „einfältigen" Verführten gelte Matth. 7, Gottes Drohwort auch gegen Irregeleitete. Dementsprechend Hzg. Julius an die Kurfürsten (19. Nov. 1579). Kurf. August erklärt (8. Jan. 1580): man habe die Einfältigen nie gänzlich entschuldigen wollen, erhoffe aber ihre Bekehrung, worauf Heßhus (23. Jan.): Liebe gegen „verführte Leute" sei in Glaubenssachen „unzeitig"; Hzg. Julius wünscht dann die Aufnahme e. entsprechenden Zusatzes (6. Febr. 1580, Pressel, Kurf. 543, vgl. Varianten).
[2]) Meint den engl.-hess. Plan e. protest. Gesamtbundes und die engl. Warnung vor einem luther. Sonderbund (Pressel, Kurf. 61ff.); vgl. d. Pommerngutachten zur Vorrede, 1. Jan. 1580 (Balthasar, Andere Sammlung 214): da bekannt werde, „daß die Königin in Engelland und der König von Navarra im Namen ihrer und ihrer religionverwandten Kirchen in Frankreich, Hispanien, Engelland, in den Niederlanden, Schweiz mit emsigen Fleiß gesucht und gebeten, sie und die Ihrigen nicht zu verdammen, sondern in einen gemeinen Conventu in Germania sie zuvor ... notdürftiglich zu hören ...," müsse man, auch nach altkirchl. Brauch, das billig berücksichtigen.

Schulen begeben und wenden werden. Derwegen wir dann auch hiemit vor Gottes des Allmächtigen Angesicht und der ganzen Christenheit bezeugen, daß unser Gemüt und Meinung gar nicht ist, durch diese christliche Vorgleichung zu einiger Beschwerung und Verfolgung der armen bedrangten Christen Ursach zu geben. Dann wie wir mit denselben aus christlicher Lieb ein besonders Mitleiden tragen, also haben wir an der Verfolger Wüten ein Abscheu und herzliches Mißfallen, wöllen uns auch dieses Bluts ganz und gar nicht teilhaftig machen, welches sonder Zweifel von der Verfolger Händen an dem großen Tag des Herrn vor dem ernsten und ge¹strengen Richterstuhl Gottes wird gefordert, sie auch darfür eine schwere Rechenschaft geben werden müssen.

sione docetur) evomuntur, nullo modo probant.

Magna etiam in spe sumus illos, si recte de his omnibus doceantur, iuvante eosdem Domini spiritu immotae veritati verbi Dei nobiscum et cum ecclesiis ac scholis nostris consensuros esse. Et profecto theologis omnibusque ecclesiae ministris inprimis hoc negotii incumbit, ut ex verbo Dei etiam eos, qui ex quadam vel simplicitate vel inscitia a veritate aberrarunt, de periculo salutis suae ea, qua decet, moderatione doceant et contra corruptelas muniant, ne forte, dum coeci coecorum sunt duces, universi periclitentur.

Quamobrem hoc nostro scripto in conspectu omnipotentis Dei et coram tota ecclesia testamur nobis propositum

---

1 werden + Wie dann den Theologen und Kirchendienern obliegen will, daß sie aus Gottes Wort auch diejenigen, so aus Einfalt und unwissend irren, ihrer Seelen Gefahr gebührlich erinnern und dafür verwarnen ⟨Andreä: warnen⟩, damit sich nicht ein Blinder durch den andern verleiten lasse *A a. R.*, Andreä, darüber: Herzog Julii Addition; *J + a. R.* Herzog Julii zu Brunschwig addition, Konk *H*; vgl. S. XLII u. *Pressel, Kurf. Ludwig* 542 f. 12 uns auch ~ *P*   17 Richter=] Gericht= *P*, urspr. *C*   19 müssen + Und nachdem uns weiter angelanget, welchergestalt sich etzlich des Prozeß halben, so von uns in Vorrichtung dies hochnützlichen und gottseligen Werks notwendig und wohlmeiniglich also fürgenommen, beschweret, als ermahnen wir alle friedliebende, christliche Herzen, daß sie in Vorlesung dies Concordienbuchs wohl erwägen und in acht haben, daß dorinnen auf keine Person, sondern alleine ⟨*C*: und *bis* alleine] vornehmblich⟩ auf die Lehre gesehen, welche von unseren löblichen Vorfahren und uns vor die einige und rechtschaffene göttliche Wahrheit numehr bis in sechzig Jahr erkannt und bekannt worden, wie die in Gottes Wort und der dorauf gegründeten Anno etc. 30. übergebenen Augsburgischen Konfession begriffen; derwegen dann auch ganz unnötig gewesen, sonderliche synodos, Process, Anklage und Vorhöre zu halten und anzustellen, bevorab weil itzo nichts anders getan noch gehandelt, dann daß die hiebevor unzweifelhaftige Lehr der Augsburgischen Konfession wiederholet und sonsten nichts Neues gestiftet noch gemacht worden, wie dann ebenermaßen anfänglich auch die Augsburgische Confession unterschrieben ⟨*s* setzt fort: und folgends in dergleichen Fall zu Frankfurt am Maien und zur Naumburg in Duringen wiederholet⟩ ist worden. So haben wir auch mit diesem Werk der Concordien vornehmblich auf unsere von Gott befohlene Lande und Untertanen gesehen, daß wir dieselben bei der reinen Lehr göttliches Worts erhalten und vor allen eingefallenen und noch besorglichen Sekten und Rotten vorwahren möchten; in demselben aber wieder kein Person, von denen zu zweifeln, ob sie einem Irrtumb zugetan oder nicht, Inquisition oder Accusation angestellet, darumb auch keines weitläuftigen Processes, dieselben zu fordern, zu zitieren und zu hören, sondern allein dies vonnöten gewesen, daß neben Vormeldung der rechten Lehr die an sich selbst offenbare vordambte Gegenlehre und derselben Lehre ⟨r(?)⟩ vorworfen worden, und werden ⟨vom Beginn: So haben wir … bis hierher nicht in *S*⟩ diejenigen auch, so sich im Artikul vom heiligen Abendmahl von uns gesündert, sich selbst zu erinnern wissen, daß die Bekenntnus ihrer Lehre in Schriften vorfasset von ihren Glaubensgenossen ohne einigen vorgehenden synodum Citation oder ordentlich Vorhor der Personen, deren Lehr, Glauben und Bekenntnus in gedachter ihrer Confession gelästert und verworfen wirdet, in vielen ausländischen Königreichen, deren sie sich rühmen, bestätigt und unterschrieben worden; zu dem daß bei diesen fährlichen ganz sorglichen Läuften und unruhiger, hartsinniger, unvortraglicher Welt fast unsicher und nicht wohl müglich, eine gemeine Vorsamblung zuhaufezubringen oder dabei etwas Fruchtbarliches zu vorrichten, do hiergegen diese itzige Erklärung, Vorgleichung und Hinlegung der zwischen etzlichen der Augsburgischen

---

17/8 in *bis* coram] coram Deo et

Und dieweil unser Gemüt und Meinung, wie oben gemeldet, allezeit dahin gerichtet gewesen, daß in unsern Landen, Gebieten, Schulen und Kirchen kein andere Lehr, dann allein die, so in der heiligen göttlichen Schrift gegründet und der Augsburgischen Confession und Apologia in ihrem rechten Verstand einvorleibet, geführet und getrieben und darbei nichts, so derselben zu entgegen einreißen möchte, verstattet würde, dahin dann diese jetzige Vorgleichung auch gestellt, gemeint und ins Werk gerichtet: so wollen wir hiemit abermals öffentlich vor Gott und allermänniglich bezeuget haben, daß wir mit vielgedachter jetziger Erklärung

nunquam fuisse hac pia conciliationis formula molestiam aut periculum creare piis, qui persecutionem hodie patiuntur. Quemadmodum enim Christiana caritate moti in societatem doloris cum eis dudum venimus, ita a persecutione et gravissima tyrannide, quae in miseros illos maxima exercetur, abhorremus eamque ex animo detestamur.

Nullo etiam modo in profusionem innocentis illius sanguinis consentimus, qui haud dubie in tremendo illo Domini iudicio ac coram tribunali Christi a persecutoribus illis magna severitate repetetur, et hi sane tum tyrannidis suae gravissimas rationes redditiri ac poenas horrendas subituri sunt.

Nostrum equidem in his (ut supra meminimus) id semper propositum fuit, ut in terris, ditionibus, scholis et ecclesiis nostris non alia doctrina, quam quae verbo Dei fundata et Augustana Confessione, tum Apologia (et ea quidem dextre in genuino suo sensu intellecta) contineretur, sonaret et accurate proponeretur, nec pugnantes cum his opiniones admitteretur, quo sane consilio haec pacificationis formula instituta et absoluta fuit.

Quare denuo etiam coram Deo et omnibus mortalibus profitemur et testamur nos declaratione articulorum con-

---

Confession zugetanen Theologen vor der eingefallenen Mißvorständ und erregten Religionsstreit der Ordnung nach, so von uns diesfalls angestellt, viel besser und füglicher, auch beständiger und kräftiger hat geschehen und vollzogen werden können, dann uf einem Synodo oder National Concilio, sintemal durch diesen Weg nicht ihr wenig noch ohne genugsame geraume Zeit zu solchen Werk gezogen, sondern alle und jede Theologen, Kirchen= und Schuldiener unserer Lande und Gebiete diese christliche Vorgleichung selbst vorlesen hören, die Sachen auf vorgehende embsige Ermahnung und gegebene Raum und Zeit notdürftig erwogen und mit gutem Bedacht und einmütigem Herzen sich darauf erkläret und zu diesen christlichen Consens einhelliglich bekennet, so sonsten ein jeder Stand etwan nur zwei oder drei-seiner Theologen zu den Synodo würde geschicket haben, auf welche die andern alle sehen und diesfalls ihren freiwilligen Consens darzu dergestalt wohlbedächtig und mit einiger ⟨s: eigener⟩ Vorbetrachtung und ungescheuet nicht tun noch von sich hätten geben mugen.

Und domit diesfalls jedermänniglichen ein völliges Genügen geschehe, so seind wir hierneben des christlichen Erbietens, do jemand hohen oder niederigen Standes an der Lehr ⟨s: der Lehr] der Bekanntnus⟩, so in diesem christlichen Concordienwerk begriffen, einigen Mangel hätte und umb weitere Erklärung gebührlicherweise ansuchen würde, mit denselbigen unser Theologen sich vortraulich und freundlich unterreden und guten Bericht und fernere Ausführung tuen zu lassen, daraus sie neben dem göttlichen ⟨s: gottseligen⟩ Eifer wegen der reinen, unvorfälschten Lehr unsere und unserer Theologen christliche Liebe und Sanftmut im Werk zu spüren und zu befinden haben, *S, C bemerkt dazu:* Nachfolgendes ist alles in den 3 Kurfürsten überschickten exemplar außengelassen . . .

28 dahin dann] dorauf dann der zu Frankfurt am Maien und folgendts zur Naumburg in Duringen gemachte und bewilligte Abschied so wohl auch *s*   auch > *s*   30/1 vor Gott > *s*   31 Gott und > *a P, urspr. C*   allermänniglich] jedermänniglich *a*   32 mit + jetzt *a*   jetziger > *a*

---

24 in *bis* sensu >

Vorrede. 759

der streitigen Artikel keine neue oder andere Confession dann die, so einmal Kaiser Carolo dem V. christlicher Gedächtnüs zu Augsburg Anno etc. 30. übergeben, gemacht, sondern unsere Kirchen und Schulen zuvörderst auf die Heilige Schrift und Symbola, dann auch auf erstermelte Augsburgische Confession gewiesen und hiemit ernstlich vermahnet haben wollen, daß besonders die Jugend, so zum Kirchendienst und heiligen Ministerio auferzogen, in solcher mit Treu und Fleiß unterrichtet werde, damit auch bei unsern Nachkommen die reine Lehre und Bekanntnüs des Glaubens bis auf die herrliche Zukunft unsers einigen Erlösers und Seligmachers Jesu Christi durch Hülf und Beistand des Heiligen Geistes erhalten und fortgepflanzt werden möge.

Wann dann dem also und wir unsers christlichen Bekanntnüs und Glaubens aus göttlicher, prophetischer und apostolischer Schrift gewiß und dessen durch die Gnade des Heiligen Geistes in unsern Herzen und christlichen Gewissen genugsam versichert sein und dann die höchste und äußerste Notdurft erfordert, daß bei so vielen eingerissenen Irrtumben, erregten Ärgernüssen, Streit und langwierigen Spaltungen eine christliche Erklärung und Vorgleichung aller eingefallener disputation geschehe, die in Gottes Wort wohlgegründet, nach welcher die reine Lehre von der vorfälschten erkannt und unterschieden werde und den unruhigen, zankgierigen Leuten, so an keine gewisse Form der reinen Lehr gebunden sein wöllen, nicht alles frei und offen stehe, ihres Gefallens ärgerliche disputation zu erwecken und ungereumbte Irrtumb einzuführen und zu vorfechten, daraus nichts anders erfolgen kann, dann daß entlich die rechte Lehr gar vertunkelt und verloren und auf die nachkommende Welt anders nichts dann ungewisse opiniones und zweifelhaftige, disputierliche Wahn und Meinungen gebracht werden: und dann wir aus göttlichem Befehl unsers tragenden Ampts halben unserer eigenen und unserer zugehörigen Untertanen zeitlicher und ewiger Wohlfahrt wegen uns schüldig erkennen, alles das zu tuen und fortzusetzen, was zu Vormehrung und Ausbreitung Gottes Lob und Ehren und zu

troversorum, quorum iam aliquoties mentio facta est, non novam confessionem aut ab ea (quae Imp. Carolo V. felicis recordationis anno 1530. exhibita fuit) alienam afferre, sed ecclesias et scholas nostras in primis quidem ad fontes sacrarum litterarum et symbola, tum ad Confessionem Augustanam, cuius ante meminimus, deducere voluisse. Hortamur etiam severissime, ut in primis iuventus, quae ad sacrum ecclesiarum et scholarum ministerium educatur, in hoc fideliter et diligenter instituatur, ut ad posteritatem etiam nostram sincera doctrina professioque fidei usque ad gloriosum illum adventum unici redemptoris et servatoris nostri Iesu Christi (largiente hoc sancto spiritu) conservetur et propagetur.

Cum ergo haec sic habeant et nos de doctrina et confessione nostra propheticis et apostolicis scriptis eruditi certi simus gratiaque sancti spiritus mentes et conscientiae nostrae maiorem in modum confirmatae sint, Librum hunc Concordiae in lucem edendum putavimus.

Videbatur enim id apprime esse necessarium, ut inter tot nostris temporibus exortos errores, tum offendicula, certamina et diuturnas distractiones illas pia explicatio et conciliatio harum omnium controversiarum e verbo Dei exstructa exstaret, ut secundum rationes eius sincera doctrina a falsa internosceretur et secerneretur.

Praeterea ea res ad hoc etiam confert, ut turbulentis contentiosisque hominibus, qui ad nullam formulam purioris doctrinae astringi se patiuntur, liberum non sit pro sua libidine controversias cum offendiculo coniunctas movere et prodigiosas opiniones et proponere et propugnare.

Ex his enim hoc tandem consequitur, ut purior doctrina obscuretur et amittatur, ad posteritatem autem nihil quam opiniones et ἐποχαί academicae transmittantur.

His accedit et illud, quod pro officii a Deo nobis iniuncti ratione hoc nos subditis nostris debere intelligimus, ut

---

3/4 zu Augsburg > *P*   4 etc. 30.] 1530. Konf   übergeben + worden *H*, worden ist Konf   gemacht + noch die Handlungen, so zu dem Ende zu Frankfurt am Maien und zur Naumburg in Duringen gepflogen und geschlossen worden, vorworfen *s*   5/7 zuvörderst *bis* erstermelte] auf die unvoränderte *S*   6 und > *a*   39 und > *s*   47 halben + wegen *S P*   49 wegen > *a P*, urspr. *C*   51 zu] die *P*

6 nostras] quae nobis parent

seines alleinseligmachenden Worts Fortpflanzung, zu Ruhe und Friede christlicher
Schulen und Kirchen, auch zu notwendigem
Trost und Unterricht der armen verirreten
Gewissen dienstlich und nützlich sein mag, 5
und uns daneben unverborgen ist, daß viel
gutherzige christliche Personen hohes und
niedriges Standes nach diesem heilsamen
Werk der christlichen Concordien sehnlich
seufzen und ein besonders Verlangen tra- 10
gen. Dieweil dann auch anfangs dieser unserer christlichen Vorgleichung unser Gemüt und Meinung niemals gewesen, wie
auch noch nicht ist, dieses heilsame und
hochnötige Concordienwerk im Finstern 15
vor jedermann heimlich und verborgen zu
halten oder das Licht der göttlichen Wahrheit unter den Scheffel und Tisch zu setzen:
so haben wir die Edition und Publicierung
desselben nicht länger einstellen noch auf- 20
halten sollen und zweifeln gar nicht, es
werden alle fromme Herzen, so rechtschaffene
Liebe zu göttlicher Wahrheit und christlicher, gottgefälliger Einigkeit tragen, ihnen
dieses heilsame, hochnötige und christliche 25
Werk neben uns christlich gefallen und an
ihnen diesfalls zu Beförderung der Ehre
Gottes und der gemeinen ewigen und zeitlichen Wohlfahrt keinen Mangel sein lassen.

Dann wir, abermals schließlich und endlich zu wiederholen, durch dieses Con-

quae ad huius et seculurae vitae rationes
pertinent, diligenter curemus ac demus
operam, ut quae ad amplificationem
nominis ac gloriae Dei et propagationem
verbi ipsius (ex quo solo salus spera- 5
tur), ad pacem et tranquillitatem ecclesiarum et scholarum, ad commonefactiones et consolationem perturbatarum conscientiarum faciunt, summo studio et quidem, quantum fieri potest, 10
procuremus. Praesertim cum nobis certo
constaret, a multis bonis et cordatis
hominibus summi et infimi ordinis hoc
salutare Christianae concordiae opus dudum seriis gemitibus summoque desi- 15
derio fuisse expetitum et exspectatum;
ac ne nos quidem ab initio suscepti
negotii pacificationis huius in ea sententia fuerimus neque etiamnum simus, hoc
tam salutare et apprime necessarium 20
opus concordiae ab hominum oculis
removendum et penitus occultandum, ac
lucem illam coelestis veritatis subter
modium aut mensam ponendam esse:
quapropter editionem eius diutius extra- 25
here neutiquam debuimus.

Neque dubitamus pios omnes, qui et
veritatis coelestis et concordiae Deo
gratae sunt amantes, una nobiscum hoc
salutare, utile, pium et pernecessarium 30
institutum probaturos et non commissuros esse, ut ad amplificationem gloriae
Dei et utilitatem publicam, quae et in
aeternis et temporalibus cernitur, in
ipsis aliquid vel ad summum conatum 35
desiderari possit.

Nos certe (ut ad extremum id repetamus, cuius aliquoties supra memini-

1 fort-] Vor- *a*   11 Dieweil dann auch] So ist dem allen nach *S*   So ist gleichwohl *P*   11/2 unserer > *s, urspr. C*   13 niemals] nie *S a*, nicht *P*   13/4 wie *bis* ist
> *s, urspr. P*   14 ist > *P*   18 setzen + Inmassen etzliche unruhige Leute mit
Ungrund in öffentlichen Druck fürgeben durfen, welche, ob sie wohl von dieser christlichen
Erklärung und Vorgleichung wenig bericht und das Concordienbuch weder halb noch gar
gesehen, haben sie doch, unerwartet bis dasselbe an Tag bracht, dies christliche Werk ohne
alle erhebliche Ursachen angefeindet und aus heimblichen, verborgenen Winkeln allerlei
Schmäheschrift, mehrersteils ohne Namen, unter die Leute ausgestreuet, damit sie dann
gnugsamb an Tag geben, durch waserlei Geist sie angetrieben und wie gerne der Feind
der göttlichen Wahrheit dies christlichen Werk vorhindern und zurückhalten wollte, auf daß
sein Reich der Finsternis Uneinigkeit und Zweitracht desto fester bestehen und mehr erweitert, die armen, einfältigen Herzen aber je länger je mehr bestürzet, irregemacht und
〈*s*: umb〉 soviel weniger der Wahrheit nachfragen und desto williger im Zweifel und Irrtumb
erhalten werden möchten. Damit nun solchen Geistern, so allbereit ihre ungegründete
Schmäheschriften wider diese christliche Einigkeit ausgeschüttet haben, gesteuret, und dies
heilsames Konkordienwerk nicht mit solcher feindseligen Vorkleinerung und unzeitigen
Vorurteilen der Christenheit verhasset und verdächtig gemacht werde, *S, C* mit dem *Vermerk*:
ist in der 3 Kurfürsten exemplar außen   19/29 so *bis* lassen] *in P getilgt*   23 göttlicher
bis christlicher > *p*   37 Dann *bis* abermals] Und *P*   38 wiederholen + suchen wir *P*

14 salutare Christianae >   28/9 Deo gratae >

cordienwerk nichts neues zu machen noch von der einmal von unsern gottseligen Vorfahren und uns erkannten und bekannten göttlichen Wahrheit, wie die in prophetischer und apostolischer Schrift gegründet und in den dreien Symbolis, auch der Augsburgischen Confession, Anno etc. 30. Kaiser Carolo dem V. hochmilder Gedächtnüs übergeben, der darauf erfolgten Apologia, in den Schmalkaldischen Artikeln und dem großen und kleinen Catechismo des hocherleuchten Mannes D. Lutheri ferner begriffen ist, gar nicht, weder in rebus noch phrasibus, abzuweichen, sondern vielmehr durch die Gnade des Heiligen Geistes einmütiglich dabei zu vorharren und zu bleiben, auch alle Religionsstreit und deren Erklärungen darnach zu regulieren gesinnet und daneben mit unsern Mitgliedern, den Kurfürsten und Ständen im Heiligen Römischen Reich, auch andern christlichen Potentaten, nach Inhalt des Heiligen Reichs Ordnungen und sonderer Voreinigung, die wir mit ihnen haben, in gutem Frieden und Einigkeit zu leben und einem jeden nach seines Standes Gebühr alle Liebe, Dienst und Freundschaft zu erzeigen entschlossen und gemeint sein.

So wollen wir uns auch weiter freundlichen vorgleichen, welchergestalt in unsern Landen durch fleißige Visitation der Kirchen und Schulen, Aufsehung auf die Druckereien[1] und andere heilsame Mittel nach unser selbst und jedes Orts Gelegenheit über diesem Concordienwerk ernstlich zu halten, und wo sich die jetzige oder neue Streit bei unser christlichen Religion wieder regen wollten, wie dieselbigen ohne gefährliche

mus) hoc Concordiae negotio nequaquam nova comminisci aut a veritate doctrinae coelestis, quam maiores nostri pietatis nomine celeberrimi, sicut et nos, agnoverunt et professi sunt, ullo modo discedere voluimus.

Eam autem doctrinam intelligimus, quae ex propheticis et apostolicis scriptis exstructa in tribus veteribus symbolis, Augustana Confessione, anno 1530. Imp. Carolo V. excellentis memoriae exhibita, deinde Apologia, quae huic coniuncta fuit, Smalcaldicis Articulis, utroque denique Catechismo excellentis viri D. Lutheri comprehensa est.

Quare etiam nos ne latum quidem unguem vel a rebus ipsis vel a phrasibus, quae in illa habentur, discedere, sed iuvante nos Domini spiritu summa concordia constanter in pio hoc consensu perseveraturos esse decrevimus, controversias omnes ad hanc veram normam et declarationem purioris doctrinae examinaturi.

Deinde etiam apud animum nostrum constituimus velle nos cum reliquis electoribus, principibus et ordinibus Sacri Rom. Imperii et aliis Christianae reipublicae regibus, principibus et magnatibus secundum Sacri Imperii constitutiones et pacta conventa (quae nobis cum illis sunt) pacem et concordiam colere, et singulis pro dignitatis et ordinis ratione omnia nostra officia cum benevolentia coniuncta et deferre et exhibere.

Praeterea communicatis consiliis in hoc etiam sedulo incumbemus, ut in ditionibus nostris per diligentes ecclesiarum et scholarum visitationes et inspectiones officinarum typographicarum et alias denique salutares rationes observatis occasionibus et circumstantiis, quae ex nostro et aliorum usu sint, hoc concordiae opus magna severitate et summo studio defendamus.

---

1 noch] und *s*   6 den > Konk   7 etc. 30.] 1530. Konk   11 großen und kleinen ~ *S*   13/4 weder *bis* phrasibus > *S*   15/6 einmütiglich + und beständiglich *a P*   17/8 auch *bis* regulieren > *S*   19/27 und *bis* erzeigen > *s*   20 Kurfürsten] Kur=, fürsten Konk (*einige Drucke*)   22 heiligen + Römischen *a*   23 sonderer Vereinigung] sondere Vereinigungen *a J*   28 und gemeint > *S*   sein + wie solches auch nachfolgender der Theologen Praefation und Vorrede und dem christlichen Konkordienbuch mit mehreren ausführlich zu vornehmen *s p*   36—S. 762, 3 So *bis* werden > *S*   36 weiter + samptlich einhelliglich und *P*

4 sicut >   5 nos >   17 vel (*1*) >   vel (2.) a] et   32 concordiam] ocium

---

[1]) Die Druckereibeaufsichtigung, die in den Einigungsbestrebungen oft begegnet, u. dgl. ist bei FC vornehml. Anliegen der Braunschweiger (Bedenken zum TB, Hutterus 411 und noch Chemnitzens Gutachten zur Präf., Jan. 1579).

Weitläuftigkeit, zu Vorhütung allerlei Ärgernüs, zeitlichen mögen beigelegt und vorglichen werden.

Dabimus etiam operam, si vel renascantur controversiae iam sopitae vel novae in religionis negotio oriantur, ut eae absque longioribus et periculosis ambagibus ad praecavenda offendicula in tempore e medio tollantur et componantur.

Zu Urkund haben wir uns mit einmütigem Herzen unterschrieben und unser Secret[1] aufdrucken lassen[2].

In cuius rei evidens testimonium nomina nostra magno consensu subscripsimus et sigilla etiam adiunximus.

Ludwig, Pfalzgraf bei Rhein, Kurfürst[3].
Augustus, Herzog zu Sachsen, Kurfürst[4].
Johanns George, Markgraf zu Brandenburg, Kurfürst[5].
Joachim Friedrich, Markgraf zu Brandenburg, Administrator des Erzstifts Magdeburg[6].
Johann, Bischof zu Meißen[7].
Eberhard, Bischof zu Lübeck, Administrator des Stifts Verden[8].
Philipps Ludwig, Pfalzgrafe[9].

Ludovicus, Palatinus Rheni, Elector.
Augustus, Dux Saxoniae, Elector.
Joannes Georgius, Marchio Brandeburgensis, Elector.
Joachimus Fridericus, Marchio Brandeburgensis, Administrator Archiepiscopatus Magdeburgensis.
Joannes, Episcopus Misnensis.
Eberhardus, Episcopus Lubecensis, Administrator Episcopatus Verdensis.
Philippus Ludovicus, Palatinus Rheni.

---

3 werden + Und weil auch für Publication dieses Concordienbuchs von gutherzigen Leuten bei etzlichen Artikuln weitere Erklärung gebeten, dasselbige auch durch ausgesprengte Schriften und sonsten, wiewohl gottlob ohne Grund, angefochten worden, haben wir, damit sich der christliche Leser desto besser in solch Buch richten möge, für gut angesehen, daß unsere Theologen dabei weitere christliche Erklärung und Unterricht getan, wie derselb hernach zu Ende dieses Buchs folget p, C mit dem Vermerk: dieser § ist in der 3 Kurfürsten überschickten Exemplar gar außengelassen

---

[1] Geheimsiegel; Privatkorrespondenzen und Schriftstücke mehr persönlichen Charakters wurden in der Regel mit dem Geheimsiegel (oder „kleinen Insiegel") besiegelt. [2] Die Daten der Unterzeichnung des Konkordienbuches und die Namen der Bürgermeister entstammen den Aktenstücken Loc. 10305 (Der Chur= und Fürsten ... Subscriptiones), 10308 (Praefationes, so von etl. Grafen und Herren subscribieret) und 10308 (Praefationes, so von etl. Städten subscribieret) des Sächsischen Hauptstaatsarchivs in Dresden; vgl. S. XLI. Ihre Kenntnis verdanke ich Herrn Privatdozent Lic. Wolf=Rostock. [3] Ludwig VI. (1576—1583) hat das Luthertum, das sein Vorgänger Friedrich III. der Fromme (1559—1576) durch den Calvinismus verdrängt hatte, in seinem Lande wiederhergestellt. [4] Unter August I. (1553—1586), dem Bruder von Moritz von Sachsen (1541—1553), wurde der Kryptocalvinismus (Peucer, Cracow) gestürzt und das strenge Luthertum in Sachsen eingeführt. Am Zustandekommen der Konkordienformel war er hervorragend beteiligt. [5] Johann Georg (1571—1598), Sohn Joachims II., war Vertreter des strengen Luthertums. [6] Sohn des Kurfürsten Johann Georg; 1567—1598 Administrator des Erzstiftes Magdeburg, wo er die letzten Überreste des Katholizismus beseitigte. Vergebens suchte er in seiner Eigenschaft als Administrator auf den Reichstagen Sitz und Stimme zu erhalten; durch seine Bestrebungen, einen engen Zusammenschluß der Lutheraner und Calvinisten herbeizuführen, verfeindete er sich mit den strengen Lutheranern. 1598—1608 Kurfürst von Brandenburg. — Am 7. November 1579 unterzeichnete er das Konkordienbuch. [7] Johann IX. (von Haugwitz) 1555—1581. [8] Eberhard von Holle, 1561—1586 erster evangelischer Bischof von Lübeck, 1566—1586 erster evangelischer Administrator von Verden. Am 22. Oktober 1579 unterzeichnete er das Konkordienbuch. [9] 1569—1614 Pfalzgraf von Pfalz=Neuburg.

Vorrede. 763

Herzog Friedrich Wilhelms und Herzog Johannsens zu Sachsen	Vormünd¹.	Friderici Wilhelmi & Johannis, Ducum Saxoniae	Tutor.
Herzog Johann Kasimirs und Herzog Johann Ernstens zu Sachsen	Vormünde².	Johannis Casimiri & Johannis Ernesti, Ducum 5 Saxoniae	Tutores.

Georg Friedrich, Markgrafe zu Brandenburg³. — Georgius Fridericus, Marchio Brandeburgensis.

Julius, Herzog zu Braunschweig und Lüneburg⁴. — Julius, Dux Brunsvicensis & Luneburgensis. M 23

Otto, Herzog zu Braunschweig und Lüneburg⁵. — 10 Otto, Dux Brunsvicensis & Luneburgensis.

Heinrich der Jünger, Herzog zu Braunschweig und Lüneburg⁵. — Henricus junior, Dux Brunsvicensis & Luneburgensis.

Wilhelm der Jünger, Herzog zu Braunschweig und Lüneburg⁵. — Wilhelmus junior, Dux Brunsvicensis & 15 Luneburgensis.

Wolf, Herzog zu Braunschweig und Lüneburg⁶. — Wolfgangus, Dux Brunsvicensis & Luneburgensis.

Ulrich, Herzog zu Mecklenburg⁷. — Ulricus, Dux Megalopurgensis.

Herzog Johannsens und Herzog Sigismundens Augustens zu Mecklenburg	Vormünde⁸.	Johannis & 20 Sigismundi Augusti, Ducum Megalopurgensium	Curatores.

Ludwig, Herzog zu Württemberg⁹. — Ludovicus, Dux Wirtembergensis.

Markgraf Ernsts und Markgraf Jakobs zu Baden	Vormund¹⁰.	Ernesti & Jacobi, Marchionum Badensium	Curatores.

¹) Friedrich Wilhelm I., Herzog von Sachsen-Altenburg (*1562, 1573—1602), und Johann I., Herzog von Sachsen-Weimar (*1570, 1573—1605), traten 1586 die Regierung an. Ihr Vater Johann Wilhelm, Herzog von Sachsen-Weimar (1554—1573), teilte sein Land in die beiden Herzogtümer. Die vormundschaftliche Regierung für die beiden unmündigen Söhne führte von 1573—1586 Kurfürst August I. von Sachsen (s. o., † 1586). ²) Johann Kasimir, Herzog von Sachsen-Koburg (*1564, 1572—1633), und Johann Ernst II., Herzog von Sachsen-Eisenach (*1566, 1572—1638), traten 1586 die Regierung an. Ihre Vormünder waren Kurfürst August I. von Sachsen (s. o., † 1586), Kurfürst Johann Georg von Brandenburg (s. o.) und Kurfürst Ludwig VI. von der Pfalz (s. o.). Ihr Vater Johann Friedrich II. der Mittlere, Herzog von Sachsen-Koburg († 1595) (der Bruder von Johann Wilhelm von Sachsen-Weimar), ging wegen seiner Teilnahme an den Grumbachschen Händeln seines Landes verlustig, 1572 erhielten es seine Söhne unter vormundschaftlicher Regierung geteilt zurück. ³) Markgraf von Ansbach-Bayreuth (1543—1603, in Bayreuth seit 1553 als Nachfolger von Albrecht Alcibiades), der jüngste Sohn des Markgrafen Georg des Frommen von Ansbach (1536—1543), der 1530 die Augsburger Konfession mitunterzeichnete. ⁴) Herzog von Braunschweig-Wolfenbüttel (1568—1589), Sohn Herzog Heinrichs II. des Jüngeren, der 1542—1547 von den protestantischen Fürsten vertrieben war. Julius führte die Reformation endgültig in seinem Territorium durch. — Am 6. Februar 1580 unterzeichnete er das Konkordienbuch. ⁵) Otto II., Herzog von Braunschweig-Lüneburg-Harburg (1549—1603), Heinrich X., Herzog von Braunschweig-Wolfenbüttel (1546—1598), und Wilhelm V. der Jüngere der Siegreiche, Herzog von Braunschweig-Lüneburg (Hannover) (1546—1592), Söhne Ernsts des Bekenners (1527—1546) (der ebenfalls die Augsburger Konfession unterzeichnete) und Vettern Ottos II. — Otto, Heinrich und Wilhelm unterzeichneten am 6. Dezember 1579 das Konkordienbuch. ⁶) Wolfgang, Herzog von Braunschweig-Grubenhagen (1551—1595); am 16. Oktober 1579 unterzeichnete er das Konkordienbuch. ⁷) Herzog zu Mecklenburg-Güstrow (1555—1603) und evangelischer Verweser des Bistums Schwerin (1550—1603); am 31. Dezember 1579 unterzeichnete er das Konkordienbuch. ⁸) Johann V., Herzog von Mecklenburg (*1558, 1576—1592); Sigismund August, Herzog von Mecklenburg (in Ivenack) (*1560, 1576—1603). Vormund war von 1576—1585 ihr Oheim Ulrich, Herzog von Mecklenburg (s. o.) ⁹) Ludwig III. der Fromme (1568—1593), Sohn Herzog Christophs (1550—1568); am 31. Oktober 1579 unterzeichnete er das Konkordienbuch. ¹⁰) Ernst Friedrich, Markgraf von Baden-Durlach (1577—1604); Jakob III., Markgraf von Baden-Hachberg (1577—1590). Am 24. November 1579 unterzeichneten der markgräflichen badischen Vormundschaft (die dritte Gemahlin des Markgrafen Karl II. [1553—1577]

	Georg Ernst, Grafe und Herr zu Henneberg[1].	Georgius Ernestus, Comes & Dominus Hennebergensis.
	Friederich, Graf zu Wirttemberg und Mümpelgart[2].	Fridericus, Comes Wirtembergensis & Mumpelgartensis.
	Hans Günther, Graf zu Schwarzburg[3].	5 Johannes Guntherus, Comes Swarcenburgensis.
	Wilhelm, Grafe zu Schwarzburg[4].	Wilhelmus, Comes Swarcenburgensis.
WBl.	Albrecht, Grafe zu Schwarzburg[5].	Albertus, Comes Swarcenburgensis.
C 1a	Emich, Grafe zu Leiningen[6].	Emich, Comes Leimingensis.
	Philipps, Grafe zu Hanau[7].	10 Philippus, Comes Hanauensis.
	Gottfried, Grafe zu Ottingen[8].	Gottfridus, Comes Oetingensis.
	George, Graf und Herr zu Castell[9].	Georgius, Comes ac Dominus in Castel.
M 24	Heinrich, Graf und Herr zu Castell[9].	Henricus, Comes ac Dominus in Castel.
	Hans Hoier, Grafe zu Mansfeld[10].	Johannes Hoierus, Comes Mansfeldensis.
	Bruno, Grafe zu Mansfeld[11].	15 Bruno, Comes Mansfeldensis.
	Hoier Christoph, Grafe zu Mansfeld[12].	Hoierus Christophorus, Comes Mansfeldensis.
	Peter Ernst der Jünger, Grafe zu Mansfeld[13].	Petrus Ernestus junior, Comes Mansfeldensis.
	Christoph, Grafe zu Mansfeld[14].	20 Christophorus, Comes Mansfeldensis.
	Otto, Grafe zur Hoya und Burghausen[15].	Otto, Comes Hoiensis & Bruchhusensis.
	Johannes, Grafe zu Oldenburg und Delmenhorst[16].	Johannes, Comes Oldenburgensis & Delmenhorstensis.
	Albrecht Georg, Grafe zu Stolberg[17].	Albertus Georgius, Comes Stolbergensis.
	Wolf Ernst, Grafe zu Stolberg[17].	25 Wolfgangus Ernestus, Comes Stolbergensis.
	Ludwig, Grafe zu Gleichen[18].	Ludovicus, Comes Glichensis.

---

8 > Conc 1580   21/3 > Conc 1580, hinter Zl. 9 Conc 1584.

Anna Bombast von Hohenheim; Kurfürst Ludwig VI. von der Pfalz [s. o.]; Pfalzgraf Philipp Ludwig von Pfalz-Neuburg [s. o.]; Herzog Ludwig von Württemberg [s. o.]) verordnete Statthalter (Hans Landschadt), Kanzler (D. Martin Achtsynit) und Räte zu Karlsburg das Konkordienbuch.

[1]) Gefürsteter Graf zu Henneberg-Schleusingen (1559—1583); er unterzeichnete am 17. Oktober 1579 das Konkordienbuch. [2]) Regent in Mömpelgard seit 1558. 1593—1608 als Nachfolger seines Oheims Ludwig III. (s. o.) Herzog von Württemberg. [3]) Johann Günther I., Graf zu Schwarzburg-Sondershausen (1552—1586). [4]) Wilhelm I. (V.), Graf zu Schwarzburg-Frankenhausen (1552—1597). [5]) Albrecht Anton I. (Albrecht VII.), Graf zu Schwarzburg-Rudolstadt (1552—1605); die drei Schwarzburger Grafen sind Brüder. [6]) Emich XI., Graf zu Leiningen-Hartenburg (1562—1607). [7]) Philipp IV., Graf zu Hanau-Lichtenburg (1538—1590), unterzeichnete am 2. November 1579 das Konkordienbuch. [8]) Gottfried, Graf zu Ottingen-Ottingen (1569—1622), unterzeichnete für sich und seine jüngeren Brüder Ludwig und Albrecht Ludwig, Grafen zu Ottingen, das Konkordienbuch. [9]) Georg II., Graf zu Castell-Rüdenhausen (1546—1597), und Heinrich IV., Graf zu Castell-Remlingen (1546—1595), unterzeichneten am 12. Dezember 1579 das Konkordienbuch. [10]) Johann Hoyer III., Graf zu Mansfeld-Artern (1531—1585). [11]) Bruno II., Graf zu Mansfeld-Bornstedt (1546—1615). [12]) Hoyer Christoph I., Graf zu Mansfeld-Eisleben (1579—1587), Vetter Brunos. [13]) Peter Ernst, Graf zu Mansfeld-Eisleben (*1556, †1587), Bruder Hoyer Christophs. [14]) Christoph II., Graf zu Mansfeld, Mittelortische Linie (1558—1591). [15]) Otto VIII., Graf zu Hoya-Nienburg (1563—1582). [16]) Johann XVI., Graf zu Oldenburg (1573 bis 1603). [17]) Albrecht Georg regierte in den Stolbergischen Harzgrafschaften von 1552—1566 zusammen mit seinem Bruder Ludwig, von 1568—1570 allein, von 1572 bis 1574 zugleich mit Ludwig und seinem Neffen Wolf Ernst, von 1574—1587 nur mit Wolf Ernst zusammen; dieser regierte von 1570—1572 allein. Er erhielt bei der Teilung 1587 (1589) die Grafschaft Wernigerode, in der er bis 1606 herrschte. [18]) Ludwig III., Graf zu Gleichen-Blankenhain (1522—1586).

Karl, Grafe zu Gleichen¹. Carolus, Comes Glichensis.
Ernst, Grafe zu Reinstein². Ernestus, Comes Reinsteinensis.
Boto, Grafe zu Reinstein³. Boto, Comes Reinsteinensis.
Ludwig, Grafe zu Lewenstein⁴. Ludovicus, Comes Leonsteinensis.

Heinrich, Herr zu Limpurg, Semperfrei⁵. 5 Henricus, Baro Limpurgensis, Semperfrei.
Georg, Herr von Schönburg⁶. Georgius, Baro Schonburgensis.
Wolf, Herr von Schönburg⁷. Wolfgangus, Baro Schonburgensis.
Anarck Friedrich, Herr zu Wildenfels⁸. Anarc Fridericus, Baro Wildenfeldensis.

Bürgermeister und Rat der Stadt Lübeck. Consul. & Senatus Lubecensis.
Bürgermeister (Hans Hitschler) und Rat der 10 Consul. & Senatus Landauiensis. M 25
  Stadt Landau (20. Nov. 1579).
Bürgermeister (Friedrich Zeringer) und Rat Consul. & Senatus civitatis Monasteriensis
  der Stadt Münster in S. Georgental. in Valle Gregoriana.
Der Rat der Stadt Goslar (13. April 1580). Senatus Goslariensis.
Bürgermeister (Hans Ehinger von und zu 15 Consul. & Senatus Ulmensis.
  Baltzheim) und Rat der Stadt Ulm.
Bürgermeister (Matthis Herwart) und Rat Consul. & Senatus Eslingensis.
  der Stadt Eßlingen (3. Nov. 1579).
Der Rat (Stadtschreiber Lorenz Zysar) der Senatus Reutlingensis.
  Stadt Reutlingen (4. Nov. 1579). 20
Bürgermeister (Peter Seng der Ältere) und Consul. & Senatus Nordlingensis.
  Rat der Stadt Nördlingen (18. Dez. 1579).
Bürgermeister und Rat zu Rothenburg auf Consul. & Senatus Rotenburgensis ad
  der Tauber (10. Dez. 1579). Tuberam.
Städtmeister (Johann Christoph Adler) und 25 Consul. & Senatus Halae Suevorum.
  Rat der Stadt Schwäbischen-Hall.
Bürgermeister (Johann Spölin) und Rat Consul. & Senatus Heilbronensis.
  der Stadt Heilbronn.
Bürgermeister (Melchior Stebenhaber zu Consul. & Senatus Memmingensis.
  Hezlinshofen) und Rat der Stadt Mem- 30
  mingen (13. Nov. 1579).
Bürgermeister (Michael Buchschar) und Rat Consul. & Senatus Lindaviensis.
  der Stadt Lindau.
Bürgermeister und Rat (Syndicus Adam Consul. & Senatus Schweinfurtensis.
  Alberti) der Stadt Schweinfurt (18. Dez. 35
  1579).
Der Rat der Stadt Donawerda. Senatus Donawerdensis.
Kämmerer (Stephan Fugger) und Rat der Cammerarii & Senatus Ratisponensis. WBl.
  Stadt Regensburg. c 1b
Bürgermeister (Hans Aff) und Rat der Stadt 40 Consul. & Senatus Wimpfensis.
  Wimpfen.
Bürgermeister (Jörg Vetter) und Rat der Consul. & Senatus Giengensis.
  Stadt Giengen.
Bürgermeister und Rat zu Bopfingen. Consul. & Senatus Bopfingensis. M 26
Bürgermeister (Kaspar Voss) und Rat der 45 Consul. & Senatus Alensis.
  Stadt Aalen (30. Nov. 1579).

9/10 ordnet Conc 1584 folgendermaßen: Lübeck, Lüneburg, Hamburg (Consul. et Senatus Hamburgensis.), Braunschweig, Landau etc.; S. 766, 7, 9 und 11 fehlen dann diese Orte Conc 1584.

---

¹) Karl III., Graf zu Gleichen-Blankenhain (1522—1599). ²) Ernst I., Graf zu Regenstein (1551—1581). ³) Bodo II., Graf zu Regenstein (1541—1594). ⁴) Ludwig II., Graf zu Löwenstein (1541—1611). ⁵) Heinrich, Herr zu Limpurg-Schmiedelfeld (1552—1585). ⁶) Georg, Herr von Schönburg-Waldenburg (1565—1611). ⁷) Wolfgang I., Herr von Schönburg-Penig-Remissa (1534—1581). ⁸) † 1600.

Bürgermeister (*Ludwig Bonrieder*) und Rat der Stadt Kaufbeuern (*8. Nov. 1579*).	Consul. & Senatus Kaufbeurensis.
Bürgermeister (*Crispinus Riedlein*) und Rat der Stadt Isna (*18. Nov. 1579*).	Consul. & Senatus Isnensis.
Bürgermeister (*Paulus Röhr*) und Rat der Stadt Kempten (*10. Nov. 1579*).	Consul. & Senatus Campidonensis.
Der Rat der Stadt Hamburg.	Senatus Hamburgensis.
Der Rat der Stadt Göttingen (*21. April 1580*).	Senatus Göttingensis.
Der Rat der Stadt Braunschweig (*28. März 1580*).	Senatus Brunsvicensis.
Bürgermeister und Rat der Stadt Lüneburg (*10. April 1580*).	Consul. & Senatus Luneburgensis.
Bürgermeister (*Georg Bock*) und Rat der Stadt Leutkirch.	Consul. & Senatus Leutkirchensis.
Die ganze Regierung der Stadt Hildesheim (*10. April 1580*).	Senatus Hildesheimensis.
Bürgermeister und Rat der Stadt Hameln (*10. April 1580*).	Consul. & Senatus Hamelensis.
Bürgermeister und Ratname der Stadt Hannover (*10. April 1580*).	Consul. & Senatus Hannoverensis.
Der Rat zu Mühlhausen.	Senatus Mulhusinus.
Der Rat zu Erfurt.	Senatus Erfurdensis.
Der Rat der Stadt Eimbeck (*15./20. April 1580*).	Senatus Eimbecensis.
Der Rat der Stadt Northeim.	Senatus Northeimensis.

Summarischer Begriff der streitigen Artikel

zwischen den Theologen Augsburgischer Konfession, in nachfolgender Wiederholung nach Anleitung Gottes Worts christlich erkläret und verglichen[1].

EPITOME ARTICULORUM,

de quibus controversiae ortae sunt inter theologos Augustanae Confessionis, qui in repetitione sequenti secundum verbi Dei praescriptum pie declarati sunt et conciliati.

Von dem | summarischen Begriff, | Regel und Richtschnur, nach welcher alle Lehr geurteilet, und die eingefallene Irrungen christlich erkläret und entscheiden werden sollen.

DE COMPENDIARIA REGULA ATQUE NORMA, ad quam omnia dogmata exigenda, et quae inciderunt certamina pie declaranda et componenda sunt.

1. Wir glauben, lehren und bekennen, daß die einige Regel und Richtschnur, nach welcher zugleich alle Lehren und Lehrer gerichtet und geurteilet werden sollen, seind allein die prophetischen und apostolischen Schriften Altes und Neues Testamentes, wie geschrieben stehet: | „Dein Wort ist meines Fußes Leuchte und ein Licht auf meinem Wege", Psal. 119. Und S. Paulus: | „Wann ein Engel vom Himmel käme und predigte anders, der soll verflucht sein", Gal. 1.[2]

Andere Schriften aber der alten oder neuen Lehrer, wie sie Namen haben, sollen

I. Credimus, confitemur et docemus unicam regulam et normam, secundum quam omnia dogmata omnesque doctores aestimari et iudicari oportet, nullam omnino aliam esse quam prophetica et apostolica scripta cum Veteris tum Novi Testamenti, sicut scriptum est: Lucerna pedibus meis verbum tuum et lumen semitis meis. Et divus Paulus inquit: Etiamsi angelus de coelo aliud praedicet evangelium, anathema sit.

2 Reliqua vero sive patrum sive neotericorum scripta, quocunque veniant nomine,

---

8 | summarischen Begriff | *statt* [der] *A 3* 10 alle > *H* 12 erkläret und entscheiden ~ *H m ö 3 Konk, urspr. A* 14 lehren > 4 15 Regel und > *B* 16 Lehren und Lehrer ~ *B H x ö 3, urspr. A* 18 prophetischen und apostolischen ~ *f* 22 Paulus + sagt 4 26 Lehrer] Lehr *q*

6 praescriptum + et fidei analogiam 17 aestimari et > iudicari] iudicare

---

[1]) Die Epitome (der „Extrakt") wird hinsichtlich der erläuternden Anmerkungen ungeachtet ihrer gelegentlichen theologisch (im Sinn der Theologie ihres Verfassers Andreä) schärferen Fassung — vgl. z. B. die Formung einer Antithesenreihe in Art. XI — als solche behandelt, d. h.: es werden im Nachweis nur Zitate, Schriftbeweis und wesentliche Ergänzungen (in den Antithesen) zur Solida Declaratio berücksichtigt. [2]) Ps. 119, 105 Gal. 1, 8.

der Heiligen Schrift nicht gleich gehalten, sondern alle zumal miteinander derselben unterworfen und anders oder weiter nicht angenommen werden, dann als Zeugen, welchergestalt nach der Apostel Zeit und an welchen Orten solche Lehre der Propheten und Apostel erhalten worden.

2. Und nachdem gleich nach der Apostel Zeit, auch noch bei ihrem Leben, falsche Lehrer und Ketzer eingerissen und wider dieselbige in der ersten Kirchen Symbola, daß ist, kurze, runde Bekentnussen, gestellet, welche für den einhelligen, allgemeinen christlichen Glauben und Bekenntnis der rechtgläubigen und wahrhaftigen Kirchen gehalten, als nämblich das Symbolum Apostolicum, Symbolum Nicaenum und Symbolum Athanasii: bekennen wir uns zu denselben und vor'werfen hiermit alle Ketzereien und Lehr, so denselben zuwider in die Kirche Gottes eingeführt worden seind.

3. Soviel aber die Trennung in Glaubenssachen belanget, zu unsern Zeiten eingefallen, halten wir für den einhelligen Consens und Erklärung unsers christlichen Glaubens und Bekenntnus, besonders wider des Papstumbs und dessen falschen Gottesdienst, Abgötterei, Aberglauben | und andere Sekten |, als dieser Zeit unserem Symbolo die erste, ungeänderte Augsburgische Confession, Kaiser Karel V. zu Augsburg Anno etc. 30. | in der großen Reichsvorsamblung übergeben, sambt derselben Apologi und Artikeln, so zu Schmalkalden Anno etc. 37. gestellet und von den fürnehmsten Theologen domals unterschrieben worden.

sacris litteris nequaquam sunt aequiparanda, sed universa illis ita subiicienda sunt, ut alia ratione non recipiantur, nisi testium loco, qui doceant, quod etiam post apostolorum tempora et in quibus partibus orbis doctrina illa prophetarum et apostolorum sincerior conservata sit.

II. Et quia statim post apostolorum tempora, imo etiam cum adhuc superstites essent, falsi doctores et haeretici exorti sunt, contra quos in primitiva ecclesia symbola sunt composita, id est breves et categoricae confessiones, quae unanimen catholicae Christianae fidei consensum et confessionem orthodoxorum et verae ecclesiae complectebantur (ut sunt Symbolum Apostolicum, Nicaenum et Athanasianum): profitemur publice nos illa amplecti et reiicimus omnes haereses omniaque dogmata, quae contra illorum sententiam unquam in ecclesiam Dei sunt invecta.

III. Quod vero ad schismata in negotiis fidei attinet, quae in nostra tempora inciderunt, iudicamus unanimem consensum et declarationem Christianae nostrae fidei et confessionis, imprimis contra papatum et huius falsos ac idolatricos cultus et superstitiones et alias sectas, esse nostri temporis Symbolum, Augustanam illam primam et non mutatam Confessionem, quae Imperatori Carolo V. Augustae anno 30. in magnis Imperii comitiis exhibita est, similiter et Apologiam et Articulos Smalcaldicos anno 37. conscriptos et praecipuorum theologorum illius temporis subscriptione comprobatos.

---

4 [werden] *a*   dann > *g l*   12/4 gestellet *bis* Bekenntnis > *x*   13 für den] wirden *c*   einhelligen + [consensum und] *3*   20 zuwider] widering *b*   die] der *c*   23 Trennung] Irrung *4*   in] des *k*   23/4 Glaubenssachen] Glaubens *k*   24 belanget + so *6*   25 einhelligen] heiligen *z*   Consens] consens [um] *A 3*   28 und) wider *z* Abgötterei + und *ö*   30 erste + und *4*   32 etc. 30 ~ *einige Hss.*, Konk 34 sambt] und *ö*   so > *c g k m r s t v w ä 1 2 3 6*   35 etc. > *einige Hss.*   37. + [und hernach im 1540. Jahr] *A 3*   gestellet + die Stände *s*

---

2 illis] illa sacrarum litterarum auctoritati   11 exorti sunt] ecclesiam perturbarunt ecclesia + quaedam   12/3 id est *bis* confessiones >   19 illa] haec tria symbola toto pectore   20 contra + piam   23 schismata + quae   23/4 negotiis] religionis negotio   24 fidei *bis* quae >   25 inciderunt + attinet   25/30 unanimem *bis* Symbolum >   30/1 Augustanam + Confessionem   32 Confessionem > Imperatori] in frequentissimis illis celeberrimisque comitiis anno etc. trigesimo habitis Caesari   33/4 anno *bis* comitiis >   34/8 similiter *bis* probatos] unanimem complecti consensum atque declarationem Christianae nostrae religionis et Confessionis, eamque nostrae temporis symbolum esse, tum adversus papatus falsos atque idolatricos cultus et superstitiones, tum etiam adversus alias sectas. IIII. Huic confessioni Augustanae adiungimus eiusdem Apologiam et praeter hanc etiam | V. | Articulos Smalcaldii anno etc. 37. conscriptos, quos praecipui illius temporis theologi subscriptione suo comprobarunt

Und weil solche Sachen auch den gemeinen Laien und desselben Seelen Seligkeit betreffen, bekennen wir uns auch zu den kleinen und großen Catechismo Doktor Luthers, | wie solche beide Catechismi in den Tomis Lutheri verfasset, | als zu der Laien Bibel[1], dorin alles begriffen, was in Heiliger Schrift weitläuftig gehandelt und einem Christen|menschen| zu seiner Seligkeit zu wissen vonnöten ist.

Nach dieser Anleitung, | wie oben vermeldet, | sollen alle Lehren angestellet, und was derselben zuwider als unsers Glaubens einhelliger Erklärung entgegen vorworfen und vordambt werden.

Solchergestalt wird der Unterschied zwischen der Heiligen Schrift Altes und Neuen Testamentes und allen andern Schriften erhalten, und bleibt allein die Heilige Schrift der einig Richter, Regel und Richtschnur, nach welcher als dem einigen Probierstein[2] sollen und müssen alle Lehren erkannt und geurteilt werden, ob sie gut oder bös, recht oder unrecht sein.

Die andere Symbola aber und angezogene Schriften sind nicht Richter wie die Heilige Schrift, sondern allein Zeugnis und Erklärung des Glaubens, wie jederzeit die Heilige Schrift in streitigen Artikuln in der Kirchen Gottes von den damals Lebenden vorstanden und ausgeleget, und derselben widerwärtige Lehr vorworfen und vordambt worden.

Et quia haec religionis causa etiam ad laicos, quos vocant, spectat eorumque perpetua salus agitur, profitemur publice nos etiam amplecti Minorem et Maiorem D. Lutheri Catechismos, ut ii tomis Lutheri sunt inserti, quod eos quasi laicorum biblia esse censeamus, in quibus omnia illa breviter comprehenduntur, quae in sacra scriptura fusius tractantur et quorum cognitio homini Christiano ad aeternam salutem est necessaria.

Ad has rationes paulo ante monstratas omnis doctrina in religionis negotio conformanda est, et, si quid iis contrarium esse deprehenditur, id reiiciendum atque damnandum est, quippe quod cum unanimi fidei nostrae declaratione pugnet.

Hoc modo luculentum discrimen inter sacras Veteris et Novi Testamenti litteras et omnia aliorum scripta retinetur et sola sacra scriptura iudex, norma et regula agnoscitur, ad quam ceu ad Lydium lapidem omnia dogmata exigenda sunt et iudicanda, an pia an impia, an vera an vero falsa sint.

Cetera autem symbola et alia scripta, quorum paulo ante mentionem fecimus, non obtinent auctoritatem iudicis: haec enim dignitas solis sacris litteris debetur: sed duntaxat pro religione nostra testimonium dicunt eamque explicant ac ostendunt, quomodo singulis temporibus sacrae litterae in articulis controversis in ecclesia Dei a doctoribus, qui tum vixerunt, intellectae et explicatae fuerint, et quibus rationibus dogmata cum sacra scriptura pugnantia reiecta et condemnata sint.

---

1 weil] dieweil B   2 desselben] derselben *einige Hss.*, Konk   Seelen + und H   Seelen] Heil und x   2/3 betreffen + [welche weder die heilige Schrift noch oberzählte Symbola lesen können] A 3   13 Lehren + [und Erklärunge der heiligen Schrift] A 3   21 Schriften + [und Auslegungen] A 3   21/2 erhalten] unterhalten H   24 als > B   29 Richter] grichtet 5   32 in + den 2.

4 amplecti + | VI. VII. | 11 salutem + assequendam   13 omnis] tota   14 conformanda + atque accomodanda   17 declaratione + e diametro   28 cetera autem] Commemorata vero illa   33/7 ac *bis* fuerint] ut manifestum fiat, in qua sententia sacras litteras acceperint easque quomodo interpretatae sint ecclesiae illae, quae tum erant

---

[1]) So schon Luther 1528: „Kinderpredigt oder der Laien Biblia" (WA 30 I, 27; 41, 275; TR 5, 581) und als solche Grundlage für das Urteilen der Lehre durch Laien, vgl. FC unten S. 836, 16 ff.; dazu Ergänzung zu S. 21!   [2]) Probierstein, lapis Lydius, vgl. Plinius, hist. nat. XXXIII 126, „Wetzschiefer" aus Lydien. Vgl. zu der Formel „norma et regula" M. Chemnitz, Examen Conc. Trid. (ed. Preuß, Berlin 1961), S. 5 u. 7.

I.

Von der Erbsünde.

|Status controversiae.|

Die Hauptfrage in dieser Zwiespalt.

Ob die Erbsünde sei eigentlich und ohne allen Unterschied des Menschen verderbte Natur, Substanz und Wesen, oder ja das fürnehmste und beste Teil seines Wesens, als die vornünftige Seele selbst in ihren höchsten Grad und Kräften?

Oder ob zwischen des Menschen Substanz, Natur, Wesen, Leib, Seele | auch nach dem Fall | und der Erbsünde ein Unterschied sei also, daß ein anders die Natur und ein anders die Erbsünde sei, welche in der vorderbten Natur steckt und | die Natur | vorderbet?

Affirmativa.

Reine Lehr, Glaub und Bekenntnis vormöge vorgesetzter Richtschnur und summarischer Erklärung.

1. Wir glauben, lehren und bekennen, daß ein Unterschied sei zwischen der Natur des Menschen, nicht allein wie er anfangs von Gott rein und | heilig | ohne Sünde erschaffen, sonder auch wie wir sie jtzunder | nach dem Fall | haben, nämlich zwischen der Natur, | so auch nach dem Fall noch ein Creatur Gottes ist und bleibt, | und der Erbsünde, und daß solcher Unterschied so groß als der Unterschied zwischen Gottes und des Teufels Werk sei.

I.

DE PECCATO ORIGINIS.

STATUS CONTROVERSIAE.

An peccatum originale sit proprie et absque omni discrimine ipsa hominis corrupti natura, substantia et essentia aut certe principalis et praestantissima pars ipsius substantiae, utpote ipsa rationalis anima in summo suo gradu et in summis ipsius viribus considerata? An vero inter hominis substantiam, naturam, essentiam, corpus et animam, etiam post lapsum humani generis, et inter originale peccatum aliquod sit discrimen, ita ut aliud sit ipsa natura et aliud ipsum peccatum originis, quod in natura corrupta haeret et naturam etiam depravat?

AFFIRMATIVA.

Sincera doctrina, fides et confessio cum superiore norma et compendiosa declaratione consentiens.

I. Credimus, docemus et confitemur, quod sit aliquod discrimen inter ipsam hominis naturam, non tantum quemadmodum initio a Deo purus et sanctus et absque peccato homo conditus est, verum etiam qualem iam post lapsum naturam illam habemus; discrimen, inquam, inter ipsam naturam, quae etiam post lapsum est permanetque Dei creatura, et inter peccatum originis, et quod tanta sit illa naturae et peccati originalis differentia, quanta est inter opus Dei et inter opus diaboli.

---

2 Erbsünde + [Status controversiae] *A* 4 dieser] diesem *ö* 5 Zwiespalt] Streit *ö* 7 verderbte > *g i k l* 8 Natur, Substanz ~ *ö* 8/9 oder bis Wesens > *4* 11 Kräften + oder ja das fürnehmbste und letzte Teil seines Wesens *H* 12 des + [nach dem Fall unserer ersten Eltern vorderbten] *A 3* des + verderbten *ö* 13 Natur, Wesen ~ *3* 15 die + [verderbte] *A 3* Natur +| [auch nach den Fall] | *A* 17 | die Natur | statt [dieselbige] *A 3* 29 | heilig | statt [keusch] *A*; ohne + alle *ö* 30 sie > *x ö* 31 der + [vorderbten] *A 3*

6 An] In controversiam venit an 18/9 corrupta > 23/4 cum superiore norma] ad superiorem illam normam 24/5 compendiosa declaratione] cum religionis nostrae compendio congruens atque 28 naturam + si illa consideretur quemadmodum] qualis 29 a Deo *bis* sanctus] pura 30 homo *bis* est] a Deo est creata 31 qualem iam] qualis nunc 31/2 naturam illam habemus] in nobis illa est et 32 inquam] retinemus 35 et *bis* illa] et iudicamus tantam esse illam 36 differentia] differentiam

Epitome, I. Von der Erbsünde.

2. Wir glauben, lehren und bekennen auch, daß über solchen Unterscheid mit höchstem Fleiß zu halten, | weil diese Lehre, daß zwischen unser verderbten Menschennatur und der Erbsünde kein Unterscheid sein sollte, wider die Hauptartikel unsers christlichen Glaubens von der Erschaffung, Erlösung, Heiligung und Auferstehung unsers Fleisches streitet und neben denselben nicht bestehn kann. |

Dann nicht allein Adams und Eva Leib und Seel vor dem Fall, sondern auch unser Leib und Seel nach dem Fall, unangesehen daß sie verderbet, Gott geschaffen, welche auch Gott noch für sein Werk erkennet, | wie geschrieben stehet | Job. 10.: „Deine Hände haben mich gearbeitet und gemacht, alles was ich umb und umb bin[1]."

Es hat auch der Sohn Gottes in Einigkeit seiner Person solche | menschliche Natur, | doch ohne Sünde, und also nicht ein frembds sondern unser Fleisch an sich genommen und nach demselben unser wahrhaftiger Bruder worden. | Hebr. 2.: „Nachdem die Kinder Fleisch und Blut haben, ist ers gleichermaß teilhaftig worden." Item: „Er nimbt nirgend die Engel an sich, sondern den Samen Abraham nimbt er an sich, daher muß er allerdings seinen Brüdern," ausgenummen die Sünde, „gleich werden[2]".

Also hat sie auch Christus | erlöset als sein Werk, heiliget sie als sein Werk, erwecket es von den Toten und zieret es herrlich als sein Werk. Aber die Erbsünde hat er nicht erschaffen, nicht angenommen, nicht erlöset, nicht geheiliget, wird sie auch nicht erwecken an den Auserwählten, weder zieren noch

II. Credimus, docemus et confitemur, quod summo studio hoc discrimen sit conservandum propterea, quod illud dogma, nullum videlicet inter naturam hominis corrupti et inter peccatum originis esse discrimen, cum praecipuis fidei nostrae articulis (de creatione, de redemptione, de sanctificatione et resurrectione carnis nostrae) pugnet neque salvis hisce articulis stare possit.

Deus enim non modo Adami et Hevae corpus et animam ante lapsum, verum etiam corpora et animas nostras post lapsum creavit, etsi haec iam sunt corrupta. Et sane hodie Dominus animas et corpora nostra creaturas et opus suum esse agnoscit, sicut scriptum est: Manus tuae fecerunt me et plasmaverunt me totum in circuitu.

Et filius Dei unione personali illam humanam naturam, sed sine peccato, assumpsit, et non alienam, sed nostram carnem sibi adiungens arctissime copulavit eiusque assumptae carnis ratione vere frater noster factus est, ut scriptura testatur Hebr. 2.: Posteaquam pueri commercium habent cum carne et sanguine et ipse similiter particeps factus est eorundem. Item: Non angelos assumit, sed semen Abrahae assumit, unde et debuit per omnia fratribus assimilari, excepto peccato. Eandem humanam nostram naturam (opus videlicet suum) Christus redemit, eandem (quae ipsius opus est) sanctificat, eandem a mortuis resuscitat et ingenti gloria (opus videlicet suum) ornat. Peccatum autem originale non creavit, non assumpsit, non

---

3/10 | *weil bis kann* | *statt* [und umb zeitlichs Friedens willen nichts zu begeben noch nachzusehen ⟨*hier urspr. eingef. der Ersatzabsatz, „weil bis kann"*⟩, dann do solcher Unterscheid gänzlich aufgehoben, der Artikul unsers christlichen Glaubens von der Erschaffung, Erlösung, Heiligung und des Fleisches Auferstehung vorkehret und vorleugnet werden] *A 3* 4 unser + [verderbten] *A* Menschennatur] Menschen *g* Menschen [sowohl nach der vor dem Fall] Natur *A* menschlichen Natur *B* 8 unsers] des *ö* 14 verderbet + sind von *x* Gott] gut *ö* 16 Job. + am *x* 20/1 Einigkeit] Ewigkeit *wz* (*Müller*) 21/2 | menschliche Natur | *statt* [angenommen] *A 3* 22 Sünde + [angenummen] | *A* also > *x* 25/32 | Hebr. *bis* Christus | *statt* [Psalm 22. Johan. 20. >Er< hat sie] *A, ohne* >Er< 3 Hebr. + am *x* 28/9 sundern *bis* nimbt > *B H 3, urspr. x* 6 29 sich > *t 4* 30 Brüdern + [gleich] *A* 31 Sünde] Erbsünde *t* 32 sie] es Konf, urspr. *ö* 33 heiliget + auch 4 sie] es Konf, urspr. *q* 37 nicht] noch *c f s ä*

21 sed sine] non tamen peccato + contaminatam 22 et non alienam] neque aliam 24 vere > 33 naturam + qualis ea hodie in nobis est 36 resuscitat] resuscitabit 37 ornat] ornabit 37/8 originale + Deus 38 creavit + filius peccatum originis

---

[1]) Hiob 10, 8; dazu: Deut. 32, 6; Jes. 45, 9; 54, 5; 64, 8 Apg. 17, 25. 26. 28; Hiob 10, 8; Ps. 100, 3; 139, 14 Pred. Sal. 12, 1. [2]) Hebr. 2, 14. 16. 17.

selig machen, >sunder in der Auferstehung gar vertilget sein wird.<

Daraus der Unterschied zwischen der vorderbten Natur und der Vorderbung, so in der Natur stecket, und die Natur dardurch vorderbt worden, leichtlich zu erkennen.

3. Wir glauben, lehren und bekennen aber hinwiederumb, daß die Erbsünde nicht sei eine schlechte, sondern so tiefe Vorderbung menschlicher Natur, daß nichts Gesundes oder Unvorderbet an Leib, Seel des Menschen, seinen innerlichen und äußerlichen Kräften geblieben, sondern wie die Kirche singet: „Durch Adams Fall ist ganz vorderbet menschlich Natur und Wesen[1]." Welcher Schade unaussprechlich, nicht mit der Vornunft, sondern allein aus Gottes Wort erkennet werden mag, und daß die Natur und solche Vorderbung der Natur niemand voneinander scheiden könne denn allein Gott, welches durch den Tod in der Auferstehung gänzlich geschehen, da unser Natur, die wir jtzt tragen, ohne die Erbsünde und von derselben abgesondert und abgeschieden, auferstehen und ewig leben wird, | wie geschrieben stehet Job. 19.: „Ich werde mit dieser meiner Haut umbgeben werden und werde in meinem Fleisch Gott sehen, denselben werde ich mir sehen und meine Augen werden ihn schauen." |[2]

Negativa.
Vorwerfung der falschen Gegenlehre.

1. Demnach vorwerfen und vordammen wir, [wann[3] gelehret wird, daß die Erbsünde

redemit, non sanctificat, non resuscitabit in electis, neque unquam gloria coelesti ornabit aut salvabit, sed in beata illa resurrectione plane abolitum erit.

Ex his, quae a nobis allata sunt, discrimen inter corruptam naturam et inter corruptionem, quae naturae infixa est et per quam natura est corrupta, facile agnosci potest.

III. Vicissim autem credimus, docemus atque confitemur peccatum originis non esse leve, sed tam profundam humanae naturae corruptionem, quae nihil sanum, nihil incorruptum in corpore et anima hominis atque adeo in interioribus et exterioribus viribus eius reliquit. Sicut ecclesia canit: Lapsus Adae vi pessima humana tota massa, natura et ipsa essentia corrupta, luce cassa etc. Hoc quantum sit malum, verbis revera est inexplicabile neque humanae rationis acumine indagari, sed duntaxat per verbum Dei revelatum agnosci potest. Et sane affirmamus, quod hanc naturae corruptionem ab ipsa natura nemo, nisi solus Deus separare queat, id quod per mortem in beata illa resurrectione plene fiet. Ibi enim ea ipsa natura nostra, quam nunc circumferimus, absque peccato originis et ab eodem omnino separata et remota resurget et aeterna felicitate fruetur. Sic enim scriptum est: Pelle mea circumdabor et in carne mea videbo Deum, quem ego visurus sum mihi, et oculi mei eum conspecturi sunt.

NEGATIVA.
Reiectio falsorum dogmatum, quae commemoratae sanae doctrinae repugnant.

I. Reiicimus ergo et damnamus dogma illud, quo asseritur peccatum origi-

---

1 selig] herrlich *t 4*   1/2 >sunder *bis* wird< *statt* [sondern in die Tiefe des Meers versenken] *A 3*   2 sein wird] seubert *s*   6 und + zwischen *k   so*] die *k*   7 der + verderbten *ö*   10 glauben + und *x*   12 eine schlechte] ein schlecht Ding *x*   so + ein *ö* 14 Leib + und*Hss. außerH i q ö*, Konf   24 die] solche *x*   25 gesehen + würd *H e i* 26 jtzt] noch 5   tragen] haben *B f s*   27 derselben + gänzlichen *ö*   29 Job. + am *B l t w 4* 32 denselben *bis* sehen] *nach Z.* 33 schauen 4   33 schauen + [und keinen andern] | *A* 40 1.] Zum ersten *ä*   Demnach + so *l*   41 wir + zum ersten *B f s*   41 — S. 774, 12 | wann *bis* auch | > *H 3, Helmst in A r ö auf e. Sonderblatt, in A Hand Andreäs*

3 sed] quin potius   4 abolitum erit] originale peccatum abolebitur   10 Vicissim autem] Sed ut ea, quae recitavimus, verissima esse novimus, ita etiam   12 tam profundam] longe profundissimam intimamque   16/9 Sicut *bis* cassa etc.] Et iudicamus recte et pie ecclesiam Christi canere: Per Adami lapsum prorsus humanam naturam et essentiam esse corruptam   30/1 et remota] atque mundata

---

[1]) Vgl. S. 844, Anm. 2.   [2]) Hiob 19, 26 (Luther!). 27.   [3]) Vgl. zur Einfügung der Antithesen 1 bis 8 auf einem eingelegten Sonderblatt in *A r ö*, zu ihrer Aufnahme in Konf und zu ihrem Fehlen in *H 3 Helmst.* auch Chemnitz, Hutterus 1366.

allein ein reatus oder Schuld vonwegen frembder Ver¹wirkung, ohne einige unserer Natur Verderbung seie.

2. Item, daß die bösen Lüsten nicht Sünde, sondern angeschaffene, wesentliche Eigenschaften der Natur seien, oder als wäre der obgemelte Mangel oder Schade nicht wahrhaftig Sünde darumb der Mensch außerhalb Christo ein Kind des Zorns sein sollte.

3. Desgleichen verwerfen wir auch den pelagianischen Irrtumb, da vorgegeben wird, daß die Natur des Menschen auch nach dem Fall unverderbt und sonderlich in geistlichen Sachen ganz gut und rein in ihren naturalibus, das ist, in ihren natürlichen Kräften, geblieben sei.

4. Item, daß die Erbsünde nur von außen ein schlechter ringschätziger eingesprengter Fleck oder anfliehende Makel sei, darunter die Natur ihre gute Kräften auch in geistlichen Sachen behalten habe.

5. Item, daß die Erbsünde sei nur ein äußerliche Hindernus der guten geistlichen Kräften, und nicht eine Beraubung oder Mangel derselben, als wann ein Magnet¹ mit Knoblochsaft bestrichen wird, dardurch seine natürliche Kraft nicht weggenommen, sondern allein gehindert wird, oder daß dieselbige Makel wie ein Fleck vom Angesicht oder Farbe von der Wand² leichtlich abgewaschen werden könnte.

6. Item, daß im Menschen nicht gar verderbet sei menschlich Natur und Wesen, sondern der Mensch habe noch etwas Guts an ihm, auch in geistlichen Sachen als nämblich Fähigkeit, Geschicklichkeit, Tüchtigkeit oder Vermögen, in geistlichen Sachen etwas anzufahen, zu wirken oder mitzuwirken.

7. Dargegen verwerfen wir auch die fal-

nale tantummodo reatum et debitum esse ex alieno delicto absque ulla naturae nostrae corruptione in nos derivatum. M 521

II. Item, concupiscentias pravas non esse peccatum, sed concreatas naturae conditiones et proprietates quasdam essentiales, aut defectus illos et malum ingens a nobis paulo ante commemoratum non esse peccatum, propter quod homo Christo non insertus sit filius irae. W 547

III. Reiicimus etiam Pelagianam haeresin, qua asseritur hominis naturam post lapsum incorruptam esse et quidem in spiritualibus rebus totam bonam et puram in viribus suis naturalibus mansisse.

IV. Item, peccatum originis externum, levem et nullius prope momenti esse naevum aut aspersam quandam maculam, sub qua nihilominus natura bonas suas vires etiam in rebus spiritualibus retinuerit.

V. Item, peccatum originale tantum esse externum impedimentum bonarum spiritualium virium et non esse despoliationem et defectum earundem, sicuti, cum magnes allii succo illinitur, vis eius naturalis attrahendi ferrum non tollitur, sed tantum impeditur; aut sicut macula de facie aut color de pariete abstergi facile potest.

VI. Item, hominis naturam et essentiam non prorsus esse corruptam, sed aliquid boni adhuc in homine reliquum, etiam in rebus spiritualibus, videlicet bonitatem, capacitatem, aptitudinem, facultatem, industriam aut vires, quibus in rebus spiritualibus inchoare aliquid boni, operari aut cooperarii valeat.

VII. Contra autem reiicimus etiam

---

5 Sünde > z   9 Christo] Christi B   12 vorgegeben] fürgeben c f g k s   20 anfliehende] aufliegende B f w 6, urspr. c k s   26/7 oder Mangel > g i   oder + ein 2   29 weggenommen] hinweggenommen 2   33 abgewaschen] abgewischet Hss. außer i g x ö l, z. T. Konf., urspr. A   abgelöschet v 6   werden > 5   38 Fähigkeit] Frömmkeit Konf ö ⟨vgl. dazu Cor u. Hutterus 1366: Chemnitz: magna ... fuit correctorum oscitania, die haben drucken lassen Frömmigkeit; vgl. auch SD S. 851, Z. 31⟩   Tüchtigkeit] Richtigkeit 5   40 mitzuwirken] nicht zu wirken d k w x z 5   zu wirken c

4 Item] Repudiamus et hunc errorem, cum docetur,   13 quidem + eam   15 puram + esse in suis naturalibus (ut olim locuti sunt), hoc est   18 Item] Damnamus etiam hos errores, quod externum] externus   19 levem] levis   esse] sit   19/20 naevum] naevus   20 aspersam quandam maculam] aspersa quaedam macula   24 Item] Nec dogma etiam eorum probamus, qui docent   25 externum + quod impediat quidem bonas et spirituales hominis vires, sed easdem tamen non tollat et impedimentum verius esse quam privationem   30 sicut] peccatum originale quiddam tale esse, quod seu   34 Item] Non assentimur iis, qui tradunt

¹) Pauly-Wissowa, Real-Enz. f. d. klass. Altertumswissensch. XXII, 1928, Sp. 481₃₀₋₅₉.
²) Vgl. WA XLI 445₂₅ff.

sche Lehre der Manichäer, wann gelehret wird, daß die Erbsünde als etwas Wesentlichs und Selbständigs durch den Satan in die Natur eingegossen und mit derselben vermenget, wie Gift und Wein gemenget werden.

8. Item, daß nicht der natürlich Mensch, sondern etwas Anders und Frembdes im Menschen sündige, deswegen nicht die Natur, sondern allein die Erbsünde in der Natur anklagt werde.

9. Wir verwerfen und verdammen auch] als ein manichäischen Irrtumb, wann gelehrt wird, daß die Erbsünde sei eigentlich und ohne allen Unterschied des vorderbten Menschen Substanz, Natur und Wesen selbst, also daß kein Unter¹scheid zwischen der Natur | nach dem Fall | an ihr selbst und der Erbsünde sollte auch nicht gedacht, >noch< mit Gedanken voneinander unterscheiden werden | könnten. |

⟨10.⟩ 2. Es wird aber solche Erbsünde | von Luthero | Natursünde, Personsünde, wesentliche Sünde genennet¹, nicht daß die Natur, Person >oder< das Wesen des Menschen selbest ohne allen Unterschied die Erbsünde sei, sondern daß mit solchen ¹ Worten der Unterscheid zwischen der Erbsünde, | so in der menschlichen Natur stecket, | und den andern Sünden (so >man wirkliche² Sünde nennet<) angezeiget | wird. |

⟨11.⟩ 3. Dann die Erbsünde ist nicht ein Sünde, die man tuet, sondern sie steckt in der Natur, Substanz und Wesen des Menschen, also: wann gleich kein böser Gedank nimmer im Herzen des vorderbten Menschen ufstiege, kein unnütze Wort geredet noch böse Tat geschähe: so ist doch die Natur vorderbet durch die Erbsünde, die uns im sündlichen Samen angeboren wird und ein Brunquell ist aller andern wirklichen Sün-

falsum dogma Manichaeorum, cum docetur peccatum originis tanquam quiddam essentiale atque substantiale a Satana in naturam esse infusum et cum eadem permixtum, quemadmodum venenum et vinum miscentur.

VIII. Item, non ipsum animalem hominem, sed aliquid aliud et peregrinum quiddam esse, quod sit in homine, peccare, ideoque non ipsam naturam, sed tantummodo peccatum originale in natura exsistens accusari.

IX. Reiicimus etiam atque damnamus ut Manichaeum errorem, quando docetur originale peccatum proprie et quidem nullo posito discrimine esse ipsam hominis corrupti substantiam, naturam et essentiam, ita ut inter naturam corruptam post lapsum per se ipsam consideratam, et inter peccatum originis nulla prorsus sit differentia neque ulla distinctio cogitari aut saltem peccatum illud a natura cogitatione discerni possit.

X. D. Lutherus quidem originis illud malum peccatum naturae, personale, essentiale vocat, sed non eam ob causam, quasi natura, persona aut essentia hominis absque omni discrimine sit ipsum peccatum originis, sed ideo ad hunc modum loquitur, ut huiusmodi phrasibus discrimen inter peccatum originale, quod humanae naturae infixum est, et inter alia peccata, quae actualia vocantur, melius intelligi possit.

XI. Peccatum enim originis non est quoddam delictum, quod actu perpetratur, sed intime inhaeret infixum ipsi naturae, substantiae et essentiae hominis. Et quidem, si maxime nulla unquam prava cogitatio in corde hominis corrupti exoriretur, si nullum verbum otiosum proferretur, si nullum malum opus aut facinus designaretur: tamen natura nihilominus corrupta est per originale

---

3 Selbständigs] v x 1   Selbstbeständlichs B   5 und + >wie die< f   gemenget] vermenget f t x   14 Manichäischen] Italienischen z   16 des] der w   17 Menschen + Natur und g k l   Natur und Wesen > g l   17/8 Natur bis selbst > k   17 Wesen > i   18 also] als g k l z   Unterscheid + sei ö   19 der + verderbten B k ö Konf, urspr. A 3   20 Erbsünde + sei f   21 noch] und also H ö, urspr. A   voneinander > 4   22 könnten > H ö   26 daß] als a   27 >oder< statt [und] A 3   das > g l   32/3 >man bis nennet< statt [der verderbte Mensch tut] A 3   33 wird] würde viele Hss., Konf   wird > H   36 tuet + [das ist, sie ist nicht ein böser Gedanke, ein böses Wort oder ein böses Werk] A   39 nimmer] nimmermehr t v x ö 1 4

---

7 ipsum animalem hominem] ipse animalis   11 natura] homine   18 corruptam] qualis ea in se ipsa considerata et   19 per bis consideratam >   32 humanae bis est] in humana natura haeret   37 sed + in ipsa natura, substantia et essentia hominis   37/8 infixum bis hominis >   42/3 malum bis facinus] scelus

---

¹) Vgl. S. 846, Anm. 3.   ²) peccatum actuale.

den, als böser Gedanken, Worten und Werken, | wie geschrieben stehet: „Aus dem Herzen kommen arge Gedanken" etc. Item: „Das Tichten des ‖ menschlichen Herzen ‖ ist bös von Jugend auf." |¹

⟨12.⟩ 4. So ist auch wohl zu merken der ungleiche Vorstand des Wortes Natur, dadurch die Manichäer ihren Irrtum bedecken und viel einfältiger Leute irre machen. Dann zu Zeiten heißt es des Menschen Wesen, als wann gesaget wird: Gott hat die menschliche Natur erschaffen. Zu Zeiten aber heißt es die Art und Unart eines Dinges, die in der Natur oder Wesen stecket, als wann gesaget wird: Der Schlangen Natur ist Stechen, und des Menschen Natur und Art ist Sündigen und Sünde: da das Wort Natur nicht die Substanz des Menschen, sondern etwas heißet, das in der Natur oder Substanz stecket.

⟨13.⟩ 5. Was aber die ›lateinische Wort‹ substantia und accidens belanget, weil es nicht heiliger Schrift Wort seind, darzu dem gemeinen Mann unbekannt, sollen dieselbigen in den Predigten vor dem gemeinen unverständigen Volk nicht gebraucht, sondern des einfältigen Volks darmit verschonet werden.

Aber in der Schule | und ›bei‹ den Gelehrten |, weil sie wohlbekannt und ohne allen Mißvorstand gebraucht, dadurch das Wesen eines jeden Dinges, und was ihm zufälligerweise anhanget, eigentlich unterscheiden, | werden solliche Wort auch billich | in ›der‹ Disputation von der Erbsünde behalten.

peccatum, quod nobis ratione corrupti seminis agnatum est, quod ipsum etiam scaturigo est omnium actualium peccatorum, ut sunt pravae cogitationes, prava colloquia, prave et scelerate facta. Sic enim scriptum legimus: Ex corde oriuntur cogitationes malae. Et alibi: Omne figmentum cordis tantummodo malum est a pueritia

XII. Est etiam diligenter observanda varia significatio vocabuli naturae, cuius aequivocatione Manichaei abutentes errorem suum occultant multosque simplices homines in errorem inducunt. Quandoque enim natura ipsam hominis substantiam significat, ut cum dicimus: Deus humanam naturam creavit. Interdum vero per vocabulum naturae intelligitur ingenium, conditio, defectus aut vitium alicuius rei, in ipsa natura insitum et inhaerens, ut cum dicimus: Serpentis natura est icere, hominis natura est peccare et peccatum. Et in hac posteriore significatione vocabulum natura non ipsam hominis substantiam, sed aliquid, quod in natura aut substantia fixum inhaeret, denotat.

XIII. Quod vero ad Latina vocabula substantiae et accidentis attinet, cum ea non sint scripturae sacrae vocabula, praeterea etiam a plebe non intelligantur, abstinendum est ab illis in publicis sacris concionibus, ubi indocta plebs docetur, et hac in re simplicium et rudiorum merito habenda est ratio.

In scholis autem et apud homines doctos (quibus horum vocabulorum significatio nota est et qui iisdem recte atque citra abusum uti possunt proprie discernentes essentiam alicuius rei ab eo, quod aliunde ei accidit et per accidens inhaeret) in disputatione de peccato originis retinenda sunt.

---

2 stehet + Matth. 15. *viele Hss.*   3 arge] böse 4   Item + Gen. 6. 8 *viele Hss.* 4 | menschlichen Herzen | *statt* [Menschen] *A*   10 ⟨12.⟩ 4.] Zum zwölften *k* 13 irre] irrig *g l*   16 erschaffen] geschaffen *einige Hss.*, Konf   17 Art und Unart ~ *z* eines Dinges > *B*.   18 oder] und *f*   20/1 und Art > *x*   21 Sündigen] sündig *q 1* und Sünde > *4*   23 das] so *B f g r*   28 ›lateinische Wort‹ *statt* [Schulwort] *A 3* 31/2 unbekannt + [und unverständlich] *A*   36 und > *l m t v w x 1 6* Konf   ›bei‹ *statt* [in Versammlung] *A*   *den aus:* der *A*   38 gebraucht + [werden mugen] *3* + [werden mugen ›könnten‹] *A*   41 | werden bis billich | *statt* [sollen auch] *3 statt* [sollen auch] + |[mögen wohl] | *A*   werden bis billich > *q*   werden + mögen *k m t v w z 1 2 4 5*   ›der‹ *statt* [dieser] *A*   42 Erbsünde + [solche Wort] *A 3* behalten] gehalten *x z*   behalten + werden *b k m t v w x z 1 4, urspr. A 3*

3 actualium] aliorum   3/4 peccatorum + quae actualia vocantur   14 simplices + et incautos   23 et + hominis natura non est nisi   25/6 aliquid + aliud   27 fixum > 39 abusum] depravationem   39/42 proprie *bis* inhaeret >

---

¹) Matth. 15, 19   Gen. 8, 21; 6, 5.

Dann der Unterscheid zwischen Gottes und des Teufels Werk auf das deutlichst dardurch angezeiget, weil der Teufel kein Substanz schaffen, sondern allein zufälligerweise aus Gottes Verhängnis die von Gott erschaffene Substanz vorderben kann.

Nam hisce vocabulis discrimen inter opus Dei et inter opus diaboli quam maxime perspicue explicari potest. Diabolus enim substantiam nullam creare, sed tantummodo per accidens, permittente Domino, substantiam a Deo creatam depravare potest.

II.
Vom freien Willen.

Status controversiae.

Die Häuptfrage in dieser Zwiespalt.

Nachdem des Menschen Willen in vier ungleichen Ständen gefunden, nämblich: 1. vor dem Fall; 2. nach dem Fall; 3. nach der Wiedergeburt; 4. nach der Auferstehung des Fleisches: ist die Hauptfrage alleine von dem Willen und Vormögen des Menschen im andern Stande, was derselbig nach dem Fall unser ersten Eltern vor seiner Wiedergeburt aus ihm selbest in geistlichen Sachen für Kräfte ›habe‹, und ob er vermöge, aus seinen eigenen Kräften, zuvorn und ehe er durch den Geist Gottes wiedergeboren, sich zur Gnade Gottes schicken und bereiten und die durch den Heiligen Geist im Wort und heiligen Sakramenten angebotene Gnade annehmen oder nicht?

II.
DE LIBERO ARBITRIO.

STATUS CONTROVERSIAE.

Cum hominis voluntas quadruplicem habeat considerationem, primo ante lapsum; secundo post lapsum; tertio post regenerationem; quarto post resurrectionem carnis; nunc quaestio praecipua est tantum de voluntate et viribus hominis in secundo statu, quasnam vires post lapsum primorum parentum nostrorum ante regenerationem ex se ipso habeat in rebus spiritualibus: an propriis viribus antequam per spiritum Dei fuerit regeneratus possit sese ad gratiam Dei applicare et praeparare, et num gratiam divinam (quae illi per spiritum sanctum in verbo et sacramentis divinitus institutis offertur) accipere et apprehendere possit necne?

Affirmativa.

Reine Lehre vormöge Gottes Worts von diesem Artikul.

1. Hiervon ist unser Lehre, Glaub und Bekenntnus, daß des Menschen Vorstand und Vornunft, in geistlichen Sachen blind, nichts vorstehe aus seinen eigenen Kräften,

AFFIRMATIVA.

Sincera doctrina de hoc articulo cum immota regula verbi divini congruens.

I. De hoc negotio haec est fides, doctrina et confessio nostra, quod videlicet hominis intellectus et ratio in rebus spiritualibus prorsus sint caeca, nihilque

---

4 zufälliger=] zufallender *g k*   16 des Fleisches > *x*   Hauptfrage] Frage *z 5*
20 geistlichen] christlichen *x 15 C*   21 Kräfte + behalten *ö*   ›habe‹ *statt* [behalten] *A 3*
33 Lehre + und *4*   35 in *bis* blind > *i k l*   blind + nicht allein *B i k l m t v w x 1 2 4 5 6*, urspr. *A 3 5*

1 Nam] quippe quod his vocabulis rei cuiusque substantia ab eo, quod illi accidit, commode discerni possit, et   7 depravare] corrumpere   12 Cum >   13 ante] consideratur, qualis ille fuerit ante humani generis   14 secundo + qualis facta sit   post regenerationem] qualis sit ea in homini iam renato   15 quarto + qualis futura sit   16 carnis] a mortuis   nunc *bis* praecipua] In controversia autem de libero arbitrio status 17 de + hominis   17/8 hominis *bis* statu] iuxta secundam considerationem : An videlicet et 20 ante regenerationem] homo non renatus   habeat + et quidem   21 an + ille 26 verbo + evangelii   27/8 possit necne] valeat   36 spiritualibus] divinis   nihilque + in rebus spiritualibus

wie geschrieben stehet: „Der natürliche Mensch vernimbt nichts vom Geist Gottes; es ist ihme ein Torheit, und kann es nicht begreifen", ›wann‹ er wird von geistlichen Sachen gefraget¹.

2. Desgleichen gläuben, lehren und bekennen wir, daß des Menschen unwiedergeborner Wille nicht allein von Gott abgewendet, sondern auch ein Feind Gottes worden, daß er ¹ nur Lust und Willen hat zum Bösen und was Gott zuwider ist, wie geschrieben stehet: „Das Dichten des Menschenherzen ist böse von Jugend auf." Item: „Fleischlich gesinnet sein ist ein Feindschaft wider Gott, sintemal es dem Gesetz nicht untertan ist, dann es vormag es auch nicht²." Ja, sowenig ein toter Leib sich selbest lebendigmachen kann zum leiblichen irdischen Leben, sowenig mag der Mensch, so durch die Sünde geistlich tot ist, sich selbest zum geistlichen Leben aufrichten, wie geschrieben stehet: „Da wir tot waren in Sünden, hat er uns sambt Christo lebendig gemacht." Darumb wir auch aus uns selbest, als aus uns, „nicht düchtig seind, etwas Gutes zu gedenken, sondern daß wir düchtig seind, das ist von Gott." 2. Cor. 3.³

3. Die Bekehrung aber wirket Gott der Heilige Geist nicht ohne Mittel, sondern gebraucht darzu die Predigt und das Gehör Gottes Worts, |wie geschrieben steht Ro. 1.: Das Evangelium ist eine „Kraft Gottes" selig zu machen. Item Der Glaub kompt aus dem Gehöre Gottes Worts. Ro. 10.|⁴ Und ist Gottes Wille, daß man sein Wort hören und nicht die Ohren vorstopfen solle⁵. Bei solchem Wort ist der Heilige Geist gegenwärtig und ›tut‹ auf die Herzen daß sie, wie die Lydia in der Apostelgeschicht 16. cap.⁶

propriis viribus intelligere possint. Sicut scriptum est: Animalis homo non percipit ea, quae sunt spiritus; stultitia illi est, et non potest intelligere, quia de spiritualibus examinatur.

II. Credimus, docemus et confitemur etiam voluntatem hominis nondum renatam non tantum a Deo esse aversam, verum etiam inimicam Deo factam, ita ut tantummodo ea velit et cupiat iisque delectetur, quae mala sunt et voluntati divinae repugnant. Scriptum est enim: Sensus et cogitatio humani cordis in malum prona sunt ab adolescentia sua. Item: Affectus carnis inimicitia est adversus Deum, neque enim legi subiicitur ac ne potest id quidem. Itaque credimus, quantum abest, ut corpus mortuum se ipsum vivificare atque sibi ipsi corporalem vitam restituere possit, tantum abesse, ut homo, qui ratione peccati spiritualiter mortuus est, se ipsum in vitam spiritualem revocandi ullam facultatem habeat, sicut scriptum est: Cum essemus mortui in peccatis, convivificavit nos cum Christo etc. Itaque etiam ex nobismet ipsis, tanquam ex nobis, non sumus idonei, ut aliquid boni cogitemus; quod vero idonei sumus, id ipsum a Deo est.

III. Conversionem autem hominis operatur spiritus sanctus non sine mediis, sed ad eam efficiendam uti solet praedicatione et auscultatione verbi Dei, sicut scriptum est: Evangelion est potentia Dei ad salutem omni credenti. Et: Fides est ex auditu verbi Dei. Et sane vult Dominus, ut ipsius verbum audiatur neque ad illius praedicationem aures obturentur. Huic verbo adest praesens spiritus sanctus et corda hominum aperit, ut sicut Lydia in Actis Aposto-

---

1 stehet + 1. Cor. 1 *k l 2*   3 und] wann *x*   4 wann] dann *H 3*   6 gläuben, lehren ~ *l*   9/10 worden > *x*   10 und Willen > *x*   15 wider] aegen *x*   16 es > *c d*   17 sowenig + als *B*   19 mag] vermag *q, z. T* Konf, urspr. *A 3*   24 als aus uns] auch *z*   32/3 gebrauchet] braucht *f w*   34 Gottes] göttlichs *k*   36 machen + alle, die daran glauben *f k*   38 man > *x*   39 solle + Psalm 95. *alle Hss., a. R.* Konf + [welches noch etlichermaßen in des Menschen freien Willen stehet] *A 3*   41 tut] schleußt *H 3*, urspr. *A*   42 die > *B*   Apostelgeschicht + am *k l ä 3* Konf

1 intelligere] praestare   10 ut + homo non renatus   26 etiam] cum res nostrae ita pateant certe   29 idonei sumus] aliquid praestare valemus   30 est + ut alibi apostolus testatur   31 hominis + non   32 spiritus sanctus non] Dominus   40 Huic] quemadmodum psaltes regius praecipit. Et   verbo + Dei praedicato   42—S. 778, 1 sicut *bis* apostolicis] verbo Dei

---

¹) 1. Kor. 2, 14.   ²) Gen. 8, 21;   Röm. 8, 7.   ³) Eph. 2, 5; 2. Kor. 3. 5.
⁴) Röm. 1, 16; 10, 17.   ⁵) Pf. 95, 8.   ⁶) Apg. 16, 14.

darauf merken, und also bekehrt werden, alleine durch die Gnade und Kraft des Heiligen Geistes, dessen Werk allein ist die Bekehrung des Menschen. Dann ohne seine Gnade ist unser „Wollen und Laufen", unser Pflanzen, Säen und Begießen alles nichts, wann er nicht „das Gedeihen darzu vorleihet[1]", wie Christus saget: „Ohne mich vormuget ihr nichts[2]." Mit welchen kurzen Worten er | dem freien Willen seine Kräften abspricht | und alles der Gnaden Gottes zuschreibet, domit sich nicht jemandes vor Gott rühmen möchte, 1. Cor. 9.[3]

licis diligenter attendant et ita convertantur sola gratia et virtute spiritus sancti, cuius unius et solius opus est hominis conversio. Si enim spiritus sancti gratia absit, nostrum velle et currere, nostrum plantare, seminare et rigare prorsus frustranea sunt, si videlicet ille incrementum non largiatur, sicut Christus inquit: Sine me nihil potestis facere. Et his quidem paucis verbis Christus libero arbitrio omnes vires derogat, omniaque gratiae divinae adscribit, ne quis coram Deo habeat, de quo glorietur.

Negativa.

Widerwärtige falsche Lehre.

Demnach vorwerfen und vordammen wir alle nachfolgende Irrtumb als der Richtschnur Gottes Worts zuwider:

1. Den Schwarm der Philosophen, so man Stoicos gennenet hat, wie auch die Manichäer, die gelehret haben, daß alles, was geschehe, müsse also geschehen und könnte nichts anders geschehen, und daß der Mensch alles aus >Zwang< tue, was er auch in äußerlichen Dingen handele, und zu bösen Werken und Taten, als Unzucht, Raub, Mord, Diebstahl und dergleichen, gezwungen werde.

2. Wir vorwerfen auch der groben Pelagianer Irrtum, die gelehret >haben,< daß der Mensch aus eigenen Kräften ohne die Gnade des Heiligen Geistes sich selbst zu Gott bekehren, dem Evangelio glauben, dem Gesetz Gottes mit Herzen gehorsamen und also Vorgebung der Sünden und ewiges Leben vordienen können.

3. Wir vorwerfen auch der halben Pelagianer Irrtum, welche lehren daß der Mensch aus eigenen Kräften den Anfang seiner Bekehrung machen, aber ohne die Gnade des Heiligen Geistes nicht vollbringen möge.

NEGATIVA.

Reiectio contrariae et falsae doctrinae.

Repudiamus igitur et damnamus omnes, quos iam recitabimus, errores cum verbi divini regula non congruentes:

I. Primo delirum philosophorum Stoicorum dogma quemadmodum et Manichaeorum furorem, qui docuerunt omnia, quae eveniant, necessario fieri et aliter fieri prorsus non posse, et hominem omnia coactum facere, etiam ea, quae in rebus externis agat, eumque ad designanda mala opera et scelera (qualia sunt libidines vagae, rapinae, caedes, furta et similia) cogi.

II. Repudiamus etiam crassum illum Pelagianorum errorem, qui asserere non dubitarunt, quod homo propriis viribus sine gratia spiritus sancti sese ad Deum convertere, evangelio credere, legi divinae ex animo parere et hac ratione peccatorum remissionem ac vitam aeternam ipse promereri valeat.

III. Praeter hos errores reiicimus et Semipelagianorum falsum dogma, qui docent hominem propriis viribus inchoare posse suam conversionem, absolvere autem sine spiritus sancti gratia non posse.

---

2 Gnade und > B f s   Gnade und Kraft t x 4   3 allein] nicht c (!)   5 unser > 5 Wollen und Laufen ∼ x ō   unser (2.) > c d g k l   10/1 | dem bis abspricht | statt [des menschlichen natürlichen Kräften zu Boden schlächt] A 3   13 9.] 1. H l 3   22/3 Manichäer] Manichaeos v 6   25 und > B   26 >Zwang< statt [Not] A 3   39 der halben] derhalben i k l z, urspr. g   derhalben der 4   der Halb= Konk   43 Gnade] Kraft s

1/2 convertantur + quemadmodum de purpuraria illa Lydia in Actis Apostolicis legimus. Hoc vero universum   3 cuius] efficitur, huius   28 mala opera et >   30 similia + violenter   38 ipse >

---

[1]) Röm. 9, 16; 1. Kor. 3, 7.   [2]) Joh. 15, 5.   [3]) 1. Kor. 9, 16, vgl 1, 29; Jer. 9, 23.

4. Item, da gelehret wird, obwohl der Mensch mit seinem freien Willen vor seiner Wiedergeburt zu schwach, den Anfang zu machen und sich selbst aus eigenen Kräften zu Gott zu bekehren und Gottes Gesetz ›von‹ Herzen gehorsamb zu sein, jedoch wann der Heilige Geist mit der Predigt des Worts den Anfang gemacht und seine Gnade darinne angeboten, daß alsdann der Wille des Menschen aus seinen eigenen natürlichen Kräften etlichermaßen etwas, wiewohl wenig und schwächlich, darzutun, helfen und mitwirken, ›sich‹ selbst zur Gnade schicken, bereiten, dieselbige ergreifen, annehmen und dem Evangelio gläuben könne.

5. Item, daß der Mensch, nachdem er wiedergeboren, das Gesetz ›Gottes‹ vollkommen halten und gänzlichen erfüllen könne, und daß solche Erfüllung unsere Gerechtigkeit vor Gott seie, mit welcher wir das ewige Leben vordienen.

6. Item, wir vorwerfen und vordammen auch den Irrtum der Enthusiasten, welche dichten, daß Gott ohne Mittel, ohne Gehör Gottes Worts, auch ohne Gebrauch der heiligen Sakramenten ›die Menschen‹ zu sich ziehe, erleuchte, gerecht und selig mache.

Enthusiasten heißen, die ohne die Predigt Gottes Worts uf himmlische Erleuchtung des Geistes warten.

7. Item, daß Gott in der Bekehrung und Wiedergeburt des alten Adams Substanz und Wesen und sonderlich die vornünftige Seele | ganz vertilge und ein neues Wesen der Seele | aus nichts in der Bekehrung und Wiedergeburt erschaffe.

8. Item, wann diese Reden ohne Erklärung gebraucht, daß des Menschen Wille vor, in und nach der Bekehrung dem Heiligen Geist widerstrebe, und daß der Heilige Geist gegeben werde denen, so ihme | vorsätzlich und beharrlich | widerstreben; dann Gott in

IV. Item, cum docetur, licet homo non renatus ratione liberi arbitrii ante sui regenerationem infirmior quidem sit, quam ut conversionis suae initium facere atque propriis viribus sese ad Deum convertere et legi Dei toto corde parere valeat: tamen, si spiritus sanctus praedicatione verbi initium fecerit suamque gratiam in verbo homini obtulerit, tum hominis voluntatem propriis et naturalibus suis viribus quodammodo aliquid, licet id modiculum, infirmum et languidum admodum sit, conversionem adiuvare atque cooperari et se ipsam ad gratiam applicare, praeparare, eam apprehendere, amplecti et evangelio credere posse.

V. Item, hominem post regenerationem legem Dei perfecte observare atque implere posse eamque impletionem esse nostram coram Deo iustitiam, qua vitam aeternam promereamur.

VI. Reiicimus etiam damnamusque Enthusiastarum errorem, qui fingunt Deum immediate, absque verbi Dei auditu et sine sacramentorum usu, homines ad se trahere, illuminare, iustificare et salvare.

Enthusiastae vocantur, qui neglecta praedicatione verbi divini coelestes revelationes spiritus exspectant.

VII. Item, Deum in conversione et regeneratione hominis substantiam et essentiam veteris Adami et praecipue animam rationalem penitus abolere, novamque animae essentiam ex nihilo in illa conversione et regeneratione creare.

VIII. Item, cum hi sermones citra declarationem usurpantur, quod videlicet hominis voluntas ante conversionem, in ipsa conversione et post conversionem spiritui sancto repugnet; et quod spiritus sanctus iis detur, qui ex proposito et

---

5 zu > *d* ›von‹ *statt* [aus] *A 3 urspr. q* 12/3 mitwirken] mit Werken *b* 12 schwächlich] schwerlich *i l m v x z 1 2*, selber *d* 19 Gottes > ö 23 vordienen] erfüllen *5* 13 schicken + und *d* 14 dieselbige] die ...> *H z 4* 27/8 Gehör + [und ohne Betrachtung] *A 3* 36 Wesen] Leben *x* 37 aus] auch *c* (!) aus nichts > *x* 39 diese + [uneigentliche, gefährliche, ärgerliche] *A 3* + ärgerlichen ö 43 werde] worden *x*

1 Item *bis* licet] Sed et haec dogmata, quae iam subiiciemus, reprobamus. Quod 8 initium fecerit] Dei fundamenta conversionis iecerit 9 verbo + praedicato 11 quodammodo aliquid] nonnihil 12 modiculum] perexiguum 13 conversionem] ad illam conversionem conferre. eam 14 atque + ad eam absolvendam et se ipsam] posse, hoc videlicet sentiens, quod homo propriis viribus sese 17 posse] valeat 33 Item] Eodem loco dogma illud habemus, quod affirmat 39 Item *bis* sermones] Reiicimus praeterea hos sermones, si tamen 40 usurpantur] proferantur

der Bekehrung aus den Unwilligen willig machet und in den Willigen wohnet, wie Augustinus redet[1].

Was dann die Reden der alten und neuen Kirchenlehrer[2] belanget, als da gesaget wird: „Deus trahit, sed volentem trahit", das ist, „Gott zeucht, zeucht aber, die da wöllen". Item: „Hominis voluntas in conversione non est otiosa, sed agit aliquid", das ist, „des Menschen Wille ist nicht müßig in der Bekehrung, sondern wirket auch etwas". | Weil solliche Reden zu Bestätigung des natürlichen freien Willens in der Bekehrung des Menschen wider die Lehr von der Gnade Gottes einge[1]führet, halten wir, daß sie der Form der gesunden Lehr nicht ähnlich und demnach, wenn von der Bekehrung zu Gott geredt wird, billig zu meiden seien.

Dargegen aber wird recht geredet, daß Gott in der Bekehrung durch das Ziehen des H. Geists aus widerspenstigen, unwilligen willige Menschen mache, und daß nach sollicher Bekehrung in täglicher Übung der Buß des Menschen wiedergeborner Wille nicht müßig gehe, sunder in allen Werken des H. Geistes, die er durch uns tut, auch mitwirke. |

9. Item, daß D. Luther geschrieben[3], daß des Menschen Wille in seiner Bekehrung sich halte pure passive, das ist, daß er ganz und gar nichts tue, nur vorstehen sei respectu divinae gratiae in accendendis novis motibus, das ist, wann der Geist Gottes durch das gehörte Wort oder durch den Brauch der heiligen Sakramenten des Menschen Willen angreift und wirket die neue Geburt und Bekehrung. Dann so der Heilige Geist solches gewirket und ausgerichtet und des Menschen Wille **allein durch sein göttliche Kraft und Wirkung** geändert und erneuert, alsdann ist der neue Wille des Menschen ein Instrument und Werkzeug Gottes des Heiligen Geistes, daß er nicht allein die Gnade an-

pertinaciter ipsi resistunt. Nam Deus in conversione ex nolentibus volentes facit et in volentibus habitat, ut Augustinus loqui solet.

Quod vero ad dicta quaedam tum patrum tum neotericorum quorundam doctorum attinet: Deus trahit, sed volentem trahit; et: Hominis voluntas in conversione non est otiosa, sed agit aliquid: iudicamus haec formae sanorum verborum non esse analoga. Adferuntur enim haec dicta ad confirmandam falsam opinionem de viribus humani arbitrii in hominis conversione contra doctrinam, quae soli gratiae divinae id opus attribuit. Ideoque ab eiusmodi sermonibus, quando de conversione hominis ad Deum agitur, abstinendum censemus.

Contra autem recte docetur, quod Dominus in conversione per spiritus sancti tractionem (id est motum et operationem) ex hominibus repugnantibus et nolentibus volentes homines faciat, et quod post conversionem in quotidianis poenitentiae exercitiis hominis renati voluntas non sit otiosa, sed omnibus spiritus sancti operibus, quae ille per nos efficit, etiam cooperetur.

<X.> Item, quod D. Lutherus scripsit hominis voluntatem in conversione pure passive se habere, id recte et dextre est accipiendum, videlicet respectu divinae gratiae in accendendis novis motibus, hoc est, de eo intelligi oportet, quando spiritus Dei per verbum auditum aut per usum sacramentorum hominis voluntatem aggreditur, et conversionem atque regenerationem in homine operatur. Postquam enim spiritus sanctus hoc ipsum iam operatus est atque effecit hominisque voluntatem sola sua divina virtute et operatione immutavit atque renovavit: tunc revera hominis nova illa voluntas instrumentum est et organon Dei spiritus sancti, ut ea non modo gra-

---

8 zeucht aber ~ x   da > 4   13/28 | Weil *bis* mitwirke | *statt* [Sollen diese Reden nicht von des alten, unwiedergebornen Menschen Willen, welcher in geistlichen Sachen zum Gutt erstorben, sondern von den Willen verstanden werden, den der heilige Geist angefangen durch das Wort zu bekehren und zu erneuern] *A 3*   26 in > *B H a k l r s v z ä 1 2*   allen Werken] allem Wirken *Konk*   32/3 ganz und gar ~ *a*   37 Brauch] Gebrauch *c d q*   38 angreift] ergreift *b*   45 Werkzeug] Wirkung *s*   46 allein > *l*

---

1 resistunt + Haec enim non recte dicuntur   in + hominum   22 tractionem, id est >   38 voluntatem + apprehendit et

---

[1]) C. duas epp. Pelag. ad Bonif. I 19, 37 MSL XLIV 568   [2]) Vgl. S. 907, Anm. 3.
[3]) Vgl. S. 909, Anm. 1.

nimbt, sondern auch in folgenden Werken des Heiligen Geistes mitwirket.

Daß also vor der Bekehrung des Menschen nur zwo >wirkliche<[1] Ursachen sich finden, nämblich der Heilige Geist und das Wort Gottes, als das Instrument des Heiligen Geistes, dardurch er die Bekehrung wirket, welches der Mensch hören soll, aber denselbigen nicht aus eigenen Kräften, sondern allein durch die Gnade und Wirkung Gottes des Heiligen Geistes Glauben geben und annehmen kann.

tiam apprehendat, verum etiam in operibus sequentibus spiritui sancto cooperetur.

Relinquuntur igitur ante conversionem hominis duae tantum efficientes causae (ad conversionem efficaces), nimirum spiritus sanctus et verbum Dei, quod est instrumentum spiritus sancti, quo conversionem hominis efficit. Hoc verbum homo certe audire debet, sed tamen, ut illud ipsum vera fide amplectatur, id nequaquam suis viribus propriis, sed sola gratia et operatione Dei spiritus sancti obtinere potest.

III.

Von der Gerechtigkeit des Glaubens vor Gott.

Status controversiae.
Hauptfrage in dieser Zwiespalt.

Weil einhellig vormuge Gottes Worts und nach Inhalt der Augsburgischen Confession in unsern Kirchen bekannt, daß wir arme Sünder allein durch den Glauben an Christum vor Gott gerecht und selig werden, und also Christus allein unser Gerechtigkeit sei, welcher wahrhaftiger Gott und Mensch ist, weil in ihm die göttliche und menschliche Natur miteinander persönlich voreiniget, Jeremia 23. 1. Corinth. 1. 2. Corinth. 5.[2] ist ein Frage entstanden, nach welcher Natur Christus unser Gerechtigkeit sei? und also zween widerwärtige Irrtumb in >etlichen< Kirchen eingefallen.

Dann der eine Teil hat gehalten, daß Christus | allein | nach der Gottheit unser

III.

DE IUSTITIA FIDEI CORAM DEO.

STATUS CONTROVERSIAE.

Unanimi consensu (ad normam verbi divini et sententiam Augustanae Confessionis) in ecclesiis nostris docetur nos peccatores longe miserrimos sola in Christum fide coram Deo iustificari et salvari, ita ut Christus solus nostra sit iustitia. Hic autem Iesus Christus, salvator noster et iustitia nostra, verus Deus est et verus homo: etenim divina et humana naturae in ipso sunt personaliter unitae. Quaesitum igitur fuit: secundum quam naturam Christus noster sit iustitia? Et hac occasione duo errores et quidem inter se pugnantes ecclesias quasdam perturbarunt.

Una enim pars sensit Christum tantummodo secundum divinam naturam

---

1 in + den   4   2 heiligen > x   5 wirkliche statt [wirchliche] A   wirkliche > alle Hss. außer q r   Ursachen + in solcher Bekehrung alle Hss., urspr. A, zu solcher B. i
7/8 Gottes bis Geistes > z   heiligen > x   9 hören + [könne und] A 3
11 Gottes > c   19 in] von H   dieser Zwiespalt] diesem Artikel g l   20 und > g
23 an > x   28/9 voreiniget] vermenget z   29 Jeremiae bis Corinth. 5. > z
36 allein > ö   Gottheit + allein ö

21 sententiam >   22 docetur + atque adeo extra controversiam est, quod
23 miserrimos] miserrimi   24 iustificari] iustificemur   25 salvari] salvemur

---

[1]) Dazu Apparat und Chemnitz, Hutterus 1366: „stehet in dem Bergischen Exemplar expresse (wirkliche Ursachen), sed ita maculatum, ut quasi aliquo modo inductum videretur, quod forsan quibusdam scribis negligentioribus occasionem omissionis praebuit. Memini autem, vocem illam (wirklich) ideo positam, cum quidam de causis concurrentibus ita disputarent, ut vulgare dictum de concurrentia voluntatis non renatae sub praetextu causae alterius generis salvare conarentur. Ideo expresse nominatae fuerunt duae causae efficientes".   [2]) Jer. 23, 6; 1. Kor. 1, 30; 2. Kor. 5, 21.

Gerechtigkeit sei, wenn er durch den Glauben in uns wohnet, gegen welcher durch den Glauben einwohnender Gottheit aller Menschen Sünde wie ein Tropf Wasser gegen dem großen Meer geachtet sei. Dar›wider‹ haben andere gehalten, Christus sei unser Gerechtigkeit vor Gott allein nach der menschlichen Natur.

esse nostram iustitiam, si videlicet ille per fidem in nobis habitet; etenim omnia hominum peccata, collata nimirum cum illa per fidem inhabitante divinitate, esse instar unius guttulae aquae cum magno mari comparatae. Contra hanc opinionem alii quidam asseruerunt Christum esse nostram coram Deo iustitiam duntaxat secundum humanam naturam.

Affirmativa.

Reine Lehr der christlichen Kirchen wider beide jtztgesetzte Irrtumb.

1. Wider beide jtzterzählte Irrtumb glauben, lehren und bekennen wir einhelliglich, daß Christus unser Gerechtigkeit weder nach der göttlichen Natur alleine, noch auch nach der menschlichen Natur alleine, sondern | der ganze Christus | nach beiden Naturen, allein in seinem Gehorsamb, sei, den er als Gott und Mensch dem Vater bis in Tod geleistet und uns damit Vorgebung der Sünden und das ewige Leben vordienet hab, wie geschrieben stehet: „Gleichwie durch eines Menschen Ungehorsamb viel Sünder worden, also durch eines Menschen Gehorsamb werden viel gerecht[1]", Rom. 5.

2. Demnach glauben, lehren und bekennen wir, daß unser Gerechtigkeit vor Gott sei, daß uns Gott die Sünde vergibet aus lauter Gnade, ohne alle unsere vorgehende, gegenwärtige oder nachfolgende Werk, Verdienst oder Wirdigkeit, schenket und rechnet uns zu die Gerechtigkeit des Gehorsambs Christi, umb welcher Gerechtigkeit willen wir bei Gott zu Gnaden angenommen und für gerecht gehalten werden.

3. Wir glauben, lehren und bekennen, daß allein der Glaube das Mittel und der Werkzeug sei, damit wir Christum und also in Christo solche „Gerechtigkeit, die vor Gott

AFFIRMATIVA.

Sincera doctrina piarum ecclesiarum utrique commemorato errori opposita.

I. Ad refellendum utrunque errorem credimus, docemus et confitemur unanimiter, quod Christus vere sit nostra iustitia, sed tamen neque secundum solam divinam naturam, neque secundum solam humanam naturam, sed totus Christus secundum utranque naturam in sola videlicet obedientia sua, quam patri ad mortem usque absolutissimam Deus et homo praestitit, eaque nobis peccatorum omnium remissionem et vitam aeternam promeruit. Sicut scriptum est: Sicut per inobedientiam unius hominis peccatores constituti sunt multi: ita et per unius obedientiam iusti constituentur multi, Rom. 5.

II. Credimus igitur, docemus et confitemur hoc ipsum nostram esse coram Deo iustitiam, quod Dominus nobis peccata remittit ex mera gratia absque ullo respectu praecedentium, praesentium aut consequentium nostrorum operum, dignitatis aut meriti. Ille enim donat atque imputat nobis iustitiam obedientiae Christi; propter eam iustitiam a Deo in gratiam recipimur et iusti reputamur.

III. Credimus etiam, docemus et confitemur solam fidem esse illud medium et instrumentum, quo Christum salvatorem et ita in Christo iustitiam illam,

---

1 Glauben + [in uns] *A*   5 geachtet] gerechnet *z*   Darwider *aus*: Dargegen *A 3*
5/6 Darwider *bis* sei > *v*   17 alleine > *ö*   nach > *x*   18 alleine > *ö*   20 in + [allem] *ö*   21 in + den *B f k l*   24 stehet + Rom. 5. *z*   25 Menschen > *s*   worden + seind *z*   26/7 Gehorsamb] Gerechtigkeit *z*   27 viel] wir *z*   31 Gott + [anders nicht] *A 3*   sei + [dann] *A 3*   32 die > *c*   34 oder] und *g v z*   nachfolgende + [gute] *q*   35 oder] und *z 2*   42/3 in Christo] Iustitiam *x*

4 divinitate] iustitia   15/6 unanimiter] magno consensu   19/20 sed totus Christus] Credimus autem Christum totum   naturam + esse nostram iustitiam   21 quam + ille   23 Deus et homo >   33 mera + misericordia atque

---

[1]) Röm. 5, 19.

gilt¹", ergreifen, umb welches willen uns solcher „Glaube zur Gerechtigkeit zugerechnet" wird², Rom. 4.

4. Wir glauben, lehren und bekennen, daß dieser Glaub nicht sei ein bloß Erkenntnus der Historien von Christo, sondern ein solche |Gabe Gottes, dadurch wir Christum, unsern Erlöser, im Wort des Evangelii recht erkennen und auf 'ihn vertrauen, daß wir allein umb seines Gehorsams willen, aus Gnaden, Vergebung der Sünden haben, für fromb und gerecht von Gott dem Vater gehalten und ewig selig werden.|

5. Wir glauben, lehren und bekennen, daß nach Art Heiliger Schrift das Wort Rechtfertigen in diesem Artikul heiße absolvieren, das ist, von Sünden ledigsprechen: Prouerb. 17. | „Wer den Gottlosen rechtspricht und den Gerechten verdampt, der ist vor dem Herrn ein Greuel." Item: Ro. 8. „Wer will die Auserwählten Gottes beschuldigen? Gott ist hie, der da gerechtmachet³."| Und da an desselben Statt >die< Wort regeneratio | und vivificatio, das ist, Lebendigmachung und |Wiedergeburt, gebraucht, >wie in der Apologie< geschicht⁴, daß es auch in gleichem Vorstand geschehe, dardurch sonst die Erneuerung des Menschen vorstanden und von der Rechtfertigung des Glaubens unterschieden wird.

6. Wir glauben, lehren und bekennen auch, unangesehen daß den Rechtgläubigen und wahrhaftig Wiedergebornen auch noch viel >Schwachheit und Gebrechen< anhanget bis

quae coram iudicio Dei consistere potest, apprehendimus; propter Christum enim fides illa nobis ad iustitiam imputatur, Rom. 4.

IV. Credimus praeterea, docemus et confitemur, fidem illam iustificantem non esse nudam notitiam historiae de Christo, sed ingens atque tale Dei donum, quo Christum redemptorem nostrum in verbo evangelii recte agnoscimus ipsique confidimus, quod videlicet propter solam ipsius obedientiam ex gratia remissionem peccatorum habeamus, sancti et iusti coram Deo patre reputemur et aeternam salutem consequamur.

V. Credimus, docemus et confitemur, vocabulum iustificare phrasi scripturae sacrae in hoc articulo idem significare, quod absolvere a peccatis, ut ex dicto Salomonis intelligi potest: Qui iustificat impium et qui condemnat iustum, abominabilis est uterque apud Deum. Item: Quis accusabit electos Dei? Deus est, qui iustificat.

Et, si quando pro vocabulo iustificationis vocabula regenerationis et vivificationis usurpantur (quod in Apologia Augustanae Confessionis factum est), sunt ea in illa superiore significatione accipienda. Nam alias eae voces de hominis renovatione intelligendae sunt, quae a fidei iustificatione recte discernitur.

VI. Credimus, docemus et confitemur etiam, etsi vere in Christum credentes et renati multis infirmitatibus et naevis usque ad mortem sunt obnoxii, non

---

2 Glaube *aus*: Glaube[n] A   8/14 | Gabe *bis* werden | *statt* [Licht und lebendig Vortrauen, welches der heilige Geist in den Auserwählten anzündet und wirket, daß sie das heilige Evangelium fürwahrhalten und gewißlich glauben, daß ihnen Gott durch Christum allein umb seines Gehorsambs willen, aus lauterer Gnaden, ohne allen ihren eigenen Vordienst, gerecht und selig mache] A 3   13 und > z   von] vor *fkrtvwxzä126*   17 Art + der 5   17/8 Rechtfertigen] Rechtfertigung B *fs* Gerechtfertigen t 4 [8 diesem] unserm t 4   19 Sünden + los und v   20 17. + [Esa. 5. Rom. 8.] A   22 vor dem Herrn > g k l   Greuel + vor Gott g k l   Item > H   Item + zun g l   23 will + [vertrauen] A   24 da > B 4   25 die] das H *urspr.* A   26 und] et v   26/8 | und *bis* und | > H 3, Helmst.   28/9 wie *bis* geschicht > 3   34 auch > z   37 >Schwachheit und Gebrechen< *statt* [Ungerechtigkeit] 3

1 coram *bis* consistere] quae severum iudicium Dei ferre   4 Rom. 4.] ut apostolus Paulus testatur   19 ut] Quod cum ex aliis scripturae dictis, tum   23 Item] Et ex illo apostoli testimonio   24 iustificat + quis est, qui condemnet?   28 Confessionis + aliquoties   29 sunt] iudicamus   30 Nam *bis* voces] esse ut vivificatio et regeneratio iis locis acceptationem ad vitam aeternam et adoptionem in filios Dei significent. Neque ignoramus, eas voces alias   31 intelligendae sunt] intelligi   37 usque ad mortem > obnoxii + et quidem tam diu, donec mortale hoc corpusculum circumfertur

---

¹) Röm. 1, 17; 2. Kor. 5, 21.   ²) Röm. 4, 5.   ³) Spr. Sal. 17, 15; Röm. 8, 33.
⁴) Vgl. S. 920, Anm. 2.

in die Gruben, do sie doch der Ursach halben weder an ihrer Gerechtigkeit, so ihnen durch den Glauben zugerechnet, noch an ihrer Seelen Seligkeit ¹zweifelen, sondern >für< gewiß halten sollen, daß sie umb Christus willen | vermöge der Verheißung und Wort des H. Evangelii | ein gnädigen Gott haben.

7. Wir glauben, lehren und bekennen, daß zu Erhaltung reiner Lehre von der Gerechtigkeit des Glaubens vor Gott über den particulis exclusivis, das ist, über nachfolgende Wort | des H. Apostels Pauli |, dardurch der Vordienst Christi von unsern Werken gänzlich abgesondert und Christo die Ehr allein gegeben, mit besonderm Fleiß zu halten >seie,< da der heilige Apostel Paulus schreibet: Aus Gnaden, ohne Verdienst, ohne Gesetz, ohne Werk, nicht aus den Werken etc.¹, welche Wort alle zugleich so viel heißen als „allein durch den Glauben" an Christum werden wir gerecht und selig².

8. Wir glauben, lehren und bekennen, daß, >ob<wohl vorgehende | Reue | und nachfolgende gute Werk nicht in den Artikeln der Rechtfertigung vor Gott gehören, | jedoch soll nicht ein sollicher Glaub gedichtet werden, der bei und neben einem bösen Vorsatz, zu sündigen und wider das Gewissen zu handlen, sein und bleiben könnte. Sunder nachdem der Mensch durch den Glauben gerechtfertiget worden, als¹dann ist ein wahrhaftiger, lebendiger „Glaube durch die Liebe tätig³", Gal. 5. Also, daß die gute Werk | dem gerechtmachenden Glauben allezeit folgen und bei demselben, do er rechtschaffen und lebendig, gewißlich erfunden werden, wie er dann nimmer allein ist, sondern allezeit Lieb und Hoffnung bei sich hat.

tamen illis vel de iustitia, quae per fidem ipsis imputatur, vel de aeterna salute esse dubitandum, quin potius firmiter illis statuendum esse, quod propter Christum iuxta promissionem et immotum verbum evangelii Deum sibi placatum habeant.

VII. Credimus, docemus et confitemur, quod ad conservandam puram doctrinam de iustitia fidei coram Deo necessarium sit, ut particulae exclusivae (quibus apostolus Paulus Christi meritum ab operibus nostris prorsus separat s o l i q u e Christo eam gloriam tribuit) quam diligentissime retineantur, ut cum Paulus scribit: Ex gratia, gratis, sine meritis, absque lege, sine operibus, non ex operibus. Quae omnia hoc ipsum dicunt: S o l a fide in Christum iustificamur et salvamur.

VIII. Credimus, docemus et confitemur, etsi antecedens contritio et subsequens nova obedientia ad articulum iustificationis coram Deo non pertinent, non tamen talem fidem iustificantem esse fingendam, quae una cum malo proposito, peccandi videlicet et contra conscientiam agendi, esse et stare possit. Sed postquam homo per fidem est iustificatus, tum veram illam et vivam fidem esse per caritatem efficacem et bona opera semper fidem iustificantem sequi et una cum ea, si modo vera et viva fides est, certissime deprehendi. Fides enim vera nunquam sola est, quin caritatem et spem semper secum habeat.

---

1 do] daß 4   3 zugerechnet] gerechnet x   4 >für< statt [vor] A   5 Christus] Christi H c v   9 reiner] einer x   von] und x   12 H. > 4   15 besonderm] sonderm H   16 seie > H ö   18 ohne Gesetz > g k z   19 Wort > H   22 lehren > i   23 obwohl] wohl H 3   Reue] Buß H, Helmst. urspr. A   25/33 | jedoch bis Werk | statt [gleichwohl aber von dem Glauben (als könnte der Glaube ohne rechte [Buße] >Reue< und Besserung | bei und neben einem bösen Vorsatz, zu sündigen und wider das Gewissen zu handlen,) | [stehen] >sein und bleiben< nicht >könnte< abgesondert noch gänzlich abgeschieden sein] A, ohne die Besserungsversuche Andreäs: 3   28 Gewissen +] zu tun beharrlich] A   33 Gal. 5. > H   Also daß ~ B f ä   Also bis Werk] so i k, urspr. q   33/8 Also bis hat > C sondern l m t v x z 1 2 4 5, urspr. r   33/4 gerechtmachenden > x   35 rechtschaffen] rechtgeschaffen B z   36 erfunden] funden v   37 nimmer] nimmermehr 5   immer k

6 sibi >   15 diligentissime + conserventur et   16 Ex gratia] Nos iustificari et salvari. Haec autem   18 Quae] 24 ad articulum] cum articulo   25 pertinent] sunt miscendae   30 Sed + potius sic habendum est   37 semper] tamquam individuos comites

---

¹) Vgl. S. 926, Anm. 2.   ²) Röm. 3, 28.   ³) Gal. 5, 6.

Antithesis oder negativa.

Gegenlehre verworfen.

Demnach vorwerfen und verdammen wir alle nachfolgende Irrtumb:
1. Daß Christus unser Gerechtigkeit sei allein nach der göttlichen Natur, etc.
2. Daß Christus unser Gerechtigkeit sei allein nach der menschlichen Natur, etc.
3. Daß in den Sprüchen der Propheten und Aposteln, da von der Gerechtigkeit des Glaubens geredet wird, die Wort rechtfertigen und gerechtfertigt werden nicht sollen heißen von Sünden ledigsprechen oder gesprochen werden, und Vergebung der Sünden erlangen, sondern von wegen der durch den Heiligen Geist eingegossene Liebe, Tugend und daraus folgender Werk mit der Tat vor Gott gerecht gemacht werden.
4. Daß der Glaube nicht allein ansehe den Gehorsamb Christi, sondern seine göttliche Natur, wie dieselbige in uns wohnet und wirket, und durch solche Einwohnung unser Sünde bedeckt werden.
5. Daß der Glaube ein solch Vertrauen auf den Gehorsamb Christi sei, welcher in einem Menschen sein und bleiben könnte, der gleich keine wahrhaftige Buße habe, do auch keine Liebe folge, sondern wider sein Gewissen in Sünden verharret.
6. Daß nicht Gott selbst, sondern allein die Gaben Gottes in den Gläubigen wohnen.
7. Daß der Glaube darumb selig mache, weil die ›Erneuerung,‹ so in der Liebe gegen Gott und dem Nächsten stehe, in uns durch den Glauben angefangen werde.
8. Daß der Glaube den Vorzug habe in der Rechtfertigung, gleichwohl gehöre auch die Erneuerung und die Liebe zu unser Gerechtigkeit vor Gott, dergestalt, daß sie wohl nicht die vornehmbste Ursach unserer Gerechtigkeit, aber gleichwohl unser Gerechtigkeit vor Gott ohne solche Liebe und Erneuerung nicht ganz oder vollkommen sei.

ANTITHESIS SEU NEGATIVA.

Reiectio contrariae et falsae doctrinae.

Repudiamus ergo et damnamus omnia falsa dogmata, quae iam recitabimus:
I. Christum esse iustitiam nostram solummodo secundum divinam naturam.
II. Christum esse iustitiam nostram tantummodo iuxta humanam naturam.
III. In dictis propheticis et apostolicis, ubi de iustificatione fidei agitur, vocabula iustificare et iustificari non idem esse ac a peccatis absolvere et absolvi et remissionem peccatorum consequi, sed nos per caritatem a spiritu sancto infusam, per virtutes et per opera, quae a caritate promanant, re ipsa coram Deo iustos fieri.

IV. Fidem non respicere in solam Christi obedientiam, sed in divinam eius naturam, quatenus videlicet ea in nobis habitet atque efficax sit, ut per eam inhabitationem peccata nostra tegantur.
V. Fidem esse talem fiduciam in obedientia Christi, quae possit in eo etiam homine permanere et consistere, qui vera poenitentia careat et ubi caritas non sequatur, sed qui contra conscientiam in peccatis perseveret.
VI. Non ipsum Deum, sed tantum dona Dei in credentibus habitare.
VII. Fidem ideo salutem nobis conferre, quod novitas illa, quae in dilectione erga Deum et proximum consistit, per fidem in nobis inchoetur.
VIII. Fidem in iustificationis negotio primas quidem partes tenere, sed tamen etiam renovationem et caritatem ad iustitiam nostram coram Deo pertinere, ita ut renovatio et caritas quidem non sint principalis causa nostrae iustitiae, sed tamen iustitiam nostram coram Deo (si absint renovatio et caritas) non esse integram et perfectam.

---

1 oder negativa > B f   6 Christus + sei v   sei > v   8 Christus + sei v   sei > v   10 den Sprüchen] dem Spruch H   12/3 rechtfertigen] Rechtfertigung s   25 Sünde] Sünden c x   27 sei > z   29 wahrhaftige] wahrhafte v   rechte g   35 ›Erneuerung‹ statt [Gerechtigkeit] A 3   36 Nächsten] Menschen B   37 werde] worden a   43 aber] ob er d   ob c   43/4 aber bis Gerechtigkeit > 6   aber bis Gott] vorgehet t 4   43 gleichwohl] wohl d   44 vor] gegen g i l   45 oder] und k l m v z 2

13 idem esse ac] significent   15 sed + quod ea vocabula hoc velint   26 Fidem bis fiduciam] Quod fides talis sit fiducia   29/30 ubi bis sequatur] caritatem non habeat   31 peccatis + designandis   41 pertinere] requiri

9. Daß die Gläubigen vor Gott gerechtfertiget werden und selig sein zugleich durch die zugerechnete Gerechtigkeit Christi und durch den angefangenen neuen Gehorsamb, oder zum Teil durch die Zurechnung der Gerechtigkeit Christi, zum Teil aber durch den angefangen neuen Gehorsamb.

10. Daß uns die Vorheißung der Gnaden zugeeignet werde durch den Glauben im Herzen und durch die Bekenntnus, so mit dem Munde geschicht, und durch andere Tugend.

11. Daß der Glaube nicht rechtfertige ohne die guten Werk, also daß die guten Werk notwendig zur Gerechtigkeit erfordert, ohne derselben Gegenwärtigkeit der Mensch nicht gerechtfertiget werden könne.

IX. Credentes in Christum coram Deo iustos esse et salvos simul per imputatam Christi iustitiam et per inchoatam novam obedientiam, vel partim quidem per imputationem iustitiae Christi, partim vero per inchoatam novam obedientiam.

X. Promissionem gratiae nobis applicari per fidem in corde et praeterea etiam per confessionem, quae ore fit, et per alias virtutes.

XI. Fidem non iustificare sine bonis operibus, itaque bona opera necessario ad iustitiam requiri et absque eorum praesentia hominem iustificari non posse.

IV.
Von guten Werken.

Status controversiae.

Die Hauptfrag im Streit von den guten Werken.

Über die Lehr von guten Werken sein |zwei|erlei Spaltungen in ›etlichen‹ Kirchen entstanden:

Erstlich haben sich etliche Theologen über nachfolgenden Reden getrennet, da der eine |1.| Teil geschrieben: Gute Werke seind nötig zur Seligkeit, es ist unmüglich ohne gute Werk selig zu werden. | Item: Es ist ›niemals jemand‹ ohne gute Werk selig worden. | Der ander aber dargegen geschrieben: Gute Werk seind schädlich zur Seligkeit.

|2.| Darnach hat sich auch zwischen etlichen Theologen über den beiden Worten **nötig** und **frei** eine Trennung erhoben, da der eine Teil gestritten, man soll das Wort **nötig** nicht brauchen von dem nauen Gehorsamb, der nicht aus Not und Zwang, sondern aus freiwilligem Geist herfließe. Der ander Teil hat über dem Wort **nötig** gehalten, weil solcher Gehorsam nicht in unser

IV.
DE BONIS OPERIBUS.

STATUS CONTROVERSIAE.

In doctrina de bonis operibus duae controversiae in quibusdam ecclesiis ortae sunt:

I. Primum schisma inter theologos quosdam factum est, cum alii assererent bona opera necessaria esse ad salutem; impossibile esse salvari sine bonis operibus; et: neminem unquam sine bonis operibus salvatum esse; alii vero docerent bona opera ad salutem esse perniciosa.

II. Alterum schisma inter theologos nonnullos super vocabulis **necessarium** et **liberum** ortum est. Altera enim pars contendit, vocabulum necessarium non esse usurpandum de nova obedientia; eam enim non a necessitate quadam et coactione, sed a spontaneo spiritu promanare. Altera vero pars vocabulum necessarium prorsus retinen-

---

1 vor Gott > *m*   2 sein] werden *4*   3/6 und *bis* Christi > *x*   6 aber > *ö*
9 zugeeignet] zugerechnet *B f s*   10 und *bis* Bekenntnus > *B f s*   13 Glaube > *z*
15 erfordert + und *Cor*   17 nicht + könnte *v*   + könne *3*   könne > *v 3*   könne] werde etc. *g k l*   21/2 von den] in *v*   in den *m*   23 von > *g l*   24 zweierlei aus: beiderlei *A*   ›etlichen‹ *statt* [unseren] *A 3*   27 getrennet] getrenget *l*   28 nötig > *t*
28/9 nötig zur Seligkeit ~ *4*   30/1 ›niemals jemand‹ *statt* [unmüglich] *A*   niemand jemals *H ö l*   niemandes *z*   31 jemand > *g*   Werk + jemand *g*   32 aber] haben *l*   aber + Teil haben *k*   geschrieben + ›gestritten‹ *g*   35 Theologen > *f*
39 und] oder *z*

---

5 imputationem iustitiae] imputatam iustitiam   27 alii] quidam   38 usurpandum + cum   39 obedientia + agitur

Willkür stehe, sondern die wiedergebornen Menschen schuldig sein, solchen Gehorsamb zu leisten.

Aus welcher Disputation über den Worten nachmals ein Streit von der Sach an ihr selbst sich zugetragen, daß der eine Teil gestritten, man sollte ganz und gar unter den Christen das Gesetz nicht treiben, sondern allein ein heiligen Evangelio die Leute zu guten Werken vormahnen. Der ander hat es widersprochen.

Affirmativa.

Reine Lehre der christlichen Kirchen von diesem Streit.

Zu gründlicher Erklärung und Hinlegung dieser Zwiespalt ist unser Lehr, Glaub und Bekenntnus:

1. Daß gute Werk dem wahrhaftigen Glauben, wann derselbige nicht ein toter, sondern ein lebendiger Glaub ist, gewißlich und ungezweifelt folgen als Früchte eines guten Baumes.

2. Wir glauben, lehren und bekennen auch, daß die gute Werke gleich, sowohl wann von der Seligkeit gefraget wird, als im Artikel der Rechtfertigung vor Gott, gänzlichen ausgeschlossen werden sollen, wie der Apostel mit klaren Worten bezeuget[1], do er also geschrieben: „Nach welcher Weise auch David saget, daß die Seligkeit sei allein des Menschen, welchem Gott zurechnet die Gerechtigkeit ohne Zutuen der Werk, do er spricht: Selig seind die, welchen ihre Ungerechtigkeit nicht zugerechnet wird," Rom. 4. Und abermals: „Aus Gnaden seid ihr selig worden; Gottes Gabe ist es, nicht aus den Werken, auf daß sich nicht jemand rühme," Eph. 2.

dum censuit, propterea quod illa obedientia non in nostro arbitrio posita et libera sit, sed homines renatos illud obsequium debere praestare.

Et dum de commemoratis illis vocabulis disputatum est, tandem etiam de re ipsa fuit disceptatum. Alii enim contenderunt legem apud Christianos prorsus non esse docendam, sed tantummodo doctrina evangelii homines ad bona opera invitandos esse. Alii hanc opinionem impugnarunt.

AFFIRMATIVA.

Sincera ecclesiae doctrina de hac controversia.

Ut hae controversiae solide et dextre explicentur atque decidantur, haec nostra fides, doctrina et confessio est:

I. Quod bona opera veram fidem (si modo ea non sit mortua, sed viva fides) certissime atque indubitato sequantur tamquam fructus bonae arboris.

II. Credimus etiam, docemus et confitemur, quod bona opera penitus excludenda sint, non tantum cum de iustificatione fidei agitur, sed etiam cum de salute nostra aeterna disputatur, sicut apostolus perspicuis verbis testatur, cum ait: Sicut et David dicit beatitudinem hominis, cui Deus accepto fert iustitiam sine operibus. Beati, quorum remissae sunt iniquitates, et quorum tecta sunt peccata. Beatus vir, cui non imputavit Dominus peccatum etc. Et alibi: Gratia, inquit, estis salvati per fidem, et hoc non ex vobis; Dei enim donum est, non ex operibus, ne quis glorietur.

---

7 sich > *k l v*   8/9 man *bis* Christen > *z*   11/2 Der *bis* widersprochen > *ö*   ander + Teil *B*   11 ander + der *k*   18 Bekenntnus + wie folget 5   23 Baumes] Glaubens ›Baumes‹ *ö*   Baumes + [dann wo nicht eine rechte Buße vorgangen und Liebe folget, da ist nicht ein lebendiger Glaube, davon sanctus Paulus Rom. 3. redet, der allein selig machet, sondern ein toter Glaube, davon S. Jakob geschrieben: die Teufel glauben und erzittern, Jakob. 2.] *A 3*   25 sowohl + als *z*   27 Artikel + von *H*   28 sollen] solle *H*   31 saget + Psal. 22. *z*   33 Zutuen] Zutuung *B f s t*   34 ihre + Sünd oder *B f r s ä*   35 wird > *l*   38 nicht jemand] niemand(s) *v ö*

1/3 illa *bis* sit] non liberum nobis sit, novam obedientiam praestare vel omittere   4 debere praestare] necessario obstringi   11/2 opinionem] sententiam   19 Quod >   21/2 sequantur *bis* arboris] sequi credimus, ut sequantur fructus, si arbor sit bona   28 sicut >   29 apostolus + enim Paulus bona opera tam a causa salutis quam iustificationis   testatur] excludit

---

[1]) Röm. 4, 6—8 Eph. 2, 8.

3. Wir glauben, lehren und bekennen auch, daß alle Menschen, sonderlich aber die durch den Heiligen Geist wiedergeboren und erneuert, schuldig sein, gute Werk zu tun.

4. In welchem Vorstand die Wort nötig, sollen und müssen recht und christlich auch von den Wiedergebornen gebraucht | werden | und keineswegs dem Fürbilde gesunder Wort und Reden zuwider sein.

5. Doch soll durch ermelt Wort necessitas, necessarium, »Not« und notwendig, wann von den Wiedergebornen geredet, nicht ein Zwang, sondern allein der schuldig Gehorsamb vorstanden werden, | wölchen | die Rechtgläubigen, soviel sie wiedergeborn, nicht aus Zwang oder Treiben des Gesetzes, sondern aus freiwilligem Geiste leisten, weil sie „nicht mehr unter dem Gesetz, sondern unter >der< Gnade sein[1]".

6. Demnach glauben, lehren und bekennen wir auch, wann gesagt wird: Die Wiedergebornen tun gute Werk aus einem freien Geist, daß solches nicht vorstanden werden soll, als ob es in des wiedergebornen Menschen Willkür stehe, Gutes zu tun oder zu lassen, wann er wölle, und gleichwohl den Glauben behalten muge, wann er in Sünden vorsätzlich vorharret.

7. »Wölchs doch« anderst nicht vorstanden werden soll, dann wie es der Herr Christus und seine Apostel selbst erkläret[2], namlich von dem freigemachten Geist, daß er solches nicht tue aus Forcht der Straf wie ein Knecht, sondern aus Lieb der Gerechtigkeit wie die Kinder, Rom. 8.

8. | Wiewohl diese Freiwilligkeit in den auserwählten Kindern Gottes nicht vollkummen, sunder mit großer Schwachheit beladen sind, wie S. Paulus über sich selbst klagt, Ro. 7. Gal. 5. |[3]

9. Welche Schwachheit doch der Herr seinen Auserwählten nicht zurechnet um des

III. Credimus, docemus et confitemur omnes quidem homines, praecipue vero eos, qui per spiritum sanctum regenerati sunt et renovati, ad bona opera facienda debitores esse.

IV. Et in hac sententia vocabula illa necessarium, debere, oportere recte usurpantur etiam de renatis hominibus et cum forma sanorum verborum non pugnant.

V. Sed tamen per vocabula necessitas, necessarium, quando videlicet de renatis est sermo, non intelligenda est coactio, sed tantum debita illa obedientia, quam vere credentes, quatenus renati sunt, non ex coactione aut compulsu legis, sed libero et spontaneo spiritu praestant: quandoquidem non amplius sub lege sunt, sed sub gratia.

VI. Credimus igitur, docemus et confitemur, cum dicitur renatos bene operari libero et spontaneo spiritu, id non ita accipiendum esse, quod in hominis renati arbitrio relictum sit bene aut male agere, quando ipsi visum fuerit, ut nihilominus tamen fidem retineat, etiamsi in peccatis ex proposito perseveret.

VII. Hoc tamen non aliter quam de spiritu hominis iam liberato intelligendum est, sicut hanc rem ipse Christus eiusque apostoli declarant, quod videlicet spiritus hominis liberatus bene operetur, non formidine poenae ut servus, sed iustitiae amore, qualem obedientiam filii praestare solent.

VIII. Hanc vero libertatem spiritus in electis Dei filiis non perfectam, sed multiplici infirmitate adhuc gravatam agnoscimus, quemadmodum divus Paulus super ea re de sua ipsius persona conqueritur.

IX. Illam tamen infirmitatem Dominus electis suis non imputat, idque

---

8/9 gebraucht] verstanden B 13 notwendig] Notwendigkeit B 16 | wölchen | statt [den] A 21 glauben, lehren ~ 5 26 stehe] seie x 27 lassen] leisten B 30 >Wölchs doch< statt [sofern solchs] A, [sondern solchs soll] 3 doch] dann g l 32 seine] die d 36 Rom. 8. > B 38/42 | Wiewohl bis Gal. 5. | statt [Wir glauben, lehren und bekennen aber, daß dieser freiwillige Geist auch in den Auserwählten umb des vorderbten Fleisches, das ist, der vorderbten Natur willen, so in Leib [und] Seele [oder] >und< Geist >des Menschen< stecket, ganz schwach und also nur angefangen, wie Christus selbst zeuget: Der Geist ist willig, aber das Fleisch ist schwach Math. 26.] A 3 45 um] von x

16 ex > aut > 17 compulsu legis] cogente lege 28 ex proposito] destinata malitia 30 non aliter quam >

---

[1]) Röm. 6, 14; 7, 6; 8, 14. [2]) Röm. 8, 15. [3]) Röm. 7, 14—25 Gal. 5, 17.

Herrn Christi willen, | wie geschrieben |stehet: „Es ist nun nichts Verdammlichs in denen, so in Christo Jesu sind", Ro. 8. |¹

10. Wir glauben, lehren und bekennen auch, daß den Glauben und die Seligkeit in uns nicht die Werk, sondern allein der Geist Gottes | durch den Glauben | erhalte, dessen Gegenwärtigkeit und Inwohnung die guten Werk Zeugen sein.

propter mediatorem Christum. Sic enim scriptum est: Nihil iam damnationis est his, qui in Christo Iesu sunt.

X. Credimus praeterea, docemus et confitemur fidem et salutem in nobis conservari aut retineri non per opera, sed tantum per spiritum Dei et per fidem (qua scilicet salus custoditur), bona autem opera testimonia esse, quod spiritus sanctus praesens sit atque in nobis habitet.

Negativa.

Falsche Gegenlehre.

1. Demnach verwerfen und verdammen wir diese Weise zu reden, wann gelehret und geschrieben wird, daß gute Werk nötig sein zur Seligkeit. Item, daß niemand jemals ohne gute Werk sei selig worden. Item, daß es unmuglich sei, ohne gute Werk selig werden.

2. Wir vorwerfen und vordammen auch diese bloße Rede als ärgerlich und christlicher Zucht nachteilig, wann geredet wird: Gute Werk seind schädlich zur Seligkeit.

Dann besonder zu diesen letzten Zeiten nicht weniger vonnöten, die Leute zu christlicher Zucht | und guten Werken | zu vermahnen und zu erinnern, wie nötig es sei, daß sie zu Anzeigung ihres Glaubens und Dankbarkeit bei Gott sich in guten Werken üben, als daß die Werk in den Artikeln der Rechtfertigung nicht eingemenget werden, weil durch ein epicurisch Wahn vom Glauben die Menschen sowohl als durch das papistisch und pharisäisch Vortrauen auf eigene Werk und Verdienst verdambt werden können.

3. Wir vorwerfen und verdammen auch, wann gelehret wird, daß der Glaub und Einwohnung des Heiligen Geistes nicht durch mutwillige Sünde vorloren werden,

NEGATIVA.

Falsa doctrina superiori repugnans.

I. Reiicimus igitur et damnamus subsequentes phrases, cum docetur bona opera necessaria esse ad salutem; neminem unquam sine bonis operibus salvatum; impossibile esse sine bonis operibus salvari.

II. Repudiamus et damnamus nudam hanc offendiculi plenam et Christianae disciplinae perniciosam phrasin: Bona opera noxia esse ad salutem.

His enim postremis temporibus non minus necessarium est, ut homines ad recte et pie vivendi rationem bonaque opera inviventur atque moneantur, quam necessarium sit, ut ad declarandam fidem atque gratitudinem suam erga Deum in bonis operibus sese exerceant: quam necessarium est cavere, ne bona opera negotio iustificationis admisceantur. Non minus enim homines Epicurea persuasione de fide, quam pharisaica et papistica fiducia in propria opera et merita damnationem incurrere possunt.

III. Praeterea reprobamus atque damnamus dogma illud, quod fides in Christum non amittatur et spiritus sanctus nihilominus in homine habitet, etiamsi

---

2 so] die z   5 den *bis* und > Hei   9 Zeugen sein *aus*: Zeugnussen sein *A 3*
13 Gegenlehre] Gegenlehren *v*   17 und] oder *B g*   19 ohne] durch *f*   21 selig +
zu ö   22 auch > *c f k l r s ä 3 4* Konf   23 diese] die *g*   24 nachteilig] hinderlich *g k*
30 sie] die *c*   31 bei] gegen *H v ö 3*   33 nicht] mit *g*   34 ein] den *s*   35 das
papistisch] die papistischen *w*   36 pharisäisch] pharisäischen *w*   37 verdambt > *4*
verdammen *s*   werden > *s*

6 aut retineri >   7 tantum >   Dei] sanctum   22/4 nudam *bis* phrasin]
cum nude docetur   25 noxia] perniciosa   salutem + Haec enim ratio loquendi
offendiculi plena est et Christianam disciplinam evertit   29 atque + incitentur
utque   quam >   30 sit] esse   35/6 persuasione] opinatione   36 fide + quam
se habere falso existimant   38 damnationem incurrere] salutis suae aeternae
iacturam facere

---

¹) Röm. 8, 1.

sondern daß die Heiligen ›und‹ Auserwählten den Heiligen Geist behalten, wann sie gleich in Ehebruch und andere Sünde fallen und darinne verharren.

sciens volensque peccet, et quod sancti atque electi spiritum sanctum retineant, tametsi in adulterium aut in alia scelera prolabantur et in iis perseverent.

V.

Vom Gesetz und Evangelio.

Status controversiae.

Die Hauptfrage in dieser Zweispalt.

Ob die Predigt des heiligen Evangelii eigentlich sei nicht allein ein Gnadenpredigt, die Vorgebung der Sünden vorkündiget, sondern auch ein Buß- und Strafpredigt, welche den Unglauben strafet, der im Gesetz nicht gestraft, sondern allein durch das Evangelium gestraft werde.

Affirmativa.

Reine Lehre Gottes Worts.

1. Wir glauben, lehren und bekennen, daß der Unterscheid des Gesetzes und Evangelii als 'ein besonder herrlich Licht mit großem Fleiß in der Kirchen zu erhalten, dadurch das Wort Gottes (nach der Vormahnung S. Pauli) recht geteilet wird.

2. Wir glauben, lehren und bekennen, daß das Gesetz eigentlich sei eine göttliche Lehre, welche lehret, was recht und Gott gefällig, und strafet alles, was Sünde ›und‹ Gottes Willen zuwider ist.

3. Darumb dann alles, was Sünde strafet, ist und gehöret zur Predigt des Gesetzes.

4. Das Evangelium aber sei eigentlich eine solche Lehre, die da lehret, was der Mensch glauben soll, der das Gesetz nicht gehalten und durch dasselbige verdambt, nämlich daß Christus alle Sünde gebüßet und bezahlet, und ihme ohne allen seinen Verdienst erlanget und erworben habe Ver-

V.

DE LEGE ET EVANGELIO.

STATUS CONTROVERSIAE.

Quaesitum fuit: an evangelium proprie sit tantummodo concio de gratia Dei, quae remissionem peccatorum nobis annuntiet, an vero etiam sit concio poenitentiae arguens peccatum incredulitatis, quippe quae non per legem, sed per evangelion duntaxat arguatur.

AFFIRMATIVA.

Sincera doctrina cum norma verbi Dei congruens.

I. Credimus, docemus et confitemur discrimen legis et evangelii ut clarissimum quoddam lumen singulari diligentia in ecclesia Dei retinendum esse, ut verbum Dei, iuxta admonitionem divi Pauli, recte secari queat.

II. Credimus, docemus et confitemur legem esse proprie doctrinam divinitus revelatam, quae doceat, quid iustum Deoque gratum sit, quae etiam, quicquid peccatum est et voluntati divinae adversatur, redarguat.

III. Quare, quicquid exstat in sacris litteris, quod peccata arguit, id revera ad legis concionem pertinet.

IV. Evangelion vero proprie doctrinam esse censemus, quae doceat, quid homo credere debeat, qui legi Dei non satisfecit et idcirco per eandem damnatur, videlicet quod illum credere oporteat Iesum Christum omnia peccata expiasse atque pro iis satisfecisse et remis-

---

1 und ›H ö   4 darinne + [vorhalten] A   10 heiligen ›H ö   12 vorkündiget] geprediget g   20 Wir] Demnach l m v z, urspr. 2   glauben, lehren ~ x bekennen + wir l m v z, urspr. 2   22 herrlich] herzlich z, urspr. b   23 der Kirchen] die Kirch z   24 der ›k   26 glauben, lehren ~ t 4   28 recht und ›B   und ›f   Gott + recht B   35 ist ›b   36 da ›l   37 nicht + kann x   37/8 gehalten] halten x   38 verdambt + ist b ö 3   38/9 nämlich g k l   40 ihme ›z

gebung der Sünden, „Gerechtigkeit, die vor Gott gilt¹", und das ewige Leben.

5. Nachdem aber das Wort Evangelium nicht in einerlei Vorstand in Heiliger Schrift gebraucht, daher dann diese Zwiespalt ursprünglich entstanden, so glauben, lehren und bekennen wir, wann durch das Wort Evangelium vorstanden wird die ganze Lehre Christi, die er in seinem Lehrambt wie auch seine Aposteln geführet (in welchem Vorstande es dann Marc. 1. Acto. 20. >gebräucht<²), daß recht geredet und geschrieben, das Evangelium sei eine Predigt von der Buße und Vorgebung der Sünden.

6. Wann aber das Gesetz und Evangelium, wie auch Moses selbest ein Gesetzlehrer und Christus als ein Prediger des Evangeliums gegeneinander gehalten: glauben, lehren und bekennen wir, daß das Evangelium nicht eine Buße- oder Strafpredigt, sondern eigentlich anders nichts, dann ein Trostpredigt und fröhliche Botschaft sei, die nicht strafet noch schrecket, sondern wider das Schrecken des Gesetzes die Gewissen tröstet, allein auf den Vordienst Christi weiset und mit der lieblichen Predigt von der Gnade und Hulde Gottes, durch Christus Vordienst erlangt, wieder aufrichtet.

7. Was dann die Offenbarung der Sünde belanget, weil die Decke Moises³ allen Menschen vor den Augen hänget, solange sie die bloße Predigt des Gesetzes und nichts von Christo hören und also ihre Sünde aus dem Gesetz nicht recht lernen erkennen, sondern entweder vermessene Heuchler werden, wie die Pharisäer, oder verzweifelen wie Judas etc.: | so nimpt Christus das Gesetz in seine Hände und leget das selbige geistlich aus, Matth. 5. Ro. 7.⁴ Und >also wird

V. Cum autem vocabulum evangelii non semper in una eademque significatione in sacra scriptura usurpetur, unde et dissensio illa primum orta est, credimus, docemus et confitemur, si vocabulum evangelii de tota Christi doctrina accipiatur, quam ipse in ministerio suo (quemadmodum et eius apostoli) professus est (in qua significatione Marci 1. et Actor. 20. vox illa usurpatur), recte dici et doceri evangelium esse concionem de poenitentia et remissione peccatorum.

VI. Quando vero lex et evangelion sicut et ipse Moises ut doctor legis et Christus ut doctor evangelii inter se conferuntur, credimus, docemus et confitemur, quod evangelium non sit concio poenitentiae, arguens peccata, sed quod proprie nihil aliud sit, quam laetissimum quoddam nuntium et concio plena consolationis, non arguens aut terrens, quandoquidem conscientias contra terrores legis solatur, easque in meritum solius Christi respicere iubet et dulcissima praedicatione de gratia et favore Dei per meritum Christi impetrato rursus erigit.

VII. Quod vero ad revelationem peccati attinet, sic sese res habent. Velum illud Moisis omnium hominum oculis est obductum quamdiu solam legis concionem, nihil autem de Christo audiunt. Itaque peccata sua ex lege non vere agnoscunt, sed aut hypocritae fiunt, qui iustitiae propriae opinione turgent, quales olim erant pharisaei; aut in peccatis suis desperant, quod Iudas proditor ille fecit. Eam ob causam Christus sumpsit

---

6 Vorstand] Gestalt s   8 ursprünglich] vorsprenglich x   12 wie > H   13 dann > B   1.] primo k   1. + [und 16. gebraucht und Lucae 24.] A   14 >gebräucht< statt [vorstanden] A 3   16 und + der Hss. außer B H r   19 Gesetzlehrer] Gesetz lehret q x 1   Gesetzlehre z   21 gehalten] halten l   26/7 das bis tröstet > c   28 allein > x   30 Christus] Christi B H f z 3   38 lernen erkenne ~ ō   41 etc. > einige Hss, Konf   41—S. 792, 10 | so bis vom | statt [so glauben, lehren und bekennen wir, daß die Predigt vom] A 3   43 + wie auch Paulus Cor   43—S. 792, 1 >also wird Gottes< statt [offenbaret also seinen] A

1/2 coram bis consistentem >   8/9 primum orta est] occasionem sumpsit   9 confitemur + recte dici posse euangelion esse concionem de poenitentia et remissio peccatorum   14/7 Marci bis peccatorum] vocabulo evangelii apostoli et evangelistae quandoque usi sunt   29 solius >   31 per bis rursus] quo nos propter Christum prosequitur

---

¹) Röm. 1, 17 2. Kor. 5, 21.   ²) Mark. 1, 15 Apg. 20, 24.   ³) 2. Kor. 3, 13—16.
⁴) Matth. 5, 21—48 Röm. 7, 14.

„Gottes‹ Zorn vom Himmel herab ›geoffenbaret‹ über" alle Sünder[1], wie groß derselbig sei, dadurch sie in das Gesetz gewiesen werden und alsdann aus demselben erst recht lernen ihre Sünde erkennen, wölchs Erkenntnis Moyses nimmermehr aus ihnen hätte erzwingen könnten.

Demnach, obwohl die Predig vom Leiden und Sterben Christi, des Sohns Gottes, ein ernstliche und schreckliche Predigt und Anzeigen Gottes Zorns ›ist,‹ dardurch die Leute erst recht in das Gesetz geführet, nachdem ihnen die Decke Moise hinweggetan, daß sie erst recht erkennen, wie große Dinge Gott im Gesetz von uns erfordert, deren wir keines halten können, und dannoch alle unsere Gerechtigkeit in Christo suchen sollen:

8. Doch solange dies alles (nämblich Christus Leiden und Sterben) Gottes Zorn prediget und den Menschen schrecket, so ist es noch nicht des Evangelii ›eigentliche‹ Predigt, sondern Moises und des Gesetzes Predigt, und demnoch ein frembd ›Werk[2] Christi,‹ dadurch er kömbt zu seinem eigenem Ambt, das ist Gnade predigen, trösten und lebendig machen, welches eigentlich die Predigt des Evangelii ist.

sibi legem explicandam spiritualiter et hoc modo ira Dei de coelo revelatur super omnes peccatores, ut vera legis sententia intellecta animadvertatur, quanta sit illa ira. Et sic demum peccatores, ad legem remissi, vere et recte peccata sua agnoscunt. Talem vero peccatorum agnitionem solus Moises nunquam ex ipsis extorquere potuisset.

Etsi igitur concio illa de passione et morte Christi, filii Dei, severitatis et terroris plena est, quae iram Dei adversus peccata ostendit, unde demum homines ad legem Dei propius adducuntur, postquam velum illud Moisis ablatum est, ut tandem exacte agnoscant, quanta videlicet Dominus in lege sua a nobis exigat, quorum nihil nos praestare possumus, ita ut universam nostram iustitiam in solo Christo quaerere oporteat:

VIII. Tamen quamdiu nobis Christi passio et mors iram Dei ob oculos ponunt et hominem perterrefaciunt, tamdiu non sunt proprie concio evangelii, sed legis et Moisis doctrina, et sunt alienum opus Christi, per quod accedit ad proprium suum officium, quod est praedicare de gratia Dei, consolari et vivificare. Haec propria sunt praedicationis evangelicae.

Negativa.

Gegenlehre, so verworfen.

1. Demnach vorwerfen wir und halten es vor unrecht und schädlich, wann gelehret wird, daß das Evangelium eigendlich ein Buß- oder ein Strafpredigt und nicht allein eine Gnadenpredigt sei, dadurch das Evangelium wiederumb zu einer Gesetzlehre gemacht, der Verdienst Christi und Heilige Schrift verdunklet, die Christen des rechten

NEGATIVA.

Contraria et falsa doctrina, quae reiicitur.

Reiicimus igitur ut falsum et perniciosum dogma, cum asseritur, quod evangelium proprie sit concio poenitentiae, arguens, accusans et damnans peccata, quodque non sit tantummodo concio de gratia Dei. Hac enim ratione evangelion rursum in legem transformatur, meritum Christi et sacrae litterae obscurantur,

---

1 Zorn + geoffenbaret g   1/2 geoffenbaret > g   2 derselbig] dieselbige B   der k l
13 ist] sei 3, urspr. A, sein H   18 dannoch] demnach B H f k l w x z 2 3 4 Konk
19 Gerechtigkeit + und Seligkeit 3   23 den > B f r s   24 ›eigentliche‹ statt [noch
Christi eigene] A 3   26 ›Werk Christi‹ statt [Ambt] A 3   27 dadurch] darzu g
28 Gnade predigen] eine Gnadenpredigt 4   29 eigentlich + ist 6   30 ist > 6
32 verworfen] überwerflich z   34 Demnach + so v   wir > H   35/6 wann bis
wird > k m v   37 oder ein] und g k l   ein > H g k 5 6   37/8 und bis Gnadenpredigt > H w 6 Helmst.   38 sei > c d   39 wiederumb] wieder mehrere Hss.

16 exacte] exactius   23 et hominem perterrefaciunt] atque et ea concionantur
23 tamdiu + revera

---

[1]) Röm. 1, 18.   [2]) Vgl. S. 956, Anm. 1.

Epitome, VI. Vom dritten Brauch des Gesetzes.

Trosts beraubet und dem Papstumb die Tür wiederumb aufgetan wird.

piis mentibus vera et solida consolatio eripitur et pontificiis erroribus et superstitionibus fores aperiuntur.

VI.

Vom dritten Brauch des Gesetzes.
Status controversiae.
Die Hauptfrage von diesem Streit.

Nachdem das Gesetz den Menschen umb dreierlei Ursach willen gegeben: Erstlich, daß dadurch äußerliche Zucht wider die Wilden, Ungehorsamen erhalten.¹ Zum andern, daß die Menschen dardurch zu Erkenntnus ihrer Sünden geführet. Zum dritten, nachdem sie wiedergeboren und gleichwohl das Fleisch ihnen anhanget, ›daß sie‹ | umb desselben willen | eine gewisse Regel hatten, nach welcher sie ihr ganzes Leben anstellen und regieren sollen: hat sich ein Zwiespalt zwischen etzlichen wenigen Theologen über dem dritten Brauch des Gesetzes zugetragen.

Ob nämlich auch bei den wiedergebornen Christen ›solches‹ zu treiben sei oder nicht? Der eine Teil hat ja, der andere nein gesagt.

Affirmativa.
Die rechte christliche Lehre von diesem Streit.

1. Wir glauben, lehren und bekennen, obwohl die rechtgläubige und wahrhaftig zu Gott bekehrte Menschen vom Fluch und Zwang des Gesetzes durch Christum gefreiet und lediggemacht, daß sie doch der Ursach nicht ohne Gesetz sein, sondern darumb von dem Sohn Gottes erlöset worden, daß sie sich in demselben Tag und Nacht üben sollen, Psalm 119.¹ Wie dann unser ersten Eltern

VI.

DE TERTIO USU LEGIS.

STATUS CONTROVERSIAE.

Cum constet legem Dei propter tres causas hominibus datam esse: primo, ut externa quaedam disciplina conservetur et feri atque intractabiles homines quasi repagulis quibusdam coerceantur, secundo, ut per legem homines ad agnitionem suorum peccatorum adducantur, tertio, ut homines iam renati, quibus tamen omnibus multum adhuc carnis adhaeret, eam ipsam ob causam certam aliquam regulam habeant, ad quam totam suam vitam formare possint et debeant etc.: orta est inter paucos quosdam theologos controversia super tertio usu legis, videlicet an lex etiam renatis inculcanda et eius observatio apud eos urgenda sit an non? Alii urgendam legem censuerunt, alii negarunt.

AFFIRMATIVA.

Sincera et pia doctrina de hac controversia.

I. Credimus, docemus et confitemur, etsi vere in Christum credentes et sincere ad Deum conversi a maledictione et coactione legis per Christum liberati sunt, quod ii tamen propterea non sint absque lege, quippe quos filius Dei eam ob causam redemit, ut legem Dei diu noctuque meditentur atque in eius observatione sese assidue exerceant. Et-

Ps. 1, 119.

---

2 wiederumb] wieder *v*   aufgetan] aufgemacht *c d*   5 Brauch] Gebrauch *b v s*
8 Streit] Hauptstreit *k l*   9 umb] von *l*   11 dadurch] durch *b*   12 den + und *l*
Zum andern] 2. *g*   14 Zum dritten] 3. *g*   dritten + [daß sie] *A*   17 willen
+ sie *B*   20 wenigen > *H*   22 nämblich + [die Wiedergebornen den neuen Gehorsamb und in welchem Werk sie hier wandeln sollen, aus dem Gesetze lernen und solcher Gehorsamb oder Vermahnen zu demselben aus dem Gesetze auch bei und unter] *A* 3
23 solches > *B H f g k m r s t v ä* 4   solches] das Gesetz *w* 6   solches zu treiben] zu weilen *x*   30 bekennen + daß *H*   31 wahrhaftig] wahrhaftiglich *Cor*   33 des Gesetzes > *k*   34 doch + mit *l*   37 üben sollen] neben hellen *x*

14/5 ad *bis* adducantur] peccata sua vere agnoscant

---

¹) Ps. 119, 1.

auch vor dem Fall nicht ohne Gesetz gelebet, welchen das Gesetz Gottes auch in das Herz geschrieben, da sie zum Ebenbild Gottes geschaffen worden¹.

2. Wir glauben, lehren und bekennen, daß die Predigt des Gesetzes nicht allein bei den Ungläubigen und Unbußfertigen, sondern auch bei den Rechtgläubigen, wahrhaftig Bekehrten, Wiedergebornen und durch den Glauben Gerechtfertigten mit Fleiß zu treiben sei.

3. Dann ob sie wohl wiedergeboren und in dem Geist ihres Gemüts verneuert, so ist doch solche Wiedergeburt und Erneuerung in dieser Welt nicht vollkommen, sondern nur angefangen, und stehen die Gläubigen mit dem Geist ihres Gemütes in einem stetigen Kampf wider das Fleisch, das ist, wider die verderbte Natur und Art, so uns bis in Tod anhanget², umb welches alten Adams willen, so im Vorstande, Willen und allen Kräften des Menschen noch stecket, damit sie nicht aus menschlicher Andacht eigenwillige und erwählte Gottesdienst vornehmen, ist vonnöten, daß ihnen das Gesetz des Herrn immer vorleuchte³, desgleichen, daß auch der alte Adam nicht sein eigen Willen gebrauchen, sondern wider sein Willen nicht allein durch Vermahnung und Trauung des Gesetzes, sondern auch mit den Strafen und Plagen gezwungen, daß er dem Geist folge und sich gefangen gebe, 1.Corinth. 9. Rom. 6. Gal. 6. Psal. 119. Heb. 13.⁴

4. Was dann den Unterschied der Werken des Gesetzes und der Früchten des Geistes belanget, glauben, lehren und bekennen wir, daß die Werk, so nach dem Gesetz geschehen, solange Werk des Gesetzes sein und genennet werden, solange sie allein durch Treiben der Strafen und Trauung⁵ Gottes Zorns aus den Menschen erzwungen werden.

5. Früchte aber des Geistes seind die Werk, welche der Geist Gottes, so in den Gläubigen wohnet, wirket durch die Wiedergebornen und von den Gläubigen geschehen, soviel sie wiedergeboren sind, als wann sie

enim ne primi quidem nostri parentes etiam ante lapsum prorsus sine lege vixerunt, quae certe cordibus ipsorum tum inscripta erat, quia Dominus eos ad imaginem suam creaverat.

II. Credimus, docemus et confitemur concionem legis non modo apud eos, qui fidem in Christum non habent et poenitentiam nondum agunt, sed etiam apud eos, qui vere in Christum credunt, vere ad Deum conversi et renati et per fidem iustificati sunt, sedulo urgendam esse.

III. Etsi enim renati et spiritu mentis suae renovati sunt, tamen regeneratio illa et renovatio in hac vita non est omnibus numeris absoluta, sed duntaxat inchoata. Et credentes illi spiritu mentis suae perpetuo luctantur cum carne, hoc est cum corrupta natura, quae in nobis ad mortem usque haeret. Et propter veterem Adamum, qui adhuc in hominis intellectu, voluntate et in omnibus viribus eius infixus residet, opus est, ut homini lex Dei semper praeluceat, ne quid privatae devotionis affectu in negotio religionis confingat et cultus divinos verbo Dei non institutos eligat. Item, ne vetus Adam pro suo ingenio agat, sed potius contra suam voluntatem, non modo admonitionibus et minis legis, verum etiam poenis et plagis coercatur, ut spiritui obsequatur seque ipsi captivum tradat.

IV. Iam quod ad discrimen operum legis et fructuum spiritus attinet, credimus, docemus et confitemur, quod opera illa, quae secundum praescriptum legis fiunt, eatenus opera legis sint et appellentur, quatenus ea solummodo urgendo et minis poenarum atque irae divinae ab homine extorquentur.

V. Fructus vero spiritus sunt opera illa, quae spiritus Dei in credentibus habitans per homines renatos operatur, et quae a credentibus fiunt, quatenus renati sunt, ita quidem sponte ac libere,

---

3 da] daß *B i*   geschaffen] schaffen *B t w* 4   6 bekennen + [auch] *A*   9/10 wahrhaftig Bekehrten > *z*   12 sei > *q*   13 sie > *z*   wohl + die *z*   20 in + den *c g k l s*   27 immer] immerdar *l t z 1 5*   29 durch + [sein] *A*   31 mit den] durch die *k l*   Strafen und Plagen ~ *k l*   36 der] die *z*   38/9 so bis Werk > *x*   42 den] dem *4*   erzwungen] zwungen *z*

23 infixus >   25 privatae devotionis affectu] de suo ingenio   27 Item] Quin etiam eam ob causam opus est lege apud renatos

---

¹) Gen. 2 (, 16); 3, 3.   ²) Gal. 5, 17   Röm. 7, 21. 23.   ³) Röm. 12, 7. 8.
⁴) 1. Kor. 9, 27   Röm. 6, 12   Gal. 6, 14   Ps. 119, 1   Hebr. 13, 21.   ⁵) = Drohung.

von keinem Gebot, Drauen oder Belohnung wüßten, dergestalt dann die Kinder Gottes im Gesetz leben und nach dem Gesetz ›Gottes‹ wandeln | wölchs S. Paulus in fein Episteln das Gesetz Christi und das Gesetz des Gemüts nennet, | und gleichwohl „nicht unter dem Gesetz, sondern unser ›der‹ Gnaden" ›sein.‹ Rom. 7. und 8.[1]

6. Also ist und bleibet das Gesetz beides, bei den Bußfertigen und Unbußfertigen, bei wiedergebornen und nicht wiedergebornen Menschen ein einiges Gesetz, nämblich der unwandelbar Wille Gottes, und ist der Unterscheid, soviel den Gehorsamb belanget, allein an den Menschen, do einer, | so noch nicht wiedergeboren |, dem Gesetz aus Zwang und unwillig (›wie‹ auch die Wiedergebornen nach dem Fleisch) | tuet, was von ihm erfordert. Der ›Gläubig‹ aber ohne Zwang mit willigem Geist, soviel er neu geboren, tut, das kein Drauung des Gesetzes aus ihm nimmer|mehr| erzwingen können.

quasi nullum praeceptum unquam accepissent, nullas minas audivissent nullamque remunerationem exspectarent. Et hoc modo filii Dei in lege vivunt et secundum normam legis divinae vitam suam instituunt; hanc vivendi rationem divus Paulus vocare solet in suis epistolis legem Christi et legem mentis.

VI. Ad hunc modum una eademque lex est manetque, immota videlicet Dei voluntas, sive poenitentibus sive impoenitentibus, renatis aut non renatis proponatur. Discrimen autem, quoad obedientiam, duntaxat in hominibus est, quorum alii non renati legi obedientiam qualemcunque a lege requisitam praestant, sed coacti et inviti id faciunt (sicut etiam renati faciunt, quatenus adhuc carnales sunt); credentes vero in Christum, quatenus renati sunt, absque coactione, libero et spontaneo spiritu talem obedientiam praestant, qualem alias nullae quantumvis severissimae legis comminationes extorquere possent.

Negativa.

Falsche Gegenlehre.

1. Demnach vorwerfen wir als ein schädlichen, christlicher Zucht und wahrhaftiger Gottseligkeit widerwärtige Lehr und Irrtumb, wann gelehret wird, daß das Gesetz obgemelter Weise und Maß nicht bei den Christen und Rechtgläubigen, sondern allein bei den Ungläubigen, Unchristen und Unbußfertigen getrieben werden soll.

NEGATIVA.

Falsae doctrinae reiectio.

Repudiamus itaque ut perniciosum et falsum dogma, quod Christianae disciplinae et verae pietati adversatur, cum docetur, quod lex Dei (eo modo, quo supra dictum est) non sit piis et vere credentibus, sed tantum impiis, infidelibus et non agentibus poenitentiam proponenda atque apud hos solos sit urgenda.

---

1 Gebot > z   Drauen] Draunungen w 6   oder] und g   Belohnung] Belohnungen w 6   Belohnen m z   6/8 und bis und 8. > Konf   7 Gesetz + [sei] A   8 und > mehrere Hss.   und] et k l z   11 nicht wiedergebornen] unwiedergebornen B ä   17/8 | (wie bis Fleisch) | statt [äußerlich] A 3   >wie< statt [sowohl] A   die] der B   18 Fleisch + tun, was von ihnen erfordert, der Glaubig aber 5   was + es viele Hss.   ihm] ihnen x 1 2   19 >Gläubig< statt [ander] A   20 er neu geboren] der Neugeboren e f   der Wiedergeboren c d   22 nimmermehr] nimmer r   können] könnten einige Hss.   27 vorwerfen + und verdammen d   31 obgemelter] obbemelter B   33 Unchristen > z   33/4 Unchristen und Unbußfertigen ~ q   Unbußfertigen + Christen z   34 getrieben werden soll ~ w 6   soll] sollen 5

---

4 in lege] secundum legem   5 secundum] ad   divinae >   8 mentis + Interim tamen non sunt sub lege, sed sub gratia   17/8 sicut bis faciunt] qualis etiam coacta obedientia a renatis   19 sunt + extorquet   26 doctrinae + quae priori contraria est   27 itaque + et damnamus   33 et bis poenitentiam >

---

[1] Röm. 6, 14; 7, 23; 8, 1. 14.

VII.

Vom heiligen Abendmahl Christi.

| Wiewohl die Zwinglische Lehrer nicht unter die Augsburgische Konfessionsverwandte Theologen zu rechnen, als von denen sie sich gleich damals, als solliche Konfession übergeben worden, abgesondert, jedoch, weil sie sich mit eindringen und ihren Irrtumb unter derselben christlichen Konfession Namen auszubreiten unterstehn, haben wir von dieser Zwiespalt auch notdürftigen Bericht ton wöllen. |

Status controversiae.
Der Hauptstreit zwischen unser und der Sakramentierer Lehr in diesem Artikul.

Ob in dem heiligen Abendmahl der wahrhaftig Leib und Blut unsers Herren Jesu Christi wahrhaftig und wesentlich gegenwärtig sei, mit Brot und Wein ausgeteilet und mit dem Mund empfangen werde von allen denen, so sich dieses Sakraments gebrauchen, sie sein wirdig oder unwirdig, fromb oder unfromb, gläubig oder ungläubig? den Glaubigen zum Trost und Leben, den Unglaubigen zum Gericht?

Die Sakramentierer sagen nein, wir sagen ja.

Zu Erklärung dieses Streits ist anfänglich zu merken, daß zweierlei Sakramentierer seien. Etliche sein grobe Sakramentierer, welche mit teutschen klaren Worten fürgeben, wie sie im Herzen halten, daß im heiligen Abendmahl mehr nicht denn Brot und Wein gegenwärtig sei, ausgeteilet und mit dem Munde empfangen werde. Etliche aber seind | verschlagne und die allerschädlichste Sakramentierer, die zum Teil | mit unseren Worten ganz scheinbar reden und für'geben, sie glauben auch eine wahrhaftige Gegen-

VII.

DE COENA DOMINI.

Etsi Cingliani doctores non in eorum theologorum numero, qui Augustanam Confessionem agnoscunt et profitentur, habendi sunt, quippe qui tum, cum illa Confessio exhiberetur, ab eis secessionem fecerunt, tamen, cum nunc sese in eorum coetum callide ingerant erroremque suum sub praetextu piae illius Confessionis quam latissime spargere conentur, etiam de hac controversia ecclesiam Dei erudiendam iudicavimus.

STATUS CONTROVERSIAE,
quae est inter nos et Sacramentarios in hoc articulo.

Quaeritur, an in sacra coena verum corpus et verus sanguis Domini nostri Iesu Christi vere et substantialiter sint praesentia atque cum pane et vino distribuantur et ore sumantur ab omnibus illis, qui hoc sacramento utuntur, sive digni sint sive indigni, boni aut mali, fideles aut infideles, ita tamen, ut fideles e coena Domini consolationem et vitam percipiant, infideles autem eam ad iudicium sumant? Cingliani hanc praesentiam et dispensationem corporis et sanguinis Christi in sacra coena negant, nos vero eandem asseveramus.

Ad solidam huius controversiae explicationem primum sciendum est duo esse Sacramentariorum genera. Quidam enim sunt Sacramentarii crassi admodum; hi perspicuis et claris verbis id aperte profitentur, quod corde sentiunt, quod videlicet in coena Domini nihil amplius quam panis et vinum sint praesentia ibique distribuantur et ore percipiantur. Alii autem sunt versuti et callidi et quidem omnium nocentissimi Sacramentarii; hi de negotio coenae domini-

---

1 VII.] VIII. *1* 2 Abendmahl] Nachtmahl *B g k l ā* Christi > *g k l* 6 sie sich] die *z* 7 weil] dieweil *B* 8 eindringen] eingedrungen *B* eintrengen *l* 9 christlichen > *A* Namen > *5* 10 auszubreiten] auszubringen Konk unterstehen + [so mußts in diesem] *A* 12 wöllen] sollen *H 3* 19 Jesu > *g* 20 wesentlich] wissenlich *i* 26 Glaubigen] Heiligen *w 6* 26/7 Glaubigen *bis* Unglaubigen > *x* 26 und Leben] des Lebens *B f s ā* 28 Sakramentierer + die *s* sagen + [lauter] *A 3* wir + aber *k l z* 29 sagen + [lauter] *A 3* 39 werde] worden *x* 40/1 | verschlagne *bis* Teil | *statt* [subtile, die] *A* 41 Sakramentierer + [wölche] *A* Teil > *4* Teil + subtil, die *H 3*

7 Confessio + Caesari

Epitome, VII. Vom heiligen Abendmahl Christi.

wärtigkeit des wahrhaftigen, wesentlichen, lebendigen Leibes und Bluts Christi im H. Abendmahl, doch solches geschehe geistlich, durch den Glauben. Welche doch unter diesen scheinbaren Worten eben die erste grobe Meinung behalten, daß nämblich nichts denn Brot und Wein im heiligen Abendmahl gegenwärtig sei und mit dem Mund empfangen werde.

Dann geistlich heißet ihnen anders nichts denn den Geist Christi, welcher gegenwärtig sei, | oder¹ die Kraft des abwesenden Leibs Christi und sein Verdienst |; der Leib Christi aber sei auf keinerlei Weise noch Wege gegenwärtig, sondern allein daroben im obersten Himmel, zu dem wir mit den Gedanken unsers Glaubens in Himmel uns erheben und doselbsten, aber gar nicht bei Brot und Wein des Abendmahls, solchen seinen Leib und Blut suchen sollen.

cae loquentes ex parte nostris verbis splendide admodum utuntur et prae se ferunt, quod et ipsi veram praesentiam veri, substantialis atque vivi corporis et sanguinis Christi in sacra coena credant, eam tamen praesentiam et manducationem dicunt esse spiritualem, quae fiat fide. Et hi posteriores Sacramentarii sub his splendidis verbis eandem crassam, quam priores habent, opinionem occultant et retinent, quod videlicet praeter panem et vinum nihil amplius in coena Domini sit praesens et ore sumatur. Vocabulum enim **spiritualiter** nihil aliud ipsis significat, quam spiritum Christi seu virtutem absentis corporis Christi eiusque meritum, quod praesens sit; ipsum vero Christi corpus nullo prorsus modo esse praesens, sed tantummodo id sursum in supremo coelo contineri sentiunt et affirmant oportere nos cogitationibus fidei sursum assurgere inque coelum ascendere et ibidem (nulla autem ratione cum pane et vino sacrae coenae) illud corpus et sanguinem Christi quaerendum esse.

Affirmativa.

Bekenntnus reiner Lehre vom heiligen Abendmahl wider die Sakramentierer.

1. Wir glauben, lehren und bekennen, daß im heiligen Abendmahl der |Leib und Blut Christi wahrhaftig und wesentlich gegenwärtig sei, mit Brot und Wein wahrhaftig ausgeteilet | und empfangen | werde.

2. Wir glauben, lehren und bekennen, daß die Wort des Testaments Christi nicht anders zu verstehen sein, dann wie sie nach dem Buchstaben lauten, also daß nicht das Brot den | abwesenden | Leib, und der Wein das | abwesend | Blut Christi bedeute, sondern

AFFIRMATIVA.

Confessio sincerae doctrinae de coena Domini contra Sacramentarios.

I. Credimus, docemus et confitemur, quod in coena Domini corpus et sanguis Christi vere et substantialiter sint praesentia et quod una cum pane et vino vere distribuantur atque sumantur.

II. Credimus, docemus et confitemur verba testamenti Christi non aliter accipienda esse, quam sicut verba ipsa ad litteram sonant, ita ne panis absens Christi corpus et vinum absentem Christi sanguinem significent, sed ut

---

1 wahrhaftigen] wahren *x*   wesentlichen, lebendigen ∼ *4*   2 lebendigen > *x*   H. > *b*   3 doch] da *ö*   6 behalten] halten *z 3*   10 heißet] heiß er *x*   > *x*   anders nichts ∼ *H*   anders nichts] auch nicht anders *l 4*   11 welcher gegenwärtig > Konk   13 Verdienst + welcher gegenwärtig sei Konk   16 wir ÷ uns *g k v z 2*   den > *B*   17 Glaubens + uns *f*   uns > *g k 2*   20 seinen > *B k v x 4*   29/30 wider bis Sakramentierer > *z*   36 lehren > *z*   41 abwesend] abwesentliche *a*

12 amplius >   13 et] aut quicquam   16 seu] quem praesentem esse credunt aut sub eo vocabulo   17 quod praesens sit] intelligunt   19 esse + in terris   24 ratione + in terris   39 ita ne] non autem ea sententia, quod   41 ut] potius quod

---

¹) In Konk und ursprünglich in *A* falsch nach Christi, Z. 11 eingewiesen; dazu Chemnitz, Hutterus 1367.

daß es wahrhaftig umb sakramentlicher Einigkeit willen der Leib und Blut Christi warhaftig[1] sei.

| 3. Was dann die Konsekration belanget, glauben, lehren und bekennen wir, daß solliche Gegenwärtigkeit des Leibs und Bluts Christi im H. Abendmahl nicht schaffe einiches Menschen Werk, oder Sprechen des Dieners, sunder daß sollliche einig und allein der allmächtigen Kraft unsers Herrn Jesu Christi zugeschrieben werden soll.

4. Darneben aber glauben, lehren und halten wir auch einhellig, daß im Gebrauch des H. Abendmahls die Wort der Einsatzung Christi keinesweges ›zu‹ unterlassen, sunder öffentlich gesprochen werden sollen, wie geschrieben stehet: „Der gesegnete Kelch, den wir 'segnen," etc.[2] I. Cor. 11. Wölchs Segnen durch das Sprechen der Wort Christi geschicht. |

5. Die Gründe aber, darauf wir in diesem Handel stehen wider die Sakramentierer, seind, | wie | D. Luther solche in seinem großen Bekenntnus gesetzt hat.

„Der erste ist dieser Artikel unsers christlichen Glaubens: Jesus Christus ist wahrhaftiger, wesentlicher, natürlicher, völliger Gott und Mensch in einer Person, unzertrannt und ungeteilet.

Der ander: daß Gottes rechte Hand allenthalben ist[3]," zu welcher Christus nach seiner menschlichen Natur mit der Tat und Wahr-

propter sacramentalem unionem panis et vinum vere sint corpus et sanguis Christi.

III. Iam quod ad consecrationem attinet, credimus, docemus et confitemur, quod nullum opus humanum neque ulla ministri ecclesiae pronuntiatio praesentiae corporis et sanguinis Christi in coena causa sit, sed quod hoc soli omnipotenti virtuti Domini nostri Iesu Christi sit tribuendum.

IV. Interim tamen unanimi consensu credimus, docemus et confitemur in usu coenae dominicae verba institutionis Christi nequaquam omittenda, sed publice recitanda esse, sicut scriptum est: Calix benedictionis, cui benedicimus, nonne communicatio sanguinis Christi est? etc. Illa autem benedictio fit per recitationem verborum Christi.

V. Fundamenta autem, quibus in hoc negotio contra Sacramentarios nitimur, haec sunt, quae etiam D. Lutherus in Maiore sua de coena Domini Confessione posuit.

Primum fundamentum est articulus fidei nostrae Christianae, videlicet: Iesus Christus est verus, essentialis, naturalis, perfectus Deus et homo in unitate personae, inseparabilis et indivisus.

Secundum: quod dextera Dei ubique est, ad eam autem Christus ratione humanitatis suae vere et re ipsa collocatus

---

1 sakramentlicher] sakramentierlicher *H k l 2*   2 und + das *l*   3 wahrhaftig > *B k m t* Konk, urspr. *q*   7 H. > *x*   8 einiches] eines *l*   10 unsers Herrn > *x 5*   12 glauben, lehren ∽ 2   glauben + wir *d e f ä*   12/3 halten] bekennen *b g i k l x z 1 2*, urspr. *q*   13 wir > *d e f ä*   einhellig] einhelliglich *k*   Einhelligkeit *l*   18 etc. > *B, einige Hss.*   11.] 10. *w 2*   21 5. *statt* [3.] *A*   22 Handel] Artikel *x 1*   23 seind + die Wort *z* | wie | *statt* [bei] | [wölche] | *A*   30 ungeteilet] unverteilt *t 4*   unzerteilt *B z 1*   32 zu > *z*

1/2 panis *bis* sint] coena Domini revera sit   16 sicut scriptum est] Sic enim apostolos coenam Domini celebrasse manifestum est ex sequentibus Pauli verbis   19 benedictio + tum   19/20 per *bis* Christi] cum verba institutionis coenae publicae recensentur

---

[1]) wahrhaftig: dafür in einigen Exemplaren von Konk: „ob nicht das eine Wort wahrhaftig auszulassen sei"; wohl in der Mehrzahl der Exemplare von Konk ist „wahrhaftig" getilgt. Vgl. dazu Chemnitz, Hutterus 1367: „... pudendum est typographicum erratum, qui notationem marginalem in ipsum textum ineptissime retulit. Cumque Elector Saxoniae magistratos honesto stipendio conduxerit, ut officium correctorum obirent, mirum est, tam pudendum erratum non fuisse ab ipsis animadversum. Et quod magis est, cum ante biennium pudendum hoc erratum animadvertissem, monui hoc und habe gebeten, daß der ganze Bogen möchte umbgedruckt werden, denn es würde unflätig stehen in tali opere. Iam vero animadverto in quibusdam exemplaribus correctum hoc esse, ut in illi, qui Elector Saxoniae ad principes et ad reliquos ordines misit ... sed ex vestro indice ⟨= Helmstedter Liste der Abweichungen⟩ iam intelligo, daß es nicht in allen Exemplaren geschehen sei. Ita Typographorum sordida avaritia obstitit ...".   [2]) I. Kor. 10, 16; 2. Kor. 11, 23—25.   [3]) WA XXVI 326 $_{29-32}$.

heit gesetzet gegenwärtig regieret, in seinen
Händen und unter seinen Füßen hat alles,
was im Himmel und auf Erden ist, dahin
sonst kein Mensch noch Engel, sondern allein Marien Sohn gesetzt ist, daher er auch
solches vermag.

„Der dritte: daß Gottes Wort nicht falsch
ist oder lüge.

Der vierte: daß Gott mancherlei Weise
hat und weiß, etwa an einem Orte zu sein,
und ›nicht‹ allein die einige, welche die
Philosophi localem oder raumlich nennen[1]."

6. Wir glauben, lehren und bekennen, daß
der Leib und Blut Christi nicht allein geistlich durch den Glauben, sonder auch münd-
lich, | doch nicht auf kapernaitisch, sunder
übernatürliche, himmlische Weise | umb der
sakramentlichen Voreinigung willen mit
dem Brot und Wein empfangen werde, wie
solches die Wort Christi klär'lich ausweisen,
do | Christus heißet nehmen, essen und trin-
ken, wie denn von den Aposteln geschehen,
denn geschrieben stehet[2]: „Und sie trunken
alle daraus", Mar. 14. | Desgleichen S.
Paulus sagt: „Das Brot, das wir brechen,
ist eine Gemeinschaft des Leibes Christi",
das ist: Wer dies Brot isset, der isset den
Leib Christi; welches auch einhellig die vornehmbste alte Kirchenlehrer[3], Chrysostomus, Cyprianus, Leo I., Gregorius, Ambrosius, Augustinus etc. bezeugen.

7. Wir glauben, lehren und bekennen, daß
nicht allein die Rechtgläubigen und Würdigen, sondern auch die Unwirdigen und
Ungläubigen[4] empfahen den wahrhaftigen
Leib und Blut Christi, doch nicht zum Leben
und Trost, sondern 'zum Gericht und Verdammnus, wann sie sich nicht bekehren und
Buße tun.

est, ideoque praesens gubernat, in manu
sua et sub pedibus suis, ut scriptura loquitur, habet omnia, quae in coelo sunt
et in terra. Ad eam Dei dexteram nullus alius homo, ac ne angelus quidem,
sed solus Mariae filius collocatus est,
unde et ea, quae diximus, praestare
potest.

Tertium: quod verbum Dei non est 13
falsum aut mendax.

Quartum: quod Deus varios modos 14
novit et in sua potestate habet, quibus
alicubi esse potest, neque ad unicum illum alligatus est, quem philosophi l o -
c a l e m aut circumscriptum appellare
solent.

VI. Credimus, docemus et confitemur 15
corpus et sanguinem Christi non tantum
spiritualiter per fidem, sed etiam ore,
non tamen Capernaitice, sed supernaturali et coelesti modo, ratione sacramentalis unionis, cum pane et vino sumi.
Hoc enim verba Christi perspicue testantur, quibus praecipit accipere, edere,
bibere: idque ab apostolis factum esse
scriptura commemorat dicens: Et bibe-
runt ex eo omnes. Et Paulus inquit:
Panis, quem frangimus, est communicatio corporis Christi; hoc est, qui hunc
panem edit, corpus Christi ·edit. Idem
magno consensu praecipui ex antiquissi-
mis ecclesiae doctoribus Chrysostomus,
Cyprianus, Leo Primus, Gregorius, Ambrosius, Augustinus testantur.

VII. Credimus, docemus et confite- 16
mur, quod non tantum vere in Christum
credentes et qui digne ad coenam Domini accedunt, verum etiam indigni et
infideles verum corpus et sanguinem
Christi sumant, ita tamen, ut nec consolationem nec vitam inde percipiant, sed
potius, ut illis sumptio ea ad iudicium et
damnationem cedat, si non convertantur et poenitentiam agant.

---

3 auf > c   5 auch > H   auch + dann z   9 dritte + Grund ö   10 oder] noch z
17 6. statt [4.] A   glauben, lehren ~ t 4   19 durch den Glauben > c, urspr. d
20 kapernaitisch] kapernisch x   21 umb] und x   22 sakramentlicher] sakramentierlicher H
23 werde] werden f m w 16   23/4 werde bis ausweisen > z   25 do] daß B f
25/8 | Christus bis Mar. 14. | statt [er heißet mit dem Mund essen und saget: das ist mein
Leib etc.] A 3   26 geschehen + wie B   29 das (2.)] so g   31 das ist > g l   31/2 das
ist bis Christi > k   34 Cyprianus + Hieronymus g i l   I.] primus k l s t 4 6
35 etc. > Hss. außer 4 r, Konf   bezeugen + etc. B t ä 6   36 7. statt [5.] A   daß +
[wir] A   39 wahrhaftigen] wahrhaften k l 1   40 und > B   und Blut > g i k l
42 sich > t 4   bekehren] bekehrt werden t 4

19 ore] corporaliter   44/5 si bis et] nisi   45 agant + et vere resipiscant

---

[1]) WA XXVI 326 32—327 20.   [2]) Mark. 14, 23   1. Kor. 10, 16.   [3]) Vgl. S. 983,
Anm. 4 und S. 995.   [4]) 1. Kor. 11, 27.

Dann ob sie wohl Christum als ein Seligmacher von sich stoßen, so müssen sie ihn doch auch wider ihren Willen als einen strengen Richter zulassen, welcher so gegenwärtig das Gericht auch in den unbußfertigen Gästen übet und erzeiget, als gegenwärtig er Leben und Trost in dem Herzen der rechtgläubigen und wirdigen Gäste wirket.

8. Wir glauben, lehren und bekennen auch, daß nur einerlei unwirdige Gäste seind, nämblich die nicht glauben, »von« Joh. 3. welchen geschrieben stehet[1]: „Wer aber nicht glaubet, der ist schon gerichtet." Welches Gericht durch unwirdigen Brauch des heiligen Sakraments gehäufet, größer und schwerer wird, 1. Corinth. 11.[2]

9. Wir glauben, lehren und bekennen, daß kein Rechtgläubiger, solang er den lebendigen Glauben behält, wie schwach er auch sein möchte, das heilige Abendmahl zum Gericht empfahe, welches sonderlich den schwachgläubigen, doch bußfertigen Christen zum Trost und Stärkung ihres schwachen Glaubens eingesetzt worden.

10. Wir glauben, lehren und bekennen, daß alle Wirdigkeit der Tischgäste dieser himmlischer Mahlzeit sei und stehe allein in dem allerheiligsten Gehorsamb und vollkommenen Verdienst Christi, | wölchen wir uns durch wahrhaftigen Glauben zueignen, und des durch das Sakrament versichert werden, | und gar nicht in unseren Tugenden, innerlichen und äußerlichen Bereitungen.

Etsi enim Christum ut salvatorem a se repellunt, tamen eundem, licet maxime inviti, ut severum iudicem admittere coguntur. Is vero non minus praesens iudicium suum in convivis illis impoenitentibus exercet, quam praesens consolationem et vitam in cordibus vere credentium et dignorum convivarum operatur.

VIII. Credimus, docemus et confitemur, unum tantum genus esse indignorum convivarum: ii sunt soli illi, qui non credunt. De his scriptum est: Qui non credit, iam iudicatus est. Et hoc iudicium indigno sacrae coenae usu cumulatur et aggravatur.

IX. Credimus, docemus et confitemur, quod nullus vere credentium, quamdiu vivam fidem retinet, sacram Domini coenam ad iudicium sumat, quantacunque fidei imbecillitate laboret. Coena enim Domini inprimis propter infirmos in fide, poenitentes tamen, instituta est, ut ex ea veram consolationem et imbecillis fidei suae confirmationem percipiant.

X. Credimus, docemus et confitemur totam dignitatem convivarum coelestis huius coenae in sola sacratissima obedientia et absolutissimo Christi merito consistere. Illud autem nobis vera fide applicamus et de applicatione huius meriti per sacramentum certi reddimur atque in animis nostris confirmamur. Nequaquam autem dignitas illa ex virtutibus nostris aut ex internis vel externis nostris praeparationibus pendet.

Negativa.
Widerwärtige verdambte Lehre der Sakramentierer.

Dargegen verwerfen und verdammen wir einhellig alle nachfolgende irrige Artikel, so

NEGATIVA.
Contrariae et damnatae Sacramentariorum doctrinae reiectio.

Reiicimus atque damnamus unanimi consensu omnes erroneos, quos iam

---

3 auch > c   4/5 gegenwärtig + auch w 6   5 auch > w 6   den + [Geist der] A 3
6 als] also B f   7 er + übet und erzeiget s   10 8. statt [6.] A   und > e
11 nur] wür x   Gäste] Geist z   15 Brauch] Gebrauch B s   18 9. statt [7.] A
bekennen + auch x   19 den] ein t   lebendigen > x   24 Stärkung] Streckung d
28 10. statt [8.] A   29 Tischgäste dieser] Gäste der B f s   36 innerlichen bis Bereitungen] innerliche und äußerliche Bereitung H   44 einhellig > 5

---

1 enim + indigni et infideles   salvatorem] redemptorem   8 convivarum] largitur et   13 non + vere in Christum   19/20 vere bis retinet] eorum, qui in Christum vere credunt   36 dignitas illa] dignitatem illam sumptionis coenae   37 internis vel externis] interna vel externa   38 nostris bis pendet] nostra praeparatione pendere iudicamus   44 erroneos] falsos

---

[1]) Joh. 3, 18.   [2]) 1. Kor. 11, 27. 29.

der jetztgesetzten Lehre, einfältigem Glauben und Bekenntnus vom Abendmahl Christi entgegen und zuwider sein:

1. Die papistische Transsubstantiation, da im Papstumb gelehret wird, daß Brot und Wein im heiligen Abendmahl ihr Substanz und natürlich Wesen vorlieren und | also zunicht werden, 'daß es in den Leib Christi vorwandelt ›werde‹, und allein die äußerliche Gestalt bleibe. |

2. Die papistisch Opfermesse für die Sünde der Lebendigen und Toten.

3. Daß den Laien nur eine Gestalt des Sakraments gegeben, und wider die offenbare Wort des Testaments Christi der Kelch ihnen vorgehalten, und seines Bluts beraubet werden.

4. Wann gelehret wird, daß die Wort des Testaments Christi nicht einfältig verstanden oder geglaubet werden sollen, wie sie lauten, sondern daß es dunkele Reden sein, deren Verstand man erst an andern Orten suchen müsse.

5. Daß der Leib Christi | im H. Sakrament | nicht mündlich mit dem Brot, sondern allein Brot und Wein mit dem Munde, der Leib Christi aber allein geistlich durch den Glauben empfangen werde.

6. Daß Brot und Wein im heiligen Abendmahl nicht mehr dann | Kennzeichen | sein, dadurch die Christen einander erkennen.

7. Daß Brot und Wein allein Bedeutungen, Gleichnussen und Anbildungen des weit abwesenden Leibs und Bluts Christi seien.

8. Daß Brot und Wein nicht mehr dann Denkzeichen, Siegel und Pfand sein, durch welche wir vorsichert, wann sich der Glaub über sich in Himmel schwinge, daß er doselbsten so wahrhaftig des Leibes und Blu-

recitabimus, articulos, ut qui commemoratae piae doctrinae, simplicitati fidei et sincerae confessioni de coena Domini repugnant:

I. Papisticam transsubstantiationem, cum videlicet in papatu docetur panem et vinum in sacra coena substantiam atque naturalem suam essentiam amittere et ita annihilari atque elementa illa ita in Christi corpus transmutari, ut praeter externas species nihil de iis reliquum maneat.

II. Papisticum missae sacrificium, quod pro peccatis vivorum et mortuorum offertur.

III. Sacrilegium, quo laicis una tantum pars sacramenti datur, cum nimirum contra expressa verba testamenti Christi calice illis interdicitur atque ita sanguine Christi spoliantur.

IV. Dogma, quo docetur, quod verba testamenti Iesu Christi non simpliciter intelligenda et fide amplectenda sint, uti sonant; ea enim obscura esse ideoque verum eorum sensum ex aliis scripturae locis petendum esse.

V. Corpus Christi in sacra coena non ore una cum pane sumi, sed tantum panem et vinum ore accipi, corpus vero Christi spiritualiter duntaxat, fide nimirum, sumi.

VI. Panem et vinum in coena Domini tantummodo symbola seu tesseras esse, quibus Christiani mutuo sese agnoscant.

VII. Panem et vinum tantum esse figuras, similitudines et typos corporis et sanguinis Christi, longissimo intervallo a nobis absentis.

VIII. Panem et vinum tantummodo signa memoriae conservandae gratia instituta esse, quae sigillorum et pignorum rationem habeant, quibus nobis confirmetur, quod fides, cum in coelum illa

---

1 einfältigem > B   6 da] daß B f s   7 und Wein > z   9/11 | also bis bleibe | statt [entweder gar zu nicht, oder in das Wesen des Leibes und Bluts Christi verwandelt werden] A 3   10 werde] werden einige Hss.   14 und + der a e x z   17 die > g   19 ihnen > c f s   vorgehalten] vorbehalten g k l t   23 oder] und g k m   25 erst > B f   Orten + [der heilige [Väter] | Schrift |] A 3   27/8 Sakrament] Abendmahl g k l m q v w z ä 2 Konk   28/9 sondern allein Brot > d e b w [+ a. R. sondern Wein]   33 Kennzeichen statt [Kennzeugen] A   34/5 erkennen] kennen ö   41 Denkzeichen] Dankzeichen a c   42 vorsichert] versiglet 5   43 schwinge] erschwinge H

---

5 I. + Repudiamus atque damnamus   9 ita annihilari] ad nihilum recidere   13 II. + Reprobamus et damnamus   14/5 peccatis bis mortuorum] vivis et mortuis   15 offertur + Reiicimus et damnamus etiam hos errores: 16 Sacrilegium, quo] Quod   21 Dogma, quo docetur >   28 ore] corporaliter   33 symbola seu >   34 sese] inter se

tes Christi teilhaftig werde, so wahrhaftig wir im Abendmahl Brot und Wein essen und trinken.

9. Daß die Vorsicherung und Bekräftigung unsers Glaubens im heiligen Abendmahl geschehe alleine durch die äußerlichen Zeichen Brots und Weins, und nicht durch den wahrhaftigen gegenwärtigen Leib und Blut Christi.

10. Daß im heiligen Abendmahl allein die Kraft, Wirkung und Verdienst des abwesenden Leibes und Bluts Christi ausgeteilet werde.

11. Daß der Leib Christi also im Himmel beschlossen, daß er auf keinerlei Weise zumal und zu einer Zeit an vielen oder allen Orten gegenwärtig sein könnte auf Erden, da sein heiliges Abendmahl gehalten wird.

12. Daß Christus die wesentliche Gegenwärtigkeit seines Leibes und Bluts im heiligen Abendmahl nicht hab vorheißen noch leisten können, weil die Natur und Eigenschaft seiner angenommenen menschlichen Natur solches nicht leiden noch zugeben könne.

13. Daß Gott nach ›aller‹ seiner Allmächtigkeit (welches erschrecklich zu hören) nicht vormöge zu verschaffen, daß sein Leib auf ein Zeit mehr dann an einem Ort wesentlich gegenwärtig sei.

14. Daß nicht die allmächtige Wort des Testaments Christi, sondern der Glaube die Gegenwärtigkeit des Leibes und Blutes Christi im heiligen Abendmahl schaffe und mache.

15. Daß die Glaubigen den Leib Christi nicht bei dem Brot und Wein des heiligen Abendmahls suchen, sondern ihre Augen von dem Brot in Himmel erheben und doselbst den Leib Christi suchen sollen.

16. Daß die ungläubige, unbußfertige Christen im heiligen Abendmahl nicht den wahrhaftigen Leib und Blut Christi, sondern allein Brot und Wein empfangen.

17. Daß die Wirdigkeit der Gäste bei dieser himmelischer Mahlzeit nicht allein im wahrhaftigen Glauben an Christum, sondern auch auf der Menschen | äußerlichen | Bereitung stehe.

18. Daß auch die Rechtgläubigen, so ein

IX. Fidem nostram de salute certam reddi et confirmari in coena Domini nonnisi signis illis externis, pane et vino, nequaquam autem vere praesentibus vero corpore et sanguine Christi.

X. In sacra coena duntaxat virtutem, operationem et meritum absentis corporis et sanguinis Christi dispensari.

XI. Christi corpus ita coelo inclusum esse, ut nullo prorsus modo simul eodem tempore pluribus aut omnibus locis in terris praesens esse possit, ubi coena Domini celebratur.

XII. Christum substantialem corporis et sanguinis sui praesentiam neque promittere neque exhibere potuisse, quandoquidem id proprietas humanae ipsius naturae assumptae nequaquam ferre aut admittere possit.

XIII. Deum ne quidem universa sua omnipotentia (horrendum dictu et auditu) efficere posse, ut corpus Christi uno eodemque tempore in pluribus quam uno tantum loco substantialiter praesens sit.

XIV. Non omnipotens illud verbum testamenti Christi, sed fidem praesentiae corporis et sanguinis Christi in sacra coena causam esse.

XV. Fideles corpus et sanguinem Christi non in pane et vino coenae dominicae quaerere, sed oculos in coelum attollere et ibi corpus Christi quaerere debere.

XVI. Infideles et impoenitentes Christianos in coena Domini non verum corpus et sanguinem Christi, sed panem tantum et vinum sumere.

XVII. Dignitatem convivarum in hac coelesti coena non ex sola vera in Christum fide, sed etiam ex praeparatione hominum externa pendere.

XVIII. Eos etiam, qui veram et vivam

---

1 so wahrhaftig > s   7 geschehe] beschehe k x   11 heiligen > ö   12 des +
[in allewege] A 3   15 Daß > z   Christi + sei z   16 beschlossen] geschlossen 1
verschlossen x   daß er > B f   17 oder] und f s   und an H 3   19 Abendmahl]
Nachtmahl c d   20 wesentliche] leibliche 6 ⟨a. R. Alii: wesentliche⟩, urspr. w
25 zugeben + hab 5   27/8 Allmächtigkeit] Allmacht g k l m t v x z   Gegenwärtigkeit
ö 1 2 4   49 | äußerlichen | statt [eigene] A

9 vero >   24/5 aut bis possit >   31 substantialiter >

wahrhaftigen, | lebendigen, | ⟨reinen⟩¹ Glauben an Christum haben und behalten, dies Sakrament zum Gericht empfangen können, | darumb, daß sie im äußerlichen Wandel noch unvollkummen sind. |

19. Daß die äußerliche sichtbare Element Brots und Weins im heiligen Sakrament sollen angebetet werden.

20. Desgleichen ›befehlen wir auch dem rechten Gericht Gottes‹ alle fürwitzige, spöttische, lästerlichen Fragen (so Zucht halben nicht zu erzählen) und Reden, so auf grobe, fleischliche, capernaitische ›und abscheuliche‹ Weise von den übernatürlichen, himelischen Geheimbnussen dieses Sakraments ganz lästerliche und mit großem Ärgernus durch die Sakramentierer vorgebracht werden.

21. Wie wir dann hiermit das kapernitische Essen des Leibes Christi, | als wann man sein Fleisch mit Zähnen zereißet und wie andere Speise verdäuet, | welches die Sakramentierer wider das Zeugnus ihres Gewissens über alle unser viel'faltig Bezeugen uns mutwillig aufdringen und dergestalt unser Lehr bei ihren Zuhörern vorhaßt machen, gänzlich vordammen und dargegen halten und glauben, vormuge der einfältigen Worten des Testa'ments Christi, ein wahrhaftig, doch übernatürlich Essen des Leibes Christi wie auch Trinken seines Blutes, welches menschliche Sinne und Vernunft nicht begreifen, sonder unser Verstand in den Gehorsamb Christi wie in allen andern Artikeln des Glaubens gefangengenommen und solch Geheimnus anders nicht, dann allein mit Glauben gefaßt | und im Wort offenbaret wird. |

in Christum fidem habent eamque retinent, nihilominus hoc sacramentum ad iudicium sumere posse, propterea quod in externa sua conversatione adhuc imperfecti sint.

XIX. Externa visibilia elementa panis et vini in sacramento adoranda esse.

XX. Praeter haec iusto Dei iudicio relinquimus omnes curiosas, sannis virulentis tinctas et blasphemas quaestiones, quae honeste, pie et sine gravi offensione recitari nequeunt, aliosque sermones, quando de supernaturali et coelesti mysterio huius sacramenti crasse, carnaliter, Capernaitice et plane abominandis modis, blaspheme et maximo cum ecclesiae offendiculo Sacramentarii loquuntur.

XXI. Prorsus etiam reiicimus atque damnamus Capernaiticam manducationem corporis Christi, quam nobis Sacramentarii contra suae conscientiae testimonium post tot nostras protestationes malitiose affingunt, ut doctrinam nostram apud auditores suos in odium adducant, quasi videlicet doceamus corpus Christi dentibus laniari et instar alterius cuiusdam cibi in corpore humano digeri. Credimus autem et asserimus, secundum clara verba testamenti Christi, veram, sed supernaturalem manducationem corporis Christi, quemadmodum etiam vere, supernaturaliter tamen, sanguinem Christi bibi docemus. Haec autem humanis sensibus aut ratione nemo comprehendere potest, quare in hoc negotio, sicut et in aliis fidei articulis, intellectum nostrum in obedientiam Christi captivare oportet. Hoc enim mysterium in solo Dei verbo revelatur et sola fide comprehenditur.

---

1 lebendigen > 1   ⟨reinen⟩ alle Hss., auch Helmst., außer f ⟨Nachtrag⟩; in A getilgt?; in Konk vorh.   3 können] könnten k   4/5 darumb bis sind > H 3 Helmst.   4 Wandel] Wandeln t   6 sichtbare] sichtbarlichen B w 4   9/10 ›befehlen bis Gottes‹ statt [vorwerfen wir] A 3   10 rechten] gerechten k l w 6   Gottes > Helmst.   fürwitzige + lächerige 5   10/1 spöttische] spöttliche 5   11 Zucht] Zeit c f s   halben + jetzt B f s   18 werden] worden H f   22 mit + den b   26 aufdringen] aufbringen q   27 Zuhörern + [vordächtig und] A 3   28 und > B   29 glauben + daß d   + wie x   31 doch + [himmlisch] A 3   34 begreifen] ergreifen c d   38 mit] durch den t   und + [werden muß] A   39 offenbaret] geoffenbaret B f l m v w ä 1 4 6

31 clara + illa

---

1) Vgl. Apparat, dazu Chemnitz, Hutterus 1368: „... Hat unser Bergisch Exemplar wie auch das andere mundierte Dresdische gleich wie euers simpliciter (einen wahrhaftigen lebendigen Glauben). Et nescio, wie das Wort (reinen) hineinkommen, quod illi loco non bene convenit, sed cogito, der Setzer hat für (einen) reinen gesetzet, und das haben die Correctores also stehenlassen".

VIII.
Von der Person Christi.

| Aus dem Streit von dem H. Abendmahl ist zwischen den ›reinen‹ Theologen Augsburgischer Konfession und den Calvinisten (wölche auch etliche andere Theologen irrgemacht) ein Uneinigkeit entstanden von der Person Christi, von beiden Naturen in Christo und ihren Eigenschaften. |

Status controversiae.
Hauptstreit in dieser Zwiespalt.

Die Hauptfrage ›aber‹ ist gewesen, ob die göttliche und menschliche Natur umb der persönlichen Voreinigung willen r e a l i t e r, das ist, mit Tat und Wahrheit, in der Person Christi wie auch derselben Eigenschaften miteinander Gemeinschaft haben, und wie weit sich solche Gemeinschaft erstrecke?

Die Sakramentierer haben fürgeben, die göttlich und menschliche Natur in Christo sein also persönlich vereiniget, daß keine mit der andern realiter, das ist, mit der Tat und Wahrheit, | was einer jeden Natur eigen ist, | sondern mehr nicht dann allein den Namen gemein haben. | Dann | unio, sagen sie ›schlecht,‹ facit communia nomina[1], das ist, die persönliche Vereinigung machet mehr nicht dann die Namen gemein, daß ›nämlich‹ Gott Mensch und Mensch Gott genennet wird, doch also, daß Gott nichts mit der Menschheit, und die Menschheit nichts mit der Gottheit, derselben Majestät

VIII.
DE PERSONA CHRISTI.

Ex controversia superiore de cuena 1 Domini inter sinceros theologos Augustanae Confessionis et Calvinistas, qui alios etiam quosdam theologos perturbarunt, dissensio orta est de persona Christi, de duabus in Christo naturis et de ipsarum proprietatibus.

STATUS CONTROVERSIAE.

Principalis huius dissidii quaestio fuit, 2 an divina et humana natura et utriusque proprietates propter unionem personalem r e a l i t e r, hoc est, vere et re ipsa, in persona Christi invicem communicent et quousque illa communicatio extendatur?

Sacramentarii affirmarunt divinam et 3 humanam naturas in Christo eo modo personaliter unitas esse, ut neutra alteri quicquam realiter, hoc est, vere et re ipsa, quod cuiusque naturae proprium sit, communicet, sed nomina tantum nuda communicari. Unio (inquiunt illi) facit tantum nomina communia, ut videlicet Deus dicatur homo et homo Deus appelletur, ita tamen, ut Deus nihil cum humanitate commune habeat, et vicissim humanitas nihil cum divinitate, quoad ipsius maiestatem et proprietates, realiter, hoc est, revera et reipsa, com-

---

2 Christi + Von beiden Naturen in Christo. Von ihren Eigenschaften *g, die ganze Überschr. a. R.* 3/9 | Aus *bis* Eigenschaften | *statt* [Aus dem Streit von dem heiligen Abendmahl ist auch unter den Theologen Augsburgischer Konfession ein Uneinigkeit [entstanden] von der Person [Christi, den beiden Naturen in Christo und ihren Eigenschaften] | Christi entstanden |] *A, ohne Überarbeitung* 3   5 Calvinisten] Calvinischen *B s*   6 irr=] irrig *1 4 5*   7 entstanden> *w 6*   9 und] von *k z* Eigenschaften + erstanden *6*   undtstanden *w*   11 Hauptstreit *bis* Zwiespalt > *c* dieser *aus*: diesem *A*   dieser Zwiespalt] diesem Artikel *g k l*   Zwiespalt] Spaltung *t*   12 die (2.) > *c*   13 und] oder *b s*   15 mit + der *B v w z 3 4 6 Cor* 16 derselben] dieselbig *B*   22 persönlich vereiniget ~ *t*   23 andern + [ihr Natur und Eigenschaften] *A 3*   27 communia nomina] communiae nominae *k* (!) *a. R.* | Theodoretus | *w*   30 daß nämlich ~ *H 3*   31 Gott > *q*   32 die] der *g*

---

4 theologos + commoverunt et   13/4 divina *bis* proprietates] inter divinam et humanam naturam in Christo   15 realiter] realis   vere] vera ipsa + exsistens 16 invicem] fiat quaedam communicatio, ut una natura naturae alteri proprietates suas 17 et + quaesitum est   illa + ratio   22 personaliter >

---

[1]) Exegesis 13 ff., vgl. S. 1037, Anm. 4; in *w a. R.* | Theodoretus |: vgl. R. Seeberg, Dogmengeschichte II 242 ff.

und Eigenschaften realiter, das ist, mit der Tat und Wahrheit, gemein habe. Das Widerspiel hat D. Luther, und die es mit ihme gehalten, wider die Sakramentierer gestritten.

mune habeat. Contrariam vero huic dogmati sententiam D. Lutherus et qui cum ipso faciunt adversus Sacramentarios propugnarunt.

Affirmativa.
Reine Lehre der christlichen Kirchen von der Person Christi.

Solchen Streit zu erklären und nach Anleitung unsers christlichen Glaubens hinzulegen, ist unser Lehr, Glaub und Bekenntnus wie folget:

1. Daß die göttliche und menschliche Natur in Christo persönlich voreiniget, also, daß nicht zweene Christus, einer Gottes, der ander des Menschen Sohn, sondern ein einiger Sohn Gottes und des Menschen Sohn sei, Luc. 1. Rom. 9.[1]

2. Wir glauben, lehren und bekennen, daß die göttliche >und< menschliche Natur nicht in ein Wesen vormenget, keine in die andere vorwandelt, sondern ein jde ihre wesentliche Eigenschaften behalte, welche der andern Natur Eigenschaften nimmermehr werden.

3. Die Eigenschaft göttlicher Natur seind: allmächtig, ewig, unendlich, nach Eigenschaft der Naturen und ihres natürlichen Wesens, vor sich selbest, allenthalben gegenwärtig sein, alles wissen etc., welche der menschlichen Natur Eigenschaften nimmermehr werden.

4. Die Eigenschaften menschlicher Natur seind: ein leiblich Geschöpf oder Kreatur sein, Fleisch und Blut sein, endlich und umbschrieben sein, leiden, sterben, auf- und niederfahren, von einem Ort zum andern sich bewegen, Hunger, Durst, Frost, Hitz leiden etc. und dergleichen, welche der göttlichen Natur Eigenschaften nimmermehr werden.

AFFIRMATIVA.
Sincera doctrina ecclesiae Dei de persona Christi.

Ad explicandam hanc controversiam et iuxta analogiam fidei nostrae Christianae decidendam, fidem, doctrinam et confessionem nostram piam perspicue profitemur, videlicet:

I. Quod divina et humana natura in Christo personaliter unitae sint, ita prorsus, ut non sint duo Christi, unus filius Dei, alter filius hominis, sed ut unus et idem sit Dei et hominis filius.

II. Credimus, docemus et confitemur, divinam et humanam naturas non in unam substantiam commixtas, nec unam in alteram mutatam esse, sed utramque naturam retinere suas proprietates essentiales, ut quae alterius naturae proprietates fieri nequeant.

III. Proprietates divinae naturae sunt: esse omnipotentem, aeternam, infinitam et secundum naturae naturalisque suae essentiae proprietatem, per se, ubique praesentem esse, omnia novisse etc. Haec omnia neque sunt, neque unquam fiunt humanae naturae proprietates.

IV. Humanae autem naturae proprietates sunt: corpoream esse creaturam, constare carne et sanguine, esse finitam et circumscriptam, pati, mori, ascendere, descendere, de loco ad locum moveri, esurire, sitire, algere, aestu affligi et si quae sunt similia. Haec neque sunt, neque unquam fiunt proprietates divinae naturae.

---

4 gehalten] halten *a z*   7/8 Reine *bis* Christi > *w 6*   11 Lehr, Glaub ~ *w 6*
14 die > *c d f*   göttliche und menschliche ~ *urspr. A*   16 Christus] Christi *B f s*
einer] der eine *ō*   Gottes + und *c*   19 Sohn > *w*   28 unendlich *aus:* >un<
[ohne] endlich *A*, + [natürlich, das ist] *A 3*   29 Naturen] Natur *Hss. außer H 3*
Konf   35 oder] und *g k*   36 sein (1.) > 5   37 leiden + und *g l*   38 zum] ans *g k l*
39 bewegen] begeben *z*   Hunger + und *k l*   Frost + und *B f*   Frost + Kälte 5
40 etc. > *einige Hss.* Konf

---

13 profitemur, videlicet] profitebimur, et quidem in hanc sententiam credimus, docemus et confitemur   14 Quod *bis* natura] divinam et humanam naturam
15 unitae sint] unitas   16 unus] quorum unus sit   17 alter + vero

---

[1]) Luk. 1, 31—35. Röm. 9, 5.

5. Nachdem beide Naturen persönlich, das ist, in einer Person, vereiniget, glauben, lehren und bekennen wir, daß diese Vereinigung nicht eine solche Verknüpfung und Verbindung sei, daß kein Natur mit der andern persönlich, das ist, umb der persönlichen Vereinigung willen, etwas gemein haben soll, als wann einer zwei Bretter zusammenleimet, do keines dem andern etwas gibet oder von dem andern nimbt, sondern hie ist die höchste Gemeinschaft, wölche Gott mit dem ›Menschen‹ wahrhaftig hat, aus welcher persönlichen Vereinigung und der daraus erfolgenden höchsten und unaussprechlichen Gemeinschaft alles herfleußt, was menschlich von Gott und göttlich vom Menschen Christo gesaget und geglaubet wird, wie solche Vereinigung und Gemeinschaft der Naturen die alten Kirchenlehrer durch die Gleichnus eines feurigen Eisens ›wie‹ auch der Vereinigung Leibes und der Seelen im Menschen erkläret haben[1].

M 546   6. Daher glauben, lehren und bekennen wir, daß Gott Mensch und Mensch Gott sei, welches nicht sein könnte, wann die göttliche ›und‹ menschliche Natur allerdings keine Gemeinschaft in Tat und Wahrheit miteinander hätten.

Dann wie könnte der Mensch, Marien Sohn, Gott oder Gottes des Allerhöchsten Sohn mit Wahrheit genennet werden oder sein, wann ›sein‹ Menschheit mit Gottes Sohn | nicht persönlich vereiniget und also | realiter, das ist, mit der Tat und Wahrheit, nichts, sondern nur den Namen Gottes mit ihm gemein hätte?

W 570   7. Daher glauben, lehren und bekennen wir, daß Maria nicht ein bloßen, pur lautern Menschen, sondern den wahrhaftigen Sohn Gottes empfangen und geboren habe, darumb sie auch recht die Mutter Gottes genennet wird und auch wahrhaftig ist.

V. Cum vero divina et humana naturae personaliter, hoc est, ad constituendum unum ὑφιστάμενον, sint unitae, credimus, docemus et confitemur unionem illam hypostaticam non esse talem copulationem aut combinationem, cuius ratione neutra natura cum altera personaliter, hoc est, propter unionem personalem, quicquam commune habeat, qualis combinatio fit, cum duo asseres conglutinantur, ubi neuter alteri quicquam confert aut aliquid ab altero accipit. Quin potius hic summa communio est, quam Deus cum assumpto homine vere habet, et ex personali unione et summa ac ineffabili communione, quae inde consequitur, totum illud promanat, quicquid humani de Deo, et quicquid divini de homine Christo dicitur et creditur. Et hanc unionem atque communionem naturarum antiquissimi ecclesiae doctores similitudine ferri candentis itemque unione corporis et animae in homine declararunt.

VI. Hinc etiam credimus, docemus atque confitemur, quod Deus sit homo et homo sit Deus, id quod nequaquam ita se haberet, si divina et humana natura prorsus inter se nihil revera et reipsa communicarent.

Quomodo enim homo, Mariae filius, Deus aut filius Dei altissimi vere appellari posset aut esset, si ipsius humanitas cum filio Dei non esset personaliter unita atque ita realiter, hoc est, vere et re ipsa, nihil prorsus, excepto solo nudo nomine, cum ipso commune haberet?

VII. Eam ob causam credimus, docemus et confitemur, quod virgo Maria non nudum aut merum hominem duntaxat, sed verum Dei filium conceperit et genuerit: unde recte Mater Dei et appellatur et revera est.

---

5 Verbindung] Verbundnis w 6   8 soll] sollen m 1   10 von dem andern > a andern + etwas w 6   nimbt > f   11 höchste] große i k l, urspr. g ä   12 ›Menschen‹ statt [Kreaturen] A   14 erfolgenden] erfolgten B   unaussprechlichen] aussprechlichen I   18 wird > s   21 ›wie‹ statt [dergleichen] A   der (2.) > t 22 Menschen] Fleisch B   haben statt [wird] A   25 glauben, lehren ~ f   27 welches] und B   28 göttliche und menschliche ~ ö   29 in] mit w   in + der m w 3 Cor 32 Gottes + Sohn x   Allerhöchsten] Allmächtigen B   33 Wahrheit + Mensch B f ä   33/4 oder sein > B   34 ›sein‹ statt [er nach der] A 3   36 der > g k l m 39/44 7. Daher bis ist vertauscht mit S. 807, 1—10, 8. Daher bis ist ö   39 glauben + wir x 40 bloßen, pur ~ 5

13/4 hic bis est] in unione personali summam communionem esse statuimus   32 vere] recte   33 aut esset >   40 nudum aut merum >   40/1 duntaxat + qui nihil nisi homo sit

---

[1]) Vgl. S. 1023, Anm. 1.

8. Daher >glauben,< lehren und bekennen wir >auch,< daß nicht ein pur lauter Mensch für uns gelitten, gestorben, begraben, gen Helle gefahren, von Toten erstanden, gen Himmel gefahren und gesetzt zur Majestät und allmächtigen Kraft Gottes, sonder ein solcher Mensch, des menschliche Natur mit dem Sohn Gottes so eine tiefe unaussprechliche Voreinigung und Gemeinschaft hat, daß sie mit ihm ein Person ist.

9. Darumb wahrhaftig der Sohn Gottes vor uns gelitten, doch nach Eigenschaft der menschlichen Natur, welche er in Einigkeit seiner göttlichen Person angenommen und ihm eigen gemacht, daß er leiden und unser Hoherpriester zu unserer Versöhnung mit Gott sein könnte, wie geschrieben stehet: Sie haben den „Herren der Herrligkeit gekreuziget." Und: Mit Gottes Blut seind wir erlöset worden, 1. Cor. 2. Act. 20.[1]

10. Daher glauben, lehren und bekennen wir, daß des Menschen Sohn zur Rechten der allmächtigen Majestät und Kraft Gottes realiter, das ist, mit Tat und Wahrheit, >nach< der menschlichen Natur erhöhet und weil er in Gott aufgenommen, | als er von dem H. Geist in Mutterleib empfangen, | und sein menschliche Natur mit dem Sohn des Allerhöchsten persönlich voreiniget.

11. Welche Majestät er | nach der persönlichen Vereinigung allwegen gehabt und sich doch derselben im Stande seiner Erniedrigung geäußert und der Ursach wahrhaftig an Alter, Weisheit und Gnad bei Gott und den Menschen zugenummen, darumb

VIII. Inde porro credimus, docemus et confitemur, quod non nudus homo tantum pro nobis passus, mortuus et sepultus sit, ad inferos descenderit, a mortuis resurrexerit, ad coelos ascenderit et ad maiestatem et omnipotentem Dei virtutem evectus fuerit, sed talis homo, cuius humana natura cum filio Dei tam arctam ineffabilemque unionem et communicationem habet, ut cum eo una sit facta persona.

IX. Quapropter vere filius Dei pro nobis est passus, sed secundum proprietatem humanae naturae, quam in unitatem divinae suae personae assumpsit sibique eam propriam fecit, ut videlicet pati et pontifex noster summus reconciliationis nostrae cum Deo causa esse posset. Sic enim scriptum est: Dominum gloriae crucifixerunt. Et: Sanguine Dei redempti sumus.

X. Ex eodem etiam fundamento credimus, docemus et confitemur, filium hominis ad dextram omnipotentis maiestatis et virtutis Dei realiter, hoc est, vere et re ipsa, secundum humanam suam naturam esse exaltatum, cum homo ille in Deum assumptus fuerit, quam primum in utero matris a spiritu sancto est conceptus, eiusque humanitas iam tum cum filio Dei altissimi personaliter fuerit unita.

XI. Eamque maiestatem ratione unionis personalis semper Christus habuit, sed in statu suae humiliationis sese exinanivit, qua de causa revera aetate, sapientia et gratia apud Deum atque homines profecit. Quare maiestatem

---

1 glauben, lehren ~ t   2 wir auch ~ v   auch > ō   4/5 von bis gefahren > B ∫ s   erstanden] auferstanden t w 4   5 und + da g k l   8 tiefe + und B   21 worden > w 6   1. Cor. 2. Act. 20. > v   22 glauben, lehren ~ ∫   23 zur Rechten] zu der Gerechten g k l   24 allmächtigen > m   Gottes + allmächtigen m + des Allmächtigen v z   25 mit + der einige Hss., Konk   27 und > einige Hss., Konk und + [in Mutterleib höher dann die Himmel worden, die>] A 3   27 und weil er in] und wie er von dem h. Geist in Mutterleib empfangen weil also nun von ō   30 voreiniget + [dergestalt er dann auch nach seiner Auferstehung nicht höher gesetzt werden konnte, dann er nicht erst nach der Auferstehung Gott worden oder mit dem Sohn Gottes seine menschliche Natur >persönlich< voreiniget worden, sondern ist [es gewesen, da] >Gott und Mensch gewesen alsbald< er in Mutterleib empfangen worden | ward |] A ohne Überarbeitung 3, dazu A a. R.: [[Ist er >in Wahrheit< höher dann die Himmel worden, Heb. 7.] | 33—S. 808, 1 | nach bis er | statt [doch sich als ein Mensch gleich in seiner Empfangnus und im Stand seiner Erniedrigung geäußert ⟨3 + und⟩] A 3   37 Alter] aller Konk (!)   Gnad + [zugenummen] A   bei] vor g k l   38 Menschen + Phi. 2, 6, urspr. w   + Lucae 2. w   38—S. 808, 1 darumb er > H 3 Helmst

---

3 tantum + in quo nihil fuerit homine maius   7 sed + potius quod haec omnia fecerit atque praestiterit   20 Et + alibi scriptura dicit: nos   21 redempti sumus] redemptos esse   27 exaltatum + idque minime absurdum est

---

[1]) 1. Kor. 2, 8   Apg. 20, 28.

er | solche ›Majestät‹ nicht allezeit, sondern wann es ihme gefallen, erzeiget, bis er die Knechtsgestalt¹, ›und nicht die Natur,‹ nach seiner Auferstehung ganz und gar hingelegt und in den ›völligen‹ Gebrauch, | Offenbarung und Erweisung | der göttlichen Majestät ›gesetzt‹ und ›also in sein Herrligkeit eingangen,‹ daß er jtzt nicht allein ›als‹ Gott, sondern auch als Mensch alles | weiß, alles vermag, allen Kreaturen gegenwärtig ist und alles, | was im Himmel, auf Erden und unter der Erden ist, unter seinen Füßen und in seinen Händen hat², wie er selbst zeuget: „Mir ist geben aller Gewalt im Himmel und uf Erden³." Und S. Paulus: Er ist „über alle Himmel" gefahren, „auf daß er alles erfüllete", | wölchen seinen Gewalt er allenthalben gegenwärtig üben kann, und ihm alles müglich und alles wissend ist. |

12. Daher er auch vormag, und ihm ganz leicht ist, sein wahrhaftigen Leib und Blut im heiligen Abendmahl gegenwärtig mitzuteilen, **nicht nach Art oder Eigenschaft der menschlichen Natur, sondern nach Art und Eigenschaft göttlicher Rechte**, saget D. Luther⁴ aus unserem | christlichen | Kinderglauben; welche Gegenwärtigkeit nicht irdisch, noch kapern›a‹itisch, gleichwohl wahrhaftig und wesentlich ist, wie die Wort seines Testaments lauten: „**Das ist, ist, ist mein Leib**" etc.⁵

Durch diese unser Lehre, Glauben und Bekenntnus wird die Person Christi nicht getrennet, wie Nestorius getan | (wölcher die communicationem idiomatum, das ist, die wahrhaftige Gemeinschaft der Eigenschaften beider Naturen in Christo, geleugnet und also die Person getrennet, wie solches Lu-

illam non semper, sed quoties ipsi visum fuit, exseruit, donec formam servi, non autem naturam humanam, post resurrectionem plene et prorsus deponeret et in plenariam usurpationem, manifestationem et declarationem divinae maiestatis collocaretur et hoc modo in gloriam suam ingrederetur. Itaque iam non tantum ut Deus, verum etiam ut homo omnia novit, omnia potest, omnibus creaturis praesens est et omnia, quae in coelis, in terris et sub terra sunt, sub pedibus suis et in manu sua habet. Haec ita se habere Christus ipse testatur, inquiens: Mihi data est omnis potestas in coelo et in terra. Et Paulus ait: Ascendit super omnes coelos, ut omnia impleat. Hanc suam potestatem ubique praesens exercere potest, neque quicquam illi aut impossibile est aut ignotum.

XII. Inde adeo, et quidem facillime, corpus suum verum et sanguinem suum in sacra coena praesens distribuere potest. Id vero non fit secundum modum et proprietatem humanae naturae, sed secundum modum et proprietatem dextrae Dei, ut Lutherus secundum analogiam fidei nostrae Christianae in catechesi comprehensae loqui solet. Et haec Christi in sacra coena praesentia neque physica aut terrena est neque Capernaitica, interim tamen verissima et quidem substantialis est. Sic enim verba testamenti Christi sonant: Hoc est, est, est corpus meum etc.

Hac nostra fide, doctrina et confessione persona Christi non solvitur, quod olim Nestorius fecit. Is enim veram communicationem idiomatum seu proprietatem utriusque naturae in Christo negavit et hac ratione Christi personam solvit, quam rem D. Lutherus in libello

---

1 er] sie *t 4*   2 ihme] ihnen *t*   erzeiget] erzeigen *t 4*   5 den völligen] demselbigen *z*   ›völligen‹ statt [volligen ⟨3: vorigen⟩ Possess und] *A 3*   Gebrauch] Brauch *w 6*   7 und > *ö*   7/8 also bis eingangen statt [seinen Glori eingesetzt] *A 3*   8 eingangen] eingegangen *einige Hss.*   9 als + ein *t 4*   weiß] wüßte *t 4*   12 ist + [gegenwärtig] *A 3*   ist + und *B*   unter] in *2*   13 in] unter *B*   19 ihm alles müglich] in aller männiglich *x* (!)   alles > *w ö*   23 wahrhaftigen zu: wahren *f s*   24 im heiligen Abendmahl > *z*   25 zuteilen] Zuteilung *x*   31 kapernaitisch] kapernaitanisch *viele Hss.* Konk   + und *4*   33 ist (2. u. 3.) > *ö*   42 beider] der *g k l*   43 getrennet + [hat] *A*   solches Lutherus ~ *k*

5/7 in *bis* collocaretur] divinam maiestatem plene usurparet, manifestaret atque monstraret

---

¹) Phil. 2, 7.   ²) Joh. 13, 3.   ³) Matth. 28, 18   Eph. 4, 10.   ⁴) WA XXVI 326 ff.; XXIII 131 ff.   ⁵) Matth. 26, 26   Mark. 14, 22   Luk. 22, 19   1. Kor. 11, 24.

therus im Buch von den Conciliis[1] erkläret), noch die Naturen sambt ihren Eigenschaften miteinander in ein Wesen vormischet, wie Eutyches geirret, noch die menschliche Natur in der Person Christi vorleugnet oder abgetilget wird, auch kein Natur in die ander vorwandelt, sondern Christus ist und bleibet in alle Ewigkeit Gott und Mensch in einer unzertrennten Person, welchs nach der heiligen Dreifaltigkeit das höchste Geheimbnus ist, wie der Apostel zeuget[2], in welchen unser einiger Trost, Leben und Seligkeit stehet.

suo De conciliis perspicue declaravit. Neque hac pia nostra doctrina duae in Christo naturae earumque proprietates confunduntur aut in unam essentiam commiscentur (in quo errore Eutyches fuit), neque humana natura in persona Christi negatur aut aboletur, neque altera natura in alteram mutatur: sed Christus verus Deus et homo in una indivisa persona est permanetque in omnem aeternitatem. Hoc post illud trinitatis summum est mysterium, ut apostolus testatur: in quo solo tota nostra consolatio, vita et salus posita est.   1. Ti. 3.

Negativa[3].

Widerwärtige falsche Lehre von der Person Christi.

Demnach vorwerfen und verdammen wir als Gottes Wort und unserem einfältigen christlichen Glauben zuwider alle nachfolgende irrige Artikel, wann gelehret wird:

1. Daß Gott und Mensch in Christo nicht eine Person, sondern ein anderer Gottes und ein anderer des Menschen Sohn sei, wie Nestorius narret.
2. Daß die göttliche und menschliche Natur miteinander in ein Wesen vormischet und die menschliche Natur in die Gottheit vorwandelt, wie Eutyches geschwärmet.
3. Daß Christus nicht wahrhaftiger, natürlicher, ewiger Gott sei, wie Arius gehalten.
4. Daß Christus nicht eine wahrhaftige menschliche Natur gehabt, von Leib und Seel, wie Marcion >gedichtet< hat.
5. Quod unio personalis faciat tantum communia nomina[4], das ist, daß die persönliche Voreinigung mache allein die >Titel und< Namen gemein.
6. Daß es nur ein Phrasis und modus

NEGATIVA.

Contrariae et falsae doctrinae de persona Christi reiectio.

Repudiamus igitur atque damnamus omnes erroneos, quos iam recitabimus, articulos, eo quod verbo Dei et sincerae fidei nostrae Christianae repugnent, cum videlicet sequentes errores docentur:

I. Quod Deus et homo in Christo non constituant unam personam, sed quod alius sit Dei filius, et alius hominis filius, ut Nestorius deliravit.

II. Quod divina et humana naturae in unam essentiam commixtae sint et humana natura in deitatem mutata sit, ut Eutyches furenter dixit.

III. Quod Christus non sit verus, naturalis et aeternus Deus, ut Arius blasphemavit.

IV. Quod Christus non veram humanam naturam anima rationali et corpore constantem habuerit, ut Marcion finxit.

V. Quod unio personalis faciat tantum communia nomina et communes titulos.

VI. Quod phrasis tantum et modus

---

1 erkläret + hat B f g k l r s v w x z ä 1 2 6, urspr. A   6 abgetilget] abgeteilet t, urspr. e   9 unzertrennten] ungetrennten g k l m 1   welchs + auch H   13 stehet] bstehet 1   stehn g k l x 2   21/2 nachfolgende irrige ~ k   22 wann gelehret wird > k l   24 1. + wann gelehret wird k l   27 narret] narriert B f   narrat g t (?), urspr. klsv   29 ein] einem H   vormischet] unterscheid 4   31 geschwärmet] schwärmet s   33 ewiger > m   36 gehabt] habe 6   gehabt > b   37 >gedichtet< statt [geglaubet] A 3   38/9 tantum > k   39 nomina + tantum k

8 Christus + iuxta piam nostram confessionem   20 erroneos] falsos   36/7 anima bis constantem >   39 et communes titulos >   42 Quod phrasis] Phrasin modus] modum

[1]) WA L 584ff. 587ff.   [2]) 1. Tim. 3, 16.   [3]) Zum ganzen S. 1047, Anm. 2.
[4]) Vgl. S. 804, Anm. 1.

loquendi[1], das ist, nur Wort und eine Weise zu reden sei, wann man saget: Gott ist Mensch, Mensch ist Gott; dann die Gottheit habe nichts mit der Menschheit, wie auch die Menschheit nichts mit der Gottheit realiter, das ist, mit der Tat, gemein.

7. Daß es nur communicatio verbalis[2], das ist, nichts dann Wort sei, wann gesaget wird, Gottes Sohn sei ›für‹ der Welt Sünde gestorben, des Menschen Sohn sei allmächtig worden.

8. Daß die menschliche Natur in Christo auf solche Weise wie die Gottheit ein unendlich Wesen worden und aus ›sollicher‹ wesentlicher, mitgeteilter, in die menschliche Natur ausgegossen und von Gott abgesonderte Kraft und Eigenschaft | auf solliche Weise wie die göttliche Natur allenthalben | gegenwärtig sei.

9. Daß die menschliche Natur der göttlichen Natur an ihrer Substanz und Wesen oder an derselben wesentlichen Eigenschaften exaequieret und gleich worden sei.

10. Daß die menschliche Natur Christi in alle Ort des Himmels und der Erden raumblich ausgespannet, welches auch der göttlichen Natur nicht zugemessen werden soll.

11. Daß Christo unmuglich sei vonwegen der Eigenschaft menschlicher Natur, daß er zumal mehr dann an einem Orte, | noch viel weniger allenthalben mit seinem Leib | sein könnte.

12. Daß allein die bloße Menschheit für uns gelitten und uns erlöset habe, und daß der Sohn Gottes im Leiden mit derselben kein Gemeinschaft mit der Tat gehabt, | als wann es ihn nichts angangen hätte. |

13. Daß Christus alleine nach seiner quidam loquendi sit, cum dicitur: Deus est homo et homo est Deus; siquidem divinitas nihil cum humanitate et humanitas nihil cum deitate realiter, hoc est, vere et re ipsa, commune habeat.

VII. Quod tantum sit verbalis sine re ipsa idiomatum communicatio, cum dicitur, filium Dei pro peccatis mundi mortuum esse, filium hominis omnipotentem factum esse.

VIII. Quod humana in Christo natura eo modo, quo est divinitas, facta sit essentia quaedam infinita, et ex hac essentiali, communicata, in humanam naturam effusa et a Deo separata virtute et proprietate eo modo, quo divina natura, ubique praesens sit.

IX. Quod humana natura divinae ratione substantiae atque essentiae suae vel proprietatum divinarum essentialium exaequata sit.

X. Quod humana natura in Christo in omnia loca coeli et terrae localiter expansa sit, quod ne quidem divinae naturae est tribuendum.

XI. Quod Christo impossibile sit propter humanae naturae proprietatem, ut simul in pluribus quam in uno loco, nedum ubique, suo cum corpore esse possit.

XII. Quod sola humanitas pro nobis passa sit nosque redemerit et quod filius Dei in passione nullam prorsus cum humanitate (reipsa) communicationem habuerit, perinde ac si id negotium nihil ad ipsum pertinuisset.

XIII. Quod filius Dei tantummodo di-

---

1 eine > c   3 Mensch (1.) + und z   5 nichts > f l r s 4   6 das ist, mit] in g k l   Tat + und Wahrheit g i k l   10 für statt [vor] A   der Welt Sünde] die Welt i k   11 Sünde > g   17 von] mit s   abgesonderte] gesonderte k l = sonderte aus = sonderter A   18/20 | auf bis allenthalben | statt [ihrer Natur allenthalben ⟨3: wo der Sohn Gottes ist⟩] A 3   19 Natur > g k l   20 gegenwärtig > H   23 an derselben] andern H   25 10. statt [9.] ebenso bis 20. statt [19.] A   31 Eigenschaft + der ö 3   er > 5   32 an > c, urspr. d   Orte > c, urspr. e   Orte] auch c 36 uns > k   38 Gemeinschaft + gehabt z   gehabt > z   39 ihn + gar d

1 sit >   2/3 siquidem divinitas] Deum etiam   3 humanitas] humanitatem 5 habeat] habere   14 est >   15/8 et ex bis proprietate] quod humana natura habeat virtutem et proprietatem quandam essentialem et divinam, separatam tamen a Deo, quae illi sit communicata et in ipsam infusa, et quod humana natura virtute illius communicationis   18 quo] sicut   25 Quod humana natura] humanam naturam   26/7 expansa sit] extensam esse   32 simul + eodemque tempore quam bis loco >   33 ubique] nedum in omnibus locis

---

[1]) Vgl. S. 1037, Anm. 4.   [2]) Vgl. S. 1031, Anm. 1.

Gottheit bei uns auf Erden im Wort, Sakramenten und allen unsern Nöten gegenwärtig sei, und solche Gegenwärtigkeit sein menschliche Natur ganz und gar nichts angehe, nach welcher er auch mit uns auf Erden, nachdem er uns durch sein Leiden und Sterben erlöset, nicht mehr zu schaffen habe.

14. Daß der Sohn Gottes, | >so< die menschlich Natur angenummen, nachdem er Knechtsgestalt abgelegt, | nicht alle Werk seiner Allmächtigkeit in, durch und mit seiner menschlichen Natur verrichte, sondern nur etliche und allein an dem Ort, da die menschliche Natur raumblich sei.

15. Daß er nach der menschlichen Natur der Allmächtigkeit und >anderer< Eigenschaften göttlicher Natur allerdinge nicht fähig sei wider den ausgedruckten Spruch Christi: „Mir ist gegeben aller Gewalt im Himmel und auf Erden." Und S. Paulus: „In ihm wohnet alle Volle der Gottheit leibhaftig", Col. 2.¹

16. Daß ihm größere Gewalt im Himmel und auf Erden gegeben, >nämlich< größer und mehr dann allen Engeln und andere Kreaturen, aber mit der Allmächtigkeit Gottes hab er keine Gemeinschaft, sei ihm auch dieselbige nicht gegeben. | Daher sie ein mediam potentiam, das ist, ein >solliche< Gewalt zwischen Gottes allmächtigen Gewalt und anderer Kreatur Gewalt, dichten, die Christo nach seiner Menscheit durch die Erhöhung gegeben, die weniger denn Gottes allmächtige Gewalt und größer dann anderer Kreatur Gwalt sei. |

17. Daß Christus nach seinem menschlichen Geist ein gewisse Maß habe, wieviel er wissen soll, und daß er nicht mehr wisse, denn ihm gebühret und vonnöten >seie< zu seinem Richterambt zu wissen.

18. Daß Christus noch nicht vollkommene

vinitate sua nobis in terris, in verbo, sacramentis, in omnibus denique aerumnis nostris praesens sit, et quod haec praesentia prorsus ad humanitatem nihil pertineat. Christo enim, postquam nos passione et morte sua redemerit, secundum humanitatem suam nihil amplius nobiscum in terris esse negotii.

XIV. Quod filius Dei, qui humanam naturam assumpsit, iam post depositam servi formam non omnia opera omnipotentiae suae in et cum humanitate sua et per eam efficiat, sed tantum aliqua, et quidem in eo tantum loco, ubi humana natura est localiter.

XV. Quod secundum humanitatem omnipotentiae aliarumque proprietatum divinae naturae prorsus non sit capax. Idque asserere audent contra expressum testimonium Christi: Mihi data est omnis potestas in coelo et in terra. Et contradicunt Paulo, qui ait: In ipso inhabitat tota divinitatis plenitudo corporaliter.

XVI. Quod Christo secundum humanitatem data quidem sit maxima potestas in coelo et in terra, videlicet maior et amplior quam omnes angeli et creaturae acceperint, sed tamen ita, ut cum omnipotentia Dei nullam habeat communicationem neque omnipotentia illi data sit. Itaque mediam quandam potentiam inter omnipotentiam Dei et inter aliarum creaturarum potentiam fingunt, datam Christo secundum humanam eius naturam per exaltationem, quae minor quidem sit quam Dei omnipotentia, maior tamen omnium aliarum creaturarum potestate.

XVII. Quod Christo secundum spiritum suum humanum certi limites positi sint, quantum videlicet ipsum scire oporteat, et quod non plus sciat quam ipsi conveniat et ad exsecutionem sui officii, iudicis nimirum, necessario requiratur.

XVIII. Quod Christus ne hodie qui-

---

1 Wort + und *t 4* 3 sei und solche Gegenwärtigkeit > *z* 5 er > *g* er + uns *4* 9 >so< *statt* [nachdem] *A* 10 angenummen + [und] *A* er + auch *B, urspr. 8* 13 verrichte] verrichtet *v x, urspr. 2* 19 sei] ist *w 6* 20 gegeben] geben *k* 26 gegeben > *ō* 27 und + allen *g k l* 28 Kreaturen + gegeben *ō* 32 Gewalt + [dichten] *A* 33 Kreatur] Kreaturen *viele Hss.*, Konk Kreatur > *4* 34 Christo] Christus *H* 37 anderer] aller *c* sei > *H* 41 Geist *statt* [Wesen] *3* 43 >seie< *statt* [ist] *A 3*

10 naturam + in unitatem personae   20 Christi + dicentis   35/6 secundum *bis* naturam >

---

¹) Matth. 28, 18   Kol. 2, 9.

Erkenntnus Gottes und aller seiner Werk habe, von dem doch geschrieben stehet: daß in ihm „alle Schätz der Weisheit und des Erkenntnis" verborgen seien[1].

19. Daß Christo nach seinem menschlichen Geist unmüglich sei zu wissen, was von Ewigkeit gewesen, was jtzunder allenthalben geschehe und noch in Ewigkeit sein werde.

| 20. Da gelehrt || und der Spruch Matth. 28: „Mir ist geben aller Gewalt"[2] etc., also gedeutet und lästerlich verkehret[3] wird, || daß Christo nach der göttlichen Natur in der Auferstehung und seiner Himmelfahrt restituiert, das ist, wiederumb zugestellt, worden sei aller Gewalt im Himmel und auf Erden, als hätte er im Stand seiner Niedrigung >auch< nach der Gottheit >solche< abgelegt und verlassen. |
Durch welche Lehre nicht allein die Wort des Testaments Christi verkehret, sondern auch der vordambten arianischen Ketzerei der Weg bereitet, daß end>lich< Christus ewige Gottheit vorleugnet und also Christus ganz und gar sambt unser Seligkeit vorloren, do solcher >falschen Lehr< aus beständigem Grund göttliches Wortes und unsers einfältigen christlichen Glaubens nicht widersprochen würde.

dem perfectam habeat cognitionem Dei et omnium ipsius operum, cum tamen de Christo scriptum sit in ipso omnes thesauros sapientiae et scientiae absconditos esse.

XIX. Quod Christo secundum humanitatis suae spiritum impossibile sit scire, quid ab aeterno fuerit, quid iam nunc ubique fiat et quid in omnem aeternitatem sit futurum.

XX. Reiicimus etiam damnamusque, quod dictum Christi (Mihi data est omnis potestas in coelo et in terra) horribili et blasphema interpretatione a quibusdam depravatur in hanc sententiam: quod Christus divinam suam naturam in resurrectione et ascensione ad coelos iterum restituta fuerit omnis potestas in coelo et in terra, perinde quasi, dum in statu humiliationis erat, eam potestatem etiam secundum divinitatem deposuisset et exuisset. Hac enim doctrina non modo verba testamenti Christi falsa explicatione pervertuntur, verum etiam dudum damnatae Arianae haeresi via de novo sternitur, ut tandem aeterna Christi divinitas negetur et Christus totus, quantus quantus est, una cum salute nostra amittatur, nisi huic impiae doctrinae ex solidis verbi Dei et fidei nostrae catholicae fundamentis constanter contradicatur.

IX.
Von der Hellefahrt Christi.
Status controversiae.
Hauptstreit über diesen Artikel.

Es ist auch unter etzlichen Theologen, so der Augsburgischen Confession zugetan, über diesem Artikel gestritten worden: wann und auf was Weise der Herr Christus, vermuge unsers einfältigen christlichen Glaubens, gen Helle gefahren, ob es geschehen sei vor oder nach seinem Tode. Item, ob

IX.
DE DESCENSU CHRISTI AD INFEROS.
STATUS CONTROVERSIAE.

Disceptatum fuit super hoc articulo inter quosdam theologos, qui Augustanam Confessionem profitentur: quando et quomodo Dominus noster Iesus Christus, ut testatur fides nostra catholica, ad inferos descenderit, an id ante vel post mortem eius factum sit. Praeterea

---

2 stehet + Colos. 2. t 4   4 seien] sei B H g s 1   7 Geist statt [Wesen] 3   9 werde + 21/30 Durch bis würde H w 3 6 Helmst, vgl. zu dieser Umstellung Hutterus 1360. 1368
11 gelehrt + [wird] A   12 geben] gegeben einige Hss., Konk   13 also + [erkläret] A
17 worden sei ~ k   19 Niedrigung] Erniedrigung g s t v   Erniederung 4
20 solche > v   23 auch + [den türkischen Alcoran und] A 3   vordambten] verkehrten c d   24/5 daß bis vorleugnet > w   24 end>lich< aus end [weder] A   endlich] nämlich 4   Christus] Christi B s   27 vorloren + wird ö   28 göttliches] Gottes c f r s w ä 6   36 über] in H   42 christlichen > t   43 gen + der w   + die 6

6/8 Quod bis quid] Christo impossibile esse humano suo spiritu novisse quicquid

[1]) Kol. 2, 3.   [2]) Matth. 28, 18.   [3]) Vgl. Hutterus 1537; Heppe IV 202, Anm.

es nach der Seel allein, oder nach der Gottheit allein, oder mit Leib und Seel, geistlich oder leiblich zugangen? | Item, ob dieser Artikel gehöre zum Leiden oder zum herrlichen Sieg und Triumph Christi? |

Nachdem aber dieser Artikel, wie auch der vorgehende, nicht mit den Sinnen noch mit der Vernunft begriffen werden kann, sondern muß allein mit dem Glauben gefaßt werden:

ist unser einhellig Bedenken, daß solches nicht zu disputieren, sondern nur uf das einfältigste geglaubet und gelehret werden solle, inmaßen D. Luther seliger in der Predigt zu Torgau Anno etc. 33. solchen Artikel ganz christlich erkläret, alle unnützliche, unnotwendige Fragen abgeschnitten und zu christlicher Einfalt des Glaubens alle fromme Christen vormahnet[1].

Dann es ist genug, daß wir wissen, daß Christus | in die Helle gefahren, | die Helle allen Gläubigen zerstöret und sie aus dem Gewalt des Todes, Teufels, ewiger Verdamnus des hellischen Rachens erlöset habe. Wie aber solches zugangen, sollen wir sparen bis in die andere Welt, da uns nicht allein dies Stück, sondern auch noch anders mehr geoffenbaret, das wir hie einfältig geglaubet und mit unser blinden Vernunft nicht begreifen können.

quaesitum fuit, num anima tantum, an divinitate sola, an vero anima et corpore descenderit, idque an spiritualiter, an vero corporaliter sit factum. Disputatum etiam est, num hic articulus ad passionem, an vero ad gloriosam victoriam et triumphum Christi sit referendus.

Cum autem hic fidei nostrae articulus, sicut et praecedens, neque sensibus neque ratione nostra comprehendi queat, sola autem fide acceptandus sit: unanimi consensu consuluimus de hac re non esse disputandum, sed quam simplicissime hunc articulum credendum et docendum esse. Atque in hoc negotio sequamur piam D. Lutheri doctrinam, qui hunc articulum in concione Torgae habita (Anno etc. XXXIII.) pie admodum explicuit, omnes inutiles et curiosas quaestiones praecidit atque ad piam fidei simplicitatem omnes Christianos adhortatus est.

Satis enim nobis esse debet, si sciamus Christum ad inferos descendisse, infernum omnibus credentibus destruxisse nosque per ipsum e potestate mortis et Satanae, ab aeterna damnatione atque adeo e faucibus inferni ereptos. Quo autem modo haec effecta fuerit, non curiose scrutemur, sed huius rei cognitionem alteri saeculo reservemus, ubi non modo hoc mysterium, sed et alia multa in hac vita simpliciter a nobis credita revelabuntur, quae captum caecae nostrae rationis excedunt.

X.

Von Kirchengebräuche,

so man Adiaphora oder Mitteldinge nennet.

Von Ceremonien oder Kirchengebräuchen, welche in Gottes Wort weder geboten

X.

DE CEREMONIIS ECCLESIASTICIS,

quae vulgo adiaphora seu res mediae et indifferentes vocantur.

Orta est etiam inter theologos Augustanae Confessionis controversia de

---

1 oder + allein *w 6*   2 allein > *w 6*   Seel + obs ö   4 gehöre + wie auch der vorhergehende *k*   oder] und *w 6*   8 der] die *c*   9 vorgehende] vorhergehende *B r ä*   nicht + kann *z*   noch] oder *w*   noch mit > ö   10 der > *w*   werden kann > *z*   15 geglaubet und gelehret ~ ö   17 etc. 33. ~ Konk   18 unnützliche] unnütze *B*   21 vormahnet] ermahnet *k*. Dazu a. R. in A und 3: [dieser Predigtauszug ist der ausführlichen Erklärung ⟨*meint das* TB⟩ unter dem Titel der Hellefahrt ⟨3: Himmelfahrt⟩ Christi einverleibt und hie allein derselben Inhalt kürzlich angezeiget]   23 es ist ~ *f k l ä 3*   ist > ö   26 Teufels > *i*   31 hie > *z*   32 geglaubet] glauben *g k m*   blinden > *c*   36 X. > *H v x 3 6*   37 Kirchengebräuche] =gebrauch *k*   39/40 so *bis* nennet > *a*   42—S. 814, 1 geboten noch verboten ~ *4*

9 praecedens] mysterium coenae   39/40 seu *bis* indifferentes >

---

[1]) Vgl. Apparat S. 1049—1052.

noch verboten, sondern von guter Ordnung und Wohlstandes willen in die Kirche eingeführet, hat sich auch zwischen den Theologen Augsburgischer Confession ein Zwiespalt zugetragen.

ceremoniis seu ritibus ecclesiasticis, qui in verbo Dei neque praecepti sunt neque prohibiti, sed ordinis tantum et decori gratia in ecclesiam sunt introducti.

Status controversiae.
Der Hauptstreit vom diesem Artikel.

Die Hauptfrage aber ist gewesen, ob man zur Zeit der Verfolgung und im Fall der Bekenntnis, wann die Feinde des Evangelii sich gleich nicht mit uns in der Lehre vergleichen, dennoch mit unverletzten Gewissen etzliche gefallene Ceremonien, so an ihm selbst Mitteldinge und von Gott weder geboten noch ver'boten, auf der Widersacher Tringen und Erfordern wiederumb aufrichten und sich also mit ihnen in solchen Zeremonien und 'Mitteldingen vergleichen möge? Der eine Teil hat ja, der ander ⟨Teil⟩ hat nein darzu gesagt.

STATUS CONTROVERSIAE.

Quaesitum fuit, num persecutionis tempore et in casu confessionis (etiam si adversarii nobiscum in doctrina consentire nolint) nihilominus salva conscientia aliquae iam abrogatae ceremoniae, quae per se indifferentes et a Deo neque mandatae neque prohibitae sint, postulantibus id et urgentibus adversariis iterum in usum revocari possint et an hoc modo cum pontificiis in eiusmodi ceremoniis et adiaphoris conformari recte queamus. Una pars hoc fieri posse affirmavit, altera vero negavit.

Affirmativa.
Die rechte wahrhaftige Lehr und Bekenntnus von diesem Artikel.

1. Zu Hinlegung auch dieser Zwiespalt glauben, lehren und bekennen wir einhellig, daß die Ceremonien oder Kirchengebräuch, welche in Gottes Wort weder geboten noch verboten, sondern allein umb Wohlstandes und guter Ordnung willen angestellet, an ihnen und für sich selbst kein Gottesdienst, auch kein Teil desselben seien. Matth. 15. Sie ehren mich umbsonst mit mensch⟨lich⟩en Geboten[1].

2. Wir glauben, lehren und bekennen, daß die Gemein Gottes jedes Orts und jede Zeit nach derselben Gelegenheit Macht habe, solche Ceremonien zu ändern, wie es der Gemeinen Gottes am nützlichsten und erbaulichsten sein mag.

AFFIRMATIVA.
Sincera doctrina et confessio de hoc articulo.

I. Ad hanc controversiam dirimendam unanimi consensu credimus, docemus et confitemur, quod ceremoniae sive ritus ecclesiastici (qui verbo Dei neque praecepti sunt neque prohibiti, sed tantum decori et ordinis causa instituti) non sint per se cultus divinus aut aliqua saltem pars cultus divini. Scriptum est enim: Frustra colunt me docentes doctrinas, mandata hominum.

II. Credimus, docemus et confitemur ecclesiae Dei ubivis terrarum et quocunque tempore licere pro re nata ceremonias tales mutare iuxta eam rationem, quae ecclesiae Dei utilissima et ad aedificationem eiusdem maxime accommodata iudicatur.

---

1 von] um *Hss. außer i k m q t v 1*, Konf spalt] Spaltung *B f s ā*   7 vom] in *l*   dern] Erforderung *k*   20 Der] Dann *c*   hat > *B H k l m v w z 2 6*   28 die > *ō*   Menschen *Hss. außer f i k l q 4 5, in A zu* Menschen (?)   2 und > *c*   4 ein > *B*   5 Zwie 13 vergleichen] verglichen *B 4*   17 Erfor 21 Teil > *alle Hss.*, Konf, *in A getilgt* (?)   31 willen > *c d*   35 menschlichen]   41 mag] kann *g*

10 in casu] cum edenda est   13 iam abrogatae >   15 sint + (vulgo adiaphora nominantur)   19 conformari] consentire   21 negavit] contradixit   26 dirimendam + et decidendam   31 instituti] usurpantur   38 licere] liberum esse

---

[1]) Matth. 15, 9.

3. Doch daß hierin alle Leichtfertigkeit und Ärgernus gemieden und sonderlich der Schwachgläubigen mit allem Fleiß verschonet werde¹.

4. Wir glauben, lehren und bekennen, daß zur Zeit der Verfolgung, wann ein runde Bekenntnus des Glaubens von uns erfordert, in solchen Mitteldingen den Feinden nicht zu weichen, wie der Apostel geschrieben²: „So bestehet nun in der Freiheit, damit uns Christus befreiet hat, und laßt euch nicht wiederumb in das knechtigische Joch fangen." Item: „Ziehet nicht an frembdem Joch; was hat das Licht vor Gemeinschaft mit der Funsternis?" Item: „Auf daß die Wahrheit des Evangelii bei euch bestünde, wichen wir denselben nicht eine Stunde untertänig zu sein." Dann in solchem Fall ist es nicht mehr umb Mittelding, sondern umb die Wahrheit des Evangelii, umb die christliche Freiheit und umb die Bestätigung öffentlicher Abgötterei wie auch >umb Verhütung< des Ärgernus der Schwachgläubigen zu tun, darin wir nichts zu vergeben haben, sondern rund bekennen und darüber leiden sollen, was uns Gott zuschicket und über uns den Feinden seines Wortes verhängt.

5. Wir glauben, lehren und bekennen auch, daß kein Kirch die andere vordammen soll, daß eine weniger oder mehr äußerlicher, von Gott ungebotenen Zeremonien dann die andern hat, wann sonst in der Lehre und allen derselben Artikeln, wie auch im rechten Gebrauch der heiligen¹ Sakramenten, miteinander Einigkeit gehalten, nach dem wohlbekannten Spruch: Dissonantia ieiunii non dissolvit consonantiam fidei, Ungleichheit des Fastens soll die Einigkeit im Glauben nicht trennen³.

III. Ea tamen in re omnem levitatem fugiendam et offendicula cavenda, inprimis vero infirmorum in fide rationem habendam et iis parcendum esse censemus. 1. Cor. 8 Rom. 14.

IV. Credimus, docemus et confitemur, quod temporibus persecutionum, quando perspicua et constans confessio a nobis exigitur, hostibus evangelii in rebus adiaphoris non sit cedendum. Sic enim apostolus inquit: Qua libertate Christus nos liberavit, in ea state et nolite iterum iugo servitutis subiici. Et alibi: Nolite iugum ducere cum infidelibus etc. Quae enim est societas luci ad tenebras? etc. Item: Quibus neque ad horam cessimus subiectione, ut veritas evangelii permaneret apud vos. In tali enim rerum statu non agitur iam amplius de adiaphoris, sed de veritate evangelii et de libertate Christiana sarta tectaque conservanda et quomodo cavendum sit, ne manifeste idolatria confirmetur et infirmi in fide offendantur. In huiusmodi rebus nostrum certe non est aliquid adversariis largiri, sed officium nostrum requirit, ut piam et ingenuam confessionem edamus et ea patienter feramus, quae Dominus nobis ferenda imposuerit et hostibus verbi Dei in nos permiserit. Gal. 5. 2. Cor. 6. Gal. 2.

V. Credimus, docemus et confitemur, quod ecclesia alia aliam damnare non debeat, propterea quod haec vel illa plus minusve externarum ceremoniarum, quas Dominus non instituit, observet, si modo in doctrina eiusque articulis omnibus et in vero sacramentorum usu sit inter eas consensus. Hoc enim vetus et verum dictum est: Dissonantia ieiunii non dissolvit consonantiam fidei.

---

1 alle > a   9/10 Feinden] frembden x   10/1 geschrieben + Gal. 5.   4
11 bestehet] stehet B f s   nun] nur g k   12 befreiet] gefreiet 2   15 vor > t
18 bestünde c d f s   stünde f   wichen] wissen f   20 mehr + uns z   umb + ein ö
23 die > l   25 wir + sonst 5   32 auch > 4   andere > l   33 eine] keine x
34 von > 4   ungebotenen] verbotene 4   38 Einigkeit] Einhelligkeit c d   gehalten]
behalten x   halten l   41/2 Ungleichheit bis trennen > ö   42 im] des t
den g

4/5 esse censemus] iudicamus   10 non] nihil   cedendum + aut in gratiam
eorum faciendum   13 subiici] contineri   16 Item] Et alio loco inquit apostolus
19 amplius >   20 evangelii + asserenda

---

¹) 1. Kor. 8, 9—13 Röm. 14, 1. 13ff.   ²) Gal. 5, 1 2. Kor. 6, 14 Gal. 2, 5.
³) Vgl. S. 1063.

Negativa.

Falsche Lehre von diesem Artikel.

Demnach vorwerfen und verdammen wir als unrecht und dem Worte Gottes zuwider, wann gelehret wird:

1. Daß Menschengebot und -satzungen in der Kirchen vor sich selbst als ein Gottesdienst oder Teil desselben gehalten werden.

2. Wann solche Ceremonien, Gebot und Satzungen mit Zwang als notwendig der Gemein Gottes wider ihre christliche Freiheit, so sie in äußerlichen Dingen hat, aufgedrungen werden.

3. Item, daß man zur Zeit der Vorfolgung und öffentlicher Bekenntnus den Feinden des heiligen Evangelii (welches zu Abbruch der Wahrheit dienet), in dergleichen Mitteldingen und Ceremonien möge willfahren oder sich mit ihnen vorgleichen.

4. Item, wann solche äußerliche Ceremonien und Mitteldinge also abgeschaffen werden, als sollte es der Gemeinen Gottes nicht frei stehen, nach ihrer guten Gelegenheit, wie es jederzeit der Kirchen am nützlichsten, sich eines oder mehr in christlicher Freiheit zu gebrauchen.

NEGATIVA.

Falsae doctrinae de hoc articulo reiectio.

Repudiamus atque damnamus haec falsa et verbo Dei contraria dogmata:

I. Quod humanae traditiones et constitutiones in ecclesiasticis rebus per se pro cultu Dei aut certe pro parte divini cultus sint habendae.

II. Quando eiusmodi ceremoniae et constitutiones ecclesiae Dei coactione quadam tanquam necessariae obtruduntur, et quidem contra libertatem Christianam, quam ecclesia Christi in rebus eiusmodi externis habet.

III. Cum asseritur, quod tempore persecutionis, quando clara confessio requiritur, hostibus evangelii in observatione eiusmodi rerum adiaphorarum gratificari et cum ipsis pacisci et consentire liceat, quae res cum detrimento veritatis coelestis coniuncta est.

IV. Cum externae ceremoniae, quae indifferentes sunt, ea opinione abrogantur, quasi ecclesiae Dei liberum non sit pro re nata, ut iudicaverit ad aedificationem utile esse, hanc vel illam ceremoniam ratione libertatis Christianae usurpare.

XI.

Von der ewigen Versehung und Wahl Gottes.

Von diesem Artikel ist kein öffentliche Zwiespalt unter den Theologen Augsburgischer Confession eingefallen. Dieweil es aber ein tröstlicher Artikel, wann er recht gehandelt, und deshalben nicht künftiglich ärgerliche Disputation eingeführt werden möchten, ist derselbige in dieser Schrift auch erkläret worden.

XI.

DE AETERNA PRAEDESTINATIONE ET ELECTIONE DEI.

De hoc articulo non quidem publice mota est controversia inter Augustanae Confessionis theologos, sed tamen, cum hic articulus magnam piis mentibus consolationem adferat, si recte et dextre explicetur, visum est eundem in hoc scripto declarare, ne forte temporis progressu disputationes aliquae cum offendiculo coniunctae de hac re exoriantur.

2/3 diesem Artikel] diesen Artikeln x   5 und > 4   9 Teil] viel v   desselben] derselben v 1   werden + sollen ō Konk, urspr. A 3   12 mit] aus v 6   14 in + den c d   30 gebrauchen] brauchen w 6   31 XI.] X. H t w x 6   32 ewigen > g k l   37 Artikel + ist 4   38 deshalben] desselben w 6   künftiglich] künftige x

21 pacisci et >   22 res] rem   23 coniuncta est] coniunctam existimamus

Affirmativa.
Reine wahrhaftige Lehre von diesem Artikul.

1. Anfangs ist der Unterscheid zwischen der praescientia et praedestinatione, das ist, zwischen >der< Versehung und ewigen Wahl Gottes, mit Fleiß zu merken.

2. Dann die Versehung Gottes ist anders nichts, dann daß Gott alle Ding weiß, ehe sie geschehen, wie geschrieben stehet: „Gott im Himmel kann verborgen Dinge offenbaren; der hat dem Kö¹nig Nebucadnezar angezeigt, was in künftigen Zeiten geschehen soll." | Daniel 2. |¹

3. Diese Vorsehung gehet zugleich über die Frommen und Bösen, ist aber keine Ursach des Bösen, weder der Sünden, daß man unrecht tue (welche ursprendlich aus dem Teufel und des Menschen bösen, vorkehrten Willen herkombt), noch ihres Verderben, daran sie selbest schuldig, sondern ordnet alleine dasselbig und steckt ihm ein Ziel, wie lang es >währen< und alles, unangesehen daß es an ihm selbest böse, seinen Auserwählten zu ihrem Heil dienen solle.

4. Die Praedestination aber oder ewige Wahl Gottes, gehet allein über die frommen, wohlgefälligen Kinder Gottes, die ein Ursach ist ihrer Seligkeit, welche er auch schaffet und, was >zur< selbigen gehöret, verordnet, darauf unser Seligkeit so steif gegründet, daß sie die „Pforten der Helle nicht übergewältigen" können².

5. Solche ist nicht >in< dem heimlichen Rat Gottes zu erforschen, sondern in dem Wort zu suchen, da sie auch geoffenbaret worden ist.

6. Das Wort Gottes aber führet uns zu Christo, der das „Buch des Lebens"³ ist, in

AFFIRMATIVA.
Sincera doctrina de hoc articulo.

I. Primum omnium est, quod accurate observari oportet, discrimen esse inter praescientiam et praedestinationem sive aeternam electionem Dei.

II. Praescientia enim Dei nihil aliud est, quam quod Deus omnia noverit antequam fiant, sicut scriptum est: Est Deus in coelo, revelans mysteria, qui indicavit tibi, rex Nabuchodonosor, quae ventura sunt in novissimis temporibus.

III. Haec Dei praescientia simul ad bonos et malos pertinet, sed interim non est causa mali, neque est causa peccati, quae hominem ad scelus impellat. Peccatum enim ex diabolo et ex hominis prava et mala voluntate oritur. Neque haec Dei praescientia causa est, quod homines pereant; hoc enim sibi ipsis imputare debent. Sed praescientia Dei disponit malum et metas illi constituit, quousque progredi et quamdiu durare debeat, idque ita dirigit, ut, licet per se malum sit, nihilominus electis Dei ad salutem cedat.

IV. Praedestinatio vero seu aeterna Dei electio tantum ad bonos et dilectos filios Dei pertinet, et haec est causa ipsorum salutis. Etenim eorum salutem procurat et ea, quae ad ipsam pertinent, disponit. Super hanc Dei praedestinationem salus nostra ita fundata est, ut inferorum portae eam evertere nequeant.

V. Haec Dei praedestinatio non in arcano Dei consilio est scrutanda, sed in verbo Dei, in quo revelatur, quaerenda est.

VI. Verbum autem Dei deducit nos ad Christum, is est liber ille vitae, in

---

1 Affirmativa +] oder Thesis ö   3 diesem Artikul] diesen Artikeln 6   4 Anfangs] Anfänglich Konk   5 praescientia] praesentia H (!)   et] und l   8 Gottes > c s   8/9 ist anders nichts] nichts anders ist z   anders nichts ~ ō   10 sie] es x   11 im] von l   12 der] wie er t 4   15 Vorsehung] Zuvorsehung k l   16 die > w x 4 6   Frommen und Bösen ~ H 3   18 ursprendlich] ursprünglich einige Hss., Konk   erschrecklich z   19 bösen +] und m   23 währen] leben B f s ä, urspr. A dazu in e auf Zettel: | Nota: im zugeschickten stehet Leben, welches den sensum unvollkommen macht, soll aber vielleicht heißen (wie lang es währen etc.). | währen] währet m x z   24 es > g l   gehört H   gewähret l   29 Praedestination +] [halben] A   30 gehet] gehort H   31 wohlgefälligen > ö   die + auch ö   32/3 schaffet] geschaffen m z   erschaffen v   33 zur] der- l, urspr. A zu der- 4   36 übergewältigen] überwältigen viele Hss.   37 heimlichen aus: geheim- lichen A   himmlischen B, urspr. s   heiligen t 4   42 w a. R: | Christus liber vitae |

20 oritur] est   37/8 in bis consilio] inter arcana Dei decreta

---

¹) Dan. 2, 28.   ²) Matth. 16, 18 Joh. 10, 28.   ³) Vgl. S. 1068, Anm. 4.

welchem alle die geschrieben und | erwählet | seind, welche da ewig selig werden sollen, wie geschrieben stehet: „Er hat uns durch denselben (Christum) erwählet, ehe der Welt Grund gelegt war[1]."

7. Dieser Christus rufet zu ihm alle Sünder und verheißt ihnen Erquickung und ist ihme [1]Ernst, daß alle Menschen zu ihm kommen und ihnen helfen lassen sollen[2], denen er sich im Wort anbeut, und will, daß man es höre und nicht die Ohren verstopfen oder das Wort verachten soll; verheißt darzu die Kraft und Wirkung des Heiligen Geistes, göttlichen Beistand zur Beständigkeit und ewige Seligkeit.

8. Derhalben wir von solcher unser Wahl zum ewigen Leben weder aus der Vernunft, noch aus dem Gesetz Gottes urteilen sollen, welche uns entweder in ein wild, wüst, epikurisch Leben, >oder< in Verzweifelung führen und schädliche Gedanken in den Herzen der Menschen erwecken, daß sie bei sich selbest gedenken, auch solcher Gedanken >sich< nicht wohl erwehren können, solange sie ihrer Vernunft folgen: Hat mich Gott erwählet zur Seligkeit, so kann ich nicht vordambt werden, ich tue was ich wolle; und wiederumb: Bin ich nicht erwählet zum ewigen Leben, so hilfts nichts, was ich Gutes tue, es ist doch alles umbsonst.

9. Sonder es muß allein aus dem heiligen Evangelio von Christo gelernet werden, in welchem klar bezeuget wird, wie [1]„Gott alles unter den Unglauben beschlossen, auf daß er sich aller erbarme", und nicht will, daß jemand verloren werde, sondern sich jedermann zur Buße bekehre und an dem Herren Christo glaube[3].

10. Wer nun sich also mit dem geoffenbarten Willen Gottes bekümmert und der Ordnung nachgehet, welche sanctus Pau-

quo omnes inscripti et electi sunt, qui salutem aeternam consequuntur. Sic enim scriptum est: Elegit nos in Christo ante mundi constitutionem

VII. Christus vero omnes peccatores ad se vocat et promittit illis levationem. Et serio vult, ut omnes homines ad se veniant et sibi consuli et subveniri sinant. His sese redemptorem in verbo offert et vult, ut verbum audiatur et ut aures non obturentur nec verbum negligatur et contemnatur. Et promittit se largiturum virtutem et operationem spiritus sancti et auxilium divinum, ut in fide constantes permaneamus et vitam aeternam consequamur.

VIII. De nostra igitur electione ad vitam aeternam neque ex rationis nostrae iudicio neque ex lege Dei iudicandum est, ne vel dissolutae et Epicureae vitae nos tradamus, vel in desperationem incidamus. Qui enim rationis suae iudicium in hoc negotio sequuntur, in horum cordibus hae perniciosae cogitationes (quibus aegerrime resistere possunt) excitantur: Si (inquiunt) Deus me ad aeternam salutem elegit, non potero damnari, quicquid etiam designavero. Contra vero, si non sum electus ad vitam aeternam, nihil plane mihi profuerit, quantumcunque boni fecero, omnes enim conatus mei irriti erunt.

IX. Vera igitur sententia de praedestinatione ex evangelio Christi discenda est. In eo enim perspicue docetur, quod Deus omnes sub incredulitatem concluserit, ut omnium misereatur, et quod nolit quenquam perire, sed potius ut omnes convertantur et in Christum credant.

X. Qui igitur voluntatem Dei revelatam inquirunt eoque ordine progrediuntur, quem divus Paulus in epistola

---

1 | erwählet | statt [erreget] A   2 da > w 6   werden sollen ~ H 3, urspr. A
3 stehet + Eph. 1. t 4   6 ihm + ein b   9 denen] deren x   11 höre] hören q
nicht > B f r s ā   Ohren + nicht B f r s ā   oder] und w   13 Geistes + und s
15 ewige] ewigen Hss. außer H c d 2 3, Konk   20 aus > 6   21 wild, wüst ~ H
22 >oder< statt [führen uns] A   24 erwecken] erwecket   26 nicht + auch t   wohl]
recht g l 1 2 4 Konk   27 ihrer Vernunft] dem Fleisch g i k   31 was] das d   34/5 heiligen > ö   36 klar] klärlich ö   bezeuget] gezeugt k   wie + es c d   37 Gott + es f s   beschlossen] geschlossen k   39/40 jemand bis sich > 4   40 Buße + sich 4
41 Christo] Christum einige Hss., Konk   42 nun sich ~ B   sich also ~ a 3   dem > g l

---

1 et + ad salutem   2 consequuntur] consequentur   9 sibi bis sinant] et requiem
animabus suis inveniant   10 verbo + evangelii   29 etiam + scelerum

---

[1]) Eph. 1, 4.   [2]) Matth. 9; 11, 28.   [3]) Röm. 11, 32   Ezech. 33, 11; 18, 23   1. Tim. 2, 6.

lus in der Epistel an die Römer gehalten[1], der zuvor die Menschen zur Buß, Erkenntnus der Sünden, zum Glauben in Christum, zum göttlichen Gehorsam weiset, ehe er von dem Geheimbnus der ewigen Wahl Gottes redet, | dem ist solliche Lehr nützlich und tröstlich. |

11. Daß aber „viel Berufen ›und‹ wenig Auserwählte" ›seind,‹[2] hat es nicht diese Meinung, als wolle Gott nicht jedermann selig machen, sonder die Ursach ist, daß sie Gottes Wort entweder gar nicht hören, sondern mutwillig verachten, die Ohren und ihr Herz verstocken und also dem Heiligen Geist seinen ordentlichen Weg verstellen, daß er sein Werk in ihnen nicht haben kann, oder do sie es gehöret haben, wiederumb in Wind schlagen und nicht achten, doran nicht Gott oder sein Wahl, sondern ihre Bosheit schuldig ist[3].

12. Und sofern soll sich ein Christ des Artikels von der ewigen Wahl Gottes annehmen, wie sie im Wort Gottes geoffenbaret, welche uns Christum als das „Buch des Lebens" fürhält, das er uns durch die Predigt des heiligen Evangelii aufschleißt und offenbaret, wie geschrieben stehet: „Welche er erwählet hat, die hat er auch berufen"[4], in dem wir die ewige Wahl des Vaters suchen sollen, der in seinem ewigen göttlichen Rat beschlossen, daß er außerhalb denen, so seinen Sohn Christum erkennen und wahrhaftig an ihn glauben, niemand wolle selig machen und sich anderer Gedanken entschlagen, welche nicht aus Gott, sondern aus Eingebung des bösen Feindes herfließen, dadurch er sich unterstehet, uns den herrlichen Trost zu schwächen oder gar zu nehmen, den wir in dieser heilsamen Lehr haben, daß wir wissen, ›wie‹ wir aus

ad Romanos secutus est (qui hominem prius deducit ad poenitentiam, ad agnitionem peccatorum, ad fidem in Christum, ad obedientiam mandatorum Dei, quam de aeternae praedestinationis mysterio loquatur) iis doctrina de praedestinatione Dei salutaris est et maximam consolationem adfert.

XI. Quod vero scriptum est: Multos quidem vocatos, paucos vero electos esse, non ita accipiendum est, quasi Deus nolit, ut omnes salventur, sed damnationis impiorum causa est, quod verbum Dei aut prorsus non audiant, sed contumaciter contemnant, aures obturent et cor indurent et hoc modo spiritui sancto viam ordinariam praecludant, ut opus suum in eis efficere nequeat, aut certe quod verbum auditum flocci pendant atque abiiciant. Quod igitur pereunt, neque Deus neque ipsius electio, sed malitia eorum in culpa est.

XII. Huc usque homo pius in meditatione articuli de aeterna Dei electione tuto progredi potest, quatenus videlicet ea in verbo Dei est revelata. Verbum Dei enim nobis Christum, librum vitae, proponit; is nobis per evangelii praedicationem aperitur et evolvitur, sicut scriptum est: Quos elegit, hos vocavit. In Christo igitur electio aeterna Dei patris est quaerenda. Is in aeterno suo consilio decrevit, quod praeter eos, qui filium eius, Iesum Christum, agnoscunt et in eum vere credunt, neminem salvum facere velit. Reliquae cogitationes ex animis piorum penitus excutiendae sunt, quia non a Deo, sed ex afflatu Satanae proficiscuntur, quibus humani generis hostis hoc agit, ut dulcissimam illam consolationem vel enervet, vel penitus e medio tollat, quam ex saluber-

---

3 in] an d f m w z   4 ö Konk   Christum] Christo t 4   4 zum göttlichen Gehorsam > 5   6/7 und tröstlich > H Helmst.   9 ›und‹ statt [aber] A   12 die Ursach ist] ist die Ursach w 6   sie] wir z   14 ihr > z   15 verstocken] verstopfen B b k q ö, urspr. w   17 do] so v   18 es + schon i   20 Wahl] Wort z   ihre] seine H   23 Und > z   soll > s   24 ewigen] einigen k   24/5 annehmen] annimbt s   25 geoffenbaret] offenbaret a   26 welche] welches einige Hss.   28 heiligen > ö   auf=] aus= Konk, z. T.   33 beschlossen] geschlossen m   36/7 Gedanken + wolle 5   37 Gott] Gottes Wort H Helmst   38 Eingebung] Eingeben Hss. außer i l q w ö 1 2   Angeben 5   Eingeben + des Teufels t 4   bösen Feindes] Teufels B   42 haben] halten w   wie statt [war] A   wie] daß Helmst   wie wir] daß wir ihn 3   wie + [ihn] A

2 prius bis poenitentiam >   4 Dei + prius   6 loquatur + deducit   17 ordinariam] quasi   28/9 praedicationem + quasi

---

[1]) Vgl. S. 1073, Anm. 2.   [2]) Matth. 20, 16; 22, 14.   [3]) 2. Petr. 2, 2ff. Luk. 11, 49. 52 Hebr. 12, 25.   [4]) Röm. 8, 30.

lauterer Gnade ohne allen unseren Verdienst in Christo zum ewigen Leben erwählet sein, und daß uns niemand aus seiner Hand reißen könne, wie er dann solche gnädige Erwählunge nicht allein mit bloßen Worten zusaget, sondern auch mit dem Eide beteueret und mit den heiligen Sakramenten versiegelt hat, deren wir uns in unseren höchsten Anfechtungen erinneren und trösten und damit die feurigen Pfeule des Teufels auslöschen können.

13. Darneben sollen wir uns zum höchsten befleißigen, nach dem Willen Gottes zu leben und unseren „Beruf", wie S. Petrus[1] vormahnet, „festezumachen", und sonderlich an das geoffenbarte Wort | uns | halten, das kann und wird uns nicht fehlen.

14. Durch diese kurze Erklärung der ewigen Wahl Gottes wird Gott seine Ehr ganz und völlig ›gegeben,‹ daß er allein aus lauter Barmherzigkeit ohne allen unseren Verdienst uns selig mache „nach dem Vorsatz"[2] seines Willens. Darneben auch niemandes einige Ursach zur Kleinmütigkeit oder rohen, wilden Leben gegeben.

Antithesis oder negativa.

Falsche Lehre von diesem Artikel.

Demnach glauben und halten wir: welche die Lehre von der gnädigen Wahl Gottes zum ewigen Leben also führen, daß sich die betrübten Christen derselben nicht trösten können, sondern dadurch zur | Kleinmütigkeit oder | Vorzweifelung verursacht, oder die Unbußfertigen in ihrem Mutwillen gestärkt werden, daß solche Lehr nicht nach dem Wort und Willen Gottes, sondern nach der Vernunft und Anstiftung des leidigen Satans getrieben werde, weil alles, was geschrieben ist (wie der Apostel zeuget)[3], uns zur Lehre geschrieben ist, auf daß wir durch Geduld und Trost der Schrift Hoffnung

rima hac doctrina haurire possumus: qua videlicet certi reddimur, quod mera gratia sine ullo nostro merito in Christo ad vitam aeternam electi simus et quod nemo ex ipsius manibus rapere nos possit. Et hanc clementissimam electionem non nudis verbis, sed interposito iureiurando Dominus contestando confirmavit et venerabilibus sacramentis nobis obsignavit, quorum in summis tentationibus meminisse et ex iis consolationem petere debemus, ut ignita diaboli tela exstinguamus.

XIII. Interim tamen summo studio in eo elaboremus, ut ad normam voluntatis divinae vitam nostram instituamus et vocationem nostram (ut divus Petrus loquitur) firmam faciamus, neque a Dei revelato verbo latum unguem recedamus; illud enim nunquam nos fallet.

XIV. Hac brevi explicatione aeternae electionis divinae honos suus Deo plene et in solidum tribuitur, quod videlicet secundum voluntatis suae propositum mera misericordia sine ullo nostro merito salvos nos faciat. Neque tamen hac doctrina vel gravioribus illis animi perturbationibus et pusillanimitati vel Epicureismo ansa praebetur.

NEGATIVA.

Falsae doctrinae de hoc articulo reiectio.

Credimus igitur et sentimus, quando doctrina de electione Dei ad vitam aeternam eo modo proponitur, ut perturbatae piae mentes ex ea consolationem nullam capere queant, sed potius per eam in animi angustias aut desperationem coniiciantur aut impoenitentes in dissoluta sua vita confirmentur, quod articulus hic non ad normam verbi et voluntatis Dei, sed iuxta humanae rationis iudicium, et quidem impulsu Satanae, male et perperam tractetur. Quaecunque enim scripta sunt (inquit apostolus) ad nostram doctrinam scripta

---

1 lauterer] lauter *H c f s 4* 3 daß] doch *c* 4 er + uns *Cor* 6 zusaget] zugesag *t b d t z* dem] einem *s t* 7 mit > *t* heiligen > *H t z ö Helmst* 14 uns] auch *x* uns + auch *B H g k l m r v w ä 1 3 4 5 6* 15 befleißigen] befleißen *B k ä 4* 16 Petrus] Paulus *B H f s* 18 uns > *a* uns] fest *z* 23 und > *l, urspr. k* völlig] völliglich *c f s* ›gegeben‹ statt [zugeschrieben] *A 3* 27 einige] eine *ö* 28 rohen, wilden ~ *ö* wilden oder rohen *f* 43 werde] werden *3* 45 ist > *Hss. außer f i q ä 1 Konk* durch > *b* + die *c e*

8/9 contestando *bis* venerabilibus] promulgavit et   28 et pusillanimitati >

---

[1]) 2. Petr. 1, 10.   [2]) Eph. 1, 11.   [3]) Röm. 15, 4.

haben. | Demnach verwerfen wir folgende Irrtumb: |

1. Als wann gelehret wird, daß Gott nicht wölle, daß alle Menschen Buße tun und dem Evangelio glauben[1].

2. Item, wann Gott uns zu sich berufe, daß nicht sein Ernst sei, daß alle Menschen zu ihm kommen sollen[2].

3. Item, daß Gott nicht wolle, daß jedermann selig werde, sondern unangesehen ihre Sünde, allein aus dem bloßen Rat, Vorsatz und Willen Gottes zum Verdamnis verordnet, daß sie nicht können selig werden[3].

|4. Item, daß nicht allein die Barmherzigkeit Gottes und allerheiligst Verdienst Christi, sunder auch in uns ein Ursach seie der Wahl Gottes, umb wölcher willen Gott uns zum ewigen Leben erwählet habe. |[4]

Welches alles lästerliche und erschreckliche irrige Lehren seien, dadurch den Christen aller Trost genommen, den sie im heiligen Evangelio und Gebrauch der heiligen Sakramenten haben, und derwegen in der Kirchen Gottes nicht sollten geduldet werden.

Dies ist die kurz und einfältige Erklärung der streitigen Artikul, | so | ein Zeitlang von den Theologen Augsburgischer Confession widerwärtig disputiert und gelehret worden.

Daraus ein jeder einfältiger Christ nach Anleitung Gottes Worts und seines einfältigen Catechismi vernehmen kann, was recht oder unrecht sei, do nicht allein die reine Lehre gesetzt, sondern auch derselbigen widerwärtige irrige Lehre ausgesetzt, verworfen und also die eingefallene ärgerlichen Spaltungen gründlich entscheiden seind.

Der allmächtige Gott und Vater unsers Herren Jesu verleihe seine Gnade seines

sunt, ut per patientiam et consolationem scripturarum spem habeamus. Reiicimus itaque omnes, quos iam enumerabimus, errores.

I. Quod Deus nolit, ut omnes homines poenitentiam agant et evangelio credant.

II. Quando Deus nos ad se vocat, quod non serio hoc velit, ut omnes homines ad ipsum veniant.

III. Quod nolit Deus, ut omnes salventur, sed quod quidam, non ratione peccatorum suorum, verum solo Dei consilio, proposito et voluntate ad exitium destinati sint, ut prorsus salutem consequi non possint.

IV. Quod non sola Dei misericordia et sanctissimum Christi meritum, sed etiam in nobis ipsis aliqua causa sit electionis divinae, cuius causae ratione Deus nos ad vitam aeternam elegerit.

Haec dogmata omnia falsa sunt, horrenda et blasphema, iisque piis mentibus omnis prorsus consolatio eripitur, quam ex evangelio et sacramentorum usu capere deberent, et idcirco in ecclesia Dei nequaquam sunt ferenda.

Haec brevis est et simplicissima articulorum controversorum explicatio, de quibus inter theologos Augustanae Confessionis aliquandiu disceptatum et discrepantibus inter se sententiis disputatum est. Et ex hac declaratione homo pius quantumvis simplex secundum analogiam verbi Dei et Catechismi simplicem doctrinam deprehendere potest, quid verum sit, quid falsum. Non enim tantummodo sincera doctrina diserte est recitata, verum etiam contraria et falsa doctrina repudiata est et reiecta, et controversiae illae, offendiculorum plenae, solide sunt decisae atque diiudicatae.

Faxit Deus omnipotens, pater Domini nostri Iesu Christi, ut per gratiam spiri-

---

1 folgende] nachfolgende b 4   6 tun] zu tun z   9 daß + es einige Hss.   12/3 ihre Sünde > q   13 dem] einem g i   14/5 verordnet] geordnet w z 6   17 allein > c, urspr. d   18 und + das f l ä   20 der] die 4   20/1 Gott uns ~ c f ä   22 lästerliche] lästerige, irrige 5   und > w   23 irrige] Irrtümer g i   25 und + dem ä   Gebrauch] Gebrauchung w 6   33/7 Daraus bis gesetzt > 4   34 Anleitung] Einleitung b   36 do] doch c   44 Jesu + Christi v 6   seine] die mehrere Hss., Konk   seines] des g k l

11 Quod nolit Deus] Deum non velle   12 quod quidam] quosdam   15 destinati sint] destinatos esse   39 recitata + et explicata   43 omnipotens] Optimus Maximus

---

[1]) Gegen die vocatio specialis der ref. Theologie, vgl. Institutio III 21, 5; CR XXX 682 ff., 686 und Ritschl, Dogmengesch. d. Prot. III 243 ff., 283 ff.   [2]) Vgl. S. 1074, Anm. 1.   [3]) Gegen praedestinatio gemina der ref. Theologie, in schroffer Prägung, z. B. Conf. Gallic. XII, E. f. K. Müller, Bekenntnisschriften 224, vgl. Ritschl, Dogmengesch. d. Prot. III 180, 243 ff., 283 ff.; auch Zwingli, Ritschl III 61 f.   [4]) Vgl. S. 1088, Anm. 5.

heiligen Geistes, daß wir alle in ihm einig sein und in solcher christlichen und ihme wohlgefälligen Einigkeit beständiglich bleiben. Amen.

tus sancti omnes in ipso consentientes et concordes simus atque in consensu pio, qui ipsi probetur, constanter perseveremus. Amen.

M 558

<XII.>

Von andern Rotten und Sekten,

so sich niemales zu der Augsburgischen Confession bekannt.

Damit uns auch nicht stillschweigend solche zugemessen, weil wir derselben in vorgesetzter Erklärung keine Meldung getan, haben wir zu Ende allein die bloße Artikel erzählen wollen, ›darinnen‹ sie sich irren und vielgedachtem unserem christlichen Glauben und Bekenntnus zuwider lehren.

Irrige Artikel der Wiedertäufer.

Die Wiedertäufer seind unter sich selbst in viel Haufen geteilet, do einer viel, der ander wenig Irrtumb bestreitet; ingemein aber führen sie solche Lehre, die weder in der Kirchen noch in der Polizei und weltlichem Regiment noch in der Haushaltung zu dulden noch zu leiden.

Unleidenliche Artikul in der Kirchen.

1.¹ Daß Christus sein Leib und Blut nicht von Marien der Jungfrauen angenommen, sonder vom Himmel mit sich gebracht.

2.² Das Christus nicht wahrhaftiger Gott, sonder nur mehr Gaben des Heiligen Geistes habe, dann sonst ein heiliger Mensch.

3.³ Daß unser Gerechtigkeit vor Gott nicht allein auf den einigen Verdienst

XII.

DE ALIIS HAERESIBUS ET SECTIS,

quae nunquam Augustanam Confessionem sunt amplexae.

Ne tacita cogitatione haereses illae et sectae nobis tribuantur, propterea quod earum in commemorata declaratione expressam mentionem non fecimus, visum est articulos earum ad calcem (ut dicitur) huius scripti nude recitare, in quibus nostri temporis haeretici a veritate dissentiunt et sincerae nostrae religioni et confessioni contrarium docent.

ERRORES ANABAPTISTARUM.

Anabaptistae in multas sectas sunt divisi, quarum aliae plures, aliae pauciores errores defendunt. Generatim tamen omnes talem doctrinam profitentur, quae neque in ecclesia neque in politia neque in oeconomia tolerari potest.

Articuli anabaptistici, qui in ecclesia ferri non possunt.

I. Quod Christus carnem et sanguinem suum non e Maria virgine assumpserit, sed e coelo attulerit.

II. Quod Christus non sit verus Deus, sed tantummodo ceteris sanctis sit superior, quia plura spiritus sancti dona acceperit, quam alius quispiam homo sanctus.

III. Quod iustitia nostra coram Deo non in solo Christi merito, sed in reno-

---

2 sein + ›mögen‹ z   5 XII. > *A B H u. einige Hss.*   6 Von + den z   7 so] die *g k*   8/9 bekannt + haben *g*   14 wollen > *c f r s ā*   ›darinnen‹ statt [darumb] *A*   21 sich selbst] einander *g k l*   22 viel] weniger *g k l*   23 wenig] viel *g k l* Irrtumb] Artikel *i k l*   bestreitet] hat *m z*   25 der > *B*   27 noch] und *c d g l v ö* 28 Unleidenliche] Unleidliche *viele Hss.*, Konk   Kirchen + zu leiden *c d*   30 Leib] fleisch *H w 3 Cor*   31 Marien der Jungfrauen ∼ *B*   Jungfrauen + hab *k* 34 nur > *B*   35 habe] *A*: haben   39 nicht allein ∼ *t*

18 contrarium docent] repudiant

---

¹) = SD XII, Art. 16.   ²) = SD XII, Art. 17.   ³) = SD XII, Art. 1.

Christi, sondern in der Erneuerung und also in unser eigen Frömmigkeit stehe, in deren wir wandeln. Welche zum großen Teil auf eigene, sonderliche, selbsterwählte Geistlichkeit gesetzt und im Grunde anders nichts dann eine neue Müncherei ist.

4. Daß die Kinder, so nicht getauft, vor Gott nicht Sünder, sondern gerecht und unschuldig seien, welche in ihrer Unschuld, weil sie noch nicht zu ihrem Vorstand kommen, ohne die Taufe (deren ihren Vorgeben nach sie nicht bedörfen) selig werden. Vorwerfen also die ganze Lehre von der Erbsünde, und was derselben anhänget.

5. Daß die Kinder nicht sollen getaufet werden, bis sie zu ihrem Vorstande kommen und ihren Glauben selbst bekennen könnten.

| 6.¹ Daß der Christen Kinder darumb, weil sie von christlichen und gläubigen Eltern geboren, auch ohne und vor der Taufe heilig und Gottes Kinder seien; auch der Ursach der Kindertaufe weder hochhalten noch befürdern wider die ausgedrückte Wort der Verheißung ›Gottes,‹ die sich allein auf die erstrecket, wölche sein Bund halten und denselben nicht verachten, Gen. 17. |²

7. Daß dies keine rechte christliche Gemeine sei, darinnen noch Sünder gefunden werden.

8. Daß man keine Predigt hören noch in den Tempeln besuchen solle, darinnen zuvor papistische Meß gehalten und gelesen worden.

9. Daß man nichts mit den Kirchendienern, so das Evangelium vormuge Augsburgischer Confession predigen und der Wiedertäufer Predigen | und Irrtumb | strafen, zu schaffen haben, ihnen auch weder dienen noch etwas arbeiten, sondern als die Verkehrer Gottes Worts fliehen und meiden soll.

vatione atque adeo in nostra propria probitate, in qua ambulemus, consistat. Ea vero Anabaptistarum iustitia magna ex parte electitia et humanitus excogitata quadam sanctimonia constat et revera nil aliud est quam novus quidam monachatus.

IV. Quod infantes non baptizati coram Deo non sint peccatores, sed iusti et innocentes et in illa sua innocentia, cum usum rationis nondum habeant, sine baptismo (quo videlicet ipsorum opinione non egeant,) salutem consequantur. Et hoc modo reiiciunt totam de peccato originali doctrinam, reliqua etiam, quae ex ea dependent.

V. Quod infantes baptizandi non sint, donec usum rationis consequantur et fidem suam ipsi profiteri possint.

VI. Quod Christianorum liberi eam ob causam, quia parentibus Christianis et fidelibus orti sunt (etiam praeter et ante susceptum baptismum), revera sancti et in filiorum Dei numero sint habendi. Qua de causa etiam neque paedobaptismum magni faciunt neque id operam dant, ut infantes baptizentur, quod cum expressis verbis promissionis divinae pugnat; ea enim tantum ad eos pertinet, qui foedus Dei observant, illudque non contemnunt.

VII. Quod ea non sit vera et Christiana ecclesia, in qua aliqui adhuc peccatores reperiuntur.

VIII. Quod conciones non sint audiendae ullae in iis templis, in quibus aliquando missae pontificiae sunt celebratae.

IX. Quod homo pius nihil prorsus commercii habere debeat cum ecclesiae ministris, qui evangelion Christi iuxta Augustanae Confessionis sententiam docent et Anabaptistarum conciones ac errores reprehendunt, et quod eiusmodi ecclesiae ministris neque servire, neque operam locare liceat, sed quod iidem ut perversores verbi divini vitandi et fugiendi sint.

---

1 Erneuerung] Verneuerung *c x*   2 stehe > *B*   6 eine > *m*   9/10 sondern *bis* seien > *4*   12 deren + sie *g k l*   13 sie > *g k l*   sie + noch *ō*   15 anhänget] anhängig *t 4*   anhangen *w*   18 bis + daß *b*   19 könnten] können *einige Hss.*, Konk   21 gläubigen] glaublichen *k*   24 der] die *w*   25 der] Christi und *4*   32 dies] die *a*   33 Sünder] Kinder *v*   Sünder + sind und *x*   36 darinnen + man *f*   37 papistische] päpstische *einige Hss.*   38 worden + seind *1*   42 Predigen + [und der Wiedertäufer], *A*   46 soll] sollen *x*

1 propria >   14 reiiciunt + Anabaptistae   22 praeter et >   28 quod] Id vero   43 conciones ac >   46/8 quod *bis* sint] eosdem penitus vitandos esse et fugiendos

---

¹) = SD XII, Art. 4, gleichfalls Einschub.   ²) Gen. 17, 4—8. 19—21.

Unleidentliche Artikel in der Polizei.

1.¹ Daß die Oberkeit kein gottgefälliger Stand im neuen Testament sei.

2. Daß ein Christenmensch mit guten, unverletzten Gewissen das Ambt der Oberkeit nicht tragen noch verwalten könnte.

3. Daß ein Christ mit unverletzten Gewissen das Ambt der Oberkeit in zufälligen Sachen wider die Bösen nicht gebrauchen, noch derselben Untertanen ihrem habenden und vom Gott entpfangenen Gewalt zum Schutz und Schirm anrufen mögen.

4. Daß ein Christenmensch mit guten Gewissen kein Eid schweren noch mit Eide seinem Landesfürsten oder Oberherrn die Erbholdigung tun könne.

5. Daß die Oberkeit im neuen Testament in unverletzten Gewissen die Übeltäter am Leben nicht strafen könne.

Unleidliche Artikel in der Haushaltung.

1.² Daß ein Christ mit gutem Gewissen nichts Eigens behalten noch besitzen könne, sondern schuldig sei, dasselbige in die Gemein zu geben.

2. Daß ein Christ mit guten Gewissen kein Gastgebr, Kaufmann oder ein Messenschmied sein könne.

3. Daß Eheleut umb des Glaubens willen sich voneinander scheiden, und eines das

Articuli anabaptistici, qui in politia sunt intolerabiles.

I. Quod magistratus officium non sit sub novo testamento genus vitae, quod Deo placeat.

II. Quod homo Christianus salva et illaesa conscientia officio magistratus fungi non possit.

III. Quod homo Christianus illaesa conscientia officium magistratus, rebus ita ferentibus, adversus improbos administrare et exsequi, et subditi potestatem illam, quam magistratus a Deo accepit, ad defensionem implorare non possint.

IV. Quod homo Christianus sana conscientia iusiurandum praestare et iuramento interposito obedientiam et fidem suo principi aut magistratui promittere nequeat.

V. Quod magistratus sub novo testamento bona conscientia homines facinorosos capitali supplicio afficere non possit.

Articuli anabaptistici, qui in oeconomia ferri non possunt.

I. Quod homo pius non possit conscientia salva proprium tenere et possidere, sed quod is, quicquid omnino facultatum habeat, id totum in commune conferre debeat.

II. Quod homo Christianus illaesa conscientia neque cauponariam neque mercaturam exercere aut arma conficere possit.

III. Quod coniugibus propter diversam religionem divortium facere et cum

---

1 Unleidentliche] Unleidliche *einige Hss.* Konk, *so auch im folgenden* kein gott=] nicht ein *a* gottgefälliger] Gott wohlgefälliger *k* gottsehelicher *4*   *q* Stand + sei *b* sei > *b* 6/7 unverletzten > *g i* 8 nicht > *5* könnte] könne *viele Hss.,* Konk   11 nicht > *Hei*   11/2 gebrauchen] brauchen *w 6*   17 mit + einem *ö*   18 Oberherrn] die Obrigkeit *a*   19 Erbholdigung] Erbhuldung *einige Hss.,* Konk   Erbschuldung *a*   könne] könnte *a*   22 in] mit *v ö 6*   ohne *Cor*   23 könne] könnte *k*   könnten *l*   26 Unleidliche] Unleidentliche *einige Hss.,* Konk   28 Christ + nicht *6*   29 behalten + könne *a* könne > *a*   könnte *k 1*   30 dasselbige > *c d*   31 geben] legen *w 6*   34 kein] nicht ein *w*   35 könne] könnte *g k l 1 6*

5 Deo + probetur et   9/15 III. *bis* possint] Quod etiam subditi opem magistratus (ut in potestatem suam, quam a Deo accepit, ad defensionem subditorum exerceat) implorare non debeant   16 IV. *bis* Christianus] III. Hominem Christianum non posse   18/9 obedientiam *bis* suo >   19 magistratui + suo qualicunque fidelitatem et obedientiam   20 nequeat >

---

¹) = SD XII, Art. 8.   ²) = SD XII, Art. 13.

Irrige Artikel der Schwenckfeldianer.

1. Daß alle die kein recht Erkenntnus des regierenden Himmelkönigs Christi haben, welche Christum nach dem Fleisch für ein Kreatur halten.

2. Daß das Fleisch Christi durch die Erhöhung also alle göttliche Eigenschaften angenommen, daß er, Christus, als Mensch an Macht, Kraft, Majestät, Herrligkeit dem Vater und dem Wort allenthalben im Grad und Stell des Wesens gleich, daß nunmehr einerlei Wesen, Eigenschaft, Will und Glori beider Naturen in Christo seien, und daß das Fleisch Christi zu dem Wesen der heiligen Dreifaltigkeit gehöre.

3. Daß der Kirchendienst, das gepredigte und gehörte Wort nicht sei ein Mittel, dadurch Gott der Heilige Geist die Menschen lehre, die seligmachende Erkenntnus Christi, Bekehrung, Buß, Glauben und neuen Gehorsamb in ihnen wirke.

4. Daß das Taufwasser nicht sei ein Mittel, dadurch Gott der Herr die Kindschaft versiegele und die Wiedergeburt wirke.

5. Daß Brot und Wein im heiligen Abendmahl nicht Mittel sein, dadurch und damit Christus sein Leib und Blut austeile.

6. Daß ein Christenmensch, der wahrhaftig durch den Geist Gottes wiedergeboren, das Gesetz Gottes in diesem Leben vollkommen halten und erfüllen könne.

7. Daß keine >rechte< christliche Gemein sei, da >kein | öffentlicher | Ausschluß oder ordentlicher Prozeß des Banns< gehalten werde.

ERRORES SCHWENCOFELDIANORUM.

I. Quod omnes illi, qui Christum secundum carnem creaturam esse dicunt, non habeant veram regnantis coelestis regis agnitionem.

II. Quod caro Christi per exaltationem eo modo omnes proprietates divinas acceperit, ut Christus, quatenus homo est, potentia, virtute, maiestate, gloria patri et $τῷ$ $λόγῳ$ per omnia in gradu et statu essentiae omnino aequalis sit, ita ut iam utriusque in Christo naturae una sit essentia, eaedem proprietates, eadem voluntas eademque gloria, et quod caro Christi ad sacrosanctae trinitatis essentiam pertineat.

III. Quod ministerium verbi, praedicatum et auditu perceptum verbum non sit instrumentum illud, per quod Deus spiritus sanctus homines doceat salutaremque Christi agnitionem largiatur et conversionem, veram poenitentiam, fidem et novam obedientiam in ipsis efficiat.

IV. Quod aqua baptismi non sit medium, per quod Dominus adoptionem in filiis Dei obsignet et regenerationem efficiat.

V. Quod panis et vinum in sacra coena non sint organa, per quae et cum quibus Christus corpus et sanguinem suum distribuat.

VI. Quod homo pius, vere per spiritum Dei regeneratus, legem Dei in hac vita perfecte servare et implere valeat.

VII. Quod non sit vera ecclesia Christi, in qua non vigeat publica excommunicatio et solennis aliquis excommunicationis modus seu, ut vulgo dicitur, processus ordinarius.

---

2 ist > 5   3 möge] könne *d e*   4/5 Schwenckfeldianer] Schwenckfelder 4
7 Himmelkönigs] Himmels Christi 5   12 als + ein *m t v x 4*   13 an] ohne *k*
Macht, Kraft ~ *B s*   14 dem > *a*   15 Stell] Ständ 5   daß nunmehr] immer *z*
nunmehr] nur *a*   19 gehöre] gehörig *H t 3 4*   22 sei ein] seinen *k*   Mittel + [oder
<3 Cor: und> Werkzeug] *A 3 Cor*   26 wirke] wirkt *a*   30 Mittel + [oder Werkzeug] *A 3*
Kind=] Kund= *g*   31 versiegele] versiegelt *x*   32 wirke] wirkt *x*   34 Mittel +
[und Werkzeug] *A 3*   35 sein > *z*   35/6 austeile] austeilet *x*   38 den + heil. ō
Gottes > *i ō*   40 könne] könnte *g x*   42/3 >kein *bis* Banns< statt [der Ausschluß,
Excommunication oder Bann nicht] *A 3*   42 öffentlicher > 6   oder] und 6   43 des
+ öffentlichen *g i m q v 1 2 5 6*, offenbarlichen *w*

14 per omnia >   34/5 per *bis* quibus] quibuscum

M 561   8. Daß der Diener der Kirchen andere Leute nicht nützlich lehren oder rechte wahrhaftige Sakrament austeilen könne, welcher nicht auch für sein Person wahrhaftig vorneuert, wiedergeboren, gerecht und fromb seie.

VIII. Quod is ecclesiae minister alios 27 homines cum fructu docere aut vera sacramenta dispensare non possit, qui ipse non sit vere renovatus, renatus et vere iustus.

W 583   **Irrtumb der neuen Arianer.**

ERROR NOVORUM ARIANORUM.

Daß Christus nicht ein wahrhaftiger, wesentlicher, natürlicher Gott, eines ewigen göttlichen Wesens mit Gott dem Vater und dem Heiligen Geist, sonder allein mit göttlicher Majestät unter und neben Gott dem Vater gezieret sei.

Quod Christus non sit verus, substan- 28 tialis, naturalis Deus, eiusdem cum patre et Spiritu sancto essentiae, sed divina tantum maiestate ita cum patre ornatus, ut patre sit inferior.

Irrtumb der Antitrinitarier.

ERROR ANTITRINITARIORUM.

Das ist gar eine naue¹ Sekten, zuvorn in der Christenheit nicht erhöret, welche glauben, lehren und bekennen, daß nicht ein einig, ewig göttlich Wesen sei, des Vatern, Sohns und Heiligen Geists, sondern wie Gott Vater, Sohn und Heiliger Geist drei unterschiedliche Personen sein, also habe auch eine jde Person ihr unterschiedlich und von andern Personen der Gottheit abgesondert Wesen, die doch entweder alle drei, wie sonst drei unterschiedene und von einander in ihrem Wesen abgesonderte Menschen, gleichs Gewalts, Weisheit, Majestät und Herrligkeit, oder am Wesen und Eigenschaften einander ungleich, daß allein der Vater rechter wahrer Gott sei.

Haec prorsus nova est haeresis, quae 29 antehac ecclesiis Christi ignota fuit, eorum videlicet, qui opinantur, docent et profitentur non esse unicam tantum divinam et aeternam patris, filii et Spiritus sancti essentiam, sed quemadmodum pater, filius et spiritus sanctus tres sunt distinctae personae, ita unamquamque personam habere distinctam et a reliquis personis divinitatis separatam essentiam. Et horum alii sentiunt, quod singulae personae in singulis essentiis aequali sint potestate, sapientia, maiestate et gloria, sicut alias tres numero differentes homines, ratione essentiae suae, sunt a se invicem disiuncti et separati. Alii sentiunt, tres illas personas et essentias ita inaequales esse ratione essentiae et proprietatum, ut solus Deus pater verus sit Deus.

Diese und dergleichen Artikel allezumal und was denselben mehr Irrtumb anhängig und daraus erfolget, verwerfen und verdammen wir als unrecht, falsch, ketzerisch, dem Worte Gottes, den dreien Symbolis, der Augsburgischen Confession und Apologi, den Schmalkaldischen Artikeln und Catechismis Lutheri zuwider, vor welchen alle fromme Christen, hohen und niedriges Standes, sich hüten sollen, so lieb ihnen ihrer Seelen Heil und Seligkeit ist.

Hos atque his similes errores omnes, 30 et eos etiam, qui ab his dependent et ex his consequuntur, reiicimus atque damnamus, utpote qui falsi sint atque haeretici et qui verbo Dei, tribus approbatis Symbolis, Augustanae Confessioni, eiusdem Apologiae, Smalcaldicis Articulis et Catechismis Lutheri repugnent, quos etiam errores omnes pii, summi atque infimi, cavere et vitare debent, nisi aeternae suae salutis iacturam facere velint.

---

3 könne] könnte *k 1*   4 nicht auch ~ *a*   5 gerecht] recht *B k l m s t v ä 14*   7 Irrtumb] Irrung *c f s*   der] des *k*   Arianer] Arianers *k*   9 eines + und *ö*   10 göttlichen + ›gleichs Gewalts‹ *w*   15 zuvorn > *b*   16 Christenheit + zuvor *b* nicht] nie *d e*   19 und + des *t*   25 unterschiedene] unterschiedliche *B 4*   28 oder] aber *k*   und > *c*   36 anhängig] anhänglich *1*   37 und > *a*   38 ketzerisch] Ketzereien *B*   41 und + den *B, urspr. a 8*   43 fromme > *4*

22 sunt] sint

---

¹) Vgl. S. 1099, Anm. 1.

| Daß dies unser aller Lehr, Glaub und Bekenntnus seie, wie wir sollichs am Jüngsten Tag vor dem gerechten Richter, unserm Herrn Jesu Christo, verantworten, darwider auch nichts heimlich noch öffentlich reden oder schreiben wöllen, sunder gedenken vermittelst der Gnaden Gottes darbei zu bleiben, haben wir wohlbedächtig in wahrer Forcht und Anrufung Gottes mit eigen Handen unterschrieben. Actum Berg, den 29ten Maii 1577[1].

Quod autem haec sit omnium nostrum fides, doctrina et confessio (de qua in novissimo illo die iudici Domino nostro Iesu Christo rationem reddere parati sumus) et quod contra hanc doctrinam nihil vel occulte vel aperte dicere aut scribere, sed per gratiam Dei in ea constanter perseverare velimus, in eius rei fidem re bene meditata in vero Dei timore et invocatione nominis eius hanc Epitomen propriis manibus subscripsimus.

Iacobus Andreae D. subscripsit.
Nicolaus Selneccerus D. subscripsit.
Andreas Musculus D. subscripsit.
Christophorus Cornerus D. subscripsit.
Dauid Chytraeus.
Martinus Kemnicius. D. |

2 seie > c   7 gedenken] bedenken w   9 wohlbedächtig] wohlbedächtlich t 4 11/9 Actum bis Kemnitius. D. > Konk   11 Berg] Bergae einige Hss.   + vor Magdeburg H ö 3   Maii + Anno etc. alle Hss. außer m r   12 1577. + Kurfürstliche Sächsische Theologen alle Hss.   14 subscripsit + Kurfürstliche Brandenburgische Theologen alle Hss.   16/7 subscripsit + Fürstlicher Meckelburgischer alle Hss. 18 Chytraeus + Fürstlicher Braunschweigischer alle Hss.

9 re bene meditata >   11/2 subscripsimus + Actum Bergae 29. Maii anno Domini 1577.

---

[1] Vgl. S. 1100, Anm. 1. 2.

Allgemeine, lautere, richtige und endliche Wiederholung

und Erklärung etlicher Artikel Augsburgischer Konfession, in wölchen ein Zeither unter etlichen Theologen Streit vorgefallen, nach Anleitung Gottes Worts und summarischen | Inhalt | unser christlichen Lehre beigelegt und verglichen.

5 SOLIDA, PLANA AC PERSPICUA REPETITIO

et declaratio quorundam articulorum Augustanae Confessionis, de quibus aliquandiu inter nonullos theologos eidem addictos disputatum fuit, continens earum controversiarum ad normam et analogiam verbi Dei et compendiariam Christianae nostrae doctrinae formulam et
10 rationem, decisionem atque conciliationem.

Nachdem[2] aus sondern Gnaden und Barmherzigkeit des Allmächtigen die Lehre von den fürnehmsten Artikuln unserer christ-

Immensa Dei Optimi Maximi bonitate atque miseratione factum est, ut doctrina de praecipuis Christianae no-

M 565
W 585
1

1/4 Allgemeine *bis* verglichen] Erklärung der fürnehmsten in den Kirchen Augsburgischer Konfession streitichen Lehrartikuln, zu einem christlichen Anfang und Vorbereitung zu gottseliger heilsamer Einigkeit und Vorgleichung auf der christlichen Kur- und Fürsten und derselben Theologen Bedenken gestellet, *Bertram* Allgemeine] Gründliche *p* Konk [Allgemeine] + Gründliche *z*   2/3 ein Zeither] eine Zeitlang Konk   3 Theologen + derselbigen zugetan Konk   Theologen + | derselbigen | *q z*   vorgefallen + >[so]< *A*
4 | Inhalt | *statt* [Begriff — Bericht] *A*   Lehr + [christlich] *A*   verglichen + [worden] >[worden]< *A*   verglichen + Anno Domini 1577 *z*   verglichen. + Bedenken, welchermaßen vermuge Gotts Worts die eingerissene Spaltungen zwischen den Theologen Augsburgischer Confession | verglichen | und beigelegt werden möchten *A*, *vgl. Anm. 1.*

---

5 ac > *St*   perspicua + ac[postrema] *St*   6 articulorum Aug. Conf. ~ *St*
7 eidem addictos > *Conc St*   disputatum] controversum *St*   8 continens earum controversiarum] qui *St*   9 et (2.)] ac *St*   10 decisionem *bis* conciliationem] diiudicati et conciliati sunt *St*

---

[1]) Der Titel, von der Hand Andreäs auf einem kleineren (15/21 cm) Blatt geschrieben, ist dem nicht getilgten Titel des TB: „Bedenken, welchermaßen..." vorgeheftet. Zu „Allgemeine": Landgraf Wilhelm von Hessen und Fürst Joachim Ernst von Anhalt knüpfen daran als billig ihre Forderung einer Generalsynode, daß das Konkordienbuch vor der Veröffentlichung „von allen Ständen in eim allgemeinen freien Synodo examiniert, wohl erwogen, approbiert und angenommen werde" (an Kurfürst August, 11. März 1579, Sächs. Hauptstaatsarchiv 10305 VI Religion Buch); ähnlich Pfalzgraf Johann von Pfalz-Zweibrücken, der Vorlegung vor alle Stände vor der Veröffentlichung verlangt (Pressel, Kurfürst Ludwig 494. 499. 515; Dän. Bibliothec VIII 361). Vgl. zu den Änderungen auch die Gesch. des Haupttitels von Konk, vgl. S. XLIII.   [2]) Die Einleitung entspricht bis S. 832, 43 nahezu wörtlich der Einleitung zur FM (Pressel 640—642); ihre Aufnahme in das TB erfolgte, weil sie gegenüber der zur SC (Hachfeld 234—236) und zur SSC (Heppe IIIB 75—77 und 166—168) „magis nervosa et ad praesens negotium magis accomodata erat". Chemnitz an Heßhus, 23. Juni 1576 (Rehtmeyer IIIB 257).

lichen Religion (welche durch Menschenlehre und -satzungen unter dem Papstumb greulich verfinstert gewesen) durch Doktor Luthern, seliger und heiliger Gedächtnus, wiederumb aus Gottes Wort erläutert und gereiniget, die päpstische Irrtumb, Mißbräuch und Abgötterei gestraft und aber solche reine Reformation von dem Gegenteil für eine neue Lehr geachtet, auch als ob sie dem Wort Gottes und den christlichen Ordnungen gänzlich zuwider, heftig (gleichwohl mit Ungrund) angezogen, darzu mit unerfindlichen Calumnien und Auflagen beschwert, haben die christlichen Kur-[1] und Fürsten, auch Stände, welche damal die reine Lehre des heiligen Evangelii angenommen und ihre Kirchen christlich dem Wort Gottes gemäß reformieren lassen, auf der großen Reichsvorsamblung zu Augsburg Anno etc. dreißig eine christliche Konfession aus Gottes Wort stellen lassen und dieselbige Kaiser Carolo V. überantwortet, darinnen sie lauter und rund ihre christliche Bekenntnus getan, was von den fürnehmbsten Artikuln (sonderlich denen, so zwischen ihnen und den Päpstischen streitig worden) in den christlichen evangelischen Kirchen gehalten und gelehrt werde, welche von dem Gegenteil gleichwohl sauer angesehen, aber, gottlob, bis auf diesen Tag unwiderlegt und unumbgestoßen geblieben.

Zu derselbigen christlichen und in Gottes Wort wohlgegründeten Augsburgischen Konfession bekennen wir uns nachmals hiemit von Grund unsers Herzen, bleiben bei derselben einfältigen, hellen und lauterm Verstand, wie solchen die Wort mit sich bringen, und halten gedachte Konfession für ein rein christlich Symbolum, bei dem sich | dieser Zeit | rechte Christen nächst Gottes Wort sollen finden lassen. ' Wie dann auch für Zeiten in der Kirchen Gottes über etliche fürgefallene große Streit christliche Symbola und Bekenntnuffe gestellt worden, zu

strae religionis articulis, quae opinionibus et traditionibus humanis durante papatu horribiliter obscurata fuerat, opera D. Lutheri, piae sanctaeque memoriae, rursus secundum praescriptum et analogiam verbi Dei sincere explicaretur et repurgaretur, pontificii vero errores, abusus et idolomaniae graviter redarguerentur. Hac pia reformatione 2 adversarii nova dogmata in ecclesiam Dei introduci putaverunt, eam igitur, quasi verbo Dei prorsus repugnaret et pias ordinationes penitus everteret, vehementer, falso tamen, criminati sunt et calumniis prope infinitis, quae nullo tamen vel probabili saltem colore fulcirentur, oppugnarunt. Ea re moti illustrissimi pietateque religiosa praestantissimi electores, principes et ordines Imperii (qui tum sinceram evangelii doctrinam amplexi fuerant et ecclesias suas ad verbi Dei normam pie reformaverant) in comitiis frequentissimis et celeberrimis illis Augustae Vindelicorum anno post millesimum quingentesimum trigesimo habitis sedulo curarunt, ut confessio pia, a sacris litteris collecta, conscriberetur, eamque confessionem Imperatori Carolo V. exhibuerunt. In ea perspicue et candide professi sunt, quid de praecipuis articulis (iis praesertim, qui inter ipsos et Pontificios in controversiam venerant) in Ecclesiis Evangelicis et reformatis crederetur et publice doceretur. Eam confessionem adversarii moleste quidem graviterque acceperunt, sed ad hunc usque diem neque refutare neque evertere potuerunt.

Hanc piam atque e fundamentis verbi 4 Dei solidissimis exstructam Augustanam Confessionem nos toto pectore amplecti, publice et sollenniter etiamnum profitemur et simplicem illius, sinceram et perspicuam sententiam, quam verba ipsa monstrant, retinemus. Eamque pium nostri temporis symbolum esse, quod piae mentes post invictam verbi Dei auctoritatem recipere debeant, iudicamus; quemadmodum olim etiam in ecclesia Dei, exortis gravissimis in religionis negotio certamini-

12 angezogen] ungefochten ö 31 unumbgestoßen] umbgestoßen *k l* 41 Wort + verfaßten *B* 42 nach-] noch- Konf 52 Bekenntnusse + gehalten und *B* gestellet + sein *B*

28 confessionem + Invictissimo

[1]) Kur-, vgl. electores: jedoch nur Kurfürst Johann von Sachsen. Daher allgemeine Wendung wie z. B. im Bericht des Bischof Lindanus (Tschackert, Augsb. Konf. 56); vgl. dazu S. 136f.

denen sich die reinen Lehrer und Zuhörer mit Herzen und Munde | damals | bekannt haben. Wir gedenken auch vormittelst der Gnaden des Allmächtigen bei mehrgemelter christlicher Konfession, wie sie Kaiser Carolo Anno etc. dreißig übergeben, bis an unser Ende beständig zu vorharren, und ist unser Vorhaben nicht, weder in dieser noch andern Schriften, von vielgedachter Konfession im wenigsten abzuweichen, ¹noch eine andere und neue Konfession zu stellen.

Wiewohl aber die christliche Lehre in derselbigen Konfession mehrerteils (außerhalb, was von den Papisten[1] geschehen) unangefochten geblieben, so kann gleichwohl nicht geleugnet werden, daß etliche Theologi | von[2] etlichen hohen und fürnehmen Artikeln | abgewichen und den rechten Vorstand derselbigen entweder nicht erreicht oder ja nicht dabei bestanden, etwa auch deren ein fremden Vorstand anzudeuten sich unterwunden, und doch neben dem allem der Augsburgischen Konfession sein und sich derselbigen behelfen und rühmen wollen, daraus dann beschwerliche und schädliche Spaltungen in den reinen evangelischen Kirchen entstanden; wie dann auch noch bei Lebzeiten der heiligen Aposteln unter denen, so Christen heißen wollten und sich der Lehre Christi berühmten, gleichsfalls erschreckliche Irrtumb eingefallen, daher etliche durch die Werk des Gesetzes wollten gerecht und selig werden, Act. 15; etliche die Auferstehung der Toten widersprachen, 1. Cor. 15; etliche nicht glaubten, daß Christus wahrer ewiger Gott wäre[3], wider welche sich die heiligen Apostel in ihren Predigten und Schriften heftig legen müssen, obwohl solche hochwich-

bus, confessiones et pia quaedam symbola sunt conscripta, quae sinceri doctores et auditores toto animo amplectebantur et publice profitebantur. Et quidem, bene iuvante nos gratia Dei Optimi Maximi, in illius confessionis pia doctrina (quemadmodum ea Carolo V. anno etc. 30. exhibita est) ad ultimos usque vitae nostrae spiritus constantes perseverabimus. Neque in animo habemus hoc scripto aut quocunque alio a commemorata iam confessione vel transversum, ut aiunt, unguem discedere, vel aliam aut novam confessionem condere.

Etsi autem pia confessionis illius doctrina magna ex parte (praeterquam quod a Pontificiis factitatum est) non fuit impugnata, fateri tamen oportet nonnullos theologos in praecipuis quibusdam et magni momenti articulis a doctrina illius confessionis discessisse, veramque illius sententiam aut non assecutos esse, aut certe non constanter retinuisse, quosdam etiam ei alienam sententiam affingere conatos esse, qui nihilominus tamen Augustanam se Confessionem amplecti simularunt, et ex ea, quasi gloriantes de eius professione, praetextus quaesiverunt. Ex ea autem re gravia admodum et perniciosa in reformatis ecclesiis dissidia sunt orta; quemadmodum olim etiam vivis adhuc apostolis inter eos, qui Christiani haberi volebant et de doctrina Christi gloriabantur, horribiles errores sunt exorti. Quidam enim per opera legis iustificationem et salutem quaerebant; alii resurrectionem mortuorum negabant; alii Christum verum et aeternum Deum esse non credebant. His certe apostoli sese et concionibus et scriptis severe

---

8 dieser] diesem *viele Hss*   15 Wiewohl] Dieweil *B*   Lehre] Lehre *c i k l,* urspr. *u*   19/20 | von *bis* Artikeln | *statt* [von etlichen Artikuln gemelter Konfession etwas] *A*   Artikeln + gemelter Konfession *g k l* Konf. *ö* + etwas   23 ein] mit *u*   24 Vorstand + etwan *n t*   29 den] der *s*   30 noch > *b x*   34 daher] daß *m*   39 Gott > *b*

[1]) Vgl. Fr. Lepp, Schlagwörter des Reformationszeitalters = Quellen u. Darst. a. d. Gesch. d. Reformationsjahrhunderts VIII, 1908, S. 70ff.   [2]) Darüber | Sächs. |, in *H* | civitat. maritimae |, also Lübeck, Hamburg, Lüneburg, deren am 2. Nov. 1576 zu Mölln aufgesetzte notationes zum TB diese Änderung wörtlich vorschlagen (Bertram, Lüneb. BII 326). Das Gutachten der hessischen Theologen v. 5. Sept. 1576 nimmt hingegen an dem entsprechenden Satz des TB Anstoß, da ein solches Bekenntnis den Gegnern Waffen liefere und bloßes Wortgezänk als ernsthafter erscheinen lasse (Heppe, Syn. IB 13). Die bergischen Theologen rechtfertigen die Änderung (Hutterus 433). Die hessischen Landgrafen halten an jenen Bedenken fest, 20. Dez. 1576 (Heppe, Syn. IB 123). Gegen derartige Abschwächung hat sich die Einleitung jedoch selbst gesichert, S. 832, 15ff. Zum Ganzen S. 833 Anm. 1.   [3]) Apg. 15, 1—5. 10. 24.   1. Kor. 15, 12.   Für die Dritten etwa Judas 4. 8.   2. Petr. 2, 1—10.   Kol. 1 u. 2.   1. Tim. 2, 5.

tige Irrtumb und ernstliche Streit damals auch nicht ohne große Ärgernus beide, der Ungläubigen und Schwachgläubigen, abgangen; inmaßen heutiges Tages unsere Widersacher, die Papisten, über denen Spaltungen, so unter uns entstanden, frohlocken, der unchristlichen und vorgeblichen Hoffnung, als sollten diese Uneinigkeiten zu endlichem Untergang der reinen Lehr gereichen, die Schwachgläubigen aber sich darob ärgern und einsteils zweifeln, ob die reine Lehre bei uns unter so großen Spaltungen sei, einsteils nicht wissen, welchen Teil sie in den streitigen Artikuln beifallen sollen. Dann die eingefallene Streit nicht nur Mißvorstände oder Wortgezänk sein[1], dafür es etliche halten möchten, do ein Teil des andern Meinung nicht gnugsamb eingenommen hätte, und sich also der Span[2] allein in etlichen wenig Worten, an welchen nicht viel gelegen, hielte, sondern es seint wichtige und große Sachen, darüber gestritten worden, und also geschaffen, daß des einen und irrenden Teils Meinung in der Kirchen Gottes nicht kann noch soll geduldet, noch viel weniger entschuldiget oder bestritten werden.

Derwegen die Notdurft erfordert, solche streitige Artikul aus Gottes Wort und bewährten Schriften also zu erklären, daß männiglich, so eins christlichen Vorstan'ds, merken könne, welche Meinung in den streitigen Punkten dem Wort Gottes und der christlichen Augsburgischen Konfession gemäß sei oder nicht, und sich also gutherzige Christen, denen die Wahrheit angelegen, für den eingerissenen Irrtumen und Korruptelen haben zu vorhüten und zu vorwahren.

opposuerunt, etsi non ignorabant errores illos et de rebus tantis acerrima certamina gravissimam offensionem tam apud infideles quam apud infirmos in fide excitare; perinde ac hodie nostri adversarii Pontificii propter dissidia illa inter nos orta exsultant, spem illam minime piam et quidem falsam foventes, fore ut ex nostris mutuis concertationibus sanae doctrinae ruina et interitus consequantur. Infirmi vero interim valde offenduntur et perturbantur; quidam dubitant, an inter tot et tanta dissidia etiam vera apud nos doctrina reperiatur; quidam non vident, cui parti in articulis illis controversis subscribere debeant. Mota enim illa certamina non sunt λογομαχίαι aut de verbis inanes et non necessariae disceptationes, quales oriri solent, cum altera pars alterius sententiam non satis assecuta est, ut quibusdam fortasse in hoc religionis negotio res habere videntur, qui existimant disputari tantum de paucis quibusdam vocabulis, quae nullius paene aut certe non magni sint momenti. Sed res gravissimae sunt, de quibus controvertitur, et prorsus tales, ut illius partis, quae a vero aberrat, sententia in ecclesia Dei nec possit nec debeat ferri, nedum excusari aut defendi.

Quare necessitas exigit, ut controversi illi articuli e verbo Dei et probatis scriptis perspicue explicentur, quo omnes pii et intelligentes animadvertere possint, cuiusnam partis sententia in controversiis illis motis verbo Dei et Augustanae Confessioni orthodoxae conformis sit, et quae probatis illis scriptis adversentur, ut bonae et piae mentes, quibus veritas cordi est, corruptelas et errores, qui exorti sunt, effugere et vitare queant.

---

9 Untergang] Abgang *o x*   reinen] wahren *y*   15 nicht] nichts dann *B*   16 oder] und *f*, *urspr. s*   19 Span] Sinn *n t*   26 oder] und *p*   38 christlichen > *a*

5/6 perinde *bis* Pontificii] Idem autem, quod olim apostolis nostris enim temporibus apud nos accidit: Romanenses enim   7 orta + sibi gratulantur atque 33/4 et probatis scriptis >

---

[1] Mit: ... sein" schließt in *A* fol. 3b; darunter von anderer Hand: gesetzt.   [2] = Streit, (Spaltung).

Von dem summarischen Begriff, Grund, Regel und Richtschnur,

›wie‹ alle Lehr | nach Gottes | Wort geurteilt und die eingefallne Irrungen christlich erkläret und entscheiden werden sollen. |[1]

Weil[2] zu gründlicher beständiger Einigkeit in der Kirchen vor allen Dingen vonnöten ist, daß man ein | summarischen[3], einhelligen Begriff und Form | habe, darin die allgemeine summarische Lehre, darzu die Kirchen, so | der[4] wahrhaftigen[5] christlichen | Religion sind, sich bekennen, aus Gottes Wort zusammengezogen, wie dann die alte Kirche allwege zu solchem Brauch ihre gewisse Symbola gehabt, und aber solchs nicht auf Privatschriften, sondern auf solche Bücher | gesetzt werden solle, die in Namen der Kirchen, so zu einer Lehr und Religion sich bekennen, gestellt, approbiert und angenummen: | so haben wir uns gegeneinander mit Herzen und Munde erkläret, daß wir kein | sunderliche oder neue Bekenntnus unsers Glaubens | machen oder annehmen wollen, sondern ›uns‹ zu den öffentlichen, allgemeinen Schriften ›bekennen,‹ so für solche

DE COMPENDIARIA DOCTRINAE FORMA, FUNDAMENTO, NORMA ATQUE REGULA,

ad quam omnia dogmata iuxta analogiam verbi Dei diiudicanda et controversiae motae pie declarandae atque decidendae sunt.

Primo ad solidam, diuturnam et firmam concordiam in ecclesia Dei constituendam necessarium omnino est, ut certa compendiaria forma et quasi typus unanimi consensu approbatus exstet, in quo communis doctrina, quam ecclesiae sincerioris et reformatae religionis profitentur, e verbo Dei collecta exstet. Etenim ea in re exemplum primitivae ecclesiae sequimur, quae in talem usum sua quaedam certa symbola semper habuit. Cum vero compendiaria illa doctrinae forma non privatis, sed publicis scriptis niti debeat, quae confecta, approbata et recepta sint earum ecclesiarum nomine, quae sinceram doctrinam et religionem unanimi consensu profitentur: mentem nostram invicem corde et ore ita declaravimus et iam declaramus, quod nullam novam aut

---

1/8 | Von bis sollen | statt [Von einem gewissen, einhelligen, gemeinen, öffentlichen Corpore doctrinae] A   4 ›wie‹ statt [nach wölcher] A   6 Irrungen] Irrtumb B k   9 Weil] Wiewohl g i l   11 ein + einhelliges, gewisses, gemeines ⟨zu erg.: Corpus doctrinae?⟩ H summarischen, einhelligen ~ urspr. A   11/2 | summarischen bis Form | statt [einhelliges, gewisses, gemeines Corpus doctrinae] A   11 summarischen + gewissen, gemeinen ö   13 summarische ⟩ in allen Hss außer o q u ä ö, in A urspr. getilgt in q a. R.   Lehre] Lehren d e g k l   14 | der bis christlichen |] einer ö, urspr. A   20/2 | gesetzt bis angenummen | statt [die publico nomine und ingemein von denen Kirchen, so zu einer Lehr und Religion sich bekennen, dafür und dazu approbiert und angenommen sind, gesetzt werden solle.] A   20 die + publico nomine H ö   in Namen] man in den [Namen] g i k   der > i k, + ganzen ö   21 einer] reiner u   einer + rund g   Lehr und Religion ~ k l   und Religion > g   25/6 | sunderliche bis Glaubens | statt [sonderlichs oder neues Corpus doctrinae] A   27 öffentlichen + und t 28 Schriften +| allgemein | n

7 pie >   26/8 invicem bis declaramus] publice declaratam volumus

---

[1]) Darüber | Churf. Sachs. Hess. | Die Überschrift ist an Stelle der des TB mit Rücksicht auf das Corpus doctrinae Philippicum gewählt. Entsprechend werden alle Stellen des TB abgeändert, die die Wendung corpus doctrinae gebrauchen. Vgl. das Gutachten der hessischen Theologen zum TB (Heppe, Syn. IB 13), die kursächl. Antwort dazu (Heppe, Syn. IB 33) und den Bericht der bergischen Theologen (Hutterus 433/434). Andere Gutachten, wie das Maulbronner, das niedersächsische und das der Pommern z. B. nahmen keinerlei Anstoß. Dagegen vermissen die Mansfelder die Begründung für die Zusammenstellung eines neuen Corpus doctrinae durch Hinweis auf die Irrtümer des Corpus doctrinae Philippicum; vgl. S. XXXIII.   [2]) Vorstufen: bis S. 51,17: SC (Hachfeld 236—238); SSC (Heppe IIIB 78—80 und 168—171).   [3]) Darüber | Churf. Sachs. Hess. | vgl. Anm. 1. *
[4]) Darüber | Wirt. Baden. Henneb. |, jedoch stammt die Änderung aus den Möllner notationes (Bertram, Lüneb. BII 326).   [5]) Zwischen „wahrhaftigen christlichen" steht kein Nebenordnungszeichen! Vgl. dazu auch Conc.

Symbola oder gemeine Bekenntnussen, in ›allen‹ Kirchen der Augsburgischen Konfession je und allwege, | eh[1] denn die Zwiespalt unter denen, so sich zur Augsburgischen Konfession bekannt, entstanden, und solang man einhelliglich allenthalben in allen Artikeln bei der reinen Lehr göttlichs Worts (wie sie D. Luther seliger erkläret) geblieben, | gehalten und gebraucht worden:

1. Als erstlich zu den prophetischen und apostolischen Schriften Altes und Neues Testaments[2] als zu dem reinen, lautern Brunnen Israels, welche alleine die einige wahrhaftige Richtschnur ist, nach der alle Lehrer und Lehre zu richten und zu urteln sein.

2. Und weil vor alters die wahre christliche Lehr in reinem, gesunden Vorstan'de aus Gottes Wort in kurze Artikel oder Häuptstück wider der Ketzer Verfälschung zusammengezogen ist, bekennen wir uns zum andern zu den dreien allgemeinen Symbolis, nämblich dem Apostolischen, Nicänischen und des heiligen Athanasii, als zu der kurzen, christlichen und in Gottes Wort gegründeten herrlichen Bekanntnus des Glaubens, in welchen allen denen Ketzereien, so zur selben Zeit sich in der christlichen Kirchen erhoben, lauter und beständig widersprochen wird.

3. Zum dritten, dieweil in diesen letzten Zeiten der gütige Gott aus sondern Gnaden die Wahrheit seins Worts aus der greulichen Finsternus des Papstumbs durch den getreuen Dienst des teuren Mannes

singularem confessionem fidei nostrae conscribere aut recipere in animo habeamus. Quin potius publica illa et communia scripta amplectimur, quae in omnibus ecclesiis Augustanae Confessionis pro symbolis et communibus confessionibus semper habita sunt, priusquam dissensiones inter eos, qui Augustanam Confessionem profitentur, ortae sunt; quae etiam scripta publicam auctoritatem obtinuerunt, quamdiu magno consensu passim in omnibus articulis sincera verbi Dei doctrina, ut eam D. Lutherus proposuit, conservata retenta atque usurpata fuit.

I. Primum igitur toto pectore prophetica et apostolica scripta Veteris et Novi Testamenti ut limpidissimos purissimosque Israelis fontes recipimus et amplectimur et sacras litteras solas unicam et certissimam illam regulam esse credimus, ad quam omnia dogmata exigere et secundum quam de omnibus tum doctrinis tum doctoribus iudicare oporteat.

II. Et quia iam olim sincera Christi doctrina in genuino et sano sensu ex sacris litteris collecta et in articulos seu capita brevissima contra haereticorum corruptelas digesta est: amplectimur etiam tria illa catholica et generalia summae auctoritatis symbola, Apostolicum videlicet, Nicaenum et Athanasii. Haec enim agnoscimus esse breves quidem, sed easdem maxime pias atque in verbo Dei solide fundatas, praeclaras confessiones fidei, quibus omnes haereses, quae iis temporibus ecclesias Christi perturbarunt, perspicue et solide refutantur.

III. Deinde cum postremis hisce temporibus Deus Optimus Maximus summa clementia puritatem verbi sui tenebris horrendis et plus quam Cimmeriis, quibus sub papatu oppressa fuerat, fideli opera praestantissimi viri, D. Lutheri, viri

---

1 oder] und *d e*   oder + dero *z*   gemeine] allgemeine *ö*   3 allwege + gehalten und gebraucht worden einhellig *H*   7 Lehr] Regel *v*   8 erkläret] erkennt *g i* erkennt werden *k l*   8/9 geblieben > *ü*   9 gehalten *bis* worden > *H*   16 prophetischen und apostolischen ~ *m z*   18 dem] den *B k l*   reinen + und *c*   lautern > *i* 31 den > *g m t v x*   den] der *c r s*   den] der Kirchen *d e*

20/1 unicam et certissimam >   39 et solide >

---

[1]) Darüber | Wirt. Lün. |, *H* | Wirt. etc. | Die Einfügung wörtlich aus dem Maulbronner Gutachten; Begründung: vgl. Heppe IIIB 354.   [2]) Pfalzgraf Johann von Pfalz-Zweibrücken findet es notwendig, „einer einigen teutschen und lateinischen Bibel einhelliglich" sich zu vergleichen, und macht Vorschläge (Heppe IIIB 376 ff. u. Hospinian 73 b. Die bergischen Theologen verwenden neben Luthers Übersetzung die Vulgata.

Gottes D. Luthers wieder ans Licht gebracht hat, und dieselbige Lehr aus und nach Gottes Wort wider des Papstumbs und auch ander Sekten Vorfälschung in die Artikel und Häuptstück der Augsburgischen Konfession zusammengezogen ist, so bekennen wir uns auch zu derselben ersten ungeänderten[1] Augsburgischen Confession, nicht derwegen, daß sie von unsern Theologis gestellt, sondern weil sie aus Gottes Wort genommen und darinnen fest und wohl gegründet ist, allermaßen wie sie Anno etc. 30. in Schriften vorfasset und dem Kaiser Carol V. von etlichen christlichen Kurfürsten, Fürsten und Ständen des Römischen Reichs als ein allgemein Bekenntnus der reformierten Kirchen zu Augsburg übergeben, als dieser Zeit unserm Symbolo, durch welches unsere reformierte Kirchen von den Papisten und andern vorworfnen und vordambten Sekten und Ketzereien abgesondert worden, inmaßen dann solchs in der alten Kirchen also herkommen und gebräuchlich gewesen, daß die folgende Synodi, christliche Bischöfe und Lehrer sich auf das Nicänische Symbolum gezogen und darzu bekannt haben.

4. Zum vierten, was dann vielgemelter Augsburgischen Konfession eigentlichen und wahrhaftigen Vorstand belangt, damit man sich gegen den Papisten ausführlicher erklärte und vorwahrte, und nicht unter dem Namen der Augsburgischen Confession verdambte Irrtumb in der Kirchen Gottes einschleichen und derselben sich zu behelfen unterstehen möchten: ist nach übergebner Konfession ein ausführliche Apologia gestellet und Anno 1531. durch öffentlichen Druck publiziert[2]. Zu derselben bekennen wir uns auch einhellig, darin gedachte Augsburgische Konfession nicht allein notdürftiglich ausgeführt und vorwahret, sondern auch mit hellen, unwidersprechlichen Zeugnussen der Heiligen Schrift erwiesen worden.

5. Zum fünften bekennen wir uns auch zu den Artikeln, zu Schmalkalden in großer Vorsamblung der Theologen | Anno 1537 | gestellet, approbiert und angenommen, | inmaßen[3] dieselbige erstlich begriffen und gedruckt worden, | so auf dem Concilio zu Mantua oder wo es gehalten, in Namen

Dei, rursus in lucem produxerit, quae sincera doctrina non modo contra papatum, sed etiam adversus aliarum sectarum corruptelas e verbo Dei in articulos et capita Augustanae Confessionis digesta est: etiam Augustanam, primam illam et non mutatam, Confessionem amplectimur. Idque non ea de causa facimus, quod a nostris theologis sit conscripta, sed quia e verbo Domini est desumpta et ex fundamentis sacrarum litterarum solide exstructa, sicut ea anno 1530. scripto comprehensa et Imperatori Carolo V. per quosdam electores, principes et ordines Romani Imperii (ut communis pie reformatarum ecclesiarum confessio) Augustae est exhibita. Hanc enim nostri temporis symbolum esse iudicamus, quo reformatae nostrae ecclesiae et Romanensibus aliisque reiectis et damnatis sectis et haeresibus seiunguntur. Et sane hoc ipsum olim usu in primitiva ecclesia receptum est, ut subsequentes synodi, pii item episcopi et doctores, ad Nicaenum Symbolum provocarent atque se id amplecti publice profiterentur.

IV. Postea cum hoc etiam curandum esset, ut propria et genuina Confessionis Augustanae sententia conservaretur atque adversus Pontificiorum calumnias plenus explicaretur et praemuniretur, ne sub Augustanae Confessionis praetextu et patrocinio damnati errores sese in ecclesiam Dei paulatim insinuarent: post exhibitam Confessionem luculentam Apologia conscripta et anno 1531. typis vulgata est. Eam etiam unanimi consensu approbamus et amplectimur, quia in ea non modo Augustana Confessio perspicue explicatur atque ab adversariorum calumniis vindicatur, verum etiam clarissimis et solidissimis sacrae scripturae testimoniis confirmatur.

V. Praeterea etiam articulos illos toto pectore amplectimur, qui Smalcaldii in frequentissimo theologorum conventu anno salutis 1537. conscripti, approbati et recepti sunt. Eos autem articulos intelligimus, quales initio conscripti, postea typis in lucem editi sunt in eum

---

4 Vorfälschung] Verfolgung B ⟨a. R.: fälschung⟩   14/5 Kurfürsten] Kur= und B
20 Papisten] Baptisten x   27 bekannt haben] bekannten u   31 Papisten] Baptisten x
ausführlicher] ausdrücklicher ö   35 sich zu behelfen] sie erhelfen k   47 Schmalkalden + Anno 1537 H   48 Anno 1537 > wH   50 dieselbige + | anno 1537 | w

---

[1]) Vgl. S. 750, Anm. 1.   [2]) Vgl. S. XXIII.   [3]) Darüber | Wirtemb. Mech. Henn. | Der Erstdruck wird als allein maßgeblich bezeichnet (Heppe IIIB 353); dazu S. XXVI.

höchst- und hochermelten Kurfürsten, Fürsten und Ständen als vorgemelter Augsburgischer Konfession und Bekenntnus Erklärung, darauf sie durch Gottes Gnade zu vorharren entschlossen, überantwortet hat werden sollen, in welcher ermelte Lehre Augsburgischer Confession wiederholet und etliche Artikel aus Gottes Wort weiter erkläret, auch darneben Ursach und Grund, worumb man von papistischen Irrtumen und Abgöttereien abgetreten und mit denselben kein Gemeinschaft zu haben, sich auch über solchen mit dem Papst nicht zu vorgleichen wisse noch gedenke, notdürftiglich angezeigt worden.

* 6. Und dann zum sechsten, weil diese hochwichtigen Sachen auch den gemeinen Mann und Laien belangen, welche ihrer Seligkeit zugutem dennoch als Christen zwischen reiner und falscher Lehr unterscheiden müssen: bekennen wir uns auch einhellig zu dem kleinen und großen Katechismo Doktor Luthers, | wie[1] solche von ihme geschrieben und sein tomis einverleibt worden, | weil dieselbige von allen der Augsburgischen Confession vorwanten Kirchen einhellig approbiert, angenommen und öffentlich in Kirchen, Schulen und Häusern gebraucht worden sein, und weil auch in derselbigen die christliche Lehr aus Gottes Wort für die einfältigen Laien auf das richtigste und einfältigste begriffen und gleichergestalt notdürftiglich erklärt worden.

Diese öffentlich, gemeine Schriften sind | in[2] den reinen Kirchen und Schulen | allewege gehalten worden als die Summa und Fürbild der Lehre, welche D. Luther seliger in seinen Schriften aus Gottes Wort wi-

videlicet finem, ut concilio vel Mantuae vel alibi celebrando nomine illustrissimorum electorum, principum atque ordinum Imperii (ut Augustanae Confessionis uberior declaratio, in qua per Dei gratiam constantes perseverare decrevissent) publice proponi posset. In iis enim articulis doctrina Augustanae Confessionis repetita est et in quibusdam articulis e verbo Dei amplius declarata et insuper fundamenta monstrata et graves causae recitatae sunt, cur a pontificiis erroribus et idolomaniis secessionem fecerimus, cur etiam in iis rebus cum pontifice Romano nobis convenire non possit, quodque cum eo in illis conciliari nequeamus.

VI. Postremo, quando negotium religionis etiam ad salutem vulgi et laicorum (quos vocant) pertinet, et illis etiam, ratione salutis, necessarium est, ut sinceram doctrinam a falsa discernant: amplectimur etiam Minorem et Maiorem D. Lutheri Catechismos, eos dicimus, quales illi ab ipso scripti et tomis eius inserti sunt. Omnes enim ecclesiae Augustanae Confessionis hos Catechismos approbarunt atque receperunt, ita ut passim in ecclesiis et scholis publice et in privatis etiam aedibus propositi fuerint, et pia doctrina e verbo Dei desumpta in iis quam maxime perspicue et simplicissime in usum rudiorum et laicorum est comprehensa et dilucide declarata.

Haec publica et ab omnibus piis approbata scripta in purioribus ecclesiis et scholis semper habita fuere pro compendiaria hypotyposi seu forma sanae doctrinae, quam D. Lutherus in suis

---

2 und > *B*   3 Bekenntnus] Erkenntnis *k*   Bekenntnus + [ausführliche] *A*   10 von + den *k l*   12 haben] halten *i l*   14 noch] oder *z*   19 auch > *n*   24 kleinen und großen ~ *w*   25 solche + beide *H ö*   26 und + in *H*   einverleibt + [hat] *A*   worden > *H*   30 Kirchen + und *i k l*   Kirchen, Schulen] Schulen und Kirchen *z* und Häusern > *i k l*   37 | in *bis* Schulen | *statt* [in unsern Kirchen] *A*   den] der *c i*   37/8 allewege > *B f r*   38 worden + [als ein Corpus et forma doctrinae, das ist,] *A*   und > *d e, urspr. ä*   39 der] und *B f s*

---

[1]) Darüber |Wirt. Baden. Henn.| Vgl. Heppe III B 355. Begründung für diese Klausel: „weil etliche den kleinen Catechismum Lutheri den Zwinglianern zu ihrem Vorteil geändert . . ." Gemeint sind vielleicht: die Katechismusbearbeitungen von Justus Menius, Marbach u. Praetorius, vgl. M. Reu, Quellen z. Gesch. d. kirchl. Unterrichts i. d. ev. Kirche Deutschlands zwischen 1530 und 1600, I, 2, 2 S. 165ff.; I, 1 S. 141ff.; I, 3, 2 S. 189ff. Gegen die Aufnahme der Katechismen wird vor und nach dem bergischen Konvent geltend gemacht, daß es sich um Privatschriften handle (z. B. Heppe, Syn. IB 119). Besonders in Hessen, vgl. S. 837, Anm. 1. Die Rechtfertigung der Aufnahme erfolgt durch die bergischen Theologen: Hutterus 435. Dazu die Verhandlungen „von des Herrn D. Lutheri Autorität" in Quedlinburg, von 1583 (Hutterus 1112—1127).   [2]) Darüber Churf. Brand. Bruns. Sachs. | *) Zum folgenden vgl. S. 769, Anm. 1.

der das Bapstumb und andere Sekten stattlich ausgeführt und wohl gegründet hat, auf welches | weiter | ausführliche Erklärungen in seinen Lehr- und Streitschriften | wir[1] uns gezogen haben wöllen, auf Weis und Maß, wie D. Luther in der lateinischen Vorrede[2] über seine zusammengedruckte Bücher von sein Schriften selbst notdürftige und christliche Erinnerung geton und diesen Unterscheid ausdrücklich gesetzt hat, | daß alleine Gottes Wort die einige Richtschnur und Regel aller Lehr sein und bleiben solle, welchem keins Menschen ¹Schriften gleichgeachtet, sondern demselbigen alles unterworfen werden soll.

Es werden aber hiemit andere gute, nützliche, reine Bücher[3], Auslegung der Heiligen Schrift, Widerlegung der Irrtumben, Erklärung der Lehrartikel[4], nicht vorwerfen,

scriptis e sacris litteris contra papatum et alias sectas depromsit, luculenter declaravit et solide fundavit. Et ad D. Lutheri explicationes praeclaras tam in polemicis quam didacticis ipsius scriptis comprehensas provocamus, eo videlicet modo, quem D. Lutherus in Latina sua praefatione, tomis operum eius praefixa, de scriptis suis pia et necessaria admonitione nobis ipse monstravit. Ibi enim hoc discrimen (inter divina et humana scripta) perspicue posuit, solas videlicet sacras litteras pro unica regula et norma omnium dogmatum agnoscendas, iisque nullius omnino hominis scripta adaequanda, sed potius omnia subiicienda esse.

Haec autem non ita accipi debent, quasi alia utilia et sincera scripta (verbi gratia commentarios in sacras litteras, errorum refutationes, articulorum prae-

---

3 | weiter | > Konk und alle Hss außer g (>weiters<) und H (weitere)   4/10 | wir uns bis hat | statt [wir uns hiemit referiert und gezogen haben wöllen, mit diesem ausdrücklichen Unterscheid] A   6 D. Luther] er H   7 über bis Bücher] in I. Tom. H ö seine + [tomis] A   =gedruckte] =geschickte B   10 hat] mit diesen Worten H   11 einige] ewige w ä   12 Lehr] Lehrer ü   15 werden] sein w ä   werden soll ~ H, urspr. A

9 suis + dextre legendis

¹) Darüber | Hessen. Brandenburg. Fürsten | , H | Ansbach. Hessen | : Ansbacher, besonders hessischen Bedenken (Heppe, Syn. IB 15. 119) sucht diese „Limitation", die nach Erklärung der Helmstedter Theologen an Herzog Julius, 20. März 1585 (= Acta und Schriften zum Concordi Buch gehörig s. I. 1589 Stück B, 23 f.) „ex admonitione theologorum Wirtenbergensium" aufgenommen worden sein soll, entgegenzukommen; vgl. den Bericht Andreäs an Kurfürst August vom 13. Febr. 1578 (Hutterus 534); Herzog Julius an Landgraf Wilhelm, 23. Jan. 1578 (Hutterus 602). Die Ablehnung der Heranziehung von Schriften Luthers erfolgt besonders schroff im Brief der vier hessischen Landgrafen an den Kurfürsten August vom 9. Okt. 1576 „Jeweiniger man auch in Religions- und Glaubenssachen bei und neben Gottes Wort Menschenschriften setzet, ie besser und sicherer dasselbige ist…"; 1577 vgl. Heppe, Syn IB 111ff. Scharf äußern sich auch die Anhalter in ihrer Zensur vom 7. März 1577 (Hospin. 77b); mäßig das pommersche Gutachten, Stettin 7. März 1577 (J. H. Balthasar, Andere Sammlung 59. Dazu Erste Sammlung etc. 1723 334f.). Luthers Werke werden, obwohl z. B. die Theologen von Pfalz-Zweibrücken die Verwendung nur einer, u. zw. am besten der Jenaer Ausgabe der Werke Luthers wünschten (Heppe III 172), in verschiedenen Ausgaben herangezogen. ²) 5. März 1545 zu Band I der Opera latina der Wittenberger Ausgabe, WA LIV 179—187. ³) Das Bedenken der Mansfelder Theologen bemerkt hiezu: der Vorbehalt gehe „gewißlich auf die Confutationes principum Saxoniae ⟨das Weimarer Konfutationsbuch 1559⟩, so den Titel haben Widerlegung der Irrtumbe, und auf die Locos communes". ⁴) Auch andere Bedenken zum TB nennen Namen: Pommern: „Imaleichen wollen wir neben Lutheri Büchern Philippi, Pomerani, Brentii, Urbani Regii, Viti Theodori als auch der… Fürsten Georgen von Anhalt und anderer Schriften behalten und sie allesamt nach der Regul des vorgesetzten Corporis doctrinae verstehen und regulieren" (Balthasar, Andere Sammlung 59f.). Für die niedersächs. Städte vgl. Rehtmeyer IIIB 271. Ähnlich das braunschweig.-wolfenb. Bedenken, Hutterus 407. Die SSC (Heppe IIIB 171) setzt an dieser Stelle hinzu: „… und sunderlich die vor anderen wohlgefaßten Schriften des Herrn Philippi…" Entsprechend dem Lichtenberger Bedenken (Hutterus 282) läßt TB diesen das Corpus doctrinae Misnicum einschließenden Satz wieder fort; endgültig, trotz des Einspruchs der Hessen: vgl. den bergischen Theologenbericht, 14. März 1577 (Hutterus 435f.), dazu das hessische Bedenken (Heppe, Syn. IB 16/17).

welche, wofern sie dem jtztgemelten Fürbild der Lehre gemäß, als nützliche Auslegungen und Erklärungen gehalten und nützlich gebraucht können werden; sondern was bisher von der Summ unser christlichen Lehr gesagt, wird allein dahin gemeint, daß man habe eine einhellige, gewisse, allgemeine | Form | der Lehre, darzu sich unsere | evangelische | Kirchen sämbtlich und ingemein bekennen, aus und nach welcher, weil sie aus Gottes Wort genommen, alle andere Schriften, wiefern sie zu probieren und anzunehmen, geurteilt und reguliert sollen werden.

Denn daß wir oberzählte Schriften, nämblich die Augsburgische Confession, Apologi, Schmalkaldische Artikul, groß und klein Catechismos Lutheri, vielgedachter Summ unser christlichen Lehr einvorleibt[1], ist der Ursach geschehen, daß solche für den gemeinen, einhelligen Vorstand unserer Kirchen je und allwege gehalten worden, als die auch von den fürnehmbsten, hocherleuchten Theologen dieselbige Zeit unterschrieben, | und alle evangelische | Kirchen und Schulen innengehabt; wie sie auch, | inmaßen hievor vermeldet, | alle geschrieben und ausgangen, ehe die Zweispaltungen unter den Theologen Augsburgischer Confession entstanden, und dann, weil sie für unparteiisch gehalten, und von keinem Teil deren, so sich in Streit eingelassen, können oder sollen verworfen werden, auch keiner, so ohne Falsch der Augsburgischen Confession ist, sich dieser Schriften beschweren, sondern sie als Zeugen gerne annehmen und gedulden wird: so kann uns niemand vordenken, daß wir auch aus denselbigen Erläuterung und Entschied der streitigen Artikul nehmen, und wie wir Gottes Wort als die ewige Wahrheit zum Grund legen, also auch diese Schriften zum Zeugnus der

cipuorum explicationes) reiicere aut ex hominum manibus excutere velimus. Ea enim scripta (quatenus commemoratae hypotyposi et compendiariae sanae doctrinae conformia sunt), tanquam explicationes atque declarationes utiles retineri et cum fructu legi possunt. Quicquid enim hactenus de compendiaria hypotyposi sanae doctrinae diximus, eo tantum referendum est, ut unanimi consensu approbatam certamque formam doctrinae habeamus, quam Evangelicae Ecclesiae nostrae simul omnes agnoscant et amplectantur, secundum quam, cum e verbo Dei sit desumpta, omnia alia scripta iudicare et accommodare oportet, quatenus probanda sint et recipienda.

Quod enim commemorata scripta, videlicet Augustanam Confessionem, Apologiam, Smalcaldicos Articulos, Minorem et Maiorem Catechismos Lutheri, illa doctrinae nostrae Christianae summa complecti voluerimus, eam ob causam factum est, quod in iis unanimem et communem ecclesiarum nostrarum piam sententiam contineri semper sit iudicata, quippe quae a praecipuis iisque excellentissimis illius temporis theologis subscriptione confirmata et in Evangelicis Ecclesiis et scholis recepta fuere. Et ea quidem (ut paulo ante monuimus) omnia conscripta atque edita sunt, priusquam controversiae illae inter Augustanae Confessionis theologos orirentur, ideoque nihil in illis datum est affectibus; quare etiam ab iis, qui inter se disceptant, reprobari nullo iure possunt. Neque vero quisquam (modo sincere et sine fuco Augustanam Confessionem amplectatur) eorum auctoritatem elevabit aut contemnet, sed ea (ut veritatis testes) recipiet. Quare nemo vitio nobis vertet, quod ad eorum scriptorum declarationem et decisionem in obortis controversiis provocamus. Ut

---

2/3 Auslegungen und Erklärungen ∼ o   4 können werden ∼ B   5 bisher + [de corpore doctrinae, das ist,] A   7 einhellige + und t   8 | Form | statt [Summ] | form] summa H ö   9 | evangelische |] reformierte H ö, urspr. A   sämbtlich] sonderlich B   11/2 andere] unsere B   12 probieren] approbieren B   13 anzunehmen + judiziert H ö, urspr. A   21 Lutheri + und andere dieses Mannes Schriften H ö, urspr. A   vielgedacht[m]>r< + corpori doctrinae, das ist, der H ö, urspr. A   23 für den + communem consensum, das ist, H ö, urspr. A   26 fürnehmbsten + und p   28 | und bis evangelische | statt [oder sonst alle] A   30 hie+] wie B   31 die + [Kontroversien und] A   35 sich > s   40 uns + auch w   43 Artikul + erholen und H ö, urspr. A   nehmen] annehmen g k l m n p u x

---

[1]) einvorleibt: auf einen gemeinsamen Abdruck der genannten Bekenntnisschriften deutet bereits der schwäb. Kirchenbegriff (Hachfeld 238) hin; ausdrücklich Pfalzgraf Johann (Heppe IIIB 379); ähnlich die Niedersachsen (Rehtmeyer IIIB 274f.).

Wahrheit, und für den einhelligen rechten Vorstand unserer Vorfahren, | so¹ bei der reinen Lehr standhaftig gehalten, | einführen und anziehen.

Von streitigen Artikeln, was die Antithesin oder Gegenlehr belanget.

Weil² auch zu Erhaltung reiner Lehre und zu gründlicher, beständiger, gottgefälliger Einigkeit in der Kirchen vonnöten ist, daß nicht allein die reine heil'same Lehre recht geführet, sondern daß auch die Widersprecher, so anders lehren, gestraft werden 1. Tim. 3. Tit. 1.³ Dann treue Hirten, wie Lutherus⁴ redet, sollen beides tun, die Schäflein weiden oder nähren und den Wolfen wehren, daß sie für der frembden Stimmen fliehen mugen, Johan. 10.⁵, und „das Köstliche von dem Schnöden scheiden" Hierem. 15.⁶

So haben wir uns auch darüber und davon gegeneinander gründlich und deutlich erklärt, also daß in alle Wege ein Unterscheid soll und muß gehalten werden zwischen unnötigem und unnützem Gezänk, damit, weil es mehr verstöret als bauet, die Kirche billich nicht soll vorwirret werden, und zwischen nötigem Streit, wann nämlich solcher Streit fürfällt, welcher die Artikel des Glaubens oder die fürnehme Hauptstück der christlichen Lehr angehet, da zu Rettung der Wahrheit falsche Gegenlehr gestrafet werden muß.

Wiewohl nun | obgemelte | Schriften dem christlichen Leser, welcher Lust und Liebe zu der göttlichen Wahrheit trägt, ein lautern, richtigen Bescheid von allen und jeden streitigen Artikeln unser christlichen Reli-

DE ANTITHESI
seu reiectione falsae doctrinae in articulis controversis.

Necessarium est ad conservandam in ecclesia sinceram doctrinam et ad solidam, firmam Deoque probatam atque gratam concordiam, ut non tantum sana doctrina dextre proponatur, sed etiam contradicentes diversumque docentes redarguantur. Fidelium enim pastorum utrumque officium est (ut D. Lutherus dicere solet) et oviculas pascere et lupum arcere, ut alienas voces vitare discant et pretiosum a vili secernere possint.

Quare in hac etiam parte mentem nostram invicem declaravimus et perspicue declaramus, quod videlicet discrimen sit habendum inter non necessarias atque inutiles contentiones, quae plus destruunt quam aedificant, ne iis ecclesia perturbetur, et inter necessaria certamina, quando tales controversiae incidunt, ubi de articulis fidei aut praecipuis partibus Christianae doctrinae agitur; tum enim ad veritatis defensionem necessario contraria et falsa doctrina est refutanda.

Etsi autem paulo ante commemorata scripta pio lectori, qui veritatis coelestis amore flagrat, in omnibus et singulis articulis Christianae nostrae religionis perspicue et dilucide common-

---

1 einhelligen, rechten ~ *g*   2 der + rechten *q*   3 reinen + rechten *g i k l*   12/3 gottgefälliger] gottseliger Konf , z. T., vgl. *Balthasar, Historie* III 3   Gott wohlgefälliger *p*   16 lehren] bereuewen *x*   19 und] oder *H*   20 der] ab *g m n p x z ä*   frembden] feinden *p*   22 Schnöden > *p*   28 weil] dieweil *H k l*   verstöret] zerstöret *B f s*   als] denn *w ü*   29 vorwirret] gewirret *w ü*   30 nötigem] unnötigem *w*   36 | obgemelte | *statt* [die] *A*   Schriften + [des obgemelten Corporis doctrinae allezumal zusammengetragen, inmaßen solche dieser unser wiederholten Bekenntnus angehängt worden] *A*   38/9 lautern + und *o*

11/2 in ecclesia >   14 concordiam + constituendam   16 diversumque docentes >   18 utrumque >   20 alienas voces] alieni pastoris vel lupi potius vocem

---

¹) Darüber | Sachs. | ²) Vorstufen s. d. folgende: SC (Hachfeld 238f.); SSC (Heppe III B 80—82 und 171—174)   ³) Vgl. Tit. 1, 9; auch 1. Tim. 3, 9; 2. Tim. 2, 24; 3, 16. Vgl. S. 841, Anm. 1   ⁴) Wohl freies Zitat, häufig, vgl. Bertram, Lüneb. II B 327.   ⁵) Vgl. etwa Joh. 10, 12—16. 27.   ⁶) Jer. 15, 19; Vulgata.

gion geben, was er vormuge Gottes Worts, der prophetischen und Apostel Schriften für recht und wahr halten und annehmen, und was er als falsch und unrecht vorwerfen, fliehen und meiden solle:

So haben wir doch, damit die Wahrheit deste deutlicher und klarer behalten und von allen Irrtumen unterschieden und nicht unter gemeinen Worten etwas vorsteckt und vorborgen möchte werden, uns von den fürnehmbsten und hochwichtigsten Artikeln, so dieser Zeit in Streit gezogen, von jedem insonderheit hierüber deutlich und ausdrücklich gegeneinander erklärt, daß es ein öffentliches gewisses Zeugnus nicht allein bei den Itzlebenden, sondern auch bei unsern Nachkommen sein muge, was unserer Kirchen einhellige Meinung und Urtel von den streitigen Artikeln sei¹ und bleiben solle, nämblich:

1. Zum ersten, daß wir vorwerfen und vordammen alle Ketzerei und Irrtumben, so in der ersten, alten, rechtgläubigen Kirchen aus wahrem, beständigen Grunde der heiligen göttlichen Schrift vorworfen und vordambt sein.

M 573 2. Zum andern vorwerfen und vordammen wir alle Sekten und Ketzereien, so in jetzgemelten Schriften vorworfen sind.

W 592 3. Zum dritten, weil innerhalb fünfundzwanzig² Jahren vonwegen des Interims und sonsten etliche Spaltungen unter etlichen Theologen Augsburgischer Confession entstanden, haben wir von denselben allen und einem jeden insonderheit unsern Glauben und Bekenntnus rund, lauter und klar in thesi et antithesi, das ist, die rechte Lehr und Gegenlehr, | setzen und erklären | wollen, damit der Grund göttlicher Wahrheit in allen Artikeln offenbar,

strant, quidnam iuxta verbi Dei, propheticorum et apostolicorum scriptorum normam verum sit et amplectendum, et quid falsum et reiiciendum atque fugiendum sit: tamen de praecipuis et summis articulis singulis, qui hisce temporibus in controversiam venerunt, sententiam nostram perspicue et sine omni ambiguitate proponere voluimus. Idque eo consilio, ut veritas magis elucescat clariusque agnoscatur et ab erroribus facilius discernatur, ne quicquam, quod veritati officiat, sub nimis generalibus verbis aut phrasibus occultari possit; tum etiam, ut publicum solidumque testimonium, non modo ad eos, qui nunc vivunt, sed etiam ad omnem posteritatem exstaret, ostendens, quaenam ecclesiarum nostrarum de controversis articulis unanimis fuerit esseque perpetuo debeat decisio atque sententia, videlicet:

I. Primo reiicimus atque damnamus omnes haereses et errores, qui in primitiva (recte credentium) ecclesia ex solidis verbi Dei fundamentis reiecti sunt et damnati.

II. Deinde reprobamus et damnamus omnes sectas atque haereses, quae in scriptis paulo ante commemoratis reprobatae sunt.

III. Praeterea, cum intra triginta annos partim ex interreligionis, quam Interim vocant, formula, partim aliis occasionibus dissidia inter theologos quosdam Augustanae Confessionis orta sint, de illis omnibus et singulis fidem et confessionem nostram non modo in thesi, verum etiam in antithesi (veram videlicet et falsam contrariam doctrinam) diserte, categorice et perspicue proponere et declarare voluimus. Idque ea

2 prophetischen] Propheten H x Konk   Apostel] apostolischen B f k l o s t y z   7 behalten] gehalten B   15 nicht allein] enthalten p   19 den + [controversiis oder] A Artikeln + gewesen H, urspr. A   25/6 der heiligen göttlichen] heiliger göttlicher n t 26 Schrift] Schriften p x   30 Schriften + [unsers Corporis doctrinae reprobiert und] A Schriften + des summarischen Begriffs der Bekenntnis unserer Kirchen Konk Schriften + | des summarischen Berichtes | q   32/3 fünfundzwanzig] dreißig Konk, z. T., vgl. S. XLIII   34 sonsten > k   37 einem > u z   38 rund] und z   40 Gegenlehr + [repetieren und wiederholen] A

---

¹) TB: „gewesen sei" (vgl. Conc. 1580 und 1584: „fuerit"): dagegen wendet sich das braunschw.-wolfenb. Bedenken (Hutterus 403). Das kurbrandenb. Bedenken zum TB, Lebus 4. August 1576, bemerkt am Schluß: „Schließlich weiln die Herrn Theologi in etlichen Orten des Buchs diese Wörter gefunden, semper ita docuimus, als haben sie zu Vorhütung böser Cavillation vor gut angesehen, daß man für dieselben Wort sicherer setzen möchte: ita in nostris ecclesiis docemus". Vgl. auch Bertram, Lüneb. II B 327.   ²) Vom Interim, 30. Juni 1548, bis zur SC und SSC gerechnet.   Konk 1580 zählt in einigen Bogen, vgl. S. XLIII bis auf seine Zeit, also: „dreißig". Der schwäbische Kirchenbegriff: „ungefährlich innerhalb 23 Jahren" (Hachfeld 238).

Solida Declaratio, Von streitigen Artikeln.

und alle unrechtmäßige, zweifelhaftige, verdächtige und verdammte Lehr, | wo¹ auch dieselbige und in was Büchern sie gefunden, und wer gleich dieselbigen geschrieben oder

de causa a nobis factum est, ut solida coelestis doctrinae in omnibus articulis fundamenta rectius conspicerentur et omnia falsa, ambigua, suspecta et

2 Lehr + [ausgesetzt werde] *A*   3/4 und *bis* dieselbigen > *v*

¹) Darüber | Wirt. Baden. Henn. Sächs. etc. Mansfeld | in *H*: | Wirttenbergk, Sazen |. Einschub wörtlich aus dem Maulbronner Gutachten (Heppe IIIB 355). Das niedersächs. Bedenken schlägt zu den Büchern vor, „so in conventu Lichtenbergensi et Torgensi ausgesetzt ... sein, daß deren auch öffentlich bei dieser Formula in praefatione oder conclusione vel appendice namhaftig gedacht möchte werden ..." (Rehtmeyer IIIB 272). Ähnlich das Braunschweiger (Hutterus 407 f.) und das Möllner (Bertram, Lüneb. IIB 332) Gutachten, die niedersächs. Städte, Mecklenburg, Mansfeld, Öttingen, Regensburg. Am nachdrücklichsten fordert das Bedenken der preußischen Theologen, Wigands und Heßhusens, die Nennung der Namen der Urheber und Vertreter „irriger Meinung", u. zw. „bei einem jeden Artikel", auf 16 der 46 Blätter des Gutachtens. Es verweist auf die biblisch-altkirchliche Verpflichtung hiezu: Ex. 32, 1 ff.; Num. 16, 1 ff. u. 12, 1 ff.; 2. Chron. 18, 5; Neh. 6, 14; Jer. 29, 8; Matth. 7, 15. 23, 13; Mark. 8, 15; 2. Tim. 1, 15. 2, 17. 24. 4, 10; dazu Conc. Constplt. II (oec. V) can. II Anathemat. (Denzinger-Bannwart 223). Zudem verlangt das Bedenken eine öffentliche Buße Andreäs für seinen ärgerlichen Versuch, Luther und Calvin, die Weimarer Konfutation und die Deklaration Strigels als vereinbar hinzustellen, soll die FC bzw. das TB vorbehaltlos unterzeichnet werden; ebenso wünscht man, daß Selnecker und P. Krell, die das TB erfreulicherweise angenommen hätten, die dem TB widrigen Irrtümer in ihren Schriften zurücknehmen und entfernen. SSC stellt die „Hypothesis", die Nennung der verworfenen Schriften und ihrer auctores et patroni, „einer jeden Kirchen nach Erheischung christlicher Notdorft und nach Gelegenheit der Zuhörer, so viel zu notwendiger Warnung und heilsamer Erbauung nützlich und furderlich ist, frei" (Heppe IIIB 174). Der Torgauer Konvent schiebt diese Frage hinaus: „ad futurum generalem conventum" (Rehtmeyer IIIB 257). Ebenso der Konvent in Bergen, val. Hutterus 437/438. Das Fehlen der Hypothesis war z. B. für drei führende Geistliche Wismars Hauptgrund, die Unterzeichnung der FC zu verweigern (O. Krabbe, David Chytraeus, 1870 340ff.). Dagegen argumentiert Chytraeus im Sinn der bergischen Arbeit (Lib. Facultatis Theol. Rost. If. 199/200 = O. F. Schütz, Vita II, App. 62/63). Im allgemeinen verlangt man die Ablehnung folgender Schriften: Exegesis perspicua et ferme integra controversiae de sacra coena ... 1574 „Genevae"; vgl. O. Ritschl IV 49ff. Von der Person vnd Menschwerdung vnsers HErrn Jhesu Christi der waren Christlichen Kirchen Grundfest Wider die newen Marcioniten, Samosatener ... vnter dem flacianischen hauffen durch die Theologen zu Wittemberga ... widerholet vnd gestellet ..., Wittemberga 1571. Endlicher Bericht und Erklärung der Theologen beider Universitäten Leipzig und Wittenberg, auch der Superintendenten ... in des Churfürsten zu Sachsen Landen ... belangend die Lehre ... Wittenberg 1570. Von den Traditionibus, ceremoniis oder Mitteldingen Christlicher warer bericht .... Durch Johannem Pfeffinger, s. l. 1550. Disputatio grammatica de interpretatione graecorum verborum Act. III ... Wittenberg (Vf.: Esrom Rüdinger) 1571. Christliche fragstück Von dem vnterschied der zweyen Artickel des Apostolischen Glaubens Bekentnis, das Christus gen Himel auffgefaren sey vnd nuhn sitze zur Rechten Gottes des Allmechtigen Vaters ... Gestellet durch die Theologen in der Vniuersitet Witteberg ..., Wittenberg 1571. Catechesis continens explicationem simplicem et brevem Decalogi, Symboli Apostolici, orationis dominicae, doctrinae de poenitentia et de sacramentis. Contextam ex Corpore Doctrinae, quod amplectuntur ... Ecclesiae regionum Saxonicarum et Misnicarum .. Edita in Academia Witebergensi et accomodata ad usum Scholarum puerilium Witebergae (Joh. Schwertel, 2 Ausgaben), 1571. Dazu: Capita pietatis christianae interrogationibus et responsionibus explicata ... a Iohanne Ferinario in Academia Witebergensi ... Witebergae 1571. Iudicium Philippi ad Palatinum de controversia coenae: an Kurf. Friedrich III. vom 1. Nov. 1559 CR IX 961ff. Ex actis synodicis et aliis diligenter et fideliter collecta EXPOSITIO eorum, quae theologi academiae Wittebergensis et harum regionum alii, qui his adiuncti fuerunt, in deliberationibus provincialibus et alioquin extra has de rebus ad religionem pertinentibus monuerint, suaserint, docuerint, responderint. concesserint illo tempore, quo de his ipsis et de Libro Augustano, qui nominatur INTERIM, qualis esset, quaesitum fuit et tractatum. Et edita de sententia professorum academiae Wittebergensis. Witebergae

sich noch derselben annehmen wollt, ausgesetzt werde, damit männiglich vor den Irrtumben, so hin und wieder in etlicher Theologen Schriften ausgebreitet, treulich verwarnet seie und hierin durch keines Menschen Ansehen verführet werde. | In welcher Erklärung sich der christliche Leser nach aller Notdurft ersehen und solche gegen oberzählten Schriften halten muge, daraus er eigentlich befinden wird, was von einem jeden Artikel in dem summarischen Begriff unserer Religion und Glaubens anfangs bekannt, nachmals zu unterschiedlichen Zeiten erkläret und durch uns in dieser Schrift wiederholet, keinswegs widereinander, sondern die einfältige, unwandelbare, beständige Wahrheit sei, und daß wir demnach nicht von einer Lehre zu der andern fallen, wie unsere Widersacher fälschlich ausgeben, sondern bei der einmal übergebnen Augsburgischen Confession und in einhelligem, christlichen Vorstande derselben begehren uns finden zu lassen und darbei durch Gottes Gnade standhaftig und beständig wider alle eingefallene Vorfälschungen zu vorharren[1].

damnata dogmata (quibuscunque libris contineantur et a quocunque tandem vel conscripta sint vel hodie etiamnum defendantur) diserte repudientur, ut omnes ad cavendos errores (hinc inde in quorundam theologorum libris sparsos) fideliter praemoneantur et excitentur, ne in rebus tantis ullius hominis auctoritate seducantur. Hanc nostram controversiarum explicationem si pius lector sedulo perpenderit eamque cum scriptis illis aliquoties commemoratis contulerit, liquido intelliget, ea, quae de unoquoque articulo (in compendiaria illa doctrina nostrae religionis et fidei) initio maiores nostri senserunt atque publice professi sunt, easque declarationes, quae diversis temporibus per intervalla sunt consecutae, et eam doctrinam, quam non hoc scripto repetimus, haudquaquam inter se discrepare, sed esse simplicem, immotam ac certissimam veritatem. Et agnoscet lector candidus, nos non de uno dogmate ad aliud (levitate quadam, ut adversarii nos criminantur) transsilire, sed potius nos in eo elaborare, ut semel exhibitam illam Augustanam Confessionem eiusque unani-

1 noch] nach *p*   annehmen] nennen *p*   4 Schriften] Bücher *g k l*, urspr. *n*   ausgebreitet + werden *H* urspr. *A*   5 verwarnet] verwahret *B f s*   6 werde + ausgesatzet werde *H*   11 Artikel + [(in Corpore doctrinae)] *A*   16/7 unwandelbare] und wandelbare *x ö*   20 bei der > *i*   20/1 bei der einmal] einmal bei der *i k l*   23 derselben] desselben *d e*, + >daselber< *e*   26 Vorfälschungen] Vorfälschung viele Hss.   vorharren + [Damit aber der christliche Leser diese unsere Erklärung über die bemeldeten streitigen Artikel desto leichtlicher und richtiger habe gegen die vorerzählten Schriften der dreier Symbolen, Augsburgische Konfession, Apologie, Schmalkaldischen Artikeln und Catechismis Lutheri zu halten und zu erhalten, daß in demselbigen nicht widerwärtige, sondern durchaus mit Worten und im Vorstand einhellige Lehre durch Gottes Gnade geführet werde, so wollen wir in Erklärung derselben nicht nach der Zeit, wie sie sich nach unterschiedlichen Jahren nach einander zugetragen, sondern der Ordnung nachgehen, wie dieselbige ungefährlich in der Augsburgischen Konfession und vorgemelten Schriften von Artikeln zu Artikeln gehalten worden, und wie daselbst die Lehre und die Gegenlehre an ihr selbst ingemein gegeneinandergesetzt, wollen wir demselben Exempel und Fürbilde auch folgen.] *A*

1559; deutsch: vgl. Ritschl II 364, Anm. 1. „Dresdner Abschied" = Kurtze, Christliche vnd Einfeltige widerholung der Bekentnis der Kirchen Gottes In den Churfürsten zu Sachsen Landen von dem Heiligen Nachtmahl des HERRN CHRISTI sampt den zu dieser zeit in streit gezogenen Artickeln Von der Person und Menschwerdung Christi, seiner Maiestät, Himelfahrth, vnd sitzen zur rechten Gottes. In der Christlichen versamlung zu Dreßden gestellet den 10. Octobris. Mit einhelligem Consens der Vniversiteten Leipzig und Wittenberg, der dreyen Geistlichen Consistorien vnd aller Superattendenten der Kirchen dieser Lande. Dresden 1571. Die Helmstedtischen Theologen suchten später noch die Einfügung der Hypothesis für die verworfenen Lehren durchzusetzen. Diese Frage bildete den zweiten Verhandlungspunkt des das Konkordienwerk abschließenden Quedlinburger Konvents (Protokolle Hutterus 1075 ff.) vom 7. bis 31. Jan. 1583. Der Abschied stellt fest, daß die Hypothesis in größerem Umfang in die Apologie des Konkordienbuchs aufgenommen werden solle. Für die Predigt und Lehre wird sie ausdrücklich freigegeben, wenngleich nicht ohne die Schranke: „wann es der Kirchen und Gemeinde Gottes äußerste Notdurft und Erbauung derselben erforderte". Vgl. S. 971, Anm. 2.

[1]) Neben der Streichung des die Anordnung des TB betreffenden Absatzes, Z. 26 steht von der Hand Andreäs: | Dies alles [soll ausgestrichen und unterlassen werden] wie auch in

I.
Von der Erbsünde[1].

Und erstlich[2] hat sich unter etlichen Theologen Augsburgischer Konfession ein Zwie-

I.
DE PECCATO ORIGINIS.

Orta est inter nonnullos Augusta- 1
nae Confessionis theologos controversia

mem, piam et veram sententiam firmiter
retineamus atque in ea doctrina per
gratiam Dei (adversus omnes, quae inciderunt, corruptelas) constantes perse-
5 veremus.

nachfolgenden und vorgehenden, was also unterstrichen, soll ausgelassen und gehalten werden, als wenn es alles durchstrichen und im Umbschreiben nicht wieder geschrieben wird |. Gleichwohl sind beim Umschreiben — dazu gehören auch die zwei „bergischen" Exemplare Ullners (= U) — Fehler aus dieser Quelle nicht unterblieben. Sie vor allem veranlaßten die nachmaligen Auseinandersetzungen mit den Helmstedtern.

[1]) Vorstufen: Andreae, Sechs christlicher Predig von den Spaltungen usw. 1573, Predigt III, Vom Streit über der Erbsünde, was die sei (Heppe IIIB 28—32); SC (Heppe IIIB 82—91, Hachfeld 239—242); SSC (Heppe IIIB 174—187); FM (Pressel 644—651). Vor allem die weithin wörtlich übernommenen und wohl vornehmlich von Chemnitz aufgestellte „Censur und christlich Bedenken auf eines ehrbarn wohlweisen Rats der Stadt Regensburg Schreiben und Frage, die Lehre von der Erbsünde und erregten Streit darüber betreffend" (Stadtarchiv Regensburg, Ecclesiastica I Nr. 45, Acta der Erbsünde oder neuen Manichaeismi halben 1571. 72. 73., Stück 83, fol. 317—333), abgefaßt zwischen Ende Oktober (Schreiben des Rates an Herzog Julius, 13. Okt., = Stück 80, fol. 306—313) und Mitte Dezember (begleitendes Antwortschreiben des Hzg. Julius vom 21. Dez.) 1573, ohne Einleitung, Schluß und die eigenhändigen Unterschriften der beteiligten braunschweigischen Theologen (neben Chemnitz auch Selneccer und einige andere des späteren torgischen Konvents) nicht ganz fehlerfrei abgedruckt: Rehtmeyer IIIB 220—236. Zum Anlaß vgl. Loy, Der Flacian. Streit in Regensburg. Z. f. bayr. KG. I, 1926. Der Zensur steht sehr nahe ein „Wolgegründter Bericht von den fürnemsten Artickeln Christlicher Lehre, so zu unsern Zeiten streitig worden seyn, Was eines jeden Artickels rechter Verstand sey, vnd wie man in GOttes Furcht ohne Abbruch der Wahrheit von einem jeden Artickel aus der rechten Grundfest des Göttlichen Worts mit bescheidenheit reden möge oder solle", den Chemnitz 1575 für Herzog Wilhelm d. J. von Braunschweig-Lüneburg ausgearbeitet hat. Er wurde zusammen mit einer voraufgehenden Übersetzung der „Formulae quaedam caute et citra scandalum loquendi de praecipuis Christianae doctrinae locis pro iunioribus Verbi Ministris in Ducatu Luneburgensi" (1535, = Quellenschrr. 3. Gesch. d. Prot., 6) des Urbanus Rhegius als Anhang 1576 in das Corpus doctrinae Iulianum aufgenommen (ich benütze die Ausgabe Helmstadt 1603 fol., Anhang S. 1—44 + 45—123). Am Anfang dieses CD steht ein anderer, früherer (1569, KO für Braunschweig-Wolfenbüttel) und abweichend gestalteter „Kurtzer einfeltiger und nothwendiger Bericht von etlichen fürnehmen Artickeln der Lehr..." (fol. 3b—38b); vgl. auch RE³ IV 297. Im folgenden meint Corp. doctrin. Iul. Bericht usw. immer jenen Bericht von 1575, der mit seinen XI Artikeln in die maßgeblichen Vorformen der FC einzureihen ist; „Von der Erbsünde" handelt Art. IV, f. 68—75. Auf die wörtliche Übereinstimmung ganzer Absätze der FC mit dem Regensburger Gutachten und dem „Bericht" von 1575 wird im einzelnen nicht durchgehends aufmerksam gemacht werden. Literatur: E. Schmid, Des Flacius Erbsündestreit, Z. hist. Theol. Niedner, ¹1849. H. Heppe, Gesch. d. deutschen Protestantismus I—III, 1852—1857. H. Heppe, Dogmatik des deutschen Protestantismus im sechz. Jahrhundert I, 1857. H. R. Frank, Theologie I, 1858. W. Preger, Matthias Flacius Illyricus und seine Zeit II, 1861. P. Tschackert, Die Entstehung der lutherischen und der ref. Kirchenlehre. 1910. Karo, D. Lindauer Gespräch, Z wiss Th 1902 O. Ritschl, Dogmengeschichte des Protestantismus II, 1912. R. Seeberg, Lehrbuch der Dogmengeschichte IV 2, 1920. Loy, Der flacianische Streit in Regensburg, Z. f. bayr. KG. I, 1926, S. 6—29, 67—93. RE³ Art.: Flacius, Strigel, Synkretist. Streitigkeiten. (Selneccer) Refutatio Irenaei. Gründlicher Bericht auf das examen Christophori Irenaei so er a. 1581 wider den 1. Art. des christlichen Concordien Buchs ausgesprenat... gestellet durch etliche hiezu verordnete Theologen a. 1583. Heidelberg 1583. C. Schlüsselburg, Catalogus haereticorum lib. 2 (De secta Manichaeorum) Francof. 1601. [2]) Bezieht sich auf die möglichst nach CA gerichtete An-

spalt von der Erbsünde zugetragen, was eigentlich dieselbe sei. Dann ein Teil[1] hat gestritten, weil [1] „durch Adams Fall ist ganz verderbt menschlich Natur und Wesen"[2], daß nunmehr nach dem Fall des verderbten Menschen Natur, Substanz Wesen oder[3] ja das fürnehmbste, höchste Teil seines Wesens, als die vernünftige Seele in ihrem höchsten Grad oder fürnehmsten Kräften, die Erbsünde selbst sei[4], welche Natur- oder Personsünde[5] genennt worden, darumb, daß

de peccato originali, quidnam hoc proprie et revera sit? Una enim pars contendit (cum per lapsum Adae humana natura et essentia totaliter corrupta sit), quod nunc post lapsum hominis corrupta natura, substantia et essentia, aut certe praecipua et praestantissima pars ipsius essentiae (anima videlicet rationalis in summo suo gradu aut praecipuis potentiis) sit ipsum peccatum originale, quod ideo vocetur peccatum naturae vel

---

4 Natur + Substanz *m z*   6 Substanz + und *c z*   9 höchsten > *u*

1 de peccato originali >   4 totaliter] penitus   11 quod ideo vocetur] Et qui hanc opinionem defenderunt, affirmarunt hoc originale malum ideo vocari

---

ordnung der Artikel in FC (vgl. S. XXXVI, S. 842 TB bei Z. 26 und Bertram, Lüneb. IIB 313), nicht auf die zeitliche Abfolge der Lehrstreitigkeiten. Die Verhandlung über das Wesen der Erbsünde erstmals in der Disputation zwischen V. Strigel und M. Flacius auf dem alten Schloß zu Weimar vom 2. bis 8. August 1560; vgl. die Protokolle: Disputatio de originali peccato et libero arbitrio inter M. Flacium et V. Strigelium publice ... Vinariae ... 1560 ... habita, s. l. 1562 und erweitert (zweimal) 1563, herausg. von Wigand und Musaeus (ich benütze die dritte, stark vermehrte Ausg. 1563 mense Martis und vergleiche mit einem von Flacius Hzg. Joh. Albrecht überreichten Expl. 1562; abgek.: Disput. Vinar). Dazu Flacius, Origo praesentis controversiae de originali peccato, 1574. J. Wigand, De Manichaeismo renovato, Lips. 1588, 361—640. Ebenfalls als Beteiligter und Zeuge: Joh. Musaeus, Praelectiones in Epitomem Formulae Concordiae, Jena 1701, 38—88.
[1]) Flacius und seine theologischen Freunde, z. T. jedoch nach der Auffassung ihrer Lehrmeinung durch deren Gegner. Hauptschriften: Flacius, De peccati originalis aut veteris Adami appellationibus et essentia im Clavis Scripturae sacrae II, f. 479—498, Basil. 1567. Defensio sacrae doctrinae de originali iustitia et iniustitia aut peccato 1570. Demonstrationes evidentissimae doctrinae de essentia imaginis Dei et diaboli ... Basil 1570. Orthodoxa confessio M. Flacii Ill. de originali peccato ... 1571. Compendiaria expositio doctrinae de essentia peccati originalis, Ursell 1572. Cyr. Spangenberg, Warhafftige, gewisse, beständige, der H. Schrifft gemäße und in Gottes Wort gegründete Lere von der Erbsünde Dr. M. Luthers, daraus klar zu sehen, daß dieselbige nicht sey ein Accidens. Eisl. 1572. Erklerung M. Cyr. Spangenberga von der Erbsünde, für die Einfeltigen gestellet... Eisl. 1572. Cyr. Spangenberg, Große Antwort vnd richtiger Bescheid auf der Eißleb. Theologen unzeitige Abfertigung 1577. Chr. Irenaeus, Examen libri Concordiae 1581. Auch Fr. Coelestin und zahlreiche andere, etwa: Bekentniß von diesen zweyen Propositionen oder Reden: peccatum originis est substantia vnd peccatum originis est accidens, dem ehrwirdigen Consist. zu Jhena vberantwortet d. 3. Jan. 1572. M. Chr. Ireneus, M. M. Wolffius, M. Schneider, J. Francus, Exules Christi. Dazu die zahlreichen Auszüge bei Schlüsselburg und vor allem bei Wigand, De Manichaeismo renovato; ein Verzeichnis der Schismatici Illyricani 361 ff.: der errores Illyrici: S. 30ff.   [2]) Lazarus Spengler, vgl. Ph. Wackernagel, Das deutsche Kirchenlied von den ältesten Zeiten bis zum Anfang des 17. Jahrhdts. 1870, III 48, Nr. 71. Dazu die Abhandlung — auch im Sonderdruck — über dieses Lied von Cyr. Spangenberg in seinen Liederpredigten Cithara Lutheri 1570. Ausg. 1581 f. 110; „weil ... Wesen" war getilgt, jedoch a. R. in A: „bleibt".   [3]) oder: Musaeus, Praelectiones 47 macht auf die Doppelheit der Aussage aufmerksam, die in Epitome [SM 519] als Doppelfrage erscheint. Mit dem ersten Teil seien die verdorbenen Schüler des Flacius, vor allem Irenaeus gemeint (vgl. Praelectiones 46), mit dem anderen Flacius selbst, also dessen Bestimmung der Erbsünde als substantia formalis; vgl. S. 862 Anm. 1.   [4]) Etwa: Hoc igitur modo assero et sentio peccatum originale esse substantiam, quia anima rationalis et praesertim eius nobilissimae substantialesque potentiae, nempe intellectus et voluntas, quae antea erant ita praeclare formatae, ut essent vera imago Dei ... nunc sunt fraude Satanae adeo prorsus inversae, ut sint vera et viva imago Satanae. Flacius, Clavis Scr. s. II 482. Zur Auffassung auf seiten der Gegner vgl. S. 852 Anm. 4 und Preger, Flacius II 359, 352.   [5]) Vgl. S. 846 Anm. 3 für die Ausdrucksweise auf beiden Seiten.

es nicht ein Gedanke, Wort oder Werk, sondern die Natur selbst sei, daraus als aus der Wurzel alle andere Sünde entspringen, und sei derwegen jtzund nach dem Fall, weil die Natur durch die Sünde vorderbt, ganz und gar kein Unterscheid zwischen des Menschen Natur oder Wesen und zwischen der Erbsünde.

Der ander Teil[1] aber hat dagegen gelehret, daß die Erbsünde eigentlich nicht sei des Menschen Natur, Substanz oder Wesen, das ist des Menschen Leib oder Seele, welche auch jtzund nach dem Fall in uns Gottes Geschöpf und Kreaturen sein und bleiben, sondern sei etwas in des Menschen Natur, Leib, Seel und allen seinen Kräften, nämlich ein greuliche, tiefe, unaussprechliche Vorderbung derselben, | also[2] daß der Mensch der Gerechtigkeit, darinnen er anfangs erschaffen, mangelt | und in geistlichen Sachen zum Guten erstorben und zu allem Bösen verkehret, und daß von wegen solcher Vorderbung und angeborner Sünde, so in der Natur steckt, aus dem Herzen alle wirkliche Sünde herfließen, und müsse also ein Unterschied gehalten werden zwischen des | verderbten |[3] Menschen Natur und Wesen, oder

personae, quod non sit cogitatio, verbum aut opus quoddam, sed ipsissima natura, e qua tanquam ex radice omnia alia peccata oriantur, eamque ob causam affirmarunt, iam post lapsum (quandoquidem natura per peccatum corrupta est) nullum plane discrimen esse inter hominis naturam, substantiam seu essentiam et inter peccatum originis.

Altera vero pars contrarium asseruit: peccatum videlicet originale non esse ipsam hominis naturam, substantiam aut essentiam, hoc est ipsius hominis corpus et animam (quae hodie in nobis etiam post lapsum sunt manentque Dei opus et creatura), sed malum illud originis esse aliquid IN ipsa hominis natura, corpore, anima omnibusque viribus humanis, horrendam videlicet, profundam, intimam atque verbis inexplicabilem humanae naturae corruptionem, ita ut homo originali iustitia, cum qua initio creatus erat, penitus spoliatus careat atque (in rebus spiritualibus) ad bonum prorsus sit mortuus, ad omne vero malum totus plane sit conversus, et ut propter hanc naturae corruptionem et insitum ac innatum peccatum (quod

---

3/4 entspringen] herfließen *g k l n t*   8 und] oder *B H f g k l o p r s*   10 hat > *g k l m n o p q z*   dagegen] dazwischen *B*   gelehret] lehret *z*   13 oder] und *d e f g n o t u v x*   14 auch > *m*   in uns > *w*   17 Leib + und *n t z*   18 tiefe + und *z*   + und ein *g*   19/21 | also bis mangelt | *statt* [dardurch die Gerechtigkeit verloren (in welcher der Mensch anfangs erschaffen)] *A*   20 darinnen] darumb *z*

8 substantiam >   13 ipsius] ipsum

---

[1]) Weniger V. Strigel als vielmehr die von Chemnitz, Mörlin, Heßhus und Wigand geführte Theologengruppe. Zehn Streitschriften: De peccato originis scripta quaedam contra Manichaeorum delirium, quod peccatum originis sit substantia. D. Wigandi. D. Heshusii. D. Morlini. D. Kemnicii. Jen. 1571; darin auch die Epist. Til. Heshusii ad M. M. Flacium Ill. de controversia an peccatum originis sit substantia ... Jen. 1570. Warhaftiger Gegenbericht auff M. Flacii Ill. kurtz Bekentnis von der wesentlichen Erbsünde. Durch D. Til. Heßhusium ... Jena 1571. Von der Erbsünde, Lere aus Gottes Wort, aus dem Düringischen Corpore Doctrinae vnd aus D. Luther Büchern durch D. J. Wigandum ... Jhena 1571. Antidotum contra impium et blasphemum dogma M. Flacii Ill., quo adserit, quod peccatum originis sit substantia. Jenae 1572. N. Selneccer, Verantwortung auf die Flacianer Lästerung, Leipzig 1570. 1572 schließt sich Musaeus (Sententia D. Sim. Musaei de pecc. orig ... Jen. 1572) und 1573 öffentlich auch Andreae (Sechs christl. Predig ...) an; daneben zahlreiche andere; vgl. etwa die „Abfertigung des Spangenbergischen Irrtumbs von der Erbsünde ... durch die Prediger in der Grafschaft Mansfeld ..." 1577 und die „Christlichen Censurae etlicher ... Kirchen, der Augsburgischen Confession verwand, über den Streit von der Erbsünde zwischen den Predigern in der Graf- und Herrschaft Mansfeld," 1577, die auch ein für den Aufbau des Art. I FC lehrreiches Bedenken der Braunschweiger Theologen vom 23. Okt. 1572 enthalten und andere, die, wie das der Rostocker, z. T. wörtlich an die Ausführungen in FC erinnern.   [2]) Darüber | Preußen |, auch in *H*. Bedenken der preußischen Theologen zu TB. „Diese Wort sind auszulassen oder zu ändern, denn die Gerechtigkeit, darin der Mensch erschaffen, ist nicht durch die Erbsünde, sondern durch den Ungehorsam Adae und Evae verloren worden ..."; Änderungsvorschlag.   [3]) Vgl. S. 858 Anm. 2.

seinem Leib und Seel, welches Gottes Geschöpf und Kreaturen an uns auch nach dem Fall sind, und zwischen der Erbsünde, welche ein Werk des Teufels ist, dardurch die Natur verderbt worden.

Nun ist dieser Streit von der Erbsünde nicht ein unnötiges Gezänk, sondern, wann diese Lehr aus und nach Gottes Wort recht geführt und von allen pelagianischen und manichäischen Irrtumben abgesondert wird, so werden (wie die Apologia[1] spricht) des Herren Christi Wohltaten und sein teures Vordienst, auch die Gnadenwirkung des Heiligen Geists, deste besser erkannt und mehr gepreiset. Es wird auch Gott seine Ehr gegeben, wenn Gottes Werk und Geschöpf an Menschen von des Teufels Werk, dardurch die Natur vorderbt, recht unterschieden wird. Derwegen diese Zwiespalt christlich und nach Gottes Wort zu erklären und die rechte reine Lehre von der Erbsünde zu erhalten, wollen wir aus vorermelten Schriften die Thesin und Antithesin, daß ist rechte Lehr und Gegenlehr, in kurze Hauptstück fassen.

Und erstlich ists wahr, daß Christen für Sünde halten und erkennen sollen nicht alleine die wirkliche Übertretung der Geboten Gottes, sondern daß auch die greuliche, schreckliche Erbseuche, durch welche die ganze Natur verderbet, vor allen Dingen wahrhaftig für Sünde soll gehalten und erkennt werden, ja für die „Hauptsünde", welche ein Wurzel und Brunnquell ist aller wirklichen[2] Sünde und wird von D. Luthero eine „Natur- oder Personsünde" genennet[3], damit anzuzeigen, da gleich der Mensch nichts Böses gedächte, redet oder wirket, | wölchs[4] doch nach dem Fall unser

in ipsa natura infixum haeret) e corde humano omnis generis actualia peccata promanent. Discrimen itaque retinendum esse affirmarunt inter corrupti hominis naturam et essentiam, seu animam et corpus hominis, quae in nobis etiam post lapsum sunt Dei opus et creatura, et inter peccatum originale, quod est diaboli opus, per quod natura est depravata.

Haec disceptatio de peccato originis non est certamen quoddam non necessarium, sed maximi momenti. Cum enim haec doctrina iuxta verbi Dei analogiam recte ac sincere proponitur et ab omnibus cum Pelagianis tum Manichaeis erroribus separatur, tunc (ut Apologia habet) beneficia Christi et satisfactio seu pretiosissimum ipsius meritum atque operationes spiritus sancti gratuitae rectius agnoscuntur et magis celebrantur; ac insuper Deo gloria sua tribuitur, quando opus Dei et creatura in homine a diaboli opere (per quod natura corrupta est) recte discernitur. Ut igitur haec controversia pie, secundum verbi Dei analogiam explicetur et sincera doctrina de peccato originis conservetur ex illis, quorum supra mentionem fecimus, scriptis, thesin et antithesin, id est, sinceram doctrinam et falsam huic contrariam in certa eaque brevia capita colligemus.

I. Et primum quidem constat Christianos non tantum actualia delicta et transgressiones mandatorum Dei peccata esse, agnoscere et definire debere, sed etiam horrendum atque abominabilem illum hereditarium morbum, per quem tota natura corrupta est, inprimis pro horribili peccato et quidem pro principio et capite omnium peccatorum (e quo reliquae transgressiones tanquam e radice nascantur et quasi e scaturigine promanent) omnino habendum esse. Et hoc malum aliquando D. Lutherus peccatum naturae, item peccatum personae

---

2 an] in *p*   16 die > *B*   17 Christi > *pq*   28 Schriften + des Corporis doctrinae *H, urspr. A*   30 kurze] rechte *c*   fassen] verfassen *B*   37/8 greuliche] getreuliche *f*   38 Erbseuche] Erbsünde *cvw*   43 Sünde] Sünden *Bfqs*

6 in nobis >   13 sed maximi momenti] aut inanis atque inutilis λογομαχία

---

[1]) Vgl. Apol. S. 153. 159. 169. 181. 190/1. 197. 259: freies Zitat, vgl. auch Corp. doctr. Jul. Bericht IV 68. Ähnlich Chemnitz auch in f. Loci theol. Wit. 1610, 224 und wörtlich auch bei Schlüsselburg, Catal. Haer. V 617, Gutachten für Regensburg (Rehtmeyer IIIB 225).
[2]) peccatum actuale.   [3]) EA X 322, XV 50—59, XVII 170; WA LI 354$_{20}$, XLVI 39. 40. Vgl. S. 854, Anm. 1; S. 860, Anm. 3; S. 861, Anm. 1.   [4]) Darüber | Preußen |, auch in *H*: fast wörtlich nach dem preußischen Bedenken; „umb der Papisten willen".

ersten Eltern in diesem Leben menschlicher Natur unmüglich, | daß gleichwohl seine Natur und Person sündig, das ist, durch die Erbsünde als mit einem geistlichen Aussatz durch und durch, ganz und gar für Gott vergiftet und verderbet sei, umb welcher Verderbung willen und vonwegen des Falls des ersten Menschen die Natur oder Person von Gottes Gesetz beklagt und verdammet wird, also, daß wir „von Natur Kinder des Zorns"[1], des Todes und der Verdammnus sind, wo wir nicht durch das Verdienst Christi davon erlöset werden.

Zum andern ist auch das klar und wahr, wie der neunzehende Artikel in der Augsburgischen Confession[2] lehret, daß Gott nicht ist ein Schöpfer, Stifter oder Ursach der Sünden, sondern aus Anstiftung des Teufels „durch einen Menschen ist die Sünde" (welche ist ein Werk des Teufels) „in die Welt kommen" Rom. 5.; 1. Johan. 3.[3] Und noch heutezutage in dieser Verderbung schafft und macht Gott in uns die Sünde nicht, sondern mit der Natur, welche Gott heutezutage an den Menschen noch schaffet und machet, wird die Erbsünde durch die fleischliche Entpfängnus und Geburt von Vater und Mutter aus sündlichem Samen mit fortpflanzet[4].

Zum dritten: was dieser Erbschade sei, weiß und „kennet keine Vernunft nicht", sondern es muß, wie die Schmalkaldische Artikel[5] reden, „aus der Schrift Offenbarung" gelernet und „geglaubet werden". Und in der Apologia[6] wird dasselbige kürzlich in diese Häuptstück gefasset:

appellare solet, ut significet, etiamsi homo prorsus nihil mali cogitaret, loqueretur aut ageret (quod sane post primorum nostrorum parentum lapsum in hac vita humanae naturae est impossibile) : tamen nihilominus hominis naturam et personam esse peccatricem, hoc est, peccato originali (quasi lepra quadam spirituali) prorsus et totaliter in intimis etiam visceribus et cordis recessibus profundissimis totam esse coram Deo infectam, venenatam et penitus corruptam; et propter hanc corruptionem atque primorum nostrorum parentum lapsum natura aut persona hominis lege Dei accusatur et condemnatur, ita ut natura filii irae, mortis et damnationis mancipia simus, nisi beneficio meriti Christi ab his malis liberemur et servemur.

II. Deinde etiam hoc extra controversiam est positum (ut decimus nonus articulus Confessionis Augustanae habet) quod Deus non sit causa, creator vel auctor peccati, sed quod instinctu, opera et machinationibus Satanae per unum hominem peccatum (quod est diaboli opus) in mundum intraverit. Et hodie, etiam in hac naturae corruptione, Deus non creat aut facit in nobis peccatum, sed una cum natura, quam Deus etiamnum in hominibus creat et efficit, peccatum originale per carnalem conceptionem et nativitatem a patre et matre (ex semine per peccatum corrupto) propagatur.

III. Praeterea, quid et quantum sit hoc ingens hereditarium malum, id nulla humana ratio indagare aut agnoscere potest, sed (ut Smalcaldici Articuli loquuntur) ex scripturae sacrae patefactione discendum et credendum est, id quod in Apologia breviter his praecipuis capitibus comprehenditur:

---

1 Leben + [unmüglich] A 21 auch das ~ B Konk das > p 29/30 Verderbung] Verbindung *Müller* in dieser Verderbung > 12 30/1 in uns die Sünde ~ B in uns + in dieser Verderbung x 32 Gott + noch n noch > t [noch] n 36 mit + propagiert und H ö, urspr. A 38 nicht > c nicht] mehr x 40/1 Offenbarung] offenbaret c

9 et totaliter >   12 venenatam >   25 instinctu >

---

[1]) Eph. 2, 3.   [2]) S. 72   [3]) Röm. 5, 12; 1. Joh. 3, 8.   [4]) Im Sinn des Traduzianismus verstanden bei A. Calov, Consensus repetitus fidei verae Lutheranae ... 1664. II, XIX 6; vgl. S. 853, Anm. 2.   [5]) S. 434, 9   [6]) Das Folgende z. T. wörtlich nach Apol. II S. 146—157; vgl. auch die Conf. doctr. Sax. eccl. 1551, CR XXVIII 378f.

| 1. Daß¹ dieser Erbschade seie die Schuld, daß wir allesampt vonwegen des Ungehorsams Adam und Evä in Gottes Ungnaden und „Kinder des Zorns von Natur"² sind, wie der Apostel zun Römern am 5. Kapitel³ zeuget.

⟨2.⟩ Zum andern, daß es auch | eine gänzliche Darbung oder „Manglung der angeschaffenen Erbgerechtigkeit im Paradies" oder des Bildes Gottes, nach welchem der Mensch anfänglich in Wahrheit, Heiligkeit und Gerechtigkeit geschaffen, und zugleich ein Unvormugen und „Untüchtigkeit zu allen Gottessachen", oder wie die lateinische Wort lauten: Descriptio peccati originalis detrahit naturae non | renova'tae | et dona et vim seu facultatem et actus inchoandi et efficiendi spiritualia⁴; das ist: Die Beschreibung der Erbsünde benimmet der | unverneuerten | Natur die Gaben, Kraft und alle Wirkung, in geistlichen Dingen etwas anzufahen und zu wirken.

3. Daß die Erbsünde (an der menschlichen Natur) nicht alleines⁵ sei ein solcher gänzlicher Mangel alles Guten in geistlichen, göttlichen Sachen, sondern daß sie zugleich auch sei anstatt des vorlornen Bildes Gottes in dem Menschen eine tiefe, böse, greuliche, grundlose, unerforschliche und unaussprechliche Vorderbung der ganzen Natur und aller Kräften, sonderlich der höchsten, fürnehmbsten Kräften der Seelen im Vorstande, Herzen und Willen, daß dem Menschen nunmehr nach dem Fall angeerbt wird „eine angeborne böse Art" und inwendige Unreinigkeit des Herzen, „böse Lust und Neigung", daß wir alle von Art und Natur solch „Herz, Sinn und Gedanken aus Adam ererben", welches nach seinen „höchsten Kräf-

I. Primo, quod hoc hereditarium malum sit culpa seu reatus, quo fit, ut omnes propter inobedientiam Adae et Hevae in odio apud Deum, et natura filii irae simus, ut apostolus testatur.

II. Deinde, quod sit per omnia totalis carentia, defectus seu privatio concreatae in paradiso iustitiae originalis seu imaginis Dei, ad quam homo initio in veritate, sanctitate atque iustitia creatus fuerat, et quod simul etiam sit impotentia et ineptitudo, ἀδυναμία et stupiditas, qua homo ad omnia divina seu spiritualia sit prorsus ineptus. Verba Apologiae Latine sic habent: descriptio peccati originalis detrahit naturae non renovatae et dona et vim seu facultatem et actus inchoandi et efficiendi spiritualia.

III. Praeterea, quod peccatum originale in humana natura non tantummodo sit eiusmodi totalis carentia seu defectus omnium bonorum in rebus spiritualibus ad Deum pertinentibus, sed quod sit etiam loco imaginis Dei amissae in homine intima, pessima, profundissima (instar cuiusdam abyssi), inscrutabilis et ineffabilis corruptio totius naturae et omnium virium, inprimis vero superiorum et principalium animae facultatum, in mente, intellectu, corde et voluntate. Itaque iam post lapsum homo hereditario a parentibus accipit congenitam pravam vim, internam immunditiem cordis, pravas concupiscentias et pravas inclinationes, ita ut omnes natura talia corda, tales sensus et cogita-

---

1/7 | 1. daß bis auch | statt [1. daß es sei] A   1. + Erstlich k l   die + [frembde] A   5/6 zun bis zeuget] Rom. 5. Eph. 3. ö   7 Zum andern > B s   auch] sei H   gänzliche] greuliche k l m n p t u v x   gänzliche] gründliche z   15 lauten + in der Apologia w, H a. R.   16 non + regeneratae ü | renovatae |] regeneratae H Helmst, urspr. A ⟨wo es Andreae in A bereits aus reponatae gebessert hat⟩   renovatae] revolatae x   renovatae + ›regeneratae‹ g   18 efficiendi] estimendi x   spiritualia] spatrialia (!) x   19/20| unverneuerten | statt [unwiedergebornen] A   un›wieder‹erneuerten H   23 3. + Zum dritten t z   25 gänzlicher] greulicher p   29 unerforschliche] unerschöpfliche Balthasar, Historie III 18   31 sonderlich] sondern f   31/2 sonderlich bis Kräften > y, Balthasar Historie III 19; nur a. R. bei a   34 nunmehr] nimmermehr x urspr. k l   nur immermehr p

7/8 quod bis carentia] docetur, quod peccatum originis sit horribilis   8 seu privatio >   9 seu] et amissio seu privatio   13/4 et ineptitudo bis stupiditas >

---

¹) Darüber | Preußen |; der einschließlich des [frembde] dem preuß. Bedenken entstammende Einschub verändert die Zählung der folgenden Hauptstücke.   ²) Eph. 2, 3.   ³) Röm. 5, 12.   ⁴) Freies Zitat, vgl. Corp. doctr. Jul., Bericht IV 69. Nach Apol. S. 146. 147. Der lateinische Wortlaut schon bei Chemnitz, Bedenken (Rehtmeyer IIIB 223) und — für renovatae: renatae — in SC und SSC.   ⁵) Vgl. S. 850 bei Anm. 2 u. 5.

ten und Licht der Vernunft" natürlich "stracks wider Gott und seine höchste Gebot gesinnet und geartet", ja eine Feindschaft wider Gott ist, was sonderlich göttliche, geistliche Sachen belangen; dann sonst, in natürlichen, äußerlichen Sachen, so der Vernunft unterworfen, hat der Mensch noch etlichermaßen Vorstand, Kraft und Vermügen, wiewohl gar sehr geschwächet, welches doch alles >auch< durch die Erbseuche vergiftet und verunreiniget wird, daß es für Gott nichts taug.

4. Die Strafe und Peen der Erbsünde, so Gott auf Adams Kinder und auf die Erbsünde gelegt, ist der Tod, | die¹ ewige Verdammnus, auch | "andere leibliche" | und geistliche, zeitlich und ewig Elend, | "Tyrannei und Herrschaft des Teufels", daß "die menschliche Natur" dem Reich des Teufels unterworfen und "unter des Teufels Gewalt dahingegeben und unter seinem Reich gefangen, der manichen großen, weisen Menschen in der Welt mit schrecklichem Irrtumb, Ketzerei und ander Blindheit betäubet und vorführet und sonst die Menschen zu allerlei Laster dahinreißet".

5. Zum | fünften: | Derselbe Erbschade ist so groß und greulich, daß er allein umb des Herrn Christi willen in den Getauften und Gläubigen für Gott zugedeckt und vorgeben muß werden. Es muß auch und kann die dardurch verrückte, verderbte menschliche Natur allein durch des Heiligen Geistes Wiedergeburt und Erneuerung geheilt werden, welchs doch in diesem Leben nur angefangen, aber allererst in jenem Leben vollkommen sein wird.

Diese Punkta, so allhier alleine summarischerweise angezogen, werden in obge-

tiones ab Adamo hereditaria et naturali propagatione consequamur, quae secundum summas suas vires et iuxta lumen rationis naturaliter e diametro cum Deo et summis ipsius mandatis pugnent atque inimicitia sint adversus Deum, praesertim quantum ad res divinas et spirituales attinet. In aliis enim externis et huius mundi rebus, quae rationi subiectae sunt, relictum est homini adhuc aliquid intellectus, virium et facultatum, etsi hae etiam miserae reliquiae valde sunt debiles et quidem haec ipsa quantulacunque per morbum illum hereditarium veneno infecta sunt atque contaminata, ut coram Deo nullius momenti sint.

IV. Poenae vero peccati originalis, quas Deus filiis Adae ratione huius peccati imposuit, haec sunt: mors, aeterna damnatio et praeter has aliae corporales, spirituales, temporales atque aeternae aerumnae et miseriae, tyrannis et dominium Satanae, quod videlicet humana natura regno diaboli subiecta est, cui in miserrimam servitutem tradita, captiva ab eo tenetur. Is certe multos magnos et sapientes homines in mundo horribilibus erroribus ac haeresibus et caecitate multiplici fascinat et seducit ac miseros mortales saepe in varia et atrocia scelera praecipitat.

V. Hoc hereditarium malum tantum tamque horrendum est, ut nullo alio modo, nisi propter solum Christum (in hominibus baptizatis et credentibus), coram Deo contegi et condonari possit. Et quidem humana natura, quae hoc malo perversa et tota corrupta est, aliter sanari non potest, nisi ut per spiritum sanctum regeneretur et renovetur. Idque opus spiritus sancti in hac vita tantummodo in nobis inchoatur, in altera demum vita absolvetur et perficietur.

Haec capita de peccato originis, quae hoc loco summarie tantum recitavimus,

---

10 Erbseuche] Erbsünde B f p x z Konf   Erbseuche] Erbsünde (Erbseuche) y   18 4. + Zum vierten z   20 Tod + [und] A   21 leibliche + [Übel] A   22 Elend + und andere leibliche Übel H   29/30 betäubet] betrübet d e   33 Zum fünften > v | fünften | statt [vierten] A   fünften] vierten H ü   35 Getauften + Christen y   37 Es muß auch und kann] Es kann und muß auch B   40 geheilt] geheiliget B

1 et naturali >   29/30 et caecitate multiplici >   30 fascinat et seducit] ascinavit eorumque mentes prorsus coecavit, idem alias etiam   31 saepe >

---

¹) Darüber | Preußen |; das preußische Bedenken wünscht die Nennung der ewigen Verdammnis, "auf daß die Leut wissen, die Erbsünde vordiene und wirke nicht allein die zeitlichen, sondern auch den ewigen Tod und Verdammnis".

melten Schriften | der gemeinen Bekenntnus unser christlichen Lehr | ausführlicher erklärt.

Solche Lehr aber muß nun also erhalten und vorwahret werden, daß sie nicht abweiche entweder auf die pelagianische oder auf die manichäische Seiten. Derhalben soll auch kürzlich gemeldet werden, welche Gegenlehr von diesem Artikel in unsern Kirchen ausgesetzt und verworfen werde.

1. Und erstlich, wider die alte[1] und neue Pelagianer, werden gestraft und verworfen diese falsche opiniones und Lehren, als wäre die Erbsünde allein ein reatus oder Schuld von wegen frembder Verwirkung, ohne einiger unserer Natur Vorderbung[2].

2. Item als wären die sündliche böse Lüste nicht Sünde, sondern conditiones oder angeschaffene und wesentliche Eigenschaften der Natur[3].

3. Oder als wäre der obgemelte Mangel und Schade nicht eigentlich und wahrhaftig für Gott solche Sünde, darumb der Mensch außer Christo ein Kind des Zorns und Vordammnus, auch im Reich und unter der Gewalt des Satans sein müßte[4].

4. Es werden auch ausgesetzt und verworfen diese und dergleichen pelagianische Irrtumben, als: daß die Natur auch nach dem Fall unvorderbet und sonderlich in geistlichen Sachen ganz gut und rein und in ihren naturalibus, das ist, in ihren natürlichen Kräften, vollkommen sein sollte[5].

in commemoratis scriptis, quae confessionem Christianae nostrae doctrinae complectuntur, copiosius explicantur.

Haec vero doctrina sic asserenda, conservanda atque munienda est, ut in neutram partem, hoc est, neque ad Pelagianos neque ad Manichaeos errores, declinet. Itaque (quanta fieri potest brevitate) etiam contraria de hoc articulo doctrina, quae ab ecclesiis nostris reprobatur et reiicitur, est recitanda.

I. Repudiantur igitur et reiiciuntur veterum et recentiorum Pelagianorum falsae opiniones et dogmata vana, quod peccatum originale sit tantum reatus aut culpa, quae ex aliena transgressione (absque ulla naturae nostrae corruptione) sit contracta.

II. Quod pravae concupiscentiae non sint peccatum, sed conditiones quaedam aut concreatae essentiales naturae proprietates.

III. Quod defectus ille et malum hereditarium non sit proprie et vere coram Deo tale peccatum, propter quod homo filius irae et damnationis habeatur, cuius ratione sub tyrannide et regno Satanae ei sit pereundum, nisi Christo inseratur et per eum liberetur.

IV. Reprobantur etiam et reiiciuntur hi et similes Pelagiani errores, ut: quod natura etiam post lapsum incorrupta, et quidem praecipue quoad res spirituales, tota adhuc bona ac pura sit et in suis naturalibus, hoc est, in potentiis et viribus suis naturalibus perfecta et integra sit.

1/2 | der *bis* Lehr | *statt* [des Corporis doctrinae] *A*   4 erhalten] behalten *w y ü*   7 Seiten] Sekten *p*   21 und > *n t*   31 pelagianische + opiniones und *H ö ü, urspr. A*   33 unvorderbet] nun verderbet *t*   34 ganz + und *x*   36 Kräften + ganz *B*

28/9 nisi *bis* liberetur >

---

[1]) Gegenüber dem Einwand, poni quaedam, quae inter Augustanae Confessionis socios controversa nunquam fuissent, sed in papatu tantum docerentur vgl.: N. Selneccerus, Recitationes aliquot. I. De consilio scripti Libri Concordiae ... Lips. 1582, S. 72.
[2]) Petrus Lomb. Sent. II d 30 c 6. Ambrosius Catharinus, De lapsu hominis et peccato originali, Opuscula, Lugdun. 1542. Alb. Pighius, De libero hominis arbitrio et divina gratia contra Calvinum, Colon. 1542. Didacus de Payva (de Andrada), Orthodoxarum explicationum ll. X, Venet. 1564. Zum Ganzen: M. Chemnitz, Examen Concilii Tridentini III 1 ed. Preuß, 1861 (1915), 100.   [3]) Trid. Sess. V, Decr. super pecc. orig. 5 (Denzinger-Bannwart, Enchiridion symbolorum 1928[17], 792). H. Zwingli, Fidei ratio 1530, IV. (Die Bekenntnisschriften der reformierten Kirche hrsg. E. F. K. Müller, 1903, 82, 38ff.). Vgl. S. 1094, 13ff.; 1095, 1ff.   [4]) Musaeus, Praelectiones 79: „proprie continet Pelagianorum veterum haeresin..."; vgl. F. Loofs, DG. 421. R. Seeberg, DG. II 490ff. Auch Didacus de Payva gehört hieher; s. Anm. 2.   [5]) Trid. Sess. V. Decr. super pecc. orig. 5 (Denzinger-Bannwart, Enchiridion 792). Dazu Chemnitz, Examen III 5 S. 113ff. und zum Satz: naturalia manserunt post peccatum integra in der nachtridentin. Theologie: Schwane, Dogmengeschichte der neueren Zeit, 1890, 166ff. Bartmann, Lehrbuch der Dogmatik, 1917, I 307; vgl. auch WA XL^{II} 322 $_{39}$ff.

5. Oder daß die Erbsünde nur von außen ein schlechter, ringschätziger, eingesprengter Fleck oder anfliehende Makel were¹, dabei und darunter die Natur gleichwohl ihre Güte und Kraft auch zu geistlichen Sachen habe und behalte.

6. Oder daß die Erbsünde nicht eine Beraubung oder Manglung, sondern nur eine äußerliche Hindernus solcher geistlichen guten Kräften wäre, als wann ein Magnet mit Knoblochsaft bestrichen wird, dardurch seine natürliche Kraft nicht weggenommen, sondern allein gehindert wird²; oder daß dieselbige Makel wie ein Fleck vom Angesicht, oder Farbe von der Wand leichtlich könne abgewischt werden.

7. Gleichsfalls werden auch gestraft und vorworfen, so da lehren³, es sei wohl die Natur durch den Fall sehr geschwächt und verderbt, habe aber gleichwohl nicht ganz und gar alles Guts, was zu göttlichen, geistlichen Sachen gehört, verloren, sei auch nicht, wie man in unserer Kirchen singet: „Durch Adams Fall ist ganz verderbet menschlich Natur und Wesen"⁴, sondern habe noch aus und von der natürlichen Geburt, wie klein, wenig und gering es auch sei, dennoch etwas Guts, als: Fähigkeit, Geschicklikeit, Tüchtigkeit oder Vermugen, in geistlichen Sachen etwas anzufangen, wirken oder mitwirken. Dann was äußerliche, zeitliche, weltliche Sachen und Händel, so der Vornunft unterworfen, belanget, davon soll in nachfolgenden Artikel Erklärung geschehen.

Diese und dergleichen Gegenlehr wird darumb gestraft und verworfen: dann Got-

V. Aut quod peccatum originis tantum sit externus quidam, nullius prope momenti naevus aut aspersa macula aut corruptio tantum accidentium aut qualitatum, cum qua et sub qua nihilominus natura suam bonitatem et vires etiam in rebus spiritualibus habeat et retineat.

VI. Vel quod originale peccatum non sit defectus, spoliatio aut privatio, sed tantummodo externum quoddam impedimentum spiritualium bonarum virium, perinde ac si magnes allii succo illinitur, ubi non tollitur vis ipsius naturalis, sed tantummodo impeditur; vel quod macula ista tamquam macula a facie aut color a pariete facile abstergi possit.

VII. Repudiantur similiter et reiiciuntur etiam ii, qui docent naturam ex lapsu humani generis valde quidem debilitatam atque corruptam esse, non tamen prorsus omnem bonitatem (quoad res divinas et spirituales) amisisse. Et falsum esse contendunt, quod ecclesiae nostrae canunt: Per lapsum Adae penitus humanam naturam et essentiam corruptam esse. Aiunt enim hominem ex naturali nativitate adhuc aliquid boni, quantulumcunque etiam et quam minutulum, exiguum atque tenue id sit, reliquum habere, capacitatem videlicet, aptitudinem, habilitatem, potentiam et vires aliquas in rebus spiritualibus aliquid inchoandi, operandi aut cooperandi. Quod vero ad externa, temporalia et ad hunc mundum pertinentia negotia, quae rationi subiecta sunt, attinet, de his in sequentibus articulis dicetur.

Haec atque huius generis veritati contraria dogmata eam ob causam

---

3 anfliehende] anfliegende *H k l w z* aufliegende *B* auflieende *x* 15 weggenommen] hinweggenommen *g l n t v* 17 wie ein] oder *u* 18 oder + eine *H* 23/4 nicht ganz und gar alles Guts] nicht alles Gutes ganz und gar *k l w* 32 oder] und *t* 33 Sachen + und Händeln *t* 34 mitwirken] nit wirken *x urspr. k l p*

16/8 vel quod *bis* possit] aut, cum faciei maculo aspergitur aut parieti color inducitur, facile id, quicquid est, abstergi potest. Ad hunc modum etiam Pelagiani illi opinantur vires hominis in rebus spiritualibus non amissas esse, sed impediri tantum, et naturale illud malum a natura abstergi posse 30 naturali nativitate] prima sua origine 31/2 minutulum > 34 habilitatem, potentiam > 36 operandi + Haec Pelagiana et falsa sunt rationi] ratione Conc 1584 (!)

---

1) Mehrfach V. Strigel unterstellt: z. B. Flacius, Clavis Scr. s. II 481.   2) Zum Teil gegen V. Strigel, der auch das Beispiel vom magnes (vgl. S. 773!) bringt; Disput. Vinar. 23.   3) Zum Teil gegen Strigel und gegen Melanchthon, CR XXI 658f.; vgl. S. 911, Anm. 1.   4) Vgl. S. 844, Anm. 2.

tes Wort lehret, daß die verderbte Natur aus und von ihr selbst in geistlichen, göttlichen Sachen nichts Guts, auch nicht das wenigste, als gute Gedanken, vormuge, und nicht alleine das, sondern daß sie |[1] aus und für sich selbst| für Gott nicht anders dann sündigen könne. Gen. 6. et 8.[2]

M 579   1. Also muß auch diese Lehr auf der andern Seiten für dem manichäischen Irrtumb[3] verwahrt werden. Derhalben werden auch diese und dergleichen irrige Lehren verworfen, als: daß jtzo nach dem Fall die menschliche Natur| anfangs| rein und gut geschaffen und darnach von außen die Erbsünde (als etwas Wesentlichs) durch den Satan[4] in die Natur eingegossen und eingemenget werde, wie Gift unter Wein gemengt wird[5].

Dann obwohl in Adam und Eva die Natur erstlich rein, gut und heilig geschaffen, so ist doch durch den Fall die Sünde nicht also in ihre Natur kommen, wie die Manichäer geschwärmet haben, als hätte der Satan etwas wesentlichs Böses geschaffen oder gemacht und mit ihrer Natur vormenget. Sondern do aus Verleitung des Satans durch den Fall nach Gottes Gericht und Urteil der Mensch zur Straf die angeschaffene Erbgerechtigkeit verloren, ist durch solche Privation oder| Mangel[6], Dar-

reprehenduntur et reiiciuntur, quia verbo Domini docemur, quod corrupta natura ex se et suis viribus in rebus spiritualibus et divinis nihil boni, et ne minimum quidem, utpote ullas bonas cogitationes, habeat. Neque id modo, sed insuper etiam asserunt, quod natura corrupta ex se et viribus suis coram Deo nihil aliud nisi peccare possit.

Vera autem haec doctrina etiam ab 26 altera parte contra Manichaeorum errores probe munienda est. Quare haec et similia alia falsa dogmata reiiciuntur, ut: quod initio quidem humana natura bona et pura a Deo creata sit, verum iam post lapsum extrinsecus peccatum originale (tanquam quiddam essentiale) per Satanam in naturam infusum et cum ea permixtum sit, quemadmodum venenum vino admiscetur.

Etsi enim in Adamo et Heva natura 27 initio pura, bona et sancta creata est, tamen per lapsum peccatum non eo modo ipsorum naturam invasit (ut Manichaei furenter dixerunt) quasi Satan aliquod malum substantiale creasset aut formasset et illud cum natura ipsorum commiscuisset. Quin potius cum seductione Satanae per lapsum iusto Dei iudicio (in poenam hominum) iustitia concreata seu originalis amissa esset, defectu illo, privatione seu spoliatione

---

1 Natur + vor der Wiedergeburt H ö, urspr. A   2 geistlichen] christlichen m v z
5 sie + ohne den Geist Gottes H w ü Helmst., urspr. A   5/6 | aus bis selbst|] für der Wiedergeburt H ö Helmst., (vielleicht Hinzufügung zu T B)   12 Derhalben] Dergleichen B
13 dergleichen + opiniones oder H ö, urspr. A   19 unter + den c f s   32 Privation
oder > H r s ä   Mangel + [oder] A

17 essentiale] substantiale   23 lapsum + primorum parentum nostrorum
32 privatione seu >

---

[1]) Die Änderung dürfte durch das preußische Bedenken veranlaßt sein, das bei Beibehaltung des Wortlauts von TB zu [... Geist Gottes] „umb der Synergisten Willen" den Zusatz wünscht: „und die Wiedergeburt".   [2]) Gen. 6, 5; 8, 21.   [3]) Deutlicher redet das Corp. doctr. Jul., Bericht IV 73 von dem „wiedererregten manichäischen Schwarm..."; vgl. S. 859, 3. Zu diesem Urteil: Preger, Flacius II 320ff. In der Einleitung zu De peccato originis scripta quaedam ... |1571 heißt es: Manichaeum dogma hoc est: Peccatum originis est substantia. Glossae sunt: Est formalis substantia. Est cor. Est cordis praecipua pars. Est anima. Est summa vis animae. Est corrupta natura. Est vetus Adam. Cervix ferrea. Sensus carnis. Zum Ganzen S. 843, Anm. 2.   [4]) Eine von Heßhus dem Flacius wiederholt unterstellte These, vgl. Preger, Flacius II 333f., 336 Anm. De peccato originis scripta quaedam ... |1571 F 3. Dazu Spangenberg, Apologia de pecc. orig.   [5]) Vgl. zum ganzen Absatz das preußische Bedenken: „Dies lautet gefährlich; Illyricus und Spangenberg haben wohl freventlich getichtet als sollten seine Widersacher solchs lehren, habens aber nicht dartun können ... ist jemand, der solche Opinion zu unser Zeit geführet, so nenne man ihn mit Namen, damit niemand zu unschulden in Verdacht gesetzt werde."   [6]) Darüber | Preuß. |; preußisches Bedenken zum TB: „Weil man gut deutsch hie haben kann, als Verlierung, Mangel, Verderbung, Schade, ist ratsam, daß man das Schulwort, welchs leicht Zank gebären möchte, fahrenlasse"; folgt eingearbeiteter Änderungsvorschlag.

bung und Verwundung, so durch den Satan geschehen, | Verlierung, die menschliche Natur also, wie droben gesagt, verkehrt und verderbt, ›daß‹ mit demselben Mangel und Verderbung itzunder die Natur allen Menschen, so natürlicherweise von Vater und Mutter empfangen und geboren werden, angeerbet wird. Dann nach dem Fall wird die | menschliche Natur nicht erstlich rein und gut geschaffen und darnach allererst durch die Erbsünde verderbet, sondern im ersten Augenblick unser Empfängnus ist der Same, daraus der Mensch formieret wird, sündig und verderbt. So ist auch die Erbsünde nicht etwas für sich selbst in oder außer des | verderbten | Menschen Natur Selbständig, wie sie auch des | verderbten | Menschen eigen Wesen, Leib oder Seel, oder der Mensch selber nicht ist. Es kann und soll auch die Erbsünde und die dadurch vorderbte menschliche Natur nicht also unterschieden werden, als wäre die Natur für Gott rein, gut, heilig und unvorderbt, aber allein die Erbsünde, so darinne wohnet, wäre bös.

2. Item, wie Augustinus von den Manichäern schreibt[1], als ob nicht der vorderbte Mensch selber, vonwegen der angebornen Erbsünde, sündigte, sondern etwas Anders und frembdes im Menschen, und daß also Gott durchs Gesetz nicht die Natur, als durch die Sünde verderbt, sondern nur allein die Erbsünde darinnen anklage und vordamme; dann, wie droben in thesi, das ist in Erklärung der reinen Lehr von der Erbsünde, gesetzt, ist die ganze Natur des Menschen, so natürlicherweise von Vater und Mutter geboren wird, an Leib und Seel[2], in allen Kräften durch und durch, auf das alleräußerste (was ihre im Paradies angeschaffene Güte, Wahrheit, Heiligkeit und Gerechtikeit betrifft und anlanget) durch die Erbsünde verderbet und verkehret. Non tamen in aliam substantiam genere

et vulneratione (quorum malorum Satan causa est) humana natura eo modo, quo supra diximus, perversa et corrupta est, ut iam natura una cum illo defectu et corruptione ad omnes homines, qui naturali modo a parentibus concipiuntur et nascuntur, hereditario propagetur. Post lapsum enim iam humana natura non pura et bona primum creatur et deinde demum per originis peccatum corrumpitur, sed in primo conceptionis nostrae momento ipsum semen, ex quo homo formatur, peccato iam contaminatum et corruptum est. Et hoc originale peccatum non est quiddam in natura vel extra naturam corrupti hominis per se subsistens, sed neque est hominis corrupti propria essentia, corpus aut anima aut homo ipse. Neque etiam originale peccatum eo modo a corrupta per illud natura est discernendum, quasi ipsa natura coram Deo pura, bona, sancta et incorrupta exstaret et tantum inhabitans in illa peccatum originis esset malum.

Neque ea sententia, quam Augustinus Manichaeis tribuit, ulla ratione probari potest, quod nimirum non homo ipse corruptus (ratione innati peccati originalis) peccet, sed aliud quiddam et alienum in homine, et quod Deus per legem non ipsam naturam (quatenus peccato corrupta est), sed tantum peccatum originale (quod sit in natura) accuset atque damnet. Tota enim hominis natura (ut supra in thesi seu assertione sincerae doctrinae de peccato originali diximus) qualis naturali modo a parentibus generatur, corpore et anima, in omnibus viribus prorsus, tota extreme est per peccatum originis corrupta et perversa, quoad bonitatem suam, veritatem, sanctitatem et iustitiam, quae dotes in paradiso naturae

2 Verlierung > *H r t w p* Konf [Verlierung] *n o*   Verlierung] Verkehrung *f*   die] der *g*
4 ›daß‹ *statt* [und] *A*   daß] und *H*   5 Verderbung + wird *H, urspr. A*   8 wird > *H*
10 darnach] demnach *B*   16 | verderbten | > *H ö ü, urspr. f*   31 nicht + durch *s*
38 wird + (dann von Christo, so vom heiligen Geist empfangen, reden wir allhier nicht) *Hö, urspr. A*   39 in] und *g*

42 et perversa >   43 sanctitatem >

[1]) Augustinus. Conf. V 10, 18 MSL 714, 715; CSEL XXXIII 105 En. in Psal. 140, 9 MSL 1822. De act. c. Felice II 8 MSL XLII 541; CSEL XXV 835 ff. C. Secundinum Manich. XVIII MSL XLII 593. De haeresib. ad Quodvultdeum 46 MSL XLII 38; und verstreut in allen antimanichäischen und antipelagianischen Schriften; vgl. S. 861, Anm. 4.
[2]) Auch diese Stelle ist mehrfach als traduzianisch ausgelegt worden. J. B. Carpzov, Isagoge in libros eccles. Lutheran. symbolicos Lips. 1691. 1175 f., 1188. H. Schmid, Die Dogmatik der evang.-luther. Kirche dargest. u. aus den Quellen belegt, 1893⁷ 177; vgl. oben S. 847, Anm. 4.

aut specie diversam priori abolita, transmutata est. Das ist: Jedoch | ist sie | nicht ganz und gar vertilget oder in ein andere Substanz verwandelt, welche nach ihrem Wesen unser Natur nicht gleich und also mit uns nicht eins Wesens sein sollte.

Es wird auch vonwegen solcher Verderbung die ganze verderbte Natur des Menschen durchs Gesetz angeklagt und vordambt, wo nicht die Sünde umb Christi willen vergeben wird.

Es beklaget aber und verdammet das Gesetz unsere Natur nicht darumb, daß wir Menschen von Gott erschaffen sind, sondern darumb, daß wir sündig und böse sind, | wie auch, | nicht darumb und sofern die Natur und das Wesen auch nach dem Fall in uns ein Werk, Geschöpf und Kreatur Gottes ist, sondern darumb und soferne sie durch die Sünde vergiftet und verderbt ist.

Wiewohl aber die Erbsünde die ganze menschliche Natur wie ein geistlich Gift und Aussatz (wie Luther[1] redet) vergiftet und vorderbt hat, daß man in unserer verderbten Natur augenscheinlich nicht zeigen und weisen kann die Natur besonders für sich und die Erbsünde auch besonders für sich: so ist doch gleichwohl nicht e i n Ding die verderbte Natur oder das Wesen des | verderbten |[2] Menschen, Leib und Seel oder der Mensch selber von[3] Gott erschaffen (darinne die Erbsünde wohnet, dardurch auch Natur, Wesen oder der ganze Mensch verderbt ist), und die Erbsünde selbst, die in des Menschen Natur oder Wesen wohnet und dieselbige verderbet; wie auch in dem äußerlichen Aussatz der Leib, so aussätzig ist, und der Aussatz an oder im Leibe nicht e i n Ding sein, wann man eigentlich reden

erant concreatae. Non tamen penitus deleta, abolita aut in aliam substantiam, genere aut specie diversam, id est, quae secundum suam essentiam non sit similis nostrae naturae, atque ita nobiscum non unius essentiae sit, transmutata est.

Et quidem propter hanc corruptionem tota hominis corrupta natura per legem accusatur et condemnatur, nisi peccatum propter Christum remittatur.

Lex autem naturam nostram non eam ob causam accusat et damnat, quod homines simus, a Deo creati, sed ea de causa, quod peccatores et mali simus. Neque eatenus lex naturam accusat et damnat, quatenus etiam post lapsum ea in nobis est opus et creatura Dei, sed propterea et eatenus, quod per peccatum infecta et corrupta est.

Etsi vero peccatum originale totam hominis naturam ut spirituale quoddam venenum et horribilis lepra (quemadmodum D. Lutherus loquitur) infecit et corrupit, ita quidem, ut iam in nostra natura corrupta ad oculum non monstrari possint distincte haec duo, ipsa natura sola et originale peccatum solum: tamen non unum et idem est corrupta natura seu substantia corrupti hominis, corpus et anima aut homo ipse a Deo creatus, in quo originale peccatum habitat (cuius ratione natura, substantia, totus denique homo corruptus est), et i p s u m originale peccatum, quod in hominis natura aut essentia habitat eamque corrumpit. Quemadmodum etiam in lepra corporali ipsum corpus leprosum et lepra ipsa in cor-

---

2 ist (1.) + daß sie H w ü | ist sie | > H w ü   3 ein > n   12 aber > k l m   15/6 | wie auch | statt [oder] A ü   16 [und] i   25 nicht zeigen und weisen] nicht weisen noch zeigen B   26 und] noch f   und] oder H   32 auch + die g, urspr. p + der k l   33 Natur, Wesen] der Natur Wesen i   33/4 verderbt ist] verderblich B   35 oder] und f   39 eigentlich + davon g i p, urspr. q

3/6 id est, quae *bis* essentiae sit] priori

---

[1]) Zeugnisse Luthers sind auf beiden Seiten zusammengestellt worden; Flacius: Etliche klare vnd treffliche Zeugnusse M. Luthers von dem bösen Wesen, essentia, Bild, form oder Gestalt des irdischen toten Adams vnd von der wesentlichen Verwandlung des Menschen ... 1574. Til. Heßhusius: Klare vnd helle Zeugnissen Doctoris Martini Lutheri, das die Erbsünde nicht sey das wesen des Menschen ... Jhenae 1572. Gründtlicher vnd klarer bericht von der Erbsünde ... aus ... D. Luthers Schrifften gezogen ... durch Johan Hugo ... Eisleb. 1573. Die wichtigsten Quellen: Genesisvorlesung (WA XLII—XLIV), Enarratio Psalmi LI (1532, gedr. 1538 WA XL II), Enarratio Psalmi XC (1535, gedr. 1541 EA exeg. XVIII), die Postillen. Im einzelnen: WA XXXVI 682 $_{19}$; XLIV 472 $_{30}$, 489 $_{19}$, 506 $_{13}$; XLII 125 $_1$.   [2]) Vgl. S. 858, Anm. 2.   [3]) „von Gott ... wohnet" Z. 35 stammt aus den Notationes generales et speciales Bergerdorpienses zur SC, 25. Okt. 1574 (Bertram, Lüneb. IIB 213).

will, sondern es muß ein Unterschied[1] gehalten werden ›auch‹ zwischen unser Natur, wie sie von Gott erschaffen und erhalten wird, darinne die Sünde wohnet, und zwischen der Erbsünde, so in der Natur wohnet; die beide müssen und können auch unterschiedlich | nach[2] der H. Schrift betrachtet, gelehret und gegläubet | werden.

Und solchen Unterscheid zu erhalten, dringen und zwingen die fürnehmbsten Artikel unsers christlichen Glaubens. Als erstlich: im Artikel von der Schöpfung zeuget die Schrift, daß Gott nicht alleine für dem Fall menschliche Natur geschaffen habe, sondern daß ›sie‹ auch nach[1] dem Fall eine Kreatur und Werk Gottes sei. Deut. 32.; Isai. 45. 54. 64.; Actor. 17.; Apoc. 4.[3]

„Deine Hände (spricht Job) haben mich gearbeitet und gemacht, alles, was ich umb und umb bin, und vorsenkest mich so gar? Gedenke doch, daß due mich aus Leim gemacht hast, und wirdest mich wieder zur Erde machen. Hast du mich nicht wie Milch gemolken und wie Käse lassen gerinnen? Du hast mir Haut und Fleisch angezogen, mit Beinen und Adern hast du mich zusammengefügt, Leben und Wohltat hast du an mir getan, und dein Aufsehen bewahret meinem Atem." Iob. 10.[4]

„Ich danke dir (spricht David), daß ich wunderbarlich gemacht bin, wunderbarlich sind deine Werk, und das erkennet meine Seele wohl. Es war dir mein Gebeine nicht vorhohlen, da ich im Verborgenen gemacht ward, da ich gebildet ward unten in der Erden. Deine Augen sahen mich, da ich noch unbereitet war, und waren alle Tage auf dein Buch geschrieben, die noch werden sollten und derselben keiner da war." Psal. 139.[5]

Im Prediger Salomonis stehet geschrieben: „Dann der Staub muß wieder zur

pore non sunt unum et idem, si proprie et distincte ea de re disserere velimus. Discrimen igitur retinendum est inter naturam nostram, qualis a Deo creata est hodieque conservatur, in qua peccatum originale habitat, et inter ipsum peccatum originis, quod in natura habitat. Haec enim duo secundum s. scripturae regulam distincte considerari, doceri et credi debent et possunt.

Et quidem ad retinendum hoc discrimen movemur, urgemur atque cogimur praecipuis articulis Christianae fidei nostrae. In primo enim articulo de creatione docet sacra scriptura Deum non modo ante lapsum humanam naturam creasse, verum etiam eandem post lapsum esse Dei opus et creaturam.

Manus tuae (inquit Iob) fecerunt me et plasmaverunt me totum in circuitu; et sic repente praecipitas me? Memento, quaeso, quod sicut lutum feceris me et in pulverem reduces me. Nonne sicut lac mulsisti me et sicut caseum me coagulasti? Pelle et carnibus vestiisti me, ossibus et nervis compegisti me. Vitam et misericordiam tribuisti mihi, et visitatio tua custodivit spiritum meum.

Confiteor tibi (inquit David) quod mirabiliter formatus sum, mirabilia sunt opera tua et anima mea cognoscit abunde. Non est occultatum os meum a te, quod fecisti in occulto, et substantia mea (id est, formatio mei, seu cum formarer) in inferioribus terrae. Imperfectum meum viderunt oculi tui et in libro tuo omnes dies mei scripti sunt, qui adhuc futuri sunt et nullus adhuc ex eis esset.

Et Ecclesiastae Salomonis scriptum est: Revertetur pulvis in terram suam,

---

1 muß + auch H   2 ›auch‹ > H, urspr. ü   unser + [verderbten] A   3 erschaffen + ist H, urspr. A   4 wohnet > v   7/8 | nach bis gegläubet | statt [betrachtet] A   7 Schrift + [und] A   17 ›sie‹ > H ü   auch > g k l   fall + | [unser, wiewohl verderbte menschliche Natur] | A, Hand Andreäs   fall + auch k l   26 wie (1.) + ein u   30 an > m   31 meinem Atem] dem Atem mein x   Atem mein o   32 ich] du mich v   33 bin] hast v   37 unten] von dem x   38 mich] nicht (!) x   41 derselben + noch d e m t

---

[1]) Vgl. WA XLIII 392₃, gelegentlich in einer an Melanchthons Loci 1538, CR XXI 385 erinnernden Form zitiert (necessario ἄταξλα seu deformitas discernenda a creatura); wie Heßhus auch Melanchthons Thesen De peccato originis, hier CR XII 437, These 9, ausdrücklich für Luther in Anspruch nimmt. Ferner WA XLIII 383₂₅; XLII 177₂; XLIII 140₁₀, 302₇; XLIV 679₂₈.   [2]) Darüber | Mansfeld | [3]) Deut. 32, 6; Jes. 45, 11; 54, 5; 64, 8; Apg. 17, 25. 26; Apok. 4, 11.   [4]) Hiob 10, 8—12.   [5]) Ps. 139, 14—16.

Erden kommen, wie er gewesen ist, und der Geist wieder zu Gott, der ihn gegeben hat." Eccles. 12.[1]

Diese Sprüche zeugen lauter, daß Gott auch nach dem Fall des Menschen Schöpfer sei und ihme Leib und Seele erschaffe. Darumb kann der |verderbt| Mensch nicht |ohn allen Unterscheid |[2] die Sünde selbst sein, sonst wäre Gott ein Schöpfer der Sünden; wie auch unser kleiner Catechismus in der Auslegung des ersten Artikels bekennet, da also geschrieben: „Ich gläube, daß mich Gott geschaffen hat sambt allen Kreaturen, mir Leib und Seel, Augen, Ohren und alle Glieder, Vernunft und alle Sinne gegeben hat und noch erhält."[3] Desgleichen im großen Catechismo stehet also geschrieben: „Das meine und gläube ich, daß ich Gottes Geschöpf bin, das ist, daß er mir gegeben hat und ohne Unterlaß erhält Leib, Seel und Leben, Gliedmaß, klein und groß, alle Sinne, Vernunft und Vorstand," etc.[4] Wiewohl dieselbe Kreatur und das Werk Gottes durch die Sünde jämmerlich verderbt ist, dann die massa, daraus Gott jtzund den Menschen formiert und macht, ist in Adam vorderbt und vorkehrt und wird also auf uns geerbet[5].

Und hie sollen billich fromme christliche Herzen die unaussprechliche Güte Gottes bedenken, daß solche vorderbte, verkehrte, sündliche massam Gott nicht alsbald von sich wirft ins hellische Feuer, sondern daraus formiert und machet die itzige menschliche Natur, so durch die Sünde jämmerlich verderbet, auf daß er sie durch seinen lieben Sohn von Sünden reinigen, heiligen und selig machen müge.

Aus diesem Artikel findet sich nun der Unterscheid unwidersprechlich und klar, denn die Erbsünde kombt nicht von Gott her, Gott ist nicht ein Schöpfer oder Stifter der Sünde. Es ist auch die Erbsünde nicht ein Kreatur oder Werk Gottes, sondern >sie< ist des Teufels Werk. Wann nun

unde erat, et spiritus redibit ad eum, qui dedit illum.

Haec scripturae dicta luculenter testantur, quod Deus etiam post lapsum nihilominus sit hominis creator, qui ipsius corpus et animam creet. Itaque verum esse non potest, quod corruptus homo sine omni discrimine sit ipsum peccatum, alias consequeretur Deum esse peccati creatorem; sicut etiam Minor noster Catechismus in explicatione primi articuli testatur, ubi ita scriptum est: Credo, quod Deus me creaverit, sicut et omnes alias creaturas, quodque mihi animam et corpus, oculos, aures et omnia membra, rationem et sensus omnes largitus sit et adhuc conservet. Et in Maiore Catechismo haec verba exstant: Hoc sentio et credo, me esse Dei creaturam, hoc est, mihi ab ipso donata esse et semper conservari corpus meum, animam, vitam, membra tam minima quam maxima, omnes sensus totamque meam rationem et intellectum etc. Etiamsi negari non possit, quod ista creatura et opus Dei per peccatum horribiliter sint corrupta. Massa enim illa, ex qua hodie Deus hominem format et fingit, in Adamo corrupta et perversa est, et ita hereditario modo in nos propagatur.

Et hoc loco omnes piae mentes ineffabilem Dei bonitatem merito agnoscere debent, quod videlicet hanc penitus corruptam, perversam et peccato contaminatam massam Deus non statim a facie sua in aeternum gehennae incendium abiicit, sed quod ex ea, quamvis peccato horribiliter corrupta, format atque fingit humanam naturam, quam hodie circumferimus, ut per unigenitum dilectum filium suum a peccato eam emundet, sanctificet atque salvam faciat.

Quare ex hoc primo fidei nostrae articulo clarissime elucet discrimen. Originale enim peccatum non est a Deo, neque Deus est creator vel auctor peccati. Nec originale peccatum est opus aut creatura Dei, sed est opus diaboli. Quodsi prorsus nulla differentia esset

---

1 kommen] werden *i, urspr. n*   5 auch > *g k l*   fall + auch *g k l*   des + | [verderbten] | *A, Hand Andreäs*   6 ihme] meine *x*   12 geschrieben + stehet *g k l x* mich aus: [mich] + | mich [(verderbten Menschen)] | *A, Hand Andreäs*   14 Augen + und *c k l*   20 Leib + und *f g p s*   27 vorderbt + ist *x*   wird + daß *x*   50 Erbsünde] Sünde *z*   51 nicht ein] kein *B*

[1]) Pred. Sal. 12, 7.   [2]) Vgl. S. 858, Anm. 2.   [3]) S. 510, 33.   [4]) S. 648, 12.
[5]) Vgl. WA XL II 380, 21 f.

ganz und gar kein Unterscheid sein sollte zwischen der Natur und dem Wesen unsers Leibs und Seelen, so durch die Erbsünde vorderbet, und zwischen der Erbsünde, dardurch die Natur vorderbt ist: so würde folgen, daß entweder Gott, weil er ist ein Schöpfer dieser unser Natur, auch die Erbsünde schaffte und machte, welche auch also sein Werk und Kreatur sein würde, oder weil die Sünde ein Werk des Teufels ist, daß der Satan ein Schöpfer wäre dieser unser Natur, unsers Leibes und Seelen, welche auch ein Werk oder Geschöpf des Satans sein müßte, wann ohne allen Unterschied unser vorderbte Natur die Sünde selbst sein sollte, welches beides wider den[1] Artikel unsers christlichen Glaubens ist. Derwegen und auf daß Gottes Geschöpf und Werk am Menschen von des Teufels Werk unterschieden muge werden, sagen wir, daß es Gottes Geschöpfe sei, daß der Mensch Leib und Seele hat. Item daß es Gottes Werk sei, daß der Mensch etwas gedenken, reden, tun und wirken könne, dann „in ihm leben, weben und sind wir", Act. 17.[2] Daß aber die Natur vorderbt, Gedanken, Wort und Werk böse sind, das ist anfänglich ein Werk des Satans, der durch die Sünde Gottes Werk in Adam also vorderbt hat, welches daher auf uns geerbt wird.

Zum andern: Im Artikel von der Erlösung zeuget die Schrift gewaltig, daß Gottes Sohn unsere menschliche Natur, ohne Sünde, angenommen, also, daß er uns, „seinen Brüdern, allenthalben gleich worden" sei, ausgenommen die Sünde, Ebr. 2.[3] Unde veteres[4] dixerunt: Christum nobis fratribus suis consubstantialem esse secundum assumptam naturam, quia naturam, quae, excepto peccato, eiusdem generis, speciei et substantiae cum nostra est, assumpsit, et contrariam sententiam manifeste[5] haereinter naturam seu substantiam corporis atque animae nostrae, quae per peccatum originis corrupta sunt, et inter ipsum peccatum originale, quod naturam corrumpit: sequeretur alterutrum, videlicet aut Deum (quippe huius naturae nostrae creatorem) etiam ipsum peccatum originis creare et formare, id enim hac ratione ipsius opus et creatura esset; aut certe conficeretur (cum peccatum sit opus diaboli) ipsum Satanam huius nostrae naturae, corporis atque animae, creatorem, atque ita naturam nostram opus et creaturam diaboli esse, si absque omni discrimine nostra corrupta natura ipsum peccatum esset. Utrumque autem absurdum primo fidei nostrae Christianae articulo repugnat. Quapropter, ut opus et creatura Dei in homine ab opere diaboli discerni queat, asserimus, quod homo corpus et animam habet, id habere eum beneficio creationis divinae, et quidem id ipsum Dei esse opus, quod homo aliquid cogitare, loqui, agere, operari potest. In ipso enim vivimus, movemur et sumus, inquit apostolus. Quod vero natura hominis corrupta est, quod cogitationes, verba et facta eius prava sunt, hoc originaliter et principaliter est opus Satanae, qui per peccatum opus Dei in Adamo miserabiliter corrupit, quae naturae depravatio inde in nos hereditario derivata est.

In secundo fidei nostrae articulo de redemptione sacrae litterae luculenter testantur, quod filius Dei humanam nostram naturam (sine peccato tamen) assumpserit, ita quidem, ut nobis, fratribus suis, per omnia similis fieret, peccato excepto, ut apostolus docet. Unde omnes veteres orthodoxi dixerunt Christum secundum assumptam humanam naturam nobis, fratribus suis, consubstantialem esse, quia naturam, quae (excepto peccato) eiusdem generis, speciei et substantiae cum nostra est,

---

5 ist + und zwischen der Erbsünde o x 5/6 so würde folgen] widerfolgen x 17 den] diesen H c d m n v w x ü 20 muge werden ~ B 25 weben] wöllen (!) x 26/7 vorderbt + ist ü 30 daher] doch z 31 wird] ist y ü 35 Zum] Und zum l 43 esse > x, urspr. o 43/4 naturam] natura l

9 opus] corpus 29/30 originaliter et > 42 omnes > orthodoxi >

[1] ... wider den Artikel: Conc 1580, 1584: ... primo ... articulo; entsprechend auch Corp. doctr. Jul., Bericht IV 72. [2] Apg. 17, 18. [3] Hebr. 2, 17. [4] Wohl kein Zitat, sondern eine kurze Zusammenfassung in Anlehnung an patristische Aussagen; ähnlich M. Chemnitz, De duabus naturis in Christo ... etc. Lips. 1580, 30. [5] Man wird wohl mit SSC (Heppe III B 182) und dem Übersetzungstext von Hebr. 2, 17 zu lesen haben: manifestae, gegen A und Conc 1580, 1584.

seos damnarunt. Das ist: daher alle alte rechtgläubige Lehrer gehalten, daß Christus nach der angenommenen Menschheit mit uns, seinen Brüdern, eines Wesens sei, dann er hat seine menschliche Natur, welche unserer menschlichen Natur in ihrem Wesen und allen wesentlichen Eigenschaften durchaus | (allein die Sünde ausgenommen) |¹ gleich ist, an sich genommen, und haben die Gegenlehre als öffentliche Ketzerei verdamlt.

Wann nun kein Unterscheid wäre zwischen der Natur oder dem Wesen des | verderbten | Menschen und zwischen der Erbsünde, so müßte folgen, daß Christus entweder unsere Natur nicht angenommen, weil er die Sünde nicht hatt angenommen, oder, weil er unsere Natur angenommen, daß er auch die Sünde hätte angenommen, welchs beides wider die Schrift ist. Weil aber Gottes Sohn unser menschliche Natur, und nicht die Erbsünde, an sich genommen, so ist hieraus klar, | daß die ›menschliche‹ Natur ›auch‹² nach dem Fall‹ und die Erbsünde | nicht e i n Ding seie, sondern unterschieden werden müssen.

Zum dritten: Im Artikel von der Heiligung zeuget die Schrift, daß Gott den Menschen von der Sünde abwasche, reinige, heilige, und daß Christus sein Volk von ihren Sünden selig mache. So kann ja die Sünde der Mensch selber nicht sein, dann den Menschen nimbt Gott umb Christus willen zu Gnaden auf, aber der Sünden bleibet er in Ewigkeit feind. Ist derhalben unchristlich und abscheulich | zu hören, | daß die Erbsünde im Namen der heiligen Dreifaltigkeit getauft³, geheiliget und

assumpsit. Et contrariam sententiam ut haeresin manifeste damnarunt.

Iam si nullum esset discrimen inter hominis corrupti naturam seu substantiam, et inter peccatum originis, horum alterutrum consequeretur: aut Christum naturam nostram non assumpsisse, quandoquidem certum est, quod peccatum non assumpserit, aut Christum assumpsisse etiam peccatum, cum naturam nostram assumpserit. Horum utrunque sacrae scripturae repugnat. Cum igitur filius Dei naturam nostram humanam, non autem peccatum originale, assumpserit, manifestum est, quod humana natura, etiam post lapsum, et peccatum originis non sint unum et idem, sed quod diligenter sint discernenda.

In tertio articulo fidei nostrae Christianae de sanctificatione testatur sacra scriptura, quod Deus hominem a peccato abluat, emundet, sanctificet et quod Christus populum suum salvum faciat a peccatis eorum. Ergo peccatum originis non potest esse ipsemet homo. Deus enim hominem propter Christum in gratiam recipit, peccatum autem in omnem aeternitatem odit. Quare impium est et auditu horrendum, quod peccatum originale in nomine sacro-

---

2 Christus + uns c   3 der > x   5 seine] die *B f k l r s v w ö* Helmst. (mit Verwechslung von Hs und Konf)   5/6 welche bis Natur > *a u*, urspr. *b l m n o*   welche + allein die Sünde ausgenommen *H*, urspr. *A*   6 menschlichen > *p*   7 und + an *c*   allen + ihren *c*   Eigenschaften +, welcher er *u*   18 Natur + hat *B f s ü*   23/5 daß bis =sünde | statt daß [es] *A* 〈„dass" steht also doppelt, im Text des *TB* und *a. R*!〉   23 menschliche + [verderbte] *A*   24 Natur + [des Menschen] *A*   ›auch bis fall‹ > *H ö* Helmst.   26 werden müssen ~ *H*, urspr. *A*   31 [der] *q*   34 selber nicht ~ urspr. *A*   37 Ewigkeit] öwiglich *x*   feind + ›und‹ *p*   38 abscheulich] abschröcklich *p q* | zu hören | statt [zu reden] *A*   ] geredet *H* Helmst.

1/2 ut haeresin >

---

¹) Beachte S. 857, Z. 44 u. d. Streichung aus TB zu Z. 5.   ²) ›auch nach dem fall‹: Chemnitz zur Beschwerde der Helmstedter über diese vermeintlich nachträgliche Einfügung: Et manifestum est, quomodo propter Spangenbergium hoc factum sit (Hutterus 1369). ³) Chr. Irenaeus, Examen libri Concordiae; vgl. Hutterus, Explic. 45, 54. Flacius hingegen erklärt ausdrücklich: Dicit vetus versio aliquoties Deum propitiari peccatis nostris, Psalmo 25. 65. 103 . . . Sed in Hebraeo est potius, Deum condonare nostra peccata. Deus enim nobis peccatoribus proprie, non peccatis est aut fit propitius. Clavis Scr.

| selig¹ gemacht ‖ werde ‖ und dergleichen Reden mehr, darmit wir einfältige Leut nicht verärgern ›wöllen,‹ so in der neuen Manichäer Schriften zu finden. |

Zum vierten: Im Artikel von der Auferstehung zeugt die Schrift, daß eben dieses unsers Fleisches Substanz, aber ohne Sünde, auferstehen, und daß wir im ewigen Leben eben diese Seele, aber ohne Sünde, haben und behalten werden.

Wann nun ganz und gar kein Unterscheid² wäre zwischen unserm verderbten Leib und Seele und zwischen der Erbsünde, so würde wider diesen Artikel des christlichen Glaubens folgen, daß entweder dies unser Fleisch am jüngsten Tage nicht auferstehen und wir im ewigen Leben nicht dies Wesen unsers Leibes und Seelen, sondern eine andere Substanz (oder ein andere Seele) haben würden, weil wir do werden ohne Sünde sein, oder daß auch die Sünde auferstehen und im ewigen Leben in den Auserwählten sein und bleiben würde.

Hieraus ist klar, daß diese Lehr (mit allem, so ihr anhanget und daraus folget), müsse verworfen werden, da fürgegeben und gelehret wird, daß die Erbsünde des | verderbten |³ Menschen Natur, Substanz, Wesen, Leib oder Seel selbst sei, also, daß ganz und gar kein Unterscheid zwischen unser vorderbten Natur, Substanz und Wesen und zwischen der Erbsünde sein solle. Dann die fürnehmbsten Artikel unsers christlichen Glaubens zeugen stark und gewaltig, warumb ein Unterscheid zwischen der Natur oder Substanz des Menschen, so durch die Sünde vorderbet, und zwischen der Sünde, damit und dardurch der Mensch vorderbt ist, soll und muß gehalten werden. Und dies sei

sanctae trinitatis baptizetur, sanctificetur et salvetur, et si quae sunt alia huius farinae prorsus paradoxa, quae in scriptis recentiorum Manichaeorum leguntur. Ea recitare nolumus, ne pias mentes offendamus.

Quarto: in articulo de resurrectione scriptura perspicue docet, quod huius nostrae carnis, quam circumferimus, substantia (sed tamen a peccato mundata) sit resurrectura et quod in vita aeterna eam ipsam animam (sed peccato non contaminatam) habituri et retenturi simus. 46

Iam si nulla prorsus esset differentia inter corpus et animam nostram corruptam et inter peccatum originale, rursus duo absurda, quae cum hoc articulo e diametro pugnant, consequerentur. Aut videlicet hanc carnem in die novissimo non resurrecturam et nos in altero illo saeculo non has corporis et animae nostrae substantias, sed aliam substantiam sive aliam animam habituros, cum constet nos tum ab omni peccato fore mundos; aut quod etiam peccatum in novissimo die resurrecturum et in vita illa aeterna in electis futurum et mansurum sit. 47 M 584

Ex his omnibus luce meridiana clarius est hanc Manichaeorum doctrinam et omnes opiniones, quae ex ea dependent et consequuntur, reiici oportere, cum videlicet asseritur, quod peccatum originale sit hominis corrupti natura, substantia, essentia, corpus et anima ipsa, adeo ut nullum prorsus sit discrimen inter corruptam nostram naturam, substantiam et essentiam, et inter peccatum originis. Praecipui enim articuli fidei nostrae Christianae magnas gravissimasque causas adferunt, quare differentia inter naturam seu substantiam hominis (per peccatum corrupti) et inter ipsum peccatum (quo homo corru- 48

---

1 selig] geseligt ü   selig gemacht statt [geselget] A   10 auferstehen + [würde] A + ›wird‹ b   11 Seele + haben werden ü, urspr. A   haben > i   aber ohne Sünde > H   12 haben > ü   werden > ü   werden + aber ohne Sünde H   16 verderbten] verdambten l   35 oder] und ü   42 oder] und g

7 Quarto: in articulo] Quartum etiam testimonium ex articulis Christianae fidei peti potest   18/9 hoc articulo] fide nostra   41 fidei nostrae Christianae] Symboli Apostolici

---

s. I 1299. Der Gründliche vnd klare Bericht von der Erbsünde ... aus ... D. Luthers Schriften gezogen ... durch ... J. Hugo, Eisl. 1573 nennt S. E als geläufiges „Paradoxon" des „Illyricus": „das die Erbsünde müsse im Namen der heyligen Dreyfaltigkeit getaufft werden".

¹) Darüber | Mansf. Fürsten | ²) Vgl. S. 858, Anm. 2.   ³) Vgl. S. 858, Anm. 2.

| gnug | zur einfaltigen Erklärung der Lehre und Gegenlehre (in thesi und antithesi) von diesem Streit, soviel die Häuptsach an ihr selbst belangt, an diesem Ort, da nicht ausführlich | disputiert, | sondern artikulsweise nur die fürnehmbste Häuptstück gehandelt werden.

Was aber die Wörter und Weise zu reden anlanget, ist das Beste und Sicherste, daß man das Fürbild der gesunden Wort, wie in der heiligen Schrift und in den obgemelten Büchern von diesem Artikel geredet wird, brauche und behalte.

Es sollen auch aequivocationes vocabulorum, das ist, die Wörter und Reden, so in mancherlei Vorstande | gezogen und | gebraucht werden, Wortgezänk zu vorhüten, fleißig und unterschiedlich erkläret werden. Als wann man sagt: Gott schafft die Natur der Menschen, | da | wird durch das Wort N a t u r verstanden das Wesen, Leib und Seel der Menschen. Oft aber nennet man die Art oder Unart eines Dinges seine Natur, als wann man sagt: Der Schlangen Natur ist, daß sie sticht und vergiftet. Also spricht Lutherus[2], daß Sünde und sündigen des vorderbten Menschen Art und Natur sei.

Also heißt Erbsünde eigentlich die tiefe Vorderbung unserer Natur, wie sie in Schmalkaldischen Artikeln beschrieben wird. Zuzeiten aber wird das Concretum oder Subjectum, das ist, der Mensch selber mit Leib und Seel, darinnen die Sünde ist und stecket, mitbegriffen, darumb, daß der Mensch durch die Sünde verderbt, vergiftet und sündig ist, als wann Lutherus[3] spricht: „Deine Geburt, deine Natur und dein ganzes Wesen ist Sünde, (das ist) sündig und unrein."

ptus est) constituenda et retinenda sit. Et haec sufficere existimamus ad simplicem declarationem doctrinae sincerae et falsae contrariae (in thesi et antithesi) de hac controversia, quantum ad principalem ipsius statum attinet, hoc quidem loco, ubi non copiose et argute disputatur, sed certis quibusdam articulis tantum praecipua capita tractanda sunt.

Quod vero ad vocabula et phrases attinet, utilissimum est et tutissimum, ut forma sanorum verborum (quibus in hoc articulo explicando sacrae litterae et supra commemorata scripta publica et recepta utuntur) usurpetur et retineatur.

Sed et aequivocationes vocabulorum ad cavendas λογομαχίας diligenter et diserte sunt explicandae. Verbi gratia, cum dicitur: Deus creat hominum naturam, per vocabulum n a t u r a e intelligitur ipsa substantia, corpus et anima hominis. Saepe autem proprietas aut conditio alicuius rei (tam in bonam quam in malam partem) vocatur eius rei natura, ut cum dicitur: serpentis natura est icere et veneno inficere (ibi exprimitur non serpentis substantia, sed malitia). In hac sententia D. Lutherus utitur vocabulo naturae, cum dicit peccatum et peccare esse corrupti hominis naturam.

Sic igitur peccatum originale proprie significat profundissimam illam naturae nostrae corruptionem, quemadmodum ea in Articulis Smalcaldicis describitur. Interdum etiam concretum seu subiectum, hoc est, hominem ipsum cum corpore et anima, in quo peccatum est et infixum haeret, simul complectimur idque eam ob causam, quod totus homo peccato corruptus, veneno infectus et foedissima lue originalis peccati contaminatus sit. In hanc sententiam loqui-

---

1 | gnug | > H   5 | disputiert | statt [disputationes] A   7 werden + gnugsam H, urspr. A   15 Büchern + [des corporis doctrinae] A   24 | da | statt [so] A da] so H ü   27 oder] und d e ä   34 heißt + die k   42 wann > l

10 sunt] fuerunt

---

[1]) Das braunschw.-wolfenb. Gutachten (Hutterus 403/404): „Im Artikul aber von der Erbsünde, soviel den Appendicem de vocabulis in hac controversia betrifft, ist am allerbesten, daß neben den deutschen Worten auch der lateinische Text gnug und vollkommen gesetzet..." der klareren Begriffe, „Schulwort" wegen. Vgl. die Möllner notationes, Bertram Lüneb. IIB 327; Einzelvorschläge   [2]) H nennt eine Stelle entsprechend WA II 728 $_{24}$; XVIII 501 $_{31}$.   [3]) WA XII 403 $_9$; XL II 322 $_{20}$, 325 $_{32}$, 380 $_{32}$. Dazu Wigand, De Manichaeismo renovato 248—266 und Musaeus, Praelectiones 84—86 gegen ein Verständnis von „Natur" im Sinn der ultraflacianischen „Substanz".

Natursünde, Personsünde, wesentliche Sünde, erkläret Lutherus[1] selber, daß er es also meine, daß nicht allein die Wort, Gedanken und Werk Sünde sei, sondern daß die ganze Natur, Person und Wesen des Menschen durch die Erbsünde zu Grunde gänzlich verderbt sei.

Was aber die | lateinische |[2] Wort substantia und accidens anlanget, soll der einfältigen Kirchen, weil solche Wort dem gemeinen Manne unbekannt, | mit denselben in öffentlichen Predigen | billich vorschonet werden. Wann | aber | die Gelehrten unter sich | oder >bei< andern, wölchen solche Wort nicht unbekannt, sich derselben in diesem Handel | gebrauchen[3], | inmaßen Eusebius, Ambrosius und sunderlich Augustinus, wie auch andere vornehme Kirchenlehrer mehr[4], aus Not, diese Lehre wider die Ketzer zu erklären, geton, |

tur D. Lutherus, cum inquit: Tua nativitas, tua natura, tota tua substantia est peccatum, hoc est, peccatrix seu peccato polluta et impurissima.

Et cum Lutherus utitur hisce vocabulis: peccatum naturae, peccatum personae, peccatum substantiale aut essentiale, satis ipse mentem suam declarat, quod hoc velit, non tantum hominis sermones, cogitationes et opera esse peccata, sed totam hominis naturam, personam et substantiam hominis per originale peccatum prorsus et omnino esse depravata et totaliter corrupta.

Quod vero ad Latina vocabula substantiae et accidentis attinet, in publicis concionibus coram simplice plebe (quae horum vocabulorum significationem et vim non tenet) ab iis abstinendum censemus, ut ea in re piae et sanctae simplicitatis ecclesiae ratio habeatur. Cum autem viri docti vel inter se vel cum aliis (quibus haec vocabula non sunt ignota) differentes iis in hoc negotio utuntur, tum immediatam hanc divisionem ponunt: quod omne, quic-

15 | lateinische | *statt* [Schul=] *A*   15/6 *Wort bis* accidens] dialectica et philosophica vocabulae substantiae et accidentis *w ü*   16 der] die   17 Kirchen] Kirche in öffentlichen Predigten *H*   18/9 in öffentlichen Predigten > *H*   19 werden + [und werden also dieselben Wörter billich in die Schulen an die Gelehrten geweiset. Dann] *A*   20 sich + selbst sich in diesen gebrauchen *H*   20/2 oder *bis* Handel | *statt* [in Schulen oder sonst in dieser Disputation solche Schul- und Kunstwörter, die eigentlich in die dialecticam gehören] *A*   21 >bei< *statt* [mit] *A*   22 in *bis* Handel > ö   22/3 sich *bis* gebrauchen > *H*   24 andere + [Kirchen] *A*

[1]) WA XI[11] 508₂ff. XL[II] 327₂₀, 385₁₇. Vgl. S. 860, Anm. 2   [2]) lateinische, darüber | Pr | preußisches Bedenken: „Dieser ganzer Paragraphus bis zu End ist allerdings auszulassen und ist nicht zu dulden, denn hierin geschicht treuen Lehrern Unrecht, als hätten sie durch unnötige Subtilitäten die Kirche zerrüttet. Es sind nicht allein Schulwort, substantia und accidens, sondern auch Kirchenwort, deren sich die Kirchen in griechischer und lateinischer Sprache für tausend Jahren gebraucht ... Das accidens dienet dazu und ist nötig, der Manichäer und Illyrici lästerlichen Irrtumb de substantiali peccato originis zu widerlegen." Ähnlich die Mansfelder Theologen, während die notationes ... Bergerdorpienses zur SC (Bertram, Lüneb. IIB 213/14) einen gegensätzlichen Antrag stellten (25. Okt. 1574). Ein Gutachten zur Frage erbat Regensburg (Stadtarchiv, Ecclesiastica I Nr. 45, 306—313).   [3]) Darüber | Wirt. Baden. Henn. Brunschw. fürsten |; vgl. die Theologengutachten Heppe IIIB 356: Hutterus 404.   [4]) Eusebius, Praep. evang. VII 22, ein Exzerpt aus Maximus, De Materia, MSG XXI 573ff. Ambrosius, Hexaemeron I 8, 28, CSEL XXXII 27, 27f., MSL XIV 138; Comment. in ep. ad. Rom. (zu 7, 18), MSL XVII 112/113. Augustinus, De natura et gratia 19, 21. 20, 22, CSEL LX 246—248, MSL XLIV 256, 257; De nupt. et concup. I 17, 19. 25, 28; II 23, 38. 26, 42. 34, 57, CSEL XXII 231, 240, 291, 294, 315. MSL·XLIV 425, 430, 458, 460, 470/71; C. Jul. Pelag. J 5, 16 (Basilius), MSL XLIV 650. C. duas ep. Pelag. II 2, 2 CSEL LX 461, MSL XLIV 572; Op. impf. c. Jul. IV 8 MSL XLV 1438. Pseudo-Aug., Hypognosticon II 1. V 7, 14, MSL XLV 1619, 1650. Weitere Stellen in: Clara et perspicua testimonia Augustini Hippo. Episcop. quod peccatum originis non sit substantia nec natura, sed accidens malum. Collecta per Til. Heshusium D. Jenae 1571 (auch in De peccato orig. scripta quaedam 1571). Dazu: Defensio verae et piae sententiae Aurelii Augustini, quod peccatum orig. non sit substantia ... Authore D. Til. Heshusio, Jenae 1572. Athanasius, Orat. c. Gentes 6, MSG XXV 11ff.

so nehmen sie für eine immediatam divisionem, das ist | für | eine solche Teilung, darzwischen kein Mittel ist, daß alles, was da ist, müsse entweder substantia[1], | das ist, | ein selbständig Wesen, oder accidens[1], | das ist, | ein zufälliges Ding, sein, das nicht für sich selbst wesentlich bestehet, sondern in einem andern selbständi'gen Wesen ist und davon kann unterschieden werden, welche Teilung auch Cyrillus und Basilius[2] gebrauchen.

Und dieweil unter anderm auch dieses ein ungezweifelter, unwidersprechlicher Grundspruch in der Theologia ist, daß ein jede substantia oder selbständiges Wesen, sofern es eine Substanz ist, entweder Gott selber oder ein Werk und Geschöpf Gottes sei: so hat Augustinus[3] in vielen Schriften wider die Manichäer mit allen wahrhaftigen Lehrern wohlbedacht und mit Ernst die Rede: Peccatum originis est substantia vel natura, das ist: | Die | Erbsünde ist des Menschen Natur oder Wesen, verdammet und verworfen, nach welchem auch alle Gelehrte und Vorständige allzeit gehalten, daß dasjenige, so nicht für sich 'selbst bestehet noch ein Teil ist eins andern selbständigen Wesens, sondern in einem andern Dinge wandelbarlich ist, nicht ein substantia, das ist, etwas Selbständiges, sondern ein accidens, das ist, etwas Zufälliges,

quid est, aut substantia sit aut accidens, quod non per se subsistit, sed in aliqua substantia est et ab ea discerni potest. Et sequuntur ea in re viri eruditi exemplum Eusebii, Ambrosii, inprimis Augustini, Cyrilli, Basilii aliorumque praecipuorum ecclesiae doctorum, qui cogente necessitate in explicatione articuli de peccato originis hisce vocabulis in genuina sua sententia contra haereticos sunt usi.

Et cum sit indubitatum certissimumque axioma in re theologica, quod omnis substantia (quatenus est substantia) aut sit Deus ipse aut opus et creatura Dei: Augustinus in multis suis scriptis contra Manichaeos (quemadmodum et reliqui sinceri ecclesiae doctores) rem diligentissime expendit et propositionem hanc (peccatum originis est substantia vel natura) magno zelo reiecit atque damnavit. Et post eum etiam omnes eruditi et intelligentes semper senserunt, quicquid non per se subsistit, nec est pars alterius per se subsistentis essentiae, sed in alio est mutabiliter, id substantiam non esse, id est, quiddam per se subsistens, sed accidens, quod aliunde accidit. Et Augustinus constanter in hanc sententiam loqui solet: Peccatum originale non est ipsa natura, sed

---

2/3 für *bis* ist > ö   4/5 | das ist | ... accidens > z   6 | ein ... Ding] eines *bis* Dinges *B*
17 selber] stellete *x*   Geschöpf Gottes ~ *x*   20 Lehrern + [ex professo] *A*   22 vel]
et *f m o s w* Konk   30 das *bis* Selbständiges] selbständig Ding *H*   31 das ist] oder *H*

6 Cyrilli, Basilii >   11 usi + Quin illam immediatam substantiae et accidentis divisionem etiam Cyrillus et Basilius usurparunt

---

[1]) Vgl. Frank, Theologie FC I 76ff.; Preger, Flacius II 395ff.; Melanchthon, Erotemata dialectices, CR XIII 509—572: Substantia est ens, quod revera proprium esse habet, nec est in alio ut habens esse a subiecto (CR XIII 528); Accidens est, quod non per se subsistit nec est pars substantiae, sed in alio est mutabiliter (CR XIII 522) — so auch Heßhus und Wigand — gegenüber der puerilis descriptio: Accidens est, quod adest et abest praeter subiecti corruptionem (CR XIII 523) — so Strigel und Andreä. Zur Verschiedenheit des Substanzbegriffs — „aristotelisch" bei Flacius, „platonisch" bei Strigel — vgl. Ritschl, Dogmengesch. II 441 ff. Dazu die durch Musaeus angeregte Unterscheidung des Flacius (Clavis Scr. s. II 482) zwischen substantia materialis und der mit dem peccatum originis gleichgesetzten substantia formalis, formalis im Sinn von wirklich, also entsprechend dem aristotelischen Form=Entelechie=Eidos=Begriff und der von Flacius im Verlauf des Streits angebotenen Redeform: „wesentliche Kräfte" (Preger, Flacius II 371). Es ist zu beachten, daß substantia formalis ihrem Inhalt nach ein Doppeltes bezeichnen kann, Gottesbildlichkeit und Erbsündhaftigkeit. Vgl. Musaeus, Praelectiones 45: „per formalem ⟨sc. substantiam⟩ intelligit ⟨Flacius⟩ imaginem Dei in primis parentibus; per materialem vero intelligit hominem ipsum ex anima et corpore constantem, qui ad imaginem Dei conditus dicebatur. Dicit perinde, substantiam formalem esse corruptam et in eius locum successisse peccatum originis ⟨also die neue substantia formalis, das neue „formende Wesen"⟩; materialem autem remansisse, tametsi valde vitiatam". Vgl. S. 844 bei Anm. 3 und Wigand, De Manichaeismo renovato 153ff.   [2]) Cyrill Alex. De s. et consubst. trinit. Thesaurus, assert. II. III., MSG LXXV 27ff. Basilius, Homil. quod Deus non sit auctor malorum. MSG XXXI 341 BC.   [3]) Vgl. S. 853, Anm. 1 und S. 861, Anm. 4.

seie. Also pfleget Augustinus beständiglich auf diese Weise zu reden: Die Erbsünde sei nicht die Natur selbst, sondern ein accidens vitium in natura, das ist, ein | zufälliger | Mangel und Schaden in der Natur. | Wie man dann | auf solche Weise auch in unsern Schulen >und Kirchen< nach der Dialectica für¹ diesem Zank frei und unvordächtig geredet | hat², und deswegen weder von D. Luthern, noch einichem rechtschaffenen Lehrer unserer reinen evangelischen Kirchen jemals gestraft worden.

Weil dann die unwidersprechliche Wahrheit >ist<, daß alles, was da ist, eintweder ein Substanz oder ein accidens, das ist, eintweder ein selbständig Wesen oder etwas Zufälligs in demselben ist, inmaßen kurz

accidens vitium in natura. Et hoc ipso 56 modo etiam nostro saeculo in scholis et ecclesiis nostris (iuxta regulas dialecticae) ante motam hanc controversiam libere et sine ulla haereseōs suspicione locuti sunt viri docti neque eam ob causam vel a D. Luthero vel ab ullo alio sincero doctore Evangelicarum Ecclesiarum unquam sunt reprehensi.

Cum igitur haec sit immota veritas, 57 quod, quicquid est, id aut substantia sit aut accidens, hoc est, vel per se subsistens quiddam vel quod aliunde accidit et in substantia haeret, quemadmodum

---

3 sondern + nur *de* 5 und] oder *n z* 5/6 | Wie *bis* dann | *statt* [Und eben] *A* 6 Weise + [hat man] *A* 9 — S. 866, 11 | hat *bis* zugefallen. | *statt* [Jtzund aber sind etliche in diesem Streit dem Wort accidens, zufällig, darumb iniquiores und weniger geneigt, daß es viel geringer und unkräftiger ist, denn daß dardurch der große und schwere Greuel der Erbsünde deutlich gnug dargetan und erklärt könne werden, und mein, daß eben der Laut des Worts accidens den Schaden der Erbsünde gering und kleinschätzig mache, sonderlich dieweil offenbar, daß die scolastici (Schullehrer) die Erbsünde wider Gottes Wort verkleinert und diese Lehre ganz und gar verfälscht haben, dieweil sie ihnen die Gleichnis der andern gemeinen accidentium (zufälliger Dinge) eingebildet, welche ohne Verhinderung und Verletzung der innerlichen Kräfte und Vollkommenheit des Wesens der substantiae oder Wesen anhängig sein können. Daher auch die Disputation, daß die naturalia, das ist, das natürliche Wesen und Kräfte, im Menschen noch ganz sein, entsprungen ist. Es können aber gelehrte Leute, die Wahrheit und Frieden lieb haben, dieser Schul- und Kunstwörter halben, (welcher Gebrauch, sofern die göttliche Wahrheit dardurch nicht vorletzt, in den Kirchen Gottes nicht freigelassen ist,) sich leichtlich vorgleichen und vor unnützen Wortgezänk hüten. Derhalben so jemand in dieser Disputation das Wort accidens gebrauchen will, der kann und soll zu Vorhütung aller Verkleinerung der Erbsünde, und die wahrhaftige christliche Lehre von dem großen erschrecklichen Gift und Greuel der Erbsünde zu vorwahren, diese ausdrückliche Erklärung hinzutun, daß dardurch nicht ein liederlich und geringschätziges accidens oder Qualität wie die dialectica und physica, das ist, wie die Gelehrten in der Schule reden und von natürlichen Dingen lehren, von ihren gemeinen accidentibus philosophiert, verstanden werde, sondern daß die Erbsünde eine solche und so große Verderbung der ganzen menschlichen Natur sei, die von keines Menschen Sinn oder Zungen genugsam kann erreicht oder ausgeredet werden.

Also hat auch Lutherus in dieser Disputation das Wort qualitas nicht verworfen, obwohl durch dasselbige die Größe der Erbsünde nicht kann genugsam bedeutet und dargetan werden. Er tut aber eine nötige Erklärung hinzu, als im Psalm 90: Du heißest die Erbsünde eine Qualität oder heißest sie einen Schaden oder Krankheit, so ist sie wahrlich ein überaus großer und äußerster Schade.

Also auch in der Apologia wird sie ein böser habitus genennet, und bald die Erklärung hinzugesetzt, daß es nicht ein solcher habitus sei, wie er in der dialectica beschrieben wird; jedoch soll man sich gänzlich befleißigen, daß nicht durch solche philosophischen Wörter und Schulsubtilitäten de formis substantialibus, de accidentibus und qualitatibus etc. die einfältige und reine Lehr der heiligen Schrift von der Erbsünde zurüttet und vorfälschet werde.] *A*; *a. R.* | Preuss | *vgl. Anm.* 2. 11 reinen > *H ö* 15 ein] muß *x* 15/7 das ist *bis* demselben > *H ö* 16 ein] etwas *o*

15/7 hoc est *bis* haeret >

---

¹) Etwa Melanchthon, Loci 1538 (CR XXI 378, 380). ²) Darüber | Wirt. Bad. Henn. Preußen. Brunsch. Fürsten |, vgl. Heppe IIIB 356, Hutterus 404. Die folgende Neuformulierung bis S. 866, 11 in FC rechtfertigt sich S. 864, 23 gegenüber einem z. B. von Heshus (Hospin. 72) empfundenen Widerspruch zu S. 861, 15 ff.

hievor mit Zeugnussen der Kirchenlehrer angezeigt und erwiesen, und kein recht Verständiger jemals daran gezweifelt: so tringet die Not, und kann ›hie keiner‹ fürüber, wann ›jemand fragen wollt,‹ ob die Erbsünde ein Substanz, das ist, ein sollich Ding, das für sich selbst bestehe und nicht in einem andern ›ist,‹ oder ein accidens, das ist, ein sollich Ding seie, das nicht für sich selbst bestehet, sunder in einem andern ist und für sich selbst nicht bestehn noch sein kann, ›so‹ muß ›er‹ sein rund heraus bekennen, daß die Erbsünde kein Substanz, sondern ein accidens seie[1].

Darumb auch der Kirchen Gottes zum beständigen Frieden in dieser Zweispaltung nimmermehr geholfen, sunder die Uneinigkeit vielmehr gestärkt und erhalten, wann die Kirchendiener im Zweifel ›stecken bleiben,‹ ob die Erbsünde ein Substanz oder accidens seie, und also recht und eigentlich genennet werde.

Demnach, soll den Kirchen und Schulen dieses ärgerlichen und hochschädlichen Streits zu Grund abgeholfen werden, ist vonnöten, daß männiglich deshalben eigentlich berichtet werde.

Wann aber weiter gefragt wird, was dann die Erbsünde für ein accidens seie? Das ist ein andere Frag, darauf kein Philosophus, kein Papist, kein Sophist, ja kein menschliche Vernunft[2], wie scharf auch dieselbige immermehr sein mag, ›die recht‹ Erklärung geben kann, sunder aller Verstand und Erklärung muß allein aus heiliger Schrift genummen werden, wölche bezeuget, daß die Erbsünde seie ein unaussprechlicher Schaden und ein solche Verderbung menschlicher Natur, daß an derselben und allen ihren innerlichen und äußerlichen Kräften nichts Reins noch Guts gebliehen, sunder

paulo ante testimonio ecclesiasticorum scriptorum docuimus et demonstravimus, neque ea de re quisquam, qui est sanae mentis, dubitaverit: profecto necessario fatendum est, neque effugio ulli locus est, si quis quaerat, an peccatum sit substantia, id est, res quaedam per se subsistens et non in alio, an vero accidens, hoc est, res non per se subsistens, sed in alio inhaerens, quod simpliciter, categorice et rotunde respondendum ac fatendum sit peccatum non esse substantiam, sed accidens.

Quare ecclesiae Dei (ad constituendam firmam pacem quoad hanc controversiam) non consulitur, sed dissidia magis foventur et confirmantur, si ecclesiae ministri in dubio relinquantur, an peccatum originale substantia sit, an vero accidens; et an illud recte et proprie substantia vel accidens nominetur.

Quapropter si controversiam hanc solide componere velimus, necessarium est, ut unusquisque de hoc negotio recte erudiatur.

Quando autem praeterea quaeritur, qualenam accidens sit peccatum originis, haec iam alia est quaestio. Huius quaestionis declarationem veram nullus philosophus, nullus Papista, nullus sophista, imo nulla humana ratio (quae etiam acutissimi sit iudicii) proferre potest, sed eius explicatio e sola sacra scriptura est petenda. Ea vero testatur, quod peccatum originale sit ineffabile malum et tanta humanae naturae corruptio, quae in natura omnibusque eius viribus, tam internis quam externis, nihil sinceri, nihil boni reliquerit, sed omnia

---

1 hievor] zuvor *c s*   2 und erwiesen > *H ö*   2/3 recht Verständiger] recht Geschaffener *p*   4 ›hie keiner‹ *statt* [niemand hie] *A*   hie keiner] niemand hie *H*   5 ›jemand *bis* wollt‹ *statt* [einer da gefragt wird] *A*   8 ›ist‹ *statt* [sein] *A*   ist] sei *H*   9/11 bestehet *bis* nicht > *B*   11 noch] oder *B v*   noch] und *g l*   ›so‹] sondern *H*, Helmst., *urspr. A*   12 ›er‹ > *H,*] einer *ü*   13 kein] nicht ein *H*   15 auch > *z*   19/20 ›stecken bleiben‹] gehalten *H*, Helmst. *urspr. A*   stecken bleibe] stehen *U*   21 seie + oder nicht *H ü*   23 und + christlichen *ö*   24 ärgerlichen + Gezänk *H ö* Helmst, *urspr. A*   ärgerlichen] aigentlichen *p*   und *bis* Streits] halben *H ö*   29 dann > *g*   32 auch > *H*   33 immermehr] immer *f*   ›die recht‹ *statt* [Antwort geben kann noch dieselbige] *A*   33/4 die *bis* Erklärung] Antwort *H*   35 heiliger + göttlicher *H*   39 an] in *z*   41 noch] und *H*

3/4 qui est sanae mentis] rerum peritus   7/8 id est *bis* alio >   9/10 hoc est *bis* inhaerens >   24 et detrimenti >

---

[1]) Dazu die Einschränkung Z. 30ff. und Heppe IIIB 356; ferner das preußische Bedenken, vgl. S. 861 Anm. 2.   [2]) Vgl. WA XL II 383,34.

alls zumal verderbt, daß der Mensch durch die Erbsünde wahrhaftig vor Gott geistlich tot und zum Guten mit allen seinen Kräften erstorben seie.

Dergestalt dann durch das Wort accidens die Erbsünde nicht verkleinert, ‖ wann es nach Gottes Wort also erkläret wird, inmaßen D. Luther in seiner lateinischen Auslegung[1] über das dritt Kapitel des ersten Buchs Mose wider die Verkleinerung der Erbsünde mit großem Ernst geschrieben hat, ‖ sunder sollich Wort dienet allein darzu, den Unterscheid zwischen dem Werk Gottes, wölchs ist unser Natur, unangesehen daß sie verderbt ist, und zwischen des Teufels Werk, wölchs ist die Sünde, die im Werk Gottes stecket, und derselben allertiefeste und unaussprechliche Verderbung ist, anzuzeigen.

Also hat auch Lutherus[2] in diesem Handel das Wort accidens wie auch das Wort qualitas gebräucht und nicht verworfen, darneben aber auch mit besunderm Ernst und großem Eifer auf das allerfleißigst erkläret und männiglich eingebildet, was es für ein greuliche Qualität und accidens seie, dardurch die menschlich Natur nicht schlecht verunreiniget, sunder so tief verderbet ist, daß nichts Reines noch Unverderbt in derselben geblieben, wie seine Wort über den 90ten Psalmen lauten[3]: „Sive igitur peccatum originis qualitatem sive morbum vocaverimus, profecto extremum malum est non solum pati aeternam iram et mortem, sed ne agnoscere quidem, quae pateris." Das ist: Wir nennen die Erbsünde ein Qualität oder Seuche, so ist ›sie fürwahr‹ der äußerste Schaden, daß wir nicht allein ›den ewigen‹

penitus depravarit, ita quidem certe, ut homo ratione peccati originalis coram Deo vere et spiritualiter ad bonum cum omnibus viribus suis plane sit emortuus. Hac facta explicatione per vocabulum accidentis peccatum originis haudquaquam extenuatur, cum videlicet illud iuxta verbi Dei analogiam ita declaratur, quemadmodum D. Lutherus in Latino suo commentario in caput tertium Geneseōs contra extenuationem peccati originalis magno zelo disseruit. Vocabulum autem accidentis in hunc tantum finem usurpatur, ut discrimen inter opus Dei (quod est nostra natura, etiam corrupta) et inter diaboli opus (quod est peccatum in opere Dei inhaerens, eius videlicet operis intima et ineffabilis corruptio) monstretur.

Et sane D. Lutherus ipse in hoc negotio usus est vocabulo accidentis, quemadmodum etiam qualitatis, neque eas voces reiecit. Interim tamen singulari diligentia et magno zelo declaravit et inculcavit, quam horribilis sit qualitas et accidens, per quod humana natura non tantum contaminata aut impura facta, verum etiam adeo in universum corrupta est, ut nihil sinceri, nihil sani prorsus in ea sit relictum. Sic enim verba eius in explicatione Psalmi nonagesimi habent: Sive igitur peccatum originis qualitatem sive morbum vocaverimus, profecto extremum malum est non solum pati aeternam iram et mortem, sed ne agnoscere quidem, quae pateris. Et in commentario super tertium caput Geneseōs inquit: Qui isto veneno peccati originis a planta pedis

---

5 dann] tun *H*   6 die Erbsünde *bis* verkleinert > *H w*   7 wird + die Erbsünde nicht verkleinert wird *H w ü*   8/10 in seiner *bis* Mose > *H*   11 hat + im 3. cap. Genes. Latine *H*   hat + urspr. Entwurf: [der Ursach auch D. Luther das Wort accidens zu gebrauchen sich darumb nicht gescheuhet hat, da er in itzvermelter Auslegung über das dritte Kapitel schreibet: Qui isto veneno peccati originalis a planta pedis usque ad verticem infecti sumus, siquidem in natura adhuc integra accidere, das ist, wir sind durch das Gift der Erbsünde von der Fußsohlen an bis auf die Scheitel vergiftet, dieweil solliche noch in der vollkommnen Natur dem Menschen zugefallen] *A*   12 dienet allein darzu] allein darzu dienet *H*, urspr. *A*   13 zwischen *y*   dem Werk] den Werken *m z*   15 ist > *B*   16 ist > *H*   18 ist > *m*   21 accidens] qualitas *H w ü Cor*   accidens *bis* Wort > Konf, in *A* ist die Tilgung dieser Worte wieder aufgehoben   22 qualitas] accidens *H w ü Cor*   29/30 Unverderbt] Unverderbtes *i q*   32 qualitatem] qualitatum *x*   33 vocaverimus] vocaveris *x*   35 iram + aeternam *p*   mortem + aeternam *H*   36 quae] quid *c*   36—S. 866, 3 Das ist *bis* leiden > *H ö*   38 Seuche] Sucht *x z ü*

3 cum] (seu cogitandum seu perficiendum) in

---

[1] WA XLII 123,38—125,5   [2] Vgl. das braunschweig-wolfenbüttelsches Gutachten (Hutterus 404)   [3] EA Op exeg. XVIII 320/321

Zorn ›Gottes‹ und den ewigen Tod leiden sollen, sondern auch nicht verstehen, was wir leiden. Und abermals[1] über das erste Buch Mose, Kap. 3.: „Qui isto veneno peccati originis a planta pedis usque ad verticem infecti sumus, siquidem in natura adhuc integra ACCIDERE." Das ist: Wir sind durch das Gift der Erbsünde von der Fußsohlen an bis auf die Scheitel vergiftet, dieweil sollichs noch in der vollkommnen Natur ›uns‹ zugefallen. |

usque ad verticem infecti sumus, siquidem in natura adhuc integra haec accidere, etc.

II.
Vom freien Willen oder menschlichen Kräften[2].

II.
DE LIBERO ARBITRIO SIVE DE VIRIBUS HUMANIS.

| Nachdem ein Zwiespalt nicht allein zwischen den Papisten und den Unsern, sundern auch unter etlichen Theologen der Augsburgischen Konfession selbst von dem freien Willen eingefallen, wollen wir zuförderst

Cum de libero arbitrio seu viribus humanis non modo inter nos et Pontificios hactenus controversum fuerit, verum etiam ea de re quidam Augustanae Confessionis theologi disceptarint, pri-

---

1 und *bis* Tod > *w ü*   3 4 über *bis* Mose] in Genes. *H*   7 integra + haec *g k l*
7/11 Das *bis* Natur > *H, bis* zugefallen > ö   8 der (1.)] oder *x*   9 Fußsohlen] Fußecke *x*
15—S. 873, 16 Nachdem *bis* nämlich] statt [Die eigentliche und fürnehmbste Frage in diesen Artikel ist, ob wir Menschen (dieweil wir auch nach dem Fall nicht Stöcke oder Blöcke noch unvernünftige Tiere, sondern vernünftige Kreaturen Gottes mit Vorstand und ettlichermaßen freiem Willen in äußerlichen Dingen und weltlichen Sachen begabt sein,) auch in geistlichen Sachen, belangend unsere Bekehrung zu Gott noch diese Kräften und die Vermugen überig haben, daß wir Gott recht erkennen, das Evangelium vorstehen und gläuben, und uns mit wahrem Herzen zu Gott bekehren, die Guttaten Christi und ewige Seligkeit herzlich begehren und annehmen, Gott von Herzen fürchten, lieben und ihme vertrauen und dem Gesetz Gottes gehorsamen und gnugtun können.
Und dieweil menschlicher Kräften, Vorstandes, Willens und Herzens Blindheit, Unvermugen und Bosheit wider Gottes Wort und Willen feindlich strebende, aus Gottes Wort und der Erfahrung offenbar bekannt, daß ohne Gottes Gnade, Hülf und Wirkung des Heiligen Geistes aus eigner Vernunft und Kraft niemand an Jesum Christum glauben oder zu ihm kommen kann, so ist weiter nicht allein mit den Papisten, sondern auch unter etlichen Augsburgischer Konfession vorwandten Theologen* diese Frage und Zwiespalt eingefallen: ⟨Dazu bei * a. R. ein Überarbeitungsversuch: [Es ist auch nicht allein zwischen den Papisten und den Unsern, sunder auch unter [den] ›etlichen‹ Theologen Aug. Konfession selbst]⟩.
Wenn Gott der Heilige Geist ein unbekehrten verdambten Sünder erstlich durchs Wort zur Buße berufet und ihme Gottes Gnade, Vergebung der Sünden und ewige Seligkeit verheißet und anbeut, und dieselbige mit Glauben anzunehmen und Gott von Herzen zu fürchten und gehorsam zu sein vermahnet und anhält, ob dann der Mensch noch so viel freien Willens oder Vormugens, Tüchtigkeit, Geschicklikeit, Fähigkeit von seiner ersten Erschaffung nach dem Fall vor seiner Wiedergeburt und Vorneuerung überig habe, daß er aus diesen seinen eignen natürlichen Kräften dem Beruf des Heiligen Geistes folgen, sich

2 haec >   3 etc.] Haec de controversia originalis peccati dicta sunto.

---

* [1]) WA XLII 122_{38}.   [2]) Vorstufen: Andreä, Sechs Predig IIIb (Heppe IIIB 32—40); SC Art. II (Hachfeld 242—250); SSC Art. II (Heppe IIIB 91—103 und 187—217). FM Stück 7, Pressel 695—702; besonders mehrere Rostocker Gutachten (vgl. Bertram, Lüneb. IIB 214, 219). Rostokiensium scolae et ecclesiae iudicium de controversia inter Illyricum et Victorinum, Disput. Vinar. 337—350. Iudicium de articulis de peccato originis et de libero arbitrio in Confutatione Vinariensi 1567, Liber Fac. Theol. Rost. I 100—107,

wiederum zu Gott bekehren oder zu seiner selbst ersten Bekehrung etwas mithelfen, die im Evangelio verheißene, angebotene Gnade annehmen oder das Jawort darzu geben oder sonst etwas, viel oder wenig, zu seiner Bekehrung, Gerechtigkeit und Seligkeit heilsames gedenken, wollen, wirken oder mitwirken können?

Nachdem aber die Häuptlehre und Summa des ganzen Christentumbs ist: Tut Buße und gläubt dem Evangelio, und schaffet rechtschaffne Früchte der Buße ⟨a. R.: Mar. 1, Luc. 3⟩, so ist ja zum höchsten nötig, aus Gottes Wort eigentlich und gründlich anzuzeigen, wie und woher wir die Kräfte, solches anzufahen und zu vorrichten erlangen und überkommen. Wie hoch aber daran gelegen, daß der Artikel vom freien Willen recht erklärt werde, ist daher abzunehmen: dann die Erklärung dieses Artikels sich gar nahe in alle Hauptstücke christlicher Lehre erstrecket, 1. wie nämblich der Mensch erstlich von Gott erschaffen, 2. und was der freie Wille oder fürnehmbste Kräften in ihm gewesen sind vor dem Falle; 3. von Verderbung der menschlichen Kräften nach dem Fall durch die Erbsünde; 4. von dem Sohn Gottes der uns wiederum von den Sünden freimachet und erlöset; | 5. | von den Ursachen die unsere Bekehrung und Rechtfertigung oder Zueignung der Guttaten, Christi wirken und ausrichten; | 6. | von dem Gesetz Gottes, was es ›für einen Gehorsam‹ von uns fordert, ob und wiefern wir demselbigen Gehorsam leisten; | 8. | von äußerlicher Zucht; | 9. | von dem neuen Gehorsam der Wiedergebornen; | 10. | vom Unterschied zwischen äußerlicher Zucht oder unserer eigenen Gerechtigkeit und der innerlichen, neuen Gerechtigkeit des neuen Gehorsams, so in unsern Herzen durch den Heiligen Geist angefangen wird.

Derhalben wir auch diesen Artikul und die davon eingefallene Zwiespalte aus Gottes Wort fleißig und gründlich zu erklären und vormittels göttlicher Gnaden beizulegen, die Stück ordentlich nacheinander handeln und die rechte Lehr beides wider die Pelagianer und Enthusiasten treulich vorwahren wollen.

| 1. | Erstlich, was der freie Wille sei und was er nach dem Falle aus natürlichen Kräften noch etlichermaßen zu tun vermüge.

| 2. | Darnach was der freie Wille in dieser verderbten Natur aus eignen natürlichen Kräften zu tun nicht vermöge, | 3. | sondern weil der Mensch durch den Heiligen Geist muß wiedergeboren und erneuert werde, | 4. | wie solcher erstl ch zu Gott bekehret, wiedergeboren und erneuert werden; | 5. | und dann von Mitwirkung des durch den Sohn Gottes frei gemachten Willens in allen christlichen Tugenden und guten Werken der Wiedergebor-

---

auch Schütz, Vita D. Chytraei I App. 355—363. Theologorum Rostochiensium declaratio de D. Jacobi Andreae negotio; an Herzog Ulrich, 8. Jan. 1570, Art. III, liber Fac. Theol. Rost. I 127—140, Bertram, Lüneb. IIB 98—101. Vgl. dazu die Angaben in dem Schreiben der Rostocker Theologen an die drei Seestädte (Lübeck, Hamburg, Lüneburg) vom 18. Mai 1525 (Bertram, Lüneb. IIB 261). Ferner Arbeiten von M. Chemnitz: Examen Conc. Trid. I 17 ed. Preuß. 128—144. Der Bericht beim Corpus Doctr. Iulianum (Helmstadt 1603, S. 75—85) in Art. V. Die Göttinger Artikel Jan. 1570, vgl. Schmidt, Der Göttinger Bekenntnisstreit usw. 96ff. Bekenntnis und Erklärung aufs Interim, durch der ehrbarn Städte Lübeck, Hamburg, Lüneburg Superintendenten, Pastoren und Prediger zu christlicher und notwendiger Unterrichtung gestellet. Magdeburg 1549. Für einzelne Abschnitte das Maulbronner Bedenken zum TB, Heppe IIIB 356—365. Die Verschiedenartigkeit der Vorarbeiten hat neben anderem zur Ungleichmäßigkeit der Fassung des Artikels namentlich im TB erheblich beigetragen. Zur Umarbeitung für die FC bemerken die bergischen Theologen: „weil auch von vielen Orten ⟨Maulbronner Bedenken, Heppe IIIB 356, Rostocker Gutachten zum TB, Schütz, Vita II App. 51, Magdeburger Ministerium, Heppe IIIB 404, die Mansfelder, Joh. von Zweibrücken 12. Sept. 1576, Hospin. 70b⟩ Erinnerung geschehen, daß dies Bedenken viel zu lang, und begehrt worden, soviel müglich, daß es eingezogen werden möchte ... haben wir insonders die zween Artikul von dem freien Willen und heiligen Abendmahl, soviel es leiden mögen, abgekürzt ... (Hutterus 436). Während das Hessische Bedenken zum TB, Kassel, 5. Sept. 1576 mit Art. II völlig zufrieden ist (Heppe, Synoden IB 18), unterziehen die Mansfelder die Fassung des Art. einer sehr scharfen Kritik. Literatur: Außer der allgemeinen vor Art. I und den besonderen S. 872, Anm. 2 und S. 873, Anm. 1: Conrad Schlüsselburg, Catalogus Haereticorum lib. V (De Synergistis) Francofurt. 1611. Chr. E. Luthardt, Die Lehre vom freien Willen und seinem Verhältnis zur Gnade in ihrer geschichtl. Entwicklung dargestellt. 1863, S. 149—284. Kawerau, Art. Synergismus, Synergistischer Streit in RE³ XIX 229—235. K. D. Schmidt, Der Göttinger Bekehrungsstreit 1566—1570, Z. Ges. f. niedersächs. KG., 34/35, 1929, 66—121.

nen; | 6. | und letzlich, welche Gegenlehre und Irrtumb in diesem Artikul fürnehmblich auszusetzen und zu strafen, und wie etliche harte Reden und Schulgezänk recht zu erklären und zu urteilen seien.

| I. Was der freie Wille sei. | Und erstlich, so heißet das Wort freier Wille im gemeinen Gebrauch in der Kirchen Gottes gleich soviel als des Menschen Verstand, Herz und Wille mit allen ihren Kräften im Menschen, davon er eigentlich ein Mensch ist und heißet und von allen unvornünftigen Kreaturen unterschieden ist. Nun werden gemeinlich mancherlei disputationes unter einander geworfen, wenn man fragt, ob der Mensch einen freien Willen habe, und was der freie Wille | vermuge oder nicht | vermuge, dardurch die Lehre vorwirret und allerlei Zwiespalt mit Betrübung und Verwirrung vieler armen Gewissen erreget und gehäufet werden. Derwegen haben auch die Alten umb einfältiger, deutlicher richtiger Erklärung willen die Lehren dieses Artikuls unterschieden in quatuor status liberi arbitrii, das ist, daß der Mensch mit dem freien Willen in vier unterschiedlichen ungleichen Ständen gefunden und betrachtet müsse werden.

Zum ersten was der Mensch vor einen freien Willen gehabt vor dem Fall. Zum andern, was es damit für eine Gelegenheit habe nach dem Falle, vor der Wiedergeburt und Erneuerung des Heiligen Geistes. Zum dritten, was für einen befreiten Willen der Mensch in der Bekehrung durch Erneuerung des Heiligen Geistes bekomme und wie die Bekehrung geschehe. Zum vierten, was nach der Auferstehung die Auserwählten im ewigen Leben für einen freien Willen haben werden.

Und nach diesem Unterschied kann die Zwiespalt vom freien Willen des Menschen am allereinfältigsten und besten erklärt und auch am richtigsten verstanden und eingenommen werden. Es haben auch die Alten die Disputationes vom freien Willen nützlich erkläret ex discrimine obiectorum, das ist, daß unterschiedlich erkläret und betrachtet werde, in welchen Dingen, Sachen oder Händeln der freie Wille etwas vormuge oder nicht vormuge, und auf solche nützliche und gründliche der Alten Erinnerung und distinctiones oder Unterscheid soll diese ganze Erklärung gerichtet werden.

Was nun belanget den freien Willen des Menschen vor dem Fall, hat Gott den Menschen anfänglich also geschaffen mit Vernunft und freiem Willen dermaßen begabet, daß er Gottes Ebenbild sein sollte. Daher er in seiner Natur und Wesen, Verstand, Herzen und Willen, desgleichen auch in allen Kräften ganz rein und ohne Sünde gewesen, hat im Vorstand rechte, wahrhaftige Erkenntnus Gottes und seines göttlichen Willens gehabt, dadurch das Rechte und Gute vom Unrechten und Bösen zu unterscheiden; desgleichen auch im Herzen und Willen eine heilige Gerechtigkeit ohne alle böse Neigung und Widerspenstikeit, auch einen freien ungehinderten Willen, rechtzutun und Gott ohne allen Widerwillen und ohne alle Sünde gehorsam zu sein.

Daß also der Mensch vor dem Falle an Leib und Seel und an allen desselben Kräften dem Willen Gottes gemäß und ähnlich gewesen, hat aber eine freie Wahl gehabt des Guten und Bösen und also denselbigen herrlichen freien Willen entweder durch Gottes Gnade behalten oder durch Ungehorsam verlieren können.

Darvon ist nun in diesem Streit nicht fürnehmblich die Frage. Denn nachdem der Mensch durch die alte Schlange verführet, daß er Gottes Gebot übertreten, hat er das Bilde Gottes, der Wahrheit, Heiligkeit und Gerechtigkeit, darinnen er anfänglich geschaffen, und demnach auch den herrlichen, freien Willen zum Guten in geistlichen, göttlichen Sachen ganz und gar verloren, das also die Frage ist von dem freien Willen des Menschen nach dem Falle, in welcher nachfolgende unterschiedne Wörter in der heiligen Schrift jtzund gar nahe einerlei Meinung und Deutung haben; nämblich wenn genennet wird der Mensch: der natürliche Mensch, der alte Mensch, der alte Adam, Fleisch, des Menschen Herz, freier Wille, fleischlicher Sinn und dergleichen, welche zumal alle gebraucht werden für den ganzen Menschen mit seinem natürlichen Vorstand, Willen, Herzen und Kräften, wie er von Vater und Mutter geboren und noch nicht durch Gottes Wort und Geist wiedergeboren und verneuert ist.

| II. Was der freie Will nach dem Fall noch zu tun vermuge. | So viel nun zum andern belanget die Frage, was der freie Wille des Menschen nach dem Falle aus seinen natürlichen Kräften zu tun vormuge, ist es gewis und nicht allein in der Erfahrung, sondern auch in Gottes Wort gegründet, daß wir Menschen in dieser verderbten Natur auch vor der Wiedergeburt noch diese Macht und Vormugen etlichermaßen frei haben, daß wir in äußerlichen, zeitlichen, weltlichen Sachen und Händeln, so der Vernunft unterworfen, in äußerlicher ehrlicher Zucht und Meidung grober Laster, in weltlicher Regierung, im Haushalten, in allen Künsten und Handwerken, Arbeit, in allem äußerlichen Handel und Wandel noch etlicher-

maßen verstehen, lernen und richten können, was recht oder unrecht, gut oder böse, wahr oder nicht wahr sei, item können dasjenige so uns fürgestellt und geweiset wird, Guts und Böses, erwählen und begehren oder nicht wollen, sondern verwerfen.

Item wir können den äußerlichen Gliedmaßen, Händen, Füßen, Augenen, Zungen etc. gebieten und dieselbige durch unsere Gedanken und Willen regieren oder aufhalten, daß sie äußerliche Werk, nachdem es dem Verstand und Willen gefällig, tun oder lassen; als, daß wir die äußerlichen groben Laster, Todtschlag, Diebstahl, Ehebruch, Lügen, Lästerung meiden und den Begierden im Herzen oder affectibus nicht allzeit folgen, sondern ehrliche und im Gesetz gebotene äußerliche Werke oder pharisäischer Geberden des äußerlichen Gottesdiensts tun, als: Vater und Mutter und der Obrigkeit gehorsam sein, dem Nächsten mit Rat, Geld oder anderer Hülf Guts tun, fleißig in unserm Beruf arbeiten, wahrhaftig sein und festialich halten, was wir zusagen, in der Schul und anderswo gute Künste und nütze Bücher fleißig lesen und lernen.

Von diesem Vormugen des freien Willens auch vor der Wiedergeburt zeugen diese Sprüche: Röm. 2, die Heiden tun von Natur des Gesetzes Werk und beweisen, des Gesetzes Werk sei geschrieben in ihrem Herzen, sintemal ihr Gewissen sie bezeuget. Tit. 3, nicht umb der Werk willen der Gerechtigkeit, die wir täten, macht er uns selig. 1. Timoth. 1, das Gesetz ist den Ungerechten und Ungehorsamen gegeben, nämblich daß sie dadurch im Zaum gehalten und gestraft werden. Matth. 5, es sei denn eur Gerechtigkeit besser denn der Schriftgelehrten und Pharisäer Gerechtigkeit, so werdet ihr nicht in das Himmelreich kommen.

Hieraus folget, daß in der Pharisäer und anderer unheiligen Leute Vermugen etlichermaßen stehe, daß sie gerechte Werke tun und äußerliche oder bürgerliche Gerechtigkeit leisten können. Rom. 3, aus den Werken des Gesetzes wird kein Mensch vor ihm gerecht werden. So kann ja der Mensch die äußerlichen Werke des Gesetzes etlichermaßen tun, wiewohl dieselbigen in keinem Wege noch die Gerechtigkeit sein, die vor Gott gilt; dann, wie die Apologia lehret, die Herzen, die ohne den Heiligen Geist sind, sind gottlos. Nun kann ein böser Baum nicht gute Früchte bringen und ohne Glauben kann niemand Gott gefallen, sondern was nicht aus dem Glauben gehet, das ist Sünde. | Rom. 14. |

Diese Erinnerung ist darumb vonnöten, daß nicht der äußerlichen Disziplin ohne und wider Gottes Wort zu viel zugeschrieben werde.

Sonst aber ist diese Freiheit oder Vormugen des menschlichen Verstands und Willens in äußerlichen, weltlichen Sachen, so noch in dieser vorderbten Natur übrig, ein Quell und Ursprung aller Lehr in allen guten Künsten und aller weltlichen Regierung und ehrlicher Zucht oder äußerlicher Gerechtigkeit und Gehorsambs, dardurch Gott dieses äußerliche Leben will regieren und erhalten, und derhalben Obrigkeit, Gesetz, Gericht und Strafen vorordnet hat, daß sie äußerliche, grobe Sünde verbieten und strafen und äußerliche, ehrliche Zucht oder Gehorsam gegen Gottes Gesetz fördern und handhaben sollen, welchen Gehorsam auch alle Menschen, die gleich noch nicht durch den Heiligen Geist wiedergeborn, etlichermaßen durch Kräfte ihres freien Willen leisten können und sollen.

Und das umb nachfolgender fünf hochwichtigen Ursachen willen:

1. Erstlich wegen des ersten göttlichen Befehls.

2. Zum andern, daß sie die grausamen Strafen, damit Gott für sich selbst oder durch die Obrigkeit auch in diesem Leben die bösen Taten gewißlich strafet, entfliehen und meiden. Denn Gott will, daß in Straf der Boshaftigen seine göttliche Gerechtigkeit und Unterschied zwischen Tugend und Untugend erkannt, und andere Leute durch die Exempel der Strafen von Untugend abgescheuet, und die frommen und Züchtigen geschützet werden.

3. Zum dritten, daß andere Leute durch unser Exempel zu Tugend und ehrlicher Zucht gereizet werden.

4. Zum vierten, um des gemeinen Friedens Willen, daß andere Leute in diesem bürgerlichen Leben durch Untugend und böse Taten, Totschlag, Ehebruch, Diebstahl etc. nicht verunruhiget und beschädigt werden.

5. Zum fünften, weil das Gesetz ein Zuchtmeister ist auf Christum, welches aber in keinem Wege also verstanden soll werden, als könnte ein unverneuerter Mensch durch solche äußerliche Disciplin aus seinen eignen natürlichen Kräften sich selbst disponieren, präparieren oder bereiten zur Gnade; dann das heißen die Papisten meritum congrui, das ist, da die Schullehrer fürgeben, wenn ein unbekehrter Mensch äußerliche Zucht hält, und ehrbar lebet, daß billich sei und er hiermit vor Gott verdiene, daß ihme Gott seine Erkenntnus offenbare; sondern weil das Gesetz durch sein Strafen und Fluchen den Sünder zu Christo treibt, und die äußerliche Disciplin dazu dienet, daß die Leute aus Gottes Wort von Christo können gelehret unterweiset und unterrichtet werden, und das Gehör des Wortes ist das

worüber der Streit gewesen, eigentlich anzeigen.

Dann weil der Mensch mit seinem freien
Willen in vier unterscheidlichen ungleichen
Ständen¹ gefunden und betrachtet werden

mum omnium, quinam controversiae huius
inter Augustanae Confessionis theologos
status fuerit, perspicue docebimus.

Quandoquidem homo ratione liberi 2
sui arbitrii in quatuor, et quidem valde
diversis, statibus considerari potest, iam

ordentliche Mittel, dardurch der Heilige Geist in den Herzen der Menschen will kräftig sein
und wirken; also und auf diese Meinung et de lege et de externa disciplina recte dicitur,
quod sit paedagogia ad Christum, das ist, es wird recht von Gesetz und äußerlicher Zucht
gesagt, daß sie sein ein Zuchtmeister auf Christum, wiewohl die sündliche verderbte Natur
auch diese Zucht verkehret, daß die Pharisäer solche äußerliche Ehrbarkeit als eine Gerechtigkeit, so für Gott gilt, aufwerfen und derwegen Christo und dem Euangelio, welches solche
Gerechtigkeit strafet und ein andere Gerechtigkeit, so für Gott gilt, lehret, feind werden.
Röm. 10.

Ob nun wohl diese Freiheit und Macht, äußerliche Laster zu meiden und tugliche ehrbare
Werke zu tun, erstlich durch die angeborne Erbsünde und Blindheit und durch die bösen
Neigungen und bösen Lüste im Herzen, zum andern durch mancherlei äußerliche Anreizungen,
welche die bösen Neigungen und [bösen] Lüste [im Herzen] in uns aufwecken und locken
und uns Ursache und Gelegenheit äußerlich zu sündigen geben, zum dritten durch der
Teufel Anblasen und Treiben, die ohne Unterlaß um uns herjagen und Gelegenheit suchen,
daß sie uns in Sünde und Laster werfen und verschlingen, vielfältig geschwächt und verhindert wird; so kann doch des Menschen Wille, so er fleißig und treulich anhält, den bösen
Neigungen und äußerlichen Anreizungen in solchen äußerlichen Sachen dieses Lebens und
der Vernunft unterworfen, etlichermaßen widerstehen; und in denen so nicht wiedergeborn
seind, helfen viel zu ehrlicher Zucht und allen Tugenden gute Lehren, Vermahnungen,
ehrliche Gesetz, gute Exempel, ernstliche Kinderzucht, Strafen der Ungezogenen und fürnehmblich gute natürliche Zuneigung, die Gott zur Erhaltung, Zucht, Friede, Regiment
und Rechtens etlichen Leuten für andern mitteilet. Was aber die Wiedergebornen belanget,
davon wird hernach gesagt werden.

| III. Was der freie Wille in geistlichen Sachen zu tun nicht vermuge. | Zum dritten,
was aber der freie Wille in dieser verderbten Natur aus eignen natürlichen Kräften nicht
vormuge, davon hats diese Meinung: Gleichwie unsere Augen, ob wir wohl am hellen Mittage
die Erden und anders, so nahe bei und umb uns ist, klar sehen und begreifen können, dennoch,
wenn wir sie gegen den Himmel aufheben und die helle liebe Sonne anschauen, ganz verblendet und verdunkelt werden:

Also kann wohl menschlicher Verstand und Wille diese weltliche und irdische Sachen, was
äußerliche, ehrliche Zucht, leibliche Regierung, Haushaltung, allerlei Künsten und Hand-
werke, Arbeit und anderen Handel und Wandel hier auf Erden anlangt, etlichermaßen
ausrichten. Aber in den hohen geistlichen und göttlichen Sachen, die nicht von Natur bekannt,
noch dieses zeitliche Leben und äußerliche Sitten antreffen, sondern von dem Heiligen Geist
durch Gottes Wort offenbaret seind, und das geistige und ewige Leben belangen, als da
sind: Erledigung von der Sünde und ewiges Todes, wahre gottgefällige Gerechtikeit und
Heilifeit, wahrhaftige Erkenntnus des wahren Gottes und unsers Heilands Jesu Christi,
wie er sein göttlich Wesen und Willen im Euangelio geoffenbaret hat, wahre und heilsame
Bekehrung zu Gott, die Wiedergeburt und Verneuerung des Heiligen Geistes, wahrhaftig
und von Herzen erkennen, daß Gottes strenges und erschreckliches Gericht wider die Sünde
im Gesetz offenbaret, gerecht und wahr sei, sich zu der Gnade Gottes schicken, praeparieren,
applizieren, vorbereiten, zueignen oder zu derselben wenden, von Herzen dem Euangelio
glauben und die Guttaten Christi ernstlich begeren und annehmen, wahrhaftigen, innerlich
und herzlichen Gehorsam gegen Gott ohne Heuchelei erwecken und leisten, als: ernstliche
Furcht, Liebe und Anrufung Gottes, beständiges Bekenntnus und Geduld im Kreuz und
Leiden usw. in wahrem Glauben bis ans Ende beständig verharren, und im ernstlichen Verlangen und Begierde des ewigen Lebens in Friede und Freude an Christo aus diesem
Leben abscheiden] A

4 weil] dieweil H   5 unterscheidlichen + und g

---

¹) Zum Schema der quatuor status vgl. Petrus Lomb. Sent. II d 25 c 6 und Augustins
quatuor gradus: ante legem, sub lege, sub gratia, in pace; Expos. quarundam propos.
ex ep. ad Rom. XIII—XVIII, MSL XXXV 2065; Enchiridion ad Laurentium 118,
MSL XL 287.

Solida Declaratio, II. Vom freien Willen.

kann, ist jetzunder die Frage nicht, wie es umb denselben vor dem Fall geschaffen, oder was er nach dem Fall vor seiner Bekehrung in äußerlichen Sachen, dies zeitlich Leben belangend, vermöge; wie auch nicht, was er in geistlichen Sachen, nachdem er durch den Geist Gottes wiedergeboren und von demselben regiert wird oder wann er von den Toten erstehet, für ein freien Willen haben werde:

Sunder die Häuptfrage[1] ist einig und allein, was des ›unwiedergebornen‹ Menschen Verstand und Wille in seiner Bekehrung ›und Wiedergeburt‹ aus eignen und nach dem Fall übergebliebnen Kräften vermöge, wann das Wort Gottes gepredigt und uns die Gnade Gottes angeboten wird, ›ob‹ er sich zu sollicher Gnad bereiten, dieselbige annehmen und das Jawort darzu sagen könnte? Dies ist die Frage, darüber nun etlich viel Jahr[2] in den Kirchen Augsburgischer Konfession unter etlichen Theologen gestritten worden.

Dann der ein Teil[3] hat gehalten und gelehret, obwohl der Mensch aus eignen Kräften nicht vermöge Gottes Gebot zu erfüllen, Gott wahrhaftig trauen, förchten und lieben, ohne die Gnade des Heiligen Geistes, doch hab er noch soviel natürlicher Kräften vor der Wiedergeburt überig, daß er etlichermaßen sich zu der Gnade bereiten und das Jawort, doch schwächlich, geben,

non quaeritur, quale fuerit ipsius arbitrium **ante lapsum**; aut quale id sit post lapsum ante hominis conversionem **in rebus externis**, quae ad hanc vitam spectant; neque quaeritur, quale sit illud arbitrium, aut quantae ipsius vires, etiam in rebus spiritualibus, **postquam per spiritum Dei regeneratus est, et a Dei spiritu iam regitur**; aut quale liberum arbitrium sit habiturus, quando a **mortuis** resurget. Sed hic est verus et unicus controversiae status: quid hominis **nondum renati intellectus et voluntas in ipsa conversione et regeneratione ex propriis suis et post lapsum reliquis viribus praestare possit**, quando videlicet verbum Dei praedicatur et Dei gratia nobis offertur. Hic quaeritur, an homo ad hanc Dei gratiam apprehendendam sese applicare, eam amplecti, et verbo Dei assentiri possit. Haec disputatio iam aliquot, et quidem multos annos in ecclesiis Augustanae Confessionis inter theologos nonnullos fuit agitata.

Una pars sensit atque docuit, quamvis homo propriis suis viribus legem Dei implere, Deo vere confidere, ipsum timere et diligere sine gratia spiritus sancti non possit, tamen tantum adhuc ipsi virium naturalium ante regenerationem reliquum esse, ut aliquo modo se ad gratiam Dei praeparare, applicare et assentiri, languide tamen, possit; sed

---

2 geschaffen] beschaffen Konk   9 erstehet] auferstehet *k l m n o p t v x z*   18 ›ob‹ statt [das] *A*   19 und] oder *g k l n t*   31 und > *H*   32 noch] auch *c r s*   33 vor] zu *H r*   34 sich > *ü*   zu der Gnade] zu den Gnaden *g*   35 geben + könne *y*

19 nobis] illi

---

[1]) Gegenüber SSC und TB enger gefaßt und wieder in die Nähe der Problemstellung im Altenburger Kolloquium (1568/69) gerückt (Colloquium zu Altenburgk in Meißen, Jena 1569, 489b). Es geht also um die conversio intransitiva wenngleich auch formaliter so doch der Absicht nach ausschließlich originaliter spectata (vgl. Protocol... des Colloquii zu Hertzberg 1594, 14/15), wie etwa der Wohlgegründte Bericht usw. (S. 77) beim Corp. Doctrin. Julian. nur in dieser Hinsicht fragt, ebenso im Göttinger Bekehrungsstreit 1566/70 (K. D. Schmidt, Der Gött. Bek.streit, S. 96), während andererseits die Melanchthonianer die conversio formaliter et qua exercitium spectata vor Augen haben. SSC und TB nennen dies ausdrücklich im dritten status (vgl. jedoch oben Z. 1 ff).
[2]) Seit 1556 — erster Angriff Amsdorfs u. a. auf Pfeffinger — oder 1558, dem Jahr des öffentlichen Kampfbeginns gegen Pfeffinger und des Erscheinens zahlreicher Streitschriften.   [3]) Melanchthon, Loci seit 1535 (CR XXI 373ff., 652ff.); CA var., Art. XVIII (CR XXVI 362 ... Spir. s. concipimus, cum verbo Dei assentimur); Examen ordinandorum (CR XXIII 15) Enarrat. Symb. Nic. (CR XXIII 273); Responsiones ad impios articulos Bavaricae inquisitionis, Opp. Witt. 1580, I 362ff. vgl. CR IX 639—642. Interim Lips. CR VII 258ff. und 48ff. Corpus doctrinae Christianae 1560 als Sammlung dieser Schrr. Schließlich auch die Acta synodica, vgl. S. 841, Anm. 1.   Joh. Pfeffinger,

aber, wenn die Gnade des Heiligen Geistes nicht darzu käme, damit nichts ausrichten könnte, sunder im Kampf darniederliegen müßte.

So haben auch die alten und neuen Enthusiasten[1] gelehret, daß Gott die Menschen ohn alle Mittel und Instrument der Kreatur, das ist, ohne die äußerliche Predig und Gehör Gottes Worts, durch[1] seinen Geist ›bekehre und‹ zu der seligmachenden Erkanntnus Christi ziehe.

›Wider diese beide Teil haben die reinen Lehrer[2] Aug. Konfession‹ gelehret und gestritten, daß der Mensch durch den Fall unser ersten Eltern also vorderbt, daß er in göttlichen Sachen, unsere Bekehrung und Seel Seligkeit belangend, von Natur blinde,

nisi accedat gratia spiritus sancti, nihil illum qualemcunque assensum praestare posse, sed in lucta succumbere.

Ex altera autem parte Enthusiastae tum veteres tum recentiores docuere, quod Deus homines sine ullo medio aut instrumento creaturarum, hoc est, sine externa praedicatione et absque auditione verbi Dei, per spiritum suum convertat et ad salutarem Christi agnitionem pertrahat.

Contra utriusque partis corruptelas sinceri Augustanae Confessionis doctores asseruerunt hominem ex lapsu primorum nostrorum parentum ita penitus corruptum esse, ut in rebus spiritualibus, quae ad conversionem et salutem

---

1/2 aber *bis* käme > *y*   8 das ist > *H*   10 zu der] in die *H*   13/4 > Wider diese *bis* Konfession‹ statt [Dargegen hat der ander] *A*   18 Seel > *c f g s k l m v ü*

3 sed *bis* succumbere] quia potius eum in lucta conscientiae auxilio spiritus sancti destitutum succumbere   12 pertrahat] adducat

---

De libertate voluntatis humanae quaestiones quinque, 1555. (Propositiones de lib. arb. 1555). Formula der bekenntnus 1556. Nochmals gründlicher, klarer, warhafftiger Bericht vnd Bekentnis der bittern lautern Warheit reiner Lere... 1559. Vict. Strigel, Weimarer Disputation 1560, vgl. Disp. Vinar., Declaratio confessionis Vict. Strigelii, 1562. Ὑπομνήματα in omnes Psalmos Davidis, Lips. (1563). Locus de humanis viribus seu lib. arb. Vict. Strigelii dictatus Lips. 1564.   Joh. Stößel, Superdeclaratio 1563, abgedr. bei Paullini, Hist. Isenacensis 1689.   P. Eberus, Confessio de lib. arb. 1561. Gg. Major, Pars secunda Homil. in epistolas dominicales, Witt., Seitz, 1564, 401 ff. = Opp. II, 231 ff. (Witt. bei Lufft, 1569).   Chr. Pezel, Explicatio Examinis ordinandorum 1587.   P. Crell, Responsio 1564.   Chr. Lasius, fundament wahrer und christlicher Bekehrung wider die flacian. Klotzbuß 1568; Praelibatio dogmatis Flaciani de prodigiosa hominis conversione.   Confessio et sententia Wittenbergensium de lib. arb. 1561, dazu die Veröffentlichungen der Wittenberger und Leipziger Theologen gelegentlich des Altenburger Kolloquiums 1568/69, besonders der Endlich Bericht und Erklärung der Theologen beider Universitäten Leipzig und Wittenberg... 1571, vgl. Heppe II 227, Anm. 1. Die gen. Schriften finden sich 3. T. bei Schlüsselburg, Catal. haeret. V, 50—194. Schließlich auch Selnecker in seiner Paedagogia Christiana, 1569 und 1577, die von einem Willen zum carnaliter assentiri spricht, vgl. auch S. 903, Anm. 3.

[1]) Messalianer oder Euchiten, Ἐνθουσιασταί, nach Cassiodor, Hist. tripartita VII, 11, MSL LXIX 1077 f., vgl. Theodoret, Hist. eccl. IV 11, Gr. Chr. Schr. IX 229 MSG LXXXII 1142 ff. und Epiphanius, Panarion 80, 4, MSG XLII 755 ff. — Schwenckfeld, De cursu verbi Dei 1527 mit Vorrede Oekolampads, Corp. Schwenckfeld. II 581—599. Von dem Lauf des worts Gottes 1538, VI 270—289. Von der Widergeburt vnnd Herkummen eynes Christen Menschens 1538 VI 5—36.   Dazu De Schwenckfeldismo, Dogmata et argumenta... collecta per Joh. Wigandum, Lips. 1586 9 ff., 86 ff., 294 ff. und E. Hirsch, Zum Verständnis Schwenckfelds, festgabe f. K. Müller, 1922. — Oekolampad, etwa i. d. Schwenckfelds Lauf des Worts Gottes beigedruckten Auslegung zu Ezech. 3, 10, Corp. Schwenckfeld VI 286. — Zwingli — ihn nennt Melanchthon CR I 1099 — etwa in der Fidei ratio VII, Dux autem et vehiculum spiritui non est necessarium (f. K. Müller, Die Bekenntnisschriften d. ref. Kirche 1903 86, 6 ff.).   Dagegen CA Art. V vgl. S. 58.   [2]) Auch flacius selbst... „quoad hunc articulum" (Hutterus, Explic. 140) — trotz Antithesen 7 und 8 (vgl. S. 905). Die hiehergeh. Schriften der Gnesiolutheraner 3. T. in den Ausgaben der Disp. Vinar. oder bei Schlüsselburg, Catal. haeret. V 194—675. Im einzelnen neben dem Weimarer Konfutationsbuch, Kap. 6 (lat. u. deutsch 1559) und der Disp. Vinar.:   Nik. v. Amsdorf, Offentliche Bekenntnis der reinen lere

Solida Declaratio, II. Vom freien Willen. 873

wenn Gottes Wort gepredigt »wird,« dasselbige nicht verstehe ¹noch verstehn könnte, sunder für ein Torheit halte, auch aus ihme selbst sich nicht zu Gott nähere, sunder ein Feind Gottes sei und bleibe, bis er »mit der Kraft« des Heiligen Geists »durch¹ das gepredigt und gehört Wort« aus lauter Gnad ohn alles sein Zuton bekehret, »gläubig, wiedergeboren und« erneuert werde.

Diese Zweispalt, nach Anleitung Gottes Worts christlich zu erklären und durch sein Gnad hinzulegen, ist unser Lehr, Glaub und Bekanntnus wie nachfolget:

Daß nämlich | in geistlichen und göttlichen Sachen² | des unwiedergebornen Menschen | Verstand, Herz und Wille aus eignen, natürlichen Kräften ganz und gar nichts² verstehen², gläuben, annehmen, gedenken, wöllen, anfangen, vorrichten, tun, wirken oder

nostram spectant, natura caecus sit et verbum Dei praedicatum neque intelligat neque intelligere possit, sed illud ut rem stultam iudicet et nunquam a se ipso ad Deum appropinquet, sed potius inimicus Dei sit et maneat, donec virtute spiritus sancti per verbum praedicatum et auditum ex mera gratia sine omni sua propria cooperatione convertatur, fide donetur, regeneretur et renovetur.

M 589

1.Cor. 2.

Ut autem haec controversia iuxta verbi Dei analogiam pie declaretur et per ipsius gratiam decidatur, doctrina, fides et confessio nostra haec est, ut sequitur:

6

C r e d i m u s, quod hominis non renati intellectus, cor et voluntas in rebus spiritualibus et divinis ex propriis naturalibus viribus prorsus nihil intelligere, credere, amplecti, cogitare, velle, inchoare, perficere, agere, operari aut

7

---

2 verstehe noch > H   3 auch] und ü   4 sich > H   nähere] nahen H, mache B 5/6 »mit bis Kraft« statt [durch] A   7 gehört] geführt g k l m n p t v x z   8 Zuton + >[wiedergeborn]« A   9 erneuert + [und wiedergeboren] A   16 in + [diesen] A 17 Sachen + [kann der freie Wille oder des Menschen] A   des bis Menschen] der H 19 Kräften + [ehe denn er durch den Heiligen Geist erleuchtet und bekehret ist] A   + des unwiedergebornen Menschen H   nichts + [recht] A   19/20 verstehen + [ernstlich] A 20 gedenken > ü

1 natura bis et] talpa sit, ut dicitur, coecior, ita ut   8 et auditum >

---

des Evangelii 1558.   Joach. Stolsius, Refutatio propositionum Pfeffingeri de lib. arb. 1558 hrsg. von Joh. Agricola.   Flacius, Refutatio propos. Pfeffingeri de lib. arb. 1558. Disputatio de orig. peccato et lib. arb. Bericht von etlichen Artikeln der christlichen Lehr 1559. Erzelung, Wie der hochwichtige unnd langwirige Religionstreyt Victorini in Thüringen endtlich geschlichtet worden sey.   Til. Heshusius, De servo hominis arbitrio et conversione eius per Dei gratiam adversus Synergiae adsertores, Magdeb. 1562. Vom vermeynten freyen Willen Wider die Synergisten, Magdeb. 1562. Analysis declarationis Victorini, Magdeb. 1562. Confutatio argumentorum, quibus Synergistae suum errorem de lib. arb. mortui viribus defendere conantur.   Joh. Wigand, ΓΝΩΘΙ ΣΕΑΥΤΟΝ Hoc est de homine integro, corrupto, renato, glorificato, 1562, zweite Ausg. Jena 1572. De libero hominis arbitrio integro. De Victorini Strigelii apostatae declaratione. De cothurno Stoesselii super cothurnum V. Strigelii 1563.   J. Musäus, Disput. Vinar., Thesen mit Flacius.   N. Gallus, Quaestiones de lib. arb. 1559.   Joach. Mörlin, De lib. arb. Rostokiensium scolae ac ecclesiae iudicium de controversia inter Illyricum et Victorinum in Disp. Vinar 337—350. Dazu die verschiedenen Gutachten der Württ. und Mansfeld. Theologen über Strigels declaratio, des Menzelius, Westphal, der exules Thuringiae und Wedemanns über den modus agendi Joh. Stößels bei Schlüsselburg, Catal. haer. V. Ferner die Scholia des Flacius u. d. Zach. Praetorius zur confessio et sententia Wittenbergensium de lib. arb. 1561 und die Art. der Jenaer Theologen de lib. arb. im Anhang zum Colloquium Altenburgense de articulo iustificationis, Jena 1570, 547 bff. Zusammenfassend Chemnitz, De controversiis quibusdam, quae superiori tempore circa quosdam Aug. Conf. articulos motae ac agitatae sunt iudicium 1561, hrsg. durch Pol. Leyser 1594. Chemnitz, Loci I, 5.

¹) Die Einfügung entspricht der in den Lübecker notationes vom 3. Juli 1574 gegebenen, in Bergedorf wiederholten, in SSC und im TB 3. T. befolgten Weisung: ubi dicitur Spiritus Sanctus operatur etc. addatur per verbum et sacramentum (Bertram, Lüneb. IIB 198 bis 214), vgl. hier S. 872, Anm. 1.   ²) Die strenge Auslassung aller Wendungen, die synergistisch gedeutet werden könnten, erfolgt nach Anweisung des Maulbronner Bedenkens (Heppe IIIB 357).

mitwirken könnte, sondern | seie | ganz und gar zum Guten erstorben und verdorben, also daß in des Menschen Natur, nach dem Fall, vor der Wiedergeburt, nicht ein Fünklein der geistlichen Kräfte übrig geblieben noch vorhanden, mit welchem er aus ihme selber sich zur Gnade Gottes bereiten oder die angebotene Gnade annehmen noch derselben für und vor sich selbst fähig sein oder sich dazu applizieren | oder | schicken könne oder aus seinen eignen Kräften etwas zu seiner Bekehrung, weder zum ganzen noch zum halben oder zu einigem dem wenigsten oder geringsten Teil, helfen, tun, wirken oder mitwirken | vermöge, | „von ihme selbst als von ihme selbst"[1], sondern | sei | „der Sünden Knecht", Joh. 8., und des Teufels Gefangner[2], davon er getrieben wird. Eph. 2; 2. Tim. 2. Daher der natürliche freie Wille seiner verkehrten Art und Natur nach allein zu demjenigen, das Gott mißfällig und zuwider ist, kräftig und tätig ist.

Diese Erklärung und Häuptantwort auf die im Eingang dieses Artikels gesetzte Häuptfrage und statum controversiae bestätigen und bekräftigen folgende Gründe des göttlichen Worts, welche, ob sie wohl der hoffärtigen Vernunft und Philosophie zuwider seind, so wissen wir doch, daß „dieser verkehrten Welt Weisheit nur Torheit für Gott"[3] ist, und daß von den Artikeln des Glaubens alleine aus Gottes Wort soll geurteilet werden.

Dann erstlich, des Menschen Vernunft oder natürlicher Verstand, ob er gleich noch wohl ein tunkel Fünklein des Erkenntnus, daß ein Gott sei, | wie auch, Ro. 1.[4], | von der Lehr des Gesetzes hat: dennoch also unwissend, blind und verkehret ist[5], daß, wann schon die allersinnreichsten und gelehrtsten Leute auf Erden das Evangelium vom Sohn Gottes und Vorheißung der ewigen Seligkeit lesen oder hören, dennoch dasselbige aus eigenen Kräften nicht vernehmen, fassen[6], verstehen noch gläuben und vor Wahrheit halten können, sondern je größern Fleiß

cooperari possint, sed homo ad bonum prorsus corruptus et mortuus sit, ita ut in hominis natura post lapsum, ante regenerationem, ne scintillula quidem spiritualium virium reliqua manserit in restet, quibus ille ex se ad gratiam Dei praeparare se, aut oblatam gratiam apprehendere, aut eius gratiae (ex sese et per se) capax esse possit, aut se ad gratiam applicare, aut accommodare, aut viribus suis propriis aliquid ad conversionem suam vel ex toto vel ex dimidia vel minima parte conferre, agere, operari aut cooperari (ex se ipso, tanquam ex semet ipso) possit, sed homo sit peccati *servus* et mancipium Satanae, a quo agitatur. Inde adeo naturale liberum arbitrium ratione corruptarum virium et naturae suae depravatae, duntaxat ad ea, quae Deo displicent et adversantur, activum et efficax est.

Hanc piam declarationem et generalem (ad statum causae in exordio huius tractationes propositum) responsionem e verbo Dei desumpta argumenta, quae recitabimus, confirmant. Licet autem ea supercilio humanae rationis et philosophiae displiceant, tamen novimus mundi huius perversissimi sapientiam coram Deo esse stultitiam et quod de capitibus religionis nostrae tantummodo ex verbo Dei sit iudicandum.

I. Primo, etsi humana ratio seu naturalis intellectus hominis obscuram aliquam notitiae illius scintillulam reliquam habet, quod sit Deus, et particulam aliquam legis tenet: tamen adeo ignorans, caeca et perversa est ratio illa, ut, etiamsi ingeniosissimi et doctissimi homines in hoc mundo evangelion de filio Dei et promissiones divinas de aeterna salute legant vel audiant, tamen ea propriis viribus percipere, intelligere, credere, et vera esse statuere nequeant. Quin potius, quanto diligentius in ea

---

1 mitwirken] nit wirken *x z   urspr. k l* | seie | statt [ist] *A*   8 Gnade] Gabe *H*   9 und] oder *B f*   vor] von *B f k l m p r s t ä* Konk   15 mitwirken] nit wirken *x* | vermöge | statt [könne als] *A*   16 | sei | statt [ist] *A*   sei > *q*   17/8 und bis Eph. 2] Matth. 2 ö   19 Tim] Joan. *c*   21 demjenigen] Zeugnis ö   22 ist (1.) > *g k l v, urspr. m z*   tätig] fähig *g i k l m p t u v z*   24 Eingang] [ein] >anfang *l*   37 | wie bis 1. | statt [und] *A* | wie bis 1. | > *ü*   Ro. 1. > *H*   38 dennoch] demnach *B f*   39 ist > *B*   43 dennoch] demnach *c*   44 fassen + [recht] *A*

1 bonum + (vel cogitandum vel faciendum)   15/6 homo *bis* servus] dicimus cum scriptura: hominem esse peccati servum   20 ea + cum cogitanda tum perficienda

---

[1]) 2. Kor. 3, 5.   [2]) Joh. 8, 34; Eph. 2, 2; 2. Tim. 2, 26.   [3]) 1. Kor. 3, 19.
[4]) Röm. 1, 19—21. 28. 32.   [5]) Vgl. Disp. Vinar. 207, 210, 215.   [6]) Vgl. S. 873, Anm. 2.

und Ernst sie anwenden und diese geistliche Sachen mit ihrer Vernunft begreifen wollen, je weniger sie vorstehen oder gläuben und solchs alles allein für Torheit und Fabeln halten, ehe sie durch den Heiligen Geist erleuchtet und gelehret werden[1], 1. Corinth. 2.: "Der natürliche Mensch vernimbt nichts vom Geist Gottes, denn es ist ihme eine Torheit, und kann es nicht begreifen, denn es wird geistlich ergründet." 1. Corin. 1.: "Dieweil die Welt durch ihre Weisheit Gott in seiner Weisheit nicht erkannt, hat es Gott also gefallen, durch die Predigt des Evangelii, welches die Welt für Torheit hält, die Gläubigen selig zu machen." Eph. 4.: Die andern Menschen (die nicht durch Gottes Geist wiedergeborn sind) "wandeln in der Eitelkeit ihres Sinnes, welcher Vorstand verfinstert ist, und sind frembde von dem Leben, das aus Gott ist, durch die Unwissenheit, die in ihnen ist, durch die Blindheit ihres Herzens." Matth. 13.: "Mit sehenden Augen sehen sie nicht und mit hörenden Ohren hören sie nicht, dann sie verstehen es nicht; euch aber ist gegeben, daß ihr das Geheimnus des Himmelreichs wahrnehmet." Rom. 3.: "Da ist nicht, der verständig sei, da ist nicht, der nach Gott frage; sie sind allesambt abgewichen und allesambt untüchtig worden; da ist niemand, der Gutes tue, auch nicht einer." Also nennet die Schrift den natürlichen Menschen in geistlichen und göttlichen Sachen stracks eine Finsternus". Eph. 5. Act. 26. Johan. 1.: "Das Licht leuchtet in der Finsternus, (das ist, in der finstern, blinden Welt, die Gott nicht kennet noch achtet) und die Finsternus habens nicht begriffen." Item, die Schrift lehret, daß der Mensch "in Sünden" nicht allein schwach und krank, sondern ganz erstorben und "tot" sei. Eph. 2. Col. 2.

Wie nun der Mensch, so leiblich tot ist, sich nicht kann aus eignen Kräften bereiten oder schicken, daß er das zeitlich Leben wiederbekomme[2]: also kann der Mensch, so geistlich tot ist, in den Sünden, sich nicht aus eigner Macht zu Erlangung der geistlichen und himmlischen Gerechtigkeit und

re elaborant, ut spirituales res istas suae rationis acumine indagent et comprehendant, tanto minus intelligunt et credunt, et ea omnia pro stultitia et meris nugis et fabulis habent, priusquam a spiritu sancto illuminentur et doceantur. Sic enim scribit apostolus: Animalis homo non percipit ea, quae sunt spiritus Dei; stultitia enim est illi et non potest intelligere, quia spiritualiter examinantur. Et quia in Dei sapientia non cognovit mundus per sapientiam Deum, placuit Deo per stultitiam praedicationis salvos facere credentes. Et alibi de hominibus impiis et nondum renatis in hanc sententiam scribit: Gentes ambulant in vanitate sensus sui tenebris obscuratum habentes intellectum, alienati a vita Dei per ignorantiam, quae est in illis propter caecitatem cordis ipsorum. Et Christus inquit: Videntes non vident et audientes non audiunt neque intelligunt etc. Vobis autem datum est nosse mysterium regni Dei. Et rursus apostolus ait: Non est intelligens, non est requirens Deum, omnes declinaverunt, simul inutiles facti sunt, non est, qui faciat bonum, non est usque ad unum. Et sacra scriptura hominem naturalem in rebus divinis et spiritualibus tenebras vocat. Lux in tenebris lucet, hoc est, in tenebricoso et excaecato mundo, qui Deum neque novit neque curat, et tenebrae eam non comprehenderunt. Quin etiam sacrae litterae docent hominem in peccatis non tantummodo languidum et aegrotum, verum etiam prorsus mortuum esse.

Sicut igitur homo, qui corporaliter mortuus est, se ipsum propriis viribus praeparare aut accommodare non potest, ut vitam externam recipiat: ita homo spiritualiter in peccatis mortuus se ipsum propriis viribus ad consequendam spiritualem et coelestem iustitiam

---

4 und] oder viele Hss., Konk   8 Geist Gottes ~ B   11 Dieweil] Denn dieweil w   Weisheit + nicht erkannte w   12 nicht erkannt > w   21/2 Die bis Blindheit > B s   23 sehenden bis sehen] gesehenden bis gesehen k l   27 wahrnehmet] vernehmet H p s y ü Konk z. T., vgl Cor, in g aus wahrnehmet   28 da ist nicht (2.) > c   37 kennet] erkennet f k l r y ä Konk   40 allein > ü   45 das > d e s

---

[1]) Die folgenden Schriftstellen: 1. Kor. 2, 14 (vulg.); 1. Kor. 1, 21 (vgl. 18); Eph. 4, 17. 18; Matth. 13, 13 + 11; Röm. 3, 11. 12; Eph. 5, 8; Joh. 1, 5; Eph. 2, 1. 5; Kol. 2, 13.   [2]) Gallus (an Melanchthon, 9. Nov. 1556) nennt als Beispiel Lazarus, CR VIII 898.

Lebens schicken oder wenden, wo er nicht durch den Sohn Gottes vom Tode der Sünden frei und lebendig gemacht wird.

Also nimbt die Schrift des natürlichen Menschen Verstand, Herzen und Willen alle Tuglikeit, Geschicklikeit, Fähigkeit und Vormügen, in geistlichen Sachen etwas Gutes und Rechtes ¹zu gedenken, zu vorstehen, können, anfangen, wollen, fürnehmen, tun, wirken oder mitwirken, als von ihm selbst. 2. Corinth. 3.¹: Wir sind nicht tüchtig etwas zu gedenken von uns selber als von uns selber, sondern daß wir tüchtig seind, ist von Gott." Rom. 3.: „Sie sind allesambt untüchtig." | Joh. 8.: | „Meine Rede fähet nicht in euch." Joh. 1.: „Die Finsternus habens nicht begriffen" oder angenommen. 1. Cor. 2.: „Der natürliche Mensch vernimbt nicht" oder, wie das griechische Wort eigentlich lautet, fähet oder fasset nicht, nimbt nicht an, „was des Geistes ist" oder ist nicht fähig der geistlichen Sachen, „denn er hält es für Torheit und kanns nicht vorstehen." Viel weniger wird er dem Evangelio wahrhaftig gläuben, oder das Jawort darzu geben und für Wahrheit halten können. Rom. 8.: „Des Fleisches" oder natürlichen Menschens „Sinn ist ein Feindschaft wider Gott, sintemal er dem Gesetz Gottes nicht untertan ist, denn er vermag es auch nicht." Und in Summa bleibets ewig wahr, das der Sohn Gottes spricht: „Ohne mich könnet ihr nichts tun." Und Paulus, Phil. 2.: „Gott ists, der in euch wirket beide, das Wollen und das | Vollbringen, | nach seinem Wohlgefallen"; welcher lieblicher Spruch allen frommen Christen, die ein kleines Fünklein und Sehnen nach Gottes Gnade und der ewigen Seligkeit in

Scriptura igitur hominis naturalis intellectui, cordi et voluntati omnem aptitudinem, capacitatem et facultatem in rebus spiritualibus aliquid boni et recti (ex semetipso) cogitandi, intelligendi, inchoandi, volendi, proponendi, agendi, operandi et cooperandi adimit. Sic enim inquit apostolus: Non quod idonei simus cogitare aliquid a nobis, quasi ex nobis, sed quod idonei sumus, id ex Deo est etc. Omnes inutiles facti sunt. Sermo meus (ait Christus) non capit in vobis. Tenebrae non comprehenderunt (seu receperunt) lucem. Animalis homo non percipit (vel ut graecum vocabulum significanter exprimit, οὐ δέχεται, non capit, non comprehendit, non accipit) ea, quae sunt spiritus Dei, vel non est capax rerum spiritualium; stultitia enim est illi et non potest intelligere etc. Multo minus igitur eiusmodi animalis seu naturalis homo evangelio vere credere aut assentiri et id pro veritate agnoscere poterit: Carnis sive naturalis hominis sensus inimicitia est adversus Deum, quia legi Dei non subiicitur, ac ne potest id quidem. Summa, verum est perpetuoque manebit verum, quod filius Dei inquit: Sine me nihil potestis facere. Et apostolus ait: Deus est, qui operatur in vobis et velle et perficere pro bona voluntate. Quae scripturae dulcissima sententia omnibus piis mentibus, quae scintillulam aliquam et desiderium gratiae divinae et aeternae salutis in cordibus suis sentient.

---

3 wird + [wie dann hievon D. Lutherus in seinem kurzen Bekenntnus Tom. Jen. 3 pagin. 509 spricht, so er anno etc. 28. geschrieben [hat] ⟨a. R. Überarbeitungsversuch [spricht: hiemit verwerfe und verdamme ich als eitel Irrtum alle Lehr, so unsern freien Willen preisen, als die stracks wider die Hilfe und Gnad unsers Heilands Jesu Christi strebet, denn]⟩: Weil außer Christo der Tod und die Sünde unser Herrn, und der Teufel unser Gott und Fürst ist, kann da keine Macht noch Kraft, keine Witz noch Verstand sein, damit wir zu Gerechtigkeit und Leben uns können schicken oder trachten, sondern müssen geblendet und gefangen des Teufels und der Sünden eigen sein, zu tun und zu gedenken, was ihnen gefällig und Gott mit seinen Geboten zuwider ist.] A   4 nimbt] nennet p des] dem B   des] der ü   6 Tuglikeit] Tüchtigkeit Hss außer d e f ü, Konk   12 etwas + von uns selber B   von uns selber > B, Konk z. T., vgl. Balthasar, Historie IV 4, Cor. 12/3 als bis selber w   15 untüchtig + [Johan. 16. Ich habe euch noch viel zu sagen, aber ihr könnets itz nicht fassen oder tragen, Joh. 8] A   17 oder angenommen] Joh. 1. g k l oder angenommen > i   angenommen + Joh. 1. u v z ü   20 fähet + nicht ü   33 tun + Joh. 15. g k l m n o p t u v   35/6 Vollbringen] Tun H, urspr. A

1/2 vertere + sese   13 quod idonei sumus] sufficientia nostra   14 inutiles facti sunt] declinaverunt, inquit Paulus   21/2 vel non est bis spiritualium >   38/9 aeternae >

---

¹) Diese und die folgenden Schriftstellen: 2. Kor. 3, 5; Röm. 3, 12; Joh. 8, 37; 1, 5; 1. Kor. 2, 14; Röm. 8, 7; Joh. 15, 5; Phil. 2, 13.

ihrem Herzen fühlen und entfinden, sehr tröstlich ist, daß sie wissen, daß Gott diesen Anfang der wahren Gottseligkeit in ihrem Herzen angezündet hat und wölle sie in der großen Schwachheit ferner stärken und ihnen helfen, daß sie im wahren Glauben bis an das Ende verharren.

Hieher[1] gehören auch alle Gebet der Heiligen, darinnen sie bitten, daß sie von Gott gelehret, erleuchtet und geheiliget werden, und eben damit anzeigen, daß | sie dasjenige, so sie von Gott bitten, aus eignen, natürlichen Kräften nicht haben mügen, wie allein im 119. Psalm David mehr als zehenmal[2] bittet, daß ihme Gott wölle Verstand mitteilen, daß er seine göttliche Lehr recht fassen und lernen müge. Dergleichen Gebet seind im Paulo Eph. 1. Col. 1. Phil. 1.[3] Welche Gebet und Sprüche von unser Unwissenheit und Unvormugen uns nicht der Ursachen halben fürgeschrieben seind, daß wir faul und träge werden sollen, Gottes Wort zu lesen, hören und betrachten, sondern daß wir erstlich Gott von Herzen danken, daß er uns aus der Finsternus der Unwissenheit und Gefängnus der Sünden und des Todes durch seinen Sohn frei gemacht und durch die Taufe und Heiligen Geist wiedergeboren und erleuchtet hat.

| Und[4] nachdem Gott den Anfang durch sein Heiligen Geist in der Taufe, rechte Erkenntnis Gottes und Glauben angezündet und gewirket, ihne ohn Unterlaß bitten, daß er durch denselbigen Geist und seine Gnade, vermittelst täglicher Übung Gottes Wort zu lesen und zu üben, in uns den Glauben und seine himmlische Gaben bewahren, von Tag zu Tag stärken und bis an das Ende erhalten wölle. | Dann wo Gott nicht selber Schulmeister ist, so kann man nichts, das ihme angenehm und uns und andern heilsam ist, studieren und lernen.

eximiam consolationem adfert. Certi enim sunt, quod ipse Deus initium illud verae pietatis tanquam flammulam in cordibus ipsorum accenderit, quodque velit eos etiam in magna infirmitate porro confirmare et iuvare, ut in vera fide ad finem usque perseverent.

Huc referantur etiam omnes sanctorum precationes, quibus petunt, ut a Deo doceantur, illuminentur et sanctificentur. His enim precibus fatentur, quod ea, quae petunt, suis naturalibus viribus habere nequeant. Et quidem David in uno duntaxat Psalmo decies et amplius orat pro intellectu, ut doctrinam divinam recte capere et discere queat. Tales precatiunculae multae admodum in scriptis Paulinis exstant, quae preces et sententiae de ignorantia et impotentia nostra non ideo nobis praescriptae sunt, ut ad legendum, audiendum atque meditandum verbum Dei tardiores atque remissiores reddamur, sed ut primum Deo toto pectore gratias agamus, quod nos e tenebris ignorantiae et captivitate peccati ac mortis per filium suum liberaverit et per baptismum et spiritum sanctum regeneraverit atque illuminaverit.

Et postquam Deus per spiritum sanctum suum initium in baptismo fecit atque veram Dei agnitionem et fidem in cordibus nostris accendit atque operatus est, assiduis precibus orandus est, ut per eundem spiritum sua gratia (per quotidiana exercitia audiendi, legendi et ad usum transferendi verbum Dei) in nobis fidem et coelestia sua dona fovere, de die in diem confirmare, et ad finem usque conservare velit. Nisi enim Dominus ipse doctoris et praeceptoris officio fungatur, nihil eorum, quae ipsi grata, nobis autem et aliis salutaria sunt, discemus.

---

7 verharren] beharren Konk   13 mügen] können B   14 [allein] ö   18 Gebet] Gebote e   22 faul und träge ~ d e   23 betrachten] zu betrachten B   30/9 | Und bis wölle | statt [Darnach daß wir den Anfang der wahren Erkenntnus Gottes und des Glaubens, den Gott in der Taufe durch seinen Heiligen Geist in uns angezündet und gewirket hat, treulich bewahret und mit täglicher Übung, Gottes Wort zu lesen, hören und betrachten, vormehren und täglich Gott von Herzen bitten, daß er uns lehren, erleuchten und regieren wölle, daß wir ihn, den wahren Gott, recht erkennen und preisen mügen.] A   39/40 Gott nicht selber] nicht Gott selbst H   42 lernen] lehren H

5 eos] quia fidelis est id, quod coepit, porro   6 porro >   et + divino suo auxilio   36/7 legendi bis transferendi >

---

[1]) *Hs. t a. R.*: | Probat ixperientia Sanctorum |.   [2]) Pſ. 119, (7). 18. 19. 26. 27. 33. 34. 66. 124. 125. 135. 144. 169. (171).   [3]) Eph. 1, 17. 18; Kol. 1, 9—11; Phil. 1, 9. 10.   [4]) Darüber | Wirt. Baden. Henn. |. Die Änderungen gegenüber TB wörtlich aus dem Maulbronner Bedenken (Heppe IIIB 357).

Zum andern zeuget Gottes Wort, daß des natürlichen, unwiedergebornen Menschen Vorstand, Herz und Wille in Gottes Sachen ganz und gar nicht allein von Gott abgewandt, sondern auch wider Gott zu allem Bösen gewendet und verkehret sei. Item, nicht alleine schwach, unvermüglich, untüchtig und zum Guten erstorben, sondern auch durch die Erbsünde also jämmerlich verkehret, durchgiftet und verderbet sei, daß er von Art und Natur ganz böse und Gott widerspenstig und feind und zu allem, das Gott mißfällig und zuwider ist, allzu kräftig, lebendig und tätig sei. Gen. 8.[1]: „Das Tichten und Trachten des menschlichen Herzen ist nur böse von Jugend auf." Jerem. 17.: „Des Menschen Herz ist trotzig und verzagt", oder verkehret und voll Elendes, „das nicht auszugründen ist." Diesen Spruch erkläret S. Paulus Rom. 8.: „Des Fleisches Sinn ist eine Feindschaft wider Gott." Gal. 5.: „Das Fleisch gelüstet wider den Geist; dieselbigen sind widereinander." Rom. 7.: „Wir wissen, daß das Gesetz geistlich ist, | ich aber bin fleischlich, unter die Sünde verkauft.|" Und bald hernach: „Ich weiß, daß in mir, das ist in meinem Fleisch, nichts Guts wohnet. Denn ich habe Lust ¹ an dem Gesetz Gottes nach dem inwendigen Menschen", so durch den heiligen Geist wiedergeboren ist; „ich sehe aber ein ander Gesetz in meinen Gliedern, das widerstrebet dem Gesetz in meinem Gemüt und nimbt mich gefangen in der Sünden Gesetz."

So nun in S. Paulo und andern Wiedergebornen der natürliche oder fleischliche

II. Deinde verbum Dei testatur hominis naturalis non renati intellectum, cor et voluntatem in rebus divinis prorsus non modo a Deo aversa, verum etiam adversus Deum ad omne malum conversa et penitus depravata esse. Item hominem non tantum infirmum, imbecillem, ineptum et ad bonum emortuum, verum etiam per peccatum originis adeo miserabiliter perversum, veneno peccati infectum et corruptum esse, ut ex ingenio et natura sua totus sit malus, Deo rebellis et inimicus, et ad omnia ea, quae Deus odit, nimium sit potens, vivus, efficax. Sensus et cogitatio humani cordis tantum mala sunt ab adolescentia sua. Pravum est cor hominis (ait Ieremias) et inscrutabile; quis cognoscet illud? Hoc dictum apostolus his verbis interpretatur: Sensus carnis inimicitia est adversus Deum. Caro concupiscit adversus spiritum, haec sibi invicem adversantur. Et ad Romanos sic ait: Scimus, quod lex spiritualis est, ego autem carnalis, venundatus sub peccato. Et paulo post: Scio, quod in me, hoc est, in carne mea, non habitet bonum etc. Condelector enim lege Dei secundum interiorem hominem (qui ex spiritu sancto renatus est); video autem aliam legem in membris meis, repugnantem legi mentis meae et captivantem me in lege peccati, etc.

Si autem in beato apostolo Paulo et aliis renatis hominibus naturale vel car-

---

4 ganz und gar nicht allein] nicht allein ganz und gar *H*   8 und] oder *m n p t v x*   10 jämmerlich] schwerlich *g k l q t u z Cel*, + ›jämmerlich‹ *k e q*   14 tätig] kräftig *B*   16 menschlichen] Menschen *B H g l m n p t v w x z*, ü aus: menschlichen [18 oder] und *l m n p q x*   22 Gott + [das ist, des natürlichen Menschen, so nicht durch Gottes Geist wiedergeboren und regiert wird, Sinn oder Vernunft, Will und Herz hat gottlose und Gott widerwärtige Gedanken, daß sich Gott unser nicht annehme, daß diese Lehre von Gott nicht wahrhaftig sei, daß Gott unser Gebet nicht achtet, daß kein Gerichte und Leben nach diesem Leben folgen werde. Das Herz und Wille des Menschen ist von Gott abgewendet, hat mehr Lust zu eigner Ehre, Ruhm, Wollust, als zu dem, was Gott gefällig ist. Wenns wohl gehet, so ist das Herz sicher und trotzig und achtet Gott nicht; wenns übel gehet, so ist es verzagt und murret wider Gott, als einen ungültigen, zornigen Tyrannen, und hasset Gottes gerechte Gerichte. Darumb Gott diese verderbte Natur wiederum hasset und in ewige Verdammnus wirfet, dieweil sie dem Gesetz Gottes nicht gleichförmig und gehorsam, sondern vielmehr widerspenstig und feind ist. Zun] *A*   25/6 | ich aber *bis* verkauft | *statt* [[das ist, nicht allein äußerlichen, leiblichen, sondern innerlichen, geistlichen, vollkommen Gehorsam fordere). Ich aber bin fleischlich unter die Sünde verkauft] *A* 36 in *S*.] im heiligen *d e n t z ä* Konk

8 bonum + (vel cogitandum vel perficiendum)   22 spiritum + spiritus autem adversus carnem

---

¹) Diese und die folgenden Schriftstellen: Gen. 8, 21; Jer. 17, 9; Röm. 8, 7; Gal. 5, 17; Röm. 7, 14. 18. 22. 23.

freier Wille auch nach der Wiedergeburt Gottes Gesetz widerstrebet: vielmehr wird er vor der Wiedergeburt Gottes Gesetz und Willen widerspenstig und feind sein, daraus offenbar ist, wie in dem Artikel von der Erbsünde weiter erklärt, darauf wir uns geliebter Kürz halben gezogen haben wöllen, daß der freie Wille aus seinen eignen, natürlichen Kräften nicht alleine nichts zu seiner selbst Bekehrung, Gerechtigkeit und Seligkeit wirken oder mitwirken, noch dem Heiligen Geist, so ihm durch das Evangelium Gottes Gnade und die Seligkeit anbeut, folgen, gläuben oder das Jawort dazu geben kann, sondern aus angeborner böser, widerspenstiger Art Gott und seinem Willen feindlich widerstrebet, wo er nicht durch Gottes Geist erleuchtet und regieret wird.

Derhalben auch die Heilige Schrift des unwiedergebornen Menschen Herz einem harten Stein[1], so dem, der ihn anrühret, nicht weichet, sondern widerstehet, und einem ungehobelten[2] Block und wildem, unbändigem Tier[3] vorgleichet, nicht, daß der Mensch nach dem Fall nicht mehr ein vernünftige Kreatur sei oder ohne Gehör und Betrachtung des göttlichen Worts zu Gott bekehret werde oder in äußerlichen, weltlichen Sachen nichts Guts oder Böses vorstehen oder freiwillig tun oder lassen könne.

Dann wie D. Luther im 91. Psalm spricht:[4] „In weltlichen und äußerlichen Geschäften, was die Nahrung und leibliche Notdurft betrifft, ist der Mensch witzig, vernünftig und fast geschäftig, aber in geistlichen und göttlichen Sachen, was der Seelen Heil betrifft, da ist der Mensch wie eine Salzsäule, wie Lots Weib, ja wie Klotz und Stein, wie ein tot Bild, das weder

nale liberum arbitrium etiam post regenerationem legi divinae repugnat: quanto magis ante regenerationem legi et voluntati Dei rebellabit et inimicum erit? Ex his manifestum est (ut in articulo de peccato originis pluribus ostendimus, ad quae brevitatis causa nunc nos referimus) liberum arbitrium propriis et naturalibus suis viribus non modo nihil ad conversionem, iustitiam et salutem suam operari aut cooperari, aut spiritui sancto (qui homini in evangelio gratiam et salutem offert) obsequi, credere aut assentiri posse, sed potius pro insita sua rebelli et contumaci natura Deo et voluntati eius hostiliter repugnare, nisi spiritu Dei illuminetur atque regatur.

Eam ob causam sacrae litterae hominis non renati cor duro lapidi, qui ad tactum non cedat, sed resistat, item rudi trunco, interdum etiam ferae indomitae comparant, non quod homo post lapsum non amplius sit rationalis creatura; aut quod absque auditu et meditatione verbi divini ad Deum convertatur; aut quod in rebus externis et civilibus nihil boni aut mali intelligere possit; aut libere aliquid agere vel omittere queat.

Nam (ut D. Lutherus in commentario super Psal. 90. dicit) in civilibus externis rebus, quae ad victum et corporalem sustentationem pertinent, homo est industrius, ingeniosus, et quidem admodum negotiosus, sed in

D. Lutherus in 6. caput Oseae et in postillis ecclesiasticis in epistolam nativitatis Christi Tit. 3. et ibidem dominic. 3. post Epiphaniae.

---

1 Wiedergeburt] Wiedergebung x, o mit: >burt<   9 nichts > x   11 mitwirken] + könne g k l o p z   16 [böser] ü   18 Geist] Wort v   32 91.] 90. Konk mit Randbemerkung, s Anm. 4, vgl. Conc   36/7 geistlichen] christlichen e

2 legi + et voluntati   6/8 pluribus bis referimus] fusius eam rem declaravimus, quae omnia hoc loco repetita esse volumus)   8/9 propriis et >   33/9 D. Lutherus in 6. caput Oseae etc. >

---

[1]) Ezech. 36, 26; Jer. 5, 3. [2]) Hos. 6, 5. [3]) Ps. 73, 22; Dan. 5, 21; vgl. WA XVIII 635 19.
[4]) Z. 33 bis S. 880, 12 stammt aus Disput. Vinar. 211 oder aus der dort gebrauchten Vorlage. Es handelt sich nicht um eine Übersetzung aus Luthers Enarratio psalmi XC, EA op. exeg. XVIII 318, als vielmehr um eine Umschreibung — auch Schlüsselburg V 44 bringt sie als Lutherwort —, die erst die Stichworte Klotz und Stein gebraucht (vgl. O. Ritschl II 444, Anm. 4); der lateinische Text FC folgt hier dem deutschen. Ein Empfinden um die Ergänzungsbedürftigkeit jenes paraphrasierten Zitats scheint sich darin anzudeuten, daß Konk zur Stelle a. R. vermerkt: „D. Luther über das 6. Kapitel Osee. Item in der Kirchenpostill über die Epistel am Christtag, Tit. 3. Item über das Evangelium Dom. 3 post Ephiphaniae" k, vgl. Conc. Also: zu Hos. 6, 5: EA op. exeg. XXIV 337—339, vgl. WA XIII 28 18; Predigt über Tit. 3, 4: EA VII 179, vgl. 189, dazu WA XLIX 639 31. 14 (26. Dez. 1544); Pred. über Matth. 8, 1—13: EA XI 64, 69.

Augen noch Mund, weder Sinn noch Herz brauchet, sintemal der Mensch den grausamen, grimmigen Zorn Gottes über Sünde und Tod nicht siehet noch erkennet, sondern fähret immer fort in seiner Sicherheit, auch wissentlich und willig, und kömbt darüber in tausent Gefährlichkeit, endlich in den ewigen Tod und Vordammnus; und da hilft kein Bitten, kein Flehen, kein Vermahnen, ja auch kein Drauen, Schelten, ja alles Leh[ren und Predigen ist bei ihme vorloren", ehe er durch den Heiligen Geist erleuchtet, bekehret und wiedergeboren wird, darzu dann kein Stein oder Block, sondern allein der Mensch erschaffen ist. Und do Gott nach seinem gerechten gestrengen Gericht die gefallene böse Geister gänzlichen in Ewigkeit verworfen[1], hat er doch aus besonder, lauter Barmherzigkeit gewollt, daß die arme, gefallene, verderbte menschliche Natur wiederumb der Bekehrung, der Gnaden Gottes und des ewigen Lebens fähig und teilhaftig werden und sein möchte, nicht aus eigner, natürlicher, wirklicher Geschicklikeit, Tüchtikeit oder Fähikeit, dann es ist eine widerspenstige Feindschaft wider Gott, sondern aus lautern Gnaden, durch gnädige, kräftige Wirkung des Heiligen Geistes. | Und[2] das heißet

spiritualibus et divinis rebus, quae ad animae salutem spectant, homo est instar statuae salis (in quam uxor patriarchae Loth est conversa), imo est similis trunco et lapidi ac statuae vita carenti, quae neque oculorum, oris aut ullorum sensuum cordisve usum habet. Homo enim horrendam Dei iram adversus peccatum et ex ea consequentem mortem neque videt neque agnoscit, sed strenue in carnali sua securitate (etiam sciens volensque) pergit et ita in mille pericula, tandem etiam in aeternam mortem et damnationem se praecipitat. Neque ab eo ad interitum cursu homo precibus, admonitionibus, obsecrationibus, minis, obiurgationibus revocari se patitur, nulla doctrina, nullae conciones apud eum locum habent, antequam per spiritum sanctum illuminatur, convertitur et regeneratur. Ad hanc vero spiritus sancti renovationem nullus lapis, nullus truncus, sed solus homo creatus est. Et cum Deus severissimo et iustissimo suo iudicio lapsos malos spiritus prorsus in aeternum abiecerit, singulari nihilominus et mera miseratione voluit, ut miserrima ex lapsu hominis natura conversionis et gratiae Dei ac vitae

---

3 über + die *c f k l o s v w y z* Konk   4 siehet] suchet *x*   9 kein Flehen, kein Vermahnen ∼ *g k l m n o p q t x*   10 ja (*1.*) > *g k l o p v x*   Drauen + kein *g k l m n o t u v x z*   11 ihme] ihnen *f w*   20 verderbte > *c p q s v y z ü* Konk   24 möchte] mehr *d e*   29—S. 882, 4 | Und das *bis* auch | *statt* [und das heißen etliche nicht übel capacitatem, non activam, sed passivam, das ist, ein solche Fähigkeit, nicht daß der unwiedergeborne Mensch aus eigen Kräften die Gnad Gottes ergreifen könnte, sondern daß Gott ihn also erschaffen, wann er durch den Heiligen Geist erneuert, Gott sein heilsam Werk in ihme haben und wirken kann. Wie dann] A

12 ita] dum sibi indulget animoque suo mortem gerit   26 aeternum + a facie sua   28 ex lapsu >

---

[1]) Disp. Vinar. 185: Diabolus erit ... in aeternum. obiectus ... a Deo. Vgl. Augustinus, Enchiridion 61, 62, MSL XL 260f.   [2]) Darüber | Lün. Fürsten, Pom. Fürsten |, H | Luneburg. Ißleb (?) | Das pommersche Bedenken zum TB führt aus, daß die entsprechende Stelle des TB die capacitas passiva in homine convertendo gegen Luther (WA XVIII 636 [16—22]) als übernatürlich hinstelle (Balthasar, Andere Sammlung 63). Man hat, da die FC diese capacitas passiva als natürlich und bereits in der Vernunftbegabung des Menschen gesetzt ansieht, eingeordnet eben in articulo creationis (vgl. oben Z. 14 und die Apologia oder Verantwortung des Christlichen Concordien Buchs, 1584, 199b), dann die Sätze des TB, die den Anstoß zu einem solchen Mißverständnis geben konnten, gestrichen. Obwohl die Pommern in ihrem Gutachten zur FC dies mit Dank als eine Erfüllung ihres Wunsches nennen (Balthasar, Andere Sammlung 173) und A ausdrücklich a. R. auf sie verweist, soll ihr Bedenken zum TB vom 7. März 1577 wegen verzögerter Zustellung bei Ausarbeitung von FC in Bergen nicht vorgelegen haben; vgl. S. XXXIX u. Pressel, Kurf. Ludw. 76, Balthasar, Historie IV 10.

Im Text der Helmstedter muß, obwohl Dan. Hoffmanns Variantenverzeichnis nichts davon sagt, auf capacitatem gefolgt sein: non activam sed passivam (in H a. R.!), da sie das Fehlen dieser Einschränkung in Konk 1579/80 als Verfälschung rügen; Heßhus kämpft — es ist also ein besonderes Anliegen grade der Helmstedter — gegen Strigel nach-

D. Luther capacitatem, die er also erkläret[1]:
„Quando patres liberum arbitrium defendunt, capacitatem libertatis eius praedicant, quod scilicet verti potest ad bonum per gra'tiam Dei et fieri revera liberum, ad quod creatum est." Das ist: Wann die Väter den freien Willen verteidigen, reden sie davon, daß er der Freiheit fähig seie dergestalt, daß er durch Gottes aeternae rursus capax particepsque fieret et esset, non ex sua propria, naturali et activa aut efficaci habilitate, aptitudine aut capacitate (natura enim hominis est inimicitia adversus Deum), sed ex mera gratia, per clementem et efficacem operationem spiritus sancti. Et hoc ipsum vocat D. Lutherus capacitatem (non activam, sed passivam) eamque

1 capacitatem + (non activam, sed passivam) ö *Bertram, Müller* a. R.: H a. R. getilgt: A   also + [schreibet] A   erkläret + Tom. I. pag. 236 H ö   3 libertatis] libertas Konk   7 Willen + [rühmen] A   7/8 verteidigen + so g k l m o z

2 et esset *bis* propria] Non tamen id beneficium homini contingit ex propria ipsius 8 ipsum + (quod homo per operationem spiritus sancti ad Deum converti potest) 9 (non activam, sed passivam) >

drücklich für die capacitas passiva (Analysis declarationis Victorini 1562). Zu jener Beschuldigung erklärt denn auch Andreä in Quedlinburg (1583), „daß er mit gutem Gewissen als für Gottes Angesichte sagen könne, daß ihme gar nicht bewußt, wie dieselben herauskommen, und kann er nicht anders denken, dann daß es im Umbschreiben der Exemplaren versehen seie..." (Hutterus 1056/57). Gleichwohl wird im Quedlinburger Abschied Abhilfe zugesagt (Hutterus 1177), die dann in der „Apologia ... des Concordien Buchs" erfolgt (201a), während nach den Akten der Verhandlungen des Konvents die Wiederaufnahme der Erklärung non activam sed passivam in eine Neuauflage des Konkordienbuchs in Aussicht gestellt wurde (Hutterus 1058). Man will jedem Mißbrauch zugunsten der „irrigen Lehr von der Synergia" wehren, wie ihn etwa die Mansfelder befürchten: capacitas usitate significat non tantum passivam habilitatem, sed etiam aliquam sollertiam et naturalem vim seu semen discendi (Sententia ministrorum verbi in comitatu Mansfeldiensi de formula declarationis Vict. Strigelii ... 1562, B 3 b).

Zur Gestalt des Textes: die umstrittenen Worte, die SC, SSC und TB enthalten, fehlen in Konk 1579/80, in Conc 1580, in allen Hff, ausgenommen *Bertram* und H (a. R.!). In A finden sie sich ausgestrichen im Text des zugrundeliegenden Exemplars von TB; außerdem wurden sie am Rand wiederholt und abermals getilgt, beides wohl von der Hand Andreäs. Conc 1584 nimmt sie wieder auf, im deutschen Text von FC jedoch erst Reineccius 1735 (S. 929), wobei zu Beginn des 18. Jahrhunderts der Streit — zwischen Phil. Müller, in dessen Ausgabe von 1705 sie fehlen, und Reineccius — neu ausbricht. Da Pol. Leyser sie in seine bedeutsame Ausgabe des Konk von 1598 nicht aufnimmt, ist es fraglich, ob man die Worte in jenen drei Quedlinburger „authenticis" des Heidelberger Drucks von 1582 nachträglich eingefügt hat. Leyser konnte zwar keines jener drei von den Kurfürsten besiegelten und verwahrten Exemplare erhalten — das sächsische war damals bereits unauffindbar —, er war aber Teilnehmer jenes Konvents; im Unterschied zu den Akten der Verhandlungen (s. o.) ist Leysers Bericht zufolge eine Wiederaufnahme der Einschränkung von capacitas offenbar doch nicht, oder nicht nachdrücklich gefordert worden, vorausgesetzt, daß Leysers Darstellung frei von bestimmten Absichten sein sollte. Vielmehr ist nach seinem „Kurzen ... Bericht" 1597 gegen Dan. Hoffmann die Auslassung der umstrittenen Wendung erfolgt, weil „nicht allein viel überschickte Censuren, sondern auch der ... Kurfürst Augustus ... begehret haben, man soll in diesem Buch, so viel möglich, Teutsch reden und die lateinischen terminos außenlassen". Darauf habe man „zu Berga ... diese Worte also Teutsch gegeben..., daß der Mensch des ewigen Lebens fähig werde, nicht aus eigener, natürlicher, wirklicher Geschicklichkeit, Tüchtigkeit, Fähigkeit (dies ist activa capacitas), denn es ist eine widerspenstige Feindschaft gegen Gott, sondern aus lauter Gnaden, durch gnädige, kräftige Wirkung des heiligen Geistes (dies ist passiva capacitas)" (Bericht f. 11/12). Da diese deutschen Worte bereits in SSC (Heppe IIIB 201) vorfindlich, kann damit auch gesagt sein, was sachlich mit der Erklärung Andreäs einigermaßen übereinkommt, daß man die umstrittenen lateinischen Worte eben als überflüssig fortgelassen habe. Dem entspricht dann auch der Befund in A. Es liegt also kein Grund vor, sie in unsere Ausgabe wieder einzufügen.

[1]) WA II 647 28–31 (Contra malignum Joh. Eccii iudicium defensio, und nicht wie Andreä angibt — s. o. — De servo arbitrio).

Gnade zum Guten bekehret und wahrhaftig frei könnte werden, darzu er anfangs erschaffen ist To. 1., pag. 236[1]. Dergleichen auch | Augustinus lib. 2. contra Iulianum[2] | geschrieben. |

Aber zuvor und ehe der Mensch durch den heiligen Geist erleuchtet, bekehret, wiedergeboren, verneuert und gezogen wird, kann er vor sich selbst und aus seinen eignen natürlichen Kräften in geistlichen Sachen und seiner selbst Bekehrung | oder | Wiedergeburt | etwas[3] | anzufangen, wirken oder mit>zu<wirken, gleich sowenig als ein Stein oder Block oder Ton[4].

Dann ob er wohl die äußerlichen Gliedmaßen regieren und das Evangelium hören und etlichermaßen betrachten, auch davon reden kann, wie in den Pharisäern und Heuchlern zu sehen ist: so hält er es doch für Torheit und kann es nicht gläuben, hält sich auch in dem Fall ärger als ein Block, daß er Gottes Wille widerspenstig und feind ist, wo nicht der Heilige Geist in ihm kräftig ist und den Glauben und andere Gott gefällige Tugenden und Gehorsam in ihm anzündet und wirket.

Wie dann zum dritten die Heilige Schrift die Bekehrung, den Glauben an Christum, die Wiedergeburt, Erneuerung und alles, was zu derselbigen wirklichen Anfang und Vollziehung gehört, nicht den menschlichen Kräften des natürlichen freien Willens, weder zum ganzen, noch zum halben, noch zu einigem, dem wenigsten oder geringsten Teil zugeleget, sondern in solidum, das ist, ganz und gar, allein der göttlichen Wirkung und dem Heiligen Geist zuschreibet, wie auch die Apologia sagt[5].

Die Vernunft und freier Wille vormag „etlichermaßen äußerlich ehrbar zu leben"; aber neu geboren werden, inwendig ander Herz, Sinn und Mut bekommen, das wirket alleine der Heilige Geist; der öffnet den

his verbis declarat: Quando patres liberum arbitrium defendunt, capacitatem libertatis eius praedicant, quod scilicet verti potest ad bonum per gratiam Dei et fieri revera liberum, ad quod creatum est. Horum similia etiam Augustinus lib. 2. contra Iulianum scripsit.

Antequam autem homo per spiritum sanctum illuminatur, convertitur, regeneratur et trahitur, ex sese et propriis naturalibus suis viribus in rebus spiritualibus et ad conversionem aut regenerationem suam nihil inchoare, operari aut cooperari potest, nec plus quam lapis, truncus aut limus. Etsi enim locomotivam potentiam seu externa membra regere, evangelium audire et aliquo modo meditari, atque etiam de eo disserere potest, ut in pharisaeis et hypocritis est videre, tamen id tacitis cogitationibus ut rem stultam spernit neque credere potest. Et hac in parte deterior est trunco, quia voluntati divinae rebellis est et inimicus, nisi spiritus sanctus in ipso sit efficax et fidem aliasque Deo probatas virtutes atque obedientiam in ipso accendat et operetur.

III. Praeterea sacrae litterae hominis conversionem, fidem in Christum, regenerationem, renovationem et omnia, quae ad illam efficaciter inchoandam et absolvendam pertinent, nequaquam humanis viribus naturalis liberi arbitrii, neque ex toto neque dimidia aut ulla vel minima ex parte, sed in solidum, id est, simpliciter, soli divinae operationi et spiritui sancto adscribunt, sicut etiam Apologia testatur.

Ratio et naturale liberum arbitrium habet aliquo modo facultatem, ut externam honestam vitam instituere possit; at ut interne homo renascatur ipsiusque cor et animus immutentur, hoc solius

---

3 ist] Item Luth. H ö   5 | geschrieben | statt [und Lutherus Tom. I. pag. 236 diese Wort also brauchet] A   geschrieben> o x   13 natürlichen > w   14 | oder | statt [und] A   15 | etwas |] zu erwerben und ö, urspr. A   oder] und ü   16 mit->zu<wirken] mitwirken H n t   17 oder > g k l p r u y z   21/2 wie bis ist] wie die Pharisäer und Heugler tun Bertram   28 gefällige] wohlgefällige m n t p u v x z   30 Dann > x   32 Wiedergeburt + der g Cor   46 den] dem ü

22 neque + verbo Dei   23 parte + homo   24 divinae + in verbo revelatae

[1]) Gemeint ist die Ausgabe Jenae, Christ. Rhodius 1556.   [2]) In Anlehnung an die dem Lutherzitat vorausgehende Nennung in WA II 647: Contra Iulianum II 8, 23—30, MSL 689—694.   [3]) Vgl. Varianten u. S. 873, Anm. 2.   [4]) Vgl. S. 879, Anm. 1—3; Jes. 45, 9; 64, 7; Jer. 18, 6.   [5]) Apol. XVIII, S. 312.

Vorstand und das Herz, die Schrift zu verstehen und aufs Wort achtzugeben, wie Lucae 24. geschrieben¹: „Er öffnet ihnen das Vorständnus, daß sie die Schrift verstunden." Item, Act. 16. „Lydia höret zu, welcher tat der Herr das Herz auf, daß sie darauf acht hatte, was von Paulo geredt ward." „Er wirkt in uns beide, das Wollen und Vollnbringen", Philip. 2. „Gibt Buße" Act. 5. 2. Timoth. 2. ¹ Wirket den Glauben: Philip. 1. „Euch ist von Gott gegeben, daß ihr an ihn gläubet", Ephes. 2. „Gottes Gabe ist es", Johan. 6. „Das ist Gottes Werk, daß ihr an den gläubet, den er gesandt hat." „Gibt ein vorständig Herz, sehende Augen und hörende Ohren, Deut. 29. Matth. 13. Ist ein Geist „der Wiedergeburt und Erneuerung", Tit. 3. Nimmet das harte, steinerne Herz weg und gibt ein neues, weiches, fleischen Herz, daß wir in seinen Geboten wandeln, Ezech. 11., 36. Deut. 30. Psal. 51. Schaffet uns „in Christo Jesu zu guten Werken", Ephe. 2.; und zu „neuen Kreaturen", 2. Cor. 5. Gal. 6. Und in Summa: „Alle gute Gabe" ist von Gott, Jacob. 1. Niemand kann zu Christo kommen, „der Vater ziehe" ihn dann, Johan. 6. „Niemand kennet den Vater, dann wem es der Sohn offenbaren will", Matth. 11. „Niemand kann Christum einen Herren nennen, ohne durch den Heiligen Geist", 1. Corinth. 12. „Und ohne mich, spricht Christus, könnet ihr nichts tun", Johan. 15. „Denn alle unsere Tüchtigkeit ist von Gott", 2. Corinth. 3. „Und was hast du, das du nicht empfangen hast? Was rühmest du dich dann, als der es nicht empfangen hätte?" 1. Cor. 4. Wie dann sonderlich von diesem Spruch S. Augustinus schreibet, daß er dardurch überzeuget sei, seine vorige irrige Meinung fallenzulassen, da er gehalten habe, De praedestinatione, cap. 3²: Gratiam Dei in eo tantum consistere, quod in praeconio veritatis Dei voluntas nobis revelaretur; ut autem praedicato

spiritus sancti opus est. Et sane is donat intellectum et cor hominis aperit, ut scripturam intelligat et verbo Domini attendat, ut Lucae 24. scriptum est: Aperuit ipsis scripturam, ut eam intelligerent. Et Actor. 16.: Lydiae auscultanti Dominus aperuit cor, intendere his, quae dicebantur a Paulo. Operatur enim Dominus in nobis utrunque, et velle et perficere, dat poenitentiam, operatur fidem, ut apostolus ait: Vobis donatum est, ut in eum credatis. Donum Dei est. Et Christus inquit: Hoc est opus Dei, ut credatis in eum, quem misit ille. Dominus donat cor intelligens, oculos videntes et aures audientes. Spiritus sanctus est spiritus regenerationis et renovationis. Ille aufert durum lapideum cor et donat novum, molle et carneum cor, ut in praeceptis eius ambulemus. Ille nos in Christo Iesu creat ad opera bona et nos novas creaturas facit. Et ut paucis dicamus: omne donum bonum est a Deo. Nemo potest ad Christum venire, nisi pater traxerit eum. Nemo novit patrem, nisi cui filius revelare voluerit. Nemo potest Christum Dominum appellare, nisi per spiritum sanctum. Sine me (inquit Christus) nihil facere potestis. Omnis sufficientia nostra a Deo est. Et quid habes quod non accepisti? Quid igitur gloriaris, quasi non acceperis? Et sane divus Augustinus hoc scripturae loco convictum se esse fatetur, ut opinionem, quam antea ea de re falsam conceperat, abiiceret. Senserat enim gratiam Dei in eo tantum consistere, quod in praeconio veritatis Dei voluntas nobis revelaretur; ut autem praedicato nobis evangelio consentiremus, nostrum esse proprium et ex nobis esse. Item, erravi (inquit), cum dicerem, nostrum esse credere et velle, Dei autem dare credentibus et volentibus facultatem operandi.

---

1 und > ü   2 Wort] Werk B   acht] Achtung B v   2/3 wie bis geschrieben > k
3/8 „Er bis ward" Bertr. bringt nur die Stellenangabe.   6 Herr > v   11 ist] ists H n t v ü   19 weg] hinweg B f g k l m n t u v w   weg > ü   21 wandeln] handeln H
33 Und > g k l m n u v x z

10 dat poenitentiam] Dominus largitur, ut poenitentiam agamus. Et   13 Dei est + tota salus nostra   36/7 abiiceret] damnaret

---

¹) Luk. 24, 45; die folgenden Schriftstellen: Apg. 16, 14; Phil. 2, 13; Apg. 5, 31; 2. Tim. 2, 25; Phil. 1, 29; Eph. 2, 8; Joh. 6, 29; Deut. 29, 3; Matth. 13, 15; Tit. 3, 5; Ezech. 11, 19; 36, 26; Deut. 30, 6; Ps. 51, 12; Eph. 2, 10; 2. Kor. 5, 17; Gal. 6, 15; Jak. 1, 17; Joh. 6, 44; Matth. 11, 27; 1. Kor. 12, 3; Joh. 15, 5; 2. Kor. 3, 6 vulg.; 1. Kor. 4, 7.   ²) Z. T. wörtlich mit Augustin, De praed. III 7, MSL XLIV 964, 965.

nobis evangelio consentiremus „nostrum esse proprium et ex nobis esse". | Item, erravi, inquit, cum dicerem, „nostrum esse credere et velle, Dei autem dare credentibus et volentibus facultatem operandi." Das ist: | In dem hab ich geirret, daß ich gehalten habe, | die Gnade Gottes stehe ›allein‹ darinnen, daß Gott in der Predig der Wahrheit seinen Willen offenbare; aber daß wir dem gepredigten Evangelio Beifall tun, das sei unser eigen Werk und stehe in unsern Kräften.

Item, spricht S. Augustin weiter, ich habe geirret, da ich saget, es stehe in unser Macht, dem Euangelio zu gläuben und wöllen; aber Gottes Werk sei es, zu geben die Kraft denen, die da gläuben und wollen, daß sie etwas wirken könnten.

Diese Lehre ist in Gottes Wort gegründet und der Augsburgischen Konfession, auch andern Schriften, daroben vermeldet, gemäß, wie die nachfolgende Zeugnissen¹ ausweisen.

Haec doctrina in sacris litteris solidissima fundamenta habet et Augustanae Confessioni aliisque scriptis publicis et approbatis, quorum supra mentionem fecimus, plane conformis est, quemadmodum dicta, quae recitabimus, luculenter testantur.

Im zwanzigsten Artikel sagt die Confession also²: Die Menschen außer Christo und ohne Glauben und Heiligen Geist seind in des Teufels Gewalt; der treibet sie auch zu mancherlei öffentlichen Sünden, darumb lehren wir zuvor vom Glauben, dardurch der Heilige Geist gegeben wird, und daß Christus uns hilft und wider den Teufel behütet etc. Und | bald | darnach: Denn mensch-

In articulo XX. Augustana Confessio haec verba habet: „Homines sine Christo, sine fide et sine spiritu sancto sunt in potestate diaboli, qui impellit homines ad varia et manifesta scelera. Ideo primum docentur homines de fide, quomodo spiritus sanctus detur et quod Christus nos iuvet et tegat contra diabolum, etc. Et paulo post: „Humana

---

6/7 | In bis habe | statt [von der ewigen Wahl Gottes im dritten Kapitel] A 10 wir] vor B 27 also + [darzu] A 27—S. 885, 3 die Menschen bis treibet] Dieweil durch den Glauben der Heilige Geist geben wird, so wird auch das Herze geschickt, gute Werke zu tun. Dann zuvorn, dieweil es ohne den Heiligen Geist, so ist es zu schwach, dazu ist es ins Teufels Gewalt, der die arme menschliche Natur zu viel Sünden treibet Konf; + Und bald hernach: denn außer dem Glauben und außerhalb Christo ist menschliche Natur und Vermögen viel zu schwach, gute Werke zu tun. Konf 1602, Müller 34 | bald | statt | gläubt] A; wohl Schreibfehler, auch in anderen Hss TB für gleich   bald > y   bald] gleich H   darnach] hernach B k l m n o p r s t u v x z ä

27— S. 885, 3 Homines bis etc.] „Humanae vires sine spiritu sancto plenae sunt impiis affectibus et sunt imbecilliores, quam ut bona opera possint efficere coram Deo. Adhaec sunt in potestate diaboli, qui impellit homines ad varia peccata, ad impias opiniones, ad manifesta scelera." Item „quia per fidem accipitur spiritus sanctus, iam corda renovantur et induunt novos affectus, ut parere bona opera possint". St. übersetzt ursprünglich annähernd wörtlich nach dem deutschen Text FC (Hs); die Korrektur in St. gibt dann die Übersetzung der CA, welcher auch Conc 1580 folgt; vgl. S. 77, 23ff.

---

¹) Zur Anführung der Zeugnisse äußert sich die Theologische Fakultät Rostock (Lib. Fac. Theol. Rost. vol. I, 213b, vgl. Schütz, Vita II 466): Doctrinam de libero arbitrio in Confessione et Apologia latina scitis ita verbis conformatam esse, ut Pontificiorum et Synergistarum sententiam non expresse damnet . . . Rectius igitur Confessionis et Apologiae dicta nihil ad solidam confirmationem nostrae sententiae aut refutationem Synergistarum facientia omitterentur. (Vgl. Schütz, Vita II 524; Bertram, Lüneb. IIB 271).   ²) CA XX, Text nach der Wittenberger Quartausgabe 1531, CR XXVI 578. So in allen Hss, in einigen

liche Vernunft und Kraft ohne Christo ist dem Teufel viel zu schwach, der sie zu sündigen treibet.

Diese Sprüche zeugen klar, daß die Augsburgische Konfession des Menschen Willen in geistlichen Sachen gar nicht für frei erkennet, sondern saget, er sei des Teufels Gefangner, wie sollt er sich dann können aus eignen Kräften zum Evangelio oder Christo wenden?

Über den 18. Artikel.
Die Apologia lehret vom freien Willen also[1]: „Und wir sagen auch, daß die Vernunft etlichermaßen einen freien Willen habe, denn in den Dingen, welche mit der Vernunft zu fassen, haben wir einen freien Willen." Und bald darnach: „Solche Herzen, die ohne den Heiligen Geist sind, die

ratio et virtus sine Christo nimis infirma est ad resistendum diabolo, qui impellit homines ad peccandum," etc.

Ex his manifestum est, quod Augustana Confessio hominis voluntatem in rebus spiritualibus haudquaquam liberam pronuntiet, sed affirmet hominem esse in diaboli potestate. Quomodo igitur suis ipse viribus ad evangelion aut ad Christum se convertere posset?

Articulo 18. Confessionis.
Apologia Confessionis de libero arbitrio ad hunc modum docet: „Non admimus humanae voluntati libertatem. Habet enim libertatem in operibus et rebus deligendis, quas ratio per se comprehendit," etc. Et paulo post: „Humana corda sine spiritu sancto sunt sine

10 Christo + zu ü   11 Apologia + über den 18. Artik. H w   16 haben] halten v
17 darnach] hernach f g k l m n o p t u   18 sind > H

10 Christum + fide apprehendendum   16/7 comprehendit + „potest aliquo modo efficere iustitiam civilem", „quanquam tanta est vis concupiscentiae" „et diaboli, qui est efficax in impiis", „naturam irritet ad varia delicta". *St.* übersetzt wörtlich den Text FC; die Korrektur entspricht wörtlich Conc 1580; Zitate aus Apol., vgl. S. 311, 22. 54.

Stücken von Konk 1579/80 (vgl. Balthasar, Historie IV 18; Bertram 7; aus Versehen und ohne Schuld der Theologen, wie P. Leyser betont, „denn Kur= und Fürsten gebrauchen die theologos nicht zu Buchdruckergesellen, die in der Druckerei die exemplaria zu Hauf legen sollen", Kurzer ... Bericht f. 10a) und in Selneccers Privatausgabe 1582. Konk 1579/80 bietet das Zitat nach dem Mainzer „Original", das, als man die Verschiedenheiten der Wittenberger Ausgaben von 1531 feststellte, für authentisch erklärt (vgl. Vorrede S. 750/51) und daher in den Druck von FC aufgenommen wurde, entsprechend der jetzt angenommenen Gestalt von CA in Konk, u. zw. nur zum ersten Absatz; erst Leysers Ausgabe von 1598 und die folgenden ergänzen das Zitat in Konk durch Hinzufügung des zweiten Absatzes. Dem folgt *Müller*. Zum Zitat vgl. CR XXVI 586/87 und hier S. 77. — Beim lateinischen Text liegt das Verhältnis umgekehrt: *St* („Osiander") f. 29b übersetzt zunächst den deutschen Text der Hss, unbeholfener als Conc 1584, die Korrektur (Chemnitz!) des Absatzes entspricht aber annähernd dem Wortlaut von Conc 1580. Conc 1580 übernimmt den lateinischen Text von CA 1531 (CR XXVI 228, vgl. hier S. 77), wie er in Konk 1580 und dann auch 1584 selbst steht, stellt aber die beiden zitierten Sätze um. Conc 1584 übersetzt den deutschen Text der Hss von FC trotz der Veränderung in Konk 1579/80. Jedoch bleibt es fraglich, ob ein solches Verfahren unter Leysers Angabe fällt (Kurzer ... Bericht f. 15a): „was für correctum hernach in altera editione (= Conc 1584) hineinkommen sind, hat D. Selnecker nicht vor sich gemacht, sondern sind zu Quedlinburg mit gemeiner Bewilligung, und zwar das meiste Teil ex ore D. D. Chemnicii und auf seine Erinnerung geschehen ... und ist solche revision dem ... Kurfürsten Augusto unter dem dato den 11. Feb. Anno 83 referiert und zugeschickt worden". Die Änderung des deutschen Textes ist während des Druckes durch Chemnitz veranlaßt worden, um die Übereinstimmung mit dem in Konk übernommenen Mainzer Original der CA zu wahren (Leyser, Kurzer ... Bericht. f. 8). Dan. Hoffmann führt auch von hier aus den Angriff auf das Dresdner Konk, zumal im Corp. Doctr. Julian.' die CA nach Wittenberg 1531 abgedruckt ist, deren Wortlaut nunmehr durch Konk bedroht erscheint. Vgl. neben Leyser auch die Nothwendige Verantwortung des Christlichen Concordibuchs wider die im Truck ... unter D. Danielis Hoffmanni Namen außgesprengte unerfindtliche Beschuldigung ... durch Aegidium Hunnium ... Franckf. a. M. 1597, 114ff.

[1] Apol. XVIII, Wittenberg 1531 vgl. S. 311, 24; 312, 4. Der lateinische Text des Zitats ist in überwiegend wörtlicher Anlehnung an den entsprechenden der Apol. selbst.

sind ohne Gottesfurcht, ohne Glauben, vertrauen, glauben nicht, daß Gott sie erhöre, daß er ihre Sünde vergebe und daß er ihnen in Nöten helfe, darumb sind sie gottlos.

Nun kann ein böser Baum nicht gute Früchte tragen, und ohne Glauben kann Gott niemand gefallen. Darumb, ob wir gleich nachgeben, daß in unserm Vermügen sei, solche äußerliche Werk zu tun, so sagen wir doch, daß der freie Wille und Vornunft in geistlichen Sachen nichts vermüge" etc. Hieraus lauter zu sehen, daß die Apologia des Menschen Willen kein Vormügen zuschreibet, weder das Gute anzufahen, noch für sich selbst mitzuwirken.

Von der Sünde. In den Schmalkaldischen Artikeln werden auch nachfolgende Irrtum vom freien Willen verworfen[1]: „Daß der Mensch hab einen freien Willen, Guts zu tun und Böses zu lassen" ›etc.‹ Und bald darnach wird ›auch‹ als ein Irrtumb verworfen, ›wann gelehret wird:‹ „Es sei nicht in der Schrift gegründet, daß zu den guten Werken vonnöten sei der Heilige Geist mit seiner Gnade" etc.

Von der Buße. Ferner stehet in den Schmalkaldischen Artikuln also[2]: „Und diese Buß währet bei den Christen bis in den Tod, dann sie beißt sich mit der übrigen Sünde im Fleisch durchs ganze Leben, wie S. Paulus Ro. 7. zeuget, daß er kämpfe mit dem Gesetz seiner Glieder, und das nicht durch eigene Kräfte, sondern durch die Gabe des Heiligen Geistes, welche folget auf die Vergebung der Sünde. Dieselbige Gabe reiniget und feget täglich die übrige Sünde aus und arbeitet, den Menschen recht rein und heilig zu machen." Diese Wort sagen gar nichts von unserm Willen, oder daß derselbige auch in den neugebornen Menschen etwas aus ihm selbst wirke, sondern schreiben es zu der Gabe des Heiligen Geistes, welche den Men-

timore Dei, sine fide et fiducia erga Deum, non credunt se exaudiri" a Deo, sibi remitti peccata et in tribulatione velle Deum opem ferre: „igitur sunt impia.

Porro arbor mala non potest ferre bonos fructus. Et sine fide impossibile est placere Deo. Igitur, etiamsi concedimus libero arbitrio libertatem et facultatem externa legis opera efficiendi, tamen illa spiritualia non tribuemus libero arbitrio, scilicet vere timere Deum, vere credere Deo," etc. Haec satis clare testantur, quod Apologia humanae voluntati nullas vires attribuat, vel bonum inchoandi vel ex sese cooperandi.

De peccato originis. In Articulis Smalcaldicis sequentes errores de libero arbitrio reiiciuntur: Quod homo liberum habeat arbitrium bonum agendi et malum omittendi, etc. Et post aliqua tanquam error repudiatur, cum docetur: „Non posse ex scriptura probari ad bonum opus necessario requiri spiritum sanctum et eius gratiam."

De poenitentia. Praeterea in Articulis Smalcaldicis haec leguntur: Et haec poenitentia in Christianis usque ad mortem durat. Luctatur enim cum reliquiis peccati in carne per totam vitam, quemadmodum divus Paulus Rom. 7. testatur se luctari cum lege membrorum suorum, atque hoc non propriis viribus, sed spiritus sancti dono, quod remissionem peccatorum statim sequitur. Hoc donum quotidie aliquid de reliquiis peccati expurgat et in hoc incumbit, ut hominem vere mundum et sanctum reddat. Haec verba prorsus nihil de nostra voluntate loquuntur neque dicunt, quod ea etiam in renatis aliquid ex sese operetur, sed omnia spiritus sancti dono adscribunt, quod

---

1/2 vertrauen] Vertrauen Konf   vertrauen + und *klmnoptuvü*   12 etc. > *Bfgklrsyzä*   13 sehen + ist *g*   19 Artikeln + von der Sünde *Hw*   20 Irrtumb] Irrtung *km*   22 und + [wiederumb] *A*   lassen + und wiedrumb Gutes zu lassen und Böses zu tun *Hö, g a. R.*   23 >etc.< statt [Guts zu lassen und Böses zu tun] *A*   etc. > *alle Hss außer A i q ö r*   darnach] hernach *fmpz*   auch > *H*   24 Irrtumb] Irrung *m*   wann] da *H*   33 Paulus + zun *d e w*   Ro. + am *d e*   37 Vergebung] Übergebung *x*   45 welche] welcher *m*

1 fide et >   2/4 non *bis* ferre >   11 tribuemus] tribuimus: *im Text der Apol. S. 312, 14*   13 etc.] Nam animalis homo, hoc est, homo tantum naturalibus viribus utens, non percipit ea, quae sunt Dei   24/7 Non *bis* gratiam] ad bona opera facienda gratiam spiritus sancti non esse necessariam

---

[1]) Art. Smalc. vgl. S. 434, 17; 435, 8.   [2]) Art. Smalc. vgl. S. 447, 20.

Über den 3. Artikel
des christlichen
Glaubens.

Im großen Catechismo D. Luthers stehet also geschrieben[1]: „Derselben christlichen Kirchen bin ich auch ein Stück und Glied, aller Güter, so sie hat, teilhaftig und Mitgenoß, durch den Heiligen Geist dahin gebracht und eingeleibt, dardurch daß ich Gottes Wort gehört habe und noch höre, welchs ist der Anfang hineinzukommen.

Dann vorhin, ehe wir darzu, zur christlichen Kirchen, kommen, sind wir gar des Teufels geweft, als die von Gott und Christo nichts gewußt haben. So bleibet der Heilige Geist bei der heiligen Gemeine der Christenheit bis auf den jüngsten Tag, dardurch er uns heilet[2], und braucht sie darzu, das Wort zu führen und treiben, dardurch er die Heiligung macht und mehret, daß wir täglich zunehmen und stark werden im Glauben und seinen Früchten, so er schaffet" etc. In diesen Worten gedenket der Katechismus unsers freien Willens oder Zutuns mit keinem Wort, sondern gibts alles dem Heiligen Geist, daß er durchs Predigambt uns in die Christenheit bringe, darinnen heilige und verschaffe, daß wir täglich zunehmen im Glauben und guten Werken.

Und obwohl die Neugebornen auch in diesem Leben so fern kommen, daß sie das Gute wollen und es ihnen liebe, auch Guts tun und in demselbigen zunehmen, so ist doch solchs (wie daroben vermeldet) nicht aus unserm Willen und unserm Vermugen, sondern der Heilige Geist, wie Paulus

De tertio articulo
Symboli Apostolici.

hominem emundet et de die in diem meliorem et sanctiorem faciat, et ab eo opere vires nostrae propriae prorsus excluduntur.

Maior D. Lutheri Catechismus sic habet: Illius catholicae Christianae ecclesiae ego quoque pars sum et membrum, omnium bonorum, quae ipsa habet, particeps et consors; per spiritum sanctum enim ad eam communionem coelestium bonorum introductus et ecclesiae sum insertus, hoc videlicet medio, quod verbum Dei audivi et adhuc audio; hoc enim initium est, per quod aditus ad ecclesiam Dei nobis patet.

Antequam enim in ecclesiam Christi introducti sumus, vilissima diaboli mancipia eramus, quia de Deo et Christo nihil noveramus. Spiritus sanctus autem manet cum sancta ecclesia catholica ad novissimum usque diem et per ecclesiam nos sanat eiusque opera utitur in docendo et propagando Dei verbo, per quod ipse sanctificationem nostram operatur et promovet, ut de die in diem proficiamus et in fide confirmemur atque in ferendis bonis fidei fructibus, quos ipse efficit, progressus subinde maiores faciamus, etc. In his omnibus, quae iam e Catechismo recitavimus, liberi nostri arbitrii aut cooperationis nostrae ne uno quidem verbulo fit mentio, sed omnia spiritui sancto attribuuntur, quod videlicet nos per ministerium verbi in ecclesiam Dei introducat, in qua nos sanctificet et efficiat, ut quotidie in fide et bonis operibus proficiamus.

Quamvis autem renati etiam in hac vita eo usque progrediantur, ut bonum velint eoque delectentur et bene agere atque in pietate proficere studeant, tamen hoc ipsum (ut paulo ante dictum est) non a nostra voluntate aut a viribus nostris proficiscitur; sed spiritus

---

6 Luthers + über den 3. Artikel des christlichen Glauben *H w*   23 auf] an *B*   24 heilet] holet *H i Hei* [heilet] >holet< *g* heilet *aus* holet *ü*; Heppe, Text 50, Anm. sieht holet als richtig für *F C* an.   25 und + zu *B f l s w y ü*   27 wir] sie *g*   29 etc. > *g k l m n o p t u v w x z*   34 wir] man *m*   42/4 Guts bis doch > *y*   42 Guts + zu *g k l m n o p t u v w z*   43 zunehmen] zuzunehmen *g*   zu- getilgt: *k l m n o p t u v z*

38 quotidie] et

---

1) Vgl. S. 657, 33.   2) „heilet": die Hff von TB und FC und Konk Heidelberg 1582, z. T. auch Konk Dresden 1579/80 (vgl. Balthasar IV 22) haben dem Wortlaut des Katechismus entsprechend „holet"; ebenso weicht der lat. Text in Conc 1580 und 1584 im Zitat jedesmal von dem des g. Kat. ab: sanat statt adducit.

selbst davon redet, wirket solch „Wollen und Vollbringen" Philip. 2¹. Wie er auch zun Ephe. 2.² solch Werk alleine Gott zuschreibt, da er sagt: „Wir seind seine Werk, geschaffen in Christo Jesu zu guten Werken, zu welchen uns Gott zuvor bereitet hat, daß wir darinnen wandeln sollen."

Im kleinen Catechismo D. Luthers stehet also geschrieben³: „Ich gläub, daß ich nicht aus eigner Vernunft noch Kraft an Jesum Christum, meinen Herrn, glauben oder zu ihm kommen kann, sondern der Heilige Geist hat mich durchs Evangelium berufen, mit seinen Gaben erleuchtet, im rechten Glauben geheiliget und erhalten; gleichwie er die ganze Christenheit auf Erden beruft, samblet, erleuchtet, heiliget und bei Jesu Christo erhält im rechten, einigen Glauben."

Und in der Auslegung des Vaterunsers | in | der andern Bitt seind diese Wort: Wie geschicht das? nämblich daß Gottes Reich zu uns komme. Antwort⁴: „Wenn der himmlische Vater uns seinen Heiligen Geist gibt, daß wir seinem heiligen Wort durch seine Gnade gläuben und göttlich leben."

Diese Zeugnus sagen, daß wir aus eignen Kräften zu Christo nicht kommen mugen, sondern Gott müsse uns seinen Heiligen Geist geben, dardurch wir erleuchtet, geheiliget und also zu Christo durch den Glauben gebracht und bei ihm erhalten werden, und wird weder unsers Willens noch Mitwirkens gedacht.

Hierauf wollen wir ein Spruch setzen, da sich D. Luther nachmals mit seiner Protestation, daß er bei solcher Lehr bis an sein Ende zu vorharren gedenkt, erklärt im großen Bekenntnis vom heiligen Abendmahl, da er also saget⁵: „Hiemit verwerfe und verdamme ich als eitel Jrrtumb alle Lehre, so unsern freien Willen preisen, als die stracks wider solche Hülf und Gnade unsers Heilands Jesu Christi strebt.

Denn weil außerhalb Christo der Tod und die Sünde unsere Herren und der Teu-

sanctus (ut Paulus ipse de hac re loquitur) operatur in nobis illud velle et perficere. Quemadmodum etiam alibi apostolus hoc opus soli Deo tribuit, cum inquit: Ipsius sumus factura, creati in Christo Iesu ad opera bona, quae praeparavit Deus, ut in illis ambulemus.

In Minori Catechismo D. Lutheri sic scriptum est: Credo me non propria mea ratione aut virtute in Iesum Christum, Dominum meum, credere ac ad ipsum venire posse, quandoquidem spiritus sanctus me per evangelium vocavit, suis donis illuminavit, in recta fide sanctificavit et conservavit; quemadmodum universam Christianam ecclesiam in terris vocat, colligit, illuminat, sanctificat et in vera ac una fide in Iesum Christum conservat, etc.

Et in explicatione secundae petitionis in oratione dominica haec sunt verba: Qui fit hoc? (ut scilicet regnum Dei ad nos veniat) Responsio: Quando coelestis pater nobis spiritum sanctum suum largitur, ut verbo eius sancto per gratiam Dei credamus et pie vivamus, etc.

Haec testimonia affirmant nos propriis viribus non posse ad Christum venire, sed Deum dare nobis spiritum suum sanctum, a quo illuminamur, sanctificamur et ita ad Christum per fidem adducimur atque in ipso conservamur. Hic nec voluntatis nostrae nec cooperationis mentio fit.

His adiungimus dictum, quo D. Lutherus tandem adhibita protestatione se ipsum declarat, quod in hac doctrina usque ad vitae finem perseverare velit. Verba in maiore Confessione de sacrosancta coena haec sunt: Reiicio et damno tanquam meros errores omnia dogmata, quae nostrum liberum arbitrium praedicant, utpote quae auxilio et gratiae salvatoris nostri Iesu Christi simpliciter repugnant. Cum enim (extra Christum) mors et peccatum nobis

---

1 solch] das *i m o q v*   2 zun] in *k l r t y z ä*   zun > *o x*   3 Ephe. + am *B*
14 Durchs + heilige *y*   20 Glauben + etc. *r c* Konk   22 in > *f g q r u x z ä ü*
27 leben + etc. Konk   30 zu + Jesu *v*   33 also zu Christo ~ *v*   37 da] daß *B*
38 nachmals] nochmals *viele Hss*   seiner] einer *r* Konk   46 unsers + | Herrn und | *c* strebt] streben *B m r t u x z* Konk

6 ad opera bona] in operibus bonis   9—S. 889, 11 Lutheri sic *bis* verbis D. >

¹) Phil. 2, 13.   ²) Eph. 2, 10.   ³) Vgl. S. 511, 46. Conc 1580 hat hier eine große Lücke (dazu Leyser, Kurzer ... Bericht f. 14b).   ⁴) Vgl. S. 513, 11. Der lat. Wortlaut in Eigenübersetzung des FC.   ⁵) WA XXVI 502₃₅—503₂₄.

fel unſer Gott und Fürſt iſt, kann do kein
Kraft noch Macht, kein Witz noch Verſtand
ſein, damit wir zu der Gerechtigkeit und
Leben uns könnten ſchicken oder trachten,
ſondern müſſen Vorblendte und Gefangne
der Sünde und des Teufels eigen ſein, zu
tun und zu gedenken, was ihnen gefällt
und Gott mit ſeinen Geboten wider iſt."

In dieſen Worten ›gibt‹ D. Luther, ſeli=
ger und heiliger Gedächtnus, unſerm freien
Willen keine einige Kraft, ſich zur Gerech=
tigkeit zu ſchicken oder darnach zu trachten,
ſondern ſaget, daß der Menſch, verblendet
und gefangen, allein des Teufels Willen,
und was Gott dem Herrn zuwider iſt, tue.
Darumb iſt hie keine Mitwirken unſers
Willens in der Bekehrung des Menſchen,
und muß der Menſch gezogen und aus Gott
neu¹ geboren werden, ſonſt iſt kein Gedan=
ken in unſerm Herzen, der ſich zu dem hei=
ligen Evangelio, daſſelbige anzunehmen,
von ſich ſelbſt wenden möchte. Wie auch
D. Luther von dieſem Handel im Buch De
servo arbitrio¹, das iſt von dem gefangenen
Willen des Menſchen, wider Erasmum ge=
ſchrieben und dieſe Sach wohl und gründ=
lich ausgeführt und erhalten und nachmals
in der herrlichen Auslegung des erſten
Buchs Moiſi, | und ſunderlich über das
26. Kapitel², | wiederholet und erkläret hat,
| inmaßen³ daſelbſten er auch etliche andere
ſunderbare, durch Erasmum nebeneinge=
führte Disputation, als de absoluta necessitate etc., wie er ſolliche gemeint und ver=
ſtanden haben wölle⁴, wider allen Mißver=
ſtand und Verkehrung zum beſten und
fleißigſten verwahret hat, | darauf wir uns
auch hiemit gezogen und andere dahin
weiſen.

Derhalben iſt es unrecht gelehret, wenn

dominentur et diabolus sit deus et princeps noster, non potest hic esse ulla
potentia aut virtus, sapientia aut intelligentia in nobis, qua ad iustitiam et
vitam nos parare et eam quaerere possimus, sed constat nos plane excaecatos
et captivos et peccati ac diaboli mancipia esse et facere atque cogitare ea,
quae ipsis placent, et Deo et praeceptis
eius adversa sunt.

In his verbis D. Lutherus, piae sanc- 44
taeque memoriae, libero nostro arbitrio prorsus nihil virium tribuit, quibus
se homo ad iustitiam praeparare aut
eam quaerere possit. Contra vero docet
hominem excaecatum et captivum tantummodo voluntati Satanae parere et
ea, quae Deo displicent, facere. Quare
non est in hoc negotio somnianda ulla
cooperatio voluntatis nostrae in homi- M 599
nis conversione. Etenim necesse est, ut
homo divinitus trahatur et ex Deo
renascatur: alias nulla in cordibus Joh. 6.
nostris cogitatio est, quae a se ipso ad
evangelion amplectendum sese convertat. Hoc negotium D. Lutherus in libro
suo De servo arbitrio contra Erasmum
egregie et solide explicuit atque sententiam hanc piam et invictam esse demonstravit. Postea in commentario illo
praeclaro, quem in Genesin scripsit
(praecipue in explicatione 26. capitis)
eandem repetivit et declaravit. Eo loco
etiam alias quasdam peculiares ab Eras-
mo motas disputationes (ut de absoluta
necessitate etc.) attigit et, quomodo ea
intelligi et accipi vellet, declaravit omnes
sinistras suspiciones et corruptelas pia
explicatione optime munivit. Ea hic repetita esse volumus et, ut diligenter
legantur, omnes hortamur.

Quare male docetur, cum fingitur 45

---

4 oder] und *f r y*   8 wider] zuwider *B H f n p r t w y ä* Konk   11 ›gibt‹
ſtatt [die] *A*   13 einige] eigene *B m*   18 iſt > *d e*   Mitwirken] Mitwirkung *B f g*
20 und (2.)] oder *H*   28 dieſe] die *g m n v x*   30 herrlichen Auslegung] endlichen Aus=
führung *g*   31 ſunderlich über] aber *ü*   32 Kapitel + am End *H*   hat +, darauf wir
uns auch hiemit gezogen und andere dahin weiſen *H*   33 daſelbſten > *c*   auch] durch *u*
auch + [von der] *A*   andere + [mehr] *c*   34 ſunderbare + [nebeneingeführte] *A*
39 verwahret] bewahret *d e m w x ä* Konk

25 evangelion + Christi fide   29 hanc] suam   41 legantur + atque expetantur
42 male] non recte et sincere

---

¹) WA XVIII 600—787. Dazu Chemnitz an Heßhus, 23. Juni 1576: „ ... in hoc
loco de libero arbitrio retulimus nos expresse ad servum arbitrium Lutheri et ad
declarationem eius in 26. caput Genes. (Rehtmeyer IIIB 257); vgl. Anm. 3.
²) WA XLIII 457—463; dazu E. Wolf, Staupitz und Luther, 1927, 196 Anm. 2, und
H. Volz, Th St Kr 100, 167ff. 1928.   ³) Darüber | Brunſchw. Fürſten | vgl. Hutterus
404; Rehtmeyer IIIB 267.   ⁴) WA XLIII 463.

man¹ fürgibt, daß der² Mensch auch soviel Kräften habe, daß er begehre das Evangelium anzunehmen, sich mit demselbigen zu trösten, und also der menschliche Wille >in< der Bekehrung etwas mitwirke. Dann solche irrige Meinung ist der heiligen ¹göttlichen Schrift, der christlichen Augsburgischen Confession, derselbigen Apologie, den Schmalkaldischen Artikeln, dem großen und kleinen Catechismo Lutheri und andern dieses fürtrefflichen, hocherleuchten Theologen Schriften zuwider.

Dieweil aber diese Lehre vom Unvormugen und Bosheit unsers natürlichen freien Willens und von unser³ Bekehrung und Wiedergeburt, daß sie allein Gottes und nicht unserer Kräften Werk sei, beides von Enthusiasten⁴ und Epikurern unchristlich mißbraucht wird, und viel Leute durch solche Reden wüste und wilde und zu allen christlichen Übungen im Beten, Lesen und christlicher Betrachtung faul und träge werden, indem sie sagen: weil sie aus ihren eignen natürlichen Kräften sich nicht vermügen zu Gott bekehren, wollen sie Gott immerzu gänzlich widerstreben oder warten, bis sie Gott mit Gewalt wider ihren Willen bekehre, oder weil sie in diesen geistlichen Sachen nichts tun können, sondern alles allein des Heiligen Geistes Wirkung sei: so wollen sie weder Wort noch Sakrament achten, hören oder lesen, sondern warten, bis ihnen Gott vom Himmel ohne Mittel seine Gaben eingieße, daß sie eigentlich bei sich selbst fühlen und merken können, daß sie Gott bekehret habe.

Andere kleinmütige Herzen auch in schwere Gedanken und Zweifel fallen möchten, ob sie Gott erwählet habe und durch den Heiligen Geist solche seine Gaben in ihnen auch wirken wolle, dieweil sie keinen starken, brennenden Glauben und herzlichen

hominem non renatum adhuc tantum habere virium, ut evangelion amplecti eoque sese consolari cupiat et hoc modo humanam voluntatem (qualis natura est) in conversione aliquo modo cooperari. Haec enim falsa opinio sacrosanctae scripturae, piae Augustanae Confessioni, eiusdem Apologiae, Smalcaldicis Articulis, Maiori et Minori Catechismis Lutheri et aliis huius excellentissimi et divinitus illuminati theologi scriptis repugnat.

Non ignoramus autem et Enthusiastas et Epicuraeos pia hac de impotentia et malitia naturalis liberi arbitrii doctrina (qua conversio et regeneratio nostra soli Deo, nequaquam autem nostris viribus tribuitur) impie, turpiter et maligne abuti. Et multi impiis illorum sermonibus offensi atque depravati, dissoluti et feri fiunt atque omnia pietatis exercitia, orationem, sacram lectionem, pias meditationes remisse tractant aut prorsus negligunt ac dicunt: quandoquidem propriis suis naturalibus viribus ad Deum sese convertere nequeant, perrecturos se in illa sua adversus Deum contumacia aut exspectaturos, donec a Deo violenter et contra suam ipsorum voluntatem convertantur. Et cum in hisce spiritualibus rebus nullam agendi facultatem habeant, sed totum illud conversionis negotium solius spiritus sancti operatio sit, negant se porro verbum Dei vel audituros vel lecturos aut sacramento usuros, sed exspectare velle, donec ipsis Deus immediate coelitus dona sua infundat,⁵ ut revera in se ipsis sentire et experientia ipsa certiores fieri possint, se a Deo conversos esse.

Alii vero, ut infirmae et perturbatae mentes, non satis recte intellecta pia nostra doctrina de libero arbitrio fortasse in tristes has cogitationes et periculosam dubitationem incidere possent: an sint a Deo electi et an Deus

---

1 der + unwiedergeborne q s Konk auch] noch *Bertram* q Konk auch + noch *H ü* 4 der + natürliche *q r y* Konk z. T., vgl. *Cor.* 5 etwas > *ü* 11 fürtrefflichen + und *c* 11/2 hocherleuchten] hoher leuten *d* 13 Dieweil a. R. 4. Wie der Mensch erstlich wiederumb zu Gott bekehret werde *H* diese] die *c* 16 sie > *B f s ä* 18 von + den *g* 19 durch] von *a* 25 bekehren] zu bekehren *f* 27 sie > *f* 35 und] oder *f*

1 non renatum > 4/5 (qualis *bis* est) >

---

¹) Vgl. S. 904, Anm. 3. ²) Konk 1579/80 und Hf *s* fassen schärfer: „der unwiedergeborne Mensch"; entsprechend Conc 1584. ³) „ersten" vor „Bekehrung" läßt FC aus TB fort. Vgl. das pommersche Bedenken (Balthasar, Andere Sammlung 64). ⁴) Vgl. Epiphanius, Panarion 80, 4, MSG XLII 761; WA XLIII 458₂₅, dazu S. 905, Anm. 1. ⁵) Dazu E. Fr. Fischer, Autorität und Erfahrung in der Begründung der heilsgewißheit nach den Bekenntnisschriften der evang.-luth. Kirche. 1907, 111.

Gehorsam, sondern eitel Schwachheit, Angst und Elend empfinden:

So wollen wir jtzund ferner aus Gottes Wort berichten, wie der Mensch zu Gott bekehret werde, wie und durch was Mittel[1], nämlich durch das mündliche Wort und die heiligen Sakramenta, der Heilige Geist in uns kräftig sein und wahre Buße, Glauben und neue geistliche Kraft und Vormugen zum Guten in unsern Herzen wirken und geben wölle, und wie wir uns gegen solche Mittel verhalten und dieselbigen brauchen sollen.

Gottes Wille ist nicht, daß jemand verdammet werde, sondern daß alle Menschen sich zu ihme bekehren und ewig selig werden. Ezech. 33.[2] „So wahr ich lebe, will ich nicht den Tod des Sünders, sondern daß er sich bekehre und ›lebe.‹ Denn also hat Gott die Welt geliebet, 'daß er seinen eingebornen Sohn gab, auf daß alle, die an ihn gläuben, nicht verloren werden, sondern das ewige Leben haben."

Derhalben lässet Gott aus unermeßlicher Güte und Barmherzigkeit sein göttlich, ewig Gesetz und den wunderbarlichen Rat von unser Erlösung, nämblich das heilig, allein seligmachende Evangelium von seinem ewigen Sohn, unseren ›einigen‹ Heiland und Seligmacher Jesu Christo, öffentlich predigen, dardurch er ihme ein ewige Kirche aus dem menschlichen Geschlecht sammlet und in der Menschen Herzen wahre Buß und Erkenntnus der Sünden, wahren Glauben an den Sohn Gottes, Jesum Christum, wirket, und will Gott ›durch‹ dieses Mittel, und nicht anders, nämlich durch sein heiliges Wort, so man dasselbige predigen höret ›oder‹ lieset[3] und die Sacramenta nach seinem Wort gebrauchet, die Menschen zur ewigen Seligkeit berufen, zu sich ziehen, bekehren,

dona illa per spiritum sanctum in ipsis operari velit, praesertim cum in cordibus suis non adeo firmam et flagrantem fidem promptamque obedientiam, sed solummodo meras infirmitates, miserias et angustias sentiant.

Hanc ob causam porro e verbo Dei 48 docebimus, quomodo homo ad Deum convertatur, quomodo et quibus mediis (videlicet per verbum vocale et per sacramenta) spiritus sanctus in nobis efficax sit et veram poenitentiam, fidem novasque spirituales vires ac facultates ad bene agendum in cordibus nostris operari et largiri velit, et quemadmodum nos erga oblata illa media gerere et iis quomodo uti debeamus.

Non est voluntas Dei, ut quisquam 49 pereat, sed vult, ut omnes homines ad ipsum convertantur et in aeternum salvi fiant. Vivo ego (inquit Dominus) nolo mortem peccatoris, sed ut convertatur et vivat. Sic enim Deus dilexit mundum, ut filium suum unigenitum W 619 daret, ut omnis, qui in eum crediderit, non pereat, sed habeat vitam aeternam.

Propterea Deus pro sua ineffabili 50 bonitate et clementia curat, ut et sua divina et immota lex et mirandum consilium de liberatione nostra, sanctum videlicet et salvificum evangelion de aeterno filio suo, unico salvatore et redemptore nostro, Iesu Christo, publice annuntientur. Ea praedicatione aeternam ecclesiam sibi e genere humano colligit et in hominum mentibus veram poenitentiam, agnitionem peccatorum et fidem veram in filium Dei, Iesum Christum, operatur. Et visum est Deo per hoc medium, et non alio modo, nimirum per sanctum verbum suum, cum id vel praedicari auditur vel legitur, et per sacramentorum legitimum usum homines ad aeternam salutem vocare, ad

---

7 itzund + [zum vierten] A   8 Mensch + erstlich H, getilgt A   16 verhalten + [sollen] A   18 ist] ists alle Hss außer A H c y   21 Ezech. + 18. et ö   23 lebe] selig werde H ö, urspr. A   27 haben + Joh. 3 g k l m n o p t u v z Cor.   32/3 ewigen] lieben H einigen statt [ewigen] A   39 an + [Christum] A   40 durch] auch o t, urspr. p dieses] solch B   41/2 heiliges] heilsames y   42 höret + [fleißig] A   43 lieset + [betrachtet] A

---

7 Hanc ob causam] Eas ob causas (ne vel ad dexteram vel ad sinistram quisquam nimium declinet)   20/1 in aeternum salvi fiant] aeternam salutem consequantur   43 praedicari >

---

[1]) Vgl. S. 873, Anm. 1.   [2]) Ezech. 33, 11 und Joh. 3, 16; vgl. zu Ezech. auch WA XVIII 622,26 ff.   [3]) Vgl. zur folgenden Tilgung [betrachtet] S. 893, Anm. 2 und 3.

wiedergebären >und< heiligen. 1. Corinth. 1.¹: „Dieweil die Welt durch ihre Weisheit Gott nicht erkannte, gefiel es Gott wohl, durch törichte Predig selig zu machen die, so daran gläuben." Acto. 11.: „Petrus wird dir |das| Wort sagen, dardurch due und dein ganzes Haus selig wirdest." Rom. 10.: „Der Glaube kömmet aus der Predig, das Predigen aber durch Gottes Wort." Joh. 17.: „Heilige sie, ¹ Vater, in deiner Wahrheit, dein Wort ist die Wahrheit. Ich bitte aber für alle, die durch ihre Wort an mich gläuben werden."

Derhalben der ewige Vater vom Himmel herab von seinem lieben Sohn und allen, so in seinem Namen Buß und Vorgebung der Sünden predigen, rufet: „Den sollt ihr hören", Matth. 17.²

Diese Predigt sollen nun alle die hören, die da wollen selig werden. Dann die Predigt Gottes Worts und das Gehör desselben seind des heiligen Geistes Werkzeug, bei, mit und durch welche er kräftig wirken und die Menschen zu Gott bekehren und in ihnen beides, das Wollen und das Vollbringen, wirken will.

Dieses Wort kann der Mensch, so auch noch nicht zu Gott bekehret und wiedergeboren ist, |äußerlich³| hören | und | lesen⁴, dann in diesen äußerlichen >Dingen,< wie oben⁵ gesagt, |hat| der Mensch auch nach dem Fall etlichermaßen einen freien Willen, daß er zur Kirchen gehen, der Predig zuhören oder nicht zuhören mag.

Durch⁶ dieses Mittel, nämblich die Predigt und Gehör seines Worts, wirket Gott und bricht unsere Herzen und zeucht 'den Menschen, daß er durch die Predigt des Gesetzs seine Sünde und Gottes Zorn erkennet und wahrhaftiges Schrecken, Reue und Leid im Herzen empfindet und durch

se trahere, convertere, regenerare et sanctificare. Quia in Dei sapienta (inquit apostolus) non cognovit mundus per sapientiam Deum, placuit Deo per stultitiam praedicationis salvos facere credentes. Et angelus inquit: Petrus loquetur tibi verba, in quibus salvus eris tu et universa domus tua. Et: Fides est ex auditu, auditus autem per verbum Dei. Item: Sanctifica eos, pater, in veritate tua, verbum tuum est veritas, etc. Oro autem pro iis etiam, qui per sermonem ipsorum in me sunt credituri. 51

Quapropter aeternus Deus, pater coelestis, coelitus de filio suo dilecto et de omnibus, qui ipsius nomine poenitentiam et remissionem peccatorum praedicant, clamat: Hunc audite.

Hanc verbi Dei praedicationem audire oportet omnes, qui aeternam salutem consequi cupiunt. Praedicatio enim verbi Dei et eiusdem auscultatio sunt spiritus sancti instrumenta, cum quibus et per quae efficaciter agere et homines ad Deum convertere atque in ipsis et velle et perficere operari vult. 52

Hoc Dei verbum homo, etiam nondum ad Deum conversus nec renatus, externis auribus audire aut legere potest. In eiusmodi enim externis rebus, ut supra dictum est, homo adhuc etiam post lapsum, aliquo modo liberum arbitrium habet, ut ad coetus publicos ecclesiasticos accedere, verbum Dei audire vel non audire possit. 53

Per hoc medium seu instrumentum, praedicationem nimirum et auditionem verbi, Deus operatur, emollit corda nostra trahitque hominem, ut ex concionibus legis et peccata sua et iram Dei agnoscat et veros terrores atque contritionem in corde suo sentiat. Et per 54

---

1 heiligen + [trösten und ihnen rechte Erkanntnus seines göttlichen Wesens und Willens, wahren Glauben, Vergebung der Sünden, heiligen Geist und ewiges Leben mitteilen] A   2 Welt + Gott t   Gott > t   5 Acto. 11] Acto. 10 r Konk 6 das > H g k l n p t u ü   das] die v x z   7 Rom. + am g   9 Joh. + am B 13 werden + Psalm 1. 119. 19; 1. Petr. 1; Act. 2; 2. Corinth. 2; Jacob. 1. etc. ö, urspr. A 22 Werkzeug] Wirkung B f s   24 in > H x   25 das (2.) > g p   28 und + ehe er p 29 äußerlich > H Helmst.   lesen] lehren y   lesen + [und etlichermaßen betrachten] A 30 Dingen statt [Stücken] A   31 hat > H   32 Willen + hat H, getilgt A 37 und + das c   38 bricht] durch x   41 wahrhaftiges] wahrhaften d e

---

¹) Diese und die folgenden Schriftstellen: 1. Kor. 1, 21; Apg. 11, 14; Röm. 10, 17; Joh. 17, 20.   ²) Matth. 17, 5.   ³) „äußerlich" erst in FC, doch vgl. Bertram, Lüneb. IIB 301; zur Sache Hutterus, Explic. 183f. Das Wort fehlt H; die Helmstädter haben von hier aus in Konk wieder eine Fälschung finden wollen.   ⁴) Vgl. zur folgenden Tilgung S. 893, Anm. 2 und S. 891, Anm. 3.   ⁵) Vgl. S. 882, Z. 18. 42f.   ⁶) Der Absatz nahezu wörtlich in der Declaratio der Rostocker Theologen vom 8. Jan. 1570 (Bertram, Lüneb. IIB 100).

Solida Declaratio, II. Vom freien Willen.

die Predigt und Betrachtung des heiligen Evangelii von der gnadenreichen Vorgebung der Sünden in Christo ein Fünklein des Glaubens in ihm angezündet wird, die Vorgebung der Sünden umb Christi willen annimmt und sich mit der Vorheißung des Evangelii tröstet; und wird | also | der Heilige Geist | (wölcher[1] dieses alles wirket) | in das Herz gegeben.

Wiewohl nun beide, des Predigers Pflanzen und Begießen und des Zuhörers Laufen und Wollen, umbsonst wäre, und keine Bekehrung darauf folgen würde, wo nicht des Heiligen Geists Kraft und Wirkung darzukäme, welcher durch das gepredigte gehörte[2] Wort die Herzen erleuchtet und bekehret, daß die Menschen solchem Wort gläuben und das Jawort darzu geben:

So[3] soll doch weder Prediger noch Zuhörer an dieser Gnade und Wirkung des Heiligen Geistes zweifeln, sondern gewiß sein, wenn das Wort Gottes nach dem Befehl und Willen Gottes rein und lauter geprediget, und die Menschen mit Fleiß und Ernst zuhören und dasselbige betrachten, daß gewißlich Gott mit seiner Gnade gegenwärtig sei und gebe, wie gemelt, das der Mensch | sonst | aus seinen eignen Kräften weder ' nehmen noch geben kann. Dann von der Gegenwärtigkeit, Wirkungen und Gaben des Heiligen Geistes soll und kann man

annuntiationem ac meditationem evangelii de gratuita et clementissima peccatorum remissione in Christo scintillula fidei in corde ipsius accenditur, quae remissionem peccatorum propter Christum amplectitur et sese promissione evangelii consolatur, et hoc modo spiritus sanctus, qui haec omnia operatur, in cor mittitur. Galat. 4.

Etsi autem utrunque, tum concionatoris plantare et rigare, tum auditoris currere et velle, frustra omnino essent, neque conversio sequeretur, nisi spiritus sancti virtus et operatio accederet, qui per verbum praedicatum et auditum corda illuminat et convertit, ut homines Verbo credere et assentire possint: tamen neque concionator neque auditor de hac spiritus sancti gratia et operatione dubitare debent. Quin potius uterque certo sciat, si verbum Dei iuxta mandatum et voluntatem Dei pure et sincere praedicatum fuerit et homines diligenter et serio auscultaverint illudque meditati fuerint, certissime Dominum gratia sua praesentem adesse et largiri ea, ut paulo ante dictum est, quae homo alias suis propriis viribus neque accipere neque dare potest. De praesentia enim, operatione et donis spiritus sancti non semper ex sensu[4] (quomodo videlicet et quando in corde sen-

M 602

---

7 also statt [zugleich] A   also > c r   8 (wölcher bis wirket) > H   9 geben + der dies alles wirket H   gegeben + [welchen den alten Adam zu töten oder das Herz von der angebornen Blindheit, Verkehrung und Bosheit zu entledigen und zu reinigen und ein neues reines Herz oder neuen Willen zu schaffen anfähet, welcher nun durch Kraft und Hülfe des heiligen Geistes, der in den wiedergebornen Menschen wohnet, sich dem Willen Gottes untergeben und wahrhaftig an Christum gläuben und dem angebornen Zweifel und bösen Neigungen und Lüften widerstehen kann etc., und bittet immerdar um Vermehrung des Glaubens, Trost, Hoffnung, Freud und Liebe Gottes und hat einen festen Vorsatz, mit sonderlichem Fleiß und Fürsichtigkeit den bösen Anreizungen der sündlichen Natur zu widerstehen und die Sünde zu meiden und unserm Herrn Gott in wahrer Furcht, Liebe, Anrufung, Geduld, Sanftmut und allen andern Tugenden von Herzen gehorsam zu sein etc.] A   16 gehörte + und betrachte H, urspr. A   die] diese f s   26 betrachten] bewahren z   30 nehmen noch geben ~ g k l p q, urspr. e   32 man > c f r s x

4 quae] ut   6 amplectitur] amplectatur   7 consolatur] erigat

---

[1]) Darüber | Wirt. Henn. Baden. |; Maulbronner Bedenken (Heppe III B 358). Gegen Melanchthon: „Cumque Deus remittit peccata, simul donat nobis Spiritum S., qui novas virtutes in piis efficit." Loci 1535, CR XXI 421.   [2]) Zur Tilgung [und betrachte] am Rand | Brand. Churfürsten. Wirt. Baden. Henn. |; kurbrandenb. Bedenken zum TB: „darnach zum andern haben die Geistlichen geschlossen, damit es nicht hab das Ansehen, daß auch ein unwiedergeborner Mensch vor sich alleine das göttliche Wort betrachten könne, daß man zu dem Wort Betrachten das Wörtlein heilsamb setze, oder aber das Wörtlein an demselben Ort ganz auslassen möge".   [3]) Das Maulbronner Gutachten schlägt vor, den folgenden Abschnitt: „So soll doch weder..." „außenzulassen" (Heppe III B 358). Ebenso die Mansfelder.   [4]) Vgl. Fischer, Autorität. 111.

nicht allewege ex sensu, wie und wenn mans im Herzen empfindet, urteilen, sondern, weils oft mit großer Schwachheit verdeckt wird und zugehet, sollen wir aus und nach der Verheißung gewiß sein, daß das gepredigte, gehörte[1] Wort Gottes sei ein Ambt und Werk des Heiligen Geists, dardurch er in unsern Herzen gewißlich kräftig ist und wirket, 2. Cor. 2.[2]

Da aber ein Mensch die Predigt nicht hören noch Gottes Wort lesen ⟨will⟩[3], sondern das Wort und die Gemeine Gottes verachtet und stirbet also und verdirbet in seinen Sünden, der kann weder Gottes ewiger Wahl sich trösten, noch seine Barmherzigkeit erlangen, dann Christus, in dem wir erwählet sein, allen Menschen seine Gnade im Wort und heiligen Sakramenten anbeut und ernstlich will, daß man es hören soll, und hat verheißen, wo „zweene oder dreie" in seinem Namen „versammlet sein" und mit seinem heiligen Wort umbgehen, will er „mitten unter ihnen" sein[4].

Da aber ein solch Mensch verachtet des Heiligen Geistes Werkzeug und will nicht hören, so geschicht ihme nicht unrecht, wenn der Heilige Geist ihn nicht erleuchtet, sondern in der Finsternus seines Unglaubens stecken und verderben lässet, davon geschrieben stehet: „Wie oft habe ich deine Kinder versammeln wollen, wie eine Henne versammlet ihre Jungen unter ihre Flügel, und ihr habt nicht gewollt?" Matth. 23.[5]

Und[6] in diesem Fall mag man wohl sagen, daß der Mensch nicht seie ein Stein oder

tiuntur) iudicari debet aut potest; sed quia haec saepe multiplici infirmitate contecta fiunt, ex promissione verbi Dei certo statuere debemus, quod verbum Dei praedicatum et auditum revera sit ministerium et organon spiritus sancti, per quod in cordibus nostris vere efficax est et operatur.

At si homo quispiam neque verbum Dei audire neque legere velit, sed potius ministerium verbi et ecclesiam Dei contemnat et in peccatis suis ita moriatur et pereat is neque ex aeterna Dei praedestinatione quicquam consolationis capere, neque misericordiam apud Deum consequi potest. Christus enim, in quo electi sumus, omnibus hominibus clementiam suam in verbo et sacramentis offert et serio vult, ut verbum illud audiatur, ac promisit: Ubicunque duo aut tres in nomine eius congregati fuerint, et verbum eius pie tractaverint, ibi se in medio ipsorum adfuturum.

Quare cum homo profanus instrumenta seu media spiritus sancti contemnit neque verbum Dei audire vult: non fit illi iniuria, si a spiritu sancto non illuminetur, sed in tenebris infidelitatis suae relinquatur et pereat. De hac re sic scriptum exstat: Quoties volui congregare filios tuos quemadmodum gallina congregat pullos suos sub alas, et noluisti?

Et hac ratione recte etiam dici potest hominem non esse lapidem aut trun-

---

4 verdeckt] verderpt *x*, urspr. auch ä   6 gehörte + und betrachte *H ö.* urspr. *A*
11 hören] höret *g k l p v*   lesen] liest *g p z*   lesen + oder betrachten *H*, noch betr. ö, urspr. *A*   will: in *A* als >will< wie⟩r ausradiert > *f n o t v x ä*   12 Wort + Gottes *f* Gottes> *f*   15 noch] auch *v*   19 er... ich will ~ *g m n o t u x*   22 umbgehen + da *g n x*   27 wenn + ihn *p*   28 Geist > *v*   ihn > *p u*   35—S. 897, 36 Und *bis* wöllet |*statt* [Denn daß der Mensch dem Heiligen Geist widerstreben könnte und leider allzu oft widerstrebe, wenn er durchs Wort in ihm wirken will, ist leider allzu wahr. Es ist aber eine große, schwere Sünde, dardurch der Heilige Geist betrübet und verbittert wird, wie solchs in andern unserer Kirchenschriften vielfältig und ausführlich erklärt worden.

Es ist aber allhie auch diese Erinnerung nötig, daß Gott in des Menschen Verstand und Willen, den er bekehret, nicht allerding wie in einem Stein oder Holz, welchs nichts darumb weiß, solchs auch nicht empfindet noch will, wirket, vertilget auch nicht des alten Menschen

35 hac] huius rationis et rebellionis

---

[1]) Am Rand | Brand. Churfürsten. Wirtemb. Henn. Baden |; vgl. S. 891, Anm. 3 u. S. 893, Anm. 2.   [2]) 2. Kor. 2, 14 ff., vgl. 3, 5. 6.   [3]) In *A* ist >will< über [oder betrachten] offenbar wieder ausradiert; am Rand: | Brand. Churfürsten. Wirtemb. Baden. Hennenberg. |, vgl. S. 893, Anm. 2   [4]) Matth. 18, 20.   [5]) Matth. 23, 37.   [6]) Am Rand | Wirt. Bad. Henn. Mechelburg ; vgl. Heppe IIIB 358, 359: fast wörtlich die einzelnen Absätze bis S. 897, 22 ... williglich opfern. Auch das Rostocker Gutachten zum TB verlangt die Streichung der breiten Ausführungen an diesem Ort (Schütz, Vita II App. 51).

* Vgl. auch Balthasar, Hist. IV 41 f.

Block. Dann ein Stein oder Block widerstrebet dem nicht, der ihn beweget, verstehet auch nicht und empfindet nicht, was mit ihme gehandelt wird, wie ein Mensch Gott dem Herrn widerstrebet mit seinem Willen solang, bis er bekehret wird. Und ist gleichwohl wahr, daß ein Mensch vor der Bekehrung dennoch ein vernünftige Kreatur ist, welche ein Verstand und Willen hat, doch nicht ein Verstand in göttlichen Sachen oder einen Willen etwas Guts und Heilsams

cum. Lapis enim aut truncus non reluctatur ei, a quo movetur, sed neque intelligit aut sentit, quid secum agatur, sicut homo Deo sua voluntate reluctatur, donec ad Dominum conversus fuerit. Et tamen verum est, quod homo etiam ante conversionem sit creatura rationalis, quae intellectum et voluntatem habeat (intellectum autem non in rebus divinis, et voluntatem, non ut bonum et salutare aliquid velit); sed tamen ad

Substanz und Wesen, Leib, Seel und Herz, schaffet auch nicht ein neuen Leib und Seel, soviel die Substanz belanget, sondern erlediget und reiniget des alten Adams Verstand, Herz und Willen von der angebornen Blindheit, Sünde und Bosheit und verneuert sie und bringet sie zurecht, also daß des Menschen Verstand, so von Natur unwissend und blind, durch das gepredigte Wort des Evangelii erleuchtet, und ein neu Licht der wahren Erkenntnus Gottes und Glaubens darinnen anzündet. Und wiewohl des Menschen Verstand darzu, daß er erstlich erleuchtet und das erste Fünklein des Glaubens in ihm angezündet wird, ganz nichts zuvor aus seinen Kräften mitwirken und helfen kann, so verstehet er doch und weiß, wenn er nun durch den Glanz der Sonnen der Gerechtigkeit oder von dem Sohn Gottes erleuchtet ist, daß er Gott recht erkenne, und gedenket und glaubet selber, was zu wahrer Erkenntnus Gottes und seiner Seligkeit gehöret, und kann nun aus Gnad und Hülf des Heiligen Geistes gottselige Gedanken, guten Rat und heilsame Lehr etlichermaßen verstehen, betrachten und mitwirken.

Also bekehret Gott des Menschen Herz und Willen, welcher von Gott ganz abgekehrt und aus eigner Kraft und mit seinem modo agendi, das ist, mit seiner Weise oder Geschicklikeit zu wirken, in geistlichen Sachen nichts anders als das Böse und das Gott zuwider ist, tun kann, daß er dasselbige Wesen des Menschen nicht vertilget oder gänzlich ausrottet, sondern durch die Predigt seins Worts den Willen des Menschen ändert, den alten Menschen in ihme tötet und den neuen schaffet und also durch die Betrachtung göttlicher Warnungen und Verheißung erneuert und wiederumb zu sich zeucht und bekehret und mit seiner göttlichen Kraft und Wirkung demselbigen hilft, daß er forthin willig und gern Gott glauben, fürchten, lieben, anrufen und ihm dienen will und kann. Und das heißet die Schrift den Menschen wiedergebären, das steinerne Herz wegnehmen und ein neues Herz schaffen und geben.

Derhalben ist des Menschen Will nicht gänzlich als ein Stock und Block, welcher, ob er schon von außen mit Gewalt beweget wird, dennoch hernach dieselbige Regung nicht empfindet, verstehet, begehrt, noch Gott dafür danket.

Des Menschen Will aber, wenn er von außen durch Gottes Wort, das er höret und betrachtet, und im Herzen durch Gottes Geist beweget, gezogen, bekehret, erleuchtet, erneuert und wiedergeboren und aus einem bösen, unwilligen Willen gutwillig worden ist, so wird er nicht per modum coactionis, das ist, aus Zwang, darzu gedrungen, sondern will und begehret und tut nach dem neuen, innerlichen Menschen forthin willig, gern und mit Freuden (wiewohl noch immer das Fleisch gelüstet wider den Geist und viel Schwachheit mit anklebet) was Gott gefällig, und danket Gott von Herzen, daß er zu ihme bekehret ist.

Diese Erklärung zeiget deutlich genug an, daß auch in der Bekehrung zwischen des Menschen Willen und einem Stein oder Block gar ein großer Unterschied ist.

Viel weniger ist des Menschen Verstand und Wille einem Stein oder Block zu vergleichen in äußerlichen und weltlichen Sachen, so der Vernunft unterworfen sein, und noch viel weniger nach der Wiedergeburt, wenn er nun aus der Sünden Gefängnis entlediget, gefreiet und bekehret ist und Hülf hat vom Heiligen Geist, welcher nicht müßig ist in den Auserwählten, sondern zündet an ein Licht und Flammen in den Seelen und Herzen und erneuert das Bildnus Gottes in ihnen, daß sie anfangen, ihme gleichförmig zu werden in wahrer Gerechtigkeit und Heiligkeit, und ihm dienen in guten Werken, die er bereitet hat, daß sie darinnen wandeln.] A

1 Block] Klotz ü 2 dem nicht ~ H c f r s y ä ü 3 empfindet + auch v 9 ist] sei B 11 Guts + [zu wöllen] A und] oder f i

10/1 bonum bis aliquid] aliquid boni et sani

zu wöllen. Jedoch kann er zu seiner Bekehrung (wie daroben[1] auch gemeldet) ganz und gar nichts ton und ist in solchem Fall viel ärger dann ein Stein und Block, dann er widerstrebet dem Wort und Willen Gottes, bis Gott ihne vom Tode der Sünden erwecket, erleuchtet und verneuert.

Und wiewohl Gott den Menschen nicht zwinget[2], daß er muß frumb werden (denn wölche allezeit dem Heiligen Geist widerstreben und sich für und für auch der erkannten Wahrheit widersetzen, wie Stephanus von den verstockten Juden sagt, Act. 7.[3], die werden nicht bekehret), jedoch zeucht Gott der Herr den Menschen, wölchen er bekehren will, und zeucht ihn also, daß aus einem verfünsterten Verstand ein erleuchter Verstand, und aus einem widerspenstigen Willen ein gehorsamer Wille wird. Und das nennet die Schrift[4] ein neues Herz erschaffen.

Derhalben kann auch nicht recht gesagt werden, daß der Mensch vor seiner Bekehrung ein modum agendi[5] oder eine Weise, nämlich etwas Guts und Heilsams in göttlichen Sachen zu wirken, habe. Dann weil der Mensch vor der Bekehrung „tot ist in Sünden", Eph. 2.[6], so kann in ihme kein Kraft sein, etwas Guts in göttlichen Sachen zu wirken, und hat also auch kein modum agendi oder Weise, in göttlichen Sachen zu wirken. Wann man aber davon redet, wie Gott in dem Menschen wirke, so hat gleichwohl Gott der Herr ein andern[7] modum agendi oder Weise, zu wirken in einem Menschen als in einer vernünftigen Kreatur und ' eine andere, zu wirken in

conversionem suam (ut saepe iam est dictum) prorsus nihil conferre potest. Et hac in parte multo est deterior lapide aut trunco, quia repugnat verbo et voluntati Dei, donec Deus eum a morte peccati resuscitet, illuminet atque renovet.

Etsi autem Dominus hominem non cogit, ut convertatur (qui enim semper spiritui sancto resistunt et veritati agnitae perseverantes repugnant, quod sanctus Stephanus induratis Iudaeis tribuit, hi non convertuntur): attamen trahit Deus hominem, quem convertere decrevit. Sic autem eum trahit, ut ex intellectu caecato illuminatus fiat intellectus, et ex rebelli voluntate fiat prompta et obediens voluntas. Et hoc ipsum scriptura vocat novum cor creare. Eam ob causam etiam non recte dicitur hominem ante conversionem in rebus spiritualibus habere modum agendi aliquid, quod sit bonum et salutare. Cum enim homo ante conversionem in peccatis mortuus sit, non potest in ipso aliqua vis ad bene agendum in rebus spiritualibus inesse: itaque non habet modum agendi seu operandi aliquid in rebus divinis. Quando vero de eo agitur, quomodo Deus in homine operetur, verum quidem est, quod Deus alium modum agendi habeat in homine, utpote in creatura rationali, et alium modum in alia aliqua irrationali creatura, vel in lapide aut trunco: nihilominus ea de causa homini ante conversionem eius modus agendi aliquid boni in rebus di-

---

4 und + ein *g k l* und] oder *ü* 5 Wort und Willen ~ *f* 13 Juden > *t* sagt] redet *m r* Konk 17 ein erleuchter Verstand > *c* 20 nennet] meinet *H* Schrift + wann sie setzet, daß *H* 20/1 erschaffen] schaffen *g l m n o x* erschaffen + werde *H* 23 vor] zu *ü* 29 göttlichen] geistlichen *B*, urspr. *t* 30/2 und hat bis wirken > *w y ü* 34 andern > *f r* Konk vgl. Cor.

21 ante conversionem >

---

[1]) Vgl. S. 879, 30 ff. [2]) Zur Frage der coactio bei der Bekehrung: Disp. Vinar. sess. IV/V, besonders S. 88 ff., Flacius, De coactione hominis aut libero arbitrio = Disp. Vinar. 300 bis 308. [3]) Apg. 7, 51. [4]) Vgl. Ps. 51, 12. [5]) Um den modus agendi kämpft Strigel gegen Flacius (Disp. Vinar. besonders sess. VI, III ff.). Neben ihm auch Stößel. Der Begriff entspricht der — formalen — capacitas (passiva) des lib. arb. als Gegenstandes der Rettung und der Heiligung durch Wiederherstellung der durch den Fall verlorengegangenen efficacia seu facultas credendi; Strigel, Loci theol. ... ed. Chr. Pezel, 1581, Tom. I 368—374. Declaratio confessionis Vict. Strigelii (Schlüsselburg V, 86 ff.). Der modus agendi meint die verbliebene Vernünftigkeit des Menschen gegenüber den sonstigen Kreaturen (Schlüsselburg V, 88). In einer Durchkreuzung „theologischer" und „philosophischer" Betrachtungsweise wird gegenüber einer coactio, auch einer coactio spiritualis, in der Bekehrung, also gegenüber der flacianischen „Klotzbuß" oder „Klotzbekehrung", der modus agendi betont und beschrieben (Disp. Vinar. 27. 98 f.). [6]) Eph. 2, 5. [7]) Gegen die Flacianer, etwa Amsdorfs Sententia de Declaratione Victorini 1562 (Schlüsselburg V 537), die den Satz Strigels, quod Deus aliter agat cum homine quam cum reliquis creaturis, abweist.

Solida Declaratio, II. Vom freien Willen.

einer andern unvernünftigen Kreatur oder in einem Stein und Block. Jedoch kann nichtsdestoweniger dem Menschen vor seiner Bekehrung kein modus agendi oder einige Weise, in geistlichen Sachen etwas Gutes zu wirken, zugeschrieben werden.

Wann aber der Mensch bekehret worden und also erleuchtet ist, und sein Wille verneuert, alsdenn so will der Mensch Guts (soferne er neugeboren oder ein neuer Mensch ist) und „hat Lust am Gesetz Gottes nach dem innerlichen Menschen", Ro. 7.[1] und tut forthin soviel und solang Guts, soviel und so lang er vom Geist Gottes getrieben wird, wie Paulus sagt[2]: „Die vom Geist Gottes getrieben werden, die sind Gottes Kinder." Und ist solcher Trieb des heiligen Geistes nicht eine coactio oder ein Zwang, sundern der bekehrte Mensch tut freiwillig Guts, wie David sagt[3]: „Nach deinem Siege wird dein Volk willigich opfern." Und bleibt gleichwohl auch in den Wiedergebornen, das S. Paulus geschrieben, | Ro. 7. | [4]: „Ich hab Lust an Gottes Gesetz nach dem inwendigen Menschen, ich sehe aber ein ander Gesetz in meinen Gliedern, das da widerstreitet dem Gesetz in meinem Gemüt und nimbt mich gefangen in der Sünden Gesetz, wölchs ist in meinen Gliedern." Item: „So diene ich nun mit dem Gemüte dem Gesetz Gottes, aber mit dem Fleisch dem Gesetz der Sünden." Item, Gal. 5.: „Das Fleisch gelüstet wider den Geist, und den Geist wider das Fleisch; dieselbige sind wider einander, daß ihr nicht tut, was ihr wöllet." |

| Daraus dann folget, | alsbald der Heilige Geist, wie gesagt, durchs Wort und heilige Sakrament solch sein Werk der Wiedergeburt und Erneuerung in uns angefangen hat, so ist es gewiß, daß wir | durch[5] die Kraft des Heiligen Geists mitwirken können und sollen, wiewohl noch in großer Schwachheit, | solches aber nicht aus unsern fleisch-

vinis tribui non potest. Quando vero 63 iam homo est conversus et illuminatus, eiusque voluntas renovata est, tunc homo vult bonum, quatenus renatus et novus homo est, et lege Dei delectatur, secundum interiorem hominem. Et in posterum tantum boni et tamdiu bonum operatur, quantum et quamdiu a spiritu Dei impellitur, sicut divus Paulus ait: Qui spiritu Dei aguntur, hi sunt filii Dei. Haec autem agi- 64 tatio spiritus sancti non est coactio, sed homo conversus sponte bonum operatur, quemadmodum David inquit: Post victoriam tuam populus tuus tibi spontaneus offeret. Et tamen simul etiam in renatis lucta carnis et spiritus reliqua manet, de qua Paulus ait: Delector lege Dei secundum interiorem hominem, video autem aliam legem in membris meis, repugnantem legi mentis meae, et captivantem me in lege peccati, quae est in membris meis. Et ibidem: Servio igitur mente legi Dei, carne vero legi peccati. Et ad Galatas inquit: Caro concupiscit adversus spiritum, spiritus autem adversus carnem. Haec enim sibi invicem adversantur, ut non, quaecunque vultis, illa faciatis.

M 604

Ex his consequitur, quam primum 65 spiritus sanctus (ut dictum est) per verbum et sacramenta opus suum regenerationis et renovationis in nobis inchoavit, quod revera tunc per virtutem spiritus sancti cooperari possimus ac debeamus, quamvis multa adhuc infirmitas concurrat. Hoc vero ipsum, quod

---

1 unvernünftige] vernünftige ü   2 und] oder y, urspr. d   10 neugeborn] wiedergeborn n   12 Menschen + ad B   13 solang] lang B H g k l m o p r t w x y z ā Konf   15 sagt + Rom. 8. ö   17 Gottes Kinder ~ ü   18 ein > B H y   21 wird + die H   22 opfern + [daraus dann folget] A   bleibt + [alsbald] A   24 Ro. 7 > B f g l m n o p r s t u v   27 widerstreitet] widerstrebet g l m o t v   36 ihr wöllet] er wolle H   37 | Daraus bis folget | statt [Zum fünften] A   38 durchs] durch Gottes g k l n p u z   und + die viele Hss Konf   heilige > B   41 wir > k l n p u   die > B r s   41/4 | durch bis Schwachheit | statt [aus und von solcher Wirkung des heiligen Geists, wiewohl noch in großer Schwachheit, im Verstand, Herzen und Willen sein neues Licht, neue geistliche Gaben, Kraft und Vermugen zum Guten überkommen und haben, und in allen christlichen gottgefälligen Tugenden neben dem heiligen Geist mitwirken können und sollen,] A   42 Geists + wir k l m n o p t u v   können und sollen ~ c

---

[1]) Röm. 7, 22.   [2]) Vgl. Röm. 8, 14.   [3]) Pf. 110, 3.   [4]) Röm. 7, 22. 23. 25 und Gal. 5, 17.   [5]) Darüber | Wirt. Bad. Henn. | vgl. Heppe IIIB 360.

lichen, natürlichen Kräften, sondern aus den neuen Kräften und Gaben, so der Heilige Geist in der Bekehrung in uns angefangen hat, wie S. Paulus ausdrücklich und ernstlich vermahnet, daß wir „als Mithelfer[1] die Gnade Gottes nicht vergeblich empfangen",| wölchs[2] doch anderst nicht denn also soll verstanden werden, daß der bekehrte Mensch soviel und lang Guts tu, soviel und lang ihne Gott mit seinem Heiligen Geist regieret, leitet und führet; und sobald Gott seine gnädige Hand von ihm abzöge, könnte er nicht ein Augenblick in Gottes Gehorsam bestehn. Da es aber also wollt verstanden werden, daß [1]der bekehrte Mensch neben dem Heiligen Geist dergestalt mitwirkete, wie zwei Pferd[3] miteinander ein Wagen ziehen, könnte solches ohne Nachteil der göttlichen Wahrheit keinswegs zugegeben werden. |

Darumb ist ein großer Unterschied zwischen den getauften und ungetauften Menschen; denn weil nach der Lehre S. Pauli, Gal. 3.[4], „alle die, so getauft sind, Christum angezogen" und also wahrhaftig wiedergeboren, haben sie nun arbitrium libera-

cooperamur, non ex nostris carnalibus et naturalibus viribus est, sed ex novis illis viribus et donis, quae spiritus sanctus in conversione in nobis inchoavit. In quam sententiam divus Paulus expressis verbis graviter hortatur, ut curemus, ne tanquam Dei cooperarii frustra Dei gratiam acceperimus. Quod tamen sic, et non aliter intelligendum est: hominem iam conversum tantum atque tamdiu bene operari, quantum et quamdiu a Deo per spiritum sanctum ducitur, regitur et gubernatur. Quam primum enim Dominus clementem suam manum ab ipso retraheret, homo quidem ne ad minimum momentum in obedientia divina perseverare posset. Si quis vero Pauli dictum in ea sententia accipere vellet, quasi homo conversus una cum spiritu sancto eo modo cooperaretur, quemadmodum duo equi simul una currum trahunt, equidem hoc citra veritatis divinae iacturam concedi haudquaquam posset.

Quapropter ingens discrimen est inter homines baptizatos et non baptizatos. Cum enim, iuxta Pauli doctrinam, omnes, qui baptizati sunt, Christum induerint et revera sint renati, habent illi iam liberatum arbitrium, hoc est, rursus

2. Cor. 6. Συνεργοῦντες παρακαλοῦμεν: Nos, qui sumus administri seu cooperarii Dei, monemus vos, ut nostrum exemplum imitemini, qui estis arvum et aedificatio Dei, 1. Cor. 3.; ne gratia Dei in vobis sit inanis, 1. Cor. 15., sed ut sitis templum Dei viventis et habitantis in vobis, 2. Cor. 6.

4/5 ausdrücklich und ernstlich ~ f   6 nicht > v   7/20 | wölchs bis werden | statt [sondern solche Gaben des Heiligen Geists in exercitiis poenitentiae, fidei, orationis, spei, patientiae, das ist, in Übung der täglichen Buß, des Glaubens, Gebets, Hoffnung und Geduld wohl gebrauchen und fleißig üben sollen. Denn Gott hat uns darum durch seine Gnade aus der Gefängnus der Sünden erlöset und durch seinen Heiligen Geist geheiliget, daß wir forthin nicht müßig und faul sein, sondern ein gute Ritterschaft üben, den Glauben und gut Gewissen behalten, den bösen Neigungen und Lüsten und des Teufels Anreizungen widerstehen und um Vermehrung des Glaubens, Trost, Hoffnung und anderer Tugenden bitten und unsern Herrn Gott mit wahrer Furcht, Liebe, Anrufung, Danksagung, Guttätigkeit, Gerechtigkeit von Herzen gehorsam sein sollen.] A   7 doch] denn Konk   9 und + so n x   11 leitet] gleitet n   führet] treibet H ö   35 so > B

6 2. Cor. 6. etc. >

---

[1]) 2. Kor. 6, 1; vgl. zur Einführung dieses Zitats die Randbemerkung in Conc 1584 (2. Kor. 6, 1; 1. Kor. 3, 9. 16; 15, 20). Die Theologen von Pfalz-Zweibrücken haben eine Korrektur dieses uneigentlichen Gebrauchs des Pauluswortes — eine schon von den Synergisten geübte Verwendung — verlangt (Hospinian „86", d. h. 85b), auch die Mansfelder. Die hier vorliegende Absicht der Auslegung, etwa in gleichem Zusammenhang bei Melanchthon, Loci 1543, CR XXI 761 und im Judicium Theol. Rostoch. zur Weimarer Konfutation 1567, vgl. Schütz, Vita I, App. 361.   [2]) Darüber | Wirt. Bad. Henn. | vgl. Heppe IIIB 360.   [3]) Das Bild z. B. bei Strigel, Disp. Vinar. 226.   [4]) Gal. 3, 27.

tum¹, das ist, wie Christus sagt, „sie seind wiederumb frei gemacht"², der Ursach denn sie nicht allein das Wort hören, sondern auch demselben, |³ wiewohl in großer Schwachheit, | Beifall tun und annehmen können.

| Dann⁴ weil wir in diesem Leben allein die Erstlinge des Geists empfangen, und die Wiedergeburt nicht vollkommen, sunder in uns allein angefangen, bleibet der Streit und Kampf |des Fleisches wider den Geist auch in den auserwählten und wahrhaftig wiedergebornen Menschen, da unter den Christen nicht allein ein großer Unterscheid gespüret, daß einer schwach, der ander stark im Geist, sunder es befindets auch ein jeder Christen bei sich selbs, daß er zu einer Zeit freidig im Geist, zur andern Zeit forchtsam und erschrocken, zu einer Zeit brünstig in der Liebe, stark im Glauben und in der Hoffnung, zur andern Zeit kalt und schwach sich befundet.

Da aber |die⁵ Getauften | wider das Gewissen gehandelt, die Sünde in ihnen herrschen lassen und also den Heiligen Geist in ihnen selbst betrübet und verloren, | derſen⁵ sie zwar nicht wieder getauft, sunder | müssen wiederumb bekehret werden, inmaßen hievor notdüftig vormeldet worden.

liberati sunt, ut Christus testatur. Unde etiam non modo verbum Dei audiunt, verum etiam, licet non sine multa infirmitate, eidem assentiri illudque fide amplecti possunt.

Cum enim in hac vita tantum primitias 68 spiritus acceperimus, et regeneratio nondum sit absoluta, sed solummodo in nobis inchoata: manet perpetua quaedam lucta inter carnem et spiritum M 605 etiam in electis et vere renatis hominibus. Et quidem non modo inter Christianos magnum discrimen deprehenditur, quorum hic infirmus ille robustus est spiritu, verum etiam hanc diversitatem quilibet Christianus in semet ipso animadvertere potest, se nunc quidem excelso animo esse et ad omnia virtute spiritus paratum promptumque, nunc vero timido et trepido; et iam quidem caritate ardere, firmum in fide et spe esse, post vero frigere, et imbecillitatem suam sentire.

Cum vero homines baptizati contra 69 conscientiam aliquid patrarint et peccato in mortali suo corpore dominium concesserint atque ita spiritum sanctum in se ipsis contristarint et amiserint: non opus est quidem, ut rebaptizentur; necesse est autem, ut rursus convertantur, de qua re antea satis dictum est.

2/3 denn sie] sie dann c   3 hören] reden f   4/5 wiewohl bis Schwachheit > H
5 können + wiewohl in großer Schwachheit H   9 angefangen + so n t v x
24 da + sie H, urspr. A   27 betrübet] betrüben H   29 verloren] verlieren H   29 müssen + [sie] A   30 hievor] wie vor z   worden + [Es muß aber allhier auch auf diesen Unterscheid gut achtgegeben werden. Denn nach der Auferstehung im ewigen Leben wird die menschliche Natur in den auserwählten Seligen an Leib und Seel und in allen Kräften von der Sünden ganz und gar gereiniget sein. Da dann der Mensch nicht allein die vollkommene Freiheit haben, so er vor dem Fall gehabt, daß er nämblich ohne einige Neigung zur Sünde und ohne allen Widerwillen und Widerspenstigkeit mit allen Kräften dem Willen Gottes freiwillig und vollkömmlich unterworfen, gleichförmig und ähnlich sein wird, sondern wird in seiner Freiheit eine solche Vollkommenheit haben, daß er in derselbigen Gnaden von Gott bestätiget, ewiglich, wie die lieben Engel nimmermehr sündigen noch von Gott abtreten, sondern allzeit bei dem Herrn sein und bleiben wird. Aber in diesem Leben, weil der Heilige Geist das Werk der Wiedergeburt und Erneuerung nicht alsbald auf einmal vollkömblich in uns wirket, sondern in großer Schwachheit in diesem Leben angefangen, von Tage zu Tage durch den Heiligen Geist gestärket und gemehret und allererst im künftigen Leben vollkommen sein wird, so mußten die Leute mit Fleiß vermahnet werden, daß der Verstand, Herz und Will in denen, da der Heilige Geist, das Werk der Verneuerung anfähet, nicht solle so lange müßig sein, bis die Verneuerung vollkommen geschehe, oder bis der Mensch merken oder empfinden könne, daß er mit Gewalt von Gott gezogen werde, sondern, da ein Christ nur ein Fünklein solcher Gnaden hat, daß er gern in Gottes Gnade sein wollte, der soll wissen, daß Gott diesen Anfang in ihme gemacht habe

8/9 in nobis >   28 amiserint] excusserint

¹) Nach Augustinus, etwa Enchiridion 30, MSL XL 247, u. o.   ²) Joh. 8, 36.   ³) und
⁴) Je über den Einfügungen: | Wirt. Bad. Henneb. |; vgl. etwa Heppe IIIB 360.
⁵) Darüber je | Wirt. Baden. Henn. |; vgl. Heppe IIIB 361.

und daß er dieses angezündete schwach glimmende Fünklein weiter aufwecken und stärker machen wolle.

Wir sollen aber beides, die Betrachtung der göttlichen Zusag und wahrhaftige Anrufung, fleißig treiben und mit dem betrübten Mann, Mar. 9, sprechen: Ich glaube, Herr, aber ich bitte dich, hilf meinem schwachen Glauben. Wir sollen auch wissen, daß Gottes ernstlicher Wille und Befehlich sei, daß wir der Verheißung glauben sollen und, obschon der Glaube in uns schwach, daß er dennoch Gott angenehm sei, wo wir nur selbst solchen in uns nicht ganz und gar verlöschen lassen, sondern durch tägliches Gehör und Betrachtung des göttlichen Worts erwecken und umb Vormehrung und Stärkung desselben bitten, dergestalt dann der heilige Geist unser Schwachheit aufhilft. Darum sollen die Bekehrten fleißig vermahnet werden, daß sie die empfangnen Gaben nicht wiederum durch Nachlässigkeit oder Mutwillen vorlieren oder von sich stoßen, sondern fleißig, wie gemelt, üben und brauchen und allzeit gedenken an den Spruch Christi Luc. 8: Wer da hat, dem wird gegeben, wer aber nicht hat, von dem wird genommen auch das er meinet zu haben. Darum Christus Luc. 11 spricht: Wie viel mehr wird euer himmlischer Vater den Heiligen Geist geben denen, die ihn darum bitten.

Röm. 6: So lasset nun die Sünde nicht herrschen in eurem sterblichen Leibe, denn die Sünde wird nicht herrschen können über euch, sintemal ihr nicht unter dem Gesetz, sondern unter der Gnade seit. Phil. 2: Schaffet mit Furcht und Zittern eur Seligkeit, denn Gott ist, der in euch wirket beide, das Wollen und das Tun nach seinem Wohlgefallen. 2. Tim. 1: Erwecke die Gabe Gottes, die in dir ist, denn Gott hat uns geben den Geist der Kraft und der Liebe.

Also kommen in diesem innerlichen neuen Gehorsam in dem Bekehrten zu wirken drei Ursachen zusammen. Die erste und fürnehmbste ist Gott Vater, Sohn und Heiliger Geist, welcher durch sein Wort in uns kräftig und tätig ist, ohn den wir nichts tun können. Die ander ist Gottes Wort, nämblich Gottes Befehl, Drauung und Verheißung, so uns in seinem Wort vorgehalten werden, welches wir mit allem Fleiß hören, lesen und betrachten sollen. Die dritte ist des Menschen Verstand, so durch den Heiligen Geist erleuchtet, welcher Gottes Befehl betrachtet und vorstehet, und unser neuer und wiedergeborner Wille, der vom Heiligen Geist regieret wird und nun herzlich gern und willig, wiewohl in großer Schwachheit begehrt Gottes Wort und Willen untertänig und gehorsam zu sein.

Jedoch bleibet auch in den Wiedergebornen und Bekehrten noch große Schwachheit, Ungehorsam und Widerspenstigkeit des alten, natürlichen, freien Willens wider Gottes Gesetz und Willen, welcher viel böser Neigungen zu Zweifel, Sicherheit, Hoffart, Mißtrauen, Ungeduld, Rachgier und andre böse Lust und Begierden, so wider Gottes Gesetz feindlich streiten erwecket, wie S. Paulus von sich selber saget, daß in ihm die bösen Neigungen in seinen Gliedern einen feindlichen Krieg führen und heftig widerstreben dem Gesetze Gottes; und Gala. 5 beschreibet er einen ewigen und in diesem Leben nimmermehr aufhörenden Krieg zwischen dem Geist und Fleisch, wie das auch aller Heiligen Erfahrung und trauriges Klagen ausweisen.

Derhalben wir für und für und zu aller Zeit auch nach der Bekehrung, wenn wir schon wiedergeboren sind, des heiligen Geistes Gnade und Hülfe bedürfen, der mit seiner Wirkung immerdar bei uns sein, unsrer Schwachheit aufhelfen, das angefangene Werk, fördern, stärken, mehren, erhalten und bis ans Ende vollführen muß, Röm. 8; 1. Cor. 1; Phil. 1; 1. Petr. 5; welches geschicht, wenn wir uns nach angefangener Verneuerung des Heiligen Geistes ohne Unterlaß zum Wort und Sakrament fleißig halten, in den angefangenen geistlichen Gaben uns fleißig üben, und Gott um Hülf und Beistand des Heiligen Geistes ohne Unterlaß anrufen, wie der heilige Augustinus dies fein richtig und rund mit dem Unterschied gratiae operantis und cooperantis, das ist, der Gnaden Gottes, da er in uns wirket und wir aus seiner Gnade mitwirken, gefasset. Denn wenn der Heilige Geist ohne unsers natürlichen freien Willens Zutun und Mitwirken das gute Werk der Bekehrung durchs Wort in uns anhebet, das heißet Augustinus gratiam praevenientem et operantem, das ist, die Gnade, mit welcher Gott unsern Willen vorkömbt und in uns wirket. Weil wir aber zu den neuen geistlichen Gaben und Bewegungen noch immer des Heiligen Geistes Gnade, Hülf und Beistand bedürfen, das heißet Augustinus gratiam subsequentem, adiuvantem et cooperantem etc., das ist, die nachfolgende Gnade Gottes, da Gott unserm erneuerten Willen hilft und mitwirket, wenn der Mensch schon aus lauter Gnaden bekehrt worden ist.

Dies sei also nach Gelegenheit dieser Schrift eine summarische Erklärung der controversiae oder Zwiespalt vom freien Willen, welches alles dahin gerichtet, daß man nicht allein von diesem Artikel recht in der Schulen disputieren und vor der Gemeine Gottes

Denn[1] das ist einmal wahr, daß in wahrhaftiger Bekehrung müsse ›ein‹ Änderung, neue Regung[2] und Bewegung im Verstand, Willen und Herzen geschehen, daß nämlich das Herz die Sünde erkenne, für Gottes Zorn sich fürchte, von der Sünde sich abwende, die Verheißung der Gnaden in Christo erkenne und annehme, gute geistliche Gedanken, christlichen Fürsatz und Fleiß habe und wider das Fleisch' streite, etc. Dann wo der keines geschicht oder ist, da ist auch keine wahre Bekehrung. Weil aber die Frage ist de causa efficiente[3], das ist, wer solchs in uns wirke, und woher der Mensch das habe und wie er darzu komme, so berichtet diese Lehr: Dieweil die natürlichen Kräften des Menschen darzu nichts tun oder helfen können, 1. Cor. 2; 2. Cor. 3.[4], daß Gott aus unermeßlicher Güte und Barmherzigkeit uns zuvorkomme und sein heiliges Evangelion, dardurch der Heilige Geist solche Bekehrung und Verneuerung in uns wirken | und ausrichten | will, predigen lasse und durch die Predig und Betrachtung seir s Worts den Glauben und andere gottselige Tugenden in uns anzündet, daß es Gaben und Wirkungen des Heiligen Geistes allein sein; und weiset uns diese Lehr zu den Mitteln, dardurch der Heilige Geist solchs anfangen und wirken will, erinnert auch, wie dieselbigen Gaben erhalten, gestärket und gemehret werden, und vermahnet, daß wir dieselbige Gnade Gottes an uns nicht sollen lassen vergeblich sein, sondern fleißig üben, in Betrachtung, wie schwere Sünde es sei, solche Wirkung des Heiligen Geistes hindern und widerstreben.

Aus dieser gründlichen Erklärung der ganzen Lehr vom freien Willen könnten nun

Hoc enim certissimum est in vera conversione immutationem, renovationem et motum fieri oportere in hominis intellectu, voluntate et corde, ut nimirum hominis mens peccata agnoscat, iram Dei metuat, a peccato sese avertat, promissionem gratiae in Christo agnoscat et apprehendat, pias cogitationes animo agitet, bonum propositum habeat atque diligentiam in moribus suis regendis adhibeat et contra carnem pugnet. Ubi enim nihil horum fit, ibi procul dubio etiam non est vera ad Deum conversio. Cum autem quaestio sit de causa efficiente, hoc est, quisnam haec in nobis operetur, unde homo hoc ipsum habeat, et quomodo id consequi possit, haec pia doctrina ostendit horum bonorum fontem, hoc videlicet modo: Cum naturales hominis vires ad veram conversionem nihil conferre, aut quicquam adiumenti adferre possint, Deus ineffabili bonitate et misericordia nos praevenit, et evangelion (per quod spiritus sanctus conversionem et renovationem in nobis operari et perficere vult) annuntiari curat, et per verbi sui praedicationem et meditationem fidem aliasque pietatis virtutes in nobis accendit, ita quidem, ut haec omnia solius spiritus sancti dona sint atque operationes. Quin etiam haec sincera doctrina ostendit nobis media, per quae spiritus sanctus haec, quae diximus, in nobis vult inchoare et efficere, et monet, quomodo haec dona conserventur, confirmentur et augeantur et hortatur, ut gratiam illam divinam non frustra acceperimus, sed ut dona illa sedulo exerceamus, cogitantes, quam grave sit peccatum, tales spiritus sancti operationes impedire aut illis resistere.

Ex hac solida totius doctrinae de libero arbitrio explicatione de quae-

und dem einfältigen Laien ohne Ergernus und Vorwirrung der Gewissen reden soll, sondern auch, wie solche Lehre in rechter christlicher Übung zu Erbauung und Erweckung wahrhaftiger Gottseligkeit gebraucht werden muge.] A

3 neue Regung] Neuerung c, urspr. H 8 gute] und die H 10 Dann] Und m 10/1 Dann wo der] Und wann denn deren z 25/6 den bts Tugenden > l gottselige] gottgefällige H w 28 und > c 35 wie + eine c 44 vom] und p könnten] können Konk kommen p q

27 et perficere >

---

[1]) Der ganze Absatz bis „... und widerstreben" Z. 37, war getilgt. Am Rand: | Dieser § [möcht] bleibe[n]t und soll auch ausgeschrieben werden bis auf den nachfolgenden § Aus dieser |.   [2]) Zur Lesart „Neuerung", die auch in Hss des TB begegnet, vgl. renovationem in Conc 1584.   [3]) Zum Unterschied von der causa formalis oder dem modus agendi (Disp. Vinar. 218); vgl. S. 871, Anm. 1 und S. 896, Anm. 5.
[4]) 1. Kor. 2, 4—12; 2. Kor. 3, 4—12.

auch zum letzten die | eingefallene¹ Fragen, darüber nun etlich viel Jahr in den Kirchen Augsburgischer Konfession gestritten worden | (An homo ante, in, post conversionem Spiritui Sancto repugnet? vel pure passive se habeat? An homo convertatur ut truncus? An Spiritus Sanctus detur repugnantibus? et an conversio hominis fiat per modum coactionis? das ist: ob der Mensch vor, in oder nach seiner Bekehrung dem Heiligen Geist widerstrebe und ob er ganz und gar nichts tue, sondern allein leide, was Gott in ihm wirket? Item, ob der Mensch in der Bekehrung sich halte und sei wie ein Block? Item, ob der Heilige Geist gegeben werde denen, die ihm widerstreben? Item, ob die Bekehrung geschehe durch einen Zwang, daß Gott die Menschen wider ihren Willen zu ihrer Bekehrung mit Gewalt zwinge etc.), geurteilet und die Gegenlehr und Irrtumb erkennt, ausgesetzet, gestrafet und verworfen werden², als²:

1. | Erstlich | der Stoicorum und Manich‹ä›er Unsinnigkeit³, daß alles, was geschicht, müsse also geschehen, et hominem coactum omnia facere, das ist: daß der Mensch alles aus Zwang tu, und daß des Menschen Wille auch in äußerlichen Werken keine Freiheit oder Vermügen habe, äußerliche Gerechtigkeit und ehrliche Zucht | etlichermaßen⁴ | zu leisten und die äußer-

stionibus illis, quae iam multis annis in ecclesiis Augustanae Confessionis agitatae sunt, iudicari potest. Verbi gratia, quod quaesitum fuit: An homo ante, in vel post conversionem spiritui sancto repugnet? vel pure passive se habeat? An homo convertatur ut truncus? An spiritus sanctus detur repugnantibus? et an conversio hominis fiat per modum coactionis? Haec atque huiusmodi multa iuxta recitatam piam nostram de hoc articulo doctrinam facile diiudicari et contraria falsa dogmata et errores agnosci, redargui atque reiici possunt, ut sunt:

I. Primo Stoicorum et Manichaeorum furores, qui asseruerunt omnia, quae fiunt, necessario fieri, et quidem eo, quo fiunt, et non alio modo, et hominem, coactum omnia facere; et quod hominis voluntas etiam in externis operibus nullam omnino libertatem aut facultatem (ad externam civilem iustitiam et disciplinam honestam aliquo modo prae-

---

1 zum + [sechsten und] A   zum letzten > H   die + itzigen H   irrigen ö   1/4 | eingefallene bis worden | statt [itzigen Schulgezänk] A   2 nun] nur k l   den] der c f g u   2/3 in bis Konfession > ö   4 in + >vel< g Cor   8 repugnantibus + etc. B H f o r s w x ä ü et > g p t u v x z   12 und] oder B H f g k l m n p r s t u v z   14 Mensch + sich H   sich > H   23 als > f m o t v x z ü   24 1. + Als f o t v x z ü   Erstlich > H   26 also] alles l   et hominem] hominum g   28 aus] mit c   daß > w y

---

¹) Darüber | Pr. | ; statt [itzigen Schulgezänk] Das preußische Bedenken vermerkt: „Wir können es für kein Schulgezänkt achten, an homo ante, in et post conversionem repugnet spiritui sancto; Lutherus ist kein Schulzänker gewesen..."   ²) Zu den Antithesen vgl. die Vorschläge im Maulbronner Bedenken (Heppe III B 364), ferner die entsprechenden im Christlichen Glaubensbekenntnis des Joach. von Alvensleben v. J. 1566 (Stendal 1854, 45 ff.) und die vor allem gegen Stoici und Pelagiani verschiedenerorts, besonders deutlich etwa in der Disputation vom 28. Nov. 1559 (CR XII 652 f.) formulierten Thesen Melanchthons.   ³) Zum Ausdruck Unsinnigkeit vgl. deliramenta, Melanchthon, Loci 1535, CR XXI 377, deliria CR IX 706 u. o. Zur Sache; Stoici: gemeint ist die εἱμαρμένη des Stoa, das fatum des ausschließlichen Kausalzusammenhangs, die series implexa causarum Senecas (De benef. IV, 7), vor allem nach Cicero, De natura deorum I 25, 70, und Augustin, De civ. Dei V 8, 9, 10; MSL XLI 148—153, CSEL XL 221—230. Den Schriftbeweis suchen die christlichen stoici in Joh. 8, 20 b. Dazu Melanchthon, Consilia ed. Pezel II, 110 ff., CR XXIII 246 ff. u. o. Loci 1535, CR XXI 373 nennt er Valla und 1533 in gleichem Zusammenhang (CR XXI 275) auch Zwingli; vgl. Zwingli, De provid. c. 6., Opp. Schuler-Schultheß IV¹ 111 ff. Melanchthon gelten auch die Flacianer als stoici. Als homo Stoicus hat Poach sich gelegentlich bezeichnet (Seehawer, Zur Lehre v. Brauch d. Gesetzes, 1887, 93). Manichaei: vgl. FC Art. I, besonders S. 852 u. Anm. 3. Dazu Joh. Wigand, De Manichaeismo renovato, Lips 1588.   ⁴) | etlichermaßen |, darüber | Branden. Churfürst |, doch sagt das Gutachten der Brandenburger hiezu nichts.

lichen Sünde und Laster zu mei'den, oder daß der Menschen Wille zu bösen äußerlichen Taten, Unzucht, Raub und Mord etc. gezwungen werde.

2. Darnach der groben Pelagianer[1] Irrtumb, daß der freie Wille aus eignen natürlichen Kräften, ohne den Heiligen Geist, sich selbst zu Gott bekehren, dem Evangelio glauben und Gottes Gesetz mit Herzen gehorsam sein und mit diesem seinem freiwilligen Gehorsam Vergebung der Sünden und ewiges Leben verdienen könne.

3. | Zum dritten der Papisten und Schullehrer Irrtumb[2], die es | ein wenig subtiler gemacht | und gelehret haben, | daß der Mensch aus seinen natürlichen Kräften könne den Anfang zum Guten und zu seiner selbst Bekehrung machen, und daß alsdann der Heilige Geist, weil der Mensch zum Vollbringen zu schwach, dem aus eignen natürlichen Kräften angefangenem Guten zu Hulf komme.

4. | Zum[3] vierten der Synergisten[4] Lehre, wölche fürgeben, daß der Mensch wol allerdings || in geistlichen Sachen || zum Guten erstorben, sondern übel verwundet und halb tot[5]. Derhalben, | obwohl der freie Will zu

standam et ad vitanda externa peccata W 625 et flagitia) habeat; aut quod hominis voluntas ad externa scelera, libidines, rapinas, caedes etc. violenter cogatur.

II. Deinde crassus ille Pelagianorum 75 error, quod liberum arbitrium ex propriis naturalibus viribus sine spiritu sancto sese ad Deum convertere, evangelio credere, legem Dei etiam toto corde implere atque hac libera et spontanea sua obedientia remissionem peccatorum et vitam aeternam promereri possit.

III. Postea Papistarum et Scholasti- 76 corum error, qui aliquanto subtilius falsam opinionem suam proposuerunt et docuerunt, quod homo naturalibus suis viribus initium ad agendum bonum et ad conversionem suam facere possit, sed quia infirmior sit, quam ut bene coepta perficere queat, quod spiritus sanctus illa, quae naturalibus propriis viribus inchoata erant, adiuvet et absolvat.

IV. Item, Synergistarum dogma, qui 77 fingunt hominem in rebus spiritualibus non prorsus ad bonum esse emortuum, sed tantum graviter vulneratum et semimortuum esse. Et quamvis liberum ar-

---

3 etc. > H m x z   9/10 gehorsam + zu p   14 Zum dritten > g H   14/5 | Zum bis es | statt [oder wenns] A   15 lehrer + [Lehr, die es ein] A   Irrtumb > H 16 | und gelehret haben | statt [wird] A   haben > H   21 eignen + Kräften r 24/8 | Zum bis Derhalben | statt [Oder] A

---

[1]) Vgl. Augustinus, De haeresibus 88, MSL XLII 47—49; Epistolae 175—177, MSL XXXIII 758—772, CSEL XLIV 652—688. Dazu Loofs, Pelagius, RE³ XV und die Dogmengeschichten. [2]) Petrus Lomb. Sent. II dd. 26—28. Gabriel Biel, Collectarium ex Occamo II d 27 concl. 4; III d 27 a. 3 dub. 2; Tridentinum, Sessio VI cap. 1 und 5, Denzinger-Bannwart 793, 797, Erasmus, De libero arbitrio Diatribe, ed. Joh. von Walter 1910, 19 (Ib 10). [3]) Über dem ganzen Einschub (bis Z. 28, derhalben) | Pr. Wirt. Bad. Henn. |; der Absatz lehnt sich z. T. wörtlich an das Maulbronner Gutachten an (Heppe IIIB 364) und nimmt mit diesem die ausdrückliche Nennung der Synergisten gegen TB auf. Das Gutachten des pfälz. Kurfürsten vom 17. Okt. 1577 an die Kurfürsten von Sachsen und Brandenburg wünscht, „daß in loco de libero arbitrio der verhaßte Name der Synergisten ausgeschlossen wird" (Struve, Ausführl. Bericht von der Pfälzischen Kirchen-Historie ... Frankfurt 1721, 315). Der Abschied des Konvents in Tangermünde, 15. März 1578, lehnt jedoch ein in der Instruktion zum Konvent von der kursächsischen Regierung nahegelegtes Eingehen auf diesen Wunsch ab, denn es sei „das Wort Synergisten keiner Person Namen, sondern gehet die Lehre an" (Hutterus 631, vgl. 618). Ebenso ergeht es einem zweiten pfälzischen Antrag in Schmalkalden (Okt. 1578), wo schließlich die Abgeordneten des Kurfürsten der Pfalz nachgeben (Hutterus 659, 669, 687). Man war — vgl. S. 904, App. bei Z. 18 — nahe daran, in das FC aus dem Maulbronner Bedenken jene „sachliche" Herleitung der Bezeichnung Synergisten aufzunehmen, auf die in Tangermünde verwiesen wird. Vielleicht mag das Verlangen vor allem des Heßhus nach Nennung der Namen der Hauptvertreter des Synergismus dazu geführt haben (vgl. S. 912, Anm. 1), jene Ableitung wieder zu unterdrücken. [4]) Vgl. oben Anm. 3; im besonderen etwa Pfeffinger, Disp. de lib. arb. 1555, Propos. 12, 13; Strigel, Disp. Vinar. These V; Comm. super. Psal. 95, Lips 1567, p. 171/72. Als auctor des Synergismus gilt „respectu nostrae aetatis" Erasmus (Schlüsselburg, Catal. haeret. V, 13). [5]) Ein bei den Philippisten häufig begegnendes Gleichnis; Strigel, Disp. Vinar. 106; Pfeffinger und Major: Colloquium zu Altenburg, Jena 1569 f. 498.

M 607 schwach ›seie‹, den An'fang zu machen und sich selbst aus eignen Kräften zu Gott zu bekehren und dem Gesetz Gottes mit Herzen gehorsam zu sein: dannoch, wann der Heilige Geist den Anfang gemachet und uns durchs Evangelion berufet und seine Gnade, Vergebung der Sünden und ewige Seligkeit anbeut, daß als dann der freie Wille aus seinen eignen natürlichen Kräften | Gott begegnen und | etlichermaßen etwas, wiewohl wenig und schwächlich, darzutun, helfen und mitwirken, sich zur Gnade Gottes schicken und applizieren und dieselbige ergreifen, annehmen, und dem Evangelio gläuben,| auch[1] in Fortsetzung und Erhaltung dieses Werks aus seinen eignen Kräften neben dem Heiligen Geist mitwirken könne. |

Dagegen aber ist oben[2] nach der Läng erwiesen, daß solche Kraft, nämlich facultas applicandi se ad gratiam[3], das ist, natürlich[4] sich zur Gnade zu schicken, nicht aus unsern eignen natürlichen Kräften, sondern allein durch des Heiligen Geists Wirkung herkomme etc.

5. Item, diese der Päpste und Mönche Lehren[5], daß der Mensch könne nach der Wiedergeburt das Gesetz Gottes in diesem Leben gänzlich erfüllen und durch diese Er-

bitrium infirmius sit, quam ut initium facere et se ipsum propriis viribus ad Deum convertere et legi Dei toto corde obedire possit: tamen, si spiritus sanc-5 tus initium faciat et nos per evangelion vocet, gratiam suam, remissionem peccatorum et aeternam salutem nobis offerat, tunc liberum arbitrium propriis suis naturalibus viribus Deo occurrere 10 et aliquo modo (aliquid saltem, etsi parum et languide) ad conversionem suam conferre, eam adiuvare, cooperari, sese ad gratiam praeparare et applicare, eam apprehendere, amplecti, evangelio 15 credere et quidem in continuatione et conservatione huius operis propriis suis viribus una cum spiritu sancto cooperari posse.

Contra hunc errorem supra luculenter 78 20 demonstratum est, quod facultas applicandi se ad gratiam non ex nostris naturalibus propriis viribus, sed ex sola spiritus sancti operatione promanat.

25

V. Item pontificum et monachorum 79 doctrina, quod homo, postquam regeneratus est, legem Dei in hac vita perfecte implere possit et quod per

---

1 seie] ist *H, urspr. A*   den] nur *p*   4 dannoch] demnach *d e*   11 wenig + [schädlich] *A*   schwächlich] schwerlich *y*   darzutun] zutun *z*   13/4 ergreifen] angreifen *H*   ergreifen + und *H, urspr. A*   15 gläuben + [könne] *A*   18 könne + [daher sie den Namen Synergisten, das ist, Mitwirker, haben] *A, a. R. Hand Andreä*   21/2 natürlich > *z. T. Konk vgl. Cor u. Conc.*   22 sich > *n t*   Gnade + sich *n t*   26 Item] Zum fünften *t*   Päpste] Päpstlichen *H ö*   Päpstischen *z*   Papisten *k l*   27 könne > *t*   28 Wiedergeburt + könne *t*

---

5 initium faciat] conversionem inchoat

---

[1]) Darüber | Wirt. Bad. Henn. | vgl. Heppe IIIB 364.   [2]) Vgl. S. 874, 5 ff.; 876/877.
[3]) Die scholastische, jetzt meist nach Erasmus (De lib. arb. Diatribe, ed. von Walter 1910, S. 19,
* vgl. WA XVIII 661₂₉ und S. 903, Anm. 4, Ende) vom preuß. Bedenken als Origenica benannte Formel gemäß Melanchthon, der sie z. B. Loci 1543, CR XXI 659, ohne seine Meinung deutlich zu sagen, wohl auf die voluntas renata bezieht und sich zudem durch Berufung auf veteres aliqui deckt. Daher verlangen die wismarischen Geistlichen Basilius Michaelis und Thomas Holtzhusius offenbar eine ausdrückliche Zurückweisung dieser definitio Philippi (4. febr. 1578, Schütz, Vita II 441). In Tangermünde (15. März 1578, Hutterus 640) und dann in der Apologia ... des Concordien Buchs 1584, f. 200b ist das schließlich doch geschehen. Beachtlich, daß N. Gallus in seinem Brief an Melanchthon (9. Nov. 1556) diese Formel als der Lombarden und der des Erasmus gegenüber schlechter beurteilt. Hingegen schwächt Strigels Lehre vom modus agendi die Wendung Melanchthons bewußt ab, vgl. S. 896, Anm. 5 und Disp. Vinar. 6, These V.   [4]) „natürlich" fehlt in einigen Exemplaren von Konk 1579/80 und wurde gelegentlich als sinnstörend empfunden (Balthasar, Historie V 9).   [5]) Bellarmin, De iustificatione impii, I, IV, 10 = Opp. IV 1040ff. Colon. 1569 und De gratia et lib. arbitrio I, VI, 10 = Opp. IV 785ff.; Thomas, Summa I, II q 108a 1—4 und q 114a 1—10; Tridentinum, Sessio VI can 32, Denzinger-Bannwart 842. Dazu die Bulle Ex omnibus afflictionibus, 1567. Pius V., errores Michaelis du Bay, 2 u. 13, Denzinger-Bannwart 1002, 1013.

füllung des Gesetzes für Gott gerecht sei und das ewige Leben verdiene.

6. Dagegen seind auch mit allem Ernst und Eifer die Enthusiasten[1] zu strafen und keinswegs in der Kirchen Gottes zu dulden, welche dichten, daß Gott ohne alle Mittel, ohne Gehör des göttlichen Worts und ohne Gebrauch der heiligen Sakrament den Menschen zu sich ziehe, erleuchte, gerecht und selig mache.

7. Item, die da tichten[2], daß Gott in der Bekehrung und Wiedergeburt ein neues Herz und neuen Menschen also schaffe, daß des alten Adams Substanz und Wesen, und sonderlich die vernünftige Seele, ganz vertilget und ein neues Wesen der Seelen aus nichts erschaffen werde. Diesen Irrtumb strafet S. Augustinus ausdrücklich im Psal. 25., da er den Spruch Pauli: „Deponite veterem hominem, Leget den alten Menschen ab" etc. anzeucht und erkläret mit diesen Worten[3]: „Ne aliquis arbitretur deponendam esse aliquam substantiam, exposuit, quid esset: deponite veterem hominem et induite novum, etc., cum dicit in consequentibus: quapropter deponentes mendacium, loquimini veritatem. Ecce hoc est deponere veterem hominem et induere novum" etc.

Das ist, damit nicht jemand dafür halten möchte, als müßte die Substanz oder Wesen des Menschen abgelegt werden, hat er selbst erkläret, was da sei, den alten Menschen ablegen und den neuen anziehen, da er in nachfolgenden Worten saget: Darumb leget ab die Lügen und redet die Wahrheit. Siehe, das ist den alten Menschen ablegen und den neuen anziehen.

8. Item, wo diese Reden[4] unerkläret gebraucht werden, daß des Menschen Wille vor, in und nach der Bekehrung dem hei-

hanc impletionem legis coram Deo iustificetur et vitam aeternam promereatur.

VI. Ab altera parte magna severitate et pio zelo redarguendi sunt Enthusiastae neque in ecclesia Dei ferendi, qui somniant Deum sine omnibus mediis, sine auditione verbi divini et sine usu sacramentorum hominem ad se trahere, illuminare, iustificare et salvum facere.

VII. Item qui fingunt Deum in conversione et regeneratione novum cor atque adeo novum hominem ita creare, ut veteris Adami substantia et essentia (praesertim vero anima rationalis) penitus aboleatur et nova animae essentia ex nihilo creetur. Hunc errorem expresse refutat divus Augustinus in explicatione psalmi vigesimi quinti, quo loco dictum Pauli: Deponite veterem hominem, etc., adfert et interpretatur, hisce verbis: Ne aliquis arbitretur deponendam esse aliquam substantiam, exposuit, quid esset: deponite veterem hominem, et induite novum, etc., cum dicit in consequentibus: quapropter deponentes mendacium loquimini veritatem. Ecce hoc est deponere veterem hominem et induere novum.

VIII. Repudiamus etiam sequentes loquendi formas, si quis iis citra declarationem utatur: quod hominis voluntas

---

8 Gehör + und Betrachtunge H, urspr A   9 heiligen] hochwürdigen v   10 erleuchte > v   22 etc. > d e k l x z   25 deponite] verderbt zu deponere > B x Konk   30 etc. > B H k l m n o p t v x z ü   31 jemand + es Cor   33/5 abgelegt bis Menschen > x   34 da] das B f k l n p r t u v ä Konk   39 neuen + Menschen l   40 Item > d e   diese + uneigentliche, gefährliche H, urspr A   41 des] der q

---

[1]) Vgl. S. 872, Anm. 1 und Schlüsselburg, Catal. haeret. X, 1599.   [2]) Flacius, Disp. Vinar. These IV; Quod homo sit corruptus ac mutatus in primo lapsu ... etiam in substantia, Satz 8 = Disp. Vinar. 290: „Quia vetus homo dicitur mortificari, novus autem condi ... Quae omnia sunt substantialia verba ..." Wohl auch Phil. Keyser im Göttinger Bekehrungsstreit (Schmidt, Der Gött. Bek.str. 83).   [3]) Enarratio in Psal. XXV, II 1, MSL XXXVI 188/189.   [4]). Entsprechend dem getilgten Urteil des TB — „uneigentliche, gefährliche" — findet sich im Bericht usw. beim Corp. doctr. Julian. S. 86 das Prädikat: „zweifelhaftige, verstümmelte und verwirrete propositiones". Gemeint sind Sätze des Flacius, etwa Disp. Vinar. I, These IV, dazu S. 137. Im besonderen haben diese und die folgenden Sätze FC wohl den durch den Flacianer Phil. Keyser 1566 veranlaßten Göttinger Bekehrungsstreit vor Augen, an den z. B. Chemnitz

ligen Geist widerstrebe, und daß der heilige Geist werde gegeben denen, so ihm widerstreben.

Denn aus vorgehender Erklärung ist öffentlich, wo durch den Heiligen Geist gar keine Veränderung zum Guten im Verstande, Willen und Herzen geschicht, und der Mensch der Verheißung ganz nicht gläubet und | von[1] Gott zur Gnade nicht geschickt gemacht wird, | sondern ganz und gar dem Wort widerstrebet, daß da keine Bekehrung geschehe oder sein könne. Denn die Bekehrung ist eine solche Veränderung durch des heiligen Geistes Wirkung in des Menschen Verstande, Willen und Herzen, daß der Mensch | durch[2] >solliche< Wirkung des Heiligen Geistes könnte die angebotene Gnade annehmen. | Und zwar alle die, so des Heiligen Geistes Wirkungen und Bewegungen, die durchs Wort geschehen, widerspenstig, verharrlichen widerstreben, die empfangen nicht, sondern betrüben und verlieren den Heiligen Geist.

Ex ea enim, quam paulo ante recitavimus, explicatione manifestum est, ubi per spiritum sanctum in hominis intellectu, voluntate et corde prorsus nulla fit immutatio ad bonum et homo promissioni divinae fidem prorsus non adhibet et a Deo ad gratiam non redditur idoneus, sed totus verbo Dei repugnat, quod ibi nulla conversio vel fieri vel esse possit. Conversio enim hominis talis est immutatio per operationem spiritus sancti in hominis intellectu, voluntate et corde, qua homo (operatione videlicet spiritus sancti) potest oblatam gratiam apprehendere. Et quidem omnes illi, qui operationi et motibus spiritus sancti (quae per verbum fiunt) contumaciter et perseveranter repugnant, non accipiunt, sed contristant et amittunt spiritum sanctum.

---

2 denen > *B, später* | dem | *d.*   6 öffentlich] offenbar *m y*   wo] wann *q*
10/1 | von Gott *bis* wird | *statt* [sich zur Gnade nicht applizieret oder schicket] *A*
13 geschehe oder sein ~ *f*   17/9 | durch *bis* annehmen | *statt* [will und kann dem Wort beifallen und glauben, dem heiligen Geist folgen und zu Gnaden sich halten, applizieren und schicken] *A*   17 >solliche< *statt* [die] *A*   solliche + göttliche *v*   21/2 verharrlichen] beharrlich *w ü*   23 sondern + vertreiben *ö, urspr. A*   24 Geist + [Darneben ist aber auch dies aus vorhin gesetzten Gründen gewiß, daß der natürliche Wille aus sich selbst vor der angefangnen Wiedergeburt und Verneuerung des heiligen Geists nichts Gutes wollen kann, auch von Natur und aus seinen natürlichen Kräften ohne den Heiligen Geist sich selbst nicht könne wenden oder bekehren und dahin bringen, daß er Gott und seinem heiligen Worte nicht widerstrebe, sondern beipflichte und gehorche. Denn das Tichten und Trachten des menschlichen Herzen ist nur böse immerdar und von Jugend auf, Gen. 6 et 8. und ist eine widerspenstige Feindschaft wider Gott, Rom. 7 et 8. Ja es ist eine Feindschaft wider Gott und kann aus sich selbs anders nicht denn Gott widerstreben. Daß wir aber Gott nicht widerstreben, sondern etwas Gutes wollen und tun mugen, das muß der Geist der Gnaden und des Gebets durch Wort und Gebrauch der Sakramente in uns wirken, durch welchen wir rufen: "Abba, lieber Vater", und um Vermehrung des Glaubens und ander Gaben des Heil. Geistes immerdar bitten; davon ist der Spruch Luc. 11 redet: wie vielmehr wird der himmlische Vater den Heil. Geist geben denen, die ihn darumb bitten.

Daraus öffentlich scheinet, daß die obgesetzten Reden, wenn sie also weitläufig, ingemein und ohne gnugsame Erklärung geführt werden, mit der Furbilde der gesunden Lehre, dardurch die Kirche Gottes gebauet wird, nicht übereinstimmen. Derhalben wir auch viel lieber des heiligen Augustini Fleiß hierinnen folgen sollen, der diese seine Reden also

---

13 vel (*1.*) + neque etiam (hac quidem ratione); vel esse

---

in seinem Gutachten zu den Streitigkeiten in Osterode ausdrücklich erinnert (an Hzg. Wolfgang, 28. Aug. 1576, Rehtmeyer IIIB 242). Keysers These lautet: Spiritus sanctus datur repugnantibus, u. zw. invita et repugnante vetere Adamo, während die Gegner der These den Sinn unterstellten: S. s. datur per repugnantiam (Schmidt, Der Gött. Bekehrungsstreit, 1929). Vgl. S. 902, Anm. 1.

[1]) Über dem Einschub | Wirt. Baden. Henn. |, vgl. Heppe IIIB 362.   [2]) Über dem Einschub | Wirt. Bad. Henn. |, vgl. Heppe IIIB 362. Das kurbrandenb. Bedenken hatte vorgeschlagen, statt „Mensch" „bekehrter Mensch" zu sagen.

Nun bleibet gleichwohl auch in den Wiedergebornen eine Widerspenstigkeit, davon die Schrift meldet, daß das Fleisch gelüste wider den Geist. Item, die fleischliche Lüste wider die Seele streiten, und daß das Gesetz in den Gliedern widerstrebe dem Gesetz im Gemüte[1].

Derhalben der Mensch, so nicht wiedergeboren ist, Gott gänzlich widerstrebt und ist ganz und gar ein Knecht der Sünden. Der Wiedergeborne aber hat Lust an Gottes Gesetz nach dem inwendigen Menschen, siehet aber gleichwohl in seinen Gliedern der Sünden Gesetz, welchs widerstrebt dem Gesetz im Gemüt: derhalben so dienet er mit dem Gemüte dem Gesetz Gottes, aber mit dem Fleisch dem Gesetz der Sünden, Röm. 7.[2] Auf solche Weise kann und soll die rechte Meinung gründlich, deutlich und bescheidentlich erkläret und gelehret werden.

| Was[3] dann die Reden belangt, da gesagt wird: Hominis voluntas in conversione

Manet quidem etiam in renatis rebellio quaedam, cuius scriptura mentionem facit; quod nimirum caro concupiscit adversus spiritum; quod carnales concupiscentiae adversus animam militant; et quod lex illa in membris legi mentis repugnat.

Homo autem non renatus Deo prorsus rebellis est, et totus est servus peccati. Renatus vero delectatur lege Dei secundum interiorem hominem. Videt autem nihilominus in membris suis legem peccati, quae legi mentis repugnat. Quare mente quidem servit legi Dei, carne vero legi peccati. Ad hunc modum vera de hoc negotio sententia solide, perspicue et dextre declaranda et docenda est.

Quod vero attinet ad phrases et dicta Chrysostomi et Basilii: Trahit Deus,

mäßiget und erkläret, daß er die rechte Meinung, beides von Pelagianern und Enthusiasten absondert. Denn also redet er im Enchiridio und anderswo: daß der Heilige Geist, wenn er will die Menschen erstlich bekehren und fromm machen, keine natürliche Kraft in ihnen finde, dardurch sie sich zu Gott bekehren oder einen guten Willen haben könnten, sondern daß er aus seiner göttlichen Kraft durchs Wort inwendig in der Menschen Herzen wirke, und aus den Unwilligen Willige mache und hernach er in den Willigen wohne.

Und ad Bonifacium lib. 4. cap. 6, als ihm Pelagius hätte fürgeworfen, daß die Gnade Gottes einem jeden helfe, der einen guten Fürsatz hätte, aber doch nicht dem Widerstrebenden Lust zur Tugend eingieße, auch keinem wider seinen Willen Lust und Liebe zum Guten einbliese, antwortet der heilige Augustinus also: Reluctanti prius aditus divinae vocationis ipsa Dei gratia procuratur; ac deinde in illo iam non reluctante spiritus virtutis accenditur; das ist, dem so zuvor widerstrebet, wird durch Gottes Gnade der Zugang des göttlichen Berufs eröffnet, und wird in dem, so jetzt aus Gottes Gnaden nicht widerstrebet, die Lust und Liebe zur Tugend angezündet.] A

4 Item + daß *Cor* 7 Gemüte + Röm. 7. *gklmnoptuvxz* Konk 18 solche] welche *c* 21—S. 909, 30 | Was dann *bis* erkläret worden | *statt* [Wenn aber gesagt wird: Hominis voluntas in conversione non est otiosa, sed agit aliquid. Item trahit, sed volentem trahit, das ist: Des Menschen Wille ist nicht müßig in der Bekehrung, sondern wirket auch etwas. Item Gott zeucht, aber die da wollen: ist solchs nicht von dem natürlichen, unbekehrten Willen zu vorstehen, als ob des Menschen Will vor seiner Bekehrung aus ihm selbst noch so viel Kraft habe, daß er vor dem Anfang seiner Bekehrung etwas mitwirken könnte, dann er ist zum Guten erstorben; sondern von dem Willen, den der Heilige Geist angefangen durch das Wort zu bekehren und zu erneuern.] A 21—S. 423, 3 | Was dann *bis* da will] Was dann belanget die Reden Chrysostomi und Basilii: Trahit Deus, sed volentem trahit. Tantum velis, et Deus praeoccurrit; item der Schullehrer Rede: Hominis voluntas in conversione non est otiosa, sed agit aliquid, das ist: Gott zeucht, er zeucht aber den, der da will. Item: Wölle allein, so wird dir Gott vorkommen. Item: des Menschen Wille ist nicht müßig in der Bekehrung, sondern wirket etwas Konk

---

[1]) Gal. 5, 17; Röm. 7, 23. [2]) Röm. 7, 22. 23. 25. [3]) Darüber | Pr. N. |. Das preußische Bedenken wünscht die Streichung der verdächtigen und gefährlichen Väterzitate. — Die Verschiedenheit des folgenden, erstmals in TB erscheinenden Absatzes in TB, FC und Konk 1579/80 entspricht der Heftigkeit des Streites um ihn. Die Väterzitate sind Melanchthon entlehnt, der sie häufig anführt, so maßgeblich Loci 1543, CR XXI 658; Loci 1535, CR XXI 376. Chrysostomus, „De laudib. S. Pauli hom. IX" MSG LI 143. Und zu Konk auch Ps.-Basilius, Homil. de paenit. 3, MSG XXXI 1482; 1480/1.

non est otiosa, ›sed agit aliquid.‹ Item: Trahit Deus, sed volentem trahit. Das ist, des Menschen Wille ist in der Bekeh-

sed volentem trahit; tantum velis, et Deus praeoccurrit; item Scholasticorum et Pontificiorum: Hominis voluntas in

vgl. auch die Responsiones ad impios articulos bavaricae inquisitionis, Melanchthon, Opp. Witt. 1580, I, u. zw. Art. 22 = f. 369ff., bes. 322b. Das schroff pelagianische Verständnis dieser Sätze schiebt Wigand Melanchthon unter, indem er das Zitat aus Ps.-Basilius übersetzt „So du nur willst, so lauft dir Gott vorher" (Ob die neuen Wittenberger mit denen alten stets einig gelehret und ob Lutheri und Philippi Schriften durchaus ganz einig . . . sind). Die Abweisung der Zitate wird, zumal die Epitome ausdrücklich an der entsprechenden Stelle von „Reden der alten und neuen Kirchenlehrer" spricht, S. 780, 5, auch auf Melanchthon gerichtet. Zum Eingang der Zitate vgl. Thomas, Quaest. disp. de potentia, 7 in corp. c. fin. und Tridentinum Sessio VI c. 5 = Denzinger-Bannwart 797 . . . „Schullehrer" bezieht übrigens Chemnitz ausdrücklich auch auf das Leipziger Interim (CR VII 51 ff.). Zur Reihenfolge und Zahl der Zitate in den Hss und in Konk 1579/80 sowie zur Nennung der Namen in Konk vgl. die Erklärung von Chemnitz zu den Ausstellungen der Helmstedter, 7. Nov. 1580: Exemplar nostrum Bergae castigatum habet additas notas breves autorum et numeros, quo ordine dicta illa ponenda essent. Et idem fuisset, sive in margine posita essent nomina, sive in contextu. Res enim plana est. Chemnitz hat offenbar sein oft angerufenes Handexemplar FC vor sich, denn von A kann seine Erklärung nicht gelten (Hutterus 1369/70). Die Anführung der Zitate im TB entspricht der Theologorum Rostochiensium declaratio vom 8. Jan. 1570 über die drei Ursachen der Bekehrung (Bertram, Lüneb. IIB 101). Daß dann die FC aber diese „Reden" verwirft, wird von verschiedenen Seiten, vielfach mit der Forderung, die Formulierung des TB wiederherzustellen, ihr zum Vorwurf gemacht: Bedenken der pommerschen Theologen zur FC (12. Mai? 1578, Balthasar, Andere Sammlung 123—131). Den Pommern lag FC als Hs vor, daher bemerkt Chemnitz in seinem Schreiben über das pommersche Bedenken an Sup. Jac. Rungius (14. Nov. 1578, Balthasar, Andere Sammlung 181/182): „Dicitis simpliciter damnari illa dicta: Trahit, sed volentem. Voluntas non est otiosa etc. Atqui non fuit ea nostra mens." Jene „Reden" seien allerdings bei Chrysostomus und Basilius deutlich pelagianisch gemeint; „iudicavimus igitur necessariam esse commonefactionem, ne de libero arbitrio ita, sicut veteres, Chrysostomus, Basilius et Pontificii, loquamur et sentiamus. Neque hoc vos velle putamus. Sed allegata Chrysostomi, Basilii et Pontificiorum incuria scribarum omissa sunt. Additur itaque declarationis gratia: daß die dicta a Chrysostomo, Basilio, a scholasticis scriptoribus et a Pontificiis in Interim et aliis scriptis gefuehret sind ad stabiliendum liberum arbitrium. Atque hoc modo et sensu dicta illa non esse consentanea formae sanorum verborum." Ein derartiges Schreiberversehen, auf das Chemnitz sich hier beruft, weist A jedoch nicht auf. Es entspricht jene Erklärung derjenigen der bergischen Theologen im schmalkald. Abschied 18. Okt. 1580 (Hutterus 670). Vgl. die noch frühere Erklärung der bergischen Theologen in Tangermünde (15. März 1578, Hutterus 632) und ihre Antwort auf die aus dem pommerschen Bedenken zur Praefatio, FC, vom Dez. 1579 gezogenen Gründe der pommerschen Theologen gegen FC; sie stellt den Gebrauch jener Väterzitate frei, modo non Pelagiano et Pontificio intellectu, quo dicta ista ab autoribus ipsis, Chrysostomo et Basilio, usurpata fuerunt (Balthasar, Andere Sammlung 229 zu 223f.). Daß in Konk die Nennung der Namen Chrysostomus und Basilius und die der „Schullehrer" aufgenommen wurde, veranlaßt die Helmstedter zu nachdrücklichem Einspruch: das sei „Philippo und seiner Synergiae zu Gefallen" geschehen. Daraufhin hat man zu Quedlinburg 1583 erklärt: 1. Im Exemplar, „so zu Berga im Kloster zuletzt korrigiert ward", stünden — nach Chemnitz — die Namen am Rand (so will auch der Schmalkald. Abschied, Hutterus 691, vgl. Pressel, Kurf. Ludw. 515); daher sei ihre Einrückung in den Text des Druckes keine Fälschung, vielmehr werde die Jugend „ad fontes remittiert". 2. Was man in patribus verwerfe, billige man ebensowenig bei den neuen Lehrern (Leyser, Kurzer Bericht f. 11; vgl. auch Aegid. Hunnius, Nothwendige Verantwortung des Christlichen Concordibuchs, 1597, 122). Ebenso die Quedlinburger Disputationsakten mit ausdrücklicher Berufung auf Epitome S. 780, 5 (Hutterus 1055—1056 und 1134). Noch schärfer in der Apologia . . . des Concordien Buchs 1584, f. 201. Gleich den Pommern lehnen auch die anhaltischen Theologen diese Ausführungen FC nach langen Verhandlungen auf dem Herzberger Konvent (Abschied 15. Aug. 1578) ab (Hutterus 730; vgl. Protocol des Colloquii zu Hertzberg 8ff. Ebenso die Nürnberger Theologen (Hutterus 510), die Holsteiner (Feddersen, Schlesw.-Holstein u. d. luth.

rung nicht müßig, sunder tut auch etwas. Item: Gott zeucht, er zeucht aber den, der da will. ¹Wölche Reden zur Bestätigung des natürlichen freien Willens in der Bekehrung des Menschen wider die Lehr von der Gnade Gottes eingeführet: ist aus hievorgesetzter Erklärung offenbar, daß sie der Form gesunder Lehr nicht ähnlich, sunder derselben zuwider, und demnach, wann von der Bekehrung zu Gott geredt, billich zu meiden.

Dann die Bekehrung unsers verderbten Willens, wölche anderst nichts dann ein Erweckung desselben von dem geistlichen Tode, ist einig und allein Gottes Werk, wie auch die ›Uferweckung‹ in der leiblichen Auferstehung des Fleisches allein Gott zugeschrieben werden soll, inmaßen daroben ausführlich angezeigt und mit offenbarlichen Zeugnussen der Heiligen Schrift erwiesen worden.

Wie aber Gott in der Bekehrung aus Widerspenstigen und Unwilligen durch das Ziehen des Heiligen Geistes Willige mache¹ und daß nach sollicher Bekehrung des Menschen ›wiedergeborner‹ Wille ›in täglicher Übung der Buß‹ nicht müßig gehe, sundern in allen Werken des Heiligen Geistes, die er durch uns tut, auch mitwirke, ist daroben gnugsam erkläret worden. |

Also auch, wann Lutherus spricht, daß sich der Mensch zu seiner Bekehrung pure passive² halte, das ist, ganz und gar nichts darzu tu, sondern nur leide, was Gott in ihme wirket, ist seine Meinung nicht³, daß

conversione non est otiosa, sed agit aliquid etc.: quia dicta illa pro confirmando naturali libero arbitrio in conversione hominis contra doctrinam gratiae Dei introducta sunt: ex proposita declaratione manifeste apparet formae sanorum verborum ea non esse analoga, sed cum illa pugnare, et idcirco, cum de conversione ad Deum agitur, merito vitanda esse.

Conversio enim voluntatis nostrae depravatae (quae revera nihil aliud est, quam eiusdem resuscitatio a spirituali morte) omnino solius Dei opus est, sicut etiam resuscitatio in corporali carnis resurrectione soli Deo est tribuenda, quemadmodum supra perspicue id explicatum et solidis scripturae sacrae testimoniis demonstratum est.

Quomodo vero Dominus in conversione ex rebellibus et nolentibus hominibus per spiritus sancti tractum volentes et promptos faciat, et quod post hominis conversionem voluntas iam renata in quotidianis poenitentiae exercitiis non sit otiosa, sed in omnibus operibus spiritus sancti (quae ille per nos efficit) cooperetur, supra satis perspicue est declaratum.

Et quando D. Lutherus affirmat, hominem in conversione sua pure passive sese habere, id est, plane nihil agere, sed tantummodo pati id, quod Deus in ipso agit: certe non sentit, quod con-

---

4/5 [Bekehrung] Vorderbung v   9 wann > ü   13/4 Erweckung] Wirkung u v   Erweckung] Erklärung ›Erneuerung‹ l   19/20 offenbarlichen] offenbaren H   24 Ziehen] Zeichen H   25 Bekehrung + in täglicher Übung der Buße H   26/7 in täglicher bis Buß > H   33 zu] in z

1 otiosa + ut truncus   5 Dei + originaliter a primis autoribus   12/3 voluntatis nostrae depravatae] corruptae nostrae naturae   24 per spiritus sancti tractum] quos per spiritum sanctum ad obsequium suum trahit   33 pure] mere   34/6 id est bis ipso agit >

Konkordie, Schrr. Ver. f. Schlesw.-Holst. KG I 15, 1925, 177ff.), die Pfälzischen (Bedenken des Kurfürsten vom 17. Okt. 1577, Struve, Pfälz. Kirchen-Historie 315 — der Text ist verderbt! —), auf deren Wünsche, Auslassung der Zitate oder Beibehaltung der Fassung des TB, trotz der Aufforderung hiezu seitens der kursächsischen Regierung der Konvent in Tangermünde nicht eingeht (Hutterus 612 und 632). Das Maulbronner Bedenken zum TB schlägt die Fortlassung der Zitate vor (Heppe IIIB 363), während die Rostocker Theologen statt einfacher Verwerfung der dicta eher eine Erklärung wie im TB sehen wollen (Schütz, Vita II 466, Lib. Fac. Theol. Rost. Vol. I 213b).

¹) Vgl. S. 780, Anm. 1.   ²) WA XVIII 697$_{28}$ mere passive; WA II 421$_7$; Disp. Vinar. 382, Flacius, Refutatio propos. Pfeffingeri. Der Herkunft des Ausdrucks aus der Scholastik ist man sich bewußt; als scholastischer Terminus sei er auch bei Luther zu verstehen, also formal, nicht im Sinn dauernder ausschließlicher Passivität (Chemnitz, Ex. Conc. Trid. I 5, ed Preuß. 144).   ³) Gegen die „Enthusiasten", vgl. S. 905, bei Anm. 1.

die Bekehrung geschehe ohne die Predigt und Gehör des göttlichen Worts, ist auch die Meinung nicht, daß in der Bekehrung vom Heiligen Geist gar keine neue Bewegung in uns erwecket und keine geistliche Wirkungen angefangen werden, sondern[1] er meinet, daß der Mensch von sich selbs oder aus seinen natürlichen Kräften nichts vermuge oder helfen könne zu seiner Bekehrung und daß die Bekehrung nicht allein zum Teil, sondern ganz und gar sei eine Wirkung, Gabe und Geschenk und Werk des Heiligen Geistes allein, der sie durch seine Kraft und Macht durchs Wort im Verstand, Willen und Herzen des Menschen tanquam in subjecto patiente[2], das ist, da der Mensch nichts tut oder wirket, sondern nur leidet, ausrichte und wirke; nicht[3] als ein Bild in ein Stein gehauen, oder ein Siegel ins Wachs[4], welches nichts drumb weiß, solches auch nicht empfindet noch will, gedrückt wird, sondern also und auf die Weise, wie kurz zuvor[5] erzählet und erkläret ist.

versio absque praedicatione et auditione verbi Dei fiat, neque haec ita accipi voluit, quasi in conversione per spiritum sanctum prorsus nulli novi motus in nobis excitentur, neque ulla spiritualis operatio in nobis inchoetur. Sed hoc voluit D. Lutherus, hominem ex se ipso aut naturalibus suis viribus non posse aliquid conferre vel adiumentum adferre ad suam conversionem, et hominis conversionem non tantum ex parte, sed totam prorsus esse operationem, donum et opus solius spiritus sancti, qui eam virtute et potentia sua per verbum (in intellectu, corde et voluntate hominis, tanquam in subiecto patiente, ubi homo nihil agit aut operatur, sed tantum patitur) efficiat atque operetur. Quod tamen non eo modo fit, quasi cum statua e lapide formatur, aut sigillum in ceram imprimitur, quae cera neque notitiam neque sensum neque voluntatem habet, sed eo modo hominis immutationem et renovationem fieri credimus, quem satis luculenter supra explicuimus.

[6]Weil auch in den Schulen[7] die Jugend   Quandoquidem enim iuventus in scho-

4 neue > B   5 keine] seine c   11/2 eine Wirkung] ein Werkzeug v   12 und Geschenk > m   14 und] oder H   15 Verstand + und m   19 oder] und c   oder] und in d e   22 will] fühlt ⟨= fühlt⟩ g   23 kurz zuvor ~ v   26 — S. 426, 21 | Weil bis worden | statt [Also auch wenn man drei Ursachen der Buße oder Besserung und ander guten Werk und Tugenden zusammensetzet, ist solchs recht und eigentlich zu erklären. Dann dieweil das ganze Leben eines Christenmenschen in dem nach der ersten [Geburt] Wiedergeburt viel

16/8 ubi homo *bis* patitur >

[1]) Vgl. Chemnitz, Loci I 7 (1610, S. 199): illa dona ⟨näml. initia fidei et conversionis⟩ oportet crescere. Crescunt autem in nobis non sicut truncus violento impulsu provehitur ... sed conando, luctando, quaerendo, petendo, pulsando, et hoc non ex vobis, donum Dei est.   [2]) Vgl. zu dieser Formel Melanchthons Responsiones ad impios articulos Bavaricae inquisitionis, Opp. Wittenberg 1580, I 373a, auch Flacius, Disp. de or. pecc. = Disp. Vinar. 437.   [3]) Gegen die flacianische, auf die Linie zum pure repugnative gerückte Durchführung des pure passive (etwa Disp. M. Flac. Ill. de or. pec. = Disp. Vinar. 437; vgl. 446, 497/8 und S. 905, Anm. 4), die von den Philippisten — Pfeffinger, Major, Krell — scharf abgewiesene „Klotzbuß" (vgl. CR XXI 658f.; Colloquium zu Altenburgk in Meißen ... Jena 1569, f. 507—508 und die daran anknüpfenden Schriften, vor allem den „Endlich Bericht und Erklärung" usw. Wittenberg 1570; dazu das pommersche Bedenken zur FC Balthasar, Andere Sammlung 132ff., und Epitome S. 780, 1ff., 32ff.). Zugleich gegen das quietistische Mißverständnis des pure passive etwa bei Melanchthon (CR XXIII 280) oder den Göttinger Philippisten im Streit mit Heyser (Schmidt, Gött. Bek.str. 93).   [4]) Das Bild, das die gemäßigten Flacianer als Ausdruck der völligen Gratuität der Bekehrung verstehen, lehnen die Philippisten als Verdeutlichung der „Klotzbuße" ab, z. B. Strigel, Disp. Vinar. 230.   [5]) S. 896, Z. 32ff.   [6]) Darüber | Wirt. Bad. Henn. Pr. |; vgl. Heppe IIIB 363, die bergischen Theologen folgen annähernd den hier entwickelten Änderungsvorschlägen.   [7]) Etwa in der auf Melanchthons Loci fußenden Catechesis Davidis Chytraei, u. zw. in den frühen Ausgaben (Witt. 1554, 1556, 1560) in den loci: de poenitentia, de bonis operibus, de fide in den späteren (Lips. 1568, Wit. 1569, Lips. 1576, Magdb. 1591) in de bonis operibus und in de fide, in den letzten davon nur in de bonis operibus, u. zw. mit ausdrücklicher Beziehung auf die voluntas humana renata.

mit der Lehr¹ von den dreien Ursachen unserer Bekehrung zu Gott hefftig irrgemacht worden, wölchergestalt dieselbige (nämlich das gepredigt und gehört Wort Gottes, der Heilig Geist und des Menschen Wille) zusammenkommen: ist abermals aus hievor-

lis doctrina illa de tribus causis efficientibus concurrentibus in conversione hominis non renati vehementer perturbata est, dum disputatum fuit, quomodo illae (verbum videlicet praedicatum et auditum, spiritus sanctus et ho-

Gebrechen und Sünden übrig bleiben, ein täglich und stets währende Buß und Besserung des Lebens ist, darin des Menschen bekehrter und neugeschaffener Wille nicht ganz kraftlos und müßig ist, auch nicht mehr dem Heiligen Geist widerstrebet, sondern neben dem Heiligen Geist mitwirket, so werden drei Ursachen der Besserung des Lebens und des neuen Gehorsams und aller guten Werke in den Wiedergeborenen, nämlich der Heilige Geist, die Betrachtung des göttlichen Wortes und unsers neuen wiedergebornen Willens Fleiß und Mitwirkung wohl und christlich zusammengesetzt. Aber doch eigentlich zu reden, ist allein Gott der heilige Geist die wahre wirkliche Ursach oder causa efficiens principalis; der solches mit seiner Kraft alles wirket. Das gepredigte Wort aber ist das Mittel oder Instrument, dardurch der Heilige Geist den Menschen bekehret und in ihm wirket; des Menschen Herz und Will aber ist das subjectum oder causa materialis, in qua efficax est et operatur Spiritus sanctus et quae ad Deum conversa et a spiritu sancto acta simul agit, sicut Augustinus loquitur; das ist, es ist das Geschöpf Gottes, in welchem der Heilige Geist wirket; und da solches Herz zu Gott bekehret und von dem Heiligen Geiste getrieben wird, wirket es auch, wie der heilige Augustinus redet.

Wenn man aber de primo motu conversionis, das ist, von dem Anfang unser Bekehrung und also von den Ursachen handelt, so die erste Bekehrung und Wiedergeburt wirken, daß der Mensch (welcher von Natur ein Kind des Zorns und leidigen Teufels und des ewigen Todes ist, wieder zu Gott bekehret) ein Kind Gottes und des ewigen Lebens wird, so ist allein der Heilige Geist die Ursache, welcher solche unsere Bekehrung schaffet. Das Wort ist das Mittel oder Werkzeug, dardurch der Heilige Geist die Bekehrung wirket; der menschliche und natürliche, unwiedergeborne Wille aber ist in keinem Wege causa vel efficens vel adiuvans primae conversionis, das ist, keine Ursache, so die Wiedergeburt wirket oder zu derselbigen etwas helfen sollte, sondern materia in qua oder subiectum convertendum, das ist, anders nicht denn das, so bekehret werden soll, darin der heilige Geist die Bekehrung und andre geistliche Bewegung wirket und anzündet, uf die Weise, wie oben im vierten Stück dieses Artikuls nach der Länge erkläret ist.

Also ist des Menschen Wille ein subiectum patiens, das ist, das nichts wirket, sondern nur leidet, doch allein respectu divinae efficaciae in accendendis primis novis motibus; das ist, wenn der Geist Gottes durch das gehörte Wort oder im Brauch der heiligen Sakramente des Menschen Willen angreift und wirket die neue Geburt und Bekehrung.

Wann aber der Heilige Geist solches gewirket und ausgerichtet, und des Menschen Wille allein durch seine göttliche Kraft und Wirkung geändert und erneuert, alsdann ist solcher neue Wille ein Instrument und Werkzeug Gottes des Heil. Geistes, der nicht allein die Gnade Gottes annimmt, sondern auch in folgenden Werken des Geistes mitwirkt.] A

1/2 mit *bis* Gott] de tribus causis efficientibus, concurrentibus in conversione hominis non renati, das ist, mit der Lehre von den dreien wirklichen Ursachen der Bekehrung des unwiedergebornen Menschen zu Gott Konk 1 Ursachen + [der Bekehrung] A 3/5 (nämlich *bis* Wille) urspr.: [(nämlich der heilig Geist, das gepredigt und gehört Wort Gottes und des Menschen Wille)] A   3 nämlich + 1. H   4 Gottes + 2. H   5 und + 3. H

---

¹) Grundlage: Melanchthon; CR XVI 192; XXIII 15 (Ex. ord.); XXI 376 (Loci 1535) u. o.; Loci 1543, CR XXI 658: Ac saepe dictum est, cogitantes de Deo oportere ordiri a verbo Dei, non quaerere Deum sine suo verbo. Cumque ordimur a verbo, hic concurrunt tres causae bonae actionis, verbum Dei, Spiritus sanctus et humana voluntas assentiens, nec repugnans verbo Dei. Als causae efficientes findet man sie bezeichnet in gelegentlichen Bemerkungen der Elementa Rhetorices, CR XIII 426f. Dem folgen die Philippisten; vgl. Colloquium zu Altenburg, Jena 1569 f. 503b; so Strigel häufig, zusammenfassend Disp. Vinar. 226 u. 6. Dabei hat er aber die Lebensbuße, die dauernde conversio vor Augen (Disp. Vinar. 94). Das meint die cooperatio des Willens IN conversione (35). Mit ausdrücklicher Beziehung auf die Bekehrten Chytraeus in seiner Catechesis, im Rostokiensium iudicium de controversia inter Illyricum et Victorinum (Disp. Vinar. 375) und in der Declaratio de

gesetzter Erklärung offenbar, daß die Bekehrung zu Gott allein Gottes des heiligen Geistes Werk seie, wölcher der rechte Meister ist, der allein sollichs in uns wirket, darzu er die Predig und das Gehör seines heiligen Worts als sein ordenlich Mittel und Werkzeug gebrauchet. Des ›unwiedergebornen‹ Menschen Verstand aber und Wille ist anders nichts, dann allein subiectum convertendum, das ist, der bekehret werden soll, als eines geistlichen toten Menschen Verstand und Wille, in dem der H. Geist die Bekehrung und Erneuerung wirket, zu wölchem Werk des Menschen Wille, so bekehrt soll werden, nichts tut, sundern läßt allein Gott in ihme wirken, bis er wiedergeboren und alsdann auch mit dem heiligen Geist in andern nachfolgenden guten Werken wirket, was Gott gefällig ist, auf Weise und Maß, wie daroben ausführlich erkläret worden. |[1]

minis voluntas) concurrant: denuo repetitum volumus ex supra posita explicatione, quod conversio ad Deum sit solius spiritus sancti opus, qui solus est egregius ille artifex haec in nobis efficiens; interim tamen praedicatione et auditu sancti verbi sui (tanquam ordinario et legitimo medio seu instrumento suo) utitur. Hominis autem nondum renati intellectus et voluntas tantum sunt subiectum convertendum, sunt enim hominis spiritualiter mortui intellectus et voluntas, in quo homine spiritus sanctus conversionem et renovationem operatur, ad quod opus hominis convertendi voluntas nihil confert, sed patitur, ut Deus in ipsa operetur, donec regeneretur. Postea vero in aliis sequentibus bonis operibus spiritui sancto cooperatur, ea faciens, quae Deo grata sunt, eo modo, qui iam a nobis in hoc scripto abunde satis est declaratus.

---

2 Gott + [einig] A 6 sein] ein c 8 aber > B 13 Bekehrung und Erneuerung: ∼ urspr. A 14 wölchem Werk] welchen Werken $ü$ 16 in] mit $agimnoptvx$, urspr. q 17 und + [auch] A 18 in + [allen] A 19 guten > i

D. Jacobi Andreae negotio der Rostocker Theologen vom 8. Jan. 1570 (Bertram, Lüneb. IIB 101, vgl. dazu auch Balthasar, Historie VI, 18ff.). Dazu Chemnitz, Loci I 7 (1610, S. 201), auch Selneccer und Andreae (Bertram, Historie VI 19f.); ebenso auch SC (Heppe IIIB 103), SSC (Heppe IIIB 216) und TB. Die Flacianer lehnen die tres causas concurrentes in homine convertendo als pelagianisch streng ab (Disp. Vinar. 147; Disp. M. Flac. III. de or. pecc. 22 = Disp. Vinar. 280); ebenso Heshusius, Wigand u. a.; vgl. preuß. Bedenken. Daher beurteilt man die Abweisung der tres causae in FC als flacianisch (Rungius an Chemnitz, 7. Apr. 1579, Balthasar, Andere Sammlung 193); das Bedenken der Pommern, ebenso die pfälzischen Theologen, die hessischen, anhaltischen und die Rostocker Gutachter (Lib. Fac. Theol. Vol. I 213b, 12. Jan. 1579 = Schütz, Vita II 466) mißbilligen die Änderung des Absatzes in FC und die in ihr bezeichnete Lehre von nur zwei Ursachen ante conversionem et in conversione, nämlich spiritus sanctus und verbum dei (vgl. das in Streitsätzen der Zeit angezogene, weitergebildete Augustinzitat: Aliter spiritus sanctus per verbum operatur in homine nondum inhabitans, aliter operatur inhabitans in homine, z. B. der Göttinger Artikel, Schmidt, Gött. Bekehrungsstr. 99, nach Ep. 194 IV 18, MSL XXXIII 880, CSEL LVII 190 und Protocol ... des Colloquii zu Hertzberg 15), die Streichung der dritten Ursache sei im Blick auf die „Epicurer" und „Manichaeer" und „Enthusiasten" bedenklich (Balthasar, Andere Sammlung 135). Demgegenüber erklären die autores FC: Tres causae concurrentes non improbantur. Una efficiens, altera instrumentalis, tertia materialis in qua et circa quam (Balthasar, Andere Sammlung 229). Ausführlich Chemnitz am 14. Nov. 1578 an Rungius (Balthasar, And. Sammlg. 182f.). Vgl. die Erklärung der bergischen Theologen in Tangermünde (15. März 1578, Hutterus 630f.) und in Schmalkalden (18. Okt. 1578, Hutterus 691; Rezeß, 31. Jan. 1583, Hutterus 1177). Den Abschluß bildet die Erklärung in der Apologia ... des Concordien Buchs 1584, f. 200/201. Zu dem eingeschlossenen fides ex auditu vgl. Heppe III B 387, Ritschl. III 24.

[1]) Zum ganzen Artikel bemerkt das preußische Bedenken zur FC abschließend: „In diesem Artikel ist in allwegen vonnöten, daß die Namen deren Lehre verfälscht haben, ausdrücklich gesetzt und die Kirche für der falschen Meinung in ihren Schriften gewarnet werde ...". Vgl. J. P. T.⟨rier⟩ Anmerckungen über das Concordien=Buch ... Frankf. 1747, 177.

III.
Von der Gerechtigkeit des Glaubens für Gott[1].

Die dritte Zwiespalt, unter etlichen[2] Theologen der Augsburgischen Konfession entstanden, ist von der Gerechtigkeit Christi oder des Glaubens, die von Gott durch den Glauben den armen Sündern aus Gnaden zur Gerechtigkeit zugerechnet wird.

Denn ein Teil[3] hat gestritten, daß die Ge-

III.
DE IUSTITIA FIDEI CORAM DEO.

Tertia controversia inter theologos quosdam Augustanae Confessionis orta est de iustitia Christi seu iustitia fidei, quae a Deo per fidem miseris peccatoribus ad iustitiam ex gratia imputatur.

Alii contenderunt iustitiam fidei

---

4 etlichen + weinigen *H ü, urspr. A*

2 IUSTITIA FIDEI ~   8 ad iustitiam >

---

[1]) Vorstufen: Andreä, Sechs ... Predigt (Heppe IIIB 10—22); SC III (Hachfeld 250—254); SSC III (Heppe IIIB 103—112 u. 217—228). Dazu die verschiedenen Gutachten, die Herzog Albrecht von Preußen Oktober 1551 einholt (vgl. S. 914, Anm. 1); die Akten des Altenburger Kolloquiums 1568/69 in der Ausgabe der Jenaer Th. ologen: „Colloquium zu Altenburgk in Meißen, Vom Artikel der Rechtfertigung vor Gott. Zwischen den Churfürstlichen vnd Fürstlichen zu Sachsen etc. Theologen...", Jena 1569 in fol. (vgl. * das Kasseler Bedenken zum TB, 5. Sept. 1576, Heppe, Syn. IB 18).

Literatur: W. Hartknoch, Preußische Kirchenhistoria, Franffurt/Leipzig 1686. W. Möller, Andreas Osianders Leben und ausgewählte Schriften 1870. A. Ritschl, Die Rechtfertigungslehre des Andreas Osiander, Jahrbb. f. dt. Theol. II 1857; aufgenommen in Die christliche Lehre von der Rechtfertigung und Versöhnung I³ 235 ff., 1889. W. Preger, Matth. Flacius Illyricus und seine Zeit I 205—298, 1859. O. Ritschl, Dogmengesch. d. Protestantismus II 455 ff. Loofs, Dogmengesch. 869 ff. R. Seeberg, Dogmengesch. 496 ff. P. Tschackert, Die Entstehung der lutherischen und der reformierten Kirchenlehre ... 489 ff., 1910. Möller=Tschackert, Art. Osiander RE³ XIV 501 ff. E. Hirsch, Die Theologie des Andreas Osiander und ihre geschichtlichen Voraussetzungen, 1919. Benrath, Art. Stancarus RE³ XVIII 752. M. Saupe, Das Kolloquium zu Altenburg, Kirchl. Jb. f. Sachs.= Altenb., 1898.   [2]) „etlichen" + [wenigen] im TB: die Möllner Notationes fragen: „Num dictio: Wenigen sit praetermittenda, et quod socii et patroni illarum corruptelarum plures fuerunt." Ebenso das Maulbronner Bedenken (Heppe IIIB 365).   [3]) Osiander — das preußische Bedenken will ausdrückliche Namensnennung des Urhebers, auf daß die posteritas wisse, man habe ihm nicht unrecht getan ..., im „Streit" seit Herbst 1550; D. Andreae Osiandri ... Disputationes duae ... Altera de Iustificatione, habita 9. Cal. Nouembris 1550 ... Regiomonte Prussiae 1550; deutsch: „Ein Disputation Von der Rechtfertigung des Glaubens Gehalten am 24. Octobris 1550 Andreas Osiander ... Königsperg ... 1551 (= Hartknoch, Preuß. Kirchenhistoria 316 ff.); Von dem Einigen Mitler Jhesu Christo VND Rechtfertigung des Glaubens. Bekantnus Andreas Osiander. Königsperg in Pr. 1551; De Vnico Mediatore Jesu Christo Et Iustificatione Fidei Confessio Andreae Osiandri Regiomonte Pr. 1551; Das vnser lieber HERR Jhesus Christus ... durch den Glauben in allen waren Christen wone ... Gezeugnis der heiligen Schrifft, Königsperg 1551; Etlich schöne Sprüche von der Rechtfertigung des Glaubens des Ehrwirdigen ... D. Martini Luther ... Welche ... zusammen gezogen vnd verdeudscht hat Andreas Osiander ... Königsberg in Pr. 1551; Bericht vnd Trostschrifft an alle die, so durch das falsch, heimlich schreiben, schreien vnd afterreden etlicher meiner feinde, als solt ich von der Rechtfertigung des Glaubens nicht recht halten vnd leren, geergert oder betrubet worden sein. Andreas Osiander, Königsberg in Pr. 1551; Schmeckbier Aus D. Joachim Mörleins Buch. Aus M. Michael Rötings Buch. Aus des Nürnbergischen Vhu Buch. Aus Justi Menii Buch. Aus Matthiae Illirici vnd Nicolai Galli Buch. Aus Johannis Policarii Buch. Aus Alexandri Halesii Buch. Aus Nicolai Amsdorffs Buch. Aus Johannes Knipstro Buch. Andreas Osiander. Königsperg in Pr. 1552; Wider den Lichtflüchtigen Nachtraben, der mit einem einigen Bogen Papiers einen falschen Schein

rechtigkeit des Glaubens, welche der Apostel[1] die Gerechtigkeit Gottes nennet, sei die wesentliche Gerechtigkeit Gottes, welche Christus als der wahrhaftige, natürliche, wesentliche Sohn Gottes selbst sei, der durch den Glauben in den Auserwählten wohne und sie treibe, recht zu tun, und also ihre Gerechtigkeit sei, gegen welcher Gerechtigkeit aller Menschen Sünde sei wie ein Tropfen Wasser gegen dem großen Meer.

Dargegen[2] haben etliche[3] gehalten und gelehret, daß Christus unser Gerechtigkeit sei allein nach seiner menschlichen Natur.

Wider welche beide Teil einhellig von den andern Lehrern der Augsburgischen Konfession[4] gepredigt, daß Christus unser

(quam apostolus iustitiam Dei appellat) esse iustitiam Dei essentialem, quae sit ipse Christus, ut verus naturalis et essentialis Dei filius, qui per fidem in electis habitet eosque ad bene operandum impellat et hac ipsa ratione eorum sit iustitia, cuius inhabitantis essentialis iustitiae respectu omnium hominum peccata sese habeant instar guttulae aquae ad magnum mare collatae.

Alii vero asseruerunt Christum esse iustitiam nostram duntaxat iuxta humanam suam naturam.

Contra utrosque unanimi consensu reliqui Augustanae Confessionis theologi docuerunt Christum esse nostram

---

1 welche] welchen *y*   4/5 natürliche, wesentliche ∼ *r*   8/9 gegen *bis* sei > *l*

---

zu machen unterstanden hat, als solt mein Lehr von der Rechtfertigung des Glaubens Doctor Luthers ... Lehr entgegen sein ... Königsperg 1552." — Einzelnes, auch aus den Schriften anderer, in De Osiandrismo, Dogmata et argumenta ... collecta per D. Ioh. Wigandum et publ. per M. Andr. Corvinum 1586 und bei C. Schlüsselburg, Catalogus Haereticorum VI, De Osiandristis. Im Kampf gegen Stancarus 1552 geraten auch Musculus und Agricola in die Richtung der osiandr. These, Kawerau, Joh. Agricola 1881, 307 ff; zu M. Joh. Funk vgl. K. A. Hase, Herzog Albrecht von Preußen und seine Hofprediger 1879. Die einzelnen Sätze des vorliegenden Absatzes in FC finden sich nahezu wörtlich in den Schriften Osianders; das Bild am Ende: Bekantnus Bl. Y 1a, auch schon bei Luther EA XIV 214.

[1]) Röm. 1, 22.   [2]) Die Sechs Predig, SC, SSC (Heppe IIIB 11, 14, 103, 217), FM (Pressel 160) haben den status controversiae nur den Osiandristen gegenüber abgegrenzt; daher fehlt dieser Absatz, den erst TB aufnimmt. Jedoch findet sich die nunmehr vorliegende Gegenüberstellung einschließlich des dritten Standpunktes schon bei Osiander selbst: Bekantnus Bl. O 1 b.
[3]) Franziscus Stancarus, Apologia contra Osiandrum 1552; De dictione exclusiva „Tantum" in causa Mediatoris 1559; De trinitate et mediatore nostro Jesu Christo 1562; dazu: De Stancarismo, Dogmata et argumenta ... collecta per D. Iohannem Wigandum ... Lips. 1585 und C. Schlüsselburg, Catalogus Haereticorum IX, De Stancaristis 1599 Francofurti; Die Censura et confessio Joh. Friedrichs d. A. und Joh. Friedrichs d. J. von Sachsen de erroribus Osiandri et Stancari in articulo iustificationis, bes. 171 ff. Als Quelle der These des Stancarus — Christus est mediator tantum secundum humanam naturam — gilt Petrus Lombardus Sent. III d 19 c 7; dazu Thomas, Summa III a 26 q 2; Bellarmin, De Christo V = Opera Colon. 1619, I 472.   [4]) Die Gesamtstellung etwa bei Melanchthon: Formula consensus de articulis quibusdam controversis 1557, CR IX 368. Dazu die Streitliteratur: außer den Auszügen bei Schlüsselburg, Catal. Haer. VI und IX und bei Wigand, De Osiandrismo, De Stancarismo im einzelnen: Melanchthon, Antwort auf das Buch Herrn Andreä Osiandri von der Rechtfertigung des Menschen ... Wittenberg 1552 = CR VII 892 ff.; Oratio in qua refutatur calumnia Osiandri 1553 = CR XII 5 ff. Daß der Mensch in der Bekehrung zu Gott ... gerecht werde vor Gott von wegen des Gehorsams des Mittlers durch Glauben, und nicht von wegen der wesentlichen Gerechtigkeit ... Nürnberg 1555 = CR VIII 547 ff. Gegen Stancarus: Responsio de controversiis Stancari ... Lips. 1553 = CR XXIII 87 ff. besonders 93 ff.

Joachim Mörlin: Von der Rechtfertigung des Glaubens: gründlicher, wahrhaftiger Bericht auß Gottes Wort etlicher Theologen zu Kunigsberg ... Wider die ... Antichristische Lehr Andreae Osiandri, darinnen er leugnet, das Christus in seinem vnschuldigen Leiden vnd sterben vnser Gerechtigkeit sey, Königsberg 1552; HISTORIA Welcher gestalt sich die Osiandrische schwermerey im lande zu Preußen erhaben ... mit allen actis ... Braunschweig 1554. Vgl. F. Koch, Joachim Mörlin als samländ. Bischof 1907.

Justus Menius: Von der Gerechtigkeit, die für Gott gilt. Wider die newe Alcumistische Theologiam Andreae Osiandri, Erfurt 1552.

Matthias Flacius: Verlegung des Bekenntnis Osiandri von der Rechtfertigung der Armen Sünder durch die wesentliche Gerechtigkeit der hohen Majestät Gottes allein,

Gerechtigkeit nicht allein¹ nach der göttlichen Natur, auch nicht allein nach der menschlichen Natur, sondern² nach beiden Naturen sei, welcher als Gott und Mensch

iustitiam non secundum divinam tantum naturam, neque etiam secundum humanam tantum, sed iuxta utranque naturam: quippe qui nos (ut Deus et

2/3 auch *bis* Natur > *Bertram*

1552; Wider die newe ketzerey der Dikaeusisten vom Spruch Christi Joan. am XVI. Magdeburg 1552; Kurtze vnd klare erzelung der argument Osiandri mit ihrer verlegung vnd vnserer beweisung wider ihn von der gerechtigkeit des glaubens ... Magdeb. 1552; Von der Gerechtigkeit wider Osiandrum, nützlich zu lesen, Magdeburg 1552; Ermanung an alle Stende der Christlichen Kirchen in Preußen Osianders lere halben durch Matthium (!) Flacium Illyricum vnd Nicolaum Gallum, Magdeburg 1552; Beweisung, das Osiander helt vnd leret, das die Gottheit eben also in den rechtgleubigen wone wie in der Menschheit Christi selbst. Vnd das weiter daraus folge, das die Christen eben also ware Götter sein und angebetet müssen werden, als der mensch Jhesus selbst. Magdeburg 1553; Wider die Götter in Preußen, das nur eine einige wesentliche gerechtigkeit Gottes sey, die nemlich, so inn den zehen geboten offenbaret ist. ANTIDOTVM auff Osiandri gifftiges Schmeckbier durch Matt. Fla. Illyri vnd Nico. Gallum. Magdeburg s. a.; Zwo furnemliche Gründe Osiandri verlegt zu einem Schmeckbier Matt. Fla. Illy. (Flugblatt Ende 1552); Explicatio loci sancti Pauli Rom. 3 ... Contra Osiandrum, Vitebergae 1553.

N. Gallus: Proba des Geists Osiandri von der rechtfertigung durch die eingegoßne wesentliche gerechtigkeit Gottes Nicolaus Gallus. Magdeburg 1552 (vgl. Wigand, De Osiandrismo 88, Schlüsselburg, Catal. Haeret. VI 99ff.).

N. Amsdorf: Auff Osianders Bekenntnis ein Vnterricht vnd zeugnis 1552.

Matth. Lauterwaldt: Was vnser Gerechtigkeit heiße ... wider des wesentichters Andree Osiandri schwermerische entzuckung ... Wittenberg 1552; Fünf Schlußsprüche wider A. Osiandrum von Matthia Lauterwald Elbigensi Wittenberg 1552.

Zensuren: CENSURAE der fürstlichen Sechsischen Theologen zu Weymar vnd Koburg. Auff die Bekendtnis des Andreae Osiandri. Von der Rechtfertigung des Glaubens. Erffurd 1552 (drei Zensuren, Menius, Schnepf, Strigel; vgl. Hirsch, Theologie des A. Osiander 188, Anm. 32). Des Erwirdigen Herrn Johannis Brentii Declaratio von Osiandri Disputatio ... Wittenberg 1553; dazu die von Brenz geführten zwei Gutachten der Württembergischen Theologen vom Dez. 1551 und Juni 1552 neben andern Aktenstücken in: Von Gottes Gnaden ... Albrechten des Eltern Marggrafen zu Brandenburg in Preußen ... Ausschreiben ... wie sich die ergerliche zwespalt vber den Artikel von vnser armen Sünder Rechtfertigung vnd warer, ewiger Gerechtigkeit erhaben ... vnd was wir ferner durch freuntliche beförderung vnd beuehlich des Hochgebornen fursten ... Herrn Christoffs, Hertzogen zu Wirtenberg ... durch S. L. Theologos aus göttlicher heiliger schrifft vorgeschlagenen Mitteln endlicher sentenz vnd meinung erlernet vnd zu fortstellung der einigkeit vnserer Kirchen gehalten wollen haben ... Königsperg in Preußen (Jan. 1553). Grüntliche Anzeigung, was die Theologen des Churfürstentums ... Brandenburgk von der Christlichen Evangelischen Lehr halten etc. (Agricola, nicht Musculus, vgl. Beitr. z. Ref. Gesch. f. J. Köstlin, 1896, 80, Anm. 1) Frankfurt 1552; Widerlegung der *Opinion* oder Bekenntnus Osiandri von den auf der Synode zu Küstrin versammelten Brandenburgischen Theologen. Frankfurt 1552; *Responsio* ministrorum ecclesiae Christi, quae est Hamburgi et Luneburgi ad confessionem A. Osiandri de Mediatore Jesu Christo et iustificatione fidei 1563.

M. Chemnitz, De statu controversiae inter Andream Osiandrum et D. Joachimum Mörlinum iudicium = Schlüsselburg, Catal. Haeret. VI 98ff.

¹) In dieser Ausschließlichkeit begegnet die These im Bekantnus nicht. Nur in der Fragestellung Bl. O 1 befindet sich das „allein", nicht in den Antworten, die aber die Einfügung der particula exclusiva nahelegen (z. B. Bll. O 3 b, Q 3a—4a, S 2 u. o.), vgl. dazu Hirsch, Theologie des A. Osiander 204. Jedoch heißt es in der „Widerlegung" Bl. L 2a: „so ist als dann sein göttliche Natur vnser Gerechtigkeit, die wills auch allein sein und kein Zusatz leiden". ²) Zu den folgenden Formulierungen des Ertrags der osiandristischen Auseinandersetzung für die philippistisch-gnesiolutheranische Theologie vgl. O. Ritschl, Dogmengesch. II 466ff., und Hirsch, Theologie des A. Osiander 203 ff. H. E. Weber, Ref., Orth. u. Rat. I, 1, 298 ff. Zum sich verstärkenden „Nomismus" in dieser Theologie auch S. 934, Anm. 2 und die Formulierung der eigentlichen Streitlage durch Flacius, Kurtze vnd klare erzelung der argument Osiandri, Vorrede Bl. A 3.

uns von unsern Sünden durch sein | vollkummnen | Gehorsam erlöset, gerecht und selig gemacht hat: daß also die Gerechtigkeit des Glaubens sei Vergebung der Sünden, Versühnung mit Gott und daß wir zu Kindern Gottes angenommen werden um des einigen Gehorsams Christi willen, welcher allein durch den Glauben, aus lauter Gnaden, allen Rechtgläubigen zur Gerechtigkeit zugerechnet und sie umb desselbigen willen von aller ihrer Ungerechtigkeit absolviert werden.

Über das sind aus dem Interim und sonst andere mehr disputationes von dem Artikel der Rechtfertigung verursacht[1] und erreget, die hernach[2] in antithesi, das ist, in Erzählung derjenigen[3], so der reinen Lehr in diesem Artikel zuwider, sollen erklärt werden.

Dieser Artikel von der Rechtfertigung des Glaubens (wie die Apologia[4] sagt) ›ist‹ der „fürnehmbste der ganzen christlichen Lehr", „ohne welchen kein arm[5] Gewissen einigen beständigen Trost haben oder den Reichtumb der Gnaden Christi recht erkennen mag", | wie auch D. Luther[6] geschrieben: „Wo dieser einiger Artikel rein auf dem Plan bleibet, so bleibet die | Christenheit auch rein und fein einträchtig und ohn alle Rotten. Wo er aber nicht rein bleibet, da ist's nicht müglich, daß man einigen Irrtumb oder Rottengeist wehren möge", Tom. 5. Ien., pag. 159. | Und von diesem Artikel sagt Paulus insonderheit, daß „ein wenig Sauerteig den ganzen Taig vorsäure"; | darumb er | die particulas exclusivas (das ist, die Wort, nämblich „ohne Gesetz, ohne Werk, aus Gnaden"[7], dardurch die Werk der

homo) a peccatis nostris perfectissima sua obedientia liberaverit, iustificaverit atque salvos fecerit. Itaque asseruerunt fidei iustitiam esse remissionem peccatorum, reconciliationem cum Deo et adoptionem in filios Dei, propter solam Christi obedientiam, quae per solam fidem, ex mera gratia, omnibus vere credentibus ad iustitiam imputetur, ita ut ipsi propterea ab omni iniustitia absolvantur.

Praeter hanc controversiam etiam aliae quaedam disputationes de articulo iustificationis (occasione formulae Interim seu interreligionis) et alias motae sunt, quae postea in antithesi, id est, in recitatione eorum, qui purae doctrinae in hoc articulo adversantur, explicabuntur.

Hic autem articulus de iustitia fidei praecipuus est (ut Apologia loquitur) in tota doctrina Christiana, sine quo conscientiae perturbatae nullam veram et firmam consolationem habere, aut divitias gratiae Christi recte agnoscere possunt. Id D. Lutherus suo etiam testimonio confirmavit, cum inquit: Si unicus hic articulus sincerus permanserit, etiam Christiana ecclesia sincera, concors et sine omnibus sectis permanet; sin vero corrumpitur, impossibile est, ut uni errori aut fanatico spiritui recte obviam iri possit. Et de hoc articulo divus Paulus praecipue loquitur, cum inquit: Paulum fermenti totam conspersionem fermentat. Atque ea ipsa de causa Paulus particulas exclusivas (videlicet sine lege, sine operibus, ex gratia, gratis),

---

1/2 vollkummnen] unschuldigen *H*, urspr. *A*   7 des] Christi *k*   einigen] ewigen *c*   Christi > *k*   13 sind + auch *l*   16 die] wie *p*   17 derjenigen] der Irrtumben *H g i k l n q t u v x y ö ü*, z. T. Konk, vgl. Cor u. Balthasar, Historie VII 7, o a. R. für derjenigen urspr. *p*; *q a. R.*: derjenigen   22 Glaubens + ist *H*   ›ist‹ > *H*   23 der (1.)] die *B*   33/4 Tom. bis 159 > *B g k l m n o p t u v w x y z ä, a. R. c f r s*   35 sagt + S. *b*   37 darumb] dann *z* | darumb er | statt [daher Paulus] *A*

10 ipsi propterea] propter hanc imputationem   15/6 Interim seu >   16 et alias >   17/9 id est *bis* adversantur >   18 eorum] errorum *Müller* 611   21 iustitia fidei] iustificatione   36 Paulum] Paululum *Müller*

---

[1]) Vgl. Z. 15 occasione u. Conc 1580   [2]) Vgl. S. 930, Z. 26 ff.   [3]) „derjenigen"; die Lesart des TB „Irrtumben" bringt Selneccers Privatausgabe von 1582 im deutschen Text trotz des lateinischen eorum, Cor und des Index erratorum in der Quartausgabe Dresden 1581 des Konkordienbuchs. Auch einige Stücke von Konk. 1579/80 und der lateinische Text von Konk Dresden 1602, vgl. J. H. Balthasar, Vertheidigung zweyer im Concordienbuch und besonders dem großen Catechismo Lutheri befindlichen und angefochtenen Wörter. Greifswald 1754, S. 36 Anm.   [4]) Apol. IV, S. 159, 4 ff.   [5]) „arm": vgl. Conc 1584 (auch 1580) conscientiae perturbatae, jedoch im Text der Apol.: piis conscientiis.   [6]) WA XXXI¹ 255 5—10.   [7]) 1. Kor. 5, 6; Gal. 5, 9.

Menschen ausgeschlossen) in diesem Artikel mit so großem Eifer und Ernst[1] treibet, damit anzuzeigen, | wie hoch es vonnöten seie, | daß in diesem Artikel neben reiner Lehre die antithesis, das ist, alle Gegenlehre, dardurch abgesondert, ausgesetzt und verworfen werde.

Derwegen diese Zwiespalt christlich vermuge Gottes Worts zu erklären und durch seine Gnade hinzulegen, ist unser Lehre, Glaub und Bekenntnis wie folget:

Von der Gerechtigkeit des Glaubens für Gott glauben, lehren und bekennen wir einhellig | vermöge hievorgesetztes summarischen Begriffs[2] unsers christlichen Glaubens und Bekenntnis | : daß ein armer sündiger Mensch[3] für Gott gerechtfertigt, das ist, absolviert, los und ledig gesprochen werde von allen seinen Sünden und von dem Urtel der wohlverdienten Verdammnus, auch angenommen werde zur Kindschaft und Erbschaft des ewigen Lebens ohne einig unser „Verdienst oder Würdigkeit"[4], auch ohne alle[5] vorgehende gegenwärtige, oder auch folgende Werk, aus lauter Gnaden, allein umb des einigen Verdiensts, des ganzen[6] Gehorsams, bittern Leidens, Sterbens und Auferstehung unsers Herrn Christi willen, | des[7] Gehorsam uns zur Gerechtigkeit zugerechnet wird. |

Welche Güter uns in der Verheißung des heiligen Evangelii durch den Heiligen Geist fürgetragen werden, und ist allein der Glaube das einige Mittel, dardurch wir sie ergreifen, annehmen und uns applizieren[8] und zueignen, welcher ist | ein[9] Gabe Gottes,

De iustitia fidei coram Deo unanimi consensu credimus, docemus et confitemur (iuxta compendiaria Christianae nostrae fidei et confessionis capita, quae supra posuimus): quod homo peccator coram Deo iustificetur, hoc est, absolvatur ab omnibus suis peccatis et a iudicio iustissimae condemnationis et adoptetur in numerum filiorum Dei atque heres aeternae vitae scribatur sine ullis nostris meritis aut dignitate et absque ullis praecedentibus, praesentibus aut sequentibus nostris operibus, ex mera gratia, tantummodo propter unicum meritum perfectissimamque obedientiam, passionem acerbissimam, mortem et resurrectionem Domini nostri Iesu Christi, cuius obedientia nobis ad iustitiam imputatur.

quibus humana opera excluduntur, in hoc articulo tanta diligentia tantoque zelo urget, ut ostendat, quod valde necessarium sit, ut in hoc articulo non modo sincera doctrina perspicue explicetur, verum etiam antithesis ponatur et omnia veritati contraria dogmata a pia doctrina segregentur, excludantur et reiiciantur.

Quare ut haec controversia pie iuxta verbi Dei analogiam explicetur et per gratiam Dei componatur, sinceram doctrinam, fidem et confessionem nostram ad hunc modum recitamus:

Haec bona nobis in promissione evangelii per spiritum sanctum offeruntur. Fides autem unicum est medium illud, quo illa apprehendimus, accipimus nobisque applicamus. Ea fides donum Dei est, per quod Christum redemptorem

---

2 so > c f s   3 seie > H   7 werde + insonderheit vonnöten sei A
16 gläuben, lehren ~ c, urspr. d   17 einhellig + wie in den Schriften obgemeltes Corporis doctrinae oder Inhalts unsers Glaubens und Bekenntnis weitläufig und gründlich aus Gottes Wort erweiset wird, daß ein armer, sündiger Mensch in christlicher Buß und Bekehrung A   hie=] unseres H   19 ein] der H   20 Mensch + [in christlicher Buß und Bekehrung] A   24 auch] und B   35 heiligen (1.) > c   39 welcher + Glaube H, a. R. y, urspr. A   ist + [ein Licht und Vertrauen, so der Sohn Gottes durch sein Wort

1 opera] merita

---

[1]) Röm. 3, 20. 21. 28; Gal. 2, 16; 3, 11; vgl. Notationes Bergerdorpienses (Bertram, Lüneb. IIB 214, 219).   [2]) Vgl. S. 833 u. Anm. 1.   [3]) Mensch: SSC und TB fügten hinzu: in christlicher Buß und Bekehrung, u. zw. gemäß den Notationes Bergerdorpienses zur SC (Bertram, Lüneb. IIB 214, 219).   [4]) Kl. Kat. S. 511, 5.   [5]) Vgl. Anm. 3. *
[6]) Vgl. S. 918, Anm. 3.   [7]) Darüber | Pr. |; wohl in Erinnerung an die Bemerkung des preußischen Bedenkens auf TB zum Eingang des Artikels (vgl. S. 918, Anm. 3).
[8]) Vgl. CR XIII 1012: Propiciatorium unicum est tota Christi obedientia ... et applicatur singulis propria cuiusque fide, audito, lecto, cogitato Evangelio   [9]) Der Wortlaut des hier veränderten TB fast wörtlich nach der theologorum Rostokiensium declaratio de negotio Jac. Andreae vom 8. Jan. 1570 (Bertram, Lüneb. IIB 95f.).

dadurch wir Christum unsern Erlöser im Wort des Evangelii recht erkennen und auf ihn vertrauen, daß wir allein umb seines Gehorsams willen, ›aus Gnaden,‹ Vergebung der Sünden haben, für fromm und gerecht von Gott dem Vater gehalten und ewig selig werden. |

Demnach für eins gehalten und genommen, wann Paulus[1] spricht, daß wir „durch den Glauben" gerecht werden, Rom. 3., oder daß der Glaube uns zur Gerechtigkeit zugerechnet werde, Rom. |4. Und wann er spricht, daß wir durch des einigen Mittlers Christi Gehorsam gerecht werden, oder daß „durch eines Gerechtigkeit die Rechtfertigung des Glaubens[2] über alle Menschen" komme, Rom. 5. Dann der Glaube macht gerecht nicht darumb und daher, daß er so ein gut Werk und schöne Tugend, sondern weil er in der Verheißung des heiligen Evangelii den Verdienst Christi ergreift und annimbt; dann derselbige muß uns durch den Glauben appliziert und zugeeignet werden, wann wir dadurch gerecht sollen werden, daß also die Gerechtigkeit, die für Gott dem Glauben oder den Gläubigen aus lauter Gnade zugerechnet wird, ist der Gehorsam, Leiden und Auferstehung Christi, da er für uns dem Gesetz gnuggetan und für unser Sünde bezahlet hat. |Dann[3] weil Christus nicht allein Mensch,

nostrum in verbo evangelii recte agnoscimus et ipsi confidimus, quod videlicet tantum propter ipsius obedientiam, ex gratia, remissionem peccatorum habeamus et iusti a Deo patre reputemur et in aeternum salvemur. Itaque hae propositiones sunt aequipollentes et idem plane volunt, cum Paulus dicit: Fide nos iustificari, aut fidem nobis ad iustitiam imputari; et cum docet, quod unius mediatoris Christi obedientia iustificemur; aut quod per unius iustitiam in omnes homines iustificatio vitae veniat. Fides enim non propterea iustificat, quod ipsa tam bonum opus tamque praeclara virtus sit, sed quia in promissione evangelii meritum C h r i s t i apprehendit et amplectitur; illud enim per fidem nobis applicari debet, si eo ipso merito iustificari velimus. Itaque iustitia illa, quae coram Deo fidei aut credentibus ex mera gratia imputatur, est obedientia, passio et resurrectio C h r i s t i, quibus ille legi nostra causa satisfecit et peccata nostra expiavit. Cum enim Christus non tantum homo, verum Deus et homo sit in una persona indivisa, tam non fuit legi subiectus, quam non fuit passioni et morti (ratione suae personae) obnoxius, quia D o m i n u s legis erat. Eam ob causam ipsius

---

und Heiligen Geist in uns wirket, damit wir das Evangelium von der Person und Guttaten Christi und alle Artikel christlicher Lehre für gewiß wahr halten und gewißlich glauben, daß uns Gott durch Jesum Christum unsern, einigen Heiland, aus Gnaden ohn allen unsern Verdienst unser Sünde vergeben und das ewige Leben schenken und also ein gnädiger Vater sein und uns als seine Kinder und Erben in Ewigkeit halten wölle.] A

2 des + heiligen z   erkennen + [daß wir allein] A   8/9 genommen + werd y
15 Gerechtfertigkeit] Gerechtigkeit B H g o t ö, z. T. Konk, vgl. Balthasar, Historie VII 11
16 Glaubens] Lebens g n o t u x, urspr. l   17 Dann] oder dann x   19 so] sein x
Tugend + ist Cor   30 hat + [dieselbige] A

3 obedientiam] meritum   15 tam bonum opus] tantae praestantiae est

---

[1]) Röm. 3, 28; 4, 5; 5, 19. 18 (in früherer Gestalt der Übersetzung Luthers).
[2]) „Glaubens": vgl. die richtigstellende Lesart „Lebens", dazu Conc 1580 und 1584: vitae.   [3]) Darüber |Brandenb. Fürsten|. Die Bedenken der Ansbacher Theologen vom 3. September 1576 und wohl auch der preußischen (in deren Bedenken allerdings nur die Fassung des Entwurfs dieser Forderung einen besonderen Abschnitt neben einer mehr gelegentlichen Bemerkung eingeräumt hatte) veranlassen die Aufnahme dieser ausführlichen Darlegung der Lehre vom „ganzen Gehorsam" Christi bei deutlichem Abzielen auf Georg Karg, der die oboedientia activa vom meritum Christi trennt. Vgl. zu Karg: J. Döllinger, Die Reformation, ihre innere Entwicklung und ihre Wirkungen im Umfang des Lutherischen Bekenntnisses III (1848) 556ff. und Anhang 15ff.; RE³ X 70ff.; G. Wilke, Georg Karg, 1904. Schornbaum, Aus dem Briefwechsel G. Kargs, ARG XVI 79—83, 1919. (Umfangreiches Material auch im Bayer. Staatsarchiv Nürnberg, Ansbacher Religionsakten Nr. 30). Für die Lehre vom ganzen Gehorsam Christi neben Luther: Melanchthon, CR VII 896—898, VIII 426, XIII 1012 (gegen Osiander) und 1417; vgl. hier S. 934, Z. 12ff. und S. 917, Anm. 8. Für Flacius, der die Durchdringung von oboedientia activa und passiva betont: Preger, Matth. Flacius I 226ff., 238ff.; auch

sunder Gott und Mensch in einer unzertrennten Person, so ist er ebensowenig unter dem Gesetz gewesen, weil er ein Herr des Gesetzes, als daß er für sein Person leiden und sterben sollen; darumb uns dann sein Gehorsam nicht allein im Leiden und Sterben, sunder auch daß er freiwillig an unser statt unter[1] ›das Gesetz getan‹ und das selbig mit sollichem Gehorsam erfüllet, uns zur Gerechtigkeit zugerechnet, daß uns Gott umb sollichs ganzen Gehorsams willen, so er im Ton und Leiden, im Leben und Sterben für uns seinem himmlischen Vater geleistet, die Sünde vergibt, uns für fromb und gerecht hält und ewig selig machet. Solliche Gerechtigkeit wird durchs Evangelium und in den Sakramenten von dem Heiligen Geist uns fürgetragen und durch den Glauben appliziert, zugeeignet und angenommen, daher[2] die Gläubigen haben Versühnung mit Gott, Vergebung der Sünden, Gottes Gnade, die Kindschaft und Erbschaft des ewigen Lebens.

Demnach das Wort rechtfertigen hie heißt gerecht und ledig von Sünden sprechen und derselbigen ewigen Straf ledig zählen umb[3] der Gerechtigkeit Christi willen, wölche „von Gott dem Glauben zugerechnet wird", Phil. 3.[4]; wie dann solcher Gebrauch und Verstand dieses Worts in Heiliger Schrift Altes und Neues Testaments[5] gemein ist, Proverb. 17: „Wer den Gottlosen recht spricht und den Gerechten verdammet, die sind beide dem Herrn ein Greuel." Isai. 5: „Wehe denen, die den Gottlosen recht sprechen umb Geschenk willen und das Recht der Gerechten von ihnen wenden." Rom. 8.:

obedientia (non ea tantum, qua patri paruit in tota sua passione et morte, verum etiam, qua nostra causa sponte sese legi subiecit eamque obedientia illa sua implevit) nobis ad iustitiam imputatur, ita ut Deus propter totam obedientiam (quam Christus agendo et patiendo in vita et morte sua nostra causa patri suo coelesti praestitit) peccata nobis remittat, pro bonis et iustis nos reputet et salute aeterna donet. Haec iustitia nobis per evangelion et in sacramentis a spiritu sancto nobis offertur et per fidem applicatur atque apprehenditur: unde credentes habent reconciliationem cum Deo, remissionem peccatorum, Dei favorem, adoptionem filiorum et hereditatem vitae aeternae.

Vocabulum igitur iustificationis in hoc negotio significat iustum pronuntiare, a peccatis et aeternis peccatorum suppliciis absolvere, propter iustitiam Christi, quae a Deo fidei imputatur. Et sane hic vocabuli illius usus tam in Veteri quam in Novo Testamento admodum frequens est. Salomon inquit: Qui iustificat impium et qui condemnat iustum, abominabilis est uterque apud Deum. Isaias vae denuntiat illis, qui iustificant impium propter munera et iustitiam iusti auferunt ab eo. Paulus ait: Quis accusabit electos Dei? Deus

---

2 eben=] aber c, urspr. d   5 sterben] streben d e   7 er + dann c   8 statt + sich g m n t x   unter + [den Gehorsam des Gesetzes ergeben] A   17 von] in x   19/20 angenommen + daraus, darum und H, urspr. A Helmst.   22 die > c   24 rechtfertigen] Rechtfertigung d e ü   25 von + den p   27/9 umb bis Phil. 3. > ü   29 Phil. 3 > ö Gebrauch] Brauch B g k l m n o p t u v x z   34 beide > u

11 aeterna + nos   15 credentes + in Christum   35 propter munera >

Osiander verwendet diese Grundanschauung vom Gehorsam Christi: Widerlegung Bl. J Ia, Bekanntnus Bl. A 3b, 4, B 4b; ihm gegenüber handelt es sich also nur um die Frage nach der Beziehung dieses Gehorsams zur Gerechtigkeit Christi und zur Rechtfertigung. Zum Dogmengeschichtlichen: Döllinger, Die Reformation, III 556ff., und G. Thomasius, Dogmatis de obedientia Christi activa historia et progressione inde a Confessione Augustana ad formulam usque concordiae, Partic. I, II, III, 1845/46.

[1]) „unter das Gesetz getan": Conc 1580 und 1584: sese legi subiecit. Es ergänzen daher manche deutsche Ausgaben des „sich" nach „er", Z. 7.   [2]) Zum folgenden etwa Censurae ... Erfurt 1552, Bl. BB Ia; vgl. S. 914, Anm. 1; TB: „daraus, darumb und daher", „welches Chemnitii Stylus ist" (Balthasar, Historie VII 13), beibehalten im Exemplar FC der Helmstedter (Hutterus 1361, dazu 1370).   [3]) Darüber Pr. ; preußisches Bedenken: „... ledig zählen) Addatur und die Gerechtigkeit durch Christum erworben zurechnen, schenken und geben aus Gnaden."   [4]) Phil. 3, 9.   [5]) Spr. Sal. 17, 15; Jes. 5, 22 u. 23; Röm. 8, 33.

„Wer will die Auserwählten Gottes beschuldigen? Gott ist hie, der rechtfertiget," das ist, von Sünden absolviert und ledigspricht.

Dieweil aber zuzeiten das Wort regeneratio, Wiedergeburt, für das Wort iustificatio, Rechtfertigung, gebraucht, ist vonnöten[1], daß solch Wort eigentlich erklärt, damit die Verneuerung, so der Rechtfertigung des Glaubens nachfolget, nicht mit der Rechtfertigung des Glaubens vormenget, sondern eigentlich voneinander unterschieden werden.

Denn das Wort r e g e n e r a t i o, das ist, W i e d e r g e b u r t, erstlich[2] also gebraucht wird, daß es zugleich die Vergebung der Sünden allein umb Christus willen und die nachfolgende Verneuerung begreifet, welche der Heilige Geist wirket in denen, so durch den Glauben gerechtfertigt sind. Darnach[3] wird es gebraucht allein pro remissione peccatorum et adoptione in filios Dei, das ist, daß es heißet allein Vergebung der Sünden, und daß wir zu Kindern Gottes angenommen werden. Und in diesem andern Verstand wird in der Apologia viel und oft dies Wort gebraucht, da geschrieben: Iustificatio est regeneratio[4], das ist, die Rechtfertigung für Gott ist die Wiedergeburt, wie auch S. Paulus solche Wort unterschiedlich gesetzt, Tit. 3.5[5]: Er hat uns selig gemacht „durch das Bad der Wiedergeburt und Erneuerung des Heiligen Geistes."

| Wie[6] dann auch das Wort v i v i f i c a t i o, das ist, L e b e n d i g m a c h u n g, zuzeiten in gleichem Verstand gebraucht worden[7]. Dann so der Mensch durch den

est, qui iustificat, hoc est, qui a peccatis absolvit.

Cum autem interdum vocabulum r e g e n e r a t i o n i s pro vocabulo i u s t i f i c a t i o n i s usurpetur, necesse est, ut illud dextre et proprie explicetur, ne renovatio, quae iustificationem sequitur, cum iustificatione fidei confundatur, sed haec recte a se invicem discernantur.

Vocabulum enim regenerationis interdum in eo sensu accipitur, ut simul et remissionem peccatorem (quae duntaxat propter Christum contingit) et subsequentem renovationem complectatur, quam spiritus sanctus in illis, qui per fidem iustificati sunt, operatur. Quandoque etiam solam remissionem peccatorum et adoptionem in filios Dei significat. Et in hoc posteriore usu saepe multumque id vocabulum in Apologia Confessionis ponitur. Verbi gratia, cum dicitur: Iustificatio est regeneratio. Sed et Paulus haec vocabula cum discrimine ponit, cum dicit: Salvos nos fecit per lavacrum regenerationis et renovationis spiritus sancti. Quin etiam v i v i f i c a t i o n i s vocabulum interdum ita accipitur, ut remissionem peccatorum notet. Cum enim homo per fidem (quam quidem solus spiritus sanctus operatur) iustificatur, id ipsum revera quaedam regeneratio, quia ex filio irae fit filius Dei et hoc modo e morte in vitam transfertur, sicut scriptum est: Cum

---

2 der + gerecht macht c, *urspr.* B d e   >rechtfertiget< c   3 ledig=] los= y
24 wir] wird t   26 andern Verstand] anderst verstanden k l   27 viel und oft > t
Wort + viel und oft t   28 geschrieben + stehet B f r s ä   33 Wiedergeburt] neuen
Geburt ü

2 absolvit + qui est, qui condemnet?   31 ita] in hac significatione   32 peccatorum + et adoptionem in filios Dei

---

[1]) Dazu Corp. Doctrin. Julian., Eingangs=(Kurzer)bericht 16a.   [2]) Melanchthon, Loci 1535, CR XXI 428, 3. T. noch 1543, CR XXI 760, 761; Responsiones ... ad ... articulos Bavaricae inquisitionis, Opera Wittenberg 1580 Tom. I 371. Dazu Heppe, Dogmatik des deutschen Protestantismus im 16. Jahrhundert II, 1857, 262ff., 302, hier Anm. 4 u. S. 948, Anm. 4. Die Möllnischen notationes verlangen hiezu das testi-
* monium scripturae s.   [3]) Wigand und (nach Ansicht der kursächsischen Theologen) Flacius, vgl. Colloquium zu Altenburg 112b.   [4]) Apol. IV, S. 174, 37. 175, 39. 184, 10. 192, 34. 220, 28, CR XXVII 466, 468, 470 (Iustificatio est regeneratio, ut Christus docet Iohan. III, der von den alten Kommentatoren FC in der Apol. vermißte und ihr als irrig unterstellt
* bezeichnete Satz).   [5]) Tit. 3, 5.   [6]) Darüber | Sächs. | Vgl. Hutterus 404; Rehtmeyer IIIB 267.   [7]) Vgl. die Stellungnahme der Jenaer Theologen gegenüber den Wittenbergern und Leipzigern auf dem Altenburger Kolloquium: Die Jenaer wollen die wittenbergische Zusammenordnung von iustificatio und vivificatio in Christus

Glauben (wölchen allein der Heilig Geist wirket) gerechtfertiget, sollichs wahrhaftig ein Wiedergeburt ist, weil aus einem Kind des Zorns ein Kind Gottes und also aus dem Tod in das Leben gesetzt wird, wie geschrieben stehet[1]: „Da wir tot waren in Sünden, hat er uns sampt Christo lebendig gemacht," Eph. 2. Item: „Der Gerechte wird seines Glaubens leben," Ro. 1. In welchem Verstand dies Wort in der Apologie[2] viel und oft gebraucht wird.

Darnach aber wird es auch oft für die Heiligung und Erneuerung genummen, wölche der Gerechtigkeit des Glaubens nachfolget, wie es D. Luther im Buch von der Kirchen und Konzilien[3] und anderstwo also gebraucht hat. |

Wann wir aber lehren, daß durch die Wirkung des Heiligen Geistes wir neugeboren und gerecht werden, hat es nicht die Meinung, daß den Gerechtfertigten und Wiedergebornen kein Ungerechtigkeit nach der Wiedergeburt im Wesen und Leben mehr sollte anhangen, sondern daß Christus mit seinem vollkommenen Gehorsam alle ihre Sünde zudecket, die doch in der Natur in diesem Leben noch stecken. Aber solchs unangesehen werden sie durch den Glauben und umb solchs Gehorsambs Christi willen (den Christus dem Vater von seiner Geburt an bis in den aller¹schmählichsten Tod des Kreuzes für uns geleistet hat) für fromm und gerecht gesprochen und gehalten, ob sie gleich ihrer vorderbten Natur halben noch Sünder sein und bleiben bis in die Gruben[4]. Wie es dann hinwiederumb die Meinung nicht hat, als dorften oder sollten wir ohne Buß, Bekehrung und Besserung den Sünden folgen, darin bleiben und fortfahren.

Dann | wahre[5] Reue | muß vorhergehen, und die also, wie gesagt, aus lauter Gnaden

essemus mortui in peccatis, convivificavit nos in Christo. Et alibi: Iustus fide sua vivet. Et in hac posteriore significatione Apologia vocabulo regenerationis frequenter uti solet.

Deinde etiam regeneratio saepe pro sanctificatione et renovatione (quae fidei iustificationem sequitur) usurpatur. In qua significatione D. Lutherus hac voce tum in libro De ecclesia et conciliis tum alibi etiam multum usus est.

Quando autem docemus, quod per operationem spiritus sancti regeneremur et iustificemur, non ita accipiendum est, quod iustificatis et renatis nulla prorsus iniustitia (post regenerationem) substantiae ipsorum et conversationi adhaereat, sed quod Christus perfectissima obedientia sua omnia ipsorum peccata tegat, quae quidem in ipsa natura (in hac vita) adhuc infixa haerent. Nihilominus tamen per fidem, propter obedientiam Christi (quam Christus inde a nativitate sua usque ad ignominiosissimam crucis mortem pro nobis patri suo praestitit) boni et iusti pronuntiantur et reputantur, etiamsi ratione corruptae naturae suae adhuc sint maneantque peccatores, dum mortale hoc corpus circumferunt. Sed neque hoc sentimus, quod liceat nobis absque poenitentia et vitae emendatione peccatis frenos laxare, in iisque perseverare et subinde pergere.

Oportet enim praecedere veram et non simulatam contritionem. Et qui

---

3 weil + er Konk u. alle Hss außer c i q u A   4 Gottes + [aus] A   8 Item > B s
9 leben + Hab. 2. t   14/5 Gerechtigkeit bis nachfolget] Gerechte des Glaubens macht t
15 es] auch o x   der] den k   16 also > t   24 Wesen und Leben: ~ urspr. A   30 und >
Cor   34 gesprochen und ~ H   37/8 hinwiederumb + auch B H g k l m n o p q t u v w x z ā
38/9 dorften oder sollten ~ m   39 ohne] ihme x   39/40 Bekehrung und Besserung ~ p und > g
40 >bleiben< t   41 und > k l   fortfahren + und bleiben t   42 Dann + [Buße] A

22 est + quasi sentiamus   25 sed + hoc volumus   42 enim + iustificationem

---

als dessen meritum (Colloquium ... zu Altenburgk f. 3a) dahin verstehen, daß damit keine unterschiedlose „Vermengung" gemeint sei von Rechtfertigung, „welche da ist gnädige Zurechnung der Gerechtigkeit Christi ..." und Lebendigmachung, „das ist die Verneuerung, welche ist eine Frucht und Folge der Rechtfertigung" (ibidem 16b).

¹) Eph. 2, 5; Röm. 1, 17.   ²) Apol. IV, S. 209, 16; VII, S. 241, 49.   ³) WA L 599 26—35; 625 25f.; 626 30f.; 627 10f.   ⁴) Vgl. Protocol ... des Coll. zu Hertzberg 1594, 24ff. Hutterus 731.   ⁵) Vgl. S. 923, Anm. 4; vgl. jedoch für Helmstedt: Hutterus 1359. *

umb des einigen Mittlers Christi willen, allein durch den Glauben, ohne alle Werk und Verdienst für Gott gerecht, das ist, zu Gnaden angenommen werden, denen wird auch der Heilige Geist gegeben, der sie verneuert und heiliget, in ihnen wirket Liebe gegen Gott und gegen den Nächsten. Sondern weil die angefangene Verneuerung in diesem Leben unvollkommen und die Sünde noch im Fleisch auch bei den Wiedergebornen wohnet: so stehet die Gerechtigkeit des Glaubens für Gott in gnädiger Zurechnung der Gerechtigkeit Christi, ohne Zutun unser Werk, daß uns unser ¦Sünde vergeben und zugedeckt sind und nicht zugerechnet werden, Rom. 4.[1]

Aber hie muß mit sonderm Fleiß darauf gar gute Acht gegeben werden, wenn der Artikel der Rechtfertigung rein bleiben soll, daß nicht dasjenige, was für dem Glauben hergehet und was demselbigen nachfolget, zugleich mit in den Artikel der Rechtfertigung, als darzu nötig und gehörig, eingemenget oder eingeschoben werde, weil nicht eins oder gleich ist von der Bekehrung und von der Rechtfertigung zu reden[2].

Denn nicht alles, was zur Bekehrung gehört, auch zugleich in den Artikel der Rechtfertigung gehört, in und zu welchem allein gehört und vonnöten ist Gottes Gnade, der Verdienst Christi, der Glaube, so solchs in der Verheißung des Evangelii annimbt, dardurch uns die Gerechtigkeit Christi zugerechnet wird, daher wir erlangen und haben Vergebung der Sünden, Versühnung mit Gott, die Kindschaft und Erbschaft des ewigen Lebens.

Also ist ein wahrer, seligmachender Glaube nicht in denen, so ohne Reu und Leid sind und einen bösen Fürsatz haben, in Sünden zu bleiben und ¦ beharren, ¦ sondern wahre ¦ Reue[3] ¦ gehet vorher, und rechter Glaub ist in oder bei wahrer Buß.

mera gratia (ut diximus) propter unicum mediatorem Christum, tantum per fidem, sine omnibus operibus et meritis, coram Deo iusti sunt, hoc est, in gratiam Dei recipiuntur: his etiam spiritus sanctus datur, qui eos renovat atque sanctificat, in ipsis dilectionem erga Deum et proximum operatur. Cum autem inchoata illa renovatio in hac vita sit imperfecta et peccatum adhuc in carne, etiam in renatis, habitet: iustitia fidei coram Deo in gratuita et benignissima imputatione iustitiae Christi (absque ulla nostrorum operum additione) consistit, quod videlicet peccata nobis remissa et tecta sint neque nobis imputentur.

Sed et hoc diligentissime observandum est, si modo articulum de iustificatione sincerum retinere velimus, ne ea, quae fidem praecedunt et quae eam sequuntur articulo huic tanquam ad iustificationem necessaria et ad eam pertinentia admisceantur aut inserantur. Non enim unum idemque est de conversione hominis et de iustificatione eius agere.

Non omnia illa, quae ad veram conversionem requiruntur, etiam ad iustificationem pertinent. Ad iustificationem enim tantum haec requiruntur atque necessaria sunt: gratia Dei, meritum Christi et fides, quae haec ipsa Dei beneficia in promissione evangelii amplectitur, qua ratione nobis Christi iustitia imputatur, unde remissionem peccatorum, reconciliationem cum Deo, adoptionem in filios Dei et hereditatem vitae aeternae consequimur.

Quare vera et salvans fides in iis non est, qui contritione carent et propositum in peccatis pergendi et perseverandi habent. Vera enim contritio praecedit et fides iustificans in iis est, qui vere, non ficte, poenitentiam agunt.

---

7 gegen (2.) > *H y*   Nächsten] Menschen *x*   Nächsten + Menschen *z*   7/8 Sondern] Sonderlichen *g*   14 uns > *g*   16 Rom. 4. > *B*   19 gar > *B H f s*   21 für] von *c*   23 mit] nicht *f s*   27 [und] >oder< *H*   von > *s*   von der > *d e*   29/30 Rechtfertigung; *dazu in ä die Randbemerkung*: Was zur Rechtfertigung gehöre   33 des + heiligen *c r s*   41 ohne + Buße *H, a. R. y, urspr. A*   43 | beharren | *statt* [behalten] *A*   beharren] zu vorharren *d e*   44 wahre + | Buße | *y* | Reue | *statt* [Buße] *A*   45 oder] und *c*

14 ulla] ullo   additione] merito   24 inserantur] inferantur *Müller 615, verb. 830*

---

[1]) Röm. 4, 6—8.   [2]) Vgl. S. 945, Anm. 1.   [3]) Gemeint ist die Ordnung Reue und Bekehrung—Rechtfertigung—Erneuerung, vgl. S. 927, 35 ff. Zum Werden eines ausgestalteten ordo salutis: Heppe, Dogmatik II 301 f., Schmid, Die Dogmatik der evang.-luther. Kirche, 7. Aufl. 1893, 294 ff.; dazu Wigand, De iustificatione, Lips. 1581, 150 ff.; H. Schütz, Der ordo salutis i. d. Dogmatik, ThStKr 1899, und dazu die preußische Zensur. Vgl. CA XII S. 64, wo poenitentia in contritio und fides zerlegt wird, dazu Apol. XII, S. 257, 3 f.

Es ist auch die Liebe eine Frucht, so dem wahren Glauben gewißlich notwendig folget. Denn wer nicht liebet, das ist eine gewisse Anzeigung, daß er nicht gerechtfertiget, sondern noch im Tode sei[1] | oder[1] die Gerechtigkeit des Glaubens wiederumb verloren habe, | wie Johannes sagt 1. Johann. 3.[2] Aber wenn Paulus[3] spricht: „Wir werden durch den Glauben gerecht ohne Werk", zeigt er damit an, daß weder vorgehende ›Reu‹[4] noch folgende Werk in den Artikel oder Handel der Rechtfertigung des Glaubens gehören. Denn gute Werk gehen nicht für der Rechtfertigung her, sondern folgen derselben, und die Person muß erst gerecht sein, eher sie gute Werk tun kann.

Gleichsfalls auch, wiewohl die Verneuerung und Heiligung auch eine Wohltat des Mittlers Christi und ein Werk des Heiligen Geists ist, gehört sie doch nicht[5] in den Artikel oder in den Handel der Rechtfertigung vor Gott, sondern folget derselben, weil sie vonwegen unsers verderbten Fleisches in diesem Leben nicht ganz rein und vollkommen ist, | wie[6] D. Luther hievon wohl schreibet in seiner schönen und langen Auslegung der Epistel an die Galater[7], da er also sagt: „Wir gebens wohl zu, daß man ¹von der Liebe und guten Werken auch lehren solle, doch also, daß es geschehe, w e n n u n d w o es vonnöten ist, als nämlich wenn man außerhalb dieser Sachen von der Rechtfertigung von Werken sunst zu ton hat. Hie aber ist dieses die Häuptsach, darmit man zu ton hat, daß man frage, nicht, ob man auch gute Werk ton und lieben solle, sunder wodurch man doch gerecht für Gott und selig werden möge? Und da antworten wir mit S. Paulo[8] also: daß wir „allein durch den Glauben" an Christum gerecht werden, und nicht durch des Gesetzes Werk oder durch die Liebe, nicht also,

Et caritas fructus est, qui veram fidem certissime et necessario sequitur. Qui enim non diligit, de eo recte iudicari potest, quod non sit iustificatus, sed quod adhuc in morte detineatur, aut rursus iustitiam fidei amiserit, ut Iohannes testatur. Et quando divus Paulus affirmat fide nos iustificari, sine operibus, hoc ipso docet, neque praecedentem contritionem neque sequentia bona opera ad articulum aut negotium iustitiae fidei pertinere. Bona enim opera non praecedunt iustificationem, sed eam demum sequuntur. Et oportet personam primum esse iustam, antequam bona opera facere queat.

Similiter et renovatio seu sanctificatio, quamvis et ipsa sit beneficium mediatoris Christi et opus spiritus sancti, non tamen ad articulum aut negotium iustificationis coram Deo pertinet, sed eam sequitur, quia propter carnis nostrae corruptionem in hac vita imperfecta est et nondum omnibus numeris absoluta. De hac re erudite et pie D. Lutherus in praeclaro illo suo et copioso super epistolam ad Galatas commentario ad hunc modum docet: Concedimus de caritate et bonis operibus etiam docendum esse, sed suo tempore et loco, quando scilicet quaestio est de bonis operibus extra hunc articulum de iustificatione. Hic autem status causae et caput est, de quo agitur, ut scilicet quaeratur, non, an bona opera sint facienda et caritas exercenda sit, sed qua re iustificemur et vitam aeternam consequamur? Hic respondemus cum Paulo: sola fide in Christum nos pronuntiari iustos, non operibus legis aut caritate. Non quod opera aut caritatem reiiciamus, ut adversarii nos falso accusant,

---

8 1. Johann. 3.] in der ersten Johannis am 3. *B* 10 weder + die *B H f g k p r s y z*
11 ›Reu‹ statt [Buß] *A*   folgende] nachfolgende *B*   16 erst] erstlich *y*   erst] zuvor und ehe *d e g i k l m n o p q t x z*   28 der] über die *H*   an die] zun *H*   31 daß es geschehe > *c*   es + also *d e*   33 von > *m z*   38 man] wir *z*, urspr. *g*   39 Gott + gerecht *p t*   40 S. > *B f s*

5 aut + iudicium est, talem hominem iustificationis   33 hunc + capitalem   sit, sed >   43 falso >
6 amiserit] amisisse   33/4 de iustificatione >
11/2 iustitiae fidei]   35/7 de quo bis

---

¹) Darüber | Pr. |; fast wörtlich nach dem preußischen Bedenken eingefügt.
²) 1. Joh. 3, 14.   ³) Röm. 3, 28.   ⁴) Preußisches Bedenken: „für das Wort Buße wäre allhie zu setzen Reu; sic etiam postea.   ⁵) Vgl. CR VII 895.   ⁶) Darüber | Wirt. Bad. Henn. |; der ganze Einschub aus dem Maulbronner Gutachten (Heppe IIIB 365 f.).   ⁷) Stellenweise erweiternde Übersetzung nach WA XL¹ 240₁₇₋₂₆.   ⁸) Röm. 3, 28.

daß wir hiemit die Werk und Liebe gar verwerfen, wie die Widersacher uns mit Unwahrheit lästern und schuld geben, sundern auf daß wir uns allein von der Häuptsachen, darmit man hie zu ton hat, nicht auf einen andern frembden Handel, der in diese Sachen gar nichts gehöret, abführen lassen, wie es der Satan gerne haben wollt. Derhalben, alldieweil und solang wir in diesem Artikel von der Rechtfertigung zu tun haben, verwerfen und verdammen wir die Werk, sintemal es umb diesen Artikel also geton ist, daß er keinerlei Disputation oder Handlung von den Werken nicht leiden kann. Darumb schneiden wir in dieser Sachen alle Gesetz und Gesetzeswerk kurz ab." Bis daher Lutherus. |

Derwegen, und uf daß betrübte Herzen einen beständigen gewissen Trost haben, auch dem Verdienst Christi und der Gnaden Gottes seine gebührliche Ehr gegeben werde, so lehret die Schrift[1], daß die Gerechtigkeit des Glaubens für Gott bestehe allein in gnädiger Versühnung oder Vergebung der Sünden, welche aus lau¹ter Gnaden umb des einigen Verdiensts des Mittlers Christi willen uns geschenkt und allein durch den Glauben in der Verheißung des Evangelii empfangen wird. Also[2] auch vorläßet sich der Glaube in der Rechtfertigung für Gott weder auf die ›Reu‹[3] noch auf die Liebe oder andere Tugende, sonder allein auf Christum und in demselbigen auf seinen vollkommen Gehorsam, damit er für uns das Gesetz erfüllet, welcher den Gläubigen zur Gerechtigkeit zugerechnet wird.

Es ist auch weder ›Reu‹[4] oder Liebe oder andere Tugend, sonder allein der Glaub das einige Mittel und Werkzeug, damit und dadurch wir Gottes Gnade, das Vordienst Christi und Vergebung der Sünden, so uns in der Verheißung des Evangelii fürgetragen werden, empfangen und annehmen können[5].

Es wird auch recht gesaget[6], daß die Gläubigen, so durch den Glauben an Christum

sed quod a statu causae in alienum negotium, quod ad hanc quaestionem prorsus non pertinet, abstrahi nos et implicari nolumus; id quod tamen Satanas maximopere molitur et quaerit. Itaque cum iam versemur in loco communi et articulo de iustificatione, reiicimus et damnamus opera. Is enim locus nequaquam patitur aut admittit disputationem de bonis operibus. Abscindimus igitur hoc proposito simpliciter omnes leges et omnia opera legis. Hactenus Lutherus.

Quare ut perturbatae mentes certam firmamque consolationem habeant et merito Christi atque gratiae divinae debitus honor tribuatur, docet nos scriptura iustitiam fidei coram Deo tantummodo consistere in sola clementi et quidem gratuita reconciliatione seu remissione peccatorum, quae ex mera gratia propter solum Christi mediatoris meritum nobis donatur, et per solam fidem in promissione evangelii apprehenditur. Ad eundem modum etiam fides illa in iustificatione coram Deo neque contritione neque dilectione aliisve virtutibus, sed solo Christo confidit et in Christo ipsius perfectissima obedientia (qua pro nobis legem implevit) nititur, quae obedientia credentibus ad iustitiam imputatur.

Et quidem neque contritio neque dilectio neque ulla alia virtus, sed sola fides est illud unicum medium et instrumentum, quo gratiam Dei, meritum Christi et remissionem peccatorum (quae bona nobis in promissione evangelii offeruntur) apprehendere et accipere possumus.

Recte etiam dicitur, quod credentes, qui per fidem in Christum iustificati

---

14 nicht > B u   leiden] handlen s   18 und > g p   daß + die i   19 beständigen, gewissen ~ g k l   gewissen > z   31 ›Reu‹ statt [Buße] A   37 ›Reu‹ statt [Buße] A   oder (I.)] noch n p t u w, urspr. o   40 das] den g k m o p t u

1 quod a] ex   1/5 in alienum bis quaerit] nolumus divelli ad quod Satan quaerit

---

[1]) Röm. 4, 6—8; 2. Kor. 5, 19—21; Luk. 18, 13f.   [2]) Gegenüber der Osiander unterstellten fiducia novitatis, vgl. E. Hirsch, Theologie des A. Osiander 206 ff.; CR VII 783/4, 895, 898f. Dahinter die bekannte Begründung, z. B. Apol. IV, S. 177, § 84. 178, § 85. 180, § 98. 183, § 110.   [3]) Vgl. S. 923, Anm. 4.   [4]) Vgl. S. 923, Anm. 4.   [5]) Gegen die scholastische Lehre von meritum und dispositio, die man bei Osiander zu finden vermeint, CR VII 783.   [6]) Apol. IV, S. 185, §§ 124. 125; 192, § 161.

gerecht worden sind, in diesem Leben erst=
lich die zugerechnete Gerechtigkeit des Glau=
bens, darnach auch die angefangene Gerech=
tigkeit des neuen Gehorsambs oder der
guten Werk haben. Aber diese beide müssen
nicht ineinander gemenget oder zugleich in
den Artikel der Rechtfertigung des Glau=
bens für Gott eingeschoben werden. Dann
weil diese angefangene Gerechtigkeit oder
Verneuerung in uns von wegen des Flei=
sches in diesem Leben unvollkommen[1] und
unrein, kann damit und dadurch die Person
für Gottes Gericht nicht bestehen, sondern
allein die Gerechtigkeit des Gehorsambs,
Leidens und Sterbens Christi, so dem Glau=
ben zugerechnet wird, kann für Gottes Ge=
richt bestehen, also daß allein umb dieses
Gehorsams willen die Person (auch nach
ihrer Vorneuerung, wenn sie schon viel
guter Werk hat und im besten Leben ist)
Gott gefalle und angenehm werde und sei
zur Kindschaft und Erbschaft des ewigen
Lebens angenommen.

Hieher gehöret auch, das S. Paulus
schreibt Rom. 4.[2], daß Abraham für Gott
gerecht sei worden allein durch den Glauben
umb des Mittlers willen, ohne Zutun
seiner Werk, nicht allein, do er erstlich von
der Abgötterei bekehret und keine gute Werk
hatte, sondern auch, do er hernach durch den
Heiligen Geist verneuert und mit vielen
herrlichen guten Werken gezieret war,
Gen. 15. Ebr. 11. Und setzet Paulus diese
Frage, Rom. 4., worauf alsdann Abrahams
Gerechtigkeit für Gott (dardurch er einen
gnädigen Gott gehabt, ihm gefällig und an=
genehm gewesen zum ewigen Leben) ge=
standen sei?

Darauf er antwortet[3]: „Dem, der nicht
mit Werken umbgehet, gläubet aber an den,
der die Gottlosen gerecht machet, dem wird
sein Glaub gerechnet zur Gerechtigkeit;
wie auch David sagt, daß die Seligkeit sei
allein des Menschen, welchem Gott zu=
rechnet die Gerechtigkeit ohne Zutun der
Werk." Also, wenngleich die Bekehrten und
Gläubigen haben angefangene Verneuerung,
Heiligung, Liebe, Tugend und gute Werk,
so können doch, sollen und müssen diesel=
bigen nicht eingezogen oder eingemenget

sunt, in hac vita primum quidem imputatam fidei iustitiam, deinde vero etiam
inchoatam iustitiam novae obedientiae
seu bonorum operum habeant. Sed haec *
duo non inter se permiscenda aut simul
in articulo de iustificatione fidei coram
Deo ingerenda sunt. Cum enim inchoata illa iustitia seu renovatio in nobis propter carnem in hac vita imperfecta sit et impura, eius iustitiae ratione persona coram Dei iudicio consistere non potest. Sola autem iustitia
obedientiae, passionis et mortis Christi
(quae fidei imputatur) coram iudicio
Dei stare potest; ita quidem, ut tantum
propter hanc obedientiam persona
(etiam postquam renovata est et multa
bona opera habet atque iam honeste et
innocenter vivit) Deo placeat et accepta, in filium Dei adoptata atque
heres vitae aeternae scripta sit.

Huc referendum est, quod Paulus 33
scribit, Abrahamum coram Deo iustificatum esse sola fide propter mediatorem, sine operibus, idque non tantum,
cum primo ab idolatria conversus,
nulla bona opera haberet, sed etiam cum
postea per spiritum sanctum renovatus,
multis praeclaris bonis operibus ornatus
esset. Et movet Paulus quaestionem
hanc: in quanam re Abrahami iustitia
coram Deo (propter quam Deum
clementem habuerit ipsique placuerit et
acceptus ac heres regni Dei fuerit)
posita et constituta fuerit?

Respondet autem: Ei, qui non opera- 34
tur, credenti autem in eum, qui iustificat impium, reputatur fides eius ad iustitiam. Sicut et David dicit beatitudinem hominis (esse), cui Deus acceptam
fert iustitiam sine operibus. Quare, etsi 35
conversi et in Christum credentes
habent inchoatam in se renovationem,
sanctificationem, dilectionem, virtutes
et bona opera, tamen haec omnia nequaquam possunt aut debent immisceri
articulo iustificationis coram Deo, ut

---

6 nicht > f   21 sei] sie c f s   25 schreibt + zun g   26 gerecht sei ~ d
34 Frage + zun g   4. + [, worin und] A   35 Gott + darumb, damit und H,
urspr. A   36 gehabt > q   42 Zur + [Seligkeit] A   45 der] oder v   46 und]
oder w y   49 doch > s

18 habet] fecit   27 operibus] merito ullo operum suorum

---

[1]) Vgl. CR VII 895/96.   [2]) Röm. 4, 3; Gen. 15, 6; Hebr. 11, 8; Röm. 4, 1.
[3]) Röm. 4, 5. 6.

werden in den Artikel der Rechtfertigung
für Gott, auf daß dem Erlöser Christo seine
Ehre bleibe und, weil unser neuer Gehorsam unvollkommen und unrein, die angefochtene Gewissen einen beständigen Trost
haben mugen[1].

Und das ist des Apostels Pauli Meinung, wenn er in diesem Artikel die particulas exclusivas, das ist, die Wort, dardurch die Werk in dem Artikel der Gerechtigkeit des Glaubens ausgeschlossen werden,
so fleißig und ernstlich treibet: absque
operibus, sine lege, sine merito, non ex operibus[2]. Das ist, aus Gnaden, ohne Verdienst,
ohne Gesetz, ohne Werk, nicht aus den Werken etc., welche exclusivae alle zusammen gefaßt werden, wann man sagt:
„Allein durch den Glauben"[3] werden wir für
Gott gerecht und selig. Dann dardurch werden die Werk ausgeschlossen, nicht der Meinung, als könnte ein wahrer Glaub wohl
sein ohne | wahre[4] Reue | oder als sollten,
müßten und dürften die guten Werk dem
wahren Glauben als die | gewisse, | ungezwei-
felten Früchte nicht folgen, oder als ob die
Gläubigen nicht dürften noch müßten etwas
Guts tun: sondern von dem Artikel der
Rechtfertigung für Gott werden die guten
Werk ausgeschlossen, daß sie in die Handlung der Rechtfertigung des armen Sünders
für Gott als darzu nötig oder gehörig nicht
sollen mit eingezogen, eingeflochten oder
eingemenget werden, und stehet der rechte
Verstand particularum exclusivarum[5] in
articulo iustificationis, das ist, oberzähl-
ter Wörter im Artikel der Rechtfertigung,
darin, sollen auch mit allem Fleiß und
Ernst bei diesem Artikel getrieben werden:

I. Daß dardurch alle eigne | Werk[6], | Ver-
dienst, Wirdigkeit, Ruhm und Vertrauen
aller unser Werk in dem Artikel der Rechtfertigung ganz und gar ausgeschlossen
werde, also, daß unser Werk weder Ursach

redemptori Christo honor illibatus maneat, et, cum nostra nova obedientia
imperfecta et impura sit, pertubatae
conscientiae certa et firma consolatione
sese sustentare valeant.

Et hoc ipsum vult divus Paulus, quando in hoc articulo particulas exclusivas,
quibus ex articulo iustitiae fidei opera
excluduntur, ut sunt hae: absque
operibus, sine lege, sine merito, non nisi ex gratia, gratis, non ex operibus, tanta diligentia tantoque zelo urget. Hae autem
exclusivae omnes hisce verbis comprehenduntur, cum docemus: Sola fide
coram Deo iustificamur et salvamur.
Hoc enim modo opera nostra excluduntur, non quidem ea ratione, quasi vera
fides possit exsistere sine contritione,
aut quasi bona opera non necessario
fidem veram (tanquam certissimi fructus) sequantur, aut quasi credentes in
Christum non debeant bene operari. Sed
ab articulo iustificationis coram
Deo bona opera excluduntur, ne negotio
iustificationis peccatoris coram Deo,
quasi ad eam rem necessaria, pertinentia
et requisita, inserantur et admisceantur.
Et haec est vera particularum exclusivarum in articulo iustificationis sententia, quae diligenter et sedulo in hoc
articulo retinenda atque urgenda est,
propter rationes, quas statim subiiciemus:

I. Primum, ut per illas particulas
omnia opera propria, merita, dignitas,
gloria et fiducia operum omnium nostrorum in articulo iustificationis penitus excludantur, ita quidem, ut opera

---

6 haben mügen ~H ü, urspr. A   12 ernstlich] embsig n t v w x z Konk   14 ohne
Verdienst > l   15 ohne (I.) bis Werk > y   Werk + ohne Verdienst l   den > e
16 etc. >BH u. viele Hss   17/8 wann bis werden > z   22 wahre > s w y z ä
Konk, vgl. Cor | wahre Reue | statt [Buß] A   24 Glauben + [tanquam individui
fructus et effectus] A   37 allem > p   39 Werk + | [und] | A

9/10 quibus bis hae >   11/2 sine merito bis gratia >   20 sine + praecedente
25/6 coram Deo >

---

[1]) Vgl. S. 924, Anm. 2; dazu auch CR VII 784.   [2]) absque operibus: Röm.
6, 4. 6; 3, 28; sine lege: Röm. 3, 21. 28; gratis: Röm. 3, 24; non ex operibus: Röm. 11, 6;
Gal. 2, 16; Eph. 2, 9; Tit. 3, 5; vgl. Röm. 3, 20. 28.   [3]) Röm. 3, 28.   [4]) Darüber
| Pr. | Vgl. S. 923, Anm. 4. Es bezieht sich wohl auch auf den Einschub „gewisse" in Z. 24
und auf die Tilgung des lateinischen Satzes tanquam etc. des TB; beides schlägt das preußische Bedenken vor.   [5]) Preußisches Bedenken, vgl. S. 929, Anm. 5.   [6]) Darüber
| Pr. |

noch Verdienst der Rechtfertigung, darauf Gott in diesem Artikel und Handlung sehen, oder wir uns darauf verlassen möchten oder sollten, noch zum ganzen, noch zum halben, noch zum wenigsten Teil gesetzt und gehalten sollen werden[1].

2. Daß das Ambt und die Eigenschaft des Glaubens allein bleibe, daß er allein, und sonst nichts anders, sei das Mittel oder Werkzeug, damit und dadurch Gottes Gnade und der Verdienst Christi in der Verheißung des Evangelii empfangen, ergriffen, angenommen, uns appliziert und zugeeignet werde, und daß von demselbigen Ambt und Eigenschaft solcher Application oder Zueignung die Liebe und alle andere Tugende oder Werk ausgeschlossen werden.

3. Daß weder Neuerung, Heiligung, Tugende oder gute Werk tanquam forma aut pars[2] aut causa iustificationis, das ist, unser Gerechtigkeit für Gott seie, noch für ein Teil oder Ursach unserer Gerechtigkeit gemacht und gesetzet oder sonst unter einigerlei Schein, Titel oder Namen in den Artikel der Rechtfertigung, als darzu nötig oder gehörig, eingemenget werden sollen[3]; sondern daß die Gerechtigkeit des Glaubens allein stehe in Vergebung der Sünden lauter aus Gnaden, allein umb das Verdienst Christi willen, welche Güter in der Verheißung des Evangelii uns fürgetragen und allein durch den Glauben empfangen, angenommen, uns applizieret und zugeeignet werden.

Also muß auch bleiben und erhalten werden die Ordnung zwischen dem Glauben und guten Werken; item, zwischen der Rechtfertigung und Erneuerung oder Heiligung.

Dann gute Werk gehen nicht für dem Glauben her, auch nicht die Heiligung für der Rechtfertigung, sondern erstlich wird in[4] der Bekehrung durch den Heiligen Geist der

nostra neque causae neque meriti ullius in iustificatione, ad quae Deus in hoc negotio respiciat, aut quibus nos fidere possimus aut debeamus, vel ex toto vel dimidia aut minima ex parte rationem habeant.

II. Deinde, ut hoc officium et haec proprietas fidei solius sit maneatque, quod videlicet sola fides, et nulla prorsus alia res, sit illud medium et instrumentum, quo Dei gratia et meritum Christi in promissione evangelii apprehendatur, accipiatur nobisque applicetur, et ut ab hoc applicationis officio atque proprietate caritas omnesque aliae virtutes aut opera penitus excludantur.

III. Denique has formulas teneamus, ut neque renovatio neque sanctificatio, virtutes aut bona opera, tanquam forma aut pars aut causa iustificationis aut sub qualicunque praetextu, titulo aut nomine, articulo iustificationis, tanquam ad eam rem necessaria aut pertinentia, immisceantur; sed ut fidei iustitia tantummodo in remissione peccatorum (ex mera gratia, propter solum Christi meritum) consistat, quae bona in promissione evangelii nobis offerantur et sola fide recipiantur, apprehendantur nobisque applicentur.

Eodem modo etiam conservandus est ordo inter fidem et bona opera, inter iustificationem et renovationem seu sanctificationem.

Bona enim opera non praecedunt fidem et sanctificatio non praecedit iustificationem. Sed primum in conversione per spiritum sanctum fides ex

---

1 noch Verdienst > t 4 noch zum halben > y 5 und] oder c 6 sollen werden ~ d e werden + [Dann obwohl der Glaub auf einer Seiten Christum in seinem Wort und Sakramenten ergreift und annimbt, auf der andern Seite durch die Liebe tätig ist und als ein guter Baum nicht ohne gute Frucht ist, so macht er uns doch nicht darumb gerecht und selig, daß er durch gute Werk tätig ist, sondern allein darumb, daß er unsern einigen Mittler und Heiland Jesum Christum, der allein mit seinem vollkommnen Gehorsam, unschuldigem Leiden und Sterben für unsere Sünde gnuggetan hat, ergreift und annimbt.] A, etwas abweichend Bertram 14   11 der (1.) > o r s z ä Konk   der] das H c   13 uns] und B   23 und] oder l   26 oder] und c r s y ä Konk   29 das] des alle Hss außer c w, Konk   33 uns] und s z   41 her > B   43 der Bekehrung] wahrer Buß H Helmst., urspr. A

37/8 sanctificationem + ne quod posterius est, priore loco ponatur

---

[1]) Am Rand | Pr. | Das preußische Bedenken empfiehlt die Streichung des folgenden Satzes in TB. [2]) Vgl. S. 917, Anm. 1. [3]) Gegen Osiander, CR VII 783. [4]) Darüber | Pr. |; wohl entspr. der Ersetzung von „Buße" durch „Reue", vgl. S. 923, Anm. 4.

Glaub aus dem Gehör des Evangelii in uns angezündet; derselbe ergreift Gottes Gnade in Christo, dardurch die Person gerechtfertigt wird; darnach, wenn die Person gerechtfertigt ist, so wird sie auch durch den Heiligen Geist verneuert und geheiliget, aus welcher Verneuerung und Heiligung alsdann die Früchte der guten Werk folgen.

* Et haec non | ita | divelluntur quasi vera fides aliquando et aliquamdiu stare possit cum malo proposito, sed ordine causarum et effectuum antecedentium et consequentium ita distribuuntur; manet enim quod Lutherus[1] recte dicit: Bene conveniunt et sunt connexa inseparabiliter fides et opera, sed sola fides est, quae apprehendit benedictionem sine operibus, et tamen nunquam est sola. Das ist: Welches nicht also verstanden werden soll, als ob die Rechtfertigung und Erneuerung voneinander geschieden, | dermaßen, | daß ein wahrhaftiger Glaube unterweilen eine Zeitlang neben einem bösen Vorsatz sein und bestehen könnte, sondern es wird hiemit allein die Ordnung angezeigt, wie eins dem andern vorgehe oder nachfolge, denn es bleibt doch wahr, das D. Luther recht gesagt hat: Es reimen und schicken sich fein zusammen der Glaube und die guten Werk, aber der Glaube ist es allein, der den Segen ergreift ohne die Werk, doch nimmer und zu keiner Zeit allein ist, | wie daroben erkläret worden. |

Es werden auch viel disputationes durch diesen wahrhaftigen Unterscheid nützlich und wohl erklärt, welchen die Apologia[2] über den Spruch Jacobi 2.[3] handelt. Dann wann man redet von dem Glauben, wie der gerecht mache, so ist S. Pauli Lehr[4], daß der Glaub allein gerecht mache, ohne Werk, indem er uns den Vordienst Christi, wie gesagt, appliziert und zueignet.

Wann man aber fragt: woran und wobei ein Christ entweder bei sich selbst oder an andern erkennen und unterscheiden muge einen wahren lebendigen Glauben von einem gefärbten toten Glauben, weil viel faule sichere Christen ihnen einen Wahn vom Glauben einbilden, da sie doch keinen wahren Glauben haben: darauf gibt die

auditu evangelii in nobis accenditur. Illa vero apprehendit gratiam Dei in Christo, qua persona iustificatur. Cum vero persona iam est iustificata, tum etiam per spiritum sanctum renovatur et sanctificatur; ex ea vero renovatione et sanctificatione deinceps fructus, hoc est, bona opera, sequuntur. Et haec non ita divelluntur, quasi vera fides aliquando et aliquamdiu stare possit cum malo proposito, sed ordine causarum et effectuum, antecedentium et consequentium, ita distribuuntur. Manet enim, quod Lutherus recte dicit: Bene conveniunt et sunt connexa inseparabiliter fides et opera; sed sola fides est, quae apprehendit benedictionem sine operibus; et tamen nunquam est sola. De qua re supra satis est dictum.

Ac multae sane disputationes hac vera et solida distinctione utiliter et dextre explicari possunt, quam etiam Apologia, cum agit de dicto Iacobi 2., adfert. Quando enim de fide agitur, quomodo videlicet ea iustificet, haec est ea de re divi Pauli doctrina, quod sola fides iustificet, quatenus nobis Christi meritum, ut diximus, applicat et communicat. Quando vero quaeritur: qua in re et quonam indicio homo Christianus vel in se ipso vel in aliis hominibus veram et vivam fidem, item simulatam et mortuam fidem agnoscere et discernere possit (cum multi torpentes et securi Christiani sibi opinionem quandam loco fidei imaginentur, cum tamen

---

8 der] und *g k l, ursprünglich* e   9 | ita |] interruptis aut longis temporum intervallis *Helmst., ursprünglich* A   14 dicit] dixit *B*   20/1 Erneuerung + [der Zeit nach] *A,* + dermaßen *H*   21/2 dermaßen, daß] also *H*   24 bestehen] bleiben *g k l*   27 doch] noch *g*   30 es > *B*   31 Werk + der *Cor*   31/2 nimmer] nimmermehr *e*   32/3 wie *bis* worden > *H*   daroben] boen *B H g k l m n o p t v x z* Konk   daroben > *g*   33 worden + ist *g m p*   38 redet von dem Glauben ~ *g u x* Konk   39 der] er *ü*   40 ohne + die *H c*   43 woran] wann *w*   und] oder *B H*

---

[1]) WA XLIII 255₃₈, vgl. XL¹ 427₁₁; WA 42, 566, 14. 35; WA 40 I 427, 11 f. u. Hutterus 641.   [2]) Apol. IV, S. 207, 35 ff.   [3]) Jak. 2, 24.   [4]) Röm. 3, 28.

Apologia¹ diese Antwort: Jakobus nennet "toten Glauben, wo nicht allerlei gute Werke und Früchte des Geistes folgen". Und auf solche Meinung sagt die lateinische Apologia² : "Iacobus recte negat nos tali fide iustificari, quae est sine operibus," hoc est ¹quae mortua est, das ist: S. Jakob lehret recht, da er verneinet, daß wir durch ein solchen Glauben gerecht‹fer‹tiget werden, der ohne die Werk ist, welchs ein toter Glaub ist.

Es redet aber Jakobus, wie die Apologia³ sagt, von Werken derjenigen, welche schon durch Christum gerecht worden, mit Gott versöhnet und Vergebung der Sünden durch Christum erlanget haben. Wann man aber fraget, woraus und worher der Glaube das habe und was darzu gehöre, daß er gerecht und selig mache, ists falsch und unrecht, wer⁴ da sagt: fidem non posse iustificare sine operibus; vel fidem, quatenus caritatem, qua formetur, coniunctam habet, iustificare; vel fidei, ut iustificet, necessariam esse praesentiam bonorum operum; aut ad iustificationem | vel in articulo iustificationis | esse necessariam praesentiam bonorum operum; | vel⁵ bona opera esse causam sine qua non, quae per particulas exclusivas ex articulo iustificationis non excludantur. | Das ist, daß der Glaube nicht könnte rechtfertigen ohne die Werk; oder daß der Glaub dergestalt rechtfertige oder gerecht mache, dieweil er die Liebe bei sich habe, umb welcher Liebe willen solliches dem Glauben zugeschrieben; oder daß die Gegenwärtigkeit der Werk bei dem Glauben notwendig seie, soll anderst der Mensch dardurch vor Gott gerechtfertiget werden, | oder⁵ daß die Gegenwärtigkeit

veram fidem non habeant), de hac re Apologia sic respondet: Iacobus eam vocat mortuam fidem, quam non omnis generis bona opera et fructus spiritus sequuntur. Et in hanc sententiam etiam Latina Apologia loquitur: Iacobus recte negat nos tali fide iustificari, quae est sine operibus, hoc est, quae mortua est.

M 620

Iacobus autem (ut Apologia docet) agit de eorum operibus, qui per Christum iam sunt iustificati, cum Deo reconciliati et per Christum remissionem peccatorum sunt consecuti. Cum vero quaeritur, unde fides hoc habeat, et quid requiratur, ut iustificet et salvet, tum falsum erit, si quis dicat fidem non posse iustificare sine operibus, vel fidem, quatenus caritatem, qua formetur, coniunctam habet, iustificare; vel fidei, ut iustificet, necessariam esse praesentiam bonorum operum; aut ad iustificationem vel in articulo iustificationis esse necessariam praesentiam bonorum operum; vel bona opera esse causam sine qua non, quae per particulas exclusivas ex articulo iustificationis non excludantur. Fides enim tantum eam ob causam iustificat et inde vim illam habet, quod gratiam Dei et meritum Christi in promissione evangelii (tanquam medium et instrumentum) apprehendit et amplectitur.

43

---

8 verneinet] vermeint *x*, urspr. *d*   9 gerecht[fertiget] *f*   10 die *x*   27 non + iustificationis H Cor   29 excludantur] excluduntur *d*   38—S. 930, 9 Gegenwärtigkeit *bis* geschlossen werden |; *die urspr. Fassung dieses Einschubs a. R.*:| [oder daß im Artikel der Rechtfertigung oder zu der Rechtfertigung vonnöten sei || die Gegenwärtigkeit der guten Werk ||, und daß dieselbige sollichergestalt durch die particulas exclusivas [das ist, sollicher Wort, derer sich der Apostel gebraucht], ohne Werk etc. [nicht ausgeschlossen werden] aus dem Artikel der Rechtfertigung nicht ausgeschlossen werden] | *A*   38 Gegenwärtigkeit] Gerechtigkeit H   Gerechtfertigkeit *x*

23/5 aut ad *bis* operum >

---

¹) Apol. IV, S. 209, 8.   ²) Apol. IV, S. 209, 23.   ³) Apol. IV, S. 209, § 252.   ⁴) Die Antithesen entsprechen namentlich im letzten Teil der Stellung der Jenaer Theologen zu den Wittenbergern und Leipzigern auf dem Kolloquium in Altenburg. Colloquium zu Altenburgk, Jena 1569, fol. 60. Hinter der Wittenberger Stellung steht Melanchthon: etwa Loci 1543 CR XXI 768, dazu 752ff., 788f., 797f.   ⁵) Darüber | Pr. |: preußisches Bedenken ∗ zum TB: "Hie soll billich auch hinzugesetzt werden, daß durch die exclusivas particulas auch die notwendige Gegenwart der Werk von dem Handel der Rechtfertigung ausgeschlossen wird ..."; vgl. Heßhus an Wigand über P. Eber, der die necessitas praesentiae ∗ b. o. vertritt, Schlüsselburg Catal. Haeret. VII 189 u. Flacius, Sententia de necessitate praesentiae bonorum operum in articulo iustificationis, ib. 154 ff. Chemnitz, Epistola de partic. exclusiv. et necess. praes. b. o., ib. 705. O. Ritschl, Dogmengesch. II 397.

der guten Werk im Artikel der Rechtfertigung oder zu der Rechtfertigung vonnöten seie, also, daß die gute Werk ein Ursach sein sollen, ohn wölche der Mensch nicht könnte gerechtfertiget werden, wölche auch durch die particulas exclusivas, absque operibus etc., das ist, wann S. Paulus[1] spricht: „Ohne Werk" etc., aus dem Artikel der Rechtfertigung nicht geschlossen werden, | dann der Glaube machet gerecht allein darumb und daher, weil er Gottes Gnade und das Verdienst Christi in der Verheißung des Evangelii als ein Mittel und Werkzeug ergreift und annimbt.

Und das sei nach Gelegenheit dieser Schrift genug zu einer summarischen Erklärung der Lehr von der Rechtfertigung des Glaubens, welche in den obgemelten Schriften ausführlicher gehandlet wird. Daraus auch die antithesis, das ist, falsche Gegenlehre, klar, nämblich daß über die vorerzählte| auch diese und dergleichen Irrtumb, so wider die jtztgemelte Erklärung streiten, gestraft, ausgesetzt und vorworfen werden müssen, als da gelehret wird[2]:

1. Daß unser Liebe oder gute Werk Verdienst oder Ursach seind der Rechtfertigung für Gott, entweder gänzlich oder ja zum Teil[3]; oder

2. daß durch gute Werke der Mensch sich darzu wirdig und geschickt machen müsse,

Et haec quidem pro ratione compendiariae explicationis articuli de iustificatione sufficiant, qui articulus in scriptis supra nominatis copiosius tractatur. Ex his autem, quae iam dicta sunt, facile intelligi potest, non modo supra commemoratos errores, verum etiam ea falsa dogmata, quae iam recitabimus, redarguenda, repudianda et reiicienda esse:

I. Quod dilectio nostra seu bona opera sint meritum vel causa nostrae coram Deo iustificationis, aut ex toto aut saltem ex aliqua parte.

II. Quod homo bonis operibus suis se praeparare debeat, ut dignus fiat ap-

---

2 oder *bis* Rechtfertigung $> H$ 6/7 absque *bis* S.] wie H 7 etc. $> B g k l u x z ü$ 8/9 aus *bis* Rechtfertigung $> H$ 8 etc. $> k l r$ Konk   9 geschlossen] ausgeschlossen $H d e r u$ Konk z. T. vgl. Cor   15 Und das sei] Dies wäre Bertram   18 [obgemelten] + obgemelts corporis doctrinae ö   21 klar $> i p q t v x z$ 22 vorerzählte] erzählte $f p r y$ Konk   vorgesetzte H [gesetzte] A

17/9 qui articulus *bis* tractatur $>$

---

[1]) Röm. 3, 28.   [2]) Nach Hutterus, Explicatio 407ff. sind die „Antithesen" 1—7 gerichtet gegen errores Romanensium; man wird jedoch zumal bei dem bekannten Urteil über Osiander — re ipsa congruit cum doctioribus Papisticis, Melanchthon CR VII 783, und so und gröber viele andere — ihn weithin mitgemeint vermuten dürfen. Namentlich da Hutterus offenbar jene doctores papistici vor Augen hat, also jene Gestalten der vortridentinischen katholischen Rechtfertigungslehre, die durch Einführung einer umgeänderten Imputationslehre zu „doppelter Rechtfertigung" gelangen. Neben Pigghe und Contarini ganz besonders Gropper, als der in dieser Hinsicht einflußreichste, etwa in seinem den Canones Concilii Provincialis Coloniensis 1536, Colon. 1538, angehängten Enchiridion Christianae Institutionis (Auch Sonderausgabe Paris 1550; vgl. für die Anmerkungen 1—7 auf S. 931 bei Gropper in dieser Ausg. fol. 132—147!) und in dem Antididagma seu Christianae et Catholicae religionis per ... Dominos Canonicos Metropol. eccles. Colon. propugnatio ... Colon. 1544. Zu Gropper vgl. Brieger, Art. Gropper bei Ersch und Gruber, Allgemeine Enz. d. Wiss. u. Künste. I, 92, 1872, Sp. 218ff. Ehses, Joh. Groppers Rechtfertigungslehre auf dem Konzil von Trient, Röm. Quartalschr. XX 1906. Zu ihm und den anderen R. Seeberg, Dogmengeschichte IV 742ff.; H. Rückert, Die Rechtfertigungslehre auf dem Tridentiner Konzil bes. 217ff. und: Die theologische Entwicklung Gasparo Contarinis, Arbeiten zur KG 3 und 6, 1925, 1926. Auch H. Lämmer, Die vortridentin. kathol. Theologie des Reformationszeitalters 1858, 137ff.   [3]) Vgl. etwa Biel, Collectorium ex Occamo III d 27, besonders propos. 2; Chemnitz, Examen Conc. Trid. I 9, I ed. Preuß. 178ff.; dazu S. 931, Anm. 1.

Solida Declaratio, III. Von der Gerechtigkeit des Glaubens. 931

daß ihm das Verdienst Christi mitgeteilet muge werden[1].

⟨3.⟩[2] Vel formalem nostram iustitiam coram Deo esse inhaerentem nostram novitatem seu caritatem, das ist: daß unser wahrhaftige Gerechtigkeit vor Gott sei die Liebe oder die Erneuerunge, welche der Heilige Geist in uns wirket und in uns ist[3]; oder

⟨4.⟩ daß zwei Stück oder Teil zu der Gerechtigkeit des Glaubens für Gott gehören, darinn sie bestehe, nämblich die gnädige Vergebung der Sünden und dann zum andern auch die Verneuerung oder Heiligung[4].

⟨5.⟩ Item, fidem iustificare tantum initialiter, vel partialiter, vel principaliter; et novitatem vel caritatem nostram iustificare etiam coram Deo vel completive, vel minus principaliter[5].

⟨6.⟩ Item, credentes coram Deo iustificari vel coram Deo iustos esse simul et imputatione et inchoatione, vel partim imputatione, partim inchoatione novae obedientiae[6].

7. Item[7], applicationem promissionis gratiae fieri et fide cordis et confessione oris ac reliquis virtutibus,

das ist[8]: der Glaube mache allein darumb gerecht, daß die Gerechtigkeit durch den Glauben in uns angefangen, oder also, daß der Glaube den Vorzug habe in der Rechtferti-

plicatione et communicatione meritorum Christi.

III. Formalem nostram iustitiam coram Deo esse inhaerentem nostram novitatem seu caritatem.

IV. Quod iustitia fidei coram Deo duabus partibus constet, remissione peccatorum et renovatione seu sanctificatione.

V. Fidem iustificare tantum initialiter vel partialiter vel principaliter; et novitatem vel caritatem nostram iustificare etiam coram Deo vel completive vel minus principaliter.

VI. Credentes coram Deo iustificari vel coram Deo iustos esse simul et imputatione et inchoatione, vel partim imputatione iustitiae Christi, partim inchoatione novae obedientiae.

VII. Applicationem promissionis gratiae fieri et fide cordis et confessione oris et reliquis virtutibus.

---

1 Christi > z   2 müge werden ∼ B, urspr. A   6 wahrhaftige] wahrhafte n t   10 Stück oder Teil ∼ B   11 gehören] gehörig B   12 darinn] darmit g   16 partialiter] particulariter c s   vel principaliter > x   20 Item] Idem x   21/2 vel bis inchoatione > z

23 iustitiae Christi >

---

[1]) Vgl. S. 930, Anm. 3 und Biel, Collectorium IV d 14 q 1, besonders concl. 5; Thomas, Summa 1, II q 113 a 3. 4: Conc. Trid. Sess. VI c. 6. 9. 16 und can. 7. 9 Denzinger-Bannwart 798, 802, 809/10, 817, 819.   [2]) In A stehen von 3—6 keine Ziffern zu Beginn der Absätze, dagegen a. R. für 3, 4, 5 die Ziffern 4, 5, 6.   [3]) Gegen Osiander und seine vielgenannte Definition: „Gerechtigkeit ist eben das, das den Gerechten recht zu tun bewegt", Bekantnus H 2b. Dazu Conc. Trid. Sess. VI c. 7, can. 10, 11 Denzinger-Bannwart 799, 820, 821; vgl. auch Contarini bei Seeberg, Dogmengesch. IV 747 Anm. 3; Rückert, Theol. Entwicklung 86f., 106, Anm. 1.   [4]) Gegen Osiander, vgl. Hirsch, Theologie des A. Osiander 188ff., 193ff. und besonders Censurae... Erfurt 1552 f. 4b. Dagegen Osiander, etwa Widerlegung J 4a, K 3a; Bekantnus G 4 ö; ferner Anm. 8 und Lämmer, Vortridentin. kathol. Theologie 151ff.   [5]) Gegen Osiander, vgl. Bekantnus I 2b/3a, G 2b, H 1a; dazu auch CR VIII 562, 8; Conc. Trid. Sess. VI c. 8. 10 Denzinger-Bannwart 801, 803; Bellarmin, De iustificatione I, 17; II 4 = Opera, Colon. 1619 IV 864, 904; auch Thomas, Summa 211 q 4 a 5.   [6]) Conc. Trid. Sess. VI can. 11 Denzinger-Bannwart 821; Interim Lipsiense CR VII 57/58, Colloquium in Altenburgk, Jena 1569 fol. 7a; auch Contarini, Rückert, Theologische Entwicklung 86f., 92, 102; und dazu Osiander, Bekantnus A 4, J 2/3. Das preußische Bedenken nennt Maior, vgl. S. 932, Anm. 1.   [7]) Gegen Osiander, z. B. Bekantnus Q 3; das preußische Bedenken verweist auf Maior; vgl. Schlüsselburg, Catal. Haeret. VII 434. Vgl. auch Interim Lips. CR VII 57/58; Conc. Trid. Sess. VI can. 9. 12. 13 Denzinger-Bannwart 819, 822. 823.   [8]) Übersetzung zu ⟨5⟩—7.

gung, gleichwohl gehöre auch die Erneuerung und die Liebe zu unser Gerechtigkeit vor Gott, doch dergestalt, daß sie nicht die vornehmste Ursach unser Gerechtigkeit, sonder daß unser Gerechtigkeit vor Gott ohne solche Liebe und Erneuerung nicht ganz oder vollkommen seie. Item, daß die Gläubigen für Gott gerechtfertiget werden und gerecht seien zugleich durch die zugerechnete Gerechtigkeit Christi und durch den angefangenen neuen Gehorsamb, oder zum Teil durch die Zurechnung der Gerechtigkeit Christi, zum Teil durch den angefangenen neuen Gehorsamb. Item daß uns die Verheißung der Gnade zugeeignet werde durch den Glauben im Herzen und durch die Bekenntnus, so mit dem Mund geschicht, und durch andere Tugenden.

Es ist auch das unrecht, wann gelehrt wird, daß der Mensche anderergestalt oder durch etwas anders selig müsse werden,
Rom. 3. dann wie er für Gott gerechtfertiget wird, also daß wir wohl allein durch den Glauben ohne Werke gerecht werden, aber ohne Werke[1] selig zu werden oder die Seligkeit ohne Werk zu erlangen sei unmuglich.

Dieses ist darumb falsch, denn es ist stracks wider den Spruch Pauli, Rom. 4.[2]: „Die Seligkeit ist des Menschen, welchem Gott die Gerechtigkeit zurechnet ohne
W 640 Werke." Und Pauli Grund ist, daß wir auf eine Weise, wie die Gerechtigkeit, also auch die Seligkeit erlangen, ja daß wir eben darmit, wenn wir durch den Glauben gerecht werden, auch zugleich empfangen die Kindschaft und Erbschaft des ewigen Lebens und Seligkeit. Und derhalben Paulus die particulas exclusivas, das ist, solche Wort, dardurch die Werk und eigner Verdienst gänzlich ausgeschlossen wird, nämblich: aus Genaden, ohne Werk, ja so stark
M 622 bei dem Artikul der Seligkeit als bei dem Artikel der Gerechtigkeit setzet und treibet.

Gleichsfalls muß auch die Disputation[3] von der Einwohnung der wesentlichen Gerechtigkeit Gottes in uns recht erkläret wer-

Sed et hic error reiiciendus est, cum docetur hominem alio modo seu per aliquid aliud *salvari*, quam per id, quo coram Deo iustificatur, ita ut sine operibus per solam quidem fidem coram Deo iustificemur, sed tamen absque operibus salutem aeternam consequi impossibile sit.

Hoc ideo falsum est, quia e diametro pugnat cum dicto Pauli: Beatitudo hominis est, cui Deus iustitiam imputat sine operibus. Et hoc est fundamentum Paulinae disputationis, quod eodem prorsus modo et iustitiam et salutem consequamur. Imo, quod eo ipso, cum fide iustificamur, simul etiam adoptionem in filios Dei, et hereditatem vitae aeternae atque salutem adipiscamur. Eamque ob causam Paulus particulas illas exclusivas, id est, eiusmodi voces, quibus opera et propria merita prorsus excluduntur, videlicet ex gratia, sine operibus et similes, non minus constanter et graviter in articulo *salutis*, quam in articulo *iustificationis* nostrae urget.

Praeterea etiam disputatio illa de inhabitatione essentialis iustitiae Dei in nobis recte declaranda est. Etsi enim

---

4 Gerechtigkeit] seie v   4/5 sonder *bis* Gerechtigkeit > x   13 neuen > x   21 selig müsse ~ B   30 zurechnet] zugerechnet B   41/7 ja *bis* Gerechtigkeit > *Bertram*   43 [setzet und treibet] ö

22/3 ita *bis* operibus] qua ratione (iuxta quorundam opinionem)   38/40 id *bis* videlicet >

---

* [1]) Das preußische Bedenken zum TB bemerkt hiezu: „Wie D. Georgius Maior getan hat". Vgl. dazu S. 936, Anm. 5; ferner Ex actis synodicis ... expositio ... Oo 4 = Interim Lips., CR VII 62, 63; Colloquium zu Altenburgk 7 b.   [2]) Röm. 4, 6.   [3]) Die Grundanschauung der osiandrischen Rechtfertigungslehre, jedoch auf der von Melanchthon z. T. vorgezeichneten Linie in das Lehrstück von der renovatio, jedenfalls von dem effectus, zumindest der effectio der neuen Gerechtigkeit gestellt (CR VII 780, 898) gegenüber einer strengen Imputationslehre; vgl. auch CR VIII 426.

den. Dann obwohl durch den Glauben in den Auserwählten, so durch Christum gerecht worden und mit Gott versöhnet sind, Gott Vater, Sohn und Heiliger Geist, der die ewige und wesentliche Gerechtigkeit ist, wohnet (dann alle Christen sind Tempel Gottes des Vaters, Sohns und Heiligen Geistes, welcher sie auch treibet, recht zu tuen): so ist doch solche Einwohnung Gottes nicht die Gerechtigkeit des Glaubens, davon S. Paulus[1] handlet und sie iustitiam Dei, das ist, die Gerechtigkeit Gottes, nennet, umb welcher willen wir für Gott gerecht gesprochen werden, sondern sie folget auf die vorgehende Gerechtigkeit des Glaubens, | welche | anders nichts ist, dann die | Vergebung[2] der Sünden und | gnädige Annehmung der armen Sünder allein umb Christus Gehorsam und Vordiensts willen.

Demnach, weil in unsern Kirchen zwischen den Theologen Augsburgischer Confession bekannt, daß alle unser Gerechtigkeit außerhalb | unser | und aller Menschen Vordienst, Werk, Tugend und Wirdigkeit zu suchen und allein auf dem Herrn Christo stehet, so ist wohl zu betrachten, welchergestalt Christus in diesem Handel der Rechtfertigung unser Gerechtigkeit genennet wird, nämblich, | daß >unser<[3] Gerechtigkeit nicht auf die eine oder die ander Natur, sondern auf die ganze Person Christi gesetzt, wölcher als Gott und Mensch in seinem einigen, ganzen, vollkummnen Gehorsam unser Gerechtigkeit ist. |

Dann da Christus gleich vom Heiligen Geist ohne Sünde empfangen und geborn und in menschlicher Natur allein alle Gerechtigkeit erfüllet hätte und aber nicht wahrer ewiger Gott gewesen, möchte uns solche, der menschlichen Natur, Gehorsamb und Leiden auch nicht zur Gerechtigkeit gerechnet werden; | wie dann auch, da der Sohne Gottes nicht Mensch worden, die bloße göttliche Natur unser Gerechtigkeit nicht sein könnten. | Demnach so glauben,

Deus pater, filius et spiritus sanctus (qui est aeterna et essentialis iustitia) per fidem in electis, qui per Christum iustificati et cum Deo reconciliati sunt, habitat (omnes enim vere pii sunt templa Dei patris, filii et spiritus sancti, a quo etiam ad recte agendum impelluntur): tamen haec inhabitatio Dei non est iustitia illa fidei, de qua Paulus agit eamque iustitiam Dei appellat, propter quam coram Deo iusti pronuntiamur. Sed inhabitatio Dei sequitur antecedentem fidei iustitiam, quae nihil aliud est, quam remissio peccatorum, gratuita acceptatio peccatoris, propter solam obedientiam et meritum perfectissimum unius Christi.

Cum igitur in ecclesiis nostris apud theologos Augustanae Confessionis extra controversiam positum sit totam iustitiam nostram extra nos et extra omnium hominum merita, opera, virtutes atque dignitatem quaerendam eamque in solo Domino nostro Iesu Christo consistere: dextre considerandum est, qua ratione Christus in negotio iustificationis nostra iustitia dicatur. Nempe quod iustitia nostra neque in divina neque in humana natura, sed in tota ipsius persona consistat, quippe qui ut Deus et homo in sola sua tota et perfectissima obedientia est nostra iustitia.

Etiamsi enim Christus de spiritu sancto quidem sine peccato conceptus et natus esset et in sola humanitate sua omnem iustitiam implevisset, nec tamen verus et aeternus Deus fuisset: talis tamen ipsius humanae naturae obedientia et passio nobis ad iustitiam imputari non posset. Et vicissim, si filius Dei non homo factus esset, non posset sola divina natura nostra esse iustitia. Quare credimus, docemus et confitemur, quod

---

7 Vaters + des z   11 handlet] redet B   13 für] von y   16 die > H   17 und + die H   18/9 Christus] Christi B u. viele Hss   29/34 | daß bis ist | statt [nicht allein nach seiner ewigen, selbständigen Gerechtigkeit (welche die Gottheit selb ist) als die in uns wohne und uns auch zugerechnet werde, wie er auch nicht allein nach seiner manschlichen Natur unser Gerechtigkeit ist] A   29 >unser< statt [die] A   30 oder] noch auf s   34 ist] sei B   46 könnten] konnte H g p z, können Hss u. Konf   Demnach] dennoch z. T. Konf

1 sanctus + Deus trinus et unus   7 recte agendum] novam obedientiam   30 Nempe] Ac sentiendum est

[1]) Röm. 1, 17; 3, 5. 22. 25; 2. Kor. 5, 21 u. a.   [2]) Darüber | Sächs. |. Die Möllner notationes schlagen den Einschub wörtlich vor (Bertram, Lüneb. IIB 328).   [3]) Darüber | Sachs. Mansfeld |.

lehren und bekennen wir, daß der ganzen Person Christi ganzer Gehorsamb, welchen er für uns dem Vater bis in den allerschmählichsten Tod des Kreuzes geleistet hat, uns zur Gerechtigkeit zugerechnet werde. Dann die menschliche Natur allein, ohne die göttliche, dem ewigen allmächtigen Gott weder mit Gehorsam noch Leiden für aller Welt Sünde genugtuen, die Gottheit aber allein, ohne die Menschheit, zwischen Gott und uns nicht mitteln mögen.

Weil aber (wie oben vermeldet)[1] der Gehorsamb der ganzen Person ist, so ist er eine vollkommene Genugtueung und Versöhnung des menschlichen Geschlechts, dadurch der ewigen, unwandelbaren Gerechtigkeit Gottes, so im Gesetz geoffenbaret[2], genug geschehen und also unser Gerechtigkeit, die für Gott gilt, so im Evangelio geoffenbaret wird, darauf sich der Glaube für Gott verlässet, welche Gott dem Glauben zurechnet, wie geschrieben stehet[3] Röm. 5.: „Gleichwie durch eines Menschen Ungehorsamb viel Sünder worden seind, also auch durch eines Gehorsam werden viel gerecht," und 1. Joh. 1: „Das Blut Jesu Christi, des Sohns Gottes, reiniget uns von allen Sünden." Item: „Der Gerechte wird seines Glaubens leben," Habacuc 2.

Solchergestalt wird uns weder die göttliche noch die menschliche Natur Christi für sich selbst zur Gerechtigkeit zugerechnet, sondern allein der Gehorsam der Person, welche zumal Gott und Mensche, und siehet also der Glaube auf die Person Christi, wie dieselbe für uns unter das Gesetze getan, unser Sünde getragen und in seinem Gang zum Vater den ganzen volnkommen Gehorsam von seiner heiligen Geburt an bis in den Tod seinem himmlischen Vater für uns arme Sünder geleistet und damit allen

tota totius personae Christi obedientia, quam ille patri usque ad ignominiosissimam crucis mortem nostra causa praestitit, nobis ad iustitiam imputetur. Humana enim natura sola, sine divinitate, aeterno, omnipotenti Deo neque obedientia neque passione pro totius mundi peccatis satisfacere valuisset. Divinitas vero sola, sine humanitate, inter Deum et nos mediatoris partes implere non potuisset.

Cum autem, ut supra commemoratum est, obedientia illa Christi non sit unius duntaxat naturae, sed totius personae, ideo ea est perfectissima pro humano genere satisfactio et expiatio, qua aeternae et immutabili iustitiae divinae (quae in lege revelata est) satis est factum. Ea obedientia est illa nostra iustitia, quae coram Deo valet et in evangelio revelata seu monstrata nobis est, qua fides nostra coram Deo nititur, quam iustitiam Deus fidei imputat, ut scriptum est: Sicut per inobedientiam unius hominis peccatores constituti sunt multi, ita per unius obedientiae iusti constituentur multi. Et Iohannes inquit: Sanguis Iesu Christi, filii Dei, emundat nos ab omni peccato. Item: Iustus fide sua vivet.

Hac ratione nobis neque divina neque humana Christi natura (per se) ad iustitiam imputatur, sed sola obedientia illius personae, quae simul Deus est et homo. Et hoc modo fides nostra respicit in personam Christi, quatenus illa pro nobis legi sese subiecit, peccata nostra pertulit et, cum ad patrem suum iret, solidam, absolutam et perfectissimam obedientiam (iam inde a nativitate sua sanctissima usque ad mortem) patri suo coelesti pro nobis miserrimis pecca-

---

3 für uns > *t*   uns > *n*   Vater + für uns *t*   5 Gerechtigkeit] Seligkeit *y*   8 noch] oder *B s*   9 =tuen] =getan *B*   12 vermeldet] gemeldt *B v*   16 ewigen + und *ü*   17 geoffenbaret] offenbaret *v*   26 und > *g*   29 Habacuc] heb *x*, hebr *z*   38 Gang] Gehn *z*

20 quae coram Deo valet] quae severitatem divini iudicii ferre potest   38 pertulit] expiavit

---

[1] Vgl. S. 918, Anm. 3.   [2] Vgl. S. 915, Anm. 2; als Beispiel statt anderer Flacius: Von der Gerechtigkeit wider Osiandrum Bl. C 1 b: „... Nu muß gewißlich dies Ding die Gerechtigkeit sein, dadurch sonderlich Gott geehret und gepreiset wird. Dies aber geschicht nicht so fast mit den pur lautern qualitatibus, welche wir auch im Schlaf (wie Osiander lehret) haben, als mit dem herzlichen Gehorsam, ehrbarn Leben und Wandel. Die Gerechtigkeit ist sonder Zweifel das, das die Kreatur dem Schöpfer schuldig ist, und nicht das, das der Schöpfer der Kreatur schenket. Sie ist ein schuldiger Dienst der Kreatur gegen dem Schöpfer, und nicht Gottes Wohltat gegen der Kreatur." Vgl. auch: Wider die newe ketzerey der Dikaeusisten Bl. C 3 a.   [3] Röm. 5, 19; 1. Joh. 1, 7; Hab. 2, 4.

Solida Declaratio, III. Von der Gerechtigkeit des Glaubens.

unsern Ungehorsam, der in unser Natur, derselben Gedanken, Worten und Werken stecket, zugedecket, daß er uns zur Verdammnis nicht zugerechnet, sondern aus lautern Gnaden, allein umb Christus willen, verziehen und vergeben wird.

Demnach verwerfen und verdammen wir einhellig über die vorgesetzte auch nachfolgende und alle dergleichen Irrtumb, als die Gottes Wort, der Lehr der Propheten und Aposteln und unserm christlichen Glauben zuwider sein:

1. Da gelehrt wird, daß Christus unser Gerechtigkeit sei für Gott allein nach seiner göttlichen Natur[1].
2. Daß Christus unser Gerechtigkeit sei allein nach der menschlichen Natur[2].
3. Daß in den Sprüchen der Propheten und Aposteln, wann von der Gerechtigkeit des Glaubens geredt wird, die Wort **rechtfertigen** und **gerechtfertiget werden** nicht[3] sollen heißen von Sünden ledig sprechen und Vergebung der Sünden erlangen, sondern vonwegen der durch den Heiligen Geist eingegossenen Liebe, Tugend und daraus folgende Werk mit der Tat und Wahrheit[4] gerecht gemacht werden.
4. Daß der Glaube nicht allein ansehe den Gehorsamb Christi, sondern seine göttliche Natur, wie dieselbige in uns wohnet und wirket, und durch solche Einwohnung unser Sünde für Gott zugedecket werden[5].
5. Daß der Glaube ein solch Vertrauen sei auf den Gehorsamb Christi, welcher in einem Menschen sein und bleiben könnte, der gleich keine wahrhaftige Buß habe, do auch keine Lieb folge, sondern wider sein Gewissen in Sünden verharre[6].
6. Daß nicht Gott, sondern allein die Gaben Gottes in den Gläubigen wohnen[7].

toribus praestitit. Qua sua obedientia omnem nostram inobedientiam (quae in nostra natura et huius cogitationibus, verbis et operibus haeret) texit, ut ea nobis ad damnationem non imputetur, sed ex mera gratia, propter solum Christum, condonetur atque remittatur.

Reiicimus igitur atque unanimi consensu damnamus praeter supra commemoratos errores etiam sequentes et omnes alios hisce similes, quippe qui verbo Dei, propheticae et apostolicae doctrinae et piae nostrae religioni repugnant:

I. Quod Christus sit iustitia nostra coram Deo tantum secundum divinam naturam.
II. Quod Christus nostra sit iustitia duntaxat secundum humanam naturam.
III. Quod in prophetarum et apostolorum dictis (ubi de iustitia fidei agitur) vocabula **iustificare** et **iustificari** non significet a peccatis absolvere et remissionem peccatorum consequi, sed propter infusam (per spiritum sanctum) caritatem, virtutes et opera, quae inde promanant, re ipsa et revera iustos effici.
IV. Quod fides non respiciat tantum obedientiam Christi, sed divinam ipsius naturam, quatenus videlicet ea in nobis habitet et operetur, et quod per hanc inhabitationem nostra coram Deo peccata tegantur.
V. Quod fides sit talis in obedientiam Christi fiducia, quae exsistere et manere possit in eiusmodi homine, qui non vere poenitentiam habeat, et qui caritate sit vacuus et in peccatis contra conscientiam perseveret.
VI. Quod non Deus ipse, sed dona Dei duntaxat in credentibus habitent.

---

3 stecket] >stecken< [stehet] *t*   4 zugerechnet] zurechnet *z*   5 Christus] Christi *B g k l m n o u x z*   9 über > *x*   12 und + also *u*   16 sei + worden *z*   28 daraus] darauf *g k*   32/33 und wirket > *ö*   38 könnte] könne *viele Hss* Konk   40 folge] folget *t*   41 verharre] verharret *g t w*   42/3 Gaben] Gabe *m*   43 wohnen] wohnet *m*

3 in nostra natura >   4 haeret] nostris deprehenditur   10 sequentes] eos, quos nunc recitabimus   34 inhabitationem + iustitiae divinae essentialis

---

[1]) Vgl. S. 913, Anm. 3.   [2]) Vgl. S. 914, Anm. 3.   [3]) Vgl. Osiander, Bekantnus Bl. D 4b ff. mit dem Abschluß E 3a und „Das unser lieber HERR Jhesus Christus ... durch den Glauben in allen wahren Christen wohne ... 1559; vgl. dagegen alle Gegner des Osiander über iustificare. Das preußische Bedenken bezieht diesen Absatz auf die Papisten, vgl. etwa Conc. Trid. Sess. VI can. 11 Denzinger-Bannwart 821.   [4]) „mit der Tat und Wahrheit"; vgl. Bertram, Lüneb. IIB 198, 214.   [5]) Osiander, Bekantnus G 1—G 3.   [6]) Conc. Trid. Sess. VI c. 15; can. 28 Denzinger-Bannwart 808. 838.   [7]) Vgl. Petrus Lombardus, Sent. I d 14 und Frank, Theologie FC II 106, Anm. 75.

Diese Irrtumbe und dergleichen allezumal verwerfen wir einhellig als dem klaren Wort Gottes | zuwider und verharren durch | Gottes Gnade standhaft und beständig auf der Lehr von der Gerechtigkeit des Glaubens für Gott, wie dieselbige in der Augsburgischen Confession[1] und darauf erfolgter Apologia[2] gesetzt, ausgeführt und mit Gottes Wort erwiesen ist.

Was dann ferner zu eigentlicher Erklärung dieses hohen und vornehmen Artikels der Rechtfertigung für Gott vonnöten, daran unser Seelen Seligkeit gelegen, wollen wir männiglich uf die schöne und herrliche Auslegung D. Luthers über die Epistel S. Pauli an die Galater[3] gewiesen und umb geliebter Kürze willen hiermit gezogen haben.

Hos errores hisque similes omnes unanimiter reiicimus, quia verbo Dei clarissimo repugnant. Et per Dei gratiam constantes perseveramus in doctrina sincera de iustificatione fidei coram Deo, ut ea in Augustana Confessione eiusque Apologia perspicue proposita, explicata et verbo Dei munita est.

Quod praeterea ad copiosiorem huius ardui et praecipui articuli iustificationis coram Deo (in quo nostra salus vertitur) explicationem requiritur, de eo praeclarum D. Lutheri commentarium in epistolam Pauli ad Galatas ab unoquoque consuli et diligenter legi monemus, ad quem brevitatis studio hoc loco nos referimus.

IV.
Von guten Werken[4].

IV.
DE BONIS OPERIBUS.

| Es[5] hat sich auch ein Zwiespalt von guten Werken unter den Theologen Augsburgischer Confession zugetragen, | daß ein Teil[6] sich nachfolgender Wort und Art zu reden

Dissidium porro ortum est inter quosdam theologos Augustanae Confessionis de bonis operibus. Alii enim has propositiones usurparunt: bona opera

---

2 dem klaren Wort] den klaren Worten *v*   klaren] wahren *g*   klaren + >wahren< *k l*   4 standhaft] standhaftig *g k l m t u w z ü*   13 Seelen] Seel und *v*   21/3 | Es bis zugetragen | *statt* [Die vierte Zwiespalt von den guten Werken hat sich über etzlichen Reden zugetragen] *A*   21 Zwiespalt] Zweifel *y*   von + den *b d e f m n p r s t u v x y ä* Konk, *urspr. A*   23 zugetragen + da *a, urspr. b*

2 unanimiter >   10 Quod praeterea ad] Si quis autem   11 ardui et >   13 requiritur, de eo] requirat, eum ad   15/7 ab unoquoque *bis* ad] ablegamus   18 referimus] repetitum et confirmatum volumus

---

* [1]) CA IV. XX.   [2]) Apol. IV.   [3]) WA XL I, II.   [4]) Vorstufen: Andreae, Sechs Predig II (Heppe IIIB 23—28); SC IV. V (Hachfeld 254—259); FM V (Pressel 672—678); SSC IV (Heppe IIIB 112—118 u. 228—236).
Literatur: Frank, Theologie FC II 148—242; P. Tschackert, Entstehung d. luth. u. d. ref. Kirchenlehre 514ff.; O. Ritschl, Dogmengesch. II 371ff., 399ff.; R. Seeberg, Dogmengesch. IV 485ff.; Conrad Schlüsselburg, Catalogus Haereticorum 1 VII (De Maioristis), Frankfurt 1599; W. Preger, Matthias Flacius Illyricus I, 1859, 354—400; Th. Pressel, Nicolaus von Amsdorf, 1862; E. J. Meier, N. Von Amsdorfs Leben = M. Meurer, Das Leben der Altväter der luther. Kirche III, 1863; J. L. Schmidt, Justus Menius, der Reformator Thüringens II, 1867, 184—287. G. Kawerau, Art. Major RE³ XII 85—91, Kawerau, Joh. Agricola von Eisleben, 1881. Zum ganzen Luther: WA XXXIX I 202—263, Palladius=Thesen 1537, als Disputatio ... Lutheri de operibus legis et gratiae 1553 im maiorist. Streit herausgeg. (vgl. WAXXXIX I 200f.), von Flacius 1557 ver=
* deutscht; vgl. Drews, Disputationen 113, und hier S. 946, Anm. 2.
[5]) Darüber | Pr. |; preuß. Bedenken findet den urspr. Eingangssatz im TB „zu schwach", „als wäre es nur ein Wortgezänk gewesen". Ebenso das Bedenken der Mansfelder.
[6]) Melanchthon, Loci 1535, CR XXI 429: Et tamen bona opera ita necessaria sunt ad vitam aeternam, quia sequi reconciliationem necessario debent. Vgl. Resp. art. Bav. = Opp. I, 1580, f. 375/6. Dazu Interim Lips. CR VII 60—63 und Ex Actis synodicis Expositio F f. 2a. Georg Major: Antwort auff des Ehrwirdigen Herren Niclas von Ambsdorff schrifft ⟨näml.: Das doctor Pomer vnd Doctor Major mit jren Adiaphoristen

Solida Declaratio, IV. Von guten Werken.

gebraucht: "Gute Werk seind nötig zur Seligkeit." "Es ist unmuglich, ohne gute Werk selig werden." | Item¹: "es ist niemand ohn gute Werk selig worden." | Weil von den Rechtgläubigen gute Werk als Früchte des Glaubens erfordert, und der Glaube ohne die Liebe tot, obgleich solche Liebe keine Ursache der Seligkeit sei.

Das ander Teil² aber hat dargegen gestritten, daß gute Werk wohl nötig sein, aber nicht zur Seligkeit, sondern umb anderer

sunt necessaria ad salutem, impossibile est sine bonis operibus salvari, nemo unquam sine bonis operibus est salvatus; quandoquidem a vere credentibus bona
5 opera ut fructus fidei requirantur, et fides sine caritate mortua sit, etiamsi caritas non sit causa nostrae salutis.

Alii vero hoc dogma impugnarunt at- 2
10 que docuerunt, quod bona opera neces- W 643
saria quidem sint, sed non ad salutem,

---

1 nötig] dichtig *p q*   2 selig + zu *g k l m n o p t v z*   3 Item] Nein *H*   niemand + [jemals] *A*   4 den > *a*, urspr. *b*   7 Liebe statt [Werke] *H*   8 der] zur *g i* sei] ist *B*   9 Das] Der *k l x ü*

4 quandoquidem] Atque ut hanc sententiam tuerentur, attulerint in medium, quod
5 et + quod

---

ergernis vnd zurtrennung angericht ... haben, 1551⟩, Wittenberg 1552: die entscheid. Stelle C/CI, vgl. Schlüsselburg VII 30; besonders: Ein Sermon von S. Pauli vnd aller Gottfürchtigen menschen bekerung zu Gott durch Georg Major ... Leipzig 1553. Einschränkung: Bekentnis D. Georgii Maioris von dem Artickel der Justification ... vnd von guten Werken, welche dem warhafftigen Glauben als Früchte der Gerechtigkeit folgen sollen. Wittenberg 1559; noch einmal: Repetitio Widerholung vnd Endliche Erklerung des Bekenntnis D. Georgii Maioris von guten Werken ... 1567. Vielfach in den exeget. Predigten, so zusammenfassend: Opp. III 416, Witt. 1570. Testamentum Doctoris Georgii Maioris, 1570. Die drei Sätze Maiors häufig bei den Gegnern in der vorliegenden Zusammenstellung, vgl. Schlüsselburg VII 49, Gallus, Erklerung B 2 b. Justus Menius: vornehmlich in form einer Ablehnung der Verurteilung der Sätze Maiors: De quaestione, an bona opera sint necessaria ad salutem, 1554 (vgl. Schmidt, Menius II 188); Von der Bereitung zum seligen Sterben. Von der Seligkeit (Predigt) 1556; Eisenacher Erklärung des Menius = Schmidt, Menius II 203 ff. Verantwortung Justi Menii auf M. Fl. Ill. gifftige vnd vnwarhafftige verleumbdung vnd lesterung [1557]; Kurtzer Beschaid Justi Menii das ewige lare wie er die für die zeit gefurt vnd noch furet, nicht mit jr selbs streittig sey. Auff den Vortrab Flacii Illyrici. Simplex veritatis oratio. Wittenberg 1557; Bericht von der bittern Warheit Justi Menii Auff die vnerfindlichen aufflagen M. Flacii Illyrici vnd des Herrn Niklas von Amsdorffs, Wittenberg 1558 (die formel K 4 a, Verwahrung: K 4 b, vgl. Maior, Bekentnis C 3 b. Ferner: Stephan Agricola (d. J., Pfarrer in Helbra, später konvertiert, "Schlußsprüche" 1553, dagegen: Der Prediger in der Herrschaft Mansfeld Antwort) und Lorenz Moersken in Lübeck.

¹) Darüber | Wirt. Bad. Henn. Pr. |; vgl. Heppe IIIB 366, ähnl. das preuß. Bedenken.

²) Z. T. die Gegner Maiors u. d. Menius: N. v. Amsdorf: Das Doctor Pomer ... 1551, vgl. S. 936, Anm. 6. Ein kurtzer vnterricht auff D. Georgen Maiors Antwort, das er nit vnschuldig sey, wie er sich tragice rhümet. Das gute werck zur seligkeit nit von nöten sind ... Niclas von Amßdorff Exul. Basel 1552 = Schlüsselburg VII 205 ff. 195 Gegenthesen gegen Menius 1554; Auff den schwantz oder letzter anhang des sermons von der seligkeit Justi Menii Antwort Niclas von Amsdorff 1556; Offentlich Bekenntnis der reinen lere des Evangelii, vgl. S. 938. Anm. 2. Flacius, gegen Maior: Wider den Evangelisten des heiligen Chorrocks D. Geitz Major ⟨vgl. RE XII 87, 16⟩, Basel 1552; Eine kurtze Antwort Illyr. auff das lange Comment ⟨= Sermon von S. Pauli ... bekerung⟩ D. Geitz von guten wercken, 1553; Censura de Testamento D. Maioris, M. Flacii Illyr. = Schlüsselburg VII 266 ff.; gegen Menius: Von der Einigkeit derer, so für vnd wider die Adiaphora in vergangenen Jahren gestritten haben ... 1556; Die alte vnd newe Lehr J. Menii zu einem Vordrab, 1557; Apologia M. Fl. Illyrici auff zwo vnchristliche Schrifften J. Menii, 1557. Entscheiden Nik. Gallus: Antwort auf Majors verantwortung vnd declaration der leipsigischen proposition: wie gute werck zur seligkeit nötig sind, 1552; Auff die newe subtile verfelschung des Euangelii Christi in doctor maiors Comment vber seine Antichristische Proposition, damit er leret, das vnd wie gute werck zur seligkeit nötig sein sollen. Erklerung

Ursach willen, und daß derwegen fürgehende propositiones oder gebrauchte Reden (als die dem Fürbilde der gesunden Lehre und Wort ungemäß und von 'den Papisten allewegen und noch | der Lehr unsers christlichen Glaubens entgegengesetzt, da wir bekennen, | daß allein der Glaub gerecht und selig mache) in der Kirchen nicht zu dulden, damit der Vordienst Christi, unsers Seligmachers, nicht geschmälert werde, und die Verheißung der Seligkeit den Gläubigen fest und gewiß sein und bleiben muge.

In diesem Streit ist auch von etzlichen wenigen[1] diese streitige Proposition[2] oder Rede geführt, daß „gute Werk zur Seligkeit schäd-

verum propter alias causas. Et affirmarunt paulo ante recitatas propositiones in ecclesia Dei non esse ferendas, propterea quod formae sanorum verborum et piae doctrinae non sint conformes et quod Papistae cum antea semper, tum vero inprimis nostro saeculo eas propositiones opposuerint piae nostrae doctrinae, qua asserimus sola fide nos iustificari et salvari. Itaque eas reiiciendas iudicarunt, ne meritum Christi servatoris nostri extenuetur et ut promissio de salute nostra credentibus certa sit et firma maneat.

In hoc dissidio quidam pauci hanc propositionem (quae et ipsa controversiae occasionem dedit) attulerunt: bona

---

2 gebrauchte] Gebrauch der *g*   5 noch] nach *c*, z. T. Konk, vgl. Cor   5/7 | der *bis* bekennen | *statt* [derselben] *A*   5 der] derselben *H*   6 entgegen=] hingegen *q*   8 mache + [entgegengesetzt worden] *A*   + und zuwider *H*   9/10 Seligmachers + geschwächt oder *d e*   11 den Gläubigen] dem Glauben *B*

12 servatoris nostri] (dum opera nostra admiscentur)

vnd antwort Nicolai Galli, 1554: in dieser Schrift z. B. die Gedanken und Wendungen des vorliegenden Absatzes, vgl. O. Ritschl, Dogmengesch. II 389/90. Wigand: De bonis operibus propositiones contra quasdam praestigias ... 1568. Argumenta de necessitate bonorum operum ad salutem ... collecta et perspicue refutata ... Magdeb. 1555. Erinnerung von der neuen Buße D. Majoris; Selneccer, Capita de iustificatione hominis coram deo et de bonis operibus, Lips. 1570. Weiteres bei Schlüsselburg, Catal. Haeret. VII 133ff. (Simon Pauli), 166ff. (Mörlin), 173ff. (Westphal), 188ff. (Heßhus), 277ff. (Mencel) 518ff. u. 534ff. (Chemnitz, de controversiis horum temporum), 717ff. (Wigand) E. Schnepf, Refutatio Maiorismi; Mörlin u. Stößel gegen Menius, Schmidt, Menius II 191ff. Dazu die wichtigsten Gutachten: Confessio Saxonicorum theologorum de D. Maioris erroribus = Schlüsselburg VII 73ff. Bedenken, das diese Proposition oder Lere nicht nütz, not noch war sey vnnd one ergernis in der Kirchen nicht möge geleret werden, das gute werck zur seligkeit nötig sind ... Gestellet durch die Prediger zu Mansfelt, Magdeburg 1553. (Coelius, Wigand?) Dazu ein Mansfelder Bedenken von 1560 = Schlüsselburg VII 223ff. Sententia ministrorum Christi in ecclesia Lubecensi, Hamburgensi, Luneburgensi, et Magdeburgensi de corruptelis doctrinae iustificationis etc., Magdeb. 1553 mit Vorrede von Flacius und Gallus = Schlüsselburg VII 561ff. Dazu das Parallelgutachten der docentium in eccl. Lubec. etc. 592ff. und die Einzelantworten aus Lübeck 628ff., Hamburg 608ff., Lüneburg 636ff., Magdeburg 654ff., Acta ... des Löblichen Synodi zu Eisleben XIII. Febru. d. Jars 1554. Conclusio et decretum synodi Isenacensis anno MDLVI celebratae, qua Maioris et Menii error damnatus est, cui adjecta est Menii revocatio, mit Erläuterungen bei Flacius, De voce et re fidei 1563, 192ff. auch Schmidt, Menius II 222—237. Sententia et confessio ... Joh. Friderici Secundi, Ducis Saxon ... Joh. Wilhelmi .. Joh. Friderici Tertii ... contra errorem Maioris = Schlüsselburg 660ff. Ferner das Colloquium zu Altenburgk ... Jena 1569 7ff., 27ff., 43ff., 125ff. und das Weimarer Konfutationsbuch 1559. Zum ganzen Streit mit Melanchthon, CR IX 405ff., 469ff., 473ff., 496ff.; XV 1273; XXI, 429ff. Zu den causae propter quas: Chemnitz, Loci III, De controversia, utrum in ecclesia retinenda sit propositio quod b. o. sint necessaria, q. 8 Ed. 1610, III, p. 83ff.

[1]) „etzlichen wenigen": das preuß. Bedenken wünscht Änderung, „denn der einige Ambsdorffius solche Proposition geführet..."   [2]) Das die Propositio (Gute werck sind zur Seligkeit schedlich) ein rechte ware Christliche Propositio sey durch die heiligen Paulum vnd Lutherum gelert vnd geprediget. Niclas von Amßdorff, 1559. Vgl. S. 939, Anm. 1, Otho, Poach; zum Satz Amsdorfs: Luther WA XXXIX[I] 347 $_{26}$ff.; Seligkeit meint hier die iustificatio bzw. die remissio peccatorum, nicht die künftigen Seligkeit. Auch S. 945, Anm. 1. Vgl. K. Thieme, ThLBl. 1908, 41 f.

lich" sein. Es ist auch von etzlichen[1] disputiert worden, daß gute Werk nicht nötig, sondern freiwillig sein, dieweil sie nicht durch Furcht und Straf des Gesetzes erzwungen, sondern aus freiwilligen Geist und fröhlichem Herzen geschehen sollen. | Dargegen[2] hat der ein Teil gestritten, daß gute Werk nötig seien. |

Solcher Streit[3] hat sich anfangs über den Worten (necessitas und libertas, das ist, notwendig und frei) zugetragen, weil besonders das Wort necessitas, nötig, nicht allein die ewige unwandelbare Ordnung, nach welcher alle Menschen Gotte zu gehorsamen schuldig und pflichtig sein, sondern auch zuzeiten einen Zwang heißet, damit das Gesetz die Leute zu den guten Werken dringet.

Nachmals aber | hat man | nicht ›allein‹ von den Worten disputiert, sondern auf das heftigste die Lehre an ihr selbst angefochten und gestritten, daß der neue Gehorsamb in den Wiedergebornen vonwegen obvermelter Gottesordnung nicht nötig seie.

Diese Uneinigkeit christlich und nach Anleitung Gottes Worts zu erklären und durch

opera ad salutem esse perniciosa. Sed et a quibusdam disputatum fuit, quod bona opera non necessaria, sed libera et spontanea sint, propterea quod non 5 metu et comminationibus legis extorqueantur, sed spiritu spontaneo et alacri mente fieri debeant. Alii vero asseruerunt bona opera esse necessaria.

Haec posterior controversia initio 4 tantum ex aequivocatione vocabulorum (necessitatis et libertatis) occasionem sumpsit, quod vocabulum necessitatis non tantum immutabilem et aeternum ordinem divinum (quo omnes homines ad obediendum Deo debitores sunt et adstricti), verum etiam interdum coactionem, qua lex homines ad bona opera severe urget, designet.

Progressu autem temporis non iam 5 de verbis amplius disputatum, sed de rebus ipsis magna vehementia fuit disceptatum. Et a quibusdam acriter pugnatum est: novam obedientiam in renatis (quam supra commemoratus ordo divinus requirit) non esse necessariam.

Ut autem et hoc dissidium iuxta verbi 6 Dei analogiam pie declaretur et per Dei

---

5 Geist] Herzen w ü   5/6 fröhlichem] freudigem g   6 Herzen] Geist w ü   geschehen] beschehen B   7 ein] ander m u H Konk, statt: ein y   Teil] Geist B   9 anfangs > w ü   11 notwendig] nötig g   15 gehorsamen] horsamen m   17 heißet] heißen H   18 dringet] dringen y   bringet t   19 | hat man | statt [haben andere] A, nachträgl. auch l   20 von den > ü   22 gestritten] bestritten B f s   23 Wiedergebornen] Neugebornen t   23/4 vonwegen bis Gottesordnung > H ö   24 vermelter] ermelter viele Hss Konk seie + [oder notwendig dem Glauben und der Versöhnung folgen müsse] A   26 An=] Ein= v   27 Gottes] göttliches v

---

3 non + sint   3/4 libera et spontanea] arbitrio nostro relicta   5 legis] poenarum a lege

---

[1]) Preuß. Bedenken: „Man kann ja niemand beschuldigen mit Warheit, der öffentlich solches disputiert habe, dann D. Musculum wider Abdiam Praetorium..." Gemeint ist der Streit in der Mark zwischen Luthertum und Philippismus, Andr. Musculus und Praetorius in Frankfurt um den Satz des Frankfurter Abschieds 1558, nova obedientia est necessaria, CR IX 497f., beendet mit einem Sieg des Luthertums Okt. 1563. Vgl. Gg. Kawerau, Joh. Agricola, 1881, 314ff. C. W. Spiecker, Lebensgesch. d. Andr. Musculus, 1858, RE³ XV 612ff.; XIII 579; I 253. Dazu noch Anton Otho, vgl. S. 962, * Anm. 3; J. Seehawer, Zur Lehre vom Brauch des Gesetzes u. zur Gesch. d. späteren Antinomismus, 1887, S. 97ff. Colloquium zu Altenburg 262 und Andr. Poach, vgl. S. 962, Anm. 2, Seehawer 93f.   [2]) Darüber | Pr. | Preuß. Bedenken, vgl. Anm. 1 u. S. 938, Anm. 1.   [3]) Abdiae Praetorii De novae obedientiae et bonorum operum necessitate et aliis quibusdam explicatio summaria ... Francof. 1561. Andreas Musculus, De libertate bonorum operum et novitatis vitae, 1561. Responsio Abdiae Praetorii ad scriptum D. Andreae Musculi, cuius titulus est, De bonorum operum ... libertate, Witeb. 1563. Zum Verlauf des Streites: A. Musculus. Vom Christlichen Leben vnd Wandel, kurtzer vnd einfältiger Bericht, Gestellet von wegen der Disputation von guten Wercken. Erfford 1563. Weiteres: Seehawer, Zur Lehre vom Brauch des Gesetzes 47. G. Kawerau, Joh. Agricola von Eisleben, 1881, 315ff. Vgl. CR IX 496ff. und hier Anm. 1; 942, Anm. 2. Zur Stellung dieses erst in TB hier zugefügten Abschnittes (vgl. auch Möllner notationes, Bertram, Lüneb. IIB 318) vgl. die Einordnung am Ende des Artikels bei Hachfeld 258f.

seine Gnade gänzlich hinzulegen, ist unsere Lehre, Glaub und Bekenntnus wie folget:

Erstlich ist in diesem Artikel von folgenden Punkten unter den Unsern kein Streit, als: daß Gottes Wille, Ordnung und Befelch sei, daß die Gläubigen in guten Werken wandeln sollen und daß rechtschaffene gute Werk nicht seien, die ihme ein jeder guter Meinung selbst erdenkt, oder die nach Menschensatzung geschehen, sonder die Gott selber in seinem Wort vorgeschrieben und befohlen hat, daß auch rechtschaffene gute Werk nicht aus eignen natürlichen Kräften, |sondern also|geschehen, wenn die Person durch den Glauben mit Gott versöhnet und durch den Hei¹ligen Geist verneuert oder, wie Paulus¹ redet, „in Christo Jesu" neu „geschaffen" wird „zu guten Werken".

Es ist auch ohne Streit, wie und warumb der Gläubigen gute Werk, ob sie gleich in diesem Fleisch unrein und unvollkommen, Gott gefällig und angenehm sein, nämblich umb des Herrn Christi willen durch den Glauben, weil die Person Gott angenehmb ist. Dann die Werke, so zu Erhaltung äußerlicher Zucht gehören², welche auch von den Ungläubigen und Unbekehrten geschehen und erfordert werden, obwohl vor der Welt dieselbigen löblich, darzu auch von Gott in dieser Welt mit zeitlichen Gütern belohnet werden: jedoch weil sie nicht aus rechtem Glauben gehen, seind sie vor Gott Sünde, das ist, mit Sünden beflecket, und werden vor Gott für Sünde und unrein umb der verderbten Natur willen,|und weil die Person mit Gott nicht versöhnet ist,|gehalten. Dann „ein böser Baum kann nicht gute Früchte bringen"⁴, wie auch geschrieben stehet, Roman. 14.⁵: „Was nicht aus Glauben gehet, das ist Sünde." Dann es muß zuvorn die Person Gott gefällig sein⁶ und das allein umb Christus willen, sollen ihm anderst auch derselben Personen Werke gefallen.

gratiam prorsus componatur, doctrinam, fidem et confessionem nostram de hoc negotio recitabimus:

P r i m o in hoc articulo nulla est inter nostros dissensio de his propositionibus: quod videlicet Dei voluntas et ordinatio sit atque mandatum, ut credentes in bonis operibus ambulent; quod ea non sint vere bona opera, quae quisque bona intentione ipsemet excogitat, aut quae secundum humanas traditiones fiunt, sed ea, quae Deus ipse in verbo suo praescripsit atque praecepit; quod vere bona opera non propriis naturalibus viribus, sed tum demum fiant, cum persona per fidem cum Deo est reconciliata et per spiritum sanctum renovata et in Christo Iesu (ut Paulus loquitur) denuo ad bona opera creata est.

Sed et hoc extra controversiam est, quomodo et qua de causa bona credentium opera (licet in hac carne nostra impura et imperfecta) Deo placeant et accepta sint, videlicet propter Dominum nostrum Iesum Christum per fidem, propterea quod persona Deo accepta est. Etsi enim opera illa, quae ad conservandam externam disciplinam faciunt, (qualia etiam ab infidelibus et non ad Deum conversis hominibus fiunt et quidem requiruntur) suam coram mundo dignitatem et laudem habent et temporalibus quibusdam praemiis in hoc mundo a Deo ornantur: attamen, cum non ex vera fide proficiscantur, revera coram Deo sunt peccata, hoc est, peccatis contaminata, et a Deo pro peccatis et immunditia reputantur propter naturae humanae corruptionem et quia persona cum Deo non est reconciliata. Mala enim arbor non potest bonos fructus ferre. Et in ea, quae ad Romanos scripta est, legitur: Quicquid non ex fide est, peccatum est. Necesse est enim, ut persona Deo antea

---

4 ist > *f s* 7 sei] ist *B* 8 rechtschaffene] rechtgeschaffene *B g k l m n p u v x* 11 Menschensatzung] -schätzungen *m* + [sondern also] *A* 13 rechtschaffene] rechtgeschaffene *B g k l m o z* 15 Person + und Gott *a* 16 mit Gott > *a* 18 Christo Jesu ~ *B m* 25 Gott > *c* 28 Ungläubigen] Gläubigen *w* und (1.) > *k o q u v, urspr. l* 30 löblich] lieblich *z. T. Konf, vgl. Cor* 33 gehen] geschehen *i n q t u v x ō* beschehen *g* 35 für > *c d, urspr. p* Sünde] Sünder *B s ā* 37 ist > *H* 40 aus + dem *v* 43 Christus] Christi *B* 44 Personen] Person *alle Hss außer H c f Konf*

6 voluntas et > 10 ipsemet excogitat] facienda suscipit 19 denuo] de novo quasi 21 2 credentium] piorum 26 persona + fidelium 45 antea >

---

¹) Eph. 2, 10. ²) WA XXXIX¹ 202₁₈. ³) Darüber |N.| Einfügung aus den Möllner notationes, Bertram, Lüneb. IIB 3₁₈. ⁴) Matth. 7, 18. ⁵) Röm. 14, 23. ⁶) Vgl. WA XLI¹ 400ff., 410₁₉; XI¹ 326₁, 339₉, 359₂.

Derhalben der recht guten und Gott wohlgefälligen Werk, die Gott in dieser und zukünftigen Welt belohnen will, Mutter und Ursprung muß der Glaube sein, darumb sie dann rechte **Früchte des Glaubens** wie auch des Geistes von S. Paulo genennet werden[1].

| Dann[2] wie D. Luther schreibt in der Vorrede über die Epistel S. Pauli an die Römer[3]: So ist der „Glaub ein göttlich Werk in uns, das uns wandelt und neu gebüret aus Gott und tötet den alten Adam, macht uns ganz andere Menschen von Herzen, Mut, Sinn und allen Kräften und bringet den Heiligen Geist mit sich. O, es ist ein lebendig, gschäftig, tätig, mächtig Ding umb den Glauben, daß unmuglich, daß er nicht ohn Unterlaß sollt Guts wirken. Er fraget auch nicht, ob gute Werk zu ton sind, sundern eh man fraget, hat er sie geton und ist immer im Ton. Wer aber nicht solche Werk tut, der ist ein glaubloser Mensch, dappet und siehet umb sich nach dem Glauben und guten Werken und weiß weder, was Glauben oder gute Werk sind, waschet und schwatzet doch viel Wort vom Glauben und guten Werken. Glaub ist eine lebendige, erwegne Zuversicht auf Gottes Gnade, so gewiß, daß er[1] tausendmal darüber stürbe. Und sollihe Zuversicht und Erkenntnus göttlicher Gnaden machet fröhlich, trutzig und lustig gegen Gott und allen Kreaturen, wölchs der Heilige Geist tut im Glauben, daher der Mensch ohne Zwang willig und lustig wird, jedermann Guts zu ton, jedermann zu dienen, allerlei zu leiden, Gott zu Lieb und zu Lob, der ihm solche Gnad er-

placeat, idque propter solum Christum, si modo personae illius opera Deo placere et accepta esse debent.

Quare eorum operum, quae revera bona sunt et Deo placent, quae etiam Dominus tum in hoc tum in futuro saeculo vult remunerari, mater et fons est ipsa fides, unde et veri fructus fidei sicut et fructus spiritus a divo Paulo appellantur. Fides enim (quemadmodum D. Lutherus in praefatione epistolae Pauli ad Romanos scribit) est divinum quoddam opus in nobis, quod nos immutat, ex Deo regenerat, veterem Adamum mortificat et ex nobis plane alios homines (in corde, animo et omnibus viribus nostris) facit et spiritum sanctum nobis confert. Et est fides illa quiddam vivum, efficax, potens, ita ut fieri non possit, quin semper bona operetur. Neque fides quaerit demum, an bona opera sint facienda, sed priusquam de ea re inquiratur, iam multa bona opera effecit, et semper in agendo est occupata. Qui vero non ad hunc modum bene operatur, is homo vera fide caret, et ubi sit fides, ubi bona opera, quasi caecus palpando quaeritat, neque tamen quid fides aut bona opera sint, novit, interim tamen multa inepte de fide et bonis operibus garrit et nugatur. Fides iustificans est viva et solida fiducia in gratiam seu clementiam Dei, adeo certa, ut homo millies mortem oppetere, quam eam fiduciam sibi eripi pateretur. Et haec fiducia atque agnitio divinae gratiae et clementiae laetos, animosos, alacres efficit, cum erga Deum tum erga omnes creaturas, quam laetitiam et alacritatem spiritus sanctus ex-

---

4 recht] rechten *g m n t u v x*   Gott > *d e f ä*   6 will] wurdt *g*   11—S. 942,4 | Dann *bis* werden | *statt* [Dann ein rechter, seligmachender und seligmachender Glaube ist nicht ohn fürgehende Buß und ohne folgende Liebe, sonst wäre es ein toter Glaube, Jacob. 2, wie im vorgehenden Artikel angezeigt worden. Dann die durch den Glauben an Christum gerecht worden sein, denen wird auch der Heilige Geist gegeben, der sie verneuert und heiliget, doher rechte gute Werk ihren Ursprung haben und auch Früchte des Geistes genennet werden, Gal. 5] *A*   11 in der] über die *H*   12 über] an *H*   S. Pauli > *t* an die] zun *H*   14 wandelt] verwandelt *viele Hss Konk*   und > *H*   neu gebüret] neue Geburt *v*   16 ganz + und gar *H*   18 O, es] das *h l n o q v*   den *m z*   19 gschäftig] heftig *H*   20 daß + es *H*   21 nicht + sollte *y*   sollt > *y*   23 man] jemand *d e*   sie + schon *B*   24 solche + gute *ü*   26 nach] umb *v z*   mit *H* 29 schwatzet + und *n*   Glauben und > *d e*   30 Werken. + Der *H Cor*   31 erwegne] ermegende *s*   erwogene *v*   Zuversicht + und Erkenntnis *H*   40 zu > *H viele Hss Konk*

2 si modo] priusquam   3 placere *bis* debent] placeant.   15 ex nobis] nos plane + in   17 facit] transformat

---

[1]) Gal. 5, 22; Eph. 5, 9.   [2]) Darüber | 𝔑 |; Änderung gegenüber TB wohl auf Grund des preuß. Gutachtens.   [3]) EA LXIII 124f.

zeiget hat: also daß unmüglich ist, Werk vom Glauben scheiden, ja so unmüglich als brennen und leichten vom Feur mag gescheiden werden". |

Aber weil von diesen Punkten unter den Unsern kein Streit, wollen wir dieselbige hie nach der Länge nicht handlen, sondern allein von den streitigen Punkten uns einfältig und deutlich gegeneinander erklären.

Und erstlich, was belanget Notwendigkeit oder Freiwilligkeit der guten Werke, ist offenbar, daß in der Augsburgischen Confession[1] und derselben Apologia[2] gebraucht und oft wiederholet werden diese Reden: daß gute Werke nötig sein. Item, daß es nötig sei, gute Werk tuen, welche auch notwendig dem Glauben und der Versöhnung folgen sollen. Item, daß wir notwendig gute Werk, so Gott geboten, tuen sollen und tuen müssen. So wird auch in der Heiligen Schrift selber das Wort **not, nötig und notwendig**, item **sollen und müssen** also gebraucht, was wir vonwegen Gottes Ordnung, Befehl und Willen zu tuen schuldig seind, als Rom. 13. 1. Cor. 9. Actor. 5. Joh. 15. 1. Joh. 4.

Werden derhalben gemelte Reden oder propositiones in diesem christlichen und eigentlichen Verstande[3] unbillich von etzlichen[4] gestrafet und verworfen, welche billich, den sichern epikurischen Wahn zu strafen und zu verwerfen, sollen geführt und gebraucht werden, da viel ihnen einen toten Glauben oder Wahn, der da ohne Buße und ohne gute Werk ist, dichten, als könnte wohl zugleich in einem Herzen sein rechter Glaube und böser Fürsatz, in Sünden zu verharren

citat per fidem. Inde homo sine ulla coactione promptus et alacris redditur, ut omnibus benefaciat, omnibus inserviat, omnia toleret, idque in honorem et laudem Dei pro ea gratia, qua Dominus eum est prosecutus. Itaque impossibile est bona opera a fide vera separare, quemadmodum calor urens et lux ab igne separari non potest.

Quia vero de hac re inter nostros non est controversia, nolumus esse nunc prolixiores, sed tantum de iis rebus, quae in controversiam venerunt, quanta fieri potest, simplicitate et perspicuitate mentem nostram declarabimus.

Quod igitur ad necessitatem aut libertatem bonorum operum attinet, negari non potest, quod in Augustana Confessione eiusdemque Apologia haec verba saepe usurpentur atque repetantur: bona opera esse necessaria; et quod necesse sit bona opera facere, quia necessario fidem et reconciliationem cum Deo sequi debent; et quod necessario ea opera, quae Deus praecepit, a nobis sint facienda. Sed et sacrae litterae vocabulis **necessitatis, necessarii, debiti, debemus, oportet** etc. utuntur, quoties de iis rebus agunt, quas ratione mandati, ordinationis et voluntatis divinae praestare tenemur.

Quare propositiones hae (bona opera esse necessaria, et necesse esse bene agere) in commemorata pia et genuina sententia immerito a quibusdam reprehenduntur et reiiciuntur. Hae enim retinendae atque urgendae sunt ad redarguendam atque refutandam securitatis Epicureae opinionem, qua multi fidem mortuam aut persuasionem quandam vanam, quae sine poenitentia et bonis operibus est, pro vera fide falso

---

1 ist > *nt* ist + gute *w* 2 unmüglich + Ist *H* 3 mag] mögen *H* 16 Und + ist *de* Und erstlich] Unterschiedlich *w ü, urspr. y* 17 ist > *de* 19 derselben > *g u* 22 Werk + zu *viele Hss* Konk 24 so + von *v* 25 tuen (2.) > *c d q r z* 28/9 gebraucht + und *n* 37 sichern + und *ü* 38 geführt und gebraucht ~ *c* 40 und] oder *c g* ohne > *ü* 42 einem + guten *ü*

5 et laudem > Dei + Optimi Maximi, cui studium suum probare animique sui gratitudinem declarare cupit 8/9 calor *bis* potest] etiam effici non potest, ut ignis non urat et luceat. Hactenus Lutherus. 25/6 a nobis > 28/9 debemus, oportet >

---

[1]) CA VI. XX, S. 60. 75ff. [2]) Apol. IV, S. 188, 1. 197, 45. 198, 35. 201, 21; vgl. auch CR IX 405ff. (Worms 1557); 473ff., 496ff. (Frankfurt 1558) und Colloquium in Altenburg 95. Röm. 13, 5. 6. 9; 1. Kor. 9, 9; Act. 5, 29; Joh. 15, 12; 1. Joh. 4, 11. [3]) Vgl. zu diesem Verstand auch Art. 1—3 der Conclusio synodi Isenacensis 1556, Schmidt, Menius II 223—230. [4]) Vgl. CR IX 405ff., 473ff. WA XXXIX I 344 26; XLI 474 30.

und fortzufahren, welches unmuglich ist; oder als könnte wohl einer wahren Glauben, Gerechtigkeit und Seligkeit[1] haben und behalten, wann er gleich ein fauler, unfruchtbarer Baum ist und bleibet, da gar keine gute Früchte folgen; ja, wenn er gleich in Sünden wider das Gewissen verharret oder wiederumb sich uf solche Sünde fürsätzlich begibet, welches unrecht und falsch ist. Es muß aber auch die Erinnerung von diesem Unterscheid hierbei gemerkt werden, daß 'nämblich verstanden werden solle 'necessitas ordinis mandati et voluntatis ›Christi‹ | ac[2] debiti nostri, | non autem necessitas coactionis, das ist: wann dies Wort nötig gebraucht, soll es nicht von einem Zwang, sonder allein von der Ordnung des unwandelbaren Willen Gottes, | des[2] Schuldner wir sind, | verstanden werden, dahin ›auch‹ sein Gebot weiset, daß die Kreatur ihrem Schöpfer gehorsam seie, dann sunst, wie 2. Cor. 9. und in der Epistel S. Pauli an Philemonem, item 1. Pet. 5. (aus Not) genennet wirdet[3], was einem wider seinen Willen, durch Zwang oder sonst abgenötiget wird, daß er äußerlich zum Scheine, aber doch ohne und wider seinen Willen tue. Dann | solche | Scheinwerke will Gott nicht haben, sondern das Volk des neuen Testaments soll sein ein williges Volk, Psal. 110.[4], und „willig opfern", Psal. 54., „nicht mit Unwillen oder aus Zwang", sondern von Herzen gehorsamb sein, 2. Cor. 9. Rom. 6. Dann „einen willigen Geber hat Gott lieb", 2. Cor. 9. In[5]

habent; quasi scilicet in uno eodemque corde simul stare possint vera fides et malum propositum in peccatis perseverandi et progrediendi, quod tamen prorsus est impossibile; aut quasi aliquis veram fidem, iustitiam et salutem habere ac retinere valeat, etiamsi arbor putrida et infrugifera sit maneatque neque ullos bonos fructus ferat; imo quamvis in peccatis contra conscientiam perseveret aut rursus destinata malitia in scelera priora relabatur. Haec falsa et impia sunt. Interim tamen de hoc etiam discrimine commonefactio observanda est, quod per vocabulum necessitatis intelligenda sit necessitas ordinis mandati et voluntatis Christi ac debiti nostri, non autem necessitas coactionis. Vult enim mandatum Dei, ut creatura suo creatori obediat. In aliis enim quibusdam scripturae locis vocabula ex necessitate de iis rebus accipiuntur, quae homini praeter voluntatem eius coactione quadam aut alias extorquentur, ut externe et quidem in speciem, sed tamen contra suam voluntatem aliquid faciat. Talia enim hypocritica opera Deus non probat, sed vult, ut populus novi testamenti sit populus spontaneus et ut spontanea sacrificia offerat atque obedientiam non invitus aut coactus, sed ex animo praestet. Hilarem enim datorem diligit Dominus. In hanc sententiam recte dicitur atque docetur, quod vere bona opera sponte,

---

3 Gerechtigkeit] gerecht *g*   4 fauler + und *viele Hss* Konk   6 gute > *n f ä*, urspr. H *g r s c*   8 sich > *w ü*   Sünde + sich *w ü*   14 Christi] divinae *B f s*, urspr. *A*, aus Christi: *r ä*   ac] et *ü*   16 dies] das *B H*   23 Philemonem] Philomenem *n v x*   5 + ›geschrieben‹ *l*, urspr. *A*   24 wirdet] werden *p*   25/8 durch *bis* Willen > *y*, *a. R.*: omissa *durch Zwang oder sunsten wedder sinem Willen abgenötiget werd*   28 Dann] Daß *k*   31 und > *z*   33 gehorsamb + zu *p*   35 9] 8 *viele Hss* Konk   In: dazu *a. R.* | [und sind also diese Reden nicht wider einander: gute Werke sind vonnöten oder nötig, und: gute Werk geschehen aus freiwilligen Geist. Dann eine Rede bedeutet die Ordnung, den Befelch und die Pflicht, die ander Rede bedeutet die Ursach, nämlich den freiwilligen Geist] | *A*

1 habent + atque vera se fide praeditos falso imaginantur   2 possint] possent   13|5 de hoc *bis* est] cum de necessitate bonorum operum agitur, hoc discrimen observetur   19|20 Vult *bis* obediat >

---

[1]) Seligkeit wird hier u. i. folgenden von iustificatio und remissio pecc. verstanden; vgl. S. 938, Anm. 2, 945, Anm. 1.   [2]) Darüber | Pr. |; preuß. Bedenken schlägt den Zusatz vor: Et debiti nostri quia debitores sumus. Zur Sache vgl. CR IX 496ff., XXI 775ff.; ZKG XIV 140: Melanchthon über Agricola, 26. Jan. 1560: „Ich wil disse proposition ‚Bona opera sunt necessaria' bis ihn den todt vertedigen... Veritas enim divina est... Die Esell verstehen Necessarium vi extortum, cum tamen significat immutabilem ordinem divinitus institutum, quo rationalis creatura obligata tenetur obtemperare creatori suo." Amsdorf unterstellt Major die necessitas meriti. Vgl. auch S. 939, Anm. 3; 944, Anm. 2; 945, Anm. 1.   [3]) 2. Kor. 9, 7; Phm. 14; 1. Petr. 5, 2.   [4]) Ps. 110, 3 die folgenden Stellen Ps. 54, 8; 2. Kor. 9, 7; Röm. 6, 17; 2. Kor. 9, 7.   [5]) a. R. | Pr. |

diesem Verstand und solcher Meinung ists recht geredt und gelehret, daß rechte gute Werk willig oder aus freiwilligen Geist von denen, die der Sohn Gottes gefreiet hat, geschehen sollen; wie dann auf diese Meinung fürnehmblich die Disputation von Freiwilligkeit der guten Werk von etlichen geführt ist.

Aber hie ist wiederumb der Unterschied auch wohl zu merken, davon Paulus sagt, Rom. 7.[1]: Ich bin willig und „habe Lust zu Gottes Gesetze nach dem inwendigen Menschen", aber in meinem Fleisch finde ich „ein ander Gesetze", welches nicht allein unwillig oder unlustig ist, sondern auch „dem Gesetze meines Gemüts" widerstrebet. Und was das unwillige widerspenstige Fleisch belanget, da sagt Paulus 1. Cor. 9.: „Ich betäube und zähme meinen Leib", und Gal. 5. Rom. 8.: „Welche Christum angehören, die kreuzigen, ja töten ihr Fleisch sambt seinen Lüsten, Begierden" und „Geschäften." Das aber ist falsch und muß gestrafet werden, wann fürgegeben und gelehret wird[2], als wären die guten Werk den Gläubigen also frei, daß es in ihrer freien Willkür stünde, daß sie solche tuen oder lassen oder darwider handeln wollten oder möchten und sie nichtsdestoweniger den Glauben, Gottes Hulde und Gnade behalten könnten.

Zum andern, wann gelehret wird, daß gute Werk vonnöten sein, muß auch erkläret werden, warumb und aus was Ursachen sie vonnöten seind, wie die Ursachen in der Augsburgischen Confession und Apologia[3] erzählet werden.

Hic autem etiam discrimen hoc observandum est, de quo Paulus loquitur: Delector lege Dei (promptus sum ad bene agendum) secundum interiorem hominem. Sed in carne mea legem aliam reperio, quae non modo invita et ad bene operandum difficilis est, verum etiam legi mentis meae repugnat. Et quod at illam rebellem et difficilem carnem nostram attinet, ea de re Paulus sic ait: Castigo corpus meum et in servitutem redigo, etc. Et: Qui sunt Christi, carnem suam crucifixerunt, imo mortificarunt, cum vitiis et concupiscentiis. Contra autem opinio 20 falsa redarguenda et reiicienda est, cum docetur bona opera ita esse libera homini Christiano, ut in eius libero arbitrio positum sit, ea vel facere vel omittere, aut licet contra legem Dei peccetur, nihilominus tamen fidem, Dei gratiam atque favorem retineri posse.

Deinde, cum docetur bona opera 21 necessaria esse, etiam hoc explicandum est, quare quibusque de causis ea sint necessaria, quae causae in Augustana Confessione eiusque Apologia recitantur.

---

3 oder] und y 4 hat > z. T. Konf Z. 35. 6/7 freiwilligkeit der guten Werk ~ H 10 wohl] noch c, urspr. d davon + S. k l 11 zu] an B 12 Gesetze] setzt 15 oder] und f 17 unwillige + und viele Hss Konf 19 betäube] [betrübe] | bedöne | y zähme] zeume y und > H 20 Christum] Christo mehrere Hss Konf 21 die > c 24 fürgegeben] fürgeben l m n t u v 28 darwider] das wieder v 35 sie bis Ursachen > v, urspr. a 37 werden + [Als ~stlich von Gottes wegen, dieweil sie Gott unser Herr und Vater geboten, Joh. 15; 1. Thess. 4, dem wir als gehorsame Kinder folgen sollen, Ephes. 5, und werden uns durch Christum die Sünden darumb vergeben und der heilige Geist geschenkt, daß wir forthin nicht der Sünden dienen, Rom. 6; Tit. 2; 1. Petr. 1., 2., sondern Gott mit guten Werken preisen sollen, Matth. 5, Phil. 1.
Darnach umb unser selbst willen, daß wir gewisse Anzeigungen eines rechtschaffenen

10 de quo] inter veterem et novum seu interiorem hominem, quorum hic sponte bonum operatur, ille vero maxime invitus aliquid boni agit. De hoc discrimine 22 imo mortificarunt >

---

ein getilgter Überarbeitungsversuch fügt hier einen Abschnitt des preuß. Bedenkens wörtlich ein. Zur Sache vgl. S. 939, Anm. 3.

[1]) Röm. 7, 22. 23; 1. Kor. 9, 27; Gal. 5, 24; Röm. 8, 13. [2]) Vgl. CR IX 405ff., 473ff.: im Streit wiederholt von Menius auch dem Flacius vorgeworfen [3]) CA VI. XX, S. 60. 75ff. Apol. IV, Responsio ad arg., S. 196ff. Vgl. zu den Ursachen auch Amsdorf, Ein kurzer unterricht auff Maiors Antwort 1552, O. Ritschl, Dogmengesch. II, 407.

Aber hie muß man sich gar wohl fürsehen, daß die Werk nicht in den Artikel der Rechtfertigung und Seligmachung gezogen und eingemenget werden¹. Derhalben werden billich die Propositiones verworfen, daß den Gläubigen gute Werk zur Seligkeit vonnöten sein, also daß es unmüglich sei, ohne gute Werk selig werden; dann sie sind stracks wider die Lehre de particulis exclusivis in articulo iustificationis et salvationis, das ist, sie streiten wider die Wort, mit welchen S. Paulus unsere² Werk und Verdienst aus dem Artikel der Rechtfertigung und Seligmachung gänzlich ausgeschlossen und alles allein der Gnad Gottes und dem Vordienst Christi zugeschrieben hat, wie in dem fürgehenden Artikel erklärt. Item, sie nehmen den angefochtenen betrübten Gewissen den Trost³ des Evangelii, geben Ursach zum Zweifel, sind in viel Wege gefährlich, stärken die Vormessenheit eigner Gerechtigkeit und das Vertrauen auf eigne Werk, werden darzu von den Papisten⁴ angenommen und zu ihrem Vorteil wider die reine Lehre von dem alleinseligmachenden Glauben, geführet. So sind sie auch wider das Fürbild der gesunden Wort, da geschrieben stehet: „Die Seligkeit sei allein des Menschen, welchen Gott zurechnet die Gerechtigkeit ohne Zutuen der Werk", Rom. 4.⁵ Item, in der Augsburgischen Confession,

Interim tamen diligenter in hoc negotio cavendum est, ne bona opera articulo iustificationis et salutis nostrae immisceantur. Propterea merito hae propositiones reiiciuntur: bona opera fidelibus necessaria esse ad salutem, ita ut impossibile sit sine bonis operibus salvari, quia simpliciter pugnant cum doctrina de particulis exclusivis in articulo iustificationis et salvationis, quibus particulis divus Paulus opera et merita nostra ab articulo iustificationis et salutis nostrae penitus exclusit et omnia soli gratiae atque clementiae divinae et Christi merito adscripsit, quemadmodum superius declaravimus. Et propositiones illae (de necessitate bonorum operum ad salutem) perturbatis et afflictis conscientiis veram evangelii consolationem eripiunt, occasionem praebent dubitationi de gratia Dei, multis modis sunt periculosae, praesumptionem et falsam opinionem de propria iustitia et fiduciam propriae dignitatis confirmant, a Papistis acceptantur et ad ipsorum malam causam fulciendam (contra sinceram doctrinam de sola fide salvante) adducuntur. Quin etiam formae sanorum verborum repugnant, cum scriptum sit: beatitudinem tantum esse hominis, cui Deus imputat

Glaubens haben, 1. Joh. 4; 2. Pet. 1; 1. Joh. 2, 3; Jacob. 2, und Gottes Gnade, Vergebung der Sünde und Seligkeit nicht verlieren, 1. Timoth. 1. 5. 6; 2. Petri 1, 2; Rom. 8, und nicht zeitlich und ewiglich vonwegen der Sünden wider das Gewissen gestraft werden, 1. Cor. 6; Ebr. 13.

Letztlich auch umb des Nächsten willen, daß ihme dardurch gedient und geholfen, 1. Joh. 3, und niemand Argernus gegeben werde, 2. Cor. 6; 1. Timoth. 6; 1. Petri 2. 3.] *A*
1 gar > *t*   4 eingemenget] eingewendt *g*   6 den] die *p*   12 unsere] die *H*
| unsere Werk und | *statt* [die Werk unsers] *A*   13 und] unsers *H*   14 gänzlich] ganz *m*
18 den] die *x*   30 der + guten *H*

6 fidelibus] piorum   16 superius] in superioribus articulis id   29 etiam + propositiones illae

---

¹) Vgl. zum ganzen Absatz S. 922,18—926,33; 929, Anm. 4. 5. Die Brücke zur iustificatio ist im Doppelgebrauch von salus zu sehen: 1. pro iure adeundi haereditatem vitae sive salutis aeternae, quod consequimur in iustificatione; 2. pro ipsa vita aeterna (Musaeus, Praelectiones 192, Coll. zu Altenburgk 126, 158) und in der Unklarheit der begrifflichen Abgrenzung von bona opera 1. generaliter: boni actus et motus und 2. specialiter: actiones liberae, quas tamquam nova creatura homo per vires a spiritu sancto donatas exercet (Musaeus 177). Die Gleichsetzung von iustificatio und salvatio auf der Eisenacher Synode 1556 (Schmidt, Menius II 232), ebenso bei Gallus u. Amsdorf; dagegen: Sententia M. Joh. Wigandi et Illyr. de scripto Synodi Isenacensis ... 1556, Magdeb. und Flacius, Discrimen sententiae Saxonum 1557. Zum Kampf um die Praxis des sola fide gegen Interim Lips. und Major vgl. Flacius, Wider den Evangelisten ... N I.
²) Darüber | Pr. |; das preuß. Bedenken wünscht Richtigstellung der Lehre des Paulus: „die Werk und unser Verdienst"; ähnlich die Mansfelder.   ³) Vgl. S. 924, 18ff.; dazu Flacii Sententia de necessitate bon. operum in art. iustificationis = Schlüsselburg VII 161.   ⁴) Coc. Trid. Sess. VI can. 32, Denzinger-Bannwart 842; Thomas, Summa I, II q 21 a 4.   ⁵) Röm. 4, 6.

im sechsten Artikel[1], stehet geschrieben: Man werde selig ohne die Werk, allein durch den Glauben. So hat auch Doktor Luther diese propositiones verworfen und verdammet[2]:

1. An den falschen Propheten bei den Galatern.
2. An den Papisten in gar vielen Orten.
3. An den Wiedertäufern, da sie also glossieren: man solle wohl den Glauben auf der Werke Vordienst nicht setzen, aber man müsse sie dennoch gleichwohl haben als nötige Ding zur Seligkeit.
4. Auch an etlichen andern unter den Seinen, so diese propositionem also glossieren wollten: ob wir gleich die Werk erfordern als nötig zur Seligkeit, so lehren wir doch nicht, das Vertrauen auf die Werk setzen, in Genes. cap. 22.

Demnach und aus jetzterzählten Ursachen soll es billich in unsern Kirchen dabei bleiben, daß nämlich gemelte | Weise zu reden | nicht gelehret, verteidiget oder beschönet, sondern aus unsern Kirchen | als[3] falsch und unrecht | ausgesetzt und verworfen werden, als die zur Zeit der Verfolgung, do am meisten klare, richtige Bekenntnis wider allerlei corruptelas und Verfälschung des Artikels der Rechtfertigung vonnöten war, aus dem Interim[4] wiederumb verneuert, hergeflossen und in Disputation gezogen sind.

Zum dritten, weil auch disputiert wird, ob gute Werk die Seligkeit erhalten[5] oder ob sie nötig sein, den Glauben,

iustitiam sine operibus. Et in Confessione Augustana articulo sexto scriptum legimus: salvari nos sine opere, sola fide. Sed et D. Lutherus has propositiones reiecit atque damnavit:

I. Primo quidem in falsis apostolis, qui Galatas in errorem induxerant.
II. Deinde in Papistis, multis admodum locis.
III. Postea etiam in Anabaptistis, qui hanc interpretationem adferunt, quod fides quidem non debeat niti meritis operum, sed tamen ea necessario ad salutem requiri.
IV. Postremo in quibusdam aliis, suis hominibus, qui hanc, ut loquuntur, glossam in medium adducebant: Si maxime, dicebant, bona opera tanquam ad salutem necessaria requiramus, tamen non docemus, quod bonis operibus sit confidendum.

Quare et ex iam commemoratis causis in ecclesiis nostris merito hoc ratum, certum et fixum esse debet, quod phrases seu propositiones illae, de bonis operibus ad salutem necessariis, non sint docendae, defendendae, pingendae, sed potius ex ecclesiis nostris ut falsae et non sincerae explodendae atque reiiciendae, quippe quae tempore persecutionis (ubi clara et perspicua confessione adversus omnis generis corruptelas et depravationes articuli iustificationis maxime opus erat) ex interreligionis formula renovatae promanarint atque denuo disputationibus novis occasionem praebuerint.

Postea, cum de eo etiam disputetur: an bona opera salutem conservent aut num ad retinendam aut conservan-

---

6 An den] Erstlich die p   Propheten] Aposteln z   7 Galatern] Gal. 2 g   8 in] an b
16 Seinen: aus [feinden] g k l   17 wollten] wollen B   20 in > t   cap. > B t z
24 gemelte + propositiones oder Hö | Weise zu reden | statt [propositiones] A
29 meisten] nächsten x   allermeisten ü   32 wiederumb] wieder B   33 gezogen + worden ü

2/4 scriptum bis fide] haec verba ex Ambrosio adferuntur: Qui credit in Christum salvus est sine opere, sola fide, gratis accipiens remissionem peccatorum

---

[1]) CA VI, S. 60.   [2]) WA XL I (Galater 2 u. 3) 220_4, 223_{14}, 230_{17}, 236_{33}, 240_{17}, 249_{10}, 253_{13}, 265_{29}, 386, 391, 528; XL II (Gal. 5) 10_{26}, 12_{11}, 34_{10}, 38_{22}, 65_{23}, 66_{18}, 67_{19}, 78_{17}; XLIII (Gen. 22) 253_{32}—261, bes. 254_5; Kirchenpostille: X I¹ 324 ff., X I² 37_{32}—45_{16}, X³ 101 ff., 103 ff., 106 ff., 277, 324—378 (!), ferner XV 395, XXXII 640 f., XXXVIII 227.   [3]) Darüber | Pr. |; das preuß. Bedenken wünscht die Einfügung: „als unecht und falsch..." „weil D. Maior noch niemals klar und deutlich bekannt, daß seine Propositio an ihr selbs unrecht und falsch, das ist, Gottes Wort zuwider wären..." [4]) Interim Lips. CR VII 60—63.   [5]) Melanchthon, Loci 1543, CR XXI 775; Major, Sermon von S. Pauli ... bekerung B 2, Z 3. Opp. III (Wittenberg 1570) 416. Schlüsselburg VII 52; Menius, Bericht von der bittern Wahrheit L 2b. Dagegen: Gallus,

Solida Declaratio, IV. Von guten Werken.

Gerechtigkeit und Seligkeit zu erhalten, und aber hieran hoch und viel gelegen, denn "wer verharret bis ans Ende, wird selig werden", Matth. 24., item[1], Ebr. 3.: "Wir seind Christus teilhaftig worden, so wir anders das angefangene Wesen bis ans Ende feste behalten": muß auch gar wohl und eigentlich erkläret werden, wie die Gerechtigkeit und Seligkeit in uns erhalten, daß sie nicht wiederumb verloren werden.

Und ist derhalben erstlich dieser falscher epikurischer Wahn[2] ernstlich zu strafen und zu verwerfen, daß etzliche dichten, es könne der Glaube und die entpfangene Gerechtigkeit und Seligkeit durch keine, auch mutwillige und fürsätzliche Sünde oder böse Werke verloren werden, sondern wenn ein Christ gleich ohne Furcht und Scham den bösen Lüsten folge, dem Heiligen Geist widerstrebe und auf Sünde widers Gewissen fürsätzlich sich begebe, daß er gleichwohl nichtsdestoweniger Glauben, Gottes Genade, Gerechtigkeit und Seligkeit behalte.

Wider diesen schädlichen Wahn sollen mit allem Fleiß und Ernst diese wahrhaftige, unwandelbare göttliche Drauungen und ernstliche Strafe, Vermahnungen, den Christen, so durch den Glauben gerecht werden seind, oft wiederholet und eingebildet werden 1. Cor. 6.: "Irret nicht, kein Hurer, kein Ehebrecher, kein Geiziger etc. wird das Reich Gottes ererben." Gal. 5. Eph. 5.: "Die solches tuen, werden das Reich Gottes nicht besitzen." Rom. 8.: "So ihr nach dem Fleische lebet, so werdet ihr sterben." Col. 3.: "Umb solcher willen kombt der Zorn Gottes über die Ungehorsamen[3]."

dam fidem, iustitiam et salutem sint necessaria: diligenter et accurate declarandum est, qua ratione iustitia et salus in nobis conserventur, ne rursus amittantur. Scriptum est enim: Qui perseveraverit usque ad finem, salvus erit. Et apostolus ait: Participes Christi effecti sumus, si tamen initium substantiae usque ad finem firmum retinuerimus.

Et quidem inprimis falsa et Epicurea illa opinio graviter redarguenda atque reiicienda est, quod quidam fingunt fidem et acceptam iustitiam atque salutem non posse ullis peccatis aut sceleribus (tametsi omnino voluntarie et destinata malitia mala opera perpetrentur) amitti, sed etiamsi homo absque omni Dei timore et pudore pravis suis concupiscentiis indulgeat, spiritui sancto repugnet et atrocia flagitia contra conscientiam suam (et quidem malo proposito) designet, nihilominus tamen fidem, gratiam Dei, iustitiam atque salutem retineri posse.

Contra hanc pestilentissimam persuasionem singulari diligentia hae verissimae, immotae divinae comminationes, poenae et admonitiones Christianis, per fidem iustificatis, saepe repetendae atque inculcandae sunt: Nolite errare; neque fornicarii neque adulteri neque avari etc. regnum Dei possidebunt. Et alibi: Qui talia agunt, regnum Dei non consequentur. Et ad Romanos: Si secundum carnem vixeritis, moriemini. Et: Propter talia venit ira Dei super filios incredulitatis.

---

4 Matth. + am mehrere Hss Konk   item > H c   Ebr. + am mehrere Hss Konk
6 Wesen] Wachsen ü, urspr. w y   7 gar] ganz y   11 erstlich > x   12/3 und zu verwerfen > H   18 Scham] schon c   18/9 Scham den bösen] schamlosen v   28/9 und bis Vermahnungen > y, a. R.: omissa und ernstliche straffe Vermahnung;   29 Strafe] scharfe g t w H; in den meisten Hss als: straffe, was verschiedene Deutung zuläßt
36 8] 5 g r Konk   39 Ungehorsamen: y, a. R.: Hic multa desiderata et omissa sunt. Omissi tres paragraphi, vide posterum folium: *fol. 70+73 mit 71+72 vertauscht*

14 acceptam >   17 mala *bis* perpetrentur] commitantur   26 pestilentissimam + falsam   32/3 neque adulteri *bis* etc.] neque idolis servientes, neque adulteri, neque molles, neque masculorum cocubitores, neque fures, neque avari, neque ebriosi, neque maledici, neque rapaces

flacius, Amsdorf, Chemnitz, Wigand (De propositione Bona opera retinent salutem, Jena 1571), vgl. auch Schlüsselburg VII 676 ff.; Weimarer Konfutationsbuch; Concl. synodi Isenac. 1556 = Schmidt, Menius II 231.

[1]) Matth. 24, 13; 10, 22; Hebr. 3, 14.   [2]) Vgl. S. 942, 37 u. Anm. 4; dazu Art. Smalc. S. 448, 5 ff.; CR IX 405 f., 473 f.   [3]) 1. Kor. 6, 9 + 10; Gal. 5, 21, vgl. Eph. 5, 5; Röm. 8, 13; Kol. 3, 6, vgl. Eph. 5, 6.

Wann aber und welchergestalt aus diesem Grunde die Vermahnung zu guten Werken ohne Verdunkelung der Lehr vom Glauben und des Artikels der Rechtfertigung könne geschärpft werden, zeigt die Apologia ein fein Fürbild, do sie articulo 20. über den Spruch 2. Pet. 1.[1] (Fleißigt euch, euren Beruf feste zu machen) also saget[2]: „Petrus lehret, worumb man gute Werk tuen soll, nämblich daß wir unseren Beruf festemachen, das ist, daß wir nicht aus unserm Beruf fallen, wann wir wiederumb sündigen. Tuet gute Werk, spricht er, daß ihr bei eurem himblischen Beruf bleibet, daß ihr nicht wieder abfallet und verlieret Geist und Gaben, die euch nicht umb der folgenden Werk willen, sondern aus Gnaden durch Christum widerfahren seind und nun erhalten werden durch den Glauben. Der Glaub aber bleibet nicht in denen, die sündlich Leben führen, den Heiligen Geist verlieren, die Buße von sich stoßen." Bis daher die Wort aus der Apologia[3].

Dagegen aber hat es diese Meinung[4] nicht, daß der Glaub allein im Anfang die Gerechtigkeit und Seligkeit ergreife und darnach sein Ampt den Werken übergebe, daß dieselbige hinfürder | den[5] Glauben, | die entpfangene Gerechtigkeit und Seligkeit erhalten müßten, sondern auf daß die Verheißung der Gerechtigkeit und Seligkeit nicht allein zu entpfangen, sondern auch zu behalten, uns fest und gewiß sein mugen, gibet Paulus Rom. 5.[6] dem Glauben nicht allein den Eingang zur Gnaden, sondern auch, daß wir in der Gnaden stehen und uns „rühmen der zukünftigen Herrligkeit", das ist: Anfang, Mittel und Ende gibt er alles dem Glauben allein. Item, Rom. 11.: „Sie sind

Quando autem et qua ratione ex hoc 33 fundamento exhortationes ad bona opera (absque obscuratione doctrinae de fide et articuli de iustificatione) acui possint, Apologia luculentum eius rei exemplar depingit, ubi capite XX. super verba Petri: Satagite vocationem vestram firmam facere, hacc verba habet: Petrus docet, quare sint bona opera facienda, scilicet ut sit firma vocatio, hoc est, ne vocatione sua excidant, si iterum peccent. Facite (inquit) bona opera, ut perseveretis in vestra coelitus vobis iniuncta vocatione, ne rursum deficiatis et amittatis spiritum ac dona, quae prius contigerunt, non propter sequentia opera, sed ex gratia, per Christum, et iam retinentur fide. At fides non manet in his, qui pravam vitam agunt et amittunt spiritum sanctum et abiiciunt poenitentiam. Hactenus Apologia.

E contrario autem non est sentien- 34 dum, quod fides initio tantum iustitiam et salutem apprehendat, postea vero officium suum operibus resignet, ut ea deinceps fidem, apprehensam iustitiam et salutem conservare debeant. Ut enim nobis promissio de iustitia et salute nostra non modo consequenda, verum etiam retinenda, certa et firma esse possit, Paulus non tantum aditum ad gratiam, verum etiam, quod in gratia perseveramus et de futura gloria gloriamur (hoc est initium, medium et finem) soli fidei adscribit. Et alibi ait: Propter incredulitatem suam defracti sunt, tu autem fide stas. Et ad Co-

---

5 geschärpft] geschöpfet z. T. Konk, vgl. Cor   6 fürbild] Bild ö   sie + in n 10/1 daß wir bis das ist > d e   15 abfallet] abfallen m   verlieret] verlieren m 22 die + da B   stoßen + etc. H u. a. Hss   23 Apologia + [Auf diese Meinung wird recht und christlich von etzlichen geredet, daß wir gute Werk darumb tun sollen, darmit wir den Glauben und die allein durch Christum uns erworbene und aus lauter Gnaden geschenkte und allein durch den Glauben empfange Gerechtigkeit und Seligkeit nicht wiederum verlieren, wenn wir müßig und unfruchtbar sein oder nach dem Fleisch leben, 2. Pet. 1; Rom. 8, sondern durch Gottes Gnade und Kraft behalten mögen, 1. Petri 1. Dann wer wissentlich und fürsätzlich böse Werk tut, der wird das Reich Gottes nicht besitzen, weil er dor [auf al] durch den Glauben verleuret, Col. 3.] A   24 diese] die viele Hss Konk   25 allein > y   36 uns > w   uns] vest <= fest?> p

---

9 Petrus + loquitur de operibus sequentibus remissionem peccatorum et   13/4 vestra bis iniuncta >   15 rursum bis et >   spiritum ac >   16 dona + vocationis 20 pravam bis et >   30 iustitia et >

---

[1]) 2. Petr. 1, 10.   [2]) Apol. XXI, S. 316, 14ff.   [3]) Die Streichung des folgenden Absatzes TB auf preuß. Einspruch hin.   [4]) Vgl. S. 928, 9ff., 946, 38ff.; für die Trennung auch Flacius: renovatio est prorsus res separata a iustificatione, De iustificatione 182.
[5]) Darüber | Pr. |; aus dem preußischen Bedenken.   [6]) Röm. 5, 2.

abgebrochen umb ihres Unglaubens willen, du aber stehest durch den Glauben." Col. 1.: „Er wird euch darstellen heilig und unsträflich für ihm selbst, so ihr anders bleibet im Glauben." 1. Pet. 1.: „Wir werden aus Gottes Macht durch den Glauben bewahrt zur Seligkeit." Item: „Ihr werdet das Ende euers Glaubens davonbringen, nämlich der Seelen Seligkeit[1]."

Weil dann aus Gottes Wort offenbar, daß der Glaube das eigentliche einige Mittel ist, dardurch Gerechtigkeit und Seligkeit nicht allein entpfangen, sondern auch von Gott erhalten wird, soll billich verworfen werden, das im Trientischen Concilio[2] geschlossen und was sonst mehr uf dieselbe Meinung gerichtet worden, daß unsere guete Werk die Seligkeit erhalten, oder daß die entpfangene Gerechtigkeit des Glaubens oder auch der Glaube selbst durch unsere Werk entweder gänzlich oder ja zum Teil erhalten und bewahret werden.

Dann obwohl vor diesem Streit etzliche[3] viel reine Lehrer solche und dergleichen Reden in Auslegung der Heiligen Schrift gebraucht, hiemit aber keinesweges gesinnet, obvermelte Irrtumb der Papisten zu bestätigen, jedoch weil nachmals über solcher Weise zu reden Streit entstanden, doraus allerlei ärgerliche Weiterunge erfolget: ist es am allersichersten nach der Vermahnung S. Pauli[4] über dem „Fürbilde der gesunden Wort" sowohl als über der reinen Lehr selbst zu halten, dardurch viel unnötiges Gezänks abgeschnitten und die Kirch vor viel Ärgernus behütet werden mag.

Zum vierten, was die Proposition belangt, daß gute Werk zur Seligkeit schädlich sein sollten[5], erklären wir uns deutlich also: Wann jemand die gute Werk in den Artikel der Rechtfertigung ziehen, seine Gerechtigkeit oder das Vertrauen der Seligkeit darauf setzen, damit die Gnade Gottes vordienen und dardurch selig werden wöllen,

lossenses inquit: Exhibebit vos sanctos et immaculatos et irreprehensibiles coram se ipso, si tamen permanetis in fide fundati et stabiles etc. Et Petrus ait: In virtute Dei custodimini per fidem in salutem. Et: Reportabitis finem fidei vestrae, salutem animarum.

Cum igitur ex sacrarum litterarum testimoniis manifestum sit, quod fides proprium et unicum illud medium sit, quo iustitia et salus non modo apprehenduntur, verum etiam a Deo conservantur: merito reiiciendum est Tridentinae synodi decretum (et si quid alibi in eam sententiam fuit propositum), quod videlicet bona nostra opera salutem conservent, aut quod apprehensa fidei iustitia aut fides ipsa per nostra opera vel ex toto vel saltem ex parte retineantur ac conserventur.

Etsi enim ante motam hanc controversiam multi sinceri doctores eiusmodi phrasibus in explicatione sacrae scripturae usi sunt, non autem eo animo, quod commemoratos Papistarum errores confirmare vellent: tamen, cum interea de eiusmodi phrasibus disceptationes, scandala et distractiones variae exortae sint, longe tutissimum est (iuxta Pauli admonitionem) formam sanorum verborum non minori diligentia, quam ipsam sinceram doctrinam firmiter retinere, qua ratione multis non necessariis concertationibus ansa praeciditur et multa in ecclesia Dei offendicula praecaventur.

Praeterea, quod ad propositionem illam attinet: bona opera ad salutem esse perniciosa, sententiam nostram perspicue exponemus. Si quis bona opera articulo iustificationis immiscere, iustitiam suam aut fiduciam salutis suae in ea reponere, gratiam Dei iis promereri et per ea salutem consequi velit: respon-

---

1 abgebrochen] abgetreten *z*   3 darstellen *aus*: [derselben] *g l ä*   3/4 unsträflich] trefflich *d*   5 1. Pet. 1.] prima Petri primo *s*   7/8 das Ende > *u*   8 Glaubens + Ende *u*   12 dardurch + die *p*   15 Trientischen] Tridentino *g k l m n o p t u x* geschlossen] beschlossen *k z*   16 Meinung + ist *viele Hss Konk*   20 unsere + guten *ü*   21 entweder *bis* Teil > *Bertram*   27 obvermelte] obvorgemelte *a* Irrtumb] Irrtung *m*   30 allerlei] alle *c*   32 dem] das *w*   44 das > *w* der] seiner *ü*   46 wöllen] wölle *viele Hss Konk*   wollte *m*

6 Et + post aliqua   30 scandala *bis* variae >

---

[1]) Röm. 11, 20; Kol. 1, 22; 1. Petr. 1, 5. 9.   [2]) Conc. Trid. Sess. VI can. 24. 32, Denzinger-Bannwart 834, 842.   [3]) Vgl. S. 937, Anm. 2.   [4]) 2. Tim. 1, 13.   [5]) Vgl. S. 938, Anm. 2. WA XXXIX I 347 27ff., 354 7.

hierauf sagen nicht wir, sondern sagt Paulus selbst und wiederholts zum drittenmal Philip. 3.[1], daß einem solchen Menschen seine Werk nicht allein unnützlich und hinderlich, sondern auch schädlich sein. | Es[2] ist aber die Schuld nicht der guten Werk an ihnen selbst, sondern des falschen Vertrauens, so wieder das ausgedruckte Wort Gottes auf die Werk gesetzt wird. |

Aber hieraus folget keineswegs, daß man simpliciter und also bloß dahin sagen solle: gute Werk seind den Gläubigen zu oder an ihrer Seligkeit schädlich, dann in den Gläubigen seind gute Werk, wann sie propter veras causas et ad veros fines, das ist, der Meinung geschehen, wie sie Gott von den Wiedergebornen erfordert, Anzeigung der Seligkeit, Philip. 1.[3] Wie dann Gottes Wille und ausdrücklicher Befelch ist, daß die Gläubigen gute Werk tuen sollen[4], welche der heilige Geist wirket in den Gläubigen, die ihme auch Gott umb Christi willen gefallen läßt, ihnen herrliche Belohnung in diesem und künftigen Leben verheißet.

Derwegen auch diese Proposition in unsern Kirchen gestrafet und verworfen wird, dieweil sie also bloß gesetzt, falsch und ärgerlich ist, dadurch Zucht und Ehrbarkeit geschwächet, das rohe, wilde, sichere epikurisch Leben eingeführt und gestärkt werden möchte. Dann was einem zu seiner Seligkeit schädlich ist, darfür soll er sich ja mit höchstem Fleiß hüten.

Weil aber die Christen von den guten Werken nicht abgehalten, sondern zum fleißigsten darzu vermahnet und angehalten werden sollen, so kann und soll diese bloße Proposition in der Kirchen nicht geduldet, geführet noch verteidiget werden.

demus non quidem nos, sed divus Paulus ipse, idque tertio repetit: quod tali homini opera sua non tantum sint inutilia atque ad salutem impedimento, verum etiam perniciosa sint. Culpa tamen non est bonorum operum per se, sed vanae fiduciae, quae contra expressum Dei verbum in opera collocatur.

Inde tamen haudquaquam consequitur, quod simpliciter et nude asserere liceat: bona opera credentibus ad salutem esse perniciosa. Bona enim opera in credentibus (cum propter veras causas fiunt et ad veros fines, sicuti ea Deus a renatis exigit, referuntur) indicia sunt aeternae salutis. Siquidem haec est voluntas et hoc expressum Dei mandatum, ut credentes bona opera faciant, quae spiritus sanctus in credentibus operatur, eaque Deus pater propter Christum accepta et grata habet et praeclara illis praemia, huius et futurae vitae, promittit.

Eam ob causam etiam paulo ante commemorata propositio in ecclesiis nostris reprehenditur et reiicitur, propterea quod ita nude usurpata falsa est et offendiculi plena, qua disciplina et morum honestas labefactantur, dissolutae vero et Epicureae ferae vitae ianua aperitur et confirmatur. Ab ea enim re, quae alicui ad animae suae salutem perniciosa creditur, abstinendum et cavendum esse omnes iudicant.

Cum vero Christiani a bonis operibus non deterrendi, sed potius quam diligentissime ad ea adhortandi sint, profecto nuda ista propositio in ecclesia Christi tolerari non potest nec defendenda est.

---

1 sagt] S. *BHnptvwyz* sagt + S. *gou* 13 dann] da *n* 14 sie] de *d* 16 geschehen] beschehen *u* 23 läßt + und *ü* ihnen] in den *m* Belohnung] Belohn *m* 33 höchstem] solchem *ō* 36 den > viele Hss ohne *BH* 41 verteidiget] getediget *k*

8 collocatur + attribuenda.

---

[1]) Phil. 3, 7ff. [2]) Darüber | Br. Fürsten |; braunschw.-wolfenbüttel. Bedenken, vgl. Hutterus 405. [3]) Phil. 1, 28; dazu pommer. Bedenken, Balthasar, Andere Sammlung 72. [4]) Vgl. S. 942, Anm. 1. 2.

V.
Vom Gesetz und Evangelio.[1]

Nachdem der Unterscheid des Gesetzes und Evangelii ein besonder[2] herrlich Licht ist, welches darzu dienet, daß Gottes Wort recht geteilet und der heiligen Propheten und Apostel Schriften eigentlich erkläret und verstanden: ist mit besondern Fleiß über denselben zu halten, damit diese zwo Lehren ›nicht‹ miteinander vermischet, oder aus dem Evangelio¹ ein Gesetz gemacht, dardurch der Verdienst Christi verdunkelt, und die betrübten Gewissen ihres Trostes beraubet, den sie sonst in dem heiligen Evangelio haben, wenn dasselbige lauter und rein gepredigt, und sich in ihren höhesten Anfechtungen wider das Schrecken des Gesetzes aufhalten konnten.

Nun ist hie gleichergestalt zwischen etlichen Theologen Augsburgischer Confession Zwiespalt eingefallen, do der eine Teil[3] fürgeben, das Evangelium sei eigentlich

V.
DE LEGE ET EVANGELIO.

1 Cum discrimen legis et evangelii magnam et clarissimam lucem sacris litteris adferat, cuius adminiculo verbum Dei recte secari et prophetica atque apostolica scripta dextre explicari atque intelligi possunt: accurata diligentia illud est in ecclesia conservandum atque retinendum, ne haec duo doctrinarum genera inter se commisceantur, aut evangelion in legem transformetur. Ea enim ratione meritum Christi obscuraretur, et conscientiis perturbatis dulcissima consolatio (quam in evangelio Christi, sincere praedicato, habent, qua etiam sese in gravissimis tentationibus adversus legis terrores sustentant) prorsus eriperetur.

2 Orta est autem etiam de hoc ipso negotio quaedam inter aliquos Augustanae Confessionis theologos controversia. Una enim pars asseruit evangelion

---

6 Propheten und Apostel ∼ *t*   8 verstanden + werden *w*   9 damit + nit *t*
10 nicht > *t*   12 der > *x*   18 konnten] können viele Hss Konk   22 Teil + will *w*

9/10 retinendum + Cavendum est enim

---

¹) Vorstufen: Andreae, Sechs Predig V (Heppe IIIB 46—52); SC VIa Hachfeld VI 259—263); FM (Preßel 667—672); SSC V (Heppe IIIB 118—122 u. 236—241).
Literatur: Conrad Schlüsselburg, Catalogus Haereticorum IV (De Antinomis) Francof. 1597; Frank, Theologie d. Konkordienformel II 243—341; J. Seehawer, Zur Lehre vom Brauch des Gesetzes u. zur Gesch. d. späteren Antinomismus, 1887; G. Kawerau, Antinomistische Streitigkeiten RE³ I 585—592; P. Tschackert, Die Entstehung d. luth. u. d. ref. Kirchenlehre, 1910, 478ff.; O. Ritschl, Dogmengesch. d. Protestantismus II, 1912, 399ff.; R. Seeberg, Dogmengesch. IV, 1920, 488f.; zu zahlreichen Ähnlichkeiten und Übereinstimmungen einzelner Wendungen, Bilder und Sätze des Artikels mit vgl. etwa: WA X I¹ 324—378; X I¹ 391ff.; X III 341ff.; XLI 256ff. 511; XLV 145—156; EA VII 257ff.; XIX 232—242; XX 230—241; vgl. S. 946. Anm. 2. ²) Vgl. WA XLI 207 ₁₇; XLVII 750 ₃₇; Melanchthon CR XII 567; XXIII S. XLIX. ³) Das preuß. Bedenken verweist auf Melanchthons Loci, distinctio legis et evangelii, als Grund dieses Streites; ebenso das hessische (Heppe, Syn. IB 19) und der Unwille der Anhalter in ihrer „Entlichen Erklärung". Man hat weniger den Antinomismus Agricolas vor Augen, der auch an Melanchthon ausbrach (Art. visit. CR XXVI 9), als vielmehr den „Antinomismus" der These vom Evangelium als doctrina poenitentiae bei Melanchthon und den Philippisten.
Zu Agricola vgl. G. Kawerau, Joh. Agricola von Eisleben, 1881, u. RE³ I 249—253; Kawerau, Briefe u. Urkunden zur Gesch. d. antinom. Streites ZKG IV, 1881, 299ff., 437ff.; Kawerau, Beiträge zur Gesch. d. antinom. Streites in: Beiträge z. Reformationsgesch. f. J. Köstlin, 1896, 60ff.; Clemen-Brenner WA L 461ff.; C. E. Förstemann, Neues Urkundenbuch zur Gesch. d. evang. Kirchen-Reformation, 1842, VI. Urkunden z. Gesch. d. M. J. Agricola ... 1536—1545, S. 291—355, darin das Fragment: der Kurtzen Summarien der Evangelien 1537 und das (Widerruf-)Bekenntnis vom Gesetze Gottes 1540. Thesen Agricolas (veröff. durch Luther), WA XXXIX I 342f. De duplici legis discrimine M. Ioan. Agricolae Isleb. sententia ad Wendelinum Fabrum ... 1539 (durch Melanchthon) = B. Kordes, M. Agricolas von Eisleben Schriften mögl. vollst. verzeichnet, 1817, 269f. Dazu Luther: 6 Thesenreihen und 3 (über 1. 2. u. 5.) Disputationen gegen die Antinomer, WA XXXIX I 334—584. Promotionsdisputation Mörlins (über Thesenreihe 6), Drews,

nicht allein ein Gnadenpredigt, sondern
* auch zugleich ein Predigt der Buß, welche
die größeste Sünde, nämlich den Unglauben,
strafet. Der ander Teil[1] aber hat gehalten
und gestritten, daß das Evangelium nicht
eigentlich sei eine Buß- oder Strafpredigt,
welches eigentlich dem Gesetz Gottes zuge=
höre, das alle Sünde und also auch den Un=
glauben strafe, sondern das Evangelium sei
eigentlich eine Predigt von der Gnade und
Hulde Gottes umb Christus willen, durch
welchen den Bekehrten zu Christo der Un=
glaube, in dem sie zuvorn gestedt, den auch
das Gesetze Gottes gestrafet hat, verziegen
und vergeben worden.

Da wir nun diese Zwiespalt recht be=
denken, ist solche fürnemblich daher verur=
sacht worden, daß das Wörtlein E v a n =
g e l i u m nicht in einerlei und gleichem
Verstande allwegen, sondern auf zweierlei

proprie non esse tantum doctrinam
de gratia Dei, verum etiam esse simul
concionem poenitentiae, quae summum
peccatum, videlicet incredulitatem, re-
5 darguit. Altera vero pars contrariam
sententiam propugnavit, quod nimirum
evangelion proprie non sit concio poenitentiae, arguens peccatum (hoc enim
legis Dei proprium esse officium, ar-
10 guere omnia peccata atque ita etiam
incredulitatem), sed evangelion proprie
esse praedicationem de gratia et clementia Dei propter Christum, per quem
conversis ad Christum incredulitas (in
15 qua antea haeserant, quam etiam lex Dei
redarguerat) condonetur atque remittatur.

Cum autem de hoc dissidio diligenter 3
cogitamus, deprehenditur inde adeo illud
20 exortum esse, quod vocabulum evangelii
non semper in una eademque significatione accipiatur, sed duobus modis tum

---

5/6 nicht eigentlich ∼ H 7/8 zugehöre] zugehörig k l 11 Christus] Christi viele Hss
12 Bekehrten zu Christo] bekennen Christen x 19 solche] es i u 21/2 und bis all=
wegen > y

10 atque ita etiam] in primis vero

Disputationen Dr. M. Luthers, 1895, 611—636; Wider die Antinomer, WA L 468ff.; Wider
den Eisleben, WA LI 429ff.
Zu Melanchthons „Antinomismus": Loci 1535 u. 1543, CR XXI 415ff. „Est . . .
Evangelium praedicatio poenitentiae et promissio..." (fast wörtlich bei Agricola, WA
XXXIX I 343), 734ff.; XXIII S. L (Exam. ordin. nur deutsch), XXVI 353, 354, 364 (CA
var. IV, V, XX), XII 640 (Becker=Disput. 1556).
Hemming, Enchiridion theologicum 1557 (Evangelium = universalis praedicatio
poenitentiae, da den Unglauben strafend); V. Strigel, Bekantnus von den streitigen Puncten
= Disp. Vinar. 587ff.; De praecipuis horum temporum controversiis Propositiones,
orationes, quaestiones. Continens summam confessionis Academiae Witebergensis,
Wittemberg 1570, darin: I. Propositiones theol. repetentes suam doctrinam de iustificatione et bonis operibus ... C. Cruciger. IX. Quaestio de definitione evangelii proposita
a ... Georgio Torquato (Pfarrer i. Magdeburg) samt einer Responsio Chr. Pezelii;
P. Crell, Spongia de definitione evangelii excipiens propositiones 150 Aspergines ineruditae
Collationis, qua Joh. Wigandus ecclesiis et academiis electoris Saxoniae scabiem anti-
nomicam impudenter conatur affricare 1570 (propos. 25: solum etiam evangelium vere
ac proprie praedicatio ... est poenitentiae); Chr. Pezel, Apologia verae doctrinae de
definitione evangelii, opposita thrasonis praestigiis et indignis theologo lusibus Joh.
Wigandi, Wittemberg 1571 vgl. Schlüsselburg, Catal. IV 213ff. „In evangelio ... proprie
. . . patefieri hoc arcanum peccatum, videlicet incredulitatem, neglectionem filii, con-
temtum irae et misericordiae divinae."
[1]) Flacius, gegen die Disput. Isinderi 1548, CR XII 548ff., vgl. s. Bericht von etlichen
Artikuln wider die falsche Gedichte der Adiaphoristen 1559. D 2, vgl. S., 969 Anm. 3. Weiteres
bei O. Ritschl, Dogmengesch. II 401f.; Joh. Stoessel, Apologia vnd warhafftige Verant=
wortung des fürstlichen ausschreibens vnd Confutation wider die vermeinte erinnerung ...
Victorini vnnd des Pfarrherrs zu Jena .. = Disp. Vinar. 252ff.; Rostokiensium scolae
ac ecclesiae iudicium de controversia inter Illyricum et Victorinum, II. Vom Euangelio,
ob es auch ein Bußpredig seie etc. = Disp. Vinar. 343; Matth. Judex, Etliche argument
vnd beweisung, das Buße predigen, d. i. die Sünde straffen vnd zur Reue predigen, sei
eigentlich des Gesetzes vnd nicht des Euangeliums Ampt, Mühlhausen i. E. 1559 = Quod
arguere peccata seu concionari poenitentiam sit proprium legis et non euangelii, Basil.
1559; J. Wigand, De Antinomia veteri et nova, Collatio et Commonefactio, Jenae 1571.

Weise in heiliger göttlicher Schrift, wie auch von den alten und neuen Kirchenlehrern, gebraucht und verstanden worden. Dann einsmals wird es gebraucht, daß dadurch verstanden die ganze Lehr Christi, unsers Herrn, die er auf Erden in seinem Predigampt und im neuen Testament zu führen befohlen, und also damit die Erklärung des Gesetzes und Verkündigung der Hulde und Gnade Gottes, seines himmlischen Vaters, begriffen hat, wie Marc. 1. geschrieben stehet[1]: „Das ist der Anfang des Evangelii von Jesu Christo, dem Sohne Gottes." Und bald darauf werden 'die summarischen Hauptstück gesetzet, „Buß" und „Vergebung der Sünden". Also, do Christus nach seiner Auferstehung den Aposteln befiehlet, das Evangelium in aller Welt zu predigen, Marc. 16.[2], fasset er die Summa solcher seiner Lehre mit wenig Worten zusammen, do er Lucae 24. sagt[3]: „Also ist geschrieben, und also mußte Christus leiden und auferstehen von den Toten am dritten Tage und predigen lassen in seinem Namen Buß und Vergebung der Sünden unter allen Heiden." Gleichsfalls auch nennet Paulus seine ganze Lehr das „Evangelium" Acto. 20.[4] Er fasset aber die Summa solcher seiner 'Lehr in diese Häuptstück: Buße zu Gott und den Glauben an Christum. Und in dem Verstande ist die generalis definitio, das ist die Beschreibung des Worts, | wann[5] es in weitläufigem Verstand und außerhalb dem eigentlichen Unterscheid des Gesetzes und Evangelii gebraucht wird, | recht, wann gesaget wird, das Evangelium sei ein Predigt von der Buß und Vergebung der Sünden. Dann es haben Johannes, Christus und die Aposteln ihre Predigt von der Buß angefangen, und also nicht allein die gnadenreiche Verheißung von Vergebung der Sünden, sondern auch das Gesetz Gottes ausgelegt und getrieben.

in sacris litteris tum in veterum ac neotericorum scriptis usurpetur et accipiatur. Uno enim modo totam Christi doctrinam significat, quam ministerio suo in his terris proposuit et in novo testamento proponendam praecepit, et hac ratione Christus legis explicationem et annuntiationem clementiae et gratiae Dei, patris sui coelestis, est complexus, sicut Marci primo scriptum est: Initium evangelii Iesu Christi, filii Dei, etc. Et paulo post capita totius doctrinae coelestis praecipua recitantur, videlicet poenitentia et remissio peccatorum. Ad eundem modum, cum Christus post resurrectionem suam apostolis praeciperet, ut praedicarent evangelion in universo terrarum orbe, totius doctrinae suae summam brevissimis comprehendit, inquiens: Sic scriptum est et sic oportebat Christum pati et resurgere a mortuis tertia die et praedicari in nomine eius poenitentiam et remissionem peccatorum in omnes gentes. Et sic etiam Paulus totam suam doctrinam vocat evangelion, summam autem suae doctrinae distribuit in haec duo praecipua capita: in poenitentiam erga Deum, et fidem in Christum. Et in hoc sensu generalis illa definitio evangelii (cum late accipitur et extra discrimen legis et evangelii usurpatur) vera est, cum dicitur: evangelion est concio de poenitentia et remissione peccatorum. Etenim Iohannes Baptista, Christus et apostoli praedicationem suam a poenitentia sunt exorsi, et ita non tantum promissionem illam dulcissiman de immensa Dei gratia atque peccatorum remissione proposuerunt, verum etiam legem Dei explicuerunt atque urserunt. Deinde vocabulum evangelii in alia et quidem propriissima sua significatione usurpatur, et tum non concionem de poe-

---

3/4 einsmals] niemals c, urspr. d   5 =standen + wird Cor   11 Marc. + am f   12 Das] Dies g n v   15 gesetzet > x   16 Sünden + gesetzt x   17 befiehlet] befohlen n t v x y z ä Konk   befohlen hat l   21 ist] ists mehrere Hss Konk   26 auch > t   Paulus + auch t   29 und] oder a   30 die + | [gemeine] | A Hand Andreaes   31/2 das bis Worts > H ö   32 Worts + Evangelii g k l m n o p q r t u v w x z ä Konk, urspr. A   33 Verstand + [gebraucht wird] A   außerhalb] außer H   34 Evangelii recht l   35 wird + das ist, die Beschreibung des Worts Evangelii H   recht > l   36 das bis Predigt y   39 ihre Predigt] in Predigen p

3 modo + hoc vocabulum evangelii vocabulo cum scripsit   9/10 sicut bis scriptum est] Sic usus est evangelista   24 Et sic] in hoc significatione

---

[1] Mark. 1, 1 u. 4.   [2] Mark. 16, 15.   [3] Luk. 24, 46f.   [4] Apg. 20, 24.
[5] Darüber | Sächs. |

Darnach wird das Wort Evangelium in einem andern, | nämlich[1] in seinem eigentlichen | Verstande gebraucht, da es nicht die Predigt von der Buß, sondern allein die Predigt von der Gnade Gottes begreifet, wie gleich hernach folget, Marci 1., da Christus sagt[2]: „Tut Buß und gläubet dem Evangelio."

Wie denn auch das Wörtlein Buß nicht in einerlei Verstand in Heiliger Schrift gebraucht wird. Dann an etlichen Orten der Heiligen Schrift wird es gebraucht und genommen für die ganze Bekehrung des Menschen[3], als Lucae 13.: „Werdet ihr nicht Buße tuen, so werdet ihr alle auch also umbkommen." Und im 15. Kapitel: „Also wird Freude sein über einen Sünder, der Buß tuet, etc." Aber in diesem Orte Marci. 1., wie auch anderswo, do unterschiedlich gesetzt wird die Buß und der Glaube an Christum Acto. 20., oder „Buß und Vergebung der Sünden", Luc. 24., heißet Buße tuen anders nicht, dann die Sünde wahrhaftig erkennen, herzlich bereuen und davon abstehen; welche Erkenntnus aus dem Gesetz kombt[4], aber zu | heilsamer | Bekehrung zu Gott nicht genug ist, wenn nicht der Glaub an Christum darzukombts[5], dessen Verdienst die tröstliche Predigt des heiligen Evangelii allen bußfertigen Sündern anbeut, so durch die Predigt des Gesetzes erschreckt seind. Dann das Evangelium prediget Vergebung der Sünden nicht den rohen, sichern Herzen, sondern den „Zerschlagenen" oder Buß fertigen, Lucae 4.[6] Und daß aus der Reu oder Schrecken des Gesetzes nicht müge eine Verzweifelung werden, muß die Predigt des Evangelii darzukommen, daß es muge sein eine „Reu zur Seligkeit", 2. Cor. 7.[7]

Dann weil die bloße Predigt des Gesetzes, ohne Christo, entweder vermessene Leut machet, die sich darfür halten, daß sie das

nitentia, sed tantum praedicationem de clementia Dei complectitur, ut statim Marci 1. sequitur, cum Christus inquit: Poenitentiam agite ET credite evangelio.

Sed et poenitentiae vocabulum in sacris litteris non semper unam eandemque significationem habet. Quibusdam enim sacrae scripturae locis pro tota hominis conversione ad Deum sumitur. Verbi gratia, cum Christus inquit: Nisi poenitentiam egeritis, omnes similiter peribitis. Et alibi: Gaudium erit super uno peccatore poenitentiam agente etc. At in Marco (quod testimonium paulo ante attulimus) et alibi, ubi distincte ponuntur poenitentia et fides in Christum aut poenitentia et remissio peccatorum, poenitentiam agere nihil aliud significat, quam peccata vere agnoscere, serio dolere, a peccatis in posterum abstinere. Ea vero peccatorum agnitio ex l e g e est et ad salutarem conversionem ad Deum non sufficit, si non fides in Christum accedat, cuius meritum dulcissima et consolationis plena evangelii doctrina omnibus resipiscentibus peccatoribus offert, qui per concionem legis perterriti et prostrati erant. Evangelion enim remissionem peccatorum non securis mentibus, sed perturbatis et vere poenitentibus annuntiat. Et ne contritio et terrores legis in desperationem vertantur, opus est praedicatione evangelii, ut sit poenitentia ad salutem.

Cum enim nuda illa legis praedicatio (sine mentione Christi) aut inflatos hypocritas efficiat, qui sibi imaginantur,

---

1 Wort] Wörtlein H   1/2 in bis nämlich > H   2/3 eigentlichen + und einigen k
4 von > g i o q u v   4/5 von bis Predigt > y   5 Gnade] Gerechtigkeit c, urspr. d   6 da] wie B   8 da] sagt y   7 sagt > y   10 in + der B
11 Dann + es B   12 Dann bis Orten] Dann etlichen Worten x   16 im 15. Kapitel] Luc. 15 z   18 etc. > viele Hss Konf   in] an B f   26 | heilsamer | statt [vollkommener] A   + vollkommener ö   heilsamer] Hülf der urspr. Bertram   33 Herzen > B f s   34 oder] und z   38/9 sein eine > z   39 Seligkeit + sei z   42 sie] die c

2/3 ut bis sequitur] Et in hoc significatione ponitur   26 ad Deum] illa poenitentia, quae tantum contritionem habet   42 efficiat + (per accidens, non autem per se)

---

[1]) Darüber | N. | [2]) Mark. 1, 15.   [3]) Luk. 13, 5 vulg. 15, 7; Mark. 1, 15; Apg. 20, 21; Luk. 24, 46.   [4]) Röm. 7, 7; vgl. S. 957, Anm. 2.   [5]) Vgl. dazu WA VII 23_{24}—24_{21}; XL^I 482ff.; XXXIX^I 345_{28}, 346_{31}, 351_{27}; CR XXVI 9f.; vgl. S. 956 Anm. 3.   [6]) Luk. 4, 18.   [7]) 2. Kor. 7, 10.

Gesetz mit äußerlichen Werken erfüllen könnten, oder ganz und gar in Verzweifelung geraten, so nimbt Christus das Gesetz in seine Hände und legt dasselbe geistlich aus, Matth. 5. Röm. 7.¹, und offenbaret also seinen „Zorn von Himmel" herab über alle Sünder, wie groß derselbe seie, dardurch sie in das Gesetz gewiesen werden und aus demselben erst recht lernen² ihre Sünde erkennen, welche Erkenntnus Moses nimmermehr aus ihnen hätte erzwingen können. Dann wie der Apostel zeuget³, do gleich „Moises gelesen wird", so bleibet doch immer die Decke, so er „vor sein Angesicht hinge", unaufgedeckt, daß sie das Gesetz geistlich, und wie große Ding es von uns erfordert und, weil wir solches nicht halten noch erfüllen könnten, wie tief es uns verflucht und verdamme, nicht erkennen. „Wenn sie sich aber zum Herrn bekehrt haben, alsdann wird solche Decke abgetan," 2. Cor. 3.⁴

Darumb muß der Geist Christi nicht allein trösten, sondern auch durch das Ampt des Gesetzes „strafen die Welt umb die Sünde"⁵ und also im neuen Testament tuen (wie der Prophet sagt) opus alienum, ut faciat opus proprium⁶, das ist: er muß ein frembd Ampt vorrichten (welches ist strafen), bis er kompt zu seinem eignen Werk, das ist trösten und von der Gnade predigen, darumb er denn uns durch Christum erworben und gesandt und der Ursach auch der Tröster⁷ genennet wird, inmaßen D. Luther in der Auslegung des Evangelii dom. 5. nach Trinitatis⁸ mit nachfolgenden Worten erklärt hat:

„Es ist alles des Gesetzes Predigt, was da von unsern Sünden und Gottes Zorn prediget, es geschehe wie oder wenn es wolle. Wiederumb ist das Evangelium eine

quod legem externis operibus suis implere valeant, aut homines ad desperationem adigat: Christus legem in manus suas sumit eamque spiritualiter explicat et sic iram suam de coelo revelat super omnem impietatem hominum et ostendit, quanta sit ira divina. Ea ratione ad legem illi ablegantur, ut ex ea demum recte peccata sua agnoscere discant; quam agnitionem peccatorum Moises nunquam ab illis extorquere potuisset. Quia (ut apostolus testatur), etsi Moises praelegitur, manet tamen nihilominus velamen super faciem eius non retectum, ut non agnoscere possint homines legem esse spiritualem et exigere a nobis res longe maximas, quas cum praestare et implere nequeant, legem nos horribili et extrema maledictione atque damnatione obruere. Quando autem ad Christum convertuntur, tum velamen illud tollitur, ut idem apostolus docet.

Haec cum ita se habeant, manifestum est, spiritus sancti officium esse non tantum consolari, verum etiam (ministerio legis) arguere mundum de peccato et ita (etiam in novo testamento) facere opus alienum, ut propheta loquitur, quod est arguere, ut postea faciat opus proprium, quod est consolari et gratiam Dei praedicare. Hanc enim ob causam nobis Christus precibus suis et sanctissimo merito eundem nobis a patre impetravit et misit, unde et Paracletus seu consolator dicitur, quemadmodum Dr. Lutherus in explicatione evangelii dominicae 5. post Trinitatis sequentibus verbis hanc rem perspicue exposuit:

Concio legis est, quicquid de peccatis nostris et de ira Dei docet, quomodocunque aut quandocunque id fiat. Evangelion vero talis est concio, quae nihil

---

2 könnten] können ö 5 Matth. + am *einige Hss* Konk 5. + Joh. 15. et 16. Cor 7.] 1. 7. *B g k l s* 7.] 1. et 7. *m z* 1. und 7. *p* 7. + und 1. *einige Hss* Konk; ähnl. b. einig. Hss. a. R. 6 Zorn] Sohn *urspr. Bertram* 8 gewiesen] getrieben *y* und + als dann *H* 9 lernen] können o *x* lehren *z* 11 hätte > *p* erzwingen + mögen oder ö können] könnte *p* 12 zeuget + 2. Cor. 3 *mehrere Hss*, Konk 18 könnten] können *viele Hss* Konk 23 der + heilig *i* 27 Prophet] Apostel *c*, *urspr. a d e f g* Prophet + Esa. 28. *e* 32 denn > *d e* denn] auch ö durch] dardurch *d e* 35 5. nach] quinta post *B* am fünften Sonntag *g k l m n o p u v x z* nach > *f u* nach] post *H y* 42 ist + es *m*

---

3 legem + quasi 17/8 et implere >

---

¹) Matth. 5, 21 ff.; Röm. 7, 6. 14; 1, 18. Vgl. Gr. Kat., 5. Geb. 182, S. 606, 15 ff. ²) Vgl. WA XXXIX I 343 u. o. ³) 2. Kor. 3, 13—16. ⁴) Das brandenb. Bedenken wünscht „zu mehrer Erklärung des Unterschieds zwischen dem Gesetz und Evangelio" die Einrückung des Absatzes WA XLVI 667 ₇—673 ₃₀. ⁵) Joh. 16, 8. ⁶) Jes. 28, 21, bei Luther sehr häufig. ⁷) Joh. 16, 7; vgl. 14, 16. 26. ⁸) EA XIII 153/154.

solche Predigt, die nicht anders denn Gnade und Vergebung in Christo zeiget und gibt, wiewohl es wahr und recht ist, daß die Apostel und Prediger des Evangelii (wie auch Christus selbst getan hat) die Predigt des Gesetzes bestätigen und anfahen bei denen, die noch nicht ihre Sünde erkennen, noch vor Gottes Zorn erschrocken sind, wie er Joh. 16. sagt: der Heilige Geist 'wird die Welt strafen umb die Sünde, darumb, daß sie nicht an mich glauben. Ja, was ist vor ein ernstlicher, schrecklicher Anzeigung und Predigt Gottes Zorns über die Sünde, dann eben das Leiden und Sterben Christi, seines Sohns? Aber solange dies alles Gottes Zorn prediget und den Menschen schrecket, so ist es noch nicht das Evangelii noch Christi eigne Predigt, sondern Moises und das Gesetz über die Unbußfertigen. Denn das Evangelium und Christus ist je nicht geordnet und gegeben zu schrecken noch zu verdammen, sondern die, so erschreckt und blöde sind, zu trösten und aufzurichten." Und abermals, „Christus spricht Jo. 16: Der Heilige Geist wird die Welt strafen umb die Sünde; wölchs mag nicht geschehen ohn durchs Gesetz Erklärung". To. 2. Ien. fol. 455. |¹

Also sagen >auch< die Schmalkaldischen Artikel²: Das neue Testament behält und treibet das Ampt des Gesetzes, das die Sünde und Gottes Zorn offenbaret, „aber zu solchem Ampt tuet es flugs die Verheißung der Gnaden durchs Evangelium." Und die Apologia³ spricht: „Zu einer rechten, | heilsamen⁴ | Buß | ist| nicht genug, allein das Gesetz predigen, sondern es muß darzu >auch< kommen das Evangelium." Also sind beide Lehren beieinander | und⁵ müssen auch nebeneinander | getrieben werden, aber in gewisser Ordnung und mit gebührlichem Unterscheid, und werden die antinomi oder Gesetzstürmer billich verdampt, welche die Predigt des Gesetzes aus der Kirchen werfen und

nisi gratiam et clementiam Dei atque remissionem peccatorum in Christo monstrat et exhibet. Interim tamen verum est et recte fit, quod apostoli et evangelii ministri (quod et ipse Christus fecit) concionem legis confirmant eamque inchoant apud eos, qui peccata sua nondum agnoscunt et sensu irae Dei nondum sunt perturbati, ut ipse inquit: Spiritus sanctus arguet mundum de peccato, quia in me non credunt. Imo, quae magis severa et horrenda significatio atque concio irae divinae adversus peccata est, quam illa ipsa passio et mors Iesu Christi, filii Dei? Veruntamen quoad haec omnia iram Dei ostendunt et hominem terrent, nondum sunt proprie evangelii aut Christi concio, sed potius Moses et lex contra impoenitentes. Evangelion enim et Christus nobis non eam ob causam donantur, ut nos perterrefaciant atque condemnent, sed ut ii, qui perturbati et pusillanimes sunt, consolationem capiant atque erigantur. Et alibi inquit Dr. Lutherus: Christus ait: Spiritus sanctus arguet mundum de peccato. Hoc autem fieri non potest, nisi per explicationem legis.

In hanc sententiam etiam Smalcaldici Articuli loquuntur: Novum testamentum retinet atque urget ministerium legis, quae et peccata arguit, et iram Dei revelat. Sed ad illud legis officium adiungit mox promissionem gratiae divinae per evangelii praedicationem.

Et Apologia inquit: Ad salutarem et veram poenitentiam non sufficit legis praedicatio, sed accedere oportet evangelion. Hoc modo duo haec doctrinarum genera coniuncta sunt et ambo urgenda sunt, certo tamen ordine et convenienti discrimine observato. Et iuste damnantur Antinomi, adversarii legis, qui praedicationem legis ex ecclesia explodunt et

---

1 denn] als H   2 Vergebung + der Sünden H   6 des + heiligen c und] oder H   8/9 wie bis sagt > x   9 er > g m o   Joh. + am w x 16. + Christus u   11 ist + es f v   12 ernstlicher, schrecklicher] ernstlich, schredlich B f g k l m s v w y ä   20 und] ohn (!) p q   je] ihr H   21 schrecken] erschrecken g k l m n p t u v w x z ä   noch] und z   22 und] noch g   24 abermals + sagt z   Christus spricht ∼ k l v   spricht > z   27/8 Erklärung] Erklären m Erklärung + Luther g k m n u v z   28 To. bis 455. > p   2.] trito i   455] 458 i 35/6 heilsamen > H   41 mit > g

19 Moses et lex] Moisis et legis officio   impoenitentes + funguntur. Deus enim 20 enim >   21 donantur] dedit atque donavit   28 legis· + Hactenus Lutherus 42 iuste >

---

¹) WA XV 228₁₅.   ²) Art. Smalc. S. 436, 17ff., 437, 11 ff.   ³) Apol. IV, S. 210, 46 ff.   ⁴) Darüber | Br. Fürsten | vgl. S. 893, Anm. 2.   ⁵) Darüber | N. |

Solida Declaratio, V. Vom Gesetz und Evangelio.   957

wollen, daß man Sünde strafen, Reu und Leid nicht aus dem Gesetz, sondern allein aus dem Evangelio lehren solle.

Auf daß aber männiglich sehen müge, daß wir in angeregter Zwiespalt nichts verschlagen, sondern dem christlichen Leser den Handel fein lauter unter Augen stellen:

Demnach gläuben, lehren und bekennen wir einhellig, daß das Gesetz eigentlich sei eine göttliche Lehre, darinnen der gerechte, unwandelbare Wille Gottes geoffenbaret, wie der Mensch in seiner Natur, Gedanken, Worten und Werken geschaffen sein sollte, daß es Gott gefällig und angenehmb sei, und drauet den Übertretern desselbigen Gottes Zorn, zeitliche und ewige Strafen; dann, | wie Lutherus wider die Gesetzstürmer[1] redet |: Alles, was die Sünde strafet, ist und 'gehöret zum Gesetze, dessen eigen Ampt ist, Sünde ,strafen und zur Erkenntnus der Sünden führen', Rom. 3. et 7.[2] Und nachdeme der Unglaube ein Wurzel und Brunnenquell aller sträflichen Sünden ist, so strafet das Gesetze auch den Unglauben.

Es[3] ist aber gleichwohl dies auch wahr, daß das Gesetze mit seiner Lehre durchs Evangelium illustriert und erklärt wird, und bleibet dennoch des Gesetzes eigentlich Ampt, die Sünde strafen und von guten Werken lehren.

affirmant non ex lege, sed ex solo evangelio peccata arguenda et contritionem docendam esse.

Ut autem omnes intelligant, quod in 16 hac controversia nihil dissimulare, sed pio lectori totum negotium, quanta fieri potest simplicitate et perspicuitate, ante oculos proponamus, sententiam nostram exponemus:

Credimus, docemus et confitemur unanimi 17 consensu, quod lex proprie sit doctrina divina, in qua iustissima et immutabilis Dei voluntas revelatur, qualem oporteat esse hominem in sua natura, cogitationibus, verbis, factis, ut Deo probari et acceptus esse possit. Simul autem transgressoribus Dei iram et temporalia atque aeterna supplicia lex denuntiat. Nam (ut D. Lutherus contra Antinomos scribit[4]) quicquid peccatum arguit, id legis habet rationem et ad legem pertinet, cuius proprium officium est, peccata arguere et ad agnitionem peccatorum adducere. Et quia incredulitas radix et fons est omnium peccatorum, quae arguenda et reprehendenda sunt, lex Dei etiam incredulitatem arguit.

Est autem etiam hoc verum, legis doctrinam 18 per evangelion illustrari et declarari. Nihilominus vero proprium legis officium est manetque peccata arguere et de bonis operibus docere.

M 637

---

13 geoffenbaret] offenbaret *k l r t w* Konk   16 es] er *B k l m o p s x y z ä* Konk
18 Strafen] Strafe viele Hss Konk   23 et] und *g r* Konk   et > *k l m n o p t u v z*
26 Gesetze + fürnehmlich *H ö*, urspr. *A*   29 Lehre + in vielen Stücken *H w ö*,
urspr. *A*   durchs] daß ich das *x*   33 lehren + | [Denn es ist nicht ein ander
Gott, der das Gesetz gegeben, und ein ander Gott, der befohlen hat, dem Evangelio
zu glauben, sondern ein einiger Gott, nämlich Christus, der >sein< Volk [sie] aus
Ägyptenland geführet, wie der Apostel Paulus zeuget, 1. Cor. 10. Und eben zu der Zeit,
da das Gesetz durch Mosen auf dem Berge Synai gegeben ist, in demselben auch
der Gottesdienst eingeschlossen, darin befohlen, daß man Gott auf kein ander Weise
dienen sollt, dann wie er damals in Verordenung des Hohenpriestertumbs, Gnadenstuhl,
täglichen Opfern etc. geboten, wölcher Gottesdienst anders nichts, dann wie es der Apostel
nennet, in Lehren ⟨Bertram: Schatten⟩ und Predig von Christo gewesen. Darumb,
wenn Gott sagt, ich bin der Herr, dein Gott etc. ist es soviel gesagt: alles was ich euch gebiete,
das sollt ihr ton. Nun gebiet ich euch auch, aber nicht allein, daß ihr nicht fluchen, stehlen,
morden, ehebrechen sollt, sunder auch, daß ihr den Propheten hören sollt, welchen ich aus
euren Brüdern erwecken werde, und der ihn nicht höret, von dem will ichs fordern. Was

---

5 nihil + maliciose   14 oportuit] ille velit   sua] ipsius   16 acceptus]
grata   19 Antinomos] Νομομάχους et legis adversarios   28 Est bis verum]
Neque tamen interim negamus

---

[1]) Vgl. S. 955, 38 ff.; WA XXXIX[I] 348, Thesen 18. 19; EA XIII 153.   [2]) Röm. 3, 20;
7, 7.   [3]) Der Absatz bis Z. 10 auf S. 958 war urspr. getilgt; dazu a. R.: | Das Unterstrichen
soll bleiben und auch ausgeschrieben werden |. Der Überarbeitungsversuch —
über ihm | Pr. Br. Fürsten Pfälz. | — wurde durch Einarbeiten der in den Bedenken,
namentl. dem preuß., geäußerten Vorschläge in den Text des TB ersetzt.   [4]) In
Konk: „redet"!

W 655 Also strafet das Gesetz ›den‹ Unglauben, wenn man Gottes Wort nicht gläubet. Weil nun das Evangelium, welches allein eigentlich lehret und befiehlet[1] an Christum glauben, Gottes Wort ist: so strafet ›der Heilig Geist durch das Ampt‹ des Gesetz auch den Unglauben, ›daß sie nicht an Christum glauben,‹ welches ›Evangelium‹ doch allein eigentlich lehret von dem seligmachenden Glauben an Christum.

* Das Evangelium aber ist eigentlich eine Lehre (nachdem der Mensch das Gesetz Gottes nicht gehalten, sondern dasselbe übertreten, darwider seine verderbte Natur, Gedanken, Wort und Werk streiten und der Ursachen dem Zorn Gottes, dem Tod, allen zeitlichen Plagen und der Straf des hellischen Feuers unterworfen), die da lehret, was der Mensch glauben solle, daß er bei Gott die Vergebung der Sünden erlange, nämlich daß der Sohn Gottes, unser Herr Christus, den Fluch des Gesetzes auf sich genommen und getragen, alle unsere Sünde gebüßet und bezahlet, durch welchen allein wir bei Gott wieder zu Gnaden kommen, Vergebung der Sünden durch den Glauben erlangen, aus dem Tod und allen Strafen der Sünden erlediget und ewig selig werden.

Dann[2] alles, was tröstet, die Huld und Gnade Gottes den Übertretern des Gesetzes anbeut, ist und heißet eigentlich Evan-

Hac ratione lex incredulitatem arguit, 19 quando videlicet verbo Dei fides non adhibetur. Cum autem evangelion (quod solum et proprie docet ac iubet in Christum credere) sit verbum Dei, spiritus sanctus per ministerium legis etiam incredulitatem arguit, quod peccatores non in Christum credant; quod evangelium tamen solum proprie docet de salvifica fide in Christum.

Evangelion autem proprie doctrina 20 est, quae docet (quandoquidem homo legi Dei non satisfecit, sed eam transgressus est, et legi Dei tota ipsius natura, cogitationes, sermones, facta repugnant, unde et irae Dei, morti omnibusque temporalibus aerumnis et aeterno gehennae incendio obnoxius est), quid miserrimus ille peccator c r e d e r e debeat, ut remissionem peccatorum apud Deum obtineat, videlicet filium Dei, Dominum nostrum Iesum Christum, in sese suscepisse maledictionem legis ferendam, omnia nostra peccata plenissima satisfactione expiasse, ita quidem, ut per ipsum solum cum Deo reconciliemur, remissionem peccatorum per fidem consequamur, a morte omnibusque aliis peccati suppliciis liberemur et in aeternum salvemur.

Quicquid enim pavidas mentes conso- 21 latur, quicquid favorem et gratiam Dei transgressoribus legis offert, hoc proprie

---

ist das anders, denn daß er will den Unglauben strafen. Dann durch den Glauben an Christum wird sollich Gebot erfüllet, wie der Apostel sagt: das Ende des Gesetz ist Christus, das ist, es siehet auf Christum, weiset auf Christum und durch Christum wird es erfüllet. Darumb zeiget das [Gesetz] ›erste Gebot‹ Christum als den wahren Gott und will, daß man ihm gelauben soll, denn er ist unser Gott. Daß er aber ›Mensch werden‹, unser Mittler sein [soll], leiden und sterben sollte, und daß Gott umb seinen willen, aus Gnaden, die Sünde wollt vergeben, das ist eigentlich des Evangelii Predigt, und dahin gehört der Spruch S. Pauli Gal. 3. das Gesetz ist nicht des Glaubens, sunder der Mensch, der es tut, wird dardurch leben, Christus aber hat uns erlöset von dem Fluch des Gesetzes ⟨bisher Bertram⟩, dergestalt dann auch das Gesetz durch das Evangelium illustrieret und erkläret wird.] | A, darüber: | Pr. Br. fürsten pfälz. |; Bertram

1 ›den‹ statt [ingemein allen] A   5 so] > ntv   6 auch] + [ingemein] A   7 Unglauben + wider das Evangelium Cor   7/8 ›daß bis glauben‹ statt [widers Evangelium] A   8/10 welches bis Christum > ö, urspr. Bertram   9 lehret > w   10 Christum + lehret w   15 und] (2.) umb t   16 allen] allein x   20 die > g   21 Herr + Jesus B   25 wir > c   wieder] wiederumb mehrere Hss   33 eigentlich + das c k m n s t u w y z ä Konf   eigentlich + ein f g

8/10 quod bis Christum] cum evangelii proprium sit, de salvifica fide in Christum docere   13/4 sed eam transgressus est >   17 aerumnis >   22 in sese >   23 legis] divinam   29/30 in aeternum salvemur] aeterni salutis fiamus particeps

---

[1]) Vgl. dazu Apologia des Konf 207a „Befehl" des Evangelii „vom Glauben an Christum" und Cruciger, Propos. de iustificatione (vgl. S. 951. Anm. 3): Evangelium severissime praecipit, ut omnes credunt in filium Dei. Bereits Apol. IV 345, S. 226, 47 ff.
[2]) A. R.: [Ich aus euern Brüdern erwecken werde ... Apostel sagt], ein fälschlich auf fol. 141a. statt 140a geratenes Stück des Überarbeitungsversuchs zu S. 957, Z. 28.

gelium, eine gute und fröhliche Botschaft, daß Gott die Sünde nicht strafen, sondern umb Christus willen vergeben wolle¹.

Demnach ein jeder bußfertiger Sünder glauben, das ist, sein Vertrauen allein uf den Herrn Christum setzen soll², daß er „umb unser Sünden willen sei dahin gegeben und umb unser Rechtfertigung willen" wieder auferstanden. Welcher umb unsertwillen zur Sünden worden, „der von keiner Sünde wußte", „auf daß wir in ihme würden die Gerechtigkeit, die vor Gott gilt", der „uns zur Gerechtigkeit" gemacht, des 'Gehorsam uns zur Gerechtigkeit vor Gott an seinem strengen Gericht zugerechnet wird, daß also das Gesetz, | inmaßen hie oben erkläret, | ein „Ampt ist, das durch den Buchstaben tötet" und „die Verdammnus prediget", das Evangelium aber ist eine „Kraft Gottes, selig zu machen alle die, so daran gläuben", das die „Gerechtigkeit prediget" und den „Geist gibet". | Wie³ dann D. Luther den Unterscheid mit besunderm Fleiß schier in allen seinen Schriften getrieben und eigentlich angezeigt, daß viel ein ander Erkenntnus Gottes seie, die aus dem Evangelio kumbt, dann die aus dem Gesetz gelehrt und gelernet wird; weil auch die Heiden aus dem natürli'chen Gesetz etlichermaßen ein Erkenntnus Gottes gehabt, gleichwohl ihn aber ›weder‹ recht erkennet, noch recht geehret haben, Ro. 1.⁴

Diese zwo Predigten seind von Anfang der Welt her in der Kirchen Gottes nebeneinander⁵ je und allwege mit gebührendem

est et recte dicitur evangelion, hoc est, laetissimum nuntium, quod Dominus Deus peccata nostra nolit punire, sed propter Christum condonare.

Quare peccatores poenitentes credere debent, hoc est, totam suam fiduciam in solum Christum collocent, quod videlicet propter peccata nostra traditus sit et propter iustitiam nostram resurrexerit, qui peccatum quidem non noverat, et tamen pro nobis peccatum factus est, ut nos efficeremur iustitia Dei in ipso, qui nobis factus est iustitia, et cuius obedientia nobis coram severo Dei iudicio ad iustitiam imputatur, ut ita lex, ut supra ostensum est, ministerium sit, quod per litteram occidit et damnationem denuntiat, evangelion autem sit potentia D e i ad salutem omni credenti, praedicans iustitiam et dans spiritum; quemadmodum D. Lutherus hoc discrimen propemodum in omnibus suis scriptis diligenter inculcavit atque accurate monuit longe aliam Dei agnitionem ex evangelio quam ex lege hauriri, quia etiam gentes ex lege naturae aliquam Dei cognitionem habuere, nec tamen eum recte vel agnoverunt vel coluerunt.

Haec autem duo doctrinarum genera iam inde a condito mundo in ecclesia Dei, convenienti tamen discrimine, pro-

---

³ Christus] Christi *viele Hss*   8 unser] der *m*   unser Sünden] unsert= *B*   9 Rechtfertigung] Gerechtigkeit *c y*   + ›Gerechtigkeit‹ *ō*   10 auferstanden + Rom. 4. *mehrere Hss.*   unsert=] unser Sünden *i m p q u v x z*, urspr. *ō*   12 in ihme > *B*   13 gilt + 2. Cor. 5. *mehrere Hss*   15 an] in *H*   16 strengen] gestrengen *B v x*   zugerechnet] zur Gerechtigkeit *H*   wird + 1. Cor. 1. *g k l m n t v z*   17 inmaßen] in Menschen *l*   hie] wie *g m r t*   hie] wir *l*   19 prediget + 2. Cor. 3. *g k l m n o p r t u v z*   22/3 gibet + Rom. 1. *g k l m n o p r t u v z*   23 Unterscheid + [des Erkenntnus Gottes auch] *A Hand Andreaes*   26 Erkenntnus, zu: Bekenntnus *t*   Gottes > *g i m n q t u v z*   28 gelehrt] gehört *g i k l*   gelernet] gelehrt *g k l*   30 ein + [Gesetz gehabt] *A*   31 ›weder‹ + [recht] *A*   32 erkennet] erklärt *p z*   recht > *f s*   geehret] erkannt *p z*   Ro. 1. + 1. Cor. 1. *H ō*   34 her > *x*   35 gebührendem] gebührigem *m*

5/6 credere debent] in Christum credant   11 peccatum + (id est, hostia pro peccato)   12/13 qui nobis] hoc est, ut propter ipsum iusti coram Deo reputaremur. Idem enim Christus a Deo   19/21 praedicans *bis* discrimen] et hoc ministerium iustitiam nobis offert et spiritum sanctum donat. Hoc discrimen D. Lutherus

---

¹) Vgl. Art. Smalc. S. 449.   ²) Das folgende zusammengestellt aus: Röm. 4, 25; 2. Kor. 5, 21; 1. Kor. 1, 30; 2. Kor. 3, 7. 9; Röm. 1, 16; vgl. 1. Kor. 1, 18; 2. Kor. 3, 9. 8; vgl. Gal. 3, 2. 5.   ³) Darüber | Br. Churf. | vgl. S. 955, Anm. 4 und die Streichung bei S. 957, Z. 33; gemeint ist vor allem die lange Ausführung über „zweierley erkentnis Gottes", WA XLVI 667—675.   ⁴) Röm. 1, 19—32.   ⁵) „nebeneinander": ein Nacheinander wird abgewiesen.

Unterscheid getrieben worden. Dann die Nachkommen der lieben Altväter, wie dann auch die Altväter selbst, sich nicht allein stetigs erinnert, wie der Mensch anfangs von Gott gerecht und heilig erschaffen und durch Betrug der Schlangen Gottes Gebot übertreten, zum Sünder worden, und sich selbst sambt allen ihren Nachkommen verderbet, in den Tod und ewig Verdammnus gestürzet haben, sondern auch sich wiederumb aufgerichtet und getröstet durch die Predigt Gen 3. von[1] des Weibes Samen, welcher der Schlan- 22. 27. gen „den Kopf zutreten" solle. Item von Abrahams Samen, in welchem „alle Völker gesegnet werden" sollen. Item von Davids Ps. 110. Sohn, der das Reich Israel wiederumb Esa. 40. aufrichten und ein „Licht der Heiden" sein 53. soll, welcher „umb unserer Sünden willen Luc. 1. geschlagen" und „umb unser Missetat willen verwundet", durch des Wunden wir heil worden seind.

Solche beide Lehr glauben und bekennen wir, daß sie für und für bis an das End der Welt fleißig, doch mit gehörtem guten Unterscheid, in der Kirchen Gottes zu treiben sein, damit durch die Predig des Gesetzes und desselben Drauung | im Ampt des neuen Testaments | die Herzen der unbußfertigen Menschen geschrecket und zu Erkänntnus ihrer Sünden und zur Buß gebracht; aber nicht also, daß sie darinnen verzagen und verzweifeln, sondern | (weil[2] „das Gesetz ein Zuchtmeister[3] auf Christum, daß wir durch den Glauben gerecht werden", Gal. 3.[4] und also nicht von Christo, sunder auf Christum, der „des Gesetzes Ende" ist[5], weiset >und führet,< Ro. 10.) daß sie | durch die Predigt des heiligen Evangelii von unserem >Herrn< Christo wiederumb also getröstet und gestärket, daß nämblich ihnen, M 639 so sie dem ¹Evangelio gläuben, Gott alle ihre Sünde durch Christum vergeben, sie umb seinetwillen an Kindes Statt annehmen und aus lauter Genaden, ohne all

posita fuere. Patriarcharum enim posteri (quemadmodum etiam ipsi patriarchae) non modo assidue in memoriam revocarunt, quod homo initio a Deo iustus et sanctus creatus, fraude autem serpentis mandatum Dei transgressus peccator sit factus eaque re non modo se, verum etiam totam suam posteritatem perdiderit atque in mortem et aeternam damnationem praecipitaverit; sed rursus se erexerunt et consolati sunt dulcissima illa concione de semine mulieris, contrituro caput serpentis; item de Abrahami semine, in quo benedicendae erant omnes gentes; et de filio Davidis, qui regnum Israelis restaurare debebat et lumen gentium futurus erat, qui vulneratus est propter iniquitates nostras et attritus est propter scelera nostra, cuius livore sanati sumus.

Haec duo doctrinae Christianae capita 24 credimus atque profitemur usque ad novissimum diem sedulo, convenienti tamen discrimine, in ecclesia Dei proponenda atque urgenda esse. Concione enim l e g i s eiusque gravissimis comminationibus in ministerio novi testamenti mentes impoenitentium hominum perterrefaciendae atque ad veram peccatorum suorum agnitionem et ad agendam poenitentiam sunt adducendae. Id tamen non eo modo, ut propter peccata desperent, sed ut ad Christum confugiant; lex enim paedagogus est in Christum, ut per fidem iustificemur, et cum Christus sit finis legis, non a Christo, sed ad Christum nos ducat. Quare post agnita peccata ex lege 25 mentes perturbatae erigendae sunt, ut ex e v a n g e l i i de Christo praedicatione solidam consolationem capiant atque confirmato animo sint, scientes, quod Dominus (siquidem evangelio crediderint) omnia peccata per Christum ipsis

---

3 die + lieben *w y z* Alt= > *p*   5 gerecht] recht *m z*   heilig] selig *p*, urspr. *n*   6 Betrug] Betriegung *v*   8 ihren] seinen *w*, statt [ihren] 9 in den] und in *g*   14 Völker + der Erden *g i l m n o p t u v w x z*, urspr. *q*   auf Erden *c d* 15 werden] haben *x*   sollen > *v*   25/6 zu treiben] getrieben *u*   35 Gal. 3. > *H x* 37 weiset + Gal. 3. Rom. 10. *H*   und führet > *ö*   Ro. 10. > *H x*   40 getröstet und gestärket ∼*H*, in *a*: geschrecket statt getröstet   43 Kindes Statt] Kindschaft *p*, urspr. *l*

10 sed + fide   13 item] sustentarunt atque solati sunt. Et meditati sunt diligenter etiam sequentes promissiones, patriarchis et ecclesiae Israeliticae datas   22 doctrinae Christianae] principalia totius religionis nostrae   23 profitemur + in ecclesia Dei 32 modo + fieri debet

---

[1]) Das folgende zusammengestellt aus: Gen. 3, 15; 22, 18; Ps. 110, 1; Jes. 40, 11; 49, 6; Luk. 2, 32; Jes. 53, 5.   [2]) Darüber | N. | [3]) Vgl. S. 962, Z. 8 ff.   [4]) Gal. 3, 24. [5]) Röm. 10, 4.

ihren Vordienst, gerecht und selig machen; aber doch nicht also, daß sie sich der Gnade Gottes mißbrauchen und auf dieselbige sündigen, wie Paulus 2. Cor. 3. den Unterscheid zwischen dem Gesetz und Evangelio gründlich und gewaltig erweiset¹.

Demnach und auf daß beide Lehre, des Gesetzes und Evangelii, nicht ineinandergemenget und vermischet und der einen zugeschrieben werde, was der andern zugehört, dardurch dann leichtlich der Verdienst und die Guttaten Christi vertunkelt, und das Evangelium wiederumb zu einer Gesetzlehre gemacht, wie im Papsttumb geschehen, und also die Christen des rechten Trosts beraubet, den sie im Evangelio wider das Schrecken des Gesetzes haben, und dem Papsttumb wiederumb die Tür in der Kirchen Gottes aufgetan werde: so muß mit allem Fleiß der wahre, eigentliche Unterscheid zwischen dem Gesetz und Evangelio getrieben und erhalten und was zur Confusion inter legem et evangelium, das ist, dardurch die beide Lehre, Gesetz und Evangelium, vorwirret und in ein Lehr gemenget, Ursach geben möchte, fleißig verhütet werden. Ist derhalben gefährlich und unrecht, daß man ›aus‹ dem Evangelio, wenns eigentlich² also genennet, wie es vom Gesetz unterschieden wird, eine Buß- oder Strafpredigt machen wolle. Dann sonst, wenn es ingemein verstanden wird von der ganzen Lehre, so sagt auch die Apologia etzliche Mal³, das Evangelium sei eine Predigt von der Buß und Vergebung der Sünden. Es zeigt aber daneben die Apologia auch das an⁴, daß Evangelium eigentlich sei die Verheißung der Vergebung der Sünden und der Rechtfertigung durch Christum, das Gesetz aber sei ein Wort, das die Sünde strafet und verdammet⁵.

condonet, eos propter mediatorem filios adoptet et ex mera gratia, sine ullo ipsorum merito, iustificet et salvare velit. Non tamen divina illa gratia abutantur, aut eius fiducia scientes volentes peccent. Et hoc discrimen legis et evangelii Paulus in epistola ad Corinthios posteriore luculenter admodum declaravit.

Quare ne doctrina legis et evangelii denuo commisceantur et uni, quod alterius est, tribuatur: summo studio vera et propria differentia legis et evangelii retinenda atque urgenda est, eaque omnia, quae novae confusioni inter legem et evangelium occasionem praebere possent, studiose cavenda atque vitanda sunt. Talis enim confusio facile meritum et beneficia Christi obscurare et evangelion in legem transformare posset, quod sub papatu accidisse videmus. Et hac ratione piis mentibus vera consolatio, quam ex evangelio contra terrores legis hauriri debent, eriperetur et pontificiis erroribus fenestra in ecclesiam Dei irrependi et invadendi aperiretur. Quapropter magno cum periculo coniunctum est, neque approbari potest, quod asseritur evangelium (proprie sic dictum et cum a lege discernitur) esse concionem poenitentiae, arguentem peccata. Alias vero quando generaliter de tota doctrina Christiana accipitur, etiam Apologia aliquoties docet, quod evangelium sit concio de poenitentia et remissione peccatorum. Interim tamen Apologia etiam ostendit, evangelion proprie dici promissionem de remissione peccatorum et iustificatione nostra per Christum; legem vero esse doctrinam, quae et peccata arguat et damnationem denuntiet.

---

1 machen] macht *m v*   mache *a g n t x*   3/4 sündigen] sünden *p*   4 Paulus + in der *g*   11 gemenget] vermengt *g*   12/3 zugehört] gehöret *a c w*   13 leichtlich] leicht *w*   22 allem > *p q*   24/5 Confusion] Confession *x, urspr. d e Hei*   32 oder] und *B*   38 daneben > *w*   + auch *n t*   Apologia + darneben *w*   39 auch > *n t*   daß + das *B n t*   eigentlich sei ~ *g k l n o p t u*   40 die] eine *B*   der (1.)] und *n*   der Sünden > *n*   43 verdammet + *a. R.: vide ad finem sequentis loci t*

---

8 declaravit + ubi legis et evangelii eruditam et elegantem collationem instituit   14/5 inter legem et evangelium] utriusque   22/3 contra terrores legis >   35 peccatorum >

---

¹) 2. Kor. 3, 7—9.   ²) = proprie, vgl. Bertram IIB 198.   ³) Apol., S. 172, § 62. 210, § 257. 257, § 31. 260, § 45.   ⁴) Apol., S. 168, 40. 171, § 57. 258, 28 f., 260, § 45. 261, 52. 266, § 73. 267, § 76.   ⁵) Der Artikel formuliert keine Antithesenreihen, vgl. Balthasar, Andere Sammlung 73.

VI.

Vom dritten Brauch des Gesetzes Gottes[1].

1. Nachdem das Gesetz Gottes nicht allein darzu nützet, daß dardurch äußerliche Zucht und Ehrbarkeit wider die wilden, ungehorsamen Leute erhalten;

2. desgleichen, daß durch solchs 'die Menschen zu Erkenntnus ihrer Sünden gebracht; sondern[2] auch, wenn sie durch den Geist Gottes neugeboren, zu dem Herrn bekehret, und also ihnen die Decke Mose aufgedeckt, in dem Gesetz leben und wandeln: hat sich über diesem dritten und letzten Brauch des Gesetzes ein Zwiespalt etlicher wenig Theologen zugetragen, da der eine Teil[3] gelehret und gehalten, daß die Wiedergeborne den neuen Gehorsamb, oder in welchen guten Werken sie wandeln sollen, nicht aus dem Gesetz lernen, noch daraus dieselbe Lehre zu treiben sei, weil sie durch den Sohn Gottes freigemacht, seines Geistes Tempel worden und also frei, gleichwie die Sonne ohn einigen Trieb für sich selbst ihren ordent-

VI.

DE TERTIO USU LEGIS DIVINAE.

Cum constet triplicem esse legis divinae usum

(I. Lege enim disciplina externa et honestas contra feros et indomitos homines utcunque conservatur.

II. Lege peccatores ad agnitionem peccati adducuntur.

III. Denique qui per spiritum Dei renati et ad Dominum conversi sunt, et quibus iam velamen Moisis sublatum est, lege docentur, ut in vera pietate vivant et ambulent): orta est de tertio illo usu legis controversia inter paucos quosdam theologos. Horum alii docuerunt atque senserunt non opus esse, ut renati novam obedientiam seu bona opera (in quibus ambulare oporteat) ex lege discant, aut ut doctrina de bonis operibus ex lege depromatur vel urgeatur, quandoquidem ex filium Dei libertati restituti et iam facti sint templa spiri-

---

2 Brauch] Gebrauch *c d f s ä*   3 Gottes > *n t*   9 gebracht + 3. Konf   10 wenn > *z*   den + H. *v*   14 Brauch] Gebrauch *s t y*   15 etlicher] unter etlichen *m*   16 da] daß *B f s*   18 guten] neuen *c*, urspr. *d*   23 frei > *g*   gleichwie] wie *v*   gleichwie > *y*   Sonne + frei *g*   24 einigen] eignen *v*, urspr. *k l*   Trieb + sondern *B* ordentlichen] eigentlichen *l*

23 quandoquidem] Huius sententiae has attulerunt rationes. Esse renatos ...

---

[1]) Vorstufen: Andreae, Sechs Predig V (Heppe IIIB 52—59); SC VI b (Hachfeld 263—267); FM (Pressel 702—709) Schlußartikel; SSC VI (Heppe IIIB 122—126 u. 241—246).   Literatur: wie bei Art. V; Anlehnung an Luther: vgl. vor Art. V.
[2]) Davor in Konf: „3."; zu den usus — politicus (paedagogicus), paedagogicus (elenchticus), didacticus — legis vgl. WA XL^I 479ff. (duplex); XXXIX 1 485$_{16}$; X 1^I 457 2—458 14 (triplex); CR XXI 405ff., 716ff.; XXIII 10, 550ff., dazu Schmid, Dogmatik 378.
[3]) Amsdorf, vgl. Pressel, Nic. von Amsdorf 119; Andreas Poach (Erfurt): Literae de synodo Isenacensi 1556 (17. Aug.), Seehawer 93, „Ista propositio 〈Conclusio et decr. syn. Isenac. I (Schmidt, Menius II 223)〉 bona opera sunt necessaria ad salutem non potest tolerari in praedicatione legis sive in concreto ... sive in abstracto sive de idea"; dazu Schlüsselburg, Catal. IV 265ff. (Non habet lex necessitatem salutis, sed necessitatem debiti), 292ff., aus der Auseinandersetzung mit Mörlin, Schlüsselburg, Catal. IV 229—345, vgl. O. Ritschl, Dogmengesch. II 407 Anm. 2; Anton Otho (Nordhausen), vgl. Seehawer 28 Anm. 1: Warzeichen, dabey man die falschen Propheten und Lerer erkennen möge = C. A. Salig, Vollständige Historie d. Augsb. Conf. ... III, 1735, 648ff.; Gütlicher Bericht von den Antinomern, Auszug bei Seehawer 108ff., dazu O. Ritschl, Dogmengesch. II 416 Anm. 3; aus den Thesen gegen Melanchthon — CR XXI 716ff., XXIII 10, 550ff. —: „summa ars christianorum est, nescire legem, ignorare opera in hoc articulo 〈sc. iustificationis〉" (vgl. WA XL^I 43; die echten wie die unterstellten — Coll. zu Altenburgk 262 — Thesen bei Seehawer 97ff., vgl. 112); Mich. Neander (Jlfeld), Epistola = Schlüsselburg, Catal. IV 61ff. (Wie kan dem iusto lex norma seyn, cum iustus legis sit dominus); Andr. Musculus, vgl. S. 939, Anm. 1, in der Prima responsio ad libellos ... Praetorii ... 1563: Iustificati] „quatenus in Christo manent, longe extra et supra omnem legem sunt", Seehawer 47 Anm. 1.

lichen Lauf vollbringet, also auch sie für sich selbst aus Eingeben und Trieb des Heiligen Geistes tuen, was Gott von ihnen erfordert. Dargegen hat der ander Teil¹ gelehret: obwohl die Rechtgläubigen wahrhaftig durch den Geist Gottes getrieben werden und also nach dem inwendigen Menschen aus einem freien Geiste den Willen Gottes tun: so gebrauche doch eben der Heilige Geist das geschrieben Gesetz bei ihnen zur Lehre, dardurch auch die Rechtgläubigen lernen, Gott nicht nach ihren eigenen Gedanken, sondern nach seinem geschrieben Gesetz und Wort zu dienen, welchs eine gewisse Regel und Richtschnur sei eines gottseligen Lebens und Wandels, nach dem ewigen und unwandelbaren Willen Gottes anzurichten.

Zu Erklärung und endlicher Hinlegung dieser Zwiespalt glauben, lehren und bekennen wir einhellig, daß, obwohl die rechtgläubigen und wahrhaftig zu Gott bekehrte und gerechtfertigte Christen vom Fluch des Gesetzes erlediget und freigemacht sein: daß sie sich doch im Gesetz des Herrn täglich üben sollen, wie geschrieben stehet Psalm 1. et 119.²: „Wohl deme, der Lust zum Gesetz des Herrn hat und redet von seinem Gesetz Tag und Nacht." Dann das Gesetz ist ein Spiegel³, in welchem der Wille Gottes und was ihme gefällig, eigentlich abgemalet ist, das man den Gläubigen stets fürhalten, und bei ihnen ohn Unterlaß fleißig treiben soll.

Dann, obwohl „dem Gerechten kein Gesetz gegeben ist", wie der Apostel⁴ zeuget, „sondern den Ungerechten", so ist doch solchs nicht also bloß zu vorstehen, daß die Gerechten ohne Gesetz leben sollen. Dann das Gesetz Gottes ihnen in das Herze geschrieben, und dem

tus sancti, et propterea liberi, perinde ac sol absque alieno impulsu sponte cursum suum naturalem conficit: ita enim et renatos sua sponte instinctu et impulsu spiritus sancti ea agere, quae Deus ab ipsis requirat. Alii vero docuere, etiamsi vere credentes spiritu Dei revera agantur et hac ratione secundum interiorem hominem libero et spontaneo spiritu voluntatem Dei faciant: tamen spiritum sanctum scripta lege ad doctrinam ipsorum uti solere, qua etiam recte credentes informentur et discant Deo non esse serviendum iuxta ipsorum cogitationes aut opiniones, sed iuxta scriptam legem et verbum eius revelatum. Illud enim certissimam esse regulam et normam, ad quam vita secundum immutabilem voluntatem Dei sit pie instituenda.

Ad declarandam igitur et componendam hanc dissensionem credimus, docemus et confitemur unanimiter, quod etsi credentes et ad Deum vere conversi atque iustificati liberati sunt a m a l e d i c t i o n e legis, ita quidem, ut ea ratione iam liberi dicantur: tamen in lege divina quotidie exercere se debeant, ut scriptum est: Beatus, qui lege Domini delectatur et in lege eius meditatur die ac nocte. Est enim lex Dei instar speculi limpidissimi, in quo voluntas Dei et quae ipsi placent, perspicue oculis nostris proponuntur; igitur ea credentibus semper inculcanda et apud eos diligenter et assidue est urgenda.

Etsi enim iusto lex non est posita (ut apostolus testatur) sed iniustis: hoc tamen non ita nude accipiendum est, quasi iustis sine lege vivere liceat. Lex enim divina cordibus ipsorum inscripta est. Et quidem primo homini statim post

---

2 Eingeben] Eingebung *H m o u x*   3 tuen + und *y*   4 Dargegen] Hergegen *m z*   6 Geist Gottes] heiligen Geist *B*   10/4 bei *bis* Gesetz > *y, a. R.*: aliqua omissa   14 dienen] ihnen *y*   26 erlediget] entlediget *H*   27 doch + täglich *H* täglich > *H*   29 et + *g k l m n o p t u v x z*   et] und, Konf   30 hat > *u*   34 Gläubigen] Glauben *c*   35 fleißig > *g i k l*   41 Gottes + ist *n*   42 und + in *z*

3/4 enim et renatos] etiam filios Dei   11 sanctum + in ipsis regendis   ad doctrinam ipsorum] pro doctrina   15 scriptam + Dei   19 pie >   22/3 credimus *bis* quod] fidem, doctrinam et confessionem nostram sinceram, in qua unanimi consensu acquiescimus, recitabimus

---

¹) J. Mörlin, Disputationes tres de tertio usu legis contra fanaticos 1556 = Schlüsselburg, Catal. IV 65—68; dazu die Epistola ad D. Ioan. Pontanum, ibid. 229ff., und die Responsio, ibid. 283ff.; J. Wigand, De legibus divinis et argumentorum contra tertium legis usum refutationes. Francof. a. M. 1577 (Propositiones publice disputatae de triplici usu legis 48: Lex docet renatos de faciendis); auch vorübergehend Agricola (RE³ I 590, 6).
²) Ps. 1, 2; 119, 1. 35. 47. 70. 97.   ³) Vgl. EA XX 236ff.   ⁴) 1. Tim. 1, 9.

ersten Menschen gleich nach seiner Erschaffung auch ein Gesetz gegeben, darnach >er< sich verhalten sollte; sondern die Meinung S. Pauli[1] ist, daß das Gesetz diejenigen, so durch Christum mit Gotte versöhnet, mit seinem Fluch ¹nicht beschweren kann, auch die Wiedergebornen mit seinem Zwange nicht quälen dürfe, weil sie nach dem inwendigen Menschen Lust haben an Gottes Gesetz.

Und >zwar,< wann die Gläubigen und auserwählten Kinder Gottes durch den einwohnenden Geist in diesem Leben vollkomblich verneuert würden, also daß sie in ihrer Natur und allen derselben Kräften ganz und gar der Sünden ledig wären, bedürften sie keines Gesetzes, und also auch keines Treibers, sondern sie täten für sich selbst und ganz freiwillig ohne alle Lehr, Vermahnung, Anhalten oder Treiben des Gesetzes, was sie nach Gottes Willen zu tuen schuldig sein, ¹ gleichwie die Sonne, der Mond und das ganze himmlische Gestirn sein ordentlichen Lauf ohne Vermahnung, ohne Anhalten, Treiben, Zwang oder Nötigung für sich selbst unvorhindert hat nach der Ordnung Gottes, die ihnen Gott einmal gegeben hat, ja wie die lieben Engel einen ganz freiwilligen Gehorsamb leisten.

Nachdem aber die Gläubigen in | diesem² Leben | nicht vollkommlich, ganz und gar, completive vel consummative, verneuert werden; dann obwohl ihre Sünde durch den vollkommenen Gehorsam Christi bedecket, daß sie den Gläubigen zur Verdammnus nicht zugerechnet wird, auch durch den Heiligen Geist die Abtötung des alten Adams und die Vorneuerung im Geist ihres Gemüts | angefangen³|: so hanget ihnen doch noch immer der alte Adam in ihrer Natur und allen desselben innerlichen und äußerlichen Kräften an, davon der Apostel[4] geschrieben: „Ich weiß, daß in mir, das ist, in meinem Fleisch, wohnet nichts Gutes." Und abermals: Ich weiß nicht, was ich tue; „dann

ipsius creationem etiam lex data fuit, secundum quam vivere debebat. Haec igitur est verborum Pauli vera et genuina sententia, quod lex eos, qui per Christum cum Deo reconciliati sunt, maledictione sua obruere nequeat et quod renatis coactione sua molesta esse non possit, quandoquidem illi secundum interiorem hominem lege Dei delectentur.

Et sane, si credentes et electi filii Dei per inhabitantem spiritum in hac vita perfecte renovarentur, ita quidem, ut in tota ipsorum natura et in omnibus viribus peccatum non amplius haereret, non indigerent illi lege neque ullo exactore, qui eos ad bene operandum urgeret, quia sponte et liberrimo spiritu, sine omni doctrina, admonitione, cohortatione aut impulsu legis, ea ipsa facerent, quae iuxta voluntatem Dei agere debent. Sicut etiam sol, luna et reliqua astra naturalem suum cursum sine admonitione, cohortatione, impulsu et coactione per se sine impedimento absolvunt, ad eum modum, quem Dominus semel in prima creatione instituit; imo sicut sancti angeli promptam et per omnia spontaneam obedientiam praestant.

At vero credentes in hac vita non perfecte, completive vel consummative (ut veteres locuti sunt) renovantur. Et quamvis ipsorum peccata Christi obedientia absolutissima contecta sint, ut credentibus non ad damnationem imputentur et per spiritum sanctum veteris Adami mortificatio et renovatio in spiritu mentis eorum inchoata sit: tamen vetus Adam in ipsa natura omnibusque illius interioribus et exterioribus viribus adhuc semper inhaeret. De hac re apostolus ait: Scio quod in me, hoc est, in carne mea, non habitet bonum. Et rursus: Non quod volo bonum, hoc facio, sed quod nolo malum, hoc ago. Et:

---

6 nicht > *g r* Konk   7 Wieder=] Neu= *v*   9/10 an Gottes Gesetz] am Gesetz Gottes *d*   13/4 vollkomblich + [wiedergeboren oder] *A*   18 Treibers] Treibens *a*   19 ganz > *z*   ohne > *z*   Vermahnung] Warnung *z*   20 Anhalten] Anhaltung *H w*   22 der] oder *B s*   30/1 | diesem Leben | statt [dieser Welt] *A ö*   34 vollkommenen] vollkommenlichen *m*   bedecket > *a*   37 Abtötung] Ablegung *m n o v*, Ablegung >Abtötung< *g q*   39 angefangen] anfangen *H*, urspr. *A*   noch > *d*   noch immer > *H n*   40 immer] immerdar *p*   42 der] die Konk. *z. T., vgl. Cor*

28 et *bis* spontaneam] sine coactione   33 peccata + (tum originale, tum actualia)   38 tamen + (dum hoc mortale corpusculum circumferunt)   41 adhuc semper >

---

[1]) Gal. 3, 13. 14; Röm. 6, 15; 8, 1. 2.   [2]) Darüber | N. | [3]) Darüber | Churf. Brand. | [4]) Röm. 7, 18. 19. 23; Gal. 5, 17.

ich tue nicht, was ich will, sondern das ich hasse, das tue ich". Item: „Ich sehe ein ander Gesetz in meinen Gliedern, das da widerstreitet dem Gesetz in meinem Gemüte, und nimbt mich gefangen in der Sünden Gesetze." Item: „Das Fleisch gelüstet wider den Geist und den Geist wider das Fleisch; dieselbige sind widereinander, daß ihr nicht tuet, was ihr wollet."

Darumb so bedürfen in diesem Leben die rechtgläubigen, auserwählten und wiedergeborne Kinder Gottes vonwegen solcher Gelüsten des Fleisches nicht allein des Gesetzes täglicher Lehre und Vermahnung, Warnung und Trauung[1], sondern auch oftermals der Strafen, damit sie aufgemuntert, und dem Geist Gottes folgen, wie geschrieben stehet[2]: „Es ist mir gut, Herre, daß du mich demütigest, auf daß ich deine Rechte lerne." Und abermals: „Ich be¹täube meinen Leib und zähme ihn, daß ich nicht den andern predige und selbst verwerflich werde." Und abermals: „Seid ihr ahn Züchtigung, welcher sie alle seind teilhaftig worden, so seid Bastard, und nicht Kinder"; wie D. Luther[3] sollichs mit mehr Worten in der Kirchenpostill, im Summerteil, über die Epistel am 19ten Sonntag nach Trinitatis ausführlich erkläret hat.

Es muß aber auch unterschiedlich erklärt werden, was das Evangelium zu dem neuen Gehorsam der Gläubigen tue, schaffe und wirke, und was hierin, soviel die gute Werk der Gläubigen anlanget, des Gesetzes Ambt seie.

Dann das Gesetz sagt wohl, es sei Gottes Will und Befehl, daß wir im neuen Leben wandeln sollen, es gibt aber die Kraft und das Vermügen nicht, daß wirs anfangen und tuen können, sondern der Heilige Geist, wölcher nicht durch das Gesetz, sundern durch die Predig des Evangelii gegeben

Video aliam legem in membris meis, repugnatem legi mentis meae et captivantem me in lege peccati. Item: Caro concupiscit adversus spiritum, spiritus autem adversus carnem. Haec autem sibi invicem adversantur, ut non, quaecunque vultis, illa faciatis.

Eam ob causam credentes, electi et renati filii Dei (propter illas concupiscentias carnis) non modo assidua legis admonitione, doctrina et comminationibus indigent, verum etiam saepe castigationibus, ut veternus illis excutiatur, et spiritui sancto obtemperent, sicut scriptum est: Bonum est mihi, Domine, quod humiliasti me, ut discerem iustificationes tuas. Et: Castigo corpus meum et in servitutem redigo, ne forte, cum aliis praedicaverim, ipse reprobus efficiar. Et: Quodsi extra disciplinam estis, cuius participes facti sunt omnes, ergo spurii, et non filii estis. Ea de re D. Lutherus in explicatione evangelii dominicae 19. post Trinitatis luculenter admodum docuit.

Distincte autem etiam explicandum est, quid evangelium ad novam obedientiam credentium faciat et praestet, et quodnam (quoad bona opera credentium) sit legis officium.

Lex enim inculcat quidem esse voluntatem et mandatum Dei, ut in nova vita ambulemus, at vires et facultatem non donat, quibus novam obedientiam inchoare et praestare possimus; spiritus autem sanctus, qui non per legis, sed per evangelii praedicationem datur et acci-

---

4 widerstreitet] widerstrebet Hss außer H i g r y ö Konk   9 tuet] tun k l   13 Gelüsten] Lüsten n   15 Warnung > a   19 mich + züchtigest z   20 lerne + Psal. 119 g k l m n t u v z   21 zähme] zeume H g t   23 werde + 1. Cor. 9. g k l m n t v, andere Hss a. R.   24 alle > m p s u w y Konk   24/5 worden + seind s   25 so + [seid J] A   seid + ihr alle Hss Konk   Kinder + Hebr. 13 k l m n t v, 12 : u z   26/9 wie bis hat > H ö Helmst   32 der Gläubigen > y   und + der Gläubigen y   34 anlanget] anlangen Konk   38 und + das c f g k l r ä   40 Geist] ist q

1 aliam >   3 peccati + quae est in membris meis   12 carnis] reprimendas et superandas   14/5 castigationibus + opus habent   31 ad novam obedientiam] in nova obedientia   32 faciat et] excitanda et promovenda

---

[1]) = Drohung   [2]) Ps. 119, 71; 1. Kor. 9, 27; Hebr. 12, 8.   [3]) EA IX 298—311, vgl. WA XLV 161—164; darüber | Br. Churf. |; vgl. S. 967, Anm. 6; das brandenb. Bedenken wünscht nach S. 967, Z. 26 oder S. 968, Z. 4 den Einschub von EA IX 299 u. 300 + VII 277—280 (= WA X I¹ 359₂₁—363₅), worauf hier Rücksicht genommen wird.

und empfangen wird, Gal. 3.[1], erneuert das Herz. Darnach brauchet der Heilige Geist das Gesetz darzu, daß er aus demselben die Wiedergeborne lehret und in den Zehen Geboten ihnen zeiget und weiset, welchs da sei der „wohlgefällige Wille Gottes", Rom. 12., in welchen guten Werken sie „wandeln sollen", die „Gott zuvor bereitet hat", Ephe. 2.[2]; vermahnet sie darzu, und do sie in dem vonwegen des Fleisches faul, nachlässig und widerspenstig sein, straft er sie darumb durchs Gesetz, also daß er beide Ämpter zusammenführet, er „tötet und machet lebendig, er führet in die Helle und führet wieder heraus"[3], welchs Ambt ist nicht allein trösten, sondern auch strafen, wie geschrieben stehet[4]: Wann der Heilige Geist kompt, „der wird die Welt (darunter auch der alte Adam ist) strafen umb die Sünde und umb die Gerechtigkeit und umb das Gerichte." Sünde aber ist alles, das wider das Gesetze Gottes ist. Und S. Paulus sagt[5]: „Alle Schrift, von Gott gegeben, ist nütz zur Lehre, zur Strafe" etc. und strafen ist das eigentliche Ambt des Gesetzes. Darumb, sooft die Gläubigen straucheln, werden sie gestrafet durch den Geist Gottes aus dem Gesetz und durch denselben Geist wieder aufgerichtet und getröstet mit der Predigt des heiligen Evangelii.

Darmit aber, soviel muglich, aller Mißverstand verhütet und der Unterscheid zwischen den Werken des Gesetzes und des Geistes eigentlich gelehret und erhalten werde, ist mit sonderm Fleiß zu merken, wann von guten Werken geredet wird, die dem Gesetz Gottes gemäß sein (dann sonst seind es nicht gute Werk), daß hie das Wort Gesetz einerlei heißet, nämlich den unwandelbaren Willen Gottes, nach welchem sich die Menschen in ihrem Leben verhalten sollen.

Der Unterscheid aber ist in den Werken vonwegen des Unterscheids der Menschen, die nach solchem Gesetz und Willen Gottes sich befleißigen zu halten. Dann solang der Mensch nicht wiedergeboren ist und sich nach

pitur, cor hominis renovat. Deinde idem spiritus ministerio legis utitur, ut per eam renatos doceat atque in Decalogo ipsis monstret, quae sit voluntas Dei bona et ipsi placens, ut noverint, quibus bonis operibus opera danda sit, quae Deus praeparavit, ut in illis ambulemus. Et exhortatur spiritus sanctus ad bona opera, ac si quando propter carnem remissiores sunt et negligentiores aut etiam rebelles, per legem eos arguit. Et hoc modo idem spiritus duo officia diversa in iisdem hominibus facit, mortificat et vivificat, deducit ad inferos et reducit. Eius enim officium non tantum est consolari, verum etiam arguere, ut scriptum est: Cum venerit Paracletus, arguet mundum (sub quo et vetus Adam comprehenditur) de peccato et de iustitia et de iudicio. Peccatum autem est, quicquid legi divinae adversatur. Et Paulus ait: Omnis scriptura divinitus inspirata utilis est ad docendum et arguendum etc. Arguere autem peccata est proprium officium legis. Quare quoties credentes delinquunt, corripiuntur et arguuntur a spiritu sancto per legem, et ab eodem spiritu rursus eriguntur et consolationem accipiunt per evangelii praedicationem.

Ut autem omnis ambiguitas et erroris occasio, quoad eius fieri potest, caveatur et discrimen inter opera legis et opera spiritus proprie et dextre tradatur atque conservetur, singulari diligentia observandum est, quando de bonis operibus agitur, quae l e g i D e i sint conformia (alias enim bona opera nequaquam censerentur), quod hoc loco vocabulum l e g i s unam tantum rem significet: immutabilem videlicet voluntatem Dei, secundum quam homines omnes vitae suae rationes instituere debeant.

Est autem discrimen in operibus propter differentiam h o m i n u m, qui secundum legem illam et voluntatem Dei vivere student. Homo enim nondum renatus, qui utcunque secundum legem Dei

---

1 erneuert] Er neuert *g*   4 Wiedergeborne, *aus* Wiedergebornen *A*   Wieder=] Neu= *v*   lehret] Lehrer *x*   und + ihnen *z*   5 ihnen > *z*   9 vermahnet] verwahrt *x*   do] wo *u*   14 in die] zur *B*   führet (2.) > *B*   15 heraus] hinaus *a* aus *m*   20 umb > *a*   27 Geist Gottes] Heiligen Geist *z* Konf   28 wieder] wird *a*   34 gelehret] gelernet *c*   35 sonderm] besonderm *H*   47 befleißigen] befleißen *mehrere Hss*

2 ministerio] opera   7 ut *bis* ambulemus] ut apostolus loquitur   24 arguendum + ad concipiendum, ad erudiendum in iustitia

---

[1]) Gal. 3, 2. 14.   [2]) Röm. 12, 2; Eph. 2, 10.   [3]) 1. Sam. 2, 6; bei Luther WA III 618,15 u. o.   [4]) Joh. 16, 8.   [5]) 2. Tim. 3, 16.

dem Gesetz hält und tuet die Werke darumb, daß sie also geboten seind, aus Furcht der Strafe oder Gesuch des Lohns, der ist noch unter dem Gesetz und seine Werk werden von S. Paulo¹ eigentlich 'Werke des Gesetzes genennet, dann sie werden von dem Gesetz erzwungen wie die Knechte; und das seind kainische Heiligen².

Wann aber der Mensch durch den Geist Gottes neugeboren und vom Gesetz freigemacht, das ist, von diesem Treiber ledig worden und von dem Geist Christi getrieben wird³, so lebet er nach dem unwandelbaren Willen Gottes, im Gesetz begriffen, und tuet alles, soviel er neugeboren ist, aus freiem, lustigen Geist; und solchs heißen nicht | eigentlich⁴ | Werk des Gesetzes, sondern Werke und Früchte des Geistes, oder wie es S. Paulus nennet, das Gesetz | des | Gemüts und Gesetz Christi; dann solche Leute sind „nicht mehr unter dem Gesetz, sondern unter der Gnaden", wie S. Paulus sagt, Ro. 8.⁵

Nachdem aber die Gläubigen in dieser Welt nicht vollkommen | erneuert,⁶ | sondern der alte Adam hängt ihnen an bis in die Gruben, so bleibet auch in ihnen der Kampf zwischen dem Geist und Fleisch. Darumb haben sie wohl Lust an Gottes Gesetz nach dem innerlichen Menschen, aber das Gesetz in ihren | Gliedern widerstrebet dem Gesetz in | ihrem Gemüt⁷, dergestalt sie denn nimmer ohn Gesetz und gleichwohl nicht unter, sondern im Gesetz sein, im Gesetz des Herrn leben ›und‹ wandeln, und doch aus Trieb des Gesetzes nichts tuen.

Soviel aber den alten Adam belanget, der ihnen noch anhanget, muß derselbig nicht allein mit Gesetz, sondern auch mit Plagen getrieben werden, der doch alles wider seinen Willen und gezwungen tuet,

vivit et opera legis ideo facit, quia ad eum modum sunt mandata, eamque obedientiam formidine poenae aut spe praemii alicuius praestat: is adhuc sub lege est tanquam servus, et opera eius proprie a divo Paulo legis opera vocantur, quia talia opera a lege extorta sunt; et hi sunt Cainici sanctuli (hoc est, hypocritae).

Cum autem homo per spiritum sanctum renatus atque a lege, hoc est, a coactione legis, liberatus est, iamque spiritu Dei agitur: tum secundum immutabilem Dei voluntatem in lege revelatam vivit, et omnia, quatenus renatus est, libero et prompto spiritu agit. Et talia opera proprie non sunt appellanda opera legis, sed opera et fructus spiritus, aut ut divus Paulus a vocat, dicuntur lex mentis et lex Christi. Hi enim homines non amplius sub lege sunt, sed sub gratia, ut idem apostolus testatur.

Cum autem credentes in hac vita non plene renoventur, sed vetus Adam ipsis usque ad extremum spiritum adhaereat, manet etiam in illis lucta inter spiritum et carnem. Quare delectantur quidem lege Dei secundum interiorem hominem, interim tamen lex illa, quae est in membris eorum, legi mentis repugnat. Unde fit, ut nunquam quidem sine lege, et tamen non sub lege, sed in lege sint, secundum legem Domini vivant et ambulent, et tamen bona opera non ex coactione legis faciant.

Quod vero ad veterem Adamum attinet, qui in ipsis adhuc haeret, ille non modo lege, verum etiam poenis urgendus et coërcendus est, et tamen omnia invitus et coactus facit, non minus quam impii,

---

5 von S. Paulo eigentlich] eigentlich v. S. Paulo *g k m n o p t v z*   6 dann] daß *x*
7 erzwungen] gezwungen *H w y*   8 kainische + [Heuchler] *t*   12 diesem] dem *g x y*
Treiber *g*   20 das Gesetz des] des Gesetzes *H*   Gesetz + Gottes *i*
21 und + das *Cor*   23 der] den *g*   S. > *g*   24 Ro. 8. > *H x*   26 | erneuert | *statt* [wiedergeborn] *A*   30 wohl Lust] Wollust *w*   Gottes > *a*   Gottes Gesetz ~ *B*   32 widerstrebet] widerstreitet *B b*   32/3 widerstrebet *bis* Gemüt > *o x*
33 denn > *m*   nimmer] nimmermehr *t v*   40/1 mit *bis* werden > *y*

5 tanquam servus >

---

¹) Röm. 2, 15; 3, 20; Gal. 2, 16; 3, 2. 10.   ²) = Werkheilige, vgl. EA VII 250ff.
= WA X¹¹ 326ff., 340, 343ff, 345₆ff.   ³) 1. Tim. 1, 9; Röm. 6, 14; 7, 23; 8, 2;
Gal. 6, 2; 1. Kor. 9, 21.   ⁴) Darüber ! Sächs. | Möllner notationes bemerken zum
TB: Quaestio est, num renatorum opera non possint appellari opera legis, quia
iuxta legem fiunt, vel num vocentur tantum fructus spiritus (Bertram IIB 329).
⁵) Röm. 6, 14. 15. Vgl. 8, 2.   ⁶) Darüber | Sächs. | Einschub nach den Möllner notationes, vgl. Bertram IIB 329.   ⁷) Vgl. Röm. 7, 23.

nicht weniger als die Gottlosen durch Trauungen des Gesetzes getrieben und im Gehorsamb gehalten werden 1. Cor. 9. Rom. 7.[1]

So ist auch solche Lehre des Gesetzes den Gläubigen darumb nötig, auf daß sie nicht auf eigene Heiligkeit und Andacht fallen und unter dem Schein des Geistes Gottes eigen erwählten Gottesdienst ohn Gottes Wort und Befehl anrichten, wie geschrieben stehet Deuter. 12.[2]: „Ihr sollet deren keines tuen, ein jeder was ihm recht dünket", sondern „höret die Gebot und Rechte, die ich euch gebiete", und „sollet auch nichts darzutuen, noch davontuen".

So ist auch die Lehre des Gesetzes in und bei den guten Werken der Gläubigen darumb vonnöten, dann sonst kann ihm der Mensche gar leicht einbilden, daß sein Werk und Leben ganz rein und vollkommen sei. Aber das Gesetz Gottes schreibet den Gläubigen die guten Werk also für, daß es zugleich wie in einem Spiegel zeiget und weiset, daß sie uns in diesem Leben noch unvollkommen und unrein sein, daß wir mit dem lieben Paulo[3] sagen müssen: „Wann ich mir gleich nichts bewußt bin, so bin ich darumb nicht gerechtfertiget."

Also, da Paulus die Neugebornen zu guten Werken vermahnet, hält er ihnen ausdrücklich für die Zehen Gebot, Rom. 13.[4], und daß seine gute Werke unvollkommen und unrein sein, erkennet er aus dem Gesetz, Rom. 7., und David spricht[5], Psal. 119.: „Viam mandatorum tuorum cucurri, ich wandel auf dem Wege deiner Geboten; aber gehe mit deinem Knechte nicht ins Gerichte, dann sonst wird kein Lebendiger für dir gerecht sein", Psal. 143.

Wie aber und warumb die guten Werke der Gläubigen, ob sie gleich in diesem Leben vonwegen der Sünde im Fleisch unvollkommen und unrein sein, dennoch Gott angenehm und wohlgefällig sind, solches lehret nicht das Gesetz, welches einen ganz volnkommen, reinen Gehorsamb, wo er Gott gefallen soll, erfordert, sondern das Evangelium lehret, daß unsere „geistliche Opfer" Gott angenehm sein „durch den Glauben"

qui comminationibus legis urgentur et in officio et obedientia inviti utcunque retinentur.

Quin etiam legis doctrina hoc nomine credentibus necessaria est, ne propria quadam sanctimonia religiosum vitae genus de suo ingenio excogitent et sub praetextu spiritus Dei electicios cultus sine verbo et mandato Dei instituant. De qua re sic scriptum est: Non facietis singuli, quod sibi rectum videtur etc. Quod praecipio tibi, hoc tantum facito Domino, neque addas quicquam, nec minuas.

Sed et aliam ob causam doctrina legis in exercitio bonorum operum credentibus necessaria est. Facile enim homo imaginari et persuadere sibi potest vitam et opera sua omnino pura et perfecta esse. At lex Dei credentibus bona opera ad eum modum praescribit, ut simul tanquam in speculo nobis commonstret, ea omnia in nobis in hac vita adhuc imperfecta et impura esse, ita quidem, ut cum apostolo fatendum nobis sit: Etsi mihi nihil conscius sum, tamen in eo non sum iustificatus. Quare cum divus Paulus renatos hortatur, ut bona opera faciant, expresse Decalogum eis proponit, et opera sua imperfecta et impura esse ipse ex lege agnoscit. Et David inquit: Viam mandatorum tuorum cucurri. Interim tamen orat: Non intres in iudicium cum servo tuo, quia non iustificabitur in conspectu tuo omnis vivens.

Quomodo autem et qua de causa bona opera credentium (licet in hac vita propter peccatum in carne haerens imperfecta et impura) grata Deo acceptaque sint, hoc non docet lex, quae integram, perfectam et puram omnibusque numeris absolutissimam obedientiam requirit, si modo ea Deo probari debeat. Evangelion vero docet spiritualia sacrificia nostra Deo accepta esse per fidem propter Chri-

---

3/4 1. bis 7. > x   4 Rom. 7. > o   5 auch > c d   7 eigene] eine f
12 tuen > z   17 den > k   20 Leben] Glauben B   und > x   22 es] ers x
24 sie] in f   sie + in c g k l r s u z   29 da] daß c   35 cucurri] cucurrit v
36 dem Wege] den Wegen c   37 nicht ins Gerichte] in das Gericht nicht t   43 sein > g
45 ganz] ganzen c f

10 Dei + eligant et   17/8 credentibus >

[1]) 1. Kor. 9, 27; Röm. 7, 18. 19.   [2]) Deut. 12, 8. 28. 32.   [3]) 1. Kor. 4, 4.
[4]) Röm. 13, 9; 7, 7—13.   [5]) Ps. 119, 32; 143, 2.

„umb Christus willen", 1. Pet. 2. Ebr. 11.¹ Solchergestalt sind die Christen nicht unter dem Gesetz, sondern unter der Gnaden, weil die Person von dem Fluch und Verdammnus des Gesetzes durch den Glauben an Christum gefreiet, und weil ihr gute Werk, ob sie gleich noch unvolnkommen und unrein, durch Christum Gott angenehm sein, weil sie auch nicht aus Zwang des Gesetzes, sondern aus Verneuerung des Heiligen Geistes von Herzen willig und ungezwungen tuen, was Gott gefällig ist, soviel sie nach dem innerlichen Menschen neugeboren sein; gleichwohl aber führen sie ein stetigen Kampf wider den alten Adam.

Dann der alte Adam, als der unstellig, streitig Esel, ist auch noch ein Stück an ihnen, das nicht allein mit des Gesetzes Lehre, Vermahnung, Treiben und Drauen, sondern auch oftermals mit dem Knüttel der Strafen und Plagen in dem Gehorsamb Christi zu zwingen, bis das Fleisch der Sünden ganz und gar ausgezogen und der Mensch vollkommlich in der Auferstehung erneuert, do er weder der Predig des Gesetzes noch seiner Trauung und Strafen, wie auch des Evangelii nicht mehr bedürfen wird, die in dies unvollkommen Leben gehören; sondern wie sie Gott von Angesicht zu Angesicht anschauen, also werden sie durch Kraft des einwohnenden Geistes Gottes freiwillig, ungezwungen, ungehindert, ganz rein und völlig mit eitel Freuden den Willen Gottes tuen und sich an demselbigen ewig erfreuen.

Demnach verwerfen und vordammen wir als ein schädlichen und christlicher Zucht, auch wahrer Gottseligkeit nachteiligen Irrtumb, wann gelehret wird², daß das Gesetze obgemelter Weise und Maß nicht bei den Christen und Rechtgläubigen, sondern allein bei den Ungläubigen, Unchristen und Unbußfertigen getrieben werden soll³.

stum. Et hac ratione pii non sunt sub lege, sed sub gratia, propterea quod ipsa persona piorum a maledictione et damnatione legis per fidem in Christum sit liberata, et quod bona opera ipsorum, etsi imperfecta et impura, Deo propter Christum sint accepta et grata, et quod non ex coactione legis, sed ex renovatione spiritus sancti ex animo prompte et sponte ea faciant, quae Deo placent, quatenus secundum interiorem hominem sunt renati. Interim tamen assidue cum veteri suo Adamo luctantur.

Vetus enim ille Adam (quasi asinus indomitus et contumax) est adhuc etiam pars aliqua ipsorum, quae non modo legis doctrina, exhortationibus, impulsu et comminationibus, verum etiam (quasi fuste) plagis et poenis coërcenda et in obedientiam Christi cogenda est, donec carnem peccati prorsus exuamus et homo perfecte in beata illa resurrectione renovetur. Tum vero nec doctrina nec comminationibus et reprehensionibus legis, denique ne evangelii quidem praedicatione indigebit; haec enim ad hanc mortalem duntaxat et imperfectam vitam spectant. Sed quemadmodum Dominum facie ad faciem intuebuntur, ita virtute inhabitantis spiritus Dei sponte, sine ulla coactione, absque omni impedimento, puri prorsus et perfecti maximo cum gaudio voluntatem patris coelestis facient et in Deo in omnem aeternitatem laetabuntur.

Quare reiicimus et damnamus, ut errorem perniciosum, qui Christianum disciplinam solvit et verae pietati adversatur, cum docetur, quod lex (eo modo, qui supra explicatus est) non apud pios et credentes, sed tantum apud infideles, impios et impoenitentes urgenda sit.

---

1 Christus] Christi *viele Hss* 7 gleich] wohl *c e* gleich noch] noch wohl *d* noch > *f* 10 Verneuerung] Vermahnung *p q* 12 ist > *H* 16 unstellig] unselig *z* 18 mit] | nicht | *c* 20 Knüttel] Beugel *w* Brutel *y* 25 erneuert] verneuert *H* 26 Strafen] Strafung *x* 32 ungezwungen] unbezwungen *y* 33 völlig] selig *p* gefällig willig *n w y* 34 Gottes + zu *d e x y* Konk tuen aus [zu tuen] *A* 35 ewig + zu *d t* Konk 39 und > *y* 40/1 Irrtumb] Irrtung *m* 44 den > *g m u*

---

5 liberata + Quin etiam alias ob causas non sunt sub lege   quod bona] quia 12 tamen + pii   17 adhuc etiam >   23 peccati] peccato depravatam   34 perfecti] sancti

---

¹) Zusammengesetzt aus 1. Petr. 2, 5 u. Hebr. 11, 4, vgl. 13, 15.   ²) Vgl. 3. T. S. 962, Anm. 3.   ³) Hs *t* hat hier a. R.: M. F. Illyricus Anno 58 edidit 4 chartas nomine Refutatio vanissimi adiaphoristarum commenti de Logo Verbo, narrat ut a. 1556 se per Wernerum concionatorem Barbiensem Philippo tres quaestiones pro-

VII.
Vom heiligen Abendmahl[1].

Wiewohl die Erklärung dieses Artikels vielleicht etlicher Bedünken nach nicht in diese Schrift sollte gesetzt werden, darinnen wir die Artikel, so unter den Theologen Augsburgischer Confession (von welcher

VII.
DE COENA DOMINI.

Quamvis fortasse quibusdam videri possit declarationem articuli de sacra coena huic scripto inserendam non fuisse, in quo eos duntaxat articulos, qui inter theologos Augustanae Confessionis in

---

3 Wiewohl] *davor:* [Dieweil der ewige Sohn Gottes, unser Herr und Heiland Jesus Christus, in dem hochwürdigen Abendmahl als in seinem Testament und letzten Willen die Hauptlehr und den Kern der ganzen christlichen Religion von seiner heiligen Menschwerdung, bittern Leiden und Sterben und Vergießung seines teuern Bluts zur Vergebung unserer Sünden und Erwerbung unserer ewigen Seligkeit kurz gefasset, und ein stetes Gedächtnus seiner Person, Ambtes, alles seins Tuns, Leidens und Wohltaten, ein steten Gnadenbund und Versiegelung der höchsten Verheißung der Gnaden und ewigen Seligkeit, Erweckung und Übung des Glaubens und Dankbarkeit für diese höchsten Guttaten Gottes, eine Zusammenbindung und Voreinigung aller Gliedmaßen der christlichen Kirchen mit Christo ihrem Häupt und untereinander, ein gewisses Kennzeichen der Christen und ihrer Bekenntnus, dardurch sie von allen andern Völkern und Ketzern unterscheiden und abgesundert werden, ein Band aller ehrlichen gemeinen Versamblung der Christen an allen Örten, ein Trost, Versicherung und Aufrichtung aller betrübten und umb ihrer Sünden willen erschreckten Herzen in diesem Sakrament eingesetzt, geordnet und gestiftet hat, so gebührt ja allen Christen, sonderlich aber den Lehrern und Vorstehern der christlichen Kirchen, daß sie mit höchstem Fleiß, Ernst und Andacht dieses ihres Heilands und Erlösers Jesu Christi Testament, nicht allein für ihre Person mit aller Demut und Reverenz lesen, betrachten und in dem einfältigen eigentlichen Verstand, wie die Worte nach dem Buchstaben lauten, mit Glauben annehmen und behalten und zu gläubiger Gedächtnus der Menschwerdung, Leidens und Sterbens und aller Guttaten Christi gebrauchen, sondern auch die Widersacher, so dieses Testament Christi anfechten, verändern, verkehren, mißbrauchen oder stümmeln, oder ihres Gefallens und Gutdünkens, die Wort dieses Testaments, nach ihrer irrigen Vernunft drehen, krümmen und also deuten wollen, daß sie den Kern daraus nehmen und uns die ledigen Schalen lassen, mit christlichem Ernst und Eifer [zu] widerlegen und ob dem eigentlichen wahrhaftigen Verstand der Wort dieses Testaments, wie sie von der ewigen Weisheit, dem Sohne Gottes selbst uf das allerfürsichtigste und bedächtigste ausgeredet, festiglich halten, und mit keinen irrigen Glossen oder Deuteleien unserer blinden [Sünde] Vernunft verkehren lassen, wie S. Paulus Gal. 3 befehlet: Verachtet man doch eines Menschen Testament nicht, wenn es bestätigt ist, und tuet auch nichts darzu, etc.] *A* Wiewohl + [nun] *A*   4 Bedünken] Gedanken *ö*

---

posuisse ... Tertia illa definitio evangelii, quod sit praedicatio paenitentiae, quam esse impropriam ipsemet anno 1548 publice in disputatione Isinderi inter contra opponentes confessus est. Vgl. S. 952, Anm. 1 u. CR VIII 922 ff.

[1]) Vorstufen: erst SC VIII (Hachfeld 269—278); SSC VIII (Heppe IIIB 129—138 u. 250—284); FM VI (Pressel 679—687). Dazu Andreäs „Erklärung" von 1548, Heppe II 260ff., vgl. IIB 46ff.

Literatur: De Sacramentariismo, Dogmata et Argumenta ex quatuor patriarchis Sacramentariorum, Carlstadio, Zwinglio, Oecolampadio, Calvino potissimum et quibusdam aliis. Item De Schismate Sacramentario, quasi in unum corpus redacta per D. Ioannem Wigandum ... Lips. 1584; C. Schlüsselburg, Cat. Haer. III (De Sacramentariis) 1597; Histori deß Sacramentsstreits ... 1591 (Selneccer, Kirchner, Chemnitz); H. Heppe, Gesch. des deutschen Protestantismus II, 1853, dazu: A. W. Dieckhoff, Die evang. Abendmahlslehre im Reformationszeitalter I, 1854, und H. Schmid, Der Kampf der Luther. Kirche um Luthers Lehre vom Abendmahl im Reformationszeitalter, 1868; H. R. Frank, Die Theologie der Concordienformel III 1—164, 1863; F. Loofs, Leitfaden 3. Stud. d. Dogmengesch., 1906, 902ff.; P. Tschackert, Entstehung d. luther. u. d. ref. Kirchenlehre 531ff.; R. Seeberg, Lehrb. d. Dogmengesch. IV 508ff.; O. Ritschl, Dogmengesch. d. Protestantismus III 76ff., 122ff., 1926; IV 1—106, 1927; A. Kluckhohn, Der Sturz der Kryptokalvinisten in Sachsen, HZ XVIII, 1867; R. Calinich, Kampf und Untergang des Melanchthonismus in Kursachsen i. d. Jahren 1570—1574, 1866; Kawerau, Philippisten RE³ XV 323ff.; Th. Diestelmann, Die letzte Unterredung Luthers mit Me-

sich die Sakramentierer bald anfänglich, als die Confession zu Augsburg Anno 1530 erstlich gestellet und dem Kaiser übergeben, gänzlich geäußert und abgesondert und ihre eigene Confession übergeben[1] haben) in Zwiespalt gezogen, zu erklären vorhabens sein:

So haben wir doch, nachdem leider etliche Theologen und andere[2], so sich der Augsburgischen Confession rühmen, die nächsten Jahr den Sakramentierern in diesem Artikel nicht mehr heimlich, sunder zum Teil öffentlich Beifall geton und wider ihr eigen Gewissen die Augsburgische Konfession, als die mit der Sakramentierer Lehre in diesem Artikel ganz übereinstimme, mit Gewalt anziehen und verkehren wöllen, nicht unterlassen können noch sollen, auch in

controversiam venerunt, declarandos suscipimus, et vero manifestum sit sacramentarios iam olim (cum Confessio Augustana anno Domini 1530. primum conscriberetur et Imperatori exhiberetur) penitus ab ea alienos fuisse atque talem eo tempore secessionem fecisse, ut peculiarem ea de re confessionem offerrent. Quia tamen (quod sane dolendum est) theologi quidam et alii praeterea nonnulli, qui Confessionis Augustanae religionem iactitant, proximis hisce annis in hoc articulo non clam tantum et occulte, sed partim etiam aperte ad Sacramentarios defecerunt et contra conscientiae suae testimonium Augustanam Confessionem (quasi ea cum Sacramentariorum doctrina in hoc articulo per omnia

---

2 Anno + etc. *viele Hss* 5 übergeben] gegeben *y* 16 ganz] gänzlich *c*

18 per omnia >

---

lanchthon über den Abendmahlsstreit, 1874; Th. Pressel, Paul Eber, 1862; C. Mönckeberg, Joachim Westphal und Joh. Calvin, 1865; O. Fricke, Die Christologie des Johann Brenz, Forschungen 3. Gesch. u. Lehre d. Protestantismus I 3, 1927; weiteres vgl. S. 971, Anm. 2; * 1011, Anm. 3, dazu auch Art. VIII u. Bibliographie bei Gollwitzer, Coena Domini, 312 ff. Zu den starken Kürzungen gegenüber TB vgl. den Bericht der bergischen Theologen Hutterus 436; zum Ganzen Hutterus 161—302.

[1]) Conf. Tetrapol. XVIII, E. F. K. Müller, Die Bekenntnisschriften d. ref. Kirche 72; Zwingli, Fidei ratio VIII, Müller 87, 40 ff.; vgl. S. 973, Anm. 2; 976, Anm. 2.   [2]) Gemeint sind die philippistischen („kryptokalvinistischen") Theologen, Juristen und Mediziner in Wittenberg und Leipzig, die hinter den folgenden, von FC besonders abgewiesenen Schriften stehen (genaue Titel auf S. 841, Anm. 1):

1. Catechesis Wittebergica 1571 (ihre Abendmahlslehre entstammt weithin wörtl. Melanchthons Exam. ordinand.!; dazu die bezeichnenden Gegenschriften: Index Cinglianorum quorundam errorum in Catechesi Vitebergensi nova comprehensorum annotata a ministris ecclesiae Hallensis in Saxonia 1571; Warnung vor dem unreinen und Sacramentirischen Catechismo etlicher zu Wittenberg durch die Theologen zu Jena 1571; Bedenken der Theologen zu Braunschweigk von dem newen Wittenbergischen Catechismo gestellet ... 1571 (Nachschrift, Bl. Cff. von Chemnitz); Bedenken oder Censur der Theologen im fürstentum Lüneburg von dem newen Wittenbergischen Catechismo 1571);

2. die „Grundfest", f. 153—200 (benützt in zweiter Ausgabe 1571, darin der locus de coena der Catechesis verdeutscht); dagegen: Wiederholte Christliche Gemeine Confession und Erklerung: Wie in den Sechsischen Kirchen vermöge der Heiligen Schrifft vnd Augspurgischen Confeßion, nach der alten Grundtfest D. Lutheri, wieder die Sacramentierer gelehret wirdt: Von Abendmal des HERRN. Von der Persönlichen vereinigung der Göttlichen und Menschlichen Natur in Christo. Von seiner Himelfarth, Vnd Sitzen zur Rechten Gottes. Jetzundt Repetiert vnd Publiciert zum Bericht, Warnung, vnd Wiederlegung, von wegen etlicher newlich außgesprengten Büchern, darinn etliche newe Theologi zu Wittenberg der Sacramentierer Sprach, Lehr, Meinung und Grundfest in die Kirchen der Augspurgischen Confeßion, vnter einem frembden schein, sich vnterstehen einzuschieben, Heinrichstadt 1571, die Samterklärung des ganzen niedersächsischen Kreises mit den vier Seestädten und Mecklenburg, auch Halle);

3. der Dresdner Abschied 1571 (10. Okt.); dagegen: Von den Fallstricken etlicher neuer Sacramentschwärmer zu Wittenberg in der neuen Bekäntnus listiglich verstecket, die Welt damit zu betriegen, Erinnerung vnd Warnung der Theologen zu Jena, 1571, u. L. Osiander, Bericht, was von der kurzen Wiederholung der Lehre im Artikel des heiligen Nachtmahls Christi, welche in der Versammlung der Theologen zu Dresden ... gestellet, zu halten sei; Erklärung Chemnitz, Selneccer: Acta Selnecc. I (UB Göttingen MS. theol. 250 I) 162 ff.;

dieser Schrift mit unserm Bekenntnus der göttlichen Wahrheit Zeugnus zu geben und die rechte Meinung und eigentlichen Verstand der Wort¹ Christi und der Augsburgischen Confession von diesem Artikel wiederumb zu erholen und, soviel an uns ist, durch Gottes Hulf auch auf die Nachkommen zu erhalten und unsere Zuhörer sambt andern frommen Christen für diesem schädlichen und dem heiligen göttlichen Wort und der Augsburgischen Confession ganz widerwärtigen und vielmals verdambten Irrtumb treulich zu verwarnen.

faceret) violenter in alienam sententiam pertrahere eamque hoc modo depravare nituntur: facere non potuimus, quin etiam in hoc scripto veritati coelesti pia et sincera nostra confessione testimonium perhiberemus et veram ac genuinam tam verborum Christi quam Augustanae Confessionis sententiam de hoc negotio repeteremus. Agnoscimus enim nostri officii esse, ut (quantum quidem in nobis est) piam et sinceram doctrinam hanc per gratiam Dei etiam ad posteritatem transmittamus et auditores nostros

---

4 der > y 13 verwarnen] verwahren p verwarnen + [Wollen derhalben mit Gottes Hülf erstlich wafern der Streit zwischen unserer und der ⟨ Sakramentierer Lehr in diesem Artikel vornehmlich sei, deutlich setzen, und was der⟩ Augsburgischen Konfession rechte Meinunge und eigentlicher Verstand allzeit gewesen, ausführlich dartun und erweisen. Zum andern diese eigentliche und rechte Meinung von der wahrhaftigen und wesentlichen

---

4. die **Exegesis perspicua** 1574.

Also: Caspar Cruciger und Christoph Pezel (vielleicht die Hauptverf. für 1—3, vgl. O. Ritschl IV 47), H. Möller, F. Widebram, Casp. Peucer, Wolfg. Crell, Erasm. Rüdinger, Gg. Krakow, Joach. Eger, Hieron. Schaller, Christian Schütz (Sagittarius), Joh. Stößel, Joh. Hermann, darunter eben die an der Exegesis sichtbar gewordene melanthonische „Linke" (Ritschl IV 60). Ihre offizielle Abweisung durch die von P. Crell verfaßte und 3. T. in Art. VII FC verwertete „lutherische Auslegung des bisherigen kursächs. Bekenntnisstandes" (Ritschl IV 68): Kurtz Bekentnis vnd Artikel vom heiligen Abendmal des Leibes vnd Bluts Christi, daraus klar zu sehen, was hievon in beiden Vniuersiten, Leipzig vnd Wittenberg, vnd sonsten in allen Kirchen vnd Schulen des Churfürsten zu Sachsen, bisher öffentlich geleret, geglaubt vnd bekant worden, Auch was man für Sacramentirische irthum vnd schwermerey gestrafft hat vnd noch straffet. Vbergeben vnd gehandelt in jüngstem Landtag zu Torgaw, Vnd Auff Churfürstliche Verordnung vnd begnadung Gedruckt zu Wittenberg ... 1574 (Originale und Akten Sächs. Hauptstaatsarch. 10302, 10303, dazu — von Heßhus und andern gebilligt — Wigand, Christlicher Erinnerung von der Bekentnis der Theologen in Meißen vom Abendmal ... Königsberg 1574, und L. Osiander, Einfeltiger Bericht, Was von dem Kurtzen Bekentnus ... zu halten sey [in 10302]), und auf den Lichtenberger Konvent (Heppe III 84 ff., Abschied vom 16. Febr. 1576: Hutterus 278—285). Für Melanchthon vgl. CA var. X = CR XXVI 357; Gutachten i. Heidelberger Streit 1. Nov. 1559, CR IX 960—966; Examen ordinand. CR XXIII 61—67; dazu Frank III 1—31; Ritschl IV 18 ff. Zum Entscheid des Artikels: Andreae, Kurzer und einfältiger Bericht über des Herrn Nachtmal 1556, mit Vorrede von Brenz; Bekanntnus und Bericht der Theologen und Kirchendiener im Fürstentum Württemberg von der wahrhaftigen Gegenwärtigkeit des Leibs und Bluts Jesu Christi im heiligen Nachtmahl, 19. Dez. 1559 (bei Chr. M. Pfaff, Acta et scripta publ. eccl. Wirtembergicae ... Tüb. 1719, 334 ff.); vgl. S. 970, Anm. 1; Widerlegung der Predicanten Antwort zu Zürch, auff herrn Johann Brentzen Testament, Tüb. 1574; Abfertigung der antwort Heinrich Bullingers, vnd der Zürycher Predicanten, wider die Rettung deß Testaments D. Joannis Brentii außgangen, Tüb. 1575; M. Chemnitz, Repetitio sanae doctrinae de vera praesentia corporis et sanguinis Domini in Coena, Lips. 1561; Anatome propositionum Alberti Hardenbergii de Coena Domini ... Isleb. 1561 (auch Mörlin); N. Selnecker, Libellus brevis et utilis de Coena Domini, Lips. 1561; T. Heßhus, Verae et sanae confessionis de praesentia corporis Christi in Coena Domini pia defensio, 1562; De Coena Domini propositiones D. Joh. Wigandi, Regiomonte Boruss. 1574 (zum 13. August); N. Selnecker, Christliche, Werhafftige Widerlegung vnd Ableinung der fürnembsten vngegründten Auflagen der Sacramentirer, Dresden 1576; Kurtze Schrifft vnd Warnung, sich für der Sacramentirer schwarm zu hüten ... 1576 inhaltl. u. d. Wortlaut nach dem Art. nahestehend (3. B. 128, 4 ff. zu 49/50): Vom heiligen Sacrament des Leibs vnd Bluts vnsers HERren IESV CHRISTI Vnterricht vnd Bekentnis D. PAVLI EBERI KITTINGENSIS, PASTORIS der Kirchen zu Witteberg 1562 (latein.: 1563); weiteres im Einzelnachweis zu Art. VII und VIII (Brenz).

Status controversiae.

Der Häupt|streit|¹ zwischen unserer und der Sakramentierer Lehr in diesem Artikel.

Obwohl etliche Sakramentierer sich befleißen, mit Worten auf das allernägste der Augsburgischen Confession und dieser Kirchen Form oder Weise zu reden, zu gebrauchen, und bekennen, daß im heiligen Abendmahl der Leib Christi wahrhaftig von den Gläubigen entpfangen ¹ werde² : dennoch, wenn man sie ihre Meinung eigentlich, ufrichtig und deutlich anzuzeigen dringet, so erklären sie sich alle einträchtig also, daß der wahre wesentliche Leib und Blut Christi vom gesegneten Brot und Wein im Abendmahl ja so weit als der höchste Himmel von der Erden abwesend sei. Dann also lauten ihre eigene Wort³: Abesse Christi corpus et sanguinem a signis tanto intervallo dicimus, quanto abest terra ab altissimis coelis. Das ist: Wir sagen, daß der Leib und Blut Christi soweit von den Zeichen seie, soweit und ferne die Erden von dem allerhöchsten Himmeln ist. Vorstehen dernhalben solche Gegenwärtigkeit des Leibs Christi nicht allhier uf Erden, sondern allein respectu fidei⁴,

aliosque pios homines fideliter admoneamus, ut a pestilenti errore illo (qui et verbo Dei et Augustanae Confessioni repugnat ac dudum aliquoties damnatus est) quam diligentissime sibi caveant.

STATUS CONTROVERSIAE, quae est inter nos et Sacramentarios in negotio coenae dominicae.

Etsi Sacramentarii quidam in eo elaborant, ut quam proxime verbis ad Augustanam Confessionem accedant et nostrarum ecclesiarum formas loquendi usurpent, ac fatentur, quod in coena Domini corpus Christi vere a fidelibus accipiatur: attamen, quando serio urgentur, ut sententiam suam ingenue, aperte et perspicue profiteantur, tum uno ore omnes animum suum declarant, quod credant verum et substantiale Christi corpus eiusque sanguinem a benedicto pane et vino in coena sacra tanto locorum intervallo abesse, quanto summum coelum ab infima terra distet. Haec enim sunt ipsorum verba: Abesse Christi corpus et sanguinem a signis tanto intervallo dicimus, quanto abest terra ab altissimis coelis. Quare cum de praesentia corporis et sanguinis Christi in coena loquuntur, non volunt ea in terris adesse, nisi respectu fidei nostrae, hoc est, fidem nostram dicunt per visibilia symbola, perinde ut per verbum praedi-

Gegenwärtigkeit des Leibs und Bluts Christi im heiligen Abendmahl aus Gottes Wort gründlich bestätigen und befestigen.

Darnach vom Unterscheid des geistlichen und sakramentlichen oder mündlichen Essens des Leibs Christi handeln, welches den wirdigen und unwirdigen, frommen und bösen Christen gemein ist.

Und zum letzten auf etliche wichtigste Argumenta und Einreden kürzlich antworten und die fürnehmbste Irrtumbe der Sakramentierer ordentlichen anzeigen und verwerfen.] A
7 | streit | statt [=unterschied] A   8 Artikel + ist dieser H ö   14 bekennen] zubekennen a   15 der + wahre ö   16/7 dennoch] demnach p   19 alle > ü   21 Brot] Blut k   29 seie] sind w   30 aller= > o x

13 nostrarum] puriorum

---

¹) Darüber | N. | ²) Abges. vom Wortlaut einzelner ref. Bekenntnisse (C. Helv. prior XXII, Müller 107, 13; Zür. Bek., Müller 154, 23; 156, 46ff., auch Calvin, Inst. IV 17, 11 = CR XXX 1010) die Concordia 1536, CR III 79, mit der Deutung nach C. Helv. pr., 14 Nov. 1536; Diestelmann, Die letzte Unterredung 190—192; vgl. Enders XI 2495; ferner z. T. die Wittenberger „Sakramentierer", auch Hardenberg (Planck, Gesch. ... unsers protest. Lehrbegriffs V 2 S. 170, 1798), u. i. d. Auseinandersetzung m. Brenz selbst Laski mit dem Anspruch d. richt. Verständnisses der CA (Purgatio ministrorum in eccles. peregr. Francof. adv. eorum calumnias, qui ipsorum doctrinam de coena Dom. dissensionis accusant ab Aug. conf. 1556).   ³) Z. B. Cons. Tig. XXV. Müller 162, 15. Beza, Tract. theol. I.   ⁴) Die bezeichnende Schranke, vgl. S. 1012, Anm. 5; 1013 Anm. 2; 1015, Anm. 1; Cat. Witt. 128 = CR XXIII 161/162, Exegesis 23.

das ist, daß unser Glaub, durch die sichtbarlichen Zeichen gleichwie durchs gepredigte Wort erinnert und erwecket, sich erhebe und über alle Himmel hinaufsteige und den allda im Himmel gegenwärtigen Leib Christi, ja Christum selbst sambt allen seinen Guttaten wahrhaftig und wesentlich, aber doch nur geistlich[1] empfahe und genieße. Dann wie das Brot und Wein allhie uf Erden und nicht im Himmel, also sei der Leib Christi itzund im Himmel und nicht auf Erden, werde derhalben mit dem Munde nichts anders im Abendmahl als Brot und Wein empfangen.

Nun haben sie erstlich fürgeben, des Herrn Abendmahl sei nur ein äußerlich Zeichen, dabei man die Christen kenne[2], und werde darin nichts anders als schlecht Brot und Wein (die des abwesenden Leibs Christi bloße Zeichen sein) gereichet. Als dieses den Stich nicht halten wollen, haben sie bekannt, der Herr Christus sei wahrhaftig in seinem Abendmahl gegenwärtig, nämlich per communicationem idiomatum, das ist, allein nach seiner göttlichen Natur[3], aber nicht mit seinem Leib und Blut.

Darnach, als man sie mit Christi Worten gedrungen zu bekennen, daß der Leib Christi im Abendmahl zugegen sei, haben sie es doch nicht anders verstanden und erklärt als geistlich, das ist, mit seiner Kraft, Wirkung und Guttaten, durch den Glauben zu genießen, weil durch den Geist Christi, der allenthalben ist, unsere Leibe, darinnen der Geist Christi allhier uf Erden >wohnet,< mit dem Leib Christi, der im Himmel ist, vereiniget werden[4].

Daher dann durch diese herrliche, scheinliche Wort viel hoher Leute betrogen werden, wann sie fürgeben und gerühmet, | sie seien | keiner anderer Meinung, dann daß der Herr Christus wahrhaftig, wesentlich, lebendig in seinem Abendmahl gegenwärtig sei,

catum, commonefieri et excitari, ut sese attollat atque omnes coelos transscendat, et hoc modo praesens in coelo corpus Christi eiusque sanguinem (imo ipsum Christum cum omnibus beneficiis suis) vere et substantialiter, sed tamen spiritualiter tantum sumat eoque fruatur. Sentiunt enim, ut panis et vinum hic sunt in terris, et non in coelo, ita corpus Christi iam in coelis esse, et non in terra, quare in coena Domini nihil aliud ore sumi, quam panem et vinum.

Ac initio quidem, cum haec controversia orta fuisset, fingebant coenam Domini esse tantum externum signum professionis, quo Christiani ab aliis hominibus discernerentur, et in eo sacramento nihil nisi panem et vinum (absentis videlicet corporis Christi nuda symbola) exhiberi. At cum intelligerent hoc figmentum nihil prorsus coloris habere neque consistere posse, coeperunt fateri Dominum nostrum Iesum Christum in sacra coena sua vere praesentem esse per communicationem idiomatum, hoc est, tantummodo secundum divinam suam naturam, sed non suo corpore et sanguine.

Postea etiamsi verbis Christi graviter urgebantur, ut praesentiam corporis Christi in sacra coena fateri cogerentur, id tamen aliter non intellexerunt et declararunt, quam quod spiritualem tantum praesentiam crederent, hoc est, quod Christus tantum virtutis, operationis et beneficiorum suorum per fidem nos participes faceret. Quia (inquiunt) spiritus Christi (qui ubique praesens est) corpora nostra (in quibus spiritus ille hic in terris habitat) cum corpore Christi, quod in coelis est, coniungit.

Quare splendidis et magnificis verbis illis multis magnis et praeclaris viris imposuerunt, quando nimirum affirmarunt atque iactitarunt se plane nihil aliud sentire, quam quod Dominus Iesus Christus vere, substantialiter, vivus in sacra

---

1/2 sichtbarlichen] sichtbaren B   5 im Himmel > a   21 wollen] wollte t   23 in seinem] im y   46/7 sie seien] wird, sind H, urspr. A

41 est) + virtute

---

[1]) Vgl. S. 1012, Anm. 4. 5; 1013, Anm. 1. 2.   [2]) Vgl. S. 1012, Anm. 3.   [3]) Fast wörtl.: Grundfeste 175 b; Cat. Witt. 83 u. 128, dazu Calinich, D. Kampf 46; Exegesis 77 (per com. id., eaque tantum est dialectica, non physica); Vorstufen bei Melanchthon: CR IX, 470; XXI 363 f.; O. Ritschl, IV 23; vgl. S. 975, Anm. 1; 1013, Anm. 3.   [4]) Vgl. S. 1013, Anm. 1; Cons. Tig. V. VI, Müller 160.

verstehen¹ aber solchs allein nach seiner göttlichen Natur und nicht von seinem Leib und Blut, der nun im Himmel und nirgend anders sei, und gibt uns mit Brot und Wein seinen wahren Leib und Blut zu essen (geistlich durch den Glauben, aber nicht leiblich mit dem Munde zu genießen).

Denn sie die Wort des Abendmahls: „**Esset, das ist mein Leib**"², nicht eigentlich, wie sie lauten nach dem Buchstaben, sondern als verblümte Reden (figurate) verstehen³, also, daß **Essen den Leib Christi** nicht anders heiße als **Glauben**, und **Leib** soviel als Symbolum, das ist, ein Zeichen oder Figur des Leibes Christi, welcher nicht im Abendmahl auf Erden, sondern allein im Himmel sei; das | Wort | IST sakramentaliter seu modo significativo deuten, ne quis rem cum signis ita putet copulari, ut Christi quoque caro nunc in terris adsit modo quodam invisibili et incomprehensibili; das ist, der Leib Christi sei mit dem Brot sakramentlich oder bedeutlich voreiniget also, daß die gläubigen frommen Christen, so gewiß als sie das Brot mit dem Munde essen, so gewiß auch den Leib Christi, so daroben im Himmel ist, mit dem Glauben geistlich⁴ genießen. Aber daß der Leib Christi im Abendmahl allhier auf Erden wesentlich, wiewohl unsichtbarlich und unbegreiflich, gegenwärtig und mit dem gesegneten Brot mündlich auch von Heuchlern oder Scheinchristen empfangen werde, das pflegen sie als eine grausame Gotteslästerung zu vorfluchen und verdammen⁵.

Dargegen wird vom Abendmahl des Herrn

sua coena praesens sit. Hoc autem intelligunt ipsi tantum de divina Christi natura, non autem de ipsius carne et sanguine. De his enim sentiunt, ea tantum in coelis et praeterea nullibi esse, ideoque Christum nobis cum pane et vino verum corpus et verum sanguinem manducandum et bibendum dare, spiritualiter per fidem, sed non corporaliter ore sumendum.

Verba enim institutionis coenae dominicae: edite, **hoc est corpus meum**, non proprie, ut sonant secundum litteram, sed quasi figuratum sermonem, figurate accipiunt, ita ut **edere** corpus Christi nihil aliud ipsis significet quam **credere** in Christum. Et vocabulum corporis illis nil nisi symbolum, hoc est signum seu figuram corporis Christi denotet, quod tamen non in terris et in sacra coena praesens, sed tantum in coelis sit. Verbum EST sacramentaliter seu modo significativo interpretantur, ne quis rem cum signis ita putet copulari, ut Christi quoque caro nunc in terris adsit modo quodam invisibili et incomprehensibili. Hoc nimirum volunt, corpus Christi cum pane sacramentaliter seu significative unitum esse, ita ut credentes ac pii homines tam certo corpus Christi (quod sursum in coelis sit) fide spiritualiter accipiant, quam certo panem ore manducant. Quod vero corpus Christi in sacra coena in his terris substantialiter (licet invisibili et incomprehensibili modo) praesens sit et una cum pane benedicto ore etiam ab hypocritis et nomine duntaxat Christianis sumatur, id solent quasi horrendam blasphemiam damnare et exsecrari.

Contra vero de coena Domini in Con-

---

4 anders] anderswo z   sei] ist B   5 und Blut > i z. T. Konf   6 essen + und zu trinken ö   essen, (+ [wie mit dem gepredigten Wort des Evangelii] A   6/7 geistlich *bis* genießen > ö   7 genießen) + [und bezeuget hiemit, daß wir seine Gliedmaßen sein, appliziert oder schenket uns sich selbst und wirket in uns, wie Hilarius spricht: Haec sumpta et hausta faciunt, ut Christus sit in nobis et nos in ipso, das ist: Wann wir diese Sakramenta empfangen, essen und trinken, so wirken sie, daß Christus in uns ist und wir in ihme. Dieweil aber niemand Christi Gliedmaß ist denn durch den Glauben, schließen sie aus diesem Spruch Hilarii, daß wir allein mit dem Glauben geistlich den Leib Christi essen.] A   17 als] dann B   21 Wort > H   22 deuten > y   31 mit dem Glauben > ü 32/3 im Abendm. allh. a. Erd.] allh. a. E. i. A. y   36 von + den B z   oder] und f z 39 verdammen] zuverdammen H c d k t v

24 quis + (inquiunt)

---

¹) Etwa Exegesis 17ff., dazu S. 974, Anm. 3.   ²) 1. Kor. 11, 24.   ³) Vgl. Zwingli, CR LXXXIX 121₃; XC 344 (i. Anm. Karlstadt), 798₂₄ff., 801₂₁; Calvin, Inst. IV 17, 32, CR XXX 1032; W. Köhler, Zwingli und Luther I 16ff., 1924; vgl. S. 1011, Anm. 3. ⁴) Vgl. S. 1012, Anm. 5.   ⁵) Calvin, Inst. IV 17, 26, CR XXX 1019; Defensio CR XXXVII 34; Cons. Tig. XXVI, Müller 163; Exegesis 62.

in der Augsburgischen Confession[1] aus Gottes Wort also gelehret, „daß wahrer Leib und Blut Christi wahrhaftig unter der Gestalt des Brots und Weins im heiligen Abendmahl gegenwärtig sei und da ausgeteilet und genommen werde", und wird die Gegenlehr (nämblich der Sakramentierer, so eben zur selbigen Zeit zu Augsburg ihre eigen Bekenntnus[2], daß der Leib Christi, dieweil er gen Himmel gefahren, nicht wahrhaftig und wesentlich allhier auf Erden im Sakrament gegenwärtig sei, übergeben haben) verworfen; wie dann diese Meinung im Kleinen Catechismo[3] Doktor Luthers deutlich mit nachfolgenden Worten gesetzet ist: Das Sakrament des Altars „ist der wahre Leib und Blut unsers Herrn Jesu Christi, unter dem Brot und Wein uns Christen zu essen und zu trinken und von Christo selbst eingesetzt"; und noch deutlicher in der Apologia[4] nicht allein erkläret, sondern auch mit dem Spruch Pauli 1. Cor. 10. und Cyrilli bestätiget wird, mit diesen Worten: „Der zehende Artikel ist angenommen, darinnen wir bekennen, daß im Abendmahl des Herrn der Leib und Blut Christi wahrhaftig und wesentlich gegenwärtig sind, und mit den sichtbarn Elementen, Brot und Wein, wahrhaftig gereicht werden denen, die das Sakrament enpfahen. Denn dieweil Paulus sagt: Das Brot, das wir brechen, sei die Gemeinschaft des Leibs Christi etc., würde folgen, daß das Brot nicht des Leibs, sondern des Geistes Christi Gemeinschaft wäre, wenn der Leib Christi nicht, sondern allein der Heilig Geist wahrhaftig gegenwärtig wäre. So wissen wir, daß nicht allein die römische, sondern auch die griechische Kirche die leibliche Gegenwart Christi im heiligen Abendmahl gelehret"; und wird aus Cyrillo angezogen[5], daß Christus auch leiblich im Abendmahl durch Mitteilung seines Fleisches in uns wohne.

Darnach, als diejenigen, so zu Augsburg ihr eigen Bekenntnus von diesem Artikel

fessione Augustana ex verbo Dei sic docetur: Verum corpus et sanguinem Christi vere sub specie panis et vini in sacra Domini coena praesentia esse, distribui et sumi; secus autem docentes improbari. His postremis verbis Sacramentariorum error perspicue reiicitur, qui eo ipso tempore Augustae peculiarem Confessionem obtulerunt, quae veram et substantialem corporis et sanguinis Christi praesentiam in sacramento coenae in terris administratae idcirco negabat, quia Christus ascendisset in coelos. Pia etiam nostra de hac re sententia in Minore D. Lutheri Catechismo perspicue sequentibus verbis expressa est: Sacramentum altaris est verum corpus et verus sanguis Domini nostri Iesu Christi, sub pane et vino nobis Christianis ad manducandum et bibendum a Christo ipso institutum. Luculentius etiamnum haec ipsa sententia nostra in Apologia non modo declaratur, verum etiam illustri dicto Pauli 1. Cor. 10. et testimonio Cyrilli confirmatur hisce verbis: „Decimus articulus approbatus est, in quo confitemur nos sentire, quod in coena Domini vere et substantialiter adsint corpus et sanguis Christi et vere exhibeantur cum illis rebus, quae videntur, pane et vino, his, qui sacramentum accipiunt. Cum enim Paulus dicat panem," quem frangimus, communicationem corporis C h r i s t i esse etc., sequeretur panem non corporis, sed spiritus Christi participationem esse, si non ipsum Christi corpus, sed duntaxat spiritus sanctus vere praesens esset. „Et comperimus non tantum Romanam ecclesiam affirmare corporalem Christi praesentiam, sed idem et nunc sentire et olim etiam sensisse Graecam ecclesiam." Sed et ibidem ex Cyrillo testimonium adducitur Christum etiam corporaliter in sacra coena communicatione suae carnis in nobis habitare.

Postea cum illi, qui Augustae peculiarem suam Confessionem de hoc arti-

---

2 wahrer] der wahre einige Hss Konk des c   19 und (2.) > Hss außer c i q s y ö Konk = selben ü   31 dieweil] weil c e u   15 mit + dem H   nach= > y   28 sind] sei c s ä   sichtbarn]   35/7 wenn bis wäre > ü   17 und + bis Geist > urspr. Bertram   39 griechische] christliche z   40 Gegenwart] Gegenwärtigkeit z   47 so > y   36/7 sondern

12 in terris administratae >   42 ecclesiam + Hactenus verba Apologiae.
43 adducitur + quod affirmat

---

[1]) CA X, S. 64.   [2]) Vgl. S. 971, Anm. 1, bes. Fidei ratio V, Müller 88, 18ff.; dazu S. 1013, Anm. 4. 5; 1014, Anm. 1.   [3]) Kl. Kat., S. 519/20.   [4]) Apol. X, S. 247/8, §§ 54. 55; eigene Übers.   [5]) Apol. X, S. 248, § 56.

übergeben, sich unserer Kirchen Confession verwandt gemacht, ist zu Wittenberg Anno 1536 nachfolgende formula concordiae, das ist, Artikel einer christlichen Vergleichung, zwischen den sächsischen und oberländischen Theologen gestellet und von D. Martino Luthero und andern beiderseits Theologen unterschrieben worden[1]:

„Wir haben gehört, wie Herr Martinus Bucer seine und der andern Prädikanten Meinung, so mit ihme aus den Städten kommen sind, von dem heiligen Sakrament des Leibs und Bluts Christi erkläret haben, nämblich also: Sie bekennen, lauts der Wort Irenaei[2], daß in diesem Sakrament zwei Ding seind, eins himmlisch und eins irdisch. Demnach halten und lehren sie, daß mit dem Brot und Wein wahrhaftig und wesentlich zugegen sei, gereicht und entpfangen werde der Leib und das Blut Christi. Und wiewohl sie keine Transsubstantiation, das ist, ein wesentliche Verwandlung Brots und Weins in den Leib und Blut Christi glauben, auch nicht halten, daß der Leib und Blut Christi localiter, das ist, räumlich ins Brot eingeschlossen, oder sonst beharrlich damit vereiniget werde außer der Nießung des Sakraments: doch so lassen sie zu, daß durch sakramentliche Einigkeit das Brot sei der Leib Christi etc. Denn außer der Nießung, so man das Brot beiseits legt und behält im Sakramenthäuslein oder in der Prozession umbträgt und zeigt, wie im Papsttumb geschicht, halten sie nicht, daß Christus Leib zugegen sei.

Zum andern halten sie, daß die Einsetzung dieses Sakraments, durch Christum geschehen, kräftig sei in der Christenheit, und daß es nicht liege an der Wirdigkeit

culo obtulerant, nostrarum ecclesiarum Confessionem approbare velle viderentur, Wittenbergae anno Domini 1536. formula quaedam concordiae (quam nunc recitabimus) inter Saxonicos et superioris Germaniae quosdam theologos conscripta et D. Martini Lutheri aliorumque (utriusque partis) theologorum subscriptione approbata est. Ea sic habet:

Audivimus Bucerum explicantem suam et aliorum concionatorum, qui una adfuerunt, sententiam de sacramento corporis et sanguinis Christi, hoc modo:

Confitentur, iuxta verba Irenaei, eucharistiam constare duabus rebus, terrena et coelesti. Proinde sentiunt et docent cum pane et vino vere et substantialiter adesse, exhiberi et sumi corpus et sanguinem Christi. Et quanquam negant fieri transsubstantiationem, nec sentiunt fieri localem inclusionem in pane aut durabilem aliquam coniunctionem extra usum sacramenti: tamen concedunt sacramentali unione panem esse corpus Christi, hoc est, porrecto pane sentiunt simul adesse et vere exhiberi corpus Christi. Nam extra usum, cum reponitur aut asservatur in pixide aut ostenditur in processionibus, ut fit apud Papistas, sentiunt non adesse corpus Christi.

Deinde hanc institutionem sacramenti a Christo factam sentiunt valere in ecclesia, nec pendere ex dignitate vel indignitate ministri et sumentis. Quare,

---

1 Kirchen > l   Confession + und Religion l   4 einer] ein y   christlichen > y
11 gehört] gelehrt x   12 und der] unter b g   20 lehren] lernen m   23 das > y
27/8 daß bis Christi > x   28 und Blut > ü   33 etc. > d m z   34 außer]
außerhalb H, c a. R.: | sacram. extra usum | 38 nicht > c, urspr. e   Christus]
Christi f m z   Leib + nit c e   sei] ist c   39 die] in c   42 liege in A: | lige | [liege]

40 a Christo factam >   41/2 vel indignitate >

---

[1]) CR III 75, 76 und M. Buceri, Scripta Anglicana fere omnia Basil. 1577, 665f. Conc. 1584 zeigt leichte Abweichungen. Deutsch: bei P. Eber, Vom heil. Sacr. ... Unterricht, Eingang; FORMA concordiae Anno 36. zu Wittenberg geschrieben ... zu ableinung der newen Lügen in des Vuolfii Historia ... in Druck gegeben, Anno MDLXXXII (Leipzig, Selnecker); dazu RE³ XXI 384—399. A. Lang, Der Evangelienkommentar M. Butzers u. d. Grundzüge s. Theologie, 1900; O. Ritschl, III 152ff.; H. Schmidt, D. Kampf 10ff. Hastings Eells, The Genesis of M. Bucers doctrine of the Lords supper 1926, Princeton theol. Review 22, 24; vgl. S. 975, Anm. 1.   [2]) Irenaeus, Elenchos (Haeres.) IV 18, 5, MSG VII 1028/29; ed. Stierer, 1848, I 618/19.

oder Unwirdigkeit des Dieners, so das Sakrament reichet, oder des, der es entpfähet: darumb, wie S. Paulus sagt, daß auch die Unwirdigen das Sakrament nießen; also halten sie, daß auch den Unwirdigen wahrhaftig dargereichet werde der Leib und das Blut Christi und die Unwirdigen wahrhaftig dasselbig empfahen, so man des Herrn Christi Einsetzung und Befehl hält. Aber solche empfahens zum Gericht, wie S. Paulus sagt, dann sie mißbrauchen des heiligen Sakraments, weil sie es ohne wahre Buß und ohne Glauben empfahen. Denn es ist darumb eingesetzt, daß es zeuge, daß denen die Gnade und Wohltaten Christi allda zugeeignet werde, und daß die Christo eingeleibet und durch Christi Blut gewaschen werden, so da wahre Buß tuen und sich durch den Glauben an Christum trösten.

In folgendem Jahr, als die fürnehmbsten der Augsburgischen Confession zugetane Theologi aus ganzem deutzschen Lande zu Schmalkalden versammelt, und was im Concilio dieser Kirchenlehre halben fürzulegen beratschlaget, sind mit gemeinem Rat von Doktor Luthern die Schmalkaldischen Artikel gestellet und von allen Theologen sämptlich und sonderlich unterschrieben, in welchen die eigentliche rechte Meinung mit kurzen runden Wort einstimmen, so am genauesten mit Christi Wort einstimmen, deutlich gefasset und den Sakramentierern (so des vergangen Jahres usgerichte formulam concordiae, das ist, die vorermelte Artikel der Einigkeit, zu ihrem Vortel also gedeutet haben[1], daß mit dem Brot nicht andererweise als mit dem Wort des Evangelii der Leib Christi sambt allen seinen Guttaten dargereichet und durch die sakramentliche Einigkeit nichts anders als die geistliche Gegenwärtigkeit des Herrn Christi durch den Glauben solle gemeint sein) alle Ausflucht und Schlipflöcher verstopft worden, nämblich „daß Brot und Wein im Abendmal sei der wahrhaftige Leib und Blut Jesu Christi, welcher gereicht und empfangen werde nicht allein von frommen, sondern auch von bösen Christen[2]".

sicut Paulus ait etiam indignos manducare sacramentum, ita sentiunt corpus Christi et sanguinem vere porrigi etiam indignis, et indignos vere illa sumere, ubi servantur verba et institutio Christi. Sed tales sumunt ad iudicium, ut Paulus ait, quia abutuntur sacramento, cum sine vera poenitentia et fide eo utuntur. Ideo enim institutum est, ut testetur illis applicari gratiam et beneficia Christi, illos inseri Christo et sanguine eius ablui, qui agunt poenitentiam et erigunt se fide in Christum.

In sequenti anno praecipui Augustanae Confessionis theologi e tota Germania Smalcaldiam convocati sunt, ut in medium consulerent, quae doctrinae capita, in nostris ecclesiis hactenus proposita, concilio (quod pontificii celebraturi dicebantur) exhibenda et defendenda essent. Ibi D. Lutherus articulos illos, quos Smalcaldicos vocant, composuit, qui communi et unanimi consensu ab omnibus illis theologis, qui convenerant, subscriptione confirmati sunt. In illis articulis D. Lutherus veram et genuinam supra commemoratae formulae, Wittenbergae conscriptae, sententiam brevibus quidem, sed significantibus et perspicuis verbis, quae proxime ad verba Christi accederent, explicuit. Sacramentarii enim iam dictae formulae verba ad malam suam causam fulciendam plane in alienam sententiam detorserant, quod videlicet corpus Christi non alia ratione in coena distribueretur, quam sicut idem corpus una cum omnibus beneficiis suis verbo evangelii exhibetur. Et sacramentalem unionem nihil aliud esse quam praesentiam Christi spiritualem, quae fit fide, interpretati fuerant. Has rimas, per quas illi effugium quaerebant, Smalcaldici Articuli obstruxerunt. Asserunt enim panem

---

4 das] dieses *z*   5 daß auch] ~ *u*   7/8 wahrhaftig dasselbig ~ *B*   8 dasselbig empfahen ~ *u*   Herrn > *f*   9 hält] hat *z*   13 ohne > *de*   22 deutzschen Lande] Deutschland *z ü*   29 eigentliche + und *f*   34 vorermelte] vormelte *a*   42 solle gemeint] sollte gemein *t*   43 worden] werden *i m s x*   45 sei > *c*   46 Jesu > *s*

4 vere illa >   13 Christum + Hactenus formula concordiae inter D. Lutherum et Bucerum initae.   50 obstruxerunt] obturarunt et expleverunt

---

[1]) S. 975, Anm. 1.   [2]) Art. Smalc. S. 450, 14 ff.

Es erkläret und bestätiget auch solche Meinung D. Luther weitläufiger aus Gottes Wort im Großen Katechismo[1], da also geschrieben stehet: „Was ist nun das Sakrament des Altars? Antwort: Es ist der wahre Leib und Blut Chri'sti **in und unter dem Brot und Wein** durch Christus Wort uns Christen befohlen zu essen und trinken." Und bald darnach: „Das Wort, sage ich, ist das, das dies Sakrament machet und unterscheidet, daß es nicht lauter Brot und Wein, sondern Christi Leib und Blut ist und heißt." Und bald darnach: „Aus dem Wort kannst du dein Gewissen stärken und sprechen: Wann hunderttausend Teufel sambt allen Schwärmern herfahren: wie kann Brot und Wein Christi Leib und Blut sein? so weiß ich, daß alle Geister und Gelehrte auf einen Haufen nicht so klug sein als die göttliche Majestät im kleinsten Fingerlein. Nun stehet hie Christi Wort: **Nehmet, esset, das ist mein Leib, trinket alle daraus, das ist das neue Testament in meinem Blut** etc. Da bleiben wir bei und wollen sie ansehen, die ihne meistern und anders machen werden, denn er geret hat. Das ist wohl wahr, wenn du das Wort davontuest oder ohne Wort ansiehest, so hast du nichts, denn lauter Brot und Wein; wann sie aber dabeibleiben, wie sie sollen und müssen, so ists laut derselben wahrhaftig Christus Leib und Blut; dann wie Christus Mund redet und spricht, also ist es, als der nicht liegen oder triegen kann.

Daher ist nun leicht zu antworten auf allerlei Fragen, damit man sich itzt beküm-

et vinum in sacra coena esse verum corpus et verum sanguinem Iesu Christi, quae et exhibeantur et sumantur non modo a piis, verum etiam ab iis, qui praeter nomen nihil habent Christianum.

Hanc piam sententiam D. Lutherus copiosius e verbo Dei in Maiore suo Catechismo declarat et sic ait: Quid igitur est sacramentum, quod ad altare distribuitur? Respondetur: Est verum corpus et verus sanguis Christi in et sub pane et vino, quae edere et bibere Christi verbo iubemur. Et post aliqua: Verbum Dei, inquam, illud est, quod hoc sacramentum constituit et discrimen facit, ut non sit merus panis et merum vinum, sed ut haec Christi corpus et sanguis sint et dicantur. Et post pauca: Hoc Christi verbo conscientiam tuam confirmare et intrepido animo dicere potes: Etiamsi decem diabolorum myriades una cum omnibus fanaticis doctoribus irruentes mihi obiiciant, dicentes: quomodo panis et vinum possunt esse corpus et sanguis Christi? tamen certo scio, quod omnes fanatici spiritus et doctissimi quique homines, omnes simul, non tantum sapientiae habeant, quantum divina maiestas vel in minimo digitulo habet. Hic vero in medio est Christi verbum expressum: Accipite, edite, hoc est corpus meum; bibite ex hoc omnes, hoc est novum testamentum in meo sanguine. Huic verbo firmiter insistimus, hic tuto manebimus et exspectabimus eventum, an ipsum vincere et institutionem eius mutare valeant. Hoc quidem verum est: Quando verbum Dei ab hoc sacramento removeris aut absque verbo divino sacramentum considerare volueris, quod tum praeter panem et vinum nihil habeas. At si verbum cum sacramento retineatur, ut fieri omnino convenit, tum sacramentum illud (ut ipsa verba testantur) revera est corpus et sanguis Iesu Christi. Ut enim Christus ore suo de hoc sacramento loquitur, ita res verissime habet; ipse enim mentiri et fallere nescit.

His fundamentis iactis facile est respondere ad quaestiones multas, quae

---

11 Christi > z   14 darnach] hernach B k   18 darnach] hernach Konk   19 dem Wort] den Worten c   21 herfahren] herführet y   22 wie] und y   Brot und Wein > z   23 Blut + Brot und Wein z   29 etc. > d z   Da] Darbei v   30 bei > v   ihne + >Christum< k   36 derselben + Wort ö   37 Christus] Christi e f   39 oder] noch B   49 nun] mein y   50 sich itzt ~ f   itzt] jetzund v   itzt + mit g

39/40 sacramentum >

---

[1]) Gr. Kat. S. 709, 22 ff., 710, 2 — 711, 20.

mert, als diese ist: ob auch ein böser Priester könne das Sakrament handeln und geben? und was mehr dergleichen ist. Denn da schließen wir und sagen: obgleich ein Bube das Sakrament nimbt oder gibt, so nimbt er das rechte Sakrament, das ist, Christus Leib und Blut, ebensowohl als der es aufs allerwirdigst handelt; dann es ist nicht gegründet auf Menschenheiligkeit, sondern auf Gottes Wort. Und wie kein Heilige auf Erden, ja kein Engel im Himmel, das Brot und Wein zu Christi Leib und Blut machen kann, also kanns auch niemand ändern noch wandeln, ob es gleich mißbraucht wird.

Dann umb der Person oder Unglaubens willen wird das Wort nicht falsch, dardurch es ein Sakrament und eingesetzt worden ist. Dann er spricht nicht: wann ihr gläubt oder wirdig seid, so habt ihr mein Leib und Blut: sondern: nehmet, esset und trinket, das ist mein Leib und Blut. Item: Solchs tut (nämblich das ich jtzt tue, ein'setze, euch gebe und nehmen heiße); das ist soviel gesagt: du seiest wirdig oder unwirdig, so hast du hie sein Leib und Blut aus Kraft dieser Wort, so zu dem Brot und Wein kommen. Solches merke und behalt nur wohl, dann auf den Worten stehet all unser Grund, Schutz und Wehr wider alle Irrtumb und Verführung, so je kommen seind oder noch kommen mugen."

Bishero der Große Katechismus, in welchem die wahre Gegenwärtigkeit des Leibs und Bluts Christi im heiligen Nachtmahl aus Gottes Wort befestiget, und dasselbige nicht allein auf die Gläubige und Wirdige, sondern auch auf die Ungläubige und Unwirdige verstanden wird.

hoc saeculo plurimum agitantur: an videlicet minister ecclesiae, qui vitae est dissolutioris, possit coenam Domini recte administrare et exhibere? et si quae sunt alia his non dissimilia, de quibus disputatur. Ita enim sentimus et statuimus: si maxime homo improbus et sceleratus sacramentum coenae dominicae sumat aut distribuat, tamen sumere illum verum sacramentum, hoc est Christi corpus et sanguinem, non minus quam eum, qui dignissime illud sumat aut distribuat. Hoc enim sacramentum non habet fundamentum hominum sanctitatem, sed ipsum verbum Dei. Et quemadmodum nec ullus sanctus in terris neque angelus in coelis efficere potest, ut panis et vinum sint corpus et sanguis Christi: ita nemo id sacramentum mutare potest, ut non sit Christi corpus et sanguis, etiamsi quidam eo abutantur.

Non enim propter alicuius aut personam aut incredulitatem verbum Dei (quo coena Domini instituta est et propter quod rationem sacramenti habet) irritum et vanum fieri potest. Quia Christus non dixit: Si credideritis aut digni fueritis, tum in coena sacra corpus et sanguinem meum praesentia habebitis; sed potius ait: Accipite, edite et bibite, hoc est corpus meum, hic est sanguis meus. Et praeterea inquit: Hoc facite. Quidnam? Hoc ipsum certe, quod ego nunc facio, quod instituo, quod vobis trado et vos accipere iubeo. Verba Christi hoc volunt: sive dignus sive indignus sis, habes hic in coena Christi corpus et sanguinem, idque virtute verborum, quae ad panem et vinum accesserunt. Haec memori mente repone, quia in his verbis (institutionis coenae) fundamentum nostrum, defensio et arma nostra sunt adversus omnes errores et fallacias, quae aut allatae sunt hactenus aut unquam adferri in hoc negotio poterunt.

Haec Catechismi Maioris recitata verba veram praesentiam corporis et sanguinis Christi in coena Domini verbo Dei egregie confirmant et iis solide demonstratur praesentiam illam non tantum de manducatione credentium et dignorum, verum etiam de infidelibus et

Dieweil aber dieser hocherleuchte Mann im Geist gesehen, daß etliche ihn nach seinem Tod werden wöllen vordächtig machen, als ob er von jtztgedachter Lehr und andern christlichen Artikuln abgewichen, hat er seiner großen Bekenntnus nachfolgende Protestation[1] angehängt:

„Weil ich sehe, daß des Rottens und Irrens je länger je mehr wird, und kein Aufhören ist des Tobens und Wütens des Satans, damit nicht hinfurt bei meinem Leben oder nach meinem Tod deren etliche zukünftig sich mit mir behelfen und meine Schriften, ihre Irrtumb zu stärken, fälschlich führen möchten, wie die Sakraments- und Taufschwärmer anfangen zu tuen: so will ich mit dieser Schrift vor Gott und aller Welt meinen Glauben von Stück zu Stück bekennen, darauf ich gedenke zu bleiben bis in den Tod, darinnen (daß mir Gott helf) von dieser Welt zu scheiden und für unsers Herrn Jesu Christi Richtstuhl zu kommen, und so jemand nach meinem Tode würde sagen: wo D. Luther jtzt lebte, würde er diesen oder diese Artikel anders lehren und halten, dann er hat ihn nicht gnugsam bedacht etc.: dawider sage ich jtzt als dann und dann als jtzt, daß ich von Gottes Gnaden alle diese Artikel hab aufs fleißigste bedacht durch die Schrift und wieder herdurch oftmals gezogen und so gewiß dieselben wollt verfechten, als ich jtzt hab das Sakrament des Altars vorfochten. Ich bin nicht trunken noch unbedacht, ich weiß, was ich rede, fühle auch wohl, was mirs gilt auf des Herrn Christi Zukunft am Jüngsten Gericht. Darumb soll mir niemand Scherz oder lose Teidung daraus machen; es ist mir Ernst, denn ich kenne den Satan von Gottes Gnaden ein großes Teil; kann er Gottes Wort verkehren und verwirren, was sollt er nicht tuen mit meinen oder eins andern Worten?"

indignis communicantibus intelligendam esse.

Et quia singularibus et excellentissimis spiritus sancti donis illuminatus heros, D. Lutherus, in spiritu praevidit, quod post mortem ipsius quidam ipsum suspectum facturi essent, quasi vel a doctrina iam commemorata vel ab aliis etiam partibus purioris doctrinae recesserit: eam ob causam maiori suae de coena Domini Confessioni hanc protestationem sub finem inseruit:

Quia video nullum esse sectarum et errorum finem, sed haec mala in dies incrementa sumere Satanamque magis ac magis furere, ne quis igitur sectariorum, me vivo aut mortuo, aliquando nomen meum suo figmento praetexere possit erroremque suum (non candide in medium allatis meis scriptis) stabilire ausit, quod Sacramentarii et Anabaptistae iam facere coeperunt: fidem meam in hoc scripto coram Deo et toto mundo de omnibus religionis nostrae articulis profitebor. Et in ea fide (Domino me bene iuvante) ad extremum usque vitae spiritum perseverare atque ex hac vita emigrare et coram tribunali Domini nostri Iesu Christi intrepide comparere paratus sum. Ac si quis forte post meum obitum dicturus esset: si D. Lutherus nunc viveret, profecto de hoc vel illo articulo longe aliter sentiret atque doceret (non enim satis diligenter eam rem hactenus expendit): contra hoc figmentum id iam dico, quod tunc essem affirmaturus, et quod tunc dicturus essem, idem iam nunc profiteor: me videlicet per gratiam Dei omnes hosce articulos quam diligentissime expendisse et non semel, sed saepissime ad normam sacrae scripturae exegisse et tanquam ad Lydium lapidem examinasse, nec minore animi constantia atque πληροφορίᾳ singulos articulos defensurum, quam nunc doctrinam de sacramento altaris propugnavi. Non temulentus sum aut parum considerate loquor; scio, quid affirmem, et intelligo,

---

13 *A a. R.* | To. Wit. 2. Ger. fol. 243 | 15 ift > *y*   Wütens + ift *y*   15/6 des Satans > *y*
22 will] wol *c*   27 Richtstuhl] Richterstuhl *m*   29 D.] der *g n o u x z*   itzt > *y*
32 etc. > *v y ä ü* Konk   35/6 herdurch] hindurch *H ü*   39 noch] und *d e*   weiß +
wohl *c*   40 wohl > *ü*   41 Herrn + Jesu *l m n t v z*   44 mir + ein *y*
45 großes] gut *y ü*   46 Wort + und Schrift *i x*   verkehren] erklären *x*   47 oder]
und *H f n s v w y* Konk   48 Worten] Schriften >Worten< *ö*

7 essent] sint   13 Quia + (inquit)   31 D. >

---

[1]) WA XXVI 499 15—500 26: Z. 29 D. Luther] der Luther, vgl. Conc. 1580; Z. 46 Wort + und schrifft.

Auf solche Protestation setzt Lutherus seliger unter andern Artikeln auch diesen[1]: „Ebenso rede ich", spricht er, „auch und bekenne das Sakrament des Altars, daß daselbst wahrhaftig der Leib und Blut im Brot und Wein werde mündlich gessen und getrunken, obgleich die Priester, so es reichen, oder die, so es enpfahen, nicht gläubten oder sonsten mißbrauchten; dann es stehet nicht auf Menschenglauben oder -unglauben, sondern auf Gottes Wort und Ordnung; es wäre dann, daß sie zuvor Gottes Wort und Ordnung ändern und anders deuten, wie die jtzigen Sakramentsfeinde tuen, welche freilich eitel Brot und Wein haben; denn sie haben auch die Wort und eingesetzte Ordnung Gottes nicht, sondern dieselbigen nach ihrem eigenen Dünkel verkehrt und verändert."

Es hat auch D. Luther, welcher ja die rechte eigentliche Meinung der Augsburgischen Confession für andern verstanden und beständiglich bis an sein Ende dabei geblieben und vertedinget, unlangst für seinem Tod in seinem letzten Bekenntnus seinen Glauben von diesem Artikel mit großem Eifer in nachfolgenden Worten wiederholet, da er also[2] schreibet: „Ich rechne sie alle in einen Kuchen, das ist, für Sakramentierer und Schwärmer, wie sie auch sind, die nicht gläuben wöllen, daß des Herrn Brot im Abendmahl sei sein rechter natürlicher Leib, welchen der Gottlose oder Judas ebensowohl mündlich empfähet als S. Petrus und alle Heiligen: wer das, sag ich, nicht gläuben will, der lasse mich nur zufrieden und hoffe bei mir nur keiner Gemeinschaft; da wird nichts anders aus."

quanta res mea agatur in illo die Domini nostri Iesu Christi, cum venerit vivos et mortuos iudicaturus. Quare nemo me in re tam magna et seria nugari existimet, haec enim res vel maxime cordi mihi est. Novi (Dei beneficio) Satanam magna ex parte, qui cum possit verbum Dei et sacras litteras pervertere et depravare, quid ille meis aut cuiuspiam alterius scriptis non faceret?

32 Post hanc protestationem D. Lutherus sanctae memoriae inter alios articulos etiam hunc ponit: Eodem modo (inquit) loquor et confiteor etiam de sacramento altaris, quod nimirum ibi revera corpus et sanguis Christi in pane et vino ore edatur et bibatur, etiamsi ministri, qui coenam Domini distribuunt, aut qui eam sumunt, non credant aut alias sacra coena abutantur. Coena enim Domini non nititur hominum fide aut incredulitate, sed verbo Dei et ipsius institutione. Nisi forte verbum Dei prius immutent et prorsus aliter, quam oportet, interpretentur, ut hodie sacramenti hostes faciunt. Hi dubio procul nil nisi panem et vinum in coena habent, quia neque verba neque institutionem Domini habent, sed ea ad suam falsam opinionem inflexerunt, mutarunt et depravarunt.

33 Et sane D. Lutherus (qui certe veram et genuinam Augustanae Confessionis sententiam prae aliis intellexit et eam constanter usque ad finem vitae retinuit et defendit) paulo ante suum ex hac vita discessum in postrema illa sua de coena Domini Confessione fidem suam de hoc articulo magno zelo sequentibus verbis professus est atque repetivit, ubi sic ait: Ego omnes eos eodem numero habeo, hoc est, pro Sacramentariis et fanaticis agnosco (sunt enim tales), qui credere nolunt, quod panis Domini in sacra coena sit verum ipsius naturale corpus, quod impius quispiam vel Iudas ipse non minus ore accipiat, quam divus Petrus et omnes alii sancti. Qui (inquam) hoc credere recusat, is me missum faciat, neque ullam amicitiam aut familiaritatem

---

11 solche] diese *ü*   12 *A a. R.*: | fol. 245 | 13 ich + auch *g k l m n t v x*   auch > *g k l m n t v x*   auch + ich *y*   15 Blut + Christi *H*   15/6 im *bis* Wein > *i*   16 gessen] geessen *l*   19 mißbrauchten] mißbrauchen *v*   22 zuvor > *a y*   28 Dünkel] Dunken *q*   34/5 geblieben] blieben *a*   37 diesem + letzten *y*   39 da er also > *y*   42 im + H. *m*   45 Petrus + Paulus *m z*   47 zufrieden] mit frieden *c d*

19 credant + (evangelio)   27 habent + praesentia   28/9 habent] observant   31 certe] haud dubie   33 prae + multis   42 (sunt enim tales)] quocunque nomine appellentur

---

[1]) WA XXVI 506 21—29.   [2]) WA LIV 155 29—156 5.

Aus diesen Erklärungen kann ein jeder Verständiger, so die Wahrheit und Frieden lieb hat, besonders aber aus D. Luthers als des fürnehmbsten Lehrers der Augsburgischen Confession Erklärung, was der Augsburgischen Confession eigentliche Meinung und Verstand in diesem Artikel allzeit gewesen sei, ungezweifelt vernehmen.

Denn daß neben den Reden Christi und S. Pauli[1] (das Brot im Abendmahl „ist der Leib Christi" oder „die Gemeinschaft des Leibes Christi") auch die Formen: „unter dem Brot, mit dem Brot, im Brot"[2] gebrauchet, ist die Ursach, daß hierdurch die papistische Transsubstantiation verworfen und des unvorwandelten Wesens des Brots und des Leibs Christi sakramentliche Voreinigung angezeigt würde; gleichwie diese Rede[3]: „verbum caro factum est, das Wort ist Fleisch worden", durch gleichstimmende Reden: „das Wort wohnet in uns"; item: „in Christo wohnet die ganze Fülle der Gottheit leibhaftig"; item: „Gott war mit ihm"; item: „Gott war in Christo", und dergleichen, wiederholet und erkläret wird: nämlich daß nicht das göttliche Wesen in die menschliche Natur verwandelt, sondern die beiden unvorwandelten Naturen persönlich vereiniget sein; wie denn eben diese Gleichnus viel fürnehmen alte Lehrer, Justinus, Cyprianus, Augustinus, Leo, Gelasius, Chrysostomus und andere, von den Worten des Testaments Christi: „das ist mein Leib", brauchen[4], daß, gleichwie in Christo zwo unterschiedliche, unvorwandelte Naturen unzertrennlich voreiniget sein, also im heiligen Abendmahl die zwei Wesen, das natürliche Brot und der wahre natürliche Leib Christi in der geordenten Handlung des Sakraments allhier auf Erden zusammen gegenwärtig sein; | wiewohl solche Vereinigung des Leibs und Bluts Christi mit

a me exspectet; sic enim stat sententia, quam non sum mutaturus.

Ex hisce (praesertim vero D. Lutheri ut primarii doctoris Augustanae Confessionis) declarationibus, quas prolixe recitavimus, cuilibet homini cordato (si modo is veritatis et pacis sit studiosus) manifestum, certum et indubitatum esse potest, quae fuerit, hodieque sit genuina et vera Confessionis Augustanae sententia.

Quod autem praeter illas phrases, quibus Christus et Paulus utuntur (cum dicunt, panem in coena esse corpus Christi aut communicationem corporis Christi), etiam alias loquendi formas usurpamus, verbi gratia, cum dicimus sub pane, cum pane, in pane adesse et exhiberi corpus Christi, id non sine gravibus causis facimus. Primum enim his phrasibus ad reiiciendam papisticam transsubstantiationem utimur. Deinde etiam sacramentalem unionem substantiae panis non mutatae et corporis Christi hac ratione docere volumus. Ad eundem enim modum hoc dictum: Verbum caro factum est, repetitur et declaratur aliis aequipollentibus propositionibus, exempli gratia: Verbum habitavit in nobis; in Christo inhabitat tota plenitudo divinitatis corporaliter; Deus erat cum eo; Deus erat IN Christo etc. et alia plura huius generis. Hae phrases supra commemoratum dictum Iohannis repetunt et declarant, videlicet quod per incarnationem divina essentia non sit in humanam naturam conversa, sed quod duae naturae sine confusione personaliter sint unitae. Et quidem multi excellentes doctores ex erudita antiquitate, Iustinus, Cyprianus, Augustinus, Leo, Gelasius, Chrysostomus et alii, hac ipsa similitudine (de persona Christi) mysterium sacramenti coenae dominicae explicant. Docent enim, quemadmodum in Christo

---

8 eigentliche > z   9 allzeit] allweg c   10 sei > t   ungezweifelt + >allezeit< ö
15 die] diese Hss. außer f g m v ö ü   16/7 gebrauchet + ist c d   21 angezeigt] angezogen d   24 in] unter w ü   27 mit] in z   in] mit f   31 un= > ü
33 fürnehme alte] frommer B   34/5 Gelasius + Theodoretus H, urspr. A   38 un= > ü
44—S. 984,2 | wiewohl bis sie | statt [welchs] A

4 primarii] excellentissimi   26 hoc + apostoli   38 sine confusione >
39 excellentes] excellentissimi   45 Docent] Docet

---

[1]) Matth. 26, 26; Luk. 22, 19; Mark. 14, 22; 1. Kor. 11, 24; 10, 16.   [2]) Vgl. zu dieser Formel der Konsubstantiationstheorie Heßhus bei Schmid, Kampf um die Lehre v. Abendmahl 209, Anm. 1.   [3]) Joh. 1, 14; Kol. 2, 9; Act. 7, 9.   [4]) Justin, Ap. I 66 MSG VI 426; Cyprian Ep. LXIII 4. 5 MSL IV, 372ff. CSEL III 2, 701ff.; Pf. Augustin Quaest. ex NT, 95 MSL XXXV 2789; Leo vgl. TB auf S. 995; Gelasius I., A. Thiel, Ep. Rom. Pont. genuinae I, 1868, 541/2; Chrysostomus, Ep. ad Caesarium monach. MSG LII 758. *

Brot und Wein nicht ein persönliche Vereinigung wie beider Naturen in Christo, sunder wie sie | D. Luther und die Unsern in den vielgedachten Artikeln der Vergleichung Anno 1536 etc. und sonst sacramentalem unionem, das ist, ein sakramentliche Voreinigung, nennen[1], damit sie anzeigen wollen, daß, ob sie schon die formas in pane, sub pane, cum pane, das ist, diese unterschiedene Weise zu reden: im Brot, unter dem Brot, mit dem Brot, auch brauchen[2], dennoch die Wort Christi eigentlich und wie sie lauten angenommen | und[3] in der Proposition, | das ist, in den Worten des Testaments Christi: „H o c e s t c o r p u s m e u m, das ist mein Leib," nicht eine figuratam praedicationem, sondern inusitatam[4], das ist, nicht für eine figürliche verblümbte Rede oder Deutelei verstanden haben, wie Justinus spricht[5]: „Dieses empfahen wir nicht als ein gemein Brot und gemeinen Trank, sondern gleichwie Jesus Christus, unser Heiland, durchs Wort Gottes Fleisch worden, auch Fleisch und Blut umb unser Seligkeit willen gehabt, also glauben wir, daß die durchs Wort und Gebet von ihm gesegnete Speise des Herrn Jesu Christi Fleisch und Blut sei."

Wie dann D. Lutherus[6] auch in seinem großen, und sonderlich im letzten Bekenntnus vom Abendmahl eben die Form zu |reden, welche Christus im ersten Abendmahl gebraucht, mit großem Ernst und Eifer verteidigt.

Dieweil dann D. Luther | der |[7] fürnehmbste Lehrer der Kirchen, so sich zur Augsburgischen Confession bekennen, billich halten

duae distinctae et non mutatae naturae inseparabiliter sunt unitae, ita in sacra coena duas diversas substantias, panem videlicet naturalem et verum naturale corpus Christi, in instituta sacramenti administratione hic in terris simul esse praesentia. Quod tamen non ita est accipiendum, quasi unio haec corporis et sanguinis Christi cum pane et vino sit personalis unio, qualis est utriusque naturae in Christo, sed est unio sacramentalis, ut eam D. Lutherus et alii (in illa concordiae formula anno 36. conscripta et alias) appellant. Quo significare volunt, etiamsi formis loquendi, in pane, sub pane, cum pane, quandoque utantur, tamen se propositionem (hoc est corpus meum) simpliciter et ut verba sonant accipere et amplecti eamque nequaquam pro figurata, sed pro inusitata praedicatione agnoscere. Sic etiam Iustinus de hoc negotio loquitur, inquiens: Non ut panem vulgarem et potum accipimus, sed quemadmodum Christus, servator noster, per verbum Dei caro est factus, carnem quoque et sanguinem propter nostram salutem habuit: ita etiam credimus, per verbum et preces ab ipso sanctificatum cibum Domini nostri Iesu Christi corpus et sanguinem esse. Et sane D. Lutherus (in Maiori, praesertim vero ultima sua Confessione de coena) eam de hac re formam loquendi, qua Christus in prima coena celebranda usus est, graviter et magno zelo defendit.

Cum autem D. Lutherus haud dubie praecipuus earum ecclesiarum, quae Augustanam Confessionem amplexae sunt,

---

5 1536 etc. ∼ H nouvw etc. > einige Hss. Konk   9 sub pane > ü   9/10 unterschiedene] =schiedliche H   10 Brot > s   w a. R.: | propositiones in, sub, cum | 11 dem Brot > s   12 brauchen] gebrauchen B   15 Christi + [und in der Proposition] A   16 corpus meum ∼ k   meum + nennen z   19 Rede > w y   30 dann + auch v   auch > v   31 im] in seinem u   32 die] diese alle Hss außer i o q r ō   36 Dieweil + man w, urspr. A H   Luther + auch für ein Gliedmaß, wo nicht den Helmst, urspr. A + auch für ein Gliedmaß H   der fürnehmbste] für den fürnehmbsten r w   37 der Kirchen > u   so > c   sich > s   38 Confession + sich s   billich halten muß] zu halten r Konk   halten muß] zu halten g k l o z   halten] gehalten werden B

2 inseparabiliter] in una indivisa persona   12 in + dicta   14 et alias > Quo >   significare + autem   16 utantur] uterentur

---

[1]) CR III 75.   [2]) CR III 78, vgl. S. 983, Anm. 2.   [3]) Darüber | N. |.
[4]) Vgl. Apologia FC 154a: „diese Phrasis ist von den Unsern darumb inusitata genannt, daß in den usitatis linguis kein Exempel gefunden, daß sich mit solcher Rede Christi durchaus vergleiche..." 152b: „diese Art zu reden könne sacramentalis, singularis, inusitata oder wie Lutherus redet, synecdochica geheißen werden, nicht daß continens pro absente contento da gebraucht, sondern umb der Vereinigung der zweien Ding willen, welcher eines irdisch ist... das ander aber himmlisch..." Die Exegesis setzt 26 für inusitata: sacramentalis.   [5]) Apol. I 66, Th. Otto, Corp. Apolog. I 181/183 (1876), MSG VI 427/30.   [6]) WA XXVI 271ff., 379ff.; LIV 149ff.   [7]) Darüber | N. |.

muß, als dessen ganze Lehr, Summa und Inhalt, in den Artikeln vielermelter Augsburgischer Confession verfasset und dem Kaiser Karolo V. übergeben, so kann und soll mehrgedachter Augsburgischen Confession eigentlicher Verstand und Meinung aus keins andern denn aus D. Luthers Lehr- und Streitschriften eigentlicher und besser genommen werden.

Wie dann eben diese jtzterzählte Meinung uf den einigen, festen, unbeweglichen und unzweifelhaftigen Fels der Wahrheit aus den Worten der Einsetzung im heiligen göttlichen Wort gegründet und von den heiligen Evangelisten und Aposteln und ihren Discipulen und Zuhörern also verstanden, gelehret und fortgepflanzet werden.

Denn dieweil unser Herr und Heiland Jesus Christus, von welchem als userm einigen Lehrmeister dieser ernster Befehl vom Himmel herab allen Menschen gegeben wird: „Hunc audite, den sollt ihr hören¹", welcher nicht ein schlechter Mensch oder Engel, auch nicht allein wahrhaftig, weis und mächtig, sondern die ewige Wahrheit und Weisheit selbst und allmächtiger Gott ist, der gar wohl weiß, was und wie er reden soll, und kann auch alles dasjenige, was er redet und verheißet, kräftiglich ausrichten und ins Werk setzen, wie er spricht²: „Himmel und Erden müssen vergehen, aber meine Wort" müssen nicht „vergehen". Item: „Mir ist gegeben alle Gewalt im Himmel und auf Erden."

Dieweil nun dieser wahrhaftiger, allmächtiger Herr, unser Schöpfer und Erlöser Jesus Christus, nach dem letzten Abendmahl, da er | jetzt | sein bitter Leiden und Sterben für unsere Sünde anfähet, zu der traurigen letzten Zeit, mit großem Bedacht und Ernst in Einsetzung dieses hochwir-

doctor fuerit (cuius tota doctrina tanquam compendio summatim in Augustana Confessione comprehensa et Imperatori Carolo V. exhibita est), profecto commemoratae illius Augustanae Confessionis propria, vera et genuina sententia et nullius hominis libellis rectius et certius quam ex D. Lutheri didacticis et polemicis scriptis hauriri potest.

Et quidem haec ipsa iam commemorata 42 D. Lutheri sententia in unica solidissima, immota et extra omne dubium posita petra veritatis (institutione nimirum coenae, quae in verbo Dei recitatur) fundata est, et hanc sententiam sancti evangelistae, apostoli et ipsorum discipuli ad eum modum acceperunt et amplexi sunt eamque alios docuerunt atque ad posteritatem propagarunt.

Cum enim Dominus et salvator noster 43 Iesus Christus, de quo (ut de unico nostro praeceptore) severissimum mandatum de coelis omnibus hominibus datum est: H u n c a u d i t e, non sit vulgaris aliquis homo aut angelus, nec sit tantummodo verax, sapiens, potens, sed et ipsa aeterna veritas et sapientia et verus omnipotens Deus, qui rectissime novit, quid et quomodo loqui debeat, et omnia, quae loquitur ac promittit, potentissime efficere et praestare valet, sicut ipse inquit: Coelum et terra transibunt, verba autem mea non transibunt. Et alibi: Mihi data est omnis potestas in coelo et in terra etc.

Cum, inquam, hic verax, omnipotens 44 Dominus, creator et redemptor noster Iesus Christus, post ultimam illam coenam, cum iamiam acerbissimam suam passionem et mortem pro peccatis nostris accederet, tristissimo nimirum illo et postremo tempore re gravissime deli-

Luc. 3.

Luc. 31.

Matth. 28.

---

1 muß > *n t u v w x*   17 werden] worden Konk   22 ernster] erster *b*   24 den *bis* hören > *y ü*   25 oder] und *b*   29 und > *f*   34 müssen nicht > *z*   vergehen + nicht *z*   37/8 wahrhaftiger, allmächtiger ∼ *l*   38 Herr > *H*   40 jetzt] nun *H*, urspr. *A*   43 dieses] des *B*

10 iam] paulo ante   20 Cum enim Dominus] Aequissimum autem est, ut diligenter et accurate expendamus, quis nam verba illa testamenti (hoc est corpus meum) primus pronunciaverit: Dominus videlicet   24 audite + Hic vero   sit] est   25 sit] est   27 et] est   et (2.) >   et (3.)] atque potentia et   28 qui] Hic   29 novit] noverat   et quomodo >   debeat] deberet   32 sicut ipse inquit] Sic enim inquit Christus   37 Cum *bis* verax] Consideremus etiam quo tempore veracissimus ille 39 Christus + hoc sacramentum instituerit. Instituit autem hoc sacramentum   39/40 coenam + quam cum suis discipulis sumpsit   41 et mortem > nostris + subeundam   43 gravissime + (ut ita loquitur)

---

¹) Matth. 17, 5; vgl. Luk. 3, 22.   ²) Luk. 21, 33; Matth. 28, 18.

digen Sakraments, welchs bis ans Ende der Welt mit großer Reverenz und Gehorsamb gebraucht worden und ein stetes Gedächtnus seins bittern Leidens und Sterbens und aller seiner Guttaten, ¹ eine Versieglung des neuen Testaments, ein Trost aller betrübten Herzen und stetes Band und Vereinigung der Christen mit ihrem Häupt Christo und unter ʼsich selbst sein sollte, diese Wort in Stiftung und Einsetzung des heiligen Abendmahls von dem gesegneten und dargereichten Brot gesprochen hat¹: „Nehmet hin und esset, das ist mein Leib, der für euch gegeben wird", und von ›dem‹ Kelch oder Wein: „Das ist mein Blut des neuen Testaments, welchs für euch vergossen wird zu Vergebung der Sünden."

berata et magno zelo augustissimum hoc sacramentum ecclesiae ordinaverit (quod usque ad finem mundi magna cum reverentia, obedientia et humilitate sumendum et perpetuum acerbissimae passionis et mortis et omnium beneficiorum eius monumentum futurum erat simulque obsignatio et confirmatio novi testamenti, solatium omnium perturbatarum conscientiarum, firmum vinculum societatis Christianae et cum capite suo Christo et inter se invicem coniunctio arctissima), certe res gravissimas et longe maximas animo agitavit, cum haec verba institutionis coenae (de pane illo, cui benedicebat et quem discipulis porrigebat) pronuntiaret: Accipite, comedite, hoc est corpus meum, quod pro vobis traditur. Et de calice seu vino: Hic est sanguis meus novi testamenti, qui pro vobis effunditur in remissionem peccatorum.

So sind wir ja schuldig, diese des ewigen, wahrhaftigen und allmächtigen Sohns Gottes, unsers Herren, Schöpfers und Erlösers Jesu Christi Wort nicht als verblümte, figürliche, frembde Reden anders zu deuten und auszulegen, wie es unser Vernunft gemäß scheinet, sondern die Wort, wie sie lauten, in ihrem eigentlichen, klaren Vorstand mit einfältigem Glauben und schuldigen Gehorsamb anzunehmen und uns durch kein Einrede oder menschlich Widersprechen, aus menschlicher Vornunft gesponnen, wie lieblich sie auch der Vernunft scheinen, davon abwenden lassen.

Haec cum ita se habeant, profecto aeterni, veracissimi atque omnipotentis filii Dei, Domini, creatoris et redemptoris nostri Iesu Christi verba non ut figurate, metaphorice, tropice dicta aut prolata in aliam sententiam detorquenda sunt, ut nostrae humanae rationi verisimilia fiant. Quin potius haec Christi verba, ut sonant, in propria sua ac perspicua sententia simplici fide et debita obedientia atque reverentia accipere tenemur. Neque committendum est, ut ullae obiectiones aut hominum contradictiones, quae ab humanae rationis acumine promanant, utcunque humanae rationi blandiantur, nos ab expresso illo Christi testamento abducant.

Wie Abraham, da er Gottes Wort von Aufopferung seins Sohns höret, ob er wohl Ursach gnug gehabt zu disputieren, ob die Wort, dieweil sie nicht allein wider alle Vornunft und wider das göttlich und natürlich Gesetz, sondern auch wider den hohen Artikel des Glaubens vom verheißenen Samen Christo, der von Isaak sollte

Sanctissimus patriarcha Abrahamus, cum verbum Dei de offerendo filio suo audisset, poterat certe occasionem disputandi arripere, an verba secundum litteram accipere, an vero commoda et tolerabiliore aliqua interpretatione lenire deberet, quandoquidem non modo cum omni ratione et cum lege Dei et naturae,

---

3 und] uns *s*   stetes] stetig *B*   7 und *(1.)*] ein *w y ü*   und *(2.)*] der *d*
und *(2.)* > *o*   10 in] zu *ü*   des > *n*   15 Wein + nehmet hin, trinket *b*   27 figürliche > *q*   28 es > *l*   30 in] mit *c f s*   33 durch > *z*   47 Christo] Christi *m*

2 ordinaverit + quippe   5 et] esset; quod   7 simulque] quod volebat esse
8 obsignatio] obsignationem   confirmatio] confirmationem   12 coniunctio] coniunctionem   12/3 arctissima] arctissimam   13 certe] Has   14 maximas + cum agitavit] agitaret   cum >   18/9 quod pro vobis traditur >   19 vino + dixit
26 Iesu Christi >   41 suo + unigenito ex Sara nato   43 verba] oraculum illud
46 quandoquidem + verba illa oraculi

---

¹) Aus Matth. 26, 26—28 u. Luk. 22, 19.

geboren werden, öffentlich streiten, nach dem Buchstaben oder mit einer leidlichen oder sanften Glossa sollten zu verstehen sein:

Dennoch, wie er zuvor, als ihm die Verheißung von dem gebenedeieten Samen aus Isaak gegeben wird (wiewohl es seiner Vornunft unmüglich scheint), Gott die Ehre der Wahrheit gibt und auf das allergewisseste bei sich geschlossen und geglaubet hat, daß Gott, was er verheißet, solchs auch tun kann.

Also verstehet und gläubet er auch allhier Gottes Wort und Befehlich einfältig und schlecht, wie sie nach dem Buchstaben lauten, und läßt es Gottes Allmächtigkeit und Weisheit befohlen sein, welche er weiß, daß sie viel mehr Weise und Wege hat, die Vorheißung des Samens aus Isaak zu erfüllen, als er mit seiner blinden Vornunft begreifen kann. Also sollen wir auch mit aller Demut und Gehorsamb unsers Schöpfers und Erlösers deut'lichen, festen, klaren und ernsten Worten und Befehl ohne allen Zweifel und Disputation, wie es sich mit unserer Vernunft reime oder müglich sei, einfältig glauben; denn dieser Herr solche Wort geredt hat, welcher die unendliche Weisheit und Wahrheit selbst ist und alles, was er verheißet, gewißlich auch ins Werk setzen und vollbringen kann.

Nun zeugen alle Umbstände der Einsetzung dieses Abendmahls, daß diese Wort unsers Herrn und Heilands Jesu Christi, so an sich selbst einfältig, deutlich, klar, fest und unzweifelhaftig sein, anders nicht dann in ihrer gewöhntlichen, eigentlichen und gemeinen Deutung können und sollen verstanden werden. Denn dieweil Christus diesen Befehl über Tisch und ob dem Nachtmahl tut, ist ja kein Zweifel, daß er von rechtem, natürlichen Brot und von natürlichen Wein, auch von mündlichen Essen und Trinken redet, daß keine Metaphora, das ist, ein Veränderung des Verstands im Wort Brot sein kann, als daß der Leib Christi ein geistlich Brot oder ein geistliche Speise der Seelen sei. So verwahrets auch Christus selbst, daß kein Metonymia, das ist, gleichergestalt auch kein Voränderung des

verum etiam cum praecipuo illo fidei articulo de promisso semine Christo, qui ex Isaaci stirpe nasciturus erat, aperte pugnare viderentur. Veruntamen, sicut antea promissionem de benedicto semine (ex Isaaci progenie nascendo) fide acceperat atque amplexus fuerat, etsi id ipsum rationi eius impossibile videretur, et sic Deo laudem veritatis tribuerat, certissime sciens atque credens, quod Deus, quae promisisset, etiam praestare posset: ita quoque nunc simpliciter accipit verbum et mandatum Dei secundum litteram, remque totam divinae omnipotentiae et sapientiae permittens, quam scit multo plures habere modos, per quos promissionem illam de semine ab Isaaco propagando implere posset, quam ipse caeca sua ratione comprehendere valeret. Et ad hunc modum etiam nos 47 vera humilitate et obedientia creatoris et redemptoris nostri perspicuo, firmo, claro et maxime serio verbo et mandato (absque omni haesitatione et disputatione), quomodo id ad nostram rationem quadret aut possibile sit, simpliciter credere debemus. Haec enim verba locutus est D o m i n u s ille, qui immensa est D e i patris sapientia et veritas ipsa, qui omnia, quae promittit, certissime re ipsa perficere et praestare potest.

Et sane omnes circumstantiae institutionis coenae dominicae luculenter 48 testantur, verba illa Domini et salvatoris nostri Iesu Christi (quae per se perspicua, firma, clara et indubitata sunt) non aliter quam in usitata, propria et communi significatione accipi posse et debere. Cum enim Christus mandatum illud (de edendo corpore suo etc.) in mensa et in coena dederit, dubium esse non potest, quin de vero naturali pane et de vero naturali vino atque de manducatione, quae ore fit, loquatur, ita ut nulla in vocabulo (panis) metaphora esse possit, quasi Christi corpus spiritualem panem aut spiritualem cibum animae dicere voluerit. Et Christus ipse 49 praecavere studuit, ne metonymia in vocabulo (corporis) intelligeretur et ne

---

5 Dennoch] Demnach *g k w, urspr. l* 11 solchs] *B s* 13 allhier] hie *B* 17 welche] welchs *ü* (welche Weise es geschehn mag und soll) denn *Cor* 22/3 Schöpfers und Erlösers ~ *q* 27 Herr + der *B* 29 und Wahrheit > *ü* 29/30 und (2.) bis verheißet > *b* 31 vollbringen] richten *v* kann] wird *z* 33 dieses] des heiligen *m t w x* Konk 40 über + dem *b* 42 natürlichen > *B f* 43 mündlichen] natürlichen *b* 48 *zu* Seelen (?) *d (fol. 150a) a. R.* | forte addendum allein, sic enim est in sequentib. fol. 152b (<= S. 991, Z. 45!) | verwahrts] verwahrt *g n t v w*

12 quoque nunc] etiam hoc oraculum 14 litteram + intelligens 15/6 quam scit] nihil dubitans eam 20 Et ad hunc] Ad eundem

Verstands in dem Wort Leibe sei, und daß er nicht von einem Zeichen seins Leibs oder von einem Bedeuten oder figürlichem Leib oder von der Kraft seins Leibs und Wohltaten, die er mit Aufopferung seines Leibs erworben hat, redet, sondern »von« seinem wahren, wesentlichen Leib, den er für uns in den Tod gegeben, und von seinem wahren wesentlichen Blut, das für uns an Stamme des Kreuzes zu Vergebung der Sünden vergossen ist.

Nun ist ja kein so treuer noch gewisser Ausleger der Wort Jesu Christi, denn eben der Herr Christus selbst, der seine Wort und sein Herz und Meinung am besten verstehet und dieselben zu klären am weisesten und verständigsten ist, welcher allhie als in Stiftung seins letzten Willens und Testaments und stets währender Bündnus und Vereinigung wie sonsten in allen Artikeln des Glaubens und aller anderer Bund= und Gnadenzeichen oder Sakrament Einsetzung, als der Beschneidung, der mancherlei Opfer im alten Testament, der heiligen Taufe, nicht verblümte, sondern ganz eigentliche, einfältige, unzweifelhaftige und klare Wort gebraucht, und damit ja kein Mißverstand einfallen könne, mit den Worten „für euch gegeben; für euch vergossen", deutlicher erkläret, lässet auch seine Jünger in dem einfältigen, eigentlichen Verstand bleiben und befiehlt ihnen, daß sie alle Völker also lehren sollen, alles das ¹zu halten, was er ihnen, den Aposteln, befohlen hat¹.

Derhalben auch alle drei Evangelisten, Matth. 26. Marc. 14. Luc. 22., und S. Paulus², der nach der Himmelfahrt Christi

existimaretur de signo corporis sui aut tantum de symbolo vel de figurato corpore aut de virtute corporis sui seu de beneficiis, quae oblatione corporis sui nobis promeruit, agere. Diserte enim loquitur de vero, essentiali et substantiali suo corpore, quod in mortem pro nobis tradidit, et de vero, substantiali sanguine suo, quem pro nobis in ara crucis in remissionem peccatorum effudit.

Atqui nullus potest esse tam fidelis aut idoneus atque doctus interpres verborum Iesu Christi, quam ille ipse Christus Dominus, qui sua verba illa certissima, suam mentem atque sententiam omnium optime intelligit atque ad eam dextre declarandam intelligentia et sapientia instructissimus est. Hic in declaratione inprimis ultimae suae voluntatis, testamenti et perpetui foederis atque coniunctionis non figuratis, non ambiguis, sed propriis, simplicissimis et disertis verbis uti voluit, quemadmodum etiam in aliis fidei articulis ponendis et confirmandis atque in signis gratiae et pacti seu sacramentis instituendis (verbi gratia in circumcisione, in constituendis olim sacrificiis veteris testamenti, postea vero in baptismi institutione) non verbis obscuris, figuratis aut ambiguis uti solitus est. Et ut omnem ambiguitatem caveret, satis mentem suam declaravit, cum de corpore suo in sacra coena exhibendo dixit: quod pro vobis datur, et de sanguine: qui pro vobis effunditur. Et cum apostoli haec ipsius verba simplicissime acciperent, relinquit eos in hac propria et simplici sententia ac mandat illis, ut omnes gentes ad eum modum doceant iubeantque eas observare, quae ipsis, apostolis, a Christo praecepta erant.

Qua de causa etiam tres evangelistae, Matthaeus, Marcus, Lucas, et divus Paulus, qui institutionem coenae dominicae

---

3 bedeuten oder > i   4/5 und Wohltaten > v   8 den > c w   9 wahren, wesentlichen ∼ H   das + er c r ü Konk   11 ist] hat r Konk, c statt [ist]   12 kein so ∼ t, urspr. m o   so > x   treuer] teurer c   getreuer b z   noch] und viele Hss Konk   13 Jesu > ü   14 selbst > w   18 in] ein c   28 könne] können s   29 gegeben + und w ü   31 eigentlichen > ö   32 befiehlt] befiehlts einige Hss. Konk   33 alles] also u   alles das ∼ ü   44 auch > v

2 tantum >   6 essentiali et >   7/8 pro nobis tradidit] traditurus sit   10 effudit] fusurus erat   28 in circumcisione >   29 veteris testamenti >   38/9 relinquit bis sententia ac] non reprehendit propriam illam et simplicissimam sententiam, quam apostoli amplexi erant, sed potius

---

¹) Matth. 28, 19. 20.   ²) Matth. 26, 26; Mark. 14, 22; Luk. 22, 19; 1. Kor. 11, 25.

dasselbige empfangen, 1. Cor. 11, einhelliglich und mit einerlei Worten und Syllaben diese helle, klare, feste und wahrhaftige Wort Christi: „das ist mein Leib", ganz auf einerlei Weise von dem gesegneten und dargereichten Brot ohne alle Deutung und Änderung wiederholen. Ist darumb kein Zweifel, daß auch vom andern Teil des Sakraments diese Wort Lucae und Pauli[1]: „dieser Kelch ist das neue Testament in meinem Blut", kein andere Meinung können haben, denn die S. Matthaeus und Marcus[2] geben: „das (nämblich, das ihr aus dem Kelch mündlich trinket,) ist mein Blut des neuen Testaments", dardurch ich dies mein Testament und neuen Bund, nämblich die Vergebung der Sünden, mit euch Menschen aufrichte, versiegele und bekräftige.

So ist auch diese Wiederholung, Bestätigung und Erklärung der Wort Christi, die S. Paulus 1. Cor. 10 tuet[3] als ein sonderliches, helles Zeugnus der wahren, wesentlichen Gegenwärtigkeit und Austeilung des Leibs und Bluts Christi im Abendmahl mit allem Fleiß und Ernst zu betrachten, do er also schreibet: „Der gesegnete Kelch, welchen wir segnen, ist der nicht die Gemeinschaft des Bluts Christi? Das[4] Brot, das wir brechen, ist das nicht die Gemeinschaft des Leibs Christi?" | Daraus wir klärlich lernen, daß nicht allein der Kelch, den Christus im ersten Abendmahl gesegnet, und nicht allein das Brot, welches Christus gebrochen und ausgeteilet hat, sondern auch das wir brechen und segnen, sei die Gemeinschaft des Leibs und Bluts Christi, also, daß alle die, so dies Brot essen und aus dem Kelch trinken, wahrhaftig entpfahen und teilhaftig werden des wahren Leibs und Bluts Christi; denn wo der Leib Christi nicht wahrhaftig und wesentlich, sondern allein nach seiner Kraft und Wirkung gegenwärtig und genossen würde, so würde das Brot nicht eine Gemeinschaft des Leibs, sondern des Geistes, Kraft und Guttaten Christi müssen gennenet werden, wie die Apologia argumentieret und schleußt[5]. Und so Paulus allein von der geistlichen

ab ipso Christo post ascensionem ipsius acceperat, unanimi consensu iisdem verbis et syllabis haec clara, firma, perspicua et vera verba Christi: hoc est corpus meum, prorsus eodem modo de benedicto et distributo pane sine omni tropo, figura aut variatione recitant. Itaque dubium esse non potest, quin et de altera parte sacramenti haec verba: hic calix est novum testamentum in meo sanguine, in evangelista Luca et Paulo nullam aliam sententiam habeant quam verba Matthaei et Marci, qui dicunt: Hoc, quod vos ex calice bibitis, est sanguis meus novi testamenti, quo videlicet hoc testamentum meum et novum foedus, videlicet remissionem peccatorum, vobis hominibus sancio, ferio, obsigno et confirmo.

Sed et haec repetitio, confirmatio et declaratio verborum Christi, quam divus Paulus ponit (ut clarissimum verae substantialis praesentiae et distributionis corporis et sanguinis Christi in coena testimonium) singulari diligentia et accurate est expendenda. Sic enim ait: Calix benedictionis, cui benedicimus, nonne communicatio sanguinis Christi est? Et panis, quem frangimus, nonne participatio corporis Domini est? His enim apostoli verbis docemur, quod non modo calix ille, cui Christus in prima coena benedixit, et non modo panis, quem Christus fregit et distribuit, sed etiam panis, quem nos frangimus, et calix, cui nos benedicimus, sint corporis et sanguinis Christi communicatio, ita quidem, ut omnes, qui hunc panem edunt atque e calice bibunt, vere accipiant atque participent verum corpus et verum sanguinem Christi. Etenim nisi corpus Christi vere et substantialiter, sed duntaxat virtute et efficacia sua praesens esset et sumeretur: panis non corporis, sed spiritus, virtutis et beneficiorum Christi communicatio dici debuisset, quemadmodum etiam Apologia prorsus eadem ratione in hoc ipso negotio argumentatur et statuit. Et sane si divus Pau-

---

1/2 einhelliglich] Einhelligkeit y   3 feste > q   8 Zweifel] Zweiflung l   13 das (1.) > k   14 trinket] sollten trinken q   15/6 dardurch bis Testament > m z   17 die > u   Sünden + den z   25/31 im bis Christi > z   29/31 | Das bis Christi | > m v   30 die > s   48 schleußt + etc. z   49 so] do z   so + S. H   geistlichen] christlichen x

1 ascensionem] resurrectionem   9 et de bis haec] quin

[1]) Luk. 22, 20; 1. Kor. 11, 25.   [2]) Matth. 26, 28; Mark. 14, 24.   [3]) 1. Kor. 10, 16.
[4]) Darüber | N. | [5]) Apol. X, S. 248, § 50.

Gemeinschaft des Leibs Christi durch den Glauben redete, wie die Sakramentierer diesen Spruch verkehren, so würde er nicht sagen: das Brot, sondern der Geist oder Glaube wäre die Gemeinschaft des Leibes Christi. Nun sagt er: das Brot sei die Gemeinschaft des Leibes Christi, daß alle, die des gesegneten Brots genießen, auch des Leibs Christi teilhaftig werden; so muß er ja nicht von geistlicher, sondern von sakramentlicher oder mündlicher Nießung des Leibs Christi, die den frommen und gottlosen Christen gemein ist, reden.

Wie auch die Ursach und Umbstände derselben ganzen Predigt S. Pauli[1] ausweisen, daß er die, so vom Götzenopfer aßen und mit heidnischem Teufelsdienst Gemeinschaft hätten und gleichwohl auch zum Tisch des Herrn gingen und des Leibs und Bluts Christi teilhaftig worden, abschrecket und warnet, daß sie nicht ihnen selbst zum Gericht und Verdammnis den Leib und Blut Christi empfangen. Denn weil alle, die des gesegneten und gebrochenen Brots im Abendmahl teilhaftig werden, auch mit dem Leib Christi Gemeinschaft haben, so muß ja S. Paulus nicht von der geistlichen Gemeinschaft mit Christo reden, die niemand mißbrauchen kann und dafür man auch niemand warnen soll.

Derhalben auch unsere liebe Väter und Vorfahren, als Lutherus und andere reine Lehrer Augsburgischer Confession, diesen Spruch Pauli mit sollichen Worten erklären, daß er zum allerbesten mit den Worten Christi übereinstimmt, da sie also schreiben[2]: Das Brot, das wir brechen, ist der ausgeteilte Leib Christi oder der gemeine Leib Christi, unter die geteilet, so das gebrochene Brot empfahen.

Bei dieser einfältigen, gegründten Erklärung dieses herrlichen Gezeugnis 1. Cor. 10.[3] bleiben wir einträchtiglich und verwundern uns billich, daß etliche so kühn sein, daß sie diesen Spruch, den sie selbst vorhin den Sakramentierern entgegengesetzet, jtz-

lus duntaxat de spirituali communicatione corporis Christi, quae per fidem fit, ageret (ut Sacramentarii hoc Paulinum dictum suo more depravare solent), non dixisset panis, sed spiritus aut fides est communicatio corporis Christi. At apostolus affirmat panem esse communicationen corporis Christi, quod videlicet omnes, qui participant benedictum panem, etiam corporis Christi participes fiant. Ex eo ergo hoc conficitur, Paulum haudquaquam de spirituali, sed de sacramentali seu ea, quae ore fit, participatione corporis Christi loqui, quae piis et impiis, titulo duntaxat Christianis, communis est.

Hanc piam nostram sententiam etiam 57 ratio et circumstantiae concionis illius Paulinae confirmant. Eos enim, qui de idolothytis edebant et ethnicis cultibus diabolicis communicabant, nihilominus autem etiam ad mensam Domini accedebant et corporis ac sanguinis Christi participes fiebant, Paulus a tanto facinore deterret et admonet, ne sibi ipsis ad iudicium et damnationem corpus et sanguinem Christi sumant. Cum enim omnes illi, qui benedicti et distributi panis in sacra coena participes fiunt, etiam cum corpore Christi communicationem habeant, profecto divi Pauli verba non possunt accipi de spirituali communicatione cum Christo, qua nemo abuti unquam potest, et a qua homines non sunt deterrendi.

Quare patres et pii maiores nostri, D. 58 Lutherus et alii sinceri doctores Augustanae Confessionis, hoc divi Pauli dictum eiusmodi verbis declarant, ut cum verbis Christi optime consentiat; ut cum ad hunc modum id explicant: Panis, quem frangimus, est corpus Christi distributum, seu communicatum corpus Christi, quod inter eos distribuitur, qui fractum panem accipiunt.

In hac simplici et solide fundata ex- 59 plicatione luculenti illius testimonii Paulini magno consensu acquiescimus. Et non iniuria miramur, quod audaces homines reperiantur, qui cum ipsi ante haec tempora Sacramentariis hoc Pauli

---

4 oder] und *B*   oder] der *t*   oder + der *v*   6/7 Nun bis Christi > *z*   10 von (2.) >
viele Hss Konf   10/1 sakramentlicher] sakramentierlicher *c w* Konf   18 aßen] essen *k*
21 gingen] gehe *i*   22 worden] wurden *i q ü*   25 Denn] Und *c d*   weil] dieweil
B f g k l m n o t u v x ä   29 ja > *ü*   32 warnen + kann noch *z*   39 zum] am *H*
40 da] daß *w*   42/3 gemeine] genommene *g k l*   43 Leib > *f*   Christi > *s*
46 Gezeugnis] Zeugnis *m*

9 benedictum >   26 sumant] sumerent   enim + iuxta Pauli sententiam

---

[1]) 1. Kor. 10, 18 ff.; 11, 29.   [2]) Vgl. 1. Kor. 10, 16.   [3]) 1. Kor. 10, 16.

und für ein Grund ihres Irrtumbs, ›daß‹ im Abendmahl der Leib Christi allein geistlich genossen werde, anziehen dürfen: Panis est communicatio corporis Christi, hoc est id, quo fit societas cum corpore Christi (quod est ecclesia), seu est medium, per quod fideles unimur Christo, sicut verbum evangelii fide apprehensum est me'dium, per quod Christo spiritualiter unimur et corpori Christi, quod est ecclesia, inserimur[1]. Welches zu deutsch also lautet: Das Brot ist die Gemeinschaft des Leibes Christi, das ist, es ist das, dardurch wir Gemeinschaft haben mit dem Leib Christi, welcher ist die Kirche, oder es ist das Mittel, dardurch wir Gläubigen vereiniget werden mit Christo, gleichwie das Wort des Evangelii, wann es mit Glauben ergriffen wird, ist ein Mittel, dardurch wir mit Christo geistlich vereiniget und dem Leib Christi, welcher ist die Kirch, einverleibt werden.

Denn daß nicht allein die gottseligen, frommen und gläubigen Christen, sondern auch die unwirdigen, gottlosen Heuchler, als Judas und seine Gesellen, so keine geistliche Gemeinschaft mit Christo haben und ohne wahre Buß und Bekehrung zu Gott zum Tisch des Herrn gehen, auch den wahren Leib und Blut Christi mündlich im Sakrament empfangen und sich mit ihrem unwirdigen Essen und Trinken am Leib und Blut Christi schwerlich versündigen, lehret S. Paulus ausdrücklich 1. Cor. 11.[2]: „Wer unwirdig von diesem Brot isset und von dem Kelch des Herrn trinket," der" versündiget sich nicht allein am Brot und Wein, nicht allein an Zeichen oder symbolis und Figur des Leibs und Bluts, sondern wird „schuldig am Leib und Blut des Herren" Jesu Christi, welchen er allda gegenwärtig verunehret, mißbrauchet und schändet, gleichwie die Jüden, welche sich mit der Tat wirklich an dem Leibe Christi vergriffen und ihn erwürget haben; | inmaßen

dictum opposuerint, nunc illud ipsum pro fundamento erroris sui (quod videlicet corpus Christi in coena spiritualiter tantummodo sumatur) ponere non erubescant. Sic enim loquuntur: Panis est communicatio corporis Christi, hoc est, id, quo fit societas cum corpore Christi, quod est ecclesia, seu est medium, per quod fideles unimur Christo, sicut verbum evangelii fide apprehensum est medium, per quod Christo spiritualiter unimur et corpori Christi, quod est ecclesia, inserimur.

Quod autem non tantum pii et credentes in Christum, verum etiam indigni, impii hypocritae (verbi gratia Iudas et huius farinae homines qui nullam prorsus spiritualem cum Christo communicationem habent et sine vera poenitentia atque conversione ad D e u m ad coenam D o m i n i accedunt) etiam verum corpus et verum sanguinem Christi ore in sacramento sumant et grande scelus indigne edendo et bibendo in corpus et sanguinem Christi admittant, id divus Paulus expresse docet, cum affirmat, quod ii, qui indigne de illo pane edunt et de calice D o m i n i bibunt, rei fiant non tantum panis et vini, non tantum signorum et symbolorum aut figurae corporis et sanguinis, sed quod rei sint corporis et sanguinis I e s u C h r i s t i, quem in sacra coena praesentem contumelia atque ignominia afficiunt, sicut Iudaei, qui ipso facto et opere (indignis modis salvatorem tractantes) in corpus

---

2 Abendmahl + allein c   der Leib Christi] Christi Leib H   4/5 hoc est > w   5 id > B   fit > x   7 unimur H e, urspr. uniuntur   13 das (2.) + | Mittel | x   16 dardurch] durch welchs s   22 einverleibt] eingepflanzt ›einverleibt‹ q   werden] worden x   23 gottseligen + und m t   24 frommen > v   25 unwirdigen + und m   30 mündlich] mit dem Mund v   39 Bluts + Christi Cor   45—S. 992, 3 | inmaßen bis haben | statt [Denn also spricht Basilius: ⟨Bas.(?), De bapt. II 3, MSG XXXI [586⟩ „laßt uns also zum Tisch des Herrn gehen, daß wir entgehen dem Gericht deren, die den Herrn erwürget haben. Denn da stehet geschrieben: wer unwirdig isset von diesem Brot, der wird schuldig am Leibe des Herrn, und wird diese grausame Schuld gemacht" und das Gericht oder ewige und zeitliche Straf verdienet nicht allein mit dem Unglauben, Unbußfertigkeit und andern

29 ad Deum >

---

[1] Landgr. Wilhelm bemerkt a. R.: Ubi hoc scriptum est; esset enim enormis locutio. (Heppe, Syn. I 246).   [2] 1. Kor. 11, 27.

die ›alten‹ christlichen Väter und Kirchen-   C h r i s t i horribiliter peccarunt et
lehrer diesen Spruch einhellig also verstan-   C h r i s t u m occiderunt. Sic enim anti-
den und erkläret haben. |¹   quissimi, pii et eruditi doctores ecclesiae

Sünden, die ohne das ihre Gericht sonst haben, sondern mit dem unwürdigen Essen und
Trinken dieses Brots und Kelchs des Herrn, mit welchem der wahre wesentliche Leib und
Blut Christi wahrhaftig übergeben wird. Darum nennet auch Paulus ⟨1. Kor. 11, 27⟩
des Herrn Kelch, den die Unwürdigen und Unbußfertigen empfangen, der Ursachen, daß in
demselbigen gereicht wird das Blut des Herrn, an welchem der Unwirdige schuldig wird.

Und bald hernach spricht er, daß er | ihme das Gericht esse darumb, | daß er in diesem
Abendmal den Leib des Herrn, der mit dem Brot übergeben und empfangen wird, nicht unter-
scheide und viel edler und höher achtet, denn andere gemeine Speise, sondern denselben also
unehret und verächtlich zu sich nimbt, als wäre da nicht anders denn gar gemeines Brot.

Dieweil nun Paulus allhie das gesegnete Brot, welches die Unwürdigen oder Unbußfertigen und Ungläubigen essen, den Leib des Herrn nennet, gibt er deutlich zu verstehen,
daß der Leib Christi im heiligen Abendmahl wahrhaftig gegenwärtig ist und nicht allein
von den gläubigen, frommen Christen, sondern auch von den unwürdigen, verdammlichen
Scheinchristen empfangen werde, wie mit St. Paulo einträchtig die alten christlichen Lehrer
nicht allein Cyprianus, De lapsis, Chrysostomus, In Eph. ⟨!⟩ 1 in 1. Cor. 11 ⟨In ep. 1. ad
Cor. hom. XXVII 5, MSG LXI 229⟩: Gleich wie die so Christum gestochen haben, nicht
daß sie sein Blut trinken, sondern daß sie es vergießen wollen, also tut der, der Christi Blut
unwürdig trinket, und empfähet überall keinen Nutz aus dem Trinken; Basil. lib. de Bap.
cap. 3 ⟨Bas. (?), De bapt. I 3, 3, MSG XXXI 1578⟩: „Qui otiose et inutiliter edere audet
corpus et bibere sanguinem Domini nostri Jesu Christi; welcher vorgeblich und unnützlich
darf essen den Leib und trinken das Blut unsers Herrn Jesu Christi", sondern auch Augustinus
selbst, welchen sonst die Sakramentierer ganz auf ihre Meinung zu ziehen vormeinen, in
vielen Orten ausdrücklich lehret, daß es mit keiner Sophisterei kann verblumet werden,
als wider Fulgentium Donatistam ⟨Ps. Aug. C. Fulg. Don. IV, MSL XLIII App. 766⟩:
„Denn auch Judas der Verräter hat den guten Leib Christi empfangen"; Lib. 5. de Baptismo contra Donat. cap. 8 ⟨MSL XLIII 181⟩: „Gleichwie Judas, deme der Herr den ein-
getauchten Bissen reichet, nicht etwas Böses empfing, sondern das ers böslich empfing,
Raum gab dem Teufel, als ein jeder, der unwürdig das Sakrament des Herrn empfähet,
macht nicht, daß es böse sei, weil er böse ist oder weil ers nicht zur Seligkeit empfähet, daß
er nichts empfahe; denn nichtsdestoweniger ist der wahre Leib und das Blut des Herrn auch
denen, von welchen der Apostel sagt: welcher unwürdig isset und trinket, der isset und trinket
ihme das Gericht"; Epist. ⟨Ep. XLIII 8, 23, MSL XXXIII 171⟩ 162: „Der Herr leidet
Judam den Dieb und seinen Vorräter, und läßt ihn sammt den unschuldigen Jüngern
empfahen, das die Gläubigen erkennen für unsern Schatz und das für unsere Erlösung
gegeben ist"; Lib. contra Donat. post collationem ⟨VII, 9. XX, 27 MSL XLIII 658. 669⟩:
„Gute und böse Christen essen und trinken zugleich den Leib und das Blut Christi, aber
mit großem Unterscheid, jene zum Heil, diese zum Gericht."

Denn ja gewiß und unwidersprechlich ist, daß beides, die heilige göttliche Schrift Joh. 6,
Matth. 26, 1. Cor. 10, 11, und die alten christlichen Lehrer, von zweierlei Essen oder Nießung
und Gemeinschaft des Leibs und Bluts Christi unterschiedlich reden, wie der jetzt angezogene Spruch Augustini, Contra Donatistas und Serm. 11. de verbis domini, quisquis
blasphemaverit etc. ausdrücklich zeuget ⟨Sermo LXXI 11, 17, MSL XXXVIII 453⟩: „da
er spricht Joh. 6⟨, 57⟩: „wer mein Fleisch isset und trinket mein Blut, der bleibet in mir
und ich in ihm, wie wollen wirs verstehen? können wir auch hie die verstehen, von denen
der Apostel sagt, daß sie ihnen das Gericht essen und trinken, dieweil sie das wahre Fleisch
essen und das wahre Blut trinken, ob auch Judas seins Meisters Verkäufer und gottloser
Verräter, weil er samt andern das Sakrament des Leibs und Bluts Christi, mit seinen
Händen gesegnet, aß und trank, wie Lucas zeuget, blieb in Christo, und Christus in ihm?
viel auch, die mit falschem Herzen das Fleisch Christi essen und sein Blut trinken, oder wann
sie es gessen und trunken haben, abtrünnig werden, ob die auch in Christo bleiben und Christus
in ihnen? Aber das ists, ein besondere Weise ists, zu essen und zu trinken das Fleisch und
Blut Christi, auf welche Weise, der da isset und trinkt, in Christo bleibet und Christus in
ihm." Bis daher Augustinus.]

2 also > s y   3 haben | + [Basilius in Quaest. et de Bapt., Cap. 3.; Cyprianus de
lapsis] *A Hand Andreaes*

---

¹) Vgl. die Väterzitate in dem getilgten Abschnitt TB.

So ist nun zweierlei[1] Essen des Fleisches Christi, eines geistlich, davon Christus Joh. 6.[2] fürnehmlich handelt, welches nicht anders als mit dem Geist und Glauben in der Predigt und Betrachtung des Evangelii ebensowohl als im Abendmahl geschicht und für sich selbst nütz und heilsam und allen Christen zu allen Zeiten zur Seligkeit nötig ist, ohne welche geistliche Nießung auch das sakramentliche oder mündliche Essen im Abendmahl nicht allein unheilsamb, sondern auch schädlich und verdammlich ist.

Solches geistlich Essen aber ist nichts anders als der Glaube, nämlich Gottes Wort, darin'nen uns Christus wahrer Gott und Mensch sambt allen Guttaten, die er uns mit seinem Fleisch, für uns in den Tod gegeben, und mit seinem Blut, für uns vergossen, erworben hat, nämlich Gottes Gnade, Vergebung der Sünden, Gerechtigkeit und ewiges Leben, fürgetragen wird, hören, mit Glauben annehmen und ihme selbs zueignen und uf diesen Trost, | daß wir einen gnädigen Gott | und ewige Seligkeit umb des Herren Jesu Christi willen haben, uns mit gewisser Zuversicht und Vertrauen festiglich verlassen und in aller Not und Anfechtung halten.

Das ander Essen des Leibes Christi | ist | mündlich oder sakramentlich, da im heiligen Abendmahl der wahre, wesentliche Leib und Blut Christi von allen, die das gesegnete Brot und Wein im Abendmahl essen und trinken, von den Gläubigen zu

hoc Pauli dictum intellexerunt et magno consensu in hanc sententiam sunt interpretati.

Duplex igitur est manducatio carnis 61 Christi. Una spiritualis, de qua praecipue Christus in evangelista Ioanne, capite sexto, agit, quae non alio modo, quam spiritu et fide in praedicatione et meditatione evangelii fit, non minus quam cum coena Domini digne et in fide sumitur. Haec spiritualis manducatio per se utilis et salutaris est, omnibusque Christianis et quidem omnibus temporibus ad salutem necessaria est, sine qua spirituali participatione sacramentalis illa, aut quae ore duntaxat fit, manducatio in coena non modo accipientibus non salutaris, sed noxia etiam et damnationis causa esse solet.

Spiritualiter igitur manducare nihil 62 aliud est, quam credere praedicato verbo Dei, in quo nobis Christus, verus M 661 Deus et homo, cum omnibus beneficiis, quae carne sua pro nobis in mortem tradita et sanguine suo pro nobis effuso promeruit, offertur, videlicet gratia et clementia Dei, remissio peccatorum, iustitia et vita aeterna. Haec qui ex verbo Dei commemorari audit, fide accipit sibique applicat, et hac consolatione totus nititur (quod Deum placatum et vitam aeternam propter mediatorem Iesum Christum habeamus), qui, inquam, vera fiducia in verbo evangelii firmiter in omnibus tribulationibus et tentationibus acquiescit, hic spiritualiter corpus Christi edit et sanguinem eius bibit.

Altera vero manducatio corporis Christi est sacramentalis et ore fit, quando 63 in sacra coena verum et substantiale W 678 corpus et sanguis Christi ore accipiuntur atque participantur ab omnibus, qui panem illum benedictum et vinum in

---

6 Joh. + am H   13 oder] und z   14 Abend=] Nacht= q   21 als] dann v   24 den > BH viele Hss Konk   29 Glauben] clagen v   und > f   ihme] uns g k l m x y z Konk   35 halten + [Denn wie durch das Brot der matte, hungrige Leib eins iglichen, der da isset und geneußt, gespeiset, gesättiget und erquicket wird, also wird durch den Herrn Jesum Christum und seine Guttaten ein jeglicher, der sie mit dem Glauben annimbt, geistlich gespeist und zu dem ewigen Leben erhalten; item gleichwie die Juden das gebratene Osterlamb essen mußten, also müssen alle, die des rechten, wahren Osterlambs Christi genießen wollen, desselbigen Fleisch essen und sein Blut trinken geistlich durch den Glauben und leiblich oder mündlich durch den Gebrauch des heiligen Abendmahls.] A Bertram   38 Das] [Also ist] das A]

26 videlicet gratia] Impetravit autem ille nobis gratiam   27 clementia] clementiam   remissio] remissionem   28 iustitia >   vita aeterna] vitam aeternam

---

[1]) Vgl. jedoch die triplex manducatio: physica, sacramentalis, spiritualis bei Chemnitz, Heßhus und Selnecker, Ritschl IV 92.   [2]) Joh. 6, 48—58.

einem gewissen Pfand und Vorsicherung, daß ihnen gewißlich ihre Sünden vorgeben sind, und Christus in ihnen wohne und kräftig sei, von den Ungläubigen aber zu ihrem Gericht und Verdammnus, auch mündlich empfangen und genossen wird, wie die Wort der Einsetzung Christi ausdrücklich lauten, da er über Tisch und ob dem Nachtmahl seinen Jüngern natürlich Brot und natürlichen Wein reichet, welche er seinen wahren Leib und sein wahres Blut nennet und dabei saget: „Esset und trinket": so kann ja solcher Befehlich vermüge der Umbstände nicht anders als von dem mündlichen Essen und Trinken, aber nicht auf grobe, fleischliche, kapernaitische[1], sondern auf übernatürliche, unbegreifliche Weise verstanden werden. dazu nachmals der ander Befehlich noch ein anders und geistliches Essen setzet, da der Herr Christus weiter spricht[2]: „Solchs tut zu meinem Gedächtnus", da er den Glauben erfordert.

Derhalben alle alte christliche Lehrer[3] nach diesen Worten der Einsetzung Christi und S. Pauli Erklärung ausdrücklich und mit der ganzen heiligen christlichen Kirchen einträchtig lehren, daß der Leib Christi nicht allein geistlich mit dem Glauben, welches auch außerhalb des Sakraments geschicht, sondern auch mündlich, nicht allein von gläubigen, frommen, sondern auch von unwirdigen, ungläubigen, falschen und bösen Christen entpfangen werde; | wölche[4] hie zu

coena dominica edunt et bibunt. Ac pii quidem corpus et sanguinem Christi in certum pignus et confirmationem accipiunt, quod peccata ipsis certo sint remissa, et quod Christus in ipsis habitet atque efficax esse velit. Impii vero idem corpus et eundem sanguinem C h r i s t i etiam ore suo, sed ad iudicium et damnationem sumunt. Hoc Christi verba, 64 quibus coenam instituit, expresse docent. In prima enim coena mensae adsidens discipulis suis naturalem panem et naturale vinum porrigit, et de iis pronuntiat verum esse corpus et sanguinem suum, et iubet eos edere et bibere. Ergo illud Christi mandatum, consideratis diligenter omnibus circumstantiis, non potest nisi de orali non autem de crassa, carnali, Capernaitica, sed de supernaturali et incomprehensibili manducatione corporis Christi intelligi. Ad hanc manducationem, quae ore fit, Christus mandato 65 suo etiam alteram requirit, cum inquit: Hoc facite in mei commemorationem; hic enim f i d e m (quae est spiritualis corporis Christi participatio) postulat.

Quare tota erudita et pia antiquitas 66 (secundum haec verba institutionis Christi et explicationem Pauli) expresse et cum tota catholica ecclesia magno consensu docuit, quod corpus Christi non tantum spiritualiter fide (quod etiam extra usum sacramenti fieri potest), verum etiam ore non modo a credentibus, sed et ab indignis, infidelibus, hypocritis, nomine duntaxat Christianis, accipiatur. Quae antiquitatis testimonia

---

8 da] die s   über + dem v   10 reichet] zeiget v   12/3 so kann ja] solchem da z   14 nicht anders ∼ t   15 grobe > ü   17 unbegreifliche > c   35 von + den b   37—S. 996, 3 | wölche bis Sakramentschwärmer | statt [Ja Theodoretus selbst, den doch die Sakramentierer sonst ungeansehn, daß er die heiligen Canones Concilii Ephesini wider Nestorium schriftlich und mündlich uf das allerheftigste widerfochten, auch solches nie widerrufen, sondern Nestorium vertedingt und allzeit sanctissimum et carissimum suum patrem, das ist, seinen heiligsten und allersiebsten Vater, genennet und in zweien Häuptconciliis, Ephesino I. und Constantinopolitano 5., wollen geschweigen des Concilii Ephesini II., ausdrücklich und mit Namen vordammet und anathematiziert ist, als ganz authenticum, das ist rechtschaffenen und allerdings reinen Lehrer hin und wieder in ihren Schriften anziehen, schreibt öffentlich in 1. Cor. 11. ⟨Interpr. ep. I. ad Cor. (11, 27), MSG LXXXII 318⟩: Ignominia et dedecore afficere Christum qui sanctissimum ejus corpus immundis manibus accipiunt et in pollutum et incestum os immittunt, das ist: „Es schänden und schmähen Christum alle die, welche seinen allerheiligsten Leib mit unreinen Händen empfahen und in den unreinen und unzüchtigen Munde einlassen", wie ›er‹ denn kurz zuvor sagt ⟨zu 11, 22—25, MSG LXXXII 315⟩: Christum non tantum XI discipulis sed etiam Judae proditori

8 etiam bis sed >   15 edere] manducare   29 et explicationem >   37 accipiatur: in Conc 1580 und 1584 accipiantur!

---

[1]) Joh. 6, 52 ff.   [2]) 1. Kor. 11, 24.   [3]) Vgl. die Zitate im getilgten Abschnitt des TB.
[4]) Darüber | N. |

erzählen zu lang, und deswegen den christlichen Leser in der Unsern ausführlichen Schriften[1] umb geliebter Kürze willen gewiesen haben wöllen.

recitare hoc loco nimis esset prolixum, quare lectorem ad nostrorum scripta, in quibus haec copiose tractata sunt, remittimus.

pretiosum corpus suum impertiisse, das ist: „daß Christus nicht allein den eilf Jüngern, sondern auch Judä, dem Verräter, seinen allerköstlichsten Leib mitgeteilet und gegeben habe."

Chrysostomus, Serm. 3 in Ephes. 1. ⟨MSG LXII 28⟩: „Wie willt du für dem Richterstuhl Christi erscheinen, der du mit unreinen Händen und Lippen seinen Leib anrühren darfst." Homil. 59 in Matthaeum: „Quae venia nobis dabitur, imo vero quae supplicia non perpetiemur, quando linguam nostram, qua dominicam gustavimus carnem, diabolo servire in laedendis aliis sinemus." In 1. Cor. 11. ⟨In ep. I. ad Cor. hom. XXVII 5, MSG LXI 251⟩: „Haec facis ea praesertim die, qua carnem eius lingua contingere dignus effectus es." Homil. 11. ad populum: „Si nemo purpuram regiam manibus accipere inquinatis auderet, quomodo dominicum corpus lingua polluta suscipiemus." Homil. 21.: Perniciosum est tam tremendis ministrante mysteriis linguam sanguine tali purpuratam ad convicia et contumelias transferre, das ist: „Was wird uns da für ein Gnad widerfahren, ja vielmehr, was für Strafen werden wir leiden, wenn wir unserer Zungen erlauben, dem Teufel zu dienen und andere darmit zu vorletzen, mit welcher wir des Herrn Leib gekostet haben", und 1. Corin. 11.: „Und das tuest du eben an dem Tage, an welchem du wirdig gemacht bist, daß du mit deiner Zungen den Leib Christi anrühreft"; und in der eilften Predigt zum Volk: „Weil niemand so verwegen, daß er ein königlich Kleid mit unreinen Händen anrühren dorft, wie wollen wir den Leib Christi mit unreiner Zungen empfahen?" und in der einundzwainzigsten Predig: „Es ist schädlich, wann dies herrlich Geheimnis (das ist das Heil. Abendmahl) gehalten wird, daß einer seine Zungen, so mit dem rosenfarben Blut Christi bestrichen, andern zu Schande und Schmach lästerlich mißbrauchen soll."

Cyprianus von den Gefallenen ⟨De Lapsis XVI + XXII, MSL IV 479 + 483/484⟩, so Christum verleugnet und dennoch mit Gewalt zum Tisch des Herrn gehen wollten: „Plus modo in Dominum manibus et ore delinquunt, quam cum Dominum negaverunt. Jacens stantibus et integris vulneratus minatur, et quod non statim Domini corpus inquinatis manibus accipiat aut ore polluto Domini sanguinem bibat, sacerdotibus sacrilegus irascitur," das ist: „Sie vorsündigen sich jetzund an dem Herrn viel mehr mit Händen und Munde, denn da sie ihn verleugnet haben; er liegt und flucht denen, die stehen, und der verwundt ist, drauet denen, die nicht verwundet sind, und eben darumb, daß er nicht gleich mit unreinen Händen den Leib Christi empfahen und mit unreinen Mund das Blut Christi trinken soll, zürnet er als ein Kelchdieb über die Priester."

Leo, Serm. 6. de ieiunio ⟨Sermo XCI, MSL LIV 452⟩: Hoc ore sumitur, quod fide creditur, das ist: „Eben das wird mit dem Munde empfangen, das man glaubet." Gregorius: ⟨Dialog. IV 58, MSL LXXVII 425⟩ „Eius quippe caro sibi sumitur, cuius sanguis non iam in manus infidelium, sed in ora fidelium funditur", das ist: „Dann eben des Fleisch wird da empfangen, des Blut jetzt nicht in die Hände der Ungläubigen, sonder in den Mund der Gläubigen gegossen wird." Item ⟨Hom. in evang. XXII 7, MSL LXXVI 1178⟩: „Qui sanguis (agni) super utrumque postem ponitur, quando non solum ore corporis, sed etiam ore cordis hauritur", das ist: „Welchs Blut (nämlich des Lambes) an beide Pfosten bestrichen wird, wann es nicht allein mit dem leiblichen Munde, sondern auch mit dem Munde des Herzen empfangen wird."

Ambrosius: „Quo ore pretiosum sanguinem hauries a quo tantum innocentis sanguinis effusum est?" das ist: „Wie willt du mit diesem deinem Munde das allerköstlicht Blut trinken, von welchem so viel unschuldiges Blut vergossen ist." Augustinus, Epistola 118. ⟨Ep. LIV 4, 8, CSEL XXXIV 166/7, MSL XXXIII 203⟩: „Es hat dem Heiligen Geist wohlgefallen, dem großen herrlichen Sakrament zu Ehren, daß zuerst in den Mund der Christen des Herrn Leib, denn andere gemeine Speise eingehen soll." Aus welchen Zeugnissen öffentlich erscheinet, wie unvorschambt und boshaftig etzliche fürgeben, daß die alte Kirche nichts von der mündlichen Empfahung des Leibs Christi gewußt habe, und wie giftig diejenigen nicht allein des lieben Lutheri und dieser heiligen Väter, sondern auch] A

4 haben wöllen ~ m z

---

[1]) Vgl. S. 971, Anm. 2; 1015, Anm. 4.

Theodorus Beza. Daraus erscheinet, wie unbillich und giftig die Sakramentschwärmer | des Herrn Christi, S. Pauli | und der ganzen Kirchen | spotten, die diese mündliche und der Unwürdigen Nießung duos pilos caudae equinae et commentum, cuius vel ipsum Satanam pudeat, wie auch die Lehr von der Majestat Christi excrementum Satanae, quo diabolus sibi ipsi et hominibus illudat, genennet haben[1], das ist so erschrecklich darvon reden, daß sich auch ein frummer Christ schämen solle, dasselbig zu verdolmetschen.

Es muß aber mit Fleiß erklärt werden[2], welche da sein die unwirdigen Gäste dieses Abendmahls, | nämlich die | ohne wahre Reue und Leid über ihre Sünden und ohne wahren Glauben und guten Fürsatz, ihr Leben zu bessern, zu diesem Sakrament gehen und ihnen selbst das Gericht, das ist, zeitliche und ewige Strafen, mit ihrem unwirdigen mündlichen Essen des Leibs Christi uf den Hals laden und am Leibe und Blut Christi schuldig werden.

Denn die schwachgläubigen, blöden, betrübten Christen, die vonwegen der Größe und Menge ihrer Sünden von Herzen erschrocken sein und | gedenken, |[3] daß sie in dieser ihrer großen Unreinigkeit dieses edlen Schatzes und Guttaten Christi nicht wert sein, und ihre Schwachheit des Glaubens empfinden und beklagen und von Herzen begehren, daß sie mit stärkerm, freidigern Glauben und reinem Gehorsamb Gott dienen möchten, die sind die rechten, wirdigen

Ex his manifestum est, quam inique virulentis sarcasmis Sacramentarii Domino nostro Iesu Christo et divo Paulo totique ecclesiae insultent, qui oralem et indignorum manducationem vocant duos pilos caudae equinae et commentum, cuius vel ipsum Satanam pudeat, doctrinam vero de maiestate Christi excrementum Satanae, quo diabolus sibi ipsi et hominibus illudat, appellare ausi fuerint. Haec adeo horrenda sunt, ut homo Christianus ea sine horrore non recitare possit.

Accurate autem hoc etiam declarandum est, quinam sint indigni convivae in hac sacra coena. Hi nimirum, qui sine vera poenitentia et contritione et sine vera fide et absque bono proposito vitam emendandi ad coenam Domini accedunt. Hi sibi ipsis iudicium, hoc est, temporales et aeternas poenas indigna sua orali manducatione corporis Christi accersunt et corporis atque sanguinis Christi rei fiunt.

Digni vero convivae in coena Domini sunt infirmi in fide, pusillanimes, perturbati Christiani, qui dum magnitudinem et multitudinem peccatorum suorum secum reputant, cohorrescunt, qui magnam suam immunditiem considerantes hoc pretiosissimo thesauro et beneficiis Christi indignos sese iudicant, qui fidei suae infirmitatem sentiunt atque deplorant et nihil magis in votis habent, quam ut Domino Deo firmiore et alacriore

---

3 -schwärmer + auch H   Christi + und H, urspr. A   4 und + [selbst] A   die] und u
5 und > c   6 et > c s   11 ist > B   11/2 darvon + zu B t ü   13 verdolmetschen +
[Denn obschon diese mündliche oder sakramentliche Nießung des Leibs Christi allein nicht heilsam ist ohne die geistliche Nießung, das ist ohne den wahren Glauben an diese Worte: „für euch gegeben, für euch vergossen zur Vergebung der Sünden", so müssen wir doch bekennen, daß sie von unserm Herrn und Heiland Christo, des Weisheit und Macht unendlich und unbegreiflich ist, aus hochwichtigen Ursachen eingesetzet und in der ganzen christlichen Kirchen vom Anfang an je und allewege für ein großes und weries heiliges mysterium gehalten worden ist, daraus auch die christlichen alten Lehrer, Irenaeus, Cyrillus, Hilarius, Tertullianus und andere gar schönen, lieblichen, heilsamen und reichen Trost in allerlei Anfechtung und Trübsal und in Todesnöten, auch von der gewissen Auferweckung dieses unsers sterblichen verweslichen Fleisches geschöpft und gestärkt haben.] A   16 | nämlich die | statt [welche] A   die + welche H   27/8 erschrocken] erschrecken i k x   28 sein > i k o x gedenken statt [fürchten] A   28/9 dieser > ü   35 die (1.)] diese k r u v w y ä   dieses B g

5 indignorum] impiorum, Anm. 2

---

[1]) Neben Beza auch P. Martyr, vgl. Hutterus 548/9.   [2]) Vgl. Bucer, CR III 80/81, dazu Art. Smalc. S. 453, Anm. 1; Köhler, Zwingli u. Luther I 529 und die der Ersetzung von impii (ohne Glauben) durch indigni (mit Glauben) in der Wittenb. Konkordie 1536 entsprechenden Nachbesserungen in Conc 1584 aus 1580. Ferner Selnecker, Libellus D 8b; Chemnitz, Repetitio 196; Eber, Vom heil. Sacr. Unterricht 265—363, dazu S. 1015, Anm. 4! Andreae, fünf Artikel V, bei Hutterus 112, Heppe II 251 ff., dazu P. Crell, bei Hutterus 131.   [3]) Darüber | Wirt. Bad. Henn. |; jedoch nicht im Maulbronner Bedenken.

Gäste, für welche dies hochwirdige Sakrament fürnehmblich eingesetzt und verordent ist, wie Christus spricht[1]: „Kombt her zu mir alle, die ihr müheselig und beladen seid, ich will euch erquicken." Item: „Die Gesunden bedürfen keins Arzts, sondern nur die Kranken." | Item[2]: Gottes „Kraft ist in den Schwachen mächtig". | Item Rom. 14.: „Nehmet den Schwachen im Glauben auf, denn Gott hat ihn aufgenommen." Denn „wer an den Sohn Gottes gläubet", es sei mit einem starken oder schwachen Glauben, der „hat das ewige Leben".

Und stehet die Wirdigkeit nicht in großer oder kleiner Schwachheit oder Stärke des Glaubens, sondern im Verdienst Christi, welches der kleingläubige betrübte Vater, | Mar. | 9.[3], ebensowohl geneußt als Abraham, Paulus und andere, so einen freidigen, starken Glauben haben.

Das sei von der wahren Gegenwärtigkeit und zweierlei Nießung des Leibes | und Bluts | Christi, so entweder mit dem Glauben geistlich, oder auch mündlich, beide, von Wirdigen und Unwirdigen, geschiehet, bis hieher geredt.

Dieweil auch von der Consecration und von der gemeinen Regel[4], daß nicht Sakra-

fide et puriore obedientia servire possint. Hi (ut diximus) sunt vere digni illi conviuae, in quorum gratiam et quibus recreandis inprimis hoc augustissimum sacramentum et sacrum conuiuium est institutum. Christus enim eiusmodi homines benignissime inuitat, dicens: Venite ad me omnes, qui laboratis et onerati estis, et ego reficiam vos. Et alibi ait: Non est opus valentibus medicus, sed male habentibus. Et apostolus inquit: Virtus mea (dicit Dominus) in infirmitate perficitur. Et ad Romanos scribit: Infirmum in fide assumite. Et paulo post: Deus eum assumpsit. Quisquis enim in filium Dei crediderit, sive is firma sive infirma fide praeditus fuerit, habet vitam aeternam.

Dignitas igitur neque in magna neque in exigua infirmitate aut firmitate fidei, sed in merito Christi consistit. Huius fructum infirmus ille in fide angustique animi parens, qui opem Christi in curando filio miserrimo implorabat, non minus quam patriarcha Abraham, apostolus Paulus et alii, qui robustam fidem habuere, participat.

Et haec de vera praesentia et duplici manducatione corporis et sanguinis Christi, quae aut fide spiritualiter aut ore fit (quae posterior dignis et indignis communis est), dicta sunt.

Cum vero etiam de consecratione et de usitata illa regula: — Nihil habet

---

7/8 Gottes *bis* Item > *H* 8 den Schwachen] der Schwachheit *B* Rom. 14 > mehrere Hss Konk 9 Nehmet > *z* im] auf *w* auf > *w* 10 aufgenommen + 2. Cor. 11. Gottes Kraft ist in den Schwachen mächtig *H* 23 | Mar. |] Math. *ü, urspr. A* =sowohl] soviel *c f s* geneußt] gewußt *ü, urspr. e* als] do *c f, urspr. des* 25 haben + [Derhalben wer seine Schwachheit fühlet und empfindet und nur ein Fünklein des Glaubens hat und herzlich gern wollte Gott gefällig sein und dienen, der soll mit den lieben Aposteln beten: Ach Herr, stärke uns den Glauben, und mit dem armen Mann, Marc. 9: Ich glaube, Herr, aber hilf meinem Unglauben, und soll wissen, daß Gott dies hochwirdig Sakrament zur Erweckung und Stärkung unsers Glaubens gestiftet, und von denselbigen fürnehmblich soll gebraucht werden.] *A* 28 sei] sie *u* Gegenwärtigkeit + des Leibs und Bluts Christi *z* 29 und (1.) + derselben *z* 29/30 des Leibes *bis* Christi > *z* und Bluts > *H* 31 geistlich] geschicht *ü* 32 Wirdigen und Unwirdigen ~ *B r, s* mit oder statt und 33 hieher] dahero *B*.

---

[1]) Matth. 11, 28; 9, 12; 2. Kor. 12, 9; Röm. 14, 1. 3; Joh. 3, 17.; 15. 16. [2]) Darüber | N. | [3]) Mark. 9, 24. [4]) Zum Streit des Joh. Saliger (Beatus, Pred. i. Lübeck u., wie dort, auch in Rostock nach wenigen Monaten abgesetzt, 1568) um das ante usum, vgl. J. Wiggers, Der Saligersche Abendmahlsstreit i. d. 2. Hälfte d. 16. Jhdts. Z. hist. Theol. XVIII, 1848, 613—666 und dazu: Gründlicher vnd warhafftiger Bericht · · · Von der Newen Zwiestigen Frage, ob die Elementen des Brots vnd Weins Jm Abendmall … bald nach den gesprochenen worten vnd noch außerhalb den befohlenen vnd eingesetzten Gebrauch des essens vnd trinckens Christi Leib vnd Blut werden … durch Wolffgangum Peristerum der H. S. Doctorn die zeit Stiffts Swerin Superattendenten itzund zu wismar 1574 Magdeb., vgl. S. 1014, Anm. 3.

ment sei außer dem eingesetzten Gebrauch, Mißverstand und Spaltung zwischen etlichen der Augsburgischen Confession Lehrern eingefallen sind, haben wir auch von dieser Sachen uns brüderlich und einträchtig miteinander uf nachfolgende Meinung erkläret, nämlich daß die wahre Gegenwärtigkeit des Leibs und Bluts Christi im Abendmahl nicht schaffe einiges Menschen Wort ›oder‹ Werk, es sei das Verdienst oder Sprechen des Dieners oder das Essen und Trinken oder Glaub der Communicanten, sondern solchs alles solle allein des allmächtigen Gottes Kraft und unsers Herrn Jesu Christi Wort, Einsetzung und Ordenung zugeschrieben werden.

Denn die wahrhaftigen und allmächtigen Wort Jesu Christi, welche er in der ersten Einsetzung gesprochen, sind nicht allein im ersten Abendmahl kräftig gewesen, sondern währen, gelten, wirken und sind noch kräftig, daß in allen Orten, da das Abendmahl nach Christi Einsetzung gehalten und seine Wort gebraucht worden, aus Kraft und Vermugen derselbigen Wort, die Christus im ersten Abendmahl gesprochen, der Leib und Blut Christi wahrhaftig gegenwärtig ausgeteilt und empfangen wird. Denn Christus selbst, wo man seine Einsetzung hält und seine Wort über dem Brot und Kelch spricht und das gesegnete Brot und Kelch austeilet, durch die gesprochene Wort, aus Kraft der ersten Einsatzung | noch[1] durch sein Wort, wölchs er da will wiederholet haben, | kräftig ist, wie Chrysostomus spricht (in Serm. de pass.) in der Predig von der Passion[2]: „Christus richtet diesen Tisch selbst zu und segnet ihn; denn kein Mensch das fürgesetzte Brot und Wein zum Leib und Blut Christi machet, sondern Christus selbst, der für uns gekreuzigt ist. Die Wort werden durch des Priesters Mund gesprochen, aber durch Gottes Kraft und

rationem sacramenti extra usum seu actionem divinitus institutam —, dissensiones quaedam inter aliquos Augustanae Confessionis theologos inciderint, de his etiam duobus capitibus unanimem et pium nostrum consensum declarare visum est. Ac de priore illa quaestione, quae est de consecratione, sentimus, quod veram praesentiam corporis et sanguinis Christi in coena non efficiat ullius hominis vel verbum vel opus, dignitas, seu meritum, sive pronuntiatio ministri, seu manducatio, seu fides communicantium; horum nullum nobis corpus et sanguinem Christi praesentia facit. Sed hoc totum, quod in coena Christi corpus praesens habemus, simpliciter et in solidum omnipotentis Dei virtuti et verbo, institutioni atque ordinationi Domini nostri Iesu Christi est adscribendum.

Verissima enim illa et omnipotentia verba Iesu Christi, quae in prima institutione pronuntiavit, non modo in prima illa coena efficacia fuere, sed eorum vis, virtus et efficacia adhuc hodie durant et valent; ita quidem certe, ut eorum virtute in omnibus locis, ubi coena Domini iuxta Christi institutionem celebratur et verba ipsius usurpantur, virtute et potentia eorum verborum, quae Christus in prima coena locutus est, corpus et sanguis Christi vere praesentia distribuantur et sumantur. Christus ipse enim (ubi ipsius institutio observatur, et verba eius super pane et vino recitantur, et benedictus panis et vinum benedictum distribuuntur) per verba illa recitata, virtute primae institutionis, hodie etiam verbo suo, quod repeti vult, efficax est. Hanc piam nostram sententiam Chrysostomus his verbis confirmat. Et nunc (inquit) ille praesto est Christus, qui illam ornavit mensam, ipse istam quoque consecrat. Non enim homo est, qui proposita, panem et vinum, corpus

De proditione Iudae Hom. 7. sive de passione.

---

1 außer] außerhalb H   Gebrauch] Brauch B   4 Lehrern] Lehren k   5 dieser] diesen f m n o v x   10 ›oder‹ statt [und] A   12 oder + der n o t v, urspr. m   13 solchs > z   22 Jesu Christi ~ y   Christi > w   25 währen] werden ü   26 in + an w   28 worden] werden Konk   32 wird + etc. m   36 austeilet] austrinket v   40 pass.] proditione Judae, Korrektur in x   41 Christus] Christi x   46 des Priesters Mund] den Mund des Priesters c

1 usum seu >   17 et + ut loquuntur   29/30 et potentia] (ut diximus)   33 ipse >

---

[1]) Darüber | Pr. |; Zusatz wörtl. a. d. preuß. Bedenken; Begründung: die Sakramentierer achten der Einsetzungsworte nicht, vgl. S. 1014, Anm. 3.   [2]) De prod. Iudae 1, 6, MSG XLIX 380.

Gnade, durch das Wort, da er spricht: Das ist mein Leib, werden die für'gestellten Element im Abendmahl gesegnet. Und wie diese Rede: Wachset und vermehret euch und erfüllet die Erde, nur einmal geredet, aber allzeit kräftig ist in der Natur, daß sie wächset und sich vermehret: also ist auch diese Rede wohl einmal gesprochen, aber bis auf diesen Tag und bis an seine Zukunft ist sie kräftig und wirket, daß im Abendmahl der Kirchen sein wahrer Leib und Blut gegenwärtig ist.

Und Lutherus Tom. 6. Ien. fol. 99:[1] Solch sein Befehlch und Einsetzung vermag und schaffet, daß wir nicht schlecht Brot und Wein, sondern seinen Leib und Blut darreichen und empfangen, wie seine Wort lauten: Das ist mein Leib etc. Das ist mein Blut etc. Daß nicht unser Werk oder Sprechen, sondern der Befehl und Ordnung Christi das Brot zum Leibe und den Wein zum Blute machet vom Anfang des ersten Abendmahls bis an der Welt Ende und durch unsern Dienst und Ampt täglich gereicht wird.

Item[2], Tom. 3. Ien. fol. 446: „Also hie auch, wenn ich gleich über alle Brot spreche, das ist Christi Leib, würde freilich nichts daraus folgen, aber wenn wir seiner Einsetzung und Heißung nach im Abendmahl sagen: das ist mein Leib, so ists sein Leib, nicht unsers Sprechens oder Thetelworts[3] halben, sondern seines Heißens halben, daß er uns also zu sprechen und zu tuen geheißen hat und sein Heißen und Tuen an unser Sprechen gebunden hat."

Nun sollen die Wort der Einsetzung in der Handlung des heiligen Abendmahls öffent-

Christi facit et sanguinem, sed ille, qui crucifixus pro nobis est, Christus. Sacerdotis ore verba proferuntur et Dei virtute consecrantur et gratia. Hoc est, ait, corpus meum; hoc verbo proposita elementa in coena consecrantur. Et sicut illa vox, quae dicit: Crescite et multiplicamini et replete terram, semel quidem dicta est, sed omni tempore sentit effectum, ad generationem operante natura, ita et vox illa: — Hoc est corpus meum, hic est sanguis meus — semel quidem dicta est, sed per omnes mensas ecclesiae, usque ad hodiernum diem et usque ad eius adventum praestat sacrificio firmitatem.

D. Lutherus de hac ipsa re ad eundem modum scribit: Haec illius iussio et institutio possunt hoc praestare et efficiunt, ut non nudum tantum panem et vinum, verum etiam corpus et sanguinem ipsius distribuamus et accipiamus. Sic enim verba ipsius habent: Hoc est corpus meum; hic est sanguis meus. Itaque non opus nostrum, non pronuntiatio nostra, sed mandatum et ordinatio Christi efficiunt, ut panis sit corpus et vinum sit sanguis Christi; idque iam inde a prima institutione coenae usque ad finem mundi fieri solet, nostro autem ministerio haec quotidie distribuuntur.

Item alibi: Sic et hic fit, etiamsi de omnibus panibus haec verba pronuntiarem: Hoc est corpus Christi, nihil tamen ea re efficeretur. At quando ad ipsius mandatum et institutionem in administratione coenae dominicae dicimus: Hoc est corpus meum, tum revera est ipsius corpus. Non propter nostram pronuntiationem, aut quod haec verba pronuntiata hanc habeant efficaciam, sed quia Christus nobis praecipit, ut haec verba pronuntiemus et hoc agamus, quod ipse in prima coena fecit, et hoc modo suum mandatum et factum cum recitatione nostra coniunxit.

Et quidem verba institutionis Christi in administratione coenae dominicae pa-

---

4 vermehret] mehret *B t*   5 nur] nun *u*   6 sie] sich *c*   7 sich > *w*   8 wohl > *r s v ä* Konk   9 und > *z*   12 ist] sei *B f s*   20 Blut] Brot *y*   22 etc. > *B f v w y ä*   23 etc. > *d w y*   27 bis > *y*   35 aber > als *x*   38 Thetelworts] Worts *H*   Tadelworts | Deutelworts | *q*   Teitel= Konk *z. T.* Thitel= *Cor*   40 zu (1. u. 2.) > *y*   geheißen] verheißen *z*   48 Abend=] Nacht= *B*

6 elementa in coena >   32 Item *bis* fit] In eandem plane sententiam D. Lutherus alibi loquitur. Sic (inquit) in hoc etiam negotio res habent

---

[1]) WA XXXVIII 240 $_{8-14}$.   [2]) WA XXVI 285 $_{14-18}$.   [3]) WA XXVI 283 $_4$ „ein machtwort, das da schaffet, was es lautet", vgl. 282 $_{34}$.

lich vor der Versamblung deutlich und klar gesprochen oder gesungen und keinesweges unterlassen werden, damit dem Befehl Christi: **das tut**[1], Gehorsam geleistet und der Zuhörer Glaub vom Wesen und Frucht dieses Sakraments (von der Gegenwärtigkeit des Leibs und Bluts Christi, von Vergebung der Sünden und allen Guttaten, so uns durch Christi Tod und Blutvergießen erworben und im Testament Christi ˹geschenkt sind˺ durch Christi Wort erwecket, gestärkt und vergewisset, und die Element des Brots und Weins in diesem heiligen Brauch, daß uns damit Christi Leib und Blut zu essen und zu trinken gereicht werde, geheiliget oder gesegnet werden, wie Paulus[2] spricht: „Der gesegnete Kelch, | ›den‹[3] wir segnen" |; welches ja nicht anders, denn durch Wiederholung und Erzählung der Wort der Einsetzung geschiehet.

Aber dieser „Segen"[4] oder die Erzählung der Wort der Einsetzung Christi, wo nicht die ganze Action des Abendmahls, wie die von Christo geordent, gehalten wird (als, wenn man das gesegnete Brot nicht austeilet, empfähet und geneußt, sondern einschleußt, aufopfert oder umbträgt), macht allein keine Sakrament, sondern es muß der Befehl Christi: **das tut**[5], welcher die ganze Action oder Verrichtung dieses Sakraments, daß man in einer christlichen Zusammenkunft Brot und Wein nehme, segene, austeile, empfahe, esse, trinke und des Herrn Tod dabei verkündige, zusammenfasset, unzertrennet und unverrücket gehalten werden, wie uns auch S. Paulus die ganze Action des Brotbrechens oder Austeilens und Entpfahens für Augen stellet, 1. Cor. 10.[6]

lam coram ecclesia diserte et clare recitentur aut decantentur, neque ulla ratione intermittantur; idque plurimis et gravissimis de causis. Primum quidem, 80 ut satisfiat et pareatur Christi mandato, qui inquit: Hoc facite; non igitur omittendum est, quod Christus ipse in sacra coena fecit. Deinde, ut auditorum fides 81 de substantia et fructu huius sacramenti (de praesentia corporis et sanguinis Christi et de remissione peccatorum omnibusque beneficiis, quae nobis Christi morte et sanguinis profusione parta sunt et nobis in testamento Christi donantur) per verba testamenti Christi excitetur, confirmetur et quam certissima reddatur. Praeterea, ut elementa panis 82 et vini ad hunc sacrum usum (quo videlicet nobis una cum illis Christi corpus manducandum et sanguis eius bibendus exhibeatur) sanctificentur seu benedicantur, ut divus Paulus inquit: Calix benedictionis, cui benedicimus etc.; haec autem benedictio non alia ratione fit, quam verborum institutionis repetitione et recitatione.

Haec tamen benedictio seu recitatio 83 verborum institutionis Christi sola non efficit sacramentum, si non tota actio coenae, quemadmodum ea a Christo ordinata est, observetur; verbi gratia, cum benedictus panis non distribuitur, sumitur aut participatur, sed vel includitur vel sacrificatur vel circumgestatur. Mandatum enim Christi (hoc facite), quod totam actionem complectitur, totum et inviolatum observandum est. Ad huius 84 autem sacramenti administrationem requiritur, ut in conventu aliquo piorum hominum panis et vinum benedictione consecrentur, dispensentur, sumantur, hoc est, edantur et bibantur, et mors Domini annuntietur. Ad hunc enim modum divus Paulus totam actionem, in qua panis frangitur seu distribuitur et sumitur, ob oculos nobis proponit.

---

10 geschenkt] gehandelt z   11 gestärkt > ü   12 und (1.)] durch m   13 in] zu g n q t u v ü   Brauch] Gebrauch B v   daß] und z   14 und Blut > z   15/6 geheiligt bis spricht > m z   15 oder] und B   17 | den wir segnen | statt [welchen wir segen] A   den] welchen B f k l o r s u x y z ä Konk   den + [wölchen] A   19 und] oder a f l m r s u v   27 dieser Segen w: aus: dieses Singen   31 man > z   33 umbträgt] umbhertträgt H ü   37 Zusammenkunft] Zukunft y   38 nehme + und z   -teile + und ü   39 esse + und ü   41 unverrücket] unverdruckt z

35 (hoc facite) >   46 proponit + ut tanquam in rem praesentem ducere nos videatur

---

[1]) 1. Kor. 11, 24. 25.   [2]) 1. Kor. 10, 16.   [3]) Darüber | N. | [4]) Bis S. 1001, Z. 15 = Wismar. Abschied 5. Okt. 1569 (Chyträus im Saligerschen Streit) Wiggers 639, vgl. S. 997, Anm. 4.   [5]) 1. Kor. 11, 24. 25.   [6]) 1. Kor. 10, 16.

Diese wahrhaftige chriſtliche Lehr vom hei=
ligen Abendmahl zu erhalten und vielerlei
abgöttiſche Mißbräuche und Verkehrungen
dieſes Teſtaments zu meiden und auszu=
tilgen, iſt dieſe nützliche Regel[1] und Richt=
ſchnur aus den Worten der Einſetzung ge=
nommen: Nihil habet rationem sacra-
menti extra usum | a Christo institutum
oder extra | actionem divinitus institutam.
Das iſt: wann man die Stiftung Chriſti
nicht hält, wie ers geordnet hat, iſt es kein
Sakrament. Welche mitnichten zu verwerfen,
ſondern nützlich in der Kirchen Gottes kann
und ſoll getrieben und erhalten werden; und
heißet allhie u s u s oder a c t i o", das iſt,
G e b r a u c h oder H a n d l u n g , für=
nehmblich nicht den Glauben, auch nicht
allein die mündliche Nießung, ſondern die
ganze äußerliche, ſichtbare, von Chriſto ge=
ordnete Handlung des Abendmahls, die
Conſecration oder Wort der Einſetzung,
die Austeilung und Empfahung oder münd=
liche Nießung des | geſegneten | Brots und
Weins, Leibs und Bluts Chriſti, außer
welchem Gebrauch, wenn das Brot in der
papiſtiſchen Meß nicht ausgeteilet, ſondern
aufgeopfert oder eingeſchloſſen, umbgetra=
gen und anzubeten fürgeſtellet, iſt es für kein
Sakrament zu halten; gleich als das Tauf=
waſſer, wenn es die Glocken zu weihen oder
den Ausſatz zu heilen gebraucht oder ſonſt
anzubeten fürgeſtellet würde, kein Sakra=
ment oder Tauf iſt. Dann ſolchen papiſtiſchen
Mißbräuchen dieſe Regel | anfänglich | ent=
gegengeſetzt und von D. Luthero ſelbſt,
Tom. 4. Ien., erkläret iſt[2].

Daneben aber müſſen wir auch dieſes er=
innern, daß die Sakramentierer dieſe nütze
und nötige Regel hinterliſtig und böslich zu
Verleugnung der wahren, weſentlichen
Gegenwärtigkeit und mündlichen Nießung
des Leibs Chriſti, ſo allhie uf Erden beide,
von Wirdigen und Unwirdigen, zugleich ge=
ſchicht, verkehren und uf den usum fidei[3],

Accedamus iam etiam ad alterum ca- 85
put, de quo paulo ante mentio est facta. W 682
Ut vera et pia doctrina de coena Domini sincera conservaretur et multiplices idolatrici abusus atque corruptelae huius sacrosancti testamenti
Christi vitarentur et abolerentur, utilis
haec regula et norma ex verbis institutionis coenae desumpta est: Nihil habet
rationem sacramenti extra usum a Christo institutum seu extra actionem divinitus institutam. Haec regula nequaquam reiicienda est; magno enim cum
fructu in ecclesia Christi retineri potest
et debet. Vocabula autem u s u s seu 86
actio in hoc negotio proprie non significant fidem nec solam manducationem, quae ore fit, sed totam externam
visibilem actionem coenae dominicae a
Christo institutam. Ad eam vero requiritur consecratio seu verba institutionis, distributio et sumptio seu externa, quae dicitur, oralis manducatio
benedicti panis et vini, item corporis et
sanguinis Christi perceptio. Et cum extra 87
hunc usum panis in missa pontificia non M 666
distribuitur, sed vel offertur vel includitur vel circumgestatur aut adorandus proponitur, non est ille pro sacramento agnoscendus. Quemadmodum
etiam aqua baptismi, si ad campanas
baptizandas aut ad curandam lepram
adhiberetur aut adoranda proponeretur,
nullam haberet sacramenti (baptismatis)
rationem. Huiusmodi pontificiis abusibus
haec regula initio renascentis evangelii
opposita, et ab ipso D. Luthero pie declarata est.

Interim tamen dissimulare non de- 88
bemus, quod Sacramentarii hanc utilem
et necessariam regulam vafre, subdole
et malitiose ad negandam veram et substantialem praesentiam et oralem manducationem corporis Christi (quae hic
in terris fit, et dignis atque indignis communis est) falsa interpretatione depra-

---

1/2 heiligen > *y*   7 *w a. R.*: | darbei ſollt billich ſtehen die ander Regel: Et sacramenta
sunt certi generis actiones | 14 getrieben + werden *B s*   werden > *B s*   [7 den]
das *z*   18/20 die (*1.*) *bis* Abendmahls > *y*   18 Nießung] Nießen *z*   23 | geſegneten |
statt | conſecrierten] *A*   27 aufgeopfert oder eingeſchloſſen ~ *w*   oder] ſonder *z*
30 zu weihen] geweihet *c, urſpr. e*   32 würde > *q*   34 anfänglich] erſtlich *ü*   35 von
> *f, urſpr. o v y*   39 Daneben] Dann eben *x*   aber > *H*   wir + aber *H*   40 Sa=
kramentierer] Sakrament *x*   44 Leibs + >und Bluts< *ö*   45 Unwirdigen] Wirdigen *f,
urſpr. 8*

¹) Melanchthon, vgl. CR IX 409, 472 u. 848, ferner IX, 156, 371; gegen dieſe Regel
wendet ſich Weſtphal (CR IX 189), auch Saliger (Wiggers 627), gegen den man ſie mit Be=
rufung auf Chemnitz und Heßhus anführt; auch die Philippiſten verwerten ſie: 3. B. Dresdner
Abſchied E 4a; vgl. Kurtz Bekentnis 1574 E 2 b.   ²) WA XXX II 254f., vgl. hier S. 462, 9.
³) Vgl. S. 973, Anm. 4; 1009, Anm. 2; 1013, Anm. 2; 1015, Anm. 2. 4; und Exegesis 38 f.

das ist, auf den geistlichen und innerlichen Gebrauch des Glaubens, deuten, als wäre es den Unwirdigen kein Sakrament, und geschehe die Nießung des Leibs Christi allein geistlich durch den Glauben, oder als | machete | der Glaube den Leib Christi im heiligen Abendmahl gegenwärtig und derhalben die unwirdigen, ungläubigen Heuchler den Leib Christi nicht gegenwärtig empfingen.

Nun macht unser Glaub das Sakrament nicht, sondern allein unsers allmächtigen Gottes und Heilands Jesu Christi wahrhaftiges Wort und Einsetzung, welchs stets kräftig ist und bleibt in der Christenheit und durch die Wirdigkeit oder Unwirdigkeit des Dieners oder des, ¹der es empfähet, Unglauben nicht ufgehaben oder unkräftig gemacht wird; gleichwie das Evangelium, ob es schon die gottlosen Zuhörer nicht gläuben, dennoch nichtsdestoweniger das wahre Evangelion ist und bleibt, allein daß es in den Ungläubigen zur Seligkeit nicht wirket: also die, so das Sakrament empfahen, sie gläuben oder gläuben nicht, so bleibet Christus nichtsdestoweniger in seinen Worten wahrhaftig, da er sagt¹: „Nehmet, esset, das ist mein Leib", und wirket solches nicht durch unsern Glauben, sondern durch seine Allmächtigkeit.

Derhalben es ein schädlicher unverschambter Irrtumb ist, daß etzliche aus listiger Verkehrung dieser gewöhnlichen Regel unsern Glauben, als der allein den Leib Christi gegenwärtig mache und genieße, mehr als der Allmächtigkeit unsers Herrn und Heilands Jesu Christi zuschreiben².

vent. Interpretantur enim eam de spirituali usu fidei interno ac sentiunt sumptionem coenae dominicae indignis non esse sacramentum, et fieri communicationem corporis Christi tantummodo spiritualiter per fidem, aut fidem hoc praestare, ut corpus Christi in coena praesens sit. Inde porro colligunt indignos, infideles, hypocritas corpus Christi nec praesens habere nec accipere.

Atqui fides nostra sacramentum non efficit, sed tantum omnipotentis Dei atque salvatoris nostri Iesu Christi certissimum verbum et institutio hoc praestant. Verbum enim Domini in ecclesia efficax est manetque, neque vel dignitate vel indignitate ministri, neque sumentis incredulitate quicquam ei derogatur, aut virtus eius enervatur. Sanctum Christi evangelion est permanetque evangelion, etiamsi impii quidam auditores nullam illi fidem adhibeant, in quibus etiam illud non est efficax ad salutem: idem etiam fit in sumptione sacramenti, ut Christus in verbis suis (accipite, edite, hoc est corpus meum) verax maneat, sive communicantes in ipsum credant, sive non credant; praesentiam enim corporis et sanguinis sui non per nostram fidem, sed per omnipotentiam suam efficit.

Quare perniciosus error est, quem adversarii impudenter defendunt et subdola depravatione usitatae huius regulae plus fidei nostrae (quippe quae, ipsorum opinione, corpus Christi praesens nobis sistat atque participet) quam omnipotentiae Domini atque salvatoris nostri Iesu Christi adscribunt.

5/6 | machete | statt [möchte] A   6 heiligen > y   15 und (2.) > B   19 schon + gleich c   21 wahre] Wort c   Wort + | wahre | d   23 Seligkeit] Unseligkeit ü   27 sagt] spricht c   31 schädlicher] schrecklicher ü   34 als + soll B ƒs   + [soll] ä   35/6 genieße bis Allmächtigkeit > z   37 zuschreiben + [Daß man auch fürgibt, der Leib Christi sei nimmer ohne den Geist Christi, nun haben die Ungläubigen den Geist Christi nicht ⟨a. R. Überarbeitungsversuch: [und konnten des Geists Christi nicht teilhaftig werden]⟩, darumb sie auch seines Leibes im Sakrament nicht können teilhaftig werden, ist öffentlich, daß der Heilige Geist als wahrer Gott sambt dem Vater und Sohn allenthalben den Frommen und Gottlosen gegenwärtig ist, Psal. 139: „Wo will ich hingehen für deinem Geist? Führe ich hinunter in die Hölle, so bist du da", derhalben obschon die Gottlosen den Geist ja so wohl als den Leib Christi nicht zu ihrem Heil, Leben und Seligkeit empfahen, daß er Trost und Freude in ihnen wurkete, so kann doch darumb die wahre Gegenwärtigkeit des Geistes sowohl als des Leibes Christi im Sakrament nicht geleugnet werden.

Daß auch die Sakrament geistliche Sachen sein, dadurch der Heilig Geist wirket und kräftig ist, und zum geistlichen Reiche Christi gehören und zu Labung und Speisung der Seelen und Stärkung des Glaubens gestiftet sein, ist unleugbar; daß aber darumb die Wort Christi

3 indignis] infidelibus, vgl. S. 996, Z. 5, App.   22/3 in quibus bis salutem >   25 accipite, edite >

¹) Matth. 26, 26; Mark. 14, 22; 1. Kor. 11, 24.   ²) Vgl. S. 1001, Anm. 1; 1012, Anm. 2; 1013, Anm. 2; 1014, Anm. 3; 1015, Anm. 2 u. f. Melanchthon Heppe III 203.

im Abendmal allegorice (welchs man auch geistlich heißt) oder figürlich sollen gedeutet und nicht, wie ›sie‹ lauten, von der wahren wesentlichen Gegenwärtigkeit des Leibes und Bluts Christi sollen verstanden werden, das folget ganz und gar nicht, dieweil das Wort geistlich aequivoce, das ist, nicht in einerlei, sonder in ungleichem Verstand gebraucht wird.

Was den Spruch Joh. 5 belanget: „der Geist ists, der da lebendig macht, das fleisch ist kein nuß" etc., ist offenbar, daß Christus daselbst nichts von seinem Abendmahl, welches ein ganz Jahr hernach allererst eingeseßt ist, handlet auch nicht von seinem heiligen fleisch, dadurch er uns den höhesten Nuß und teuerste Schäß Vergebung ⟨aus verbegung⟩ der Sünden und ewiges Leben erworben hat und mitteilet, sondern von unserm sündlichen, verdorbenen, vergiften fleisch, das dem Geist Gottes zuwider ist, wie der Kapernaiten Gedanken nach der Vernunft von den absurdis und ungereimten folgen, welche die Vernunft aus Christi Reden vom Essen seines Leibes klaubet und aufmußet, ganz nichts zur Seligkeit nüße sind, dargegen aber Gottes Geist, Wort, Sakrament, dadurch der Geist Christi kräftig ist, macht lebendig und wirket Vergebung der Sünden und ewige Seligkeit.

Die Sprüch Christi von seinem Abschied und Abwesen aus dieser Welt, Matth. 26. Joh. 16. 17 etc. betreffend, ist gleichergestalt offenbar, wie dieselbige zu vorstehen sein. Dann Christus nicht mehr in diesem sichbarlichen, äußerlichen, natürlichen Leben ist, wie es die Welt brauchet und lebet, darin man Essen, Trinken, Erbeiten und der Welt und aller Notdurft dieses Lebens brauchen muß, wie er selbst nach seiner Auferstehung, da er mit Leib und Seel bei seinen Jüngern stehet, dennoch ausdrücklich saget, er sei nicht mehr bei ihnen, nämblich wie vorhin, wie die Armen bei uns sein, die wir stets sehen, greifen, speisen und tränken können. Aber darumb ist er nicht allerding aus der Welt geschieden, sondern ist und bleibet allezeit persönlich bei uns gegenwärtig bis ans Ende der Welt, da er wiederumb sichtbarlich zu uns kommen und uns in ewige Herrlichkeit zu sich nehmen wird. Matth. 28: „Ich will bei euch sein alle Tage bis ans Ende der Welt", item: „Wo zween oder drei versammlet sind in meinem Namen, da bin ich mitten unter ihnen".

Der vornehmst Grund aber der Sakramentierer und allerscheinlichst, den sie allenthalben anzuziehen und auf das herrlichst aufzumußen pflegen, ist dieser, daß nämblich ein wahrer natürlicher Leib nicht könne auf eine Zeit an vielen oder allen Orten im Abendmahl gegenwärtig sein. Dieweil nun Christus ein rechten, wahren, natürlichen Leib auch nach seiner Auferstehung und Verklärung behält, welcher nu im Himmel ist und zur Rechten Gottes sißet, so sei unmöglich, daß der wahre Leib Christi hienieden bei uns uf Erden im Abendmahl wesentlich gegenwärtig sein könne, welcher doch ganz und gar nichts schleußt.

Dann es sehr übel durch hochgelahrte Leute geschlossen, wann sie fürgeben, was einer bloßen erschaffnen Natur unmüglich ist nach ihres Wesens Eigenschaft, das sei auch allerdings unmuglich der erschaffenen Natur, welche in die allmächtige Kraft Gottes eingesezt ist; dann uns Menschen ist es ja nach Ordnung der Dinge unmöglich, daß einer zugleich im Schweizer Lande und Sachsen mit seinem Leib wesentlich sein sollte. Aber diesem hohen Menschen Jesu Christo, allmächtigen Gottes Sohn, der da selber spricht | Matth. 18. |: „Wo zween oder drei in meinem Namen versamblet sein, da bin ich mitten unter ihnen", item | Matth. 28. |: „Mir ist alle Gewalt im Himmel und Erden gegeben," „und siehe ich bin bei euch alle Tage bis ans Ende der Welt", ist es nicht allein möglich, sondern auch leicht, an allen Orten in seiner Christenheit gegenwärtig zu sein und seinen wahren Leib und Blut an allen Enden, da sein Abendmahl nach seiner Einseßung gehalten wird, wahrhaftig und wesentlich allen, so das Sakrament gebrauchen, zu vorrichten und verschaffen.

Derhalben wie die Jungfrauen Marie auf dergleichen Argumente aus menschlicher Vernunft gesponnen: „es ist unmöglich nach Ordnung der Natur, daß ein Jungfrau ohne Beiwohnung eines Mannes einen Sohn zeuge", von dem Engel Gabriel geantwortet wird: „Bei Gott ist kein ›Ding‹ unmöglich", und wie Abraham, ob es ihn schon unmöglich däucht, daß der verheißen Samen Christus aus seinem Sohn Isaak, den er schlachten sollte, geboren werden könnte, dennoch ›Gott‹ die Ehre | gibet, daß er wahrhaftig sei und gewiß glaubet, was Gott | verheißet, er solches auch tun könnte, ob er es schon mit seinen fünf Sinnen nicht begreifen kann, also wir auch in diesem großen Geheimnis billich diese allergewisseste und unbeweglichste principia theologica, das ist Hauptsprüche und Grundfesten des christlichen Glaubens: Psal. 33: „Des Herrn Worte sind wahrhaftig, was er zusagt, das hält er gewiß". Röm. 4: „Was Gott verheißet, das ›kann‹ er gewiß tuen". Eph. 3: „Gott kann überschwänglich tun und wirken über alles, das wir verstehen und bitten können". Luc. 1: „Bei Gott ist kein Ding unmöglich". etc. billich höher und glaubwirdiger halten sollen, als dies philosophisch und aus unserer Vernunft gesponnene Argument, daß ein wahrer natürlicher Leib nicht könne auf einmal mehr als an einem Ort sein.

Zudem ist es nach der Physica, das ist nach gemeinem Lauf der Natur und unser Vernunft ja so unmuglich, daß ein wahrer, natürlicher Leib durch versiegelten Grabstein und verschlossene Tür durchdringen sollte, wie diese Mirakel gar nahe alle Väter und Kirchenlehrer, darauf sich die Sakramentierer stetigs berufen, einträchtig anziehen, als Hilarius, De trinit. lib. 3 ⟨c. 19. 20 MSL X 87/88⟩. Justinus, Quaestione 117 ⟨Ps. Justin, Quaest. et respons. ad orthod. MSG VI 1366⟩. Cyrillus, In Joh. lib. 12. cap. 53. Chrysostomus, Ambrosius, Augustinus, Epistola ad Volusianum 3 ⟨Ep. CXXXVII 2, 8, CSEL XLIV 107⟩. „Ipsa virtus per inviolata matris virginea viscera membra infantis eduxit, quae postea per clausa ostia iuvenis membra introduxit" etc. In talibus rebus tota ratio facti est potentia facientis; Item tractatu 121. in Johan. ⟨Tr. CXXI 4, MSL XXXV 1958⟩. Serm. 3. de resurrect. Christi etc. ⟨vgl. Sermo CCLXXVII 12, MSL XXXIX 1264⟩, das ist: „die göttliche Kraft hat durch unversehrten Leib der Jungfrau die Gliedmaßen des Kinds ausgeführet, welcher hernach eben desselben Gliedmaßen, da er erwachsen, durch die Tür hineingeführet hat etc.; item: in solchen Werken, wenn man fraget, wie solches geschehen könne, kann man weiter nicht sagen, denn daß der, welcher solches getan, so gewaltig gewesen, daß er auch vermocht habe; welches daneben so wunderbarlich ist, als daß ein Leib sollte zugleich an zweien Örten sein." Denn Christi Leib, ob er wohl auf Erden sichtbarlich gangen, Raum geben und genommen hat, so ist er doch an die Ordnung der Natur nicht also gebunden, dieweil er persönlich mit Gott dem Allmächtigen ist voreiniget und auch ihm nach seiner menschlichen Natur aller Gewalt im Himmel und auf Erden gegeben ist. Und obwohl wahr ist, daß er alle wesentlichen Eigenschaften menschlicher Natur auch nach der Auferstehung behält, so ist doch räumlich und umbschrieben an einem Ort sein (esse in loco circumscriptive) nur ein zufällige Eigenschaft in praedicamento ubi, wie die Gelehrten reden.

So bekennet auch lib. 4. Physicorum ⟨IV 3⟩ ihr Prophet und Apostel Aristoteles selbst, daß der sichtbare Himmel nicht in einem gewissen Ort umbschrieben und beschlossen sei. Es ist auch der Herr Christus durch seine Himmelfahrt und Sitzen zur Rechten Gottes nicht also von uns abgeschieden, daß er jtzund in einem gewissen leiblichen Ort im Himmel raumblich also umbschrieben, begriffen und eingenommen sei, wie etliche die Wort Petri Act. 3 fälschlich ausgelegt und verkehrt, daß er nicht mehr bei uns uf Erden sein wolle oder könne; dann er auch nach seiner Himmelfahrt dem Apostel Paulo leiblich und sichtbarlich allhie uf Erden etzlichemal erschienen ist. 1. Cor. 15, Act. 9. 22. 25 und Stephan. Act. 7. So ist das Sitzen zur Rechten Gottes nichts anders als in göttlicher Gewalt, Ehren, Macht, Majestat und Herrligkeit, als ein Herr aller Kreaturen und Haupt der Kirchen, alles im Himmel und auf Erden und in seiner lieben Kirchen gegenwärtig regieren, zu welcher hohen unermeßlichen göttlichen Gewalt und Herrschaft der Mensch Jesus Christus durch seine Auferstehung und Himmelfahrt auch nach seiner menschlichen Natur erhöhet ist. Ephes. 1. 4. Philip. 2. Act. 2. Ebr. 1. 4. 9.

Daraus gewiß und unwidersprechlich folget, daß dieser allmächtiger Herr Jesus Christus an allen Enden, wo Christen sind und wo sein heilig Abendmahl nach seiner Einsetzung gehalten wird, mit seinem wahren wesentlichen Leib und Blut gegenwärtig sein könne und wolle.

So ist auch das Himmelreich nicht ein solcher geschlossener, abgemessener und ausgezirkelter Ort, wie die Sakramentierer dichten, über dem Firmament oder diesen sichtbaren Himmeln (die im Feuer vergehen werden), 2. Pet. 3, sondern ist das geistlich, ewig, himmlisch und göttlich Leben, darin wir ohne Sünd und Tod, ohne alle Trübnis und Jammer Gott gegenwärtig anschauen, mit göttlichem Licht, Weisheit und Gerechtigkeit gezieret und gleich den Engeln mit allen Auserwählten in ewiger Freud und Herrligkeit leben und Gott den Vater und unsern Heiland Jesum Christum von Angesicht zu Angesicht ewiglich sehen, loben und preisen werden. | Dieser Himmel ist allenthalben, | wo Gott ist und seine göttliche Weisheit, Leben und Gerechtigkeit mitteilet. Sonst wenn Christus darumb, daß er gen Himmel gefahren und jtzund im Himmel ist, nicht auch zugleich auf Erden sein könnte, würde ebendasselbige auch von der Gottheit folgen, weil wir sagen: unser Vater, der du bist im Himmel etc. und der Himmel ein Ort oder stete Wohnung Gottes in der Heiligen Schrift genennet wird.

Daß wir uns aber alle diese spitzigen, vielfältigen und scheinliche der Sakramentierer Gegenargument von den wesentlichen oder natürlichen Eigenschaften eines menschlichen Leibes, von der Himmelfahrt Christi, von seinem Abschied aus dieser Welt und dergleichen] *A Bertram*.

| Was¹ dann der Sakramentierer allerlei vermeinte Gründe und nichtige Gegenargument von den wesentlichen und natürlichen Eigenschaften 'eines menschlichen Leibs, von der Himmelfahrt Christi, von seinem Abschied aus dieser Welt etc.² und dergleichen anlanget, weil solliche allezumal gründlich und ausführlich mit Gottes Wort durch D. Luthern in sein Streitschriften wider die himmlische Propheten; item, Daß diese Wort, das ist mein Leib etc. noch fest stehn; desgleichen in seiner großen und kleinen Bekenntnus vom H. Abendmahl und andern sein Schriften³ widerlegt, und nach seinem Tode nichts Neus durch die Rottengeister vorgebracht, wollen wir den christlichen Leser umb geliebter Kürze willen in dieselbigen gewiesen und uns darauf gezogen haben.

Dann daß wir uns durch keine menschliche klugen Gedanken, was für ein Schein und Ansehen sie immermehr haben mögen, | nicht wollen, können noch sollen abführen lassen von dem einfältigen, deutlichen und klaren Verstand des Worts und Testaments Christi auf frembde Meinung, anders denn wie sie lauten, sonder gehörtermaßen einfältig vorstehen und glauben:

| D. Luther im großen Bekenntnus vom H. Abendmahl. |

seind unser Gründe, darauf wir in dieser Sach je und allwegen nach erregter Zwiespalt von diesem Artikel gestanden, diese, wie D. Luther dieselbigen gleich anfangs wider die Sakramentierer mit nachfolgenden Worten gesetzt hat⁴:

Iam quod ad Sacramentariorum varia 91 et imaginaria fundamenta atque futiles obiectiones attinet, quas illi de essentialibus et naturalibus humani corporis M 667 proprietatibus, de ascensu Christi ad coelos et de ipsius ex hoc mundo discessu et si quae sunt his similia, adferunt: hae nugae, inquam, omnes et singulae, argumentis e verbo Dei desumptis, solide, nervose et copiose a D. Luthero in polemicis ipsius scriptis refutatae sunt. Quare pium lectorem (brevitatis studio) ad illius scripta remittimus. In his autem principem locum habent libellus, quem contra coelestes prophetas (ut tum vocabantur) edidit, et aliud opusculum, cuius inscriptio est: Quod verba h o c e s t c o r p u s m e u m adhuc firma constent; item Maior ipsius et Minor (post aliquot annos) edita Confessio de coena Domini et alia praeterea eiusdem de hoc negotio evulgata opuscula. Neque enim fanatici spiritus a morte D. Lutheri ullum novum argumentum in medium attulerunt.

Quod autem nullis argumentis ab hominibus argute excogitatis, utcunque 92 rationi blandiantur, abduci nos patimur, nec pati vel volumus vel possumus vel debemus a perspicua, simplicissima et clara verborum testamenti Christi sententia in aliam opinionem, quae ab expressis verbis Christi recedit, sed simpliciter potius ea intelligamus et credimus: haec nostra sunt fundamenta, quibus hactenus, post motam controversiam in hoc articulo, constanter nixi sumus, quae etiam D. Lutherus initio exortae huius 93 dissensionis contra Sacramentorios se-

| D. Lutherus in Maiori sua de coena Domini Confessione.

₁ allerlei > y ü   3 den] der w   und] oder ü   4 Leibs + und ü   4/5 von der] und H   6 etc. > einige Hss Konk   7 anlanget > x   anlanget] anhangt c   anhangt + | anlanget | d   belangt a   9 sein > B ü   14 und + [also nichts Neus] A   16 vorgebracht] herfürgebracht c d   18 gewiesen] genennter + >gewiesen< z   darauf > ü   28 sie] sich n   immermehr] immer B   29 wollen, können ~ q ü   sollen + willen y   33 wie > B   34 | D. Luther bis =mahl | > H w ō   37 nachfolgenden] folgenden B

₁3 illius + excellentissimi viri   21 eiusdem] praestantissimi huius viri   29/30 nec bis debemus >

---

¹) Über den Überarbeitungsversuch zur getilgten Stelle: | Wirt. Bad. Henn. |: er stammt wörtl. aus dem Maulbronner Bedenken (Heppe IIIB 367).   ²) Vgl. S. 1014, Anm. 1; auch CR XXXVII 33.   ³) Hervorhebung dieser vier Schriften auch im Kurtz Bekentnis 1574: WA XVII 62—214; XXIII 64—320; XXXVI 261—509; LIV 141—167; ferner XIX 482—523; XXXII 595—626.   ⁴) WA XXVI 326₂₉, 327₂₀ + 335₂₉—336₃₇.

| „Meine¹ Gründe, darauf ich stehe in sollichem Stück, sind diese: |

1. Der erste ist dieser Artikel unsers Glaubens: Jesus Christus ist wesentlicher, natürlicher, wahrhaftiger, völliger Gott und Mensch in einer Person, unzertrennt und ungeteilt.

2. Der ander: daß Gottes rechte Hand allenthalben ist.

3. Der dritte: daß Gottes Wort nicht falsch ist oder lügen.

4. Der vierde: daß Gott mancherlei Weise hat und weiß, etwan an einen Ort zu sein, und nicht allein die einige, | da die Schwärmer von gauklen, | welche die philosophi localem oder raumlich nennen. | Item, | Christus einiger Leib >hat< dreier|lei| Weisen², oder alle drei Weise etwa zu sein:

|1.| Erstlich die begreifliche, leibliche Weise, wie er auf Erden leiblich ging, da er Raum gab und nahm nach seiner Größe. Solche Weise kann er noch brauchen, wenn er will, wie er nach der Auferstehung tat und am jüngsten Tage brauchen wird, wie Paulus sagt 1. Timoth. 6: „Welchen wird zeigen zu seiner Zeit der ⟨selige⟩"³ Gott etc. Und Coloss. 3: „Wenn Christus, euer Leben, sich offenbaren wird" etc.⁴ Auf solche Weise ist er nicht in Gott oder bei dem Vater, noch im Himmel, wie der tolle Geist träumet; denn Gott ist nicht ein leiblicher Raum oder Stätt. Und hierauf gehen die Sprüch, so die Geistler führen, wie Christus die Welt verlasse und zum Vater gehe, etc.

quentibus verbis posuit: Mea fundamenta, quibus in hoc negotio nitor, haec sunt:

I. Primum est hic articulus fidei: Iesus Christus est substantialis, naturalis, verus, perfectus Deus et homo, in una persona, indivisus et inseparabilis.

II. Secundum, quod dextera Dei est ubique.

III. Tertium, quod verbum Dei neque falsum est neque fallax.

IV. Quartum, quod Deus varios modos habet novitque, quibus aliquo in loco esse potest, neque uno illo tantummodo contentus esse cogitur, de quo fanatici homines nugantur, quem philosophi localem vocant.

Et Christi unicum corpus (inquit Lutherus) tribus modis seu triplici ratione potest alicubi esse:

Primo comprehensibili et corporali ratione, quali usus est, cum in his terris corporaliter conversaretur, cum certo loco secundum quantitatem suam circumscriberetur. Hoc modo etiam hodie uti potest, quoties ipsi visum fuerit, id quod post resurrectionem suam aliquoties fecit, et in novissimo die tali ratione praesentiae sese manifestabit, sicut Paulus de Christo docet, inquiens: Quem suis temporibus ostendet beatus et solus potens, rex regum et dominus dominantium. Et ad Coloss. ait: Cum Christus apparuerit, vita vestra, etc. Hoc modo non est in Deo aut apud patrem aut in coelis, sicut fanaticus ille spiritus somniat. Deus enim non est corporalis locus. Et de hoc modo agitur in illis scripturae dictis, quae a fanaticis hominibus adferuntur, quod videlicet Christus mundum reliquerit et ad patrem ierit.

1/2 in sollichem Stück sind diese] sind diese i. s. St. *wü* sollichem] selbigem *B* 6 völliger] ewiger *a* 9 der *bis* daß > *z* 10 ist + [und daß derhalben Christus vermuge der Wort der Einsatzung mit seinem Leibe, darin die Fülle der Gottheit wohnet, welcher auch zur Rechten der Majestät und Kraft Gottes erhöhet ist in seinem Abendmahl, wo das nach seiner Stiftung auf Erden gehalten wird, gegenwärtig sein könne] *A*, *Bertram* 11/2 3. bis lügen: *in H Nachtrag* 11 Der dritte > *z* 13 Der vierte > *z* 14 an] in *ä* 16 von] davon *ö* 17 | Item | statt [Dann] *A* 18 hat > *H* 18/9 Weisen] Wesen *B H f g k n r u v x y ä*, urspr. *A l m*, vgl. *WA XXVI* 335₂₉ 19 Weise] Weisen *f m o t u z* Konk Weise + hat *H*, urspr. *A* 29 zu bis Zeit > *ü* der selige] derselbige *A H d f k l m n o r s t u v w x y z ä ü*, vgl. Anm. 3 etc. > *w* Konk 31 etc. > *H f k l v w y z ö* 32 Vater + und *g* 34 denn] daß *z* 33 Gott] Geist *t* ein > *f* 36 Geistler] geistlehr *e*, Geistelehr *H*, Geistliche *c, d* + | Geistler | 37 etc. > *viele Hss.* Konk

19 unicum > 22 Primo + alicubi esse potest 36 modo + Christus

---

¹) Darüber |N.| ²) WA XXVI 335₂₉: Wesen. ³) 1. Tim. 6, 15 ... der selige, ebenso WA XXVI 335₃₄, während auch das Original TB „derselbig" liest. ⁴) Kol. 3, 4.

Zum andern die unbegreifliche, geistliche Weise, da er keinen Raum nimpt noch gibt, sondern durch alle Kreatur fähret, wo er will, wie mein Gesichte (daß ich grobe Gleichnis gebe) durch Luft, Licht | oder Wasser fähret und ist und nicht | Raum nimpt noch gibt; wie ein Klang oder Ton durch Luft oder Wasser oder Brett und Wand fähret und ist und auch nicht Raum nimbt noch gibt. Item, wie Licht und Hitze durch Luft, Wasser, Glas, Kristallen und dergleichen fähret und ist und auch nicht Raumb gibt noch nimpt, und dergleichen viel mehr. Solcher Weise hat er gebrauchet, da er aus verschlossenem Grabe fuhr und durch verschlossene Tür kam und im Brot und Wein im Abendmahl und wie man gläubet, do er von seiner Mutter geboren ward etc.

Zum dritten die göttliche, himblische Weise, da er mit Gott eine Person ist, nach welcher freilich alle Kreaturen ihm gar viel durchläuftiger und gegenwärtiger sein müssen, dann sie sind nach der andern Weise. | Dann[1] so er nach derselben andern Weise kann also sein in und bei den Kreaturen, daß sie ihne nicht fühlen, riehren, messen noch begreifen: wieviel mehr wird er nach dieser hohen dritten Weise in allen Kreaturen wünderlicher sein, daß sie ihn nicht messen noch begreifen, sundern vielmehr, daß er sie für sich hat gegenwärtig, misset und begreifet. Denn du mußt dies Wesen Christi, so er mit Gott eine Person ist, gar weit, weit außer den Kreaturen setzen, so weit als Gott draußen ist, wiederumb so tief und nahe in alle Kreatur setzen als Gott darinnen ist; denn er ist ein unzertrennete Person mit Gott; wo Gott ist, da muß er auch sein, **oder unser Glaub**

Deinde alio incomprehensibili et spirituali modo alicubi esse potest, ut loco non circumscribatur, sed per omnes creaturas penetret, pro liberrima sua voluntate, quemadmodum (ut crassa quadam similitudine rem utcunque adumbrem) visus meus per aërem, lumen aut aquam penetrat atque in iis rebus est, neque tamen loco circumscribitur. Et quemadmodum sonus per aquam, aërem, asserem aut parietem transit et in iis rebus est, neque tamen loco circumscribitur. Eodem modo etiam lux et calor per aërem, aquam, vitrum, crystallum et per similes materias penetrant et in iis rebus sunt, nec tamen loco circumscribuntur; et quidem eius rei multae comparationes adduci possent. Hoc modo usus est C h r i s t u s , cum resurgens e sepulcro clauso et obsignato prodiret, et quando per ianuas clausas ad discipulos ingrederetur, et sicut est in pane et vino coenae, atque hoc modo creditur de sanctissima virgine Maria, matre sua, natus esse.

Praeterea alicubi esse potest divino et coelesti modo, secundum quem cum Deo una est persona. Ea ratione creaturae longe illi praesentiores et penetratu faciliores sunt, quam iuxta secundum modum. Si enim iuxta illum secundum modum potest esse in creaturis et apud creaturas, ut tamen ipsum non sentiant, tangant, circumscribant aut comprehendant: multo profecto magis secundum hunc tertium, admirandum, sublimem modum in omnibus creaturis, multoque mirabilius erit, ut ipsum non includant, circumscribant aut comprehendant, sed potius, ut ipsas praesentes habeat, circumscribat et comprehendat. Hunc enim praesentiae Christi modum, quem ex unione personali cum Deo habet, longissime extra creaturas, quam longe videlicet Deus extra creaturas est, ponere te oportet. Rursus autem tam profunde

---

2 nimpt noch gibt ~ *cvz*, urspr. *d*   noch] oder *ce*   noch] nicht *s*   3 wo] wie *klmntvxz*   4 mein] ein *B*   ich + ein *ilmnqtvx*   5 oder] und *Bz*   6 und] oder *c*   und + auch *x*   nimpt noch gibt ~ *wy*   noch] oder *H*   7/9 wie bis gibt > *z*   7 wie + ein *flnrstwx*   9 auch > *c*   nimbt noch gibt — *bvz*, urspr. *A*   noch] oder *H*   12 gibt noch nimpt ~ *ux*   noch] oder *bcey*   16 Wein > *v*   17 do] wie *ü*   18 etc. > *viele Hss Konk*   29 -läuftiger] -leuchtiger *ü*   32 sein] fein *x*   33 ihne] ihren *x*   riehren, messen] tun müssen *ü*   34/7 wieviel *bis* begreifen > *z*   36 wünderlicher] wunderlich *x y* Konk   dass] denn *ü*   38 hat] habe *B*   39 und > *flmsv*   Denn] Daß *d*   dies Wesen > *y*   42 widerumb > *y*   wiederumb] weiter *c d*

---

1 Deinde + Christus   6 similitudine + et pingui Minerva   40 ut] vel ille

---

[1]) Darüber | *N.* |

ist falsch. Wer will aber sagen oder denken, wie sollichs zugehe? Wir wissen wohl, daß es also seie, daß er in Gott außer allen Kreaturen und mit Gott eine Person ist, aber wie es zugehe, wissen wir nicht; es ist über Natur und Vernunft, auch aller Engel im Himmel, allein Gott bewußt und bekannt. Weil es dann uns unbekannt und doch wahr ist, so sollen wir seine Wort nicht eh leugnen, wir wissen denn zu beweisen gewiß, daß Christus Leib allerding nicht müge sein, wo Geist ist, und daß solliche Weise zu sein falsch seie; wölchs die Schwärmer sollen beweisen, aber sie werdens lassen. |

Ob nun Gott noch mehr Weise habe und wisse, wie Christus Leib etwo sei, will ich hiemit nicht verleugnet, sondern angezeigt haben, wie grobe Hempel[1] unser Schwärmer sind, daß sie Christus Leib nicht mehr dann die erste, begreifliche Weise zugeben, wiewohl sie auch dieselbigen nicht können beweisen, daß sie wider unsern Verstand sei; denn ichs in keinem Weg leugnen will, daß Gottes Gewalt nicht sollte so viel vermugen, daß ein Leib zugleich an vielen Orten sein muge auch leiblicher, begreiflicher Weise; denn wer wills beweisen, daß Gott solchs nicht vermag; wer hat seiner Gewalt ein Ende gesehen? Die Schwärmer denken wohl also, Gott vermuge es nicht; aber wer will ihrem Denken glauben? Womit machen sie solchs Denken gewiß?" Bis daher Lutherus.

et prope eundem modum in omnes creaturas, quam profunde et prope Deus in omnibus creaturis est, pones. Est enim una inseparabilis persona cum Deo; ubi igitur Deus est, ibi ipsum quoque esse, aut fidem nostram falsam esse oportet. Quis autem explicare aut saltem cogitationibus suis assequi poterit, quomodo hoc fiat? Scimus quidem rem revera ita se habere, quod videlicet sit in Deo extra omnes creaturas, et cum ipso una sit persona; modum autem, quo ista fiant, ignoramus. Excedit hoc mysterium naturam et rationis humanae, imo etiam angelorum in coelis captum: soli Deo notum est. Cum igitur hoc arcanum nobis incomprehensum et tamen verissimum sit, non decet nos ipsius verbo contradicere, nisi firmis argumentis probare possimus, quod Christi corpus nequaquam ibi esse valeat, ubi Deus est, et quod hic modus praesentiae confictus sit. Hoc fanaticis illis hominibus probandum incumbit, sed nunquam id praestabunt.

An vero Deus etiam plures modos habeat et norit, iuxta quos Christi corpus alicubi sit, ego haudquaquam negaverim. Hoc saltem indicare volui, quam crassi et stupidi homines sint fanatici illi, qui Christi corpori non nisi unicum illum primum et comprehensibilem praesentiae modum tribuunt. Sed neque de illo modo probare poterunt, quod cum nostra sententia pugnet. Ego enim nunquam asserere velim, quod potentia Dei non efficere valeat, ut unum corpus simul in pluribus locis, etiam corporali et comprehensibili modo, adesse possit. Quis enim et quibus argumentis evincet, quod hoc Deo sit impossibile? Quis potentiae ipsius finem deprehendit? Fanatici quidem id cogitant: hoc Deus praestare non potest; sed quis ipsorum cogitationibus credet, et quo argumentorum genere has cogitationes suas confirmabunt? Hactenus Lutherus.

---

2 sollichs] es ü   3 in] ein B   Gott + [und] A   5 wissen wir] wisse er ü   8 Weil bis unbekannt > y   12 Geist] Gott B g i k l m n o q t u v w x y z Konk   27 Christus] Christi B f   29 Hempel] Bengel w, Gempel x   35 nicht sollte so viel ~ y   37 leiblicher + und H   42 ihrem] immer + | ihrem | d   Denken] Bedenken n t, Danken x glauben + etc. e f s ä   43 gewiß + etc. H

1 et prope >   2 et prope >   3 enim + Christus   5 ipsum] ipse   esse] est   10 videlicet + (homo Christus)   17 tamen + interim   27 et norit >   28 alicubi + praesens   31 Christi corpori] Christo   44/5 sed quis bis credet, et >   45 quo + autem

---

[1]) = Narren

| Aus¹ wölchen Worten D. Luthers auch dies klar ist, in was Verstand das Wort g e i ſt l i ch in unsern Kirchen von diesem Handel gebraucht wird. Dann dieses Wort g e i ſt l i ch heißet den Sakramentierern anders nichts, denn die geiſtliche Gemeinschaft, wann durch den Glauben im Geiſt Chriſto dem Herrn die Rechtglaubigen einverleibet und wahrhaftige geiſtliche Glieder seines Leibs werden.¹² Wann aber D. Luthers³ oder wir dies Wort g e i ſt l i ch in dieſem Handel gebrauchen, verſtehn wir dardurch die geiſtliche, übernatürliche himmliſche Weise, nach wölcher Chriſtus, bei dem heiligen Abendmahl gegenwärtig, nicht allein ›in‹ den Gläubigen Troſt und Leben, ſondern auch in den Ungläubigen das Gericht würket, dardurch ›wir‹ die kapernaitiſche Gedanken von der groben⁴ fleiſchlichen Gegenwärtigkeit verwerfen, wölche unſern Kirchen durch die Sakramentierer über alles unſer öffentlich vielfaltig Bezeugen zugemeſſen und aufgetrungen wird, in wölchem Verſtand wir auch reden, daß der Leib und Blut Chriſti im H. Abendmahl geiſtlich empfangen, geeſſen und getrunken werde, obwohl ſolche Nießung mit dem Munde geſchicht, die Weiſe aber geiſtlich iſt. |

Alſo iſt unſer Glaub in dieſem Artikel von der wahren Gegenwärtigkeit des Leibs und Bluts Chriſti im heiligen Abendmahl auf des wahrhaftigen und allmächtigen Gottes, unſers Herrn und Heilands Jeſu Chriſti, Wahrheit und Allmächtigkeit gebauet⁵, welche Gründe unſern Glauben in

Ex his D. Lutheri verbis etiam manifestum est, in qua significatione vocabulum s p i r i t u a l i t e r in ecclesiis nostris quoad hoc negotium usurpetur. Vocabulum enim s p i r i t u a l i t e r Sacramentariis nihil aliud significat quam spiritualem illam communionem, quando nimirum per fidem in spiritu vere credentes Christo Domino incorporantur et revera spiritualia membra corporis eius fiunt.

Cum vero D. Lutherus aut nos vocabulo s p i r i t u a l i t e r in hoc negotio utimur, intelligimus spiritualem, supernaturalem, coelestem modum, secundum quem Christus in sacra coena praesens est, et non tantum in credentibus consolationem et vitam, verum etiam in infidelibus iudicium efficit. Et quidem per vocabulum illud s p i r i t u a l i t e r Capernaiticas illas imaginationes de crassa et carnali praesentia excludimus et reiicimus, quae ecclesiis nostris per Sacramentarios post tot publicas nostras protestationes affingitur. Et in ea sententia intelligi volumus vocabulum s p i r i t u a l i t e r, cum dicimus corpus et sanguinem Christi in sacra coena spiritualiter accipi, edi et bibi. Tametsi enim participatio illa ore fiat, tamen modus spiritualis est.

Fides igitur nostra in hoc articulo de vera praesentia corporis et sanguinis Christi in sacra coena super veri et omnipotentis Dei, Domini et salvatoris nostri Iesu Christi v e r i t a t e m e t o m n i p o t e n t i a m est fundata et exstructa. Haec fundamenta ita solida atque

104 W 686

M 670

105

106

---

5 geiſtlich + | spiritualitas | x   Sakramentierern + [nichts] A   9 wahrhaftige + [Glieder] A   geiſtliche > v   11 dies] das w   12 gebrauchen] brauchen B
19 der + [›grober‹ fleiſchlicher gegen] A   21 über + ›iſt‹ t   33 wahren + rechten m

4 usurpetur. + Quod diligenter est observandum   25 sententia + (quam paulo ante commemoravimus)   35 et salvatoris >

---

¹) Darüber | Wirt. Baden. Henn. |; Abſatz, Z. 1—28, faſt wörtl. a. d. Maulbronner Bedenken, Heppe IIIB 367.   ²) Cons. Tig. VI, IX, Müller 161; C. Helv. pr. 22, Müller 107₁₀; C. Helv. post. XXI, Müller 211₁ff.; Zür. Bek., Müller 154₃₅ff.; Calvin, Inst. IV 17, 2. 3, CR XXX 1003f.; Defensio, CR XXXVII 30/31, 33; Ultima admon. ad Westphal., CR XXXVII 159, 162; Exegesis 29, 33; auch Corp. Schwenckfeld. V 176. 177.   ³) WA XXIII 179₇, 181₁₁, 183₅, 189₈ff.   ⁴) „groben" iſt bergiſcher Zuſatz zum Maulbronner Ergänzungsvorſchlag   ⁵) Die Realpräſenz iſt hier nicht primär auf das ſchließlich nur 808, 10 deutlicher genannte württemberg.=Brenziſche (vgl. jedoch Fricke 194) „per modum ubiquitatis" geſtellt, wie es die Wittenberger unter Berufung auf die (auch in FC gewahrte) „Regel Luthers", den locus de coena von der disputatio praesentiae zu trennen (vgl. Kurtz Bekentnis 1574, E 2a, daʒu Conf. d. Sechſ. Kirchen 1571, C1ff., 4b, D1b, Heppe IIIB 404; Heppe, Syn. IB 23 mit S. 1026 bei Anm. 4; S. 1013, Anm. 4), unterſtellen und heftig zugunſten einer Gründung auf die Einſetzungsworte allein angreifen (Grundfeſt 114ff., 177a; beſ.: Cons. Dresd. BIII—C; Hutterus 52f.), ſondern

allen Anfechtungen dieses Artikels halb zu stärken und zu befestigen, und dargegen alle der Sakramentierer Gegenwürf und Einreden, wie annehmlich und scheinlich sie der Vernunft immer sein mögen, umzustoßen und zu widerlegen, stark und fest genug sein, darauf sich auch ein christlich Herz sicher und fest lehnen und verlassen kann.

Demnach verwerfen und verdammen wir mit Herzen und Mund als falsch, irrige und verführisch alle Irrtumb, so dieser obgesetzten und in Gottes Wort gegründter Lehr ungemäß, zuwider und entgegen sein, als: Erstlich die papistische Transsubstantiation[1], da gelehrt wird, daß das consecrierte oder gesegnet Brot und Wein im heiligen Abendmahl sein Substanz und Wesen ganz und gar verlieren und in die Substanz des Leibs und Bluts Christi verwandelt werden, also, daß allein die bloße Gestalt des Brots und Weins oder accidentia sine subiecto übrig bleiben, unter welcher Gestalt des Brots der Leib Christi, das doch nicht mehr Brot, sondern ihrem Vorgeben nach sein natürlich Wesen verloren, auch außerhalb der Handlung des Abendmahls, wenn das Brot in das Sakramenthäuslein eingeschlossen oder zum Schauspiel und anzubeten umbhergetragen wird, gegenwärtig sei. Dann nichts Sakrament sein kann außer Gottes Befehl und geordentem Gebrauch, dazu es in Gottes Wort eingesetzt ist, wie daroben[2] angezeigt worden.

2. Desgleichen verwerfen und verdammen wir alle andere papistische Mißbrauch dieses Sakraments, als den Greuel der Opfermeß für die Lebendigen und Toten[3].

3. Item, daß den Laien nur eine Gestalt des Sakraments wider den öffentlichen Befehlch und Einsetzung Christi gereicht

immota sunt, ut et fidem nostram in omnibus tentationibus (quae de hoc articulo incidere possunt) confirmare et stabilire et omnes Sacramentariorum obiectiones et argutias, utcunque speciosae sint et humanae rationi plurimum blandiantur, refutare et evertere et piis animis per omnia sufficere et praesentissimam consolationem et fiduciam adferre possint.

Quare reiicimus et damnamus corde et ore utpote fallaces et fraude plenos omnes errores, qui recitatae iam sanae doctrinae et in sacris litteris fundatae adversantur et repugnant:

I. Pontificiam transsubstantiationem, cum docetur, quod panis et vinum, si consecrata seu benedicta fuerint, in sacrosancta coena substantiam et essentiam suam penitus amittant et in substantiam corporis et sanguinis Christi convertantur, ita quidem, ut sola externa species panis et vini sive accidentia sine subiecto reliqua maneant. Et quod fingunt corpus Christi sub specie panis (qui tamen panis ipsorum opinione iam non amplius est panis, sed naturalem suam essentiam amisit) revera praesens esse etiam extra actionem coenae dominicae, cum videlicet panis in sacrario inclusus adservatur aut in solenni et theatrica pompa adorandus ostentatur et circumgestatur. Nihil enim rationem sacramenti habere potest extra mandatum Dei et usum a Christo institutum, ut supra monuimus.

II. Repudiamus et damnamus etiam omnes alios pontificios abusus huius sacramenti, inprimis vero abominationem sacrificii missae pro vivis et defunctis.

III. Quod laicis (ut vocant) una tantum sacramenti species sive pars (et quidem contra expressum mandatum et

---

2/3 alle der] aller c 6/7 fest genug] festung z 21 Christi > v 23 sine] sive v z
subiecto] subiecta z 27 auch] und B r s 33 Gebrauch] Brauch g s Konf.
40 und + die m z 44 Befehlch + Christi f Christi > f

7/10 et piis bis possint] valeant. 16 I. + Reiicimus igitur et damnamus
18/9 in sacrosancta coena >

---

* auf die Chemnitzsche Ubivolipräsenz (Ritschl IV 94, 95), entsprechend der Betonung der Einsetzungsworte (998, 3 ff. 1026, 15 f. u. Anm. 3) und dem „wo er will" (S. 1043, 31 f., 1048, 13) bei der Allmacht; vgl. S. 753, Anm. 1 und Heppe III 274.
 [1]) Conc. Trid. Sess. XIII, cap. 4, 5 can. 2, 4, 6 = Denzinger Bannwart 877, 878, 884, 886, 888; Thomas, Summa III q 75 a 1—6; vgl. WA XI 431—456; VI 508ff.; [2]) Vgl. S. 998, 21 ff. [3]) Vgl. WA VI 512ff.; VIII 411ff., 482ff.; XVIII 22—36; XXXVIII 105—195; XXXIX I 138—173; CA XXIV, S. 91 ff.; Apol., S. 349 ff.; Art. Smalc., S. 416, 8 ff.

wird etc., wie dieselbigen papistischen Mißbräuch in unserer Kirchen gemeinen Confession und Apologia, Schmalkaldischen Artikeln[1] und andern der Unsern Schriften ausführlich mit Gottes Wort und der alten Kirchen Zeugnussen widerlegt worden.

claram institutionem Christi) porrigitur. Et sane hi aliique plurimi pontificii abusus in ecclesiis nostris, in communi illa Confessione et Apologia, in Smalcaldicis Articulis et aliis nostrorum scriptis solide verbo Dei et eruditae atque piae antiquitatis testimoniis refutati et reiecti sunt.

Dieweil aber in dieser Schrift wir fürnehmblich allein von der wahren Gegenwärtigkeit des Leibs und Bluts Christi wider die Sakramentierer, deren etliche sich unter der Augsburgischen Confession Namen in diese Kirchen unverschambt eindringen[2], unser Bekenntnis und Erklärung zu tuen fürgenommen: so wollen wir auch der Sakramentierer Irrtumb fürnehmblich allhie setzen und erzählen, damit unsere Zuhörer, daß sie sich dafür hüten und fürsehen können, zu verwarnen.

Cum autem in hoc scripto praecipue confessionem et declarationem nostram de vera praesentia corporis et sanguinis Christi contra Sacramentarios (quorum aliqui sub Augustanae Confessionis titulo in ecclesias nostras sine fronte sese ingerunt) proponere voluerimus: eam ob causam Sacramentariorum errores praecipue hoc loco recitare et commemorare visum est, eo fine, ut auditores nostri eos agnoscere et cavere possint. 111

Demnach verwerfen und verdammen wir mit Mund und Herzen als falsch, irrig und verführisch alle sakramentierische opiniones und Lehren, so dieser obgesetzten und in Gottes Wort gegründeten Lehre ungemäß, zuwider und entgegen seind[3]:

Reiicimus igitur atque damnamus corde et ore ut falsas et imposturae plenas omnes Sacramentariorum opiniones et dogmata, quae supra commemoratae et in verbo Dei fundatae doctrinae non consentiunt, sed adversantur et repugnant: 112

1. Als wann sie fürgeben, daß die Wort der Einsetzung nicht einfältig in ihrer eigentlichen Bedeutung, wie sie lauten, von der wahren wesentlichen Gegenwärtigkeit des

I. Cum docetur, quod verba institutionis non simpliciter in propria sua significatione, ut sonant, de vera substantiali corporis et sanguinis Christi prae- 113

---

2 gemeinen + und *n t*

[1]) Vgl. CA XXII, S. 85 f.; Apol. S. 328 ff.; Art. Smalc. S. 451, 3 ff.; WA VI 498 ff.; X I¹ 11—41; XXVI 560—618; XXX II 595—626. [2]) Vgl. S. 973, Anm. 2. [3]) Zur Antithesenreihe vgl. Hutterus 548 f., d. not. Bergerdorp., Bertram IIB 215 f. u. die 3. T. wörtlich gleichlautende des Torgauer Kurtz Bekentnis 1574, und zwar entsprechen die Antithesen FC 1, 3, 4, 5, 6, 7, 8, 9 den Bekenntnis-Antithesen IX, I, VII + VIII, VII + VIII, XIX, X, XI + XVII, XIV. Eine Zusammenstellung aller gemeinten Äußerungen aus den Abendmahlstreiten des 16. Jhdts. geht nicht an. Zusammenfassungen bieten: die den zweiten Streit eröffnende Farrago confusanearum et inter se dissidentium opinionum de Coena Domini ex Sacramentariorum libris congesta per M. Ioach. Westphalum, Magdeb. 1552 und Selneccer: Zwinglii, Caluini, Beze etc. Eigentliche Meynung von etlichen fürnemmen streitigen Religions Artickeln... Franckf. 1589. Im folgenden werden besonders die versch. ref. Bekenntnisschriften (Seitenzahl nach der Ausgabe E. F. K. Müller) herangezogen (Conf. Tetrapol. XVIII, 1530; Zwingli, Fidei ratio VIII, 1530; Berner Synodus XXII, 1532; Baseler Bekenntnis VI, 1634; Conf. Helv. prior XXII, 1536; Züricher Bek. 1545; Cons. Tigurin. 1549, Conf. Helv. post. XXI, 1562, Heidelb. Kat. VI, 1563), ferner Calvin, Institutio 1559, CR XXX; Defensio sanae et orthod. doctrinae de sacramentis 1555 für Cons. Tig. gegen Westphal, CR XXXVII 1—40; Ultima admonitio ad Westphalum, CR XXXVII 137—252, die Schriften der Wittenberger „Kryptokalvinisten"; gelegentl. die späteren Acta Colloquii Montis Belligartensis... 1586, Tübingen 1587 (Andreae gegen Beza). Gehäuft u. in schroffer Formulierung: Beza, De Coena Domini plana et perspicua tractatio, in qua Ioachimi Westphali calumniae refelluntur; ΚΡΕΩΦΑΓΙΑ sive Cyclops, Dialogus de vera communicatione corporis et sanguinis Domini adversus Til. Hesbusii commenta. In: Th. Bezae... Volumen Tractationum Theologicarum I, 1576 (secund ed.). Zu den drei ersten, Zwingli u. Oekolampad im bes. betr. Antithesen vgl. O. Ritschl III 76 ff.; W. Köhler, Zwingli und Luther I, 1924; Das Marburger Religionsgespräch 1529, Schrr. VRG 148, 1929. Zum Streit Westphals gegen Calvin 1552 ff.: O. Ritschl IV 10 ff.; Mönckeberg, J. Westphal... usw.; CR XXXVII *

Leibs und Bluts Christi im Abendmahl verstanden, sondern durch tropos oder figürliche Deutung auf einen andern, neuen, frembden Verstand gezogen werden sollen[1]; wie wir hiemit alle solche sakramentierische opiniones und ihnen selbst widerwärtigen Meinungen, wie vielfältig und mannicherlei dieselbigen auch sein, verwerfen.

2. Item, daß die mündliche Nießung des Leibs und Bluts Christi im Abendmahl geleugnet und dagegen gelehret wird, daß der Leib Christi im Abendmahl alleine geistlich[2] durch den Glauben genossen werde, also, daß unser Mund im Abendmahl nur allein Brot und Wein entpfahe.

3. Gleichsfalls auch, da gelehret wird, daß Brot und Wein im Abendmahl nicht mehr sein sollen als Kennzeichen, dadurch die Christen untereinander zu erkennen[3]; oder

4. Daß sie nur Bedeutungen, Gleichnis und Anbildunge des weit abwesenden Leibes Christi seien, dergestalt, daß, gleichwie Brot und Wein unsers Leibes äußerliche Speise ist, also sei auch der abwesende Leib Christi mit seinem Verdienst unser Seelen geistliche Speise[4].

5. Oder daß sie nicht mehr als Wahrzeichen oder Gedenkzeichen des abwesenden Leibs Christi sein, durch welche Zeichen, als durch ein äußerlichs Pfand, wir vorsichert werden sollten, daß der Glaube, der sich vom Abendmahl abwendet und über alle Himmel steigt, droben ja so wahrhaftig des Leibs und Bluts Christi teilhaftig werde, also wahr wir im Abendmahl mit dem Munde die äußerlichen Zeichen entpfangen, und daß also die Versicherung und Bekräftigung unsers Glaubens im Abendmahl geschehe allein durch die äußerlichen Zeichen, und nicht durch den wahrhaftigen, gegenwärtigen und uns überreichten Leib und Blut Christi[5].

sentia in coena Domini accipienda, sed per tropos et figuratas significationes in alienam et novam sententiam sint torquenda. Et hoc loco omnes Sacramentariorum opiniones eiusmodi, quarum aliquae inter se etiam pugnant, (quot aut quam variae illae sint) reiicimus.

II. Quod oralis sumptio corporis et sanguinis Christi in sacra coena a Sacramentariis negatur eique opponitur, quod corpus Christi in coena spiritualiter tantum per fidem accipiatur, ita quidem, ut ore in sacra coena tantum panem et vinum edamus atque bibamus.

III. Quod docetur panem et vinum in Coena Domini nihil aliud esse, nisi notas quasdam professionis, quibus Christiani se invicem agnoscant.

IV. Vel quod panis et vinum sint tantum figurae, symbola, typi ac similitudines longissime absentis corporis Christi, ea quidem ratione, quod, ut panis et vinum sunt cibus externus nostri corporis, ita absens corpus Christi una cum ipsius merito sit animae nostrae cibus spiritualis.

V. Quod panis et vinum non sint nisi symbola aut signa memorialia absentis corporis Christi, quibus signis tanquam externo pignore confirmemur, quod fides illa (quae a coena sese avertit et supra omnes coelos ascendit) sursum non minus vere corporis et sanguinis Christi particeps fiat, quam revera in coena Domini ore externa symbola accipimus. Et quod hoc modo fides nostra in sacra coena tantummodo per externa symbola, non autem per verum, praesens et nobis exhibitum corpus et sanguinem Christi obsignetur et confirmetur.

---

3 Deutung] Bedeutung *m w z ä*   5 sakramentierische] sakramentische *c*   6 ihnen] ihren *d f*   9 daß > *d e*   16 auch > *d e f r*   19 erkennen + etc. *y*   oder > *g*   20 4. > *B*   21 An=] Ab= *o w ä ü* Konk   24 Speise + und Trank *Cor*   28 5.] 4. *B*   30 sein > *c*   35 also] als *g l m n o s t u v w x ü*   als so *H f r y z ä*   37 daß] der *x*   40 die > *k l*   Zeichen > *s*

---

¹) Vgl. W. Köhler, Zwingli u. Luther 61 ff.; CR XC 335 ff., 773 ff.; LXXXIX 111 ff. Fidei ratio 89, 46 ff.; 91, 20 ff. Cons. Tig. XXII, 162.   ²) CR LXXXIX 142/143; XC 338, 23 ff.
* Fidei ratio 89, 31 ff.; Bas. Bek. 97, 24.   ³) CR XC 802, 7 ff., Oekolampad, tesserae fidelium (Ritschl III 107); C. Helv. pr. 106, 37; Cons. Tig. VII 160; CR XXXVII 20; Cat. Witt. 130; dazu WA XXIII 269, 20.   ⁴) CR LXXXIX 143, 7; Bern. Syn. 47; Zür. Bek. 154, 30; C. Helv. post. 211, 10; Heidelb. Kat. 703, 8 f., 704, 6 ff.; Inst. IV 17, 3 = CR XXX 1004; CR XXXVII 20.   ⁵) Berner Syn. 47; Bas. Bek. 97, 36 ff., 98, 7 ff.; C. Helv. pr. 107, 23 ff., 35 ff.; Zür. Bek. 158, 7; Cons. Tig. X 161; XXI 162; XXVI 163; Heidelb. Kat. 702, 25 ff.; Instit. IV 17, 18 = CR XXX 1017; CR XXXVII 30 (pignus), 23 (Abstrahi sensus nostros), 22 (Sacramenta ... scalae, „per quas sursum ad coelos conscendere liceat"), 162 (Tantum prudenter volo distingui inter rem et signum, ut a terreno elemento in coelum fiat transitus); Exegesis 61; Coll. Mont. Bel. 50, 59, 157.

Solida Declaratio, VII. Vom heiligen Abendmahl. 1013

6. Oder daß im Abendmahl dem Glauben allein die Kraft, Wirkung und Verdienst des weit abwesenden Leibs Christi ausgeteilet werde, und wir also seines abwesendes Leibs teilhaftig werden, und daß auf diese jtzterzählte Weise unio sacramentalis, das ist, sakramentliche Vereinigung, zu verstehen sei de analogia signi et signati, das ist, wie Brot und Wein mit dem Leib und Blut Christi ein Gleichnis haben[1].

7. Oder daß der Leib und Blut Christi anders nicht, dann allein geistlich durch den Glauben entpfangen und genossen werde[2].

8. | Item[3], | do gelehrt wird, daß Christus vonwegen seiner Himmelfahrt mit seinem Leibe also an einem gewissen Ort im Himmel begriffen und umbfangen sei, daß er mit demselbigen bei uns im Abendmahl, welches nach der Einsetzung Christi auf Erden gehalten wird, wahrhaftig und wesentlich nicht gegenwärtig sein könne 'oder wölle, sondern sei so weit oder fern davon, als Himmel und Erden voneinander ist[4], | wie[5] etlich >Sakramentierer< den Text Actorum 3: oportet Christum caelum accipere, das ist, Christus mußt den Himmel einnehmen, vorsätzlich und böslich zur Bestätigung ihres Irrtumbs verfälschet haben und anstatt desselben gesetzt: oportet Christum caelo capi, das ist, Christus mußt >von oder im< Himmel also eingenommen oder umbschrieben und begriffen werden, daß er bei uns

VI. Quod in coena Domini f i d e i tan- 117 tummodo virtus, operatio et meritum longe absentis corporis Christi distribuantur et communicentur, ut hac ratione absentis corporis Christi participes fiamus. Et quod iuxta hunc modum unio sacramentalis sit intelligenda, videlicet de analogia signi et signati, quatenus nimirum corpus et sanguis Christi cum pane et vino aliquid similitudinis habent.

VII. Quod corpus et sanguis Christi 118 spiritualiter duntaxat per fidem sumatur et participetur.

VIII. Quod Christus propter ascensum 119 suum in coelos corpore suo in certo quodam coeli loco ita sit comprehensus et circumscriptus, ut suo corpore nobiscum in sacra coena (quae iuxta institutionem Christi in terris celebratur) vere et substantialiter praesens esse neque possit neque velit, sed potius tam W 689 longe a sacra coena absit, quantum altissimum coelum a terris distat. Sic enim quidam Sacramentarii verba illa in actis apostolicis: o p o r t e t C h r i s t u m c o e l u m a c c i p e r e, de industria malitiose (ad confirmandum errorem suum) depravarunt et loco sincerae translationis haec verba reposuerunt: oportet Christum coelo c a p i, quae verba significant Christum ita in coelum receptum, ut coelo circumscribatur et

[6.] 5. *B*   3/4 Christi *bis* Leibs > *z*   5 diese > *w*   [7.] 6. *B*
[8.] 7. *B > H* | Item | *statt* [Wir verwerfen und verdammen auch] *A*
[7 er] der *defgrsuwxyzä* Konk   26 mußt] muß *Hss außer H ö,* Konk
30 mußt] muß *Hss außer H g i q ö,* Konk   mußt > *u*   31 eingenommen +
[worden] *A*

---

[1]) Zür. Bek. 156, 33ff., 158, 11ff.; Cons. Tig. IX, XIII, XIV, XIX 161/2; C. Helv. post. 210, 23; auch Bucer, vgl. Lang, Evangelienkommentar 281; Instit. IV 17, 10. 11. 14. 21. 32, 33 = CR XXX 1009/10; 1013; 1020; 1033/34; CR XXXVII 20, 33 (Abest .. Christus a nobis secundum corpus, spiritu autem suo in nobis habitans, in coelum ad se ita nos attollit, ut vivificum carnis suae vigorem in nos transfundat, non secus ac vitalis solis calore per radios vegetamur).   [2]) Fidei ratio 89, 30ff.; Baf. Bek. 97, 27; 98, 1; C. Helv. pr. 107, 20; Cons. Tig. XXIII 163; Exegesis 19, 71 (crede et manducasti); Coll. Mont. Bel. 29, 75, 92; vgl. S. 973, Anm. 2.
[3]) Darüber | Hessen | ; hess. Bedenken wünscht Tilgung des häufigen „Verdammen" in den Antithesen dieses Art. oder „ein mitius oder gelinderes Wort", um „ein christliche Einigkeit zu treffen oder ja etliche zu gewinnen" (Heppe, Syn. IB 21f.); ähnl. die Pfälzer, vgl. Hutterus 619, 662; Struve, Pfälzische Kirchen-Historie 1721, 316. Oben S. 755, Anm. 3.
[4]) Fidei ratio 88/89; Zür. Bek. 154, 16; Cons. Tig. XXV 163; Instit. IV 17, 12. 19 = CR XXX 1011, 1017; auch Bucer, vgl. Lang, Evangelienkommentar 281, 462; Hardenberg, vgl. Planck, Lehrbegriff V 2, 170; Dresd. Abschied C 4a (Himmelfahrt und Abendmahl sind nicht „untereinander zu mengen ... weil die Himmelfahrt einmal geschehen, und das Sitzen zur Rechten für und für währet"), H 1b; Exegesis 10, 11, 74. Dazu WA XXVI 340 3ff. und CR II 222f.; vgl. auch oben S. 974, Anm. 1. 2 u. S. 1026, Anm. 1.
[5]) Darüber | Pr. | ; preuß. Bedenken wünscht eine Erklärung von „Himmel" nach Schrift und Luther. Vgl. S. 1026, Anm. 1.

auf Erden keinerlei Weise, mit seiner menschlichen Natur, sein könnte oder wölle¹.

9. Item, daß Christus die wahre, wesentliche Gegenwärtigkeit seines Leibs und Bluts in seinem Abendmahl nicht habe verheißen noch leisten können oder wöllen, weil die Natur und Eigenschaft seiner angenommenen menschlichen Natur solchs nicht leiden noch zugeben könne².

10. | Item, | do gelehrt wird, daß nicht allein die Wort und Allmächtigkeit Christi, sondern der Glaube den Leib Christi im heiligen Abendmahl gegenwärtig mache, daher von etlichen die Wort der Einsetzung in der Handlung des Abendmahls unterlassen werden³. Dann obwohl die papistische Consecration, in welcher dem Sprechen als dem Werk des Priesters die Kraft zugemessen wird, als mache dasselbige ein Sakrament, billich gestraft und verworfen wird: so können oder sollen doch die Wort der Einsetzung in der Handlung des Abendmahls in keinem Wege ausge|lassen| werden, wie

comprehendatur, ut nobiscum in terris humana sua natura nullo prorsus modo praesens esse possit aut velit.

IX. Quod Christus veram, substantialem praesentiam corporis et sanguinis sui in sacra sua coena neque promiserit neque praestare possit aut velit, cum ipsius natura et proprietas assumptae suae humanitatis id non admittant.

X. Quod non solum verbum et sola Christi omnipotentia, sed fides corpus Christi in coena Domini praesens nobis sistat. Unde quidam verba institutionis in actione coenae dominicae non recitant, sed omittunt. Etsi autem papistica consecratio (quae pronuntiationi verborum tanquam operi sacerdotis eam vim adscribit, quasi ea sacramentum efficiat) non iniuria reprehenditur atque reiicitur: tamen verba institutionis in actione coenae dominicae nequaquam omitti possunt aut debent; id quod ex superiore declaratione manifestum est.

2 könnte] könne H f u   4 9.] 8. B, > k   10 könne] könnte o z   11 10.] 9. B | Item | statt [Wir verwerfen und verdammen auch] A   22 können oder sollen f 24 | lassen | statt [schloßen] A

24 declaratione + satis

¹) Hs t vermerkt a. R.: Seneca de clementia li. I cap. 8 dicit Deos coelo alligatos esse, nec illis descendere datum esse.
Zur Auslegung von Apg. 3, 21 (... ὅν δεῖ οὐρανὸν μὲν δέξασθαι ... Vulg.: Christum quem oportet quidem coelum accipere ...; rev. Vulg. WA Bibel V 728: ... coelo suscipi ...!) vgl. die heftige, an Bezas Übers. d. NT (1565) anknüpfende Kontroverse zwischen Beza und Selneccer: Ad D. Theodori Bezae calumnias brevis et necessaria Nic. Selnecceri responsio ... Henricopol. 1570 (11. Juli) — Ad D. Nic. Selnecceri et theologorum Ienensium calumnias brevis et necessaria Th. Bezae responsio, Genevae 1571 (Aug.) — Th. Bezae modesta et Christiana defensio ad D. Nic. Selnecceri maledicam et virulentam responsionem, Genev. 1572 (Febr.) — D. Nic. Selnecceri responsio vera et christiana ad Th. Bezae falsam et minime christianam ... defensionem et censuram, 1572 (Juli) — Ad Th. Bezae tergiversationem et criminationem tertiam responsio et apologia Tertia Nic. Selnecceri, Henricopol. 1573 (Juni); dazu De verbis Actor. 3. Oportet Christum coelum accipere brevis et necessaria commonefactio Nic. Selnecceri D., Henricopoli 1571 und die Disputatio grammatica de loco Actorum 3 ... Witebergae a quodam biblioso scripta et edita contra D. Nic. Selnecceru m, 1571 (Wolfenbüttel); Spätling: Th. Bezae ad repetitas Iacobi Andreae et Nic. Selnecceri calumnias responsio, Genev. 1578; zur Sache: Th. Beza, Annotationes maiores in Novum Dn. nostri Jesu Christi Testamentum nova ed. 1594, 466/67; seine Auffassung vertreten: Cat. Wittemb. 72 (dazu Grundfest 174: die Himmelfahrtsthese der Cat. stamme wörtlich aus Melanchthons Kolosserkommentar); Grundfest 171—175, vgl. aber 37 (Christus muß den Himmel einnehmen); Christl. Fragstück 1571 (Titel S. 841, Anm. 1), dazu Confession d. Sächs. Kirchen 1571 (vgl. S. 971, Anm. 2) B 2b; O 4b—P 3; Exegesis 11, 65ff., 69; Zusammenfassung der Argumente: Warnung vor den vnreinen Catechismo ... Jena 1571, D 2; zum Ganzen: H. Heppe, Th. Beza 1861, 261ff. (dürftig), Calinich, Kampf 57ff., 62ff., 93ff.; Fricke, Brenz 192f. ²) Vgl. Ritschl III 101; W. Köhler, Zwingli u. Luther I 136, 537, 811; Zwingli, opera, ed. Schuler-Schultheß II 2, 158, 178; III 512—524; CR XXXVII 33; Kurtz Bekentnis 1571, Antithese XIV nennt ausdrückl. Beza, vgl. Coll. Mont. Bel. 45, 182, 221, 322. ³) Schwenckfeld wird von Hutterus, Explic. 625 genannt: vgl. Corp. Schwenckf. V 189/192, vgl. Enders V 295. 330. 337f., Frank, Theologie d. FC III 131 Anm. 112.

solchs in vorgehender Erklärung angezeigt ist.

11. | Item, | daß die Gläubigen den Leib Christi vermöge der Wort der Einsetzung Christi bei dem Brot und Wein des Abendmahls nicht suchen, sondern vom Brote des Abendmahls mit ihrem Glauben im Himmel an das Ort gewiesen werden, do der Herr Christus mit seinem Leibe sei, daß sie doselbsten sein genießen sollen[1].

12. Wir vorwerfen auch, so gelehret wird, daß die ungläubigen und unbußfertigen böse Christen, die allein den Namen Christi tragen, aber den rechten, wahrhaftigen, lebendigen und seligmachenden Glauben nicht haben, im Abendmahl nicht den Leib und Blut Christi, sondern allein Brot und Wein empfangen[2]. | Und[3] weil allein zweierlei Gäst bei dieser himmlischen Mahlzeit gefunden, ›wirdige und unwirdige,‹ verwerfen wir auch, wann ein sollicher Unterscheid unter den Unwirdigen gemacht wird, daß die gottlosen Epikurer und Spötter Gottes Worts,¹ so in der äußerlichen Gemeinschaft der Kirchen sein, nicht den Leib und das Blut Christi zum Gericht im Brauch des H. Abendmahls, sunder allein Brot und Wein empfahen[4].

13. | Also | auch, do gelehret wird, daß die Wirdigkeit nicht allein in wahren Glauben, sondern auf der Menschen eigener Bereitung stehe[5].

14. | Desgleichen | auch, do gelehret wird, daß auch die Rechtgläubigen, | so | einen rechten, wahrhaftigen, lebendigen Glauben haben und behalten, | und[6] aber vorgesetzter

XI. Quod credentes iubentur corpus Christi non cum pane et vino coenae (iuxta Christi institutionem) quaerere, sed a pane sacrae coenae fide sua in coelum ad locum illum ablegantur, in quo Christus suo corpore sit, ut ibi eius fiant participes.

XII. Reiicimus etiam hunc errorem, cum docetur, quod infideles et impoenitentes (qui titulo duntaxat Christiani sunt, revera autem fidem vivam, veram et salvificam non habent) in coena Domini non corpus et sanguinem Christi, sed tantum panem et vinum accipiant. Et cum nonnisi duo genera convivarum in hoc coelesti convivio reperiantur, digni videlicet et indigni: reiicimus etiam illud discrimen inter indignos, quod aliqui faciunt, qui asserunt impios Epicureos, empaectas et verbi Dei contemptores (qui in externa ecclesiae communione sunt) non corpus et sanguinem Christi ad iudicium in usu coenae, sed tantummodo panem et vinum sumere.

XIII. Et cum docetur dignitatem non tantum in vera fide, verum etiam in propria hominis praeparatione consistere.

XIV. Similiter, cum docetur etiam vere credentes, qui viva et vera fide praediti sunt eamque retinent, si tamen ea praeparatione propria et sufficiente

---

2 ist] wird + ›ist‹ q 3 11.] 10. B auch die Lehr H ō, statt | Item | urspr. bei A den ü 10 sein] da y sollen] [sollen] ō auch + und verdammen o x, urspr. A 18 Und > z + werden H 20 unwirdige + so H digen d, + | forte Unwirdigen | e 23 und + [Epicurer] A 26/7 im bis Abendmahls > y 26 Brauch] Gebrauch H l m z 29 13.] 12. B | Also | statt [Wir verwerfen und verdammen] A Also] Item H 32 stehe + etc. m 33 14.] 13. B | Desgleichen | statt [Wir verwerfen und verdammen] A Desgleichen auch] Item H 54 so] die H, urspr. A 35 lebendigen > q, lebendigmachenden ō

Item + wir verwerfen und verdammen 6 Brote + und Wein Cor 8 das] dies x, 11 12.] 11. B Wir vorwerfen] Item H ō weil + auch x 19/20 gefunden 22 Unwirdigen] Wirdigen B r s, + Unwirdigen

23 empaectas > 33 Similiter bis docetur] Quod 35 si] sed 36 et sufficiente >

---

[1]) Cons. Tig. XI ₁61; XXI ₁62; C. Helv. post. 2₁2, 2₁ff. (sursum corda); CR XXXVII 22 (nec alibi quaerendus est Christus); ₁62 (Porrigitur nobis in manum panis. Veracem esse Christum scimus, ut re ipsa exhibeat, quod testatur, nempe corpus suum, sed non aliter quam si fide supra mundum assurgimus). [2]) CR LXXXIX ₁43, 23; Cons. Tig. XVII ₁61; XVIII ₁62; C. Helv. post. 2₁2, 12ff. [3]) Darüber | N. | [4]) Gegen P. Eber, Vom heiligen Sacrament des Leibs und Bluts ... Unterricht ... 328ff., bes. 347; Zusammenfassung seiner Argumente: J. Wigand, Collatio de opinione D. Eberi de specie indignorum, qui in actionae ‹!› Coenae sacra ‹!› Corpus et Sanguinem Christi non accipiunt, von S. Musaeus u. M. Judex unterschrieben. [5]) Conc. Trid. Sess. XIII cap. 7; can. 11 = Denzinger-Bannwart 880, 893. [6]) Darüber | N. |

eigner gnugsamer Bereitung manglen, | dies Sakrament zum Gericht als die unwirdigen Gäste entpfangen konnten[1].

15. | Item, | do gelehret wird[2], daß die Element, sichtliche species oder Gestalt des gesegneten Brots und Weins, angebetet sollen werden; daß aber Christus selber, wahrer Gott und Mensch, so im Abendmahl wahrhaftig und wesentlich gegenwärtig, | in[3] wahren Brauch desselben | solle im Geiste und in der Wahrheit, | wie >auch< an allen andern Orten, sunderlich da sein Gemein versammlet, | angebetet werden, kann und wird niemand leugnen, er sei dann ein arianischer Ketzer.

16. Wir vorwerfen und verdammen auch alle vorwitzige, spöttische, lästerliche Fragen und Reden, so auf grobe, fleischliche, kapernaitische Weise von den übernatürlichen himmlischen Geheimnissen dieses Abendmahls fürgebracht werden[4].

Andere und mehr antitheses oder | verworfne[5] | Gegenlehr seind in vorgehender Erklärung gestrafet und vorworfen worden, welche wir geliebter Kürze halben allhie nicht wiederholen wollen, und was noch über das andere mehr vordammliche opiniones oder irrige Meinungen seind, können aus der obgesatzten Erklärung leichtlich genommen und namhaft gemacht werden; denn wir alles, was der obgesatzten und in Gottes Wort wohlgegründter Lehre ungemäß, zuwider und entgegen ist, vorwerfen und vordammen.

careant quam ipsi sibi proposuerunt, hoc sacramentum tanquam indignos convivas ad iudicium accipere.

XV. Elementa illa seu visibiles species benedicti panis et vini adorari oportere. Quod autem Christus ipse, verus Deus et homo (qui in coena sua, in legitimo nimirum eius usu, vere et substantialiter praesens est) in spiritu et in veritate (quemadmodum etiam omnibus aliis locis, praecipue vero ubi ecclesia ipsius est congregata) adorari debeat, id nemo nisi Arianus haereticus negaverit.

XVI. Repudiamus praeterea et damnamus omnes curiosas, sarcasmis tinctas et blasphemas quaestiones atque huius generis sermones, qui crasse, carnaliter et Capernaitice de supernaturalibus et coelestibus mysteriis coenae dominicae proferuntur.

Reliquae antitheses et reiectae opiniones, quae cum pia doctrina pugnant, in superiore declaratione reprehensae atque repudiatae sunt; eas (quia brevitati studemus) hoc loco repetere noluimus. Si quae sunt autem praeter haec alia falsa et damnata dogmata, eorum diiudicatio ex praemissa copiosa explicatione peti et (si opus sit) nominatim reprobari possunt. Nos enim omnia, quae supra commemoratae et in verbo Dei bene fundatae doctrinae non consentiunt, sed repugnant, reiicimus atque damnamus.

---

4 15.] 14. *B* | Item | *statt* [Wir verwerfen und verdammen auch] *A* do] daß *x* die] das *ü* 4/5 Element + oder *w ö ü* 9 =wärtig + ist *ü* 10 wahren] rechten *w ü* Brauch] Gebrauch *x* Konk 10/1 | solle *bis* Wahrheit | > *H* 12 sein] ein *c* 13 versammlet + soll im Geist und in der Wahrheit *H* werden + soll *z* 14 ein > *m* 16 16.] 15. *B*; Wir *bis* auch] Item *H ö* auch > *d c* 18 fleischliche] fälschliche *H* 23 Andere] 16. Andere *B* 23/4 | verworfne | *statt* [verdammliche] *A* 24 in > *n* 31 namhaft] namhaftig *H k l u v w y z ü* Konk

2 indignos] indigni 3 vivas] vivae accipere + possint

---

[1]) Vgl. S. 1015, Anm. 5. [2]) Conc. Trid. Sess. XIII cap. 5, can. 6. 7. = Denzinger-Bannwart 878, 888, 889; Beispiele für „Artolatrie" auf protestant. Seite bei Salig, Vollständige Historie der Augspurgischen Confeßion, Halle 1735, III, 528. Vgl. WA XI 431—456. Vgl. zum Ganzen über externa und interna adoratio: Carpzov, Isagoge 1458. [3]) Darüber | Hessen |; erfüllt den Wunsch d. hess. Bedenkens nach einer Sicherung des Anbetens gegen Artolatrie, Heppe, Syn. IB 22. [4]) In ausführlicher Zusammenstellung im Kurtz Bekentnis 1571 H 1. 2: „1. Wenn und wie der Leib Christi zum Brot oder ins Brot komme? — 2. Wie nahe oder wie fern er dem Brot sei? — 3. Wie er unter dem Brot verborgen werde? — 4. Wie lang die sakramentliche Vereinigung währe? — 5. Wenn der Leib Christi wieder vom Brote weicht? — 6. Ob der Leib Christi, den wir mündlich entpfahen, auch in unsern Leib und Magen komme und darin verdauet werde? — 7. Ob er mit Zähnen zerdruckt und zerkäuet werde? — 8. Ob es ein lebendiger Leib oder toter Leichnam sei, weil wir unterschiedlich den Leib unter Brot und das Blut unter Wein entpfangen?" usw. [5]) Darüber | Hessen |; vgl. S. 1013, Anm. 3.

VIII.

Von der Person Christi[1].

Es hat sich auch ein Zwiespalt zwischen den Theologen Augsburgischer Confession von der Person Christi zugetragen, welche doch nicht erst unter ihnen angefangen, sondern ursprünglich von den Sakramentierern herrühret.

VIII.

DE PERSONA CHRISTI.

Orta est etiam controversia inter Augustanae Confessionis theologos de persona Christi, quam tamen non ipsi inter se moverunt, sed ei occasionem Sacramentarii originaliter dederunt.

---

[1] Für das Verhältnis von Art. VIII zu Art. VII vgl. als eine unter vielen anderen die Bemerkung von Brenz, Ritschl IV 70; Vorstufen: Andreae, Sechs Predig, VI (Heppe IIIB 59—73); SC IX (Hachfeld 278—288); SSC IX (Heppe IIIB 138—151 und 285—299); FM II (Pressel 651—660) und die Konfession der niedersächsischen Kirchen 1571 (S. 971, Anm. 2; 1039 zu Z. 23), D 3 bff. samt dem Catal. Testim. entsprechenden dicta patrum F 4ff.; Literatur: H. R. Frank, Theologie der Concordienformel III 165—393; J. A. Dorner, Entwicklungsgesch. der Lehre von der Person Christi usw. Teil II, 1854, 662—717; dazu G. Thomasius, Christi Person und Werk 1886, I 520—579; Tschackert, Entstehung d. luth. u. d. ref. Kirchenlehre 553ff.; Loofs, Leitfaden d. Dogmengesch. 920ff.; Seeberg, Lehrb. d. Dogmengesch. IV 513ff.; O. Ritschl, Dogmengesch. d. Prot. III 108 bis 122; IV 70—106; W. Köhler, Zwingli u. Luther I 1924; O. Fricke, Christologie d. Joh. Brenz, 181ff., 253ff., 364ff.; vgl. zur Nachgeschichte hier S. 1101, Anm. 1; 1103, Anm. 1. J. Brenz: De personali unione duarum naturarum in Christo ... Tub. 1561; De maiestate Domini nostri Jesu Christi ad dextram Dei patris et de vera praesentia corporis et sanguinis eius in Coena ... Francof. 1563; Recognitio Propheticae et Apostolicae doctrinae de vera maiestate Domini nostri Jesu Christi ad dextram patris sui omnipotentis ... 1564, sämtl. auch in Opp. 1590, tom. VIII.; Jac. Andreae: vgl. S. 971, Anm. 2, dazu: Hundert vnnd Siben Schlußreden, von der Maiestet des Menschen Christi ... Ulm 1564; Disputatio de maiestate hominis Christi ... 1564; Assertio doctrinae de personali unione 1565; Pia et perspicua expositio controversiae de duabus in Christo naturis 1565, dazu die Apologie von Brenz und Andreae (13. Nov. 1564) auf die Wittemberger Zensur (vgl. S. 1018, Anm. 4), ferner die Württ. Sammelschrr.: Protocoll Das ist, Acta oder Handlungen des Gesprechs, zwischen den Pfältzischen vnd Wirtembergischen Theologen, von der Vbiquitet oder Allenthalbenheit des Leibs Christi, vnd von dem buchstäbischen verstand der wort Christi, Das ist mein Leib, etc. Im April des Jars 1564 zu Maulbrun gehalten. Item, Der Wirtembergischen Theologen von gemeldtem Gesprech ... außgangener Bericht. Samt Der Pfältzischen Theologen ... Gegenbericht ... Heidelberg 1565 (lat. bei Wigand, De Sacramentariismo f. 470—539); Bestendige widerholung vnnd gründliche erklärung der Kirchen vnd Schulen im fürstentumb Würtemberg Lehr vnd Bekantnus von der Person vnd beeden Naturen ... Christi, Tüw. 1572; weiteres bei Hutterus 40—161. M. Chemnitz: Doctrina de communicatione idiomatum in Repetitio sanae doctrinae ... 1561 (vgl. S. 971, Anm. 2), 349—400; De duabus naturis in Christo. De hypostatica earum unione, de communicatione idiomatum ... Explicatio ex scripturae sententiis et ex purioris antiquitatis testimoniis. Collecta per M. Chemnicium 1570, benützt in der erweiterten Ausgabe 'De duabus naturis in Christo ... (gewidm. Hzg. Christian v. Sachsen!) Lips. 1578; gleichlautende dritte Ausg. Lips. 1580; M. Chemnicii De incarn. filii Dei item de officio et maiest. Christi tractatus, ed. Hachfeld 1865; dazu die Konfession der niedersächs. Kirchen 1571 f. o.; Selneccer: vgl. S. 971, Anm. 2, ferner: in den Acta Selnecceriana (UB Göttingen. Cod. MS. theol. 250 I). T.I das Kurtze vnd einfeltige Bekentnus aller Kirchen Jm fürstenthumb Braunschweig Wolffenbuttelschen theils von der Maiestet, Auffart vnd Abendmal vnsers Herren Jesu Christi (1571, fol. 105—110, als Privatbek. 121—126); Fundamentum doctrinae de communicatione idiom. (Jan. 1574, fol. 262—274); Verhandlungen mit P. Crell gegen Freihub (1576, fol. 342—361, vgl. Hutterus 293ff.); Christlicher Kurtzer vnnd nutzlicher Vaterricht von des HERRn Christi Person ... 1577. De Communicatione idiomatum D. Joannes Wigandus. Basil. 1568. Zu dem in den Vorstufen u. i. d. Lit. ablesbaren Übergang von der württemb. Ubiquität zur niedersächs. Ubivolipräsenz vgl. Frank III 210ff., Loofs 922f., Ritschl IV 81ff., Fricke 265ff. und Chemnitz selbst: Heppe III 274ff. Zum Ganzen den Catalogus Testim. S. 1101—1135.

Dann nachdem D. Luther[1] wider die Sakramentierer die wahre, wesentliche Gegenwärtigkeit des Leibes und Bluts Jesu Christi im Abendmahl aus den Worten der Einsetzung mit beständigen Grund erhalten, ist ihme von den Zwinglianern[2] fürgeworfen, wann der Leib Christi zumal im Himmel und auf Erden im heiligen Abendmahl gegenwärtig sei, so könnte es kein rechter, wahrhaftiger menschlicher Leib sein; dann solche Majestät allein Gottes eigen, derer der Leib Christi nicht fähig sei.

Als aber D. Luther solches widersprochen und gewaltig widerleget, wie seine Lehre- und Streitschriften vom heiligen Abendmahl ausweisen, zu welchen wir uns hiermit öffentlich sowohl als zu seinen Lehrschriften bekennen[3], haben nach seinem Tode etliche Theologen[4] Augsburgischer Confession sich zwar noch nicht öffentlich und ausdrücklich zu den Sakramentierern von des Herrn Abendmahl bekennen wollen, aber doch ebendieselbigen Grundfest von der Person Christi, dadurch die Sakramentierer die wahre, wesentliche Gegenwärtigkeit des Leibs und Bluts Christi aus seinem Abendmahl wegzuräumen sich unterstanden, geführet und gebrauchet, daß[5] nämlich der

Cum enim D. Lutherus veram et substantialem corporis et sanguinis Christi in sacra coena praesentiam contra Sacramentarios e verbis institutionis coenae firmissimis argumentis liquido probasset atque confirmasset: a Cinglianis illi obiectum est, si corpus Christi simul in coelo et in terris in coena Domini praesens sit, necessario consequi illud non esse verum et humanum corpus; talem enim maiestatem soli Deo tribuendam, corpus vero Christi nequaquam illius capax esse.

Hanc obiectionem D. Lutherus refutavit eamque nihil ponderis habere luculenter in didacticis et polemicis suis scriptis de coena Domini, quae Sacramentariis opposuit, demonstravit, quae nos non minus quam didactica huius viri scripta approbamus; idque publice testatum esse volumus. Interim, post mortem D. Lutheri, prodierunt quidam theologi (Augustanam Confessionem profitentes), qui non quidem aperte et manifeste ad Sacramentarios in negotio coenae dominicae transierunt, sed tamen eadem fundamenta falsa de persona Christi, quibus Sacramentarii veram et substantialem corporis et sanguinis Christi prae-

---

1 Dann nach dem] Demnach dann ü >teilhaftig< y 6/7 fürgeworfen + worden H 15 gewaltig >o x Cel Lehre=]Wehr< g k l m n o t u v x z [12 fähig] Lehren w 16 und] in B 22 von > y 26 des > g 27 seinem + heil. z 28/9 geführet und gebrauchet > ö

1/2 et substantialem >   16 didacticis et >   27 de persona Christi >

---

[1]) Sermon von dem Sakrament des Leibes und Blutes Christi, wider die Schwarmgeister, (1526) WA XIX 482—523; Daß diese Wort Christi „das ist mein Leib" noch fest stehen, wider die Schwarmgeister (1527), WA XXIII 64—320; Vom Abendmahl Christi, Bekenntnis (1528), WA XXVI 261—509. [2]) Zwingli, Opera II 1, 426—468. Ein klare underrichtung vom nachtmal Christi (1526), bef. 449 ff.; 453 ff., II 2, 70 ff. (Daß dise wort Christi: das ist min lychnam... ewiglich den alten einigen sinn haben werdend... 1527); für Oekolampad (Das der miszuerstand D. Martin Luthers, uff die ewig bstendige wort, das ist mein leib, nit beston mag. die ander billige antwort Joannis Ocolampadii 1527), vgl. Köhler, Zwingli u. Luther I 536/38. [3]) Vgl. S. 1005, Anm. 3. [4]) Preuß. Bedenken: „Man nenne sie mit Namen als D. Werdebrandus (!), D. Cruciger senior, D. Mollerus, Boeckius (!), so die Grundfest haben lassen ausgehen"; zu den S. 841, Anm. 1 gen. kursächs. Schrr. (knappe Formulierun: Cons. Dresd. B IIIb—c) ferner die Wittenberger Zensur gegen Brenz u. Andreae (25. Apr. 1564) bei Hutterus 49—60 und De praecipuis horum temporum controversiis Propositiones ... continentes summam conf. Acad. Witeb. 1570, VIII (vgl. Grundfest 146b, 149b). [5]) Z. B. Grundfest 16/17, 18/19, 23f., 121, 127f.; dazu die Betonung des Glaubens S. 1053, 4 ff.; Chemnitz, Widerlegung der Prediger zu Bremen 6b (= Frank III 358); Brenz bei Fricke 187; WA XXIII 161 18; 249 27 und hinsichtl. der Fragen, die an den antiphysica dona entstehen: Heppe Syn. IB 24, auch die Anhalter Erklärung zum TB, Heppe IIIB 386 ff. Acta Selnecc. I 54: (Dresden 1561) D. M. Sagittarius ... cum Witebergae ... Dresdam rediisset, dixit ad M. Ambrosium et ad me, se cum theologis Witebergensibus de toto negocio coenae collocutum esse, sed se omnes et singulos animadvertisse, man wolle Christum zu hoch heben ... ⟨vgl. Grundfest 23: Abweisung des „man könne dem Herrn Christo nicht zu viel geben" u. Chemnitz im Braunschw. Bedenken 1571 C 3a⟩.

menschlichen Natur in der Person Christi nichts solle zugeschrieben werden, was über oder wider ihre natürliche, wesentliche Eigenschaft sei, und haben darüber D. Luthers Lehre und alle diejenigen, so derselbigen als Gottes Wort gemäß folgen, mit Bezichtigung fast aller alten ungeheuren Ketzereien[1] beschweret.

Diese Zwiespalt christlich vormöge Gottes Worts nach Anleitung unsers einfältigen christlichen Glaubens zu erklären und durch Gottes Gnade gänzlich hinzulegen, ist unsere einhellige Lehre, Glaub und Bekenntnus wie folget:

[1] Wir gläuben, lehren und bekennen, obwohl der Sohn Gottes eine sonderliche, unterschiedene, ganze göttliche Person und also wahrer, wesentlicher, völliger Gott mit Vater und dem Heiligen Geist von Ewigkeit gewesen, daß er gleichwohl, do die Zeit erfüllet, auch menschliche Natur in Einigkeit seiner Person angenommen, nicht also, daß nu zwo Personen oder zweene Christus wären, sondern daß Christus Jesus numehr in einer Person zumal wahrhaftiger ewiger Gott sei, vom Vater von Ewigkeit geboren, und ein wahrhaftiger Mensch, von der hochgelobten Jungfrauen Maria geboren, wie geschrieben stehet, Rom. 9.: „aus welchen Christus herkumpt nach dem Fleisch, der da ist Gott über alles, gelobet in Ewigkeit"[2]

[2] Wir gläuben, lehren und bekennen, daß nunmehr in derselbigen einigen, unzertrennten Person Christi zwo unterschiedliche Naturen sein, die göttliche, so von Ewigkeit, und die menschliche, so in der Zeit in Einigkeit der Person des Sohns Gottes angenommen, welche zwo Naturen nimmermehr in der Person Christi weder getrennet, noch mit einander vormischet, oder eine in die

sentiam e coena Domini tollere conati sunt, in medium attulerunt, asserentes humanae naturae in persona Christi ea non esse tribuenda, quae sint supra vel etiam contra humanas illius naturales et essentiales proprietates. Atque super hoc negotio D. Lutheri piam doctrinam et una omnes illos, qui eam utpote verbo Dei conformem amplexi sunt, omnium propemodum veterum horribilium haereseωn insimularunt atque accusarunt.

Ut autem haec controversia pie iuxta verbi Dei et fidei nostrae analogiam declaretur et per gratiam Dei componatur, unanimi consensu doctrinam, fidem et confessionem nostram de hoc articulo recitabimus.

Credimus, docemus et confitemur: Etsi filius Dei per se integra et distincta divinitatis aeternae persona est adeoque verus, substantialis, perfectus Deus cum patre et spiritu sancto ab aeterno fuit, quod tamen (in plenitudine temporis) humanam naturam in unitatem suae personae assumpserit, non ita, quasi duae iam in Christo personae aut duo Christi facti sint, sed quod Christus Iesus iam in una persona simul verus sit aeternus Deus, ab aeterno ex patre genitus, et verus homo, e laudatissima virgine Maria natus, ut scriptum est: Ex quibus est Christus secundum carnem, qui est super omnia Deus benedictus in saecula.

Credimus, docemus et confitemur iam in una illa indivisa persona Christi duas esse distinctas naturas, divinam videlicet, quae ab aeterno est, et humanam, quae in tempore assumpta est in unitatem personae filii Dei. Et hae duae naturae in persona Christi nunquam vel separantur, vel confunduntur, vel altera in alteram mutatur, sed utraque in sua natura et

---

4 Eigenschaft] Eigenschaften *n t v x* 12/3 vormöge Gottes Worts > *H* 16 einhellige] einfältige *y* 18 lehren > *x* 21 Gott + ist *H* 22 von Ewigkeit > *ü* 25 Person] Natur *w, urspr. y* 26 nu] nur *ü* Christus] Christi *s* 28/30 wahrhaftiger bis ein > *c* 29 ewiger > *v* von] in *o w* 32/3 welchen] welcher *B* 53 dem > *g* 34 über alles > *x* 40/1 Einigkeit] Ewigkeit *x, urspr. a y* 43 getrennet] zertrennet *u*

4/5 sint supra vel etiam contra > excedant aut cum iis non conveniant + ille 5/6 et essentiales > 20 divinitatis aeternae > 6 proprietates + 23 temporis 24/5 unitatem suae personae] unam personalem 25 non ita] Id tamen non sic accipiendum est 31 ut] sic enim de Christo

---

[1] „... Wider die newen Marcioniten (vgl. WA XXVI 339 $_{15}$), Samosatener, Sabellianer, Arianer, Nestorianer, Eutychianer vnd Monotheleten vnter dem Flacianischen hauffen..." im Titel der Grundfest; vgl. S. 1038, bei Z. 7 (geplanter Zusatz) u. 1047, Anm. 2. [2] Röm. 9, 5.

andere vorwandelt, sonder ein jde in ihrer Natur und Wesen in der Person Christi in alle Ewigkeit bleibet.

[3] Wir gläuben, lehren und bekennen auch, wie gemelte beide Naturen in ihrer Natur und Wesen unvormischet und unabgetilget bleiben, daß also auch ein jde ihre natürliche, wesentliche Eigenschaften behalte und in alle Ewigkeit nicht von sich lege, noch einer Natur | wesentlich |[1] Eigenschaften | der andern Natur >wesentliche<[1] Eigenschaften | nimmermehr werden.

[4] Also gläuben, lehren und bekennen wir, daß allmächtig sein, ewig, unendlich, allenthalben zumal, natürlich, das ist, nach Eigenschaft der Natur und ihres natürlichen Wesens, für sich selbst gegenwärtig sein, alles wissen seien wesentliche Eigenschaften der göttlichen Natur, welche der menschlichen Natur | wesentliche |[1] Eigenschaften in Ewigkeit nimmermehr werden.

[5] Hinwiederumb ein leiblich Geschöpf oder Kreatur sein, Fleisch und Blut sein, endlich und umbschrieben sein, leiden, sterben, auf und abefahren, von einem Ort zu dem andern sich bewegen, Hunger, Durst, Frost, Hitze leiden und dergleichen seien Eigenschaften der menschlichen Natur, welche der göttlichen Natur Eigenschaften nimmermehr werden.

[6] Wir gläuben, lehren und bekennen auch, daß nunmehr nach der Menschwerdung nicht eine jde Natur in Christo für sich selbst also bestehe, daß ein jde eine sonderbare Person sei oder mache, sondern daß sie also voreinbaret sein, daß sie ein einige Person machen, in welcher zugleich persönlich ist und bestehet beide, die göttliche und die angenommene menschliche Natur, und daß nunmehr nach der Menschwerdung zu der ganzen Person Christi gehöre nicht alleine seine göttliche, sondern auch seine angenommene menschliche Natur, und daß, wie ohne seine Gottheit, also auch ohne seine Menschheit, die Person Christi oder filii Dei incarnati, das ist, des Sohns Gottes, der Fleisch an sich genommen und Mensch worden, nicht

substantia seu essentia (in persona Christi) in omnem aeternitatem permanet.

Credimus etiam, docemus et confitemur, quod, ut natura utraque in sua natura et essentia inconfusa manet neque unquam aboletur: ita etiam utraque suas naturales essentiales proprietates retineat neque in omnem aeternitatem eas deponat, et quod unius naturae proprietates essentiales nunquam alterius naturae proprietates essentiales fiant.

Credimus autem, docemus et confitemur, quod omnipotentem esse, aeternum, infinitum, ubique simul esse, naturaliter, hoc est, secundum proprietatem naturae et naturalis illius essentiae, per se ubique praesentem esse, omnia nosse, etc. sint revera essentiales naturae divinae proprietates, quae etiam humanae naturae essentiales proprietates in aeternum nunquam fiant.

At vero: esse corpoream creaturam, carnem et sanguinem, finitum et circumscriptum esse, pati, mori, ascendere, descendere, de loco in locum moveri, esurire, sitire, algere, aestu affligi et si quae sunt similia: esse proprietates humanae naturae statuimus, quae nunquam proprietates divinae naturae fiant.

Credimus, docemus et confitemur etiam, quod iam post factam incarnationem non quaelibet natura in Christo per se ita subsistat, ut utraque sit persona separata aut quod utraque personam singularem constituat, sed ita naturas unitas esse sentimus, ut unicam tantum personam constituant, in qua simul personaliter ambae, divina et humana natura assumpta, unitae sint et subsistant, ita quidem, ut iam post incarnationem ad integram Christi personam non modo divina, sed etiam assumpta humana natura pertineat, et quod persona filii Dei incarnati ut sine divinitate sua, ita etiam sine humanitate sua non sit integra persona. In

---

4 auch > l   5 in ihrer Natur > a   6 unabgetilget] unabgeteilet c, z. T. Konk
7 also auch ~ w   ein > w   10/1 | der bis Eigenschaften | > c   11 wesentliche > ü
25 sein > c   26 abefahren] abgefahren c   Ort + sich w   zu dem] in den c
27 sich > w y   28 Hitze + etc. s   33 nunmehr] nur auch ü   34 jde > c d f s
35 ein > x   sonderbare] >be<sonderbare b   sunderliche y   38/9 bestehet beide] bestehen konnte w ü   39 die (2) > g   44 wie] wir c f   47 der] welcher B

36 utraque] quaelibet   46/7 ut sine bis etiam >   48 persona + quemadmodum etiam homo Christus sine divinitate non esset integra persona

---

[1]) Darüber | Pr. |, Zufügung aus dem Preußischen Bedenken.

ganz sei; dahero Christus nicht zwo unterschiedene, sonder ein einige Person ist, unangesehen daß zwo unterschiedliche Naturen in ihren natürlichen Wesen und Eigenschaften unvormischet an ihme erfunden werden.

[7] Wir gläuben, lehren und bekennen auch, daß die angenommene menschliche Natur in Christo nicht allein ihre natürliche wesentliche Eigenschaften habe und behalte, sonder daß sie darüber durch die persönliche Voreinigung mit der Gottheit und hernach durch die Vorklärung oder Glorification erhöhet sei zur Rechten der Majestät, Kraft und Gewalt über alles, was genennet kann werden nicht allein in dieser, sondern auch in künftiger Welt.

[8] Soviel nun diese Majestät belanget, zu welcher Christus nach seiner Menschheit erhoben, hat er solchs nicht erst empfangen, als er von den Toten erstanden und gen Himmel gefahren, sondern da er im Mutterleib empfangen und Mensch worden und die göttliche und menschliche Natur miteinander persönlich vereiniget worden:

[9] Welche persönliche Vereinigung doch nicht also zu vorstehen, wie etzliche dieselbige unrecht auslegen, als sollten beide Naturen, die göttliche und menschliche, miteinander voreiniget sein, wie zwei Bretter zusammengeleimet, daß sie realiter, das ist, mit der Tat und Wahrheit¹, ganz und gar keine Gemeinschaft miteinander haben sollten. Dann solchs ist Nestorii und Samosatenii² Irrtumb und Ketzerei gewesen, welche, wie Suidas und Theodorus presbyter Rethenensis³ bezeugen, gelehret und gehalten haben: δύο φύσεις ἀκοινωνήτους πρὸς ἑαυτὰς πανταπασιν, hoc est, naturas omni modo incommunicabiles esse, das ist, daß die Naturen ganz und gar keine Gemeinschaft miteinander haben, dardurch die Naturen voneinander abgesondert und also

Christo igitur non sunt duae distinctae, sed unica tantum persona, non obstante, quod duae distinctae naturae, utraque in sua essentia et proprietatibus naturalibus, inconfusae in ipso reperiantur.

Credimus quoque, docemus ac confitemur assumptam humanam naturam in Christo non tantum essentiales et naturales suas proprietates habere et retinere, sed praeterea etiam per unionem personalem, qua cum divinitate mirando modo copulata est, et postea per glorificationem exaltatam esse ad dexteram maiestatis, virtutis et potentiae super omne, quod nominatur non tantum in hoc, sed etiam in futuro saeculo.

Quod vero ad hanc maiestatem attinet, ad quam Christus secundum humanitatem suam exaltatus est, non eam tum demum accepit, cum a mortuis resurrexit et ad coelos ascendit, sed tum, cum in utero matris conciperetur et homo fieret, quando videlicet divina et humana natura personaliter sunt unitae. De hac autem hypostatica unione non ita sentiendum est (ut quidam sinistre eam accipiunt), quasi duae illae naturae, divina et humana, eo modo unitae sint, quo duo asseres conglutinantur, ut realiter seu re ipsa et vere nullam prorsus communicationem inter se habeant. Hic enim Nestorii et Samosateni error est et haeresis, qui haeretici (ut Suidas et Theodorus presbyter Rethenensis testantur) senserunt atque docuerunt: δύο φύσεις διῃρημένως ἐχούσας καὶ ἀκοινωνήτους πρὸς ἑαυτὰς παντάπασιν, hoc est, duas naturas separatim seu seorsim se habentes et omni modo ad invicem seu inter se incommunicabiles esse. Hoc falso dogmate naturae separantur et duo Christi finguntur, quorum

---

1 ganz + oder vollkommen *l a. R.*, *urspr.* A   4 und] oder *v*   5/6 erfunden] gefunden *z*   12 hernach] darnach *H*   durch > *v*   13 Vorklärung] Erklärung *n t x*   14 der] zur *H*   15 genennet kann ~ *x*   17 künftiger] der künftigen *H*   28 unrecht > *y*   Naturen + die *B H f k l m n s t u v x z* Konf   30 wie] als *B*   35 wie > *k*   36/7 Rethenensis] Rhetenensis *g*   Rethonensis *s ä*   Retinensis *m*   Rethensis *d*   37 gelehret und gehalten ~ *k*   39 est + duas *z*   39/40 omni modo] omnino *d*   43 voneinander] ohn ein= *x*

---

30 quo] quasi cum   35 Rethenensis] Rethensis

---

¹) Fricke, Brenz 251: Andreae habe diese Formel „vielleicht von Brenz".   ²) Vgl. F. Loofs, Paulus von Samosata, 1924; R. Seeberg, Dogmengesch. I 567ff.; RE XIII³ 736ff. (Loofs) u. Seeberg, Dogmengesch. II 214ff.   ³) Vgl. Krumbacher, Gesch. d. Byzant. Lit., 1897, 562ff.; MSG CXVII 1301 D, 1314 C. Theodor a. d. Kloster Rhaitu, Sinai, vgl. Krumbacher 64, das Zitat MSG XCI 1485 D.

zweene Christus gemacht, daß ein anderer sei Christus und ein anderer Gott das Wort, so in Christo wohnet.

Dann also schreibet Theodorus presbyter[1]: Paulus quidam iisdem, quibus Manes, temporibus, Samosatenus quidem ortu, sed Antiochiae Syriae antistes, Dominum impie dixit nudum fuisse hominem, | in | quo Deus Verbum sicut et in singulis prophetis habitavit, ac proinde duas naturas separatas et citra omnem prorsus inter se communionem in Christo esse, quasi alius sit Christus, alius Deus Verbum in ipso habitans. Das ist: Es hat eben zur selbigen Zeit, da Manes der Ketzer auch gelebet, einer mit Namen Paulus (der wohl seiner Geburt nach ein Samosatener, aber ein Vorsteher zu Antiochia in Syrien gewesen) gottlos gelehret, daß der Herr Christus nur ein pur lauter Mensch gewesen, in welchem Gott das Wort hab gewohnet wie in einem jeden Propheten; daher er auch gehalten, daß die göttliche und menschliche Natur voneinander getrennet und abgesondert, und daß sie in Christo allerdings kein Gemeinschaft miteinander haben, gleich als wenn ein anderer wär Christus und ein anderer Gott das Wort, so in ihme wohnet.

Wider diese verdambte Ketzerei hat die christliche Kirch je und allwege einfältig gegläubet und gehalten, daß die göttliche und menschliche Natur in der Person Christi also voreiniget, daß sie eine wahrhaftige Gemeinschaft miteinander haben, dadurch die Naturen nicht in ein Wesen, sondern (wie D. Luther[2] schreibet) in ein Person gemenget; inmaßen umb solcher persönlichen Vereinigung und Gemeinschaft willen die alte Lehrer der Kirchen vielfaltig, vor und nach dem Chalcedonischen Concilio, das Wort mixtio[3], Vermischung, in gutem Vorstand und Unterschied gebraucht, | wie deshalben viel Zeugnussen der Väter, wo vonnöten, angezogen werden möchten, wölche auch vielfältig in der Unsern Schrif-

16 Sic enim Theodorus presbyter scribit: Paulus quidam iisdem, quibus Manes, temporibus, Samosatenus quidem ortu sed Antiochiae Syriae antistes, Dominum impie dixit nudum fuisse hominem, in quo Deus verbum sicut et in singulis prophetis habitavit, ac proinde duas naturas separatas et citra omnem prorsus inter se communionem in Christo esse, quasi alius sit Christus, alius Deus verbum in ipso habitans.

17 Contra hanc damnatam haeresin catholica Christi ecclesia semper omnibusque temporibus simplicissime credidit et sensit, humanam et divinam naturam in persona Christi eo modo unitas esse, ut veram inter se communicationem habeant. Neque tamen ideo naturae in unam essentiam, sed ut D. Lutherus loquitur, in unam personam conveniunt et commiscentur. Et propter hanc hypostaticam 18 unionem et communicationem veteres orthodoxi ecclesiae doctores saepe admodum, non modo ante, verum etiam post Chalcedonense concilium, vocabulo mixtionis, in pia tamen sententia et vero discrimine, usi sunt. Eius rei confirmandae gratia multa patrum testi-

---

2 ein > x   5 quidam] quidem Konk   11 separatas > B   14 habitans] habitante ü   23/4 göttliche und menschliche B   27 wär > z   34 voreiniget + also n t   36 in > y ü   37/8 gemenget] ver[menget] >einiget< | vermenget | w
44 deshalben + wo vonnöten H   wo] wohl y   wo + es s   44/5 wo vonnöten > H

1 Logos] verbum   4 presbyter + de quo paulo ante diximus   14 habitans. +
Hactenus Theodorus.   38 conveniunt et >

---

[1]) MSG XCI 1496 D, freies Zitat.   [2]) Vgl. WA XXVI 324 22f. u. o.   [3]) Gregor v. Nazianz, vgl. K. Holl, Amphilochius v. Ikonium 1904, 189ff.; Seeberg, Dogmengesch. II. 198f.; Gregor von Nyssa vgl. Holl 227; Seeberg II 203; Athanasius, De incarnat c. Apoll. II 16, MSG XXVI 1160 BC; Tertullian, De carne Chr. XV, MSL II 780; Apol. XXI, MSL I 399; Augustin Ep. 137 III 11 MSL XXXIII 520.

ten zu finden, | und die persönliche Vereinigung und Gemeinschaft mit der Gleichnus¹ | animae et corporis und | ferri candentis, das ist, eines feurigen Eisen, | des Leibs und der Seel, | erkläret; dann | Leib und Seel wie auch | Feur und Eisen nicht per phrasin oder modum loquendi oder verbaliter, das ist, daß es nur eine Weise zu reden und bloße Wort sein sollte, sondern vere und realiter, das ist, mit der Tat und Wahrheit, Gemeinschaft miteinander haben | und gleichwohl dardurch kein confusio oder exaequatio naturarum, das ist, einiche Vermischung oder Vergleichung der Naturen eingeführet, als wann aus Honig und Wasser ein Met gemacht, wölcher kein unterscheiden Wasser oder Honig mehr, sunder ein gemengter Trank ist, da es sich dann mit der göttlichen und menschlichen Natur Vereinigung in der Person Christi viel anderst hält.

Dann es viel ein andere, | höhere und unaussprechlichere Gemeinschaft und Voreinigunge ist zwischen der göttlichen und menschlichen Natur in der Person Christi, umb welcher Voreinigung und Gemeinschaft willen Gott ist Mensch, und Mensch ist Gott, dardurch doch weder die Naturen, noch derselben Eigenschaften miteinander vormischet werden, sondern es behält eine jde Natur ihr Wesen und Eigenschaften.

Umb dieser persönlichen Vereinigung willen, welche ohne solche wahrhaftige Gemeinschaft der Naturen nicht gedacht werden noch sein kann, hat nicht die bloße menschliche Natur für der ganzen Welt Sünde gelitten, deren Eigenschaft ist Leiden und Sterben, sondern es hat der Sohn Gottes selbst wahrhaftig, doch nach der angenommenen menschlichen Natur, gelitten und ist (vormüge unsers einfältigen christlichen Glaubens) wahrhaftig gestorben, wiewohl die göttliche Natur weder leiden noch sterben kann; wie D. Luther ¹ solchs in seiner großen Bekenntnus vom H. Abendmahl

monia in medium adferri possent, quae passim in hominum nostrorum scriptis reperire licet. Et quidem erudita antiquitas unionem hypostaticam et naturarum communicationem similitudine animae et corporis, item ferri candentis aliquo modo declaravit. Anima enim et 19 corpus (quemadmodum etiam ignis et ferrum) non tantum per phrasin aut modum loquendi aut verbaliter, sed vere et realiter communicationem inter se habent, neque tamen hoc modo confusio aut naturarum exaequatio introducitur, qualis fieri solet, cum ex melle et aqua mulsum conficitur; talis enim potus non amplius aut aqua est mera aut mel merum, sed mixtus quidam ex utroque potus. Longe certe aliter se res in illa divinae et humanae naturae unione (in persona Christi) habent: longe enim sublimior est et plane ineffabilis communicatio et unio divinae et humanae naturae in persona Christi, propter quam unionem et communicationem Deus homo est et homo Deus. Nec tamen hac unione et communicatione naturarum vel ipsae naturae vel harum proprietates confunduntur, sed utraque natura essentiam et proprietates suas retinet.

Propter hanc hypostaticam unionem 20 (quae sine vera illa communicatione naturarum nec cogitari nec subsistere potest) non nude et sola humana natura, cuius proprium est pati et mori, pro totius mundi peccatis est passa, sed ipse filius Dei vere (secundum tamen naturam humanam assumptam) passus et, ut Symbolum nostrum Apostolicum testatur, vere mortuus est, etsi divina natura neque pati neque mori potest. Hanc rem D. Lutherus in Maiore sua 21 de coena Domini Confessione copiose et solide declaravit, ubi blasphemam

---

3 animae et corporis und ferri candentis ~ *H*   4 eines feurigen Eisen > *H*
5 Seel + und ein feurigen Eisen *H*   dann + wie *H*   5/6 wie auch > *H*   9 sollte] sollen *viele Hss*   und] et *Batuwy*   11 haben + sollen *n t*   16/7 unterscheiden] Unterschied im *c*   17 mehr] macht *y*   wäre *c*   20 Christi + ein *ü*   22 Dann es viel ein andere] *statt* [Noch viel ein] *A*   es + noch *ü*   39 doch] oder + | doch | *d*

---

21 ineffabilis] inexplicabilis   27 naturarum vel ipsae >   27/8 vel harum proprietates >   28 utraque] quaelibet   34 naturarum >

---

¹) Vgl. zu den Gleichnissen — das erste vor Justin, auch ausgeführt Augustin, Ep. 137, III 11, CSEL XLIV 109 f., MSL XXXIII 520, das andere bei Origenes, De Princ. II 6, 6, MSG XI 213/214, Gr. Chr. Schr. V 145, bes. bei Basilius (vgl. S 1122, 16 ff. 1127, 7 ff. 1130, 22 ff.) — Chemnitz, De duab. nat. 75 ff., 305 ff. und zur Beurteilung auch Apologia FC 55 a/56.

wider die gottesläſterliche alleoſin Zwinglii, da er gelehret, daß ein Natur für die andere genommen und verſtanden werden ſolle, die er als des Teufels Larven bis in Abgrund der Hellen verdambt, ausführlich erkläret hat[1].

Der Urſach dann die alten Kirchenlehrer beide Wort, κοινωνία und ἕνωσις, **communio et unio**, das iſt **Gemeinſchaft und Voreinigunge**, in Erklärung dieſes Geheimnus zuſammengeſatzt und eins durch das andere erkläret haben. Irenaeus lib. 4. cap. 3. Athanaſius in epist. ad Epictetum. Hilarius, De Trinit. lib. 9. Baſilius et Nyſſenus in Theodoreto. Damascenus lib. 3. cap. 19[2].

Umb dieſer perſönlichen Voreinigung und Gemeinſchaft willen der göttlichen und menſchlichen Natur in Chriſto glauben, lehren und bekennen wir auch vormöge unſers einfältigen chriſtlichen Glaubens, was geſagt wird von der Majeſtät Chriſti nach ſeiner Menſchheit zur Rechten der allmächtigen Kraft Gottes, und was derſelben anhanget, welchs alles nichts wäre, noch beſtehen könnte, wo dieſe perſönliche Voreinigung und Gemeinſchaft der Naturen in der Perſon Chriſti nicht realiter, das iſt, mit der Tat und Wahrheit, beſtünde.

Umb dieſer perſönlichen Vereinigung und Gemeinſchaft willen der Naturen hat Maria, die hochgelobte Jungfrau, nicht ein pur lautern Menſchen, ſondern einen ſolchen Menſchen, der wahrhaftig der Sohn Gottes des Allerhöchſten iſt, geboren, wie der Engel zeuget; welcher ſeine göttliche Majeſtät auch in Mutterleibe erzeiget, daß er von einer Jungfrauen unvorletzt ihrer Jungfrauſchaft geboren; darumb ſie wahrhaftig Gottes Mutter und gleichwohl eine Jungfrau geblieben iſt.

Daher hat er auch alle ſeine Wunderwerk gewirket und ſolche ſeine göttliche Majeſtät nach ſeinem Gefallen, wenn und wie er gewollt, und alſo nicht erſt allein nach ſeiner Auferſtehung und Himmelfahrt, ſondern auch im Stand ſeiner Erniedrigung geoffenbaret; als auf der Hochzeit in Cana Galileae[3]; item, do er zwölf Jahr alt geweſen,

Cinglii allaeosin, qui docuit unam naturam pro altera sumi et intelligi, tanquam diaboli larvam reiecit et ad inferni barathrum damnavit.

Et sane veteres ecclesiae doctores duo haec vocabula κοινωνίαν et ἕνωσιν, communionem et unionem, in explicatione huius mysterii coniunxerunt et alterum per alterum declararunt. Irenaeus lib. 4. cap. 37. Athanasius in epistola ad Epictetum. Hilarius, De trinitate lib. 9. Basilius et Nyssenus in Theodoreto. Damascenus lib. 3. cap. 19.

Propter hanc hypostaticam unionem et communionem divinae et humanae naturae in Christo credimus, docemus et confitemur iuxta fidei nostrae Christianae analogiam omnia ea, quae de Christi maiestate secundum humanam eius naturam, qua ad dextram omnipotentiae et virtutis Dei sedet, et iis, quae ex ea consequuntur, dici solent, locum non habitura, neque stare posse, nisi hypostatica illa unio et communicatio naturarum in persona Christi **realiter et vere** exsisterent.

Huius hypostaticae unionis ratione et naturarum communione Maria, laudatissima illa virgo, non hominem duntaxat, sed talem hominem, qui vere filius Dei altissimi est, genuit, ut archangelus Gabriel testatur. Is filius Dei etiam in utero matris divinam suam maiestatem demonstravit, quod de virgine inviolata ipsius virginitate natus est. Unde et vere θεοτόκος, Dei genitrix, est, et tamen virgo mansit.

Illius hypostaticae unionis et communicationis virtute omnia miracula sua edidit et divinam suam maiestatem pro liberrima voluntate, quando et quomodo ipsi visum fuit (non tantum post resurrectionem suam et ascensum ad coelos, verum etiam in statu exinanitionis), manifestavit. Verbi gratia in nuptiis,

---

1 alleosin] alliosin *H v* + | ἀλλοίωσιν | *a* 4 in + den viele *Hss* 5 Abgrund] Grund *x* 13 haben > *k* 25 noch] und *ü* 27 in > *d e v*, z. T. Konk[r] 28 iſt + nicht *c* 33/4 einen Menſchen] den *w* > *x* 39 ſie] ſo *c f* 45 erſt allein ~ *t* 48 als] alſo *e* Hochzeit + [zu] *A* Cana + in *q*

2 altera] alia 11/5 Irenaeus bis 19. *a. R.* 23/4 omnipotentiae et >

---

[1]) WA XXVI 317ff., vgl. das Zitat S. 1029/30 (Zwingli, Opp. III 525ff.; II₂ 152ff.).
[2]) Irenaeus Haeres. III 18, 7. IV 33, 11, MSG VII 937 AB. 1080 B; Athanaſius = Cat. Test. S. 1109, 11; Hilarius = Cat. Test. S. 1116,32; Baſilius bei Theodoret, Eranistes II, MSG LXXXIII 188/9. 193; Gregor = Cat. Test. 1122, 1; Joh. Damasc. MSG XCIV 1017 A/B. [3]) Joh. 2, 1—11.

Solida Declaratio, VIII. Von der Person Christi.

unter den Gelehrten¹; item, im Garten, do er mit einem Wort seine Feinde zu Boden geschlagen²; desgleichen im Tode, do er nicht schlecht wie ein anderer Mensch gestorben, sondern mit und in seinem Tode die Sünde, Tod, Teufel, Helle und ewig Verdammnus überwunden, das menschliche Natur allein nicht vormocht hätte, wenn sie nicht mit der göttlichen Natur also | persönlich³ | ¹ vereiniget und Gemeinschaft gehabt hätte.

Daher hat auch die menschliche Natur die Erhöhung nach der Auferstehung von den Toten über alle Kreatur im Himmel und auf Erden, welche nichts anders ist, dann daß er Knechtsgestalt ganz und gar von sich gelegt | und gleichwohl die menschlich Natur nicht abgeleget, sunder in Ewigkeit behält | und in die völlige Posseß und Gebrauch⁴ der göttlichen Majestät nach der angenommenen menschlichen Natur ¹eingesetzt; welche Majestät er doch gleich in seiner Entpfängnus auch in Mutterleibe gehabt, aber, wie der Apostel⁵ zeuget, sich derselben geäußert und, wie D. Luther⁶ erkläret, im Stand seiner Erniedrigung heimlich gehalten und nicht allezeit, sondern wenn er gewollt, gebrauchet hat. Itzunder aber, nachdem er nicht schlecht wie ein anderer Heilig gen Himmel, sondern, wie der Apostel⁷ zeuget, über alle Himmel gefahren, auch wahrhaftig alles erfüllet und allenthalben, nicht allein als Gott, sondern auch als Mensch, gegenwärtig regieret, von einem Meer zum andern und bis an der Welt Ende, wie die Propheten weissagen und die Apostel bezeugen⁸, daß er allenthalben mit ihnen gewirket und ihr Wort bestätiget habe durch nachfolgende Zeichen; doch solchs nicht auf eine irdische

quae in Cana Galilaeae celebratae fuerunt; item cum duodecim annos natus inter viros eruditos eruditissime disputaret; praeterea in horto, quando unico propemodum verbulo hostes suos in terram prosterneret; quin imo in ipsa morte. Non enim ut alius quispiam vulgaris homo mortuus est, sed in morte et quidem per suam mortem ipsam mortem, peccatum, diabolum, infernum et aeternam damnationem devicit. Haec certe admiranda opera humana natura sola nequaquam praestare potuisset, nisi cum divina natura personaliter unita fuisset, et realem cum ea communicationem habuisset.

Ex hac unione et naturarum communione humana natura habet illam exaltationem post resurrectionem a mortuis super omnes creaturas in coelo et in terra, quae revera nihil aliud est, quam quod Christus formam servi prorsus deposuit, humanam vero naturam non deposuit, sed in omnem aeternitatem retinet et ad plenam possessionem et divinae maiestatis usurpationem secundum assumptam humanam naturam evectus est. Eam vero maiestatem statim in sua conceptione, etiam in utero matris habuit, sed, ut apostolus loquitur, se ipsum exinanivit eamque, ut D. Lutherus docet, in statu suae humiliationis secreto habuit, neque eam semper, sed quoties ipsi visum fuit, usurpavit.

Iam vero, postquam non communi ratione ut alius quispiam sanctus in coelos ascendit, sed, ut apostolus testatur, super omnes coelos ascendit et revera omnia implet et ubique non tantum ut D e u s, verum etiam ut homo praesens dominatur et regnat, a mari ad mare et usque ad terminos terrae, quemadmodum olim prophetae de ipso sunt vaticinati et apostoli testantur, quod Christus ipsis

---

6 Tod + und w   8 allein nicht ∼ B   9/10 | persönlich | statt [nicht] A
17 hat > y   23 nicht + [von sich ge>ab<] A   26 eingesetzt + hat k l   27 doch
gleich ∼ q   31 Erniedrigung] Niedrigung c   Erniedrigung + sich ö   40 bis > v
41 bezeugen] zeugen B   42 allenthalben mit ihnen ∼ t   gewirket + Matth. 16 g
44 doch + >ist< t

---

1 fuerunt] sunt   6 morte + maiestatem illam suam demonstravit   9 ipsam >
23 deposuit + Interim tamen   vero >   24 sed + eam   25 et ad] adeptus
autem secundum humanam naturam   26/8 usurpationem bis est >   41/2 et
usque bis terrae >

---

¹) Luk. 2, 41—52. ²) Joh. 18, 6. ³) Darüber | N. | ⁴) Vgl. zu dieser Unterscheidung (Andreae, Chemnitz); Chemnitz, De duab. nat. 551, 555; Franf III 211 ff.; hier S. 1032. Anm. 5. ⁵) Phil. 2, 7. ⁶) WA LIV 50₈; vgl. 49₆ ff. = S. 1046, Z. 2.
⁷) Eph. 4, 10. ⁸) Ps. 8, 2. 7; 93, 1; Sach. 9, 10; Mark. 16, 19 f.

Weise zugangen, sonder wie D. Luther[1] erkläret, nach Art göttlicher Rechte, welche kein gewisser Ort im Himmel, wie die Sakramentierer ohne Grund der Heiligen Schrift fürgeben, sondern anders nichts dann die allmächtige Kraft Gottes ist, die Himmel und Erden erfüllet, in welche Christus nach seiner Menschheit realiter, das ist, mit der Tat und Wahrheit, | sine[2] confusione et exaequatione naturarum, das >ist,< ohn Vermischung und Vergleichung beider Naturen in ihrem Wesen und wesentlichen Eigenschaften, | eingesetzt worden; aus welcher mitgeteilter Kraft vermuge der Wort seines Testaments er mit seinem Leib und Blut im H. Abendmahl, | dahin[3] er uns durch sein Wort gewiesen, | wahrhaftig gegenwärtig sein kann und ist[4], das sonst keinem Menschen muglich, dieweil kein Mensch solchergestalt mit der göttlichen Natur voreiniget und in solche göttliche allmächtige Majestät und Kraft | durch[5] und in der persönlichen Vereinigung beider Naturen in Christo | eingesetzt wie Jesus, der Sohn Marien, in dem die göttliche und menschliche Natur miteinander persönlich voreiniget, | also[6] daß in Christo „alle Völle der Gottheit leibhaf'tig wohnet", Col. 2.[7], | und in solcher persönlichen Voreinigung eine solche hohe, innerliche, unaussprechliche Gemeinschaft haben, darüber sich auch die Engel vorwundern und, solche zu schauen, wie S. Petrus[8] bezeuget, ihre Lust und Freude haben, wie solchs alles ordentlich hernach etwas weitläuftiger soll erkläret werden.

| Aus[9] diesem Grunde, inmaßen hievor angezeiget und die unio personalis erkläret, das ist, wölchergestalt die göttlich und menschliche Natur in der Person Christi miteinander vereini'get, daß sie nicht allein die Namen gemein, sunder auch mit der Tat

ubique cooperatus sit et sermonem ipsorum sequentibus signis confirmaverit. Haec autem non terreno modo, sed, ut D. Lutherus loqui solet. pro modo et ratione dexterae Dei facta sunt, quae non est certus aliquis et circumscriptus in coelo locus (ut Sacramentarii sine testimonio sacrae scripturae fingunt), sed nihil aliud est nisi omnipotens Dei virtus, quae coelum et terram implet, in cuius possessionem Christus iuxta humanitatem suam sine confusione tamen et exaequatione naturarum, et in essentia, et in essentialibus proprietatibus, realiter seu revera venit. Ex hac communicata sibi divina virtute homo Christus iuxta verba testamenti sui corpore et sanguine suo in sacra coena, ad quam nos verbo suo ablegat, praesens esse potest et revera est. Quod alioqui nulli alii homini possibile est, quia nemo hominum cum divina natura hoc modo unitus et in divinam illam omnipotentem maiestatem et virtutem (ratione hypostaticae duarum in Christo naturarum unionis) collocatus est, sicut unus et solus ille Iesus, virginis Mariae filius. In ipso enim divina et humana natura hypostatice sunt unitae, ita ut in Christo tota divinitatis plenitudo corporaliter inhabitet et in illa personali unione tam arcta et ineffabilis est naturarum communio, in quam etiam (ut apostolus Petrus ait) desiderant angeli cum admiratione et gaudio prospicere. De qua re paulo post suo loco ordine et copiosius dicetur.

Et ex hoc fundamento, cuius iam facta est mentio, et quod unio personalis docet, quomodo videlicet divina et humana natura in persona Christi sint unitae, et non modo nomina communia, sed realiter etiam et re ipsa inter se

und Wahrheit unter sich selbst ohn alle Vermischung oder Vergleichung derselben in ihrem Wesen Gemeinschaft haben, fleußt auch her die Lehr de communicatione idiomatum, das ist, von wahrhaftiger Gemeinschaft der Eigenschaften der Naturn, darvon hernach weiter gesagt werden soll.

Dann weil es wahrhaftig also, quod propria non egredia‹n›tur sua subiecta[1], das ist, daß ein jede Natur ihre wesentliche Eigenschaften behalte, und dieselbige nicht von der Natur abgesöndert in die ander Natur, wie Wasser aus einem Gefäß in das ander, ausgegossen werden: so könnt auch keine Gemeinschaft der Eigenschaften nicht sein noch bestehn, wann obgehörte persönliche Vereinigung oder Gemeinschaft der Naturen in der Person Christi nicht wahrhaftig wäre, welchs nach dem Artikel von der H. Trifaltigkeit das größest Geheimnus in Himmel und auf Erden ist, wie Paulus sagt[2]: „Kündlich groß ist das gottselige Geheimnus, daß Gott offenbaret ist im Fleisch, 1. Tim. 3. Dann weil der Apostel Petrus[3] mit klaren Worten bezeuget, daß auch wir, in wölchen Christus allein aus Gnaden wohnet, umb solliches hohen Geheimnus willen in Christo „teilhaftige werden der göttlichen Natur", was muß dann das für ein Gemeinschaft der göttlichen Natur sein, davon der Apostel ›redet,‹ daß „in Christo alle Fülle der Gottheit leibhaftig wohne"[4], also, ›daß‹ Gott und Mensch ein Person ist.

Weil aber hoch daran gelegen, daß diese Lehre de communicatione idiomatum, das ist, von Gemeinschaft der Eigenschaften beider Naturen, mit | gebührendem Unterscheid[5]

sine omni confusione et exaequatione essentiarum communicent, promanat etiam doctrina illa de communicatione idiomatum duarum in Christo naturarum, de qua infra aliquid amplius dicetur.

Cum autem indubitatum et extra controversiam positum sit, quod propria non egrediantur sua subiecta, hoc est, quod quaelibet natura suas proprietates essentiales retineat et illae non ab una natura separentur atque in alteram, tanquam aqua de uno vase in aliud, transfundantur: nulla prorsus fieri aut constare posset proprietatum communicatio, nisi illa, de qua diximus, personalis naturarum in Christo esset unio et communicatio. Hoc autem (post articulum sanctae trinitatis) summum est mysterium, quo nullum maius in coelo et in terra reperitur. Unde Paulus ait: Manifeste magnum est pietatis mysterium, quod D e u s manifestatus est in carne etc. Cum enim apostolus Petrus clarissimis verbis testetur, quod nos etiam, in quibus Christus (tantummodo ex gratia) habitat, propter tantum mysterium divinae naturae participes fiamus in Christo: quantum existimabimus eam esse communicationem divinae naturae, de qua apostolus loquitur, quod videlicet in Christo tota divinitatis plenitudo inhabitat corporaliter, ita quidem, ut Deus et homo una sint persona. Plurimum autem refert, ut haec doctrina de communicatione idiomatum convenienti discrimine et distincte trac-

---

2 oder] und *w ü*   6 der Eigenschaften > *B*   der (2.)] beder *s*   9 propria] proprium *k m n t u v*   egrediantur] egrediatur *k m n t u v*, urspr. *A*   12 der + einen *ü Cor*   14 ausgegossen] gegossen *y*   werden + könnten   16 noch > *H*   ]oder *w*   16/7 persönliche *aus*: presentirte *w*   19 von > *x*, urspr. *A*   22 das] dies *viele Hss*   23 Gott + ist *w*   ist > *w*   24 weil] wie *H x*   27 solliches *aus*: sollichen *A*   28 teilhaftige *aus*: teilhaftigen *A*   35 Lehre + [mit gebührendem Unterschd] *A*

1 omni + tamen   et exaequatione >   5 de *bis* dicetur] quae infra dilucide explicabitur.   9 propria] proprium   10 egrediantur] egrediatur   16/7 illa *bis* diximus >   19 sanctae >   21 coelo et in terra] hac rerum universitate   29 in Christo >   quantum] quantam

---

[1]) Chemnitz, De duab. nat. 280 nach Joh. Damascenus, vgl. Dialect. XIV, MSG XCIV 575ff. (dazu CR XIII 667f.), vgl. Ritschl IV 97, Anm. 128.   [2]) 1. Tim. 3, 16.
[3]) 2. Petr. 1, 4.   [4]) Kol. 2, 9.   [5]) Die drei genera, zuerst bei Chemnitz (vgl. Doctrina. de comm. idiom. und Ritschl IV 95, hier S. 1028, Anm. 1; 1031, Anm. 2; 1032, Anm. 1), später mit veränderter Terminologie und Ordnung als g. idiomaticum, das hier entscheidende g. maiestaticum (auchematicum) und das g. apotelesmaticum, vgl. Schmid, Dogmatik 227ff.; Luthardt, Kompend. d. Dogmatik, 1900, 204ff. Comm. idiom. bei Luther: J. Köstlin, Luthers Theologie II, 1901, 142ff.; vgl. zum ganzen Einschub die Bitten um „genugsame definition communicationis Idiomatum" im Bedenken d. Niedersachsen (Rehtmeyer IIIB 269, Hutterus 405) und Pommern (Balthasar, Andere Samml. 75).

gehandelt und erkläret werde, dann die propositiones oder praedicationes, das ist, wie man von der Person Christi, von derselben Naturen und Eigenschaften redet, haben nicht alle einerlei Art und Weise, und wenn ohne gebührenden Unterscheid davon geredt wird, so wird die Lehre vorwirret, und der einfältige Leser leichtlich irre gemacht: | soll nachfolgender Bericht mit |Fleiß vermerket werden, wölcher | umb ›bessers und‹ einfältigen ›Berichts‹ willen wohl in drei Häuptpuncta gefasset werden ›mag.‹

Als ›erstlich¹,‹ weil in Christo zwo unterschiedliche Naturen an ihren natürlichen Wesen und Eigenschaften unvorwandelt und unvormischet sein und bleiben, und aber der beiden Naturen nur ein einige Person ist, so wird dasselbige, was gleich nur einer Natur Eigenschaft ist, nicht der Natur allein, als abgesondert, sondern der ganzen Person, welche zugleich Gott und Mensch ist (sie werde genennet Gott oder Mensch), zugeschrieben.

Aber in hoc genere, das ist, in solcher Weise zu reden, folget nicht, was der Person zugeschrieben wird, daß dasselbe zugleich beider Naturen Eigenschaft sei, sondern wird unterschiedlich erkläret, nach welcher Natur ein jdes der Personen zugeschrieben wird. Also ist „Gottes Sohn geboren aus dem Samen Davids nach dem Fleisch", Rom. 1. Item, „Christus ist getötet nach dem Fleisch und hat für uns gelitten im oder am Fleisch", 1. Petr. 3. und 4.²

| Weil aber unter den Worten, da gesagt

tetur et explicetur. Propositiones enim et praedicationes, quibus utimur, cum de persona Christi et de naturis et proprietatibus eius loquimur, non omnes unius sunt generis aut modi. Et si quando non satis dextre et distincte hoc negotium tractatur, tum doctrina haec involvitur et lector simplex facile perturbatur. Quare ea, quam subiiciemus, explicatio alta mente reponatur; ea autem, ut res ipsa lectori planior et intellectu facilior sit, tribus praecipuis capitibus comprehendi potest.

Primo, cum in Christo duae sint distinctae naturae, quae essentiis et proprietatibus suis neque mutantur neque confunduntur, utriusque vero naturae una tantum sit persona: ea, quae unius tantum naturae propria sunt, alteri naturae non seorsim, quasi separatae, sed toti personae (quae simul Deus et homo est) attribuuntur, sive Deus sive homo nominetur.

Sed in hoc praedicationum genere non sequitur, quod ea, quae toti personae tribuuntur, simul utriusque naturae sint proprietates, sed distincte declarandum est, secundum quam naturam aliquid toti personae adscribatur. Ad hunc modum loquitur Paulus, cum de Christo dicit: Christum genitum esse ex semine Davidis secundum carnem. Et Petrus de Christo inquit, quod sit mortificatus carne et quod passus sit in carne. Cum autem et occulti et aperti Sacra-

---

5 alle] alleine *y*   9/10 | soll *bis* wölcher | *statt* [Es kann aber der Unterscheid] *A*
9 mit Fleiß] fleißig *c*   10 vermerket] gemerkt *Bkl*   11 ›Berichts‹ [willen]‹ *statt* [geliebter Kurz›willen‹] *A*   12 Häuptpuncta + kann *H*   mag > *H*   18 nur > *x*
19 nur] mit ü   23 zu > *c*   25 in] ein *f*   in solcher] einer solchen *s*
29 Natur > *c*   33 getötet + für uns *w y*   35 und > *H t v*   et *g z*   36 *bis*
S. 1031, 25/6 | Weil *bis* erlöset habe | *statt* [Hinwieder aber aus solchem Unterschied folget, nicht daß ein pur lauter Mensch für uns entpfangen und geboren, durch welches Empfängnus und Geburt unsere unreine Empfängnus und Geburt gereiniget, sondern obwohl die Gottheit von der Jungfrauen Marien ihren Anfang nicht hat, so hat doch der Sohn Gottes die menschliche Natur im Leibe der Jungfrauen Marien an sich genommen und ist also Christus wahrer Gott und Mensch von Marien geboren, darum sie dann [auch] nicht allein genennet, sondern auch mit der Tat und Wahrheit Gottes Mutter ist, wie dann auch nicht ein pur lauter Mensch oder allein menschlicher Natur für uns gelitten und mit seinem Leiden uns erlöset; denn menschliche Natur solchs nicht vermocht hätte, sondern der eingeborne Sohn Gottes, Christus, hat für uns gelitten in seinem eigenen angenommenen Fleisch, und mit dem Blut des Sohnes Gottes als des unschuldigen Lämmleins sind wir erlöset worden. Denn obwohl die göttliche Natur für sich selbst nicht leiden kann, weil Leiden ein Eigenschaft ist menschlicher Natur, die der göttlichen Natur Eigenschaft

22/3 sive (*1.*) *bis* nominetur >   28 proprietates] propria

---

[1]) Primum genus idiomaticum: „quod ... quae propria sunt unius naturae in Christo, tribuuntur personae in concreto" Chemnitz, De duab. nat. c. XIII, 169ff., vgl. Cat. Test., S. 1104—1108.   [2]) Röm. 1, 3; 1. Petr. 3, 18; 4, 1.

wird, es werde der ganzen Person zugeschrieben, was einer Natur eigen ist, die heimliche und öffentliche Sakramentierer[1] ihren schädlichen Irrtumb verbergen, daß sie wohl die ganze Person nennen, aber gleichwohl nur bloß die eine Natur darunter verstehen und die ander Natur gänzlich ausschließen, als hätte die bloße menschliche Natur für uns gelitten, wie dann D. Luther in seinem großen Bekenntnus vom H. Abendmahl von des Zwingels Alleosi geschrieben, wollen wir D. Luthers eigne Wort hieher setzen, damit die Kirch Gottes wider solchen Irrtumb zum besten verwahret werden müge. Seine Wort lauten also[2]:

„Das heißet Zwingel alleosin, wenn etwas von der Gottheit Christi gesagt wird, das doch der Menschheit zustehet, oder wiederumb; als Luc. 24: „Mußt nicht Christus leiden und also zu seiner Herrligkeit eingehn?" Hie gaukelt er, daß Christus für die menschliche Natur genummen werde. Hüt dich, hüt dich, sage ich, für der alleosi; sie ist des Teufels Larven, denn sie richtet zuletzt einen sollichen Christum zu, nach dem ich nicht gern wollt ein Christ sein, nämlich daß Christus hinfort nicht mehr seie noch tu mit seinem Leiden und Leben, denn ein ander schlechter Heilige. Dann wann ich das glaube, daß allein die menschliche Natur für mich gelitten hat: so ist mir der Christus ein schlechter Heiland, so bedarf er wohl selbst eines Heilands. Summa, es ist unsäglich, was der Teufel mit der Alleosi suchet." Und bald hernach[3]: „Ob die alte Wettermacherin, Frau Vernunft, der Alleosis Großmutter, sagen würde: ja, die Gottheit kann nicht leiden und sterben; sollt du antworten, das ist wahr, aber dennoch, weil Gottheit und Menscheit in Christo eine Person ist, so

mentarii sub hac regula (quando dicitur, quod toti personae tribuatur, quod uni naturae proprium est) perniciosum suum errorem occultent, dum totam quidem personam nominant, interim tamen unam, eamque (ut sic dicamus) nudam tantum naturam intelligunt, alteram autem penitus excludunt, quasi nuda vel sola humana natura pro nobis passa sit: placuit D. Lutheri verba hoc loco recensere e Maiori ipsius de coena Domini Confessione, in quibus de Cinglii alloeosi agit, ut ecclesia Dei quam optime adversus errorem illum praemuniatur. Verba autem D. Lutheri sic habent:

Hoc Cinglius vocat alloeosin, cum aliquid de divinitate Christi dicitur, quod tamen humanitatis proprium est, et contra. Verbi gratia, ubi in scriptura dicitur: Nonne haec oportuit pati Christum et intrare in gloriam suam? Ibi nugatur Cinglius, quod vocabulum Christus hoc loco pro humana natura sumatur. Cave tibi, cave, inquam, tibi ab ista alloeosi; est enim larva quaedam diaboli, quae tandem talem Christum fingit, secundum cuius rationes ego certe nolim esse Christianus. Hoc enim illa vult, quod Christus nihil amplius sit, aut efficiat sua passione et vita, quam alius quispiam sanctus. Si enim persuaderi mihi patiar, ut credam solam humanam naturam pro me passam esse: profecto Christus mihi non magni pretii salvator erit, sed ipse tandem salvatore eget. In summa, verbis explicari non potest, quid diabolus per hanc alloeosin moliatur. Et paucis interpositis: Si forte venefica illa domina ratio (cuius neptis est ipsa alloeosis) reclamare voluerit, dicens:

in Ewigkeit nicht werden kann, so hat doch nicht eine bloße menschliche Natur für uns gelitten, weil sie für sich selbst kein abgesonderte Person gewesen, sondern es hat der Sohn Gottes, Christus, nach dieser Natur gelitten, die des Leidens fähig gewesen, welche doch nicht von dem Sohn Gottes abgesondert gelitten hat, wie kurz zuvor auch angezeiget worden.] A

4 Sakramentierer] Sakrament x z   schädlichen] schändlichen w   12 Alleosi] ἀλλοίωσι q   13 hieher] hie k l o y Konf   17 alleosin] ἀλλοίωσιν q   + | ἀλλοίωσιν Cinglii | w a. R.   19 zuständig] zuständig v, gesagt wird q   oder] und v   wiederumb + etc. v   20 Christus + solches t   leiden > n   22 gaukelt] glaubt B   25 Larven + [und] A   26 Christum] Christen c ü   27 wollt > H   sein + wollte H   daß + er H   28 hinfort] forthin t   29 schlechter > B   31 mich] uns o   32 hat] hab z der > B   33 wohl selbst ~ w   35 Alleosi] ἀλλοίωσι q   36 hernach] darnach B   Wettermacherin + die viele Hss, urspr. A Konf   37 Alleosis] ἀλλοίωσις q   39 und] noch viele Hss, Konf   oder v   40 dennoch] demnach x y > q   weil + die w

8 nuda vel >   22 et + ita   36 sed] quippe qui   eget] egeat

[1]) Vgl. S. 1031, Anm. 1; 1035, Anm. 1; 1048, Anm. 2.   [2]) WA XXVI 319$_{29-40}$.
[3]) WA XXVI 321$_{19-28}$ + 322$_{20-22}$.

gibt die Schrift 'umb solcher persönlicher Einigkeit willen auch der Gottheit alles, was der Menscheit widerfähret, und wiederumb; und ist auch also in der Wahrheit, denn das mußt du ja sagen: die Person (zeiget Christum) leidet, stirbet; nun ist die Person wahrhaftiger Gott, darumb ists recht geredt: Gottes Sohne leidet. Denn obwohl das eine Stück (daß ich so rede) als die Gottheit nicht leidet, so leidet dennoch die Person, wölche Gott ist, am andern Stück als an der Menschheit"; „dann in der Wahrheit ist Gottes Sohn für uns gekreuziget, das ist, die Person, die Gott ist, denn sie ist, sie (sage ich), die Person, ist gekreuziget nach der Menschheit". Und abermals bald hernach[1]: „Wo die Alleosis soll bestehn, wie sie Zwingel führt, so wird Christus zwo Personen müssen sein, ein göttliche und ein menschliche, weil er die Sprüch vom Leiden allein auf die menschliche Natur zeucht und allerding von der Gottheit wendet. Denn wo die Werk geteilet und gesundert werden, da muß auch die Person zutrennet werden, weil alle Werk oder Leiden nicht den Naturen, sunder der Person[2] zugeeignet werden. Dann die Person ists, die alles tut und leidet, eins nach dieser Natur, das ander nach jener Natur, wie das alles die Gelehrten wohl wissen. Darumb halten wir unsern Herren Christum für Gott und Mensch in einer Person, non confundendo naturas nec dividendo personam, daß wir die Natur>en< nicht mengen und die Person auch nicht trennen."

Item, D. Luther von den Conciliis und Kirchen[3]: „Wir Christen müssen das wissen, wo Gott nicht mit in der Wage ist und das Gewichte gibt, so sinken wir mit unser Schüssel zugrunde. Das meine ich also: wo es nicht sollt heißen, Gott ist für

divinitas neque pati neque mori potest, tu respondebis: verum id quidem est, nihilominus tamen, quia divinitas et humanitas in Christo unam personam constituunt, scriptura, propter hypostaticam illam unionem, etiam divinitati omnia illa tribuit, quae humanitati accidunt, et vicissim humanitati, quae divinitatis sunt. Et sane revera ita res sese habent. Hoc enim fateri te necesse est: haec persona (monstrato Christo) patitur, moritur; haec autem persona est verus Deus. Recte igitur dicitur: filius Dei patitur. Etsi enim una ipsius pars (ut sic loquar), divinitas videlicet, non patiatur, tamen ea persona, quae Deus est, patitur in altera sua parte, nimirum in humanitate. Revera enim filius Dei pro nobis est crucifixus, hoc est, persona, quae Deus est. Ipsa enim, ipsa (inquam) persona crucifixa est secundum humanitatem. Et rursus post aliqua: Si constabit alloeosis, ut eam Cinglius proponit, in Christo duas personas esse necesse erit, divinam videlicet et humanam, quandoquidem Cinglius dicta scripturae de passione tantum ad humanitatem inflectit eaque per omnia a divinitate separat. Ubi enim opera divelluntur et separantur, ibi etiam personam ipsam dividi necesse est, cum omnia opera omnesque passiones non naturis, sed personae tribuantur. Persona enim ipsa est, quae omnia illa agit et patitur, hoc quidem secundum hanc naturam, illud vero secundum alteram naturam; quae sane omnia viris eruditis sunt notissima. Quare agnoscimus Dominum nostrum Iesum Christum Deum et hominem in una persona, non confundendo naturas nec dividendo personam.

In eandem sententiam loquitur D. Lutherus etiam in eo libello, quem de conciliis et ecclesia scripsit: Sciendum id nobis Christianis est, nisi Deus in altera lance sit et pondere vincat, nos lance nostra deorsum (ad interitum) ferri.

---

2 Einigkeit] Voreinigunge $H w \ddot{u}$ 4 also + auch c 7 wahrhaftiger] wahrhaftig B 10 so leidet dennoch ~ B dennoch] demnach x 14 [denn] l [ist] l 16 hernach] darnach $B m$ 17 Alleosis] ἀλλοίωσις q sie > y 19 ein (2.) > c 23 geteilet] zerteilet H 24 zutrennet] getrennet B 26 der Person urspr. den Personen A 27 ists > z alles + und x 33 Naturen] Natur $H o u v z \ddot{a}$ 34 und] noch y Person] Personen $B f$ auch > $B f$ auch nicht > y 42 von > y 42/3 den bis Kirchen] der Kirchen und Conciliis k 43 das > viele Hss Konk 45 und] sunder y

28 separat] removet 39 Christum + esse

[1]) WA XXVI 324₂₅₋₃₅. [2]) Korrektur aus: den Personen (= WA XXVI 324₃₀, vgl. ₁₂).
* [3]) WA L 590₁₁₋₂₃.

uns gestorben, sundern allein ein Mensch, so sind wir verloren. Aber wenn Gottes Tode und Gott gestorben in der Wagschüssel liegt, so sinkt er unter und wir fahren empor als eine leichte, ledige Schüssel; ¹aber er kann auch wohl wieder emporfahren oder aus seiner Schüssel springen; er könnte aber nicht in die Schüssel sitzen, er müßte uns gleich ein Mensch werden, daß es heißen könnte: Gott gestorben, Gottes Marter, Gottes Blut, Gottes Tode; denn Gott in seiner Natur kann nicht sterben, aber nun Gott und Mensch vereiniget ist in einer Person, so heißts recht: Gottes Tode, wenn der Mensch stirbt, der mit Gott ¹ein Ding oder eine Person ist." Bis daher Lutherus. Daraus offenbar, daß es unrecht geredt seie, wenn gesagt oder geschrieben wird, daß hievorgesetzte Reden (Gott hat gelitten, Gott ist gestorben) allein praedicatio verbalis, das ist, allein bloße Wort, und nicht mit der Tat also seie¹. Dann unser einfältiger christlicher Glaube weiset aus, daß der Sohn Gottes, so Mensch worden, für uns gelitten, gestorben und mit seinem Blut uns erlöset habe. |

Hoc sic accipi volo: nisi haec vera sint: Deus mortuus est pro nobis, et si solus homo pro nobis mortuus est, tum profecto prorsus actum fuerit de nobis. At vero, si Dei mors et quod Deus ipse mortuus est, in altera lance ponitur: tum ille deorsum fertur, nos vero instar vacuae et levioris lancis sursum tendimus. Sed et ille deinde rursus vel sursum tendere, vel e lance exsilire potest. Non autem poterat in lancem descendere ac considere, nisi nostri similis, hoc est, homo fieret, ut vere et recte de ipsius passione dici posset: Deus mortuus est, Dei passio, Dei sanguis, Dei mors. Non enim in sua natura Deus mori potest. Postquam autem Deus et homo unitus est in una persona, recte et vere dicitur: Deus mortuus est, quando videlicet ille homo moritur, qui cum Deo unum quiddam seu una persona est. Hactenus Lutherus. Ex his liquet non carere errore, si quis dixerit scripseritve, quod commemoratae propositiones (Deus passus est, Deus mortuus est) sint tantummodo praedicationes verbales, hoc est, nuda verba, sine re. Simplicissima enim Christiana fides nostra docet, quod filius Dei, qui homo factus est, pro nobis passus ac mortuus sit nosque sanguine suo redemerit.

Zum andern², was anlanget die Vorrichtung des Ambts Christi, do handelt und wirket die Person nicht in, mit, durch oder nach einer Natur allein, sondern in, nach, mit und durch beide Naturen oder, wie das concilium Chalcedonense³ redet, eine Natur wirket mit Gemeinschaft der andern, was einer jeden Eigenschaft ist. Also ist Christus unser Mittler, Erlöser, König, Hoherpriester, Häupt, Hirte etc. nicht nach einer Natur allein, es sei die göttliche oder die menschliche, sondern nach beiden Naturen; wie diese Lehre anderswo⁴ ausführlicher gehandelt wird.

Deinde, quod ad rationes officii Christi attinet, persona non agit et operatur in seu cum una vel per unam naturam tantum, sed potius in, cum et secundum atque per utranque naturam, seu, ut concilium Chalcedonense loquitur, una natura agit seu operatur cum communicatione alterius quod cuiusque proprium est. Itaque Christus est noster mediator, redemptor, rex, summus pontifex, caput et pastor, etc. non secundum unam tantum naturam, sive divinam sive humanam, sed secundum utranque naturam; de qua re alias etiam copiosius dicitur.

---

4 er] es ü   6 wohl > ü   7 seiner] einer t   8 die] der *viele Hss*, Konk
12 nun] in x   15 der mit] damit e, *aus*: der mit d   16 ist + etc. B   17 unrecht + [und wider] A   18 hie=] wie q   23 aus] uns y ü   24 worden] geworden a   41 Häupt, Hirte] Haupt=hirte Konk   43 die > c ü   44/5 ausführlicher] recht ausführlich y   ausdrücklich Konk z. T.   45 wird + [Ita magnum dis-

16 potest] potuit   39 quod + unius

---

¹) Vgl. Grundfest 43, 143b; Zwingli, Opp. II 1, 449.   ²) Secundum genus: „quod quaedam tribuuntur personae secundum utramque naturam, quando scilicet utraque natura in Christo agit cum communione alterius quod cuiusque proprium est", Chemnitz De duab. nat. XVII 216ff., vgl. Cat. Test. 6, S. 1128f.   ³) Leo I., Tom. ad Flavianum (449): agit enim utraque forma cum alterius communione; vgl. Cat. Test. S. 1105, 43ff.   ⁴) S. 934, 1ff.; vgl. S. 1038, 8ff.

Zum dritten[1] aber ist noch viel ein anders, wenn davon gefraget, geredt oder gehandelt wird, ob dann die Naturen in der persönlichen Vereinigung in Christo nichts anders oder nicht mehr denn nur allein ihre natürliche, wesentliche Eigenschaften haben; (denn daß sie dieselbige haben und behalten, ist oben gemeldet).

Was nun die göttliche Natur in Christo anlanget, weil bei Gott „keine Veränderung"[2] ist, Jacob. 1., ist seiner göttlichen Natur durch die Menschwerdung an ihrem Wesen und Eigenschaften nichts ab- oder zugangen, ist in oder für sich dardurch weder gemindert noch gemehret. Was aber anlanget die angenommene menschliche Natur in der Person Christi, haben wohl etliche[3] streiten wollen, daß dieselbige auch in der persönlichen mit der Gottheit Voreinigung anders und mehr nicht habe dann nur allein ihre natürliche, wesentliche Eigenschaften, nach welchen sie ihren Brüdern allenthalben gleich ist, und daß derwegen der menschlichen Natur in Christo nichts solle noch könne zugeschrieben werden, was über oder wider ihre natürliche Eigenschaften sei, wenn gleichwohl der Schrift Zeugnus dahin lauten; aber daß solche Meinung falsch und unrecht sei, ist aus Gottes Wort so klar, daß auch ihre eigene Mitvorwandten nu'mehr solchen Irrtumb strafen und vorwerfen. Dann die Heilige Schrift und die alten Väter[4] aus der Schrift zeugen gewaltig, daß die menschliche Natur in Christo darumb und dahero, weil sie mit der göttlichen Natur in Christo persönlich voreiniget, als sie nach[5] abgelegter knechtischer Gestalt und Erniedrigung glorificiert und zur Rechten der Majestät und

Tertio vero longe adhuc aliud est, quando de eo quaeritur, disseritur vel tractatur, an duae illae naturae in hypostatica unione in Christo nihil amplius nisi suas naturales essentiales proprietates habeant; quod enim easdem habeant atque retineant, supra docuimus.

Quantum ergo ad divinam in Christo naturam attinet, cum in ipso nulla sit (ut Iacobus testatur) transmutatio, divinae Christi naturae per incarnationem nihil (quoad essentiam et proprietates eius) vel accessit vel decessit, et per eam in se vel per se neque diminuta neque aucta est.

Iam quod ad humanam naturam in persona Christi attinet, non defuerunt quidam, qui contenderent, eam in personali etiam cum divinitate unione nihil amplius habere quam duntaxat suas naturales essentiales proprietates, quarum ratione fratribus suis per omnia similis est. Unde affirmarunt humanae in Christo naturae nihil eorum tribui vel debere vel posse, quod sit supra vel contra naturales ipsius proprietates, etiamsi scripturae testimonia humanae Christi naturae talia tribuant. Hanc vero ipsorum opinionem falsam esse verbo Dei adeo perspicue demonstrari potest, ut etiam ipsorum consortes eum ipsum errorem reprehendere et reiicere tandem coeperint. Sacrae enim litterae et orthodoxi patres, scripturae verbis edocti, praeclare testantur, quod humana natura in Christo eam ob causam et inde adeo, quod cum divina natura perso-

---

crimen est inter propositiones seu praedicationes primi generis et huius secundi generis. Also großer Unterschied ist zwischen dieser und der vorgehenden Weise zu reden] A
  1 ein > x   5 nicht > c   7 und] ja auch q   11 Jacob 1., ist > y   ist > x
ist + Gott u   13/4 zugangen, ist] zugangen ist, x   14 sich + selbst s   15 Was aber
~ w   anlanget] belangt H y   26 gleichwohl] gleich H g k l r s w ü Konk   28 solche]
diese q   37 Erniedrigung] Erniederung b f   Erinnerung a   37/8 glorificiert > x

1/3 Tertio bis tractatur] Praeterea etiam hoc quaeritur   17/8 in persona >
25/7 vel bis proprietates] oportere, quod ipsius naturales proprietates excedat aut
exsuperet   36 praeclare >

---

[1]) Tertium genus: „quod, licet divinae naturae in Christo in sese ex illa unione nihil vel accesserit, vel decesserit, humanae tamen eius naturae praeter et ultra naturales proprietates, innumera ὑπερφυσικὰ καὶ παραφυσικὰ communem humanae naturae conditionem excedentia ex hypostatica cum deitate unione donata et communicata sint", Chemnitz, De duab. nat. XIX 246 ff.   [2]) Jak. 1, 17.   [3]) Grundfest 16/17, 18/19, 23 f., 121, 127 b.   [4]) Cat. Test. 2. 3, S. 1110 ff.; 1114 ff.   [5]) Chemnitz, De duab. nat. 155, vgl. Ritschl IV 100, Frank III 216 f., anders Brenz (exaltatio in der incarnatio), vgl. Ritschl IV 100, Fricke 200 ff., 335 (Zitat!) und hier S. 1025, Anm. 4, dazu Protocoll ... Maulbrun 60.

Kraft Gottes erhöhet, neben und über ihre natürliche, wesentliche, bleibende Eigenschaften auch sonderliche, hohe, große, übernatürliche, unerforschliche, unaussprechliche, himmlische praerogativas und Vorzüg an Majestät, Herrligkeit, Kraft und Gewalt über alles, was genennet mag werden, nicht allein in dieser, sondern auch in der künftigen Welt empfangen habe, daß also die menschliche Natur in Christo zu den Wirkungen des Ambts Christi auf ihre Maß und Weise mit gebraucht werden und auch ihre efficaciam, das ist, Kraft und Wirkung habe, nicht allein aus und nach ihren natürlichen wesentlichen Eigenschaften oder allein soferne sich das Vormugen derselben erstrecket, sondern fürnehmlich aus und nach der Majestät, Herrligkeit, Kraft und Gewalt, welche sie durch die persönlichen Vereinigung, Glorification und Erhöhung empfangen hat. Und dies können oder dürfen auch numehr fast die Widersacher nicht leugnen, allein daß sie disputieren und streiten, daß es nur erschaffene Gaben oder finitae qualitates sein sollen[1] wie in den Heiligen, damit die menschliche Natur in Christo begabet und gezieret, und daß sie nach ihren Gedanken und aus ihren eignen argumentationibus oder Beweisungen abmessen und ausrechnen wollen, was die menschliche Natur in Christo ohne derselben Abtilgung fähig | oder | nicht fähig könne oder solle sein.

Aber der beste, gewisseste und sicherste Weg in diesem Streit ist dieser, nämblich was Christus nach seiner angenommenen menschnaliter unita est (deposito servili statu et humiliatione, iam glorificata et ad dexteram maiestatis et virtutis divinae exaltata), praeter et supra naturales essentiales atque in ipsa permanentes humanas proprietates etiam singulares, excellentissimas, maximas, supernaturales, impervestigabiles, ineffabiles atque coelestes praerogativas maiestatis, gloriae, virtutis ac potentiae super omne, quod nominatur, non solum in hoc saeculo, sed etiam in futuro acceperit, ut ita humana in Christo natura (suo modo et ratione) in exsequendo officio Christi simul adhibeatur, cooperetur et suam efficaciam, id est, virtutem et operationem habeat, non tantum ex suis naturalibus proprietatibus aut secundum essentiales proprietates aut quousque earum virtus et efficacia progreditur, sed praecipue secundum maiestatem, gloriam, virtutem atque potentiam, quam per unionem hypostaticam, glorificationem et exaltationem accepit. Et hoc ipsum hodie ne adversarii quidem nostri prorsus negare audent, nisi quod disputant et contendunt illa tantum esse dona creata et **finitas** dotes seu qualitates, quibus humanam in Christo naturam donatam et ornatam esse sentiunt; quales sunt etiam in sanctis hominibus. Et argutis cogitationibus ac frivolis argumentationibus atque fictis probationibus metiri et ad calculum revocare conantur, quorum donorum humana natura in Christo sine abolitione sua capax aut non capax esse queat.

Rectissima autem et omnium tutissima via in huius controversiae diiudicatione est haec, videlicet neminem me-

---

2 natürliche + ihre y   3 hohe, große > x   4 unerforschliche, unaussprechliche ~ yä   6 Herrligkeit] Heiligkeit u   7 mag] kann s   8 der > ü   8/9 künftigen] zukünftigen y   12 werden] werde viele Hss, z. T. Konk   worden c   15 wesentlichen > y   18 Majestät + der H   21 oder] und B   27 daß] der x   28 und] oder viele Hss Konk   29 oder Beweisungen] und Bewegungen x + oder Beweisungen q   30 was] wes Cor   31 ohne] an ⟨ann!⟩ c d x, urspr. f g   32 oder] konnte sein und was sie H, urspr. A   oder die könne > y   fähig + solle sein y >   könne] konnte H   33 sein + nicht fähig y   38 Weg + ist d   39 ist > c d

1 est (+ iam   servili] humiliationis   2 et bis iam >   7 supernaturales] praeter naturam   12 ut ita] Quare   13/4 et ratione] pro ea, quae illi convenit   15 simul adhibeatur >   15/9 et suam bis proprietates] Idque non tantum accipiendum est de illis proprietatibus naturalibus atque essentialibus   20 sed + cum scriptura sentimus eam cum divina natura cooperari   27 illa + de quibus iam diximus   dona creata] creatas   40 est bis videlicet] incedemus, si persuasum nobis erit

---

[1] Grundfest 145b, Cat. Witt. 73/74; Erklärung der Anhalter 40 (Heppe IIIB 394); dagegen Cat. Test. 4, S. 1121ff., Chemnitz im Braunschw. Bedenken auf die Cat. Witt. 1571 C 3a.

lichen Natur durch die persönliche Voreinigung, Glorifikation oder Erhöhung empfangen habe und was seine angenommen menschliche Natur über die natürliche Eigenschaften ohne derselben Abtilgung fähig sei, daß solchs niemand besser oder gründlicher wissen könne, dann der Herr Christus selber; derselbige aber hat solchs, soviel uns in diesem Leben davon zu wissen vonnöten, in seinem Wort offenbaret; wovon wir nun in der Schrift in diesem Fall klare, gewisse Zeugnus¹ haben, ¹das sollen wir einfältig gläuben und in keinem Wege dawider disputieren, als könnte die menschliche Natur in Christo desselbigen nicht fähig sein.

Nun ist das wohl recht und wahr, was von der erschaffenen Gaben², so der menschlichen Natur in Christo gegeben und mitgeteilet, daß sie dieselbige an oder für sich selbst² habe, gesagt wird; aber dieselbige erreichen noch nicht die Majestät, welche die Schrift und die alten Väter aus der Schrift der angenommenen menschlichen Natur in Christo zuschreiben.

Dann lebendigmachen, | alles Gericht und | alle Gewalt haben in Himmel und Erden, alles in seinen Händen haben, alles unter seinen Füßen unterworfen haben, von Sünden reinigen etc. seind nicht ›er‹schaffene Gaben, sondern göttliche, unendliche Eigenschaften, welche doch nach Aussage der Schrift dem Menschen Christo gegeben und mitgeteilet seind, Ioh. 5. und 6. Matth. 28. Dan. 7. Ioh. 3. und 13. Matth. 11. Eph. 1. Ebr. 2. 1. Corin. 15. Ioh. 1. etc.³

Und daß solche Mitteilung nicht per phrasin aut modum loquendi⁴, das ist, allein mit Worten, von der Person allein

lius et certius nosse, quid Christus secundum assumptam humanam naturam (ratione unionis hypostaticae et glorificationis seu exaltationis) acceperit, et quarum praerogativarum (praeter et supra naturales suas proprietates) sine eiusdem abolitione capax sit, quam ipsum Dominum nostrum Iesum Christum. Is vero hoc ipsum (quantum quidem nostra et quidem salutis causa in hac vita interest) in verbo suo revelavit. De quibus igitur in sacra scriptura, quod ad hanc rem attinet, certa et perspicua testimonia habemus, simpliciter illis fidem adhibeamus et nequaquam contra disputemus, quasi humana natura in Christo illorum capax esse nequeat.

Vera quidem sunt, quae de creatis donis humanae naturae in Christo datis et communicatis dicuntur, quod humanitas Christi ea per se et in se ipsa habeat. Sed haec non satis explicant vel assequuntur maiestatem illam, quam scriptura et orthodoxi patres secundum scripturam humanae in Christo naturae adscribunt.

Vivificare enim, omne iudicium omnemque potestatem in coelo et in terra, adeoque omnia in manibus suis habere, omnia sub pedibus ipsius subiecta esse, a peccatis mundare etc. non sunt dona creata, sed divinae infinitae proprietates, quae tamen (iuxta testimonia scripturae) Christo homini datae et communicatae sunt, Iohan. 5. et 6. Matth. 28. Dan. 7. Iohan. 3. et 13. Matth. 11. Ephes. 1. Heb. 2. 1. Corint. 15. Iohan. 1.

Quod autem haec communicatio non tantum quasi per phrasin aut modum loquendi dicta de persona Christi se-

---

2 oder] und *y*   3 seine + ›angefangene‹ *t*   7 selber] selbst *H*   10 offenbaret] geoffenbaret *m z*   19 Gaben + vel qualitatibus habitualibus *H ö*, Bertr., urspr. *A*   22 selbst + formaliter, habitualiter vel subiective sicut scholae loquuntur Bertr., urspr. *A*   27 | alles Gericht | *statt* [alles Richten] *A*   28 und + auf viele Hss Konf   31 ›er‹ *statt* [ge] *A*   32 Gaben + oder qualitates *H*, urspr. *A* + qualitates *ō*   32/3 Eigenschaften] eigentliche *q*   35 mitgeteilet + [wird] *A* und > *H k s t v w*   et *B y z*   36 Dan.] Marc. *c f s*   und > *t u*   et *B Hs w y.z* und 13. > *o*   37 etc. > viele Hss Konf

5 quarum praerogativarum] quorum donorum   7 sit] esse possit   8/9 Christum + qui dubio procul se ipsum omnium optime novit   12 De bis igitur] Quare cum 12/3 quod bis certa] de ea re certissima   14 habemus] exstent   17 illorum] eorum donorum   19 in Christo >   22/3 vel assequuntur >   24/5 secundum scripturam] in sacris litteris egregie versati   35/7 Iohan. bis Iohan. 1. *a. R.*

---

¹) Vgl. Cat. Test. 2. 3, S. 1110 ff., 1114 ff.   ²) Streichung der lat. Worte des TB nach dem preuß. Bedenken.   ³) Joh. 5, 21. 27; 6, 39 f.; Matth. 28, 18; Dan. 7, 14; Joh. 3, 31. 35; 13, 3; Matth. 11, 27; Eph. 1, 22; Hebr. 2, 8; 1. Kor. 15, 27; Joh. 1, 3. 10.   ⁴) Z. B. Grundfest 121, 122, 127, 132.

nach der göttlichen Natur, sondern nach der angenommenen menschlichen Natur zu verstehen sei, beweisen drei starke, unwiderlegliche Argument und nachfolgende Gründe:

1. Zum ersten ist ein einhellige Regel der ganzen alten rechtgläubigen Kirchen[1], was die H. Schrift zeuget, das Christus in der Zeit empfangen habe, daß er dasselb nicht nach der göttlichen (nach welcher er alles von Ewigkeit hat), sondern daß die Person ratione et respectu humanae naturae, das ist, nach der angenommenen menschlichen Natur, dasselbige in der Zeit empfangen habe.

2. Zum andern zeugt die Schrift klärlich Joh. 5. und 6.[2], daß die Kraft, lebendig zu machen und das Gericht zu halten, Christo gegeben sei darumb, daß er des Menschen Sohn ist und wie er Fleisch und Blut hat.

3. Zum dritten sagt die Schrift nicht allein ingemein von der Person des Menschensohns, sondern deutet auch ausdrücklich auf sein angenommene menschliche Natur, 1. Joh. 1.[3]: „das Blut Christi reiniget uns von allen Sünden", nicht allein nach dem Vordienst, welchs am Kreuz einmal verrichtet, sondern Johannes redet an demselben Ort davon, daß uns im Werk oder Handlung der Rechtfertigung nicht allein die göttliche Natur in Christo, sondern auch sein Blut per modum efficaciae, das ist, wirklich, reiniget uns von allen Sünden. Also Joh. 6.[4] ist das Fleisch Christi eine lebendigmachende Speise, wie daraus auch das Ephesinum concilium geschlossen hat[5], daß das Fleisch Christi die Kraft habe, lebendig zu machen; wie von diesem Artikel andere viel herrliche Zeugnus der alten rechtgläubigen Kirchen anderstwo[6] angezogen sind.

Daß nun Christus nach seiner menschlichen Natur sollichs empfangen, und der angenommenen menschlichen Natur in Christo sollichs gegeben und mitgeteilet sei, sollen und müssen wir nach der Schrift glauben. Aber

cundum ipsius divinitatem, sed potius secundum assumptam humanam naturam sit intelligenda, id tribus firmissimis atque adeo invictis argumentis, quae iam recitabimus, demonstrari potest:

I. Primo, exstat regula communissima, maximo totius ecclesiae orthodoxae consensu approbata, videlicet, quae scriptura Christum in tempore accepisse affirmat, ea non secundum divinitatem accepisse (secundum quam omnia ab aeterno possidet), sed quod persona Christi ratione et respectu humanae naturae ea in tempore acceperit.

II. Deinde scriptura luculenter testatur, Iohan. 5. et 6., quod virtus vivificandi et potestas exercendi iudicii Christo datae sint propterea, quia filius hominis est, quatenus videlicet carnem et sanguinem habet.

III. Postremo scriptura in hoc negotio non tantum in genere filii hominis mentionem facit, sed quasi digitum in assumptam humanam naturam intendit, cum inquit: Sanguis Iesu Christi, filii Dei, emundat nos ab omni peccato. Id autem non tantum de merito sanguinis Christi in cruce semel perfecto accipiendum est; sed Iohannes eo loco est de ea re agit, quod in negotio iustificationis non tantum divina natura in Christo, verum etiam ipsius sanguis per modum efficaciae nos ab omni peccato emundet. Ita caro Christi est vivificus cibus. Et ex hoc evangelistae et apostoli dicto concilium Ephesinum pronuntiavit, carnem Christi habere vim vivificandi. Et de hoc articulo multa in nostrorum hominum scriptis clarissima veteris et orthodoxae ecclesiae testimonia collecta passim exstant.

Quod igitur Christus virtutem vivificandi secundum humanitatem suam acceperit et quod illa vis assumptae humanae naturae in Christo data atque communicata sit, id ex analogia verbi Dei

---

1 sondern + als auch H c, urspr. A   6 einhellige] einige ü   9 er] der a   11 daß > viele Hss Konk   16 die + H. m n t u x   17 Joh. bis 6. > w   und > B H k s t v z et g   20 hat] hab z   26/7 reiniget bis Sünden] etc. y   29 demselben] selbigem H c d   32 Christo + [das ist] A   auch > x   35 ist + uns w   37 Ephesinum concilium ~ q   43 nach > y   seiner + angenommenen ö

2 secundum assumptam humanam naturam] de assumpta humana natura   11 accepisse (+ quippe   14 in tempore >   24/5 assumptam >   29 perfecto >

---

[1]) Cat. Test. 2, S. 1110 ff.   [2]) Joh. 5, 21. 27; 6, 39 f.   [3]) 1. Joh. 1, 7.   [4]) Joh. 6, 48—58.   [5]) Vgl. Cat. Test. S. 1119, 36.   [6]) Chemnitz, De duab. nat. XI, 142 ff.; vgl. Cat. Test. 3. 5, S. 1114 ff.; 1123 ff.; auch S. 1043, Z. 2 u. Art. VII.

wie droben[1] gesagt: weil die beide Naturen in Christo also voreiniget, daß sie nicht miteinander vormischet oder eine in die andere vorwandelt, auch eine jde ihre natürliche, wesentliche Eigenschaft behält, also, daß einer Natur Eigenschaften der andern Natur Eigenschaften nimmermehr werden: muß diese Lehr auch recht erkläret und mit Fleiß wider alle Ketzereien vorwahret werden.

Indem wir denn nichts Neues von uns selber erdenken, sondern nehmen an und erholen die Erklärungen, so die alte rechtgläubige Kirche aus gutem Grunde der heiligen Schrift hievon gegeben hat, nämlich daß solche göttliche Kraft, Leben, Gewalt, Majestät und Herrligkeit der angenommenen menschlichen Natur in Christo gegeben sei nicht also, wie der Vater dem Sohn nach der göttlichen Natur sein Wesen und alle göttliche Eigenschaften von Ewigkeit mitgeteilt hat, daher er eins Wesens mit dem Vater und Gott gleich ist (denn Christus ist allein nach der göttlichen Natur dem Vater gleich, aber nach der angenommenen menschlichen Natur ist er unter Gott, | daraus[2] offenbar, daß wir kein confusionem, exaequationem, abolitionem, das ist, kein Vermischung, Vergleichung oder Abtilgung der Naturen in Christo machen) |. So ist auch die Kraft lebendig zu machen, nicht also in dem Fleisch Christi wie in seiner göttlichen Natur, nämlich als eine wesentliche Eigenschaft.

Es ist auch solche Communication oder Mitteilung nicht geschehen durch eine wesentliche oder natürliche Ausgießung der Eigenschaften der göttlichen Natur in die menschliche, also daß Christus Menschheit sollche für sich selbst, und von dem göttlichen Wesen abgesondert hätte, oder als hätte dardurch die menschliche Natur in Christo ihre natürliche, wesentliche Eigenschaften gar ab-

credere tenemur. Sed, ut paulo ante monuimus, cum duae naturae in Christo eo modo sint unitae, ut nulla sit facta confusio aut naturae unius in alteram transmutatio, et utraque suas naturales et essentiales proprietates retineat, ita ut unius naturae proprietates nunquam alterius naturae proprietates fiant: haec doctrina dextre admodum declaranda et adversus haeresium corruptelas bene munienda est.

In hoc autem negotio nihil novi de ingenio nostro fingimus, sed amplectimur et repetimus declarationem, quam vetus et orthodoxa ecclesia, e sacrae scripturae fundamentis desumptam ad nos incorruptam transmisit, videlicet quod divina illa virtus, vita, potestas, maiestas et gloria assumptae humanae naturae in Christo data sit. Id vero non eo modo, sicut pater filio secundum divinam naturam essentiam suam et omnes divinas proprietates ab aeterno communicavit, unde et unius cum patre essentiae et ipsi aequalis est. Christus enim tantum secundum divinam naturam patri aequalis est; secundum humanam vero naturam sub Deo est. Ex his manifestum est nullam nos confusionem, exaequationem aut abolitionem naturarum in Christo statuere. Etenim virtus vivificandi non eo modo est in carne Christi, quo est in divina eius natura, videlicet ut essentialis proprietas.

Communicatio autem illa non facta est per essentialem aut naturalem effusionem proprietatum divinae naturae in naturam humanam, quasi humanitas Christi eas per se et a divina essentia separatas haberet, aut quasi per illam communicationem humana natura in Christo naturales ac essentiales suas proprietates prorsus deposuerit, et vel in divinam

---

5 wesentliche Eigenschaft] eigentliche Wesenschaft v   Eigenschaft + [behielte] A
5/6 behält bis Eigenschaften > o x Cel   8 mit Fleiß > c   mit + allem H   12/3 von uns selber erdenken] erdenken v. u. f. y   13/4 erholen] Erholung a   23 daher] daß x
24 Gott > x, urspr. z   28 kein + [exaequatione] A   29 abolitionem + naturarum ö   + naturarum machen H   kein > k l n t v   30 Abtilgung] Abteilung x
34/5 Eigenschaft + [oder formaliter inhaerens] A   37 eine] ihr m   39 Natur > H
40 menschliche + ut formaliter secundum se subjective (sicut in scholis loquuntur) humanitati inhaereant, das ist, Bertr., urspr. A   44 wesentliche Eigenschaften aus: eigentliche Wesenschaften H

5 utraque] quaelibet   6 et essentiales >   23 ab aeterno >   34 proprietas +; hoc nunquam diximus, nunquam sensimus.   36 illa + naturarum et proprietatum
40 a divina essentia] divinitatem

---

[1]) S. 1028, 14 ff.   [2]) Darüber | N. |

geleget und wäre numehr entweder in die Gottheit vorwandelt oder derselben mit solchen mitgeteilten Eigenschaften in und für sich derselben | gleich worden, oder daß numehr beider Naturen einerlei oder ja gleiche natürliche, wesentliche Eigenschaften und Wir¹kungen sein sollten. Dann sollche und dergleichen | irrige Lehr | sind in den alten bewährten conciliis aus Grund der Schrift billich vorworfen und vordammet¹. Nullo enim modo vel facienda vel admittenda est aut conversio aut confusio aut exaequatio sive naturarum in Christo sive essentialium proprietatum. Das ist: Dann auf keinerlei Weise soll gehalten oder zugelassen werden Verkehrung, Vormischung oder Vorgleichung der Naturen in Christo oder derselben wesentlichen Eigenschaften.

| Wie² wir denn auch die Wort realis communicatio oder realiter communiciert, das ist, die Mitteilung oder Gemeinschaft, so mit der Tat und Wahrheit beschicht, niemals von einiger physica communicatione vel essentiali transfusione, das ist, ›von einer‹ wesentlichen, natürlichen Gemeinschaft oder Ausgießung, dardurch die Naturen in ihrem Wesen und derselben wesentlichen Eigenschaften vermenget, verstanden, wie etliche³ solche Wort und Reden arglüstig und boshaftig, die reine Lehr darmit verdächtig zu machen, wider ihr ›eigen‹ Gewissen verkehret haben; sunder allein der verbali communicationi, das ist, dieser Lehr entgegengesetzet haben, da sollche Leut vorgegeben, daß es nur ein phrasis und modus loquendi⁴, das ist, mehr nicht, denn bloße Wort, Titel und Namen seie, darauf sie auch so hart getrungen, daß sie von keiner andern Gemeinschaft wissen wollen.

naturam conversa aut divinae naturae communicatis illis suis proprietatibus in se ipsa et per sese, exaequata sit, aut quod utriusque naturae eaedem aut certe aequales naturales et essentiales proprietates et operationes sint. Hi enim et similes errores in vetustissimis et approbatis conciliis e fundamentis sacrae scripturae merito sunt reiecti et damnati. Nullo enim modo vel facienda vel admittenda est aut conversio aut confusio aut exaequatio sive naturarum in Christo sive essentialium proprietatum.

Et quidem his vocabulis (realis communicatio, realiter communicari) nunquam ullam physicam communicationem vel essentialem transfusionem (qua naturae in suis essentiis aut essentialibus proprietatibus confunderentur) docere voluimus, ut quidam vocabula et phrases illas astute et malitiose falsa interpretatione, contra conscientiam suam, pervertere non dubitarunt, tantum, ut piam doctrinam suspicionibus iniquissimis gravarent. Sed vocabula et phrases illas verbali communicationis opposuimus, cum quidam fingerent communicationem idiomatum nihil aliud nisi phrasin et modum quendam loquendi, hoc est, mera tantum verba, nomina et titulos inanes esse. Et hanc verbalem communicationem adeo urserunt, ut de nulla alia communicatione audire quicquam vellent. Quapropter ad recte declarandam maiestatem Christi

---

1 und] oder *v*   2 derselben > *Cor* + qualitatibus attributis vel proprietatibus, das ist *Bertr.*, urspr. *A*   3/6 in und bis Eigenschaften > *y*   4 sich + selbst Konj derselben] selbst *B ä*   7 Wirkungen] Wirkung *H*   8 | irrige Lehr | statt [opiniones] *A* sind > *x*   19 denn > *H*   20/1 communiciert > *y*   21/2 Mitteilung oder Gemeinschaft ~ *H*   23 einiger] einer *r* Konj   23/4 communicatione] commutatione *ü* 30/1 darmit] dardurch *v*   32 der] de *ö ü*   33 communicationi] communicatione *ö ü*, einige Hss, Müller [!]   das ist > *a ö*   dieser] diese *ö*   36 mehr nicht ~ *B*   denn] als *ü*

20 communicari] communicare   23 essentiis aut >   37 communicatione > 38 Quapropter] Nos vero ad illum errorem et

---

¹) Constpl. II, can. adv. Orig. 7 = Denzinger-Bannwart 219, Mansi IX 559.
²) Darüber | N. | ³) Vgl. 1047, Anm. 2; im einzelnen: Cons. Dresd. 1571, B 3bff.; Propos. Wittemb. VIII; Grundfest 29, 31, 34, 116bff.; Exegesis 13, 14/15; Hutterus 57; Melanchthon Resp. adv. Art. Bavar. Opp. 1580, I 387b: ut fingant duplicem communicationem idiomatum, aliam dialecticam, aliam physicam, quae est confusio naturarum; zum Ausdruck „Ausgießung" Frank III 350, Hutterus 468.   ⁴) Grundfest 61f., 124b, 125b; Propos. Wittemb. VIII; Exegesis 13ff., 77; Melanchthon (vgl. Hutterus 438), CR XXI 263 (figura sermonis) Exam. ordinand. CR XXIII 88ff., Kolosserbr. CR XV 1271f., Resp. adv. Art. Bavar. Opp. 1580, I 287; vgl. S. 974, Anm. 3.

Dargegen zu wahrhaftiger Erklärung der Majestät Christi wir solliche Wort (de reali communicatione) gebraucht und darmit anzeigen wöllen, daß solliche Gemeinschaft mit der Tat und Wahrheit, doch ohn alle Vermischung der Naturen und ihrer wesentlichen Eigenschaften geschehen seie. |

So halten und lehren wir nu mit der alten, rechtgläubigen Kirchen, wie dieselbige diese Lehre aus der Schrift erkläret hat, daß die menschliche Natur in Christo solche Majestat empfangen habe nach Art der persönlichen Voreinigung¹, nämblich weil „die ganze Fülle der Gottheit" in Christo wohnet², nicht wie in andern heiligen Menschen oder Engeln, sondern „leibhaftig"³ als in ihrem eignen Leibe, daß sie mit aller ihrer Majestät, Kraft, Herrligkeit und Wirkung in der angenommenen menschlichen Natur freiwillig, wenn und wie er will, leuchtet, in , mit und durch dieselbige seine göttliche Kraft, Herrligkeit und Wirkung beweiset⁴, erzeiget und vorrichtet, wie | die Seele im Leib und | das Feur in einem glühenden Eisen tut (dann durch solche Gleichnus, wie droben auch vermeldet⁵, hat die ganze alte Kirche diese Lehre erkläret); solchs ¹ist zur Zeit der Niedrigung vorborgen und hinterhalten worden⁶, aber jtzund nach abgelegter knechtischer Gestalt geschicht solchs völlig, gewaltig und öffentlich für allen Heiligen in Himmel und Erden und werden auch wir in jenem Leben solche „seine Herrligkeit" „von Angesicht zu Angesicht" schauen, Ioh. 17.⁷

vocabula (de reali communicatione) usurpavimus, ut significaremus communicationem illam vere et re ipsa (sine omni tamen naturarum et proprietatum essentialium confusione) factam esse.

Sentimus itaque et docemus cum veteri orthodoxa ecclesia, quemadmodum illa hanc doctrinam ex scriptura sacra declaravit, quod humana in Christo natura maiestatem illam acceperit secundum rationem hypostaticae unionis, videlicet quod cum tota divinitatis plenitudo in Christo habitet, non quemadmodum in sanctis hominibus et angelis, sed corporaliter, ut in proprio suo corpore, etiam omni sua maiestate, virtute, gloria, operatione in assumpta humana natura, liberrime (quando et quomodo Christo visum fuerit) luceat et in ea, cum ea et per eam divinam suam virtutem, maiestatem et efficaciam exerceat, operetur et perficiat. Idque ea quodammodo ratione, qua anima in corpore et ignis in ferro candente agit. Hac enim similitudine (ut supra monuimus) tota erudita et pia antiquitas doctrinam hanc declaravit. Haec autem humanae naturae maiestas in statu humiliationis maiori ex parte occultata et quasi dissimulata fuit. At nunc, post depositam servi formam (seu exinanitionem) maiestas Christi plene et efficacissime atque manifeste coram omnibus sanctis in coelo et in terris sese

---

1 Dargegen] Derwegen *B k l o u z ä* Konk   4 wöllen] wollten *y*   7 seie + | [wölche reine, richtige, in Gottes Wort gegründte und in unsrem christlichen Glauben begriffne Lehr, darauf unser höchster Trost stehet, sie als ein marcionitische, Samosatenische, Sabellianische, Arrianische, Nestorianische, Eutychianische und Monotheletische Ketzerei in ihrer Grundfest verdampt haben] | *A*, ⟨Hand Andreaes, vgl. S. 1019, Anm. 1⟩   15 heiligen > *ü*   oder] und *k*   16 leibhaftig + oder persönlich *H, urspr. A r a. R.*: im Torgischen (persönlich)   27 diese] solche *a*   28 Niedrigung] Erniedrigung *o x z*   29 worden + [wie Augustinus sagt contra Felicianum cap. I: Glorificata est caro maiestate, dum maiestas humiliata docetur in carne, das ist, das Fleisch ist erkläret durch die Majestät, dieweil die Majestät erniedriget ist im Fleisch] *A*   30 knechtischer] knechtliche *y*   32 und (1.) + auf *B k*   35 Ioh. 17] 1. Iohan. *x*

3 re ipsa] efficaciter   13/4 videlicet quod] Id sic accipiendum volumus   15 quemadmodum] tantum ea ratione, qua   17 ut] hoc est   18 etiam] sentimus quod ea   23 exerceat + et   23/4 et perficiat >   32/3 seu exinanitionem >

---

¹) Vgl. Cat. Test. 5. 8, S. 1123ff., 1131ff.   ²) Kol. 2, 9.   ³) „leibhaftig" + urspr. „oder persönlich": Grundfest 28a „Hie stehet im Griechischen Text σωματικῶς corporaliter, das heißt eigentlich soviel als persönlich…"; Chemnitz, De duab. nat. 112: Vulgo iam σωματικῶς exponitur pro personaliter… ostendit, quod natura sit habitaculum illud in quo tota plenitudo deitatis inhabitet, corpus scilicet Christi…; vgl. die Änderung in Luthers Übers.: „leiblich" in „leib=haftig", dazu WA XXIII 141 ₂₅; XXVI 347 ₂₄: „Leibhafftig heißt wesentlich".   ⁴) Vgl. Cat. Test. 6, S. 1128f.   ⁵) Vgl. S. 1023, Anm. 1.   ⁶) Vgl. Conc!, Selneccer nähert sich Brenz=Andreae.   ⁷) Joh. 17, 24, vgl. 1. Kor. 13, 12.

Solida Declaratio, VIII. Von der Person Christi. 1039

Also ist und bleibet in Christo nur ein einige göttliche Allmächtigkeit, Kraft, Majestät und Herrligkeit, welche allein der göttlichen Natur eigen ist; dieselbige aber leuchtet, beweiset und erzeiget sich völlig, aber doch freiwillig, in, mit und durch die angenommene erhöhete menschliche Natur in Christo; gleichwie in einem glühenden Eisen nicht zweierlei Kraft, zu leuchten und zu brennen, ist, | sondern die Kraft zu leuchten und zu brennen ist | des Feuers Eigenschaft, aber weil das Feuer mit dem Eisen voreiniget, so beweisets und erzeiget solche seine Kraft zu leuchten und zu brennen in, mit und durch das glühende Eisen also, daß auch das glühende Eisen daher und durch solche Voreinigung die Kraft hat, zu leuchten und zu brennen, ohne Vorwandelung des Wesens und der natürlichen Eigenschaften des Feuers und Eisens[1].

Derwegen vorstehen[2] wir solche Zeugnus der Schrift[3], so von der Majestat | reden, | zu welcher die menschliche Natur in Christo erhöhet ist, nicht also, daß solche göttliche Majestät, welche der göttlichen Natur des Sohns Gottes eigen ist, in der Person des Menschensohns schlecht nur allein nach seiner göttlichen Natur zugeschrieben[4] soll werden, oder daß dieselbige Majestät in der menschlichen Natur Christi allein dergestalt sein sollte, daß seine menschliche Natur von derselben allein den bloßen Titel und Namen per phrasin et modum loquendi[5], das ist, allein mit Worten, aber mit der Tat und Wahrheit ganz und gar keine Gemeinschaft mit ihr haben sollte; denn auf solche Weise (weil Gott ein geistlich unzertrennet Wesen und demnach allenthalben und in

exserit. Et nos in altera illa beatissima vita hanc ipsius gloriam facie ad faciem videbimus, ut Iohannes testatur cap. 17.

Hac ratione est permanetque in Christo unica tantum divina omnipotentia, virtus, maiestas et gloria, quae est solius divinae naturae propria. Ea vero lucet et vim suam plene, liberrime tamen, exserit in et cum assumpta humanitate et per illam assumptam exaltatam in Christo humanitatem. Quemadmodum etiam in ferro candente non duplex est vis, lucendi et urendi (quasi ignis peculiarem et ferrum etiam peculiarem et separatam vim lucendi et urendi haberet), quin potius illa vis lucendi et urendi est proprietas ignis. Séd tamen, quia ignis cum ferro unitus est, ideo vim et virtutem lucendi et urendi in et cum ferro et per ferrum illud candens exserit, ita quidem, ut ferrum ignitum ex hac unione vim habeat et lucendi et urendi, et tamen hoc fit sine transmutatione essentiae aut naturalium proprietatum tam ferri quam ignis.

Quare testimonia illa sacrae scripturae, quae de ea maiestate loquuntur, ad quam humana in Christo natura exaltata est, non in eam sententiam accipimus, quod divina illa maiestas (quae divinae naturae filii Dei propria est) in persona filii hominis tantum secundum divinam naturam Christo sit adscribenda aut quod maiestas illa tantum ea ratione sit in humana Christi natura, ut humana Christi natura nudum tantum titulum et nomen solum divinae illius maiestatis, per phrasin et modum loquendi, revera autem nullam prorsus cum ea communicationem habeat. Cum enim Deus sit spiritualis indivisa essentia, quae ubique et in omnibus creaturis est, et ubi est, ibi (praesertim in credentibus et sanctis

---

9 die > c   13 ist > w   13/4 | sonder bis ist | > c, urspr. d 14   zu] des z   16 solche > B   19 und + also H, urspr. A   23 Eisens + Und in diesem Artikel gehen wir nicht weiter, dann sofern wir ausdrückliche klare Zeugnusse der Schrift haben; was darüber ist, sparen wir in die künftige ewige Schule, da wir die Herrligkeit Christi von Angesicht zu Angesicht schauen werden. Wie dann diese ganze Lehre in der gemeinen repetierten Confession der niedersächsischen Kirchen, so Anno etc. 71 ausgangen von diesem Artikel, zu welchen auch die schwäbische Kirch mit ihrer Confession sich bekennen, ausführlich ist weiter erklärt worden Bertr., urspr. A   27 reden > H   29 ist + reden H, urspr. A   39 aber] oder Konk   42 unzertrennet] unzertrennlich a   43 demnach] dannoch c d
3 cap. 17 >

---

[1] ö a. R.: | Vide confessionem der Sechsischen Kirchen anno Dom. 1571 |, vgl. Conf. der (Nieder=)Sächs. Kirche G I a, dazu Cat. Test. 7, S. 1129 f. u. S. 1023, Anm. 1; die Streichung der folgenden ausdrückl. Berufung auf diese Bek. veranlaßt das preuß. Bedenken, das die Nennung der Weimarer Konfutation, der Corp. Doctr. Thuringicum u. Pruthenicum vermißt.
[2] Vgl. S 754, 20 ff.   [3] Vgl. 1034, Anm. 1. 3, S. 1035, 16 ff   [4] J. B. Grundfest 23 f.
[5] Vgl. S. 1037, Anm. 4.

allen Kreaturen ist, und in welchen er ist, sonderlich aber in den Gläubigen und Heiligen, wohnet, daselbsten solche seine Majestät mit und bei sich hat) auch mit Wahrheit gesagt werden möchte, daß in allen Kreaturen, in welchen Gott ist, sonderlich aber in den Gläubigen und Heiligen, in welchen Gott wohnet, „alle Völle der Gottheit leibhaftig" wohne, „alle Schätze der Weisheit und des Erkenntnus vorborgen", „aller Gewalt im Himmel und auf Erden" gegeben[1] werde, weil ihnen der H. Geist, der alle Gewalt hat, gegeben wird; dergestalt dann zwischen Christo nach ¹seiner menschlichen Natur und den andern ¹ heiligen Menschen kein Unterscheid gemacht, und also Christus seiner Majestät, so er vor allen Kreaturen als ein Mensch oder nach seiner menschlichen Natur empfangen hat, beraubet; dann sonst kein Kreatur, weder Mensch noch Engel, sagen kann oder soll: „Mir ist gegeben alle Gewalt im Himmel und auf Erden"[2]; so doch Gott mit aller „Volle seiner Gottheit", die er allenthalben bei sich hat, in den Heiligen ist, aber nicht „leibhaftig" in ihnen wohnet[3] oder persönlich mit ihnen voreiniget ist, wie in Christo. Denn aus solcher persönlichen Voreinigung kompts, daß Christus auch nach seiner menschlichen Natur spricht[4], Matth. 28.: „Mir ist gegeben alle Gewalt im Himmel und auf Erden." Item, Joh. 13.: Da Christus „wußte, daß ihm der Vater alles in seine Hand gegeben hatte." Item, Coloss. 2.: „In ihme wohnet die ganze Völle der Gottheit leibhaftig." | Item[5] „Mit Preis und Ehren hast du ihn gekrönet und hast ihn gesetzt über die Werk deiner Hände; alles hast du unterton zu seinen Füßen. In dem, daß er ihm alles hat unterton, hat er nichts gelassen, das ihme nicht unterton seie," Hebr. 2., „ausgenummen, der ihm alles unterton hat", 1. Cor. 15. |

Wir glauben, lehren und bekennen aber keineswegs ein solche Ausgießung[6] der Majestät Gottes und aller derselbigen

habitans) suam secum maiestatem habet: tum (secundum superiorem falsam hypothesin) dici posset in omnibus creaturis, in quibus Deus est, praecipue vero in electis et sanctis, qui sunt templa Dei, totam plenitudinem divinitatis corporaliter inhabitare, in eis omnes thesauros sapientiae et scientiae absconditos, illis omnem potestatem in coelo et in terra datam esse, cum fateri oporteat credentibus spiritum sanctum datum esse, qui et ipse omnem potestatem in coelo et in terra habet. Ea vero ratione inter Christum iuxta humanam ipsius naturam et inter alios sanctos homines nullum discrimen relinqueretur et Christus maiestate illa sua, quam prae omnibus aliis creaturis ut homo seu secundum humanitatem suam accepit, exueretur. Nulla autem creatura (sive homo sive angelus) dicere potest aut debet: Mihi data est omnis potestas in coelo et in terra; cum tamen Deus universa divinitatis suae plenitudine (quam ubique secum habet) in electis quidem sit, veruntamen non corporaliter in illis habitet nec personaliter cum illis unitus sit, sicut in Christo corporaliter inhabitat. Nam ratione illius hypostaticae unionis Christus dicit etiam secundum humanam suam naturam: Mihi data est omnis potestas in coelo et in terra. Et alibi: Sciebat Iesus, quod omnia dedisset ei pater in manus. Item: In ipso inhabitat tota divinitatis plenitudo corporaliter. Et: Gloria et honore coronasti eum, et constituisti eum super omnia opera manuum tuarum; omnia subiecisti sub pedibus eius: Dum autem omnia subiecit ei, nihil (excepto eo, qui omnia ei subiecit) reliquit, quod non ipsi subiecerit.

Credimus autem, docemus et confitemur non fieri talem maiestatis Dei et omnium proprietatum eius effusionem

---

2 in > *einige Hss* Konk   3 solche > *z*   7 aber > *w*   15 den > der *c, y*: + >den<   17 allen + andern *d*   19 beraubet + würde *H k l o s y z ä* Konk   21 oder] noch *B*   22/3 in Himmel und auf Erden ~ *v*   25 Heiligen + [Geist] *A*   ist] Geist ö aber] doch *y*   30 Matth. 28 > *H ü*   33 Hand] Hände *k l*   34 Item + [Ebr. 3] *A* 35/42 | Item *bis* 15. | *statt* [Item du wirst ihn zum Herren machen über deiner Händ Werk, alles hast du unter seine Füße getan, Psal. 8.] *A*   37 die] das *w*   39 In] Item *a* 43 aber] auch *v*

1 habitans >   4 in *bis* est >   26/7 nec *bis* sit >   30 secundum humanam suam naturam] de humana sua natura

---

[1]) Kol. 2, 9. 3; Math. 28, 18.   [2]) Matth. 28, 18.   [3]) Kol. 2, 9.   [4]) Matth. 28, 18; Joh. 13, 3; Kol. 2, 9; Hebr. 2, 7. 8; 1. Kor. 15, 27.   [5]) Darüber | N. | [6]) Vgl. S. 1037, Anm. 3.

Solida Declaratio, VIII. Von der Person Christi.

Eigenschaften in die menschliche Natur Christi, dardurch die göttliche Natur geschwächt oder etwas von dem Ihren einem andern übergebe, das sie nicht für sich selbst behielte, oder daß die menschliche Natur in ihrer Substanz und Wesen gleiche Majestät empfangen haben sollt von der Natur und Wesen des Sohns Gottes abgesondert oder unterschieden, als wenn aus einem Gefäß in das ander Wasser, Wein oder Ol gegossen würde. Denn die menschliche Natur, wie auch kein andere Kreatur weder im Himmel noch auf Erden, solchergestalt der Allmächtigkeit Gottes fähig ist, daß sie für sich selbst ein allmächtig Wesen würde oder allmächtige Eigenschaften an und für sich selbst hätte, dardurch die menschliche Natur in Christo geleugnet und in die Gottheit ganz und gar vorwandelt, welches unserem christlichen Glauben, auch aller Propheten und Apostel Lehr zuwider.

Sondern wir glauben, lehren und bekennen, daß Gott der Vater seinen Geist Christo, seinem geliebten Sohn, nach der angenommenen Menschheit also gegeben (darumb er dann auch Messias[1], das ist, der Gesalbte, genennet wird), daß er nicht mit der Maß wie die andern ¹Heiligen ¹desselben Gaben empfangen habe. Denn auf Christo dem Herrn, nach seiner angenommenen menschlichen Natur (weil er nach der Gottheit mit dem Heiligen Geist eines Wesens ist) ruhet der „Geist der Weisheit und des Vorstandes, des Rats, der Stärke und des Erkenntnus"[2], nicht also, daß er daher, als ein Mensch, nur etliche Ding wüßte und vermöchte, wie andere Heiligen durch Gottes Geist, welcher allein erschaffene Gaben in ihnen wirket, wissen und vormügen; sondern weil Christus nach der Gottheit die andere Person in der heiligen Dreifaltigkeit ist, und von ihme wie auch vom Vater der Heilige Geist ausgehet und also sein und des Vaters eigner Geist ist und bleibet in alle Ewigkeit, von dem Sohne Gottes nicht abgesondert: so ist Christo nach dem Fleisch, so mit dem Sohne Gottes persönlich voreiniget ist, die ganze Fülle des Geistes (wie

in humanam naturam Christi, qua divinae naturae aliquid decedat, aut ut de suo alii ita largiatur aliquid, quod hac ratione sibi ipsa non in se retineat aut quod humana natura in substantia atque essentia sua parem maiestatem acceperit, quae a natura et essentia divinae naturae sit separata et divisa, quasi cum vinum, aqua aut oleum de uno vase in aliud transfunditur. Neque enim vel humana in Christo natura vel ulla alia creatura in coelo aut in terra eo modo omnipotentiae divinae capax est, ut per se omnipotens essentia et natura fiat, aut omnipotentes proprietates in se et per se habeat. Hac enim ratione humana natura in Christo abnegaretur et in divinitatem prorsus transmutaretur. Quod sane et Christianae nostrae fidei et omnium prophetarum et apostolorum doctrinae repugnat.

Credimus autem, docemus et confitemur, 72 quod Deus pater spiritum suum dilecto filio suo Christo ratione assumptae humanitatis eo modo dederit (unde et Messiae, hoc est, uncti, nomen accepit), ut ille non ad mensuram (quemadmodum alii sancti) illius spiritus dona acceperit. In Christo enim, Domino nostro, (cum secundum divinitatem unius sit cum spiritu sancto essentiae) requiescit (ratione humanae naturae) spiritus sapientiae et intellectus, spiritus consilii et fortitudinis, spiritus scientiae et pietatis. Id vero non eo certe modo fit, quod ille, quatenus homo, aliqua tantum norit et praestare possit, quemadmodum alii sancti virtute spiritus sancti (qui tantum dona creata in ipsis efficit) quaedam norunt et praestare possunt. Cum enim Christus divinitatis ratione secunda sit persona in sacrosancto trinitate, et ab ipso non minus quam a patre spiritus sanctus procedat (nam et patris et filii proprius spiritus est manetque in omnem aeternitatem nec a filio unquam separatur), certe Christo, secundum carnem, quae cum filio Dei personaliter unita est, tota plenitudo

M 691
W 707

Esai. 61.
73

---

5 daß] der y   6 ihrer + selbest y   8 oder] und c e g k l s   10 das] der y
14 Gottes + nicht: Zusatz in f w   15 ein > x   24 Christo > y   25 Menschheit] menschliche Natur z   26 das ist > c   35 also + >über ihm< z   er + dardurch und ö, urspr. A   39 in ihnen > y

8 et divisa >   13/4 omnipotens essentia] omnipotentem essentiam   14 et bis fiat > omnipotentes] omnipotentiae   20 repugnat] repugnaret.   37 quemadmodum + et 38 qui + ipsis creata   38/9 creata bis efficit] aliqua communicat

---

[1]) Joh. 1, 41; 4, 25.   [2]) Jes. 11, 2, vgl. 61, 1.

die patres[1] sagen) durch solche persönliche
Voreinigung mitgeteilet, welche sich freiwillig mit aller Kraft darin, darmit und
dardurch beweiset und erzeiget, daß er nicht
nur etzliches wiße und etzliches nicht wiße,
etzliches vormüge und etzliches nicht vormüge, sondern er weiß und vormag alles,
auf welchen der Vater ohne Maß den Geist
der Weisheit und Kraft ausgegossen, daß
er als Mensch durch solche persönliche Vereinigung alles Erkenntnus, allen Gewalt
mit der Tat und Wahrheit empfangen hat.
Und also seind „alle Schätze der Weisheit in
ihme vorborgen", also ist ihm „alle Gewalt
gegeben", und er ist „gesetzet zur Rechten der
Majestät" und Kraft Gottes[2]. Und aus den
Historien[3] ist wissentlich, daß zur Zeit des
Kaisers Valentis unter den Arianern eine
sonderliche Secta gewesen, welche Agnoëten
genennet sind worden, darumb daß sie gedicht haben, daß der Sohn, des Vaters
Wort, wohl alles wiße, aber seine angenommene menschliche Natur sei vieler Dinge
unwißend; wider welche auch Gregorius
Magnus geschrieben hat[4].

Umb dieser persönlichen Voreinigung und
daraus erfolgenden Gemeinschaft willen, so
die göttliche und menschliche Natur in der
Person Christi mit der Tat und Wahrheit
miteinander haben, wird Christo nach dem
Fleisch zugelegt, das sein Fleisch seiner Natur und Wesen nach für sich selbst nicht sein
und außerhalb dieser Voreinigung nicht
haben kann, daß sein Fleisch nämblich ein
wahrhaftige, lebendig machende Speise und

spiritus (ut patres loquuntur) per hypostaticam illam unionem communicata est.
Ea vero liberrime in et cum humana 74
Christi natura et per eam omnem vim
suam exserit, non eo modo, ut Christus
secundum humanam suam naturam aliqua tantum norit, aliqua vero ignoret, et
quaedam praestare possit, quaedam vero
praestare nequeat, sed iam etiam secundum assumptam humanam naturam
omnia novit et potest. Pater enim super
hunc filium absque mensura spiritum
sapientiae et fortitudinis ita effudit, ut,
quatenus homo est, per hypostaticam illam
unionem omnem scientiam et omnem
potestatem re ipsa et vere acceperit. Ea
ratione omnes thesauri scientiae in Christo sunt absconditi, hoc modo omnis ipsi
potestas in coelo et in terra data est, et
ipse ad dexteram maiestatis et virtutis
Dei collocatus est. Manifestum est autem 75
ex historiis, quod temporibus imperatoris Valentis inter Arianos peculiaris
quaedam secta reperta fuerit eorum, qui
Agnoëtae appellabantur, propterea quod
fingerent filium quidem (utpote verbum
patris) omnia scire, at assumptam ipsius
humanam naturam multarum rerum
ignaram esse. Hanc haeresin etiam Gregorius Magnus refutavit.

Propter unionem autem hypostaticam 76
et ex ea consequentem communicationem
(quam divina et humana natura in persona Christi revera et re ipsa inter se
habent) Christo secundum carnem id
tribuitur, quod ipsius caro (in natura
et essentia sua per se considerata) non
esse et extra unionem illam id non
habere potest. Verbi gratia: carni Christi recte adscribitur, quod sit vere vivifi-

---

6 und > *f m r ü*, vielleicht getilgt in A   12 hat] habe B   18 Valentis] Valent[ini]>ii< *y*   20 sind worden > *s*   darumb + und daher H, urspr. A   32 er-folgenden] erfolgeten H v y   34 mit] in *ü*   und > *v*   37 für sich selbst nicht] nicht f. s. s. *w*   38 außerhalb] an sich selber *y*

3 et cum >   4 omnem >   11 potest] revera omnipotens est   37/8 non esse >   38 id non] neque esse neque

---

[1]) unio hypostatica (Cyrill, Chalcedon) vgl. Cat. Test. 8, S. 1131ff.; Joh. Damasc., Cat. Test. S. 1130, 40ff., Chemnitz, De duab. nat. IV—II, bes. 53/54, zum „persönlich": S. 1038, Anm. 3.   [2]) Kol. 2, 3; Matth. 28, 18; Hebr. 1, 3.   [3]) Liberatus, Brev. XIX, MSL LXVIII 1032ff.; Leontius, De sect., actio VI, MSG LXXXVI 1231/2; Joh. Damasc., De Haeres. 85, MSG XCIV 755, zum Ganzen Dogmengesch. u. RE³ XIII 400, 46ff. Hf z vermerkt (Korrektor) a. R. | Nicepho. lib. 18. cap. 50 ⟨MSG CXLVII 433⟩ | Agnoëtae referente Nicephoro dicunt, Deum quidem verbum omnia nosse, humanitatem Deo secundum subsistentiam ei (ratio) unitam permulta ignorare, nescire sane horam et diem mundi totius consummationis, utpote patre minorem, propterea quod in Evangelio secundum Matth. et Marcum dicatur „de die autem illo et hora" etc.   [4]) Gregor Magn. Ep. l. X, 35 u. 39, MSL LXXVII 1091f., 1096ff.

sein Blut ein wahrhaftig lebendigmachend Trank ist, wie die 200 patres des Ephesini concilii¹ bezeuget haben, carnem Christi esse vivificam seu vivificatricem², das ist, daß Christus Fleisch ein lebendigmachend Fleisch¹ sei, daher auch dieser Mensch allein, und sonst kein Mensch weder in Himmel noch auf Erden, mit Wahrheit sagen kann: „Wo zwei oder drei in meinem Namen versamblet sind, da bin ich mitten unter ihnen." Item: „Ich bin allezeit bei euch bis an der Welt Ende³."

Welche Zeugnus wir auch nicht also verstehen, daß bei uns in der christlichen Kirchen und Gemein allein die Gottheit Christi gegenwärtig sei, und solche Gegenwärtigkeit Christum nach seiner Menschheit in keinem Wege gar nichts angehen sollt, dergestalt dann Petrus, Paulus und alle Heiligen im Himmel, weil die Gottheit, so allenthalben ist, in ihnen wohnet, auch bei uns auf Erden wären, welchs doch alleine von Christo und sonst keinem andern Menschen die H. Schrift bezeuget⁴; sondern wir halten, daß durch diese Wort die Majestät des Menschen Christi erkläret werde, die Christus nach seiner Menschheit zur Rechten der Majestät und Kraft Gottes empfangen, daß er nämblich auch nach und mit derselbigen seiner angenommenen menschlichen Natur gegenwärtig sein könne | und auch sei |, wo er will⁵, und sonderlich, daß er bei seiner Kirchen und Gemein auf Erden als Mittler, Häupt, König und Hoherpriester nicht halb oder die Hälfte allein, sondern die ganze Person Christi, zu welcher gehören beide Naturen, die göttliche und menschliche, gegenwärtig sei, nicht alleine nach seiner Gottheit, sondern auch nach und mit seiner angenommenen menschlichen Natur, nach welcher er unser Bruder ist und wir Fleisch seind von seinem Fleisch und Bein von seinen Beinen⁶, wie er des zu gewisser Versicherung und Vorgewissung sein H. Abendmahl eingesetzt hat, daß er auch nach der Natur, nach wel-

cus cibus et quod sanguis eius vere sit vivificus potus. Sic enim ducenti patres Ephesini concilii pronuntiarunt carnem Christi esse vivificam seu vivificatricem, unde solus hic homo Iesus Christus (nullus autem alius homo vel in coelo vel in terris) recte et vere dicere potest: Ubi sunt duo aut tres congregati in nomine meo, ibi sum in medio eorum. Matth. 18. Item: Ego vobiscum sum omnibus diebus usque ad consummationem saeculi.

Et haec scripturae testimonia non ita accipimus, quod tantum de praesentia divinitatis Christi in ipsius ecclesia loquantur, quasi ea praesentia ad Christum, qua homo ipse est, prorsus non pertineat. Ea enim ratione Petrus, Paulus et omnes sancti in coelo nobiscum in terris praesentes essent, cum divinitas, quae ubique est, in ipsis habitet; id quod tamen de solo Christo, et de nullo alio homine, sacra scriptura testatur. Credimus vero superioribus scripturae testimoniis maiestatem hominis Christi declarari, quam Christus secundum suam humanitatem ad dexteram maiestatis et virtutis Dei accepit, ut videlicet etiam secundum illam suam assumptam naturam et cum ea praesens esse possit et quidem praesens sit, ubicunque velit; praesertim vero sentimus eum ecclesiae suae in terris ut mediatorem, caput, regem et summum sacerdotem praesentem esse. Non autem dimidiatus tantum Christus aut una duntaxat ipsius pars ecclesiae praesto est, sed tota Christi persona. Ad eam pertinent ambae naturae, divina et humana, quare eum praesentem habemus non tantum secundum divinam, verum etiam secundum assumptam humanam ipsius naturam, iuxta quam ipse frater noster est, et nos caro sumus de carne eius et os de ossibus eius. Et sane in huius rei confirmationem sacram Ephes. 5.

---

2 ist] sei *y*   5 Christus] Christi *B f s y*   Fleisch + ›Christi‹ *z*   8 kann > *ü*
11 euch + allezeit *z*   11/2 bis *bis* Ende > *q*   12 Ende + Matth. 18. *z*   19 dann]
S. *H*   22 alleine > *ü*   23 sonst + von *f s*   25 des Menschen *aus:* der Menschheit *d o*   26 Christi > *ü*   die] wie *c*   37 und + die *H*   42 seinen Beinen]
seinem Bein *H w z ö* Konk   44 Vorgewissung] Vorgewisserung *a m n o t v x*, urspr. *l*

6 homo >   16 Christum] Christi humanitatem   17 qua homo ipse est >
21/3 id quod *bis* testatur] At scriptura sacra hanc maiestatem omnipraesentiae soli Christo, nulli autem alii homini tribuit.   26/7 secundum suam humanitatem] qui sedet
30 et cum ea >   41 assumptam >

---

¹) Hefele, Conciliengesch. II, 1856, 162—229, bes. 177.   ²) Vgl. S. 1119, 36ff.
³) Matth. 18, 20; 28, 20.   ⁴) Vgl. Anm. 3.   ⁵) Vgl. S. 1009, Anm. 5; 1048 bei Anm. 1.
⁶) Zu dieser Formel der von Vulg. u. Luther aufgen. Zusatz zu Eph. 5, 30, auch Gen. 2, 23.

cher er Fleisch und Blut hat, bei uns sein, in uns wohnen, wirken und kräftig sein will.

Auf solchen beständigen Grund hat D. Luther seliger auch von der Majestät Christi nach seiner menschlichen Natur geschrieben.

In der großen Bekenntnus vom Abendmahl schreibet er von der Person Christi also[1]: „Nun er aber ein solch Mensch ist, und außer diesem Menschen kein Gott ist, so muß folgen, daß er auch nach der dritten, übernatürlichen Weise sei und sein möge **allenthalben**, wo Gott ist, und alles durch und durch voll Christus sei, **auch nach der Menschheit**, nicht nach der ersten leiblichen begreiflichen Weise, sondern nach der übernatürlichen göttlichen Weise.

Dann hie mußt du | stehn | und sagen: Christus nach der Gottheit, wo er ist, da ist er ein natürliche, göttliche Person und ist auch natürlich und persönlich daselbst, wie das wohl beweiset sein Empfängnus in Mutterleib. Denn sollt er Gottes Sohn sein, so mußte er natürlich und persönlich in Mutterleib sein und Mensch werden. Ist er nun natürlich und persönlich, wo er ist, so muß er doselbst auch Mensch sein; dann es sind nicht zwo zertrennte Personen, sondern | ein einige Person: wo sie ist, da ist sie | die einig unzertrennte Person, und wo du kannst sagen: hie ist Gott, da mußt du auch sagen: so ist Christus der Mensch auch da etc. | Und[2] wo du einen Ort zeigen würdest, da Gott wäre und nicht der Mensch, so wäre die Person schon zertrennet, weil ich alsdann mit der Wahrheit könnt sagen: hie ist Gott, der nicht Mensch ist und noch nie Mensch worden. Mir aber des Gottes nicht. Dann

suam coenam instituit ut testaretur se etiam secundum eam naturam, qua carnem et sanguinem habet, nobiscum esse, in nobis habitare, operari et efficacem esse velle.

Huic firmissimo fundamento D. Lutherus, sanctae memoriae, innixus doctrinam de maiestate Christi iuxta humanitatem fideliter et perspicue ecclesiae proposuit.

Is in Maiori sua de coena Domini Confessione de persona Christi ad hunc modum scripsit: Cum Christus talis homo sit, qui praeter naturae ordinem cum Deo una est persona et extra hunc hominem nullus Deus reperiatur: necessario conficitur, quod etiam iuxta tertium supernaturalem illum modum sit et esse possit **ubique, ubi Deus est**, ita ut omnia plena sint Christi, **etiam iuxta humanitatem**, non quidem secundum primam illam corporalem et comprehensibilem rationem, sed iuxta supernaturalem divinum illum modum.

In hoc enim negotio fateri te oportet et dicere: Christus secundum divinitatem ubiubi est, ibi est naturalis divina persona et revera ibi naturaliter et personaliter est, quod perspicue ipsius incarnatio in utero materno testatur. Si enim filius Dei erat, certe eum personaliter esse in utero matris et ibidem incarnari oportebat. Quodsi naturaliter et personaliter est, ubiubi est, profecto ibidem etiam necessario homo erit. Non enim in Christo sunt duae separatae personae, sed unica tantum est persona. Ubicunque ea est, ibi est unica tantum et indivisa persona. Et ubicunque recte dixeris: hic est Deus, ibi fateri oportet et dicere: ergo etiam Christus **homo** adest. Et si locum aliquem monstrares, in quo solus **Deus**, non autem homo esset, iam statim persona divideretur. Possem enim tum recte dicere: hic est

---

11 In *dazu a. R.* | Tom. Witt. 2. Germ. fol. 191 | *A* In] Item in *d e* vom + H. *m* 12 er > *y* 14 ist + der übernatürlich mit Gott eine Person ist *g i k l m n o q s t u v z*, Konk 1582, *Müller* 20 ersten] erstlichen *v* leiblichen > *c d* 25 stehn] gestehen *B* sehen *g i*, urspr. *A l* 26 ist (1.) > *c* 28/9 das bis Empfängnus > *z* 32 nun] auch *v* 33 natürlich und persönlich ~ *y* 34 er + auch *H* auch > *H* 36 einig] ewige *B* 39 Christus der Mensch ~ *y* etc. > viele Hss Konk 39—S. 1045, 16 | Und bis etc. | > *Bertr.* 42 schon > *y* 44 nicht + ein *z* 45 worden] ward *k l m n o v* war *i k t*, urspr. *g*

4/5 efficacem esse] efficaciter operari 43 homo + assumptus

---

[1]) WA XXVI 332₂₄—333₉; dazu Frank III 312 u. 3. T. gegen ihn Ritschl IV 103.
[2]) Darüber | N. |

hieraus wollt folgen, daß Raum und Stätte die zwo Naturen voneinander sünderte und die Person zertrenneten, so doch der Tod und alle Teufel sie nicht könnten trennen noch voneinanderreißen. Und es sollt mir ein schlechter Christus bleiben, der nicht mehr denn an einem einzelen Ort zugleich eine göttliche und menschliche Person wäre, und an allen andern Orten müßte er allein ein bloßer abgesonderter Gott und göttliche Person sein, ohn Menschheit. Nein, Gesell, wo du mir Gott hinsetzest, da mußt du mir die Menschheit mit hinsetzen, sie lassen sich nicht sundern und voneinander trennen; es ist eine Person worden und scheidet die Menschheit nicht von sich," etc. |

Im Büchlein Von den letzten Worten Davids, welchs D. Luther kurz für seinem Tode beschrieben, sagt er also[1]: „Nach der andern zeitlichen menschlichen Geburt ist ihme auch die ewige Gewalt Gottes gegeben, doch zeitlich, und nicht von Ewigkeit hero; dann die Menschheit Christi ist nicht von Ewigkeit gewest wie die Gottheit; sondern wie man zählet und schreibet ist Jesus, Mariae Sohn, dies Jahr 1543. Jahr alt; aber von dem Augenblick an, da Gottheit und Menschheit ist voreiniget in einer Person, da ist und heißet der Mensch, Mariae Sohn, allmächtiger, ewiger Gott, der ewige Gewalt hat und alles geschaffen hat und erhält, per communicationem idiomatum, darum daß er mit der Gottheit ein Person und auch rechter Gott ist. Davon redet er[2] Matth. 11: Alles ist mir vom Vater übergeben; und Matth. am letzten: Mir ist alle Gewalt gegeben im Himmel und auf Erden. Welchem mir? Mir, Jesu von Nazareth, Marien Sohn und Menschen geboren; von Ewigkeit hab ich sie vom Vater, ehe ich Mensch ward; aber do ich Mensch ward, hab

Deus ille, qui non est homo et qui adhuc nunquam homo factus est.

Absit autem, ut ego talem Deum agnoscam aut colam. Ex his enim consequeretur, quod locus et spatium possent duas naturas separare et personam Christi dividere, quam tamen neque mors neque omnes diaboli dividere aut separare potuere. Et quanti tandem, obsecro, pretii esset talis Christus, qui unico tantum loco simul divina et humana persona esset, in omnibus vero locis duntaxat et quidem separatus Deus aut divina persona esset sine assumpta sua humanitate. Nequaquam vero id tibi, quisquis es, concessero: quin potius, quocunque locorum Deum collocaveris, eo etiam humanitatem Christi una collocare te oportebit, non enim duae in Christo naturae separari aut dividi possunt; una in Christo facta est persona et filius Dei assumptam humanitatem a se non segregat.

In libello De ultimis verbis Davidis D. Lutherus paulo ante mortem suam in hanc sententiam scripsit: Secundum alteram temporalem humanam nativitatem etiam data est illi aeterna Dei potestas, sed in tempore, et non ab aeterno. Humanitas enim Christi non fuit ab aeterno ut divinitas, sed Iesus, Mariae filius, iuxta supputationem veram hoc anno natus est annos mille quingentos quadraginta tres. Interim tamen ab eo momento, in quo divinitas cum humanitate unita est in unam personam, homo ille, qui est filius Mariae, revera est et vocatur omnipotens aeternus Deus, qui aeternam habet potestatem, qui omnia creavit et conservat (per communicationem idiomatum), propterea quod cum divinitate una sit persona et verus sit Deus. De ea re loquitur, cum inquit: Omnia mihi tradita sunt a patre. Et alibi: Mihi data est omnis potestas in coelo et in terra. Quis est ille, qui dicit: M i h i ? Mihi, videlicet, Iesu Nazareno, Mariae filio nato homini. Ab aeterno

---

1 wollt > y   4 alle + die v   trennen] zertrennen H   5 mir] nur c x
10 ein > B H   ein + [abgesond] A   bloßer] bloße H   12 da] so f   14 trennen] nehmen z   16 etc. > einige Hss Konk   24 Im dazu a. R. | Tom. 5. Ger. Witt. fol. 545 | A   26 beschrieben] geschrieben mehr. Hss Konk   30 hero > ü + denn die Menschheit Christi nicht von Ewigkeit her a   ist > x   32 ist + Christus y
33 Jahr (2.) > H   37 ewige > n t   41 Davon] Darum y   43 am > m   alle > o x
45 mir > B f   Mir > ä   Mir] nur x   48 ward (1.)] worden B f s ä

36/7 homo bis Mariae] filius ille virginis vocatur et   37/8 est et vocatur >

---

[1]) WA LIV 49₃₃—50₁₁.   [2]) Matth. 11, 27; 28, 18.

ich sie zeitlich empfangen **nach der Menschheit** und heimlich gehalten bis auf meine Auferstehung und Auffahrt, so es hat sollen offenbaret und erkläret werden, wie S. Paulus Rom. am ersten spricht: Er ist erkläret und erweiset ein Sohn Gottes kräftiglich. Johannes nennet es verkläret[1].

Dergleichen Zeugnussen werden in D. Luthers Schriften, besonders aber im Buch: Daß diese Wort noch feste stehen, und in der großen Bekenntnus vom H. Abendmahl gefunden[2], auf welche Schriften als wohlgegründte Erklärungen der Majestät Christi zur Rechten Gottes und seines Testaments wir uns umb Kürz willen in diesem Artikel sowohl als im H. Abendmahl[3], inmaßen hievor gemeldet, gezogen haben wollen.

Darumb wir es für einen schädlichen Irrtumb halten, da Christo nach seiner Menschheit solche Majestät entzogen, dadurch den Christen ihr höchster Trost[4] genommen, den sie in vorangezeigter Verheißung von der Gegenwärtigkeit und Beiwohnung ihres Haupts, Königs und Hohenpriesters haben, der ihnen versprochen hat, daß nicht alleine seine bloße Gottheit bei ihnen sein werde, welche gegen uns arme Sünder wie ein verzehrendes Feuer gegen dürre Stuppel ist, sonder er, er, der Mensch, der mit ihnen geret hat, der alle Trübsal in seiner angenommenen menschlichen Natur versuchet hat, der auch dahero mit uns als mit Menschen und seinen Brüdern ein Mitleiden haben kann, der wölle bei uns sein in allen unsern Nöten, auch nach der Natur, nach

quidem habebam eam a patre priusquam homo fierem. Cum autem humanam naturam assumerem, accepi eam in tempore secundum humanitatem, occultavi autem eam, donec a morte resurgerem et ad coelos ascenderem; tum ea debebat manifestari et declarari, sicut Paulus dicit, eum declaratum seu demonstratum filium Dei cum potentia; Iohannes vocat clarificatum seu glorificatum.

Plura in hanc sententiam testimonia in D. Lutheri scriptis reperire licet, praesertim in eo libro, cui titulum fecit: Quod haec verba (hoc est corpus meum), adhuc firma maneant; praeterea in Maiori ipsius Confessione de coena Domini multa in hoc genere leguntur. Illa tanti viri pia scripta (ut bene fundatas declarationes articuli de maiestate C h r i s t i, sedentis ad dexteram D e i, et ipsius testamenti) brevitatis studio (eo modo, quo supra diximus) hoc loco et de persona Christi et de sacra coena repetita esse volumus.

Quare perniciosum errorem esse iudicamus, quando Christo iuxta humanitatem maiestas illa derogatur. Christianis enim ea ratione summa illa consolatio eripitur, quam e promissionibus paulo ante commemoratis de praesentia et inhabitatione capitis, regis et summi sui pontificis haurire poterant. Is enim promisit non modo nudam suam divinitatem ipsis praesto futuram (quae nobis miseris peccatoribus est tamquam ignis consumens aridissimas stipulas), sed ille ipse, homo ille, qui cum discipulis locutus est, qui omnis generis tribulationes in assumpta sua humana natura gustavit, qui ea de causa nobis (ut et hominibus et fratribus suis) condolere potest, se in omnibus angustiis nostris nobiscum fu-

---

3 Auffahrt] Himmelfahrt z   so] da *k l n t v x*   4 hat > *x*   7 Johannes > *x*   13 noch > *o*   feste stehen] fest bestehen *H*   20 hievor] hievon *z*   hievor gem=] wie vorgem=] *o x*   29 vorangezeigter] hievor angezeigter *B*   36 er (2.) > *ö*

---

5 autem + seu dissimulavi   9 Iohannes + id   10 clarificatum seu glorificatum] claritatem.   22/3 et *bis* coena >   29/30 paulo ante commemoratis >   32 promisit + se   33 nudam suam divinitatem] nuda sua divinitate   34 futuram] futurum   35 est tamquam] id esset quod   36 aridissimas stipulas] aridissimis stipulis est   36/7 ille *bis* ille] is nobis suam praesentiam promisit   41 potest + hic

---

[1]) Röm. 1, 4; Joh. 7, 39; 17, 10.   [2]) WA XXIII 139ff.; XXVI 332ff.; vgl. zu comm. idiom. Köstlin, Luthers Theologie II, 1901, 142 ff.   [3]) Vgl. S. 1005, 9 ff.
[4]) Vgl. Chemnitz, De duab. nat. XI: De usu huius doctrinae, quomodo consideratio hypostaticae unionis divinae naturae praebeat dulcissimas consolationes.

welcher er unser Bruder ist und wir Fleisch von seinem Fleische sind[1].

Derhalben vorwerfen und vordammen wir einhellig, mit Mund und Herzen, alle Irrtumb, so der vorgesatzten Lehre nicht gemäß, als den prophetischen und apostolischen Schriften, den reinen Symbolis und unser christlichen Augsburgischen Confession zuwider:

1. Als, do von jemand geglaubet oder gelehret werden sollte[2], daß die menschliche Natur umb der persönlichen Voreinigung willen mit der göttlichen vormischet oder in dieselbige vorwandelt worden sein sollt.

2. Item, daß die menschliche Natur in Christo auf solche Weise wie die Gottheit als ein unendlich Wesen, aus wesentlicher Kraft, auch Eigenschaft ihrer Natur allenthalben gegenwärtig sei.

turum promisit secundum eam etiam naturam, iuxta quam ille frater noster est, et nos caro de carne eius sumus.

Reiicimus igitur atque unanimi con- 88 sensu, ore et corde damnamus omnes errores, qui a commemorata pia doctrina dissentiunt, qui cum propheticis et apostolicis scriptis, cum receptis et approbatis symbolis et cum pia nostra Augustana Confessione pugnant, ut sunt:

I. Quod humana natura propter perso- 89 nalem unionem cum divinitate sit con- W 711 fusa aut in eam transmutata.

II. Quod humana in Christo natura eo 90 modo, quo divinitas, ut infinita aliqua essentia et ex virtute aut proprietate essentiali suae naturae ubique praesens sit.

---

2 von] nach f   sind + [Daher schreiben wir auch dem Fleisch und Blut unsers Herrn Christi diese Majestät zu, daß wir die Gegenwärtigkeit seines Leibes und Bluts im h. Abendmahl vormuge der Wort seiner Stiftung ungezweifelt und daß sie ohne alles Auf= oder Niederfahren vom Himmel geschehe, glauben, dieweil es kein natürliche, fleischliche, irdische, kapernaitische Gegenwärtigkeit seines Leibs und Bluts ist, sondern ein himmlische, übernatürliche, ja ein Geheimnis, das alle unsere Vernunft, Sinn und Vorstand übertrifft. Demnach erforschen wir auch solche Gegenwärtigkeit nicht mit unser Vornunft, sonder lassen uns an seinem einfältigen Wort genügen, da er gesagt hat: Das ist mein Leib etc., das ist mein Blut etc., welchem Wort wir einfältig und fest glauben, und befehlen es seiner Allmächtigkeit, wie solches zugehe. Dann ist er so allmächtig, daß er sein Fleisch und sein Blut einer wahrhaftigen, lebendigmachenden Speise und sein Blut zu einem wahrhaftigen, lebendigmachenden Trank gemacht, welchs sonst keines Heiligen Fleisch widerfahren, damit er vormuge seines Worts uns auch wahrhaftig speiset und tränket, nicht zu dem irdischen, sondern zu dem ewigen Leben, so ist er auch als der allmächtige Sohn Gottes und nach dem Fleisch zu Rechten der allmächtigen Kraft Gottes so mächtig und gewaltig, daß er solche Weise und Maß wisse, wie er solche Gegenwärtigkeit, die er in den Worten seines Abendmahls versprochen, verschaffe, inmaßen bei dem Artikel vom h. Abendmahl angezeigt worden.] A   4 vorwerfen und verdammen ~ y   vorwerfen + wir b   5 wir > b   6 vorgesatzten] vorgesagten Konk   6/8 Lehre bis Schriften > y   11 geglaubet] glaubet H   geglaubet + [und] A   oder] und f ü   19 auch] und B   Eigenschaft] Eigenschaften H

7 dissentiunt + quippe   10 ut sunt] Errores autem illos breviter et summatim recitabimus

---

[1]) Vgl. S. 1043, Anm. 6.   [2]) Antithesen 1—4 wenden sich gegen die den Württembergern, Wigand, Chemnitz und mit ihnen Schwenckfeld unterstellte „Eutycherei", wie sie den Hauptinhalt der Anklagen in den Wittenberger Streitschriften bildet (bes. Grundfest 114ff. mit persönlichen Ausfällen gegen den Apostaten Chemnitz; 98ff. gegen Schwenckfeld), als „ertliche realis oder physica communicatio" (Cons. Dresd. B 3 b, Grundfest 142, vgl. Melanchthon oben S. 1037, Anm. 3), durch die die „Flacianer" „alle alte Ketzerei verneuert" hätten (Grundfest 189ff., vgl. S. 1019, Anm. 1), da sie unio hypostatica (personalis) und communicatio idiomatum nicht unterschieden (vgl. dazu Hutterus 85). Vgl. im einzelnen S. 1037, Anm. 3; 1040, bei Anm. 6; dazu die früheren Verwahrungen: Brenz, Opp. IX 838—842, Fricke, Brenz 190, Württemb. Bekenntnis v. d. Gegenwärtigk., Pfaff Acta 336; zu Schwenckfelds Lehre v. d. Glorifikation und Unkreatürlichkeit des Fleisches Christi E. Hirsch, Zum Verst. Schwenckfelds, Festgabe f. K. Müller, 1922, 166ff., vgl. S. 1097, Anm. 1. Zum Ganzen auch Rehtmeyer IIIB 269. Die Beziehung auf die „alten Ketzereien" in der Epitome S. 809f.

3. Item, daß die menschliche Natur in Christo der göttlichen Natur an ihrer Substanz und Wesen, oder an derselbigen wesentlichen Eigenschaften exaequieret und gleichworden sei.

4. Item, daß die Menschheit Christi in alle Ort des Himmels und der Erden räumlich ausgespannet sei, welches auch der Gottheit nicht soll zugemessen werden. Daß aber Christus durch seine göttliche Allmacht mit seinem Leibe, den er gesetzet hat zu der Rechten der Majestät und Kraft Gottes, gegenwärtig sein könne, wo er will[1], sonderlich do er solche seine Gegenwärtigkeit, als im H. Abendmahl in seinem Wort versprochen, das kann seine Allmacht und Weisheit wohl vorschaffen ohn Verwandlung oder Abtilgung seiner wahren menschlichen Natur.

5. Item, daß die bloße menschliche Natur Christi für uns gelitten und uns erlöset habe, mit welcher der Sohn Gottes im Leiden gar keine Gemeinschaft gehabt[2].

6. Item, daß Christus allein nach seiner Gottheit bei uns auf Erden bei dem gepredigten Wort und rechten Gebrauch der H. Sakramenten gegenwärtig sei, und solche Gegenwärtigkeit Christi seine angenommene menschliche Natur ganz und gar nicht angehe[3].

7. Item, daß die angenommene menschliche Natur in Christo mit der göttlichen Kraft, Gewalt, Weisheit, Majestät und Herrlichkeit ganz und gar keine Gemeinschaft mit der Tat und Wahrheit, sondern allein den bloßen Titel und Name gemein hab[4].

Diese Irrtumb und alle, so der obgesetzten Lehr zuwider und entgegen, verwerfen und verdammen wir als dem reinen Wort Gottes, der heiligen Propheten und Apostel Schriften und unserm christlichen Glauben und Bekenntnis zuwider und vormahnen alle Christen, dieweil Christus ein Geheimnus in der H. Schrift genennet wird[5], darüber alle Ketzer den Kopf zerstoßen, daß sie

III. Quod humana natura in Christo divinae naturae substantia seu essentia sua aut in suis essentialibus proprietatibus exaequata sit.

IV. Quod humanitas Christi in omnia loca coeli et terrae localiter extensa sit, quod tamen ne quidem divinitati tribui debet. Quod autem Christus per divinam omnipotentiam suam corpore suo (quod ad dexteram maiestatis et virtutis Dei collocavit) praesens esse possit, ubicunque voluerit, ibique inprimis, ubi suam praesentiam illam, ut in sacra sua coena, in verbo suo promisit, hoc ipsius omnipotentia et sapientia optime efficere potest sine transmutatione aut abolitione verae suae humanae naturae.

V. Quod humana natura in Christo sola pro nobis passa sit nosque redemerit, cum qua filius Dei in passione nullam prorsus communicationem habuerit.

VI. Quod Christus secundum divinitatem suam duntaxat nobiscum in terris cum verbo Dei praedicato et legitimo sacramentorum usu praesens sit, et haec Christi praesentia ad humanam ipsius naturam prorsus nihil pertineat.

VII. Quod assumpta humana natura in Christo cum divina virtute, sapientia, potentia, maiestate et gloria, re ipsa et vere nullam habeat communicationem, sed quod tantum titulo et nomine nudo cum divinitate communicet.

Hos errores et alios omnes a pia et sincera doctrina paulo ante commemorata dissentientes reiicimus atque damnamus, ut qui verbo Dei, propheticis et apostolicis scriptis et Christianae nostrae fidei et confessioni repugnant. Et hortamur omnes pias mentes, (quandoquidem Christus in sacra scriptura mysterium vocatur, ad quod omnes

---

4 Eigenschaften] Eigenschaft *einige Hss*, Konk   5 =worden] =geworden *f* Konk   16 kann] könne *cfs*   17/8 ohn Verwandlung > *y*   18 oder] und *x*   23 gar > *c*   26 rechten] gerechten *w*   Gebrauch] Brauch *n o t z*   36 Titel und Name ~ *t*   42 Bekenntnis] Erkenntnis *x*

9 divinam >   10 omnipotentiam + et sapientiam   suam + absque transmutatione aut abolitione naturae suae humanae efficere facile potest ut   12 esse possit] sit   14 suam *bis* illam] se adfuturum   15/8 hoc ipsius *bis* naturae >

---

[1]) Vgl. S. 1009, Anm. 5.   [2]) Vgl. Zwingli, Opp. II 2, 163f.; Grundfest 14b, 16, 17.
[3]) Vgl. S. 1013, Anm. 4; 1014, Anm. 1. 2; 1015, Anm. 1   [4]) Gegen Alloiosis (Zwingli, Opp. III 525ff. u. in Gleichung mit Comm. id. II 2, 152f.) und Comm. idiom. verbalis (S. 1037, Anm. 3. 4).   [5]) Kol. 1, 27.

nicht vorwitzigerweise mit ihrer Vornunft in solchem Geheimnis grübeln, sondern mit den lieben Aposteln einfältig glauben, die Augen der Vornunft zuschließen und ihren Vorstand in den Gehorsamb Christi gefangennehmen und sich dessen trösten und also ohn Unterlaß freuen, daß unser Fleisch und Blut in Christo so hoch¹ zu der Rechten der Majestät und allmächtigen Kraft Gottes gesetzet. So werden sie gewißlich in aller Widerwärtigkeit beständigen Trost finden und vor schädlichem Irrtumb wohl bewahret bleiben.

haeretici capitibus suis impingunt), ne sua ratione humana in tantis mysteriis perscrutandis curiosae sint, sed potius cum apostolis Christi simpliciter credant, oculos rationis suae claudant et intellectum suum in Christi obedientiam captivent, inde autem dulcissimam et firmissimam consolationem petant atque sibi perpetuo gratulentur, quod caro nostra et sanguis noster in Christo in tantam sublimitatem ad dexteram maiestatis et omnipotentis virtutis Dei sit collocata. Sic in omnibus adversis inveniemus, quo nos solide consolemur, et ab omnibus perniciosis erroribus praeservemur.

⟨IX.⟩¹

⟨Von der Hellfahrt Christi.⟩

IX.

DE DESCENSU CHRISTI AD INFEROS.

| Und² weil auch bei den alten³ christlichen

Constat hunc fidei nostrae articulum

---

8 der (1.) > r   10 sie] wir r Konk   11 Widerwärtigkeit + ein y   17 IX > H f y a. R.: s ä   19 Von bis Christi > H f r y ä   a. R.: w   ohne Hervorhebung: s   in A ist der folgende Absatz a. R. auf fol. 237 a nach dem Ende von Art. VIII durch Andreä eingewiesen, vor die ungetilgte Nummer und den Titel des Art. IX TB auf fol. 237 b   20 — S. 1053, 15 | Und bis könnten | statt [Nachdem auch unter etlichen wenigen Theologen Augsburgischer Confession sich ein Streit von der Hellfahrt [Christi] unsers Herren Christi erhebt, welche gleichergestalt wie alle anderen Artikel unsers christlichen Glaubens nicht mit der Vornunft erforschet, sonder mit einfältigem Glauben gefasset werden muß, damit nicht deshalben weitere unnotwendige Fragen oder Gezänk erwecket und dadurch die einfältigen Christen vorärgert werden möchten, haben wir, was D. Lutherus seliger hiervon zu Torgau Anno etc. 33. ⟨16. 17. April⟩ geprediget, dieser unser Erklärung von der Person Christi, darzu wir uns alle bekennen, einvorleiben wollen, darnach sich haben die Lehrer und Zuhörer zu vorhalten, damit sie nicht von der Einfalt christlichen Glaubens in diesem Artikel abweichen, sondern bei solchem ohne alles unnötig, ärgerlich und schädlich, fürwitzig Disputieren bleiben und erhalten werden mögen.
Lutherus Tom. 6. Ien. fol. 76 et 77 ⟨WA XXXVII 62₃₀—67₂⟩. In den Predigten zu Torgau im Schloß geschehen Anno etc. 33ten.

1 ne + curiose   2/3 in tantis bis perscrutandis] tantum mysterium scrutentur   13/4 inveniemus] invenient   14 nos] sese   consolemur] solentur   16 praeservemur] praeserventur

---

¹) Der Art. erst im TB; in FC umgeändert und vielleicht nach dem Befund in Hf. A (s. Apparat) als Anhang zu Art. VIII geplant; vgl. dazu Frank, Theologie der FC III 397 ff.; Loofs, Dogmengesch. 923 ff.   ²) Darüber | Pfalz. Hessen. Anhalt. Augsburg. | Pfalz und Hessen wünschen theologische, den anderen Art. entsprechende Ausführung des Art. oder Streichung (Heppe III 170; Heppe Syn. IB 26), die Anhalter im 2. Bedenken (7. März 1577) Streichung (Heppe III 185). Zum Anteil Augsburgs vgl. Frank III 420 ff. Die Magdeburger erbitten Schriftbeweis (Heppe IIIB 405); weiteres für Torgau vorbereitetes Material aus Luther: Acta Selnecceriana I fol. 364—466. Andeutung der Streitlage: Epitome S. 812 f.   ³) Vgl. RE VIII 199—206; die Dogmengeschichten; C. Clemen, „Niedergefahren zu den Toten". Ein Beitrag z. Würdig. d. Apostolikums, 1900; F. Kattenbusch, Das apostol. Symbol II, 1900, 895—915; Loofs, Symbolik I, 1902, 41 ff., 141, 276, 277 Anm. 1; Hahn, Bibl. d. Symbole, 1897, im Reg. unter Höllenfahrt.

* „Ehe er auferstanden und gen Himmel gefahren ist, und noch im Grabe lag, ist er auch hinunter zur Hellen gefahren, auf das er auch uns, die da sollten dorinnen gefangen liegen, daraus erlösete, wie er auch darumb in den Tod kommen und ins Grab geleget war, daß er die Seinen daraus holete. Ich will aber diesen Artikel nicht hoch und scharf handeln, wie es zugegangen sei, oder was da heiße zur Hölle fahren, sondern bei dem einfältigsten Vorstande bleiben, wie diese Wort lauten, wie mans Kindern und Einfältigen fürbilden muß. Denn es seind wohl viele gewesen, die solchs mit Vernunft und fünf Sinnen haben wollen fassen, aber damit nichts troffen noch erlanget, sondern nur weiter vom Glauben gegangen und abgeführet. Darumb ist dies das allersicherst: Wer da will recht fahren und nicht anlaufen, daß er nur bleibe bei den Worten und dieselben nur einfältiglich einbilde, aufs beste er kann.

Demnach pflegt mans auch ›also‹ an die Wände zu malen, wie Christus hinunterfähret mit einer Chorkappen und einer Fahnen in der Hand, für die Helle kompt und damit den Teufel schlägt und vorjaget, die Helle stürmet und die Seinen herausholet, wie man auch in der Osternacht ein Spiel für die Kinder getrieben hat; und gefällt mit wohl, daß mans also den Einfältigen fürmalet, spielet, singet oder saget, und solls auch dabei bleiben lassen, daß man nicht viel mit hohen, spitzigen Gedanken sich bekümmere, wie es muge zugangen sein, weil es ja nicht leiblich geschehen ist, sintemal er die drei Tage ja im Grabe ist blieben. Denn ob man gleich ganz scharf und subtil davon reden möchte, wie es an ihm selbst ist, wie auch etzliche Lehrer darüber disputieret haben, ob er persönlich und gegenwärtig nach der Seele oder allein durch seine Kraft und Wirkung hinuntergefahren sei, so ist es doch nicht mit Gedanken zu erlangen noch zu ergründen, und sie selbst auch nicht vorstanden haben. Dann daß ich das sollte mit dem Munde ausreden oder mit Sinnen begreifen, wie es zugehe in dem Wesen, das gar weit über und außer diesem Leben ist, das werde ich wohl lassen; kann ich doch das nicht alles erlangen, was dieses Leben ist, als wie dem Herrn Christo zu Sinne und Mute ist gewesen im Garten, da er miltiglich Blut schwitzete, sondern muß es im Wort und Glauben bleiben lassen. Also ist viel weniger mit Worten oder Gedanken zu fassen, wie er zur Helle gefahren ist; sondern weil wir ja müssen Gedanken und Bilde fassen des, das uns mit Worten fürgetragen wird, und nichts ohne Bilde denken noch verstehen können, so ist es fein und recht, daß mans dem Wort nach ansehe, wie mans malet, daß er mit der Fahne hinunterfähret, der Hellen Pforten zubricht und zustöret; und sollen die hohen unvorständiglichen Gedanken anstehen lassen. Denn solch Gemälde zeigt fein die Kraft und Nutz dieses Artikels, darumb er geschehen, geprediget und geglaubet wird, wie Christus der Hellen Gewalt zustöret und dem Teufel alle seine Macht genommen habe. Wann ich das habe, so habe ich den rechten Kern und Verstand davon und soll nicht weiter fragen noch klügeln, wie es zugangen oder möglich sei, eben als auch in andern Artikuln solch Klügeln und Meistern der Vornunft vorboten ist und auch nichts erlangen kann. Sonst wenn ich auch wollte so klug sein, wie etzliche, die gerne hoch fahren und unser Einfältigkeit spotten, so könnte ich auch wohl scherzen und fragen, was er für eine Fahne gehabt, ob sie von Tuch oder Papier gewesen sei, und wie es zugangen sei, daß sie nicht in der Helle vorbrannt ist; item wie die Helle für Tor und Schlössern habe, und also fein heidnisch die Christen verlachen als die größten Narren, daß sie solchs glauben. Das ist gar eine schlechte, leichte Kunst, die jedermann wohl ohne ihre Lehren wüßte, ja auch eine Sau oder Kuhe wohl könnte. So könnte ich auch meisterliche allegorias", das ist, vormeinten geistlichen Vorstand und Auslegung „draus machen und deuten, was Fahne und Stab oder Tuch und Helletor heiße. Denn wir sind ja gottlob so grob nicht, daß wir gläuben oder sagen, daß es leiblich so zugangen sei mit äußerlichem Gepränge oder hulzernen Fahnen oder Tuch, oder daß die Helle ein hulzern oder eisern Gebäu sei. Aber wir lassen beide solche Fragen, Klügeln und Deuten daheimen und reden einfältiglich davon, daß man mit solchen groben Gemälden fasse, was dieser Artikel gibt, wie man sonst die Lehre von göttlichen Sachen durch grobe Bilde fürgibt, wie Christus allenthalben im Evangelio dem Volk das Geheimnus des Himmelreichs durch sichtige Bilde und Gleichnus fürhält, oder wie man das Kindlein Jesum malet, daß er der Schlangen uf den Kopf tritt, und wie ihn Moyses den Juden fürmalet in der Wüsten durch die ehrene Schlange, item Johannes der Täufer durch ein Lamb, da er ihn das Lamb Gottes nennet, denn sollicke Bilder sein fein hell und leicht, ein Ding dadurch zu fassen und behalten, und dazu lieblich und tröstlich, und dienet ja dazu, ob sie sonst nirgend zu gut wären, daß dem Teufel gewehret werde mit seinen fährlichen Pfeilen und Anfechtungen, der uns mit hohen Gedanken will vom Worte führen, daß wir mit der Vornunft klettern und klügeln in den hohen Artikuln, bis er uns zuletzt stürze. Und ist ohne Zweifel von den alten Vätern, so auf uns gekommen, daß sie davon geredt und gesungen haben,

wie auch noch die alten Lieder klingen, und wir am Ostertag singen: ‚Der Hölle zerbrach und den leidigen Teufel darinnen bannt' etc. Denn wenn ein Kind oder Einfältiger solches höret, so gedenket er nichts anders, denn daß Christus den Teufel habe überwunden und ihme allen seinen Gewalt genommen, das ist recht und christlich gedacht, die rechte Wahrheit und dieses Artikuls Meinung getroffen, obwohl nicht nach der Schärfe davon geredt, noch so eben ausgedrücket, wie es geschehen ist, aber was liegt daran, wenn mirs meinen Glauben nicht verderbet und den rechten Vorstand fein hell und klar gibt, den ich davon fassen soll und kann, und ob ich gleich lange scharf suche, doch nichts mehr davon kann fassen, sondern vielmehr den rechten Vorstand verliere, wo ich nicht wohlverwahret an dem Wort fast halte. Man muß doch dem groben Volk kindlich und einfältiglich fürbilden, als man immer kann, sonst folget der zweier eins, daß sie entweder nichts davon lernen oder vorstehen, oder wenn sie auch wollen klug sein und mit Vornunft in die hohen Gedanken geraten, daß sie gar vom Glauben kommen. Das rede ich darumb, weil ich sehe, daß die Welt jtzt will klug sein in Teufels Namen und in den Artikeln des Glaubens nach ihrem Kopf meistern und alles ausgründen. Also hie, wenn sie höret, daß Christus zur Helle gefahren ist, fähret sie zu und wills so balde ausspekulieren, wie es zugangen sei, und machet viel weitläufiger unnützer Fragen, ob die Seel allein hinuntergefahren sei, oder ob die Gottheit bei ihr gewest sei; item, was er daselbst getan habe, und wie er mit den Teufeln umbgangen sei, und dergleichen viel, darvon sie doch nichts wissen kann. Wir aber sollen solche unnötige Fragen lassen fahren, und schlecht einfältig unser Herz und Gedanken an die Wort des Glaubens heften und binden, welcher sagt: Ich gläube an den Herrn Christum, Gottes Sohn, gestorben, begraben und zur Helle gefahren, das ist, an die ganze Person Gott und Mensch, mit Leib und Seel, ungeteilet, von der Jungfrauen geboren, gelitten, gestorben und begraben ist, also soll ichs hier nicht auch teilen, sondern gläuben und sagen, daß derselbige Christus, Gott und Mensch in eigner Person zur Helle gefahren, aber nicht dorinnen blieben ist, wie Psal. 16 ⟨v. 10. 11.⟩ von ihm sagt: ‚Du wirst meine Seele nicht in der Hellen lassen noch zugeben, daß dein Heiliger die Vorwesunge sehe' etc. Seele aber heißet nach der Schrift Sprache nicht wie wir ein abgesondert Wesen vom Leibe, sondern den ganzen Menschen, wie er sich nennet den Heiligen Gottes. Wie aber solches muge zugangen sein, daß der Mensch da im Grabe liegt und doch zur Helle fähret, das sollen und müssen wir wohl unergründet und unverstanden lassen. Dann es ist freilich nicht leiblich noch greiflich zugangen, ob mans wohl grob und leiblich malen und denken muß und so darvon reden durch Gleichnus, als wann ein starker Held oder Riese in ein fest Schloß käme mit seinem Heer, Panier und Waffen und dasselbige zerstöret und den Feind dorein finge und bunde. Darumb sage nur einfältiglich also, wann man dich fraget von diesem Artikel, wie es zugangen sei: Das weiß ich wahrlich nicht, werde es auch nicht erdenken noch ausreden können, aber grob kann ich dirs wohl malen und in ein Bild fassen, von vorborgen Sachen fein klar und deutlich zu reden, daß er ist hingangen und die Fahne genommen als ein siegender Held und damit die Tor aufgestoßen und unter den Teufeln rumoret, daß hie einer zum Fenster, der ander dort zum Loch hinausgefallen ist. So kombst du, unzeitlicher Klügling, mit deiner beschmissen Klugheit und spottest: ist das wahr, so höre ich wohl, die Helle hat hölzerne Tor, vom Zimmermann gemacht, und wie ist sie dann so lang gestanden, daß sie nicht vorbrannt ist? Antwort: das wüßte ich vorhin wohl, ehe deine Klugheit geboren war, und darfest mich nicht lehren, daß die Helle nicht von Holz oder Stein gebauet ist, noch solche Tor und Fenster, Schlösser und Riegel hat, wie ein Haus oder Schloß auf Erden, und er nicht mit einer tuchern Fahnen sie hat zustöret; so kann ich auch gottlob wohl so scharf als ihr irgend ein solcher Klügler darvon reden und darzu solche Bilde und Figuren alle fein erklären und auslegen, was sie deuten. Aber ich will lieber in dem kindlichen Vorstande und einfältigen klaren Worten bleiben, der mir diesen Artikel fein malet, dann mit ihnen in die hohe Gedanken fahren, die sie selbst nicht vorstehen und der Teufel sie damit von der Bahn führet. Dann solch Bild kann mir nicht schaden noch vorführen, sondern dienet und hilft darzu, daß ich diesen Artikel desto stärker fasse und behalte, und bleibet der Vorstand rein und unvorkehret. Gott gebe, die Pforten, Tor und Fahne sei hölzern oder eisern oder gar keine gewest, wie wir doch müssen alle Ding, die wir nicht kennen noch wissen, durch Bilder fassen, ob sie gleich nicht so eben zutreffen oder in der Wahrheit also ist, wie mans malet. Also glaube ich auch hie, daß Christus selbst persönlich die Helle zerstöret und den Teufel gebunden hat. Gott gebe, die Fahnen, Pforten, Tore und Ketten sei hölzern, eisern, oder gar keine gewest, da liegt auch nichts an; wenn ich nur das behalte, so durch solche Bilde wird angezeiget, das ich von Christo glauben soll, welches ist das Häuptstücke, Nutz und Kraft, so wir darvon haben, daß mich und alle, die an ihn glauben, weder Helle noch Teufel gefangennehmen

* Kirchenlehrern sowohl als bei etlichen unter den Unsern[1] ungleiche Erklärung des Artikels von der Hellefahrt Christi gefunden, lassen wir es gleichergestalt bei der Einfalt unsers christlichen Glaubens bleiben, darauf uns D. Luther in der Predig, zu Torgau im Schloß Anno etc. 33. von der Hellfahrt Christi gehalten[2], gewiesen hat, da wir bekennen: „Ich gläube an den Herrn Christum, Gottes Sohn, gestorben, begraben und zur Hellegefahren."[3] In wölchem dann als unterscheidliche[4] Artikel die Begräbnus und Hellfahrt Christi unterscheiden und wir einfältig glauben, daß die ganze Person, Gott und Mensch, nach der Begräbnus zur Helle

de descensu Christi ad inferos non modo a quibusdam recentioribus, verum etiam olim ab orthodoxis veteribus ecclesiae doctoribus non prorsus eodem modo explicatum esse. Nos igitur tutissimum iudicamus, si simplicitatem fidei nostrae in symbolo comprehensam retineamus, ad quam D. Lutherus pia sua concione, in arce Torgensi anno Domini 1533. de Christi ad inferos descensu habita, remisit. Ubi confitemur, quod credamus in Iesum Christum Dominum nostrum, filium Dei, qui mortuus, sepultus est et ad inferos descendit; in qua confessione videmus sepulturam et descensum Christi ad inferos tanquam diversos arti-

noch schaden kann. Das sei nun aufs einfältigste von diesem Artikel geredet, daß man an den Worten halte und bei diesem Häuptstück bleibe, daß uns durch Christum die Helle zurissen und des Teufels Reich und Gewalt gar zerstöret ist, umb welchs willen er gestorben, begraben und hinunter gefahren ist, daß sie uns nicht mehr soll schaden, noch überwältigen, wie er Matth. 16. selbst sagt. Denn obwohl die Helle an sich selbst die Helle bleibet und die Ungläubigen gefangen hält, wie auch der Tod, Sünde und alle Unglück, daß sie darin bleiben und verderben müssen, und uns auch selbst nach dem Fleisch und äußerlichen Menschen schrecket und dränget, daß wir uns damit schlahen und beißen müssen, doch ist solchs im Glauben und Geist alles zustöret und zurissen, daß es uns nicht mehr schaden kann. Das ist alles ausgerichtet durch diesen einigen Mann, daß unser Herr Christus hinunter zur Hellen gefahren ist, sonst hätte es die Welt mit allen ihren Kräften nicht vormocht, jmand aus des Teufels Banden zu erlösen, noch für eine Sünde der Hellen Pein und Gewalt hinwegzunehmen, ob auch alle Heiligen für eines Menschen Sünde in die Helle führen, sondern mößten allzumal, soviel ihrer auf Erden kommen sind, ewiglich darinnen bleiben, wo nicht der heilige, allmächtige Gottes Sohn mit seiner eignen Person dahin gefahren und dieselbige durch seine göttliche Gewalt mächtiglich gewonnen und zustöret hätte. Dann das vormag kein Kartäuserkappen, Barfüßerstricke, noch aller Munche Heiligkeit, noch aller Welt Gewalt und Macht, ein Fünklein des hellischen Feuers auszulöschen. Aber das tuts, daß dieser Mann selbst hinunterkompt mit seiner Fahne; da müssen alle Teufel laufen und fliehen als vor ihrem Tod und Gift, und die ganze Helle mit seinem Feuer vorleschen, daß sich kein Christ davor fürchten darf; und wann er dahinfähret, nicht mehr soll der Hellen Pein leiden, gleichwie er durch Christum auch den Tod nicht schmecket, sondern durch Tod und Helle zum ewigen Leben hindurchdringet. Er hats aber nicht dabei lassen bleiben, unser Herr Christus, daß er gestorben und zur Hölle gefahren ist; dann darmit wäre uns noch nicht entlich geholfen. Sondern ist wieder aus dem Tod und Helle gefahren, das Leben wiederbracht und den Himmel aufgeschlossen und also öffentlich seinen Sieg und Triumpf an Tod, Teufel, Hölle beweiset dardurch, daß er lauts dieses Artikels am dritten Tage wieder auferstanden ist von den Toten. Das ist das Ende und das Beste davon, in welchem wir alles haben; dann es ist auch darin alle Gewalt, Kraft und Macht und was da ist in Himmel und Erden."] A

1 als + auch H   4 der + ein r   7 Schloß + so g r Konf   etc. > H y z Konf 33. + etc. Konf   9 Herrn + Jesum B   10/1 1gestorben bis und > x   12—S. 1053, 1 Jn bis gefahren > y   12 dann > ü

2 quibusdam   recentioribus + nostris theologis   6 si + etiam in hoc negotio   7 in bis comprehensam >   11 Ubi >   confitemur + autem in Symbolo nostro

---

[1]) Zum Aepinschen und den andern (Augsburg, Greifswald-Treptow) Streiten Frank, Theologie der FC III 397ff.; RE³ I 228ff.; dazu CR VII 666ff. (Melanchthons u. Bugen-
* hagens Urteil, Sept. 1550); Th. Harnack, Luthers Theologie, Neudr. 1927, II 180ff.; R. Seeberg, Dogmengesch. IV 526, Anm. 1; Fricke, Brenz 167ff.; E. Vogelsang, Der angefochtene Christus bei Luther. Zugl. e. Beitr. 3. Gesch. d. descensus ad inferos bis
* zur CF. 1930.   [2]) Vgl. TB im Apparat.   [3]) WA XXXVII 65₃.   [4]) Vgl. Heppe, Syn. IB 25; Frank, Theologie FC III 401, 415, 428

gefahren, den Teufel überwunden, der Hellen Gewalt zerstöret und dem Teufel all sein Macht genummen habe.

„Wie aber sollichs zugegangen", sollen wir uns „mit hohen, spitzigen Gedanken nicht bekümmern"; dann dieser Ar¦tikel ebensowenig als der vorgehende, wie Christus zur Rechten der allmächtigen Kraft und Majestät Gottes gesetzt, „mit Vernunft und fünf Sinnen" sich nicht begreifen läßt, sunder will allein geglaubt und an dem Wort gehalten sein. So behalten wir den Kern und Trost, daß uns und alle, die an Christum glauben, „weder Helle noch Teufel gefangennehmen noch schaden könnten". |¹

culos distingui. Simpliciter igitur credimus, quod tota persona, Deus et homo, post sepulturam ad inferos descenderit, Satanam devicerit, potestatem inferorum everterit et diabolo omnem vim et potentiam eripuerit. Quomodo vero Christus id effecerit, non est, ut argutis et sublimibus imaginationibus scrutemur. Hic enim articulus non magis ratione humana et sensibus comprehendi potest quam prior, quomodo Christus ad dexteram omnipotentis virtutis et maiestatis Dei sit collocatus. In his ergo mysteriis fides duntaxat est adhibenda et verbum Dei firmo assensu retinendum est. Sic solidam doctrinam et veram consolationem (quod videlicet neque Satan neque ipsi inferi nos omnesque alios in Christum credentes in potestatem suam redigere aut nobis nocere valeant) ex hoc articulo hauriemus.

X.

Von Kirchengebräuchen, so man Adiaphora oder Mittelding nennet².

X.

DE CEREMONIIS ECCLESIASTICIS, quae vulgo adiaphora seu res mediae et indifferentes vocantur.

Von Zeremonien und Kirchengebräuchen³, welche in Gottes Wort weder geboten noch

Ortum est etiam inter quosdam Augustanae Confessionis theologos dissidium

---

1 [den *bis* überwunden] *w*   3 habe *urspr. getilgt in w*   habe + Colos. 2. H ü   7 vorgehende] vorhergehende *g m n t v w x* Konf   8 und] Rat ü   10 nicht > *y z ü* Konf   nicht + erst *f*   begreifen] angreifen *z*   11 an] ob B   dem Wort] den Worten H   14 gefangennehmen] fangennehmen *y*   15 könnten] können viele Hss Konf   22 X. > *y*   24 man + nennet B   24 Adiaphora] ἀδιάφορον *c d*   ἀδιάφορα *e* nennet > B   29 weder] noch *y*   29—S. 1054, 1 geboten noch verboten ~ *w*

5/6 omnem *bis* potentiam] totum ius, quod ille adversus credentes habebat   11 prior] illud   13 collocatus + de qua re paulo ante dictum est   16 doctrinam >   20 aut *bis* nocere >   25 vulgo >   25/6 seu *bis* indifferentes >

---

¹) Die Zitate: WA XXXVII 63₁₁ (65₁₃₋₂₀) + 63₁₁ + 62/63 + 66₈.   ²) Vorstufen: Sechs Predig IV (Heppe IIIB 40—46); SC VII (Hachfeld 267—269); SSC VII (Heppe III B 126—129 u. 246—250); FM VI (Pressel 687—95, verweist auch auf CA XV und Apol. S. 297f.). Zur Durchführung vgl. Iud. minist. Magdeb.: De adiaphoris primo thesis, deinde et antithesis sicut in aliis fieri censemus (Heppe IIIB 405). Literatur: C. Schlüsselburg, Catalogus Haereticorum XIII (De Adiaphoristis) 1599; Frank, Theologie der Concordienformel IV, 1865, 1—120; Preger, Matthias Flacius Illyricus u. s. Zeit I, 1859; G. L. Schmidt, Justus Menius II, 1867; G. Kawerau, Joh. Agricola von Eisleben, 1881; RE³ I 168ff. (Adiaphora), IX 210ff. (Interim); Tschackert, Entst. d. luth. u. d. ref. Kirchenlehre 505ff.; O. Ritschl, Dogmengesch. d. Protestantismus II 325—372; R. Seeberg, Dogmengesch. IV 484f.; J. E. Bieck, Das dreyfache Interim, Leipzig 1721.   ³) Einschränkung der Adiaphora; um ihre Abgrenzung mühen sich die Hamburger (CR VII 373ff.), Flacius (Von wahren u. falschen Mitteldingen, Definition 3 2, vgl. Schlüsselburg XIII 134), Chemnitz (Schlüsselburg XIII 709) u. a. (Schlüsselburg 557, 667).

vorboten sind, sondern guter Meinung in die Kirche eingeführet worden umb guter Ordnung und Wohlstands willen oder sonst christliche Zucht zu erhalten[1], ist gleichermaß ein Zwiespalt unter etlichen Theologen Augsburgischer Confession entstanden[2]: da der eine Teil[3] gehalten, daß man auch zu der Zeit der Verfolgung und im Fall der Bekenntnus, wann die Feinde des H. Evangelii sich gleich mit uns in der Lehre nicht vorgleichen, dennoch mit unverletztem Gewissen etliche gefallene Zeremonien[4], so an ihn selbst Mitteldinge und von Gott weder geboten noch vorboten, auf der Widersacher Dringen und Erfordern wiederumb aufrichten, und man sich also mit ihnen in solchen adiaphoris oder Mitteldingen wohl vorgleichen möge. Der ander Teil[5] aber hat gestritten, daß zur Zeit der Vorfolgung im Fall der Bekenntnus, sonderlich, wann die Widersacher darmit umbgehen, daß sie entweder durch Gewalt und Zwang oder hinderlistigerweise die reine Lehre unterdrücken und ihre falsche Lehre in unsere Kirche gemählich wieder einschieben mügen, solchs, wie gesagt, auch in Mitteldingen, mit unverletztem Gewissen und ohne Nachteil der göttlichen Wahrheit keinesweges geschehen könnte.

de ceremoniis ecclesiasticis, quae verbo Dei neque mandatae neque prohibitae sunt, sed bono consilio propter εὐταξίαν et ordinem aut ad conservandam piam disciplinam in ecclesia usurpantur. Una pars sensit, quod persecutionis tempore (quando confessio fidei edenda est), etiamsi adversarii evangelii in doctrina nobiscum non consentiant, tamen sana et salva conscientia liceat quasdam dudum abrogatas ceremonias (quae per se adiaphorae et a Deo neque praeceptae neque prohibitae sunt) postulantibus id et urgentibus adversariis restituere et hoc modo cum iis in rebus illis per se adiaphoris conformem quandam rationem instituere posse. Altera vero pars contendit, quod persecutionis tempore (quando confessio fidei requiritur) adversariis illaesa conscientia et sine iactura veritatis coelestis restitutione rerum adiaphorarum gratificari non possimus; praesertim quando adversarii hoc agunt, ut aut vi manifesta aut occultis machinationibus sinceram doctrinam opprimant et paulatim falsa dogmata in ecclesias nostras reducant.

---

2 worden] werden *B H f o u ä*   11 dennoch] demnach *f*   18 Teil] > *y*   aber + Zeit *y*   22 und] oder *y*   29 könnte] könne *o*

---

[1]) Vgl. S. 1056, 32ff.   [2]) Das braunschw.-wolfenb. Bedenken zum TB wünscht histor. Vorbericht (Hutterus 406): Interim (Augsburger, 15. Mai; Leipziger, 22. Dez. 1548), wie ihn etwa die Sechs Predig (Heppe III B 40) bieten. Vgl. dazu außer der Lit. die Verhandlungen zum Leipziger Interim, CR VII 12/264; der Text bei Bieck 361—386 und CR VII 258—264 u. 48—62 u. 215—221.   [3]) „Wittenberger und päpstische Theologen" (Andreä, Sechs Predig, Tüb. 1573, S. 49 a. R.), also Melanchthon, Joh. Bugenhagen, P. Eber, Georg Maior, der Leipz. Sup. Pfeffinger, die Bischöfe Pflug-Naumburg, Johann-Meißen, dazu vom Augsb. Interim: Joh. Agricola u. Weihbischof M. Helding-Meißen. Neben Schriften einzelner, bes. Pfeffingers, vor allem die Gesamtrechtfertigung der Wittenberger: Ex actis synodicis expositio ... 1559 (Titel S. 841, Anm. 1, dazu Tschackert 510f., Ritschl II 343 Anm. 1, 344f.) und der „Endliche Bericht..." 1570 (Titel S. 841, Anm. 1) Bl. Vv ff.   [4]) Vgl. S. 1053, Anm. 3.   [5]) „Illyricus, Nico. Gallus, Heßhusius, Wigandus und niedersächsische Theologen" (Sechs Predig, 1573, 49 a. R.). Zahlreiche Streitschriften, Titel bei Bieck, Dreif. Interim 191—199 (76 Titel), Preger (I 59ff., II 539ff.), Ritschl.; einiges bei Schlüsselburg. Flacius, De veris et falsis adiaphoris 1549 (= Schlüsselburg 154ff.), deutsch: Ein buch von waren vnd falschen Mitteldingen wider die schedliche Rotte der Adiaphoristen durch Matth. Flacium Illyr., Magdeb. 1550. Inhalt b. Preger I 145ff., auch für FC maßgeblich, zitiert als: Flacius w. f. M.; Omnia latina scripta M. Fl. Ill. ... contra Adiaphoricas fraudes et mores edita ... 1550; Gründliche Verlegung des langen Comments (= Acta synodica) der Adiaphoristen ... durch M. Fl. Illyricum, 1560; Antwort M. Nicolai Galli vnd M. Fla. Illyrici auff den brieff etlicher Prediger in Meißen ... Ob sie lieber weichen, denn den Chorrock anziehen sollen; Von den Adiaphoristischen verfelschungen in dem großen buche Actorum Synodicorum ... Nothwendige Erinnerung durch M. Joh. Wigand vnd M. Matth. Judicem (verdeutscht); Gallus, Wigand, Flacius, Aurifaber, A. Otto, M. Judex: Die furnemste Adiaphoristische jrthumen der waren Religion Verfelschungen vnd Ergernissen aus jren eigenen Schrifften vnd handlungen trewlich zusammengezogen; Verlegung des

Solida Declaratio, X. Von Kirchengebräuchen. 1055

Diesen Streit zu erklären und durch Gottes Gnade endlich hinzulegen, geben wir dem christlichen Leser hiervon diesen einfältigen Bericht.

Nämblich, wann solche | Ding |[1] unter dem Titel und Schein der äußerlichen Mitteldinge fürgegeben werden, welche (ob ihnen gleich eine andere Farbe[2] angestrichen würd) dennoch im Grunde wider Gottes Wort sind, daß dieselbige nicht als freie Mittelding gehalten, sondern als von Gott vorbotene Dinge gemieden sollen werden; wie auch unter die rechte freie adiaphora oder Mitteldinge nicht sollen gerechnet werden solche Ceremonien, die den Schein haben oder, dardurch Vorfolgung zu vormeiden[3], den Schein fürgeben wollten, als wäre unsere Religion mit der papistischen nicht weit voneinander, oder wäre uns dieselbe ja nicht hoch entgegen, oder wann solche ceremoniae dahin gemeinet, also erfordert oder aufgenommen, als ob darmit und dardurch beide | widerwärtige Religion | verglichen und ein corpus worden, oder wiederumb ein Zutritt zum Papsttumb und ein Abweichen von der reinen Lehre des Evangelii und wahrer Religion geschehen oder gemählich[4] daraus erfolgen sollte.

Ut autem haec etiam controversia pie 4 declaretur et tandem per Dei gratiam M 698 componatur, candido lectori simplicem et verbo Dei conformem sententiam nostram aperiemus.

Si quando talia sub titulo et praetextu 5 externarum rerum adiaphorarum proponuntur, quae (licet alius color illis inducatur) revera verbo Dei adversantur: ea nequaquam pro rebus adiaphoris habenda, sed tanquam verbo Dei prohibita vitanda sunt. Et sane inter res adiaphoras non numerandae sunt tales ceremoniae, quae speciem quandam prae se ferunt, aut quibus (ad effugiendam persecutionem) simulatur, quasi nostra religio a pontificia non multum distaret, aut certe quasi ab ea non admodum animus noster abhorreret, aut, cum eiusmodi ceremoniae in eum finem retaurantur et earum restauratio ita accipitur, quasi hoc ipso dissentientes duae illae religiones iam in unam redactae essent atque in unum corpus coaluissent, aut cum periculum est, ne videamur ad papatum rursus accessisse et a sincera evangelii doctrina recessisse vel paulatim recessuri.

3/4 einfältigen > ü   6 | Ding | *statt* [vormeinte adiaphora] A   8 fürgegeben] fürgeben H z   9 eine > x   11 dieselbige] derselbig w   12/3 vorbotene] gebotene x, urspr. k   13 sollen + Ding x   20 uns] umb c   21 hoch > y   [entgegen] entiegen H   oder[wieder x   23 oder aufgenommen] und angenommen z   24 | widerwärtige Religion | *statt* [widerwärtige opiniones conciliiert] A   Religion + conciliiert und H   27 Abweichen] Abweichung q   29 gemählich] gemeiniglich + | gemählich | d

gründtlichen Berichts der Adiaphoristen durch M. Joach. Westpha. Pfarherrn zu Hamburg (1551); Antwort, Glaub vnd Bekentnus auff das schöne vnd liebliche INTERIM. Nicolasen von Amsdorffs des verjagten Bischoffs zur Naumburgk 1548. Brenz: vgl. Schlüsselburg 562 ff.; Chemnitz: Schlüsselburg 709 ff.; Menius: Schmidt II 43 ff.; zu Ant. Corvinus s. Tschackert 506; Sammelgutachten: Brief der Hamburger (Aepin, davon abhängig Flacius w. f. M.) an Melanchthon, CR VII 367—82; Bekantniß vnd Erklerung auffs INTERIM, durch der Erbarn Stedte Lübeck, Hamburg, Lüneburg etc. Superintendenten, Pastorn vnd Predigern ... gestellet (Hamburg), auch niederdeutsch. Bekentnis Vnterricht vnd Vermanung, der Pfarrherrn vnd Prediger, der Christlichen Kirchen zu Magdeburg. 1550; Colloquium zu Altenburgk ... Jena 1559, f. 511 ff. (fürstl. sächs. Theol.). Von den Adiaphoren = Schlüsselburg 458 ff.

[1]) Listen von Kirchengebräuchen bei Luther WA XXX II 347 ff. u. i. Bedenken an Kurf. Johann, März 1530, Enders VII 1610 (ausführl. Kommentar!). Vermeinte Adiaphora (vgl. Flacius w. f. M. L 2—R 3) gekennzeichnet durch Fehlen der „Stifter" (vgl. S. 1056, Anm. 5), Ausgehen vom Papst-Antichrist oder den ihm dienender Herrschern, Widerspruch zum Gebot Gottes usw. (vgl. S. 1058, Anm. 5); Flacius nennt: „daß dem Antichrist und seinen Bischofen ... das Regiment über die christl. Kirch gegeben wird", Verfälschung der Buße, d. Rechtfertigung (vgl. FC III), Wiedereinführung von Firmung, letzter Ölung, Ordination, Beicht, Meß, Latein, Fronleichnam; vgl. die Interim.   [2]) Flacius w. f. M. B 3a: „mitteldingische Hurenfarb" (Schminke).   [3]) Dazu Tschackert 513 f., Flacius w. f. M. R 2a.   [4]) „Das arme Volk siehet am meisten auf die Ceremonien, denn sie können die Augen füllen, die Lehr aber ist so wohl nicht zu sehen" Flacius w. f. M. O 4a, vgl. die häufigen Bilder etwa vom Chorrock als der Spitze des Keils, der über Leipz. u. Augsb. Interim zum Papsttum sich verbreitet, vom wachsenden Riß im Damm u. a. m.

Dann in diesem Fall soll und muß gelten, das Paulus schreibet, 2. Corinth. 6.: „Ziehet nicht an frembden Joch; was hat das Licht für Gemeinschaft mit der Finsternus? Darumb gehet aus von ihnen und sondert euch abe, spricht der Herre" etc.

Gleichsfalls sind das auch nicht rechte adiaphora oder Mitteldinge, wann es unnütze, närrische Spektakel[1] sind, so weder zu guter Ordnung, christlicher Disziplin oder evangelischen Wohlstand in der Kirchen nützlich.

Sondern was rechte adiaphora oder Mitteldinge (wie die vor erkläret) sind[2], glauben, lehren und bekennen wir, daß solche Zeremonien an ihnen und für sich selbst kein Gottesdienst, auch kein Teil desselbigen, sondern von solchen gebührlich unterschieden werden sollen, wie geschrieben stehet: „Vorgeblich dienen sie mir, dieweil sie lehren solche Lehre, die nichts dann Menschengebot sein", Matth. 15.[3]

Demnach glauben, lehren und bekennen wir, daß die Gemeine Gottes jedes Orts und jederzeit[4] derselben Gelegenheit nach guten Fug, Gewalt und Macht habe[5], dieselbige ohne Leichtfertigkeit und Ärgernus ordentlicher und gebührlicher Weise zu ändern, zu mindern und zu mehren, wie es jederzeit zu guter Ordnung[6], christlicher Disziplin und Zucht, evangelischem Wohlstand[7] und zu Erbauung[8] der Kirchen am nützlichsten, förderlichsten und besten angesehen wird. Wie man auch den Schwachen im Glauben, in solchen äußerlichen Mitteldingen mit gutem Ge-

In hoc enim rerum statu maximum 6 pondus habere debet illud apostoli dictum: Nolite iugum ducere cum infidelibus. Quae enim participatio iustitiae cum iniquitate? aut quae societas luci ad tenebras? etc. Propter quod exite de medio eorum et separamini, dicit Dominus.

Sed et haec non sunt vera adiaphora, 7 quae neque ad observandum bonum ordinem neque ad piam disciplinam conservandum neque ad εὐταξίαν in ecclesia constituendam quicquam conferunt, sed praeter inutiles nugas et puerilia spectacula nihil habent.

De rebus autem illis, quae revera sunt 8 adiaphorae (quarum supra mentionem fecimus), haec est fides, doctrina et confessio nostra, quod eiusmodi ceremoniae per se non sint cultus Dei neque etiam pars cultus divini, sed inter illas et veros Dei cultus diligenter discernendum esse iudicamus. Scriptum est enim de humanis traditionibus: Frustra colunt me docentes doctrinas, mandata hominum.

Credimus autem, docemus et confite- 9 mur quod ecclesia Dei, quibusvis temporibus et locis, pro re nata, liberrimam potestatem habeat (in rebus vere adiaphoris) aliquid mutandi, abrogandi, constituendi, si tamen id absque levitate et scandalo decenter et bono ordine fiat, et si accurate expendatur, quid singulis temporibus ad conservandum bonum ordinem et ad piam retinendam disciplinam atque ad εὐταξίαν evangelica professione dignam et ad ecclesiae aedificationem quam plurimum faciat. Quousque etiam

---

1 diesem] solchem *y ü* 6 abe > *d* abe] etc. *c* abe] etc. also *e* etc. > viele Hss 16 Sondern] Sonderlich *B ä*, urspr. *r s* 8 adiaphora] ἀδιάφορα *B* 25 Matth. 15. > *B* 30 Ärgernus] Ärgerung *ü* 35 der Kirchen > *ü*

---

[1]) „Daß man vmb den Kirchhof hertrabt mit den Fahnen, wie die tollen unsinnigen Bacchae, ... daß mans Kreuz ins Grab legt ... daß man den Palmesel mit dem Bilde, das drauf sitzt, umbherschleppt" Flazius ib. M 2 b. [2]) „Publica ... in der Kirche: Lieder, Gesäng, Lection, Personen, Orte, Zeit, Kleidung ... Glockengeläut; Privata: ... Fasten, gewisse Zeit zu beten, sich eine zeitlang enthalten, vom Weibe, von leckerhafter Speise, Item daß man etwa weniger isset ... sofern solchs geschieht des Gebets oder sonst einer christlichen Übung halben" (Flacius w. f. M. J 2 b). [3]) Matth. 15, 9. [4]) Gegenüber einebnender philippist. similis forma rituum (Ritschl II 340) wird neben dem Wunsch nach „fein ordentlicher Gleichheit" (Menius, Schmidt II 80, 83; Flacius w. f. M. C 3, K 2, 3) betont, daß jene similis forma unnötig, unmöglich und zeit der Kirche nie vorhanden gewesen sei (Flacius M 3). [5]) „Stifter" der Adiaphora: „Das gemeine Gebot Gottes. Ein freier christlicher Wille der Kirche und freier Wille der Kirchendiener" (Flacius ib. L 2 b, J 2, 3). [6]) Ordnung hinsichtl. „Personen, Zeit, Tun und andern Umbständen ...", Flacius J 4. [7]) = Wohlanständigkeit: „Ehrbarlich gehts zu ... wenn alles mit Ernst und Würdigkeit, darin man ein Gottesfürchtigkeit spüren kann, getan wird", Flacius K 1. [8]) „Zu der Erbauung soll man alles, was ördentlich und ehrbarlich zugehet gebrauchen", ib. K 4; dazu zählt auch Zucht.

wissen weichen und nachgeben könne, lehret Paulus, Rom. 14., und beweiset es mit seinem Exempel, Act. 16. et 21. 1. Corinth. 9.¹

Wir glauben, lehren und bekennen auch, daß zur Zeit der Bekanntnus, da die Feinde Gottes Worts die reine Lehre des H. Evangelii begehren unterzudrücken, die ganze Gemeine Gottes, ja ein jeder Christenmensch, besonders aber die Diener des Worts als die Vorsteher der Gemeine Gottes schuldig sein, vormüge Gottes Worts die Lehre und was zur ganzen Religion gehöret frei öffentlich nicht allein mit Worten, sondern auch im Werk und mit der Tat zu bekennen, und daß alsdann in diesem Fall auch in solchen Mitteldingen den Widersachern nicht zu weichen, noch leiden sollen², ihnen dieselbigen von den Feinden zu Schwächung des rechten Gottesdienstes und Pflanzung und Bestätigung der Abgötterei mit Gewalt oder hinderlistig aufdringen zu lassen, wie geschrieben stehet³, Gal. 5.: „So bestehet nun in der Freiheit, damit uns Christus befreiet hat, und lasset euch nicht wiederumb in das knechtische Joch fangen." Item, Gal. 2.: „Do etliche falsche Brüder sich mit eingedrungen und neben eingeschlichen waren, zu vorkundschaften unsere Freiheit, die wir haben in Christo Jesu, daß sie uns gefangen nähmen, wichen wir denselben nicht eine Stunde, untertan zu sein, auf daß die Wahrheit des Evangelii bei uns bestünde." Und redet Paulus an demselben Orte von der Beschneidung⁴, welche zu der Zeit ein frei Mittelding war, 1. Cor. 7.; auch in geistlicher Freiheit sonst vom Paulo gebrauchet ward, Act. 16. Do aber die falschen Apostel zu Bestätigung ihrer falschen Lehre, als wären die Werk des Gesetzes zur Gerechtigkeit und Seligkeit vonnöten, die Beschneidung erforderten und

infirmis in fide in rebus illis externis bona cum conscientia cedere possimus, apostolus Paulus perspicue non modo verbis, verum etiam suo ipsius exemplo docuit.

Credimus, docemus et confitemur, quod eo tempore, quo veritatis coelestis confessio requiritur (quando videlicet verbi Dei hostes doctrinam evangelii opprimere student), tota ecclesia et singuli Christiani, praecipue vero ministri verbi Dei (tanquam ii, quos Dominus ecclesiae suae regendae praefecit), teneantur piam doctrinam iuxta verbum Dei et quicquid omnino ad sinceram religionem pertinet palam et libere non modo verbis, verum etiam factis profiteri. Et sentimus tali tempore etiam in rebus vere et per se adiaphoris non esse adversariis cedendum neque permittendum, ut adversarii nobis talia adiaphora (ad detrimentum veri cultus divini et ad plantandam et stabiliendam idololatriam) observanda imponant et obtrudant, sive id manifesta vi sive dolis efficere conentur. Scriptum est enim: In libertate igitur, qua Christus nos liberavit, state, et ne rursus iugo servitutis implicemini. Et in eadem epistola: Propter subintroductos falsos fratres, qui subintroierant explorare libertatem nostram, quam habemus in Christo Iesu, ut nos in servitutem redigerent, iis neque ad horam cessimus subiectione, ut veritas evangelii permaneat apud nos. Manifestum est autem Paulum ibi agere de circumcisione, quae illis temporibus iam res adiaphora facta erat et quam Paulus alias (in libertate tamen Christiana et spirituali) observare aliquoties solebat. Cum autem pseudo-apostoli circumcisionem ad stabiliendum falsum suum dogma (quod opera legis

---

2 Rom. + am *g*   3 Act. + am *g*   16.] 18. *ü*   21. + item *ü*   et > *t* et] und *g m o*   11 des + Gottes *c*   12 Gottes > *c*   13/5 und *bis* öffentlich > *B* 16 mit] in *f*   und > *w ü*   17 daß > *c*   alsdann] dann *y*   25 befreiet] gefreiet *d*   28 eingedrungen] eindringen *x*   eintrungen *z*   30 haben > *H* Christo + haben *H*   31 wichen] weichen *ü*   32 denselben] selbigem *y*   37 geistlicher] christlicher *B H f k l m n r s v w y ä ü*   42 und > *H*

5 docuit + de qua re suo loco copiosius dicetur.   40 solebat + ut Acta Apostolica testantur.

¹) Apg. 16, 3; 21, 26; 1. Kor. 9, 10.   ²) Flacius: nihil est ἀδιάφορον in casu confessionis et scandali. Dagegen „Endl. Bericht" 1570 (Vv 3:) „Nu sind die Adiaphora nicht in Gottes Wort geboten, denn sonst wären es weder traditiones humanae noch Mitteldinge ... derwegen kann ja die Bekentnis nicht stehen auf Annehmung oder Unterlassung der Adiaphora, es geschehe zur Zeit der Verfolgung oder sonsten ... wofern ... die Gewissen mit der Notwendigkeit äußerlicher Ceremonien nicht verstrickt werden".   ³) Gal. 5, 1; 2, 4. 5.   ⁴) Gal. 2, 3; 1. Kor. 7, 18. 19; Apg. 16, 3.

mißbrauchten, do spricht Paulus, daß er „nicht eine Stunde" habe weichen wöllen, „auf daß die Wahrheit des Evangelii bestünde"[1].

M 700 Also weichet Paulus und gibt den Schwachen nach in Speise und Zeit oder Tage, Rom. 14.[2] Aber den falschen Aposteln, die solchs als nötig Ding aufs Gewissen legen wollten, will er auch in solchen an ihn selbst freien Mitteldingen nicht weichen, Col. 2.: „Lasset euch niemand Gewissen machen über Speise, Trank oder über bestimbte Feiertage[3]." Und do Petrus und Barnabas in solchem Fall etwas nachgeben, strafet sie Paulus öffentlich, als die in dem „nicht richtig nach der Wahrheit des Evangelii wandelten", Gal. 2.[4]

Dann hie ist es nicht mehr[5] umb die äußerlichen Mitteldinge zu tun, welche ihrer Natur und Wesen nach für sich selbst frei sein und bleiben und demnach kein Gebot oder Vorbot leiden mügen, dieselbigen zu gebrauchen oder zu unterlassen, sondern es ist erstlich zu tun umb den hohen Artikel unsers Gal. 2. christlichen Glaubens, wie der Apostel zeuget, „auf daß die Wahrheit des Evangelii bestehe"[6], welche durch solchen Zwang oder Gebot vordunkelt und vorkehret wird, weil solche Mitteldinge alsdann zu Bestätigung falscher Lehr, Aberglaubens und Abgötterei[7] und zu Unterdrückunge reiner Lehre und christlicher Freiheit entweder öffentlich erfordert oder doch darzu von den Widersachern mißbrauchet und also aufgenommen[8] werden.

Desgleichen ists auch zu tun umb den Artikel der christlichen Freiheit[9], welchen zu

ad iustitiam et salutem necessaria essent) urgerent, eaque ad confirmandum suum errorem in animis hominum abuterentur, ingenue affirmat Paulus, quod ne ad horam quidem ipsis cesserit, ut veritas evangelii sarta tectaque permaneret.

Sic Paulus infirmis in fide cedit observatione discriminis ciborum et temporum seu dierum. Pseudoapostolis autem, qui haec tanquam necessaria conscientiis imponere volebant, etiam in rebus per se adiaphoris cedere recusat. Et alibi inquit: Nemo vos iudicet in cibo aut in potu aut in parte diei festi etc. Et cum Petrus et Barnabas ea in re Iudaeis plus quam oportebat cessissent, in faciem eis restitit, eo quod non recte ambularent ad veritatem evangelii. 13

In eo enim rerum statu non iam de externis adiaphoris agitur, quae natura sua per se libera sunt permanentque, unde neque mandanda sunt neque prohibenda, ut vel observentur vel intermittantur. Sed agitur praecipuus religionis nostrae Christianae articulus, ut nimirum veritas evangelii constet, sicut apostolus testatur. Veritas enim evangelii obscuratur et labefactatur, cum adiaphora cum mandato et coactione conscientiis observanda imponuntur; quia ad confirmationem superstitionum, falsae doctrinae et idolatriae et ad opprimendam sinceram doctrinam et libertatem Christianam vel palam ab adversariis requiruntur, vel certe ita ab ipsis recipiuntur et in hunc abusum et pravum finem restituta creduntur. 14

Praeterea in hoc negotio agitur etiam articulus de libertate Christiana, quem 15

---

8 und] oder y   oder] der y   14 Speise + und w y   über + gewisse w ü
15 und] (2.) et y   18/9 wandelten] wandeln k   20 nicht] nichts d   mehr > f
23 oder] noch d f   und e   27/8 zeuget] bezeuget u   zeuget + Gal. 2. w   29/30 oder
Gebot > B   30 Gebot] Verbot z   und] oder w ü   33 und (2.) > g   35 doch > q

1 salutem + consequendam   5 ut] ne   6 evangelii + periclitaretur, sed
7 Sic Paulus] Et quidem Paulus verum Christianae libertatis usum tum verbis, tum
suo ipsius exemplo praeclare docuit   infirmis + enim

---

[1]) Gal. 2, 5.   [2]) Rom. 14, 6.   [3]) Kol. 2, 16.   [4]) Gal. 2, 11—21.   [5]) Vgl. die „gemeine Regel" (Flacius, w. f. M. A 1 b). „Alle Caeremonien und Kirchengebräuch, sie sind an ihnen selbst so frei als sie immer wollen, wenn Zwang, falscher Wahn, als wären sie ein Gottesdienst und müßten gehalten werden, Verleugnung, Ärgernis, öffentlicher Anfang zum gottlosen Wesen darzukompt, und wenn sie die Kirche Gottes, in waserlei Weise solches geschehen mag, nicht bauen, sonder verstören und Gott verhöhnen, so sinds nicht mehr Mittelding."   [6]) Gal. 2, 5.   [7]) „gleichwie im Papsttumb etliche Tag sich von bestimpter Speise enthalten, den Sonntag feiern, eine Kappen tragen zur Abgötterei worden ist." (Flacius w. f. M. L 1 b.)   [8]) = aufgefaßt, angesehen   [9]) Vgl. S. 1056 Anm. 5.

erhalten der Heilige Geist durch den Mund des heiligen Apostels seiner Kirchen, wie itzt gehört, so ernstlich befohlen hat[1]. Dann sobald derselbige geschwächt und Menschengebot mit Zwange der Kirchen als nötig aufgedrungen werden, als wäre Unterlassunge derselben Unrecht und Sünde, ist der Abgötterei der Weg schon bereitet, dardurch nachmals Menschengebot gehäufet und für ein Gottesdienst nicht alleine den Geboten Gottes gleichgehalten, sondern auch über dieselbige gesetzt werden.

So werden auch durch solch Nachgeben und Vorgleichen in äußerlichen Dingen, do man zuvor in der Lehr nicht christlich voreinigt, die Abgöttischen in ihrer Abgötterei gestärket, dagegen die Rechtgläubigen betrübet, geärgert und in ihrem Glauben geschwächet; welches beides ein jeder Christ bei seiner Seelen Heil und Seligkeit zu meiden schuldig ist, wie geschrieben stehet: „Wehe der Welt der Ärgernus halben." Item: „Wer den Geringsten ärgert deren, die an mich glauben, dem wäre es besser, daß ihme ein Mühlstein an seinem Hals hinge, und er ersäufet würde im Meer, da es am tiefsten ist,"[2] etc.

Sonderlich aber ist zu bedenken, daß Christus sagt: „Wer mich bekennet für den Menschen, den will ich auch bekennen für meinem himmlischen Vater" etc., Matth. 10.[3]

Daß aber solliches je und allwegen der fürnehmbsten Lehrer der Augsburgischen Konfession Glaub und Bekenntnus von solchen Mitteldingen gewesen, in derer Fußtapfen wir getreten und durch Gottes Gnade bei solcher ihrer Bekenntnus gedenken zu vorharren, weisen nachfolgende Zeugnussen aus, so aus den Schmalkaldischen Artikuln gezogen, welche Anno etc. 37. und 40. gestellt und unterschrieben worden[4].

diligentissime conservandum spiritus sanctus per os apostoli Pauli ecclesiae Christi, ut modo dictum est, severissime praecepit. Quamprimum enim articulus ille labefactatur et humanae traditiones per modum coactionis ecclesiae Dei tanquam observatu necessariae obtruduntur, quasi sine peccato negligi non possent: tum iam idololatriae magna fenestra est patefacta, ut deinceps humanae traditiones cumulentur et pro cultu divino habeantur neque modo Dei praeceptis exaequentur, verum etiam illis longe praeponantur.

Quin etiam eiusmodi intempestiva cessione in externis illis rebus adiaphoris (ubi nondum de doctrina ipsa pius consensus est factus) idololatrae in sua idolomania confirmantur. Contra vero piae mentes et vere in Christum credentes contristantur, perturbantur, offenduntur, et ipsarum fides, quasi ariete quodam, graviter concutitur et quodammodo labefactatur. Huic malo ne occasionem praebeamus, summo studio (si modo aeterna salus nobis cordi est) cavere debemus. Sic enim Christus dicit: Vae mundo a scandalis. Et ibidem: Qui scandalizaverit unum de pusillis istis, qui in me credunt, expediret ei, ut suspenderetur mola asinaria in collo eius et demergeretur in profundum maris.

Inprimis vero hoc Christi dictum alta mente est reponendum: Qui me confessus fuerit coram hominibus, eum etiam ego confitebor coram patre meo coelesti.

Et sane, quod haec semper fuerit clarissimorum Augustanae Confessionis theologorum fides et confessio de rebus adiaphoris (quam ad nos ipsorum vestigiis insistentes profitemur et in ea constanter per Dei gratiam permanere cupimus), id liquidissime testimonia, quae recitabimus, demonstrabunt: ea in Smalcaldicis Articulis anno etc. 37. consignata et a praecipuis theologis subscriptione confirmata sunt.

---

7 derselben] selben *y*   9 gehäufet] gekaufet *y*   11 gleichgehalten > *y*
16 do] so *y*   24 Item + Matth. 18 *H k*   25 mich] mir *y*   26 ihme > *c d*
27 er > *B f k l t*   28 und   36 etc. > *mehrere Hss* Konf   36 10.] 18. *B₁*
urspr. *s*   38 Daß] Do *f*   40 von > *s*   46 Artikuln > *n*   46/7 und 40. > *o*
z. T. Konf

3 ut *bis* est >   40 fides et confessio] sententia   46 etc. 37. + et 40.

---

[1]) Gal. 5, 1. 13; 2, 4.   [2]) Matth. 18, 7. 6.   [3]) Matth. 10, 32.   [4]) Vgl. S. XXV.

Aus den Schmalkaldischen Artikeln, Anno etc. 1537ten.

Die Schmalkaldischen Artikel sagen hiervon also[1]: „Wir gestehen ihnen (den päpstischen Bischofen) nicht, daß sie die Kirche sein, und seind es auch nicht, *Von der Kirchen.* und wollen es auch nicht hören, was sie uns unter dem Namen der Kirchen gebieten oder vorbieten. Dann es weiß, gottlob, ein Kind von 7 Jahren[2], was die Kirche sei, nämblich die Heiligen, Gläubigen und die Schäflein, die ihres Hirten Stimm hören" etc.

Und kurz zuvorn[3]: „Wann die Bischofe wollten rechte Bischofe sein und sich der Kirchen und des Evangelii *Von der Weihe und Vokation.* annehmen, so möchte man ihnen das umb der Liebe und Einigkeit willen, doch nicht aus Not, lassen gegeben sein, daß sie uns und unsere Prediger ordinierten und konfirmierten, doch hindangesetzet alle Larven und Gespenst unchristliches Lesens oder Gepräng s. Nu sie aber nicht rechte Bischofe W 717 sein oder auch 'nicht sein wöllen, sondern weltliche Herrn und Fürsten, die weder predigen, noch lehren, noch täufen, noch kommunizieren, noch einiges Werk oder Ambt der Kirchen treiben wöllen, darzu diejenigen, die zu solchem Ambt berufen, vertreiben, verfolgen und vordammen: so muß dennoch die Kirche umb ihretwillen nicht ohne Diener bleiben."

M 702 Und unter dem Artikul von des Papsts Primat oder Herrschaft sagen die Schmalkaldischen Artikul also[4]: „Darumb sowenig wir den Teufel selbst für einen Herrn oder Gott anbeten können, sowenig können wir auch seinen Apostel, den Papst oder Antechrist[5], in seinem Regiment zum Häupt oder

TESTIMONIA E SMALCALDICIS ARTICULIS anno Domini 1537. conscriptis deprompta.

Articuli Smalcaldici de hoc negotio sic 19 loquuntur: Nequaquam *De ecclesia.* hoc episcopis (pontificiis) concedimus, quod ipsi sint ecclesia, quia non sunt ecclesia. Neque ea audiemus, quae illi nobis sub ecclesiae nomine vel mandaverint vel prohibuerint. Nam (Dei beneficio) puer septennis iam novit, quae sit vera ecclesia: sancti videlicet credentes et oviculae, quae pastoris sui vocem audiunt. Et paulo ante: Si episcopi recte officio episco- *De ordinatione* pali fungi et ecclesiae *et vocatione.* regendae atque evangelii propagandi curam serio suscipere vellent, hoc illis ratione caritatis et propter bonum pacis (non tamen ex quadam necessitate) concedi posset, ut nos et ecclesiae nostrae ministros ordinarent atque in functione ecclesiastica confirmarent, remotis tamen omnibus larvatis, ineptis et impiis nugis atque magicis pompis. Cum autem neque veri sint aut esse velint episcopi, sed potius huius mundi principes ac domini, qui neque concionantur neque docent neque baptizant neque coenam Domini administrant neque ullum opus ecclesiasticum facere aut munus tale obire velint, quin potius eos, qui ad ministerium evangelii vocati sunt, in exilium eiiciunt, persequuntur atque anathemate feriunt: profecto ecclesia Dei in ipsorum gratiam convivere non potest, ut interea idoneis ministris destituatur.

In articulo de primatu papae Articuli 20 Smalcaldici in hanc sententiam loquuntur: Quare, ut non possumus ipsum diabolum ceu dominum et deum adorare, ita non possumus ipsius apostolum, pontificem Romanum seu Antichristum, in suo illo imperio pro capite aut Domino

---

3 etc. 1537ten.] 1537 etc. Konk   5/6 päpstischen] papistischen *B f s t ä*   7 es] sie *n t*   es] und wollens *x*   8 und *bis* auch > *x*   9 uns > *l n o t u v*   10 oder] und *viele Hss* Konk   13 nämblich > *t*   17 wollten > Konk   Bischofe + wollten Konk   21 willen > *s*   24 doch] daß *ü*   25 Lesens] Wesens *Hss außer H c y ö*, Konk oder] und Konk   26 nicht > *ü*   27 nicht > *y*   30 oder Ambt > *w ü*   40 oder] und *m*   42 oder] und *y*   44/5 Antechrist: *viele Hss u.* Konk   Antichrist *ö* Antichristum *B*   Antichristen *s*   45 in] mit *e ä*, *urspr. d*   in *bis* Regiment] zu einem *c d*

14 ante + in Articulis Smalcaldicis haec leguntur:

---

[1]) S. 459, 18—22.   [2]) Cod. Iur. Can. 88 § 3, (pubes ... expleto ... septennio usum rationis habere praesumitur) vgl. 12.   [3]) S. 458, 7—459, 7.   [4]) S. 432, 9—14.   [5]) Vgl. Apparat z. St. und Endechrist, S. 430, Anm. 6.

Herrn leiden, dann Lügen und Mord, Leib und Seel zu vorderben ewiglich, das ist sein päpstisch Regiment eigentlich."

Und in der Schrift von der Gewalt und Obrigkeit des Papsts, welche den Schmalkaldischen Artikeln angehängt und von den domals anwesenden Theologen auch mit eignen Handen unterschrieben, stehen diese Wort[1]: "Niemand soll die Kirche beschweren mit eigenen Satzungen, sondern hie soll es also heißen, daß keines Gewalt noch Ansehen mehr gelte dann das Wort Gottes."

Und bald darnach[2]: "Weil nun dem also ist, sollen alle Christen auf das fleißigste sich hüten, daß sie solcher gottlosen Lehre, Gotteslästerung und unbilliger Täuberei[3] sich nicht teilhaftig machen, sondern sollen vom Papst und seinen Gliedern oder Anhang als von des Antechrists Reich weichen und es vorfluchen, wie Christus befohlen hat: Hütet euch für den falschen Propheten; und Paulus gebeut, daß man falsche Prediger meiden und als ein Greuel vorfluchen soll; und 2. Corinth. 6. spricht er[4]: ,Ziehet nicht am frembden Joch mit den Ungläubigen; dann was hat das Licht für Gemeinschaft mit der Finsternus?'"

Schwer ist es, daß man von soviel Landen und Leuten sich trennen und eine sondere Lehre führen will, aber hie stehet Gottes Befehl, daß jedermann sich soll hüten und nicht mit denen einhellig sein, so unrechte Lehre führen oder mit Wüterei zu erhalten gedenken" etc.

| >So[5] hat auch< D. Luther in einem sunderlichen Bedenken[6], was man von den Zere-

agnoscere. Mentiri enim, innocentem sanguinem fundere, corpora et animas in aeternum exitium praecipitare, haec sunt pontificii regni propria.

Et in scripto de potestate et iurisdictione papae, quod Smalcaldicis Articulis annexum et a theologis, qui tum Smalcaldii erant, subscriptione confirmatum est, haec leguntur: Nemo ecclesiam Dei gravet propriis aliquibus traditionibus. In hoc enim negotio fixum et firmum esse debet, quod nullius hominis potestas vel auctoritas verbo Dei sit praeferenda.

Et post aliqua: Quae cum ita se habeant, omnes Christiani quam diligentissime sibi caveant, ne impiae illius (pontificiae) doctrinae, blasphemiarum, tyrannidis crudelissimae participes sese faciant. Pontificem autem, membra et squamas eius ut regnum ipsissimi Antichristi aversentur atque exsecrentur. Christus enim id praecepit, dicens: Cavete a pseudoprophetis. Et Paulus praecipit, ut falsos doctores vitemus et veluti abominationem quandam exsecremur. Nolite (inquit) iugum ducere cum infidelibus; quae enim participatio iustitiae cum iniquitate? aut quae societas luci ad tenebras? etc.

Grave id quidem videri potest sese a tot regnis et populis seiungere et separare et peculiarem quandam doctrinam profiteri. Sed clarum est Dei mandatum, quod praecipit nobis, ut omnes caveamus a consensu cum iis, qui vel falsa docent, vel falsam doctrinam immani crudelitate tueri conantur.

Sed et D. Lutherus in alio quodam scripto (in quo ad quaestionem de cere-

---

3 Regiment] Reich *q*   13 Wort Gottes ~ *y*   Gottes + etc. *b*   [15 darnach] hernach *x y*   18 Täuberei] dieberey *t*   truberey *r*   buberey *y*   [[bub]erey] >trub< wüterey | triegerei | *w*   Wüterei *q ō ü Cor*   21 Antechrists] Antichrists *viele Hss Konk* Antichristi *B*   22 es] das *B*   25 als ein Greuel > *y*   35 denen] ihnen *q* 36 führen] lehren *m*   37 etc. > *viele Hss Konk* etc. + [Aus den Schmalkaldischen Artikeln Anno etc. 1540] *A*   39—S. 1062, 5 | So bis finden | statt [Dieweil man von Vergleichung redet, wollen wir unser Bedenken in drei Stücke teilen, erstlich von der Lehre, zum andern von äußerlichen nötigen Ceremonien, zum dritten von äußerlichen Mitteldingen oder adiaphoris. Von der Lehr müssen sich die Widersacher erstlich vornehmen lassen, ob sie diese Lehre unserer Confession oder Bekenntnus für recht halten und bei den Ihren zulassen wollen; von äußerlichen Mitteldingen aber kann nichts gehandelt werden wo die Bischofe oder andere Vorfolger bleiben etc. Es wäre eben als

38 conantur + Hactenus Smalcaldici Articuli.

---

[1]) S. 474, 25—29.   [2]) S. 485, 24—45.   [3]) S. 485, 27; Wüterei (crudelitas).
[4]) 2. Kor. 6, 14.   [5]) Darüber | Sächs. |, Einschub aus d. braunschw.-wolfenb. Bedenken TB (Hutterus 406).   [6]) Ein Bericht an einen guten Freund von beider Gestalt des Sakraments aufs Bischofs zu Meißen Mandat 1528 (WA XXVI 560—618).

monien ingemein und insunderheit von Mitteldingen halten soll, To. 3. Ien. fol. 523., ausführlich ›die Kirch Gottes‹ erinnert, inmaßen auch Anno etc. 30. geschehen, wie in To. 5. Ien. teutsch zu finden[1]. |

Aus welcher Erklärung jdermänniglich verstehen kann, was einer christlichen Gemein und jedem Christenmenschen, insonderheit zur Zeit der Bekanntnus, besonders | den Predigern |, mit unverletztem Gewissen in Mitteldingen zu tuen oder zu lassen, damit Gott nicht erzörnet, die Liebe nicht verletzet, die Feinde Gottes Worts nicht gestärkt, noch die Schwachgläubigen verärgert werden[2].

1. Demnach vorwerfen und verdammen wir als unrecht, wann Menschengebot für sich selbst als ein Gottesdienst oder Stück desselben gehalten werden.

2. Wir vorwerfen und vordammen auch als unrecht, wann solche Gebot mit Zwang als notwendig der Gemein Gottes aufgedrungen werden.

3. Wir vorwerfen und vordammen auch als unrecht derer Meinung, so da halten, daß man zur Zeit der Vorfolgung den Feinden des H. Evangelii (das zu Abbruch der Wahrheit dienet) in dergleichen Mitteldingen möge willfahren oder sich mit ihnen vorgleichen.

4. Gleichsfalls halten wir auch für strafwirdige Sünde, wo zur Zeit der Vorfolgung entweder in Mitteldingen oder in der Lehre und was sonst zur Religion gehöret, umb

moniis in genere, de adiaphoris vero etiam in specie quid sentiendum sit, docuit) ecclesiam Dei de hoc negotio pie et luculenter erudivit. Et exstant quaedam ab ipso anno Domini 1530. exarata, quae magno cum fructu legi possunt.

Ex his omnibus perspicue intelligi potest, quid unamquamque ecclesiam quid singulos Christianos, praesertim temporibus illis, quando confessio fidei edenda est, inprimis ecclesiae ministros, in rebus adiaphoris bona et illaesa conscientia facere vel omittere deceat, ne Deus ad iustam indignationem provocetur, caritas violetur, hostes verbi Dei animosiores reddantur et infirmi in fide offendantur.

I. Reiicimus igitur et damnamus hos errores: Quando humanae traditiones per se pro Dei cultu aut pro illius aliqua parte habentur.

II. Quando humanae traditiones per modum coactionis tanquam necessariae ecclesiae Dei observandae obtruduntur.

III. Repudiamus et damnamus etiam eorum opiniones, qui sentiunt, quod persecutionis tempore hostibus evangelii (cum iactura certe veritatis divinae) in adiaphoris restituendis gratificari et cum ipsis ea in parte consentire liceat.

IV. Illud etiam crimine non vacare iudicamus, quando persecutionis tempore vel in adiaphoris vel in doctrina vel in aliis rebus ad religionem pertinenti-

---

wann man dem Wolfe ein Herde Schafe befehlen wollte; zu setzen aber, daß die Bischofe oder andere Fürsten wollten deutscher Nation zugut eine Vergleichung fürnehmen, bedenken wir, daß darzu soviel muglich zu helfen. Und erstlich von Kirchenzeremonien zu reden, so sie die Lehre und nötige Stücke, als Abtuung der Privatmeß, Kanon, Heiligenanrufung etc. annehmen, sind ihnen dargegen in äußerlichen Mitteldingen nachzulassen die gewöhnlichen Gesänge etc.] A

3 erinnert + [hat] A   5 in > H k l   8 einer + jeden c   15 Schwachgläubigen + nicht c   verärgert] verheert x   17 z vertauscht Abs. 1 mit 2   21 auch > z
22 Zwang + ›oder‹ g   25 auch > y   28 H. > ü

4 et luculenter >   8 unamquamque] universam aliquam   11 ministros] ministris
12 bona bis conscientia >

---

[1]) Gemeint sind (nach FM, Pressel 693) Luthers Briefe nach Augsburg Juni/Sept. 1530, Enders VIII (1678, 1682, 1684), 1735, 1741 (1751) an Melanchthon; (1683) 1790 an Jonas; (1685) Spalatin; (1687) Brenz; Die Briefe durch Flacius neu gedruckt (Preger I 71 ff.); dazu die Vermahnung an die Geistlichen, versammelt auf dem Reichstag zu Augsburg (WA XXX II 268—356), vgl. auch das Bedenken ... über ... äußerl. Vergleichung EA LIV 179, vgl. Enders VIII 1713, und das Bedenken an den Kurf. Johann ... März 1530, Enders VII 1610.   [2]) Von dem Eingehen auf Einzelheiten, wie es z. B. die Pommern wünschen (Balthasar, Andere Sammlung 73/74), sieht man ab, vgl. die Tilgung aus TB auf S. 1061; aus den Antithesen wird die Erinnerung an geschichtl. Vorfälle gestrichen (S. 1063, App. zu Z. 4); sie sind Zusammenfassung der vorhergehend. grundsätzl. Feststellungen (vgl. S. 1053 Anm. 2, minist. Magdeb.).

der Feinde des Evangelii willen im Werke und mit der Tat dem christlichen Bekenntnus zuwider und entgegen etwas gehandelt | wird |.

5. Wir vorwerfen und vordammen auch, wann solche Mitteldinge dergestalt abgeschafft werden, als sollte es der Gemeine Gottes nicht frei stehen, jeder Zeit und Ort derselben Gelegenheit nach, wie es der Kirchen am nützlichsten, sich eines oder mehr in christlicher Freiheit zu gebrauchen.

Solchergestalt werden die Kirchen vonwegen Ungleichheit der Zeremonien, da in christlicher Freiheit einer weniger oder mehr derselben hat, einander nicht vordammen, wann sie sonst in der Lehre und allen derselben Artikel, auch rechtem Gebrauch der heiligen Sakrament miteinander einig, nach dem wohlbekannten Spruch: „Dissonantia ieiunii non dissolvit consonantiam fidei: Ungleichheit des Fastens soll die Einigkeit des Glaubens nicht trennen" etc.

bus propter evangelii hostes ipso facto aliquid committitur, quod piae confessioni repugnet.

V. Reiicimus et damnamus etiam eorum intemperiem, qui adiaphora ea opinione abrogant, quasi ecclesiae Dei non esset liberum (quovis loco aut tempore) pro re nata et ecclesiae utilitate, unum vel plura adiaphora recipere et pro ratione libertatis Christianae usurpare.

Iuxta hanc de adiaphoris doctrinam nulla ecclesia propter ceremoniarum dissimilitudinem (quarum aliae pro ratione libertatis Christianae pauciores, aliae plures observant) alteram condemnabit, si modo in doctrina et in omnibus illius partibus atque in legitimo sacramentorum usu concordes fuerint. Vetus enim et memorabile dictum est: Dissonantia ieiunii non dissolvit consonantiam fidei.

XI.

Von der ewigen Vorsehung und Wahl Gottes[1].

Wiewohl unter den Theologen Augsburgischer Confession noch gänzlich kein öffentliche, ärgerliche und weitläufige Zwiespaltung von der ewigen Wahl der Kinder

XI.

DE AETERNA PRAEDESTINATIONE ET ELECTIONE DEI.

De aeterna electione filiorum Dei inter Augustanae Confessionis theologos nulla hactenus aperta et cum scandalo coniuncta lateque sparsa controversia exorta

---

3 entgegen] zuentgegen *w*   4 wird] ist oder etwas hinforder möchte gehandelt werden *a*   oder hinforder gehandelt werden möchte *b*, urspr. *A*   möchte werden *ö*   9/10 Gelegenheit bis eines > *y*   es > *c*   10 in > *B f*   in + der *z*   12/3 vonwegen + der *d*   13 Ungleichheit] Ungelegenheit *c e x*, urspr. *d*   14 einer + [oder] *A*   weniger oder mehr ~ *y*   18 heiligen > *y*   22 etc. > viele Hss, Konk   24 statt Vorsehung hier und sonst gelegentlich Fürsehung, häufiger (*d f o s v w x*, auch andere) Versehung   28/9 Zwiespaltung] Zwiespalt *f*

---

[1]) Vorstufen: (Straßburger Konkordie, 1563, Andreä, bei: Pfaff, Acta et scripta Wirtt. 1719, 358ff., V. E. Löscher, Ausführliche Historia motuum ... 1708, II 286ff., A. Schweizer, Centraldogmen I 442f.) SC X (Hachfeld 288—296); M. Chemnitz, Handtbüchlein der fürnemsten Heuptstücke der Christlichen Lehre... Heinrichstadt 1574 (lat.: Enchiridion ... 1577), darin: Von der ewigen Versehung oder Wahl Gottes zur Seligkeit, Abdruck bei Frank, Theol. d. FC IV 329—344 (vgl. dazu Loofs, Leitfaden d. Dogmengesch. 911, Anm. 1; vorher: Predigt über Matth. 22, Postilla II, Frankf. a. M. 1593, 547ff.); SSC X (Heppe IIIB 151—161 u. 299—320). Literatur: A. Schweizer, Die Protest. Centraldogmen i. ihrer Entwickl. innerhalb d. ref. Kirche I, 1854; H. R. Frank, Theologie der Concordienformel IV, 1865, 120—344; F. Loofs, Leitfaden d. Dogmengesch. 906f., 925; P. Tschackert, D. Entst. d. luth. u. d. ref. Kirchenlehre 559ff.; R. Seeberg, Lehrb. d. Dogmengesch. IV 527ff., 546ff.; O. Ritschl, Dogmengesch. d. Prot. III 1ff., 26ff., 243ff., 283ff.; IV 106ff.; RE³ XII 245ff. (Marbach), XV 598ff. (Prädestination), XXI 607ff.(Zanchi). Zur Beurteilung: Erachten der Theol. Fakultät zu Rostock über d. Lehre d. Wisconsin-Synode v. d. Gnadenwahl, 1884; dazu A. W. Dieckhoff, D. missourische Prädestinatianismus u. d. Concordienformel, 1885; Zur Lehre v. d. Bekehrung u. d. Prädestination, 1886; E. F. Fischer, Zum Schicksal luth. Gedanken i. 16. Jh. II, NkZ XXII, 1911, 745ff.

Gottes fürgefallen, jdoch, nachdem dieser Artikel an andern Örtern in ganz beschwerliche Streit gezogen und auch unter den Unsern etwas darvon erreget worden[1], darzu von den Theologen nicht allewege gleiche Reden geführet: derhalben vormittels göttlicher Gnaden auch künftiglich bei unsern Nachkommen, soviel an uns, Uneinigkeit und Trennung in solchem fürzukommen, haben wir desselben Erklärung auch hieher setzen wollen, auf daß männiglich wissen muge, was auch von diesem Artikel unser einhellig Lehr, Glaub und Bekenntnus sei. Dann die Lehre von diesem Artikel, wenn sie aus und nach dem Fürbilde des göttlichen Worts geführet, man nicht kann noch soll für unnütz oder unnötig, viel weniger für ärgerlich oder schädlich halten, weil die h. Schrift des Artikels nicht an einem Orte allein etwa ohnegefähr gedenkt, sondern an vielen Örtern[2] denselben gründlich handelt und treibet. So muß man auch umb Mißbrauchs oder Mißvorstandes willen die Lehre des göttlichen Worts nicht unterlassen oder vorwerfen, sondern ebenderhalben allen Mißbrauch und Mißvorstand abzuwenden, soll und muß der | rechte | Verstand aus Grunde der Schrift erkläret werden, und stehet demnach die einfältige Summ und Inhalt der Lehre von diesem Artikel auf nachfolgenden Punkten:

Erstlichen ist der Unterscheid zwischen der ewigen Vorsehung[3] Gottes und ewigen Wahl

est. Quia vero apud exteros de eo articulo vehementer disceptatum est et inter nostros etiam homines aliquid gliscere coepit et theologi non semper similes de hoc negotio sermones usurpant: studebimus per gratiam Dei in eo elaborare, ut, quantum quidem in nobis erit, omnes dissensiones et schismata apud posteritatem nostram praecaveantur. Itaque illius articuli declarationem huic scripto inserere placuit, ut omnibus manifestum fiat, quae etiam de hoc articulo nostra fides, doctrina et confessio sit. Neque 2 enim sentiendum est doctrinam de hoc articulo (si tamen iuxta praescriptum et analogiam verbi Dei et fidei proponatur) vel inutilem vel non necessariam esse; multo autem minus existimandum est, quod offensionis plena sit et detrimentum aliquod piis mentibus adferat. Scriptura enim sacra huius articuli non semel tantum et obiter mentionem facit, sed multis locis eundem satis copiose tractat et explicat. Neque vero propter abusum 3 aut sinistras aliquorum opiniones doctrina verbi coelestis negligenda est aut reiicienda, quin potius eam ipsam ob causam, ut abusus et pravae opiniones tollantur, vera de hoc negotio sententia ex sacrarum litterarum fundamentis proferenda atque proponenda est. Summa autem doctrinae coelestis de hoc articulo his capitibus, quae recensebimus, comprehenditur.

Initio discrimen inter aeternam prae- 4
scientiam et inter electionem aeternam

[2 was] daß x, urspr. o   [5 aus] auch y   [7 unnütz] nutz f, urspr. ä   oder] und B [8 oder] und z   20 ohnegefähr] ungefähr mehrere Hss   ohne Gefährde f s   21 handelt] gehandelt c d   22 umb + des k l v x z   23 oder Mißvorstandes > o x z 25 allen] allein x   27 | rechte | statt [letzte] A

25/6 doctrina verbi] pars aliqua doctrinae

---

[1]) Im besonderen neben dem Angriff Heßhusens auf Calvin u. Beza (Schweizer, Centraldogmen I 400ff.; Ritschl, Dogmengesch. IV 115) der gleichfalls mit der Abendmahlslehre verbundene Streit zwischen Joh. Marbach u. Hieron. Zanchi um die Prädestination, beendet durch Andreäs Eintrachtsformel (s. S. 1063, Anm. 2) 1563 (Schweizer I 418ff.; Ritschl IV 116ff., III 284ff.), dazu die Fülle der Unterschiede in der Prädestinationslehre bei den reformierten Theologen (Ritschl III 243ff., 283ff.) und auch im lutherischen Lager (Ritschl IV 106ff.); vgl. das Bedenken zum TB der niedersächs. Städte (Rehtmeyer IIIB 269): De praedestinatione wird in hac vicinia gar heftig certieret, ein Teil saget, praedestinationem esse universalem vel universaliter intelligendam, der ander Teil streitet esse particularem ... derhalben bitten wir, daß von den phrasibus eine declaration in formula angehängt werde ..."; gemeint ist wohl der Osteroder Streit (Rehtmeyer IIIB 239ff.). Die gleiche Frage wird auch auf dem Torgauer Konvent 1576 berührt (vgl. ib. 240/41).
[2]) M. Chemnitz, Handbüchlein: „Die fürnehmbste Sprüche ... als Matth. 20 und 22. Luc. 10. Joh. 13 und 15. Act. 13. Roman. 8. 9. 10 und 11. 1. Cor. 1. Ephe. 1. 2. Timoth. 1 und 2. Galat. 1. 2. Thessa. 2. Apoc. 20" (Frank IV 330); Z. 19—25 = Chemnitz, Handb.
[3]) Vorsehung = praescientiam (Conc.), vgl. 1065, 32; im Titel: = praedestinatio; dadurch

seiner Kinder zu der ewigen Seligkeit mit Fleiß zu merken. Dann praescientia vel praevisio, das | ist, daß | Gott alles vorher siehet und weiß, ehe es geschicht, welchs man die Vorsehung Gottes nennet, gehet über alle Kreaturen, gut und bös, daß er nämlich alles zuvor siehet und weiß, was da ist oder sein wird, was da geschicht oder geschehen wird, es sei gut oder bös, weil für Gott alle Ding, sie sein vergangen oder zukünftig, unverborgen und gegenwärtig sein, wie geschrieben stehet¹, Matth. 10.: „Kauft man nicht zween Sperling umb ¹einen Pfenning? noch fällt derselben keiner auf die Erde ohne euern Vater." Und Psal. 139.: „Deine Augen sahen mich, do ich noch unbereitet war, und waren alle Tag auf dein Buch geschrieben, die noch werden sollten und derselben keiner da war." ¹Item, Esa. 37.: „Ich kenne deinen Auszug und Einzug und dein Toben wider mich."

Die ewige Wahl Gottes aber vel praedestinatio, | das ist, | Gottes Verordnung zur Seligkeit, gehet nicht zumal über die Frommen und Bösen, sondern allein über die Kinder Gottes, die zum ewigen Leben erwählet und verordnet sind, „ehe der Welt Grund gelegt ward" wie Paulus spricht, Ephe. 1: Er hat uns erwählet in Christo Jesu und „verordnet zur Kindschaft"².

Die Vorsehung Gottes (praescientia) siehet und weiß zuvor auch das Böse, aber nicht also, daß es Gottes gnädiger Wille wäre, daß es geschehen sollte; sondern was der vorkehret, böse Wille des Teufels und der Menschen fürnehmen und tun werde und wölle, das siehet und weiß Gott alles zuvor, und hält seine praescientia, das ist, Vorsehung, auch in den bösen Händeln oder Werken ihre Ordnung, daß von Gott dem Bösen, welchs Gott nicht will, sein Ziel und Maßen gesetzt wird, wieferne es gehen und wielang es währen solle, wann und wie ers hindern und strafen wölle, | wölchs³ doch alles Gott der Herr also regieret, daß es zu

filiorum Dei ad aeternam salutem accurate observandum est. Praescientia enim vel praevisio Dei, qua illa omnia, antequam fiant, praevidet et praescit, ad omnes creaturas, tam malas quam bonas, extenditur. Hac enim vel praevisione vel praescientia Dominus ante novit videtque, quicquid est vel aliquando futurum est, quicquid iam fit vel quod aliquando contingit, sive id bonum sit sive malum, quia Deum neque praeterita neque futura latent, sed omnia ipsi sunt manifesta et praesentia. Sic enim scriptum est. Nonne duo passeres asse veneunt? et unus ex illis non cadet super terram sine patre vestro. Et Psaltes canit: Imperfectum meum viderunt oculi tui et in libro tuo omnes scripti erant dies, qui futuri erant, antequam essent. Et Isaias ait: Habitationem tuam et egressum tuum et introitum tuum cognovi et insaniam tuam contra me.

Aeterna vero electio seu praedestinatio Dei ad salutem non simul ad bonos et ad malos pertinet, sed tantum ad filios Dei, qui ad aeternam vitam consequendam electi et ordinati sunt, priusquam mundi fundamenta iacerentur, ut apostolus testatur inquiens: Praedestinavit nos in adoptionem filiorum per Iesum Christum in ipsum.

Praescientia Dei praevidet et novit etiam mala, antequam fiant, sed non ea ratione, quasi Dei voluntas propitia illa sit, ut fiant. Sed ea, quae perversa diaboli et hominum voluntas molitur et efficere conatur atque etiam effectura est, haec Deus omnia longe ante praevidet et novit. Et ipsius praescientia etiam in malis rebus et operibus ordinem suum ita servat, ut a Domino rebus malis (quas Deus nec vult nec approbat) certae metae ponantur atque circumscribantur, quas egredi nequeant, et iisdem praescribitur, quam diu durare debeant, et quando et quomodo ea mala

---

4 weiß] weist *g v x*   man + auch *Cor*   6/7 nämblich alles ~ *k*   7 weiß] weist *g v x*   8 da > *B a g o s u*   15 Und > *H f*   17 dein] deinem *k l m n o t u v*   19 derselben + noch *B*   25 über die *zu*: aber *y*   26/7 über die *zu*: aber *y*   33 weiß] weist *w x*   auch + alles *B*   35 es > *a*   37 der] des *a*   und (1.) > *v*   45 ers hindern und strafen] er hindern und es strafen *y*   46 alles > *y*   alles Gott ~ *H*   Herr + alles *y*

1 ad *bis* salutem >   34/5 Dei *bis* fiant] Deo talia probentur

bestimmt sich der (nahezu philippistisch) eingeschränkte „Prädestinations"-Begriff der FC! Vgl. oben Z. 22 f. 32; S. 1068, 17 ff. und S. 817, 30.
¹) Matth. 10, 29; Ps. 139, 16; Jes 37, 28; nach *Cor*, „4. Reg. 19", auch 2. Kön. 19, 27.
²) Eph. 1, 4. 5.   ³) Darüber | Wirt. Bad. Henn. | Zusatz fast wörtl. aus d. Maulbronner Bedenken, Heppe IIIB 368.

seines göttlichen Namens Ehr und seiner Auserwählten Heil gereichen und die Gottlosen darob zu Schanden werden müssen. |

Der Anfang aber und Ursach des Bösen ist nicht Gottes Vorsehung (dann Gott schaffet und wirket das Böse nicht, hilfts und befurderts auch nicht), sondern des Teufels und der Menschen böser, verkehrter Wille, wie geschrieben stehet[1]: „Israel, du bringest dich in Unglück, aber dein Heil stehet allein bei mir." Item: „Du bist nicht ein Gott, dem gottlos Wesen gefalle."

<small>Oseae 13.
Psal. 5.</small>

Die ewige Wahl Gottes aber siehet und weiß nicht allein zuvor der Auserwählten Seligkeit, sondern ist | auch | aus gnädigem Willen und Wohlgefallen Gottes in Christo Jesu eine Ursach, so da unsere Seligkeit, und was zu derselben gehöret, schaffet, wirket, hilft und befurdert; darauf auch unsere Seligkeit also gegründet ist, daß „die Pforten der Hellen" nichts darwider vormögen sollen[2], wie geschrieben stehet[3]: „Meine Schafe wird mir niemand aus meiner Hand reißen." Und abermal: | „Und es wurden gläubig, soviel ihr zum ewigen Leben verordnet waren."

<small>Matth. 16.
Joh. 10.
M 706
Ac. 14.</small>

Dieselbige ewige Wahl oder Verordnung Gottes zum ewigen Leben ist auch nicht also bloß in dem heimlichen, unerforschlichen Rat Gottes zu betrachten, als hielte sollche nicht mehr in sich oder gehörte nicht mehr darzu, wäre auch nicht mehr darbei zu bedenken, dann daß Gott zuvor ersehen, welche und wieviel selig, welche und wieviel vordampt sollten werden, oder daß er allein solche Musterunge gehalten: dieser soll selig, jener soll verdampt werden; dieser soll beständig bleiben, jener soll nicht beständig bleiben.

<small>W 721</small>

Denn doraus nehmen und fassen ihrer viel seltsame, gefährliche und schädliche Gedanken, entweder Sicherheit und Unbußfertigkeit oder Kleinmütigkeit und Verzweifelung doher zu verursachen und zu stärken, daß sie in beschwerliche Gedanken fallen und reden:

impediri rursus et puniri debeant. Et haec omnia Dominus ita gubernat, ut ad nominis sui divini gloriam et ad electorum suorum salutem cedant, impii vero confundantur et pudefiant.

Principium autem et causa mali non est ipsa Dei praescientia (Deus enim non creat, procurat, efficit aut operatur malum, sed neque illud iuvat aut promovet), at diaboli et hominum prava et perversa voluntas causa est mali. Sic enim scriptum est: Perditio t u a ex te est, Israel; tantummodo in me s a l u s tibi. Et David inquit: Non Deus volens iniquitatem tu es.

Aeterna vero electio Dei non tantum praevidet et praescit electorum salutem, sed ex clementissima Dei voluntate et beneplacito in Christo Iesu causa est, quae nostram salutem, et quae ad eam pertinent, procurat, efficit, iuvat, promovet. Et quidem in ea divina praedestinatione aeterna nostra salus ita fundata est, ut etiam inferorum portae adversus eam praevalere nequeant. Scriptum est enim: Oves meas nemo rapiet de manu mea. Et alibi: Crediderunt, quotquot ad vitam aeternam erant ordinati.

Et haec sane aeterna electio seu ordinatio Dei ad vitam aeternam non nude in arcano illo coelesti et imperscrutabili Dei consilio consideranda est, quasi ea nihil praeterea complectatur aut ad eam requiratur aut in ea meditanda expendendum sit nisi hoc, quod Deus praeviderit, quinam et quot homines salutem sint consecuturi et qui atque quam multi in aeternum sint perituri, aut quasi Dominus militarem quendam delectum instituerit atque dixerit aut statuerit: hic salvandus est, ille vero damnandus; hic ad finem usque in fide constans perseverabit, ille vero non perseveraturus est.

Ex opinione enim hac multi absurdas, periculosas et perniciosas cogitationes hauriunt, quae aut securitatem et impoenitentiam aut angustias et desperationem in mentibus hominum gignunt et confirmant. Sic enim quidam periculose

---

1 und + zu *Hss außer c f i q s ä ö*   2 Heil] Besten *H*   gereichen + [muß] *A*
3 müssen + etc. *H*   8 wirket + nicht *x*   nicht > *x*   17 weiß] weist *g v x z*
22 unsere + Seel *ü*   26 mir > *y*   27 abermal] wiederumb *q*   28 verordnet] verwahret *c (d urspr.: verwarnet)*   30 oder] und *x*   35 darbei] denn *f*   bedenken] gedenken *y*   denken *x*   36 ersehen] sehe⟨n⟩ *B f*   37 selig + werden *c*
38 sollten werden ~ *urspr. A*

8 creat >   12 ex te >

---

[1] Hos. 13, 9; Ps. 5, 5.   [2] Matth. 16, 18.   [3] Joh. 10, 28; Apg. 13, 48.

Weil¹ Gott seine Auserwählten zur Seligkeit versehen hat, „eh der Welt Grund gelegt ward", Eph. 1., und Gottes Versehen nicht fehlen, noch von jmand gehindert oder geändert werden kann, Isa. 14. Rom. 9.²: Bin ich denn zur Seligkeit versehen, so kann mirs daran nicht schaden, ob ich gleich ohne Buß allerlei Sünde und Schande treibe, Wort und Sakrament nicht achte, weder mit Buß, Glauben, Gebet oder Gottseligkeit mich bekümmere, sondern ich werde und muß doch selig werden, denn Gottes Versehung muß geschehen; bin ich aber nicht versehen, so hilft es doch nicht, wann ich mich gleich zum Worte hielte, Buß täte, gläubte etc., denn Gottes Versehung kann ich nicht hindern oder ändern.

Und solche Gedanken fallen auch wohl gottseligen Herzen ein, wenn sie gleich aus Gottes Gnade Buß, Glauben und guten Fürsatz haben, daß sie gedenken: Wenn du aber nicht von Ewigkeit zur Seligkeit versehen bist, so ists doch alles umbsonst, und sonderlich wenn sie auf ihre Schwachheit sehen und auf die Exempel derer, so nicht verharret, sonder wieder abgefallen sein.

Wider diesen falschen Wahn und Gedanken soll man nachfolgenden klaren Grund, der gewiß ist und nicht fehlen kann, setzen, nämblich: weil „alle Schrift von Gott eingegeben" nicht zur Sicherheit und Unbußfertigkeit, sondern „zur Strafe, Züchtigung und Besserung" dienen soll, 2. Timoth. 3.³ Item, weil alles in Gottes Wort darumb uns fürgeschrieben ist, nicht daß wir dardurch in Verzweiflung getrieben sollen werden, sondern „daß wir durch Geduld und Trost

secum cogitant, quin etiam interdum in hanc sententiam loquuntur: Deus (inquiunt) electos suos ad vitam aeternam praedestinavit, antequam mundi fundamenta iacerentur. Electio autem Dei errare non potest, neque eam quisquam impedire aut mutare valet. Ergo si ad vitam aeternam sum electus, nihil saluti meae decedet, etiamsi absque omni poenitentia omnis generis scelera atque flagitia designavero, verbum et sacramenta contempsero neque unquam de poenitentia, fide, precibus aut pietate cogitavero. Necessario enim salvabor, quia electionem Dei fieri necessario oportet. Sin vero praedestinatus non fuero, nihil prorsus mihi profuerit, etiamsi verbum Dei meditatus fuero, poenitentiam egero, in Christum credidero etc., quia praedestinationem Dei neque impedire neque mutare potero.

Neque vero tantum homines impii, verum etiam pii quandoque in has cogitationes veniunt et incidunt, ut, si maxime per Dei gratiam poenitentiam agant, in Christum credant et pie vivendi laudabile institutum habeant, nihilominus ita secum rem reputent: Quid? si non ab aeterno ad salutem electus seu praedestinatus es, omnis tuus conatus totusque labor tuus irritus erit. Et haec tum praecipue homini pio in mentem veniunt, cum suas infirmitates considerat et in eorum exempla animi oculos defixos habet, qui non in fide ad finem usque perseverarunt, sed a vera pietate in impietatem rursus prolapsi et apostatae facti sunt.

Contra hanc falsam opinionem et periculosas cogitationes huic solidissimo fundamento, quod exspectationem nostram fallere non potest, sed longe firmissimum est, inniti oportet, nempe: Certum est omnem scripturam divinitus inspiratam non ad alendam securitatem aut impoenitentiam, sed ad arguendum, ad erudiendum in iustitia et ad vitae emendationem propositam esse. Certum est etiam, quod omnia, quae in scriptura

---

3 ward] worden *viele Hss*   Versehen] Versehung *i o q w x y*   5/6 Isa. *bis* versehen > *ü*   7 daran] dannoch *c*   11 werde] warte *c*   15 etc. > *mehrere Hss*   17 ändern + etc. H   26 zur Seligkeit > *z*   42/3 eingegeben] gegeben *q z ö*   44 sondern] und *q*   46 Wort] Went *x*, ursprl. *o*   48 getrieben sollen ~ *e w y*   49 durch] in *w*

15/6 electionem *bis* oportet] electio Dei non erit vana, sed quod ille de me decrevit atque praedestinavit impleri necesse est   20 praedestinationem Dei] electionem

¹) Z. 1—S. 1068, 13 = Chemnitz, Handb., Frank IV 330/331.   ²) Eph. 1, 4; Jes. 14, 27; Röm. 9, 19. 11.   ³) 2. Tim. 3, 16.

W 722 der Schrift Hoffnung 'haben", Rom. 15.¹:
so ist ohn allen Zweifel in keinem Wege das
der gesunde Vorstand oder rechter Gebrauch
der Lehre von der ewigen Vorsehung Gottes,
daß dardurch entweder Unbußfertigkeit oder
Verzweiflung verursachet oder gestärket
werden. So führet auch die Schrift diese
Lehre nicht anders denn also, daß sie uns
dardurch zum Worte weiset, Eph. 1. 1. Corinth. 1., zur Buße vermahnet, 2. Tim. 3.,
zur Gottseligkeit anhält, Eph. 1. Ioh. 15.,
den Glauben stärket und unserer Seligkeit
uns vergewisset, Eph. 1. Ioh. 10. 2. Thess. 2.²

Derwegen, wann man von der ewigen
Wahl oder von der Praedestination und Verordnung der Kinder Gottes zum ewigen Leben recht und mit Frucht gedenken oder
reden will, soll man sich gewehnen, daß man
nicht von der bloßen, heimlichen, verborgenen, unausforschlichen Versehung Gottes
spekuliere, sondern³ wie der Rat, Fürsatz und
Verordnung Gottes in Christo Jesu, der das
rechte, wahre „Buch des Lebens" ist⁴, durch das
Wort uns geoffenbaret wird, nämblich daß
die ganze Lehre von dem Fürsatz, Rat, Willen
und Verordnung Gottes, belangend unser
Erlösung, Beruf, Gerecht- und Seligmachung, zusammengefasset werde, wie
Paulus⁵ also diesen Artikel handelt und erkläret, Rom. 8. Eph. 1.; wie auch Christus⁶

sacra nobis proponuntur, non ideo revelata sint, ut ad desperationem adigamur,
sed ut per patientiam et consolationem
scripturae spem habeamus. Quare haec
nequaquam erit vera et sana sententia
aut legitimus usus doctrinae de aeterna
praedestinatione Dei, quibus vel impoe-
nitentia vel desperatio in hominum mentibus excitatur aut confirmatur. Neque
vero nobis scriptura hanc doctrinam
aliter quam hoc modo proponit, ut nos
ad verbum Dei revelatum fide amplectendum ableget, ad poenitentiam agendam hortetur, ad pie vivendum invitet,
fidem nostram confirmet et de salute
nostra quam certissimos reddat.

Quare cum de aeterna electione seu 13
praedestinatione et ordinatione filiorum
Dei ad vitam aeternam recte et cum
fructu cogitare aut loqui volemus, as-
suefaciamus nos, ne nudam, occultam,
nulli homini exploratam et cognitam Dei
praescientiam ratione nostra perscrutari
conemur. Sed ad eum modum divinam
electionem meditemur, quemadmodum
Dei consilium, propositum et ordinatio
in Christo Iesu (qui est verus ille liber
vitae) per verbum nobis revelatur. To- 14
tam igitur doctrinam de proposito, consilio, voluntate et ordinatione Dei (omnia videlicet, quae ad nostram redemptionem, vocationem, iustificationem et
salutem pertinent) simul mente complec-

---

7 diese] die c   11 Gottseligkeit] Gerechtigkeit z   Eph. 1.] Eph. 3. ü   23 un-
ausforschlichen] unaussprechlichen f   26 w a. R. | Christus verus liber vitae |
29 belangend] belanget B m

19/20 recte et cum fructu >

---

¹) Röm. 15, 4.   ²) Eph. 1, 13. 14; 1. Kor. 1, 21. 30. 31; 2. Tim. 3, 16. 17; Eph. 1,
15 ff.; Joh. 15, 16. 17. 3. 4. 10. 12; Eph. 1, 9. 13. 14; Joh. 10, 27—30; 2. Thess. 2,
13—15.   ³) Vgl. WA XXXVI 61₈; XLII 670₂₈ u. o., besonders: XVIII 685₅.
Quatenus Deus sese abscondit et ignorari a nobis vult, nihil ad nos. Hic enim vere
valet illud: Quae supra nos, nihil ad nos; besonders XLIII 457 ₃₂—463 ₁₇ (dazu S. 911,
* Anm. 1); zu diesem Abschnitt die Bemerkung des pommer. Gutachtens zum TB (Balthasar,
Andere Sammlung 76): „Diesen Articul nehmen wir auch an wie das Buch die gemeine
christliche Lehre behält, als sie Lutherus in Genesi Cap. 26 und Philippus in seinen Schriften
erkläret". Schärfer der Endlich Bericht (S. 841, Anm. 1) 1570, Hh 1: daß „zu sehen in
Lutheri und Philippi Lehreschriften, wie sie dieselbigen hieher nicht gehörenden materias,
der zuvor in Servo arbitrio Lutheri und Hypotyposibus theologicis Philippi viel gedacht...
beiseit gesetzet". Joachim Ernst v. Anhalt an Wilhelm v. Hessen (Heppe III B 384); man muß
de praedestinatione a posteriori iudicieren, sc. electos esse eos, qui misericordiam propter
Christum oblatam amplectuntur", mit ausdrückl. Berufung auf den Endlich. Bericht
(Heppe III B 385); zum Weg a posteriori vgl. neben der später immer schärferen Ablehnung
der stoica necessitas (CR VIII 782/783; IX 565, 733; XXIII 392 ff.) Melanchton, CR
XXI 912 ff., dazu Ritschl, Dogmengesch. III 20 ff. Für die kennzeichnende Stellung dieses
Art. im ganzen der FC vgl. bereits beim jungen Luther Römerbriefvorlesung Schol. 226,
* 15 ff., dazu E. Wolf, Staupitz u. Luther 211 ff., 213 Anm. 1.   ⁴) Phil. 4, 3; Apok. 3, 5;
20, 15; die hier vorliegende Gleichsetzung stammt wohl von Brenz, vgl. Ritschl IV 111.
⁵) Röm. 8, 28 ff.; Eph. 1, 4 ff.   ⁶) Matth. 22, 2—14.

in der Parabel Matth. 22., nämlich daß Gott in seinem Fürsatz und Rat verordnet habe: 1. Daß wahrhaftig das menschliche Geschlecht erlöset und mit Gott versöhnet sei durch Christum, der uns mit seinem unschuldigen Gehorsam, Leiden und Sterben „Gerechtigkeit, die vor Gott gilt"[1], und das ewige Leben verdienet habe. 2. Daß solch Verdienst und Wohltaten Christi durch sein Wort und Sakrament uns sollen fürgetragen, dargereicht und ausgeteilet werden. 3. Daß er mit seinem H. Geiste durch das Wort, wann >es< geprediget, gehöret und betrachtet wird, in uns wölle kräftig und tätig sein, die Herzen zu wahrer Buß bekehren und im rechten Glauben erleuchten. 4. Daß er alle die, so in wahrer Buß durch rechten Glauben Christum annehmen, gerechtmachen, sie zu Gnaden, zur Kindschaft und Erbschaft des ewigen Lebens annehmen wölle. 5. Daß er auch die also gerechtfertiget heiligen wölle in der Liebe, wie S. Paulus Eph. 1. sagt[2]. 6. Daß er sie auch in ihrer großen Schwachheit wider Teufel, Welt und Fleisch schützen und auf seinen Wegen regieren und führen, da sie strauchlen, wieder aufrichten, in Kreuz und Anfechtung trösten und erhalten wölle. 7. Daß er auch in ihnen das gute Werk, so er angefangen hat, stärken, mehren und bis ans Ende erhalten wölle, wo sie an Gottes Wort sich halten, fleißig beten, an Gottes Güte bleiben und die empfangene Gaben treulich brauchen. 8. Daß er endlich dieselbigen, so er erwählet, berufen und gerecht gemacht hat, auch im ewigen Leben ewig selig und herrlich machen wölle.

tamur. Sic enim divus Paulus hunc articulum in scriptis suis tractavit et explicuit, idem fecit Christus in parabola illa de nuptiis regiis, quod videlicet Deus in suo consilio et proposito decreverit haec:

I. Ut humanum genus vere redimeretur atque cum Deo per Christum reconciliaretur, qui nobis innocentia atque perfectissima obedientia, passione ac morte acerbissima iustitiam, quae coram ipso valet, et vitam aeternam promeruit.

II. Ut Christi meritum eiusque beneficia per verbum et sacramenta nobis offerrentur, exhiberentur et distribuerentur.

III. Decrevit etiam se spiritu sancto suo per verbum annuntiatum, auditione perceptum et memoriae commendatum velle in nobis efficacem esse et corda ad veram poenitentiam agendam inflectere et in vera fide conservare.

IV. Illius aeternum propositum est, quod omnes, qui poenitentiam vere agunt et Christum vera fide amplectuntur, iustificare, in gratiam recipere et in filios et heredes vitae aeternae adoptare velit.

V. Et quod fide iustificatos in vera caritate sanctificare velit, ut apostolus testatur Ephes. 1.

VI. Idem in aeterno suo consilio proposuit se iustificatos etiam in multiplici et varia ipsorum infirmitate adversus diabolum, mundum et carnem defensurum, et in viis suis deducturum atque gubernaturum, et, si lapsi fuerint, manum suppositurum, ut in cruce atque tentationibus solidam consolationem percipiant atque ad vitam conserventur.

VII. Illius aeternum decretum est, quod opus illud bonum a se in illis inceptum promovere atque confirmare et ad finem usque conservare velit, si modo verbo ipsius tanquam scipioni constanter innitantur, ipsius opem ardentibus precibus implorent, in gratia Dei perseverent et dona accepta fideliter et bene collocent.

---

2 und > B   3 1.] Erstlich t   7/8 Gerechtigkeit bis Leben > y   13 gehöret > B   16 erleuchten] erhalten c n Konk   22 S. > ü   Paulus + zun a   23 Daß] Da g   24 Teufel, Welt ~ w   29 er + in ihnen m

4/6 quod bis haec] Nos totam hanc doctrinam, quam fieri potest, in brevissima aliquot capita redigemus, quae omnia ad salutarem huius articuli meditationem in conspectu haberi prodest. I. Deus in suo consilio proposuit, decrevit atque instituit   13 II. + Eiusdem aeternum decretum est   28 V. + Eiusdem aeterna et immota voluntas est   35 suis + divinis

---

[1] Röm. 1, 17; 2. Kor. 5, 21.   [2] Eph. 1, 4.

Und[1] hat Gott in solchem seinem Rat, Fürsatz und Verordnung nicht allein ingemein die Seligkeit bereitet, sondern hat auch alle und jede Personen der Auserwählten, so durch Christum sollen selig werden, in Gnaden bedacht, zur Seligkeit erwählet, auch verordnet, daß er sie auf diese Weise, wie jtzt gemeldet, durch seine Gnade, Gaben und Wirkung darzu bringen, helfen, fürdern, stärken und erhalten wölle.

Dies alles wird nach der Schrift in der Lehr von der ewigen Wahl Gottes zur Kindschaft und ewigen Seligkeit begriffen, soll auch darunter verstanden und nimmer | ausgeschlossen noch | unterlassen werden, wann man redet von dem Fürsatz, Versehung, Wahl und Verordnung Gottes zur Seligkeit; und wenn also nach der Schrift die Gedanken von diesem Artikel gefasset werden, so kann man sich durch Gottes Gnaden einfältig drein richten.

Es gehöret auch dies zu ferner Erklärung und heilsamen Brauch der Lehre von der Versehung Gottes zur Seligkeit: weil allein die Auserwählten selig werden, „deren Namen geschrieben stehen im Buch des Lebens"[2], wie man das wissen, woraus und warbei erkennen könne, welche die Auserwählten sind, die sich dieser Lehr zum Trost annehmen können und sollen?

Und hiervon[3] sollen wir nicht urteilen nach unserer Vernunft, auch nicht nach dem Gesetz oder aus einigem äußerlichen Schein, sollen wir uns nicht unterstehen, den heimlichen, verborgenen Abgrund göttlicher Vorsehung zu forschen[4], sondern auf den geoffenbarten Willen Gottes achtgeben. Dann

VIII. Ille idem in aeterno consilio suo decrevit, quod eos, quos elegit, vocavit, iustificavit, in altera, aeterna illa vita salvos facere et aeterna gloria ornare velit.

Et quidem Deus illo suo consilio, proposito et ordinatione non tantum in genere salutem suorum procuravit, verum etiam omnes et singulas personas electorum (qui per Christum salvandi sunt) clementer praescivit, ad salutem elegit et decrevit, quod eo modo (quem iam recitavimus) ipsos per suam gratiam, dona atque efficaciam salutis aeternae participes facere, iuvare, eorum salutem promovere, ipsos confirmare et conservare velit.

Haec omnia secundum scripturam in articulo praedestinationis et aeternae electionis divinae ad adoptionem in filios et ad aeternam salutem comprehenduntur, universa illa, de quibus diximus, sub hoc articulo complecti debemus, nec quicquam horum excludendum aut omittendum est, quando de proposito Dei, praedestinatione, electione et ordinatione ad vitam aeternam agitur. Et cum secundum scripturam de hoc negotio cogitatur, per gratiam Dei hic articulus et perspicue et dextre intelligi et salubriter tractari potest.

Sed et hoc ad pleniorem huius negotii declarationem et salutarem usum doctrinae de divina praedestinatione electorum ad salutem cognitu est necessarium: cum videlicet soli electi salventur, quorum nomina scripta sunt in libro vitae, quomodo et unde agnosci possit, quinam sint electi et quibus haec doctrina solatio esse possit et debeat.

De hac autem quaestione non iudicandum est ex rationis nostrae sententia, sed neque ex lege, neque ex ulla aliqua externa specie. Et cavendum est, ne absconditam et occultissimam abyssum divinae praedestinationis pervestigare conemur. Quin potius in revelatam Dei

---

11 zur Seligkeit > w   12/3 verordnet bis gemeldet > y   12 daß + und H urspr. A diese] die viele Hss   20 Seligkeit] Leben ā   21 und] auch H   nimmer] nimmermehr B f s   21/2 ausgeschlossen] ausgelassen ū   22 noch] oder H ā   noch unterlassen > i o   38 warbei + man m n o t v x   43 einigem] eigenem B f s x, z. T. Konk 44 uns] auch f   46 forschen] erforschen m u z   auf] auch g

11 salutem + consequendam   16 et] denique ad aeternam vitam   18 secundum scripturam >   20/1 ad bis et >   21/2 comprehenduntur + si modo secundum sacrarum litterarum doctrinam proponatur   43 ulla >

---

[1]) Z. 6—15 etwa Chemnitz, Handb., Frankf IV 336.   [2]) Phil. 4, 3; Apok. 20, 15.
[3]) Z. 41—S. 1071, 22 = Chemnitz, Handb., Frankf IV 337.   [4]) Vgl. S. 1068, Anm. 3.

er hat uns offenbaret und „wissen lassen das Geheimnus seines Willens" und hat dasselbige herfürgebracht durch Christum, daß es geprediget werde, Eph. 1. 2. Timoth. 1.[1]

Dasselbige aber wird uns also geoffenbaret, wie Paulus spricht[2] Rom. 8.: Die Gott vorsehen, erwählet und verordnet hat, die hat er auch berufen. Nu berufet Gott nicht ohne Mittel, sondern durch das Wort, wie er denn befohlen hat, zu predigen Buß und Vorgebung der Sünden. Dergleichen bezeuget auch Sankt Paulus, da er geschrieben: „Wir seind Botschaften an Christus statt, und Gott vormahnet durch uns: lasset euch versöhnen mit Gott"[3], 2. Corinth. 5. Und die Gäste, welche der König zu seines Sohnes Hochzeit haben will, lasset er durch seine ausgesandte Diener berufen, Matth. 22., etzliche zur ersten, etzliche zur andern, dritten, sechsten, neunten, auch wohl zur eilften Stunde, Matth. 20.[4]

Derhalben, wann wir unsere ewige Wahl zur Seligkeit nützlich betrachten wollen, müssen wir in allwege steif und fest darüber halten, daß wie die Predigt der Buße also auch die Verheißung des Evangelii universalis, das ist, über alle Menschen gehe[5], Lucae 24. Darumb Christus befohlen hat, zu predigen „in seinem Namen Buß und Vorgebung der Sünden unter allen Völkern". Dann Gott hat „die Welt geliebet" und derselben seinen Sohn gegeben. Joh. 3. Christus hat der Welt Sünde getragen, Joh. 1.; sein Fleisch gegeben „für der Welt Leben", Joh. 6.; sein Blut „ist die Versöhnung für der ganzen Welt" Sünde, 1. Joh. 1. Christus spricht: „Kommet alle zu mir, die ihr beladen seid, ich will euch erquicken", Matth. 11. „Gott hat alles beschlossen unter dem Unglauben, auf daß er sich aller er-

voluntatem intueri nos oportet. Etenim certos nos reddidit de mysterio suae voluntatis idque ex arcano illo consilio suo per Christum in lucem produci curavit, ut publice praedicaretur.

Ad hunc modum autem nobis illud arcanum consilium Dei revelatur. Quos praedestinavit, elegit et praeordinavit (inquit Paulus Rom. 8.), hos et vocavit. Dominus autem non solet homines immediate vocare, sed per verbum; unde et praecepit, suo nomine praedicari poenitentiam et remissionem peccatorum. Idem testatur Paulus 2. Cor. 5. dicens: Pro Christo legatione fungimur, tamquam Deo exhortante per nos. Obsecramus pro Christo, reconciliamini Deo. Et parabola evangelica docet convivas, quos rex ad filii sui nuptias convenire volebat, per emissos ipsius ministros invitatos et vocatos esse. Et sane Dominus in vineam suam vocat, alios quidem hora prima, alios tertia, sexta, nona, vel etiam undecima hora, Matth. 20.

Si igitur aeternam electionem ad salutem utiliter considerare voluerimus, firmissime et constanter illud retinendum est, quod non tantum praedicatio poenitentiae, verum etiam promissio evangelii sit universalis, hoc est, ad omnes homines pertineat. Eam ob causam Christus iussit praedicari in nomine suo poenitentiam et remissionem peccatorum in omnes gentes. Deus enim mundum dilexit eique filium suum unigenitum donavit. Christus peccata mundi sustulit. Idem carnem suam tradidit pro mundi vita. Ipsius sanguis propitiatio est pro totius mundi peccatis. Christus dicit: Venite ad me omnes, qui laboratis et onerati estis, et ego reficiam vos. Deus omnia in incredulitate conclusit, ut omnium misereatur. Non

---

7 spricht + zun *v*   13 bezeuget auch] auch zeuget *m*   14 Christus] Christi *B f*
16 mit] durch *B*   21 auch] und *q*   27 steif und fest ~ *ä*   28 wie] wir *c*
29 Verheißung] Vorsehung *ä*   30 universalis + sei *w*   32 hat > *B*   33 Völkern
+ [und anfangen] *A*   40 alle zu mir] zu mir alle *mehrere Hss*.

3 consilio suo] consilii sui   6 illud + Dei Optimi Maximi   7 Dei >
8 elegit et praeordinavit >   11 verbum + eos, quos vult, vocat   12 suo] ut
ipsius   12/3 praedicari >   13 poenitentiam et remissionem] poenitentia et remissio
13/4 peccatorum + praedicentur   14 2. Co. 5.] alibi   18 evangelica + de regiis nuptiis
24 Matth. 20.] ut alia Christi parabola testatur   30 evangelii + revera   34 Deus]
Christus <!>   38 Ipsius sanguis] Ipse   39 est + non pro nostris tamen, sed et

---

[1]) Eph. 1, 9. 10; 2. Tim. 1, 9—11.   [2]) Röm. 8, 29. 30.   [3]) 2. Kor. 5, 20.
[4]) Matth. 22, 2—14; 20, 1—16.   [5]) Luk. 24, 47; Joh. 3, 16; 1, 29; 6, 51; 1. Joh.
2, 2, vgl. 1, 7; Matth. 11, 28; Röm. 11, 32; 2. Petr. 3, 9; Röm. 10, 12; 3, 22; Joh. 6,
(39). 40; Luk. 24, 47; Mark. 16, 15.

barme", Rom. 11. „Der Herr will nicht, daß jmandes vorloren werde, sondern daß sich jedermann zur Buße kehre", 2. Pet. 3. „Er ist aller zumal ein Herre, reich über alle, die ihn anrufen", Rom. 10. Die Gerechtigkeit „kumpt durch den Glauben an Christum zu allen und auf alle, die gläuben", Rom. 3. „Das ist der Wille des Vaters", daß alle, die an Christum gläuben, das ewige Leben haben sollen, Joh. 6. Also ist Christus Befehlch, daß ingemein allen, denen Buß gepredigt wird, auch diese Vorheißung des Evangelii soll fürgetragen werden, Luc. 24. Marci. 16.

Und solchen Beruf Gottes, so durch die Predigt des Worts geschicht, sollen wir vor kein Spiegelfechten halten, sondern wissen, daß dardurch Gott seinen Willen offenbaret, daß er in denen, die er also beruft, durchs Wort wirken wölle, daß sie erleuchtet, bekehret und selig werden mögen.

Dann das Wort, dardurch wir berufen werden, ist ein Ambt des Geistes, „das den Geist gibt" oder dardurch der Geist gegeben wird, 2. Cor. 3.; und ein „Kraft Gottes" selig zu machen[1], Rom. 1. Und weil der Heilige Geist durchs Wort kräftig sein, stärken, Kraft und Vormugen geben will, so ist Gottes Wille, daß wir das Wort annehmen, gläuben und demselben folgen sollen.

Daher werden die Auserwählten also beschrieben[2], Joh. 10.: „Meine Schafe hören meine Stimme und ich kenne sie, und sie folgen mir, und ich gebe ihnen das ewige Leben." Und Eph. 1.: Die „nach dem Fürsatz" verordnet sein zum „Erbteil", die hören das Evangelium, gläuben an Christum, beten und danken, werden geheiliget in der Liebe, haben Hoffnung, Geduld und Trost im Kreuz, Rom. 8., und ob dies alles gleich sehr schwach in ihnen ist, haben sie doch Hunger und Dorst nach der Gerechtigkeit, Matth. 5.

Also gibt der Geist Gottes den Auserwählten „Zeugnus, daß sie Kinder Gottes" sind, und do sie „nicht wissen, was sie beten sollen, wie sichs gebühret", vertritt er sie „mit unaussprechlichen Seufzen", Rom. 8.[3]

vult Dominus aliquos perire, sed omnes ad poenitentiam reverti. Idem Dominus omnium, dives in omnes, qui invocant illum. Iustitia Dei per fidem Iesu Christi (venit) in omnes et super omnes, qui credunt in eum. Et haec est voluntas patris, ut omnes, qui in Christum credunt, vitam aeternam habeant. Et vult Christus, ut in genere omnibus, quibus poenitentia agenda praedicatur, etiam haec promissio evangelii proponatur.

Et hanc vocationem Dei, quae per verbum evangelii nobis offertur, non existimemus esse simulatam et fucatam, sed certo statuamus Deum nobis per eam vocationem voluntatem suam revelare, quod videlicet in iis, quos ad eum modum vocat, per verbum efficax esse velit, ut illuminentur, convertantur et salventur. Verbum enim illud, quo vocamur, ministerium spiritus est, quod spiritum sanctum adfert, seu per quod spiritus sanctus hominibus confertur, et est virtus Dei ad salutem omni credenti. Cum igitur spiritus sanctus per verbum efficax esse, nos corroborare et vires subministrare velit, profecto vult Dominus, ut verbum evangelii recipiamus, ei credamus atque pareamus.

Qua de causa electi his notis in sacris litteris, ab aliis discernendi, describuntur: Oves meae vocem meam audiunt, et ego cognosco eas et sequuntur me et ego illis do vitam aeternam. Et: qui secundum propositum ordinati sunt ad capiendam hereditatem, audiunt evangelion, credunt in Christum, invocant Deum eique gratias agunt, sanctificantur in caritate, perseverant in spe, patientia et consolatione sub cruce. Et quamvis haec bona omnia in ipsis adhuc tenuia atque infirma sint, tamen esuriunt et sitiunt iustitiam.

Sic scilicet spiritus Dei testimonium electis perhibet, quod sint filii Dei, et cum, quid petendum sit, nesciunt, sicut oportet, ipse spiritus pro eis intercedit gemitibus inenarrabilibus.

---

8 3.] 8. ü   10 Joh. + am d   10/1 Christus] Christi f 8   15 Gottes > ü
27 kräftig + [ist] A   30 demselben] dem H   33/4 beschrieben] geschrieben o x
47 Geist Gottes] Heilig Geist B

23 quo + ad agnitionem Christi   36 et (1.) bis me >   49/50 sicut oportet >

---

[1]) 2. Kor. 3, 8; Röm. 1, 16.   [2]) Joh. 10, 27; Eph. 1, 11. 13; Röm. 8, 25; Matth. 5, 6.
[3]) Röm. 8, 16—26.

So zeuget auch die Heilige Schrift, daß Gott, der uns berufen hat, so getreu sei, wann er „das gute Werk in uns angefangen hat", daß ers auch bis ans Ende erhalten und vollführen wölle, wo wir uns nicht selbst von ihme abkehren, sondern „das angefangene Wesen bis ans Ende feste behalten", darzu er dann seine Gnade verheißen hat, 1. Cor. 1. Phil. 1. 2. Pet. 3. Ebr. 3.[1]

Mit diesem geoffenbarten Willen Gottes sollen wir uns bekommern, demselben zu folgen und uns desselben befleißigen, weil der Heilige Geist durchs Wort, dardurch er uns beruft, Gnade, Kraft und Vermugen darzu vorleihet, und den Abgrund der vorborgenen Versehung Gottes nicht forschen, wie Luc. 13. geschrieben[2], do einer fraget: „Herr, meinest du, daß wenig selig werden?" antwortet Christus: „Ringet ihr darnach, daß ihr durch die enge Pfort eingehet." Also spricht Lutherus: „Folge du der Epistel zun Römern in ihrer Ordnung, bekümmere dich zuvorn mit Christo und seinem Evangelio, daß du deine Sünde und seine Gnade erkennest, darnach mit der Sünde streitest, wie Paulus vom ersten bis ins achte Kapitel lehret, darnach wenn du im achten Kapitel in Anfechtung unter Kreuz und Leiden kommen wirst, das wird dich lehren im 9. 10. und 11. Kapitel die Versehung, wie tröstlich die seie" etc.[3]

Daß[4] aber „viel berufen seind und wenig auserwählet"[5], kompt nicht daher, daß es mit Gottes Beruf, so durchs Wort geschicht, die Meinung haben sollt, als spreche Gott: Äußerlich durchs Wort berufe ich euch wohl alle, denen ich mein Wort gebe, zu meinem Reich, aber im Herzen meine ichs nicht mit allen, sondern nur mit etlichen

Praeterea scriptura testatur Deum, qui nos vocavit, adeo fidelem esse, ut, cum bonum opus in nobis incoeperit, illud conservare et continuare atque ad finem usque perducere et perficere velit, si modo non ipsi nos ab eo avertamus, sed initium substantiae usque ad finem firmum retineamus; ad quam constantiam suam nobis gratiam promisit.

Hanc revelatam Dei voluntatem inquiramus, meditemur atque, ut eidem pareamus, sedulo elaboremus, quandoquidem spiritus sanctus per verbum (quo nos vocat) gratiam vires et facultatem largiri vult; arcanae autem et occultae praedestinationis divinae abyssum perscrutari ne conemur. In hanc sententiam Christus cuidam curiose interroganti, an pauci salvarentur, respondit: Contendite, ut intretis per angustam portam. Et D. Lutherus inquit: Eodem ordine, quem Paulus in epistola ad Romanos observavit, procede. Prima tua cura sit de Christo eiusque evangelio, ut et tua peccata et ipsius gratiam atque clementiam agnoscas. Deinde luctare cum peccato, sicut docet Paulus a primo capite usque ad octavum. Postea, ubi (in octavo capite) sub cruce, tentationibus et afflictionibus exercitatus fueris, nonum, decimum et undecimum caput recte te docebunt, quanta in praedestinatione divina consolatio reposita sit. *In praefatione super epistolam ad Romanos.*

Quod autem multi vocati sunt, pauci vero electi, eius rei causa non est vocatio divina, quae per verbum fit, quasi Dei haec sit sententia: Ego quidem vos, quibus verbum meum propono, externe per id verbum omnes voco ad regni mei coelestis participationem, at in corde meo non de omnibus serio ad salutem

---

11 zu > *nox* Konf   15 vorleihet] erleidete *x*   23 seinem] dem *ü*   27/30 lehret bis Kapitel > *o*   27/8 darnach *bis* Kapitel > *x*   27 im] ins *viele Hss*   aufs *B*   28 unter] wider *B* und *y*   + dem *f*   30 lehren] lernen *a*   31 die] sie *w* etc. > *B, einige Hss*   36 seind > *o*   37 es > *k x*   43 nicht] nur *x*

4 conservare et >   5 perducere] producere   8 ad quam] atque ad eam   constantiam + retinendam   9 nobis + opem et   21 inquit] ea de re praeclaram et saluberrimam admonitionem nobis reliquit. Tu (inquit Lutherus) 22/3 Romanos + conscribenda   28/9 sicut. docet] in te adhuc habitante, de quibus rebus 30 octavum + agit   33 te + articulum praedestinationis   docebunt + ut demum intelligas   38 quae *bis* fit >   quasi + ea simulata esset, non seria. Neque enim

---

[1]) 1. Kor. 1, 8; Phil. 1, 6ff.; 2. Petr. 3, 9; Hebr. 3, 14. 6.   [2]) Luk. 13, 23. 24.
[3]) EA LXIII 135.   [4]) Z. 36—41 = Chemnitz, Handb., Frank IV 338/9.   [5]) Matth. 20, 16; 22, 14.

wenigen; dann es ist mein Wille, daß der größte Teil von denen, so ich durchs Wort berufe, nicht sollen erleuchtet noch bekehret werden, sondern vordammet sein und bleiben, ob ich mich gleich durchs Wort im Beruf anders gegen sie erkläre. Hoc enim esset Deo contradictorias voluntates affingere¹, | das ist, | solchergestalt würde gelehret, daß Gott, der doch die ewige Wahrheit ist, ihme selbst zuwider sein sollte; so doch Gott solche Untugend, da man sich eins Dinges erkläret und ein anders im |Herzen gedenkt und meinet, auch an Menschen strafet Psal. 5. und 12.² Dardurch uns auch der nötige, tröstliche Grund ganzlich ungewiß und zunichte gemacht, da wir täglich erinnert und vermahnet werden, daß wir alleine aus Gottes Wort, dardurch er mit uns handelt und uns beruft, lernen und schließen sollen, was sein Wille gegen uns sei und was uns solches zusagt und verheißet, daß wir das gewiß gläuben und doran nicht zweifeln sollen.

vocandis, sed de paucis tantum cogito. Voluntas enim mea haec est, ut maior eorum, quos per verbum voco, pars neque illuminetur neque convertatur, sed condemnetur atque in aeterna morte maneat, etsi per verbum meum, quo vocantur, aliter meam illis mentem declaro etc. Hoc enim esset Deo contradictorias voluntates affingere, quasi is, qui aeterna veritas est, secum ipse dissentiret, aut aliud loqueretur, aliud vero corde premeret. Hanc levitatem, hanc improbitatem (cum aliud verbis proponitur, aliud in corde fovetur) Deus ipse etiam in hominibus arguit et punit, ut David aliquoties testatur. Et hac ratione fundamentum fidei nostrae maxime necessarium et consolationis verae plenissimum prorsus verteretur, ex quo nobis quotidie admonitiones hae adferuntur et inculcantur, quod ex solo Dei verbo (per quod nobiscum agit nosque vocat) dicere atque statuere debeamus, quae sit ipsius erga nos voluntas, et quod omnia illa, quae nobis in verbo Domini promittuntur, firma fide amplecti neque de iis ulla ratione dubitare debeamus.

Derhalben auch Christus die Vorheißunge des Evangelii nicht allein läßt ingemein fürtragen, sondern durch die Sakrament, die er als Siegel der Vorheißung angehenkt, und | darmit³ einen jeden Gläubigen insunderheit bestätiget. |

Et quidem eam ipsam ob causam (ne de revelata Dei erga nos voluntate dubitemus) promissionem evangelii Christus non tantum generaliter proponi curat, sed etiam sacramenta promissioni annectere voluit, quibus tanquam sigillis ad promissionem appensis unicuique credenti promissionis evangelicae certitudinem confirmat.

Darumb behalten wir auch, wie die Augsburgische Confession articulo 11. saget⁴, die Privatabsolution und lehren, daß es Gottes Gebot sei, daß wir solcher „Absolu-

Ea de causa retinemus etiam privatam absolutionem (ut Augustana Confessio articulo undecimo loquitur) docentes Dei mandatum esse, ut absolutioni fidem

---

2 von] vor Konk   ich > x   3 erleuchtet + werde y   noch] und viele Hss
5 gleich > ü   7 voluntates] voluptates n   8 | das ist | statt [dann] A, + denn Cor
10 ist + an c   11 solche] da man sich solcher c   12 im] in seinem d   14 und > f k t
et z   19 uns (2.) > d   21 solches] solcher s   30 sondern + dieselbige n o t v x y
z. T. Konk   durch] auch B   31 angehenkt + versiegelt f k l n r t w x y   32/3 | darmit
bis bestätiget |] obsigniret, dieselbige damit bestätiget, das ist, er eignet zu und versiegelt
dieselbige einem jeden Gläubigen insonderheit versiegelt und bestätiget H   [obsigniret,
das ist, er eignet zu und versiegelt einem jeden Glaubigen insunderheit] A   insunderheit + versiegelt und ö

---

8 etc.]   Absit longissime, ne quid tale de Deo nostro cogitemus aut suspicemur
23 dicere] discere   30 Christus] Dominus   33 quibus] His enim

---

¹) Zusatz in SSC auf Grund der Notationes Lubecae factae 15, Bertram IIB 199. Zur Sache vgl. neben versch. Formen reformierter Prädestinationstheologie (Ritschl III 243ff.) und später besonders schroff Piscator, Disp. de praed. 1598, 143 (Frank IV 310, Anm. 200, Ritschl III 312), auch WA XVIII 684₃₂ bis 686₁₃; 689₁₈—690₈ (vor allem 30ff.!), sofern man hier „dyotheistisch" deutet (Ritschl III 10ff.).   ²) Ps. 5, 10. 11; 12, 3. 4.   ³) Darüber | N. | ⁴) CA XI, S. 66.

tion glauben und für gewiß halten sollen, daß wir so wahrhaftig, wenn wir dem Wort der Absolution glauben, Gott versöhnet werden, als hätten wir eine Stimme vom Himmel gehöret", wie die Apologia[1] diesen Artikel erkläret; welcher Trost uns ganz und gar genommen, wenn wir nicht aus dem Beruf, der durchs Wort und durch die Sakrament geschicht, von Gottes Willen gegen uns schließen sollten.

Es würde uns auch der Grund umbgestoßen und genommen, daß der H. Geist bei dem gepredigten, gehörten, betrachten Worte gewißlich gegenwärtig und dardurch kräftig sein und wirken wölle. Derhalben hats die Meinung in keinem Wege, davon hievor Meldung geschehen, daß nämblich diejenigen die Auserwählten sein soll. n, wann sie gleich das Wort Gottes verachten, von sich stoßen, lästern und verfolgen, Matth. 22. Act. 15.[2]; oder wenn sie es hören, ihre Herzen verstocken Ebr. 4., dem H. Geist widerstreben Act. 7., ohn Buß in Sünden vorharren Luc. 14., an Christum nicht wahrhaftig glauben, Mar. 16., nur einen äußerlichen Schein führen, Matth. 7. und 22., oder außer Christo andere Wege zur Gerechtigkeit und Seligkeit suchen, Rom. 9. Sondern wie Gott in seinem | Rat | verordnet hat, daß der Heilige Geist die Auserwähleten durchs Wort berufen, erleuchten und bekehren und daß ¹er alle die, so durch rechten Glauben Christum annehmen, gerecht und selig machen wölle[3]: also hat er auch in seinem Rat beschlossen, daß er diejenigen, so durch Wort berufen werden, wann sie das Wort von sich stoßen und dem Heiligen Geist, der in ihnen durchs Wort kräftig sein und wirken will, widerstreben und darin vorharren, sie vorstocken, verwerfen und

habeamus ac certo statuamus tam vere (quando verbis absolutionis fidem habemus) Deo reconciliatos nos esse, ac si vocem coelitus delapsam ea de re audivissemus, quam sententiam etiam Apologia confirmat. Haec vero consolatio eximia prorsus nobis eriperetur, si non ex vocatione, quae fit per verbum et sacramenta, de voluntate Dei erga nos statuendum esset.

Quin etiam illud fundamentum religionis nostrae everteretur, quod credimus spiritum sanctum cum verbo praedicato, audito et diligenter considerato praesentem atque efficacem esse et operari velle. Quare nequaquam sentiendum est, ut paulo ante monuimus, eos etiam in electorum numero habendos, qui verbum Dei contemnunt, repellunt, exsecrantur atque persequuntur, qui audito verbo corda sua contra illud obfirmant, qui spiritui sancto resistunt, qui in peccatis absque poenitentia perseverant neque in Christum vere credunt, externa tantum specie pietatem prae se ferunt aut extra Christum alias iustitiae et salutis rationes quaerunt. Ut enim Deus in aeterno suo consilio ordinavit, ut spiritus sanctus electos per verbum vocet, illuminet atque convertat atque omnes illos, qui Christum vera fide amplectuntur, iustificet atque in eos aeternam salutem conferat: ita in eodem suo consilio decrevit, quod eos, qui per verbum vocati illud repudiant et spiritui sancto (qui in ipsis per verbum efficaciter operari et efficax esse vult) resistunt et obstinati in ea contumacia perseverant, indurare, reprobare et aeternae damnationi devovere velit. Et secundum has

---

2 wir (2.)] sie c d   8 durch die] durchs x   10 uns + erst w   16 hievor] hierin weiter z   18 die] so z   sollten + so durchs Wort berufen werden Müller 712, m
22/3 Ebr. bis widerstreben > c   26 und > B f k t   et s z   27 22.] 27. n t
29/30 verordnet] versehen ö   32 bekehren + solle H, urspr. A   so + er H, urspr. A
33 Glauben + an ü, urspr. A   34 in > x   37 Wort + nit c e   38 kräftig + [ist] A
40 vorstocken] verstricken z

14 considerato] meditato   15/6 et operari >   22/3 in peccatis bis perseverant] poenitentiam non agunt   24 vere >   credunt + qui   25 tantum] quadam
27 Deus + Optimus Maximus   37 et bis vult] paratus esset

---

[1]) Apol. IX, S. 250, 2ff.   [2]) Matth. 22, 5. 6; Apg. 13 (nicht 15!), 40f. 46; Hebr. 4, 2. 7; Apg. 7, 51; Luk. 14, 18. 24; Mark. 16, 16; Matth. 7, 15; 22, 12; Röm. 9, 31.
[3]) Vgl. — unter Beachtung der Ablehnung des Wertes einer verursachenden Leistung in FC (S. 1088, Anm. 5) — die Anwendung der für Melanchthon bedeutsamen Regel fides ex auditu (Ritschl III 24) auf die Prädestinationslehre, CR XXI 916 (Loci, 1543): Omnis, qui audit a Patre et discit, venit ad me. Oritur Deus et trahit verbo suo et Spiritu sancto, sed audire nos oportet et discere, id est, apprehendere promissionem et assentiri, non repugnare, non indulgere diffidentiae et dubitationi.

verdammen wölle. Und also sind „viel berufen und wenig auserwählet"[1].

Dann wenig nehmen das Wort an und folgen ihme, der größeste Haufe verachtet das Wort und will zu der Hochzeit nicht kommen[2].

Solcher Verachtung des Worts ist nicht die Ursach Gottes Versehung, sonder des Menschen vorkehrter Wille, der das Mittel und Werkzeug des H. Geistes, so ihm Gott durch den Beruf fürträget, von sich stößet oder verkehret und den H. Geist, der durchs Wort kräftig sein will und wirket, widerstrebet, wie Christus spricht: „Wie oft hab ich dich versamblen wöllen, und du hast nicht gewollt", Matth. 23.[3]

Also nehmen ihr viel „das Wort mit Freuden an", aber darnach „fallen sie wieder abe"[4], Luc. 8. | Die Ursach aber ist nicht, | als wollte Gott ihnen, in welchen er „das gute Werk angefangen", die Gnade zur Beständigkeit[5] nicht geben, dann das ist wider S. Paulum, Philipp. I.[6]; sondern die Ursach ist, weil sie sich mutwillig von dem heiligen Gebot wieder abwenden, den Heiligen Geist betrüben und verbittern, in den Unflat der Welt sich wieder einflechten, dem Teufel die Herberge des Herzen wieder schmücken, mit wellichen das Letzte ärger wird dann das Erste, 2. Pet. 2. Luc. 11. Ebr. 10.[7]

Und soferne ist uns das Geheimnis der Versehung in Gottes Wort geoffenbaret, und wenn wir dabei bleiben und uns daran halten, so ist es gar ein nützliche, heilsame, tröstliche Lehre; dann sie bestätiget gar gewaltig den Artikel, daß[8] wir ohn alle unsere Werk und Verdienst, lauter aus Gnaden, allein umb Christus willen, gerecht und selig werden. Dann vor der Zeit der Welt, ehe wir gewesen sind, ja „ehe der Welt Grund gelegt"[9], da wir ja nichts Guts

rationes intelligendum est, quod scriptura dicit: Multos vocatos, paucos vero electos esse.

Pauci enim verbum Dei serio recipiunt eique sincere obtemperant, maior pars contemnit verbum neque in regiis illis nuptiis vult comparere. Huius contemptus verbi non est in causa vel praescientia vel praedestinatio Dei, sed perversa hominis voluntas, quae medium illud et instrumentum spiritus sancti, quod Deus homini per vocationem offert, reiicit aut depravat et spiritui sancto, qui per verbum efficaciter operari cupit, repugnat, sicut Christus dicit: Quoties volui congregare te, et noluisti?

Multi quidem verbum Dei initio magno gaudio recipiunt, sed postea rursus deficiunt. Eius autem rei causa non haec est, quasi Deus illis, in quibus bonum illud opus iam incepit, gratiam suam ad perseverandum dare nolit; hoc enim cum Pauli verbis pugnat. Sed vera causa defectionis ipsorum est, quod sese a sancto Dei praecepto rursus, et quidem petulanter, avertunt, quod spiritum sanctum contristant et exasperant, quod coinquinationibus huius mundi rursus sese implicant et Satanae hospitium cordis sui adornant. Horum hominum posteriora deteriora fiunt prioribus.

Hucusque sacra scriptura in revelando divinae praedestinationis mysterio progreditur. Quodsi intra has metas nos continuerimus et verbo Dei revelato innixi fuerimus, profecto doctrina illa amplissima consolationis verae materiam nobis suppeditabit. Egregie enim praedestinationis doctrina articulum iustificationis confirmat, quod videlicet gratuito, sine omnibus operibus et meritis nostris, ex mera gratia, propter solum

---

6 und > c   12 oder] und *k l z*   13 und] oder *k*   15 spricht > *f*   sagt *B*
18 viel] >ein< Teil *s*   19 darnach] hernach *y*   20 Die *bis* nicht] aber nicht der Ursach *H ü, urspr. A*   nicht + nit *c*   22/3 Beständigkeit] Seligkeit *o x*   26 Gebot] Gebet *f*   wieder] wiederumb *H*   33 uns > *y*   40 Christus] Christi *B f s y*

7/8 Huius contemptus verbi] Quod autem verbum Dei contemnitur   15 sicut Christus dicit] De hac autem contumacia Christus loquitur, cum dicit   16 te] filios tuos quemadmodum gallina congregat pullos suos sub alas   21 est + fingenda   22 illud >   23 hoc enim] haec enim falsa opinio   24 verbis + quae de hac re ad Philippenses scripsit   25 est] haec   26/7 rursus *bis* petulanter >   28 et] eundemque   29 mundi + (sua culpa et voluntate)

---

[1]) Matth. 20, 16; 22, 14.   [2]) Matth. 22, 5; Luk. 14, 18—20.   [3]) Matth. 23, 37.
[4]) Luk. 8, 13.   [5]) donum perseverantiae   [6]) Phil. 1, 6.   [7]) 2. Petr. 2, 10. 20; Luk. 11, 24. 25; Hebr. 10, 26, auch Eph. 4, 30.   [8]) Z. 38—S. 1077, 11 = Chemnitz, Handb., Frank 340.   [9]) Eph. 1, 4.

haben tun können, seind wir „nach Gottes Fürsatz" aus Gnaden in Christo zur Seligkeit erwählet, Röm. 9. 2. Tim. 1.[1] Es werden auch dardurch alle opiniones und irrige Lehre von den Kräften unsers natürlichen Willens ¹erniedergelegt², weil Gott in seinem Rat für der Zeit der Welt bedacht und verordnet hat, daß er alles, was zu unser Bekehrung gehört, selbst mit der Kraft ›seines‹ Heiligen Geistes durchs Wort in uns schaffen und wirken wölle.

Es gibt auch also diese Lehre den schönen, herrlichen Trost, daß Gott eines jeden Christen Bekehrung, Gerechtigkeit und Seligkeit so hoch ihme angelegen sein lassen und es so treulich darmit gemeinet, daß er, „ehe der Welt Grund gelegt", darüber Rat gehalten und „in sei'nem Fürsatz"³ verordnet hat, wie er mich darzu bringen und darinnen erhalten wölle. Item, daß er meine Seligkeit so wohl und gewiß habe verwahren wollen, weil sie durch Schwachheit und Bosheit unsers Fleisches aus unsern Händen leichtlich konnte verloren oder durch List und Gewalt des Teufels und der Welt daraus gerissen und genommen werden, daß er dieselbige in seinem ewigen Fürsatz⁴, welcher nicht feilen oder umbgestoßen werden kann, verordnet und in die allmächtige Hand unsers Heilandes Jesu Christi, daraus uns niemand reißen kann, zu bewahren gelegt hat, Joh. 10.; daher auch Paulus sagt, Röm. 8.: Weil wir nach dem Fürsatz Gottes berufen seind, „wer will uns dann scheiden von der Liebe Gottes in Christo?"⁵

Christum iustificemur atque salvemur. Ante saecula enim huius mundi, priusquam in rerum natura essemus, imo antequam mundi fundamenta iacerentur, cum quidem nihil boni agere adhuc poteramus, secundum propositum Dei in Christo ad aeternam salutem electi sumus. Hac etiam doctrina omnes falsae opiniones et errores de viribus naturalis nostri arbitrii evertuntur, quia manifestum est, quod Deus in suo consilio ante mundi saecula decreverit atque ordinarit, quod omnia, quae ad conversionem nostram pertinent, ipse virtute spiritus sui sancti (per verbum) in nobis efficere et operari velit.

Quin etiam haec doctrina praeclaram nobis consolationem monstrat: quantum enim est hoc beneficium Dei, quod is de uniuscuiusque Christiani conversione, iustitia et salute adeo sollicitus fuit atque tam fideliter procuravit, ut ante iacta fundamenta mundi deliberaverit atque in illo arcano suo proposito iam tum ordinaverit, quomodo me ad salutem vocare, adducere et in illa conservare velit? Quid? quod meam salutem adeo firmis praesidiis munire voluit, ut eam in aeternum suum propositum (quod falli aut everti nunquam potest) tanquam in arcem munitissimam collocaret atque adeo in omnipotenti manu Domini nostri Iesu Christi (unde nemo rapere nos potest) conservandam poneret. Si enim nobis tutela et defensio nostrae salutis committeretur, Deus bone, quam levi momento eam propter infirmitatem, pravitatem et corruptionem carnis nostrae amitteremus? quam facile ea nobis per insidias et vim diaboli atque mundi machinis e nostris manibus extorqueretur atque eriperetur? Ideo Paulus certitudinem beatitudinis nostrae super fundamento propositi divini exstruit, cum ex eo, quod secundum propositum Dei vocati sumus, colligit neminem nos posse separare a dilectione Dei, quae est in Christo Iesu Domino nostro.

---

5 natürlichen + freien ö 7 der Welt] erwählt q 10 seines] des c e, urspr. A
17 also > ü 20/1 es so] also c d 22 gelegt + wird B H viele Hss, worden x

7 salutem + consequendam 7/8 sumus + ut scriptura luculenter testatur. Nullus igitur humanis meritis in hoc negotio locus relinquitur. 8 etiam + sincera de praedestinatione 15 in nobis > 17 haec doctrina] hic theologicus locus 26 illa] sua gratia atque clementia

---

¹) Röm. 9, 11; 2. Tim. 1, 9. ²) Vgl. S. 873, 16ff.; 912, 1ff. ³) Eph. 1, 4; 2. Tim. 1, 9. ⁴) Z. 32—37 = Chemnitz, Handb. ⁵) Joh. 10, 28; Röm. 8, 28. 35.

Es gibt auch diese Lehre in Kreuz und Anfechtungen herrlichen Trost, nämblich daß Gott in seinem Rat vor der Zeit der Welt bedacht und beschlossen habe, daß er uns in allen Nöten beistehen, Geduld verleihen, Trost geben, Hoffnung wirken und ein solchen Ausgang verschaffen wölle, daß es uns seliglich sein möge. Item[1], wie Paulus dies gar tröstlich handelt, Rom. 8., daß Gott in seinem Fürsatz vor der Zeit der Welt verordnet habe, durch was Kreuze und Leiden er einen jeden seiner Auserwählten gleich wollte machen „dem Ebenbilde seines Sohns", und daß einem jeden sein Kreuz „zum Besten dienen" soll und müsse, weil sie „nach dem Fürsatz berufen" seind, daraus Paulus für gewiß und ungezweifelt geschlossen, daß weder „Trübsal noch Angst", „weder Tod noch Leben etc. uns scheiden können von der Liebe Gottes in Christo Jesu.[2]"

Es gibt auch dieser Artikel ein herrlich Zeugnus, daß die Kirche Gottes wider alle „Pforten der Hellen"[3] sein und bleiben werde, und lehret auch, welchs die rechte Kirche Gottes sei, daß wir uns an dem großen Ansehen der falschen Kirchen nicht ärgern, Roma. 9.[4]

Es werden auch aus diesem Artikel mächtige Vermahnungen und Warnungen genommen, als Luc. 7: Sie „verachten Gottes Rat wider sich selbst." Luc. 14.: „Ich sage euch, daß der Männer keiner mein Abendmahl schmecken wird." Item: „Viel sein berufen, aber wenig auserwählet." Item: „Wer Ohren hat zu hören, der höre"; und: „Sehet zu, wie ihr höret[5]." Also kann die Lehre von diesem Artikel nützlich, tröstlich und seliglich gebraucht werden.

In afflictionibus vero et gravibus tentationibus dulcissimam ex hoc articulo consolationem petere licet. Docemur enim Deum in consilio suo ante saecula mundi decrevisse, quod in omnibus calamitatibus, miseriis et angustiis nobis adesse, tolerantiam sub cruce largiri, consolari nos, spem Christianam exsuscitare, alere et nutantem erigere, talemque tandem eventum dare velit, ut omnia mala ad salutem nostram cedant eamque promoveant. Unde et divus Paulus egregiam consolationem ex hoc articulo depromit, cum docet Deum in suo proposito ante tempora mundi ordinasse, quasnam tribulationes et quod crucis genus Dominus singulis Christianis imponere velit, ut omnes conformes fiant imagini filii sui, et ostendit, quod unicuique pio sua crux in bonum cedat seu cooperetur, propterea quod pii omnes secundum propositum Dei sint vocati. Ac tandem universa complectitur, quod neque tribulatio neque angustia, neque vita neque mors etc. possit nos separare a dilectione Dei, quae est in Christo Iesu.

Praeterea hic articulus luculenter testatur, quod ecclesia Dei adversus omnes inferorum portas et impetus sit mansura; et docet, quae sit vera Dei ecclesia, ne magna illa falsae ecclesiae auctoritate et augusta illius specie offendamur.

Et ex hoc articulo multae gravissimae admonitiones et exhortationes depromuntur, ut Luc. 7.: Contemnunt Dei consilium adversus semet ipsos. Et Luc. 14.: Dico vobis, quod nemo virorum illorum gustaturus sit coenam meam. Et alibi: Multi vocati sunt, pauci vero electi. Et rursus: Qui aures habet audiendi, audiat. Et: Videte, quomodo audiatis. Atque ita doctrina de hoc articulo salutaris est, plena consolationis et ad usum nostrum multis modis transferri potest.

---

1 auch + also *t*   2 Anfechtungen] Anfechtung *H e*   + einen *c e f ä*   8 es] er *f* uns > *o*   seliglich] selig *a*   9 dies] hie *ü*   13 wollte machen] machen wolle *B*   20 Jesu + etc. *H*   35/6 mächtige + >wichtige< *s*   37/8 Gottes Rat > *e*   wider sich selbst ~ *l*   39 Männer] nimmer *z*

4 Deum + Optimum Maximum   10 omnia + illa perpessa   28 articulus + de praedestinatione   37 ut *bis* Contemnunt] quae verbi Dei et sacramentorum contemptum et veternum nobis excutere possunt. Verbi gratia: de pharisaeis contemnentibus praedicationem poenitentiae et baptismum scriptum est: illi contemnebant   38 Et Luc. 14.:] possunt, verbi gratia   39 illorum + quae vocati sunt et venire recusarunt   40 gustaturus sit] gustabit

---

[1]) Z. 8—16 = Chemnitz, Handb., Frank IV 341.   [2]) Röm. 8, 28. 29. 35. 38. 39; E. Wolf, Staupitz und Luther 207 ff.   [3]) Matth. 16, 18.   [4]) Röm. 9, 8ff., 30ff.
[5]) Luk. 7, 30; 14, 24; Matth. 20, 16; 22, 14; Luk. 8, 8. 18.

Es muß aber mit sonderm Fleiß Unterscheid gehalten werden zwischen dem, was in | Gottes |¹ Wort ausdrücklich ›hiervon‹ offenbaret | oder¹ nicht geoffenbaret | ist. Dann über das, darvon bisher gesagt, so hiervon in Christo offenbaret, hat Gott von diesem Geheimnus noch viel verschwiegen und verborgen und allein seiner Weisheit und Erkenntnus vorbehalten, welchs wir nicht erforschen, noch unsern Gedanken hierinn folgen, schließen oder grübeln, sondern uns an das geoffenbarte Wort halten sollen². Welche Erinnerung zum höchsten vonnöten.

Dann damit hat unser Fürwitz immer viel mehr Lust sich zu bekümmern als mit dem, das Gott uns in seinem Wort darvon geoffenbaret hat, weil wirs nicht zu|sammen|reumen³ können, welches uns auch zu tun nicht befohlen ist.

Also⁴ ist daran kein Zweifel, daß Gott gar wohl und aufs allergewisseste vor der Zeit der |Welt zuvor ersehen habe und noch wisse, welche von denen, so berufet werden, glauben oder nicht glauben werden. Item welche von den Bekehrten beständig, welche nicht beständig bleiben werden; welche nach dem Fall wiederkehren, welche in Verstockung fallen werden. So ist auch die Zahl, wieviel derselben beiderseits sein werden, Gott ohn allen Zweifel bewußt und bekannt. Weil aber solch Geheimnus Gott seiner Weisheit vorbehalten und uns im Wort darvon nichts offenbaret, vielweniger solches durch unsere Gedanken zu erforschen uns befohlen, sondern ernstlich darvon abgehalten hat⁵, Rom. 11.: sollen wir mit unsern Gedanken nicht folgen, schließen, ›noch‹ darin grübeln, sondern uns auf sein

Accurate autem discrimen observandum et retinendum est inter id, quod de hoc negotio expresse in sacris litteris revelatum est, et inter ea, quae non sunt revelata. Praeter illa enim, de quibus hactenus dictum est, et quae in Christo manifeste revelata sunt, multa adhuc Dominus de hoc mysterio reticuit et occultavit, eaque soli suae sapientiae et scientiae reservavit. Talia investigare, cogitationibus nostris indulgere, aliquid de iis statuere aut scrutari nobis non licet, sed toti a verbo Dei revelato, quod ipse nobis proponit, pendere debemus. Haec admonitio in hoc mysterio apprime necessaria est. 52

Ea enim est corruptae naturae nostrae curiositas, ut magis iis, quae abstrusa et arcana sunt, indagandis quam iis, quae de hoc negotio Deus in verbo suo nobis revelavit, cognoscendis delectemur, praesertim cum quaedam in hoc mysterio tam intricata et perplexa occurrant, quae nos in mentibus nostris acumine ingenii nostri conciliare non possumus, sed neque id nobis a Deo demandatum est. 53

Dubium quidem non est, quin Deus exactissime et certissime ante tempora mundi praeviderit et hodie etiam norit, quinam ex eorum numero, qui vocati sunt, in Christum credituri aut non credituri sint; qui ex conversis in fide perseveraturi sint, qui non; et qui in peccata gravia prolapsi reversuri sint et qui in sceleribus perituri. Et haud dubie etiam numerus eorum, qui salvabuntur, et damnandorum Deo probe notus est. Quia vero Dominus talia arcana soli suae sapientiae reservavit neque ea de re quicquam in verbo suo revelavit, multo vero minus haec mysteria cogitationibus nostris indagare nos iussit, quin potius, ne id conaremur, prohibuit: non decet nos cogitationibus nostris indulgere, statuere aliquid, ratiocinari, aut illa occul- 54 M 716 55

---

3 ausdrücklich hiervon ~ *H w* ›hiervon‹ *statt* [darinnen] *A*, > *ü*   4 offenbaret + ist *f*   oder nicht] und was nicht ausdrücklich darinnen *H*   oder bis geoffenbaret > *f s ö*   geoffenbaret] offenbaret *H c d m z*   10 hierinn > *B*   11 oder] und *o*   20 geoffenbaret] offenbaret *einige Hss Konf*   wirs + [dann] *A*   21 =reumen =raumen *f* (!)   =reimen *einige Hss Konf*   32 welche (2.) > *x*   33 werden > *B*   42 sondern + uns *f*   43 mit > *ü*   44 nicht > *H*   45 noch] und *H, urspr. A*   noch darin] oder *z*   darin + nicht *H, urspr. A*   darin > *m*   auf] an *H t m s ü*

5/6 de quibus bis et >   6 quae + nobis de hac re   7 revelata] proposita   13/4 sed bis debemus >   20 in verbo suo >   26 est + quare eiusmodi rebus pervestigandis supersedere oportet   34 reversuri] erigendi rursus   45 ratiocinari >

¹) Darüber | *N.* | ²) Vgl. S. 1068, Anm. 3.   ³) über | sammen |: | *N.* | ⁴) Z. 27 bis S. 1080, 39 = Chemnitz, Handb., Frank IV 343.   ⁵) Röm. 11, 33, vgl. S. 1070 bei Anm. 4; 1068, Anm. 3.

geoffenbartes Wort, daran er uns weiset, halten.

Also weiß auch Gott ohne Zweifel und hat einem jeden Zeit und Stunde seines Berufs, Bekehrung bestimmt; weil aber uns solches nicht geoffenbaret, haben wir Befehlich, daß wir immer mit dem Wort anhalten, die Zeit aber und Stunde Gott befehlen sollen, Act. I.[1]

W 731   Gleichsfalls, wann wir sehen, daß Gott sein Wort an einem Ort gibet, am andern nicht gibet, von einem Orte hinwegnimbt, am andern bleiben läßt. Item einer wird verstockt, vorblendet, in verkehrten Sinn gegeben, ein anderer, so wohl in gleicher Schuld, wird wiederumb bekehret etc. In diesen und dergleichen Fragen setzet uns Paulus[2] ein gewisses Ziel, wie fern wir gehen sollen, nämblich daß wir bei einem
Rom.11. Teil erkennen sollen Gottes Gericht. Dann es seind wohlverdiente Strafen der Sünden, wann Gott an einem Lande oder Volk die Verachtung seines Worts also strafet, daß es auch über die Nachkommen gehet, wie an den Jüden zu sehen; dardurch Gott den Seinen an etzlichen Landen und Personen seinen Ernst zeiget, was wir alle wohl verdienet hätten, wirdig und wert wären, weil wir uns gegen Gottes Wort übel >verhalten< und den Heiligen Geist oft schwerlich betrüben: auf daß wir in Gottes Furcht leben und Gottes Güte ohn und wider unser Verdienst an und bei uns, denen er sein Wort gibet und läßt, die er nicht verstocket und verwirfft, erkennen und preisen.

tissima investigare velle, sed in verbo ipsius revelato (ad quod ille nos ablegavit) acquiescere nos oportet.

Novit etiam Dominus procul dubio 56 tempus et horam, eamque apud se constituit, quando videlicet unumquenque vocare, convertere et lapsum rursus erigere velit. Quia vero id nobis non est revelatum, intelligimus hoc nobis iniungi serio, ut semper praedicando et tractando Dei verbo instemus, tempus vero et horam conversionis Deo permittamus.

Ad eundem modum, cum videmus, 57 quod Deus verbum suum alicui regno aut ditioni donat, idem vero alii genti non largitur, item quod id ipsum ab uno populo aufert, alii vero diutius concedit, quod hic induratur, excaecatur et in reprobum sensum datur, ille vero, qui in eadem culpa haeret, ad Deum convertitur etc.: cavendum est diligenter, ne in his rebus expendendis cogitationibus nostris nimium indulgeamus. Paulus 58 autem certas metas nobis posuit, quousque progredi liceat. Iubet enim nos in illis, qui pereunt, considerare iustum Dei iudicium et poenas peccatorum. Sunt enim haec digna peccatis supplicia, si Deus totam aliquam provinciam aut gentem (propter verbi divini contemptum) ita punit, ut hoc ingens malum etiam in ipsorum posteritatem redundet, ut est videre in obstinatis et perditissimis hominibus, Iudaeis. Et hoc modo Dominus 59 quarundam provinciarum et personarum poenis severitatem suam ostendit, ut demonstret, quibus nos omnes malis digni essemus, qui Deo pro revelato verbo ingrati sumus et indigne evangelio vivimus, spiritum sanctum saepe graviter contristamus. Et vult Dominus, ut illorum exemplis moniti in timore Dei vivamus et ut ipsius bonitatem (quae praeter meritum nobis contingit) in nobis, quos verbo suo dignatur, neque nos indurat

---

1 daran] darauf *H m s o*   weiset] gewiesen *B ü*   geweiset *H*   4 ohne + allen einige *Hss* Konf   5/6 Berufs + und *H z*   6 Bekehrung + und Wiederbekehrung *B H f g k l m n o r s t v w x ä ö*, urspr. *A q Cel*; *neu aufgenommen:* Cor   8 immer] nimmer *H*   15 am] an einem *B s*   andern + Ort *B r s*   17 andern + Orten *B f s*   25 seind + viel *r*, urspr. *A*   27 seines + [Orts] *A*   31 Ernst] Trost *x*   33/4 >verhalten< *statt* [mahlen] *A*   36 ohn] unrund *x*   38 die] das *u*

28/9 et poenas *bis* haec] in illis vero, qui salvantur, immensam Dei misericordiam. Verbi gratia: Si Dominus verbum suum aufert, hominem indurat atque in sensum reprobum tradit; haec sunt iustissima et   29/30 si Deus] quod, videlicet, coelesti doctrina   31/2 contemptum + privat atque

---

[1]) Apg. 1, 7.   [2]) Röm. 9, 14ff.; 11, 22ff.

Dann weil unsere Natur, durch die Sünde verderbet, Gottes Zorn und der Verdammnus würdig und schuldig, so ist uns Gott weder Wort, Geist oder Gnade schuldig, und wenn ers aus Gnaden gibt, so stoßen wirs oft von uns und machen uns unwürdig des ewigen Lebens Act. 13.[1] Und solch sein gerechtes wohlvorschultes Gericht läßt er schauen an etlichen Ländern, Völkern und Personen, auf daß wir, wann wir gegen ihnen gehalten und mit ihnen verglichen, desto fleißiger Gottes lautere, unvordiente Gnade an den „Gefäßen der Barmherzigkeit" erkennen und preisen lernen[2].

Dann[3] denen geschicht nicht Unrecht, so gestraft werden und ihrer „Sünden Sold" empfangen; an den andern aber, da Gott sein Wort gibt und erhält und dadurch die Leute erleuchtet, bekehrt und erhalten werden, preiset Gott seine lautere Gnade und Barmherzigkeit ohn ihren Verdienst.

Wann wir so fern in diesen Artikel gehen, so bleiben wir auf der rechten Bahn, wie geschrieben stehet, Ose 13.: Israel, daß du verdirbst, die Schuld ist dein; daß dir aber geholfen wird, das ist lauter meine Gnade[4].

Was aber in dieser Disputation zu hoch und aus diesen Schranken laufen will, da sollen wir mit Paulo den Finger auf den Mund legen, gedenken und sagen: „Wer bist du, Mensch, der du mit Gott rechten willt[5]?"

Denn daß wir in diesem Artikel nicht alles ausforschen und ausgründen können noch sollen, bezeuget der hohe Apostel Paulus, welcher, da er nach diesem Artikel aus dem offenbarten Worte Gottes viel disputiert, sobald er dahin kompt, daß er anzeigt, was Gott von diesem Geheimnus seiner verborgenen Weisheit fürbehalten, drückt ers

aut reiicit, agnoscamus et grata mente celebremus.

Cum enim natura nostra peccato corrupta et idcirco irae divinae et aeternae damnationis rea sit, Deus nobis prorsus nihil debet neque ullo iure tenetur, ut nobis verbum suum et spiritum sanctum largiatur atque gratia et favore nos prosequatur. Quid? quod saepe etiam ea dona, quae ipse nobis ex gratia largitur, repudiamus nosque aeterna vita indignos reddimus. Iustum igitur suum iudicium, quod hominum impietas meretur, conspiciendum in quibusdam regnis, populis, personis proponit, ut nos cum illis collati et quam simillimi illis deprehensi, tanto accuratius Dei immensam misericordiam (quae nulli merito nostro debetur) in vasis misericordiae agnoscere et celebrare discamus.

Illi enim nulla afficiuntur iniuria, qui poenas suae impietatis luunt et scelerum suorum stipendia accipiunt. At in his, quos Deus luce verbi sui donat eamque apud ipsos conservat, qua miseri mortales illuminantur, convertuntur, salvantur, Dominus immensam suam gratiam et misericordiam sine ipsorum meritis commendat.

Cum eo usque in huius articuli meditatione progredimur, tum in tuta et regia via ambulamus. Scriptum est enim de hoc mysterio: Perditio **tua ex te** est, Israel; **tantummodo in me auxilium tuum.**

Quaecunque autem cogitationes et quicunque sermones extra hos limites in hac disputatione evagari volent, eos statim cohibeamus et cum divo Paulo labellum digito compescamus, memores dicti: O homo, tu quis es, qui responses Deo?

Et sane, quod in hoc articulo non omnia perscrutari et pervestigare possimus aut debeamus, docet divus Paulus suo ipsius exemplo. Cum enim de hoc articulo multis e verbo Dei revelato disputasset, tandem cum eo ventum esset, ut diceretur, quaenam Deus arcanae suae sapientiae de hoc mysterio reservasset,

---

6 oder + [Kraft] A   11 Ländern] andern u   12 wir (1.) + ex collatione, das ist, x, urspr. A   22 ihrer > o   23 andern > o   da] dann ü   25 erleuchtet + und ü   40 der] daß f   43 daß] was k   48 dahin] hinein t   50 ers + [wieder] A

37 limites] carceres

---

[1]) Apg. 13, 46.   [2]) Röm. 9, 23; 11, 5.   [3]) Z. 21 — S. 1082, 8 = Chemnitz, Handb., Frank IV 344.   [4]) Hos. 13, 9.   [5]) Röm. 9, 20.

nieder und schneidets abe mit | nachfolgenden Worten |: „O welche eine Tiefe des Reichtumbs beide, der Weisheit und Erkenntnus Gottes; wie gar unbegreiflich sind seine Gerichte und unerforschlich seine Wege; denn wer hat des Herrn Sinn erkannt¹?" nämblich außer und über dem, was er in seinem Worte uns offenbaret hat.

Demnach soll diese ewige Wahl Gottes in Christo und nicht außerhalb oder ohne Christo ¹betrachtet werden²; dann in Christo, zeuget der heilig Apostel Paulus, sind wir erwählet, „ehe der Welt Grundfest gelegt war"³, wie geschrieben stehet⁴: „Er hat uns geliebet in dem Geliebten." Solche Wahl aber wird offenbar vom Himmel durch das gepredigte Wort⁵, da der Vater spricht: „Das ist mein lieber Sohn, an dem ich ein Wohlgefallen habe, den sollt ihr hören." Und Christus spricht: „Kompt zu mir alle, die ihr beschwert seid, ich will euch erquicken." Und vom Heiligen Geist sagt Christus: „Er wird mich erklären" und euch erinnern alles, was ich euch gesagt habe. Daß also die ganze heilige Dreifaltigkeit, Gott Vater, Sohn und Heiliger Geist, alle Menschen uf Christum weisen als auf das Buch des Lebens, in dem sie des Vater ewige Wahl suchen sollen. Dann das ist von Ewigkeit bei dem Vater beschlossen, wen er wolle selig machen, den wölle er durch Christum selig machen, wie er selber spricht: „Niemand kumpt zum Vater, denn durch mich." Und abermals: „Ich bin die Tür, so jemand durch mich eingehet, der wird selig werden⁶." Christus aber, als „der eingeborne Sohn Gottes, der in des Vaters Schoß ist"⁷, hat uns des Vaters Willen und also auch unsere ewige Wahl zum ewigen Leben verkündiget, nämblich da er sagt: „Tut Buße und gläubet dem Evangelio", dann das Reiche Gottes ist nahe ¹ herbeikommen. Item er sagt: „Das ist der Wille des, der mich gesandt hat, daß, wer den Sohn siehet und gläubet an ihn, habe das ewige Leben." Und abermals: „Also hat Gott die Welt geliebet" etc.⁸

silentio ea tegit, disputationem abrumpit et his verbis concludit: O altitudo divitiarum sapientiae et scientiae Dei; quam incomprehensibilia sunt iudicia eius; quis enim cognovit sensum Domini? etc., scilicet extra et supra id, quod ipse in verbo suo nobis revelavit.

Aeterna igitur Dei praedestinatio in Christo, et nequaquam extra mediatorem Christum consideranda est. In Christo enim (inquit Paulus) elegit nos Deus antequam mundi fundamenta iacerentur. Et scriptum est, quod Dominus dilexerit nos in dilecto. Haec autem electio de coelo nobis revelatur per verbi Dei praedicationem, cum pater coelestis inquit: Hic est filius meus dilectus, in quo mihi complacitum est, hunc audite. Et Christus dicit: Venite ad me omnes, qui laboratis et onerati estis, et ego reficiam vos. De spiritu sancto vero Christus inquit: Ille me clarificabit, quia de meo accipiet et annunciabit vobis, etc. Itaque tota sacratissima trinitas, pater, filius et spiritus sanctus, ablegat omnes homines ad Christum tanquam ad librum vitae, ut in eo aeternam patris praedestinationem investigent et cognoscant. Hoc enim iam ab aeterno decretum est a patre, quod eos, quos salvare vult, per Christum salvos facere velit, ut Christus ipse inquit: Nemo venit ad patrem, nisi per me. Et alibi: Ego sum ostium, si quis per me introierit, salvabitur.

Christus autem, unigenitus Dei filius, qui est in sinu patris, nobis voluntatem patris coelestis atque hac ratione etiam electionem nostram ad vitam aeternam annunciavit, idque his verbis: Poenitentiam agite et credite evangelio; appropinquavit enim ⟨[enim]⟩ regnum coelorum. Et alio loco ait: Haec est voluntas eius, qui misit me, ut, qui filium videt et credit in eum, habeat vitam aeternam. Et alibi: Sic Deus

---

1/2 | nachfolgenden Worten | statt [dieser Exclamation] A 7 er + uns y 8 uns > y 12 heilig] f 13 Grundfest] Grund z 14 war] ward B k l u v w 19 ein > einige Hss 23 Er > x 24 alles + des ü 31 wen] wann c 32 den] dann c

1 tegit] involvit 2 et] eamque 5/7 scilicet bis revelavit] Eum autem sensum seu animum Domini incognitum dicit Paulus, quem Deus in verbo suo non revelavit 17/8 inquit] de unigenito suo filio loquitur 33 ipse inquit] etiam confirmat dicens 43 enim (2.) >

---

¹) Röm. 11, 33. ²) Vgl. S. 1068, Anm. 3, auch E. Wolf, Staupitz und Luther 205 ff. ³) Eph. 1, 4. ⁴) Eph. 1, 6. ⁵) Matth. 17, 5; Luk. 3, 22; Matth. 11, 28; Joh. 16, 14. 15. ⁶) Joh. 14, 6; 10, 9. ⁷) Joh. 1, 18. ⁸) Mark. 1, 15, vgl. Matth. 4, 17; Joh. 6, 40; 3, 16.

Diese Predigt, will der Vater, daß alle Menschen hören und zu Christo kommen sollen, die auch Christus nicht von sich treibet, wie geschrieben stehet: „Wer zu mir kommet, den werde ich nicht hinausstoßen[1]."

Und auf daß wir zu Christo mögen kommen, wirket der H. Geist durch das Gehör des Worts den wahrhaftigen Glauben, wie der Apostel zeuget, da er spricht: So kompt nun der Glaube aus dem Gehör Gottes Worts[2], wann dasselbige lauter und rein geprediget wird.

Derhalben, welcher Mensch selig werden will, der soll sich selber nicht bemühen oder plagen mit den Gedanken von dem heimlichen Rat Gottes, ob er auch zum ewigen Leben erwählet und verordnet sei, damit der leidige Satan fromme Herzen pfleget anzufechten und zu vexieren. Sondern sie sollen Christum hören, welcher ist das „Buch des Lebens" und der ewigen Wahl Gottes[3] zum ewigen Leben aller Kinder Gottes, der bezeuget allen Menschen ohne Unterschied, daß Gott wölle, daß alle Menschen zu ihme kommen, die mit Sünden beschweret und beladen sein, auf daß sie erquickt und selig werden[4].

Nach dieser seiner Lehre sollen sie von ihren Sünden abstehen, Buß tun, seiner Verheißung gläuben und sich ganz und gar auf ihn verlassen, und weil das aus eignen Kräften von uns selbst nicht vermügen, will solchs, nämblich Buße und Glauben, der H. Geist in uns wirken durchs Wort und durch die Sakramenten. Und daß wir solchs mugen vollführen, darin verharren und beständig bleiben, sollen wir Gott umb seine Gnade anrufen, die er uns in der H. Tauf zugesagt hat[5], und nicht zweifeln, er werde uns dieselbige vormuge seiner Verheißung mitteilen, wie er vorsprochen hat, Luc. 11: „Wo bittet unter euch ein Sohn den Vater

dilexit mundum, ut filium suum unigenitum daret, ut omnis, qui in eum crediderit, non pereat, sed habeat vitam aeternam etc.

Hanc dulcissimam concionem vult Deus 68 pater, ut omnes homines audiant, vult, ut ad Christum veniant. Qui vero venerint, eos Christus non a se repellit. Sic Joh. 6. enim scriptum est: Quod venerit ad me, non eiiciam foras.

Ut autem ad Christum venire possimus, 69 spiritus sanctus per auditionem verbi Dei veram in nobis fidem operatur. Sic enim apostolus ait: Fides est ex auditu Rom. 10. verbi Dei, quando videlicet illud sincere et pure annuntiatur.

Qui igitur aeternae salutis vero desi- 70 derio teneantur, non macerent atque excrucient sese cogitationibus et imagina- M 719 tionibus de arcano Dei consilio, an ad vitam aeternam sint praedestinati et ordinati, quibus curis Satanas pias mentes quandoque affligere atque excruciare solet. Christum potius audiant et in eum ut in librum vitae intueantur, in quo perscripta est omnium filiorum Dei electio ad vitam aeternam. Hic vero omnibus hominibus absque ullo discrimine testis locupletissimus est, hanc esse Dei voluntatem, ut omnes homines ad Christum veniant, qui peccatis gravati et onerati sunt, ut ab ipso recreentur et salvi fiant.

Hac doctrina Christi percepta vitam 71 emendemus et vere poenitentiam agamus et promissioni eius credamus totamque nostram in ipsum fiduciam collocemus. Quia vero haec nostris viribus et ex nobis ipsis praestare non possumus, spiritus sanctus ipse per verbum et sacramenta in nobis poenitentiam et fidem vult operari. Ut autem in bono 72 isto proposito usque ad beatum finem progredi, perseverare atque in vera pietate constantes manere valeamus, invocandus est Deus ardentibus votis, ut gratiam nobis suam benigne largiatur, quam nobis in sacro baptismate polli-

---

11/2 mögen kommen ∼ c   12 kommen + so z   13/6 den bis Worts > o x Cel
16 Gottes] göttlichs q   16/7 lauter und rein ∼ B s   17 rein] klar f   25 w a. R.:
| Christus liber vitae | 29 daß zu: der e   34 seiner > b, urspr. a   41 die
> a   47 vorsprochen] gesprochen z   48 ein > y

33 salvi fiant.] salutem aeternam consequentur.   34 Hac bis percepta] Huic doctrinae
et admonitioni fidelissimae filii Dei parcamus   36 eius credamus] eius fidem adhibeamus   48 quam + ille

---

[1]) Joh. 6, 37.   [2]) Röm. 10, 17.   [3]) Vgl. S. 1068, Anm. 4.   [4]) Vgl. Matth. 11, 28.
[5]) Mark. 16, 16.

umb Brot, der ihme einen Stein dafür biete? Oder so er umb ein Ei bittet, der ihme einen Skorpion darfür biete? So dann ihr, die ihr arg seiet, könnet euren Kindern Gutes geben, vielmehr wird der Vater im Himmel den H. Geist geben denen, die ihn bitten¹."

Und nachdem der H. Geist in den Auserwählten, die gläubig worden sein, wohnet als in seinem Tempel, der in ihnen nicht müßig ist, sonder treibet die Kinder Gottes² zum Gehorsamb der Gebot Gottes²: sollen die Gläubigen gleichergestalt auch nicht müßig sein, noch vielweniger dem Treiben des Geistes Gottes sich widersetzen, sondern in allen christlichen Tugenden, in aller Gottseligkeit, Bescheidenheit, Mäßigkeit, Geduld, brüderlicher Liebe sich üben und allen Fleiß tun, daß sie „ihren Beruf und Erwählung fest machen"³, damit sie destoweniger daran zweifeln, je mehr sie des Geistes Kraft und Stärke in ihnen selbst befinden. Dann der Geist Gottes den Auserwählten Zeugnus gibet, daß sie „Gottes Kinder sind", Ro. 8.⁴ Und ob sie gleich etwan in so tiefe Anfechtung geraten, daß sie vermeinen, sie empfinden keine Kraft des einwohnenden Geistes Gottes mehr, und sagen mit David⁵ Psal. 31: „Ich sprach in meinem Zagen, ich bin von deinen Augen verstoßen": so sollen sie doch wiederumb mit David darauf sagen, unangesehen was sie in ihnen selbs befinden, wie dann gleich folget, ibidem: „Dennoch hörest du meines Flehens Stimme, do ich zu dir schrie⁵."

Und weil unser Wahl zum ewigen Leben nicht auf unser Frombkeit oder Tugend, sondern allein auf Christus Vordienst und gnädigen Willen seines Vaters gegründet ist⁶, der sich selbst nicht verleugnen kann, | weil er | in seinem Willen und Wesen unwandelbar ist: derhalben, wenn seine Kinder aus

citus est, nec dubitemus, quin eam sit iuxta promissionem suam nobis donaturus. Hoc enim Christus nobis ipse sancte promisit, dicens: Quis autem ex vobis patrem petit panem, nunquid lapidem dabit illi? aut piscem, nunquid pro pisce serpentem dabit illi? aut si petierit ovum, nunquid porriget illi scorpionem? Si ergo vos, cum sitis mali, nostis bona dona dare filiis vestris, quanto magis pater vester coelestis dabit spiritum bonum petentibus se?

Et quia spiritus sanctus in electis, qui iam in Christum credunt, habitat ut in templo suo et in ipsis non est otiosus, sed impellit filios Dei ad obedientiam mandatis Dei praestandam: ipsos etiam credentes non otiosos esse, multo vero minus agenti et operanti spiritui sancto resistere decet. Exerceant igitur sese in omnibus virtutibus, homine Christiano dignis, in omni videlicet pietate, modestia, temperantia, patientia et caritate fraterna, magnamque diligentiam adhibeant, ut vocationem et electionem suam firmam faciant, ut tanto minus de ea dubitent, quanto efficacius spiritus sancti virtutem et robur in se sentiunt. Spiritus Dei enim testimonium perhibet electis, quod sint filii Dei. Quod si etiam aliquando in tam graves tentationes inciderint, ut prorsus nullam amplius inhabitantis spiritus Dei virtutem in se animadvertere et sentire possint, ut cum Davide queribunda voce dicant: Ego dixi in excessu mentis meae, proiectus sum a facie oculorum tuorum; tamen rursus se erigant et illud cum Davide adiiciant (utcunque aliud in se sentiant): Ideo exaudisti vocem orationis meae, dum clamarem ad te.

Cum etiam electio nostra ad vitam aeternam non virtutibus aut iustitia nostra, sed solo Christi merito et benigna coelestis patris voluntate nitatur, qui se ipsum negare non potest (cum in voluntate et essentia sua sit immutabilis), eam ob causam, quando filii ipsius obedien-

---

2 ihme + dafür *H y*   3 dafür > *H y*   5 Gutes] gute Gaben *c y ü*   geben > *c*   geben + wie *B*   6 ihn > *v*   24 Erwählung] Wählung *x*   32 einwohnenden] inwohnenden *B* ortz Konk   36 wiederumb > *B y*   David + wider *y*   wiederumb *c*   darauf > *l*   38 ibidem > *H*   Dennoch] Demnach *ü*   40 schrie + etc. *H*   42 weil + nu *o*   43 unser > *m*   44 Christus] Christi *B z*   46 weil] will *k*   46/7 weil er] welcher *H*, urspr. *A*   48 ist] sein *k*

19 agenti et operanti >   34 et sentire >

¹) Luk. 11, 11—13.   ²) Vgl. 2. Kor. 6, 16 u. Röm. 8, 14.   ³) 2. Petr. 1, 10, vgl. S. 897, 37 ff.   ⁴) Röm. 8, 16.   ⁵) Ps. 31, 23.   ⁶) Vgl. S. 1088, Anm. 5.

dem Gehorsamb treten und straucheln, läßt er sie durchs Wort wieder zur Buße rufen, und will der H. Geist dardurch in ihnen zur Bekehrung kräftig sein, und wenn sie in wahrer Buße durch rechten Glauben sich wieder zu ihme bekehren, will er das alte Vatersherze immer erzeigen allen denen, die sich ob seinem Wort fürchten und von Herzen wieder zu ihme bekehren, wie geschrieben stehet Jer. 3: „Wann sich ein Mann von seinem Weibe scheiden läßt und sie zeucht von ihme und nimbt einen andern Mann, darf er sie auch wieder annehmen? Ists nicht also, daß das Land verunreiniget würde? Du aber hast mit viel Buhlern gehuret; doch komm wieder zu mir, spricht der Herre[1]."

Daß aber gesagt wird[2], niemand ⟨komme⟩ zu Christo, der Vater ziehe ihn dann, ist recht und wahr. Aber der Vater will das nicht tun ohne Mittel, sondern hat darzu sein Wort und Sakrament als ordentliche Mittel und Werkzeug verordnet, und ist weder des Vaters noch des Sohns Wille, daß ein Mensch die Predigt seines Worts nicht hören oder verachten und auf das Ziehen des Vaters ohn Wort und Sakrament warten solle[3]. Denn der Vater zeucht wohl mit der Kraft seines H. Geistes, jedoch seiner gemeinen Ordnung nach durch das Gehör seines H. göttlichen Worts, als mit einem Netze, dadurch die Auserwählten aus dem Rachen des Teufels gerissen werden, darzu sich ein jeder armer Sünder verfügen, dasselbe mit Fleiß hören und an dem Ziehen des Vaters nicht zweifeln soll; denn der H. Geist will mit seiner Kraft bei dem Worte sein und dardurch wirken; und das ist das Ziehen des Vaters.

Daß aber nicht alle die, so es gehöret, gläuben, und derhalben soviel desto tiefer verdambt werden, ist nicht die Ursach, daß ihnen Gott die Seligkeit nicht gegönnet hätte, sondern sie selbst seind schuldig dran, die solchergestalt das Wort gehöret, nicht zu lernen, sonder dasselbige allein zu verachten, zu lästern und zu schänden, und daß sie dem H. Geist, der durchs Wort in ihnen würken

tiam non praestant, sed in peccata labuntur, per verbum eos ad poenitentiam revocat, et spiritus sanctus per verbum vult in iis efficax esse, ut in viam redeant et vitam emendent. Quando igitur vera poenitentia et fide rursus ad ipsum sese convertunt, pater coelestis animum suum paternum constanter omnibus suis ostendere vult, qui ad verbum eius tremunt et serio resipiscunt. Sic enim scriptum est: Si dimiserit vir uxorem suam et recedens ab eo viro alteri nupserit, nunquid revertetur ad eum ultra? Nunquid non ipsa terra sic contaminaretur? Tu autem fornicata es cum amatoribus multis; tamen revertere ad me, dicit Dominus. *Isa. 66.*

Quod vero in sacris litteris asseritur neminem ad Christum venire posse, nisi pater eum trahat, id pie et recte dicitur. Pater autem neminem trahere vult absque mediis; sed utitur tanquam ordinariis mediis et instrumentis verbo suo et sacramentis. Et neque patris neque filii voluntas est, ut quisquam praedicationem verbi negligat aut contemnat et interim exspectet, donec a patre absque verbo et sacramento trahatur. Pater enim trahit quidem hominem virtute spiritus sui sancti, trahit tamen eum iuxta ordinem a se decretum et institutum, videlicet per auditionem verbi sui divini, tanquam reti aut sagena, qua electi e faucibus Satanae eripiuntur. Ad conciones itaque sacras miseri peccatores conveniant, verbum Dei accurata diligentia audiant neque dubitent, quin pater eos ad filium suum Christum sit pertracturus. Spiritus enim sanctus virtute sua ministerio adesse et per illud ad hominum salutem vult operari. Et hic est tractus ille patris, de quo sacrae litterae loquuntur. *Joh. 6.* *W 735* 76 77

Quod autem non omnes, qui verbum Dei audiunt, credunt ideoque ad graviora supplicia in aeternum damnantur, non existimandum est Deum illis salutem invidere. Ipsi suae perditionis causa sunt et culpam sustinent, propterea quod verbum non ea intentione aut eo proposito audierint, ut illud serio et cum desiderio discerent, sed ut auditum verbum sper- *M 721* 78

---

6 wieder] wiederumb *B*   13 wieder] wiederumb *x*   14 daß > *u*   15/6 gehuret] gebuhlet *s*, urspr. *q*   18 ⟨komme⟩ Hss u. Konk; in *c f s*: kommt; in *A*: könne   24 ein] der *c*   26 und + also *H*   31 seines H. göttlichen] Gottes *q*   36 soll > *y*   47 seind + daran *d*   48 nicht + daß sie begehret *H g k l n o q t v x*, urspr. *A*   daß sie begännen *i*

13 eum] eam   47 Ipsi + potius

---

[1] Jer. 3, 1.   [2] Joh. 6, 44.   [3] S. 905 Anm. 1.

wöllte, widerstrebet haben, wie es ein Gestalt zur Zeit Christi mit den Pharisäern und ihrem Anhang gehabt[1].

So unterscheidet der Apostel mit sonderm Fleiß das Werk Gottes, der allein Gefäß der Ehren machet, und das Werk des Teufels und des Menschen, der sich selbst aus Eingebung des Teufels, und nicht Gottes, zum Gefäß der Unehren gemacht hat; dann also stehet geschrieben[2], Rom. 9: Gott „hat mit großer Geduld getragen die Gefäß des Zorns, die da zugerichtet sein zum Verdammnus, auf daß er kund täte de⟨n⟩ Reichtumb seiner Herrligkeit an den Gefäßen der Barmherzigkeit, die er bereitet hat zur Seligkeit."

Da dann der Apostel deutlich sagt[3], Gott habe „die Gefäß des Zorns mit großer Geduld getragen", und saget nicht, er habe sie zu Gefäß des Zorns gemacht; dann da es sein Wille gewesen wäre, hätte er keiner großen Geduld darzu bedorfet. Daß sie aber bereitet sein zur Verdammnus, daran seind der Teufel und die Menschen selbst, und nicht Gott schuldig.

Dann alle Bereitung zur Verdammnus ist vom Teufel und Menschen, durch die Sünde, und ganz und gar nicht von Gott, der nicht will, daß ein Mensch verdammet werde: wie sollte er dann ein Men'schen zur Verdammnus selbst bereiten? Dann wie Gott nicht ist ein Ursach der Sünden[4], also ist er auch kein Ursach der Straf, der Vordammnus, sondern die einige Ursach der Verdammnus ist die Sünde; dann „der Sünden Sold ist der Tod"[5]. Und wie Gott die Sünde nicht will, auch kein Gefallen an der Sünden hat, also will er auch nicht den Tod des Sünders, hat auch kein Gefallen über ihrem Verdammnus; dann er will nicht, „daß jemand verloren werde, sondern daß sich jedermann zur Buße bekehre" 2. Pet. 3.[6], wie geschrieben stehet, Ezech. 18. und 33. „Ich hab kein Gefallen am Tode des Sterbenden, denn so wahr als ich lebe will ich nicht den Tod des Sün-

nerent, blasphemarent, conviciis proscinderent et spiritui sancto, qui per verbum in ipsis operrari volebat, resisterent. Tales olim erant Christi temporibus pharisaei eorumque asseclae. Unde accurate apostolus distinguit inter opus Dei, qui solus facit vasa honoris, et inter opus diaboli et hominis, qui ex instinctu et impulsu diaboli (nequaquam autem impellente Deo) se ipsum vas contumeliae fecit. Sic enim scriptum est: Deus sustinuit in multa patientia vasa irae aptata in interitum, ut ostenderet divitias gloriae suae in vasa misericordiae, quae praeparavit in gloriam.

His verbis Paulus diserte dicit Deum vasa irae multa patientia sustinuisse, non autem dicit Deum fecisse vasa irae. Si enim haec ipsius fuisset voluntas, non multa certe opus erat divina patientia. Quod autem aptata sunt ad interitum, in culpa sunt diabolus et homines, nullo autem modo Deus.

Omnis enim praeparatio seu aptatio ad interitum a diabolo est et ab homine per peccatum, nequaquam autem a Deo. Deus enim non vult, ut homo ullus damnetur: quomodo igitur hominem ad damnationem ipse praepararet seu aptaret? Ut enim Deus non est causa peccati, ita etiam non est poenae, hoc est, damnationis, sed unica causa damnationis est peccatum. Stipendium enim peccati mors est. Et ut Deus non vult peccatum, nec peccato delectatur, ita etiam non vult mortem peccatoris neque ipsius damnatione delectatur. Non enim vult Deus quenquam perire, sed potius, ut omnes poenitentiam agant. Sic enim scriptum est in Ezechiele: Vivo ego, dicit Dominus, nolo mortem peccatoris, sed ut convertatur et vivat. Et Paulus disertis verbis testatur, quod ex vasis ignominiae

---

3 gehabt + etc. H   5 allein + ein B f s   7/8 Eingebung] Eingeben B   13 den] A zeigt der, alle Hss, Konk und Original TB den   15 der] seiner H   16 Seligkeit + etc. H   22 großen > x   24 die > B   28 und (1.) > u   30 Menschen + selbst w   31 selbst > w   bereiten] treiben b, urspr. a   32 kein] nicht ein v   33 der (1.) > o x Straf + der Sünden, das ist, H, urspr. A   39 über] an B   42 bekehre] kehre B f o r s u v w   44 denn > o r Konk

2 et + quod   20 voluntas + ut vasa irae fierent   23 culpa] causa   24 Deus + Optimus Maximus.

---

[1]) Matth. 23, 26ff.; Luk. 11, 39ff.; Joh. 7, 48; 8, 13; 9, 16. 41; 12, 42.   [2]) Röm. 9, 22—24.   [3]) Röm. 9, 22.   [4]) Von Heßhusen z. B. Calvin u. Beza vorgeworfen, vgl. Ritschl, Dogmengesch. IV 115, für Zwingli: III 61.   [5]) Röm. 6, 23.   [6]) 2. Petr. 3, 9; Ezech. 33, 11; 18, 23.

ders, sondern daß er sich bekehre und lebe." Und S. Paulus bezeuget mit lautern Worten, daß aus den Gefäßen der Unehren Gefäße der Ehren durch Gottes Kraft und Wirkung werden mögen, do er also schreibet[1] 2. Timoth. 2.: „So nu jmand sich reiniget von solchen Leuten, der wird ein geheiliget Faß sein, zu Ehren dem Hausherrn bräuchlich und zu allen guten Werken bereitet." Dann wer sich reinigen soll, der muß zuvor unrein und demnach ein Gefäß der Unehren gewesen sein. Aber von den „Gefäßen der Barmherzigkeit" sagt[2] er klar, daß der Herr selbst sie „bereitet hab zur Herrligkeit", welchs er nicht sagt von den Verdambten, die sich selbst, und nicht Gott, zu Gefäßen der Vordammnus bereitet haben.

Es ist auch mit Fleiß zu bedenken, wann Gott Sünde mit Sünden, das ist, diejenigen, so bekehret gewesen, vonwegen folgender ihrer Sicherheit, Unbußfertigkeit und mutwilligen Sünden hernach mit Verstockung und Verblendung strafet: daß solchs nicht dohin gezogen werden solle, als wär es Gottes wohlgefälliger Wille niemals gewesen, daß solche Leute zur Erkenntnus der Wahrheit kommen und selig würden. Dann es ist beides Gottes offenbarter Wille: Erstlich, daß Gott alle, so Buße tun und an Christum gläuben, zu Gnaden aufnehmen wölle. Zum andern, daß er auch die, so sich mutwillig von dem heiligen Gebet abwenden und in den Unflat der Welt wieder einflechten, 2. Pet. 2., dem Satan das Herze schmücken, Luc. 11., den Heiligen Geist schänden, Ebr. 10.[3], strafen wölle, und da sie darin verharren, daß sie verstocket, verblendet und ewig verdambt sollen werden.

Demnach auch Pharao (von dem geschrieben stehet: „Eben darumb habe ich dich erwecket, daß mein Kraft an dir erscheine und mein Name verkündiget würde in allen Landen")[4] nicht darumb zugrund gangen, daß Gott ihme die Seligkeit nicht gegönnet haben sollte, oder sein wohlgefälliger Wille gewesen wäre, daß er sollt verdambt und verloren

vasa in honorem (per virtutem et operationem Dei) fieri possint. Sic enim scribit: Si quis emundaverit se ab istis, erit vas in honorem, sanctificatum et utile Domino, ad omne opus bonum paratum. Qui autem se emundare debet, eum necesse est prius fuisse immundum, impurum et per consequens vas ignominiae. De vasis autem misericordiae apostolus clare dicit, quod Dominus ipse praeparaverit ea ad gloriam, id quod nequaquam affirmat de damnatis, qui ipsi (non autem Deus) sese vasa damnationis fecerunt.

Sed et hoc magna cura considerandum 83 est, quando Dominus peccata peccatis punit, hoc est, cum eos, qui aliquando conversi fuerant, propter subsequentem securitatem carnalem, impoenitentiam, contumaciam in sceleribus et propter voluntaria flagitia punit excaecatione et induratione, id non ita accipiendum esse, quasi Deus nunquam serio voluisset, ut tales ad agnitionem veritatis pervenirent et salutem consequerentur. Ut enim haec voluntas Dei revelata est:

I. Quod Deus omnes resipiscentes et in Christum credentes in gratiam recipere velit, ita et haec est Dei revelata voluntas:

II. Quod eos, qui sponte sese a sancto Dei mandato avertunt, in coinquinationes mundi se denuo implicant et Satanae cor adornant spiritumque gratiae contumelia afficiunt, severissime punire velit, et quod tales, si in impietate perseveraverint, indurandi, excaecandi et in aeternum damnandi sint.

Itaque Pharao (de quo scriptum est: 84 In hoc ipsum excitavi te, ut ostendam in te virtutem meam, et ut annuntietur nomen meum in universa terra) non ideo periit, quod Deus illi salutem invideret, aut quasi Deus ipsius damnatione et interitu delectaretur. Deus enim non vult quenquam perire neque morte peccatoris

---

8 Faß] Gefäß *q s t ä ö*   13 klar] klärlich *B f s*   daß > *s*   19 Sünden] Sünde *H* ist > *n t*   24 es] alls *ä*   28 offenbarter] offenbarer *f s*   31 sich] [sich] >wieder< *c* 32 Gebet: so noch *f ä ö*, sonst Gebot   34 2. Pet. 2.] 2. Pet. 3. *B H* viele Hss konf

18 considerandum + et diligenter apud animum memoriamque deponendum   22 impoenitentiam >   49 perire + (ut saepe iam dictum est)

---

[1]) 2. Tim. 2, 21.   [2]) Röm. 9, 23.   [3]) 2. Petr. 2, 20; Luk. 11, 24. 25; Hebr. 10, 29.
[4]) Röm. 9, 17 (Ex. 9, 16).

werden. Dann Gott „will nicht, daß jmand verloren werde, hat auch kein Gefallen am Tode des Sünders, sonder will, daß er sich bekehre und lebe"[1].

Daß aber Gott Pharaonis Herz verhärtet, daß nämlich Pharao immer fort und fort sündiget und je mehr er vermahnet, je verstockter er wird, das ist ein Strafe seiner vorgehenden Sünde und gräulichen Tyrannei gewesen, die er an den Kindern Israel viel und mannigerlei, ganz unmenschlich und wider das Anklagen seines Herzens geübet hat. Und weil ihm Gott sein Wort predigen und seinen Willen verkündigen ließ, und aber Pharao sich mutwillig stracks wider alle Vermahnung und Warnung auflehnete: hat Gott die Hand von ihme abgezogen, und ist also das Herze verhärtet und verstocket, und hat Gott sein Gerichte an ihme erzeiget; dann er anders nichts, dann „des hellischen Feuers schuldig" war[2]; wie dann der heilige Apostel das Exempel Pharaonis auch anders nicht einführet, dann hiermit die Gerechtigkeit Gottes zu erweisen, die er über die Unbußfertigen und Verächter seines Worts erzeiget; keinesweges aber dahin gemeinet noch verstanden, daß Gott ihme oder einigem Menschen die Seligkeit nicht gönnete, sondern also in seinem heimlichen Rat zur ewigen Verdammnus verordnet, daß er nicht sollt können oder mögen selig werden.

Durch diese Lehre und Erklärung von der ewigen und seligmachenden Wahl der auserwählten Kinder Gottes wird Gott seine Ehre ganz und völlig gegeben, daß er aus lauter Barmherzigkeit in Christo, ohne allen unsern Verdienst oder gute Werk uns selig mache „nach dem Fürsatz"[3] seines Willens, wie geschrieben stehet, Eph. 1: „Er hat uns verordnet zur Kindschaft gegen ihme selbst durch Jesum Christum nach dem Wohlgefallen seines Willens, zu Lobe seiner Herrligkeit und Gnade, durch welche er uns hat angenehm gemacht in dem Geliebten[4]."

Darumb[5] es falsch und unrecht, wann ge-

delectatur; sed vult, ut convertatur et vivat, Ezech. 33.

Quod autem Dominus cor Pharaonis indurat, ut Pharao subinde peccando pergat, et quo gravius admonetur, eo magis ipse induretur, id poena est antecedentium ipsius peccatorum et immanissimae et multiplicis tyrannidis, quam in filios Israel (contra conscientiae suae stimulos) exercuerat. Et cum Dominus ipsi verbum ac voluntatem suam annuntiari curaret, Pharao vero nihilominus ex proposito et destinata malitia simpliciter adversus omnes exhortationes et admonitiones contumaciter insurgeret: Dominus manum ab eo suam retraxit, eum deseruit, atque ita cor ipsius induratum est et Dominus iustum iudicium suum adversus eum exsecutus est. Omnino enim Pharao aeterno gehennae incendio dignus erat. Et sane divus Paulus exemplum Pharaonis non alio fine adfert, quam ut eo ipso Dei iustitiam declararet, quam in impoenitentibus hominibus et verbi divini contemptoribus puniendis demonstrat. Nequaquam autem Pauli mens est, quod Dominus Pharaoni aut ulli alii homini salutem invideat aut quod in arcano suo consilio quendam ad damnationem praedestinaverit, ut ille nullo modo salutem consequi possit.

Hac pia doctrina et declaratione articuli de aeterna et salvifica electorum filiorum Dei praedestinatione Deo gloria sua omnis solide tribuitur, quod videlicet mera et gratuita misericordia in Christo (absque omnibus nostris meritis aut bonis operibus) salvos nos faciat, secundum voluntatis suae propositum. Sic enim scriptum est: Qui praedestinavit nos in adoptionem filiorum per Iesum Christum, in ipsum, in laudem gloriae gratiae suae, in qua acceptos nos fecit in dilecto. Falsum igitur est et cum verbo Dei pugnat, cum docetur, quod non sola

---

1/2 Dann *bis* werde > z 4 lebe + Ezech. 33 Konk 6 immer > y und fort > B f s ä 7 w a. R.: | Induratio Pharaonis poena praecedentium peccatorum | 14 predigen + ließ w 15 ließ] läßt ü 38 und + gar ü 41 mache] macht H o y z

20 et Dominus] unde Dominus postea 26 quam + ille 32 quendam] quenquam

---

[1]) 2. Petr. 3, 9 + Ezech. 33, 11. [2]) Matth. 5, 22. [3]) Röm. 8, 28; Eph. 1, 11. [4]) Eph. 1, 5. 6. [5]) Darüber | N. |, Einschub wohl nach dem braunschw.-wolfenb. Bedenken zum TB (Hutterus 405/6), vgl. andrerseits Joachim Ernst v. Anhalt an Wilh. v. Hessen, 20. Apr. 1577 (Heppe IIIB 384), dazu CR XXI 916; „... aliquam esse in accipiente causam ... quia promissionem apprehendit"; vgl. S. 1068, Anm. 3 u. S. 911, Anm. 1.

lehrt wird, daß nicht allein die Barmherzigkeit Gottes und allerheiligst Verdienst Christi, sonder auch in uns ein Ursach der Wahl Gottes sei, umb welcher willen Gott uns zum ewigen Leben er¹wählet habe. |

Dann nicht allein ehe wir etwas Guts getan, sondern auch ehe wir geboren worden¹ hat er uns in Christo erwählet, ja „ehe der Welt Grund gelegt war"² und „auf daß der Fürsatz Gottes bestünde nach der Wahl, ward zu ihme gesagt, nicht aus Verdienst der Werke, sondern aus Gnaden des Berufers, also: der Größte soll dienstbar werden dem Kleinern"³. Wie dann geschrieben stehet: „Ich habe Jakob geliebet; ›aber‹ Esau hab ich gehasset", Rom. 9. Gen. 25. Mal. 1.⁴

Desgleichen gibt diese Lehre niemand Ursach weder zur Kleinmütigkeit, noch zu einem frechen, wilden Leben, wann die Leute gelehrt werden, daß sie die ewige Wahl in Christo und seinem heiligen Evangelio als⁵ in dem „Buch des Lebens" suchen sollen, welchs keinen bußfertigen Sünder ausschleußet, sondern zur Buß und Erkenntnus ›ihrer‹ Sünden und zum Glauben an Christum alle arme, beschwerte und betrübte Sünder locket und rufet und den H. ¹Geist zur Reinigung und Erneuerung verheißet⁶ und also den allerbeständigsten Trost den betrübten, angefochtenen Menschen gibt, daß sie wissen, daß ihre Seligkeit nicht in ihrer Hand stehe; sonst würden sie dieselbigen viel leichtlicher, als Adam und Eva im Paradies geschehen, ja alle Stund und Augenblick verlieren; sondern in der gnädigen Wahl Gottes, die er uns in Christo geoffenbaret hat, aus des Hand uns „niemand reißen" wird, Joh. 10. 2. Timoth. 2.⁷

Demnach, welcher die Lehr von der gnädigen Wahl Gottes also führt, daß sich die

Dei misericordia et unicum sanctissimum Christi meritum, verum etiam aliquid in nobis causa sit electionis divinae, propter quod nos Deus ad vitam aeternam praedestinaverit. Non enim tantum antequam aliquid boni faceremus, verum etiam priusquam nasceremur, imo ante iacta fundamenta mundi, elegit nos Deus in Christo. Ut secundum electionem propositum Dei maneret, non ex operibus, sed ex vocante, dictum est ei: Maior serviet minori. Sicut scriptum est: Iacob dilexi, Esau autem odio habui. Rom. 9. Genes. 25. Malach. 1.

Sed et haec pia doctrina nulli vel ad animi angustias vel ad vitam dissolutam et impiam ullam occasionem praebet, quando videlicet homines docentur, quod aeternam electionem in Christo, qui liber vitae est, et sancto eius evangelio quaerere debeant. Evangelion enim nullum resipiscentem peccatorem a salute excludit, sed ad poenitentiam, ad agnitionem peccatorum suorum et ad fidem in Christum omnes peccato gravatos et sensu irae Dei perturbatos peccatores vocat et invitat et spiritum sanctum ad emundationem et sanctificationem promittit. Etenim hic articulus recte et dextre explicatus veram et omnium firmissimam consolationem perturbatis mentibus praebet, quia inde certi fiunt, quod salus aeterna non in manu ipsorum sit posita (quam alias multo facilius quam Adam et Eva in paradiso, imo singulis horis et momentis amitterent), sed norunt eam in clementi divina praedestinatione fundatam esse, quam nobis revelavit in Christo, ex cuius manu nemo nos rapiet, Ioh. 10. 2. Tim. 2.

Quare si quis doctrinam de aeterna Dei praedestinatione eo modo proponat,

---

2 und + der *g k l n o t v x*   7 getan + haben *B*   worden] werden *einige Hss* Konk   würden *Cor*   8 erwählet] verordnet *g*   9 war] ward *f g*   14 Kleinern] Kleinen *ü* Konk   dann] davon *H f k l s x y z ä* Konk   15 ›aber‹ *statt* [und] *A*   23 bußfertigen] unbußfertigen *c* (!)   25 ›ihrer‹ *statt* [seiner] *A*   28 Reinigung] Einigung *x*   29 den] einen *ö*   33 leichtlicher] leichter *B*   34/5 ja alle *bis* Augenblick > *H*   37 des] der *f s*   43 der + [ewigen] *A*   44 sich] sie *f*

9 Christo + De hac gratuita electione Paulus ad hunc modum scribit: Cum enim nondum nati fuissent (Iacob et Esau) aut aliquid boni egissent aut mali   21 aeternam electionem] de electione sua   27 Christum + concipiendam   30 sanctificationem + nostram

---

¹) Röm. 9, 11.   ²) Eph. 1, 4.   ³) Röm. 9, 11. 12, vgl. Gen. 25, 23.   ⁴) Röm. 9, 13, vgl. Mal. 1, 2. 3.   ⁵) Vgl. S. 1068, Anm. 4.   ⁶) Matth. 11, 28; Tit. 3, 5; Röm. 7, 6; 8, 11.   ⁷) Joh. 10, 28; 2. Tim. 2, 19.

betrübten Christen derselben nicht trösten können, sondern dardurch zur Verzweifelung verursacht, oder die Unbußfertigen in ihrem Mutwillen gestärket werden: so ist ungezweifelt gewiß und wahr, daß dieselbige Lehre nicht nach dem Wort und Willen Gottes, sondern nach der Vornunft und Anstiftung des leidigen Teufels getrieben werde.

Rom. 15. Dann, wie der Apostel zeuget[1], alles, „was geschrieben ist, das ist uns zur Lehre geschrieben, auf daß wir durch Geduld und Trost der Schrift Hoffnung haben". Da uns aber durch die Schrift solcher Trost und Hoffnung geschwächet oder gar genommen, so ist gewiß, daß sie wider des H. Geistes Willen und Meinung verstanden und ausgelegt werde.

W 739   Bei dieser einfältigen, richtigen, nützlichen Erklärung, die in Gottes offenbareten Willen beständig guten Grund hat, bleiben wir, fliehen und meiden alle hohe, spitzige Fragen[2] und disputationes, und was diesen wahrhaftigen, einfältigen, nützlichen Erklärungen zuwider und entgegen ist, das verwerfen und verdammen wir.

Und[3] soviel von den zwiespaltigen Artikuln, die unter den Theologen Augsburgischer Confession nun viel Jahr disputieret, darin sich etliche geirret und darüber schwere controversiae, das ist, Religionsstreit, entstanden, aus wellicher unser Erklärung Freund und Feind und also männiglich klar abzunehmen, daß wir nicht bedacht, umb zeitliches Friedens, Ruhe und Einigkeit willen etwas der ewigen, unwandelbaren Wahrheit Gottes (wie auch solchs zu tun
M 725   in unser Macht nicht stehet) zu begeben, welcher Fried und Einigkeit, da sie wider die Wahrheit und zu Unterdrückung derselben gemeinet, auch keinen Bestand haben würde; noch viel weniger gesinnet, Verfälschung der reinen Lehre und öffentliche verdambte Irrtumm zu schmücken und zu decken. Sonder zu solcher Einigkeit herzlichen Lust

ut vel perturbatae mentes ex ea consolationem nullam haurire possint, sed potius ad desperationem illis ansa praebeatur vel im:poenitentes in sua securitate, improbitate et malitia confirmentur: tum nihil certius est, quam quod articulus de electione non ad normam et iuxta voluntatem Dei, sed secundum humanae rationis caecum iudicium et ex impulsu atque instinctu diaboli male et perverse doceatur.

Quicquid enim scriptum est (ut apostolus testatur), in doctrinam nostram scriptum est, ut per patientiam et consolationem scripturae spem habeamus. Quodsi nobis per scripturam consolatio illa vel enervatur vel eripitur, certo certius est scripturam contra sententiam et mentem spiritus sancti explicari et intelligi.

In hac simplici, perspicua et salutari declaratione, quae in voluntate Dei revelata solidissimum habet fundamentum, acquiescimus. Et omnes argutas, curiosas et ad aedificationem inutiles quaestiones atque disputationes fugimus atque aversamur. Et si quae huic simplici, sincerae atque salutari explicationi repugnant, ea reiicimus atque damnamus.

Et haec de controversis articulis (de quibus inter theologos Augustanae Confessionis multos iam annos disputatum est, cum quidam in illis errassent, unde difficiles controversiae et certamina religionis eruperunt) dixisse sufficiat.

Speramus autem omnes, tam adversarios quam amicos nostros, ex hac declaratione deprehensuros, nostrum propositum haudquaquam fuisse, propter temporariam pacem, tranquillitatem aut concordiam aliquid (cum iactura aut detrimento aeternae atque immotae atque immutabilis veritatis coelestis) cuiquam largiri, id quod etiam non in nostra est potestate. Neque vero talis pax et concordia, quae veritati adversaretur et eiusdem oppressioni moliretur, diu durare posset. Sed et ne in animum quidem

---

1 derselben] desselbigen H   + sich f   2 können > y   14 durch] dardurch c   18 ist + es u   23 bleiben] glauben H   24 hohe + und ü   25/6 wahrhaftigen > x z Konk   + und w   27 und (1.) > s   und entgegen > n t v w x z Konk   32 Jahr + hero c   47 decken] bedeken y

33/5 unde bis eruperunt] atque gravissimis dissidiis causam dedissent   42 atque immotae >   44 id quod etiam] etenim hoc   47 moliretur] molirentur   48 posset] possent

---

[1]) Röm. 15, 4.   [2]) Vgl. S. 1068, Anm. 3.   [3]) SC bei Hachfeld 296 zog diesen Absatz bereits zum folgenden Art. unter XI.

und Liebe tragen und dieselbige unsers Teils nach unserm äußersten Vermugen zu befurdern von Herzen geneigt und begierig, durch welche Gott seine Ehre unvorletzt der göttlichen Wahrheit des H. Evangelii nichts begeben, dem wenigsten Irrtumb nichts eingeräumbt, die armen Sünder zu rechter, wahrhaftiger Buße gebracht, durch den Glauben aufgerichtet, im neuen Gehorsamb gestärkt und also allein durch den einigen Verdienst Christi gerecht und ewig selig werden etc.

nostrum unquam induximus, purioris doctrinae corruptelas vel etiam manifestos damnatosque errores fuco quodam commendare, dissimulare aut occultare. Hanc vero concordiam ex animo diligimus et toto pectore amplectimur eamque pro virili (quantum quidem in nobis erit) promovere summo studio cupimus, qua Deo honor suus illibatus servetur, veritati evangelicae nihil decedat, nulli etiam falso dogmati locus concedatur, peccatores ad seriam poenitentiam invitentur, perturbatae mentes fide erigantur, in obedientia nova confirmentur atque adeo per unicum Christi meritum iustitiam veram et salutem aeternam consequantur.

XII.

Von andern Rotten und Sekten,

so sich niemals zu der Augsburgischen Konfession bekennet[1].

Was aber die Sekten und Rotten belanget, die sich zur Augsburgischen Confession nie bekennet, und derselben in dieser unser Erklärung nicht austruckentliche Meldung geschehen, als da sein: Wiedertäufer, Schwenckfeldianer, neue Arianer und Antitrinitarier, derer Irrtumb einhellig von allen Kirchen Augsburgischer Confession verdammet worden, haben wir derselbigen der Ursachen in dieser Erklärunge nicht insonderheit und fürnehmblich Meldunge tuen wollen, dieweil auf diesmal | allein | das gesucht.

XII.

DE ALIIS HAERETICIS ET SECTARIIS,

qui Augustanam Confessionem nunquam sunt amplexi.

Irrepserunt etiam hinc inde alii quidam haeretici et sectarii, qui Augustanam Confessionem non amplectuntur aut profitentur, quorum in hac declaratione nominatim nullam mentionem fecimus, ut sunt: Anabaptistae, Swenckfeldiani, novi Ariani et Antitrinitarii. Horum errores unanimi consensu ab omnibus ecclesiis Augustanam Confessionem profitentibus damnati sunt. Noluimus autem de illis erroribus in hoc scripto, nisi incidenter, agere, propterea quod hoc tempore scopum illum praefixum habuerimus, ut potissimum adversariorum pontificiorum calumnias refutaremus.

---

3 Herzen + gerne c   4 Gott] durch v   Ehre] Lehr B f u Cor   7 rechter > r rechter, wahrhaftiger ~ g x y z ä Konk   12 etc. > Hss außer H r y, Konk etc.] Amen g   18 XII.] XI. z   23 die + andern B   26 austruckentliche] austruckentlich viele Hss, Konk   31 derselbigen] dieselbigen H   34 | allein | statt [nämblich] A

18 XII. >   27 ut] Hi

---

[1]) Vorstufen: Drey vnd dreißig Predigen von den fürnembsten Spaltungen in der Christlichen Religion, so sich zwischen den Bäpstischen, Lutherischen, Zwinglischen, Schwenckfeldianern vnd Widerteuffern halten ... Gepredigt zu Eßlingen durch Jacobum Andreæ D ... Tübingen 1568; erweitert 1573, Teil III u. IV; zum Inhalt der 4. u. 9. Predigten vgl. Frank, Theol. FC IV 375. SC (Hachfeld 297—301, vgl. hier S. 1090, Anm. 3); SSC (Heppe IIIB 161—166 u. 320—325). Literatur: H. R. Frank, Theol. d. Concordienformel IV, 1865, 345—391.

W 740 Nachdem unser Gegenteil mit unverschambten Munde fürgeben und in aller Welt unser Kirchen und derselbigen Lehrer ausgerufen, daß nicht zween Prädikanten gefunden, die in allen und jeden Artikeln der Augsburgischen Confession einig, sondern dermaßen untereinander zurissen und zutrennet, daß sie selbst nicht mehr wissen, was die Augsburgische Confession und M 726 derselben eigentlicher Verstand sei: haben wir nicht mit kurzen bloßen Worten oder Namen uns zusammen bekennet, sondern von allen fürgefallenen Artikeln, so allein unter den Theologen Augsburgischer Confession disputiert und angefochten, eine lautere, helle, unterschiedliche Erklärung tun wollen, auf daß meinniglich sehen möge, daß wir solchs alles nicht arglistigerweise vorschlahen oder vordecken oder uns allein zum Schein vorgleichen, sondern der Sachen mit Grund helfen und unser Meinung also hiervon dartuen wöllen, daß auch unsere Widersachere selbst bekennen müssen, daß wir in solchem allen bei dem rechten, einfaltigen, natürlichen und eigentlichen Vorstand der Augsburgischen Confession | bleiben, bei wölcher wir auch | durch Gottes Gnade begehren standhaftig bis an unser Ende | zu verharren, | und soviel an unserm Dienst gelegen, nicht zusehen noch stilleschweigen wollen, daß derselben zuwider etwas in unsere Kirchen und Schulen eingeführet werde, dorinnen uns der allmächtige Gott und Vater unsers Herrn Jesu Christi zu Lehrern und Hirten gesetzt hat.

Illi enim sine fronte in toto Christiano 3 orbe ecclesias nostras earumque sinceros doctores hactenus traduxerunt atque iactarunt: non reperiri duos saltem evangelicos concionatores, qui de omnibus et singulis articulis Augustanae Confessionis consentiant, sed tantas inter eos omnes esse dissensiones, ut ne quidem amplius norint, quae sit vera Augustana Confessio et ipsius genuina et germana sententia. Non igitur nudis et paucis 4 verbis aut nominum nostrorum subscriptionibus tantummodo de nostro consensu testari voluimus, sed de omnibus articulis, de quibus ab Augustanae Confessionis theologis disceptatum fuit, perspicuam, disertam, sinceram declarationem conscribere voluimus. Idque eo consilio fecimus, ut omnes intelligant, nos illas controversias et falsas opiniones neque malitiose dissimulare neque occultare voluisse. Et deprehendent boni 5 et intelligentes viri non hoc nos egisse, ut fucatam et simulatam concordiam faceremus, nec ut malis istis medicinam aliquam superficiariam, sed ut remedia solida et vera adhiberemus. Itaque sententiam nostram liquidissime proposuimus, ut adversarios etiam nostros fateri oporteat, quod in tota hac controversiarum tractatione et explicatione veram, simplicem, sinceram, genuinam atque propriissimam Augustanae Confessionis sententiam retinere voluerimus. Et sane in ea pia sententia per gratiam Dei constanter ad ultimum usque spiritum perseverare cupimus. Et quantum quidem proficisci a cura nostra rationibusque ministerii nostri potest, non connivebimus aut silentio nostro committemus, ut aliquid, quod cum genuina et pia Augustanae Confessionis sententia pugnet, in ecclesias aut scholas nostras invehatur, in quibus nos Deus et pater Domini nostri Iesu Christi doctores et pastores esse voluit.

Darmit uns aber nicht stillschweigende oberzählten Rotten und Sekten verdambte Irrtumb zugemessen werden, welche mehrernteils an denen Örtern und sonderlich zu der Zeit heimlich, wie solcher Geister Art ist, eingeschlichen, da dem reinen Wort des heiligen Evangelii nicht Platz noch Raum gegeben, sondern alle desselben rechtschaffene

Ne quis autem tacitis nos cogitationi- 7 bus accuset, quasi errores damnatos earum haeresium et sectarum (quarum supra paucis mentionem fecimus) ulla ex parte approbemus: facere non potuimus, quin publice coram tota ecclesia in hoc scripto protestaremur, nos illis erroribus omnibus (qualescunque et quotcunque

---

7 untereinander] miteinander z   11 oder] und z   12/3 sondern *bis* Artikeln > ü
16 lautere + und c   18/9 vorschlahen] vorschlagen c s   verschleichen b (a: urspr. verscheuchen)   19 oder (1.)] und w   19/20 zum Schein] zwischen b, urspr. a   25 natürlichen + [einfältigen] A   eigentlichen] einfältigen b, urspr. a   28/9 | zu verharren | *statt* [zu bleiben] A   33 uns + Gott H Gott > H   35 und + zu ü

Lehrer und Bekenner verfolget werden und die tiefe Finsternus des Papsttumbs noch regieret, und die armen einfältigen Leute, so des Papsttumbs öffentliche Abgötterei und falschen Glauben greifen müssen, in ihrer Einfalt (leider) angenommen, was nach dem Evangelio genennet und nicht päpstisch war: haben wir nicht unterlassen können, uns darwider auch öffentlichen vor der ganzen Christenheit zu bezeugen, daß wir mit derselben Irrtumb, es sein ihr viel oder wenig, weder Teil noch Gemein haben, sondern solche allzumal als unrecht und ketzerisch, der heiligen Propheten und Apostel Schriften, auch unserer christlichen und in Gottes Wort wohlgegründten Augsburgischen Konfession zuwider verwerfen und verdammen.

tandem illi sint) nulla ex parte subscribere aut eos approbare, sed potius penitus reiicere atque damnare, propterea quod eos impios et fanaticos esse et cum prophetica et apostolica doctrina atque cum pia nostra Augustana Confessione in verbo D e i probe fundata pugnare iudicemus. Atque illi sane errores maxime in iis locis et tum temporis potissimum irrepserunt (ut est ingenium fanaticorum spirituum), ubi sincero Christi evangelio locus non erat et unde omnes sinceri doctores et confessores evangelii fuere repulsi aut eiecti. Ubi enim crassissimae et plus quam Cimmeriae, ut dici solet, papatus tenebrae regnabant, ibi miseri homines, qui pontificiam manifestissimam idolatriam et falsam doctrinam tantum non manibus palpant, ex mera simplicitate amplexi sunt, quicquid a papatu discrepabat et sub evangelii nomine ipsis obtrudebatur. Quorum malorum pontificia tyrannis, quae sinceram doctrinam persequitur, vel praecipua causa est.

Irrige Artikel der Wiedertäufer[1].

Als nämlich der Wiedertäufer irrige, ketzerische Lehre, die weder in der Kirchen,

ERRORES ANABAPTISTARUM.

Reiicimus et damnamus falsa Anabaptistarum dogmata, quae neque in ecclesia

1 werden] worden *viele Hss* Konf 5 müssen + leider *ü* 6 leider] wieder *ü*
7 päpstisch] papistisch *t* 11 ihr > *c* 12 Gemein] Gemeinschaft B
29 quae + iam recitabimus; ea enim

---

[1]) Zum Ganzen: H. Bullinger, Der Widertöufferen vrsprung, fürgang, Secten, wäsen vnd gemeine jrer leer Artickel... Zürych 1561, dazu Mennonit. Lexikon I 291 ff. Protocoll, Das ist Alle handlung des gesprechs zu Franckenthal inn der Churfürstlichen Pfaltz ⟨28. Mai bis 19. Juni 1571, über 13 fragen⟩ mit denen so man Widertäuffer nennet, Heidelberg 1573, dazu Mennonit. Lexikon I 675ff., Summarium der täuferischen Antworten 454f., Chr. Hege, Die Täufer in der Kurpfalz, 1908, RE³ VI 166f. Nikolsburger Artikel, bei Sachsse, Hubmaier 273. Rechenschaft vnserer Religion, Leer, Glaubens, von den Brüdern, so man die Hutterischen nennet, außgangen durch Peter Ryedeman (vf. 1540) 1565, dazu L Müller, Kommunismus 19f. Urkunden z. Gesch. des Bauernkrieges u. d. Wiedertäufer, hrsg. von H. Böhmer, 1910 (Kleine Texte, Lietzmann, 50/51). H. Barge, Der deutsche Bauernkrieg in den zeitaen. Quellenzeugnissen. I. 1914. Zusammenstellunaen der ausgebreiteten Literatur: RE³ I 481ff. (Anabaptisten, dazu XXIII 39f.; XIII 539ff. (Münster, Wiedertäufer) und XXIV 190f.; G. Wolf, Quellenkunde d. deutschen Reformationsgesch. I, 1915, 414ff., 460ff., 491ff.; H. Bornkamm, Mystik, Spiritualismus u. d. Anf. d. Pietism. i. Luthertum, 1926 (Vortr. theol. Konf. Gießen) S. 20 Anm. 12. Auswahl: J. K. Seidemann, Thomas Münzer, 1842, K. Holl, Ges. Aufsätze 3. Kirchengesch. I², 1923, 420ff. (Luther u. d. Schwärmer). J. Zimmermann, Thomas Münzer, 1925. H. Böhmer, Studien z. Th. Müntzer, Reformationsprogramm Leipzig 1922; Ges. Aufsätze 1927, 189ff.: Th. Müntzer u. d. jüngste Deutschland (= Allg. Ev. Luth. Ktzg. 1923). Fr. O. zur Linden, Melchior Hoffmann, 1885, und RE³ VIII 222—227. W. Mau, Balth. Hubmaier, Abh. z. Mittl. u. Neueren Gesch. 40, 1912. C. Sachsse, D. Balth. Hubmaier als Theologe, Neue Stud. z. Gesch. d. Theol. u. d. Kirche 20, 1914. R. Wolkan, Die Hutterer, 1918. L. Müller, D. Kommunismus d. mähr. Wiedertäufer, 1927, Schrr. VRG 142. H. Correll, Das schweizerische Täufermennonitentum, 1925. Mennonit. Lexikon (Hege, Neff), I, 1913. J. Menius, Vom Geist der Wiedertäufer, 1544.

noch in der Polizei, noch in der Haushaltung zu dulden und zu leiden¹, da sie lehren:

1. Daß unsere Gerechtigkeit vor Gott nicht allein auf dem einigen Gehorsamb und Vordienst Christi, sondern in der Erneuerung und unser eigenen Frombkeit stehe² in welcher wir für Gott wandeln; welche | sie | das mehrer Teil auf eigene, sonderliche Satzunge und selbsterwählete Geistligkeit wie auf eine naue Muncherei setzen.

2. Daß die Kinder, so nicht getauft, für Gott nicht Sünder, sondern gerecht und unschuldig sein und also in ihrer Unschuld³ ohne die Taufe, derer sie nicht bedürfen, selig werden; vorleugnen und verwerfen also die ganze Lehre von der Erbsünde, und was derselben anhängig⁴.

3. Daß die Kinder nicht sollen getauft werden, bis sie zu ihrem Vorstand kommen⁵ und ihren Glauben selbst bekennen könnten.

| 4. Daß⁶ der Christen Kinder darumb, weil sie von christlichen und glaubigen Eltern geboren, auch ohne und vor der Tauf heilig und Gottes Kinder seien, auch der Ursach der Kindertauf weder hochhalten⁷ noch befürdern, wider die ausgetrückte Wort der Verheißung, die sich allein auf die erstrecken, wölche den Bund halten und || denselben || nicht verachten, Gen. 17. |⁸

Dei neque in politia neque in oeconomia tolerari possunt.

I. Quod iustitia nostra coram Deo non tantum in sola obedientia et unico merito Christi, verum etiam in nostra renovatione et propria iustitia (in qua coram Deo ambulamus) consistat. Et eam probitatem seu iustitiam Anabaptistae ut plurimum in peculiaribus observationibus et sua quadam electicia sanctimonia, quasi in quodam novo monachatu, collocant.

II. Quod infantes non baptizati coram Deo non sint peccatores, sed iusti et prorsus innocentes, et quod in sua illa innocentia sine baptismo (quo non indigeant) salventur. Et hac ratione negant atque reiiciunt Anabaptistae totam de originali peccato doctrinam et quicquid ad eam pertinet.

III. Quod docent infantes non esse baptizandos, donec usum rationis habeant et fidem suam ipsi confiteri possint.

IV. Infantes Christianorum ob eam causam (etiam sine baptismo et ante susceptum baptisma) sanctos et filios Dei esse, quod parentibus Christianis prognati sint. Unde et baptismum infantum non magni faciunt neque admodum urgent. Id quod pugnat cum expressis verbis promissionis, quae ad eos tantum pertinet, qui foedus Dei observant neque illud contemnunt.

---

1 in der > B   2 da] daß x   3 1.: die Ziffern im folgenden in A römisch!   8 sie > H   Teil > k   11 setzen + etc. H   14/5 unschuldig] schuldig ä darin a   18/9 und bis anhängig > c   19 anhängig] anhanget B   16 derer] 21 3.: H vertauscht Abs. 3 und 4   26 und glaubigen > w ü   27 vor der] von dem x   28 auch] und x   29 der] die g m   den w   29/30 befürdern] bedürfen H ö   31 Verheißung + Gotts H ö   32 den] seinen H ü   denselben > H   33 Gen. 17. > H

10 electicia >

---

¹) Vgl. die Heraushebung der Dreigruppierung (1—7, 8—12, 13—15) in der Epitome.   ²) Vgl. Holl, Ges. Aufs. I² 428ff.; L. Müller, Kommunismus 27ff.; Sachsse, Hubmaier 171f.; Nikolsb. Art. V; Frankenthal, Art. VI.   ³) Epitome, S. 823, 11 fügt hinzu: „weil sie noch nicht zu ihrem Vorstand kommen", vgl. Anm. 5.   ⁴) Frankenthal, Art. IV; Sachsse, Hubmaier 197ff., 266ff.   ⁵) Vgl. S. 1060, Anm. 2; Holl, Ges. Aufs. I² 452: „Mündigkeitstaufe"; Frankenthal, Art. XII.   ⁶) Darüber | Sachs.| Braunschw.-Wolfenbüttel. Bed. zum TB (Hutterus 406) wünscht diesen wörtlich auch in Epitome übernommenen Einschub, ebenso die Möllner notationes (Bertram IIB 330); nach dem Bed. der niedersächs. Städte zum TB (Rehtmeyer IIIB 269) hat man dies schon in Torgau geplant, „ist aber im Umschreiben ausgelassen und ist gleichwohl nötig, ut addatur conclusioni." Das braunschw.-wolfenbüttelsche Bed. bezeichnet die abgewiesene Auffassung als error Calvini (vgl. Institutio IV 16, CR XXX 976ff.).   ⁷) Vgl. Frankenthal IV, dazu 33 Predigen IV 29ff., 34 und zur Auslegung von 1. Kor. 7, 14 Frank, Theologie FC IV 386 Anm. 31 (Schlüsselburg, Catal. Haeret. XII 254).   ⁸) Gen. 17, 4—8. 19—21.

5. Daß dies keine rechte christliche Vor=
samblunge noch Gemeine sei, in derer noch
Sünder gefunden werden¹.
6. Daß man kein Predigt hören noch be=
suchen soll in den Tempeln, darinnen zu=
vorn päpstische Messe gelesen worden.
7. Daß man nichts mit den Kirchendie=
nern, so das heilige Evangelion vormüge
Augsburgischer Konfession predigen und
der Wiedertäufer Jrrtumb strafen, zu schaf=
fen haben, ihnen auch weder dienen noch
etwas arbeiten, sonder als die Vorkehrer
Gottes Worts fliehen und meiden solle².
8. Daß die Obrigkeit kein gottseliger
Stand im nauen Testament sei³.
9. Daß ein Christenmensch mit gutem,
unverletztem Gewissen das Ambt der Obrig=
keit nicht tragen könnte⁴.
10. Daß ein Christ mit unverletzten Ge=
wissen das Ambt der Obrigkeit in zufäl=
ligen Sachen wider die Bösen nicht brau=
chen noch derselbigen Untertanen ihren Ge=
walt anrufen mugen.
11. Daß ein Christenmensch mit guten
Gewissen keinen Eid für Gerichte schwören,
noch mit Eide seinem Landsfürsten oder
Oberherrn die Erbhuldigung tun könnte⁵.
12. Daß die Obrigkeit mit unvorletzten
Gewissen die Übeltäter am Leben nicht
strafen könnte⁶.
13. Daß ein Christ mit gutem Gewissen
nichts Eigenes behalten noch besitzen könnte,
sondern schuldig sei, dasselbige in die Ge=
meine zu geben⁷.

V. Non esse eam veram et Christianam
ecclesiam, in qua peccatores reperiantur.

VI. Non esse conciones sacras audiendas in iis templis, in quibus aliquando
missae pontificiae sunt celebratae.

VII. Non habendum quicquam commercii cum ecclesiae ministris, qui et
sanctum Christi evangelion iuxta piam
Augustanae Confessionis sententiam docent et Anabaptistarum errores refutant,
neque illis operam locandam, quin potius
ut verbi Dei corruptores fugiendos atque
vitandos esse.

VIII. Magistratus officium non esse
(in novo testamento) genus vitae homine et pio et Christiano dignum.

IX. Hominem pium salva conscientia
officio magistratus fungi non posse.

X. Hominem Christianum illaesa conscientia officium magistratus, re ita postu-
lante, adversus facinorosos facere et
exsequi non posse, nec quemquam subditorum implorare opem magistratus debere.

XI. Christianos sana conscientia in
foro civili iuramentum praestare aut
principi ac magistratui suo fidem sub
religione iurisiurandi astringere non
posse.

XII. Quod magistratus sontes et morte
dignos supplicio capitis afficere sine
vulnere et labe conscientiae nequeat.

XIII. Hominem Christianum salva sua
conscientia proprium tenere ac possidere
non posse, sed oportere, quicquid id est,
in communem fiscum conferre.

---

1 5.: *in A: V aus IV usw. bis XVII aus XVI* 2 noch (1.)] und *H f g r s y ü*
3 Sünder] Sünde⟨n⟩ *H g k n t w y* 4—S. 1096, 11 6. Daß *bis* ⸗nommen > *k*
noch] und *H f g o s x* 16 sei > *o x* 19 unverletztem > *x* 20 könnte] könne *Hss*.
außer *g r*, Konk 21 Christ] Christenmensch *q* mit + gutem *q* 29 noch *bis*
Landsfürsten > *v* mit] [mit] ⟩ein⟨ *s* 30. 34. 36 könnte] könne *Hss* außer *g m r x ä*,
Konk 37 die > *m x*

19 posse + *si ita res necessitasque ferat, ut facinorosi puniendi sint. Deinde ne subditis quidem magistratus sui opem implorare licere.* 21/6 X. *bis* debere > *Die
folgenden Absätze werden daher statt von XI. bis XVII. von X. bis XVI. gezählt.* 29 principi ac > 37 oportere] cogi

---

¹) Vgl. Holl, Ges. Auff. I² 451ff. Sachsse, Hubmaier 189ff., 264ff. ²) Vgl.
auch Nikolsb. Art. I, bei Sachsse, Hubm. 273. ³) Vgl. Frankenthal, Art. X;
Wolkan, Hutterer 52f.; anders Hubmaier: Sachsse 210ff., Mau 123, 155. ⁴) Vgl.
Frankenthal, Art. V; Wolkan 52; anders Hubmaier: Sachsse 213. ⁵) Vgl. Franken=
thal, Art. XI; Wolkan 54; Mennonit. Lexikon I 535ff. ⁶) Vgl. Wolkan 52f., dagegen
Hubmaier, Sachsse 216. Vgl. zu den Abs. 8—12: CA XVI, S. 67ff. u. Apol. XVI, S. 307ff.
⁷) Vgl. Holl, Ges. Auff. I² 453; Böhmer, Ges. Auff. 212; Wolkan, Hutterer 59ff.; L. Müller,
Kommunismus 42ff., 53ff.

14. Daß ein Christ mit gutem Gewissen kein Gastgeber, Kaufmann oder Messerschmied sein könnte¹.

15. Daß Eheleute umb des Glaubens willen sich voneinander scheiden und eins das ander vorlassen und mit einem andern, das seines Glaubens ist, sich vorehelichen möge².

16. Daß Christus sein Fleisch und Blut nicht von Marien der Jungfrauen angenommen, sondern vom Himmel mit sich gebracht³.

17. Daß er auch nicht wahrer, wesentlicher Gott sei, sondern nur mehr und höher Gaben und Herrligkeit dann andere Menschen habe⁴.

Und dergleichen andere Artikel mehr, wie sie dann untereinander in viel Haufen zurteilt, und einer mehr, der ander weniger Irrtumb hat, und also ihr ganze Sekt im Grunde anders nichts dann eine neue Muncherei ist⁵.

XIV. Hominem pium sana conscientia non posse cauponariam aut mercaturam exercere aut arma conficere.

XV. Coniugibus propter religionis diversitatem divortium facere et matrimonium cum alia persona, quacum in religione conveniat, contrahere licitum esse.

XVI. Christum carnem et sanguinem suum non e Maria virgine assumpsisse, sed de coelo attulisse.

XVII. Christum non esse verum et essentialem Deum, sed duntaxat alios homines multitudine et excellentia donorum et gloriae superare.

Hos atque similes falsos articulos Anabaptistae profitentur. Et quidem in multas sectas sunt divisi, et alii plures, alii pauciores religionis errores amplectuntur. Tota vero ipsorum secta nil nisi novus quidam est monachismus.

Irrige Artikel der Schwenckfeldianer⁶.

Desgleichen, da die Schwenckfeldianer fürgeben:

ERRORES SCHWENCKFELDIANORUM.

Reiicimus atque damnamus etiam Schwenckfeldianorum errores, quibus docent:

---

3 könnte] könne Hss außer H m x ä, Konk   7 sich] sie a   9 Christus] Christen y
10 der + [reinen] A   12 gebracht] bracht f r s w ä   13/4 wahrer, wesentlicher ~ c
15 Gaben + habe b   18/9 zurteilt] zertrennt z   21 anders nichts ~ d   eine > y
22 ist + etc. H

26/7 quibus docent] quos nunc recitabimus:

---

¹) Vgl. Wolkan, Hutterer 57.   ²) Vgl. Frankenthal, Art. VII; Wolkan, Hutterer 56; L. Müller, Kommunismus 51 ff. Mennonit. Lexikon 522 ff. (reiche Literatur!). Vgl. auch CA XVI, S. 67 ff.   ³) Besonders Melchior Hoffmann (vgl. O. zur Linden, M. Hoffm. 284 ff., 433 ff.), gegen den sich auch Schwenckfeld wendet (Corp. Schwenckf. VII 303 ff.), neben ihm andere mit Berufung auf Joh. 1, 14.   ⁴) Vgl. Nikolsburger Art. IV (Sachsse, Hubmaier 273).   ⁵) Zu dieser Beurteilung auch A. Ritschl, Gesch. d. Pietismus I, 1880, 22—36; SC fügt hier zwei „irrige Artikel der Zwinglianer" (Ablehnung der Realpräsenz und der manducatio indignorum) ein, vgl. Hachfeld 299.   ⁶) Vgl. CR III 983—986, Schmalkald. Erklärung, März 1540 gegen Schwenckfeld und Frank u. a., dazu Ecke, Schwenckfeld 218. Andreä, 33 Predigen III, „wider die Schwenckfeldianer. I. Vom rechten erkanntnuß deß regierenden Himmelkönigs Jhesu Christi. II. Vom Kirchendienst vnd Predigampt, rechten verstand vnd Gebrauch der H. Sacramenten. III. Von der Christen volkommenheit vnnd erfüllung des Gesetzes in disem Leben. IIII. Von der rechten, wahrhafftigen Christlichen Kirchen vnd jren Dienern. De Schwenckfeldismo. Dogmata et argumenta collecta per D. Iohannem Wigandum Lips. 1586. C. Schlüsselburg, Catalogus Haereticorum X (De Stenckfeldisticis) Francof. 1599. Chr. A. Salig, Vollst. Historie d. Augspurgischen Confeßion ... III, Halle 1735, 950 ff. RE³ VIII 72—81 (Schwenckfeld). K. Ecke, Schwenckfeld, Luther u. d. Gedanke e. apostolischen Reformation, 1911 (Literatur u. Mitteilung aus Hss). E. Hirsch, Zum Verständnis Schwenckfelds, Festgabe f. K. Müller, 1922, 145—170. Corpus Schwenckfeldianorum (CS) I—VIII, 1911/27.

1. Erstlich¹, daß alle die kein Erkenntnis des regierenden Himmelkönigs Christi haben, die Christum nach dem Fleisch oder seine angenommene Menschheit für ein Kreatur halten, und daß das Fleisch Christi durch die Erhöhung alle göttliche Eigenschaft | also | angenommen, daß er an Macht, Kraft, Majestät, Herrligkeit dem Vater und dem ewigen Wort allenthalben in Grad und Stelle des Wesens gleich, also daß einerlei Wesen, Eigenschaft, Willen und Glori beider Naturen in Christo sei und daß Christi Fleisch zu dem Wesen der heiligen Dreifaltigkeit gehöre.

2. Daß² der Kirchendienst, das gepredigte und gehörte Wort nicht sei ein Mittel³, dardurch Gott der H. Geist die Menschen lehre seligmachende Erkenntnus Christi, Bekehrung, Buß, Glauben und neuen Gehorsam in ihnen wirke.

3. Daß⁴ das Taufwasser nicht sei ein Mittel, dardurch Gott der Herr die Kindschaft vorsiegele und die Wiedergeburt wirke.

4. Daß⁵ Brot und Wein im H. Abendmahl nicht Mittel sein, dardurch Christus sein Leib und Blut austeile.

5. Daß ein Christenmensch, der wahrhaf-

I. Quod omnes illi non habeant coelestis regis Christi iam regnantis veram agnitionem, qui sentiunt Christum secundum carnem seu Christi humanam naturam esse creaturam. Quod caro Christi per exaltationem omnes divinas proprietates ita acceperit, ut iam Christus humanitatis suae ratione, potentia, virtute, maiestate, gloria patri et aeterno verbo prorsus equalis, loco et essentia sit aequalis, ita ut sit eadem omnino utriusque naturae in Christo essentia, eaedem proprietates, una eademque voluntas, una gloria, quod denique caro Christi ad essentiam sacrosanctae trinitatis pertineat.

II. Quod ministerium ecclesiasticum, hoc est, verbum Dei praedicatum et auditum, non sit medium seu instrumentum, quo Deus spiritus sanctus homines doceat et per quod ipsis donet veram Christi agnitionem, poenitentiam et fidem et quo in ipsis novam obedientiam operetur.

III. Quod aqua baptismi non sit medium aut instrumentum, quo Dominus adoptionem filiorum Dei obsignet et homines regeneret.

IV. Quod panis et vinum in sacra coena non sint media seu instrumenta, cum quibus Christus corpus et sanguinem suum distribuat.

V. Quod homo Christianus vere per

---

1 Erstlich > w z   2 Christi > ü   7 also angenommen ~ H   angenommen +
[also] A   daß > c   er] es Cor   9 dem > ä   12/3 Christi Fleisch ~ l m n v
18 Mittel + oder Werkzeug H ö, urspr. A   19 Gott > s, urspr. f   21 und > H c
f g m r y ü   22 wirke] wirket a z   25/6 Mittel + oder Werkzeug ö, urspr. A
30 Mittel] Mitteldinge und Werkzeuge ö   Mittel + [und Werkzeug] A   dardurch
Christus sein > x   33 der] das v

---

¹) Confession vnnd Erclerung vom Erkandtnus Christi vnd seiner Göttlichen Herrligkeit 1541, CS VII 484—884, bes. Teil III 727ff., Summarien 791f. Vom Fleische Christi 1540, CS VII 283—361 (Glorifikation 337f.). Von der Göttlichen Herrligkeit der Menschait Christi in der Glorien. Zeugknuß auß dem Newen Testament, CS VIII 5—23, ferner: CS V 782—797; VI 533—539, dazu 90—94; VII 153, 234, 249, 481—486, 508—529, 553—555; VIII 511—569, 570—581, 584—597, 729—753, 758—797. Hirsch, Z. Verst. Schw.s 164ff., H. Bornkamm, Luther und Böhme, Arb. z. KG 2, 1925, 210ff. Zur Zufügung der Glorifikations= zur Unkreatürlichkeitslehre in SSC vgl. Notationes Bergerdorpienses, Bertram IIB 217, 222.   ²) Vgl. Von dem Lauf des Worts Gottes 1538, CS VI 273—289, vgl. II 590—599; Ecke, Schw. 148ff., die Ablehnung des fides ex auditu: Hirsch, Z. Verst. Schw.s 156ff.   ³) Darüber | Wirt. Baden. Henn. |, Maulbronner Bedenken wünscht Streichung von „Werkzeug", „allerhand unnötige disputationes zu verhüten" (Heppe IIIB 368); ebenso in Abs. 3 u. 4. Dazu 33 Predigen III 49ff.: Schwenckfeld läßt Mittel u. Werkzeug allenfalls im Sinn von (aus sich nichts wirkendem) „Dienst" gelten. „Die heilige schrifft weist... nichts von den Mitteln, sondern allein von Christo vnd von seiner gnade, die Er im gaiste frey vnangebunden beym Dienst seiner Diener auch one den Dienst... außthayleth."   ⁴) CS VIII 168—214; (Iudicium) Vber das new Buechlin der Tauffbrueder Jm 1542 Jar außgangen; vgl. VI 180f., II 508f. und Anm. 3.; Ecke, Schw. 130ff.   ⁵) Vgl. S. 1014, Anm. 3, oben Anm. 3; dazu die Sakramentsschriften in CS III, IV, V.; Ecke, Schw. 139ff.; Hirsch, Z. Verst. Schw.s 150ff., 156; Bornkamm, Luther u. Böhme 206f.

tig durch den Geist Gottes wiedergeboren, das Gesetze Gottes in diesem Leben vollkommen halten und erfüllen | könnte |.[1]

6. Daß keine rechte christliche Gemeine sei, da | kein[2] öffentlicher Ausschluß oder ordentlicher Prozeß des Banns gehalten werde. |

7. Daß der Diener der Kirchen andere Leute nicht nützlich lehren oder rechte wahrhaftige Sakrament reichen könnte, der nicht für seine Person wahrhaftig vorneuert, gerecht und fromb sei[3].

Irrige Artikel der neuen Arianer[4].

Item da die neuen Arianer lehren, daß Christus nicht ein wahrhaftiger, wesentlicher, natürlicher Gott, eines ewigen göttlichen Wesens mit Gott dem Vater, sondern allein mit göttlicher Majestät unter und neben Gott dem Vater gezieret sei.

spiritum Dei renatus legem Dei in hac vita perfecte implere possit.

VI. Quod non sit ea vera et Christiana ecclesia, in qua non externa excommunicatio vigeat aut in qua non externus ordinarius excommunicationis modus, delectus et processus observetur.

VII. Quod is ecclesiae minister non possit alios salubriter docere aut sacramenta rite administrare, qui non ipse sit vere renovatus, iustus et pius.

ERRORES NOVORUM ARIANORUM.

Reiicimus et damnamus etiam novorum Arianorum impium et blasphemum dogma, quod affirmant Christum non esse verum, essentialem, naturalem Deum, eiusdem aeternae atque divinae essentiae cum Deo patre, sed fingunt

---

1 Gottes > B   2 Gottes + könnte H, urspr. A   3 könnte > H   könnte] könne Hss außer m u x y z ü, Konk   4 rechte christliche] rechtschaffene f   5/7 | kein bis werde | statt [der Ausschluß oder Excommunication nicht gehalten werde] A   öffentlicher + [Bann] A   10 könnte] könne Hss außer m z, Konk

4/5 in qua bis aut >

---

[1]) Vgl. Wigand, De Schwenckfeldismo 262 ff., dagegen Frank, Theol. FC 367 ff. u. CS II 61—79.   [2]) Darüber | Wirt. Baden. Henn. |, Änderung nach dem maulbr. Bedenken (Heppe IIIB 368/9): „dieweil noch in denen Kirchen das Ambt der Schlüssel ist ... da gleich kein solennitates excommunicationis gehalten werden, dann wann ein Kirchendiener aus Gottes Wort die Sünd in der Predig straft und den unbußfertigen Sündern ... verkündiget, daß sie kein Teil am Reich Gottes haben werden, so schleußt er sie hiemit aus, ob sie gleich äußerlich unter der Gemeinde bleiben". Vgl. CS VI 190—227, Krautwald, Von den Kirchen, Ihren Diener, Schlüssel vnd Sacramenten. Ecke 111 ff.   [3]) Ecke 114 ff.; WA L 631.   [4]) Unitarier, vgl. C. Schlüsselburg, Haereticorum Catalogus I (De Antitrinitariis) Francof. 1597. Christoph. Chr. Sandius, Bibliotheca Anti-Trinitariorum, Freistadii 1686 (reiche antitrin. Bibliogr. u. Druckgesch.). F. Trechsel, D. Prot. Antitrinitarier vor Faustus Socin. I, 1839, II, 1844. P. Tschackert, Entstehung d. luth. u. d. ref. Kirchenl. 461—476 (knappe Zusammenstellung). Mennonit. Lexikon I, 1913, 74 ff., 474 ff. Genannt werden (Musaeus, Praelectiones; Walch, Introductio 902 ff.) Ludw. Haetzer (hinger. Konstanz 1529), vgl. RE³ VII 325—329, Trechsel I 13 ff. Joh. Campanus (aus Maeseyck, Bistum Lüttich, „Göttl. u. heil. Schrift Restitution u. Besserung" 1532, † in Haft? um 1575), vgl. RE³ III 696—698, Trechsel I 27 ff, Mennonit. Lexikon I 317 ff. Michael Servet (um 1511, Tudela [Navarra], Christianismi restitutio 1553, hinger. Genf 27. Okt. 1553), vgl. RE³ XVIII 228—236, Trechsel I 61—269 u. 273—328, Th. Schneider, M. Servet, 1904. Matteo Gribaldi (Padua, † 1564), vgl. RE³ VII 159—160, VI 518, Trechsel II 277 ff. Giov. Valent. Gentile (Cosenza, Antidota, Confessio, hinger. Bern 1566), vgl. RE³ VI 518 bis 520, Trechsel II 302—380. Georg Blandrata (Biandrata, Saluzzo 1515, † nach 1585), vgl. RE³ II 250—522., Trechsel 302 ff. Franz Davidis (Klausenburg 1510?—1579, Haft wegen Non-Adorantismus ⟨Christi⟩), vgl. RE³ IV 517—524, Trechsel II 302 ff. Gregor Pauli, Krakau, vgl. RE³ XV 185. Lelio Sozzini (Siena 1525—Zürich 1562), vgl. Trechsel II 137—202. Fausto Sozzini (Siena 1539, Rakow, Catechesis Racoviensis, bes. qu. 72, 100 ff., † 1604). Vgl. RE³ XVIII 459—480, die Christologie 473 ff., Harnack, Lehrb. d. Dogmengesch. III⁴ 765—808; R. Seeberg, Lehrb. d. Dogmengesch. IV 36—40. G. Fock, Der Socinianismus, 1847, bes. II 503 ff.

eundem tantummodo divina maiestate cum patre ornatum, ita ut revera sit inferior Deo patre.

Irrige Artikel der neuen Antitrinitarier¹.

1. Item da etliche Antitrinitarier die alte bewährte Symbola, Nicaenum et Athanasianum, beide, was die Meinung und Wort belangt, vorwerfen und vordammen und lehren, daß nicht ein einig, ewig, göttlich Wesen sei des Vaters, Sohns und Heiligen Geistes, sondern wie drei unterschiedliche Personen sein Gott Vater, Sohn, und Heiliger Geist, also habe auch ein jde Person ihre unterschiedlich und von andern Personen abgesondert Wesen, die doch entweder alle drei als sonst drei unterschiedene und in ihrem Wesen abgesonderte Menschen, gleichs Gewalts, Weisheit, Majestät und Herrligkeit sein, oder an Wesen und Eigenschaften ungleich.

⟨2.⟩ Daß allein der Vater rechter, wahrer Gott sei.

Diese und dergleichen Artikel allzumal, und was denselben anhanget und daraus folget, vorwerfen und vordammen wir als unrecht, falsch, ketzerisch, dem Wort Gottes, den dreien Symbolis, der Augsburgischen Confession und Apologi, den Schmalkaldischen Artikeln und Catechismis Lutheri zuwider, vor welchen sich alle fromme Christen hüten wollen und sollen als lieb ihnen ihrer Seelen Heil und Seligkeit ist.

Derwegen wir uns vor dem Angesichte Gottes und der ganzen Christenheit bei den Itztlebenden und so nach uns kommen wer-

ERRORES NOVORUM ANTITRINITARIORUM.

I. Quod Antitrinitarii aliqui vetera et in ecclesia Christi approbata symbola, Nicaenum et Athanasianum, tum quoad verba tum quoad sententiam repudiant atque condemnant. Quod iidem haeretici asserunt non esse unicam tantum aeternam divinam essentiam patris, filii et spiritus sancti, sed ut tres sunt distinctae trinitatis personae (videlicet Deus pater, filius et spiritus sanctus): ita etiam unamquanque personam habere distinctam et ab aliis personis separatam essentiam. Et alii fingunt tres illas separatas essentias (ut alias tres distinctos et in essentiis suis separatos homines) eiusdem esse potentiae, sapientiae, maiestatis et gloriae; alii vero sentiunt tres illas personas ratione essentiae et proprietatum non esse aequales.

II. Quod solus pater sit verus Deus.

Hos omnes articulos simul, et si quid cum illis cohaeret aut ex iis consequitur, reiicimus atque damnamus ut falsos, impios, haereticos, verbo Dei, tribus approbatis symbolis, Augustanae Confessioni eiusdemque Apologiae, Smalcaldicis Articulis et Catechismis Lutheri repugnantes. Et hortamur omnes pias mentes, ut hos errores fugiant et detestentur, si modo ipsis animae salus est cordi.

In conspectu igitur Dei omnipotentis et coram tota ecclesia Christi, quae nunc est et quae

---

6 da] daß *w*   12/3 unterschiedliche] unterschiedene *w ü*   15 ihre] jede *H*   17 unterschiedene] unterschiedliche *B*   20 oder] aber *k*   + aber *g l*   25 rechter > *Hss außer c f r s y ä*, Konf   33 Catechismis] Catechismo *ü*

5 ANTITRINITARIORUM + Reiicimus et damnamus etiam hos Antitrinitariorum blasphemos errores.   25 Quod *bis* Deus] Solum patrem esse verum Deum.   35 fugiant et detesetntur] damnent et exsecrentur

---

¹) Vgl. S. 1098, Anm. 4; die Tritheisten: Matteo Gribaldi und G. V. Gentile. Epitome bemerkt (S. 828, 15): „ist gar eine naue Sekten, zuvorn in der Christenheit nicht erhöret ..." Walch, Introductio 906 unter Verweis auf Joh. Philoponus (Bischof von Alex. 6. Jh., vgl. RE³ IX 310f.): „vocabula nova ... accipi debeat cum restrictione ad rationem illorum temporum". Zur zweiten Gruppe: „Ariani appellari solent qui tamen etiam ad tritheitarum ordinem referri possunt, quatenus primum filium et spiritum sanctum pro creaturis habent, quae sunt distinctae a patre substantiae." Vgl. auch RE³ III 352/3.

1100 *Konkordienformel.*

den, bezeugt haben wollen, daß diese jtztgetane Erklärung von | allen vorgesetzten und erklärten | streitigen Artikeln, und kein anders, unser Lehr, Glaub und Bekenntnus sei, in welcher wir auch durch die Gnade Gottes mit unerschrockenem Herzen vor dem Richterstuhl Jesu Christi erscheinen und deshalb Rechenschaft geben, | darwider auch nichts heimlich noch öffentlich reden oder schreiben wöllen, sunder vermittelst der Gnaden Gottes darbei gedenken zu bleiben: haben wir wohlbedächtig, in Gottes Forcht und Anrufung, uns mit eigen Handen unterschrieben. |[1]

Iacobus Andreae[2] D. subscripsit.
Nicolaus Selneccerus d subscripsit.
Andreas Musculus D subscripsit.
Christophorus Cornerus D. subscripsit.
Dauid Chytraeus.
Martinus Kemnicius. d.

aliquando in posteritate erit, clara voce et diserte testamur: quod declaratio illa nostra de omnibus commemoratis controversis articulis, et nulla prorsus alia, revera sit nostra doctrina, fides et confessio. In ea per gratiam Dei intrepido animo coram tribunali I e s u C h r i s t i comparebimus de ea iusto iudici rationem redituri. Contra hanc declarationem etiam nihil vel occulte vel aperte loquemur aut scribemus, sed in ea, Domino nos bene iuvante, usque ad vitae finem constantes perseverabimus. In eius rei fidem matura cum deliberatione in timore Dei et nominis ipsius invocatione propriis manibus huic declarationi subscripsimus.

1/2 itztgetane] itztaemelte ö   2/3 | allen *bis* erklärten | *statt* [den] *A*   4 Lehr Glaub ~ *n t v x z* Konk   Bekenntnus + | vorgesetzten streitigen und Artikeln] | *A* (*Andreä*!)   8/14 | darwider *bis* unterschrieben | *statt* [wollen. Demselbigen sei Lob, Ehr und Preis in Ewigkeit Amen. etc. | Daß dieses unser aller Lehr, Glaub und Bekenntnus seie, wie wir sollichs am Jüngsten Tag vor dem gnädigen Richter, unserm Herrn Jesu Christo, verantworten, darwider auch nichts heimlich noch offentlich reden oder schreiben wöllen, sunder gedenken, vormittelst der Gnaden Gottes, darbei zu bleiben]] *A*, von | Daß diese *an Teil des ersten Änderungsversuchs Hand. Andreäs, ersetzt durch:* 8/11 darwider *bis* bleiben   9 heimlich] Heimlichs *c d w y ü*   öffentlich] Offentlichs *d w u ü*   11 darbei gedenken ~ *t*   bleiben + Derhalben *z*   14 unterschrieben + Churfürstliche Sächsische Theologen *alle Hss außer H*   18/23 Iacobus *bis* Kemnicius. d. > Konk   19 subscripsit. + Churfürstliche Brandenburgische Theologen *alle Hss außer H*   21 subscripsit. + Meckelnburgisch *alle Hss außer H m*   fürstliche Mekelnburgische *m*   22 Chytraeus + Braunschweigisch *alle Hss außer H m*   fürstliche Braunschweigische *m*

17 scripsimus. + eamque confirmavimus. **FINIS**

---

[1]) Vgl. S. XXXIX.   [2]) Andreae: 25. 3. 1528 (Waiblingen) — 7. 1. 1590 (Tübingen) nach dem Beruf s. Vaters J. Endriß: „Schmiedlein": 1546 Diakon in Stuttgart, 1553 D., Pfarrer, dann Generalsup. in Göppingen, 1562 Prof. Propst und Kanzler in Tübingen; beteiligt an der Aufrichtung e. luth.-brenzischen Kirchenwesens in Württemberg, den benachbarten Gebieten, Braunschweig, Kursachsen; RE³ I 501—505. Selneccerus: eigentl. Schelleneder, 5. 12. 1530 (Hersbruck b. Nürnberg) — 24. 5. 1591 (Leipzig) Schüler Melanchthons 1558 Hofpred. (Chor-) „Knaben-Magister" und Prinzenerz. in Dresden, 1565 Prof. in Jena, 1568 in Leipzig, auch Sup., 1571/73 als Generalsup. nach Wolfenbüttel beurlaubt, 1589 abges., Sup. in Hildesheim, 1591 nach Leipzig zurückberufen. Institutio religionis Christianae: RE³ XVIII 184—191. Musculus: eigentl. Meusel, 1514 (Schneeberg i. Sa.) — 29. 9. 1581 (Frankfurt a. d. O.). Schüler Luthers und Melanchthons, 1541 als Prof. und Pred. nach Frankfurt a. d. O., 1566 Generalsup. der Mark; RE³ XIII 577—581. Cornerus: Körner, 1518 (Buchen, Odenw.) — 14. 4. 1594 (Frankfurt a. d. O.), 1573 Prof. theol. in Frankfurt, 1581 Generalsup. der Mark. Kemnicius: Chemnitz, 9. 11. 1522 (Treuenbrietzen) — 8. 4. 1586 (Braunschweig), Schüler Melanchthons, 1554 Koadjutor, 1567 Nachfolger des Sup. Mörlin in Braunschweig, 1568 D. von Rostock, Organisator der Braunschw. Kirche u. d. Universität Helmstedt (1576); Loci theol. 1591, Examen Conc. Trid. 1545—63; RE³ III 796—804. Chytraeus: eigentl. Kochhafe, 26. 2. 1531 (?, Ingelfingen) — 25. 6. 1600 (Rostock), Stiftler in Tübingen, Schüler Luthers und Melanchthons, 1550 an das Pädagogium nach Rostock. Organisator der Universität u. d. geistl. Konsistoriums in R., auch d. luth. Kirchen in N.- u. O.-Österreich (1569). Catechesis (vgl. S. 910, Anm. 7), Historia Aug. Conf.; RE³ IV 112—116.

⟨Appendix⟩¹

Vorzeichnüs der Zeugnissen

heiliger Schrift und der alten reinen Kirchenlehrer, wie dieselbigen von der Person und göttlichen Majestät der menschlichen Natur unsers Herrn Jesu Christi, zur Rechten der allmächtigen Kraft Gottes eingesetzt, gelehret und geredt haben².

CATALOGUS TESTIMONIORUM,

cum scripturae tum purioris antiquitatis, ostendentium, quid utraque non modo de persona deque divina maiestate humanae naturae domini nostri Iesu Christi evectae ad dexteram omnipotentiae dei tradiderit, sed etiam quibus loquendi formulis usa sit.

---

¹) Im ersten Ausdruck der Bogen des Catalogus für Konk zwischen Anf. März und Mitte Juni 1580 auch als Kopftitel der Seiten und daher in einige Exempl. von Konk durch die Druckerei verbotswidrig eingefügt (vgl. Pressel, Kurf. Ludwig 593ff.). Die Überschrift entspricht den Absichten der Zusammensteller des Catalogus (vgl. Chemnitz an die Kurff. von Sachsen u. Brandenburg, 11. Jan. 1580, hier Anm. 2, und seinen gemeinsam mit Andreä erstatteten Bericht über ihre redaktionelle Arbeit im Kloster Bergen, 25. Febr. bis 1. März 1580: „... zu Ende nach aller Theologen Subskription gleich als ein appendix dem Buch angehängt ...", Pressel, Kurf. Ludwig 546). Auf Einspruch des Kurf. Ludwig (Pressel 565. 572, vgl. 569. 583) hin, der die ganze Appendix der dicta von Konk sondern will, wird nach seinem endgültigen Anschluß an das Konkordienwerk (13. Juni 1580) in den neuen Druckbogen diese Überschrift getilgt (Pressel 585. 588). Vgl. die neue Blattzählung (I—XXIIII) des Catalogus am Ende von Konk und den Quedlinburger Konvent, Jan. 1583: „daß solcher Appendix oder Verzeichnis der Sprüche aus den patribus nicht ein Stück seie des Concordienbuchs, auch männiglich freistehet, denselben bei dem Concordienbuch zu behalten oder nicht, wie solches zu Markgrafenbaden anno 1580 verglichen ..." (Pressel, 586—588).   ²) Vorarbeiten: 1) Andreä: Zusammenstellung der „Zeugnisse der alten reinen Kirchenlehrer" auf Herausforderung durch die anhaltischen Gegner der Christologie in FC hin (31. Aug. 1577, Pressel 69) gelegentlich der Handlung zu Dessau (Nov. 1579, Pressel 480—497, Heppe IV, 147—164) als Consignatio quorundam testimoniorum ex S. patribus de maiestate hominis Christi in dem von Chemnitz (Brandenburg), W. Zimmermann (Pfalz) u. Andreä (Sachsen) 12. Nov. unterzeichneten christol. Gegenbericht an Joachim Ernst von Anhalt (Hutterus 853—923. Original: Sächs. Hauptstaatsarch. 10309 Relation d. Handlung zu Dessau); dürftiger kurz vorher in der Antwort jener drei kurf. Theologen an Landgraf Wilhelm, Kassel, 28. Okt. 1579 (Hutterus 812—831, vgl. Pressel 475ff., Heppe IV, 137ff., Synoden II, 70ff.).   2) Chem=

Die Wiedergabe des Textes erfolgt nach der Ordnung der von Chemnitz und Andreä für Konk 1580 besorgten Zusammenstellung; die Bearbeitung Selneccers für Conc 1580 und 1584 ist nach Conc 1584 derart eingefügt, daß der griechische und der mit ihm verbundene, von Konk abweichende lateinische Text jeweils dem lateinischen von Konk vorangeht. Soweit der lateinische Wortlaut in Konk und Conc, abgesehen von dem Spaltensatz, nicht übereinstimmt, ist er für Conc durch Kursivsatz, für Konk durch Einstellung zwischen senkrechte Doppelstriche gekennzeichnet. Cor = Correctur der FC, vgl. S. 737.

Als von den collectores Catalogi benützte oder in den Randnoten bloß durch Verweis genannte Ausgaben ließen sich ermitteln: Omnia quotquot extant D. Ambrosii Ep. Mediol. opera II, Basileae 1567. Athanasii Magni Alex. Ep. gravissimi scriptoris et sanctiss. mart. opera in quatuor tomos distributa, Basileae 1564. Omnium operum D. Aurelii Augustini Hipp. Ep. tomi X, Basileae 1543/48. *ΑΠΑΝΤΑ ΤΑ ΤΟΥ ΘΕΙΟΥ ΚΑΙ ΜΕΓΑΛΟΥ ΚΑΛΟΥΜΕΝΟΥ ΒΑΣΙΛΕΙΟΥ* ... D. Basilii Magni opera graeca ad nos extant. omnia, Basileae 1551. Tom. prim. Conciliorum omnium tum generalium tum provincialium ... quae iam inde ab apostolis usque in praesens habita obtineri potuerunt ... per F. Laur. Surium Carthus., Colon. Agr. 1547. D. Cyrilli Alex. Ep. theologi praestantiss. opera, quae hactenus haberi potuere, in tomos quinque digesta, Basileae 1566. D. Epiphanii Ep. Constant. Cypri contra octoginta haereses opus Panarium sive arcula aut capsula medica appellatum Iano Cornerio medico physico interprete, Basileae 1560. *ΤΟΥ ΑΓΙΟΥ ΕΠΙΦΑΝΙΟΥ ΚΑΤΑ ΑΙΡΕΣΕΩΝ ΟΓΔΟΗΚΟΝΤΑ ... ΠΑΝΑΡΙΟΝ*, Basileae 1544. Eusebii Pamphili Ep. Caesar. theologi philosophi et historici excellentis opera in duos divisa tomos omnia, quae hactenus inveniri potuerunt ..., Basileae 1572. Gelasius Ep. Roman. *in*: Haeresiologia, hoc est opus veterum tum Graecorum quam Latinorum theologorum per quos omnes, quae per Catholicam Christi Ecclesiam grassatae sunt haereses confutantur (Joh. Herold), Basileae 1556. D. Hilarii Pictavorum Ep. lucubrationes quotquot extant olim per Des. Erasmum ... emendatae, nunc denuo ... per D. Martinum Lypsium collatae et recognitae, Basileae 1570. *ΤΑ ΤΟΥ ΜΑΚΑΡΙΟΥ ΙΩΑΝΝΟΥ ΤΟΥ ΔΑΜΑΣΚΗΝΟΥ ΕΡΓΑ* Beati Ioannis Damasceni opera ... (*mit Kommentar des* Ioh. Cassianus Eremita), Basileae 1559 *und* 1575. *ΤΟΥ ΑΓΙΟΥ ΙΟΥΣΤΙΝΟΥ ΦΙΛΟΣΟΦΟΥ ΚΑΙ ΜΑΡΤΥΡΟΥ ... ΛΟΓΟΣ ΠΑΡΑΙΝΕΤΙΚΟΣ* ..., Lutetiae 1551. Nicephorus Callistus, Ecclesiasticae historiae libri decem et octo ... opera Joh. Langi, Basileae 1561. Origenis Adamantii magni illius vetust. scripturarum interpretis opera, quae quidem extant omnia, Basileae 1571. Beati Theodoreti Cyrenensis Ep. theologi vetustiss. opera in duos tomos distincta, Colon. Agr. 1573. Theophylacti Bulgarorum Archiep. in quatuor Evangelistas enarrationes ... Basileae 1570. Vigilius, libri V contra Eutychianam confusionem II naturarum ... Lips. (1560).

---

nitz; De duabus naturis in Christo (vgl. S. 1017, Anm. 1); zur Ausg. Leipzig 1578 der Brief an Kurf. August, 11. Nov. 1578 (Sächs. Hauptstaatsarch. 10303, Concordia III), Andreä u. Selneccer haben Chemnitz gebeten, die Lehre der FC de persona Christi „ex scriptura et ex patribus ... durch gründliche declarationibus ... also zu verwahren, wie es zu Beförderung des gemeinen Concordienwerks nützlich möchte sein ..."; Bitte, die Widmung an Hzg. Christian zu genehmigen. Vgl. auch die „Wiederholte Christliche Gemeine Confession und Erklärung" ... der niedersächs. Kirchen 1571 (hier S. 971, Anm. 1) F IV ff.

Einfügung eines Catalogus Testimoniorum als appendix in Konk zur Abwehr der Behauptungen, daß in FC in loco de persona Christi eitel neue „frembde, selbsterdachte phrases und gefährliche modi loquendi eingeführt" werden, erbittet Chemnitz namens der niedersächs. Städte (an Kurff. August u. Joh. Georg, 11. Jan. 1580, Sächs. Hauptstaatsarch. 10305, Der Chur- u. Fürsten subscriptiones) mit genauer Anweisung für Inhalt und Anordnung: „... weil sichs aber nicht wohl schicken wolle, daß solicher Catalogus Testimoniorum in die Praefation der Kurfürsten und Stände gesetzt, auch dem Buche der Concordien, so allbereit subscribiert, nicht kann eingeleibt werden, konnte dasselbig etwa ad finem libri post subscriptiones gesetzt werden, und daß die praefatio uf folgenden solchen Catalogum ... sich referierete". Abschließende Zusammenstellung durch Andreä und Chemnitz in Bergen, 25. Febr./1. März 1580 (vgl. ihren Bericht, Pressel 544 ff., Original: Sächs. Hauptstaatsarchiv 10307 VIII Rel. Buch 1580).

Dem christlichen Leser.

Nachdem besonders im Artikel von der Person Christi etliche[1] mit Ungrund vorgeben, daß im Buch der Concordien von den phrasibus und modis loquendi, das ist, von Weise und Art zu reden, der alten reinen Kirchen und Väter abgewichen, dargegen neue, frembde, selbsterdachte, ungebräuchliche und unerhörte Reden eingeführet werden, und aber die Zeugnüssen der alten Kirchen und Väter, darauf sich dies Buch gezogen, demselben einzuleiben[2] etwas zu lang sein wollen, welche hernach etlichen Kurfürsten und Fürsten mit Fleiß ausgezeichnet übergeben worden:

Sind dem christlichen Leser zum wahrhaftigen und gründlichen Bericht dieselbigen zum Beschluß dieses Buchs in guter Anzahl auf unterschiedliche Punkten beigedrucket[2] worden, darin er sich zu ersehen und alsbald zu befinden, daß in ermeltem Buch nichts neues, weder in rebus noch phrasibus, das ist, weder in der Lehre oder Art und Weise zu reden, gesetzt, sondern daß eben also, wie zuvörderst die Heilige Schrift und folgends die alte reine Kirchen getan, von diesem Geheimnus gelehret und geredet werde.

AD CHRISTIANUM LECTOREM.

Cum Librum Concordiae, praesertim articulum de persona Christi, hac calumnia deformare non vereantur nonnulli, quod a phrasibus et modis loquendi veteri ac puriori ecclesiae atque patribus orthodoxis receptis et approbatis recedendo novas, peregrinas, proprio arbitrio excogitatas, inusitatas et inauditas loquendi formulas in ecclesiam invehat, testimonia vero antiquissimae ecclesiae et patrum, ad quae in hoc ipso libro provocatur, eidem inseri nimis longe futurum sit, quae postea illustrissimis aliquot electoribus et principibus exhibita sunt, singulari diligentia excerpta et consignata:

Ideo recte et solide informandi Christiani lectoris causa mediocris eorum cumulus certis capitibus distinctus ad calcem libri adiectus est, unde illi cognoscere facile erit in modo nominato libro neque quod ad res neque quod ad phrases attinet, id est, neque in doctrina neque in sermonis genere quicquam innovatum, sed cum sacrae scripturae tum veteris atque purioris ecclesiae de hoc mysterio tam doctrinam quam loquendi formam retentam atque usurpatam esse.

---

[1] Vor allem Landgr. Wilhelm von Hessen, der eine Sammlung vorgeblich antizwinglianischer abstrusa paradoxa zusammenstellen läßt (Pressel, Kurf. Ludwig 59): Incommodae locutiones et phrases, quibus nonnulli in declaratione doctrinae de unione personali duarum naturarum Christi ... usi sint (bes. Brenz); dazu ein Gegenbericht von Andreä (Hutterus 468—492). Es geht um die Rede de communicatione proprietatum in abstracto und um das dogma ubiquitatis (vgl. Hess. Generalsyn. in Treysa, Nov. 1577, Pressel, 63 ff., Heppe, Syn. I 248—263). Nicht minder heftig die Anhalter Theologen: Erklärung zur FC, 31. Aug. 1577 (Pressel 69 ff., vgl. schon Heppe IIIB 386 ff.). Kolloquium in Herzberg, 21.—24. August 1578 (Pressel 272 ff., PROTOCOL oder Acta des Colloquii zu Hertzberg ... [J. Olearius] Hall i. Sachs. 1594). Joachim Ernst v. Anhalt an Kurf. Ludwig, 16. Dez. 1578 (Pressel 297 ff.: Phrases und monstrosa dogmata de ubiquitate et omnipraesentia ac omnipotentia carnis et humanae in Christo naturae) Dessauer Handlung, 9./12. Nov. 1579 (vgl. Pressel 480 ff., Heppe IV 147 ff.): die Erklärung der drei kurf. Theologen vom 12. Nov. (Hutterus 853—923) sowie der Brief Andreäs an Fürst Joachim Ernst, 31. Dez. 1579 (Hutterus 838—851, Pressel 482 ff.). Dagegen etwa Hzg. Julius an Landgr. Wilh., 13. Sept. 1577 (Pressel 60) und die Erkl. der Theologen in Tangermünde, 15. März 1578 (Hutterus 636, 641, Pressel 92). Zum Ganzen auch S. 1106, Anm. 2.   [2] Vgl. S. 1101, Anm. 1. 2.

I.

Als erstlich, daß im Buch der Concordien von Einigkeit der Person und Unterscheid der beiden Naturen in Christo, wie auch derselben wesentlichen Eigenschaften also geschrieben, wie die alte reine Kirchen, derselben Väter und Concilia geredt haben, nämlich daß nicht zwo Personen, sondern ein Christus, und in dieser Person zwo unterschiedliche Naturen, die göttliche und menschliche Natur, sein, welche nicht getrennet, noch miteinander vermischet oder eine in die ander verwandelt, sondern jede Natur ihre wesentliche Eigenschaften habe und behalte und in Ewigkeit nicht von sich lege, und daß einer Natur wesentliche Eigenschaften, so der ganzen Person wahrhaftig und recht zugeschrieben, der andern Natur Eigenschaft nimmermehr werden: erweisen nachfolgende der alten reinen Concilien Zeugnissen.

I.

Sic primo, quod Liber Concordiae in articulo de unitate personae et discrimine duarum naturarum in Christo earumque essentialibus proprietatibus veteris ac purioris ecclesiae, patrum eiusdem et conciliorum doctrinam et sermonem imitetur, asserendo nimirum non duas personas Christi, sed unum Christum, et hanc personam in duabus distinctis naturis subsistentem, divina scilicet et humana, non divulsis neque confusis aut una in alteram conversa, sed ita ut utraque natura substantiales proprietates suas retineat neque in omnem aeternitatem easdem deponat, et unius naturae proprietates essentiales, quae toti personae recte et vere ascribuntur, nunquam fiant alterius naturae idiomata: id ostendunt sequentia veterum puriorum conciliorum testimonia.

In Ephesino Concilio[1], can. 4.: Si quis voces scripturae de Christo in duabus personis vel subsistentiis dividit et aliquas quidem velut homini, qui praeter dei verbum specialiter intelligatur, aptaverit, aliquas vero tamquam dignas deo soli dei patris verbo deputaverit, anathema sit.

Canone 5.: Si quis audeat dicere, hominem Christum theophoron ac non potius deum esse, tanquam filium per naturam veraciter dixerit, secundum quod verbum caro factum est et communicarit similiter ut nos carni et sanguini, anathema sit.

Canone 6.: Si quis non confitetur eundem Christum deum simul et hominem, propterea quod *verbum* caro factum est secundum scripturas, anathema sit.

Canone 12.: Si quis non confitetur dei verbum passum carne et crucifixum carne et mortem carne gustasse factumque primogenitum ex mortuis, secundum quod vita et vivificator est ut deus, anathema sit.

Das ist: In dem vierten Canone oder Regel des Ephesinischen Concilii ist also geschlossen: So jemands die Reden der Schrift von Christo in zweien Personen trennet, daß derselben etliche als dem Menschen, der außer und ohn des Vaters Wort oder ohne den Sohn Gottes verstanden werde, zugeleget, etliche aber allein dem Sohn Gottes, als die allein Gotte zugehören, zugeschrieben werden, der sei verflucht.

Im fünften Canone also: So jemand sagen darf, daß der Mensch Christus Gott getragen, und nicht vielmehr, daß er wahrhaftig Gott als der natürliche Sohn Gottes seie, nachdem oder darumb, daß das Wort Fleisch worden ist und teilhaftig worden Fleischs und Bluts gleichwie wir, der sei verflucht.

Im sechsten Canone also: So jemand nicht bekennet, daß der einige Christus zugleich Gott und Mensch sei, darumb daß das Wort vermüge Heiliger Schrift ist Fleisch worden, der sei verflucht.

Im zwölften Canone also: So jemand nicht bekennet, daß das Wort des Vaters am Fleisch gelitten habe und am Fleisch gekreuziget sei und den Tod am Fleisch geschmecket und der Erstgeborne aus den Toten worden sei, nachdem er das Leben und ein Lebendigmacher ist, nämlich als Gott, der sei verflucht.

Et decretum Chalcedonensis concilii citante Euagrio lib. 2. cap. 4. sic habet[2]:
Ἑπόμενοι τοίνυν τοῖς ἁγίοις πατράσιν ἕνα καὶ τὸν αὐτὸν ὁμολογοῦμεν υἱὸν τὸν κύριον ἡμῶν Ἰησοῦν Χριστόν, καὶ ὁμοφώνως ἅπαντες ἐκδιδάσκομεν τέλειον τὸν αὐτὸν ἐν θεότητι καὶ τέλειον

---

[1]) Cyrill, Explic. XII capitum, MSG LXXVI 302 ff., Apol. XII capitum c. Orientales MSG LXXVI 331 ff., Apol. XII cap. c. Theod. MSG LXXVI 410 ff; Mansi IV 1082, 1083, Acta Concil. Oecumen. 1929, I 1, 5. 19 ff., I 1, 6. 120 ff., I 1, 7. 40 ff; Denzinger-Bannwart 116—118, 124. [2]) Hist. eccl. II 4 p. 49 ed. Bidez-Parmentier, London 1898, 49, 17 ff. MSG LXXXVI 2508 C/2509 A, vgl. Mansi VII 116. 115 und Hahn, Bibl. d. Symb.³ 166.

τὸν αὐτὸν ἐν ἀνθρωπότητι, θεὸν ἀληθῶς καὶ ἄνθρωπον ἀληθῶς τὸν αὐτὸν ἐκ ψυχῆς λογικῆς
καὶ σώματος, ὁμοούσιον τῷ πατρὶ κατὰ τὴν θεότητα, καὶ ὁμοούσιον ἡμῖν κατὰ τὴν ἀνθρωπότητα, κατὰ πάντα ὅμοιον ἡμῖν χωρὶς ἁμαρτίας, πρὸ αἰώνων μὲν ἐκ τοῦ πατρὸς γεννηθέντα
κατὰ τὴν θεότητα, ⟨ἐπ'⟩ ἐσχάτων δὲ τῶν ἡμερῶν τὸν αὐτὸν δι' ἡμᾶς καὶ διὰ τὴν ἡμετέραν
5 σωτηρίαν ἐκ Μαρίας τῆς παρθένου καὶ Θεοτόκου κατα τὴν ἀνθρωπότητα, ἕνα καὶ ⟨τὸν⟩
αὐτὸν Ἰησοῦν Χριστόν, υἱόν, κύριον, μονογενῆ, ἐν δύο φύσεσιν ἀσυγχύτως, ἀτρέπτως,
ἀδιαιρέτως, ἀχωρίστως γνωριζόμενον, οὐδαμοῦ τῆς τῶν φύσεων διαφορᾶς ἀνῃρημένης, διὰ
τὴν ἕνωσιν, σωζομένης δὲ μᾶλλον τῆς ἰδιότητος ἑκατέρας φύσεως, καὶ εἰς ἓν πρόσωπον καὶ
μίαν ὑπόστασιν συντρεχούσης, οὐχ' ὡς εἰς δύο πρόσωπα μεριζόμενον ἢ διαιρούμενον, ἀλλ'
10 ἕνα καὶ τὸν αὐτὸν υἱὸν μονογενῆ, θεὸν λόγον καὶ κύριον Ἰησοῦν Χριστόν· καθάπερ ἄνωθεν
οἱ προφῆται καὶ αὐτὸς περὶ αὐτοῦ ὁ Χριστὸς ἐξεπαίδευσε καὶ τὸ τῶν πατέρων ἡμῖν παραδέ-
δωκε σύμβολον.

‖ Et decretum Chalcedonensis concilii inquit: ‖ *Sequentes igitur sanctos patres:* Tom.2.Con-
confitemur unum et eundem filium, dominum nostrum Iesum Christum, *et una voce* cil. Pag.154
15 *omnes depraedicamus* eundem perfectum in divinitate et perfectum eundem in humanitate, vere deum et vere hominem eundem, ex anima rationali et corpore, consubstantialem patri secundum divinitatem et consubstantialem nobis secundum humanitatem, per omnia nobis similem absque peccato, ante saecula quidem *ex patre* genitum secundum divinitatem. In extremis autem diebus ipsum eundem propter nos
20 et propter nostram salutem ex Maria virgine dei genetrice secundum humanitatem
genitum, unum et eundem Iesum Christum, filium et dominum unigenitum, in
duabus naturis inconfuse, inconvertibiliter, indivise, insegregabiliter cognitum,
nequaquam differentia naturarum ‖ nunquam ‖ sublata propter unionem, *sed* servata
*potius*¹ ‖ magis ‖ proprietate utriusque naturae et *utraque* in unam personam con- M 735
25 currente, non velut in duas personas dispertitum aut divisum, sed unum et eundem
filium unigenitum deum, verbum et dominum Iesum Christum; *quemadmodum
olim prophetae et de se ipso Christus ipse nos docuit et patrum nobis tradidit symbolum.*

Das ist: der Beschluß des Chalcedonischen Concilii lautet also:

Wir bekennen einen einigen Sohn, unsern Herrn Jesum Christum, vollkommen in der
30 Gottheit und vollkommen in der Menschheit, und daß derselbige wahrhaftiger Gott und
wahrhaftiger Mensch, der ein vernünftige Seele und Leib hat, eines Wesens mit dem Vater
nach der göttlichen Natur und eines Wesens mit uns nach menschlicher Natur, aller Dinge
uns gleich, ohne die Sünde, der zwar für der Welt von dem Vater nach der Gottheit, zur
letzten Zeit aber, ebenderselbige, umb unser und unsers Heils willen von der Jungfrauen
35 Maria Gottesgebärerin nach der Menschheit geboren; denselbigen einigen Jesum
Christum, den eingebornen Sohn und Herren, erkennen wir in zweien Naturen unvermischet, unverwandelt, unzerteilet oder unzertrennet und unabgesondert, also, daß der Naturen Underscheid in keinem Wege durch die persönliche Vereinigung aufgehoben sei, sondern daß vielmehr beider Naturen Eigenschaften behalten werden und in eine Person
40 zusammenkommen, nicht als in zwo Personen zerteilet oder zertrennet, sondern wir erkennen einen einigen Christum unsern Herrn, der zugleich der eingeborne Sohn oder das
Wort des Vaters und auch wahrer Mensch ist.

Ita etiam decima epistola Leonis synodica loquitur¹: Salva proprietate utriusque Ad Flavia-
naturae et in unam coëunte personam suscepta est a maiestate humilitas, a virtute num. Cap. 3.
45 infirmitas, ab aeternitate mortalitas, et ad resolvendum conditionis nostrae debi- Fol. 92.
tum natura inviolabilis naturae est unita passibili, ut unus et idem mediator noster pro con-
et mori posset ex uno, et mori non posset ex altero. creto.²

Item: Qui verus est deus, idem verus est homo, dum invicem sunt et humilitas Cap. 4.
hominis et altitudo deitatis. Sicut enim deus non mutatur miseratione, ita homo Fol. 93.
50 non consumitur dignitate, agit enim utraque forma cum alterius communione, quod
proprium est, verbo scilicet operante, quod verbi est, et carne exsequente, quod
carnis est. Unum horum coruscat miraculis, alterum succumbit iniuriis. Deus est
per id, quod in principio erat verbum, et deus erat verbum, per quod omnia facta
sunt. Homo per id, quod verbum caro factum est quodque, factus est ex muliere.

---

¹) Tomus Flavianus c. III—V. Leo, Ep. 28, MSL LIV 763/771; Mansi V 1371/1379;
Hahn, Bibl. d. Symb.³ 324/326.   ²) Vgl. S. 1106, Anm. 2.

Cap. 5. Item propter hanc unitatem personae in utraque natura intelligendam et filius
Fol. 93. hominis legitur descendisse de coelo, cum filius dei ex Maria virgine carnem assumpserit. Et rursus:
Filius dei crucifixus dicitur et sepultus, cum haec non in ipsa divinitate, qua consubstantialis est patri, sed in naturae humanae sit infirmitate perpessus, etc.

Das ist: die zehende Epistel Leonis, so dem concilio Chalcedonensi gleich als eine Instruction gewesen[1], redet auch also:

Die persönliche Vereinigung ist also geschehen, daß beider Naturen Eigenschaften unvermischet, unverändert geblieben und in eine Person zusammenkommen sind; und also ist angenommen von der göttlichen Majestät die menschliche Niedrigkeit, von der ewigen Kraft die menschliche Schwachheit, von dem ewigen göttlichen Wesen die menschliche sterbliche Natur, und ist die unsterbliche Natur, so nicht leiden kann, vereinbaret mit der menschlichen sterblichen Natur, so leiden kann, auf daß unser einiger Mittler, weil er nach einer Natur, nämlichen der göttlichen, nicht sterben konnte, nach der andern, als der menschlichen, für uns sterben möchte.

Item: Der da ein wahrhaftiger Gott ist, der ist auch ein wahrhaftiger Mensch, weil in einer Person beisammen sind des Menschen Niedrigkeit, und die Hoheit der Gottheit. Dann wie Gott nicht geändert wird, wenn er, nämlich aus Mitleiden gegen uns, menschliche Natur annimpt, also wird auch der Mensch Christus nicht verzehret durch die göttliche Wirde und Herrligkeit. Dann beide Naturen in Christo wirken je eine mit der andern Gemeinschaft, was einer jeden Eigenschaft ist, nämlich, daß das Wort wirket, was des Sohns Gottes ist, und das Fleisch verrichtet, was des Fleisches ist. Eines scheinet und leuchtet in den Wunderwerken, das ander wird unterdrücket im Leiden, und ist nämlich gleichwohl ein einiger Mittler, Gott und Mensch. Gott ist er dardurch, darumb und daher, weil das Wort war im Anfang, und das Wort war das Wort, dardurch alles gemacht ist; Mensch ist er darumb, dardurch und daher, weil das Wort Fleisch worden und weil Gottes Sohn geboren ist vom Weib. Item: Dieselbige Einigkeit der Person in beiden Naturen anzuzeigen, lesen wir in der Schrift, daß des Menschen Sohn vom Himmel kommen sei, da doch der Sohn Gottes sein Fleisch von der Jungfrauen Maria angenommen. Und wiederumb saget die Schrift, daß der Sohn Gottes gekreuziget sei und begraben, da er doch solches nicht in seiner Gottheit, do er eines Wesens ist mit dem Vater, sondern in seiner angenommenen menschlichen Natur Schwachheit erlitten hat etc.

Bis daher die Wort der beiden Concilien, Ephesini und Chalcedonensis, mit welchen auch alle andere heilige Väter übereinstimmen.	Hucusque verba utriusque concilii, Ephesini et Chalcedonensis, quibuscum reliqui sancti patres omnes consentiunt.
Und eben dies haben auch die Gelehrten bis daher in unsern Schulen, mit den Worten (abstractum und concretum) anzeigen und erklären wöllen[2], darauf sich auch das	Et hoc ipsum hactenus eruditi in scholis nostris verbis abstracti et concreti indicare et declarare voluerunt, ad quae hic liber etiam paucis verbis respexit,

---

[1]) Hefele, Conciliengesch. II, 1856, 335 ff.   [2]) Vgl. dazu außer den Angriffen auf die christologischen Aussagen der FC (S. 1103, Anm. 1) den Streit zwischen Wigand und Heßhus, veranlaßt durch einige Prediger um Wigand (Bened. Morgenstern, Joh. Wedemann, Hieron. Mörlin, Konr. Schlüsselburg), die der in Heßhusens Schrift Assertio testamenti contra blasphemam Calvinistarum exegesin 1574 in bezug auf die caro Christi unita $\lambda \acute{o} \gamma \varphi$ et in hypostatica unione cum divina natura aufgestellten These: etiam in abstracto recte dicitur: humanitas Christi est omnipotens, vivifica, adoranda die Beziehung auf die humana Christi natura allein für sich und damit eine Verdoppelung des Gottheitlichen in Christus unterlegen. Der Streit endet mit der Ausweisung Heßhusens aus dem Juli 1573 ihm übertragenen samländischen Episkopat (25. April 1577). Die Theologen der FC traten auf dem Herzberger Konvent für den übereilt zu unrecht Gemaßregelten ein (Gutachten vom 25. Aug. 1578, Hutterus 746—755, vgl. 679, 722—728); dazu Hartknoch, Preuß. Kirchenhistorie II, 1686, 463 ff.; J. G. Walch, Histor. u. theol. Einleitung i. d. Religionsstreitigkeiten d. Evang. Luther. Kirche IV. V, Jena 1739, 371—398, RE³ VIII 12; Akten: Sächs. Hauptstaatsarch. 10305, Der Chur- u. Fürsten... subscr. Zur Sache noch: Pressel, 730 ff., Kurf. Ludwig 527; Hutterus 486 ff. (Erkl. Andreäs) u. 679 ff., 693 f.

Buch der Concordien diesfalls mit wenig Worten gezogen, da gesetzet worden[1]: „wie das alles die Gelehrten wohl wissen"; welche Wort, im rechten Verstand, notwendig in den Schulen erhalten werden müssen.

Dann concreta vocabula sind solche Wort, welche in Christo die ganze Person anzeigen, als: Gott, Mensch. Aber abstracta vocabula sind Wort, dardurch die Naturen in der Person Christi verstanden und ausgesprochen werden, als: Gottheit, Menschheit.

Nach welchem Unterscheid recht gesaget wird in concreto: Gott ist Mensch, Mensch ist Gott. Dargegen ist unrecht geredt, wenn man saget in abstracto: Gottheit ist Menschheit, Menschheit ist Gottheit.

Gleiche Gestalt hat es auch mit den wesentlichen Eigenschaften, daß einer Natur Eigenschaften von der andern Natur in abstracto, als ob sie auch derselben andern Natur Eigenschaften wären, nicht können gesagt werden. Darumb auch diese Reden falsch und unrecht sind, wenn man sagen wollte: Die menschliche Natur ist die Allmächtigkeit, ist von Ewigkeit. Wie dann auch die Eigenschaften selbst voneinander nicht gesaget werden können, als wenn man sagen wollte: mortalitas est immortalitas et econtra, die Sterbligkeit ist die Unsterbligkeit und die Unsterbligkeit ist die Sterbligkeit; dann durch solche Reden der Unterscheid der Naturen und ihrer Eigenschaften aufgehaben, dieselbige miteinander vermischet, eine in die ander verwandelt, und also einander exaequieret und gleichgemachet werden.

Weil man aber nicht allein wissen und festiglich gläuben soll, daß die angenommene menschliche Natur in der Person Christi ihr Wesen und desselben natürliche wesentliche Eigenschaften in alle Ewigkeit habe und behalte, sondern fürnehmlich daran gelegen, und der höchste Trost der Christen darin begriffen, daß wir auch aus Offenbarung der Heiligen Schrift wissen und ungezweifelt gläuben, in was Majestät solche seine menschliche Natur in und durch die persönliche Vereinigung mit der Tat und Wahrheit eingesetzt und also derselben persönlich teilhaftig worden, inmaßen solchs im Buch der Concordien ausführlich erkläret worden.

Demnach und daß gleichfalls jedermann sehen möge, daß auch in diese Stücke ermeltes Buch nicht neue, frembde selbserdachte, unerhörte paradoxa[2] und Reden in die Kirche Gottes eingeführet, wird die nachfolgende Vorzeichnüsse, zuvörderst der Heiligen Schrift und denn auch der alten

quae verba, quemadmodum haec omnia optime norunt eruditi, in vero et genuino sensu necessario in scholis retineantur oportet.

Concreta enim eiusmodi vocabula sunt, quae integram Christi personam designant, ut deus, homo. Abstracta vero sunt nomina, quibus naturae in persona Christi exprimuntur, ut divinitas, humanitas.

Secundum quam distinctionem recte dicitur in concreto: Deus est homo, homo est deus. Contra perperam dicitur in abstracto: Divinitas est humanitas, humanitas est divinitas.

Eadem est ratio essentialium idiomatum, ita ut unius naturae idiomata de altera natura in abstracto, quasi alterius naturae idiomata sint, praedicari nequeant. Quamobrem falsae et erroneae locutiones fuerint, si quis dixerit: Humana natura est omnipotentia, est ab aeterno. Sicut neque ipsa idiomata de se mutuo praedicari possunt, ut si quis dicere vellet: mortalitas est immortalitas et contra; propterea quod his loquendi formulis discrimen naturarum et proprietatum tollatur, eaedem confundantur, una in alteram convertatur atque ita earum fiat exaequatio.

Cum autem non tantum scire et firmiter credere oporteat assumptam humanam naturam Christi, in persona eiusdem, et substantiam et naturales atque substantiales proprietates suas in omnem aeternitatem retinere, sed etiam plurimi momenti habeat, ac summa consolatio Christianis in eo proposita sit, ut secundum revelationem sacrae scripturae agnoscamus et indubitata fide amplectamur summam maiestatem, ad quam natura illa humana in et per unionem hypostaticam vere et re ipsa evecta, et cuius personaliter particeps facta est, quae in Libro Concordiae copiose declaratur: Ideo et ut similiter quisque videat etiam hac in parte libri nominati non nova, peregrina, ab hominibus excogitata et inaudita dogmata et phrases in ecclesiam dei invehi, sequens catalogus testimoniorum cum scripturae tum veterum purioris ecclesiae doctorum, prae-

---

[1]) Vgl. S. 1030, 29.   [2]) Vgl. S. 1103, Anm. 1.

reinen Kirchenlehrer Zeugnissen, besonders aber deren Väter, so in den vier Hauptconciliis die Vornehmbsten und directores derselben gewesen sind, klärlich ausweisen, daraus zu vornehmen, wie dieselbige hievon geredt haben.

Und damit der christliche Leser sich darein desto leichter finden und richten möge, sind dieselbigen auf etliche underschiedliche nachfolgende Punkten gesetzt worden:

cipue vero eorum, qui quatuor oecumenicorum conciliorum antesignani et directores fuerunt, quomodo illi hac de re locuti sint, dilucide ostendet.

Suntque testimonia illa, quo facilius ea invenire et rectius intelligere lector posset, in certa capita distributa, quae sequuntur:

I.

Erstlich, daß die Heilige Schrift wie auch die Väter, wenn sie von der Majestät reden, welche die menschliche Natur Christi durch die persönliche Vereinigung empfangen hat, sich der Wort: communicationis, communionis, participationis, traditionis, subiectionis, exaltationis, dari etc., das ist, der Wort Mitteilung, Gemeinschaft, teilhaftig, geschenkt und gegeben werden etc. gebrauchen.

I

Primum, sacras litteras perinde atque patres, loquentes de maiestate, quam humana natura Christi per unionem personalem accepit, uti verbis: communicationis, communionis, participationis, donationis, traditionis, subiectionis, exaltationis, dari etc.

Daniel 7.[1] Ecce in nubibus coeli quasi filius hominis veniebat etc. et DEDIT ei potestatem, honorem et regnum. Potestas eius potestas aeterna.
Iohan. 13.[2] Sciens, quia omnia DEDIT ei pater in manus.
Matth. 11.[3] Omnia mihi TRADITA sunt a patre meo.
Matth. 28.[4] Data est mihi omnis POTESTAS in coelo et in terra.
Philip. 2.[5] DONAVIT ei nomen super OMNE nomen etc.
Ephes. 1.[6] Omnia SUBIECIT sub pedibus eius.
Psalm. 8. 1. Cor. 15. Heb. 2. Philip. 2.[7] Propter quod DEUS EXALTAVIT ipsum.
Eusebius Ἀποδειξ. βιβλ. δ. κεφ. ιγ: Ἀλλὰ τὰ μὲν ἐξ αὐτοῦ μεταδιδοὺς (ὁ λόγος) τῷ ἀνθρώπῳ, τὰ δ' ἐκ τοῦ θνητοῦ μὴ ἀντιλαμβάνων· καὶ τῆς μὲν ἐκ θεοῦ δυνάμεως τῷ θνητῷ χορηγῶν, τῆς δ' ἐκ τοῦ θνητοῦ μετουσίας οὐκ ἀντεπαγόμενος.[8]
Sed illa quidem a se ipso communicans (ὁ λόγος) homini, haec vero a mortali ipse non recipiens. Item mortali quidem potentiam divinam subministrans a mortali vero ipse non contra in partem aut communitatem adductus.

Pag. 495. ‖ EUSEBIUS, lib. 4. Demonstrationis euangelicae cap. 13.: Λόγος ex se ipso quidem COMMUNICABAT assumpto homini. Divinam enim potentiam SUBMINISTRAVIT mortali, non autem vicissim ex mortali aliquid in se recipiens. ‖

oncretum pro ostracto.
Daniel 7. Und siehe, es kam einer in des Himmels Wolken wie eines Menschen Sohn bis zu dem Alten und ward für denselbigen gebracht, der gab ihme Gewalt, Ehre und Reich, daß ihm alle Völker, Leute und Zungen dienen sollten. Seine Gewalt ist ewig, die nicht vorgehet, und sein Königreich hat kein Ende.
Johan. 13. Jesus wußte, daß ihme der Vater alles in seine Hände gegeben hatte.
Matth. 11. Alle Ding sind mir übergeben von meinem Vater.
Matth. 28. Mir ist gegeben aller Gewalt im Himmel und auf Erden.
Philip. 2. Gott hat ihme einen Namen gegeben, der über alle Namen ist, daß in dem Namen Jesu sich beugen sollen alle der Knie, die im Himmel und auf Erden und unter der Erden sind etc.
Ephes. 1. Der Vater hat alle Ding unter seine Füße getan. 1. Kor. 15. Heb. 2.
Eusebius: Das Wort des Vaters hat aus sich selbst das Seine dem angenommenen Menschen mitgeteilet; dann die göttliche Kraft hat er der angenommenen sterblichen

---

[1]) Dan. 7, 13.   [2]) Joh. 13, 3.   [3]) Matth. 11, 27.   [4]) Matth. 28, 18.
[5]) Phil. 2, 9.   [6]) Eph. 1, 22.   [7]) Pf. 8, 7 1. Kor. 15, 27. Hebr. 2, 8. Phil. 2, 9.   [8]) Demonstr. evang. IV 13, MSG XXII 288 A/B Gr Chr Schr VI 172, 19 ff.: für ἐκ θεοῦ: ἔνθεον.

Natur mitgeteilet, hat aber nicht wiederumb aus der sterblichen Natur an und für sich etwas angenommen.
  Idem id[1]: Τοῦτον αὐτὸν (τὸν ἄνθρωπον) ἐκεῖ τῆς δὲ παρ᾿ αὐτῷ ζωῆς ἀιδίου καὶ τῆς ἐν θεότητι καὶ μακαριότητι κοινωνίας ἀξιῶν.
  Hunc ipsum interim ad illius vitae aeternae, quam penes se habet, atque ad dignitatis in divinitate ac beatitudine communitatem assumens.
  ‖ *Ibid. cap. 14.* Λόγος *assumptum illum hominem dignum reddidit communione in deitate vita aeterna et beatitudine.* ‖ Concretum pro abstracto.
  Das ist: Das Wort hat den angenommenen Menschen wirdig gemacht der Gemeinschaft in der Gottheit, des ewigen Lebens und Seligkeit.
  Athanasius in Epistola ad Epictetum referente etiam Epiphanio contra Dimeritas[2]: Οὐ διὰ προσθήκην θεότητος γέγονε σὰρξ ὁ λόγος, ἀλλ᾿ ἵνα ἡ σὰρξ ἀναστῇ, οὐδ᾿ ἵνα βελτιωθῇ ὁ λόγος προῆλθεν ἐκ Μαρίας, etc. μᾶλλον γὰρ αὐτῷ ἀνθρωπίνῳ προσθήκη μεγάλη γέγονεν ἐκ τῆς τοῦ λόγου πρὸς αὐτὸ κοινωνίας τε καὶ ἑνώσεως.

  ‖ ATHANASIUS in Epist. ad Epictetum ‖ : Non enim verbum caro factum est, ut deitati aliqua accessio fieret, neque ut verbum in meliorem statum reduceretur, magis vero ipsi humanae naturae accessio magna facta est ex communione et unione verbi ad humanam naturam.
  Das ist: Dann das Wort ist nicht Fleisch worden, daß dadurch der Gottheit etwas zuginge, noch auch daß in ein bessern Stand das Wort gebracht würde, sondern vielmehr ist der menschlichen Natur ein Größers zugeschlagen aus der Gemeinschaft und Vereinigung des Worts mit der menschlichen Natur.
  Epiphanius Haeresi 69.[3]: Δηλονότι ἡ σὰρξ ἡ ἀπὸ Μαρίας οὖσα καὶ ἐκ τοῦ ἡμετέρου γένους τυγχάνουσα καὶ μετεμορφοῦτο εἰς δόξαν, δόξαν ἐπικτωμένη τῆς θεότητος, τὴν τιμὴν τε καὶ τελειότητα καὶ δόξαν τὴν ἐπουράνιον, ἣν μὴ εἶχεν ἡ σὰρξ ἀπ᾿ ἀρχῆς, ἐνταῦθα δὲ λαβοῦσα ἐν τῇ συνενώσει τοῦ θεοῦ λόγου. *Contra Ariomanitas.* ‖ EPIPHANIUS contra Ariomanitas ‖ : Caro, quae ex Maria et ex nostro genere erat, transformabatur in gloriam (in transfiguratione) insuper acquirens gloriam deitatis, honorem, perfectionem et gloriam coelestem, quam caro ab initio non habebat, sed ibi eam in counitione scilicet dei verbi accepit.
  Das ist: Das Fleisch, welches aus Maria und aus unserm Geschlecht war, ist verkläret, und über das hat es auch erlanget die Glori der Gottheit, Ehr, Vollkommenheit und himmlische Herrligkeit, welches es von Anfang nicht hatte, sondern dieselbige in der Vereinigung mit dem Wort empfangen hat.

  CYRILLUS lib. 5. Dialog.[4]: Quomodo ergo vivificat caro Christi? Et respondet, secundum unionem cum vivente verbo, quod et suae naturae bona proprio corpori COMMUNIA solet facere.
  Das ist: Wie machet dann das Fleisch Christi lebendig? Darauf antwortet er: vonwegen der Vereinigung mit dem lebendigen Wort, welches Wort seiner Natur Güter seinem eigenen Leibe pflegt g e m e i n zu machen.

  THEODORETUS Ephes. I.[5]: Quod vero assumpta ex nobis natura eiusdem honoris cum eo, qui assumpsit, SIT PARTICEPS, ut nulla videatur adorationis differentia, sed per naturam, quae cernitur, adoretur, quae non cernitur divinitas, hoc vero omne miraculum superat.
  Das ist: Daß aber die Natur, so aus uns ist angenommen, i s t t e i l h a f t i g der Ehre mit dem, der sie angenommen hat, also daß kein Unterscheid scheinet in der Anrufung, sondern daß durch die Natur, so gesehen wird, angebetet werden soll die Gottheit, die man nicht siehet, das übertrifft zumal alle Wunder.
  Damascenus lib. 3. περὶ ὀρθοδόξ. πιστ. cap. 7. et 15.[6]: Καὶ αὕτη μὲν (ἡ θεία φύσις) τῶν οἰκείων αὐχημάτων τῇ σαρκὶ μεταδίδωσι, μένουσα αὐτὴ ἀπαθὴς καὶ τῶν τῆς σαρκὸς παθῶν ἀμέτοχος.

---

[1]) Demonstr. evang. IV 14, MSG XXII 289A Gr Chr Schr VI 173, 15.   [2]) Panarion, haer. 77 XI, MSG XLII 656C = Athanasius, Ep. ad Epict. 9, MSG XXVI 1065A/B.   [3]) Panarion, haer. 69 LXXVIII, MSG XLII 332D.   [4]) De Ss. Trin. dial. V, vgl. MSG LXXV 962B/963C.   [5]) Interpret. ep. ad Eph. (1, 20—22), MSG LXXXII 517A.   [6]) MSG XCIV 1012C, 1058C.

1110　　　　　　　　　　　　Catalogus testimoniorum.

Orthodoxae fidei. Pag. 194.　|| DAMASCENUS lib. 3. cap. 7. et 15. || Divina natura proprias suas excellentias seu glorificationes carni COMMUNICAT seu impertit, ipsa vero in se passionum carnis manet expers.

Die göttliche Natur hat ihre eigene Hoheit und Herrligkeit dem Fleisch gemeingemacht und mitgeteilet, sie aber bleibet an ihr selbst des Leidens seines Fleisches überhoben.

Idem cap. 19 [1]: Ἡ δὲ σὰρξ τῇ θεότητι τοῦ λόγου ἐνεργούσῃ (κοινωνεῖ) διά τε ⟨τὸ⟩ ὡς δι' ὀργάνου τοῦ σώματος τὰς θείας ἐκτελεῖσθαι ἐνεργείας, καὶ διὰ τὸ ἕνα εἶναι τὸν ἐνεργοῦντα θεϊκῶς τε ἅμα καὶ ἀνθρωπίνως. Εἰδέναι γὰρ χρή, ὡς ὁ ἅγιος αὐτοῦ νοῦς καὶ τὰς φυσικὰς αὐτοῦ ἐνεργεῖ ἐνεργείας etc., κοινωνεῖ τῇ ἐνεργούσῃ τῇ τοῦ λόγου θεότητι καὶ διεπούσῃ καὶ κυβερνώσῃ τὸ πᾶν νοῶν καὶ γινώσκων, καὶ διέπων οὐχ ὡς ψιλὸς ἀνθρώπου νοῦς, ἀλλ' ὡς θεῷ καθ' ὑπόστασιν ἡνωμένος καὶ θεοῦ νοῦς χρηματίσας.

Caro operanti deitati verbi COMMUNICAT, cum quod divinae operationes per corpus tamquam per organum perficiantur, tum quod unus et idem sit, qui divina et humana operetur. Nosse enim oportet, quod sicuti sancta eius mens etiam naturales suas operationes operatur etc. Et simul communicat etiam deitati verbi operanti et gubernanti, ipsa etiam intelligens, cognoscens et disponens totum universum, non ut nuda hominis mens, sed ut deo secundum hypostasin counita et dei mens constituta.

M 739 Pag. 256.　|| Cap. 19. Caro operanti deitati verbi COMMUNICAT, ideo quod divinae operationes per organum corporis perficiebantur; ita sancta eius mens etiam naturales suas operationes operatur. Communicat autem et deitati verbi operanti ac gubernanti ipsa etiam intelligens, cognoscens et disponens totum universum, non ut nuda hominis mens, sed ut deo secundum hypostasin counita et dei mens constituta. ||

Das ist: Das Fleisch hat Gemeinschaft mit der wirkenden Gottheit, darumb, daß die göttliche Wirkunge durch den Werkzeug des Leibs vollbracht worden. Also wirket auch sein heiliges Gemüt seine natürliche Wirkungen. Es ist aber auch teilhaftig worden der Gottheit des Worts, seiner Wirkung und Regierung, sein vernünftig Gemüt, welches weiß und verordnet alles in der ganzen Welt, nicht als ein bloß Gemüt eines Menschen, sondern das persönlich mit dem Gemüt Gottes vereiniget und mit demselben ein Person ist.

2.

Daß Christus solche Majestät in der Zeit auch nicht nach der Gottheit oder göttlichen Natur, sondern nach seiner angenommenen menschlichen Natur oder nach dem Fleisch als Mensch oder als des Menschen Sohn, humanitus, ratione corporis seu humanitatis, propter carnem, quia homo aut filius hominis, empfangen habe:

II.

Christum maiestatem illam in tempore neque secundum divinitatem seu divinam naturam, sed secundum assumptam naturam vel secundum carnem, ut hominem vel ut filium hominis, humanitus, ratione corporis seu humanitatis, propter carnem, quia homo aut filius hominis est, accepisse:

Heb. 1.[2] Facta purgatione peccatorum PER SE IPSUM sedet ad dexteram maiestatis in excelsis.

Ebr. 2.[3] Videmus IESUM propter PASSIONEM mortis gloria et honore coronatum et constitutum super omnia opera manuum dei et omnia ei subiecta sub pedibus eius.

Luc. 22.[4] Ex hoc erit FILIUS HOMINIS sedens a dextris virtutis dei.

Lucae 1.[5] Et dabit EI dominus deus sedem David patris et regnabit in aeternum et regni eius non erit finis.

Athanasius citante Theodoreto Dialog. 2.[6]: Ὅσα οὖν λέγει ἡ γραφή, ὅτι ἔλαβεν ὁ υἱὸς καὶ ἐδοξάσθη, διὰ τὴν ἀνθρωπότητα αὐτοῦ λέγει, οὐ τὴν θεότητα.

Dialogo 2. Pag. 330.　|| ATHANASIUS apud Theodoretum Dial. 1. || Quaecunque scriptura dicit Christum in tempore accepisse, PROPTER HUMANITATEM dicit, non propter divinitatem.

Iohann. 5.[7] Dedit filio habere vitam in se ipso et potestatem dedit ei etiam iudicium facere, quia FILIUS HOMINIS EST.

Das ist:

Heb. 1. Sintemal er hat gemacht die Reinigung unser Sünde durch sich selbst, hat er sich gesetzt zu der Rechten der Majestät in der Höhe.

---

[1]) MSG XCIV 1080B/C.　　[2]) Hebr. 1, 3.　　[3]) Hebr. 2, 8. 9.　　[4]) Luk. 22, 69.
[5]) Luk. 1, 32. 33.　　[6]) Eranistes, dial. II, MSG LXXXIII 181 A.　　[7]) Joh. 5, 26. 27.

Heb. 2. Jetzt aber sehen wir noch nicht, daß ihme das alles undertan sei. Den aber, der ein kleine Zeit der Engel gemangelt hat, sehen wir, daß er Jesus ist, durchs Leiden des Todes gekrönet mit Preies ⟨!⟩ und Ehren.

Luc. 22. Von nun an wird des Menschen Sohn sitzen zur rechten Hand der Kraft Gottes.

Luc. 1. Und Gott der Herr wird i h m den Stuhl seines Vaters Davids geben und er wird ein König sein über das Haus Jakob ewiglich, und seines Königreichs wird kein Ende sein.

Athanasius: Was die Heilige Schrift saget, daß Christus in der Zeit empfangen habe, das saget sie u m b d e r m e n s c h l i c h e n, und nicht umb der göttlichen Natur willen.

Johan. 5. Wie der Vater das Leben hat in ihme selber, also hat er dem Sohne gegeben, das Leben zu haben in ihm selber, und hat ihme Macht gegeben, auch das Gericht zu halten, d a r u m b , d a ß e r d e s M e n s c h e n S o h n i s t.

ATHANASIUS Oratione contra Arianos 2. et 4.[1]: Scriptura non intelligit substantiam verbi exaltatam, sed ad HUMANITATEM eius hoc spectat et propter CARNEM exaltari dicitur. Cum enim ipsius sit corpus, merito ipse ut HOMO, RATIONE CORPORIS, HUMANITUS exaltari et accipere memoratur, eo quod CORPUS illa recipiat, quae verbum semper possidebat secundum suam ex patre deitatem et perfectionem. Dicit igitur se potestatem ACCEPISSE UT HOMINEM, quam semper habet ut deus. Dicitque „glorifica me" qui alios glorificat, ut ostendat CARNEM se habere istarum rerum indigam. Ac proinde CARNE SUAE HUMANITATIS hanc glorificationem ACCIPIENTE, ita loquitur, quasi ipse eam accepisset. Illud enim ubique animadvertendum, nihil eorum, quae dicit se accepisse, in tempore scilicet, ita se accepisse, quasi non habuisset; habebat enim illa utpote semper ut deus et verbum. Nunc autem dicit HUMANITUS SE ACCEPISSE, ut CARNE EIUS IN IPSO ACCIPIENTE in posterum ea ex carne illius in nos firmiter possidenda traderentur.

Idem de suscepta humanitate contra Apollinarium[2]: Cum Petrus dicit Iesum factum dominum et Christum a deo, non de divinitate eius loquitur, sed de HUMANITATE. Verbum eius semper erat dominus neque post crucem primum factus est dominus, sed HUMANITATEM eius divinitas FECIT DOMINUM ET CHRISTUM.

Item[3]: Quaecunque scriptura dicit filium ACCEPISSE, RATIONE CORPORIS accepta intelligit, corpusque illud esse primitias ecclesiae. Primum igitur dominus SUUM CORPUS excitavit et EXALTAVIT, posthac autem membra sui corporis. Quibus verbis Athanasius explicavit, quod paulo post ad universam ecclesiam etiam suo modo accommodavit.

BASILIUS Magnus contra Eunomium lib. 4.[4]: Quod Dominus celebratur et accepit nomen super omne nomen; item: Data est mihi omnis potestas in coelo et in terra, ego vivo propter patrem, glorifica me ea gloria, quam ante mundum habui apud te etc., — εἰς τὴν ἐνανθρώπησιν καὶ οὐκ εἰς τὴν θεότητα ταῦτα νοεῖν δεῖ; *hoc est:* — illa intelligere oportet de INCARNATIONE et non de deitate.

AMBROSIUS lib. 5. de Fide cap. 6.[5]: Didicisti, quod omnia sibi ipsi subiicere possit secundum operationem utique deitatis: disce nunc, quod SECUNDUM CARNEM omnia subiecta accipiat, sicut scriptum est Ephes. 1: Secundum carnem igitur omnia ipsi subiecta traduntur.

Idem lib. 5. cap. 2.[6]: Non enim deus suae sedis apostolis dat consortium, CHRISTO vero SECUNDUM HUMANITATEM datur consortium divinae sedis.

Et cap. 6.[7]: In Christo communis SECUNDUM CARNEM natura praerogativam sedis coelestis meruit.

Chrysostomus Ebr. 1. serm. 3.[8]: Τὸ κατὰ σάρκα λέγων· καὶ προσκυνάτωσαν αὐτῷ πάντες ἄγγελοι θεοῦ. Secundum carnem dicens: Et adorent ipsum omnes angeli Dei.

---

[1]) Orat. I. c. Arian. 41. 42 + orat. III. 38. 40 MSG XXVI 95 C, 98/99, 406 B/C, 410 A/B. [2]) De incarn. Dei verbi et c. Arian. 21, MSG XXVI 1022 A/B.   [3]) De incarn. Dei verbi et c. Arian. 12, MSG XXVI 1003 C.   [4]) Adv. Eunom. IV 3, MSG LXXIX 695 C, 597 C, 701 A/B.   [5]) De fide V 14, 184/185, MSL XVI 686 A.   [6]) De fide V 6, 79, MSL XVI 665 A.   [7]) De fide V 14, 181, MSL XVI 685 A.   [8]) In ep. ad Hebr. hom. III 1, MSG LXIII 28.

1112 Catalogus testimoniorum.

Tomo. 4. || CHRYSOSTOMUS Ebr. 1. Christum SECUNDUM CARNEM pater iussit a cunctis
Hom. 3. angelis adorari. ||
Pag. 1493.

THEOPHYLACTUS Joh. 3. || in 3. cap. Iohannis ||¹: Καὶ πάντα δέδωκεν ἐν τῇ χειρὶ τοῦ υἱοῦ κατὰ τὸ ἀνθρώπινον. Pater omnia dedit in manum filii IUXTA HUMANITATEM. Oecumenius ex Chrysost. Ebrae. 1.²: Ὡς γὰρ θεὸς ὁ υἱὸς αἰώνιον ἔχει τὸν θρόνον. Ὁ θρόνος σοῦ, ὁ θεός φησιν, εἰς τὸν αἰῶνα τοῦ αἰῶνος, οὐ γὰρ μετὰ τὸν σταυρὸν καὶ τὸ πάθος ταύτης ὡς θεὸς τῆς τιμῆς ἠξιώθη, ἀλλ' ἔλαβεν ὡς ἄνθρωπος, ὅπερ εἶχεν ὡς θεός. Et paulo post: Ὡς ἄνθρωπος τοίνυν ἀκούει κάθου ἐκ δεξιῶν μου. Ὡς γὰρ θεὸς αἰώνιον ἔχει τὸ κράτος. Quatenus deus est filius, aeternum habet thronum. Thronus tuus, inquit deus, in saeculum saeculi. Non enim post crucem et passionem hoc honore ut deus dignus habitus fuit, sed accepit ut homo, quod habebat ut deus. Et paulo post: Ut homo igitur audit: Sede a dextris meis. Ut enim deus aeternum habet imperium.

Fol. 175. || OECUMENIUS ex Chrysostomo Ebr. I.: Quatenus deus est, aeternum habet thronum, sed quod ut deus habebat, accepit UT HOMO, ut homo igitur audit: Sede a dextris meis, ut enim deus aeternum habet imperium. ||

Tom. 2. CYRILLUS lib. 9. Thesauri cap. 3.³: In potestatem dominandi UT HOMO ascendit.
Pag. 110. Idem lib. 11. cap. 17.⁴: Gloriam suam, quam semper habuit ut deus, UT HOMO petiit; nec quia gloriae propriae unquam expers fuit, haec ab eo dicuntur, sed quia in gloriam, quae sibi semper adest ut deo, PROPRIUM TEMPLUM subducere volebat.

Idem lib. 2. ad Reginas⁵: Accepisse gloriam, potestatem et regnum super omnia referendum est ad conditiones HUMANITATIS.

Tom. 1. THEODORETUS in Psal. 2.⁶: Christus cum natura dominus sit ut deus, etiam
Pag. 83. UT HOMO universum imperium accipit.
Tom. 1. In Psalm. 110.⁷: Sede a dextris meis: HUMANITUS hoc dictum est, ut enim deus
Pag. 242. sempiternum habet imperium, sic ut homo accepit, quod ut deus habebat, ut HOMO igitur audit: Sede a dextris meis; nam ut deus sempiternum habet imperium.
Tom. 2. Idem Ebr. 1.⁸: Christus semper accepit ab angelis cultum et adorationem, erat
Pag. 154. enim semper deus, iam autem adorant ipsum etiam ut HOMINEM.

Sacramentarii LEO Epist. 23. tractans locum Ephes. 1. inquit⁹: Dicant *adversarii veritatis, quando
M 742 omnipotens pater vel ¹ secundum quam NATURAM FILIUM suum super OMNIA evexerit,
Fol. 99. vel cui substantiae cuncta subiecerit? Deitati enim, ut creatori, semper subiecta fuerunt. Huic si addita potestas, si exaltata sublimitas minor erat provehente nec habebat divitias eius naturae, cuius indiguit largitate; sed talia sentientem in societatem suam Arius rapit.

Fol. 134. Idem Epist. 88. || 83. ||¹⁰: Licet deitatis et humanitatis in Christo una prorsus eademque persona: exaltationem tamen et nomen super omne nomen ad eam intelligimus pertinere formam, quae ditanda erat tantae glorificationis augmento. Non enim per incarnationem aliquid decesserat verbo, quod ei patris munere redderetur. FORMA autem SERVI humana est humilitas, quae in gloriam divinae potestatis ERECTA est, ut nec sine homine divina nec sine deo agerentur humana.

Fol. eodem. Ibidem¹¹: Quicquid in tempore accepit Christus, SECUNDUM HOMINEM ACCEPIT, cui, quae non habuit, conferuntur. Nam secundum potentiam verbi indifferenter omnia, quae habet pater, etiam filius habet.

VIGILIUS lib. 5. contra Eutychen¹²: Divina natura non indiget honoribus sublimari, dignitatis profectibus augeri, potestatem coeli et terrae obedientiae merito

---

¹) Vgl. S. 1126, Anm. 5 ²) MSG CXIX 289A/B (Oecumenius, Bischof von Trikka, um 990, Krumbacher, Byz. Litt.-Gesch. 1897, 131 ff.). ³) Thes., assertio XXI zu Apg. 2, 36, MSG LXXV 363C. ⁴) In Joh. (zu Joh. 17, 4. 5), MSG LXXIV 495 C. ⁵) Ad Reginas de recta fide or. II., 19, MSG LXXVI 1359 C. ⁶) Zu Pf. 2, 6; MSG LXXX 880A. ⁷) Zu Pf. 109, 19; MSG LXXX 1768B. ⁸) Interpr. ep. ad Hebr. (1, 6), MSG LXXXII 686C. ⁹) Ep. 59, 3, MSL LIV 869. ¹⁰) Ep. 124, 7, MSL LIV 1066. ¹¹) MSL LIV 1066/67. ¹²) Vigilius (Bisch. von Thapsus, Ende 5. Jh.), c. Eutych. V 10. 11 MSL LXII 141A.D. 142B.

accipere. SECUNDUM CARNIS NATURAM igitur illa ADEPTUS EST, qui secundum naturam
verbi horum nihil eguit aliquando. Nunquid enim potestatem et dominium creaturae
suae conditor non habebat, ut novissimis temporibus muneris gratia his potiretur?

NICEPHORUS lib. I. cap. 36.[1]: Christus a discipulis in Galileae monte con- Fol. 86.
spicitur et ibi a patre summam potestatem coeli et terrae sibi, IUXTA HUMANITATEM
scilicet, traditam esse confirmat.

Diese Zeugnüssen lauten auf deudsch also: ATHANASIUS. Die
Heilige Schrift verstehet nicht, daß die Substanz des Worts sei erhöhet, sondern das gehet
auf seine Menschheit, und umb des FLEISCHS willen wird gesagt, daß er erhöhet sei.
Dann weil es sein Leib ist, darumb wird billich gesagt, daß er, als ein Mensch,
umb des Leibes und seiner Menschheit willen erhöhet ist und daß er
sollichs empfahe darumb, daß sein Leib solche Ding empfähet, die er als das Wort allezeit
besessen hat nach seiner Gottheit und Vollkommenheit welche er von dem Vater hat.
Darumb sagt er, daß er Gewalt empfangen habe als Mensch, die er allezeit hat als
Gott und spricht: Verkläre mich, so er doch andere verkläret; damit er aber anzeiget,
daß „Fleisch habe das sollicher Verklärung bedarf. Darumb weil das Fleisch seiner
menschlichen Natur nach solche Verklärung empfangen hat, so redet er also,
gleich als wenn er sie empfangen hätte.

Dann das soll man allenthalben (in der Heiligen Schrift) wohl merken, daß Christo deren
Ding keines gemangelt habe, er sagt, daß er sie in der Zeit empfangen hat, als hätte
er sie nicht zuvor gehabt, dann er hat sie allezeit als Gott und das Wort; jetzunder
aber saget er, daß er sie nach der Menschheit empfangen habe, auf daß nachdem
sie sein Fleisch in ihme empfangen hat, dieselbigen auch hinfüro aus
seinem Fleisch uns zu ⟨besitzen⟩[2] gegeben werden.

Und abermals: Athanasius. Wann Petrus sagt, daß Jesus von Gott zum Herrn und
Christ gemacht seie redet er nicht von seiner Gottheit, sondern von der Menschheit.
Dann sein Wort allezeit ein Herr war. Und ist nicht erst nach seinem Leiden zum Herrn
gemacht worden, sondern sein Menschheit[3] hat die Gottheit zum Herrn und Christ
gemacht.

Und abermals: Alles, das die Heilige Schrift sagt, daß der Sohn empfangen habe, das
verstehet sie, daß er es empfangen habe nach dem Leibe und daß sollicher Leib seie
die Erstlingen der Kirchen. Darumb hat der Herr erstlich sein Leib auferweckt und erhöhet,
darnach aber die Glieder seines Leibs. Mit welchen Worten Athanasius erkläret hat, das er
hernach mit seiner Maß auch auf die ganze Kirchen zeucht.

Basilius. Daß der Herr gerühmet wird, daß er empfangen habe einen Namen über alle
Namen; item, daß er sagt: Mir ist gegeben aller Gewalt im Himmel und Erden; ich lebe
umb des Vaters willen; verkläre mich mit der Klarheit, die ich hab gehabt bei dir etc.:
das muß man verstehen von der Menschwerdung und nicht von der Gottheit.

Ambrosius. Du hast gelernet, daß er ihme alles unterwerfen kann, und das nach der
Wirkung der Gottheit. So lerne nun das, daß er auch nach dem Fleisch alles
unterworfen empfahe, wie geschrieben stehet Ephe. 1. Darumb wird gelehret,
nach dem Fleisch ihm alles unterworfen sei. Und abermals: Dann Gott gilt den Aposteln
nicht seines Stuhls Gemeinschaft. Christum aber hat er nach seiner Menschheit
neben sich in seinen göttlichen Stuhl gesetzt.

Und abermals: In Christo hat die gemeine (menschliche) Natur nach dem Fleisch den
Vorzug des himmlischen Stuhles erlanget.

Chrysostomus. Der Vater hat geboten, daß alle Engel Christum nach dem Fleisch
anbeten sollen.

Theophylactus. Der Vater hat alles gegeben in die Hände des Sohnes nach der
menschlichen Natur.

Oecumenius. Dieweil er Gott ist, hat er ein ewigen Thron; aber was er als Gott hatte,
das hat er empfangen als Mensch. Darumb höret er als ein Mensch, das gesaget
ist: Setze dich zu meiner Rechten. Dann als Gott hat er ein ewigen Gewalt und Reich.

Cyrillus. Als Mensch ist er aufgestiegen zum Gewalt der Regierung.

Und abermals: Er hat als ein Mensch gebeten die Glori, welche er als Gott

---

[1]) Nikephoros (Kallistos Xanthopulos, 14. Jh., Krumbacher Byz. Litt.-Gesch. 1897, 291 ff.), Hist eccl. I, 36, MSG CXLV 742 B. [2]) Konf: „besch.itzen", 3. T. „besuchen" vgl. Müller 828 und Cor [3]) Akkusativ! Cor schlägt daher Umstellung vor.

allzeit gehabt, und wird solchs nicht von ihme gesaget, als ob er jemals seiner eigen Glori und Herrligkeit gemangelt hätte, sondern darumb, daß er **seinen eigenen Tempel in die Herrligkeit führen wollte**, die er als Gott allzeit gehabt hat.

Und abermals: Daß er empfangen hat Glori, Gewalt und Regiment über alles, das ist auf die Eigenschaften menschlicher Natur zu ziehen.

Theodoretus. Dieweil Christus als Gott ein Herr ist, empfähet er **als Mensch** allen Gewalt.

Und abermals: Setze dich zu meiner Rechten: das ist **nach seiner Menschheit** geredt. Dann wie er als Gott ein ewig Reich hat, also hat er solchen Gewalt **als Mensch** empfangen, den er als Gott hatte. Darumb höret er auch, daß zu ihme gesagt ist: Setze dich zu meiner Rechten; denn als Gott hat er ein ewig Reich.

Heb. 1.: Christus ist allzeit von den Engeln geehret und angebetet worden, dann er war allzeit Gott. Jetzunder aber beten sie ihn auch an **als einen Menschen**.

Leo. So sagen uns nun die Widersprecher der Wahrheit, wann der allmächtige Vater und nach welcher Natur er seinen Sohn über alles erhoben habe? Oder welcher substantia (oder Natur) er alles unterworfen habe? Dann der Gottheit, als dem Schöpfer, ist allezeit alles unterworfen gewesen. Wann diesem sein Gewalt gemehret und größergemacht, wann seine Höhe noch mehr erhöhet ist, so ist er kleiner gewesen, dann der ihn erhöhet hat, und hat nicht gehabt die Reichtumb der Natur, deren Mildigkeit er bedürfet hat; aber die also gesinnet sind, die nimpt Arius in sein Gesellschaft auf.

Und abermals: Wiewohl die Gottheit und Menschheit in Christo ein Person ist: so verstehen wir doch, daß die Erhöhung und der Name über alle Namen **gehöret zu der Gestalt, welche mit Herrligkeit sollte reich gemacht werden**. Dann durch die Menschwerdung ist dem Wort nichts abgegangen, das ihme als des Vaters Gabe wiedergegeben wäre. Sondern die **Knechtsgestalt** ist menschliche Demut, welche zur göttlichen Herrligkeit ist erhaben, daß ohne die menschliche Natur nichts Göttlichs und ohne die göttliche Natur nichts Menschlichs gehandelt würde.

Und abermals: Alles, was Christus in der Zeit empfangen hat, das hat er **als Mensch** empfangen, dem gegeben ist, das er zuvor nicht hatte. Denn nach der Kraft des Worts hat er[1] ohne Unterscheid alles, was der Vater hat, und[1] was der Sohn hat.

Vigilius. Die göttliche Natur bedarf nicht, daß man sie mit Ehren erhebe, mit Zunehmen der Würde vermehre, oder daß sie den Gewalt im Himmel und Erden erst durch den Verdienst des Gehorsams erlange; darumb hat er (Christus) solchs **nach der Natur des Fleisches erlanget**, welcher nach der Natur des Worts deren Dingen nichts jemals bedurft hat. Dann sollt der Schöpfer die Gewalt und Herrschaft über die Kreatur nicht gehabt haben, daß er in den letzten Zeiten solche erst aus Gnaden erlangete?

Nicephorus. Christus wird von seinen Jüngern auf dem Berge in Galilea gesehen und bestätiget daselbst, daß ihme vom Vater der höchste Gewalt im Himmel und Erden, nämlich **nach der Menschheit**, gegeben sei.

3.	III.
Daß die Heilige Schrift zuvorderst, und dann auch die heiligen Väter der alten reinen Kirchen von diesem Geheimnis auch reden per vocabula abstracta, das ist mit solchen Worten, welche ausdrücklich die menschliche Natur in Christo bedeuten und sich auf dieselbe in der persönlichen Vereinigung ziehen, als daß die **menschliche Natur** solche Majestät mit der Tat und Wahrheit empfangen habe und gebrauche:	Cum sacram scripturam tum sanctos veteris et purioris ecclesiae patres de hoc mysterio etiam loqui per vocabula abstracta, hoc est, per eiusmodi nomina, quae expresse naturam humanam in Christo designant, et ad illam in unione personali respiciunt, quod videlicet natura humana talem maiestatem realiter et revera acceperit eaque utatur:

Iohan. 6.[2] Caro mea est cibus, et sanguis meus vere est potus. Qui manducat meam carnem et bibit meum sanguinem, habet vitam aeternam.

Das ist: **Mein Fleisch ist die rechte Speise und mein Blut ist der rechte Trank. Wer mein Fleisch ißet und trinket mein Blut, der hat das ewige Leben.**

1. Iohan. 1.[3] Sanguis Iesu Christi, filii dei, emundat nos ab omni peccato.

---

[1]) Cor: er > und bis hat] gleich auch der Sohn.   [2]) Joh. 6, 55. 54.   [3]) 1. Joh. 1, 7.

Das ist: Das Blut Jesu Christi, des Sohns Gottes, macht uns rein von aller Sünde.
Ebr. 9.¹ SANGUIS Christi, qui per spiritum sanctum se ipsum obtulit immaculatum deo, emundat conscientiam nostram ab operibus || nostris || ⟨Cor: mortuis⟩.
Das ist: Das Blut Christi, der sich selbs ohne Wandel durch den Heiligen Geist Gott geopfert hat, reiniget unsere Gewissen von den toten Werken, zu dienen dem lebendigen Gott.
Matth. 26.² Accipite, manducate, hoc est CORPUS meum. Bibite ex hoc omnes, hic est SANGUIS MEUS novi testamenti.
Das ist: Nehmet, esset, das ist mein Leib. Trinket alle daraus, das ist mein Blut des neuen Testaments.
Eustachius citante Theodoreto Dialogo 2.³: Ἐντεῦθεν τοίνυν ἐπὶ θρόνου προὔγραφεν αὐτὸν Pag. 339. ἅγιον καθέζεσθαι, δηλῶν, ὅτι σύνθρονος ἀποδέδεικται τῷ θειοτάτῳ πνεύματι, διὰ τὸν οἰκοῦντα θεὸν ἐν αὐτῷ διηνεκῶς.
Huic igitur praedixit fore, ut sederet (Christus homo) in throno sancto, significans sessurum eum in eodem throno cum divinissimo spiritu, propter deum inhabitantem in ipso inseparabiliter.

|| EUSTACHIUS apud Theodoretum Dial. 2. HUMANA NATURA CHRISTI est σύνθρονος, sedens in eodem throno cum divinissimo spiritu propter deum inhabitantem in ea inseparabiliter. ||
Das ist: Die menschliche Natur in Christo sitzet auf einem Thron oder Stuhl mit seiner Gottheit, darumb, daß Gott unzertrennlich in derselben menschlichen Natur wohnet.
Idem apud Gelasium⁴: HOMO CHRISTUS, qui profecit sapientia, aetate et || sapientia || gratia ⟨so auch Cor⟩, rerum universarum imperium accepit.
Das ist: Der Mensch Christus, der an Weisheit, Alter und Gnade zugenommen, hat das Regiment oder Herrschaft über alle Ding empfangen.
Idem ibidem⁵: Christus ipso corpore ad proprios venit apostolos dicens: Data est mihi omnis potestas in coelo et in terra; quam potestatem ACCEPIT EXTRINSECUS TEMPLUM et non deus, qui teplum illud praecipua pulchritudine aedificavit.
Das ist: Christus ist nach seiner Auferstehung in seinem eigenem Leibe zu seinen erwähleten Aposteln kommen und hat gesaget: Mir ist gegeben alle Gewalt im Himmel und auf Erden; welche Gewalt der äußerliche Tempel des ewigen Worts empfangen hat, und nicht Gott (nämlich nach seiner Gottheit), der denselbigen Tempel (seines Leibes) mit solchem fürnehmen Schmuck erbauet und gezieret hat.

ATHANASIUS de Ariana et catholica confessione⁶: Deus non est mutatus in humanam carnem vel substantiam, sed in se ipso, quam assumpsit, glorificabat naturam, UT HUMANA, INFIRMA ET MORTALIS CARO ATQUE NATURA DIVINAM PROFECERIT IN GLORIAM, ita ut omnem potestatem in coelo et in terra habeat, quam antequam a verbo assumeretur non habebat.
Das ist: Gott ist nicht verwandelt in das menschliche Fleisch oder Substanz, sondern hat in ihme selber die Natur verkläret, die er an sich genommen hat, daß das menschliche, schwache, sterbliche Fleisch und Natur göttliche Herrligkeit erlangete, also daß es allen Gewalt im Himmel und Erden hat, welchen es nicht hatte, ehe es ist von dem Wort angenommen worden.

Idem: De suscepta humanitate contra Apollinarium⁷: Paulus Philip. 2. de TEMPLO Pag. 530. loquitur, quod est CORPUS SUUM. Non enim qui altissimus est, sed CARO exaltatur et CARNI suae dedit nomen, quod est super omne nomen, ut scilicet in nomine Iesu flectatur omne genu et omnis lingua confiteatur, QUOD IESUS CHRISTUS SIT DOMINUS IN GLORIA || DEI || PATRIS. Et addit regulam generalem: Quando scriptura loquitur de glorificatione Christi, de CARNE loquitur, quae percepit gloriam. Et quaecunque scriptura dicit accepisse filium, RATIONE HUMANITATIS illius, non divinitatis loquitur;

---

¹) Hebr. 9, 14.   ²) Matth. 26, 26—28.   ³) Eustathius Antioch. bei Theodoret, Eranistes, dial. II, MSG LXXXIII 176B.   ⁴) Gelasius I., De duab. nat. in Christo adv. Eutychem et Nestorium 18, A. Thiel, Epistolae Roman. pontif. genuinae I, 1869, S. 544.   ⁵) Gelasius I., De duab. nat. in Christo 32, Thiel, Epistolae I, 554.   ⁶) = Vigilius Taps., De trin. XI, MSL LXII 305B, vgl. MSG XXVIII 1434f.   ⁷) De incarn. Dei verbi c. Arian. 2—4, MSG XXVI 987—990.

ut cum dicit apostolus, quod in Christo habitet omnis plenitudo deitatis corporaliter, plenitudinem illam IN CARNE Christi habitare intelligendum est.

Das ist: Sankt Paulus an die Philip. am 2. Kap. redet von seinem Tempel, welcher ist sein Leib. Denn nicht der Allerhöhest, sondern das Fleisch wird erhöhet. Und seinem Fleisch hat er einen Namen gegeben über alle Namen, daß in dem Namen Jesu sich beugen sollen alle Knie, und alle Zungen bekennen, daß Jesus Christus sei der Herr in der Glori Gottes des Vaters. Und hänget ein gemeine Regel daran: Wann die Heilige Schrift redet von der Verklärunge Christi, so redet sie von dem Fleisch Christi, das solche Herrligkeit empfangen hat. Und was die Schrift saget, daß der Sohn empfangen habe, das redet sie vonwegen der Menschheit und nicht der Gottheit. Als, wann der Apostel sagt: In Christo wohnet alle Fülle der Gottheit leibhaftig, das ist zu verstehen, daß sie im Fleisch Christi wohne.

Idem citante Theodoreto Dialog 2.[1]: Κάθου ἐκ δεξιῶν μου, εἰς τὸ κυριακὸν σῶμα λέλεκται. Item: τὸ σῶμα τοίνυν ἔστιν, ᾧ λέγει, κάθου ἐκ δεξιῶν μου.

‖ Idem apud Theodoretum Dial. 2. ‖: Corpus est, cui dicit dominus: Sede a dextris meis.

Das ist: der Leib ist es, zu dem der Herr saget: Setze dich zu meiner Rechten.

ATHANASIUS de incarnatione, sicut citatur apud Cyrillum in defensione anathematismi 8. Et in libro de recta fide ad Reginas[2]: Si quis dicat inadorabilem domini nostri carnem ut hominis et non adorandam UT DOMINI ET DEI CARNEM, hunc anathematisat sancta et catholica ecclesia.

Das ist: So jemand sagete, das Fleisch Christi, so nicht anzubeten als eines Menschen Fleisch, daß es auch als des Herrn und Gottes Fleisch nicht angebetet werden solle, den verflucht die heilige und katholische Kirche.

Idem[3]: Quaecunque scriptura dicit filium accepisse, RATIONE CORPORIS accepta intelligit, corpusque illud esse primitias ecclesiae. Primum igitur dominus suum corpus excitavit et exaltavit, posthac autem et membra sui corporis.

Das ist: Alles, was die Schrift saget, das der Sohn empfangen habe, das verstehet sie, daß es nach dem Leibe empfangen sei, und derselbige Leib seie die Erstlingen der Kirchen. Darumb hat der Herr erstlich seinen Leib erwecket und erhöhet, darnach aber auch die Glieder seines Leibes.

HILARIUS lib. 9.[4]: Ut ita homo Iesus maneret in gloria dei patris, si in verbi gloriam CARO ESSET UNITA et gloriam verbi caro assumpta teneret.

Das ist: Daß also der Mensch Jesus bliebe in der Herrligkeit Gottes des Vaters, wann das Fleisch vereiniget wäre in die Glori des Vaters und das Fleisch die Herrligkeit des Worts hätte.

EUSEBIUS EMISSENUS in homilia feria sexta post pasch.[5]: Qui secundum divinitatem semper, simul cum patre et spiritu sancto, omnium rerum potestatem habuit, nunc etiam SECUNDUM HUMANITATEM omnium rerum POTESTATEM accepit, ut HOMO ille, qui nuper passus est, coelo et terrae dominetur, quin hic et ibi facit, quicquid vult.

Das ist: der nach der Gottheit allzeit, zugleich mit dem Vater und heiligem Geist, allen Gewalt über alles hatte, derselbige hat jetzunder auch nach der Menschheit allen Gewalt über alles empfangen, auf daß eben der Mensch, welcher neulich gelitten hat, über Himmel und Erden regieret, und hie und dort tu, was er will.

Gregorius Nyssenus citante Gelasio et Theodoreto Dialogo 2.[6]: Τῇ δεξιᾷ οὖν τοῦ θεοῦ ὑψωθείς· τίς οὖν ὑψώθη; ὁ ταπεινὸς ἢ ὁ ὕψιστος; τί δὲ τὸ ταπεινὸν, εἰ μὴ τὸ ἀνθρώπινον; τί δὲ ἄλλο παρὰ τὸ θεῖόν ἐστιν ὁ ὕψιστος; ἀλλὰ μὴν ὁ θεὸς ὑψωθῆναι οὐ δεῖται ὕψιστος ὤν, τὸ ἀνθρώπινον ἄρα ὁ ἀπόστολος ὑψωθῆναι λέγει. ὑψωθῆναι δὲ διὰ τοῦ κύριος καὶ

---

[1]) Athanas. bei Theodoret, Eranistes, dial. II, MSG LXXXIII 180B.   [2]) Cyrill, Apologeticus pro XII capit. c. Orient. VIII, MSG LXXVI 350C; De recta fide ad Reg. IX, MSG LXXVI 1211.   [3]) Athanasius, vgl. S. 1111, Anm. 3.   [4]) Hilarius, De trin. IX 55. 56, MSL X 326/27.   [5]) Eusebius (Bischof v. Emesa, † um 360) Homilae... praestantiss. eccl. doct.... ab.. Alcuino iussu Caroli Magni... collectae. Colon. 1569, p. 410, vgl. MSG LXXXVI 486ff.   [6]) Gelasius I., De duab. nat. in Christo adv. Eutych. et Nestor. 24, U. Thiel, Epistolae Roman. pontif. genuinae I, 1868, S. 549; Theodoret, Eranistes, dial. II, MSG LXXXIII 193/195.

Χριστὸς γενέσθαι, οὐκοῦν οὐ τὴν προαιώνιον ὕπαρξιν τοῦ κυρίου διὰ τοῦ ἐποίησε ῥήματος, παρίστησιν ὁ ἀπόστολος, ἀλλὰ τὴν τοῦ ταπεινοῦ πρὸς τὸ ὑψηλὸν μεταποίησιν τὴν ἐκ δεξιῶν τοῦ θεοῦ γεγεννημένην. Et paulo post: Ὅτι ἡ δεξιὰ τοῦ θεοῦ ἡ ποιητικὴ τῶν ὄντων τῶν πάντων, ἥτις ἐστὶν ὁ κύριος, δι' οὗ τὰ πάντα ἐγένετο καὶ οὗ χωρὶς ὑπέστη τῶν
5 γεγονότων οὐδέν, αὕτη τὸν ἐνωθέντα πρὸς αὐτὴν ἄνθρωπον εἰς τὸ ἴδιον ἀνήγαγεν ὕψος διὰ τῆς ἑνώσεως.

Hoc est: Dextera igitur dei exaltatus (Actor. 2.). Quis igitur exaltatus est? humilisne an altissimus? Quid autem est humile, nisi humanum? Quid vero aliud praeter divinitatem appellatione altissimi significatur? At deus exaltatione non indiget, cum sit altissimus.
10 *Humanam igitur naturam exaltatam esse dicit apostolus, exaltatam vero, quia dominus et Christus factus est (homo). Non igitur aeternam essentiam domini verbo fecit, exprimit apostolus, sed humilis naturae evectionem ad summam celsitudinem, videlicet ad dexteram dei. Et paulo post: Quia dextera dei, fabricatrix omnium rerum, quæ est ille dominus,* M 745 *per quem omnia facta sunt, et sine quo nihil eorum, quæ facta sunt, subsistit, haec ipsa*
15 *unitat sibi hominem ad propriam extulit celsitudinem per unionem.*

|| GREGORIUS NISSENUS apud Gelasium et Theodoretum Dial. 2. de dicto Apud Theodoretum
Petri Acto. 2.. dextera dei exaltatus est etc.: Deus exaltari non indiget, cum sit Tomo. 2.
altissimus, HUMANITATEM igitur Christi Petrus EXALTATAM intelligit. Exaltatam Pag. 333.
autem in eo, quod dominum ipsum et Christum fecit. Quibus verbis non aeternam
20 essentiam designat apostolus, sed provectionem HUMILIS NATURAE ad celsitudinem
eam, quae ad dextram dei est, designat. Dextera enim dei, quae creatrix est omnium Concretum
et quae dextera est ipse dominus, ipsa dextera UNITUM SIBI HOMINEM in propriam pro
suam evexit celsitudinem seu sublimitatem per unionem. || abstracto.

Das ist: Gott bedarfs nicht, daß er erhöbet werde, dieweil er der Allerhöchste ist. Darumb
25 verstehet S. Petrus, daß die Menschheit Christi erhöhet sei. Sie ist aber also
erhöhet, daß er sie zum Herrn und Christ gemacht hat. Mit welchen Worten der Apostel
nicht die Gottheit hat anzeigen wöllen, sondern daß die menschliche Natur erhoben
seie in die Höhe, welche ist zur Rechten Gottes. Dann die Rechte Gottes, welche alles
erschaffen hat, und die der Herr selbst ist, dieselbige Rechte Gottes hat den mit ihr
30 vereinigten Menschen in sein eigen Hoheit durch die Vereinigung gesetzt.

Basilius Magnus contra Eunomium lib. 2.[1]: Κύριον καὶ Χριστὸν ὁ θεὸς ἐποίησε τοῦτον τὸν Ἰησοῦν, ὅν ὑμεῖς ἐσταυρώσατε, τῇ δεικτικῇ φωνῇ μονονουχὶ πρὸς τὸ ἀνθρώπινον αὐτοῦ καὶ ὁρώμενον πᾶσι προδήλως ἐπερειδόμενος. Et paulo post: Ὥστε ὁ εἰπὼν κύριον αὐτὸν καὶ Χριστὸν ὁ θεὸς ἐποίησε, τὴν κατὰ πάντων ἀρχὴν καὶ δεσποτείαν λέγει τὴν παρὰ τοῦ
35 Πατρὸς ἐπιτραπεῖσαν αὐτῷ etc.

Petrus Actor. 2. inquit: Dominum et Christum fecit deus hunc Iesum, quem vos crucifixistis, demonstrativa voce humanae et omnibus visibili ipsius naturae palam propemodum incumbens seu innitens. Et paulo post: Quamobrem inquiens, quod deus dominum et Christum ipsum fecerit, principatum et dominium super omnia a patre ipsi commissum
40 *dicit.*

|| BASILIUS MAGNUS contra Eunomium lib. 2. Petrus, acto. 2. cum inquit:
Hunc Iesum, quem vos crucifixistis, fecit dominum, voce demonstrativa HUMANITATEM Christi designat atque IPSI principatum ac dominium a patre commissum
dicit. ||

45 Das ist: Wann Petrus in der Apostelgeschicht sagt: Diesen Jesum, den ihr gekreuziget
habet, hat Gott zum Herrn gemacht, hat er mit dem Wort diesen seine Menschheit
anzeigen wollen, und saget, daß ihr (der Menschheit) die Herrschaft und Regierung
befohlen seie.

Epiphanius contra Ariomanitas[2]: Τοῦτον τὸν Ἰησοῦν, ὅν ἐσταυρώσατε, ἵνα μὴ παραλειφθῇ Pag. 327.
50 ἡ ἁγία ἔνσαρκος οἰκονομία ἀπὸ τοῦ ἀπαθοῦς καὶ ἀκτίστου λόγου, ἀλλὰ συνενωθῇ ἄνω τῷ
ἀκτίστῳ λόγῳ· διὰ τοῦτο καὶ κύριον καὶ Χριστὸν ὁ θεὸς ἐποίησε τὸ ἐκ Μαρίας συλληφθέν,
τὸ ἐν θεότητι συνενωθέν.

Hoc est: Hunc igitur Iesum, quem crucifixistis, ut ne relinqueretur sancta in carne dispensatio a passionis experte et increato verbo, sed couniretur superne increato verbo.

---

[1]) Adv. Eunom. II 3, MSG XXIX 577A/B.   [2]) Haeres. 69, XLII, MSG XLII
268B/C.

Quapropter et dominum et Christum deus fecit, id quod ex Maria conceptum et deitati unitum est.

Lib. 2. To. 2.
Pag. 343.
|| EPIPHANIUS contra Ariomanitas; Quia Petrus Acto. 2. addit: Hunc Iesum, quem crucifixistis etc., significat DOMINI INCARNATIONEM et manifestum est, QUOD DE CARNE dicit, quapropter dominum et Christum deus fecit id, quod ex Maria conceptum et deitati unitum est. ||

Das ist: Daß Petrus hinzusetzet: diesen Jesum, den ihr gekreuziget habet etc., zeiget er darmit an die Menschwerdung des Herren, und ist offenbar, daß er von dem Fleisch redet. Darumb hat Gott zum Herrn und Christ gemacht, das von Maria empfangen und mit der Gottheit vereiniget ist.

Tom. 2.
Pag. 157.
AMBROSIUS libro 3. cap. 12. de spiritu sancto[1]: Angeli adorant non solum divinitatem Christi, sed et SCABELLUM PEDUM eius. Et postea: Illam terram propheta dicit adorandam, quam dominus Iesus in carnis assumptione suscepit. Itaque per scabellum terra intelligitur, per TERRAM autem CARO Christi, quam hodie quoque in mysteriis adoramus, et quam apostoli in domino Iesu, ut supra diximus, adorarunt.

Das ist: Die Engel beten nicht allein die Gottheit Christi an, sondern auch seiner Füße Schemel. Und hernach: Der Prophet saget, daß die Erde soll angebetet werden, welche der Herr Jesus an sich genommen hat, da er das Fleisch angenommen hat. Darumb durch den Fußschemel wird verstanden die Erde, durch die Erde aber das Fleisch Christi, welches wir noch heutiges Tages im Geheimnis anbeten, ⟨das⟩[2] auch die Aposteln im Herrn Jesu angebetet haben.

Tom. 10.
Pag. 217.
AUGUSTINUS de verbis domini, sermone 58.[3]: Si Christus non est natura deus, sed creatura, nec colendus est nec ut deus adorandus. Sed illi ad haec replicabunt ac dicent: Quid igitur est, quod CARNEM eius, quam creaturam esse non negas, simul cum DIVINITATE adoras et ei non minus quam deitati deservis?

Das ist: Wann Christus nicht von Natur Gott ist, sondern ein Kreatur, so ist er auch nicht als Gott zu ehren und anzubeten. Aber darwider werden diese vorgeben und sagen: Was ists denn, daß du sein Fleisch, welches du nicht leugnest, daß es ein Kreatur sei, zugleich mit der Gottheit anbetest und demselben nicht weniger als der Gottheit dienest?

M 746
Tom. 8.
Pag. 1103.
Idem in Psal. 98.[4]: Adorate scabellum pedum eius: scabellum est terra, et Christus suscepit terram de terra, quia caro de terra est et de carne Mariae carnem accepit. Et quia in ipsa carne hic ambulavit et ipsam carnem manducandam nobis ad salutem dedit, nemo autem CARNEM ILLAM manducat, nisi prius ADORAVERIT. Inventum ergo est, quomodo adoretur tale scabellum pedum domini, || et || ut non solum non peccemus adorando, sed peccemus non adorando.

Das ist: Der Fußschemel ist die Erde, und Christus hat Erde von der Erden genommen, dann das Fleisch ist von der Erde, und von dem Fleisch Mariä hat er Fleisch an sich genommen. Und weil er im Fleisch gewandelt hat, hat er uns auch sein Fleisch zu essen und zu unserm Heil gegeben; niemand aber isset dasselbige Fleisch, er habe es dann zuvor angebetet. Darumb ist eine Weise funden worden, wie sollicher Fußschemel des Herrn angebetet werde, daß wir nicht allein nicht sündigen, wann wir denselben anbeten, sondern daß wir sündigen, so wir ihn nicht anbeten.

CHRYSOSTOMUS ad. Heb. 2.[5]: Καὶ γὰρ ὄντως μέγα καὶ θαυμαστὸν καὶ ἐκπλήξεως γέμον, τὴν ἐξ ἡμῶν σάρκα ἄνω καθῆσθαι καὶ προσκυνεῖσθαι ὑπ' ἀγγέλων καὶ ἀρχαγγέλων καὶ τῶν Σεραφὶμ καὶ τῶν Χερουβίμ. τοῦτο πολλάκις εἰς νοῦν ἐγὼ λαβὼν ἐξίσταμαι. Magnum, admirabile et stupore plenum est, CARNEM NOSTRAM sursum sedere et adorari ab angelis et archangelis. Hoc saepe mente versans ecstasin patior etc. Idem 1. Cor. 10.[6] Τοῦτο τὸ σῶμα καὶ ἐπὶ φάτνης κείμενον ᾐδέσθησαν μάγοι etc. καὶ ὁδὸν ἐστείλαντο μακρὰν καὶ ἐλθόντες μετὰ φόβου καὶ τρόμου πολλοῦ προσεκύνησαν. I. Corinth. 10. Hoc CORPUS Christi in praesepi iacens. magi venerati sunt etc. et a longe venientes

---

[1]) III 6, 76. 79, MSL XVI 794A/D. [2]) In Konk: die. [3]) Serm. Append. CCXLVI 5, MSL XXXIX 2200. [4]) Enarr. in Ps. 98, 9, MSL XXXVII 1264. [5]) In ep. ad Hebr. hom. V 1, MSG LXIII 46. [6]) In ep. I. ad Cor. hom. XXIV 5, MSG LXI 206.

cum || in || timore et tremore multo adoraverunt. Idem apud Leonem epist. 95. Cognoscamus, quae natura sit, cui pater dixit: Esto meae particeps sedis. Illa natura est, cui dictum est: Terra es et in terram ibis.

Das ist: Es ist ein großes Wunder, darüber man sich billich entsetzt, daß **unser Fleisch droben sitzt** und von den Engeln und Erzengeln angebetet wird. Wenn ich oftmals sollichs bei mir selber bedenke, ist mir nicht anders, als wenn ich außer mir selbst wäre. 1. Kor. 10. Eben der Leib, der in der Krippen liegt, den die Weisen aus Morgenlande vorehret und, als sie von fernen kommen, in großer Forcht und Zittern angebetet haben. Und abermals: Lasset uns wohl merken, **welche Natur es sei**, zu deren der Vater gesaget hat: Setze dich in meinen Stuhl. Es ist **die Natur**, zu welcher gesagt ist: Du bist Erde und zur Erden sollt du wieder werden.

THEOPHYLACTUS ex Chrysostomo in caput Matth. 28[1]: Ἐπεὶ ἡ ἀνθρωπίνη φύσις ἡ πρώην κατάκριτος, συνημμένη τῷ θεῷ λόγῳ καθ' ὑπόστασιν, ἐν οὐρανῷ κάθηται ὑπ' ἀγγέλων προσκυνουμένη, εἰκότως φησὶν. ὅτι ἐδόθη ἐμοὶ πᾶσα ἐξουσία ἐν οὐρανῷ. Καὶ γὰρ ἡ ἀνθρωπίνη ἡ πρώην δουλεύουσα νῦν ἐν Χριστῷ ἄρχει πάντων. Pag. 76

Quia HUMANA NATURA prius condemnata, nunc vero iuncta deo verbo personaliter sedet in coelo et ab angelis adoratur, merito dicit: Data est mihi omnis potestas in coelo et in terra. Etenim HUMANA natura prius serviebat, nunc in Christo omnibus imperat.

Das ist: **Die menschliche Natur**, welche zuvor verdampt war, jetzund aber mit dem Wort persönlich vereiniget und sitzt im Himmel und wird von den Engeln angebetet, die sagt billich: Mir ist gegeben aller Gewalt im Himmel und Erden. Dann die **menschliche Natur**, die zuvor dienet, herrschet jetzunder in Christo über alles.

Idem in 3. capi. Iohan.[2]: Καὶ πάντα δέδωκεν ἐν τῇ χειρὶ τοῦ υἱοῦ κατὰ τὸ ἀνθρώπινον. pater omnia dedit in manum filii IUXTA HUMANITATEM. Pag. 235.

Das ist: Der Vater hat dem Sohne alles in seine Hände gegeben **nach der Menschheit**.

CYRILLUS de incarnatione cap. 11.[3]: Verbum in id, quod non erat, se immisit, ut et HOMINIS NATURA id, quod non erat, fieret, divinae maiestatis dignitatibus per adunitionem fulgens, quae sublevata magis est ultra naturam, quam deiecit infra naturam invertibilem deum. Tom. 4. Pag. 241.

Das ist: Das Wort hat sich in das eingelassen, das es nicht war, auf daß des Menschen Natur würde, das es nicht war, nämlich daß es durch die Vereinigung leuchten sollte in der Herrligkeit der göttlichen Majestät, welche vielmehr erhoben ist über die Natur, denn daß sie den unwandelbaren Gott unter ihr Natur sollt geworfen haben.

EPHESINUM CONCILIUM canone 11.[4] Si quis non confitetur CARNEM DOMINI esse vivificam, propterea quod propria facta est verbi, quod omnia vivificat, anathema sit. Cyrillus Tomo 4. Pag. 139.

Das ist: Welcher nicht bekennet, daß das Fleisch Christi ein lebendigmachend Fleisch seie darumb, daß es des Worts eigen worden ist, welches alles lebendig machet, der sei verflucht. M 747

Et CYRILLUS in explicatione illius anathematismi dicit[5] Nestorium noluisse vivificationem tribuere CARNI Christi, sed sententias Ioh. 6. exposuisse de sola divinitate. Ibidem. Pag. 140.

Das ist: Cyrillus in Erklärung des gemelten Anathematismi spricht, daß Nestorius **dem Fleisch Christi** nicht habe zugeben wöllen, daß es **lebendigmache**, sondern habe die Sprüche Joh. 6. allein von der Gottheit ausgelegt.

---

[1]) Enarr. in ev. Matth. XXVIII, MSG CXXIII 484 D, Fortf. S. 1126, 46.   [2]) Vgl. S. 1126, Anm. 5.   [3]) Scholia de incarn. unigeniti XII, MSG LXXV 1383 A. [4]) Cyrill, Explic. XII capitum, MSG LXXVI 310/311; Apol. XII. Cap. c. Orient., MSG LXXVI 367ff.; Apol. XII cap. c. Theod., MSG LXXVI 446ff.; Acta Concil Oecumen. 1929 I 1, 5 24; I 1, 6 135; I 1, 7 53; Mansi, IV 1083; Denzinger 123. [5]) Explic. XII cap., MSG LXXVI 311, Acta Concil Oecumen. 1929 I 1, 5 24f., vgl. Anm. 4.

Tomo 2. THEODORETUS Dialogo 2.[1]: *Καὶ τῆς ἐκ δεξιῶν ἠξιώθη καθέδρας (τὸ σῶμα τοῦ*
Pag. 330. *κυρίου) καὶ παρὰ πάσης προσκυνεῖται τῆς κτίσεως, ἅτε δὴ σῶμα χρηματίζον τοῦ δεσπότου τῆς φύσεως.*

Hoc est: ILLUD CORPUS et sessione ad dextram dei dignum habitum et ab omni creatura adoratur, *quia corpus appellatur naturae domini.* ‖ ut quod appellatur CORPUS DEI. ‖

Das ist: Dieser Leib ist durch das Sitzen zur Rechten Gottes zu solcher Ehr kommen, und wird von aller Kreatur angebetet, als daß er Gottes Leib genennet wird.

Idem ‖ in ‖ Psal. 8.[2]: Huiusmodi honorem a deo, universitatis scilicet imperium, HUMANA ‖ natura ‖ in Christo *natura* accepit.

Das ist: Die menschliche Natur hat diese Ehre, nämlich die Herrschaft und Regierung über alles, in Christo empfangen.

Fol. 94. LEO epistola 11.[3]: Assumpti, non assumentis provectio est, quod deus illum exaltavit et donavit illi nomen, quod est super omne nomen, ut in nomine Iesu omne genu flectatur et omnis lingua confiteatur, quod dominus sit Iesus Christus in gloria dei patris.

Das ist: Es gehört dem angenommenem (Menschen), und nicht (Gott), der ihn angenommen hat, zu, daß Gott ihn hat erhöhet und ihm einen Namen gegeben, der über alle Namen ist, daß im Namen Jesu alle Knie gebogen werden, und alle Zungen bekennen, daß Jesus sei der Herr in der Ehre des Vaters.

Pag. 251. DAMASCENUS lib. 3. cap. 18.[4]: *Ἡ θεία αὐτοῦ (Χριστοῦ) θέλησις ἄναρχός τε καὶ παντουργὸς ἦν* etc., *ἡ δὲ ἀνθρωπίνη αὐτοῦ θέλησις ἀπὸ χρόνου τε ἤρξατο καὶ αὐτὴ τὰ φυσικὰ καὶ ἀδιάβλητα πάθη ὑπέμεινε, καὶ φυσικῶς μὲν οὐ παντοδύναμος ἦν, ὡς δὲ τοῦ θεοῦ λόγου, ἀληθῶς καὶ κατὰ φύσιν γενομένη, καὶ παντοδύναμος.*

Divina Christi voluntas erat aeterna et omnipotens *etc.* HUMANA vero eius voluntas a tempore coepit et naturales ac innoxias affectiones sustinuit, et naturaliter quidem non erat omnipotens; ut autem vere et secundum naturam dei verbi voluntas est facta et omnipotens est, hoc est, sicut commentator explicat: divina voluntas suapte natura habet potentiam omnia efficiendi, quae velit, humana vero Christi voluntas non sua natura habet omniefficacem virtutem, sed ut deo verbo unita.

Das ist: Des Herrn Christi göttlicher Wille ist ein ewiger und allmächtiger Wille. Aber sein menschlicher Wille hat in der Zeit angefangen und seine natürliche unschädliche Wirkungen gehabt; und zwar natürlich war er nicht ein allmächtiger Wille, aber nachdem er wahrhaftig und natürlich Gottes Wille worden, ist er auch allmächtig, das ist, wie der Ausleger daselbsten diese Wort erkläret: der göttliche Wille hat von seiner Natur die Gewalt, daß er tun kann, was er will, aber der menschliche Wille Christi hat nicht von seiner Natur die Kraft, daß er alles tun kann, sondern daher, daß er mit Gott vereiniget ist.

Idem cap. 19.[5]: *Ἡ δὲ σὰρξ τῇ θεότητι τοῦ λόγου ἐνεργούσῃ (κοινωνεῖ) διά τε τὸ ὡς δι' ὀργάνου τοῦ σώματος τὰς θείας ἐκτελεῖσθαι ἐνεργείας καὶ διὰ τὸ ἕνα εἶναι τὸν ἐνεργοῦντα θεϊκῶς τε ἅμα καὶ ἀνθρωπίνως. Εἰδέναι γὰρ χρή, ὡς ὁ ἅγιος αὐτοῦ νοῦς, καὶ τὰς φυσικὰς αὐτοῦ ἐνεργεῖ ἐνεργείας* etc., *κοινωνεῖ τῇ ἐνεργούσῃ τῇ τοῦ λόγου θεότητι καὶ διεπούσῃ καὶ κυβερνώσῃ τὸ πᾶν νοῶν καὶ γινώσκων καὶ διέπων, οὐχ ὡς ψιλὸς ἀνθρώπου νοῦς, ἀλλ' ὡς θεῷ καθ' ὑπόστασιν ἡνωμένος καὶ θεοῦ νοῦς χρηματίσας.*

Caro operanti deitati verbi communicat ideo, quod divinae operationes per organum corporis perficiebantur. Ita sancta eius mens etiam naturales suas operationes operatur. Communicat autem et deitati verbi operanti ac gubernanti, ipsa etiam intelligens, cognoscens et disponens totum universum, non ut nuda hominis mens, sed ut deo secundum hypostasin counita et dei mens constituta.

Das ist: Das Fleisch ist teilhaftig oder hat Gemeinschaft mit dem Wort, das da wirket, darumb, daß die göttliche Wirkung durch den Werkzeug des Leibes volnbracht worden.

---

[1]) Eranistes, dial. II, MSG LXXXIII 168C   [2]) In Ps. 8, 9, MSG LXXX 920 B.
[3]) Ep. 35, 2, MSL LIV 807.   [4]) De fide orth. III 18, MSG XCIV 1076/77.
[5]) Vgl. S. 1110, Anm. 1.

Also hat auch sein heiliges Gemüte seine natürliche Wirkungen gehabt, aber nachdem es M 748
der Gottheit des Worts teilhaftig worden, die da wirket und regieret, verstehet, weiß
und ordnet es alles, was da ist, nicht als eines bloßen Menschen Gemüte,
sondern daß es mit Gott persönlich vereiniget und Gottes Gemüte worden ist.

Idem libro eodem cap. 21.[1]: Ἡ μὲν ἀνθρωπίνη φύσις οὐσιωδῶς οὐ κέκτηται τῶν
μελλόντων τὴν γνῶσιν, ἡ δὲ τοῦ κυρίου ψυχή, διὰ τὴν πρὸς αὐτὸν τὸν λόγον ἕνωσιν καὶ
τὴν ὑποστατικὴν ταυτότητα, κατεπλούτησε μετὰ τῶν λοιπῶν θεοσημιῶν καὶ τὴν τῶν
μελλόντων γνῶσιν. Et in fine capitis:
Ἡμεῖς δὲ δεσπότην αὐτὸν φαμὲν καὶ κύριον πάσης τῆς κτίσεως τὸν ἕνα Χριστόν, τὸν
αὐτὸν ὁμοῦ θεόν τε καὶ ἄνθρωπον καὶ πάντα εἰδέναι. Ἐν αὐτῷ γάρ εἰσι πάντες οἱ
θησαυροὶ τῆς σοφίας καὶ τῆς γνώσεως οἱ ἀπόκρυφοι.

|| Idem cap. 21. || Humana natura in Christo essentialiter non possidet seu Pag. 260.
obtinet futurorum cognitionem, sed ut DOMINI ANIMA, propter unionem ad ipsum
deum verbum, locupletata est cum reliquis divinis praedictionibus etiam futurorum
cognitione. Et in fine capitis: Nos ergo dicimus, UNUM CHRISTUM eundemque SIMUL
DEUM ET HOMINEM omnia scire, in ipso enim omnes thesauri sapientiae et scientiae
absconditi sunt.

Das ist: Die menschliche Natur in Christo besitzt oder hat nicht wesentlich
die Erkanntnis zukünftiger Dinge, sondern als die Seele des Herrn ist sie unter
und beneben andern göttlichen Gaben durch die Vereinigung mit Gott dem Wort auch
mit der Erkanntnis zukünftiger Dingen begabet worden. Darumb sagen wir, daß der
einige Christus, zugleich Gott und Mensch, alles wisse. Dann in ihme
sind alle Schätze der Weisheit und Erkanntnis verborgen.

NICEPHORUS lib. 18. cap. 36.[2]: Christus a discipulis in Galileae monte conspicitur, et ibi a patre summam potestatem coeli et terrae, IUXTA HUMANAM NATURAM
scilicet, traditam esse confirmat.

Das ist: Christus wird von den Jüngern auf dem Berge in Galilea gesehen, und da=
selbsten hat er bezeuget, daß ihm der höchste Gewalt im Himmel und Erden, nach der
menschlichen Natur, gegeben seie.

4.   IV.

Daß die Heilige Schrift und die Väter solche Majestät, so Christus in der Zeit empfangen hat, nicht allein von erschaffenen Gaben, de finitis qualitatibus, verstanden haben, sondern von der Herrligkeit und Ma= jestät der Gottheit, die Gottes eigen sei, zu welcher seine menschliche Natur in der Per= son des Sohns Gottes erhöhet, und also die Kraft und Wirkung der göttlichen Natur, so der Gottheit eigen ist, empfangen habe.	Scripturam et sanctos patres maiestatem illam, quam Christus in tempore accepit, non tantum de donis creatis et qualitati= bus finitis intellexisse, sed de ea gloria et maiestate divinitatis, quae dei propria est, ad quam assumpta illius natura hu= mana in persona filii dei exaltata est, ita ut efficaciam et operationem divinae na= turae, quae dei propria est, acceperit.

Iohan. 17.[3] Et nunc glorifica me, tu pater, apud temet ipsum ea gloria, quam habui
apud te, priusquam mundus fieret.

Das ist: Und nu verkläre mich du, Vater, bei dir selbst mit der Klarheit, die ich bei
dir hatte, ehe die Welt war.

Coloss. 2.[4] In ipso habitat omnis plenitudo deitatis corporaliter.

Das ist: In ihme wohnet alle Fülle der Gottheit leibhaftig etc.

HILARIUS de Trinitate lib. 3.[5]: Verbum caro factum orabat, ut ID, QUOD DE Pag. 28.
TEMPORE ERAT, gloriam eius claritatis, quae sine tempore est, acciperet.

Das ist: Das Wort, das Fleisch worden ist, betet, damit dasjenig, so in der Zeit
sein Anfang hat, die Glori der Herrligkeit empfinge, die außerhalb der Zeit (von
Ewigkeit) ist.

---

[1]) MSG XCIV 1085 A/C.   [2]) Nikephoros Kall., Hist. eccl. I 36, vgl. S. 1113, Anm. 1.
[3]) Joh. 17, 5.   [4]) Kol. 2, 9.   [5]) III 16, MSL X 85 B.

Gregorius Nyssenus citante Gelasio et Theodoreto Dialogo 2. de dicto illo Petri Actor. 2. Dextera dei exaltatus etc.[1]: Αἴτι (ἡ δεξιὰ τοῦ θεοῦ) τὸν ἑνωθέντα πρὸς αὐτὴν ἄνθρωπον εἰς τὸ ἴδιον ἀνήγαγεν ὕψος διὰ τῆς ἑνώσεως.

Tom. 2. || GREGORIUS NYSSENUS apud Gelasium et Theodoretum Dial. 2. de dicto
Pag. 333. illo Petri Acto. 2. Dextera dei exaltatus est, etc. || Ipsa dextera UNITUM SIBI
HOMINEM in propriam suam evexit celsitudinem seu sublimitatem per unionem.

M 749   Das ist: Die Rechte selbst hat den Menschen, so mit ihr vereiniget ist, durch die Vereinigung in sein eigen höhe erhoben.

Idem de anima: Deus VERBUM a communione illa, quae sibi est ad CORPUS ET ANIMAM, nunquam alteratur neque particeps est imperfectionis illarum, sed TRADENS EIS SUAE DIVINITATIS VIRTUTEM manet idem, quod erat et ante unionem.

Das ist: Gott das Wort wird durch die Gemeinschaft, so es hat mit dem Leib und der Seele, nimmer verwandelt, ist auch derselben Schwachheit nicht teilhaftig, sondern hat seiner Gottheit Kraft ihnen gegeben, und bleibet das Wort eben das, so es vor der Voreinigung war.

Pag. 231.   Basilius εἰς τὴν ἁγίαν τοῦ Χριστοῦ γένεσιν[2]: Τίνα τρόπον ἐν σαρκὶ ἡ θεότης; ὡς τὸ πῦρ ἐν σιδήρῳ οὐ μεταβατικῶς, ἀλλὰ μεταδοτικῶς. Οὐ γὰρ ἐκτρέχει τὸ πῦρ πρὸς τὸν σίδηρον, μένον δὲ κατὰ χώραν μεταδίδωσιν αὐτῷ τῆς οἰκείας δυνάμεως, ὅπερ οὔτε ἐλαττοῦται τῇ μεταδόσει, καὶ ὅλον πληροῖ ἑαυτοῦ τὸ μετέσχον.

Quomodo deitas est in carne? sicut ignis in ferro, non transitive, sed communicative. Non enim excurrit ignis ad ferrum, sed manens in suo loco communicat seu impertit ferro ignito propriam suam facultatem (vim seu potentiam), nec communicatione illa minor fit, sed se ipso totum ferrum replet, quod (illa scilicet unione) particeps est ignis.

|| BASILIUS Magnus in nativitatem Christi: HUMANA DEI CARO PARTICEPS FACTA EST DEITATIS sicut ignis communicat seu impertit ferro ignito propriam suam facultatem, vim seu potentiam, nec communicatione illa minor fit, sed se ipso totum ferrum replet, quod (illa scilicet unione) particeps est ignis. ||

Das ist: Das menschliche Fleisch Gottes ist teilhaftig der Gottheit wie das Feuer einem feurigen oder glühenden Eisen sein eigen Kraft und Vermögen mitteilet, und wird doch durch diese Gemeinschaft nicht kleiner, sondern erfüllet das ganze Eisen mit Feuer, welches (durch diese Vereinigung) ist des Feuers teilhaftig worden.

Fol. 504.   EPIPHANIUS in Ancorato[3]: Συνδυναμώσας σῶμα γήϊνον τῇ θεότητι, εἰς μίαν δύναμιν ἥνωσεν, εἰς μίαν θεότητα συνήγαγεν, εἷς ὢν κύριος, εἷς Χριστός, οὐ δύο Χριστοί, οὐδὲ δύο θεοὶ etc.

Idem deus, idem homo CORPUS TERRENUM una cum deitate potens, efficiens, IN UNAM POTENTIAM UNIVIT, in || unam deitatem || unitatem reduxit *unus existens dominus, unus Christus, non duo* etc.

Das ist: Eben der Gott, der Mensch ist, hat den irdischen Leib mit der Gottheit in eine Gewalt vereiniget und in eine Gottheit geführet.

CYRILLUS in Iohannem lib. 4. cap. 23.[4]: Non imperite omnino vivificam carnem esse negatis. Nam si sola intelligatur, nihil prorsus vivificare potest, quippe quae vivificante indigeat. Cum vero incarnationis mysterium || laudabili cura || *laudabile* scrutati fueritis et vitam habitantem in carne cognoveritis, quamvis NIHIL PENITUS CARO PER SE IPSAM POSSIT, VIVIFICAM TAMEN FACTAM ESSE CREDETIS. Nam quoniam cum vivificante verbo coniuncta est, tota effecta est vivifica. Non enim ad corruptibilem suam naturam iunctum dei verbum detraxit, sed ipsa ad melioris virtutem elevata est. Quamvis ergo natura carnis, ut caro est, vivificare nequeat, facit tamen

---

[1]) Gelasius I., De duab. nat. in Christo adv. Eutych. et Nestor. 24, A. Thiel, Epistolae Roman. pontif. genuinae I, 1868, S. 549, vgl. hier S. 1116. Anm. 6. Theodoret, Eranistes, dial. II, MSG LXXXIII 196.   [2]) Ps. Basil., Homil. in sanct. Christi creat. II, MSG XXXI 1460C.   [3]) Ancoratus LXXX, MSG XLIII 168C/D Gr Chr Schr XXV 100, 24ff.   [4]) In Joh. ev. IV (zu Joh. 6, 64), vgl. MSG LXXV 602C.

hoc, quia TOTAM VERBI OPERATIONEM SUSCEPIT. Non enim Pauli aut Petri aut ceterorum, sed ipsius vitae corpus, in quo deitatis plenitudo corporaliter habitat, facere hoc potest. Quas ob res caro ceterorum omnium nihil prodest, Christi autem CARO, quia in ipsa unigenitus dei filius habitat, sola vivificare potest.

    Das ist: Daß ihr leugnet, daß das Fleisch nicht ein lebendigmachendes Fleisch seie, daran tut ihr nicht allerdinge unweislich; dann so das Fleisch allein verstanden wird, kann es ganz und gar nicht lebendig machen, welches wohl bedarf des, der es lebendig mache. Wann wir aber das Geheimnis der Menschwerdung mit Fleiß erforschen und erkennen, daß das Leben im Fleisch wohnet, wiewohl das Fleisch ganz und gar nichts für sich selbst vermag, so werdet ihr doch gläuben, daß es ein lebendigmachend Fleisch worden sei; dann weil es mit dem lebendigmachendem Wort vereiniget ist, ist es ganz und gar ein lebendmachend Fleisch worden. Denn es hat (das Fleisch Christi) das Wort Gottes, mit dem es vereiniget, nicht herunter zu der vorgänglichen Natur gezogen, sondern (das Fleisch Christi) ist zu einer bessern Kraft erhöhet worden. Dann obwohl die Natur des Fleisches, darumb daß es ein Fleisch ist, nicht kann lebendig machen, so tut es doch sollichs, und daher, daß es die ganze Wirkung des Worts empfangen hat. Dann weder S. Pauli noch S. Peters noch eines andern (Menschen), sondern der Leib des Lebens, in dem die Fülle der Gottheit leibhaftig wohnet, vermag sollichs zu tun. Darumb auch das Fleisch aller anderer Menschen ist nichts nütze, aber das Fleisch Christi, weil in demselben der eingeborne Sohn Gottes wohnet, allein kann lebendig machen.

    AUGUSTINUS contra Felicianum Arianum cap. 11.[1]: Iniuria sui corporis affectam M 750 non fateor deitatem, sicut MAIESTATE DEITATIS glorificatam novimus carnem.

    Das ist: Ich sage nicht, daß der Gottheit die Schmach der Gestalt widerfahren sei, die über den Leib gegangen ist, wie wir wissen, daß sein Fleisch mit der göttlichen Majestät verkläret ist.

    THEODORETUS cap. de Antichristo[2]: Verbum homo factum non particularem Tom. 2. gratiam contulit assumptae NATURAE, sed totam plenitudinem deitatis complacuit Pag. 411. in ipsa habitare.

    Das ist: Das Wort, so ein Mensch worden ist, hat nicht stückweise der angenommenen Natur Gnad erzeiget, sondern es hat (Gott) gefallen, daß die ganze Fülle der Gottheit in ihr wohne.

    Idem in Psalmum 21.[3] Si natura assumpta cum divinitate assumente est copulata, Tom. I. etiam eiusdem gloriae et honoris particeps et consors facta est. Pag. 110.

    Das ist: Wann die angenommene Natur mit der Gottheit, so sie angenommen hat, ist vereiniget, so ist sie auch teilhaftig worden der Glori und Ehre der Gottheit.

    Idem Ebr. 1.[4] Ipsa humanitas post resurrectionem divinam gloriam est consecuta. Tom 2

    Das ist: Die menschliche Natur selbst hat nach der Auferstehung die göttliche Herrligkeit Pag. 154. erlanget.

    DAMASCENUS lib. 3. cap. 7. et 15.[5]: Καὶ αὕτη μὲν (ἡ θεία φύσις) τῶν οἰκείων Pag. 194. αὐχημάτων τῇ σαρκὶ μεταδίδωσι, μένουσα αὐτὴ ἀπαθὴς καὶ τῶν τῆς σαρκος παθῶν ἀμέτοχος.

    Divina natura proprias suas excellentias seu glorificationes carni communicat seu impertit, ipsa vero in se passionum carnis manet expers.

    Das ist: Die göttliche Natur hat mit dem Fleisch sein eigen Herrligkeit, darmit sie alles übertrifft, gemein; sie aber nach ihrer Natur ist des Leidens des Fleisches überhoben worden.

5.	V.
Daß Christus als Gott dieselbige göttliche Majestät auf ein andere Weise habe, nämlich wesentlich und als ihre wesentliche Eigen-	Christum unam eandemque maiestatem divinam, aliter ut deum, nimirum essentialiter et ut essentialem proprietatem,

---

[1]) Ps. Aug., De unitate trinit. c. Fel. Ar. XI, MSL XLII 1165; ... non fateor ...: einige Hss.; rez. Text: fatemur.   [2]) Haeret. fabularum compend. V 23, MSG LXXXIII 530/531.   [3]) In Ps. 21, 31, MSG LXXX 1023.   [4]) In Hebr. I, 7—9, MSG LXXXII 687B.   [5]) Vgl. S. 1109, Anm. 6.

schaft an und für sich selbst, aber als Mensch habe er dieselbige anderergestalt, nämlich nicht wesentlich an und für sich selbst, sondern vonwegen und nach Art der persönlichen Vereinigung.

aliter ut hominem, videlicet non essentialiter neque in et secundum sese, sed pro ratione et modo unionis personalis habere.

Iohan. 14.¹ Ego sum vita. Ich bin das Leben.
Iohan. 5.² Dedit ei vitam habere in se ipso, QUIA FILIUS HOMINIS EST.
Das ist: Er hat dem Sohne gegeben, das Leben zu haben in ihme selber, darumb daß er des Menschen Sohn ist.

To. 2.
Pag. 167.
CYRILLUS lib. 12. Thesauri cap. 15.³: Conditio et proprietas alia creaturae, alia creatori inest, sed NATURA NOSTRA a filio dei assumpta mensuram suam excessit et in conditionem assumentis eam per gratiam translata est.

Das ist: Es ist ein anderer Stand und Eigenschaft der Kreatur, und ein anderer Stand und Eigenschaft des Schöpfers, aber unser Natur, nachdem sie von dem Sohne Gottes angenommen ist, hat sie die Maß unser Natur überschritten und ist in den Stand der Natur aus Gnaden versetzt, von der sie angenommen worden ist.

To 1.
Pag. 134.
Idem in Iohannem lib. 2. cap. 144.⁴: Christus causam subiecit, quare vitam et potestatem iudicii sibi a patre data dixerit, dicens: „QUIA FILIUS HOMINIS EST", ut intelligamus omnia sibi data esse UT HOMINI. Unigenitus vero filius non vitae particeps, sed vita naturaliter est.

Das ist: Christus hänget gleich die Ursach daran, warumb er gesprochen habe, daß ihme vom Vater das Leben und die Gewalt, das Gericht zu halten gegeben seie, und sagt: „dann er ist des Menschen Sohn", auf daß wir verstehen, daß alles ihme gegeben seie als einem Menschen. Denn der eingeborne Sohn ist nicht teilhaftig des Lebens, sondern ist natürlich das Leben selbst.

M 751
To. 1.
Pag. 181.
Idem lib. 3. cap. 37.⁵: Vivificat CORPUS CHRISTI, quia ipsius vitae ¹ corpus est, virtutem verbi incarnati retinens et plenum potestate illius, quo universa sunt et vivunt.

Das ist: Der Leib Christi machet lebendig, dann er ist des Lebens Leib und behält die Kraft des Worts, das Fleisch ist worden, und ist erfüllet oder voller Gewalt dessen, von welchem alle Ding sind und leben.

Pag. 201.
Idem lib. 4. cap. 14.⁶: Quoniam salvatoris CARO coniuncta est verbo dei, quod naturaliter vita est, effecta est vivifica.

Das ist: Dieweil das Fleisch unsers Heilands vereiniget ist mit dem Wort Gottes, welches natürlich das Leben ist, ist es auch lebendigmachend worden.

Pag. 204.
Et cap. 18.⁷: CORPUS MEUM vita replevi, mortalem carnem assumpsi, sed quia naturaliter vita existens habito in ipsa, TOTAM AD VITAM MEAM REFORMAVI.

Das ist: Mein Leib hab ich mit dem Leben erfüllet und das sterblich Fleisch an mich genommen. Aber weil ich natürlich das Leben bin, so wohne ich in demselben (Fleisch) und habe es ganz und gar zu meinem Leben reformieret.

Pag. 210.
Cap. 24.⁸: NATURA CARNIS ipsa per se vivificare non potest, nec sola esse in Christo intelligitur, sed habet filium dei sibi coniunctum, qui substantialiter vita est. Quando igitur vivificam Christus carnem suam appellat, non ita illi, ut sibi sive proprio spiritui, vim vivificandi attribuit. Nam per se ipsum spiritus vivificat, ad cuius virtutem caro per coniunctionem conscendit. QUOMODO AUTEM ID FIAT, NEC MENTE INTELLIGERE NEC LINGUA DICERE POSSUMUS, SED SILENTIO AC FIRMA FIDE ID SUSCIPIMUS.

Das ist: Die Natur des Fleisches für sich selbst kann nicht lebendig machen, wie sie auch nicht allein in Christo verstanden wird, sondern sie hat den Sohn Gottes mit ihr vereiniget, welcher wesentlich das Leben ist. Darumb wann Christus sein Fleisch ein lebendigmachend Fleisch nennet, schreibet er demselben nicht also die Kraft lebendig zu machen zu, wie ihme selbst oder seinem eignen Geist. Dann der Geist macht für sich selbst

---

¹) Joh. 14, 6.   ²) Joh. 5, 26.   ³) Thes., assertio XXXII, vgl. MSG LXXV 535/38.
⁴) In ev. Joh. II (zu Joh. 5, 26. 27), vgl. MSG LXXIII 383A/B.   ⁵) Ib. (zu Joh. 6, 35), vgl. MSG LXXIII 519D.   ⁶) Ib. (zu Joh. 6, 54), vgl. MSG LXXIII 578B/C.   ⁷) Ib. (zu Joh. 6, 58), vgl. MSG LXXIII 586C.   ⁸) Ib. (zu Joh. 6, 64), vgl. MSG LXXIII 603B/C.

lebendig, zu welches Kraft das Fleisch durch die Vereinigung ist aufgestiegen. Wie aber das zugehe, das kann ich in meinem Verstand nicht begreifen noch mit meiner Zungen aussprechen, sondern wir nehmen das in der Stille mit Glauben an.

Idem lib. 10. cap. 13.[1]: Caro vitae facta unigeniti caro a d v i r t u t e m v i t a e Pag. 501.
r e d u c t a e s t.

Das ist: Das Fleisch des Lebens ist des Eingebornen Fleisch und zu der Kraft des Lebens gebracht worden.

Idem lib. 11. cap. 21.[2]: Ipsa CARO CHRISTI non a se sancta fuit, sed coniunctione Pag. 552.
verbi ad verbi virtutem quodammodo reformata, salutis atque sanctificationis causa est participantibus; non ergo carni, ut caro est, operationis divinae virtutem, sed naturae verbi attribuimus.

Das ist: Das Fleisch Christi ist nicht von sich selbst heilig, sondern durch die Vereinigung mit dem Wort ist es auf seine Weise zur Kraft des Worts gebracht, daß es ist ein Ursach des Heils und der Heiligung denen so desselben teilhaftig werden. Denn wir nicht dem Fleisch, wie es an ihm selbst Fleisch ist, die Wirkung der göttlichen Kraft, sondern dem Wort zuschreiben.

Lib. 6. Dialog.[3]: Glorificatur a patre, non quia deus, SED QUONIAM ERAT HOMO, quasi propriae naturae fructum non habens potentiam operandi efficaciter divine, accepit[4] quodammodo illam per unionem et ineffabilem concursum, qui intelligitur dei esse verbi cum humanitate.

Das ist: Er wird vom Vater verkläret, nicht als Gott, s o n d e r n d a ß e r e i n M e n s c h w a r , gleich als der seiner eignen Natur Frucht nicht hatte die Kraft, göttlich zu wirken, die hat er auf seine Weise empfangen durch die Vereinigung und wunderbarliche Zusammenfügung des Worts Gottes mit der Menschheit.

Idem de recta fide ad Theodosium[5]: Immisit assumpto corpori suam vitam ipsa per unionem dispensatione.

Das ist: Er hat das Leben in den angenommen Leib gelassen durch die Vereinigung beider Naturen.

Ibidem[6]: Vivificat verbum propter ineffabilem nativitatem ex vivente patre. At- Pag. 278.
tamen est videre, ubi tribuatur etiam PROPRIAE CARNI DIVINAE EFFICACIA GLORIAE. Item[7]: Otiosam confitebimur terrenam carnem ad hoc, ut possit vivificare, quatenus pertinet ad propriam eius naturam.

Das ist: Das Wort macht lebendig vonwegen der unaussprechlichen Geburt aus dem Pag. 279.
lebendigem Vater. Doch soll man sehen, wo auch seinem eignen Fleisch die Kraft der göttlichen Herrligkeit zugeschrieben werde. Item: wir werden vergeblich bekennen ein irdisch Fleisch zu dem, das es könne lebendig machen, nämlich soviel belanget sein eigne Natur.

Epiphanius contra Ariomanitas[8]: Ἡ γὰρ αὐτοῦ ἐνανθρώπησις οὐ κατ' ἰδίαν τις οὖσα, M 752
οὐ γὰρ ἀποκεχωρισμένης τῆς θεότητος, καὶ χωρὶς οὔσης τῆς ἐνανθρωπήσεως ἔλεγεν ὡς
ἄλλον καὶ ἄλλον, ἀλλὰ συννομένης τῆς ἐνανθρωπήσεως τῇ θεότητι, μιᾶς οὔσης ἁγιαστίας,
καὶ ἤδη ἐν αὐτῇ τὰ τελειότητα ἐπισταμένης· οἷα δὴ ἐν θεῷ συννομένη καὶ εἰς μίαν
θεότητα συνημμένη.

Humanitas enim illius non seorsim per se subsistit, non enim separata deitate et seorsim existente natura humana dicebat, velut alius et alius, sed counita humanitate cum deitate, una existente sanctificatione, et iam in ipsa, quae perfectissima sunt, sciente, nimirum in deo et in unam deitatem coaptata.

|| EPIPHANIUS contra Ariomanitas: Humanitas Christi non seorsum per se subsistit, sed counita deitati et iam in ipsa deitate, quae perfectissima sunt, sciens utpote counita deo. ||

Das ist: Die Menschheit Christi bestehet nicht abgesondert für sich selbst sondern sie ist mit der Gottheit vereiniget, und also jetzunder in derselben Gottheit weiß sie das ganz vollkommen; als die mit Gott vereiniget ist.

---

[1]) In ev. Joh. (zu Joh. 15, 1), val. MSG LXXIV 343A/B.   [2]) Ib. (zu Joh. 17, 12. 13), val. MSG LXXIV 519A.   [3]) De Ss. trin., dial. VI, MSG LXXV 1026A.   [4]) In Konf und Conc: efficaciter, divine accepit.   [5]) Val. XXXVII, MSG LXXVI 1190A/B.
[6]) XXXVII, MSG LXXVI 1190A/B.   [7]) XXXVIII, MSG LXXVI 1191B.
[8]) Haeres. 69 LXII, MSG XLII 305C/D.

To. 10.   AUGUSTINUS de verbis domini sermone 58.¹: Ego vero DOMINICAM CARNEM,
Pag. 217. imo perfectam in Christo humanitatem ideo adoro, quod a divinitate suscepta et
deitati unita est, et non alium et alium, sed unum eundemque deum et hominem
filium dei esse confiteor. Denique si hominem separaveris a deo, illi nunquam
credo nec servio.

Das ist: Ich bete an des Herrn Fleisch, ja die ganze vollkommene Menschheit in Christo,
darumb daß sie von der Gottheit ist angenommen und mit der Gottheit vereiniget, und sage
nicht, daß ein anderer sei Gott, ein anderer der Mensch, sondern ich bekenne, daß der Sohn
Gottes sei zugleich Gott und Mensch. So du aber den Menschen von Gott absonderst, so
gläub ich ihme nicht und diene ihme auch nicht.

Item²: Humanitatem NON NUDAM vel solam, sed divinitati unitam, scilicet unum
dei filium, deum verum et hominem verum, si quis adorare contempserit, aeternaliter morietur.

Und abermals: So jemand die Menschheit, doch nicht bloß oder allein,
sondern mit Gott vereiniget, und also den einigen Sohn Gottes, wahren Gott und wahren
Menschen, verachtet und nicht anrüfet, der wird des ewigen Todes sterben.

Augustinus de civitate lib. 10. cap. 24.³: Non ergo caro Christi PER SE IPSAM
mundat credentes, sed per verbum, a quo suscepta est.

Das ist: Darumb reiniget das Fleisch Christi nicht für sich selbst die Gläubigen,
sondern durch das Wort, von dem es angenommen ist.

EPHESINUM concilium canone 11.⁴: Si quis non confitetur carnem domini esse
vivificam propterea, QUOD PROPRIA FACTA EST VERBI, quod omnia vivificat, anathema sit.

Das ist: Wenn jemand nicht bekennet, daß das Fleisch Christi ein lebendigmachend Fleisch
sei, darumb daß es des Worts eigen worden ist, das alles lebendig machet, der
sei verflucht.

Theophylactus Ioh. 3.⁵: Καὶ πάντα δέδωκεν ἐν τῇ χειρὶ τοῦ υἱοῦ κατὰ τὸ ἀνθρώπινον.
Εἰ δὲ κατὰ τὸ θεϊκόν, τί τοῦτο; δέδωκεν ὁ πατὴρ τὰ πάντα τῷ υἱῷ λόγῳ φύσεως, ἀλλ'
οὐ χάριτος.

‖ THEOPH. in Iohannem cap. 3. ‖: Omnia dedit in manum filii IUXTA HUMANITATEM;
si autem et secundum divinitatem intelligatur, dedit pater omnia filio RATIONE
NATURAE, NON GRATIAE.

Das ist: Er hat alles in die Hände des Sohns gegeben nach der Menschheit. Da
es aber auch nach der Gottheit verstanden würde, so hat der Vater dem Sohne alles gegeben
nach der Natur, und nicht nach der Gnade.

Idem Matth. 28⁶: Εἰ μὲν ὡς ἀπὸ τοῦ θεοῦ λόγου λεγόμενον ἐκλάβοις, ὅτι ἐδόθη μοι ἡ
πᾶσα ἐξουσία. καθὸ καὶ ἄκοντες καὶ ἑκόντες νῦν ἐπιγινώσκουσί με θεόν, οἱ πρώην κατὰ τὸν
τῆς ἀκουσίου ὑποταγῆς τρόπον δουλεύοντές μοι Εἰ δὲ ὡς ἀπὸ τῆς ἀνθρωπίνης φύσεως
λεγόμενον. οὕτω νόει, ἢ ἐγώ, ἡ πρώην κατάκριτος φύσις, νυνὶ δὲ διὰ τὴν πρὸς τὸν υἱὸν τοῦ
θεοῦ ἀσύγχυτον ἕνωσιν θεὸς οὖσα, ἔλαβον τὴν ἐξουσίαν κατὰ πάντων.

Si de divinitate, deo verbo, intelligas, „Data es mihi omnis potestas," sensus erit, et
nolentes et volentes nunc me deum agnoscunt, qui prius mihi serviebant involuntariae
obedientiae modo. Si autem de humana natura dicitur, sic intellige: Ego prius condemnata natura, existens autem deus, secundum unionem ad filium dei, absque naturarum confusione accepi potestatem omnem.

‖ Idem Matth. 28. Si de divinitate intelligas: „Data est mihi omnis potestas",
sensus erit, cum antea omnia involuntarie mihi servirent, iam voluntarie obedientes
habeo. Si autem de humana natura dicitur, sic intellige: EGO PRIUS CONDEMNATA
natura, existens autem deus, SECUNDUM UNIONEM AD FILIUM dei, absque naturarum
confusione accepi potestatem omnem. ‖

¹) Serm. Append. CCXLVI 5,   MSL XXXIX 220.   ²) Serm. Append.
CCXLVI 5,   MSL XXXIX 220.   ³) MSL XLI 301, CSEL XL 486, 11.   ⁴) Vgl.
S. 1119, Anm. 5.   ⁵) Enarr. in ev. Joh. III (zu Joh. 3, 35. 36), MSG CXXIII
1225A, vgl. S. 1112, Anm. 1.   ⁶) Enarr. in ev. Matth., MSG CXXIII 484/485,
fortf. d. Zitats auf S. 1119, 12—15.

Das ist: Wann du von der Gottheit verstehest: „Mir ist gegeben aller Gewalt", so ist das die Meinung: Nachdem mir zuvor alles wider seinen Willen gedienet hat, so hab ich M 753 es jetzunder in einem willigen Gehorsam. Wann es aber von der menschlichen Natur verstanden wird, so sollt du es also verstehen: Ich, die ich zuvor ein verdampte Natur,
5 nun aber Gott nach der Vereinigung mit dem Sohne Gottes, habe ohne Vermischung der Naturen allen Gewalt empfangen.

DAMASCENUS lib. 3. cap. 17.[1]: Οὐ γὰρ κατ' οἰκείαν ἐνέργειαν, ἀλλὰ διὰ τὸν ἡνωμένον αὐτῇ λόγον τὰ θεῖα ἐνήργει, τοῦ λόγου δι' αὐτῆς τὴν οἰκείαν ἐνδεικνυμένου ἐνέργειαν. καὶ εἰ μὲν γὰρ ὁ πεπυρακτωμένος σίδηρος, οὐ φυσικῷ λόγῳ τὴν καυστικὴν κεκτημένος
10 ἐνέργειαν, ἀλλ' ἐκ τῆς πρὸς τὸ πῦρ ἑνώσεως τοῦτο κεκτημένος. Ἡ αὐτὴ τοιγαροῦν θνητή τε ἦν δι' ἑαυτήν, καὶ ζωοποιὸς διὰ τὴν πρὸς τὸν λόγον καθ' ὑπόστασιν ἕνωσιν.

Non SECUNDUM PROPRIAM OPERATIONEM, sed propter unitum sibi verbum divina operabatur CARO DOMINI, verbo per eam propriam suam operationem manifestante. Nam et ferrum ignitum urit non naturali ratione possidens ustricem operationem, sed
15 obtinens ‖ acquisivit, possidet et obtinet ‖ eam ex unione ignis et ferri. Ipsa igitur CARO DOMINI mortalis erat propter se ipsam, ET VIVIFICA propter hypostaticam ad verbum unionem.

Das ist: Das Fleisch des Herrn wirket göttliche Werk nicht nach seiner eignen Wirkung, sondern daher, daß es mit dem Wort vereiniget war, welches durch das
20 Fleisch sein eigen Wirkung offenbaret. Dann auch das glühend Eisen hat nicht aus seiner Natur die Kraft und Wirkung zu brennen, sondern hat es erlanget, besitzts und behälts aus der Vereinigung des Eisens und des Feuers. Darumb ist das Fleisch des Herrn sterblich für sich selbst, und ein lebendigmachend Fleisch vonwegen der persönlichen Vereinigung mit dem Wort.

25 Idem cap. 18.[2]: Ἡ θεία αὐτοῦ (Χριστοῦ) θέλησις ἄναρχός τε καὶ παντουργὸς ἦν, etc. Ἡ δὲ ἀνθρωπίνη αὐτοῦ θέλησις ἀπὸ χρόνου τε ἤρξατο καὶ αὐτὴ τὰ φυσικὰ καὶ ἀδιάβλητα πάθη ὑπέμεινε, καὶ φυσικῶς μὲν οὐ παντοδύναμος ἦν, ὡς δὲ τοῦ θεοῦ λόγου ἀληθῶς καὶ κατὰ φύσιν γενομένη καὶ παντοδύναμος.

Divina Christi voluntas erat aeterna et omnipotens, HUMANA vero eius voluntas
30 A TEMPORE COEPIT et naturales ac innoxias affectiones sustinuit. ET NATURALITER quidem non erat omnipotens, UT AUTEM VERE ET SECUNDUM NATURAM DEI VERBI VOLUNTAS EST FACTA, ET OMNIPOTENS EST. Hoc est, sicut commentator explicat: divina voluntas SUAPTE NATURA habet potentiam omnia efficiendi, quae velit, humana vero Christi voluntas NON SUA NATURA habet omniefficacem virtutem, sed ut deo verbo
35 unita.

Das ist: Des Herrn Christi göttlicher Wille ist ein ewiger und allmächtiger Wille, aber sein menschlicher Wille hat in der Zeit angefangen und seine natürliche unschädliche Wirkung gehabt. Und zwar natürlich war er nicht ein allmächtiger Wille, aber nachdem er wahrhaftig und natürlich Gottes des Worts Wille worden,
40 ist er auch allmächtig. Das ist, wie der Ausleger daselbsten diese Wort Damasceni erkläret, der göttliche Wille hat von seiner eignen Natur die Gewalt, daß er tun kann, was er will; aber der menschliche Wille Christi hat nicht von seiner Natur diese Kraft, daß er alles tun kann, sondern daher, daß er mit Gott vereiniget ist.

45 In libro eodem cap. 21.[3]: Ἡ μὲν ἀνθρωπίνη φύσις οὐσιωδῶς οὐ κέκτηται τῶν μελλόντων τὴν γνῶσιν, ἡ δὲ τοῦ κυρίου ψυχή, διὰ τὴν πρὸς αὐτὸν τὸν λόγον ἕνωσιν καὶ τὴν ὑποστατικὴν ταυτότητα, κατεπλούτησε μετὰ τῶν λοιπῶν θεοσημειῶν καὶ τὴν τῶν μελλόντων γνῶσιν. Et in fine capitis: Ἡμεῖς δὲ δεσπότην αὐτὸν φαμὲν καὶ κύριον πάσης τῆς κτίσεως τὸν ἕνα Χριστόν, τὸν αὐτὸν ὁμοῦ θεόν τε καὶ ἄνθρωπον, καὶ πάντα εἰδέναι. Ἐν αὐτῷ
50 γὰρ εἰσὶ πάντες οἱ θησαυροὶ τῆς σοφίας καὶ τῆς γνώσεως οἱ ἀπόκρυφοι.

‖ Cap. 21. ‖ HUMANA NATURA IN CHRISTO essentialiter non possidet seu obtinet futurorum cognitionem, sed UT DOMINI ANIMA, propter unionem ad ipsum deum verbum, locupletata est cum reliquis divinis praedictionibus etiam futurorum cognitione. Et in fine capitis: Nos ergo dicimus unum Christum, eundemque
55 simul DEUM ET HOMINEM, OMNIA SCIRE. In ipso enim omnes thesauri sapientiae et scientiae absconditi sunt.

---

[1]) MSG XCIV 1069 B/C.   [2]) Vgl. S. 1120, Anm. 4.   [3]) Vgl. S. 1121, Anm. 1.

Das ist: Die menschliche Natur in Christo besitzt oder hat nicht wesentlich die Erkanntnüs zukünftiger Dinge, sondern als die Seele des Herrn ist sie unter oder beneben andern göttlichen Gaben durch die Vereinigung mit Gott dem Wort auch mit der Erkenntnus zukünftiger Dinge begabet worden. Darumb sagen wir, daß der einige Christus, zugleich Gott und Mensch, alles wisse. Dann in ihme sind alle Schätze der Weisheit und Erkenntnus verborgen.

Idem lib. 2. cap. 22.[1]: Εἰ γὰρ καὶ τῆς ἀγνοούσης τὰ μέλλοντα φύσεως ἦν (ἡ τοῦ κυρίου ψυχή), ἀλλ' ὅμως καθ' ὑπόστασιν ἑνωθεῖσα τῷ θεῷ λόγῳ, πάντων τὴν γνῶσιν | εἶχεν, οὐ χάριτι, ἀλλὰ διὰ τὴν καθ' ὑπόστασιν ἕνωσιν. Et paulo post: Ἐπὶ δὲ τοῦ κυρίου ἡμῶν Ἰησοῦ Χριστοῦ, ἐπειδὴ μὲν διάφοροι αἱ φύσεις, διάφοροι καὶ αἱ θελήσεις φυσικαί, ἤγουν θελητικαὶ δυνάμεις.

DOMINI ANIMA etsi secundum se erat naturae *futura* ignorantis, attamen secundum hypostasin unita Deo verbo OMNIUM COGNITIONEM ‖ HABUIT ‖ habebat, non ex gratia seu participative, sed propter hypostaticam unionem. *Et paulo post:* Et ‖ tamen ‖ *quia in domino nostro Iesu Christo* naturae differunt, etiam naturales scientiae et voluntates divinitatis et humanitatis etc.

Das ist: Die Seele des Herrn, wiewohl sie für sich selbst ein unwissende Natur war, jedoch, nachdem sie mit Gott dem Wort persönlich vereiniget, hat sie alles gewußt, nicht aus Gnaden, sondern vonwegen der persönlichen Vereinigung. Gleichwohl, weil zwischen den Naturen ein Unterscheid ist, also ist auch etc.

6.

Daß nun die Gottheit ihre Majestät, Kraft und Wirkung (welche der göttlichen Natur eigen ist und bleibet) kräftiglich beweise, wirklich erzeige, in, mit und durch dieselbe persönliche vereinigte Menschheit, welche solliche Majestät also und daher hat, daß die ganze Fülle der Gottheit in dem angenommenen Fleisch und Blut Christi persönlich wohnet.

VI.

Deitatem nunc maiestatem, potentiam et efficaciam suam (quae deitatis propria est et manet) efficaciter exserere, in, cum et per humanitatem personaliter sibi unitam, quae maiestatem illam inde consecuta est, quod tota plenitudo deitatis in assumpta carne et sanguine Christi habitet personaliter.

Rom. 5.[2] Proposuit Christum propitiatorium per fidem in SANGUINE eius.
Das ist: Gott hat uns Christum fürgestellt zu einem Gnadenstuhl durch den Glauben in seinem Blut.
Rom. 5.[3] Iustificamur in sanguine eius.
Das ist: Wir werden gerecht durch sein Blut.
Coloss. 1.[4] In ipso pacificantur omnia per sanguinem crucis eius *etc.*
Das ist: Durch ihn wird alles versöhnet, es sei auf Erden oder im Himmel, damit, daß er Friede machet durch das Blut an seinem Kreuze, durch sich selbst.

ATHANASIUS ora*tione* 5. contra Arianos[5]: Quomodo CORPUS DOMINI non esset adorabile? Quum verbum manum suam corporalem extendens sanarit febricitantem, vocem humanam edens suscitaverit Lazarum, manibus suis in cruce protensis principem aëris prostraverit.
Das ist: Warumb sollt man den Leib des Herrn nicht anbeten? So doch das Wort, als er sein leibliche Hand ausgestreckt, den fieberischen gesund gemacht und mit der menschlichen Stimme den Lazarum von Toten erwecket, und, als er am Kreuz seine Hände ausstrecket, den Fürsten in der Luft darniedergeschlagen hat.

Idem Dialogo 5. de trinitate[6]: Ὁ θεὸς λόγος ἑνωθεὶς ἀνθρώπῳ τελεῖ τὰ τεράστια οὐ κεχωρισμένος τῆς ἀνθρωπότητος, δι' αὐτῆς καὶ ἐν αὐτῇ καὶ μετ' αὐτῆς εὐδοκήσας τὴν ἑαυτοῦ θείαν δύναμιν ἐνεργεῖν. Et paulo post: Καὶ ὑπὲρ τὴν φύσιν τὴν ἰδίαν ἀποτελεῖ τὸ ζῷον εὐδοκίᾳ τῇ ἑαυτοῦ, καὶ τὸ ζῷον εἶναι λογικὸν οὐκ ἐκώλυσεν.

Concretum pro abstracto.   Deus *λόγος* unitus homini, edit miracula et operatur non seorsim aut separatim

---

[1]) MSG XCIV 948A/B.   [2]) Röm. 3, 25.   [3]) Vgl. Röm. 5, 9.   [4]) Kol. 1, 20.
[5]) Ep. ad Adelphium episc. c. Arian. VII, MSG XXVI 1082B.   [6]) Athanasius(?), De S. trin., dial. V 27, MSG XXVIII 1280. 1281.

a natura humana assumpta, sed pro sua bonitate placuit ipsi PER ASSUMPTAM HU-
MANITATEM, IN EA ET CUM EA PROPRIAM DIVINAM SUAM POTENTIAM OPERANDO EXERCERE,
Et paulo post: et humanitatem illam suam ultra et supra propriam ipsius naturam
pro suo beneplacito perfectam reddidit, non tamen prohibet, quominus sit animal
rationale seu vera humana natura.

Das ist: Gott das Wort, mit dem Menschen vereiniget, tut die Wunderwerk und wirket,
aber nicht von der menschlichen Natur abgesondert, sondern nach seiner Güte hat es ihme
gefallen, **durch die angenommene Menschheit, in derselben und mit
derselben** sein eigne göttliche Kraft in sein Werken zu beweisen und zu üben, und
hat also diese seine Menschheit weiter und über ihr Natur nach seinem Wohlgefallen vollkommen gemacht und hindert doch daran nichts, daß es nichtsdestoweniger ein vernünftige
Kreatur und ein wahrhaftige menschliche Natur sei.

CYRILLUS de recta fide ad Theodosium[1]: Anima, unionem sortita ad ver¹bum M 755
descendit in infernum, DIVINA AUTEM VIRTUTE ET EFFICACIA UTENS DIXIT compeditis:
Egredimini.

Das ist: die Seele Christi, welche mit dem Wort vereiniget ist, die ist hinab zur Helle
gestiegen, aber sie hat **göttliche Kraft und Wirkung gebraucht**, da sie sagt
zu den Gefangenen: Gehet heraus.

Idem lib. 1. ad Reginas[2]: Christus ut deus vivificat per propriam carnem.
Das ist: Christus als Gott machet lebendig **durch sein eigen Fleisch**.

7.   VII.

Und daß solche Mitteilung der göttlichen   Et hanc communicationem maiestatis
Majestät ohne Vermischung, Vertilgung oder   divinae sine permixtione, abolitione vel
Verleugnung der menschlichen Natur auch in   abnegatione humanae naturae etiam in
der Herrligkeit geschehe.   gloria fieri.

Matth. 16.[3] Filius hominis venturus est in gloria patris sui.
Das ist: Des Menschen Sohn wird kommen in der Herrligkeit seines Vaters.
Et Actorum 1.[4] Sic veniet, quemadmodum vidistis euntem in coelum.
Das ist: Er wird kommen, wie ihr ihn gesehen habt gen Himmel fahren.

ATHANASIUS dialogo 5. de trinitate[5]: Καὶ ὑπὲρ τὴν φύσιν τὴν ἰδίαν ἀποτελεῖ τὸ
ζῶον εὐδοκίᾳ τῇ ἑαυτοῦ, καὶ τὸ ζῶον εἶναι λογικὸν οὐκ ἐκώλυσεν.
HUMANITATEM ILLAM SUAM SUPRA ET ULTRA PROPRIAM IPSIUS NATURAM pro suo
beneplacito perfectam reddidit, non tamen prohibet, quominus sit animal rationale
seu vera humana natura.
Das ist: Er hat diese seine Menschheit weiter und über ihr eigen Natur nach seinem
Wohlgefallen vollkommen gemacht und hindert derwegen nicht, daß sie zugleich bleibe ein
vernünftige Kreatur und ein wahrhaftige menschliche Natur.

THEOPHYLACTUS ex Chrysostomo in caput Matth. 28.[6]: Ἐγὼ ἡ πρώην κατά-
κριτος φύσις, κατὰ δὲ τὴν πρὸς τὸν υἱὸν τοῦ θεοῦ ἀσύγχυτον ἕνωσιν θεὸς οὖσα, ἔλαβον
τὴν ἐξουσίαν κατὰ πάντων.
Ego prius damnata natura nunc *deus existens secundum unionem ad filium dei*
ABSQUE NATURARUM CONFUSIONE accepi potestatem omnium.
Das ist: Ich, die Natur, so zuvor verdampt war, habe jetzunder ohne Vermischung der
Naturen alle Gewalt empfangen.

CYRILLUS lib. 4. cap. 24.[7]: Totum corpus suum vivifica spiritus virtute plenum
esse ostendit, NON QUOD NATURAM CARNIS AMISERIT ET IN SPIRITUM MUTATA SIT, sed
quia cum spiritu coniuncta totam vivificandi vim hausit.
Das ist: Er hat bewiesen, daß sein ganzer Leib mit der lebendigmachenden Kraft des

---

[1]) De recta fide ad Theodos. XXII, MSG LXXVI 1166A.   [2]) De recta fide ad
Reg. I (append.), MSG LXXVI 1282B, vgl. 1206A.   [3]) Matth. 16, 27.   [4]) Apg. 1, 11.
[5]) Vgl. S. 1128, Anm. 6.   [6]) Enarr. in ev. Matth. 28, MSG CXXIII 485A.   [7]) Vgl.
MSG LXXIII 603B, In Joh. 6, 64.

Geists erfüllet seie, nicht daß er die Natur des Fleisches von sich gelegt hätte und daß sie in Geist verwandelt seie, sondern weil sie mit dem Geist vereiniget ist, hat sie die Kraft, lebendig zu machen, empfangen.

Idem de incarnatione cap. 8.[1]: In carbone tamquam in imagine licet conspicere, adunatum quidem humanitati deum verbum TRANSFORMASSE ASSUMPTAM NATURAM IN SUAM GLORIAM ET OPERATIONEM. Sicut ignis ligno affixus ita adunatus est inaestimabiliter humanitati Deus, conferens ei etiam naturae suae operationem.

Das ist: In einem Kohlen als in einer Gleichnis kann man sehen, wie die Menschheit mit dem Wort vereiniget sei, daß das Wort die angenommene Natur verwandelt in seine Herrligkeit und Wirkung. Gleichwie das Feur, so an dem Holz ist, also ist Gott unermeßlicherweise mit der Menschheit vereiniget und hat ihr seine Wirkung mitgeteilet.

THEODORETUS Dialog. 2.[2]: Καὶ τὸ δεσποτικὸν τοιγαροῦν σῶμα ἄφθαρτον μὲν ἀνέστη καὶ ἀπαθὲς καὶ ἀθάνατον, καὶ τῇ θείᾳ δόξῃ δεδοξασμένον καὶ παρὰ τῶν ἐπουρανίων προσκυνεῖται δυνάμεων· σῶμα δὲ ὅμως ἔστι, τὴν προτέραν ἔχον περιγραφήν.

Corpus dominicum surrexit quidem a mortuis *incorruptibile, inpassibile, immortale*, DIVINA GLORIFICATUM GLORIA, et a coelestibus adoratur potestatibus, CORPUS TAMEN EST ET HABET, quam prius habuit, circumscriptionem.

Das ist: der Leib des Herrn ist von den Toten erstanden und vorkläret worden mit göttlicher Herrligkeit und wird angebetet von den himmlischen gewaltigen Geistern und ist gleichwohl ein Leib und ist umbschrieben wie zuvor.

Idem Dialogo 3.[3] probat hanc Apollinarii sententiam: Si mixtio ignis cum ferro, quae ferrum ostendit || ignem || igneum ita ut etiam ea faciat, quae sunt ignis, NON MUTAT NATURAM FERRI: neque igitur dei cum corpore unio est mutatio corporis, licet corpori divinas operationes praebeat.

Das ist: Wann die Vermischung des Feuers mit dem Eisen nicht ändert die Natur des Eisens, welche anzeigt, daß das Eisen Feuer sei, also daß es auch tut und ausrichtet, was des Feuers Eigenschaft ist: so ist auch die Vereinigung Gottes mit dem Leibe keine Veränderung des Leibes (nach seinem Wesen), wiewohl sie dem Leibe göttliche Wirkungen mitteilet.

DAMASCENUS lib. 3. cap. 17.[4] Ἡ τοῦ κυρίου σὰρξ τὰς θείας ἐνεργείας ἐπλούτησε διὰ τὴν πρὸς τὸν λόγον ἀκραιφνεστάτην ἕνωσιν ἤτοι τὴν καθ᾽ ὑπόστασιν, οὐδαμῶς τῶν κατὰ φύσιν ἰδίων ὑποστᾶσα ἔκπτωσιν.

CARO DOMINI locupletata est divinis operationibus propter hypostaticam eius ad verbum unionem, NON PASSA EXCIDENTIAM eorum, quae secundum naturam ipsi propria sunt.

Das ist: Das Fleisch des Herrn ist reich gemacht worden mit göttlichen Wirkungen, vonwegen der Vereinigung mit dem Wort, und hat doch nicht verloren, was sie nach ihrer Natur eigen hat.

Idem lib. 2. cap. 22.[5] Εἰ γὰρ καὶ τῆς ἀγνοούσης τὰ μέλλοντα φύσεως ἦν (ἡ τοῦ κυρίου ψυχή) ἀλλ᾽ ὅμως καθ᾽ ὑπόστασιν ἑνωθεῖσα τῷ θεῷ λόγῳ, πάντων τὴν γνῶσιν εἶχεν οὐ χάριτι, ἀλλὰ διὰ τὴν καθ᾽ ὑπόστασιν ἕνωσιν. Et paulo post: Ἐπί τε τοῦ κυρίου ἡμῶν Ἰησοῦ Χριστοῦ, ἐπειδὴ μὲν διάφοροι αἱ φύσεις, διάφοροι καὶ αἱ θελήσεις φυσικαί, ἤγουν θελητικαὶ δυνάμεις.

DOMINI ANIMA etsi secundum se erat naturae ignorantis *futura* attamen secundum hypostasin unita deo verbo OMNIUM COGNITIONEM HABUIT, non ex gratia seu participative, sed propter hypostaticam unionem, || et tamen || *Et paulo post:* In domino nostro Iesu Christo et quia naturae differunt || in Christo ||, differunt etiam naturales scientiae et voluntates divinitatis et humanitatis.

Das ist: Die Seele des Herrn, ob sie wohl für sich selbst eine solche Natur ist, die etwas nicht wissen können, jedoch, weil sie mit dem Wort persönlich vereiniget ist, hat sie aller Ding Erkenntnus gehabt, und das nicht aus Gnaden, sondern vonwegen der persönlichen Vereinigung; und nachdem die Naturen unterschieden bleiben in

---

[1]) Scholia de incarn. unigen. IX, MSG LXXV 1379.   [2]) Eranistes, dial. II, MSG LXXXIII 163A.   [3]) Eranistes, dial. II, MSG LXXXIII 215B.   [4]) De fide orthod. III, 17, MSG XCIV 1069B.   [5]) Vgl. S. 1128, Anm. 1.

Christo, so bleibet auch der Unterschied zwischen dem natürlichen Verstand und Willen der Gottheit und der Menschheit.

8.

Item, daß die menschliche Natur der göttlichen Majestät, so Gottes eigen ist, teilhaftig und fähig sei nach Art und vonwegen der persönlichen Vereinigung.

VIII.

Humanam naturam divinae maiestatis, quae dei propria est, participem et capacem esse propter unionem et pro modo unionis hypostaticae.

Coloss. 2¹. In ipso inhabitat omnis plenitudo deitatis corporaliter. In ipso absconditi sunt omnes thesauri sapientiae et cognitionis.

Das ist: In ihme wohnet alle Fülle der Gottheit leibhaftig und liegen in ihme verborgen alle Schätze der Weisheit und Erkanntnis.

IUSTINUS in Expositione fidei²: Καὶ οὐχ οὕτως αὐτὸν ἐν τῷ πατρὶ λέγουεν, ὡς ἐν τοῖς λοιποῖς, οὐ διὰ τὸ τὴν οὐσίαν ἐν τοῖς ἄλλοις γιγνομένην συστέλλεσθαι, ἀλλὰ διὰ τὸ τῶν δεχομένων μέτρον ἀτονούντων τὴν εἰσδοχὴν τὴν θείαν. Nec ita ipsum in patre, ut in reliquis, esse dicimus, non eo quidem, quod substantia in aliis existens contrahatur, sed propter eorum, qui illam capiunt, modulum, per imbecillitatem suam divinam praesentiam non admittentium. Item: Οὐ γὰρ δέχεται σῶμα ῥυπὸν ἀκτῖνας ἄσευτητος. Nam corpus pollutum radios divinitatis non capit. Et paulo post³: Οὕτω μοι νόει τὸν τῆς δικαιοσύνης ἥλιον πᾶσι μὲν ἐπίσης κατ' οὐσίαν, ἅτε δὴ θεὸν ὄντα, παρεῖναι, ἡμᾶς δὲ πάντας οἷον ἀσθενεῖς καὶ λημῶντας τῷ ῥύπῳ τῶν ἁμαρτιῶν τοὺς ὀφθαλμοὺς τὴν εἰσδοχὴν τοῦ φωτὸς ἀτονοῦντας, τὸν δὲ οἰκεῖον ναόν, ὀφθαλμὸν καθαρώτατον καὶ χωροῦντα τοῦ φωτὸς ὅλον τὴν αὐγλὴν ἅτε πλασθέντα μὲν ἐκ πνεύματος ἁγίου ἁμαρτίας δὲ καθάπαξ κεχωρισμένον. Eodem modo mihi considera, iustitiae solem, universis quidem ex aequo substantia, ut qui deus sit, praesentem esse, nos vero omnes utpote infirmos et peccatorum sordibus ¹ lippientes oculis nostris, propter languorem, lucis praesentiam sustinere non posse, proprium vero illius templum oculum purissimum et splendoris universae lucis capacem esse, utpote a spiritu sancto formatum et a peccato ex parte segregatum. || Omnium creaturarum captus in accipienda divina essentia deficit. Nam corpus pollutum radios divinitatis non omnes capit. PROPRIUM VERO CHRISTI TEMPLUM ASSUMPTAE NATURAE, quia tota plenitudo deitatis in ipsa habitat, TOTIUS LUCIS DIVINAE SPLENDOREM CAPIT ||.

Das ist: Alle Kreaturen sind viel zu gering, daß sie das göttliche Wesen begreifen sollten, dann ein unreiner Leib begreifet nicht allen Glanz der Gottheit. Aber der eigene Tempel Christi, sein angenommene Natur, weil die ganze Fülle der Gottheit in ihr wohnet, begreifet sie den Glanz des ganzen göttlichen Lichts.

ORIGINES de principiis lib. 2. cap. 6.⁴: Anima Christi tota totum λόγον recipit atque in eius lucem splendoremque cedit.

Das ist: Die ganze Seele Christi empfähet das ganze Wort und wird in sein Licht und Glanz aufgenommen.

Et lib. 4.⁵ Anima Christi cum verbo dei coniuncta, filii dei plene capax fuit.

Das ist: Die Seele Christi, so mit dem Wort Gottes vereiniget, ist gänzlich und völlig des Sohns Gottes fähig.

AUGUSTINUS epist. 57.⁶: Deus licet omnibus creaturis totus sit praesens, ac praecipue in credentibus habitat, non tamen ex toto illum capiunt. Sed pro suae capacitatis diversitate alii amplius, alii minus ipsum habent et capiunt. De capite vero nostro Christo apostolus ait: In ipso inhabitat TOTA PLENITUDO DEITATIS corporaliter.

---

¹) Kol. 2, 9. 3. ²) Expos. rectae fidei 17B, Corp. Apolog. (Otto) IV 54, 1849, MSG VI 1237. ³) Expos. rectae fidei 17 C/D Corp. Apolog. IV 55, MSG VI 1240. ⁴) De princ. II 6. 3, MSG XI 211C, Gr Chr Schr XXII 142, 7f. ⁵) De princ. IV (31), MSG XI 405D, Gr Chr Schr XXII 354, 15. ⁶) Ep. 187, XII 35, XIII 38/39, MSL XXXIII 837. 838. 847, CSEL LVII 113. 115/6, freies Zitat.

Das ist: Wiewohl Gott in allen Kreaturen ganz gegenwärtig ist, und sonderlich in den Gläubigen wohnet, jedoch begreifen sie ihn nicht gänzlich, sondern nach dem Unterscheid, daß eine mehr denn die ander sein fähig ist. Dann etliche haben und empfangen viel, etliche wenig. Aber von unserem Haupt Christo spricht der Apostel: **In ihme wohnet alle Fülle der Gottheit leibhaftig.**

9.   IX.

Im Concordien Buch Fol. 305. Pag. 2. Also gleuben wir Item ibidem Hinwiderumb.

Wiewohl bekannt und unleugbar, daß die Gottheit sampt ihrer göttlichen Majestät nicht räumlich (carnis circumscriptione tanquam vase aliquo contineatur et circumscripta sit) mit dem Fleisch umbschrieben, als wenn sie in einem Gefäß eingeschlossen wäre; inmaßen Athanasius, Origenes, Nyssenus und andere recht geschrieben, desgleichen auch im Buch der Concordien[1] ausdrücklich als ein Irrtumb verworfen wird, wann gelehret werden sollte, daß die Menschheit Christi an alle Ort räumlich ausgespannen sei, oder daß die menschliche Natur in Christo durch die persönliche Voreinigung in ein unendlich Wesen verwandelt sei.

Jedoch weil die göttliche und menschliche Natur persönlich und unzertrennlich in Christo vereiniget sein, bezeugen die Heilige Schrift und die heiligen Väter, daß Christus, wo er ist, da sei nicht seine halbe Person oder allein die Hälfte oder nur ein Teil seiner Person, als die Gottheit allein, besonders und bloß, ohn und außer seiner angenommenen und persönlichen vereinigten Menschheit oder von derselben abgesondert und außer der persönlichen Vereinigung mit der Menschheit, sondern seine ganze Person, nämlich als Gott und Mensch nach Art der persönlichen Vereinigung mit der Menschheit, welche ein unerforschlich Geheimnüs[2] ist, allenthalben gegenwärtig sei, auf Weise und Maß, die Gott bekannt ist.

Etsi in confesso est neque negari potest divinitatem una cum sua maiestate divina nequaquam carnis circumscriptione tanquam vase aliquo contineri, quemadmodum Athanasius, Origenes, Nyssenus et alii recte scripserunt, et in Libro Concordiae tanquam erroneum reiicitur dogma de humanitate Christi in omnibus locis expansa, sive de humana natura in Christo per unionem personalem in infinitam essentiam conversa. Quia tamen divina et humana natura personaliter et indissolubiliter in Christo unitae sunt, ideo cum sacra scriptura tum sancti patres testantur, ubicunque Christus est, ibi non dimidiatum aut dimidiam illius personam aut partem tantum personae illius, ut divinitatem solam, seorsim et nude, citra et extra assumptam et personaliter sibi unitam humanitatem vel ab ea separatam et extra personalem cum humanitate unionem, sed totam illius personam, nempe ut deum et hominem pro modo personalis cum humanitate unionis, quae imperscrutabile mysterium est, ubique praesentem, ea ratione et modo, qui soli deo notus est.

Ephes. 4.[3] Ascendit super omnes coelos, ut impleret omnia. Quod Oecumenius ita interpretatur[4]: Καὶ γὰρ καὶ γυμνῇ τῇ θεότητι πάλαι τὰ πάντα ἐπλήρου· καὶ σαρκωθεὶς M 758 ἵνα τὰ πάντα μετὰ σαρκὸς πληρώσῃ, κατέβη καὶ ἀνέβη. Etenim nuda quoque divinitate olim omnia implebat. Et incarnatus, UT OMNIA ‖ μετὰ σαρκός ‖ CUM CARNE IMPLERET, descendit et ascendit.

Das ist: Er ist aufgefahren über alle Himmel, auf daß er alles erfüllet. Welchs Oecumenius also erkläret: Dann mit seiner bloßen Gottheit hat er verlangst alles erfüllet, jetzt aber, nachdem er Fleisch worden, ist er hernieder- und aufgestiegen, **auf daß er alles mit dem Fleisch erfüllet.**

Et THEOPHYLACTUS ibidem[5]. Ut omnia impleat dominatione operationeque, IDQUE IN CARNE, quandoquidem divinitate iam antea cuncta compleret. Haec autem adversus Paulum Samosatenum et Nestorium sunt.

Das ist: Auf daß er alles erfüllet mit seiner Herrschung und Wirkung, **und das**

---

[1]) Vgl. S. 1020, 13ff. 23ff.   [2]) Vgl. S. 755, 11.   [3]) Eph. 4, 10.   [4]) Com. in ep. ad Eph. c. VI, MSG CXVIII 1217/1220.   [5]) Expos. in ep. ad Eph., MSG CXXIV 1083 D.

Catalogus testimoniorum. 1133

im Fleisch, dieweil er schon zuvor mit der Gottheit alles erfüllet hat. Dies aber dienet wider (die Ketzer) Paulum Samosatenum und Nestorium.

LEO epist*ola* 10.[1]: Catholica ecclesia hac fide vivit ac proficit, ut in Christo Iesu NEC SINE vera DIVINITATE humanitas, nec SINE VERA credatur HUMANITATE divinitas.

Das ist: Die katholische Kirche lebt in dem Glauben und nimbt darin zu, daß in Christo Jesu weder die Menscheit ohne die wahre Gottheit, noch die Gottheit ohne die wahre Menscheit geglaubet werde.

Idem serm*one* 3. de passione[2]: Hoc catholica fides tradit, hoc exigit, ut in redemptore nostro duas noverimus convenisse naturas et manentibus proprietatibus suis tantam factam unitatem utriusque substantiae, ut ab illo tempore, quo in beatae virginis utero verbum caro factum est, nec Deum illum sine hoc, quod est homo, nec hominem sine hoc liceat cogitare, quod *est* Deus ‖ est. ‖

Das ist: Das lehret der katholische Glaube und das erfordert er, daß wir wissen sollen, daß in unserm Erlöser zwo Naturen zusammenkommen seien, und obwohl beider Natur Eigenschaften bleiben, so seien doch beide Naturen also miteinander vereiniget, daß von der Zeit an, als im Leibe der Jungfrauen Marien das Wort ist Fleisch worden, **wir von diesem Gott, ohne den Menschen, daß er ist, und von diesem Menschen, ohne Gott, daß er ist, nicht gedenken dörfen.**

Ibidem[3]: Exprimit quidem sub distinctis operationibus veritatem suam utraque natura, sed neutra se ab alterius connexione disiungit, nihil ibi AB INVICEM VACAT, sed suscepit totum hominem Deus et ita se illi atque illum sibi conseruit, ut utraque alteri naturae inesset et neutra in alteram a sua proprietate transiret.

Das ist: Obwohl ein jegliche Natur durch die unterschiedliche Wirkungen wahrhaftig erwiesen wird, so wird doch keine von der andern abgesondert, **dann hie ist keine ohne die ander, sondern Gott hat angenommen den ganzen Menschen und hat sich also ihme und denselben mit sich also vereiniget, daß je eine Natur in der andern seie, und gleichwohl keine ihr Eigenschaft verliere.**

10.

Weil aber in diesem Artikel solche Lehre fürnehmlich dahin gerichtet ist, wo wir die ganze Person des Mittlers, Gott und Menschen, suchen sollen und ergreifen mögen, so weiset uns das Concordienbuch[4], wie auch alle andere reine Väter, nicht auf Holz oder Stein oder anders, sondern dahin uns Christus in und mit seinem Wort gewiesen und beschieden hat.

X.

Cum autem huius articuli doctrina eo ut, ubi tota persona mediatoris τοῦ θεανθρώπου quaeri debeat et apprehendi possit, sciatur, praecipue directa sit, ideo Liber Concordiae, perinde atque omnes alii S. patres, nos non ad ligna aut lapides aut aliud quid, sed eo, quo nos Christus in et cum verbo suo, remittit et deducit.

Im Buch der Concordien Fol. 313. § Welche Zeugnisse. Item. Fol. 314. § Darumb wir es für einen schädlichen Irrtumb etc.

CYRILLUS lib. 12. in Ioha*nnem* cap. 32.[5]: In quatuor partes vestimenta Christi divisa sunt, et tunica sola indivisa mansit, quod mysticae cuiusdam rei signum esse dixerim. Nam quatuor orbis partes ad salutem reductae indumentum verbi, id est, CARNEM EIUS IMPARTIBILITER INTER SE PARTITAE SUNT. In singulis enim partibiliter transiens unigenitus, et animam eorum et corpus eorum per carnem suam sanctificans IMPARTIBILITER ATQUE INTEGRE in omnibus est, cum unus UBIQUE sit nullo modo divisus.

Das ist: Die Kleider Christi sind in vier Teil geteilet, allein sein Rock ist ungeteilet geblieben, welches ich sagen mag, daß es ein Geheimnis bedeute; dann nachdem die vier Örter der Welt zur Erkanntnüs des Heils gebracht worden sind, **haben sie die Kleid des Worts, das ist, sein Fleisch, also unter sich geteilet, daß es gleichwohl ungeteilet geblieben ist.** Dann ¹ der (eingeborne Sohn Gottes) ist unteilbar durch M 759 einen jeden insonderheit gegangen und hat ihr Leib und Seele durch sein Fleisch geheiliget

---

[1]) Ep. XXVIII 5, MSL LIV 777.   [2]) Sermo LIV 1, MSL LIV 319 B.   [3]) Sermo LIV 1, MSL LIV 319 B/C.   [4]) Vgl. S. 1043, 13 ff.; 1046, 25 ff.   [5]) Vgl. MSG LXXIV 659 B/C zu Joh. 19, 23. 24.

und ist also unzerteilet und ganz in allen, dieweil er einig allenthalben und keinesweges geteilet ist.

THEOPHYLACTUS in ‖ 19. ‖ caput *19.* Iohannis[1]: Τὸ τοίνυν ἅγιον σῶμα τοῦ Χριστοῦ ἀμέριστον ἐστι τοῖς τέσσαρσι τοῦ κόσμου μέρεσι μεριζόμενον καὶ διαδιδόμενον, κατακερματιζόμενος γὰρ ἐν τοῖς καθ' ἕνα καὶ τὴν ἑκάστου ψυχὴν ἁγιάζων μετὰ τοῦ σώματος. ὁ μο(νο)γενής[2] διὰ τῆς ἰδίας σαρκὸς ὁλοκλήρως καὶ ἀμερίστως ἐν ὅλοις ἐστὶν, ὑπάρχων πανταχοῦ, οὐδαμῶς γὰρ μεμέρισται, καθὰ καὶ ὁ Παῦλος βοᾷ

Igitur sanctum Christi corpus INDIVISIBILE est et dividitur et communicatur in quatuor partes orbis; distributus enim singulis et uniuscuiusque animam sanctificans cum CORPORE PER CARNEM SUAM, unigenitus et integer et indivisus in omnibus est, EXISTENS UBIQUE, nunquam enim divisus est, sicut et Paulus clamat.

Das ist: Darumb obwohl der heilige Leib Christi **unteilbar** ist, so wird er doch geteilet und ausgeteilet in die vier Örter der Welt, dann es wird der eingeborne, ganze und unzerteilte Christus einem jeden insonderheit ausgeteilet und heiliget eines jeden Seele mit dem Leibe **durch sein Fleisch**, und ist **allenthalben**, dann er ist nimmer geteilet, wie auch der Apostel saget.

Chrysostomus Homil. 17. ad Ebr. (et Ambrosius 10. cap. ad Hebraeos)[3]: Ἐπειδὴ πολλαχοῦ προσφέρεται, πολλοὶ Χριστοί; μηδαμῶς. ἀλλ' εἰς πανταχοῦ ὁ Χριστὸς καὶ ἐνταῦθα πλήρης ὢν καὶ ἐκεῖ πλήρης, ἓν σῶμα. Ὥσπερ οὖν πολλαχοῦ προσφερόμενος, ἓν σῶμά ἐστι, καὶ οὐ πολλὰ σώματα, οὕτω καὶ μία θυσία· Ὁ ἀρχιερεὺς ἡμῶν ἐκεῖνός ἐστιν, ὁ τὴν θυσίαν τὴν καθαίρουσαν ἡμᾶς προσενεγκών· Ἐκείνην προσφέρομεν καὶ νῦν, τὴν τότε προσενεχθεῖσαν, τὴν ἀνάλωτον· τοῦτο εἰς ἀνάμνησιν γίνεται τοῦ τότε γενομένου. Τοῦτο γὰρ ποιεῖτε, φησίν, εἰς ἐμὴν ἀνάμνησιν. Οὐκ ἄλλην θυσίαν, καθάπερ ὁ ἀρχιερεύς, ἀλλὰ τὴν αὐτὴν ἀεὶ ποιοῦμεν· μᾶλλον δὲ ἀνάμνησιν ἐργαζόμεθα θυσίας.

Nota. Contra pontificium sacrificium propitiatorium missae.

Numquid quia in multis locis offertur, ideo multi Christi sunt? Nequaquam; sed unus ubique est Christus, et hic plenus existens et illic plenus, unum corpus. Quemadmodum enim, qui in multis locis offertur, unum corpus est et non multa corpora, ita etiam et unum sacrificium. Pontifex autem noster ille est, qui hostiam mundantem nos obtulit, ipsam offerimus et nunc, quae tunc oblata quidem consumi non potest. Hoc in memoriam eius fit, quod tunc factum est. Hoc enim facite, inquit, in mei recordationem. Non igitur aliud sacrificium, quemadmodum summus sacerdos, sed idem semper facimus. Magis autem recordationem sacrificii operamur.

‖ CHRYSOSTOMUS, homilia 17. ad Heb. et Ambrosius in 10. cap. ad Hebr.: Num quia in multis locis offertur hoc sacrificium, multi Christi sunt? Nequaquam, sed UNUS UBIQUE EST CHRISTUS, et hic plenus existens et illic plenus, ET UNUM CORPUS, sicut enim qui ubique offertur, unum corpus est et non multa, ita etiam et unum sacrificium, quod exemplar et recordatio est eius sacrificii, quod in cruce oblatum est. ‖

Nota. Wider das papistische Versöhnopfer der Opfermesse.

Das ist: Meinst du, weil dies Opfer an vielen Orten geopfert wird, daß darumb auch viel Christus sein sollten? Das folget gar nicht. Dann es ist ein Christus, und **derselbe ist allenthalben**, hie ganz und dort auch ganz, und ein Leib. Dann wie der ein Leib ist, der allenthalben geopfert wird, und seind nicht viel Leibe, also ist auch nur ein Opfer, welches ein Vorbild und Gedächtnüs ist des Opfers, das am Kreuz geopfert worden ist.

Beschluß.

Diese Zeugnissen der alten Kirchenlehrer, christlicher Leser, sind nicht der Meinung hiehergesetzt worden, daß unser christlicher Glaube auf Ansehen der Menschen gegründet sei. Dann der wahrhaftig seligmachende Glaube auf keines alten oder neuen Kirchen-

EPILOGUS.

Haec testimonia priscorum ecclesiae doctorum, lector Christianae religionis amans, non eo consilio huc apposita sunt, quod fides nostra auctoritate hominum velut fundamento nitatur (cum veram et salvificam fidem nullius neque veteris,

---

[1]) Enarr. in ev. Joh. (19, 23. 24), MSG CXXIV 278 A/B. [2]) In Conc: ὁμογενής!
[3]) In ep. ad Hebr. hom. XVII 3, MSG LXIII 131.

lehrers, sondern einig und allein auf Gottes Wort gegründet sein soll, so in den Schriften der heiligen Propheten und Aposteln als ungezweifelten Zeugen der göttlichen Wahrheit begriffen ist. Sondern weil die Irrgeister durch besondere und geschwinde Liste des Satans, die Leute aus der Heiligen Schrift, die gottlob, jtzunder auch ein gemeiner Laie nützlich lesen kann, gerne wiederumb in der Väter und alten Kirchenlehrer Schriften als in das weite Meer führen wollten, auf daß, wer dieselbige nicht gelesen hat, demnach auch nicht eigentlich wissen könne, ob sichs mit ihnen und ihren Schriften also halte, wie diese neue Lehrer derselben Wort anziehen, und also in einem beschwerlichen Zweifel gelassen werden möchten: hat man Not halben mit dieser Verzeichnüs anzeigen und zum Augenschein allermänniglich weisen müssen, daß diese neue falsche Lehr sowenig in der alten reinen Kirchenlehrer Schriften als in Heiliger Schrift gegründet, sondern derselben stracks zuwider sei. Deren Zeugnüssen sie in falschem Verstande wider der Väter Willen anziehen, gleichwie sie die dürre, helle, klare Wort des Testaments Christi und die lautern Zeugnüssen Heiliger Schrift vorsätzlich und mutwillig verkehren. Derwegen dann das Buch der Konkordien männiglich in die Heilige Schrift und in den einfaltigen Katechismum weiset. Dann wer sich zu derselben Einfalt mit rechtem einfaltigen Glauben hält, der verwahret seine Seele und Gewissen zum besten, als das auf einem festen und unbeweglichem Felsen gebauet ist. Matth. 7. 17. Gal. 1. Psalm 119.[1]

neque recentioris ecclesiae doctoris testimonio, sed solius et unius dei verbo in scriptis prophetarum et apostolorum testium veritatis coelestis maxime ἀξιοπίστων comprehenso, velut fundamento immoto, inniti oporteat), sed quod fanatici spiritus astu diabolico hoc agant, ut homines a scripto verbo, quod dei beneficio etiam ab idiotis utiliter nunc legi potest, abductos ad sanctorum patrum et antiquorum ecclesiae doctorum scripta velut in amplissimum pelagus deducant, ut qui ista non legerit, sitne ea piae vetustatis et monumentorum eiusdem sententia, in quam novi illi doctores verba eorum allegant, certo scire nequeat atque hoc pacto in gravi et periculosa dubitatione relinquatur. Quare necessitas nobis imposita fuit hoc catalogo planum faciendi et oculis quasi omnium spectandum exhibendi, quod haec nova falsa doctrina non minus sacrae scripturae fundamento, quam purioris antiquitatis testimonio destituatur, imo utrique ex diametro repugnet, antiquitatis scilicet dictis in alienam sententiam, pugnantem cum eiusdem mente et intentione detortis, perinde atque plana et dilucida verba testamenti Christi et perspicua testimonia scripturae ab iisdem data opera nefaria quadam petulantia depravantur. Qua porro de causa Liber Concordiae unumquemque ad sacram scripturam et ad simplicitatem catecheticam deducit, quod qui illam simplici fidei assensione amplectatur, animae et conscientiae suae quam optime consulat, ut quae super firma et immota petra exstructa sit, ut dicitur Matt. 7. 17. Gal. 1. et Psal. 119.

---

[1]) Matth. 7, 24. 25; 17, 20 Gal. 1, 8—10 Psalm 119.

Register.

Die Verweise in den Registern I, III, IV gehen auf Seiten und Paragraphen; in der Apologie sind die älteren (in Klammern gesetzten) Paragraphenzahlen zitiert.

Abkürzungen: l. T. = lateinischer Text, d. T. = deutscher Text.

I.
Verzeichnis der zitierten Schriftstellen.

Genes.	1, 11	335, 8
	—, 27ff	533, 15
"	—, 27	150, 18
"	—, 28	334, 7.
		335, 8. 999, 76
"	2, 16ff.	794, 2
"	—, 18ff	532, 10
"	—, 18	114, 20
"	3, 3	793, 2
"	—, 7ff	434, 3
"	—, 15	156, 46.
		960, 23
"	—, 16	533, 14
"	—, 17ff	533, 14
"	4, 10	348, 70
"	6, 5	775, 21
"	8, 21	775, 21.
		777, 3. 878, 17
"	15, 6	925, 33
"	17, 4—8	823, 8.
		1094, 13
"	—, 19—21	823, 8.
		1094, 13
"	22, 18	960, 25
"	25, 23	1089, 88
Exod.	9, 16	1087, 84
"	20, 5f.	510, 21
"	—, 6	214, 149
"	—, 7	93, 19
"	—, 12	229, 246
"	—, 15	309, 63.
		391, 46
"	29, 38f.	360, 35
"	33, 3	434, 3
Levit.	3, 1f.	356, 25
"	7, 11f.	356, 25
"	19, 18	217, 168
Num.	6, 2ff.	393, 58

Num.	14, 18	193, 40.
		222, 208
"	28, 4f.	361, 36
Deut.	4, 24	222, 208
"	5, 6ff.	224
"	6, 5	186, 10.
		217, 168. 385, 25
"	—, 6ff	551, 14
"	12, 8	968, 20
"	—, 28	968, 20
"	—, 32	968, 20
"	16, 10	372, 85
"	29, 4	883, 26
"	30, 6	883, 26
"	32, 6	855, 34
"	—, 18	771, 4
1. Sam.	2, 6	261, 50
"	—, 36	331, 10.
		332, 13
2. Sam.	12, 13	261, 48.
		262, 56
"	22, 5	284, 52
1. Reg.	12, 26ff	299, 15
"	18, 17ff	377, 99
Hiob	2, 3. 10	286, 158
"	9, 28 (Vulg.)	
		193, 40. 222, 206
"	—, 30	193, 40.
		222, 206
"	—, 31 " 193, 40
"	10, 8—12	855, 35
"	—, 8	771, 4
"	19, 26	772, 10
Psalm.[1]	1, 2	549, 10.
		793, 2. 963, 4
"	2, 10	35.
		488, 54
"	4, 6	358, 29
"	5, 5	1066, 7

Psalm.	3, 10	149, 13.
		1074, 35
"	6, 2	285, 53
"	—, 3	257, 31
"	—, 4	257, 31
"	7, 9	193, 40.
		222, 205
"	8, 2	1025, 27
"	—, 6	1040, 70
"	—, 7	1025, 27.
		1108
"	12, 3f.	1074, 35
"	14, 3	149, 10
"	[13, 3]	
"	18, 5	284, 52
"	19, 13	66, XI. 2.
		99, 7. 251, 65.
		452, 1
"	31, 23	1034, 74
"	32, 1f.	787, 7
"	[31, 1f.]	
"	—, 1	175, 76.
		181, 103. 193, 42.
		231. 925, 34
"	—, 2	194, 47
"	—, 5	273, 10
"	—, 6	194, 47
"	37, 1	198, 77
"	[36, 1]	
"	—, 5	99, 11
"	38, 5	257, 31
"	40, 7	358, 29
"	42, 2	733, 32
"	45, 13	320, 18
"	[43 statt 44]	
"	47, 10	35
"	50, 8	199, 86
"	50, 13	357, 29
"	[49]	

[1]) Die eingeklammerten Zahlen geben die Vulgatazählung.

I. Verzeichnis der zitierten Schriftstellen.

Psalm.	50, 15	171, 59.
		214, 147. 357, 29.
		576, 64. 666, 19
„	51, 6	274, 11
„	—, 7	434
„	—, 12	883, 26.
		896, 60
„	51, 18f.	358, 29
„	[50]	
„	54, 8	943, 17
„	56, 13	356, 25
„	68, 19	187, 18
„	72, 11	320, 18
„	[71], 15	320, 18
„	82, 6	328, 44
„	93; 1f.	1025, 27
„	95, 8	777, 5
„	100, 3	771, 4
„	109, 13	595, 138
„	110, 1	960, 23
„	—, 3	897, 64.
		943, 17
„	111, 4f.	370, 72
„	116, 11	154, 34.
		385, 25
„	[115], 17	358, 29
„	118, 18	261, 49
„	[117, 18]	
„	119, —	877, 15.
		1155
„	—, 1ff.	793, 2.
		794, 4. 963, 4
„	119, 28	261, 49
„	[118]	
„	—, 32	968, 21
„	—, 46	31
„	—, 71	965, 9
„	—, 105	767, 1
„	130, 3	193, 40
„	130, 3ff.	171, 58.
		222, 205
„	[129, 3ff.]	
„	—, 7	438, 8
„	136, 1	523, 10
„	—, 25	523, 10
„	139, 14—16	855, 36
„	—, 14	771, 4
„	—, 16	1065, 4
„	143, 2	193, 40.
		194, 47. 222, 205.
		231. 268, 78.
		968, 21
„	[142, 2]	
„	145, 15f.	522, 7
„	147, 9ff.	523, 10
„	—, 11	643, 325
Proverb.	10, 12	206, 119
„	17, 15	783, 7.
		919, 17
„	18, 22	534, 15

Proverb.	19, 17	624, 252
„	20, 9	193, 40.
		222, 206
	27, 23	273, 9
Eccles.	12, 1	771, 4
„	—, 7	855, 37
Jesaias	1, 16—18	
		211, 137
„	—, 17ff.	288, 67
„	5, 23	919, 17
„	11, 2	1041, 72
„	—, 10	320, 18
„	14, 27	1067, 10
„	26, 16	285, 54
„	28, 16	264, 64.
		323, 31
„	—, 21	261, 50.
	286, 61.	955, 11
„	37, 28	1065, 4
„	38, 10	257, 31
„	—, 13	257, 31
„	40, 6f.	222, 208
„	—, 6	193, 40.
		349, 70
„	45, 9ff.	771, 4
„	—, 11	855, 34
„	49, 6	960, 23
„	—, 23	264, 65
„	52, 11	346, 64
	(2×).	347, 66
„	53, 5	416, 5
„	—, 5	960, 23
„	—, 6	314, 82.
		415, 2
„	—, 10	355, 23.
		363, 55
„	—, 11	181; 101
„	54, 5	771, 4.
		855, 34
„	55, 11	293, 11
„	58, 7	210, 133.
		211, 138
„	—, 8f.	229, 244
„	61, 1	1041, 72
„	64, 8	771, 4.
		855, 34
Jerem.	3, 1	1085, 75
„	7, 22f.	199, 86.
		357, 28
„	9, 23	778, 6
„	10, 24	285, 53
„	15, 19	214, 147.
		859, 14
„	17, 9	99, 8.
		878, 17
„	23, 6	781, 1
„	—, 29	436, 2
„	31, 19	153, 34
„	—, 33	185, 2. 4.
		201, 98

Jerem.	35, 6	394, 59
„	—, 6ff.	395, 62
„	49, 12	286, 62
Ezech.	7, 26	332, 17
„	11, 19	883, 26
„	18, 21f.	212, 142
„	—, 23	818, 9.
		1086, 81
„	20, 18f.	299, 14
„	—, 25	387, 30
„	33, 11	271, 94.
	818, 10.	891, 49.
	1086, 81	(2×!).
		1088, 84
„	36, 26	883, 26
Daniel	2, 28	817, 3
„	3, 29	211, 140
„	4, 24	212, 133.
		211, 140ff.
„	7, 13	1108, 1
„	—, 14	1034, 55
„	9, 18f.	222, 209.
		226, 216
„	11, 31	363, 45
„	—, 36ff.	240, 24
„	11, 37	358, 25
„	—, 38	300, 19.
		301, 21
„	12, 11	360, 35.
		363, 45
Hosea	13, 9 75.	1066, 7.
		1081, 62
„	—, 14	282, 43
Jona	2, 9	193, 40.
		222, 208
„	3, 10	288, 69
Habak.	2, 4	181, 100.
	260, 47.	934, 57
Sachar.	1, 3	214, 147
„	—, 12	318, 8
„	2, 13	222, 208
„	—, 13	193, 40
„	3, 2	435, 16
„	9, 10	1025, 27
Maleach.	1, 2f.	1089, 88
„	—, 11	358, 31
„	3, 3	359, 34
Tobias	4, 6	215, 158
„	—, 11	215, 156
„	—, 20	215, 158
2. Makkab. 15, 14		318, 9
Matth.	3, 2	445, 30
„	—, 8	67, 6.
	212, 142.	277, 25.
		280, 35ff.
„	—, 12	233, 1
„	4, 17	277, 25.
		280, 35ff.

I. Verzeichnis der zitierten Schriftstellen.

Matth.	5,3	210, 133
„	—, 6	1072, 30
„	—, 7	210, 134
„	—, 10	198, 77
„	—, 13	378, 6
„	—, 21ff.	606, 182. 791, 8. 955, 10
„	—, 32	346, 63
„	—, 39	309, 59
„	—, 46	609, 194
„	6, 7	392, 53
„	6, 14	214, 151. 685, 96
„	—, 33	675, 58
„	7, 7f.	666, 19
„	—, 12	632, 286
„	—, 15	124, 23. 246, 48. 485, 41. 1075, 39
„	—, 18	312. 940, 8
„	—, 24	1135
„	9, 12	153, 34. 722, 71. 997, 70
„	10, 22	947, 30
„	—, 29	1065, 4
„	—, 32	1059, 17
„	11, 5	800, 19
„	—, 10	445, 18
„	—, 27	883, 26. 1034, 55. 1045, 85. 1108, 3
„	—, 28	259, 44. 320, 18. 721, 66. 997, 70. 1071, 28. 1082, 65. 1083, 70
„	13, 11ff.	875, 10
„	—, 15	883, 26
„	—, 38	237, 19
„	—, 47	254, 1. 238, 19
„	15, 9	104, 22. 116, 37. 282, 46. 284, 50. 298, 5. 384, 23. 390, 41. 396, 64. 417, 2. 461, XV. 814, 3. 1056, 8
„	15, 11	104, 23. 398, 7
„	—, 13	128, 47
„	—, 14	128, 47
„	—, 19	775, 21
„	16, 15	478
„	—, 16	479, 25
„	—, 18f.	477, 22. 478, 23
„	—, 18	479, 25. 817, 5. 1066, 8
„	—, 19	253, 276. 290, 79. 484, 40

Matth.	16, 27	1129, 7
„	17, 5	220, 189.
892, 51.		985, 43. 1082, 65
„	—, 20	1135
„	18, 2	473, 8
„	—, 6f.	1059, 16
„	—, 15f.	630, 278ff.
„	—, 18	281, 41. 478, 23, 24
„	—, 19f.	478, 24
„	—, 20	449, IV. 491, 68. 549, 9. 894, 57. 1043, 76
„	19, 6	338, 23. 339, 29. 346, 63
„	—, 11	87. 356, 16. 336, 19
„	—, 12	337, 21
„	—, 17	214, 149. 185, 1f.
„	—, 21	391, 45
„	—, 29	387, 29. 390, 40
„	20, 1ff.	1071, 27
„	—, 16	1073, 34. 1078, 51
„	22, 1ff.	1068, 14
„	—, 2ff.	1071, 27
„	—, 3ff.	1076, 41
„	—, 5. 6	1075, 39
„	—, 12	1075, 39
„	—, 14	819, 12. 1073, 34. 1078, 51
„	—, 21	525, 5
„	—, 37	203, 106
„	23, 2f.	402, 21
„	—, 2	62, VIII. 2
„	—, 13ff.	392, 52
„	—, 37	894, 58. 1076, 41
„	24, 5	461, 2
„	—, 13	947, 30
„	25, 21	317, 14
„	—, 23	317, 4
„	—, 35	230, 249. 230, 252
„	—, 41ff.	609, 191
„	26, 26	65. 259, 42. 520, 4. 808, 34. 988, 52. 1115
„	—, 27	85, 1
„	—, 28	259, 42
„	—, 38	55
„	28, 18f.	481, 31
„	—, 18	808, 16. 811, 34. 812, 39. 985, 43. 1034, 55. 1040, 70 (2×). 1045, 85. 1108

Matth.	28, 19	52. 63. 247, 52. 557, 20f. 691, 4
„	—, 20	1043, 76
Mark.	1, 1	953, 4
„	—, 15	260, 45. 277, 25. 437, 4. 791, 6. 954, 6. 7. 1082, 67
„	2, 17	153, 34
„	6, 20	637, 303
„	9, 24	997, 71
„	10, 13ff.	539, 15
„	14, 22	520, 4
„	—, 23	799, 15
„	—, 24	989, 52
„	16, 15	121, 7. 557, 20. 953, 4. 1071, 28
„	—, 16	63. 354, 18. 455, 7. 516, 8. 557, 20f. 691, 5. 695, 23. 697, 31. 1075, 39
„	—, 20	1025, 27
Luk.	1, 32	1110
„	—, 35	805, 5
„	2, 32	960, 23
„	4, 18	954, 9
„	6, 23	227, 235
„	—, 37	210, 133. 211, 138. 213 (b. T.). 685, 96
„	6, 38	211, 259
„	7, 30	1078, 51
„	—, 37f.	262, 57
„	—, 47	190, 31
„	—, 50	190, 31
„	8, 8	1078, 51
„	—, 13	1076, 42
„	—, 18	1078, 51
„	10, 16	124, 22. 240, 28. 246, 40. 259, 40. 401, 18. 19 (3×!)
„	11, 9	538, 13
„	—, 11ff.	1083, 72
„	—, 25f.	1087, 83
„	—, 25	1076, 42
„	11, 41	191, 34. 215, 160
„	—, 49	819, 12
„	—, 52	819, 12
„	12, 14	123, 15
„	13, 5	954, 7
„	—, 24	1073, 33
„	14, 18	1075, 39
„	—, 24	1078, 51
„	15, 7	954, 7

I. Verzeichnis der zitierten Schriftstellen.

Luk.	17, 10	60, 2.
	225, 2 (l. T.)	225, 213
"	18, 11	223, 211
"	21, 33	985, 43
"	—, 34	106, 35. 306, 46
"	22, 19	94, 30. 369, 69. 520, 4. 988, 52
"	—, 20	295, 20
"	—, 25	472, 8
"	—, 69	1110, 40
"	24, 26	1029, 39
"	—, 35	330, 7
"	—, 45	883, 26
"	—, 46f.	953, 4. 954, 8
"	—, 47	172, 62. 257, 30. 277, 25. 437, 6. 1071, 27. 28
Joh.	1, 1ff.	52
"	1, 3	1034, 55
"	—, 5	875, 10. 876, 12
"	—, 12	180, 94
"	—, 14	55. 983, 36
"	—, 16	445, 32
"	—, 18	1082, 67
"	—, 29	181, 103. 415, 2. 1071, 28
"	3, 5	166, 31
"	—, 14f.	180, 95
"	—, 15ff.	997, 70
"	—, 16 57. 891, 49. 1071, 28. 1082, 67
"	—, 17f.	79. 226, 225
"	—, 17	180, 96. 224
"	—, 18	800, 18
"	—, 35	1034, 55
"	—, 36	227, 255
"	4, 23f.	357, 27
"	5, 21f.	1035, 58
"	—, 21	1034, 55
"	—, 23	320, 18
"	—, 26	1124
"	—, 27	1034, 55. 1110
"	—, 29	230, 249
"	6, 29	883, 26
"	—, 35	371, 75
"	—, 37	1085, 68
"	—, 39f.	1035, 58
"	—, 39	1034, 55
"	—, 40	220, 189. 223 (d. T.). 1071, 28. 1082, 67
"	—, 44	883, 26. 1085, 76

Joh.	6, 47	223 (d. T.)
"	—, 48—58	
		993, 61. 1035, 59
"	—, 51	1071, 28
"	—, 54f.	1114
"	7, 19	447, 39
"	8, 34	874, 7. 907, 85
"	—, 36	165, 31. 218, 176. 899, 67
"	—, 37	876, 12
"	8, 44	75, XIX. 90. 237, 16. 313, 77
"	9, 2f.	286, 62
"	10, 9	1082, 66
"	—, 12	839, 14
"	—, 27f.	1068, 12. 1072, 30. 233, 279
"	—, 28	817, 5. 1066, 8. 1077, 45. 1089, 90
"	13, 3	808, 16. 1034, 55. 1040, 70
	14, 6	36. 77
	750, 1.	1082, 36. 1124, 6
"	—, 13	223
"	15, 3	1108. 1068
"	—, 5	81, 39. 876, 32. 210, 135. 213, 145. 220, 194. 230, 257. 269, 85. 778, 6. 876, 14. 883, 26
"	—, 12	942, 14
"	16, 8	436, 1. 955, 11. 956, 13. 966, 12
"	—, 12	125, 31
"	—, 13	125, 31
"	—, 14	1082, 65
"	—, 15	186, 11
"	—, 23	320, 17
"	17, 5	1121
"	—, 20	892, 51
"	—, 24	1038, 65
"	18, 36	122, 14. 481, 31
"	20, 21f.	121, 6
"	—, 21	473, 9. 481, 31
"	—, 23	478, 23
"	21, 15ff.	480, 30
"	—, 17	478, 22
Act.	1, 7	1080, 56
"	—, 11	1129
"	2, 38	277, 25
"	—, 42	330, 7
"	—, 46	330, 7
"	3, 21	1013, 119

Act.	4, 11f.	180, 98
"	—, 12	416, 5
"	5, 29	71, 7. 132, 75. 402, 21. 403, 25. 483, 38. 942, 14
"	—, 31	883, 26
"	7, 9	983, 36
"	—, 51	896, 60. 1075, 39
"	10, 1ff.	455, 8
"	—, 43	177, 83. 214, 152. 264, 65f. 313, 79
"	—, 44	266, 71
"	11, 14	852, 51
"	13, 38f.	180, 97
"	—, 40f.	1075, 39
"	—, 46	1081, 60
"	—, 48	1066, 8
"	15, 1—29	831, 7
"	—, 9f.	398, 8
"	—, 9	180, 49. 216, 163. 460, 1
"	—, 10f.	341, 42
"	—, 10	104, 27. 127, 42. 303, 31. 398, 8
"	—, 20	125, 32. 131, 65
"	—, 29	125, 22. 131, 65
"	16, 3	1057, 9. 12
"	—, 14	777, 5. 883, 26
"	17, 25	855, 34
"	—, 28	771, 4. 857, 42
"	—, 30	446, 34
"	20, 7	330, 7
"	—, 24	791, 6. 953, 4. 954, 8
"	—, 28	807, 14
"	21, 26	1057, 9
"	26, 18	875, 10
Römerbrief		178, 87
Rom.	1, 3	1028, 37
"	—, 4	1046, 85
"	—, 16	122, 9. 173, 67. 293, 11. 777, 4. 959, 22. 1072, 29
"	—, 17	260. 921, 20
"	—, 18	436, 1. 791, 8. 955, 10
"	—, 19ff.	874, 9
"	—, 20f.	959, 22
"	2, 6	230, 249
"	—, 10	230, 249

I. Verzeichnis der zitierten Schriftstellen.

Rom.	2, 13	185, 1.
		209, 130
„	3, 11	875, 10.
		876, 12
„	—, 19	436, 1.
		446, 33
„	—, 20	957, 17
„	—, 21	56. 168, 41
„	—, 22	1071, 28
„	—, 23f.	415, 3
„	—, 23	166, 32
„	—, 24f.	315, 87
„	—, 24	174
„	—, 25	177, 82.
		264, 63. 1128, 1
	3, 26	178, 86.
		415, 4
„	—, 28	174, 75.
		178, 87. 415, 4.
		784, 10. 917, 7.
		918, 12. 923, 29.
		928, 42
„	—, 31	185, 2.
		195, 54. 316, 92
„	4, 1ff.	925, 33
„	—, 1	179, 87
„	—, 3	218, 172.
		219, 186. 925, 33
„	—, 4f.	179, 89
„	—, 5	56. 179, 89.
	217, 164.	218, 172.
	219, 186.	783, 5.
		918, 12
„	—, 6ff.	922, 23
„	—, 6	179, 87.
	231.	932, 53.
		945, 24
„	—, 7	195, 42
„	—, 9ff.	198, 80.
		295, 19
„	—, 9	179, 90
„	—, 11	369, 70
„	—, 13	177, 84.
		218, 171
„	—, 14	168, 42
„	—, 15	167, 38.
	214, 149.	223.
	270, 88.	436, 5
„	—, 16	170, 50.
	264, 61.	268, 81.
		315, 87
„	—, 18	221, 199
„	—, 20	220, 188
„	—, 24	415, 1
„	—, 25	959, 22
	5, 1	78, 16.
	179, 91.	192, 40.
	198, 74.	201, 96.
	219, 189.	221, 129.

		258, 36. 260, 46.
		352, 12. 367, 60.
		374, 89
Rom.	5, 2	176, 81.
	210, 135.	214, 148.
	218, 176.	220, 192.
	258, 37.	264, 63.
		948, 34
„	—, 9	1128
„	—, 11	352, 11
„	—, 12ff.	53.
	434, 3.	848, 9
„	—, 12	847, 7
„	—, 18f.	918, 12
„	—, 19	782, 3.
		934, 57
„	—, 20	181, 103.
	189, 28.	317, 5.
		436, 5
	6, 2	260, 46
„	—, 4	260, 46.
		517, 14
„	—, 8	967, 17
„	—, 9	248, 57
„	—, 11	260, 46
„	—, 12	794, 4
„	—, 14	788, 10.
		967, 17
„	—, 16	907, 85
„	—, 17	943, 17
„	—, 19	277, 25
„	—, 23	1086, 81
	7, 5	153, 30
„	—, 6	788, 10
„	—, 7ff.	968, 21
„	—, 7	155, 34.
	179, 87.	385, 25.
	954, 7.	957, 17
„	—, 10	437, 7
„	—, 14—25	447, 40.
		788, 13
„	—, 14	791, 8.
	878, 17.	955, 10
„	—, 18ff.	964, 8
„	—, 18 f.	968, 19
„	—, 18	723, 76.
		878, 17
„	—, 19	194, 47
„	—, 21	794, 4
„	—, 22f.	878, 17.
	897, 64.	944, 19
„	—, 22	897, 63
„	—, 23	155, 39.
	453, 2. 794, 4.	795, 6.
	878, 17.	886, 34.
	907, 84. 964, 8.	967, 17
„	—, 25	194, 47.
	452, 1. 897, 64.	907, 85
	8, 1	188. 220.
		789, 14

Rom.	8, 2	795, 6.
		967, 17
„	—, 3	355, 23
„	—, 7f.	166, 32
„	—, 7	777, 3.
	876, 13.	878, 17
„	—, 10	227, 231.
		285, 55
„	—, 12f.	188, 22
„	—, 13	944, 19.
		947, 32
„	—, 14	81.
	897, 63	788, 10
„	—, 15	788, 12
„	—, 16	1072, 31.
		1084, 74
„	—, 17	229, 246
„	—, 25	1072, 30
„	—, 26	1072, 31
„	—, 28ff.	1078, 49
„	—, 28	1077, 47
„	—, 29f.	1068, 14.
		1071, 27
„	—, 30	198, 75.
	224.	228, 241.
		819, 13
„	—, 32	55.
		783, 7
„	—, 33	919, 17
„	—, 34	83 c.
		194, 44
„	—, 39	1078, 49
	9, 5	805, 5.
		1019, 6
	9, 11ff.	1089, 88
„	—, 11	1077, 43
„	—, 16	778, 6
„	—, 17	1087, 84
„	—, 19	1067, 10
„	—, 20	1081, 63
„	—, 22f.	1086, 79
„	—, 30f.	1078, 50
„	—, 31	1075, 39
„	—, 33	323, 31
	10, 3f.	165, 30
„	—, 4	165, 30.
		960, 24
„	—, 10	38. 57.
	179, 92.	232, 262
		296, 23
„	—, 12	1071, 28
„	—, 17	59.
	173, 67.	259, 39.
	292, 5.	777, 5.
	892, 51.	1083, 69
	11, 6	168, 41
„	—, 20	949, 34
„	—, 22ff.	1080, 58.
„	—, 32	818, 10.
		1071, 28

I. Verzeichnis der zitierten Schriftstellen.

Rom.	11, 33ff.	1079, 55.
		1082, 64
„	12, 1	280, 35.
		306, 45. 356, 26.
		373, 88
„	—, 2	966, 12
„	—, 5	248, 56
„	—, 19	309, 59
„	13, 1ff.	70.
		309, 58. 525, 4
„	—, 1	309, 58.
		525, 5
„	—, 5ff.	525, 5.
		942, 14
„	—, 8ff.	527, 14
„	—, 9	968, 14
„	14	1057, 9
„	—, 1	997, 70
„	—, 3	997, 70
„	—, 6	1058, 13
„	—, 13	815, 5
„	—, 17	104, 24.
		243, 37. 386, 27.
		398, 7
„	—, 23	166, 35.
		223. 270, 89. 300, 17.
		384, 23. 940, 8
„	15, 4	820, 16.
		1068, 12. 1090, 92
„	—, 16	359, 34
1. Kor.	1, 9	1073, 32
„	—, 18	959, 22
„	—, 21	875, 10.
		892, 51
„	—, 29	778, 6
„	—, 30	178, 86.
		219, 185. 781, 1.
		959, 22
„	—, 31	461, 3
„	2, 4—12	901, 71
„	—, 8	55.
		807, 14
„	—, 14	73, 3. 153, 30.
		312, 73. 777, 2.
		875, 10. 876, 12
„	3, 6	474, 11
„	—, 7	778, 6
„	—, 8	198, 73.
		229, 245. 322, 29
„	—, 9	898, 65
„	—, 11f.	238, 20
„	—, 16	1084, 73
„	—, 22	474, 11
„	4, 1	372, 80
„	—, 4	193, 42.
		968, 21
„	—, 7	883, 26
„	—, 13	601, 160
„	—, 15	601, 159
„	5, 6	916, 7

1. Kor.	6, 9f.	947, 32
„	7, 2	87, 5.
		113, 19. 336, 14, 17.
		346, 63. 392, 51
„	—, 5	342, 43
„	—, 9	87, 5.
		336, 16
„	—, 14	339, 31
„	—, 18f.	1057, 12
„	—, 27	968
„	—, 32	341, 40
	8, 8	386, 26
„	—, 9	815, 5
„	9, 9	942, 14
„	—, 10	1057, 9
„	—, 14	524, 3
„	—, 16	778, 6
„	—, 21	967, 17
„	—, 27	106, 37.
		306, 46. 794, 4.
		944, 19. 965, 9.
		968, 19
„	10, 16	248, 54.
		452, 5. 798, 9.
		799, 15. 976, 11.
		989, 54. 990, 59.
		1000, 82, 84
„	—, 17	248, 56
„	11, 5f.	129, 54
„	—, 20ff.	85, 3.
		95, 39
„	—, 23ff.	558, 22f.
„	—, 23—25	329, 3
„	—, 25	988, 52
„	—, 25	506, 22
„	—, 26	200, 89.
		360, 35
„	—, 27	92, 12.
		374, 91. 799, 16.
		978, 16. 991, 60
„	—, 28	452, 5
„	11, 29	250, 63.
		800, 18
„	—, 31	214, 147
„	—, 33	95, 39
„	12, 3	883, 26
„	—, 22ff.	632, 287
„	13, 2	201, 97
„	—, 3	185, 2
„	—, 13	203, 104
„	14, 9ff.	91, 5
„	—, 19	91, 5
„	15, 12	831, 7
„	—, 27	1034, 55.
		1040, 70. 1108
„	—, 56f.	176, 79
„	—, 56	285, 56
„	—, 57	283, 49
„	16, 1	198, 71

2. Kor.	1, 8f.	285, 54
„	—, 24	481, 31
„	2, 14ff.	894, 56
„	3, 4—12	901, 71
„	3, 5f.	894, 56
„	—, 5	777, 3.
		876, 12. 883, 26
„	—, 6	366, 59
„	—, 7ff.	961, 26
„	—, 7	959, 22
„	—, 8	1072, 29
„	—, 13	267, 78
„	—, 14f.	955, 10
„	—, 15f.	186, 12
„	—, 16	955, 10
„	—, 18	227, 230.
		386, 27
„	5, 2f.	227, 232
„	—, 17	883, 26
„	—, 20	372.
		1071, 26
„	—, 21	219, 185.
		781, 1. 959, 22
„	6, 1	898, 55 (2×)
„	—, 14	485, 41.
		815, 6. 1056, 6.
		1061, 22
„	—, 16	898, 66.
		1084, 73
„	—, 17	1056, 6
„	7, 10	954, 9
„	9, 6	229, 246
„	—, 7	943, 17
		(2×!), 18
„	—, 12	372, 82
„	10, 4	123, 17.
		481, 31
„	—, 8	127, 42
„	12, 5	287, 63
„	—, 9	287, 63.
		997, 70
„	13, 8	124, 23
„	—, 10	124, 26
Gal.	1, 7ff.	493, 72
„	—, 8	124, 24.
		402, 28. 483, 38
„	—, 8—10	1135
„	—, 9	246, 48
„	2, 4f.	1057, 11
„	—, 5	815, 6.
		1058, 14
„	—, 6	473, 10
„	—, 11ff.	1058, 13
„	—, 16	180, 93
„	—, 17	221, 196.
		299, 12
„	—, 19	257, 33
„	—, 21	77.
		165, 30

I. Verzeichnis der zitierten Schriftstellen. 1143

Gal.	3,2	81. 959,22
"	—,13	195,58
"	—,14	57. 185,6. 966,11
"	—,15	299,12
"	—,22	177,84. 268,81
"	—,24	164,22. 960,24
"	—,27	898,67
"	—,28	248,56
"	4,3	306,50
"	—,4	55
"	—,6	893,54
"	—,9	233,272
"	5,1	129,51. 303,31. 401,15. 815,6. 1057,11
"	—,4	116,41. 165,30. 298,8. 380,11
"	—,6	183,111. 784,11
"	—,7	233,272
"	—,9	916,7
"	—,17	194,48. 221,198. 788,13. 794,4. 878,17. 897,64. 907,84. 964,8
"	—,19ff.	722,75
"	—,21	947,32
"	—,22	941,9
"	—,24	944,19
"	6,6	524,3
"	—,14	794,5
"	—,15	883,26
Eph.	1,4ff.	1082,65
"	—,4f.	1068,14
"	—,4	818,4. 1067,10. 1069,19
"	—,5f.	1088,87. 1065,5
"	—,7	214,152
"	—,9ff.	1071,26
"	—,11	1072,30
"	—,13	1068,12. 1072,30
"	—,17	877,15
"	—,22f.	235,5
"	2,1	875,10
"	—,2	237,16. 311,71. 874,7
"	—,3	848,9
"	—,5	777,3. 875,10. 896,61. 921,20
"	—,8f.	77. 298,6. 787,7

Eph.	2,8	74,11. 174,73. 179,87. 180,93. 883,26
"	—,9	174,73
"	—,10	197,68. 883,26. 888,39. 940,7. 966,12
"	—,18	258,37
"	3,12	258,37
"	4,5	61,4
"	—,6	61,4
"	—,8	188,18. 491,67
"	—,10	808,16. 1025,27. 1132
"	—,11f.	491,67
"	—,17f.	875,10
"	—,28	289,73
"	—,30	1076,42
"	5,6	947,32
"	—,8	875,10
"	—,9	151,20
"	—,22	526,7
"	—,25f.	235,7
"	—,26	63. 449,1
"	—,30	1043,78
"	6,1f.	526,9. 594,133
"	—,2f.	198,76
"	—,4	526,8
"	—,5ff.	526,10
"	—,9	526,11
Phil.	1,6	1073,32. 1076,42
"	—,9	877,15
"	—,28	950,38
"	—,29	883,26
"	2,6ff.	808,16
"	—,7	1025,26
"	—,9	1108
"	—,13	876,14. 883,26. 888,39
"	—,25	372,82
"	3,7ff.	950,37
"	—,9	919,17
"	—,20	123,16
Kol.	1,9	877,15
"	—,13	229,245
"	—,20	1128
"	—,22f.	949,34
"	2,3	812,37. 1042,74. 1131
"	—,8	233,272
"	—,9	811,34. 983,36. 1026,30. 1038,64. 1040,70. 1121. 1131
"	—,10	196,58
"	—,11	260,46

Kol.	2,12	209,129. 260,46
"	—,13	875,10
"	—,14	260,48
"	—,16f.	127,44. 233,272. 243,35
"	—,16	104,25. 127,44. 303,30. 382,14. 1058,13
"	—,17	362,39
"	—,18	342,46
"	—,20ff.	127,44. 307,50. 243,35. 399,8
"	—,20f.	104,26
"	—,23	301,22
"	3,4	1006,99
"	—,6	947,32
"	—,10	151,20. 227,230
"	—,13	206,21
"	—,14	204,110. 206,120
"	—,19	525,6
"	—,22	526,10
"	—,25	526,11
1. Thess.	4,4	342,43. 347,64
2. Thess.	2,3f.	484,39
"	—,4	234,4. 431,11
"	—,13f.	1068,12
"	—,16	320,18
"	—,17	320,18
1. Tim.	1,5	208,124
"	—,9	164,22. 963,5. 967,17
"	2,1ff.	525,5
"	—,1f.	527,14
"	—,5	83c,2
"	—,15	339,32
"	3,2ff.	524,2
"	—,2	88,11
"	—,9	839,14
"	—,15	238,20
"	—,16	809,18. 1027,33
"	4,1ff.	90,22. 459,3
"	—,1—3	105,29. 298,4
"	—,1	128,49. 244,40. 346,63. 386,26. 485,42
"	—,2f.	233,272
"	—,5	339,30
"	—,8	384,21
"	5,5	527,13
"	—,8	396,67
"	—,9	395,66

I. Verzeichnis der zitierten Schriftstellen.

1. Tim.	5, 11ff.	395, 64	1. Petr.	3, 7	525, 6	Hebr.	2, 14	771, 5
"	—, 17f.	524, 3	"	—, 18	1028, 37	"	—, 16	771, 5
	6, 15	1006, 99	"	4, 1	1028, 37	"	—, 17	857, 43
2. Tim.	1, 9f.	1071, 26	"	—, 8	206, 117	"	3, 6	1073, 32
"	—, 9	1077, 43	"	—, 17	285, 54	"	—, 14	947, 30
"	—, 13	949, 36	"	5, 1	490, 62	"	4, 2	1075, 39
"	—, 15	197, 67	"	—, 2	943, 17	"	—, 7	1075, 39
"	—, 19	1089, 90	"	—, 5	132, 76	"	—, 14f.	177, 82
"	—, 21	1087, 82	"	—, 5ff.	527, 12	"	5, 1	364, 52
"	—, 25	883, 26	2. Petr.	1, 4	1027, 34	"	—, 5	365, 53
"	—, 26	874, 7	"	—, 10	315, 89.	"	—, 6	365, 53
"	3, 16	839, 14.			820, 14. 948, 33	"	—, 10	365, 53
	966, 14.	1067, 12.	"	—, 21	456, 13	"	7, 11ff.	293, 9
		1068, 12	"	2, 1ff.	819, 12	"	9, 14	1115
Tit.	4, 8	228, 242	"	—, 1	334, 5	"	10, 4	355, 22
	1, 2	979, 23	"	—, 13	496, 81	"	—, 10	94, 26.
"	—, 5f.	490, 62	"	—, 20	1076, 42.			355, 22
"	—, 6ff.	524, 2			1087, 83	"	—, 14	93, 27
"	—, 9	839, 14	"	3, 9	1071, 28.	"	—, 26	1076, 42
"	—, 14	128, 46.			1073, 32. 1086, 81.	"	—, 29	1083, 83
		462, 1			1088, 84	"	—, 38	213, 144
"	—, 15	340, 34.	1. Joh.	1, 7	934, 57.	"	11, 1	80, 25
	341, 41.	347, 64			1035, 59. 1071, 28.	"	—, 1	78. 220, 191
"	2, 14	277, 25			1114	"	—, 4ff.	968, 22
"	3, 1	525, 5	"	—, 8	193, 40.	"	—, 4	198, 81
"	—, 5ff.	516, 10			222, 207. 449, 45	"	—, 6	210, 135.
"	—, 5 63.	696, 97.	"	2, 1	83 c, 4		214, 148.	230, 251.
	883, 26.	920, 19	"	—, 2	818, 10.			312, 72
"	—, 10	485, 41			1071, 28	"	—, 8	925, 33
Philem.	14	943, 17	"	—, 12	214, 152	"	12, 8	965, 9
1. Petr.	1, 2	361, 35	"	3, 8	187, 18.	"	—, 25ff.	819, 12
"	—, 5	232, 386.			847, 7	"	13, 15	356, 25
		948, 34	"	—, 9	448, 45	"	—, 17	402, 20.
"	—, 8	312, 74	"	—, 14	923, 27			524, 3
"	—, 9	227, 233.	"	4, 19	188, 20	"	—, 21	794, 4
		948, 34	"	—, 21	942, 14	Jakob.	1, 6	690, 123
"	—, 12	1026, 30	"	5, 10f.	218, 176	"	—, 17	883, 26.
"	—, 18ff.	162, 13	"	—, 10	264, 62.			1032, 49
"	—, 24f.	349, 70			270, 88	"	—, 18	208, 126
"	2, 4—6	206, 118	"	—, 12	225	"	2, 21	209, 131
"	—, 5	356, 26.	2. Joh.	1	490, 62	"	—, 24	207, 123.
		969, 22	Hebräerbrief		293, 10.			928, 42
"	—, 6	264, 64.			355, 20	"	5, 16	274, 12
		325, 31	Hebr.	1, 3	1110	Apok.	4, 11	855, 34
"	—, 9	491, 69	"	2, 7f.	1040, 70	"	10, 3	428, 4
"	—, 13f.	70. 525, 5	"	—, 8	1034, 55.			
"	3, 6	526, 7			1108. 1110			

II.

Verzeichnis der Zitate aus kirchlichen und Profanschriftstellern.

Die Stellen sind nach Seiten und Zeilen der Ausgabe des lateinischen Textes angegeben. Die Schriften der verzeichneten Autoren sind jeweils nach den neuesten Ausgaben bzw. nach Migne bezeichnet. * bedeutet, daß die Stelle nur erwähnt ist oder auf sie sich der Text vermutlich bezieht.

Aschines.

*In Ctesiphontem 206 S. 266 Blaß	352, 3

Ambrosius.

Hexaëmeron VI 8, 45 MSL XIV, 260A CSEL 32, 1. 236, 17	150, 47
Expos. in psalm. 118 Serm. 18, 28 MSL XV, 1462C CSEL 62, 412, 2—6	371, 2
Expos. evang. sec. Luc. VIII, 32 (zu 17, 8) MSL XV, 1774 CSEL 32, 4.	
406, 12	226, 24
Exhortatio virginitatis 3, 17 MSL XVI, 356C	337, 37
De poenitentia adv. Novatianos II, 9 MSL XVI, 538A	272, 14
De fide V, 6 (79) MSL XVI, 665A	1111, 45
„ „ V, 14 (181) MSL XVI, 685A	1111, 47
„ „ V, 15 (184/5) MSL XVI, 686A	1111, 41
De spiritu sancto III, 11 (76, 79) MSL XVI, 794A/D	1118, 11
Ep. 73, 10—11 MSL XVI, 1307	181, 31

Pseudo-Ambrosius.

*De sacramentis IV 6, 28 MSL XVI, 464B. CSEL 73; 58, 17	94, 32
Ambrosiaster, In ep. I ad Cor. 1, 4 MSL XVII, 195A	60, 12
„ , „ „ ad Col. 3, 14 (fälschlich zit.)	205, 30
De vocatione gentium I, 17 MSL LI, 670C	77, 24
„ „ I, 23 MSL LI, 676A	80, 21

Zitate unter dem Namen des Ambrosius.

Fides est, quae peccata nostra cooperit	272, 19

Apollinaris von Laodicea.

Frgm. 128 Lietzmann, Apollinaris v. Laodicea I S. 238, 26	1130, 22
Pf.-Athanasius, Ad Jovinianum. Lietzmann S. 253, 7ff.	1116, 18

Aristoteles.

Nikomachische Ethik V, 3 II, 1129 Bekker	164, 54

Arnold von Bonneval.

De card. operibus Christi 6 MSL CLXXXIX, 1647C	371, 24

Athanasius.

*Oratio I c. Arianos 41 MSG XXVI, 96C	1111, 14
*Oratio III c. Arianos 58. 40 MSG XXVI, 405B. 409A/B	1111, 14

*De incarnatione et c. Arianos 2—4   MSG XXVI, 987—89 . . . . . 1115, 45
„   „   „   „   4   MSG XXVI, 989B (f. Theodoretus) 1110, 45
„   „   „   „   12   MSG XXVI, 1004B . . . 1111, 31. 1116, 23
„   „   „   „   21   MSG XXVI, 1021A f. 1111, 27
Ep. ad Epictetum 9 MSG XXVI, 1065 A/B 1109, 11. 1024, 14
*Ep. ad Adelphium 7   MSG XXVI, 1081B 1128, 39
De sancta trinitate Dial. V, 27 MSG XXVIII, 1280D 1128, 47
            „   „   V, 27 MSG XXVIII, 1281A 1129, 14
Sermo maior de fide 29   MSG XXVI, 1284A S. 26, 7—8. 11—12 Schwartz
   (f. Theodoretus) 1116, 13

Augustinus.

Retractationes I 19, 3   MSL XXXXII, 615   CSEL 36, 90, 10 . . . . . 195, 12
Confessiones IX, 11. 13   MSL XXXII, 775. 778—780   CSEL 33, 225. 225
                                                            222, 13. 421, 1
Ep. 54 VI, 8   MSL XXXIII, 203   CSEL 34, 166, 21ff. . . . . . . 995 App.
Ep. 187 XIII, 38—39   MSL XXXIII, 847   CSEL 57, 116, 4ff. 1131, 44
Tract. in ev. Joh. 80, 3   MSL XXXV, 1840 . . . . 292, 41.
                                 295, 57. 449, 18 (33). 694, 29. 709, 37
Enarr. in psalm. 25 II, 1   MSL XXXVI, 188—189 . . . . 905, 23
Enarr. in psalm. 98, 9   MSL XXXVII, 1264 . . . . 1118, 32
Sermo App. 246, 5   MSL XXXIX, 2200 . . . . 1118, 23. 1126, 1
De bono viduitatis 9 (12)   MSL XL, 437f.   CSEL 41, 318 . . . . . 115, 30
De cataclysmo 3   MSL XL, 694 . . . . 292, 41
De civitate dei X, 24   MSL XLI, 301   CSEL 40, 1. 486, 11 . . . . 1126, 17
„   „   „   XXI, 26, 4   MSL XLI, 745   CSEL 40, 2. 571, 24 . . . 288, 37
Ep. ad cath. c. Donatistas (de unitate eccl.) VI 15, 2   MSL XLIII, 392
   CSEL 52, 232, 23ff. 233, 34
De peccatorum meritis et remissione II 34, 56   MSL XLIV, 183f.
   CSEL 60, 125, 7 . . . . 287, 18
De spiritu et littera 13, 22   MSL XLIV, 214f.   CSEL 60, 176, 13 . . . 179, 18
*„   „   „   19, 34   MSL XLIV, 221   CSEL 60, 187, 22 . . . . 77, 23
„   „   „   29, 51   MSL XLIV, 232. 233   CSEL 60, 207, 4.
   208, 5 . . . . 182, 17. 29
De natura et gratia 40, 47   MSL XLIV, 270   CSEL 60, 268, 9 . . . 163, 37. 311, 19
De nupt. et concup. I, 23 (26)   MSL XLIV, 428   CSEL 42, 238, 20ff. . 155, 16
„   „   „   I, 24 (27)   MSL XLIV, 429   CSEL 42, 240, 2ff. 151, 46. 154, 42
„   „   „   I, 25 (28)   MSL XLIV, 430   CSEL 42, 240, 17—18 . 154, 16
Contra duas epp. Pelag. ad Don. I, 19 (37) MSL XLIV, 458   CSEL 60,
   454, 21 . . . . 780, 3
Contra Julianum II, 3   MSL XLIV, 675 . . . . 154, 22
*„   „   II, 8, 23—30   MSL XLIV, 689—694 . . . . 882, 4
De gratia et libero arbitrio 6 (15)   MSL XLIV, 890 . . . . 227, 40
„   „   „   „   8 (19)   MSL XLIV, 892 . . . . 166, 17
„   „   „   „   9 (21)   MSL XLIV, 893 . . . . 222, 12

Pfeudo-Augustinus.

*Quaest. ex N. T. 95   MSL XXXV, 2789 . . . . 983, 41
*De cognitione verae vitae 37   MSL XL, 1025 . . . . 79, 24
*De vera et falsa poen. 19(35)   MSL XL, 1129 . . . . 284, 23
De unitate trinitatis 11   MSL XLII, 1165 . . . . 1123, 21
De eccl. dogm. 24   MSL XLII, 1218 . . . . 288, 43
Hypomnesticon c. Pelagianos et Coelestianos III 4 (4. 5.)   MSL
   XLIV, 1623 . . . . 73, 12. 312, 51

Zitate unter dem Namen des Augustinus.

Deus exaudit preces credentium 325, 1
Peccatum originale non est ipsa natura, sed accidens vitium in natura . . 862, 30

Basilius von Cäsarea.

Contra Eunomium II, 3 · MSG XXIX, 577A/B		1117, 31
* " IV, 3 MSG XXIX, 693B/C		1111, 36
*Homilia quod deus non sit auctor malorum MSG XXXI, 341B/C		862, 10

Pseudo-Basilius.

Hom. in sct. Christi generationem 2 MSG XXXI, 1460C		1122, 16
Hom. de paenit. 3 MSG XXXI, 1480D	907, 22	(780, 7)

Bernhard von Clairvaux.

Serm. in annunt. b. Mariae I, 2 MSL CLXXXIII, 383	225, 3.	266, 27
		387, 36

Gabriel Biel.

Expositio can. missae lect. 26. 81		200, 37
" " " " 31CD		318, 43
" " " " 30M		321, 16
" " " " 84R/S		330, 32

Bonaventura.

In sent. lib. II dist. 30 art. 2 q. 1 c. 1	153, 42

Bonifatius VIII.

*Bulle „Unam sanctam", Extrav. comm. I, 8 c. 1	481, 19

Bulgarius (Vulgarius) s. Theophylaktus.

Canones s. Corpus iuris canonici.

Cassiodorus.

Historia tripartita IX, 38 MSL LXIX, 1154A (Socrates)		107, 15
" " IX, 38 MSL LXIX, 1155D (Socrates)		95, 31

Celsus.

*Bei Origenes, Contra Celsum VII, 58 MSG XI, 1504A f. II, 207 f. Koetschau	308, 41

Chrysostomus.

*Ad Theod. laps. I, 5 ff. MSG XLVII, 282 ff.		270, 4
De b. Philogonio hom. 6 MSG XLVIII, 754		441, 35
De poenitentia hom. 2 MSG XLIX, 285—287		441, 32
De prod. Judae 1, 6 MSG XLIX, 380		998, 41
De laud. S. Pauli hom. 9 MSG LI, 143	907, 22	(780, 7)
*Ep. ad Caesarium mon. MSG LII, 758		983, 42
*In Matth. hom. 54 (55) MSG LVIII, 534		480, 1
In ep. I. ad Cor. hom. 24, 5 MSG LXI, 204		1118, 50
" " hom. 27, 5 MSG LXI, 231		995 App.
*In ep. ad Eph. hom. 3 MSG LXII, 28 f.		95, 7
In ep. ad Hebr. hom. 3, 1 MSG LXIII, 28		1111, 49
" " " hom. 5, 1 MSG LXIII, 46		1118, 43
*" " " hom. 17, 3 MSG LXIII, 131		1134, 17
*" " " hom. 17, 10 MSG LXIII, 132		95, 7
" " " hom. 31 MSG LXIII, 216		99, 12

Pseudo-Clemens.

*Recognitiones	492, 6

Concilia.

Chalcedonense s. Euagrius	1104, 51 (1031, 37)

Constantinopolitanum II. can. adv. Orig. 7   Manſi IX, 559 . . . . . .   1037, 10
Ephesinum ſ. Cyrillus Ep. 17
Lateranense 1215. can. 21 . . . .   280, 43
Nicaenum can. 4 . . . .   474, 40
    „   can. 6 . . . .   473, 13
    „   can. 18 . . . .   95, 14
Römiſche Faſtenſynode d. J. 1078 can. 11   Mirbt, Quellen⁴ S. 152, 56 . .   344, 39
Toletanum a. 400 can. 13 . . . .   250, 37
*Tridentinum Sess. VI. can. 24. 32 . . . .   949, 15

Consensus Tigurinus.
Art. 25   162, 15 Müller 973, 25

Corpus iuris canonici.
Decretum Gratiani   I. d. 8 c. 4 . . . . 86, 3
                         d. 9 c. 8 . . . . 126, 7
                         d. 12 c. 10 . . . . 107, 13
                         d. 22 c. 1 . . . . 481, 20
                         d. 34 c. 7 . . . . 89, 29
                         d. 40 c. 6 . . . . 483, 46
                         d. 82 c. 2—5 }
                         d. 84 c. 4 } 88, 23

           II. C. 1 q. 7 c. 5 . . . . 89, 29
               C. 2 q. 7 c. 8 u. c. 13 . . . . 124, 26
               C. 1 q. 7 c. 5 . . . . 89, 29
               C. 9 q. 3 c. 13 . . . . 487, 8
               C. 20 q. 1 c. 13—15 . . . . 91, 12
              *C. 23 q. 4 c. 18. 19 . . . . 277, 9
              *C. 24 q. 3 c. 18 . . . . 275, 27
               C. 27 q. 1 c. 41 . . . . 115, 32
              *C. 33 q. 3 de poen. d. 1 c. 4 (Pſ.-Chryſoſtomus) . 289, 9
                              d. 1 c. 70 . . . . 236, 7
                              d. 1 c. 87, 4 (Chryſoſtomus) . . 99, 14
                              d. 3 c. 1 (Ambroſius) . . . 271, 13
                              d. 3 c. 3 (Pſ.-Auguſtinus) . . 288, 43
                              d. 3 c. 4 (Pſ.-Auguſtinus) . . 271, 15
                              d. 3 c. 8 (Pſ.-Chryſoſtomus) . . 289, 9
                              d. 5 c. 1 . . . . 100, 2
                              d. 6 c. 6 (Gregorius) 288, 53

          III. de Consecrat. d. 2 c. 12 . . . . 85, 23
                           d. 2 c. 15 (Hilarius) 719, 41
                           d. 2 c. 20 . . . . 250, 37
Decreta Greg. IX. lib. V tit. 38 de poen. et rem. c. 14 . . . . . 280, 43
Liber Sextus I, 3 c. 15 . . . . 495, 31
Clementinae II, 11 c. 2 . . . . 482, 8
Extravagantes Joh. XXII. tit. 14 c. 5 II, 1232 . . . . 391, 35
          (ſ. a. Concilia, Bonifatius VIII., Leo X.).

Cyprianus.
Ep. 4, 2   MSL IV, 378A   CSEL 3, 2. 474, 17ff. 91, 5
*Ep. 57   MSL III, 856A   CSEL 3, 2. 652, 7 . . . . 85, 17 (329, 23)
Ep. 60, 5   MSL III, 836A   CSEL 3, 2. 693, 7 . . . . 317, 1
*Ep. 63, 4. 5   MSL IV, 372ff.   CSEL 3, 2. 701ff. 983, 41
Ep. 67   MSL III, 1027A—1028A   CSEL 3, 2. 739, 7—18 . . . . . 475, 19
De lapsis 16. 22   MSL IV, 479. 483—84   CSEL 3, 1. 248, 23—25. 254, 20—23   995 App.
De orat. dom. 22   MSL IV, 552B   CSEL 3, 1. 283, 18 . . . . . 222, 15
*Einige Stellen 427, 19

Pseudo-Cyprianus.

De coena Domini et prima institutione s. Arnold v. Bonneval.

Cyrillus von Alexandria.

In ev. Joh.	II, 8	(zu Jh. 5, 26. 27)	MSG LXXIII, 383A/B	. . . . .	1124, 17
" " "	III, 5	(zu Jh. 6, 35)	MSG LXXIII, 519D	. . . . .	1124, 26
" " "	IV, 2	(zu Jh. 6, 54)	MSG LXXIII, 578B/C	. . . . .	1124, 31
" " "	IV, 3	(zu Jh. 6, 58)	MSG LXXIII, 586C	. . . . .	1124, 35
" " "	IV, 3	(zu Jh. 6, 64)	MSG LXXIII, 602C/D	. . . . .	1122, 42
" " "	IV, 3	(zu Jh. 6, 64)	MSG LXXIII, 603B	. . . . .	1129, 45
" " "	IV, 3	(zu Jh. 6, 64)	MSG LXXIII, 604C/D	. . . . .	1124, 40
" " "	X, 2	(zu Jh. 15, 1)	MSG LXXIII, 341A/B. D	248, 23	(976, 43)
" " "	X, 2	(zu Jh. 15, 1)	MSG LXXIV, 344A/B	. . . . .	1125, 4
" " "	XI, 6	(zu Jh. 17, 4—5)	MSG LXXIV, 496C	. . . . .	1112, 17
" " "	XI, 9	(zu Jh. 17, 12. 13)	MSG LXXIV, 520A	. . . . .	1125, 8
" " "	XII	(zu Jh. 19, 23. 24)	MSG LXXIV, 660B/C	. . . . .	1133, 38

*De s. et consubst. trinitate thesaurus ass. II. III. MSG LXXV, 27ff. 862, 6
 "   "   "   "   "   XXI (zu Act. 2, 36) . . . .
 " MSG LXXV, 364C" . . . "   " 1112, 16
*De s. et consubst. trinitate thesaurus ass. XXXII (zu Jh. 1, 12)
  MSG LXXV, 536Df. 1124, 10
De s. trinitate dialogus V. MSG LXXV, 962B—963C 1109, 35
 "   "   "   VI. MSG LXXV, 1026A 1125, 17
Scholia de incarnatione unigeniti 9 MSG LXXV, 1379A (vgl. Acta conc.
  oec. I 5, 1 189, 28ff.) 1130, 4
*Explanatio XII capitulorum 28—29 MSG LXXVI, 311A/B (Acta conc.
  oec. I 1, 5 24f.) 1119, 42
Apologeticus c. Orientales 67 MSG LXXVI, 350C (Acta conc. oec. I 5, 1
  129, 25ff.) 1116, 18
De recta fide ad Theodosium 22 MSG LXXVI, 1166A (Acta conc. oec.
  I 1, 1 56, 4ff.) 1129, 13
*De recta fide ad Theodosium 37 MSG LXXVI, 1190A/B (Acta conc.
  oec. I 1, 1 67, 17ff.) 1125, 25
De recta fide ad Theodosium 37 MSG LXXVI, 1190A (Acta conc. oec.
  I 1, 1 67, 18ff.) 1125, 29
De recta fide ad Theodosium 38 MSG LXXVI, 1191B (Acta conc. oec.
  I 1, 1 68, 18ff.) 1125, 31
Oratio ad dominas 10 MSG LXXVI, 1212A (Acta conc. oec. I 1, 5 65, 27ff.) 1116, 19
 "   "   133 MSG LXXVI, 1281B (Acta conc. oec. I 1, 5 95, 8ff.) 1129, 19
Oratio ad augustas de fide 18 MSG LXXVI, 1359C (Acta conc. oec. I 1, 5
  36, 2ff.) 1112, 20

Ep. 17 App. Anath.	4	MSG LXXVII, 120C/D (Mansi IV, 1082D)	. . .	1104, 23
" 17 " "	5	MSG LXXVII, 120D (Mansi IV, 1083A)	. . .	1104, 27
" 17 " "	6	MSG LXXVII, 121A (Mansi IV, 1083A)	. . .	1104, 30
" 17 " "	11	MSG LXXVII, 121C/D (Mansi IV, 1083D/E)		
				1119, 36.	1126, 21
" 17 " "	12	MSG LXXVII, 121D (Mansi IV, 1083E)	. . .	1104, 32
			(1035, 34.	1043, 4)

Decretum Gratiani s. Corpus iuris canonici.

Demosthenes.

Ad Leptinem I. 457, 7 . . . . 372, 9

Pseudo-Dionysius Areopagita.

Περὶ τῆς ἐκκλησιαστικῆς ἱεραρχίας 5 MSG III, 500—516 . . . . . . 492, 5

Johannes Duns Scotus.

In sent. IV d. 14 q. 1 a. 3 c. 2	284, 31
„ „ IV d. 15 q. 1 a. 3	283, 3
„ „ d. 1 q. 2ff.	450, 5

Epicurus.

Bei Cicero, de legibus I 7, 21ff.	166, 48

Epiphanius.

Ancoratus 80, 7 MSG XLIII, 168C/D GrChrSchr 25, 100, 26ff.	1122, 34
Panarion haer. 46, 2. 2 MSG XLI, 840Bf. GrChrSchr. 31, 205, 7	342, 21
„ „ 47, 1. 6 MSG XLI, 852B GrChrSchr. 31, 216, 8	343, 49
„ „ 69, 42 MSG XLII, 268B/C III, 189, 9—13 Dindorf	1117, 49
„ „ 69, 64 MSG XLII, 305C/D III, 217, 29—218, 3 Dindorf	1125, 37
„ „ 69, 80 MSG XLII, 332C/D III, 237, 10—16 Dindorf	1109, 23
„ „ 70, 10 MSG XLII, 356C. 357B III, 255, 26f. 256, 15f. Dindorf	245, 43
*Panarion haer. 75, 2. 3. 7 MSG XLII, 504Cff. 513Bff. III, 355ff. 361f. Dindorf	376, 4ff.
Panarion haer. 77, 11 MSG XLII, 656C III, 467, 1—3. 6—8 Dindorf	1109, 11
Haer. tom. III De fide 22 MSG XLIII, 825B III, 583, 13—15 Dindorf	351, 22

Euagrius.

Hist. eccl. II, 4 MSG LXXXVI, 2508C—2509A S. 49, 17—50, 8 Bidez-Parmentier	1104, 51

Euripides.

Phoenissae v. 474f.	196, 52

Eusebius von Cäsarea.

*Praep. evang. VII, 22 MSG XXI, 574Cff.	862, 5
Demon. evang. IV, 13, 6 MSG XXII, 288A/B GrChrSchr 23, 172, 19	1108, 30
„ „ IV, 14 MSG XXII, 289A GrChrSchr 23, 175, 15	1109, 3

Eusebius von Emesa 1116, 36

Eustathius von Antiochia.

In inscript. tit. psalm. XV et LVI. MSG XVIII, 685B (Theodoret)	1115, 12
Contra Arianos MSG XVIII, 694 (Gelasius)	1115, 23

Franciscus von Assisi.

Ep. ad capitulum generale 3. Böhmer, Analekten S. 40, 26	351, 10

Gelasius I.

*A. Thiel, Epistolae Roman. pontif. genuinae I, 1868 S. 541	983, 42
„ „ „ „ „ I, 1868 S. 544	1115, 23
„ „ „ „ „ I, 1868 S. 549	1122, 4

Johannes Gerson.

*Super coelibatu 3 II, 629C du Pin	337, 34
*De consiliis ev. et statu perfectionis II, 679B/C. 680A du Pin . . 118, 39.	388, 37
*De vita spirituali animae lect. 2 III, 16f. du Pin	105, 15
*„ „ „ „ lect. 2 III, 16A du Pin	302, 50

Gregorius I.

Ep. lib. VIII ep. 30 MSL LXXVII, 933	477, 1
*Ep. lib. X ep. 35. 39 MSL LXXVII, 1091 f. 1096 ff.	1042, 29
Hom. in evang. 22, 7 MSL LXXVI, 1178	993 App.

Gregorius von Nazianz.

*Orat. IV c. Julianum I, 97   MSG XXXV, 632A f. 308, 47

Gregorius von Nyssa.

Contra Eunomium III t. 3, 43.   II, 116, 18 Jaeger 1116, 46
Contra Eunomium III t. 3, 44.   II, 117, 6 Jaeger 1024, 15. 1122, 1
De anima (?) 1122, 9

Hieronymus.

*Ep. 130, 9   MSL XXII, 1115   CSEL 56, 189, 4 ff. 706, 42
Ep. 146, 1   MSL XXII, 1194   CSEL 56, 310, 5—13 430, 10. 458, 17. 489, 43. 493, 10.
Ep. 146, 1   MSL XXII, 1194   CSEL 56, 310, 13—311, 2 . . . . 476, 39
*Contra Vigilantium 5. 7   MSL XXIII, 343. 345 . . . . 317, 9
*Dialogus adv. Pelagianos I, 13   MSL XXIII, 527D 195, 19
Comm. in Daniel. 4, 24   MSL XXV, 517A 212, 27
Comm. in Zeph. 3   MSL XXV, 1375A 85, 19. 329, 25
*Comm. in Ep. ad Titum 1, 5 f.   MSL XXVI, 562 . . . . 430, 10

Pseudo-Hieronymus.

Comm. in ep. ad Ephes. 5, 24   MSL XXVI, 531C 236, 12

Hilarius.

Comm. in evang. sec. Matth. 25, 8. 9   MSL IX, 1060C 322, 42
De trinitate III, 16   MSL X, 85B 1121, 47
„   „   VI, 36 f.   MSL X, 186 f. 480, 6
„   „   IX, 38   MSL X, 310B 1116, 32 (1024, 13)

Johannes Hilten.

Danielkommentar s. Apparat 3. St. 378, 10

Historia tripartita.

S. Cassiodor.

Horatius.

Sat. I 3, 23 . . . . 205, 51

Hugo von St. Viktor.

De sacramentis I, 7 c. 28   MSL CLXXVI, 299A 152, 48

Irenäus.

*Bei Eusebius, Hist. eccl. V 24, 13   S. 494, 24 Schwartz . . 107, 9. 815, 39. 1063, 19
Adv. haer. IV 18, 5   MSG VII, 1029A   II, 205 f. Harvey 977, 17
*   „   IV 20, 4   MSG VII, 1034B   II, 215 Harvey 1024, 11
„   „   IV 11, 2   MSG VII, 1151A   II, 349 Harvey 150, 43

Johannes Damascenus.

De fide orthodoxa   II, 22   MSG XCIV, 948A/B 1128, 7. 1130, 40
„   „   „   III, 7   MSG XCIV, 1012C 1109, 49. 1123, 39
„   „   „   III, 9   MSG XCIV, 1017A/B 1024, 16
„   „   „   III, 17 MSG XCIV, 1069B/C 1127, 7
„   „   „   III, 17 MSG XCIV, 1069B 1130, 31
„   „   „   III, 18 MSG XCIV, 1076D—1077A 1120, 21. 1127, 25
„   „   „   III, 19 MSG XCIV, 1080B/C 1110, 6. 1120, 40
„   „   „   III, 21 MSG XCIV, 1085A. C 1121, 5. 1127, 41

Julianus Imp.

Contra christianos lib. II frg. 12   S. 237 Neumann 308, 41

1152 II. Verzeichnis der Zitate aus kirchlichen und Profanschriftstellern.

Justinianus Imp.

*Codex et novellae 494, 25

Justinus Martyr.

Apol. I 66   MSG VI, 427—430   I, 181—183 Otto 983, 40. 984, 20
Expos. fidei 17B   MSG VI, 1238C   IV, 54 Otto 1131, 12
  „   „   17C/D MSG VI, 1240A/B IV, 55 Otto 1131, 19

Leo I.

Sermo 54, 1   MSL LIV, 319C 1133, 8. 19
Sermo 91   MSL LIV, 452 . . . . 995 App.
Ep. 28, 3   MSL LIV, 763A/B 1105, 45
Ep. 28, 4   MSL LIV, 767A/B 1105, 48
Ep. 28, 5   MSL LIV, 771A 1106, 1
Ep. 28, 5   MSL LIV, 777A 1133, 3
Ep. 35, 2   MSL LIV, 807B 1120, 13
Ep. 59, 3   MSL LIV, 869A/B 1112, 29
Ep. 124, 7   MSL LIV, 1066B/C 1112, 35
Ep. 124, 7   MSL LIV, 1066D—1067A 1112, 41
Ep. 165, 7   MSL LIV, 1183D (Chrysostomus) 1119, 1

Leo X.

*Bulle „Exsurge domine" 11 Mirbt, Quellen⁴ S. 257, 35 . . . . . 233, 15
* „   „   „ 15 Mirbt, Quellen⁴ S. 257, 43 . . . . . 265, 25

Liturgica.

Canon missae graecus:
  *Epiklese s. Apparat 248, 15
Chrysostomusliturgie, Anfangsgebet.
              Brightman, Liturgies eastern and western 375 . . 373, 26
     „   invocatio Brightman 386 . . . . 373, 29
     „   intercessio Brightman 387 . . . . 375, 41
Forma absolutionis s. Apparat 321, 45
Offene Schuld s. Apparat 439, 5
Kirchenlieder:
  „Veni sancte spiritus" Wackernagel I, 105   S. a. Spengler.

Martin Luther.

I. Exegetische Schriften.

Der 117. Psalm ausgelegt (1530) WA 31, 1. 255, 5—10 . . . . 916, 28
Kommentar zum Galaterbrief   WA 40, 1. 240, 17—26 . . . . 923, 29
*   WA 40, 1. 2 . . . . 923, 15
Kommentar zur Genesis c. 3   WA 42, 122, 38 . . . . 866, 4
  „   „   „   c. 3   WA 42, 123, 38—125, 5 . . . 865, 8
* „   „   „   c. 22   WA 43, 253, 32—261 . . . . . 946, 20
  „   „   „   c. 22   WA 43, 255, 38 . . . . 928, 14
  „   „   „   c. 26   WA 43, 457—463 . . . . 889, 32
Kommentar zu Psalm 90   EA opp. exeg. 18, 318 . . . . 879, 32
  „   „   „ 90   EA   18, 320—321 . . . . . . 865, 32
Vorrede zum Römerbrief EA 63, 124 f. 941, 10
  „   „   „   EA 63, 135 . . . . 1073, 21

II. Polemische und didaktische Schriften.

*De votis monasticis iudicium WA 8, 573 ff. 380, 30
Antwort auf einen Sendbrief des Herrn Wolfen von Salhausen (1524)
  WA 15, 228, 15 . . . . 956, 25
*Wider die himmlischen Propheten WA 17, 62—214 . . . . 1005, 15
*De servo arbitrio WA 18, 600—787 . . . . 889, 26

*Daß diese Worte, das ist mein Leib etc. noch feststehen WA 23, 64—320	.	1005, 17
WA 23, 139 ff.	. .	1046, 16

*(Großes) Bekenntnis vom Abendmahl

" " " " "		1005, 14
" " " " WA 26, 271 ff.		984, 30
" " " " WA 26, 285, 14—18		999, 32
" " " " WA 26, 317 ff.		1022, 37
" " " " WA 26, 319, 29—40		1029, 17
" " " " WA 26, 321, 19—28. 322, 20—22		1029, 39
" " " " WA 26, 324, 25—35		1030, 22
" " " " WA 26, 326, 29	798, 31.	1005, 41
" " " " WA 26, 327, 20		1005, 41
" " " " WA 26, 332 ff.		1046, 16
" " " " WA 26, 332, 24—333, 9		1044, 13
" " " " WA 26, 335, 29—336, 37		1006, 19
" " " " WA 26, 379 ff.		984, 30
" " " " WA 26, 499, 15—500, 26		981, 13
" " " " WA 26, 502, 35—503, 24		888, 42
" " " " WA 26, 506, 21—29		982, 13

*(Ein) Bericht an einen guten Freund von beider Gestalt des Sakraments aufs
    Bischofs zu Meißen Mandat (1528)   WA 26, 560—618 . . . .   1061, 40
*Vermahnung an die Geistlichen   WA 30, 2. 254 f. 1001, 37
Von der Winkelmesse und Pfaffenweihe   WA 38, 240, 8—14 . . . . . .   999, 18
Thesen gegen die Antinomer   WA 39, 1. 348, 25 . . . .   957, 19
Von Konzilien und Kirchen   WA 50, 584 ff. 587 ff. 809, 1
    "   "   "   "   WA 50, 590, 11—23 . . . .   1030, 43
* "   "   "   "   WA 50, 599, 26—35. 625, 25 f. 626, 30 f. 627, 10 f.   921, 16
Von den letzten Worten Davids   WA 54, 49, 33—50, 11 . . . . . .   1045, 26
*(Kleines) Bekenntnis vom Abendmahl   WA 54, 141—167 . . . . .   1005, 14
* "   "   "   "   WA 54, 149 ff. 984, 30
    "   "   "   "   WA 54, 155, 29—156, 5 . . . .   982, 40
*Lateinische Vorrede zu seinen Werken zu Bd. I der Opera latina der Witten-
    berger Ausgabe   WA 54, 179—187 . . . .   837, 7
*Briefe nach Augsburg Juni—Sept. 1530.   Enders VIII 1062, 5

III. Predigten.

*Predigt von der Höllenfahrt Christi in Torgau 1533   WA 37, 65, 3 . .   813, 16.   1052, 12
*Auslegung des Evangeliums Sonnt. 19. p. Trin.   EA 9, 298, —311 . .   965, 26
    "   "   "   "   5. p. Trin.   EA 13, 153—154 . . .   955, 39

Nicephorus Kallistus.

Hist. eccl. I 36   MSG CXLV, 741 B . . . . 1113, 4 ff. (1121, 24)

Nicolaus von Kues.

Ep. III ad Bohemos 85, 16 (86, 5)

Nicolaus von Lyra.

Postilla super Matth. 16, 10 . . . . 238, 58

Nicolaus de Tudeschis.

*Comm. in quinque libr. Decret. lib. V tit. 38 c. 12 . . . . 251, 27

Ocumenius.

Comm. in ep. ad Ephes. VI   MSG CXVIII, 1217 D f. 1132, 40
Comm. in ep. ad Hebr. II (zu Hebr. 1, 13. 14)   MSG CXIX, 289 A/B . . 1112, 5

Oracula Sibyllina.

VIII, 169 f.   GrChrSchr 8, 150, 169 f. 333, 21

Origenes.

De principiis II 6, 3	MSG XI, 211C	GrChrSchr 22, 142, 7 f.	1131, 37
" IV 4 (31)	MSG XI, 405D	GrChrSchr 22, 354, 11	1131, 41
*Contra Celsum VII 59—61	MSG XI, 1504C ff.	II, 208 ff. Koetschau	308, 46

Ovidius.

Remedia amoris 149 . . . . 342, 11

Pertinax Imp.

Reskript: Digest. L. 6, 6 § 2 . . . . 372, 12

Petrus Lombardus.

Sent. II d. 16 c. 4   MSL CXCII, 684 . . . . 151, 4
Sent. IV d. 14—19   MSL CXCII, 868 ff. 276, 43
Sent. IV d. 18, 7   MSL CXCII, 888 . . . . 281, 58

Pindar.

Isthmia VII, 23 f. 403, 5

Bartholomäus Platina.

De vitis ac gestis pontificum 1573. S. 302 . . . . 87, 3

Plato.

Phaedrus 50 266B 353, 34
*Res publica VIII 546C 378, 33

Lazarus Spengler.

Lied „Durch Adams Fall ist ganz verderbt..." Vgl. Wackernagel, Das deutsche Kirchenlied von den ältesten Zeiten bis zum Anfang des 17. Jahrhunderts 1870 III, 48 Nr. 71 . . . . 772, 17. 844, 3. 851, 27

Sprichwörter.

„Gedanken sind zollfrei und straffrei", nach Ulpian und Cicero. Wander I, 1395 Nr. 44 . . . . 156, 26
„Mores amici noveris, non oderis", Porphyrius zu Horat., Sat. I 3, 32. Otto, Sprichwörter der Römer S. 22 . . . . 207, 17
„Abusus non tollit, sed confirmat substantiam", vgl. Apparat z. St. . . . 703, 26
„Deus trahit, sed volentem trahit" 780, 7
„Hominis voluntas in conversione non est otiosa, sed agit aliquid" . . . 780, 8

Suidas.

Lexicon s. v. Παῦλος II, 2 148, 4 ff. Bernhardy 1021, 34

Tertullianus.

De paenitentia 4   MSL I, 1234A 271, 54

Theodoretus.

Interpr. psalm.	2, 6	MSG LXXX, 880A	1112, 22
" "	8, 8. 9	MSG LXXX, 920B	1120, 9
" "	21	MSG LXXX, 1024B	1123, 32
" "	110, 1	MSG LXXX, 1768B	1112, 24
Interpr. ep. I. ad Cor.	(zu 11, 22—25)	MSG LXXXII, 315	995 App.
" " " "	(zu 11, 27)	MSG LXXXII, 318	995 App.
Interpr. in ep. ad Ephes. I	(zu 1, 20)	MSG LXXXII, 517A	1109, 41
Interpr. in ep. ad Hebr.	1, 6	MSG LXXXII, 685	1112, 27
" " " "	(zu 1, 7—9)	MSG LXXXII, 687B	1123, 36

Eranistes Dial.	II MSG LXXXIII, 164A	. . . .	1130, 13
„ „	II MSG LXXXIII, 168C	. . . .	1120, 1
„ „	II MSG LXXXIII, 176B (Eustathius)	. . . . . .	1115, 11
„ „	II MSG LXXXIII, 180B (Athanasius)	. . . . . .	1116, 13
„ „	II MSG LXXXIII, 181A (Athanasius)	. . . . . .	1110, 45
„ „	II MSG LXXXIII, 188/9. 193 (Basilius, Gregor v. Nyssa)		1024, 14
„ „	II MSG LXXXIII, 195C. 196A (Gregorius v. Nyssa)	. .	1116, 46
„ „	II MSG LXXXIII, 196A (Gregorius v. Nyssa)	. . . . .	1122, 1
„ „	II MSG LXXXIII, 215B (Apollinaris)	. . . .	1130, 22

Theodorus von Rhaitu.

De incarnatione MSG XCI, 1485D 1021, 36. 1022, 5

Theophylaktus (Bulgarius, Vulgarius).

Enarr. in ev. Matth. 28 MSG CXXIII, 484D	. . . .	1119, 12
„ „ „ „ 28 MSG CXXIII, 484D—485A	. . . . . .	1126, 36
„ „ „ „ 28 MSG CXXIII, 485A	. . . .	1129, 38
Enarr. in ev. Marc. 14, 22 MSG CXXIII, 649D	. . . . . .	248, 18
Enarr. in ev. Joh. III. (zu 3, 35—36) MSG CXXIII, 1225A	. .	1112, 3.
		1119, 24. 1126, 30
„ „ „ „ XIX. (zu 19, 23. 24) MSG CXXIV, 277A/B	. .	1134, 3
Expos. in ep. ad Ephes. IV MSG CXXIV, 1083D	. . . . . .	1132, 49

Thomas von Aquino.

Summa Theol. II, 1 q. 82 a. 1 ad 1	. . . .	152, 37
„ „ II, 2 q. 147 a. 5c	. . . .	301, 52
„ „ II, 2 q. 189 a. 3 ad 3	. . . .	384, 52
„ „ III q. 62 a. 4	. . . .	450, 2
Opusc. 58. De venerabili sacramento altaris 1	. . . .	367, 20

Ulpianus.

Comm. in Demosth. ad Lept. 494, 36 IX, 512 Dindorf 372, 14

Vergilius.

Aeneis VI, 95 . . . . 315, 10

Vigilius von Thapsus.

Contra Eutych. V, 10. 11 MSL LXII, 141A. D. 142B	1112, 44
De trinitate XI MSL LXII, 305B	1115, 35

De vitis patrum.

III. Verba seniorum 130 MSL LXXIII, 785C/D 389, 12

Johann Wiklef.

De ecclesia VIII S. 176 ff. Loserth 309, 58

Wilhelm Peraldus.

*Summa de virtutibus. De iustitia V 312, 52

Wittenberger Konkordie 1536.

CR III 75. 76 . . . . 977, 11

IIIa) Personenregister.

Adler, Joh. Christoph 765.
Aepinus, Joh. 467, 30. 31. 498.
Aerius (Ketzer) 376, 96.
Äschines v. Zitatenregister II.
Aff, Hans 765.
Agricola, Joh. 464, 8.
—, Stephan 464, 11. 497.
Alberti, Adam 765.
Alexander d. Gr. 211, 140. 303, 34. 370, 72.
Ambrosius 232, 268. 479, 27. 799, 15. 862, 54; v. Zitatenregister II.
Amsdorf, Nikol. von 463, 5. 497.
Amsterdamus, Joh. v. Timann.
Andreae, Jakob 827, 31. 1100.
Anhalt, Fürst Wolfgang 137, 15.
Anna, St. 323, 32.
Antiochus IV. Epiphanes 362, 41. 374, 91.
Antonius, St. 200, 90. 389, 38.
Apollinaris von Laodicea v. Zitatenregister II.
Apollonia, St. 562, 11.
Aragon, König Ramir II. 114, 26.
Aristipp 391, 46.
Aristoteles 161, 14. 211, 140; v. Zitatenregister II.
Arius 809, 22.
Arnold von Bonneval v. Zitatenregister II.
Athanasius 197, 69; v. Zitatenregister II.
Augustin 103, 17. 110, 2. 151, 22. 152, 24. 27. 155, 38. 157, 50. 165, 29. 173, 63. 197, 69. 232, 268. 316, 91. 324, 36. 383, 17. 421, 13 f. 445, 28. 475, 14. 491, 67. 799, 15. 853, 50. 862, 54. 55. 983, 37; v. Zitatenregister II.

Baal 376, 97. 377, 99.
Baden, Markgraf Ernst 763.
—, — Jakob 763.
Barbara, St. 324, 35.
Basilius von Cäsarea 862, 54. 1024, 22; v. Zitatenregister II.
Beda Venerabilis 479, 28.
Benedikt, St. 383, 17.
Bernhard von Clairvaux, St. 200, 90. 266, 74. 384, 21. 440, 17. 701, 50; v. Zitatenregister II.
Beza, Theodor 996, 67.
Biel, Gabriel 200, 89. 265, 68. 330, 9; v. Zitatenregister II.
Blaurer, Ambrosius 498.
Bock, Georg 766.
Bonaventura v. Zitatenregister II.
Bonifatius VIII. v. Zitatenregister II.
Bonrieder, Ludwig 766.

Brandenburg, Markgraf Georg 136, 10.
—, — Georg Friedrich 763.
—, — Joachim Friedrich, Administrator von Magdeburg 762.
—, — Kurfürst Johann Georg 762.
Braunschweig-Lüneburg, Herzog Heinrich der Jüngere 763.
—, — Julius 763.
—, — Otto 763.
—, — Wilhelm der Jüngere 763.
—, — Wolf 763.
Brenz, Joh. 466, 23. 497. 752.
Bucer, Martin 497. 977, 13.
Buchschar, Michael 765.
Bugenhagen, Joh. 463, 3. 466, 23. 497. 752.

Caelius, Michael 467, 28. 497.
Cäsar, C. Julius 206, 120.
Campegius, Laurentius 278, 28 f. 419, 10.
Cassiodor v. Zitatenregister II.
Castell, Graf Georg 764.
—, — Heinrich 764.
Castor 323, 32.
Celsus 308, 58; v. Zitatenregister II.
Chemnitz, Martin 827, 31. 1100.
Christophorus, St. 324, 35.
Chrysippus 228, 239.
Chrysostomus 799, 15. 983, 37; v. Zitatenregister II.
Chytraeus, David 827, 31. 1100.
Clemens (Pseudoclemens) 492, 71.
Cornelius 317, 2.
Corvinus, Anton 466, 22. 497.
Cruciger, Caspar 463, 4.
Cusanus v. Nikolaus von Kues.
Cyprianus 85, 5. 317, 2. 324, 36. 329, 4. 427, 2. 479, 28. 799, 15. 983, 37; v. Zitatenregister II.
Cyrillus von Alexandria 862, 54; v. Zitatenregister II.

Demosthenes v. Zitatenregister II.
Diana 564, 18.
Didymus, Gabriel 464, 9.
Dietrich, Veit 465, 15. 497.
Dietrich von Bern 550, 11.
Diogenes 391, 46.
Dionysius Areopagita (Pseudo-D.) 492, 71.
Dominikus, St. 200, 90.
Draconites, Joh. 464, 12. 497.
Duns Scotus, Joh. 265, 68; v. Zitatenregister II.

III a) Personenregister.

Eck, Joh. **331**, 11.
Ehinger von und zu Baltzheim, Hans **765**.
Epikur **166**, 35.
Epiphanius v. Zitatenregister II.
Erasmus, Desiderius **889**, 44.
Euagrius v. Zitatenregister II.
Euripides v. Zitatenregister II.
Eusebius von Cäsarea **862**, 54; v. Zitatenregister II.
— von Emesa v. Zitatenregister II.
Eusthatius von Antiochia v. Zitatenregister II.
Eutyches **809**, 18. 21.

Faber (Fabri), Joh. **336**, 10.
—, Nikolaus **468**, 41.
—, Wendelin **467**, 30. **498**.
Fagius, Paul **498**.
Febris (römische Göttin) **323**, 32.
Ferdinand I., König von Ungarn und Böhmen **47**, 18.
Figenbotz, Konrad **464**, 13. **497**.
Fontanus, Joh. **498**.
Franciscus von Assisi, St. **164**, 20. **200**, 90. **302**, 24. **351**, 7. **384**, 21.
Fugger, Stephan **765**.
Fulda, Adam von v. Krafft.

Gabriel (Engel) **456**, 12.
Gelasius I., Papst **85**, 7. **983**, 37; v. Zitatenregister II.
Geltner, Petrus **467**, 29. **497**.
Gerson, Joh. **102**, 13. **103**, 16. **118**, 60. **302**, 28. **304**, 34. **337**, 20. **382**, 16. **388**, 36. **410**, 6. **701**, 50.
Gleichen, Graf Karl **765**.
—, — Ludwig **764**.
Gregor I., Papst **95**, 35. **317**, 3. **351**, 6. **375**, 94. **799**, 15. **1042**, 75; v. Zitatenregister II.
— von Nazianz **308**, 58.
— von Nyssa **1024**, 22; v. Zitatenregister II.

Hadrian VI., Papst **36**, 33.
Hanau, Graf Philipp **764**.
Heinrich II., Kaiser **35**, 12. 30. **40**, 11. 24.
Helt, Georg **465**, 20. **497**.
Henneberg, Graf Georg Ernst **764**.
Herkules **370**, 72. **564**, 18.
Herwart, Matthias **765**.
Hessen, Landgraf Philipp **137**, 12.
Hieronymus **212**, 143. **221**, 197. **317**, 2. **329**, 4. **445**, 28; v. Zitatenregister II.
Hilarius **479**, 28; v. Zitatenregister II.
Hilten, Joh. **377**, 1; v. Zitatenregister II.
Hitschler, Hans **765**.
Horaz v. Zitatenregister II.
Hoya=Burghausen, Graf Otto **764**.
Hugo von St. Viktor v. Zitatenregister II.
Hus, Joh. **701**, 50.

Innozenz III., Papst **36**, 24. 27.
Irenaeus v. Zitatenregister II.

Johannes Damascenus v. Zitatenregister II.
Jonas, Justus **139**. **463**, 2.
Jovinianus **105**, 30. **340**, 37. **347**, 66 f.
Julianus Apostata, Kaiser **308**, 58.
Juno **323**, 32.
Jupiter **564**, 18.
Justinian, Kaiser v. Zitatenregister II.
Justinus Martyr **983**, 37; v. Zitatenregister II.

Karl d. Gr., Kaiser **35**, 12. 30. **40**, 11. 24.
Karl V., Kaiser **31**. **141**, 1 ff. **145**, II, 1. **154**, 35. **157**, 51. **248**, 57. **252**, 2. 3. **270**, 90. **277**, 25. **741**. **745**. **750**. **759**, 2. **761**. **768**, 4. **830**, 3. **831**, 5. **835**, 5.
Karlstadt, Andreas **308**, 55.
Kilian, Joh. **468**, 40.
Kirchner, Sigismund **468**, 36.
Kiswetter, Wolfgang **468**, 37.
Körner, Christoph **827**, 31. **1100**.
Konstantin d. Gr., Kaiser **35**, 11. 30.
Krafft, Adam **465**, 21. **497**.

Lang, Joh. **467**, 34.
Leiningen, Graf Emich **764**.
Leo I., Papst **799**, 15. **983**, 37; v. Zitatenregister II.
— X., Papst **154**, 35. **265**, 67; v. Zitatenregister II.
Limburg, Heinrich zu **765**.
Löwenstein, Graf Ludwig **765**.
Lorenz, St. (Laurentius) **231**, 256. **562**, 11.
Lucian **325**, 37.
Lucina (röm. Göttin) **564**, 18.
Lübeck, Bischof Eberhard **762**.
Lüneburg, Herzog Ernst **137**, 11.
—, — Franz **137**, 14.
Luther, Martin v. Zitatenregister II.

Mani (Manes) **1022**, 16.
Mansfeld, Graf Bruno **764**.
—, — Christoph **764**.
—, — Hans Hoier **764**.
—, — Hoier Christoph **764**.
—, — Peter Ernst der Jüngere **764**.
Maosim **300**, 19.
Marcion **809**, 23.
Maria v. Sachregister.
Mechler, Agidius **468**, 43.
Mecklenburg, Herzog Johann **763**.
—, — Sigismund August **763**.
—, — Ulrich **763**.
Meißen, Bischof Johann **762**.
Melanchthon, Philipp **463**, 7. **467**, 30. **497**. **752**.
Melander, Dionysius **466**, 24. **498**.
Menius, Justus **467**, 33. **498**.

Menser, Andreas **468**, 42.
Merkur **564**, 18.
Münzer, Thomas **391**, 48. **454**, 3.
Muhammed **300**, 18. **455**, 9.
Musculus, Andreas **827**, 31. **1100**.
Mykonius, Friedrich **467**, 33. **498**.

Nestorius **808**, 18. **809**, 20. **1021**, 15.
Nikephorus Kallistus v. Zitatenregister II.
Nikolaus, St. **579**, 74.
— von Kues (Cusanus) **85**, 4; v. Zitatenregister II.
— von Lyra v. Zitatenregister II.
— de Tudeschis (Panormitanus) **251**, 65.
Northanus (ten Noirde), Brixius **466**, 27. **497**.

Öcumenius v. Zitatenregister II.
Omken, Gerhard **466**, 26. **497**.
Öttingen, Graf Gottfried **764**.
Öttinger, Konrad **465**, 17. **498**.
Oldenburg u. Delmenhorst, Graf Johann **764**.
Origenes **308**, 58. **479**, 27; v. Zitatenregister II.
Osiander, Andreas **465**, 14. **497**.
Ovid v. Zitatenregister II.

Panormitanus v. Nikolaus de Tudeschis.
Paul III., Papst **407**, 1.
Paul von Samosata **1021**, 15. **1022**, 16.
Pertinax, Kaiser v. Zitatenregister II.
Petrus Lombardus **277**, 25; v. Zitatenregister II.
Pfalz, Kurfürst Ludwig **762**.
—-Neuburg, Pfalzgraf Philipp Ludwig **762**.
Phalaris **233**, 278.
Photas, Kaiser **477**, 21.
Pindar v. Zitatenregister II.
Pius II., Papst **86**, 2. **89**, 13.
Platina, Bartholomäus v. Zitatenregister II.
Plato **238**, 20. **260**, 46. **310**, 65 (Platonica civitas, imaginatio, communio); v. Zitatenregister II.
Platz (Placenta), Ludwig **468**, 35.
Pollux **323**, 32.
Polyphem **324**, 35.
Pomeranus v. Bugenhagen, Joh.
Pompejus **206**, 120.

Reinstein, Graf Boto **765**.
—, — Ernst **765**.
Rhegius, Urbanus **464**, 10. **497**. **752**.
Rhodius, Paul **466**, 25. **497**.
Riedlein, Crispinus **766**.
Rochus, St. **562**, 11.
Röhr, Paulus **766**.

Sachsen, Kurfürst August I. **762**.
—, — Friedrich der Weise **40**, 34.
—, Herzog Friedrich Wilhelm **763**.
—, — Hans Friedrich **137**, 13.

—, Kurfürst Johann der Beständige **39**, 17. 19. **40**, 34. **43**, 39. **136**, 9.
—, Herzog Johann **763**.
—, — Johann Ernst **763**.
—, — Johann Kasimir **763**.
Sardanapol **343**, 50.
Schlaginhaufen, Joh. **465**, 19. **497**.
Schneeweiß, Simon **465**, 18. **497**.
Schnepf, Erhard **465**, 16. **497**.
Schönburg, Georg von **765**.
—, Wolf von **765**.
Schwarzburg-Frankenhausen, Graf Wilhelm **764**.
—-Rudolstadt, Graf Albrecht **764**.
—-Sondershausen, Graf Hans Günther **764**.
Sebastian, St. **323**, 32. **562**, 11.
Selnecker, Nikolaus **827**, 31. **1100**.
Sokrates **162**, 15. **353**, 16.
Spalatin, Georg **463**, 6. **497**.
Spengler, Lazarus v. Zitatenregister II.
Spölin, Joh. **765**.
Stebenhaber zu Hezlinshofen, Melchior **765**.
Stolberg, Graf Albrecht Georg **764**.
—, — Wolf Ernst **764**.
Suidas v. Zitatenregister II.

Tertullian **271**, 94; v. Zitatenregister II.
Thall, Joh. **468**, 39.
Theodor von Rhaitu v. Zitatenregister II.
Theodoret v. Zitatenregister II.
Theophylakt v. Zitatenregister II.
Thomas von Aquino v. Zitatenregister II.
Timann, Joh. **467**, 32. **498**.

Ulpian v. Zitatenregister II.
Ulysses **370**, 72.

Valens, Kaiser **1042**, 75.
Valentin, St. **323**, 32.
Venus **564**, 18.
Vergil v. Zitatenregister II.
Vetter, Jörg **765**.
Vigilantius **317**, 2.
Vigilius von Thapsus v. Zitatenregister II.
Voß, Kaspar **765**.

Weitmann, Melchior **468**, 38.
Wiklef, Joh. v. Zitatenregister II.
Wildenfels, Anarg Friedrich von **765**.
Wilhelm Peraldus v. Zitatenregister II.
Wolfhart, Bonifatius **498**.
Württemberg, Herzog Ludwig **763**.
—, — Ulrich **465**, 17. **498**.
— und Mömpelgard, Graf Friedrich **764**.

Zenon **162**, 15.
Zeringer, Friedrich **765**.
Zwingli, Ulrich **796**, 1. **1024**, 21. **1029**, 38--43.
Zysar, Lorenz **765**.

IIIb) Ortsregister.

Aalen, Rat 765.
Alexandria 95, 41.
Altenburg 463, 6. 497.
Augsburg 498.
—, Reichstag (1530) 31. 35, 4. 44, 1. 307, 52. 419, 10. 432, 16. 496. 745. 750. 759. 768, 4. 830, 3. 835, 5. 971, 1.

Basel, Konzil 43, 22.
Bopfingen, Rat 765.
Braunschweig, Rat 766.
Bremen 467, 32. 498.

Chalcedon, Konzil 477, 19. 1022, 18. 1031, 46.
Crailsheim 465, 18. 497.

Donauwörth, Rat 765.

Einbeck, Rat 766.
Eisenach 467, 33.
Eisleben 464, 8.
Ephesus, Konzil 1035, 59. 1043, 76.
Erfurt 467, 34.
—, Rat 766.
Eßlingen, Rat 765.

Frankfurt a. M. 467, 29. 497.
—, Kurfürstentag (1558) 744. 749.

Giengen, Rat 765.
Göttingen, Rat 766.
Goslar, Rat 765.
Gotha 467, 33.

Hamburg 467, 30. 498.
—, Rat 766.
Hameln, Rat 766.
Hannover 464, 10.
—, Rat 766.
Heilbronn, Rat 765.
Hildesheim, Rat 766.
Hof 464, 11. 497.

Isny, Rat 766.

Kaufbeuren, Rat 766.
Kempten, Rat 766.
Köthen 465, 19.
Konstanz, Konzil 429, 7. 451, 2.

Landau, Rat 765.
Leuttirch, Rat 766.

Lindau, Rat 765.
Lübeck, Rat 765.
Lüneburg, Rat 766.

Magdeburg 463, 5. 497.
Mansfeld 467, 28. 497.
Mantua, Konzil 405. 407, 1. 836, 7.
Marburg 464, 12. 497.
Memmingen, Rat 765.
Minden 466, 26. 497.
Mühlhausen, Rat 766.
Münster in St. Georgental, Rat 765.

Naumburg, Fürstentag (1561) 745. 749.
Nicaea, Konzil 50, 1. 244, 42. 474, 12. 475, 13. 476, 17.
Nördlingen, Rat 765.
Northeim, Rat 766.
Nürnberg 465, 14. 15. 497.
—, Rat 137, 16.
—, Reichstag (1522) 36, 33f.

Pforzheim 465, 17. 498.

Regensburg, Rat 765.
—, Reichstag (1527) 48, 18.
Reutlingen, Rat 137, 17. 765.
Rom v. Sachregister.
Rothenburg o. d. Tauber, Rat 765.

Santiago di Compostella 283, 48.
Schmalkalden, Konvent (1537) 469. 496. 497. 835, 7. 978, 17.
Schwäbisch Hall, Rat 765.
Schweinfurt, Rat 765.
Seeburg 467, 30. 498.
Soest 466, 27. 497.
Speyer, Reichstag (1526) 47, 15.
—, (1529) 47, 17.
Stettin 466, 25. 497.
Straßburg 498.
Stuttgart 465, 16.
Sybaris 344, 54.

Toledo, Synode 329, 4.
Torgau, Konvent (1576) 747.
Trient, Konzil 949, 35.

Ulm, Rat 765.

Wimpfen, Rat 765.
Worms, Reichstag (1521) 36, 31. 40.

IV.

Sachregister.

Abel, sein Opfer Gott angenehm durch den Glauben 198, 81.

Abendmahl v. Sacrament, Messe 64. 247. 349. 450. 519. 558. 707. 796. 970.

a) Wesen: Lehre vom A. soll auf den einfältigen Verstand der Einsetzungsworte gegründet werden 753, 2. diese dürfen nicht nach der Vernunft gedeutet werden 986, 45. sind buchstäblich zu nehmen, nicht figurate 797, 7. 801, 25. 984, 38. 975, 7. 1011, 113. Lehre der Sakramentierer 796, 2. 801, 25. 973, 2. Deutung der Gemeinschaft des Leibes Christi auf die Kirche abgelehnt 990, 59. Empfang des Leibes Christi im Himmel durch d. Gl. abgel. 1015, 122. wahrhaftige Gegenwart des Leibes Christi im A. 64. 796. 803. 1016. 1026, 29. Möglichkeit der leibl. Gegenwart Christi im A. 1005, 91. 1013, 119. 1048, 92 die christologischen Voraussetzungen v. Christus A II c 3. die Elemente nicht nur notae professionis 1012, 115. nicht nur Gleichnis 801, 28. 1013, 115. oder Gedenkzeichen 987, 49. 991, 60. 1012, 116. sind Mittel (gegen die Schwenckfeldianer) 825, 24. 1097, 32. sind wahrhaftig Leib und Blut Christi 450, 1. 710, 12. Transsubstantiation verworfen 452, 5. 801, 22. 977, 14. 983, 35. 1010, 108. doch 247, Anm. 1 Christi Leib nur in der Handlung gegenwärtig 1001, 87. Anbetung der Hostie verworfen ibid. 803, 40. 977, 15. 1010, 108. 1016, 126. mit den sichtbaren Dingen gereicht 248, 54. unter Brot und Wein 519, 2. 975, 9. „unter, mit, in" 983, 35. mit ihnen vereinigt durch unio sacramentalis 797, 7. 799, 15. 977, 14. 978, 18. 983, 35. 1013, 117. zweierlei Essen: manduc. spiritualis und oralis 660, 61. nicht nur geistliche 1012, 114. 1013, 118. sd. auch sakramentale oder mündl. Nießung 989, 56. v. Mündlicher Empfang nach den Einsetzungsworten 987, 48. doch auf geistliche Weise, nicht auf kapernaitisch 799, 15. 803, 41. 808, 17. 994, 64. 1009, 105. 1016, 127.

b) Wirkung: 711, 20. 985, 44. nicht nur sign. profess., sondern Zeichen göttlichen Willens 369, 69. das Testament Christi 329, 2. 797, 7. 989, 53. 1026, 29. gibt Gottes Gnade durch Christus 364, 49. das ganze Evangel. darin 714, 32. vereinigt mit Christo 331, 10. 1044, 79. gibt Vergebung der Sünden 200, 89. 364, 49. 374, 90. 711, 22. 989, 53. und Gottes Gnade und Geist 722, 70. ist lebendigmachende Speise 1035, 59. 1042, 76. 712, 23. zur täglichen Weide und Fütterung 712, 24. heilsame, tröstliche Arznei 721, 68. soll Glauben wecken und Gewissen trösten 94, 30. 91, 7. 331, 10. 200, 89. 259, 43. zweierlei Nutzen: Trost und Danksagung 370, 74. 75.

c) Gültigkeit: Christi Leib und Blut der Schatz i. A., muß ins Wort gefaßt sein 713, 28. das fürnehmste Stück i. A. Gottes Wort und Ordnung 708, 4. ohne das nur Brot und Wein 710, 14. Gegenwart Christi schafft nicht die Konsekration 798, 8. 997, 73. 1014, 121. sd. Gottes Kraft und Christi Einsetzung 998, 74. nicht der Glaube, sondern Christus 1014, 121. das Sakrament steht auf Gottes Wort, nicht auf Glauben 982, 32. 980, 25. nicht auf Menschenheiligkeit 710, 15. nicht auf Würdigkeit 720, 61. bleibt trotz Mißbrauch in Kraft 710, 15. 708, 5. auch Unwürdige geben u. nehmen es 240, 28. 246, 47. 450, 1. 975, 8. 977, 16. 978, 19. 980, 24. 27. 982, 32. 990, 57. 991, 60. 994, 63. 1015, 123.

d) Rechter Empfang: A. fordert Glauben 94, 33. 714, 33. der Schatz auf den Tisch gelegt, du mußt dich sein annehmen 714, 35. v. Gedächtnis Christi. Würdigkeit besteht nur im Glauben 370, 73. 521, 10. 714, 33. 800, 20. 996, 69. 1015, 124. unsere Unwürdigkeit darf uns nicht hindern 719, 55. Unwürdigkeit zum A. 800, 18. 996, 68. 720, 61. 991, 60. 721, 69. Unwürdige empfangen es zum Gericht 250, 62. 799, 16. 977, 16. 990, 57. 1015, 123. 721, 69.

e) Stellung im christlichen Leben: man soll dazu treiben und locken, nicht zwingen 505, 21. wie im Papsttum geschah 718, 51. Zwang macht ein Gift daraus 507,

25. ist Seelmörderin 716, 42. es soll nicht an besondere Zeiten gebunden sein 717, 47. denn nicht alle jederzeit dazu geschickt 250, 62. man soll es hochachten und oft empfangen 715, 39. dazu treibt Christi Gebot 717, 45. und Verheißung 720, 64. unsre Not 506, 23. 722, 73. A. soll nur gegeben werden nach Verhörung und Absolution 97, 1. 91, 6. 349, 1. denen nicht, die es nicht verstehen 708, 2. die den Katech. nicht lernen 503, 11. 554, 5. die nicht zur Beichte gehen 732, 29. die in öffentl. Lastern leben 250, 61. 719, 58.

f) Kultische Ordnung: Die Ordnung im A. ist göttliche Ordnung 246, 46. sie muß ganz gehalten werden, sonst kein Sakrament 1000, 83. 998, 75. Beiderlei Gestalt muß gegeben werden 85. 328. 451, 2. 801, 24. 1010, 110. ist nicht res indifferens 332, 14. Das ganze Sakrament für die ganze Kirche eingesetzt 329, 2. im Papsttum verweigert, damit der Pfaffenstand heiliger scheine 330, 9. Die Einsetzungsworte sollen öffentlich gesprochen werden 999, 79. Anbetung des Sakraments verworfen 803, 40. 1016, 126 sich selbst kommunizieren ist verboten 418, 8. laica communio der Priester 330, 8.

Abendsegen 522, 4.

Abgott 560. Gott und Abgott macht das Trauen und Glauben 560, 2. 564, 18. 567, 28. die Heiden machen ihre Träume von Gott zum Abgott 564, 20. der gemeinste Abgott (auf Erden) ist der Mammon 561, 6.

Abgötterei v. Gott, Glaube, Gottesdienst. A. stehet im Herzen dessen, der Hilfe sucht bei den Kreaturen, Heiligen oder Teufeln 564, 21. Heiligendienst ist öffentlich heidnische A. 404. A. mit den Heiligen 319, 16. 392, 53. 425, 26. 486, 47. mit den Engeln 425, 26. höchste A. ist die Werkgerechtigkeit 564, 22. 192, 40a. entstehet aus Menschengeboten und der Kirche 1059, 15f. 299, 15. ist das Werk des Antichrists in der Kirche 376, 97. die Messe ist A. 376, 97. 419, 11. die Messe ist höchste A. im Papsttum 416, 1. A. mit Wallfahrten 319, 16. mit dem Rosenkranz 393, 53. die Welt treibt eitel A. 563, 17. A. des Papsttums 416, 1. 768, 4. der Mönche 391, 44. 393, 54. 56.

Ablaß; Austeilung der Verdienste der Heiligen als satisfactio für die Sünde 321, 23. soll die satisfactio ersetzen 280, 38. 442, 24. A. kann sich nur auf die öffentl. Kirchenbuße beziehen 290, 78. ist von der Kirche auf das Fegfeuer bezogen ibid. 255, 15. 256, 26. A. für die Toten 255, 15. 423, 24. in der Beichtpraxis 98, 5. Heilsunsicherheit des A. in der katholischen Lehre 444, 27. A. ist großer Betrug 272, 1. 486, 46. nur um Geldes willen erdacht 486, 46. 442, 25. („Bullenmarkt") 255 15. („Jahrmarkt").

Abraham v. Patriarchen; sein Glaube 221, 199. 986, 46. 997, 71. A. hatte die Verheißung von Christus 261, 54. genießt das Verdienst Christi 997, 71. gerecht durch den Glauben, nicht durch die Beschneidung 179, 87. 90. 198, 80. 295, 19. 183, 114. 925, 33. durch den Glauben, nicht durch die Werke (Jak. 2, 21) 209, 131. A. war in seinem Reichtum heiliger, als die Mönche in ihrer Armut 309, 61. trotz seiner Vielweiberei herzensreiner als viele Jungfrauen 347, 64.

Absolution v. Beichte, Schlüsselamt, Vergebung der Sünde 249, 58. 272, 3. 517. 725. A. ist nichts anderes als das Evangelium 263, 61. 214, 150. 259, 39. 273, 8. ist Verheißung, nicht Gesetz 212, 141. ist nicht des Menschen, sondern Gottes Wort (Stimme vom Himmel) 98, 3. 259, 40. 1074, 38. 272, 2. ist die Kraft der Schlüssel 453, 1. 259, 39. ist das Hauptstück in der Beichte 98, 3. 263, 61. 729, 15. sollte das Sakrament der Buße heißen 259, 42. 292, 4. versöhnt mit Gott 1074, 38. verkündigt Frieden 259, 39. ist Hilfe und Trost wider Sünde 453, 1. eine gewisse Zuflucht für das Gewissen 728, 14. ein seliges, tröstliches Wort 259, 40. 98, 3. stehet nicht auf unserer Reue, sondern auf Christi Wort 233, 276. sie fordert zu glauben 98, 3. 211, 141. 214, 150. 249, 59. 263, 61. A. ist von Christus gestiftet 453, 1. hat Christi Befehl 292, 4. darf darum nicht verweigert werden 66, 1. 67, 9. die reservatio casuum darf sie nicht hindern 291, 80. Christus hat befohlen von Sünden zu lösen 728, 14. A. ist der Befehl loszusprechen, nicht ein Gericht zur Erforschung der Sünde 273, 7. ein Laie kann sie dem anderen erteilen 491, 67. die absolutio privata ist nicht geboten, sondern zur Hilfe gegeben 728, 13. doch soll man sie hochhalten 66, XI. 272, 3. 453, 2. als einen köstlichen Schatz 730, 20. 22. im Papsttum war sie verdunkelt 441, 20. 277, 25. 321, 25. 725, 1. 249, 59. die Kraft der A. wurde den Beichtenden nicht gesagt (in der römischen Kirche) 441, 20. sie blieb ungewiß 729, 17. bei den Evangelischen ist sie recht ans Licht gebracht 249, 59.

Abstractum in der Lehre von der communicatio idiomatum 754. 1106.

Accidens in der Lehre von der Erbsünde

851, 21. 775, 23. 861, 54.

Actus elicitus dilectionis soll Sündenvergebung erlangen 160, 9. 161, 12. 167, 36. 267, 75.

Adam, der alte Adam v. Erbsünde (justitia originalis). A. und Eva waren Enthusiasten 454, 5. 455, 9. A. wurde erst gestraft zur Reue, dann empfing er das Evangelium von Christus 262, 55 (261, 53). A. hat nicht durch die Strafe Vergebung verdient 262, 55. 286, 58. der a. A.: was er ist 704, 65. der unstellig streitbare Esel 969, 24. hängt dem Gläubigen an bis in die Gruben 967, 18. 964, 7. wir tragen ihn täglich am Halse, solange wir leben 686, 102. 707, 86. wird in der Bekehrung nicht substantiell vertilgt 779, 14. 905, 81. soll durch die Kraft der Taufe täglich getötet werden 704, 65. 516, 12. das Kreuz tut ihm wehe 677, 66. soll durch Trübsal getötet werden 286, 60. durch Anfechtungen 229, 247 und bei Christen nimmt er täglich ab 705, 71. wird durch Fasten gezähmt 301, 24. durch Berufsarbeit 341, 43. soll durch Gesetz und Strafen gezwungen werden, dem Geist zu folgen 794, 4. 967, 19. 969, 24.

Adiaphora 813, X. 1053. Begründung der A. 1055, 5. (Begriff) was wider Gottes Wort ist, ist kein A. 1055, 5. sind (an sich selbst) kein Gottesdienst 1056, 8. 1062, 26. haben nichts mit Christi Vollkommenheit zu tun 386, 27. darf die Gemeinde jederzeit ändern 1056, 9. darf die Gemeinde in Christi Freiheit gebrauchen 1056, 9. 1063, 30. den Schwachen im Glauben darf man darin nachgeben 1056, 9. die Evangelischen in Augsburg bereit gewesen, um Friedens willen etliche A. zu halten 307, 52. zur Zeit der Verfolgung darf man nichts nachgeben 1057, 10. 1062, 28.

Agnoeten 1042, 75.

Akidia (ἀκηδία) 585, 99.

Allegorien beweisen nicht 360, 35.

Allgegenwart Gottes in den Kreaturen, sonderlich in den Gläubigen 1039, 68.

—, Christi v. Christus.

Allmacht Christi v. Christus.

Alloiosis (Zwingli) was sie ist 1024, 21. von Luther abgelehnt 1029, 38. ist des Teufels Larven 1029, 40.

Allwissenheit Gottes v. Vorsehung.

—, Christi v. Christus.

Almosen, ihr Verhältnis zur Glaubensgerechtigkeit 210, 133. können unter die Sakramente gerechnet werden 294, 17. fürstliche A. sind: gutes Regiment usw. 213, 143. Mißbrauch durch Bischöfe und Mönche 378, 5. 495, 80.

Amt v. Stand, Beruf C. A. und Apol. XVI 70. 307, 53. falsche Lehren der Wiedertäufer (die Wiedertäufer verbieten es den Christen) 824, 13f. 1095, 18f. alle Ämter der Christenheit dienen der Vergebung der Sünden 658, 54. treue Ausrichtung des Amtes ist christliche Vollkommenheit 386, 27 (212, 43). treue Erfüllung des Amtes nur durch Christus möglich 81, 37. Treue im A. dient der Keuschheit 342, 43. A. des Kaisers, der Fürsten fordert Erhaltung der christlichen Lehre 328, 44. Amt der Fürsten fordert Schutz der Untertanen, gutes Regiment 85, 3. 213, 141.

Ämter der Kirche:
Amt der Bischöfe v. Bischöfe.
Predigtamt v. dort.
Amt der Priester v. Priester.
Amt der Schlüssel v. Schlüsselamt.

Das höchste Amt in der Kirche ist das Predigtamt 305, 44. auf das Amt, das das Bekenntnis des Petr. führet, ist die Kirche gegründet 479, 25. alle Ä. der Kirche soll man hochhalten 453, 2. Ä. in der Kirche können auch Heuchler und Gottlose haben Apol. (IV) VII. VIII. 233, 1 ff. sogar der Antichrist 234, 4. Amt Christi v. Christus. A. d. Hlg. Geistes v. Geist, hlg. A. des Evangeliums und des Gesetzes v. Evangelium und Gesetz.

Anabaptisten v. Wiedertäufer.

Anfechtung v. Versuchung. Kreuz muß jeder Christ tragen 687, 105 f. A. sind nicht Zeichen des Zorns, sondern Gnadenzeichen 286, 61. durch A. will Gott den alten Adam kreuzigen 229, 247. ohne A. sein treibt zu Werk- und Verdienstlehre 160, 9. 163, 20. v. Müßige Menschen. A. sollen uns unsere Schwachheit erkennen und Gottes Hilfe suchen lehren 285, 55. in der A. gewinnen unsere Werke und Verdienste 161, 10. 163, 20. 192, 40. in A. tröstet uns nur die Gewißheit rechtfertigender Gnade Gottes 171, 60. 178, 85. 231. 269, 88. 223, 256. 268, 84. 232, 266. in A. trösten wir uns der Sakramente als Siegel der Erwählung 259, 43. durch A. soll der Glauben das ganze Leben hindurch wachsen 224. 258, 37. A. sind gute Werke 198, 72. 306, 45. Das Fleisch murret wider Gott in der A. 194, 49. Der Christ soll darin Gott gehorsam sein 160, 8. 306, 45. Ohne Gott ist's unmöglich, auch die allergeringste A. zu überwinden 687, 105. nicht ohne den Hlg. Geist 218, 172.

Anrufung der Heiligen v. Heilige.

Antichrist ist das Papsttum v. Papsttum. Antichristentum ist: Erdichtung eigener Got-

IV. Sachregister.

tesdienste 300, 18. 364, 51 (scil. Messe) 376, 98. Verbot der Priesterehe 459, XI, 1. Anrufung der Heiligen 424, 25. falsche Lehrer sind Antichristi 246, 48. A. soll nach der Weissagung in der Kirche Regiment und Amt haben 234, 4. A. bleibt, bis Christus kommt 376, 98.

Antinomer 956, 15. 957, 17.

Antiochi der Kirchen 362, 41 (374, 91).

Antitrinitarier, neue 826, 29. 1091, 1. 1099, 37.

Apfelgott 565, 23.

Apologie der Conf. Aug. als Lehrnorm (symbol. Lehre) anerkannt 758. 761. 768, 4. 835, 6. 838, 11.

Apostel sollen an Christi Statt predigen 401, 19 (1021, 27). Sakrament reichen 240, 28. A. sind Gaben Gottes 479, 26. Christus hat den A. das Evangelium zu predigen befohlen, nicht das Schwert und weltlich Regiment 308, 59. 481, 31. A. haben nicht ein mandatum cum libera, sondern den Befehl, Gottes Wort zu predigen 401, 18. Gott hat ihnen nicht das Richtamt, sondern die Gnadenexekution befohlen 273, 7. alle A. haben im gleichem Amt das Ev. zu predigen 473, 8. regierten die Kirche gemeinsam 430, 9.

Apostolisches Glaubensbekenntnis v. Symbolum Apostolicum i. Reg. III.

Arbitrium liberatum 898, 67.

Arbitrium liberum v. Wille.

Areopagiten (Bezeichnung der Confutatoren als Verteidiger des Mönchtums) 386, 28.

Arianer 51, 5. 812, 39. 1016, 126. 1042, 75.

—, neue 826, 28. 1091, 1. 1098, 36.

Aristoteles, s. Ethik statt des Evangeliums gepredigt 162, 14.

Arme, die A. werden vielfach bedrückt 621, 240. 624, 257f. 682, 84. die Fürsten sollen sie schützen 212, 141. sollen vom Kirchengut versorgt werden 495, 80.

Armut v. Eigentum, Mönchtum, Klosterleben, Gelübde, Werke, Gottesdienst. Christl. (evangel.) A. heißt nicht, die Güter aufgeben, sondern darauf nicht vertrauen (Beispiel Davids) 391, 46.

Artikel des Glaubens begründet nur Gottes Wort 421, 15. will der Papst aufrichten 239, 23. bei den Evangelischen im Einklang mit der Schrift und gemeinen christl. Kirche gelehrt 88, 1. Hauptart. des Evangeliums: Von der Rechtfertigung aus Glauben: Von ihm kann nichts nachgegeben werden, auf ihm steht die evgl. Lehre 415, 5. 916, 6. Vom Glauben 129, 52. Von Vergebung der Sünden 263, 59. 313, 79. im Bekenntnis dieses A. läßt sich selig sterben 314, 84. Die Evangelischen wollen ihn gegen alle Gefahren bekennen 315, 86. Von Buße und Vergebung allein durch Christus 254, 10. Von Buße und Christus 326, 41. Wider ihn streiten die Klostergelübde 461, XIV. der Heiligendienst 424, 25.

Artikel der göttl. Majestät von beiden Teilen bekannt 415.

—, die drei scheiden uns Christen von allen anderen 661, 66. zeigen uns den tiefsten Abgrund des väterlichen Herzens Gottes 660, 64.

—, der erste, sollte uns alle demütigen und erschrecken 649, 22. wenige glauben ihn 649, 20f. sollen wir täglich üben 650, 23.

—, der zweite 650—653. auf ihm stehet das ganze Evangelium 653, 33.

Articuli Smalcaldici als symbol. Schrift anerkannt 761. 768, 4. 835, 7. geben die rechte Lehre vom Abendmahl im Gegensatz zu den Sakramentierern 978, 17.

Attritio v. Reue.

Audianer 245, 43.

Auferstehung (Auferweckung) der Toten 285, 56. 310, 66. 659, 59ff. 772, 10. 859, 46f. 969, 24. tägliche A. bedeutet das neue im Menschen durch die Taufe 704, 65. geschieht durch den Glauben 260, 46. 209, 129.

Augsburger Bekenntnis v. Conf. August.

Auserwählte v. Prädestination.

Auslegung, der gewisseste Ausleger seiner Worte ist Christus selbst 988, 50. A. der Heiligen Schrift sind nützlich, aber nicht symbolische Schriften 837, 10.

Aussatz, die Erbsünde ein geistlicher A. 847, 6. 854, 33.

Avon sind Gottesdienste der Klöster 427.

Bad, leibliche Bäder der Pharisäer 216, 161.

Badertaufe 695, 22. 698, 35.

Bann v. Jurisdiktion der Bischöfe; „großer" und „kleiner" B. sind zu unterscheiden 456, IX. Der große ist weltliche Strafe, der kleine der rechte christliche B. ibid. Der kleine B. schließt offenbare halsstarrige Sünder aus der Gemeinschaft der Kirche und der Sakramente aus ibid. 234, 3. 250, 61. 489, 60. 493, 74. Die Gewalt des kl. B. hat jeder Pfarrherr 400, 12f. 493, 74. Die Bischöfe haben ihn widerrechtlich an sich gerissen ibid. Die Bischöfe haben die Gewissen durch gewaltsamen B. beschwert 120, 2. 493, 74. die Päpste haben die Könige damit geplagt 482, 35. daß die Gemeinde ohne B. nicht recht christl. sei (Schwenckfeldianer) abgelehnt 825, 26. 1098, 34.

Barfüßermönche 164, 20. 228, 240. 309, 62. 325, 37. Geschichte J. Hiltens 377, 1.

Barmherzigkeit Gottes v. Gnade, Verheißung, Gott. ist in Gottes Gericht gewiß 226, 224. B. und Glaube sind correlativa 222, 203. 226, 225. 231, 260. wir bedürfen ihrer auch bei guten Werken 222, 202. Gefäße der B. 1081, 60. 1086, 79. 1087, 82.

Bauern, der B. Übersetzung (Übervorteilung) 412, 12.

Bauernkrieg (1525) 448, 42.

Baum, Bild vom guten und bösen Baum und ihren Früchten 209, 131. 312, 72. 886, 32. wie einen Baum muß man die göttl. Zusage ergreifen in den Wellen der Todesangst 224.

Befehl Gottes v. Sacrament, Predigtamt, Gottesdienst, Werke, Menschensatzungen.

Beichte v. Absolution 66. 97. 249. 255, 11. 272. 517. 725.

B. besteht aus zwei Stücken: Sündenbekenntnis und Absolution 517, 16. unser Werk und Gottes Werk 729, 15. Gottes Werk, die Absolution, das Wichtigste 729, 15. 98, 3. 264, 61. im Papsttum ist nur unser Werk getrieben 729, 16. allgemeine B. und heiml. B. (Privatb.) 727, 8. allgemeine B. muß ohne Unterlaß geschehen, das ganze Vaterunser eine solche B. 727, 9. das Erzählen der Sünden ist unmöglich und unnötig 66. 98, 7. 249, 58. 256, 23. 272, 5. 440, 19. 452, 2. 486, 45. man soll nicht Sünde suchen und unter der Marter nach der B. machen 518, 24. wir sollen nur die Sünde vor dem Beichtiger bekennen, die wir im Herzen wissen und fühlen 517, 18. doch ist's gut, einzelne Sünden zu bekennen 251, 63.

Die B., die Gott geschieht, ist die Reue im Herzen 223, 10. sie bezieht sich auf den ganzen Menschen 447, 37. man empfängt Vergebung nicht um der B. willen 272, 95. nicht ex opere operato 255, 12.

B. nicht befohlen 728, 14. nicht aus der Schrift, sondern aus der Kirche 100, 12. soll frei von Zwang sein 725, 1. 730, 21. 250, 62. unter dem Papsttum eine Höllenmarter, ihr Trost nicht gelehrt 726, 3. 731, 25. wir wissen sie selig zu gebrauchen 726, 4. es bedarf des Zwanges nicht 730, 23. 732, 32.

Ihr hoher Wert 728, 13. 731, 26. im Papsttum war sie ungewiß 447, 37. B. soll man nicht abkommen lassen 97, 1. 453, 1.

Freiheit der B. mißbraucht 726, 5. Wer nicht beichtet, ist kein Christ 732, 29 ff. soll das Abendmahl nicht bekommen ibid. Anleitung zur B. Beichtformeln für einige Stände 517, 20. B. bei den Vätern 274, 15. Eingreifen der Mönche in die Beichtpraxis 251, 65. 134, 2.

Beichtpfennig 251, 65.

Bekehrung 173, 65.

a) Wesen der B.: B. ist Änderung des ganzen Menschen 901, 70. 906, 83. B. = Buße 257, 28. 279, 34. zwei Stücke: Reue und Glauben 257, 28. 260, 46. 262, 56. Buße und Glaube 954, 7. (als drittes Stück könnte man die Früchte nennen 257, 28). B. = mortificatio und vivificatio 260, 46. Erweckung vom geistlichen Tode 909, 87. doch nicht Tilgung und Neuschaffung der Substanz 779, 14. 905, 81. B. und Glaube 172, 61 ff. B. u. Wiedergeburt ibid. B. ist umfassender als Rechtfertigung 922, 24. Ordnung der B. 927, 41. B. ist wiederholbar 899, 69.

b) das Zustandekommen der B.: 891, 49. B. wirkt Gott allein 882, 25. B. und Barmherzigkeit 880, 22. B. wirkt der hlg. Geist durch das Wort 777, 4. 873, 5. 901, 71. 1083, 71. B. hat zwei Ursachen: Geist und Wort, nicht drei 781, 19. 911, 90. der Wille wirkt nicht mit 778, 9. nicht wie zwei Pferde an einem Wagen 898, 66. „Gott zeucht den Wollenden" ist falsch 907, 86. Anfang der B. aus natürlichen Kräften abgelehnt 903, 76. facultas applicandi se ad gratiam abgelehnt 904, 78. auch das Sehnen nach Gnade hat Gott entzündet 876, 14. Mitwirkung des Menschen am Anfang des Geistes abgelehnt 903, 77. er verhält sich pure passive 780, 18. 909, 89. wie ein Stein oder Block 894, 59. 896, 62. ja ärger als sie 879, 19. doch hat er die capacitas passiva 881, 23. Gott zwingt den Menschen nicht 896, 60. er macht aus Unwilligen Willige 780, 17. 909, 88. 896, 60. B. ändert den Menschen, so daß er die Gnade annehmen kann 906, 83. nach der B. wirkt der Wille mit 780, 17. 898, 66. Lehre vom Unvermögen des Menschen. darf nicht zur Trägheit führen 890, 46.

Bekenntnis der Sünde v. Beichte.

— des Glaubens: gehört zur äußeren Gestalt des Reiches Christi 198, 72. das B. der Heiligen setzt Christus dem Reiche des Teufels entgegen 197, 68. es beweist die Festigkeit unseres Glaubens 232, 263. rechtfertigt aber nicht ibid. unsere Werke sollen unser B. sein 197, 68. die Anrufung Gottes unser B. 577, 70. das B. des Petrus als Grundlage der Kirche 479, 25. Bekenntnisschriften v. Symbole.

Beköruug = Versuchung 686, 101.

Bereitung zur Gnade dem Menschen un-

IV. Sachregister.

möglich 904, 78. durch eigene B. erstreben die Schwärmer die Erleuchtung 294, 13. B. zum Abendmahl 521, 10. 715, 36. 802, 38. 1015, 124.

Beruf. a) weltl. v. Stand, Werke, Vollkommenheit. im Papsttum als ungeistlich Wesen verachtet 102, 10. 111, 13. 302, 26. 388, 37. 486, 48. doch hat er Gottes Gebot 302, 25. man soll ihn nicht verlassen um Wallfahrten u. dgl. willen 71, 4. 390, 41. 422, 18. sondern in seinem B. die christl. Vollkommenheit suchen 117, 49. 386, 27. 389, 37. 391, 46. die Werke des B., die aus dem Glauben folgen, gefallen Gott 339, 32. sind die rechten guten heiligen Werke 302, 25. durch die Berufswerke der Christen triumphiert Christus über die Teufel 198, 71.

b) B. = Berufung. Berufung Gottes v. Prädestination. ergeht an alle Menschen 818, 8. 1072, 29. ist ernst gemeint ibid. 1073, 34. geschieht nicht ohne Mittel, durchs Wort 818, 8. 1071, 27. wir sollen unsern Beruf festmachen 820, 14. 1084, 73. durch Werke des Glaubens 315, 89. 948, 33. B. zum Predigtamt v. dort 457, X. ohne ordentlichen Beruf soll niemand predigen 66, XIV. 296, 24.

Beschneidung war nicht zur Rechtfertigung gegeben 198, 80. 295, 19. sondern zur Übung des Glaubens ibid. ist kein Adiaphoron 1057, 12. geistl. Beschn. 260, 46.

Betteln ist nicht Gottesdienst oder christliche Vollkommenheit 117, 50.

Bettelorden, durch sie sind Mißbräuche bei der Messe entstanden 351, 7.

Bezahlung für die Sünde ist Christus 366, 55. sein Verdienst 320, 19.

Bild Gottes in Adam 150, 18. 793, 2. durch den Fall verloren 848, 10. in uns 227, 230. B. in Stein gehauen, als Gleichnis des Menschen in der Bekehrung abgelehnt 910, 89.

Bilder der Heiligen v. Heilige.

Bilderstreit 242, 52.

Binden v. Schlüsselamt. B. heißt nicht Strafen auflegen, sondern Sünden behalten 281, 41.

Bischöfe. a) Wesen des B.-Amtes: 120. 296. 397. 484, 60. bezieht sich auf geistliche, nicht auf leibliche Güter 121, 8. besteht in Predigt des Evangel., Sakramentsverwaltung, Kirchenzucht 489, 60. 123, 21. 400, 13. ist die Schlüsselgewalt 121, 5. v. Predigtamt, Pfarrherrn.

Ihre kirchliche Gewalt und Kirchenregiment: sie sollen Lehre urteilen 123, 21. ordinieren 490, 62. Kirchenzucht (geistl. Gerichtszwang) üben 493, 74. v. Jurisdiktion, Bann. sie haben keine Gewalt über die Kirche 132, 76. nicht königliche Gewalt, neue Gesetze zu schaffen 400, 14. haben ihre Gewalt nach Gottes Gebot zu brauchen ibid. dürfen nicht neue Ordnungen aufrichten 303, 31. gegen die Propheten 265, 66f. gegen das Evangel. 126, 34. 398, 6. 400, 14. 402, 20. nicht neue Gottesdienste 303, 31. als heilsnotwendig ibid. sondern nur zur Ordnung der Kirche 400, 15. in geistlichen Dingen soll die Gemeinde ihnen gehorchen 124, 21 f. 129, 55. doch nicht, wenn sie wider die Schrift lehren 124, 23ff. 402, 21. 493, 72. 495, 79. Gott ist mehr zu gehorchen 124, 23. 132, 75. 297, 25. 27.

Ihre weltliche Gewalt ist nicht göttl., sondern menschlichen Rechtes 123, 19. ihre Güter sind zum Dienst der Kirche gestiftet 495, 80.

Die B. sind alle gleich nach göttlichem Rechte 489, 61. 430, 9. alle Pfarrherrn sind Bischöfe 490, 62. ihr Unterschied menschliche Ordnung 490, 63. sie sollen von der Gemeinde gewählt werden, wie in alten Zeiten 475, 13. 491, 70. Primat des Papsttums v. Papsttum.

b) Entstellung des B.-Amtes unter dem Papsttum: sie wollen weltliche Fürsten sein 458, 2. 1060, 19. über Kaiser und Königen 120, 3. haben die Kirchengüter mißbraucht 495, 80. haben ihre geistliche Gewalt mißbraucht, neue Gottesdienste und Tradition eingeführt 120, 2. 244, 41. 491, 66. verboten den Kelch im Abendmahl, den Ehestand der Geistlichkeit 131, 70. nehmen Eide ab gegen das Evangel. ibid. sie tyrannisieren das Volk 121, 4. 132, 74ff. 205, 112. 297, 25. 28. 325, 39. treiben dadurch zur Spaltung 133, 78. 205, 112. 297, 27. die B. sorgen nicht, daß das Volk christlich unterwiesen wird 502, 5. fragen nicht, wie die armen Leute leben und sterben 412, 10.

c) Stellung der Evangelisch. zu ihnen: Wenn sie rechte B. sind, kann man ihnen ihr kirchl. Regiment lassen 296, 24. 457, 1. und sollen ihre Würde nicht verlieren. da aber nicht, so müssen wir sie fahren lassen 297, 25.

Block oder Stein v. Bekehrung 879, 20. 894, 59. 896, 62.

Blut Christi; dadurch haben wir Erlösung 181, 103f. 214, 52. 264, 63. 415, 3. 511, 4. 652, 31. Vergebung der Sünde 314. 519, 1ff. 558, 23. 708, 3. damit werden wir besprengt, d. i. geheiligt 361, 36. 38. 1035, 59. ist die rechte Genugtuung 447, 38. die Bezahlung für den ewigen Tod 283, 50. gewaltiger als die

Sünde 189, 29. hat die Handschrift ausgelöscht 181, 103.
Blut Christi im Abendmahl v. Abendmahl.
Blutbriefe lassen die Widersacher ausgehen 205, 115. 397, 4.
Brauch des Sakraments v. Sacrament.
— des Gesetzes, dritter v. Gesetz.
—; Bräuche in der Kirche v. Menschensatzungen, Zeremonien.
Brot im Abendmahl v. Abendmahl.
Brüderschaften 76, 3. 393, 53. 422, 21.
Buch des Lebens, Christus so genannt 817, 7. 819, 13. 1068, 13. 1082, 66. 1083, 70. 1089, 89.
Buße 66. 252. 436.
   a) ihre Bedeutung: B. ist das nötigste Stück der christl. Lehre 326, 41. 363, 46. 254, 10. ihr Zusammenhang mit der Glaubensrechtfertigung 252, 1 ff. 263, 59 ff. mit Christus 326, 41. mit ihr stoßen wir den Papst zu Boden 447, 39. im Papsttum war die Lehre von der B. verdunkelt 253, 4.
   b) die falsche Bußlehre der Papisten 253, 6. 438, 10. v. Reue, Beichte, Genugtuung. war die Folge ihrer Gesetzes- und Werklehre 283, 49. 439, 12. ist eitel Gesetzeslehre 267, 75. 254, 8. 258, 34. sie kannten die Sünde nicht 438, 10. Reue und Buße sollen Vergebung erlangen 267, 75. der Glaube soll vorangehen (fid. generalis) 263, 60. B. der Papisten ist eine stückliche und bettelische B. 446, 36. heißt: immerdar gebüßt und nimmermehr zur Buße kommen 442, 23.
   c) die evangel. Lehre von der B.: erst durch Luther wieder klargestellt 253, 4. die rechte evangelische B. 436, 1. sie weist vom Gesetz weg aufs Evangel. 267, 75. das Evangel. dazu nötig 210, 136. 211, 139. das Evangel. predigt Buße 257, 30. 393, 54. doch ist das nicht seine eigentliche Predigt 792, 11. 953, 4. v. Evangel. Gesetz und Evangel. nötig 956, 15. verschiedener Begriff der B. 1. = Bekehrung, 2. = Reue 954, 7. die B. soll eine Umwandlung des ganzen Lebens sein 289, 73. B. heißt den alten Menschen wegwerfen und in ein neues Leben treten 706, 75. ist die Wiedergeburt 230, 253. 279, 34. ein Wiedergang und Zutreten zur Taufe 706, 74. 79 ff. hat zwei Stücke: Reue und Glaube 66, 2 f. 252, 1. 257, 28. 258, 35. 259, 44. 261, 52. 263, 60. 271, 91. 272, 1. 436, 2. 954, 8. B. = mortificatio und vivificatio 260, 46. 261, 50 ff. der Glaube gehört zur B. v. Glaube 66. 168, 45. 188, 21. 210, 136. 214, 5. 215, 157 f. 224. 233, 277. 263, 59. 271, 91. (Pre-

digt der) B. dient zur Vorbereitung der Gnade 437, 5. ist nicht activa sondern passiva contritio 436, 2. v. Reue. sie stößt alles in Haufen: es ist eitel Sünde 446, 36. schrecket die Gewissen 172, 62. 218, 171. 229, 244. 257, 29. läßt sie Gottes Zorn fühlen 172, 62. 188, 21. das sind die rechten Bußstrafen 284, 51. die B. muß gute Früchte bringen 214, 155. 279, 34. doch folgen diese erst dem Glauben 262, 58. folgen gewiß 279, 34. die rechten Früchte der B. lehren die 10 Gebote 290, 77. sie sind das ganze neue Leben 260, 45. 280, 35. B. soll das ganze Leben hindurch währen 224. 447, 40. 886, 34. 909, 88. beißt sich mit der übrigen Sünde (im Fleisch) durchs ganze Leben 447, 40. B. und Glaube sollen miteinander erwachsen 227, 232.
   d) B. als drittes Sakrament 259, 41. 292, 4. 706, 74. B. und Absolution v. Absolution. B. der Getauften möglich 66, XII 1. 67, 9.

Calvinisten 804, 1.
Canones fordern nicht, daß überall dieselben Bräuche seien 83 d, 2. verbieten, einem ketzerischen Papst zu gehorchen 483, 38. verwerfen untüchtige Gelübde 380, 10. 393, 57. gebieten nicht eine Gestalt im Abendmahl 85, 1 ff. übertreiben die Gewalt des Papstes 487, 49 f. die alten C. werden nicht gehalten 131, 67. halten wir reiner als die Gegner 304, 39.
Capacitas activa und passiva zur Bekehrung v. Bekehrung 881, 23.
Carentia justitiae originalis v. Erbsünde 150, 15 ff.
Casula 640, 314.
Casus, c. reservati v. Fälle, vorbehaltene. in casu confessionis v. Adiaphora.
Causa, c. peccati v. Sünde, Erbsünde.
—; dritte c. der Bekehrung v. Bekehrung.
Chiliasmus v. Reich Christi.
Christen sind durch die Artikel des Glaubens von allen anderen Leuten geschieden 661, 66. C. und weltlicher Stand 70, XVI. 307, 53. 246, 50. v. Stand, Beruf, Obrigkeit, Eigentum, Ehe. Irrtum der Wiedertäufer ibid. des Wiclef 310, 66.
Christenheit v. Kirche.
Christenstand v. Stand.
Christus:
   A. Die Person Christi: 21. 26. 28. 804. 1017. 53, III.
   I. Chr. die 2. Person der Trinität 21. 26. 28, 3 ff. der einige, ewige Gottessohn 651, 29. das Wort 158, III. geboren, nicht geschaffen 26. 29, 21. durch

ihn ist Alles geschaffen 26. unser Gott und Heiland 1002, 89. unser Schöpfer und Erlöser 985, 44.

Er ist im Schoß des Vaters 381, 13. 1082, 67. die ewige Wahrheit und Weisheit selbst 985, 43. 987, 47. die wesentliche Gerechtigkeit Gottes 914, 2. 932, 54. ein Spiegel des väterlichen Herzens 660, 65. Gott hat sich in ihm ganz ausgeschüttet 651, 26. die ganze Dreifaltigkeit weist auf ihn 1082, 66.

II. Zwei Naturen in Chr. 29, 27. 158, 52. 804. 1017. Chr. ein Geheimnis, das wir einfältig glauben sollen 1048, 96. das größte Geheimnis nach der Trinität 809, 18. 1027, 33.

a) Chr. wahrer Gott und Mensch 29, 30. 798, 11. 1006, 94. wahrer wesentlich völliger Gott 826, 28. 1019, 6. 1096, 26. Die Gottheit hat die Menschheit angenommen (ist nicht in die Menschheit verwandelt) 30, 33. Chr. hat sein Fleisch und Blut von Maria angenommen, nicht vom Himmel gebracht (gegen die Wiedertäufer) 158, 52. 822, 3. 1096, 25. Chr. Fleisch gehört nicht zum Wesen der Dreifaltigkeit (gegen die Schwenckfeldianer) 825, 21. 1097, 29. Er ist eines Wesens mit uns, doch ohne Sünde 857, 43.

b) unio personalis (hypostatica) = persönliche Vereinigung 30, 32. 771, 5. 781, 1. 857, 42. 1020, 11. 1026, 3. 1038, 64. Die Einheit der Person bedeutet nicht confusio naturarum. Die zwei Naturen sind ungetrennt und unvermischt in der Person Christi 1019, 7. unverwandelt 983, 36. sie sind incommunicabiles wie geleimte Bretter 806, 9. 1021, 14. jede Natur behält ihre Eigenschaften 1020, 8. ihre Einheit ist κοινωνία und ἕνωσις 1024, 22. die Naturen sind vereinigt wie Leib und Seele 30, 35. und wie Feuer und Eisen 806, 9. 1022, 18. 1038, 64. 1039, 66. in die Disputation über die unio personalis ist Luther wider Willen hineingezogen 753.

c) communicatio idiomatum: 1026, 31. ist realis communicatio im Gegensatz zur bloßen verbalis comm., aber nicht physica comm. 1037, 63. begründet durch die unio hypostatica 1038, 64.

1. die Eigenschaften einer Natur werden der Person zugeschrieben 1028, 36.
2. im Amt Christi wirkt die Person nach ihren beiden Naturen 1031, 46.
3. die menschliche Natur ist durch die persönliche Vereinigung mit der göttlichen erhöht 1032, 50f.

ad 1. Es ist eigentlich nicht figürlich zu verstehen: "Gott ist Mensch und Mensch ist Gott" 1023, 19. "Maria ist Gottes Mutter" 806, 12. 1024, 24. "Christi Tod ist Gottes Tod" 1031, 44.

ad 2. Das Amt Sache der Person durch beide Naturen 1031, 46. die menschl. allein kann nicht mitteln 933, 56. wo die Werke geteilt werden, muß die Person zertrennet werden 1030, 43. Gottheit und Menschheit lassen sich nicht trennen 1045, 84. der ganze Chr. ist unsere Gerechtigkeit 782, 3. 915, 4. 918, 15. 933, 55. nicht nach seiner Gottheit als wesentliche Gerechtigkeit Gottes 782, 2. 914, 2. nicht nach seiner menschlichen Natur 782, 2. 914, 3. Gottheit hat gelitten, nicht bloß d. menschliche Natur 1023, 20. der ganze Chr. ist zur Hölle gefahren 807, 13. 1053, 2.

ad 3. Die göttliche Natur ist unveränderlich 1032, 49. die menschliche Natur durch Vereinigung mit der göttlichen erhöht, doch hat sie die göttliche Majestät nicht außerhalb der unio personalis 754, 2. nicht als wesentliche Eigenschaft ibid. 1036, 61. Gottes Sohn hat sie von Ewigkeit her, der Mensch Chr. bei seiner Geburt zeitlich empfangen 1045, 85. Chr. nach der göttlichen Natur dem Vater gleich, nach der menschlichen unter ihm 1036, 61. die Herrlichkeit der göttlichen Natur erzeigt sich nach der menschlichen Natur 1039, 66. die Herrlichkeit der menschlichen Natur ist vermittelt durch den Geist 1041, 72. Chr. hat sie schon im Mutterleibe empfangen, hat sie im Stande der Erniedrigung heimlich gehalten 1025, 26. unter Knechtsgestalt verborgen 1038, 65. sie aber, wann er wollte, offenbart 1024, 25. nach der Auferstehung die Knechtsgestalt ganz abgelegt 1025, 26. ist nach dem Fleisch zur Rechten Gottes erhöht 1021, 12. 1026, 28.

Gegenwart Chr. nach seiner Menschheit:

Chr. Leib hat dreierlei Weise an einem Ort zu sein, leibliche, geistliche, göttliche Weise 1006, 8f. er ist allen Kreaturen immanent und transzendent wie Gott 1007, 101. auch nach der Menschheit überall gegenwärtig 1044, 81. wo Gott ist, ist der Mensch Chr. auch da 1044, 82. sein Leib nicht an einem Ort am Himmel 1013, 119. der ganze Chr. ist bei seiner Kirche gegenwärtig 1043, 77. Gegenwart Chr. im Abendmahl v. Abendmahl 796, 2. 973, 2.

B. Christi Werk:
I. Sein Leben 21. 26. 30. 36. 54. 1ff. 158, 52. 414, 4. 511, 3. 555, 12. 650, 25. Jungfrauengeburt 806, 12. 1019,

6. 1024, 24 (clauso utero 1007, 100). ohne alle Sünde empfangen und geboren 652, 31. Höllenfahrt 812. 1049. Wiederkunft 72. 310.

II. Chr. als Erlöser 54. 158, 52. 415. 511. 651.

a) Der praktische Charakter des Christusglaubens: causa finalis seiner Historie ist Vergebung der Sünden 170, 51. Alles muß auf den Artikel von der Vergebung bezogen werden ibid. Chr. erkennen ist: seine Wohltat und Verheißung kennen 181, 101. seine Wohltat, Vergebung der Sünden suchen, empfangen 169, 46. 190, 33. 370, 72 v. Gedächtnis Christi. Chr. kann nicht erkannt werden ohne Erkenntnis unseres Elendes 157, 50. rechte Lehre von der Erbsünde führt dazu 846, 3.

b) Der Erlöser: 415, 1. causa salutis 180, 98. der Heiland der verderbten Natur 165, 30. Chr. ein einiger Versühner und Mittler, der einige Heiland, oberster Priester, Gnadenstuhl und Fürsprecher, Haupt, Hirte 83b, 2. 1031, 47. 1043, 78. 176. 319. 77, 9. 267, 76. 314, 82. bleibt der Mittler auch für die Wiedergeborenen 193, 41. 44. 221, 196. 299, 12. das heißt: um seinetwillen allein wird Gott uns gnädig 176, 80. 193, 44. unser Hoherpriester 177, 82. 193, 44. 231, 235. 366, 58. 223, 212. 321, 24. das Opfer für uns 54. 195, 58. 293, 8. 355, 22. 365, 55f.. das Lamm Gottes v. dort. der Gnadenstuhl 77, 9. 177, 82. 264, 63. 707, 86. Chr. der Herr des Lebens 652, 30. das Buch des Lebens 817, 7. 819, 13. 1068, 13. 1082, 66. 1083, 70. unser Schatz 171, 57. 208, 124. 268, 79. 271, 90. 314, 29. 698, 37. mein Herr 651, 27. 652, 31.

c) Die Erlösung: v. Gnade, Vergebung der Sünden, Rechtfertigung. Christi Verdienst ist der Schatz, dadurch die Sünden bezahlet sind 170, 53. Sein Tod ist Genugtuung für die Schuld und für den ewigen Tod 282, 43. 93. die rechte Bezahlung 284, 50. das einzige rechte Sühnopfer 93, 25. 355, 22. 365, 53. Sein Gehorsam ist unsre Erlösung 782, 3. 914, 4. wird uns zur Gerechtigkeit zugerechnet 916, 4. 917, 9. 918, 14. 933, 55. und zwar oboedientia activa et passiva 918, 15. deckt auch die Sünden der Wiedergeborenen zu 921, 22. 924, 32. Ihn (als Mittler) fassen kann man nur durch Glauben 176, 180. sein Verdienst wird nicht durch unser Werk oder Pfennig, sondern durch Glauben erlangt 424, 24.

d) Christus und das Gesetz: v. Gesetz 3a. Die Scholastik läßt ihn nicht Mittler, sondern Gesetzgeber sein 162, 15. 232, 271. 282, 15. halb soll er uns versöhnen, halb unsere Werte 209, 130. denn er ist nichts anderes als die Philosophen 161, 13. er ist von dem Gesetz verheißen 218, 176. das Gesetz hat ihn vorgebildet 361, 36. 355, 22. 359, 34. will ihn nicht aufheben 214, 148. wo die Schrift vom Gesetz redet, ist er eingeschlossen 230, 251. Ihn bezeugten die Propheten 177, 83. 214, 152. 264, 65. 313, 79. durch den Glauben an ihn wurden die Patriarchen selig 171, 57. 266, 73. 365, 55. Vergebung um Christi willen ist Gottes Beschluß von Anbeginn der Welt 270, 88. das Gesetz der Zuchtmeister auf Christus 960, 24. er ist der Herr des Gesetzes 918, 15. des Gesetzes Ende 165, 30. 960, 24. hat uns vom Fluch des Gesetzes befreit 195, 58. 793, 2. 969, 23. und von seinen Satzungen 400, 15. 815, 6. 1057, 11. hat nicht neue Gesetze gegeben 382, 17. 162, 15. doch nimmt er das Gesetz in seine Hände und legt es geistlich aus 791, 8. 954, 10. 606, 182. fügt Gesetz und Evangelium zusammen 213, 143. 953, 4. sein Tod führt erst recht ins Gesetz hinein 792, 9. doch treibt er damit ein fremdes Werk 10. 955, 11. 956, 12. sein eigentliches Amt ist Erlösung, Gnade ibid. 215, 156. das „Gesetz Christi" ist nicht Gesetz, sondern Treiben des Geistes 967, 17.

III. Christus der Herr der Kirche v. Kirche.

Er ist das Haupt der Kirche 235, 5. 430, 9. 986, 44. 1031, 47. 1043, 78. 533, 13. eine Ki. unter einem Chr. 44, 4. 46, 10. 241, 31. 236, 10. 657, 51. sein Reich ein geistliches 291, 79. 307, 54. 481, 31. er regiert es durch seine Gerechtigkeit, Weisheit usw. 652, 30. durch seinen Geist 235, 5. wirkt täglich in seiner Kirche 236, 10. Gegenwart in der Kirche v. A II c 3; als Hoherpriester bittet er für uns 223, 212. 321, 24. 425, 26.

IV. Christi Ehre.

Summus cultus Christi ist bei ihm Vergebung suchen 190, 33. (219, 178). die Ehre Chr. wird gewahrt durch die Lehre von der Glaubensgerechtigkeit 217, 164. 784, 10. 924, 30. die Gegner, die Päpste, haben ihm seine Ehre geraubt 298, 9. 486, 44. 48. sie treten ihn unter die Füße 184, 121. begraben ihn 163, 18. 176, 81. seine Ehre ist von der Scholastik verletzt: durch ihre Lehre vom Gesetz 267, 75. 196, 61. vom Vermögen

der menschlichen Natur 54, 3. 149, 10. 435, 11. 189, 25. von der rechtfertigenden Liebe 202, 100. von den Werken 191, 36. 196, 61. 199, 88. 201, 92—94. 214, 148. 221, 196. 314, 81. vom meritum de condigno 222, 203. durch Menschensatzungen 298, 5. 101, 4. 126, 36. 283, 48. 486, 48. durch selbsterwählte Gottesdienste 298, 9. 300, 18. durch Mönchsgelübde 116, 38. 380, 11. 387, 30. durch die Messe 93, 24. 373, 89. durch den Heiligendienst 319, 14. 323, 31. 425, 26.

Cölibat (Ehelosigkeit der Priester) v. Priesterehe.

Communio sanctorum v. Kirche.

Concordienbuch (= Concordienformel); Ursache und Zweck 759. soll keine neue Konfession sein ibid. nichts neues machen 750. sondern ist Wiederholung und Erklärung der C. A. 750. ist der rechte christliche Verstand der C. A. 749. stimmt überein mit der Schrift, den drei Symbolen, der C. A., Apol., Art. Smal., gr. und kl. Kat. 761. in rebus et in phrasibus 1103. es weist in die Schrift und in den Katechismus 1135.

Concordienformel v. Conc. buch, Form. Conc.

Concretum in der Lehre von der Erbsünde 860, 52. c. und abstractum in der communic. idiom. 1106, 1.

Concupiscentia = böse Lust v. Erbsünde.

Condemnationes (Verwerfung falscher Lehren) im Concordienbuch: ihr Sinn 755.

Condigno, meritum de v. Verdienst.

Confessio v. Bekenntnis.

Confessio Augustana 31.
Übereinstimmung mit der Schrift 742. 745. 45, 8. und den alten Symbolen 742. sie ist wahr, fromm, dem Gewissen nützlich 279, 33. ein rein christl. Symbol, bei dem rechte Christen sich finden sollen 830, 4. fast alle höchsten Artikel sind darin begriffen 278, 27. sie ist unserer Zeit Symbolum 742. 768, 4. 834, 5. (750. 758. 761. 838, 11.) soll die Lehrgrundlage der evangel. Kirche bleiben 842, 20. 831, 5. 1092, 6. sie ist auf dem Konvent zu Schmalkalden unterschrieben 496. ebenso auf dem Fürstentag zu Naumburg 745. das bezieht sich auf die invariata 768, 4. 834, 5. die variata muß nach ihr verstanden werden 751. unter dem Namen der C. A. sind falsche Lehren eingeschoben 746, 1. 796, 1. 970, 1. ihr rechter Verstand ist aus Luthers Schriften zu entnehmen 983, 34. 984, 41. im Concordienbuch festgelegt 749. Unsicherheit über ihre ursprüngliche Fassung 745. 750. Kirchen Augsburger Konfession 871, 2. 902, 73.

Confessio Tetrapolitana 970, 1. 976, 9. 12.

Confession v. Bekenntnis, Symbole.

Confirmatio v. Firmelung.

Confirmation der Bischöfe 475, 15.

Confusio naturarum (Vermischung der Naturen) v. Christus A II b.

Confutatio confessionis Augustanae 141.
Ihre Verfasser sind gottlose Sophisten 278. 313, 79. wissen nichts von Christus 233, 277. verdammen das klare Wort Christi 252, 2. den Hauptartikel von der Vergebung der Sünden aus Glauben durch Chr. ibid. 233, 277. 265, 67. 313, 78.

Congregatio sanctorum v. Kirche 61 VII. 62 VIII.

Congruo, meritum de v. Verdienst.

Conscientia v. Gewissen. „c. ist bei ihnen nichts". 433.

Consecration v. Abendmahl c.

Consilia evangelica v. Räte, evgl.

Contritio v. Reue.

Credo v. Symb. Apost. (Reg. III).

Curia ($\varkappa\upsilon\varrho\iota\alpha$), Ursprung des Wortes Kirche 656, 48.

Curie, röm., fürchtet sich vor einem freien christl. Konzil, flieht das Licht 409, 3.

Damnamus v. Condemnationes.

Daniel wußte die Verheißung von Christus 211, 141. predigt Verheißung und Glauben ibid.; lehrt auf Barmherzigkeit, nicht auf Werke vertrauen 222, 210. 225, 216. war in großen Ämtern und Reichtum ohne Sünden 309, 61. seine Schilderung des Antichrists 240, 24. 300, 19. 338, 25. sein Wort vom Greuel der Verwüstung trifft nicht die Evangelischen, sondern das Papsttum 363, 44.

Dankopfer v. Opfer.
D. sind alle Opfer außer d. Sühnopfer Christi 356, 25. geschehen nicht zur Versöhnung, so. von den Versöhnten ibid. 354, 19. 368, 67. D. ist die Messe (Eucharistia) 368, 67. 370, 74. auch bei den Griechen 375, 93. sind Leiden, Predigen, gute Werke der Heiligen 356, 25. 368, 67.

Danksagung; alle D. muß nach dem 1. Gebot gerichtet werden 385, 25. wirkt der heilige Geist 186, 11.

David war im Fürstenstande ohne Sünde 309, 61. s. Kriegführen usw. heilige Werke 198, 70. darin ein Vorbild für den Kaiser 83 b, 1. er ist ein Beispiel rechter evangelischer Armut 391, 46. bezeugt die Unreinheit aller Menschen 193, 40. 222, 205. verläßt sich nicht auf seine Verdienste, sondern auf Gottes Gnade 171, 58. seine

Reue 258, 36. 262, 56.
Decke Mosis v. Moses.
Defectus iustitiae orig. (Mangel der ersten Gerechtigkeit) v. Erbsünde.
Dekretalen lehren weltl. Händel und Zeremonien, aber nichts von Christus 431, 14.
Demut; durch die 5. Bitte will Gott uns in der Demut halten 683, 90. Maria ein Vorbild der D. 322, 27. D. der Mönche verdunkelt die Glaubensgerechtigkeit 117, 48. D. in der Ohrenbeichte sollte Gnade bei Gott erwerben 441, 19.
Deutsche; die tollen Deutschen 547, 6. Engelkonzil über Deutschland 412, 11.
Dienen; Gott d. v. Gottesdienst.
Diener der Kirche v. Kirchendiener.
— **des Wortes** v. Prediger.
Disciplina v. Zucht.
Dispensation verkauft der Papst um Geld 239, 23. er dispensiert, wo er fest sein sollte, in Menschengesetzen ist er hart 344, 56. D. von Gelübden zeigt, daß sie nicht göttlichen Rechts sind 114, 24.
Doctor; Petrus und Paulus sind höhere D. als die Widersacher 266, 70. 269, 86.
Dominikaner (= Predigermönche) haben mit der Brüderschaft der Rosenkranz Abgötterei angerichtet 393, 53. ihre Irrlehre von der Taufe 450, 2. Dominicastri 392, 53.
Donatisten 62, 3. 241, 29. 246, 49.
Donnerart Gottes, das Gesetz 436, 2.
Dornenkrone Christi deutet auf die Verachtung des geistlichen Reiches Christi unter dem Papsttum 481, 32.
Drachenschwanz, die Messe 419, 11.
Dreieinigkeit, Dreifaltigkeit v. Gott, Christus, Geist, heil. Die Dreif. ist das größte Geheimnis 808, 18. 1027, 33. die ganze Dreif. weist uns auf Christus 1082, 66.

Ebenbild Gottes v. Bild Gottes. Dem Ebenbild Christi will Gott die Auserwählten durchs Kreuz gleich machen 1078, 49.
Ehe, Ehestand 86. 332. 528. 610, 199. E. ist natürl. Recht, göttl. Naturordnung 335, 9. schon bei der Schöpfung eingesetzt 294, 14. 347, 67. ihr Zweck: Deus creavit hominem ad procreationem 87, 5. (336, 13.) zur Erhaltung der Keuschheit eingesetzt 87, 2 ff. 89, 15. 337, 19. 614, 212. nach dem Sündenfall doppelt nötig 336, 13.
E. ist als göttl. seliger Stand zu ehren 529, 3. 612, 207. bei d. Gläubigen hlg. reiner Stand 339, 28. nicht unrein, wie die Mönche sagen 342, 47. 338, 26. die Erzväter reiner als viele Ehelose 346, 64.
Ehestand geht über alle anderen Stände 613, 209. ist zwar ein weltlicher Stand 528, 1. 529, 3. doch hat er Gottes Gebot für sich 529, 3. ist für geistlicher zu halten als der klösterl. Stand ibid. Gott hat ihn vor allen andren gesegnet 612, 208. die heilige Schrift preist ihn aufs höchste 333, 3. das Sakrament Christi und der Kirche darin abgebildet 534, 16. Jungfernschaft ist eine höhere Gabe 340, 38. 348, 69. weder sie noch der Ehestand rechtfertigt vor Gott 348, 69. wer sie nicht hat, soll heiraten 113, 20. Ehe verbieten, ist Teufelslehre 90, 22. 105, 29. 346, 63. Verachtung des Ehestandes ist antichristlich 338, 25.
Ehe darf nicht zerrissen werden 338, 23. 346, 63. 349, 71. die Scheidung war im A. T. erlaubt 634, 295. 637, 305. im N. T. verboten 637, 306. auch nicht um des Glaubens willen (gegen die Wiedertäufer) 824, 19. 1096, 24.
Pflichten der Eheleute 508, 11. 525, 6. 610, 199. 528. 302, 25. v. Hausvater, Eltern. ihr Beruf ein rechtes gutes Werk 302, 25.
Das Kreuz des Ehestandes 533, 14. der Teufel richtet viel Unheil darin an 530, 5. Mißbrauch des göttlichen Namens in Ehesachen 573, 53. 577, 68.
Die E. ist ein weltlich Geschäft 528, 1. kein Sakrament 294, 14. Ehesachen unterliegen dem Gericht der Bischöfe, doch müssen die Fürsten eintreten 125, 29. sie gehören vor die weltliche Obrigkeit 494, 77. die kirchl. Satzungen sind unrecht 494, 78. Gevatter-Ehen, E. unschuldig Geschiedener sind zu erlauben, heiml. Ehen zu verbieten ibid.
Ehrbarkeit, äußerliche v. Gerechtigkeit (iustitia civilis).
Ehre Gottes v. Gott. Christi v. Christus B IV. der Heiligen v. Heilige.
Eid 572. dem Christen erlaubt 70, 2. 307, 53. 824, 15. 1095, 20. Christus selbst hat geschworen 576, 65. zum Guten und des Nächsten Besserung schwören ist ein recht gut Werk 577, 66. der E. soll ein Band zur Sünde sein 116, 40. Klage über falschen E., bes. in Ehesachen 573, 53. 577, 68. Gott straft falsche E. 577, 68.
Eigentum darf der Christ haben 70, 2. 307, 53. 118, 53. (gegen die Wiedertäufer) 824, 17. 1095, 22. auch der Priester 246, 50. (gegen Wiclef) 309, 63. E. ist weltliche Ordnung, drum auch göttliche O. 246, 50. Kein E. haben ist nicht die christl. Vollkommenheit 309, 61. ist heidnische, nicht christl. Heiligkeit 391, 45 f.
Einigkeit der Kirche v. Kirche.
Einwohnung Gottes in den Gläubigen 1039, 68. G. selbst wohnt in ihnen, nicht

nur seine Gaben 785, 18. 935, 65. der heilige Geist 789, 15. 19. 1084, 73. der dreieinige Gott 933, 54. Einwohnung Christi oder der wesentl. Gerechtigkeit Gottes ist nicht unsre Rechtfertigung, so. folgt ihr 785, 16. 914, 2. 933, 54.

Eisen, glühendes; Bild der commun. idiom. 806, 9. 1022, 18. 1038, 64. 1039, 66. 1122.

Electio (= Wahl) v. Prädestination.

Element v. Sacramente, Abendmahl.

Elias und **Elisa** haben den Geist nicht ohne die 10 Gebote gekriegt 456, 11.

Eltern sind an Gottes Statt und im göttlichen Stand 606, 182. 587, 108. aus ihrer Obrigkeit fließt alle andre O. 596, 141. Gehorsam gegen sie nächst dem Gehorsam gegen Gott das höchste Werk 590, 116. der höchste Schatz auf Erden 588, 109. ihre Pflichten 603, 167 ff. 503, 12. 505, 19. 526, 8. schlechte E. verdienen die Hölle an ihren eig. Kindern 605, 176.

Empfängnis Christi v. Christus B I., der Menschen v. Erbsünde.

Engel bitten für uns 318, 8. 425, 26. sind aber nicht anzurufen 425, 26. können nicht Glaubensartikel stellen 421, 15.

Engelkonzil über Deutschland 412, 11.

Engelsgeistlichkeit der Mönche 117, 48.

Enkratiten 342, 45. 343, 50.

Ἕνωσις (Vereinigung scil. der Naturen in Christus) 1024, 22.

Enthusiasmus, Enthusiasten 453, 3; v. Sakramentierer, Schwärmer, Wiedertäufer.

E. sind, die ohne Gottes Wort (ohne Mittel) auf die Erleuchtung des Geistes warten 779, 13. 872, 4. 905, 80. die s. rühmen, den Geist ohne das Wort zu haben 453, 3. durch eigene Bereitung 294, 13. verachten das äußerl. Wort und das Predigtamt 294, 13. verdammen das äußerl. Wort u. schweigen doch selbst nicht 454, 6. mißbrauchen die Lehre von Unvermögen der Menschen 890, 46. der E. ist vom Teufel 454, 5. 455, 9. steckt in Adam und allen seinen Kindern 454, 5. 455, 9. ist aller Ketzerei Ursprung 455, 9. auch das Papsttum ist E. 454, 4.

Epikuräer 232, 269. 890, 46. 1015, 123. epikurisch Leben 333, 2. 343, 50. 818, 9. 950, 39.

Erbgerechtigkeit v. Gerechtigkeit (iustitia originalis) 848, 10. 852, 27.

Erbseuche 148, 6. 8.

Erbsünde v. Sünde, Lust, Natur, Gerechtigkeit (iust. orig.) 53. 145. 433. 770. 843.

a) Benennungen: Hauptsünde 433, 1. 846, 5. Erbseuche 148, 6. 8. (53, II. 865, 62.) Natursünde oder Personsünde (Luther) 844, 1. 846, 6. 861, 53. 774, 20. ein geistlicher Aussatz 847, 6. 854, 33.

b) ihr Wesen: Augustins Definition 151, 24. scholastische Def. 152, 27. E. nicht nur culpa actualis, so. perpetua naturae inclinatio 146, 3. nicht nur actus, so. vis 151, 25. Wurzel und Brunnquell aller wirkl. Sünden 846, 5. ihre Früchte sind die bösen Werke: Unglaube usw. 434, 2.

ist nicht nur Schuld wegen fremder Sünden, so. Verderbung der Natur 772, 11. 850, 17. angeborne böse Art 147, 5. 848, 11. besteht im Fehlen des wahren Glaubens und der Gottesfurcht 146, 2. 148, 7. ist böse Lust (concupiscentia) und Mangel der ersten Gerechtigkeit (carentia, defectus iust. orig.) 150, 14. 152, 26 f. böse Lust 53, 1. 146, 2. 147, 4. 151, 24. 152, 27. 848, 11 f. die concup. verstärkt die natürl. Sinnlichkeit 336, 13. Mangel der ersten Gerechtigkeit 150, 15. 848, 10. sie ist wahrhaftig Sünde 53, 2. 846, 5. nach ihren beiden Momenten 157, 47. als concup. 154, 38. 773, 12. 850, 18. sowie als defectus 850, 19.

E. ist nicht nur ein äußerlicher Fleck 773, 14. 851, 21. nicht nur Hindernis der guten Kräfte (Gleichnis vom Magneten) 773, 15. 851, 22. der ganze Mensch mit s. ganzen Natur 148, 6. sonderlich in s. höchsten Kräften ist völlig verderbt 152, 25. 848, 11. E. ist ein Unvermögen zu allen Gottes-Sachen 848, 10. der Mensch ist durch sie geistlich tot 865, 60. ob E. substantia oder accidens 775, 23. 861, 54. ob die Seele selbst die E. sei 770, 1. 844, 1. E. ist nicht nur corruptio accidentium sive qualitatum 773, 14. 851, 21. doch auch nicht des Menschen Substanz, Natur und Wesen 774, 19. 862, 55. nicht als etwas Wesentliches (essentiale) in d. Natur eingegossen (wie Gift in den Wein) 773, 17. 852, 26. von der menschl. Natur unterschieden 770, 2. 845, 2. 854, 33. (Vergleich mit d. Aussatz). zwischen Gottes und des Teufels Werk ist zu unterscheiden 776, 25. 857, 41. doch kann nur Gott d. Natur und d. Verderbung der Natur von einander scheiden 772, 10. auch die Kinder sind sündig 1094, 11.

c) Übertragung d. E.: wegen Adams Ungehorsam sind wir Kinder des Zorns von Natur 848, 9. die E. wird mit der Natur durch die fleischl. Empfängnis fortgepflanzt 847, 7. 852, 27. wir sind aus sündl. Samen empfangen 853, 28. aus einer massa corrupta gemacht 856, 38.

d) Strafe der E.: Tod, Verdammnis, zeitl. Strafen, Herrschaft des Teufels 849, 13. 850, 19. 156, 46.

e) Aufhebung der E.: E. kann nur um Christi willen vergeben werden 849, 13 f. kann nur durch d. Hlg. Geist geheilt werden ibid. wird in der Taufe vergeben, non ut non sit, sed ut non imputetur (nach Augustin) 154, 36. die übrige E. bedarf Christi und des hlg. Geistes 156, 45. soll durch Trübsale getötet werden 285, 55 f. wird in der Auferstehung von d. Natur geschieden 859, 46.

f) Erkenntnis d. E.: E. kann nicht von d. Vernunft begriffen, so. muß aus der Offenbarung gelernt werden 434, 3. 772, 9. 847, 8. ihre rechte Erk. führt zur Erk. der Gnade Christi 153, 33. 157, 50. 846, 3. ohne solche Erk. ist menschliche Gerechtigkeit Heuchelei 153, 33.

g) Irrlehren über d. E.: 434, 4 (Scholastik). 147, 5 (Zwingli). 823, 6. 1094, 11 (Wiedertäufer). 772, 11. 850, 17. 852, 26. 858, 45 (neuer Pelagianismus und Manichäismus).

Erhörung v. Gebet.

Erkenntnis Gottes v. Gott.

gehört zur ersten Gerechtigkeit (iust. orig.) 150, 18. eine gewisse Erk. Gottes haben auch d. Heiden aus d. natürl. Gesetz 959, 22. das Evgl. gibt eine andre E. G. als das Gesetz ibid.; die rechte E. G. ist, von ihm Gnade empfangen 171, 60. wir empfangen sie unter Schrecken u. Trost des Gewissens 227, 230.

— **Christi** v. Christus B II a. Wahre Erkenntnis Christi und Glaube an ihn ist der Grund der Kirche 238, 20 (lat. Text). im Papsttum war sie nicht 655, 43.

— **der Sünde** v. Sünde. Erbsünde.

Erleuchtung, wirkt Gottes Geist 1072, 29. 1075, 40. wer des Geistes Werkzeug verachtet, wird nicht erl. 894, 58. Irrlehre d. Wiedertäufer 294, 13. 779, 13. 905, 80. der Schwenckfeldianer 1097, 30.

Erlöser, Erlösung: v. Christus B.

Erneuerung v. Wiedergeburt. Leben, neues.

Verhältnis z. Bekehrung 260, 46. v. Bekehrung; zur Wiedergeburt 921, 21. zur Rechtfertigung 783, 8. 927, 39. gehört nicht zur Rechtfertigung, so. folgt ihr 920, 18. 923, 28. bleibt in diesem Leben unvollkommen 922, 23. 925, 32. 964, 7. 967, 18. erst in der Auferstehung wird der Mensch vollkommen ern. 969. die Trübsale sollen zu unserer E. dienen 285, 56.

Erwählung v. Prädestination.

Eunomianer 51, 5.

Εὐχαριστία 368, 66. 371, 76.

Evangelischen, die; sind nicht Ketzer 83 c, 1. lehren nichts Neues 153, 32. 157, 50. 222, 204. nichts wider die Schrift 134, 5. 157, 32. 158, 50. nichts wider die kathol. Kirche (die Väter) 83 c, 1. 134, 5. 153, 32. nichts wider die römische Kirche 83 c, 1. sie wollen die Spaltung nicht 143, 16. 270, 90. 403. haben Frieden gesucht 345, 59. müssen Gottes Gebot gehorchen 485, 42. können die Wahrheit nicht verleugnen 143, 16. predigen die Torheit des Evgl. 204, 109. die Ehre Christi 201, 93. 204, 109. 231. um seinetwillen müssen sie leiden 240, 25. wollens auch gern 143, 16. wollen den Artikel von der Vergebung in Verfolgung bekennen 315, 86. befehlen ihre Sache Gott und Christus 144, 19.

Evangelium 159, 5. 449. 790. 951.

I. Wesen des E. 958, 20. Verschiedener Begriff des E.:

a) im allgem. Sinne: die ganze Lehre Christi; b) im spez. Sinne: im Gegensatz zum Gesetz 791, 6. 952, 3.

a) E., als ganze Lehre Christi, umfaßt die Buße und Vergebung der Sünden 791, 6. 953, 5. 172, 62. 257, 29. 393, 54. lehrt erst die rechte Buße 448, 41. 393, 54. ist zur Buße notwendig v. Buße. doch ist das sein fremdes Amt, durch das es zu s. eigenen A. kommt 792, 10. 956, 12. (961, 27). v. Christus B II d.

b) im eigentl. Sinne ist es allein die tröstliche Predigt der Gnade (Sündenvergebung) 449. 791, 7. 792, 10. 954, 9. 955, 12. 958, 21. es ist die Verheißung 159, 5. 184, 121. 192, 38. 197, 65. 232, 267. oder Zusage 168, 44. 223 f. der Gnade, Sündenvergebung, Rechtfertigung durch den Glauben allein um Christi willen 58, 3. 168, 43. 172, 62. 183, 110. 214, 153. 252, 2. 380, 11. 384, 23. 784, 9. 927, 39. s. Summe ist: Vergebung der Sünde durch d. Glauben an Christus 381, 13. Absolution ist die Stimme des E. 252, 2. 381, 13. 214, 150. 259, 39. 263, 61. 273, 8. es soll dem erschrockenen Gewissen vorgehalten werden 258, 35. es ist der wunderbare Rat Gottes zu unserer Erlösung 258, 35. bietet Christus an und eitel Gnade 267, 76. treibt, Christus zu brauchen 218, 170. das ganze E. steht auf d. II. Art. 653, 33. ohne d. E. wüßten wir nichts von Christus 654, 38. es zwinget, die Lehre vom Glauben zu treiben 104, 20. es fordert Glauben, weil wir kein Verdienst haben 225, 216. ist Gottes Befehl, an s. freie Gnade zu glauben 226, 224. 269, 88. (203, 107. 267, 76. 958,

19). wir sollen es ergreifen wie einen Baum in d. Todesangst 224. es gibt auf mancherlei Weise Trost und Hilfe wider die Sünde 437, 8. 449, IV. gilt allen mit s. Verheißung v. Prädestination (Universe. d. Gnade) 1071, 28. 1074, 37. s. Verheißung gehört der ganzen Kirche unmittelbar 478, 24. ist schon Adam gegeben 261, 53. ist aller Patriarchen Trost gewesen 266, 73. 261, 53. v. Patriarchen.

Gesetz und E. v. Gesetz. Das E. darf nicht z. Bußpredigt oder Gesetzespredigt gemacht werden 792, 11. 961, 27. lehrt eine andre Gerechtigkeit als das Gesetz 168, 43. 221. als die Vernunft 204, 109. ist von d. Philosophie zu unterscheiden 162, 16. ist im Papsttum zur Gesetzeslehre gemacht 961, 27. dadurch ist das E. abgeschafft (abrogatio evangelii) 270, 89. (267, 77). d. Widersacher stoßen es zu Boden durch Werklehre 183, 110. durch Mißachtung des Glaubens 184, 121. durch die Messe 374, 91.

II. Relationen.

a) E. und Kirche v. Kirche. Es ist der rechte Grund der Ki. 238, 20. äußerliches Zeichen der Ki. 61, VII. 233, 279. 235, 10. 238, 20.

b) E. und Geist v. Geist B II a. Es ist eine äußerl. mündliche Predigt 697, 30. doch wirkt d. Geist durch d. E. 654, 38. 879, 18. 919, 16. es ist Mittel, dadurch d. Geist gegeben wird 58, 2. verbietet nur die Privatrache 309, 59. läßt die Ehe frei 345, 61.

c) E. u. weltlich Regiment v. Amt, Obrigkeit. Das E. lehrt ein innerlich, ewig Wesen u. Gerechtigkeit 71, 4. bringt nicht neue Gesetze im Weltregiment 308, 55. stößt weltlich Regiment nicht um 71, 5. 122, 11. 308, 58. (Vorwurf des Julian und Celsus); sondern bestätigt Obrigkeit und Regiment 308, 57.

Das E. nennen d. Widersacher lutherisch 305, 42.

Ewigkeit der Höllenstrafen 70, XVII, 3. 310, 66.

Exclusivae particulae v. Rechtfertigung.

Excommunicatio v. Bann.

Exercitia v. Übung, leibliche.

Exorcismus (Teufelsaustreibung) bei d. Taufe 538.

Facere, quod in se est (tun, was man kann) v. Werke.

Fall, Sünden=: Verderbung der Natur durch den S. 53, 1. 151, 24. 434, 4. 772, 8. 847, 8ff. 851, 23. 852, 26. 872, 5. d. menschl. Natur bleibt auch nach dem S.

Gottes Schöpfung 770, 2. 845, 2. 856, 38. behält etlichermaßen freien Willen 892, 53. d. natürl. Neigung der Geschlechter wird durch d. böse Lust verstärkt 336, 13. 16. Strafe des Falles 849, 13. 156, 46. ist auch d. Kreuz in der Ehe 533, 14. vor dem S. lebten d. Menschen nicht ohne Gesetz 793, 2.

Fälle, vorbehaltene (casus reservati) 120, 2. 127, 41. 256, 27. 291, 80.

Fasten v. Kasteiung, Menschensatz. F. dient zur Zähmung des alten Adam 302, 24. 306, 47. rechtes F. hat Gottes Gebot 282, 46. 281, 42. soll allezeit geschehen 306, 47. ist gut als Vorbereitung z. Abendmahl 521, 10. 715, 37. doch wird die kathol. Lehre verworfen, daß es notwendiger Gottesdienst sei 106, 39. 102, 12. 76, 3. 306, 47. daß es Heilsbedeutung habe 100, 1. 441, 21. 127, 41. 301, 24. 101, 6. 282, 46. daß es heilig mache 444, 28.

Federn; es müssen alle vor Gott die F. niederschlagen 683, 90.

Fegfeuer 255, 13. 256, 26. 276, 21. 280, 36. 284, 50. 286, 59. 287, 66. 288, 70. 367, 64. 374, 90. 420, 12. 442, 22. 443, 26.

Feiertage v. Sonntag, Menschensatzungen 580. F. sind gut zur Ordnung in d. Kirche 69, XV. 130, 60. 301, 20. 304, 38. sollen der Erkenntnis Christi dienen 244, 40. 301, 20. doch sind sie nicht nötig zur Seligkeit 69, XV. 76, 3. 126, 39. 130, 58. 304, 39. haben nicht Gottes Befehl 244, 41. man soll kein Gesetz daraus machen u. d. Gewissen beschweren 242, 33. 243, 35. 1058, 13. d. F. heiligen heißt heilige Werke führen 582, 87. so sollen Christen immerdar F. halten 582, 89.

Fels der Kirche: das Amt, das das Bekenntnis d. Petrus führt 479, 25.

Feste v. Feiertage.

Fides v. Glaube. sola fide v. Rechtfertigung.

Fiducia v. Vertrauen, Glaube.

Figur v. Schatten. F. im Abendmahl v. Abendmahl a.

Figurate: Verständnis der Einsetzungsworte Christi. v. Abendmahl a.

Finanzen, Finanzerei 617, 227. 636, 302.

Firmelung ist kein Sakrament 293, 6. haben d. Bischöfe s. vorbehalten 493, 73.

Fleisch Christi v. Christus A II a, Abendmahl.

Fleisch, unser:

a) im allgem. Sinn = menschl. Natur. Auferstehung d. Fl. 21. 511, 5. 540, 25. 653, 34. 659, 57. 772, 10. 776, 1. 909, 87. dasselbe Fl., doch ohne Sünde, wird auferstehen 859, 46. es sollte richtiger

heißen: Auferst. d. Leibes **659**, 60. unser Fl. hat Christus angenommen **984**, 39. **1020**, 11. doch ohne Erbsünde **771**, 5. wir sind Fleisch von s. Fleisch **1043**, 78. Christus hat unser Fl. erlöst, heiligt es **771**, 6.

b) im spez. Sinne: α) d. Fl. ist sündlich **285**, 56. an sich faul und zum Bösen geneigt **676**, 63. **683**, 89. **966**, 12. es ist nichts Gutes in ihm **773**, 16. **878**, 17. vertraut Gott nicht **194**, 41. **683**, 89. sondern murrt in Anfechtungen **194**, 49. in fleischlichen Leuten kann k. Glaube sein **188**, 22 f. **224**. **227**, 227. es widerstrebt dem Geiste **194**, 48. **878**, 17. **897**, 64. **907**, 84. **964**, 8. **944**, 19. ist Feindschaft wider Gott **166**, 33. **777**, 3. **876**, 13. **878**, 17. s. Gerechtigkeit kann Gottes Gericht nicht ertragen **222**, 208. v. Gerechtigkeit (iustit. civ.). β) bleibt nach d. Taufe **712**, 23. nach d. Wiedergeburt **793**, 1. **907**, 84. kämpft weiter gegen d. Geist **899**, 68. **197**, 68. macht d. Gläubigen faul u. widerspenstig **966**, 12. macht die Erneuerung unvollkommen **923**, 28. (v. Erneuerung, Heiligung) ihre Werke unrein **940**, 8. **968**, 21. läßt sie nie ohne Sünde sein **658**, 54. **922**, 23. wird durch d. Geist bekämpft **188**, 22. **794**, 4. **967**, 18. durch die Buße **447**, 40. **886**, 34.

Fluch des Gesetzes v. Gesetz.

Fomes (böse Neigung) **148**, 7. **156**, 42.

Formula Concordiae will nicht eine neue Konfession sein **831**, 5. ist Wiederholung der ursprgl. evgl. Lehre **842**, 20. will über die streitigen Artikel das einhellige Urteil der Kirche feststellen **839**, 16. v. Concordienbuch.

— = Wittenberger Concordie (1536) v. Reg. III.

Forum ecclesiasticum (Kirchengericht, geistl. Gericht) **494**, 77.

Franziskaner v. Barfüßermönche **450**, 2.

Freiheit d. Willens v. Wille.

—, christliche: muß in d. Kirche behalten werden **128**, 51. **1058**, 15. darf nicht durch Menschengebote, Zeremonien, zerstört werden ibid. **107**, 42. **400**, 15. **815**, 6. **816**, 10. 12. v. Menschensatzungen, Zeremonien, Feiertage. Die Apostel haben sie erhalten **245**, 44. ein Beispiel d. christl. Freiheit ist d. Abschaffung des Sabbaths **130**, 60. sie muß so gebraucht werden, daß kein Ärgernis entsteht **307**, 51. Mißbrauch d. Fr. beim Volk **502**, 3. bei d. Pfarrherrn **546**, 3.

Freiheiten (immunitates) der Geistlichen **396**, 1.

Freiwilligkeit des Geistes in d. Gläubigen **788**, 10. **897**, 64. **941**, 12. **943**, 18. **962**, 2. **964**, 6. Fr. der Werke **938**, 3. **939**, 4. v. Werke. Sie ist nicht vollkommen **788**, 13. **967**, 18.

Freude gibt nur der Glaube **181**, 100. **941**, 12. wechselt bei d. Christen mit Schrecken d. Gewissens **899**, 68.

Friede mit Gott: heißt ein fröhliches stilles Gewissen **179**, 91. wir bekommen ihn durch die Gottesgerechtigkeit **201**, 95. durch Christus **217**, 164. **223**. nicht durch Werke, so. Glauben v. Werke, Glauben. Fr. in der Kirche darf nicht durch Preisgabe d. Wahrheit erkauft werden **1090**, 95. Fr., weltlich: Fr. halten ist fürstliches Almosen **213**, 143. doch ist Kriegführen um des Friedens willen ein Werk Gottes **309**, 59.

Fromm v. Gerechtigk. Über die Frommen allein geht Gottes Gnadenwahl **817**, 5. **1065**, 5. v. Prädestination. Leiden der Fr. **194**, 46. v. Kreuz.

Frömmigkeit, äußerliche, philosophische v. Gerechtigkeit (iust. civil.) **164**, 22. **312**, 75. inwendige: wirkt allein durch d. hlg. Geist **312**, 75. kommt nicht aus selbsterwähltem Gottesdienst, so. aus Glauben u. Vertrauen **116**, 37.

Früchte d. Buße v. Buße c.; d. Glaubens v. Glaube 3 c; des Geistes, des Kreuzes, der Erbsünde v. dort.

Bild vom Baum u. s. Früchten **209**, 131. **311**, 72. **886**, 32.

Fürbitte der Engel v. Engel; d. Heiligen v. Heilige; d. Maria, v. Maria; der Christen untereinander **668**, 28. der Gemeinden für ihre Pfarrer ibid.; der Pfarrer für d. Gemeinden **546**, 3.

Furcht Gottes: timor filialis und servilis **258**, 38. (**788**, 12. **967**, 16). rechte Gottesfurcht gehört zum göttl. Ebenbilde **150**, 18. zur christlichen Vollkommenheit **386**, 27. fehlt dem natürl. Menschen v. Erbsünde, Natur; ist Wirkung d. Geistes v. Geist; wächst unter Schrecken u. Trost des Gewissens **227**, 230. will Gott durch Strafbeispiele erreichen **1080**, 59.

Fürsten, Fürstenamt v. Obrigkeit; weltl. Fürstenamt war im Katholizismus verachtet **102**, 10. **302**, 26. Christen können darin ohne Sünde sein **70**, 2. wie Abraham, David **309**, 61. der Fürsten fürnehmste Sorge soll sein, Gottes Ehre zu fördern **488**, 54. das Evgl. zu erhalten **328**, 44. als fürnehmste Glieder der Kirche sollen sie Mißstände beseitigen **488**, 54. anstelle der Bischöfe Recht sprechen **125**, 29. sollen die Leute ausweisen, die d. Katechismus nicht lernen wollen

503, 11. ihr Amt ist Schutz der Untertanen 83 b, 2. fürstliche Almosen sind: Frieden wahren usw. 213, 143. in ihren Schild sollte man ein Brot setzen 680, 75. Sünden der Fürsten gegen d. VII. Gebot 618, 230.

Gaukelsack des Papstes 462, 4. Gaukelspiel: Firmelung, Glockentaufen 493, 73. Rosenkränze, Wallfahrten 284, 52.

Gebet 512. 521. 522. 556. 662. hat Gottes Gebot 663, 5. 282, 46. 294, 16. Gott will, daß man viel und große Dinge von ihm erbittet 674, 56. hat Gottes Verheißung 666, 19. 294, 16. 320, 20. Gott erhört uns 666, 18. 669, 32. 160, 8. 199, 84. könnte ein Sakrament genannt werden 294, 16. seine Kraft 669, 29 ff. gibt Macht gegen den Teufel ibid. 689, 113. wie eine eiserne Mauer 669, 31. (678, 69). all unser Schutz und Schirm steht allein im Gebet 669, 30. mildert die Strafen 214, 147.

Das rechte Gebet steht nicht auf unsrer Heiligkeit 664, 10 f. App. 665, 1. ist kein gutes Werk 667, 25. 670, 33. nicht ex op. op. wirksamer Gottesdienst 283. es steht auf Gottes Zusage und Christi Verdienst 320, 20. 690, 122. auf Gottes Barmherzigkeit 222, 210. 666, 16. 667, 21. auf Christi Hohepriestertum 223, 211. (232, 264.) der heilige Geist hilft uns 1072, 31. Gott sieht nicht die Personen, sondern sein Wort 666, 16. 667, 21. es ruht auf Sündenvergebung 684, 92. es muß aus Glauben gehen 319, 13. 320, 20. 690, 120. wer der Verheißung nicht glaubt, verunehrt Gott 667, 21. 690, 122. das heißt auf Abenteuer hin gemurrt 665, 14. 690, 119. es muß ein Ernst sein, daß man seine Not fühle 667, 24. 668, 26. darum der Mönche und Pfaffen Gebet verworfen 667, 25. 663, 7. plappern und bitten 670, 33. wir sollen fleißig beten 668, 27. 669, 29. 890, 46. Gott immerdar in Ohren liegen 662, 2. uns an tägliches Gebet gewöhnen (Morgens usw.) 557, 16 f. 521. 522. nicht bitten mögen ist des Unglaubens Schuld 675, 58.

G. ist Frucht der Buße 281, 42. ein reines, heiliges Opfer 359, 32. der höchste Gottesdienst 357, 29. es wird alles dadurch gerechtfertigt 339, 30.

Kein edler Gebet denn das tägliche Vaterunser 667, 23. wir sollen bitten um geistliche Güter 678, 68. 877, 15. 1083, 72. um Glauben und Erfüllung der Gebote 662, 2. um Stärkung des Glaubens 877, 16. in leiblichen Nöten 689, 114.

die Summa alles Gebets geht gegen den Teufel 689, 113. 116. wir sollen für andere bitten 668, 28. 546, 3.

Gebet an die Heiligen v. Heilige. für die Toten v. Tote.

Gebote Gottes

a) Gott hat sie zwischen Gut und Böse gestellt 606, 183. sind nicht freigestellt 280, 37. kann ein Mensch nicht abtun 114, 24. 290, 78. bleiben in Wesen und Würde auch, wenn wir sie nicht halten 208, 5. sind höher zu achten, denn alle Gewohnheit 84. können durch kein menschlich Gelübde oder Gesetz geändert werden 87, 8. 90, 24. 113, 18. 392, 51. lehren die rechten Werke v. Werke.

Wer Gottes Gebot nicht hält, ist Sünder 390, 41. v. Gottesdienst, Menschensatzungen, Gelübde, Mönche.

G. Gottes ist durch Tradition, Menschensatzung verdunkelt (Mönchtum) 102, 8. 283, 48. 302, 25. 397, 4. durch das Klosterleben 117, 49. der Papst lehrt davon nichts 431, 14. will seine Macht darüber setzen 472, 6.

b) machen nicht gerecht 178, 87. 382, 17. sie lassen sich nicht so erfüllen, wie Brot und Parteken sich lassen in Sack stecken 385, 25. kein Mensch kann sie halten 434, 6. 646, 3. der natürliche Wille ist wider sie 165, 27. 849, 12. 889, 43. sie beschuldigen uns alle 181, 103. 639, 310. zu ihrer Erfüllung muß der Geist uns helfen 1084, 73. 311, 68. wir brauchen ein neues Herz 883, 26. 643, 324. der Glaube erfüllt sie 279, 34. 646, 2. Gebote und Glaube 661, 67.

c) die zehn Gebote 75, 2. 507. 560. ein Ausbund göttlicher Lehre 639, 311. keine Lehre noch Stände ihnen gleich 641, 317. 645, 333. sind in aller Menschen Herz geschrieben 661, 67. lehren uns Gottes Willen 966, 12. die rechten guten Werke ibid. 968, 21. sind der rechte Born und Röhre der guten Werke 639, 311. ein schlecht Leben für den gemeinen Mann 640, 315. soll man ohn Unterlaß für Augen haben. 551, 14. 645, 331. in allen Ständen muß man auf sie sehen 641, 317. sie sind für jeden Stand besonders auszulegen 504, 18. geben alle Hände voll zu schaffen 639, 313. 641, 317 f. wer sie wohl und gar kann, der muß die ganze Schrift können 552, 17. kein Mensch kann eins der 10 Gebote halten 640, 316. sie fordern, daß wir Gott von Herzensgrund fürchten und lieben sollen 185, 4. zur Anordnung der Gebote 642, 324. 572, 50. 586, 103. 605, 180. 610, 200. (616, 223). 624, 255.

d) Gebot, das erste 560. 642, 324. ist die höchste Theologie 385, 25. nach ihm muß aller Gottesdienst gerichtet werden 385, 25. das Kriterium der Gerechtigkeit 150, 16. unterweiset das Herz und lehret den Glauben 572, 50. der Glaube eine Antwort des Christen auf das 1. Gebot 647, 10. alle andern sollen quellen aus dem 1. Gebot 642, 324. das Haupt und Quellborn 644, 329. der Bügel im Kranz G. K. 643, 326. wo dies gehalten wird, so gehen die andern alle hernach 572, 48. wo das Herz so gegen Gott steht, ist alles andere erfüllt 642, 324. der ganze Psalter ist Übung des 1. Gebotes 552, 18. niemand kann es ohne Christum erfüllen 258, 37. seine Drohung und Verheißung 567, 29. es wird verletzt durch das Klosterleben 393, 56.

Gebot, das zweite 572 663, 5. 672, 45. wird verletzt durch Gottesdienste, die ohne Gottes Wort angerichtet werden 373, 89. durch das Klosterleben 393, 56.

Gebot, das dritte 580 v. Feiertage.

Gebot, das vierte 586. das höchste Werk nach dem Gottesdienst der drei ersten Gebote 592, 126. umfaßt den Gehorsam gegen alle Oberpersonen 596, 141. auch die Pflichten der Eltern und Obrigkeit 603, 167. ist die Krone auf dem Haupt des Vaters 694, 20. muß bei den Kindern und gemeinen Mann besonders getrieben werden 505, 18. ebenso bei Eltern und Obrigkeit 505, 19. das junge Volk soll erstlich auf dieses Gebot sehen 589, 115. wer es nicht hält, gehört dem Henker und Tod 595, 135f. 598, 149. s. Verheißung 594, 131. 198, 76. 602, 164. es ist unter dem Papsttum nicht geachtet 595, 140.

Gebot, das fünfte 605. ist zur Ringmauer, Feste und Freiheit um den Nächsten gestellt 607, 185. die Summa dieses Gebots: den Nächsten nicht schädigen mit Hand, Zunge und Herz 608, 188. es gebietet Nächstenliebe 608, 189ff. ist eigentlich gegen unsere Feinde gerichtet 609, 194. betrifft Gott und die Obrigkeit nicht 606, 181.

Gebot, das sechste 610.

Gebot, das siebente 616. muß bei Handwerkern, Händlern, Bauern, Gesinde besonders getrieben werden 616, 225. 504, 18. 620, 237. Sünden der Fürsten dagegen 618, 230. des Papstes ibid. es gebietet Schutz und Hilfe für die Armen 622, 247. Pflichten der Fürsten 623, 249.

Gebot, das achte 624. verbietet, die Sünde des Nächsten öffentlich zu richten 627, 265. doch ausgenommen Obrigkeit, Prediger und Eltern 629, 274.

Gebot, das neunte u. zehnte 633. verbieten das Begehren 633, 293. 638, 307. 310. Verhältnis zum 7. Gebot 634, 296. sind nicht für die bösen Buben, sondern für die Frömmsten gestellt 635, 300. der Beschluß der Gebote 567. 639.

Geburt, neue v. Wiedergeburt.

Gedächtnis Christi im Abendmahl heißt: beneficia meminisse ac sentire, quod vere exhibeantur nobis 94, 30.

Gedenkzeichen: die Elemente im Abendmahl v. Abendmahl a.

Gefallen: Gott gef. kann man nur um Christi willen durch den Glauben v. Werke. Stand.

Gefallene (lapsi): müssen wieder aufgenommen werden, wenn sie Buße tun 67, 9. Brauch der alten Kirche 275, 16.

Gefäße der Ehren und Unehren 1086, 79.

Gegenwart Gottes v. Gott 1 b.
— Christi im Abendmahl v. Abendmahl a.
in uns v. Christus A II c.

Geheimnis, das höchste ist die Trinität 809, 18. 1027, 33. dann die Person Christi ibid. 1048, 96. Christi Gegenwart im Abendmahl 803, 42. 1016, 127.

Gehorsam

a) gegen Gott: sind alle Menschen schuldig 939, 4. soll sich im Opfer des Leibes bewähren 287, 63. heißt, sich in Anfechtungen dem Willen Gottes übergeben 160, 8. v. Kreuz. rechter Gehorsam ist, die Verheißung annehmen 203, 107 (l. T.) Geh. des Evgl.: Glaube, Geh. des Gesetzes: Werke 219, 187.

neuer Geh. der Wiedergeborenen 60. 185. v. Gesetz (3. Brauch), Leben, neues. Die Wiedergeborenen sind ihn schuldig 786, 3. 788, 10. er entsteht durch Evgl. und Gesetz 965, 10. gefällt Gott um Christi willen 220, 187.

b) gegen die Eltern v. 4. Gebot. gegen die Obrigkeit dgl. v. Obrigkeit. im Geh. gegen die heidnische Obrigkeit zeigen Christen ihre Liebe 308, 55. gegen die Bischöfe v. Bischöfe, gegen den Papst v. Papst.

Gehorsam als Mönchsgelübde v. Gelübde 382, 16. 384, 27.
— Christi v. Christus B. II c. 933, 56. 934, 58.

Geist, heiliger, Geist Gottes, Geist Christi. Gottes Geist heißt allein ein heiliger Geist 653, 36.

A. Als 3. Person der Trinität 21. 27. 28f. 50. 414. 511. 556, 13. 653. Taufformel 515, 4. 558, 21. 691, 4. Absolutionsformel 519, 28. vom Vater und dem

Sohne ausgehend **27**. **29**, 22. **414**.
1041, 73. ist nicht erschaffene Regung in
Kreaturen **51**, 6. Geist Gottes, als Ver-
mittler der communicatio idiomatum in
Christus **1040**, 72.
  B. Sein Wirken.
  I. Seine Wirkungen **511**, 6. **653**, 35 ff.
Er wirkt in den Heiligen nur erschaffene
Gaben **1041**, 73. sein Amt und Werk **653**,
35. **659**, 59. sein fremdes Werk ist strafen,
sein eigenes Werk trösten **955**, 11. sein
Amt widerstreitet dem opus operatum **965**,
11. **966**, 14. der Scholastik ist er ein nichtig Ding **172**, 63.
  Er streitet wider die Erbsünde **153**, 31.
154, 35. **195**, 50. fegt die übrige Sünde
aus **156**, 45. **446**, 40. **886**, 34. (**189**,
25). wehrt der Sünde **448**, 44. bekämpft
das Fleisch **188**, 22. **794**, 4. **967**, 18.
gibt Sündenvergebung **512**, 6. **658**, 55.
er führt zu Christus **186**, 11. **512**, 6.
654, 38. **660**, 65. führt in Gottes Reich
386, 27. **673**, 52. wirkt Glauben, neues
Leben, Bekehrung, Wiedergeburt, Erneuerung, Heiligung v. dort. Licht, Leben,
Gerechtigkeit **186**, 11. er allein wirkt
rechte Gesetzeserfüllung v. Gesetz **186**, 9.
174, 70. rechte Stellung zu Gott **73**
XVIII, 2 f. **166**, 33. **186**, 9. **149**, 10.
Liebe zu Gott und dem Nächsten **922**, 23.
gute Werke v. dort. Früchte des Geistes
967, 17. er ist in den Auserwählten nicht
müßig **1084**, 73. weil der Mensch von
ihm getrieben wird, tut er Gutes **897**, 63.
die Werke sind Zeugnisse seiner Gegenwart
789, 15.
  II. Die Bedingungen seines Wirkens:
  a) Geist und Wort: er wird durchs Wort
gegeben v. Enthus., Schwärmer (Reg. III)
73, XVIII, 3. **187**, 14. **453**, 3. **892**, 54.
durchs leibliche, äußerliche Wort **58**, 4.
453, 3. durch Predigt und Sakrament **58**, 2.
122, 9. durch die Taufe **154**, 35. **699**,
41. auch die Propheten haben ihn nicht
ohne die 10 Gebote gekriegt **456**, 11.
Geist ohne Wort und Sakrament ist der
Teufel **456**, 10. das Wort ist das Amt
des Geistes **1072**, 29. Amt und Werk des
Geistes **893**, 56. aus dem Wort wird
seine Eigenart erkannt ibid. der Geist ist
Bestätigung der Predigt **266**, 71. er
wirkt, wo das Wort ist **893**, 55. **58**, 2.
durch das Wort **453**, 3. **1085**, 77. **887**,
38. **654**, 38. **777**, 4. **873**, 5. **260**, 44.
(I. T.) **659**, 58. durch Wort und Sakrament **369**, 70. **776**, 1. **897**, 65. **919**,
16. der Geist weiß, was er redet **182**,
108. Wort (und Sakrament) seine Mittel
(instrumenta) **777**, 4. **781**, 19. **872**, 4.
901, 72. **779**, 13. **891**, 48.

  b) Geist und Kirche **233**. **653**. v. Kirche.
der Geist wirkt durch die Gemeinde **654**,
37. **659**, 61. er bleibt bei der Gemeinde
bis zum jüngsten Tage **657**, 53.
  c) der Geist wird empfangen durch den
Glauben **185**, 6. **183**, 116. 80, 29. **169**,
45. **178**, 86. **185**, 4. **186**, 12. **218**, 172.
316, 92. aus Gnaden, nicht aus Werken
316, 90. die Wiedergeborenen empfangen
ihn **195**, 54. **268**, 82. die Verheißung
des heiligen Geistes gilt auch den Kindern
247, 52 f.
  d) der Antrieb des Geistes ist nicht
Zwang **897**, 64. sondern Freiwilligkeit
ibid. **941**, 12. **963**, 3. **964**, 6. **967**, 17.
969, 25. der bekehrte Wille ist sein Werkzeug **780**, 18. doch haben wir nur Erstlinge des Geistes **192**, 40. das Fleisch
bleibt im Kampf gegen ihn v. Fleisch. er
kann verloren werden **67**, 7. durch mutwillige Sünde (wider das Gewissen) **789**,
19. **899**, 69. **316**, 90. durch Nachlassen
der Liebe **201**, 98. er ist nicht da, wo die
Sünde ihren Willen tut **448**, 44. Schein
des Geistes **968**, 20. wir sollen seine
Gaben erhalten **901**, 72. durch Halten des
Gesetzes nehmen wir zu im Geist **185**, 3.
  e) er treibt sein Werk ohne Unterlaß bis
zum jüngsten Tag **659**, 61 f. (**657**, 53).
  Geist Christi:
im Abendmahl gegenwärtig (L. d. Sakramentierer) **976**, 11. als Vermittler der
Vereinigung mit dem Leibe Christi im
Abendmahl (dgl.) **974**, 5. (**797**, 5). er
regiert die Kirche als corpus Christi **234**,
5. **237**, 16. 18.
Geister, böse, sind als Menschenseelen erschienen **422**, 16.
Geistter 1006, 99; v. Schwärmer.
Geistliche Gewalt v. Gewalt.
Geistlichkeit v. Stand:
erdichtete Geistlichkeit der Mönche **111**,
11 ff. **116**, 38. **243**, 35 f. **584**, 93. der
Wiedertäufer **823**, 5. **1094**, 10. des
Coelibats v. Priesterehe.
Gelübde (Klostergelübde) v. Mönche, Kloster **110**. **377**. **461**.
die Streitfrage **379**, 9. das Gelübde soll
in möglichen Sachen willig und ungezwungen sein **114**, 27.
Gel. sind Adiaphora und leibliche Übung
384, 21. können Gottes Ordnung und Gebot
nicht aufheben **87**, 8. **90**, 24. **113**, 18.
392, 51. kein Gelübde kann die menschliche Natur ändern **335**, 8. (**337**, 16).
G. wider Gottes Gebot sind nichtig **116**,
40. sind falscher Gottesdienst **116**, 39.
395, 65. sollen Vergebung der Sünde verdienen **380**, 11. **395**, 65. darum sind sie
unchristlich ibid. wider das Evangelium

ibid. 70, 4. **486**, 48. Lästerung Christi **116**, 43. **380**, 11. **387**, 30. das Klostergelübde wurde der Taufe gleichgestellt **111**, 11. (**383**, 20). das ist Gotteslästerung **461**, XIV, 3. sie sind nicht bündige G. **393**, 57. **115**, 36. (**395**, 66). sind ein Gefängnis **110**, 2. es sind viel gottlose Meinungen dabei **119**, 61. das Keuschheitsgel. (v. Ehe, Priesterehe) hat viel Ärgernis angerichtet **90**, 18. es ist unchristlich bei denen, die die Gabe der Keuschheit nicht haben **392**, 51. durch das 6. Gebot verboten **614**, 216. (**115**, 36). untüchtige Gelübde von Canones und Päpsten verworfen **380**, 10. Gelübde in der Jugend **91**, 26. **111**, 8. **380**, 9. Begrenzung des Alters **115**, 31. Gelübde im Gesetz des Mose **393**, 58.

Gemeinde (Gemeinschaft) der Heiligen v. Kirche **21**. **511**, 5. **556**, 13. **653**, 34. (**235**, 7). „Gemeine" richtiger als „Gemeinschaft" **655**, 47f. äußere und inwendige Gemeinschaft der Kirche **234**, 3. **236**, 12. **1015**, 123. sie ist christlich, auch wenn Sünder darin sind **1095**, 14. ihre Vorsteher sind die Diener des Wortes **1057**, 10. sie ist die Mutter, so einen jeden Christen zeugt und trägt durch das Wort Gottes **655**, 42. der Geist braucht sie, das Wort zu treiben **657**, 53. die G. Gottes hat Freiheit in Zeremonien **814**, 4. **816**, 10, 12. **1056**, 9. **1063**, 30.

Gemeindewoche 420, 12.

Genugtuung: in der Scholastik **255**, 13ff. **275**, 16ff. **441**, 21. **256**, 24. durch Menschensatzungen und Werke **100**, 1. **104**, 21. **116**, 38. **126**, 35. durch Klostergelübde **379**, 9. durch Paternoster u. dgl. **441**, 21. die Messe als Genugtuung **374**, 90. die Verdienste der Heiligen im Ablaß **321**, 22f. durch diese Lehre ist die Glaubensgerechtigkeit verdunkelt **98**, 5. **101**, 7. das Verdienst Christi **486**, 45. sie ist ein jüdisch-heidnischer Brauch **275**, 17. ihr Ursprung bei den Vätern **275**, 16. **276**, 23ff. unser Genugtun verdient nicht die Gnade **56**, 1. **67**, 10. die rechte Genugtuung hat Christus geleistet **56**, 2. **195**, 57. **652**, 31. ist sein Blut **447**, 38. sein Gehorsam **934**, 57. diese Genugtuung ist gewiß **447**, 38.

Gerecht v. Gerechtigkeit, Rechtfertigung.

Gerechtigkeit Gottes:

Christus die wesentliche Gerechtigkeit Gottes v. Christus. Unterschied der wesentlichen und der rechtfertigenden Gerechtigkeit Gottes **932**, 54. die G. Gottes erweist sich in der Verstockung der Sünder **1080**, 57. **1085**, 78. **1088**, 86 (v. Prädestination).

Gerechtigkeit Christi wird uns mitgeteilt **219**, 184. **352**, 12. zugerechnet **782**, 4. **786**, 21. **919**, 17. **922**, 23, 25. diese Gerechtigkeit nicht die wesentl. Ger. Gottes (v. dort), sondern der Gehorsam Christi v. Christus B IIc.

Gerechtigkeit des Menschen:

a) erste Ger. (iustitia originalis): ihr Wesen **149**, 9. **150**, 15ff. Erbger. **848**, 10. **852**, 27. b) es ist zu unterscheiden zwischen äußerer G. (iustitia civilis) und inwendiger Gerechtigkeit **312**, 75. Ger. der Vernunft und des Evangeliums **204**, 109. **219**, 185. des Gesetzes und des Evangeliums, des Glaubens **170**, 49. **233**, 273.

die iustitia civilis (philosophica, rationis, legis, carnalis) **149**, 12. **164**, 21. **196**, 60. **206**, 117. **311**, 70. steht einigermaßen in unserer Macht **150**, 12. **217**, 167. **311**, 70. doch ist sie selten **311**, 71. Gott fordert sie **164**, 22. 24. belohnt sie mit leiblichen Gaben **164**, 24. doch genügt sie nicht vor Gott **312**, 75. **164**, 24 v. Gesetz, Werke. Rechtfertigung. Die Gegner lehren sie allein nach dem Vorbild der Philosophie **160**, 9ff. v. Gesetz und Evangelium.

die wahre Gerechtigkeit: in ihr handeln wir mit Gott **203**, 103. ihr Wesen **150**, 15ff. wir sind nicht gerecht, solange wir Gott fliehen und zürnen **195**, 55. sie ist Gehorsam, den Gott annimmt **220**, 187ff. den Gehorsam in Werken nimmt er nicht an für Gerechtigkeit ibid. kein Mensch ist vor Gott gerecht **222**, 205. **436**, 1. Ger. vor Gott, des Evangeliums, des Glaubens v. Rechtfertigung. steht allein auf Christus **1094**, 10. Christus ist unsere Gerechtigkeit **781**, 1. **178**, 86. **219**, 185. **959**, 2. nach beiden Naturen **781**, 2. **914**, 2. **933**, 55. nicht durch Einwohnung der wesentlichen Ger. Gottes ibid. sondern in Zurechnung seiner Ger. v. Ger. Christi. einer fremden Ger. **219**, 184. seines Verdienstes **320**, 19. seines Gehorsams **916**. **934**, 56. wird um Christi willen zugerechnet **223** Mitte. **231** Mitte. durch den Glauben **231**. **916**, 4f. sie kommt aus Glauben und Vertrauen **116**, 37. der Glaube ist die Gottes-Ger., die zugerechnet wird **56**, 3. **179**, 89. **183**, 115. der Glaube unsre Ger. **101**, 5 (l. T.). **180**, 92f. imputative **219**, 186. der Glaube allein ihr Anfang, Mitte und Ende **948**, 34.

die Ger. des Glaubens: ist Vergebung der Sünde **782**, 4. **916**, 4. **924**, 30. **927**, 39. daß wir um Christi willen Gott gefallen **221**, 194. ihr folgt die Heiligung

und Erneuerung 921, 21. die Gerechtigkeit des neuen Lebens 925, 32 v. Leben, neues. diese ist im Werden 187, 15 ff. 185, 3 (l. T.). bleibt unvollkommen 925, 32. macht sich nicht gerecht ibid. gefällt um des Glaubens willen 196, 60. ihre Früchte sind gute Werke v. dort. ohne diese kann sie nicht bestehen 942, 15. durch mutwillige Sünde wird sie verloren 947, 31.

Gericht Gottes v. Zorn Gottes, Strafe, Anfechtung. geht auf die Herzen 156, 44. 224. kein Mensch kann es ertragen 222, 205. 208 (vgl. Reg. I., Pf. 51, 6. 130, 3. 143, 2). die menschliche Natur flieht es, zürnt ihm 195, 55. 219, 180. 220, 181. wir können ihm nur Christus entgegenstellen 201, 93. 202, 100. nicht unsere Werke, Verdienste, Liebe ibid. 274, 11. das letzte Gericht Gottes wird zeigen, daß das Vertrauen auf Werke vergeblich ist 189, 30. die Gegner fühlen Gottes Gericht nicht 160, 9.

Gott übt sein Gericht, wenn er einem Volke sein Wort entzieht 1080, 57. Gericht Gottes über unwürdigen Empfang des Abendmahls v. Abendmahl.

In menschlichem Gericht ist Recht gewiß, Gnade nicht, in Gottes Gericht ist die Gnade gewiß 224. 226, 224.

— Christi bei seiner Wiederkunft 21. 30, 37. 54, 6. 72, XVII, 3. 310. 414. IV. 511. 556, 13. 551, 26.

—, menschliches:
a) geistliches Gericht v. Bischöfe, Kirchengewalt. in der Schlüsselgewalt hat Christus der Kirche das höchste Gericht befohlen 479, 24 v. Schlüss.amt. Absolution. b) bürgerliches Gericht 625, 258. Mißbrauch des göttlichen Namens vor Gericht 523, 53. Eid vor Gericht v. Eid.

Gerichtsbarkeit, Gerichtszwang der Bischöfe v. Bischöfe, Jurisdiktion.

Gesang, deutsche Gesänge in der Messe 92, 7. 350, 3. 559, 25.

Geschichte lehrt, wie mächtig das Reich des Teufels ist 157, 49.

Geschlechtstrieb v. Ehe. ist Gottes Geschöpf und Ordnung 334, 7 ff. 337, 19. ist nach dem Fall durch die böse Lust verstärkt 336, 13. 16.

Geschöpfe Gottes: wir sind Gottes G. 648, 13. Gottes G. kann nicht böse sein 156, 43. das hindert die Erbsünde nicht ibid. auch nach dem Fall ist die menschliche Natur Gottes G. 770, 2. 771, 4. 846, 2. 854, 32. 855, 34. Gottes Werk und G. an ihr ist von des Teufels Werk zu unterscheiden 846, 3. 857, 42. 776, 25. 1086, 79. Gottes G. und Ordnung kann der Mensch nicht ändern 87, 8. die Neigung des Mannes zum Weibe ist Gottes G. 334, 7 ff. 337, 19. (459, XI, 2). Gottes G. und Ordnung drängt zum Ehestand 113, 20 v. Ehe. die Obrigkeit ist Gottes G. 307, 53.

Gesetz v. Gebote, Werke, Gerechtigkeit 435. 790. 793. 951. 962.

1. Begriff des Gesetzes:
a) natürliches und offenbartes Gesetz: das Gesetz ist dem Menschen ins Herz geschrieben 661, 67. 794, 2. 963, 5. der Spruch des Gesetzes 260, 48. das natürliche Gesetz stimmt mit dem Dekalog überein 160, 7. das „göttlich ewige Gesetz" 891, 50.

b) Zeremonialgesetz, bürgerliches Gesetz und Moralgesetz 160, 6: α) das Zeremonialgesetz 303, 32. 393, 58. es war mit seinen Opfern ein Typus Christi 355, 22. 359, 34. 361, 36. mußte aufhören, als das rechte Opfer ausgerichtet ward 355, 23. 358, 30. die Christen sind davon frei 126, 39 f. 130, 59. 341, 41. 364, 52. 382, 15 f. 394, 58. β) bürgerliches Gesetz: der Glaube bringt kein neues Gesetz im Weltregiment 308, 55. die Christen sollen den bestehenden Gesetzen gehorchen (geg. Carlstadt) ibid. γ) Moralgesetz v. das folgende.

2. Inhalt und Erfüllung v. Gerechtigk. die 2 Tafeln 150, 14. 16. 166, 35. 186, 9. 203, 103. 204, 110. 312, 73. es fordert mehr als äußere Ehrbarkeit 160, 8. 166, 35. es werke erfüllen es nicht 228, 242. es fordert ein gut Herz inwendig und die Werke auswendig 187, 15. ganz vollkommenen, reinen Gehorsam 968, 22. wahre Gottesfurcht und -liebe 186, 9. 187, 15. 204, 108. 221, 194 ff. 267, 75. 282, 45. Gottes- und Nächstenliebe 217, 168. die Liebe ist des Gesetzes Erfüllung 189, 26. 192, 38. 196, 60. 217, 168. 218, 173. die Vernunft kann es einigermaßen fassen 160, 7. 186, 9 v. Gerechtigkeit (iustitia civilis). meint es erfüllen zu können 436, 1. dadurch gerecht zu werden 160, 7. 192, 38. 213, 144. aber sie sieht nur auf die äußeren Werke 163, 18. 166, 35. 186, 13. 192, 38. 213, 144. es geht über alles Vermögen der Vernunft hinaus 160, 8. 165, 27. niemand kann es halten 163, 18. 167, 40. 185, 6. 269, 88. 282, 45. 903, 75. Erfüllung nur möglich durch Christus 185, 5. 187, 14. 192, 38. 196, 63. 213, 145 ci. 218, 169. 219, 178. 220, 194. 258, 37. 269, 86. es erreicht erst in der Hand Christi seine Erfüllung 955, 10. durch den Geist 169, 46. 174,

70. 185, 5 ff. 218, 172. 231, 256. der Geist macht dem Gesetze hold 268, 82. es wird erfüllt durch den Glauben 169, 46. 185, 5. 192, 38. 210, 134. 214, 149. 218, 174. 231, 256. 268, 82. nach der Versöhnung (Vergebung) 229, 368. 268, 80 ff. nach der Rechtfertigung 229, 245. 247 (I. T.). von den Wiedergeborenen 169, 46. 185, 5. 195, 54. 201, 98. 210, 135 (I. T.). 220, 193. auch nach der Wiedergeburt ist es unerfüllbar 187, 19. 189, 25. 779, 12. 904, 79. seine Erfüllung ist im Werden 187, 15. 185, 3. wir tun ihm niemals im Fleische genug 218, 175. es klagt die Wiedergeborenen ohn Unterlaß an 194, 45. auch die angefangene Erfüllung gefällt Gott nur durch den Glauben 192, 40. 220, 187. 229, 247. 779, 12. 825, 25. 904, 79. 1097, 33.

Irrlehren: opera supererogationis v. Werke. consilia evangelica v. Räte, evang. Erfüllung des Gesetzes quoad substantiam actuum 311, 68. Gesetzeserfüllung ohne Christus 218, 169. der Wiedergeborenen sei verdienstliche Gerechtigkeit 779, 12. 904, 79.

3. Wesen und Amt des Gesetzes 957, 17. ist eine Offenbarung des gerechten Willens Gottes 790, 3. 957, 17. 965, 11. 966, 15. ein Spiegel desselben 963, 4.

a) Gesetz und Evangelium 160, 5. 790. 951. die Lehre vom Gesetz und Evang. ist ein besonders herrliches Licht 790, 2. 951, 1. die ganze Schrift hat diese zwei Teile 159, 5. 181, 102. 197, 65. 261, 53. beide sind von Anfang der Welt nebeneinander getrieben 959, 23. 171, 57. 261, 53. v. Patriarchen.

Sie sind wohl zu unterscheiden 960, 24. ihr Gegensatz 159, 5. 192, 38. 197, 65. 210, 136. 214, 153. 261, 53. sie lehren eine verschiedene Gotteserkenntnis 959, 22. verschiedene Gerechtigkeit 168, 43 f. 204, 109 v. Gerechtigkeit. das Gesetz entspricht der Vernunft 192, 38. 160, 7. 213, 144. darum halten sich die Gegner an das Gesetz 160, 7. lehren nur Gesetz, nicht Evang. 204, 108. 215, 157. 258, 34. Gesetz oder Werk ist der Grund ihrer Lehre 447, 39.

Das Gesetz rechtfertigt nicht, verdient nicht Gnade 159 f. 184. 268, 79. 298, 8. 381, 14. 415, 4. Gott tut seinem eigenen Gesetz nicht soviel Ehre an 387, 30. die Knechtschaft des Gesetzes nicht nötig zur Rechtfertigung 128, 51. sein Amt ist: Sünde strafen und Werke lehren 957, 18. Sünde offenbaren und strafen 181, 103. 182, 106. 210, 135 f. 260, 48. 261, 53. 437, 4. 790, 4. 955, 11. 957, 17. anklagen, verdammen und schrecken ibid. 184. 167, 36 ff. 195, 58. 257, 34. 270, 88. es straft den Unglauben 957, 17. 958, 19. verdammt unsere Natur oder Person 847, 6. 854, 32. es ist die Donneraxt Gottes 436, 2. eine Predigt seines Zorns 956, 12. es zeigt Gottes Zorn 176, 79. 185, 7. 218, 174. 956, 14. richtet Zorn an 167, 38. 199, 83. 210, 136. 211, 139. 214, 149. 222, 105 ff. 270, 88. bringt Tod und Hölle 437, 7. erregt Feindschaft gegen Gott 435, 2. 436, 4. wirkt Zorn 436, 5. treibt zur Vermessenheit oder Verzweiflung 219, 180. 220, 89. 437, 7. 954, 10. wirkt Reue 892, 54.

Das Evang. muß dazukommen 210, 136. Buße und Glauben 262, 58. 891, 50. 892, 54. darum sind beide bis ans Ende zu treiben 960, 24. Christus setzt beide zusammen 213, 143. 953, 4. Gott läßt beide predigen 891, 50. das N. T. behält das Amt des Gesetzes 436, 1. das Gesetz wird durch den Glauben nicht aufgehoben, sondern aufgerichtet 185, 2. 195, 54. 316, 92. Christus und das Gesetz v. Christus B II d.

b) zweifacher Brauch des Gesetzes 435, 1. dreifacher Brauch 793, 1. 962, 1. I. Brauch: v. Gerechtigkeit (iust. civ.), groben Sünden durch äußere Zucht wehren 435, 1. d. G. als Zuchtmeister 164, 22. macht manche Leute ärger 435, 2. macht falsche Heilige 436, 3. III. Brauch 793. 962. 197, 67. es ist den Ungerechten gegeben, nicht den Gerechten 164, 22. 963, 5. die Wiedergeborenen stehen nicht unter Gesetz 967, 17. sie leben im Gesetz 795, 6. haben Lust zum Gesetz nach dem innerlichen Menschen 907, 85. 944, 19. 963, 4. 967, 18. doch sind sie nicht ohne Gesetz 963, 5. denn es ist allen ins Herz geschrieben ibid. sie sollen es halten 185, 3. 187, 15. die Erlösung bezweckt, daß sie sich im Gesetz üben sollen 793, 2. (963, 4). sie bedürfen seiner, damit sie dem Geiste folgen 965, 9. es ist ein Spiegel für die Gläubigen 963, 4. 968, 21. es straft und lehrt sie 966, 12. ist eine Regel für die Wiedergeborenen 793, 1. 963, 3. soll sie vor selbsterwähltem Gottesdienst bewahren 968, 20.

Gesetz, bürgerliches 70. 307. 122, 13.

Gesinde v. Hausvater. seine Pflichten 597, 143. 616, 225. nach der Haustafel 526, 10. es ist nicht nur zur Arbeit da 604, 170.

Gestalt, im Abendmahl v. dort.
Gesundheit des Leibes: Teil der iust. orig. Adams **150**, 17.
Gevattern, Paten **535**. zu Gev. soll man fromme Leute nehmen **537**, 8. das Patenamt soll denen verweigert werden, die den Katechismus nicht können **503**, 11. Gev. sollen sichs ernst sein lassen **537**, 6. Ehe zwischen Gevattern **494**, 78. Gev. zu Glockentaufen **462**, 4.
Gewalt, geistliche und weltliche **120**. ihr Unterschied **121**, 5. beide sind als Gottes Ordnung zu ehren **121**, 4. **123**, 18. keines Menschen Gewalt gilt mehr als Gottes Wort **474**, 11. **1061**, 21. geistliche Gewalt v. Bischöfe, Papst, Kirche.
Gewissen a) wird durch das Gesetz verklagt und erschreckt v. Gesetz, Buße, Reue., es kommt nicht durch Werke, sondern nur durch Glauben zum Frieden **78**, 15. **181**, 100. **185**. **254**, 10. **269**, 88. **314**, 83. durch die rechte Lehre von der Buße **257**, 28 ff. nicht durch Gesetz, sondern Evang. ibid. **164**, 20. **210**, 136. **791**, 7.

durch die Absolution **259**, 39. **273**, 8. bleibt bei Werken immer in Ungewißheit v. Gewißheit **193**, 43 (l. T.). **217**, 164. **219**, 180. **222**, 200. **299**, 14. sucht darum immer neue Werke **163**, 20. **200**, 87. **201**, 91. **217**, 167. **222**, 200. in den Schrecken des Gewissens vergißt der Mensch alles Verdienst **163**, 20 v. Anfechtung. Müßige Menschen. erfährt die Vergeblichkeit der Werke **264**, 64. **272**, 95. die Nichtigkeit der philosophischen Gedanken von der Gerechtigkeit **167**, 37. fühlt Gottes Zorn **188**, 21. **257**, 32. flieht das Gericht **214**, 149. flieht Gott **167**, 38. sucht Gnade **188**, 21.

die Schrecken des Gewissens verdienen nicht Gnade **284**, 52. sind ohne Glauben Sünde und Tod ibid., machen geschickt zum Sacrament **370**, 73. in ihnen beweist sich und wächst der Glaube **188**, 21 f. ein zweifelndes Gewissen kann nicht beten **199**, 83. **220**, 89. (**684**, 92). flieht vor Gott **224**. Sünde wider das Gewissen und Glaube unvereinbar **784**, 11 v. Glaube 3c.

b) die Gewissen sollen nicht durch Menschensatzungen beschwert werden v. dort. mit gutem Gewissen kann man in weltlichem Beruf sein **302**, 26. auch in obrigkeitlichen Ämtern **307**, 53. das Gewissen als Schranke in Glaubenssachen **47**, 13. **141**, 2. Gewissen ist bei den Päpstlichen nichts **433**.

Gewißheit des Heils **185** v. Gewissen. muß in der Kirche sein **184**, 119. wir sollen der Gnade Gottes gewiß sein **784**, 9. gewisse Hoffnung haben **224**. solche Gewißheit ist der Glauben **941**, 12. **189**, 27. **226**, 225. wie Gewißheit zu erlangen, ist die nötigste Frage **269**, 88. sie kommt nicht aus Werken **223**. **193**, 43. sondern aus der Rechtfertigung **224**. **924**, 30. der Verheißung muß man trauen, nicht nur der Natur **226**, 219. die Gegner lassen die Gewissen im Zweifel **270**, 89.

Gewohnheit v. Menschensatzungen.

Glaube: 1. Wesen des Glaubens **169**, 48. **560**. die Vernunft versteht nicht, was Glaube ist **301**, 22. **440**, 18. nicht fides generalis (allgemeiner Glaube), sondern specialis (persönlicher Heilsglaube) **260**, 45. **263**, 60. **295**, 21. **168**, 45. nicht notitia historiae (Wissen), sondern fiducia (Vertrauen) **79**, 23. **169**, 48. **203**, 106. **225**, 216. **232**, 262. **260**, 45. **783**, 6. die notitia haben Teufel und Gottlose auch **79**, 23. **209**, 128. **219**, 182. **220**. **225**, 216. ist nicht Sache des Verstandes, sondern des Willens **219**, 183. **203**, 106. **220**, 191. nicht müßiges Wissen, sondern wirkende Kraft **173**, 64. **180**, 99. **183**, 115. **209**, 128. heißt sich verlassen und wagen auf die Verheißung **171**, 58. die Verheißung annehmen **212**, 142. Gewißheit der Verheißung **183**, 112. das ist fides proprie sic dicta **183**, 113. Gewißheit der Gnade in Christus **76**, 23. **189**, 27. **227**, 229. v. Christus B II a. lebendige, verwegene Zuversicht auf Gottes Gnade **941**, 12. Zuversicht haben zu Gott **80**, 26. auf einen unsichtbaren Gott sich ganz wagen und verlassen **312**, 74. ist eine Antwort und Bekenntnis der Christen auf das erste Gebot **647**, 10. die zwei gehören zu Haufe, Glaube und Gott **560**, 3. allein das Trauen und Gläuben des Herzens macht Gott und Abgott **560**, 2. ist der Glaube recht, so ist auch dein Gott recht **560**, 3. Glaube und Hoffnung **220**, 192.

2. seine Entstehung v. Bekehrung **172**, 61. v. Erbsünde, Gebote. Gl. ist nicht ein leicht Ding und Menschengedanke **209**, 129. entsteht nicht ohne Kampf im Herzen **219**, 182. **227**, 229. kommt auch die Heiligen schwer an **312**, 74. niemand glaubt Gott so, wie er sollte **226**, 221. ist nicht mein Werk und Bereiten **170**, 48. sondern Wirkung des Geistes **58**, 2. **73**, 3. **173**, 64. **181**, 99. **183**, 115. **231**. **255** ff. **513**, 8. **654**, 38. **660**, 65. **661**, 67. **781**, 19. **877**, 16. **882**, 25. **1083**, 69. durch das Wort **175**, 73. **455**, 7. **660**, 62. **1083**, 69. durch Evang. und Sacrament **58** V. **66** XII. **243**, 36. **259**, 42

(l. T.). 292, 5. 331, 10. 366, 59 (l. T.). 369, 70. durch das Predigtamt 58 V.

3. Heilswirkung des Glaubens: er ist das einzige Mittel, Gottes Gnade zu ergreifen 80, 28. 168, 44. 169, 48. 185, 7. 782, 5. 917, 10. 927, 38. 927, 41. 949, 35. Glaube und Verheißung gehören zusammen 170, 50. 226, 225. 299, 11. sind correlativa 222, 203. wie einer glaubt, so geschieht ihm 519, 28. durch den Glauben wird Christus unser 206, 118. (229, 246 l. T.). in den Gläubigen wohnt Gott 785, 18 v. Einwohnung Gottes, Christi. Gl. ist nötig zur Absolution v. Absolution. beim Gebrauch der Sacramente v. Sacramente, Abendmahl, Taufe. ist Prinzip der Rechtfertigung und des neuen Lebens 218, 170.

a) als Prinzip der Rechtfertigung v. Rechtfertigung. b) Gl. ist Gerechtigkeit imputative und recte 219, 186. ist Anfang, Mittel und Ende der Rechtfertigung 948, 34. rechtfertigt nicht als fides formata 182, 109. 202, 100. nicht als gutes Werk, sondern weil er Christi Verdienst ergreift 918, 13. 203, 106. 225, 216. ist nicht selbst ein verdienstliches Werk 171, 56. wird zur Gerechtigkeit gerechnet (imputatio) v. Gerechtigkeit. ist das Wesen, das Gott Gerechtigkeit nennt 179, 89 (l. T.). ist die Gerechtigkeit des Herzens 180, 92. gläuben an Christum ist hoch über alle Werk zu setzen 101, 4. 215, 159. ist der höchste Gottesdienst 170, 49. 171, 57. 59. 191, 34. 203, 107. 300, 16. (252, 3. 486, 44). weil er sich schenken läßt 170, 49. Gott gibt, was sein ist 219, 187. Gott fordert den Glauben 271, 94. wer nicht glaubt, macht Gott zum Lügner (1. Joh. 5, 10) ibid. 218, 176. 264, 62.

b) als Prinzip des neuen Lebens 185, 4. (218, 170). rechter Glaube ist bei wahrer Buße 922, 26. 224. nicht ohne Buße möglich 285, 17. 935, 64. existit in poenitentia 188, 21. 227, 229. 232. 168, 45. Glaube als Trost der Buße v. Buße.

c) kann nicht neben bösem Vorsatz sein 784, 11. 922, 26. 928, 41. 942, 15. nicht neben Todsünde 173, 64. 183, 109. 188, 23. 448, 43. nicht bei denen, die fleischlich leben 188, 23. 224. bringt den heiligen Geist v. Geist. reinigt, verändert, erneuert das Herz 216, 163. 398, 8. 180, 99. 185, 4. 241, 31. macht lebendig 173, 64. 181, 100. 218, 172. 241, 31. 260, 47. 370, 73. 399, 10. wirkt die Wiedergeburt, ist neues Licht, Leben, Kraft im Herzen 173, 64. 209, 129. 183, 115. 230, 253. 241, 31.

243, 36. Glaube und gute Werke 75, XX. 460, XIII. die Lehre vom Glauben verbietet nicht gute Werke, sondern lehrt sie tun 81, 35. soll gute Früchte und Werke bringen 125, 74. 183, 111 ff. 199, 82. 316, 92. 926, 36. durch ihn wird das Herz dazu geschickt 80, 29. sie gehen nicht voraus, sondern folgen ihm 208, 125. 927, 41. wie ein guter Baum gute Früchte bringt 209, 131. 940, 8. was nicht aus Glauben geht, ist Sünde (v. Reg. I, Röm. 14, 23.). der Glaube macht heilig; er dient Gott, die Werke den Menschen 598, 147. der Glaube wird an den Früchten erkannt 191, 34. 928, 42. sie sind seine Erzeugnisse 196, 63. durch die Werke der Gläubigen offenbart Christus sein Reich 197, 68. denn der Glaube ist ein lebendig, geschäftig, tätig, mächtig Ding 941, 10. 208, 125. (209, 129). er ist Mutter und Ursprung der Werke 941, 9. er bringt Früchte 173, 64. 288, 68. 316, 92. ist durch Werke tätig 784, 11. kann nicht ohne Werke sein 209, 127. 213, 143. 787, 6. 927, 41. 942, 15. nicht ohne Liebe sein 188, 20. 935, 64. sonst ist er falsch 461, 4. 201, 98. nicht lebendiger, sondern toter Glaube 209, 127. 928, 42. 937, 1. es ist unmöglich, Werke vom Glauben zu scheiden 1. Erfüllung des Gesetzes durch den Glauben v. Gesetz. er erfüllt, was die Taufe bedeutet 705, 73. 707, 84.

Auch der Glaube hat noch mit Sünde zu kämpfen v. Leben, neues. Irrlehren der Schwärmer 448, 42. soll wachsen durch Anfechtungen 224. 227, 229. v. Anfechtung. in den Schrecken des Gewissens 188, 21. ihn verliert man durch fleischliches Leben 227, 229. 316, 90. durch mutwillige Sünde 789, 19. 942, 15. 947, 31. durch Nachlassen der Liebe 201, 98 (l. T.). 203, 103. doch sollen die Werke nicht den Glauben erhalten 948, 34.

4. die Lehre vom Glauben soll in der Kirche getrieben werden 104, 20. 117, 48. sie ist das Hauptstück in christlichem Wesen 76, 8. 129, 52. der wahrste, gewisseste und notwendigste Artikel 233, 277. denn sie gibt allein Erkenntnis Christi und Trost des Gewissens 184, 118. (74, 15). ist Jesu eigenes Wort 252, 2. die Vernunft versteht sie nicht 213, 144. sie wird bei unversuchten Leuten verachtet 77, 15. hat unter dem Papsttum ganz unter der Bank gesteckt 655, 43. ist verdunkelt durch die Werklehre v. Werke. durch die Bußlehre (Ohrenbeichte) 252, 66. 439, 14. 441, 20. durch die Messe

255, 16. 367, 60. Menschensatzungen 101, 4. Klosterwerke 200, 90. Papsttum 483, 37.

5. Glaube, inhaltlich, v. Artikel des Gl. Der rechte christliche Glaube (fides Catholica) 28, 1. 30, 40. wer ihn nicht ganz und rein hält, ist ewig verloren ibid. 28, 1.

Glaube = Symbolum Apostolicum 510. 555. 646. 502, 3. 5. 7. 503, 8. 521, 2. 522, 5. aufs kürzeste gefaßt: trinitarischer Glaube 647, 7. er scheidet die Christen von Heiden, Türken usw. 661, 66. er muß vom heiligen Geist gelehrt werden 661, 67. Glaube und Gebote (I. und II. Hauptstück) 661, 67 ff. 640, 316. 646, 2.

Glaubensbekenntnis v. Bekenntnis, Symbol.
Glaubensspaltung unserer Zeit 768, 4 v. Religionssachen.
Gleichnis: die Elemente im Abendmahl v. Abendmahl a. 801, 28. 1012, 115.
Glieder, Gliedmaßen: Christi, der Kirche v. Kirche 233, VII. 204, 111. 652, 51. 887, 36. 1009, 104. Könige und Fürsten die fürnehmsten Glieder der Kirche 488, 54.
Glockentaufen 462, 4. (1001, 87).
Gnade v. Barmherzigkeit, Verheißung, Rechtfertigung. erste Gnade (prima gratia) v. Gratia; grat. gratum faciens ibid. habituelle Gnade v. Habitus. auxilium gratiae 151, 23. Universalität der Gnade v. Prädestination b.

Gnade gibt Gott nicht ohne das Wort 453, 3. durch die Taufe 247, 52. 699, 41. durch Wort und Sacrament 295, 19. die Sacram. Gnadenzeichen v. Sacr., Gnadenzeichen sind auch die Trübsale 286, 61. Gnade ist Gott uns nicht schuldig 226, 221. 161, 11. sie kann nicht verdient werden durch Werke, Gesetzeserfüllung, Liebe, Reue, Opfer, Messe, Zeremonien, Klosterwerke v. dort. auch nicht nach der Rechtfertigung 299, 12. keine Bereitung zur Gnade möglich 779, 11. 871, 3. 904, 77 v. Synergismus. nach Gnade sehnt sich nur, wer seinen Jammer erkennt 153, 33. sie wird nur durch Glauben erlangt 94, 28. 129, 52. 365, 55. nur er kann sie fassen 168, 44. 193, 44. 201, 95 v. Glaube 3. Gnade und Glaube gehören zusammen 232, 260. 171, 55. die Erbsünde, das Fleisch läßt an der Gnade verzweifeln 148, 8. 194, 49.

Gnade im allg. Sinne: unsere Sünden lassen Gott nicht gnädig sein 413, 14. Gott ist gnädig denen, die ihm von ganzem Herzen trauen. 567, 32. (510, 22).
Gnadenmittel v. Mittel.

Gnadenstuhl v. Christus B II b. 77, 9 (l. T.). 83 b, 2. 177, 82. 264, 63. 707, 86.
Gnadenwahl v. Prädestination.
Gnadenzeichen: sind die Sacramente v. Sacr. sind Trübsale 286, 61.
Gott 21. 26. 50. 145. 414. 510. 555. 647. 560.

1. Gottes Wesen:

a) Trinität ibid. 933, 54. 1019, 6. die Trin. das größte Geheimnis 809, 18. 1027, 33. in d. 3 Artikeln offenbart Gott d. Abgrund s. väterlichen Herzens 660, 63. das ganze göttliche Wesen, Wille und Werk darin abgemalt 660, 63. die ganze Dreifaltigkeit weist uns auf Christus 1082, 66. antitrinitarische Irrlehren 826, 29 ff. 1099, 37 ff.

b) Eigenschaften: G. ist in s. Willen u. Wesen unwandelbar 1084, 75. Gott ist allenthalben in allen Kreaturen 1039, 68. hat mancherlei Weise seiner Gegenwart 799, 14. 1006, 97. s. rechte Hand ist allenthalben 798, 12. 1006, 95. sie ist die Allmacht Gottes, die Himmel u. Erde erfüllt 1026, 28. G. selbst wohnt in Gläubigen, nicht nur s. Gaben 785, 18. 935, 65. Gott Vater, Sohn u. hlg. Geist 933, 54. mit aller Fülle der Gottheit, doch nicht leibhaftig u. persönlich vereinigt 1040, 70.

Alle Gelehrten sind nicht so klug als d. göttl. Majestät im kleinsten Fingerlein 710, 12.

c) G. ist das einige ewige Gut 563, 15. s. Name abgeleitet von „Gut" 565, 25. wenn d. Schrift von Gott redet, braucht sie viel das Wort: Güte, Barmherzigkeit 171, 54. G. ist ein ewiger, unvergänglicher Quell 674, 56. G. heißet das, dazu man sich versehen soll alles Guten 560, 2. 561, 10.

G. läßt s. nicht fassen, denn allein im Wort 173, 67. um s. offenbarten Willen sollen wir uns kümmern, nicht das Verborgene erforschen 1073, 33. v. Prädestination. das Evgl. lehrt ihn anders kennen als d. Gesetz 959, 22. kann nur in Christus erkannt werden 79, 24. 188, 20. 661, 66. mit dem Herzen gefaßt werden 562, 13 f. indem wir s. Gnade hinnehmen 171, 60. wer zweifelt, erfährt nimmer, was Gott sei 270, 89. die zwei gehören zuhauf, Glaube und Gott 560, 3. d. Glaube macht Gott u. Abgott 560, 2. G. haben ist – ihm von Herzen trauen und glauben 560, 2. 564, 28. 561, 10. 566, 28. heißet: Deo curae esse 188, 21.

2. Gottes Wirken:

a) Gott der Schöpfer: was das bedeutet 648, 13. G.s Vorsehung v. Vor-

sehung. G. ist nicht Schöpfer oder Ursach d. Sünde 75. 313. 817, 4. 847, 7. 856, 38. 856, 40. 1066, 7. er will das Böse nicht 1065, 6. hat d. Menschen gerecht u. heilig geschaffen 960, 23. G.s Werk am Menschen ist zu scheiden von des Teufels Werk 776, 25. 846, 3. 857, 42. 1086, 79. v. Erbsünde, Natur.

b) d. Herr d. Gesetz, Gebote. G. will, daß wir ihn von Herzen fürchten, lieben, vertrauen, dienen usw. 117, 49. 160, 8. 185, 3. 186, 9. 507, 2. 560, 4. 649, 19. er will gefürchtet, nicht verachtet werden 568, 34. wird geehrt durch Annahme d. Verheißung i. Glauben 170, 49. 171, 60. v. Gottesdienst. durch Anrufen in d. Not 117, 49. 160, 8. 662, 2. das vermag kein Mensch von Natur v. Natur. denn d. natürl. Mensch ist wider Gott ibid.; Gericht Gottes v. dort. Gott ist ein verzehrend Feuer 222, 208.

c) d. Erlöser: G. will niemandes Verdammnis, so. daß alle selig werden v. Prädestination. er straft nur, um zu bessern 287, 66. tut ein fremdes Werk, um zu s. eigenen Werk zu kommen 261, 51 (53). 286, 61. G. hat von Anbeginn der Welt beschlossen, um Christi willen Sünde zu vergeben 270, 88. G. ist gnädig denen, die ihm v. ganzem Herzen trauen 567, 32. gibt sich uns ganz u. gar 661, 69. G.s Ehre ist, daß er uns aus lauter Barmherzigkeit selig macht 1088, 87. daß er viel mehr gibt, denn jemand begreifen kann 674, 56. ihm wird durch rechte Lehre v. d. Erbsünde s. Ehre gegeben 846, 3. Werkgerechtigkeit macht Gott zum Götzen 564, 22.

Mancher macht d. Mammon zu s. Gott 561, 6. die Heiligen zu Göttern 318, 11. der Papst will ein irdischer G. sein 240, 24. 428, 4. 431, 13. v. Papst.

Gottesdienst 581, 84. v. III. Gebot, Opfer.

a) d. innerliche G.: Gott will i. Geist u. i. Wahrheit angebetet werden 357, 27. d. höchste G. geht inwendig im Herzen zu 320, 74. ist ein geistiger G. (gegen d. opus operatum) 373, 88. ihn zeigt d. 1. Gebot 186, 10. aller G. muß nach d. ersten Gebot gerichtet werden 385, 25. G. des Evgl.s (Glaubens) ist: sich schenken lassen, G. d. Gesetzes ist: Gott Werke anbieten 170, 49. 220, 189. d. rechte, höchste G. ist: s. Sünde erkennen, Vergebung suchen 190, 33. 220, 189. die Verheißung hinnehmen wollen 203, 107. Gottes Barmherzigkeit u. Verheißung für gewiß halten 221. d. Glaube v. Glaube 3a. mit s. Früchten 191, 34. keinen Trost und Zuversicht wissen, denn zu ihm 563, 16.

ihn von Herzen anrufen 357, 29. 83 c, 3. Furcht, Glaube, Anrufung, Danksagung 373, 88. Tötung des alten Adam und Wiedergeburt 370, 72. in solchen G. soll d. Herz geübt werden 221.

b) äußerlicher G. v. Zeremonien, Menschensatzungen, Feiertage. Kein Volk ohne G. 563, 17. äußerl. G. macht nicht fromm, gerecht vor Gott 106, 41. 187, 14. 300, 17. 304, 37. dient zu leiblicher Übung u. Zucht 301, 20. d. Kirche soll darin frei sein 303, 32. 813, X. 1053, X. Gott will nur G., die er selber aufgerichtet hat durch s. Wort 396, 70. eigene erwählte G. sind von Gott verboten 299, 14. sind wider Gott 115, 36. wider d. II. Gebot 373, 89. 375, 92. darum Greuel u. große Sünde ibid. von den Propheten „Aven" genannt 427, 2. Gott stürzt sie 568, 35. kein Mensch darf selbsterdachte G.e aufrichten 299, 15. nicht d. Papst 239, 23. 472, 6. nicht d. Bischöfe 120, 2. 398, 6. 303, 31. nicht d. Amt d. Schlüssel 256, 22. 291, 79.

D. Reich d. Antichrists ist selbst erdichteter G. 300, 18. darum ist d. Papsttum antichristisch ibid. 362, 41. (486, 44). in ihm sind immer neue G. angerichtet ibid. 232, 271. 393, 55. wie in Israel 233, 274. 299, 15. 301, 23. in Erneuerung d. levitischen Gottesdienstes 126, 39. 365, 52. infolge d. Verdienstlehre entstanden 161, 10. 393, 55. und ihrer Gewissensangst 201, 91. 217, 164. 167. sie haben großen Schein vor den Leuten 302, 24. verdunkeln d. rechten G. 117, 49. d. Ehre Christi 232, 271. 300, 18.

Rechter G. ist: Gottes Wort hören und handeln, Gott loben, singen u. beten 581, 84. der höchste G.: Gottes Wort predigen 305, 42. λογική λατρεία in Canon der Griechen 375, 93. kein G. sind Zeremonien u. Menschensatzungen (Tradition) v. dort. Kerzen u. dergl. gehören nicht z. G. 364, 51. falsche G.e sind: Heiligenverehrung, Messe, Klosterleben, Gelübde v. dort. Weib und Kind, weltl. Stand verlassen 390, 42. 404. d. G. der Mönche u. Pfaffen ist gedingter G. 305, 42.

c) G. im weiteren Sinne: Man soll Gott dienen in s. Geboten 118, 57. weltlicher Stand u. Obrigkeit ist G. 404.

Gottesfurcht v. Furcht Gottes.

Gotteslästerung. Die Vergebung nicht glauben ist d. größte G. 271, 94.

Gottlose gläuben d. Historien, aber nicht d. Vergebung d. Sünden 79, 23. 219, 182. 225, 216. v. Glaube 1. ihr Verhältn. zur Kirche 233, 1 ff. v. Kirche. zu den Sacramenten v. Sacramente, Abendmahl c. sic

sind nicht Glieder Christi, sondern d. Teufels 238, 19. (241, 29). sie werden nicht vor d. Auferstehung vertilgt, so. werden zu ewiger Strafe verdammt 72, XVII, 3. 310, 66.
Götze: zum Götzen wird Gott durch Werkgerechtigkeit gemacht 564, 22.
Gratia v. Gnade. prima gr. 162, 17. 193, 41. 223. gr. gratum faciens ist d. Glaube 183, 116.
Gratias 522, 5 f. 578, 73.
Griechische Kirche hat beiderlei Gestalt d. Abendmahls 329, 4. keine Privatmessen 350, 6. bei ihnen die Messe Dankopfer, nicht Satisfaktion 375, 93. 373, 88. liturgia oder synaxis genannt 371, 79.
Güldenjahr 442, 25.
Gut; alles was g. ist oder heißet, fließt von Gott aus 566, 25. davon d. Name „Gott" abgeleitet ibid.; außer den 10 Geboten kein Werk noch Wesen g. 639, 311. Gutes tun kann nur, wer g. ist 182, 106. der Unterschied von g. u. böse hängt nicht an d. Verdienstlehre 223. Gutes tun v. Werke.
Güte; das Wort „G." braucht d. Schrift viel, wenn sie von Gott redet 171, 54.
Güter, zeitliche, darf d. Christ besitzen v. Eigentum. d. natürl. Mensch liebt sie mehr als Gott 155, 42. das Fleisch vertraut auf sie 194, 49. d. Welt mißbraucht sie 649, 21. wir sollen sie brauchen zu Gottes Ehre u. Lob 650, 23. allein zur zeitlichen Notdurft 521, 47.
Kein gestohlen Gut gedeihet 621, 243. künftige G.: ihr Schatten im A. T. und Wahrheit in Christus 361, 39. (243, 35).

Habitus: Erbsünde als habitus 152, 24. v. Erbsünde. h. gratiae, dilectionis 162, 17. 173, 66. 176, 81. 217, 168. 222, 200. 231, 260.
Hammer Gottes; das Gesetz 436, 2.
Hand, Gottes rechte v. Gott 1.
Handauflegung 294, 12.
Handel 616, 224. 679, 73. ist den Christen erlaubt 70, 2. 307, 53. 824, 18. 1096, 23. falscher Handel 509, 14. 619, 233. 682, 84.
Handschrift ist das beschuldigende, verdammende Gewissen 261, 48.
Handwerker dürfen die Christen sein 824, 18. 1096, 23. sie stehlen, wenn sie lässig in d. Arbeit sind 617, 226. 620, 237.
Häretiker v. Ketzer.
Haß Gottes: d. natürl. Mensch haßt Gott 153, 30. 149, 11 (lat. T.). Haß Gottes ist d. Sünde 221. dazu führt d. Werklehre 223.
Haupt d. Kirche v. Kirche.

Hauptartikel d. Glaubens v. Artikel = d. 3 Artikel 555. 647, 6.
Hauptsünde = Erbsünde 433, 1.
Haushaltung 308, 57. 824.
Hausmutter v. Hausvater. ihr Beruf 102, 10. 526, 11.
Hausregiment v. 4. Gebot 595, 142.
Haustafel 523.
Hausvater; s. Beruf 102, 10. 526, 11. soll sein Weib, Kinder, Gesinde in christl. Zucht halten 302, 25. mit ihnen d. Katechismus treiben 507. 554, 4. 557, 17. 725, 87. sie lehren, sich morgens und abends zu segnen 521. s. Beruf ist im Kathol. verachtet 102, 10. ist ein rechtes gutes Werk 302, 25.
Heiden: von ihnen ist d. Kirche unterschieden nicht durch weltl. Regiment, so. durch d. Geist 237, 14. sie haben eine Erkenntnis Gottes aus dem natürl. Gesetz 959, 22. Entstehung ihrer Abgötterei 564, 18. auch bei ihnen heißt einen Gott haben: trauen und glauben 564, 18. aber es ist nicht auf den einigen Gott gerichtet ibid.; sie wollen durch Opfer Gnade erlangen 199, 86. durch Menschenopfer 217, 167. 355, 23. durch Reinigungen 275, 1. ihre Gottesdienste unrecht, weil nicht von Gott geboten 299, 15. auch ihnen ist Christus verheißen 211, 141.
Heil: Ursache d. Heils (causa salutis) ist Christus allein 180, 98.
Heiland: Christus d. einige H. 83 b, 2.
Heilig nennt uns Gott um Christi willen 460, 1. zu Heiligen macht uns Gottes Wort 583, 92. 584, 94. der Glaube 598, 147 (I. T. App.) heilig ist d. Kirche 235, 8.
Heilige: a) im allgem. Sinne: Gemeinschaft d. Heiligen v. Kirche. zu H. macht nicht das Werk, so. d. Wort Gottes 583, 92. können kein Werk hervorbringen als d. 10 Gebote 645, 333. 639, 312. 640, 315. können d. Gesetz nicht vollkommen halten v. Gesetz. das Glauben wird ihnen schwer 312, 74. sie achten u. fürchten Gott nicht, wie sie sollten 385, 25. sie haben auch Sünden 192, 40. 222, 207. sind nicht in Todsünden 169, 48. bleiben halb u. halb heilig 659, 58. werden nicht durch Werke gerecht 199, 82. so. durch Glauben des Evgl. 266, 72. Gott übt sie auf mancherlei Weise 198, 77. durch Kreuz u. Trübsal 285, 54. ihre Leiden, Predigten, Werke sind Dankopfer 356, 25 durch sie wirkt Gott große Dinge 324, 36. ihr Bekenntnis setzt Christus dem Reich d. Teufels entgegen 197, 68.
Kainische Heilige 966, 16.

b) im spez. Sinne: Anrufung d. H. 76, 3. 83 b. 316. 424. die Päpstlichen machen Götter aus d. H. 318, 11. machen sie zu Mittlern, Christus aber zum Richter 319, 14. 322, 27. zu Mittlern an Christi Statt 239, 22. 392, 53. 83 b, 2. dadurch wird ihm die Ehre genommen 319, 14. 323, 31. 321, 23. 424, 25 ff. ihre Anrufung hat keinen Grund in der Schrift 316 ff. (3. 10. 31. 33). 424, 25. ist drum nicht aus dem Glauben 320, 17. streitet wider den Hauptartikel des Glaubens 424, 25. geschieht um Gewinnwillen 392, 53. ist heidnischen Ursprungs 323, 32. ist öffentliche heidnische Abgötterei 319, 16. 404. 425, 26. 486, 47. 562, 11. 564, 21. nimmt Gott s. Ehre 425, 26. ist antichristl. Mißbrauch 424, 25. die H. im Himmel mögen Fürbitte tun 425, 26. für d. Kirche in genere, doch nicht für die Einzelnen 318, 9.

Die H. soll man ehren 317, 4. doch nicht gottesdienstlich 425, 26. man soll ihrer gedenken und Exempel an ihnen nehmen 83 b, 1. ihr Beispiel hat d. falsche Werklehre gestützt, aber sie selbst glaubten 200, 87. man ahmt ihre äußerliche Übung nach, nicht ihren Glauben 302, 24 (lat. Text). Unfug des H.-Kultus 323, 32. der Reliquienverehrung 421, 15. 423, 22 (Hunds- und Roßknochen). sie sind tot Ding, das niemand heiligen kann 583, 91. H.-Bilder 324, 34. H.-Legenden im Gottesdienst 364, 51.

Heiligen 653. heißt zu Christus bringen 654, 39. geheiligt werden ist mortificari et vivificari 361, 38. Christus h. die Kirche 234, 5. Ehe, Speise werden geheiligt durch Gottes Wort und Gebet 339, 30.

Gottes Namen h. 512, 3. 670, 35. 576, 64. d. Feiertag h. 508, 5. 580, 78. das heißt heilige Worte, Werke, Leben führen 582, 87. daß d. Mensch heilig werden soll 584, 94.

Heiligkeit v. Vollkommenheit. Ihr Wesen 150, 15. heidnische u. christl. 391, 46. rechte u. falsche 309, 62. eigene erdichtete 396, 69. alle menschl. H. ist Stank u. Unflat 610, 197. v. Mönche, Zeremonien, Werke. — Enkratiten 342, 45. rechte H. zeigen d. 10 Gebote 641, 317.

Heiligtum (=Reliquien) v. Heilige b.
Heiligung v. Erneuerung, Leben, neues. Ihr Verhältnis zur Rechtfertigung 927, 39. sie ist nicht forma, pars oder causa derselben ibid. 931, 48. sondern folgt ihr 921, 21. 923, 28. 927, 41. sie ist hier erst im Wachsen 659, 57.

Heilsgewißheit v. Gewißheit.
Heilsordnung (1069, 15. 927, 40).

Herr Gott: wir sollen Gott für einen Herrn halten 186, 10. Christus: „Herr" heißt Erlöser 651, 27. 652, 31. d. H. des Lebens, der Gerechtigkeit 652, 30. d. H. d. Sünde 652, 31.

Herz: Gottes Vaterherz 650, 23. 1085, 75. in den 3 Artikeln hat Gott den Abgrund s. väterlichen Herzens aufgetan 660, 64. Christus ein Spiegel d. väterlichen H. 660, 65.

— des Menschen ist von Natur nicht gut v. Erbsünde. Natur. erforscht, richtet Gott 156, 43. 166, 35. 222, 205. 403. darauf geht das Gesetz 187, 15. das I. Gebot v. dort. Gott will vor allem d. Herz rein haben 638, 310. wir sollen d. ganze Herz zu ihm kehren 186, 9. 560, 2. 568, 32. 570, 40. mit d. H. wird Gott ergriffen 562, 13. 565, 28. der Glaube ist im H. 183, 114. v. Glaube 1. das ist der rechte Gottesdienst v. dort. wenn d. Herz nicht dabei, sind d. Werke Heuchelwerke 187, 16. wo das H. wohl mit Gott daran ist, folgt alles andre hernach 572, 48. wenn d. Schrift von Werken redet, ist d. Gerechtigkeit d. Herzens mit umfaßt 229, 244 (lat. Text). 230, 250 (lat. Text) in der Gerechtigkeit des H. besteht Christi Reich 236, 13 (lat. T.). was heißt: ein neu Herz erschaffen 896, 60. 905, 81.

Heuchler v. Gottlose. Ihr Verhältnis zur Kirche v. Kirche. zu den Sacramenten v. Sacram., Abendmahl c. H. macht d. Predigt des Gesetzes 791, 8. sie richten Gott 274, 11.

Himmelfahrt Christi 21, 5. 26, 5. 30, 37. 54, 4. 414, IV. 511, 3. 556, 12. 651, 25. 807, 13. 988, 52. 1013, 119. 1024, 25. Chr. ist über alle Himmel gefahren 1025, 27.

Himmelskönig Christus 825, 20.
Hirtenamt 839, 14. v. Predigtamt.
Historie v. Geschichte. ihre causa finalis ist Vergebung d. Sünden 170, 51. zur Erinnerung an sie dienen d. christl. Feste 244, 40. fides historica v. Glauben 1.
Hochzeit ist ein weltliches Geschäft 528, 1. v. Ehe.
Hof, römischer v. Curie.
Hoffnung: ihr Unterschied vom Glauben 220, 191. 221. sie richtet sich auf Zukünftiges ibid. muß gewiß sein 224. wird gewiß durch Christus, Verheißung, Glauben 224. 226, 225. nicht ungewiß durch Aufhebung des Verdienstes 226, 223. schwankt bei jedem Christen 899, 68. wächst unter Gewissenserfahrungen 227, 230. ist ein rechtes Opfer 358, 29.
Hoherpriester v. Christus B II b.

IV. Sachregister.

Hölle hat Christus für uns zerstört 813, 4. 1053, 2. 652, 30. 1025, 25. der hlg. Geist führt in d. H. u. wieder heraus 966, 12. Herz u. Gewissen ohne Glauben sind die H. selbst 223. die H. können Eltern an ihren Kindern verdienen 605, 176. ihre Pforten sind machtlos gegen unsre Erwählung 817, 5. 1066, 8. gegen die Kirche Gottes 1078, 50.

Höllenfahrt Christi 812. 1049. 21, 5. 26, 5. 30, 36. 54, III. 414. 511, 3. 556, 12. 651, 25. 807, 13.

Horen (horae canonicae, Siebenzeiten) 127, 41. 306, 49. 546, 3.

Jahrmarkt der Messe 92, 10. 305, 41 f. 362, 42. 367, 64. 373, 89. 374, 91. 404, 421, 14.

Imputatio (Zurechnung) v. Gerechtigk. Chr.

Indulgentiae v. Ablaß. falsches Verständnis d. Namens 290, 78.

Instrument d. hlg. Geistes sind Wort u. Sacrament v. Mittel. ist der bekehrte Wille des Menschen 780, 18.

Interim 840, 19. 916, 5. 946, 29.

Irrefragabiles doctores 182, 105.

Israel (Juden) kennt Gott nicht recht 661, 66. sieht nur das verdeckte Angesicht des Mose 164, 21. 268, 78. Häufung der Gottesdienste in J. 233, 274. 301, 23. falsche Gottesdienste 376, 97. Opfer ibid. 199, 86. 376, 98 (lat. Text). Menschenopfer 217, 167. Bedeutung ihrer Sühnopfer 355, 21. Sabbathfeier 580, 80. Menschengebote 298, 10. 357, 27. Abgötterei 301, 24.

J. ist ein Beispiel d. göttl. Gerichts 1080, 58. doch hat Gott s. Kirche in J. erhalten 376, 98. d. rechte Kirche sollte von dem Volke geschieden werden 238, 19. 236, 14. Verheißung leiblicher u. geistl. Güter 236, 14. d. reine Brunn J.s ist die hlge. Schrift 834, 3.

Jubeljahr v. Güldenjahr.

Judaizare 298, 4.

Judas verzweifelte unter dem Gesetz 437, 7. Judä u. Petri Reue 254, 8. 258, 36. J. war auch zu predigen gesandt 241, 28. empfing im Abendmahl d. Leib Christi 982, 33. 991, 60.

Juden v. Israel.

Juge sacrificium (d. tgl. Opfer) v. Opfer.

Jugend (das junge Volk) soll nicht allein m. Schlägen u. Zwang, sd. in Gottesfurcht u. Ehre aufgezogen werden 644, 330. 579, 75. Haustafel für sie 527, 12. sie soll d. Katechismus lernen 502, 6. 554, 3. 559, 26. 642, 321. 724, 85. soll die Gottesdienste besuchen 559, 26. zu ihrer Übung Gesänge u. Psalmen im Gottesdienst 559, 25. 305, 43. soll sich ans Gebet gewöhnen 668, 28. (305, 43). in d. Beichte befragt werden 252, 66. wird besonders vom Fleisch angefochten 687, 107. soll zeitig verheiratet werden 615, 218. Klostergelübde in d. Jugend 115, 29. 91, 26. 111, 8. 379, 8.

Jünger v. Apostel.

Jungfrauschaft v. Keuschheit, Ehe, Priest.ehe. J. ist eine besondere Gabe Gottes 337, 19. eine höhere als d. Ehestand, doch macht sie nicht gerecht 340, 36. 38. 348, 69. ist nicht christl. Vollkommenheit 386, 27. in den Gottlosen ist sie unrein 340, 34. wird von d. Schrift gelobt 386, 27. doch nur als Mittel z. Dienst 341, 40. man kann sie raten, aber nicht gebieten 337, 20. die d. Gabe nicht haben, sollen heiraten 113, 20. 336, 16. ihr übermäßiges Lob hat viel Schaden getan 342, 47.

Jurisdiktion (Gerichtsbarkeit) der Bischöfe v. Bischöfe. Die gemeine J. besteht im Bann 489, 60. 493, 74. v. Bann. sie soll jeder Pfarrherr haben 493, 74. Ehesachen gehören vor d. weltliche Obrigkeit 494, 77.

Juristen 448, 41. 626, 261. 635, 299.

Jus divinum (göttl. Recht), i. naturale (natürliches Recht) v. Recht.

Justificare v. Rechtfertigung.

Justitia civilis, i. originalis v. Gerechtigkeit.

Kainische Heilige 967, 16.

Kaiser soll dem Exempel Davids folgen, Kriege gegen den Türken führen 83 b, 2. Stellung zum Papst v. dort.

Kanonisten 144, 17.

Kapernaitisches Essen des Leibes Christi v. Abendmahl a. 799, 15.

Karthäuser: ihre Werke haben großen Schein 693, 11. ihre Heiligkeit gilt nichts neben der Erfüllung der Gebote 579, 74. 590, 118. 120. 610, 197.

Kasel 640, 314.

Kasteiung 105, 30. 306, 45. 342, 48. ist gute leibliche Zucht, doch nicht Gerechtigkeit ibid. das Kreuz der Christen ist die rechte Kasteiung 105, 32. 306, 45.

Katechismus, kleiner 499. großer 543. als symbolische Schriften 761. 769, 5. 826, 30. 836, 8. Zweck der Katechismen 501. 545. ist eine Kinderlehre, Kinderpredigt 553, 1. 653, 32. eine kurze Summe der heiligen Schrift 545. 552, 18. 557, 18. die Laienbibel 769, 5. er lehrt, was recht und unrecht ist 821, 22. die Pfarrherrn sollen ihn beten 546, 3. man soll ihn eifrig treiben 545. 502, 6. besonders bei der Jugend v. Jugend. der Hausvater bei seinen Kin-

dern und Gesinde 554, 4. 557, 16. wie man ihn lehren soll 502, 7. 558, 24. wer ihn nicht lernen will, ist kein Christ, soll nicht zum Sacrament gelassen, nicht Pate werden 503, 11. 554, 2. soll aus dem Lande gejagt werden 503, 12. viele verachten ihn als schlechte, geringe Lehre 547, 5. 551, 16. Gott kann ihn nicht auslehren 551, 16. keiner kann ihn auslernen ibid. Luther selbst will sein Schüler bleiben 547, 7. die Gegner haben ihn nicht 305, 43.

der Zusammenhang der Hauptstücke 646, 1. 662, 1. (661, 67).

Katechismuspredigten 559, 26. 653, 32.

Καθάρματα = griech. Bezeichnung der Menschenopfer 356, 23.

Katholisch, als Bezeichnung der Kirche v. Kirche. Bedeutung dieses Namens 236, 10. fides catholica v. Glaube 5.

Kaufen und Verkaufen v. Handel.

Kaufleute dürfen die Christen sein 824, 18. 1096, 23.

Kaufmesse 92, 13.

Kelch: im Abendmahl v. Abendmahl f.

Kennzeichen v. Zeichen. der Kirche v. Kirche. der Christen v. Sacramente, Abendmahl a. der Erwählten v. Prädestination. des Glaubens v. Glauben.

Kern des Evangeliums ist Vergebung 381, 13.

Ketzer, Ketzerei: entstehen aus Uneinigkeit in der Kirche 204, 111. 206, 121. der Enthusiasmus ist aller Ketzerei Ursprung 455, 9. gegen sie sind die Bekenntnisse aufgestellt 834, 4. die Evangelischen werden zu Unrecht Ketzer gescholten 83 c, 1. 448, 41. fromme Prediger gelten der Welt als Ketzer 626, 262. die Ordination der Ketzer ist giltig 458, 3.

Keuschheit v. Jungfrauschaft, Priesterehe, Gelübde 332. 610. ist nicht gleich Jungfrauschaft 337, 19. Keuschheit (Ehelosigkeit) ohne Glauben ist keine Reinheit, dagegen Ehestand im Glauben 347, 64. (340, 35). der Inhalt des Keuschheitsgebotes 611, 202. zur rechten Keuschheit gehört Gottes Gnade 614, 212. Geist und Glaube 186, 12. 209, 128. 218, 172. 241, 31 (I. T.). 316, 92. sie soll durch den Ehestand erhalten werden 337, 19. 614, 212. 216.

Keuschheit = Jungfrauschaft v. dort. sie ist eine höhere Gabe als der Ehestand 341, 39. doch nicht an sich Gerechtigkeit ibid. 384, 21. wenige haben diese Gabe 87, 5. 392, 51. 336, 13. ewige Keuschheit steht in keines Menschen Gewalt 114, 28. K. der Mönche und Pfaffen führt zur Unzucht 342, 44. 382, 16. 614, 214.

„si non caste, tamen caute" 334, 5. sie verdunkelt die Gerechtigkeit des Glaubens 117, 48.

Das Keuschheitsgelübde 86. 459, XI v. Gelübde. das Gelübde der Unehelichen wird durch das 6. Gebot verdammt 614, 216. es ist unchristlich bei denen, die Gabe der Keuschheit nicht haben 392, 51.

Kinder: ihre Pflichten 586. Haustafel für sie 526, 9. sie sollen nicht ohne Wissen der Eltern heiraten 495, 78. ihre Erziehung 579, 75. 603, 167. v. Jugend, Eltern. sie sollen in christlicher Zucht gehalten werden 302, 25. 604, 174. den Katechismus lernen 553, 1. 557, 16. 725, 87. zu Schulen angehalten werden 505, 19. sollen zu Predigern usw. erzogen werden 505, 20. 604, 174.

Kinder Gottes v. Heilige, Wiedergeburt, neues Leben, leben im Gesetz, nicht unter ihm 795, 6. der Geist treibt sie zum Gehorsam 1084, 73. 964, 6. doch sind sie nicht vollkommen 192, 40. 788, 13. 964, 7. darum brauchen sie das Gesetz 965, 9. v. Gesetz 3. Brauch.

Kinderlehre, -predigt v. Katechismus.

Kindertaufe v. Taufe 63. 246, 51. 450, 4. 700, 47 ff. 535. sie ist nötig und recht (gegen die Wiedertaufe) 63. 246. 450, 4. 823, 6. 1094, 11. Gott hat sie durch Eingeben seines Geistes bestätigt 700, 49. Problem des Kinderglaubens 701, 52.

Kirche 61, VII. 62, VIII. 233. 459, XII. 653. (655, 47). ihr Name 656, 48. una sancta catholica et apostolica 27. catholica 236, 10. 265, 66.

1. Wesen der Kirche 233, 1. a) die Kirche und Christus v. Christus B III. sie ist Christi Reich 237, 16. 247, 52 v. Reich Christi. Christi Braut 236, 10. 534, 16. Christi Leib 234, 5. 236, 12. 241, 29. 991, 59 ff. (491, 67). wir alle in Chr. ein Leib 248, 56. b) die Kirche und das Wort. sie ist gebaut auf das Amt der Predigt (Petrus-Bekenntnis) 429, 25. durch Gesetz und Evangelium gesammelt 891, 50. ihr rechter Grund: das reine Evangelium 238, 20. das muß in ihr bleiben 184, 119. die rechte Erkenntnis Christi und Glaube 238, 22. die rechte Lehre von der Buße 253, 3. 326, 41. der Geist 239, 22. sie kann nicht ohne die rechte heilsame Lehre von der Vergebung durch Glauben sein 314, 83. (184, 119). sie kann nicht ohne die Wahrheit sein 144, 16. 314, 83. ist die Säule der Wahrheit 238, 20. d. Zeugnis der Propheten ist ihr Zeugnis 177, 83. 265, 66. ihr Kennzeichen: Wort und Sacramente 61, VII. 233. 234, 3. 238,

20. 247, 52. 297, 27. c) ihr inneres Leben: sie ist nicht ein äußerliches Reich (externa politia) 235, 9. 236, 13. kathol. Kirchenbegriff abgelehnt 239, 23. sondern ein geistlich Reich 236, 13. eine inwendige Gemeinschaft der ewigen Güter 234, 5. 237, 16. doch nicht ein Platonischer Staat, sondern wirklich 238, 20. sie ist die Mutter der Christen 655, 42. die Versammlung (Gemeinschaft) der Heiligen, Gläubigen 21. 61, VII. 62, VIII. 233, 1. 235, 8. 236, 11. 237, 16. 511, 5. 556, 13. 655, 47. 657, 49. die Heiligen, Gläubigen bilden sie 459, XII, 2. 236, 10. 237, 18. die den Glauben und Geist haben 236, 13. 240, 28. sie ist die Gemeinschaft des Glaubens, der Furcht und Liebe Gottes 234, 5. sie ist heilig 235, 8. hat den heiligen Geist 238, 22. 236, 11. 13. soll allzeit ihn haben 239, 22. in ihr ist Vergebung der Sünden 235, 8. 658, 55. ihre Heiligkeit steht nicht in Chorhemden und dgl. 460, XII, 3. Werkheiligkeit scheidet von ihr 658, 56. die Liebe ist ihr einigendes Band 204, 111. sie wird bis ans Ende bleiben 61, VII, 1. 235, 9 f.

2. ihre Gestalt: a) ihre Knechtsgestalt: Das Reich Christi noch unter dem Kreuz verborgen 237, 18. von den Gottlosen in der Kirche oft unterdrückt 235, 9. die Gottlosen sind Glieder der Kirche, doch nur in äußerlicher Gemeinschaft 62, VIII. 234, 3. nomine, non re 236, 11. tote Gliedmaßen der Kirche 235, 5. gehören nicht zur rechten Kirche, sondern zum Reich des Teufels 237, 16. nicht Glieder Christi, sondern des Teufels 238, 19. (241, 29). die rechte Kirche sind die Gläubigen, vom Geist erleuchtet usw. 236, 11. 237, 18 f. 239, 22. die Kirche bleibt trotz der Gottlosen 235, 9 f. Irrlehre der Wiedertäufer 823, 9. 1095, 14. der Schwenckfeldianer 825, 26. 1098, 34. Bild vom Netz und von der Tenne 233, 1. 238, 19. Wort und Sakrament bleiben in Kraft 62, VIII. 238, 19. 234, 3. auch die Gottlosen handeln an Christi Statt 241, 28. doch falsche Lehrer nicht, sind Antichristi 246, 48.

b) ihre Organisation: ihre Bekenntnisse v. Symbole, ihre Ordnungen v. Kirchenordnung, Menschensatzungen, Zeremonien. die K. hat keine Gewalt gegen die Propheten 265, 67. (177, 83). Gottes, Christi Ordnung kann sie nicht aufheben v. Ordnung. Ihre Ämter: die K. ist mehr als ihre Diener 474, 11. sie haben keine Obrigkeit in der K. ibid. das Predigtamt v. dort. es ist das höchste Amt der K. 305, 44. die K. darauf gebaut 479, 25. niemand soll predigen ohne ordentlichen Beruf 69, XIV. 296, 24. die K. hat Gottes Befehl, Prediger zu bestellen 294, 12. darum das Ordinationsrecht 491, 67. 491, 69. 492, 72. das Schlüsselamt v. dort. ist vom Papst auf weltliche Herrschaft gedeutet 482, 36. umfaßt Predigt des Evangeliums und Verwaltung der Sacramente 121, 5. es ist der ganzen K. gegeben 478, 24. 491, 68. das Priesteramt v. dort. Priesteramt nach Art des levitischen hat die K. nicht 293, 7. das Priesteramt der N. T. ein Amt des Geistes 366, 59. Chr., der einzige Priester 83 b, 2. 366, 58. die K. hat das Priestertum 491, 69. das Bischofsamt v. Bischöfe. es bezieht sich auf geistliche Güter 121, 8 f. hat nicht Gewalt über die K. 132, 76. 400, 14. die Kirchen sollen dem Bischof in geistlichen Dingen gehorchen 124, 21 f. 129, 55. doch ist Gott mehr zu gehorchen 124, 23. 297, 25. das Bischofsamt haben alle Pfarrherrn 489, 61 ff. die Bischöfe sollen von der Gemeinde gewählt werden 475, 13 ff. 491, 70. das Papsttum v. dort. der Papst will das Haupt der K. sein 239, 23. 431, 13. nicht er, so. Chr. ist das Haupt der K. 427, 1. 430, 9. 235, 5. 657, 51. 533, 13. 1031, 47. 1043, 78. sie braucht kein Haupt auf Erden 429, 7.

c) die Einheit der K. und die Kirchen: beruht nicht auf Gleichheit der Zeremonien, Traditionen 61, VII, 3. 107, 44. 241, 30. 300, 18. 815, 7. 1063, 31. sondern auf Evangelium und Sacrament 61, VII, 2. 240, 28. 241, 30. 247, 52. auf einhelliger Lehre 833, 1. 839, 14. ein Evangelium, ein Christus, eine Taufe und Sacrament, ein Geist 236, 10. 241, 31. eine K. unter einem Chr. 44, 4. 46, 10 f. 657, 51. Einheit des rechten Glaubens 241, 30. 815, 7. 1063, 31. die Liebe das einende Band 204, 111. die Einigkeit der K. soll erstrebt werden 44 ff. um Zucht und Friedens willen ist Gleichförmigkeit der Universalzeremonien gut 242, 33. (304, 38). die Einigkeit findet eine Grenze an Gott und dem Gewissen 46, 10. 13. an der Wahrheit 1090, 95. ist unmöglich, weil bei den Gegnern keine Liebe 206 oben. wird durch Tyrannei der Bischöfe zerstört 205, 112. die Trennung von der K. muß sein nach Gottes Befehl 485, 42. die Schuld bei den Gegnern (d. Teufel) 403 unten.

Die K. Chr. ist bei denen, die sein Evangelium lehren (und die Sacramente recht verwalten) 233, 279. 297, 27. die

päpstlichen sind die K. nicht **459**, XII. **1060**, 19. **265**, 66. **655**, 45. „unsre reformierte Kirche" **835**, 5. die „reinen evangelischen Kirchen" **831**, 7. sind mit Wort und Sacrament wohl beschickt **411**, 10. ihr Eifer in Predigt und Unterricht **247**, 52. **304**, 40. **363**, 48. eifrige Benutzung des Sacraments **250**, 60. **304**, 40. sie hat christliche Gottesdienste **304**, 39. stimmt mit der gemeinen christlichen K. überein 83 c, 1. **134**, 5. (mit der römischen K. 83 c, 1).

Die römische K. **248**, 55. **329**, 4. **475**, 15. **976**, 11. römischer Kirchenbegriff **239**, 23. die röm. K. ist nicht der Papst, die Kardinäle usw. **232**, 269. mit ihr stimmt die evangelische Lehre überein 83 c, 2.

Die griechische K. **248**, 55. **329**, 4. **428**, 4. **475**, 15. **976**, 11.

Die K. i. Orient u. i. Occident **474**, 12.

Kirchendiener v. Pfarrherrn, Prediger, Bischöfe. sind Vorsteher der Gemeinde **1057**, 10. sind alle gleich, haben keine Obrigkeit über die Kirche **474**, 11. auch die unwürdigen K. stehen an Chr. Statt **240**, 28. **246**, 47 v. Abendmahl c. falsche Lehrer jedoch nicht, sind Widerchristi **246**, 48. Irrlehre der Schwenckfeldianer: sie müßten wiedergeboren sein **826**, 27. **1098**, 35.

Kirchendienst v. Predigtamt, Pfarrherrn. ist Mittel des Geistes (gegen die Schwenckfeldianer) **825**, 22. **1097**, 30.

Kirchengebräuche v. Menschensatzungen, Zeremonien.

Kirchengewalt v. Bischöfe, Papst **120**. **396**. **489**, 60 ff. hat zwei Seiten: potestas ordinis und potestas iurisdictionis **400**, 13. der Streitpunkt **398**, 6.

Kirchengüter 495, 80.

Kirchenordnungen v. Menschensatzungen, Zeremonien. sind gut, damit es ordentlich in der Kirche zugehe **69**, XV, 3. **129**, 53. **217**, 167. als verdienstlich sind sie wider das Evangelium **69**, XV, 3. **128**, 50. Chr. Reich steht darin **236**, 13. sie sollen um der Liebe und des Friedens willen gehalten werden **129**, 55. doch nur, soweit ohne Sünde **69**, XV. die Kirche hat keine Gewalt gegen die Propheten **265**, 66. Gottes, Chr. Ordnung können sie nicht ändern v. Ordnung. die Gewissen sollen durch sie nicht beschwert werden **69**, XV. **129**, 50.

Kirchenregiment v. Kirche, Bischöfe, Papst **69**. **296**, 24 ff.

Kirchenschmuck verdient nicht Gottes Gnade **301**, 21. der rechte K. ist rechte Predigt, rechter Brauch des Sacraments **364**, 51.

Kirchenspaltung v. Religionssachen.

Kirchenvisitation v. Visitation.

Kirchenzucht v. Bann, Jurisdiktion.

Kloster, Klosterleben v. Mönche, Gelübde **110**. **377**. **426**. **461**, XIV. die Klöster waren ursprünglich Erziehungsstätten **112**, 15. **378**, 5. **426**, 1. jetzt Stätten der Faulheit und Wollust **378**, 5. **614**, 214 ff. die Werklehre trieb hinein **78**, 19. **302**, 26. **610**, 197. der Ungehorsam gegen das 5. Gebot **610**, 197. viele sind aus irdischen Zwecken hineingesteckt **111**, 8. **379**, 9. der Eintritt sollte der Taufe gleich sein **111**, 11, 13. **383**, 20. **461**, XIV, 3. Klosterleben sollte Vergebung verdienen **200**, 90. **78**, 20. **112**, 16. **379**, 9. **461**, 2. soll christliche Vollkommenheit, Heiligkeit sein **112**, 16. **119**, 61. **379**, 9. **385**, 24. **444**, 28. aber es ist lästerlicher Gottesdienst **426**, 2. **461**, 3. voll Abgötterei **393**, 56. die Gebote halten ist besser **579**, 74. **581**, 112. **590**, 118. **610**, 197. darum sollen fromme Leute es verlassen **393**, 56. die Klöster sollen umgewandelt oder eingerissen werden **426**, 1 f.

Klostergelübde v. Gelübde.

Knechte v. Gesinde, Hausvater. Knechtische Furcht v. Furcht Gottes.

Knechtsgestalt Christi **807**, 16. **811**, 33. **1025**, 26. **1032**, 51. **1038**, 65.

Κοινωνία: in der Christologie **1024**, 22.

Könige v. Fürsten.

Konzilien sollten sich mit den Hauptstücken des geistlichen und weltlichen Standes befassen und das Narrenwerk lassen **412**, 13. das Urteil im Konzil ist Sache der Kirche und nicht des Papstes **488**, 56. der Papst will mehr sein als die K. **484**, 40. **487**, 49.

Ein freies, allgemeines, christliches Konzil begehren die Evangelischen **48**, 21 f. **411**, 10. der Kaiser wünscht es **47**, 16. der Papst scheut sich davor **409**, 3. die Evangelischen bedürfen es nicht **411**, 10. im Konzil werden wir vor dem Papst und dem Teufel selbst stehen **432**, 16. ein Engelkonzil möchte Gott über Deutschland gehen lassen **412**, 11.

Kraft der Schlüssel (Absolution) **449**, IV. **453**, VIII, 1 v. Schlüssel, Absolution.

Kräfte, natürliche des Menschen v. Natur, menschliche.

Kreatur v. Geschöpf. Über alle K. geht Gottes Vorsehung **1065**, 4. Gott, Chr. ist aller K. gegenwärtig **808**, 16. **1007**, 101. **1039**, 68. er läßt sie uns dienen **648**, 14. sie sind Hand, Röhre, Mittel,

dadurch er gibt **566**, 26. bei K. Hilfe suchen, ist Abgötterei **564**, 21.

Kreatur, neue **149**, 9 (l. T.). **169**, 47. **173**, 64.

Kreuz (Trübsal, Leiden) v. Anfechtung: wo Gottes Wort, da soll das liebe heilige K. nicht außen bleiben **677**, 65. die Gott trauen, leiden Kummer und Not **570**, 42. es ist nicht immer Sündenstrafe **285**, 54. sondern Gnadenzeichen **286**, 61. die Kinderzucht, dadurch Gott übet die Heiligen **285**, 54. es soll uns gehorsam machen **306**, 45. es soll die übrige Sünde töten **285**, 55. Gott will den alten Adam kreuzigen **229**, 247. wir sollen ihn kreuzigen **944**, 19. durch das K. will Gott seine Auserwählten dem Ebenbilde Chr. gleichmachen **1078**, 49. es ist Gottes fremdes Werk **286**, 61. es könnte zu den Sacramenten gezählt werden **294**, 17. ist die rechte Kasteiung **105**, 32. **306**, 45. gehört zu den Opfern des N. T. **358**, 30. ist Dankopfer, nicht Verdienst **356**, 25. **368**, 67. gehört zum Bekenntnis des Glaubens **361**, 38. es tut dem alten Adam wehe **677**, 66. das Fleisch murrt dagegen **194**, 49. der Mensch ohne Glauben erträgt es nicht **81**, 37 (l. T.). kein Christ trägt es in ganzem Gehorsam **194**, 46. Klosterleben ist Flucht vor dem K. **610**, 197.

Das Kreuz des Ehestandes **533**, 14.

Unter dem Kreuz ist Christi Reich verborgen **237**, 18.

Krieg: richtet der Teufel an **681**, 80. rechte Kriege führen ist christlicher Obrigkeit erlaubt **70**, 2. **307**, 53. **309**, 59. die Kriege Davids waren heilige Werke **198**, 70. so soll der Kaiser wider die Türken K. führen **83** b, 1.

Kyria 656, 48.

Laie: kann Absolution erteilen **491**, 67. Laienkelch **89**. **328**. **801**, 24. **1010**, 110. Laienbibel, der Katechismus **769**, 5. (**836**, 8).

Lamm Gottes **416**, 1. **418**, 7. **447**, 38. **181**, 103. **415**, 2.

Lapsi v. Gefallene.

Laster: öffentliche Laster wurden früher in der Kirche gestraft **275**, 15. 16 v. Bann.

Lateinische Sprache bei der Messe **349**, 2. bei der Taufe **535**, 1.

Leben, neues **185**. (**192**, 39) v. Wiedergeburt. a) seine Entstehung **1083**, 69. Gott wirkt es durch das Wort **259**, 40. der Geist wirkt es **27**, 7. **186**, 11. **231**, 256. **260**, 44. **366**, 3. **386**, 27. **513**, 8. die Taufe **706**, 75. es erwächst aus der Rechtfertigung **185**, 4. **218**, 172. **227**, 228 v. Rechtfertigung. aus der Buße **260**, 45. **280**, 35. der Glaube schafft es, ist es v. Glaube 3. b) seine Struktur: es ist gut unter dem Antrieb des Geistes **897**, 63. **227**, 228. **1084**, 73 v. Geist. ist Gerechtigkeit und Reinigkeit **516**, 12. darum frei vom Fluche des Gesetzes **793**, 2. **963**, 5. doch nicht ohne Gesetz ibid. v. Gesetz. es ist nicht ohne Sünde **683**, 86. **685**, 100 v. Sünde, Fleisch. der Kampf bleibt **258**, 37. **794**, 4. **964**, 8. **967**, 18. der Geist streitet wider die Adamssünde **195**, 49 v. Geist. das neue Leben wird durch Buße erhalten **1085**, 75 v. Buße c. es ist eine tägliche Taufe **704**, 65. (**516**, 12). Verlierbarkeit des Geistes, Glaubens v. dort. gute Werke sollen den Beruf festmachen **315**, 89. **948**, 33. **820**, 14. **1084**, 73. doch bleibt der Glaube das einzige Mittel, Gerechtigkeit und Seligkeit zu erhalten ibid. die Rechtfertigung bleibt Prinzip des neuen Lebens **218**, 172 f. v. Rechtfertigung, Werke. Chr. bleibt Mittler **187**, 19. **192**, 40. **194**, 44. **221**, 196 v. Christus B II b c.

Leben, ewiges: in ihm bedürfen wir nicht der Vergebung, sondern sind ganz heilige Menschen **659**, 57. es fängt schon in diesem L. an **237**, 15. **309**, 58. **399**, 10. die Wiedergeburt ist sein Anfang **227**, 231. **192**, 40. in welchem Sinne die Schrift es Lohn nennt **227**, 235. (**229**, 244).

—, christliches: hieß im Katholizismus fasten usw. **102**, 8. da war kein Unterschied zwischen heidnischem, pharisäischem und christlichem L. **162**, 16.

—, geistliches (vita spiritualis) im Papsttum **102**, 9 v. Geistlichkeit.

—, v. Vollkommenheit.

Lebendigmachung (vivificatio) ist gleich Erneuerung, Wiedergeburt **783**, 8. **920**, 20. von der Rechtfertigung zu scheiden ibid. das zweite Stück der Buße **260**, 46 v. Buße. geschieht durch Glauben ibid. **258**, 36 v. Glaube 3. sie ist nicht platonisch zu verstehen **260**, 46.

Sie ist Gottes eigenes Werk **261**, 51. 53. das Fleisch Chr. lebendigmachende Speise **1035**, 59. **1036**, 61. **1042**, 76. **1109**. **1114**. **1124**.

Lehre: die Kirche braucht einen einhelligen Begriff (Form) der L. **833**, 1. (**836**, 9. **839**, 14). die rechte L. des Evangeliums: ihr Kennzeichen v. Kirche 2 c. darin sollen die Bischöfe einig sein **430**, 9. die Norm der Lehre ist allein die heilige Schrift **758**. **767**, 1. **769**, 7. **834**, 3. ihrer Erhaltung soll das Concordienwerk dienen **759**.

Recht lehren heiligt Gottes Namen, falsch lehren verunheiligt ihn 512, 5. 526, 64. 621, 39. 41. 672, 47. der Teufel will rechte L. nicht leiden 676, 62. die L. der Evangelischen ist in der Schrift gegründet und der christlichen Kirche nicht zuwider 83 c, 1. 134, 5.

Wichtigste Stücke der Lehre v. Artikel.

Lehrer v. Predigtamt. niemand soll öffentlich lehren ohne ordentlichen Beruf 69, XIV. die Aufgabe des Lehramtes 839, 14. ihre Mühe, Gefahren usw. sind hlg. Werke 198, 69. L. sind Gaben Gottes 479, 26. 491, 67.

Falsche L. sind der Kirche vorhergesagt 239, 22. gab es schon zur Zeit der Apostel 768, 3. und wird es immer geben 233, 273. sie sind nicht an Chr. Statt, sondern sind Widerchristi 246, 48 v. Ketzer. man soll sie nicht hören ibid. sich von ihnen scheiden 485, 42.

Leib Christi: in der Christologie v. Christus A II c. im Abendmahl v. Abendmahl a. die Kirche als L. Chr. v. Kirche I a.
— des Menschen: Vollkommenheit des Leibes ein Stück der iustitia originalis 150, 17. durch den Fall verloren 151, 23. 221, 4. doch ist der L. noch Gottes Kreatur 721, 4. 856, 38.

Auferstehung des Leibes v. Auferstehung. in der Ewigkeit ein neuer verklärter L. 659, 58 f.

L. und Seele als Bild der unio personalis v. Christus A II b.

Leiden v. Kreuz.

L. Christi: predigt Gottes Zorn (Gesetz) und Gnade 792, 9. 956, 12. seine Heilsbedeutung v. Christus B II c.

Λειτουργία: 371, 79. (373).

Letzte Zeiten: sind jetzt 93, 14. 278, 29. 344, 54 f.

Levitischer Gottesdienst und Priestertum: gehen die christliche Kirche nichts an 126, 39. 130, 61. 293, 7. 338, 27. 341, 41. 356, 26 v. Gottesdienst, Priester. waren Vordeutungen Chr. 359, 34. 365, 53.

Licht: das L. im Herzen, Gott zu erkennen, war das Größte im Urstand 150, 18. angeborenes (natürliches) L. der Vernunft 186, 9. 848, 12.

Ein bes. helles L. in der Kirche ist die Lehre von Gesetz und Evangelium 790, 2.

Liebe 185. ist Erfüllung des Gesetzes 189, 26. 192, 38. 208, 124. 217, 168. Gerechtigkeit des Gesetzes 196, 60. 206, 117. 221 oben. sein höchstes Werk und Tugend 203, 105. doch macht sie nicht gerecht 183, 111. 185. 189, 26. 192, 38. 196, 60. 208, 124. 267, 78. 269, 87. 785, 15. 923, 27. 927, 38. v. Rechtfertigung.

Niemand liebt Gott, wie er sollte 183, 110. 226, 221. 221, 194. das ist der Natur unmöglich 192, 38. ohne Glauben an die Vergebung durch Chr. 163, 18. 167, 36. 183, 110. kommt auch die Heiligen schwer an 312, 74. auch Nächstenliebe geht gegen die Natur 634, 297. die Gegner reden von der L., haben aber keine L. 205, 115.

L. folgt dem Glauben, der Rechtfertigung als notwendige Frucht 175, 74. 183, 111. 185. 258, 37. 268, 82. 316, 92. 784, 11. 923, 27. soll immerfort wachsen 187, 15. 389, 37. wer sie verliert, verliert Geist und Glauben 203, 103. 201, 98. (785, 17. 935, 64). ohne sie ist der Glaube tot 936, 1 v. Glaube. habitus dilectionis v. habitus

Lobopfer 359, 33.

Lohn v. Verdienst: Gott lohnt die guten Werke (Tugend) mit leiblichen Gaben 165, 24. mit leiblichen und geistlichen Gaben 227, 234. 290, 77. in diesem und dem zukünftigen Leben 198, 73. 229, 246. verschiedener L. i. d. Herrlichkeit 229, 247 (227, 234). doch ist der L. nicht die Vergebung usw. 198, 73. 229, 246. inwiefern das ewige Leben L. genannt wird 227, 236. 228, 241. 229, 244. in der Predigt von Belohnungen wird die Gnade gezeigt 229, 244 (I. T.). der L. soll nicht Triebfeder sein 198, 77. 229, 243. 290, 77.

Lösen v. Schlüssel.

Lügner: Unglaube macht Gott zum L. 270, 88. 271, 94 f. 218, 176. 264, 62. der Teufel ein L. v. Teufel.

Lust, böse (concupiscentia) v. Erbsünde; ihr Wesen 152, 24. sie ist kein Adiaphoron 155, 42. ist Sünde, nicht nur Strafe 154, 38. nicht angeschaffene, wesentliche Eigenschaft der Natur 773, 12. bleibt nach der Taufe 153, 35. (189, 25. 192, 40) v. Fleisch.

Sie sucht Wollust des Leibes (carnalia) 152, 26. vertraut auf eigene Weisheit und Gerechtigkeit (quaerit iustitiam carnalem) ibid. hat nach dem Fall den Geschlechtstrieb verstärkt 336, 13. 16. ihre übermächtige Gewalt 311, 71. der heilige Geist treibt sie aus dem Herzen 73, 3. die Wiedergeborenen hassen sie 227, 228.

Luther: „dieser hocherleuchtete Mann (Heros)" 742. 761. 981, 28. vor ihm war die Lehre von der Buße dunkel, verworren 253, 4 f. durch ihn hat Gott die Wahrheit seines Wortes (das Licht des Evangeliums) ans Licht gebracht 835, 2. er ist der fürnehmste Lehrer der C. A. 983, 34. 984, 41. aus seinen Streitschriften soll die

C. A. verstanden werden ibid.
Er ist in den Streit über die unio personalis wider Willen hineingezogen 753. „ich muß ein Kind und Schüler des Katechismus bleiben" 548, 7.

„**Lutherisch**" 305, 44.

Magd, ihre Berufswerke rechte, hlg., gute Werke 302, 26. 597, 145 v. Gesinde.
Magnet, als Gleichnis d. Erbsünde abgelehnt 773, 15. 851, 22.
Mahometisten v. Muhammedaner.
Mammon ist d. allergemeinste Abgott auf Erden 561, 6. die ihm dienen, haben Gewalt vor d. Welt 570, 42.
Mandatum cum libera 401, 18.
Manducatio oralis v. Mündlicher Empfang.
Mangel d. ersten Gerechtigkeit v. Erbsünde.
Manichäer 51, 5. 311, 67. 773, 17. 774, 19. 775, 22. 778, 8. 846, 3. 850, 16. 852, 26. 27. 853, 30. 862, 55. 902, 74.
Maria, die reine Jungfrau 54, 1. 414. 1024, 24 v. Christus B I. Mutter Gottes 806, 12. 1024, 24. 322, 27. als Fürbitterin 321, 25. ihr Verdienst in d. Absolutionsformel ibid. sie ist an Chr. Statt kommen 322, 28. Betrug mit Marienbildern 323, 34.
Materiale d. Erbsünde ist d. concupiscentia 147, 4 v. Erbsünde.
Mensch: der natürl. v. Natur, Wille, Erbsünde. Der alte v. Adam, d. a. D. neue 516, 12. 897, 63. 905, 81 v. Leben, neues, Wiedergeburt. d. inwendige M. im Gläubigen 963, 3 v. R. I, Röm. 7, 22. dch. M. will Gott wirken 294, 12. M. können Gottes Gebot, Ordnung nicht aufheben v. Gebot, Ordnung. nicht Gottesdienste, Menschensatzungen usw. aufrichten v. dort. Gott ist mehr zu gehorchen als M. v. Reg. I, Act. 5, 29.
Menschl. Natur, Menschheit Chr. v. Chr. A II.
Menschengebote v. Menschensatzungen.
Menschenopfer 200, 88. 217, 167. 355, 23.
Menschensatzungen, Traditionen v. Zeremonien, Adiaphora, Gelübde 69, 3. 100. 126, 36. 297. 396. 461, XV. 813. 1053. d. Streitfrage: ob heilsnotwendiger Gottesdienst 243, 34. 37. im Papsttum gelten sie dafür 100, 1. 102, 12. 126, 36. 242, 32. 282, 43. 297. 398, 8. 399, 9. 461, XV, 1. als heilige Werke 102, 11. sind höher geachtet als Gottes Gebot 102, 8. 283, 48. 397, 4. als apostolische Tradition für bindend erklärt 244, 38. mit Tyrannei erhalten 397, 4f. 205, 115f. darum haben sie überhand genommen 100, 1f. 126, 36f. 161, 10f. 302, 27. aus Unkenntnis der Glaubensgerechtigkeit u. d. christl. Freiheit 131, 64. Chr. Gnade u. d. Glaube sind dadurch verdunkelt 101, 4. 104, 20. 126, 36f. 233, 272. 280, 44. 302, 27. 486, 48. ebenso Gottes Gebote 102, 8. 283, 48. 302, 25. 397, 3f. Irrung und Zank in der Kirche angerichtet 83 d, 5. 103, 16.

Diese Lehre ist wider d. Evgl. 69, XV, 3. 127, 43. 298, 4. antichristlich 300, 18. Teufelslehre (1. Tim. 4, 1) 128, 49. 244, 40. 282, 44. 298, 4. 386, 26. d. Propheten haben sie verboten 299, 14 v. Gottesdienst. Chr. hat alle Satzungen des A. T. freigelassen 580, 82. hat sie vergebliche Gottesdienste genannt 282, 46. 284, 50. 298, 5. 388, 35. (128, 47f. 392, 52). auch d. Apostel haben keine bindende Tradition geben wollen 244, 38f. 401, 16. vielmehr dagegen gekämpft ibid. 303, 32. 101, 5. verboten, ein Joch aufzulegen ibid. 398, 8. 401, 16. haben sie selbst gebrochen und sind von Chr. gelobt 304, 36. 104, 22.

M. haben keinen Befehl Gottes (282, 43). 284, 50. 299, 13. sind nicht iuris divini 244, 41 (lat. Text). d. Bischöfe selbst haben viel geändert ibid. sie sind äußerliche zufällige Ordnung 242, 32. keine Gottesdienste 104, 21. 251, 65. 398, 8. 816, 9. 1062, 26 v. Gottesdienst. nicht nützlich (not) zur Seligkeit (Verführung) 69, XV, 2. 126, 35. 297, 1ff. 304, 34. 306, 50. 382, 14. 398, 7. 401, 16. bringen kein Leben ins Herz 241, 31. 243, 36. 399, 9. machen die Herzen nicht gewiß 299, 13. 302, 27. 306, 49. 348, 7. sondern beschweren d. Gewissen 102, 12. 126, 39. 306, 49. 397, 3. sind nicht evang. Vollkommenheit 386, 27. auch nicht d. rechte äußere Reinheit 216, 162. nur leibl. Übung 243, 36. dienlich zur Ordnung u. Zucht ibid. 400, 15. so war es bei den Aposteln u. Vätern 301, 20. 401, 16. darum sind sie Adiaphora 386, 27. 103, 17. 398, 7. 401, 16. v. Adiaphora. d. Kirche muß darin frei sein 126, 39. 303, 32. 474, 11. 816, 10. 1058, 15. 1061, 21. 1062, 27 v. Bischöfe. sie dürfen d. christl. Freiheit nicht zerstören 1058, 15. d. Gewissen nicht beschweren 69, XV, 2. 102, 12. ihre Änderung stört d. Einheit d. Kirche nicht 132, 74. 241, 30 v. Zeremonien. doch soll man Ärgernis meiden 307, 51. 401, 16. 17. sie halten, soweit sie nützlich u. nicht gegen d. Gewissen sind 69, XV, 1. 297, 1.

D. Evangelischen wollen sich nützliche M. gefallen lassen 244, 38ff. d. älteste Tradition halten 304, 38. einige Trad. sind

um des Gewissens willen geändert 83 d. viele werden gehalten 106, 40.

Meritum (Verdienst). M. de congruo u. de condigno, m. supererogationis, superflua v. Verdienst.

Messe 91. 349. 416. Erklärung d. Namens 322, 84. ihre Namen in d. griech. Kirche 371, 78.

a) ihr Wesen: sie soll Communion sein 94, 34. M. als Opfer 93, 22. 94, 34. 351, 9. 353, 14. als tägl. Opfer (iuge sacrificium) 360, 35. 364, 49. 367, 62f. sie mag Lobopfer genannt werden 359, 33. oder Dankopfer 370, 74. so bei d. Vätern 368, 65. 371, 75. (in d. griech. Kirche 375, 93. doch ist sie nicht Sühnopfer 93, 22. 94, 30. 354, 19. ist nicht verdienstlich, rechtfertigend usw. 200, 89. 281, 40. 350, 2. 351, 9. 362, 42. 416, 1. 418, 7. ex opere operato 93, 22. 200, 89. 217, 167. (350, 2). 351, 9. 356, 27. 373. ohne Glauben macht sie nicht selig 371, 77. sie ist um des Predigens willen eingesetzt 360, 35. Predigen, Bekennen usw. d. Hauptsache darin 362, 40.

b) Mißbräuche: d. M. im Papsttum ist lauter Menschenfündlein 416, 2. 417, 5. falscher Gottesdienst 585, 97. eitel Abgötterei 326, 97. 416, 1. 486, 43. d. größte Greuel 416, 1. 1010, 109. ein Drachenschwanz 419, 11. Messen für d. Toten 255, 16. 366, 59. 373, 89. 392, 53. 420, 12. 801, 23. 1010, 109. sie ist zum Geschäft gemacht 93, 20. 255, 16. 352, 13. 403, 26. 417, 6. 486, 43. Messen-Jahrmarkt v. Jahrmarkt. Privatmessen 95, 35. 350, 6. 418, 8. b. Mißbräuche kommen aus d. opus operatum 295, 23. aus Nachahmung d. A. T. 365, 52. ihre Folgen 419, 11.

Wo d. M. fällt, liegt Papsttum 419, 10.

c) die M. bei d. Evangelischen: ist nicht abgeschafft 91, 1. 95, 40. 242, 33. 349, 1. (362, 41). nur d. unnötigen M., d. Privatm. 95, 40. 350, 6. deutsche Gesänge dabei 91, XXIV. 350, 3. doch auch latein. Messen 350, 3.

Meßknecht: d. M. trägt unsre Sünden nicht, soll nicht Chr. gleich sein 418, 7. 419, 10. (366, 57).

Mette und Vesper 305, 42.

Ministerium ecclesiasticum v. Kirchendienst, Predigtamt.

Mißbrauch: Mißbräuche in d. Kirche 84, 1 ff. 326, 41. sie machen d. Christen z. Spott d. Ungläubigen 327, 42. sind von d. Evgl.en abgeschafft um d. Glaubens willen 84, 1 ff.

M. hebt d. Sache nicht auf 703, 59.

Mittel: Gott wirkt nicht ohne Mittel 779, 13. 872, 4. 890, 46. 1085, 76. 825, 22. 1097, 30. 31. (456, 10). M. d. Geistes v. Geist. Menschensatzungen sind keine M. Gottes 243, 36 (lat. Text). d. M. Gottes, Gnade, Chr., d. Verheißung zu ergreifen, ist d. Glaube 924, 31. 927, 38. 782, 5. 917, 10 v. Glaube.

Mitteldinge v. Adiaphora.

Mittler: Begriff des M. 320, 17. M. ist Christus v. Christus B II b. nach s. beiden Naturen 933, 56. 1031, 47. auch für d. Wiedergeborenen 193, 41. 44. 221, 196.

Chr. Erkenntnis wird unterdrückt, wenn man andere M. sucht 323, 34. im Papsttum sind d. Heiligen zu M. gemacht v. Heilige. Priester u. Meßknechte 366, 57. Menschensatzungen (u. Werke) 298, 5. 7.

Mitwirkung d. Menschen in s. Bekehrung v. Synergismus, Bekehrung.

Mixtio (der Naturen in Chr.) 1022, 18 v. Chr. A II b.

Mönche, Mönchtum 110. 377 v. Kloster, Gelübde, Stand.

a) d. Absicht d. Mönchtums: s. urspr. Zweck 200, 90. es will d. Evgl. am nächsten sein 381, 12. 389, 39. das neue Gesetz Chr. am besten halten 382, 16. Gebote u. Räte halten 112, 14. 119, 62. 379, 9. 385, 24. 389, 39 v. Räte. evgl. d. Stand d. Vollkommenheit sein 113, 16. 117, 46. 49. (610, 197). 385, 24. 389, 39. nach Gerson ein Stand, der Vollkommenheit suchen soll 388, 36. die M. verachten andre Stände u. ihre Werke 308, 56. 310, 65. 385, 24. 342, 47. 639, 314. wollten selbst d. Sünde überwinden 439, 14. hielten einander für sündlos 445, 28. wollen ewiges Leben verdienen (379, 9. 385, 24). 387, 28. 395, 63. (281, 40). verkaufen noch überflüssige Verdienste 116, 44. 228, 239. 322, 29. 385, 25. 389, 39. 445, 28 v. Verdienst (merita supererog.).

b) Kritik: die Streitfrage 379, 9. Möncherei verdient nicht Vergebung und Leben 382, 14. 384, 23. 387, 28. 390, 40. (Matth. 19, 29). ist Abfall von Chr., Lästerung Chr. 383, 17. 387, 30 (bf. 388, 34). Abgötterei 393, 56. 391, 44. Mönchsleben ist nicht Erfüllung evgl. Räte 386, 26. hat kein Gebot Gottes 310, 65. ist kein Gottesdienst, da ohne Gottes Wort 384, 23. (388, 35). ungöttlich, lauter Menschengedicht 529, 3. erdichtete unnütze Heiligkeit 396, 69. 590, 118. pharisäische Heiligkeit 445, 29. kindisches Werk 76, 3. d. Werke des Berufes nach Gottes Geboten sind besser 597, 144 f. 590, 118. Mönchswerke sind

gegen Gottes Gebot 591, 119. 614, 213. haben keinen Bruder gewonnen 630, 278. aller Mönche Werke sind nicht so edel u. gut, als wenn Gott einen Strohhalm aufhübe 693, 12. d. ganze Möncherei ist Heuchelei 382, 16. 385, 25. 610, 197. der allerweltlichste u. fleischlichste Stand 529, 3. ihre Keuschheit ist Unzucht 332, 1. 342, 44. 343, 50. 394, 59. 614, 214. ihre Armut 391, 45. Schilderung ihres Lebens 378, 4 ff. sie sind schuldig am Tode unschuldiger Leute 329, 7. an d. Mißbräuchen d. Messe 305, 41. 351, 7. haben in d. Rechte d. Pfarrherrn eingegriffen 134, 2. 251, 65. Untergang d. Mönchtums durch Hilten prophezeit 378, 3. D. Wiedertäufer sind neue Möncherei 1086, 27.

Mönchskappen den Toten angezogen 228, 240. mehr als Chr. geehrt 388, 34.

Morgensegen 521, 1 ff.

Mortificatio v. Töten.

Moses v. Gesetz. M. u. Christus 218, 175. 224. 269, 86. 382, 15. 791, 7. 954, 10. 956, 12. das verdeckte Angesicht d. M. 164, 21. 204, 108. 268, 78. 291, 8. 292, 9. 955, 10. 962, 1.

Mündlicher Empfang (manducatio oralis) des Leibes Chr. v. Abendmahl a. 796, 2. 3. 874, 3. 975, 6. 982, 32. (990, 56 bf. 993, 63). 1001, 86. unterschieden vom geistlichen Empfang, doch ohne ihn schädlich 993, 61. mit d. Munde, doch auf geistliche Weise 1009, 105.

Müßige Menschen v. Anfechtung, Gewissen. d. Verdienstlehre ein Traum müß. Menschen 163, 20. sie fühlen die Sünden u. Gottes Zorn nicht 176, 79. täuschen sich über ihre Kräfte 161, 9. 167, 38. verstehen nichts von d. Buße 254, 10. können d. Vergebung nicht erfahren 176, 79.

Muhammedaner 51, 5. 204, 108. 235, 9. 386, 27. mahometische Lehre 386, 27.

Mutter v. Vater, Eltern. M. Gottes v. Maria. M. d. Christen ist d. Kirche 655, 42.

Name Gottes v. Vaterunser 1. Bitte 572. 670. Er ist unser höchster Schatz und Heiligtum 670, 38. wo er ist, muß Leben u. Seligkeit sein 696, 27. sein Mißbrauch — d. höchste äußerliche Sünde 574, 56. wie Gottes Name mißbraucht wird 572, 51. 671, 40. durch die Messe 373, 89. durch d. Mönche 391, 44. sein rechter Gebrauch 508, 4. 576, 63. d. rechte Ehre des N. G. ist, ihm vertrauen u. ihn anrufen 578, 70. 663, 8. in N. G. getauft werden heißt, von Gott selbst get. w. 692, 10. sein Name ist darin 696, 26. wird uns gegeben 670, 37.

N. Christi uns gegeben (Act. 4, 12) heißt: er ist Grund unseres Heils 180, 98. im N. Chr. müssen wir bitten 223, 212. empfangen wir Vergebung d. Sünde 214, 152. 264, 65.

Natur: ihr Lauf ist Gottes Ordnung 309, 58. kein Gelübde oder Menschengebot kann sie ändern 334, 8. 337, 17. (459, XI, 2). Menschl. N. v. Wille, Vernunft, Erbsünde, Fleisch 145. 270. 776. 843. 866. Sinn des Wortes „N." 775, 22. 860, 51. M. N. ist erstlich rein, gut u. heilig geschaffen 852, 27. durch d. Fall völlig verderbt 772, 8. 846, 5. 853, 30. 193, 42 ff. 434, 3. d. Natur selbst (Person) ist sündig 847, 6. 848, 11 ff. 861, 53 v. Natursünde. doch nicht in eine andre Substanz verwandelt 853, 30 v. Substanz, Accidens. zwischen d. Natur u. ihrer Verderbung ist zu unterscheiden 770, 2. 771, 5. 774, 19. 845, 2. 855, 33. 857, 41. so hat Christus d. Natur angenommen ohne Sünde 771, 5. 857, 43. die m. N. ist auch nach d. Fall Gottes Kreatur 770, 2. 845, 2. 854, 32. 855, 34. Gottes Geschöpf in ihr ist von dem Werk d. Teufels zu unterscheiden 846, 3. 857, 42. 776, 25. 1086, 79. sie ist in d. Teufels Gewalt, der sie zu allen Sünden reizt 80, 32. 157, 47. 311, 71. 849, 13. 884, 29. 889, 44. zum Guten unfähig 80, 31. 434, 5. steckt so tief in Sünden, daß sie dieselben nicht sehen kann 99, 9. das Gesetz verdammt sie 847, 6. 854, 32. von N. sind wir Kinder d. Zornes 847, 6.

D. m. N. hat wohl in äußerlichen Sachen Kraft 848, 11 v. Wille. doch nicht ein Fünklein d. geistl. Kräfte 873, 7. 876, 12. ist geistlich tot 903, 77. 875, 10. kann nichts anfangen, wirken oder mitwirken 773, 16. 851, 23 v. Bekehrung. kann Gott nicht herzlich lieben, fürchten, glauben, vertrauen usw. 73, 2. 148, 7 ff. 160, 8. 165, 27. 185, 7. 194, 46. 226, 221. 312, 72. so. ist wider ihn gerichtet 848, 11. 878, 17. 907, 85. widerstrebt s. Willen u. Gesetz 879, 18. 882, 24. 889, 44. flieht immer vor Gott 664, 10. kein Gedanke kann sich d. Evangelium zuwenden 889, 44. doch kann der natürl. Mensch Gottes Wort äußerlich hören 892, 53. besitzt d. capacitas passiva zur Bekehrung 881, 23. Gott wirkt im Menschen anders als in d. unvernünftigen Kreatur 896, 62. Chr. ist d. Heiland d. verderbten N. 165, 30. erlöst u. heiligt sie 771, 6. (858, 45). durch d. hlg. Geist wird sie wiedergeboren u. erneuert 849, 14.

D. Sünde bleibt auch nach d. Wiedergeburt in d. N. 921, 22. wird erst in d.

Auferstehung von ihr geschieden **859**, 46. falsche Lehren d. Scholastik v. Erbsünde **434**, 4. **773**, 11. **850**, 17. d. N. könne nicht böse sein **156**, 43. d. Pelagianer **773**, 13. **850**, 17. (20). d. Manichäer **774**, 19. **852**, 26.

Naturen, die beiden N. in Christus v. Christus A II.

Natursünden 774, 20. **861**, 53.

Necessitas (Notwendigkeit) der guten Werke **786**, 3. **788**, 9. **939**, 4. **942**, 14. **943**, 16 v. Werke. — N. coactionis u. immutabilitatis in scholast. Verdienstlehre **161**, 11.

Neigung, natürl. der Geschlechter (στοργη φυσικη) ist Gottes Geschöpf u. Ordnung **335**, 7. nach d. Fall durch d. concupiscentia verstärkt **336**, 13. 16.
Böse N. v. Lust, böse, Erbsünde.

Netz, Bild der Kirche **233**, 1. **238**, 19. des Wortes Gottes **1085**, 76.

Neue Geburt, Neugeboren v. Wiedergeburt.

Normen d. Lehre v. Lehre.

Nothelfer (d. Heiligen) **425**, 26. **562**, 11.

Notitia (Historienglaube) v. Glauben 1.

Notwendigkeit alles Geschehens (Stoiker, Manichäer) **778**, 8. **902**, 74. der guten Werke v. Necessitas, Werke.

Novatianer 67, 9.

Obex (Riegel) in d. scholastischen Sakramentslehre **295**, 18. **367**, 63. **376**, 96 (lat. Text). (**435**, 9).

Objekt: d. drei Objekte des rechtfertigenden Glaubens **170**, 53. obiectum amabile wird Gott erst, wenn wir s. Barmherzigkeit erkennen **186**, 8.

Obrigkeit, weltliche (weltl. Regiment) v. Fürsten **70**, XVI. **307**. **524**, 4. **596**, 141. **598**, 150. **679**, 73. gegen d. Wiedertäufer **824**, 12. **1095**, 17. ihr Beruf war im Papsttum verachtet **102**, 10. **308**, 56. durch Luther recht gepriesen **403** Mitte. (**310**, 65). ist Gottes Ordnung **70**, 1. **294**, 15. **694**, 20. **703**, 61 f. ist eine gute Kreatur Gottes **307**, 53. könnte ebensogut wie die Ehe ein Sakrament heißen **294**, 15. d. Evgl. hebt sie nicht auf, sd. bestätigt sie **308**, 57. sie gehört in d. Vaterstand **598**, 141. **599**, 150. ist an Gottes Statt u. im göttlichen Stand **606**, 182. ein gottseliger Stand **824**, 12. **1095**, 17. recht heiliges Werk, Gottesdienst **404**. **302**, 25. durch sie gibt Gott uns Gutes **566**, 26. erhält uns d. tägliche Brot **679**, 73. ihre Pflichten **603**, 167. sie soll Ehre u. Zucht erhalten **344**, 55. **164**, 22. für Recht im Handel sorgen **620**, 239. **623**, 249. ihr gebührt d. Jurisdiktion in Ehesachen **494**, 77. sie darf u. soll Sünde strafen **118**, 55. **309**, 59. **629**, 274. auch mit d. Schwert **68**, 2. **606**, 181. **824**, 16. **1095**, 21.

Wir sollen sie als teuersten Schatz ehren **599**, 150. ihr gehorchen **71**, 6. **524**, 4. **599**, 151. **643**, 327. soweit es ohne Sünde geschieht **69**, 7. auch d. heidnischen O. **308**, 55. in diesem Gehorsam unsere Liebe erzeigen ibid. für sie beten **668**, 28. **680**, 74.

Geistl. Obrigkeit v. Kirchengewalt, Bischöfe, Papst. Niemand hat O. über d. Kirche **474**, 11.

Offizialen 493, 74.

Ohrenbeichte 250, 63. **255**, 11. **256**, 23. **272**, 5 v. Beichte.

Ölung, letzte (kein Sakrament) **293**, 6.

Opfer: d. Begriff des O. **351**, 9. **353**, 14. Unterschied von sacrificium (Opfer) u. sacramentum **353**, 16. O. ist ein Werk, das wir Gott geben **354**, 18. 2 Arten: Versühnopfer u. Dankopfer **354**, 19. es gibt nur ein wahrhaftiges Sühnopfer: Christi Tod **355**, 22. **365**, 53. **93**, 25 v. Christus B II c. wir bedürfen keines andren **293**, 8. **365**, 52 ff. das tägl. O. (iuge sacrif.) **360**, 35. **364**, 49. **374**, 91. es bedeutet d. tägl. O. der Herzen **361**, 38. die levitischen O. im Gesetz waren Vordeutung auf d. Opfer Chr. **355**, 22. **359**, 34. **365**, 54. mußten aufhören, als d. rechte Opfer ausgerichtet ward **355**, 23. (**293**, 8) die Schlachto. bedeuteten das Töten des alten Adam **359**, 34. O., ex opere operato wirkend, gibt es im N. T. nicht **356**, 27. **366**, 59. dagegen schon d. Propheten (u. Psalmen) ibid. **199**, 86. **223**, 274. d. Messe ist kein Opfer v. Messe a.

O. des N. T. sind Glaube, Danksagung, Predigt, Kreuz usw. **358**, 30. gute Werke, die Gefahren u. Mühen der Prediger sind O. **197**, 68. ihr Grund ist Gottes Wille, nicht unsre Seligkeit **287**, 63. sie gefallen Gott durch d. Glauben **968**, 22. **197**, 68. (lat. Text). müssen alle nach d. 1. Gebot gerichtet werden **385**, 25.

Opfer Israels v. dort. O. d. Patriarchen **199**, 86. O. Abrahams ibid. **46**. O. d. Heiden **199**, 85. Menschenopfer v. dort.

Opus operatum ist d. Werk ohne Glauben, ohne Chr. **199**, 86. **255**, 12. d. Werk an sich, ohne Beteiligung d. Herzens **352**, 12. dagegen spricht Paulus von vernünftigem Gottesdienst **373**, 88. das N. T. als Amt d. Geistes fordert eigenen Glauben **366**, 59. ferner: **93**, 22. **94**, 29. **295**, 18. 23. **350**, 5. **198**, 81. **356**, 25f. **255**, 12. **256**, 25. **211**, 137. **213** Mitte. **283**, 46. **287**, 65.

Opera satisfactoria (genugtuende Werke) v. Genugtuung.
Opera supererogationis: opera non debita (überflüssige, nicht geschuldete Werke) v. Werke.
Orden v. Mönche: um des Verdienstes willen täglich neu erdacht 100, 2. ihre Verdienste verkauften d. Mönche 322, 29. sie haben mit ihren Werken keinen Bruder gewonnen 631, 278.
Ordination (Priesterweihe) v. Bischöfe 293, 7. 457, X. 490, 64. O. als Sakrament 293, 7. O. ist ursprgl. nur d. Bestätigung der von d. Gemeinde gewählten Diener 491, 70. d. Recht d. O. hat d. Kirche 478, 24. 491, 66f. es geht auf ihr Predigtamt zurück ibid. 294, 12. auf ihre Schlüsselgewalt 478, 24. O.recht der Pfarrherrn 490, 65. d. Bischöfe 490, 62. 493, 73. könnte ihnen gelassen werden 457, 1. 1060, 19. des Papstes 472, 5. O. der Ketzer ist gültig 458, 3.
Ordnung Gottes v. Geschöpf. Sie ist unwandelbar 939, 4. (942, 14). können Menschen nicht ändern 113, 18. 335, 7. 703, 60. ist in Ehren zu halten 694, 19. 698, 38. 704, 62. durch äußerl. O. will Gott in uns wirken 697, 30. Gottes O. ist d. Natur u. ihr Lauf 246, 50. 309, 58f. der Geschlechtstrieb 335, 7. 337, 19. die Ehe v. dort. alle weltliche Ordnung, Obrigkeit, Eigentum, Handel 70, XVI. 246, 50. 308, 57.

O. Christi kann d. Kirche nicht ändern 332, 14. ist nicht res indifferens 332, 15. ist beide Gestalt d. Abendmahls 86, 12. 329, 2.

Kirchl. O. v. Kirchenordnung. Weltliche (Obrigkeit, Eigentum usw.) ist Gottes Ordnung 70, XVI. 246, 50. 308, 57. mag der Christ frei brauchen ibid. soll gehalten werden 397, 2.
Ordo ecclesiasticus (Kirchenregiment) v. Kirche, Bischöfe.
Ordo politicus (weltliches Regiment) v. Obrigkeit.
Osterfest vor dem Konzil zu Nicäa nicht überall gleichzeitig gefeiert 107, 43. 242, 32. 244, 40.

Papst, Papsttum 427, IV. 471.

a) Seine Ansprüche: d. P. will allergnädigster Herr heißen 428, 2. d. Haupt d. Christenheit 239, 23. 431, 13. Statthalter Chr. 240, 23. 471, 3f. hat s. über Chr. gesetzt, will ein irdischer Gott s. 431, 13. 239, 23. 428, 4. 484, 40. will unfehlbar sein 240, 27. Lösegewalt im Jenseits haben 484, 40. auch den Engeln gebieten 431, 13.

Er hat d. Schlüssel auf weltl. Gewalt gedeutet 483, 36. Zwei-Schwerter-Theorie 239, 23. 471, 2. (480, 31). 120, 1ff. er will über dem Kaiser stehen 239, 23. 427, 2. 487, 50. Kaiser u. Könige setzen u. entsetzen 120, 2. 239, 23. 471, 2. hat sie mit Bann u. Kriegen geplagt 482, 35. 404. will Erbe d. Kaisertums sein 482, 35. selbst Kaiser sein 404.

In d. Kirche beansprucht er d. Primat v. Petrus. und zwar iure divino 471, 5. will allein Bischöfe u. Priester einsetzen 472, 5. s. Gewalt soll über d. Konzilien gehen 484, 40. 487, 49. 338, 24. niemand darf ihn richten 484, 40. 487, 50. er will Chr. Lehre u. Gottesdienst ändern können 484, 40. 472, 6. 239, 23. Glaube an s. Primat u. Gehorsam soll heilsnotwendig sein 471, 3. 472, 6. 428, 4. 431, 12. 483, 36.

b) Sein Wirken in der Kirche: die P. tragen mehr Sorge um ihre Herrschaft als um d. Evang. Chr. 232, 269. 240, 27f. 404. 481, 34. unter d. P.tum ist d. rechte Lehre u. Kirche unterdrückt 235, 9. 655, 43. d. P. lehrt nichts von Christus, Glauben u. Gottes Geboten 431, 14. 404. nimmt Chr. s. Ehre 486, 44. will Chr. nicht 414, 15. manche P. haben Chr. und s. Evgl. verspottet 240, 27. sind offenkundig Epikuräer 232, 269. richten falsche Lehren u. Gottesdienste auf 404. 239, 23. 432, 14. 483, 38. 488, 57. Abgötterei 404. 483, 38. 486, 44 v. Messe, Heilige. d. P. Lehre geht auf Narrenwerk 432, 14. 462, 4. wo sie am besten, da ist sie aus d. kaiserlichen Recht genommen 431, 14. um Geldes willen hat er Ablaß u. Güldenjahr eingeführt 442, 25 v. dort. verkauft wie Judas Christi u. der Heiligen Verdienste 424, 24. Dispensationen v. dort. casus reservati v. Fälle, vorbehaltene. er ist d. Haupt aller Diebe 618, 230. je mehr er Geld verschlang, je weiter s. Schlund 443, 25. s. Regiment ist: Lüge, Mord, Leib u. Seele zu verderben 432, 14. er ist ein Stockmeister, der Gottes Teufel u. Henker ist 727, 6. achtet Gottes Gericht gering 409, 3. will s. nicht reformieren 409, 3. die Religionssachen nicht ordentlich richten lassen 487, 49. bindet seine Leute durch Eide gegen Gottes Wort 488, 55. verteidigt s. Irrtum mit Gewalt u. Mord 484, 40. 486, 49. 487, 51. 404.

c) Kritik: Beweis gegen d. weltl. Gewalt d. P. 480, 31. früher bestätigte der Kaiser seine Wahl 477, 20. Schriftbeweis gegen d. Primat d. P. 472, 7. Beweis aus d. Geschichte 474, 12ff. unter d. Apo-

steln hatte keiner eine besondere Gewalt 472, 8. 478, 24. d. Kirche war 500 Jahre ohne Papst 428, 4. d. P. hat anfängl. weder ordinatio noch confirmatio gehabt 475, 15. in d. alten Konzilien nicht d. Vorsitz 476, 17. d. Konzil zu Konstanz hat P. abgesetzt 429, 7. d. Konzil zu Nicäa hat d. Bischof von Rom nur einen Teil d. Kirche unterstellt 474, 12. Hieronymus u. Gregor gegen d. Primat 476, 18f. d. Obrigkeit d. P. ist nicht aus göttl. Recht 427, 1. 429, 7. 431, 13. 476, 16. de iure humano will Melanchthon sie ihm lassen 464, 7. d. P. ist nicht d. Haupt d. Kirche, sd. Chr. allein 427, 1. 430, 9. d. Kirche braucht kein Haupt auf Erden 429, 5. d. Autorität des P. ist für d. Kirche nicht bindend 232, 269. er hat keine Gewalt wider d. Propheten 265, 67. ist nur Bischof oder Pfarrherr der Kirche zu Rom 427, 1. kein Nutz in d. Kirche, übt kein christl. Amt 429, 6. Papstreich u. Chr. Reich sehr unähnlich 240, 26. Papsttum ist Enthusiasmus 454, 7. ist vom Teufel 429, 5. ein Apostel d. Teufels 432, 14. 1060, 20. der Antichrist 484, 39. 240, 24. 300, 18. 430, 10. 431, 14. 1060, 20. 1061, 22. ein Anathema 483, 38.

Drum soll man dem P. nicht gehorchen, sd. von ihm weichen 432, 14. 433, 16. 483, 38. 488, 57. 1060, 20. (836, 7. 1056, 6). sich nicht mitschuldig machen 485, 41. 489, 59. 1061, 22. d. Trennung von ihm ist nach Gottes Befehl 485, 41. (432, 15). d. P. selbst muß gestraft werden 488, 56.

Paradies 151, 15. 848, 10. 347, 67.
Particulae exlusivae v. Rechtfertigung b.
Passahstreit 107, 43. 242, 32.
Paten v. Gevattern.
Pater noster (Vater unser) als Genugtuung 441, 21.
Pater patriae 596, 142.
Patres v. Väter.
Patriarchen haben Gesetz u. Evgl. gehabt 960, 23. sind gerecht, selig geworden durch d. Glauben an d. Verheißung von Chr. 171, 57. 262, 54. 266, 72f. 248, 55. Chr. ist aller P. Schatz u. Trost gewesen 266, 73. ihre Opfer sind im Glauben geschehen 199, 85.
Paulus, d. Apostel, d. Patron d. Evangelischen 307, 50. s. Bekehrung 173, 63. s. Anfechtungen 285, 54. s. Gefahren, Arbeiten, Predigten sind heilige Werke 197, 69. er redet anders vom Glauben als d. Sophisten 396, 68. ist ein höherer Doktor als d. Gegner 269, 86. er ist nicht von Petrus ordiniert oder bestätigt 473,

10. Jakobus ist ihm nicht entgegen 210, 132. er nennt sich Vater s. Gemeinde 601, 159. er hat auch geschworen 576, 65.
Peccatum. p. originis v. Erbsünde. causa p. i v. Sünde.
Pein v. Strafe.
Pelagianer 53, 3. 74 App. Zl. 12. 163, 19. 165, 29. 182, 106. 311, 67—69. 316, 91. 773, 13. 778, 9. 846, 5. 850, 16. 17. 20. 903, 75.
Πελαγιανίζειν 163, 19.
Perfectus; vita p. (vollkommenes Leben) v. Vollkommenheit.
Περιψήματα, griech. Bezeichnung d. Menschenopfer 356, 23.
Person in d. Trinitätslehre v. Gott 1a. Christus A I. in d. Christologie v. Christus A II. P. Christi: auf Chr. P. steht unsre Gerechtigkeit 933, 55. sieht d. Glaube 934, 58.
—, menschl.: die P. selbst ist durch d. Erbsünde verderbt 774, 20. 847, 6. 848, 11. 861, 53 v. Natur. d. P. muß erst gerecht sein, ehe sie gute Werke tun kann 923, 27. 940, 8 v. Rechtfertigung, Glaube, Werke. Gott sieht nicht d. P. an, wenn er Gebete erhört 666, 16.
Personsünde v. Erbsünde 774, 20. 844, 1. 847, 6. 861, 53.
Petrus: s. Reue u. die des Judas 254, 8. 258, 36. er hat Vergebung empfangen 317, 5. 324, 36. er ist vor dem ersten Gebot auch nur ein Sünder 385, 25. rühmt nicht s. Marter, sondern Gottes Barmherzigkeit 223 unten. P. u. Cornelius v. Reg. I. Act. 10, 1 ff. sein Wort vom königl. Priestertum (1. Pt. 2, 9) 491, 69. Ankündigung falscher Propheten 334, 5. falscher Bischöfe 496, 82.

Seine Autorität gilt mehr als alle Sententiarier 266, 70. er hat sich selbst Presbyter, Priester genannt 490, 62. d. Behauptung seines Primats ist nicht schriftgemäß 473, 10. er hat keine Obrigkeit über die Kirche gehabt 474, 11 v. R. I, Mt. 16, 18. steht Petrus für alle Apostel 478, 22.f. der „Fels" ist nicht seine Person, sd. das Amt der Predigt 479, 25, sein Glaube (nach Chrysostomus, Hilarius) 480, 28.
Pfaffen mißbrauchen d. Messe 304, 40ff. ihre Gebete sind keine rechten Gebete 667, 25. ihre Gottesdienste heißen köstliche Werke 640, 314. sie wollen aus eigener Kraft d. Sünde überwinden 439, 14. d. Pfaffenstand soll heiliger scheinen als der Laienstand 330, 9. ihr Leben führt zur Unzucht 342, 44. trunkene, rohe Pf. soll man nicht taufen lassen 537, 8.
Pfand; d. Elemente im Abendmahl nicht nur ein Pf. 801, 29. 1012, 116.

Pfarrherrn v. Prediger; sie wurden anfangs von d. Gemeinde gewählt 491, 70. Ordination war nur Bestätigung ibid. Pf. u. Bischöfe sind nach göttlichem Recht gleich 489, 61. jeder Pf. hat das Recht zur Ordination in s. Kirche 490, 65. soll d. gemeine Jurisdiktion (den kleinen Bann) haben 493, 74. sie sollen nicht weltliche Strafen einmengen 456, IX. d. Bischöfe haben ihre Rechte an sich gerissen ibid. Eingriffe d. Mönche in d. Pfarramt 134, 2. 251, 65. Ehestand d. Pf. v. Priesterehe.

Haustafel 523, 2. Pf. sollen sich im Katechismus üben 546, 3. 552, 19. den Katech. treiben, bes. bei d. Jugend 305, 41. 502, 6. 552, 19. für ihre Pfarrkinder beten 546, 3. Klagen über ihre Untüchtigkeit u. Säumigkeit 501, 2. 545, 1. 550, 13.

Sie sind eine Gabe Gottes 479, 26. 491, 67. d. Gemeinde soll ihnen gehorchen 129, 55. sie ehren u. versorgen 602, 161. Meinung, man bedürfe ihrer nicht 547, 6.

Pfeile, feurige, des Teufels 687, 104. (688, 109). 820, 13.

Pfingsten 130, 57. 244, 40.

Pflicht aus göttlichen Rechten darf kein Mensch zerreißen 114, 24.

Pharisäer: Chr. straft sie, weil sie Satzungen wider Gottes Gebot lehren 392, 52. ihn nicht als Chr. erkennen 191, 33. sie sahen nur d. verdeckte Angesicht d. Moses 204, 108. wurden darum vermessene Heuchler 791, 8. meinten heilig zu sein wie d. Mönche 445, 29. Ph.-Gerechtigkeit 162, 16. Ph.-Gebet 223, 211.

Philosophie, Philosophen: der Einfluß d. Ph. auf d. Scholastik hat d. christl. Lehre verdorben 147, 4. 149, 12. 160, 9. 230, 255. 232, 269. 265, 68. 874, 8. d. Unterschied zw. Philos. u. Chr. ist durch d. Werklehre aufgehoben 161, 12. die Ph. weiß nichts von der Verderbnis d. menschl. Natur 434, 4. 864, 60. lehrt äußerliche Gerechtigkeit u. Werke 219, 185. 312, 75. sieht nur das verdeckte Antlitz des Moses 204, 108. ihre Gedanken über d. Liebe sind Träume müßiger Menschen 162, 37. auch die Ph. können nicht unsträflich leben 81, 33. 311, 71.

Plappern u. bitten 670, 33.

Platonica civitas (Platonischer Staat) ist die wahre Kirche nicht 238, 20. communio Platonica der Mönche 310, 65. platon. Verständnis d. vivificatio abgelehnt 260, 46.

Pöbel 319, 16. 417, 5. 547, 4.

Politia ecclesiastica v. Kirchenordnung. Pol. Chr. sind d. Werke d. Gläubigen 197, 68.

Polizei v. Regiment, Obrigkeit, weltl. 70. 307. sie ist Gottes Ordnung 246, 50. d. Evangelium hebt sie nicht auf 71, 5. 122, 10. 308, 57. äußerliche Polizei ist d. Kirche nicht 236, 13.

Potestas ecclesiastica, p. iurisdictionis, p. ordinis v. Kirchengewalt. — p. gladii (weltl. Gewalt) ist von d. Päpsten mit d. p. eccles. vermengt 120, XXVIII.

Präbenden 92, 13.

Prädestination (ewige Wahl Gottes) 816. 1063.

a) Pr. oder Wahl ist zu unterscheiden von d. Vorsehung (praescientia) 817, 2. 1064, 4. nicht Sache d. Vernunft, so. des Glaubens 818, 9. 1070, 26. nicht ein heimlicher Rat Gottes, so. im offenbarten Worte zu suchen 817, 6. 1066, 9. 1029, 52. 1070, 26. 1074, 36. 1076, 43. in Christus 819, 13. 1066, 9. 1068, 13. 1082, 65. ihre Bedeutung 1077, 43. 1089, 89. sie ist eine heilsame, tröstliche Lehre 1076, 43. 816, 1. 818, 11. 819, 13. ein Trost in den höchsten Anfechtungen 819, 13. 1078, 48. will uns unsrer Seligkeit versichern 1068, 12. doch auch zur Buße mahnen 1067, 12. 1078, 51. 1083, 71. bestätigt den Artikel von d. Rechtfertigung aus Gnaden 1076, 43.

b) die Pr. umfaßt d. ganze Heilswerk Gottes an d. Menschheit und an den Einzelnen 1069, 15. ist Ursache unserer Seligkeit 817, 5. 1066, 8. hat keine Ursache in uns, so. nur in Gottes Gnadenwillen und Chr. Verdienst 1084, 75. 1088, 88. Gott hat sie durch Eid und Sakrament versiegelt 819, 13. die Gnade (Verheißung) ist universal 1021, 28. d. Berufung immer ernst gemeint 1074, 35. er hat beschlossen, außerhalb Chr. niemand selig zu machen 819, 13. Ursache d. Nichterwählung, Verdammnis nicht Gott, so. d. Sünde 1086, 81. der Mensch selbst 819, 12. 1085, 78. durch Verachtung d. Wortes Gottes ibid. 1074, 35. 1075, 40. d. Erwählung ist Gottes freie Gnade, d. Verstockung sein gerechtes Gericht 1081, 61. Gottes Wahl geht nur über d. Kinder Gottes 817, 5. 1066, 5. Kennzeichen d. Erwählung 1070, 26.

Praedicatio verbalis 1031, 45 v. Chr. A II c.

Praescientia u. praevisio v. Vorsehung.

Prediger v. Pfarrherrn, Lehrer, Kirchendiener.

D. Kirche hat Gottes Befehl, Pr. zu bestellen 294, 12. Eltern u. Obrigkeit sollen für Erziehung d. Kinder zu Pr. sorgen 505, 20. (604, 174). d. Klöster sollen wieder dazu dienen 426, III. Pr. haben keine Obrigkeit über d. Kirche 474, 11. sollen d. Katechismus treiben 502, 6. (305, 41). predigen an Chr. Statt 240,

28. Gott will durch sie predigen u. wirken 294, 12. sie sollen an der Mitwirkung d. hlg. Geistes nicht zweifeln 893, 55. auch d. Predigt d. Gottlosen ist nicht ohne Kraft 238, 19. 240, 28 v. Predigtamt. niemand soll predigen ohne ordentlichen Beruf 66, XIV. 296, 24. ihre Ordination 293, 7. 457, X. v. Ordination. Pr., die falsch predigen, mißbrauchen, entheiligen Gottes Namen 573, 54. 671, 41. sündigen gegen d. 8. Gebot 626, 263. sie stehen nicht an Christi Statt 246, 47. d. evgl. Pr. lehren mit Fleiß d. nötigsten Stücke christl. Lehre und Wandels 305, 43. Haustafel für Pr. 523, 2. sie sollen mit dem Volke Geduld haben 205, 113. nicht weltliche Strafe in d. geistliche mischen 456, IX. d. Volk soll sie ehren u. versorgen 602, 161. für sie beten 668, 28. mit ihnen Geduld haben 205, 113. Meinung man brauche sie nicht 547, 6. lassen d. Pr. hungern ibid. 602, 162. wollen sie meistern 205, 112. (633, 289). fromme Pr. schilt d. Welt Ketzer 626, 262.

Predigermönche v. Dominikaner.

Predigt v. Wort Gottes, Evangelium. Durch die Pr. sammelt Gott s. Kirche 891, 50. regiert Chr. sein Reich 308, 54. ohne Pr. von Chr. kein Geist, keine Kirche 655, 45. (479, 25). die Pr. ist Mittel d. Geistes 777, 4. 892, 52. 901, 71 f. 825, 22. 1097, 30. durch sie wirkt Gott d. Glauben 892, 54. 901, 71. 358, 32. schließt uns das Buch d. Lebens (Christus) auf 819, 13. durch sie wird Chr. Werk unser 423, 24. 713, 31. 892, 52. (180, 98). wer selig werden will, muß sie hören 892, 52. wer sie verachtet, geht verloren 894, 57. alle sollen sie hören 1083, 68. bei reiner Pr. seines Wortes ist Gott mit seiner Gnade zugegen 893, 55. es muß eine Pr. in d. Kirche sein, die gewisse Hoffnung gibt 184, 119. ihr rechter Inhalt: das Evgl., Christus, Vergebung d. Sünden 363, 48 v. Wort Gottes, Evangelium; d. reine Pr. das Kennzeichen d. Kirche 61, VII. (238, 20). d. Pr. gehört zu d. Opfern des N. T. 358, 30. 361, 38. durch sie wird d. Name d. Herrn groß 358, 32. sie ist der höchste (äußerl.) Gottesdienst 305, 42. d. Hauptsache i. Abendmahl 360, 35. d. rechte Kirchenschmuck 364, 51.

Mangel an Pr. u. falsche Predigten in d. Papstkirche 305, 41 ff. 363, 44 ff. 393, 54. bei den Evangelischen wird eifrig u. recht gepr. 305, 43. 363, 48. die nur aus Gewohnheit zur Pr. gehen, sündigen wider d. 3. Gebot 584, 96. Katechismuspredigten 559, 26. 653, 32.

Predigtamt v. Wort Gottes, Evangelium, Kirchendienst 58. 121, 5 ff. 400, 13. 401, 18. 471, 5. d. Pr. hat Gott eingesetzt 58, V, 1. 293, 11. darum könnte d. Ordination dazu ein Sakrament genannt werden 293, 11. Gott, Christus will dadurch predigen u. wirken (adest in ministerio) 294, 12. 401, 18 f. hat ihm Wirkungskraft zugesagt ibid. 893, 56. es ist nicht an bestimmte Personen u. Orte gebunden 479, 26. die Person tut nichts dazu ibid. es ist das höchste Amt d. Kirche 305, 42. d. Kirche ist darauf gebaut 479, 25. ein Kennzeichen d. Kirche 238, 20. es ist des Feiertages eigentliches Amt 582, 86. d. Evangelischen preisen es höher als d. Gegner 175, 73. d. Wiedertäufer verachten es 294, 13.

Dieses Amt allein ist den Jüngern gegeben 401, 18. 480, 31. ihnen allen gleicherweise 473, 9. 478, 23. d. Bischöfen 124, 21. (400, 13). 489, 60. es ist d. Schlüsselamt 121, 5. das Mittel, dadurch d. hlg. Geist lehrt (gegen d. Schwenckfeldianer) 825, 22. 1097, 30. nur durch Pr. u. Sakramente werden d. ewigen Güter erlangt 122, 9. es hindert d. weltliche Regiment nicht 122, 10 v. Evangelium. durch d. Pr. soll d. alte Adam täglich getötet werden 360, 34. ohne die evangelische Lehre kann es nicht sein 253, 3. es ist nun ein ander Ding geworden als unter dem Papsttum, recht und heilsam 507, 26. es hat Mühe u. Undank in d. Welt, aber Chr. selbst ist sein Lohn 507, 26 f.

Das Pr. kommt vom gemeinen Beruf d. Apostel, nicht von Petrus allein 473, 10. Ordinationsrecht des Papstes, der Bischöfe v. Ordination.

Priester, Priestertum:

Jesus Chr. der einige oberste Priester 83 b, 2. 366, 58. das levitische Pr. war nur Deutung seines Pr. 365, 53. solches Pr. gibt es im N. T. nicht 293, 7 ff. das Pr. des N. T. ist ein Amt des Geistes 366, 59. sein Amt nicht Opfer, so. Predigt 293, 7. 366, 59. die Römischen haben durch d. Pr. wieder 3. Mittler gemacht 366, 57. 374, 89.

Die rechte Kirche hat d. Priestertum 491, 69. alle Pfarrherren sind Pr. u. Bischöfe 489, 61 f.

Priesterehe und -ehelosigkeit v. Priesterehe. Pr. dürfen Eigentum haben 246, 50. 309, 63. Pr. u. Sacrament v. Sacramente, Abendmahl. Laienkelch v. Abendmahl f. communio laica d. Priester ibid. in d. römischen Kirche soll d. Pfaffenstand heiliger scheinen als d. Laienstand 330, 9. bei d. Evangelischen warten d. Pr. recht ihres Amtes 363, 48.

Priesterehe u. **Cölibat** (Ehelosigkeit d. Priester) v. Ehe, Keuschheit 86. 332. 459, XI. das Verbot d. Pr. ist nur menschl. Recht 344, 56. ein rechtes Papstgesetz 338, 25. unrecht 459, XI, 1. 495, 78. gegen Gottes Wort u. Gebot 614, 213. 216. 90, 18. gegen göttl. u. natürl. Recht 334, 6. 345, 60. bes. das Zerreißen d. Ehen 88, 13. 333, 3. 338, 23. auch gegen Konzilien u. Canones 334, 6. 88, 13. Cölibat ist Teufelslehre 344, 58. 346, 63. antichristlich 338, 25. 459, XI, 1.

In d. alten Kirche waren d. Priester ehelich 87, 10. 347, 67. noch Pius II. ist dafür eingetreten 86, 2. 88, 13. auch viele Bischöfe 343, 52. der C. ist mit Gewalt eingeführt 88, 12. viel unschuldige Priester sind darum erwürgt 333, 3. 344, 57 f. 349, 70 f. (90, 23). durch d. C. wird man nicht eher heilig als durch d. Ehestand 338, 26. 340, 36. er ist d. rechte Reinigkeit 340, 35 v. Keuschheit. er hat nur einen falschen Schein der Geistlichkeit, Keuschheit 332, 1. 334, 5. 338, 26. 614, 213. er führt zu Ärgernis, Schande, Unzucht 90, 18. 334, 6. 343, 51. 403, 26. 404. 459, XI, 1. 486, 48. 614, 213 f. Unzucht d. Priester 332, 1. 343, 50. „Pfaffenkeuschheit" 339, 32 v. Mönche. so rächt Gott d. Verachtung seiner Gabe u. f. Gebotes 344, 53. der C. ist Heuchelei, dem Gewissen gefährlich 334, 6. 338, 26. 343, 50. das Motiv ist Herrschsucht 334, 5. 345, 60.

Pr. dient zur Vermeidung d. Ärgernisses 87, 2. d. unreinen ehelosen Priester sollen reine eheliche Pr. werden 347, 66.

Priesterweihe v. Ordination.
Primat d. Papstes v. Papst.
Privatbeichte v. Beichte, Absolution.
Privatmesse v. Messe.
Privilegien der Geistlichen 396, 1.
Probierstein (Lydius lapis) der Lehre ist d. hlg. Schrift 769, 7.
Propheten sind Gaben Gottes 479, 26. ein einiger Pr. ist bei Gott groß geachtet u. ein Weltschatz 265, 66. 313, 79. ihr einträchtiges Zeugnis ist ein Dekret d. christlichen katholischen Kirche ibid. weder Papst noch Bischöfe haben Macht dagegen ibid. Sie haben den Geist nicht ohne d. 10 Gebote gekriegt 456, 11. ihre Lehre aus dem ersten Gebot geschöpft 385, 25. sie zeugen von Jesus v. Reg. I. Act. 10, 43. Christus war ihr Schatz u. Trost 266, 73. sie lehren d. Glaubensgerechtigkeit 233, 274. preisen d. Glauben als höchsten Gottesdienst 171, 57. verdammen d. selbsterwählten Gottesdienste 299, 14. 427, III, 2. d. Opfer ex opere operato 357, 28. weil sie aus einem gottlosen Herzen kommen 199, 86. sie haben s. von den Priestern abgesondert 484, 38.

Falsche Pr. in der Kirche 246, 48. 334, 5.

Proprietates essentiales der 2 Naturen in Chr. 1036, 62. propria non egrediuntur sua subiecta 1027, 32.

Providentia v. Vorsehung.
Prozession mit d. Sakrament ist verkehrt 86, 12. 1010, 108.
Psalmen preisen den Glauben als höchsten Gottesdienst 171, 57. sollen neben dem Katechismus gelernt werden 559, 25.
Psalter ist eitel Gedanken u. Übung des 1. Gebotes 552, 18.

Qualitates in d. Lehre von der Erbsünde v. Erbsünde, Accidens 851, 21. 865, 62. Qu. finitae (erschaffene Gaben): d. menschliche Natur Chr. hat nicht nur qu. fin. wie d. Heiligen 1033, 52.
Quell; ein ewiger, unvergänglicher Q. ist Gott 674, 56.

Rache v. Strafe. Das Verbot der R. bezieht sich nur auf die Privatrache, nicht auf die der Obrigkeit 309, 59. 118, 55.
Rat Gottes v. Prädestination. Gottes heimlicher u. offenbarer R. 817, 6. 1066, 9. 1068, 13. Gottes ewiger Rat hat unsre Seligkeit bedacht 1077, 44. 1078, 48. d. allgemeinen Bedingungen u. d. Seligkeit des Einzelnen 1068, 13 ff. Gottes Rat ist, nur durch Chr. selig zu machen 819, 13.
Räte, evgl. v. Mönche, Gesetz 111, 12. 118, 54 f. 119, 61. 309, 59. 379, 9. 385, 24. 389, 39. 610, 197.
Reale (wirkliche) Gemeinschaft d. Naturen in Christus v. Christus A II. 804, 2. 806, 11. 807, 15. 1037, 63. ihre Bedeutung für d. Christologie 1024, 23.
Reatus v. Schuld, Erbsünde.
Rechabiten 394, 59. 61.
Recht; R. u. Gnade in menschlichem u. göttl. Gericht 224. 226, 224. (223, 211). das R. des Gesetzes hat Chr. aufgehoben 195, 58.

Göttliches R. (ius divinum) kann durch menschl. Autorität, Gesetze, Gelübde nicht aufgehoben werden 290, 78. 244, 41. 392, 51. (114, 24). göttl. oder menschl. R. d. Papsttums 471. 427, 1. 429, 7. 431, 13. 463, 7 v. Papst. der bischöfl. Gewalt 490, 65 v. Bischöfe. d. Amt d. Hohenpriesters war aus göttl. R. 484, 38. Zeremonien, Feiertage sind nicht aus göttl. R. 244, 41 (lat. Text). ebenso d. Ohrenbeichte v. dort. der Cölibat v. Priesterehe.

Natürliches R. (ius naturale) entsteht aus Gottes Geschöpf u. Ordnung 335, 9. darum ist es unveränderlich ibid. 392, 51. auf natürl. R. beruht d. Ehe v. Ehe, Priesterehe. Kaiserliches u. andres übliches R. ist nicht unchristlich 70, 2. soll gehalten werden v. Regiment, weltl.

Rechtfertigung 56. 158 bis 233. 415. 460. 781. 913. der fürnehmste Artikel der christlichen Lehre 159, 2. 916, 6. ist dem Sauerteig gleich 916, 7. darf nicht aufgegeben werden 415, 5. auf ihm steht die ganze evangelische Lehre ibid.

a) Begriff und Wesen: R. hat doppelten Sinn 174, 72. Vergebung erlangen und aus einem Sünder fromm und neugeboren werden 175, 76 ff. reconciliare et regenerare et acceptos facere 196, 60. daß wir durch den Glauben ein neu rein Herz kriegen und Gott uns um Chr. willen für gerecht hält 460, 1 = ex iniustis iusti efficimur et regeneramur 184, 117. „usus forensis" 209, 131. 219, 184. sie ist reconciliatio propter Christum 191, 37. (180, 97). 218, 171. zuerst darin nötig Vergebung der Sünden 175, 75. sie ist Sündenvergebung und Annahme zur Kindschaft (effective Bedeutung ausgeschlossen) 783, 7. 917, 9. 919, 17 ff. 924, 30 ff. 935, 62. Annahme der ganzen Person, nicht bestimmter Werke 202, 101 (l. T.). durch sie werden wir Gottes Kinder 198, 75. 224. 227, 233. mit der Rechtfertigung empfangen wir auch die Seligkeit 932, 52 f.

Zusammenhang mit der Buße v. Buße.

b) Rechtfertigung u. Bekehrung decken sich nicht 922, 24. 927, 41. nicht eigentlich gleich Wiedergeburt 783, 8. 920, 18. ist von der ihr folgenden Erneuerung und Heiligung zu unterscheiden 920, 18. 927, 39. Werke nicht forma, pars od. causa iustificationis 927, 39. in die R. gehört weder die vorhergehende Reue noch die folgenden Werke 784, 11. 923, 27. (922, 24).

R. um Chr. willen durch den Glauben bleibt auch Prinzip des neuen Lebens 788, 14. 921, 22. 924, 32. 195, 56. 218, 172. 221, 196. 299, 12 (l. T.). die angefangene Gesetzeserfüllung gefällt Gott nur durch den Glauben 195, 56 v. Werke.

c) Bedingungen der Rechtfertigung: sie ist ein Geschenk Gottes 228, 241 (l. T.). gratis promissa propter Christum 201, 96. in der R. ist mit Gott zu handeln, darum rechtfertigen die Werke der II. Tafel nicht 203, 103 (l. T.). sie ist nicht unser Verdienst, sondern Gottes Tat 274, 11. das Evangelium treibt, Chr. zu brauchen in der R. 218, 170. Chr. unsere Gerechtigkeit v. Gerechtigkeit. teils Chr., teils eigene G. abgelehnt 786, 21. 931, 51. R. geschieht durch Glauben an Chr., nicht durch Werke 76, 6. 77, 13. 94, 28. 172, 61. 175, 75 ff. 195, 55. 196, 62 f. 293, 8. 320, 19. 321, 22. 380, 11. 384, 23. 389, 38. 415, 3. 460, XIII. 281. 913. nicht durch Bekenntnis 232, 263. nicht durch die Liebe 182, 109. 188, 24. 192, 38. 196, 60. 201, 97. 217, 168. 269, 87. non ex ratione aut lege 217, 166 v. Gesetz. nicht durch Menschensatzungen, Gelübde, Mönchtum, Ehe oder Ehelosigkeit, Messe, Heilige v. dort. sola fide (partic. exclus.) 174, 73. 784, 10. 916, 7. 926, 36. 929, 43. 932, 53. 937, 2. der Glaube nicht nur Vorbereitung der R. 174, 71. Liebe und Erneuerung machen die Glaubensrechtfertigung nicht erst vollständig 785 20. 930, 45. doch nicht Glaube als notitia, sondern als gewisses Vertrauen 169, 48. lebendiger Glaube, der Werke hat 209, 129. insofern Glaube und Werke ibid. die Werke müssen folgen v. Werke. sie sind Ziel der R. 227, 227 f. die Gerechtfertigten sind nicht in Todsünden 169, 48. doch können sie den Geist verlieren 67, 8.

Beispiele der R. aus Glauben: Abraham, die Patriarchen, die Heiligen v. dort. Rechtfertigungslehre der Gegner ist teils aus der Vernunft, teils aus dem Gesetz genommen 217, 166. sie scheidet Chr. aus 218, 169.

Reformation: der Klerus bedarf einer R. 305, 42. der Papst will sich nicht reformieren lassen 409, 3. kann die R. doch nicht hindern 410, 7. die R. Luthers 830, 1. die reformierte Kirche (der C. A.) 835, 5.

Regel: einzige R. und Richtschnur der Lehre ist die heilige Schrift 767, 1. 769, 7. 833. 837, 9. (394, 60).

Die R. des Paulus in Auslegung der Schrift: Gesetz und Werke nicht über Chr. heben 215, 159.

—, Augustins, Benedikts 383, 17.

Regiment: weltliches und geistliches v. Reich Gottes, Christi. sind die zwei höchsten Gaben Gottes auf Erden 121, 4. sind nicht zu vermengen ibid. 122, 12. (308, 54). in beiden wirkt Gott Großes durch seine Heiligen 324, 36. das weltliche R. v. Obrigkeit, Polizei. ist Gottes Ordnung und Gabe 391, 46. 514, 14. 648, 14. auch durch Tyrannen gibt Gott Gutes 428, 3. weltl. R. schützt Leib und Gut 122, 11. muß mit Milde geübt werden 207, 122. seine Verachtung durch die Mönche 118, 56. das Evang. bringt nicht neue Gesetze im Welt-

regiment (gegen Carlstadt) 308, 55. 58. weltl. R. ist den Jüngern nicht gegeben 480, 31 v. Schwert.

Regiment, geistliches v. Kirchengewalt, Bischöfe. der Antichrist soll R. in der Kirche haben 234, 4.

— **Christi** 652, 31 v. Reich Christi.

Reich Gottes, Christi: muß als geistliches Reich vom Reich der Welt unterschieden werden 307, 54. 480, 31. 290, 79 v. Regiment. die Gegner haben beide ineinander gekocht 277, 23. 308, 56. es ist nicht zeitliches Gut, sondern ein ewiger Schatz 674, 55. ist die Erlösung durch Chr. 673, 51. Gerechtigkeit des Herzens und Gabe des Geistes 236, 13 (l. T.). tägliches Wirken des Geistes in den Herzen 386, 27. 237, 18. tägliches Abnehmen des alten Adam 704, 65. es sind die guten Werke der Heiligen 197, 68. es steht nicht in Kappen, Speisen und dgl. Kinderwerk 386, 27. (236, 13). es ist nur, wo Gottes Wort und Sacrament ist 247, 52 v. Kirche. es ist noch unter dem Kreuz verborgen 237, 18. 481, 32. doch gehören die Gottlosen und die falschen Lehrer nicht dazu 236, 11. 237, 18. 238, 22. es kommt zeitlich durch Wort und Glauben, ewig durch Offenbarung 674, 53. ein weltliches R. Christi vor der Auferstehung (Chiliasmus) abgelehnt 72, XVII, 5.

— **des Antichrists** (des Papstes) 239, 23 f. 300, 18. 338, 25.

Reinheit (Reinigkeit) v. Keuschheit. kommt nicht aus äußerlichen Reinigungen 216, 161. besteht nicht in Ehelosigkeit 340, 33. das Evangelium fordert R. des Herzens 346, 64. 638, 310. die ist da, wo die böse Lust getötet ist 340, 35. Gott fordert innerliche und äußerliche R. (Glauben und Werke) 216, 162. die Erzväter waren reiner als viele Jungfrauen 347, 64. 340, 35. „den Reinen ist alles rein" (Tit. 1, 15). 340, 34. 341, 41. 347, 64. unsere R. ist immer unvollkommen 192, 40. 638, 310. macht nicht gerecht vor Gott 178, 86. 192, 40.

Religionssachen: in R. hat die Kirche zu richten, nicht der Papst 488, 56. Streitigkeiten gab es schon in der Apostelzeit 831, 7. sind in der alten Kirche durch die Symbole entschieden 830, 4. Streit um die Reformation v. Kirche c. die Einigkeit der Kirche soll erhalten werden 44. um der Heiligkeit der Priester willen soll keine Trennung stattfinden 246, 49. die Schuld der Spaltung haben die Bischöfe 133, 78. 205, 112. 297, 25. 492, 72. der Papst 488, 56. die Ablaßkrämer 403. der Teufel mit seinen Gliedern ibid. die unrechte Lehre des Papsttums 485, 42. die Verleugnung der Wahrheit 402, 23. 345, 59. es handelt sich zumeist um Traditionen und Mißbräuche 83 c, 2. doch ist durch Mißverstand der Tradition der Glaube verdunkelt 102, 12 ff. schwer ist es, sich zu trennen 485, 42. aber Gottes Befehl treibt dazu ibid.

Spaltungen in der evang. Kirche 742. 831, 6. 833, 2. 840, 19. es geht nicht um Wortgezänk 832, 9. Streit ist nötig, wenn es um Artikel des Glaubens geht 839, 15. auch Adiaphora können Anlaß zu nötigem Streit sein 815, 6. 816, 11. 1055, 5. 1057, 10. 1062, 28. doch kann man den Schwachen im Glauben drin nachgeben 1056, 9. 1063, 31. die Streitigkeiten sollen nach Gottes Wort und der C. A. (den Bekenntnisschriften) entschieden werden 761. 832, 10. 838, 12. 768, 4. Versuche der Entscheidung 743. sie sind in der F. C. entschieden 839, 16. 821, 22. 1092, 3. ohne Vertuschung 957, 16. durch das Concordienbuch 748. 759.

Reliquien v. Heilige b. 421, 15. 423, 22. 583, 91.

Reservatio casuum v. Fälle, vorbehaltene.

Reue a) Wesen: nach der Scholastik 439, 15. sie unterschied contritio und attritio 439, 16. attritio 253, 6. 256, 18. 291, 81. sie ist nur halbe Reue, sollte doch genügen 440, 16. ein gedichteter Gedanke ohne Glauben und Chr. 440, 18. die rechte Reue ist contritio, und zwar c. passiva 437, 2. d. h. Fühlen des Zornes und Gerichtes Gottes 257, 29 ff. 260, 46. 273, 10. Strafe der Sünde 285, 53. fühlen seiner Sünde 257, 29. ein gewiß Verzagen an uns selbst 447, 36. Gott recht gegeben 274, 10. Leiden und Fühlen des Todes 437, 2. mortificatio 260, 46. solche R. ist nicht ungewiß 446, 36.

b) Verhältnis zu Buße und Glauben: R. und Glaube die beiden Stücke der Buße 67, 3. 252, 1. (257, 28). 271, 91. R. und Glaube gehen nebeneinander her (mortificatio und vivificatio) 260, 47. die R. verdient nicht Vergebung 177, 83. 233, 276. 254, 8. 258, 34. 262, 54. 263, 59. 291, 81. 438, 12. auch nicht mit der Liebe 267, 75. doch macht sie bereit, Vergebung zu empfangen 437, 5. ergreift die Verheißung durch den Glauben 268, 80. nicht wegen der R., sondern wegen des Wortes Chr. empfangen wir Vergebung 233, 276. der Glaube unterscheidet Davids und Sauls R. 258, 36. die des Petrus und des Judas ibid. 254,

8. die R. der Patriarchen, Adams, Davids, der Sünderin 262, 54. Sauls 254, 8.

Die R. muß der Rechtfertigung aus Glauben vorangehen, gehört nicht in sie hinein 921, 23. 784, 11. ihr folgen Früchte mit innerer Notwendigkeit 279, 34.

Richter, Richteramt. Gott ist der R. 273, 7. der R. aller Herzen 403 u. außer Chr. ein zorniger R. 660, 65. Chr. ist unser aller R. 411, 9. der R. der Lebendigen und der Toten v. II. Art. die Gegner machen ihn zum strengen R. 319, 15. .322, 28.

Den Aposteln hat Gott das Richteramt nicht befohlen 273, 7 v. Schlüss.amt, Absolution. den Nächsten richten, heißt Gott in sein Amt fallen 628, 268. die Obrigkeit soll richten v. Obrigkeit, Strafe. Christen können ohne Sünde im Richteramt sein 70, XVI, 2. wie R. sein sollen 625, 259.

R. in Glaubenssachen ist allein Gottes Wort 769, 7. 404 Mitte. wer die Schrift ganz kann, kann R. in der Lehre sein 552, 17.

Richtschnur der Lehre ist allein Gottes Wort I (Titelblatt des Conc.-Buches) 761. 769, 7. 834, 3.

Ritus v. Zeremonien, Menschensatzungen.

Rom; der heilige Stuhl zu R. 278, 27 f. 442, 24. ist das Haupt aller Diebe 618, 230. an R. will der Papst die Kirche binden 236, 11. orbis maior est urbe (Welt ist mehr denn Rom) 476, 18. Roms Unzucht 333, 2. 343, 50.

Rosenkränze 76, 3. 255, 14. 283, 48. 314, 83. 325, 37. 382, 14. Bruderschaft des Rosenkranzes 393, 53.

Rotten, Rottengeister 742. 205, 112. 327, 43. 429, 7. 448, 42. 672, 47. 691, 2. 692, 7. 700, 47. 702, 55. 709, 7. 822, XII. 916, 6. 1091, XII. R. in der korinthischen Gemeinde 202, 101.

Rute: man soll Kinder nicht nur mit der R. erziehen 579, 76.

Sabbath v. Sonntag. der Name 580, 79.
Sacrificium v. Opfer. Mißbrauch des Worts
Sakramente v. Taufe, Abendmahl. 68. XIII. 291, XIII.

a) Wesen 369, 68 ff. S. sind äußerliche Zeichen, die Gottes Befehl und Zusage haben 292, 3. zwei Dinge darin, das äußerliche Zeichen und Gottes Wort 369, 69. Hauptsache nicht die äußerl. Larve, sondern d. Wort 694, 19. (702, 54). das macht die Handlung, die Elemente zum S. 516, 10. 520, 8. 449, 1. 694, 18. 709, 10. das S. ist sichtlich Wort (verbum visibile) 292, 5. S. und sacrificium (Gottes Gabe — unser Werk) 353, 16. die Rottengeister sehen die S. außer Gottes Wort an als unser Werk 709, 7.

b) Wirkung: S. und Kirche v. Kirche. ohne S. kann kein Christ sein 691, 1. sie sind nicht nur Zeichen des Bekenntnisses (notae professionis) 68,, XIII. 291, 1. sondern Zeichen, Zeugnis, Siegel göttlicher Gnade ibid. 369, 69. des Bundes (N. T.) und der Gnade 259, 42. 294, 14. 988, 50. der Verheißung 295, 20. 369, 70. 1074, 37. 213 Mitte. der Vergebung 259, 42. 364, 49. der Erwählung 819, 13. äußerlich zum Zeichen gestellt 685, 98. (694, 18). 292, 3. 213. um die Gewissen aufzurichten 214, 155. 685, 98. 94, 30.

Wort und Zeichen geben dasselbe (verbum visib.) 292, 5. das S. wie ein Gemälde ibid. durch Evang. und S. wird Geist, Glaube gegeben v. Geist, Glaube, Mittel. S. stärken den Glauben an das Wort 259, 42. bieten Chr. Verdienst und Gnade an 295, 19. 894, 57. 1069, 16. geben täglich Vergebung der Sünde 658, 54 f. 259, 42. (369, 70. 371, 75).

c) ihr rechter Brauch 294, 18. 369, 68. Glaube, nicht opus operatum ibid. 68, XIII. 94, 30 (d. T.). (255, 12. 256, 25). v. Messe. der Glaube, nicht das S. macht uns gerecht (Augustin) 295, 23. der Brauch des S. ist durch die Messe schändlich verkehrt 374, 91.

d) Gültigkeit v. Abendmahl. das S. ist wirksam propter ordinationem et mandatum Christi 62, VIII, 2. nichts ist S. außerhalb des geordneten Brauches 997, 73. 1001, 85. 1010, 108. d. S. sieht nicht auf unsere Würdigkeit, Heiligkeit, sondern auf Gottes Wort 710, 16. 720, 61 f. nicht auf Glauben oder Unglauben, sondern auf Gottes Wort und Ordnung 982, 32. 980, 25. 1002, 89. ist unabhängig von der Person des Priesters 62, VIII, 2. 234, 3. 238, 19. 710, 16. auch Gottlose handeln an Chr. Statt 240, 28. 246, 47. auch Ungläubige empfangen das rechte S. 701, 54.

Niemand soll S. verwalten ohne öffentlichen Beruf 69, XIV. das gehört zum Priesteramt des N. T. 293, 7, 9 (I. T.). zum Schlüsselamt 121, 5. zum Bischofsamt ibid. 400, 13. 489, 60.

e) die Zahl der S. 291, XIII. die Buße als S. v. Buße d., Absolution.

Der Papst will Macht haben, S. zu ändern 472, 6. die Mönche haben ein neues S. eingesetzt 228, 239.

Sakramentierer v. u. S. 1218.

Sakramentliche Einigkeit v. Unio sacramentalis.

353, 14. 359, 34. iuge s. v. Opfer, s. und sacramentum 353, 16.

Salz im kathol. Taufritus 536, 5. im Weihwasser 216, 161.

Salzsäule: Bild des Menschen vor der Bekehrung 879, 20.

Same Abrahams 237, 14. der sündliche S. als Träger der Erbsünde 774, 21. 853, 28.

Samosatener 51, 6.

Satisfactio v. Genugtuung.

Satispassiones (die Leiden im Fegefeuer) 280, 39.

Satzungen v. Menschensatzungen.

Saul: als Beispiel des Unglaubens 223. seine Reue 254, 8. 258, 36. der Grund seines Verderbens 571, 45.

Säule der Wahrheit ist die Kirche, nicht der Papst 238, 20. 240, 27.

Schatten: ein Sch. Christi ist das ganze Gesetz 361, 36. Sch. der zukünftigen Güter ist im A. T. 243, 35. 361, 39. im Evang. nicht nur der Sch. 237, 15.

Schatz: es muß ein Schatz sein 171, 53. nicht die Werke sind der Sch. 191, 34. 199, 83. 201, 91. 224. 283, 47. nicht Gelübde 388, 35. Chr. hat ihn erworben 170, 48. 171, 53. 654, 38. 698, 37. 721, 66. (247, 52). er ist der Schatz 191, 34. 199, 83. 208, 124. 266, 73. 268, 79. 270, 90. 283, 47. Chr. am Kreuz, ein Schatz im Wort gefaßt und durch den Glauben empfangen 698, 37. es mangelt nicht am Schatz, aber am fassen und halten 699, 40.

Schisma v. Religionssachen 133, 78. 246, 49. 345, 59. 403, 25.

Schlüsselamt, =gewalt v. Absolution 98, 4. 120, 2 ff. 249, 59. 452, VII. ist eingesetzt, Sünde zu vergeben 290, 79. die Kraft der Schl. ist die Absolution 453, VIII, 1. 259, 39. abs. priv. 453, 2. 272, 4. es soll lossprechen, nicht verborgene Sünde erforschen 273, 7. die Sünden werden wahrhaftig dadurch gelöst 259, 40. durch das Schl. gibt das Evang. Hilfe gegen die Sünde 449, IV. es ist das Amt, dadurch die Verheißung des Evang. mitgeteilt wird 478, 24. umfaßt Predigt des Evang. und Verwaltung der Sacr. 121, 5. ist tröstlich und nötig 98, 4. 249, 59. der Kirche von Chr. gegeben 452, 1. der ganzen Kirche, nicht Petrus allein 478, 24. 491, 68. Der Papst deutet es auf weltliche Herrschaft 482, 36. Schl. in der scholastischen Bußlehre 254, 7. 255, 13. 256, 21 f. 26. 276, 21. 281, 42. 285, 57. 286, 59. 287, 65. 290, 78.

Schmalkaldische Artikel v. Artic. Smalc.

Scholastiker: haben die christliche Lehre durch Philosophie verdorben 149, 12 f. 156, 43. (161, 12. 265, 69). d. Glauben nicht gelehrt 214, 150. 231, 258. 232, 262. rechte Lehre von der Buße unterdrückt 253, 3.

Schöpfung v. Geschöpf, Kreatur 647. Gott hat uns geschaffen, daß er uns erlöste und heiligte 660, 64. Chr. unser Schöpfer 985, 44. (26).

Schrift, die heilige v. Wort Gottes. ist von Gott eingegeben (2. Tim. 3, 16) 966, 14. 1067, 12. der heilige Geist weiß, was er redet 182, 108. sie lügt nicht 223, 76. sie ist allein Richter, Regel, Richtschnur der Lehre 769, 7. 1 (Titelblatt des Conc.-Buches) 767, 1. 834, 3.

Die Schr. hat zwei Stücke: Gesetz und Verheißung 159, 5. 181, 102. 196, 62. 261, 53 v. Gesetz 3 a. die Glaubensrechtfertigung ist die Hauptsache in der Schrift 178, 87.

Der heilige Geist öffnet ihr Verständnis 882, 26. sie muß von der Rechtfertigungslehre aus verstanden werden 159, 2. die Gegner verstehen sie in philosophischer oder jüdischer Weise 230, 255. sie ist falsch ausgelegt, wenn sie uns Trost und Hoffnung nimmt 1090, 92. sie ist auf seiten der Evangelischen 134, 5. 143, 9.

Schriften alter und neuer Lehrer: ihre Bedeutung 767, 2. 752. 837, 10.

Schriftgelehrte v. Lehrer 445, 29.

Schuld der Erbsünde v. Erbsünde. Gleiche Schuld behandelt Gott verschieden 1080, 57. Gott vergibt Schuld auch ohne Strafe 276, 21. erst wird Schuld erlassen, dann Strafe 213, 146 v. Sünde, Vergebung.

Schuldig: Gott ist uns das ewige Leben (die Gnade) nicht schuldig 223. 226, 221. 229, 244 (d. T.). alle Welt ist vor ihm sch. 181, 103. 223. 436, 1. die Natur ist des Zornes Gottes sch. 1081, 60. Schuldigkeit der guten Werke v. Werke 4.

Schuldopfer v. Sühnopfer.

Schule: früher waren die Klöster Sch. 112, 15. 378, 5. (426, 1).

Schulmeister 596, 141. Gott muß Sch. sein 877, 16.

Schuster 571, 47. der Schuster von Alexandrien 389, 38.

Schutz: all unser Schutz steht allein im Gebet 669, 30.

Schwachgläubige: sind nicht unwürdig zum Abendmahl, sondern gerade die würdigen Gäste 800, 19. 996, 69.

Schwärmer v. u. S. 1218.

Schwarzkünstler 562, 12.

Schwenckfeldianer 825, 20. 1091, 1. 1096, 28.

Schwert v. Gewalt. Die Zweischwerttheorie v. Papst a. die potestas gladii ist von

der potestas ecclesiastica zu unterscheiden 120, XXVIII. das Schw. ist den Jüngern nicht befohlen 480, 31.

Das Schw. der Obrigkeit v. Obrigkeit, Strafe.

Schwören v. Eid. Der Sinn des Verbotes im Evangelium 576, 65.

Seele ist nicht gesund, sondern durch die Erbsünde verderbt 435, 11. 151, 23. (844, 1) v. Natur. sie wird in der Wiedergeburt nicht vertilgt und neugeschaffen 729, 14. 905, 81. Speise der S. ist das Abendmahl 712, 23. Leib und S. als Bild der unio personalis v. Christus A II b. Seelen im Fegfeuer v. Fegfeuer.

Ob Chr. nur mit der S. zur Hölle gefahren ist 812, IX. Allerseelentag 420 12. Seelbad ibid. Seelmesse ibid.

Seelsorger 472, 7 v. Hirtenamt.

Segnen; sich s. mit dem Kreuzzeichen 521 1. 522, 4. 579, 74 v. Zeichen. Segn. der Elemente im Abendmahl 798, 9.

Sekten v. Rotten 768, 4. 822, XII. 835, 5. 840, 18. 1091, XII. die Liebe soll ihre Entstehung hindern 204, 111. S. in Korinth 202, 101.

Seligkeit, selig: selig werden heißt, von Sünden erlöst werden, in Chr. Reich kommen 696, 25. Ursache unserer S. ist Gottes Wahl v. Prädestination. Gott will, daß Alle selig werden ibid. macht uns selig durch Christus v. Christus B II. wir können nicht mitwirken v. Synergismus. die S. steht unter denselben Bedingungen wie die Rechtfertigung 932, 52 v. Rechtf. der Glaube unterscheidet die selig Werdenden von den Verdammten 224 Mitte. Notwendigkeit und Schädlichkeit der guten Werke zur S. v. Werke 3 a. die S. kann wieder verloren werden 947, 31. doch steht sie in Gottes Wahl 1089, 90. in Chr. Hand 1027, 45.

Semipelagianer 778, 10.

Sententiarier wissen nichts von der Wiedergeburt 173, 65. bringen nur unnütze Fragen 253, 5. (182, 105). Petrus gilt mehr als sie alle 266, 70.

Seuche, angeborene, ist die Erbsünde 53, II, 2.

Siebenzeiten v. Horen.

Siegel: die Sacramente S. der Gnade, Verheißung usw. v. Sacr. b. Brot und Wein nicht nur Siegel (Denkzeichen) 801, 29.

Sodom und Rom 344, 54.

Sohn Gottes v. Christus. Gottes Sohn und des Menschen Sohn sind ein Chr. 805, 5. 809, 20 v. Christus A II b.

Sola fide v. Rechtfertigung c.

Sonntag v. Feiertage 580, 78. Umwandlung des Sabbaths in den S. 125, 33. 130, 57. der S. ist keine nötige Ordnung 130, 58. die Schrift hat ihn abgetan 130, 59. doch soll er um der Ordnung willen gehalten werden 581, 85. seine rechte Heiligung 582, 87. nötige Arbeit nicht verboten 582, 86. Entheiligung 584, 96.

Sophisten haben die Lehre verfälscht 144, 17. 277, 26. verstehen nichts von der Erbsünde 153, 32. 864, 60. vom Glauben 225, 214. 250, 59. 396, 68.

Spaltung der Kirche v. Religionssachen.

Species utraque (beiderlei Gestalt) v. Abendmahl.

Speise: Unterschied der Speise v. Menschensatzungen 100. 126, 39. 297, 2. 303, 30. Unterschied der Sp. ist Menschensatzung 216, 162. 243, 35. drum kein Gottesdienst 386, 26. Adiaphoron 1058, 13. (398, 7). als verdienstlich wider das Evang. 70, XV, 4.

Sp. d. Seele ist d. Abendmahl 712, 23.

Spiegel des göttlichen Willens ist das Gesetz 963, 4. des väterlichen Herzens ist Christus 660, 65.

Spiritualis vita (geistliches Leben) v. Geist, Geistlichkeit.

Stand v. Beruf. Ein guter, vollkommener St. ist, der Gottes Gebot für sich hat 118, 58. aus Gottes Wort geht 584, 93. die geistlichen St., besonders der Mönchsstand, sind über alle andere erhoben 111, 13. 310, 65. wollte der St. der Vollkommenheit sein v. Mönche a. die andern Stände für weltlich, ungöttlich, verdammt erklärt 309, 60. doch gilt der gemeine Christenstand mehr als der geistliche St. 610, 197. alle St. sollen die christliche Vollkommenheit suchen 388, 37. die weltlichen St. haben Gottes Wort und Befehl 310, 65. 112, 13. wir sollen sie in diesem Leben brauchen 307, 54. sie dienen Gott in ihrem Beruf nach seinen Geboten 112, 14. so will es das Evang. 71, 5. das sind rechte heilige Werke und Gottesdienst 404. in seinem St. Gott fürchten, vertrauen usw. ist Vollkommenheit 117, 50 v. Vollkommenheit. dem Vater- und Mutterstand hat Gott den Preis vor allen St. gegeben 587, 105. 592, 126. Eltern und Obrigkeit sind göttlicher St. 606, 182 v. Eltern, Vater, Obrigk. Ehestand v. Ehe.

Die geistlichen St. (Mönchsstand) sind unheilig 584, 92. weil ohne Gottes Wort erwählt ibid.. 616, 221. 310, 65. aus Verachtung seiner Gebote entstanden 588, 112. (395, 67). Werkheiligkeit 584, 93. Heuchelstand 610, 197.

Haustafel für alle St. 523. in der Beichte soll jeder seinen St. nach den Ge-

boten ansehen 517, 20. wer die 10 Gebote kann, kann alle St. richten 552, 17. Mißstände im weltlichen St. 412, 12.
Stände (Landstände) 412, 12. die vier St. des menschlichen Willens 776, 1. 870, 2.
Statthalter Christi v. Papst a. 239, 23. 471, 4.
Stehlen ist das gemeinste Handwerk und die größte Zunft auf Erden 618, 228.
Stein und Block v. Bekehrung b. 879, 20. 894, 59. 896, 62.
Stifte v. Kloster.
Stockmeister der Gewissen sind die Summisten mit ihrer Beichtlehre 252, 66.
Stoiker 778. 8. 902. 74.
Στοργή v. Neigung.
Strafe Gottes v. Gericht, Gesetz. Str. der Erbsünde: Tod, Übel, Tyrannei des Teufels 156, 47. 849, 13. 850, 19. Verlust der Erbgerechtigkeit 852, 27. Str. für Sünde ist Sache Gottes, nicht der Schlüsselgewalt 286, 59. (287, 65. 291, 79). zeitliche und ewige Str. 186, 8. 957, 17. 958, 20. ewige Str. der Gottlosen und Teufel 72, XVII, 3. die rechten Str. sind die Schrecken des Gewissens 284, 51. Trübsale 285, 53 v. Kreuz. doch sind sie nicht immer Str. 285, 54. 287, 63. besondere Str. 286, 59. Gott straft einen Buben, Dieb mit dem andern 600, 154. 622, 245. Gott muß also drein schlagen und strafen 569, 37. doch folgen nicht immer besondere Str. 262, 57 (I. T.). sie können gelindert werden 213, 147. 288, 68. Gott fragt nicht nach Str. ohne Besserung 288, 66. Erlaß der Str. erst nach Erlaß der Schuld 213, 146. zeitliche Str. erlösen nicht vom ewigen Tod (Vergebung) (262, 55). 284, 52. 286, 60. falsche Lehren der Scholastik: ewige Str. könne in zeitliche verwandelt werden 254, 8. 255, 14. 276, 21. jede Sünde müsse ihre bestimmte zeitl. Str. haben 286, 58. Selbstbestrafung lindere Gottes Str. 287, 66. Genugtuung gelte für die Str. 280, 35 v. Genugtuung. Fegfeuer v. dort. Str. der Menschen: öffentliche Sünde soll öffentlich gestr. werden 631, 284. str. soll nur, wer Befehl dazu hat 627, 265. kirchliche Str. v. Bann. weltliche Str., auch mit dem Schwert, ist der Obrigkeit erlaubt, Privatrache verboten 70, XVI, 2. 307, 55 f. 309, 59. weltl. und geistl. Str. nicht zu vermengen 457, IX. (309, 59).
Streit in der Kirche v. Religionssachen.
Stuhl, der heilige zu Rom v. Rom, Papst.
Substanz: in der Lehre von der Erbsünde v. Erbs. 770. (773, 17.) 843. (853, 30. 859, 48. 861, 54). 776, 25. 859, 46. In der Lehre von der Bekehrung 779, 14.

905, 81. in der Christologie v. Christus A II c. die Substanz der menschlichen Natur nicht verändert 810, 28. 1041, 71. 1048, 91. in der Lehre vom Abendmahl v. Abendm. a., Transsubstantiation.

Gesetzeserfüllung quoad substantiam actuum 74, Z. 22 App. 149, 8. 311, 68.
Subtiles doctores (Duns Scotus) 182, 105.
Sühnopfer, Schuldopfer: das einzige für die Sünde ist Christus 355, 22. 365, 55 v. Opfer. S. im A. T. gaben nur äußerliche Versöhnung 355, 20. deuteten auf das O. Chr. hin 355, 22.
Summa: der Lehre 83 c, 1. 836, 9. christlicher Lehre und Lebens 557, 19. des Glaubens 208, 124. (des Gesetzes ibid.). des Evangeliums 257, 29. des II. Artikels 651, 26.
Summisten 103, 14. 242, 32. sind Stockmeister der Gewissen 252, 66.
Sünde: a) ihre Ursache 75, XIX. 313, 77. nicht Gott ibid. 817, 4. 847, 7. 854, 32. 856, 38. 40. 1066, 7. 1086, 81. sondern der verkehrte Wille 75, XIX. 313, 77. 817, 4. 1065, 6. der Teufel 847, 7. 857, 41. 865, 61. durch den Ungehorsam Adams 847, 7. 433, 1 v. Erbsünde.

b) ihr Wesen: Erbsünde und Tatsünde 774, 21. 845, 2. 145, II, 1 v. Erbsünde. nihil est peccatum nisi voluntarium (Scholastik) 155, 43. Irrlehre: etwas Fremdes im Menschen sündige 774, 18. 853, 30.

S. ist Gott hassen 221 oben. Ungehorsam gegen Gott 257, 32. alles, was wider das Gesetz ist 966, 13. was nicht aus Glauben ist v. Reg. I, Röm. 14, 23. die größte Sünde der Unglaube 951, 2.

c) ihre Erscheinung: alle Menschen Sünder v. Erbsünde, Natur. wer sie nicht fühlt, ist desto ärger 723, 77. die Taufe dämpft und nimmt sie weg 707, 83 v. Taufe, Erbsünde. Erlösung von der Sünde v. Vergebung, Rechtfertigung, Christus B II, Erneuerung usw., doch bleibt Sünde auch in dem Gerechtfertigten, Wiedergeborenen 67, XII, 7. (194, 45 ff.) 658, 54. 683, 86. 921, 22. Irrlehre der Schwärmer 448, 42. wenn der Christ in öffentliche S. fällt, ist Geist und Glauben weggewesen 448, 43. S. der Getauften kann vergeben werden 66, XII, 1. 67, 9. 195, 58. fordert neue Bekehrung 899, 69. gegen die übrige S. kämpft die Buße 442, 40. 886, 34 v. Buße. der Geist v. Geist B I. die Trübsal 285, 54 v. Kreuz.

d) Strafe der Sünde v. Strafe. Erkenntnis der Sünde v. Gesetz, Evangelium. Sünder sind auch die Heiligen 385, 25. besondere Strafen Gottes für einzelne Sünder 286, 59. Sünder sollen zum Abendmahl kommen, doch nicht die frechen

Sünder 719, 58. halsstarrige Sünder sind auszuschließen 456, IX. v. Bann. Sünder sind nicht wahre Glieder der Kirche (236, 11). Kirchenbuße der Sünder in der alten Kirche 277 oben.
Sündenfall v. Fall.
Sündflut 344, 54.
Summisten 103, 14.
Symbole, Bekenntnisschriften: Begriff des S. 833, 1. die ökumen. S. v. u. S. 1218. der evangelischen Kirche 761, 1. 768, III. 826, 30. 833, 2. 1099, 39. die C. A. das S. unserer Zeit v. C. A.
Symbolum Apostolicum, Athanasianum u. Nicänum v. u. S. 1218.
Synaxis 371, 79.
Συνεκδοχή 190, 31.
Synergismus (Lehre von der Mitwirkung des Menschen in der Bekehrung), Synergisten 903, 77. 776. 866 v. Wille a.

Tafeln des Gesetzes v. Gesetz 2. in der ersten handeln wir mit Gott, in der zweiten mit den Menschen 203, 103. die erste bestimmt das Wesen der Gerechtigkeit 150, 16. (204, 110). zeigt die rechten guten Werke 312, 73. die Gegner sehen nur die zweite an 166, 35. 186, 10.
Tag, der jüngste 72, XVII. 310, XVII. 512, 6. 657, 52.
Tage, bestimmte v. Feiertage. Unterschied der Tage v. Menschensatzungen, Zeremonien.
Taufe 27. 63, IX. 246, IX. 449, V. 515, 1 ff. 558, 21 f. 691. 535.
   a) ihr Wesen: sie ist nicht ein nutzloses äußerliches Ding (gegen die Schwärmer) 692, 7. sondern ein göttlich Ding 691, 2. Gottes Ordnung 698, 38. 703 60. durch Wunder bestätigt 695, 21. ein Schatz, den Gott gibt 697, 34. 698, 37. Gottes Wort im Wasser 449, V, 1. ein Wasserbad i. Wort (Eph. 5, 26). ibid. 235, 7. daher ihre Kraft 516, 10. 696, 27. ein Gotteswasser 693, 14. 694, 17. himmlisches Bad 538, 13. Gottes eigenes Werk 693, 10. 698, 35. Gott selbst tauft 692, 10. 354, 18. wer sie verwirft, verwirft Wort, Glauben, Christus 697, 31. Ihr rechter Brauch 705, 68. der Glaube gehört dazu 516, 8. 696, 28. 697, 34. (540, 23 ff.). doch ruht sie nicht auf dem Glauben, sondern auf Gottes Wort 701, 53. 703, 60. bleibt immerdar stehen 706, 77. daher keine Wiedertaufe ibid. 899, 69. Kindertaufe v. dort. Irrlehren der Thomisten und Scotisten 450, V, 2. der Wiedertäufer 822. 1093, 9. Schwenckfeldianer 825, 23. 1097, 31.
   b) ihre Wirkung 515, 5. 695, 23. 699, 41. 707, 83. 537, 8. sie ist eine heilsame Sündflut 539, 14. ein Wasser des Lebens 516, 10. Bad der Wiedergeburt ibid. 696, 27. (541, 30). macht selig 700, 46. ist heilsnotwendig 63, 1. 246, 51. 692, 6. sie ist der Eingang in die Christenheit 691, 2. 704, 64. 538, 9. zu allen göttlichen Gütern 538, 9. macht zu Gottes Kindern 670, 37. 707, 83. 535, 2. 537, 8. gibt den heiligen Geist 154, 35. 699, 41. wirkt die Wiedergeburt 53, 2. 516, 10. 696 27. 538, 13. tilgt die Schuld der Erbsünde 154, 35. gibt neues Leben ibid. 706, 75. entreißt dem Teufel v. Teufel. dem Tode 515, 6. 699, 41. 43. gibt Stärkung und Trost 214, 155. 700, 44.
   Es bleibt Sünde nach der Taufe 154, 35. 899, 69. doch sind die Getauften wiedergeboren 898, 67. haben arbitrium liberatum ibid. ihre Sünden finden Vergebung 66, 1. 252, 1. darum soll die Taufe unser Leben lang in uns gehen 704, 65. 707, 83. tägliche Taufe 704, 65. täglich Kleid 707, 84. bedeutet tägliche Tötung. des alten Adam usw. 516, 12. 704, 65.
   c) kultische Ordnung 538. die traditionellen Zutaten sind gleichgültig 536, 5. 538, 10. Exorzismus (538, 11). 539, 15. Abrenuntiation 540, 19.
   Glockentaufe 462, 4. 1001, 87.
   Taufe Christi 695, 21. 539, 14.
Taufpaten v. Gevattern.
Taufschwärmer 981, 29 v. Reg. III. Wiedertäufer.
Tempel des hlg. Geistes 962, 2. 1084, 73.
Tenne: Bild der Kirche 233, 1. 238, 19.
Termin der Bekehrung hat Gott einem jeden bestimmt (1080, 56).
Testament Gottes 299, 12. Christi (Abendmahl) 329, 2. 797, 7. 801, 25. 802, 35. 812, 39. 984, 38. 988, 50. 1005, 92.
—, altes und neues: das A. T. ist Schatten, Vorbedeutung Christi 361, 36. 365, 54. 366, 56. 988, 50. das N. T. geht mit andern Sachen um 365, 52. im N. T. sind Opfer, Priestertum, Zeremonien des A. T. abgetan v. Opfer, Priester, Zeremonien.
   Doch sind im A. T. und N. T. Gesetz und Verheißung 159, 5. die Frommen des A. T. haben an Chr. geglaubt 366, 55. 455, 8 v. Patriarchen. das N. T. behält das Amt des Gesetzes 436, 1. tut die Verheißung der Gnade hinzu 437, 4. seine Zeichen und Siegel die Sacramente 259, 42. 294, 14.
Teufel: die T. glauben die Historien, aber nicht die Vergebung 79, 23. 25. 170, 48. 219, 182. 220 unten. 225, 216. 260, 45. der T. ist ein Lügner und Mörder (Joh. 8, 44) 90, 23. 313, 77. 345, 58. 689,

115. 723, 81. 75, XIX. Gottes Feind 79, 25. er empfängt ewige Strafe 72, XVII, 3. Der T. ist Ursache der Sünde 75, XIX. 313, XIX. 651, 28. 817, 4. 845, 2. 847, 7. 852, 27. 857, 41. 865, 61. 1066, 7. 1086, 81. doch schafft er keine Substanz, sondern verdirbt sie nur 776, 25. 852, 27. sein Werk von Gottes Werk zu scheiden 846, 3. 857, 42. 776, 25. 1086, 79. er hindert Gottes Wort und Werk 686, 104. rechte Lehre und Glauben ibid. 676, 62. das Gebet 669, 29. er macht zu Enthusiasten 454, 5. ruft Irrtum und Ketzerei hervor ibid. 157, 47. hindert geistlich und weltlich Regiment 681, 80. richtet Unglück im Ehestand an 530, 5. trachtet auch nach unserm Leben 689, 115.

Seine Gewalt zeigt die Geschichte 157, 49. alle Menschen sind ihm unterworfen 156, 46. 187, 17. 433, 1. 585, 100. 657, 52. 887, 37. 535, 2 v. Natur. das ist die Strafe der Erbsünde v. Erbsünde. doch setzt Gottes Vorsehung ihm Ziel und Maß 1065, 6.

Sein Reich und Wille soll untergehen 674, 54. 678, 70. ihn vertreibt Gottes Wort 549, 10. 586, 100. 1085, 76. Gottes Name 578, 71. das Gebet v. Gebet. die Pfarrherrn sollen ihn tot lehren 553, 19. die Taufe entreißt ihm 515, 6. 699, 41. 707, 83. 536, 3. 537, 8.

Bund mit dem T. 562, 12. Austreibung (Exorzismus) (538, 11). 539, 15. Absage (Abrenuntiation) 540, 19.

Teufelslehre 282, 44. 344, 58. 456, 10. ferner v. Reg. I, 1. Tim. 4, 1.

Theologie, die höchste, steht in der ersten Tafel 186, 10. ist das erste Gebot 385, 25.

Thrasonicae voces (Prahlereien) 331, 11.

Tischgebet 522, 6 ff.

Tod; Anfechtungen des T. 163, 20. 283, 49. 167, 36. Leiden und Fühlen des T. 436, 2. der T. nicht immer Strafe, dient zum Abtun des sündl. Fleisches 285, 54 ff. 286, 62.

Geistlicher Tod v. Natur.

Tod Christi, seine Heilsbedeutung v. Christus B II c.

Todsünde (gegen die Scholastik): T. und Liebe zu Gott 167, 37. T. und Glaube unvereinbar 169, 48. 173, 64. 183, 109. 115. 188, 23. (448, 43). In der scholastischen Bußlehre: Buße für T. 442, 22. satisfactiones sollen gelten trotz T. 276, 21. 280, 35. 282, 43. 283, 46. 287, 65. 288, 68. Satzungen brechen sei T. 462, 2.

Ton: Bild des Menschen in der Bekehrung 882, 24.

Tote: von T. ist uns nichts geboten 420, 12. Gebet für die T. hindern wir nicht 375, 94. 376, 96. Messen und Ablaß für die T. sind zu verwerfen 93, 22. 255, 15. 352, 11 (l. T.). 367, 64. 373, 89. 392, 53. 420, 12. die Barfüßer zogen den T. Ordenskappen an 228, 240.

Töten (mortificatio); Gott t. den alten Adam durch Anfechtung und Trübsal 229, 247. das ist sein fremdes Werk 261, 51. (286, 61) v. Gott 2 c. mort. als Teil der Buße v. Buße.

Traditionen v. Menschensatzungen.

Trägheit (ἀκηδία) 585, 99.

Transsubstantiation verworfen 452, 5. 801, 22. 977, 14. 983, 35. 1010, 108. doch 248, 55 v. Abendmahl a.

Traubüchlein 528.

Trauen v. Glaube.

Trennung, kirchliche v. Religionssachen.

Triebe, neue, geistliche 185, 4 (l. T.). 209, 129 (l. T.). 227, 228. das Fleisch hindert sie 197, 68 (l. T.). Der T. des Geistes ist nicht Zwang 897, 64. 962, 2. (967, 17).

Trinität v. Dreieinigkeit.

Trost, trösten: trösten ist des Geistes eigenes Werk 955, 11. Chr. des Evangeliums 791, 7. 954, 9. 955, 12. sichere Herzen achten keines Tr. 261, 51. die Vernunft sucht ihn in ihren Werken 440, 18. das Fleisch begehrt menschlichen Tr. 194, 49. die Anfechtung lehrt Tr. suchen 285, 54. der Tr. der Vergebung ist neue Geburt und neues Leben 172, 62. Tr. der Prädestinationslehre v. Prädest. a.

Trübsal v. Kreuz.

Tugend; ihr Lob und Lohn 164, 24 v. Gerechtigkeit (iust. civ.). die höchste T. des Gesetzes ist die Liebe 203, 105. unsere T. sind unrein ibid. nie gerecht v. Rechtfertigung. in allen christlichen T. sollen sich die Gläubigen üben 1084, 73.

Türken haben auch Mönche 386, 27. sie dulden den Glauben an Chr. 431, 11. der Kaiser soll Kriege gegen sie führen 83 b, 1. (681, 77).

Typus v. Schatten, Vorbild.

Tyrann, Tyrannei: auch durch T. läßt Gott im leiblichen Regiment Gutes geschehen 428, 3. T.ei über die Gewissen 252, 66. T.ei der Bischöfe 297, 25. des Papstes 338, 25. 374, 91. 397, 4. 409, 3. 486, 49. 730, 21.

Als T. wurde Chr. im Papsttum angesehen 319, 15.

Übung, leibliche, äußerliche, ist nicht verdienstlich 301, 24. 306, 47. 384, 21. ändert das Herz nicht 243, 36. doch soll der Christ sie treiben 105, 33. 306, 46. 342, 48. sie sind ein Bekenntnis des Glaubens

394, 58. im Gesetz von Gott befohlen 199, 86. Übungen der Nazoräer 393, 58. der Heiligen 302, 24. 384, 21.
Geistliche Ü. des Glaubens sind Almosen 215, 157. ist der Gehorsam unter dem Kreuz 306, 45 (l. T.). das ist der rechte Gottesdienst 486, 44.

Unbußfertige: ihnen gilt die Predigt des Gesetzes 956, 12. 960, 24 v. Gesetz. Gottes Gericht über sie 1087, 83.

Unglauben v. Glaube. die größte Sünde 952, 2. steckt tief in uns 187, 14. mag nicht bitten 675, 58. das Gesetz straft ihn 957, 17. 958, 19. (790, 1. 952, 2). die Werke der Ungläubigen sind Sünde 940, 8 v. Sünde. sie empfangen auch Leib und Blut Chr. im Abendmahl 802, 37. 980, 27. v. Abendmahl c.

Unio personalis der Naturen in Christus v. Christus A II b. bei den Sacramentierern 804, 3. 809, 24. u. pers. Christi mit Gott 1007, 101.

—, sacramentalis v. Abendmahl 797, 7. 799, 15. 977, 14. 978, 18. 983, 35 ff. 1013, 117. Vergleich der u. pers. mit der u. sacr. 983, 35 ff.

Union, kirchliche v. Kirche 2 c (Einheit).

Universalität der Gnade v. Prädestination (817, 4). 818, 10. 821, 17. 891, 49. 1071, 28. 1086, 81.

Universal-Zeremonien v. Zeremonien.

Unterschied d. Gesetzes und d. Evangeliums v. Gesetz 3 a, d. Speisen v. Speise, d. Tage v. Feiertage, d. Lohnes v. Lohn.

Unwürdige geben und empfangen das Abendmahl v. Abdm. c. d.

Unzucht v. Keuschheit, Priesterehe, Mönche.

Ursache der Sünde v. Sünde, der Erwählung v. Prädestination, der Bekehrung v. Bekehrung.

Urteil Gottes treibt in die Buße hinein 437, 3 v. Gesetz. der natürliche Mensch ist ihm feind 166, 35. das erschrockene Gewissen flieht es 167, 38. (199, 83). verzweifelt unter ihm 222, 200, 208. menschliche Gerechtigkeit und Werke können nicht vor ihm bestehen 192, 40. 206, 118. 231 Mitte. 274, 11. ihm müssen wir den Glauben entgegenhalten 387, 32.
U. in Religionssachen hat der Papst der Kirche genommen 487, 49. 51.

Utraque species (beiderlei Gestalt) v. Abendmahl f.

Valentinianer 51, 5.

Vater v. Eltern. Vater und Mutter setzt Gott neben sich 587, 105. 592, 126. ihr Stand der höchste Stand ibid. v. Stand. beruht auf Gottes Gebot 694, 20. 698, 38. das ist die Krone auf dem Haupt des V. 694, 20. zum Vateramt gehört das Hausregiment 596, 142. ihn ehren ist Gottes Gebot 508. 555. 586. 643, 327. hat Verheißung des Lohnes 198, 76. 229, 246. verschiedene Väter: des Geblüts, des Amts, geistliche Väter 601, 158.
Gott, der Vater (trinitarisch) v. Gott 1 a. überschüttet uns durch Christus und den Geist mit ewigen Gütern 650, 24. gibt uns sich selbst ibid. in Christi Namen können wir ihn bitten 223, 212 v. Vaterherz.

Väter = Patriarchen v. dort. = Kirchenväter: ihr Glaube und Werke 200, 90. ihre Autorität: sie können sich irren 375, 95. haben auf den Grund der Kirche bisweilen Heu und Stroh gebaut 238, 21. aus ihren Worten nicht Glaubensartikel zu machen 421, 15. ihre Schriften sind der Heiligen Schrift zu unterwerfen 767, 2. die evangelische Lehre stimmt mit ihnen überein 83 c, 1. 232, 268.

Väter der evangelischen Kirche 990, 58.

Vaterherz Gottes in den 3 Artikeln offenbart 660, 64. in Christus 660, 65. erzeigt Gott denen, die sich bekehren 1084, 75.

Vaterunser 512. 556. 662. kein edler Gebet denn das tägliche V. 667, 23. die Pfarrherrn sollen es für ihre Pfarrkinder beten 546, 3. es zeigt uns die Not, die uns zum Beten treiben soll 667, 24. 668, 27. 690, 119. das ganze V. ist eine Beichte 727, 9. zwiefache Absolution darin 728, 12. es hilft uns die 10 Gebote halten 640, 316. 646, 3. die ersten drei Bitten 678, 68.

Verachtung des göttlichen Worts v. Wort. straft Gott mit Verstockung und Verdammnis 1075, 39. ihre Ursache 686, 104. 1076, 41.

Verdammnis v. Gericht, Strafe. Schuld der Verdammnis v. Prädestination.

Verdammungen (Condemnationes) im Concordienbuch 755.

Verderben, Verderbung der menschlichen Natur v. Natur. Ursache des V. v. Prädestination.

Verdienst v. Lohn. Ablehnung der scholastischen Verdienstlehre 75, XX. 158, IV. 185. 313. Verdienst der Werke, Menschensatzungen, Gelübde, Mönchtum v. dort. der Reue (attritio) 265, 68. 291, 81. meritum de congruo und de condigno 163, 19. (162, 17). 189, 25. 217, 167. 221, 195. 227, 235. 231, 255. 311, 72. merita supererogationis, superflua (überflüssige V.) 379, 9. 385, 24. 388, 34. 228, 239.

IV. Sachregister.

424, 24. 445, 28. V. der Heiligen 316. 424, 24.

Verdienstgedanke nimmt Christus die Ehre 191, 35. 382, 17. 388, 34. 390, 40. V. und Rechtfertigung v. Rechtf. V. und Gnadenwahl v. Prädestination. Vertrauen auf V. liegt dem Menschen nahe 161, 10. unter Gottes Zorn vergißt das Gewissen des V. 163, 20. der Glaube hält Gott kein V. vor 168, 44. 169, 46. Ungültigkeit des V. hebt den Unterschied von gut und böse nicht auf 224. V. Christi v. Christus B II c. der Schatz, dadurch die Sünden bezahlt sind 170, 53. der Grund unserer Gerechtigkeit usw. 58, V, 3. 320, 19. 203, 106. 206, 117. 352, 12. 382, 17. 387, 32. 784, 10. 847, 6. 929, 43. unserer Erwählung 821, 20. 1084, 75 v. Prädestination. Irrtum der Wiedertäufer: Christi V. allein genüge nicht 822, 5. 1094, 10. in ihm steht unsere Würdigkeit zum Abendmahl 800, 20. 997, 71. darauf muß unser Gebet sich gründen 320, 20.

Es wird nicht durch Werk und Pfennig, sondern durch Glauben erlangt 424, 24. (218, 175. 320, 19). muß von unsern Werken ganz geschieden werden 784, 10. wir sollen unser V. nicht daran flicken 286, 1. wird durch rechte Lehre von der Erbsünde gepriesen 846, 3. verdunkelt durch die scholastische Lehre von der Genugtuung 98, 5. 486, 45. vom Meßopfer 366, 57. durch Vermischung von Gesetz und Evangelium 792, 11. 961, 27.

Verfolgung: zur Zeit der Verf. darf man in Adiaphora nichts nachgeben 815, 6. 816, 11. 1054, 3. 1062, 28 f. ist klares Bekenntnis besonders nötig (Interim) 946, 29. Verf. des göttlichen Wortes in der Welt 626, 262. zu Verf. soll das Concordienwerk nicht führen 756.

Vergebung der Sünde v. Rechtfertigung.
 a) Ihre Bedingungen: wir erlangen sie durch Glauben an Christus, nicht durch unsere Liebe, Werke, Gesetzeserfüllung 56, IV. 159. 185. 270, 88. 272, 95. 313. 353, 14. 382, 17. und nicht ex opere operato 352, 12. nicht durch Reue, Beichte, Genugtuung 67, 10. 177, 83. 252. 272. nicht durch unser Vergeben 211, 138. 213 Mitte. 214, 151. 685, 95. nicht durch selbstgewählten Gottesdienst, Menschensatzungen, Möncherei 177, 83. 297. 341, 40. 377. 399, 9. 422, 18 v. dort. sie durch Glauben an Christus zu geben, ist Gottes Beschluß von Anfang der Welt 270, 88. so haben die Patriarchen sie erlangt 171, 57. sie ist für alle die gleiche 198, 74. sie kann nur durch das Wort zu uns kommen 213, 31. nur aus Gottes Wort zugesagt werden 212, 141. Gott gibt sie durch das Evangelium v. Evang. durch die Sacramente v. Sacr. b., Taufe, Abendmahl, wir müssen sie erkennen und annehmen 683, 88. der Glaube empfängt sie v. Glaube 3 a. fides specialis nötig 263, 59. den Bußfertigen wird sie gegeben 954, 9. (262, 58). denen, die sich bekehren 291, 79. wir müssen auch vergeben 684, 93. 728, 10. 213 Mitte. Gott vergibt auch vor und ohne unser Bitten 683, 88.

Sie annehmen ist d. höchste Gottesdienst 220, 189. sie nicht glauben Gotteslästerung 271, 94. (270, 88). Schmach Christi 189, 28. (l. T.), die Gottlosen und Teufel glauben sie v. Glaube 1. sie leugnen hebt das Evang. auf 212, 143 (l. T.). sie verdienen wollen heißt Christi Ehre rauben 184, 121. 189, 29. 201, 92. 380, 11 v. Christus B IV, seine Verheißung wegwerfen 383, 17. (161, 12). dann bleibt d. Verg. ungewiß 183, 110. 213 Mitte. die Gegner wollen sie ungewiß lassen 184, 119. 486, 44. Zweifel an d. Verg. zerstört das christliche Leben 270, 89 (l. T.). aus der Gewißheit d. Verg. erwächst erst die Liebe zu Gott 183, 110. 188, 20. 220, 190 v. Verheißung. die Gesetzeserfüllung 268, 82. die Werke gefallen nur, wenn wir Verg. haben 213 Mitte. 230, 247. sie sind Zeichen der Vergebung 213 Mitte. so auch unser Vergeben ibid. 685, 96.

b) Ihre Bedeutung: sie ist causa finalis der Geschichte Christi 170, 51. Summa und Kern des Evang. 381, 13. nicht unser Wort, sondern das klare Wort Christi 252, 2. (381, 13). der wichtigste Artikel der christlichen Lehre 254, 10. 263, 59. ohne diesen Art. kann die Kirche nicht sein 314, 83. die Evangelischen wollen ihn unter Verfolgungen fröhlich bekennen 315, 86.

Verg. durch Glauben der beste Trost in Anfechtungen 176, 79. 178, 85. 184, 118. 231 (Ende des dtsch. Textes). sie läßt mit fröhlichem Gewissen vor Gott stehen 684, 92. selig sterben 314, 84. wir bedürfen ihrer immer 683, 89. 193, 44. auch die Heiligen 193, 40. 194, 47. wenn Gott nicht ohn Unterlaß vergibt, sind wir verloren 684, 91.

Verheißung v. Zusage.
 a) Ihr Wesen: V. und Gesetz die beiden Stücke der Schrift 159, 5. 181, 102. 196, 62. 211, 140. 261, 53. 268, 79. 437, 4. 956, 14 v. Gesetz 3 a. d. V. ist

d. Evangelium v. dort. ihr Inhalt Vergebung der Sünden **168**, 43. **181**, 102. **217**, 166. **218**, 171. **369**, 69. **784**, 9. **927**, 39. sie macht uns Gott erst zum objectum amabile **186**, 8. an sie müssen wir uns halten **193**, 44 (l. T.). sie ist von Anbeginn der Welt gegeben **218**, 176. schon Adam und den Patriarchen **261**, 53. **171**, 57. **365**, 55. **986**, 46. sie ist universal **1071**, 28 v. Universalität der Gnade.

b) Ihre Aneignung: V. schließt Verdienst aus **177**, 84. an Werke gebunden wäre sie unnütz **168**, 42. **177**, 85. ungewiß **217**, 164. **315**, 87. doch sind die Werke ihr äußerliches Zeichen **213** (l. T.: **214**, 154). sie wirft weg, wer durch Liebe, Werke usw. ohne Christus gerecht werden will **183**, 110. **202**, 102. **383**, 17. **388**, 34. sie kann nur durch Glauben erfaßt werden **168**, 43 (l. T.). **174**, 70. **177**, 84. **185**, 6. **268**, 80. **299**, 11. **369**, 70. (**924**, 30). durch den Glauben allein **786**, 22. **931**, 51. Verheißung und Glaube gehören zusammen **170**, 50. **211**, 140f. **226**, 225. **299**, 11. sind correlativa **222**, 203. sie annehmen, ist der Glaube **170**, 50. **183**, 113. **203**, 106. **212**, 142. **219**, 183. ist Gehorsam, rechter Gottesdienst v. Glaube 3a. ihr nicht glauben, verunehrt Gott **667**, 21.

c) Verheißung im allgemeinen Sinn: V. des I. Gebots (Beschluß) **214**, 149. **567**, 29. **569**, 39. **645**, 333. des IV. Gebots **594**, 131. **602**, 164. **198**, 76. **229**, 246. Zweck dieser V. **435**, 1. V. des Ehestandes **294**, 14. des Gebets **666**, 19. **294**, 16. **320**, 20. des Predigtamts **293**, 11. **893**, 56. (**401**, 18).

Verklärung Christi v. Christus A II c.
Verlassen, Weib und Kind usw. **390**, 41. **422**, 18 v. Beruf, Mönche, Vollkommenheit.
Vermischung (mixtio) der Naturen in Christus v. Christus A IIb.
Vermögen, eigenes, des natürlichen Menschen v. Natur, Wille.
Vernunft (v. Natur): die natürliche Vernunft bleibt nach d. Fall **311**, 70. **894**, 59. (73, 4). sie ist in göttlichen Dingen blind und unvermögend **73**, 4. (**160**, 9. **162**, 17). **165**, 27. **166**, 35. **312**, 73. **440**, 18. **511**, 6. **776**, 2. **872**, 5. **882**, 26. **888**, 40. 43. (**894**, 59). hat eine dunkle Erkenntnis Gottes **874**, 9. Gottes Wort ist ihr zuwider **874**, 8. sie ist Feindschaft wider Gott **166**, 33.

Ihr entspricht das Gesetz, das Evangelium versteht sie nicht **192**, 38. **874**, 9. ihre Gerechtigkeit anders als die des Evangeliums **160**, 9. **204**, 109. **219**, 185. das Gesetz kann sie einigermaßen fassen **160**, 7. **186**, 9. äußerlich kann sie es erfüllen, ehrbar leben **160**, 8. **164**, 23. **166**, 35. **311**, 70. **851**, 24. **882**, 26 v. Gesetz 2, Gerechtigkeit (iust. civ.), doch nicht wahrhaft **160**, 8. **165**, 27. **166**, 35. **312**, 73. sie muß urteilen, daß man durch das Gesetz gerecht werden soll **192**, 38. **204**, 109. d. doctrina rationis von der Rechtf. **217**, 167. die Verderbung durch die Erbsünde erkennt sie nicht **434**, 3. **772**, 9. **847**, 8. **864**, 60. **193**, 42. **217**, 167. weiß nicht, was Glaube ist **301**, 22. **440**, 18. kann Christus nicht begreifen **1008**, 102. **1029**, 41. **813**, 4. **1053**, 3. seine Gegenwart im Abendmahl **803**, 42. **1009**, 106. die Prädestination **818**, 9. **820**, 16. **1070**, 26. **1089**, 91. ihre Einreden dürfen uns nicht beirren **986**, 45. wir müssen sie in den Gehorsam Christi gefangen nehmen **803**, 42. **1048**, 96. „die alte Wettermacherin, der alloeosis Großmutter" **1029**, 41.

Irrtümer der Scholastik: die V. sei von Natur recht **434**, 4. **438**, 10. könne Gott über alles lieben **160**, 9. **162**, 17. (**267**, 75). ihre Rechtfertigungslehre zur Hälfte Vernunftlehre **217**, 166.

Verordnung Gottes zur Seligkeit v. Prädestination.
Versammlung der Gläubigen, Heiligen v. Kirche.
Versiegelung des N. T. (Abendmahl) **985**, 44.
Versöhner, Versöhnung: Begriff des V. **320**, 17. Christus ist der einzige V. v. Christus B IIb, nicht die Heiligen v. Heilige, nicht der Meßpriester **366**, 57. V. geschieht nicht durch Werke v. Werke, nicht durch Menschensatzungen v. Menschensatzungen, nicht durch Opfer ex op. oper. **358**, 30. doch v. Sühnopfer.

In der V. besteht die Rechtfertigung, Glaubensgerechtigkeit **192**, 40 (l. T.) **916**, 4. **924**, 30. ihre Zeichen sind die Sakramente **259**, 42. ihr folgen, um ihretwillen gefallen Liebe, Gesetzeserfüllung, Werke **229**, 247. **268**, 80. **258**, 37. **942**, 14. **215**, 157 v. Werke. in den Versöhnten wohnt Gott **932**, 54. die Gegner achten V. durch Christus nicht **156**, 43.

Verstockung v. Prädestination. als göttliche Strafe **1080**, 57. **1087**, 83. sich selbst verstocken **819**, 12.
Versuchung v. Anfechtung **514**, 17. **685**. dreierlei V. **686**, 101. besondre V. der Jugend und der starken Christen **687**, 107. V. kann niemand umgehen, weil wir

im Fleisch leben 687, 106. in Versuchungen soll der Glaube wachsen 227, 229.

Vertrauen, Trauen v. Glaube. Der Glaube ist V. v. Glaube 1. V. gehört zum Ebenbild Gottes 150, 18. zum Inhalt des Gesetzes v. Gesetz, 1. Gebot. V. fordert Christus 226, 218. wir sollen auf ihn allein v. 959, 22. 323, 31. das ist der rechte Gehorsam 220 f. Gottesdienst 171, 57. v. Gottesdienst, Glaube 3 a. Vertrauen auf Werke v. Werke 3 a, Christus B IV. V. auf die Heiligen v. Heilige.

Verwerfung falscher Lehre in den Bekenntschriften (condemnationes) 755.

Verwüstung der Kirche (Daniel) v. Antichrist. im Papsttum, nicht bei den Evangel. 363, 44.

Verzweiflung ist die Frucht der Erbsünde 434, 2. entsteht aus der knechtischen Furcht 259, 38. aus Verführung des Teufels 514, 18. aus Unkenntnis und Zweifeln an Gottes Gnade 102, 13. 224. 270, 89. aus d. Werklehre v. Werke. doctrina desperationis 219, 180. 270, 89. (222, 200). aus der Predigt des Gesetzes ohne Evangelium 954, 10. a. d. Lehre v. d. Ohrenbeichte 252, 67. 486, 45. a. falschem Verständnis d. Prädestination 818, 9. 820, 16. 1066, 10. v. Prädestination. aus dem Fühlen des Zornes Gottes, wenn der gewisse Trost fehlt 222, 200. aus dem Unfrieden mit Gott 192, 40. der rechte Trost wider sie 223 f. 229, 243. 266, 72.

Vesper 305, 42.

Vigilien 420, 12. 443, 26.

Visitationen 501, 1. 761.

Vita spiritualis v. Geist, Geistlichkeit; v. perfecta v. Vollkommenheit.

Vitium originis v. Erbsünde.

Vivificatio v. Lebendigmachung.

Vocatio v. Beruf.

Volk Gottes: D. Kirche als geistliches V. ist vom V. d. Gesetzes zu unterscheiden 236, 14. V. d. Gesetzes v. Israel. V. d. Neuen Testaments ist ein williges V. (Ps. 110, 3). 897, 64. 943, 17.
V. = Gemeinde bedarf d. Ordnung u. äußerlicher Zucht 301, 20. 306, 49. 244, 40. die Bischöfe sollen ihm nicht zu große Lasten auflegen 205, 112. es will alles meistern ibid.

Völker: Gottes Gericht über V. 1080, 58. 1081, 60.

Vollkommenheit v. Stand, Gesetz. Stand der V. will der Ordensstand sein 117, 46. 385, 24. (379, 9) v. Mönche a. vollkomm. Leben sollen Menschensatzungen schaffen 102, 9. v. Menschensatzungen. V. steht nicht in Satzungen, Adiaphora 386, 27. nicht im Aufgeben des Eigentums u. Be-

rufes 71, 4. 309, 61. 391, 45. nicht in Zölibat und Bettel 118, 50. jeder soll sie in s. Stande suchen 389, 37. in s. Beruf Christus nachfolgen 392, 50. im Glauben u. Berufstreue zunehmen 117, 49. 386, 27. der Schuster von Alexandria 389, 38. sie besteht in Glauben und Gottesfurcht 71, 4. 117, 49. 309, 61. im Wachsen d. Buße u. des Glaubens 227, 232.
V. erreichen wir nie 214, 149. 218, 172. 282, 45. 779, 12. v. Gesetz 2. Irrlehre d. Wiedertäufer 67, 8. der Schwenckfeldianer 825, 25. 1097, 33.

Vorbereitung v. Bereitung.

Vorbild, Typus v. Schatten. Die Opfer des A. T. waren V. des Opfers Christi v. Opfer 355, 22. 360, 34. 365, 53. und des Predigtamtes 360, 34. das Priesteramt des A. T. V. des neutestamentlichen 365, 53.
V. der Lehre sind d. Symbol. Schriften 836, 9.

Vorsatz: mit bösem V. kann d. Glaube nicht zusammen sein 784, 11. 922, 26. 928, 41. 942, 15. guter u. böser V. im Abendmahl 435, 9. v. obex.

Vorsehung v. Prädestination 816 f. 1063, 1 ff. Unterschied von d. Präd. 817, 2. 1064, 4. sie geht über Gute u. Böse 817, 4. 1065, 4. ihr Verhältnis z. Bösen 817, 4. 1065, 6.
Gottes V. nicht Ursache der Verachtung d. Wortes 1076, 41. V. zur Seligkeit 1070, 24.

Vorsteher d. Gemeinden sind d. Diener d. Wortes 1057, 10. ihre Pflicht in Verfolgungszeit ibid.

Votum v. Gelübde.

Wachs als Gleichnis d. Bekehrung abgelehnt 910, 89.

Wahl, ewige v. Prädestination.
W. d. Bischöfe, Kirchendiener v. Bischöfe, Ordination.

Wahrheit: d. ewige W. ist Christus selbst 985, 43. 987, 47. ist Gottes Wort 839, 13. 892, 51. ohne sie kann d. Kirche nicht sein 144, 16. 314, 83. d. Kirche die Säule der W. 238, 20. nach ihr verlangen die Gewissen 279, 32. sie darf nicht verleugnet werden 270, 90.
D. W. ist durch Luther ans Licht gebracht 834, 5. d. Evangelischen lehren sie 253, 3. ihre Bekenntnisse sind Zeugnisse von ihr 839, 13. sie wollen sie unter Verfolgung fröhlich bekennen 315, 86. die Gegner verdammen u. verfolgen sie 206, 116. 270, 90. 314, 82. (393, 56).

Wallfahrten 422, 18. 76, 3. 98, 5. 134,

2. 255, 14. 283, 47. 314, 82. 319, 16. 325, 37. 422, 16.

Wasser v. Weihwasser; W. in d. Taufe v. Taufe.

Weihe d. Priester v. Ordination.

Weihrauch, der beste: Gottes Wort u. Gebot 549, 10.

Weihwasser 216, 161. 305, 44. d. rechte W. ist Gottes Wort u. Gebot 549, 10.

Wein tranken die Rechabiten nicht 394, 59. dgl. d. Enkratiten 342, 45. W. im Abendmahl v. Abendmahl.

Weisheit: Gottes verborgene W. 1081, 64. Christus ist d. wesentliche W. 985, 43. 987, 47. göttliche W. gehört z. Ebenbilde Gottes i. d. Menschen 150, 18. fehlt ihnen nach d. Fall 166, 32.

W. d. Welt (1. Kor. 1, 21) 875, 10. 892, 51.

Welt kennt Gott nicht 660, 63. glaubt nicht 570, 42. erkennt Gott nicht für einen Schöpfer u. Herrn 649, 21. verdammt d. Wahrheit u. Gottes Kinder 626, 262. ist voll Abgötterei 563, 17. voll Gotteslästerung, Irrtum, Rotten, falscher Lehrer 157, 49. 672, 47. der Irrtum d. Werklehre klebt ihr hart an 199, 85. (201, 91). d. rechten Werke erkennt sie nicht 633, 290. 639, 313. mißbraucht Gottes Gaben 649, 21. hält manches Unrecht für Recht 637, 304. ist ein Stall voller Diebe 618, 228. wird immer ärger 89, 14. treibt uns zum Bösen 686 103. 514, 18. auf sie vertraut d. Fleisch 194, 49. aus ihr fliehen ist nicht: ins Kloster gehen 118, 57.

Weltliche Gewalt v. Obrigkeit.

Werke Gottes, Christi, des Geistes v. Gott, Chr., Geist.

W., gute 60, VI. 75. 158, IV. 185. 313. 460, XIII. 786. 936.

1. Ihr Inhalt: die rechten guten W. lehren die Evangelischen 75, 2. 363, 48. 187, 15. lehrt das Evangelium 393, 54. die zehn Gebote, das Gesetz, Gottes Wort 290, 77. 584, 93. 940, 7. 957, 18. 966, 15. 969, 25. 281, 42. außer ihnen kein W. noch Wesen gut 639, 311. das sind die rechten güldenen W. 597, 143. besser als Wallfahrten, Klosterleben usw. ibid. 586, 102. 590, 116. 645, 333. die rechten W. sind die des Berufs 102, 10. 213, 143. 302, 25. 340, 32. die höchsten edelsten die der ersten Tafel 312, 73. an Gott, Christus glauben ibid. 101, 4. 160, 8. 290, 77. Diese W. gelten der Welt nichts 639, 313. im Papsttum wurden nur selbsterdachte W. getrieben v. Menschensatzungen, Kloster, Mönche (Stand), das sind kindische, unnötige W. 76, 3. 314, 82. Heuchelwerke 586, 102. vom Teufel 591, 120. 121.

2. Ihre Möglichkeit: nach scholast. Lehre ist der Geist, die Gnade dazu nicht nötig 435, 10. 311, 68. 72. sind die W. außerhalb u. innerhalb der Gnade (habitus) gleich 162, 17. (312, 72). kann der Mensch aus eigener Kraft (facere quod in se est) verdienstlich handeln 435, 8. sogar überflüssige W. tun (op. supererogationis, non debita) 119, 61. 228, 239. 231. 255, 14. 275, 18. 280, 36. 282, 45. 445, 28. v. Verdienst, Räte, evangelische. Die Mönche verkauften solche W. 117, 44. 389, 39. 444, 28.

Äußerliche W. kann der Mensch aus sich vollbringen 73, XVIII. 160, 8. 163, 18. 186, 9. 210, 135 (I. T.). 282, 45. 311, 70 v. Gerechtigkeit (iust. civil.) auch Heuchler können sic tun 211, 140. aber sie genügen nicht 282, 45 v. Gesetz 2. das gute Herz gehört dazu 187, 15. 230, 250. (I. T.). man muß die W. nach d. Person achten 693, 12. (940, 8). unsere W. bestehen nicht vor Gottes Urteil 206, 118. 231 Mitte. 274, 11. sind vor ihm Heuchelei 154, 33. sind Sünde, weil aus gottlosen Herzen 166, 33. 167, 35. weil nicht aus Glauben 940, 8.

Die Evangelischen zeigen, wie gute W. geschehen können 187, 15. (81, 35). sie kann nur tun, wer zuvor selbst gerecht ist 182, 106 v. Rechtfertigung. nur die versöhnt, die wiedergeboren sind 209, 131. 224. 912, 90. 940, 7.

Sie kommen aus dem Glauben, folgen ihm mit Notwendigkeit v. Glaube 3 b. aus der Buße v. Buße c. 66, XII. 214, 153. 257, 28. 263, 58. 279, 34. 290, 77. 884, 29. 887, 38 f. 912, 90. darum sind sie nicht Werke des Gesetzes, sondern Früchte des Geistes 794, 5. 941, 9. 966, 15. soweit der Mensch vom Geist getrieben wird, tut er Gutes 897, 63. sie sind Zeugnisse seiner Gegenwart 789, 15.

3. ihr Wert

a) ihre Heilsbedeutung: W. sind der Grund des katholischen Systems 447, 39. Werklehre ist vorzeiten allein getrieben 738. hat die Lehre vom Glauben und Chr. unterdrückt 76, 8. 101, 4 v. Christus B IV. wider das Evang. 77, 10. scheidet von der Christenheit 658, 56. ist Teufelslehre 282, 44. 591, 120. 597, 144.

Heilsbedeutung der W. abgelehnt 56, IV. 60, VI. 75, XX. 158, 1 ff. 185. 313. 781. 786. 913. 936. 94. 28. 266, 72. 269, 84. 282, 45. 298, 6. 10. 415, 4. 697, 34. 730, 21 v. Rechtfertigung. dreifacher

Grund: Ehre Christi v. Christus B IV., Friede des Gewissens v. Gewissen. Erkenntnis Gottes 199, 83. W. schließen Gnade aus 179, 89. machen die Wiedergeburt überflüssig 161, 12. die Vergebung (Verheißung) ungewiß 197, 66. 213 Mitte. 272, 95. 315, 87. Vertrauen auf W. ist eitel 164, 21. 213, 143. 282, 45. 447, 39. und gottlos 161, 12. 282, 45 (l. T.). 226, 218. Abgötterei u. Lästerung Christi 192, 40. 564, 22. macht das Gebet unmöglich 690, 122. doch sind sie nicht an sich schädlich zur Seligkeit 789, 17. 949, 37. (786, 2. 938, 3). sd. nur, wenn man sein Vertrauen darauf setzt 949, 37.

b) ihr wahrer Wert: die W. sind löblich 164, 24. 198, 79. 940, 8. verdienstlich zu andern zeitlichen und ewigen Gaben 229, 245 (d. T.) v. Lohn. bei den Gläubigen heilig um des Glaubens willen 197, 68. durch sie offenbart Chr. sein Reich usw. ibid. sind Zeichen der Verheißung, Vergebung 213 (d. T.). 214, 154 (l. T.). Anzeigung der Seligkeit 950, 38. doch sind auch die W. der Gläubigen unrein 193, 42. 197, 68. (204, 110). 940, 8. 968, 22. das zeigt ihnen das Gesetz 968, 21. wir bedürfen in allen W. der Barmherzigkeit, Vergebung 222, 202. 193, 44. ihr Mangel um Chr. willen nicht zugerechnet 460, 2. sie gefallen Gott nur um Chr. und des Glaubens willen 195, 51. 209, 131 (l. T.). 215. 214, 148. 220, 187. 230, 250. 232, 264. 312, 72. 339, 32. 886, 32. 940, 8. 968, 22. wenn die Schrift sie lobt, ist Chr., Gerechtigkeit des Herzens, Glaube eingeschlossen 210, 135. 229, 244. 230, 251. so waren die W. der heiligen W. ihres Glaubens 198, 80.

4. ihre Notwendigkeit 786. 936. sie sind nicht nötig zur Seligkeit 789, 16. 945, 22 v. 3. gegen die Wiedertäufer 946, 27. Begründung ihrer Notwendigkeit 197, 68 (d. T.). Gottes Wille, Gebot, Ordnung 60, VI. 80, 27. 290, 77. (788, 8). 940, 7. 942, 14. Zu Gottes Lob, Ehre 77. 290, 77. necessitas ordinis, non coactionis 943, 16. 788, 10. schließt Willkür aus, nicht Freiwilligkeit ibid. sie können nicht ohne Sünde nachgelassen werden 283, 47. sind notwendig als Früchte des Geistes, des Glaubens, der Buße v. 2. sind d. Zweck der Rechtfertigung 227, 227. sollen den himmlischen Beruf fest machen 316, 90. 948, 33. doch nicht Glauben u. Seligkeit erhalten 789, 15. 948, 33. doch 227, 227. darum sind die Leute zu g. W. zu ermahnen 789, 18. sie sollen darin nicht ihren Lohn, sondern Gottes Willen,

Ehre suchen 198, 77. 229, 243 (l. T.). gute W. sollen das ganze Leben hindurch geschehen 224.

Werkheilige, Werkheiligkeit 167, 35. 283, 49.

Werkzeug v. Mittel, Instrument.

Wesen: i. d. Lehre v. d. Erbsünde v. Erbs., Natur.

J. d. Trinitätslehre: Gott in 3 Personen ein einiges (geistliches) unzertrenntes W. 50, 2. 145, I, 1. 414, I. 1039, 68. Irrtum der Antitrinitarier 826, 29. 1099, 37.

J. d. Christologie v. Christus A. Chr. nach der Gottheit eines W. mit dem Vater u. Geist 26. 1041, 72. Irrtum der Arianer 826, 28. 1098, 36. nach der Menschheit eines W. mit uns 858, 43. Die Naturen in ihrem W. nicht vermengt 805, 6. 809, 18. 809, 21. 810, 27. 1040, 71. Irrtum der Schwenckfeldianer 825, 21. 1097, 29.

Westerhemd 536, 5.

Widerstreben; die allezeit w., werden nicht bekehrt 896, 60. 906, 83 v. Bekehrung. auch in den Wiedergeborenen bleibt ein W. 907, 84. der Christ, der dem Geiste widerstr., verliert Glauben u. Gnade 947, 31.

Wiedergeburt.

a) ihre Entstehung: nicht die Werke schaffen sie 209, 130 (l. T.). sondern allein d. heilige Geist 221, 195. 236, 14. 312, 75. 882, 25. 921, 22. 962, 1. durch Wort u. Sakrament 897, 65. 873, 5. 220, 190. sie wirkt der Glaube 168, 45. 173, 64. 174, 72. 183, 115. 184, 117. 192, 39. 196, 61. 208, 126. 209, 130. 210, 135 (l. T.). 218, 171. 220, 194. 224 unten. 230, 253 (l. T.). 232, 265. 263, 58. 920, 20. 941, 10. der Trost der Sündenvergebung ist eine neue Geburt 172, 62. sie geschieht in der Taufe 155, 36. 877, 15. 538, 13. gegen die Schwenckfeldianer 825, 23. 1097, 31. das Bad der W. 516, 10. 696, 27.

b) ihr Wesen u. Wirkung: 920, 18. sie ist Anfang eines neuen, des ewigen Lebens 192, 40. 227, 228. 231. doch nicht Schöpfung einer neuen Substanz 779, 14. 905, 81. bedeutet, daß aus dem widerspenstigen ein gehorsamer Wille wird 896, 60. gibt den heiligen Geist 195, 54. 227, 228. 268, 82. schafft neue Triebe: Liebe zu Gott usw. 185, 4. 227, 228. (941, 10). die Wiedergeborenen stehen nicht unter d. Gesetz 967, 17. sd. leben im Gesetz 795, 6. 962, 1. 907, 85. 195, 54. 268, 82. tun gute Werke aus freiem Geist 788, 11. dabei wirkt d. neue Wille mit d. Geiste 780, 17. doch sind ihre

1216 IV. Sachregister.

Werke nicht Willkür, sd. Schuldigkeit v. Werke 4. die Früchte müssen der W. folgen 209, 131. 212, 142. 279, 34.

c) ihre Unvollkommenheit: sie ist in dieser Welt nur angefangen 794, 4. 849, 14. 899, 68. beseitigt nicht d. Sünde, die in der Natur, im Fleische steckt 922, 22. 23. v. Sünde c., Erbsünde e. das Fleisch bleibt 293, 1. 907, 84 v. Fleisch. u. darum d. Kampf 197, 68. 899, 68. 907, 84. die Wiedergeborenen sind in diesem Leben nicht ganz rein, halten d. Gesetz nicht vollkommen 192, 39 v. Gesetz 2. Irrtum der Papisten 904, 79. 779, 12. der natürliche (fleischliche) Wille d. Wiedergeborenen widerstrebt d. Gesetz 878, 18. 907, 85. ihr Gehorsam ist unvollkommen 788, 13. Sie brauchen Gesetz u. Strafe v. Gesetz 3 b. sollen sich in Buße und Werken üben 909, 88. bedürfen des Mittlers Chr. v. Christus B II b. c. ihre Unvollkommenheit wird nicht zugerechnet 788, 13 f. sie sollen an ihrem Heil nicht zweifeln 784, 9.

Wiederkunft Christi v. Gericht Christi.
Wiedertäufer v. u. S. 1218.
Wiklefiten 241, 29.
Wille Gottes v. Gott, Prädestination.
—, **des Menschen** (Willensfreiheit) v. Natur, menschl. 73, XVIII. 311. 776. 866.

a) der natürliche W.: Irrtum der Scholastik: er sei von Natur gut u. frei 434, 4. 149, 12. 162, 17. 438, 10. dann wäre Chr. vergeblich gestorben 165, 29. 162, 17. stoisch-manichäische Lehre von der Unfreiheit abgelehnt 778, 8. 902, 74. der W. hat in äußerlichen Dingen eine gewisse Freiheit 73, XVIII. 311. 770. 849, 12. 882, 26. 885, 31. aber nicht in geistlichen Dingen 312, 73. 873, 7. 876, 12. 886, 32. er ist Gottes Feind, will das Böse 776, 3. 873, 5. 878, 17. 849, 12. ist von Art und Natur ganz böse, verderbt 878, 17. 848, 11. nur zum Bösen kräftig 874, 7. geistlich tot 777, 3. 875, 11. 896, 61. flieht Gottes Gericht 219, 183.

Der Wille in der Bekehrung v. Bek. er kann die Gnade nicht aus sich annehmen oder mitwirken 778, 9. 873, 7. hält sich in der Bek. pure passive 780, 18. 909, 89. wie ein Stein oder Block 879, 19. ja ärger als sie 882, 24. 894, 59. 896, 59. er widerstrebt der Bekehrung 879, 18.

b) der W. nach der Bekehrung: will das Gute 897, 63. die Getauften haben arbitrium liberatum 898, 67. der W. wirkt mit als Instrument des Geistes 780, 18. nicht wie zwei Pferde einen Wagen ziehen 898, 66. auch dann noch widerstrebt er dem Gesetz Gottes 878, 18.

Die Lehre von der Unfreiheit darf nicht zur Trägheit führen 890, 46.
Winkelmesse 92, 13.
Wissen (notitia); Verhältnis zum Glauben v. Glaube 1.
Wittenberger Konkordie (1536) 984, 38.
Witwen 395, 64. Haustafel für sie 527, 13.
Wölfe in der Kirche (falsche Lehrer) 239, 22.
Wort Gottes in der Gotteslehre (λόγος) 51, 6. 983, 36. 1022, 16. W. G. = Offenbarung, Schrift v. Schrift, Evangelium.

a) seine Gewißheit und Kraft: es ist der Vernunft zuwider 874, 8. es lügt nicht, kann nicht fehlen 799, 13. 295, 20. 703, 57. der Geist weiß, was er redet 182, 108. es ist die ewige Wahrheit 839, 13. es stellt allein Artikel des Glaubens 421, 15. ist die einige Richtschnur und Regel aller Lehre 837, 9. (404.) v. Schrift.

Es ist eine Kraft Gottes 550, 11. 293, 11. lebendige u. schäftige Worte 586, 101. geht nimmer ohne Frucht ab ibid. 293, 11. ist mehr denn hundert Tausendkünstiger 550, 12. überwindet den Teufel 549, 10. 586, 101. 1085, 76.

b) seine Wirkung: Gott wirkt nicht ohne das W. 779, 13. dgl. der Geist v. Geist B II a. nur durch das W. läßt Gott sich (seinen Willen) erkennen und fassen 173, 67. 300, 17. und kommen wir zu ihm ibid. zu Christus 654, 38. 657, 52 (III. Artikel) durchs W. kommt Gottes Reich zu uns 674, 53. beruft, bekehrt Gott uns 891, 50. 1073, 33. 1077, 44. wird der Glaube gegeben v. Glaube 2. das W. gibt Vergebung der Sünden 713, 31. 728, 14. tröstet das Gewissen 196, 59. 258, 35. 261, 49. 266, 72. gibt neu Leben und Trost ins Herz 259, 40. macht uns zu Heiligen 583, 91.

c) Relationen des Wortes: W. Gottes und Kirche v. Kirche 1 b. und Sacrament 292, 5. 373, 89. 449, 1. 515, 2. 549, 10. 520, 6. 694, 18. 700, 45. 708, 4. 709, 10. 979, 21. nur W. G. zeigt rechten Gottesdienst v. Gottesdienst; G. W. als Inhalt des Gottesdienstes ibid. durch das W. G. werden alle Dinge geheiligt 583, 91.

d) das mündl. Wort v. Predigt, Predigtamt. ist eigentl. Amt des Evang. 149, IV. bleibt wirksam, auch wenn durch Gottlose gepredigt 62, VIII. 238, 19 v. Prediger.

e) sein Anspruch: G. W. ein Kleinod (Schatz) u. Heiligtum 590, 117. 583, 91. Gott will, daß man es höre 584, 95.

777, 5. 894, 57. u. lerne 585, 98. es immerdar in Herzen, Mund und Ohren habe 586, 100. (877, 16). auch der Unbekehrte kann es äußerlich hören 892, 53. Der Teufel treibt zur Verachtung des Wortes 585, 99. 687, 104. die natürliche Art (Erbsünde) 166, 35. 434, 2. 1076, 41. es muß sich verfolgen, lästern lassen 626, 262. 633, 289. solche Verachtung straft Gott, indem er das W. hinwegnimmt 1080, 57. durch Verstockung und Verdammnis 1075, 40. 894, 57.

f) Auslegung: man muß es nicht so heidnisch ansehen wie die Worte des Aristoteles 211, 140. Chr. selbst ist der gewisseste Ausleger seines W. 988, 50. es nach seinen Träumen deuten, sind Bubenstücke 278, 26.

Wucher 412, 12.

Wunder: W. Christi 1024, 25. W. helfen nichts ohne Glauben 295, 20.

Würdigkeit der Werke v. Werke. ohne Würdigkeit vergibt Gott 782, 4. gibt uns alles Gute 510, 2. wer auf seine Würdigkeit sieht, kann nicht beten 690, 122.

Würdigkeit zur Taufe steht im Glauben 697, 33. zum Abendmahl v. Abendmahl d.

Zehnten in der Kirche 125, 29. in Israel 355, 21 (l. T.).

Zeichen der Kirche v. Kirche. Sakramente als Z. v. Sacr. die Beschneidung 198, 80. 295, 19. die Werke Z. der Verheißung 213, 143. 214, 154.

Bedeutung solcher Z. 369, 70. 292, 4. dienen zur Erweckung und Stärkung des Glaubens ibid. 198, 80. 200, 89. 295, 19. zeigen wie ein Gemälde den Inhalt der Predigt 292, 5. ohne Glauben nichts nütze 369, 70.

—, (Kreuzesz.). das rechte, davor der Teufel flieht, ist Gottes Gebot und Wort 549, 10. Wunderzeichen v. Wunder.

Zeiten, letzte 89, 14. 278, 29. 344, 55.

Zensur der Druckereien soll zur Erhaltung der reinen Lehre geübt werden 261.

Zeremonien v. Menschensatzungen, Adiaphora 69, XV. 101. 126, 36. 297. 461, XV. 813. 1053.

a) ihre Bedeutung: sie sind Adiaphora, leibliche Übung 394, 58 v. a) Adiaph. sind kein (nötiger) Gottesdienst 129, 53. 303, 32. 814, 3. 816, 9. 1056, 8. sind Kinderwerk, Narrenwerk 305, 41. 393, 55. 432, 14. nicht nötig zur Seligkeit 301, 20. 275, 16. dienen nicht zur Gerechtigkeit 106, 41. 241, 31. 303, 30. 460, XII, 3. die Gerechtigkeit des Gesetzes war daran gebunden 241, 31 (l. T.). das Reich Chr. steht nicht darin 236, 13. es ist jüdischer Wahn, in ihnen Gerechtigkeit zu suchen 130, 61. 275, 17. 295, 18. 299, 10. 357, 28. 365, 52. die Decke des Mose 186, 12 v. Moses. dadurch wird Christus unterdrückt 299, 10. 301, 20. 393, 54 (l. T.).

Z. dienen zur Belehrung des Volkes 91, 3. 350, 3. 393, 55. zur Kinderzucht 365, 52. zur Ordnung in d. Kirche 106, 40. 129, 53. 242, 33. 297, 1. 813, 1. 814, 3. 1053, 1. doch ist Gleichförmigkeit d. Z. nicht notwendig 61, VII, 3. 107, 44. 236, 10. 241, 30. 300, 18. 815, 7. 1063, 31.

Universalzeremonien 241, 30.

b) ihre Geltung: sind nicht göttlichen Rechtes 244, 41 (l. T.). (275, 19). im A. T. mußten einige Z. gehalten werden 303, 32. im N. T. sind sie abgetan 130, 59. 299, 10. 341, 41. 347, 64. die Kirche ist darin frei 106, 41. 275, 16. 816, 10. kann sie jederzeit ändern 814, 4. 1056, 9. Chr. hat nicht Aufrichtung von Z. befohlen 130, 61. die Apostel sind für Freiheit eingetreten 341, 42. 1057, 11. die Bischöfe haben nicht Macht, notwendige Z. aufzurichten 125, 30 v. Bischöfe. doch sollen sie gehalten werden, soweit ohne Sünde 297, 1 v. Kirchenordnung.

Z. im Papsttum 393, 55. 431, 14 bei den Evangelischen 91, 2. 106, 40. 305, 44. 349, 1.

Zertrennung der Kirche v. Religionssachen.

Zeugnis des heiligen Geistes im Herzen 1072, 31. 1084, 74. dieses Z. ist der Glaube 183, 113. Z. des Glaubens, der Gerechtigkeit, des Geistes sind die Werke 196, 63. 230, 252. 789, 15 v. Werke. die Sakramente als Z. der Gnade v. Sacram. Z. des Glaubens, der Wahrheit sind die symbolischen Schriften 769, 8. 839, 13. 16.

Zorn Gottes: alle Menschen sind des Z. Gottes schuldig 167, 36. 40. 172, 62. 865, 62. 958, 20. 1081, 60. v. Natur. sind von Natur Kinder des Z. 773, 12. 847, 6. 848, 9. 850, 19. 920, 20. die Gefäße des Z. 1086, 79. das Gesetz offenbart ihn v. Gesetz 3 a. auch das Evangelium 792, 9. 956, 12. 172, 62 v. Evangelium.

Müßige Menschen: der natürliche M. fühlt Gottes Z. nicht 155, 42. 160, 9. 166, 35. 167, 37. 176, 79. 258, 34. 261, 51 v. müßige Menschen. Wer ihn fühlt, vergißt seine Werke, Verdienste 164, 20. 187, 14. 193 v. Gewissen. kann Gott nicht lieben 167, 36. 185, 7. 220, 191. 258, 34. das Fühlen des Z. ist die Reue

v. Reue, Buße. der Mensch kann Gottes Z. nicht ertragen 167, 36. die Drohung d. Z. kann nur Gesetzeswerke schaffen 794, 5.

G. Z. kann gestillt werden 212, 143. wir brauchen etwas, was ihn stillt 203, 103. das ist allein Christus 169, 46. 176, 80. 201, 93. 218, 170. 219, 179. 269, 84. 87. 283, 49 f. 382, 17.

Z. gegen Gott entsteht aus d. Gesetz 436, 5. aus dem timor servilis 259, 38.

Zucht, äußerliche d. Gesetzes v. Gesetz 3 b. Sie ist gut, aber von inwendiger Frömmigkeit zu unterscheiden 312, 75 v. Gerechtigkeit, iust civil. Äußerliche Z. braucht d. Volk 306, 50 (d. T.). die Evangelischen verbieten sie nicht 105, 30. Kirchenzucht v. Jurisdiktion, Bann.

Zuchtmeister ist d. Gesetz 164, 22. ein Z. auf Christus 960, 24.

Zufall setzt der natürliche Mensch an d. Stelle d. Vorsehung 187, 14. 194, 46.

Zugang zu Gott v. Versöhner.

Zukunft Christi 432, 15 v. Gericht Christi.

Zulassung Gottes 776, 25 (l. T.). (817, 4. 1065, 6).

Zurechnung (imputatio) v. Gerechtigkeit.

Zusage v. Verheißung, Evangelium. Z. der Gnade ist d. Evang. v. Evang. I b. sie kann nur d. Glaube empfangen 203, 103. 264, 62. 295, 20. das Vertrauen zu ihr ist der Glaube 169, 48 v. Glaube 1. Man muß sie ergreifen wie einen Baum in den Wellen der Todesangst 224. sie ist gewiß 295, 20. gibt allein den gewissen Frieden (Ruhe) 176, 80. 192, 40. 225. 264, 64. 269, 87.

Das Kreuz hat Gottes Z. 294, 17. die Sakramente desgl. v. Sacr.

Zuversicht v. Glaube, Vertrauen. vom 1. Gebot gefordert 560, 4. zum Gebet notwendig 684, 92. kommt aus der Gewißheit der Sündenvergebung ibid.

Zwang; in der Bekehrung zwingt Gott den Menschen nicht 896, 60. (902, 73). der Wiedergeborene ist vom Zw. des Gesetzes befreit 793, 2. 964, 5. sein neuer Gehorsam steht nicht unter Z. 786, 3. 788, 10. 939, 4. 941, 12. 943, 17. erzwungene Werke will Gott nicht 943, 17. das Treiben des Geistes ist nicht Z. 897, 64.

Zweifel v. Glaube, Gewißheit, Gewissen. Wir sollen an Gottes Gnade nicht zweifeln 221, 199. 784, 9. nicht an der Erwählung 1084, 73. (1083, 70). Wer zweifelt, schmäht Christus 189, 28 (l. T.). flieht Gott 224 Mitte. kann nicht beten 199, 83. 270, 89. 667, 22. 684, 92. 690, 123. ist nicht geschickt zum Abendmahl 517, 16. Z. führt zur Verzweiflung 270, 89. 222, 200. macht d. Gewissen zur Hölle 223 Mitte. die Gegner heißen die Gewissen zweifeln 184, 119. 486, 44 v. Gewißheit, Gewissen. Zw. an der Wahrheit ist frommen Gewissen bitterer als der Tod 279, 32. Zw. an Gottes Vorsehung 187, 14. 194, 46.

Zwiespalt in der Kirche v. Religionssachen.

Zwinglianer v. Sakramentierer 796, 2. 1018, 2.

Zyniker 391, 46.

Nachtrag zum Sachregister.

Sakramentierer 796, 2—4. 800, 21. 803, 41 f. 804, 3. 971, 1. 973, 2. 978, 18. 981, 29. 990, 56. 991, 59. 996, 67. 1001, 88. 1005, 91. 1009, 105. 1010, 106. 1011, 111. 112 f. 1013, 119. 1017, 1 f. 1018, 4. 1026, 28. 1029, 38.

Schwärmer v. Enthusiasten, Sakramentierer, Wiedertäufer. 327, 43. 672, 47. 703, 61. 63. 710, 12. 979, 22. 1008, 102. 103.

Symbole, ökumenische 742, 759. 761. 768, 3. 826, 30. 830, 4. 834, 4. 1099, 37. 39. 1047, 88.

Symbolum Apostolicum 21. 54, 6. 158, 52. 170, 51. 414, IV. 510. 555. 647. 768, 3. 834, 4.

— Athanasianum 28. 414, IV. 768, 3. 834, 4. 1099, 37.

— Nicänum 26. 158, 52. 768, 3. 834, 4. 5. 1099, 37.

Wiedertäufer 58, 4. 63, 3. 67, 7. 71, 3. 72, 4. 247, 52 f. 294, 13. 391, 48. 822, 2. 946, 27. 981, 29. 1091, 1. 1093, 9. 1095, 16. sind neue Möncherei 823, 5. 1096, 27 (1094, 10).

Nachträge

Die drei Haupt=Symbola.

(Vgl. Sternchen am Rande der Seiten 21—28.)

Nachtrag zu den deutschen Texten und zur Frage nach der Rezeption der altkirchlichen Bekenntnisse in Konk.

S. 21: Überschrift wörtlich nach Luther, „Die drey Symbola oder Bekentnis des glaubens Christi jnn der kirchen eintrechtiglich gebraucht" 1538. WA 50, 262—283; die Erweiterung: „Haupt=" zuerst wohl auf dem Frankfurter Rezeß 1558, vgl. CR IX, 494. — Lateinische Überschrift Selneckers: Tria symbola catholica seu oecumenica. Vgl. dazu N. Selnecker, Historica Narratio et oratio de D. D. Martino Luthero. Lips. 1575 Bl. B 2: Exegesis Symbolorum catholicorum et vere oecumenicorum; ders., Catechesis Martini Lutheri Minor Graecolatina, Lips. 1575, p. 165: Tria sunt praecipua, quae nominantur oecumenica, sive universalia et authentica id est, habentia autoritatem et non indigentia demonstratione aut probatione, videlicet, Symbolum Apostolicum, Nicenum et Athanasianum; ders., Symbolorum Apostolici, Niceni et Athanasii exegesis etc. Lips. 1575, p. 6: Haec tria Symbola sunt Catholica et Oecumenica. Vgl. dazu u. a. FC Sol. Decl. unten S. 834, 30; Vorrede zu Konk. S. 13, 17 ff.; 14, 47; für das Apostolikum auch Gr. Kat. unten S. 557, 21 ff.; dazu WA 41, 275 f. — Zu dem spezifisch lutherischen Postulat der „ökumenischen Symbole" und zu seiner Vorgeschichte vgl.: F. Kattenbusch, Luthers Stellung zu den ökumenischen Symbolen. 1883; Th. Harnack, Luthers Theologie, Neudruck II, 147 f.; Th. Kolde, Hist. Einleitung in: Die symbol. Bücher d. evang. luth. Kirche, hrsg. v. J. T. Müller, 11. Aufl. 1912, LXXVIII ff.; WA 50, 255 ff.; J. Meyer, Luther und das Apostolikum. 1918; K. Thieme, Die Augsburgische Konfession und Luthers Katechismen auf theol. Gegenwartswerte untersucht. 1930, 1—26, 125 ff.; E. Wolf, Die Einheit der Kirche im Zeugnis der Reformation = Evang. Theol. 1938, 137 ff. — Zur Lutherschen Rezeption des Apost. vgl. Gr. Kat. II, „Von dem Glauben", unten S. 646 f. und Art. Visitationis, CR XXVI, 12, 3. 2 ff.

S. 21, 3. 3—23: deutscher Text wörtlich nach Luther, WA 50, 263, 18—30; Abweichungen: zu 3. 7: WA: ... Vater, Allmechtigen Schepffer ... — zu 3. 16: WA: ... Gottes, Allmechtigen

S. 26, 2—27, 12: wörtlich wie WA 50, 282, 30—283, 10: „Das Nicenisch Symbolon ..."; Abweichungen in der Zeichensetzung, davon wichtig: 26, 3. 8: geboren ist, — 27, 3. 11: Todten, — Sonstige: 26, 3. 6: HERRN — 27, 3. 7: heilige, Christliche, Apo=

S. 28, 1—30, 42: wörtlich wie WA 50, 263, 3—265, 38: „Das Ander Bekentnis ..."; Abweichungen: 29, 3. 12: HERRN — 30, 3. 19: und todten

Nachträge

Konkordienformel.

(Vgl. Sternchen am Rande der Seiten XXXII—XLIV und 736—1135.)

Außer nachträglichen Korrekturen und Ergänzungen, die durch den Fortgang der Forschung seit 1930 veranlaßt sind, sind auch einige Ergänzungen aus dem der 1. Aufl. zugrundegelegten Manuskript aufgenommen, da die durch den Redaktor der Ausgabe, Prof. D. H. Lietzmann, während des sehr eilig durchgeführten Satzes vorgenommenen z.T. recht umfangreichen Streichungen im historischen Apparat in Einzelfällen zu Unklarheiten und den Er-

läuterungswert der verbliebenen Reste stark beeinträchtigenden Verkürzungen geführt haben. Für die historische Einleitung mußte jedoch auch diesmal auf die Anführung der Belegstellen insbesondere aus dem archivalischen Material verzichtet werden.

+=Zeichen bedeutet: füge im Text hinzu.

Zur Einleitung (S. XXXII ff.):

XXXII, Anm. 1: Ergänzungen: Chr. Aug. Salig, Vollst. Historie d. Augspurg. Confeßion, Halle, I, 1730, III, 1735; J. N. Anton, Gesch. d. Concordienformel d. Ev. Luth. Kirche, I. II, Lpzg. 1779; Möller=Kawerau, Lehrbuch d. Kirchengesch. III, 3. Aufl. 1907, 292 ff.; E. Feddersen, Der Kryptokalvinismus am Gottorfer Hofe unter Herzog Johann Adolf = Schrr. Ver. f. Schlesw.=Holst. KG II, 8, 1927; P. Braun, Die Ablehnung des „Wittenberger Katechismus" von 1571 im Fürstentum Lüneburg = Z. f. Niedersächs. KG 34/35, 1929/30; G. Frotscher, Tilemann Heßhusen. Plauen 1938, 88 ff.; A. Ritter, Über die Lehrschriften in den Fürstentümern Wolfenbüttel und Lüneburg am Ende des 16. Jh.s. = Jahrb. d. Ges. f. nieders. Kg. 50, 1952. Zum Ganzen auch: G. J. Planck, Gesch. d. Entstehung usw. d. prot. Lehrbegriffs VI, 1800; W. Kahl, Der Rechtsinhalt des Konkordienbuches = Festgabe d. Berl. Jurist. Fakultät f. O. Gierke, I, 1910, 305 ff.; K. Schottenloher, Bibliographie z. deutschen Gesch. im Zeitalter d. Glaubensspaltung, IV, 1938, 381—386 (dürftig!).

XXXIII, Z. 11: (CR IX 23 ff.] + Preger, Flazius II 1—62) — Art. Smal.] + als Lehrgrundlage

Z. 14 v. u.: „wenn] + — wie die schwäbischen Theologen, auch Brenz, gutachten —

Z. 6 v. u.: bilden] + als allgemeine Glaubensnorm und als Beispiel

XXXIV, Z. 1: Konkordienpläne] + Von Wolfenbüttel (Berichte Sächs. HStArch 10302 fol 67—89) führt sie — erfolglos — nach Wittenberg und bei der Rückkehr wegen des Todes des Hzg. Christoph nach Kassel, da Landgraf Wilhelm als der nunmehr maßgebliche fürstliche Leiter — Christophs Nachfolger Ludwig ist minderjährig — des Unternehmens sein Eintreten für die Artikel in Kursachsen und Kurbrandenburg von der Zustimmung der Oberdeutschen abhängig macht.

Z. 3: Reisen] + (Sommer/Herbst 1569: Kursachsen, Brandenburg, Pommern, Herzogtum Sachsen; Ott. 69/Jan. 70: Niedersachsen, Holstein, Dänemark, Mecklenburg, Pommern)

Z. 5: antiubiquitistischen] + (Andreä hatte seine fünf Artikel durch eine ubiquitistische Erklärung zur Gewinnung der Flacianer erweitert!)

Z. 14: Maximilian II.] + in Prag, wohin Andreä dem Kurf. August im März 1570 nachreiste —

Z. 2 v. u.: mit] + der Fortsetzung der Eßlinger 33 Kontroverspredigten

XXXVIII, Z. 12: Buches 1860] + nach 2 Kasseler und 1 Wolfenbüttler Hs.

Z. 22: Kurfürsten] + vom 7. Juni

Z. 28: versandt] + Als „Bedenken" wird das TB ausdrücklich dem freien Urteil aller Kirchen CA unterstellt (Hutterus 326); man erhoffte für die Durchführung der Concordia ein Nationalkonzil. — Andreä] + (Wittenberger Programmrede, Heppe III B 333—349)

Z. 6 v. u.: sandtschaft] + (für Kursachsen: Hans von Barbisdorf, für Kurbrandenburg: Dietloff von Winterfelden)

XXXIX, Anm. Z. 12: Nürnberg, 17. April 1577] + (UB Hamburg, Cod. germ. mscr. 1136 fol 137—170)

Anm. 1, Z. 5 v. u.: „Urschrift"] + Chr. A. Freybogen, Historie der Frauen=Kirche in Neu Dreßden, 1728, berichtet aber lediglich, daß Peter Glaser und Caspar Fuger den Druck überwacht hätten (S. 21).

XL, Z. 9: Kaiser] + (Rudolf II.)

Z. 12: beiseitegeschoben] + — sie sei Anlaß „zu allerley gefehrlichem nachdenken" und für die bisherigen Subskribenten überflüssig (Kf. August und Kf. Joh. Georg an Kf. Ludwig, 6. Sept. 1579) —

Z. 21: Synoden] + — z.B. durch Julius in Gandersheim, Trinitatis 1577 —

XLI, Z. 15 v. u.: anderen] + (Nürnberg, Holstein, Dänemark)

XLIII, Z. 14: d. h. der] + — nach einer Anregung Kurfürst Ludwigs vom 13. Juni 1580 —

Z. 15: wurde] + und dem Drucker 200 fl. Strafe eintrug.

Z. 36: 9—11] + Planck VI 680, Anm.; S. Baumgarten, Vorrede zum Concordienbuch 9 f.

Vorrede (S. 736 ff.)

745, Anm. 1: Literaturnachtrag: K. Schornbaum, Zum Tage von Naumburg 1561 = ARG VIII, 1911, 181—214

762, Anm. 3: + unterschrieb 31. Juli 1579.
   Anm. 5: + unterschrieb 16. Nov. 1579

764, Anm. 15: + unterschrieb 13. April 1580

Epitome (S. 767 ff.)

802, Abs. 13: Anmerkung: Nach Hutterus 548/49 Petrus Martyr; vgl. dessen Dialogus de utraque in Christo natura, Zürich 1561, S. 14.

803, Z. 20: Anmerkung: kapernitische Essen, vgl. Joh. 6, dazu zusammenfassend Gollwitzer, Coena Domini 205 ff.; ders., Die Auslegung von Joh. 6 bei Luther und Zwingli = In Memoriam Ernst Lohmeyer, 1952. 143 ff.

821, Anm. 3: Literaturnachtrag: H. E. Weber, Reformation, Orthodoxie und Rationalismus, I, 2, 1940, 80 ff.

Solida Declaratio (S. 829 ff.)

833, Anm. 2: Literaturnachtrag: E. Köllner, Symbolik aller christlichen Konfessionen I, 1837, 610 ff.; Fr. H. R. Frank, Theologie der Concordienformel I, 1858, 1 ff.; K. F. A. Kahnis, Christentum und Luthertum, 1871, 90 ff.; Nösgen, Die Lehre der luth. Symbole v. d. hl. Schrift = NKZ 1895, 887 ff.; O. Ritschl, Dogmengeschichte des Protestantismus I, 1908, 55 ff.; P. Tschackert, Die Entstehung der luth. u. ref. Kirchenlehre, 1910, 306 ff.; W. Elert, Morphologie des Luthertums, I, 1931, 159 ff.; H. E. Weber, Reformation, Orthodoxie und Rationalismus, I, 2, 1940, 260 ff.; E. Schlink, Theologie d. luth. Bekenntnisschriften, 2. Aufl. 1946, 23 ff., dort weitere Lit.; Fr. Brunstäd, Theologie der luth. Bekenntnisschriften. 1951. Ferner oben Ergänzung zu S. 21; zur Rechtsgeltung: v. Scheurl, Kirchenrecht. Abhandlungen, 1873, 149 ff.; G. Hoffmann, Lehrzucht und Glaubensduldung bei Luther und im Luthertum = Luthertum 1939/40, 161 ff.; 193 ff.

837, Z. 17 ff.: Anmerkung: Chemnitz (StArch Hannover, Cal. Br. Arch. Des. 21 B IV 2 Nr. 46 Vol. II fol 16) verweist Andreä auf die Vorlage zu dieser Erklärung: Vorrede zu „REPETITION vnd Erklerung Welche gemeine öffentliche Schriffte vnd Confessiones das rechte Corpus Doctrinae, das ist, Summarische Inhalt, Fürbild vnd Richtschnur der reinen Lehre sein ... aus der Fürstlich Braunschweigischen Kirchen Ordnung genommen ... vnd ... insonderheit gedruckt ... Heinrichstadt 1574.

Anm. 1, Z. 11: ist ...] + Es hat der Luther mit sonderer Mühe sich beflissen, die Leute von den patribus in die h. Schrift zu führen. Wann wir nue D. Luthers Schriften, wie nutz und gut auch dieselben sein, inter corpus doctrinae referieren, so führen wir nicht allein gemachsamt uns selbst von der Schrift abe, sondern wir geben auch damit den Papisten Ursache, viel mal sicher auf ihren patribus gegen

uns zu bestehen und nicht die h. Schrift, sondern die patres pro iudice und vor die Richtschnur in dissidie religionis zu achten.

Anm. 1, Z. 14: 334f.).] + Die in FC ausgesprochene Einschränkung hat spätere Streitigkeiten um die normative Geltung der Schriften Luthers gleichwohl nicht verhindert.

838, Anm. 1, Z. 2: hin;] +, in dem diese Schriften als Anhang zu dem „wiederholten Bekanntnus" gedacht sind; ... — Johann] + an Kurf. August, 30. Dez. 1576: Abdruck der Bekenntnisschriften nach den „ersten unverdruckten Originalien" und Anfügung des „nochmals revidierten ... Dergleichungslibell", d. h. des TB.

839, Anm. 4: II B 327] + „Dictum Lutheri scriptoris errore depravatum est; sic autem restituitur: die Schäflein nähren und den Wolf wehren"; vgl. WA 10 I, 2, 243

Art. I

843, Anm. 1: Literaturnachtrag: H. E. Weber, Ref., Orth. u. Rat. I, 2, 1940, 6ff.; E. Schlink, Theol. d. luth. Bek.-Schrr. 1946, 73ff.; F. Brunstäd, Theol. d. luth. Bek.-Schrr. 1951, 49ff.; zum ganzen auch J. Müller, Die christl. Lehre v. d. Sünde, II, 5. Aufl. 1867.

844, Anm. 1, Z. 12: Concordiae 1581.] + Erklerung aus D. Luthers Schrifften. Was für ein vnterscheid sey zwischen Gottes vnd des Teuffels werk im Menschen. M. Christophorus Irenaeus. 1573.

848, Z. 10, Bild Gottes: Anmerkung: K. F. Schumann in Imago Dei, Krüger-Festschrift, 1932, 169

861, Anm. 1, Z. 10: Regensburg] + am 13. Okt. 1573 durch Herzog Julius von dessen Theologen. Es erfolgt in Worten und Sätzen, die weithin in FC wiederkehren, im 4. Hauptstück der braunschweig. Zensur für Regensburg (vgl. Rehtmeyer III B 222—234).

862, Anm. 1, Z. 8: Ritschl. Dogmengesch. II 441ff.] + H. E. Weber, Ref., Orth. u. Rat. I, 2, 9,

Art. II

866, Anm. 1: WA XLII, 122, 38] + (Abweichungen: originis] originalis — integra] + haec)

867, Anm., Z. 5: II B 261)] + Der Entwurf der Rostocker wurde dann für die Gestaltung des Art. in TB maßgebend.

letzte Z.: 66—121] + E. Schlink, Theol. d. luth. Bek.-Schrr., 1946, 158ff.; F. Brunstäd, Theol. d. luth. Bek.-Schrr. 1951, 63ff.

881, Anm. Z. 5: seie ..."] + „sie seien aber heraußenkommen wie sie wollen, so ists offenbar ... daß ... dennoch res ipsa ... dastehet ... Weil denn die Sach an ihr selbs ... klar und richtig vorhanden, ist ja vonunnöten, der andere ausgelassene Wort halben einen neuen Streit anzufahen."

894, Anm. 6: Hist. IV 41f.] + : „Es scheint also auch dieses ⟨die Streichung aus TB⟩ ein Stück von demjenigen zu sein, was nach Chytraei Ausarbeitung von Chemnitio hinzugetan worden, ehe die Schwäb. und Sächs. Concordia an Jac. Andreae zurückgeschickt ist ... Wie nun Chytraeus dieses Gleichnis wider die Pelagianer und Synergisten an einem Ort ⟨S. 879!⟩ geführet, so hat Chemnitius es am andern Orte ⟨hier!⟩ wider die Enthusiasten erkläret und eingeschränket."

898, Anm. 2 III B 360] + Änderung wörtlich nach dem Maulbronner Gutachten.

904, Anm. 3, Z. 2: Origenica] + definitio

909, Anm. 2, Z. 4: Passivität] + „usitata ... est apud Scholasticos disputatio: Quod subiectum recipiens formam aliquam, qualitatem, habitum, actionem etc. quatenus recipit, habet se passive."

Art. III

913, Anm. 1: Literaturnachtrag: H. E. Weber, Ref., Orth. u. Rat. I, 1, 1937, 258ff., 65ff.; E. Schlink, Theol. d. luth. Bek.-Schrr. 1946, 154ff. Frank, Rechtfertigung u. Wieder-

geburt = NKZ 1892; F. Loofs, Die Rechtfertigung nach dem luth. Gedanken i. d. Bekenntnisschr. d. Konkordienbuchs = ThStKr 94, 1922, 307 — 382; F. Brunstäd, Theol. d. luth. Bek.-Schrr. 1951, 73 ff.

917, Anm. 5: ergänze: Vgl. das „Protocol ... des Colloquii zu Hertzberg", 25; die anhaltischen Theologen belegen damit ihre Behauptung, FC lehre, daß der tote Glaube gerecht mache. Beachte daher die präzisere Formulierung in der Epitome, oben S. 782, 33: „... absque ullo respectu ..."

919, Anm. 3. 6: 1845/46.] + H. E. Weber, Ref., Orth. u. Rat. I, 1, 298 ff.

920, Anm. 2: scripturae s.] + Das Mansfelder Bedenken empfindet die Schwierigkeit dieses Absatzes und sagt in eingehender Kritik, daß regeneratio nur im ersten Verstande, „do es zugleich die Vergebung der Sünden im Glauben empfangen und die nachfolgende Erneuerung begreifet", gelte. Vgl. H. E. Weber, Ref., Orth. u. Rat. I, 1, 258 ff.; 71 ff.; E. Schlink, Theol. d. luth. Bek.-Schrr. 1946, 178 ff.; H. Engelland, Melanchthon. Glauben und Handeln. 1931, 541 ff.

Anm. 4: Satz).] + aus den 5 im Druck bei Gg. Rau, Wittenberg 1531 ausgemerzten Bogen der prima editio; vgl. CR XXVII, 395; Expl. d. Stadtbibl. Nürnberg)

921, Anm. 5: Anm. 4;] + TB hat für „Reue" stets „Buße". Die holst. Zensur vermißt die Begründung für die Änderung (Balthasar, Hist. VII, 19); im Expl. der Helmstedter steht die Form des TB.

925, 3. 4: zu: angefangene Gerechtigkeit: vgl. WA XL 2, 315—470, bes. 438/39.

928, 3. 9: ita: dazu Anm.: Die Tilgung von „interruptis aut longis temporum intervallis" empfiehlt das Preuß. Bedenken: „Der heilige Geist spricht: welcher seine Frucht bringet zu seiner Zeit, dabei lassen wirs billich bleiben; die Gewissen kann man nicht weisen auf tempus non interruptum; ist der Glaub recht, wird sich die Lieb wohl finden. Daß aber die Werk non interrupto tempore dasein müssen, ist den zarten Gewissen anstößig." Auch die Mansfelder wünschen diese Streichung, zumal die Werke überhaupt nicht in den Artikel der Rechtfertigung gehörten, und weil damit den Maioristen „wiederumb ein Fenster aufgetan" würde.

929, Anm. 4: ergänze: Vermutlich meinen die Pommern diese Zurückweisungen, wenn sie erklären, der Artikel strafe „heftig" Melanchthons Rechtfertigungslehre (Balthasar, Andere Sammlung, 38—41).

Anm. 5, 3. 4 wird] + und daß es nicht recht geredt sei, bona opera sunt necessaria necessitate praesentiae in articule iustificationis ...".

930, Anm. 2: Literaturnachtrag: J. Hefner, Die Entstehungsgeschichte des Trienter Rechtfertigungsdekrets. 1909; R. Stupperich, Der Humanismus u. d. Wiedervereinigung d. Konfessionen = Schr. VRG 160, 1936; H. Jedin, Girolamo Seripando, I, 1937; E. Stakemeier, Glaube u. Rechtfertigung, 1937; A. Stakemeiner, Das Konzil von Trient über die Heilsgewißheit, 1947.

932, Anm. 1, 3. 1: hiezu] + „Man nenne das Kind bei seinem Namen, wie aufrichtigen Lehrern wohl anstehet: Wie ..."

934, Anm. 3: Hab. 2,4] + Das preuß. Bedenken wünscht die Einfügung von: „Wir verwerfen auch das M. Cargius fürgeben hat, allein das Leiden und Sterben Jesu Christi als eine Bezahlung für unsere Sünde diene uns zu gut, aber sein Gehorsam, den er dem Gesetz geleistet, würde uns nicht zugerechnet."

Art. IV

936, Anm. 3: ergänze: Vgl. G. Schulze, Die Vorlesung Luthers über den Galaterbrief von 1531 im Verhältnis zu dem gedruckten Kommentar von 1535 = ThStKr 98/99, 1926, 22.

Anm. 4: Literaturnachtrag: E. Schlink, Theol. d. luth. Bek.-Schrr. 1946, 181 ff.; F. Brunstäd, Theol. d. luth. Bek.-Schrr. 1951, 103 ff.

939, Anm. 1, 3. 7: I 253] + R. Grümmer, A. Musculus. Sein Leben u. seine Werke. Diss. Jena 1913.

943, Anm. 2, 3. 7: creatori suo] + Vgl. CR XV 1273.

Art. V

951, Anm. 1, Z. 8: 488 f.] + H. E. Weber, Ref., Orth. u. Rat. I, 2, 1940, 30 ff.; R. Bring, Gesetz und Evangelium u. d. dritte Gebrauch des Gesetzes i. d. luth. Theologie = Zur Theol. Luthers. Aus d. Arbeit d. Luther=Agricola=Ges. in Finnland I, Helsinki 1943, 43—97; E. Schlink, Theol. d. luth. Bek.=Schrr. 1946, 105 ff.; F. Brunstäd, Theol. d. luth. Bek.=Schrr. 1941, 85 ff.

952, Z. 2: Buß: dazu Anm. Vgl. Apol. IV, 62, oben S. 172; CA var. V.

957, Anm. 1: ergänze: Vgl. auch WA 40 I, 481. 520, 19. Dazu Wigand, De Antinomia veteri et nova collatio ... 1571 B 1 b: „Antinomia est doctrina, legem Dei suo proprio officio vel defraudans vel spolians ac poenitentiae contionem ex Evangelio proprie sic dicto vel ex parte vel omnino tradenda esse contendens. Haec definitio ex propositionibus Antinomicis sumitur, quae extant tomo Lutheri I. Jenensi fol. 553.

958: zu § 20 vgl. Möller=Kawerau, Lehrb. d. KG. III, 1907, 295; R. Seeberg, Dogmengesch. IV, 2. 3. Aufl. 536, 1.

Art. VI

962, Anm. 1: Literaturnachtrag: vgl. Ergänzung zu 951, Anm. 1; dazu Bauer, Beurtheilung des von der Concordienformel in dem Art. VI ... gelehrten Gebrauchs des Gesetzes = ThStKr 30, 1857, 505—552.

Art. VII

971, Anm., Z. 3: I 3, 1927] + G. Noth, Grundzüge der Theologie des M. Chemnitz, th. Diss. Erlangen, 1930; F. Hildebrandt, EST. Das lutherische Prinzip, 1931; H. Gollwitzer, Coena Domini. Die altluth. Abendmahlslehre usw., 1937; H. Graß, Die Abendmahlslehre bei Luther und Calvin, 1940; E. Bizer, Studien zur Gesch. d. Abendmahlsstreits im 16. Jh., 1940; H. E. Weber, Ref., Orth. u. Rat. I 2, 1940, 197 ff.; E. Schlink, Theol. d. luth. Bek.=Schrr. 1946, 216 ff.; H. Sasse, Die Lehrentscheidungen der Konkordienformel i. d. Frage d. hl. Abendmahls = Sasse, Dom Sakrament d. Altars, 1941, 133—1931.; F. Brunstäd, Theol. d. luth. Bek.=Schrr. 1951, 154 ff.

977, Anm. 1: ergänze: Bizer, Studien 117 ff.; ders., Martin Butzer u. d. Abendmahlsstreit = ARG 35, 1938; 36, 1939; Graß, Abendmahlslehre 132 ff.; Gollwitzer, Coena Domini 229 ff.

983, Anm. 4: ergänze: Ambrosius, Com. ep. ad Cor. I c. X, MSL XVII 236 D

1010, Anm., Z. 1: 94,95),] + als gegen calvinistische Angriffe notwendiges „Nebenargument" (vgl. Heppe III, 274 f.).

1011, Anm., Z. 3. 1 v. u.: XXXVII] + Bizer, Studien 275 ff.

1012, Anm. 2: ergänze: Petrus Martyr, Com. 1. Cor. 10, vgl. Hutterus, Explic. 733.

Art. VIII

1017, Anm. 1, Z. 12: 364 ff.] + M. Schneckenburger, Zur kirchl. Christologie. Die ref. Lehre vom doppelten Stand Christi nach luth. u. ref. Fassung, 1848; P. W. Gennrich, Die Christologie Luthers im Abendmahlsstreit 1524—1529, 1929; G. Noth, Grundlinien d. Theol. d. M. Chemnitz, 1930; H. Gollwitzer, Coena Domini usw. 1937; H. Chr. v. Hase, Die Gegenwart Christi in der Kirche, 1934; H. E. Weber, Ref., Orth. u. Rat. I, 1, 140 ff. 293 ff.; I, 2, 115 ff.; E. Schlink, Theol. d. luth. Bek.=Schrr., 1946, 256 ff.; F. Brunstäd, Theol. d. luth. Bek.=Schrr. 1951, 28 ff.
Anm. 1, Z. 20 v. u.: Tüw. 1572] + Kurzer, einfältiger und wahrhaftiger Bericht des Streits über dem hl. Abendmahl und der Person Christi zwischen den reinen Kirchen und den Sacramentieren. Tüb. 1573; dazu Schornbaum, ARG 22, 283 ff.

1026, Anm. 1, Z. 2: Schol. 9, 6] + ed. Hirsch=Rückert, 110, 6; vgl. 251, 15.

1030, Anm. 3: ergänze: Vgl. die Medaille von 1574 bei Chr. Juncker, Das Guldene und Silberne Ehren=Gedächtnis Lutheri. Frankfurt 1706, 353.

1047, Anm. 2: +; zu Schwenckfeld vgl. H. J. Schoeps, Vom himmlischen Fleisch Christi. 1951, 37 ff.

Art. IX

1050 ff.: Der Abdruck hat die verschiedenen Absätze in A versehentlich nicht wiedergegeben; sie sind sachlich belanglos.

1052, Z. 1: Kirchenlehrern: Dazu Anm.: Vgl. J. Gerhard, I, 362 bei H. Schmid, Die Dogmatik d. evang.-luth. Kirche, 7. Aufl. 1893, 289.

1052, Anm. 1, Z. 6: 1930.] + Köstlin, Luthers Theologie II, 427 ff.; Loofs, Dogmengeschichte, 779; E. Vogelsang, Weltbild und Kreuzestheologie in den Höllenfahrtsstreitigkeiten des Reformationszeitalters = ARG 38, 1941, 90 ff., bes. 124 ff.; W. Bieder, Die Vorstellung von der Höllenfahrt Jesu Christi. 1949.

Anm. 2: ergänze: E. Vogelsang, Luthers Torgauer Predigt von Jesu Christo vom Jahre 1532 = Luther-Jahrbuch 1931, 114 ff.

Art. X

1053, Anm. 2: ergänze: H. Chr. v. Hase, Die Gestalt der Kirche Luthers. Der casus confessionis im Kampf des Matthias Flacius gegen das Interim. 1548. 1940.

1063, Z. 22: dazu Anm.: Vgl. Irenäus gegen Victor, Euseb, Hist. eccl. V. 24, 13.

Art. XI

1063, Anm. 1, Z. 5 v. u.: (Zanchi).] + G. Thomasius, Das Bekenntnis der evang.-luth. Kirche, 1848, 216 ff.; W. Elert, Morphologie d. Luthertums I, 1931, 116 ff.; H. E. Weber, Ref., Orth. u. Rat. I, 1, 151 ff.; I, 2, 93 ff.; 325 ff.; E. Schlink, Theol. d. luth. Bek.-Schrr., 1946, 390 ff.; F. Brunstäd, Theol. d. luth. Bek.-Schrr. 1951, 222 ff.

1066, Anm. 1: ergänze: Vgl. 1081, 32; CA XVIII Na, oben S. 71; Thomas, Summa Theol. II, 2, q 161, a 3.

1068, Anm. 3, Z. 4: Anm. 1] + (Quelle: Minutius Felix, Octavius 13, 1, als Wort des Sokrates; weitergegeben von Lactantius, Div. instit. 1, II, 20, CSEL 19, 246. 15); vgl. auch WA 43, 458.

Anm. 3, letzte Z.: 213 Anm. 1].+ Vgl. K. Thieme, ZThK 13, 1932, 144, auch RGG, 2. Aufl. II, 1758/59.

Art. XII

1096, Anm. 2: +; auch das Münstersche Bekenntnis von 1543, vgl. Cornelius, Berichte der Augenzeugen über das Münstersche Wiedertäufertum. 1853, S. 445—464; dazu WA 38, 333 ff. 349, Anm. 1.

Anm. 3 + vgl. auch H. J. Schoeps, Vom himmlischen Fleisch Christi. 1951.

Anm. 6 + H. J. Schoeps, s. Anm. 3, und G. Maron, Individualismus und Gemeinschaft bei Caspar von Schwenckfeld, theol. Diss. Göttingen 1956.

1099, Anm. 1: Anm. 4] + ferner Maior, Commonefactio ad ecclesiam catholicam orthodoxam de fugiendis blasphemiis Samosatenicis. Witeb. 1569.

Anm. 1, Z. 1 v. u.: statt Vgl. auch RE³ III usw.: Vgl. auch für die Heidelberger Adam Neuser und Joh. Silvanus RE³ XX, 352/3.

1100, Anm. 2: zu Andreae: vgl. bes. neben der allg. Lit. S. 738 auch Th. Pressel († 1877), Leben und Wirken von D. J. Andreä, Kanzler in Tübingen = Landesbibl. Stuttgart, Cod. hist. fol. 898 Fasc. VIIa; St. M. Sittbogen, J. Andreä, der Verf. d. Konkordienbuchs, 1881.; R. Streisand, Theologie und Kirchenpolitik bei J. Andreä bis zum Jahre 1568, Theol. Diss Göttingen. 1952.

Literatur zu Luthers Schmalkaldischen Artikeln und Melanchthons Tractatus de potestate papae.

Für die Literatur des 18. Jahrhunderts vgl. auch K. Schottenloher, Bibliographie zur deutschen Geschichte im Zeitalter der Glaubensspaltung 1517—1585 Bd. 1 (Leipzig 1933), S. 586 Nr. 13675—13687 und Bd. 5 (ebd. 1939), S. 178 Nr. 47957—47963a und Bd. 7 (Stuttgart 1963), S. 150 Nr. 56542—56546 sowie Luther-Jahrbuch Bd. 21 (Weimar 1939), S. 141 (Luther-Bibliographie 1937: Schmalkaldische Artikel).

Th. Münden, Die Schmalcaldische Artickel, welche von dem sel.... Martin Luther gestellet mit einem hist. Vor-Bericht ... zu Druck befördert (Frankfurt a. M. 1737).

J. G. Süsse, Probe einer etwas genauer Untersuchten historie derer Smalcaldischen Artickel, Was insonderheit die nicht mit einander übereinkommenden Unterschrifften derer Theologen in denen Articeln selbst und in dem angehängten Tractat, Sodenn auch den eigentlichen und gewissen Tag beyderseits geschehener Unterschreibung betrifft (Dresden-Leipzig 1739).

J. C. Bertram, Geschichte des symbolischen Anhangs der schmalkaldischen Artikel, worinnen zugleich von verschiedenen andern schmalkaldischen Schriften Melanchthons gehandelt wird. Hrsg. und mit einer Vorrede von Petri Generani lateinischer Übersetzung der schmalkaldischen Artikel versehen von J. B. Riederer (Altdorf 1770).

J. C. Bertram, Von Schmalkaldischer Subscription der Wittenbergischen Concordie (in: J. C. Bertram, Litterarische Abhandlungen 2. Stück [Halle 1782], S. 169—187).

J. C. Bertram, Von Unterschriften der Schmalkaldischer Artikel [in Wittenberg, Torgau, Gotha und Erfurt] (ebd. 4. Stück [Halle 1783], S. 169—199).

Ph. Marheineke, Articuli qui dicuntur Smalcaldici. E Palatino codice msc. accurate edidit et annotationibus criticis illustravit (Berlin 1817).

C. E. Förstemann, Johannes Bugenhagens Auszug aus den Schmalkaldischen Artikeln in der Lehre von der Rechtfertigung. Aus Bugenhagens Handschrift mitgetheilet (Zeitschrift für die historische Theologie Bd. 7, IV [1837], S. 115—122).

M. Meurer, Der Tag zu Schmalkalden und die Schmalkaldischen Artikel (Leipzig 1837).

Th. Ziemssen, Die welthistorische Bedeutung des Convents zu Schmalkalden im Jahre 1537 (Zeitschrift für die historische Theologie Bd. 10, III [1840], S. 74—93).

G. L. Plitt, De autoritate articulorum Smalcaldicorum symbolica (Erlangen 1862).

F. Sander, Geschichtliche Einleitung zu den Schmalkaldischen Artikeln (Jahrbücher für Deutsche Theologie Bd. 20 [1875], S. 475—489).

C. A. H. Burkhardt, Neue Forschungen zu Luther's Leben. 1. Die Reise nach Schmalkalden 1537 (Zeitschrift für kirchliche Wissenschaft und kirchliches Leben Bd. 3 [1882], S. 353—362).

E. Herrmann, Ein kurzes Vorwort zu den Schmalkaldischen Artikeln (Zeitschrift für Kirchenrecht Bd. 17 [1882], S. 231 ff.).

K. Zangemeister, Die Schmalkaldischen Artikel vom Jahre 1537. Nach D. Martin Luther's Autograph in der Universitätsbibliothek zu Heidelberg (Heidelberg 1883; 2. unveränd. Ausg. ebd. 1886).

J. Köstlin, Luther und J. Janssen, der deutsche Reformator und ein ultramontaner Historifer (3. Aufl. Halle 1883), S. 46f.

Th. Kolde, Luther's Motto zu den Schmalkaldischen Artikeln (Zeitschrift für Kirchengeschichte Bd. 8 [1886], S. 318f.).

G. Kawerau, Luther's Motto zu den Schmalkaldischen Artikeln (Zeitschrift für Kirchengeschichte Bd. 9 [1888], S. 184f.).

H. Virck, Zu den Beratungen der Protestanten über die Konzilsbulle vom 4. Juni 1536 (Zeitschrift für Kirchengeschichte Bd. 13 [1892], S. 487—512).

Th. Kolde, Zur Geschichte der Schmalkaldischen Artikel (Theologische Studien und Kritiken Bd. 67 [1894], S. 157—160).
K. Thieme, Luthers Testament wider Rom in seinen Schmalkaldischen Artikeln (Leipzig 1900).
J. Köstlin und G. Kawerau, Martin Luther. Sein Leben und seine Schriften Bd. 2 (5. Aufl. Berlin 1903), S. 378—384. 386. 393f. 397f.
Th. Kolde, Schmalkaldische Artikel (Realencyklopädie für protestantische Theologie und Kirche Bd. 17 [3. Aufl. Leipzig 1906], S. 640—645).
Th. Kolde, Historische Einleitung in die Symbolischen Bücher der evangelisch-lutherischen Kirche (Gütersloh 1907), S. XLII—LIII.
O. Reichert, Die Schmalkaldischen Artikel. 1537. 1538 (in: Weimarer Lutherausgabe Bd. 50 [Weimar 1914], S. 160—254).
H. Dolz, Luthers Schmalkaldische Artikel und Melanchthons Tractatus de potestate papae. Ihre Geschichte von der Entstehung bis zum Ende des 16. Jahrhunderts (Gotha 1931; auch in: Theologische Studien und Kritiken Bd. 103 [1931], S. 1—70).
F. Blanke, Schmalkaldische Artikel (in: Die Religion in Geschichte und Gegenwart Bd. 5 [2. Aufl. Tübingen 1931], Sp. 202f.).
H. Dolz, Drei Schriften gegen Luthers Schmalkaldische Artikel von Cochläus, Witzel und Hoffmeister (1538 und 1539) (Corpus Catholicorum Bd. 18 [Münster 1932]).
O. Clemen, Luther in Schmalkalden (Archiv für Reformationsgeschichte Bd. 31 [1934], S. 252—263); vgl. auch G. Buchwald ebd. Bd. 25 [1928], S. 12—16).
H. H. Borcherdt, Martin Luther. Schmalkaldische Artikel (in: Münchener Lutherausgabe Bd. 3 [2. Aufl. München 1937], S. 439—471; in Bd. 3 [3. Aufl. München 1950], S. 292—318 und 444—466).
M. Doerne, Luthers reformatorisches Bekenntnis in den Schmalkaldischen Artikeln (Allgemeine Evangelisch-Lutherische Kirchenzeitung Bd. 70 [1937], Sp. 930—938 und 954 bis 961).
Festschrift zur 400-Jahrfeier der Schmalkaldischen Artikel (Schmalkalden 1937).
Th. Knolle, Luthers Bekenntnis — der Kirche Bekenntnis (Luther Bd. 19 [1937], S. 1—3 und 112—116).
F. Lau, Luthers Schmalkaldische Artikel als eine Einführung in seine Theologie (Zeitschrift für Theologie und Kirche. Neue Folge Bd. 18 [1937], S. 289—307).
H. Lilje, D. Martin Luthers Schmalkaldische Artikel. Das Glaubenszeugnis der Schmalkaldischen Artikel für die Gegenwart. Textausgabe mit Einführung und Auslegung (Evangelische Lehre Bd. 3 [Berlin 1937]).
H. Lilje, Die Schmalkaldischen Artikel. Eine Erinnerung an den Februar 1537 (Die Furche Bd. 23 [1937], S. 76—82).
W. Maurer, Der Tag von Schmalkalden 1537 (Pastoralblatt für Kurhessen-Waldeck Bd. 46 [1937], S. 145—154).
G. Merz, Luthers Lehre von der rechten Gestalt der christlichen Lehre (Jahrbuch der Theologischen Schule Bethel 1937, S. 29—46).
R. Oeschey, Fragen der Kirchenordnung in den Schmalkaldischen Artikeln und dem Tractatus de potestate et primatu papae (Leipzig 1937; auch in: Leipziger rechtswissenschaftliche Studien Bd. 100 [1938], S. 187—203).
C. Stange, Die Schmalkaldischen Artikel Luthers (Zeitschrift für systematische Theologie Bd. 14 [1937], S. 416—464).
J. Stier, Luthers Glaube und Theologie in den Schmalkaldischen Artikeln (Gütersloh 1937).
M. Willkomm, Ein Vermächtnis Luthers an die Kirche. Schmalkalden 1537 (Zwickau 1937).
O. Clemen in: Weimarer Lutherausgabe. Briefwechsel Bd. 7 (Weimar 1937), S. 478f. 604f. 612—617. 620f.; Bd. 8 (ebd. 1938), S. 2—6.
E. Bizer, Studien zur Geschichte des Abendmahlsstreits im 16. Jahrhundert (Gütersloh 1940; 2. Aufl. Darmstadt 1962), S. 187—196.
E. Schott, Christus und die Rechtfertigung allein durch den Glauben in Luthers Schmalkaldischen Artikeln (Zeitschrift für systematische Theologie Bd. 22 [1953], S. 192—217).
E. Bizer u. W. Kreck, Die Abendmahlslehre in den reformatorischen Bekenntnisschriften (München 1955), S. 34—41.
E. Bizer, Zum geschichtlichen Verständnis von Luthers Schmalkaldischen Artikeln (Zeitschrift für Kirchengeschichte Bd. 67 [1955/56], S. 61—92).
E. Bizer, Die Wittenberger Theologen und das Konzil 1537 (Archiv für Reformationsgeschichte Bd. 47 [1956], S. 77—101).

H. Volz u. H. Ulbrich, Urkunden und Aktenstücke zur Geschichte von Martin Luthers Schmalkaldischen Artikeln (1536—1574) (Kleine Texte für Vorlesungen und Übungen Bd. 179 [Berlin 1957]).

H. Volz, Luthers Schmalkaldische Artikel (Zeitschrift für Kirchengeschichte Bd. 68 [1957], S. 259—286).

E. Bizer, Noch einmal: Die Schmalkaldischen Artikel (ebd. S. 287—294).

H. Volz, Schmalkaldische Artikel (in: Die Religion in Geschichte und Gegenwart Bd. 5 [3. Aufl. Tübingen 1961], Sp. 1454f.).

H. Volz, Zur Entstehungsgeschichte von Luthers Schmalkaldischen Artikeln (Zeitschrift für Kirchengeschichte Bd. 73 [1963], S. 316—319).

M. Henschel, „Der feurige Engel S. Johannes". Zu einer Stelle in Luthers Schmalkaldischen Artikeln [oben S. 445$_{18}$] (Luther-Jahrbuch Bd. 31 [1964], S. 69—76).

M. Greschat, Melanchthon neben Luther (Witten 1965), S. 194—208.